清史通鉴

从金戈铁马的努尔哈赤到黯然退位的末帝溥仪，全书以生动鲜活的笔法，精雕细琢出爱新觉罗氏的十二位帝王，音容笑貌毕呈毕现，品性情趣栩栩如生。同时，依托于大量史实资料，真实客观地再现了清代二百多年的兴衰史：创业的艰辛令人肃然起敬；辉煌的鼎盛让人振奋不已；衰落的末日，让人捶胸痛泣。全书既具有浓郁的文学色彩，又具备翔实的史学价值。

中国华侨出版社

图书在版编目(CIP)数据

清史通鉴/启智主编.－北京:中国华侨出版社,
2011.5

ISBN 978－7－5113－1129－0

Ⅰ.①清… Ⅱ.①启… Ⅲ.①中国历史－清代－通俗
读物 Ⅳ.①K249.09

中国版本图书馆 CIP 数据核字(2011)第 055954 号

清史通鉴

主　　编:启　智
责任编辑:文　珏
印　　刷:三河市众誉天成印务有限公司
经　　销:全国新华书店
开　　本:710mm×1040mm　1/16
字　　数:2128 千字
印　　张:80
版　　次:2011 年 5 月第 1 版
印　　次:2021 年 1 月第 2 次印刷
书　　号:ISBN 978－7－5113－1129－0
定　　价:696.00 元(全 4 卷)

中国华侨出版社　北京市朝阳区静安里 26 号通成达大厦三层　邮编:100028
法律顾问:陈鹰律师事务所
编 辑 部:(010)64443056　64443979
发 行 部:(010)58815875　传　真:(010)58815857
网　　址:www.oveaschin.com
E－mail:oveaschin@sina.com

前　言

长达 268 年的清王朝主宰中国命运时期,营造了中国封建社会的夕阳辉煌。满清入关以后,开疆拓土,外御强敌,奠定了今日中国版图的基础,清朝的皇帝真正实现了一人决断、总揽朝纲的极端皇权威严。本书详尽记述了清朝一代从努尔哈赤到溥仪计十二位皇帝的详细而真实的故事。

努尔哈赤

天命汗爱新觉罗·努尔哈赤(1559—1626 年),女真族,后金政权创立者。明万历四十四年(1616 年)正月,在赫图阿拉称"覆育列国英明汗",年号天命。在位 11 年。努尔哈赤顺应历史发展趋势,完成了统一女真各部大业,对后来满族共同体的形成,对加强各民族间经济文化的交流,促进辽东经济的发展,起了积极作用。

皇太极

天聪汗爱新觉罗·皇太极(1592—1643 年),努尔哈赤第八子,满族。天命十一年(1626 年)九月,继后金汗位,以次年为天聪元年。天聪十年(1636 年)四月,皇太极在沈阳称帝,建国号大清,改年号为崇德,并以是年为崇德元年。前后在位 8 年。在位期间,注意发展生产,增强兵力,不断对明作战,确定满族族名,建立清国,为清王朝的确立和后来统一中国打下了坚实基础。

顺治皇帝

清世祖顺治皇帝爱新觉罗·福临(1638—1661 年),皇太极第九子,清入关后第一位皇帝。6 岁继帝位,由叔父睿亲王多尔衮摄政,14 岁亲政。清初满汉民族矛盾与阶级矛盾极为激烈,而至顺治朝结束时,清廷击败了各种抗清势力,完成了全国的统一。

康熙皇帝

清圣祖康熙皇帝爱新觉罗·玄烨(1654—1722 年),顺治皇帝第三子,清入关后第二位皇帝。他平定了三藩叛乱,统一了台湾,驱逐了沙俄势力,又平息蒙藏地区动乱,加强了多民族国家的稳定和统一。在经济和文化建设上,康熙也创下对后世产生积极影响的重大业绩,开创了中国封建社会最后一个盛世——康乾盛世。

雍正皇帝

清世宗雍正皇帝爱新觉罗·胤禛(1678—1735 年),康熙皇帝第四子,清入关后的第三位皇帝。在位 13 年。他对有碍于皇权的反对势力大加挞伐,有效地改善了吏治,增加了国库收入,为乾隆朝社会的繁荣奠定了雄厚的基础。

乾隆皇帝

清高宗乾隆皇帝爱新觉罗·弘历(1711—1799 年),雍正皇帝第四子,清朝入关后第四位皇帝。他在将清朝的康乾盛世推向顶峰的同时,也亲手将它带向低谷,他是影响中国 18 世纪以后历史进程的重要皇帝。

嘉庆皇帝

清仁宗嘉庆皇帝爱新觉罗·颙琰(1760—1820 年),清朝入关后第五位皇帝,乾隆皇帝第十五子。乾隆六十年(1795 年)九月公开立为皇太子,次年元旦,受弘历内禅即位,以是年为嘉庆元年,时年 27 岁。嘉庆四年(1799 年)正月,弘历死,颙琰始亲政。在位 25 年。颙琰亲政后,立即铲除贪赃枉法蠹国肥私的权臣和珅,使人心大快,复多方采取措施,力图保持康乾之盛世,但内忧外患重重,积重难返。由于腐败势力甚强,又缺乏新生机制,终难摆脱江河日下的命运。

道光皇帝

清宣宗道光皇帝爱新觉罗·旻宁(1782－1850 年),清朝入关后第六位皇帝,嘉庆皇帝第二子。嘉庆二十五年(1820 年)七月即位,以次年为道光元年,时年 29 岁。在位 30 年。在位期间,由于国力开始衰落,故极力提倡节俭,改革盐政,部分弛禁开矿,并整顿吏治。但由于腐败成风,阻力过大,奏效甚微。对鸦片之害,他最初力主抵抗,但因他本人对时势无知,主要大臣懦弱无能,战略动摇无定,反而迫害禁烟主力,不能抵抗列强的侵略,酿成百年遗憾。

咸丰皇帝

清文宗咸丰皇帝爱新觉罗·奕詝(1831－1861 年),清朝入关后第七位皇帝,道光皇帝第四子。道光三十年(1850 年)正月即位,以次年为咸丰元年,时年 20 岁。在位 11 年。在位期间,正逢清朝乱世,国库空虚,危机四伏。即位不到一年,太平天国即在金田起义,且三年左右就危及北京,咸丰帝屡派兵将镇压太平天国及各地农民起义。战火未息,英法联合侵略军又迅速攻占天津、北京,奕詝从圆明园逃往避暑山庄。只命奕訢留北京与英法讲和。侵略军竟野蛮地焚掠了圆明等园。不得已奕詝与英法等国签订了数宗不平等条约。奕詝纵有重整江山之心,已无回天之力。

同治皇帝

清穆宗同治皇帝爱新觉罗·载淳(1856－1874 年),清朝入关后第八位皇帝。5 岁即帝位,终身成为其生母慈禧皇太后垂帘听政的傀儡。

光绪皇帝

清德宗光绪皇帝爱新觉罗·载湉(1871－1908 年),清朝入关后第九位皇帝。醇亲王奕譞之子,因其冲龄践祚,导致慈禧太后第二次垂帘听政。在其亲政期间,甲午之战中他力主反击,大力支持维新变法,但因变法失败而遭幽禁,直至去世。

宣统皇帝

清宣统皇帝爱新觉罗·溥仪(1906－1967 年),清朝末代皇帝。醇亲王载沣之子,光绪三十四年(1908 年)即皇帝位。1911 年 2 月 12 日,在辛亥革命的浪潮中退位。此后,以逊帝身份居住在皇宫。1924 年 11 月 5 日,被冯玉祥驱逐出宫。

创业的艰难、守业的不易、败业的感伤,演绎着历史和人生的现实与残酷。尤其是皇室的争权和臣子的夺利,紫禁城中的惨烈搏击,颇能扣人心弦。在随意的阅读中,人们还可以领悟到封建帝王浮华背后感人至深的另一面。

编委

目 录

内忧外患　清宣宗——道光

大厦将倾　清文宗——咸丰

回光返照　清穆宗——同治

无力回天 清德宗——光绪

千年末帝 宣统帝——溥仪

清史通鉴

目录

天命可汗

清太祖——努尔哈赤

第一章 多难的童年

一、鸟的传人

努尔哈赤所在的女真族人的祖先,早在几千年前就生活在我国东北地区的白山黑水之间,最先是在夏、商、西周时期即已出现在文献记载中,那时称"肃慎",如《竹书纪年》所载:"虞舜25年,肃慎献弓矢。"由此可见,在没有铁器的时代,他们即以弓矢见长,经历了虞、夏、商、周已近千年的磨炼,所以在辽东地区流传着这样一种说法:如果女真人兵满万人即不可敌,其原因可能就在于他们擅长弓箭这一特点。不过,如果没有战事发生,射箭的特长主要还是用在打猎谋生上。肃慎的后裔到了汉唐时代曾称为挹娄、勿吉、鞨,都是肃慎部族随着当时的政治、经济重心所在地方而起的不同的名称。到了宋、辽、金、元、明时期,肃慎的后裔又称作女真,"女真"二字是"肃慎"的转音,"女"字与"汝"字同音;而"汝"字在方言当中又与北方人说的"肃"字同音,那么"真"字为"慎"字的本音,即不用过多解释了。

在辽、金、元三代,女真的名称在官书上都写作"女直",因为辽兴宗讳"宗真",因而为避开"真"字而为"直"字。清朝人忌讳说自己是女真人的后裔,而不忌讳提肃慎,因为这个名称在夏、商、周时即有,这样,提肃慎便可以表明自己祖先的历史该有多么地久远,而提女真则显而易见自己曾是辽代的藩属国。其实在清太宗以前,女真并不被忌讳,后来清太宗皇太极下令禁止使用这一名称,改号为"满洲",那是在天聪九年(1635年)的事了。

到了明代,女真人被分为三大部分,即建州女真、海西女真和野人女真(它包括东海女真和黑龙江女真),其下各有若干大小不等的部落。在现在的长白山北部、牡丹江、绥芬河流域一带生活的是建州女真,"建州"是唐朝渤海时代的旧称。乌苏里江支流穆棱河一带叫毛怜,这地方也属于建州范围。清代的祖先出自于建州女真,所以,建州女真是清朝的正系。在今天的吉林省抚余县以北、松花江南岸以及哈尔滨以东、阿什河流域一带的是海西女真。海西是指乌龙江,就是松花江的下游,是元代行政区域的名称。在今天松花江流域同江县以北、黑龙江南岸与北岸居住的是"野人女真"。

每个民族都有自己的原始图腾。世居白山黑水的女真人虔诚地尊崇着鸟类。

这是一个动人的神话,讲述了一个民族兴起的历程。

相传,在辽东地区、巍峨壮丽的长白山东北部有座布库里山,山下有一清澈透明的水池,名布尔瑚里。夏季的池水,蓝如天空,平若镜面,池边绿茸茸的野草和娇美吐艳的鲜花,不时吸引着翩翩起舞的蝴蝶和喳喳欢跃的鸟雀……这是一幅美丽的图画。也许正是这大自然不可抗拒的美诱惑了天上的神灵。

一天,三位仙女自天而降,来到布尔瑚里。她们是三姐妹,大姐名恩库伦,二姐名正库伦,三妹名佛库伦。美的魅力使她们忘情,于是脱衣沐于池中。许久,三姐妹浴毕上岸。这时,一只神鹊飞来,盘旋在三姐妹的头上,轻盈可爱。三姐妹频频抬头观望。突然,神鹊将口中一颗红色的果子丢在三妹佛库伦的衣服上,红果光滑鲜艳,佛库伦爱不释手,放到地上恐其污秽,捧到手里无法穿衣,于是,她便含到了口里。不料,红果刚刚放到口中，竟顺势滑到腹内。顿时，佛库伦感到腹部沉重，她无法飞回天上，只好与两位姐姐告别，暂时留在了人间。

不知过了多久，佛库伦生下一个男孩。孩子落地能言，身高体壮。十几个春秋过后，即长成一个相貌英俊、举止非凡的奇男子。佛库伦向儿子讲述了这段离奇的身世，命其以爱新觉罗为姓，名布库里雍顺。并郑重地嘱咐他说："上天生你，以定乱国，你要前往治之。"说完，她给儿子一条船，指给他乘船前往的方向，然后凌空而去。

布库里雍顺谨遵母教，乘船由牡丹江上游顺流而下，驶过险流峡谷，来到牡丹江与松花江的汇流点——斡朵里（今黑龙江依兰）地方。

斡朵里是个百户人家的村寨，分为三姓，这些体态骠悍的女真人，生性好斗，争相雄长，原始仇杀的遗风，使茅舍相殷的村寨笼罩在一片杀气中。于是，当布库里雍顺以"上天生我，以定汝等之乱"的豪言出现在三姓人的面前时，为之震慑的三姓人，遂交手为轿，抬着布库里雍顺至寨中，奉其为"贝勒"（首领）。

斡朵里在布库里雍顺的治理下，百姓晏安。

然而，数世之后，布库里雍顺的后人却因荒淫无道，激起了众怒。勇敢的三姓人以残暴反对残暴，他们几乎杀死了爱新觉罗家族中所有的人。当他们发现有一个叫范察的小孩子逃掉后，仍然毫不犹豫地追了出去。

范察奔跑在荒野里，漫无边际的荒野无处藏身，眼看追兵迫近，危在旦夕。正在这时，一只神鹊落到范察的头上。于是，越来越近的追兵竟然将栖落神鹊的范察当成一株枯木，罢兵而归。

神鹊的后裔，鸟的传人，在危难之中又得神鹊相助。

这个动人的神话，记载了努尔哈赤祖先在度过了远古的洪荒年代后，曾有过只知其母不知其父的母系大家庭时代。当私有制打破母系氏族的均衡，仇杀的火焰使父系氏族向部落联盟过渡时，他的祖先曾被推举为部落联盟的酋长。

但对努尔哈赤来说，印象最深的莫过于自己是鸟的传人的传说，而鸟的传人即是英雄的后裔。

二、显赫的先辈

神鹊育人的传说，荒诞而遥远，但斡朵里三姓为努尔哈赤祖辈世居的地方则是真实的存在。

在历史文献中，努尔哈赤的直系祖先是他的六世祖猛哥帖木儿。如果从元朝末年，猛哥帖木儿袭职任斡朵里万户（官名）来看，爱新觉罗家族的确有过显赫的历史，有过任职部落酋长兼官府达官的荣耀。

猛哥帖木儿是个有才干、有威望而又忠于明廷的大首领。永乐元年（1403年）十一月，建州卫大首领阿哈出朝拜永乐帝以前，猛哥帖木儿已经在朝鲜镜城（今朝鲜民主主义人民共和国咸镜北道）一带居住二十多年。他率领部落成员抵抗北方兀狄哈（即窝集部人）的南扰，英勇地抗击了倭寇从海上的侵犯，立有战功。这时，他已经团结了女真各部，声望甚高。朝鲜边官也视猛哥帖木儿的部落为"东北面之藩篱"。因此，阿哈出来北京朝见的时候，在永乐帝面前荐举，并称赞猛哥帖木儿的为人，给皇帝留下了深刻的印象，取得了相当的信任。永乐帝在给猛哥帖木儿的敕谕中，称赞他为人"聪明，识达天道"，令他尽快来北京接受封赏。

永乐二年(1404年)正月,永乐帝急不可待地派遣使臣,即辽东东宁卫(今辽阳市老城)千户高时罗,奉旨协同朝鲜使臣诏谕猛哥帖木儿来京。三月,又派遣都司率领兵马,带着烧酒、马匹等物,赐给阿哈出及猛哥帖木儿。猛哥帖木儿向朝廷使臣表示诚心,决定亲自前赴北京朝贡。

永乐帝得知猛哥帖木儿对朝廷很恭顺,十分高兴,一方面下旨谕,让猛哥帖木儿亲自来朝,将封授给他官职、赐给赏物。同时,允许他仍然在原地管理军民,打围或者放牧,随意生活。属下的头领也可以一同来京,接受封赐。若是下属的众首领不能从来,可以开列他们的名字,朝廷一并封赏。从皇帝的重视程度来看,猛哥帖木儿对于团结女真人民,保卫明朝东北边疆,确实处于举足轻重的地位,是明廷继阿哈出以后采取笼络女真首领的又一个重要措施。

猛哥帖木儿在同年九月初三日,从家里起程,前往京城朝拜永乐皇帝。到京后,备受永乐帝和朝臣的礼遇。授予他建州卫都指挥使官职,赐给印信,金带等物品。随同来京的大小首领,包括阿哈出的长子释迦奴,亦授为指挥使,赐给金带。任命阿古车为毛怜卫(今吉林省嘎呀河以东地区)指挥使,赐给印信、银带等。猛哥帖木儿的妻子幞卓也同受款待,辞行时,皇帝赐给她衣服、金、银、绮帛。从这以后,猛哥帖木儿便以都指挥使身份与阿哈出共同管理建州卫事。努尔哈赤的六世祖先从此正式成为明帝的边臣。

猛哥帖木儿授封以后,积极守边,勤劳不殆,屡立功绩,不断被晋升。猛哥帖木儿的家庭是个大家族。父亲叫作挥厚(又称挥护),是个万户。待猛哥帖木儿掌事的时候,父亲已经去世了。母亲改嫁给挥厚的异母弟包奇,又生同母弟于虚里、于沙哥。还有包奇原妻的儿子凡察、吾沙哥、时加波第等兄弟多人,成为女真人口众多、家族强盛的大部落。由于家族势力大,又是世袭的大首领,归附的户数多达几百户,上千口人。猛哥帖木儿接受明廷封赏以后,地位和声誉更高了,小部落和零星的女真人、户,相继前来归附,势力大增。凡是有重大的事件,他可以召集各部首领多达五十余人前来议事。在永乐十年(1412年)前后,猛哥帖木儿与阿哈出分开了,自成一卫,就是建州左卫。阿哈出仍然掌管建州卫(后称中卫),这时建州开始有二卫。

猛哥帖木儿以本部落的成员组成一支较强大的武装力量,分为左、中、右三军。他亲自统率中军,凡察统领左军,长子权豆(又名阿谷)统领右军。这支武装是由部落中成年男子组成的,是具有全民性质的武装队伍。平时从事生产,有事集合参战。

猛哥帖木儿凭借这支力量,为明廷守边,听调从征。永乐二十年(1422年),猛哥帖木儿曾经率领部下赴京跟驾,侍卫皇帝。宣德元年(1426年),明廷因猛哥帖木儿忠顺守边,按时进贡,晋升他为都督金事,赐给冠带。

永乐二十一年(1423年)六月,辽东女真千户杨木答兀逃离职守,掠走开阳(今开原)军民一千多口。随同猛哥帖木儿母亲等五百多户,迁居阿木河地区。

杨木答兀大肆掠夺开原人口,假传皇帝圣旨,宣德帝得知后震怒异常,下旨斥责杨木答兀违逆天道,背叛朝廷,哄吓良善,罪不容诛。并谕令,若是他及时悔恶从善,朝廷将屈法申恩,特加宽宥。如果继续怙恶不悛,将尽数擒拿,解到京师,以正国法。

从这以后,协助明廷追回杨木答兀所掠的人口,就成为猛哥帖木儿不容推脱的责任。明廷一方面直接谕令猛哥帖木儿传令杨木答兀送还所掠去的人口,就是三岁的小儿也必须送还。同时,旨令朝鲜派遣官员前去催促。宣德七年(1432年),明廷张内官带领随从人员到建州捕鹰回京,猛哥帖木儿、凡察等依遵朝廷命令,随同张内官送还杨木答兀所掠的人口一百三十多人，此举颇得朝廷的赞许。宣德帝以猛哥帖木儿忠于职守，行为可嘉，晋升他为右都督。

猛哥帖木儿效忠于明廷，使明廷更加相信解决杨木答兀的问题必须依靠猛哥帖木儿。宣德八年（1433年）十月，辽东都指挥裴俊受皇帝旨谕，率领官军一百五十二人，会同朝鲜陪同人员，共一百六十多人，前往阿木河，再次接收杨木答兀所掠的人口。十月十四日到达，屯兵于野。十五日拂晓，杨木答兀伙同古州女真（即所谓七姓野人）三百多人，突然将官军团团围住。两军交锋，互有伤亡。猛哥帖木儿闻讯率领五百人前来增援。他一马当先，截住要路，大呼；送出杨木答兀方可解围。敌方不允，两军列队大战。凡察、阿谷也相继率众前来助战。杨木答兀败阵落荒而逃。猛哥帖木儿率军勇猛追杀。杨木答兀为追兵所逼，势穷力竭，弃马登山而逃。在战场上，凡察等八人负伤，保卫了明廷的使臣和官军。

四天以后，十月十九日，朝廷使臣正要同凡察、阿谷等到各部去领取被掠人口，杨木答兀等人又率领七姓女真八百多人，各披明甲，包围了猛哥帖木儿、凡察、阿谷、歹都等人的家和官军营寨，纵火焚烧房屋。阿谷等措手不及，栅门被攻破，栅墙倒坏，敌军冲入内庭，内外喊杀声震天，白刃相接。因为事前无备，众寡不敌，猛哥帖木儿和长子阿谷等多人战死。妇女、儿童和敕书、印信都被抢劫一空，只有凡察幸免于难。明使与官军乘着混乱的机会，奋力杀出。猛哥帖木儿付出重大代价，为保护明朝使臣，维护国法，做出了应有贡献。

明宣德帝虽然宣布杨木答兀背叛朝廷，罪不容诛，但这时的朝廷还能够遵守祖训，不肯轻易出兵讨伐。明太祖曾训示说："四方诸侯，皆限山隔海，僻在一隅，恐后世子孙倚中国富强，贪其疆界，无故兴师，致伤人命。但胡戎与西北边境互相密近，累世战争，必选将练兵，时谨备之。"意思是说，只可练兵严防，万勿轻易远征，或穷兵黩武。因此，尽管凡察恳乞朝廷发兵，杨木答兀又屡次不肯听从旨令，而宣德帝也只下旨痛责，令他改恶从善而已。正统帝即位以后，更是从宽处置，晓谕杨木答兀：凡是先前所有的过失，都置之不问，并封其弟杨满皮为正千户。这时，朝廷执法得宜，猛哥帖木儿等女真人忠于职守，上下关系和谐，边陲得以巩固。

努尔哈赤的五世祖董山是有大功也有大过的人物。他敢作敢为，轰轰烈烈地度过了暂短的一生。正统七年（1442），明廷分建州左卫，析置建州右卫。《明英宗实录》记载：

"分建州左卫，设建州右卫。升都督佥事董山为都督同知，掌左卫事；都督佥事凡察为都督同知，掌右卫事。董山收掌旧印，凡察给新印收掌。"

从此，建州女真就分为建州卫、建州左卫和建州右卫，合称"建州三卫"。

宣德八年（1433年），建州左卫猛哥帖木儿等所属的核心部落遭到杨木答兀和七姓女真人残酷的屠杀和毁灭，部众骤然离散。猛哥帖木儿的嫡系诸子被掠，余众无人统领。内部开始分争。其中部分人拥护阿谷的养子老胡赤，部分人跟随猛哥帖木儿的弟弟凡察。不久，凡察入京报告兄长被杀的情况。宣德帝以凡察曾经立有战功，便任命他为都督佥事，统领建州左卫部众。

时过不久，猛哥帖木儿的幼子董山和阿谷的妻子，在毛怜卫指挥哈儿秃等的斡旋下，从掠夺的部落中赎取回来。董山回卫以后，在正统五年（1440年），与叔父凡察移居至佟佳江（今浑江）、苏子河（今辽宁省新宾县西苏子河）近地定居。这时董山虽然仅有二十岁，但在许多部众的支持下，同叔父凡察展开了争袭职位的明争暗斗。关键是争掌卫印和统管部众。董山没有归来以前,猛哥帖木儿的嫡系以阿谷养子老胡赤为代表的部众,反对凡察统领部落。后来因为明廷对凡察赐授新印,晋职加级,令他统领部众,斗争稍微平息了一些。董山归来以后,争袭斗争又掀起了新的高潮。大部分部落成员心向董山,只有少数人拥护凡察。叔侄之间争袭夺位,互不相让。董山手握旧印奏报朝廷,想以印为凭独掌卫事。朝廷倾向凡察,想叫凡察掌管卫事,以董山充副职,同理卫事,命把旧印上缴朝廷。旨令下达以后,凡察、董山都认为旧印是祖宗传下来的,不肯交回。明廷无可奈何,又决定保存旧印,由凡察掌卫事,把新印送还朝廷。结果叔侄关系更加紧张了,彼此视如仇敌,都置朝廷的决定于不顾,致成骑虎难下之势。事情既然如此,正统帝不得不采取更实际的步骤,即查询部落中的民心所向,以定取舍。辽东总兵官曹义得旨后,查知建州左卫部落大部分成员倾向董山。于是,朝臣决议请旨:增设建州右卫。正统七年(1442年),经皇帝批复,分建州左卫,增设建州右卫。任命凡察为都督同知,独掌右卫事。董山也为都督同知,独掌左卫事。这样,就出现了所谓的"建州三卫"。

董山对于明朝中央政府的态度前后不同,前期基本上继承父志,忠于朝廷。明廷对于建树丰功伟绩的猛哥帖木儿的后裔也给予足够的关怀和提拔。正统二年(1437年)十一月,董山回卫以后,第一次向明廷奏事,述说父、兄被害的情景,提出要迁入辽东居住。

董山迁往苏子河三卫合住后,官至右都督,势力复大振。他乘建州卫指挥使李满住年迈之机,起而兼管三卫,颇有统一建州女真之势。但是,明朝中期国力强盛,明廷在加强对女真等族地区管辖的同时,又实行民族分裂和民族歧视的政策。就是使其"各相雄长,不相归一",彼此掣肘,尔争我杀。这种"分其枝,离其势,互令争长仇杀,以贻中国之安"的政策,是明朝统治者对女真族的传统政策。同时,明辽东镇守太监、总兵官等,常对女真抚安无方,横加勒索,滥杀贡使,"启衅冒功"。这就激起女真首领的不满,以"寇掠"相报复。明廷则派兵攻杀,朝鲜也相呼应。仅建州女真迁居辽东的半个世纪间,先后受到朝鲜三次(其中一次与明合军)、明军三次袭创。其中最为惨重的是继宣德八年(1433年)猛哥帖木儿蒙难后,成化三年(1467年)董山再度蒙难。

先是,董山等女真贵族借口反对明朝政府的压迫,不时出兵辽东地区"犯抢",掠夺耕牛、马匹、衣物和人口,给辽东人民带来灾难。明廷的一份咨文中称:"建州三卫女直,结构诸夷,悖逆天道,累犯辽东边境,圣虑圣虑,特命当职等统调大军,捣其巢穴,绝种类。"成化三年(1467年),建州左卫都督同董山(童仓),入京朝贡,返程被执,羁之广宁(今辽宁北镇)。同年九月,明军会朝鲜军,合攻建州,董山(童仓)被杀于广宁羁所。明廷派太监监军黄顺、左都御史李秉、武靖侯赵辅等统八万余官兵,分作五路一监军黄顺、都御史李秉、总兵赵辅统二万六千人,出鸦鹘关往苏子河,为中路;总兵韩赟统一万三千兵,发向通远堡,为右翼;总兵裴显统一万三千兵,发向碱厂;总兵王英和参将孙璟各统一万三千兵,分别发向抚顺所和铁岭卫,是为后军。东面,朝鲜以绫城君具致宽为都体察使,康纯、吴子庆、鱼有沼、崔适和李克均为裨将,领兵一万五千分五道进攻。建州女真腹背受敌,力寡势弱,恃山林为险阻,借弓矢以御守。经过顽强抵御,建州女真损失惨重。据《朝鲜李朝世祖实录》,记载主将康纯的奉启:

臣领兵于九月二十六日,与右厢大将南恰自满浦入攻婆猪江。斩李满住及古纳哈、豆里之子甫罗充等二十四名;擒满住、古纳哈等妻子及妇女二十四口;射杀未斩头一百七十五名;获汉人男一名、女五口,并兵械、器、仗、牛马;焚家舍积谷。退陈以后待辽兵，累日无声息，故本月初二日还师，初三日渡江。
又左厢大将鱼有沼自高沙里入攻阿弥府。斩二十一级；射杀未斩头五十；获汉
女一口，并兵仗、器械、牛马；焚家舍九十七区。亦与辽东并不遇。

朝鲜军未同明朝军会师。但是，明武靖侯赵辅在《平夷赋并序》中，详述了对建州女
真之凶恨残暴，饕餮酷烈：

> 尽虏首之所有，罔一夷而见逃。剖其心而碎其脑，粉其骨面涂其膏。强壮
> 尽戮，老稚尽俘。若土崩而烬灭，犹瓦解而冰消。空其藏而潜其宅，杜其穴而
> 火其巢。

建州女真受辽东军与朝鲜军的双重打击，栅舍被焚烧，部民被杀俘，粮食遭烧掠，首
领遭斩杀，焚荡殆尽，部落残破，罹难空前，无法统一。

努尔哈赤的四世祖为锡宝齐篇古。董山有三子：长妥罗，次妥义谟，三锡宝齐篇古。
董山死后，妥罗继父为建州左卫指挥使。弘治中，妥罗晋为一品都督。终明孝宗之时，
妥罗曾五次入朝。妥罗执掌建州左卫印时，因其部曾受明军"焚其巢寨房屋一空"的重
创，元气一时难以恢复。他又软弱无能，建州女真仍处于分裂的状态。正德元年（1506
年），妥罗死去。明廷以妥罗之子脱原保袭其父职。建州左卫指挥使脱原保，在明武宗
时，曾先后五次入京"朝贡"。他曾于嘉靖二年（1523 年），最后一次进京"朝贡"，仍同明
朝保持密切的关系。妥罗的三弟锡宝齐篇古，其事迹不详于文献记载。锡宝齐篇古只
有一子，名叫福满。

努尔哈赤的曾祖是福满，后来清朝尊他为兴祖直皇帝。福满有六子：长德世库，居
觉尔察地；次刘阐，居阿哈河洛地；三索长阿，居河洛噶善地；四觉昌安，居赫图阿拉地；
五包朗阿，居尼麻喇地；六宝实，居章甲地。六人各筑城分居。而赫图阿拉城，与五城相
距，近者五里，远者二十里。福满六子，共生二十二子。福满子孙凡二十八人，环卫而
居。声息相通，成为建州女真中一个大宗族。福满的六子，后称为宁古塔贝勒。"宁古
塔"是满语 ningguta 的对音，意为六；"贝勒"是满语 beile 的对音，初意为"大人""首长"，
为女真贵族之称号。崇德元年（1636 年）定封爵，贝勒在亲王、郡王之下。福满诸子孙聚
族分居，耕田采猎，牧放孳息，在苏克素浒河地域是一个稍有势力的大宗族。

努尔哈赤的祖父是觉昌安（叫场），后来清朝尊他为景祖翼皇帝。觉昌安继承先业，
居住在赫图阿拉。"赫图"是满语 hetu 的对音，意为横；"阿拉"是满语 ala 的对音，意为
岗。赫图阿拉意为横岗，在今辽宁省新宾满族自治县永陵乡老城村，后清定名为兴京。
觉昌安（叫场）家族在苏克素浒河谷地带，耕田种粮，纺织麻布，并到抚顺马市贸易。据
《定辽后卫经历司呈报马市抽分与抚赏夷人用银物清册》记载，觉昌安（叫场）从万历六
年（1578 年）五月初三日至七月十二日，共六十九天的时间里，先后纳抽分税银与受抚赏
银物凡三次：

（五月）初三日，落雨。夷人叫场等四十五名，到市与买卖人（原档残缺）猪
牛等物，换过麻布、粮食等货。一号起（原档残缺）抽税银五两二分四厘。

（五月）初三日。抚赏买卖夷人叫场等二十三名，牛二只、价银七钱五分，
猪一只、价银一钱，盐一百五十五斤、价银六钱二分，共用银一两四钱七分。

（七月）十二日。抚赏买卖夷人叫场等二十一名，牛一只、价银二钱八分，
猪三只、价银三钱七分，兀剌一双、价银七分，红布四匹、价银四钱八分，盐二百

七十斤、价银一两八分,共用银二两二钱八分。

觉昌安(叫场)率四十五人到市买卖,其人数同叶赫贝勒率众千余人到市买卖相比虽相差甚大,但被载入明档说明,他是建州女真苏克素浒河部的一个小部首领。觉昌安(叫场)"有才智",在族中享有威望,与明辽东总兵官李成梁关系密切。他利用家族的优势,逐步扩大势力范围。其时,近地部落有硕色纳和加虎两个强族:

是时,近地部落中,有名硕色纳者,生子九,俱强悍;又有名加虎者,生子七,俱轻捷多方,尝身披绝甲,连跃九牛。二旗恃其强,侵凌诸路。

觉昌安(叫场)不畏强族,凭借智勇,率领宁古塔兄弟及子侄,往征硕色纳和加虎:

破硕色纳子九人,灭加虎子七人,尽收五岭迤东,苏克素浒河迤西,二百里内诸部,六贝勒由此强盛。

觉昌安(叫场)族盛势众,颇孚众望。他有五子,长礼敦,次额尔衮,三界堪,四塔克世(他失),五塔察篇古。觉昌安(叫场)的第四子塔克世(他失),是努尔哈赤之父,后被清朝尊为显祖宣皇帝。

努尔哈赤的先世,从猛哥帖木儿至塔克世(他失),凡六代,历时二百年,由斡朵里经斡木河到凤州,再由凤州经斡木河到苏克素浒河谷,几经周折,数盛数衰,最后定居在赫图阿拉。这里的自然条件和地理位置,比海西女真和黑龙江女真居住的地区更为优越。因此,建州女真在女真三大部中,"居中雄长,地最要害"。它比邻抚顺,接近汉族聚居地区,便于和汉族互市通商,输进铁制农具、耕牛和先进生产技术,加快了本部经济发展的步伐。女真社会经济的发展,"贡市"和"马市"贸易的扩大,各部经济联系的加强,到16世纪末和17世纪上半叶,出现各部统一与社会变革的趋势。建州女真由于历史与地理、经济与文化、军事与政治、社会与民族、首领与部民的条件,就成为女真各部统一与社会改革的核心。建州左卫指挥使世家出身的努尔哈赤,凭借时代机遇,组织部民力量,使用巧妙策略,施展个人魅力,跨入女真各部统一与社会改革的历史之门。

三、浪迹辽东

1559年,努尔哈赤出生在赫图阿拉一个女真贵族的家庭。似乎他与生俱来就与鸟有着不解之缘。不知何时有了这样的传说:他的母亲曾梦见天眼大开,飞出一只雪羽金爪的神鹰,直扑己怀,遂身怀有孕。于是,努尔哈赤便有了天上小白鹰下凡投胎的"身世",甚至在史书上也有其母怀胎十三个月的记载。

科学不发达的古代,使人们的认识也变得模糊,而历史的纷繁和光怪陆离又使人们不得不借助于"天命"和"神话"。

同许多女真贵族一样,努尔哈赤的家庭奉行着一夫多妻制的原则。父亲塔克世有三妻、五子、一女。幸运的是,他的母亲是塔克世的正妻,姓喜塔他氏,名额穆齐。她为塔克世生有三子一女,长子即是努尔哈赤,还有三子舒尔哈齐,四子雅尔哈齐。此外,侧室李佳氏,生次子穆尔哈齐。继室纳拉氏,生五子巴雅喇。

无疑努尔哈赤的母亲是得宠的。而其获宠的原因却似乎与众不同。

额穆齐,是建州女真首领、人称阿古都督王杲的女儿。也有人说,她本是个砍柴的樵女,王杲游巡山中,见其相貌异人,遂收为义女。总之,额穆齐虽无天姿国色,却有着惊人的贵相。她的双眉之间有一淡红色的圆痣,大如鸽卵,按照《易经》所记的相学,这叫"眉担日月",生子贵不可言。因而,身为都督的王杲曾为她大摆擂台,比武择婿,而在众多跃跃欲试的女真豪杰中,塔克世以骑术箭术刀术精湛连连夺魁,终于娶得这位象征大福大贵的女子。

白鹰借贵相的母体转世,使这位"鸟的传人"变得神秘莫测。然而,童年的努尔哈赤却不具备鸟的本能。他的名字,努尔哈赤,即"野猪皮",不过说明他同所有的女真幼童一样,是个穿着兽皮长大的普普通通的人。他也像同族所有男孩子一样继承了女真人尚武的传统,酷爱骑马和射猎。他迷恋那巍峨高耸的呼兰哈达山,那缓缓穿行于山间、流经赫图阿拉山寨的苏子河,那层峦叠嶂、婉蜒起伏、如卧龙盘旋欲飞的群山……这山青水碧的高山低谷,正是努尔哈赤纵马驰骋的摇篮。

在苏子河畔,他曾有过以柳榆为弓、割荆蒿为矢的童年。他曾经与同伴比武较射,十几个天真顽皮却又十分认真的孩子,模仿大人,各出箭两支,竖为一簇,然后站在三十步以远,依次发射,这时努尔哈赤总是射中最多。无疑,他是他们中间的强者。而他那高超的箭术,在他三十岁时,曾令众人一睹风采。

那是在他去哈达迎亲的路上,遇到一个名叫钮翁锦的善射者,人称为栋鄂第一。努尔哈赤请他献技。面对一棵百步远的柳树,钮翁锦连发五箭,中的三箭,上下相错。而努尔哈赤连发五箭,不仅箭箭中的,且五矢环聚,远者不过五寸,众人赞为神箭。自然,其箭术得益于那骑射的童年。

努尔哈赤并非生来就是英雄,命运亦并非总是一向对他眷顾。他那如火如荼的铁血生涯也曾有过忍受屈辱的时光。

努尔哈赤十岁那年,他的生母额穆齐突然去世,而由此带来的不幸,远远胜过丧母的悲哀。

开始是继母纳拉氏的白眼,继之是父亲的辱骂。努尔哈赤不再拥有家的温暖。

不知是出于偏狭自私,还是出于女人的妒忌。虽然额穆齐的死,使纳拉氏如释心中块垒,而三个尚未成人的孩子仍被视如眼中钉、肉中刺。她嫌弃他们,鄙视他们,甚至无缘无故、无中生有地指责他们。而惑于妇言的塔克世非但不明视听,反而把母子之间的不睦,统统归咎于无辜的努尔哈赤兄弟。他责罚他们,警告他们,常常是不分青红皂白……

家,对努尔哈赤来说,已名存实亡。

失去母爱,已是不幸,随之而来的家道中衰,更加剧了这种不幸。

整日都是继母怨天尤人的唠叨和指桑骂槐的喊叫,同时还有言过其实的"哭穷"。于是,尚无自立能力的努尔哈赤又成为矛盾的焦点,他被看成家庭的包袱、生活的拖累。

努尔哈赤生来不苟言笑。父亲和继母的冷言,生活的冷酷,使沉默寡言的他变得淡然和冷漠。他默默地忍受着,没有辩白,没有抱怨,更没有反抗。但天性的倔强和自尊在他心中堆积起自强的意念。生活的变迁,使他过早地成熟,终于有一天,才十岁出头的努尔哈赤走出了家门。

赫图阿拉是一个坐落在群山之中的小小山寨,发源于长白山西麓的苏子河流经寨下。依山傍水的自然环境,使这里成为女真人渔猎耕作的故乡,而广阔的山林,更是慷慨地赐给他们各种飞禽走兽、珍宝和人参……

努尔哈赤走进了山林,他加入了采集山货的行列。

每年的春秋两季,是女真人挖参采山货的季节。他们把采集到的山货,送到开原和抚顺的"马市"上,换来米、布、耕牛、铧子以及锅、斧、针线等生产和生活用品。马市贸易给闭塞和贫穷的女真人带来新鲜的感觉和丰富的物品。从而,也使这些依赖山林为生的女真人更加热衷于采集。他们白天在莽莽的林海中采集松子、榛子、蘑菇、木耳,挖掘人参,晚上,便在被称作权子的窝棚里野宿。权子又低又矮又潮湿,仅能容下三四个人。二月和三月,辽东的夜晚已是寒气逼人,呼呼的北风不时透过草苫的窝棚,吹打在卷缩着的人们身上,而白日的劳作竟使疲惫冲淡了寒冷,窝棚里仍然不时地发出鼾声,与远处野兽的嘶鸣组成山林里的二重奏。

努尔哈赤正是从这里开始领略人生的。风餐、露宿、暴雨、狂风,蚊虫扑面、烈日似火……也许正是人间的艰辛,才在他那幼小的心灵里筑起刚毅和坚忍的信念。

大约是在这个时期,十几岁的努尔哈赤又开始挖参。山里人习惯地称人参为"棒槌"。棒槌多长在陡峭的山崖上,因而挖人参不但有翻山越岭的劳苦,且有坠入山涧的危险。女真人通常结成挖参的群体。如果不是努尔哈赤生得身高体壮,如果不是生活练就了他那勇敢顽强并不失机敏的个性,恐怕没人会接受一个孩子入伙。

努尔哈赤挖参的经历,在民间留下了种种传说。

传说,当年努尔哈赤曾同七人结成挖参的弟兄,但尽管八兄弟每天不辞辛劳,却是枝参未见。半个月后的一个晚上,坐在窝棚里的八兄弟愁眉不展。突然,外面刮起一阵狂风,接着又是一声吼叫,八兄弟往外一看,见是一只斑斓猛虎,瞪着亮如灯盏的双眼蹲在窝棚外面。

山里人称老虎为山神爷。按照山里的规矩,挖参人遇到老虎,须轮流向虎投掷帽子,谁的帽子被虎叼走,谁就做老虎的点心。于是八兄弟开始按规矩行事。他们一个接着一个地把帽子投向老虎,可是老虎概不理睬。但当最小的努尔哈赤把帽子投出后,老虎叼起帽子,慢腾腾地走了。

努尔哈赤告别了众兄弟,跟着老虎走去。他爬过一座山,又是一座山,走走停停、停停走走,老虎始终与努尔哈赤保持一定的距离。终于,老虎不走了,努尔哈赤被带到了一座悬崖的平台上。只见平台上长着一片绿茸茸的草,每棵草上都顶着一团红红的花。这时,老虎不见了。

第二天,努尔哈赤领着七兄弟在平台上一共挖出了八八六十四棵大人参。

老虎指路挖参的神话,自然来自民间对英雄的崇拜。后来,满族百姓为纪念曾在长白山挖参的祖先,在院中立杆祭祀,而那长长的木杆,就意味着努尔哈赤当年用来挖参的索拨棍(木棍)。

几年过后,十五六岁的努尔哈赤已经长大成人。尽管他做了种种努力,但家中仍然没有他的容身之地。他不愿再看到纳拉氏那冷若冰霜的面孔,于是,带领小他四岁的胞弟舒尔哈齐寄居到外祖王杲的家中。

外祖王杲是个传奇式的人物,集勇武与智慧、残暴与狡黠于一身。明嘉靖年间,他出任建州左卫指挥使,隆庆末年升为都督,控制了建州三卫进京朝贡的五百道敕书(敕书,为女真人进京朝贡的凭证,女真人以多得者为荣),"九合诸酋",成统领建州各部之势。

但从有限的文献记载来看,王杲的家世似乎同建州三卫没有渊源。他的发迹充满了暴发户的冒险与偶然。

"据说王杲的父亲多贝勒,原为五女山(辽宁桓仁县西北)下的猎户,因自虎口救得哈达首领王中,被王中收为管下,后来,王中扶持他建寨古埒山(辽宁新宾县境内),成了古埒山寨的贝勒。古埒山寨地处女真人通商抚顺、朝贡京师的要道，多贝勒以勒索渡资、倒卖皮货骤然致富，加上他那精湛的猎术和武功，聚众成势，称雄一时。于是，引起明朝边官的注意。时王中已死，其侄王台继为哈达贝勒，为几大势力之一，遥领各部。因王台忠于明朝，为边官信任，边官授意王台设计杀死了多贝勒。"

王杲是这次劫难的幸存者。他招聚部属，在古埒山再筑新寨，并趁觉昌安父子为争雄建州而与势盛的栋鄂杀得两败俱伤、建州女真四分五裂之机，重操父业，抢夺敕书，把持贡市，再度雄起。而且，以表面的忠顺得到建州都督的头衔。

其时，建州女真纷纷归附，就连被明人称为"市夷头目"、官建州左卫都指挥使的觉昌安也与六弟宝实率领族人依附了王杲。努尔哈赤的父亲塔克世正是在这个时候做了王杲的部将，并娶了王杲之女额穆齐。据说，择婚时王杲并不满意塔克世，只为有言在先，才不得不把女儿嫁给他。

而今，光阴荏苒，额穆齐长眠于荒冢，她的骨肉则流离在外，王杲自然心生酸楚。也许正是出于对外孙的怜悯和爱护，王杲收留了努尔哈赤兄弟。而以王杲的地位和权势，努尔哈赤定可受到保护，从此摆脱不幸。这本该是福，然而造化捉弄人。在极重政治联姻的女真上层中间，家庭矛盾的背后，往往牵扯着诸多复杂的关系，隐伏着不为人知的政治背景。

努尔哈赤的继母纳拉氏，并非普通人家的女子。她本与哈达贝勒王台同族，名叫肯姐，因被王台看中收为养女，故而有恃无恐。塔克世继额穆齐之后再娶纳拉氏，无非是看中她那哈达贝勒养女的身份，以保持与两大势力的均衡外交。在额穆齐死后，他不顾父子之情，一味牵就纳拉氏，自然有他的苦衷。而与王台猜忌颇深的王杲亦是不愿为此卷入家庭的旋涡，不愿面对矛盾背后的王台。更何况这一时期他与觉昌安父子的关系，也处于极为微妙的状态中。

原来，王杲自恃雄长建州，无视明朝边官，多次扰边作乱，而觉昌安父子则一直是王杲的追随者，被边官骂为"贼首"。可是，觉昌安很快悬崖勒马，他背着王杲遣人通款边官，输诚悔罪。此后，他们父子二人多次协助明朝官兵，逮捕扰边的女真人，暗引官军擒拿王杲，并与明朝边将李成梁往来密切。对此，王杲不会毫无知觉，他与觉昌安父子早已是貌合神离、相互戒备。而政治斗争的残酷，使他对亲情也变得麻木不仁。外孙也就成了他借以对付觉昌安父子的一张王牌，迹类人质。故而在明人的许多记载中，称努尔哈赤为王杲之奴。

这一切，努尔哈赤全然不知，年龄和阅历都使他难以顾及事情以外的复杂因素。在外祖家所得到的片刻安宁，已使他心满意足，也不敢再有所奢望。而且，努尔哈赤似乎也不枉有此寄寓的经历。不知是先天的遗传基因还是后天的耳濡目染，在他身上总能看到王杲的影子，那智算过人的头脑、冒险进取的个性，以及对汉族文化与文明的钦迟……

可是，对努尔哈赤来说，就连这种寄人篱下的安宁也是短暂的。他从王杲那里得到上述的遗传和继承的同时，也招来了祸患。

万历二年(1574)，王杲在马市上，借明朝边吏验马索贿，煽动建州各部及蒙古三卫袭扰边关。随后，又因边吏收容其部下属人，索要不成，袭杀明军，并将俘获汉人剖胸剜心，施以极刑。于是，明廷罢辽东关市，于是年十月派总兵官李成梁率六万明军血洗了古埒塞。王杲虽在激战中乘隙脱逃，但在明廷密如天网的搜捕下，于奔往蒙古三卫的上,不得已潜入哈达屯寨。命运一如其父多贝勒,王杲被哈达贝勒王台父子械送边官,随后又押解京师,被枭首于槁街。而努尔哈赤也于这次劫难中成了明军的俘虏。

历史上有许多令人费解却又不能不面对的事实。就在王杲身陷险境,古埒寨老幼惨遭屠戮的时候,努尔哈赤拉着弟弟舒尔哈齐一同跪倒在李成梁的马前,痛哭流涕,求赐一死。这种摇尾乞怜、涕泗涟颐的行径,使人很难与那个叱咤风云、铁马神箭的努尔哈赤联系在一起。然而,他的的确确就是努尔哈赤,努尔哈赤有过对人泣首臣服的耻辱。也正因如此,他才躲过了这场必死无疑的大屠杀。

李成梁见努尔哈赤乖敏可怜,询问之后,又得知他是觉昌安的孙子,而觉昌安与塔克世恰恰是这次明军袭杀古埒寨的向导。于是,李成梁为笼络觉昌安父子,不仅免去努尔哈赤的死罪,还将他收为帐下,充作亲丁。

人的命运就是这样变幻莫测,努尔哈赤竟然因祸得福。本为李成梁阶下囚、刀下俎的他,转而变成了亲信的侍卫家丁。虽说投身从戎,以"夷人"充当明兵,并非努尔哈赤的本愿,但比起毫无温暖可言的家来,兵营不失为栖身之处。而北方民族特有的勇武,使努尔哈赤在战场上得以一展雄姿。每有征战,他捷足先登,率先冲杀,屡屡克建战功,颇得李成梁赏识,遂将其收为养子,扈从左右,甚至携其出入京师。时人多称二人谊属非常。

努尔哈赤对李成梁的感情却颇为复杂。他既感恩李成梁的厚爱,又忌惮其威严残暴,而李成梁对女真人的嗜杀,尤其令他无法忍受。于是,感激、惧怕、憎恨,交织在一起,他常常分不出哪种感觉最深切。当他亲眼看到外祖王杲被擒,而后又随械送王杲的明军进京,目睹王杲在槁街行刑时的惨烈,忿恚之情已形于色。这与其说是来自血统渊源的亲情,倒不如说是发自民族心声的愤慨。

但无论怎样,这段亲兵侍卫的经历对努尔哈赤的一生产生了重大的影响。他由此开始广泛地接触汉人,由此开始阅读《三国演义》和《水浒传》,由此目睹并体验到明廷政治的腐败,由此增长了军事才干。而日后,他对汉语的精熟,对汉族文化的倾慕,对行军作战的自信和颇多谋略的头脑,以及他在许多重大事情上所表现出来的与众不同的胸襟和非凡的胆识,似乎都得益于这一时期的启蒙。

俗话说,"人有旦夕祸福"。人生命运的转折往往决定于瞬间。

就在努尔哈赤颇为自得之时,一件意外的事情发生了。他为此遭到李成梁的猜忌。然而,当李成梁率领兵丁前往械捕他的时候,他已在李成梁夫人的搭救下脱难而逃。

不知出于何种原因,这件并非无关紧要的事情,却为官书所讳。而事情的原委,努尔哈赤罹难的前因,更是一个无从知晓的"疑案"。于是,诸种民间传闻接踵而起,竞相填补了这段历史的空白。而在野史稗乘中,尤以"罕王的传说"流传最久、最广。

罕王,即指努尔哈赤。罕,即"汗"也,但满族民间则习惯地称其为"罕王"。

当年的"罕王",还只是一个十七八岁的小侍从。但两年兵营生活的历练,使他一洗山野顽童的粗俗,长成了一个气度不凡、相貌英俊的男子汉。在史书中留下了这样的记载:"太祖凤眼大耳,面如冠玉,身材高耸,骨骼雄伟,言词明爽,声音响亮,一听不忘,一见即识,龙行虎步,举止威严。"

"太祖仪表雄伟,志意阔大,沉几内蕴,发声若钟,睹记不忘,延揽大度。"

"身高八尺,智力过人。"

"不胖不瘦,躯干壮健,鼻直而大,面铁而长。"

虽然,封建文人对帝王的溢美之词,使得文献的记载也令人难以置信。但透析这些记载,仍然可以依稀感受到他那勃勃英气。

传说,正是努尔哈赤那堂堂的仪表和他那憨气十足却又带有野味的个性和气质,牵动了李成梁小夫人(妾)的心。与他年纪相仿的小夫人对努尔哈赤十分钟情。一天晚上,正在足浴的李成梁抬起脚对小夫人逗趣说:"你看,我所以官至总兵,正因脚上长了七颗黑痣!"小夫人不以为然。她漫不经心却又略带夸耀地答道:"帐下侍从努尔哈赤的脚上也长了七颗痣,而且是七颗红痣!"不料,李成梁听后,竟然大惊失色。原来,他刚刚接到皇帝的圣旨,说是钦天监夜观天象,有紫微星下降,东北方向有天子象。令他严密缉捕。在那信天命、敬鬼神为时尚的时代,这是一件非同小可且有关社稷存亡的大事。七颗红痣,正是所谓的天子象。李成梁当即下令,造囚车以备,待翌日天明,即将努尔哈赤绑缚京师,开刀问斩。

李成梁的小夫人本欲为努尔哈赤争宠,却无意中闯下大祸。她追悔莫及,情急之下,竟然顿生胆智。夜深以后,小夫人待李成梁已入酣梦,急忙唤醒努尔哈赤,向他说明了原委。

努尔哈赤顿时一身冷汗。他万分感激地拜谢小夫人说:"夫人相救,实是再生父母,他年得志,先敬夫人,后敬父母。"说完,即盗得一匹大青马,连夜朝长白山方向逃去。跟随努尔哈赤的还有他平时喂养的那条黄狗。

小夫人送走了努尔哈赤,便在柳枝上系白绫自缢。

第二天早上,找不到努尔哈赤的李成梁大为恼火。正当他为此疑惑不解之际,发现了吊在树上的小夫人。李成梁立时醒悟。小夫人的叛逆,不仅令他颜面无光,且断了他升官的良机。李成梁勃然大怒,他扒下小夫人的衣服,在裸露的尸体上重责四十大板,然后派出了大量追兵,下令定要把努尔哈赤捉拿归案。

这时,奔跑了一天的努尔哈赤已是人困马乏,他正要下马休息,忽然听到人喊马嘶的噪杂声由远而近。他知道追兵赶来,便策马飞奔。也不知走了多远,疲劳已极的大青马突然倒下了。没有了坐骑,努尔哈赤必死无疑。但他不甘心命运的摆布,仍然拼命地奔跑着。眼看就要被追兵赶上。正在这时,他忽然发现前面有一棵空心的枯树,便急忙钻了进去。奇怪的是,不知自何处飞来许多乌鸦也落到了这棵树上。追兵赶到了,但乌鸦栖聚的枯树,使他们相信了这里无人。努尔哈赤终于脱险了。

追兵渐渐地走远了,努尔哈赤从枯树中爬出来,钻进了芦苇丛生的荒草地。他松了一口气。惊恐和奔波使他疲惫不堪,他躺倒在地便熟睡过去。

不知过了多久,一无所获的追兵又原路返回,他们纵火烧荒,要将努尔哈赤"火葬"。

眼见漫天大火越来越近,而努尔哈赤依然酣睡不醒。这时,一直跟随他身边的黄狗开始奔跑起来。它跑到附近的河边,浸湿了全身,再跑回来,在努尔哈赤睡下的四周打滚。一次,又一次,黄狗拼命地来回奔跑着,在地上翻滚着,终于把努尔哈赤身边的草地全部弄湿,而黄狗却倒在了努尔哈赤的身旁。当努尔哈赤醒来的时候,一望无垠的荒草地已经化为一片灰烬,唯有他身边环绕着一小块草丛,冒着缕缕青烟,而倒在地上的黄狗浑身湿漉。他立即明白了,是黄狗以死相救,用身上的水隔断了大火。努尔哈赤泪流满面,他对狗发誓说:"今后子子孙孙永远不吃狗肉。不穿狗皮。"

后来,努尔哈赤逃到了海西女真叶赫部。为叶赫贝勒仰加奴所器重,其派人护送努尔哈赤回到了家中。

这段颇为风流而又充满惊险的经历,向因乌鸦保驾、黄狗救主而被视为荒诞不经。但传闻总须捕风捉影,而影子总会给人以原形的启示。在清人编著的史乘中有着这样的记载:"成梁妻奇其貌,阴纵之归。""太祖(努尔哈赤)如叶赫时,上(努尔哈赤)脱李成梁难而奔我"。只是这些记载比起那神秘动人的传闻要枯燥艰涩得多。

"罕王的传说",不仅证明了努尔哈赤与乌鸦的天缘,由此成为"神"的化身,而且派生出许多传说中的传说,使人们可以从中找寻到许多满族民俗的渊源:

——满族每年在黄米下来的时候,都要插柳枝,为的是感激和纪念那位为救"罕王"而在柳树上殒命的小夫人。

——满族祭祖时有一段时间要灭灯,则是因为小夫人死后,曾遭李成梁裸身鞭责,祭奠时须息灯以避。

——满族忌杀狗、忌吃狗肉、忌穿狗皮衣、忌戴狗皮帽,为的是不忘那条忠实救主的黄狗。

——满族人的院落里,都立有一根一丈多高的木杆,称"还愿杆子"。祭祀时,要在杆子上挂些食物(多用牲畜的内脏)以备乌鸦和神鹊来食,称为神享。这是因为,努尔哈赤脱险后,曾在长白山以挖野菜掘人参为生,他想到在种种危急关头,均能化险为夷,俱是上天的保佑。于是,他立起手中的木杆祭天。同时想到乌鸦保驾,就将食物挂在了杆子上。后世相沿成习。

神话与传说,只能来自后人茶余饭后的闲谈,说明了后人对英雄的崇拜。而当时的努尔哈赤仍是一个遭到通缉而又无家可归的普通人。虽然有叶赫贝勒仰加奴的厚爱,派兵将他送回家中,但在继母的眼里,他似乎仍是一个多余的人。她仍然容不得他。

不知是为了躲避李成梁的追捕,还是为了躲开纳拉氏阴沉的面孔,努尔哈赤并未在家立足,他第二次走出家门,开始了真正的游子生涯。

海阔凭鱼跃,天高任鸟飞,大自然拥抱了他。

努尔哈赤重新走进了山林。他再次拿起索拨棍,掘人参、采山货,捕鱼猎兽。他也常常走出山林,隐名埋姓出入辽东关市,佣工于大户乃至衙府。生活的源泉永远取之不竭,而漂泊的生活则丰富了人生经历。如果说山林里的磨炼和拼搏使他坚毅勇敢,那么山林外的闯荡和奔波则使他明达和睿智。他尤其热衷于那令人眼花缭乱的马市贸易。

当时,明朝在开原和抚顺城外开设了镇北关、清河关、广顺关、新安关以及抚顺关等许多集市。这些用于汉人同女真人、蒙古人贸易的集市,因以女真、蒙古人的马匹等土特产的贸易为主,故而称作"马市"。马市每月开两次,每次五至七天。由于马市是耕猎的女真人唯一对外贸易的场所,马市贸易也就成了他们与外界联系与沟通的良机。每逢市集,一如节日。临近的乡民,乃至来自山东、山西、河北、苏州、杭州、易州等地的关内商贾熙来攘往、络绎不绝,持货聚集到用土坯筑起的市圈。马市不仅是贸易的场所,它足可以称为社会的窗口。努尔哈赤从这里看到种种不同的面孔,官吏的骄横与残暴,商人的贪婪与狡诈,穷民的饥寒与软弱,形成一组反差强烈的脸谱。

然而,对努尔哈赤来说,在马市上接触到来自四面八方的汉人、蒙古人和女真人,则更意味着他真正地走出了以往的狭小天地。在与不同人的交往中,他的视野更加开阔,见解更加成熟,处事也更加干练。在他身上,很难再找到山里人的影子,而他那流利的汉语和蒙古语更是难以使人相信他是个女真人。但他的的确确是个有着古朴敦厚性情的女真人。

对女真人来说,也许十八九岁便是自立的年龄,大约在万历五年(1577年),努尔哈赤娶了第一个妻子佟佳氏·哈哈纳札青。从佟佳氏的父亲塔本巴颜是个名不见经传的小人物来看,这是一桩没有任何政治背景,甚至是没有父母之命的婚姻。婚约也似乎缔结于努尔哈赤的闯荡历程中,全靠萍水相逢的那点儿缘分。遗憾的是,这段佳话因无从考据,只能借助野史、小说的勾画来满足人们猎奇的愿望。

据说,有一次努尔哈赤在山里迷了路,漆黑的夜晚,不时传来令人毛骨悚然的兽鸣,努尔哈赤已不知所措。正在这时,遇到抚顺商人佟老翁。努尔哈赤百感交集,他自陈父母双亡,无家可归。佟老翁见其可怜,遂将其带回抚顺家中,收为佣工。

佟家虽非辽东巨富,却也家资富饶,是个良田万顷、牛马成群的地主兼商人。家里有着百十人的长工、短工。但佟家老翁却不以佣工待努尔哈赤,时而携他下乡收租,时而与他家中闲谈。时日越长,佟家老翁对努尔哈赤越器重,于是便将独生孙女嫁与努尔哈赤。

虽说其中的细节并不一定就是历史本身,但是努尔哈赤娶了佟家之女却是史实。他做了佟家女婿,在佟家他找回了久已失去的温馨,但纳拉氏却仍然把冷漠和无情推给他。在史书上有这样的记载,大约在他结婚这一年,父亲塔克世惑于继母之言,与努尔哈赤析产分家,所予牲畜、财产无几。也许正是纳拉氏的刻薄寡恩才斩断了他对家的最后一点依恋,他甘愿入赘佟家。而且,从此以后,努尔哈赤不但姓爱新觉罗(金),也姓佟。

入赘女家,而又改变姓氏,这不仅有辱开国皇帝的龙颜,且为封建道德规范所不容。更何况,佟氏并非女真人,而是世居辽东已经女真化了的汉人,只为后来佟氏家族追随清朝(金)有功,才划归满族,佟氏也就改为佟佳氏。因而清人对这段历史讳莫如深。但在当时,还不曾被封建礼教陈规所束缚的努尔哈赤,却从不为自己改"金"姓"佟"为耻,甚至在他起兵之初给明朝的文告中,也毫无顾忌地写着"佟努尔哈赤"。但或许正因他假冒佟姓,才躲过了李成梁的追捕。

当然,佟姓并没有为努尔哈赤的后代继承下来,而努尔哈赤何以姓佟,却引起了后人种种猜测。当有人提出努尔哈赤的五世祖董山是"佟山"的谐音,故而"佟努尔哈赤"乃是继佟山而言的时候,入赘佟家的说法受到了怀疑。但无论哪种说法,都证明了努尔哈赤确曾以佟为姓。

第二章　愤而起兵

一、内斗不已的女真各部

女真各部并不是原地不动地生活着,相反,他们总是在频频地迁移,就整体而言,这种迁移是自北向南的。作为满族主体的建州女真,他们是明朝设在奴儿干都司辖下的主要居民,和明朝政府的关系比较密切。奴儿干在黑龙江下游,奴儿干都司最先是元朝人设置的,"奴儿干"是满语"图画"的意思,这里山高水深,美丽无比,令人如置身于山水画中。后来元朝灭亡了,明朝兴起之后,永乐帝继续在此设立卫、所,以加强对东北地区的统治,它实际上是军政合一的相当于"省"一级的地方行政机构。

到了16世纪末期,建州女真由原来的"建州三卫"实际上已经融合成建州五部,即苏克素浒部、浑河部、完颜部、栋鄂部、哲陈部和长白山部、即鸭绿江部、朱舍里部、讷殷部。

与建州女真向南迁徙的同时,海西女真也不断地向南移动,形成了海西四部,即叶赫、辉发、哈达、乌拉等四部。建州女真和海西女真的南移,大体上到嘉靖时期才基本上停止。

明朝政府对女真诸部十分重视,竭力进行招抚并设置卫所进行管辖。永乐元年(1403年),明朝首先设置了建州卫军民指挥使司,由女真头人阿哈出为指挥使(官阶为正二品),并赐给他诰印、冠带、袭衣和纱巾等。阿哈出本为元代女真部落五万户府中之胡里改万户。"万户"相当于明朝的"指挥",曾被赐姓名李思诚,后来,他的儿子释加奴也因有功而被赐名为李显忠。可见阿哈出父子在明初从征有力,在女真诸部中受宠最多。当时还未分左、右卫,本来也没有想到再划分其他卫,都是由于后来情况的变化,才又分出左卫和右卫,后来又增设了毛怜卫,由释加奴的弟弟猛哥不花统领。

到了永乐七年(1409年),在斡难河、黑龙江、嫩江、精奇里江、乌苏里江、松花江、享滚河等流域共设了一百三十个卫所,同时也任命了大批的女真头人为指挥使、千户和镇抚,并专门设置了"奴儿干都指挥使司"。到了正统十二年(1447年),共有女真卫所二百零四个,到万历时,增至三百八十一卫和三十九个千户所,它们分布在西起鄂嫩河,东到库页岛,北至乌弟河,南达日本海,包括整个黑龙江流域和乌苏里江以东的广大地区。

女真各卫所与明朝政府之间是被统治与统治的关系,是地方与中央的上下级隶属关系。明代的卫指挥使司是仅次于都指挥使司的地方权力机构,女真各卫的官员都由明朝皇帝亲自封授,他们给女真各部头人分别授与某卫都指挥使、都指挥同知、都指挥金事、指挥使、指挥同知、指挥金事、千户等职。如果有人为朝廷立下大功或因部落兵马强盛,人多势众,则被封为都督、都督同知、都督金事,个别有幸的酋长还可以特别得到"龙虎将军"的崇高官衔。这些官职一般都是世代相袭,父死子继,没有儿子的可以由亲属中最亲近的人来承袭,但必须向明朝皇帝上奏报,经批准后方可承袭。

在给女真各卫所官员封授官职的同时,明朝皇帝还要赐给他们诰、印、冠带袭衣,冠带袭衣是明朝的官服。一般来说,明朝官员按品级职衔穿戴不同的冠、带、朝服和常服,冠即帽子,带即腰带,一般四品以上为红色朝服,四品以下为蓝色朝眼。诰,就是敕书,敕书上面记载着明朝政府授给官职的名称、等级,武官五品以上为诰命,有了敕书才有进贡和受明王朝赏赐的资格与权力。印就是官印,由礼部负责铸造并颁发给各位命官。女真卫所的官将接受诰、印、冠带袭衣之后,即表明他们今后即是大明天子的臣民,应该为大明天子竭忠尽力才行,要时刻听从皇帝的指派和调遣。并且,最重要的还有一点,那就是遵守明朝的政策和法令,不得妄法胡为,更不得犯上作乱。同时,拿到了诰、印、冠带袭衣,就同时获得了明朝皇帝给予的权力,他们可以堂堂正正地作为明朝官员,去行使自己手中的权力,管理属下的部民和百姓。

　　这种制度对明朝皇帝和女真各部的官员都有好处。明帝利用手中掌握的诰、印、冠带袭衣为诱饵,使女真各部的头人争相渴望获得这种“殊荣”,拿到了这把“尚方宝剑”之后便可以在本部耀武扬威,理直气壮地发布命令,因为他们是名正言顺的大明臣子,他们拥有的权力是皇帝赐给的,自然就显得神圣而不可侵犯。而对于明朝皇帝来说,颁给女真人一纸敕书、一方官印、一身衣服,实属易如反掌,但其功力却不可轻视,它可以使女真人感到如获至宝,于是便对明朝天子怀有感恩戴德之心,说话做事要处处以身作则,轻易不敢造次,想方设法管理好属下的臣民,皇帝就可以身在宫中安枕无忧了。

　　比如在明宪宗成化三年(1467 年),因为建州女真与海西女真劫掠明边人口和牲畜,明宪宗派遣中军署都督金事给考郎兀等 44 卫首领发布指示,晓谕朝廷恩德,强调女真卫所是“朝廷属卫”,人丁则是“朝廷赤子”,命令各部头人“全臣节”“守国法”,停止抢劫,否则将派大军前去征剿。其敕文如下:

　　　“敕谕考郎兀等四十四卫都督撒哈良等曰:尔女直卫分,乃我祖宗所设,世授尔以官职,积年朝贡,所得赏赐,亦已厚矣,正当感恩图报,以全臣节。今乃背义忘恩,纵其部下,犯我边境,边将屡请起调大军,直捣尔境征剿。朕念尔处人民,俱是朝廷赤子,中间有善有恶,不可一概诛戮,特广天地之量,始置不究。仍降敕示尔,尔宜敬天道,深体朝廷好生之德,戒谕部属,令其革心向化,改过自新,即将原掠人畜一一送还,以赎前罪,自今各安生理,依时朝贡,永享太平之福。若仍长恶不悛,大军一出,追悔无及矣。尔其钦承朕命,毋怠毋忽。”

　　和历朝统治者一样,为防止女真内部团结一致形成不可控制的强大力量,明朝统治者对女真各部实行“分而治之”的政策,“使之各相雄长,不相归一”,他们一方面通过设置奴儿干都司,划分建州三卫,并通过卫所的设立来笼络女真各部上层人士,使他们在政治上、经济上隶属于明朝,同时,还利用女真部之间的矛盾使之互相牵制、掣肘,让他们在各自的发展中相互争夺,而在其争斗中,明朝政府又经常助此抑彼,保护亲善势力去攻伐其他部落。随着女真社会的不断发展,到了万历年间出现了“各部蜂起,皆称王争长。互相残杀,甚至骨肉相残,强凌弱,众暴寡”的局面。在建州女真的亲近部落之间,也是“攘夺财货,兄弟交嫉”。

　　《满洲实录》——这本依据《满文老档》删写而成的专门记述清太祖努尔哈赤的实录,对这种情景也有一段清晰的记载:“时各地之国为乱。满洲国之苏克素浒部、浑河部、完颜部、栋鄂部、哲陈部、长白山讷殷部、鸭绿江部，东海窝集部、瓦尔喀部、库尔喀部、呼伦国之乌拉部、哈达部、叶赫部、辉发部，各地盗贼蜂起，各自僭称汗、贝勒、大人，每村每寨为主，各族为长，互相争伐，兄弟相杀，族众力强之人，欺凌、抢掠懦弱者，甚乱。"

前面已经提到，建州三卫女真逐渐演变为建州五部和长白山三部，各部又划分为若干小部，比如，苏克素浒河部下面又分出图伦、萨尔浒、嘉木湖、沾河、安图瓜尔佳等寨，浑河部又分为杭嘉、栋嘉、扎库穆、兆嘉、巴尔达、贝欢等寨。由于王杲父子兵败遇害，建州女真实力大损，一般部落都是人丁稀少，甲仗不全，缺少一个智勇双全，兵强马壮，威震各部的新首领。这样，大家都是各自为政，谁也不能使别人服从自己，同时，自己也不去服从别人，彼此互不服气，互上互下，势必会造成动辄干戈相见的恶果。如栋鄂酋长们决定共同出兵攻打努尔哈赤家族，以报过去掠寨之仇，谁知尚未出兵之时，内部便起纷争，部中自相扰乱，那么出兵之事只好告吹。再如，努尔哈赤的堂叔康嘉与人合谋，请哈达国出兵助战，并由努尔哈赤同族人、兆嘉诚主李岱导引去劫掠属于努尔哈赤的胡吉寨。还有朱舍里、讷殷二部一同勾结叶赫兵抢掠努尔哈赤的洞寨。由此可见，当年的兵火之势，即使是自家人也不放过，时局动荡、混乱之状态可见一斑。

海西女真的状况更加糟糕。明朝初年，海西女真逐渐演变成哈达、辉发、乌拉、叶赫四大部，称为"扈伦四部"。哈达部因为住在哈达河（今清河）流域一带而得名。万历初年（1593年），哈达部酋长是王台，此人姓纳喇氏，名为万，被尊称为"万汗"，居住在哈达河北岸的哈达城。王台对明朝政府十分忠顺，他承袭祖父黑忒塔山前卫左都督职，经常进京朝贡以示对朝廷的忠贞不二。后来他的好友王杲兵败逃到他这里避难，可他却毅然地将王杲交给了大明官军，他以及他的儿子被明朝天子重重地嘉奖了一番。

因为王台机智善战，善待属下，性情温和，深得属下民心，势力日盛一日，拥有敕书七百道，所辖地域广袤千里，东到辉发、乌拉，南至清河、建州，北邻叶赫，30年间一直平安无事，秩序井然，百姓安居乐业。随着时光的流逝，王台也一天天地衰老了，他不再可能像当年那样指挥若定，令下众从，精力也大不如从前，更可悲的是他的大儿子虎儿罕与其格格不入，性情残暴，滥杀无辜。终于使部众背心离德，有几名大将先后叛投叶赫而去。

叶赫酋长逞加奴与仰加奴是明朝塔鲁木卫的都督金事，他们趁哈达部王台年老体弱、部众不合之机，联合其他部落经常到哈达部抢掠，而虎儿罕此时却不见了往日的威风，抵挡不住叶赫的进犯。尤其让人感到雪上加霜的是辉发、乌拉、建州等周围附近各部纷纷与哈达部落疏远，哈达部如日薄西山，日渐衰微。万历十年（1582年），衰老而又疾病缠身的王台因不忍目睹自己几十年的功业毁于一旦，终日郁郁寡欢，最后忧愤而死。

王台一共生有六个儿子，长子名叫虎儿罕，次子名叫三马兔，三子名叫媛太，四子名叫纲实，五子名叫猛骨索罗，至于康古六则是王台的私生子。王台死了以后，仰加努和逞加奴向虎儿罕索要明朝颁给的那七百道敕书，虎儿罕拼死保护那些敕书，不肯将它们交给仰、逞二奴。虽然虎儿罕为人暴戾，但对父亲却是一往情深，他抱着那些敕书日夜哭泣,思念他已经过世的父亲。

正在哈达部内外交困之际,王台的子孙之间又发生了内讧。虎儿罕与康古六为父亲的遗产争夺不休,虎儿罕最后竟威胁康古六说:你如果再和我争,我就杀了你!康古六一听此话吓得赶紧逃命,投奔到逞加奴的帐下,逞加奴对他百般笼络,还将女儿嫁他为妻。

不久,虎儿罕就随父亲而去了,他再也不能与康古六去争夺什么遗产了,康古六得知此讯又返回哈达部,竟霸占了王台的小妻、猛骨孛罗的母亲温姐,温姐是逞加奴的妹妹,康古六正妻的姑姑。康古六在娶逞加奴女儿的时候,已经娶了死去的四哥纲实的遗孀孙氏,后来因为得到温姐这个新宠便又将孙氏遗弃了。三马兔的儿子兀把太把孙氏娶去了,可康古六又转而去抢孙氏,兀把太请求用骆驼与康古六交换孙氏,康古六这才罢手。

猛骨孛罗又名孟格布禄,是王台的第五个儿子,因为前面四个兄长都早夭,因此孟格布禄得以袭父龙虎将军衔并为右都督,此时,他年仅十九岁。孟格布禄与虎儿罕的儿子歹商以及康古六为争父业械斗不止,不能齐心协力共御外侮,康古六还借叶赫的力量来攻歹商,歹商处境十分艰难,更何况他平时为人懦弱而又多疑,不能使众心归附,听己调遣,反而左右多有离心。明朝因为王台向来忠顺,便派来军队保护王台的遗孤歹商,先捉住了叶赫军队的内应温姐,让她告诉其子孟格布禄归还歹商的妻子及其财产。后来,明军攻打孟格布禄,革去其龙虎将军衔。康古六很快也束手就擒,明军本想杀掉康古六与温姐,但又怕孟格布禄为母报仇去杀歹商,于是就让康古六与歹商和好,并将他与温姐放回。可事过不久,康古六突然病倒了,他趴在炕上蜷曲成一团显得十分可怜,因感激明军不杀之恩,他告诫手下不要犯边。临别之际,他握着温姐的手哭着说:"我死了以后让儿子谨慎从事,千万不要让北关二酋得逞。不负汉恩,我的灵魂就得以安生了。"

可孟格布禄屈从了叶赫,要将家室全部迁去,想到温姐遵夫遗命不肯同行,便让二奴子卜寨与那林布禄佯攻卤掠,孟格布禄便趁机放火烧了房屋,以此逼温姐同去。温姐哭着喊着不肯同意,孟格布禄发怒了,他拔出剑来要对母亲砍去,被他的手下制止了,温姐不得已,随着儿子去了叶赫。后来,她因乳痈生病就死在北关叶赫,时年不足五十岁。

哈达部至此死的死,散的散,没有人再与歹商争夺祖业了,加上他有明朝的帮助,按理应该趁此良机安定形势,积聚力量以便东山再起。但是歹商的所作所为却是如此地令人失望,他喜欢酗酒,整日喝得酩酊大醉;喜欢看杀人的血腥场面,于是动辄杀人取乐,视人命如草芥。看到如此昏庸无道之王,部众渐渐离心离德,形势日益恶化。万历十九年(1591 年),歹商去叶赫迎娶卜寨的女儿,可在归来的路上,就被岳父卜寨派来的人杀死。因害怕明朝追究不休,卜寨将杀手交出抵罪。孟格布禄又得以重新执掌部政,哈达部的力量就更加衰弱了。

叶赫部,因为住在叶赫河(今通河)流域而得名。万历初年(1573 年),叶赫酋长即为仰、逞二奴,两兄弟英勇善战,征服诸部,各居一城。明朝政府不希望由仰、逞二奴称霸辽东,于是便采取抑制叶赫的政策。

万历十一年(1583年)二月,仰、逞二奴带领人马进攻哈达与明边,对这些地区进行一番大肆劫掠之后,带领三千多精骑兵马北关前"请赏",明朝驻辽东地区巡抚李松与辽东总兵官李成梁早已设下埋伏,李松令三军解甲易服,引诱逞加奴仅带三百骑兵进入开原北庙前听赏。因为逞加奴刚刚打了胜仗,正是志得意满之时,他显得格外胸有成竹,也就不去多想,结果贸然闯入了明军的埋伏圈。突然间只听得炮鸣如雷,只见得刀光剑影,逞加奴被顷刻间冲上来的明军打昏了头,他被眼前发生的一切惊呆了。现在,他只有硬着头皮冲上阵去。经过一番血战厮杀,逞加奴、仰加奴以及随从部众全部被明军杀死,没进入埋伏圈的叶赫部众也有上千人被杀。余下的都跪地叩头求饶,表示愿意跟从哈达部的孟格布禄并接受他的指挥调度,当场立下誓言:"自此以后万死不敢复入塞。"这些人从此都归服了孟格布禄。

叶赫遭此灭顶之灾的打击,损失自然十分惨重。他们不仅损兵折将,还不得不俯首称臣,颜面、威风扫地殆尽。逞加奴的儿子卜寨和仰加奴的儿子那林布禄不能就此罢手,他们发誓要替父报仇,期望有朝一日能够东山再起,尽雪前耻,所以他们屡屡进犯,寻机复仇。万历十六年(1588年),李成梁大军围攻叶赫,此次行动中共斩杀五百多人,获马九十八匹,头盔二百七十五顶,战甲二百八十一副,"城中老少皆号泣",哭声震天动地,令人不忍耳闻。李成梁索性一不做,二不休,又在城墙上立云梯、架大炮准备向城内轰炸。眼看叶赫城就要淹没在炮灰之中,卜寨和那林布禄见此情景无以为策,他们不得不屈膝求和,趴在地上大声号哭,请求大将军李成梁可怜可怜,高抬贵手,不咎已往,放叶赫一条生路。看到他们可怜兮兮的模样,李成梁也摆出一付大人大量的架式,懒得去与一个苟延残喘的对手较量什么,于是便罢手了。叶赫从此元气大伤,再也无力反击了。

乌拉部,因居住在乌拉河(今松花江上游)一带而得名。万历初年(1573年),酋长满泰执掌部政,他与哈达部的万汗同出一祖纳奇卜禄。万历二十四年(1596年),满泰父子因奸淫两名村妇而被村妇的丈夫杀死,乌拉部一时群龙无首,势力自然难以壮大。

海西女真的最后一部是辉发部,因居住在松花江支流辉发河畔而得名。明朝万历年间,辉发部酋长名叫王机努,后来王机努死了,他的孙子拜音达里残忍地杀掉了七个叔叔之后自立为贝勒,其堂兄弟及族人因怨恨拜音达里生杀无道,遂弃暗投奔到叶赫,其手下人也不服从他的统辖,心怀不满,这个部落也处于风雨飘摇之中。

"野人女真"分为"东海女真"和"黑龙江女真"两支。东海女真居住在松花江流域及乌苏里江以东至沿海岛屿,它分为渥集部、瓦尔喀部和库尔喀三部,其下又分为安楚拉库、内河、斐优、赫席赫、鄂谟和苏噜、佛纳赫、扎库塔、瑚叶、那水都噜、绥芬、宁古塔、尼马察等村屯寨路。黑龙江女真因居住在黑龙江流域而得名,其下主要分为虎儿哈部、萨哈连部、使犬部、使鹿部、索伦部,其下又分为若干小部,如使犬部有奇雅喀喇部、赫哲喀喇部、额登喀喇部,即赫哲人、鄂伦春人、鄂温克人等;使鹿部有费雅喀部、奇勒尔部、吉烈迷部等。女真部落居住零散,人丁稀少,生产落后,所以才被称为"野人",是指其文明的程度而言,也被人称为"生女真";而海西女真与建州女真都是因其居住地而得名,也被人称为"熟女真"。野人女真处于女真三大部中生产力水平最低,文化程度最低,力量最薄弱的地位,它自然不能与海西女真和建州女真抗衡。不仅如此,它的部族内部也是纷争不已,矛盾重重。

总之,在努尔哈赤兴起前后,女真社会处于乱纷纷的状态之中,海西女真中的两个强部哈达和叶赫之间构怨极深,他们不仅互相残杀、伤害,而且又经常发生内讧,明朝军队夹在其中偏袒一方,打击另一方,保护弱者,打击强者,造成力量的均衡,使双方在争斗中两败俱伤。而此时的建州女真努尔哈赤却在一边静候不动,袖手旁观,一旦时机成熟,他就要"渔翁得利"了,可见海西女真是多么地愚蠢,而努尔哈赤是多么地冷静机智,也可以说是到了十分狡猾的程度了。环视周遭,还没有人能在女真人中一呼百应,威严无比,此时正需要有它自己的民族英雄脱颖而出,而女真各部的混乱与衰败亦为这个英雄的诞生,创造了极好的时机。努尔哈赤的崛起正是借此天时地利,以父、祖不幸遇难一事为契机,他一生的辉煌业绩就要以此为起点了。

二、祖父被害

努尔哈赤的祖、父都死在明边关讨伐军的手里。当时,明廷是全国政治格局的主体,但是继王杲、王台死后,东北地区出现了官军、北关叶赫部,南关哈达部王台的子孙,建州王杲的儿子阿合、阿海以及西部蒙古各部等相互交错的复杂政治关系,这种局面提供了努尔哈赤发展自己的时机和显露头角的条件。此时,海西王台年迈力弱,无法制止部下贪贿和掠夺各部,致使原有辖城二十多座,渐渐丧失得只剩下五城了。北关叶赫的逞加奴(又写作清佳砮)、仰加奴(又写作杨吉砮)乘机与王台的长子虎儿罕仇杀,以报父仇。王杲的儿子阿台(又写作阿太)、阿海(又写作阿亥)也是为报父仇而向南关寻衅。西部蒙古部黄台吉也素有并吞南关的野心。于是,从三面包围了南关哈达部。这对明廷的边区安定是个极大的威胁。正在诸部逼迫的情况下,王台于万历十年(1582年)七月,"忧愤"而死,于是,辽东的各种矛盾进一步激化了。

明廷的方针是坚持扶立王台的后人虎儿罕做南关的主持人,目的是继续分隔东部女真与西部蒙古联系,不使建州阿台与北关叶赫部、蒙古合兵。具体策略是暂挫北关叶赫部的锐气、阻止西部蒙古部东进,以集中兵力打击王杲的儿子阿台,清除"祸本"。这就是努尔哈赤父、祖被杀前辽东的政治形势。开始的时候,边官谕令北关逞加奴、仰加奴和南关虎儿罕缚献阿台、阿海兄弟,将打击的重点放在建州。但阿台负险自固,拥兵设防。南北两关由于苦斗多年,都不具有当初王台的势力,想让其缚送阿台兄弟已经不可能了,剩下的选择只有官方出兵剿杀阿台一条途径了。

万历十一年(1583年)正月,王杲之子阿台结连西部蒙古部瓜儿兔、黄台吉,预谋掠夺广宁、开原以及辽河一带。明辽东巡按等官也最怕东西两部合兵。阿台的行为正与边关的意向相抵牾,总督周泳、巡抚李松、宁远伯李成梁等,鉴于这种局势,决意出兵讨伐阿台。

同年二月,建州图伦城(今辽宁省新宾县汤图境内)主尼堪外兰向边关密报情况,引导官军进攻阿台驻守的城塞。李成梁统率广宁、辽阳官兵,分两路挺进。一路由他亲自统领。从抚顺王刚台出兵,奔驰百里,直捣阿台所据的古勒寨(今辽宁省新宾县上夹公社古楼村西北山上);另一路由秦得倚统率,直趋阿海所踞守的沙济城(亦书夏吉城,属苏克苏护河部)。官军突然来到,阿海无备,来不及设防,部下半数入城,半数逃走了。官军乘乱破城,阿海被杀,秦得倚大获全胜。李成梁所部官军同时也围困了古勒城,因为此城依山据险,阿台固守甚严。李成梁亲临督战,战斗十分激烈。官军连续攻城两昼夜,仍未攻下。面对这种情况,宁远伯李成梁大为恼火。在这进退维谷时,李成梁责怪图伦城主尼堪外兰乱进"谗言",引导官军攻城,以致劳兵损名。尼堪外兰受重责后,便伙同官军欺骗守城军民说:太师(系指李成梁)有令,杀死城主归降的,任命他做本城城主。在这以前,城中的人心早已动摇了,听了尼堪外兰的话,便深信不疑,纷纷倒戈,杀死城主阿台,开门迎降。然而,李成梁在破城后,自食其言,竟纵兵大肆屠杀城中老幼,结果被杀的无辜军民多达二千二百多人。

努尔哈赤的祖父觉昌安,在王杲死后,因为有引导官军剿王杲功劳,被晋升为建州左卫都督。父亲塔克世晋升为指挥使。觉常刚从抚顺所放回来以后,去古勒城的时候,被阿台拘留寨中,劝他归顺,共同扰边。觉常刚坚决不从。阿台拘禁不放。当官军于万历十一年二月,讨伐阿台、阿海的时候,塔克世为了营救父亲也先于官军入城,以致父子都被困在古勒城中。图伦城主尼堪外兰乘这个机会,投到明边关将下,深得宠信。官军城破以后,觉昌安死于火焚,塔克世被官军误杀,结果父子都死于这次战祸。

努尔哈赤祖父死后,他还没有得到朝廷的任命,处于舍人或外郎的地位。所以,努尔哈赤是以建州左卫一个小外郎的身份开始了自己的政治生涯。在努尔哈赤的眼中进谗言的尼堪外兰,也就成为杀努尔哈赤祖父的仇人和首先应讨伐的目标。

阿台、阿海势力削弱了,建州有名的首领都死得差不多了。这对于努尔哈赤与尼堪外兰的角逐是十分有利的。另外更有利于努尔哈赤势力迅速发展的因素,是明廷边官的注意力几乎全部放在海西各部,减少了对努尔哈赤活动的干涉机会。加上海西南北两关争斗及明廷的参战,严重地削弱了海西势力,又为努尔哈赤成就自己的事业减少了相当的阻力。因为这时,王台有二子一孙,二子是康古陆、猛骨孛罗,一孙是歹商。三人争继祖父遗业,相互残杀。叶赫部的逞加奴、仰加奴与王台的旧部白虎赤相勾结,借"三卫"蒙古的兵力,攻击猛骨孛罗和歹商,海西陷于战乱之中。

明廷总兵侍郎周泳鉴于歹商力弱,猛骨孛罗初立,众心还没有归附,请求朝廷给哈达部敕书,以便"弹压"各部。但逞加奴、仰加奴仍不示弱,纠结蒙古部,再次兴兵攻击猛骨孛罗,夺去把吉(原属叶赫部,后为王台占领)等寨。明廷欲立南关,逞加奴、仰加奴要削弱南关,斗争的实质已经不是南北两关的矛盾,而是北关与明廷的矛盾了。于是,辽东边官决意铲除逞加奴、仰加奴。

同年十二月初一日,逞加奴、仰加奴纠结泰宁卫骑兵,借与猛骨孛罗仇杀为名,预谋抢掠开原、辽沈各地,强行向明廷索取敕书,想称雄于女真各部。辽东巡抚都御史李松再三派人宣谕利害,二人都不肯听从。于是李松与李成梁密谋:以发给敕书为名,引诱逞加奴、仰加奴及其子兀孙孛罗、哈儿哈麻和白虎赤等,前往关王庙,设伏兵进行杀害。逞加奴、仰加奴不识其计,结果逞加奴等人及另外三百一十多名随从几乎全被杀死在关王庙。幸而逃出者又被李成梁的中固城(今开原县中固)伏兵掩袭,前后并被斩杀一千二百五十多人。

逞加奴、仰加奴死后,其子卜寨、那林孛罗承袭父业,继续与南关歹商、猛骨孛罗互相攻杀,以图报祖父之仇。然而,这时海西各部势力已经大大地削弱了,这就为努尔哈赤势力的兴起,在女真社会内部减少了阻力,创造了极为有利的社会环境。

建州、海西有威望的首领相继死去,女真各部失去了约束力,混乱异常,围绕在建州周围作乱的就有许多部落,其中有苏克苏护河部、浑河部、完颜部(又称王家部、王甲部)、栋鄂部(又称董鄂部、东果部)、哲陈部,长白山有讷殷部(又称内阴、内音部)、珠舍里部、鸭绿江部。另外,东海有窝集部、瓦尔喀部、虎尔哈部。海西四部又称扈伦四部,即哈达部、叶赫部(朝鲜史称汝许部)、乌拉部(又书兀喇部、忽拉温部)、辉发部(朝鲜史称回波部)。各部之内都有大小首领,各占据一城。大首领足有数百,小首领也有数千。各部蜂起,称王争长,互相战杀,甚至骨肉相残,强者凌弱,众者暴寡,混乱异常。

建州有名的首领死后,争夺左卫掌印都督的职务,已经为大家所瞩目。图伦城主尼堪外兰,自以为引导官军杀死阿台有功,日益亲近边吏。当努尔哈赤追究祖父死难的原因时,明边关将吏曾威胁他说,你不听话,官军将援助尼堪外兰,筑城嘉班(今抚顺市东大甲邦),作为建州之主。建州部众听到这一消息后,纷纷归附尼堪外兰。当时,努尔哈赤因为祖父死于无辜,要求边将交还尸体,边将照办了,并把塔克世的遗地转给努尔哈赤,另给敕书三十道,马三十匹,又给予都督敕书,及各家敕书。大约也是在这前后,明廷晋升努尔哈赤为都指挥使。这时,由谁来掌管卫事,已经摆在面前,换一句话说,努尔哈赤与尼堪外兰争夺建州领导地位的斗争已经狭路相逢,不可避免了。

努尔哈赤认为尼堪外兰是杀害他祖父的仇人,到边关强烈地要求边将处死尼堪外兰。然而,边将认为努尔哈赤的祖父是官兵"误杀",不接受他的要求,责令他回家。努尔哈赤忍气吞声地回来时,又遇到尼堪外兰逼令他投顺,使他更加气愤。努尔哈赤指责尼堪外兰说,你本来是我父亲的部下,反而令我归顺于你?于是,他决心与尼堪外兰一决雌雄。

三、含恨起兵

突然降临的灾难,会刺激有大志者,奋扬精神,整顿内部,积聚力量,取得胜利。努尔哈赤正是这样一位满族的志者。

努尔哈赤要报祖、父之仇,杀尼堪外兰,需组成一支队伍。他巧妙地把对尼堪外兰不满的人拉到自己一边。如苏克素浒河部萨尔浒寨主卦喇,曾因尼堪外兰诬陷,受到明朝抚顺边关的责治。卦喇之弟诺米纳、嘉木湖寨主噶哈善、沾河寨主常书及其弟扬书等,俱愤恨尼堪外兰。他们投归努尔哈赤后说:"念吾等先众来归,毋视为编氓,望待之如骨肉手足"。努尔哈赤同四寨主对天盟誓,共同反抗尼堪外兰。

万历十一年(1583年)五月,努尔哈赤借报祖、父之仇为名,以塔克世"遗甲十三副",率兵百余人,向尼堪外兰的住地图伦城发动进攻。图伦城,其满文体为 turun hoton,tu-run(图伦)意为矗,hoton 意为城。是役,打败尼堪外兰,攻克图伦城。但是,努尔哈赤原约诺米纳率兵会攻图伦城,而诺米纳背约不赴。先是,索长阿(努尔哈赤之三祖父)子龙敦言于诺米纳兄弟:尼堪外兰筑甲版城,得到明朝的支持和哈达的帮助,你们为何附合努尔哈赤而去攻打尼堪外兰呢? 所以,诺米纳背盟而不以兵来会,尼堪外兰又预知消息,遂携带妻子离开图伦城,逃至甲版城。努尔哈赤攻克图伦城后胜利而归,时年二十五岁。

从此,崭露头角的努尔哈赤,采取"顺者以德服,逆者以兵临"的策略,揭开了统一建州女真各部战争的帷幕。

努尔哈赤起兵之初,势单力薄,需团聚宗族,共同对敌。其祖父兄弟六人、共有子二十二人,其父兄弟五人,所以其祖父、伯叔、兄弟、宗侄多至数十人。努尔哈赤起兵初始,宗族之内,多人不服。如努尔哈赤伯祖德世库、刘阐、索长阿,叔祖宝实等子孙,忌其才能,"誓于堂子,同谋害上"。又如努尔哈赤六祖宝实之子康嘉等三人同谋,纠合外部"劫上所属瑚济寨而去"。努尔哈赤采取宽宏态度,嘉善斥恶,团聚本族,发展实力。《满文老档》后来载述:

> 聪睿恭敬汗自幼生活贫苦,心存公正,沉默寡言,善于劝阻族人殴斗。劝而不从,则责其用壮逞强者,并科以重罪。其知错认错、听从劝告者,则嘉之。重罪从轻,从容完结。其见善者,纵是仇敌,论功擢之。其犯罪者,即为亲戚,亦必杀之。因一贯公正善良,故本族伯叔、兄弟等无论何事,俱委聪睿恭敬汗予以了结。

在努尔哈赤起兵之时,既团结宗族,又知人善任。他身边的有两个重要人物,如同左膀右臂,即额亦都和安费扬古:

额亦都,钮祜禄氏,嘉靖四十一年(1562年)生,小努尔哈赤三岁。"世居长白山地方,幼时父母为仇家所害",因藏匿村得免死。额亦都十三岁,拔刀杀死仇人后,逃往建州苏克素浒河部嘉木湖寨,依姑度日。后遇努尔哈赤,言语投契,要跟从努尔哈赤,他的姑不许。额亦都说:"大丈夫生世间,能碌碌终乎?"翌日,额亦都不告而别,遂从努尔哈赤行。他之所以断然跟从努尔哈赤,史载:"额亦都识为真主,请事太祖。"这显然有所渲染,但额亦都当时确已认识到,跟随努尔哈赤能够做出一番事业。努尔哈赤攻图伦城,额亦都奋勇先登。额亦都对努尔哈赤,忠心效力,患难与共,曾小心护卫努尔哈赤,甚至夜间和努尔哈赤互换睡处,以防努尔哈赤遭暗算。后努尔哈赤以第四女穆库什嫁给额亦都。额亦都跟随努尔哈赤四十余年,骁勇百战,"屡被重创,遍体疮痍",深受信任,后为五大臣之一。

安费扬古,觉尔察氏,与努尔哈赤同岁,世居瑚济寨。他的父亲完布禄,跟从努尔哈赤,有章甲、尼麻喇人诱其背叛,不从;又劫其孙以相要胁,但终无贰志。努尔哈赤含恨起兵,安费扬古即跟从努尔哈赤。努尔哈赤率兵克图伦,攻甲版,安费扬古皆临阵,率先奋勇,不畏矢石。安费扬古跟随努尔哈赤四十余年,每遇强敌,挺身突入,冲锋陷阵,尤为杰出,后为五大臣之一。

这一年,努尔哈赤以带领额亦都、安费扬古等百人的队伍,打败尼堪外兰、夺取图伦城为起点,开始统一苏克素浒河部。努尔哈赤家族所在的苏克素浒河部,分布于苏克素浒河(即苏子河)下游到该河注入浑河处的一带地方。苏克素浒河部萨尔浒城主诺米纳,曾同努尔哈赤欧盟,但因见尼堪外兰依恃明朝而势力较强,便背弃盟誓,"阴助尼堪外兰,漏师期,尼堪外兰得遁去",努尔哈赤对诺米纳虽怀恨在心,但他不用力攻,而用计取。他暗自定下破诺米纳、取萨尔浒之计。

时值诺米纳、萧喀达派人来约,会攻浑河部巴尔达城。努尔哈赤佯同诺米纳等约盟,合兵攻巴尔达城。临战时,他要诺米纳先攻,诺米纳不从。这时,努尔哈赤便使用预定之计,轻而易举地除掉了诺米纳。据记载:

太祖曰:"尔既不攻,可将盔甲、器械与我兵攻之。"诺米纳不识其计,将器械尽付之。兵器既得,太祖执诺米纳、萧喀达杀之,遂取萨尔浒城而回。

努尔哈赤虽杀了诺米纳,但对他的部民不加伤害,让他们照旧住在萨尔浒城,并修整城栅。在统一女真各部战争中,努尔哈赤用兵的一个特点是,不仅用步骑强攻,而且以计谋智取。他很快地统一苏克素浒河部,势力渐强,威信日增。

万历十二年(1584年),努尔哈赤起兵一年后,对附近城寨主动出击。

正月,努尔哈赤伐李岱,攻兆嘉。其时,天寒地冻,大雪纷飞,岭高路险,城在山上。努尔哈赤督众凿山为蹬,鱼贯攀登。但李岱已预知有备,严守以待。兵士中有人畏难,要姑且回兵。努尔哈赤不允,曰:"吾固知其有备而来,何遽回耶?"遂督兵猛攻,攻克之,获李岱。六月,努尔哈赤又伐萨木占,攻马尔墩。先是,努尔哈赤的妹夫噶哈善,被其继母之弟萨木占等邀杀于路。努尔哈赤闻讯后,披甲跃马,引弓疾驰,抢回其遗体敛葬之。努尔哈赤为给噶哈善复仇,率兵四百,往攻马尔墩寨。寨踞山顶,势险备严。努尔哈赤设木牌、蔽矢石,分三组、并列进。寨上飞石槒木齐下,兵士难以仰攻。努尔哈赤冒矢石,发矢射中寨上一头目纳申,穿面贯耳,又射倒四人,守兵遂怯。努尔哈赤连攻四日,夜间乘敌疏防,率兵跣足缘崖,崎岖而上,攻取马尔墩。这是努尔哈赤起兵一年来,继图伦、兆嘉之后夺取的第三座城寨。

但是,努尔哈赤既要攻取外部的敌人城寨,又要应付内部的身处逆境。在内部的不利的条件下,他也能善机变,少树敌,逐渐由弱变强。

如在四月初一日半夜,努尔哈赤听到窗外有脚步声,便起身佩刀执弓,将子女藏在僻静处,让他的妻子装作上厕所的样子,他紧跟在后面,用妻子的身体荫蔽自己,潜伏在烟囱的侧后。努尔哈赤借闪电见一人逼近,以刀背击仆,喝令近侍洛汉把他捆起来。洛汉要把那人杀掉。努尔哈赤暗想:要是杀了他,其主人会以我杀人为名,派兵攻我,而我兵少难敌,于是佯言道:"尔必来偷牛!"那人回答道:"偷牛是实,并无它意。"近侍洛汉插话道:"此贼实害我主,诈言偷牛,可杀之,以戒后人!"努尔哈赤断然道:"此贼实系偷牛,谅无别意!"于是将那人释放。

又如在五月一个阴云密布的黑夜,有一个叫义苏的人排栅潜入。努尔哈赤发觉后,著短甲,持弓矢,假装外出如厕的样子,藏在烟囱的后面。闪电一烛,他看见贼人逼近,扣弦一箭,被贼人躲过;再发一箭,射中其足,后把义苏捆缚鞭挞。族中兄弟要把义苏杀死,努尔哈赤道:

"我若杀之,其主假杀人为名,必来加兵,掠我粮石。粮石被掠,部属缺食,必至叛散。部落散,则孤立矣。彼必乘虚来攻,我等弓箭、器械不足,何以御敌? 只恐别部议我杀人启衅,不如释之为便。"

说完便把义苏释放。努尔哈赤释义苏、少树敌,临事机变、深沉大度,是为着积蓄力量,准备条件,继统一苏克素浒部之后,将董鄂等部吞并。

董鄂部位置在董鄂河(今浑江)流域,与苏克素浒河部为邻。九月,努尔哈赤得知董鄂部"自相扰乱"的消息后,要乘时往攻。请将谏阻说:"兵不可轻入他人之境,胜则可,倘有疏失,奈何?"努尔哈赤力排众议,说:"我不先发,倘彼重相和睦,必加兵于我矣问"他说服诸将后,率兵五百人,携带蟒血毒箭,往征董鄂部主阿海巴颜驻地齐吉答城。阿海巴颜聚兵四百,闭门守城。努尔哈赤统兵围攻城栅,并纵火焚毁城上悬楼和城外庐舍。城将陷,天降大雪,还师。

在还师途中,又进攻翁科洛城。翁科洛人得知消息,敛兵城里,紧闭城门。努尔哈赤兵临城下后,下令放火焚烧城上悬楼和环城房屋。他登房跨脊,往城里弯射。城中有一人叫鄂尔果尼,引弓发矢,射中努尔哈赤,穿胄伤肉,深有指许。他拔下箭镞,血流至脚,即用所拔之箭,反射城下,一人应弦而倒,表现了顽强的战斗精神。努尔哈赤虽负箭伤,仍弯射不止。城中另一人名洛科,乘浓烟潜近,暗发一箭,正中努尔哈赤项部,砉然一响,箭镞穿透锁子甲围领,镞卷如双钩,伤创寸余。他拔下矢镞,带出两块血肉,血涌如注。别人见努尔哈赤负重伤,要登房把他搀扶下来。努尔哈赤说:"尔等勿得近前,恐敌知觉,待我从容自下。"他一手捂住伤口,一手挂弓下房。努尔哈赤从容下来后,因箭镞创伤颈动脉,血流不止,几次昏迷,只得弃城而回。

努尔哈赤伤创愈合后,又率兵去攻打翁科洛城。城陷后,俘获鄂尔果尼和洛科。众将把鄂尔果尼和洛科绑缚,让他们跪在努尔哈赤面前,请求施以乱箭穿胸的酷刑,以雪翁科落城之恨。但是,努尔哈赤说:

"两敌交锋,志在取胜。彼为其主乃射我,今为我用,不又为我射敌耶! 如此勇敢之人,若临阵死于锋镝,犹将惜之,奈何以射我故而杀之乎!"

努尔哈赤没有杀掉鄂尔果尼和洛科,亲自给他们释缚,并授为牛录额真,加以厚养。努尔哈赤不计私怨、宽宏大度的襟怀,深深地感动了诸将,加强了其统治集团内部的团结,也加快了其统一建州女真的步伐。

四、统一建州女真

努尔哈赤起兵后,东西征战,南北驰突,重新整合女真的事业一步步地取得进展。

他继对苏克素浒河部、董鄂部获取重大胜利后，又兵指哲陈部，在统一建州女真的道路上策马奔驰。

万历十三年(1585年)，伐哲陈部。哲陈部分布于浑河上游流域，是苏克素浒部的左邻。这年二月，努尔哈赤率披甲之士二十五人、士卒五十人攻哲陈部界凡寨。因敌人预知有备，毫无所获。当回军至界凡南的太兰岗时，萨尔浒、界凡、东佳和巴尔达四城之主，合兵四百余追袭。界凡城主讷申、巴穆尼疾驰逼近，努尔哈赤单骑拨马迎敌。讷申策骑猛扑，砍断努尔哈赤马鞭，努尔哈赤拨转马头，奋力挥刀，将讷申后背砍为两段；又转身回射，巴穆尼中箭落马毙命，追兵也因之惊怯呆立。

努尔哈赤见敌众已寡，乘敌惊魂未定，一面指挥步骑退却，一面驻马讷申尸旁。讷申部众呼叫道："人已死，何不去？欲食其肉耶！汝回，我辈欲收主尸。"努尔哈赤回答道："讷申系我仇人，幸得杀之，肉亦可食！"言毕，他做殿后，缓骑退却。努尔哈赤率七人如伏，将身体隐蔽，仅"露其盔，似伏兵"。敌军丧其首领，又疑有伏兵，边喊边退。努尔哈赤引兵徐返，敌兵未敢再追。

同年四月，努尔哈赤率马步兵五百人征哲陈部。因途中遇大水，他令步骑回军，只留绵甲五十人、铁甲三十人，共八十人继进。到深河畔时，因嘉哈的苏枯赖虎潜报消息，于是托漠河、章甲、巴尔达、萨尔浒、界凡五城主，急集兵八百余人凭浑河、抵南山、陈界凡驻兵以待。敌人的兵力，十倍于己，以逸待劳，其势汹汹，颇为险恶。他的部属、五叔祖包朗河之孙扎亲和桑古里，见敌兵众多，势焰高涨，吓得解下身上甲胄，交给别人，准备逃跑。努尔哈赤怒斥道："汝等平昔在家，每自称雄于族中，今见敌兵何故心怯解甲与人？"说罢，他亲自执纛，率弟穆尔哈齐和近侍颜布禄、兀凌噶，总共只有四人，往前冲击，奋勇弯射，杀二十余人。敌兵惊惶阵乱，涉河争遁。

经过一阵厮杀，努尔哈赤汗流浃背，气喘吁吁。他用手断扣，卸甲稍憩。旋又著胄纵骑疾追，斩杀四十五级。驰至界凡险隘吉林崖，登崖遥望敌兵十五人一股奔崖而来。努尔哈赤取下盔缨，隐身待敌。等敌人逼近时，他先倾力射出一箭，敌中为首一人中箭，穿脊而死。穆尔哈齐继发一箭，又射死一人。余敌崩乱，逃至山崖，坠崖而死。努尔哈赤全胜回师。

两军相逢勇者胜。勇敢，是战胜强敌的一个法宝，是努尔哈赤的重要品质，也是他夺取浑河之役胜利的基本原因。浑河之役，努尔哈赤发挥勇敢与机智的品质，运用伏击与猎射的战法，创造了女真战争史上以少胜多的奇迹。他在总结浑河之役时说："今日之战，以四人而败八百之众，此天助我以胜之也！"这为浑河之役不仅染上了夸张的笔墨，而且涂上了神秘的色彩。

两年之后，努尔哈赤派额亦都率兵再征哲陈部巴尔达城。额亦都夺取巴尔达城之战，打得异常勇敢、顽强、激烈、精彩。《满文老档》作了如下载述：

"巴图鲁姑夫独攻巴尔达城，克之。取该城时，骑墙鏖战，身被敌乱箭射中，贯于城上，不能下，挥刀断之，逆乃入城。于该城所获敕书、户口、诸申，尽赐与彼。其离城逃往哈达复来归附于汗之户口，乃以彼户口缺，尽赐与彼。因克该城，汗亲来迎，杀二牛赐宴,又以巴尔达城备鞍辔之栗色名马,赐与彼。该城之役,受透皮肉伤五十处,且红肿伤处甚多。"上文中的巴图鲁姑夫,就是额亦都。因额亦都娶努尔哈赤之女为妻,故被尊称之。这段文字后加修饰,成为额亦都生平的传记资料。《清史列传·额亦都》中有一段生动的记述:

> "(额亦都)督兵取巴尔达城,至浑河,河涨不能涉,以绳联军士,鱼贯而渡。夜薄其城,率骁卒先登。城中兵猝惊起拒,跨堞而战,飞矢贯股著于堞,挥刀断矢,战益力。被五十余创,不退,卒拔其城而还。"

额亦都师还,努尔哈赤迎于郊,行抱见礼,大宴劳师,将所有俘获赐赏,并赐号"巴图鲁"。巴图鲁,为满文 baturu 的对音,是勇士的意思。

至此,灭掉哲陈部。

虽然努尔哈赤先后统一苏克素浒河部、董鄂部和哲陈部,但起兵已经三年,仇人尼堪外兰尚未擒获,埋藏在心底中的隐恨并未消除。一股复仇的烈火在他胸中燃烧着。擒斩尼堪外兰,洗雪祖父之仇,成为努尔哈赤下一个奋斗目标。

万历十四年(1586 年)七月,努尔哈赤率兵征取尼堪外兰驻地鹅尔浑城。先是,万历十一年(1583 年)五月,努尔哈赤攻克图伦城时,尼堪外兰逃往甲版城。同年秋,尼堪外兰又携妻子、近属及部众等,从甲版徙至鹅尔浑,并筑城驻居。鹅尔浑城在浑河北岸,属浑河部,距明边较图伦为近,易受明军疪护。鹅尔浑城近明边墙,西通抚顺。努尔哈赤心急如焚,星夜兼驰,率兵往攻鹅尔浑城。努尔哈赤兵到径攻,城攻陷后,因尼堪外兰外出而没有索获。努尔哈赤登城遥望,见城外逃遁的四十余人中,为首一人头戴毡帽,身穿青绵甲,疑为尼堪外兰。他下城纵骥,眼冒仇火,单骑直入,身陷重围。他被乱矢中胸贯肩,受创三十余处,仍奋死力战,射死八人,斩杀一人。他在余敌溃散后,返回鹅尔浑城。

努尔哈赤统一建州女真军事活动表

时间(万历)重要军事活动

十一年(1583 年)五月 克图伦城

八月 耶萨尔浒城,复叛。

十二年(1584 年)正月 征李岱,克兆嘉城。

八月 攻取马尔墩山寨。

九月 攻董鄂部齐吉答城,寻罢。

十三年(1585 年)正月 攻界凡,斩其城主纳申、巴穆尼。

四月 征哲陈,中途战于界凡南山。

九月 攻苏克索河浒部安土瓜尔佳城,斩其城主。

十四年(1586 年)五月 克浑河部播一混寨。

七月 攻哲陈部托漠河城,寻罢兵。

同月 克鹅尔浑城,寻斩尼堪外兰。

时间（万历）重要军事活动

十五年（1587 年）六月 征哲陈部克山寨，获并斩其寨主阿尔泰。

八月 克巴尔达城。

同月 攻克哲陈部洞城，城主扎海降。

十六年（1588 年）九月 克完颜（王甲）城，斩城主戴度墨尔根。

十七年（1589 年）正月 克兆嘉城，斩城主宁古亲。

十九年（1591 年）正月 收鸭绿江部。

二十一年（1593 年）十月 收服朱舍里部。

十一月 攻纳殷部佛多和山城，围战三月而下。

回到鹅尔浑城以后，当努尔哈赤得知尼堪外兰被明军保护起来的消息时，愤怒的乌云遮住了理智之光。努尔哈赤因仇恨而失去理智，杀死城内十九名汉人，对捉住六名中箭伤的汉人，把箭镞重新插入伤口，让他们带箭去向明朝边吏传信，索要尼堪外兰。明朝见努尔哈赤势力日渐强大，留着尼堪外兰这个傀儡已成赘疣，就决定抛弃他。于是努尔哈赤派斋萨率四十人去索取尼堪外兰。斋萨斩杀尼堪外兰，向努尔哈赤跪献其首级。

努尔哈赤从攻尼堪外兰、克图伦城，开始了统一建州女真的战争。尼堪外兰被斩首标志着他统一建州女真的战争，已经取得决定性的胜利。

万历十五年（1587 年）六月，他征哲陈，克山寨，获寨主阿尔泰并斩之。翌年九月，他又克完颜（王甲）城，斩城主戴度墨尔根，灭完颜（王甲）部。这样，努尔哈赤历时五年，先后并取苏克素浒河部、董鄂部、浑河部、哲陈部和完颜部，重新整合建州女真本部，到万历二十一年（1593 年），又先后夺取长白山三部——讷殷部、朱舍里部和鸭绿江部。至此，明建州左卫都督佥事努尔哈赤，在十年之间，将蜂起称雄的"各部环满洲而居者，皆为削平"，使整个建州女真重新整合归一。

努尔哈赤在统一建州女真过程中，万历十六年（1588 年）有苏完部长索尔果及子费英东、董鄂部长克辙巴颜之孙何和里、雅尔古寨扈喇虎及子扈尔汉，各率其所属军民族众至赫图阿拉归顺。费英东、何和里、扈尔汉后来同额亦都、安费扬古共为开国五大臣。额亦都和安费扬古，前已略述；费英东、何和里和扈尔汉，下作概述。

费英东，瓜尔佳氏，为苏完部长索尔果次子。"瓜尔佳为满洲著姓，而居苏完者尤著。"苏完部长索尔果有子十人，其族繁盛。费英东随其父索尔果率五百户，归顺努尔哈赤。努尔哈赤将长子褚英之女，与费英东为妻。史称其"自少从征诸国，三十余年。身先士卒，摧锋陷阵，战必胜，攻必克，屡奏肤功"。费英东在归附努尔哈赤之后，赤诚忠耿，自厉直言。《清史列传·费英东》记载：

见人不善，必先自斥责，而后劝人；见人之善，必先自奖劝，而后举之。被劝者，无怨言；被举者，亦无骄色。

费英东忠直、强谏、智谋、勇敢的品格，深得努尔哈赤的信任，并建立了殊勋。

何和里，董鄂氏，以地为姓。其祖克辙巴颜、父额勒吉、兄屯珠鲁世为部长。万历十年（1582年），何和里代兄长其部。何和里所部素强，兵精马壮。其归附之事，《啸亭杂录》载记：

> 高皇初起兵时，满洲军士尚寡。时董鄂温顺公讳何和理者，为浑春部长，兵马精壮，雄长一方。上欲借其军力，乃延置至兴京，款以宾礼，而以公主尚之。公乃率众归附，兵马五万余，我国赖以缔造。

上文所记兵马数字颇有张饰；其部亦非浑春，而是董鄂。何和里归附努尔哈赤，努尔哈赤以己长女给他为妻。何和里原有妻，长于骑射。其妻率故地兵马，求同何和里作。经努尔哈赤谕和，其原妻始罢兵降附。何和里后随努尔哈赤征战三十六年，温顺勇勤，功绩显赫。

扈尔汉，佟佳氏，世居雅尔古寨。年十三，从其父扈喇虎归努尔哈赤。努尔哈赤喜爱扈尔汉少年英发，收为养子，赐姓爱新觉罗。稍长，努尔哈赤收其为侍卫，优加恩宠。扈尔汉"感上抚育恩，誓以戎行效死，每出战，辄为先锋"。扈尔汉忠心耿耿，效力内外，后列为五大臣之一。

努尔哈赤其时三十岁，诸子尚幼，赖额亦都、安费扬古、费英东、何和里、扈尔汉等诸将，相忠悃、共甘甜、同赴难、并死生。自努尔哈赤起兵，仅五六年的时间，在努尔哈赤的内外发生了变局：

第一，克图伦城，斩尼堪外兰，洗雪了祖父被害之仇。

第二，统一建州各部，加强了建州女真的军事与政治、经济与社会的实力。

第三，改善了同明的关系，明"岁输银八百两、蟒缎十五匹，通和好焉"。

第四，明于抚顺、清河、宽甸、暖阳四关口设市，以通商贾，易有无，加强了经济实力。

总之，《清太祖武皇帝实录》于努尔哈赤起兵五年后的建州女真社会，及其同明朝的关系，做了如下的记述：

> 太祖逆招徕各部，环满洲而居者，皆为削平，国势日盛。与大明通好，遣人朝贡，执五百道敕书，领年例赏物。本地所产有明珠、人参、黑狐、玄狐、红狐、貂鼠、猞狸狲、虎、豹、海獭、水獭、青鼠、黄鼠等，以备国用。抚顺、清河、宽奠、暖阳四处关口，互市交易，照例取赏。因此，满洲民殷国富。

上录稍做夸张的文字，如"满洲民殷国富"云等，不需讨论，以此作为本节"整合建州"的终结和下节"开始称王"的铺垫。

第三章　女真合一

一、自中称王

战争历来都是通往王位的一条歧路,只有征服者才有希望摘取那象征权力和力量的王冠。作为征服者,努尔哈赤是当之无愧的。

努尔哈赤在统一建州女真进程中,为着兴基立业,巩固权位,暗自发展,扩展势力,在做两件事情,这就是兴建佛阿拉城和开始"自中称王"。

万历十五年(1587年)正月,努尔哈赤在苏克素浒河部虎拦哈达下东南与硕里隘口间的南岗上筑城,这就是后来称作的佛阿拉城。佛阿拉城的满文体为 fe ala hoton,满文 fe 汉意译为旧,满文 ala 汉意译为岗,满文 hoton 汉意译为城。满文 fe ala hoton,汉直意译为旧山城,但习称为旧老城。这是因为后金——清的都城,由第一个都城赫图阿拉,一迁至东京辽阳,二迁至盛京沈阳,三迁至京师北京,所以习称赫图阿拉作"老城",而称佛阿拉(一作佛阿拉)作"旧老城"。

佛阿拉的形胜,东依鸡鸣山,南傍哈尔撒山,西偎烟筒山(虎拦哈达),北临苏克素浒河即苏子河支流——加哈河与索尔科河,即二道河之间三角形河谷平原南缘的虎拦哈达上。它的东、南、西三面崖壁,仅西北一面开展。东有首里口即硕里河(今黄土岗子河),东北流入索尔科河;西北有二道河;注入加哈河。索尔科河与加哈河交汇后,此流入苏克素浒河。佛阿拉的位置,在赫图阿拉西南约八里处的虎拦哈达南岗上(今新宾永陵镇二道河子村)。

努尔哈赤从其祖居地赫图阿拉,迁至新筑城的佛阿拉,似因为:

第一,努尔哈赤基本统一建州后,开始出现以努尔哈赤及其弟舒尔哈齐为首的新的女真军事贵族,其地位、等级、权势、利益等,均发生了变化,需要兴建与之相适应的城垣、堂子、楼宇、屋舍。所以,要选择新的城址、按照新的等级、规划新的格局、做出新的安排。

第二,努尔哈赤基本统一建州前。赫图阿拉已为其诸祖、伯叔、昆弟和侄辈所安居多年,在此重新规划房舍,势必触犯诸多宗族利益,引发新的宗族矛盾。如另选新址,重新规划,则既不妨害原宗族的利益,又能满足新贵族的需要。

第三,努尔哈赤基本统一建州后,下一步是同明廷和扈伦四部打交道,在彼强己弱的情势下,需要选择一个既便荫蔽又便出击的新基地。

所以,从政治、军事、宗族等方面筹划,兴筑佛阿拉城是努尔哈赤的一个重大决策。

万历十五年(1587年),努尔哈赤在浓烈的硝烟中,登上王位的宝座,在建州呼兰哈达山下的佛阿拉城"自中称王"。

其实,佛阿拉只不过是一座三面崖壁,以木栅、山石、椽木加粘土筑成城垣的山城。这山城既无雉堞、射台,又无隔台、壕石和门楼,其简陋与女真各部首领的土寨子所差无几。然而,它却是努尔哈赤的权力所在。

在佛阿拉,努尔哈赤定国政、创法制、练军队、议征伐。在佛阿拉,他宴客、饮酒,纵情享乐。当他在佩剑护卫的环绕下端坐在中厅的黑漆椅上发号施令的时候,他已经把自己置于一个至高无上的地位,已经在与明朝分庭抗礼了。

但努尔哈赤称王,对明朝来说还是个秘密,一个仅对明朝保守的秘密。在明朝边官的眼里,努尔哈赤仍是一个恭顺的边臣,一个多次为明擒斩扰边"夷人"的建州酋长,一个平均每三年到北京朝贡一次的女真首领。

这就是努尔哈赤的超人之处。

当努尔哈赤看到,王杲纵兵犯边被悬首京师,尼堪外兰仰人鼻息终遭唾弃,他为自己另辟了一条捷径。他一面向明佯示忠顺、互市通好,一面借助明廷的敕封号令部众,发展实力,称王自立。这就是努尔哈赤的两面政策。他正是在这两面政策中生存、发展和强大起来。然而,有谁知道这政策的实施与成功,需要多少深谋远虑的思考、多少精心巧妙的设计啊!

万历十五、十六年,努尔哈赤统一建州各部的活动,已经引起明廷的注意,边吏授意亲明的哈达部与努尔哈赤联姻,便是出自对他加强控制的目的。

努尔哈赤深知明廷的用意。他正处在统一建州的关键时刻,必须避开明廷的军事干涉,创造一个有利于己的环境。因而,他欣然从命做了哈达部的女婿。而且从此后,他对明廷更加"恭顺",更加"忠心",凡有明廷宣谕,他奉命唯谨,并经常到抚顺关送还本部掠得的汉人。

就在努尔哈赤需要取信于明朝的时候,机遇送上门来。

万历十七年(1589年),住牧在札木河部落的女真首领克五十,屡次侵掠柴河堡(辽宁铁岭境内),射杀官兵,杀死指挥官刘斧。克五十自知闯下大祸,逃入建州以求庇护。努尔哈赤本该救人于危难。但当明廷宣谕追捕的命令送到建州时,他立即斩克五十报告边官,并以杀敌之功乞求升赏。于是,努尔哈赤由此获得了都督佥事的封号。

在常人的眼里,努尔哈赤的行为不仁不义。但在明朝上下,他却成了守边效力的功臣。只是,当蓟辽督抚还在做着"因其势、用其强""不劳明军而封疆无虞"的美梦时,他早已是列帐如云、积兵如雨、日习征战、高城固垒的建州王了。努尔哈赤以他的两面政策取得了称王与受封的双重收获。

为了感激明廷的封赐,万历十八年(1590年),努尔哈赤率领一百零八人,装满载有人参、貂皮、东珠等地方贡物的车辆,经抚顺进山海关到北京朝贡。这浩大的声势,不仅仅是为了证明他对明朝的臣属和忠顺,更欲借明朝的声威抬高自己。于是,努尔哈赤的两面政策,又在他奔走于建州至北京的朝贡路上继续奏效。至万历二十三年(1595年),他又以"忠顺好学""看边效力",被明廷加升为龙虎将军(位居散阶正二品),成为继哈达贝勒王台之后第二个得此称号的女真人。

二、进军海西女真

当努尔哈赤统一了建州女真,正踌躇满志地朝着更远大的目标奋进的时候,他意外地得到了一个"天赐良机"，为他进军海西女真创造了一次极好的机会。万历二十年（1592年）到万历二十六年（1598年），日本政府发动了旨在进攻明朝的侵朝战争，明朝政府不得不调派大军进驻朝鲜，使得辽东地区守备空虚，努尔哈赤却感到如同卸去紧箍咒一般地轻松自在，为所欲为地在东北这片广阔的天地里任意地驰骋纵横，一步步地绘制着他的帝国蓝图。

十六世纪下半叶，与戚继光在东南沿海一带抗击倭寇的同时，处于"战国时代"的日本，已经由封建割据、诸侯纷争进入到统一战争阶段。万历十八年（1590年），以关白丰臣秀吉为首的军事封建主统一了日本，掌握了对全国的统治权。统一后的日本，封建经济获得相当大的发展，其中商业的发展尤为迅速，这就要求扩大商品的销售市场与掠夺原材料，以减缓日本本土资源匮乏和市场狭小的矛盾。同时，国内的阶级矛盾和统治阶级的内部矛盾也很尖锐，为了转移国内民众的视线，缓和国内政敌的攻击，增强政府的凝聚力，使全国上下团结起来，一致对外，借此巩固刚刚建立起来的统治，丰臣秀吉磨刀霍霍，他准备要发动一场侵略扩张战争。

"醉翁之意不在酒。"丰臣秀吉将战争矛头直接指向朝鲜，而朝鲜半岛又和中国辽东大陆直接接壤，如果先将朝鲜攻下，就可以朝鲜作为根据地和跳板，以朝鲜人为向导，进一步将兵锋指向中国北部，再利用汉奸深入到中国的东南沿海一带。

万历十九年（1591年），丰臣秀吉召集水陆军队共十五万人，做好了一切战争准备之后给朝鲜国王发出通告："我欲假道贵国，超越山海直入于明。"第二年四月，杀气腾腾的日本侵略军以小西行长、加腾清正为先锋，浩浩荡荡地开赴朝鲜，他们一路长驱直入，如蹈无人之境，直奔釜山方向进军。

当时朝鲜国正处于李氏王朝当政时期，政治十分腐败，无论是军官还是士兵都缺乏训练，根本无法打仗，所以当日军登陆以后很快便连陷三城，即汉城、开城、平壤。朝鲜的王者之都被攻陷以后，原先整日沉湎于酒色而不问政事的国王宣祖李昖慌忙逃到中朝边境的义洲，朝鲜形势日益危急，整个国家几乎全部沦于日本之手。他们蛮横地霸占了这片土地之后，强行逼迫朝鲜人脱下自己的民族服装，换上他们大和民族的和服，并要求朝鲜人说日本话，以此来表示朝鲜国已经归顺了日本国，朝鲜人民已经成了日本天皇的忠实臣民，气焰十分嚣张。加腾清正率日军北上，并扬言"旦暮且渡鸭绿江"。

就在这生死存亡的危急关头，朝鲜国王只能把明朝政府看成是自己的大救星，只有请他们出兵才能解救亡国灭种的危机，于是乎，"请援之使，络绎于道"。

朝鲜与中国为一衣带水的亲密邻邦，朝鲜有难，中国理当相救，况且朝鲜又是明朝的属国；再则，日本的进攻目标是明朝而非朝鲜，唇亡则齿寒的道理尽人皆知。所以，不仅仅是为了扬大明帝国的威风，也是为了保卫自己，明朝政府对此事自然不能视若无睹，袖手旁观，他们很快就做出反应，决定答应李朝政府之请，派兵去朝鲜与日本一决雌雄。

万历二十年（1592年）夏，明朝政府首先派出游击史儒、副总兵祖承训等率领大军从辽东出发，渡过波浪起伏的鸭绿江，直抵平壤。由于军队初来乍到，准备仓猝，加之地理环境生疏,恰又赶上天公作难,泼下倾盆大雨,使得明军与日军的第一次交锋便以明军的失利而告终。游击史儒战死在平壤,副总兵祖承训仅是保住了性命,士兵死伤无数,万般无奈之下,祖承训决定暂时退兵,回到辽东另做打算。

当史儒、祖承训兵败之后,努尔哈赤也曾向明朝政府请缨出征,他的部下给兵部尚书石星送出一封请战书,上面写道:"今朝鲜既被倭奴侵夺,日后必犯建州。努尔哈赤部下原有兵马三四万,步兵四五万,皆精勇惯战。如今朝贡回还,对我都督说知,他是忠勇好汉,必然威怒,情愿拣选精兵,待严冬冰合,即便渡江,征杀倭奴,报效皇朝。"

但是,努尔哈赤的这番请求却得不到明朝方面的回应,不论是明朝政府还是朝鲜政府都不情愿由努尔哈赤带兵进入朝鲜。究其原因,前者多是惧怕他在朝鲜战场上势力得到猛涨直至不可收拾,以致于失去对他的控制,而后者也不放心由他率军来本土作战,担心他收拾了倭寇之后又转过身来对付自己,想起来令人不寒而栗。的确,他们的担心不是没有道理的猜想,谁知道努尔哈赤真正的用意到底是什么呢?

当年年底,明朝方面改派宋应昌为经略,李如松为东征提督,率领从辽东等地调来的军队七万多人再次横渡鸭绿江,与朝鲜军队联手作战,大军一直逼向平壤。这时,盘踞在平壤的是日本小西行长的精锐部队,有三万多兵力。在攻打平壤的战役中,李如松不但制订了周密的作战计划,而且在作战过程中身先士卒,奋勇杀敌,士兵们都为主帅的这种精神所感动,于是无不以一当十,打得日军连连败退。当时有一名士兵临阵退怯,被李如松当时斩首示众,以儆全军,他大声地对士兵们喊道:"先登城者赏银五千两!"重赏之下,必有勇夫,明朝军队士气大振,打得日本军队连连失利,最后以失败而告终,他们不仅有一千六百多人被砍头,而且被明军施放火器烧死熏死的有一万多人,还有不少士兵被生擒。小西行长吓得躲进了碉堡中不敢露面,时刻等待时机准备逃跑。平壤之战的胜利对整个战争的胜利起了决定性作用,很快,朝鲜八道中,有黄海、平安、京畿、江源四道回归朝鲜,汉口以南千余里的土地被收复,从根本上扭转了战局,士气由此大振。

明军因为在平壤取得了击败日军的重大战绩,于是便放松了应有的警惕,产生了骄傲轻敌之心。李如松不顾天降大雨的恶劣天气,率军向汉城进军,不料却遇到了日军事先设好的埋伏,在距汉城三十里处的碧蹄馆与之交锋。结果,由于明军没有配备大炮,武器装备欠佳,甲胄也不全,而敌军人数众多,李如松身负重伤,陷于重围之中,后因其弟李如海拼死杀入才得以脱验。此战明军告败,只好退驻开城,采取守势。

但是,明军的军事行动并未停止,他们分兵堵截日军的军备物资供应要道,将其粮食放火烧掉,没有粮食的日军饥肠辘辘,战斗力大大减弱。丰臣秀吉的如意算盘虽然被打乱,军队损失惨重,骑虎难下,但他仍然野心不死,大耍手腕,采用迂回的办法作为缓兵之计,假装要与明军和好罢兵,借此引诱明军退回辽东,以便腾出手来,大大地喘口气;之后,再去准备发动新的进攻。他提出的这个建议正好与明朝兵部尚书石星为首的主和派想法不谋而合,明朝军队很快便撤回辽东。

万历二十五年(1597年)二月,日本军队再次大举入侵朝鲜,明朝派出兵部尚书刑口和麻贵、杨镐再次率兵入朝。但此次进军由于日本方面事先准备充足,攻势甚猛,明军伤亡惨重,代价很大。

一年过后,丰臣秀吉病死,日本的主战派陷于困难境地,进攻锐气大减。趁此良机,中朝军民并肩作战,反守为攻,明朝水军将领陈璘、邓子龙与朝鲜水军统制李舜臣共同在海上与日军展开决战,包围了以小西行长为首的日军。在冬天的一个夜晚,中朝军队联合采用"火攻"的办法烧毁敌船,日兵被烧死、被斩首、因溺水而死殆尽,整个军队几乎全军覆没。在这一战斗中,朝鲜大将李舜臣与明朝大将邓子龙都英勇地以身殉职,成为中朝抗击日本侵略战争中杰出的民族英雄。就这样,丰臣秀吉发动的第二次侵朝战争以失败而告终。

在这场前后持续长达六年之久的反抗侵略的正义的援朝御倭战争中,明朝政府花费了相当大的气力,动员了蓟州、辽阳、大同、宣回等地的兵力,辽东人民也付出了巨大的代价,他们不仅以人力,还以物力大力支援朝鲜战争。万历二十五年(1597年),辽东名将杨元统帅三千子弟兵与三万五千多日军大战于南原,经过浴血奋战,直杀到最后人马力竭,弓矢用尽,只有十多人杀出一条血路得以生还,其余的人全部壮烈牺牲;早在万历二十一年(1593年),辽东地区遭受重大天灾,虽然当地百姓嗷嗷待哺,可运到朝鲜支援前线的粮食仍然多达十四万石,第二年,辽东的金、复两州又给朝鲜送去两万二千七百石粮食以支援战争,保障前线的军需供应;万历二十四年(1596年)十一月,辽东地区给朝鲜平壤运送军粮"五仓米十万石",给义州运送军粮"五仓米六万石";万历二十六年(1598年)三月,明朝政府由户部指令辽东巡抚"将该镇本年应运粮饷,除运过七万六千九百九十多石,尚有未运二十六万三千多石,督行该道,严催速运朝鲜接济"。

因为地理位置相近,支援朝鲜的御倭战争理所当然地就要从辽东地区派兵出征,并且还要调集粮食等军用物质,这势必就增加了辽东地区百姓的负担,而且最重要的后果就是不仅使辽东一带守备空虚,而且留守人员也无暇顾及建州地区发生的一切,他们都在日夜担心,日本人是否会越过鸭绿江打到辽东本土上来。努尔哈赤正是借此六年光阴大肆对海西女真用兵,势力得到空前的发展壮大。

(一)勇对诋诈

在三部女真当中,建州女真与海西女真地理位置紧密相联。当努尔哈赤跃马挥刀以锐不可当之势统一建州女真之时,扈伦四部的酋长们不能不感到惊慌和不安,兔死狐悲,他们清楚地认识到由年富力强的努尔哈赤所率领的日益强大的建州女真迟早有一天会将刀架在自己的脖子上,这是任何人都可以推测的必然结局。

为了拉拢、讨好努尔哈赤,扈伦四部的酋长们软硬兼施,大动脑筋。首先,他们想到要用与努尔哈赤联姻的办法来掣肘他的行动,于是,哈达部首先将虎儿罕的女儿嫁给努尔哈赤为妻;叶赫部也不甘落后,赶紧将那林布禄的妹妹送给了努尔哈赤。努尔哈赤对拱手相送的女人并不拒绝,一一地欣然接受了,但是,他却不会因此而大发慈悲,因为任何引诱都休想动摇他勇往直前的决心,减缓他的勇气。他的这一做法使对方恼羞成怒,于是,他们决定采用强硬的方法,由叶赫贝勒那林布禄派遣使者向努尔哈赤公开索要土地,企图以此来扼制建州女真势力的进一步膨胀。

万历十九年(1591年),那林布禄派了两名使臣宜儿当阿、摆斯汉来到努尔哈赤的帐下,直截了当地告知他们此行的目的:"乌拉、哈达、叶赫、辉发、满洲,语言相通,形同一国,岂有五主分建之理?今所有国土,你多我少,请将额尔敏、扎库木二处地方,选择一处让给我们。"

努尔哈赤听罢此言怒不可遏,但又不好发火,只好不动声色地驳斥道:"我们是建州国,你们是扈伦国,你们国家虽然大,我们不能要,我们国家虽然大,你也不能要。何况国家不能与牲畜相比,岂有分割的道理?你们身为一国执政之臣,不能极力劝说主人,怎么还厚着脸皮来跟我说这些话呢?"说完,就把使臣打发回去了。

他们的目的不仅未能达到,反倒碰了一鼻子灰,可那林布禄却贼心不死,他决定与哈达和辉发联合起来,采取一致行动向努尔哈赤施加压力。于是,他就召集叶赫、哈达、辉发三部酋长贝勒集会,会上一致同意各部同时派遣使臣到建州,发挥人多的优势以迫使努尔哈赤妥协让步。于是,叶赫部酋长那林布禄派尼哈里和兔儿德作使臣,哈达部酋长孟格布禄派代某布为使臣,辉发部酋长拜音达里派阿拉泯为使臣,他们一同前往建州去完成其主子交给的使命。

努尔哈赤虽然知道来者不善,但还是按照应有的礼节宴请了三部使臣。就在双方彬彬有礼地寒暄入座之后,一场舌战开始了。那林布禄的使臣兔儿德站起身来采用迂回婉转的语气对努尔哈赤说:"我是奉酋长之命而来,说出来怕惹你生气而遭到责怪。"兔儿德的坦率和欲说又有顾虑的模样做得恰到好处,他是想让努尔哈赤知道这是身不由己而为之,希望能够得到对方的体谅。努尔哈赤果然被他的一番话所打动,他感受到了自己在对方心目中的威严。于是,在自尊心上稍稍得到了一点满足,便表现出宽宏大度的样子安慰道:"尔主之言与永无干,何为责汝?"不过,努尔哈赤很快把话锋一转,口气又变得强硬起来,但这并不是对使臣,而是针对其主人的:"如彼以恶言来,我亦以恶言往。"

兔儿德壮着胆子将话直接转到要害之处:"昔索地不与,今投顺不从,两国若成仇隙,只有我兵能践尔境,谅尔兵敢履我地耶?"

努尔哈赤听了这番赤裸裸的挑战语言勃然大怒,他"呼"地站了起来,举起刀将桌案一劈两半并大声说道:"尔主弟兄,何尝与人交马接刃,碎烂甲胄,经此一战耶?昔孟格布禄、歹商叔侄自相扰乱,如二童争骨,尔等乘乱袭取,何敌视我如彼之易也,尔地四周果有边垣之阻耶?吾即昼不能往,夜也能至彼处,尔其奈我何?徒张大言胡为乎?昔我父被大明误杀,与我敕书三十道,马三十匹,送还尸首,坐受左都督敕书,续封龙虎将军大敕一道,每年给银八百两,蟒缎十五匹,汝父亦被大明所杀,其尸骸汝得收取否?"

努尔哈赤一口气说完这番话后还不觉出气,又让人将他前面所言写在纸上,派阿林恰将此书交给叶赫贝勒卜寨(布斋)和那林布禄作为答复,并格外嘱咐阿拉恰说:"尔到彼处当诵之,若惧而不诵,即位于彼处,勿复见我。"

阿林恰来到了叶赫，卜寨早已知道了他此行的使命，便将他接到家中以礼相待，并提出要看一下来信，阿林恰就掏出此信当着卜寨的面朗诵一遍。卜寨听得虽然恼火，却又无可奈何，他对阿林恰说："此书我已知之，何必送与吾弟？"阿林恰说："我主曾命对二主面诵，若止见贝勒，难复主命。"卜寨见他态度如此坚决，只好以缓和的口吻说道："否弟出言不逊，汝主恨之诚是，但恐见此书怒责汝也。"就这样，卜寨将此书收了起来，打发阿林恰回建州复命去了。

努尔哈赤的这一举动，显然是在向叶赫诸部表示自己无所畏惧，警告他们不要蛮横无理，施加压力，表现了他不屈不挠、不卑不亢的外交之道。而理屈词穷的叶赫方面也拿努尔哈赤没办法，只得以好言相劝将阿林恰送走。

当时建州女真的长白山三部当中的朱舍里部和讷殷部勾结叶赫出兵，将建州东部边界的洞寨劫掠而去。当手下人将这一消息报告给努尔哈赤时，他正坐在门楼上休息，只见他胸有成竹，以胜券在握的口气说："任伊劫夫，岂有水能透山，火能逾河之理？朱舍里、讷殷是我同国，乃敢附异国之叶赫，劫掠我寨，盖水必下流，朱舍里、讷殷二部终为我有矣。"

努尔哈赤的这番话绝不是自吹自擂，口吐狂言，这是他通过对全局的整体把握之后才得出的结论，充分表现了他的大家气度和遇事不乱的沉稳性格。

万历二十一年(1593)六月，叶赫部终于将积郁在胸的恼怒诉诸武力，卜寨与那林布禄纠合哈达部酋长孟格布禄、乌拉部酋长满泰、辉发部酋长拜音达里，集中了扈伦四部的强壮兵马，首先向建州部挑起战火，试试努尔哈赤到底有多大底气敢出此狂言。他们首先劫掠了建州部的户布恰寨，努尔哈赤听到战报以后立即率领将士骑马前去追赶来犯之敌。这时，哈达部的兵马已经回去了，努尔哈赤就带兵一直穷追不舍地来到哈达部。当天晚上，他命令步兵埋伏在道路两旁，自己则带领一股部队去袭击哈达部的富儿佳奇寨。哈达部得知努尔哈赤以牙还牙劫了自己的地盘，也赶紧出兵追到富儿佳奇，双方在此相遇，一场好戏开始了。

努尔哈赤想把追兵引诱到自己设好埋伏的地方，可又担心哈达兵追到半路返回，于是就让士兵先走一步，自己独身一人殿后，使对方看到只有一个敌人产生易于取胜的心理，以引诱追兵继续前进，他的心计实在太多了。哈达兵果然中了他的圈套，继续朝前追去。当他们追到近前的时候，前面有一人首先举刀猛扑过来，后面又有三个人并肩骑马前来助战。见此情景，努尔哈赤心中想到，后追上来的那三个人没有关系，可前头那个迎面而来，恐怕会伤着脸部，如果用箭射他，而他又离自己太近，没办法开弓，于是，他转过身来举起了弓箭朝对方马的肚子射去，那匹中了箭的马因疼痛而大跳起来。后面那三个人趁努尔哈赤射箭之机一起杀来，他的坐骑因受惊大叫起来，差一点将努尔哈赤掀翻在地。这时，幸好安费扬古及时赶来将后面那三个人杀死，努尔哈赤也得以抽出手来再发一箭，正好射中了孟格布禄的马，那匹马疼得在地上大叫，鲜血汩汩而流。孟格布禄的家人代因布禄将自己的坐骑让给了孟格布禄，忠诚的代因布禄只好跑步而回。努尔哈赤继续抖擞精神，率领三名骑兵，二十多名步兵与敌人交战，把对方打得大败，杀死了十二个人,获六副战甲、十八匹马凯旋。

富儿佳齐一战充分显示了努尔哈赤高超的军事指挥才能,他能做到临阵不乱,指挥得当,不是凭着一腔势血不顾一切直接冲杀过去,而是先设好伏兵,待一切布置停当之后,才亲自出马引诱敌人上钩。此时的努尔哈赤已是建州之主,可他仍然身先士卒,而不是躲在安全的地方进行指挥,作为一军主帅能够冒着生命危险冲在最前面,处处以身作则,那么,他的手下能不以此为榜样奋勇向前,效以死力吗?不论是哪次出战时有一点闪失,他的性命也就丧失了,关于这一点,他比谁都清楚,但他仍然能够亲临战阵,其勇气和侠气实在令人钦佩。富儿佳齐之战仅仅是建州与扈伦四部之间战争的一个序曲,更大的战斗还在后面呢。

(二)大败九部联军

叶赫贝勒卜寨和那林布禄使尽了浑身的解数,想使努尔哈赤听从自己摆布,但都以失败而告终,不但没有从他那里捞到任何好处,反而屡遭羞辱,吃尽了苦头。可他们并不甘心,不相信自己竟然斗不过这个后起的小字辈,于是他们聚在一起筹划了一起更大的军事行动去驯服这个难以驯服的年轻人,想看看他究竟还有多大的能量没有释放出来。

万历二十一年(1593 年)九月,在富儿佳齐战役之后只有三个月的时间,卜寨和那林布禄纠合哈达部贝勒孟格布禄,乌拉部贝勒满泰之弟布占泰、辉发部贝勒拜音达里、长白山三部中的朱舍里部贝勒裕冷革、讷殷部贝勒搜隐塞克什、蒙古科尔沁部贝勒翁阿岱、莽古、明安,还有锡伯部、卦勒寨部共九部兵马三万多人,分三路奔向建州部的苏克素浒河的古勒山,以摇山撼岳之势呼啸而来。

古勒山位于苏克素浒河南岸,其地形复杂多变,山势崎岖陡峭,属易守难攻之地,加之敌军初来乍到,地形生疏,这些都是敌军的劣势之所在。当他们密密匝匝地出现在浑河北岸的时候,已是傍晚时分,由于行军的劳累加上饥饿难忍,他们便就地安营扎寨,举火煮饭,隔远望去,一堆堆火像天上的星星一样数也数不清。

当努尔哈赤听到九部联军已经来到的消息之后没有显出丝毫的惊慌之色,他像一名久经战阵的大将军那样,神情自若地安排和指挥着一切。他首先派出兀理堪去刺探敌情。兀理堪走了大约百里,到了一处山岭之后,眼前出现一群乌鸦在向他大喊大叫,那声音仿佛是告诉他不要再往前走了,等他返身退回时,乌鸦就随后散去了。他心存疑惑,便试探着再回过头去往前走,结果那群乌鸦又如刚才那样喊叫不止。兀理堪明白了它们的用意,就不再继续往前走了,马上回去将此事报了努尔哈赤。努尔哈赤说:"可从加哈向浑河探之。"果真,当兀理堪来到浑河岸边,看到北岸的敌兵正举火煮饭,待吃完之后又立即起行,翻过夏鸡岭。兀理堪飞快地返回营地,将敌情报告给努尔哈赤:"敌国大兵将至,拂晓就要压境。"

努尔哈赤听完报告后仍然保持着冷静的姿态,因为他已经成竹在胸,对胜利充满自信,他轻松自如地与人调侃道:"人言叶赫国不日兵来,今果然也。"然后又做出决定:"我兵夜出,恐城中人惊,待天明出兵,传谕诸将。"然后,他又根据地形情况进行了周密的军事部署:在敌人来路的两旁设下精兵以为埋伏,在高阳崖岭上安放滚木礌石;在沿河峡路上设置横木障碍。布置完毕之后努尔哈赤就去睡觉了,而且睡得鼾声大作,仿佛什么事情也没有发生。可皇后衮代在一旁却因担忧而翻来覆去地睡不着,她忍不住将努尔哈赤推醒问道:"今九国兵马来攻,何故酣睡,是昏昧耶?抑畏惧耶?"努尔哈赤半睁半闭着眼睛说道:"畏敌者必不安枕,我不畏彼,故熟睡耳。前闻叶赫兵三路侵我,来期未的,我心不安,今日已到,我心始定。我若有欺骗处,天必罪我,我当畏之。我承天命,各守国土,彼不乐我安分,反无故纠合九部之众,欺害无辜之人,天岂佑之?"说完,他又翻过身去酣睡如故。此时,他已经将整个战争形势做了透彻地分析,并得出了自己必胜无疑的结论。同时,他还坚信自己是正义的一方,是会得到上天保佑的,而敌方是非正义的,是要遭到上天惩罚的。这种原始而朴素的天命观虽然不是科学的,但起码包含着一些多次被实践证明了的客观规律,努尔哈赤对此深信不疑,所以,他才会对自己充满了必胜的信心。

第二天早上天刚亮,努尔哈赤已经吃完了早饭,他率领部下去堂子祭天神。堂子是女真人祭天的场所,祭天神是一种相当隆重的礼仪,在每年新年的第一天、打仗出征之前以及凯旋时都要举行这种仪式。努尔哈赤对着神位拜了两拜说:"天地三光,万灵神祗,我努尔哈赤与叶赫本无事故,今彼引兵攻我,惟天鉴察。"他又拜了两拜接着说:"愿天令敌垂首,佑我奋扬,兵不遗鞭,马无颠踬。"叩祝完毕,他立即翻身上马,率军出征。当他来到拖索寨时,站在渡口处发表了战前动员:"尔等可尽解臂手顿项留于此,若伤肢伤颜,唯命是从,不然,身多拘束,难以胜敌,我兵轻便必获全胜矣。"士兵们领命之后,都将"臂手顿项"解去。所谓"臂手""顿项"就是用来保护手臂和脖子用的护套,是防止手臂受伤而影响作战、脖子受伤而易于丧生用的。但是,若戴上这些防护则笨重不便,行动难以自如,可是不戴上它们又危险极大。努尔哈赤在权衡了两者的利害之后,果断地摘去护套,之所以这样做,是想以此来激励将士们破釜沉舟,背水一战,置于死地而后生。他充分利用了众人的求生欲望,使其战斗力发挥得更加淋漓尽致,打起仗来更加机智和勇敢,这是取得胜利的重要保证。

当大军行至加哈,加哈城守将奈虎、山坦前来报告说:"叶赫兵辰时已到,围加哈关,见势不能克,往攻黑机革城,敌兵甚多。"听他俩这么一说,士兵们都惊吓得面无血色,毕竟,他们还没有经历过这么大的阵势。加哈有一个名叫狼塔里的人从后面赶到,他大声地说:"贝勒何在,我兵见有几何?"说完又登上山顶察看敌情,然后对努尔哈赤说:"若以为来兵为多,我兵亦不少,若与大明交战,彼兵漫山遍野,我兵二三百,尚败其众,今我兵有胆气骁勇,必败此兵,若不胜,我甘军法。"他的一席话使大家的情绪安定了许多,仿佛吃下一颗定心丸。

努尔哈赤又派出一名探报前去打探敌情,对他交待道:"来兵若欲回,今晚即击之,否则明日再战。"过了一会儿,探报回来报告说。"敌兵已经安营扎寨,现在正在搬运粮草。"于是,努尔哈赤也决定全体将士就地安营。

就在当天夜里,努尔哈赤的探报兀理堪抓获了叶赫部的一名士兵,经过审训得知敌军共有三万之众,其中叶赫出兵一万,哈达、乌拉、辉发共出兵一万,其余各部合兵一万。建州人听后又吓出一身冷汗。在这种极其不利的情况下如果不能稳定军心,使他们增强必胜的信念,那么无论如何是不能取胜的。努尔哈赤充分意识到这一点并及时抓住这一问题的关键,马上向部队又做了一番旨在稳定军心的思想动员,以此鼓舞士气,使他们充满信心,他说:"尔众无忧,我不使汝等至于苦战。吾立险要之处,诱彼来战,彼若来时,吾迎而放之,诱而不来,吾等步行,四面分列,徐徐进攻。来兵部长甚多,杂乱不一,谅此乌合之众,退缩不前,领兵前进者,必头目也,吾等即接战之,但伤其一二头目,彼兵必走。我兵虽少,并力一战,可必胜矣。"

努尔哈赤的这番话是他深思熟虑所得,他正确地分析了双方各自的特点,指出了敌兵之短,我兵之长,得出了我方必胜的结论。他认为我军占领了有利地形,以逸待劳,这是优势之所在。而敌军乃"乌合之众",指挥上一定有漏洞,这是敌方的劣势所在。所以,努尔哈赤告诉大家擒贼先擒贼首,这便可动摇其军心,造成敌兵败退的结局。

第二天,九部联军攻打黑机革城,未克,就在当天又发动了第二次进攻,此时,努尔哈赤已经率兵赶到,在古勒山的险要之处陈兵列阵,与黑机革城相对。九部联军像潮水一样向古勒山包围过来,其势锐不可当。努尔哈赤派额亦都率领精兵100人向敌人首先挑战,敌人马上包围过来,在这众寡如此悬殊的情况下,额亦都毫无惧色,奋勇冲杀,杀死九个人,九部联军受挫后稍稍退去。

叶赫贝勒卜寨想到自己不应落在后面,便一马当先与那林布禄和科尔沁的翁阿岱、莽古、明安贝勒领兵冲上前来,合攻一处。卜寨可能是求胜心过切,驱骑过猛,坐骑被木桩撞倒,将他重重地摔到了地上。建州士兵武谈立即冲了过去将卜寨一刀杀死。那林布禄见其兄转眼之间气绝身亡,惊叫一声便昏了过去。叶赫诸贝勒见此情景皆痛哭失声,他们赶紧扶起昏死的那林布禄,抱起卜寨满是血污的尸体夺路而去。其他同时冲上来的贝勒们被吓得失魂落魄,纷纷丢下自己的部众,四处奔溃逃命。最为狼狈的就是明安贝勒,他骑的那匹战马陷到泥里拔不出来,于是,他只好丢下鞍马,赤身裸体骑上一匹骡马逃走了。努尔哈赤乘胜指挥士兵猛杀猛砍,就如疾风扫落叶一般,只一会儿工夫,敌人的尸体就填满了沟渠,鲜血汇流成河,其状惨不忍睹。努尔哈赤的兵马就在这片铺满了人马尸体的旷野上纵横驰骋,越战越勇,敌人只有逃命的念头,那还顾得上应战呢?这支勇猛的军队一直将敌兵追到哈达境内,当天晚上又用绳子拦住了路口,杀死很多刚刚逃命归来的敌兵。

更富有戏剧性色彩的是布占泰被努尔哈赤手下的士兵给活捉了,当士兵要举刀结果他的性命的时候,布占泰大喊大叫,要他手下留情,并愿意用钱财来赎命。于是,这名士兵就把他捆绑起来带到努尔哈赤的驻地,等待主帅的发落,因为,他也看出此人不是一般的兵士。努尔哈赤以胜利者的姿态发问道:"尔何人也?"布占泰叩头答道:"我畏杀,未敢明言,我乃乌拉满泰之弟布占泰,今被擒,生死只在贝勒。"努尔哈赤听完之后表现出十足的豁达大度:"汝等会九部之兵欺害无辜,天厌汝等。今既未见,岂肯杀汝?语云,生人之名,胜于杀,与人之名胜于取。"于是命人给布占泰松了绑,赐他一件猞猁狲裘衣,将他供养起来。

古勒山之战的结果是努尔哈赤获得全胜,建州军队共斩杀九部联军四千人,获战马三千匹,铠甲一千副,杀死了卜寨,生擒了布占泰,可谓战果辉煌。九部联军是侵略的一方,而建州军则是被侵略的一方,这次战役努尔哈赤完全是出于自卫的举动,而九部则是自不量力,自取灭亡。

努尔哈赤在古勒山下充分施展了他卓越的军事指挥才华,他的机智、沉着、有勇有谋与卜寨的愚蠢、鲁莽、骄傲轻敌形成了鲜明的对比。卜寨之死为海西女真今后的命运带来不祥的兆头,因为,通过这场较量已经看出他们绝不是努尔哈赤的对手。古勒山之战成为努尔哈赤统一女真史上的一个重要的里程碑,也使他由此军威大振,远近慑服,他也更加充满了自信,带领着建州部众跃马扬鞭,朝着下一个目标飞奔而去。

(三)降服哈达

努尔哈赤在古勒山下大展英姿,将来势凶猛的九部联军打得落花流水,更加证明了建州女真已经日益强大起来,成为具有强大威慑力的勇猛无比的"狮子"、"长颈鹿"和"山羊"能不感到末日的恐慌吗?与其坐等待毙,死路一条,莫若顽强挣扎,闯出一条生路。海西女真经过与建州女真的一番较量之后,已经认识到与努尔哈赤相比自己底气尚属不足。叶赫在古勒山之战中损伤最大,死了一个卜寨贝勒,吓昏了那林布禄贝勒,但他们并不因此而一蹶不振,而是抖擞精神,做他们所能做的事,那就是将分散的海西女真统一起来,形成一个力量强大、疆土辽阔的海西女真,才有可能与建州女真相抗衡。

万历二十七年(1599年),叶赫贝勒那林布禄抖掉几年前在古勒山下带来的耻辱,率领本部军队向扈伦四部中力量曾盛极一时的哈达部挑战。前面已经提到哈达部在其酋长王台死后陷入了一场子孙构怨,相互仇杀的内乱之中。他的六个儿子早夭的早夭、病死的病死,只剩下了温姐所生的孟格布禄与其侄子歹商,而他们叔侄二人不和,不能同心协力,哈达已无力再现往日的辉煌了。

哈达部与叶赫部的恩恩怨怨已非一时一日,几度纷争,几动干戈。早在王台在世时就已结下的疙瘩非但不能化解消除,反而更加扩大,旧仇加新恨,他们之间的矛盾就进一步激化了。叶赫部参与了王台家族的内部之争,与孟格布禄和康古六合起手来进攻歹商。当时的明朝政府清楚地认识到,如果歹商被打败,那么叶赫则可以称雄海西,那么海西再北结蒙古、南联建州,明朝便无力控制整个辽东,出于此种目的,他们便竭力支持歹商。而此时努尔哈赤正专注于建州女真的内部统一,不便与明朝作对,便与歹商联姻,努尔哈赤成了歹商的大舅哥。后来,由于歹商个性怯懦,难成气候,孟格布禄乘机取而代之。努尔哈赤并没有放弃对哈达的分化瓦解,接收从哈达部叛投出来的索塔兰和雅虎等人,并对他们以优礼相加,处处善待、抚慰。

如今,哈达部又面临着一场新的灾难,叶赫兵戈相加,可哈达部又不是叶赫的对手,于是,孟格布禄将他的三个儿子送给努尔哈赤作人质,乞求建州出兵援救。努尔哈赤立即派出费英东和噶盖带领两千人前去哈达助战。叶赫贝勒那林布禄见此情景，心中不免一惊，如果哈达部倒向建州一边，叶赫是无能为力的，于是便使出一个计谋，通过明朝的开原通事给孟格布禄送去消息："汝执满洲来援之将，挟赎质子，尽杀其兵，如此，汝昔日所欲之女，吾即与之为妻，二国仍旧和好。"

糊涂而又不讲信用的孟格布禄果真中了那林布禄的离间之计，答应了叶赫的建议，与叶赫相约在开原举行会议进行具体策划，并派出两个妻子前去商议此事。不幸的是这个消息事先走漏了风声，被努尔哈赤从中截获，他感到自己被人愚弄了，自尊心受到强烈的刺激，他难以压抑心头的愤怒，恨不能立即将孟格布禄捏个粉碎。这个仇无论如何要报，他立即作出决定，向哈达部进军！

当年九月，秋高气爽，努尔哈赤率领军队向哈达部发起进攻。他的同母弟弟舒尔哈齐主动请求："可令我为先锋，试看如何？"努尔哈赤答应了他的要求，并派出 1000 人的兵力交他指挥，军队直逼哈达城下，哈达部事先也知道努尔哈赤一定会以牙还牙，不会轻易地放过自己，他们早已做好了战守准备，等待着与努尔哈赤决一高下。舒尔哈齐一看城里的敌人严阵以待，心中便觉一阵惊慌，临阵怯起场来，他不敢贸然发起进攻，于是按兵不动，向努尔哈赤报告说："有兵出城迎敌。"努尔哈赤听罢此言大为恼火，厉声斥责道："此来岂为城中无备耶？"然后向舒尔哈齐大声吼叫："汝兵向后！"然后，他自己亲自带领军队向前冲去。由于舒尔哈齐的部队在前面挡住了去路，努尔哈赤便绕城环攻。哈达军队在城上拼命地朝下射箭，建州军队伤亡很大。经过了六天六夜的激烈战斗，哈达部终于被攻陷，大臣扬古利将孟格布禄生擒后送到努尔哈赤面前。

扬古利，是库尔喀部酋长郎柱的儿子，自幼随父投归努尔哈赤。后来，郎柱被部人杀害，当时年仅十四岁的扬古利亲手将杀父仇人杀死，并割下其耳鼻"生啖之"，努尔哈赤也被他的行为感到惊奇不已。后来，他渐渐地受到努尔哈赤的赏识并有幸成为努尔哈赤的女婿，当他随岳父出征哈达时刚好二十七岁。他作战勇敢，机智灵活，多次征战，为努尔哈赤统一大业立下殊勋，后来又随从清太宗皇太极出生入死，终于战死在疆场上。

孟格布禄自以为老谋深算，筹划备至，但终于落得个鸡飞蛋打的可怜下场，做了努尔哈赤的阶下囚。他满面羞愧地跪在努尔哈赤脚下狼狈万分，恨不能一头撞死。但努尔哈赤并不希望如此，他要将孟格布禄供养起来，用以向世人展示他豁达大度的气质和胸怀。他亲手将自己的貂帽和貂褂赠给了这个败军之将，并将他带到佛阿拉住了下来。

此后，努尔哈赤又将哈达部所属城池尽行招服，"其军士器械、民间财物、父母妻子，俱秋毫无犯，尽收其国而回。"哈达部从此便销声匿迹，不复存在了。

后来，努尔哈赤为笼络人心，准备将女儿莽古姬嫁给孟格布禄为妻，并将他放回哈达，可是却意外地发现孟格布禄与自己的小妾法赖私通，并与噶盖合谋篡位。事件败露之后，孟格布禄、噶盖以及那个不贞的女人法赖都被努尔哈赤杀掉了。这是清朝人自己的一面之词，明朝人对此却不以为然，他们认为"欲加之罪，何患无辞！"是努尔哈赤找的借口将孟格布禄杀掉以泄其愤。其实，努尔哈赤想杀掉孟格布禄也用不着如此费周折，还要搭上另外二人,其中一人还是自己的小妾,无论如何自己也不光彩。即使当初就杀掉孟格布禄也不为过,他用不着以此沽名钓誉,想必孟格布禄的"不义"之举还是极有可能的。

万历二十九年(1601年)正月,努尔哈赤又将莽古姬公主嫁给孟格布禄的儿子乌尔古岱,以此来笼络人心,减缓因杀父之仇带给他们之间的矛盾与敌视。

面对建州女真与哈达部之间的火并,明朝政府又一次站在哈达一边,这一方面是出于保护忠顺朝廷一辈子的王台的后代,更重要的一方面则是出于自保,限制建州女真势力的发展壮大,给它多留下几个可以与之抗衡的对手,从而减轻对明朝方面的压力。于是,万历皇帝降下圣旨,责难努尔哈赤为什么大肆对哈达部用兵,掳其百姓,还发出旨令,让乌尔古岱返回哈达部重新执掌部政,恢复哈达部原有的模样。这时的努尔哈赤不具备与明朝政府进行抗衡的力量,也就只好退让一步,在万历二十九年(1601年)七月于抚顺关外"刑白马,誓抚吾答保寨,"并将乌尔古岱及所属部众派回哈达。乌尔古岱虽然当上了哈达贝勒,但只有虚名并无实权,一切政务由努尔哈赤控制,他只不过是个摆设和傀儡而已。

此后,叶赫贝勒那林布禄集结蒙古军队屡次侵扰哈达,努尔哈赤上书万历皇帝:"吾已从命,令乌尔古岱还国矣,今叶赫国率兵屡次侵掠,何放以吾所获之国,受制于叶赫?"可万历皇帝对他的质问不予理睬,其原因十分清楚,明朝宁可把哈达让给叶赫也不送给建州,叶赫得到了哈达,会增加与努尔哈赤抗衡的力量,而给了努尔哈赤,则使他更加如虎添翼,不可驾驭了。

当年,哈达部因天灾人祸发生大饥荒,迫不得已向明朝开原城请求援助,送些粮食过来以帮助他们渡过难关。但是,他们的请求遭到了拒绝。饥饿将人们推向疯狂的境地而使他们丧失了人性,最后竟然将妻子、儿女、奴仆、牲畜等互相交换作为食物充饥,其残酷之情景令人毛骨悚然。努尔哈赤便又趁机收取了哈达,将哈达部完全吞并掉了。

哈达部成为扈伦四部当中最早灭亡的一个部落,究其原因还是由于王台子孙不能和睦相处,共同治理部政,相反却互相拆台,互挖墙脚,最后由于孟格布禄出尔反尔,惹恼了努尔哈赤而引火烧身,那么哈达部的灭亡也就无法避免了。当然,即使不是孟格布禄的那次愚蠢的举动,努尔哈赤迟早也要将哈达吞掉,只是时间早晚不同而已。

哈达部灭亡了,扈伦四部中的另外三部也感到了末日的恐慌,就像一条江堤的中间被打开了缺口,努尔哈赤就像一股汹涌而出的江水,想堵也堵不住了,而且势头越来越猛,迅速地漫延开来,那么,他的下一个猎物就要发出临死前的哀鸣了。

(四)击灭辉发

努尔哈赤终于如愿以偿地将哈达部据为己有,扈伦四部如同被砍去了一只胳膊的"独臂人",再也无法恢复其生机与元气,它的抵抗能力也大为减弱,努尔哈赤更加得以大刀阔斧地砍杀自如了。

辉发部,因其居住在松花江支流辉发河流域而得名。其祖先以前一直居住在黑龙江流域,后来才逐渐迁徙至此。到王机努时又在辉发河畔扈尔奇山上建筑了城池,因其所据地形险要,使得其城池坚固无比。辉发部处于建州女真、乌拉与哈达的包围之中,当哈达部灭亡之后,辉发部就有三面被建州所包围,形成瓮中之鳖的险恶形势。

王机努死后,他的大儿子也相继随他而去,王机努的孙子拜音达里为了夺取辉发部的统治权,竟灭绝人性地将他的七个叔父统统杀死,自立为贝勒。拜音达里泯灭天良的暴虐行为激起了部众的强烈不满,可他竟不知错改错,还准备举起屠刀砍向他叔父的儿子们。为躲避他的追杀,那些失去父亲的堂兄、堂弟们便纷纷逃到叶赫贝勒那林布禄处避难,而其他部众也是人心惶惶,暗地里都在做着叛逃的准备。拜音达里为争权夺位,最后落得个众叛亲离、孤家寡人的可悲下场。

走投无路的拜音达里无可奈何之下向建州请兵,乞求得到努尔哈赤的支持和援助,为了表示他的诚意,就将其所属七个大臣的儿子作为人质送给了努尔哈赤。在此之前,拜音达里曾跟随叶赫贝勒卜寨和那林布禄两次进犯建州女真,都被努尔哈赤打败,此时此刻,他厚着脸皮请努尔哈赤为自己解围,可努尔哈赤还是答应了他,并派出上千人的部队赶去增援。本想叛逃到叶赫的辉发部众因被建州兵击败而未能如愿以偿,这次,是努尔哈赤帮了拜音达里一个大忙。

此事平息之后,那林布禄设下计谋使辉发部与建州互相构怨,他唆使拜音达里道:"你若索还所送人质,则我亦将尔叛来之兄弟尽行归还。"其实,那林布禄是在诓骗拜音达里,但拜音达里却信以为真,他指天发誓说:"我将中立于尔两国之间也。"于是,他就向努尔哈赤讨还所送人质。旋即,拜音达里竟然背弃中立之言,将其儿子送给那林布禄作人质。而那林布禄更是言而无信,原先答应归还给拜音达里的部众并未归还,拜音达里这才知道自己上当受骗了。

可怜而愚蠢的拜音达里又一次跑到努尔哈赤帐下百般忏悔,并表示今后永远跟随努尔哈赤:"我曾为叶赫那林布禄所诓骗,今欲永赖聪睿恭敬汗谋生,请将尔许嫁常书之女改适与我为婚。"

努尔哈赤并不会为拜音达里虔诚的表白所感动,他只是出于争取辉发、孤立叶赫的目的,就答应了拜音达里的请求,并退掉了已经许给常书的儿子的婚约,将女儿许给了拜音达里。但首鼠两端,瞻前顾后而又毫无主见的拜音达里害怕与努尔哈赤联姻会得罪了叶赫,他又一次食言毁约,不去娶努尔哈赤的女儿,将她晾在一边了。

努尔哈赤怎能咽下这口冤气,忍受得了这份羞辱?他责问拜音达里说:"昔叶赫强盛之时,尔拜音达里以兵助那林布禄,曾两次来攻。尔既声言娶我女为妻,今何又变心耶?"

拜音达里面对努尔哈赤的诘问理屈词穷,无言以对,于是,他又信誓旦旦地与努尔哈赤结下盟约:"俟我在叶赫之子归来,即娶尔女,与尔同盟!"然后,他集中一切力量为自己部落修了三层城垣。等在叶赫作人质的儿子回来以后,努尔哈赤找到拜音达里说:"尔在叶赫之子既归,今将何如?"拜音达里又一次变卦,他看到三层城垣已经修筑完毕,他可以凭此来对抗来犯之敌,所以,又宣布不娶努尔哈赤之女。努尔哈赤认为自己蒙上了极大的羞辱,拜音达里根本没把他放在眼里。

努尔哈赤岂能反反复复地任人戏要,于是他决定出师兴讨拜音达里。据《满文老档·太祖》乙未年所载:"秋,九月初六日,有星线见于东方,指辉发村,七八夜方息。此后,西方又见一星线,经月余。"这种记载不可确信,多半是清朝人自己为努尔哈赤征讨辉发部而寻求"天意"的充足理由和借口,给这次出兵行动带上神秘而不可抗拒的色彩。从九月初六日开始出现的星线持续了七八天晚上,这时正是初十三或十四,而九月十四日正是努尔哈赤围攻辉发部的日子。

辉发部的灭亡是不可避免的,凭着努尔哈赤可以打败九部联军的实力,那一个小小的辉发部当然就更不在话下,更何况它的首领是那么一个人:残暴无情,变化无常,不守信用。在努尔哈赤与拜音达里交手的几个回合中,我们就可以看到这两个人物截然不同的性格和气质,除了实力上的原因之外,这便是决定他们各自命运的关键之所在了。

这次兵临辉发城下,努尔哈赤拥有充足的理由和根据。在他亲自指挥和参与下,建州兵冲破了拜音达里自以为固若金汤的三层防御工事,拜音达里父子因兵败而双双被杀,其所属士兵被屠戮殆尽,其所属部民被迁到建州,辉发部从此就不复存在了。

继哈达部灭亡之后,辉发部又步其后尘,扈伦四部已经被砍去了两只胳膊,其余两部的命运又会怎样呢?

(五)扫平乌拉

乌拉部,因居住在乌拉河(今松花江上游)流域而得名,它的治所叫乌拉城,坐落在乌拉河的东岸。在扈伦四部当中,乌拉位于建州的北部,离建州最远。万历二十一年(1593年),九部联军在古勒山下与努尔哈赤一决雌雄,结果乌拉部的首领布占泰被生擒活捉,布占泰跪在努尔哈赤面前叩头如捣蒜,只求留他一条活命,努尔哈赤果真应了他的要求,将他供养起来。

转眼间,时光已经转了三个春秋,万历二十四年(1596年)七月,努尔哈赤准备将"洗心革面"的布占泰放回乌拉,派秃儿空黄占和拔儿孙非英占等两人护送他返回本部。就在他还未到家的时候,布占泰的哥哥满泰及其儿子奸淫了本村的两名妇女,激起了她们的丈夫的强烈愤慨,这两位丈夫趁夜深人静之时,将满泰父子杀掉以泄愤,这样乌拉部就处于群龙无首的状态之中。等布占泰到家的时候,叔叔兴泥牙看到即将到手的乌拉部主的位置就要丢掉,于是就动了杀死布占泰的念头。正在这生死攸关的时刻,护送布占泰的两名建州大臣日夜守护在他的左右,使兴泥牙的阴谋无法实现。鉴于自己的不利处境,兴泥牙无法在乌拉继续住下去了,他就投奔叶赫而去,布占泰由此得以顺利地继承兄位成为乌拉部的酋长。这次如果没有建州大臣的全力相助,布占泰可以说是生死难卜的,从这个意义上讲,建州对布占泰又有了一次救命之恩。

起初,布占泰对此也是念念不忘,如万历二十四年(1596年)十二月,主动将其妹妹滹奈送给努尔哈赤的弟弟舒尔哈齐为妻;万历二十六年(1598年)十二月,布占泰怀着感激之心带领部属三百多人进谒努尔哈赤,为褒奖布占泰的一片赤诚忠心,努尔哈赤将舒尔哈齐的女儿厄石太嫁给了布占泰，并赏给他五十副盔甲，十道敕书，以示礼尚往来；万历二十九年（1601年）十一月，布占泰将其兄满泰的女儿阿巴亥送给努尔哈赤为妃，努尔哈赤也欣然接受了；万历三十一年（1603年），为密切彼此间的关系，布占泰又请求与努尔哈赤结亲，努尔哈赤就将弟弟舒尔哈齐的女儿娥恩姐送给布占泰为妻。这样，建州与乌拉之间已经是两嫁两娶，关系非同一般。但对于布占泰而言，他毕竟是输家，对努尔哈赤他只能一味地俯首听命，事事表现得恭顺有礼，这并不是作为乌拉一部之长所甘愿为之。所以，在其彬彬有礼、感激涕零的背后却隐藏了另外一副面孔，那就是咬牙切齿的仇恨，他不甘心，也不服气，他始终没有忘记自己的使命，那就是东山再起，誓与努尔哈赤再比高低。

万历三十五年（1607年）正月，东海女真瓦尔喀部蜚敖城主策穆德黑晋见努尔哈赤："吾地与汗相距路遥，故顺乌拉国主布占泰贝勒，彼甚若虐吾辈，望往接吾等眷属，以便来归。"努尔哈赤答应了他的请求，就派弟弟舒尔哈齐与长子褚英、次子代善，还有大臣费英东、侍卫扈尔汉等共率三千兵士前往蜚敖城去接其部众来归。

当天夜晚，月色昏暗，众贝勒、大臣忽然看见战旗上有白光闪耀，十分惊异，用手去摸可又什么也摸不到，松开手之后又如前出现白光。舒尔哈齐说："吾自幼随征，无处不到，从未见此奇怪之事，想必凶兆也。"于是想要退兵。可褚英与代善却不同意，他们想，如果这次退兵，父汗以后不会再用自己带兵出征了，于是，他们又继续前进。到了蜚敖城，将四周屯寨五百户集结起来，令费英东、扈尔汉带三百兵护送回建州。

布占泰得此消息之后，立即发兵一万在路上予以拦截，见此情景，扈尔汗将五百户眷属在山岭上安顿下来，用百名士兵护卫，然后派人将此情况报告给领兵的舒尔哈齐、褚英与代善三贝勒，同时整兵二百，与布占泰展开阵势。一夜过去了，双方相安无事。第二天，乌拉兵首先开战，大将扬古利领兵奋力冲杀，打死七名乌拉兵，对方一见形势不妙，赶紧领兵退回原地，双方各自结寨驻扎，陷入相持局面。

当天中午过后，三贝勒率兵一起赶来，看见乌拉兵堵截建州军队，褚英与代善大怒："吾父素善征讨，今虽在家，吾二人领兵到此，尔众毋得愁惧，布占泰曾被我国擒捉，铁锁击颈，免死而主其国。年时未久，布占泰犹然是身，其性命从吾手中释出，岂天释之耶？尔勿以此兵为多，天助我国之威，吾父英名凤著，此战必胜。"

褚英与代善的一番战前鼓动的确大大鼓舞了士气，众人听了之后十分振奋，他们高呼："吾等愿效死力！"然后伴随着冲杀的呐喊声奋勇渡过河去。褚英与代善也各自领兵五百分成两路登上山顶冲人敌营，舒尔哈齐领兵五百留在山下。乌拉兵被如猛虎般的建州军队打得溃不成军，共主将博克多父子被斩杀，常柱贝勒父子及其弟胡里布贝勒三人被活捉，共斩杀敌兵三千人，缴获战马五千匹，铠甲三千副。

大破敌兵之日，天气格外晴朗，可是到了夜里却突然降下大雪，气温也随之骤降，气候异常地寒冷。乌拉兵败走时因出汗而解下铠甲，当天夜里有很多人被冻死。此战是布占泰为首的乌拉部与努尔哈赤为首的建州部的第一次单独较量，它证明了布占泰绝对不是努尔哈赤的对手。

建州兵满载着战利品凯旋,努尔哈赤十分开心,尤其是他看到自己"两只心爱的幼犬"已经长大成人,可以替父出征而且作战勇猛,这使他感到格外地欣慰。高兴之余,努尔哈赤赐褚英为"阿尔哈图图门",代善与兄并力厮杀,赐为"古英巴图鲁",又赐其弟舒尔哈齐为"打喇汉巴图鲁"。

努尔哈赤在发兵时因担心褚英与代善的安危,命令常书与侍卫纳齐布在二贝勒骑马作战时随时在左右保护,如果下马步战,就为二贝勒牵马。但常书与纳齐布未能完成努尔哈赤交给的任务。没有跟在二贝勒身后在山下作战,而是站在山下与舒尔哈齐待在一起,等到劫杀溃败的敌兵时斩杀数量又不多。所以,努尔哈赤盛怒之下想治二人死罪。看到哥哥如此处理这两位大臣,舒尔哈齐感到颜面大伤,他对哥哥说:"若杀此二臣,则我亦属当死之列矣!"努尔哈赤碍于兄弟情面,便赦免二人的死罪,罚常书白银一百两,夺去纳齐布所属人马。

在此之后,为了继续削弱布占泰的势力,努尔哈赤对归附布占泰的瓦尔喀部的赫席赫、佛讷赫两路百姓发表训活:"我等乃一国也,只因地方窵远,且为乌拉国所阻,故尔等附于乌拉国为生。今我一国之汗,已兴师击败乌拉兵,尔等应降我一国之汗矣。"但他们没有采纳努尔哈赤的建议。当年五月,他派幼弟卓礼克图贝勒、额亦都巴图鲁、费英东扎尔固齐、扈尔汉侍卫等率兵一千人前去征讨不吃敬酒的顽固分子,最后大获全胜,携带两千部众来归。

布占泰看清了自己与努尔哈赤始终不成对手,于是故伎重演,向努尔哈赤表白悔恨之心,派大臣向努尔哈赤求情:"吾屡次背盟,获罪于恩父,诚无颜面,若得恩父之女与我为妻,永赖之。"努尔哈赤就将女儿木库石公主嫁给了布占泰,以此来怀柔乌拉,但他并没有放弃对布占泰采用硬的一手,即武力进攻。

万历三十六年(1608年),正值努尔哈赤五十寿辰,当年三月,他派长子褚英和侄儿阿敏率五千士兵去攻打乌拉部的宜罕山城,此战大获全胜,斩杀千人,获铠甲三百副,布占泰亲自出兵想要助战,在离宜罕山城二十里处即不敢再迈进一步,说"此兵不可攻也"。于是,褚英在宜罕山城住了两夜才回来,布占泰彻底服输了。

当努尔哈赤逐渐壮大,乌拉部已经不在他的话下时,他对布占泰也就不再需要进行耐心地周旋了,他要干脆利落地解决这个问题。

万历四十年(1612年)九月二十二日,努尔哈赤亲自率领三万军队攻打乌拉部,他在出兵前夕列举出布占泰几大罪名:他屡次背盟,两次侵犯养父努尔哈赤所属的呼儿哈部;又扬言夺取努尔哈赤用牲畜行聘的叶赫部贝勒卜寨的女儿;更可气的是,听说布占泰用骲箭射杀努尔哈赤赐给他的侄女娥恩姐格格。努尔哈赤闻言大怒,看来,这次用兵的理由已经相当充足了。

为了壮大声威,从气势上震慑乌拉部,努尔哈赤命令士兵吹着喇叭,敲锣打鼓,一路声势浩大地沿着乌拉河两岸前进,这是古今中外少有的战争景观。他们径直来到离布占泰居住地二里处安营扎寨,而布占泰也带兵赶到乌拉河东岸站定察看敌情。当他看到建州军队盔甲鲜明,没有胆量主动出击。乌拉兵白天来到河边对垒,晚上就回到营地睡觉,努尔哈赤的五儿子莽古尔泰和八儿子皇太极沉不住气了,请求带兵渡过河去攻击乌拉兵,努尔哈赤不同意他们的请求,讲了一番意味深长的话:"汝等出言,毋若浮面取水之易也,须探其底里耳。欲伐大木岂能骤折,必以斧斤伐之,渐至微细,然后能折。相等之国,欲一举灭之,岂能尽灭乎?且将所属城郭尽削平之,独存其都城,如此则无仆何以为主,无民何以为君。"

然后,努尔哈赤派人将获取的乌拉六城焚烧一空,又转过头来回到伏儿哈河安营。布占泰派兀巴海巴图鲁乘船来到乌拉河水中央大声喊道:"父汗大驾至此,料为愤恨而来也。今父汗之怒想已平息,可留一言而归。"如是往返三次,努尔哈赤始终不予理睬。布占泰见此情景只好亲自出马,率领六名部将乘船来到河中,在船上叩头谢罪不已:"乌拉国即父汗尔之国也,乌拉之糇粮亦即尔之糇粮也,请勿焚粮。"

努尔哈赤看到布占泰出来了,便亲自骑上大白马,率领诸位大将来到乌拉河水中,在水位至马胸部之处站了下来,他大声地训斥布占泰:"布占泰,先擒汝于阵中,已死之身吾养之,释为乌拉国主,仍以三女妻之,今欺蔑皇天后立,背七次盟言,掳吾所属虎哈卫二次,又欲强娶吾已聘叶赫之女,又以骲箭射吾女,吾将女嫁汝异国,原为匹偶,曾令汝以骲箭射乎?若吾女所为不善,当来告我,天生爱新觉罗人,曾被谁责辱,汝试言之,百世以前汝或不知,十世以来汝岂不知?脱有之,则汝射之为是,我兵之来诚非,若其无之,尔何故射吾女?此受辱之名,我将匿之于心乎?抑将徒抱于九泉乎?语云:宁销其骨,莫报其名。吾非乐于举兵,闻射吾女,故亲举兵来。"

努尔哈赤的声音洪亮而又铿锵有力,每句话都震得布占泰浑身颤抖。布占泰并不承认努尔哈赤为他罗列的罪名,他为自己辩解道:"想必有人诬谤,使我父子不睦耳。并未曾言欲娶尔所聘之女。设我曾言欲娶尔所聘之女,则我今在水中,上有皇天,下有河神龙王,岂不知乎?亦未以骲头箭射父之女也!"

布占泰语音刚落,他的部将扎尔固齐拉布泰又继续为他辩解道:"汗!尔若有怨言,可遣一人来问也。"

努尔哈赤并不相信他的辩解,又大声驳斥说:"拉布泰!我部下岂无尔等之人耶?尔以鸣镝射我女,扬言夺我所聘之女,岂谎言乎?苟为虚假,自应询问切实,即已属实,问尔何为?此河岂有不再结冰之理?我岂有不再来之理乎?拉布泰,尔可经受我腰刀乎?"

布占泰闻此言大惊失色,他赶紧制止拉布泰不让他再说下去。布占泰之弟喀尔喀玛贝勒哀求道:"汗,请尔赐一言以归。"努尔哈赤毫不含糊:"果未射我女,不娶我所聘叶赫之女,布占泰!可以尔诸子及尔乡诸大臣之子送来为质则始鉴尔之诚。如不将诸子送来为质,我不信尔矣。"说完,他头也不回地掉转马头回到驻地,过了几天之后,他留下一千兵士驻在乌拉,不再理睬布占泰,其余人马全部撤回。

时光转眼到了第二年正月,即万历四十一年(1613年)正月,距上次出兵已有一年时间,努尔哈赤看到乌拉内部矛盾重重,布占泰已经众叛亲离,这正是出兵剿灭他的大好时机,于是,率三万大军再次亲征,一路上吹吹打打,鼓乐齐鸣,好不热闹。当然这次出兵有充足的理由,那就是布占泰强娶努尔哈赤所聘叶赫贝勒卜寨之女;准备囚禁努尔哈赤和舒尔哈齐嫁给他的女儿。要在正月十七日将其女儿查哈量、儿子绰启诺及十七大臣之子送到叶赫作人质,表明布占泰已经死心踏地要投奔叶赫了,所以,努尔哈赤此次出兵讨伐布占泰可谓名正言顺。

建州兵首先包围了乌拉部的孔扎塔城,将此城攻下之后又接连拿下郭多和鄂谟二城。建州兵连下三城之后,布占泰再也坐不住了,他赶紧集结三万人组成军队也浩浩荡荡地开赴前线准备迎战。努尔哈赤的部下大臣诸将们纷纷请战,但都被他制止了,这时,他又对大家讲了下面一段富有哲理的用兵之术:

"如伐粗木,必以斧砍刀削,方可折之,竖立之整木,岂能遽折?必先尽取之外围之国,尽破其外围之城,尽毁其在外之穑粮。外围之国尽除,仅留其大城,彼焉能生存?终必覆亡也!"

他虽然一再强调要采用循序渐进的方法来对付乌拉这样一个较大的部落,但他那些血气方刚的儿子们则沉不住气了,二儿子代善及侄儿阿敏还有手下其他大将再次请求下令出战:"当初我们所担心的是如何引诱布占泰出城,如今他们的军队已经来到了郊外,我们反倒不出击斩杀。若知如此,何必喂饱马匹,整备盔甲、鞍辔、弓箭、刀枪等从家里跑了出来。今天如果不打,等到布占泰已经将叶赫之女娶走了我们再去进行征讨吗,那还有什么用呢?这种污辱我们怎么能忍受得了呢?"

努尔哈赤听了他们的一段表白也勃然大怒,他大声地斥责说:"两军交战,不是士卒兵上先去冲杀,而是我自己,我生养的儿子及我所擢用的五大臣等率先冲击,一旦战火一开,那以我为首的贝勒、大臣等恐有闪失。我担心的就在于此,绝不是害怕打仗的意思⋯⋯承天之恩,我自幼即能只身冲杀千百之敌,刀劈箭射,成骁勇之身。"他一怒之下发出命令:"战即战,去,取甲来!"然后他披上战甲,乘上战马准备出击。手下的贝勒、大臣以及兵士们惟恐不战,正在翘首企盼之时,听到努尔哈赤的一声令下,他们立即喊声如雷,震天动地,一场厮杀马上就要开始了。

努尔哈赤看到两军交战时,所发弓箭如风吹雪落,声如蜂起,杀气冲天,心里十分着急,于是,他也亲自冲入战阵,带领诸王贝勒们一起与敌兵交战。这一举动大大鼓舞了士气,乌拉兵很快就败下阵来,十损之六七,其余都抛戈弃甲、四处逃命,落魄如丧家之犬。建州兵乘胜追击,越过伏尔哈城,进夺乌拉城门,安费扬古率领攻城士兵架好云梯,用准备好的土袋抛进城里,使土袋堆积在一起与城墙齐平,攻城士兵登上城墙,乌拉城即被占领。

努尔哈赤以胜利者的姿态,骄傲地登上了布占泰所居的乌拉城内用土垒成的小城上,两旁插起建州大旗。布占泰带领败兵不足百人朝城中奔来,看到其城已陷,大惊失色,转身就跑,代善从后面立即领兵追击,布占泰奋力突围,兵士死伤过半,剩余的都逃命去了,布占泰仅以身免,投奔叶赫而去。在这场战斗中,努尔哈赤大获全胜,斩杀敌兵一万人,缴获战甲七千副,彻底消灭了乌拉部,将所得俘虏编成万户带回建州,努尔哈赤坐在马上更加威风凛凛,那神情似乎是在告诉人们,他是天下无敌手了。

(六)吞并叶赫

努尔哈赤灭亡乌拉部后,在乌拉城居住十天,赏赉将士,"分配俘虏,编成万户",带回建州。他在"砍倒"乌拉部这棵大树之后,又马不停蹄地兵指扈伦四部中最后的一部——叶赫部。

叶赫部,源于海西塔鲁木卫。先是,明永乐四年(1406年)置塔鲁木卫,以来朝头人打叶为指挥。后历洪熙、宣德、正统、景泰、天顺五朝的半个多世纪,塔鲁木卫指挥等官同明廷朝贡不断。成化十九年(1483年),塔鲁木卫指挥奇里哈尼(的儿哈你)至京朝贡,翌年被授为官职。后他以"入寇被杀"。其子褚孔格汲取父亡之鉴,听抚入贡,后受封为都督金事。嘉靖三年(1524年),褚孔格率三百七十八人入朝贡马,受赏缲币、袭衣、绢钞有差。据《明世宗实录》所载,这是嘉靖朝女真首领中一次数量最多的朝贡人马。叶赫褚孔格兴起,哈达速黑忒死去。速黑忒子王忠继为哈达贝勒,哈达王忠与叶赫褚孔格"以敕书不平为争"。褚孔格为王忠所杀,敕书等被哈达夺去。从此,叶赫与哈达两部结下多年不解之怨。褚孔格死后,子太杵(台出)继续经营叶赫部,至其子清佳努(逞加奴)和扬佳努(仰加奴)时,叶赫部复振。

叶赫,为满文Yehe的对音,其汉意译为盔顶。它不是蒙古语的对音。叶赫部名称的来源,或因其居住山城,城高似盔顶而得名。叶赫河似也因其部民居于河畔而得名。叶赫部地近北,向明朝贡,取道镇北关,所以明称之为北关。它东邻辉发,南接哈达,西南临开原,西界蒙古,北与乌拉相近,叶赫部民"屋居火食,差与内地同。而知稼穑,不专以射猎为生",又有"参、貂、马尾之利",有着耕、猎、牧、渔、采的多种经济。然其建寨于叶赫东、西二城,与南关争夺贡敕之利更为激烈。

叶赫部始祖的祖属,史有三说。一是蒙古人说,《清太祖武皇帝实录》载:"夜黑国始祖蒙古人,姓土墨忒,所居地名曰张,灭胡笼国内纳喇姓部,遂居其地,因姓纳喇。后移居夜黑河,故名夜黑。"一是女真人说,魏源《圣武记》载:"扈伦国之部四(扈伦亦作呼伦)——曰叶赫、曰哈达、曰辉发、曰乌拉,皆金代部落之遗,城郭、土著、射猎之国,非蒙古行国比也。"魏默深所记与《清实录》所载,似为相左。三是蒙古人赘女真人说,《叶赫那兰氏八旗族谱》载:"叶赫地方贝勒始祖,原系蒙古人,姓土默特氏。初自明永乐年间,带兵入扈伦国招赘,遂有其地,因取姓曰纳兰氏。明宣德二年,迁于叶赫利河涯建城,故号曰叶赫国。"在上述三说中,虽各有史料来源,也各有相当道理;但《清太祖武皇帝实录》记载过于疏略,《圣武记》书出甚晚且过于笼统;《叶赫那兰氏八旗族谱》以载述本族谱系,其史料价值尤应重视。据《清太祖武皇帝实录》和《叶赫那兰氏八旗族谱》,参酌明清官私记载,似可认为:叶赫与蒙古土地接壤,往来频繁。蒙古人招赘于女真,入其部,有其地,取姓纳喇氏,史有其事,不足为怪。这并非民族征服,而是民族赘姻。且叶赫有十五部,就其总体上看,从历史上说,都是女真人。但其中一部,始祖有蒙古人血统,尔后孳衍繁盛,其子孙为叶赫贝勒。至清佳努和扬佳努贝勒时,叶赫部复兴,势力强大。

叶赫贝勒清佳努与扬佳努,能抚驭部众,依险筑二城——清佳努居西城,扬佳努居东城。康熙《盛京通志》载：叶赫城"旧叶赫贝勒所居，周围四里，东西各一门。叶赫山城，叶赫城西北三里，周围四里，南北各一门；内有一小城，周围二里，南北各一门。"叶赫西城，地理形胜，临水依山。它位置于叶赫河（今寇河）北岸三百米处山丘上。城依山兴筑，故称叶赫山城。城垣土石杂筑，分为内外二城。外城周约五里余，依地势围筑。内城修在外城中东南部的平顶山丘上，随地势围筑，呈不规则形，周约近二里。叶赫西城往东四里处，为叶赫东城。它北临叶赫河（今寇河），南偎岭岗。城依岗兴筑，城垣土石杂筑，亦有木栅垣，共为四重城。外城面水依山，形势优越，周长约七里。其中部偏南为内城，内城兴建在一个凸起的台地之七，高出地面约十米，再筑以高耸墙垣，更加突兀险峻，伟岸壮观。它周长近二里，墙随地形，颇不规整。外城之外，内城之内，各筑木城，以固御守。

叶赫贝勒清佳努与扬佳努，分据西、东二城，实力渐强。隆庆末，清佳努与扬佳努尝率二万余骑，逐水草至上辽河，后又联结土蛮部，声势日隆。万历十年（1582年），王台死，清佳努与扬佳努欲借机报仇、索书，即洗雪王台杀修褚孔格之怨仇，索回哈达所掠七百道之敕书。于是，谋攻王台子虎尔罕，虎尔罕哭泣思父，并率兵死守。清佳努与扬佳努又与阿台合，称兵汉塞。明以停止贡市相胁，但无济于事，便由辽东巡抚李松等设计诱斩清佳努与扬佳努。是计，巡抚李松、总兵李成梁、备御霍九皋构设，使清佳努与扬佳努提兵二千余骑，攒甲诣镇北关。霍九皋诮让其甲骑如林，清佳努与扬佳努请以三百余人诣圈门。李松应允，遂令三军解甲易服入城埋伏，并约以信炮为号桴鼓而前。清佳努与扬佳努入伏后，霍九泉扯其下马，激起愤懑。清佳努与扬佳努果怒，其将挥剑砍伤霍九皋。于是，信炮鸣，伏兵起，斩杀清佳努及其子兀孙孛罗、扬佳努及其子哈儿哈麻并三百余级。是时，李成梁闻信炮声，拥精兵驰叶赫城，与叶赫兵大战，斩杀千余级。"诸虏皆出寨门叩头，愿从猛骨孛罗约束，即刑白马，钻刀歃血，誓称自今宁万死不敢复入塞。"

清佳努子布寨、扬佳努子那林布禄分别继为贝勒，谋掠哈达，以报世仇。万历十六年（1588年），李成梁出师威远堡，驰行六十里，至叶赫城下。布寨弃西城，入那林布禄城，合兵东城，坚壁以守。是役，《万历武功录》载：

"我军如墙而进，直捣其城下。虏退入壁，坚闭拒守。矢石如雨，我军多死伤。其外大城以石，石城外为木栅，而内又为木城，城内外大壕凡三道。其中坚则一山特起，凿山坂周回，乃使峻绝，而垒石城其上。城之内又为木城，木城中有八角明楼，则其置妻子资财所也。上下内外，凡为城四层，木栅一层。其中控弦之士以万，甲胄者以千计，刀剑矢石滚木甚具。我兵攻之两日，撤其外栅，破其城二层，其中坚甚，不可破。而我仰攻先登之士，辄死于大石滚木。大将军乃急下令收兵，而以大炮击其中坚，凡发炮，内有铅弹，弹所经城坏板、穿楼、大木断、壁颓，而中多洞胸死者，斩把当亥等首五百五十四级，夺获被卤凡八人，胡马凡九十八匹，盔凡二百七十五顶，甲凡二百八十一副，臂手凡八千三副。我官军亡陈勋等五十三人，伤吴希汉等五百三十五人，汉马死者凡一百一十三匹。于是，城中老小皆号泣。我军复以车载云梯如楼橹直立之，与其中城齐，欲置大炮其上，击中城。虏皆丧胆，二首始出城下马，匍匐悲号，告大将军幸哀怜我，赦除前过，即欲与南关分敕入贡。大将军于是许诺。已，二酋复疑贰，乃言将军果不欲即杀我，愿将军烧云梯，勿复击大炮，毋尽发我窖粮。大将军度云梯重，挽车者被，不能还，乃烧之，止大炮不复击，而令军中毋复发其窖粮，遂罢兵而还。

此役，明朝、叶赫、建州三方，其得失各不相同：

第一，李成梁浮冒战功。上引《万历武功录》长文，扬武张饰，浮词溢美。《满洲实录》载，李成梁"率兵攻纳林布禄东城，失利而回"。《开原图说》载："李宁远奉旨讨北关不克。"明御史胡克俭亦劾其割死军级报验，掩败冒功。李成梁撤兵后，让哈达孟格布禄从其父王台遗下敕书中，拿出一百九十九道给叶赫，使南、北二关敕书均平，也说明李总兵讨叶赫没有成功。

第二，叶赫部受到重创。叶赫虽从哈达得到一百九十九道敕书，但较哈达少一道，即南关五百道，而北关四百九十九道。更有甚者，叶赫东城的城垣、楼宇受到严重破坏，军兵死伤惨重，受到继清佳努与扬佳努之后又一次沉重的打击。

第三，建州部坐收渔利。明朝、哈达、叶赫之间，矛盾错综争夺繁杂。尤其是李成梁之攻战，使努尔哈赤坐收其利。李成梁曾"大捷共计十次，斩首五六千级"，先后杀王杲、王兀堂、阿台、阿海、清佳努和扬佳努等，在客观上为努尔哈赤崛起扫清道路。这正如章太炎所云：

> 然成梁已戮王杲，数年复大破逮东都督王兀堂，诛阿台，无几又与巡抚李松诛北关首领清佳砮、杨吉砮，斩其骑兵千五百人，群夷詟服。而奴儿哈赤以枭雄之姿，晏然乘诸部虚耗，蚕食以尽。藩翰既溃，祸及全辽。则是成梁之功，适为建州之驱除也。

布寨和纳林布禄受李成梁重创，元气再损；恰在这时，努尔哈赤已统一建州女真。但叶赫二贝勒对建州的实力估计不足，在劫寨和谈判失败之后，纠合九部联军，发动古勒山之役（前已述及）。布寨在古勒山下丧生，"北关请卜酋尸，奴酋剖其半归之。于是北关遂与奴酋为不共戴天之仇"。布寨死后，"素性刚暴"的纳林布禄败回叶赫城，"因念兄仇，昼夜哭泣，不进饮食，郁郁成疾"，后来死去。布寨子布扬古、纳林布禄弟金台石继为贝勒。

布扬古、金台石分别继为叶赫贝勒后，海西、建州和明朝呈现着错综复杂的关系。

第一，叶赫：一方面南靠明朝，西联蒙古，北结乌拉，以同建州抗衡；另方面又与建州结姻、歃盟、通使，以争取时间，集聚力量。如古勒山之败后，万历二十五年（1597年），叶赫等遣使至建州告曰："吾等不道，兵败名辱，自今以后，愿复缔前好，重以婚媾。"叶赫贝勒布扬古愿以其妹给努尔哈赤为妻，金台石愿以其女给努尔哈赤之次子代善为妻。努尔哈赤允诺，并备鞍马、甲胄作聘礼。他们并杀牛宰马祀天，设卮酒、块土及肉、血、骨各一器皿，歃盟曰："既盟以后，若弃婚姻，背盟好，其如此土，如此骨，如此血，永坠厥命；若始终不渝，饮此酒，食此肉，福禄永昌！"叶赫二贝勒同建州的婚盟，是为达到其政治目的一种权术,随着双方实力的消长,可以随意毁约背盟。

第二,明朝:先是支持哈达,利用哈达以左制叶赫,右控建州。但是,建州灭哈达后,明廷失去南关,转而支持北关。明礼部左侍郎何宗彦解释支持北关政策的原因说:"有北关在,可牵奴酋(即努尔哈赤)之后,辽沈或可恃以无恙"。明朝扶持北关,以便使叶赫在西,通过叶赫联络乌拉在北,协同朝鲜在东,辽军在南,形成一个对建州的圆形包围圈。

第三,建州:努尔哈赤巧妙地臣属明朝,结好朝鲜,姻盟叶赫,而灭哈达、并辉发、吞乌拉、略东海,以壮大军事实力,解除后顾之忧。在哈达、辉发、乌拉灭亡之后,叶赫陷于孤立。他对叶赫的策略变守势为攻势,以军事进攻,鲸吞叶赫,实现其统一扈伦四部之目的。

万历四十一年(1613年),乌拉亡后布占泰逃往叶赫,建州三次遣使告叶赫缚布占泰以献,但叶赫不从。九月,努尔哈赤统兵四万再征叶赫。建州兵北入苏完境,迂回至北面攻入叶赫,收取张与吉当阿二路居民,继围兀苏城。城中守将山谈、扈石木,看到建州军"师众如林,不绝如流,盔甲鲜明,如三冬冰雪",开门迎降。努尔哈赤对降将赐东珠、金佛帽和衣物,并以金杯赐酒。随后,建州军又连下呀哈城、黑儿苏城等大小十九城寨,因叶赫预知军期,有备,乃焚庐舍、携降民而回。

建州进攻叶赫,叶赫贝勒金台石和布扬古求诉于明:"哈达、辉发、兀喇已被尽取矣!今复侵吾地,欲削平诸部,然后侵汝大明,取辽阳为都城,开原、铁岭为牧地。"明派游击马时楠、周大岐率兵千人,携带火器,助叶赫戍守其东、西二城。同时,明遣使告诫努尔哈赤道:"自今以后,勿侵叶赫。若从吾言,是推吾之爱而罢兵也,若不从吾言而侵之,势将及我也!"明廷的强硬态度与公开干预,迫使努尔哈赤只得缓图攻取叶赫之机。寻努尔哈赤至抚顺所,投书李永芳,长篇大论地述说其征伐叶赫的合理性,略谓:"侵叶赫,以叶赫背盟,女已字,悔不遣;又匿布占泰;故与明无怨,何遽欲相侵?"建州想割断明朝与叶赫的联系,以免在进攻叶赫时腹背受敌。但由于它们的各自利益所在,这是难以办到的。努尔哈赤不仅向明申说其兵攻叶赫的理由,而且派其第七子阿巴泰率所属阿都等三十余人求质于明,以缓解关系,但遭部议拒绝。叶赫既得到明朝的公然支持,便将已许努尔哈赤之女改适蒙古巴哈达尔汉贝勒之长子莽古尔岱台吉。叶赫贝勒想依恃明朝,联姻蒙古,以对抗建州。但是,这个年已三十三岁尚未出嫁的叶赫老女,串联着哈达、辉发、乌拉、叶赫、建州和蒙古的戏剧性关系。

先是,万历二十五年(1597年),叶赫与建州睦和,布扬古贝勒以妹(布寨之女),许给努尔哈赤。旋悔婚,不于归,闺留叶赫,后为老女。此老女姻涉哈达、辉发、乌拉和蒙古。其一,哈达:叶赫贝勒诱哈达贝勒孟格布禄云:"尔若执满洲来援二将,赎所质三子,尽歼其兵二千人,我妻汝以所求之女。"此女即原许与努尔哈赤而未娶之女。孟格布禄惑其言,努尔哈赤得其情,出兵哈达,攻破南关。其二,辉发:贝勒拜音达里求努尔哈赤赐女为婚,既获允准,背约不娶;而欲娶叶赫老女。努尔哈赤以此借口启戎,亲率兵,灭辉发。其三,乌拉:《清太祖努尔哈赤实录》载,努尔哈赤闻"布占泰以其女萨哈廉、子绰尔启萧及十七臣之子,送叶赫为质,娶上所聘女,又幽上二女。上遂亲率大兵往征之"。其四,蒙古:《东夷考略》载:"四十三年五月,白羊骨竟以老女许婚烂兔子蟒谷儿大,且执建州夷六人。开原谕止不听。七月,遂成婚。奴儿哈赤发兵三千屯南关,氛甚恶。御史王雅量疏称:向救北关,恐藩篱一辙,奴酋与煖兔合,而辽不支。今奴、煖争昏,势不骤合,而北关依强援于煖兔,适为中国利。请设防辽东,按甲不动,以观奴酋进止。奴或不听宣谕,我督北关阴约煖兔从南关入,大兵从清河、抚顺分道而东,兼以东山之民张牙露爪,思甘心奴利其貂、参,顺呼响应。金、白角之,朝鲜、我兵犄之,奴亡可翘足待。已而,奴儿哈赤罢拘,北关获全。"

然而,上述老女婚赖双方为叶赫与建州。实嫁蒙古喀尔喀部巴哈达尔汉(明作煖兔)之子莽古尔岱。《清太祖武皇帝实录》万历四十三年(1615年)六月书云:

"初,夜黑布羊姑以妹许太祖,受其聘利。又欲与蒙古胯儿跨部蟒孤儿太台吉(乃八哈搭儿憨子也)。诸王臣曰:'闻夜黑将汗聘之女欲与蒙古,所可恨者,莫过于是。当此未与之先,可速起兵。若已与之,乘未嫁时,攻其城而夺。况此女汗所聘者,非堵王可比。既闻之,安得坐视他适?'皆力谏兴兵不已。太祖曰:'或有大事,可加兵于彼;以违婚之事兴兵,则不可。盖天生此女,非无意也,因而坏哈达、辉发、兀喇,使各国不睦,干戈扰攘至此。大明助夜黑,令其女不与我而与蒙古。是坏夜黑,酿大变,欲以此事激我忿怒,故如是也。今尽力征之,虽得其女,谅不久而亡,反成灾患。无论与何人,亦不能久。启衅坏国已极,死期将至矣!'诸五臣反复谏之,必欲兴兵。太祖曰:'吾以怒而兴师,汝等犹当谏之。况吾所聘之女,为他人娶,岂有不恨之理?予尚弃其忿恨,置身局外以罢兵;汝等反苦为雠校,令吾怨怒,何也?聘女者不恨,汝等深恨何为?岂因忿遂从汝等之言乎?汝等且止。'言毕,令调到人马皆回。其女聘与蒙古,未及一年果亡。诸王臣奏曰:'此女迄今三十三岁,已受聘二十年矣。被大明遣兵为夜黑防御,夜黑遂倚其势,转嫁与蒙古。今可侵大明。'太祖不允。"

努尔哈赤以理制情,据理谕众,不以老女兵兴蒙古,也不以老女兵犯明朝。此忿之源,在于叶赫。

在扈伦四部中,以叶赫部最强,又受明朝的支持。努尔哈赤继对叶赫两次征讨之后,于万历四十七年即天命四年(1619年),再次发兵攻打叶赫。正月初二日,努尔哈赤命大贝勒代善率将十六员、兵五千八,往守扎喀关,防止明军偷袭建州;亲率倾国之师起行,初七日深入叶赫界。建州兵自克亦特城、粘罕寨焚掠至叶赫城东十里,俘获大量人民、畜产、粮食和财物,尽焚叶赫城十里外之大小屯寨二十余处。叶赫向明乞师,明开原总兵马林率合城兵驰救。建州军为避免两面受敌,班师而回。叶赫为着报答明朝,派兵二千应援萨尔浒之战(后文叙述)的明军。时努尔哈赤谋使所属诈降叶赫金台石,金台石不应。于是,建州在取得萨尔浒大捷之后,乘机发兵再征叶赫。

善于捕捉战机,是一个军事家必备的军事素质。所谓战机,是利于己而不利于敌的争战时机。它可以是战场上已经显现的,也可以是通过奋力创造的。捕捉战机,需要军事家独具慧眼;创造战机,需要军事家运筹帷幄。经过建州与叶赫的多次较量,建州向叶赫发起总攻击的时机已经成熟。这些条件主要是:第一,扈伦四部仅存之叶赫,既势力孤单,又力量削弱;第二,辽东明军在萨尔浒之役中一败涂地,无力增援叶赫;第三,建州势如张弦之弓,待扣之箭。于是,努尔哈赤决定亲率倾国之师,攻击叶赫,洗雪叶赫老女之耻,了结叶赫未结之局,解除进兵明朝后顾之忧,实现统一扈伦夙愿。

万历四十七年即天命四年(1619年)八月,努尔哈赤召集诸王贝勒大臣会议,商讨对叶赫的作战计划,并誓言:"此举如不克平叶赫,吾必不反〔返〕国也!"时叶赫贝勒金台石住东城,贝勒布扬古往西城,两城相距四里。诸王贝勒大臣会议决定:大贝勒代善、二贝勒阿敏(舒尔哈齐之子)、三贝勒莽古尔泰、四贝勒皇太极等率护军健骑,扬言征讨蒙古,绕路潜行,直投叶赫贝勒布扬古驻地西城;又命额亦都等领前锋军,"扮为蒙古兵",驰投叶赫贝勒金台石驻地东城;努尔哈赤亲率八固山额真,直督大军,随后进围金台石城。大军于十九日出发,即断绝往来信息。

叶赫贝勒金台石驻地东城,又称叶赫山城,依山修筑,坚固险要。它原为金台石之兄纳林布禄住地,瞿九思记述东城言:

> "其外大城以石,石城外为木栅,而内又为木城。城内外大壕凡三道,其中坚则一山特起,凿山坡,周迴使峻绝,而垒石城其上。城之内,又为木城,木城中,有八角明楼,则其置妻子、资财所也。上下内外,凡为城四层,木栅一层。其中控弦之士以万,甲胄者以千计、刀剑、矢石、滚木甚具。东城为叶赫城之役攻坚所在。"

二十二日,后金军进至叶赫城下。叶赫贝勒金台石、布扬古各统兵出城,鸣角操鼓,准备迎战。后金军盔甲鲜明,剑戟林立,钲鼓相闻,河谷震荡。两军混战多时,叶赫贝勒见势不能敌,令鸣角收兵,入城坚守。代善等四大贝勒督率护军围布扬古所住西城。努尔哈赤率额亦都等督军围金台石所住东城。

金台石城被围后,后金军毁其栅城,堕其外城。后金军呼金台石投降,不听,答道:"吾非明兵比,等丈夫也!肯束手归乎?与其降汝,宁战而死耳!"东城守军誓死拒战,坚守内城。努尔哈赤见敌军负险顽抗,激励将士道:"今日仍不克,则罢兵归矣!"众军齐喊道:"愿赴死战!"努尔哈赤命军士布楯列梯,冒矢登城。城上射矢镞,发巨石,推滚木,掷火器;后金军二三十人并排登城,但死伤惨重。努尔哈赤又命穴其城。费英东和军士们冒飞矢,迎礌石,奋力攻城,鼓勇面前。史载:费英东"从征叶赫,城上矢石雨下,公奋臂先登,遂拔其城"。又载:军兵们"于城下掘穴,置药,乃陷"。努尔哈赤指挥后金官兵,穴城,登城,上下交攻,攻陷内城。内城陷后,后金兵士拥入城中冲杀,叶赫兵四面溃散。金台石见内城陷,携妻孥与幼子登上禁城八角楼。

后金军进围禁城台楼。因金台石是皇太极的舅父,皇太极从西城驰骑至东城,向金台石劝降。金台石对皇太极道:"听到你说收养的一句善言,舅父我就下来;如果说不收养,要杀我怎么能下去呢?死就死在家里。"皇太极给金台石以"生杀惟父皇命"的回答。金台石又请求让近臣阿尔塔石往见努尔哈赤,观察其脸色后作决定。阿尔塔石被允准带至努尔哈赤面前,努尔哈赤怒数其罪责以后,以鸣镝射之。阿尔塔石回去后,金台石仍不降。皇太极再派金台石子德尔格勒至合楼下劝降。金台石终不从。皇太极要将德尔格勒缚而杀之,努尔哈赤说道:"子招父降而不从,父之罪也;父当诛,勿杀其子。"金台石三次拒降,后金兵持斧毁台楼。金台石之妻携子沙浑下台楼降。金台石走投无路,对皇太极道:

"大丈夫岂肯受制于人乎?吾甥庶念汝母及诸舅氏骨肉至戚,弟全吾子孙足矣。吾誓不生也!"

言毕,金台石引弓杀守台军士,夺路直入后室,举火自焚未死,被俘而缢杀之。

东城既陷,西城闻风丧胆。布扬古孤城无援,军心涣散;四大贝勒督兵匝围,攻城益急。布扬古今其堂弟吴达哈(布斋之胞弟)领兵巡御四门,吴达哈见东城陷落,大势已去,遂"携妻孥开门出降"。四大贝勒兵由是得以长驱而入,径围布扬古居所。大贝勒代善劝布扬古降,布扬古因疑惧而不敢出来。代善对布扬古以刀划酒誓道:

今汝等降,我若杀之,殃及我;汝倬我誓,饮誓酒而仍不降,惟汝等殃。汝等不降,破汝城。必杀无赦!

代善向布扬古作了降后不杀的保证,自饮誓酒一半,送给布扬古饮另一半。布扬古命开居所门降。努尔哈赤因扈伦四部全亡,留着布扬古无用,便借跪拜礼节不恭为由,将他缢杀。

叶赫东西二城降后,其所属各城俱降。时明游击马时楠,率助守叶赫二城兵一千人,也被后金军歼灭。努尔哈赤同叶赫打交道历时三十六年,终于将共传八世十一贝勒的叶赫部灭亡。叶赫亡,明朝失去北关。

后金对叶赫降民,"父子兄弟不分,亲戚不离,原封不动地带来了。不动女人穿着的衣襟,不夺男子带的弓箭,各家的财物,由各主收拾保存"。叶赫部民被迁徙至建州,入籍编旗,成为后金的臣民。

努尔哈赤相继灭亡哈达、辉发、乌拉和叶赫四部。《清史稿》论及此段史事曰:"太祖渐强盛,四部令攻之,兵败纵散,以次覆灭。太祖与四部皆有连,夺其地,歼其酋,显庸其族裔。"这段话论述了两层意思:其一,努尔哈赤灭亡扈伦四部之原因;其二,努尔哈赤安置扈伦部民之政策。后者,所论略是。努尔哈赤对破灭扈伦四部之首,皆为其所歼;之敕,皆为其所夺;之地,皆为其所有;之畜,皆为其所获;之财,皆为其所得;之民,皆为其所籍。前者,所论空泛。

海西女真扈伦四部——哈达、辉发、乌拉、叶赫,在古勒山之役以后,相继被建州灭亡。努尔哈赤之所以能够灭亡扈伦四部,除了客观上有利条件之外,就主观条件来说,是他精神专注,不敢旁骛,志在必取,谨慎从事,壮大自身,孤弱敌人;采取了先弱后强、由近及远,利用矛盾,联大灭小,集中兵力,各个击破的策略。他攻破扈伦四部,像伐树一样,目标集中,倾尽全力,一棵一棵地、一斧一斧地砍。如利用哈达与叶赫的矛盾及王台死后子孙内讧的忧困局面,先砍倒近邻哈达。继哈达之后又砍倒四部中最弱的辉发。对实力雄厚的乌拉则谨慎一些。最后放倒的一棵大树是扈伦四部中最强盛的叶赫。努尔哈赤就是这样有策略地、有步骤地统一了海西女真。

　　努尔哈赤以战争手段，统一了扈伦四部。这是女真族的内战。同一民族的内战，有的造成民族分裂，有的则促成民族统一。如果有杰出的政治家、军事家出现，削平割据群雄，取得最后胜利，那么民族内部分裂局面就会结束，而实现其民族统一。在中国古代社会史上，出现民族分裂局面，通过民族战争，达到民族统一，各朝各族，例不胜举。有战争，才有统一；无战争，便无统一。努尔哈赤利用族内战争，统一扈伦四部，为女真大一统的事业，展现了聪明与才智。

三、并附"野人"

（一）收服东海诸女真

　　"野人"女真的一支——东海女真，居住在黑龙江支流松花江和乌苏里江流域及乌苏里江以东滨海地区。东海女真主要有三部，如《清太祖高皇帝实录》。所载："东海之渥集部，瓦尔喀部，库尔喀部。"渥集部又称窝集部、兀吉部，为满语 weji 的对音，是密林的意思。渥集部历史久远，"汉、魏之沃沮，元之乌者、吾者，明之兀者，其部族不一，而地甚广袤，以音与地求之，盖即窝集也"。永乐元年（1403 年），渥集部长西阳哈等贡马，置渥集卫。渥集部主要居住在松花江与乌苏里江汇流处以上，两江之间的广大流域地区。它东濒乌苏里江，西接乌拉部，南界朱舍里部等，北临使犬部。瓦尔喀部主要居住在图们江流域及乌苏里江以东滨海地区，东迄海滨及沿海岛屿之地。库尔喀部的居住区域，文献记载疏略，各书所述不一。如《清开国初征服诸部疆域考》载：

　　　　"虎尔喀部在渥集部之西北，其所属路城名称，稀见于史籍。《战迹舆图》
　　　置'库尔喀部'于黑龙江中流，精奇里江与呼玛尔河间之黑龙江流域。呼玛尔
　　　河上源有库尔喀河，盖因河得名也。其地有呼玛尔城、乌鲁苏城、穆鲁苏苏城
　　　及额苏哩城（今海兰泡附近）等。又《东华录》所记天聪间征虎尔喀部收取壮
　　　丁，常呼之曰：'黑龙江地虎尔喀部'；大抵虎尔喀部包括自松花江黑龙江会流
　　　处以北，呼玛尔河黑龙江会流处以南，其东南接渥集部，东北接萨哈连部，西抵
　　　小兴安岭，接索伦部。"

　　但也有人意见相左，将库尔喀部置乌苏里江以东滨海地区。其实，库尔喀、虎尔喀、胡儿胯、瑚里哈等在《满文老档》中作 hurha，即虎尔哈。在文献记载中，常出现"黑龙江虎尔哈""渥集虎尔哈""东海虎尔哈"等。它分布区域很广。大体说来，黑龙江虎尔哈部主要居住地区；东邻渥集部，西接索伦部，南界马拉部，北抵萨哈连部。前引刘选民《清开国初征服诸部疆域考》中虎尔哈部居住地区，即主要指黑龙江虎尔哈。总之，东海女真除女真族之外，还有那乃人等。努尔哈赤统一女真，就要并服东海女真各部。

　　统一东海女真，先从邻近建州女真的瓦尔喀部开始。约在万历二十四年（1596 年），努尔哈赤派费英东率兵"初征瓦尔喀，取噶嘉路"，揭开了统一乌苏里江流域及其以东滨海地区的序幕。

万历二十六年（1598年），努尔哈赤派其五弟巴雅喇、长子诸英和将领噶盖、费英东等领兵一千，征讨安褚拉库路（今松花江上游二道江一带），星夜兼驰，兵到后攻取二十个屯寨，收服所属屯落；同时攻取内河路（今松花江上游一带）。同他们立下功劳，赐巴雅喇为卓礼克图，诸英为洪巴图鲁。

万历二十七年（1599年）正月，东海渥集部虎尔哈路路长王格、张格归附努尔哈赤，贡纳"黑、白、红三色狐皮，黑、白二色貂皮"。自此，渥集部之虎尔哈路每岁交纳贡献。他们中的部长博济里等六人求婚，努尔哈赤因其率先归附，将六位大臣之女分别嫁给他们做妻子，以联姻方式巩固建州女真与东海女真的关系。

王格、张格向建州贡纳的貂皮，是东海女真的重要特产。在乌苏里的莽林中，有古老的红松、柞树、杨树、桦树和杉树等，树木杂陈，风景如画。丛林中的貂鼠，因其皮毛珍贵，是女真人的最佳狩猎物。秋天——捕貂的季节，人们或用猎犬捕貂，或编栅结网捕貂。编栅结网捕貂，是用树枝编成栅栏，栅栏中留一小口，口里吊着一个用马尾结的活套。捕貂人把栅网安放在貂鼠经过的路上。当貂鼠从栅网的圆口中穿过时，便被马尾网套住。猎犬捕貂，《朔方备乘》中有如下记载：

> 捕貂以犬，非犬则不得貂。虞者往还，尝自减其食以饲犬，大前驱停唤深草间即貂穴也，伏伺擒之；或鸷窜树末，则人、犬皆息以待其下。犬惜其毛，不伤以齿；貂亦不复栈动，纳之囊，徐俟其死。

捕貂人把貂皮剥下晾干，用桦树皮包好收藏，以备交易和贡纳。王格、张格用部民猎狩的润泽香郁、丰厚纯黑的上等貂皮纳贡，表明了渥集部虎尔哈路的归服。从此，建州加速了对乌苏里江流域各部的统一进程。

万历二十九年（1601年）春，朝鲜《李朝宣祖实录》记述建州对渥集用兵情状载："老酋选勇行赏之说，尤为可虞"；并载：城底藩胡"队队成群，携妻挈子，显有搬家移入之状"。这说明努尔哈赤对瓦尔喀诸部恩威兼施的措置，所产生石击波涌的影响。

万历三十五年（1607年）正月，东海女真瓦尔喀部蜚悠城（今珲春北二十里古城）主策穆特黑至建州，对努尔哈赤说道："吾等因地方遥阻，附乌喇；乌喇贝勒布占泰，遇吾等虐甚，乞移家来附。"努尔哈赤决定派兵去搬接他们至建州。

同年，建州兵在搬接蜚悠城部众的归途中，受到乌拉贝勒布占泰军队的阻截，两军进行了乌碣岩之战。建州军击败乌拉军队，遂乘胜夺取高岭会宁路，打开了通往乌苏里江流域及其以东地区的大门。此后，建州以宁古塔（今黑龙江省宁安）为基地，向北往黑龙江中下游，向东往乌苏里江流域胜利进军。

在乌碣岩之战以后，渥集部的赫席黑、俄漠和苏鲁和佛讷赫拖克索三路，仍然服从乌拉贝勒布占泰。努尔哈赤说：

> 我们是一国人，因住地相离很远，被乌拉国阻隔。你们至今服从乌拉国过活。今天我们同国人已有了汗，打败乌拉兵，现在你们要服从我们同国人的汗。

但他们仍不归附。建州为着孤立乌拉，这年五月，派巴雅喇、额亦都、费英东、扈尔汉等统兵一千,征讨东海渥集部,攻取赫席黑、俄漠和苏鲁和佛讷赫拖克索三路,"获人畜二千而回"。

万历三十六年(1608年)九月,建州兵东北进击,受到渥集部虎尔哈路部民的抗拒。何秋涛在《东海诸部内属述略》中载:

> 戊申年九月,窝集部之呼尔哈路千人,侵我宁古塔城。我驻防萨齐库路兵百击败之,斩百人,生擒十二人,获马四百匹,甲百副,余众悉降。既降人有逃至窝集部之瑚叶路者弗以献。

此段史事,《清太祖实录》阙载,而《满文老档》载述较详:

> 前已酉年九月,获悉呼尔哈路之一千兵,来侵聪睿恭敬汗所属之宁古塔城。驻萨齐库之聪睿恭敬汗兵百人,即前往迎战。击败呼尔哈之一千兵,生擒其大臣十二人,斩人一百,获马四百匹,甲百副。其后,呼叶路人收留由已降聪睿恭敬汗之国中出逃之人。

于是,努尔哈赤以瑚野路收纳其已降之虎尔哈路人为由,派兵往征之。

万历三十七年(1609年)十二月,努尔哈赤在臣服邻朝鲜而居的瓦尔喀部之后,命侍卫扈尔汉统兵千人,向东北深入,伐取渥集部所属瑚野路。瑚野为满文 huye 的对音,意为射雕的隐身穴。瑚野路即明正统后设置的呼夜(兀也)卫。它在珲春东北,乌苏里江上游支流瑚叶河(今苏联滨海地区刀毕河)一带。扈尔汉去取瑚野路,俘虏二千,在那里过了年节后,二月返回建州。扈尔汉因这次军功而被赏给甲胄、马匹,并被赐号达尔汉侍卫。

万历三十八年(1610年)十一月,因绥芬路路长图楞降附建州后,被渥集部雅揽路人掳掠,努尔哈赤遂命额亦都率兵千人,到图们江北岸、绥芬河和牡丹江一带,招服渥集部的那木都鲁、绥芬、宁古塔、尼马察四路。其首领康果礼、喀克都里、昂古、明噶图等降附,并举家迁至建州,归顺了努尔哈赤。额亦都又乘胜率兵击取雅揽路。雅揽路以河得名,《吉林通志》载:"雅兰河出锡赫特山,南行二百余里入海。"明永乐六年(1408年)置牙鲁卫,设在临近海边的牙鲁河流域,牙鲁河清代称雅兰河。雅揽路即今俄罗斯符拉迪沃斯托克(海参崴)东北雅兰河一带。额亦都击取雅揽路,"获人畜万余而回"。是役之后,努尔哈赤将那木都鲁等降民,"编二佐领,令康武理与伊第三弟喀克都理各统其一"。

万历三十九年(1611年)七月,努尔哈赤派其第七子阿巴泰和费英东、安费扬古带兵千人,征讨渥集部之乌尔古宸、木伦二路。《吉林通志》载:"乌尔古宸路,一作库尔布新,河名也;在兴凯湖东北入乌苏里江,路亦以河名也。"木伦路因穆棱河得名,《满渊源流考》载:"穆伦河在宁古塔城东四百里,出穆伦窝集,东流入乌苏里江。"木伦路部民居住在今穆棱河流域及穆棱河与乌苏里江会流处附近。所以《圣武记》载:"穆林河会乌苏里江,入混同江,在宁古塔东北。"木伦路即在穆棱河流域。

先是,努尔哈赤赏给宁古塔路首领僧格、尼喀礼的甲四十副放在绥芬路,但被乌尔古宸、木伦路的人袭击绥芬路时夺去。努尔哈赤派博济里去通知他们说:"将那四十副甲,用四十匹马驮来!"但他们没有这样做。建州兵到之后,将乌尔古宸和木伦二路收取，并"获得俘虏一千"。

同年十二月，派何利里、额亦都、扈尔汉率兵二千，征伐东海虎尔哈部扎库塔城。扎库塔为满文 jakūta 的对音，意为"各八"。扎库塔城在图们江北岸，珲春河、海兰河之西，距珲春城一百二十里。这次征讨的原因，是扎库塔城主对建州和乌拉采取中立政策。努尔哈赤要求东海女真各部，在建州与乌拉之间，只能倒向建州，不许有其他选择。他发兵惩罚扎库塔城主，兵到之后，围城三天，遭到守城军民的顽强抵抗。城陷后，"斩首一千，获俘二千"，并招抚环近地区居民。

万历四十二年（1614 年）十一月，努尔哈赤派兵五百人，十二月袭击了锡林；随后前进，袭击雅兰部。雅揽路的位置前已叙及，锡林路的位置，各书记载不一：

西临路亦以河得名，《吉林通志》谓在珲春东南境西林河；实应改作珲春东境。《满洲源流考》谓在宁古塔境，尤属支离。《战迹舆图》以西璘路在西璘河流域，南流入海，在雅兰河之西。

锡林为满文 sirin 的对音，意为铜。锡林路之位置，以《盛京吉林黑龙江等处标注战迹舆图》所指为是。锡林路在锡林河流域，因河得名。锡林河在海参崴立东，雅兰河以西，南流入日本海。前引《满文老档》所记进军路线，即为证据。这次出征，建州军"收降民二百户，人畜一千而回"。

万历四十三年（1615 年）十一月，努尔哈赤派兵二千人，征讨东海渥集部额黑库伦。额黑库伦部民"住在东边的东海之北"，即今俄罗斯乌苏里江以东滨海地区纳赫塔赫河地方。建州兵行至顾纳喀库伦，把降不服，分兵两路，超壕三道，拆毁栅栏，攻入城内。建州军阵斩八百人，俘获万人，收抚其居民，编户五百而回。但是，"俘获万人"《满洲实录》和《清太祖武皇帝实录》均作"俘获万余"。显然是包括人口和牲畜在内。此役，争战相当激烈。《满文老档》做了详细载述，兹引如下：

十一月，遣兵二千，十二月二十日，征额赫库伦。横跨自河口以上至河源以下一百三十里处。八旗兵分两路并进，招固纳喀库伦人降服。是夜宿营，至次日仍未降。时又有四旗兵来会，乃复招之曰："愿降则降，不降即攻之！"夫其城民宣称投降，却聚其城外之兵入城。聚兵三日，仍不投降。六旗兵遂披甲，执旗，分翼，吹螺，列一字阵，越三层壕，折毁其栅，攻入城中，歼其城内五百兵。有三百兵逃出，即选精骑追赶，杀之于郊野。是役，俘获万人，乃编户五百。

此前，额赫库伦人曾对其周边诸部夸言道："据言满洲兵强勇。若言强勇者乃我也！可捎信告之，遣兵来战。"努尔哈赤派兵来攻，却未获胜，部破地空。额赫库伦之部，"所谓库伦，其意曰城"。额赫城部众兵强，以败告终。努尔哈赤攻取额赫库伦得手，便派兵征服东海北部未附之民。

万历四十五年，即天命二年（1617 年）正月，努尔哈赤派兵四百人，攻取沿海散居未服的诸部人；二月，"遂将东海沿岸散居之民尽取之"；三月，"造大刀船，渡过海湾，逮住占据海岛未服的诸部人"。

万历四十六年，即天命三年（1618 年）十月，派兵搬接东海虎尔哈纳喀达为首的百户降顺部民至建州。后金对东海女真政策取得重大成果。

万历四十七年，即天命四年（1619 年），努尔哈赤在正月和六月，先后两次派穆哈连带兵千人，收取东海虎尔哈部民。六月初八日，穆哈连"带来千户，男二千人，六千余口"。他亲自出城迎接，并命搭八个凉棚，摆二百桌酒席，杀二十头牛，举行盛宴款待穆哈连及归顺的各部大小首领。

天启五年，即天命十年（1625 年），后金在集中精力夺取辽沈地区并巩固对其统治，连续六年未曾大规模地向东海女真用兵之后，又先后六次发兵征讨东海女真。这是努尔哈赤对东海女真用兵最勤的一年。如：

第一次，正月，派遣博尔晋辖"带兵二千，征讨住在东海边的瓦尔喀"。

第二次，先是，上年十二月，派喀尔达等统兵征讨瓦尔喀，"初九日进入柯伊，逮住和勒必、齐什纳、彻木德和三人，以后在柯伊获男子一百，新、旧人口三百七十"。至三月初四日，喀尔达、富喀纳、塔羽等率兵招降瓦尔喀部等三百三十二人而回，得到后金汗的接见。

第三次，四月初四日，迎接族弟王善、副将达朱户、车尔格统兵一千五百人征讨瓦尔喀部凯旋，努尔哈赤与三臣行抱见礼后，宴赏军士及降民。旋又命宰牛羊四十头，摆四百桌酒席，备四百瓶烧酒、黄酒，宴劳出征将士和编户降民。后又赐出征的披甲兵士每名银五两，跟马人每名银二两。

第四次，八月，出城至浑河岸迎接宴劳前遣侍卫博尔晋辖等统兵二千，往征东海南路虎尔哈，招降五百户而还的诸将及招来的头目。

第五次，同月，再出城宴迎前遣雅护、喀穆达尼，率兵征东海北路卦尔察部，获其部民二千而还的诸将等。

第六次，十月初四日，出城迎接其第三子阿拜、第六子塔拜、第九子巴布泰，统兵一千征东海北路虎尔哈部，获一千五百部民而归，并赐宴犒师。

努尔哈赤对东海女真前后用兵达三十年，基本上统一了东海女真。日本稻叶君山说："在西纪 1616 年（万历四十四年，天命元年）以前，太祖之兵，及于乌苏利江东方沿海。"朝鲜《光海君日记》当年记述努尔哈赤在东海一带势力时指出："东至北海之滨，并为其所有。"努尔哈赤在东起日本海，西迄松花江，南达摩阔崴湾、濒临图们江口，北抵鄂伦河这一广大疆域内，基本上统一了东海女真诸部等，并取代明朝而实行统辖。后来皇太极多次征抚，东海女真岁岁入贡，完全臣服。

（二）黑龙江女真

"野人"女真的另一支——黑龙江女真，因居住在黑龙江流域而得名。在黑龙江流域，居住着黑龙江虎尔哈部、萨哈连部、萨哈尔察部、使犬部、使鹿部和索伦部等。在这一地区，有水量沛的河流，广阔的草甸、蓊郁的丛林，茂密的灌木。灌木林中有红瑞山茱萸和红果山楂、绣绒菊和山葡萄。在杨树、柳树、松树和桦树的林荫中，布散着女真人、达斡尔人、鄂温克人、鄂伦春人、费雅喀人和索伦人的村屯。他们靠狩猎、畜牧、采集、种植或捕鱼为生。捕鱼时，人们乘坐用树脂粘合桦树皮制作的刀船，划着铲形船桨，以鱼叉捕获鲟鱼和鳇鱼等。鱼叉被皮条的一端拴着，皮条的另一端系在捕鱼者腰上。捕鱼时，捕鱼人迅速而准确地向鱼叉去，一旦叉上鱼之后，鱼叉被鱼带着疾游，但因鱼叉为皮条所系，鱼便被捕获。

捕鱼之外还采东珠。《满洲源流考》记载：

> 东珠出混同江及乌拉、宁古塔诸河中，匀圆莹白，大可半寸，小者亦如菽颗，王公等冠顶饰之，以多少分等秩，昭宝贵焉。

在长满水藻、绿苔的河汊里，是捞采东珠的好地方。采珠人在每年四月至八月的采珠季节里，乘崴瓠（独木舟）并负袋潜水采珠。他们潜在水中，捞出河蚌，装入袋中，上岸取暖后，再潜到水里。将捞取的河蚌敲开，寻找珍珠。往往在几十个、几百个甚至几千个蚌壳里才能挖出一颗东珠。把采到的东珠装在鱼皮袋囊或桦树皮盒里，以备贡赋。

上述地区的部民，元亡后受明廷的管辖。努尔哈赤建元之后，在统一东海女真的同时，为从明朝手中接管对黑龙江流域的统治权，曾多次发兵征讨黑龙江女真。他首先兵指萨哈连部。

萨哈连部因居住在萨哈连乌拉流域而得名。萨哈连为满语 sahaliyan 的对音，是黑色的意思；乌拉为满语 vla 的对音，是江的意思。萨哈连乌拉即黑龙江，亦称"黑水"。萨哈连部的居住区域，《东三省舆地图说》载："萨哈连部在今黑龙江瑷珲城以下至黑河口西岸，及自三姓音达穆河以下至乌苏里口松花江南岸地方。"《盛京吉林黑龙江等处标注战迹舆图》把它标注在精奇里江瑷珲城东、黑龙江北岸一带。《清开国初征服诸部疆域考》载，萨哈连部分布在精奇里江和牛满河流域。萨哈连部居住在黑龙江中游流域。其部东至乌苏里江口，接使犬部，西邻索伦部，南至黑龙江虎尔哈部，北界使鹿部。

万历四十四年，即天命元年（1616 年），后金汗努尔哈赤发兵征讨萨哈连部。关于这次兵事，不仅《满文老档》《清太祖实录》和《满洲实录》均有载述，证明确有其事；而且《满文老档》留下更详细的记载。

第一，征讨原因：

> 萨哈连乌拉的萨哈连部和虎尔哈部商议说："我们把来这里做生意的三十人，并同我们兄弟带来的四十人，全部杀死，一同叛乱。"在五月把那七十人杀了。那时有九人脱逃，使这个惨杀的消息，在六月二十八日传到英明汗的耳中。大英明汗愤慨地说："派兵征讨！"

第二，会议时期：

> 诸贝勒大臣谏阻说："夏季多雨泥泞，大兵行动不便，最好在冬季结冰再进攻。"但是汗反驳说："在夏天如果不去，到秋天他们把粮食埋藏各处，自己抛弃屯寨去阴达珲塔库喇喇部。我们的兵回来后，他们又返回故地，取出埋藏的粮食吃……这个夏天，我们兵如果去，他们只顾自己逃避，没有时间埋藏粮食。他们以为在这个夏季大兵不会来，他们将安闲不备，所以现在出兵，能一举全胜。"

第三,军事准备:

七月初一日,发布命令:"从每一牛录挑选强壮的马各六匹,把一千匹马放在田野中养肥。"初九日,又命令:"从每牛录派出制造独木船者各三人。派六百人去兀尔简河发源处的密林中,造独木船二百艘。"

第四,作战经过:

七月十九日,命令:"达尔汉侍卫扈尔汉、硕翁科罗巴图鲁安费扬古率兵二千人,到兀尔简河后,领兵一千四百名,乘独木船二百艘前进;另六百名骑兵在陆上行走。"当日出发,第八天到达造独木船的地方。扈尔汉和安费扬古率兵乘独木船在乌拉河上前进,骑兵在陆上前进。第十八天,前进的水陆兵会合。又前进二昼夜,八月十九日到达目的地。袭击茂克春大人居住在河北岸的十六个屯寨,全部夺取了。博济里大人居住在河南岸的十一个屯寨,也全部夺取了。将在萨哈连江南岸的萨哈连部的九个屯寨夺取了。一共夺取三十六个屯寨。在萨哈连江南岸的佛多罗衮寨驻营……从前萨哈连江和松阿里江在十一月十五至二十日后才结冰。大英明汗出兵那年,十月初就结冰了,所以汗的兵在初五日渡过了萨哈连乌拉………夺取了萨哈连部内十一个屯寨,然后全部返回了。

第五,胜利回师:

在十一月初七日,带领路长四十人回到汗城。

后金汗在继续征讨萨哈连部之后,又招附萨哈尔察部。萨哈尔察为满语 sahalca 的对音,是黑色貂皮的意思。萨哈尔察部民居住在牛满河(今布列亚河)地区,其部长萨哈连归附后金,并成了后金的额驸。万历四十六年即天命三年(1618 年),努尔哈赤率军攻打抚顺,萨哈连额驸随军从征,备受器重。在野营的夜晚,努尔哈赤向萨哈连讲述"金朝往事"。天启六年即天命十一年(1626 年)十二月,黑龙江二十六人,携带名犬及黑狐、元狐、红狐皮、黑貂皮、水獭皮、青鼠皮等物,到沈阳朝贡。翌年,"萨哈尔察部落六十人来贡,贡貂、狐、猞猁狲皮"。萨哈尔察部向后金汗努尔哈赤称臣、朝贡,表明其承认后金汗为他们的最高统治者,部民已归附后金管辖,土地已列入后金版图。

后金汗在初步臣服萨哈尔察部同时,又征服黑龙江下游地区的使犬部和使鹿部。

使犬部,其满文体为 indahūn takūra ragolo,汉文音译作阴答珲塔库拉拉。Indahūn 意为犬,takūra(mbi)意为使,golo 意为路。使犬部的居住范围,大致在乌苏里江下游地区、松花江与黑龙江会流处以下沿混同江两岸,和使鹿部相接。它主要分为三部:奇雅喀喇部、赫哲喀喇部和额登喀喇部。奇雅喀喇部,其地在乌苏里江口以南一带。赫哲喀喇部,《满洲氏族源流考》载:"自宁古塔东北行千五百里,居松花江、混同江两岸者曰赫哲喀喇;又东北行四五百里,居马苏里、松花、混同三江汇流左右者,亦曰赫哲喀喇。"额登喀喇部,其地在赫哲喀喇之东北,混同江两岸。

居住在黑龙江下游一带的使犬部,包括达斡尔人、赫哲人、鄂伦春人、鄂温克人等。他们畜犬,而且数量很大,一户能畜养几十只、几百只。使犬部因以得名。犬的主要食物是鱼,也食野兔、田鼠等。犬被用来狩猎、拉船和拖爬犁。夏季逆水而进,用犬拉纤行船;冬季冰雪狩猎,用犬拖曳爬犁。以犬拉纤时,用四只或六只犬,犬脖子上戴着套圈,套圈系着皮条,皮条的另一端系在船上,犬拖着船在逆水中航行。犬拉爬犁也是一样的。猎人要行猎时,将食品、猎具等装在爬犁上,爬犁前部拴上皮条,皮条的另一端系在犬的颈套上。在数条拉爬犁的犬中,有一条"辕犬"被套在最前面作为先导,其他犬相随而行。犬会伶俐而协同地听着主人的吆喝声,按着御手的意思奔驰或停止。因此,狗在使犬部的部民中有着特殊的地位。他们的习俗是不吃狗肉、不穿狗皮,甚至把狗当作图腾而加以崇拜。

使犬部人的主要经济生活是狩猎和捕鱼。狩猎除捕捉野猪、驼鹿、猞猁狲等外,也猎捕水獭。水獭喜栖息在多鱼的河里。它胆小,狡猾,伶俐,月夜时常叼着鱼在河中嬉游。水獭排粪时要钻出水面,而且经常到固定的地点去。猎人摸着水獭这一习性,在它排粪时经过河滩的路上安放夹子。水獭从中往返,被猎人捕获。猎人捕到水獭后,把皮剥落风干,装在用桦树皮制作的箱子里,以备交换或贡献用。但他们主要靠捕鱼为生。黑龙江鱼产丰富,其中有鲑鱼、鲟鱼、鲶鱼、鲤鱼、鳇鱼、狗鱼和大马哈鱼等,为他们提供了丰富的资源。他们既用鱼又捕鱼,也用渔网捕鱼。鱼的用处很多,鱼肉用作食物,鱼骨制作器物,鱼油可以点灯,鱼皮能缝制衣服。他们用各色的鱼皮,经过鞣制变软,缝合成色彩鲜艳的鱼皮衣。因其以鱼皮为衣,所以使犬部又叫鱼皮部。

后金汗在征讨萨哈连部的同时,又征抚使犬部。万历四十四年,即天命元年(1616年),努尔哈赤发兵征取使犬部。《清太祖高皇帝实录》载:"招服使犬路、诺洛路、石拉忻路路长四十人。"后金军水陆并进,深入千里之外,兵锋所指,"莫不慑伏"。

使鹿部的居住范围,《盛京吉林黑龙江等处标注战绩舆图》载:其部在使犬部之北和东,混同江下游以东滨海,包括库页岛全部。使鹿部主要有费雅喀部、奇勒尔部等,也包括吉烈迷。费雅喀部在额登喀喇东北七八百里,即在混同江以东。奇勒尔部,《吉林通志》载:"奇勒尔亦曰奇楞,在宁古塔东北二千余里亨滚河等处,即使鹿鄂伦春游牧处所。"其居地在黑龙江口一带。

在征抚使犬部的同时,努尔哈赤并没有忘记在黑龙江口和库页岛一带使鹿部的部民。库页岛今称萨哈林岛,为俄语 Caxanylh 的对音。萨哈林即萨哈连的音转。库页岛的面积有七万六千五百平方公里,为台湾面积的二倍多。它地形狭长,南北长九百五十公里。这里森林茂密,鱼产丰富,盛产鲱鱼、鳕鱼、鲑鱼、鲈鱼和海蟹等。库页岛气候较寒冷,但南部港口为不冻港。岛上居住的吉烈迷和苦夷人等,"以鹿为家畜",所以又称为使鹿部。

库页岛又称苦兀,《寰宇通志》载:"苦兀在奴儿干海东。"永乐十年(1412 年),明在库页岛设立囊哈儿卫。同年,明成祖朱棣派亦失哈等到库页岛视察。努尔哈赤为接管明朝在黑龙江下游直至库页岛的疆土,曾不断地向这一地区用兵。后来库页内附,"每岁进貂皮,设姓长、乡长、子弟以统之"。

总之,努尔哈赤对黑龙江女真用兵长达十年之久,逐步地替代了明廷对这一地区的管辖。但是,日本学者阿南惟敬说:"可以认为,天聪八年清太宗征服虎尔哈,是清朝对黑龙江之最初用兵。这比俄国的波雅科夫出现在黑龙江,早了约有十年。"阿南惟敬教授指出后金军队在黑龙江流域出现比俄国波雅科夫为早,这无疑是正确的。然而,后金在黑龙江地区的最初用兵,是万历四十四年即天命元年(1616年),而不是崇祯七年即天聪八年(1634年)。

综上,努尔哈赤对东海女真和黑龙江女真多年用兵,版图其土地,籍录其部民,从而在乌苏里江和黑龙江中下游广大地域,迅速而有效地取代了明朝的统治。努尔哈赤统一"野人"女真——东海女真和黑龙江女真的成功,是由于他采取了"且征且抚"、征抚兼施的政策。

(三)征抚并用的"野人"女真政策

努尔哈赤对"野人"女真的经营先后约三十年。这三十年大致可以分作三个阶段,即:第一阶段——从1596年至1606年。这个时期形势的特点是,建州东邻朝鲜、西接叶赫、南为明朝、北界马拉,四面被围,尤与叶赫、乌拉鼎立争雄。努尔哈赤仅在图们江流域蚕食东海女真,动作谨慎,以抚为主,不敢兴兵远袭。渥集部王格、张格二路长入贡,瓦尔喀部蜚悠城主策穆特黑越乌拉投附,是其主抚政策初获成效的验证。第二阶段——从1606年至1616年。这个时期以乌碣岩之役为转折点,建州军长驱直入,伸向乌苏里江以东滨海地区,征抚兼施,取得辉煌成果。第三阶段——从1616年至1626年。这个时期建立后金政权,统一海西女真,努尔哈赤虽把注意力转向明朝,但他除继续并服东海女真外,开始统一黑龙江女真,势力扩展至黑龙江中下游地区,从而达到其经营"野人"女真之极盛时期。

努尔哈赤在上述经营"野人"女真的整个过程中,贯穿着"征抚并用,以抚为主"的政策。这种政策的基本出发点是:壮大自己,孤立敌人。而要壮大自己,必先树羽翼于同部。"野人"女真与建州女真为同民族、同语言、同水土、同习俗。因此,他为着丰满羽翼,壮大军力,稳固后方,崛起辽东,就要并取"野人"女真。魏源在《圣武记》中说:

夫草昧之初,以一城一旅敌中原,必先树羽翼于同部。故得朝鲜人十,不若得蒙古人一;得蒙古人十,不若得满洲部落人一:族类同则语言同,水土同。衣冠、居住同,城郭、土著、射猎、习俗同。

因为努尔哈赤含恨起兵,其恼恨集中于明朝统治者,所以他对同族的"野人"女真诸部,始终采取征抚并用、以抚为主的策略。这种政策,后来皇太极得以继承和发展。《清太宗实录》对这一政策有很好的说明。如皇太极对霸奇兰等率军往征黑龙江地方时,谕之曰:

尔等此行,道路遥远,务奋力重前,慎毋惮劳而稍怠也。俘获之人,须用善言抚慰,饮食甘苦,一体共之,则人无疑畏,归附必众。且此地人民,语音与我国同,携之而来,皆可以为我用。攻略时,宜语之曰:"尔之先世,本皆我一国之人,载籍甚明,尔等向未之知,是以甘于自外。我皇上久欲遣人,详为开示,特时有未暇耳。今日之来,盖为尔等计也。"如此谕之,彼有不翻然来归者乎？尔等其勉体朕意。

而且皇太极对上述政策在不同情况下的实施,有过具体阐述。他对萨尔纠等率兵往攻库尔喀时说:"如得胜时,勿贪得而轻杀,勿妄取以为俘。抗拒者,谕之使降;杀伤我兵者,诛之;其归附者,编为户口,令贡海豹皮。"显然,前述政策的最初制定者是努尔哈赤。

努尔哈赤对"野人"女真的征讨,前已略及;其安抚策略——如联姻、筵宴、赏赐、移民、安置、封官等,在这里加以简述。

后金汗对"野人"女真各部上层人物总是千方百计地施以恩惠,争取他们归附自己。他对前来归顺的各部首领,先是亲自迎接,大排筵宴;接着是赏赐奴仆、绸缎、牛马、房田、甲胄;继又授予各种不同的官职;还把宗室的女儿嫁给他们做妻子;并且答应在他们返回之后,如果受到别部的欺凌和掠夺,便派兵给予保护。建州同"野人"女真各部逐渐地建立起亲戚关系和臣属关系。他的这种恩施做得极为细致。如虎尔哈博济里等路长来归时,《满文老档》记载:"想到在寒冷时博济里要穿好衣服,所以大英明汗将自己穿的前胸吊貂皮、后背吊猞猁狲皮的皮端罩给他;还想到博济里从远处来,乘马疲惫了,所以给有鞍辔的马以便骑来。"路长们到达建州之后,《清太祖实录》又记载:"路长各授官有差,其众俱给奴仆、牛马、田庐、衣服、器具,无室者并给以妻。"他的这一套争取各部上层人物归顺的办法,是百试百中、屡行屡效的。

后金汗对"野人"女真的招抚政策,同乌拉贝勒布占泰的杀掠政策,形成鲜明对照。如朝鲜成镜道观察使李时发在驰启中,对比努尔哈赤(老酋)和布占泰(忽胡)政策时说:

臣近观老酋所为,自去年以来,设置一部于南略耳,囊括山外,以为已有,其志实非寻常。今又诱胁水下藩落,欲使远近之胡尽附于己。江外诸胡积苦于忽胡之侵掠,无不乐附于老酋,故去冬以后,投入于山外者其数已多,而此后尤当望风争附。此胡举措,实非忽胡之比。

显然,乌拉贝勒布占泰对"野人"女真之贪婪侵暴政策,与努尔哈赤对"野人"女真之安抚招徕政策不可同日而语。后金汗对"野人"女真的这一政策,《满文老档》中有一段详细的记述,虽文字较长,但读起来并不乏味:

十月初十日,听说东海虎尔哈部长纳喀达率民百户来归,派二百人去迎接,于二十日到达。英明汗去衙门,虎尔哈部人叩头谒见后赐宴。宴毕,要回家去的人站一行,愿留住的人另站一行。优厚赏给愿留者为首八人,阿哈(男女)各十对、牛马各十头,用豹皮镶边的挂蟒缎面的皮袄、长皮端罩、貂皮帽、皂靴、雕花腰带、蟒缎无扇肩朝衣、蟒缎褂,四季穿的衣服、布衫、裤和褥、衾等;其次的给阿哈(男女)各五对、牛马各五头、衣服各五件;再次的给阿哈(男女)各三对、牛马各三头、衣服各三件;最末的给阿哈(男女)各一对、牛马各一头、衣服各一件。来的百户人不论长幼都按等充足地给了。汗亲自去衙门赏赐五天,把房屋和生活用品锅、席、缸、瓶、瓦瓶、杯、碗、碟、匙、筷子、水桶、箕、盆等,全都充足地赏给。看见那样赏给，原说回家的人，又有许多留下不回去了。

留下的人托回去的人捎口信给家乡兄弟亲友说："国之军士欲攻伐，以杀我等、俘掠我家产，而上以招徕安集为念，收我等为羽翼，恩出望外，吾乡兄弟诸人，其即相率而来，无晚也！"

上引记述虽不免有粉饰之词，但从中可以看出努尔哈赤精心编导的这场招抚喜剧的演出，获得了惊人的成功。

后金汗还对归附的"野人"女真部民，给予永久的政治与经济特权，以络笼其更多的部民降顺。如他对虎尔哈部归顺部民说：

> 阿尔奇纳、彻齐克墨尔根、巴木布里、色勒交是虎尔哈路的部长，住在东海的岛上，与鱼、鸟共同生活。抛弃祖父的坟墓、出生地、喝的水，翻山涉水地走一个月的路程来，还有比这更可怜的吗？ 这来投顺的功劳，从那里跟随来的人，其子孙万代都免纳贡赋；若误犯死罪，免死，若犯罚财物的罪，免罚。永沐仁爱之道。

他接着宣布一张享有这种特权的四十七人的名单。按照当时的制度，"把这汗谕写在文书上，八贝勒以下，诸备御以上，挂在脖子上"，俨然像一枚大勋章。

后金汗努尔哈赤对招抚的"野人"女真，迁其部民，编丁入旗，首领授官，分辖其众。建州由对抗海西、蒙古，进而对抗明朝，其兵源严重不足。努尔哈赤将征抚的"野人"女真部民，大量迁至建州，编入牛录。如万历三十七年（1609年）间，他命在东海地区"尽撤藩胡，得精兵五六千，作为腹心之军"。这些兵士悍勇、健壮、娴弓马、耐饥寒，为建州军补充了新生力量。他尤为信任其首领，如库尔喀部长郎柱，率先附建州。其子扬古利"日见信任，妻以女，号为'额驸'。旗制定，隶满洲正黄旗"。扬古利位仅亚于八贝勒，为一等总兵官；后来其子塔瞻擢内大臣，孙爱星阿官至领侍卫内大臣。其弟冷格里为左翼总兵官；幼弟纳穆泰后为八大臣之一；从弟谭布崇祯十二年即崇德四年（1639年）与索海等率兵攻取雅克萨，败索伦部长博穆博果尔。

又如渥集部绥芬路屯长康果礼等率兵壮千余归附，分其众为六牛录，以康果礼、喀克都里、伊勒占、苏尔休、哈哈纳、绰和诸世领牛录额真。后努尔哈赤以其弟穆尔哈齐女妻康果礼，号和硕额驸，又以其"能管辖兵，为三等总兵官，免三次死罪"。皇太极时康果礼位列十六大臣，任护军统领。康果礼弟喀克都里，也为三等总兵官，后列八大臣，领正白旗。另一屯长哈哈纳，被努尔哈赤妻以宗女，后佐镶红旗。其子费扬古以平定吴三桂叛乱功，被康熙帝授为副都统。而尼马察部长泰松阿子叶克书，归附后授为牛录额真。皇太极时位列十六大臣，为固山额真；其子道喇，康熙时任固山额真。

再如东海女真一部长克彻尼，为东京城守臣，《清太宗实录》载述：

> 庚戌，车驾过东京，由城外行。守臣克彻尼夫妇，迎至河口，朝见，请上幸其第。上曰："朕尝谕诸贝勒大臣，凡出行之次，各裹糇粮，毋得于民间取给饮食，致滋扰累。已誓诸天地，朕奈何自蹈之耶！"克彻尼夫妇叩头固请，曰："臣家生业，皆蒙恩赐与，非民间比也。"上不忍拒，遂幸其家。克彻尼夫妇具馔以

进。克彻尼者，东海一部长也。其妻乃太祖舅氏之女，于上为表姑云。

复如东海瓦尔喀一部长阿哥巴颜，《清雍正朝镶红旗档》载记，署理镶红旗满洲都统事务、尚书孙查齐等为补授佐领事谨奏：

> 臣旗佐领兼二等阿达哈番钟海病故。窃查：该佐领，初阿哥巴颜率瓦尔喀部来投太祖，以肇兴之功编为牛录，委以阿哥巴颜之长子、首位十扎尔固齐阿兰柱管理。嗣后，依次由阿兰柱之次子布兰柱，布兰柱之三弟布尔哈，阿兰柱之三子谭泰，谭泰之子图理，阿兰柱之四子恩和讷之孙齐勒管理。其后，齐勒之孙钟海继之。今钟海出缺，为补授佐领谨奏。

实际上，努尔哈赤对"野人"女真降民中授官之人，远不止以上数例；且其授官影响所及，乃至有清一代。仅据《满文老档》第六十七至第七十卷的不完全统计，仅天启五年即天命十年（1625 年），对"野人"女真各部首领及其部民晋官和恩赏的名单多至四百九十二人，约占升赏名单总人数七百八十四人的百分之六十二强。可见努尔哈赤"征抚并用，以抚为主"政策的明显效应。

但是，在征抚"野人"女真时，其军纪并不像后金汗所"谕旨"的那样，而是异常残酷。如一次出征瓦尔喀的八旗军士，行至必音屯，将居民四人砍去手脚后杀死，又穿刺十九人的耳、鼻。

总之，努尔哈赤在统一建州女真和海西女真之后，运用且战且抚、征抚并用、以抚为主的策略，迅速地统一了"野人"女真的主要部分。后来他的继承者皇太极，又经过多次征抚，统一了整个乌苏里江和黑龙江流域。明代奴儿干都司的辖境，完全被置于后金的管辖之下。后金取代明朝，有力地统治着乌苏里江和黑龙江流域的广大地区。

后金汗努尔哈赤在统一建州女真、海西女真和"野人"女真之后，为了向明朝发动进攻，便着力征抚漠南蒙古诸部。

第四章　后金立国

一、创建八旗制度

自从万历十五年（1587 年），努尔哈赤自佛阿拉宣布"定国政"，建立女真国以来，到万历四十四年（1616 年，天命元年）的近三十年间，建州的生产得到了很大的发展，女真各部空前统一，领地不断扩大，财富迅速集中，奴隶制国家机器日趋完善，阶级对阶级的统治关系更为明显，作为国家组织形式的八旗制度已最后确立起来。

八旗制度是努尔哈赤在带领女真民族进行长期征战和生产过程中所形成的军事制度、政治制度和经济制度三位一体的政权组织形式，它是努尔哈赤一生中的几项重大创举之一。它的建立为女真民族从弱小到强大，从无序到有序的转变起到了不可低估的作用。

八旗制度的产生，最早要追溯到女真人在狩猎过程中长期流行使用的牛录制，牛录是满语"箭"的译音。很久以来，女真人凡是出师打猎，不论多少人，都是按族寨分列排队，在打猎的时候，十人之中选出一个头目，由他带领其余九人，拿一支箭按照各自的指定方向前进，不能随意乱走。这个头目就被称为"牛录额真""额真"是满语"主"的译音，那么"牛录额真"就是"箭主"的意思，是这十个人的首领。等到打猎结束之后，这个临时组织起来的小组便宣告解散，那么，这个"箭主"也仅仅是临时受命的指挥者，而不是一种专职的官衔。

后来随着女真社会生产的不断发展，牛录组织也在不断扩大，其职能也由单一的狩猎生产组织，进而发展成为具有军事职能的进攻或防御的作战组织，牛录额真也不再是临时的十人之长而成为一种固定的统辖上百人的官名。

这时的牛录多数是以地缘为基础形成的，如将某部集体来归的部众编成一牛录，让率众投归的酋长或其子侄担任牛录额真，这样做的结果，既可以笼络人心，又可以扩大政治影响，诱使更多的酋长带兵来归。同时，让原来的酋长统治他部下的属民，可以避免因更换主人而使部众产生不习惯或不顺从，以此可以稳定人心，使新来乍到的外部民众很快就与努尔哈赤建立起稳固的隶属关系。

但是，每个牛录的人丁数量多少不等，有时甚至相差悬殊。有的牛录仅有 18 户人家组成，而有的牛录则多达四五百户，无论是出征打仗，还是在家耕地种田，都无法按牛录进行分配。同时，随着努尔哈赤势力的日益发展壮大。统辖的范围也一天天在扩大，人数也日渐增多，这就需要建立一整套严密的分级管理制度，使上下井然有序。否则，势必会造成各自为政、一盘散沙的混乱局面，不利于女真统一大业的进行。

万历二十九年（1601 年），努尔哈赤在原有军队的基础上正式建立"旗制"，以黄、白、红、蓝四色为旗的标志，将每 300 人编为一牛录，每牛录设一名额真，后称牛录章京（办事员），汉译为"佐领"；五牛录为一甲喇，首领为甲喇额真，汉译为"参领"；每五个甲喇为一固山，首领为固山额真，后称固山章京，汉译为"都统"。一固山就是一旗，各旗以上述不同的颜色作为标志。这次改革为以后八旗制度的确立奠定了基础。

万历四十三年（1615年）十一月，也就是后金建国的前一年，随着努尔哈赤集团势力的不断膨胀，幅员更辽阔，部众更众多，于是，将原有四旗增加到八旗。后增加的四旗是将原有旗帜的周围镶上一条边以示区别，在黄、白、蓝三色旗帜上镶上红边，红色旗帜上镶上白边，于是就有了八种不同颜色的旗帜。原有的不镶边的四面旗帜分别称为正黄旗、正白旗、正红旗、正蓝旗；后来镶边的四面旗帜分别称为镶黄旗、镶白旗、镶红旗、镶蓝旗，合起来称为八旗。由此，八旗制度正式得以确立。

八旗之中，每旗有七千五百人，八个旗共计有六万人，这是最初定制时规定的编制，以后每旗的总人数有增加，但牛录与固山的数目都不改变，只将甲喇的数目加以调整，可增加到八、九、十个为一旗。八旗的最高统帅是努尔哈赤，各旗自有旗主，各置官署，各有臣民，各旗之间不相上下，互不统属。努尔哈赤亲自掌握两黄旗，二儿子代善掌握两红旗，五儿子莽古尔泰掌握正蓝旗，八儿子皇太极掌握镶白旗，长孙杜度掌握正白旗，侄儿阿敏掌握镶蓝旗。由此可见，八旗建立之初，努尔哈赤及其子侄囊括了各旗旗主的职位而分领八旗成为八固山王，没有一个异姓军功贵族插足其中。八旗旗主作为每旗的最高统帅，同时也是八旗的所有者，而固山额真只是八固山王之下的各旗管理者。这样，原来分散的几百个牛录被整齐划一地编制起来了，有力地加强了对部民的指挥和领导，一切都变得井然有序了。

由于八旗制度是在努尔哈赤统一女真的战争过程中建立起来的，所以，它首先是一种军事制度。在出征打仗时，由八旗所属的各自民众组成八旗军，跟随自己的旗主冲锋陷阵，每个八旗士兵都有参战义务。每到行军之时，"地广，则八旗并列，分八路；地狭，刚八旗合一路而行。队伍整肃，节制严明，军士禁喧哗，行伍禁搀越。当兵刃相接时，被坚甲，执长矛大刀者，为先锋；被轻甲，善射者，从后冲击；俾精兵立他处，勿下马，相机接应"。

另外，八旗军在兵种上分为三等，即长甲军、短甲军和巴牙喇，后来又演变成前锋、骁骑和护军。护军即是精兵，满语为"巴牙喇"，由各牛录中选拔出来的精练强壮的士兵组成，他们骑着骠悍勇猛的战马，手执利剑，一般是跟在努尔哈赤左右，随从他出击作战。

八旗军队向来以骑射闻名，是一支以骑兵为主的军队。首先，是由于女真人擅长养马，六畜之中只有养马业最为兴盛，一般做将领的富贵人家拥有马匹千百成群，而一般的平民百姓家也有不下数十匹。女真人进京"朝贡"时也多是以马进献给朝廷，由此可见，八旗军是一支以骑兵为主的军队也就不足为奇了。

更值得一提的是，女真人养马有自己的一套独特方法，他们能将马训练到野外作战之时，连续五六天不吃草料也能奔跑如故的程度。朝鲜人李民奕在随同朝鲜军队支援明朝军队同建州作战时被俘，回国之后，他给国王光海呈上一份报告，这份报告涉及的内容相当广泛，其中就讲到女真人如何养马一事，并与朝鲜国的养马方法相对比，由此可以看出努尔哈赤率领的八旗铁蹄之所以能纵横驰骋，所向无敌的奥秘之一了。他说，女真人养马极少用粮食喂养，马栏内无遮无拦，不避风雨寒暑，在野外放牧时一般是一个人看管十匹马，经常将马放开自由行动。可一旦开往战场作战时，它们又特别灵活机智，随意驱使，用起来十分得心应手；而朝鲜人养马则十分精细小心，天气寒冷的时候就用厚被盖上，下雨时也要躲避开来，长年累月圈在栏内，很少有锻炼的机会。喂马时尽用粮食，所以一旦稍稍饥饿，就一步也走不动了；一旦遇个沟沟坎坎，必定跌倒无疑，这样的马又怎能适应作战的要求呢？相比之下，女真人喂养的马看上去不甚用心，其实正是用心很深。努尔哈赤十分关心马匹的生长喂养情况，他经常亲自查看战马是否精壮，马壮者，对养马人赐以酒，马弱者，则鞭责养马人。

其次，擅长射箭也是女真人的一大特点。他们从小就十分重视锻炼射艺，如果生了男孩，就要在他家的门口挂上一支箭，祝福他长大以后成为一名好射手。等他长大到六七岁时，就开始练习射箭了，这是女真人自古以来就具有的传统。三四千年以前的女真人的祖先就生活在白山黑水之间，过着落后艰辛的原始生活，这时山高林密，成群结队的野兽出没其间，为了自身的安全与生存，就要进行大规模的射猎，然后食其肉，衣其皮。所以，许多女真人就用兽皮来命名，努尔哈赤就是"野猪皮"的意思，舒尔哈齐就是"小野猪皮"，雅尔哈齐就是"豹皮"。在马还没有得到驯化和大量使用之前，这种射猎受到很大的限制，只局限于步射；只是到唐代以后，才开始骑在马上射猎，这便如同猛虎添翼，更加勇猛无比。所以说清朝是"在马上以弓矢定天下"，此话一点也不假。

不仅是战马能适应严酷的战争环境，女真人也在艰苦的生活环境和寒冷的气候条件下，锻炼出强健的体魄和惊人的毅力，他们能耐饥渴，行军打仗时，仅用米粉加水调成面糊来充饥；无论下雨或是下雪，气候炎热或是寒冷，他们都是在露天处夜宿；就是妇女执鞭骑马也不比男人逊色。他们不用专人押运粮饷器械，全是由士兵随身自带。不仅士兵披甲，马也披甲。骑兵作战时，分为"死兵"与"锐兵"两种，死兵在前，锐兵在后；死兵披重甲，骑双马，一匹马战死后，再骑另一匹马继续作战，不得后退半步，否则，锐兵从面后截杀退下阵来的死兵。可见，八旗骑兵作战时不怕死和勇敢顽强的精神是其他军队所无法比拟的。

每次出征打仗时，一牛录有时出五十人，有时出一百人，多时可出一百五十人。就在出兵之时，他们也绝不畏缩不前，大家都表现得欢欣鼓舞，连他们的妻子也都喜上眉梢。如果士兵家拥有四五个奴仆，他们也都争相随军前往，目的只有一个，每次出兵打仗时都是无往而不胜，劫掠来的大量财物成为一个极大的诱惑，尤其是当时女真人缺少衣物，战场上死亡者的衣服多被剥光。

八旗军队的军事训练相当严格，努尔哈赤对此也特别重视，在佛阿拉有一块很大的操场，专门用于操练兵马，不仅练习射箭、骑马，还要练习刀、枪之法，优秀者受赏，怯劣者受罚。努尔哈赤之所以这样做，是因为他深知军队士兵素质的高低、弓马技艺的好坏是直接关系到战场上能否取胜的关键之所在。

除此之外，在战场上论功行赏，退缩者将受到严厉的惩罚，李民奕在他的《建州闻见录》中有过这样一段记述："只以敢进者为功，退缩者为罪。（面带枪伤者为上功。凡大小胡人之所聚,面颈带瘰者甚多,其屡经战阵可知。)有功则赏之以军民,或奴婢、牛马、财物。有罪则或杀或囚或夺其军民,或夺其妻妾、奴婢、家财,或贯耳,或射胁下。是以临阵有进无退云。"努尔哈赤正是依靠这样严明的赏罚制度来维持着这样一支英勇善战的军队,同时,又用掠夺财物来诱惑士兵勇于参战,这样的军队开往战场,当然就会奋力向前。

八旗制度不仅具有军事职能,同时,还具有行政与生产职能,所以,它也是一种政治制度和经济制度。

说它是政治制度,首先,因为它是努尔哈赤建立的后金政权的组织形式。努尔哈赤是后金国家的最高统治者,也是八旗的最高统帅,他所创立的八旗制度不仅是在出征打仗时按固山、甲喇和牛录三级组织机构进行指挥,而且在日常生产和生活中,也按这三级组织进行。八旗组织下的民众出则为兵,入则为民,兵民合一,没有使士兵从百姓中分离出来而成为专职军人。一旦战事结束,他们就要返回各自家中从事农业生产劳动,修整工具,耕田种地,放牧牛马。那么,各固山额真、甲喇额真和牛录额真他们在战场上则是军事指挥官,回到住地以后没有战事之时,又变成了各级组织的行政长官,负责本单位的生产事宜,他们同时具有双重的属性。努尔哈赤就是通过他们来管理后金的日常行政事务,统率下属臣民百姓,直接对努尔哈赤为首的后金政权负责。

固山、甲喇、牛录既是后金的军事编制单位,也是户口编制单位,编入八旗的人员统称为旗人。牛录是八旗的最基层组织,牛录额真就是本牛录各项事务的直接负责人,他们负责将本牛录人丁登记造册,查点新来的人口,给他们分配田地、房屋、室内用品,诸如斧子、蓆子、锅;没有妻子的匹配给妻子,没有衣物的发放给衣物;巡查岗哨,到各屯查看有无天花发生,是否有逃人,如果有人逃跑,就要负责拘捕逃人;对新从战场上掳掠来的人口负责关押,该杀的杀;建筑木栅,建造舟船,架设桥梁,养牛杀猪,饲养牲畜;迎来送往,收取赋税,摊派劳役,清理街道垃圾,管理公共厕所卫生,为死者祭扫,传递上级发布的指示,安排本牛录内为重大事情举办的筵席;如果将有战事发生时,要准备好打仗时必须携带的东西,如盔甲、刀枪、弓箭、绵甲等,检查战马是否喂得肥壮,以随时待命出征。总之,事无巨细,都要由牛录额真负责处理。

虽然牛录经过努尔哈赤的一番重组,成为八旗制度下的基本军事单位和行政单位,但仍保留着原来家族聚居的痕迹,有的牛录往往就是一个大家族,牛录额真就是由该族的族长担任,这个牛录额真是军事长官,还是行政长官又是该族的族长,负责处理家族内部的财产、劳务等纠纷。

总之,八旗制度是集军事制度、政治制度、经济制度等各方面职能于一体的后金国家政权组织的特殊形式,它在相当长的时期内,对女真社会的发展起到了极其重要的作用和积极的影响。它将分散的几十万人严密地组织起来,发挥本民族擅长骑射的独特优势,成为一支极具威力的强大军事力量,这为后来努尔哈赤接连取得统一战争的胜利和与明朝作战的胜利提供了可靠的保证。各部民众在八旗政权的组织和管理下,耕田种地,纺棉织布,放牧牛马,打猎采集,生产力获得迅速提高,逐渐摆脱了原来以渔猎为生的落后习俗,开始了耕地种田的安稳生活。而且,各旗旗人不论是女真人,还是汉人,都要统一在努尔哈赤的直接领导下,使用自己本民族的语言文字,穿戴适于本民族骑射风格的服装,依照本民族的习俗剃发,妇女禁止缠足,文明程度也逐渐提高了。来自不同部落和地区的几十万人,在八旗制度的约束下,在共同的劳动和战斗中逐渐融为一体,形成了一个新的民族共同体——满族。

后来,随着后金征服战争的逐步升级和扩展,天聪九年(1635年),皇太极又设蒙古旗,旗色与满洲八旗相同;崇德七年(1642年),又设汉军八旗,旗色也与前两者相同。从此以后,后金国共有二十四旗,但习惯上仍统称八旗。

二、建立后金

万历四十三年(1618年)末,聪睿恭敬汗努尔哈赤进一步整顿国政,建全官制。设立听讼大臣五名,扎尔固齐十名。凡是有听讼的事,先经扎尔固齐审理,再上达五大臣复审,五大臣审后,上告众贝勒。若是事小,不是生杀予夺等重要案件,众贝勒均可结案。凡是重大案件必须上报给聪睿恭敬汗努尔哈赤。审理大案时,汗坐在大殿上,令讼者跪在下边。案中诸情,汗都一一详问,准许被审的人申辩。最后,汗据实而断,分清是非,辨别曲直,将事情的表里剖析明白。

五大臣、十扎尔固齐以下,设立判官四十员。荐举办事大臣八员,任务是专门守城和兼管乡间的事务。又委派十六名大臣管理仓粮,并配给八名巴克什,协助记录谷物数量等情况。至此,军事、听讼、理财、行政等国家管理机构已经具备了相当的规模。

各官设立后,聪睿恭敬汗努尔哈赤决定五日一朝,众贝勒、大臣,每五日终了的一天都要集合在汗的大衙门里,凡国家大事,是非曲直,由众贝勒、大臣共议,最后由汗决断。

聪睿恭敬汗努尔哈赤开创的奴隶制国家,要想发挥国家所具有的全部职能,对内进行阶级统治和对外征战,实施对国家的有效管理,需要有足够数量的人才。聪睿恭敬汗努尔哈赤采取"任官使能"的政策。他认为,天下全才的人不多,有的精于这件事而拙于那件事。有的人善于统兵打仗,勇冠三军,而不善于管理乡间事务,因此要知人任事。假若委以不能胜任的工作,则毫无益处。有的人居住乡间,善于礼遇宾客,而拙于战阵。用人时应该因人而异,各取所长,委派给适当的职务。为了有效地选拔人才,聪睿恭敬汗努尔哈赤命令众贝勒、大臣到各处去查访。凡是有知道善于治理国家的人,不要隐瞒,并指示说:当今国事繁杂,若有众多贤能的人,都能各委其事,则勇于战阵的人给予军职。有益于国家生计而又贤明的人,使他治理国政。通晓古今典籍的人,命他提供治理国家的好办法,使诸事都能法于古而用于今。有人善于宴请等事,就命他去接待宾客。就是不具备其他的才干,哪怕善于歌唱的,在众人集会的时候,令他歌唱一番,使人人欣悦,不是也很有益处吗? 总之,凡是国内有一技之长的,都可以施展自己的才能。这种"任贤使能"的方针,是以聪睿恭敬汗努尔哈赤为代表的建州奴隶主阶级在国家初建时期,广集人才的重大措施。这项政策是极其高明的。

由于八旗制度的确立和设官理政、审判听讼、广集人才等,保障了社会和人民生活的基本稳定。凡事都各有规定，就是拾得一物，也规定物主取二分，拾者得一分。若拾物不见原主来认领，拾者不得私藏，必须将拾物送到衙门悬挂，等失物者自己来认领。这些措施都为建州社会生产的稳定发展提供了条件。聪睿恭敬汗努尔哈赤还责令各个牛录砍伐森林，填平洼地、削平山岭等开辟农田。还令每个牛录抽出十个壮丁，四头牛，在旷野屯田，以积聚谷物，充实仓廪。同时还掘壕、架桥，便利交通。全境设立边关，置立哨台，分兵驻守。以建州原地为中心，凡所征服的地域都逐渐得到了空前的治理。

万历四十四年(1616年，天命元年)，女真国聪睿恭敬汗努尔哈赤，在征服女真大部分地区，对内进行整顿以后，在奴隶制国家体制初步完善的基础上，宣告后金国正式诞生。

满族奴隶制国家诞生的时候，举行了隆重的仪式。先是八旗各个贝勒、大臣举行会议，一致赞同为聪睿恭敬汗努尔哈赤上尊号，并作表书，请求聪睿恭敬汗努尔哈赤准许。正月初一日，举行了正式建国仪式。

初一日甲申时分，八旗各个贝勒，率领众大臣集聚在大殿前边，排列整肃。待聪睿恭敬汗升殿就座后，众贝勒、大臣都跪在下边。八大臣出班跪在汗的座位前，呈上表章。接表的是汗的从弟、近身侍臣阿敦和大臣巴克什额尔德尼。接表以后，由巴克什额尔德尼宣读表章，表章歌颂了各国所仰慕、尊敬的汗及其恩德，称努尔哈赤为大英明汗，国号称"金"，史为"后金"，年号为"天命"，以万历四十四年为天命元年。

额尔德尼宣读完表章，大英明汗努尔哈赤离开座位，率领众贝勒、大臣走出大衙门，对天焚香，行三叩头大礼。拜天以后，回到大殿。汗就座以后，众贝勒大臣各率本旗官员叩见大英明汗，以贺正旦。这一年，努尔哈赤五十八岁。

三、造制文字

一个民族的语言文字乃是本民族共同体形成的基本标志之一。满族以女真族人为核心，它讲的是女真人的语言，但却没有女真人自己的文字。

女真族人在1115年由完颜阿骨打领导建立了金朝，他们起初也没有文字，使用的是契丹族的文字。但随着国势的日益增强，对外往来的日益增多，他们越来越感到文字的重要性，于是，金太祖命令由完颜希尹负责制造出本国文字。完颜希尹遂仿造汉人的楷体字，采用女真族语言制造女真文字，并于1119年8月宣告完成，颁发全国。金太祖因为希尹造字有功，便赏给他一匹马，一套衣服。希尹所造的字就是习惯上所说的"女真大字"。

1138年，金熙宗又制成"女真小字"，并于几年之后颁发全国，与女真大字一同使用，完颜希尹也被金熙宗杀掉。金朝统治者十分重视女真字的推广使用，金世宗曾下诏号召天下人用女真字来翻译书籍，并开设女真进士科，用"女真文字以为程文"。在中都还设有女真国子学，诸路设女真府学，以新中进士充当教授。在翻译的汉语书籍中，以儒家经典为最多，如《易经》《尚书》《论语》《孟子》，还有一些史书，如《史记》《汉书》《贞观政要》等。

为了保持女真人的民族传统,使女真文字得以继承、发展,金世宗曾强迫人民学习女真文,规定卫士当中有不熟悉女真语的人应勒令其学习,以后不得再讲汉语。1166年,金世宗对宰相说:"诸王名字未尝以女真语命之,今皆当更易,卿等择名以上。"后来,他还下令用女真语谱曲唱歌,皇太孙等人一齐随唱。他还经常对大臣们说,保持本民族语言文字是"国家基绪之重,万世无穷之托"。如果有人娴习女真文,金世宗就高兴地给他赏赐。

女真文字在金朝政府的大力提倡下有所发展,所留下的词汇也比较丰富,有些词汇还在后来的满文中残留下来,成为满文词汇的来源之一。

但是,女真字是在契丹文字的基础上创造的,而契丹文字又是仿造汉字而来的,所以,女真字是一种方块字,与蒙古的拼音文字又不一样。金朝灭亡以后,女真文逐渐衰落下去,到了元朝末年,懂女真文的人已经寥寥无几。到了明朝,建州女真地区成为使用女真文的主要地区,但是会读会写的人仍然不多。到了明朝中叶以后,女真文逐渐被废弃不用,女真人已不懂女真文而是由蒙古文来代替。不仅明朝给女真的敕书使用蒙古文,就是朝鲜同建州的公文往来也使用蒙古文。

努尔哈赤自万历十一年(1583年)起兵之后,在相当长的时间里,建州与明朝和朝鲜的公文都是由汉人龚正陆用汉字书写。龚正陆,乃浙江绍兴府会稽县人,年少时客居辽东,后被努尔哈赤抢到佛阿拉,奉为师傅,教其儿子读书,待他也很优厚,家产可致万金。努尔哈赤让他掌管文书,参与机密。努尔哈赤本人会蒙古文,也粗通汉语,但不会女真文,所以,他在建州内部发布的公文和政令,都是先由龚正陆用汉文起草,再译成蒙古文发布。女真人说女真话,却不懂女真文,必须借用蒙古文,语言与文字之间的差异与矛盾,给社会生活与交往带来极大不便,已成为阻碍满族共同体形成与发展的重大障碍。具有远见并富有雄才大略的努尔哈赤及时看出了问题的重要性和迫切性,于是,在他的倡议和支持下,记录满族语言的符号——满文诞生了,这是满族历史发展过程中的一件大事,也是努尔哈赤一生中主要功绩之一。

万历二十七年(1599年)二月,为使满族的语言与文字统一起来,努尔哈赤经过冥思苦想之后提出设想:参照蒙古文字,协合女真语言创造满文。努尔哈赤将自己的想法告诉了额尔德尼和噶盖二人,要他们设法完成创造满文的任务。两位大臣对努尔哈赤说:"蒙古文字,臣等习而知之,相传已久,未能更制。"努尔哈赤却说:"汉人读汉字,凡熟习汉字与不熟习汉字的人都能知晓,蒙古人读蒙古字,不知蒙古字也会读蒙古文。现今我国女真语用蒙古字来读,因此,不熟悉蒙古语的人不能知晓。怎么能说我国语制字为难,反用蒙古语为易呢?"喀尔德尼和噶盖又问道:"以我国语制字最好。但如何制法,我们不清楚。"努尔哈赤回答说:"其实不难。在蒙古字下面加上我们女真语的语言。联缀成句,即可因文见义。如阿字下面加一玛字,不就是阿玛(父亲)吗,额字下面加墨字,不就是额墨(母亲)吗?我已经想了很久,你们试着去做,有什么不可以的呢?"不久,额尔德尼和噶盖就按照努尔哈赤的指导和设想创制成了满文。这种草创的满文没有圈点,后人称为"无圈点满文",又称"老满文"。从此,满族人民有了自己的拼音文字,并在女真地区推广开来。

　　满文是在努尔哈赤的直接指导下创造的,但具体工作则是由那两位大臣亲自来完成,所以,他们的功劳也不可磨灭。噶盖,姓伊尔根觉罗氏,世居呼纳赫,屡次为建州统一大业立功,其位仅次于费英东,但在受命创造满文的那一年却因一个小小的过错就被努尔哈赤杀掉了,那么创制满文的工作就由额尔德尼一人来完成了。额尔德尼,姓纳喇氏,世居都英额,自幼聪睿敏捷,勤学诗文,通晓汉文、蒙文,而且弓箭娴熟,机智善战,是一个文武双全的大巴克什,"巴克什"在满语中是学者、博士的意思。他很早就投归努尔哈赤麾下,建立许多功勋,尤其是创建满文,是他一生中的重大功绩,对满族社会的发展起到了极大的推动作用。尽管如此,他后来也是因为一件小事而被杀头。

　　额尔德尼和噶盖创制的"无圈点满文",在统一的女真地区推广了三十多年,发挥了巨大的作用。但由于是初创,许多地方并不完善,如字母数量不够,清辅音与浊辅音不分,上下字无别,字形不统一,说法不规范,结构不严谨。所以《满文老档》记载说:"无圈点满文,上下字无别,故塔、达、特、德、扎、哲、雅、叶等字不分,如同一体。书中平常语言,视其文义,尚易通晓。至于人名、地名,常出错误。"

　　因此,在天聪六年(1632年),皇太祖下令巴克什达海改革老满文。达海奉命之后在老满文的基础上编制"十二字头";在原来的字旁各加圈点以示区别;固定字形使字母的书写规范化,使词首、词中与词尾各有一种写法;确定音义,改进字母发音,固定文字含义;创制了特定字母。设计了十个专为拼写外来语的特定字母以拼写人名、地名。经过达海改进后的满文,被后人称为"有圈点满文",又叫"新满文"。这使满文比以前更加完备,对于学习满文也大有裨益。

　　改进后的新满文有六个元音字母、二十二个辅音字母和十个专用拼写外来语的特定字母,共有三十八个字母。每个字母不分大写和小写,但元音字母和辅音与元音相结合所构成的音节出现在词首、词中与词尾或单独使用时,却有不同的书写形式。

　　满语的语法,名词有格、数的范畴,动词有体、态、时、式的范畴。句子成分的顺序是,谓语在句子最后,宾语在动词谓语之前,定语在被修饰词之前,这与日本语的语法结构有相似之处。满文的书写规范是从上到下,从左向右。

　　达海,世代居住在觉尔察,姓觉尔察氏。他九岁读书,精通满、汉两种文字,少年时期即被努尔哈赤召到直文馆,凡对外往来信件、词令都出自达海之手,还曾将《明会典》等书译成满文。后来,天命五年(1620年),达海与努尔哈赤身边的一个名叫纳扎的女人通奸,此事暴露以后,按照法律应将男女二人皆处死刑。但努尔哈赤爱惜达海之才,只将纳扎杀死,将达海用铁索捆在大木柱子上囚禁起来。后来清太宗皇太极即位时,让达海重新出来工作,担任文馆总负责人并受到重用。达海也不负厚望,将《通鉴》《六韬》《孟子》《三国志》等书译成满文,因积劳过度,终成疾患,过早地去世了,年仅三十八岁。

　　达海一生为官勤勉清廉,死后入殓时竟连一双完好的靴子也没有。他的一生虽然短暂,但却因其改造满文和为满汉文化交流所作出的贡献而载入史册,满洲人对他很是推崇,将他奉为圣人。

满文的创制和使用,是满族文化发展史上的一块里程碑。它对满族的学校教育产生了重大影响。努尔哈赤曾在八旗中选择师傅,开办学校,教青少年学习使用满文。努尔哈赤告诫八旗的师傅们说:"要对你们的徒弟认真地教书,使之通文理,这便是功。如果入学的徒弟们不勤勉读书,不通文理,师傅要治罪。并报告贝勒。八位师傅不参与其他事,只教他们读书。"

满文的创制和推广,不仅促进了满族教育事业的发展,而且也加速了对汉族文化的吸收,将满汉间的文化交流推向了一个新的阶段。许多汉族文献被译成满文后,对满族人建立的后金政权吸取汉族统治者的经验,加速满族的封建化进程都起到了积极的推动作用。同时,用满文记录和保存的大量文化遗产,丰富了中华民族的文化宝库。

但从满文自身来说,它还远远不够成熟,比如,语法结构比较简单,词汇极其贫乏,大量的词汇都属外来语,或从汉语中借用来的,或从蒙古语中移植来的,还有一小部分是从女真语中保留下来的。因此,满语从书面语言看,不能表达非常复杂的事物和人的内心世界,这的确是一个很大的缺憾。等到清朝人主中原以后,尽管当权者一再为保存自己的语言伤透了脑筋,大费周折,但仍不能阻止满语日益走向衰败,只是在满语流传时间最长的东北地区的汉族人口头词汇中,还有相当一部分保留了下来。就是在曾经使用满语的少数民族地区,现在能说会讲的人已经屈指可数了,只有在一些专门研究满族文化的科研机构、高等院校中,还有一些专家与学者们能够读懂这种文字了。

四、后金的统治基础

后金的社会结构,在统治者中主要有农奴主阶级和奴隶主阶级,在被统治者中则主要有农奴阶级和奴隶阶级。后金社会的统治者集团,按其社会地位与财产多寡,又分为不同的等级。努尔哈赤统治后金社会,主要是依靠统治阶级中的一批新兴军事农奴主贵族。他们主要由以下几种人组成:

第一种人,是宗室贵族。这些人主要为爱新觉罗宗室,特别是努尔哈赤的子侄。努尔哈赤在世时,年满十六岁的儿子有十二人:褚英、代善、阿拜、汤古代、莽古尔泰、塔拜、阿巴泰、皇太极、巴布泰、德格类、巴布海和阿济格。还有他的弟侄穆尔哈齐、舒尔哈齐、阿敏和济尔哈朗等。他们多辖有很多的牛录。如1621年(天启元年,天命六年)的《满文老档》记载,仅济尔哈朗、汤古代和阿巴泰三人,就占有一百零一牛录,另有三百七十五甲。在努尔哈赤子侄中,逐渐形成四大贝勒,即大贝勒代善,其满文体为 dai sang beile;二贝勒阿敏,其满文体为 amin beile;三贝勒莽古尔泰,其满文体为 manggūltai belle;和四贝勒皇太极,其满文体为 hongtaiji beile。四大贝勒又称四和硕贝勒。和硕,为满文 holǒo 的对音,是东南、东北、西南、西北四方或四角的意思。holǒoibeile 意为一方之贝勒。稍后,又逐渐形成八和硕贝勒,或称八固山贝勒、八执政贝勒。但是,其中以四大贝勒权势最为显赫。努尔哈赤的子侄们,不仅手握兵权,而且占有大量的土地、奴仆、牲畜、金银和财物。如努尔哈赤对元妃佟佳氏所生的长子褚英和次子代善,各给予"部众五千户,牲畜八百群,银一万两,敕书八十道"。以后随着军事上的不断胜利,他们占有更多的财富,形成后金汗以下最大的军事农奴主贵族。

第二种人,是军功贵族。这些人包括八旗的固山额真、梅勒额真、甲喇额真、牛录额真等。他们多早年归顺努尔哈赤,如《清太祖高皇帝实录》载:

> 时(万历十六年,1588 年——引者)苏完部主索尔果率本部军民来归,上以
> 其子费英东为一等大臣;又董鄂部主克辙巴颜之孙何和里,亦率本部军民来
> 归,上以长女妻之,授为一等大臣;又雅尔古寨扈喇虎,因杀其族人率军民来
> 归,上以其子扈尔汉为养子,赐姓觉罗,亦授为一等大臣。

费英东,苏完部长索尔果之次子,万历十六年(1588 年),随其父率五百户归附,受到努尔哈赤的嘉奖。后授为一等大臣,并以长子褚英女妻之。征瓦尔喀部,取噶嘉路、安褚拉库路,收降人、克屯寨。战乌拉、征叶赫,力战破敌,夺门堕城。费英东"自少从征诸国,三十余年,身先士卒,摧锋陷阵,战必胜,攻必克,屡奏肤功"。他"为人忠直,见国事稍有阙失,辄毅然强谏,毕智殚力,克输勇略,以佐成帝业"。皇太极赞谕费英东:"见人不善,必先自斥责而后劝之;见人之善,必先自奖励而后举之。其所奏善恶,被劝者亦无怨言;被举者亦无骄色。"

何和里,祖克徹巴颜、父额勒古、兄屯珠鲁巴颜,世为董鄂部长。董鄂部强盛,何和里代其兄为部长。万历十六年(1588 年),何和里率部归附,努尔哈赤以长女妻之。征虎尔哈,攻灭乌拉,战萨尔浒,攻克沈阳,占领辽阳,何和里俱有战功。何和里"性宽和,识量宏远",随努尔哈赤征战三十余年,为其股肱之臣。

扈尔汉,世居雅尔古,父扈喇虎于万历十六年(1588 年)率所部归附。时扈尔汉十三岁,努尔哈赤收为养子。稍长后,任侍卫。他战乌拉,伐渥集,略虎尔哈路,攻萨哈连部,萨尔浒之役合击毙刘綎,取沈阳、破辽阳皆立战功。

安费扬古,世居瑚济寨,早年从其父事努尔哈赤。万历十一年(1583 年),从努尔哈赤起兵,战尼堪外兰,攻克伦图城。后努尔哈赤几遇凶险,均赖安费扬古或出奇制敌,或突骑斩敌,而转危为安。古勒山之役,与破九部之师;萨哈连之征,率师渡江取胜。诸多重大战役,破敌击营,攻城夺门,身先士卒,屡立战功。史称其"自癸未来归,即从征伐。开国功臣惟安费扬古与额亦都二人,效力量在先,并以早岁行兵,迄于自首,战辄居前,还则殿后,屡受重伤,多树勋伐"。

额亦都,世居长白山,移居英峭峪。幼时父母为仇人所害。年十三,手刃仇人。其早期事功,前已述及。额亦都骁勇善战、挽十石弓,以少击众,所向克捷。努尔哈赤有所征讨,额亦都"皆在行间,未尝挫衄。每克敌受赐,辄散给将士之有功者,不以自私。太祖厚遇之,始妻以族妹"。后努尔哈赤以女妻之。额亦都大义灭亲的故事生动感人:

> (额亦都)尤明于大义,而谨于事上。事有关于国家,虽己子亦不稍存
> 姑息。公次子达启,少英异,太祖养于宫中。及长,材武过人。太祖爱之,
> 俾尚公主。达启怙宠渐骄,遇皇子皆无礼,公患之。一日,假他事集诸子、
> 僮仆谳城外园中。酒甫行,公忽起,命众执达启。众愕然,莫知所措。公大

怒,露刀厉声曰:"天下有父杀子乎？诚以此子傲慢不训,不除他日必负国恩,而败门户。不从者,血此刃!"众乃惧,引达启入室,以衣被覆杀之。公诣太祖,陈且谢罪。太祖惊惋累日,深以让公。久之知公心,弥加嗟叹其为国远虑,忘己效忠。

费英东、额亦都、何和里、扈尔汉和安费扬古为后金的五大臣。昭梿在《啸亭杂录·五大臣》中载述:

> 国初太祖时,以瓜尔佳信勇公费英东、钮钴禄宏毅公额亦都、董鄂温顺公何和理、佟忠烈公扈尔汉、觉罗公安费扬古为五大臣,凡军国重务,皆命赞决焉。

他们同努尔哈赤结亲缘戚,分掌兵权,赞画机要,襄理国政。努尔哈赤对这些勋戚重臣和各级额真,按其军功大小分赐大量的土地、牲畜、奴仆、布帛等。据朝鲜李民奕到赫图阿拉所见,将官的农庄多至五十余所,马匹"千百为群"。他们跟随努尔哈赤南征北战,伤痕遍体,倾心效力,"始终尽瘁",逐渐形成后金的军事农奴主贵族。

第三种人,是蒙古贵族。这部分人主要是指归降努尔哈赤的蒙古贝勒台吉。如明安达礼,世居科尔沁,早年随父归努尔哈赤,授为牛录额真,后为正白旗蒙古固山额真,官至兵部尚书、议政大臣。布颜代,为蒙古兀鲁特部贝勒,归附后金,"尚主为额驸",后为镶红旗蒙古固山额真。明安、古尔布什、莽果尔代等前已述及。这些蒙古贝勒台吉等,投附努尔哈赤之后,不仅成为军事贵族,而且成为大农奴主。以恩格德尔为例。恩格德尔原是蒙古巴岳特部的小台吉,他率先归顺努尔哈赤后,不但称为额驸,还被赐与大量的土地与奴仆。仅录《满文老档》的两次记载:天启二年即天命七年(1622年),努尔哈赤把"平虏堡民四百三十男丁,给蒙古恩格德尔额驸";并命额驸和格格出门,要演吹喇叭、奏锁呐的礼仪。顺便补充一句,格格为满语 gege 的对音,是公主、姐姐的意思。这里专指舒尔哈齐第四女、恩格德尔妻子巴岳特格格。第二年,努尔哈赤又允诺在恩格德尔定居赫图阿拉时,赐与恩格德尔及其妻、弟、子"总计八千男丁,一年征收银五百二十两,粮八百八十斛,当差一百四十人,牛七十头,护卫兵丁一百四十人"。这些受努尔哈赤恩封为勋贵的蒙古贝勒台吉,后为蒙古八旗的各级颜真,成为后金政权的重要支柱。

第四种人,是汉军贵族。这些人主要是明朝投降后金的官将、生员、商人等,如李永芳、佟养真、佟养性、石廷柱、李思忠、金永和、王一屏、孙德功、张大猷、李国翰、范文程、宁完我、鲍承先等。由于汉人降服日众,后来别置汉军,组成八旗鼎足之一的汉军八旗,从而逐渐形成汉军贵族。汉军贵族既是后金政权的重要支柱,也是后金汗统治辽沈地区的社会基础。这类人如佟养真,辽东人,原系商人,早年与其从弟养性向后金"潜输款",后携家眷及族属投归努尔哈赤。他以从征辽阳功,被授为游击世职。不久在奉命驻守镇江时,以身殉后金。努尔哈赤命其子佟图赖袭世职,官至都统。其女为顺治帝福临妃,系康熙帝生母,后封为孝康皇后。佟图赖被赠为一等公,其长子佟国纲于"编审册内俱开为满洲",曾与索额图同俄国订立《尼布楚条约》,后在出击噶尔丹的乌兰布通之役中阵亡;其次子佟国维,官至领侍卫内大臣、议政大臣。国维之女为康熙帝孝懿皇后:

子隆科多宣谕传位世宗之遗命雍正初为总理事务四大臣之一。努尔哈赤招降汉人而形成的汉军贵族，从佟氏一门看，对清初政治影响实为深巨。

又如李永芳，辽东铁岭人，为明抚顺所游击。曾于万历四十一年（1613年）在抚顺所教场，与努尔哈赤相见。后努尔哈赤率兵攻抚顺，李永芳出城降。"太祖伐明取边城，自抚顺始；明边将降太祖，亦自永芳始"。努尔哈赤想以李永芳为诱饵，瓦解明朝边将，对他尽力厚待："仍依明制，设大小官属，令李永芳统辖；上复以子台吉阿巴泰之女妻永芳，授为总兵官。"李永芳后随努尔哈赤拔清河、克铁岭，下沈阳、占辽阳，以军功进三等总兵官，成为后金的汉军贵族。但是，尽管李永芳效忠于后金汗，仍不免受到歧视；诸子被捆绑，自己遭喝斥——一次因议兵进取与贝勒阿敏意见相左，阿敏怒叱道："尔蛮奴，何得多言！我岂不能杀尔耶"！"抚顺额驸"李永芳尚且如此，其他明朝降金官将的境遇则更可想而知。

另如范文程，将在以下文臣中叙述。

此外，还有依附和服务于后金军事农奴主阶级的文臣。他们撰制满文，通使往来，左右赞襄，参与筹划，对女真各部的统一，满族共同体的形成，后金政权的建设，满、蒙、汉的文化交流，都起了重要作用。如额尔德尼、噶盖、达海、库尔缠、尼堪和希福等，多兼通满、汉、蒙古文字，被赐号巴克什。后尼堪官至理藩院尚书，希福官至内弘文院大学士，都跻身显贵。

在后金的文臣中，也有汉族儒生。除前已叙及的龚正陆外，范文程又是一例。范文程，沈阳人，曾祖鏓，官至明兵部尚书。他少时为县学生员，喜好读书，聪颖敏捷，形貌颀伟。天命三年即万历四十六年（1618年），八旗兵陷抚顺，范文程被努尔哈赤"得而育之"。努尔哈赤陷辽阳后，范文程险些丧生。据彭孙贻在《客舍偶闻》中记范文程所言："公曰：'太祖定辽阳，壮者配营中，杀老弱。已而渐及拥厚资者，虑有力为乱也。'从行一地曰：'此我就修处也。'十七人皆缚就刑，太祖忽问曰：'若识字乎？'以生员对。上大喜，尽十七人录用。"范文程的原明诸生因而幸存。后随军，历战阵。天聪三年即崇祯二年（1629年）设立文馆，范文程以生员入馆。同年，皇太极率军入塞，兵攻京师。范文程破大安、陷遵化，皆立军功。皇太极在京师广渠门外兵败于袁崇焕军时，范文程秘进反间计："时明宁远总制某将重兵居前，公进秘谋，纵反间，总制获罪去。"翌年，范文程因功为文馆之文臣。后升为游击。文馆改为内三院后，范文程被授为内秘书院大学士，"每议大政，必资以画。宣谕各国敕书，皆出文程手"。范文程颇受皇太极之知遇："时文程所领皆枢密事，每人对，必漏下数十刻始出，或未及食、息，复奉召入。"后来，进军山海、直取京师、传檄而定大江南北，废除三饷、编行保甲，招垦而行屯政兴农，重大治策，经纶筹划，多出自范文程或由其参与帷幄。除汉族儒臣外，还有蒙古族医士。如绰尔济：

> 天命中，率先归附。善医伤。时白旗先锋鄂硕与敌战，中矢垂毙，绰尔济为拔镞，傅良药，伤寻愈，都统武拜身被三十余矢，昏绝，绰尔济令剖白驼腹，置武拜其中，遂苏。有患臂屈不伸者，令先以热镬熏蒸，然后斧椎其骨，揉之有声，即愈。

蒙古族医士绰尔济等具有民族特点与地方色彩的高超技艺,赢得了人们的尊敬,被誉为"神医华佗"。后来清代称创伤骨科医生为"蒙古医士"。

综上所述,由宗室贵族、军功贵族、蒙古贵族、汉军贵族以及依附他们的文臣干吏等,所组成的统治者集团,是努尔哈赤统治后金社会的政治杠杆与阶级基础。

在后金社会与统治者相对立的被统治者中,也有不同的阶级和等级,他们主要由以下几种人组成:第一种人是农奴。他们的来源,或由奴隶转化,或从诸申分化,或系部民迁徙,或为辽沈农民。农奴是后金社会的一个基本阶级。八旗军进入辽沈地区后,农奴阶级的队伍空前扩大。如将官农庄多至有五十余所,"奴婢耕作,以输其主"。这里的奴婢即农奴,是后金汗统治"民"的主体部分。第二种人是牧民。后金的牧民既包括建州的,也包括蒙古的。漠南蒙古地区,在元明时期进入封建制社会。后金辖区的蒙古牧民多为牧奴,而后金的牧民,也多为牧奴。第三种人是工匠。农奴、牧民、工匠是后金社会创造物质财富的主要劳动者。第四种人是阿哈。阿哈为满语 aha 的对音,其阶级地位即是奴隶。阿哈有时称包衣阿哈,为满语 booi aha 的对音,booi 意为家里的,包衣阿哈是家里之奴隶的意思。他们在后金社会中的地位如同牛马,是正在消亡的阶级。第五种人是部民。这主要是指"野人"女真中未被迁往建州而处于氏族制的居民,他们向后金汗纳贡称臣。

此外还有诸申。诸申为满语 ju∫en 的对音。它在建州女真奴隶制中,是"一任自意行止,亦且田猎资生"的平民。随着建州社会由奴隶制向封建制过渡,诸申逐渐地发生分化:有的上升为军事农奴主,有的降为阿哈,其中大部分转化为"既束行止,又纳所猎"的农奴。他们耕田纳赋,披甲从征,出差服役,生活贫苦。但总的说来,其生活状况还是比奴隶制下的自由民有所改善。

第五章　与明决裂

一、誓师伐明

万历四十六年(1618 年,天命三年),后金国与明廷的关系最后破裂。大英明汗努尔哈赤决定誓师伐明,出兵进攻抚顺城。四月十三日,大英明汗努尔哈赤统率两万大兵,将要出发攻占抚顺城。出师以前,努尔哈赤书写"七大恨"诉告于天。书中说:我的父亲和祖父没有折取皇帝(系指明帝)边境上的一草一木,没有扰害一寸土地,而明国无故生事于边外,杀了我的祖父,这是一大恨。虽然有杀我祖父的仇,我仍然愿意和睦相处,曾经与边官划定疆界,立石为碑,共盟誓言:无论明人还是女真人,若是有越过皇帝边境的,看见了就应该杀,若见而不杀,则罪及不肯杀的人。明国违背誓言,命令兵卒出边,保卫叶赫部,这是二大恨。自清河城以南,江岸以北,明国人每年偷过边境,侵夺女真地方。我以盟言为据,杀了出境的人,理所应当,而明国不顾盟誓,责备我杀人。逮捕了我派往广宁的大臣刚古里、方吉纳,以铁锁加身,迫使我送去十个人,杀于边境,这是三大恨。明廷派兵出边,捍卫叶赫,使我已经聘定的女子转嫁给蒙古,这是四大恨。把我数世耕种的柴河(今辽宁省开原县东南柴河堡)、三岔儿(今辽宁省抚顺城东北铁岭县三岔村)、抚安(今辽宁省铁岭东南抚安堡)三路,女真人耕种的谷物,不许收获,派兵驱赶,这是五大恨。明国偏听叶赫部的话,以种种恶言诬害我,这是六大恨。哈达部人,两次帮助叶赫侵犯我,我发兵征讨,得了哈达部,明帝必令我返还。后来,叶赫部又数次侵犯哈达部。天下各国,相互征战,哪有死于刀下的人,复令他更生,已经得到手的人、畜返归的道理?大国的君主,应当作天下共主,怎么偏偏与我构怨?先前扈伦四部会兵九路攻我,我始反击得胜。明国皇帝却帮助叶赫部,是以是为非,以非为是,妄加剖断,这是七大恨。

"七大恨"是大英明汗努尔哈赤,对明廷与女真的历史关系的总结,是双方新关系的开端,也是后金对明廷的宣战书和对女真人的号召书。

大英明汗努尔哈赤出师以前,宣布"七大恨",实际是后金起兵的政治宣言书,即欲报杀祖父的仇;申辩划定疆界的是非;以哈达、叶赫两部的问题为中心,争后金统一女真各部的正当性。以"七大恨"作为对明宣战的理由,是后金在经济领域和政治领域对明廷提出的挑战,宣告从此后金将以国家姿态对明廷割据一方,分庭抗礼,由臣属关系转变为公开的国家对国家的关系。

"七大恨"的宣布,所以是明与女真关系的一个历史性的总结,是因为它是两百年来明朝政府对边区少数民族——明代女真族政策的一个发展的必然结果,也是压迫与反抗,屠杀与争生存长期斗争的必然归宿。成化三年(1467 年)明廷在杀害建州首领董山的同时,联合朝鲜王国官兵清剿建州卫,对女真人民采取剿杀战;万历三年(1575 年),讨伐建州女真,追捕王杲,枭首于京城西市。万历十一年(1583 年)再次剿杀建州,杀了阿台、阿海、觉昌安、塔克世等,使建州女真有名的首领扫地以尽。这不能不在女真人的心中埋下仇恨明廷和辽东边吏的种子。因此,王杲入京伏法的时候,努尔哈赤就怀恨颇深,早有复仇的想法。所以,"七大恨"首先申明为祖父报仇,不是偶然的。

后金国英明汗努尔哈赤在统一女真各部,并吞哈达、辉发、乌拉等部后,除北关叶赫部以外,女真各部几乎都归附了。当建州还是明廷边区一个卫的时候,女真人与汉区之间的逾境采参、伐木是边民的正常经济生活,即使发生了纠纷,也不过是明朝一统天下内部之争。当建州作为一个政权出现时,边境上的一切纠纷,都具有国家纠纷的政治色彩了。"七大恨"中的第二、四、六、七恨,都指责明廷干涉后金的统一事业,妨碍了建州奴隶主们的兼并战争。努尔哈赤俨然以对等的后金国汗王的身份,与明帝分庭抗礼,这是双方政治上的最大变化。"七大恨"中的第三、五恨为明与后金争端中的又一个焦点。以明朝边民越界入女真地区采矿、采参、捕貂,夺取资源与后金保护本区资源,后金扩大农耕面积与明廷反对后金扩大为经济上的最大分歧,这是后金生死存亡的两大问题。

英明汗努尔哈赤无论在统一战争问题上,还是在资源问题、土地问题上,与明廷早有矛盾。但在自己力不从心的时候,为了保持贡赏、市赏和领取年例赏银等经济收入,只好对明廷采取时顺时逆的政策,即当明边备松弛,时机有乘就以蚕食的办法,推进统一战争,扩大地盘,集中人口。当推进弄到明廷出兵、罢市,危害到自身利益的时候,就妥协、退让,以缓和一时的矛盾和冲突。

建州原来居住在朝鲜王国的东北边境,连接朝鲜北部三甲地区,由南至北,地多高寒,农作物多以大麦为主,产量不高,人民衣食艰难。迁至王国六镇接界的地区以后,良田很少,多是大山长谷,连绵千里,所以,建州产粮面积原来不大,所产不敷所需。后来进入婆猪江以后,因为各种原因,直到努尔哈赤时期,粮食仍无较多的积蓄,不得不籴市于清河、抚顺,而貂、参、松、榛等物产却比较丰富。这些土特产,经历明代二百多年中,成为女真地区与明代汉区交易,换取米、盐、布、酒的重要物资。建州等女真人与明代汉区交易的中心,主要有抚顺、开原、清河、瑷阳、宽甸等市场,这里的交易构成明代东北边区社会经济的重要组成部分,属于明代汉区与女真地区区域性的贸易。明朝中叶以后,朝廷政治腐败,贪官敲诈勒索,使边区的朝贡、互市不能正常进行。努尔哈赤起兵以后,先控制了建州三卫、毛怜等鸭绿江以西至辽边的广大地区,将抚顺、清河等互市货源抓在自己的手中。不久,他又以远交近攻手段,争取乌拉布占泰,以求控制黑龙江地区的貂、参资源。因为布占泰靠近北关叶赫部,不能满足努尔哈赤的希望,于是建州便切断了黑龙江地区,以至东海女真各部土产输入北关叶赫的通道,迫使乌拉以北货物经过抚顺市,再转入辽阳。万历四十一年(1613年),努尔哈赤对乌拉布占泰的决战,以及对东海各部的战争,使黑龙江与东海三部的貂、参来源,都控制在努尔哈赤的手中。努尔哈赤的远见卓识就在于他代表了新兴的建州奴隶主阶级,将女真社会分散的宝贵财富较高度地集中起来,进而造成明代晚期女真社会文明的物质基础。

努尔哈赤早就注意到建州奴隶主集团致富的源泉了。从万历十五年(1587年),努尔哈赤就以女真国恭敬汗的身份与明廷争利了。万历三十六年(1608年),与明边关副将订立守边盟誓,约为共守皇帝边境,立石建碑的实质也是保护本区资源,保护建州奴隶主阶级的利益。万历四十二年(1614年)七月,在明廷的武力威胁下,努尔哈赤对明廷为了表示恭谨和誓守立约的决心,把盗窃奴阳马匹的女真人斩于界碑之下,也是据理而行,是忍小痛而求大利。在保护女真地区资源的问题上,努尔哈赤面临着复杂的斗争,既要反对明朝边吏的欺诈,以劣等货物充赏等不法行为,又不损于臣子的地位和大节,以保持取得明朝的贡、市两赏和领取年例赏银。万历四十三年(1615年)闰八月,明廷派五十个人到建州的近地奴阳堡铸铁,努尔哈赤得到消息以后,立即派大臣达尔汉去巡边,进行追杀。明廷得知铁工被杀,决定关闭奴阳市场。努尔哈赤深知罢市意味着割断了建州的一条经济命脉,只好妥协,送回四十多名女真人到明边关求和,明廷才允许开市。万历四十四年(1616年,天命元年)二月,清河城驻守游击官冯有功,驻于后金近地,以金石台为两区界限,双方属地人民各守碑界,不许越过。冯有功为了采运木材,私自纵令军士出界采伐。努尔哈赤认为汉区军民每年过境掘银、采参、伐木、采集松子、蘑菇、木耳等,是对后金的侵扰。为禁此事,根据原来约定,于是,命令达尔汉侍卫再次巡边,邀杀越界的明边兵卒五十多人。辽东督抚,广宁新督堂派人送文诘责努尔哈赤,并将后金使臣刚古里、方吉纳和另外九个人拘捕在广宁。同时,又送书文给努尔哈赤说:我军民出界,你们可以送回来,为什么擅自杀害?努尔哈赤答书说:两家曾经立碑为界,碑上明文载道:知道出皇帝边境的人不杀,罪之不杀之人。为什么你们不顾约定的话,强辞夺理?明辽东督、抚不答应,提出以砍达尔汉侍卫的头为条件,否则,将不放刚古里、方吉纳等人。努尔哈赤在明边廷官将的压力下,被迫悔罪认罚,献出十个人在境上斩首,刚古里、方吉纳才得释而回。

关市贸易是涉及女真民族存亡与兴衰的大事。努尔哈赤由纳贡的臣子,转变为敌国之君,其中重要的原因之一,就是明廷的经济统治,尤其边吏的压迫,使关系日趋激烈。万历三十七年(1609年),御史熊廷弼为了控制西部蒙古,分离乌拉等部与蒙古的相互联属关系,突然决定停止女真贡、市两年,致使以努尔哈赤为代表的建州奴隶主集团和各部女真人民所采集的人参烂掉三十多万斤,造成重大经济损失。为了扭转明廷官吏在参价上的刁难,努尔哈赤发明了人参煮晒法,使大量的人参可以长期保存,做到了存售自由,倍得常价,有力地保护了建州奴隶主阶级的利益。可见,后金作为与明廷相对立的国家出现在辽东,也是经济上积怨颇深的结果。

努尔哈赤为维持与明廷的经济关系,有时不得不忍辱负重。依照旧例,建州每年向明朝政府进贡蜂蜜。万历三十六年(1608年)以后,努尔哈赤已经有进兵辽东的计划,注意积谷备战,以蜜充粮,贮谷实仓,决定暂时停止向明廷贡蜜。明边关抚臣风闻此事,似信非信。万历四十二年(1614年),决定派人探明虚实。于是选中了辽阳材官肖子玉办这件事。肖子玉是个无赖之徒,很不正派。他嫌出使建州自己的官职过低,竟佯装都督,乘八抬大桥到建州质问停贡事。努尔哈赤熟知辽阳情况,并知道肖子玉的根底,对于他伪称都督,盛陈仪仗,虚张声势进入建州先不予理睬。肖子玉见建州大都督不肯出城前来迎接"天使",大发雷霆,威胁说:天使光临,大都督不出来亲自迎接,有侮天朝,将要问罪等等。努尔哈赤认为派来使臣事关朝廷,不单是肖子玉一个人所为,便改变态度,按礼迎接朝廷使臣,亲迎肖子玉入宫,款待十分周到。肖子玉以为努尔哈赤盛情有礼,欣喜若狂。宴席上,他询问努尔哈赤说,近年以来,建州为什么不贡蜂蜜?努尔哈赤应付说:本部蜂蜜如天朝的五谷一样,天不由人,时令各异,丰歉不常。近五年以来,花疏蜂死,无蜜可贡。待花满枝头,丰年有蜜的时候,将按例朝贡。并说:此等小事,"何须圣虑"。努尔哈赤从容不迫,随机应变,使不了解建州实情的肖子玉无言可对。宴后,努尔哈赤又以厚礼相赠,肖子玉大喜。归去时,努尔哈赤远路相送,与子玉并辔而行。分别时,努尔哈赤拍子玉的肩头说:你是辽阳无赖肖子玉,竟敢伪称都督,身临我境。不是我不能杀你,也不是我不能上奏皇上。今天待你以厚礼,是以不轻侮天朝的缘故。你回去代我禀告抚台大人,深致敬意,并转告他以后不要弄虚作假。肖子玉听后,面红耳赤,狼狈西奔。

　　涉及柴河、三岔儿和抚安三地事件的第五恨,也是由来以久的。万历二十七年(1599 年),女真国聪睿恭敬汗努尔哈赤计杀猛骨孛罗以后,南关哈达敕书、屯寨、土地、人、畜,都为建州独占了。明廷虽然曾经派人诘责过努尔哈赤,但仍无法阻止努尔哈赤占有南关。这是因为努尔哈赤深知边官多不尽职,睁一眼闭一眼,都不肯深究。万历四十一年(1613 年)三月,努尔哈赤指派部民垦种南关土地,纠结西部宰煖、卜儿亥、瓜儿兔等蒙古二十四营人马,驰至清河城一带。明边吏深感情况紧急,便调兵遣将,禁止建州市籴。迫使努尔哈赤向御史张涛说明抚安等地,建州已经耕牧日久,只愿将新垦土地一概罢耕。但第二年,明廷边备稍微松弛,努尔哈赤又派部众垦种已经罢耕的土地,并增派部众至凡河口(今辽宁省铁岭县南"范河")、孤山(今本溪县东南"新城子")及其近地刘家、仙人洞等地扩耕。明廷边臣将此事急奏朝廷。万历帝旨令广宁总兵张承荫巡边。承荫到边后,指派通事董国荫出使建州。他对努尔哈赤说:界碑要重新确立,柴河、抚安、三岔儿三处所种的田,不准你收获。努尔哈赤争辩说:三处是我祖祖辈辈耕种的田地,若是令我退耕,不许收获,是欺凌我……

　　在退地罢耕相持不下的时候,新巡抚都御史郭光复走马上任,大张声势,蓟门(系指山海关内及其以西的河北驻防兵)边兵调防,道路相望。同时,又调动辽阳兵赴边虚张声势。努尔哈赤怀疑朝廷将要发兵讨伐,颇为惊恐。明廷备御肖伯芝又持书来警告。努尔哈赤在如此威胁下,被迫带领妻子等数十人,来到抚顺关请示,申诉说抚安、三岔儿二堡边外,是万历二十七年(1599 年)牧种。如今,天朝一定要怀疑我,而欲加兵,我先将妻子送来就是了。巡抚辽东都御史张涛等派通事谕告说,朝廷没有发兵,只是查地而已。努尔哈赤当即提出愿意以儿子作为人质入送,以免北关叶赫诽谤我,也消除边官对我作乱的怀疑。可以将质子送到广宁或留居北京,听朝廷裁定。努尔哈赤用申明自己没有作乱的意思和请求质子表示诚心等办法,摸清了边将的底细,随后便率领妻子等人返回建州。

　　明廷对于努尔哈赤一面强占土地,扩大耕界,一面又主动表示退耕,愿意质子,取信于边官等做法捉摸不透真意,因此,举足失措。在努尔哈赤归寨不久,边臣与御史张涛等议决,派遣督理三营大旗委官籍大成到建州去选取质子,派兵丁马成功等十多人伴行。辽阳守道官白养粹也派差官赵一鹤代替抚顺备御王崇古,另有通事董国荫等佐助籍大成同去建州。朝廷使臣将要到来的消息传入建州后,努尔哈赤派侍卫大臣达尔汉远迎于百里以外。他也离城二十里相迎,并热诚地敬请籍大成等一行进城,设酒款待,厚赠礼物,奉送貂衣挂七件,貂皮三张,红狐皮十九张,马鞍子一副。每宴必杀牛宰羊,大宴三天。努尔哈赤在席间详细说明自己多年以来,看边恭顺,并愿将亲生儿子巴布海(第三妾真哥所生)作为人质送入朝廷。这一年,巴布海十七岁,由将领阿都、刚古里等三十多人送入抚顺关。可见努尔哈赤是不惜一切代价,力求不退耕,以保住建州粮食的收入。

努尔哈赤虽然质子过廷,但明廷内部对此事的看法仍不一致。兵部认为质子真伪难辨,留着反而会被欺诈,不如送回去为好。惟有都御史张涛认为建州送质子一事,是"旷达盛事",并以此为据,颂扬努尔哈赤忠顺之心,不必怀疑。同年八月,明廷派遣官员命令努尔哈赤撤耕。努尔哈赤深为惊异,反问使臣说:我已经质子,允许我秋收,你们的马法(即对明官的尊称)怎么说话不算数,反复无常?在明廷的压力下,努尔哈赤由于力不从心,不能不忍耐,只得表示愿意撤出新耕的地。但田中的谷物由谁来收,边吏含糊其辞,不肯说明。努尔哈赤又到了边关,面见都御史,追问庄稼怎么处置。他说,现在庄稼籽粒已经成熟,是否朝廷想收?都御史张涛说,朝廷怎么能收这些谷物呢?努尔哈赤见边官不明确地答复,深为不满,便直追问一句说,是由北关叶赫来收吗?张涛听他话中有怨气,便反问道:你这个人怎么这样狡诈呢?哪有东种北收的道理?这里的谷物,待秋成以后,仍然由你们收获,明年不许再种。努尔哈赤只好同意退地、定界。

都御史张涛等人相信努尔哈赤质子、退地等行为是忠顺的表现,因此,边备松弛,不加严防。努尔哈赤看准了时机,急发大兵围烧北关叶赫部十九个村寨,掠走了大批的人、畜。明廷边官这才如梦方醒,增派官兵防守叶赫城寨。努尔哈赤利用明廷边关将吏不尽心尽职,搪塞应付,事事不察实情的弱点,采取能屈能伸,时进时退的方法,欺哄边吏,谋求发展。连辽东有名的经略熊廷弼也承认,努尔哈赤这个人不好处置。可见努尔哈赤质子、退地是欺哄张涛等人,使其边方弛备,以便乘机图取北关叶赫部。

以事实而论,柴河、三岔儿、抚安三地,都是过去南关哈达部王台的旧地。猛骨孛罗在世的时候,哈达部据有三岔儿、抚安、柴河、靖安(今辽宁省开原县东尚阳堡)四堡近地。努尔哈赤所说的世代祖居耕种的土地,系指三岔儿、抚安两地。愿意退耕的土地系指柴河、靖安两地。按理说,诸地都是海西都督王台的旧地,不是建州祖居地。努尔哈赤必欲占耕,并与明边官争地斗智,结为深仇,其原因就在于努尔哈赤在统一战争中,管辖的居民人口日益庞大,粮食问题已经成了一大难题,而建州原有的土地旱涝薄收,扩耕南关地界,势所必然。况且哈达部原有的部落都隶属于努尔哈赤了,人归地随,自然争执的症结不在土地属于谁,即使明廷决定应当给还哈达部,那么实际上也是归努尔哈赤管辖。关键的问题是,努尔哈赤统一女真各部对不对,他应不应该独立地向外发展?建州不断地扩大耕地面积,以至向汉区发展,初期是为了谋生存,厚积蓄。明边臣也深知此中的利害关系,所以坚决拒绝他向外扩耕。明朝官员认为不许努尔哈赤扩大耕地面积有五大好处：一是阻止努尔哈赤扩大耕地面积，使他不得逼近内地，防止他们窥探边防的虚实；二是阻止努尔哈赤向西扩耕，防止努尔哈赤势力接近北关叶赫部，使他不得随意侵扰叶赫边境；三是阻止努尔哈赤扩耕，不使他粮料充足，人强马壮，生侵犯边境的念头；四是努尔哈赤粮料不足，一遇到荒年必然到边关来叩头乞粮，请求到清河、抚顺籴粮，这样，朝廷抓住他这根小辫子就可以随时彰扬朝廷生养之德；五是至于在清河、抚顺市场上允许他市籴多少，以他的顺逆为转移，顺从就多籴，不顺从就少籴。朝廷想用此驾驭努尔哈赤。这五点的实质是使努尔哈赤的建州国，不得独立生存，切断其向外发展的道路，使其乖乖地依附于明廷。因此，以努尔哈赤为代表的建州奴隶主集团与明边官在争执耕地问题上结仇怀恨，便是自然的了。

总的说来，"七大恨"所涉及的问题，都是明廷与女真族积怨很深的问题，作为边区的少数民族，不能不由这些世代所积存起来的争执而勾起民族的情绪和义愤。所以"七大恨"的提出起到了某种号召作用，成为后金奴隶主阶级打着民族旗号，对明王朝宣战的政治宣言书。明朝京官也都清楚这一点，指出"七大恨"是一片"激挑之意"。它是两百年来未曾有过的后金奴隶主政权对明廷的公开抗争。它正式揭开了明廷与女真关系史上新的一页。

努尔哈赤由明朝的守边臣子到起来造反不是偶然的。二十年来，努尔哈赤对明廷的态度逐渐地发生着微妙的变化，他虽然口称共守皇帝边境，然而与明廷的矛盾却日益在加剧，逐年在激化。万历二十四年（1596年），明官余希元出使建州的时候，努尔哈赤发誓说，我管事十三年，保守天朝边境九百五十里，不曾有二心，并对余希元口称"天朝老爷"，这是历史事实。然而，二十年后情况变化了，努尔哈赤兼并了哈达部，占据了辽东险山（今辽宁省凤城东北石头城附近）、宽甸、大甸（今辽宁省宽甸县永甸公社）、新甸（今宽甸县青椅山公社赫甸）、永甸（今宽甸县永甸）、长甸（今宽甸县长甸）等六堡等地，势力渐大，对明廷的态度也相应变得强硬，竟将朝廷的一个卫与明廷并列起来，称作你我"两家"。这时，即万历三十四年（1606年），余希元再次出使建州，规劝努尔哈赤与朝鲜王朝和解，努尔哈赤对余希元的态度已经不似从前了，不是当作十年前的余相公或"天朝老爷"了，而是在言辞举动方面多有不恭之处。后来，建州部灭了辉发部，于乌碣岩大败乌拉兵，势力又有所增长，便对明廷停贡，从万历三十六年（1608年）起，长达三年之久。还声称要抢明辽东关市，派遣使臣进入北京，大肆索赏，甚至冲御道，投书抗议边民入境不返等，与明廷的矛盾愈演愈烈。明廷已经洞察到努尔哈赤"反形已著""变态已彰"了。万历四十一年（1613年）努尔哈赤一举消灭了乌拉部，接着火烧北关十九城，建立后金国，其势可以与明辽东官军抗衡，时刻窥视辽左，并决意公开与明分庭抗礼，待"七大恨"公布于世的时候，已经与明以"南朝"与"北朝"相称了。

二、首破抚顺

努尔哈赤率兵大举征明，是他战略上的重大转变。为着做好征明的准备，他除发布"七大恨"进行政治思想动员外，还修整器械、申明军纪、颁布《兵法之书》，进行军事上的训练。他说：

> 凡安居太平，贵于守正。用兵则以不劳己、不顿兵，智巧谋略为贵焉。若
> 我众敌寡，我兵潜伏幽邃之地，毋令敌见，少遣兵诱之：诱之而来，是中吾计也；
> 诱而不来，即详察其城堡远近，远则尽力追击，近则直薄其城，使壅集于门而掩
> 击之。倘敌众我寡，勿遽近前，宜预退以待大军。俟大军既集，然后求敌所在，
> 审机宜、决进退。此遇敌野战之法也。至于城郭，当视其地之可拔，则进攻之，
> 否则勿攻。倘攻之不克而退，反损名矣！夫不劳兵力而克敌者，乃足称为智巧
> 谋略之良将也。若劳兵力，虽胜何益？盖制敌行师之道，自居于不可胜，以待
> 敌之可胜，斯善之善者也。

上面所引努尔哈赤的计谋、诱敌、野战、攻城、设败等军事思想和作战原则，丰富而
精萃；并在夺取抚顺之役中，再次加以运用。对努尔哈赤军事思想的全面分析留待后
文，这里特别强调其军事思想的精华——用兵之道，贵在计谋。计袭抚顺，便是努尔哈
赤这种军事指挥艺术的一个战例。

在计袭抚顺之前，又申明军纪："阵中所得之人，勿剥其衣，勿淫其妇，勿离其夫妻；
拒敌者杀之，不拒敌者勿妄杀。"同时，又诡密地进行作战准备。如命军丁伐木缮治云
梯、槽车，却扬言砍伐木材，修整马厩。木材运回赫图阿拉之后，又恐修缮器械泄露机
密，竟将所砍伐的木材，用来修建马厩。

后金汗努尔哈赤既发布"七大恨"，又颁布《兵法之书》，修器械，严军令，一切准备就
绪之后，于四月十四日，命将出师。努尔哈赤命军分两路：令左四旗兵攻取东州、马根
单；亲率右四旗兵及八旗巴牙喇直奔抚顺。

抚顺城濒临浑河，为建州女真与明互市的重要场所。努尔哈赤青年时经常到抚顺
贸易，他对抚顺的山川、道里、形胜、城垣了如指掌。时抚顺游击李永芳率兵驻守，此人
早在六年之前，曾同努尔哈赤在抚顺所教场并马交谈。努尔哈赤这时对抚顺主用智取，
辅以力攻。他先一日派人至抚顺，声言有三千女真人于明日来赴市。到十五日寅时，假
冒商人的后金先遣队果然来到抚顺扣市，将抚顺商人和军民诱出城外贸易；并由输款于
努尔哈赤的佟养性导军先入，后面接踵而来的后金军主力，遂乘机突入城内，里应外合，
夹击夺城。据《明神宗实录》四月十五日记载：

> 先一日，奴于抚顺市口言：明日有三千达子来做大市。至日，寅时，果来叩
> 市。诱哄商人、军民出城贸易，随乘隙突入。

王在晋在《三朝辽事实录》中，也作了类似的记载：

> 四月十五日，奴儿哈赤计袭抚顺，佯令部夷赴市，潜以精兵踵后，突执游击
> 李永芳，城遂陷。

朝鲜《光海君日记》据明游击丘坦票文记载："奴酋向来与抚顺互市交易，忽于前面
四月十〔五〕日，假称入市，遂袭破抚顺。"

但是，《满文老档》和《满洲实录》等书却力言努尔哈赤的武功：八旗军布兵百里，旌
旗蔽空，驰趋抚顺，兵到围城；旋派被捕汉人入城，送书与守将李永芳：以禄位相诱，以屠

城相胁。"李永芳览毕,衣冠立南城上,言纳降事,又令城上备守具"。努尔哈赤命八旗军竖梯登城,不久,兵士攀梯上城。抚顺城中军千总王命印等力战而死。"游击李永芳勉强投降,穿官服乘马出城,镶黄旗固山额真阿敦引与汗见,不让下马,互相拱手示礼。"但《清太祖武皇帝实录》作"永芳下马跪见,帝于马上拱手答礼";《清太祖高皇帝实录》作"永芳下马匍匐谒上,上于马上以礼答之",均系溢美之文,使真相不存。

努尔哈赤设计,佯称互市,潜以精兵,外攻内应,诱陷抚顺,守将李永芳剃发降。同日,后金军友四旗兵攻占东州、马根丹。抚顺失陷败报驰至,明江东巡抚李维翰急檄总兵官张承胤仓猝出战。"承胤请集兵后行,维翰不听,促之愈急。承胤悲愤以所部进"。张承胤急率副将颇廷相、参将蒲世芳、游击梁汝贵等领兵万余人尾追努尔哈赤。他据山险,分军三,立营浚濠,布列火器。努尔哈赤命大贝勒代善、四贝勒皇太极统军三面环攻明军,并利用风沙大作的有利天时,猛攻明军。明军"大溃,承胤、世芳皆战死。廷相汝贵已溃围出,见失主将,亦陷阵死。将士死者万人,生还者十无一二"。明军"主将兵马,一时俱没"。八旗军获马九千匹,甲七千副,兵仗器械,不可数计。

抚顺之役,历时一周,八旗军不仅夺占抚顺、东州、马根单,而且骑兵横排百里,掳掠小堡、庄屯五百余处,掳获人畜三十余万,编为千户,毁抚顺城,还赫图阿拉。努尔哈赤命将俘获编为千户,若每户以六口计,则共六千人。看来所谓掳获人畜三十余万,多为牲畜。后金汗率军在短短几天内,掳掠数以十万计的牲畜以及粮食、财物,按军功大小进行分配,缓和了因灾荒缺粮而加剧的社会矛盾。

明朝辽左失陷抚顺,陨将丧师,损辱国威。从此,举朝震骇,群臣神经极度紧张,如刑科给事中姚若水奏请,"罢内市,慎启闭,清占役,禁穿朝",并给官监各发木牌,出入凭牌查验,以防努尔哈赤的奸细混入大内。

后金却恰恰相反。进攻抚顺是努尔哈赤起兵三十五年以来,第一次同明军正面交锋,但初战告捷。先是,努尔哈赤对明朝阳示毂觫遵命,暗里伺机偰进,未敢宏图大举。甚至于他在发兵进攻抚顺之前,仍告诫统兵贝勒、诸臣,要"自居于不可胜,以待敌之可胜"——尚有此举胜负未卜之意。但是,他袭破抚顺,碰了一下明朝这个庞然大物,竟然俘获人畜三十万,这是自兴兵以来从未有过的大掳掠。从而刺激了努尔哈赤更大的贪欲:统兵蚕食辽东。如五月,攻取抚顺、铁岭之间的抚安堡、花豹冲、三岔儿等大小十一堡,并沿屯搜掘粮窖,"迁其积粟"。七月,入鸦鹘关,进攻清河。

三、计袭清河堡

明军失陷抚顺后,"烽火彻山海、蓟门,朝廷大震"。明廷命辽东巡抚李维翰移驻辽阳,以强化辽左御守。又起升杨镐为辽东经略,重新谋划东事战守。寻调失陷抚顺之辽东巡抚李维翰回籍所勘,后将其革职为民。明廷又派陈王庭巡抚辽东兼监军事,并由经略杨镐兼任巡抚。杨镐派官员及通事往后金议和,以刺探其内情,暂扼其西进,筹划兵事,图复失地。

明朝与后金,疆场争战,兵马交锋,后金重骑兵,明前则重车营。戚继光总结同蒙古骑兵作战历史经验道："往事敌人铁骑数万冲突，势锐难当。我军阵伍未定，辄为冲破，乘势蹂躏，至无孑遗。且敌欲战，我军不得不战；敌不欲战，我惟目视而已。势每在彼，故常变客为主。我军畏弱，心夺气靡，势不能御。"抚顺之役，张承胤立营浚濠，布列车阵，图阻敌骑，全军覆没，即是明军车营战法同后金军作战失败的第一例。然而，明军将帅并未由此吸取教训，仍以车阻骑，以静制动，以短击长，以主为客，在清河之役中又一次因失算而败北。

先是，抚顺之役，明朝军近万人，列营而战，"则陷伏中，无一人生还"；后金军数万人，驱骑驰突，旗开得胜，俘获人畜而归。一胜一败，其因固多，战法不同，结果则异。兵书云："夫大战之法有三：有算定战，有舍命战，有糊涂战。何谓算定战？得算多、得算少是也。何谓舍命战？但方战而破一腔热血报朝廷，贼来只是向前便了却等项，平日不知整饬是也。何谓糊涂战？不知彼、不知己是也。"在清河之役中，努尔哈赤打得是算定战、舍命战、明白战；明守将邹储贤却恰恰相反，以失算而痛陷清河

清河城，位置在赫图阿拉"城西南一百六十里，周围四里零一百八十步，东、南、西、北四门"。

清河城地势险隘，为辽、沈屏障。它城周三里，四拥高山，左近沈阳，右邻叆阳，南枕辽阳，北控宽奠，有小路与抚顺相通。努尔哈赤亲统八旗军，进鸦鹘关，围清河城。守城副将邹储贤、参将张旆率兵一万，婴城固守。城上施放火器，八旗军兵死伤千余人。努尔哈赤命军士头顶木板，从城下挖墙而入，城陷，邹储贤、张旆及"兵民共约万人皆陷殁"。明失清河，全辽震动。是役，《三朝辽事实录》记载：

二十二日，奴从鸦骨关入围清河。参将邹储贤扼守，以火器杀贼千余，一贼退而复合。援辽游击张旆战死。贼冒板挖墙城东北角，堕叠尸上城。储贤见李永芳招降，大骂，尽焚衙宇及妻孥，领兵战于城上，力屈死之。

此役，朝鲜《光海君日记》载述较明书更为详尽，引录如下：

虏兵进薄清河，使李永芳招降城主。城主披甲登城，谓曰：'你既投彼，则无朋友之义，可速去，不然且放箭。'乃严兵固守，矢石如雨。虏兵八进八退，死伤极多。朝而战、见星末已者累日。及至城陷，城主力战而死，士卒亦无投降者。

清河之役，朝鲜陈奏使尹晖驰启战事经过云：

奴首本月二十一日，围清河城，四更攻城。二十二日，未时城陷。游击中军及添兵游击俱被害，军兵及居民五万余人或被掳、或被杀。辽东总兵及都司率兵登城防备，辽、广骚扰，五六十里人烟不通。

但是，后金夺取清河，既以力攻，又用智取。据史载，努尔哈赤破清河，先令"驱貂、参车数十乘入城，貂、参穷而军容见。因人据城门，延入诸骑。故清河之破，视抚顺尤速。副将贺世贤率兵往援，见城已陷，遂斩女真屯寨中妇幼一百五十一人而还。

努尔哈赤破抚顺、拔清河，胆愈壮、气愈粗，遂将一名被掳汉人割去双耳，令其鲜血淋漓地送信与明。这封辞令强硬的信说：

若以我为非理,可约定战期出边,或十日,或半月,攻战决战;若以我为合理,可纳金帛,以图息事!

在上述信里,努尔哈赤吐露了自己的愿望。但是,这正如恩格斯所说:"任何一个人的愿望都会受到任何另一个人的妨碍,而最后出现的结果就是谁都没有希望过的事物。"果然,努尔哈赤在信中表示的愿望,受到万历帝的妨碍。万历帝对努尔哈赤的回答是:调兵遣将,犁庭扫穴。于是,努尔哈赤与万历帝双方相互交错愿望所产生的历史事变,即萨尔浒大战。战争的后果,又出现了他们谁也没有料想到的一系列历史事变。

四、萨尔浒之战

(一)双方的战略决策及战争准备

明朝方面,接到抚顺、清河等城和五百多个堡寨失陷的消息后,举朝震惊。万历帝朱翊钧说:"辽左覆军陨将,虏势益张,边事十分危急",他要求督抚"便宜调度,务期殄灭,以奠封疆"。朝廷内外十分惊愕,议论纷纭。山海关主事邹之易等相继奏流,力主出兵讨伐。万历帝接受群臣建策,谕令起用旧将,挑选精兵,筹集兵饷,准备大举。他任命兵部左侍郎杨镐为进攻后金的最高统帅辽东经略,周永春为辽东巡抚,起用原山海关总兵杜松为出关总兵官,征调还乡老将、原四川总兵官刘绖速赴辽东前线。至萨尔浒之战前夕,辽东各路兵马达八万八千余人,另有朝鲜援兵一万三千余人,总计十余万人。为增加军需,朱翊钧下令借大工及马价各五十万作为军饷,并加派田赋,全国共增加二百余万两,万历四十七年时达五百二十万两,称为"辽饷"。又从山西、陕西借调大型火炮三百门,送往辽东前线。

明朝经过紧张准备,各路人马齐集,但粮饷未备,士卒逃亡很多,将帅又互相掣肘。朱翊钧"恐师老财匮",一再催促杨镐进兵。天命四年(明万历四十七年,1619年)二月十一日,辽东经略杨镐、蓟辽总督汪可受、辽东巡抚周永春、辽东巡按陈玉庭聚集辽阳演武场,誓师征讨努尔哈赤。议定的作战方针是:分兵四路,约期会师,直捣赫图阿拉,一举消灭后金。兵力部署是:总兵马林为主将,开原兵备道金事潘宗颜为监军,率兵自开原出靖安堡,进入浑河上游地区,从北面进攻;总兵杜松为主将,兵备副使张铨为监军,率兵由沈阳出抚顺关,入苏子河谷,从西面进攻;总兵李如柏为主将,兵备参议阎鸣泰为监军,率兵自清河出鸦鹘关,从西南面进攻;总兵刘绖为主将,兵备副使康应乾为监军,率明兵及朝鲜兵自宽甸经富察(今辽宁宽甸东北)北上,从东南面进攻。另以一部兵力驻扎辽阳为预备队;以一部驻守广宁(今辽宁北镇),防蒙古贵族骑兵袭扰,保障后方交通。杨镐为诸路总指挥,坐镇沈阳。

明军各路官兵部署就绪后,原定二月二十一日出兵,由于十六日开始降大雪,只好推迟出兵日期。但朝廷大学士方从哲、兵部尚书黄嘉善等却一再催杨镐进兵。明军尚未出发,师期早已泄露,作战企图、进军路线、兵力部署等也被后金侦知,陷于被动。

后金方面,努尔哈赤善用汉人为间谍,对明军的行动了如指掌。特别是他正确地分析了形势,针对杨镐分进合击的作战指导,制定了"凭尔几路来,我只一路去"的作战方针。努尔哈赤又分析说:"我国南路驻防之兵有五百人,其南路兵来,即以此拒之。明使我先见南路有兵者,诱我兵而南也;其由抚顺所西来者,必大兵也,急宜拒战。破此则他路兵不足患矣。"这就是说,于南路只派五百兵士防守,而全部兵力集中在赫图阿拉迎战,从而确定了集中兵力、各个击破的作战方针。在作战方向的选择上,明确指出抚顺一路明军为其主力,要集中全力痛歼,这样,其他三路则不难各个击破。后金还连夜打造盔甲、器械,充实军力。在牛毛岭(今辽宁桓仁县西牛毛大山)一带,砍伐树木,设路障,扼守险隘。在吉林崖(即界凡,今辽宁抚顺市东)筑城屯兵,作为牧马歇兵的前进基地。

(二)作战经过

这次作战,可分为三个阶段:

第一阶段:萨尔浒山之战。二月二十九日,拟从西面进攻赫图阿拉的明杜松军大部分渡过浑河,三月初一日即到达萨尔浒地区,而龚念遂则率领未能渡河的明兵退驻斡珲鄂谟(今辽宁抚顺大伙房水库中)。杜松以主力留驻萨尔浒山,自率一部进攻界凡。但当日辰时(七~九时),努尔哈赤已率军离开赫图阿拉,并令大贝勒代善为前锋过扎喀关,按兵等候努尔哈赤。皇太极到达后,立即会同代善等继续前进,下午进抵与杜松军对垒的前沿阵地。努尔哈赤率主力到达后,见杜松军兵力分散,且进攻界凡受挫,遂决定以两旗兵力增援界凡,自率六旗主力进攻萨尔浒。努尔哈赤认为,"此兵破,则界凡之众自丧胆矣"。于是聚集兵力四万五千人(一说三万),向萨尔浒山出发。萨尔浒明军约一万五千人(一说二万),紧急挖堑立栅,布列火器,准备接战。三月初二日,努尔哈赤下令发起进攻,万箭齐射,铁骑奋力猛冲,越堑破栅,一举攻占萨尔浒山。明兵死伤枕藉,四散溃逃。进攻界凡的明兵得知已失萨尔浒山营,军心动摇,不敢再攻。八旗士卒猛冲下来,皇太极所率右二旗亦渡河前来,将杜松军团团围住。杜松"率官兵奋战数十余降,欲图聚占山头,以高临下,不意树林复起伏兵,对垒鏖战,天时昏暮,彼此混杀"。八旗兵奋勇冲杀,大败明兵。杜松面中一矢,落马而死,少数明兵溃逃二十多里,皆被后金兵追杀。

第二阶段:尚间崖、斐芬山之战。马林率明军离开开原后,行军速度缓慢。按师期规定,三月初二日应进抵二道关与杜松军会师,可是到初二日中午仍驻三岔口(今辽宁铁岭境内)外的稗子谷,畏葸不前。当他得知杜松军已提前一天到达浑河,才整军向二道关方向前进,但这时杜松军已被全歼。当日夜,马林统兵至王岭关附近。初三日晨,听说努尔哈赤已转兵向北进攻,急忙率兵万人向尚间崖(今辽宁抚顺县哈达附近)集结;派开原道佥事潘宗颜率数千人趋尚间崖东三里远的斐芬山,与斡珲鄂谟的龚念遂部互为掎角,彼此声援;马林自率主力于尚间崖,依山结成方阵,环营挖三层壕,壕外排列骑兵,骑兵外布枪炮,火器外设骑兵,壕内布列精兵,形成"牛头阵"。

努尔哈赤歼灭杜松军后,即转兵向马林军进攻。他仍采取集中兵力、各个击破战法,先以骑兵进攻斡珲鄂谟,歼灭龚念遂部。鉴于尚间崖明军防守严密,努尔哈赤命八旗兵"先据山巅,向下冲去"。代善、阿敏、莽古尔泰各自率兵鼓勇急进,与马林军肉搏,夺占了尚间崖。马林率数骑逃奔,副将以下皆战殁,"死者遍山谷间,血流尚间崖下,河水为之尽赤"。

努尔哈赤攻下尚间崖后,又率兵驰往斐芬山,攻潘宗颜营。潘宗颜据山为营,楯车为垒,环列火器。努尔哈赤令重甲兵持刀在前,轻甲兵操弓矢在后,另有轻骑兵在远处待机。三月初三日早晨开始,后金军发起攻击,明军居高临下,施放火器。两军对攻,矢如雨下,战斗十分激烈。潘宗颜率军越战越勇,使八旗兵速战速决的计划受挫。努尔哈赤迅速厚集兵力,将斐芬山重重包围起来。明军拼命厮杀,但无外援,战至中午,潘宗颜精疲力竭,背中一箭而死。时叶赫贝勒金台石、布扬古所率援兵进至开原,闻明兵已败,遂仓皇而逃。至此,明北路马林军亦全军溃败。

第三阶段:阿布达里冈、富察之战。努尔哈赤击败杜松、马林军后,又立即转兵南下,以待刘綎军。总兵刘綎所率宽甸路万余明军,和朝鲜李朝所派都元帅姜宏立、副帅金景瑞率领的万余朝鲜兵,于二月二十五日会师后立即启程,向赫图阿拉方向前进,因道路艰险,军粮不继,日行仅十五里,直至三月初四日,才到达宽甸东北的富察一带。此时,刘綎尚不知杜松、马林已败,所以继续北进。

当天,努尔哈赤留四千兵守赫图阿拉,派皇太极等率右翼四旗兵,隐伏在阿布达里冈(今辽宁新宾南)山上的丛林里;阿敏率兵潜伏在冈南谷地,待放过刘綎军一半之后,击其尾部;代善等率左翼四旗兵,在冈隘口前旷野准备正面驰突。

为了诱使刘綎军中伏,努尔哈赤派降人冒充杜松军的"材官",前往刘綎军告急,催其速进。刘綎误以为杜松军已迫近赫图阿拉。他惟恐杜松独得头功,急命火速进军。当他觉察到自己中计时,部队已进入八旗军设伏的阿布达里冈。后金军3万余骑从密林中杀出。明军企图抢占阿布达里冈结阵,但立即受到代善和皇太极的夹攻。两军激战至酉时(十七~十九时),未分胜负。皇太极又佯退至瓦尔喀什南谷,纵兵出击。刘綎紧追三百余里,结果反使自己陷入重围。此役明军被歼万余人,刘綎中矢身亡,其子刘招孙再战,亦力竭而死,明军顷刻大溃。

同日,代善所率八旗兵又移师富察,全力向姜宏立三营兵冲击。朝鲜左右营兵火炮初放,后金铁骑已突入营中。姜宏立急令中军将士死战求生。然而,士卒眼见两营惨败,不敢再战。都元帅姜宏立、副帅金景瑞于三月初五日晨向后金投降。

三月初一日,李如柏军出鸦鹘关后,至初三日仍停滞不前,逗留观望,至虎栏关(鸦鹘关东)即按兵不动。经略杨镐得知杜松、马林两路败后,才慌忙下令李如柏、刘綎二军回撤。可是刘綎部还未接到命令,即已全军覆没。后金牛录额真武理堪发现李如柏军退兵,令哨骑二十名进击。李如柏惊慌万状,明军自相践踏,溃败而逃。

在不到五天的时间内,后金与明朝于萨尔浒等地决战,以后金的胜利和明军的惨败而告结束。这次战役,明军损失重大:总兵刘綎、杜松以下文武将吏亡三百一十余人,士卒亡四万五千八百七十人,失马、骡二万九千余匹。后金军仅损失两千余人。

(三)双方作战胜败原因

萨尔浒之战,是明与后金争夺辽东的战略性决战,对双方产生深远影响。明军的失败,使其在战略上陷入被动,辽东形势更加危急,而后金则夺取了辽东战场的主动权。自此以后,努尔哈赤走上了与朱明王朝争夺全辽和全国政权的征程。后来乾隆皇帝在《太祖皇帝大破明师于萨尔游山之战事碑文》中说:经此一役,"明之国势益削,我之武烈益扬,遂乃克辽东,取沈阳,王基开,帝业定"。

后金之所以取胜,除政治、社会等原因外,主要是努尔哈赤充分发挥了自己的聪明才智,巧妙地利用各种有利因素,善于用兵,指挥正确。

第一,周密侦察,准确判断敌情。努尔哈赤于战前通过哨探、间谍、商人等渠道,对明军的统帅、兵力部署、行军路线、出师日期等都有准确的了解,并参照天时、地利条件,确定作战方针。他及时掌握明军行动,正确规定基本打击方向。例如,确定首先反击对其威胁最大而又孤立突出的杜松军,然后再实行中间突破,就比较容易地逐次消灭各路明军,使明军分进合击的计划落空。

第二,集中兵力,各个击破。后金与明双方兵力对比,后金居劣势,且主要装备弓箭、刀矛等冷兵器,而明军数量多,又装备大量火器。在兵力部署上,明军多路对赫图阿拉作向心攻击。努尔哈赤在明军的多路进攻面前,不是被动地作城堡坚守防御,也未分路出击,而是采取"凭尔几路来,我只一路去"的战法,在时间、空间上将兵力集中于主要方向上,使每战都形成绝对优势,保证整个战役的全胜。

第三,扬长避短,速战速决。后金八旗兵利野战,善驰突,机动能力强,而明军善守城,且以火器为长技。作战时,努尔哈赤充分发挥骑兵快速机动能力强的特长,于西路初战取胜后,迅速转移兵力,第二天破马林军,第三天转兵东南,迅速歼灭刘綎军。这样,既弥补了己方兵力不足,又置敌方于被动和猝不及防的地位。为避开明军火炮,还注意利用地形,减少了伤亡。

明军方面,除政治腐败,边备废弛等原因外,作战指挥失措,则是失败的主要原因。

第一,准备不足,急促上阵。明军虽作了几个月的准备,但杨镐并未针对后金军队的作战特点和战略态势制订作战计划,也未考虑己方军队多系临时调集,且长途跋涉,需要休整,更忽视深山密林、天寒地冻、大雪封山等对南方士兵作战不利的天候、地理条件。相反,他却自恃兵力数量优势,凭主观愿望指导作战,结果以全线失败告终。

　　第二,情况不明,指挥失算。辽东经略杨镐不察敌情,对后金八旗兵作战能力、特点如盲如瞽;远居后方,而不亲临战阵指挥,使机动部队既不能随时策应前线,又不能掩护后退。由于杨镐指挥无能,造成长达数百里的进攻正面上,杜松孤军冒进,马林畏葸不前,李如柏逗留观望,刘铤含怨跋涉,各路参差不齐,首尾不相顾,导致四路分进而不能合击,逐个被击败的后果。

　　第三,兵力分散,主力突出。明军在数量上虽稍居优势,但四路出击,兵力分散,遂失去优势地位。西路杜松军为抢首功,突出冒进,使自己陷入重围,首战失败。其他诸路也互不协调,纷纷陷入困境,从时间、空间上有利于后金转移兵力,依次被其击败。

第六章　争夺辽东

一、攻伐辽沈

（一）智取开原铁岭

　　萨尔浒之战是明与后金兴亡史上的一个转折点。明朝经过长期的备战,动用了空前多的兵力和财力,就是为了一举将后金消灭。但事实恰恰相反,不但自己损兵折将,在辽东的军事力量大大削弱,危及它在辽东的统治,而且全国上下惊恐不安,人心不稳,士气低落。而后金政权不仅没有被摧毁,反而得到了巩固和加强,八旗兵军兵数量增加,器械充足,战马成群,士气高涨,军威远扬。在辽东地区,不论是军事实力,还是人心士气,后金都占有明显的优势,在战略上取得了主动权。从此之后,明朝从战略进攻转为战略防御,后金则由战略防御转为战略进攻。

　　天命四年三月初七日,八旗大军凯旋,后金举国欢庆,努尔哈赤论功行赏,诸贝勒、大臣以及八旗兵丁都按军功大小得到了多少不等的战利品。当然,努尔哈赤并没有陶醉在大战胜利后的喜悦之中,他已经确定了下一个战略目标:夺取辽沈,占领辽东。在庆功宴会上,他告诫诸贝勒、大臣说:"前日之捷,天也。你们不要因为屡打胜仗就自以为了不得,可以有所依恃了。只有夺占辽东,后金才能够生存。你们每个人都应该有战死于辽东城下的决心!"

　　努尔哈赤虽定下了攻占辽东的决心,却没有立即行动。一方面大战之后要休养士卒,牧放马匹,缮治器械,做好战前准备,另一方面也要观察一下明朝的动态。萨尔浒惨败以后,明朝君臣商民无不惊骇,京城九门晨开午闭,部院官员轮流值守,稽查出入行人,防止后金谍工潜入。但对于如何对付后金,扭转辽东的被动局面这样的大事,满朝文武却拿不出任何有效的对策。努尔哈赤见明朝并没有什么动作,也就放心大胆地开始实施占领辽东的计划。

　　努尔哈赤将第一个攻击目标定在开原。开原东临建州,西接蒙古,北界叶赫,处于辽东边墙的北端,是明朝防御蒙古和女真人侵扰的边防重镇。守将总兵官马林本是无能之辈,不久前刚从尚间崖战败逃回,虽然知道后金要攻开原,却自恃与蒙古部订有盟约而不设防。摄开原道事的推官郑之范,贪得无厌,只知克扣粮饷,不管官兵死活。守军兵无粮饷,马无草料,以至于马倒人逃,毫无斗志,这时不得不到离城百里的地方放牧军马。努尔哈赤早就派遣间谍潜入城内,将以上情况了解得一清二楚,趁明军无备,亲率四万八旗大军,于六月初十日向开原进军。他采取声东击西的策略,途中派出一支百人的小部队抢掠沈阳,吸引明军的注意力,主力乘虚急进,包围开原。马林等来不及布防,只派少数兵力入城,主力留在城外,仓促应战。努尔哈赤指挥八旗兵布战车竖云梯猛烈攻城,潜入城内的后金间谍开门内应,八旗兵突入城中,据城攻击,城外马林军为城壕所阻,包括总兵马林、副将于化龙在内的明军全部被歼。

后金军夺占开原后,纵兵杀掠三日,城内数万居民屠戮几尽,金银财宝、布匹粮食、牛马牲畜等,车载马驮,悉数运回后金。然后捣毁城墙,焚烧官会民房,撤离开原。

开原的胜利使努尔哈赤兴奋不已,心中正在筹划新的进攻。他说服诸贝勒、大臣不回都城赫图阿拉,而在界凡屯驻下来。七月二十五日,努尔哈赤探知铁岭城守空虚,不待预定的八月之期,即率兵五六万人,出三岔儿堡,陈兵铁岭城下。铁岭也是辽东北军事重镇,但这时城中百姓大都逃走,只有明军万余守城。努尔哈赤坐在城东南的一座小山上,指挥八旗兵竖梯攻城。正当明军施放枪炮、射箭掷石,顽强抵抗时,早被后金收买的参将丁碧打开了城门,八旗军蜂拥入城,全歼守城明军士卒和游击喻成名、史凤鸣、李克泰等人。第二天,努尔哈赤指挥八旗兵击败已进至铁岭城外援明的蒙古喀尔喀部万余骑兵,俘贝勒宰赛等一百五十余人。

开原、铁岭两战的胜利,打通了进军辽东的道路,正当后金准备夺占沈阳、辽阳的时候,从明朝传来一个重要情报,令踌躇满志的努尔哈赤不得不重新决策。

辽东频频告警,明廷在万般无奈之下、任命熊廷弼接替杨镐为辽东经略。熊廷弼(1569—1625年),字飞白,号芝冈,湖北江夏(今武汉)人。他有胆识,懂军事,曾巡按辽东,熟悉边情。受命之后,熊廷弼兼程出关,但到达辽阳任所时,铁岭已失。此时的辽东,只有残兵败将,军兵无粮,兵械朽钝,士气不振,人心惶惶,岌岌可危。面对如此残破衰败的现实,熊廷弼清醒地认识到,明在辽东的军事实力,已远远劣于后金,因此在战略上不能再取攻势,而应改取守势,实行重点守备。他针对时弊,大力整顿军务,严肃军纪,修造兵械,加强训练,激励士气,招集流亡,安定民心,缮治城堡,筹措粮饷,迅速扭转了辽东残破衰败的局面。他还奏请,调兵十八万,马九万匹,在瑷阳、清河(今抚顺东南)、抚顺、柴河(今铁岭东)、三岔儿、镇江(今丹东东北九连城)等险要地带,设置重兵,画地而守,分合奇正,无誓就地操练,小敌自为堵御,大敌互相应援。更挑选精悍兵卒组成小股游击分队,乘间捉哨探,捕零骑,扰耕牧,迭出袭扰,使其疲于奔命,然后相机进剿。在熊廷弼的筹划和组织下,辽东的防务大大加强了。

熊廷弼经略辽东,在后金领导集团内部引起不小的震动。努尔哈赤曾就今后的用兵方向一事,召集各贝勒、大臣进行讨论。大家意见不一,有的主张先攻辽阳,倾其根本;有的说应先取沈阳,破其藩篱;有的说熊廷弼已到,明已有备,应先攻北关叶赫。努尔哈赤知道熊廷弼是个很难对付的对手,所以同意先攻叶赫的意见,说:"先攻灭叶赫,免除了进军辽东的后顾之忧,将来就可以用全力去进攻辽沈。"当年八月,努尔哈赤率八旗兵一举攻灭叶赫,最终统一了海西女真。此后,他除了偶尔派少量兵力袭扰辽边外,并没有大规模地向辽东进攻。这是因为,一可以掠取后金迫切需要的粮食,二可以试探辽东明军的虚实,以决定后金今后的行动。努尔哈赤对熊廷弼心存疑惧,警惕地关注着他的一举一动,随时准备对付明军的进犯。天命四年底,他得到消息说,明朝发兵四十八万,合朝鲜兵六万,将于次年三月间,分路进攻后金的新都城。努尔哈赤极为重视,大力加强战备。天命五年(1620年)二月末,他调集军队,阅兵三日。在明军可能入犯的通道上,设置木栅路障,派兵防守。在佛阿拉、新栋鄂、呼兰、界凡等重点地区,派驻重兵。在明朝旧边境的尚间崖、温得狠、德里沃赫、扎克丹和抚顺,据险筑城五座,屯驻兵马,且耕且守。同时,又作出将要出兵虎皮驿,以窥视辽沈的姿态。这种临战状态一直持续了四十多天,努尔哈赤在确信没有危险之后,才下令军兵各归其家,但仍要养好战马,筹备军粮,整修兵械,以备随时出动。

努尔哈赤见明辽东防务日渐巩固,用兵辽东难以取胜,决定暂停对辽东的进攻,把战略重点转变为对内巩固内部,壮大实力,对外与明朝争夺朝鲜和蒙古。

在明与后金的对立中,朝鲜一直站在明朝一边,威胁着后金侧后的安全。努尔哈赤文武并用,先是利用在萨尔浒之战中投降的朝鲜将领和数千名官兵这一有利条件,多次遣使朝鲜,表示愿与朝鲜议和,其后,又以武力相威胁,企图迫使朝鲜归顺。

努尔哈赤一向注意分化瓦解蒙古各部,通过赏赐、联姻等手段,漠南科尔沁部已归顺了后金。铁岭之战后,又先后把被俘的贝勒宰赛属人一百五十余名全部释放,赢得了内喀尔喀五部的好感。天命四年十一月,喀尔喀五部主动与后金会盟,愿意与后金联合一致,对抗明朝。这就在很大程度上解除了进攻辽东的后顾之忧。

此外,为了给进攻辽东创造条件,努尔哈赤还改变了屠戮汉人的政策,收买、招降辽东官吏和汉人,对主动归顺和有一技之长的人更给予特别优待,他教育臣下说:"把汉人杀了,我们能得到什么?什么也得不到。不杀他们,他们能够生产出我们需要的各种东西,还可以用来进行贸易,这才是永久的好处。"

虽然暂时无法夺取辽东,但努尔哈赤一直没有放弃努力,他在耐心地等待着。

(二)攻克沈阳

进攻辽东的时机终于到来了。

天命五年(明万历四十八年,1620年)七月,明万历皇帝朱翊钧病死,泰昌帝朱常洛即位仅一个月又死,其子朱由校于九月即帝位,是为天启帝。明朝政治本已腐败到极点,统治集团内部党争异常激烈。皇位的频繁更迭,使党争愈演愈烈。熊廷弼性情刚直,不徇私受贿,不曲意逢迎,得罪了专权的阉党。天启帝听信谗言,下旨将熊廷弼解职,以袁应泰为辽东经略。袁应泰为官精敏强毅,有志于辽事,但不懂军事。他到任后,一改熊廷弼行之有效的治辽之策,变更原来的防御部署,指导思想上由积极防御变为战略进攻,企图伺机与后金决战,收复抚顺。

努尔哈赤见明经略易人,新经略不谙兵法,忽视防御,部署粗疏,有机可乘,便决定向沈阳、辽阳大举进攻。

天命六年(明天启元年,1621年)二月十一日,努尔哈赤率数万大军,兵分八路,进攻奉集堡,揭开沈、辽之战的序幕。

奉集堡是沈、辽的门户,西北距沈阳四十里,东北距抚顺、西南距辽阳各九十里,是后金进攻辽阳、沈阳、抚顺等城的必经之地。奉集西南三十里有虎皮驿,沈阳、奉集堡、虎皮驿三足鼎立,互为犄角。由于奉集堡战略地位十分重要,明在此地驻有重兵。明总兵李秉诚率兵三千出城迎战,交战不久即败退回城。副将朱万良见后金军势盛,不战而逃,死亡数百人。努尔哈赤此行,主要是为了试探明军虚实,并没有强攻堡城。数日后,又率兵攻扰虎皮驿、王大人屯等地,摸清了明军设防情况和地理形势,对进攻沈阳已心中有数,便收兵返回后金。

三月初十日,努尔哈赤亲率八旗大军出征,沿浑河而下,水陆并进。十二日辰时,到达沈阳城下,于城东七里浑河北岸造木城屯扎。

沈阳为辽东重镇,辽阳的藩蔽。经熊廷弼、贺世贤等人的筹划部署,城防工事十分坚固。城外挖深堑十道,堑底插尖木桩,覆土为陷阱;堑内一箭远的地方挖壕一道,壕内侧以大木为栅;栅内又挖宽五丈、深二丈的大壕二道,壕底也插尖木桩;沿内壕每隔一丈置楯车一辆,每车置大炮二门、小炮四门,两车间筑拦马墙,墙间留有炮眼,排列枪炮。明守城兵力七万余人。由于头天夜间已得到后金来攻的消息,总兵贺世贤、尤世功已率兵登城严守。

努尔哈赤知道:八旗兵长于野战,短于攻坚,在敌人预有准备的情况下,对沈阳这样的坚城一味强攻,是不明智的。如果把明军调出城来,使其失去城防工事和火器的优势,就好打了。于是,决定采取诱敌出城野战与强攻相结合的战法。

十二日这一天,努尔哈赤派少数骑兵隔壕游动,佯作侦察。明总兵尤世功见后金军兵少,率家丁冲出,杀死四人。十三日,努尔哈赤先令降将李永芳派人送信给守将贺世贤,劝他投降献城。行伍出身的贺世贤以勇猛敢战著称,但有勇无谋,想不到这是努尔哈赤的激将之法,所以接信后大怒,杀了来使。正在这时,部下报告说后金兵数十骑兵又在隔壕侦察,他骄傲轻敌,贪图战功,便率家丁千人出城挑战,宣称要"尽敌而返"。后金兵遵照努尔哈赤的指示,佯装不堪一击,边战边退。贺世贤乘锐轻进,离城越来越远。努尔哈赤一声令下,精锐骑兵突出,将明军四面合围起来。贺世贤这才知道中计,可惜为时已晚,尽管奋勇抵御,但他面对的是勇敢善战的八旗兵,且寡不敌众,只得且战且却,退至西门时,已身中四箭。他进不了城,又不肯逃往辽阳,只能挥舞铁鞭垂死挣扎,又中数箭,坠马而死。总兵尤世功引兵出西门,欲救贺世贤,但士卒皆闻风丧胆,纷纷溃散,尤世功力战被杀。

在后金军一部与贺世贤、尤世功城外交战的同时,努尔哈赤指挥八旗兵主力进攻沈阳城,兵卒以毡裹身,推槽车,抬云梯,从东北角挖土填壕,向城下进逼。明军从城上发炮轰击,因发炮过多,炮身温度过高,装药即喷。八旗兵乘机蜂拥过壕,竖云梯,布战车,急攻东门。正在奋力守城的明军,得知城外明军战败,总兵贺世贤、尤世功被杀,士气低落,纷纷溃逃。守东门的明兵中有一部分是袁应泰把降的蒙古人,这时砍断桥索,放下吊桥,八旗兵拥入城内,迅速占领沈阳城。

明巡东经略袁应泰得知沈阳被围,即命辽阳、奉集堡等地明军前往增援。总兵董仲揆、陈策率领川、浙兵由辽阳北上,进至浑河桥南时,因沈阳已经陷落,便兵分两部,游击周敦吉与秦邦屏率川兵营于桥北,童仲揆率浙兵营于桥南。

努尔哈赤得到探报,感到情况严重,便亲率右翼四旗兵急速前往迎战。后金军出城7里,赶到浑河桥时,明军尚未部署就绪,努尔哈赤令白旗兵立即向桥北的川兵发起攻击。这支川兵是一支特别能战斗的队伍,当陈策听说沈阳失守下令还师时,周敦吉、秦邦屏一再请战,终使陈策等改变成命,留了下来。川军官兵虽然经过长途行军,人困马乏,又立营未稳,但斗志昂扬,马上给予坚决还击。后金军仍一如既往地顽强战斗,白旗兵败下阵来,黄旗兵又冲了上去,如此三进三退,战死者二三千人。努尔哈赤见两军仍然呈胶着状态,即命降将李永芳收买在沈阳被俘的明军炮手,用缴获的大炮猛轰川兵,同时令后续部队红旗兵等部投入作战。战斗持续多时,川兵终因饥疲无后援,难以支持,除少数人冲出重围逃往河南岸浙兵营外,全军覆没,周敦吉、秦邦屏等皆战死。

歼灭了北岸川兵后,努尔哈赤迅速转移兵力,包围了河南五里外的浙兵营。明总兵童仲揆、陈策等已部署完毕,掘壕安营,用秫秸涂泥为障,排列楯车枪炮,严阵以待。正当后金军向明军发起攻击时,有一支自奉集堡、武靖营来援的明军,约三万余人,已进至附近的白塔铺。这支明军的出现,使后金军处在腹背受敌的险境,所以努尔哈赤当即决定,右翼兵继续围攻浙兵营,他立即亲赴四贝勒皇太极处,命其急率左翼4旗兵迎战奉集堡、武靖营明军。原以为又是一场恶战,没想到明将李秉诚、朱万良、姜弼三总兵全是胆小如鼠的怕死鬼,与川浙兵同时受命援沈,却故意落后,一至白塔铺,即观望不前。皇太极率兵疾驰,迎战明军千余哨探兵,追至白塔铺,正在布阵的李秉诚、朱万良、姜弼惊魂未定,竟不战而逃。皇太极与随后赶来的代善、岳托等率兵追杀40里,斩首级三千有余。

击溃奉集堡部援敌后,努尔哈赤令左右两翼合军,全力围攻浙兵营。浙兵固守阵地,不断发射枪炮,给后金军以极大杀伤。八旗兵英勇顽强,凭借兵力上数倍于敌的优势,前仆后继,一次又一次地向敌营冲击。后来,浙兵营内火药用尽,八旗兵乘机猛冲,杀入敌营,两军短兵相接,激烈厮杀。努尔哈赤不断派后续部队增援,浙兵孤军奋战,势难抵敌,包括总兵陈策、董仲揆和副将戚金、参将张名世在内的将士,全部阵亡。

至此,后金军攻克沈阳,全歼明川、浙援兵,击溃奉集堡、武靖营援兵,取得了沈阳之战的彻底胜利。努尔哈赤下一个目标是夺占辽阳。

(三)夺占沈阳

沈阳之战,明军虽然失败,但部分官兵表现出的敢打敢拼的顽强战斗作风,则是前所未有的。明朝统治者说:"自奴酉发难,我兵望风先逃,未闻有婴其锋者。独此战,以万余人当虏数万,杀数千人。虽力屈而死,至今凛凛有生气。"后金虽然取得了巨大胜利,但也付出了沉重的代价,有数千人战死。这些情况,对八旗兵将士产生了一定的负面影响,在一部分人中出现了畏敌惧战情绪。为了稳定军心,鼓舞士气,努尔哈赤在沈阳屯兵五天,赏功罚罪,将所获人畜财物按战功大小分给八旗将士,先行押回后金;将遇敌先退的将领雅松定罪削职,并以隆重庄严的仪式祭奠阵亡将士,以慰亡魂。

三月十八日,努尔哈赤召集八旗诸贝勒、大臣议事,他说:"沈阳已拔,明军大败,我们可率大军乘胜前进,夺取辽阳。"诸贝勒、大臣一致拥护这一重大决策。会后,努尔哈赤亲统八旗大军,向辽阳挺进。

辽阳为明代辽东都指挥使司(简称辽东都司)的治所,辖辽东二十五卫,是辽东乃至全东北地区的政治、军事、经济、文化中心,人口众多,街衢繁华,城防坚固。熊廷弼和袁应泰经略辽东,都是坐镇辽阳,以辽阳为根本,而以其周围城镇为藩蔽。在熊廷弼策划组织下,辽阳城经修缮加固,城高墙厚,城外挖壕三道,每道宽三丈,深两丈,城上环列枪炮,易守难攻。沈阳失守后,袁应泰采取收缩兵力的方针,急檄奉集堡、威宁营等地守军回撤,集中十三万大军并力固守。为阻止后金攻城,又引太子河水入辽阳城壕。这样,守卫辽阳的兵力固然相当雄厚,但失去了外围城镇的屏蔽,辽阳城孤立无援,失败是必然的。

沈阳至辽阳仅一百二十里,十九日中午,后金军进至辽阳城东南。袁应泰已令姜弼、侯世禄、朱万良等将领率兵出城,东阻太子河为阵,企图阻止后金军渡河。

努尔哈赤非常清楚,辽阳城坚兵众,直接攻城,伤亡必多,最好的办法仍然是引诱明军出城,在野战中歼敌。虽然已经探明有部分明军已经出城,但城东不是理想的战场,一是城东逼近太子河,地域狭窄,不便于部队展开,更不便于骑兵冲击;二是明军已预有准备,列阵以待,不好打。所以,他率后金军避开明军,在东南方向渡过太子河以后,没有攻城,而是沿千山山路奔山海关大路而去,扬言进军山海关,直犯京师,以便调动明军,寻机歼敌。

后金军的行动打乱了袁应泰原来的部署,更怕因后金军进关被朝廷治罪,一时心慌意乱,没了主意,急调一部兵力尾追后金军,同时令李秉诚、梁仲善、侯世禄、姜弼、朱万良五总兵分率所部共五万人,在城西五里结阵。

得知袁应泰已经中计,努尔哈赤立即调转兵锋,从西南方向直奔辽阳城。八旗兵见辽阳城池险固,兵众械良,有人脸上露出畏敌惧战的意思。努尔哈赤懂得,要战胜强敌,首要的是使全军将士树立敢打必胜的信念,所以他异常坚定地谕告将士们说："你等若是后退一步，便是致我于死地矣。不如先杀我，然后退去。"说完，即匹马独进。八旗将士深感愧疚，战斗激情顿时被激发起来。趁敌立营未稳，后金军向明军发起猛攻。明军发炮远击，但三四发后炮即无力，射不远。皇太极率所部精锐护军并扈从努尔哈赤的两黄旗护军乘机策马急冲，杀入敌营，随后左翼四旗兵赶到，两相夹攻，明军大乱，纷纷溃逃。皇太极率军追杀，至六十里外的鞍山，胜利返回。当后金与明军在城外交战时，袁应泰派一支明军出西门增援，努尔哈赤立即命刚赶到的两红旗迎击，明军惧战，争相入城，人马自相践踏，伤亡无数。因天时已晚，努尔哈赤命大军在城南七里处安营扎寨。后金军诱敌出城，全歼城外明军，首战告捷，为攻城作战奠定了基础。

第二天，后金军发起攻城作战。天还没亮，努尔哈赤即向诸贝勒、大臣布置任务，说："壕宽水深，必须从东面堵住入水口，在西面挖闸放水，才能渡壕攻城。"他命左翼四旗兵掘闸门，自己亲率右翼四旗兵布战车于城边警戒，并命士兵抬土运石堵塞水口。袁应泰派步骑三万，出城在东门外安营，排列火器三层，放枪炮不止。右翼兵冒着明军激烈的炮火，将水口堵塞，努尔哈赤见壕水将涸，就指挥前队绵甲军推楯车进战。进至壕边，将士们出车外，涉水渡过外壕，呐喊着向前冲。明军奋力还击，两军相持不下。努尔哈赤先后将精锐的红旗护军、白旗护军和白旗兵投入战斗，明军支持不住，骑兵先退，步兵随后也败退，后金军乘势追杀至东门外。

与此同时，左翼也夺取了西门桥。最初，左翼按既定部署掘西闸口，因困难较大，经请示后改夺西门桥。尽管城上不断地放枪炮，掷火箭、火罐，但左翼将士们奋力冲突，竖梯登城。傍晚时分，混入城内的后金谍工在小西门放火，弹药库起火，城上明军守城器具、窝铺、草场等全被烧毁，守城明军乱成一团。后金军乘机登城，与敌人肉搏。努尔哈赤接到报告时，右翼正在进攻东门和北门，他果断地决定，立即将攻北门的右翼兵调往西门，加强左翼。八旗兵占领西关后，与明军通宵夜战。明监军道牛维曜、高出、邢慎言、胡嘉栋及督饷户部郎中傅国等乘乱缒城而逃。

二十一日晨，努尔哈赤下令发起总攻。袁应泰依托东城顽强抵抗，但难以逃脱失败的命运。后金军右翼兵奋勇登城，与昨晚入城的左翼兵会合，沿城追杀明军。袁应泰见大势已去，在城东北的镇远楼上自缢而死，其仆纵火焚楼。监军道崔儒秀自缢，辽东巡按御史张铨被俘后拒降也自缢死。总兵朱万良、梁仲善等战死。其余官民皆降，后金军占领辽阳。中午，努尔哈赤带领八旗贝勒、大臣，在鼓乐声中进入城内，驻于原辽东经略衙门。

在努尔哈赤的正确决策和指挥下，八旗兵三月十日出征，十三日占沈阳，二十一日下辽阳，沈、辽之战以后金的彻底胜利而告结束。沈、辽的惨败，使明朝在辽河以东的官吏如惊弓之鸟四散逃亡，明军不战自溃，海州（今海城）、耀州（今大石桥）、盖州、熊岳、复州、金州、镇江、宽奠、叆阳等大小七十余城官民，俱剃发投降。

二、轻取广宁

(一)稳定内部

明军沈、辽惨败,辽河以东的大片土地沦丧,河西危急,军民无所依恃,大量逃亡。河西重镇广宁(今辽宁北镇)存城兵不满千人,无粮无饷,军民官绅惊恐万状。如果努尔哈赤攻下辽阳之后立即挥师西进,攻取广宁当是很容易的事情。但是,努尔哈赤没有这样做。这时他首先考虑的是如何在辽东站稳脚根。

自天命三年(明万历四十六年,1618年)发布"七大恨"起兵攻明以来,后金军曾攻破明辽东不少城镇,但由于力量不足,均弃而不守。三年之后,后金国力已相当强大,不但能够攻克沈阳、辽阳这样的重镇,而且有足够的力量牢牢地占领它。更重要的是,为了继续向明朝发动进攻,就必须占领辽东,以此为前进基地。因此,在攻取辽阳之后,努尔哈赤首先想到的是迁都辽阳这件大事。天命六年三月二十一日,即占领辽阳的当天,努尔哈赤就召集诸贝勒、大臣开会,提出将都城迁至辽阳的问题,说:"上天既然眷佑于我,授以辽阳,现在我们是移居此城呢,还是仍回后金故地呢?"诸贝勒、大臣没有努尔哈赤那样的远见卓识,都说愿意回去。努尔哈赤坚持迁都辽阳,解释说:"我军若还师,辽阳必然又被明兵占领固守,辽阳周围的百姓也就不再为我所有了。舍弃已经获得的疆土,以后还要再用兵征讨,是很不划算的。况且这里是大明、朝鲜、蒙古接壤要害之地,上天既给了我后金,就应该在这里居住下来。"诸贝勒、大臣认为努尔哈赤的话有道理,一致同意迁都辽阳。

努尔哈赤并不是没有攻取广宁的打算。在占领辽阳数日之后,他曾派第十子德格类和侄儿寨桑古率兵千人,前往辽河,侦察三岔河浮桥。辽河下游,在海州以西六十里处,因与浑河、太子河合流,称三岔河。河上平时以苇缆大船三十只为桥,冬季冰坚,打芦苇搭造浮桥。由于三岔河是联系河东、河西的交通要道,过河西北行百余里即达广宁,故明人视此河为广宁"天险"。努尔哈赤侦察三岔河浮桥,显然是为了攻取广宁。但侦察的结果是,河上桥已被拆毁,也没有船只,渡河困难。这在很大程度上影响了努尔哈赤的军事决策。

五月末至六月初,努尔哈赤曾亲自视察了与明朝对峙的一段边境,在鞍山(今鞍山市南东鞍山)、海州、穆家堡、黄泥洼堡等地,他观察形势,部署防务,进一步确定了暂不西进、着力整顿安定内部的方针。一惯用兵谨慎的努尔哈赤,决不贸然从事,他要把自己的每一个军事行动,都建立在稳妥可靠的基础上。

后金进驻辽沈地区后,汉人的反抗活动接连不断,向水井里投毒,袭击满族官员,局势极不稳定。为了巩固新占领的辽东地区,努尔哈赤不得不暂停向河西的进攻。当年七月,明都司毛文龙率兵二百二十余人袭取镇江,生擒后金守将佟养真等六十余人,辽南金、复、海、盖四卫群情振奋。努尔哈赤急忙从辽河一线调兵,命皇太极、阿敏等率领,往镇江和辽南,镇压人民群众的反抗。为了弥补兵力的不足,努尔哈赤在汉人中大规模征集兵员,规定汉人男丁二十人中抽调一人当兵,紧急时十人中抽调一人。汉军户全家要迁入汗城居住。兵丁有事出征参战,无事驻守城池。

侦察敌情。为了摸清明朝方面的情况,选择最佳进兵时机,努尔哈赤秘密派遣大量间谍深入明朝各地,窃取情报。有一个叫黄衣的广宁人,原在辽阳任通判,暗中投降了后金,助后金破辽阳后,又受命潜入广宁。在北京,刘保父子被后金谍工收买,每月向后金提供明廷内部的邸报。他们虽然都被明朝发现了,但没有暴露的后金谍工还有很多。后金间谍几乎无孔不入,使明朝防不胜防,以至兵部惊呼:"广宁奸细无处不有,内地奸细无处不有!"

(二)明经抚不和

沈阳、辽阳接连失陷,明廷震惊,京师戒严。统治者一时束手无策,在万般无奈之下,又决定重新起用听勘回籍的熊廷弼。六月,天启帝任命熊廷弼为兵部尚书兼都察院右都部御史,经略辽东等处军务。

熊廷弼熟悉边情,针对明与后金的实际情况,力主调集大军,广储粮饷,备足器械,持久作战,固守辽东。受命之初,他就提出了恢复辽左的"三方布置"策:陆上集重兵于广宁,坚城固守,并沿三岔河筑垒,置游兵轮番出入,以迷惑后金军;海上以天津为一方,登州(今山东蓬莱)、莱州为一方,各置舟师,不断袭扰辽东半岛沿海地区,从南部攻击后金侧背;经略驻山海关,居中节制广宁、天津、登莱三方,统一事权。待后金军疲惫,或因遭水师袭扰而回师内顾时,乘机反攻,收复辽沈失地。就当时情况来看,后金虽连战皆捷,士气高涨,但火器不多,长于野战,短于攻坚,又因辽东人民的猛烈反抗,消耗了大量的财力、物力和兵力,以致后方不稳,兵力不足;而明在辽东屡遭重创,官将畏敌,士气低落,民无固志,一时难有大作为,熊廷弼的"三方布置"策,把基点放在积极防御上,可以抑敌之长,制敌之短,是一个比较切合实际的正确方针。

但是,熊廷弼的正确主张却遭到辽东巡抚王化贞的反对。王化贞,山东诸城人,由户部主事历右参政,任宁前道,分守广宁,辽阳失陷后,升为右金都御史,巡抚广宁。他不懂兵法,对于辽西设防,提出"画地分守"的方针,即沿三岔河设六营,营置参将、守备,画地分守,另在西平、镇武、柳河、盘山诸要害,分兵屯戍。这样部署,分散了兵力,既不能阻止后金军渡河,也容易被敌人各个击破,实在是一个"自弱之计"。这个根本不懂军事的庸才,却又刚愎自用,骄傲轻敌,好说大话,极力主战,说只要有兵六万,就可一举荡平后金,迅速收复辽东失地。他不做实际工作,对兵马钱粮器械等军务问题一概不闻不问,把收复辽东的希望寄托在利用察哈尔蒙古林丹汗兵和辽东人的"内应"上,甚至提出以降金的李永芳为内应,妄想借此以不战取全胜。

熊廷弼主守,王化贞主战;熊廷弼主持久,王化贞主速决,在辽东防务指导思想上,经抚二人严重对立,以至势同水火,一方赞成的事,另一方必反对。天启元年(后金天命六年,1621年)七月,毛文龙袭取镇江,是王化贞一手策划的,他也"自谓发踪奇功"。熊廷弼则认为在明军尚未部署就绪的情况下,过早地发起镇江之战,乱三方并进之谋,误属国联络之计,不是"奇功",而是"奇祸"。

王化贞好说空言大话,欲以此来博取朝廷的信任。可悲的是,王化贞的错误主张正适应了明廷的需要。天启帝和大多数文武大臣急功近利,急于收复辽东失地,王化贞的速战速胜论迎合了他们这种心理,因而赢得了明廷的支持。当然,这种情况的发生,还与明朝统治集团内部的党争有联系。当时阉党魏忠贤专政,内阁和兵部都为阉党和投靠他们的人把持,兵部尚书张鹤鸣宠信阉党分子王化贞,公开支持他不受熊廷弼节制,对熊廷弼则多方遏制,而且纵容科道纠参熊廷弼。王化贞有恃无恐,处处与熊廷弼对立。熊廷弼坐镇山海关,仅有兵五千,抚臣不听其节制,徒有经略虚名而已。王化贞拥兵十三万,兵权在握,进退自决。天启二年(1622年)正月,明廷已经议定,把熊廷弼调离,另行"斟酌推用",留王化贞独掌辽东大权。此议尚未实行,后金已大举向广宁进兵。

经抚不和,战略指导思想相左,使辽东前线战守无定策,各级将领无所适从;而王化贞的得宠,其错误的战略方针得以实行,这就使得明军在即将开始的战争中不可避免地遭致失败。

(三)激战西平堡

努尔哈赤通过潜入明朝的谍工侦知辽东经抚不和的消息,在安顿内部的同时,加紧备战,伺机进攻广宁。

天命七年(明天启二年,1622年)正月十八日,努尔哈赤亲率八旗劲旅,由辽阳出发,经鞍山、牛庄西进,二十日渡过辽河。明防河兵不战而逃,后金军前锋追击二十余里,直至西平堡(今辽宁盘山古城子)。随后,八旗兵大队人马赶到,努尔哈赤下令包围西平堡。

此前不久,明辽东经略熊廷弼与巡抚王化贞议定,熊廷弼驻右屯(在今辽宁凌海东南),王化贞驻广宁,令总兵官刘渠率兵两万驻守镇武,总兵官祁秉忠率兵一万驻守闾阳,副总兵罗一贵率兵三千驻守西平,采取以重兵固守广宁根本,以镇武、闾阳、西平诸外围城堡为防护的作战方针。熊廷弼规定,严禁溃逃,各城堡要坚壁固守,勿浪战,情况危急时要相互应援,违者杀无赦。

努尔哈赤通过派出的谍工早已掌握了上述情报,他鉴于广宁有重兵驻守和八旗兵攻坚能力不足等原因,决定不直接进攻广宁,而是首先攻击驻军最少的西平,引诱广宁等处明军来援,争取在野战中将其歼灭,为最后能以最小的代价攻占广宁创造条件。

当后金军进围西平堡时,守军参将黑云鹤不听主将罗一贵的劝阻,率兵出城迎战。相对于八旗大军来说,黑云鹤的兵力实在少得可怜,不堪一击,很快败没。努尔哈赤从起兵征明以来,无往不胜,这次西平堡又初战告捷,自是欣喜异常,竟然一改以往诸战皆用计诱敌出战的惯用战法,指挥八旗兵军大举攻城。明军凭城固守,矢石齐发,并用大炮猛轰,后金军屡攻不下。努尔哈赤见攻城受挫,命李永芳派人举旗到城下招降。罗一贵拒不投降,站在城楼上大骂李永芳为"逆贼"。努尔哈赤因招降失败,再次下令布战车竖云梯猛攻。八旗兵作战虽勇猛顽强,但短少火器,三次攻至城下,三次被打退,每次都留下大量尸体。明军与后金军相持两昼夜,火药用尽,援兵不至,因寡不敌众,城被攻陷。罗一贵为流矢射中眼睛,自刭而死。后金军最终虽然攻占了西平堡,但损失极为惨重,据记载,城下积尸几与城平,死伤六七千人,比明军兵力的两倍还多。

西平危急,王化贞龟缩广宁,不敢出援,后在经略熊廷弼的催促下,只好派出部分广宁兵,以游击孙得功为先锋,会合刘渠、祁秉忠部镇武、闾阳守军,共计三万余人,前往西平解围。孙得功早已暗中投降了后金,他自恃是王化贞的心腹,不听刘渠等人的指挥,擅自将部队分为左右翼,让刘渠、祁秉忠部先出战,他则退到阵后。努尔哈赤得到广宁明军出援的消息后,立即率八旗兵前往迎敌,在平阳桥与明军相遇,来不及布阵,就下令冲杀。刘渠、祁秉忠等率兵奋勇抗击,双方正在激战,孙得功在阵后突然大喊:"兵败了!"与此同时,他率领所部急急向后逃走。刘渠、祁秉忠部不明真相,顿时大乱,纷纷溃逃。努尔哈赤乘势挥军追杀,歼敌三万余人。明援兵全军覆没,总兵刘渠、祁秉忠等战死,只有孙得功等逃回广宁。

后金军在平阳桥大获全胜之后,努尔哈赤并没有乘胜攻取广宁,而是回师西平堡,派人哨探广宁虚实,以视情而动。

(四)兵不血刃占广宁

孙得功等人逃回广宁后,即让其同党在城中大造舆论,扬言后金军正向广宁进军,很快就将兵临城下,宜早剃发归顺。还在后金军渡过辽河西进之初,广宁城中人心动摇,已有部分居民出城,避难于山中。这时在孙得功及其同党的煽惑下,人们更加惊恐慌乱,不但普通百姓纷纷出逃,连守城的兵卒也争相缒城逃命。孙得功一伙还夺据城门,封闭府库,把守火药库,欲生擒巡抚王化贞,迎接后金军入城。

广宁城很快就要落入后金之手,而巡抚王化贞对城中的慌乱情形和危险前景却一无所知。二十二日晨,他仍然一如平日,静坐卧室,批阅文书。参将江朝栋突然闯了进来,王化贞大怒,厉声斥责。江朝栋急忙上前,边拉着王化贞往外走,边说:"情况危急,快走! 快走!"王化贞开始竟然不相信,待他登楼观察,见城头上已没有一个守兵,而炮声接连不断,喊杀声不止,这才大吃一惊,顿时吓得双腿发抖,不知所措。王化贞狼狈出逃,在江朝栋的陪护下,冲出被叛兵把守的城门。二十三日,在闾阳驿与率兵驰援的熊廷弼相遇。熊廷弼见王化贞已弃守广宁,知大势已去,败局无法挽回,便将自己统率的五千兵马交给王化贞,命其殿后,护卫军民退入山海关内。

辽东巡按方震儒得知王化贞出逃的消息后,也慌忙外逃,孙得功一伙控制了广宁城。孙得功派七人前往西平,向努尔哈赤请降。努尔哈赤为不战而得广宁备感高兴,当即赏给来人银两和信牌。二十三日,努尔哈赤率八旗兵起行。二十四日,行至广宁城东三里的望城岗,孙得功等率领官民,执旗帜,撑伞盖,抬龙亭,奏鼓乐,夹道跪迎。努尔哈赤惟恐其中有诈,先令入旗诸贝勒、大臣与李永芳入城,彻底搜索一遍,然后才骑马进城,驻于巡抚衙门。

后金占领广宁后,盘山、闾阳、十三山驿、大凌河(今辽宁锦县)、锦州、松山、杏山等四十余城相继归降。努尔哈赤并不满足已有的胜利,为进一步扩大战果,息兵十日之后,他即率军向山海关进发。熊廷弼在向山海关撤退时,把沿路屯堡房屋和官府仓储物资尽数焚毁,后金军所到之处,人烟断绝,几无所得,困难重重,所以到中左所(今辽宁锦西东北塔山)后,努尔哈赤决定返回锦州。此时,义州(今辽宁义县)尚为明军占据。努尔哈赤认为,这种情况不但不利于广宁的巩固,而且待以后进军山海关时还会严重威胁着后金军的侧后,所以,他先派大贝勒代善、四贝勒皇太极率军攻占义州,又授孙得功为游击,隶镶白旗,统辖归降明兵,移驻该地。

广宁之战,后金突破了明军辽河防线,占领了广宁及其周围广大地区,获取大量人口、牲畜、粮食、金银、布匹等,以补充辽东地区因战乱、逃亡而极度短缺的人力资源和物质财富,从而为巩固辽河以东和进一步夺取辽河以西,以至于打开关门,进攻明朝腹地,创造了极为有利的条件。所以,努尔哈赤抑制不住内心的喜悦,回到广宁后,就派人赴辽阳接后妃和诸贝勒大臣的妻妾来广宁,举行盛大宴会,共同欢庆胜利。二月十七日,努尔哈赤命诸贝勒统兵守广宁,他则在福晋们的陪伴下返回辽阳。

三、宁远失利

(一)蛰伏待机

占领广宁之后,努尔哈赤不得不暂时停止了对明朝的攻战。

后金进占辽东,过去被汉人统治的女真人,现在成为这块汉人聚居区的统治者,这使努尔哈赤感到无比地兴奋和喜悦。但是这种感觉并没有维持多久,面对汉人的汪洋大海,他更感到迷惑和恐惧,因为他知道,如何对待汉人,采取什么政策,这是关系后金生死存亡的大问题,弄得不好,就会有灭顶之灾。

最初,努尔哈赤还是比较明智的。抚顺、清河之战期间,对明朝军民采取了正确的招抚政策,争取了李永芳、范文程、佟养性等汉族官绅先后归降。对归降的汉人,不改变他们的生活方式和行政制度,并给予优待和重用。占领辽沈地区之后,他明确提出了恩养汉人的方针,制定了任用汉官、各守旧业、计丁授田等一系列新政策。这些政策是比较恰当的,对于缓和满汉民族矛盾,稳定辽东地区的社会秩序,恢复和发展生产,起了一定的积极作用。

但是,封建统治阶级长期实行的民族歧视和民族压迫政策,对满、汉两个民族的影响都是很深的。明朝统治者的民族歧视和民族压迫政策,曾对女真人造成极大的伤害,但努尔哈赤占领辽东后,又对汉民实行民族歧视和民族压迫政策,即使是那些恩养汉人的政策,也包含有严重的民族歧视和民族压迫的内容。长期受"华夷之辨"传统观念影响的辽东汉民,在心理上本来就难以接受女真人的统治,努尔哈赤推行的民族歧视和民族压迫政策,更加剧了辽东汉民的敌对情绪,激起他们的反抗。而辽民的反抗,使努尔哈赤越发感到恐惧,以致丧失了理智,制定了许多错误的政策。

一是强令汉民"剃发"。努尔哈赤每攻占一个汉人聚居的地方,就下令"剃发",以此作为归顺后金的标志。否则,即派兵镇压,杀死拒不归降的人,将其妻子儿女分赏给八旗官兵为奴。

二是强令移民。为加强对辽民的控制,防止叛逃,多次大规模地强迫辽民迁移。天命六年八月,将金州居民迁往复州。十一月,强迫镇江、叆河、新城、宽奠、汤山、镇东堡、镇夷堡、凤凰等地汉民,迁往萨尔浒、清河等地。天命七年二月,强迫辽河以西广宁等九卫汉民迁往辽河以东,锦州二卫迁往辽阳,右屯卫迁往金州、复州,义州二卫迁往盖州、咸宁营,广宁四卫迁往沈阳、蒲河和奉集堡。汉民被迫背井离乡,倾家荡产,备尝艰辛。稍有不从,恋居不迁者,即惨遭屠杀。

三是强迫汉民与女真人合食同住。天命六年攻占沈阳、辽阳之后,努尔哈赤下令将建州旧地的女真人陆续迁入辽沈地区,规定女真人与汉民房要合住,粮要同食,田要共耕,实际上就是要汉民养活女真。

四是清查粮食,捕捉"无谷之人"。为解决粮食不足,努尔哈赤下令汉人要如实申报所有的粮食,按人口定量,多余的粮食只能低价卖给官方,不许私自买卖。天命九年正月,努尔哈赤派遣八旗大臣到各地逐村逐户清查汉民家中谷物,按一定标准划分为"有谷之人"和"无谷之人",将"无谷之人"收为"阿哈"(家奴)。不久,竟残忍地下令将各地查送的"无谷之人"全部杀死。天命十年十月,努尔哈赤命八旗官员往各村屯去甄别汉人,凡是被革职的原明朝官员、生员,以及一切被怀疑的人,都被甄别出来,统统杀死。

后金的残暴统治激起辽东汉民的强烈不满,他们或是大量逃亡,或是以投毒、袭杀甚至暴动的形式,进行反抗。从天命六年至十一年,比较大的暴动和逃亡多达数十次,地域几乎遍及后金各地。甚至一度受重用降金的汉官对努尔哈赤的统治也表示不满,转而弃金投明。努尔哈赤丧失理智,用极其残酷的手段,进行镇压。天命八年六月,复州城汉民欲举行暴动,努尔哈赤派代善、德格类等率兵三万人前往,残酷镇压,将城中男子万余人全部杀害,妇女儿童则分给八旗官兵为奴。

辽民的不断反抗,大大削弱和牵制了后金的力量。后金国内危机四伏,努尔哈赤穷于应付,一时无暇也无力继续征明。但他亡明之心不死,他只是蛰伏下来,等待时机而已。

(二)明廷弃守关外之争

天启二年(后金天命七年,1622 年)正月,广宁失陷,门户洞开,山海关直接暴露在后金铁骑的面前,明廷大为震惊,上下一片混乱。为应付危局,守住山海关,明廷紧急从全国各地征调兵马,并以宣府巡抚解经邦为辽东经略。解经邦畏敌丧胆,拒不从命,明廷只得改任王在晋为兵部尚书兼都察院右副都御史,经略辽东。

王在晋与解经邦一样,视辽东经略为畏途,不愿受命,请求辞职,未获批准,不得已赴前敌就职。他畏敌如虎,意志消沉,极言守关之难,说各隘口边墙未葺,器械未整,兵马未足,钱粮未议,官兵懒惰;山海关的地理形势,南为海,后金军乘舟瞬息可达,北为角山,但峰峦高于边墙、关城,如敌人先据山岭,凭高下击,实难守御。因此,他主张在关外八里铺再筑一关城,派兵四万驻守,使外关成为内关的屏障。王在晋的主张,名为守关,实质是放弃关外,龟缩关内,时刻准备逃跑,是彻头彻尾的失败主义。

监军关外时任宁前兵备佥事的袁崇焕坚决反对王在晋筑重关的主张,力主守关外宁远(今辽宁兴城)。对于王在晋与袁崇焕二人的分歧,首辅叶向高认为不可臆断。兵部尚书兼东阁大学士孙承宗自请巡边,他认真听取了各方面的意见,并出关实地考察之后,明确支持袁崇焕和监军阎鸣泰守宁远、觉华岛(今辽宁菊花岛)的意见。王在晋不懂军事,却刚愎自用,异常固执,孙承宗推心置腹地与他交谈七昼夜,他仍不听从。孙承宗回京后,面奏皇上王在晋不足用,明廷将王在晋调任南京兵部尚书,于八里铺筑重关之议随即作罢。

当年八月,孙承宗自请督师,天启帝命其以原官督山海关及蓟、辽、天津、登、莱诸处军务。孙承宗到任之后,即积极部署防务。当时辽东巡抚张凤翼仍主张守关内,官将多附和他的意见,孙承宗力排众议,采纳袁崇焕坚守关外、屏蔽关内、营筑宁远、徐图大举的方针。在孙承宗的支持下,袁崇焕亲自规制,按照以台护铳、以铳护城、以城护民的原则,督责修筑宁远城,于天启四年(后金天命九年,1624 年)九月竣工,荒凉凋蔽的旧宁远,一变而成为城坚墙厚、楼台炮台齐全,足可抵御后金进犯的关外重镇。孙承宗命令袁崇焕率兵驻守宁远,参将金冠率兵驻守觉华岛,以便水陆配合,屏障山海关。次年夏,孙承宗又与袁崇焕筹划,在锦州、松山、杏山、右屯、大凌河、小凌河等地,修缮城郭,派兵戍守,作为宁远重镇的外围要点。这样,在河西走廊上,层层设防,形成了以宁远为中心的宁锦防线,山海关成为真正的内关,可以确保安全。为了加强辽东防务,孙承宗根据"以辽人守辽土,以辽土养辽人"的战略思想,招抚辽东土著居民,屯田守边;在军队内部,则定军制,建营垒,备火器,治军储,缮甲杖,筑炮台,建骑兵,练水军。在孙承宗任辽东经略的短短三年多时间里,他与袁崇焕同心协力,修复大小城堡五十四个;练兵十一万人,设立车营十二个、水营五个、火营二个、前锋后劲营八个;制造战船一千五百艘、战车六万辆,以及甲胄、弓矢、炮石等武器装备数百万件;屯田五千顷,年收入达十五万银两;拓地四百里,把防线推进到锦州一线,辽东防务渐趋巩固。

正当孙承宗锐意恢复之际,明朝统治集团内部的党争却越来越激烈,以魏忠贤为首的阉党势力把持了朝政,打击、迫害东林党人,首辅叶向高等被罢,杨涟、左光斗等被迫害致死。魏忠贤本想把孙承宗拉到自己一边来,但秉性正直的孙承宗对阉党非常鄙视,引起魏忠贤的忌恨。天启五年(后金天命十年,1625年)八月,山海关总兵马世龙背着孙承宗派兵袭击耀州,兵败柳河,阉党势力借机小题大作,参劾孙承宗。十月,明廷以阉党分子高第为辽东经略,孙承宗成为明廷党争的牺牲品,被排挤去职。

高第既不知兵,又畏敌如虎,认为关外必不可守,刚一到任,就下令放弃关外四百里土地,从锦州、右屯、大凌河等要点撤回守兵,退守山海关。袁崇焕坚决反对高第逃跑主义的错误做法,但高第一意孤行,不但不听劝告,反而又下令撤宁远、前屯二城。袁崇焕拒不从命,大义凛然地说:"我是宁前道,在此当官,就要和宁远、前屯共存亡,我誓死不撤!"这样,高第尽撤关外诸城守兵,只留下袁崇焕坚守的宁远孤城。

(三)兵挫宁远

努尔哈赤获悉辽东经略易人、新任经略高第撤防的消息,抑制不住心头的喜悦,这时他已把辽民的反抗镇压下去,基本稳定了辽东的社会秩序,于是决定抓住这天赐良机,向明朝发动新的进攻。

天命十一年(明天启六年,1626年)正月十四日,努尔哈赤亲率六万大军,号称二十万,从沈阳出发,踏上征程。十七日,八旗大军渡过辽河,浩浩荡荡,向宁远挺进。由于右屯、大凌河、锦州等地明军大部队早已撤走,只有少量守军,没等八旗军到达,守将即率领军民仓皇逃遁,所以后金军如入无人之境,进展异常顺利。二十三日,兵临宁远城下。努尔哈赤下令越城五里安营,以截断通往山海关的大路。

袁崇焕接获后金兵来犯的消息之后,立即与总兵满桂、副将左辅、参将祖大寿等将领会议,决定集中兵力,凭城固守。为此,采取了以下临战准备和部署:将中左所、右屯及宁远城周围小城堡的官兵集中于宁远城内,总兵力不满两万,又将十一门西洋大炮和其他火器也移入城内;令城外居民携守城工具迁入城内,将房屋和不能带走的财物付之一炬,实行坚壁清野;袁崇焕刺血为书,激以忠义,并向将士们下拜,全城军民大受感动,皆愿效死守城;划定防区,满桂、左辅、祖大寿等官将各负其责,袁崇焕总管全局,稽查奸细以及编民夫、供应饮食、备办物料等事物也有人专管;严肃军纪,下令"有一人乱行动者,即杀""城上人下城者,即杀",并檄告前屯卫和山海关守将,凡有溃卒逃至,立即以贼论死,如放过一个溃卒,拿守将问罪。二十二日,一切部署完毕。

努尔哈赤一如既往,攻城之前先派俘获的汉人入城招降,说:"吾以二十万兵攻此城,破之必矣。尔众官若降,即封以高爵。"他满以为,这么一打一拉,孤立无援的袁崇焕,定会畏其强大兵力,贪其高官厚禄,俯首称臣。不想袁崇焕不但拒不投降,而且令家丁罗立向城北后金军大营燃放西洋大炮,炸死炸伤数十人。努尔哈赤虽然怒不可遏,但害怕再遭炮击,只得先把大营移往城西。

二十四日天还没亮,努尔哈赤就下令攻城,攻击的重点是城西南角。身披二重铁铠号为"铁头子"的八旗兵推着双轮战车攻在前面,战车用厚槐木、榆木板做成,形如轿子,上覆生牛皮以遮避敌锋,保护躲在里边准备凿城的士兵。骑兵和步兵在车后施放弓箭,掩护车兵前进。箭矢如雨点般射向城上,但明军凭着坚城工事保护,从容不迫地施放铳炮还击。西洋大炮威力巨大,只要击中,就死伤一片,连坚固的战车也立时被炸得粉碎。后金兵踏着同伴的尸体拼命向前,不少战车还是到了城墙根,在大炮不能直射的死角,车内士兵用斧镢凿城不止,凿出三四处高约两丈的大洞。袁崇焕见情况危急,亲自指挥守兵投掷火球、火把,并把柴草浇上油脂掺上火药,系在铁索上,点火后垂放城下,焚烧战车。后金兵遭受重大伤亡,战至二更时分,努尔哈赤不得不下令停止攻城。

二十五日,努尔哈赤下令继续攻城。由于头一天伤亡太多,八旗兵卒惧怕明军的炮火,都不敢往前冲,虽然八旗将领挥刀在后面督战,但一到城下就退了回来。因为要把尸体抢回来,运到西门外砖窑火化,能够参战的越来越少。战斗一直持续到晚上,不但人员大量伤亡,连攻城器具也几乎损失殆尽,努尔哈赤只得收兵,退到西南方向离城五里的龙宫寺扎营。

连攻两天,毫无所获,努尔哈赤对攻城已不抱任何希望,想退兵,但又不甘心。二十六日,在继续围城的同时,命武纳格率蒙古骑兵转攻觉华岛。该岛是关外明军粮草的屯集地。后金兵踏冰入岛,突袭明军,烧毁船两千余只、粮草一千余堆,全歼守军七千人,连岛上的商民也全部杀死。觉华岛的胜利总算给努尔哈赤出了口恶气,挽回了一点面子。二十七日,努尔哈赤从宁远撤围,于二月初九日回到沈阳。

第七章 风烛残年

一、幽弟杀子

努尔哈赤为加强汗权,同其胞弟舒尔哈齐发生了权力与财富之争。

早在努尔哈赤起兵之初,舒尔哈齐处于其副手的地位。在明官书中,往往努尔哈赤与舒尔哈齐并称。舒尔哈齐曾以建州卫都督等身份,多次进京"朝贡",如:

万历二十三年(1595 年)八月,"建州等卫女直夷火速儿哈赤等赴京朝贡,命如例宴赏"。

万历二十五年(1597 年)七月,"建州等卫夷人都督都指挥速儿哈赤等一百员名、纳木章等一百员名,俱赴京朝贡,赐赏如例"。

万历三十四年(1606 年)十二月,"建州卫都督都指挥速儿哈赤等入贡"。

万历三十六年(1608 年)十二月,"颁给建州右等卫女直夷人速儿哈赤等一百四十名,贡赏如例"。

舒尔哈齐多次进京"朝贡",这在他兄弟五人中,除其长兄努尔哈赤外是仅见的。另从朝鲜史籍中,也能反映出舒尔哈齐的显贵地位。如申忠一到佛阿拉所绘建州首领住家图录仅二幅,即《木栅内奴酋家图》和《外城内小酋家图》。他所见舒儿哈齐"体胖壮大,面白而方,耳穿银环,服色与其兄一样"。比申忠一先一月到佛阿拉的朝鲜通事河世国,分别受到努尔哈赤和舒尔哈齐的接见与宴赏:

> 老乙可赤常时所住之家,麾下四千余名,佩剑卫立,而设坐交椅。唐官
> 家丁先为请入拜辞而罢,然后世国亦为请入,揖礼而出。小乙可赤处一样
> 行礼矣。老乙可赤屠牛设宴,小乙可赤屠猪设宴,各有赏给。

朝鲜和明朝的史籍记载,都说明努尔哈赤与舒尔哈齐曾是主副配合、相辅相成的。

但是,努尔哈赤与舒尔哈齐之间的矛盾,在万历二十三年(1595 年)已见端倪。申忠一见舒尔哈齐家里的"凡百器具,不及其兄远矣";舒尔哈齐也向申忠一力言:"日后你金使若有送礼,则不可高下于我兄弟"。这表露出舒尔哈齐对已获权位与财货的不满。尔后,万历二十七年(1599 年)建州兵征哈达时,努尔哈赤在哈达城下当众怒斥舒尔哈齐,他们之间的裂痕加深。万历三十五年(1607 年),努尔哈赤以舒尔哈齐在乌碣岩之役作战不力,命将其二将常书、纳奇布论死,后依舒尔哈齐恳请,二将免死,罚常书银百两,夺纳奇布所属牛录。自此,努尔哈赤"不遣舒尔哈齐将兵",削夺其兵权。万历三十七年(1609 年)三月,舒尔哈齐被夺去兵权后,郁闷不乐,常出怨言,认为活着还不如死了好,遂移居黑扯木。努尔哈赤命收回其弟舒尔哈齐贝勒的财产和阿哈,杀了他的儿子阿布什,又将他的部将武尔坤吊在树上,以火烧死。同年,明辽东巡按熊廷弼行"闲速酋以断其手足"之策。万历三十九年(1611 年)八月十九日,舒尔哈齐贝勒死。据明人黄石斋《建夷考》载:

酋疑弟二心,佯营壮第一区,落成置酒,招弟钦会,入于寝室,锸铠之,注铁键其户,仅容二穴,通饮食,出便溺。弟有二名裨,以勇闻,酋恨其佐弟,假弟令召入宅,腰斩之。

另如《三朝辽事实录》也载:"奴酋忌其弟速儿哈赤兵强,计杀之"。

据明人诸书所载,舒尔哈齐被其兄努尔哈赤加害,但清朝史书讳言。努尔哈赤为人威暴严厉,据《栅中日录》记:

奴酋为人猜厉威暴,虽其妻子及素亲爱者,少有所忤,即加杀害,是以人莫不畏惧。

据努尔哈赤的威暴性格及明代史书的有关记载,努尔哈赤为着强化汗权,幽杀其胞弟舒尔哈齐贝勒是很有可能的。孟森先生断言舒尔哈齐之死,"实乃杀之"。

舒尔哈齐死后,汗位之争的焦点移向努尔哈赤的长子褚英。

褚英,母佟佳氏,万历八年(1580年)生。他于万历二十六年(1598年)率兵征安楚拉库路,被赐号洪巴图鲁;万历三十五年(1607年)在乌碣岩之战中立功,被赐号阿尔哈图土门;翌年,又偕贝勒阿敏等攻乌拉,克宜罕山城。旅因居长,屡有军功,被努尔哈赤授命执掌国政。褚英柄政后,因年纪轻,资历浅,心胸偏狭,操切过急,受到"四贝勒""五大臣"内外两方面的反对。"四贝勒"即努尔哈赤"爱如心肝"的代善、阿敏、莽古尔泰、皇太极。他们各为旗主贝勒,握军队、拥权势、厚财帛、领部民,建州又无立嫡以长的历史传统,不满于褚英当嗣子、主国政的地位。他们上告长兄褚英,似有争嗣之嫌,于是争取同"五大臣"联合,倾轧褚英。"五大臣"即努尔哈赤所"信用恩养、同甘共苦"的费英东、额亦都、扈尔汉、何和里、安费扬古。他们早年追随努尔哈赤,威望高、权势重,历战阵、建殊勋,当克图伦时褚英尚在襁褓之中,自然也不满于褚英专军机、裁政事的地位。他们首告嗣储褚英,似有二心之嫌,于是也力求同"四贝勒"结合。

努尔哈赤嗣子褚英对这些建州的"柱石"和"元勋"缺乏谦恭之态,想趁父汗在世时逐渐削夺他们的财富和权力,以便巩固储位。这促使"四贝勒"与"五大臣"采取内外夹击的策略,共同对付褚英。褚英陷于孤立。"四贝勒"和"五大臣"经过密议之后,联合向努尔哈赤告发褚英。努尔哈赤让他们每人写一份文书呈送。他们各写文书、联合控告褚英的"罪状"是:第一,使"四贝勒""五大臣"彼此不睦;第二,声称要索取诸弟的财物、马匹;第三,曾言:"我即位后,将诛杀与我为恶的诸弟、诸大臣"。努尔哈赤在权衡长子褚英与"四贝勒""五大臣"两方力量对比之后,断然疏褚英。尔后两次耀兵乌拉,努尔哈赤没有派褚英出征,让他留居在家中。"褚英意不自得,焚表告天自诉,乃坐咀呢"之罪,万历四十一年(1613年)三月二十六日,被幽禁在高墙之中。万历四十三年(1615年)八月二十二日,努尔哈赤下令将长子褚英处死,当时褚英年仅三十六岁。

褚英之死,是自死还是处死?《清史列传》中褚英失传,无从述其死;《清史稿·褚英传》作"乙卯闰八月,死于禁所",不仅死月误系,且未及其死因。《满文老档》记载简略,且讳言其被努尔哈赤下令处死之史实。但是,此段史事《旧满洲档》载述较详:

sure kundulen han i amba jui arhatu
淑勒 崐都仑 汗 的 长 子 阿尔哈图

tumen mujilen ehe, ini waka be beye de
图们 心意 恶 他的 过错 把 自己 于

alime gaijarakū ofi, amala banjire doro be
承担 不受取 因为 将来 生活的 道 把

efulerahū seme gūnifi, den hashan i (boode
恐怕败坏 等情 想 高 栅 的 于房屋

gajifi tebuhe) 〔boode tebufi, juwe aniya arafi
带到 使住了 于房屋 使住 二 年 过了

ilan aniya otolo seolehe。 seoleci (amba jui)
三 年 将及 思考了 思考得 长 子

bihede gurun be efulemb。 iemu jui be hairaci,
若在 国 把 败坏 一 子 把 若爱惜

geren juse ambasa amba gurun de ehe ombi
众多 子们 大臣们 多 人 于 恶 将会

seme niohon gūlmahūn aniya sure kundulen
以为 乙 卯 年 淑勒 崐都仑

han i susai nadan se de, ini jūsin ninggun
汗 的 五十 七 岁 于 他的 三十 六

se de, jakūn biyai orin juwe de umesi
岁 于 八 月的 二十 二 于 坚决的

mujilen be jafafi enteheme efulefi unggihe〕
心意 把 拿定 永久地 除掉 送走了

上引《旧满洲档》之译文是：

聪睿恭敬汗以其长子阿尔哈图图们，心术不善，不认己错，深恐日后败坏治生之道，故令将其囚居于高棚（屋内）。经过二年多之深思，虑及长子若生存，必会败坏国家。倘怜惜一子，则将危及众子侄、诸大臣和国民。遂于乙卯年聪睿恭敬汗五十七岁，长子三十六岁，八月二十二日，始下决断，处死长子。

上述文中自"经过"以下，至"长子"以上的文字，在《旧满洲档》中被圈掉，故为《满文老档》所讳阙。

后金汗努尔哈赤为加强汗权而幽弟杀子，心怀惭德，久不平静。他年事渐高，不愿子孙们骨肉相残，要不咎既往，惟鉴将来，子孙环护，长治久安。天启元年即天命六年（1621年）正月十二日，后金汗召集诸子侄及长孙代善、阿敏、莽古尔泰、皇太极、德格类、济尔哈朗、阿济格、岳托等，对天地神祇，焚香设誓：

蒙天父地母垂□，吾与强敌争衡，将辉发、兀喇、哈达、夜黑，同一音语者，俱为我有。征仇国大明，得其抚顺、清河、开原、铁岭等城，又破其四路大兵，昏天地之默助也。今祷上下神祇：吾子孙中纵有不善者，天可灭之，勿令刑伤，以开杀戮之端。如有残忍之人,不待天诛,遽兴操戈之念,天地岂不知之?若此者,亦当夺其算。昆弟中若有作乱者,明知之而不加害,俱坏〔怀〕礼义之心,以化导其愚顽。似此者,天地口之,俾子孙百世延长。所祷者此也。自此之后,伏愿神祇,不咎既往,惟鉴将来。

后金统治集团内部残酷的政治斗争,不会因努尔哈赤率领众子侄等对神祇设誓而自行消失。同样,"怀礼义之心"的诸王贝勒,对于觊觎汗位者,必不能"化导其愚顽"。在后金统治集团中,有汗位,就有激烈的争夺;有争夺,就有酷虐的斗争。满洲这种为争夺皇位而骨肉相残的宫廷斗争史,后来一再重演。

褚英被囚死后,后金汗努尔哈赤的"建储"之争更为剧烈。这主要在四大贝勒中的代善和皇太极之间进行明争与暗斗。"天命年间四大贝勒各拥重兵,觊觎大位。顾阿敏为太祖侄,莽古尔泰之母则得罪太祖,故以代善与太宗最为有望。当开国之初,削平诸部,夺取辽、沈,二王功最高。"代善与皇太极,以序齿言,褚英已死,代善居长,皇太极为弟行;以武力言,代善独拥二旗,为皇太极掌一旗所不及;以才德言,代善宽厚得众心,皇太极则威厉为人畏惮。努尔哈赤自然决定让代善继褚英执掌国政。代善因被赐号古英巴图鲁,朝鲜史籍称他贵盈哥。《建州闻见录》记载,努尔哈赤死后,"则贵盈哥必代其父"。努尔哈赤说过:"俟我百年之后,我的诸幼子和大福晋交给大阿哥收养。"大阿哥即大贝勒代善,大福晋是努尔哈赤的大妃乌拉纳喇氏阿巴亥。努尔哈赤将爱妃大福晋和诸心肝幼子托付给代善,即预定他日后袭受汗位。代善性宽柔、学众望,军功多、权势大,自协助父汗主持国政后,凡努尔哈赤不在时,一些重大军机便先报告给他。然而,代善也有其弱点。随着代善的权位日重,他同其父汗及其弟皇太极的矛盾便趋向激化。

代善同努尔哈赤、皇太极之间的矛盾,以德因泽的告讦而爆发。《满文老档》记载,万历四十八年即天命五年(1620年)三月,小福晋德因泽向后金汗告发道:"大福晋两次备佳肴送给大贝勒,大贝勒受而食之。一次备佳肴送给四贝勒,四贝勒受而未食。大福晋一天二、三次派人去大贝勒家,大约商议要事。大福晋有二三次在深夜出宫院。"努尔哈赤派扈尔汉、额尔德尼、雅逊和莽阿图四大臣去调查,后查明告发属实。而诸贝勒大臣在汗的家里宴会、集议国事时,大福晋饰金佩珠、锦缎妆扮,倾视大贝勒。诸贝勒大臣虽内心不满,却因惧怕大贝勒和大福晋而不敢向汗报告。努尔哈赤对大贝勒同大福晋的暧昧关系极为愤慨,但他既不愿加罪于儿子,又不愿家丑外扬,便借口大福晋窃藏金帛,勒令离弃,小福晋德因泽因告讦有功,被升为与努尔哈赤同桌共食。或言德因泽告讦之谋出自皇太极。皇太极借大贝勒与大福晋的阴私,施一箭双雕之计,既使大福晋被废,又使大贝勒声名狼藉,并离间了努尔哈赤与代善的父子之情,为他后来夺取汗位准备了重要条件。

时后金汗努尔哈赤年事已高,选立嗣君的计划一次又一次地破产。这促使他试图废除立储旧制,改革后金政体,实行八大贝勒共治国政的制度。

二、疽发身亡

后金汗努尔哈赤于天命十一年(1626年)正月宁远兵败,遭受起兵以来最重大的挫

折。他自称"朕心倦惰",心情沮丧,悒悒不自得,怿怿思往事。《清太祖武皇帝实录》三月三日,记载他的引咎之言:

> 吾思虑之事甚多,意者朕心倦惰而不留心于治道欤?国势安危民情甘苦而不省察欤?功勋正直之人有所颠倒欤?再虑君子嗣中果有效吾尽心为国者否?大臣等果俱勤谨于政事否?

他在昼夜殚思,稽省治策的失措、后金的困难、诸申的烦苦、忠奸的倒衡、臣史的怠绌、子嗣的继任等问题。努尔哈赤既在思索宁远之败的教训,又在筹虑身后军国的大计。但百思不得其解,陷于闷苦之中。

努尔哈赤为掩饰宁远兵败的渐闷,重振士气,把将士的不满引向蒙古。明辽东巡抚袁崇焕对此疏报言:

> 臣见奴儿哈赤,自宁远败后,平昔之力压势制者,保不生携二之心?其含愤蓄怨,思患预防,而急于一逞者,其心也。然攻其焚弃。丧失殆尽,非一傲可成,而锦、右一带烧残,无可掠之野,其不能遽举者势也。故心急而力不足赴,且阳为渡河西向,以懈秒花。秒花果堕其彀中不备,奴得尽驱其众。彼又借攻秒之威,以安其部落之心,且劫黄毛达子哈儿慎为之用。

所以,努尔哈赤以其背弃"若征明与之同征,和则与之同和"的盟管,兴师问罪。四月初四日,他率领诸贝勒大臣统兵西渡辽河。前锋军射死蒙古喀尔喀巴林部叶赫巴国鲁幼子囊努克。努尔哈赤派大贝勒代善、二贝勒阿敏、三贝勒莽古尔泰、四贝勒皇太极以及济尔哈朗、阿济格、岳托等统兵往西拉木伦河,获胜而归。五月二十一日,蒙古科尔沁奥巴贝勒来沈阳,他出城十里升帐迎接。但后金汗努尔哈赤这两次重大军政活动,《满文老档》阙载。看来,这时努尔哈赤或伤创未愈,或患病在身,抑或兼而有之。

劳师远袭和奥巴归服,这都不能排解努尔哈赤因宁远兵败而潜郁在心灵深处的悲苦。久经疆场、攻无不克的后金汗,竟然会输给一名初历战阵、婴城孤守的袁崇焕?努尔哈赤思索、惭报、痛苦、焦躁,食不甘味,寝不安眠,肝郁不舒,积愤成疾。努尔哈赤创伤未愈,痈疽突发。他于七月二十三日往清河汤泉沐养,八月初一日,派二贝勒阿敏杀牛烧纸,祈祷神佑,但毫无效果,病势危重,寻乘船顺太子河回沈阳。

天启六年即天命十一年(1626年)八月十一日,后金汗努尔哈赤在由清河返回途中,至离沈阳东四十里的瑗鸡堡死去。

《清太祖高皇帝实录》记载:

> (七月)癸巳(二十三日),上不豫,幸清河坐汤。八月庚子朔,丙午(初七日),上大渐,欲还京,乘身顺太子河而下。使人召大妃来迎,入浑河。大妃至,沂流至□鸡堡,距沈阳城四十里。庚戌(十一日),未刻,上崩。在位凡十一年,年六十有八。

此事,东江疏报:

> (耿仲明)八月初二日,急归报臣:老奴背生恶疮,带兵三千,见在咸宁堡狗儿岭汤泉洗疮……

明辽东督师王之臣、辽东巡抚袁崇焕疏报：

> 奴酋死于沈阳，四子与长子争继未定。

王之臣、袁崇焕又疏报后金汗努尔哈赤之死亡原因与死亡日期：

> 奴酋耻宁远之败，遂蓄愠患疽，死于八月初十日〔应作十一日〕。

大妃纳喇氏见努尔哈赤死去，悲痛欲绝，泣不成声。群臣抬着努尔哈赤灵柩至沈阳宫中。努尔哈赤的尸骨未寒，就发生汗位继嗣之争。

时四大贝勒为代善、阿敏、莽古尔泰、皇太极，四小贝勒为阿济格、多尔衮、多铎、济尔哈朗。阿敏和济尔哈朗为舒尔哈齐子，属于旁支，不能争位。莽古尔泰性鲁钝，或言曾弑其母继妃富察氏，也不能争位。承嗣汗位鼎争者主要是皇太极、代善和纳喇氏所出的多尔衮。大福晋纳喇氏是努尔哈赤晚年的宠妃，为阿济格、多尔衮和多铎的生母。努尔哈赤死时，多尔衮十五岁，多铎十三岁，因受父汗偏爱，两人领有正白、镶白二旗，又有其三十七岁正当盛年的生母纳喇氏控制于上，势力强大。这自为皇太极等所难容。诸王以"遗言"为由，迫令纳喇氏殉死：

> 后饶丰姿，然心怀嫉妒。每致帝不悦，虽有机变；终为帝之明所制。留之恐后为国乱，预遗言于诸王曰："俟吾终，必令殉之。"诸王以帝遗言告后，后支吾不从。诸王曰："先帝有命，虽欲不从，不可得也。"后遂服礼衣，尽以珠宝饰之，哀谓诸王曰："吾自十二岁事先帝，丰衣美食，已二十六年。吾不忍离，故相从于地下。吾二幼子多尔哄、多躲，当恩养之。"诸王泣而对曰："二幼弟，吾等若不恩养，是忘父也。岂有不恩养之理！"于是，后于十二日，辛亥，辰时，自尽。寿三十七。乃与帝同枢。

就这样，大福晋纳喇氏成为后金汗位争夺的牺牲品。同时殉葬的还有二庶妃阿济根和德因泽。

纳喇氏死后，多尔衮与多铎年少，失去依恃，无力争夺汗位。汗位的争继主要在皇太极与代善二人之间角逐。代善虽为大贝勒，但性情"宽柔"，先已失宠（见本章第二节），并被削夺一旗，无力与皇太极抗争。他在努尔哈赤生前，因恐皇太极图己，曾跪在其父面前泣诉。这说明代善在与皇太极争夺嗣位时已居下风。四贝勒皇太极兼领镶黄、正黄二旗，"奢得众心"，将卒精锐，"智勇俱全"，战功独多，又得到其兄正红旗旗主贝勒代善的退让，遂得继嗣父汗以登大位。但是，汗权的执行形式是四大贝勒共同听政。他们并坐议政，实行贵族共治，暂未形成君主专制。

后金汗努尔哈赤死后，辽东巡抚袁崇焕向明廷奏报："奴酋耻宁远之败，遂蓄愠患疽死。"朝鲜《李朝仁祖实录》也作了记载：努尔哈赤于"七月间得肉毒病，沐浴于辽东温井（泉），而病势渐重，回向沈阳之际，中路而毙，立其第四子（按：应为四贝勒）"。努尔哈赤之死与皇太极继立，对明朝和朝鲜的历史，后来均发生很大的影响。

努尔哈赤死后，梓宫暂安于沈阳城内。皇太极即位后，命诸贝勒大臣选择墓地，营建山陵：

> 初，上命诸贝勒大臣，敬卜吉壤，建造山陵，奉迁高皇帝梓宫安葬。至是定

议,卜吉于沈阳城东二十里,浑河北石嘴头山,遣官诣东京,奉迁孝慈高皇后梓宫,与太祖高皇帝合葬。大贝勒莽古尔泰母妃富察氏柩,亦同迁焉。

上载史事为崇祯二年即天聪三年(1629年)二月初十日。十三日,清明节,努尔哈赤梓宫安葬:

己亥,清明节,丑刻,以奉安太祖高皇帝梓宫,上率诸贝勒大臣,诣太祖梓宫前,行告祭礼,奠酒,举哀。焚楮币,读祝。祝词曰:"皇考升遐,于时三载,向以未获吉壤,敬奉梓宫,暂安沈阳城内。宏规钜制,有待经营。今谨卜地于浑河北石嘴头山,川萦山拱,佳气郁葱,敬建宝城。用诹吉日,奉迁皇考梓宫,莫兹佳域,伏愿亿万斯年,神灵永安,庆流奕世,中锡无疆。谨告。"逆奂祝文,上与诸贝勒,亲奉太祖梓宫出殿,诸大臣奉安灵举,列卤簿,奏乐。八旗诸臣,以次恭舁龙辅,至山陵。随奉孝慈高皇后梓宫,与太祖高皇帝合葬。大贝勒莽古尔泰母妃富察氏灵榇,亦祔葬于傍。葬毕,焚楮币以祭。于是,命官敬谨守护,陵东西两旁,立下马坊。禁乘车马行走,过必下。诸贝勒大臣以下,小民以上。违者治罪。

努尔哈赤的梓宫,葬于沈阳东石嘴头山,后改名为天柱山,是为福陵,又称东陵。

福陵,山曰天柱,在奉天府城东北二十里。殿曰隆恩,奉太祖高皇帝、高皇后神位,太妃在陵之右。

努尔哈赤死后,其谥号数变:崇祯九年即崇德元年(1636年)四月,初谥为:

"承天广运圣德神功肇纪立极仁孝武皇帝,庙号太祖"。

康熙元年(1662年)四月,加谥为:

"承天广运圣德神功肇纪立极仁孝睿武弘文定业高皇帝"。

雍正元年(1723年)八月,再加谥为:

"承天广运圣德神功肇纪立极仁孝睿武端毅弘文定业高皇帝"。

乾隆元年(1736年)三月,复加谥为:

"承天广运圣德神功肇纪立权仁孝睿武端教钦安弘文定业高皇帝"。

三、大妃被逼殉葬

努尔哈赤的后妃子女,简述如下。

努尔哈赤有十六个妻子:

一,高皇后叶赫纳喇氏,名孟古姐姐,为叶赫贝勒扬佳努女,比努尔哈赤小十六岁,是皇太极的生母。

二,元妃佟佳氏,名哈哈纳札青,生子二:褚英、代善;女一,称东果格格。

三,大妃乌拉纳喇氏,名阿巴亥,乌拉贝勒满泰女,比努尔哈赤小三十一岁,生三子:阿济格、多尔衮、多铎。

四,继妃富察氏,名衮代,生子二:莽古尔泰、德格类;女一,莽古济格格。

五,寿康太妃博尔济锦氏,蒙古科尔沁贝勒孔果尔女。

六,侧妃伊尔根觉罗氏,生子一:阿巴泰;女一:称嫩哲格格,又称沾河公主。

七,侧妃叶赫纳喇氏,为高后纳喇氏之妹,生女一:称聪古图公主,即努尔哈赤之第八女。

八,侧妃博尔济锦氏,蒙古科尔沁贝勒明安女。

九,侧妃哈达纳喇氏,哈达贝勒扈尔干女。

十,庶妃兆佳氏,生子一:阿拜。

十一,庶妃钮祜禄氏,生子二:汤古代、塔拜。

十二,庶妃嘉穆瑚觉罗氏,名真哥,生子二:巴布泰、巴布海;女三:穆库什及努尔哈赤之第五女、第六女。

十三,庶妃西林觉罗氏,生子一:赖慕布。

十四,庶妃伊尔根觉罗氏,生女一,即努尔哈赤之第七女。

十五,庶妃阿济根,努尔哈赤死时从殉。

十六,庶妃德因泽,努尔哈赤死时从殉。

努尔哈赤有十六子:

长子褚英,又称褚燕,因赐号洪巴图鲁,也称红把兔。

次子代善,又称贵永介,因赐号古英巴图鲁,也称贵盈哥,或称大贝勒,后封礼亲王。

第三子阿拜。

第四子汤古代。

第五子莽古尔泰,又称三贝勒、掌正蓝旗贝勒。

第六子塔拜。

第七子阿巴泰。

第八子皇太极,又称红歹是、四贝勒,是为清太宗。

第九子巴布泰。

第十子德格类。

第十一子巴布海。

第十二子阿济格,后封英亲王。

第十三子赖慕布。

第十四子多尔衮,又称多凡哄,后封睿亲王。

第十五子多铎,又称多躲,后封豫亲王。

第十六子费扬古。

努尔哈赤有八女:

长女东果格格,又称东果公主,母为元妃佟佳氏,嫁何和里。

次女称嫩哲格格,又称沾河公主,母为侧妃伊尔根觉罗氏,嫁常书之子都统达尔汉。

第三女名莽古济,母为继妃富察氏,先嫁哈达贝勒孟格布禄之子吴尔古代,称哈达格格,又称哈达公主;后夫亡,改嫁蒙古敖汉部琐诺木杜棱。

第四女名穆库什,母为庶妃嘉穆瑚觉罗氏,先嫁乌拉贝勒布占泰,后因布占泰欲射之以鸣镝,被努尔哈赤取回,又嫁额亦都;额亦都死后再嫁其第八子图尔格,称和硕格格,又称和项公主。

第五女为穆库什同母妹,嫁额亦都之次子达启。

第六女为穆库什同母妹,嫁叶赫纳喇氏苏鼐。

第七女其母为庶妃伊尔根觉罗氏,嫁纳喇氏鄂托伊。

第八女称聪古图公主,母为侧妃叶赫纳喇氏,嫁蒙古喀尔喀台吉古尔布什。

另抚弟舒尔哈齐第四女为养女,初封郡主,晋和硕公交,嫁蒙古巴岳特部台吉思格德尔。

褚英被囚处死之后,努尔哈赤又该如何建储,这成了大问题。其争斗之剧烈,在表面上由于这誓仪,好像是平静了不少;而暗中则不但从未停止过,反而更加紧了。最突出的一对矛盾自然是次子代善与八子皇太极。因为论战功,侄子阿敏与五子莽古尔泰自亦不在代善与皇太极之下,而一个毕竟是侄子,而且他父亲又是获罪被幽而死的;五子莽古尔泰的母亲继妃富察氏,也因在一年前"获罪"遭到努尔哈赤的贬斥。究竟是赐死的,还是抑郁致死的,史书没有详细交代。自然不能排斥被杀的可能。不论怎样,反正由母亲影响到儿子,所以莽古尔泰想要来争夺储位,希望不大。代善与皇太极,以年齿与排行论之,代善在褚英被处死后实际已升为老大,皇太极是行八,相差甚远;以武功与军力来比,代善也处处比皇太极强,武功大而且多固不待言,而且代善一个人已拥有二旗,皇太极只有一旗;再从才德方面来看,代善待人宽厚仁慈,所以众心多归于他,而皇太极一向威仪而严厉,所以大家都怕他。努尔哈赤就从上述几方面来比较,决定让代善来替代褚英之位,执掌国政。为此还赐号古英巴图鲁。朝鲜史书上则称他为贵盈哥。贵盈与古英同为译音。总之代善此时至少已确立了大阿哥的位子。努尔哈赤此时对后事已多有安排,曾说过:"俟我百年之后,我的诸幼子和大福晋,都交大阿哥收养。"这大福晋即大妃阿巴亥,一向为努尔哈赤所钟爱。很明显,把阿巴亥交托给宽厚仁慈的代善,是足以让努尔哈赤放心的。这是他的初衷。

在代善受权协助父汗主持国政期间,一时众望所归,朝中确实出现一片相安无事的局面。在努尔哈赤暂时不在的时候,一些重大的军机也都先报告给代善,他处理得也头头是道,等父汗回来,也多表认可。

而凡事都必须经过时间的考验。大概在代善接替褚英为储君之初,殷鉴尚不远,所以他格外地处事谨慎小心,而在父汗几次认可甚至表扬之后,自然而然对自己的要求也不尽严格了。再说处理政务,本来也没有一把"尺子"能来量出其正确程度达到几尺几寸。所以父子间也总有意见相左或不尽一致的时候,有时代善觉得自己的对,不免会与父汗有争执,而此时的努尔哈赤已独断专行成性,极不容易听得进别人的意见,所以不是去进一步考虑代善的见地是否比自己的更高,而是觉得代善总好顶撞他。加上皇太极的逐渐成长,判断力与见识日长,一方面由于爱母及子,努尔哈赤越来越钟爱大妃阿巴亥,爱阿巴亥与疼皇太极又密不可分。再说皇太极是从小就一直是汗父的心肝宝贝,现在看到他一天天有出息,自然会渐生改立他为嗣之萌芽。而皇太极又正是天生特具政治头脑的人,他悟到汗父日益器重于他,他便巧妙地利用这一点,不动声色地暗下功夫,不露痕迹地设法使汗父越来越把爱集中于他一身,而渐渐疏远甚至讨厌代善。

1620年,万历四十八年,天命五年三月,一次努尔哈赤正好去行幸最小的福晋德因泽,这也是极难得的事,而德因泽早已憋了一肚子"苦水",便向努尔哈赤说:

"陛下忙于出征,多不去宫,即使在朝,也政务繁杂,后宫之事怕多所不知吧!"

努尔哈赤此时已变得十分多疑,一听这话中有话,倒是十分"感兴趣",即追问:

"什么事? 快原原本本向朕说来!"

德因泽被努尔哈赤这么一追问,心中十分得意,暗暗自喜。她守空房已久,夜里孤枕独寝甚为难熬,就一直在挖空心思想,一旦得到机会,便要告大妃的恶状,凭我的三寸不烂,就不怕你不栽跟斗,吃不了兜着走! 现在她故意这么平平淡淡,轻描淡写地一提,陛下果然就已初步上钩,看来有希望,所以来个放长线钓大鱼,欲擒故纵。先更轻地宕开一笔:

"也没什么,陛下尽管放宽心! 有些事奴家在陛下面前也不敢说。没什么! 没什么!!"

这一下更激起了努尔哈赤的好奇心兼疑心来。听话听声,锣鼓听音。显然这位小福晋心中有不少哀怨而没处倾吐,今天我不让她一吐为快,她的苦水又该向谁去吐呢?! 由此在好奇心加疑心的基础上,更增添了三分怜悯之心。为了让这位小福晋吐出真的心曲,努尔哈赤也还真下了些功夫,所以把自己的语气也改得平和了许多,以便与德因泽的心情与语调相一致起来:

"不说也就算了,朕就不听。不过朕看得出,你在后宫受了不少委屈吧?! 都怪朕太忙,到你的宫里来得太少了。可朕是真心疼你的啊!"

德因泽一听,心想,要是再吞吞吐吐,这么难得的一次机会便又白白地溜走了。于是把口气又略一转:

"陛下难得光降寒宫,本不该提那些令人不悦之事啊! 不过,有些事陛下若不及时晓得,就怕事情会愈演愈烈,一朝到了不可收拾的地步,后悔也来不及了啊! 可有些事还真让奴家难以启齿啊!"

"朕恕你无罪,只要是实情,但说无妨!"

"嚷! 奴家还是不敢说啊! 说了陛下准会生气!"

"朕已说了,再说一遍,恕你无罪,你就快说吧!"

"那奴家可真的说了,陛下可真的别生气啊! 不过事情是真有的,不信可去再问问别的几位福晋姊姊。"

"嚷! 你就快说吧!!"

这一下努尔哈赤可真的等得有些不耐烦了。

"大福晋为人一向仁慈,宽大为怀,自奴家进宫以来,她一直像关心小妹妹一样关心我,照顾我,我对她一向由衷地敬仰。不过……"

"不过什么? 快说!"

"不过……"

"嚛,你倒是快说呀!真急死人,怎么老是'不过、不过'的,有什么就痛快地讲,不是朕已恕你无罪了吗?!"

"不过她近来行为有些失检,也没什么。"

"怎么个不检?你倒是快说实情呀!"

"有的是奴家亲见的,有些也只是耳闻,陛下听了千万别生气,不妨再去别的福晋处核实一下。"

"嚛!你就快说你的吧!是否属实,朕自会明鉴。"

"大福晋已有两次亲自备了佳肴,送去给大贝勒二阿哥吃,大贝勒也都接受了,吃了,还直夸她真有心,想得到,做得太好吃了!"

"还有什么?快接着说!"

"也有过一次,大福晋也备了佳肴送去给四贝勒八阿哥吃,四贝勒倒是没当场驳她的面子,收下了,可没吃,更没对她的佳肴夸赞什么。"

"还有什么?都说出来!"

"听说大福晋一天两三次派人去大贝勒家,看来是有要事相商,但都商量些什么,奴家可不知道。还听说大福晋已有两三次了,深夜出宫,谁也不知道她去哪儿了。"

"还有什么?!"此时努尔哈赤的脸已有些发青。

"没了。请陛下恕罪,奴家惹陛下生气了,请恕罪。没了。"

德因泽见努尔哈赤脸色变青,还真有些害怕,但心里乐滋滋的,她想:目的已初步达到,看来效果还不错。

努尔哈赤听后还真是火冒三丈,没想到自己最钟爱的大妃阿巴亥竟有对他不忠的行为,是可忍孰不可忍!但现在还没调查清楚,不能一时冲动乱发火,所以马上自我镇静了一下,对小福晋德因泽说:

"朕没生气。是没什么,朕会去调查清楚的。你既已说完,现在也不谈了,早早安歇吧!"

这一晚努尔哈赤在小福晋宫中看似睡得还很香,与小福晋也堪称久别,胜似新婚,所以自是温馨恬适,事后依然鼾声雷动,若无其事。

事实上这一夜努尔哈赤并没睡得太香,也不可能睡得太香。小福晋侍候他睡着,看他酣睡已沉,便也在他怀里安寝了。当然她也不可能睡得好,下半夜醒来,只听努尔哈赤在哀声叹气,辗转反侧,她便假装鼾睡,好像没发现努尔哈赤有什么动静似的。

其实大福晋与大贝勒代善的关系是也有点儿暧昧,不过也没什么,但就如小福晋德因泽所说,在当时至尊临驾于一切的大汗面前,确实已到了出格,而且很不成体统的地步。爱情本身就是最最自私的,自己的二儿子,现在因褚英已处死而升为长子的代善,虽与阿巴亥年相若,但也绝对不允许有所授受不清。努尔哈赤为此从第二夜起,除大福晋阿巴亥之外,每个福晋的宫中都去住了一夜,耐足了气,都在旁敲侧击地探测一下德因泽所说是否属实。

小福晋为了搬倒大福晋这棵大树，早已不是单枪匹马，而是与众福晋串通一气，所以努尔哈赤到处所听到的都差不多。更何况大家都说：有的是亲见，有的是耳闻，所以即使有所差异也只起个互为补充的作用，而并不能造成什么"口供有出入，并不属实"之类的丝毫怀疑。

努尔哈赤认为自己所摸到的基本情况是属实的。但为了表示慎重，还专门派了扈尔汉、额尔德尼、雅逊和莽阿图四大臣，组织类似现在的专案组之类，去进一步调查，据调查报告说：是有过两三次深夜出宫之事，派人送佳肴给大贝勒代善、四贝勒皇太极之事也确实都有，四贝勒确实没吃，而大贝勒吃了，还深表谢意。总之，事情属实。

更有一些迹象，后来是努尔哈赤"亲见"的了。一次努尔哈赤召诸贝勒进宫议事，地点就选在大妃宫中，那么大妃自然是要出来礼节性招待大家的。因为心存芥蒂，所以会上努尔哈赤特别注意大妃与大贝勒两人的神情，果然"发现"两人间有眉来眼去之事，连大妃那天正好戴了金佩珠，身穿锦缎，似乎也是专门为了要取媚大贝勒。努尔哈赤又极要面子，更是极爱大妃与大贝勒，所以内心十分矛盾：既恨此事之"发生"，又想弥合之掩盖之；既想加罪双方，通令制止此事，又不愿丢了至尊的尊严，弄得落人话把儿，丢人现眼。诸贝勒大臣既知大汗已发现此事，又不愿将此事张扬，所以都装着看不见、没看见，更不再来加油添醋，扩大事态的发展。但事情还总得制止，不容许再继续下去。怎么办？努尔哈赤的对策是暂时置之不理，不予正面揭穿。过了一段时间，找了另外一个借口，说是大福晋窃藏金帛，而勒令离弃。这事实上是对这事情提出一种旁敲侧击式的警告。大妃自然是聪明人，得此离弃之惩罚，心里十分明白，只好乖乖地有所收敛。而从此小福晋德因泽却因告计有功，虽还不够升迁地位，但获得了与大汗同桌吃饭的殊荣，自是十分得意。同时因大福晋之被离弃，大汗行幸小福晋寝宫的机会自然就增多了。只可惜此时大汗已渐年迈体虚，这位小福晋德因泽并没能为大汗生出一儿半女。

在德因泽告计之事的背后，有人认为，是出于皇太极的计谋，此计谋可谓巧矣，一箭三雕。一、大妃被离弃了，二、大贝勒从此声名狼藉，三、离间了大汗与大贝勒间的关系，为自己进一步夺取储君地位，开创了极为有利的条件。而达到这一箭三雕的目的，自己却丝毫不露痕迹。真可谓巧之已极，神妙绝伦。

在1626年，天启六年，天命十一年正月，努尔哈赤在宁远兵败之后，情绪当即为之大大低落。这样一位一向顺利，攻无不克，始终威令显赫的大汗，遭受不起挫折。他早已习惯于只能胜利不能失败，尔今一失败，顿时显出精神萎靡，直到自己都说出"朕心倦惰"这样的话来，可见他一下子几乎会全面崩溃。他心情沮丧，悒悒寡欢，从而严重地影响了身体的健康。

努尔哈赤心灵创伤，导致了身体创伤的难以治愈，创口上什么金伤药都见效至微，终于感染溃脓，那时叫作痈疽突发。这次他更是要强不起来，诸贝勒众大臣看在眼里都为他着急。大小福晋们见他病成这样，有的已为他暗暗垂泪。阿巴亥则已于天命六年四月重新恢复大福晋的称号，所以基本上又一直侍奉着他，眼见他日益消瘦憔悴，而当他的面还只能强颜为笑，心中的焦虑实有过于众福晋多得多。只要有机会离开努尔哈赤病榻稍远,便热泪簌簌而下,泣而不敢出声。一俟努尔哈赤召唤,还必须马上把眼泪擦干。当然,两个眼圈总是红肿的,努尔哈赤又怎会看不出,但体谅她的一片苦心,故一直假装看不见,没发现,谁也舍不得先来捅破这一层薄薄的窗户纸。努尔哈赤对阿巴亥的爱怜之心也益发加深了。

1621年,天启六年,天命十一年八月十一日,这位后金国开国大汗努尔哈赤终于没能熬到返回沈阳宫中,竟客死在归途的舟次。其实那儿离沈阳只不过四十里之遥了,那个地方叫做叆鸡堡。

努尔哈赤在大汗位上凡十一年,享年六十有八。要不是天公不假其年,活上个八九十岁;要不是袁崇焕打败了他的进攻,还是攻无不克,很可能明朝到不了崇祯朝就亡在天启皇帝手里啊!

大妃叶赫纳喇氏阿巴亥刚刚赶到努尔哈赤身边,还不满一个时辰,努尔哈赤即已咽了气。她伤心万分,悲痛欲绝,泣不成声。一幕幕她与努尔哈赤恩恩爱爱的往事,顿时闪电般一一在她眼前晃动,而尔今一切的一切也均成往事,永远也不可能再追回来……

谁知诸贝勒导引着众大臣,抬着努尔哈赤的灵柩回到沈阳宫中,真可谓尸骨尚未寒,竟有更惨的命运在等着大妃阿巴亥呢!

大妃阿巴亥自幼入努尔哈赤之宫,可谓一直是真心诚意地在侍奉着大汗。当时实际上真正的情窦尚未开,等她到了十八妙龄之后,已是深锁于内宫的福晋、大福晋。一切行为都有极严格的礼仪规定钳束着。努尔哈赤虽始终钟爱于她,而一、努尔哈赤毕竟已步老年,尽管他体壮如牛,但年龄不饶人,总有老态显露出来;二、努尔哈赤始终突出政治,狠抓军事,自己的生活总被放在一个极不重要的位置上,反正只要在宫,每夜总有妃子侍候着,尽管对大妃阿巴亥情有独钟,而出于政治考虑,亦并非每夜必宿她宫中;再说,努尔哈赤一生中,有多半生是活动在马背上,征战在沙场上,但凡出征,还总是不带女眷的。

阿巴亥情窦开花之时,所见男子除努尔哈赤之外,无非就是努尔哈赤的儿子、侄子等辈,偏偏倒是他们才与她年相若。而即使严格按大礼行事,贝勒拜见母妃,母妃送礼给晚辈贝勒,也还都在大礼允许的范围之内。所以小福晋所告发的这些事,即使完全属实,也不能就拿这些事作把柄,来论她什么罪的。但一旦有人告发,就是椿"事情";是事情,就应该去查;查无实据,或尚不够立案,而案也早已立上了。

现在努尔哈赤既然临终前别的福晋不想,只想一见大福晋阿巴亥,可见尽管曾因案而废之,但感情这东西是说不清道不白的,更何况不久又早已恢复了阿巴亥大福晋之位,足见努尔哈赤第一离不开的唯有阿巴亥。这正好给想要加害于她的贝勒大臣们送上了最好的借口。

当时八大贝勒亲王中,还尚有四大四小之分。代善、阿敏、莽古尔泰、皇太极是四大贝勒,阿济格、多尔衮、多铎、济尔哈朗是四小贝勒。四大贝勒中,阿敏是舒尔哈齐的大儿子,莽古尔泰又向来因生性鲁莽,而悟性又迟钝,自己不成才而向不为人所重。还有过谣传,说是他杀了自己的生身母亲、努尔哈赤的继妃富察衮代,所以在争大位的问题上是谁也不会去支持他的。四小贝勒中，年最长的自然也比皇太极还小，而且还不是小一点，皇太极行八，阿济格已是行十二，中间还隔着行九的巴布泰，行十的德格类，与行十一的巴布海。阿济格往下排，行十三的赖慕布也不足虑，他是庶妃西林觉罗氏所出。倒是行十四的多尔衮，与行十五的多铎也还必须认真对待，因为多尔衮、多铎与阿济格，均系大妃阿巴亥所出。后来阿济格被封为英亲王；多尔衮也有写作多儿哄的，后被封为睿亲王；多铎，也有写作多躲的，后被封为豫亲王。而济尔哈朗也是舒尔哈齐的儿子，也无权来争大位。

所以在当时，皇太极要夺得大汗之位，对手主要是代善与阿巴亥所生的三兄弟，即四小贝勒中的前三名。阿巴亥的三个儿子中，长兄阿济格虽亦多次随父汗征战，也立有不少战功，但努尔哈赤一向更宠爱他的两个弟弟多尔衮与多铎。所以集中目标来看，皇太极的对手只有两个，一个是他的兄长代善，一个是他的弟弟多尔衮。

先说代善，他虽身为大贝勒，而且在褚英被处死后，他曾一度处于王储之位，按说他得大汗之位比较顺理成章，但他宽厚仁慈，秉性柔弱；再说他就在接褚英居嗣位期间，已遭讦诬，说他与大妃有眉来眼去之事，所以可说也早被皇太极等辈搞臭，在争大汗之位的斗争中倒也不算是皇太极的劲敌。

再说多尔衮，他虽比他的亲长兄阿济格还小几岁，可从小就深得父汗的爱怜，在才能方面早已显露出来，既继承了父汗的雄才大略，还蕴含着他母亲细微大方的秉性，真可谓刚柔相济，粗中有细，还真是块从政的好钢。努尔哈赤驾崩之时，多尔衮只有十五岁，多铎才十三岁，可他俩都已统领着正白、镶白二旗，这以母亲阿巴亥为首的这一家子，实在是皇太极更不可轻忽的政治上的敌手。

如何集中力量来对付多尔衮，如果直接从正面去与多尔衮争夺，还真不好办。皇太极自己虽是皇后孟古姐姐所生，但他是独苗，上无哥哥姐姐，下无弟弟妹妹，所以与多尔衮一旦正面冲突，其他哥哥弟弟不一定都会站到他的一边，而阿济格与多铎倒是确定无疑地会站到多尔衮的一边。

于是皇太极利用他在汗父健在时已布下的网，顺着代善曾与阿巴亥有私的老"污点"，再来个顺水推舟，说是汗父身前曾有遗言，说等我宾天之后，一定让大妃陪我殉葬，以慰我在天之灵！

皇太极这一"亲得自"大行汗父的"遗诏"先在三兄弟之外的诸贝勒中一传，有的信以为真，还有的更坚信这确是先汗父的遗志，要不为什么临终不召别人，而偏偏只召大妃一人赶去见他呢?! 于是都支持皇太极，并希望他立即按遗愿执行之。

在经皇太极多次斟酌修改定的《清太祖武皇帝实录》中，关于这一段历史，即迫令叶赫纳喇氏殉身之事时，有如下的记载：

> 后饶丰姿，然心怀嫉妒。每致帝不悦，虽有机变，终为帝之明所制。留之恐后为国乱，预遗言于诸王曰："俟吾终，必令殉之。"诸王以帝遗言告后，后支吾不从。诸王曰："先帝有命，虽欲不从，不可得也。"后遂服礼衣，尽以珠宝饰之，哀谓诸王曰："吾自十二岁事先帝，丰衣美食，已二十六年。吾不忍离，故相

从于地下。吾二幼子多尔哄、多躲,当恩养之。"诸王泣而对曰:"二幼弟,吾等若不恩养,是忘父也,岂有不恩养之理!"于是,后于十二日,辛亥,辰时,自尽。寿三十七。乃与帝同柩。"

大妃阿巴亥曾一度与努尔哈赤间有嫌隙,其实这也是捕风捉影,是遭谗受诬。而在这皇太极动过手的所谓《实录》里,竟进一步诬蔑她心怀嫉妒,而且每致帝不悦,好像她老在要奸,而一次又一次被努尔哈赤明察,及时得到制止,这显然是对大妃加的莫须有的罪名,连死后也不肯轻易放过她,还要她永远背黑锅至千秋万代,这用心可也真够狠毒的。好在《实录》不实,已成千秋公论,姑妄听之则可,尔今还坚信《实录》乃真实不虚之记录的人,已为数不多了。

向大妃阿巴亥发难,在努尔哈赤面前告讦的小福晋庶妃德因泽,以及另一位庶妃阿济根,她俩都没赶上为努尔哈赤生儿子,搬弄是非倒是真有一套。在利用她俩来离间汗父与大妃的关系时,曾是皇太极的马前卒,现在她俩的历史作用已完成,对皇太极来说已没有什么用,留下来倒还可能会搬弄新的是非,所以皇太极也逼令她俩一并从殉了。

就从已经被严重窜改了的《实录》中,也已不难在字里行间看出大妃阿巴亥当时被逼自尽的点点滴滴来。

努尔哈赤咽气时,已是八月十一日的未刻。未刻按现在的记时来说是下午一点到三点之间。农历八月中旬,东北倒已是凉爽宜人的季节,而供冰季节已过,尸体想等久留依然十分困难。在这个时候这个节令,人一死,要不马上入殓,不然很快便会腐臭而一发不可收拾。好在离沈阳也已只有四十里的路程了,人活着经不起车马之劳,现既已咽气,努尔哈赤又一向身材魁梧,年龄六十八已属望七高龄,得的又是硬伤与急病,像这样一位多半身剧烈活动在马背上,身穿近百斤重铠甲的武人,一旦因病不能活动而又被迫停止锻炼的人,是很容易变胖的。努尔哈赤病卧多日,除汤药增进之外,吉林老人参与鹿茸之类的大补之物还没有少进,从而胃口倒是一直大开,哪顿不大块吃肉还真受不了,所以在登舟之后的短短几天内,体重又增加了不少,日见其增胖。所以当阿巴亥刚刚赶到他身边时,初一照面还倒为之宽了些心,心想是所得口谕怕是有些走样。多日不见,气色似乎比以前还好得多。谁知那是多吃少动而激剧积攒的多余脂肪,加上病入膏肓以后的浮肿。阿巴亥猛一看,还真以为他胖了,其实这胖不能读作第四声 pàng,倒应改读为第一声 pāng,才对。当然第二个印象马上就纠正了第一印象的错误,只见他目光发直,说话也再不是以前的声如洪钟了,这一下阿巴亥可才真的感到事情不妙。

在努尔哈赤决定去清河汤泉疗养时,虽医嘱别带福晋,这是以前去疗养时所从未有过的,但阿巴亥倒也没意识到病情的严重。现在亲眼得见努尔哈赤不是胖(pàng)而是胖(pāng),心中顿时好像压着块大石头;又听他说话的声儿也低了,气儿也短了……更是搅得她一时心乱如麻,眼看着这棵大树是保不住了,要倒。如果树一倒,倒不是怕猢狲散,而是怕本来已遭忌遭谗的她,会进一步落入无人怜惜,墙倒众人推的地步。可在当时,上述这些还只是几秒钟的一闪念,很快她便强作镇定,投入侍奉护理的紧张事务中去了。

病情急转直下,阿巴亥还一心想通过她一片诚笃的精心护理,感动上苍,能出现奇迹,起死回生呢。她的全身心此时只转这一根筋,真是如痴如呆,别的神经已全然麻木了。

还没等从麻木中清醒过来,努尔哈赤竟没来得及对她说上一句整话,就在叆鸡堡附近一命呜呼了。

这棵大树一倒,宛如山崩地裂,霎时间一切都变了,一股迅雷不及掩耳之势直向大妃阿巴亥扑来。

首先阿巴亥一见大汗断了气,当然要扑到努尔哈赤身上号啕大哭,这时几位贝勒爷当即上来连接带拽地把她劝到了一边,而从此除了在必须她出现的几个公开场合之外,几乎等于被软禁了起来。

代善此时自知要与皇太极去争夺大汗之位已不太可能。本来他是一个人拥有八旗中的两旗的,而就在他遭谗废储之后,情况正好倒了过了,他只削剩了一旗,而皇太极倒拥有了两旗——镶黄与正黄。早在努尔哈赤尚健在之时,就为了这一力量对比的转换,代善曾跪在汗父膝下,噙着泪向汗父泣诉,希望汗父原谅他,别让皇太极再进一步骑在他头上作威作福,可见那时他已丧失了夺嗣的信心。现在汗父一宾天,他更是只有紧跟皇太极,拥戴他登上大位的分了。因为他想到,阿巴亥的两个小儿子多尔衮与多铎也各拥有一旗——正白旗与镶白旗,上面还有这位正当盛年而精明能干的母妃可作后台,为他们出谋划策,要是一旦大权落到多尔衮手里,再又追查起他曾与他们的母亲的暧昧关系来,那可真更不好办了。想到这一层,代善更是下定决心,死心踏地地站在了皇太极的一边。

在搞掉大妃阿巴亥这一点上,皇太极与代善可谓一拍即合。

这时的天又是这样地闷热,如若不及时入殓,尸体很快便会更胖(pāng),眼看着它在逐渐膨胀,汗毛孔中都在往外渗汗水。

皇太极办事一向雷厉风行,一不做二不休,就在大汗驾崩的第二天,当即拉上大贝勒代善,又去叫来了三贝勒、正蓝旗旗主皇五子莽古尔泰,一同来到阿巴亥的宫中,让莽古尔泰出面来宣布大行汗父的"遗命",声称是努尔哈赤早就对皇太极说过的:"等朕一驾崩,你们必须命她为朕殉葬!"

这对大妃阿巴亥来说,可真好比是晴天霹雳,脑子当即轰然作响,本来已相当麻木的脑子,一时更显得不好使了。没想到逼她上吊这么快便降临了。

阿巴亥毕竟是个聪明而正直的人,在死到临头的刹那,突然一下子恢复了清醒。先是对三位贝勒说:

"老皇驾崩之时,我是一直守在跟前的,老皇并没说过要我殉葬的话!"

"这可是汗父早就对我说了的。当时汗父还嘱咐我,一定要向大福晋保密,就怕大福晋不从遗命啊!"皇太极还理直气壮地立即加以补充。

此时阿巴亥算是彻底看穿了四贝勒不可告人的诡计,指出:

"你们为了夺取汗位,竟然什么都做得出来,假传汗谕,真阴险毒辣啊!你们还有没有一点良心,汗父尸骨未寒,就来要我的命,真是天理不容啊!"

她的话虽词严义正,但已到了这个份儿上,再说什么也已白搭了。皇太极虽还没正大位,但代善为了明哲保身而倒向了他一边,加上还有这位鲁莽灭裂的莽古尔泰,吹胡子瞪眼的,阿巴亥深知今天这三尺白绫悬梁自尽的下场是绝对逃不脱了。此时此刻的阿巴亥,脑子顿时更加麻木了,却集中在一点上显得异常清醒:为了保住自己的儿子们,不要一并遭害,还必须显出镇静自若的样子来。这时,一幅与努尔哈赤在天国里携手连袂,相依相若的图景,飘飘欲仙似地出现在她脑际。古人多相信天堂,相信地狱,相信来世。时年才三十有七的美貌典雅的阿巴亥,已被天堂美梦所笼罩,所以只想让她的儿子们还能在人世间活下去,最后还为他们创造些自己力所能及的条件。

这时,阿巴亥更得冷静自如,从而也更显得端庄俊俏了。她对三位贝勒提出:

"我要在天堂里继续侍奉皇上,怎能就以现在这样随随便便的打扮去侍奉呢?!我必须去换上大妃的最端庄的礼服,戴上皇上生前赐给我的最珍贵的珍珠宝贝,装饰得雍容华贵,也好在天国里继续为皇上争光,讨皇上的欢心啊!"

三位贝勒一时倒还真被这番真切动人的话语所打动。尤其代善,一直深藏着对阿巴亥的一片仰慕之心。听她说到此,心中好不矛盾,为了保住自己,必须在这一事上支持皇太极;而看到这么貌似天仙,洁如白玉的大妃,好端端地必须去送死,一眶热泪禁不住要夺眶而出。但男子往往更是侧重于为人与政治的,所以代善的一眶热泪终于转了向,流回了肚里。

等阿巴亥进宫去换衣装饰打扮之时,皇太极早已派手下人把带来的那条白绫挂到了梁上,结好了扣,下面又端来了一条板凳。

阿巴亥细细地、慢慢地一点点打扮起来,外面的三个贝勒,尤其那位莽古尔泰,早已等得不耐烦了。

当婢女一撩门帘,大妃阿巴亥稳步踱出内室时,一团珠光宝气,直向三位贝勒与众侍从扑来,弄得大家眼花缭乱,连杀气腾腾的皇太极一见,顿时也有些动心了。

阿巴亥缓步走到大家面前,大家鸦雀无声,都瞪大了眼睛连眨都不敢眨,为她的从容就义深深打动。她当着三个贝勒与众人之面,对皇太极说,因为她深知,她自己是看不到皇太极即位了,而大位已稳操在他手中:

"四贝勒!我从十二岁即归汗王,二十六年来汗王对我关爱备至。我与汗王同桌共饮,同枕共寝,总是丰衣美食的,我还有什么可不满足的呢?!现在我深愿在天国继续侍奉汗王,我还不老,脸上还没有皱纹,我坚信在天国还能博得汗王的欢心。只是有一条,我的两个小儿子多尔衮与多铎尚年幼,我实在放心不下,在此最后一次专诚拜托诸位大贝勒,念在都是汗王骨肉的分上,在我随汗王宾天之后,好好地多加照应吧!"

皇太极虽也为此不无感动,但此时想得更多的仍是快快让她自尽,免生什么枝节,所以话虽是指名对他说的,他却一言不答。

代善这会儿实在忍不住了。虽然还必须站在皇太极的立场上,用代为回答的口气对阿巴亥说:

"大妃请放心上路吧！只要大妃能尽节,我们现在当大妃面对天起誓,一定保护好大妃的儿子！大妃放心吧!!!"

　　此时三位大贝勒又一同向大妃频频点头,敦促大妃上路。大妃仪容平和,稳步来到板凳前,一步跨到高凳上,自己用双手将脖子套进了白绫圈,然后又将手从从容容地垂下……

　　宾天大礼行毕,这时是八月十二日的辰时,即上午八点钟前后。

开国英主

清太宗——皇太极

第一章　女真崛起

我国东北的长白山景色迷人,奇伟秀丽,这里曾经是满族的诞生地。有一个美丽动听的神话故事,至今还在满族人中广泛流传。

它讲述的是,在很久远的时候,长白山东北的布库里山下,有个叫布尔湖里的湖泊,风景优美,终年碧波粼粼。一天,有三位仙女自天而降,来到湖泊中洗浴。浴后上岸,见一神鹊将嘴里衔着的一颗红色果子,放置在名叫佛古伦的仙女衣服上。果子晶莹无比,色彩鲜艳。佛古伦非常喜爱,不忍丢弃,遂衔于口中。她刚一穿衣服,不慎将果子吞入腹中,立即感到身内有孕。于是,她对另外两位仙女说:"我觉得腹中沉重,不能与你们一同升天,怎么办?"另两位仙女回答:"我们都曾服用过丹药,肯定不会有死的危险;此事大概是天意,等你身轻后,再升天也不晚。"两位仙女安慰佛古伦几句话后,便飞身离去。

后来,佛古伦生下一个男孩,姓爱新觉罗,取名为布库里雍顺。这个孩子举止非凡,相貌奇伟。等他长大以后,佛古伦便给他一条船,让他乘船顺牡丹江而下,穿过丛林峡谷,到了牡丹江与松花江的汇流处。佛古伦升天后,她所生的这个男孩,就成为满族的始祖。以后,他的后代,在白山黑水一带的广阔地域上,不断开疆拓土,发展壮大,创造了一个又一个神话般的奇迹。

满族最初叫女真族。自金政权灭亡后,女真人一直处于互不统属的状态中。到了明朝万历年间,满族出现了一位了不起的民族英雄。他就是爱新觉罗家族的努尔哈赤。他竟在三十来年的时间里,力挫群雄,完成了几百年未曾有人能完成的统一女真各部的伟大事业。

明初,女真人主要分为建州、海西、"野人"三大部。十四世纪中期,建州女真从牡丹江流域迁徙到浑河上游、苏子河沿岸,包括辽宁东北部和吉林南部的广大地区定居下来。明朝在建州女真设三卫,即:建州卫、建州左卫、建州右卫。明万历初年是女真人历史上极为动荡的时期。由于内部纷争,以及明王朝在女真地方极力推行民族歧视和民族压迫政策,女真各部进一步分裂,形成了割据自立的若干部落。建州女真包括:苏克素浒河部、浑河部、董鄂部、哲陈部、完颜部的建州五部,和鸭绿江部、朱舍里部、纳殷部的长白山三部;海西女真则分为哈达部、叶赫部、乌拉部和辉发部四部;"野人"女真分为窝集、瓦尔喀和虎尔哈三部。当时,女真"各部蜂起,皆称王争长,互相战杀。甚至骨肉相残,强凌弱,众暴寡",一片混战。

明朝统治者由于害怕女真"兵满万人,则不可敌",而对其实行以夷制夷、"犬牙相制"的政策,千方百计阻碍女真各部的统一。明万历十一年(1583 年)二月,明辽东总兵李成梁在苏克素浒河部图伦城主尼堪外兰的引导下,出兵镇压建州右卫的古埒城主阿台,围攻其驻地古勒寨。此时,努尔哈赤的祖父觉昌安任建州左卫都指挥,父亲塔克世为建州左卫指挥。阿台之妻是觉昌安的孙女。觉昌安见古勒寨被围日久，难免会遭到明兵的杀劫，想救出孙女免遭兵火，又想去劝说阿台投降，就同儿子塔克世一起到了古勒寨。塔克世留在外面等候，觉昌安独身进入寨里。因在外面等得太久，塔克世也进寨打探。由于明军攻城越来越急，觉昌安父子都被围在寨内。阿台被部下杀死，合寨降顺。李成梁遂"诱城内人出，不分男妇老幼，尽屠之"！努尔哈赤的祖父和父亲在混乱中也被明军误杀。

祖父蒙难的噩耗传来，努尔哈赤悲痛欲绝，并去责问明朝官吏："祖、父无罪，何故杀之?"明朝官员告诉他："汝祖、父实误杀。"明政府于是给努尔哈赤敕书三十道，马三十匹作为补偿，还命他承袭父职，任建州左卫指挥。此时努尔哈赤虽对明朝极为恼怒，但还无力与明朝对抗，便将杀死祖父的愤怒，全部倾泻到尼堪外兰身上。同年五月，努尔哈赤借报祖父之仇为名，以祖父"遗甲十三副"，率兵百人，向尼堪外兰的驻地图伦城发动进攻。尼堪外兰弃城逃走。

努尔哈赤起兵后，对内在政治上，"定国政，禁悖乱，戢盗贼，法制以立"；在经济上，"互市交易，以通商贾，因此满洲民殷国富"。对外征服中推行"远交近攻之术"，一般是由近及远，先弱后强，逐步扩大；同时，积极与蒙古结盟，与明朝仍然保持臣属关系，尽力避免与明朝发生冲突。在征讨女真各部中采取"恩威并行，顺者以德服，逆者以兵临"的办法。这些措施，加速了努尔哈赤统一女真诸部的步伐。

统一女真的事业，首先是从建州各部开始的。从万历十一年(1583 年)到万历十七年(1589 年)，努尔哈赤以六年多的时间，相继征服了建州五部。特别是万历十六年(1588 年)董鄂部的何和里"率众归降，兵马五万余"，大大增强了努尔哈赤的力量，于是，"环满洲而居者，皆为削平，国势日盛"。接着，努尔哈赤又于万历十九年(1591 年)，兼并了长白山的鸭绿江部。到万历二十一年(1593 年)统一了包括长白山三部在内的整个建州女真。

建州女真的统一和努尔哈赤的日益强大，必然导致与海西四部的冲突。海西四部中以叶赫部最为强大，乌拉、哈达、辉发等部都是它的盟友。万历十九年(1591 年)，叶赫部首领纳林布禄恃强遣使来到满洲，向努尔哈赤强行索要土地，并责令其降顺，遭到努尔哈赤的有力训斥。不久，纳林布禄又伙同乌拉、哈达、辉发等部，共同遣使来到满洲，要努尔哈赤归降，如若不从，便要兴兵问罪。努尔哈赤听罢，勃然大怒，厉声斥责，并在来使面前举刀将桌子劈成两半，表达了自己誓死不降的决心。

纳林布禄见压服不成，恐吓无效，便决心诉诸武力。万历二十一年(1593 年)六月，叶赫部纠合哈达、乌拉、辉发等三部，"四国合兵"进攻建州的布察寨，努尔哈赤率兵迎战，大败四部联军。

同年九月，叶赫部贝勒布寨、纳林布禄又纠集哈达、辉发、乌拉、科尔沁、锡伯、瓜尔佳、纳殷、朱舍里，组成九部联军，合兵三万。共分三路，向建州的古勒山方向扑来。努尔哈赤立即派人到各路侦察敌情，根据探骑送来的情报，努尔哈赤对双方力量作了分析。他认为，"来兵部长甚多，杂乱不一，谅此乌合之众，退缩不前""我兵虽少，并力一战,可必胜矣"。叶赫等九部联军先攻打建州的扎喀城,久攻不下,又转攻黑济格城,仍不得手。此时,努尔哈赤领兵来到黑济格城附近的古勒山,这里"寨陡峻,三面壁立,濠堑甚设"。他利用有利地形,埋伏精兵,然后派人"以百骑挑战",九部联军不知是计,便放弃围攻黑济格城,全军直奔古勒山下。当敌军进入伏击圈时,建州伏兵四起,像山崩似的冲下来。一时间,骑涛呼啸,矢石如雨,杀得遍地殷红。九部联军溃不成军,被屠戮,被践踏,不可胜数,尸横遍野!古勒山之战,叶赫部贝勒布寨及其以下四千人被斩杀,乌拉部首领布占泰被俘,缴获战马三千匹,铠甲一千副。从此,建州"军威大震,远迩慑服矣",为日后统一海西女真打下了基础。

古勒山之战后,努尔哈赤虽然打退了九部联军的进攻,但他也认识到自己的力量还不可能一举攻灭海西四部。因此,他采取分化瓦解、各个击破的战略。一方面,与海西四部中较为强大的叶赫部、乌拉部联姻结盟,特别是拉拢乌拉部的首领布占泰。布占泰在古勒山战役被俘后,努尔哈赤并没有杀他,留养三年后,将其放回原部。努尔哈赤与他曾五次联姻,七次盟誓,布占泰虽然表面上与建州和好,而私下里南结叶赫,西联蒙古,时时不忘积蓄力量。万历二十七年(1599年)九月,努尔哈赤利用哈达部与叶赫部的矛盾,以及哈达部发生饥荒之际,出兵哈达部,经过六昼夜的激战,攻陷哈达城,哈达部所属城寨完全降服。万历三十五年(1607年)正月,乌拉部首领布占泰,为了阻止努尔哈赤统一海西女真和进入东海女真地区,当得知努尔哈赤派兵前往东海瓦尔喀部斐优城时,便"发兵万人"在图们江右岸乌碣岩一带截击。结果建州"缘山奋击,乌拉兵大败""斩三千级,获马五千匹,甲三千副",取得了很大胜利,这是努尔哈赤继打败九部联军之后又一次关键性的战斗,从此乌拉势力大衰。同年九月,努尔哈赤乘辉发部内乱之机,将其吞并。万历四十一年(1613年)正月,努尔哈赤又乘乌拉统治不稳,亲自率领大军征讨乌拉,攻占乌拉城,布占泰逃往叶赫,乌拉灭亡。

努尔哈赤取得乌碣岩之战的胜利,打开了通向东海地区的大门。当时分布在这一带的有窝集部、瓦尔喀部、使犬部、使鹿部等,包括赫哲、恰喀拉、奇勒尔、费雅喀等族。万历三十五年(1607年),努尔哈赤出兵收服瓦尔喀斐优城,城主策穆特赫率众归降。万历三十七年(1609年),攻占东海窝集部的瑚叶路。万历三十八年(1610年)收服窝集部的那木都鲁、绥芬、宁古塔、尼马察四路。万历三十九年(1611年)攻取窝集部的乌尔辰、木伦二部。万历四十二年(1614年)招服窝集部的雅揽、西临二路。万历四十三年(1615年),征服窝集部的东额赫库伦城。随之,东海诸部相继归附。

努尔哈赤由"遗甲十三副"起兵,发展到"自东海至辽边,北自蒙古、嫩江,南至朝鲜、鸭绿江,同一语言俱征服",使"诸部始合为一"。他前后用了三十多年的时间,统一了建州女真的全部和海西、"野人"女真的大部分,基本上结束了女真社会的长期分裂、割据、动乱的局面,从而推动了女真社会的发展和满族共同体的形成。

努尔哈赤统一女真各部后,地域扩大,人口增多,因此迫切需要有一套比较完整的管理制度。万历四十三年(1615年)十一月,努尔哈赤在原有牛录组织的基础上,创建八旗制度。

第二章　后金骁将

一

　　皇太极是建立后金的开国功臣之一。他父亲努尔哈赤自万历十一年(1583年)起兵后,经过三十多年的艰苦奋战,正式建立了后金政权。皇太极成长起来,在他父亲指挥和率领下,勇敢地参加了统一女真的战斗,被他父亲视为兄弟子侄中最值得依赖的一员骁将。

　　后金是在中国境内从明朝统治下的女真人逐步统一的基础上建立起来的国家政权。万历十五年(1587年)努尔哈赤统一了建州各部女真之后,筑佛阿拉城,就有了一个政权的统治中心。随着军事征服的胜利和政治影响的扩大,万历三十一年(1603年)努尔哈赤又从佛阿拉城迁到赫图阿拉,筑城建垣。后金正式建立时,这里就作了都城。以此为中心,统治南自鸭绿江,北达黑龙江,东濒大海,西到辽东明朝边墙的广大地区。境内有满、蒙、汉及朝鲜族等。从佛阿拉到赫图阿拉,实为后金建立确定了根本重地。

　　原来在女真人中行师出猎,照依族寨而行,有十人总领制度,到万历二十九年(1601年)经努尔哈赤改编,创建了八旗制度。当时规定,每三百人立一牛录额真管属。于是十人总领制度变为三百人的牛录制度;作总领的牛录额真正式成了官名。初建时仅有四个牛录,以黄、红、蓝、白四色旗加以区别。后来征服和招降了更多的人口,三百人为一牛录的制度不变,而牛录之数增加。到建国前一年(1615年),进一步发展为八旗。已有的四种颜色的旗叫四正色,后增加的黄、白、蓝三种颜色的旗都镶红边,红旗镶白边,叫四镶色。总共合起来正黄、正红、正蓝、正白、镶黄、镶白、镶蓝、镶红就是完整的八旗。这是牛录制度的扩大和发展。其八旗制度的正式编成过程是:

　　"太祖削平各处,于是每三百人立一牛禄厄真,五牛禄立一扎拦厄真,五扎拦立一固山厄真。固山厄真左右立美凌厄真。原旗有黄、白、蓝、红四色,将此四色镶之为八色,成八固山。"

　　牛禄厄真或写作牛录额真,即佐领,扎拦厄真或写作甲喇额真,即参领。固山厄真或写作固山额真。满语固山,汉译为旗,固山额真,即旗主。美凌厄真或写作梅勒额真,即副将。牛录额真之下设代子、章京。章京四人,分领男丁三百,编成四达旦,每达旦的人,行则同行。八旗制度是社会组织,也是军事制度。最初编入八旗的是满族人。先有满洲八旗,皇太极即汗位以后才陆续增编汉军八旗和蒙古八旗。正式编成八旗,就把努尔哈赤占领地区的人口全部包括了进去。"以旗统人,即以旗统兵""凡隶于旗者,皆可以为兵"。从八旗里抽取兵丁,参加作战。对他们有严格的组织纪律要求,努尔哈赤曾规定,行军时,若地广则八固山并列,队伍整齐,中有节次;地狭则八固山合一路而行,节次不乱。军士禁喧哗,行伍禁杂乱。作战时,披重铠甲执利刃者为前锋;披短甲善射者自后冲击;精骑立于别处,不要下马,随时准备应付紧急情况。八旗制度的建立和完善,提高了战斗力,使原来的生产组织成了正式军队,这为后金的建立又创造了一个必要的条件。

　　地区不断扩大,人口日益增加,政治、军事、司法等头绪多,任务重,努尔哈赤不可能事必躬亲。为了进行有效的统治,一要建立各种制度;二要任用各级官吏。万历十五年(1587年)六月二十四日,努尔哈赤"定国政",立刑法:"凡作乱、窃盗、欺诈,悉行严禁。"这是较早的制定的重要统治制度,包含着维护社会秩序和保护奴隶主私有财产。到了正式建国前夕,努尔哈赤感到急需治国的能臣,提出必须"多得贤人"。他下令:"若有临阵英勇者,赐以官赏;有干国忠良者,用以佐理国政;有博通古今者,用以讲古今;有才堪宴宾客者,用以宴宾客,各处搜罗可也。"努尔哈赤很懂得一点用人的道理,他说选择人才,不要求全,所谓"全才者",天下有几人? 对于一个人来说,才能有长短,作事有工拙。有的人能打仗,是"阵中之勇",让他理政,则"拙而无用";有的人适宜于治国,让他领兵打仗,则难以取胜。任人必须"皆随其才"。这时他"又立理政听讼大臣五员,都堂十员,太祖五日一朝"。凡事,都堂先审理,其次上达五大臣,五大臣进一步核实,再上达于诸贝勒,最后达于努尔哈赤。如此循序问达。这又为后金的建立奠定了行政、司法制度的基础。

　　尽管这样,努尔哈赤也明白,民以食为天,人民"缺食必至叛散",要建立一个国家还必须有可靠的物资保证,要有物质基础。因此他很注意发展生产。起兵之初,他靠明朝发给的敕书,同明朝进行贡市贸易。万历十五年以后,每年又得到明朝给的八百两银子和十五匹蟒缎。后来着重发展本地区的生产,万历二十七年(1599年)三月"始炒铁,开金银矿"。万历四十一年(1613年)下令,各牛录出男丁十人、牛四头,开荒屯田。粮食多起来,造仓积粮,设仓官十六人,吏八人。后金是建立在努尔哈赤统治区的农业、手工业和商业都有了进一步发展基础上的国家政权。

　　在走向建立一个新兴的国家政权的道路上,基本的物质基础和各种制度逐渐齐备。所差的就是国家和最高统治者的称号尚未确定,也没有自己的独立纪年。由于权势的猛烈膨胀,他在本部落内以及和明朝、蒙古与朝鲜的来往中,称呼都很混乱。万历十七年朝鲜人已知道努尔哈赤在建州部内"则自中称王"。万历二十四年朝鲜南部主簿申忠一出使建州,亲自听到努尔哈赤部下称他为"王子"。万历三十四年(1606年)蒙古喀尔喀等五部又尊努尔哈赤为昆都仑汗(汉译恭敬之意)。对努尔哈赤所建立的政权叫什么名称,一时也是混乱的。后金建立前,努尔哈赤已自视有国,有时称金,有时称"女真国建州卫"。但是,努尔哈赤长期坚持接受明朝的任命,他称王、称国的时候,给朝鲜的文件,仍盖着"建州左卫之印"。万历二十九年,努尔哈赤自称"女真国龙虎将军"。所有这些,反映出努尔哈赤要求打破仅仅接受明朝对他的任命,但一时又无法寻找出恰当的国家政权和个人称号。

　　名不正则言不顺。努尔哈赤所处的现实,需要在政权建设上更加完善。也就在这种情况下,他的诸子积极拥护和支持建国上尊号,尤以皇太极等主张最力,他们认为没有统一的国名和统治者的尊号不利于巩固已有的胜利和进一步发展。皇太极等选定一个喜上加喜的日子,就是万历四十四年(1616年)正月初一日,为努尔哈赤上尊号。这是新年元旦,这天来到的时候,努尔哈赤五十八岁,他们为他举行了庄严隆重的仪式。先是皇太极等诸贝勒、大臣们开会议论说:我国没有汗时,忧苦极多,蒙天保佑,为使人民安生乐业,给降下一位汗,我们应给抚育贫苦人民、恩养贤能、应天而生的汗奉上尊号。大家一致赞成。

议定后,皇太极作为四贝勒,同他的三个兄弟大贝勒代善、二贝勒阿敏、三贝勒莽古尔泰为首的八旗诸贝勒、大臣,率领众文武官员,在四面四隅的八处站立。八旗八大臣从众人中走出来,捧着文书,跪在前面。八旗诸贝勒、大臣率众人跪在后面。阿敦虾(虾,侍卫之意)立于汗的右侧,额尔德尼巴克什(巴克什,学者之意)立于汗的左侧,从两侧前迎八旗八大臣跪呈的文书,奉于汗前,置在桌上。额尔德尼巴克什在汗的左前方站立,宣读上尊号为:奉天覆育列国英明汗。尊号一呼出,跪着的诸贝勒、大臣都站起来,汗也从坐着的御座上站起来,走出衙门,向天三叩首。叩首完毕,汗回到御座。八旗诸贝勒、大臣,各依年齿,向汗叩首三次,祝贺新年。全部仪式在赫图阿拉城内努尔哈赤的宫室举行。迄今尚有尊号台遗址在,俗称金銮殿。

以努尔哈赤上尊号为标志,一个新的国家政权在中国大地的东北建立起来。这个国家的名称就叫金,或称后金。年号则为天命。努尔哈赤是这个国家名副其实的最高统治者。后金是清朝的前身,这个名称在历史上曾通行一时。天命四年(1619 年)朝鲜人看见努尔哈赤发行的文件上盖着篆刻的"后金(国)天命皇帝"七个字的大印。在文献和文物上也都有反映。后金的建立是以努尔哈赤为首的满族贵族奴隶主的巨大胜利和成功。他们掌握这个国家政权,对广大的奴隶进行统治和奴役。

<h2 style="text-align:center">二</h2>

在后金建立前后,皇太极是努尔哈赤的得力助手,在开创后金和治理这个国家的过程中发挥了重要的作用。

努尔哈赤拼命追求权力,但是当他把巨大的权力握在手里的时候,并没有飘飘然忘乎所以。他小心谨慎,紧紧抓住用智慧和血汗争得的这一切。他坚持同周围的功臣宿将,有时是地位低下的部众商议军国大事,然而他敏感、多疑,喜欢像皇太极那样的忠臣孝子,不容任何人对他的地位和权力进行挑战。在创建后金国的过程中,为巩固和加强他的地位与权力,他处理了两个人的问题。这对皇太极的未来有重大关系,因而引起皇太极的关心与协助。

一是皇太极的叔父速尔哈赤。速尔哈赤是努尔哈赤之同母弟。努尔哈赤兄弟五人,他居长,三弟速尔哈赤、四弟雅尔哈赤为同母所生。还有庶弟穆尔哈赤、幼弟巴雅喇为庶母和继母所生。速尔哈赤比努尔哈赤仅仅小四岁,他幼年差不多同努尔哈赤有一样的生活经历。万历十一年以后,有时和努尔哈赤一起,有时是自己单独驰骋在统一女真的战场上,冲锋陷阵,屡建功勋。由于他英勇善战,曾被努尔哈赤赐号"达尔汉巴图鲁"。巴图鲁,汉译意思就是勇士。

速尔哈赤渐渐名闻中外。他在明朝人的心目中,地位与其兄努尔哈赤相等。他们称努尔哈赤为都督,也称速尔哈赤为都督。万历二十五年七月,他到明朝进贡,历史便记载:"建州等卫夷人都督、都指挥速儿哈赤等一百员名,纳木章等一百员名,俱赴京朝贡,赐宴如例。"因为他排行第三,明朝人也称他为"三都督"。在明朝人看来,速尔哈赤同努尔哈赤一样,势力越来越大,威胁明朝的安全。明辽东总兵李成梁之子李如柏曾娶速尔哈赤女为妾,生第三子,李如柏做了镇守辽东总兵官,当地就流传歌谣:"奴酋女婿作镇守,未知辽东落谁手?"朝鲜也经常把速尔哈赤与努尔哈赤相提并论,注意他们的动向。他们了解到,努尔哈赤称王时,速尔哈赤则称船将。朝鲜通事河世国等到努尔哈赤所在地,努尔哈赤在家招待时行礼,设宴;再到速尔哈赤家,一样行礼、设宴。各有赏给。差别是努尔哈赤屠牛,速尔哈赤宰猪。兵力不同,努尔哈赤麾下万余名,速尔哈赤麾下五千余名。万历二十四年申忠一所见"奴酋诸将一百五十余,小酋诸将四十余",而"服色与其兄一样"。在朝鲜人的眼里,速尔哈赤是女真中仅次于努尔哈赤的第二号人物。

问题不完全在于速尔哈赤的势力与地位可比努尔哈赤,而是他们的关系并不亲密无间。努尔哈赤统一女真各部,走向称王建国,需要更加集中权力,速尔哈赤同他的矛盾尖锐并暴露了。万历二十七年九月征哈达,速尔哈赤自告奋勇,请战说:"可令我为先锋,试看如何?"努尔哈赤命令他领一千兵前进,行至哈达城,遇到哈达兵出城拒战。速尔哈赤按兵不动,对努尔哈赤说:"敌兵出城抵御!"努尔哈赤斥责他说:"这次出来打仗,难道是因为敌人城里没有防备吗?"又"怒喝"速尔哈赤:"带你的兵向后去!"即让他继续进攻。当时速尔哈赤的兵进路受阻,绕城而行,敌人从城上射箭,军中伤者很多。后来终于把城攻占了。努尔哈赤如此大发雷霆,就是要打击速尔哈赤对他不忠、不合作和不服从调动。

万历三十五年(1607年),东海瓦尔喀斐优城头目策穆特赫摆脱乌拉布占泰的控制,率众来降。努尔哈赤命令弟速尔哈赤同子褚英、代善并大将费英东、扬古利、常书、侍卫扈尔汉、纳齐布等领三千兵往迎。出发时,夜黑天阴,忽然军旗上连连闪出一道道白光,众将官无不惊奇。速尔哈赤说:"我从小打仗以来,未曾见过这种怪事,想必是凶兆!"正要退兵,褚英、代善不同意,强行领兵进至斐优,收降环城屯寨五百户而归。路上,乌拉布占泰出动上万大军邀击,被褚英、代善打败。速尔哈赤领五百人在山下逗留,还有常书、纳齐布别领百人跟着他。褚英、代善凯旋。常书、纳齐布领兵不战,论罪当死。速尔哈赤为其求情说:"杀了他们二人,与杀我是一样的。"努尔哈赤饶了二人的命,改死为罚。但是,对速尔哈赤作了一个重大决定,即"自是上不遣舒(速)尔哈齐(赤)将兵"。

努尔哈赤不能继续宽恕他的弟弟,速尔哈赤也不甘心忍受这位兄长的惩罚,散布不满的话说:"这样活着,还不如死了!"于是同他几个儿子商议,逃到了黑扯木。努尔哈赤大怒,杀了速尔哈赤两个儿子,夺了全部财产。速尔哈赤勉强承认错误,返回原处,努尔哈赤还给了他们被夺的财产。万历三十九年(1611年)速尔哈赤死,时年四十八岁。速尔哈赤之死,引起很大震动,明朝专门派人以较高的礼节吊祭。现存一份明代残档记载了这件事:

　　"钦差游击陈,为夷酋病故,请明吊祭事:据通事尹保二据市夷说称:夷酋速儿哈赤,于八月十九日病故……到职。据此,看得夷首病故,相应吊祭。案查万历卅三年二月三十日,速酋妻故,已经前任守备佟,动支夷税银两,制办桌席二十张,白羊牛只等物,差人吊祭,循环可据。今本酋病故,比伊妻又加……向来中国宣谕,无不听命,似应比例行祭,礼……职未敢擅专,拟合移会。为此合具手本,前赴……钦差分守道王处,请照施行。

〔万历三十九年〕九月口日

文献反映出速尔哈赤同明朝关系密切,"中国(明朝)宣谕,无不听命"。他势力大,不服从调动,还亲明,必然引起努尔哈赤的忌恨,对他不信任,不重用,羞辱他的人格,直至使他很快死去。努、速兄弟的矛盾,实是争夺权力的斗争。努尔哈赤利用自己的优势,战胜了一个对他地位和权力形成最大威胁的竞争者。这一胜利,对皇太极未来的政治前途也有深远的意义。

再一个是皇太极的长兄褚英。如果说因为辈分、年龄和直接的利害关系等,在努尔哈赤同速尔哈赤的斗争中,皇太极的作用不明显的话,到了努尔哈赤解决褚英的问题时,皇太极的表现就不同了。

褚英是努尔哈赤的元妃佟甲氏所生,比皇太极大十多岁。他早已投身沙场,统率过千军万马,先被赐号洪巴图鲁,后又赐号阿尔哈图图门,汉译为"广略"。他在政治上有抱负,想有朝一日,作一国之主,掌握生杀予夺大权。他高傲,自信,但是心胸狭窄,锋芒毕露,不大得人心。

在努尔哈赤那里,捷报频传,统一女真的大业方兴未艾,正式称汗建国指日可待。然而事业越接近成功,他本人的年岁越老,政事越多,精力越觉得不够用。他在想找个助手,也是计划百年之后江山不毁。努尔哈赤是个对中国传统思想文化有深刻了解的人,他知道中国历代统治者中间通行的嫡长子继承制度,认为这个制度可以避免在政权转移时发生骨肉相残,保证社稷江山在一家一姓中世代相传。在努尔哈赤选择助手和继承人时,想到了嫡长子继承制度。他想:我如果孑身一人,没有儿子们,也就罢了;现在我有儿子们,理应让他们执政。这样想下去,他遇到了难题,思想很矛盾。这就是:让褚英执政,明明知道他心胸狭窄,不能宽厚待人;不让他执政吧,他又是长子;抛开长子,让弟弟出来执政,那不造成混乱吗?反复思考,决定还是任用长子褚英执掌国政。他还幻想,褚英即使有缺点,也可能在执政中克服,变心胸狭窄为宽宏大量。决定一经做出,便让褚英代他管理政务。

褚英辜负了努尔哈赤的希望。他执政以后,心术不正,处事不公。因此使与努尔哈赤同甘共苦的五大臣互不团结,努尔哈赤"爱如心肝"的皇太极等四个儿子也非常苦恼。更为严重的是,褚英背着父亲,指使弟弟们对天发誓。誓词说,长兄如何说,我们即如何办,有什么话,也不要告诉父亲! 褚英还提出,父亲死后,要把父亲分给弟弟们的财产重新分配,凡是和自己关系不好的弟弟、大臣,他作了汗以后统统杀掉。四弟弟、五大臣受到褚英的欺凌和威胁,他们秘密商议说:"他说汗死后不养我们,我们的生路就要断绝,还是把我们的遭遇报告以后再死。"议决后,他们不怕报复,把褚英的事口头告诉了努尔哈赤。听了他们的反映,努尔哈赤说:"空口无凭,我也记不住,要写在纸上送来。"四弟弟、五大臣每人写了一份受苦情报,呈送给努尔哈赤。

褚英执政,搞得众叛亲离。为了妥善处理褚英,努尔哈赤召见他,把四弟弟、五大臣写的材料给他看,对他说:"这是你的四弟弟、五大臣对你罪行的控诉,看后,说说你的想法,如有需要申辩,也可写出来。"褚英表示:"没有什么可说。"努尔哈赤看到事实俱在,褚英无理可辩,狠狠训斥了他。努尔哈赤说:"考虑到我年纪大了,不能打仗,不能断理国事,必须让儿子们执政,让长子执政,否则,国人会议论纷纷。可是我让你执政,你身为一国之主,却不能宽宏大量,平等待人。你使四弟弟、五大臣受欺凌,不和睦,怎么还能让你执政呢?我让你同母兄弟二人执政,给你们国人各五千家,牧群各八百,银各一万两,敕书各八十道,高于你们所有的弟弟。你还不满足,竟然要从弟弟手里索取东西,要杀掉你认为不好的弟弟、五大臣,还逼着他们到处立誓,不准揭发你的问题。像你这样狭隘自私,只有把你占有的人口和财物拿出来,和弟弟们的合在一起,平均分配。"说完这些话以后,再也不信任褚英了,征乌拉多次用兵不派褚英去,命令他只留守和在家住着。

褚英对努尔哈赤如此处置,很不服气。他向自己四个仆从说:"和弟弟们平分人口,我宁可死了也不干,你们和我一起死吗?"四个仆从应声回答:"贝勒你要死,我们要随之死。"从此褚英不仅不关心努尔哈赤出征的胜败,甚至写上诅咒父亲、弟弟和五大臣的咒语,对天焚烧。还对仆从说:"我们出征乌拉的兵失败才好,那时我就不让父亲和弟弟们入城。"一个仆从跟着褚英这样干了之后,诚惶诚恐,生怕被发觉处死,就写下了遗书自缢了。他的死,引起另外三个同伙大惊,向努尔哈赤告发说:"曾说和贝勒一起死,是事实;书写咒语对天焚烧,也是事实;说各种各样的坏话,也都是事实。"努尔哈赤遏制不住愤怒,恨不能杀掉这个不肖之子。想到这样对后代影响不好,便没有动杀机,而在万历四十一年(1613 年),监禁了褚英。两年以后,努尔哈赤鉴于褚英的存在,对国家、诸弟及大臣们均极不利,不能为一个儿子危害大家,于是下了最大决心将褚英处死。死时他三十六岁。

皇太极忠实地维护努尔哈赤的地位和权力,坚持同褚英作斗争。他不能容忍褚英的偏执、狭隘和大胆妄为。皇太极参加了密议,冒着生命危险向努尔哈赤揭发褚英的罪行,并且写了书面材料。这对处死褚英是极关键的,他实际是帮助努尔哈赤铲除了又一个政敌。

当然,皇太极对褚英的斗争,于他自己的命运和前途也是非常有意义的。他的忠诚无疑是使努尔哈赤对他更加钟爱和信任。这从后金建立以后皇太极地位上升和作用增大可以得到证明。

后金建立伊始,皇太极就在努尔哈赤身边参与重大决策。他被称为和硕贝勒,是八旗的旗主之一,同其他的和硕贝勒,"共议国政,各置官属"。努尔哈赤共有子侄数十人,天命之初为首的和硕贝勒共有四人。此四人的名字及地位次序是:大贝勒代善、二贝勒阿敏、三贝勒莽古尔泰、四贝勒皇太极。因为这四个贝勒高于诸贝勒,所以又称他们为四大贝勒。贝勒可译为王，因而历史记载上也常常称四大贝勒为大王、二王、二王、四王。

在四大贝勒中，皇太极虽然位在最末，而在同辈兄弟中已经是出类拔萃的了。皇太极在努尔哈赤众子中，按年龄排在第八。四大贝勒中的代善、莽古尔泰是他的亲兄弟，都比他年长，阿敏是速尔哈赤之子，他的叔伯兄弟，也比他年长。褚英是努尔哈赤第一子，又有军功，必然排在他之前。褚英的垮台，是皇太极地位的一次上升。皇太极还盖过阿拜、汤古岱、塔拜、阿巴泰等年长的诸兄弟，主要是他能征善战，治国有方，得到努尔哈赤的器重。在政治上，四大贝勒并不完全以排列先后表示作用大小。皇太极排在最末，不是说明他的作用比不上另外三大贝勒。天命六年（1621年）二月，"太祖命四大贝勒按月分直。国中一切机务，俱令直月贝勒掌理"。皇太极为四大贝勒之一，参与管理国家机务，既"按月分直"，就表明他与代善、阿敏、莽古尔泰轮流执政，发挥了同等的作用。

天命时期是努尔哈赤南面独尊的年代。他在军事、政治、经济及文化等方面，以杰出的才能，取得了巨大的成就，开创并巩固了后金政权，为有清一代奠定了大业的根基。同时，皇太极作为努尔哈赤的得力助手，在通往权力顶峰的道路上，也是大踏步前进的年代。他"赞襄大业"，素孚众望，既不肯久居人下，也不甘心与同辈平起平坐。他深知四大贝勒中，他最有希望成为努尔哈赤的继承人。阿敏的父亲有罪而死，本人也有牵连，主要是他非努尔哈赤亲子，谈不到继承问题。莽古尔泰是努尔哈赤继妃富察氏所生，因为庶出，没有太大希望。四大贝勒中只有代善与皇太极争衡的条件相当。而代善主要是年长，功多，论能力则很平庸，还不断犯错误，在努尔哈赤那里也不能得到始终的欢心。皇太极是努尔哈赤绝对信任的。皇太极专主的一名大臣叫伊拉喀，他对皇太极从不尽心竭力，还诉苦说："四贝勒无故的不抚养我，想回到抚养我的汗那里去。"努尔哈赤与诸贝勒、大臣议论："这个伊拉喀原来在我处，跟我在一起时没有为我出力，养之无益，使我怀恨，增加许多烦恼。我宽大为怀，不思旧恶，任他为大臣，给了我的儿子。伊拉喀既不尽力，又控诉四贝勒无故不养，岂不是在我父子间进行挑拨？"当即下令杀了伊拉喀。这个伊拉喀的被杀是努尔哈赤的决定，说明皇太极是得到他父亲的充分信任和大力维护的。

皇太极智勇双全，他早就用上心计，同代善争胜。和代善相比，他处处显得精明强干，循规蹈矩，不像代善那样庸庸碌碌，放荡不羁。褚英死后，代善在兄弟中位列第一，称大贝勒。努尔哈赤曾说，等他死后，把小儿子们和大妃（大福晋）给大贝勒代善抚养。这位大妃有些趋炎附势，知道大贝勒代善可能继其父登上后金汗的宝座，便对他特别倾心。她不顾母后的尊严，竟屈身给代善送饭，送了两次，代善吃了两次。给皇太极送饭，送一次，收下了没有吃。此外，大妃还一天两三次派人到大贝勒代善家，本人也在黑夜两三次出院去。在诸贝勒、大臣于汗家集会时，大妃乔装打扮，金珠盛饰，故意在大贝勒代善面前卖弄风情。诸贝勒、大臣对此都以为有失体统，想向努尔哈赤报告，又畏惧大贝勒代善和大妃的权势。这些丑闻被努尔哈赤的一个小妃德因泽首先做了揭发。努尔哈赤不愿因为同大妃的暧昧关系而加罪于大贝勒代善，就借着窃藏金帛的名义，抄了大妃的家。本想处死大妃,鉴于需要她抚育年幼的三子一女,"姑宽其死,遣令大归"。大妃给大贝勒代善和四贝勒皇太极送饭,反映了二人都有突出的政治地位。他二人的表现,一个吃,一个不吃,性质大不同。从这件事上。也可以想到,努尔哈赤会认为皇太极比代善更值得重用。

　　此后发生的几件事也证明皇太极和代善经常处于同等的地位,都能处理重大问题。二贝勒阿敏的弟弟宰桑古,受到哥哥的虐待,衣食困难,一点不关心,不照料。宰桑古就向大贝勒代善和四贝勒皇太极告状,"各诉说了二三次"。天命六年(1621年)朝鲜满浦金使郑忠信深入后金,详细侦察努尔哈赤为首的统治集团内部情况,他得知:努尔哈赤有子二十余人,领兵者六人。长子早亡,其次是代善,再次是皇太极,依次而下的是莽古尔泰、汤古岱等。代善"特寻常一庸夫",皇太极"英勇超人"。郑忠信还了解到,皇太极"内多猜忌,恃其父之偏爱,潜怀弑兄之计"。其他四子,无足轻重。郑忠信进一步掌握的情报说,努尔哈赤有一名从弟,叫阿斗(阿敦),此人"勇而多智,超出诸将之右"。努尔哈赤曾暗自问他:"诸子中谁可以代替我呢?"阿斗说:"知子莫如父,别人怎么说?"努尔哈赤说:"讲讲无妨。"阿斗说:"当然是智勇双全,人人都称赞的那个了。"努尔哈赤说:"我知道你指的是谁。"他指的那个人就是皇太极。代善听到这番话以后非常恼恨。后来阿斗对代善说:"皇太极与莽古尔泰、阿济格要谋害你,事机紧迫,应有所防备!"代善看见努尔哈赤时痛哭流涕。努尔哈赤觉得很奇怪,问其原因,他把阿斗对他说过的话重复说了一遍。努尔哈赤立即召来三个儿子询问,他们都否认有那些事。努尔哈赤愤怒已极,责问阿斗,认为他两面三刀,制造矛盾,将他戴上镣铐,投入牢房,没收全部家产。

三

　　后金天命三年(明万历四十六年,1618年),在明清兴亡史上,是一个值得重视的一年。在这年,努尔哈赤公开声明同明朝彻底决裂,向明朝宣战,迅速发动了对抚顺、清和的战役,拉开了明清长达数十年的战争帷幕。在明清(后金)首次交锋,攻取抚顺之役中,皇太极向父亲出一计谋,一举获得成功。

　　天命三年,努尔哈赤恰好六十岁,他已经建国三年,国势强盛,人心振奋,自感羽翼丰满,踌躇满志。适逢生日,举行祝寿,欢庆他的事业的成功。皇太极和他的兄弟们欢欣鼓舞,轮番向父汗祝酒。努尔哈赤更是满心欢喜,欣然自得。在一片欢乐气氛中,畅论天下大势,同明朝开战,成了他们议论的话题,跃跃欲试,急不可待。当时,明朝在辽东(今辽宁省境)东部修了漫长的一道边墙,把女真(满族)人同汉人隔开。究竟从何处打开缺口,突破边墙,诸兄弟议论不一,总是不得其法。在这关键时刻,皇太极计上心来,便向父亲和诸兄弟献上一计。他说:"抚顺(今辽宁抚顺市)是我们理想的出入之处,必须首先取得它。欲取此城,当以计取。听说四月八日至二十五日,守城的明将游击(军职名)李永芳要大开马市。这时,边备一定松弛,机会难得。我们可以先派五十人扮作贩马的商人,分成五伙,驱赶马匹,进入城内,假装到市场贩卖马。接着,我即率五千兵夜行至城下,以发炮为号,潜伏城内的五十人同外面的军队应和,内外夹攻,抚顺可得。抚顺攻下,其他城不攻自破。"

努尔哈赤仔细听取了皇太极的计谋,不假思索,当即一锤定音,欣然接受他的筹划,指令攻取抚顺按计行事。

明朝的抚顺城,是属于沈阳中卫所属的千户所,按当时建制,隶辽东都指挥使司与卫之下的地区边防机构。城建于洪武十七年(1384年),周围仅三里,但它是当时辽东城(今辽宁辽阳)以东的边防重镇,明与建州三卫往来的要冲。城西距沈阳80里,西南距辽阳,西北距开原,均约二百里,在防守与进攻上都与这些重镇成犄角之势。抚顺城东即为女真人居地,尤其是沿苏子河溯流而上,水陆两路可直达努尔哈赤的大本营赫图阿拉。所以,抚顺城小,战略地位却格外重要。

四月十三日,努尔哈赤亲率二万步骑征明。大军出征前,他发布征明缴文,内书对明朝的"七大恨",宣示全军,焚香告天,表示同明朝誓不两立的决心。

誓师完毕,努尔哈赤将他的八旗将士分为两路:左翼四旗攻东州、马根单;右翼四旗由努尔哈赤直接指挥攻抚顺城。

大军按预计的布署进军。扮作商人的五十名将士已于十四日先在大军之前,赶到了抚顺,混入城内,皇太极统率的五千兵于当夜悄悄逼近城下。约定大军一到,即吹笳为号。十四日夜半,笳声打破了夜空的沉寂,接着炮火烛天。潜入城的后金兵到处呐喊,放火,城内沸腾,人们都从梦中惊醒,惊慌失措。守城将领李永芳毫无戒备,大吃一惊,当他明白是怎么回事时,城内守军和百姓已慌乱得不可收拾,而城已处于后金的包围之中。在这种情况下,李永芳已是束手无策。

皇太极不想硬攻,免除伤亡,猜测李永芳的心理,以劝降为上。这时,抓到一名汉人,命令他进城,给李永芳捎去一封劝降信,许以封官,结为姻亲。

李永芳接到劝降信后,穿戴整齐,登上城的南门垛口上,表示要投降,但又不开城门。皇太极见此情形,便下令攻城,不到一个时辰,后金兵竖云梯,蜂拥登上城墙,明兵不战自溃。这时,李永芳穿着官服,骑着马,从城里出来,向努尔哈赤投降。

同一天,后金兵攻取了附近大小城堡十余个,小村四千余个。皇太极献计成功,首开胜利记录。

四

皇太极参加对叶赫的战争,讨伐他的亲舅父,大义凛然,为统一女真和后金的发展又建立了奇功。

叶赫是海西女真即扈伦四部中比较大的一部。明初以来,她就占据今吉林与辽宁接壤的地方。明朝一直把叶赫当作藩篱,靠着她的屏蔽,保卫开原乃至全辽。叶赫也靠明朝的庇护得以存在下去。所以,双方的关系一直是很好的。

在努尔哈赤刚起兵统一建州女真时,对叶赫实行友好的政策,皇太极的外祖父才把自己的女儿叶赫纳喇氏许配给努尔哈赤。他们已结成亲家,自然关系比以前更好。以后,叶赫一度参加九部联军攻打努尔哈赤,遭到失败,双方又恢复友好。首领布扬古还答应将他的妹妹许配给努尔哈赤为妃,金台石愿把女儿嫁给代善。但这种亲上加亲的关系并没有维持很久。明万历三十一年,皇太极的母亲病重,希望能见上母亲一面。努尔哈赤便通知叶赫的首领即她的哥哥纳林布禄,希望能满足这一要求,让他的岳母前来见见自己的女儿。不幸的是,纳林布禄断然拒绝了这一正当要求,不准母亲前去看女儿。叶赫纳喇氏带着遗憾死去了。努尔哈赤悲痛万分,恼怒叶赫极端无礼,感到他的拒绝是对自己的奇耻大辱,他下决心要报复叶赫。纳林布禄之所以拒绝妹妹的要求,是针对努尔哈赤而发的。因为眼见努尔哈赤的势力迅速强大,心里很不服气,同时也警惕他将来要吞并叶赫。这一事件,导致了两家关系的破裂,从此两家已成"敌国"。

万历四十一年(1613年)以后,两家的关系进一步恶化。这时,海西四部已灭亡其三(即辉发、哈达、乌拉),惟独叶赫尚存。因为明朝支持它,而它又有一定实力,努尔哈赤没有触动它,留待最后同它较量。

当努尔哈赤的实力得到显著增强后,决心发动对叶赫的进攻。这个机会终于来到。努尔哈赤攻灭乌拉部,其首领布占泰逃到叶赫,给予庇护。努尔哈赤曾三次派遣使臣要求交出布占泰,叶赫首领金台石、布扬古断然拒绝,坚持不交出。努尔哈赤忍无可忍,毅然发动了对自己的姻亲之国叶赫的征伐,皇太极作为父亲的一员大将参加了此次军事行动。

万历四十一年(1613年)九月初,努尔哈赤亲率四万大军出征叶赫。此役仅摧毁了叶赫的两座城镇,收降三百户。叶赫向明朝告急,明朝出面干涉,并派军队前去保护。努尔哈赤审时度势,还不足以同明朝对抗,便停止军事行动。又过了六年,即后金天命四年,努尔哈赤再次率大军征叶赫,明军出动,前去增援。双方都很克制,想打,又不愿大打。这之后,便爆发了著名的萨尔浒之战,明军惨败,替明朝出兵的叶赫军队也抱头鼠窜逃回。后金与叶赫誓不两立。继萨尔浒之战的大胜,努尔哈赤又攻取了北部重镇开原、铁岭,从而切断了叶赫同明朝的联系。时机已经成熟,努尔哈赤决策,必将叶赫灭亡不可!

天命四年(1619年)八月十九日,努尔哈赤率大军最后一次踏上讨伐叶赫的征程。他把军队分做两路,攻取叶赫首领分据的东西二城:皇太极与其兄代善、阿敏、莽古尔泰率精锐西向攻取布扬古所居之城。努尔哈赤自率八旗将士攻取金台石所居之东城。

二十二日早晨,皇太极的大军深入叶赫境内,直逼西城下,迅速将城团团围住。随后,努尔哈赤的大军也抵达东城下,迅即展开攻城战。经过激战之后,后金兵占领了东城。城内军民纷纷投降。

金台石拒绝投降,他带着妻子、儿子等人龟缩在自己的家中。他的家室建筑在城内一座台地上,能守而不易攻。后金兵站在台底下叫喊:"快下来投降吧,不降就攻!"

金台石提出投降的条件:"我是想亲眼见到我妹妹所生的四贝勒皇太极,只要见了他的面,我就下来投降。"

努尔哈赤同意金台石的要求,派人到西城,请皇太极来见舅舅。西城地势险峻,攻取十分不易。激战尚在进行中,皇太极被召到东城,来见父亲,听候指令。努尔哈赤对他说:"你舅父要见你,所以才叫你来。如果你舅父下来,那当然好,若不下来,我就命兵士拆倒他家的高台。"

皇太极遵照父命,出现在高台下,高喊舅父出来相见。谁料金台石又改口说:"我从未见过外甥,真假难辨。"

皇太极马上回答说:"你儿子德尔格勒的乳母认识我,让她出来辨认一下。"

乳母站在高台上,马上就认出了皇太极,就向金台石报告。金台石说:"既然如此,我就听外甥说一句'收养'的话,我就下来;如果想杀我,我怎么能下来?此地是我祖宗世代居住之地,要死也要死在这里。"

皇太极不忍心舅父死去,一心想救他,便劝解说:"近些年来,舅父费尽心机,劳民伤财,修内城外城,好像很坚固。现在两道城全被攻克,你困在高台上,作何打算呢?"他猜透舅父的心理,怕受骗上当,就接着说:"你为什么要求我说一句'收养'的话就下来?要我发誓不进攻你吗?过去,舅父征伐亲戚,想斩尽杀绝,难道为的是吃人肉饮血吗?为求和好,我们二三十次派了使者,舅父却把我们的使者杀的杀,关的关。现在你的死期已到。父汗如果想到你的这些罪恶,也许要杀死你,但以我的关系,不咎既往,或可免死,收养你。"

皇太极把以上的话反复说十遍,金台石仍然不听。皇太极见劝降无效,就要离开,走前,再次提醒他:"是你说如见到我,就下来。你若下来,就马上下来,我带你去见父汗;如不下来,我立刻就走!"

金台石急忙说:"你先不要走,等我的近臣阿尔塔什先去见你父汗,察看你的话属实,我才能下去。"

于是,就允许阿尔塔什去见努尔哈赤。金台石反反复复,不肯投降,已使努尔哈赤很生气,对阿尔塔什说:"你教唆我的妻兄,使大明发兵四十万,不是你是谁?想到你这些罪恶,本应把你处死,但事属以往,何必追究?这次放你回去,带你的贝勒(金台石)来,免除你的死罪!"阿尔塔什回去,让自己的儿子去劝降金台石。他还建议把已俘获的金台石之子德尔格勒去劝父亲。皇太极同意了。德尔格勒遵命劝降,说了四五遍,金台石还是不投降。

皇太极很生气,把他捆绑起来,准备要杀他。德尔格勒说:"活了三十六岁,死在今天,要杀便杀,何必捆绑?"其实,皇太极并不想杀他,不过气极,吓他一下。努尔哈赤劝说他们父子要分开处理,对他特别优待。

金台石死赖在台子上,引起众叛亲离,连他的妻子也带着小儿子偷偷跑下来。金台石顽固到底,同他身边的心腹准备进行抵抗。后金兵开始拆毁高台。金台石无计可施,走头无路,即举火自焚。他仅负伤,没有被烧死。努尔哈赤指示:"此人留下无用,用绳子绞死吧。"

五

努尔哈赤发动抚顺、清和之役,首战告捷。消息传到北京,明万历皇帝和他的大臣们十分震惊。在稍加冷静以后,转而愤怒,以边境外一个小小的"奴酋"(指努尔哈赤)敢触犯天朝,真是罪在不赦!于是,朝廷上下一片声讨,纷纷要求出兵,一举荡平后金,自此消失,永不复存在!也有明智之士,以为暂不征伐为宜。但大多数为挽回天朝的尊严,复仇心切,又藐视努尔哈赤不足成大事,力主出兵,不许拖延。这样,由明朝发起的反攻,势不可免,一场大战,具有生死存亡的大决战正在迅速地降临到新建的后金国身上。

皇太极在即将发生的这场大战中,大智大勇,再展他的将略风采,在努尔哈赤的记功簿上,又为他填上一笔……

天命四年(1619年),明朝集中了十万大军,分四路进攻,目标直取后金都城赫图阿拉。辽东经略杨镐为总指挥,坐镇沈阳。

努尔哈赤面对十万大军压境,并不惊慌,他分析了明兵布置,提出了后金的战略方针:"凭尔几路来,我只一路去!"从兵法上说,就是集中优势兵力,各个击破。他选择了明将杜松率领的西路军为首战对象。此路军确系明军主力,共三万人马,占全军的三分之一,多于其他三路军。努尔哈赤说,攻破这路军,其他三路就会闻风丧胆。

皇太极与代善跟随父亲努尔哈赤迎战明将杜松一路军。

代善率军先行,过了扎喀关,便等候努尔哈赤。皇太极焦急地说:"为我们筑城的夫役都没有武器,他们虽然有界凡山的险固,但如明军大举进攻,是抵挡不住的,那怎么办呢?现在,我们不能等了,要快速进兵,当守在界凡山的筑城夫役见我们来了,心里也就踏实了。"代善和诸将都同意他的意见,立即下令前进。至午后,进至太蓝冈,代善与诸将又想把军队隐蔽起来,等待努尔哈赤赶到后,再展开进攻。皇太极很不高兴地说:"为什么要军队躲到隐蔽处呢?应当耀武扬威地前进,遇到敌兵布阵,在界凡的运石夫役见我军来,一定会奋勇参战的!"大臣额尔都立刻赞成,说:"四贝勒说得对,我们应当前进,站在最显的地方。"代善同意,于是大军继续前进,进至与杜松军对垒的前沿阵地。

在代善、皇太极率军到来之前,后金已派四百名骑兵埋伏在萨尔浒山谷口(今辽宁抚顺大伙房水库,已被湖水淹没)。杜松正挥军渡河,而他一马当先进入谷口。埋伏的后金骑兵看到一半明军渡河,立即出击,筑城界凡的夫役也冲出,与后金兵会合,占据了吉林崖的有利地形。杜松下令围攻吉林崖,激战刚开始,代善、皇太极率主力蜂拥而至,见明军一部攻吉林崖,一部固守萨尔浒山,就分军两翼展开攻击。此时,努尔哈赤才赶到,代善、皇太极把作战方案禀报,他点点头说:"天已晚,就照你们的方案执行。"

激战至夜,明军覆没,主将杜松与王宣、赵梦麟等主要将领都死于乱军之中。明军尸体漫山遍野,血流成河。时值三月初,浑河刚解冻,明军的兵器与尸体漂泊,如解冰旋转而下。因为这次大战在萨尔浒打得最激烈,击败明军主力而大获全胜,所以历史上称这次整个战役为萨尔浒之战。

杜松一路军被歼,是萨尔浒之战的第一个战役结束。紧接着展开第二战役:迎战明北路军。此路由总兵马林率领,结营于尚间崖与斐芬山(均在今辽宁抚顺县哈达处)。还有杜松的余部龚念遂、李希泌率车营与骑兵驻营于马林部近处,互为声援。皇太极随父亲部先战龚念遂部。他不等父亲下令,一马当先,率领八旗铁骑突入明军阵中,一路冲杀,复转身,再往回冲,把明军营冲得七零八落,明军东逃西散。皇太极紧紧咬住龚念遂,最后把他追杀于阵中。杜松余部彻底被歼灭。马林部被代善等率铁骑予以歼灭。

第二个战役刚结束,侦探报告:在南方发现明军正朝都城而来。努尔哈赤先后派出阿敏、代善、莽古尔泰等人前去迎击。皇太极没有被分派任务,急不可待,乘马至父亲面前请战,说:"大哥(指代善)已先走,我也要去。"父亲劝道:"你大哥是扮作哨探,前去探听消息,你要同我在一起行动。"皇太极再次恳求说:"大哥既然已单身去了,我为什么要留在后边?"说完,飞马去追代善,他要再次贡献自己的力量。努尔哈赤惟恐他遭到不幸,希望他能留在自己身边,看出来,父亲对他是格外关心和爱护备至的。

皇太极从后面追上代善,又出计谋,决定智胜明第三路军。这一路明军,由号称"刘大刀"的刘铤统率。皇太极在同杜松交战时,缴获一支令箭,交给一个投降的明兵,命他冒充杜松派出的人,到刘铤那里,催他快来后金都城下会战。果然,凭事先已准备好的一席话,骗过了刘铤,信以为真,下令加快进军。当假传命令的明降卒返回后,皇太极下令传炮,一处炮响,另一处随之炮响。刘铤听到炮声不断,以为杜松部明军已逼近赫图阿拉,生怕他抢占头功,又下令催促大军疾行。将进至阿布达里冈,距赫图阿拉只有五十里了。皇太极与代善又出一计:指令部分后金兵改穿明军服装,打着杜松部的军旗迎了上来。到这时,刘铤根本不知道杜松已被歼灭,还以为他前来同自己会师,所以毫不防备,也没有布阵。冒充的明军乘其不备,突然冲入明军中,大杀大砍,箭矢如飞蝗,明军顿时大乱,人马践踏。刘铤也慌忙出战,无奈军队已乱,不可收拾,他已尽了最大的勇气和毅力,浑身到处皆伤,最后面中一刀,倒在血泊中,悲惨地死去了。这一路明军就这样失败了。

最后,还有李如柏所部明军。当三路明军覆灭的消息传至沈阳,杨镐急令李如柏撤军,总算保住了这一路明军。

整个萨尔浒之战,只进行了五天,努尔哈赤事先预测的战局全部变为现实。

这场战役,对后金至关重要,具有生死存亡的意义。它胜利了,不但生存下来,而且更加强大。它以小击大,生动地展示出它强大的生命力。在这一斗争中,皇太极献智勇,贡献卓著。

六

皇太极自从出奇计攻破抚顺,打开进入明朝直接统治的地区大门以后,早已有占据辽沈的思想。萨尔浒之战的决定性胜利,扭转了努尔哈赤对明朝斗争的整个被动局面。当努尔哈赤从此决定同明朝争夺辽沈时,皇太极也就在其父统率和指挥下,成了驰骋辽沈大地的后金军的骁勇先锋。

明朝在萨尔浒之战的惨败,使满朝文武惊骇,沮丧,埋怨,笼罩着一片恐惧和不安。辽东难民像潮水一样涌向内地。民逃,兵逃,官也逃。开原游击陈维翰胆小如鼠,城未陷,先令家丁驮运私人财货逃走。开原空了,铁岭空了,沈阳也空了。人心不固成了明朝面临的最大问题。

努尔哈赤最善于利用战机。他看到萨尔浒之战以后，可以乘胜进兵，就在当年六月，亲自领兵攻向开原。明总兵马林事先没有防备，敌来仓猝应战，一举被打败，马林及副将于化龙等战死，开原城被攻破。七月，努尔哈赤又领大军攻铁岭，城内外的明兵或逃或降，只有少数人坚持抵抗，努尔哈赤轻而易举攻取铁岭城，杀死守城游击喻成名、史凤鸣。与此同时，他们也对沈阳进行了试探性的攻击。

天命五年（1620年）八月二十一日，皇太极随从其父努尔哈赤掳掠明朝懿路、蒲河，得胜而回。明朝驻沈阳的军队出城进战，努尔哈赤调转矛头，大杀回马枪，沈阳总兵贺世贤等遁去。皇太极率精锐轻骑追击，一直想杀入沈阳城内，被其兄代善等勉强劝止。

第二年二月十一日，皇太极随从其父努尔哈赤再次统率大军，分兵八路攻掠奉集堡（沈阳城南苏家屯区奉集堡），守城总兵李秉诚闻讯领三千骑兵出城六里安营，以二百兵为前探，与后金左翼四旗兵相遇，追杀至山上，展开一场激战。皇太极率精兵至黄山，明将朱万良见后金兵这样威武，自觉不如，惊慌逃跑。皇太极策马追击，直至武靖营。这就正式揭开了后金大军进攻辽沈的序幕。

萨尔浒之战的血雨腥风，吓昏了一些明朝的文武将吏，也给另一些人注入了清凉剂。他们冷静地分析形势，认识到努尔哈赤已不是什么"跳梁小丑"，他是能征惯战的统帅，是拥有十万铁骑的一国之主。俗话说："女真满万不可敌"，何况十万众。他不是当年的李满住。自攻占开原、铁岭以来，筑城驻牧，休养兵力，联络朝鲜、蒙古，还继续造船运粮，广布奸细，这也不是蒙古也先、俺答可比。种种迹象表明，他的志向不小。他是有意识要向内地侵犯，进占辽沈，威逼京师，夺取大明江山。明辽东巡按御史陈王庭指出："贼谋不在抢掠，而在攻克；志不在村屯，而在沈、奉。"他们为国担忧，献计献策，寻找一切办法阻挡努尔哈赤率领的八旗铁骑深入内地蹂躏。因萨尔浒之战失败，明朝主要处置了两个重要人物，一是李如柏，二是杨镐。李如柏靠他父亲李成梁的关系当了总兵官，怯懦无能，纵情酒色，根本不能领兵打仗。四路出师，三路败北，独他一路得全，舆论纷纷，怀疑他表面作战，暗里通敌。杨镐急令他的一路撤军也巧得出奇。明神宗看在他父兄分上，下诏撤回李如柏，听候处置。舆论不服，要求严惩，李如柏害怕，自杀死。杨镐身为四路总指挥，丧师辱国，罪责难逃，遭到弹劾，开原失守以后免去经略，逮下诏狱，论死。崇祯二年（1629年）伏法。

为了收拾辽东败局，经过许多人的荐举，明朝提升熊廷弼为兵部右侍郎兼都察院右金都御史经略辽东，代替杨镐。熊廷弼，字飞白，湖北江夏人，明末杰出的名将，有胆有识，熟悉辽东边境情况，有一套安边的计划。他提出，辽左为京师肩背，要保住京师，就不能丢弃辽东。河东是辽东的腹心，要保住辽东，河东也不能失掉。开原是河东的根底，要保住河东，开原更不能丧失。他强调不守辽沈，就不能保住辽东，守住京师。把开原、辽沈和京师看成一条紧密相关的锁链，既顾全到整体，也能照料到局部。他认为所有人们谈论对付努尔哈赤的办法不外三种：一是恢复；二是进剿；三是固守。他反对轻易主张进剿，而是主张"坚守进逼之策"，即又守又战，守稳再战。针对后金拥有十万精骑，人强马壮，他请求调集十八万官兵，九万马匹，一个不能少。

熊廷弼颇想振作一番。万历四十七年(1619年)八月，受命进入辽阳，他积极布置防守，沿途见到逃跑的难民就劝他们返回家乡，裨将刘迁节、王捷、王文鼎临阵脱逃就捉拿问斩，祭抚顺、清河、开原、铁岭死难将帅军民。还诛杀贪官贪将陈仑，劾罢总兵李如桢，代之以李怀信。督军士造战车，治火器，溶壕缮城。熊廷弼刚到辽东时，命令开原道佥事韩原善往抚沈阳，害怕不敢去；继命佥事阎鸣泰，到虎皮驿(沈阳城南十里河)，痛哭而返；熊廷弼便亲自从虎皮驿到沈阳，再到抚顺，顶风冒雪，不避艰险，巡视边防。由于他采取了这些必要的措施和本身的实际行动，稳定了人心，提高了保卫边防的战斗力。后来他受到反动腐朽势力的攻击被迫辞职，辽东人民痛哭流涕说："数十万生灵，皆廷弼一人所留。"

努尔哈赤在熊廷弼经略辽东近一年间不敢发动大规模进攻。但是熊廷弼敢作敢为的行动遭到了两种人的反对，一种是碌碌无为的朝贵，他们反对熊廷弼雷厉风行，处死逃将、贪将，修筑防御工事；另一种是孜孜以求的言官，这些人不得意熊廷弼刚强独立，不与他们同流合污。有个人叫刘国缙，同姚宗文结成一伙，刘国缙以兵部主事赞画军务，主张召募辽人为兵，召了一万七千人，逃了一大半，熊廷弼反对他的做法，两人便互相攻击。姚宗文出于刘国缙门下，为求补官，托熊廷弼代请，没有满足要求，与熊廷弼结下仇怨。万历四十八年(1620年)五月，后金兵攻略蒲河，明朝将士失亡七百余人，时姚宗文已任吏科给事中，乘机大肆诽谤熊廷弼。逐熊之议愈演愈烈，攻击他出关一年，漫无定画；荷戈之士，徒供挑濬；尚方之剑，遏志作威；拥兵十万，不能斩将擒王，等等。壮志未酬，熊廷弼被缴还尚方剑，席藁待罪。

天命六年(明天启元年，1621年)，努尔哈赤发动了攻取沈阳的战争。这是继开、铁之后，由后金发起的又一次大战，是辽沈之战的开始。努尔哈赤又找了个好的战机。前一年，明神宗死去，光宗继位仅一个月又死，现在的熹宗刚刚继位半年。最高统治者易人，宦官专政，党派纷争，坚持战守的熊廷弼被罢了官，"用兵非所长"的袁应泰出任辽东经略。熊廷弼"严"，袁应泰"宽"，已有的许多防御设施变更了。所有这些，努尔哈赤真是求之不得。

沈阳在明朝统治下号称"坚城"。为了保住这座城市，在它的外边挖了壕沟，伐木为栅，埋伏火炮。当时在沈阳城周挖了一道道沟堑，设下陷阱，井底插上尖尖的木桩，上面铺上秫秸，掩上土。可是再坚固的城堡，也怕从内部攻破。沈阳城尽管修了几道防线，岂能抵挡大批蒙古降人进入城里，变成了萧墙之祸。袁应泰认为招降蒙古人可以少树敌，没有料到，正是他们帮助了努尔哈赤。

三月十日，努尔哈赤倾国出兵，亲自统率诸贝勒、大臣领大军向沈阳进发，带着板木、云梯、战车等顺浑河而下，水陆并进。因为防守坚固，不敢近城，暂住城外，栅板为营，就地住扎。然后用轻兵引诱明军出城。三月十二日，后金兵临沈阳城下，明驻沈阳总兵贺世贤、尤世功分兵守城，在后金引诱下贺世贤率家丁千余人出城迎战。贺世贤久以勇猛著称，但是非常寡谋。打了几次小胜仗，更助长了他的轻敌思想。他一出战就想消灭敌人，宣称"尽敌而返"。其实后金挑选的都是精兵，引诱贺世贤，就是利用他的弱点。后金兵佯装失败，贺世贤"乘锐轻进"，到了一定时候，后金"精骑四合"，贺世贤奋力抵御，也因力疲败退。

三月十三日，后金兵披甲上阵，发起攻城。从东北角挖土填壕，明兵从城上炮击，发多炮热，装药即喷。后金兵不避炮火，蜂拥过壕，急攻东门。尤世功战死城下，城内收降的蒙古人砍断桥绳，放下吊桥，后金兵开门而入，进占了沈阳城。贺世贤先在南门外杀敌很多，力不能支，从西门退却，这员猛将身中十四箭，突围欲出，被敌兵杀死。在保卫沈阳城的这场战斗中，明兵丧生七万人。

后金夺取沈阳以后，在浑河南岸与明军进行了一场野战。援辽总兵官童仲揆、陈策等领川浙兵赴沈阳，大军行至浑河，欲与城内兵夹击，听说沈阳已被攻陷，陈策下令还师，游击周敦吉等坚持请战。他们说："我辈不能救沈，在此三年何为！"明军即分为两大营，周敦吉与秦邦屏先渡河营桥北；童仲揆、陈策及副将戚金、参将张名世统浙兵三千营桥南。在秦邦屏结营未就之时，后金右翼四旗兵，精锐在前，推着槽车追来，与明军遭遇，明军杀死后金兵二三千人，后金兵"却而复前，如是者三"，经过激烈的交锋，明军终于饥饿疲劳，难以支持，在后金猛烈攻击下，死于陆地、河中，全军尽殁。周敦吉、秦邦屏及参将吴文杰、守备雷安民等皆战死。明军桥北营先败，其余残兵败将归入桥南浙兵营，继续坚持战斗。他们在浑河之外五里地方布阵，列置战车枪炮，掘壕安营，用秫秸为障子，外涂泥巴。后金兵进战，明守奉集堡总兵李秉诚、守武靖营总兵朱万良、姜弼来援，大军足有三万人，行至白塔铺，观望不战。遣兵一千为哨探，遇到后金将雅松带着二百健卒，也前来探视。这名不争气的后金小将领，一见明兵就走。明兵放鸟枪紧追。努尔哈赤听到报告，气愤至极，到皇太极所部兵营相告，然后亲自领兵上阵。皇太极立即上马，领着骁勇的骑兵奔到努尔哈赤面前请示："父汗何必亲往，我愿领兵前去抵挡。"努尔哈赤高兴地批准他的要求。皇太极策马飞驰，把明朝追兵立刻冲得东逃西散，乘胜追杀至白塔铺。皇太极又见李秉诚、朱万良与姜弼军布阵，来不及等待后兵至，即率百骑杀向敌营，明朝三总兵不能敌，一个个败下阵去。正追杀时岳托和代善先后来到，追出四十里，沿途死者约三千余人。收兵回营时，已经天晚。努尔哈赤再战浑河南明军，用战车冲破敌营，尽杀副将童仲揆、参将张名世及众官兵等。后金集中火力攻浙兵营时，激烈无比，一度胜负未分，后金靠增援部队才获得胜利。明军步兵无弓、撒袋，都持三庹长的竹竿长枪和腰刀，披上甲胄，外面套一层厚绵，刀、箭不入，但是最后仍被打垮。明军将士至死坚持战斗，给人留下极深印象。时人说："自奴酋发难，我兵率望风先逃，未闻有婴其锋者。独此战，以万余人当虏数万，杀数千人，虽力屈而死，至今凛凛有生气。当时亡归残卒有至辽阳以首功献按臣张铨者，铨命照例给赏，卒痛苦阶前，不愿领赏，但愿为主将报仇。"天黑，后金收兵回营，当夜命令诸贝勒领精兵于沈阳城东门外教场安营，众将官率大军屯城内。

第二天，努尔哈赤责备雅松说："我的儿子皇太极，父兄依赖如眸子（眼珠），因你之败走，使他不得不杀入敌兵中，万一他遭到不幸，你之罪必千刀万剐。你为何率领我的常胜军望风而走？你把我的军队锐气都给丢光了！"怒斥之后,定罪削职。后金攻取沈阳,在城东、城内和浑河经过三次交战。浑河野战虽在攻得沈阳之后,但是没有这次胜利,沈阳也会得而复失。就在这一仗中,皇太极骁勇善战,为雅松不战而逃雪耻,为夺取全胜做出巨大贡献。

攻占沈阳之后,后金就准备夺取辽阳。努尔哈赤进沈阳城,住了五天,整顿兵马器械,论功行赏,对以前的作战告一段落。三月十八日,发兵攻辽阳。行前,努尔哈赤召集诸贝勒、大臣动员说:"沈阳已拔,敌兵大败,可率大军乘势长驱,以取辽阳。"经过商议,作了决定,立即行动。当晚,后金军渡过浑河,至虎皮驿扎营。八旗迎风起舞,大军列队向南,后金又一次大规模进军。明朝哨探见之,飞报辽阳城守文武官员说,后金大军攻取沈阳之后,现在已来攻辽阳,"旌旗蔽日,漫山塞野,首尾不相见",已经在虎皮驿下寨。果真来了,如此众多,神速,听者无不大吃一惊。

辽阳在明代是东北首屈一指的重镇,政治、经济与文化的中心。明朝重视保卫辽阳比沈阳更甚。先后经略辽东的熊廷弼、袁应泰都驻在辽阳,把保住辽阳作为对付后金的重点。他们的一切防务,都以辽阳为中心,旁及其他。熊廷弼经略辽东时,在辽阳挑堑浚壕,修筑工事最多。据载,当时辽阳周边挖了三四层城壕,沿壕列火器,环城四面分兵把守。袁应泰听说沈阳失陷,尽撤奉集堡、威宁营诸军,并力守辽阳。哨探来报后,又放太子河水于壕内,增加了一道新的防线。然而明末的辽阳与沈阳是共命运的。沈阳失守,辽阳如撤屏障。辽阳外围撤得越多,越显得它孤立无援。

三月十九日中午,浩浩荡荡的后金大军进到辽阳城的东南角,尚未全部过河,全力防守辽阳的经略袁应泰督催总兵官李秉诚、侯世禄、梁仲善、姜弼、朱万良等领五万兵出城,与后金来兵对垒。后金兵发现他们,努尔哈赤立即率左翼四旗兵前往迎战。恰在这时,皇太极领着精锐健卒赶到,要求带兵进战。努尔哈赤告诉他,已派兵上阵,他可不必去打。命皇太极率右翼四旗驻扎城边,注意瞭望。皇太极提出让后来的两红旗兵瞭望。说完,他领兵就往上冲。努尔哈赤命令阿济格上前劝阻,皇太极坚持冲上去。努尔哈赤爱护他的积极勇敢精神,把自己亲身统率的两黄旗兵派去协助。皇太极奋力冲杀,击明兵大营左侧,明兵放炮还击。皇太极杀到敌营内部,把他们打个落花流水。后金左翼四旗兵亦杀来,两相夹攻,明兵大败逃跑,皇太极乘胜追击,杀出六十里外,直到鞍山地界才返回。又有明兵一营,从城西门出,遇到后金两红旗兵,掉过头就往回返,争相入门,人马自相践踏,积尸不可数计。这是以皇太极为急先锋的后金兵攻辽阳,首战告捷,为攻取辽阳,打开了局面。当晚后金兵回到城南七里地方安营。

明兵以为用一道太子河水会把敌兵难住。二十日,迎着冉冉升起的红日,努尔哈赤激动地对诸贝勒、大臣说:看了绕城的河水,西有闸门,东有水口。我现在命令左翼四旗兵掘开西边的闸门,右翼四旗兵塞住东边的水口。他自己亲率右翼四旗兵布战车,在城边防御。命令士兵抬土运石堵塞水口。这时见明兵三万人出东门外安营,排列枪炮三层,连发不止。左翼四旗遣人来报告,西闸门难以掘开,如夺桥而人可能达到目的。努尔哈赤说,桥可夺则夺之,如夺到手,定来告我。说完,命来人返回。堵塞水口既已完毕,便命令绵甲军排车前进,攻击东门明兵。明兵发枪炮还击,后金兵走出战车外,过壕,呐喊向前,两军酣战。明兵的阵式是,步兵在前,骑兵在后。后金兵攻一阵,明兵没有退。后金有红号的精兵二百杀进来,接着又有两白旗兵一千也杀来,明朝骑兵先动摇,后金各贝勒部下的白号精兵都杀来了,反复夹攻,明朝步兵又败。他们争先恐后向城内败退,后金兵随后追击,大批人马蜂涌过河,不少人掉到水里淹死。死者满积,河水尽赤。

袁应泰在辽阳危如千钧一发时,与巡按御史张铨登城分陴固守。但是,监司高出、牛维曜、胡嘉栋及督饷郎中付国等却畏敌如虎,城未破,先就逾城逃走。他们的怯懦行为动摇了人心,影响了士气。而后金军越攻越猛,他们在小西门夺了桥,过桥入城,冒着炮火登上城墙。这天夜里,明军一直坚持战斗到天亮。三月二十一日,后金军发起冲锋,八旗所有官兵一致行动起来,沿城追杀。袁应泰督诸军列楯抵御,又败如山倒。傍晚,小西门弹药起火,烧到城楼上,各军窝铺、城内草场全部焚毁。守城部署一切土崩瓦解。袁应泰见城楼火焰冲天,知大势已去,在城东北镇远楼上,与妻子奴仆一起自焚死;分守道何廷魁携妻子投井亦死;总兵官朱万良及众多副将、参将、游击等战殁。张铨被活捉。广大的城内居民削发归降。全城张灯结彩,用黄纸写"万岁"的标语牌,抬着轿,迎接努尔哈赤。中午,红日高悬,鼓乐齐鸣,官民人等深深地鞠躬,站在街道两旁,恭恭敬敬地欢迎这位新主人入城。经略衙门变成了金国汗的临时行宫。

辽阳城被后金攻占后,动人心弦的不完全在于大街小巷上的欢庆胜利。张铨壮烈殉国的那个场面更使人动感情。张铨是一位无限忠诚明朝,深重民族大义的封建官僚。他在辽阳城被后金攻占时,"衣绣衷甲"下城,随从的人们拥他出小南门,让他换去这套装束,他不听,又返回到官署。李永芳来拜访他,谢绝说:"你对我说,我对谁讲,今天没有可谈的!"把他推了出去。李永芳同张铨一起走,劝张铨投降,张铨卧地不起,把脸面都碰伤了。命令张铨拜见努尔哈赤,他挺立于庭,左右压着他跪拜,张铨瞪着眼睛大叫:"我身为天子大臣,岂能屈膝!"张铨臂力很大,谁也扭不过他。揪着头发出去要砍头,再招呼进来,好言相劝,希望他投降,归终不屈服。张铨从容说道:"我受朝廷厚恩,如降你们,遗臭万年。你们虽想活我,而我却只想一死。养人,这是你们做的好事;死,则我的美名流芳千古。"张铨宁死不降的事被努尔哈赤知道,他说,若不战而降,理应优养,捉到的战俘,既然不愿活着,难道还能收养他吗?下令推去斩首。皇太极对这位大明忠臣十分敬仰,可怜他,不忍心这样杀死。皇太极引证古代历史,劝张铨说:"过去宋朝徽、钦二宗,为以前的大金天会皇帝所擒,尚且屈膝叩见,受封公侯,我想使你活下去,特地说说此事以提醒你,为何还知迷不悟,迄今不屈服?"张铨回答他说:"王的一番教诲,终生难忘,然而无非劝我活着。但是徽、钦二宗乃是乱世的小皇帝。我们现在是皇帝一统,天下独尊。我怎么能屈膝投降,而失掉大国的体统?即使留我十天,不过迟十天不死而已。没有再活下去的道理。我之所以苟延一时,为的是替后来的人民着想。以前,决策人愚昧无知,不识时务,人民遭殃,死者很多。我见你们大兵也这样打杀,没有什么好处,白白地使人民断送生命。我要把这些事用奏疏报告给我的朝廷。两国和好,人民得以免死,我也有了美名传于后世。如我已死,我的母亲、妻子及五个子女都在家得以保全。我如贪生怕死,连宗庙也会断祀。所以除死之外,别无选择。"努尔哈赤知张铨终不能降服,便用绳子将其勒死,埋葬了他的尸体。

后金占据辽阳,影响到周围许多地方官弃明投金。此后数日间,金、复、海、盖诸州,"悉传檄而陷"。据清朝文献所载,包括的城堡如下:

"辽阳既下,其河东之三河、东胜、长静、长宁、长定、长安、长胜、长勇、长营、静远、上榆林、十方寺、丁字泊、宋家泊、曾迟、镇西、殷家庄、平定、定远、庆云、古城、永宁、镇夷、清阳、镇北、威远、静安、孤山、洒马吉、暖阳、新安、新奠、宽奠、大奠、永奠、长奠、镇江、汤站、凤凰、镇东、镇夷、甜水站、草河、威宁营、奉集、穆家、武靖营、平房、虎皮、蒲河、懿路、汎河、中固、鞍山、海州、东昌、耀州、盖州、熊岳、五十寨、复州、永宁监、栾古、石河、金州、盐场、望海埚、红嘴、归服、黄骨岛、岫岩、青台峪等大小七十余城,官民俱削发降。"

后金与明朝争夺辽阳、沈阳的战争,虽然在两个城市及附近打仗,加上中间休整五天,经过十余天,总之是一次重要的大战,可称为辽沈之战。这次战争以后金胜利告终。同以前最大的区别是后金攻下辽阳、沈阳之后,占为已有,再也不想退出。明朝本有极正当理由动员广大人民支持他们保卫辽沈,也完全可能调动数十万大军为保卫辽沈而战,但是,他们没有这种能力和气魄,他们非常艰难地组织了毫无胜利希望的抵抗,最后以惨败结束。这是战机不利,统治者缺乏必胜信心造成,也是士气不振的结果。从抚、清之战以来,明朝的士兵就厌战、怯战,情绪低落。特别是萨尔浒之战的失败,对明朝军民给了沉重的打击。

七

天命十年(1625年)十一月初五日,来自北国的五名使者,飞奔在千里冰封的草原。科尔沁的紧急求援,正在考验着皇太极所参与建立的满蒙亲密关系。

皇太极是最早开创满蒙修好的清朝统治者。还在他父亲努尔哈赤统治时期,他就多次参与同蒙古,主要是科尔沁部,结亲、会盟,以至亲自统率大军去应援。

蒙古科尔沁部,地处嫩江流域,位于蒙古察哈尔部的东北。察哈尔是元代统治者的后裔,地域广大,力量雄厚,"东起辽西,西尽洮河,皆受插要约,威行河套以西矣"。"插",即察哈尔。科尔沁一度也为其属下。但是,努尔哈赤兴起以后,察哈尔亲明反后金,科尔沁受察哈尔压制,地又在辽东边外,接近后金,因而得到努尔哈赤的特殊重视,很早以前就注意同科尔沁建立友好关系。

在古勒山大战时,科尔沁曾是九部联军中的主要力量。这次大战以九部联军失败告终。科尔沁的明安贝勒阵上马被陷,丢了鞍子,他骑着骒马逃命。后来乌拉布占泰与努尔哈赤交战,科尔沁的瓮刚代贝勒又与布占泰联合反对努尔哈赤,他出兵在乌拉城二十里远的地方遇到努尔哈赤长子褚英及侄阿敏所统率的大军,不敢交锋,退走。未隔多久,乌拉灭亡。

从此以后，科尔沁各部日益转向努尔哈赤。特别是当时蒙古察哈尔部林丹汗兴起，雄心勃勃，与明朝友好的同时，在内部他企图统一各小部落，建立大蒙古汗国。他与后金对立，反对科尔沁与后金友好。努尔哈赤就是在与明朝、蒙古察哈尔等强大势力的斗争中，争取科尔沁的。

为了加强同科尔沁的联系，努尔哈赤及诸子都曾多次娶科尔沁部蒙古女子为妻。努尔哈赤娶了明安贝勒的女儿为妻，后又娶孔果尔女儿为妻，即清代活得最久的一个后妃，康熙四年死，尊为寿康太妃。皇太极娶了科尔沁莽古思贝勒的女儿，即孝端文皇后。万历四十二年（1614年）娶亲时，努尔哈赤命皇太极亲自迎至辉发扈尔奇山城，表现了非常重视这门亲事。另一个孝庄文皇后是科尔沁贝勒寨桑的女儿，天命十年嫁给皇太极。她是孝端文皇后的侄女，皇太极的宸妃，天聪八年与皇太极成婚，她是孝庄文皇后的姐姐。亲上加亲，密切了彼此的关系。

不仅如此，还派遣正式的使者，互相结盟。后金攻占辽沈之后，科尔沁与后金的使者往来不断。天命十年，后金提出与科尔沁结盟，科尔沁便派遣使者带着鄂巴洪台吉（奥巴）的信来。信中说：

> "鄂巴洪台吉等致书于明梅众光威震列国睿主陛下：吾嫩江台吉等闻汗谕，莫不欣服。然主持其大事，裁之自汗，吾等莫有敢违命者。但察哈尔汗及喀尔喀部知吾等与大国同谋，必来征伐，将何以为我谋也，惟汗筹之而已。"

在这封信中，科尔沁反映了他们的处境和矛盾心理。愿意和后金结盟，但是害怕察哈尔及喀尔喀等对他们进行攻击。努尔哈赤见信，知道他们既然有结盟的愿望，就派了巴克什库儿禅、希福前往科尔沁与鄂巴洪台吉等会盟。他们宰牛马，置白骨、血、土、酒、肉各一碗，焚香而誓。誓词说，后金与科尔沁两国，因为同受察哈尔的欺凌，所以拿这样的盟言昭告天地：愿同心合意，既盟之后，后金如有为察哈尔愧赠所诱惑，中其巧计，不告知科尔沁，而事先与之和好，穹苍不佑，降以灾殃，就像摆着的骨暴，血出，土埋而死。如科尔沁为察哈尔馈赠所诱惑，中其巧计，不让后金知道，先与之和好，穹苍不佑，降以灾殃，亦一样骨暴，血出，土埋而死。如履行盟约，天地保佑，益寿延年，子孙万世，永享荣昌。盟誓完毕，库儿禅、希福又带着科尔沁的使者一起回到后金。努尔哈赤命令代善、阿敏、莽古尔泰、皇太极四大贝勒及阿巴泰等几乎所有的重要首领，亦宰白马、乌牛，对科尔沁的来使，同前边一样的立誓。

这种做法，在后金是极不寻常的。因为科尔沁比不上察哈尔，是蒙古的一个小部。努尔哈赤深知，强大的察哈尔，尤其是他们的林丹汗，不仅对科尔沁是个威胁，即对后金也是不可忽视的劲敌。

天命四年十月二十二日，察哈尔林丹汗曾派遣使者带着书信到后金，自称"蒙古国统四十万众的英主成吉思汗"，而称努尔哈赤为"水滨三万人的英主"，努尔哈赤忍无可忍，认为是对他的最大侮辱。来信还恫吓努尔哈赤休想攻取广宁，说他已招抚了这座城镇，通过广宁收取明朝的贡赋，如不听警告，发动进攻，他不能置之不理，将采取不利后金的行动。努尔哈赤羞愧难忍至极，后金的贝勒大臣见信后更是怒不可遏，纷纷要求处死来的使者。努尔哈赤冷静地说,罪责在于派遣使者的人,来使可以暂时扣留,等他回去时,我们也将以牙还牙,用最恶毒的语言回答他。第二年正月十七日,努尔哈赤给林丹汗写了回信,严厉地抨击了来信那种傲慢的态度和自我吹嘘,斥责林丹汗所谓他有"四十万众",毫无根据,实在的连三万众也不足。努尔哈赤派人把信送去,又惹怒了林丹汗,把使者囚禁起来。努尔哈赤听说他派的使者被杀了,也想杀林丹汗派来的使者,皇太极提议,消息不准确,不如派人去林丹汗处,限他一定时间放还使者,过期不放,杀他使者也不晚。努尔哈赤根据皇太极的建议派人去提出了期限。后来时间已过,使者没有返还,后金杀了林丹汗派来的使者。而后金到察哈尔的使者并没有被杀,事后他逃了回来。

同察哈尔林丹汗的纠纷,使努尔哈赤认识到发展同蒙古的关系是极为重要的,道路却是不平坦的。科尔沁、扎赉特及喀尔喀等各部蒙古愿意与后金友好,但还有很多部对后金持敌对态度。有这样的事实可以看出努尔哈赤的基本认识。天命六年(1621年)后金迁都辽阳,在说明迁都原因时,他说辽阳"乃大明、朝鲜、蒙古三方之中要地也"。建东京(辽阳新城)城时,努尔哈赤进一步指出:"辽阳城大,且多年倾圮,东南有朝鲜,西北有蒙古,二国俱未服,若释此而征大明,难免内顾之忧,必另筑城郭,派兵坚守,庶得坦然前驱,而无后虑矣。"四年以后迁都沈阳,努尔哈赤强调沈阳的战略地位重要,仍说:"北征蒙古,二三日可至。"从努尔哈赤这些年的谈话中可以看出,蒙古这时还是后金的一个敌对势力,努尔哈赤准备要把他征服,甚至要在征服明朝之前,先征服蒙古。

后金与科尔沁结盟,是征服蒙古的一个步骤,也是为进攻明朝解除后顾之忧。还可以利用蒙古的人力物力增强后金的实力。既有这些必要性,所以努尔哈赤想方设法发展同科尔沁的友好关系。

天命十年八月初九日,对天发誓的余音尚在耳边回荡,科尔沁鄂巴洪台吉听说察哈尔林丹汗要兴兵入侵,遣使驰书告急已经来到努尔哈赤面前。来信写道,过去我们两国曾宰白马、乌牛,对天地插血结盟,两国如一国。遇有敌人来攻,互相救援。现在有洪巴图鲁派遣的人来说察哈尔的大兵九月十五日要来侵略我们,阿鲁的兵要南下,同察哈尔对我们进行夹击,说要在河未结冰、草未枯死以前来攻。去年曾探听到真实消息,要派使者去,不料汗已得知,急遣伊沙穆带十匹马来。此次消息可靠,援兵应来多少,请汗裁定。炮手需要千人。喀尔喀五部我不能全知道,只有洪巴图鲁急速收其田谷,说想与我们会合。我所依靠的仅仅洪巴图鲁、巴林二人而已。听说宰赛、巴哈达尔汉皆有同察哈尔联合进兵之意,如果他们联合起来进攻我们,乘机袭击他们的后方,以汗的英明是一定会想到的。

努尔哈赤坚守盟约,派遣阿尔津等四人为使者,带八名炮手前去。同时给科尔沁鄂巴洪台吉写信,鼓励他不畏强敌,同察哈尔斗争到底。信中说:你们要我派兵相援,要多则多派,要少则少派,不必担忧。不在兵之多少,而在乎天。所有国家,都是天立。以众害寡,天所不容。最要紧的是加强战备,守御城郭,察哈尔攻不下,必然退兵。如果损兵折将败下阵去,他们自己会大乱。即使不败而退,知道你们不可轻易灭掉,以后他也不敢再来侵犯,你们可以获得安宁。从前札萨克图汗征辉发,辉发兵五百,甲士仅五十,战之不胜,以后不敢侵犯辉发。凡是两军交战,胜负难分,必有兵少而想出战之人,这是害怕敌人,想快点结束,实在不足为训。如是据城待战,伺其攻城不下而退,乘机一战以取胜,那是真正的勇敢。现在你们想同察哈尔和好,期望无事。从前科尔沁贝勒们曾和图们汗和好,至今屡次来侵犯。你们有什么罪?与他们和好,你想太平,他们也不甘罢休。明国、朝鲜、乌拉、辉发、叶赫、哈达、满洲,假设没有城郭沟池,蒙古是不会让我们安定的。我们这些国家所依靠的就是城郭沟池。

信的字里行间表现出努尔哈赤唯恐科尔沁与察哈尔和好,极力扩大他们的矛盾,打掉鄂巴洪台吉的一切幻想,坚定地站在后金一边,对抗察哈尔。但是,大兵压境,仅仅道义上的支持还不够,需要更实在的援助。这就出现了十一月初五日五名使者飞驰求援。

努尔哈赤愿意为科尔沁付出代价。他在自己也很困难的情况下,立即调遣各路人马,于初十日亲自率领诸贝勒、大臣,出兵援助科尔沁。大军行至开原以北镇北关,检阅兵马,因为在这之前曾进行过射猎,战马又累又瘦,即使如此,仍选精骑五千,命令皇太极同莽古尔泰及阿巴泰、济尔哈朗、阿济格、硕托、萨哈廉等率之前进。努尔哈赤率领其余诸贝勒、大臣并军队返回沈阳。皇太极率后金援军向科尔沁进发,先派使者通报消息,等待来自科尔沁的回音。行至农安塔地方,察哈尔的兵正要进攻科尔沁,听说后金兵已来救援,他们连夜逃跑,丢下无数骆驼、马等。解除了科尔沁被察哈尔的围攻,皇太极同莽古尔泰率后金军胜利而归。

努尔哈赤及皇太极等援助科尔沁,不仅要进一步争取科尔沁,巩固已经建立的友好关系,而且要影响整个蒙古各部。当时后金不只是同科尔沁结盟,也曾同蒙古其他一些部结盟。天命十一年(1626年)喀尔喀巴林部的囊奴克背叛了与后金的盟约,同明朝勾结。四月四日努尔哈赤亲自率兵征讨,皇太极为急先锋,进兵至囊奴克的老巢。囊奴克领少数随从弃营寨逃跑,皇太极突然袭击,将囊奴克射死马下。科尔沁鄂巴洪台吉是在强敌围攻的硝烟弥漫中同后金巩固了友好关系。天命十一年四月,他本人亲自访问后金。努尔哈赤隆礼相待,厚加赏赐,还把侄孙女嫁给他,同他再次对天盟誓,决心永远友好下去。然后赐他"土谢图汗"。六月,他返回科尔沁时,努尔哈赤率诸贝勒、大臣人等奉送,至蒲河,努尔哈赤设大宴,命代善、阿敏继续送至铁岭,他本人返回。对鄂巴洪台吉这一番款待,充分反映了努尔哈赤为了完成他的巨大事业,要对蒙古建立牢固的长久的友好关系。

八

"既征大明,岂容中止!"这是天命七年(1622年)攻下广宁以后,努尔哈赤命令筑东京城时,对诸贝勒、大臣说的一句话。这是努尔哈赤的至理名言。它集中地表达了这位后金最高统治者所代表的满族贵族奴隶主的利益和抱负。因为他们当中有些人并不都这么认识,所以努尔哈赤要说这句话进行开导和教育。

的确,后金统治者进到辽沈,并没有大事完毕。为了巩固已经取得的胜利并给争取更大胜利创造条件,他们不能就此罢休,要继续对明作战。征明,这是他们长远的大目标。努尔哈赤已经感到:第一,八角殿上的权威,使他备受鼓舞,但是比起大明天子的金銮殿来,他还不满足。一望无边的土地,众多的村屯和人口,巍峨的城堡,成群的牛马,闪光的金银财宝,所有一切在战争中能夺取的财富,对满族贵族奴隶主具有无限的吸引力。他们的欲壑没有底。驱使八旗兵丁进攻大明,这是他们的共同愿望。第二,他们从过去征伐明朝的实践中,越来越看清一条这样的道理,占领的地盘越小,越不容易巩固。占领的地盘小,有些人就认为占不住,占领是暂时的,被占领地区的人要逃走,没有被占领地区的人更容易对明朝抱幻想。扩大了占领地区,要逃走的可以不逃走,搞得好,还会有大批人民自动来投降。所以后金统治者把停止征伐看作等于自杀。一但明朝缓过手来,变得强大,已经得到的胜利,可能付诸东流。不停顿的进攻,本身就包含着巩固已有的胜利。

征伐明朝的战争一定要打,但是什么时候打,后金似乎没有完全根据自己一方面作出决定。著名的宁远之战,发生在广宁之战以后四年,很能说明这一点。从天命七年到天命十一年之间,后金没有对明朝发动大规模战争,在后金一方,这是很难找出使他不战的理由的。尽管他们需要发展生产,整顿社会秩序,安置原先的俘虏和降人,等等,但是不能因为这些就中止争城夺地,发动战争。这几年的休战状态,关键在于明朝,因为明朝任用孙承宗、袁崇焕加强了防守。

孙承宗,字稚绳,河北高阳人。他从小勤奋好学,关心国家大事。中年以后曾亲自到河北、山西等边疆地区作实地考察。他熟悉北方和东北的民族社会发展及与明朝的关系。后金占领广宁,王化贞弃城逃跑,熊廷弼同王化贞一起入关,辽东边事紧急,明熹宗特地任命孙承宗为兵部尚书兼东阁大学士。针对当时"兵多不练,饷多不核",武将为文吏制约,他提出"重将权"。他还主张选择一个沉着冷静、有气魄、有谋略的人为大将,让这个人自行任命偏裨以下各级将领,不要使不懂军事的文官高高在上,盛气凌人,边境上小胜小败不必过问,重要的是阻止后金兵入关,进一步再图恢复失地。孙承宗进而建议,西抚蒙古,东恤辽民,简练京军,增置永平大帅,修筑蓟镇亭障,开京东屯田,等等。这些受到了明熹宗的赞扬和采纳。

袁崇焕,字元素,广东滕县人。他为人慷慨,有胆略,好谈兵,对沿边形胜险要了如指掌,早有边关立功的雄心壮志。因为他有这些表现,天启二年(1622年)广宁失守以前,他被破格提升为兵部职方主事。广宁兵溃以后,廷议时有人主张扼守山海关,他单骑出关视察形势,回到朝廷说:"给我兵马钱粮,一个人就能负起防守大任。"后被提为佥事,监关外军。这时王在晋代替熊廷弼经略辽东,王在晋同总督王象乾串通一气,要在山海关外八里铺筑重关,提倡所谓"重关设险,卫山海以卫京师",袁崇焕等力争不可。反映到内阁首辅叶向高那里。孙承宗以兵部尚书的身份亲临其地处理,他不同意王在晋"重关设险",而是主张坚守关外,保卫关内。由于孙承宗的反对,王在晋改任南京兵部尚书。孙承宗请求自己督师,就以兵部尚书督山海关及蓟辽天津登莱诸处军务。孙承宗到了关上,依靠袁崇焕等定军制,建营舍,练火器,治军储,缮甲仗,筑炮台,买军马,

开国英主 清太宗——皇太极

采木料,救难民,练骑卒等等,巩固了山海关城。

筑宁远卫城是孙承宗与袁崇焕的重要建设。宁远,背靠起伏的热河丘陵,面向涛涛渤海,扼居辽西走廊咽喉,西连万里长城,东接锦州,是山海关的前卫。原来的旧城已经颓坏,孙承宗重用袁崇焕,重新修筑宁远城。经过两年的时间,筑城立竣。在袁崇焕的努力经营下,宁远商业繁荣,流民聚集,当辽东兵火之后,到处是残垣断壁,乱石废瓦,而这里成了人民向往的乐土,关外一大重镇。更为重要的是,孙承宗与袁崇焕商议,以宁远为根据地,东向收复了明与后金间的空白地区锦州、松山、杏山、右屯、大凌河等城镇,在这些地区修城筑堡,派兵驻守,宁锦一带从此形成一道重要的防线。孙承宗督师蓟辽四年,几乎收复了明在辽河以西的全部失地。

这时明朝的政权被以魏忠贤为首的阉党集团把持,他们忌恨孙承宗功高望重。天启五年(1625年),孙承宗手下大将马世龙在柳河(辽宁省海城县附近)被后金打败,他们以此为借口,攻击孙承宗,明朝罢了孙承宗的职,改派阉党兵部尚书高第经略辽东。高第怯懦无能,一上任就不顾袁崇焕等人的反对,尽撤锦州、杏山、松山等地防御工事。驱屯民入关,丢下大量粮食,在撤退路上,人马争先恐后,死亡载道,哭声震野,“民怨而军益不振”。高第又想并撤宁前二城,袁崇焕时已升为兵备副使、右参政,他抗拒不撤,激动地说:“我官为宁前道,在哪当官死在哪,坚决不撤!”誓与宁远共存亡。但是,由于高第把山海关外所有防务一律撤除,因此辽西一线,只有宁远城孑然仅存。

努尔哈赤终于等来了可乘之机。他看透了高第的虚弱无能,于天命十一年(明天启六年,1626年)正月十四日率诸贝勒、大臣统领十三万大军号二十万远征明朝,兵锋所向,直指山海。十六日至东昌堡,十七日渡辽河,分布在南至海岸,北越广宁的河西旷野,浩浩荡荡,旌旗飞舞,剑戟如林,川流不息向西挺进。在西平堡捉到明的哨探,得知前进路上明兵甚少,右屯卫一千,大凌河五百,锦州三千,另有人民随处而居。后金兵畅行无阻,轻取辽西诸城和明军逃走丢下的粮草。二十三日,后金兵临宁远城下,越城五里,横截山海大路,安营扎寨。后金军捉获汉人,令他们入宁远城招降说:“我们二十万大军来进攻,这个城一定要被占领,众将官如果投降,就给你们高官厚禄。”守城主将袁崇焕答复说:“为什么无故发兵来?宁锦二城你们没有占领,我来恢复,当然要誓死防守,岂有降理!说什么来兵二十万,不必虚张声势,我知道你们是十三万,这我也不认为少。”袁崇焕不骄不馁,决心抵抗,誓死不降。为了提高防御战斗力,袁崇焕与大将满桂、副将左辅、朱梅及祖大寿、何可刚等把人民组织起来共同防守。袁崇焕刺血为书,激励将士,广大士兵和人民精神振奋,斗志高涨。

二十四日,后金兵发起攻城。先攻东门,以战车覆盖生牛皮,下伏勇士,用斧椎凿城。有的披铁铠二重,号“铁头子”,推双轮车进攻。当时天寒土冻,凿城数处,破坏而不堕。袁崇焕指挥军民固守,从城内放枪打炮,投掷药罐、雷石,放火烧后金战车,后金军死战不退。但是屡攻不下,伤亡惨重,暂停进攻。第二天,后金军再次发起猛攻,攻势凌厉,明军虽血战不惜,形势仍非常危险。袁崇焕临危不惧,指挥若定,满桂率将士登城,悬西洋大炮十一门于城头,循环飞击。炮击不中,用枯草硝黄松脂掺木棉垂铁绳系下烧击。后金军营终于遭到破坏,中止攻击,败下阵去,解围收兵,退到龙宫寺。进攻宁远两天,据他们自己承认,后金共伤亡将士五百余人。

二十六日,后金统治者听说明朝关外军需粮草全部屯扎在觉华岛(菊花岛),便派遣武纳德率领八旗蒙古等数百军兵前去攻取。该岛距宁远城十二里,突出在波涛汹涌的海里。明朝守粮参将姚抚民、胡一宁等在冰上安营,凿冰十五里作壕,以战车防卫。后金军从未凿处进击,全歼明军,火烧战船两千余只,粮草千余堆,收兵返回大营。努尔哈赤经右屯,焚其粮草,至二月初九日回到沈阳。

宁远之战是后金与明交战以来,明朝第一次打了这样一个大胜仗,时称宁远大捷。袁崇焕因力保孤城,声威大震,被提升为右佥都御史,受明熹宗玺书嘉奖。而后金攻城失败,经宁远之战,不利的影响严重。损兵折将之外,因为有宁远阻隔,后金不能在辽西继续扩大占领地区和建立稳固的统治。后金再发动新的进攻,也不能直向山海,于是皇太极统治时期多次绕过宁远、山海关,从北边几个关口深入明朝腹地进行掳掠。

努尔哈赤之死也与宁远之战有关系。努尔哈赤从万历十一年起兵,身经百战,百战百胜,而就是这次战争给他一生的光辉战史留下了少有的一次失败记录。战后不长时间他就死了。有的历史记载说他因在宁远之战攻城时被明军红夷大炮打伤,不治而死。有的历史研究者认为,努尔哈赤在宁远之战中没有受伤。因为袁崇焕等明朝参加作战的人都没有提到过打伤努尔哈赤,说打伤他的人未必亲眼看见了他受伤。努尔哈赤如果负伤,明朝举国上下都会认为是大事件,必定大肆宣扬,而事实上没有什么材料反映他们宣扬过这件事。另一方面,从清朝的文献所载看,努尔哈赤在战后到死时八个月中,仍作为后金统治者正常主持军国大事,根本不像重病在身。还有许多文献记载努尔哈赤死于背发痈疽,等等。

第三章 巩固政权

一

努尔哈赤去世,意味着父辈已开始退出历史舞台,而让位于下一代,即太宗和他的诸兄弟辈成为后金的主宰力量。与此同时,他们的下一代即太宗的儿子、侄儿辈也在迅速成长。太宗继位时,像努尔哈赤之孙、褚英长子杜度已经三十岁,代善长子岳托二十九岁,次子硕托约二十五岁左右,三子萨哈廉二十三岁,太宗的长子豪格十七岁……他们十余岁时,就随同父、祖出征,南征北战,不断立下战功。如,豪格十七岁那年已经封为贝勒,随同伯父代善和阿敏出征蒙古喀尔喀扎鲁特部。比他年长的杜度、岳托、硕讬、萨哈廉等已是领兵将领,独当一面,成长为一个方面军的统帅。他们的迅速崛起,成为后金的一批新生力量,未来的希望。太宗已看到他们发挥越来越大的作用,不容忽视。他有意地培养他们,不断地给予恩惠,把他们扶植起来,作为他的政权的依靠力量,同父辈的势力相抗衡。

太宗继位的第四年,也就是天聪四年(1630年),他下令给予子侄亲戚以优惠待遇。他开列的名单有:父亲的庶妃所生之子阿拜、塔拜、巴布泰、赖幕布;他的弟弟之子吴达海、塔津、拜尹图、巩阿岱、舒尔赫、哈木加;姨母之子柏尔肯、卜赖、吴把泰、吴齐勘、分代、席尔谈、发库等一大批青少年,都免除了徭役。太宗的目的,是减轻他们的负担,尽快使他们富裕起来。他们得到太宗的恩惠,从心里感激他,对他忠心耿耿,会全力地支持他的。

平时,太宗格外关怀子侄,倾注了自己的感情。子侄中立有军功的,一定给赏。代善的儿子硕讬在大凌河战役中,作战勇敢,大腿处受伤。太宗就赏给他彩缎十四、布百匹。凡是子侄及宗室子弟都格外提拔,授予官职。如,萨哈廉出任礼部长官、岳托任兵部长官,最受重用。有的虽未授官职,但都给予很高的爵位,特别是出征时,他们或任命为统帅、将领,或当副帅与助手等,都是核心中的人物。他们有病,太宗都亲自指示如何医治,屈驾探望,以示关怀。天聪八年(1634年),太宗率领大军伐明,途中,岳托生病,他亲率诸贝勒至岳托营中探视,并命护送回沈阳养病。

子侄中有病死的,他也要亲自临丧。天聪五年,代善第五子巴喇玛年仅二十四岁,不幸早逝。当时,正是盛夏季节,诸贝勒部害怕传染疾病,没有一个人前去吊唁。太宗也正在"避痘所"躲避传染病。当他听说侄儿病故,十分悲痛,通知代善,他要去吊唁。代善再三恳请免吊,派人劝谏。太宗不听,还是坚持前去。代善劝阻无效,急忙赶往十里外的地方候驾。他因为悲伤过度,茶饭不进,身体很虚弱,由两个侍从扶住他恭候。太宗一见代善面,就痛哭流涕。代善不敢哭,怕引起太宗更多的悲伤,就劝慰太宗切勿过于悲伤,又说:"巴喇玛英年早逝,还未来得及效力于皇上,深为惋惜。"太宗停止哭泣后,又劝慰哥哥说:"应停止过分伤心,要努力用在国家大事上。"边说,边拿起金卮,盛满酒,二次让代善喝。又劝他吃饭,亲自操刀,劈开二个西瓜,给代善吃。兄弟间相互关心的情谊,令人感动。太宗亲自临丧,主要是痛失一个有才华的青年将领,要使正在成长的青年新贵看到他是多么关怀他们啊!

太宗对萨哈廉的亲近和厚爱超过了一切子侄。祖父努尔哈赤晚年时,萨哈廉才二十岁左右,他就率军出征,驰援科尔沁蒙古,征讨喀尔喀巴林部,连续立下战功,封为贝勒。太宗即位后,他随从伐明,表现极为英勇果敢。天聪三年,太宗率大军伐明,行至中途,代善等密请班师,认为劳师袭远,难以取胜,要求太宗停止进军。太宗很不高兴,又不敢得罪他的几位兄长。正在进退两难之际,他的侄儿萨哈廉与岳托力主进兵,给予太宗以极大的鼓舞,当即挥师前进,从而攻克了遵化,迫近北京,次年又攻下永平,萨哈廉与叔父济尔哈朗驻守这里,随后又招降了迁安、滦州、建州、台头营等地。萨哈廉在政治上更有卓越的见解和才能。天聪五年(1631年),太宗下诏,要诸贝勒陈述治国方略。他提出:"图治在人。人君能清楚地分辨邪正,臣下自然重视名节。只希望汗慎择能人,委以政事;遇有大的军事行动,应选德才兼备的人作统帅,给他职权,限制某些官职以下的人干预军令,违者应军法从事。"他的想法,与太宗不谋而合。设六部后,命他掌礼部事。在讨论征明、察哈尔、朝鲜三者哪个为先的问题时,他极力主张征明,而且要紧急进征,理由是:"我稍缓,对方就会防守得益坚固。"这些话,又说到太宗的心里去了!

在拥戴太宗即帝位这件大事上,萨哈廉的远见和机智又胜过诸贝勒一筹。本来,诸贝勒大臣已请求多次,太宗就是不肯答应。大家也束手无策。萨哈廉明白太宗的心理,担心诸贝勒是否真心拥护,是否诚心听他指挥。诸贝勒没有表这个态,太宗又不便明说。萨哈廉便出了个主意,委托内院大臣希福等资深大臣上奏说:"臣等屡请,未蒙应允,日夜惶恐,不知所措。臣等想汗不受尊号,罪在诸贝勒不能尽忠信,不能为长久之计,提出自己的好办法。现在诸贝勒决心一改前非,竭尽忠诚,尽心力辅佐汗完成开基大业,汗应接受皇帝尊号。"这席话,化解了太宗的疑虑,很高兴地说:"说得好!萨哈廉为我设想,说到这种程度,很符合我的心意。诸贝勒应否宣誓,你掌礼部,由你决定。"这一重大问题,经萨哈廉解说,便马上解决了。

当萨哈廉患病期间,更看出太宗对他的关心非他人可比。开始,他委托希福代他看望,传达他的话说:"在这么多的子弟中,能提出切实可行治国方案的,启发我所想不到的,激励我所办不到的,全都依靠的是你。你要静心调护,希望你很快地好起来,我对你寄予厚望。"萨哈廉无比感激地说:"陛下这样关心照顾,真希望托您的洪福活下去。如有不幸,臣先去世,也没什么遗憾。只是大业即将告成,却不能为国尽力,躺在床上辗转反侧,真是可恨!"希望把这感人的话转达给太宗。太宗沉痛地说:"一个国家哪有专靠坚甲利兵进行治理的?一旦统一全国,而懂得治国的有识之士先死了,谁还能帮助我理政?"萨哈廉的病重时,太宗屡次去看望,见他日见消瘦,不禁流泪。萨哈廉也悲不胜悲,他们既是叔侄,又是君臣,不止一次地相互悲痛地流下了热泪。萨哈廉终于死了,才三十三岁。太宗走近他的遗体前,痛哭了四次。为他举行隆重的悼念仪式,太宗亲自主持祭奠,痛哭不止。他对诸贝勒大臣发表了讲话,高度赞扬萨哈廉聪明敏捷,深明事理,公忠为国,才能卓著。太宗为追念他的贡献,后追封为颖亲王。他去世还不到一个月,有一天,太宗在翔凤楼上偶尔打了个瞌睡,梦见萨哈廉请求赏给一只牛。醒来后,命希福查阅有关规定,知道凡是亲王去世,第一次祭祀时要赐牛一只。萨哈廉是追封的亲王,初祭时因疏忽未用牛。太宗马上命礼部备牛一只,按礼制致祭。

太宗对子侄们的厚爱、笼络,没有白费,他们绝大多数人都成了太宗最强有力的支持者。

二

清太宗在人才济济的众兄弟子侄中独得推举,顺利地登上汗位,无疑是件幸运的事。但是,他没有因此而昏昏然不知所措。这位从小就在开国创业中成长起来的政治家冷静、沉着,并有远大的抱负,他想君临全中国,使其父子群臣艰难创立的国家由后世子孙永久统治下去。他很讲究实际,不仅懂得治国之道,也懂得人君之道。他说:"若治国之道,如筑室然,基础坚固,庀材精良者,必不致速毁,世世子孙可以久居。其或苟且成功者,则不久圯坏,梓材作诘,古人所以谆谆垂诫也。"一切都不能简单从事,建造房屋就是如此,"惟筑地坚固,叠石为基,经营构造,方堪久远"。

为了把后金这个国家巩固起来,使其进一步发展和扩大,太宗针对当时国内存在的问题,施展了一个政治家的才智。问题在那里?首先,阶级矛盾尤其是民族矛盾相当尖锐;汉族奴隶大量逃亡,满族人不断遭到汉人的袭击。辽东人民奋起反抗。这一严重的局势,是努尔哈赤进入辽东地区后实行错误政策带来的直接后果。他在向辽沈进军的过程中,推行民族歧视与压迫的政策,对辽东地区的人民主要是汉人肆意屠杀与奴役。在战争期间,例如天命四年萨尔浒战役之后,后金攻开原,遇到汉人就斩尽杀绝,在占领铁岭、辽阳、沈阳等重镇时,都进行了程度不同的屠杀。没有被杀的,就被掠掳为奴。后金兵的屠杀和抢夺,使这一地区的百姓惊恐不安,无法从事正常的生产,"沈辽之间,畏贼(指后金兵)不能耕者,延袤数百里"。战争结束后,辽东人民仍然心有余悸。而努尔哈赤继续实行压制汉人的政策,处处提防汉人。那些满族贵族和将吏追索财物,欺压汉人,更加重了广大汉人对满族统治者的强烈不满。努尔哈赤深知他们的这种情绪,曾向辽阳地区的汉人发出通令:你们辽阳人民不要以为汉人可以统治长久,以为我们是暂时占领,这完全是妄想。如果真这么想,你们是自取灭亡!但是汉人没有被吓住,他们采取各种形式反抗满族的统治。如,有的往饮水与食盐中投放毒药,有的把猪毒死出售。此类事多处发生,惊动了努尔哈赤,严令查禁,规定各店铺主人必须将自己的名姓刻在木或石上,立于店前。凡满族妇女买食物都要把店主的姓名记下来,以便监察投毒的人。汉人、蒙古人不断袭击满族人,更使努尔哈赤恐慌。在凤凰城地方,有个叫玛勒图的满人单身行走,被汉人用棍击毙;乌里堪纳齐布牛录下属二人前往盖州,被汉人杀死;尚间崖有三个满人前往广宁,被蒙古人杀死⋯⋯。努尔哈赤下令:自此以后,不许单身行路,必须集十人以上结伴同行,否则罚银。

更为严重的是武装暴动震撼着后金在辽东的统治。到了努尔哈赤晚年,这种反抗斗争日渐激烈。天命六年(1621年),金州有两个秀才聚集十人"合谋作乱";同年,镇江(辽宁丹东附近)陈良策率军民起义,活捉了后金守城游击佟养正,送给了明朝。镇江所属汤站、险山二堡农民也宣布起义响应。

天命八年(1623年),复州(辽宁复县)城一万一千余男丁叛逃,投向明朝。

天命十年(1625年),海州(辽宁海城)所属张屯的汉人密秘联络明将毛文龙派兵,袭击本屯的满人。就在这一年,镇江、凤城、岫岩、长岛、双山、平顶山、海州、鞍山、首山、彰义等十余处掀起了反抗后金的武装斗争。

所有这些连绵不断的反抗斗争,表明努尔哈赤进入辽沈后尤其是在他晚年,后金社会的阶级矛盾和民族斗争达到了多么尖锐的程度!努尔哈赤毫不留情地镇压一切反抗活动。天命十年十月,他采取了更严厉的措施:命令总兵以下、备御以上各将官严密搜查各自管辖的村庄,鉴别村中的汉人,哪些是叛逆之人,一经查出,立即斩杀。特别要注意搜查明朝旧官即被革职在家闲居的人,以及秀才、绅士等。努尔哈赤认为,煽动村人闹事的,就是这些人,要逮捕他们,一律处死。这些措施并没有缓和日益紧张的形势,相反,使矛盾更进一步激化了。

经济状况同样很糟糕。经过战争蹂躏的辽沈地区,经济惨遭破坏,没有得到充分的恢复。由于后金实行屠杀与奴役的政策,人口大量逃亡,壮丁锐减,田园荒废,加上天灾接踵而来,经济情况更恶化。清太宗继位才半年,即第二年春天就遇到了大荒年,"国中大饥",粮食奇缺,物价飞涨,每斗米价银八两。银两还不算缺,但买不到东西,所以银贱而东西昂贵。一匹好马值银三百两,一头牛值银一百两,一匹蟒缎要银一百五十两,一匹布要银九两。东西如此之贵,又买不到粮食,出现了"人相食"的可怕景象。社会秩序混乱,盗窃盛行,牛马成了盗窃的主要对象,凶杀、抢劫到处发生。太宗叹息说:"民将饿死,是以为盗耳。"可以说,经济已到了破产的地步。

这个充满了危机的局势也反映到军事上连遭挫折。天命十一年,宁远城下遭明兵重创,是努尔哈赤兴兵以来第一次大失利。从根本上说,这也是他的失策。明将利用汉人和蒙古人对后金的仇恨心理,晓以民族大义,故能众志成城,击败后金兵的强大攻势。就在努尔哈赤去世前三个月,明将毛文龙派兵袭击距沈阳仅一百八九十里的鞍山驿(鞍山西南旧堡),这使努尔哈赤十分慌张,连夜赶回沈阳,诸王忙率兵向鞍山进发。数日后,毛文龙又派兵袭击萨尔浒城。此地距沈阳也只有百余里。已成惊弓之鸟的明兵敢于深入突袭,威胁都城沈阳,这突出说明后金立足未稳。它所赖以维持其生存的,不完全是人心一致,雄厚的经济实力,主要是军事力量,即依靠暴力来支撑它的统治。努尔哈赤逝世前,多少已经意识到社会问题的严重性,可惜他没有来得及很好解决就去世了。

作为一个政治家,往往在历史的转折关头、生死存亡之秋,方显出卓越之才。清太宗面对严峻的考验,必须作出抉择:要么维持现状;要么采取新政,力挽危机。他洞悉国内种种弊政,胸有成竹,临危不惧,在极度复杂的形势面前应付自如,毅然实行改革。他不囿于祖宗之法和传统习惯,对他父亲的遗策作了全面调整:有继承,有发展,也有改变,展现了清太宗的政治家的雄才大略。

三

辽沈为汉族聚居区。进入辽沈地区后,后金如何对待汉族人民,也就是说,采取一项什么样的政策,这关系到满汉民族一体和后金政权能否巩固的大问题。努尔哈赤晚年的败政,集中到一点,就是对汉族采取了非常错误的政策。各地的反抗斗争,几乎都是广大汉族人民搞起来的。太宗清醒地看到,社会的不安主要是满汉的尖锐对立已构成国中肇乱之源。因此,他一继位,首先就提出"治国之要,莫先安民"的总方针。一般说来,一个新统治者继位,宣布一下把"安民"当作治国的大事,似乎可视为平常的官样文章,而从太宗的行动中看到的却是实实在在的一项新的重要国策。

太宗针对人心不稳、汉人大批逃亡的现实,把"安民"的着重点放在安抚汉人上。他宣布"满、汉之人,均属一体,凡审拟罪犯、差徭公务,毋致异同"。他表示对待"满洲、蒙古、汉人视同一体""譬诸五味,调剂得其宜。若满洲庇护满洲,蒙古庇护蒙古,汉官庇护汉人,是犹咸苦酸辛之不得其和"。他采取具体步骤,从多方面来改善汉人的政治、经济状况，调和满、汉之间的矛盾。

实行"编户为民"的政策，解放奴隶，恢复汉族奴隶的"民户"地位。努尔哈赤统治辽东时期，将大批个体的汉族农民变为农奴，以供满族贵族任意驱使，他规定满、汉人合居一处，要同住、同食、同耕。这对于打破民族隔阂，不无好处。但是，应该看到，由于满族是一个统治民族，在政治上、经济上都处于优越地位，因而与之"三同"的汉族人民必然受其欺凌与压迫。例如，他们任意索取汉人的财物，用汉人的牛车，强令汉人为他们运粮草等。另一方面，把汉人编入农奴制的拖克索（庄），规定汉人每十三个男丁编为一庄，给牛七头，耕地百日，其中八十日供庄丁自身食用，二十日作为官赋。努尔哈赤按满官品级，每备御各赐一庄，这些庄丁就成了他们的奴隶，"每被侵扰，多致逃亡"。太宗果断地改变前代汉人为奴的政策，改为每备御只给八个庄丁、两头牛，以备使用，其余的汉人，分屯别居，编为民户，选择清正的汉官管辖。这一政策，给相当一部分为奴的汉人恢复了自由身份，成为个体农民。同时，把满汉人分开，自立一庄，用汉人管理，也就减少或杜绝满族贵族的直接束缚。这对民族矛盾是个缓和，对生产力是一次解放。

努尔哈赤时期，奴隶的主要来源，是从战争中俘获的明兵和掠取的汉族及其他民族百姓。"国初时，俘掠辽沈之民，悉为满臣奴隶"。太宗逐步改变这一政策，不再把"降户"和俘获的人口降为奴隶，而大量编为民户，使他们成为独立进行农业生产的个体农民。例如，后金兵于天聪三年占领永平、滦州、遵化、迁安四城，令归顺汉民仍照本业，不加掠取为奴。征察哈尔多罗特部，俘获一万一千二百人，从中挑出蒙古、汉人一千四百人编为民户，其余皆为奴。事实表明，在天聪年间，仍有相当部分被俘的人口变为奴隶，但从天聪末年开始，特别是到了崇德时期，这种情况有了很大的改变。不管是归降，还是俘虏，除了补充八旗缺额的部分，基本上都编为民户。天聪八年（1634 年）征瓦尔喀，他指示说："此俘获之人，不必如前八分均分，当补壮丁不足之旗。"天聪九年（1635 年）征黑龙江，俘获人民全部迁来盛京，安置为民户。崇德时，清军三次进关，总共俘获人口达八十多万，基本上都编为民户了。崇德七年（1642 年），松山、锦州战役中，收降和阵获大批明朝官兵及其家属，太宗命挑选一部分壮勇男丁补充名额不足的旗，其余男女儿童二千余人，发往盖州（辽宁盖县）为民，从事农业生产。太宗实行"编户为民"的政策产生的积极效果是，它给社会经济的主要部门农业生产增添了大量劳动力，而且由于取得了自由民的身份，无疑会提高他们的生产积极性，从而促进了经济的发展和人口的增长，给国家足食足兵提供了可靠的保证。

重新修定和颁布《离主条例》，从法律上给予奴隶、家仆以人身保障，还给他们摆脱奴隶身份提供了机会。所谓"离主"，就是奴隶或奴仆对他的主人有权进行控告，经审讯，情况属实，主人按律治罪，告发者奴隶或奴仆准许离开，得到自由身份，可以自谋生路。天聪五年重新议定的《离主条例》共六款，包括不准满族贵族、各级官员擅自杀害自己的奴隶、家仆，不准奸淫属下的妇女等。这些规定限制了贵族的特权，使奴隶、家仆的生命得到某种程度的保护。

放宽"逃人法"。由于不堪忍受民族歧视和奴役，很多被掠来的，或归降的汉民、汉官不断逃亡。原来就在当地生活的，也想尽办法逃离辽东。这不仅严重影响农业生产，而且已成为社会骚动不安的因素。努尔哈赤为防止汉人逃亡，制定严厉的"逃人法"，凡逃跑的，一经逮住，统统处死。法律严苛，却没有收到实际效果，反增加了人们的恐惧心理。太宗改变这种做法，把政策一再放宽，宣布从前有私逃的，或与明朝暗中往来的，事属已往,虽被检举,一概不予追究,今后只对在逃而被捕获的处死。虽想逃,但未付诸行动的,即使有人揭发,也不论罪。"由是汉官汉民皆大悦,逃者皆止,奸细绝迹。"后来,太宗进一步放宽"逃人法",允许逃走,不治罪,但不许返回。这等于授权给广大汉民、汉官自己选择居住地。如果不愿在辽东居住,可以投向明朝统治下。但不许再从明朝统治下返回辽东。

"安民"重在"养民",这是太宗所懂得的为君之道。努尔哈赤在世时,也曾强调对汉民、对新归降的人要加以"恩养",但那时的形势和他所推行的政策,不仅养不住人,而且使境内的人成批的逃亡了。太宗继位后,形势有好转,主要是他实行的"养民"政策有新的精神。他对归降的汉人(也包括其他民族)不杀、不辱,一律给予妥善安置,包括分配给土地、房屋、配以妻室。把降人编为民户即个体的自由民,不再降为奴隶。太宗说:"归降之地土,即我地土;归降之民,即我民人""皆吾赤子,来归之后,自当加以恩养"。他不厌其烦地向诸贝勒大臣说明"养民"的重要性,他说:"打个比方,养民好比砍树需用斧头,宰割则需用刀刃,虽起作用于一时,必须在平日加以恩养。岂有养人而得不到益处呢?我专意关心爱养他们这些新旧来归的人,每每加以赏赐,目的是招徕更多的人投向我国。今后如果你们不爱养人民,那么我也不必做什么事,只好闭门独处罢了。"

努尔哈赤实行"抗拒者被戮,俘取者为奴"的政策。太宗改为只对拒战者不得不杀,被俘者安置为民。在后金同明交战中,经常俘获大量的汉族百姓,太宗都把他们安置到各屯堡为民,从事农业生产。对于在战争中俘虏的明兵,除少量赏赐各旗有功将官,大部分是由官方统一分到各级将吏那里抚养,有的配以妻室,使之有家可归。太宗为使这一政策得以彻底实行,特定出法律,惩办伤害归降的汉人的各种犯罪行为:"凡贝勒大臣有掠归降地方财物者,杀无赦;擅杀降民者抵罪,强取民物者,计所取之数,倍偿其主。"有的贝勒大臣不遵法令,他厉声警告:朕正在招徕人民,而你们竟敢横行,扰害民人,形同鬼蜮。这种人不诛杀,还能用什么办法惩办?他进一步重申:我国将士向来骚扰辽东民人,因此至今诉苦不息。如今新附人民一切勿得侵扰。若仍像以前那样肆意骚扰,实为祸乱的罪魁祸首,连同其妻一律处死,决不姑息!

清太宗实行对满、蒙、汉一视同仁的政策,新、旧降人一视同仁的政策,反映出他勇敢,有气魄,这在一定程度上满足和保护了汉族人民的基本利益,巩固了后金政权,"由是汉人安堵,咸颂乐土"。

四

优礼汉官,是笼络汉族上层人物的一项政策。后金力图拉拢、收买、重用来自明朝统治集团的大小官员,争取他们对这个政权的合作与支持。早在天命三年(1618年),努尔哈赤就制定并推行了这一政策。攻抚顺城,说了明朝守将游击李永芳,把他升为总兵官,将孙女嫁给他。李永芳受到特殊重用。此役后,又有宋朝范仲淹的后裔、明朝秀才范文程前来参加后金政权。范文程有智谋,有远见,满腹经纶,又是名门出身,努尔哈赤看到他来了,立即接纳,高兴地说:"他是名臣的子孙,要很好地对待他。"于是,诸王贝勒竞相优礼相待。

但是,进入辽沈地区以后,随着不断取得的胜利,汉官来归的越来越多,努尔哈赤过分自信个人的才智和后金兵不可战胜,反而不把汉官放在眼里。他把从战争中俘虏或归降过来的大批明朝将吏分给诸贝勒大臣管辖,使他们备受歧视和凌辱。例如,因为不懂满语,满族贵族就嘲笑他们,甚至辱骂、殴打。在满族贵族的管辖下,他们的财物常常被强行取用;所有马匹,汉官不得骑,满族官员任意骑用;所有牲畜,汉官不得使用,满官用低价强行买去;汉官一旦病故,其妻子给满官家为奴。他们中有些人一年到头,粮食不够吃,每每出卖自己的仆人、典当衣服以糊口。

努尔哈赤如此对待汉官,深知已激起汉官的强烈不满;加上汉族广大人民不断进行反抗斗争,使努尔哈赤对汉官越发怀疑,不信任。有个明显的事例:天命八年(1623年),听说复州汉人叛逃,努尔哈赤打算马上派兵镇压。李永芳出于慎重起见,是出:"复州人叛,消息不一定真实,或许有人故意造此谣言,应予查清,然后决定可否发兵。"不久,准确的消息证实复州汉人确曾叛逃。努尔哈赤便转怒李永芳,气冲冲地痛加指责:"当初你在抚顺,我以为你是个明哲之人,故将千金之女给你做妻子。多亏上天眷护,我兴兵以来,攻无不克,一直攻到广宁、蒙古等地。你李永芳为何不信?因为你不相信上天对我的保佑,所以汉人常认为我不能长久待在辽沈,而辽阳人屡次叛变。你可知道刘邦、宋太祖、朱元璋不都是起自寒微而得到天的护佑当了皇帝吗?你是否轻视我?我为了照顾各方面的影响,不治你罪,但我心中十分愤恨!"事后,一度革了李永芳的职,过些时间又给他复了官,但不似以前那样信任了。

身为额驸的李永芳因为几句话受到处分,有才干的范文程也不是想象的那样受重用。很多汉官被怀疑,甚至遭冷遇,造成人人自危。明朝方面不断派遣"奸细"作策反工作,一些汉官就跟他们暗中往来,有的叛逃归明。努尔哈赤捉住他们就处死。太宗也承认,当时汉官"如在水火之中,苦无容身之地"。刚刚建立起来的满汉贵族地主的联合极端脆弱,使后金政权缺乏稳固的基础。

太宗继位后,坚持优礼汉官的政策,比他父亲做得更有成效。首先,对现有的汉官都给以信任,量才使用,注意发挥他们的作用。对范文程的重用,就是个生动体现。

皇太极继位后的第七天黄昏,依照晨昏祭祀之制,去努尔哈赤的梓宫上香祭告父亲的亡灵,而大贝勒代善、二贝勒阿敏、三贝勒莽古尔泰都没有前往,使他心里十分不快,回到清宁宫后,他感到疲累,感到心情沉重,拒绝了福晋和侍女们的侍奉,独自走进中宫神堂,疲惫地倚在南炕的被衾上,在灯火的照耀下,默默地思索着艰危的现在和不测的未来。

宁远兵败的后果是可怕的。蒙古喀尔喀五部背弃了盟约,与察哈尔林丹汗和解,依附于明朝,形成了北部可怕的威胁;朝鲜国王改变了两不侵犯的态度,听从明朝的调遣,已屯兵鸭绿江边,形成了东部背后的痛患;当年明朝辽东经略熊廷弼筹划的"三方布局"方略,在熊廷弼暴尸于市、传首九边一年后又在袁崇焕的手中付诸实施了:山东的登莱舟师已与皮岛的毛文龙联手,出兵侵扰鞍山驿;天津明朝将领陶朗先率领的水师,已渡海侵扰复州、金州;可恨可杀的袁崇焕因宁远之战而一举成名,现已被明朝朝廷擢任为右佥都御史、辽东巡抚,权位日隆,乘宁远战斗之机掠取了锦州、大凌河、杏山、连山诸城堡,其"主守而后战"的方略大约要转入进攻了。这四境逼处,危机四伏的局面该如何应付?大臣贝勒、将领们都在睁大眼睛看着啊⋯⋯

内政的失误和混乱是可虑的。四年来"计丁授田"和"按丁编庄"法令的实施,使辽东汉民成了大臣贝勒田庄里的奴隶,"大量迁移汉民""清查汉民粮食"和"强征汉民差役"政策的推行,引发了田地荒芜、生产破坏、粮食锐减、男丁逃亡,暴乱蜂起。数年征战夺得的辽沈地区,不仅没有使国力增强、物资丰裕,反而成了脚下的火山,时刻会爆喷而发,摧毁现时获得的一切;凶狠的镇压虽然取得了一时的安定,但损伤的却是父汗"恩养汉民"的许诺和声望。每当看到金州汉民迁往蒲河,河西汉民迁往河东,城镇汉民迁往村屯,那离乡背井,扶老携幼的惨状,那哭声遍野,路旁饿殍的哀情,都在呈现着民心的背离和丧失。该变更这些自招灾难的法令政策了!可这些法令政策都是父汗制定颁布的,能变更吗?敢变更吗?"变更"将玷污父汗一世的英名,别说大臣、贝勒、将领们不会答应,自己也下不了这个狠心啊……

汗位的虚名是可哀的。父汗四年前颁布的"八大贝勒共治国政"的汗谕,原是为了避免权力更迭中的骨肉相残,以保持国运的长治久安。父汗离去了,新的汗王在八大贝勒暗斗而不曾"相残"的紧张气氛中产生了,可权力仍握在贝勒们的手中,大贝勒代善握有两红旗兵马,二贝勒阿敏握有镶蓝旗兵马,三贝勒莽古尔泰握有正蓝旗兵马,连两黄旗兵马实权,也分别握在族叔、固山额真阿敦和额驸、固山额真达尔汉的手里。自己此时名为汗王,手中的权力依然是只限于两白旗,这种"十羊九放"的"共治国政",实际上是分庭抗礼,断不会有国运的长治久安。它是一根绳索,捆绑着开创未来的手脚,它是一张幕布,遮掩着现时的混乱和来日的"骨肉相残",是必须要变更的。可这也是父汗亲自营造的国体,能变更吗?敢变更吗?"变更"意味着权力的集中,意味着大贝勒、二贝勒、三贝勒三位兄长的失权失势,也意味着朝廷和汗室各种关系的调整,他们能愿意吗?"变更"意味着一场骨肉相残的爆发,一场自招毁灭的相残啊……

在皇太极焦虑而不知所从的沉思中,二十五岁的启心郎索尼急匆匆地走进了中宫神堂,急声禀报:

"汗王,李喇嘛从宁远来到沈阳……"

皇太极感到意外,一时愣住了:这位李喇嘛在宁远战斗前曾奔走于宁远、沈阳之间,秘密传递议和的消息,宁远战斗后已不知去向。

索尼接着禀报:

"同李喇嘛来的还有一个汉官,名叫傅有爵,他们一行共三十四人,说是奉袁崇焕之命而来的……"

皇太极噌地坐起,面色严肃,立即感到一阵心堵胸闷,袁崇焕竟然打上门来了……

索尼急忙禀奏:

"臣猜度他们是为刺探我方的虚实而来,特安置于驿馆歇息,已派人严加防范。"

皇太极微微点头。

索尼捧出一封书信呈上:

"李喇嘛说:袁崇焕闻大汗仙逝,特派他们前来致祭,呈献祭香五十箱、黄表五十箱、素绢五十匹;袁崇焕知汗王继承大位,特派他们前来祝贺,呈献汾酒五十坛、白梨五十筐、甜桔五十筐。这是袁崇焕的亲笔书信,恭呈汗王阅览。"

皇太极接过书信打开,借着灯光阅览,神情由茫然而变得更加严肃,他掷书信于炕几上,吩咐索尼:

"速请大贝勒、二贝勒、三贝勒进宫议事!"

索尼神情迟疑而欲言又止,皇太极发觉,投来询问的目光,索尼急忙跪倒禀奏:

"汗王今夜去大汗梓宫祭祀,臣去诸贝勒府邸告知,大贝勒声称身体不适,需要安歇;二贝勒、三贝勒家人传出话说,二贝勒、三贝勒都喝得酩酊大醉……"

皇太极脸色变得铁青:这不就是贝勒们的分庭抗礼吗?他厉声打断了索尼的禀奏,

发出了谕旨：

"诏范文程进宫。"

索尼急忙应诺站起，走出了中宫神堂。皇太极似乎一下子泄了气，仰倚在被衾上，闭上眼睛，长长地吁了一口气，第一次尝到了汗位虚弱的孤独和悲哀：

是啊，五大臣额亦都、费英东、安费扬古、何和里、扈尔汉都在前几年相继病亡，朝廷里不再有可供咨询的元老；八大贝勒中的三位兄长代善、阿敏、莽古尔泰，是指望不上了，因继承汗位暗斗而形成兄弟间的鸿沟，一时是难以填平的，此时他们怀怨于胸，断不会伸手相助的；八大贝勒中的多尔衮只有十五岁，多铎只有十三岁，阿济格混沌鲁莽，只知打打杀杀，济尔哈朗为其胞兄二贝勒阿敏所制，就是他们诚心相助，也拿不出消除眼前困窘交织局面的有效对策来。现时，只有借助范文程的才智了，可范文程不是唯上是从的谋臣，有着自己行事的准则，他追随父汗身边八年，对汗室和内政事务从来不置一词，父汗当年颁布"计丁授田""按丁编庄""八大贝勒共治国政"的汗谕法令时，曾三次征询范文程的看法，范文程均以"不谙田亩之规""不闻汗室之事"而拒绝，以其无所私亲赢得了大臣贝勒的信任，父汗也赞誉其为"清白幕僚"。今夜，范文程能改变八年间自制的行事准则，为当前困窘的内政和脆弱的汗位执著设谋吗？看来只能以求教者的谦恭诚恳换取范文程的信赖了……

皇太极焦虑不安地坐起，吩咐侍女置茶备果，等待着范文程的到来。

范文程时年二十九岁，八年的幕僚生活，不仅使他对努尔哈赤产生了君臣相依的情感，也使他把自己的才智抱负融入了努尔哈赤的事业之中。努尔哈赤的病亡，对他来说，不仅有着失却倚恃之痛，而且有着才智抱负失落之危，在努尔哈赤病亡后的二十天内，他默默地、全神贯注地把目光投向贝勒们关于继承汗位的激烈斗争，由谁继承汗位，不仅关系着努尔哈赤事业的发展，关系着后金国的未来，也关系着自己一生的抱负和今后的命运。

他看得清楚：后金天命七年（1622年）努尔哈赤颁布的"八大贝勒共治国政"的制度，排除了先汗指定继承人和贝勒中长者继位的弊端，确立了"能受谏而有德者"嗣位的原则，为贤者能者继位开辟了道路。但这种制度本身，也派生着汗位更迭时的动荡和内争，也孕育着强者而非贤者以力量、权谋夺取汗位的可能，作为一外幕僚，与其把生命的赌注押在赏识拥戴的人物身上，莫如在这种特殊的斗争中冷眼观察这个人物的品德才智。历史上所有的谋臣所期待的，都是为了寻找一个能够听计纳谏的圣明之君。

他看得清楚：努尔哈赤的子侄虽多，但能角逐汗位者唯有四大贝勒。二贝勒阿敏，是舒尔哈齐的儿子，其父的谋叛被杀，从根本上限制了角逐汗位的可能，且其人行止乖戾，人望不高，就是自己强行谋位，拥戴者也不会多；三贝勒莽古尔泰，暴烈寡谋，缺少才智，且有着弑母富察氏的劣迹，虽有正蓝旗将领死心追随，也无力问津汗位；汗位的角逐，将在大贝勒代善和四贝勒皇太极之间展开。代善年长，且握有两红旗兵力，明朝万历四十三年（1615年）努尔哈赤处死长子褚英后，即由代善代理国政，自然含有让其继位的打算，但代善生性宽柔，临阵决策缺乏机断，处理朝政拖泥带水，已削弱了战场上"军功多"的优势，特别是后金天命五年（1620年）代善与努尔哈赤大福晋阿巴亥暧昧事件的发生，从根本上动摇了代善继位的基础；在这桩事件发生后的六年中，比代善年轻九岁的皇太极却崭露头角，在萨尔浒战役、开原战役、铁岭战役、辽阳战役中，都展现了军事上卓越的才智，准确地实施了努尔哈赤的战略意图，以"战功独多"赢得了众心，赢得了努尔哈赤"智勇俱全"的赞誉,其声望已跃居于大贝勒代善之上。后金天命七年(1622年)努尔哈赤颁布的"八大贝勒共治国政"的汗谕,也许就是为皇太极的继承汗位铺设台级吧!

他看得清楚:在这场贝勒们角逐汗位的斗争中,皇太极显示的政治才能确实是不同凡响,他以退为进,以予为取,遵照努尔哈赤"八大贝勒共治国政"的遗训,首先提出新的汗王的产生,当由八大贝勒和参予议政的阿巴泰、德格类、杜度、岳托、萨哈廉、豪格等大臣协商共举,立即赢得了年轻一代大臣将领的拥护;接着,他又以努尔哈赤生前已将所领两黄旗的人口、财产、牛录分给阿济格、多尔衮、多铎所有的事实,提出由阿济格和多尔衮分别接任两黄旗旗主,立即把八大贝勒中的阿济格、多尔衮、多铎拉到自己身边。这种高于代善、阿敏、莽古尔泰的精明手段,使八大贝勒和议政大臣中的大多数成了拥戴他的人,岳托、萨哈廉劝说父亲代善退出了角逐,代善成了拥立皇太极继承汗位的领头人。皇太极在"固辞不受"后登上了汗位。

他心里仍存有疑虑:皇太极具有努尔哈赤的壮志雄心,具有努尔哈赤的沉静刚毅,具有努尔哈赤的狡黠机变,具有努尔哈赤的雄才大略,难道也具有努尔哈赤晚年那种漠视辽东汉民利益和女真至上的不明不智吗?汉民占天下人口的十分之九成,贵一贱九,另一样狭隘的民族压迫政策同样会招致失败的……

范文程怀着沉重不安的心绪,在启心郎索尼的陪同下,走进清宁宫,走进中宫神堂,皇太极仍以昔日的谦恭迎接范文程的到来。他下炕接受了范文程的大礼参拜,双手扶起范文程,请于炕几一端与自己相对而坐,并亲自斟茶让果:

"近一个月来,诸事烦忙,焦头烂额,未晤先生,也未到府上向范老先生请安,甚觉歉疚。范老先生近日可好?"

范文程急忙拱手回答:

"谢汗王眷念,臣无任感激。家父虽年事已高,体魄尚为粗安,九月一日午时时分,家父曾于宅内执礼默祷,祝贺汗王登临大位。"

皇太极拱手作谢:

"谢范老先生了,索尼,速从李喇嘛进呈的礼物中,选取汾酒一坛、白梨一筐、甜橘一筐送往范府,请范老先生品尝。"

范文程突然心头发热,联想到四年前皇太极为成全自己父子相聚而操劳和四年间皇太极对自己和父亲的多方照顾,汉族儒生"士为知己者死"的激昂慷慨之情涌上心头,一时说不出话来。

索尼奉旨离开了,皇太极拿着袁崇焕的书信,放在范文程面前,坦直地说:

"袁崇焕打上门来了,请先生为我一决!"

范文程展开书信阅览:

"……惊闻老将军仙逝,不胜哀叹,特遣使吊祭,以表哀思;欣悉四贝勒继承汗位,不胜欢愉,特遣使祝贺。愿两国息兵言好,以解民忧……"

范文程看完书信,凝神沉思。皇太极低声提醒说:

"袁崇焕派来的使者,就是名叫镏南木措的李喇嘛。先生知道,去年三月,大汗迁都沈阳,袁崇焕即派此人来沈,向大汗传递'议和'信息,大汗正在全力经营辽沈,也借李喇嘛之口与袁崇焕在'议和'上周旋,结果使袁崇焕坐大宁远,招致了宁远兵败,今天,袁崇焕故伎重演,我当何以处之?"

范文程感激皇太极以真心相待，便坦率地说出自己的看法：

"汗王所见极是，袁崇焕其人，断不可轻觑，宁远一战，此人所显示的军事才能和敢战、敢守、敢拼、敢胜的气魄，在明朝将领中是少有的。更令人担忧者，此人有一颗清醒的头脑，不因坚守宁远、掠取锦州、大凌河、杏山、连山诸城堡的胜利而自满，也不因晋升为辽东巡抚而陶醉，他清醒地看到了自身目前的弱点：宁远战斗中损失的兵力需要补充，掠取的锦州、大凌河诸城堡需要巩固，新任辽东巡抚后与辽东各地明军将领的关系需要调整，故战、守、款三着并用，在加紧战、守的同时，以"议和"诱我骗我，施行的依然是"先主守而后战"的方略。汗王，袁崇焕不除，终将绊羁我军西进叩关的马蹄……"

皇太极勃然兴起：

"如何除掉袁崇焕，请先生赐教？"

范文程兴致亦起：

"请汗王明天于崇政殿大宴李喇嘛一行，表以殷切，重以赏赐，迎合袁崇焕来信之所请，以"议和"对"议和"……"

""议和"能除掉袁崇焕吗？"皇太极神情茫然地询问。

范文程坚定地说：

""议和"自然不能除掉袁崇焕，但"议和"产生的流言可以除掉他，"议和"产生的猜疑可以除掉他，"议和"破裂后的结局可以除掉他，只要"议和"的消息悄悄地传进北京，袁崇焕战、守、款三着并用的方略就讲不清楚了……"

皇太极微微摇头，仍有些不解。

范文程款款谈起：

"汗王，"议和"原是敌我在斗法，袁崇焕借"议和"以积蓄力量，汗王借"议和"以调整部署，两者是相同的，所不同的是，汗王亲自决定"议和"，大臣贝勒明其要旨，必全心拥护；袁崇焕决定"议和"，系边将自为，即或征得明朝皇帝默许，也会为反对者提供了口实，招致明朝群臣的猜疑，遭受猜疑的边臣边将能长期执掌兵权吗？况且，袁崇焕生性刚烈，自恃知兵，多出浪言，行事果敢，遵奉的信务是"将在外，君命有所不受"，宁远之战前夕，曾对抗兵部尚书、辽东经略高第的军令，拒绝撤兵，结怨于明朝朝廷擅权的阉党。凡此种种言行，都是招致"猜疑"的土壤。再说，"流言"可以制造，"猜疑"也可以制造，秦汉时期层出不穷的"反间计"，不都是制造的"流言""猜疑"吗？……"

"善！先生高见，开我茅塞！"皇太极通悟而大喜，急忙为范文程斟茶：

"宁远之忧，尽释无遗，然蒙古喀尔喀五部背盟，再次依附明朝，已构成北部威胁；朝鲜国王背信弃义，再次听从明朝调遣，屯兵于鸭绿江边，已构成东部威胁；山东登莱巡抚孙元化已与皮岛明军毛文龙联手，进占旅顺，侵扰鞍山驿；天津水师已渡海而至，侵扰金州、复州诸城，已构成南部威胁；四境逼处之危，使我寝食不安，先生将以何策教我？"

范文程举茶润喉，神情坦然，双手拊袖，侃侃而论：

"宁远兵败，形势逆转，四境逼处，前景堪忧，臣一个多月来，走访各地来京的将领，阅览各地呈送的谍报，反复思索，仅有三得，或可摆脱"四境逼处"之危，现陈述于汗王。

"一曰征抚蒙古。宁远兵败，蒙古察哈尔部林丹汗，利用明朝"以西夷制东夷"的策略，并借明朝的财力资助，图自己的霸业，欲与汗王争雄。林丹汗以漠南蒙古首领自居，以同族同种的情感和几十万兵马的力量，笼络蒙古各部，并欲强行吞并，喀尔喀五部因首当林丹汗之冲，遂与我背约，私与明朝和好，杀我斥堠军，献首于明朝，以求明朝制止林丹汗而免灾。故汗王最危险的敌人是林丹汗而不是喀尔喀五部首领,汗王当务之急,是依靠蒙古科尔沁部为援,宽宥喀尔喀五部的背约,联络面对林丹汗吞并的札鲁特部、土默特部,集中全力对付林丹汗,奇兵袭之,大军摧之,联军毁之,林丹汗灭,则蒙古各部将为汗王所制,北部威胁或可一劳永逸地消解。'四境逼处'之势也就解体了,请汗王深思。

"二曰恩抚朝鲜。朝鲜素来与明朝交厚,萨尔浒战役中,因其兵败,与我成君子之约,互不侵犯,乃出于形势所迫,并非德服。我宁远兵败,朝鲜国王受明朝指使,屯兵江边,并派兵侵扰,构成我背后痛患,我现时于'四境逼处'之中,无力伸出两个拳头同时出击,只能暂作忍让。愿汗王速派使者多带玉帛过江,重申其约,重修其好,力争两安相处,若朝鲜国王恃有明朝之倚不知悔改,则出兵奇袭,以杀其气焰,掠地越多越好,杀人越少越好,然后迅速撤兵,以德恩抚,即使获得背后三五年的安定,对我也是一种胜利,愿汗王深思。

"三曰招抚明将。登莱、天津、广宁'三方布局'困我之策,原出于辽东经略熊廷弼之手,然时历五年,何以仍不能全面实施?乃因明朝朝廷党争频仍,边将各有所倚,拥兵自重,各辖地盘,拒绝他人指染;登莱、天津守将孙元化、陶朗先等人,亦畏惧我军勇猛,怕像杨镐一样身败名裂,不愿进入辽东;故'三方布局'之议五年内只是一句空话。我军败于宁远之后,明朝将领均以为我将一蹶不振,欲借机插足辽东,扩展自己的势力,孙元化、陶朗先等便伸出触角,并与皮岛守将毛文龙联手,广鹿岛的明军守将尚可喜亦与毛文龙结交,形成了辽东明军另一个军事核心。今年五六月间,毛文龙的侵扰镇江,孙元化的占据旅顺,陶朗先的侵扰金州、复州,其用心不仅在于策应南卫黎庶暴动,乱我人心,更在于建功扬威,与新任辽东巡抚的袁崇焕抗衡。据山海关谍工密报,袁崇焕对毛文龙的举止意图似已察觉,已疏请朝廷遣部员勘查毛文龙的理饷弄弊;据皮岛谍工密报,毛文龙已认朝廷阉党头子魏忠贤为父,并在皮岛为魏忠贤塑像立祠。明朝朝廷的党争已延至辽东军营,袁崇焕与毛文龙之争终将爆发,愿汗王借机推波助澜,可密派使者去皮岛,以'议和'示毛文龙,以优厚条件宠毛文龙,膨胀毛文龙的野心。并为即将招降遭贬、遭罚、遭猜疑、遭冷落的明军将领作准备,用高官厚禄招降,用安富尊荣招降,用有职有权招降,用世袭罔替招降,成批地招降,成营成镇地招降,汗王的麾下,不仅要有女真八旗,而且要有蒙古八旗,汉族八旗。到那个时候,汗王就不再是女真一族的汗王了……"

皇太极被范文程精辟的分析判断和坚定的豪气胆略擦亮了眼睛,开阔了胸怀,沸腾了热血,增强了信心,便以拳击案,放声而呼:

"妙!西款宁远,东抚朝鲜,北征蒙古,南招明将,这十六个字,胜过百万大军,'四境逼处'之危,先生在品茶润喉中轻松地消解了!此刻,我才体察到你们汉语中所说的'运筹于帷幄之中,决胜于千里之外'的生动和精妙,精妙的'运筹帷幄',生动的'运筹帷幄',为我这个初临大位的汗王增添了信心和勇气,无以为报,无以为报,此时只能以清茶一杯酬劳先生的劳神焦思了。"

说着,为范文程第二次斟茶致谢。在斟茶中,皇太极的神情突然呆滞木然,茶水溢出茶杯,溢漫在矮小的炕几上……

范文程一时失措:

"汗王……"

清史通鉴

开国英主

清太宗——皇太极

皇太极猛醒而收魂一笑，慢慢放下茶壶，神情颓然地望着范文程，话语沮丧：

"能'决胜于千里之外'吗？困窘的内政，失却的民心，虚弱的汗位，无权的汗王，能顺利有效地实施先生的'运筹帷幄'吗？范先生，你知道我此时所言的所指吧？"

范文程用同情的目光望着皇太极，既没有摇头，也没有点头。

皇太极苦涩地一笑：

"先生明白，可你是汉人，你是幕僚，你不敢说，也不敢听别人说，由我亲口说出，你不会感到害怕吧？"

范文程用赞赏的目光望着皇太极，既没有摇头，也没有点头。

皇太极猛地抬起头来，张开的嘴巴突然闭合了，痛苦地摇摇头，为难地说：

"范先生，内政困窘的根源，你是清楚的；汗位虚弱的症结，你是明白的；内政的失误，使民心背离，使辽沈地区成了脚下的火山；汗位的虚弱，使权力分庭抗礼，孕育着自招毁灭的相残；先生真的要我说个明白吗？"

范文程闭上眼睛沉思着：努尔哈赤的灵柩还没有下葬，要刚刚继位的儿子说出父亲晚年的失误，在感情上是痛苦的，在理智上也是不明智的，努尔哈赤毕竟是女真人心中的神，是八旗军队的灵魂啊！可是，不匡正努尔哈赤晚年失误的政策，新的汗王也是寸步难行的。他急剧地思索着如何两不伤害地消解这个难题……

皇太极说话了，话语中含着真诚的请求：

"范先生，我今年三十四岁，先生今年二十九岁，我是女真人，先生是汉人，我俩既然能够成为君臣，就不能成为相互信赖的挚友吗？在学问上，我是以师长敬先生，在情感上，我是以兄弟看先生啊……"

范文程鼻子一酸，热泪滚落：士为知己者死，为知己者死啊！他睁开眼睛，拱手禀奏：

"汗王，臣知恩知情了。治国之要，首先安民，内政乃百事之首，权力乃国运之根。为消解内政上的困窘和汗位上的虚弱，臣有两句话敬献于汗王……"

皇太极拱手作谢：

"先生请讲，我倾耳恭听。"

范文程压低声音说：

"一句话是：轰轰地继承。另一句话是：悄悄地变更。"

皇太极凝神闭目，默默地咀嚼着。

范文程具体阐述着：

"臣所说的第一句话的要旨是：请汗王以雷滚九天的声威，宣扬大汗的千秋功业，宣扬大汗的雄才大略，宣扬大汗的文治武功，宣扬大汗的'天下一家''恩养汉民'，宣扬大汗的'八大贝勒共治国政'，宣扬大汗的'计丁授田''按丁编庄'，宣扬大汗生前所做的一切，使大汗的声威震动辽东、震动华夏，使大汗的业绩深入人心，成为天下的共识，汗王今后的再创业绩，也就成了大汗业绩的必然继承。这种继承大汗业绩的任何创造和举措，都是大臣贝勒们难以反对的。

"臣所说的第二句话的要旨是：请汗王以衔枚疾走的沉默，不事声张地决然进行变更。变更'计丁授田'中汉民沦为奴隶之弊，田地荒芜之弊，生产凋蔽之弊，人丁逃亡之弊；变更'按丁编庄'中大量移民之弊，清查粮食之弊，强行差役之弊；变更对待作乱黎庶屠村、屠营、屠城的残酷，变更一切失去民心的法令。在变更中消除'共治国政'的权力分散，'并肩而坐'的分庭抗礼和汗位虚弱的'扯皮掣肘'。建立一个新的国体朝制……"

皇太极闭目静听着范文程的论述答对,他本是一个十分聪明、善于思索的人,范文程说出口的话,他理解了、领悟了,范文程不便说出口的话,他联想到了、领悟到了。'轰轰地继承'和'悄悄地变更',这简单的两句话,却有着探索不尽的奥秘,'继承'中含有无穷的机变,'变更'中不也含有无穷的机变吗?'轰轰'宣扬的许多事情,原是为了'悄悄'地消除,避而不谈的许多真实追求,却已在'悄悄地变更'中默默地产生了。这就是汉族文化的博大精深吧?这就是今夜君臣答对中范文程献给新的汗王的治国之道、治国之术吧?他心底的赞叹禁不住脱口而出:

"心膂,心膂啊!"

皇太极脱口而出的赞叹声,使范文程茫然地停止了答对,中宫神堂突然寂然无声,宁静极了。皇太极被这突然的宁静惊动,惊诧地睁开眼睛,眼前是茫然望着自己的范文程,他醒悟到这宁静的一切都是由于自己脱口而出、不明不白的赞叹声所致,昂首纵声大笑:

"心膂,心膂,是我的心声,是我的肺腑之言!范先生,股肱之臣,天以心膂赐我啊!"

范文程听得出来,他的议论已为皇太极接受了,急忙拱手作谢,也发出了爽朗的笑声。

清宁宫中宫神堂君臣答对后的第二天,皇太极在崇政殿宴请袁崇焕派来的使者李喇嘛一行三十四人,他以极为诚恳的谦恭感谢袁崇焕的"吊祭"和"祝贺",并以人参、鹿茸等物答谢了三十四名使者,申述了"息兵言好"之意,并派遣通事官方吉纳、参军温塔石携带礼物和范文程拟写的答书,随宁远使者前往宁远。其"答书"中写有:

"……至两国和好之事,前皇考至宁远时,曾致尔书,令其转达,尚未回答,汝主如答前书,欲两国和好,当以诚信为先,尔亦无事文饰……"

在遣使宁远,开始在"议和"上与袁崇焕周旋的同时,皇太极又秘密地向皮岛的毛文龙派出使者,也伸出了"议和"的橄榄枝……

清宁宫中宫神堂君臣答对后的第八天,皇太极在崇政殿召开了大臣贝勒会议,在轰轰宣扬努尔哈赤"计丁授田""按丁编庄"汗谕中,开始了在辽沈地区"重新编庄",悄悄地推行女真、汉民"分屯别居""选汉官之清正者统之"的新政策,使沦为大臣、贝勒庄田奴隶的汉民,恢复了民户的地位,赢得了辽沈地区汉民汉官的称赞。随后,又悄悄地推行了"以农为本""减少差役""汉民可单独屯种""新附汉民不必编入八旗"等政策,推进了辽沈地区生产的发展。

五

不仅如此,太宗还要招揽更多的汉官加入后金政权。为此,他制定了归降的具体政策:(1)现在任职的明朝官员归降的,子孙世袭父职不变;(2)一般百姓杀掉当地官吏来归的,根据功劳大小,授于官职;(3)单身一人来降的,由国家"恩养";(4)率众来降的,根据人数多寡,按功授职。从汉官归降的情况看,有对明朝不满来归的,有在战场上被俘归降的,相当一部分是走投无路被迫投降的。太宗不问出于何种动机,只要前来归降的,都一律接纳。有的被俘后仍不肯投降,太宗也不强迫。天聪五年(1631年),后金兵攻取大凌河城,明监军道张春被俘,他见了太宗不参拜,不剃发,也不接受封官。太宗很不满意,一时发怒,但没有杀,也不勉强,而让他居三官庙养起来。还有一种情况,投降后不安心留下,私自逃跑。太宗对此又规定了可来可去的政策。他对汉官明确宣布:

"你们想归家看望，探听信息，就向我报告一声，明明白白地回去，它日或来或去，都听自便。"天聪四年（1630年），攻打永平，明朝户部郎中陈此心归降后又要逃跑，被士兵捉住。经审讯，定成死罪。太宗不同意，说："业已恩养，为什么还要杀呢？既然他不愿留此，还是放他回原籍好。"于是，赐给陈此心二匹马、四头驴、二十两银子，让他携带妻子和仆人随便到任何地方去。太宗对暂时不投降的，则耐心等待。明将祖大寿在天聪五年守大凌河城时被迫出降，但他被释放去锦州策反却一去不返。太宗等了他足足十余年，直到崇德七年松山战役兵败，才决心投降，但太宗不改初衷，仍然盛情相待。

　　太宗对待归降的汉官格外优礼。凡是来归的汉官，不分职衔尊卑，不分人数多寡，一律收留，"无不恩养之"，给饭吃，给衣穿，给房住，还配给妻室。对于在明朝社会上稍有点影响的人物，待遇更加优厚。来归时，先宴请，后赏赐各种财物，任命官职，安排生活，配给马匹、奴仆等。过一段时间，太宗还要亲自宴请。后金兵攻取大凌河城，招降汉官达一百数十员。太宗如获至宝，在内廷举行盛大宴会欢迎他们，亲自向这些人作出保证："我国虽财用未充，必尽力恩养尔等。"他说到做到，特从国库中拿出大量钱财物资赏赐大小汉官，像缎匹、银两、雕鞍、各色贵重皮毛衣料，以及撒袋、鞓带、各类器物，一应俱全。隔一段时间就赏赐一次。有一次，赏赐大凌河城归降的大小汉官一百五十多员，仅赏给的仆役人口就达一千五百二十四人、牛只三百一十三头，除此，还赏给庄屯和大量土地。赏东西之外，还频繁举行宴会。太宗规定：八旗旗主轮番宴请他们，每五天举行一次大宴，规格都是很高的，真够得上"宰牲设宴，曾无虚日"。其实不只是对大凌河的汉官，别处来归的汉官，即便是只身一人，也要设宴、赏赐、安排职务等等。随着来归的汉官日益增多，天天开宴会，常常是一天开数次宴会。太宗如此对待汉官，这正是一个政治家的胸怀。他自己说："朕对于早归和新降的汉官，都不惜衣服、财帛、马匹、牲畜加以恩养，又每天三次赐宴，这岂不是件麻烦的事？但我就是要使人心悦诚服，以图取大事。"这个"大事"，当然就是指推翻明朝统治，取而代之。他大力做争取汉官的工作，这在他看来，是比财帛、武器远为重要的东西。他对诸贝勒大臣说："惟多得人为可喜耳。金银币帛用之有尽，如收到一二贤能之人，堪为国家之助，其利赖宁有穷也！"在这些众多的汉官中不乏贤能之人，用他们辅佐国家，带来的好处是无穷尽的，决非任何钱财所能比。

　　清太宗优礼汉官，实际上是一种收买政策。不出几年，归降的大小汉官都积累甚厚，俨然成了新贵。就拿占有人丁来说，不少汉官占有八九百丁，多的达千丁，其余的也不下百丁，就是下等之家，也有二十余丁。他们成了暴发户，有的违背制度，私自增加人丁名额，引起满族贵族的不满。但太宗并不责备，却采取宽容的态度。当时，在一品满族大臣中还没有到千丁的。可见，汉官在某些待遇方面已经超过了满官。太宗有一次对汉官们说：我把你们从"涂炭"中拯救出来，"爱养有加，今尔等已富贵矣！"难怪满族大臣感叹："昔太祖（努尔哈赤）诛戮汉人，抚养满洲。今汉人有为王著矣，有为昂邦章京矣。至于宗室，今有为官者，有为民者，时势颠倒，一至于此！"这种情况，不正好说明太宗对汉官的政策，得到了更好的结果吗？太宗的这些具体政策使汉官心悦诚服，感激涕零："似此豢养之恩，虽肝脑涂地，实难报称万一也。"在当时的历史条件下，能使一向鄙视少数民族为"夷狄"的汉族官僚地主拜倒在后金汗的脚下，这足以说明清太宗的政策取得了巨大的成功。这一政策不仅使后金政权中的所有汉官安下心来，卖力效劳，而且对身在明朝的广大汉官也具有某种吸引力，使其从明朝投向后金。

六

满蒙王公贵族联姻结亲,是有清一代的传统政策。清朝通过联姻的形式,伴之以政治上的优待,物资上的收买,笼络蒙古上层统治集团,与清王朝保持一致,维护北方久安无患。而在南中国,不实行裂土封王,由中央直接控制。这就是众所周知的"南不封王,北不断亲"。确立对蒙古的基本关系和政策始自清太祖,完善于清太宗。

大元灭亡,一些蒙古王公贵族被逐出中原,逃到塞上,雄踞大漠南北,时常骚扰明朝,屡次大规模内犯。明朝从建立起就把蒙古看作是它的主要劲敌时加防范;蒙古则因被逐而对明朝抱有敌视态度。崛起于东北的满族曾受明朝欺压,他们与蒙古族在反明的问题上有一致的立场。此外,满、蒙古除了语言各异,服饰穿戴及生活习惯方面还有许多相同之处。这种天然上的共同点促使两个民族产生一种亲近感。

明万历二十二年(1594年),蒙古科尔沁部贝勒明安、喀尔喀五部贝勒老萨首先"遣使通好"。此后,蒙古诸部来往不绝。开始,努尔哈赤只认为蒙古"越敌国(指明朝)而来者,不过有所希图而已"。他以为蒙古前来交好,是希图得到钱财,所以赏赐不少东西。但随着斗争的发展,他很快认识到蒙古对他具有重大的实际意义。他感到蒙古是一支可以利用的力量,把蒙古争取到自己一方,会使他在对明的斗争中处于更有利的地位。基于这个思想,他积极开展对蒙古的友好联系。从遣使通好,厚加赏赐、馈赠,发展到通婚联姻。为了适应政治上的需要,联姻由近及远,由少数发展到多数,努尔哈赤不断扩大与蒙古各部的这种亲戚关系,因而加深了互相依赖的程度。在联姻的基础上,努尔哈赤与部分蒙古部落进而建立了针对明朝的政治与军事联盟。

后金与蒙古友好关系的发展,并不意味着没有矛盾和斗争。在努尔哈赤心目中,蒙古仍然是他的主要敌国之一。他认识到蒙古民族慓悍,桀骜不驯,叛服无常,在思想上始终保持警惕。他把蒙古人形象地比作天上的浮云,说:"云合则致雨,蒙古部合则成兵,其散犹如云收而雨止也。俟其散时,吾当亟取之。"因此努尔哈赤在发展与蒙古一些部落的亲善关系时,必要时也采取军事手段解决问题。

努尔哈赤在世时,虽然对蒙古的关系尚未取得惊人的成就,但他制定并初步实行的原则,为他后世子孙做了开创性的工作。到清太宗时,基本上按着这个原则,继承和发展了联络蒙古的政策。

清太宗遵循父亲的遗愿,继续对蒙古结亲、赏赐、分化、利用。他本人及其兄弟子侄,还有贝勒大臣几乎都娶蒙古人为妻。他的孝端文皇后、孝庄文皇后、宸妃都是蒙古科尔沁人。后来,他的儿子顺治当了皇帝,其妻孝惠章皇后也是科尔沁人,在蒙古诸部中,科尔沁与清朝的关系最为密切。乾隆曾巡视科尔沁,写诗赞颂这种关系:"塞牧虽称远,姻盟向最亲。"同样,太宗及其宗室、大臣的女儿们也都出嫁到蒙古,甚至有些蒙古王公主动向后金求婚,要求娶宗室之女为妻,太宗总是给予满足。与宗室之女成婚的蒙古贝勒都称为"额驸",受到极为优厚的礼遇。

在努尔哈赤时期与蒙古的关系,基本上是以对天地盟誓的形式,建立平等的联盟,除了表明双方共同对"天"负责外,彼此之间的约束并不很严格。鉴于指天地为誓的做法不那么靠得住,太宗的政策目标,是要把这种平等的联盟发展成为更牢固的从属关系。他不单单是与他们举行盟誓,而且还具体规定了双方承担的义务和责任。如蒙古不遵守誓约,即罚以马匹牛羊等物。当然,处罚时,太宗每每说清问题后,总是从宽处分，使蒙古人深受感化。天聪二年（1628年），太宗率大军征察哈尔，科尔沁土谢图汗额驸奥巴（鄂巴）从征，他纵兵掠夺，不去与后金兵会合。此役刚结束，他不待报告，竟率军先行回国。太宗大怒，派遣索尼、阿朱户两人赴科尔沁，给奥巴写去一封信，严厉谴责他违约，并历数早年科尔沁助叶赫攻打后金，努尔哈赤去世迟迟不来吊丧，二个月后才派了一个低级官员来等罪状。行前，太宗指示索尼两人："你们见了他，不必行礼，不吃他的饭，不给他好脸色看，还要作出要走的样子，看他如何对待。"索尼、阿朱户到了科尔沁，直接去见公主（努尔哈赤的侄女，嫁给了奥巴），送上礼物。奥巴正患足疾，听说来了钦差，马上让人扶着去见索尼两人。他们毫不理会，冷冷地说："我们是天聪汗的使臣，你有罪，我们要和你绝交，因为有公主在，特来问候。"奥巴忙令人摆宴，索尼、阿朱户拂袖而出。奥巴急派他的儿子塞冷问道："汗的使臣来，一向得向我行礼，给饭就吃。现在你们来此，见我不拜，备宴也不吃，竟拂袖而去，是不是汗谴责我了？"索尼说："我们不是为你来的，为什么还行礼？又何必吃你的饭呢？汗震怒，特带来一封信。"说着，把信递给塞冷，整理鞍辔就要走。奥巴看了信，大为惊慌，再三挽留索尼两人，说："我知道自己罪重，十分惶恐，不知所措。我想自己去谢罪，足疾也不在乎了，就是死在路上也在所不惜。"索尼说："汗没授意我们同你去，也没授意我们阻止你去。去与不去，你自己考虑好了。"奥巴说："我非去不可，但又怕汗不见我怎么办？"索尼说："你若真心实意悔罪，汗不会怪你的。"第二年正月，奥巴来到沈阳，太宗亲自迎出十里，立即举行宴会。宴毕，太宗派大臣重申信中责问之意，奥巴一一认错，愿罚骆驼十峰，马一百匹，另献出一匹好马，一副甲谢罪。太宗见他悔改，一概宽免，还赏给他貂裘、帽、靴、金带及朝鲜进贡的珍品等。当奥巴离去时，又赠送一大批好东西，太宗率贝勒大臣送出沈阳郊外。这场纠纷很妥善地解决了。从此，奥巴闻令即至，再没有发生违约的事。

对蒙古族上层比对汉官更亲。太宗对他们舍得花钱，凡来朝或来归的蒙古贵族，他都慷慨地抛赠数量惊人的财物，包括金银、绸缎、银器、瓷器、衣帽鞋、铠甲及马上的装饰品等等，应有尽有。蒙古族是个逐水草而居的游牧民族，他们视为最珍贵的东西就是牛、马、羊、骆驼，但缺少汉族所生产的东西。太宗从战争掠取的财物和国中制造的生活必需品中拿出一部分来分赠蒙古贵族，不仅满足了他们贪求财物的欲望，又使他们的生活既富足又奢侈。他们怀着感激的心情说："臣等荷蒙圣恩，富贵已极，各获安乐，今后敢不勉励图报！"太宗也说："今各处蒙古每次来朝厚加恩赏，因此俱不忍离我而去，虽去时犹属恋恋，而蒙古各国亦从此富足安闲。由此揆之，以力服人，不如令人中心悦服之为贵也。"蒙古贵族如此豪富起来，太宗却不贪取他们的东西。他们向太宗进献马匹牛羊等贡品，太宗往往是象征性地留下一小部分，这使他们越发感动！这些王公贵族从后金政权中获得了他们的最大利益，也就日益紧密地依附于这个新政权。

清太宗虽然强调不以力服人，但在必要时也施以军事手段，对其顽固势力只有加以打击，才能提高威信，促使更多的蒙古部落归顺。他毫不留情地打击察哈尔就收到了这个效果。在进行友好交往时，太宗积极防备蒙古的军事力量的增长。他刚即位，就发布一道命令：三大贝勒以下、入八分诸贝勒以上，不许私自将弓箭、枪、刀给与蒙古诸贝勒所派来的人。如给，必须报告。外藩诸贝勒以下，小民以上，即使遇到归顺的蒙古人，也不许卖给他们弓箭、刀枪，如若违犯，将按令治罪。这个规定，很像是一道武器"禁运令"。蒙古人专事游牧为生，不能制造兵器，即便能，其生产能力也是很有限的，大部分要依靠内地供应。太宗不许把兵器传给蒙古人，未必能限制住蒙古军队提高战斗力，但可以看出太宗对蒙古是存有戒心的。所有这些,在对蒙古的关系中是次要的,主要的是在政治上联络和建立可靠的从属关系。

从当时斗争形势来看,蒙古正处在明朝与后金相互争夺之间。明中叶以前,为了对付北方的蒙古人(明人称"北虏"),曾采取"以东夷制北虏"的大政方针。"东夷"系指东北女真等少数民族。当满族兴起时,明朝又改变方针,极力拉拢蒙古以攻后金。如察哈尔就为明朝所收买,每年拿出几十万、上百万的钱财供给它,以使它与后金对抗。太宗当然也极力争取蒙古的支持。所以,一部分蒙古站在后金一方,一部分蒙古站在明朝一方。太宗大力进行分化瓦解这部分蒙古人与明朝的关系。天聪五年,太宗包围大凌河城时,专给城内的蒙古兵写信,内称:"我满洲与尔蒙古原系一国,明则异国也。尔等为异国效死,甚无谓,予甚惜之……"天聪八年(1634年),兵部和硕贝勒岳托给锦州的蒙古人写信,说:"尔等既非汉人苗裔,又非汉人臣僚。明国皇帝亦不视尔等若子弟……且交战时,彼(明)必令尔蒙古在前,进则为我戮,退则被彼诛,势难自全,当聚诸蒙古合谋来归。"太宗在招抚驻牧明朝边境的诸蒙古时,写信动员他们归顺:"我与尔两国,语言虽异,衣冠则同,与其依异类之明人,何如来归于我? 不惟尔等心安,即尔祖父世传之衣冠体貌亦不烦变易矣。"如此等等。显然,太宗是在煽动民族情绪,促使这部分蒙古人尽速脱离明朝!

七

努尔哈赤建立的后金,作为国家政权,尚处在草创阶段。迁都到辽阳、沈阳后,尽管逐渐有些充实,还显得粗糙。这集中反映到官制上是很不完备的,从中央到地方还没有形成一套系统的行政机构,仅以八旗军制来行使国家职能。它规定:固山额真为每旗的总管大臣,总理全旗军政;设二名梅勒额真为佐管大臣,协助总管大臣管理旗务。天命元年(1616年)前,特设议政五大臣、理事十大臣。后来他们执掌国家政权,是后金统治集团的核心人物,有的以旗总管大臣或佐管大臣兼任。其中议政五大臣参与决策机要大事,理事十大臣分别管理各项庶务。国人有诉讼,先由理事大臣听审决断,然后报给议政大臣复审,再上报诸贝勒,经过众议定案。必要时,令诉讼者面见努尔哈赤,详加审问,明核是非。努尔哈赤本人每五天接见诸贝勒大臣,听取汇报,发出训谕、指令等。天命五年(1620年),努尔哈赤袭用明朝军职名称,设总兵官、副将、参将、游击、备御等,它们不是行政机构的官职,而是被当作爵位按军功大小加授的。总兵官为第一等,内又分三等,以下直至游击,每一等级都又分三等。而牛录额真都改为备御,下设四员千总。

努尔哈赤的这套设置是十分简陋的。它具有三个特点。第一,八旗制度基本上是一个军事制度,用它来代替国家行政机构,以军职的八旗旗主兼管行政事务和组织社会生活,这多少带有军事管制的味道。第二,民族压迫的特色尤其明显。从上层统治集团到下边任职掌实权的军官,几乎都是满族人,从而排斥了大多数汉官参与政权。这在汉人占绝对优势的辽沈地区是不可能行之持久的。第三,它实行八和硕贝勒即八旗旗主"共议国政",凡军政大事皆由集体裁决,含有原始军事民主制的残余。显然,这与日益发展的君权独揽是不相适应的。进入辽沈地区以后,由于地域辽阔,人口众多,经济文化高度发达,因此,努尔哈赤设置的国家机构就显得相形见拙,落后于时代,如不改弦易辙,势必出现很大的矛盾,阻碍后金的发展。

清太宗继位之初,先对初创的后金国体制作了些必要的修补,然后逐步进行大幅度的改革。天命十一年九月，太宗召集诸贝勒共同议定：每旗仍各设一名总管大臣，称为总管旗务八大臣，参与国政，与诸贝勒并坐共议。出猎、行军各领本旗兵士行动，本旗的一切事物皆听调遣、指挥。以前，只有兼任议政大臣的固山额真才能参与国事，现在则扩大了范围，凡八旗旗主（即固山额真）都有权参加。又每旗仍设二名佐管大臣共十六大臣，协助管理本旗事务，并负责刑法。他们可以不出兵驻防。除此，每旗还设二名调遣大臣，共十六大臣。他们的职责是，出兵驻防，随时听从调遣，还对其所属的刑律负有审理之责。

不难看出，太宗对国家机构尚未作大的变动，只是又增加了执政人员，把一部分新人吸收到上层统治的核心，扩大了政权的基础。所任命的大臣仍没有汉人参加。但是，太宗是个倾心于汉族文化的人，他非常注意、十分重视学习汉族的政治经验。在对国家机构进行大改革时，要求他的诸贝勒大臣"凡事都照《大明会典》行"，仿照明政府制度，设置国家各级机构。天聪三年（1629 年）四月，太宗设文馆，命儒臣分两班：巴克什达海和刚林等翻译汉文典籍；巴克什库尔缠和吴巴什等记注本朝政事。巴克什是对文臣的通称，后改称笔帖式，满语叫笔特赫达式。太宗优先设置文馆，给它规定了两项职能，一是通过翻译汉文典籍，借鉴汉族的政治经验；一是记注本朝政事，目的是总结他执政的得失。这些都为他推进各项改革做思想和政治上的准备。实际上，文馆成了他改革的咨询机关，任职的大臣便做了他的顾问。

天聪十年（1636 年）三月，改文馆为内三院：内国史院，负责记录起居、撰拟诏令、编纂史书、庆贺表文、纂修实录、册拟功臣诰命等。内秘书院，负责撰写外藩往来书信、记录各衙门的奏疏及代汗起草对各官的指令。内弘文院，专门负责注释历代行事的好与坏、给皇帝讲经注史、颁布制度等。是年六月（从四月起，改为崇德元年），更定内三院官制：内国史院设大学士一人、学士二人；内秘书院大学士二人、学士一人；内弘文院大学士一人、学士二人。这些大学士、学士分别由满人、汉人、蒙古人担任。这是清代设大学士之始。清沿明制，不设宰相，而代之以大学士。大学士的权力很大，直接参加议定国家军政大计，掌握国家机密。内三院的设置实际上已取代了八和硕贝勒"共议国政"的体制。

继设文馆之后，天聪五年（1631 年）七月，太宗按中国历代封建皇朝的行政组织，设立六部，使国家机构趋于完善。六部是：吏、户、礼、兵、刑、工。每部以一名贝勒总理部务，其下设满承政二员、蒙古承政一员、汉承政一员，承政之下各设参政八员，惟有工部参政设满人八员，蒙古二员，汉人二员。各部均设启心郎一员。做具体事务的官员笔帖式，各部"酌量事务繁简补授"。设立六部，明确了分工，提高了办事效率。这六部虽由贝勒主持，但他们必须对汗（皇帝）负责，这就加强了中央集权。崇德元年五月，太宗又设立都察院，与三院六部不相属，独立行使监察各部的职权。太宗授予该部院以很大的权力，上自皇帝、诸王贝勒，下至各部臣都可以劝谏、弹劾、纠察。他指示都察院的官员说："朕如奢侈无度、误杀功臣，或者逸乐畋猎、荒耽酒色，不理政事，或者抛弃忠良人任用奸诈、升迁官员不当，你们要直说、劝谏无隐。诸贝勒如果废弃事业，偷安为乐，或朝会时轻慢懈怠，部臣隐瞒不报，你们要指名参奏。六部断事不公及审狱迟缓，你们也要察明向朕报告。明朝弊政，在你们这样的衙门往往成为贿赂之所，你们务须互相防备检查。除了挟私仇诬告好人外，凡你们所奏，说得对的，朕立即批准照办，说得不对的，朕也不加罪你们。"

崇德三年（1638年）七月，设理藩院。它的前身是蒙古衙门。此机构专门负责蒙古方面的事务。这样，经过几年的改革、充实，便形成了内三院、六部和都察院、理藩院一套完整的官制，合称三院八衙门。就在这年，根据大学士范文程、希福、刚林等人建议、太宗进一步更定六部、理藩院、都察院八衙门官制：每个衙门设满人承政一员，以下设左右参政、理事、副理事、启心郎、主事等官，以满、汉、蒙古人参差充任。

很明显，上述一系列机构是仿照明制建立起来的。从一定范围讲，它们是明朝官制的翻版。但它和明制又不尽相同。后金是一个少数民族建立的政权，它有本民族的创造，某些机构和名称又为明朝所没有，因而该政权的官制具有民族的特点。它吸收了大批汉官和蒙古人参加执政，这对努尔哈赤那时排斥汉人参政是一个大的突破，因而又具有满蒙汉贵族地主联合主政的性质。太宗对国家机构和体制的大幅度的改革，主要是在汉官们的建议和帮助下实现的，它是太宗实行封建化的重大成果，标志着这个政权在政治上完成了向封建国家的过渡。

八

清太宗继位不久，在汉官们的帮助下，制定了进取的战略方针。

后金进入了辽沈地区，经数年征讨，疆土日益扩大，东南至鸭绿江，与朝鲜相邻；北至嫩江，与蒙古接壤；西过辽河，与明朝相峙。后金正好处于这三股势力的包围之中。努尔哈赤迁都辽阳时就已经意识到这个危险的形势。当时他把明朝当成主要的"敌国"，视蒙古、朝鲜为"内顾之忧"。为了征明的需要，他不惜"一时之劳""惟远大是图"，他图谋的远大目标就是夺取明朝的天下。因此他坚持把都城从赫图阿拉迁到辽阳，再迁沈阳。他认为"沈阳四通八达之处，西征大明从都尔鼻（辽宁彰武）渡辽河，路直且近；北征蒙古，二、三日可至；南征朝鲜，自清河路可进"。努尔哈赤看出了明朝、蒙古、朝鲜是他实现大业的障碍，而把明朝当成他的最主要的对手，明确表示要把对明的征讨进行到底。这些见解和大胆实践，表现了努尔哈赤具有战略家的目光。但他只是勾画了一个大致的轮廓，尚缺乏细致的描绘，尤其缺乏实现其战略目标的具体方针策略。

努尔哈赤的继承者清太宗，无论是对形势的估计，还是所采取的策略，对努尔哈赤的事业都有所发展。有一次，太宗带诸贝勒去看望他的哥哥代善，道出了他对整个形势的基本估量。他说："皇考收服诸国，创立基业，留给了我们。如今，汉人、蒙古、朝鲜四境逼处，都与我对立，而且哪个国家不被我征讨？天下之人谁不在图谋我们呢！所以我们要努力图强，勉勤国政。"太宗比他父亲更深刻地看到了局势的严重性和所处环境的险恶。他父亲活着的时候，主要靠强悍的八旗兵东征西讨来实现他的雄心壮志。但太宗认识到，单靠"以力服人"即军事手段未必全部奏效，他要使"人心悦诚服"，除了必要的军事征讨，还要靠政策，从政治上、策略上解决问题。因此，他继位后，和诸贝勒大臣、汉官们深入地讨论了后金、明朝、蒙古、朝鲜的形势，听取他们陈述的各种政见。天聪二年（1628年）八月，有一份佚名奏本，很有代表性，它深刻地分析了后金所面临的形势和任务，提出了解决问题的方针和政策。奏本从分析形势入手，写道：兵法说得好：知彼知己，百战不殆。首先应当了解各个方面的"大势大局"。那么，南朝（指明朝）是什么形势呢？"西夷"（指蒙古）是什么形势？朝鲜是什么形势？我国又是什么形势呢？现在面临的形势如何？而将来的形势又怎样发展？如何行动才算得策？如何行动为失计？差之毫厘，谬以千里。这是"图霸制胜"的一个关键问题。

接着,奏本详细分析了明朝内部的形势,说:南朝已经历了二百六七十年,它变得武弱文强,弊病丛生,上下欺骗,贿赂公行,到万历末年(明神宗在位48年),国家纪纲严重败坏。先皇帝(指努尔哈赤)席卷辽河以东,已成破竹之势,但举足不前,中止征伐,这也是皇天有意保留明朝。万历之后,泰昌(明光宗)继位才一个月,便传给天启(明熹宗),在位仅七年,如今崇祯(明毅宗)刚嗣位,此人贤否,还不得而知,而宁远前线的军事态势也不大清楚。南朝用兵已久,财力枯竭,然而它以全国之力倾注于一隅之地,还是很充裕的。论野地浪战,南朝则不如我国,而死守城池,我兵却每每攻不下。因此,我国屡次进征,屡次不得长驱直入,令人愤恨不已。我以为时间未到,不能强求;机会来临,不可失掉。我国对南朝的方针大计,惟有"讲和与自固二策而已"。南朝君臣亦深知宋朝的教训,但贿赂的积习难以消除,时间一久,它就会疏忽、懈怠,必然踏入不可挽回的颓势之中。等待我国更加富足,兵力更加强大,那时再乘机进攻,破竹长驱,天下可以传檄而定。这就是兵法上说的"卑骄利诱之术"。再有一策,我国努力修明政治,开垦土地,息兵养民,举贤任才,不慕虚名,只求实力。这是最为要紧的一招,即"自固"的上策。况且南朝文官武将,季季更换,年年变迁,它的宰辅大臣迂腐而不知通权达变,其科、道官员不懂军事而纸上谈兵,以为边官无功,统统罢官,虽"师老财匮",却频频催促进兵。那时,我国以逸待劳,以饱待饥,以一击十。这实在是计出万全之策啊!

奏本还谈到了对蒙古的政策,认为它"素无纪纲,无大志",不过是贪图小惠小利,只要"善为之抚驭可也"。谈到朝鲜时,认为它僻处海隅,没什么财富,君臣之间,拘拘守礼。因此,后金可以与它交往,或先放置一边为上策。

这道奏疏,洋洋数千言,议论滔滔,纵横古今,把问题论述得十分明晰透彻。读其文本,奏议者不仅熟知历史典故,对明朝内情也了如指掌。虽为佚名之奏,也可断定必出自汉官。归纳他的建议,这就是对明朝采取和谈与自固二策;对蒙古不宜过多用兵,应取"抚驭"之策;对朝鲜亦取交往或置而不论。对这三方的政策和策略,以对明最为重要,关系到全局和后金的胜败存亡。努尔哈赤时,对明朝只有军事进攻,没有进行和谈,也没有明确提出"自固"的问题。这个佚名的奏本,提出的"和谈",是一个策略,在和谈的掩盖下,争取时间,在各个方面加强自己,巩固在辽沈的根据地,迅速富国强兵,就是"自固"。同时,利用和谈,装出卑下的姿态,麻痹明朝,促使其内部不攻自乱。时机一到,便"破竹长驱",天下可定。老谋深算的汉官范文程和宁完我、马国柱也提出了类似的主张,他说:"伐明之策,宜先以书议和,俟彼不从,执以为辞,乘衅而入,可以得志。"他和佚名奏本稍有不同的是,主张不能放弃军事进攻,要边谈边打,以攻为守。

清太宗综合各方面的意见,确定了和谈的方针,并同时使用军事力量,对明展开了积极地进攻。另方面,他采取各种措施,改进后金的政治和经济状况,将和谈与自固结合起来,伴之以军事进攻,以求实现其政治抱负,这可以说是太宗作出的方针大计。他在位十七年,始终坚定不移地坚持这一指导原则。到天聪九年,形势的发展变得对后金十分有利,许多汉官纷纷倡言,力主直取燕京,但太宗不为所动。他说:"朕岂不愿成大业,而专以游畋为乐耶?但图大事,须相机顺时而动,今察哈尔蒙古,皆新来归附,降众未及抚绥,人心未及安辑,城廓未及修缮,而轻于出师,其何以克成大业?"又说:"朕反复思维,将来我国既定之后,大兵一举,彼明主若弃燕京而走,其追之乎?抑不追而竟攻京城,或攻之不克,即围而守之乎?彼明主若欲请和,其许之乎?抑拒之乎?若我不许,而彼逼迫求和,更当何以处之?倘蒙天佑,克取燕京,其民人应作何安辑?我国贝勒等皆以贪得为心,应作何禁止?此朕之时为厘念者也。"他指令高鸿中、鲍承先、宁完我、范文程等讨论,将结果报告给他。太宗作为一个政治家,善于摘取臣下的合理建议,同时又使自己站得更高些,看得更远些,不管在什么形势下,都坚持自己的政治信念,这正是他获得巨大成功的基本原因之一。

九

天命十一年(1626年)八月,努尔哈赤去世,各友好国家纷纷派使者前往沈阳吊唁。十月,明朝宁远巡抚袁崇焕也派都司傅有爵、田成及李喇嘛(即喇嘛镏南木坐)等三十四人来为努尔哈赤吊丧,并祝贺新君皇太极继位。这个举动,多少令人感到意外。后金与明一直处于交战状态,双方并无吊死问疾的交谊。原来,袁崇焕此举却别有打算。自从他守宁远击败后金兵,深受朝廷信任,累次升迁。这时,朝廷废除经略,把山海关内外的防务全数交给他负责。他一意要恢复关外失地,很想探听后金的虚实。正好努尔哈赤去世,太宗继位给他提供了一个机会。所以,他名为吊唁,实则是借机刺探后金内部军政情报。太宗也有清醒的头脑,他完全明白袁崇焕的意图,便来个将计就计,对这些来客热情地款待,处处表现大方,财用丰盛。这时,恰好大贝勒代善出征喀尔喀扎鲁特部落凯旋归来,太宗有意要让明使观看他的军容之盛,邀请他们随同他出迎十五里,阅示胜利战果,还赏给李喇嘛一峰骆驼、五匹马、二十八只羊。傅有爵一行在沈阳住了将近一个月才走。临走时,太宗派方吉纳、温塔石带七个人随明使去宁远,回访袁崇焕,献上貂、参、银两等礼物,另有他的一封信,大意是:你停息干戈,遣李喇嘛等来吊丧,祝贺新君继位。我岂有他意,你既以礼来,我当以礼往,所以遣官向你致谢。关于两国和好之事,我父汗往宁远时,曾给你致书,要求将此信转达给你们的皇帝,但至今未见答复。你们如对这封信作出回答,想要两国和好,我才考虑表示我的态度。

后金遣使来访时,袁崇焕立即报告了朝廷。熹宗下达旨意:"骄则速遣之,驯则徐间之,无厌之求,慎勿轻许……严婉互用,操纵并施,勿挑其怒,勿堕其狡。"袁崇焕据此旨意,很快就把方吉纳打发走,也不接受太宗的信,理由是,信的封面书写"大金"与"大明"字样并列,有失"天朝"尊严,无法向朝廷转达。他连信也没有,就让方吉纳原封带回,既不复信,也不派使者。第一次接触便毫无结果地告吹了。

太宗对此不以为然。他打算再给袁崇焕写信,商谈停战讲和。此时,他正要用兵朝鲜,非常需要暂停对明朝的战争,以和谈来牵制明军,可使他无后顾之忧。他指令达海、库尔缠与三大贝勒代善、阿敏、莽古尔泰会议,起草书信。过了一个月,已经是天聪元年正月,他令方吉纳、温塔石为使共九人再次去宁远,送上致袁崇焕的一封信。信的大意是:

我们两国之所以打仗,是因为当年你们辽东、广宁的守臣高视你们的皇帝如在天上,自视其身如在霄汉。天生诸国君王,都不能自主,备受你们藐视欺凌,难以容忍,因此向"天"奏明,兴师致讨。惟有"天"公正,不论国家大小,只论事情的是非。我国按理行事,才得到"天"的护佑,而你们国处处违理,非止一端,我可以为你们说清。如,癸未年(1583年),你国无故兴兵害死我的两位祖宗,这是一。癸巳年(1593年),叶赫、哈达、乌拉、辉发四部与蒙古会兵攻打我,你国并未前来支援,以后哈达再次侵犯我,你国又不来相助,己亥年(1599年),我出兵报复哈达,上天把哈达交给了我,你国却庇护哈达,逼我把俘获的人口归还给它,却被叶赫部掠去,你国则置若罔闻。你们既然称中国,应秉公主持正义,但对我国不援助,对哈达则支援,对叶赫听之任之,竟如此偏私,这是二。你国虽然挑起事端,我仍然愿意修好,故于戊申年(1608年)双方刻碑划界,杀白马黑牛,向天地宣誓说:两国的人不得越过疆界,违者定遭惩罚。然而,癸丑年(1613年),你国出兵保护叶赫,侵入我界,这是三。双方又曾立下誓言:凡有越边境者,见而不杀,必受牵连。你国的人偷出边界,扰乱我疆域,我据誓约将其杀死,你国却说我擅杀,扣我使臣纲古礼、方吉纳,索要我方十人,在边界处杀死,以图报复,这是四。你国不但出兵保叶赫,还把我国已聘的叶赫女人改嫁给蒙古,这是五。你国还发兵焚烧我守边的房舍,又将界碑私移到我方三十里外,夺我疆土,我方人民赖以生存的人参、貂皮、五谷都被你国夺取,这是六。甲寅年(1614年),你国听信叶赫之言,遣使欺凌,这是七。我的大恨,有此七件,至于小愤,一言难尽。现在你们如认为我对,愿意两国友好,应拿出黄金十万两、白银百万两、缎百万匹布千万匹作为和好的礼物。和好之后,两国往来通使,每年我方赠送东珠十颗、貂皮千张、人参千斤,你国以黄金万两、银十万两、缎十万匹、布三十万匹回报我方。两国如能建立友好关系,应向天地立誓,永远遵守不变。你即以上述条件转奏给你们的皇帝。不然的话,我就认为你仍愿意战争不愿和平。

清太宗在这封信里,仍坚持努尔哈赤"七大恨"伐明的方针,重申战事发起之端,责任完全在明朝方面。为了表明承认错误和友好的诚意,他要求明朝必须拿出大批金银财物给后金,实际是要明朝赔偿损失。如果明朝不答应他的条件,他就继续对明朝发动军事进攻。

三月,袁崇焕和李喇嘛各给太宗回了一封信,派杜明忠为使,随同方吉纳等去沈阳面谒太宗。袁崇焕的信写道:从上次来信,知汗(指清太宗)渐渐恭顺天朝(即明朝),愿息兵戈,使部落百姓得到休养。这一好心,将来一定得到上天的保佑而使汗强大起来,前途不可限量。往事七件,汗家抱为长恨,而我能无动于衷吗?但追思往事,穷究原因,不过是我边境不法之人与汗家的不良部落口舌相争,致起祸端。作孽之人,即遭刑戮,难逃天怒。我不必一一列举,而汗亦知。如果都说得清清楚楚,那只有问问那些长眠地下之人。这些口舌之争,我不但希望我皇上把它忘掉,而且也希望汗同样把它忘掉。然而汗家十年战斗,驱赶夷夏百姓,肝脑涂地,血洒辽东,天愁地惨,极悲极痛之事,都为此七宗(即"七大恨"),难道我就无一言可说吗?今南关、北关何在?(辽)河东、河西死者就仅是你方十人?辽沈界内之人生命不保,还问地里的禾苗吗?所以,汗的怨恨已雪,正是得意志满之日,可我天朝却是难以容纳不平之气。如今,想要修好,已占城池作何退出?已俘官民男妇作何送还?这就看汗之仁明慈惠、敬天爱人了!然而,天道无私,人情忌满,是非曲直,明明白白。各有良心,偏私不得。我愿汗再深思。一念杀机,就会给人间带来无穷灾难;一念生机,给自己带来多少好处!我又愿汗考虑而后行。像来书中所列诸物,以中国之大,我皇上之恩养四"夷",并不在乎这些东西之多少。但无此先例,多要东西违背天意,恐怕连汗自己也会知道该怎么办。汗刚遣使往来,又进兵朝鲜,这是为什么?我文武将士因而怀疑汗说的话言不由衷。兵未撤应立即撤回,已经撤回来的不要再去,以表明汗的盛德,停止战争,将前后事情讲析明白。汗信中取动气之言,我不便向朝廷报告。但信使往来,我皇上还是知道的。

李喇嘛的信,盛称佛教,要求后金停止战争。当然他是帮着明朝说话的。

袁崇焕的信,完全拒绝了清太宗的"七大恨",把双方的多年战争归结为边疆之民相互口舌争执引起的。他断然拒绝太宗的赔偿要求,相反,他要太宗将辽东和人民一并归还明朝。这种针锋相对的意见，太宗是不能接受的。这时，他已派大军进入朝鲜，无暇西顾，袁崇焕则乘机修复锦州、中左所、大凌河三城的防御工事。工程正在加紧进行时，接到镇守皮岛的毛文龙和朝鲜告急文书，袁崇焕派水师援毛文龙，派赵率教等九将率精兵逼近三岔河，作为牵制之势。很快朝鲜被征服，赵率教等也领兵退回。袁崇焕要求太宗从朝鲜撤军，并保证以后不得加兵朝鲜。这也是太宗所不能答应的。四月间，太宗又致答书一封，逐条驳斥了袁崇焕上封信中的所有论点，坚持弄清是非为讲和的首要条件。其次，明朝必须付给后金讲和"礼物"。不过，这次太宗也做了一定程度的让步。在政治上，他愿意降格，把自己列在明朝皇帝名之下，但不得与明臣并列。经济上，将上次信中所开列的礼物数目减半，规定明朝方面出黄金五万两、银五十万两、缎五十万匹、棱布五百万匹。这是"初和之礼"，后金以东珠十颗、黑狐皮二张、元狐皮十张、貂鼠皮二千张、人参一千斤作为回报。和好之后，明朝每年送后金黄金一万两、银十万两、缎十万匹、绫布三十万匹。后金给明朝为东珠十颗、人参一千斤、貂皮五百张。

这封信刚抄写完，使者就要出发，这时有从明朝逃来的人说，明军正在抢修塔山、大凌河、锦州等城的工事。恰巧察哈尔部的使臣来到，也证实了这个消息。太宗很生气，马上又写了一封信，指责袁崇焕诈称和好，乘机备战，不守信义。他提出，如真心讲和，应先划定双方的疆界。为了表示抗议，太宗决定不派和谈代表，只把这两封信交给明使杜明忠带去。袁崇焕也抗议后金入侵朝鲜，停止遣使，罢和议，对太宗所提的各项要求和建议置之不理。因此双方中止了和谈。这年十月二日，太宗直接写信给明朝皇帝，呼吁停战讲和，但毫无反响。

和谈中断了将近两年。到天聪三年（1629年）正月，太宗主动给袁崇焕写信，提出恢复和谈，他在信中就征朝鲜的事作了解释，希望不要因为朝鲜问题而误了两国大事。为表示诚意，太宗作了一个重大让步：去掉天聪年号，奉明朝为正朔，只书写"己巳年"（即天聪三年，明崇祯二年）。

到了四月，袁崇焕才复信，信写得极简单，不提议和的条件，只含糊地声称：和也有"道""非一言可定也"。太宗马上回信，说明和好之"道"的四项条件。（一）令满汉人因战乱离散的，应归于一处合居；（二）划定国界，明以大凌河为界，后金以三岔河为界；（三）明朝给铸大金国汗印；（四）明朝纳讲和礼物数目可以重新考虑。太宗派了一个叫白喇嘛和另外几个人持书前往宁远，去了很长时间，不见回来。听明朝逃来的人说，白喇嘛等已被扣留。太宗于六月间连续两次写信，要求袁崇焕迅速放人，以七月五日为限，如不见人回来，便认定袁有意扣留。果然，到限期前，白喇嘛等回到沈阳，还带来袁的两封信。其中一封谈到，原辽东人逃到辽西，其先人坟墓均在你占的一方土地上，他们能不思念吗？你的想法脱离实际，我不敢向朝廷报告。礼物事，只要修好，可以答应你的要求，至于铸印封典，不是一句话就能决定下来的。另一封信只是解释使者迟归的原因，没有实质性的内容。

这二封信使太宗很气愤，他立即答复，就辽东人坟墓事，斥责袁的本意仍在图谋夺取辽东，坚决予以拒绝。更使他恼火的是，二三年来，他给袁崇焕及明朝的信件，提出的和谈条件，袁都没有向朝廷报告，使他始终不得派使臣去北京面谒明朝皇帝。他写道：你这种做法，"较大辽之欺金，殆有甚焉"。最后，他强硬地表示：事情既然如此，"我岂能强令和好乎？"

袁崇焕复信，答复说："你如诚心，我岂能骗人？你如实心，我岂能虚伪？一代兴亡，都是天意所定,岂能欺骗虚伪所为? 但是,十年争战(按:1619 年萨尔浒战役到 1629 年正好是十年),今天想一朝解决,即使能力再大,也非三四人所能决定,又非三两句话就能结束。总之,都取决于皇上明断罢了。"谈了这么久的和平,结果又都推到朝廷方面去了。

这也难怪袁崇焕。起初,他主持议和并没有报告朝廷。他的本意,是以议和为缓兵之计,争取时间,以加强关外宁锦等重镇的防御。不久,他将议和的事奏报朝廷,熹宗曾表示同意。但很多朝臣反对议和,认为是重蹈宋金议和的覆辙。因此熹宗又改变主意,屡次下达旨意,不准议和。说:"边疆以防御为正,款事不可轻议。"袁则坚持议和,反复说明他的策略。当太宗进兵朝鲜,群臣纷纷弹劾袁崇焕,说后金敢于入侵朝鲜,是"和议所致"。袁不服,上书辩解:"关外四城虽延袤二百里,北负山,南阻海,广四十里尔。今屯兵六万,商民数十万,地隘人稠,安得所食? 锦州、中左、大凌三城,修城必不已。业移商民广开屯种,倘城不完而敌至,势必撤退,是弃垂成之功也。故乘敌有事江东,姑以和之说缓之。敌知,则三城已完,战守又在关门四百里外,金汤益固矣。"这段话再清楚不过地说明了袁崇焕议和的真实意图。经此辩解,熹宗表示谅解。不难看出,从明朝方面来说,议和一开始,就毫无诚意可言,它对后金所提议和条件,一是敷衍,二是拖延。凡太宗的信件都被袁扣压,不上奏朝廷。因为不是真和,也就没有必要把对方的要求转报朝廷。

崇祯继位后,袁崇焕提出"守为正著,战为奇著,和为旁著之说"的战略。议和作为一种策略,崇祯并不反对。他说:"朕思讲和不过是羁縻之术,质不是长策,如须要严兵固守,不然就与他战。"一句话,议和是明朝对后金战守的一种辅助手段。后来,崇祯连这个策略手段也不要了,指示:"逆奴罪在必歼,屡谕严拒,不许接口(此字缺)片字。"极力反对议和。

从后金方面来说,也是出于同样的目的,毫无诚意议和。经过群臣讨论,太宗认识到,和谈对后金有利,它不只是个权宜之计,而具有长远的战略意义。他要通过和谈,稳定局势,取得足够的时间,来巩固和积蓄自己的力量。如达成协议,从明朝获取大量物资财富,就会有助于增强后金的国力,一旦时机成熟,他便撕毁协议,兴兵伐明,一举成功。这就是以和谈的手段来达到"自固"的战略目标。因此太宗和谈的心情尤为迫切,也显得心诚意坚。为了诱使明朝上钩,他一再让步,明确表示,他可以去天聪年号,奉明朝为正朔,接受封典,讲和礼物从减,等等。他只坚持一个条件,即保留他的辽东地盘,余无它求。但是,明朝不是北宋,它始终以宋金议和为戒,决不上太宗的当。结果,谈了三年,双方信使往来十余次,信件交换频繁,毫无点滴进展。尽管如此,太宗一直把和谈当作一面旗帜高举着,一面进行战争,一面要求明朝与他和谈。明朝越是不理睬,他越是高唱和谈,表明他伐明是不得已之举,以争取政治上主动,取得社会舆论的同情与支持。自袁崇焕死后,崇祯下令,有敢言和者死。从此,再也没有人敢谈论议和了。

第四章　西伐蒙古

　　1368 年,蒙古贵族建立的元王朝灭亡,其残余势力退据蒙古草原,内部陷入封建割据状态,分裂为鞑靼、瓦剌和兀良哈三部。明朝人把退据蒙古高原由成吉思汗后裔组成的东部蒙古各部称为鞑靼。鞑靼内部斗争激烈,权臣当政,汗位更迭频繁,并与西部的瓦剌长期争战不已。十五世纪末叶,巴图蒙克即汗位,称达延汗。他击败了瓦剌,并把兀良哈部朵颜、泰宁、福余三卫置于自己的统治之下,对内则打击权臣,统一鞑靼各部,把原各不相属的大小领地合并为六个万户,分为左右两翼。左翼察哈尔(今内蒙古锡林郭勒盟境)、乌梁海(即兀良哈,今内蒙古昭乌达盟和河北承德境)、喀尔喀(今蒙古人民共和国喀尔喀河流域)三万户,由大汗自统,驻察哈尔万户境内;右翼鄂尔多斯(今内蒙古伊克昭盟境)、土默特(今内蒙古大青山下土默特地区)、永谢布(今河北省张家口以北一带)三万户,派济农(副汗)统率,驻鄂尔多斯万户境内。达延汗去世以后,鞑靼部又陷入分裂状态。乌梁海万户被并入其他五万户中,喀尔喀万户分成内外两部分,分别驻牧于大漠南北,其他万户的领地亦有变动。

　　明清之际,蒙古以大漠为中心,按游牧区域分为漠南、漠北和漠西三大部。漠南蒙古,又称内蒙古;漠北蒙古,又称喀尔喀蒙古;漠西蒙古,又称额鲁特蒙古。它们各自称雄,独据一方。漠南蒙古东至今吉林,西到贺兰山,南邻长城,北据瀚海。由于漠南蒙古东与后金(清)接壤,西与明朝毗连,具有重要战略地位,于是成为后金(清)与明朝的争夺对象。皇太极认为,要与明朝抗争,入主中原,就必须使漠南蒙古归服后金,以断明朝之左臂。明朝则认为,要抵挡日益强盛的后金(清),也必须紧紧控制蒙古,遏制后金(清)。

　　漠南蒙古诸部中,察哈尔部最为强大,其首领林丹汗在明朝支持下,凭借所掌握的八大营二十四部的实力,对周围诸部肆意侵扰,企图统一蒙古。但他深感力量不足,常求助于明朝。其他诸部被林丹汗杀掠,需要寻求外力庇护。因此,在漠南蒙古内部便形成两股军事政治势力:一是以林丹汗为首,主张投靠明朝,取得明朝支持,控制和统治漠南蒙古诸部;一是其他各部的贵族势力,企图取得后金(清)的支持,摆脱林丹汗的控制。

　　明朝对林丹汗极力支持,每年赏赐大量岁币,约定共同抵抗后金。魏源说:"明人思用东部插汉小王子(即察哈尔),欲以敌大清。"察哈尔部的强盛以及明朝与林丹汗的联盟,对后金构成严重威胁。

　　后金则对漠南蒙古各部实行保护和抚绥政策。早在努尔哈赤时,后金就同科尔沁、扎鲁特等部联姻通好,建立军事同盟。天命九年(明天启四年,1624 年),科尔沁、杜尔伯特等部归顺后金。皇太极则采取"恩威并用"和笼络的政策,用给蒙古各部封建主封官赐爵、保留原有封建特权、赐以财物等手段,极力争取那些愿意归顺或动摇观望的蒙古首领;对察哈尔部的林丹汗则诉诸武力,双方的矛盾日趋尖锐,时刻都有爆发战争的可能。

　　天聪元年(明天启七年,1627 年)正月,皇太极刚执政不久,即得知林丹汗兴兵攻打喀尔喀诸部的消息,认为这是利用矛盾向蒙古开展政治攻势的大好时机。他立即致书奈曼部、敖汉部首领,示以友好之意。不久,奈曼、敖汉终因受不了察哈尔的侵扰而归服后金。天聪二年初,喀喇沁部、鄂尔多斯、阿巴亥等部,也因不堪忍受林丹汗的蹂躏而组成联军,于土默特部赵城(今内蒙古呼和浩特地区)与察哈尔部激战,消灭林丹汗军四万多人。联军方面损失也很大。在双方相持不下的情况下,喀喇沁部致书皇太极,请求出兵援救。皇太极认为形势对后金十分有利,表示同意出兵,但为了稳妥起见,他要求喀喇沁等部派人前来讨论大举的方略。七月,喀喇沁部派遣喇嘛四人,率五百三十人的代表团到达沈阳,达成共同征讨林丹汗的协议。

九月,皇太极率兵亲征察哈尔,并第一次以"盟主"的身份发号施令,命科尔沁、敖汉、奈曼及喀尔喀诸部贝勒,各自率军到约定地域集结。接着,皇太极率领满、蒙诸路大军西征,经都尔鼻(今辽宁彰武)、绰洛郭尔连续攻取席尔哈、席伯图、英汤图等地,大败察哈尔兵,并派兵追击至兴安岭。

天聪六年(明崇祯五年,1632 年)三月,皇太极决定会同归服的蒙古诸部第二次西征林丹汗。四月初一日,皇太极以贝勒阿巴泰、杜度及额驸扬古利等为留守,亲自率兵出征。次日,渡辽河,正值水涨,他与诸贝勒乘舟渡河,辎重、人马皆浮水而过。经都尔鼻西拉木伦河(今内蒙古沙拉木伦河)、昭乌达等地时,沿途蒙古各贝勒皆率所部兵来会,力量不断增强。十四日,军至博罗额尔吉,派图鲁什劳萨率精兵五百为先遣队前行。十八日,大军至哈纳崖,镶黄旗内有两个蒙古人逃往察哈尔,向林丹汗报告了后金军西征的计划。林丹汗大惧,立即率众西奔,并遣人赴归化(今内蒙古呼和浩特)驱逐百姓和牲畜,延长了后金军一个月的进军路程。

皇太极率军于大儿湖之公古里河驻扎,与贝勒大臣研究下一步的军事行动。他说:"察哈尔知我整旅而来,必不敢撄我军锋,追愈急则彼遁愈远。我马疲粮竭,不如且赴归化城暂住。"在缺乏粮饷的情况下,皇太极令军队进行休整,并颁布纪律:"凡大军所至,有拒敌败走者杀之,不拒敌者勿杀,勿离散人夫妇,勿淫人妇女,有离人夫妇及淫妇女者死。"还颁布了战场纪律:"凡遇敌临阵,非奉朕旨,勿得轻进,其应进之处,俟朕指示。若不遵指示,擅自退缩者,贝勒夺其部众,军士处死,妻子没为奴。"又在布龙图布喇克地方召集大贝勒、贝勒及满洲、蒙古、汉官,讨论是暂时退兵还是继续进军。最后决定:"先取蒙古部民,复入明地,以图大事。"经过整顿和思想动员,统一了思想,为投入战斗做好了准备。

五月二十三日,大军至木鲁哈喇沁地方,即分兵两路前进:一路为左翼,由阿济格率领科尔沁、巴林、扎鲁特、喀喇沁、土默特、阿禄等部兵一万,进攻大同、宣府一带察哈尔属地;一路为右翼,由济尔哈朗、岳托、德格类、萨哈廉、多尔衮、多铎、豪格等率兵两万,进取归化城、河套一带,皇太极与代善、莽古尔泰率主力继续向前推进。在先锋部队的侦察和带领下,两翼部队入博多克隘口。大军急速前进,于二十七日进抵黄河木纳汉山,皇太极亦于同日进驻归化。林丹汗闻讯,即携部民牲畜财物继续西逃。后金军停止追击,经宣府、张家口边外抢掠一番,于七月二十四日回到沈阳。

皇太极此次亲征,沉重打击了察哈尔封建贵族势力,迫使林丹汗弃本土西逃青海,出现了分崩离析的局面。林丹汗所部在西逃的过程中,离散者十之七八,加上病死者,所剩无几,力量大大削弱。皇太极为了加强对蒙古的控制,次年八月遣使到蒙古各部颁布法律,正式建立起他们对后金的从属关系,密切相互往来。

天聪九年(明崇祯八年,1635年)二月二十六日,皇太极命贝勒多尔衮、岳托、萨哈廉、豪格率兵万人再征察哈尔。半年前,林丹汗逃至青海大草滩病死,其部将在后金招抚政策的感召下,纷纷归降,只有林丹汗之妻及其子额哲不知去向。后金此次出兵主要是追寻他们二人。军至西喇珠尔格地方,林丹汗的妻子囊囊太后率一千五百户来降,告知额哲的驻地。四月二十日,大军渡过黄河至托里图地方,额哲率部民一千户归降。九月,后金军旋师回到沈阳。从此,察哈尔归附。次年三月,漠南蒙古十六个部四十九个封建领主在盛京集会,尊奉皇太极为共主,上博克达-彻辰汗(宽温仁圣皇帝)尊号,整个漠南蒙古诸部皆臣服于后金(清)。

漠北喀尔喀蒙古,因分居于喀尔喀河流域而得名。喀尔喀蒙古原是元太祖十五世孙达延汗时的六个万户之一,共十二部。其中内喀尔喀五部,居喀尔喀河以东,达延汗封授其第五子阿尔楚博罗特;外喀尔喀七部,居喀尔喀河西,封授其幼子格埒森扎·札赍尔。达延汗死后,阿尔楚博罗特率众越瀚海南徙,清初编旗,属内札萨克。当达延汗诸子率众南徙时,"独其季格埒森扎·札赍尔珲台吉留故土,号所部曰喀尔喀,析众万余为七旗,授子七人领之",称"喀尔喀·多伦·和硕",即喀尔喀七旗或喀尔喀七部之意。明末清初之际,喀尔喀蒙古分为土谢图汗、札萨克图汗和车臣汗三部。土谢图汗部据土拉河流域,札萨克图汗部占杭爱山西麓,车臣汗部占克鲁伦河流域。喀尔喀蒙古的游牧地,东起黑龙江呼伦贝尔,南至瀚海,西至阿尔泰山,北至俄罗斯,"东西延袤五千里,南北三千里"。

喀尔喀蒙古很早即与后金建立了联系。后金统一漠南蒙古,对喀尔喀蒙古影响很大,皇太极趁此有利时机,加强对漠南蒙古的争取和招抚。天聪九年(明崇祯八年,1635年),喀尔喀车臣汗硕垒偕乌珠穆沁、苏尼特、浩齐特等部,致书皇太极与后金通好。次年二月,皇太极派使臣去喀尔喀三部,劝其遣使前来谈判"讲和事宜"。同年十一月,车臣汗遣使至盛京向已经称帝的大清皇帝皇太极朝贡。清崇德三年(明崇祯十一年,1638年),喀尔喀三部遣使来朝,皇太极规定喀尔喀三部每年贡"白驼一,白马八,谓之九白之贡"。从此,喀尔喀正式臣属于清朝。

皇太极统一蒙古各部,具有重要的战略意义。首先,继东征朝鲜解除了左翼威胁之后,又解除了右翼威胁,使后金从根本上扭转了"四境逼处"的被围态势,从战略上完成了对明朝的半月形包围,同时也为迂回袭扰明朝腹地开辟了通路。天聪八年(1634年)十月,皇太极征察哈尔回师后在其父努尔哈赤灵前祭告说:"臣于诸国,慑之以兵,怀之以德,四境敌国,归附甚众……乃者,朝鲜素未输诚,今已称弟纳贡;喀尔喀五部,举国来归;喀喇沁、土默特以及阿禄诸部落,无不臣服;察哈尔兄弟,其先归附者半,后察哈尔汗携其余众,避我西奔,未至汤古忒部落,殂于西喇卫古尔部落打草滩地,其执政大臣,率所属尽来归附。今为敌者,惟有明国耳。"这是皇太极对统一蒙古业绩及其意义的总结。

第二,增强了对明作战的力量。皇太极统一蒙古后,扩大了兵源,仿照满洲八旗兵制,编立蒙古八旗。天聪九年(1635年),编内外喀喇沁蒙古壮丁一万六千多名,除盲人和残废者外,凡年在六十岁以下、十八岁以上的都被编入。从此以后,蒙古八旗作为八旗劲旅的重要组成部分,成为对明作战的生力军。

后金(清)对居住分散、地域辽阔的蒙古族之所以能够顺利而迅速地征服,主要是把军事征服和招抚劝降有机地结合起来,迫使其断绝与明朝的关系。皇太极对较弱的漠北喀尔喀蒙古诸部,主要是以招抚为主,经过遣使、书信往来和谈判,只要对方表明态度,接受后金(清)的统治,不再与明朝来往,不但不再诉诸武力,而且给予恩惠。对力量比较强大的察哈尔部,则主要使用武力,直到将其武装力量全部消灭为止。这就是所谓"慑之以兵,怀之以德"的政策。其次,善于利用矛盾,采取恰当的政策和策略。蒙古各部族之间存在着各种矛盾,特别是林丹汗对科尔沁部进行欺凌和巧取豪夺,引起了该部部民和封建主的强烈不满。皇太极认为:"以力服人,不如令人中心悦服之为贵也。"蒙古各部每次来朝,皇太极都"厚加恩赏",从而争取了蒙古各部。再次,抓住有利时机,集中兵力进剿林丹汗,得到众多部民的支持。最后,皇太极还采取保护喇嘛教、联姻、封爵等手段,这对缓和矛盾、争取蒙古各方的支持,也收到较好效果。

第五章　建国称帝

一

　　皇太极首次侵扰北京的胜利和袁崇焕的含冤而死,使辽东形势的发展,产生了进一步有利于后金的变化。1631年(明朝崇祯四年,后金天聪五年)八月,皇太极发动了大凌河战役,战斗打了四个月,在皇太极"围敌打援""困城断粮""招抚纳降"等战略策略的软硬兼施中,宁锦总兵官宋伟、吴襄、监军张春、副将张存仁率领的四万援军被击退,宋伟、吴襄逃走,张春、张存仁等三十三名将领被俘,孤军坚守大凌河的祖大寿,在城中"官兵百姓三万余人,存者止一万一千六百八十一人,或饿死,或相互食"的情势下,杀了副将何可刚,率领副将十四人,参将游击二十四人出城投降了皇太极,大凌河战役结束。镇守山海关的大学士、兵部尚书孙承宗,受到崇祯皇帝的严厉指责,被迫报病辞官;辽东巡抚邱禾嘉因"分兵修筑右屯""贻误战机"被崇祯皇帝罢官。

　　大凌河战役中明军将领的纷纷投降,展现了范文程"招抚明将"策略的正确,坚定了皇太极"若能善抚此众,嗣后归顺者必多"的信心,他对大凌河战役中的降官降将,采取了从未有过的"宽容"和"善抚";祖大寿投降后借口"去锦州招抚"而复叛,皇太极仍然"善抚"他的子侄祖可法、祖泽洪、祖泽润等人,予以任用,赏以田庄、奴仆、马匹、银两,监军张春被俘后,拒不投降,拒不跪拜,拒不剃发改服,"坐必面西",表示"死不忘明",皇太极以"若不加抚养,将操何求以取天下"的大志,给予张春最高礼遇,优养于三官庙……

　　太宗执政后,制定了很优厚的招降政策,凡明朝的将吏前来投奔他,他都欢迎接纳,即使士卒也不例外。孔有德率众来降,太宗更是欣喜欲狂,于优惠政策外又破格破例,百般优待……

　　孔有德、耿仲明,都是辽东人,原属明将毛文龙的部下。在毛文龙被他的上司辽东巡抚袁崇焕处死后,改隶山东登莱巡抚孙元化,孔有德任参将,耿仲明任游击。一次意外事件,促使孔、耿脱离了明朝。

　　天聪五年(1631年),太宗攻围大凌河城(辽宁锦县),孙元化奉命增援,特令孔有德率部三千人渡海,从海上驶往大凌河城解围。不意遭遇海上风暴,险些丧命。渡海不成,改令从陆路率八百骑兵驰援。孔有德很不满,又无可奈何,只得执行军令。行至吴桥县(今属河北),粮饷已断,军心混乱,士无斗志。明朝腐败,军中断饷是常有的事。兵士无粮,怎能执行任务!孔有德本来就不满,这时也无心驰辽。正巧,孙元化派遣去塞外购买马匹的参将李九成,在这时遇到孔有德。两人密谋后,宣布起义叛明。他们一呼,全军响应。于是,他们掉转马头,率军回师,连续攻陷了临邑、陵县、商河、青城诸县(均属今山东济南北部地区)。第二年初,孔有德兵临登州城下。他的好友耿仲明在城内做内应,一举夺取了登州城,兵势大振,孔有德自称"都元帅",李九成为副元帅,耿仲明为总兵官。于是,他们整顿兵马,攻城略地,山东大乱。明帝崇祯大惊,急调大批兵马镇压。孔有德不敌,退守登州,明以数万兵马围困。双方相持五个来月,终因众寡悬殊,

清史通鉴

开国英主

清太宗——皇太极

孔有德无法打破明军围困，而李九成也在一次战斗中阵亡。在绝望之下，孔有德决计突围，投奔后金。

十一月，在一个漆黑的夜里，孔有德、耿仲明携带家眷，率万余名将士，从临海的北面出城，分乘数百只战船，撤离登州。他们在海上漂流数月，于天聪七年（1633年）春，驶向旅顺，打算从这里登岸，再与后金进行联络。明朝方面，已在海上部署军队，处处堵截。当他们驶近旅顺时，驻守此城的明总兵黄龙早已严阵以待。孔有德登陆受阻，被迫撤到海上双岛暂栖。

孔有德撤离登州前后，已三次派人赴沈，向后金通报。开始，太宗并不相信，惟恐有诈。当他第三次得到孔有德的请求时，始派吴赖、范文程等率轻骑赶往旅顺附近探听虚实。在证实孔有德的真意后，太宗迅速作出决定：第一，孔有德、耿仲明航海来归，应先赏给他俩各一匹马，他自己带头拿出他乘用的御马，诸贝勒各出上等带鞍马一匹、不带鞍的马四匹，共四十四匹，令满洲、蒙古、汉军八旗按职务每十名备御出马一匹，约计百余匹。从这些马匹中自选良马，赏给大帅（指孔），其余分给他的各级将官。第二，派文馆范文程、罗硕、刚林等负责安排孔耿将士驻地，拟以东京（辽阳）拨地安排，孔耿的号令、鼓吹、仪仗一律照旧，惟有用刑、出兵两事，应向他报告批准，其余随来的百姓可住盖州（辽宁盖县）、鞍山，如不愿意，可令其住东京附近地方。

孔有德、耿仲明率众改从镇江（辽宁丹东附近）登陆。太宗马上传令正在督修岫岩、揽盘、通远堡三城（今属辽宁省境）的济尔哈朗、阿济格、杜度率兵速往镇江迎接，并带去二千匹马，供孔、耿所部上岸乘骑。济尔哈朗等准时赶到，代表太宗竭诚欢迎，当天设大宴，慰劳他们航海千里来归。

太宗之所以极其重视孔、耿归降，是因为他携带的部众多，船只和军事物资丰厚，填补了后金长期缺少水军、火器不足的空缺。仅以安全抵达镇江后的统计：孔、耿以下的副将、参将、游击等各级将领共一百零七人，精壮官兵三千六百四十三人，他们的家属共七千四百三十六人；水手壮丁四百四十八人，其家属六百二十四人，总计人数共一万二千二百五十八人。还有大量兵器枪炮，数百只战船。这对后金是一笔巨大的财富，是用多少军队征伐也难以得到的财富！孔、耿的到来，不只在军事力量上大大增强了后金的实力，而且政治上的影响也是难以估量的。无疑，这次事件鼓舞了后金，使他们对前途充满了信心。

太宗非常兴奋，亲自指示和调动各方面力量接待好孔、耿的到来。当他们一离开镇江，太宗陆续增调马匹沿途接应，送去营帐，以备途中宿营之用。他又捎话给孔、耿不必急于赶路，须从容休息而行。孔、耿经数日行军，安抵东京，太宗马上派人慰问，并叮嘱说："你们都很辛苦，应先休息，从容到盛京来见。"

六月二日，孔、耿来盛京前一天，太宗发下一道专意保护孔、耿及其部属的指示："以前我国将士对辽东百姓多有扰害，至今还申诉不断。现今所来之人，一切勿得侵扰。他们是攻克明地，涉险来归，求我庇护的，如仍像以前骚扰，实为乱首，违者及其妻子将处死，一定不姑息！"

次日,文馆官员龙什、范文程、爱巴礼等自辽阳引导孔、耿和他们的将官赴盛京晋见太宗。当他们抵达郊区时,太宗率诸贝勒大臣已出盛京德胜门外十里,来到浑河岸边,举行空前盛大的欢迎仪式:中间设一座黄色大帐篷,左右各设五座青色帐篷。首先,行拜天礼,太宗与大贝勒代善率诸贝勒及孔有德、耿仲明对天行三跪九叩头礼,然后就坐。事先,曾讨论接见孔、耿的礼节。太宗想用满族最隆重的礼仪——抱见礼接见。诸贝勒以为不宜抱见,以礼相待就行了。太宗不同意,耐心地开导说:"从前,张飞尊敬上边而欺凌下边的人,关公敬上而爱下,今天朕以恩惠见他们,岂不更好!元帅、总兵(指孔、耿)曾夺取登州,攻城略地,正当强盛之际,向我真诚归服,三次遣使来,率其军民,航海御敌,前来归于我,这个功劳没有比它更大的了。朕意应当行抱见礼,以示特殊礼遇之意。"太宗说服了诸贝勒,按抱见礼见面。

拜天之后,孔有德、耿仲明率所属将领进入大帐篷,以次排列。他们二人先行汉礼,又进至太宗的御座前叩头,双手抱太宗膝。接着,又与代善和诸贝勒一一抱见。孔、耿行礼毕,所属将领上前行三跪九叩头礼。太宗亲自把孔、耿召至跟前,坐在他的御座旁边。

盛大的宴会开始了,太宗亲自手捧金卮,向孔、耿频频敬酒。太宗本不善饮,但他高兴,也为了慰劳,所以多喝了几盅。宴会结束,太宗向孔、耿及其参见将领赏赐蟒袍、貂裘、撒袋、鞍马等礼物;孔、耿也将事先准备的金、银及金玉器皿、锦缎衣物献给太宗。

此次见面,皆大欢喜。回到盛京后,太宗、代善和诸贝勒逐日设宴款待。盛情厚意,真是无以复加!六月十三日,太宗正式宣布:封孔有德为都元帅、耿仲明为总兵官,赐给敕印。其他各官均按功劳和原官予以封赏。本来,所谓都元帅、总兵官是他们起兵时自封自称的,而今,太宗尊重他们,出于特例,即照原官给予承认。这使孔、耿深受感动,是他们不曾想到的!

封赏后,再举行宴会庆贺。席间,太宗宣布,分别向孔、耿颁发敕书。给孔有德的敕书,当众宣读。大意是,朕惟任贤人,用能人,崇敬立功,提倡美德,这是国家的大典;抓住时机,通权达变,这是明势之人的最好的行动。你,孔有德原系明臣,已看出明朝之倾危,认识到形势之向背,遂举大义,率众夺据山东,伐破数城,实在是对我的一大帮助;而且又携军民万众,全部运载甲胄器械,航海来归,丰功伟绩,超群出众。朕深为赞赏,特命你赞襄王业,给你都元帅敕印,功名富贵,子孙绵延,永不遗弃。今后如犯有一切过错,全数原谅。望你更加勤勉,克尽职守,不要辜负朕之委任。敕书也就是证书,是证明其身份地位和功劳评价的文件。

发给耿仲明的敕书,也当众宣读。

太宗在继位后的几年里,大力改革政治,放宽政策,特别是对明朝归降的将吏士卒及知识分子给予优惠待遇,局面很快稳定下来,史书上说"安堵如故",就是人心安定的意思。努尔哈赤时,对汉人实行奴役的政策,汉官惧怕,不敢归降。可是,到太宗时,这种情况发生了很大变化。由于明朝政治异常黑暗,民不聊生,许多正直之士遭到无端的迫害,纷纷寻找出路。他们从太宗新的治国方略和政策看到了光明,于是,相继投向后金。孔有德率万余众自海路投奔后金,是一次规模空前的叛明事件,深深地震动了明朝;同时,也产生了巨大影响,带动那些还在犹豫不定的人,把目光投向后金。尚可喜就是继孔有德之后,又一叛明降后金的重要人物。说起此事的原委,也是经历了一个相当复杂的过程。

尚可喜祖籍本是河北真定府衡水(今河北衡水)人,祖父时迁到辽东海州(今辽宁海城)定居,他后来就出生在这里。努尔哈赤进兵辽沈时,他家遭到战乱,亲人离散。父亲于明天启元年(1621年)投军,隶毛文龙麾下。尚可喜独自一人,难以谋生,于天启三年投明朝水师,从此,开始了海上的军事生涯。好在他少年时期练过武,弓马皆熟,投军后,大有用武之地。不久,他也归到毛文龙麾下,父子相见,并肩战斗。不幸,父亲在一次战斗中,被后金兵击败,死于战阵之中。毛文龙就把其父所部交给他带领。他作战勇敢,不怕死,很快成为一员骁将。毛文龙被袁崇焕处死后,他的部属都归到了黄龙之手,尚可喜便成了黄龙的部下。黄龙待士兵严苛,扣发军饷,激起兵变,愤怒的士兵们捆绑了黄龙,必欲置他于死地。这次事件的幕后操纵者是沈世魁,他企图假手士兵,除掉黄龙,夺取统帅之权。这时,尚可喜坚定地站在黄龙一边,毫不迟疑地发动反兵变,联合其他忠于黄龙的将领,把兵变给镇压下去了。黄龙得救,很感激尚可喜,把他提拔为副将。沈世魁的谋划,因尚可喜出面干预而破产,对他恨之入骨,预示着不幸将降临到尚可喜身上。

孔有德降后金以后,第一个建议和行动是袭取旅顺。黄龙就是在这次守卫旅顺的战役中战死的。当时,尚可喜率所部驻防广鹿岛(黄海中),他的妻小尚在旅顺,加上家丁,共数百口全部遇难……

黄龙死后,朝廷任命沈世魁为帅,驻守皮岛(朝鲜湾中之椴岛)。他欲泄私愤,下令调尚可喜回皮岛治罪。他不敢明说,只能诓尚可喜来。尚可喜不知有诈,得到命令,立即动身。行至长山岛(黄海中岛屿),大风骤起,不能行船。沈世魁屡屡下令,催得很急。还有一些将领也写来信,欢迎他回皮岛。但尚可喜忽然发现,凡和他交往多、关系密切的将领谁也没有写信来。这引起他的警觉,就派心腹秘密返回岛上探听消息。很快传来一个可怕的消息:沈世魁调他回岛的目的就是处死他!尚可喜不禁悲愤填膺,仰天长叹:"我自青年投军,海上立功,血战十余年,父母兄弟妻子先后丧亡,出入九死一生,只不过是为朝廷效力,而冒功嫉能之人,竟用力挤我于死地。如今,权归沈世魁,想杀一名营将,如疾风卷草,是再容易不过了。大丈夫以天下为己任,难道把我这七尺之躯就白白去送死吗!"他怀着一腔愤怒,毅然掉转船头,返回广鹿岛。

尚可喜违抗帅令,就意味着反叛,这是明律、军法所绝不允许的。他知道沈世魁绝不会放过他,在广鹿岛按兵不动,等于束手待毙。向何处去呢?他马上想到了后金。这几年,他耳闻不少关于后金的政情。太宗的新政策,他也知道。但他身为大明之臣,根本就未曾想到何时去投降。但此刻他已无家可归,明朝已把他抛弃了,他如果不脱离明朝,无谓地白送自己的性命,他岂能甘心!前不久,曾与他共事的孔有德等人已降后金,得到了远比明朝更为优厚的待遇。他大受鼓舞,不再犹豫,坚定地选择了投奔后金这条路。天聪七年(1633年)十月,尚可喜秘密派遣部将卢可用、金玉奎二人赴盛京请降。太宗闻讯大喜,当即表态欢迎来归,并写了一信,还赏赐他穿用的貂裘给尚可喜,以表示他讲信用,期待他不必犹豫,早日上路,尽快来归。

十一月,卢可用、金玉奎返回广鹿岛,呈上太宗的信和赏赐物品。尚可喜非常激动,充满了信心,勇气大增。他立即着手准备一切事宜。

天聪八年(1634.年)正月初一这天,尚可喜决定发动起义。与他同为副将的俞亮泰、仇震经考察无意叛明,给他造成了障碍。他经过周密谋划,只能设计除掉他们。他乘过春节之际,将他们召来。尚可喜已穿上戎装,等他们一进大堂,就突然下令,将他俩逮捕起来,传令全军反明。全军早就人心不稳,厌烦朝廷,所以他振臂一呼,全军顿时欢呼响应。尚可喜率部连续攻下了大小长山、石城、海洋诸岛,擒获守岛明将多人。然后集结全部军民共一万余人航海投后金。

太宗得到这一喜讯,兴奋地说:"广鹿岛尚副将携民来归,并非因为我国衣食富足,而是承上天爱意,想保佑我,所以他才自动前来投奔。"他盛赞尚可喜是识时务的杰出人物,对他来归,决不可慢待。于是,他特派最信任的范文程和陈旦木率兵,千里相迎于红咀堡;随后,又派主管吏部的贝勒多尔衮、主管礼部的贝勒萨哈廉前去接应,以示特殊恩宠。

尚可喜及其所部抵达时,太宗给予无微不至的关怀,像对孔有德一样,先赐给许多物品,使他们一踏上后金的土地,就感到温暖。他们还没到时,太宗即作出决定,把土地肥沃的海州(辽宁海城)地方拨给尚可喜,安排生活。三月十六日,尚可喜率部至海州,凡住房、饮食、生活用具无不从优照顾。太宗也以盛大的礼仪、盛大的宴会在沈阳接见尚可喜及其主要将领,与接见孔有德没什么两样。到崇德元年(1636年),太宗即皇帝位时,同时封孔、耿、尚三人为王,孔有德封恭顺王、耿仲明为怀顺王、尚可喜为智顺王,合称"三顺王",成为清初地位最显赫的汉官。

尚可喜又回到了他的出生地海州,是经历了出生入死的各种险境才回来的,自此又开始了新生活的篇章,为大清朝奋斗至死,更荣于身后。

皇太极"宽容""善抚"的招降政策和明朝降官降将的不断涌入,在后金政权中,迅速形成了一个汉族官僚集团。在将领中有佟养性、佟国赖、李永芳、金厉、石廷柱、祖可法、祖泽润、孔有德、耿仲明、尚可喜等,在文臣中有高鸿中、鲍承先、马鸣佩、王文奎、马国柱、李栖凤、杨方兴、罗乡锦、张文蘅、张存仁、祖泽洪等。这些降官降将,以其军事政治才智投入了后金政权,也改变着后金政权单一的女真贵族政权的性质,为以女真贵族为核心,有汉族、蒙古族封建官僚集团参加的全国性政权准备着条件。

战争毕竟是解决各种难题最锐利最捷便的手段,皇太极继承汗位八年来,随着"侵扰明朝,征抚蒙古,恩抚朝鲜,招抚明官明将"总体方略的着着得手,随着明朝辽东四境逼处防御的全面瓦解,在朝政上,皇太极郁结于心的"汗位虚弱""权力分散""贝勒掣肘"也在战争中解决了:1630年(明朝崇祯三年,后金天聪四年)正月永平、迁安、滦州、遵化四座城池的占领和五月永平、迁安、滦州、遵化四座城池的丧失,一劳永逸地解决了皇太

极在权力上与头号对手二贝勒阿敏的矛盾。永平、迁安、滦州、遵化四城的占领,明朝大
小文武官员数十人投降,皇太极大胆擢用原永平革职兵备道白养粹、原遵化革职道员马
思恭为巡抚,擢作原革职官孟乔芳、杨文魁为副将,破格擢作滦州州同张文秀为知州,擢
用建昌参将马光远为副将,并亲自接见,"待之以诚,置之以位,授之以权",令其主持一
城政务,"管理附近归顺人民""统率本城兵马",安定一方,作为关内的立足点,曾使这些
被明朝革职的官员将领感激涕零,曾使四城人民"心境稍安"。但在是年五月明朝监军
道张春、总兵官祖大寿的率兵进攻中,镇守四城的二贝勒阿敏,竟在败走前尽屠永平、滦
州百姓,杀掉了巡抚白养粹、知府张养初、知州张文秀等"收其财帛,连夜弃永平而归",
破坏了皇太极"招抚汉官"以解决人才不足的尝试,造成了政治上的失信。"永平、滦州
屠城"成了八旗兵凶狠残忍的象征,二贝勒阿敏就在这次战争中,以"故意扰害汉人,堕
坏基业"等罪被革职,终身幽禁而死。1631年(明朝崇祯四年,后金天聪五年)八月,在大
凌河战役中,皇太极在权力上与又一个对手三贝勒莽古尔泰的矛盾,也在一次权力冲撞
中轻易地解决了。当围困大凌河城时,莽古尔泰以自己"所部兵被创"而拒听调遣,皇太
极诘之"闻尔所部兵每有违误",莽古尔泰怒:"谁人诬陷,无此事!"皇太极斥:"若告者是
诬陷,我当治告者罪,若果有此事,你的兵马岂能无罪!"莽古尔泰怒吼:"你为何总与我
为难,想杀我啊!"遂抚刀目视皇太极。莽古尔泰的同母弟德格类在旁,见状,急斥莽古
尔泰悖逆,并以拳殴之,莽古尔泰亦怒,抽刀出鞘,左右挥之出。莽古尔泰拔刀向主帅,
招致了政治生命的终结,诸贝勒议之为"大不敬"之罪,革去三贝勒职,夺五牛录,罚银一
万两,两年后病故。

随着二贝勒阿敏和三贝勒莽古尔泰在权力上的消失,随着大贝勒代善的年高力衰,
随着年轻贝勒多尔衮、阿济格、多铎、豪格、济尔哈朗的兴起,皇太极在"悄悄地变更"中
已执掌了一切权力,尽管还有大贝勒代善与皇太极并肩而坐地听政,尽管大臣贝勒会议
还是围着一圈进行,但贝勒们的脑筋似乎都在按照皇太极的思路转动,贝勒们的声音多
是为皇太极唱赞歌了。努尔哈赤遗训的"八大贝勒共治国政"已经失去了灵魂,只留下
一个似是而非的外壳,也变得很少有人提及了。只有皇太极与范文程的深夜答对没有
变,经常是"每入对,必漏下数十刻始出,或及未食息,复召入",而这种不变的召入答对,
一步一步完善着皇太极的事业。

1634年(明朝崇祯七年,后金天聪八年)十月,皇太极得知蒙古察哈尔部林丹汗病亡
于青海打草滩,其所遗十多万兵马分崩离析,一部分察哈尔官民进入明境,往投明朝,林
丹汗之子额哲,亦"蹑归附之踪迹而来"。皇太极急与范文程计议,范文程依据察哈尔部
群龙无首的现状,并分析了林丹汗之妻、额哲生母苏泰太后乃皇太极舅父叶赫贝勒金台
石的孙女,与皇太极有着血缘亲情的历史渊源,提出"与明朝争夺察哈尔部"的招抚方
略,为皇太极所采纳。1635年(明朝崇祯八年,后金天聪九年)二月二十六日,皇太极以
多尔衮、岳托、萨哈磷、豪格为统兵元帅,以正黄旗固山额真纳穆泰为左翼,以吏部承政
图尔格为右翼,率领精兵一万,奔往青海,并派遣苏泰太后的叔祖阿什达尔汗、苏泰太后
之弟南褚随军同行,以威慑和亲情招抚林丹汗的继承人额哲。多尔衮遵从皇太极制定

方略,首先兵临林丹汗大福晋囊囊太后居住的西喇朱尔,招降了囊囊太后,争得了部分察哈尔部贝勒的归附;四月二十八日,多尔衮兵临苏泰太后和额哲居住的托里图,包围了苏泰太后的营帐,派遣苏泰太后的叔祖阿什达尔汗和苏泰太后之弟南褚前往说降,并宣布皇太极"怀之以德"的问候和八旗兵马将"秋毫无犯"的保证,重兵的威慑和亲情的笼络,终于使苏泰太后和额哲率部出营投降,并在托里图举行了有察哈尔部诸贝勒参加的盛大的受降仪式,宣布察哈尔部归附后金。

在回军途中,多尔衮、岳托、萨哈廉、豪格带着苏泰太后、额哲及察哈尔臣民一千户,由山西平鲁卫入侵明边,掠山西、大同、宣化一带,俘虏人畜七万有余,于九月五日凯旋班师过辽河。皇太极率福晋、贝勒、群臣出迎数十里,于阳石木河南冈筑坛、设幄、置案、焚香、吹螺、掌号,举行盛大隆重的凯旋式。

是日,天色晴和,秋高气爽,阳石木河草绿水碧,南冈上旌旗蔽空,金鼓动地,黄幄闪光,卤簿生辉。多尔衮率凯旋之师于南冈左侧二里许处扎营,驰马朝见;苏泰太后、额哲率领察哈尔部诸贝勒从南冈右侧驰马来谒;皇太极出黄幄居高坛以抱见礼相迎,请苏泰太后坐于御座之右,请额哲坐于御座之左。群臣欢呼,山川回响,皇太极赐孙岛习尔哈为额哲居住地,并以自己的二女儿固伦公主嫁额哲,封额哲为固伦额附。苏泰太后呈献给皇太极的,是一颗失落二百多年的绝世奇宝——历代帝王传国玉玺"制诰之宝"。

"制诰之宝",天赐之宝,天命帝王的标志,一统天下的象征,历代帝王争夺的天符瑞器啊!后金贝勒群臣神凝目呆了,察哈尔部贝勒臣民神凝噤声了,连阳石木河的流水和南冈上空的浮云都似乎停止了移动。皇太极接过"制诰之宝",神情激越凝重,跪于高坛,拜天而呼,声音似乎在强烈地颤抖着:

"'制诰之宝',传国玉玺,历化帝王承天之瑞。今日,天以此玉玺畀朕,信非偶然啊!"

阳石木河南冈高坛下数万臣民兵卒突然爆发而起的欢呼声,似乎应合着皇太极"信非偶然"的激越情怀……

九月五日,皇太极从阳石木河回驾清宁宫,已是入夜酉时,他没有进入福晋们的宫闱,也拒绝了福晋们竞相送来的夜宵酒肴,独自进入中宫神堂,在挥手拂去奉茶呈果的宫女之后,便斜倚在南炕上,看着炕几上放置的装有"制诰之宝"的黄绫包裹,默默梳理着心头翻腾不已的思绪,兴雷、激动、按捺不住的强烈思绪啊!

他毫无倦意,思索着继承汗位九年来走过的里程,心里有着自得的快意:长期依附于明朝的朝鲜国王,称弟纳贡了;明朝在辽东的防御全面瓦解了,明军中杰出统帅将领熊廷弼、袁崇焕、孙承宗都败在自己的马蹄下,连北京城也在自己的马鞭挥动下颤抖了;蒙古诸部原是飘浮不定的流云,已被自己握在手掌之中,科尔沁部、喀尔喀部、奈曼部、敖汉部、喀喇沁部、土默特部臣服了,连一向自居老大的察哈尔部今天也低头归附。漠南蒙古已成为自己的右臂,只要臂肘一拐,就可以猛击明朝的肋骨和脊背。九年前那种"四境逼处"的困窘已不复存在,现时的敌人只有一个,就是庞大而虚弱的明朝。这颗"制诰之宝"的应时获得,也许就是天命的昭示啊!

他毫无倦意,思索着庞大而虚弱的明朝,心头沸动着焦虑的向往:真的能进入北京吗?百足之虫,死而不僵,庞大无比的明朝,是不会一垮即亡的。将来大兵一举,威逼北京,若明朝皇帝弃城而逃,是追击,还是取城?若攻而不克,是围而困之,还是退兵而回?若明朝皇帝求和,是允许,还是拒绝?若攻取北京,何以安揖黎庶?何以禁止贝勒将领的贪得之心?北京朝廷那架庞大繁杂的权力机器如何推动?广阔无边的中原如何治理?过去的大辽、西夏、金国、元朝都进进出出于中原,都留下一个不解的难题:一个人口稀少、文化落后的边陲部族,要想长久地立足中原是不可能的。出路在哪儿?良策在哪儿?这颗昭示着天命的"制诰之宝"只是一块无言无语的石头啊……

他毫无倦意,在"焦虑"和"向往"的交织煎熬中想到了范文程,想到他的这位心膂谋臣。他忘记了夜将过半,便宣谕启心郎索尼召范文程进宫……

范文程今天也参加了阳石木河南冈隆重的凯旋式,亲眼看到皇太极接受"制诰之宝"时激越凝重的神情,亲耳听到皇太极声音颤抖的拜天诵颂。是啊,"制诰之宝"象征着天命所归,也象征着几千年来朝代更迭合乎天理人心的延续。历代帝王为了得到这颗玉印,曾演出过无数血溅泪流的悲剧和闹剧,得到这颗玉印的帝王,哪一个不因此而心醉神迷!皇太极有帝王之志,也有帝王之才,在奔向皇帝的道路上,也确实需要有这颗"制诰之宝"号召天下啊!

这颗"制诰之宝"的出现和获得是一次偶然的巧合,但也是战场上节节胜利中的某种必然,若果没有招抚林丹汗之子额哲的青海之行,若果没有林丹汗之妻苏泰太后的率部投降。这种"偶然"能落到皇太极的头上吗?"天命"?"天命所归"?冥冥而世人都能接受又乐于接受的一种诠释,为什么不可以广为宣播呢?

更使范文程兴奋的是,在返回沈阳的途中,他与岳托并马而行,在马背上的闲谈中,他从岳托口中得知中原几路暴民曾于今年上半年大闹陕西、河南、庆阳、荥阳、凤阳等地的消息。他急忙询问这些暴民首领的姓名和暴乱情状,岳托似乎对此事根本没有注意,除了说出王自用、高迎祥、张献忠、李自成几个陌生的姓名外,对暴乱的具体情况,什么也说不清楚。这是一个重要的讯息,暴民作乱,纵横中原,明朝的庭院起火了……

范文程入夜酉时回到家里,漱洗之后便进入卧室倚被而卧,但毫无倦意,被那颗"制诰之宝"和突然听到的"中原暴民作乱"搅得思绪翻腾,他骤然感到这是一次机遇,是皇太极再创业绩的机遇,也是自己的抱负再显光辉的机遇,他未及仔细梳理这翻腾思绪对今后政局变化的影响,屋外突然传来熟悉的马车声、马嘶声和窗外索尼清朗的呼唤声……

范文程奉召走进清宁宫中宫神堂,皇太极已斟茶以待,不等范文程恭行大礼,便拍席招手延请上炕落坐,不无欷疚地打趣说:

"先生大约也是毫无倦意,斜倚被衾而思绪翻腾吧?"

范文程还是恭行了大礼,然后依命脱鞋、上炕、落坐,拱手而应对:

"汗王何以知臣毫无倦意而思绪翻腾?"

皇太极以手扪着自己的心胸而语:

"此心跳动强劲有力,故知先生毫无倦意而思绪翻腾,心脣,心脣,先生与朕心脉相通,朕能不知吗？朕与先生休戚与共,特请先生深夜赏'宝'！"

范文程知恩,急忙拱手作谢。

皇太极拍手捽袖,解开炕几上的黄绫包裹,打开一只金制的印匣,捧出一颗沉甸甸雕有飞龙的"制诰之宝"。

"请先生仔细观赏。"

这颗"制诰之宝"确非凡物,一出金匣,便光气灿烂,凉风凛人,映绿了炕几上跳动的烛火,使中宫神堂晶莹迷离。范文程凝目细看,此宝物瑶玙为质,交龙为纽,通体碧翠,唯印面一层鲜红,篆刻的"制诰之宝"四个汉字,精妙凝重,状如盘龙,似有一股神秘的魅力盘踞于字里行间,一望而威慑心神。

皇太极纵声大笑,兴奋地谈起这颗"制造之宝"的神秘来历:

"这就是人们常说的传国玉玺啊！据苏泰太后讲:这颗'制诰之宝',原藏于元朝大内,至元顺帝(孛儿只斤妥欢帖睦尔)至正二十八年,朱元璋攻打北京,元朝灭亡,元顺帝携带这颗传国玉玺离开京都逃至沙漠,崩于应昌府,此宝物遂遗失无闻。故明朝原是无传国玉玺的朝廷。二百多年后,明朝由盛转衰,应昌府有一牧羊人,于北山冈下,见一只山羊,三天不吃草,以前蹄刨地不停,牧羊人奇异,用羊铲掘地,得此传国玉玺,献于元朝后裔土默特部的博硕克图汗,博硕克图汗因有此玉玺而雄踞漠南蒙古多年。后来,察哈尔部林丹汗崛起,打败博硕克图汗而得此传国玉玺,遂自封为成吉思汗的后代,萌生一统蒙古之志,横行漠南二十年……"

随着皇太极关于这颗"制造之宝"的侃侃论述,范文程入夜以来不及梳理的纷乱思绪突然间获得了纸破窍通的启迪:这次难得的机遇,原是这颗偶然获得的"制造之宝"带来的,未来后金国的一切将以这颗"制造之宝"为新的起点,把握未来形势发展的谋略设想骤然间在这"制造之宝"四个精妙凝重的汉字中闪现了,轮廓清晰了:戴上皇冠的皇太极不是更有号召力吗？不是更能激励八旗将领士卒猛勇冲杀吗？该是皇太极戴上皇冠的时候了……

皇太极注视着范文程的思索,他停止了关于"制诰之宝"的谈论,转换了话题。

"先生还记得九年前此处深夜,朕与先生的第一次会晤吗？"

范文程正在思索中寻觅"制诰之宝"与"中原暴民作乱"之间本无联系的联系,便以心谋、耳听、目视。口语的特殊才智和定力,答对皇太极的询问:

"臣永生难忘,九年来,深荷汗王恩典,臣如沐春风,如浴天露。"

皇太极注视着范文程的思索,一边把"制诰之宝"放入金匣,一边高声称赞:

"善！此心相通,此感与同,朕得先生,如鱼得水,如龙得云。九年来,赖先生筹划,朝鲜纳贡,蒙古臣服,内政安辑,海边靖宁,四境之敌已灭者三,当今之敌,只有一个明朝……"

范文程已在"制诰之宝"和"中原暴民作乱"之间找到微妙的契合:"制诰之宝"的获得和惜重,将加强皇太极逐鹿中原的信心和意志。"中原暴民作乱"将为皇太极逐鹿中

原提供强大的合力和助力,使原本渺茫的希望变为可能的现实。便应着皇太极的话题回答:

"汗王所言极是,当今之敌,惟明朝耳,虚弱的明朝,庞大的明朝……"

皇太极注视着范文程的思索,似乎得到了范文程的鼓舞,一边用黄绫包裹着"制诰之宝",一边提高嗓音激越抒怀:

"明朝虽是庞然大物,朕决心战而胜之,取而代之,五年不行,十年,十年不行,二十年,此志不遂,誓不罢休。如何战胜明朝,全靠先生的筹划了……"

范文程在急剧的思索中,突然自语出声:

"侵扰? 等待? 建号? 建制?"

皇太极大喜,包裹着"制诰之宝"手停住了:这几个不连贯的字眼,就是范文程筹划的"方略"吗?他凝目注视着若痴若呆的心膂谋臣正在为自己的事业苦熬心血,心头一阵热浪翻涌,急忙捧茶以酬。

"先生……"

范文程终于完成了他的方略设想,忽地昂首挺胸,眸目闪着兴奋的亮光,一把抓住皇太极捧来的茶杯,高声而语:

"对! 侵扰、等待、建号、建制,顺应这颗"制诰之宝"的天命昭示,借'中原暴民作乱'的合力和助力,取代明朝!"

随着范文程"侵扰、等待、建号、建制"方略的滚珠而出,皇太极的心胸豁亮了、舒坦了,忧烦消解了:凝炼、简单、明确、易懂、易记,这是大智大略的结晶,这是范文程特有的风格啊! 突然,他发觉手中的茶杯已倾斜,茶水洒落,漫湿着包裹"制诰之宝"的黄绫,粲然一笑:

"先生,这不是'制诰之宝',是一只茶杯,请先生饮茶。"

范文程的心神从思索中转悟过来,望着炕几上湿淋淋的"制诰之宝"神情惶恐,急忙用衣袖擦拭黄绫上的茶水,双膝并跪,以头叩几,连声请罪:

"臣失态,臣忘乎所以,臣……"

皇太极情急,双手抱住范文程,泪水涌出,声音哽咽:

"先生,这万万使不得,先生为朕谋划,性近癫狂,忠恳之心,亘古未有;先生名为臣下,实为师长,九年来,含辛茹苦,劳神劳思,没有睡过一夜安稳觉啊! 先生名为幕僚,实为导者,九年来,策划于帷幄,决计于疆场,朕靠着先生指引前进啊! 先生之心,唯朕知之,朕谢先生了。"说罢,拱手稽首,连连叩谢者三。

范文程望着皇太极,一时失措,咽泪而奏:

"臣谢汗王大恩大德,无以为报,只能以思之所得,大胆禀奏了。"

"先生请讲,朕洗耳恭听。"

范文程讲起:

"一曰'侵扰'。'制诰之宝'昭示,明朝必亡,后金必兴,明朝虽是庞然大物,若一棵参天大树,然树心已空,根柢已朽,汗王当以不停'侵扰'为手段,扫其叶杈,剪其枝干,破其皮护,断其天露地水,此木必枯,枯木必倒。此乃'疲敌致胜'之策,十年之内,必见成效,乞汗王思之。"

皇太极静听着,沉思着。

"二曰'等待'。'制诰之宝'昭示,天命归于汗王。蒙古察哈尔部臣服,不仅使汗王获得传国玉玺,也给汗王带来中原实情,岳托今日语臣,中原暴民作乱已成气候,今年上半年,曾有数路作乱暴民大闹陕西、河南、庆阳、荥阳、凤阳之举。汗王明察,河南乃中原腹地,荥阳乃秦末刘邦、项羽决战的战略要津,凤阳乃明朝开国皇帝朱元璋的故乡,可见中原动乱已成燎原之势,明朝即将陷于两面作战的困窘,其用兵方略也将随势而变。我为外患,患在边陲,暴民为内患,患在心腹。明朝必将减缓对我之征伐而以重兵征剿暴民,中原将有一场官、民生死相搏的恶战。请汗王今后注目于中原,察暴民之状,借暴民之力,以灵活多变之术,纵横捭阖,善待机时,一举而定鼎中原,此乃'坐收渔利'之策,乞汗王思之。"

皇太极静听着,沉思着。

"三曰'建号'。'制诰之宝'昭示,建号之举乃天下所企。昔日大汗称'汗',乃沿袭蒙古称号,意在收服蒙古诸部以创基业,乃英明之举。今日形势大变,蒙古臣服,朝鲜归附,汉官汉将归降者日多,山海关外皆汗王天下,女真人、蒙古人、汉人俱为汗王臣民,并将进入中原,成华夏诸族之主。名不正,则言不顺。言不顺则事不成,历朝历代君王皆称'帝',汉族传统中'帝'为诸天神之首。称帝将改变我乃边族之国的地位,将高居于蒙古诸汗、朝鲜国王之上,将与明朝皇帝并立天下,将标志着汗王事业新的阶段的开始,将激励全军将士的壮志雄心,也将昭告天下黎庶:汗王是华夏历朝历代皇帝的合法继承者。此乃'正位正名'之策。乞汗王思之。"

皇太极静听着,沉思着。

"四曰'建制'。'制诰之宝'昭示,建立以适应皇帝权力的政体制度乃当务之急,不仅为当前治国所需,也是为来日治理华夏天下作必要的准备。自秦汉以来,历朝历代帝王都在积累治国经验,至明代,所定条例章程最为周详,请汗王依据宁完我'参汉酌金'之议,改订政体制度,完善六部职能,健全议政、行权、监督、封授、军队、服式等规章,以利大权集中,政令通顺,并借以教习文武群臣、培养人才、积累经验,来日进入北京,可免捉襟见肘之窘。此乃'未雨绸缪'之策。乞汗王思之……"

皇太极大喜,挥手拂去了炕几上的"制诰之宝",紧紧抓住范文程的双手,以心相见,以诚相诉:

"朕知先生能解朕一天来翻腾于心的忧烦,果然灵验了,如愿了。'制诰之宝'只能给朕以沉迷心神的虚幻,先生所奏'侵扰、等待、建号、建制'之策,才是真正的'制诰之宝'啊!九年前先生在此深夜的一席谈话,保证了朕九年来的所向无敌,今夜先生的这次谈话,也将为朕今后若干年的马头所向提供指南。明朝必亡,后金必胜,'制诰之宝'所昭示的,是朕的身边有一位因思索谋划而情近癫狂的范文程啊……"

范文程的心头一阵轻松,他知道自己陈奏的方略为皇太极采纳了,想抽出手来向皇

太极拱手致谢,但双手被皇太极抓得更紧,皇太极信任的话语再次猛烈地撞击着他的心:

"先生,'建号''建制'之事,劳先生全盘实施了!"

范文程高声应诺,当他拱手谢恩时,察觉到自己的脊背已被汗水浸透了。

好清凉舒心的感觉啊!

天聪九年(1635年)九月,征察哈尔大军携林丹汗的后妃及其子额哲凯旋回沈。强悍的察哈尔部从此灭亡,难以驾驭的漠南蒙古终归统一,这是皇太极取得的又一巨大成就。数年前,与明朝交好的朝鲜"称弟纳贡",三大敌国如今只剩下惟一的明朝,整个形势使后金变得光彩夺目,前程似锦。还有一件大喜事,简直使皇太极和他的诸贝勒大臣欣喜欲狂:这次出征意外地获得了元朝的"传国玉玺"。这在皇太极看来,它同平服林丹汗同样是有重大意义。照他们解释,传国玉玺落入太宗之手,意味着"天命"归金,上天已经允许太宗为天下命世之君。因此诸贝勒大臣为获得这件国宝,纷纷上表恭贺欢呼。于是一个新的意念产生了:后金国汗上皇帝的尊号,顺天应人,即皇帝宝座。

十二月,诸贝勒大臣做出决议,命文馆儒臣希福、刚林、罗硕,礼部启心郎祁充格代表他们给太宗上尊号:"今察哈尔汗的太子投降了,又获得了历代皇帝传国的玉玺,天助的象征已经出现,请汗应'天命',定尊号。"太宗说:"现在,周围诸国虽然投降,又获得玉玺,但大业未成。成大业前,若先受尊号,恐怕天以为非。比如我考虑晋升某一个贤者,若这人不等晋升,便妄自尊大,那么我就认为不对。"去年,诸贝勒大臣曾劝太宗即皇帝位,他本人没有同意,这次又明言谢绝。诸贝勒大臣反复上奏,太宗仍旧不同意。他的侄儿礼部承政萨哈廉看破了他的心事,便再派希福、刚林、罗硕、祁充格向太宗报告说:"汗不受尊号,过失全在我们诸贝勒,因为我们不修养各自身心,不为汗主尽忠信,不行仁义,所以请汗上尊号,汗拒绝不受。如果说贝勒全是忠信,那么莽古尔泰、德格类二贝勒为何犯上作乱呢?现在,诸贝勒都表示立誓言做出保证,修身谨慎行事,以尽臣道,汗受尊号,才是恰当的。如今,获得玉玺,诸部归服,天意已明。如果不知天命,不受尊号,恐怕天反倒为非。"太宗听了这番话,十分高兴,称赞说:"萨哈廉这样启发,我心里高兴。这话一是为我,二是也为先父创立的基业。诸贝勒如能各修其身,那时我再考虑是不是受尊号。"

太宗并非一定不受尊号,他担心诸贝勒是否真心诚意,拥戴他在称号上更上一层楼。三年后,他在一次训诫群臣的讲话中才说出当时的想法。他说:"昔尔等欲上朕尊号时,朕深知尔等所行如此,是以固辞不受,谓国中有心怀嫉妒的不良之人,尔等皆以身任之,以为断无此事,于是始受尊号。"太宗的这个心事当即就被聪明的萨哈廉给说破,他马上改变主意,表示可以考虑。但他还不放心,还要征求汉官们的意见。当天晚上,他令希福、刚林、罗硕集合汉官,传达他的谕旨:"诸贝勒说要定尊号,但我认为大业未成,天象不明,受尊号未必合适,所以我真心拒绝。"汉官鲍承先、宁完我、范文程、罗绣锦、梁正大、齐国儒、杨方兴等劝说:人要随从天象行事,获得玉玺,各处归服,人心归顺,这本来就是天意,合人心,受尊号,定国政,是非常恰当的。

第二天,萨哈廉立刻召集诸贝勒,说:各贝勒都立誓言,各修自身,给汗上尊号。诸贝勒闻听此言,很快把自己的誓词写成书面报告,送交太宗审阅。他将每个人的誓词看了一遍,指示说:"大贝勒(代善)年老了,可免去立誓,萨哈廉正在病中,等病好了,再立誓。其他诸贝勒的誓词中,不要写以前没有悖逆的话,要立誓今后以忠信为生,勤于政事,保证不向闲散无权的大臣、自己的部属和妻子谈论国家机密政事,如有心怀恶意,言不由衷,也应遭谴责,难免有死祸,即使如此,我也是很痛惜的。"代善心绪不安地说:"汗考虑我年老,恐怕我触犯誓词而死,这是对我的恩爱。但我若不与诸贝勒一起立誓,怎么能吃得下一碗饭呢? 怎能安居呢? 如果汗不让我参与政事,我能违背汗的意思吗? 我不愿免去我的立誓。虽然我愚笨、健忘,但我立了誓言,就会把国家政事拴在心上,不会被汗谴责。"太宗说:"如果应该让你参与政事,怎能把你抛在一边? 我是念你年老,才劝你免誓。你愿意和诸贝勒一块儿立誓,那就立吧。"

十二月二十八日,诸贝勒各将自己的誓词重新改过,一齐焚香下跪,先由代善对天宣读誓词:从今以后,若不公正为生,像莽古尔泰、德格类那样做坏事,天地以为非,我代善将遭殃死去;

如果对汗不尽忠竭力,心口不一,天地知道,我代善遭殃死去;

平时,无论那个子侄做出像莽古尔泰、德格类那样的坏事,我代善听到而不报告给汗,我代善遭殃死去;

如果把与汗共议的秘密的话向自己的妻子和其他闲人透露,天地以我代善为非,遭殃死去;

如果我代善对当汗的弟弟竭力尽忠为生,那么天地眷顾,寿命延长。

其他各贝勒阿巴泰、济尔哈朗、阿济格、多尔衮、多铎、杜度、岳托、豪格(萨尔廉因病免誓)等都宣读了类似誓词,然后举火烧毁。立誓的这些人,都是太宗的哥哥、弟弟、侄儿和自己的长子,他们都手握重兵,能征惯战,把持全国的军政大权,这不能不使太宗对他们怀有疑虑,存有戒心。让他们立誓的目的,就是使这些人向至高无上的天表明自己对现实的一个态度,同意太宗进一步加强中央集权,建立一代封建皇朝。

正好外藩诸贝勒赶到盛京,他们也要求太宗上尊号,朝廷内外都想到一块去了。他们联合起来,再次恳求太宗即皇帝位。太宗说:既然你们都同心定尊号,还有朝鲜王作为兄弟,应与他共议,外藩诸贝勒有没来的,也需要知道。诸贝勒一听,太宗已经同意了他们的请求,都高兴地回家去了。

天聪十年(1636年)三月二十二日,外藩蒙古十六部四十九贝勒齐聚沈阳,朝见太宗,联合请上尊号。几天后,都元帅孔有德、总兵官耿仲明、尚可喜等各率所属官员请求上尊号。四月五日,内外诸贝勒、满洲、蒙古、汉官联合请上尊号,文武群臣百余人分次排列太宗面前,其中多尔衮代表满洲捧满字表文、土谢图济农巴达礼(奥巴之子)代表蒙古捧蒙古字表文、孔有德代表汉官捧汉字表文,分别率群臣跪读表文。这种类似戏剧的场面,形象地显示出太宗上尊号已得到东北各民族的承认,它也标志着这个以满族为核心,又有汉、蒙封建主参加的联合政权正式确立起来。在这种形势下,太宗以"顺天应人"的姿态,堂堂正正地登上了权力的顶峰。他说:"尔诸贝勒大臣等,以朕安内攘外,大业洊臻,宜受尊号,两年以来,合辞劝进,至再至三,朕惟恐上无以当天心,下无以孚民志,故未俞允,今重违尔等意,勉从群议。朕思既受尊号,当益加乾惕,忧国勤民,有所不逮,惟天佑助之。"众贝勒文武群臣个个欢欣鼓舞,仪式举行完毕而退。

二

从天聪十年四月开始,皇太极正式即皇帝位,受"宽温仁圣皇帝"的尊号,改元崇德元年,定国号大清。

给一个政权命名新的国号,不仅标志一个新的国家的诞生,而且也是一个时代的开始。中国历史上,从夏、商、周开始,秦汉以降,中经魏、两晋南北朝、隋、唐、辽、宋、金、元直到明、清,由这些王朝顺序所表示的历史进程,一方面说明中国历史悠久;另一方面说明中国经过多次改朝换代。一个新王朝名号的出现,并不单单是名称的改变,它包含着政权在诞生中所遇到的种种波折。历代统治者总炫耀自己为"命世之君,创制显庸"的丰功伟绩,"不肯因袭前代",必定换上一个新的名号,作为自己的政权的象征。因此,历代国号总要经过慎重选择而后确定,赋予它某种含义。有的以"发祥地"或以历史故地命名,如周、汉,而南北朝时期各朝多以历史故地命名。有的以爵邑封号,如魏(曹操封魏王)、隋(杨坚封隋国公),有的取文字的含义,如元(取《易经》"大哉乾元"之义)、明(源出"明教",取"光明"之义);还有的以当地特殊物产名为国号,如辽(镔铁)、金;个别的也有因袭前代名号,用以抬高自己的身价,如刘渊本匈奴人,因其祖先归顺了汉朝,便自称是汉朝的后裔,冒姓刘氏,建国时以汉为国号,如此等等。

清朝国号的来源较历代王朝复杂,有一个演变过程。清源出建州女真,前代女真人曾建金国,因此努尔哈赤建立政权时,沿用与宋对峙的金国名号,称"大金",也称后金,借以与前代金国相区别。但明末清初,从太宗开始,特别是到了康熙、雍正、乾隆三朝,清统治者对于其先世原本隶属于明朝管辖的建州女真各部,都概予否认,讳莫如深。例如,天聪五年(1631年)太宗率兵攻打锦州,致书明将祖大寿:"尔国(指明朝)君臣惟以宋朝故事为鉴,亦无一言复我。尔明主(指明朝皇帝)非宋之苗裔,朕亦非金之子孙,彼一时也,此一时也。"宋代深受金国的祸乱,汉人对女真人积怨很深。为避免汉人对女真的疑虑,从太宗以后,都矢口否认自己与宋代女真人的联系。天聪九年,太宗给他的父亲修《太祖武皇帝实录》,捏造"满洲"为国名,并下令禁止用"诸申"(即女真旧号)称呼族名,居然说诸申"与我国无涉",今后一律称"满洲"。经此一改,连本族女真的名字也给改掉了,而国家也以"满洲"命名。在更改名称前,太宗和他父亲并不讳言"大金"、女真等名号。如,天命十一年,太宗给袁崇焕的信都自称"金国汗";天聪四年,太宗发布征明檄文首称"金国汗谕官军人等知悉"。从太祖建金国到太宗改名前,称后金国号达二十一年之久。改名后,则把以前文献中有关"金国汗"的字样统统更为"大满洲国皇帝"。但毕竟改得还不够彻底,仍有遗漏之处,像修筑盛京城时,抚近门上的大金字样,以及辽阳的喇嘛坟、大石桥的娘娘庙碑、东京城(辽阳)上的扁额,都有大金的国号,未及涂改,而留于后世。到太宗即皇帝位时，废金国号，改用大清新名。对于清号来源，清朝实录及各种官书都没作任何说明，后人则有种种解释。有的从文义上释为"扫清廓清"之义，有的说，清，青也。青为北方信奉萨满教诸族所崇尚，满洲也是笃信萨满的，故取"清"为号。其实，"清"与"金"为一音之转，这两个汉字在写法上虽异，而在满语里发音却无差别。但是，太宗之所以坚持更定国号，是因为金曾激起汉族人民的仇怨太深，不称金可以减少他们对它继续扩张势力的阻挠。再则，这时太宗已定下入主中原之策，原来的金朝最多统治半个中国，太宗要建立全中国的一统天下，为适应政治上的需要，更定国号为大清，它是太宗改元重定国号的又一动机。所以，这次更定国号，是一次政权建设的发展，是制度的革新，也是夺取更大胜利的动员。

太宗重建国号大清，开辟了清朝历史的新纪元。换句话说，清朝的历史应当从这里开始，太宗是名副其实的大清皇帝第一人。他在清史中是个承前启后、继往开来的关键人物，是清朝一统天下的真正开创者。虽然他和努尔哈赤都没有进关做全国的最高统治者，而仅在关外度过了自己戎马一生，但两人确有很大不同。努尔哈赤起自建州女真的一个小部落，他名为明朝地方官，实则是女真的一个小酋长。他用了相当长的时间去统一女真各部，推动和加速了女真社会的进步，使各分散的部落迅速走向联盟，进而形成新的民族共同体——满族，在此基础上，成立了国家政权——大金。纵观努尔哈赤的一生，他更多的是作为一个民族领袖来活动的。他的业绩及其所建金国，在整个清朝历史这一出壮烈的多幕剧中，所占的场面只能是序幕。他所起的作用，就是把帷幕拉开，并装填了自己的内容。努尔哈赤作为清朝前身历史的首创者是当之无愧的，而太宗则居于清朝历史开创者的地位。他在位十七年，特别是建元崇德前后到去世，全面地，而且极为迅速地发展了他先父的未竟事业，在一切方面都远远地超过了自己的前辈。他统一整个东北，首次降服一向与明朝保持深厚友好关系的朝鲜，征服察哈尔，统一漠南蒙古，促使漠北蒙古行"九白之贡"。他所占有的疆域将近半个中国，使清政权牢固地立于既广大又丰足的根据地之上。他所建筑的政权完全具备了国家的规模，尤其是他吸收汉人和蒙古人参加，实行以满族贵族为核心的联合执政，扩建蒙古八旗、汉军八旗，从而改变了努尔哈赤时代的单一的满族执政的民族政权性质，变为几个民族联合的政权。这为有清一代的长远统治树立了楷模。因此，太宗是真正的一代国主，他是作为一个国家的首领来活动的。他创立的国家——清政权及其基本国策为后代子孙所奉行；他建的国号大清一直沿用到近代。

三

皇帝继位是历代封建王朝最重大的一项政治活动。特别是开国皇帝建国称帝，意义尤其重大，它标志着一个新政权的诞生和开始。所以封建统治者把这一活动看得异常神圣，总是要举行一系列庄严而复杂的仪式，向人们显示他的"君权神授"。

天聪十年四月十一日，清太宗把这一天作为他即皇帝位的吉日。按照礼仪规定，首先祭告天地。在此之前，他斋戒三天。到十一日这天，晨光熹微，他穿戴一新，骑上骏马,在百官的簇拥下,前往天坛祭告天地。天坛设于德盛门外,太宗还没到跟前,就远远地下马站立,恭候一旁。他微微抬起头,朝四周瞥了一眼:这是一个宽敞的略呈长方形的场地,天坛就设在正中央,四面设有台阶。坛上安放一张香案,上铺黄绫缎,设"上帝"神位,前面摆放香炉。诸贝勒大臣和百官分东西列于天坛两侧,为首的是太宗的哥哥大贝勒代善,以下是济尔哈朗、多尔衮、多铎、岳托、豪格、阿巴泰、阿济格、杜度等诸兄弟子侄,接着是额驸扬古利、固山额真谭泰、宗室拜尹图、叶克舒、叶臣、阿山、伊尔登、达尔汉,再往下便是蒙古八固山额真、六部大臣、都元帅孔有德、总兵官耿仲明、尚可喜、石廷柱、马光远;外藩蒙古有察哈尔部、科尔沁部、扎赉特部、杜尔伯特部、郭尔罗斯部、敖汉部、奈曼部、巴林部、土默特部、扎鲁特部、四子部、阿鲁科尔沁部、翁牛特部、喀喇车哩克部、喀喇沁部、乌喇特部等十六部共四十九名贝勒,还有满洲、蒙古、汉人文武百官都按各旗排列。朝鲜的两名使臣也参加了庆典。场内依次遍插满洲八旗、蒙古八旗、汉军旗各色旗帜,编织成一幅五彩斑斓的画面。在百官的内外,沿场地四周布列数层八旗兵,束装肃立。整个场地,庄严、肃穆。太宗看到这一切,抑制不住内心的激动。此刻,天色大亮,东方出现一片霞光。导引官满洲、汉人各一名来到太宗面前,引领他来到坛前,拾阶而上,面向"上帝"神位站立。赞礼官高呼:"上香!"太宗在案前跪下,从导引官手中接过香,连上三次。接着,仍按上面程序,分别把帛和装满酒的爵恭敬地放到香案上。敬献完毕,读祝官手捧祝文登坛,面向西北跪下,高声诵读祝文。其文曰:"惟丙子年(1636年)四月十一日,满洲国皇帝、臣皇太极敢昭告于皇天后土之神曰:臣以眇躬,嗣位以来,常思置器之重,临深履薄之虞,夜寐夙兴,兢兢业业,十年于此,幸赖皇穹降佑,克兴祖、父基业,征服朝鲜,混一蒙古,更获玉玺,远拓疆土。今内外臣民,谬推臣功,合称尊号,以副天心。臣以明人尚为敌国,尊号不可遽称,固辞弗获,勉徇群情,践天子位,建国号曰大清,改元为崇德元年。窃思恩泽未布,生民未安,凉德怀惭,益深乾惕,优惟帝心昭鉴,永佑家邦。臣不胜惶悚之至,谨以奏闻。"这篇祝文,向"上帝"报告他十年所取得的巨大功业,请求批准他即皇帝位,以此来表明他是"命世之君",有权统治全国。

宣读完祝文,太宗和百官依次入座,他先饮酒,吃祭品,然后分给百官,并当场吃掉。根据古礼规定,祭天地都用"生太牢"(生肉之类),祭毕,将生肉分给臣属,带回家煮熟食用。太宗认为人类早已吃熟食,而祭祀还用生肉,是对天地的污秽。因此他改革这一古礼,规定此后祭祀一律改用熟食品,仪式一结束,当场吃掉。

仪式的第二项内容,是在大政殿举行"受尊号"礼。殿内正中放一把金交椅,周围摆放御用的一套新制作的仪仗,朱红色油漆放出耀眼的光泽,显得十分华贵、威严。仪式一开始,导引官引太宗经大殿正面拾阶登殿,入坐金交椅,百官仍分左右两班站立。这时,乐声大作,赞礼官高呼:"跪!叩!"百官向太宗行叩首礼。赞礼官又呼:"跪!"百官随口令刚跪下,多尔衮与科尔沁贝勒巴达礼、多铎与豪格双双从左边班列中站出;与此同时,岳托与察哈尔林丹汗之子额哲、杜度与孔有德双双从右边班列中站出,他们每两人合捧一枚皇帝御用之宝,上前跪献给太宗。他们代表了这个政权统治下的满、汉、蒙古及其他少数民族,把象征着皇帝权威的御用之宝交给太宗,就表示把国家的最高权力授予了他,完全承认他的至高无上的统治地位。献宝之后,满、汉、蒙古各一名代表,手捧本民族文字的表文,站立殿东侧,依次宣读,对太宗赞颂一番。读完,又是一次叩头礼。礼毕,在殿前立一鹄,命善射者较射,优胜的有赏。继位仪式到此最后完成,立时鼓乐一齐吹打。太宗在鼓乐声中,含笑步出大政殿,排列仪仗,乘舆回宫。当天,太宗在大政殿举行盛大宴会,欢庆即皇帝位礼成。

次日,太宗率百官来到太庙追尊祖先。从始祖、高祖、曾祖,到祖父,都尊奉为王,而奉父亲努尔哈赤为皇帝,上了一大串尊号,曰:承天广运圣德神功肇纪立极仁孝武皇帝,庙号太祖,其陵园称福陵。尊奉母亲为皇后。此外,还给已故功臣追封美称。

四月二十三日,太宗大封他的臣属,先封他的诸兄弟子侄:大贝勒代善位列第一,封为和硕礼亲王,贝勒济尔哈朗为和硕郑亲王、多尔衮为和硕睿亲王、多铎为和硕豫亲王、豪格为和硕肃亲王、岳托为和硕成亲王,阿济格低一级,为多罗武英郡王,杜度以下再低一级,为多罗安平贝勒、阿巴泰为多罗饶余贝勒,按以上等级,分赐银两。外藩蒙古贝勒也按亲王、郡王等级分别敕封。二十七日,敕封孔有德为恭顺王、耿仲明为怀顺王、尚可喜为智顺王,时称"三顺王",是汉官中最高的封号。他们的部下也都论功封赏。

清太宗继位典礼,从全部礼仪的形式上看,基本上是仿照汉制礼仪,但在内容上已带有满族生活的特点。但更为重要的是,在仪式进行过程中,太宗自始至终坚持满、汉、蒙古三位一体,推选他们的代表给他上尊号,同时又以满、汉、蒙古三种文字书写表文,这反映了清太宗是多么重视各民族的巩固的联合!这种做法,是历代王朝所不曾有过的事。汉族封建统治者不管是新建王朝,还是后世子孙继承皇位,都摒弃少数民族于宫墙之外,即使如辽、金、元这些少数民族建立的政权,又多取排斥汉族的政策。太宗一反他们的片面做法,极为重视满族同汉、蒙古等民族的密切合作,使之成为他立国的一块基石。继位典礼是这一方针的又一次生动的体现。顺便指出,这次即位典礼,前后持续二十余天,耗费了大量的钱物。从仪式所需的各种设备,到皇帝、百官制作的礼服、仪仗;从各色祭品,到赏给诸贝勒及百官的银两物品,所费银两不下十余万!不言而喻,太宗和他的家族及百官从继位活动中得到的欢乐,恰是建筑在广大劳动人民的痛苦之上!

四

随着后金迅速发展,在统治阶级内部出现了包括满洲、蒙古、汉官在内的一大批新贵。他们在对明朝、蒙古、朝鲜及其他民族的征战中积累了巨大的财富,又靠军功从汗(皇帝)那里获取了大量赏赐。他们与太祖创业时期的旧贵族便构成了后金(清)统治阶级中的上层统治集团。这些人既富且贵,不仅分掌国家政权,而且在经济上处于极为优厚的地位。随着权力的扩大,财富的聚集,他们的欲望也越来越强烈。特别是进入辽沈地区以后,一改原先山涧水涯的那种落后的生活处境,深为这里的繁华富庶所吸引,他们开始接受甚至模仿明朝官僚地主的奢侈腐化的生活,追求享乐、贪图安逸的思想严重滋长。有一次,多铎的哥哥多尔衮带兵出征,照例太宗和大臣出城送行,而多铎懒得出门,便假托躲避天花病不送,在家与妓女鼓丝欢歌,身穿"优人"的衣服,学"傅粉"之态,寻欢作乐。多罗武英郡王阿济格曾因病在家调养一段时间，等病愈以后，仍迟迟不上衙门办事。时值八月盛夏，原来他怕天热，就推说病没好，在家闲居逸乐。此类事甚多，就是在前线营帐内，也找来"优人"吹弹歌舞。一个最具有讽刺意味的事例是，太祖刚去世，还在服丧期间，太宗和他的哥哥代善尚守"孝道"，在家素服含悲俯首独坐，默哀其父，但努尔哈赤的另两个儿子莽古尔泰、德格类和女儿莽古济却在家穿戴盛装，大摆筵席，吃喝玩乐，招来女乐吹拉弹唱，德格类坐在炕的右边弹筝唱和，玩得十分痛快，脸上毫无悲戚之容。仅此一例就足以反映这批正处在上升时期的新老权贵们的精神面貌了。他们一方面压榨剥削处于奴隶地位的广大阿哈包衣；一方面又不断扩大自己的特权，用各种手段掠取不义之财。新老权贵的势力急剧膨胀，其结果必然在政治上分散汗（皇帝）的权力，而经济上无休止的兼并和垄断财物，则激化了国内阶级矛盾。这种状况，不仅妨碍统一事业的顺利进行，而且完全不能适应日益发展的中央集权的需要，构成对皇权的严重威胁。

太宗目睹这些权贵们的所作所为，引起了高度的警觉。为了把父亲的事业进行下去，他经常训诫诸王贝勒，晓以大义。崇德二年（1637 年）六月，一天，太宗把他们召到跟前，以一年前征朝鲜为例，批评他们抢夺财物。他说：去年朝鲜之役，军中甚无纪律，见利当前，竟忘国法。我一再申饬你们，并非我想自己取用。如今，凡钱财牲畜诸物无所不备，不可胜用，为什么还不知足？你们并不是不害怕我的禁令，但黩货心切，往往藐视禁令而不顾，实在可恨！其不知财货乃身外之物，多藏无益。即便不义而富，能有不死之术而使自己永久享用吗？太祖时代的大臣，活到现在的有几人？这就是说，人的一生如寄身于天地间这个大旅馆里，何必为自己过多营谋？子孙如果贤能，则自会显达；子孙愚昧无知，你们即使留下很多的产业又有什么用？根本的问题，是要奋力立功，树立好名誉，使你们的勋绩遗留给后世，这才是最为可贵的。古语云：天有四时，地生万物。天下有民，"圣人"统治。所以春季是管生的，万物繁荣；夏季是管长的，万物长成；秋季是管杀的，万物充足；冬季是管收藏的，万物肃静。"盈则藏，藏则复起，莫知所终，莫知所始，莫进而争，莫退而逊。"照此道理治国，则与天地之道相合。

从今以后，你们勿得贪图财物，各宜竭尽忠诚，勤于国事，朝廷上下和熙，那么，你们的勋名长保，使子孙永远保持而不改变，这岂不是桩美事吗！

清太祖时期，陆续制定了一些制度和规定，但国家体制很不完备，太宗继位以后，又补充制定有关规章制度。然而，已经制定的制度出现了不能严格执行的问题。这主要是诸王贝勒还不习惯于依法行事，往往凭借自己的权势"越分妄行"。例如，各旗主的护卫人数，或多或少，都未有定额。因此，牛录中有才能的人都被诸王贝勒挑选去当护卫，使得牛录这一层组织人数不足，力量削弱。太宗为限制诸王贝勒的特权，对此作出如下规定：每一牛录可用"执事"四人、每一旗选用护卫二十人。居于显赫地位的代善却带头违章，在定额之外多选护卫十二人，还向户部参政恩克说：太宗所选的护卫，也超过了定额二十名之外。代善敢和太宗攀比，说明在他的心目中还没有把太宗看成是至高无上的皇帝。太宗知道了这件事，在崇德二年（1637 年）七月，召集诸王贝勒文武群臣当众斥责代善,质问他:"你查查我所管的两黄旗(正黄旗、镶黄旗)的名册里,是否有多选侍卫的事?"说着,太宗命他的左右侍卫都站出来,用手指着他们说:"我的侍卫四十人,还是太祖在世时给的,他们都是免役的人,他们有的是我的叔伯兄弟之子,有的是蒙古贝子的儿子,有的是官员之子,也有的是我的包衣之子,凡应役的,我一个都没选用。"经过当场查对,太宗的侍卫不但没有多选,而且还不够定额。太宗接着说:"你们都看到了吧?还不够定额,那来的多余呢?凡黜陟予夺大权都在我手,我想干什么还怕你们吗?代善无端怀疑,所以才叫你们都看看事实!"接着,太宗还谈到代善对限定侍卫名额表示不满。太宗继位不久,有一次,代善不用护卫,自己牵着马,胳膊挟着褥垫去见太宗,这番举动,明显是在发泄内心的不满情绪。太宗就此责问代善:"难道一旗之众就没有卫从之人?为什么窘迫到这个地步?你这样做是尊敬我呢?还是心有不快呢?"又说:"我每每想到太祖诸臣,功勋赫著的还有几人?现在都不在世了,只有兄在,我不致敬,将来后悔何及?所以才专意加礼。况且有上天护佑,诸物具备,衣着食用骑乘充足不缺,兄如要求多关照,就直说好了,我岂吝啬!果能如此,才合我意。不然的话,阳为恭谨,阴怀异心,这不是我所希望的。"说到这里,太宗转向诸王贝勒大臣,说:"厚富之人,不乘良马,不服美衣,不食佳馔,不畜仆从,自谓以此获福,可享千年,然人岂有不合理而能长久安享者乎?"

太祖时,曾立下一条规矩:凡在战争中俘虏的降民、金银财物、马匹等物品一律上缴,违者治罪。当时,以八和硕贝勒共议国政,他们各置官属,权利均等。因此,太祖"预定八家(即八旗旗主)但得一物,八家均分公用,勿得分外私取。"在分配这些战利品及赏赐时,必由八家旗主均分,称为"八分",八旗旗主以下者,都不入"八分",但从中也得到一部分财物和赏赐。太宗继位后,继续执行这一规定,一再训诫文臣武将遵守。但事实上,种种营私舞弊的现象屡屡发生。他们利用掌握的权力,寻找一切机会攫取额外私利。例如,诸王贝勒(太宗的兄弟子侄)每当出征,总是私带家中的仆人或其他"闲散无甲之人"冒充兵士,私令随征。目的是让他们在战争中为自己多抢夺财物,倘若立功,亦可冒领赏赐。上行下效,像牛录章京等下级军官也仿效此法,企图多得战利品。在征战中掠取的物品,如马匹、金银等物只上缴一部分,另一部分隐瞒不报,留于个人之手。甚至将部分降民也私留起来,作为自己家中的奴仆,也有的私娶降民中年轻貌美的女子为妻,等等。这些违禁现象任其蔓延,就会助长贪得无厌的思想进一步发展,势必带来严重后果,以致从经济到政治都造成危害,同时,也会直接削弱太宗的权威。太宗看到问题的严重性,给予很大的注意。每次出征前,他都讲清纪律,归来后,都要进行总结,让下边揭发各种违纪的事实。一经发现,即严肃处理,轻者当众训斥,重者鞭打,直到革职。但一般都采取罚款退赃的办法,使之在经济上不但占不到便宜,还得交出自己的私产来补偿所犯的过错。凡是违犯上述一例的,必须将征战中夺得的一切东西如数交出,另根据过错轻重,再罚以数目不等的银两、马匹等,如已得到赏赐而后被揭发作弊的,其赏赐也必须如数缴回。满洲、蒙古、汉官这批新老权贵都以多得财物为荣,最怕自己的财产受损失。太宗抓住这一点,在处罚时首先给予经济上制裁,这在一定程度上限制和打击了权贵们的气焰,起到了抑制其特权进一步发展的作用。

经过太宗不断从思想上训诫,在政策上严格贯彻有关规定,权贵们不得不有所收敛,因而上述现象逐年减少,这就保证了内部的上下一致,树立为国效力的风气。

<h1 style="text-align:center">五</h1>

清太宗继位之初,地位并不那么稳固,国家权力尚未达到高度集中,而是分散在宗室贵族手中。他们或玩忽职守,或随意违法妄为,有的甚至敢于向君主挑战。太宗清楚地看到,如果不打击这股轻视甚至目无君主的分散势力,他就坐不住金銮殿。经过多年努力,采取各种措施,他的权威才得以牢固地树立起来。他的制胜法宝就是制定法令,秉公执法,不分上下贵贱、内亲外戚,一切依法行事。

清太宗继位后的头几年,主要精力用在征朝鲜、伐明朝,没来得及完善法律。到天聪五年(1631年),太宗阐述了他的法制思想,同时公布了一些法律规定。他说:"国家立法,不遗贵戚,斟酌罚锾以示惩儆。凡诸贝勒审理、枉断人死罪者,罚银六百两;枉断人杖罪、赎罪及不奉谕旨私遣人与外国交易,或怠忽职守,或擅取民间财物马匹、或将本旗女子不行报部短价收纳在家者,均罚银二百两。"以上规定,既包括诸王贝勒审断案件出现的差错,也包括他们自身违法都受惩处两个方面。清太宗经常惩治的是临阵败走、酗酒妄为、行猎不能约束整齐三件过错,有违犯其中一条的,都判以重刑,其余诸事都可从宽处理。崇德年间,他强调惩治触犯这三条的人,是针对诸王贝勒而发的,不能不说这是压抑王权,提高皇权的措施。他还提出了执法的指导原则和审案的具体方法。这就是"听讼务持其平,谳狱务得其实。尔诸臣审理讼狱,于两造所陈,当速集见证鞫问,庶有实据。若迟缓取供听彼潜相属托,支饰避罪则审判安得公平?自今以后,不先取见证口供,致事有冤抑者,既按事之大小坐罪审事官"。执法必须公平,不得偏私,审案判罪,贵在有真凭实据。审讯时要对犯罪者与告发者的口供迅速取证,如果迟迟不取,只听掩饰避罪的口供,或只听信犯罪者暗地托人说情,审判就不会公平。此后,如不先取证只听信口供,致使有遭冤枉的,按其情节轻重,处罚审判官。

清太宗亲自制定法令,自然地他就成为法制意志的最高体现者。有了法律这个准绳,他就可以监督诸王贝勒及群臣的言行,使他们都处于皇权的控制之下。虽然太宗明确立法,但过惯了部落生活,又掌握了很大权力的诸王贝勒并不完全把这些法令放在心上,每每藐视法制,任意妄为。太祖去世前曾立下遗言,其中谈到法制,说:"国家当以赏示信,以罚示威……尔八固山(八旗旗主)继我之后,亦如是,严法度,以效信赏必罚。"他规定一条原则:"赏不计雠(仇),罚不避亲,如是,明功赏,严法令,推己爱人,锄强扶弱。"太宗遵循父亲的遗训,对违犯法令的人特别是诸王贝勒,从不放过,一律按法令处置。崇德二年(1637年)六月,太宗总结征朝鲜及皮岛之役,"王以下,诸将以上,多违法妄行,命法司分别议罪。"经刑部审议,认定自礼亲王代善以下共计六十四人犯有各种程度不同的过失。这些过失概括起来,有私携无甲之人冒名顶替从军、纵士兵抢掠、私娶降民妇女、不听从军令擅自行动、私匿缴获的战利品、战斗中畏缩不前致使兵士损伤,等等。

根据过失轻重,分别判处死刑者二十四人,撤职十三人,鞭刑五人,罚银者二十二人(有的既受鞭刑又罚银,还有的既革职又罚银)。这些受处罚的人当中,有太宗的儿子、哥哥、弟弟、侄儿、额驸(即驸马)等,皇亲国戚约占四分之一,将官一级的约占三分之一。因为代善的爵位最高,他被列为犯法者第一人,刑部给予革去亲王爵位、罚银一千两的严厉处分。其他如多罗武英郡王阿济格、多罗贝勒豪格、固山贝子篇古、和托等一班宗室勋戚,也分别处以革除爵位、罚银。以下固山额真、梅勒章京、兵部承政等高级将领同样依法处分。皇太极从争取人心,为他继续使用这些人考虑,大多给以从轻处理。原判死刑的二十四人赦免十九人,处以罚银的,也逐一减少数目。代善等诸王贝勒也免去革爵的处分。太宗从宽发落,丝毫不减少处分的意义。他把违法者的罪状都公之于众,上下皆知某某犯法,罪状都记录在案,既让臣下互相监督,又使本人警惕,从中吸取教训,日后不再重犯或少犯类似的过错。这样做,诸王贝勒群臣无不心悦诚服。

太宗运用法令同宗室大臣中的分散势力进行斗争,并非是靠一二次处罚就能奏效。他们虽经处分,政治上、经济上多少有些损失,一个个却是满不在乎,有意无意地违抗法令的大有人在。太宗就以更重的处罚、严厉的手段加以打击。崇德六年(1641年)三月,因为围困锦州的事件,太宗又同诸王贝勒进行了一次严重的斗争。本来,按照太宗的战略意图,对明朝的前哨重镇锦州实行长期围困,在断绝一切外援的情况下,迫使处于绝望之中的明兵献城投降。他向戍守围困锦州的领兵诸贝勒阐述得一清二楚,可是,他们没有遵守。作为领兵的主帅和硕睿亲王多尔衮及其助手豪格、阿巴泰、杜度、罗托、屯济、硕托、阿山、潭泰、叶克舒等一班主要将领,在围困期间,私自决定兵士和军官轮流回沈阳探家。一次是每牛录甲兵三人回去,再一次是每牛录甲兵五人,每旗章京一名放回去。由于把兵士放回家,营中兵员减少,害怕锦州城里的明兵趁机劫营,于是下令全军从现有的包围线后撤到离城三十里的地方扎营。这正好与太宗的意图背道而驰。太宗明令要求他们围困锦州要由远渐近,逐步缩小包围圈,直逼城下,以震慑城内明兵。太宗闻听他们违抗军令,大怒,严厉谴责:"原令由远渐近,围逼锦州以困之,今离城远驻,敌必多运粮草人城,彼此相持,稽延月日,何日能得锦州耶?"太宗气得不得了,整整一天,怒气未息。正值驻兵换防,便命甲喇章京车尔布等人前去锦州传达他的谕旨,令多尔衮等会议,将提出并决定后撤、私遣兵士回家的人指名揭发,拟出罪状报告。

接着,派兵部参政超哈尔、谭拜等率兵替换多尔衮军,传去一道谕旨:令多尔衮等率军至辽河,驻营舍利塔,不许进城,等候他的处置。多尔衮率军到舍利塔后,向太宗做了报告。太宗马上派内院大学士范文程、希福、刚林等调查多尔衮等违令的事实,并分别训斥诸王贝勒:"睿亲王(多尔衮),朕加爱于你,超过诸子弟,良马鲜衣美馔,赏赐独厚。所以如此加恩,是因为你勤劳围攻,恪遵朕命。今于围敌紧要之时,离城远驻,遣兵回家,违命如此,朕怎能再加信任!肃亲王豪格,你同在军营,明知睿亲王失计,为何缄默静听,竟然听从他的话?阿巴泰、杜度、硕托,你们为何对此漠不相关?听任睿亲王所为,是也说是,非也说非,遇之如路人,视之如秦越呢?硕托,你曾获罪,朕屡次宽大,你却徒具虚名,不思效忠!"

范文程等传达完上述指示，多尔衮、豪格、硕托等人申诉遣兵士回家是为了"修治盔甲、器械，牧养马匹"，说些不得不如此的理由。范文程一行返回盛京，将调查结果上报。太宗一听，益发生气，说："此皆巧饰之辞！仍敢于欺朕！可令伊等自议其罪。"范文程一行又回到多尔衮处，传达太宗谕旨。多尔衮不再辩解，首先认罪："不逼近锦州，遣兵回家，轻违谕旨，致误锦州不得速破。我即总握兵柄，将所属之兵，议遣返家之时，倡言由我，遣发由我，悖旨之罪甚重，应死。"豪格说："睿亲王，王也，我亦王也。但因睿亲王系叔父，所以令握兵柄耳，彼既失计，我合随行，罪亦应死。"其次议定杜度、阿巴泰、罗托、硕托、屯济等均削去爵位，各罚银两若干。再次固山额真阿山、潭泰、叶克舒都参赞军务，应处死。以下涉及各级将官三十四人都分别议罪。范文程一行又回盛京，将处理结果报告，请示太宗批准。太宗决定，凡死罪均免死，和硕睿亲王多尔衮降为郡王，罚银一万两，剥夺两牛录户口；和硕肃亲王豪格降为郡王，罚银八千两，剥夺一牛录户口；阿巴泰、杜度各罚银二千两；罗托、硕托、屯齐、潭泰、阿山、叶克舒各罚银一千两……多尔衮以下各将官纳完罚银，太宗始许他们入城。他们想进宫谢恩，太宗不允，只得在大清门外谢恩重罪轻处。

　　过了几天，多尔衮等都到议政衙门办公，太宗又详问围锦州时各军驻兵地，比原先调查的情况更严重，不由得气往上冲，当即命大学士希福、范文程、刚林等传他的话："尔等（多尔衮等）在外，意图安寝，离城远驻，既求休息，疾速还家，且归安寝可耳！"将多尔衮逐出议政衙门，撵他们回家，不准上朝视事。

　　此事僵持到四月初。七日这天，太宗召见范文程、刚林等进清宁宫，面授指示，说："你们可召集获罪的诸王贝勒大臣到笃政殿前，传达朕的命令，叫他们各入衙署办事，不可怠惰。不许他们入大清门，如遇朕出门，也不许随行。朕并非厌恶他们，不令见面，但他们来见朕，朕无话可问，他们也无话可答。朕将托何辞问询，他们又托何辞来回答？假若静默无言相对，那就太没意思了。"范文程、刚林劝道："获罪诸王贝勒都是皇上子弟，既已训诫而宽恕，还是叫他们入朝，未知可否？"太宗摇头不允。范文程等按太宗指示，向多尔衮等传达了他的原话，多尔衮等奏道："一切惟上命是听，臣等有何辞可对？"说完，都到自己的衙门去了。又过了一段时间，多尔衮等托范文程、刚林说情，太宗才允许他们进大清门，入朝办事，但不许他们搞徒具虚名的"谢恩"这类仪式。

　　清太宗执法之严酷，虽权贵不饶，于此可见一斑。诸王贝勒不得不俯首听命，慑于这位大清皇帝个人的权威之下。太宗对自己要求也严格，率先执行法令。天聪五年（1631年）二月，制定仪仗制，自他以下，诸王贝勒出门都按规定排列仪仗队，违例者罚羊。不久，太宗到他几个儿子避痘的住所看望，去时未排列仪仗队，礼部启心郎祁充格以违例罚羊的规定告知巴克榜什达海，他马上向太宗报告。太宗认错、认罚，将羊付给礼部，说："朕非忘具仪仗也，以往避痘处故不用耳。然不传谕礼部贝勒，诚朕之过，朕若废法，谁复奉法？此羊尔部可收之。"

　　清太宗面对势力雄厚的权贵们，之所以毫不畏惧，敢于斗争，是他在当时摆出秉公执法的姿态，包括本人在内，一视同仁，表现出他是为国家、民族和全体人民的利益着想。他的直接目的是打击和抑制诸王大臣的势力的进一步增长,从而提高和巩固他的皇权的集中统一。

六

清太宗继位,既非受父亲遗命,亦非因为年龄居长而当立。他是接受以代善为首的诸兄弟子侄的拥戴才登上汗位的。作为既成事实和回报,太宗对负有拥戴之功的三大贝勒即他的三位兄弟代善、阿敏、莽古尔泰极为优礼;每当朝会、盛大庆典、宴餐、与群臣见面时,太宗都把三个哥哥摆在与自己的同等地位——居南面并列而坐,俨然如四汗。接受群臣三跪九叩礼,而太宗免去三大贝勒的君臣礼,只行兄弟之礼。太宗如此相待,一方面包含了对兄长的尊敬与感激;另方面也含有某种程度的畏惧之意。就诸王贝勒的实力而言,三大贝勒最为雄厚。代善掌握正红旗、镶红旗,阿敏掌握正白旗,莽古尔泰掌握正蓝旗。八旗是军政合一的社会组织,他们掌握一旗到两旗的八旗军队、人口及土地财产,就是一个国家中的四分之一或八分之一的实权派。太祖在世时,他们与太宗并列为国中"四大贝勒",其地位均排列在太宗之前。当时,太祖实行八和硕贝勒共议国政的制度,他们与太宗共同参与政务。太祖去世后,继续实行这种制度,太宗不得不与三大贝勒及其他旗主贝勒共议国政,凡事不能自专。他们为了本旗和自身的权益,自行其是,甚至以拥戴之功,要求太宗给予更多的权力。太宗处处受到诸王贝勒的"掣肘",遇事总是迁就。例如,天聪三年(1629年)十月,太宗率军征明,行军至中途,代善、莽古尔泰竟让诸贝勒大臣停在外面,两人进御幄力阻进军,以"劳师袭远"为兵家所忌,要太宗班师。太宗左右为难,一时竟不敢作主,默坐营帐中,闷闷不乐。为了实行既定的作战计划,清太宗动员起岳托、济尔哈朗、萨哈廉、阿巴泰、杜度、阿济格、豪格等,说你们既然知道这次行军有如此诸多不利,为什么缄默不语,使我远涉至此? 清太宗的激将法点燃了岳托等人忠君的热忱,他们表示支持和拥护太宗,反过来向代善、莽古尔泰施加压力,二人被迫改变主意,太宗才得以下令继续进军。由此可见,三大贝勒及诸贝勒具有左右局势的实力和影响。所以,太宗"虽有一汗之虚名,实无异整黄旗一贝勒也"。这种八旗旗主联合主政的体制,造成皇权分散、王权独立,太宗与诸王贝勒主要是与三大贝勒的矛盾和冲突就成为不可避免。太宗初立,只能暂时维持这种共同主政的局面。但他逐步采取实际步骤,不断削弱直至消除各种对立的势力。

首先,太宗采取的一个步骤,就是把在八旗中权力大的诸王贝勒的权力向下分散。太宗对官制的大幅度改革,实际就是力图削弱诸王贝勒主要是三大贝勒的势力。他暂沿旧制,仍在每旗设总管旗务大臣一员,但扩大了他们的权限,规定"凡议国政,与诸王贝勒偕坐共议之"。这一措施等于从诸王贝勒手中分出一部分权力给总管旗务大臣,从而打破他们垄断权力、左右局势的局面。太宗还于每旗各设佐管旗务大臣二员,调遣大臣二员,各分掌一旗的某方面事务,这就进一步削弱了诸王贝勒独掌一旗的权力,并使他们处于众多参政人员的监督和互相牵制之中。

其次,在管理国家,处理行政事务中,太宗也采取了削弱诸王贝勒的有力措施。天聪五年(1631年)初设六部,每部以贝勒一人领部院事。到崇德三年(1638年)七月,停王贝勒领部院事,其权力再次削弱。

<h1 style="text-align:center">七</h1>

阿敏是皇太极的堂兄,努尔哈赤同母弟舒尔哈齐之子。阿敏充任四大贝勒之一,乃因其父舒尔哈齐在努尔哈赤创业之始的功勋。

舒尔哈齐生前曾与其兄努尔哈赤争夺权位,但他远不及努尔哈赤英勇善战和足智多谋。舒尔哈齐曾欲私迁黑扯木自立为王,阿敏自然追随其父。努尔哈赤将舒尔哈齐及阿敏追回囚禁,欲严厉治罪。朝鲜人因此说努尔哈赤"威厉猜暴"。事实上,舒尔哈齐私迁之举亦不可取,当时分裂行动并不利于满族的发展。不久,舒尔哈齐在亲兄的压力与劝说之下承认了错误。阿敏当时险被处死,由于诸兄弟说情才得活命,后又得任大贝勒。

阿敏与皇太极父子间积怨年久日深,当皇太极继位之际,他曾以"出居外藩"作为拥立的条件。皇太极曾找郑亲王济尔哈朗计议阿敏的打算,并予以否定。因此阿敏对皇太极继位不满。

天命十一年,在阿敏率兵征伐蒙古扎鲁特部落的战役中,"大贝勒阿敏亲党行事变常,语言乖异,有'谁畏谁、谁奈何谁等语'"。在汗位转移的大变动中,早怀异心的阿敏言行反常,至于"谁畏谁,谁奈何谁等语",矛头则直指新汗皇太极,其间也夹杂着对先汗努尔哈赤的宿怨。显然,在皇太极继位前后,阿敏又重新萌发了昔日独立立国的幻想。

天聪元年(1627年),阿敏征扎鲁特部归来不久,皇太极又命他带兵侵入朝鲜。在朝鲜国王已遣使请和的情况下,身为主帅的阿敏不愿住兵,而"令吹角进兵,直趋王京"。主管兵部的贝勒岳托"知不可劝止,遂策马还本营,邀阿敏之弟济尔哈朗至营共议",决定驻兵平山城。阿敏身为统帅,遇事不集众议,一意孤行,造成后金军队"皆分道而行"的松散状态。岳托指出皇太极的战略意图是:只要朝鲜求和,即可携带俘获的人畜财物班师回沈阳。但阿敏却说:"汝等欲归者自归耳,吾则必到王京。吾常慕明朝皇帝及朝鲜国王所居城郭、宫殿,无因得见。今既至此,何不一见而归乎?"他公然违背军令,甚至要在朝鲜"屯种以居",以实现其独自立王国的打算。阿敏还提出要与褚英之子杜度"同住于此"。杜度未忘其父褚英的可悲下场,不敢赞同阿敏之意,因此"变色答曰:'吾何为与尔同住?皇上乃我叔父,我何可远离耶?'"至此,阿敏已处于孤立的地位。当八旗大臣讨论行军及议和大计时,出现了"七旗大臣所议皆同,独阿敏本旗大臣顾三台、孟坦、舒赛从阿敏议"的状况,因而"议久不决"。这时,"岳托、济尔哈朗、阿济格等同会一所",决定与朝鲜议盟讲和。在这种情况下,阿敏才不得不从众议。可见,诸年青贝勒多是拥戴皇太极的,尤其是岳托、济尔哈朗从中起了重要作用。八旗共议的军事民主制度,成功地抑制了阿敏独行其是、心怀异志的企图。

当侵朝大军回至东京(辽阳)时,阿敏欲擅纳所俘获的朝鲜美妇,岳托又予以干涉,认为俘获妇女不可"私取"。阿敏说:你父代善在征扎鲁特时也取了妇人。岳托说:我父取妇人是出征所得,是汗分赐的,"我父得一人,汝亦得一人",致使阿敏理屈词穷。后来,这个朝鲜美妇被皇太极纳入宫中。但阿敏仍然眷恋着她,命纳穆泰向皇太极索要,皇太极显然不了解前情,说:"未入宫之先,何不言之?今已入宫中,如何可与?"阿敏因请求被拒绝,坐在位上,面露不悦之色。从此,背后常发怨言。皇太极听说后十分不悦,虽说"为一妇人,乃致乖兄弟之好耶?"但却并不将那美妇给予阿敏,而将她赐给总兵官楞额礼了。

阿敏是个思想感情外露无遗的人,在大庭广众中也常发怨言,诸如:"我何故生而为人""不若为山木,否则生高阜处而为石""虽供人伐取为薪"或"不免禽兽之溲渤",也强于现在的处境等这类愤怨之词。有些话无疑是对皇太极的攻击。

阿敏还"违背上旨",违拗皇太极欲驾驭蒙古科尔沁奥巴的策略。皇太极原同科尔沁奥巴结盟征伐共同的敌人察哈尔,但奥巴不遵约行动,以致皇太极说他"背所约之地,从他道入,复不待我兵先回"。这使皇太极十分愤怒,决心"永勿遣使往彼,彼使至,勿容进见"。而阿敏在军中即遣人往告奥巴"上责备之语",后又接受奥巴之请私留奥巴使节于家,奥巴给皇太极的书信亦匿不上呈。这些显然都是不忠于新汗的活动。

阿敏又违背皇太极关于贝勒大臣子女婚嫁要"奏闻"的规定,私将自己的女儿嫁与蒙古贝勒塞特尔。及宴会时,才请皇太极赴宴,皇太极不满地说:"许嫁时未尝奏闻,此时何遽请幸其第",因此不去赴宴。以后阿敏又不请示皇太极便"擅娶塞特尔女为妻"。此后,当阿敏听说女儿在塞特尔处受苦时,恳请皇太极向塞特尔说情。皇太极斥责说:"吾国之女,下嫁于他国者,何尝失所?汝女方许嫁时,不奏于我;今女不得所,何必来奏!汝自向彼言之可也。"如此,双方芥蒂日渐加深。

太祖时,"守边驻防,原有定界",阿敏所管两蓝旗分驻张义站、靖远堡,因土地瘠薄,又给与大城之地。但阿敏又擅自"越所分地界",在黑扯木开垦耕种,因而受到"将所获之粮入官"的处罚。皇太极继位后,阿敏又将靖远堡丢弃,移住黑扯木。皇太极见其所弃田地"皆膏腴良田",责问阿敏为何这样做,大贝勒代善、莽古尔泰也责备他"违法制,擅弃防敌汛地,移居别所,得无有异志耶?"这一看法很有道理,阿敏自己也无从解释。

阿敏曾告诉其叔父贝和齐,说他在梦中被努尔哈赤筆楚,赖有黄蛇护身。这显然是暗示他自己是真命天子,包藏着夺取汗位的野心。

天聪三年(1629年),皇太极亲率大军伐明,阿敏留守沈阳,他不认真守城,却"私自造箭,屡次出猎",寻欢作乐。当岳托、豪格两贝勒先返沈阳时,阿敏竟"令留守大臣坐于两侧,彼坐居中,俨若国君",命岳托、豪格"遥拜一次,近前复拜一次",实为"欺凌在下诸贝勒"。在皇太极率军出征期间及回沈阳后,阿敏"皆无一言恭请圣安"。可见阿敏对天聪汗的冷漠态度。

天聪四年(1630年),皇太极命阿敏、硕托率兵六千往代镇守永平等地的济尔哈朗诸贝勒。阿敏又节外生枝,请求与其弟济尔哈朗同驻永平。皇太极说:"彼驻日久,劳苦可念,宜令之还。"为此,阿敏对送行的贝和齐、萨哈尔察说:努尔哈赤在时"尝命吾弟与我同行,今上继位,乃不令与我同行。吾至永平,必留彼同驻。若彼不从,当以箭射之。"贝和齐等曰:"尔谬矣,何为出此言?"阿敏攘臂蛮横地说:"吾自杀吾弟,将奈我何?"这一方面表现了阿敏的跋扈,另一方面也反映了其弟济尔哈朗早已不与他同心,在朝鲜时即是如此。年轻贝勒济尔哈朗是积极拥立并追随皇太极的,而皇太极的安排也自有深意,这就使阿敏因孤立而十分怨恨了。

阿敏到永平后妄自尊大,声称"我乃大贝勒,何为止张一盖?"并对皇太极抚恤降人的政策表示不满,声称自己征朝鲜时释放降人是为了攻取王京,此次伐明攻燕京不克而还,既攻下永平,何不杀降民泄愤!当榛子镇归降后,他竟令众兵"尽掠降民牲畜财物,又驱汉人至永平,分给八家为奴"。这种做法,严重损害了皇太极笼络人心与明争天下的战略。

阿敏在明军围攻滦州的三昼夜时,"拥五旗行营兵及八旗护军,坐守观望,听其城陷兵败""坚不肯救",因为"以三旗精兵,非其所属,可委敌人而不顾",以后又"尽屠永平、迁安官民""以俘获人口、财帛、牲畜为重,悉载以归"。皇太极认为永平等"四城降民,为汉人未降者瞩目",爱养永平等归降官民是为收服人心日后夺取明朝天下树立一个榜样。而阿敏尽屠降民的野蛮屠杀政策,与皇太极的策略有严重的分歧。

天聪四年(1630年)六月,阿敏以失地屠民"败绩而还",皇太极命令不许诸贝勒大臣入城,士卒可以入城回家。他严厉指责诸贝勒不战而失永平,奔回时又不能妥善殿后,使士兵受到很大损伤。阿敏至此方不得不服罪。总兵官以下,备御以上的军官全部被绑受审。皇太极在处理此案时,"念及士卒陷于敌人""恻然泪下"。他让士兵入城,对包括阿敏在内的各官一律免死,显示了他善于争取人心的宽容大度。皇太极特别指责图尔格未能谏阻阿敏,图尔格表示曾力谏,但阿敏不从。皇太极说:"贝勒若投敌国,尔亦随之去耶?"这流露出皇太极内心中对阿敏的不信任。后来,阿敏被定十六大罪,从宽免死,囚禁终身。从历史文献分析,皇太极此举亦系不得已而为之,非预谋陷害。这是阿敏作为奴隶主阶级的代表,与皇太极推进社会封建化相对抗而失败的结果。这一结局客观上为皇太极汗权独尊扫清了道路。阿敏被囚后至崇德五年(1640年)十一月病死,卒年五十五岁。

阿敏获罪后,其弟济尔哈朗、篇古及兄之子艾度礼、顾尔玛洪对天盟誓,表示对汗的忠心,声明"我父兄所行有过,自罹罪戾";同时请求皇太极与诸贝勒详察别人可能有的诋毁。

八

莽古尔泰是皇太极异母兄,是努尔哈赤与继妃富察氏所生的长子。当努尔哈赤确立八和硕贝勒共治国政之时,莽古尔泰、德格类得以位列四大和硕贝勒、四小和硕贝勒,一方面是由于继妃富察氏的贵宠地位,另一方面同莽古尔泰本人的作为也是分不开的。继妃富察氏在天命初年因得罪太祖被赐死,这同后来莽古尔泰获罪时皇太极说他"潜弑生母"当是一回事。他之"希宠于皇帝",可说已达到不择手段的地步。当太子代善与努尔哈赤因岳托、硕托是否受虐待的问题处于对峙局面时,莽古尔泰不顾一切地站在努尔哈赤一边,因此获得努尔哈赤的青睐,得以列居四大贝勒的高位。但努尔哈赤并不认为莽古尔泰是继承人的合适人选。

太祖宾天之时,莽古尔泰无论其威望和实力都无法与代善、皇太极抗衡,因此史籍上也没有关于他参与争位或拥戴皇太极的记载。

皇太极登上汗位,莽古尔泰作为三大贝勒之一,也受到"不遽以臣礼待之"的礼遇。御殿时,"大贝勒代善、阿敏、莽古尔泰以兄行""列坐左右,不令下坐";逢年过节,皇太极还率诸贝勒亲至莽古尔泰府第礼拜。

对于莽古尔泰的种种不良行为,皇太极曾多次规劝。因其所行卑劣,皇太极对他颇为蔑视。

努尔哈赤死后,国中都在服丧,巴克什达海"诣莽古尔泰第,莽古尔泰与其妹莽古济格格及其弟德格类俱盛饰,张筵宴,妇女吹弹为戏,德格类坐右榻,弹筝"。这显然是史臣的伏笔。这一记载颇发人深思,当年莽古尔泰对努尔哈赤孝心的真实性不能不令人怀疑。如果说莽古尔泰对于生母被赐死确实怀恨在心,而又不得不做出"潜弑生母"的举动,那他也是一个外表鲁莽而城府很深的野心家。

天聪三年(1629年)十月,皇太极亲率大军伐明,大贝勒阿敏等留守沈阳。征明大军以来朝的蒙古喀喇沁部落台吉布尔噶都为进军向导,随同进军的有蒙古扎鲁特部、奈曼部、敖汉部、巴林部、科尔沁部。其中科尔沁部落军容最盛,出动了二十三位贝勒,是皇太极主要的同盟军。当进军至喀喇沁之青城时,"大贝勒代善、莽古尔泰于途次私议,晚诣御幄,止诸贝勒大臣于外,不令入,密议班师"。大军已行多日,靠近明廷边境,两大贝勒忽然向皇太极提出"我兵深入敌境,劳师袭远,若不获入明边,则粮匮马疲,何以为归计?纵得入边,而明人会各部兵环攻,则众寡不敌;且我等既入边口,倘明兵自后堵截,恐无归路"等由,固执地要求班师。皇太极对此十分不满,"上嘿坐,意不择",指出"初何为缄默不言,使朕远涉至此?"当此大贝勒与汗较量之时,满洲贵族中的新生力量岳托、济尔哈朗、萨哈廉、杜度、豪格、阿济格等起了重要作用,他们支持皇太极"决计进取",而且派八固山额真等皇太极亲手提拔的将领,去代善和莽古尔泰处陈述意见。大贝勒代善、莽古尔泰在诸贝勒大臣中处于孤立地位,只得听从皇太极的裁决。此后虽然攻打燕京不克,但占领了遵化、永平、滦州、迁安四城,以之作为伐明的前哨据点。同时,成功地施行了反间计,使崇祯帝误杀了抗清名将袁崇焕。

天聪四年(1630年)十一月,在大贝勒阿敏因罪被囚后,一天晚上,于打猎的行幄中,皇太极对众侍卫及诸巴克什叹息说:"我所敬者惟二兄(按:指代善),凡事皆推诚委任,出师行猎不至错乱,庶大事可成。今贝勒莽古尔泰取厮卒所射之二兽,而贝勒之仆托退复殴人而夺其所杀野豕;又有一人射一鹿垂死,伊令幼子复射之,遂持归。其人直前索还,贝勒竟强留之。如此夺取,彼随役之人身困马疲,一无所得。将何以为生耶?"一席话褒奖了代善而贬斥了莽古尔泰,并令巴克什爱巴礼把这番话全部转告给莽古尔泰。莽古尔泰"自知其非",将所夺之鹿交还本主,却把野豕献给皇太极。对此,皇太极说:"朕焉用此物?何贝勒所见之鄙也!凡事虽小,不可忽视,恐积小成大耳。"随即将野豕退回莽古尔泰。可见，莽古尔泰所行不正，用心粗鄙。

天聪五年（1631年），后金大军在皇太极统率下围攻大凌河城，图赖轻率前进中了埋伏，两蓝旗径抵城壕，副将孟坦等十多人阵亡，部队兵力受到较大的损伤。皇太极为此十分恼火，不许诸大臣看望受伤的图赖，巩阿岱违命前往探视，皇太极对其唾面斥责。第二天，皇太极登城西附近山岗"坐观形势"，心情焦躁地考虑如何攻破大凌河城。因地近岳托营，"岳托具筵以献"。这时莽古尔泰赶来诉说："昨日之战，我属下将领被伤者多。我旗护军，在随阿山出哨者，有附额驸达尔哈营者，可取还否？"皇太极气愤地说："朕闻尔所部兵，凡有差遣，每致违误！"莽古尔泰出口顶撞抗辩说："我部众凡有差遣，每倍于人，何尝违误！"皇太极为避免正面冲突，又说："果尔，是告者诬矣，朕当为尔究之。若告者诬，则置告者于法；告者实，则不听差遣者亦置于法。"皇太极对莽古尔泰的指责是有所指的。因图赖轻进中伏，两蓝旗损失最大，图赖负有前敌指挥失误之责，而莽古尔泰作为主管正蓝旗的大贝勒也是有责任的，至少是平时没有给予正确的指导，以致所部差遣中有所违误，皇太极当时不过没有明言而已。莽古尔泰受到指责尚不醒悟，不思检查自己的失误，反而恼羞成怒地说："皇上宜从公开谕，奈何独与我为难？我止以推崇皇上，是以一切承顺。乃意犹未释，而欲杀我耶？"粗暴的莽古尔泰在气愤之中竟"举佩刀之柄前向，频摩视之"，意为你若杀我，我必回击。站在一旁的同母弟德格类急忙推他说："尔举动大悖，谁能容汝！"莽古尔泰不听劝阻，竟怒骂德格类并把佩刀拉出五寸长，这就是史籍上有名的"御前露刃"。德格类将莽古尔泰推出去后，目睹此情景的大贝勒代善气愤地说："如此悖乱，殆不如死！"皇太极亦十分愤慨，说："莽古尔泰幼时，皇考曾与朕一体抚育乎？因其一无所授，故朕每推食食之，解衣衣之，得倚朕为生。后彼潜弑其生母，幸事未彰闻……尔等岂不知之耶？今莽古尔泰何得犯朕？朕……惟留心治道，抚绥百姓，如乘弩马，谨身自持。何期莽古尔泰遂轻视朕至此耶！"

皇太极余怒未消，复训斥众侍卫："朕恩养尔等何用？彼露刃欲犯朕，尔等何不拔刀趋立朕前耶？昔人有云：'操刀必割，执斧必伐'。彼引佩刀其意何为，尔等竟皆坐视耶？"

说罢进帐内未坐复出，又对诸侍卫说："朕今罄所欲言，以示尔等……今目睹人之犯朕，而竟默默旁观，朕恩养尔等殊无益矣！"

言毕，皇太极犹恨恨不已。

天将黑时，莽古尔泰率色勒、昂阿拉（莽古尔泰异父兄）等四人至皇太极御营外一里多地处，派人向皇太极请罪："臣以枵腹饮酒四卮，因对上狂言。言出于口，竟不自知。今来叩首，请罪于上。"皇太极派额驸扬古利、达尔哈传谕："你在白天拔刀想要杀我，晚上又来干什么？色勒、昂阿拉等与你们贝勒一起来，是想让我们兄弟互相结仇杀害吗？你们如果一定要来，犯的罪就重了！"

天聪五年十月，莽古尔泰因醉酒"御前露刃"之罪，由大贝勒代善及诸贝勒共议，议定革去其大贝勒名号，降诸贝勒之列；夺其五牛录属员；罚驮甲胄雕鞍马十给皇太极，驮甲胄雕鞍马一给代善，素鞍马各一给诸贝勒；此外还罚银一万两入官。皇太极以"此以朕之故治罪，朕不予议"为由回避，实际上是同意了诸王贝勒的审断，不肯宽宥莽古尔泰。莽古尔泰及其依附势力受到沉重打击。

天聪六年(1632年)正月朝贺届期前,皇太极以礼部参政李伯龙奏疏中指出朝贺行礼时,不辨官职大小常有随意排列、逾越班次的情况,建议应酌定仪制,并提出莽古尔泰"因其悖逆,定议治罪,革大贝勒称号"后"可否应令并坐"的问题。讨论中,有一半贝勒认为不可并坐。代善见状,不免兔死狐悲,即说:"上谕诚是。彼之过,不足介怀,即仍令并坐亦可。"半晌,皇太极与文馆诸臣均不表态。代善方明白就里,不得不改变主意:"我等既戴皇上为君,又与上并坐,恐滋国人之议,谓我等既奉上居大位,又与上并列而坐,甚非礼也……自今以后,上南面中坐,以昭至尊之体,我与莽古尔泰侍坐上侧。"

代善的这一席话,说得很有道理,诸贝勒都很赞同。皇太极欣然接受了这一提议。从此,天聪汗始"南面中坐"。

天聪六年正月,国人朝见,"上始南面独坐",皇太极心中十分喜悦。"庚子上御便殿,命贝勒阿巴泰、豪格、额驸扬古利往召大贝勒代善;命宗室巴布泰、拜尹图、巴布海往召贝勒莽古尔泰",请至宫中,分别"行家庭礼"。中宫皇后及众妃以元旦之庆礼拜代善等,然后设案进酒欢宴。皇太极以玉罍奉代善,代善跪受,少饮,转与莽古尔泰饮毕。皇太极则以金卮自饮。这次家宴也体现了南面独尊之仪。皇太极与代善素不饮酒,因"互相酬酢,皆颜酡",诸贝勒也不受约束地畅饮。宴后,皇太极以"御用黑狐帽、貂裘、貂褂、金鞓带、靴赐代善,以御用貂裘赐莽古尔泰",又令德格类、济尔哈朗、觉罗龙什及巴克什库尔缠、达海力止代善、莽古尔泰拜谢,心中十分欢悦,将二兄送出宫门。这是皇太极继位后,第一次请代善、莽古尔泰入宫宴饮,充分表现了他"南面独坐"后志得意满的心情。莽古尔泰虽然获罪,降为诸贝勒之列,皇太极"仍以兄礼遇之如初,召入宴,特稍次于代善云"。不久,皇太极又将"所罚五牛录人口并分内汉民及供役汉人庄屯等项"都归还莽古尔泰。

天聪六年(1632年)十二月,失去大贝勒称号的莽古尔泰"偶得微疾",两天后"辰刻疾笃""至申刻贝勒薨",其间不过五刻,他就患急病而死。

莽古尔泰因"御前露刃"获罪,被革去大贝勒称号后,只一年多的时间即因病而死,可以想见,他心理上的压力是很大的。据后来冷僧机揭发,莽古尔泰在革去大贝勒称号后,曾与莽古济、琐诺木杜棱、德格类、屯布禄、爱巴礼、冷僧机等对佛跪焚誓词,阴谋夺取汗位。这一谋逆罪状在莽古尔泰死后将近三年才被揭发出来。所以莽古尔泰之死,当是羞恨交加、篡位无望而患病所致。在莽古尔泰死后近三年,其弟德格类"亦如其病""中暴疾不能言而死"。因而有人认为莽古尔泰兄弟二人之死是为皇太极所毒害。但从谋逆事发,皇太极将"莽古济、屯布禄、爱巴礼全杀灭族"来看,如若早知莽古尔泰、德格类参与谋逆,完全有能力将他们公开杀掉,而不必用暗害的方式;如若不知他们有逆谋,也不必加害于他们。莽古尔泰死后,皇太极给以礼葬,并劝其大福晋不必生殉而抚养幼子。当祭奠莽古尔泰时,其福晋们让男人们入内饮酒至醉,涉嫌乱行,皇太极对此仅给予规劝训诫。据此种种迹象来看,皇太极应不会采取暗害的手段。

九

德格类是努尔哈赤第十子。明万历二十四年(1596年)出生于群山环抱的佛阿拉城。母亲为继妃富察氏。此时努尔哈赤已统一建州女真"自中称王",面临着进一步拓展宏图大业的艰巨里程。这个新出生的"十阿哥"的命运便同父王的基业紧紧联系在一起。

自天命三年(1618年)誓师反明后,努尔哈赤率八旗劲旅直叩明朝边门,迅速向辽东进军,在萨尔浒击败明军主力,攻占开原、铁岭,随即又发动辽沈之战,夺取辽东重镇辽阳和沈阳。天命六年二月,后金军进兵位于沈阳东南的军事要地奉集堡,进行"矢镞侦察"从而揭开了辽沈之战的序幕。德格类作为一名青年将领,在这次战役中崭露头角。二十一日,努尔哈赤率诸贝勒大臣统左右步骑劲旅分八路略奉集堡。守城总兵李秉诚得知后金军来攻,领三千骑兵出城,在离城六里处安下营寨准备迎战。他先派二百骑兵前探消息,被后金军左翼四旗遇而击败,溃逃于城北高岗附近,努尔哈赤命德格类率右翼四旗搜击,追杀至明兵屯集之所,李秉诚率众拔营而逃,德格类乘胜追击,李秉诚遁入城内不敢出战。明总兵朱万良引师来援,也被后金军击溃,死者数百人。经此一战,努尔哈赤探出明军在辽沈地区的虚实,德格类首战建功,其军事才能有所显露。三月,德格类跟随努尔哈赤参加了攻打辽阳和沈阳的两大战役,后金占领辽东广大地区后,他又奉命率八旗大臣于新占领之地安抚新附汉民。到达海州(今辽宁海城)时,城中官员、乡绅敲锣打鼓,抬肩舆列阵来迎,德格类令手下士兵登城而宿,并传令军中,不准在乡村驻扎和住宿民宅,不许抢劫财物,扰害城内汉人。当得知两名士兵违令抢劫居民财物后,立即将其捉拿治罪。归途中士兵虽已无口粮,但忍饥而行仍秋毫不犯。同年八月,他又随同代善、莽古尔泰等率兵三千前往辽南,收金州至旅顺口沿海各城堡居民,并将其迁往内地以便进行控制。德格类卓有成效地推行努尔哈赤的"安民"政策,对稳定后金在辽沈地区的统治起了加速作用,使"归顺者日众"。其间,海州所属析木城乡人将所制绿瓷碗、罐三千五百个呈献给后金汗。盖州贫民献金朝天惠帝时所铸古钟。努尔哈赤十分得意地说:"河东这些俯首归降的汉人为我效力,河西明朝官吏一定非常仇恨他们,我们应对其抚养录用",因而授献瓷罐之人以守备职;献钟者备御职。当时辽河桥已拆毁,努尔哈赤拟于入冬结冰后往征辽西之地,因此对渡口地区的安全非常重视和关心,命德格类两次率兵巡视辽河渡口,追杀出没于该处进行抢掠的蒙古人,使通往辽西的交通要津得以保证安全,当地的居民也免遭扰患。

后金势力的扩展,使漠南蒙古贵族的利益受到冲击,双方冲突日深。扎鲁特部首领昂安,多次劫杀后金使者,掠夺其财物。天命八年四月,德格类奉命与贝勒阿巴泰领兵三千前去征讨,急行八日直捣昂安居地,经过激战,俘杀昂安父子,获部众一千二百余人,得马牛羊驼一万七千余只(头)凯旋。努尔哈赤亲出辽阳东京城四十里迎接,还设宴慰劳犒赏出征贝勒官兵,德格类因功被封贝勒。天命十一年(1626年)十月,因蒙古扎鲁特部"败盟杀掠、私通于明",德格类跟随大贝勒代善再度出征,使其降服后金,稳定了后金国的后方。进入辽沈地区以后，德格类勋劳卓著受到父汗的重视。天命七年二月，努尔哈赤颁行八王共治国政之制，即令德格类随班议政，同时对其失误和过错，一经发现也严厉指出。天命八年六月，永宁监备御李殿魁送金给都堂乌尔古岱，德格类知情不举，受到惩处，努尔哈赤责他"越分行事"，德格类深感惭愧，从此谨慎奋发。十一年八月，努尔哈赤去世后，众家贝勒共举皇太极继登汗位，德格类也成为议政十贝勒之一受到重用。

皇太极继位后励精图治，改革后金存在的弊政，调整满汉关系，发展经济，富国强兵。德格类尽职效力，与皇太极"合谋一致，共图大业"。天聪五年，皇太极分别致信给两大贝勒、十议政贝勒和八大臣，征询对国政治理方面的见解。在给议政十贝勒的信中他说："现在听说国内人民有不少怨言，究竟为什么？要你们询问明白后报告，国家政令有应当改的就应提议更改，对我的过失，老百姓的疾苦，凡有所见解就应直说。"德格类奏言道："皇上继位以来，处事果断，是非明了，没见有什么失误。"对皇太极的施政措施表示赞成和支持。他还强调说："如果大家都能持身公正，各思竭力效忠。皇上就不能这样操劳了。"针对一些主管刑法的大臣不秉公办事，枉断命案的现象，他提出"要慎重推选正直的人掌管国内刑法之事，做到忠者用之，义者奖之，摒除谗邪，如果诸贝勒犯了罪，也应从公治罪"的建议，并被采纳。

后金仿照明朝制度设置六部后，德格类被任命为户部贝勒总理部务，负责分编民户、管理粮赋等事，尽管户部事务较为繁杂，但德格类勤劳职事，料理得当，做得很出色。两年后，皇太极召集六部官员于内廷议事时，称赞户部"办事妥协，不烦朕虑"。皇太极对户部事务非常关心和支持，凡事都肯为德格类撑腰作主。天聪八年（1634年）正月，汉军八旗备御纷纷向德格类诉苦，说汉官所负差役太重，请求酌减。德格类奏报，皇太极马上派人查询，调查结果与汉官所言之苦不符，只是因不久前，皇太极令汉军备御给新归之人买女配为妻室之钱未做偿还使之生怨，借以为词。皇太极谕令德格类按价还钱，又命贝勒萨哈廉召集汉官，指责他们"忘却得辽东时所受苦累，而为此诳言耳，此些少之费动为口实矣"。并向汉官们说清楚："如果论功劳作为升迁的条件，你们现在的总兵官不知该居何职，如照官职功次而言，满汉官员所占有的奴仆都应平均，而你们占有千丁，满洲官员哪个有千丁？而满洲差徭比你们多三十余项。不能说满洲官员的好处超过汉官。"一番话说得众官羞愧不言，再不敢向德格类提出无理要求。

天聪八年五月，德格类随皇太极率军入关，略宣府、大同一带，收察哈尔余众。自天聪六年后金进攻察哈尔部，林丹汗携部众渡黄河西逃，其部属苦其暴虐，纷纷归向后金。此次出兵，行至伯尔赫，又有一千户来归，德格类遵旨妥善安置新附部众。队伍进行时，他率队前行，令左翼固山额真吴讷格断后，将蒙古归民置于队伍中间，安全携至习礼地方，率千户首领叩见皇太极，然后分与各旗，令其各自派人送往盛京。在后金统治区域不断扩大、人口逐渐增多的情况下，户部有效地发挥了自己的行政职能，对加强后金的统治起到了重要作用。

皇太极时期后金战事频繁，德格类既主管户部事，又统兵作战，施展出自己的才能。

天聪元年（1627年），皇太极率诸贝勒用兵辽西至广宁边外，德格类奉命与贝勒济尔哈朗等拣选精骑，作为前哨先行，他率兵攻下明哨所，败其哨卒，将敌军追至锦州城门下全歼。天聪三年九月，又随济尔哈朗等率兵一万往略锦州、宁远一带，俘获人口、牲畜数以千计。天聪五年八月他参加围攻大凌河城的战役，与其兄大贝勒莽古尔泰以所属正蓝旗做后策应。九月，明监军张春、总兵吴襄领兵四万自锦州来援，在距大凌河城十五里处列阵，德格类听调与大贝勒代善前往阻击，冒着明军枪炮射击，骑马驰入敌阵，阵斩明将张吉甫，生擒张春，大胜而归。大凌河城被攻下后，他又随贝勒阿巴泰等率四千兵，按大凌河降将祖大寿所献的诈逃计，化装成明军夜袭锦州，后因天降大雾返回，即奉命将大凌河归降的万人分编各旗，全部迁居沈阳。天聪六年（1632年）四月，皇太极统领八旗铁骑进攻蒙古察哈尔部，德格类率部前往，奉命与济尔哈朗为右翼统二万兵往掠归化城，日驰七百里，从博多克隘口入城，尽俘未及逃走的察哈尔部民，编为民户携回。同年九月，德格类又与兵部贝勒岳托奉命开拓疆土，自耀州旧界边到盖州以南，进一步扩大了后金的统治区域。

天聪七年（1633年）五月，明将孔有德、耿仲明携部从山东登州渡海归降后金，在旅顺口遭明东江总兵黄龙的截击。皇太极遣兵至镇江接应，随后令德格类与岳托率部下大臣以及汉军固山额真石廷柱、新附元帅孔有德、耿仲明等领兵一万，取明朝海上据点旅顺口，激战攻取，明将黄龙自杀身亡。攻取旅顺后，孔有德、耿仲明部下官兵占居城内富人及官绅住宅，又伪称所获汉民为己亲戚，任意将其携走，满洲大臣和士兵见状皆感不平，欲索回充公，德格类按皇太极行前所嘱，对汉官尽力优待，将所取之人尽数给之，又以理安抚满洲官兵，避免双方发生冲突，顾全了大局。他还遣人向皇太极奏请继续进攻附近岛屿，打击明朝势力。皇太极考虑兵力不足，诏令留一固山额真和部分官兵驻守旅顺，余者归沈，准备进攻明辽西之地。德格类立解其意，上疏推荐叶臣、伊尔登二人为两翼额真留守，其下每旗留大臣三人、二千五百兵，再命游击图赖为汉军额真，领备御二人及百名士兵留驻。他认为，旅顺口地方空旷，虽几面为水，但不能因此而疏忽放松防备，建议皇太极派兵驻守金州，并于金州与旅顺口之间设哨位，以保证旅顺口地区的安全。回返之日，他令将炮车留盖州交付副将石廷柱等妥为收藏待日后驿递送还，其驾炮车牛交原主携回，将善后事宜安排妥当，方携所获金银财宝而归。皇太极十分满意，率诸贝勒大臣出盛京城十里迎接，并设宴庆祝，宴间以金卮酌酒赐予德格类等以示慰劳。此次出战，拔掉了明朝在辽东半岛的最后一个据点，使其统治势力完全被逐出辽东，对后金国的巩固和进一步对明作战有很大的意义。皇太极言及此事时，满有信心地说："攻取旅顺，军威大震，明军唯恐我方乘势进攻，忙于防守，怎有精力来犯我呢？"

德格类与三贝勒莽古尔泰为同母所生，还有一姐名莽古济，因曾嫁与哈达部首领故称为"哈达公主"，与莽古尔泰一样都是皇太极的政敌。德格类性格内向，行事稳重，不似兄姊那样外露莽撞。多年来谨慎从事尽忠于上，很为皇太极赏识。天聪五年大凌河战役中，莽古尔泰因属下将士死伤甚多，请求将本旗护军调回之事，与皇太极发生冲突，手握佩刀柄怒向皇太极，情绪十分激动。德格类惟恐发生意外，急上前阻，责备莽古尔泰说:"你行动悖逆,不合事理,谁能容你!"又用拳头撞打其兄,让其保持冷静。莽古尔泰大发雷霆,将佩刀抽出五寸,德格类冒死将其推出帐外,避免了一场火并。他自知其兄行为狂逆,缺少理智,但毕竟与己是同母所生,感情上比较亲近,所以后来莽古尔泰因"御前露刃"被革去大贝勒之职,降为贝勒时,他心怀不平,皇太极也因此对德格类产生隔阂,时有猜忌。一年后,莽古尔泰暴疾而死,德格类继掌正蓝旗,改称和硕贝勒,虽然权势有所扩大,但他与皇太极的关系却不断恶化。

天聪八年五月,皇太极亲率大军袭击大同、宣化地方,收服林丹汗西逃时迁往明边外的部民。命德格类率东路军六旗从独石口入边,沿途攻略明地,然后往居庸关探明敌人虚实再会大军于朔州。德格类中途攻赤城不克,又"不至上所指示长城之地",便径直进入应州(今山西应县)与皇太极会师。八月,皇太极令诸贝勒率各路军往略代州(今山西代县)一带,在进攻王家庄时,与之相约同时进攻的正黄旗军率先登城,奋击明守军,而德格类却无故"逾期不至",护军统领谭泰特意护军二百往迎,两次违误军令使皇太极内心甚感不快。天聪九年六月,德格类奏称:"官场所设监牧之人不能胜任,当别选才能者掌之",还强调"此乃代我八家(即八旗)出牲畜者,不可忽视"。皇太极当即严肃地指斥他说:"你这么说是极错误的,你的意思是:我八家的牲畜需谨慎牧养,而属国家的即可忽略吗?"对其只关心八家,不关心国家的狭隘观点进行了批驳。数日后,皇太极又在众大臣面前责备诸贝勒"不遵朕命,遇有所获互相争竞",德格类也在所指之列。皇太极不能容许不利中央集权的八家分权制再存在下去。

不久,因娶察哈尔林丹汗来归妻女引起风波,殃及德格类,使之获罪受罚。林丹汗败死大草原后,其家眷及部众纷纷来归。按满洲惯例,诸贝勒可以分娶其妻女。是年九月,奉命同征的多尔衮获传国玉玺,携带林丹汗妻子苏泰太后及子额哲等凯旋。皇太极率皇后、诸妃及众贝勒出怀远门远迎。德格类姊莽古济也随之前往。莽古济是太宗长子豪格妻母,在回归盛京途中,豪格征得父汗同意纳林丹汗福晋伯奇太后为妻,莽古济闻知心生怨恨,指责皇太极说:"我女尚在,豪格为何又娶一妻!"在这以前,莽古济因嫌恶丈夫琐诺木先娶之妻,妒恨丈夫与妻兄托古要好,曾逼迫琐诺木告发托古唆使自己谋害莽古济,又让德格类、豪格和岳托为此事做假证,奏请处死托古。皇太极令众贝勒会议审实,查知系属捏造,对莽古济十分反感。早在太祖在世时,莽古济就"专以暴戾谗谮为事,太宗素来与之不睦,他曾告诫长子豪格对莽古济要"谨防之"。此时,见她为豪格另娶之事对自己蛮横无礼更生厌恶,得知大贝勒代善对她亲近善待十分生气,对德格类也愈加不满。回到盛京后,他召诸贝勒大臣及侍卫等到内廷,当面指责代善,牵涉到德格类。他十分严厉地说:"德格类、岳托、豪格你们偏听哈达公主一面之词,要杀掉无罪的托古,这应该吗?你们这么胡作非为,我只能关闭门户,过我安分守己的日子,你们推举有能力的人做汗吧。"说罢怒气冲冲回到宫中便不复出,也不许众贝勒进入与之相见,诸贝勒大臣忙至朝门外祈请临朝,又议定代善和德格类罪,皇太极这才重新出朝听政。对代善有所宽免,但对德格类仍按众议罚银五百两,莽古济也被禁止与一切亲戚来往,有私与往来者一概定罪,德格类未敢有所言。天聪九年十月初二日,德格类于受罚后第八天夜里，与其兄莽古尔泰一样"暴疾不能言"而死，年仅四十岁。

　　皇太极对德格类本来很好，对其成见多因受其兄姊牵连，闻德格类突然而逝，心中非常难过，往哭痛悼至三更方回，令免其前日五百两罚银。两个月后，莽古济属下冷僧机揭发在大凌河之战莽古尔泰与皇太极争吵后，德格类、莽古济与之结党，曾焚香对天盟誓，要夺取汗位。皇太极令审实，莽古济供认不讳，伏诛。以前，琐诺木于酒后多次言告皇太极："汗你为什么信任你的兄弟，他们要杀害你，你须提防。"皇太极始终未信。今日真相大白，他大为震怒，对莽古尔泰、德格类愤恨不已，虽死而不赦其罪，令追削贝勒爵，将其子废为庶人，所属正蓝旗被分编两黄旗内，改由皇太极直接统辖，其坟茔亦被毁。直至康熙五十二年（1713 年），玄烨皇帝才诏命赐其子孙红带子复宗籍。为父兄基业效力二十余年的德格类，因犯下"十恶不赦"的谋逆之罪，成为清代几个被开除宗籍的皇子之一，而且与其兄莽古尔泰一样，始终未得平反。

　　太宗先后与他们的二位兄长即二贝勒阿敏、三贝勒莽古尔泰发生冲突，相继把他们打了下去，然后，又同长兄代善不和，关系日益紧张，终于发展到势不两立的地步！

　　代善在战场上，可以说，勇猛无比，逞凶斗狠，锐不可当。但在人生战场上，或者是政治战线上，他显得缺乏勇气，不善辞令，不会那么钻营，也拙于心计。总之，他这个人很本份，处处谦让，未免有些懦弱，有点怕事，一旦出了什么差错，马上诚恳认错，接受惩处，以功补过。他在政治上也无明显的雄心，更谈不到野心。由于他这一性格，为人多有可取之处，所以，能为别人所容纳，历太祖、太宗、世祖三代四朝，善始善终，这在清初开国勋臣中也是不多见的！

　　太宗对这位兄长是很尊敬的。他们有过很好的合作，曾联手对付心胸偏狭的长兄褚英，当褚英废弃之后，他们仍然和睦共事，尽心辅佐父亲，都做了父亲的得力助手。不过，太宗那时很有心计，为了谋取汗位，暗中同代善竞争，特别是在战场上，总是争立战功。代善作为兄长，对弟弟很宽厚，不同他计较，把立功的机会让给他。在父亲去世，推选汗位继承人的关键时刻，代善与太宗诸兄弟一起逼大妃殉葬，接着，首先表态，拥立太宗即汗位。这使太宗很感动，继位后，对他很优待，表现出不同一般的亲热，经常赏赐、宴请……

　　在阿敏、莽古尔泰两人被处置后，三大贝勒只剩下代善这一股势力了。代善在后金统治集团中享有很高的声望，而且地位仅次于太宗，尽管代善比较安分，太宗也把他视为一个潜在的威胁。因此，太宗也不放过，通过打击代善，进一步削弱他的势力，来加强和巩固汗权。

　　人在生活中难免犯有这样或那样的过失。代善即便小心谨慎，也有疏失之处，何况太宗时刻寻找口实，欲加之罪，何患无辞！为此，太宗已抓住几件小事，批评过代善，都没有给予严处，不过说说而已。但天聪九年（1635 年），有一次谴责很重，迫使代善认罪听命，等候严处……

这年九月,太宗率诸贝勒出沈阳城,迎接多铎远征蒙古察哈尔凯旋。在返沈阳的当天,代善擅自率本旗人员行猎。太宗有个姐姐莽古济即哈达公主,是代善的妹妹。太宗与这位姐姐的关系向来不睦。这次征察哈尔时,俘获到林丹汗的伯奇福晋,太宗把她赏给自己的长子豪格为妃。原先,豪格已有妻子,她就是哈达公主的女儿。哈达公主因太宗又赏给豪格这位妃子,心里很不满。哈达也是出于爱女之心,有些妒嫉罢了。在迎接多铎凯旋时,她也随同前往。一听到太宗的上述决定,不经报告,睹气先走了。在经过代善营帐时,代善叫他的妻子把妹妹哈达公主迎入帐中,设盛宴款待,临走时,还赠给妹妹一些财物。

这件事,很快就被太宗知道了,不由得气上心头,马上派人到代善和他的儿子萨哈廉的住所,向他们责问:"你自率本旗人不经请示,任意行动,又把怨朕之人哈达公主请到营中设宴馈赠,还送给马匹回去,你这是什么用心?"当时,萨哈廉任礼部首脑,太宗也予质问:"你萨哈廉身任礼部,你父妄行,为何无一言劝阻?"

太宗怒气未息,也不通知诸贝勒,自行率侍卫返回沈阳。回宫后,关闭了宫门,不许诸贝勒和大臣进见。

诸贝勒与大臣们十分惊慌,不知出了什么大事,个个猜测是否自己做错了事,惹恼了汗?当得知太宗发怒是代善惹起的,就一齐再三求见,希望此事迅速妥善解决。过了几天,太宗气稍平息,就在内殿召见诸贝勒大臣和侍卫,代善也随同被召见。

太宗见人已到齐,便开门见山,当面谴责代善:"自古以来,有力强而为君的,有幼小而为君的,也有为众所拥戴而为君的,不管哪种情况,都称为君主。既然已为君主,那么,一切制度、法规、指令都统于君主之手,岂可以分出哪个君轻,哪个君重?大贝勒(代善)所辖的正红旗贝勒等人轻视朕之处很多。大贝勒以前随朕征明,违犯大家的意愿,想中途退兵;征察哈尔时,又固执地要求撤军。所俘人民百姓,朕命他加意恩养,他不愿意,反而埋怨朕。在赏功罚罪时,他偏护本旗人;朕喜欢的人,他厌恶;朕厌恶的人,他喜爱,这岂不是有意离间朕与下面人的关系吗?朕今年借巡游出去探听出征将领音讯,而你大贝勒大搞渔猎,以致战马疲瘦,倘有紧急情况,将用什么去应援?大贝勒的几个儿子借名放鹰,却擅杀民间牲畜,让贫民何以聊生?济尔哈朗的妻子病故,请求娶林丹汗的苏泰太后为妻。朕为爱怜弟弟之情,慨然应允。而大贝勒明知朕已批准,却屡次要求,企图强行自娶,世间有此道理吗?朕曾派人告知大贝勒可以娶囊囊太后,他认为她穷而无财,拒绝娶她,也拒绝了朕命……类似事件,言不能尽。至于哈达公主,父亲在世时,她专以残暴、暗中陷害人为能事。大贝勒与她的关系本来就不和睦,但因她怨恨朕,大贝勒就同她亲近,竟请至帐中宴会,赠送厚礼。以前何曾如此相待?"

太宗一口气滔滔不绝地斥责代善,一桩桩、一件件,把他往日不法、违制的事,都摆到了代善和诸贝勒的面前。他们个个心惊肉跳,代善的脸面扫地以尽!

斥责完代善,太宗又逐一指名责备其他诸贝勒,说:"你们也同大贝勒一样,有的更有过之而不及。如此背叛和胡作非为,朕还能当这个汗吗?你们各自独行其是,还要我这个君主干什么?从今天起,朕将杜门而居,你们可另推举一个更强有力的人为君,朕安分守己足矣!"

太宗的这番训斥,越说越气愤,满脸涨得通红。他说完,怒气冲冲,头也不回地直奔他的寝宫,命侍从关闭朝门,再也不出来。

代善和诸贝勒本来已无言以对,心里无不畏服。当太宗以辞去汗位相威胁,都慌了手脚。这个时候,谁敢出来代替太宗为君?谁也不敢!他们很快找来八旗贝勒各大臣及六部官员,商议如何解决面临的危机。他们迅速统一了认识,决定将大贝勒代善立案审察,给代善定罪,并跪请太宗出宫亲政。

其实,太宗并非真的要辞位,不过是借机要挟他们乖乖听命。经他们一致恳求,太宗也就顺水推舟,答应了他们的请求。于是,诸贝勒大臣给代善定大罪四条,拟革去大贝勒名号,同时削去和硕贝勒职,剥夺十个牛录所属人口,还罚有雕鞍的马十匹、甲胄十副,罚银万两。

此事涉及他的儿子萨哈廉,当然也不能放过,也拟出罪状条款,拟罚鞍马银两若干。

太宗斥责代善的话,就是罪状,所以,经众议定罪的四条罪状,也即是对太宗质问数件事的整理。实在说,这些所谓罪状,确属是微不足道的小事,与阿敏、莽古尔泰问题的性质是不同的。就说阿敏两人居心叵测,明目张胆,太宗还没有如此气愤,更没有以辞位相威胁,而对代善却是小题大作,否则就不足以震慑代善的权势与地位。太宗心中有数,不过是借题发挥,当他的目的已达到,马上又施以宽厚的政策,只批准罚银、马、甲胄,其他都免予处分。他的儿子萨哈廉也从轻处罚,只具象征意义。

经此打击,代善的权势跌落下来。这样,随着三大贝勒势力的消除,太宗的皇权才得到了真正的巩固。太宗同三大贝勒的斗争,不应看成是个人的权力之争,它表现了封建的中央集权同奴隶制以及氏族制残余的斗争,因而加速了后金向封建制的过渡。所以这场持续多年的斗争便成了推动后金社会向前发展的一个十分重要的因素。

清太宗在提高他的绝对权威的过程中,力图把他取得的每一个成果定型化、制度化。崇德元年(1636年)四月,刚刚举行完登极大典,他就给才完工的宫中各殿命名:中宫为清宁宫,东宫为关雎宫,西宫为麟趾宫,次东宫为衍庆宫,次西宫为永福宫;台东楼为翔凤楼,台西楼为飞龙阁;正殿为崇政殿;大门为大清门,东门为东翼门,西门为西翼门;大殿为笃恭殿。

同时规定内门、两翼门及大清门,设守门人役,令严加看守,稽察出入人等。内门只许守门人役常值,不容许闲人进来,值日官负责检查。又命各官及侍卫、护军,晨夕入朝,皆集于大清门,门内外或坐或立,不许对阙背阙,不许坐立御道中,惟于御道左右,相向坐立。自大贝勒以下,出入由左右两阶,不许于御道行走。以前,在许多方面没有严格君臣之分,现在不仅四大贝勒平起平坐的余风扫除,即住房、走路也都有一系列象征皇权高于一切的制度了。

第六章 崇德五妃

一

清盛京(今沈阳)皇宫中的"崇德五宫"后妃,即中宫清宁宫、东宫关雎宫、西宫麟趾宫、次东宫衍庆宫、次西宫永福宫,是清太宗皇太极于崇德元年上尊号称宽温仁圣皇帝后册封的,距今已有三四百年的历史。

崇德元年(1636年)皇太极建国号大清,改元崇德,登上皇帝的宝座。他的成功虽然主要是依靠满洲贵族本身的政治、经济、军事力量,但蒙古各部的相助,也是不可忽视的。在满洲贵族征讨蒙古察哈尔部的战争中,蒙古科尔沁部作为同盟军的主力做出了重大贡献,而察哈尔部的崩溃又使更多的蒙古贵族率领自己的部众归服满洲贵族,最终促成皇太极在满、蒙、汉贵族官僚的共同拥戴下登上了大清皇帝之位。正是由于这个原因,皇太极于崇德元年所封的清宁宫等五宫后妃,都是清一色的蒙古妇女,这也就是史书上通常所说的"崇德五宫"。

满、蒙通婚的历史悠久,"崇德五宫"之封,是当时满、蒙贵族在政治、经济、军事上互相联合结成坚固同盟的结果,这一同盟也是清政权以后能以一统中国的重要因素之一。

早在努尔哈赤时期,满族就与蒙古科尔沁部发生了关系,而结成政治军事同盟的先声往往是彼此间的经济交往和婚姻关系。努尔哈赤在壬子年(1612年)与科尔沁部明安贝勒之女成婚。乙卯年(1615年)科尔沁贝勒孔果尔送女与太祖为妃。皇太极在甲寅年(1614年)与科尔沁莽古思贝勒之女成配。莽古思之女,就是皇太极登上汗位后的中宫皇后,其父莽古思在崇德年间被追封为和硕福亲王,其母在天聪年间被称为科尔沁大妃,崇德年间封为和硕福妃。

天命十年(1625年),科尔沁贝勒宰桑之子吴克善台吉送其妹与皇太极为妃,皇太极亲迎于沈阳北冈。科尔沁送亲队伍将至辽阳东京新城时,努尔哈赤率诸王及后妃等出迎十里,入城又设宴举行了隆重的结婚典礼。宰桑贝勒此女即皇太极的庄妃。宰桑贝勒是莽古思之子,是皇太极中宫皇后的兄弟。因此庄妃是皇太极中宫皇后的亲侄女,其母即史书所称科尔沁次妃,崇德年间被封为和硕贤妃。

天聪八年(1634年)十月,科尔沁卓礼克图台吉吴克善送其妹至沈阳,皇太极与皇后诸妃等设大宴迎接。这次吴克善送来的是庄妃的姐姐,被皇太极纳为宸妃。宸妃、庄妃都是吴克善的亲妹妹。

宸妃、庄妃先后嫁给皇太极的时间,史书记载不够明确。宸妃在崇德二年(1637年)七月甲戌为皇太极生下第八子,庄妃在次年正月甲午为皇太极生下第九子。从生子的时间来看,宸妃在先,庄妃在后,宸妃又是庄妃的姐姐,因而容易使人错认为宸妃比庄妃早归嫁皇太极。宸妃一子早夭,别无所出,本人也在崇德六年(1641年)九月薨逝,时年三十三岁。庄妃除生有一子福临外,还生有三女,即皇四女、皇五女和皇七女,其中最大的皇四女名雅图,于崇德六年(1641年)嫁给科尔沁贝勒吴克善之子弼尔塔哈尔。以庄妃所生皇四女十三岁出嫁计算,此女当生于天聪三年,这说明庄妃远在宸妃之前就嫁给了皇太极。从而可知科尔沁贝勒吴克善的两个妹妹,天命十年嫁皇太极的是庄妃,天聪八年嫁皇太极的是宸妃。

皇太极继汗位以前,"宫闱未有位号,但循国俗称'福晋'"。努尔哈赤时期,福晋也不过有大福晋、福晋、小福晋之别,皇太极继汗位初年也是如此。自天聪六年(1632年)正月皇太极开始"南面独坐"后,才正式考虑后妃的位号,以与皇帝的名分相称。史载天聪六年"上巳册立中宫皇后及西宫妃,惟东宫未备。闻蒙古扎鲁特部落戴青贝勒女贤,遣使往聘之,迎至,册为东宫妃"。据此记载,皇太极于天聪六年始确立后妃的位号。所册封的中宫皇后即后来的孝端文皇后,西宫妃即庄妃,后称孝庄文皇后。东宫妃是"蒙古扎鲁特部落戴青贝勒女"。

崇德元年(1636年),上尊号称宽温仁圣皇帝的皇太极册封五宫后妃:科尔沁贝勒莽古思之女哲哲,为清宁宫中宫皇后;科尔沁贝勒宰桑之女海兰珠,为关雎宫东宫宸妃;阿霸垓郡王额齐格诺颜之女娜木钟,为麟趾宫西宫贵妃;阿霸垓塔木囊博第塞楚祜尔之女巴特玛·璪,为衍庆宫次东宫淑妃;科尔沁贝勒宰桑之女布木布泰,为永福宫次西宫庄妃。

崇德五宫后妃的地位都很尊贵。将崇德五宫与天聪六年所册后妃加以比较:中宫皇后没有变化;天聪八年来嫁的海兰珠后来居上,成为妃子的首位东宫;西宫贵妃娜木钟居妃子的第二位;次东宫淑妃巴特玛·璪居妃子第三位;次西宫庄妃布木布泰天聪六年时为妃子第二位,至崇德元年改居第四位;而天聪六年来嫁的东宫妃扎鲁特部戴青之女不在崇德五宫之内,退居为皇太极的侧妃。

天聪六年以贤选为皇太极东宫妃的扎鲁特部戴青贝勒之女,为什么会失去其贵宠地位而成为侧妃呢?这主要是由于天聪八、九年接连有三位地位更为尊贵且贤慧的女子成为皇太极的妃子。

其一是蒙古科尔沁部吴克善之妹(后称宸妃),这是一位贤慧端庄又十分秀美的姑娘。

天聪七年(1633年)四月,皇太极的中宫皇后之母科尔沁国大妃偕次妃等一同来沈阳朝见。偕大妃前来的次妃,是宰桑之妻、国舅吴克善之母,与中宫皇后哲哲实为姑嫂关系。这次朝见受到皇太极的隆重接待。大概在这次来访中,确定了次妃的另一女儿海兰珠嫁给皇太极,因而天聪八年(1634年)十月吴克善就将这个妹妹送到沈阳。

婚后,皇太极与海兰珠关系十分和谐,加上科尔沁部在蒙古各部中的重要地位,因而在崇德元年册封海兰珠为东宫宸妃,居妃位之首,地位仅次于中宫皇后。为了表达自己的爱情,皇太极将海兰珠居住的宫室命名为关雎宫,源于《诗经》中的名句"关关雎鸠,在河之洲"。

东宫宸妃海兰珠归嫁皇太极不久,在崇德五宫后妃中最先生出皇子,其时为崇德二年(1637年)七月。皇太极十分高兴,为此颁发了清朝第二道大赦令。皇太极在制文中说:"今蒙天眷,关雎宫宸妃诞育皇嗣",意为宸妃所生皇八子系皇位继承人。为此在崇政殿举行了隆重的贺礼。

崇德三年(1638年)正月,崇政殿前陈设了大驾卤簿,皇太极端坐殿内接受朝贺。朝鲜国王子率来朝陪臣进国王表笺,除了奉皇上的表文外,还引人注目地上了"皇太子笺文"。对照其奉皇上表文,可以看出朝鲜国王所说的皇太子就是指东宫宸妃海兰珠在崇德二年七月所生的皇八子,是为制文中所说"皇嗣"的佐证。可见,将崇德五宫中东宫宸妃海兰珠所生皇八子立为太子,是皇太极在崇德二年的重大举措。以往史家认为,皇太极在位期间从无立嗣之念,亦无立嗣之举,显然与史实不符。

另外的两位妃子,原来都是众蒙古之主察哈尔林丹汗的妻子。察哈尔林丹汗助明为虐,威福恣行蒙古各部。自后金从政治、军事两方面予以打击后,林丹汗出走,死于青海大草滩。察哈尔部落及所附属诸部纷纷离散,投奔到强有力的后金天聪汗麾下,林丹汗的妻子们也带所属部众来归。察哈尔汗窦土门福晋是在天聪八年八月来投奔皇太极的,由多尼库鲁克率众护送,在天聪汗的行军幄前拜见了皇太极,然后在木湖尔伊济牙尔地方驻营恭候。大贝勒代善深知窦土门福晋等来归之意,于是同诸贝勒共同具奏:"窦土门福晋率国人来归,请选入宫闱,亦抚慰众心之道也。"皇太极对此十分踌躇,认为应当将她们配给家内不和睦的贝勒。代善一再要求皇太极娶窦土门福晋,而皇太极派希福等"复宣前谕"。代善只得再次对希福等说:"臣等为福晋委身顺运,异地来归,其作合实由于天。上若不纳,得毋拂天意耶?伏念皇上修德行义,允符天道,故天于皇上特加眷佑……皇上若从臣请,不但臣心慰悦,众意亦莫不欢欣。"希福等以代善之言回奏皇太极。从政治上权衡利害得失,皇太极寻思了三天,对文馆龙什、刚林等说:"大贝勒等坚劝联纳窦土门福晋,朕恐未合于义",言外之意是林丹汗兵败致死,又娶其妻似不妥,但文馆诸臣龙什等却答道:"此天所赐也。大贝勒之请是,上宜纳之。"此时皇太极又记起此次行军驻纳里特河宿营时"曾有文雉飞入御幄之祥",于是认定"今福晋来归显系天意"。皇太极遂派希福、达雅齐前往迎亲。护送窦土门福晋的多尼库鲁克等十分高兴地表示:"皇上纳之,则新附诸国与我等皆不胜踊跃欢庆之至!"不难看出,民族之间王公贵族的婚姻主要是政治行为。

天聪九年(1635年)三月,正当蒙古别部极力争取察哈尔林丹汗妻囊囊太后和苏泰太后及其所属部众时,皇太极也及时派出多尔衮、岳托、萨哈廉、豪格率大军往迎。在西喇朱尔格地方,后金大军遇到了主动来投的囊囊太后,多尔衮派温泰等作导引前往盛京。此后,诸贝勒阿巴泰、德格类、阿济格、多铎等纷纷请求皇太极说:"此乃察哈尔汗多罗大福晋,既归我朝,必应使之得所,皇上宜纳之。"皇太极说:"朕先已纳一福晋,今又纳之,于理不宜。"诸贝勒虽一再劝解,皇太极依然不肯应允,因他认为把年轻貌美且又尊贵的囊囊太后嫁与代善较为合适,于是派满达尔汉、祁充格以告代善。但代善不同意,原因是囊囊太后的财产不丰,他所属意的则是富有而美丽的苏泰太后。这使皇太极十分为难。因苏泰太后固然是皇太极母亲的亲戚,同时亦是死去不久的济尔哈朗之妻的妹妹。苏泰一来,济尔哈朗就首先提出婚姻问题。按照满族当时的风俗习惯,济尔哈朗是有优先婚配权的,皇太极及诸贝勒早已同意了这桩婚事。为此,皇太极只得向代善讲明情况,并提出将同样年轻貌美而尊贵富有的林丹汗之妹泰松格格配予代善为妃。尽管如此,代善仍不乐意。而囊囊太后的归属问题也因而拖延了近一个月,皇太极才将林丹汗的这位"多罗大福晋"纳入宫中。囊囊太后即娜木钟,因其地位最尊贵,崇德元年被封为西宫麟趾宫贵妃。比她早归皇太极的窦土门福晋,即巴特玛·璪,地位较扎鲁特部戴青贝勒之女高,但比娜木钟略低,所以崇德元年被封为衍庆宫淑妃。

崇德五宫后妃,中宫、东宫、次西宫后妃归嫁皇太极的情况,在史书上都有明确记载,惟西宫、次东宫妃子的归嫁情况似乎没有明确说明。

实际上关于察哈尔林丹汗的两位福晋来归以及被皇太极娶纳,史书记载得十分细致清楚,只是崇德元年正五宫位号后,西宫贵妃、次东宫淑妃都换用了娘家的部落姓氏,因而对不上号,易造成误会。

《清皇室四谱》的作者唐邦治在按语中指出,西宫贵妃、次东宫淑妃就是归嫁皇太极的原察哈尔林丹汗的两位福晋。他还指出:贵妃所抚养的蒙古女淑济,于崇德八年(1643年)七月嫁给尊贵的德参济王之子噶尔玛;淑妃所抚养的蒙古女,于崇德五年(1640年)正月嫁给睿亲王多尔衮。这都说明她们原是林丹汗的女儿,地位尊贵。

史书中用"抚养"二字来记贵妃、淑妃所出嫁之二女,自然是别有深意,未便明言。即这两个蒙古女子是贵妃、淑妃与前夫林丹汗所生的,既非皇太极的女儿,故不能给以公主的封号,因此只能用"抚养"一词,较为妥帖。史载,崇德二年夏,皇太极有一次梦见代善说:"奇哉!麟趾宫贵妃养女淑济来告我曰:'有火自天降入宫中,殊为美观。我等幼稚,初见惊讶,后亦无恐'……"可见,贵妃、淑妃确是囊囊太后和窦土门福晋。她们嫁给皇太极时当然要带来"幼稚"的女儿。

史载贵妃是蒙古阿霸垓部落额齐格诺颜之女,其父不过是阿霸垓部落博尔济吉特氏中的一个头人罢了。但在崇德四年(1639年)十一月,蒙古喀尔喀部落的马哈撒嘛塞臣汗在归服和朝见皇太极后,他的妻子噶尔玛、阿海两福晋却撇开皇太极的中宫、东宫后妃,单单给西宫贵妃虔诚地献上貂皮、马匹,这充分说明西宫贵妃的特殊身份,因其曾经是众蒙古之主林丹汗的"多罗大福晋",才得享此殊荣。

崇德五宫后妃中,清宁宫中宫皇后哲哲,于甲寅年(1614年)嫁给皇太极,时年十五岁。婚后没生过儿子。天命十年生皇二女固伦温庄长公主,天聪二年生皇三女固伦端靖长公主,天聪八年生皇八女固伦端贞长公主,分别下嫁额哲、奇塔特、巴雅思祜朗。顺治七年(1650年)二月中宫皇后哲哲崩后一年上尊谥,雍正元年八月加上"哲顺"二字,乾隆元年三月加上"慈僖"二字,整个谥号为"孝端正敬仁懿哲顺慈僖庄敏辅天协圣文皇后"。

关雎宫东宫宸妃海兰珠,于天聪八年(1634年)十月归嫁皇太极,时年二十六岁。崇德二年七月生皇八子,早夭。崇德六年(1641年)九月病逝,十月上谥号"敏惠恭和元妃"。

麟趾宫西宫贵妃娜木钟,天聪九年(1635年)嫁皇太极。崇德元年三月所生的皇十一女,下嫁噶尔玛·索诺木。崇德六年所生的皇十一子,即后封襄昭亲王的博穆博果尔。顺治九年十月娜木钟追封为"皇考懿靖大贵妃"。

衍庆宫次东宫淑妃巴特玛·璪，于天聪八年嫁皇太极，未生子女。顺治九年十月追封为"皇考康惠淑妃"。

永福宫次西宫庄妃布木布泰，于天命十年(1625年)二月归嫁皇太极，时年十四岁。天聪三年生皇四女固伦雍穆长公主，天聪六年生皇五女固伦淑慧长公主，天聪七年生皇七女固伦端献长公主，后分别下嫁弼尔塔哈尔、色布腾、铿吉尔格。崇德三年正月庄妃生皇九子福临，即顺治皇帝。顺治八年福临亲政，上徽号"昭圣慈寿皇太后"，同年八月福临大婚，加上"恭简"二字，康熙四年九月玄烨大婚，加上"温庄"二字，康熙六年十一月玄烨亲政加上"康和"二字，康熙十五年正月册立皇太子允礽，加上"仁宣"二字，康熙二十年十二月平定三藩，加上"弘靖"二字，整个徽号为"昭圣慈寿恭简安懿章庆敦惠温庄康和仁宣弘靖太皇太后"。康熙二十六年十二月二十五日崩。康熙二十七年十月上尊谥曰："孝庄仁宣诚宪恭懿翊天启圣文皇后"，雍正元年八月加上尊谥"至德"二字，乾隆元年三月加上"纯徽"二字，整个谥号为"孝庄仁宣诚宪恭懿至德纯徽翊天启圣文皇后"。

崇德五宫后妃外，皇太极最早的元妃钮祜禄氏，为额亦都之女，明万历三十九年(1611年)生皇三子格博会(早殇)；继妃乌喇纳喇氏，贝勒博克铎之女，为太祖大妃之从姑，明万历三十七年(1609年)生皇长子肃亲王豪格，万历三十九年(1611年)生皇二子洛格(早殇)，天命六年生皇长女固伦公主，下嫁旺第；侧妃叶赫纳喇氏，贝勒阿纳布之女，天聪二年生皇五子承泽裕亲王硕塞；侧妃扎鲁特部落贝勒戴青之女，天聪六年来归，为东宫福晋，天聪七年生皇六女，天聪九年生皇九女，后分别下嫁夸特、哈尚；庶妃纳喇氏，英格布之女，天聪九年生皇十女县君，崇德元年生皇十三女，后分别下嫁辉塞、拉哈，崇德二年生皇六子镇国悫厚公高塞；庶妃奇垒氏，察哈尔谔勒济图固英寨桑之女，崇德六年生皇十四女和硕恪纯长公主，下嫁吴应熊；庶妃颜扎氏，布颜之女，天聪元年生皇四子辅国公叶布舒；庶妃伊尔根觉罗氏，安塔锡之女，崇德二年生皇七子辅国公品级常舒；庶妃，拜□女，崇德四年生皇十子辅国公韬塞；庶妃，氏族不详，崇德二年生皇十二女，下嫁班第。

总计清太宗皇太极的后妃，见于史籍者计十五人。太宗有子十一人，女十四人。

太宗诸后妃的地位等级差别很大，首先是崇德五宫后妃远远高于其他妃子的地位；其次崇德五宫后妃又依中、东、西、次东、次西宫的排列顺序，地位依次由高及低；再次，崇德五宫后妃以外，尚有元妃、继妃、侧妃、庶妃等。后妃等级的高低，取决于其出身门第及受皇帝宠幸的情况，而她们的地位又在很大程度上影响以至决定她们所生子女的地位和命运。

当然还有史书不载或略而不计的太宗皇太极之妃，如阿敏曾从朝鲜掠回一个美妇，一度被皇太极纳入宫中。这种情况在连年进行掠夺战争的天聪、崇德时期不是偶然的。

二

自古以来，历朝的宫闱之中，常有风流天子、多情嫔妃的佳话。享有"九五之尊"的皇帝,可拥有三宫六院七十二妃嫔,其妻妾之众是可想而知的。但在这美女如云的众多妻妾之中,也有那"情有独钟"的宠妃。清朝初年的"宸妃娘娘",就曾经是太宗皇太极最钟爱的人,并在关外盛京皇宫中留下他们生死爱恋的一段佳话。

在今沈阳故宫的凤凰楼上,仍完好地保存有当年皇太极的五宫后妃起居的寝宫。在中宫清宁宫的左侧,有一座坐东面西,五间硬山前后廊式建筑关雎宫,其屋顶满铺黄琉璃加绿剪边,正脊为五彩琉璃,其纹饰中为五彩琉璃火焰珠,两侧有做前进状的行龙,展翅欲飞的凤凰,含苞待放的荷花和莲藕,四条垂脊亦为五彩琉璃。这座建筑的华美,与中宫清宁宫完全相同,惟台基略低一些,标明关雎宫主的身份和地位在诸妃之首,仅次于中宫皇后而已。崇德元年(1636年)七月初十日,皇太极循古制举行了隆重的册封后妃典礼,被封为"东宫大福晋"即宸妃的海兰珠便成了这里的主人。

关雎宫有别于清宁宫的是,此处不设神堂,故其建筑形式为中间开门(清宁宫为一侧开门),内设暖阁为海兰珠居处,或被召幸时与皇太极同榻。室内其余铺面为随侍庶妃居住。这一点与清移都北京后,清宫后妃居东、西六宫,除各宫之主外,也有众多妃嫔随侍居住是一样的。关雎宫一进中门便是西、南、东三铺成"凵"字形的"万字炕",以东炕最长,有两丈六尺余,西炕和南炕略短,不过两丈二尺余。另一间为暖阁,暖阁内有一西炕,长仅一丈零六寸,宽仅六尺六寸,止可居二人。暖阁外还有西、北、东三铺较小的"万字炕",长仅一丈余,宽不过五六尺。在这座面阔五间的宫室内,辟为两室,共有七铺炕之多。其余三宫,如西宫麟趾宫,次东宫衍庆宫,次西宫永福宫亦如之,可见皇太极时期虽然偏据东北一隅,但其后宫妻妾的数目仍是不少的。

皇太极虽拥有众多妃嫔,天生丽质者亦不乏其人,然而他惟独钟爱宸妃海兰珠,在她的身上倾注了夫妻间的全部感情。皇太极之与海兰珠,虽不如白居易在《长恨歌》中所说唐明皇之爱杨贵妃"后宫佳丽三千人,三千宠爱在一身",但他对宸妃海兰珠的生死爱恋,也非同一般,被后人传为美谈。

宸妃海兰珠之归嫁皇太极,比胞妹布木布泰晚了八年。那么,为何先纳其妹,后纳其姊呢?这段姻缘的缔结,起因大约是在天聪七年(1633年)科尔沁二妃来朝引起的。这年四月初,春光明媚,皇太极率领诸福晋及王公大臣等"巡幸郊原",驻跸于养息牧河岸。适逢科尔沁大妃(莽古思之妻,中宫皇后之母)偕次妃(寨桑贝勒之妻,庄妃之母)等到盛京朝见皇太极,二岳母乃贵戚,受到皇太极的盛情款待,并得到许多赏赐。这次戚属相聚,为了亲上加亲,又议定了两桩婚事,一是皇太极的幼弟多铎议娶大妃次女、皇后之妹为妻;一是皇太极将庄妃生的第四女雅图,许以妻兄吴克善之子弼尔塔哈尔。虽未明言要纳娶海兰珠,但大约此次海兰珠随母朝见,皇太极目睹了她那婀娜多姿,端庄秀美的靓丽风采,而且她不仅长得美妍绝伦,更兼久负温良贤淑的盛名,使得皇太极顾不得已从博尔济吉特氏这个家族中已纳了一后一妃,还一定要娶这位美女。第二年秋十月,科尔沁亲王吴克善,二次送妹到盛京与皇太极成婚。从此,在皇太极的后宫中出现了一姓姑侄三人同事一夫的新鲜事。姑姑居中宫,享"椒房之尊",二侄女一为永福宫庄妃,一为关雎宫宸妃,她们蒙恩获宠,无以复加。尤其宸妃海兰珠最得皇太极的宠爱。

海兰珠与皇太极成婚时已经二十六岁,并非豆蔻年华。但是,由于海兰珠冰肌雪骨,丽质天成,仍然是一副"沉鱼落雁,闭月羞花"之貌,不亚于那些"二八佳人"。尤其她那贤淑的品德,成熟女性的美更富魅力,使皇太极一见钟情。自打海兰珠入宫后,与年长她一十六岁、已过不惑之年的皇太极真是情投意和,形影相随。崇德元年,皇太极效仿古之帝王,对后宫妃嫔行册立礼时,便以其"秉德柔嘉,持躬淑慎,侍朕以来,壸仪攸著",将其封为"东宫大福晋",后来者居上,位居四妃之首。皇太极赐其宫室名为"关雎宫",取之于《诗经》中的"关关雎鸠,在河之州,窈窕淑女,君子好逑"的诗句,不仅饱含了对她姣好容貌的赞美,也表达了对她温柔贤惠高雅品格的称颂。《诗序》中解释"关雎"一词为"歌咏后妃之德"。满文的"关雎"二字为"hūwaliyasundoronggo",其意为和顺温柔懂礼仪之人,可谓对她品德的赞美与褒奖,海兰珠荣封关雎宫主。

宸妃海兰珠生前宠冠后宫,不啻中宫皇后,不仅因她的美貌贤淑,还因她曾为皇太极生过一子。在中国几千年的封建社会里,曾有"不孝有三,无后为大"之谚。而中宫皇后哲哲,曾连生三女,却无子。崇德二年(1637年)七月,海兰珠十月怀胎之后,在关雎宫产下一子,是为皇太极的第八子。即使在中宫有子嗣的情况下,宠妃生子,亦有望成为太子,将来继承皇位,何况中宫皇后入宫多年,一直未诞育皇子,立嫡似不可能。此时爱妃诞育皇子,"立爱"也合情理。

宫中还流传一件奇事,即是年七月甲戌亥刻漏下二鼓(夜半时分),海兰珠产下皇八子,己亥丑刻漏下四鼓(天将明)时皇太极做了一梦,梦中说皇太极在太祖努尔哈赤前与大贝勒代善同处一室,面北坐,仰观天空,见五彩斑斓的祥云,密密地重叠三层,祥云之上复见青天。皇太极想,天如此高远,人怎么能看得如此分明?代善也称奇。并说麟趾宫贵妃的养女淑济也曾对代善言,她见有火球自天而降,落入宫中,非常美观,我等幼稚,初见时很惊奇,后来也就不怕了。代善尚未说完,皇太极便醒来了。次日,皇太极召集文武大臣圆梦,众人皆云,天在上,祥云从之,此乃"非常之贵征",寓意皇八子为天降之贵子,将膺天命,继皇位。这当然是他们臆想出来的,或者为立此子为太子而造的舆论。

爱妃产子,皇太极十分喜悦,遂创有清以来之先例,于盛京皇宫举行重大庆典活动的场所——大政殿(时称笃恭殿)集文武群臣,颁发了第一道因诞育皇子而发的大赦令,诏曰:"自古以来人君有诞子之庆,必颁大赦于国中,此古帝王之隆规。今蒙天眷,关雎宫宸妃诞育皇嗣,朕稽典礼,欲使遐迩内外政教所及之地,咸被恩泽。除犯上焚毁宗庙陵寝宫殿,叛逃杀人,毒药巫蛊,盗祭天及御用器物,殴祖父母、父母,兄卖弟,妻诬告夫,内乱纠党,白昼劫人财物此十罪俱不赦外,其余逃亡、遗失物件、被人认出者令还原主,免其罪。互相借贷者,照旧偿还。见在羁禁之人及一切讹误小过、盗窃隐匿等罪,咸赦除之。"

皇太极对宸妃所生之子搞了如此大的举动,确乎寻常。因为在宸妃生子前已有皇太极在藩邸时娶的元妃钮祜禄氏、继妃乌拉纳喇氏、庶妃札彦氏、侧妃叶赫纳喇氏、庶妃纳喇氏、伊尔根觉罗氏等生有七子,崇德三年(1638年)正月,又有庄妃生第九子(即后来的顺治帝福临),崇德六年,麟趾宫贵妃又为皇太极生下第十一子,名博穆博果尔,后封襄昭亲王。麟趾宫贵妃与永福宫庄妃,虽同贵为五宫之妃,地位贵宠,但对他们诞育的皇子却并未举行什么庆典活动,皇太极惟将宸妃海兰珠所生的皇八子作为"皇嗣",显见是作为储君来对待的。不言而喻,此乃皇太极"爱屋及乌"之故吧。由于皇太极为庆贺宸妃诞育皇子,颁发诏书大赦天下,一时间成了轰动中外的重大事件。崇德三年元旦,朝鲜国王李保,在上皇帝、皇后贺表的同时,还向几个月大的"皇太子"贺表。笺文曰:"朝鲜国王臣李保,恭逢崇德三年正月初一日元旦令节,谨奉笺称贺者……皇太子殿下,德量渊冲,英姿玉裕……兹当端月之会,益增前星之辉……并进献皇太子礼品,计有:细白绢十五匹、白绵绸十四匹、皂青葛布十五匹、黄色花席十张、满花方席十张、各式纯花席十张、貂皮六张、白纸五百刀。"

皇太极为宸妃生子的庆典之举,引来了八方朝贺,轰动盛京城内外。崇德二年八月,海兰珠生皇子刚刚满月,一些与皇太极有姻亲关系的皇亲国戚或归附的蒙古部落,就不远千里,闻风而至。他们一路上驱赶着驼马牛羊及驮载着各式各样的土特产品,络绎于途,奔赴盛京,前来表示祝贺。皇太极也兴高采烈,满面春风,登上皇宫的"金銮殿"——崇政殿宝座,接见八方来贺的王公台吉。据文献记载,他们是巴林部的阿玉石、卫寨桑、毛祁他特,扎鲁特部的内齐、喇巴泰、台吉寨冷、戴青达尔汉、沙里、达尔马等,伊等贺表称:"巴林部落阿玉石等诚惶诚恐跪奏,恭遇宽温仁圣皇帝诞生皇子,臣等闻之,喜不自胜,谨赍册庆贺礼物进献。"接着是阿霸垓部落台吉塞尔札尔、得尔格尔,乌朱穆秦部落台吉宜思哈布等行礼上贺表,再次为土默特部落的俄木布楚虎尔行礼。朝见皇太极时个个献上表文、方物,以示庆贺。还有科尔沁部落土谢图亲王巴达里、固伦额驸班第、扎萨克图郡王布塔齐等,"以关雎宫宸妃诞生皇子,遣官进献貂裘、牛、马、貂皮等物"。还有外藩蒙古翁牛特部落多罗达尔汉戴青、东鄂尔多斯部落济农、四子部落大尔汉卓礼克图俄木布、巴林部落满珠习礼等俱遣使具表称贺并献方物(《清太宗实录》)。此时的皇太极,开疆拓土,称雄于东北,加之娇妻产子,诸事顺遂,可谓春风得意,踌躇满志。为了表示普天同庆,他大宴宾客于崇政殿、清宁宫,盛况空前。

然而,"天有不测风云,人有旦夕祸福"。崇德三年正月二十八日,这个被视为"天命神授",高贵而又幼小的生命,却在来到这个世界不足一年便夭折了。可以想象,爱子之失,皇太极是多么地悲痛。但是,他尚能克制,因为他毕竟是一国之君,是一位"顶天立地"的男子汉。何况他已有七子,而且两天之后,庄妃布木布泰又给他生了一位皇子。庄妃也是他所倾心喜爱者,虽不如其姊,也贵为四大妃之一。因而庄妃生子也是一个安慰。但是,对于一位母亲,海兰珠却无法承受这一打击,可爱的小皇儿的一颦一笑,时时在她的面前晃动,使她神牵梦萦,终日郁郁寡欢,不久便身染重病。皇太极除多方劝慰,还厚赐其母,册封其为"贤妃",赐仪仗,以释其怀。但是,这一切都无法医治她失子的心病。海兰珠终于一命呜呼,撒手人寰,追随她的爱子去了。逝时仅三十三岁。

宸妃海兰珠病重之时,皇太极正率军在前方打仗。崇德六年(1641年)九月,明蓟辽总督洪承畴率领十三万大军来援山海关外明军事重镇锦州,这是兵家必争之地。因为明军一旦失去锦州,山海关便失去屏障,京师也就难保;反之,清军要想入关,最后消灭明朝,也必须夺取锦州。所以,皇太极御驾亲征,驻军松山城外。十二日,突然传来了宸妃娘娘病重的消息。在这两军对垒的关键时刻,皇太极作为三军统帅,是不应该离开阵地的。但是,爱妃病重,使他实在放心不下。无奈,只得立即召集王公贝勒、八旗固山额真,以及参战的外藩蒙古科尔沁卓礼克图亲王吴克善(宸妃之兄)、巴图鲁郡王满珠习礼(皇亲)等会议,作了军事部署,他命多罗安平贝勒杜度(侄,褚英子)、多罗饶余贝勒阿巴泰(弟)以及固山额真谭泰、阿山、叶臣书、准塔巴图鲁、何洛会、马喇布、巴特玛等围困锦州;命多罗贝勒多铎(弟)、多罗郡王阿达礼(弟)、多罗贝勒罗洛宏(侄)、固山额真宗室拜尹图、宗室公艾度礼、多罗额驸英俄尔岱、库鲁克达尔汉阿赖、恩格图、伊拜等围守松山;命多罗武英郡王阿济格(弟)、外藩科尔沁卓礼克图亲王吴克善、巴图鲁郡王满珠习礼等围守杏山高桥。布署已毕,十三日卯刻(早5点左右)天刚黎明,皇太极便匆忙起驾返还盛京。一路上马不停蹄,十七日,刚抵达距离沈阳城不远的旧边驻跸歇宿,当夜一鼓,有盛京皇宫遣人来报宸妃病笃。皇太极闻报,立即下令拔营启程,连夜赶奔盛京。同时,遣大学士希福、刚林等先行快马急驰,先趋问候。此时的皇太极,真是心急如焚,恨不能一步赶到爱妃的身边。五鼓,天尚未明,銮驾刚入盛京城,就传来宸妃娘娘薨逝的噩耗。可惜来晚了一步,未能与心爱的人诀别。皇太极闻报,犹如五雷轰顶,悲不自胜。抢步入大清门,直扑关睢宫。当出现在他面前的竟是香消玉陨的海兰珠遗体时,皇太极实在按捺不住心中的悲痛,声泪俱下,痛哭失声,一时间清宫中上上下下下哭得天昏地暗。面对此情此景,诸王大臣只得以保重"龙体"为要,俱跪地劝皇上节哀。经众大臣力劝,皇太极方稍止悲痛。遂下令:"宸妃丧殓之礼悉从厚。"

皇太极与海兰珠情深意笃,虽愿生生世世长相守,然而清初战乱,皇太极以军国要务为重,不得不驰骋疆场,东征西讨,身不解甲。后宫之中的娇妻美妾也难相聚首。皇太极出征前,宸妃已染病在身,没想到这次短暂的分别竟成永诀!因而,宸妃之死,对皇太极精神上的创痛极大。他"饮食顿减,圣躬违和",以致病倒了。自此,皇太极再没有重返松锦战场,从而也就结束了他四十余年的戎马生涯。将及二年,皇太极也病逝清宁宫,追随海兰珠而去。可叹皇太极虽贵为"天子",仍难免"英雄气短,儿女情长"。

爱妃之丧,自然要办得隆重,即慰逝者,亦慰生者,也是皇太极对宸妃表达的最后一点心愿。宸妃"一切丧殓之礼悉从厚",届时先陈设宸妃仪仗,其梓宫暂安盛京地载门(今沈阳小北门)外五里殡所。皇太极亲率诸王以下,牛录章京以上,固伦公主、和硕福晋、和硕公主、多罗格格以下,梅勒章京、命妇以上至安厝处。并亲自在灵前三奠酒致祭,哀恸欲绝。时都察院参政祖可法等上疏劝慰,以皇上乃"万乘之尊,中外仰赖""今皇上过於悲痛,大小臣工不能自安",劝皇上要"自保圣躬,勿为情牵,珍重自爱"。皇太极从宸妃殡所回来后不入宫,而居住在临时搭设的"御幄"中,以表示对宸妃的哀悼和怀念。宸妃死后,皇太极茶饭不思,朝夕悲痛不已,甚至昏厥过去。这可吓坏了皇后、妃嫔及诸王大臣,他们赶紧陈设祭物,拜神祈祷,经多方劝慰和医治,皇太极方能稍愈,进些饮食。后来他自己也有所醒悟,意识到"天之生朕,原为抚世安民,今乃过于悲悼,不能自持。天地祖宗知朕太过，以此示警。联从今当善自排遣也"。

然而，对宸妃的魂牵梦萦，仍使他难以自拔。自宸妃死后，皇太极频繁地举行各种祭奠活动，并请僧道人等为海兰珠布道诵经，超度亡魂。各种祭礼有初祭、月祭、大祭、冬至令节祭，甚至岁暮祭祀祖宗山陵时亦遣官致祭。在初祭、大祭时，皇太极皆亲率王公大臣、公主、福晋、命妇等至殡所致祭，宣读祭文，盛赞宸妃生前"辅佐椒庭"之美德。是年十月，皇太极特旨追封宸妃为"元妃"，谥曰"敏惠恭和元妃"，还举行了隆重的追封礼，并亲率诸王以下，牛录章京以上，固伦公主、和硕福晋、和硕公主、多罗福晋、格格等以下，梅勒章京（副都统）命妇以上往祭。时值宸妃生母，科尔沁贤妃及宸妃兄卓礼克图亲王吴克善、额驸巴图鲁郡王满珠习礼等前来吊唁，皇太极命内大臣侍卫等"扶掖肩舆"，抬贤妃至地载门外宸妃殡所。贤妃一见女儿的灵柩，不免悲从心来，想自己一个如花似玉的女儿，年纪轻轻竟溘然长逝，岂不叫做母亲的痛断肝肠？贤妃"抚柩恸哭久之"。胞兄吴克善等俱洒泪奠酒，陈列祭品。祭毕，王贝勒及群臣序立，听宣追封宸妃满、蒙、汉三体制诰。其文曰："奉天承运，宽温仁圣皇帝制曰，惟尔关雎宫宸妃，秉德柔嘉，持躬淑慎，侍朕以来，壸仪攸著。崇德元年敕封尔为关雎宫宸妃，今仿古典，复加追赠，崇称隆号，慰尔幽灵，懿德徽音，扬於后祀，追封为敏惠恭和元妃。庶几有知，承我休命。"

接着宣读了皇太极亲撰的祭文，文中情真意切，催人泪下，令观者神伤。其祭文曰："尔元妃侍朕有年，克娴内则，敬助中宫，不意中道薨逝，朕心追悼，用备祭物，以荐馨香。又命喇嘛僧道，礼佛讽经，灵其有知，尚克祇承。"读罢，皇太极亲自三奠酒。满汉诸王大臣、外藩蒙古王贝勒以下，朝鲜国王二质子及内大臣以上，俱依次行祭奠礼（《清太宗实录》）。对宸妃丧礼，皇太极每每亲祭，每至，必痛哭一场。据档案资料记载，九月十八日，适逢宸妃小祥，皇太极令备祭品，并率诸后妃往祭，而皇太极又"恸哭奠酒祭之"。谕曰："敏惠恭和元妃，今以尔小祥，不胜哀思，特备祭品，施以敬意。纸钱两万、纸锞五万、各色整纸一万、牛一头、羊八只、席二桌、酒十瓶、搓条饽饽（大约类似麻花）两槽盆、豆面剪子股两槽盆、米六斗、炒面一斗。"这当是满族早期祭礼所用的一应祭品。

皇太极爱妃之丧，非同一般妃嫔，故而前来吊唁者也很多，如乌朱穆沁部落苏勒亲王多尔济济农，归化城章京古鲁格等，科尔沁国绰尔济额驸下毛海叶尔登、苏尼特部落腾机特、奈曼部落达尔汉郡王子巴达理额驸及公主、四子部落达尔汉卓礼克图俄木布、阿霸垓部落卓礼克图郡王多尔济额齐格诺颜、达尔汉诺颜、苏尼特部落叟塞济农等"恭吊敏惠恭和元妃丧，献驼马缎疋"。九月二十九日，朝鲜国王以宸妃小祥，遣礼部侍郎安献正，进献貂皮五张、狍皮十五张、水獭皮三十张、绿斜皮三十张、纸五百刀、苏木百斤、胡椒十匣、干姜十匣、生姜十匣、核桃十五匣、房鱼十串、八尾鱼十条。

宸妃殁后，皇太极终日悲泣不已，诸王大臣只好奏请皇上出猎"以慰睿怀"。因为满族王公每借畋猎以习武，又以追逐獐狍野鹿为娱乐。所以，他们见皇太极思念海兰珠过于悲伤愁闷，遂劝其出猎散心，况且距沈城不远的蒲河、叶赫等地（今辽宁开原一带）便有山林可以驰马射猎。但是，宸妃的殡所就在城北，结果，皇太极每次出猎路过此处都要到宸妃的灵柩前哭祭一番，王公大臣本欲皇上外出射猎用以消愁解闷，不想反让他有机会到宸妃棺前睹物思人，更加痛苦不堪。书载一次皇太极在众人劝慰下"往猎于蒲河，己未，上回銮，过宸妃殡所，哭之，酉刻还盛京"。看来，皇太极对宸妃真是"爱不能舍"。

皇太极视宸妃之丧为大清国的"国丧"，就连元旦大典也停止举行。崇德七年元旦，他特降谕旨："敏惠恭和元妃丧，免朝贺，停止筵宴乐舞。"因此而发生了承政官索海、贝勒罗洛宏在宸妃丧期寻欢作乐，被严厉处置的两起案件。事情是这样的，先是皇太极召诸王、贝勒、贝子、公、固山额真、议政大臣等入清宁宫，责有人不勤于政事，对属下未能严加管束等情。众王公大臣遂举发有官兵临阵脱逃、冒领军功等罪状。其中有人揭发承政索海，竟于"敏惠恭和元妃之丧，擅令祖大乐（新附汉官）俳优至帐内吹弹歌舞"。下部议罪，论索海死。奏明皇太极后，皇上宽宥，免索海死，但"革职，解梅勒章京任，分奴仆一半给护军统领图赖"，另一件是宗室贝勒罗洛宏也因对宸妃之丧不恭等罪被革去贝勒爵位。先是甲喇章京（参领）席尔丹、阿津侍卫、敦珠侍卫等首告多罗贝勒罗洛宏，当敏惠恭和元妃丧时，罗洛宏本在锦州军中，却令一名叫雅尔代者"吹弹为乐"，并发泄对皇上优礼汉官等不满，本应论罪，但皇太极谓其"愚蒙无知"而宽恕之。不料，罗洛宏对说他"愚蒙无知"大为不满，并布散流言，遂下法司审实，议革其爵并罚银三千两等处罚。皇太极念其身为宗室贵胄，命革贝勒爵，免罚银及夺所属人员。其实，在清朝爵职中，多罗贝勒仅次于亲王，位居第三显爵，而罗洛宏却轻易便丢掉了"乌纱"，其中罪状之一便是在宸妃丧期作乐，有藐视元妃之嫌。可见皇太极对海兰珠的重视，不啻中宫国母。

崇德七年（1642年）四月，松锦大战奏捷，关外四座重镇从此全部归属清朝，关外障碍既除，挥师入关，逐鹿中原指日可待，终于实现了太祖努尔哈赤的遗愿，也是皇太极驰骋疆场，多年梦寐以求的大喜事，而且又俘获了明蓟辽总督洪承畴、总兵祖大寿等一干明朝重将，使清军犹盲人得一引路之人，更是可喜可贺。为此，皇太极遣官在崇政殿大摆酒宴，共庆胜利。然而，战争胜利的喜悦，仍不能冲刷掉皇太极的悲伤。爱妃之死的阴影，时时刻刻笼罩着他，常常使他睹物思人，黯然神伤。即使在这举国欢庆的日子里，也无兴趣穿戴视朝衣冠，更未"躬亲赐宴"。为了避免新归附的洪承畴等心生疑虑，只好加以解释，"盖因关雎宫敏惠恭和元妃之丧未过期故耳"。

海兰珠死后，皇太极终日悲伤思念，忧伤不已，身体日渐衰弱。后来竟连日常朝政也"难以躬亲办理"，只得交由郑亲王济尔哈朗、睿亲王多尔衮、肃亲王豪格等"会议完结"。至崇德八年元旦，本已过了宸妃丧期，应该循例举行元旦朝贺及筵宴等活动，却因"圣躬违和免行朝贺礼"。挨至夏四月，皇太极病势更加沉重，似有一病不起之象，只好命人"祷于盛京寺庙"，希望向神灵祈祷以挽救他的生命。后来的几个月间虽时好时坏，终因病入膏肓，无法救药。崇德八年（1643年）八月九日"上无疾端坐而崩"，死在清宁宫的南炕上。人不会无疾而亡，何况皇太极仅以五十二岁盛年，并非老死，怎么会"无疾而崩"呢？尽管至今史学界对皇太极的死尚无定论，但有一点可以肯定，宸妃海兰珠的早逝，是皇太极死亡的重要原因。

性情天子

清世祖——顺治

第一章　幸运的继位者

一

崇德三年(1638年)正月三十日夜,天很黑,也很冷,盛京城内行人寂寥,四籁无声。虽然还在新春正月,年气未散,但因大清国皇帝新添爱子亡丧,臣民们自然也要知道些好歹,不可大肆欢颜了。

但是,一个新出世的婴儿是不理会这些禁忌的。晚八时左右,阵阵洪亮的婴儿的哭声,划破了沉寂的夜空,引起了盛京皇宫中一阵骚乱。有人掀开了永福宫厚厚的毡制门帘,压低嗓音向外传报:"大喜!庄妃侧福晋生了个阿哥!"

这个阿哥是谁?他就是六年后入主中原,君临中国,做了十八年大清皇上的顺治皇帝、清世祖福临。

大凡能做上皇帝的人,必是"真龙天子",是天上的哪个星宿下凡。福临也不例外。大清实录中就载述了他至少三条皇权神授的依据:一、其母永福宫庄妃怀孕的时候,常有红光绕身,衣裙间好像有龙盘旋,侍女们最初皆大吃一惊,以为失火,赶到近前再看,火却不见了,似这样不止一次,人们都觉得特怪。福临诞生前夕,庄妃梦见一神人抱一孩子进室交给她,说:"这是日后统一天下之主啊!"庄妃将孩子接过来放在膝上时,那个神仙忽然不见了。第二天,庄妃将这个异兆告诉太宗皇帝皇太极,皇太极说:"这是很奇异的祥瑞,大概是子孙吉庆的征兆吧。"二、在福临诞生的时刻,宫闱里突有红光照耀,经久不散,香气弥漫了好几天;而顺治生时,头发也怪怪的:顶上有一缕头发耸然高起,与别的头发迥然不同。

福临的生母博尔济吉特氏,名布木布泰,是科尔沁贝勒寨桑的女儿,天命十年(1625年)二月,由其兄吴克善护送,来到后金汗都赫图阿拉城,与当时尚称四贝勒的皇太极成婚,那年她才十三岁。

太宗后宫有多少?无法统计准确数字,可知有子女者十五人。其中崇德元年,皇太极称帝,改国号大清,正式封为五宫后妃的五人。她们是:中宫清宁宫皇后博尔济吉特氏哲哲;东宫关雎宫大福晋宸妃海兰珠;西宫麟趾宫大福晋贵妃娜木钟、东宫衍庆宫侧福晋淑妃巴特玛·璪;排在最后的是西宫永福宫侧福晋庄妃。

除中宫皇后外,其余三妃入宫均在庄妃之后,而排位却在庄妃之先,为什么?原来,被封为麟趾宫大福晋贵妃的娜木钟为蒙古阿巴垓郡王额齐格诺颜之女,原是察哈尔林丹汗的"多罗大福晋",人称囊囊太后者。天聪九年(1635年)三月,在林丹汗兵败走死青海涨大草滩后,率一千五百户部众投降了后金,而且后金从她口中获悉了林丹汗之子额哲的去向,进而收降额哲,获得了元朝历代传国玉玺。无论其原来的地位、还是其对清的功绩均不可忽略。而被封为衍庆宫淑妃的巴特玛·璪,为阿巴垓部塔布囊博第赛楚虎尔之女,亦是察哈尔林丹汗之妻,人称窦土门福晋。天聪八年降清,皇太极纳之。这些都是为笼络蒙古察哈尔部众的政治婚姻。

值得一提的是关雎宫宸妃,她本是庄妃亲姊,天聪八年嫁皇太极,时年已二十六岁。但皇太极对其感情极为深厚,崇德元年大封诸妃时,即封她为东宫主位,仅次于中宫皇后。中宫无子,崇德二年七月,宸妃生皇八子,皇太极高兴至极,特颁大清朝第一道大赦令且宠爱备至。这个皇八子如年长寿永,必立太子继皇位无疑。可惜未满周岁,即夭折而去。宸妃也因失子之痛,享年不永,于崇德六年九月去世。

庄妃嫁与太宗十二年之后始得一子,且有那么多大吉大贵之兆,喜悦之情可知。只可惜福临出生的那天,正是宸妃所生皇八子夭折的第三天,宸妃珠泪未干,关雎宫内哀声未绝,太宗既伤悼爱子,更心疼爱妃,为安慰宸妃,几辍朝政,那还顾得上去欣赏新生儿的神态和容颜?永福宫诞生皇子的喜庆已被皇八子之丧冲得淡淡的了。

史载,福临天生聪明灵俐,志向高远,且长得"天日之表,龙凤之姿,仪范端凝",一般的人,见到他就有敬服之感。顺治从六岁的时候起,就特别爱看书,尤其是经史方面的书。曾说:"父皇自幼就爱读书,我也要读书。"当时新满文已由达海、额尔德尼等创制通行。不少汉文典籍如《刑部会典》《素书》《三略》《万宝全书》《通鉴》《六韬》《孟子》《三国志》《大乘经》《辽史》《宋史》《金史》《元史》被译成满文。福临每当阅读这些书的时候,往往一目数行,不用老师讲授,便能触类旁通,从中悟出一些道理。

福临不但喜文,而且爱武。很小的时候,已能骑马射箭了。崇德七年十二月,皇太极到叶赫出猎,行至中途因感不适,逗留在开库尔地方。这时诸王大臣劝皇上停止行猎,起驾回宫,可太宗因此行尚无所获,不愿空手而回,一时犹豫未决。就在进退两难的时候,随父出游的皇九子福临射中了一支狍子,算是给父皇挽回了一点颜面,太宗就此回銮了。那一年,福临才五岁。

流逝的岁月渐渐弥合了太宗痛失爱子的伤痕,聪颖凤慧的皇九子已开始赢得太宗的钟爱和属意了。

清太宗一生子女众多,有案可稽者二十五人,其中子十一人,顺治帝福临是其第九子。

福临其他十兄弟情况大致如下:长兄豪格,明万历三十一年(1609年)年生,母继妃乌拉纳拉氏。此人文武全才,早在太祖后金国时,就驰骋疆场,随其祖父开始了创业生涯。不久,因从征蒙古察哈尔、鄂尔多斯各部有功,封贝勒;天命十一年,同二伯代善统兵惩蒙古扎鲁特部,亲斩部酋鄂斋图;天聪二年,同伯叔济尔哈朗讨蒙固特塔布囊,收其部众。天聪年间,在后金进攻明朝的多次战役中,豪格均身先士卒,英勇奋战,屡立功绩,天聪六年六月,晋爵为和硕贝勒。此时,豪格已参与议论军国政事。天聪九年,他同叔多尔衮收降察哈尔林丹汗子额哲,收元传国玉玺,有大功,崇德元年四月,晋封肃亲王,掌户部事。崇德三年福临降生的时候,豪格已经二十九岁,是大清国政治舞台上很有地位和影响的人物了。

福临之二兄洛格,亦继妃乌拉纳拉氏生,豪格同母弟,万历三十九年(1611年)生,天命六年(1621年)逝,只活了十一岁。

福临之三兄格博会,元妃纽祜禄氏生,万历三十九年至天命二年在世,仅活了七岁。

四兄叶布舒,庶妃颜扎氏生,大福临十一岁,顺治间封二等镇国将军,康熙八年,晋辅国公,二十九年卒。

五兄硕塞,母侧妃叶赫那拉氏,天聪二年生,太宗时,就已成长为一英勇敢战之武将。福临继位后,于顺治元年十月,封其为多罗承泽郡王。以后西追李自成,南攻福王,下南京,北击苏尼特部,败喀尔喀土谢图汗、硕需汗兵,及征大同、抚姜镶等役,每每有功,八年,晋封和硕承泽亲王掌兵部、参与议政。十一年十一月,掌宗人府事。十二月卒。

六兄高塞,母庶妃那拉氏,崇德二年生,顺治间,封辅国公,康熙八年晋镇国公,九年卒。

七兄常舒,母庶妃伊尔根觉罗氏,亦崇德二年生,初封三等镇国将军,康熙八年晋辅国公,康熙三十八年卒。

八兄即福临之姨关睢宫宸妃所生未命名子。

福临有两弟,大弟韬塞,母庶妃,氏族无考,生于崇德四年,顺治间,封三等镇国将军,康熙八年,晋辅国将军,康熙三十四年卒。

小弟博穆博果尔,是太宗最小的儿子,崇德六年生。其母是西宫麟趾宫大福晋贵妃博尔济吉特氏娜木种,太宗时地位远在福临生母次西宫庄妃之上。福临亲政后,封大贵妃为"皇考懿靖大贵妃",顺治十二年,封博穆博果尔为襄亲王。这个襄亲王于顺治十三年突然去世,其死因,据说关系着兄弟情仇。

崇德八年(1643年)八月九日夜,清宁宫中突然在传来一声惊呼,紧接着便是一阵杂乱的脚步声和女人、孩子的号啕声,大清一国之主皇太极突然去世了!

皇太极生前未立太子,死得突然,也未及留下任何有关继承人的遗言。在人们从忙乱和哀痛中清醒过来,如何确立王位继承人的问题便提到议程上来了。

论资格和实力,当时有权问鼎的有代善、阿济格、多尔衮、多铎和豪格。

代善是太祖第二子,皇太极之兄,是太祖时四大和硕贝勒之一,早年即参与军国大事,从太祖南征北战,屡立功绩,是太祖生前有意定立的继承人之一。皇太极继位后,又忠心翊戴,崇德二年,被封为和硕礼亲王,他一直掌有两红旗,无论是从资望还是实力上都是竞争王位的强者。但是代善的性格一向宽厚,不爱争权夺势,此时他已年过花甲,更加暮气沉沉,无心于王位之争了。

阿济格、多尔衮、多铎三兄弟,都是大妃乌拉纳拉氏所生,大妃有宠於太祖努尔哈赤,太祖死后被逼生殉,相传即与汗位继承有关,说明太祖时三兄弟就有任继承人的可能。其中多尔衮尤其聪慧过人,才能出众,深得努尔哈赤喜爱,在他很小的时候,就让他掌管全旗,有临终嘱立多尔衮为汗,让代善摄政,待多尔衮长大归政之说。皇太极做了汗王皇帝后,对这个幼弟一直恩赏有加,封为和硕睿亲王,命掌吏部事。多尔衮则文韬武略,尽显才能,为后金、大清在关外的发展强大立下了许多战功,在处理军政大事方面则英明果断,被公认为宗室中的最强者。多尔衮兄弟握有两白旗的实力,加之历史上遗留问题舆论的影响,不仅两白旗,就是红旗、蓝旗和黄旗中也有暗中支持多尔衮继承皇位的。多尔衮兄弟自太祖去世，生母被逼殉死之后，顿失所恃。尽管皇太极对他们不薄，毕竟是寄人篱下，个中滋味难以言表。如今，皇太极死了，多尔衮要把本来属于他的王位夺回来。

豪格，前面已有介绍，他是太宗长子，早在太祖时期就已崭露头角，天聪年间即以卓著战功奠定了一旗之主的领导地位。崇德元年，封和硕肃亲王，之后掌管户部事多年，积累了不少治国的经验，在崇德末年的山东和松锦大战中又立下了大功，这些都是他竞争皇位的有利条件。皇太极统治后期，大清的封建化程度日深，兄终弟及的原始继承法已不太为人们所接受，父死子继则被认为理所当然。皇太极死时，除豪格外，诸子最大的不过十一二岁，且均为庶妃所生，又无甚功绩。在这种情况下，豪格自认继承皇位，舍我其谁，也就不足为怪了。

于是，在皇太极死后短短数天里，为争夺皇位的一系列活动紧锣密鼓地展开了：

肃亲王豪格家，两黄旗大臣们聚集在这里，图尔格、索尼、图赖、锡翰、巩阿岱、鳌拜、谭泰、塔瞻八人积极倡仪立豪格为君。经过一番谋划，豪格派人找握有镶蓝一旗实力的郑亲王济尔哈朗，争取这个倾向举足轻重的郑亲王的支持，对他说："两黄旗大臣已决定立肃亲王为君，当然还需和您商量一下。"济尔哈朗心中略有犹豫，但马上表示同意。由于皇太极死前曾命他与多尔衮负责主管国务政事，他特别提醒使者：此事需与睿王商量一下，才好决定。

睿亲王多尔衮府中，阿济格、多铎心急如焚，他们齐齐地跪在多尔衮面前，切切地追问："你不答应继位，莫非是怕两黄旗大臣吗？舅舅阿布泰和固山额真阿山都说了：两黄旗大臣中愿意皇子即位的不过是几个人，我们在两黄旗的亲戚都愿你继承皇位啊！"

多尔衮没有轻易表态，但已视而不见地听任阿济格、多铎到处煽动，调兵遣将了。

两白旗势力的蠢蠢欲动，引起了两黄旗大臣的警惕。图尔格因自己首先提议拥立豪格，怕两白旗根而杀之，下令以所辖三牛录下的护军披挂甲胄，手持弓矢，在自己的家门严密守卫，以防万一。

崇德八年八月十四日，这是个决定大清国前途命运的关键日子，诸王大臣要齐集崇政殿公开会议，决定皇位的继承人了。

明争暗斗仍然在继续。

这一天天刚亮，多尔衮就匆匆赶到宫中三官庙，询问索尼对皇位继承人的意见，欲在会前摸清两黄旗大臣的最后态度。索尼回答得直言不讳："先帝有许多皇子在.肯定要拥立其中的一个，别的我就不知道了。"

多尔衮向会议处走去，只见两黄旗护军已弯弓搭箭，将崇政殿团团包围！不一会儿，索尼、图赖、鳌拜等两黄旗大臣也手扶腰剑，气势汹汹地闯入殿中。多尔衮预感到他若欲登位称帝，定要遭到坚定的抵制，弄不好，就是剑拔弩张，一场格杀！

果然，会议一开始，索尼、鳌拜便挺身而出，倡立皇子；多尔衮针锋相对，以诸王尚未发言，大臣还没有说话的资格为由将二人斥退。

阿济格、多铎见状，马上出来劝多尔衮即位，多尔衮顾虑两黄旗大臣没有立即应允。

多铎急不可耐地说："如果你不同意，应该立我为帝，我的名字本来就是列入太祖遗诏里的！"多尔衮原想立己，未想立弟，于是一箭双雕，反驳多铎："肃亲王的名字也是太祖遗诏中提到的，不只有你的名字！"意思是并不是太祖遗诏提到名字的就可继位，你与豪格均不能以此为条件。

多铎又提议："不必我，就立年长的，应该立礼亲王代善。"

谁知代善避之尚恐不及，怎肯掺乎其中？一直未作声的他忙开口道："睿亲王如答应即位，当然是国家的福分；不然的话，豪格是先帝的长子，应当继承大统；至于我，年老体衰，力难胜任。"

豪格目睹多尔衮兄弟的表演，十分气愤，深知自己要被白旗大臣所坚拒，便睹气自嘲："我福小德薄，那能担当此任？"说罢悻悻离坐而去。豪格本想以此相胁，激发两黄旗大臣起事。果然，两黄旗大臣见主子离席，纷纷离坐，拔剑向前，齐声说："我们这些人，吃的是先皇的饭，穿的是先皇的衣，先帝的养育之恩比天大，比海深，如果不立先帝的儿子，我们宁可一死，跟随先帝！"

代善、阿济格见状相继离去，多铎沉默不语。殿中只剩下两黄旗大臣多尔衮、多铎、济尔哈朗三人。

多尔衮意识到，自立，两黄旗大臣必发兵变，自己身家性命也要受到威胁，决不能迎锋而上。但也绝不能立豪格为帝，因为那样将意味着自己再也不可能有操纵朝政之机。怎么办？"先帝有皇子在，必立其一！"两黄旗大臣的誓言突然给多尔衮以启迪：皇子！就立皇子！不过不是豪格，也不能立成年知事者。九皇子不是太宗西宫侧福晋之子吗？他才六岁，什么都不懂，立他，我辅政，不，再拉住一个叔王的儿子，济尔哈朗共同辅政，他不是太祖嫡系，无力与我争权夺利……于是一个不得已而求其次的最佳方案形成了。多尔衮在冷战的静寂中缓缓开口道："诸位所言极是，既然肃亲王谦让退出，没有即位之意，就立先帝之子福临吧！不过他还年幼，最好由郑亲王和我左右辅政，共管八旗事务，待福临长大，当即归政。"

这种表态，实在大大出乎与会者的意料之外。两黄旗大臣无言了：立的是皇子，两黄旗仍是天子自将之旗；豪格至此知道退席是弄巧成拙，但自己拒绝在先，如今要立的又是皇弟，有苦难言；代善惟怕火并，立谁无可无不可的，如今立了皇子，由两王辅政，认为有理；济尔哈朗虽然同意拥立豪格，但尚未表态，立了皇九子，自己可做辅政王，自然没有异议。

一场狂烈的政治风暴就这样平息了。

一场恶性的厮杀格斗就这样避免了。

一个年仅六岁的幼童永福宫庄妃与皇太极所生的皇九子福临就这样戏剧性地被扶上了皇帝的宝座。

一说福临的继位，似在太宗生前便有所嘱意，或说太宗宾天伊始，诸王便有所考虑。根据是太宗死后，有满洲人章京名敦达礼和叶赫人牛录章京名安达里的，因感念太宗恩德，不忍永离，愿以身殉死。诸王认为他们"志不忘君，忠忱足尚"，定议赠敦达里甲喇章京世职,赠安达里梅勒章京世职,子孙世袭,永免徭役,死罪免死,活罪减等,并把这些安排向敦达里、安达里二人做了交代,让他们安心而去。两人临殉前,曾问诸王贝勒们:"如果先帝在天之灵问到他的后事是怎么安排的,我们怎么回答呢?"诸王贝勒们说:"对先帝辛勤创立的鸿图大业,我们会忠心地拥戴幼主,很好地继承。我们一定会实心实意地辅助幼主,治理好国政。如果能得到先帝在天的英灵保佑,是我们的心愿啊!"

这件事情以后始有崇政殿会议决定皇位继承人之举措。而且最初势如水火,扶立幼主之议提出后,却能为各方所接受,看来双方都有思想准备。

紧接着,诸王贝勒纷纷宣读效忠誓言,诸王贝勒誓言大意是:"先帝升天,国不可无主,我等众议奉先帝子福临继承大位,以后有不遵守先帝定制,不竭尽忠诚,敢藐视皇上年幼,或明知欺君怀奸的人,却互徇情面,不予举发,或修旧怒,害无辜,兄弟间互相陷害,挑拨是非,结党营私的,天地都要谴责他,让他短命而死。"满汉大臣誓言大意是:"我等如因皇上年幼,不竭尽全力像效力先皇似的效力,而诌媚地为本主服务,预谋悖乱,仇陷无辜,蔽贤隐恶,结党营私,制造煽惑谗言……有一件这类的罪恶,就让天地降罪于他,不得好死。"誓言中都强调了忠心扶助幼主。

太宗死时,与五宫所生嫡子健在者有二人:福临和博木博果尔,博木博果尔虽系西宫大福晋所生,但年更幼小,只有三岁。而中宫皇后、去世之宸妃和庄妃都是科尔沁蒙古之女,中宫与宸妃、庄妃份系姑侄,后金至大清,与科尔沁一直保持紧密地政治关系。太宗死时,科尔沁大妃福妃、贤妃正值来朝,参与了太宗丧礼的全过程,议立新皇时,诸王贝勒肯定考虑到了科尔沁蒙古的作用和影响。如此说来,福临继位亦非偶然。

崇德八年八月二十六日,新皇帝举行登极典礼。一大早,后宫就忙碌起来了。清宁宫皇后、麟趾宫大贵妃、衍庆宫淑妃都聚在永福宫内,看小皇帝梳洗更衣,见福临穿上特制的皇帝朝服威武英俊的样子,几天来一直沉浸在悲痛之中的后妃们脸上第一次露出了欣慰的笑容。

这天天很冷,小皇帝被众额娘送出宫门,一直等候在宫外的侍臣们连忙迎上来,一个侍臣手持一件貂皮披风,要给小皇帝披上,谁知小皇帝看了一眼,却不要穿。龙辇早已备好,一个侍臣将小皇帝抱入辇中,这时福临的奶娘像往常福临欲乘辇外出一样,想上辇与福临坐在一起,好照看他。小皇帝说话了:"奶娘,今天这辆车可不是您应该坐的,您回吧,不必跟我。"

众侍臣簇拥着龙辇出东掖门,到了笃恭殿,诸王、贝勒、大臣已齐集在殿前跪迎。小皇帝下龙辇,上御殿,被侍臣扶上金龙宝座。望着殿内外严肃的文武百官,小皇帝不觉有点慌乱。他回头问身后侍臣:"诸位伯父、叔父、兄长给我行礼,我是应该起身还礼呢?还是坐着接受呢?"侍臣说:"您现在是皇帝,不应该还礼。"

于是,在赞礼官的主持下,朝贺大典开始了。和硕郑亲王济尔哈朗、和硕睿亲王多尔衮率领内外诸王、贝勒、贝子、公及文武群臣行三跪九叩头礼。接着是颁布新皇登极大赦的诏书,大意曰:我太祖武皇帝受天命开基创业,建立了伟大的功勋,太宗文皇帝继承祖业,盛德深仁,深谋远略,顺乎天意,对不服者以武功征服,对归顺者以文德怀柔,开拓疆土,兴大基业,使国势日益强盛。在位十七年,于崇德八年八月初九日仙逝。现今诸位伯父叔父兄长及文武群臣都认为国家不可没有主事之人,王位不可长期空虚,认为我是父皇的儿子,应该继承皇位。于是于八月二十六日即皇帝位,定明年为顺治元年。我年龄还小,还要依赖诸位伯父、叔父、兄弟、大臣们共同扶助治理。为贺登极,特行大赦,所有应该大赦款条,开列如下:谋犯朝廷、逃亡叛道,蛊毒厌魅,窃盗祭天器皿及御用物品,子孙杀祖父母、父母,贩卖兄弟,妻妾状告丈夫,内乱杀人,聚党劫财等大恶,一向在不赦之列,今天全部赦除;其余一切死罪,像因禁在狱的陷匿逃人、偷盗及没有赎还的贪赃之罪等等也全行赦免。如果还有拿大赦前的事情来告状的,就将犯罪者的罪名加给他。对逃走或遗失的奴仆如经原来的主人确认,窝藏或收留者将人给还原主,亦免罪不问;彼此互相借贷的,准许照原协议偿还。以上向中外布告,使人们都知道。

宣读诏书时,笃恭殿里一片寂静,只有宣诏官洪亮而有节奏的声音在大殿内回响。小皇帝也不免正襟危坐,一副严肃的表情。

这份诏书,与清朝入关后的大赦诏书相比,无论从内容到语言都是再简单、通俗不过了,它没有什么雕琢和修饰,像焚毁宗庙陵寝宫殿、盗窃祭天及御用物品等,都客观而真实地反映了那个时期的社会现状和法律。当然,对小皇帝来说,有些内容还是似懂非懂。因为这是他的两个叔父会同议政王大臣们拟定的。事先都没用他看过呢!

宣诏毕,内外诸王、贝勒、文武大臣再行三拜九叩头礼,登极仪式宣告结束。

退朝时,小皇帝站起身来,坚持让二伯父和硕礼亲王代善先行,直到看代善出宫而去,小皇帝才吩咐备辇回宫。诸王贝勒文武百官不免又是一番跪送。在回宫的路上,小皇帝诡秘地对侍臣说:"你知道我刚才为什么不穿你捧给我的貂裘披风吗?那裘衣若是黄色里子,我自然就穿了,因为是红里子,所以我才不穿呢!"原来,大清制度,皇帝所服必须是黄色或杏黄色。小福临知道从今以后自己已是大清国的皇上了,不能再像一般孩童那样披红挂绿,尤其在正式的场合,更要特别注意自己的风度、仪表了。

<h1 style="text-align:center">二</h1>

山海关,古代称榆关,据说秦时的蒙恬北伐匈奴,植榆为塞,所以边塞多榆木,榆关之名便得于此。明代曹代萧有诗曰:

榆关十月马毛僵,手挽雕弓射白狼。

一阵雪花飘玉屑,西风犹趁马蹄忙。

好一派秋末冬初的优美景象。但古榆关并不完全是后来的山海关。古榆关在今抚宁附近,四周土地空旷,无险可据。明初魏国公徐达北伐残元势力,率军来到此处,见其东八十里处"枕山襟海,实辽蓟咽喉",非常险要,便把关城移到那里,成为万里长城东部的一个重要关隘,由于它倚山临海,所以人们新称它为山海关,被誉为"两京锁钥无双地,万里长城第一关"。

此关系土筑砖包,城高约十二米,厚七米,周长八华里多。整个城池与万里长城相连,以城为关,形成"锁关金锁接长城"之势。全城有四座主要城门,东称镇东门,西曰迎恩门,南为望洋门,北是威远门。东西二门外有延伸出去用以加强防御的城圈,分称东、西罗城。城的四周有护城河环绕,有吊桥横于河上。关东门外二里处为欢喜岭,威远城(俗名呜咽城)就筑在欢喜岭上,据说为明末吴三桂所筑。这座小小的城堡,遗址实测周方六百一十四米,如今只剩下断垣残壁,城内虽被辟为良田,但以吴三桂在此降清而闻名中外。

山海关确实是军事上的战略要塞,明人蒋一葵在《长安客话》中言及:"山海关外控辽阳,内护畿辅,防扼海泊倭番,验放高丽、女真进贡诸夷,盖东北重镇。譬人之身,京师则腹心也,蓟镇则有背也,辽阳则臂指也,山海关则节窍寂却之最紧要者也。"因此,明朝统治者对其防务十分重视,特别是后期,努尔哈赤对明宣战,辽东吃紧,几次大军东征皆由此通过,兵役繁兴,商贾辐凑,仿佛成为一个都会。清统治者对这样一个要冲重塞的地理意义也是非常清楚的,故一直比作明之咽喉。都因为此关城坚池固,常年驻守重兵,被喻为不可逾越的屏障。所以在天聪和崇德年间几次入关征明,都避开山海关而绕道西行,或从内蒙古科尔沁草原进入喜峰口,或入山西趋宣大,或由延庆入居庸关,或由墙子岭毁边墙而入。直到松锦等四城陷落,清军打开了通往山海关的通道,谋臣建议皇太极"直取北京,挖断山海",以成大业时,皇太极仍坚持认为:"北京如大树,不先削其两旁,何能倾仆。我今不取关外四城,岂能克山海关?"他这种正确估计自己的实力和缜密的战略部署是切合实际的。此次多尔衮全力攻明,原定企图中也是绕道西行走老路,毁边墙而入,尔后进逼畿辅,对山海关重镇仍是望而生畏,却而止步。

顺治元年四月十一日,多尔衮率领的清军到达辽河,闻报李自成的农民起义军已于上月十九日攻占北京,明崇祯皇帝自缢于煤山(今景山),明王朝已亡近一个月。这时的多尔衮感到进退两难,便征询熟知关内情况的明降将洪承畴的意见。洪承畴向多尔衮献策说:"我兵之强,天下无敌,将帅同心,步伍整肃,流寇一战而除,宇内可计日而定。如今宜选派先遣官宣布王令,说明此次出征,旨在扫除乱逆,期于灭贼,凡有抗拒者必加诛戮。而绝无屠杀无辜、焚烧房舍、掠夺财物之意。并布告各府州县,有开门归降者,官升一级,军民秋毫无犯,若抗拒不报者,城破之日,诛杀官吏,百姓仍予安全。有首倡内应立大功者,将破格封赏……(流寇)今得京城,财足志骄,已无固志,一旦闻我军至,必焚其宫殿府库,遁而西行……今宜计道里,限时日,辎重在后,精兵在前,出其不意,从蓟州、密云取捷径直逼京师,贼走则即行追剿,倘若仍据京城拒战于我,则伐之更易。"

洪承畴不愧为农民军的对手,对李自成的情况了如指掌,他在形势剧变面前,提出了一套比较完整的进军方略,这就是以夺占北京为主要攻击目标,其目的是从农民军手中夺取胜利果实和统治权。为此,多尔衮受到极大鼓舞,立即决定直趋北京,寻农民军决战。二月,大顺军以排山倒海之势挥师东进,兵分三路连下诸城池,兵锋直指北京城。崇祯皇帝感到大明江山危在旦夕,于是"诏征天下兵勤王,命府部大臣各条战守事宜"。三月初四日,明廷封吴三桂为平西伯,随后命他火速领兵入卫北京。吴三桂,字长伯,父吴襄,崇祯初任锦州总兵,驻守宁远。吴三桂臂力过人,少年勇冠三军,以武举并靠父亲的关系,于崇祯十二年升任总兵,团练宁远人马。他的舅父就是以困守锦州著称的祖大寿。明清战争以来,他们都是在辽东为数不多的名将。吴三桂十分狡诈,接到明廷诏命后,时刻观察政局的变化,他率军民号称五十万(实有精兵三至四万)西进,但行动缓慢。由宁远至山海关二百里的路程,如果日夜兼程一天便可赶到,可是吴三桂整整走了十一天,根本谈不上火速勤王。二十日,当他行至丰润,便犹豫不前,分兵驻守昌黎、乐亭、滦州、开平等地,自己袖手观望,待机而动。二十八日,当吴三桂得知"京师陷,帝后殉难"的消息,深感自己夹在清军和农民军之间。要取得个人的权益,下一步棋该如何走:是归降农民军,还是投靠清军。他左右思忖,反复权衡,进退维谷。

这时的吴三桂对农民军和清军来说,都是举足轻重的关键人物,都想竭力争取。一是他占据京师的大门、军家必争之地山海关;二是他拥有一支三至四万人的精锐部队,战斗力颇强。在此关键时刻,如果归降农民军,便可阻止清军入关,从而可以巩固大顺政权;如果归清,清军便可不费什么气力,逾关长驱直入,进攻北京。早在他驻守宁远时,清廷就曾多次派人致书招抚,特别是亲舅祖大寿降清后,更是屡劝其降清,因为他的家小都在京师为质,一直不敢应诺,而是婉言拒绝。

李自成对吴三桂领兵勤王也非常关注。三月十五日,当李自成在居庸关收降明定西伯唐通后,就命令唐通率其所部,携带大量金银财物,利用他们旧日同僚关系,前去招抚吴三桂等人。唐通作为说客,极力夸赞新主圣贤,并许愿在其归降后,父子皆封侯。当时吴三桂不作答复。十九日,当北京陷落,明在京畿的各镇将领都归降农民军后,只有吴三桂独拒山海关,李自成便加紧了对吴三桂的劝降工作,除不断发招降书外,还命其父吴襄亲自作书以招其子,劝其从速来降,并犒赏吴军官兵白银4万两。这时,吴三桂看到投降农民军的时机已经成熟,高官厚禄在即,非常高兴,欣然决定投降李自成。并召开秘密军事会议,开通部将思想,统一投降口径,遣使通报李自成,宣布归降大顺军。

于是,吴三桂率所部趋京朝见李自成,由唐通等人领兵驻守山海关,吴三桂命令在沿途张贴告示,声明本镇所部进京朝见新主,所过秋毫无犯,民众不必惊恐不安。四月初五日,吴三桂行至永平西沙河驿,见到从北京城逃出的家人,问及家中的情况,得知其父被农民军拷打,其爱妾陈圆圆已被权将军刘宗敏抢占,深感奇耻大辱,怒不可遏,发誓不灭李自成,不杀权将军,此仇此恨难灭。并说:"大丈夫不能保一女子,何面目见人。"于是顿改初衷,于初八日调转马头,进攻山海关,唐通不是他的对手,只好败逃。李自成得知吴三桂降而复叛,立即派白广恩率军援救唐通,结果全部被歼。吴三桂立即联络士绅、扩充人马,杀农民军使臣李甲祭旗,声明坚决与李自成为敌。

李自成看到吴三桂决心顽抗,不将其消灭必为大顺政权一患,因此决定亲自统兵出征。为了稳住吴三桂,十一日再次派遣使臣携带吴襄手书和大量金银前去劝降。十三日,李自成率军师宋献策和部将刘宗敏、李过等领兵十万,并带吴襄及明皇太子为人质同往,出齐化门直指山海关。

吴三桂预计李自成必将率军来战,因此有所准备。首先是向清军乞援,行借兵之计,立即修书一封,派副将杨坤、游击郭云龙等人为使臣,致书清军,请兵援助。另外对李自成行缓兵之计,尽收李自成劝降使臣送来的金银,散赐将士,表示愿意归降,放回使臣报书复命,用诈降手段欺骗李自成,争取时间,以待清兵来援。李自成虽然没有完全中计,但显然放慢了进军的速度,从北京到山海关七百里路程,如果急行军三四天就可到达,但李自成却整整走了八天,贻误了战机。

四月十五日,多尔衮率领清军抵达翁后(今辽宁阜新境内),遇到吴三桂的使臣杨坤、郭云龙二人。杨坤呈上吴三桂的求援书信:"三桂受国厚恩,欲兴师问罪,奈京东地小,兵力未集,特泣血求助。乞念亡国孤臣忠义之言,速选精兵,直入中协西协,三桂自率所部,合兵以抵都门,灭流寇于宫廷,示大义于中国,则我朝之报北朝者,岂惟财帛?将裂土以酬,不敢食言。"

多尔衮看到吴三桂的求援书,真是喜从天降,此乃天赐良机。立即召见范文程等人商讨对策,认为吴三桂所谓"泣血求助",是向清借兵而不是归降;要清军直入中协(即喜峰口、龙井关等地)、西协(即墙子岭、密云等处),却不许从山海关合兵进京,因此认为吴三桂对清存有戒心。但不管怎样,多尔衮想利用这个大好时机,迅速进关。为此,多尔衮改变了原先拟取道内蒙古,由密云进攻北京的计划,而由义州南下,直趋山海关,迫使吴三桂投降,控制关镇战略要地。同时,派学士詹霸、来衮赴锦州召汉军带红衣大炮向山海关进发,又派其妻弟拜然与郭云龙去山海关探听虚实,留杨坤在清军营中做人质。

十六日,多尔衮率领清军向山海关挺进,并派使臣复书吴三桂,要吴三桂降清。信上说:"我听说流寇攻陷京师,明主惨亡,不胜发指!于是率仁义之师,沉舟破釜,誓不返旆,期必灭贼,出民水火。及伯遣使致书,深为喜悦,遂统兵前进。夫伯思报主恩,与流贼不共戴天,诚忠臣之义也!伯虽向过辽东,与我为敌,今亦勿因前故,尚复怀疑……今伯若率众来归,必封以故土,晋为藩王。一则国仇得报,一则身家可保,世世子孙,长享富贵,如山河之永也。"此书实际上是多尔衮对吴三桂的招降书,他想让吴三桂明明白白地表示归顺,别想走其他的什么道路。

吴三桂看到李自成大军逼近山海关,惊恐万分,他除了向多尔衮称降让步,请求火速救援外,还加紧准备抗拒农民军的进攻。

四月二十日,多尔衮大军到达连山驿(今锦西)。此时,李自成的农民军已经到达山海关城下。多尔衮收到吴三桂使臣郭云龙、孙文焕递交的第二封信。信上说:"接王来书,知大军已至宁远,救民伐暴,扶弱除强,义声震天地……三桂承王谕,即发精兵于山海以西要处,诱贼速来。今贼亲率党羽蚁聚永平一带,此乃自投陷井,而天意从可知矣。今三桂已悉简精锐,以图相机剿灭,幸王速整虎旅,直入山海,首尾夹攻,逆贼可擒,京东西可传檄而定也。又仁义之师,首重安民,所发檄文最为严切,更祈令大军秋毫无犯,则民心服而财土亦得,何事不成哉!"还说:"贼兵已朝夕且急,愿如约,促兵以救。"多尔衮对来书中"愿如约"三字内容含意心领神会,说明吴三桂表示愿意降清。多尔衮从来信中还得知山海关军情紧急,如果被李自成农民军攻占,其后果将不堪设想。所以,立即传令全军,人不卸甲,马不离鞍,于是统领大军,置人马饥渴于不顾,一昼夜驰行二百里,二十一日越过宁远,昏夜到达山海关东十五里处,已隐约可闻关内炮声。

李自成率领的农民军已于二十一日晨比清军抢先到达山海关,在石河西岸与吴三桂军对阵。李自成为迅速占领山海关,派唐通率领一支人马,由离关城西北30余里的九门口北出向东守外城,以切断吴三桂与清军的联系,防止其逃往辽东降清,同时令随军前来的吴襄阵前致书劝降。吴三桂断然拒绝,并宣称:父亲叛国投贼,既然不能成为忠臣,三桂也难成孝子,自今日起,三桂与父决裂。如果父亲不早日图反,贼虽置父鼎俎旁以诱三桂,三桂也不顾。好一个铁石心肠的吴三桂,真是无毒不丈夫。李自成看劝降无望,遂下令向吴三桂发起进攻,两军大战于石河西岸,从而打响了著名的山海关大战。

李自成组织兵力,企图先下山海关东、西罗城和北翼城三个城池,由于西罗城面向关内,前面有石河相隔,所以两军首先在石河西岸交战。吴三桂与山海关总兵高第部在石河西布阵迎战,两军对垒,战斗十分激烈,从上午八九点钟一直杀到中午一点左右,农民军消灭大批吴军,一举突破石河防线,尔后派出一支数千人的精锐骑兵飞驰过阵,前至西罗城北侧,准备登城,眼看西罗城就要被农民军拿下,守城的吴军将领又以伪降来骗取农民军将领的信任,然后令偏将从北坡连贯而下,偷袭农民军,城上同时用大炮猛烈轰击,里外夹攻,使农民军攻取西罗城的行动功败垂成。

在石河西激战的同时,另有几支农民军部队在攻打北翼城和东罗城,唐通等也率军赴一片石(今辽宁绥中县李家台)出边立营,意在截断吴军北逃之路。北翼城的守将是山海关副总兵冷允登,面对农民军对此城的重点猛攻,组织兵力拼命抵挡,几次挫败农民军的攻势,农民军急欲联络直下,故日夜奋战,蜂拥直上,直逼守军,守军官兵军心不稳,有些人企图作农民军的内应,面对农民军的强大攻势和重围,吴三桂与高第被逼撤回城中,急待清军速援。

这天下午,多尔衮在山海关外十五里处停止不前,静观关城的局势,这时得到吴三桂哨骑来报,说农民军已出边立营。当天晚上,多尔衮派军在一片石打败唐通,唐通率残部退入长城内。

二十二日晨,多尔衮率军来到离关城二里处的威远台(堡),高树战旗,令士卒休息待命,遣使往吴三桂营探视。吴三桂八次遣使,请求多尔衮速派大军援救,多尔衮对吴三桂的举动仍然是半信半疑,犹豫再三,按兵不动。吴三桂急得如热锅上的蚂蚁,遂令城上的红衣大炮向东猛烈轰击,将攻城的农民军杀开一条血路,亲自带着绅衿吕鸿章,余一元等五人和二百名亲军,突围出城,直奔清军大营。

多尔衮在大帐中接见吴三桂,并迫使他投降。吴三桂在阶级和个人利益驱使下,向多尔衮剃发称臣,投降了清军。多尔衮在吴三桂就范后对他说:"你们欲为故主复仇,大义可嘉,我领兵前来成全其美。过去我们兵戎相交是敌国,今天是一家人。我大清军进关若动人一株草,一粒谷,定以军法处死。你们告诉官民百姓,不要为此惊慌。"此时,突然接到探报,说北翼城部分吴军哗变,投降农民军。多尔衮立即命令吴三桂先行,清军随即赶到,并交待说:"贵军与流贼都是汉人,不易识别,你可叫部下以白布系肩为号,免得误伤。"吴三桂率随员返回关城,加强城堡墩隘的防守,下令官兵剃发,一时来不及剃发的就用白布斜束项背,白布难以凑齐,就裂裹脚布代替。

多尔衮兵分三路,命英郡王阿济格等率左翼入北水门,命豫郡王多铎等率右翼入南水门,各统精骑万余入关,自率中路入关中门,殿后指挥,入关的清军隐蔽在关城之下。多尔衮告诫众将说:"我们过去曾三次围攻明都城,都不能攻破,李自成一举破之,由此可见其智勇必有大过人者。因此你们不得越伍躁进,此兵不可轻击,须各自努力,破敌才能大业可成。"他不肯先与李自成农民军轻战,所以命令吴三桂为前锋率先出战农民军,自己则再观吴三桂之诚伪,同时通过吴、李交战察看李自成农民军的强弱,待两军俱伤时突然发起攻击,以坐收渔人之利。

李自成虽然身经百战,有丰富的战场实践经验和教训,但由于对吴三桂屡抱幻想,致使战机一失再失,加之谍报不灵,直到此时仍未察觉清军兵临城下,清吴联军即将对自己造成灭顶之灾。从交战开始,李自成、刘宗敏、宋献策等人一直在山海关西北的将军台(今余家坟附近)观察敌阵,他看见山海关的险要地势,深知此关易守难攻,即想诱吴三桂出关城进行野战,尔后一举歼灭。因此他下令停止攻城,把10万大军自北山横亘至海,沿石河西岸一字摆开列阵,作战时可以首尾相顾。

足智多谋的多尔衮看到李自成的布阵后,为避免同农民军对阵作战,决定采用集中强大优势兵力,发动出敌不意,突然袭击的闪击战术。他说:"我军可向海对贼阵尾,鳞次布列,三桂兵可分列右翼之末。"多尔衮之所以选择关城以南石河口一带为突破农民军的战场,一是因为这里离李自成中军大帐最远,是个薄弱环节;二是因为这里东南临海,又是平坦开阔地,便于发挥清军骑兵驰马射箭的长技。他为了隐蔽自己的企图,不过早暴露清军参战,并保存八旗兵的实力,所以先命吴三桂率领部队打先锋,以吸引农民军主力来战。吴三桂在龙王庙和谭家颇罗地区同农民军接战,他心里十分明白,与农民军是你死我活,成败在此一举,加之有清军压阵,他信心倍增,趁风卷黄沙,对面不见人之时机,率所部突然出现在农民军阵前,进攻十分勇猛。

这时,李自成带着明崇祯帝的太子朱慈烺等站在一个高岗上,立马观战,见吴三桂精锐四出,急令农民军包围吴军,一霎间,金鼓、呐喊之声传到百里之外,在农民军的层层包围之下,吴三桂率军左冲右突,拼命死战,但农民军数量上胜于吴军,战斗力也很强,因此前仆后继,步步紧逼。吴三桂军被围在核心,向左突围,便有农民军号旗向左指,使军队向左迎击;吴军向右冲击,号旗便向右挥,农民军又向右堵截,使吴三桂恰似瓮中之鳖,几无脱身之路,"阵数十交,围开复合"。吴三桂军陷于重围之中,多次突围都未取得成功。双方炮声如雷,矢集如雨,连续苦战大半天,直至下午时分,吴三桂已面临全军被歼的危险境地。

就在这千钧一发的时刻,多尔衮认为时机已到,便命令清军出击。于是清军三吹号角,呐喊三声,阿济格、多铎等统领两白旗计两万余骑兵,从吴三桂右翼蜂拥突入,真是万马奔腾不可止。清军参战使战场形势发生了剧烈的变化,农民军遭到清军的突然攻击,反而处于清军和吴兵的包围与夹击之中。农民军不畏强暴,仍然奋勇拼杀,刘宗敏勇冠三军,横刀立马,领精锐骑兵挥刀迎击,一口气砍死四五个清军。吴三桂手下的军校有人认识刘宗敏,即刻大声呼叫:"这是闯贼手下的大将刘宗敏,不可放他走了!"刘宗敏躲闪不及,连中两箭,栽下马来。刘宗敏的亲兵拼死相救,在乱军中把他搀上马背,冲出重围，向西撤退。由于农民军已与吴三桂军交战大半天，伤亡甚重，而且气力耗之殆尽。养精蓄锐的清军与吴三桂的联军见农民军主将受伤，便全力冲杀，越战越勇，只用了一顿饭的工夫，战场积尸相枕，弥满遍野，农民军及运粮夫被追逐到城东海口，多为斩杀，投水溺死者不计其数。当时李自成骑马按辔立于高岗之上，见白旗一军杀入，正准备麾后军参战，火速驰援。他身边有一僧人告知，"此非吴兵，必东兵（即清军）也，宜急避之"。李自成虽经南征北战，指挥过许多重大战役，可是此次却没有从整个战争全局考虑，自己策马先逃，大军溃乱。清军跟在农民军之后乘胜追击，直到四十里外。可贵的是这支农民军的许多官兵，继续坚持作战，最后终因寡不敌众，在红花店为清军所败。

二十三日，李自成率残部退至永平，再次遣降官王则尧赴吴三桂营招降，吴三桂将王则尧送交多尔衮，被处斩。李自成得知后，便在永平范家店把吴三桂的父亲吴襄斩首示众，然后继续西撤，二十六日败回北京。

多尔衮以招降吴三桂，大败李自成农民军结束了山海关大战，取得了一个关键性的大胜利。此战的胜利，其意义深远，它不但为清王朝入主中原，实现皇太极乃至努尔哈赤的积年夙愿奠定了基础，而且对于多尔衮自己今后独尊摄政的地位是一次最有效的巩固，更重要的是，中国历史又一次翻开了新的篇章。

善于把握历史偶然机会的人往往能取得意外的成功，多尔衮在山海关之战中击败李自成农民军，是出乎他意料之外的。多尔衮把握住了这个历史的偶然机会，其祖先"马上得天下"的征战格言和实践，真正让他变成了现实。

四月二十二日，当李自成败退后，多尔衮以吴三桂诚心归降和山海关之战的军功，封他为平西王，令山海关城内军民皆剃发以示归清，以马步兵一万隶属吴三桂，与多铎、阿济格一起率兵追击李自成农民军。吴三桂因为家父尚在李自成手中，妻妾家小仍在北京城内，感到凶多吉少，忧心如焚，于是坚决执行多尔衮的命令，充当了剿杀农民军的急先锋。出师之前，多尔衮明确表示，此次出师，旨在除暴安民，消灭农民军，以安定天下民心，并命令将士入关西征，勿杀无辜，勿掠财物，勿焚房舍，违令者军法从事。二十三日，吴三桂率师先行，沿途张贴告示，以收拢民心。

二十六日，吴三桂尾随李自成之后逼兵京都。刘宗敏、李过等连兵十八营与吴三桂交战再次失利，刘宗敏再次负重伤。当时的北京人心浮动，谣言四起，外逃者不计其数。李自成连遭挫折，军心涣散，预计北京难守，因而决定回师晋、陕，以图东山再起。于是，大顺军怒杀吴三桂全家三十八人，将首级悬挂在城楼上示众。二十九日，李自成在武英殿举行称帝仪式，立妻高氏为皇后，牛金星代行郊天礼，同时出牌谕告百姓，速出城避清兵。入夜，农民军火烧宫殿，再烧九门城楼。三十日凌晨，李自成率大队人马仓促离开北京西撤。李自成从三月十九身着毡笠缥衣，乘乌驳马，雄赳赳气昂昂进驻北京，至今天如此狼狈离去，前后只有四十一天，这一起一落，变化之大发人深省。

多尔衮率领清军，于二十四日抵达新河驿，尔后以破竹之势连下抚宁、昌黎、滦州、开平、玉田，沿途不断张贴安民告示，宣称让百姓各安其业，命令清军不许入城，离城十里远驻。各地士绅纷纷望风而降，分别扼守城池，反抗农民军，并对归降的知府州县加官进级。三十日,清军到达蓟县界,多尔衮未进城,直往县治南二十里的罗公店宿营,得知农民军西撤,便急令大军追击。

五月初一日,多尔衮行至通州,吴三桂请护崇祯帝太子入京师,多尔衮不许,命其追击农民军。此时的北京,已重新成为地主阶级的天下,明廷的遗臣在城隍庙中设立了崇祯帝的灵牌,行礼哭灵,并初步恢复了统治秩序,准备恭迎吴三桂及大清军,以为他们奉还了崇祯太子,重新中兴大明王朝。熊熊燃烧的烈火渐渐熄灭,明王宫殿主要建筑都已半成灰烬。明遗官遗民们早已等候在朝阳门外,锦衣卫指挥骆养性准备好銮仪法驾,百官随卤簿齐集于朝阳门,迎接吴三桂奉太子回归。远处马蹄声声,尘埃阵阵,众人连忙跪伏在大道两侧,一些百姓烧香拱手,有人连声高呼万岁。可是当车马行到跟前,抬头仰视,才发现走在前面的既不是太子朱慈烺,也不是战将吴三桂,而是年龄尚未满三十二岁的清摄政王多尔衮,众人不禁惊骇愕然。善于随机应变的明遗臣猛然醒悟过来,立即笑脸相迎,请多尔衮乘明帝的辇车进城。多尔衮急忙推辞说:"我自己是效法周公辅佐幼主,不该乘辇。"各官员则叩头再请说:"周公曾经完全代管国家大政,您应该乘辇。"于是多尔衮不再推辞,爽朗地说:"那么好吧,我如今来平定天下,自然应该听从众人的意见。"遂跨上了明朝皇帝的御用辇车,缓缓向前行驶。佟养性下令把卤簿向宫门陈设,排仪仗于前,奏乐,从长安门进皇宫。在此对天行三跪九叩头礼,再对沈阳方向行三跪九叩头礼,尔后再乘辇车直入武英殿,以金瓜、玉节等罗列于殿前。多尔衮下辇升座,接受故明大小官员及宦官七八千人的朝拜,三呼万岁,震耳欲聋。此时的多尔衮心潮澎湃,俨然一个皇帝的样子,在汗逝母殉、孤儿弱主的凄惨年月里,连做梦也没有想到会有今天这般威风,怎不欢心得意?

多尔衮虽然登上了明故国皇帝的金銮宝座,但他十分清醒地知道,摆在他面前的是一个百废待兴的烂摊子。作为自己劲敌的李自成手中还有数十万农民军,目前虽然兵败西行,一旦养精蓄锐,卷土重来,完全可以把自己重新赶出关外。加之南京的马士英、史可法等已于五月十四日奉明福王朱由崧监国于南京,首建南明政权,江南半壁河山何时归入自己手中还是个未知数。况且京畿内外连经兵火洗礼,又值久旱无雨,远近田禾,尽为兵马蹂躏,城郊数百里,连野草都见不到;城中之人相聚为盗,杀人放火,抢掠成性。北京城中的粮草,大多为农民军运走或焚毁,所剩多是积年陈腐之米,且糠土掺半,食辄腹痛,军兵官员都不得不以此充饥,连随军为质的朝鲜王世子都不例外。山西供应京师之煤,因盗贼劫路,已两月不至,断粮绝炊,人心浮动。面对如此残局的多尔衮思前想后,瞻望未来,怎能不忧心忡忡?

多尔衮为了重振北京,安定民心,建立全国统一政权,立刻举起"除暴安民""复君父仇"的旗号,以调解民族矛盾,从而取得良好的效果。

在入城之初,多尔衮就严令军队留住城外,派将校把守城门,规定凡军兵出入城门者,必须持九王(多尔衮)标旗,严禁军兵进入百姓之家,违令者论斩,故清军只得在道旁埋锅造饭。为此阿济格曾向多尔衮建议说:"我军益乘此兵威,大肆屠戮,然后留诸王守燕京,大军或者退还沈阳,或者退保山海关,可以保证没有后患。"深谋远虑的多尔衮严辞拒绝了鼠目寸光的胞兄的这一建议。多尔衮还让前来协助清军作战的蒙古军队暂且回去,等到秋天大举南下之际再来相会,此策既可节省粮饷的消耗,又可避免军队对民间的骚扰。

多尔衮为了彻底征服明朝遗老遗少,激发汉族地主阶级对农民军的仇恨,在范文程等人的督促下,于进京的第三天即五月初四日就作出决定:自初六日起,为故明崇祯帝设位哭灵三日,以展舆情,并吩咐礼部、太常寺备帝礼具葬。此决定一经公布,明官民感激涕零,无不称颂多尔衮为仁义之师,可以名垂青史,万古流芳。并宣布:明朝各衙门官员,不计前恶,一律照旧录用,对于了躲避农民军而返回故籍、隐居山林的,只要愿意回来,也仍以原官录用,剃发归顺的地方官各升一级,朱姓各王归顺者也不夺其王爵,仍加恩养,以此安抚明故官吏。

多尔衮为了减少民族纠纷,还下令免除汉人剃发。剃发是满族人的风俗习惯之一,就是把脑袋四周的头发剃光,只从头顶向后留起,梳成辫子,拖在背后。自后金建国之初,就把剃发作为对异族是否归顺的标志。入关之初,京畿地区凡归降的汉族军民官兵也都以剃发示意归顺。此风逐渐受到汉族人民的反对,并不断激起对清统治者的仇恨,民情骚动。对此,多尔衮看到自己立足未稳,便做出适当让步,他于五月二十三日敕谕兵部说:"以前,我因为归顺的百姓不容易辨别,所以下剃发令,来区分顺民和反抗者。如今听说剃发极大违背了百姓的意愿,这反倒不是我以文教定民的本心了。从今以后,天下臣民照旧束发,各随其便。"并将此令广为张贴。多尔衮用此韬晦之计,初步安定了民心,未动什么干戈,河北、天津、山东、山西等地的官僚士绅便纷纷归降清朝。

多尔衮为了实现统一全中国的愿望,进入北京后就确立了迁都的想法。他为安定民心所采取的一系列措施,已经为迁都奠定了政治、经济和军事基础。部臣也奏议说:"京师为天下之根本,京师理则天下不烦挞伐,而近悦远柬,率从恐后矣。"多尔衮在敕谕臣下时也曾多次表示"底定中原,建都燕京"。六月十日,多尔衮召集诸王、贝勒、大臣会议,定议迁都北京,派遣辅国公吞齐喀、和托、固山额真和洛会等携奏章前往沈阳迎驾福临帝。八月二十日,福临的大队人马从沈阳出发,两宫皇眷、诸王贵族、护行兵马,软细辎重等,沿途络绎不绝,行动十分缓慢,一千六百余里的路程,行驶了整整一个月时间。九月十九日下午,福临到达北京,从正阳门(今北京前门)入宫。满朝文武官员积极筹备,准备举行登基大礼。十月初一日,是庆祝大典的日子,福临亲诣南郊,告祭天地,即皇帝位,仍用大清国号,顺治纪元。此时此刻,福临正式代天受命,成为新朝天子,北京又一次换了新主人。

福临帝虽然年幼,但他没有忘记叔父多尔衮的功绩,这一点,开国大典对他做了充分肯定。十月初三日,清廷以摄政王多尔衮功最高,命令礼部尚书郎球、待郎蓝拜、启心郎渥赫把他开国之功勋刻于碑上,以传后世。十月初十日,清廷在颁布即位诏的同时,加封多尔衮为"叔父摄政王",颁赐册宝,并赠给他了嵌了十三颗东珠在帽顶上的黑狐帽一顶,黑狐皮大衣一件,金万两,银十万两,缎匹万匹,鞍马十匹,马九十匹,骆驼十峰,明确了他和一般王公贵族不同的特殊地位。册文中有这样的话:"我皇考上宾之时,宗室诸王人人觊觎，有援立叔父之谋，叔父坚誓不允。""将宗室不轨者，尽行处分。""叔父又率领大军入山海关，破贼兵二十万，遂取燕京，抚定中夏，迎朕来京膺受大宝。此皆周公所未有，而叔父过之。"十月十三日，加封济尔哈朗为信义辅政叔王，赐黄金千两，白银万两；复豪格亲王爵。其他有功之臣都有封赏。很明显，这些重大的活动和册封都是在多尔衮的授意和主持下操办的。从册文来看，各王受尊宠的程度均有逊于多尔衮，从赏赐的数目来看也有相当差距。从此，多尔衮高居于诸王大臣之上，为今后把持皇权，处理军国要事创造了十分有利的条件。

清朝定鼎北京后，以多尔衮为首的实力征战派密切注视着中原大地的政治和军事形势。顺治元年，历经沧桑、屡经战火的文明古都北京，确实是非常悲惨的一年，不到半载，从明朝覆亡，李自成称帝，到清朝迁都，三易国主。十月，张献忠领导的农民起义军以成都为西京，建立大西政权，建元大顺，于是在全国范围内形成了清朝、南明、大顺和大西的"三方四国"的政治、军事势力鼎足的局面。多尔衮面对这种格局，心里很清楚，南明政权和两支宠大的农民起义军队伍，只要有一支存在，对清朝的统治权都会造成致命的威胁，下一步的主要作战方向究竟指向谁，这是他所权衡的主要问题。

自明福王朱由崧在南京称帝后，这个弘光政权就以"讨贼复仇"为宗旨，叫嚣"戮力勠勤，助予敌忾"，誓与农民军为敌。所以，当多尔衮进京后为崇祯帝发表，照样录用故明大小官吏等行动时，就颇受弘光政权的赞同和欢迎。因此，弘光政权认为，引导清军入关的吴三桂是大名鼎鼎的有功之臣，并加封他为蓟国公，赐银五万两，米十万石。以兵部尚书史可法为首的一批大臣，企图联合清军共同镇压农民军，并于六月中旬向弘光帝提出了"联清讨贼"的主张。朱由崧接受了史可法的意见，派遣左懋第、陈洪范等人携带银十万两、金一千两、缎绢一万匹为酬夷之仪。另赏吴三桂银一万两，缎二千匹，北上与清廷议和，于十月十二日到达北京，以割地、岁纳白银十万两等为条件，请求清军不要南下，建议联合进攻农民军。

多尔衮本想趁热打铁，双管齐下，一举消灭弘光政权及农民军。但考虑到同时开辟几个战场，战线太长，兵力不足、粮饷不济，难以达到预期目的，于是，他审时度势，利用弘光政权灭"贼"心切的动机，对南明采取了不战不和的缓兵之计。从而制定了先西取农民军，后南攻弘光政权的战略方针。多尔衮把农民军看成是最没有合作可能性的敌人，深怕他们卷土重来，从而乘他们兵败如山倒之机，急命吴三桂为先导，带领清军日夜兼程追击，甚至在路过北京，吴三桂提出要入城探望家室时，多尔衮都不同意其停留。以武力统一全国，是多尔衮坚定不移的方针，他在作战对象发生变化的情况下，把攻击的锋芒首先指向农民军，这样可以达到一箭双雕的目的：即以此证明多尔衮宣称的清得天下于"流贼"的口号付诸军事行动；便于清军集中主要兵力各个击破敌对势力，避免了东西两面同时作战，从而取得政治上和军事上的主动地位。

顺治元年五月初一日，吴三桂及阿济格、多铎遵照多尔衮的命令，过芦沟桥，第二天追到庆都(今河北望都县)与农民军相遇。农民军为了对付来势凶猛的劲敌，遣辎重先行，以轻兵殿后拒战。交战之中，忽然狂风大作，尘沙泛起，农民军旌旗都被折断，鏖战不利,人马倒退,再次败走。这是农民军撤出北京之后的一次重大战役。清朝夸耀他们的胜利,说两战两败之,贼势益不支,鸟兽骇散。

当清军追到定州(今河北定县),李自成亲自率军参战,将士损伤惨重,连李自成本人也受了伤。接连不断的失利,使河南许多州县背叛了农民起义军。李自成召集诸将谋议,于是产生了一次影响深远的内哄。当时制将军李岩请求率兵两万前往河南平定叛乱,重建立足之地。李自成应允后又表示怀疑。牛金星此时阴有异志,乘机进行挑拨离间,对李自成说:"李岩雄武有大略,非能久下人者。河南是李岩的故乡,假以大兵,必不可制。李岩闻宋军师十八孩儿之谶,欣然有自负色。我军新败,人心动摇,其欲乘机窃柄以自己为王。不如除之,无贻后患。"牛金星分明是诬蔑李岩要在农民军内另立山头,拉出一支队伍,将来自己当皇帝,李自成信以为真。牛金星即以李自成命邀李岩、李牟兄弟共饭,酒席宴上设伏兵将李岩、李牟杀害。此事发生后,宋献策既愤慨又害怕,随后不辞而别。刘宗敏按剑切齿地痛骂说:"牛金星无寸箭之功,敢杀我两大将,我当手剑斩之。"为此,李自成农民军内部引起混乱,军心动摇,战斗力受到极大削弱。

由于李自成农民军在西撤时缺乏统一的部署,沿途指挥失灵,调度不当,致使与追击的清军多次仓促应战,屡战屡败,加之各地旧明官绅纷纷降清,配合清军共同与农民军为敌,从而使山陕以东以南的广大地区都脱离了农民军的统治。于是,原大顺政权统治区就形成了这样的局面:晋、陕仍在农民军手中,黄河以北的冀鲁地区属清廷,黄河以南如豫、鲁、皖、鄂的部分地区或在当地豪绅的统辖之下,或归于南明。为了保存实力,调整部署,伺机再起,李自成农民军被逼退入山西和陕西地区进行休整。

吴三桂、阿济格、多铎等追击农民军的部队当进至保定府时,因长期征战,人困马乏,也逐渐失去了应战的能力,遂于五月十二日率领部队返回北京,多尔衮派范文程等迎劳。为此,多尔衮所布置的第一阶段的追歼农民军的作战任务告一段落。

六月十八日,顺天巡抚柳寅东向多尔衮建议说:"秋天将临,朝廷应早做决断,如今之事最紧急的莫过于大顺农民军问题,要解决这个问题,必须调蒙古人入三边,我们则举大军攻打山西、河南,使农民军腹背受敌。同时扼守住通往四川、湖北的道路,然后再顺序解决东南问题。"此意正中多尔衮下怀,立即表示同意。但在策略上,多尔衮又区别主次对手,而采取不同的手段。

当时,除李自成农民军活动在晋、陕地区,张献忠农民军活动在四川地区外,在中原,如天津、山东、河南等广大区域里,小股农民起义军风起云涌,致使清朝统治者防不胜防。小股农民军的活动特点是就地坚守,同广大人民群众混杂在一起,采取流动作战或利用洞穴游击战等形式,使清军疲于奔命。于是,多尔衮对大顺农民军仍采取大规模的武装镇压手段,对反清的地主豪绅武装或小股起义军则采取剿抚并用的手段。为此,兵部右侍郎金之俊于七月初一日启奏多尔衮说:凡是小股反清武装归顺的,应该赦免其罪,分别对捉其首领的加以奖赏,然后把这些投降者安插到各州县,设牌甲管起来,没有产业的要想办法安排。多尔衮对此表示赞同,说:他们本来也是我的百姓,首领能率众来降的,自然应当赦罪;同党能捉首领来献的,自然应当论功。但投降者必须把马匹、兵器全部交官,才见真心。多尔衮把小股农民起义军看作大顺农民军的外围力量,只有首先清除这些外围力量,才使大顺农民军得不到战略上的呼应和支持,而且也便于稳定后方。

为此,多尔衮先派遣固山额真巴颜、石廷柱等征剿京畿红西口;派固山额真金砺、梅勒章京李泰统兵剿抚天津等处;令投诚总兵孔希贵镇压京畿三河县抗清农民,令户部侍郎王鳌永招抚山东、河南;尔后又派遣固山额真觉罗巴哈纳、石廷柱平定山东;令固山额真叶臣率部征招山西。这些措施很有成效,小股农民军抵抗不住训练有素的清军的镇压和招抚,纷纷解体和归顺,仅河南的地主武装首领李际遇,就将所辖的一府、二州、十二县、千余大小山寨及兵士二十七万全部归顺了清军。大顺农民军的外围逐渐被清军所控制,处于孤立的境地。多尔衮见时机成熟,便命叶臣于六月十四日率兵攻打山西。但进展缓慢,游弋于河北饶阳、束鹿一带。七月初,多尔衮又命觉罗巴哈纳、石廷柱从山东增援山西;并以马国柱为山西巡抚,与恭顺侯吴惟华一起对山西施加压力,方得进展。加之原明大同总兵姜瓖早在李自成进军北京时,自知不能敌,先归降了农民军,现又见农民军大势已去,遂以大同、宁武、代州等地归顺了清军。清军轻而易举得到晋北,于是避开晋中一带的农民军主力,沿彰德而下,从晋南攻打泽潞一带,这样清军对晋中农民军便形成了南北夹击之势。

八月初一日,驻扎大同一带的吴惟华向多尔衮献上"征西五策",其中有关战略战术的建议有两条:一是以"贼闻我兵西征,必集众据守河口,我师争渡,非万全之道"建议派一部兵力直奔蒲津(今华阴附近)与农民军相峙,另派一部兵力从保德(今府谷附近)渡黄河,从延安、澄城、邠阳等处直捣西安。如果农民军内撤,清军便可渡蒲津,长驱直入。二是可令蒙古发兵从边外渡河套,入口后由长安西路截击,以断绝农民军西逃之路。多尔衮认为此策妙而险,非常高兴,鼓励吴惟华尽心尽力,以建奇勋。并以此布置对大顺军的围剿。

九月初,多尔衮给宣府总兵王应晖发布命令,说多铎统率的前营兵将定于本月十一日起行,"到时听十王(即多铎)号令,其宣大等处、口外蒙古等兵,亦奉调会合十王大兵,从宣府地方经过,传与人民,勿惊慌……续后六师征讨,由潼关、固关等处分道并进"。没有多久,叶臣率部攻下晋南的泽州、潞州及豫北的怀庆,招降了故明副将、后投降了农民军的董学礼,令其驻守黄河西岸。十月初叶臣率部攻克固关,围攻太原。太原守将陈永福率部竭力抵御,奋战而死,太原陷落,所属五州十二县均为清军所占领。山西大部已掌握在清军手中,多尔衮看消灭农民军在即,于是部署更大规模的战略行动。

十月十九日,多尔衮命和硕英亲王阿济格为靖远大将军,率领平西王吴三桂、智顺王尚可喜等满、蒙、汉军三万余骑,由山西经陕北攻击西安李自成农民军。多尔衮又命豫亲王多铎为定国大将军,率恭顺王孔有德、怀顺王耿仲明计兵二万余骑,欲渡黄河南下征南明,待机出师。

十月二十二日,经过休整的大顺军,元气复振,于是出兵两万余人渡过黄河,进攻已经陷落的河南怀庆。怀庆府北临太行山,南界黄河,是南北要冲。大顺军攻克了济源和孟县,在柏香镇击毙了清军提督金玉和,重创叛将董学礼部,乘胜追击,围攻怀庆城沁阳。清卫辉总兵祖可法急速赶到沁阳组织守城,河南巡抚罗绣锦也火速向多尔衮求援。多尔衮接到罗绣锦的告急文书后,立即下令多铎军按原计划于二十五日启程南下,但顺路先去征剿农民军,如果进军顺利,全歼了农民军,则继续按原计划南下;如果农民军撤退,则跟踪追击,与阿济格军一起,形成两面夹击之势,攻打西安。多尔衮同时派人赴阿济格军中,通告军情变化。又紧急征调山东、山西的清军,增援阿济格和多铎。多尔衮随机应变,及时调兵遣将,调整部署,于是对农民军形成了合击之势。

在清军援兵未到之时,大顺军取得了反攻怀庆之役的胜利。这是李自成全面反攻计划的一部分。由于当时清军基本占据了山西,李自成被迫放弃了从山西北上的企图,从而改从河南开始恢复大业。但此时又传来清军自河南向潼关进发的消息,李自成一时进退两难,不知兵向何方。

十二月初一日,多铎率前锋从孟津渡黄河,下河南,沿河寨堡望风归附。二十二日,沿黄河西进,至陕州(今河南陕县),败大顺军张有声部,进逼潼关口,距城20里外立营,等候红衣大炮援助。李自成、刘宗敏领兵赴援。这时阿济格、吴三桂等人的部队却未急进陕北,而是擅自绕道蒙古土默特、鄂尔多斯等地索取马匹财货,耽延时日,迟迟未能入边,大顺军在潼关城外凿重壕、立坚壁,拦截清军的进路。与此同时,李自成等率领的援军也赶到潼关。二十九日,双方初次交战,刘宗敏迎战失利。

顺治二年正月初四日,大顺军制将军刘芳亮率众千余攻袭清军兵营,双方激战,互有伤亡。初五、初六两日再次袭击清军兵营,受挫。十一日,清军调来红衣大炮,猛烈轰击潼关城,农民军分兵数路偷袭清军侧后,横冲清军阵地,并几度组织反击,都未能奏效,李自成只好率主力撤回西安。十三日,清军攻陷潼关,大顺军守将马世耀诈降被杀。潼关是入陕门户,潼关失守,三秦难保。这时阿济格、吴三桂部自保德渡河据绥德,从背后扑来,李自成欲返延安不成,欲守西安难保,立即决定放弃西安,率军出东门,经蓝田、商州向河南转移。行前,李自成命田见秀焚宫室仓廪积聚,田见秀说:"秦人多饥饿,留此米活百姓。"因此只烧东城一楼。大顺政权从此走上了下坡路。十八日,多铎率军占领了西安。

清军捷报频频传到北京,多尔衮及文武群臣齐集于武英殿行礼称贺。多尔衮传令多铎,表示对攻克潼关、西安,打败农民军感到无比高兴,认为攻破了农民军这个主要敌人,全国的统一大业也基本告成。下一步是继续南下,按原计划攻打南京,消灭农民军余部的任务交给阿济格去办,并勉励多铎说:"大丈夫为国建功,正在此时。"同时下令给阿济格,指责他耽误战机,并把肃清农民军的重任交给他。多铎建功心切,他既不待阿济格前来会师,也不等多尔衮的命令,于二月初离开西安,由潼关再入河南。

阿济格本来就耽误了战机,入边后又在榆林、延安一线遭到李自成部将李过、高一功的坚决抵抗。大顺军坚守了二十天,直到弹尽粮绝,此时听说李自成已放弃西安,这才从延安突围,向汉中转移。这时阿济格已经接到多尔衮的命令,不敢再耽搁,继续进军,追击李自成。李自成于二月初进入河南后,在内乡休整十余天,听说多铎部也进入河南，阿济格部又尾追不舍，遂于二十日率军南下湖广，自樊城浮桥渡江至襄阳，遭到南明政权左良玉部的阻击，牛金星随其子牛铨留于襄阳，从此脱离了大顺军。二十三日，大顺军分三路趋武昌，一路走随州（今随县）、枣阳；一路向荆门州；一路由水路下汉口。这期间，阿济格军在邓州、承天（今湖北钟祥）、德安、武昌等地连续击败大顺军。武昌一战，农民军伤亡惨重，刘宗敏及李自成的两位叔父被俘遇害。李自成欲东进江西，困途中遇到风雹，便改道堡安、金牛镇退往通山。阿济格急忙上疏多尔衮，宣称李自成已死，农民军"尽皆剿除"。待清廷告祭天地太庙、宣谕中外以后，阿济格又声称"闻自成逃遁，现在江西"。为此多尔衮严厉指责阿济格所报军情前后互异，"岂有如此欺诳之理？"

五月底，李自成率亲随二十余人在通山县九宫山牛脊岭观察地形，不料遭到当地地主程九伯的武装乡团袭击，全部殉难。阿济格闻讯，派遣素识李自成者前往辨认其尸体，因尸体已经腐烂而辨别不清。李自成死难时只有三十九岁。当大顺军将士得知李自成被杀害的消息时，无不失声痛哭，并对程九伯的武装进行了大规模的报复。

之后，占据湖北部分地区的大顺军与从延安撤下来的李过（后改名李锦）、高一功部会师，余部尚有三十余万，先后在李过、李来亨等领导下，主动与南明政权何腾蛟部结成抗清联军，继续坚持抗清斗争，领导荆襄十三家农民军（时称夔东十三家），据守荆襄、巴东山区近二十年之久，最后于清康熙三年（1664年）失败。

阿济格消灭大顺军主力后，挥军沿长江东进，行抵东流县，明宁南侯左良玉之子左梦庚率总兵十二员，马步兵十万前往阿济格军营请降。为此多尔衮奖慰阿济格等驱兵万里，劳苦功高，令其率军班师。但阿济格在未接到班师诏书之前已擅自启程返京。八月，多尔衮令群臣议阿济格出师绕道，不候旨班师以及回京后在午门前张盖而坐等罪，将其降为郡王，罚银五千两。

三

清军自入关之日起就强迫汉人剃发，延续了在关外辽东地区的政策。但是关内情况与辽东地区不完全相同，尤其清军刚刚踏上这陌生的土地，立脚未稳。所以为形势所迫，曾一度取消剃发令。

就当时形势而言，虽然清军进入北京但全国形势对其十分不利，各方政治势力还很强大。李自成和张献忠两支农民军雄据西北和西南；明朝虽然灭亡，明军各部分别占据一方；还有无计其数的地方草寇，出没无常。单就这些武装的数量就几倍于清军，如果由于下达剃发令而引起民情鼎沸、各军联合，则清军无论如何是招架不住的。多尔衮面对这样的形势如坐针毡，他很明白如果弄不好，不用说征服形势莫测的南方，恐怕连退回关外老家也成为困难的。他在一些明朝降臣的帮助下才有效地控制了北京城，既据有北京城就必须考虑统一全国，所以为此大计必须收买人心稳定形势，以抽出力量集中打击强大的农民军及各敌对武装势力。这样于五月二十四日，清军进入北京城下达剃发令的二十天后，下达了罢除剃发的政令。"以前，因为归顺之民无所分别，故令其剃发以别顺逆。现在听说违背了民众的愿望，这样也就违背了想以文教作为定民之本的初衷。从此之后,天下臣民照旧束发各从自便。"政令中解释了以前执行剃发令的原因,是为区别降与不降,现在根据民众的要求罢除剃发令,让汉人享受到束发绾髻各行其便的自由。不用说,这个政令是深受汉人欢迎的,单就这个政令的很快颁布也是汉人努力争取得来的。

剃发令的罢除当然是总的形势促成的,但对满洲贵族来说总还有一个认识和转变过程,其中必定有一些人的意见在多尔衮面前起了较大作用。这个关键环节和具体内容,对民众和后人也许都是秘密,因为官修史书没有明文记载。但从一些当时人的笔记中看到一些情况,都反映吴三桂于此关系较大。据当时人陈济生著《再生纪略》记载:五月十二日吴三桂奉命进京,向多尔衮提出了许多建议,其中就包括请求放宽剃发的命令。又见张怡著《谀闻续笔》中说:"吴三桂奉命进京,刚进朝阳门时,见到出迎的百姓已剃发,他为之垂泪而叹息地说:'清人轻视中国呀。以前他们得了高丽,也要行剃发令。但高丽人以死相争,表白现实衣冠相传数千年,若剃去头发宁愿去掉头颅。清人也就没在高丽推行剃发令。而今堂堂天朝却不如属国。我来迟了,耽误了大事。'"之后,吴三桂进入皇宫向多尔衮等极力请求免除剃发令。过了半个月,多尔衮传下令来自责地说:"不顺民情是我的过错,今后蓄发戴帽子全都照旧制而行。"综合当时情况分析,这些记载当属可能。从吴三桂的思想情况分析,他与其父(其父吴襄)作为明朝高级将领,所谓世受皇恩忠君报国的观念是比较深的。在明朝灭亡的形势下,不得已剃发请清兵帮助企图重振河山。他当然不会甘心情愿清军为所欲为。山海关之战以后吴三桂引导清兵西行。至北京城下多尔衮不许他进城,令西追李自成。于是他继续追击,在庆都、真定两地大战,把李自成追向山西退去,这样北京的威胁暂时解除了。于五月十二日才得以进入北京,城内的状况与他对人民宣布的主张完全不同,丝毫没有扶明的气象。剃发、迁城两令相加民情汹汹,他为之气愤和激动,请求免除剃发的建议当属可能。况且吴三桂手握重兵,在大局未定的情况下,多尔衮也明白不能与之反目,所以接受其建议也是必然的。

剃发令的罢除无论是对争取汉族官员阶层的支持,还是安定民心缓和民族矛盾都是有利的。据当时目击者们记载,虽然北京城内各处市民已经被迫剃发,但是仍穿戴着旧时衣冠,不失华夏仪表。可见人们是多么愿意与竭力保持传统装束仪表。可以推想人们一旦听到罢除剃发令,将是怎样一种获得解脱的轻松愉悦的情绪。又据时人记载,罢除剃发令的第四天,多尔衮开始按照明朝的礼仪举行朝仪。还在一次朝仪上汉官们看到明朝两个藩王即德王和晋王坐在多尔衮的左右。而且降清的汉官大部分人仍穿戴明朝官服,行明朝之旧制。可见罢除剃发的政令是既得官心又得民心。

罢除剃发令的良好政治效果,不仅表现在京城,而且在各地也都表现了出来。因为它是汉人最关心的事情,是人心向背的契机,传播极快,反应明显。六月,在山东受招抚的明参将凌岳报告说:自从接到了兵部关于民免剃发的传令以后,曾经骚动的民众情绪一下子安定下来。七月，山东巡抚朱郎镳启请，派往山东的三个满官要按照明官式样，穿圆领官服，头戴乌纱，再去见百姓办理政务。多尔衮表示同意。可以想象这样尊重汉人传统的满官上任，是不会引起百姓反感的。明朝守将总兵官郝之润投降时，免除剃发令也给他以鼓舞。皮岛降臣声遥在致其五哥的劝降信中尤其提到免剃发的重要条件。他五哥是前明漕河总镇。信中说："开科取士蓄发束冠一如前代之制。""望兄台尽快审度形势早来投诚。"九月明朝阁臣史可法在给多尔衮的复信中也称赞罢除剃发令的新政策。由此可见罢除剃发令，对沟通满洲贵族与明遗民之间的关系是很重要的。罢剃发令迅速传遍华夏，并且在所有地方都产生了积极影响。

形势安定以后，十月清廷从沈阳迁到北京。顺治帝进入北京皇宫以后发布即位诏书。这是重要的历史性文件，它宣告清王朝的开始，其中包含着新朝的执政纲领。次年三月清兵打败李自成进入西安城以后也发布了文告，以及四月清兵南下的告示，都是申明对被占领区的政策的文件。在这些重要文件之中，都没有要求汉人剃发这一条，说明多尔衮下达的罢除剃发的政令已为清王朝正式认可。这是清王朝自建立以来的一项重大的政策改变，并且得到了认真贯彻执行。清顺治二年(1645年)五月，清兵攻入南京以后，南京都御使李乔率先剃发易服，遭到多尔衮的同母兄弟，努尔哈赤的第十五子豫亲王多铎的明令谴责。其告示中说："剃头一事，本国(指满洲人自己)相沿成俗，今大兵所到，剃武不剃文，剃兵不剃民，你们不要不遵法度，自行剃发。前有无耻官员先剃求见，本国已经唾骂，特示。"多铎唾骂了那些未经允许自行剃发的无耻汉官。可见清军着实认真执行了罢除剃发的政令。

剃发令行而复罢，先降的已经剃发，后降的没有剃发。在清军南下时又实行剃武不剃文，剃兵不剃民。在官吏当中，满官与辽东旧臣剃发，新降的汉官不剃发，这便形成了所谓"一半剃一半不剃"的局面。这时中国传统的大一统思想，在每个人的心中冒了头，都不愿意各随其便的局面。所以一部分汉官建议，清朝既代明而立，礼乐衣冠制度应该沿袭中国历代成法，满洲文武官员也宜于一体从汉。另一部分汉官们看到清兵即将进入南京，清朝代明而立已成定局。在这样的形势下，为博取满洲贵族的欢心，便倡言恢复剃发，所谓全国官民应衣冠从满方成一统。这样围绕着从汉制还是从满制，在朝廷汉官内部形成两派，论争激烈。主张剃发者为当时的内院学士李若琳、冯铨和孙之獬等。反对剃发者是绝大多数汉官，朝臣中以赵开心等人为代表。五月二十日，清兵已经进入南京，但北京还没有接到报告，陕西道监察御使赵开心，因得知李若琳向多尔衮建议恢复剃发，于是上章奏弹劾李若琳。文中说，"现在我清朝定鼎四海逐渐归一，正在准备以礼乐衣冠之制度治理天下。但是缙绅中有人早就垂涎内院之职，则借首先剃头，为升官而取宠，以资朝廷所用。大学士李若琳忽然传说王上有官民剃头之旨，满朝文武争相为之惊愕疑问。高丽国归顺大清已十数年了，没有因为不剃头而萌叛志。如果已委身清朝的汉官们却怀二心的话，那么反而连高丽也不如了。目前江南各界正在观望北京的形势，倘若闻听剃发之风，人们就会畏惧不敢前来归顺。所以倡言剃发是阻人归顺的障碍，国祸也将由此而生啊。"赵开心的启请完全是从有利于清王朝争取人心，尽快统一全国的长远利益着眼，并不一定出于对明王朝的怀旧之情。但是多尔衮却不这样理解，不但没有采纳赵开心的建议，反而大怒。他说："现在愿意学习本朝服制的反被说成讪佞，难道想要让全国官民不尊清制而坚持作明朝人物吗？又引朝鲜不曾剃头，是又想将我平定中国之臣民，完全等同于朝鲜外国吗？若不愿意剃头者也不必勉强，其情愿剃头者我要不断嘉许他们。"多尔衮的这段批语在朝臣中引起更激烈的反响。当时兵部侍郎金之俊上疏说："臣接到邸报后，看到御使赵开心一本，其措词也有不当之处。人品邪正不关系头发的去留，固不能以束发为错或对，又怎能把剃头视为尽邪呢？总之皇家版图既已混一，是满是汉均我朝之臣，有发无发比肩事主。凡臣子所以报效朝廷者在肝胆不在面貌。至于朝廷所鉴知而嘉奖之人，必取其精白之心，非取其服饰之属。况且台臣既然知道有如日如星一样闪耀光芒的蓄发令，何必过虑同事的剃发倡议呢，以至于之间多一层猜度和动摇呢？希望大小臣工和衷协力，共事尧舜之君，讲求仁义之政，不要再集聚纷纷词讼于上。"金之俊本以为这份调和的，又明显偏袒李若琳的词章会得到多尔衮的赞许。结果也遭到驳斥，批文写道："人臣进言，是非应有确论，此奏尚属含混。"很明显满洲贵族的意图并不在于制止论争寻求安定。八月，李若琳因遭众恶，上奏要求去职时，多尔衮在他的奏章中批道："李若琳首先剃头为众所恶，应当更加竭诚尽职，不必求罢。"由此可见，满洲贵族还是主张剃发，不管赵开心努力维护蓄发，措词严厉地批驳再复剃发的建议，还是金之俊调和弥争的主张，都不符合满洲贵族的心愿。虽然李若琳恢复剃发的建议引起混乱，遭到多数汉官反对，还是得到了满洲贵族的大力支持。也由此看到，满洲贵族恢复实行剃发令特别需要汉官的支持，而李若琳等倡言剃发正迎合满洲主子的心理。满洲贵族也正利用权力扶持主张剃发的弱小的汉官势力。

五月二十八日，清廷得到清军进入南京的捷报。南京是明朝的第二座都城，在那里同样设有行使国家职能的中央分机构，以统治南部中国。所以占领南京具有重大意义。军事上的成功对满洲贵族是极大的鼓舞，也坚定了恢复剃发的决心。二十九日，多尔衮在召见内院大学士时，决定恢复剃发。他说："近览章奏，屡以剃发事引礼乐制度为据加以反对。本朝何曾无礼乐制度？今不遵本朝制度必欲从明朝制度，居心何在？我一向爱怜群臣，听其自便，不愿剃头者不勉强。今既纷纷如此说，便该传旨，令官民尽皆剃头。"满洲贵族决定再行剃发，使许多主张免除剃发的汉官着了慌。一齐启请："王上一向爱怜臣民，臣民们都十分感激和敬仰王上，况且统一江南的日子就要到了，还望王上宽容。"满洲贵族强令剃发，并不是一时火气所致，而是到了实行剃发令的时候。因为不利的形势已经过去，他们就要居于主动地位。所以许多汉臣的哀怜请求是无济于事的。多尔衮断然改变了自己原先"听其自便"比较开明的主张，背弃了罢除剃发令时对人民的诺言。当然，也可以说他本来就没有想过罢剃，只是在危急的形势下采取了暂时的措施，当紧张形势得到缓解后，立即撕下假面具露出凶残的真相。六月十五日，礼部向全国发布剃发令，命令江南各处投诚文武官员和军民全部剃发。果然不出反对者所料，这激起了各地人民的强烈反抗。关于各地情况暂且不提，仅在北京朝廷官员之中，汉官们主张剃发和反对剃发的两派斗争再进入高潮。就在这一年八月，正当江阴、嘉定、苏州等地人民的抗清斗争达到高潮的时候,在朝廷中发生了以御史吴达、李森先、王守履、桑云,和给事中许作梅、庄宪祖、杜立德等,群起弹劾大学士冯铨,并词连李若琳和孙之獬的斗争。冯铨原系明末阉党,依附魏忠贤,官至大学士。崇祯时已废弃不用,在涿州老家闲居。清兵进入北京以后,五月十四日写信给他,召他入京。他本是在官场上走到了尽头的人,现在又能重返朝廷,怎么能不受宠若惊呢?闻讯即至。多尔衮赐他以官服衣帽并鞍马银币,又被任命以原官在内院与大学士范文程等一同办事。他自然为新主子格外卖力气,随侍在多尔衮左右出谋划策不遗余力。清顺治元年十月,南明福王朝廷派左懋弟奉使到北京。多尔衮询问内院诸人,如何处理南来使臣。某王子说,杀了他。多尔衮摇手。冯铨说:"剃了他的头发拘留在此。"后左懋弟被拘,但坚决不剃发,次年被杀。冯铨对多尔衮来说,的确是得力的驯服的降臣。冯铨也继续施展在明廷上的故伎,处处邀宠取媚。如同吴达等在疏中揭发他:一、为魏忠贤阉党余孽,故习不改,招权纳贿。向降臣大同总兵姜壤索银三万两,许诺封官。二、命其子冯源淮擅自进入内院,设宴终日欢饮结纳中书学士诸官。三、利用职权使人畏惧逢迎。李森先的章奏措词更严厉,他提出冯铨乃奸相误国,倾覆明朝社稷,又乱本朝法度,应立彰大法,戮之于市。问题提得相当严重。对此朝廷保持沉默。杜立德又在奏章中催促说,各位大臣根据事实控告冯铨已经十余日了,没有得到摄政王的回复,现在朝廷内外大小臣工都义愤填膺。汉官内部的斗争进入了刀兵相见的白热化程度。迫于形势,多尔衮召集大学士、刑部、科道官共同进行勘问。冯铨仰仗多尔衮的恩宠,对于指控逐条反驳。结果以魏忠贤逆案事在前明,清兵进北京后已经宣布赦免,不许再行追究。关于接受贿赂一事,"查无实据"。于是多尔衮对弹劾者大加申斥,认为这是前明党争的继续。革了李森先、许作梅等人的职。并宣称:"冯铨自投诚后,剃发勤职。孙之獬于众人未剃发之前,就已剃头,举家男妇皆效满装。李若琳也率先剃头。因此遭到那些不愿行剃发令的汉官们结党同谋陷害。"多尔衮的这段话揭穿了这次斗争的实质,的确是由于倡言剃发而引起的,是反对剃发的李森先、许作梅、吴达、杜立德等众多汉官们,向倡言剃发的冯铨、孙之獬、李若琳发起的猛烈进攻。本来冯铨等人是不堪一击的,但是决定斗争胜负的是掌权的满洲贵族,所以反对剃发的一派不仅失败,而且受到严重打击。倡言剃发的冯铨一伙从此以后更加得到多尔衮的信任。冯铨在内院佐理机务,并职司票拟担当最重要的工作。据在北京的朝鲜使臣记载:"明朝之人在清国做官的,如冯铨、洪承畴、刘守洚诸人,皆怀害我之意。承畴专以大凌河之败归罪于我。冯铨则累次上疏请令朝鲜一体剃发。在我之计不可不出捐金帛,交结此辈。"足见冯铨猖狂到何种地步,连朝鲜国的事他也要管。他也得意到了连朝鲜国都要赂贿他讨他好的地步。孙之獬也是冯铨之辈,原为明翰林院侍讲,因献媚魏忠贤而入于逆案。顺治元年五月降清后任礼部右侍郎,后任兵部右侍郎,江西招抚。冯铨、孙之獬、李若琳等虽然得到清廷的重用,却同时在汉官汉民中都以率先剃头,和倡言全国剃头而声名狼藉。时人谈迁在《北游录》中说:"甲申(1644年)五月三日,摄政王入京,下令剃发。后来又允许百姓保留传统服装发式。乙酉(1645年)六月,淄川(山东省淄川)孙之獬、李若琳各上章奏请求恢复剃发。之獬还说与妻子儿女一并辫发满装。遂授与兵部右侍郎。"史悖在《恸余杂记》中也记载:"清朝入都北京之初,孙之獬曾上疏表白:他的妻子是最先放脚的。"在当时士大夫阶层中,在闺门深锁的习俗中,互相羞与谈论妻子的脚,更不必说在朝廷之中。可见孙之獬急于献媚到了何种的程度。王家桢在《研堂见闻杂记》中关于孙之獬率先剃发易服的事记载更详细:"清朝建立之初,衣冠一仍汉制,凡朝中汉臣皆束发顶进贤冠,穿长袖大服。入朝时由于服装发式不同,分为满汉两班。有山东进士孙之獬首先剃发,独得多尔衮的欢心,于是归于满班站立。而满班大臣以为他是汉人,不受。他又归回汉班,则汉班大臣以他为满班服饰,也不容。于是他羞愤上疏,其大略说:'陛下平定中国,万事都应以新朝建立而更新,唯独衣冠束发之制,仍从汉人旧制。这是陛下从中国,而不是中国从陛下呀。'于是削发令下。而中原之民被激怒已极,人人无不思铤而走险,所以反抗剃发的斗争处处蜂起。江南百万生灵,尽抛尸荒野,都是孙之獬一言所激造成的。究其原心并不是想杀害百万生灵,止起于贪慕富贵。但是他这一无耻的念头,却酿成荼毒无穷的祸害。恐怕聚十六州之铁也铸不成的一大错呀。"当然决定恢复剃发的满洲贵族,并不凭孙之獬的只言片语,而是如前面探讨的,出自他们的利益,早就拟定的治国方针。孙之獬得意于一时的献媚取宠,却得罪了天下人,贪得一官却丧了生命。清顺治四年(1647年)山东谢迁起义,攻破淄川,绑缚孙之獬一家。谢迁指骂孙之獬说:"你贪得一官,编天下人之发。我现在应该给你种上头发。"于是锤其头颅,插发数根,惨死。孙之獬民愤之大由此可见。中国的士大夫们历来重视个人作用的历史效果,所以有人名垂青史,有人遗臭万年。《谀闻续笔》在记剃发令恢复实行的原因时说:"次年(1645年)以贼臣李若琳、孙之獬之倡言,始复剃发之令。二贼真天下之罪人。"

综上所述,剃发令罢除以后又行恢复,一部分降清汉官起了很大作用,他们的历史罪责是无法推诿的。降清汉官中之所以出现这一批人,当然同他们的人品有关,他们贪图高官宠位,急功近利;又和明末复杂的社会情况有关。由于长期党争使汉族地主阶级处于分裂状态,一部分人属于逆案被废弃不用,明朝不亡他们无出头之日;也由于农民起义和攻占北京,一部分朝臣投降了李自成。李自成的迅速失败使这些人不知所措,急于投靠新的主人。正是这些急于得宠升官、希图重返朝廷投靠新主子的汉官们,为一己私利献媚当权。在归降汉官中率先剃头者,为金之俊、沈惟炳、王鳌永、骆养性等人。他们均因率先剃发而加官晋级。还有冯铨、李若琳、孙之獬不仅率先剃发,而且积极倡言在全国行剃发令,给满洲贵族复下剃发令以极大的支持。应该承认他们在清初满洲贵族奉行剃发政策中起了重要作用。

剃发令是一个野蛮的政策,其所到之处无不引起汉族人民的极大愤慨。其中尤以江南地区民众自发地组织起来,进行反剃发抗清斗争为最烈,清军对这里人民的屠杀也最残酷。对于这段悲壮的历史清代官修史书是不会作全面记载的,所以下面的记述多依各种笔记史料,真实具体地反映了实行剃发政策的社会效果。

清顺治二年五月二十五日,苏州被清军派遣的官员接收。由于满足了苏州民众不剃发的要求,所以社会稳定民安业生。但是六月十日情况突变,城外官兵收入城内,十一日水陆城门紧闭,通衢张贴剃发的榜文。民情由此激愤,促成武装起义。当时在苏州东部陈湖有地方武装在活动,他们与吴县诸生陆世钥所聚之众联合起来,又联络盘踞太湖的渔民首领赤脚张三,和数日前在吴江县起义的吴易,以及前明吴淞总兵吴志葵,组成了万余人的队伍。公推吴志葵为首,下有蒋、陈、朱、鲁诸将。大家多以白布裹头,额加红点,称作白头军,打起大明旗帜宣布起义。据目击者记载:十三日早晨天还没亮,忽听一声炮响,城门外火起。先是有民兵从东门进入,然后六门俱开,白头军攻入苏州城。他们大多斩木为竿,间有执戈矛披甲胄者,队伍中打着两三面大明旗帜。城中居民也都行动起来,将巨石及木器堆垛在街上,用以阻碍北来兵马。小街巷口也都用石块垒寨,仅留小门容一人俯首出入。民兵于入城前先于阊门外击毁清人兵船两只,因船困于中流,船中数十人俱毙,听说其中还有名贵要人。接着纵火烧断阊门吊桥,大火延及月城内(大城城外用以障蔽城门的小城,又称瓮城。),民房全都化为灰烬。在城中,白头军又放火烧府、县署衙及都察院、北察院、监兑署,五大衙门俱成灰烬。由于当时白头军来得迅速,清军统帅土国宝不及防备,退入南园瑞光寺塔内暂以藏身。虽然民情怒不可遏来势凶猛,但时间一长临时武装的缺点便暴露出来。吴易、赤脚张三、陈湖陆家兵多无兵器,手持竹竿不懂战法,又漫无纪律。土国宝在塔内乘民兵稍懈后挥军而出,又逢总指挥吴志葵调动援助不及时,当与清兵接战时白头军大败。鲁之琪战死,吴易等人败退。于是清兵关闭城门搜索杀戮,抢掠妇女,城中死人无计其数。自此而后剃发令更严,不剃发或剃发不如式者,即为乱民杀无赦。也有因藏匿不剃发者,被仇家告发而被斩首者。繁华的苏州城一片凄惨。白头军退出城后转而活动在乡下,与住在城内的清军对垒,不时交战。乡民们没有剃发不敢进城,怕被清军杀害。城中人剃了发也不敢出城下乡,怕被当作清军奸细而被白头军杀害。有一位姓徐的教书先生本在乡下教书,想回城中探母,行至苏州城北门外,因没有剃发被绑缚送到土国宝处,土国宝下令杀他。他苦苦哀求得保性命,但被断去右掌。他负痛还乡此后成为废人。在苏州因为实施剃发而激变组织起来的白头军,一直没有屈服于清军的武力镇压,他们以太湖为中心,坚持抗清斗争达数十年,给清兵在江南的活动以很大牵制。直到清康熙初年首领赤脚张三被俘才告结束。

苏州是仅次于南京的江南大城,苏松巡抚衙设于此,统辖应天、苏州、松江、常州、镇江五府,经济文化都很发达。所以苏州的形势对江南地区影响很大。与苏州同时因剃发而举兵起义的,还有常熟、太仓、嘉定、昆山、江阴、嘉兴、松江等处,斗争也都非常激烈,是清初全国反剃发抗清斗争的重要地区。

常熟也是一座名城,在清兵占据南京以后,明知县曹元芳于五月十八日弃印逃去。县丞马天锡偷偷派人到苏州纳款。六月八日周荃来到常熟招抚,出示大清告示安抚百姓,索取了钱粮册籍。闰六月三日苏州方面正式派陈主簿管理常熟政事。常熟城内平平静静一如往日。七日剃发令传到县里,命令全县所有绅士军民在三日内全部剃发，"违者即行正法"。于是全县人民情绪激昂，议论纷纷。有人说："身体发肤，受之父母，难道剃了光头在家做和尚不成。我们如今偏一个也不剃。"也有人说："这是一朝新令，若拗别他，定然惹出祸来。"于是公推老绅士举人宋奎光为代表，相传约定于次日到城隍庙议事。十一日，城内外士民闻讯而至者达万人。中午时分绅士们到齐，一起向县衙陈主簿申述不便剃发的缘由。并建议行文上达，只令官府衙役守城兵丁遵令剃发，其余士绅庶民任其自便。陈主簿拒绝了大家的请求，摇头变了脸色说："剃发改装新朝严令，谁敢违抗！"并且传述巡抚土国宝的口令："不论绅士军民人等，留头不留发，留发不留头。南山可移此令不可动。"听到这里民众哗然，抬龙牌拥诸乡绅及陈主簿到察院署盟誓，断不剃发改装。民众之中有人大喊"不愿剃头的都跪下"，于是庶民万余人，各相传呼，从堂下到大门，全部跪倒在龙牌前。唯有陈主簿不跪，群起鼓噪而前，将他打死。常熟便从此宣告起义，公推前兵部职方主事严栻(字子张)领导义军。十三日苏州白头军的消息传来，对这里的人民是极大的鼓舞。严栻更抓紧组织修城防工事、武器工具，召集乡勇，每日亲下教场操练。当时江阴城也因剃发事起义，与清军激战形势危急。严栻派秀才金圹率四百人援助江阴。行军到周庄，被清军刘良佐率领的三千铁骑击溃，全军覆没。这时常熟城内的斗争进入了激烈关键阶段。常熟守城迅速败亡的原因还来自异己分子的破坏。与常熟邻界的崇明今属上海市，又称作福山，明朝旧官田仰等据此地拥立义阳王。他们听说常熟也举义旗，以援助为名，派遣胡来贡、时敏两人打入义军的领导班子。这是两个心怀异志的人，混进义军借用职权刮取军饷，排挤严栻。七月十三日清兵来攻常熟。时敏即先弃城而逃。严栻与清兵接战于城南，战斗激烈。根据战况严栻欲率义军退入城中继续战斗。但胡来贡居城内紧闭六门不接纳。严栻只有回过头来苦战，终于力不能支而败走。十四日将近中午时分城被攻破。胡来贡携带金银绢帛从西城门缒下而逃。清军入城立刻开始屠杀，到十五日傍晚，经过三十几个小时的时间，据有人统计共杀五千余人，被掠去男女不计其数。有人目睹了当时的状况，凡大街小巷、桥畔河干、败屋枯井，皆积尸累累。当时名人钱谦益本常熟人，与眷属常年住在南京。常熟家宅只留家人看守。清兵进城时家中早已竖降旗于门前。城内诸儒生以为清兵必不进降臣之家，竟相往匿于其藏书的降云楼上。结果清兵不从前门进，却由后面窗户越入，将看守家人都杀死。然后杀躲在降云楼上的人，只一会儿的工夫楼上楼下到处横卧着儒巾儒服的男尸。十六日常熟城被清军屠掠净尽，清军指挥佟某则金帛子女满载而归。没有杀绝的常熟人，在严栻的领导下再次起兵自卫。各以白布缠头，手持竹竿木棍为武器。八月十七日清军闻讯后，再派提督汪某率兵两千人，直奔常熟而来。严栻率乡民与清军战于城南华荡，乡民们再英勇也敌不住久经战阵骁勇的清军。严栻大败后跳入深水而逃。严栻不屈不挠的斗争得到人民的拥护和赞许。从事后流传的谚语中看到，他是英勇斗争的常熟人民的代表。"无锡人一柱香，江阴人一杆枪，常熟人严子张。"清兵再次进入常熟城，见到不剃头的就杀,重新洗掳一遍。

这样常熟县所属周围地方百分之九十的人已经剃发。而毗境义阳王所据的崇明全都没有剃发,和靠近崇明的常熟界内尚有百分之十没有剃发,剃发与未剃发者杂处。清兵见未剃发者便杀,取头颅去海贼(即义阳王)部请赏,叫作"捉剃头"。而义阳王的兵见到剃了发的就杀,拿去做鞑子首级请赏,叫作"看光胫"。八月二十五日清军将领汪某统兵巡察福山塘一带,传令剃发,顺从者抚,不顺者诛。结果又是一场大屠杀。其中陈家桥一带杀戮最惨,沿塘树木悬挂累累人头,都是全发乡民。

昆山守城也有一段可歌可泣的故事。六月初,清军派郡吏赵光吉来昆山索取图籍。县令杨永言拒不降清弃印离衙,藏匿于乡绅陈鸿勋家。县丞阎茂才带领缙绅及耆老们至苏州纳款。十二日清官周荃来昆山安抚,命县丞阎茂才出任县知事。至此昆山归降清朝已毕,社会、民心安定。

闰六月十二日忽然有"留头不留发,留发不留头"之传,民情为之骚动。十三日阎茂才正式传达剃发令,限五日剃完,"迟则死"。于是昆民哗然,集众盟誓于关岳庙前。人人手持白木棒,森严肃穆立于道上。中午时分,人们听说白头军已经打入苏州城,焚烧衙署。于是人们便将县令阎茂才拘捕推到城外,乱刀剁死。十五日推举旧狼山副总兵年已六十开外的王佐才任主帅,竖大明旗帜,设明太祖神位,宣布起义。十七日杨永言闻讯也与陈鸿勋一起募兵数百人,入城相佐。前明翰林朱天麟、徐开禧,举人周室瑜,贡生陈大任、朱集璜,庠生陶炎,以及诸生顾炎武、归庄等,都参加了这次起义。义军积粮募兵紧张备战。城内所有男子都戎服守城。这时出入城门的只有妇女们。城外徐开禧与朱天麟募乡勇,屯兵真仪,以阻挡从苏州方面来的清兵。七月初,清兵集结苏州。用大船载炮数十,顺流蔽空而下。初四日真仪兵首先迎战,但被清兵大炮击溃。五日黎明,清兵临昆山城下,数十门大炮向城西门猛攻。六日城被攻破。王佐才率兵巷战,直至矢尽力竭。他回到帅府冠戴整齐自杀身亡。朱集璜、周室瑜战死,杨永言从南门逃出。当夜大雨,顾炎武、归庄等都逃脱。清兵入城后屠城三日,杀戮一空。其杀戮之惨自不必说. 就逃亡之众之惨也令人为之叹息。逃民们涌入城门互相践踏,妇女儿童被挤死踩死无计其数。城外昆山顶上僧寮中藏妇女千余人,只因小儿一声啼哭被清军发现,妇女儿童被屠戮殆尽,血流奔泻如涧水暴下。当时昆山城内约有户口五万,其中被杀戮者占十分之四,沉河、堕井、投环自杀者十之二,被俘者十之二,逃脱者仅十之一,藏匿幸免者十之一。据有人统计,事后收埋死尸,城内外计两万四千余口。顾炎武的两个叔叔死于此难,其生母何氏被清兵砍折右臂。何氏是常熟人,后听说常熟被清兵血洗,绝食三十日而死。临终时嘱咐顾炎武不做清国的官,所以顾炎武终生致力于学问,成为明清之际三大进步思想家之一。归庄的两个嫂子和其六个子女都死于城中。清兵攻下昆山城后,昆民尽皆剃发。剃发后人们的思想感受如何呢?归庄曾在《断发》诗中写道:"一旦持剪刀,剪我头半秃。""华人变为夷,苟活不如死。"

从昆山向东进入嘉定县界,这里又是一个反剃发斗争的名城。因为嘉定民众不屈不挠反复斗争,遭到前后三次屠杀,所以史称"嘉定三屠"。

清顺治二年五月,清兵进入南京以后,嘉定县令钱默即于五月三十日弃印逃走。六月十四日安抚使周荃单骑到嘉定招抚。百姓们出城迎接。人们用黄纸书写"大清顺民"四字贴于家门,随即献上钱粮册籍,表明嘉定县已正式降清。六月二十四日清军派新县令张维熙到任。闰六月八日,降将李成栋及偏裨梁德胜奉命去守吴淞。其所率兵船百余艘载步骑两千,停泊于嘉定城东关外。十三日剃发令传到嘉定,恐怖气氛立刻笼罩全县。人们由恐惧而生叛志,剃发令催得越急,民情就越加激愤。集市之上有人大呼:"怎么能让明军来,怎么来保护我们的头发呢?假如有人出来领导起义,我们就随他去了。"表达了人们不甘心剃发,寻找保护的愿望和破釜沉舟的决心。十四日早晨,人们得知苏州发生民变,这时又有明吴淞总兵吴志葵来联络,说是即将统大兵进入嘉定县,请附近百姓于当晚用白布缠头,杂插柏枝、竹叶、红筷子、鹅毛为号,共剿关东清兵,事成有重赏。于是嘉定人民闻风而起,各路乡兵云集而来,城门彻夜不闭。其中以王家宅乡兵最为整齐,为首者名叫许龙。义民义兵当晚便举火烧了梁德胜的兵船,梁德胜率余众逃回吴淞,把李成栋从扬州、南京、镇江等处掠夺来的精金美玉付之一炬。同时杀清兵八十余人,战斗中许龙中流矢而死。六月十七日,嘉定人民便公推进士黄淳耀和前左通政侯峒曾作领导,布署守城。人们用木头和石块垒街断路,以遏止清兵。树旗于城上,旗上写着"嘉定恢剿义师"。将张县令驱逐出境,立下挨门出丁法:富裕人家出丁若干,衣粮自备外,还要出银若干,以备外地来援客兵之用。中户次之,下户只出一丁。所集义兵登城守堞,划地为信,搜杀奸细。各桥、道、扼要处派人昼夜巡视。乡间偏僻之处虽有五户人家也出兵参战,可见嘉定地方人民发动得非常充分。六月二十四日嘉定民兵首败清兵于此,并将李成栋的弟弟李成林杀死,逼迫李成栋军处于孤立绝境。他们自己也承认当时若几天不来援兵,就将全军覆没。七月一日嘉定共集乡兵十万人,再与清兵交战,由于不善战法而大败,被杀千余人,掳去妇女不计其数。七月三日,李成栋重新纠集各路兵马,用重炮攻城。时值盛暑,炎热之后是连日不停的大雨、暴雨,守城百姓立于雨中三昼夜,两眼溃烂,头晕目眩,全身沾湿,饮食断绝,守城义军纵然能忍炮打,但饥饿、寒冷、疲劳和瘟病逼迫人民难以支持。四日上午九点左右城被攻破。黄淳耀与侯峒曾自杀。李成栋率兵入城,以炮声为号,炮响兵丁即可肆意杀戮,大屠杀整整持续三日。清兵每遇一人就喊"蛮子献宝",其人将腰中所缠全部献出,直到清兵满意为止。再遇清兵受到威胁勒索如前,但无宝可献。凡献不出宝或所献不多者,清兵挥刀就砍,连砍三刀。初砍一刀,被砍人还大喊,至第二刀之后声音微弱,后来虽乱砍下去,寂然不动。大街小巷到处是刀砍裂物之响,乞命哀号之声,嘈杂如闹市一般。清军共杀人无计其数,还有数不清的自杀者,到处可见悬梁者、投井者、断肢者、血面者、被砍而未死手足犹动者,血肉狼藉弥望皆是,投河者不下数千人。李成栋手下有一个把总叫徐贞甫,原系吴淞诸生。他以剃发为名,日出行劫,割人腹吃人心肝,动以百计。虽遇亲友也不放过,其父责备他,他毒杀更甚。嘉定地方数十里内草木尽毁。七月六日李成栋掠夺的金帛子女,及牛马豕羊等装满三百艘战船离开嘉定。人民激于义愤再起乡兵护发。太仓奸民浦六以迎降得官,曾乘机抢掠,并劝李成栋再屠嘉定。离第一次屠城的七月四日不过二十余日的二十六、二十七日,嘉定的外冈与葛隆镇再遭屠杀。浦六发兵入乡打粮,日夜与兵丁共分财帛。乡里男女为避祸保命,用乱草蒙头伏入水中。嘉定一共遭到三次大屠杀,前后持续七十余日,直至八月十六日吴淞百户吴之蕃起义失败后,远近各处开始剃发。

江阴,是江南地区反剃发抗清起义最早,也坚持最久的名城,而且也是斗争最坚决,死伤最惨重壮烈的城市,所谓"八十日带发效忠,十万人同心死义"。

清兵进入南京以后,武进入御史刘光斗被派往常州招抚。江阴属常州府,常州归顺的消息传到江阴,知县林之骥即于五月二十五日弃印逃走,县丞莫士英潜向刘光斗交献印册,并解送帑金表示归顺。六月二十四日清廷命知县方亨到江阴上任,仍是"纱帽兰袍,未改明装",只带了二十几个家丁进入县署。当日有县中耆老八人入见,方亨命令各图造册献于府衙,转送南京。紧接着就有剃发之传言,民情开始惶惶不安。二十六日县令方亨正式传达剃发令,并称南京豫王命令,江阴限三日剃完。二十七日常州知府宗灏派满兵四人前来江阴督促剃发,并重申"留头不留发,留发不留头"的檄文。二十九日,数十耆老要求面见知县,呈请转报上级准予留发。方亨不但不准反而大骂不已。众耆老哗然而变态,指问他说:"你是明朝进士,头戴纱帽身穿圆领,来做清朝知县,羞也不羞,丑也不丑!"言后散去。闰六月一日,方亨到文庙行香。诸生百余人及乡绅耆老百姓随至文庙,再次呈请留发,遭到了拒绝。方亨说:"这是清朝的法律不可违背。"于是诸生许用便在明伦堂(文庙正殿)当众大呼:"头可断发不可剃。"这一句话激发了人们的义愤,成为起义发难的战斗口号。当天下午城内集合万余人,鸣锣执械扬兵至县署,呐喊示威。第二天,四乡居民闻风响应,又聚众数万人。大家分编队伍树立旗帜,熟悉鸣金进止的号令,集合教场讨论战守。又设明太祖高皇帝位于明伦堂,共同推举典史陈明遇为首,誓众起义。义军将县令方亨下狱,杀郡城派来的四个满兵,这时满兵用苏州语乞求饶命。原来他们都是汉人,装成满兵模样,说满语、吃生肉、随地小便、席地而卧。如此更引起人民的愤恨。起义军发兵器搜奸细,令富室捐金助饷。当时乔居江阴的安徽富商程璧当即捐饷二万五千两。义军还请另一徽商邵康公为将。义军中又推出举人夏维新、诸生章经世管粮饷,贡生黄毓祺、诸生许用等三十余人为参谋,合城男女一体抗清。闰六月八日,清军派郡城降将王良率水师五百人来攻江阴,被乡兵战败于双桥。后来又派降将刘良佐前来攻城,久攻不下。于是刘良佐改变招术屡次进行招降。招降书中说:"南北两直、川、陕、河南、山东等地方俱已剃发,只有江阴一处违背国家政令,难道你们不顾身家性命吗?"守城义军坚决地回答:"虽然改朝换代,也不改衣冠文物旧制。剃发一令违背民意,所以阖城老幼誓死不从坚持不二。"七月初,江阴人民又敦请旧典史阎应元入城主持兵事,守城之志更加坚决。清兵在攻下嘉定松江之后,八旗贝勒博洛和尼堪(博洛是努尔哈赤之子阿巴泰的第三个儿子,克南京后与多铎分兵各半,多铎守南京坐镇指挥,博洛统兵南下取杭州定浙江,是南征清军的主帅。尼堪是努尔哈赤长子褚英的第三子,是子侄辈中沙场骁将),统领李率泰、土国宝、刘良佐、李成栋等南下大军四十余万,将小小的江阴县城包围数十重。小小的江阴还惊动了朝廷,成了多尔衮推行剃发政策的强大障碍,多尔衮于是亲自写劝降书给江阴守城义军。书中说:"明已灭亡,何苦死守。"守城的人们在其来书背后写上"愿受炮打宁死不降"几个字,仍用箭将书射还清军。于是清军又从南京运来二十四尊大炮助战。在数十门大炮的猛轰下,江阴城仍坚守了八十日,于八月二十七日城被攻破。阎应元、陈明遇与许用等都战死。清军进城后屠杀了三日。无发者不杀,所以僧侣幸免。江阴人民在形势逼迫下走上了自绝的道路,男女老少赴水、蹈火、自刎、上吊者不能计数。城内外护河、泮河、孙郎中池、玉带河、涌塔庵池、里教场河处处填满,叠了数重。仅投四眼开者就有四百余人。二十三日清军传令"满城杀尽,然后封刀"。城中百姓却以先死为幸,无一顺从者。中书舍人戚勋一家三十七口,举火自焚。留下遗书,大意说:"不敢以殉难称大明忠臣,仅求完发为大明忠魂。"江阴一城死者九万七千余人,城外死七万五千余人。江阴城内活着的已没有几人,已是一座空城。九月初新县令临任,还有一些当初逃亡在外的人们,不得已陆续归家。他们站在废墟与遗骸面前不得不剃发归降。剃发之夕哭声遍野,都以不能保全发肤为恨。当时有人作挽诗吊祭死难亡灵:"提起江阴城破日,石人也要泪千行""寄语行人休掩鼻,活人不及死人香"……

与江阴同时起义的还有金坛、武进、嘉兴等地方。金坛属镇江府,距南京很近。清兵于五月十五日进南京,二十九日金坛即纳款归降。但当六月二十八日下令剃发后,形势陡然一变,昔日的顺民都成为叛逆。直至闰六月七日有市民三四百人,于县西北之慈云寺倡言举义,因无人主持兵事而散。郡城得知这个消息以后,立即引命船数艘巡回于城内,传下口令"一人不剃全家斩,一家不剃全村斩"。新任县令和县丞也随之到任。城中居民被迫剃发,但远近乡民乘清兵未及涉足之机揭竿而起,团聚于金坛、溧阳和宜兴交界处的洮湖与大环山,达数千人之众。起义乡民派人潜入县城,于九日夜焚毁县署,杀新任县丞。消息迅速传开,远近闻知为之大震。清军派刘良佐率兵两千前去镇压,经二十余日才平定下来。起义的领导者之一,丹阳诸生贺向俊被俘,不屈而死,年仅十九岁。

闰六月十一日溧阳新县令朱某传剃发令,乡民多不从。有前明武进士钱国华聚众千余,举起明宗室瑞昌王的旗号,攻破建平,斩杀知县和衙役中的剃发者。又还军围溧阳,攻城不下,退归南山。清军派潘茂引清兵千余骑追杀过来,沿南山一路屠杀达百余里,积尸如山血流漂石。

武进,原为常州府治所在地。清兵至常州时,守备王之弼即献府印投降。清军命宗灏任知府,王任同知。六月末传下剃发令,如一石击水波浪翻腾。普通农民何敬义、何欲仁、莫大猷等聚众起义。何敬义率千人攻府衙,被清军所发铳箭击溃。何率仅剩下的十余人战斗到死。何欲仁与莫大猷分别率领乡民攻城西南和城东北。乡民们被清军所杀达数万人,何欲仁战死。其余乡众退入洮湖;与金坛、宜兴等义军会合,继续战斗。

嘉兴是南京通往浙江的交通要道,豫王下南京以后,即派博洛统兵继续南下。六月九日赶到嘉兴,知府钟鼎臣开城门投降,居民争贴"顺民"二字于门。博洛在此驻兵三日以后,即赶往杭州。住在这里的清兵秋毫无犯,社会秩序正常。在清兵未到之前就有传言,清兵就要到了,清兵不杀、不淫、不抢、从俗不剃发。所以百姓们争相北望,盼清兵早到。至闰六月五日传下剃发令,与以前传下来的政令相反,为此人人疑惑、恐惧和气愤。数千人拥到衙署,对陈梧恳求说:"怎么能得到将军一句话,能按最初的传令执行,存衣冠不剃发?"陈梧原为明朝总兵,受降后被派驻嘉兴,他也反对剃发令。所以回答说:"这是上边传下来的,我的头发也将不存在了。你们能叛此制我听之任之。"这时民众中一人大喊:"一定要剃我的头发,我就反了怎么样!"陈梧回答说:"谁教你不反!"于是乡民们闻风而动,城内外数千人一起去请乡绅,前翰林屠象美、兵科给事中陈毓新等,请他们出来主持起义之事。七日首领陈梧与屠象美率起义乡民盟誓于大察院,杀新任秀水知县胡之臣(秀水县治所设在嘉兴城内),据城起义。前明兵部主事钱棅出卖家赀捐助军饷。钱棅的行动无疑是对起义军的极大鼓舞。屠象美从袖中抽出伪诏,诈称奉潞王之命起兵,命城内二十四坊每家出一兵。民户中有人惧怕起义躲避不出兵,众人抄抢其家财,在其门上写"逃民遗房入官"即没收其房屋。经过这样的组织和准备,几日之间聚众三万余人,人们持木棒举竹竿,或有人将寸铁绑缚在竹梢上,准备迎战清军。嘉兴所属嘉善县乡民闻风而动,杀了新任县令吴佩,举起义旗。海盐与平湖两地也于闰六月八日同时起兵响应。平湖缙绅仉长圩、陆清源出首聚众,斩杀新任县令朱图隆。海盐商民王有虞曾聚众于太湖,闻讯后立即率大船八十余艘,兵二千余人,捕捉海盐新县令陈子杰,十二日入据县城,与起义兵会合。嘉兴地区各支义军的建立造成了很大声势,清军为之震动,博洛自杭州发骑兵数百人来攻嘉兴。十三日清兵与义军在三塔湾一战,义军败下阵来,屠象美、李毓新为乱兵所杀,嘉兴被围。紧急时刻,生员郑宗彝袒露臂膀呼吁市民,又集众数千人,坚持守城十六日。海盐、平湖等地的起义乡民相继来援,义军列营于城下达十万余众。驻在杭州的博洛闻讯后又遣披甲精兵三千骑来攻城。二十六日嘉兴城被攻破,陈梧逃至平湖,郑宗彝战死。城中居民逃出者仅占十之二,未及逃出者十之七八。间有少数人剃全发避于佛寺得保了性命,还有三百余人自己绑自己到狱中,谎称罪囚以保性命。其余的人被清军尽行杀戮,血满沟渠尸集巷里。平湖坚持守城至七月二十三日,城破市民也遭屠杀。

海盐闻嘉兴、平湖县被屠城,地方乡绅出面与被执知县陈子杰商议,请他劝止清兵。二十七日乡绅市民迎陈子杰到县衙复任。这样海盐暂时没有遭到清兵的屠杀,但清兵限三日剃完回报,远近乡民仍不愿剃发,八月二十二日清兵再次来到海盐,屠杀不肯剃发的人民无计其数。

上海县原是不大的地方,明朝属松江府。清军攻下南京以后,也像苏州、常州一样举城归附。闰六月初剃发令下达以后,各地组织起义抵制剃发。上海市民杀陶照磨据城起义,上海起义是由庠生孔师倡言拜空教组织的,几日之间聚众千人,远近响应者达十万余众。清军闻松江府民起义据城抗清,派李成栋、土国宝于八月三日来攻松江府城,城破后尽屠生灵,城内士民十不脱一,死者两万余人。九月二十日李成栋又统兵前来镇压孔师,从川沙南门外开刀杀起,不分男女老幼,直杀到南江,孔师战死。自此上海市民被迫剃发。

在"留头不留发,留发不留头"的政策下,江南地区的人民为了护发,进行了艰苦卓绝的斗争,也付出了无计其数的牺牲。而对于保留了性命被迫剃发的人怎么样呢?他们庆幸自己吗?据史料记载,保留了性命的人饱受着深深的痛苦。剃发后有人抱头痛哭,有人不出门认为耻于见人,也有人连日不归还希图躲过剃发之难,结果损失更大。清人姚廷遴追记当时的情况时说:"我这时是刚刚把蓄留的头发扎起来的年纪(幼童时期),见到大人剃发都是失形落色的样子,秃顶光头似乎很悲惨,还有人哭泣。因为怕剃头,有人连日不回家,不料家中被贼挖墙进入,盗窃一光。为此请母亲回家守护,锅灶碗杓之类重新备起,如同新建立的家庭一般。自此而新朝建立,自此而国运鼎新,自此而辫发小袖。完全是另一番世界。"

自清廷再传剃发令后,江南各地纷纷举起义旗,进行了波澜壮阔的反剃发抗清斗争。关于这一段历史,在保存到现在的史料中俯拾皆是,以上所述仅是史料记载的一部分,充分反映了当时的状况。

当时的清帝国已不可能封闭很严,许多外国传教士深入到中国本土的各个地方。在这些人的著作中,记载了他们目睹的江南地区反剃发抗清斗争。下面略述一二,以作为这段不平常历史的佐证。

有一位意大利传教士,名字叫马丁诺·马蒂尼,他的中国名字叫卫匡国,字济泰。他于1643年经印度来中国,流寓各地。在他的著作《鞑靼战纪》中这样写道:"鞑靼人对服装和头发的式样要求很严格,谁不接受这种装束就被判为最大的叛国罪。这个法律多次使他们陷于危险,打乱了他们整个计划。中国人为保护他们的头发和服装所表现出的悲愤和战斗勇气,甚于保护国家和皇帝。他们往往宁愿掉脑袋也不愿意遵从鞑靼风俗,如果不是要写得简明扼要的话,我能叙述很多这类事例。但是这些小摩擦没有阻止鞑靼。在不到一年的时间内占领了直隶、山西、陕西和山东,这四个华北最大的省。"卫匡国这样记述扬州遭到的洗劫:"这些地方中有一座城市英勇地抗拒了鞑靼的反复进攻,那就是扬州城。一个鞑靼王子死于这座城下。一个叫史阁老（即史可法）的内阁大臣守卫扬州。他虽然有强大的守卫部队,最后还是失败了。全城遭到洗劫,百姓和士兵被杀。鞑靼人怕大量死尸污染空气造成瘟疫,便把尸体堆在房上,城市烧成灰烬,使这里完全变成废墟。"在他的记载中,在杭州保卫战失败后,死于水中的人比死于刀和弓箭的人还多。很多人头朝下跳进巨大的钱塘江。一部分人想乘船逃跑,船超过了载重量,在江中沉没。没有乘上船的人们惊恐慌乱地逃到江岸边,你推我搡地掉到无情的水波中。杭州人之所以付出了数以千万的牺牲,完全是由于剃发令的宣布。因为最初"鞑靼人并没有碰到抵抗就占领了这座城市,他们可以同样轻而易举地占领浙江南部的所有其它城镇。但是,当他们宣布了剃发令之后,士兵和老百姓都拿起了武器,为保卫他们的头发拼死斗争,比为皇帝和国家战斗还英勇。不但把鞑靼人赶出了他们的城市,还把他们打到钱塘江,赶过了江,杀死了很多鞑靼人。实际上,如果他们追过江去,也许会收复省城和其他城镇,但他们没有继续发展胜利,只是满足于保住了自己的头发。"

彼时在中国的传教士不止卫匡国一人,能够提供佐证,证明汉人为反对剃发进行的英勇斗争,和满洲贵族靠惨绝人寰的大屠杀来推行剃发政策的历史事实也不止《鞑靼战纪》一书。为省篇幅不能一一列举。

从上述事实看到,江南地区的反剃发抗清斗争反映了下面几个问题。

第一,明清易代对汉人来说是能够接受的社会变迁,唯有剃发一事难以接受,甚至至死不肯接受,所以促成民众一呼百应揭竿而起的反抗斗争。

第二,江南地区的反剃发斗争是民众自愿、自发的,而且不分军民士庶、缙绅奴仆、城乡贫富,是汉民族全体参加的斗争。自发性和民族性是这场斗争的组织特点。

第三,汉人的分裂和斗争的分散,是斗争失败和剃发政策最终得以实施的原因。在满洲贵族导演的剃发屠杀的历史悲剧中,每一个汉人,都面临着民族尊严、大义与民族屈辱、私利的选择,每一个人也由于本性不同而扮演了不同的角色。许许多多知名的和不知名的义士和英雄们,在反抗暴力的斗争中倾家荡产,流血捐躯,共同谱写了一曲战歌。也有同他们相反的一部分人,像李成栋、刘良佐、浦六等降军降将,贪图功名利禄,不仅屈服于满洲贵族,更重要的是对百万同胞大施屠戮。当八旗军急于追击南下溃逃的明军和在浙江的鲁王与福州的唐王政权时,对广大地区民众的反抗斗争尚无暇顾及。而正是李成栋、刘良佐等充当了八旗兵的帮手,成为镇压和屠杀反剃发抗清民众的刽子手。清军对江南地区下传的剃发令,对各府县来说时间前后不差几日,有的几乎同时传到,各地城乡民众的斗争也几乎同时兴起,但是由于互相联系不够,没有统一指挥和布署,给清军以各个击破的机会,导致斗争一个个失败。

第二章　九王专权

一

　　也许是索尼等两黄旗主要大臣也有些担心,怕睿王搞鬼,毁誓专权,不利幼主,或者是为了把大事弄得更稳妥一点,故而又采取了两个不寻常的破例的重大行动,即除了八旗王公大臣于八月十四日共同盟誓之外,索尼等又单独集会盟誓。

　　八月二十二日,即八旗王公大臣盟誓之后的第八天,也就是郡王阿达礼、贝子硕托劝诱睿王应自立为君,被礼、睿二王揭示于众,而被处死之后的第六天,两黄旗大臣、侍卫图尔格、拜尹图、谭泰、塔瞻、锡翰、多尔济、伊尔登、额尔克戴青、巩阿岱、车尔格、图赖、鳌拜、希福、范文程、刚林、索尼、哈世屯、巴哈、陈泰、穆成格、伊尔德、谭布、遏必隆等两百零七人,焚香对天地盟誓,其词为:图赖等“谨誓告于天地:我等若以主上冲幼,不靖共竭力如效力先帝时,谄事诸王,与诸王、贝勒、贝子、公等结党谋逆,潜受赂遗,及与人朋比,仇陷无辜,娼嫉搏谗,蔽抑人善,徇隐人恶者,天地遣之,即加显戮”。图赖、索尼、巩阿岱、锡翰、谭泰、鳌拜六人又共立盟誓于三官庙,“愿生死一处”“誓辅幼主,六人如一体”。索尼、图赖等人力图使两黄旗大臣侍卫团结在一起,辅保幼主,这样,睿王便不敢有不轨行为。这一愿望,不能不说是良好的,两黄旗大臣侍卫真的能紧密团结,威力确系强大惊人,其他旗王公大臣和白旗三王便不敢肆意妄为,幼主可以牢保无虞,再过几年,长大成人,便可名正言顺地免去辅政,新主就可亲政治国了。

　　然而,人心难一,尤其是在统治集团内部斗争上,忠贞不贰,不屈于威武,不淫于富贵者太少,更多的人是只求保全身家性命官职庄园,少数人还因贪图富贵荣华而背叛故君,改事新主,哪能永远团结在一起去反对权大之人! 顺治初年的政局,正是这样变化的。

　　图赖、索尼等人低估了睿亲王多尔衮的才干、抱负和野心。此人之聪睿机智果断,远逾其他任何一位王公。他十七岁时即以初次从征便身手不凡立下功勋,而被兄汗皇太极赐予“墨尔根岱青”之尊号。十七年来,他凭着非凡智谋和英勇,战胜各种困难,历经风险,屡建功勋,从一个普通的贝勒高升为一帝之下万人之上的和硕睿亲王,并于此时为多数王公大臣公认为是最好的皇位继承人,他能坐视此难遇良机一去不复返吗? 他能因曾立誓而放弃多年以来的愿望甘心久居人下吗? 当然不会。他是为了避免出现白黄四旗火并损害清国元气和两败俱伤的悲惨结局,而果断地明智地采取了暂时后退或明退暗进以退为进的“挟天子以令诸侯”的策略。而这位号称至尊无上的新君福临,不过是一个衣食于乳媪的小小儿童,生活都不能自理,哪懂得什么治国平天下或争权夺利之事! 多尔衮完全可以将幼君玩弄于手掌之中,借幼君这个招牌,来达到多尔衮想做的事。而这位胆小易变的郑亲王虽名列多尔衮前,怎经得住他的步步进逼和无敌之计？要不了多久，郑亲王就会甘拜下风，听任他的摆布。两黄旗二百多员大臣、侍卫气势汹汹的盟誓，也没有什么了不起，三两月内，一二年间，就会分崩离析，一个一个地拜倒在多尔衮的脚下，任凭他驱使差遣！

这并不是笔者的随意编造，历史事实对此作出了无情的结论。郑睿二王立誓秉公辅政听从众议之后不到四个月，崇德八年十二月十五日，郑睿二王已由辅政王变成了"摄政王"，并传集八旗王公大臣，先对各大臣宣告说："前者众议公誓，凡国家大事，必众议金同，然后结案。今思盈廷聚讼，纷纭不决，反误国家政务。我二人当皇上幼冲时，身任国政，所行善，惟我二人受其名，不善，亦惟我二人受其罪。"我二人"既已摄政，不便兼理部务。我等罢部事，而诸王仍留，亦属不便，今概行停止，止令贝子、公等代理部务，尔大臣以为何如？"这段话的最后一句，形式上虽是用的询问方式，征求意见的方式，但倾向性很明确，结论早就提出来了，要取消两位辅政王"听从众议"的誓言，军国大政不由八旗王贝勒贝子公集议，而由郑睿二王独断，并且还要改变已实行十余年太宗手定诸王分管部院的祖制，各部大臣直接听命于摄政王。照此做去，大清国就是郑、睿二摄政王的天下，各王的权力受到很大的限制和削弱。这样违背誓言变更祖制的做法，本来应当受到八旗王公大臣的反对，但不知是什么原因，各大臣却完全接受了，恭敬地回答说："王所虑诚是。"于是，郑睿二王又将此意谕告肃王豪格、豫王多铎及其他贝勒，王贝勒虽然很不满意，但又不敢公开反对，只好答称："伏思皇上冲年，初登帝位，我等正当各勤部务，宣力国家，以尽臣职。今王等之言若此，谅出万全，岂不筹维至当而为此言乎！众皆定议以为然，我等无不遵者。"不满、勉强之意溢于言词。然而多尔衮不管这些，只要你们同意，达到了目的就行了。于是就此定议，并进一步取消了贝子、公对部务的管理。

过了两天，八月十七日，郑睿二摄政王又谕都察院各官：尔等俱系朝廷风纪之官。向来诸王、贝勒、贝子、公等办理国政及朝谒勤惰，原属吏部稽覈，今官员听吏部，"王贝勒等应听尔衙门稽察，有事应纠参者，须据实奏闻，方为称职"，不得瞻徇隐匿。两位摄政王与诸王贝勒之间又拉开了一段距离，摄政王地位又高了一些，权力又大了一些。

过了二十九天，顺治元年（1644年）正月二十日，摄政和硕郑亲王济尔哈朗传集内三院（即内国史院、内秘书院、内弘文院）、六部、都察院、理藩院堂官，谕告他们说："今后，凡各衙门办理事务，或有应白于我二王者，或有记档者，皆先启知睿亲王，档子书名，亦宜先书睿亲王名，其坐立班次及行礼仪注，俱照前例行。"这样，离太宗去世不到半年，多尔衮已成为大清国主持国务之首席摄政王了，与当初诸王贝勒公议以郑睿二王"辅政"，差距何其悬殊。但事情并未了结，多尔衮还在采取各种措施，加速向独掌大权迈进。

顺治元年四月初一，因固山额真何洛会等讦告肃亲王豪格于摄政二王，八旗王、贝勒、贝子、公及内大臣会审此案。何洛会等所告之事有七。其一，豪格对何洛会、议政大臣杨善、甲喇章京伊成格、罗硕说：固山额真谭泰、护军统领图赖、启心郎索尼"向皆附我，今伊等乃率二旗附和硕睿亲王"，睿王乃多病之人，"岂能终摄政之事"。杨善对称："此皆图赖诡计也，若得亲视其寸磔，死亦无恨。"豪格说："尔等受我之恩，当为我效力，可善伺其动静。"杨善、伊成格表示，要杀死图赖，使王晏然无事。其二，豪格说：睿王将五牛录人给与硕塞阿哥，其意何在？其三，豪格以被派即将征明，对何洛会、杨善及固山额真俄莫克图说：我未曾出痘，"此番出征，令我同往，岂非特欲致我于死乎！"其四，豪格说：睿王"非有福之人，乃有疾人也，其寿几何，而能终其事乎？"其五，豪格说：豫王多铎曾向我讲：郑王"初议立尔为君，因王性柔，力不能胜众，议遂寝。其时我亦曾劝令勿立，由今思之，殆失计矣，今愿出力效死于前"。其六，豪格说："塔瞻公，乃我母姨之子，图尔格素与我善，此辈岂忘我乎？"其七，豪格召硕兑说：尔与固山额真谭泰是郎舅，"尔可说令（彼）附我"。我前曾给侍卫穆成格（杨古利之亲侄、谭泰之堂侄）妻，乃我对其厚爱。诸王、贝勒、贝子、公、内大臣等"会鞫俱实，遂幽和硕肃亲王。既而以其罪过多端，岂能悉数，姑置不究，遂释之，夺所属七牛录人员，罚银五千两，废为庶人"。固山额真俄莫克图、护军统领内大臣杨善（费英东之侄）及其子内国史院学士甲喇章京罗硕和甲喇章京伊成格，"坐附王为乱，不行出首"，处死。籍没杨善、罗硕家产，赏与"为国效力"的图赖，籍没俄莫克图、伊成格家产给与何洛会，"以谭泰、图赖、索尼为国尽忠，致为恶党所仇怨"，予以嘉奖，并各赏一副金副玲珑鞍辔、马一匹及银二百两。

这件大案表明了五个问题。第一，肃亲王豪格怨气冲天，对睿王极为不满，一而再、再而三地诅咒睿王多病，非有福之人，而系有病之人，不久即将夭折短命。第二，肃王心犹未死，对失去帝位悔恨不已，多次与亲信近臣密议，欲图结交大臣。第三，豪格用人无方，识人不明，索尼、图赖对先帝太宗和幼君福临忠贞不贰，图尔格、塔瞻亦能固守盟誓效忠新君，豪格却辱骂他们背叛故主，投靠睿王，而对何洛会这样的变色虫则信赖无疑，多次对其泄漏内心愿望，人妖颠倒，忠奸不分，岂能不败。第四，轻过重惩，睿王权势激增。何洛会等人的讦告，最多只能说明肃王有怨言，不满睿王，谈不上密谋为乱，而八旗王、贝勒、贝子、公及内大臣却给其加上"乱政""悖乱""为乱""罪过多端"的大罪，将其幽禁，后虽释放，又夺其牛录，废为庶人，实为过甚。这既表明睿王想借此机会除掉最有威胁的政敌，也反映出此时多尔衮势力已大大超过八个月前议立新君之时，能够迫使其他王、贝勒、贝子、公附和己意，其结果必然会进一步扩大自己的权势。第五，睿王善于乘虚而入，争取臣将，区别对待。他重赏背叛故主的何洛会，后又多方关照重用，擢内大臣、盛京总管，授定西大将军，封三等子，使其成为自己的亲信。对曾参与六大臣盟誓的图赖、索尼、谭泰。嘉其"为国尽忠""为国效力"，赏赐鞍马，后还将因罪革职入狱的谭泰释放复官，且晋授征南大将军，封一等子，使其完全背叛了幼君，成为己之亲信大臣。五点集中为一，睿王多尔衮现在已成了实际主持朝政的第一摄政王。

此后,多尔衮利用统军入关,定鼎中原的特大功勋,并多次压抑惩处忠于少帝的两黄旗大臣,革图赖之子辉寒所袭亡父的一等公爵,革三等公图尔格之子科布梭所袭父之爵职,削索尼官职,籍没其家,将其充发盛京,降护军统领巴图鲁鳌拜之一等子世职为一等男,论死赎身。他一再超擢己之亲信,曾系拥立肃王之六大臣成员锡翰、巩阿岱及其兄拜尹图,因背叛故君谄媚睿王,分别从闲散宗室晋封至多罗贝勒和固山贝子。以正黄旗一等侍卫冷僧机背主媚己,授内大臣,从三等男晋至一等伯。对本旗正白旗之大臣罗什、博尔辉、锡图库等亲近大臣,亦宠信擢赏,委以要任。他还将迎合自己的宗室贝子尼堪、博洛晋封至亲王,并委任二人及礼烈亲王代善之子和硕亲王满达海为理政三王。他对亲弟豫亲王多铎十分赞赏,封其为"辅政叔德豫亲王",并收其子多尔博为己之嗣子。对政敌肃亲王豪格,则罗织罪名,将其削爵籍没幽禁至死。对支持肃王豪格的摄政和硕郑亲王济尔哈朗亦多方排斥,罢其摄政辅政,给其定上悖乱之罪名,一度降为郡王。这样一来,仅仅经过五年多的时间,多尔衮已完全达到排除异己,委任亲信,全面掌握军政大权的目的,并一再增上尊号,顺治元年晋"叔父摄政王",二年晋"皇叔父摄政王",顺治五年再尊为"皇父摄政王",成为大清国真正的最高统治者真正的皇帝。

二

六龄幼君福临的安危,在顺治初年取决于三个因素,一是两黄旗大臣的效忠,二是叔王摄政和硕郑亲王济尔哈朗的支持,三是兄王豪格的威权。其中,豪格权势的消长,对政局对少年天子的影响,更为重要。因此,多尔衮对豪格也就特别防范和压抑。

就在顺治元年(1644年)四月出兵攻明之前夕,豪格被多尔衮罗织罪名,削爵,籍没七牛录,废为庶人。然而多尔衮此时还不能任意诛戮,还不好命令豪格留居盛京闭门思过,豪格得以随军从征,为入主中原立下了军功。

顺治元年十月,幼主福临从盛京迁居北京,再次举行登极大典,封赏功臣,大赦天下。登极恩诏的第一条、第二条就是对"佐命开国,济世安民"立有大勋的亲王,要加以殊礼,对亲王、郡王之子孙弟侄要赐与封爵。据此,晋英郡王阿济格、豫郡王多铎为和硕亲王,晋贝勒罗洛浑为郡王,封太宗之第五子硕塞为郡王。在这样形势下,多尔衮也不得不对豪格有所表示,遂下帝谕,复封豪格为肃亲王。顺治元年十月十八日,册封豪格之册文说:

> "我太祖武皇帝肇基立业,垂裕后昆,太宗文皇帝缵承洪绪,奄有蒙古诸国,平定朝鲜,拓土开疆,弥敦典礼。及朕绍服,尔和硕肃亲王前以引罪削封,后随叔父摄政王入山海关,破流贼二十万,遂定中原,厥功懋焉。朕诞登大位,特加昭雪,授以册宝,复封为和硕肃亲王,永存带砺,与国咸休。"

豪格虽然复爵,但他心里自然十分清楚,前途仍是凶多吉少,因而做事小心翼翼,尽力效劳。顺治三年，他被多尔衮派去四川攻打大西农民军时，率军猛烈冲杀，利用农民军叛徒刘进忠的归顺和引导，疾驰数百里，乘敌不备，突袭西充，击败大西军，射死张献忠，连陷州县，夺据了四川。然而，功勋再大，也改变不了摄政王的看法，且为陷害肃王提供了个借口。顺治五年正月，豪格从四川返京，三月初六就被下狱惩治。

罪状只有两条，一是三等梅勒章京希尔艮与护军统领阿尔津、苏拜争功，豪格未予审理，二是豪格欲将机赛升补护军统领。于是八旗王、贝勒、贝子、大臣会议审理后奏称：豪格隐蔽希尔艮冒功事，"旧念未除""因杨善为伊而死，欲升其弟，乱念不忘"，虽皇上三降谕旨斥其不应升补机赛，"犹不引咎"。因此，"诸王贝勒人人愤怒"，豪格"如此怙恶不悛，仇抗不已，不可复留"，应处死。多尔衮谕令免死幽禁，"夺其所属人员"。

这两条罪状都不能成立。希尔艮并非胆怯无能之辈。他系正黄旗人，行武出身，入关前即屡立军功，任至护军参领，授一等甲喇章京世职，顺治二年随英亲王阿济格进攻大顺农民军，又立大功，晋世职为三等梅勒章京，他怎会无缘无故去争功？何况被争之人乃阿尔津、苏拜，苏拜乃多尔衮的亲信大臣，希尔艮如无真凭实据，敢去争吗？退一步讲，就算希尔艮争功，豪格一时未审理，也不过是"失察"，哪能定上"旧念不忘"，即欲谋为君之不赦大罪！至于机赛之升补护军统领，也是理所当然之事。不管是太祖时或太宗时，还是多尔衮执政之日，罪人之亲属官居原职或因功升迁者，大有人在。太祖杀其亲弟舒尔哈齐贝勒而以其子阿敏继主其旗，荣为四大贝勒之一。太祖诛长子褚英贝勒，而以褚英之长子杜度为贝勒，统辖一旗。太祖杀扎尔固齐噶盖后，授其子武善为牛录额真，后成为镶红旗佐理大臣，其弟布善在太宗时任署护军统领和议政大臣。太宗诛阿达海，而对其亲兄阿山仍宠用如故，初任其为佐理大臣，后晋固山额真，封至三等公，还以皇六女固伦公主下嫁其子夸扎。机塞仅系杨善之弟，为什么就不能升授官职？显然，这两条罪状是太缺乏根据了。豪格获罪的根本原因在于崇德八年八月欲图与多尔衮争夺君位，这是在四天前三月初二日给郑亲王济尔哈朗定罪时列举出来的。

荣为和硕亲王及帝之皇兄豪格，就凭这莫须有的两件小事，被削爵籍没幽禁，可见摄政王多尔衮之专横势大及八旗王公大臣之软弱，一切听从摄政王的支配。

豪格遭此不白之冤，怒气冲天，看守人役又对他百般凌辱，甚至很可能是谋害，使豪格很快就含恨而死，享年不过四十岁。豪格之嫡福晋博尔济锦氏系多尔衮元妃之妹，也难逃灾难。顺治六年十二月多尔衮之元妃去世，第二月即顺治七年正月，博尔济锦氏被多尔衮逼纳为妃。

兄王之冤死及亲嫂被多尔衮霸占，必然会使少年天子福临震惊不已，曾经立下赫赫战功的开国亲王，就这样一瞬间被废为庶人，下狱致死，他这位十一岁的小皇帝能平安无祸吗？何况就在兄王冤死的这一年，又发生了所谓"太后下嫁"和多尔衮称"皇父"这两件大事！

清朝初年，蒙古有一个"一门四皇后"的极其显赫和古今中外少有的大贵族家庭。这四皇后之一，就是少年天子福临的母亲孝庄文皇后博尔济锦氏。孝庄文皇后生于明万历四十一年（1613年）二月初八日。其亲姑于明万历四十二年嫁与太祖之子皇太极贝勒,后尊称孝端文皇后,顺治六年去世。孝庄后之亲姐于天聪八年入宫,崇德元年封关雎宫宸妃,特受太宗宠爱,崇德六年卒,追封敏惠恭和元妃。孝庄后比姐入宫更早,十三岁时于天命十年二月初二日由其兄乌克善台吉陪伴送来,崇德元年封永福宫庄妃。其祖父科尔沁蒙古贝勒莽古思被追封为和硕福亲王,其父塞桑贝勒追封和硕忠亲王。孝庄的两个侄女皆嫁与世祖,一为皇后,因故被废,降封静妃,一为淑惠妃。孝庄的侄孙女亦嫁与世祖,后封孝惠章皇后。

孝庄文皇后才高貌美,聪睿机警,深受夫君宠爱。由于崇德八年八月多尔衮议立福临为君,而没有立豪格,也没有立地位高于庄妃的麟趾宫贵妃之子博穆博尔,因此引起了不少传闻。一些野史载述了所谓的"太后下嫁",声称孝庄后曾下嫁与多尔衮,举行了下嫁大典。

1919年署名"古稀老人"编写的《多尔衮轶事》之《太后下嫁》条称:世祖福临年幼,"军政大权实在多尔衮一人之手,倘怀异志,莫敢谁何,当时朝廷情势,危于累卵"。"太后时尚年少,美冠后宫,性尤机警,知非有以羁縻而挟持之,不足以莫宗社于泰山之安,故宁牺牲一身,以成大业",而多尔衮则"涎太后之色""时以陈奏机密为由,出入宫禁,奏事既毕,辄纵谈市鄙事以尝试之"。孝庄后遂提出,若尔(多尔衮)"诚意见爱""务矢赤心,为国驰驱,卫我母子,待天下统一之日,即我二人因缘成就之日"。多尔衮悚然敬服,两人对天立誓,各刺臂作血书,互执一书。从此,多尔衮果然"奋勉图功,精勤倍常,以冀媚于太后",间有劝其自立为君者,"多尔衮皆以念及血书而止"。后天下大定,多尔衮屡求太后实践盟誓,且以死为要挟。"太后鉴其诚悃,不忍背之",遂召幼帝,告诉事情始末,但如践约,则碍于体制,若背约,"则国基未固,祸不旋踵",乃秘密设策,数日后宫中忽传太后驾崩,隆重办理丧仪,不久又降旨以帝之乳母某氏指婚于摄政王,命满汉大学士为媒;襄办婚礼,嫁奁之多,空前罕有,自宫门到王府,绵延数里,彩舆所经,沿途皆设锦障,禁止窥探。多尔衮在门前恭候,引入正殿,先叩拜,然后行交拜之礼,空前之太后下嫁大典,至此告终,"于是天下臣民莫不心知其故矣"。

这段叙述,谬误甚多,不合情理,不符事实,姑举其三。第一,摄政之时,太后无权也从未公开过问国政,摄政王全权代行帝权,不须也从未向太后奏呈诸事,请后裁决,所谓多尔衮以陈奏机密为由入宫调情之说,不能成立。第二,多尔衮摄政之日,孝庄太后康健如常,并未驾崩,直到多尔衮死后三十七年,即孝庄后之孙圣祖玄烨的康熙二十六年,太后才去世,享年七十五岁,才隆重办理丧仪。可见,多尔衮在世之日太后驾崩之说,不攻自破。第三,所谓将后扮作帝之乳母指婚睿王,大办婚礼,致天下臣民皆知太后下嫁,查遍实录等官书,无此记载,大臣文人学士之文集笔记,亦无片言只字,显系《轶事》作者杜撰。

民国初年出版的《清朝野史大观》卷一,有三条专记太后下嫁之事,即:《太后下嫁摄政王》《太后下嫁贺诏》《太后下嫁后之礼制》。这三条载称:多尔衮诚心拥戴福临即位,满朝王公大臣深有歉意,欲报答其恩。多尔衮与大学士范文程密议后,使范倡议于众,说:摄政王功高望重,皇上应予报答,王乃帝之叔父,视帝为子,"则皇上亦当以父视王",

认王为父,可否? 众人议定如此办理。范文程又说:今闻王之福晋刚逝,"而我皇太后又寡居无偶",皇上既以王为父,"不可使父母异居,宜请王与皇太后同宫",众又赞同其言。于是颁发太后下嫁恩诏,宣示天下,其诏大意是:"太后盛年寡居,春花秋月,悄然不怡。""皇叔摄政王现方鳏居,其身分容貌,皆为中国第一人,太后颇愿纡尊下嫁,朕仰体慈怀,敬谨遵行,一应典礼,着所司备办。"到了乾隆朝,"纪昀见之,以为此何事也,乃可传示来世以彰其丑乎,遂请于高宗削之,是后遂鲜有知者"。明臣张煌言作满洲宫词,有云:"上寿称为合卺樽,慈宁宫里烂盈门,春官昨进新仪注,大礼恭逢太后婚""即咏此事云"。"闻当时百官贺表,出钱蒙叟笔,藏虞山瞿良耜大令处。"

　　这三条记述,似乎颇有根据,一则言范文程与群臣商议决定;二则言有太后下嫁恩诏,宣示天下,其诏尚存至乾隆朝;三又说百官有贺表,乃钱蒙叟即钱谦益所撰,藏于瞿良耜处;四则说明遗臣张煌言写了满洲宫词,其中有专讲太后下嫁之内容。有人有物有词有表,似乎果真举办了太后下嫁之大典了。

　　然而,细加分析,上述诸据颇嫌不足。其一,摄政王多尔衮之福晋卒于顺治六年十二月,第二年正月举行了纳肃王豪格福晋为妃的典礼,史有明证,在此情形下,太后怎能下嫁与多尔衮! 其二,所谓下嫁恩诏,辞文俚俗,显非真诏,且言睿王乃"中国第一人",更有违规制,查遍清朝诸帝诏书,言及中国,皆称我"大清国""我大清",不会用"中国"之词。其三,既有恩诏,宣示天下,而且过了顺康雍三朝,到乾隆时,纪昀还见到此诏,纪昀是乾隆十九年进士,乾隆二十余年任侍读,三十八年编《四库全书》,距所谓下嫁大典,已逾百年,他都能目睹此诏,那末,见过此诏之人当然不少,为什么不仅《清实录》等官书未记此事,这一百余年里成千上万的大臣文人学士的著述也未谈到这一大事?

　　如果说清帝之臣仆不敢触讳,那些明朝遗臣如顾炎武、黄羲之、王夫之等一大批反清志士,怎么也不对此猛烈抨击? 须知,堂堂一国之母后竟下嫁臣王,弟弟竟娶亲嫂,这可是空前罕有的人伦大变,是大丑特丑之丑闻,故明遗臣完全可以利用此事痛加谴责,并以此作为清朝无道理该灭亡之证据,广泛宣扬,激起人们对它的蔑视,进行抗清活动。像多尔衮死后被帝追罪之原诏,至今仍然保存,多尔衮死后被焚骨扬灰,顺治帝剃掉头发欲图出家,这类不为官书记载之秘闻,文人学士僧道之著作也都一一记述,为什么却偏偏未见一条当时人们对此大事之载录? 设若说人们害怕因此惹上灭门大祸不敢写,或者虽然写了被当作禁书烧毁了,那么,远在鸭绿江彼岸具有高度文明的古国朝鲜国,对此大事理应有所叙述,何况此时朝鲜国仍然忠于故明,仍视清为夷狄,虽然表面上被迫上贡颂扬,但其国内官书和文人著作,多称清为"胡"为"虏",称明为"大明",对清帝及摄政王的言行十分注意,常予贬斥。比如顺治九年五月朝鲜国王孝宗与臣言及清军时说:"予曾见虏人治兵之术:练整军务,惯习兵法,行阵肃然,弓镞劲利""胡骑则如烈风骤雨,仓卒不可当矣"。但通观《朝鲜李朝实录》,没有任何关于太后下嫁的记述。

　　简而言之,迄至今日,未发现一条叙述太后下嫁大典的材料,可见这一"大典"根本就没有举行。

　　然而,虽无下嫁大典,并不能说明孝庄后与多尔衮全无瓜葛。这些野史传闻固然不能作为信证,可是,无风不起浪,何况他们谈到的多尔衮专权,太后害怕摄政王篡位,故予笼络,等等,也不能说是毫无根据。多尔衮素怀称帝之心,摄政以后,尤其是入主中原尊称"皇叔父摄政王""皇父摄政王"以后,独揽大权,势焰熏天,人皆知有摄政王,不知有幼君,如若太后对此视而不见,不予笼络,废帝之举难说必无,聪睿绝顶之孝庄后当然会设计以对。入关之前,女真——满洲旧习,允许弟妻其嫂,尤其是遇逢问罪或家庭败落之时,更有这种行为。太宗时,莽古尔泰贝勒死后,其妻被分给侄子豪格和岳托,德格类贝勒死后,其一妻被阿济格带走。因此,孝庄后有可能与多尔衮有暧昧关系。蒋良骐《东华录》卷六载述顺治八年二月世祖福临颁诏斥责多尔衮的罪状中,有一条是多尔衮"又亲到皇宫内院",朝鲜《孝宗实录》记录此诏时,也有"又亲到皇宫院内"这一罪状,可是《清世祖实录》卷五十三载述此诏时,却删去了这一句话,显有为尊者讳之意。多尔衮为何要亲到皇宫内院,而且此事被列为其谋逆的罪状之一,并于《实录》中删掉?答案是不难得出的,那就是他很可能进宫与太后幽会。若他仅是与其他妃嫔幽会,实录就不必删去这一句话,就可以明确写道他是调戏妃嫔。

如果认为此说合理,孝庄后与多尔衮之间可能有暧昧关系,那也只是太后为谋巩固帝基而采取的一种策略,是出于政治上的考虑,而非所谓寡居不欢。说得更明显一些,孝庄后之举,是迫于无奈,此中苦辛,向谁诉说!身为号称至尊无上的天子福临,对此能不痛心疾首!但他有什么办法!他自己不也是危在旦夕吗!

<h1 style="text-align:center">三</h1>

顺治七年(1650 年)七月初十日这一天,对年方十二岁半的幼君福临来说,是一个令他极为愤恨、极端惊骇、万分不安的大凶之日。当他正安坐宫中之时,突然族叔固山贝子锡翰、内大臣二等子冷僧机、内大臣席纳布库等摄政王多尔衮亲信,匆匆进入殿内,不容细说,便拥着幼帝出宫,"驾幸"摄政王府,并让帝恭问皇父摄政王安康,慰其新亡元妃之哀痛。原来,此事系"皇父"所引起的。

这一日,锡翰等前往王府,摄政王大发怨言,说什么"顷予罹此莫大之忧,体复不快",幼主"宜循家人礼"来府探望。王又指责锡翰等系亲近大臣,皇上虽年幼,尔等岂不知应该如何做?因此,锡翰等立即进宫,带帝往王府慰问"皇父摄政王"。

多尔衮可能觉得此举过为鲁莽,有损其谦谦成王、周公之形象,曾补充说,不让锡翰等奉君来府,今见帝已至府,便大发雷霆,斥责锡翰等人,命议政王大会议处锡翰,又以巴哈、鳌拜等目睹锡翰之罪,不即执鞠,命一并治罪。议政王大臣等拟议锡翰、冷僧机等论死籍没,鳌拜亦论死。多尔衮心知锡翰、冷僧机、席纳布库系己之亲信,此举是讨好于己,故仅轻议其罪,略降爵职,不久即予恢复,而对不附于己之鳌拜,则降其一等子为一等男。

十二岁半的福临回宫之后,必然会静坐苦思,心乱如麻,无比愤怒,又胆战心惊。今日之事,欺人太甚。多尔衮权势再大,哪怕又有"皇父"之尊号,但毕竟还是皇帝之臣,按道理说,无权也不应该随意暗示,要帝去探问,而且要行"家人礼",即要行父子之礼,要号称至尊无上之天子以子事父之礼慰问"皇父"。这未免太狂妄太僭越了。何况,多尔衮之借口又太缺乏根据,所谓"顷予罹此莫大之忧",不过是指其元妃于去年十二月病故之事,可是,妻骨未寒,多尔衮即于次年正月纳肃亲王豪格之嫡福晋为妃,而且于八旗广选美女,向新附之喀尔喀索取有夫之妇,又迫令朝鲜国王送公主来京,于五月连仪式也来不及举行,就和公主同了房,这正是他姬妾成群日夜狂欢之时,哪能说什么"莫大之忧"! 这不过是一个借口,借此来显显"皇父"之威风,来威慑幼君而已! 这样完全仰于"皇父"鼻息的儿皇帝,有什么当头!

　　不仅如此,福临必然会回想起七八年来的遭遇,一桩桩一件件令人发指、心酸、惊恐、胆寒之事,必会情不自禁地涌上心来。七年前,他的兄王豪格被废为庶人,后才复爵,而且正当他这位六龄幼君入主中原,再次举行登极大典,被尊为九州共主之时,皇十二叔英亲王阿济格竟敢称他为无知幼童,且犯下这样大不敬之罪,却未受重惩。两年前,他的兄王豪格被削爵籍没,冤死狱中,嫡福晋被摄政王霸占。母后处境艰难,有苦无处诉说,母子分居,一月之中,只能相见一次,多尔衮被尊为"皇父摄政王"。叛臣锡翰、巩阿岱忘了先帝洪恩,背叛幼主,投靠睿王,为其爪牙,竟敢对幼帝肆意讥讽,讥帝懦怯不习骑射,毫无人臣之礼。尤其是随着多尔衮的称"皇父",完全以朝廷自居,令群臣伺候府前,调兵信符及赏功册皆驻王府,天下只知有摄政王,哪知有帝。此时,多尔衮既收亲弟豫亲王多铎之子多尔博为己嗣子,又取亲兄英亲王阿济格之子劳亲为养子,兼之,姬妾成群,若生一男,未见得就不会废帝自立。帝之处境怎能不险! 有一次,福临被迫前往摄政王府,按规定,皇上出宫,警卫森严,扈从众多,应有前引大臣十员、后扈大臣二员、豹尾班侍卫二十员、御前侍卫、乾清门侍卫、一二三等侍卫数百员,以及亲军、护军、前锋、步军数千名,还有浩大的仪仗队,可是,这次"随驾内大臣及侍卫等,不及二十人",连一个四五品官员之公子都不如,这些公子出门,随从也有二三十人。这不仅是大损威严,而且更重要的是太危险了,万一摄政王起了歹意,或于府中谋害幼主,或派爪牙伪扮响马途中行刺,岂不酿成大祸。据《清世祖实录》卷七十七记载,就是在这次临幸王府时,二等侍卫喀兰图得悉此事,"惧有叵测",急忙归家携带弓矢追去,"密为防卫"。又一次,睿王以避痘为名,带福临"远幸边外西喇塔喇地方,侍卫不及百人,又乏扈从之兵,时经长夏,势甚孤危"。不要说多尔衮于此时下手弑帝易如反掌,就是各部蒙古王公,若有图谋不轨者,这岂不也是天赐良机于彼!

　　回想这七八年来发生的一幕幕令人胆战心寒的往事,看看今日多尔衮独掌大权,两黄旗大臣分化瓦解,多为睿王收买和威慑,寡母幼儿谁来保驾,十二岁多的福临真是危如累卵了。出路何在? 绝境何时能完? 弑君夺位大祸何日突然降临? 福临对此是既不敢想又无法不想,他只有听天由命了。

第三章　锐意求治

一

　　福临亲政之后,时常把明代兴衰得失的历史经验教训引为鉴戒。他指出,帝王治理天下,一定要以国计民生为首要任务。明初曾采取一些发展生产的措施,使人民得到休养生息的机会,所以直到万历年间都是海内富裕,天下太平。然而到天启、崇祯朝,任意扩兵增饷,加派繁多,贪官污吏横行不法,民不聊生,社会矛盾全面爆发,明朝随之灭亡。当此之际,清入关不久,也连年战乱,土地荒芜,广大农民流离失所,无法正常生产,以致国家财政困难,军饷难以支出,严重影响了政权的巩固。以史为鉴,福临亲政之后,时刻注意与民休息,道在不扰,不横征暴敛。

　　顺治八年正月初七日,顺治帝谕户部:停止陕西贡柑子、江南贡橘子、河南贡石榴。十四日停止江西进贡额造龙碗。八月二十四日停止四川进贡扇柄、湖广贡鱼鲜。以表示不因口腹之乐而骚扰百姓。为了减轻百姓途中运输的困难,同时决定,建造宫殿必须就地取材,永远不许再用山东省临清烧造的城砖。二月十三日,福临命户部,停止多尔衮生前为避署在边外兴修的一座小城,甚属无用,徒费银两,劳民伤财,立即停建。二十八日,命各地为打猎放鹰往来下营而圈占的民地,一同退回原主。闰二月十九日,命令兵部整顿驿政。谕云:驿递疲困,至今已极,奉差官员咨意苛索,驿夫不足,派及民夫。甚至牵连妇女,系累生儒(学者)鞭打驿站官员就像打罪犯一样,侮辱州县官就同对待奴隶一般,结果是夫逃马倒,罢市止耕,上误公务,下害小民,深可痛恨。命督抚严察参奏,以后各衙门均不得滥差官员。三月十六日,顺治帝召户部尚书巴哈纳问国库情况。当得知俸银共需六十万两,而银库仅存有二十万两时,他感叹地说:大库的银两已为多尔衮用光了。为了不向百姓加派,福临决定动用内库银两按时发放官吏奉银。四月初三日谕礼部:今后皇帝出都行幸,不许行在地方官进献礼物。五月二十四日,福临在一次行猎中,看到沿途庄稼茂盛,联想到过去诸王随意放鹰驰猎,蹂躏田禾的情景,回京后立即颁发了一道谕旨,规定诸王须待秋收后,方可放鹰,不扰农事。八月初四日,原曹州副将许武光上疏说:明代开封曾被水淹,故周王府内有二三百万两白银,被淹没埋藏地下,要求皇帝给假三年,搜尽天下遗银,以供军饷。福临非常生气,指出帝王生财之道,主要在于节用爱民;掘地求金,亘古所未有,如果按此议行事,势必生事扰民。他还严厉斥责了许武光借端求官,兼图牟利的卑劣企图,令交该城御史严加申斥。十年五月二十五日,福临筹建乾清宫,时值旱涝异常,人民困苦不堪,大臣们奏请工程暂停,以节省出的钱粮救济军民。他看到奏疏后批示:这本说的有理。下令暂时停止宫殿建筑。同时要求诸王以至百官,凡祭祀饮食概宜从简。类似的措施以及受灾地区蠲免钱粮或缓征租税等事,在顺治亲政的十年间是经常出现的。

　　亲政之初,刻意求治,大大地稳定了社会秩序,缓和了各种矛盾,有利于统治地位的巩固。

二

由于摄政王多尔衮的阻挠，福临在幼年时期没有受到应有的教育，直到十四岁亲政时，对汉文依然十分陌生，甚至在阅汉大臣的奏章时，往往茫然不知其中的意思。

福临亲政后，为了能够阅读诸臣章奏和处理政务，以极大的毅力苦读汉文书籍。他把乾清宫当作书房，摆放数十个书架，经史子集，稗官野史，小说传奇等无不备之。殿中还摆列长几，放置商彝周鼎、印章画册等文物。他每天除了处理军国大事外，都能读书到深夜。有时他五更起床读书，至黎明拂晓，能够流利地背诵，方始罢休。为了保证有充足的读书时间，他还规定每月中，逢五为视朝之期。短短的几年，福临对先秦、两汉和唐宋八大家的著作（唐宋两代八个散文代表作家的合称。含唐朝的韩愈、柳宗元，宋朝的欧阳修、苏洵、苏轼、苏辙、曾巩、王安石），明朝各代皇帝的实录，以及元明戏曲、话本等，无不涉猎，学识水平不断提高。他对当时著名小说评论家金圣叹评点的《西厢记》写下评语："议论颇有遐思（想得远），未免太生穿凿，想是才高而见僻。"足以证明福临对汉族文化的理解，已经达到相当的水平。平日，他也能够熟练地运用汉语批阅奏章，评定考卷。

关于顺治帝少年时期刻苦读书的情况，时人有生动地描写和如实的记录。据弘觉禅师《北游集》记顺治十六年九月至十七年五月，在京见帝奏对情形云：上一日同师坐次，侍臣抱书一捆，约十余本，皇帝告诉禅师说：这是朕读过的书，请老和尚看看。禅师（僧侣之尊称）细阅一遍，皆左史庄骚（《左传》、《史记》、《庄子》、《离骚》）先秦两汉唐宋八大家，以及元明撰著，无不毕备。皇上说：朕非常不幸，五岁时先帝太宗早已晏驾（死亡），皇太后生朕一身，又娇生惯养，无人教训，坐此失学习机会。年至十四岁，九王爷多尔衮死才开始亲政。阅读诸臣的奏章，茫然不解，从此开始发愤读书，好学不倦。每天早晨到中午，处理军国大事外，即读书到深夜，然而顽皮之心尚在，多不能记忆。等到五更起来读书，到天亮时，始能背诵。计前后诸书，读了九年，曾经呕血。

读书、为政之余，福临还喜爱书法和山水画。有一次他和临济宗（佛教南宗禅宗五宗之一）的知名和尚道忞谈论书法，问道：先老生和尚与雪峤大师书法谁好？道忞回答说：先师学力既到，天分不如。雪大师天资极高，学力稍欠。故雪师少结构，先师乏生动，互有短长。先师常告诉说：老僧半生务作，运个生硬手腕，东涂西抹，有甚好字，亏我胆大。皇帝说：这正是先老和尚，之所以善书法之处。挥毫时如不大胆，则心手不能相应，则底欠于圆活。他还询问道忞学习楷书，曾以哪家书法作帖，道忞回答说：初学黄庭坚无成就，继学遗教经，后来又临夫子庙堂碑。向来不能专心致志，故无成字在胸，往往落笔即点画走窜。福临说：朕也临此二帖，怎么道得老和尚田地？道忞表示要看看福临的书法，获睹龙蛇势。福临索取纸笔，命侍臣研墨，即席濡毫，先书写一敬字。接着又连写数幅，并选其中一幅，问道忞怎么样？道忞说：这幅最好，请皇帝赐给。史记中记载的这些轶事说明，顺治帝对汉字书法颇有研究，而且字也写得相当漂亮。

几年的读书生活，大大提高了顺治的汉文化修养水平，并从中学习到历代汉族皇帝的丰富统治经验，决心效法历史上的贤主明君。顺治十年正月二十九日，皇帝到内三院阅读《资治通鉴》问随从的大学士范文程、额色黑、宁完我、陈名夏等人：自汉以下，明代以前,何帝为优? 陈名夏以唐太宗回答。顺治帝说:朕以为历代贤君,莫如洪武,为什么? 洪武(朱元璋)所定条例章程,规划周详,朕所以认为历代的君主不及洪武。这表明,他要以明太祖制定的典章制度等作为自己的典范,以便巩固清朝的统治。

福临亲政后,正是在汉族的历史文化影响下,锐意图治,使大清王朝的统治逐步得到加强,并深刻影响到其后代子孙。

任何社会都有流氓、地痞、恶棍,危害国家、危害人民、扰乱社会秩序,封建社会更为严重,有产生这一社会阶层的土壤。为维持社会的安定,封建统治都有时也采取措施,严厉打击社会棍徒,抓、关、流放、处死,兼而行之。顺治皇帝亲政后,打击一等市棍、人贩子黄膘李三,就是其中一例。

黄膘李三,本名叫李应试,是顺治年间活动在京师一带的大盗,大奸大恶之徒,横行都下乡里,贩卖人口,交结官府,杀人越货,无恶不作,远近闻之,胆战心惊,是社会的一大害群之马。最后由皇上出面,通过刑部衙门将本人和他的同伙处决,大快人心。

顺治九年三月初十日,管都察院事的吴达海等人上奏说:皇上考虑百姓冤枉,准许打官司告状。近来奸棍企图报复,动不动就捏造无影之词,诈害平民,虚多实少。或雇人顶告,或夥靠夥证,或将匿名信在大街小巷张贴,投递各衙门,种种恶习,大干法纪。请求皇帝下令刑部严禁。如有故违,依律治罪。皇上认为说的对,令刑部刊示晓谕。十三日,顺治谕刑部:商贾贸易原为裕国便民而设。今有一等市棍,称为人贩子者,不守本分,贸易时或诱拐无知,私自禁固在土窖中,从而外贩;或将满洲妇人子女,圈诱贩卖;或掠卖民间子女。更有一种强悍棍徒,托卖身为名,将身价集体瓜分者。似此恶习,如不严行禁止,为害非浅。自今以后,将人贩子各色,永行禁止,如有故违,后被发觉,定行治以重罪。

谕旨中谈到的一等市棍,人贩子等,就含大盗李三之流在内。十二月二十四日,处决京师恶霸李三、潘文学,并布告全国。顺治帝就此发长篇谕旨,内称:

朕认为表扬好事必须抓住典型人物、典型事例;打击坏人坏事必须惩办首恶分子。有个元凶巨盗李应试、潘文学,盘踞在京城之下,已经好多年了,官民闻之丧胆,不敢接近与之斗争。今因事发觉,朕命叔父、和硕郑亲王及内大臣、内院刑部大臣,共同审问,查出李应试,别名黄膘李三,原来是明朝的重犯,漏网逃跑,专做豢养强盗的勾当,勾结奸雄,交结官府,役使衙门的邪恶之徒,远近盗贼纷纷向他提供钱财,南城铺行照常给他纳税,明火执仗,坐威坐福,暗中操生杀予夺之权。所喜欢的事,即有邪党代替他邀功求赏;所讨厌的事,即有凶恶之徒全力为他谋害。比如崇文门有关税务,自立规则,擅抽课钱;凶恶的侄子,到处杀人,死者之家不敢申诉。诸如此类,罪不胜数。

潘文学则充当马贩子,暗中和贼人勾结,挑选良好马匹,接济远近盗贼,每次多至一二百匹头,少则数十匹头,群盗得骑,如虎生翼。而且还交通官吏,打点衙门(办公机关),包揽不公不法之事,任意兴灭(无的说有,有的说无)。甚至文武官员,多与投靠,吃喝玩乐,行人看见,不敢奈何?

以上二犯,罪大恶极,举国上下,官吏人民等,都说所犯罪行,死有余辜。故决定,将李应试、潘文学及其子侄，俱行枭斩（杀头示众）。同时将首恶为从分子高思敬等八人，一并处死。有牵连官员，分别受到惩处。命各缉捕衙门以后对"大奸大盗"勿得姑息，文武大小官员，如再与奸盗往来者，事发，定行连坐，决不姑贷。下一年正月十二日谕刑部，黄膘李三已经正法，他的兄弟子孙、亲戚朋友，一概不准牵连拿问。同时就此案件，不断发出谕令，与臣下谈话，总结经验教训，以儆效尤。

　　十二月二十五日，顺治帝就李应试、潘文学案件，责备言官们为什么在事发前一言不发？你们都察院等部官员，凡官员犯法、民贼出现，都应据实检举揭发，所以通上下之情、锄掉大奸大恶呀。近如李应试、潘文学等人，通盗害民，适遇他事牵连，才得以穷究根源，立正典刑。在未发觉以前，李三把持衙门，毒害小民，举国痛恨，深入骨髓，你们这些当官的人，为什么都一言不发？如果真的不知，已是溺职，若恶迹显露，害怕举报，养奸助恶之罪，你们何以推辞？除过往不究外，你们应自思人臣事君，立身行己，一秉法度，事事为国为民，怎么能包庇坏人呢？奸恶去则民安，民安则朕心始安。你们难道不知道尽心报效吗？如养奸助恶，谁得谁失，如再有如前包庇坏人之事发生，法不留情，各宜反省警惕，以尽职守才，不辜负朕对言官的期望。

　　顺治十年正月十八日，福临到内三院视察工作，对大学士洪承畴、范文程等六人谈话说：不久前因违法被诛的黄膘李三（即李应试），是微不足道的小民，而住居之外，复多造房屋，每间都修饰得整整齐齐，是什么原因呢？洪承畴回答说：他修造的房屋分照六部，或某部人到，或自外来有事到某部者，即请到某部房内。皇帝说：以一细民，而越分妄行如此，故上天下罚于他，由他案牵连，始得治罪。皇帝又说"凡人坏事作绝，恶贯满盈，不久自败。同时皇帝自责地说：可惜，朕也曾经宠爱过他，但这位大盗行事不守法度，最终是自我暴露，自取灭亡。正月三十日，是顺治帝生日，问前来庆贺的大学士陈名夏：李三是一区区小民，为什么当官的、普通百姓们，都怕他呢？陈名夏回答说：原来京都五方杂处，像李三这样的人还不在少数。李三与各衙门人员无不勾结，故官民们都怕他。关键在于拔本塞源，令人人都谨小慎微，不敢效尤，那位小李三何足挂齿呀？皇上说：李三一小人物，不要认为朕常常谈论他，朕之所以经常提到他，是想要诸臣改过自新，有所见闻，即行报告。朕自今以后，就不再重谈李三的问题了。

　　到此为目，李三之案就算彻底解决了，自九年三月办案起，到十年正月止，在不到一年的时间里，顺治皇帝亲自过问此案，并多次下达谕旨、谈话，从中总结经验教训，警告世人，提醒官员，以杜绝类似事件重演。

　　福临自幼好学不倦，博览群书，通晓古今事务，十分懂得儒家以文教治天下的道理，竭力提倡尊孔读经，利用传统的封建礼教向全体臣民进行灌输，以便巩固大清王朝的统治地位，并使自己在人民心目中，以传统道德捍卫者的形象出现，为此在亲政之后，采取相应措施，发展文化教育事业。

　　顺治八年四月，遣官赴山东曲阜祭孔。次年九月二十二日，顺治帝往太学，释奠（置酒而祭）先师孔子，行两跪六叩头礼。听祭酒、司业（皆学官名）讲《易经》《书经》。讲话说：圣人之道，如日中天（悬在空中，普照万物），牢记心中，衷心信服，有利于治理，你们师生要努力向上。二十三日，宴庆五经博士等学官于礼部。二十四日，于午门前赐衍圣公（孔氏后人）等礼袍帽。以后几年，他还大修孔庙，还定孔子的谥号为"至圣先师"。

顺治亲自主持编纂诸书,认为是移风易俗,稳定社会,一心求治的首要任务。先后提议和主持编定的重要书籍,计有太祖、太宗朝实录、玉牒、《明史》《资政要览》《劝善要言》《顺治大训》《大清会典》《通鉴全书》等。同时,为将汉文化普及到满族当中,还把汉文的重要典籍,翻译成满文,以供阅览。为说明书中要旨和社会意议,有时亲自为该书作序,以表重视。以下举几部书为例,予以证明。

顺治十二年正月二十日,顺治帝编《资政要览》书成,亲自为序曰:朕想帝王为政,开明修身,莫不是本于德(道德修养)而成于学(文化素质),如同大匠(手艺高超的木工)以规矩而定方圆,乐师以六律(律,即定音器,六律是:黄钟、太簇、姑息、蕤宾、夷则、无射)而正五音(指宫、商、角、徵羽,也叫五声)。凡是古人美言善行,在典籍上有所记载的,都是修己治人的方略,可以为当今所利用。朕孜孜图治,学习古人的教导,看过四书、五经、通鉴等书,得其要领,推之十三经(古代的十三种精典:易、诗、书、礼、春秋、周礼、仪礼、公羊、谷梁、孝经、论语、尔雅、孟子)、二十一史(明万历国子监刊行的二十一部正史:《史记》《汉书》《后汉书》《三国志》《晋书》《宋书》《南齐书》《梁书》《陈书》《魏书》《北齐书》《后周书》《南史》《北史》《隋书》《唐书》《五代史》《宋史》《辽史》《金史》《元史》),以及诸子书中,不违背圣人经典的地方,莫不条理其中,而成一家之言。但因卷帙浩繁,如果用作教科书教育人,恐不能一时尽解其义,亦未能一时尽得其书;因此,考虑到记事应当提纲挈领,说话应当言简意赅(音该),于是采集各书中有关政事部分,分作三十篇而成。又考虑到分散而不集中,于是在每篇中写出内容提要,联其文词,于忠臣孝子、贤人廉吏,略举事迹;对那些奸诈、贪污、不肖(贤)、作乱之徒,也载在其中,使历史上的好坏人,一目了然。加之训诂(解释),详其证据,就如同集中狐腋之白毛而作成狐皮大衣,集中六种金属成分而铸成宝鼎一般,简约而易明,文简而易读,名曰《资政要览》。读这部书的人,深思熟虑而认真体会,可以做老实厚道的善人,推而广之,可以做明理的君子。不要单纯欣赏其中的语言文字,那么朕谆谆教谕的思想,就能得到贯彻执行了。

正月二十五日,御制《劝善要言》成,亲自作序说:朕认为天道自然是善良的,就应当以善政对待下民,故人生在世上没有不善的,即使有不善的人,都是因为自己有私心杂念,加上社会上恶劣的习惯对人们的影响,于是就失去了善良的本性,而逐渐背离天理人性。人之思想行动不同,所以上天鉴察,降以灾难和吉祥,其降吉祥者,固然是造福于好人;即使不得已而降灾难者,也是公开地告诫下民,使之改过迁善。从来是因果报应,分毫不差,难道还不可怕吗?古人根据天理垂训于世,以教天下,正论嘉言,不一而足。但文理深奥,或不易理解,说的太简单,又不能完全表达意思。朕奉上天的命令,抚育万方之民,深刻体会到上天教育下民,以劝善为首务,人们立身行世,做好事是最大安尉,故取诸书之要者,辑为一编,名曰《劝善要言》。语言不想文深义奥,只想说明道理;词句不厌其详,只想让大家都明白;欲使贤愚同喻,大小共知。读这部书的人,应当深刻领会其中的意义,牢记在心,体现在实际行动上,善者益加做善事,以求得天下的赞誉,即或是无知之徒,而误入歧途而不做善事的人,尤其应迅速改正而使自己不犯错误,以免大难临头。如此,才不负上天好生之心,而朕诚恳教化的意愿,也就不能落空了。凡是我的人民,都应该老老实实地做人啊。

正月二十六日,顺治帝命设馆编《顺治大训》一书,将忠臣义士,孝子顺孙,贤臣廉吏、贞妇烈女以及奸贪鄙诈、愚昧不肖等情,分门别类编辑。以大学士额色黑等十八人为纂修官。编此书的意图是:使天下得治,莫大乎教化之广宣,务令臣民皆可诵习,以彰法戒。

与此同时,特命大学士冯铨等主编《孝经衍义》颁行天下,大肆旌表忠孝节烈。还命内院诸臣翻译五经。

以上措施,有利于社会风气的好转,有利于大清王朝的统治,故清朝历代皇帝皆效而行之。

四

任何社会都有烧香弄鬼、算命打卦等封建迷信的害人的活动,一害人民、二扰乱社会治安,在封建社会尤为严重。因此当权者总是下令制止。但是效果不佳,留传后世,仍在为患。

清顺治六年六月二十六日,清廷下令:凡是和尚老道、巫医大神,算命瞎子之流,只应该是礼神明推命运,不许胡作非为,玩弄法术,蛊惑人民,愚弄群众。如果有谁违犯,治以重罪。命令礼部官员,严行稽察。

顺治八年四月,清内院大学士洪承畴,看到皇城西北建塔,喇嘛乘马出入其中。于是上奏说:连日载运土木,人畜疲敝,装扮驱鬼,远近都很惊动和恐惧;甚至是深宫大院,王公大臣不能进,可是一些僧人能够不时进见;又听说不久将由陕西、宁夏、甘肃边外远迎活佛,因此,没见到护国家保人民,先见到病国家害人民,请立即停止,并将在京喇嘛送往城外,陆续发回,不许出入禁地。

顺治九年九月十九日,福临谕礼部:佛教清净,理应严饬。今后凡是僧人、道士、尼僧,已经领取度牒(僧尼出家由官府发给的凭证,无度牒者视为非法)的人,必须遵守法律戒规,穿戴规定的衣帽,各居住本寺庙,敬供神佛;如果没有度牒,私自为僧、为道、为尼而往来的人,以及僧、道、尼假装喇嘛,穿戴喇嘛衣帽往来的人,定行治罪。如果有这些人妄自非为,各寺庙庵观的住持(寺庙的掌老主僧)、僧、道、尼,知而不举,一体治罪。在京城附近寺庙居住的喇嘛之徒弟,理藩院规定数目,如有喇嘛徒弟,不符合规定数目,有本人愿做徒弟者,及有愿给与做徒弟的人,俱报告理藩院,该院酌情处理。不许越过理藩院规定的数目,私自做徒弟,以及给与喇嘛为徒弟。又有妇女,或叩拜喇嘛,或叩拜寺庙观宇,必须随本身丈夫同行,不许妇女私行叩拜喇嘛、寺庙庵观,如有违者,定行治罪。

顺治十年正月三十日,与大学士陈名夏论古往今来治天下之道,其中谈到治天下不但要注意大道理,而且要注意小道理。如喇嘛竖旗,动言逐鬼。朕想他们怎么能躯鬼呢?只不过妖言惑众,扰乱民心而已。陈名夏回答说:皇上此言,真是洞察当的地方,可以研究参考。你们内三院要传谕诸位官员,一定要体会朕的意图,襟怀坦白,大公无私,提出意见,以昭(表示)一心一德之盛。

真就有敢提出意见的人,吏科官员魏象枢奏称:人君御世之权,莫大于赏罚,国家察吏之典,不外乎升降,三年朝觐,名为大计,是必不少的,今当皇上亲自掌政,首举计典,恭情皇上面召各直省两司等官,凡是三年中,国赋的盈亏、民生的利害、官吏的好坏、机关是否廉政？准其——报告；称职者奖赏，不称职者处分。

掌管河道的监察御史朱鼎延上奏说：自古帝王致治，先天下之忧而忧，后天下之乐而乐。近来灾害迭见，水旱频仍，民穷财尽，尤其不可不深忧而熟虑的是：如黄屋细旃（同毡），只能显示皇帝居住的壮观美丽；而老百姓还没有房子住，风雨不能遮蔽，愿皇上居深宫而能想到人民流离失所的苦楚。山珍海味，可以享受口头之福；而老百姓却有连粗粮都吃不饱肚子的人，饿着肚子实在可怜，愿皇上一举筷子就想到老百姓供纳的艰难。豹皮大衣，锦绣龙袍，穿起来真舒适美观大方；可老百姓竟有连补了又补的衣服都穿不上，愿皇上一着龙装圣衣，就能想到民间百姓捉襟露肘，衣不蔽体，冒冻号塞的可怜相。

上述意见，与人为善，可以提出，但未免言词过急，讥讽相加。可是，这样挖苦的语言年轻的皇帝也竟然接受了，疏入之后，"上是其言"，即说得对。

正月初四日，顺治帝又谕内三院，征求对皇上的意见。说：近来言官条奏，多是小事，未见到涉及朕本身的事。朕一日万几（忙得很）。事务缠身，难道就没有不合天意、不尽人情、不顺人心的事发生吗？都是因为诸臣畏上忌讳、不敢向上进谏。朕虽然道德修养差，但对古帝王纳言求是，每每怀有欣赏羡慕之情，朕自己如有错误，诸位臣下须直接提出，不要保留，即使偶有不对的地方，不妨再三提出，才能反省改正，力行正道，天下大治。提意见正确的人，一定会受到表扬奖励；意见提得对，言词过当者，也不谴责。你们内三院立即传达给大小诸臣，使大家都知道朕的意图。

正月三十日，在太和殿召见大学士陈名夏，商谈人君治国的大道理。皇上问：天下何以治，何以乱，而且如何使国家长治久安？陈名夏对曰：皇上如天，上心即天心，天下治平，惟在皇上，皇上要想天下太平，惟在一心求治，心想求治，则天下就得治。皇上说：你说得对。其具体治理方法在哪里？名夏奏报说：治理天下没有别的道，惟在用人得当，得人则治，不得人则乱。皇上说：讲得有理。如何才能得到贤才？名夏回答说：知人甚难，但是要想知人也是容易的。现在认真地在群臣中，选择德高望重的人经常召见访问，那么天下人心就鼓舞起来，无不勤奋效力。皇上又说：唐朝家法为什么那样丑？名夏说：由于太宗家法不善，故导致女主擅国，祸乱蔓延，但是贞观政治，可以和三代比美，因为用人得当。皇上又说：人君之有天下，非图自身的安乐，应当孜孜爱民，以一身治天下，如只为自己一身享乐，又怎么能指望天下太平呢？唯有勤劳其身，政治修明，名垂青史，才是美事。朕虽然勤于图治，也不能无过失，专靠你们，指出不足，倘朕身有过，请大胆提出才是。名夏说：皇上宠眷诸臣，常加诫谕，人心大不同于过去，况臣受皇上厚恩，岂敢闭口不言，但恐提出的意见有失当之处。

三月二十七日，召原任大学士冯铨入见，问铨年岁多大，某科进士及历升官品，然后说：朕对翰林官亲自考试，文章的优劣完全掌握，可以定他高低上下，能否做官？冯铨就此发表意见说：皇上简用贤才，也不应该只论其文章，或有人善于文章而不能办事，自己表现不好者；或有不善于文章而能办事，操守清廉者。南方人善于写文章而实际行动差，北方人文章差而实际行动可嘉。现在考试，也不应只看其文章好就用他。理论联系实际，办事能力强者择而用之，才合乎条件。皇上听后，认定冯铨说得对。

四月十七日谕内三院：今年三春不雨，入夏大旱，农民失业，朕非常忧虑。考虑到朕身有缺点失误,政事有不当之处;或大小官员有自私自利,重贿赂,不肯实心为国,消极怠工,招致上天下罚。或有民间疾苦,无所控诉,地方官隐瞒下情。令三品以上及科道官各抒所见,凡是有关联躬及天下大利大害,应兴应革之处,认真上奏,不许含糊两可,不准借端影射,如果提得合理,切中过失,朕不怕改过。

顺治十二年正月十三日,谕诸王大臣等说:自朕亲政以来,五年左右,仍是疆土未靖,水旱频仍,吏治怠惰,民生憔悴,钱粮侵欠,兵食不足,教化未兴,纪纲不立,保邦致治之道,到现在还抓住要领。朕思诸王大臣,都亲见太祖、太宗创业时期的艰难,年来辟地绥民的艰难,定有长策,以有利于治安,而未见有直接得出政治得失者,难道朕不愿听取意见,而虚怀纳谏有不足之处吗?你们大家为什么都闭口不言呢?以后凡养兵爱民,兴利除害,有关政治者,在家要深思,进朝要表奏,各抒己见,以满足朕的要求。

正月十九日,又谕吏部:今开广言路,征求各方意见,以资治理。凡是事关朕本身的问题,何令不行,何政不修;诸王贝勒、办事官员,旷职的错误,多方弊端;及内外各有关部门,何害未除,何利未兴;各据见闻,极言无隐。一切能启迪朕本身的问题,有利于国家治理的问题,提出意见合情合理,立即采用,如有未当之处必不加罪,不许敷言塞责,辜负朕求言的意愿。

以上所举,即顺治帝虚怀纳谏,兼听则明的生动实例,反映其大度不凡之精神。当然,也有进谏不从,反遭处分的情形。顺治十年九月初九日,礼部郎中郭一鹗奏言:臣办事衙门,屡奉上谕,取用药品,而且设立御药房制造诸药。臣反复思考,皇上年盛德茂,可以为尧舜,政治上应究心经史,每天与满汉大臣,研究用人行政,治国平天下的大道理。今日一旦留意医药,虽说没有误政事,臣认为金石之味,不可以宜人,盖人有老少虚实,药有温凉泄补,倘用得不当,那么养人者反是害人。从来帝王用药是慎重的。我皇上,上继祖宗之业,下开亿万年之基,大任在身,敬天尊祖,仁民爱物,就是永远健康的基础,区区草木之味,受益是有限的。孟子说:养心莫善于寡欲,说得真对呀?诚恳请求我皇上节饮食,谨嗜欲,省游玩,亲大臣,惟以有用之精神,集中精力注意政事文学,将会修身养性,清明健体,万年有道之意,就在这里,又何必专注意医药呢?顺治帝忍耐着听完后说:准备药物,原为供给宫眷近臣,郭一鹗为什么要妄加评论?显然是借此沽名钓誉,令从重议处,决定降一级,调外地任职。

这说明再虚怀若谷的人,也经受不住讥讽,所以顺治发火是有理由的,可以理解的。

五

清军入关不久,战乱之余,荒地甚多,无人耕种。有识之士,议开屯田,济兵饷利民生,此乃长久大计。

顺治九年八月十九日,礼科给事中刘余谟请开屯田。奏称:国家钱粮,每岁大半揩担饷。今年直省水旱异常,处处请求蠲免钱粮、请求救济灾民。大兵直取云南贵州,远则万里,久必经年,即使马上克取,也要驻兵把守。兵饥则叛,民穷则盗,关系非小。臣想湖南、四川、两广初定,地方荒土极多,诚恳祈求皇上敕谕统兵诸将及地方官,凡是遇到降寇流民,择其强壮者为兵,其余老弱者,完全令他们屯田。湖南、川广驻防官兵,也选择其强壮者讲武,其余老弱者给与荒地耕种,但不许侵占有主的熟田。顺治阅后批曰:这本奏疏讲得有理,令户兵二部研究办理。九月十五日户部议定,由各省总督、巡抚,逐一查明荒地、兵丁、牛种情况,从长酌议。十月三十日,大学士范文和等奏言:各直省钱粮,每年缺额至四百余万,赋亏饷缺,急宜筹划,因陈兴屯四事:一、兴屯宜选举得人;二、开垦宜收获如法;三、积贮宜转运有方;四、责成宜赏罚必信。顺治帝认为奏中讲得对,命议政王大臣开会研究上报。十二月十七日,山东巡抚夏玉田,看到各省地亩荒芜,钱粮缺额至四百余万请求开设官屯。内称:湖广、江西、河南、山东、陕西等省,所报荒地有十分之三四者,有十分之五六者,建议在各省设兴屯道,凡无主之地及有主而过限期不种者,均为官屯之地,不论土著或流民,官助牛种,三年之后,准为永业(永久之田)。

顺治十年闰六月十三日,清廷从巡视中城监察御史王秉乾的意见,凡自首投诚者,皆隶兴屯道,授以无主荒田,听其携带家口,耕种为业。又命各省巡抚管理屯田。准四川荒地官贷牛种,流民开垦。调兵步开陕西屯田。

顺治十一年六月二十二日,顺治帝颁恩诏于全国。其中谈到:兵火之后,田土荒芜,须令民间尽力开垦,不许豪强占隐,以致究民失业,违者重惩。又说:饥民有愿意到辽东讨饭耕种的人,山海关章京不得拦阻,所在地的府州县官员,随民愿往处所拨与田地,酌给种粮,安插抚养,不准流离失所。

顺治支持屯田,收到了稳定社会的效果。行的同时,不断地发出停止圈地的命令。

顺治四年三月二十九日,清廷下令停止圈地。以世祖福临名义谕户部:满洲从前在盛京的时候,原有田地耕种,凡是赡养家口,以及行军作战的需要,都从这里出。数年以来,圈拨田层,实出于万不得已,不是想扰累我们的人民(显然是为统治者辩护,开脱罪责)呀。今闻被圈之民流离失所,煽惑讹言,相从为盗(实则官逼民反),以致犯罪人多,实在令人同情。自今以后,民间田屋不得复行圈拨,令永行禁止。以前曾经被圈占有的人家,命令快速拨补。如果该地方官怠惰不办,重困我民,听户部严察究处。

顺治亲政后,重伸其令。顺治八年二月二十八日,上谕户部诸臣说:田野小民,全靠土地养生。朕闻各处圈占有民地,以备畋猎放鹰用,作为行走往来的宿营地。畋猎一事,目的在于讲究习武,古人不废,但是恐妨民事,必须在农闲时进行。现在狩猎夺人耕耨之区,断其衣食之路,老百姓怎么能生活呢?朕心大为不忍。你们户部要马上行文地方官,将从前圈占有的地土,尽数退还给原主,令他们按时耕种。

顺治十年十月初三日,户部奏请,圈拨民间房地,给移住在永宁、四海堡及关外看守山梨的壮丁。福临批曰:地准拨给,房令自造,不必圈占。其民地被圈者,有关官员即照数拨补,勿令失业。以后仍遵前旨,永不许圈占民间房地。

有令不行,有禁不止,以后仍有零碎圈占了,直到康熙二十四年四月,作出永远不许再圈的决定,圈地至此最后停止。

六

顺治亲政后,整顿吏治,不遗余力,为此采取诸多有力措施,其中巡方御史之设,作为皇帝耳目之官,就是其中之一。巡方御史,亦称巡按御史,巡察御史,巡按监察御史,始自唐代,沿至明清。

顺治八年三月初十日,根据都察院条议,定御史巡方之制。北畿八府督学为一差;江宁、苏松督学为二差;顺天、真定并为一差;江宁、苏松、淮扬并为二差;浙江、江西、湖北、湖南、福建、河南、山东、山西、陕西、四川、广东、广西、宣大、甘肃各为一差;巡漕、茶马各为一差;京通巡仓一差;巡视五城为五小差;合计共三十二差。凡御史奉差后,应照主考、分考例回避,不见客,不收书,不用投充(投到旗下之人)书吏员役,不赴宴会钱送,领敕后三日即出都门。御史入境之日,只许自带经承文卷书吏,所到府州县取书吏八名,快手(衙门掌缉捕的差役)八名,事毕发回,严禁铺设迎送。在差期间,一应条陈、举劾、勘报等事,按日登记,以凭考核。差期:督学或三年或二年半,俟岁考科考一周,造册报满;巡漕、盐政一年交代;其余大差、中差以一年六个月为期。差回之日,共同考核,三日内议定优劣,具疏奏请分别劝惩。顺治皇帝同意此方案,不久见诸实施。

三十五日,遣监察御史巡按顺天府以及各省,并巡视盐政和漕运。

十六日,就巡方的目的和职责,顺治帝谕各巡按监察御史曰:朝廷遣御史巡视各地的目的,原为察吏安民。向来所差遣的御史,受贿赂,收礼品,身己贪污,何能察吏治,不能察吏治,何以安民生? 现在重新经过甄别调查,留下出差的各位官员,不可能都是清白无瑕的,也姑且使你们,以便给以悔过自新的机会。自今以后都应洗心革面(改造思想),振作精神。如都察院(主管监察的中央官署)上奏禁约所规定的那样,经过点差,就不能见客、不收书信、不要拖延时日,沿途及境内,私书私馈,一概不得滥行收受。又轮班使用府州县书吏快手,事完即行遣回。凡是巡按旧书吏承差各缺,一概不留。不许设中军听用(的他人言辞而处理事情)等官,不许用主文代笔,不许府州县司等官铺设迎送,不许假借公事滥差员役下府州县,不许拿访,不许选用富豪官吏,诸如此类,难以枚举。巡方御史如果按规定办事,自然就会公生明、廉生威,地方利弊、民生疾苦,必能上达朝廷,大小官吏必能廉洁守法,一心为公。凡事须设法确访,不能专凭府和厅的报告,不能纵容司、道、府厅官,而只参劾州县官,不能庇护大贪大恶之辈,而只纠参老弱者。如果能做到这些,那么就会没有不能察的吏治,没有不能安抚的人民。倘总督、巡抚、总兵等官,有不公不法、蒙蔽专擅、纵兵害民、纵贼害良等事发生,许巡方御史即行纠举。如果御史有事,违反前项禁约,许总督、巡抚、即行纠举。都察院堂官,尤其应该督责河南掌道等官,时时察访勿拘巡方日月,不待回道考核,有真心实政,先行奏闻,物旨褒奖。有不遵禁约,贪污怠玩,先行参劾,请撤职治罪,另差人前去代理,才不负朕治安天下的愿望。各差御史,将此敕谕,入境三日内,誊黄(黄纸诏书)刊刻,每一司道发十张,每一府州县各发十张,遍示城乡各地的乡坤、士、人民等。如不刊刻、不遍发。经都察院纠参,即日违旨论罪。

谈话完毕,皇帝又对大学士陈泰等人讲:凡是御史出差,皆当陛见(面见皇帝)。他们回答:诚如圣谕,臣等正想说这话。皇上又谕曰:御史是朕的耳目之官,所以察民疾苦及地方官员的好坏,临差之时,必须面见皇帝。朕将地方兴利除弊事宜,面谕遣之,使你们能够亲自听到圣上之言,才能忠于职守,你们可传知都察院,令以后遵守行。

四月十八日,顺治帝在太和殿召见巡按各省御史,请他们坐下,告诉他们说:朕命令你们巡按各省,原来是为国计民生啊?你们如果真能廉洁奉公,为朕受养百姓人民,使天下太平,自得升赏;如果贪婪害民,必行治罪。谕告完毕,赐茶,然后送往差出之地。

巡按御史是否真的起到察吏安民作用,有待实践证明,可能在清初起到一些对地方官的约束作用。随着历史的发展,上有政策,下有对策,日久必生弊端,所以到清代中期以后,就停止奏派了。不管怎样,顺治察吏安民的苦心,对御史的谆谆告谕,还是值得称誉的。

七

顺治戊戌科的状元孙承恩是皇上福临亲裁亲点的。

孙承恩,江苏常熟人,与其弟孙旸,同是才子名流。十四年,孙旸参加了北闱顺天府的乡试,因牵连治罪,被谪戍边外。孙承恩早年中举,十五年参加殿试,福临亲阅试卷,对孙承恩卷"克宽克仁,止孝止慈"一句颂语的笔意十分欣赏,赞叹良久。拆开试卷一看,见籍贯常熟,怀疑与十四年科场案中的罪犯孙旸是一家或同族人,便派学士王熙骑快马出城到孙承恩住的馆舍中问个明白。王熙原与孙承恩关系不错,知道孙旸是承恩亲弟,把来意原原本本告诉了孙承恩,很为孙承恩担忧。王熙急切地对孙承恩说:"如今是升天还是沉渊,就决定你一句话了。我回秉皇上的时候究竟怎么说呢?"孙承恩沉思了好半天,最后长叹一声慨慷言道:"是福是祸,都是命啊。我不能欺骗皇上,出卖兄弟!"王熙已跨上马走出一段路,又策马跑了回来,再问孙承恩:"你再好好想想,这么决定将来不后悔吗?"孙承恩决然答:"死也不后悔!"于是王熙策马疾驰而去。

进得宫来,福临这边正点着蜡烛等着回音呢,王熙把孙承恩的情况如实上奏。福临听了,对孙承恩不怕牵连的品格很是赞赏,尤其是他不欺骗皇上,更令福临高兴。于是亲点孙承恩为一甲第一名。

第四章　倾心汉化

一

顺治十年(1653年)二月初九日,十六岁的少年天子福临来到内院,读过少詹事李呈祥奏请"部院衙门应裁去满官,专任汉人"之疏后,对大学士洪承畴、范文程、额色黑、宁完我、陈名夏等人,将李痛加斥责,说:李呈祥此疏大不合理。"夙昔满臣赞理庶政,并畋猎行阵之劳,是用得邀天眷,大业克成,彼时可曾咨尔汉臣而为之乎?朕不分满汉,一体眷遇,尔汉官奈何反生异意? 若以理言,首崇满洲,固所宜也,想尔等多系明季之臣,故有此妄言耳。"

福临在这段话里既清楚地、准确地、坚定地表述了朝廷的一项基本国策——"首崇满洲",或者叫"满洲根本",又言简意赅地说明了制定这一国策的基本依据,即大清王朝是得力于"满臣赞理庶政,并畋猎行阵之劳",才建立起来的。言下之意是,今后也将继续执行这一基本国策,对'满臣'要继续重用和倚任。

这一国策,早在九年以前幼君在北京举行登极开国大典的恩诏中,即已明确无误地表述出来了。即位恩诏的第一条就是:"亲王佐命开国,济世安民,有大勋劳者,宜加殊礼,以笃亲贤。"第二条是封授亲王郡王之子孙弟侄封爵。第三条为:"满洲开国诸臣,或运筹帷幄,决胜庙堂,或汗马著功,辟疆展土,俱应加封公侯伯世爵,锡之诰券,与国咸休,永世无穷。"第四条是:"开国以来,满洲将领等官,应得叙荫",照例办理。

皇父摄政王多尔衮是这样办理,世祖福临也是这样做的。他委任满洲开国元勋及其子弟为六部尚书、侍郎、八旗都统、副都统、护军统领、前锋统领、驻防将军和出征大将军、将军,分任军政要职,统军治政。他又扩大议政人员,让更多的满洲王公大臣成为议政王大臣会议的成员。

顺治八年十月初五日,他命和硕承泽亲王硕塞、多罗谦郡王瓦克达为议政王,在此前后又命显襄王富寿为议政王。九年十月二十日,他又命世子济度、多罗信郡王多尼、多罗安郡王岳乐、多罗敏郡王勒都、多罗贝勒尚善、杜尔祜、杜兰分别为议政王、议政贝勒。加上原有的议政王贝勒,至此,议政王、议政贝勒多达十六七名。

议政大臣增加更多。顺治八年正月,以布丹、苏克萨哈、詹岱、巩阿岱、鳌拜、巴哈、伊图、巴图鲁詹、杜尔玛为议政大臣。七月,以护军统领杜尔德为议政大臣。九年三月,以公遏必隆、公额尔克戴青、赵布泰、赖塔库、索洪为议政大臣。九月,以朱孔格、阿济赖、伊拜为议政大臣。十月,以内院大学士希福、范文程、额色黑、户部尚书车克、礼部尚书觉罗郎球、兵部尚书蒙古固山额真明安达礼、刑部尚书蒙古固山额真济席哈、工部尚书星讷为议政大臣。十年十二月以阿达哈哈番博博尔代为议政大臣。十一年二月,命大学士宁完我为议政大臣。十二月以长史济世为议政大臣。总计从顺治八年至十二年,新任命的议政大臣多达三十余员,成员也复杂化了,其中,六部满蒙尚书全是议政大臣,八旗满蒙固山额真全是议政大臣,大学士、内大臣、侍卫、长史,也有充任议政大臣者。这是体现"首崇满洲"基本国策的重要手段,对维护、保持、发展满洲贵族的特权地位,起了很大的作用。

　　顺治帝福临之所以要委任满洲八旗王公大臣分任要职,统军治政,议处军政要务,不仅是为江山系由彼等尽心效力百战沙场创建而来,今后还需仰仗他们辅佐皇上保卫御座。而且因为面对上亿汉民和其他少数民族人员,区区五六万名满洲男丁就分外显得特别珍贵,要充分利用他们的力量,要从他们之中擢用有才之人,成为军政财经等各个方面的主要骨干和高级官将。因此,不仅授以要职,还经常叙功加恩,封授和晋升其爵位世职。自顺治八年少君福临亲政至其身染重病临死前夕的顺治十七年底,十年之中,他新封和晋封了一大批满洲王公贵族。

　　顺治八年正月少君福临亲政后,他在这一年初封和晋封了一大批宗室的爵位,顺治十年又追封了一批已故多年的宗室之爵位,同时,也就在顺治八年,他又削了和降了一些王贝勒的爵位。这显然是出于政治原因,他刚亲政,急需赢得皇族成员的拥戴,应该大施特恩,扩大统治基础,故封赐和晋封了一大批宗室的爵位,他又急于清除政敌,利用有利时机,彻底削弱两个白旗王公势力,使摄政时代永远结束,开始进入由他主宰天下的乾纲独断之日。初封和晋封的爵位,主要是镇国公与辅国公,属于宗室的九等封爵中的中等封爵,在它之上,有亲王、郡王、贝勒、贝子,在它之下,有镇国将军、辅国将军、奉国将军,而初封晋封为亲王、郡王的则很少,只有尼堪、岳乐、硕塞三人从郡王晋为亲王,而原来的英亲王、睿亲王、劳亲王已削爵,豫亲王、端重亲王分别降为郡王、贝勒。这是世祖崇君抑王政策执行的结果。通过宗室爵位的封授晋升和降革,对促进和保证世祖福临的乾纲独断和至尊无上地位,起了相当大作用。

　　另一方面,世祖对异姓贵族(宗室以外的八旗贵族),也采取了类似政策,封晋了一大批开国元勋之后和有功之臣,太祖、太宗时期,费英东、额亦都、扈尔汉、何和礼、扬古利等将,统兵治政,南征北战,破敌克城,开疆辟土,为全国——大清国的建立和发展,做出了重大贡献,他们的子弟侄孙又在入主中原统一全国中建树了功勋,分别被封授爵位世职,成为朝廷的坚定支柱。世祖亲政后,立即对开国之勋之后裔叙功嘉奖,晋封爵职。比如,五大臣之一费英东,娶太祖之孙女,授三等总兵官世职(后之三等子),卒后追封直义公,但其世职仍以三等子往下传袭。顺治十六年世祖特下诏旨晋其爵职说,"费英东事太祖,参赞庙谟,恢扩疆土,为开创佐命第一功臣,延世之赏,勿称其勋",命进为三等公,以原袭其三等子职之查喀尼,晋为三等公,世袭。五大臣之一何和礼,娶太祖之长女,授三等总兵官世职,其第四子和硕图袭职,娶太祖之孙女,号和硕额驸,以军功超封三等公,世袭,顺治九年其孙衮布以"恩诏"晋为一等公。三等子劳萨之子程尼,顺治九年超封一等伯,卒后,顺治十二年其叔一等阿达哈哈番罗璧袭侄之爵,合并为二等公。杜雷,何和礼之第五子,母系公主,顺治九年由三等子超晋二等伯。明安,其女为太祖之妃,顺治九年由三等子晋为二等伯。额亦都之第十子伊尔登,"勇冠全军,尤长于应变,潜机制敌,诸宿将皆弗能及,顺治九年由三等子晋二等伯。追赠武勋王扬古利之弟冷格里,以军功封一等子,其孙穆赫林于顺治九年由一等子晋为一等伯。三等子图鲁什之子巴什泰,顺治九年晋为三

清史通鉴

性情天子　清世祖——顺治

等侯。

由于开国元勋皆已去世,顺治帝为统一全国,巩固统治,陆续擢用了一大批勇将,授以要职,封赐爵位。例如伊尔德,系扬古利族侄,本一普通诸申,因其早年从军,勇猛冲杀,战功累累,顺治六年已晋世职为一等子,九年又晋为一等伯。十一年伊尔德以满洲正黄旗固山额真身份偕敬谨亲王尼堪出征大西军李定国,尼堪轻敌冒进阵亡,伊尔德被论罪削爵革职籍没。十二年蒙帝赏识,他被授为宁海大将军,往征南明鲁王部将阮进等,大胜,取丹山,师还论功,复世职,又进为一等伯。

由于顺治帝擢用勇将,厚待功臣子孙,封晋爵职,八旗异姓贵族有了很大发展。

"首崇满洲"国策在经济上的体现就是,高俸厚禄,广收包衣,庄园遍地,屡赐银帛。顺治七年议准:亲王岁给俸银一万两、禄米一万二千斛,郡王银四千两、米八千斛,贝勒银二千两、米二千一百斛,贝子银一千两、米一千六百斛,公银五百两、米一千二百斛。第二年改定:亲王俸银照旧。郡王岁给银五千两、贝勒三千两、贝子二千两、公一千两,每俸银二两,给禄米三斛。据此,郡王俸银增加了一千两,贝勒加了五百两,贝子增一千两,公增五百两,禄米也增加了一些。顺治九年又定:亲王世子俸银六千两,郡王长子三千两。顺治十年定制:亲王、世子、郡王、长子俸银照旧,贝勒二千五百两,贝子一千三百两,镇国公七百两,辅国公五百两,一等镇国将军四百一十两,以下各递减二十五两。每俸银一两,给禄米一斛。这是非常多的数量。堂堂一品大学士,年俸银才一百八十两、米一百八十斛,而一位亲王的岁俸等于五十五位大学士的年薪,一位郡王之俸银超过二十七位大学士禄银的总数,二者之间差距是何等之大!

宗室王公还不断得到赏银。顺治二年五月初四日,以定国大将军豫亲王多铎出征西安大顺军所获金八万四千余两、银一百五十三万余两、缎三千余疋分赐诸王、贝勒、贝子、公、公主及各旗官员。五年,赐亲王金一百两、银一万两,郡王金五十两、银五千两,贝勒金二十五两、银二千五百两,贝子金十三两、银一千二百五十两。八年二月、八月两次共赐亲王各银一万七千两、郡王各银一万八千两、贝勒各三千七百两、贝子一千二百二十五两。十年一次和十四年两次,三次共赏亲王各银一万四千两、郡王各银七千两、贝勒二千四百五十两、贝子银一千五百两。从顺治五年到十四年的十年中,六次累计赐每位亲王银四万一千两,郡王二万一千五百两、贝勒一万零六百五十两,贝子五千六百七十五两。这批赏银,相当于他们每人一年的正额俸银四倍多,即十年中他们每人多领了四年的俸银。

宗室王公还占有大量包衣,庄园牧场星罗棋布于河北、辽宁、内蒙、山西等地。顺治八年二月原皇父摄政王多尔衮被追罪削爵籍没,八月帝斥其滥收投充包衣说,多尔衮滥收投充人一千四百余名,多系"带有房产富厚之家"。其兄英亲王阿济格亦大肆逼民带地投充,仅在滦州、香河、宝坻、三河、玉田、丰润、乐亭及开平卫的投充人六百八十七名,就有地八十五万余亩。

据清政府官方册籍记载,清初八旗宗室王公庄园共有整庄一千四百零七所,半庄、庄、园八百一十七所,共二千二百二十四所,另有果地、靛地、网户地、猎户地、菜地,主要分布于河北、辽宁等地,共有田地一百三十三万余亩。其实,这并不是王公庄园的全部数字,而只是其中的一部分,即清初分封给王公的免交国赋的旗地,亦称"老圈地"。各王公实际拥有的庄园牧场田地,远比此数更多。仅顺治帝福临之五兄和硕承泽亲王硕塞(后改称庄亲王)家,到清朝末年,在河北省的延庆、宝坻、昌平等二十二个州县及张家口、承德、独石口和山西省、辽宁省,共有土地五十五万余亩。福临的长兄肃亲王豪格于顺治五年三月被多尔衮削爵幽禁籍没,八年复爵,由其子富寿袭封。肃王府之庄园牧场田地比庄亲王府还多,在河北、奉天(辽宁)有"耕作地"三十万余亩,在"东蒙古察哈尔属白旗地"有牧场地一百二十六万亩,另外在热河还有一百七十余万亩土地的所有权及面积为二十平方里的森林一处、金矿一处、山地十处、果园三处。

八旗异姓贵族也占有成百上千名包衣和辽阔田地。平南王尚可喜之子尚之隆于顺治十七年六月被皇上选为驸马,以皇兄承泽亲王硕塞之女为皇女,下嫁与尚之隆,尚可喜感谢皇恩,"遣包衣闲丁家口共计八百一十五名,进京伏伺公主"。仅扶侍公主的包衣就有八百余名,其家拥有的包衣之多,可以想见,因而其按"计丁授田"政策而占有的田地之多,亦不难想象了。尚府虽经战乱而有所衰落,但直到乾隆初年仍在关外有庄地五万余亩,还在直隶有顺治年间和硕公主下嫁时从内务府分得的陪嫁庄园五所,占地七千余亩。

父任大学士的开国功臣一等子范文程家,也有很多包衣和庄地,除直隶之庄园人丁外,范府在辽宁有田地四万余亩及包衣一百三十余户六百多人。

二

少年天子福临在沿袭"首崇满洲""满洲根本"的基本国策同时,也继续执行了祖先所定的"满汉一家"政策,并有了很大的发展。大清王朝的江山,是以满洲官兵为主力而打下来的,今后也主要靠八旗军尤其是满洲八旗王公大臣将士来保卫和扩展,因此必须"首崇满洲",保障、维护八旗贵族大臣的特权和特殊利益,这是不容异议的。但是清帝是大清国亿万人民之君,他的子民百分之九十九点几,都是汉民,近亿汉民和九百万上千万其他少数民族人员皆系清帝赤子,分居全国一千七百余府厅州县,仅靠区区五六万丁的满洲男丁,哪怕尽皆披甲当兵,也无法长期控制住汉民和其他族人员,大清王朝便难长治久安。另一方面,马上固然可以得天下,但却不能马上治天下。久居偏远山区的满洲,入关以后,面临辽阔领土,地形复杂,人口众多,言语不通,文字各异,风俗有别,民情不谙,恐怕即使诸葛再世,也无法单独治理全国,必须大量吸收其他族人才,尤其是汉族的有才之人。汉族有悠久的文化,人才济济,治国有道,统军有方,不做好对汉民的工作,不争取汉族之上层人士和有才之人,不"以汉治汉",清王朝的统治就难以持久,就不能巩固。因此,太祖努尔哈赤就曾手定厚待降金汉官的政策,太宗皇太极予以发展。

皇父摄政王多尔衮对此更做了许多工作,明确提出"满汉一家"的政策。他多次讲述"满汉一家,同享升平"之理。入关之初,他一再宣布率兵归顺者,"地方官各升一级""各衙门官员,俱照旧录用""官仍其职,民复其业"。不久定制,内院大学士满汉并用,六部尚书、侍郎、都察院左都御史、左副都御史,以及大理寺、通政使司、太常寺、光禄寺之卿、少卿,是满汉复职,司官则多系汉人。地方大员总督巡抚亦满汉并用,初期以汉军旗人和汉官为多,司道州县则主要是汉官。顺治五年八月二十日、二十八日他又以帝名义,两次谕告礼部、户部,允许满汉通婚说:"方今天下一家,满汉官民,皆朕臣子,欲其各相亲睦,莫若使之缔结婚姻,自后满汉官民,有欲联姻好者,听之。"但是,摄政期间,满官权大,汉官势弱,部务皆由满臣裁处,大印亦由满官执掌,汉官很少晋见摄政王,不敢奏事谏阻。

顺治帝福临于八年正月亲政以后,继续实行"满汉一家"政策,而且有了很大的发展。他经常驾临内院(顺治十五年改为内阁),和大学士(主要是汉大学士)们讨论前朝政事得失,评论帝王,从中记取经验教训,探讨治国之道。现以顺治十年正月为例,略加录述。

顺治十年正月初二日,帝幸内院,"遍问中书姓名",又谕内院诸臣说,前闻兵部尚书明安达礼等受贿一事,朕甚懑焉。初三日,他谕内三院,命令今后各部院进奏本章时,革除先前只有满臣奏事的积习,改为满汉侍郎"参酌共同来奏"。

正月初四日,他又谕内三院传谕诸臣直谏说:近来言官条奏,多系细务,"未见有规切朕躬者",朕一日万机,岂无未合无意未合人心之事,良由诸臣畏惮忌讳,不敢进谏耳。"朕虽不德,于古帝王纳言容直,每怀欣慕",朕躬如有过失,诸臣须直谏无隐,即偶有未合,不妨再三开陈,庶得省改,力行正道,希臻治平。"进言切当者,必加旌奖,言之过戆者,亦不遣责。"内三院即传与诸臣,俾咸悉朕意。在这里,他对前代名君"纳言容直",不胜欣慕,故谕告群臣,叫他们放心直谏,以图治好国家,天下太平。

初五日,帝至内院,顾问诸臣说:向曾再三敕下都察院,命其条奏,后复数加面谕,为何至今无一建言?顺治帝又问:明时票本之制如何?诸臣奏称:明时京官奏疏,恭进会极门,中官转送御览毕,下内阁票拟,复呈御览,合则照拟批红发出,否则,御笔改正发出。帝说:今各部奏疏,但面承朕谕,回署录出,方送内院,其中或有差讹,殊属未便。顷者都察院纠参吏部侍郎孙承泽、通政使司右参议董复,朕原令交吏部议覆,乃误传革职。朕日理万机,恐更有似此舛错者,若人命最重,倘轻重颠倒,致刑辟失宜,亦未可知?大学士们奏称:"诚如上谕,此非臣等所敢议也。"

第二天,正月初六日,帝召集议政王大臣、内三院、满汉九卿,命内大臣伯索尼、大学士范文程、额色黑对群臣传谕说:各部院奏事,经朕面谕者,部臣识其所谕,回署录记票拟,送内院照票批红发科,如此则错误必多。前都察院参吏部侍郎孙承泽重听,通政使司参议董复年老,朕原令交吏部议覆,乃传旨错误,命俱革职。此尚易于改正,至于罪人生死,躯命攸关,误免犹可,倘一时误杀,悔之何及,朕心惕然。今后如何始得详明无误,合于大体,著定议具奏。诸王大臣遵旨议奏说:"圣谕诚然",今后各部院奏事,各臣照常面奉,候上览毕,退下,上批满汉字旨,发内院,转发该科。其满洲事件只有满字无汉字者,亦只批满字旨,发内院,转发该衙门。帝从其议。

正月十四日,福临又到内院,阅会典,问大学士范文程等人:"凡定各项条例,会典可备载否"?范文程等大学士奏称:"备载。"帝又览吏部复奏重犯塔八未获之疏,问大学士陈之遴、陈名夏说:黄膘李三,一小民耳,廷臣为何畏惮不敢举发?陈之遴等人回奏:如讦奏其事,皇上睿明,即行正法,诚善,倘宥其死,则讦奏之人必隐受其害,是以畏而不敢言耳。帝不以为然说:"身为大臣,见此巨恶,不以奏闻,乃瞻顾利害,岂忠臣耶!"当天,帝赐内院满汉大学士、六部汉尚书宴于中和殿,奏满汉乐。

正月十八日,福临到内院,又就黄膘李三一事和大学士们议论。他问大学士洪承畴、范文程、额色黑、宁完我、陈名夏、陈之遴:顷因乱法而被诛之黄膘李三,一细民耳,而住宅之外,复多造房屋,每间修饰整齐,何故也? 洪承畴对答说:其修造房屋,分照六部,或某部人至,或自外来有事与某部商处者,即延入某部房内。福临说:以一细民,而越法妄行如此,故天使其败,致因他案发觉,而得以将其置于法耳。凡人恶贯满盈,不久自败。

正月二十一日,福临到御马厂,阅视马匹,观看睿王及一等侍卫巴哈之甲胄后,对大学士范文程等说:"兵器固不可不备,然戈甲虽备,亦不可徒恃军威,军威虽盛,而德政不足以合天心顺民望,亦不可也。"范文程对答说:"诚如圣谕。"这最明显不过地表明,顺治帝福临称赞和决定按儒家王道仁政之说,来治国理政。

正月二十六日,福临到内院,阅吏部大计疏后,对大学士范文程等说:"贪吏何其多也! 此辈平时侵渔小民,当兹大察之年,亦应戒慎。"范文程奏称:彼等平时未仕之时,亦知贪吏不可为,一登仕籍,则见利而智昏矣。帝就此评论说:"此由平素不能正心之故也。苟识见既明,持守有定,安能为货利摇夺?"群臣皆顿首称赞。

正月二十九日,福临又到内院,阅读《通鉴》,读到唐朝武则天之事时,对大学士范文程、额色黑、宁完我、陈名夏等人说:"唐高宗以其父太宗时之才人为后,无耻之甚,且武则天种种秽行,不可胜言。"又问诸臣:"上古帝王,圣如尧舜,固难与比伦,其自汉高以下,明代以前,何帝为优?"诸大学士对称:"汉高、文帝、光武,唐太宗、宋太祖、明洪武,俱属贤君。"帝又问:此数君中,"孰为优?"陈名夏回奏说:"唐太宗似过之。"福临不以为然说:"岂独唐太宗。朕以为历代贤君,莫如洪武。何也? 数君德政,有善者,有未尽善者,至洪武之所定条例章程,规画周详,朕所以谓历代之君不及洪武也。"年方十五周岁的少年天子福临,居然能破除传统看法,首崇明太祖朱元璋,可见其之聪睿精细,独思创新,不囿旧说,哪怕是历代大儒名家形成之定论,亦不轻易相信盲目服从,而是提出自己的看法。而且尤为难得的是,明太祖是驱逐元顺帝出边取元而代之的明朝第一个皇帝,是体现了执行了儒家华夷之别观点的汉人皇帝,而他这位大清皇帝,却是夺取了明太祖创立的江山的"夷人之君",照说是不应赞颂逐夷之华君,可是,他独具慧见,大颂特颂明太祖,的系难得可贵。

第二日,正月三十日,福临御太和殿,诸王、贝勒、文武群臣上表,行庆贺礼,帝赐众人宴毕,然后命学士图海召大学士陈名夏至,讨论治国之道。福临问:"天下何以治,何以乱,且何以使国祚长久?"陈名夏对答说:"皇上如天,上心即天心也。天下治一平,惟在皇上,皇上欲天下治平,惟在一心,心乎治平,则治平矣。"帝又问:"然其道如何?"名夏奏称:"治天下无他道,惟在用人,得人则治,不得人则乱?"帝言:"然得人如何?"名夏奏:"知人甚难,然所以知之亦易,今诚于群臣中择素有德望者,常赐召见访问,则天下人心鼓舞,无不欲宣力效能者矣。"帝又问:"唐朝家法,何以甚丑?"名夏奏:"由太宗家法未善,故致女主擅国,祸乱蔓延,然贞观政治,可比隆三代,惟能用人故耳。"帝又问:黄膘李三,为民大害,诸臣畏不敢言,鞫审之时,宁完我、陈之遴默无一语，"岂非重身家性命乎"？名夏奏：李三虽恶，一御史足以治之，臣等叨为朝廷大臣，发奸摘优，非臣所司，且李三广通线索，言出祸随，顾惜身家，亦人之恒情也。"今皇上召见臣等，满汉一体，视如家人父子，自今以后，诸臣同心报国，不复有所顾惜矣。"福临又问："人君之有天下，非图逸豫乃身，当孜孜爱民，以一身治天下也。若徒身耽逸乐，又安望天下治平，惟勤劳其身，以茂臻上理，誉流青史，顾不美欤！然朕虽勤于图治，岂遂无过失，专赖卿等匡其不逮，倘朕躬有过，慎勿讳言。"名夏奏："皇上宠眷诸臣，常加诫谕"，人心大不同于往时。况臣受厚恩，岂甘缄然，但恐指陈过当耳。福临说："李三一小人，勿谓朕屡言及之，朕之所以屡言者，欲诸臣改心易虑，有所见闻，即行陈奏耳，朕今以后，不更言李三矣。"帝又说："治天下大道，已略言之，更言其小者。如喇嘛竖旗，动言逐鬼，朕想彼安能逐鬼，不过欲惑人心耳。"名夏奏："皇上此言，真洞晰千载之迷，尝谓有道之世，其鬼不灵，光天化日，岂有逐鬼之事。"帝又说："朕思孝子顺孙，追念祖父母、父母，欲展已诚，延请僧道，尽心焉耳，岂真能作福耶？"名夏奏：若果有学识之人，必不肯延请僧道，为此者，多小民耳，以其爱亲之诚，故圣王不禁也。

从以上谈话，结合有关史料，清楚地表明了四个问题。第一，求知若渴，博览群书。顺治帝为了弥补摄政时期受到睿王限制而很少读书的损失，发愤攻读，经史子集无所不读，尤其是著名史籍，更是反复阅览，仔细思考，对前朝盛衰兴亡的历史，十分熟悉。第二，胸怀大志，欲为明君。就在正月十一日，工科给事中朱允显在奏请开经筵之疏中，便讲道："我皇上以尧舜自期，动合古道。"福临虽不好意思承认这一心愿，谦称难与尧舜比伦，但他却明确提出，他要"孜孜爱民，以一身治天下"，要"勤劳其身，以茂臻上理，誉流青史"，且评述千余年间之六位贤君，显然是以明君自期，欲图做番宏伟事业。第三，倾心汉化，以儒治国。正月里君臣之议论国事，基本上是儒家"文教治天下"之道，人事取例，是非标准，道德风尚，君臣楷模，治乱之因，皆以儒学为准，十五周岁的少君福临，已成为深受儒学熏陶欲行仁政之帝了。第四，赏识汉官，倚其治国。入都燕京九年以来，只有现在才是"皇上日召见"汉大学士陈名夏等人，才是"满汉一体，视如家人父子"，时时事事询问于汉臣。顺治帝之倾心汉化，已为朝野共知，自然会遭到部分顽固、保守、落后的满洲王公大臣反对，从而引出了一系列的重大政治斗争事件。

顺治帝福临很重视通过科举，来发现人才，选择聪睿饱学之士，加以培养提拔，擢任尚书侍郎总督巡抚和大学士。他亲政十年内，共举行了四次会试，即顺治九年、十二年、十五年、十六年，其中十六年为恩试加科，共取中进士一千五百名。

他亲政后的第一次会议，是顺治九年。九年正月三十日，大学士范文程等奏称："会试关系抡才大典。按明朝主考官，万历以前，不拘大学士，学士、吏礼二部尚书侍郎由翰林出身官员，皆得简用，万历末年，方始专用阁臣，今自顺治元年至今，已历三科，未有定例，伏候睿裁。"福临阅后批示："著照明朝万历以前例行。"同日，礼部奏称，"壬辰科会试，恩诏广额取进士四百名"，应照会典开载南北中卷之例，南卷取二百三十三名，北卷取一百五十三名，中卷取十四名。帝从其议。

同年三月二十四日，福临命大学士希福、范文程、额色黑、洪承畴、宁完我、陈之遴,学士伊图、蒋赫德、能图、叶成格、刘清泰、白色纯、张端,侍读学士索诺木、魏天赏、侍读叟塞,吏部尚书高尔俨、礼部尚书郎球、吏部侍郎熊文举、礼部侍郎恩格德、户部侍郎王永吉、赵继鼎、兵部侍郎李元鼎、刑部侍郎孟明辅、工部侍郎李迎晙、礼部启心郎董卫国、礼部理事官杨痲、礼部主事颜喀代为殿试读卷官。读卷官阵容之庞大、官阶之高,充分体现了帝对殿试之重视。

第二天,三月二十五日举行殿试,他对满洲蒙古贡士麻勒吉等出的制策是:"朕闻至治之世,讦讼无人,刑罚不用,是岂民之自然息争与,抑抚道各官贤良之所致也,抑亲民之府州县等官各得其人与,尔积学诸士,必有灼知,务抒所见,朕亲览焉。"他策试汉军及汉贡士张星瑞等的制策是:"朕承鸿业定鼎九年矣,亲政以来,日益兢惕,念治天下之道,莫大乎用人听言,人有真邪正,言有真是非,往往混淆难辨,今欲立辨不惑,一定不移,将遵何道与?开创之始,凡官制、赋役、礼乐、兵刑、营建、风纪,规模初设,未协至道,自唐虞三代以来,其制可得详闻与?或因或革,或盛或衰,意者不在制度文为,而别有在与?用正人,闻正言,行正道,朕日切于怀,未得其要,尔诸士幼学壮行,宜各出所见,实陈方略。其文务以汉廷贾董诸臣为式,毋治对偶冗长故习,朕将亲览焉。"

过了三天,三月二十八日,试卷阅完,钦赐满洲蒙古贡士麻勒吉等五十人、汉军及汉贡士邹忠倚等三百九十七人为进士及第、赐进士出身、赐同进士出身(一甲为进士及第,二甲为赐进士出身,三甲为赐同进士出身,通称进士),其中,汉军及汉进士之状元为江苏人邹忠倚,榜眼为顺天人张永祺,探花为江苏人沈荃,满洲蒙古进士之状元为麻勒吉,榜眼折库纳、探花巴海,皆满洲旗人。

四月初一日,赐宴满洲蒙古汉军及汉进士麻勒吉、邹忠倚等于礼部。初三日赐一甲一名进士(即状元)麻勒吉、邹忠倚朝服顶带及各进士折钞银两,初四日诸进士上表谢恩。

五月二十四日,帝谕授满洲一甲一名进士麻勒吉为内翰林弘文院修撰,一甲二名进士(榜眼)折库纳为内翰林国史院编修,一甲三名进士(探花)巴海为内翰林秘书院编修,汉人一甲一名进士邹忠倚为内翰林秘书院修撰,一甲二名进士张永祺为内翰林弘文院编修,一甲三名进士沈荃为内翰林国史院编修。

四月初二日吏科给事中高辛允奏请慎选庶吉士说:"庶吉士一官,见为清华近侍之臣,允则司公辅启沃之任,年貌文章品行并重",宜详慎选择。七月二十日内院议覆此疏时奏称:臣等参考旧例,斟酌时宜,择其年貌合格文字雅醇者充任,名数照己丑科(顺治六年科),取汉进士四十名,其中直隶、江南、浙江各五名,江西、福建、湖广、山东、河南各四名,山西、陕西各二名,广东一名。内取二十名年青貌秀声音明爽者习学清书,余二十名习学汉书,届期恭请御赐题目考试。满洲进士取四名,蒙古进士取二名,汉军进士取四名,同汉进士一体读书。进馆之后,仍不时稽覈敬肆勤惰,以为优劣,用昭朝廷作养人才之意。帝允其议。

过了四天,七月二十四日,考试完毕,选授进士白乃贞、方犹、程邑、杨绍光、汤斌等二十人为清书庶吉士,周秀琬、曹尔堪、张瑞征等二十人为汉书庶吉士。

至此,顺治九年会试、殿试全部工作,方算正式结束。顺治十二年、十五年、十六年又三次举行会试殿试,共取中进士一千一百余名。

顺治帝福临非常重视对庶吉士的培养,特别要求他们学好清书(即满文),以备将来大用。为此,他经常予以考试,区别优劣,进行奖惩,以励其才。顺治十三年二月十五日,他下谕内三院褒贬优劣的庶吉士说:"翰林为储才之地,鼎甲庶常,皆使兼习满汉文字,以俟将来大用,期待甚殷。乃习满书者,将及一年,顷经亲试,语句生疏,皆因不肯专心,工夫怠惰,若不分别劝惩,何以激励。"此次考试,胡简敬、田逢吉、党以让、邓钟麟、冯源济、史大成、田种玉、王泽弘等十名,俱加赏赍。程邑、吴贞度、范廷魁、韩雄允等最后之四人,各罚俸三个月。"嗣后俱当精勤策励,无负朕倦倦作养谆谆教诲至意。"十九日,他以右春坊右庶子王熙精通满书,特以御服貂褂赐与,并谕告诸豫等七人说:"尔等同为习满书翰林,"而王熙独优,朕故加赐,尔等所学不及,亦当目惭,今后其益加勤勉毋怠"。因赐大学士金之俊、刘正宗、傅以渐及王熙汉字表忠录各一部。

过了一些时候,十三年闰五月初八日,他又亲试翰林词臣,试完,谕告吏部施行奖惩说:"朕简拔词臣,教习满书,乃预为储养,以备将来大用,属望之意甚殷。伊等学习满书,久者或十余年,或七八年,少亦三四年,若果专心肄习,自能精通。今朕亲加考试,王熙、张士甄、诸豫、王清、余恂、沙澄,学问皆优,足征勤励,不负作养。"至白乃贞、范廷元、李仪古、许赞曾,向之所学,今反遗忘,著住俸,于翰林院再行教习三年,倘能省改勤勉,仍准留用,如怠惰不学,从重议处。郭棻、李昌垣,习学已久,全不通晓,旷业宜惩,著降三级调外用,仍于补官之日,罚俸一年。

顺治十五年十二月初七日,他谕翰林院:庶吉士孙承恩等,俱经简拔,特命习学清书,以备任用,自当尽心肄业,今加考试,熊赐玙、肖惟豫、王子玉、孙承恩、邹庶珙、张贞生、殷观光、陈敬、熊赐履、宋德宜,清书俱未习熟,若不罚惩,何以励其将来,著各罚俸一年。

顺治十六年十月初六日,他又亲考庶吉士后谕吏部:"朕亲考试翰林庶吉士",熊赐履、谭篆、富鸿业、肖惟豫、张贞生、熊赐坞、邹度珙、陵懋廷、马晋允、崔蔚林,俱著照例授为编修检讨。王遵训、田麟、彭之凤、俞之琰、王封溁、郭谏、陈廷敬、王曰高、吴本植、宋德宜、王扬昌、杨正中、王钟灵、孙一致、李天馥、王吉人、吕显祖、吴珂鸣,俱著照旧教习。陈敬、殷观光,习学清书日久,文义荒疏,足见平日全不用心,殊不称职,俱著革退,永不叙用。

顺治帝这几次亲试和奖惩,做得很好很及时,起了很大作用。他真正做到了对事不对人,按各人之优劣,该奖则奖,该罚则罚,不以爱恶而上下。能中进士,且被选为庶吉士,自系学富五车之名士才子,尤其是状元、榜眼、探花、传胪(二甲第一名,即仅次于探花之第四名进士)、会元(会试之第一名)五人(或四人,因不少科次是状元或榜眼或探花与会元为同一人)更系俊中之俊秀中之秀。一般情况下,对于这样全国之中前几名的大名士大才子,还要予以斥责,确是难以启齿。然而顺治帝福临为了爱才,就是要严加要求,不留情面。上述几次遭他诉斥,谕令罚俸或再学的,有顺治十五年状元孙承恩、传胪张贞生、会元王遵训,有誉满京城的熊赐履、宋德宜、陈廷敬、李天馥等名家,真正做到了论文不论人。尤为难得的是孙承恩亦遭到训罚。孙承恩系江苏常熟人,与弟孙旸皆系才子。孙旸于顺治十四年因科场案被遣戍边外,其弟兄父子亦应连同流徙。顺治十五年孙承恩应试于京师,"胪传前一夕",世祖阅承恩卷,见"其颂语有云:克宽克仁,止孝止慈",遂"大加称赏""拆卷见其籍贯,疑与孙旸一家""问学士王熙:与孙旸一家否"?"遣学士王熙疾驰出禁城,至承恩寓面询。学士故与承恩善,因语之故,且曰:今升天沉渊,决于一言,回奏当云何?承恩良久慨然曰:祸福命耳,不可以欺君卖弟。学士叹息,既上马复回,顾云:将无悔乎?承恩曰:虽死无悔。学士疾驰去"。"上犹秉烛以待,既得奏,尤嘉其不欺,遂定为状元"。这样经过皇上亲自嘉奖选中的状元,也因清书未学好而不免于挨训罚俸,实为难得。

顺治帝十分重视科名,会元及解元中进士者,皆命入翰林。时人称:"世祖报重科名,自丙戌迄己亥,会试第一皆入翰林。"

万岁的惜才爱才,严格要求,对有志之士是极大的鼓励和鞭策,曾经因清书欠佳而罚俸的孙承恩、熊赐玛、熊赐口、张贞生、肖惟豫、邹度珙等人,苦学一年,成绩优异,即结业授官,宋德宜、陈廷敬、李天馥等继续留馆学习,不久亦考试合格。不少进士、庶吉士后来成为大学士、六部尚书和总督巡抚。

正当顺治帝大开科举广选英才之时,突然于顺治十四年(丁酉年)传来了科场舞弊之讯,顿时龙颜大怒,立即严办。这一年的科场案,一般称之为"丁酉之狱",主要是北闱顺天和南闱江南,另外河南、山东、山西,考官因试卷之中有不合程式者,亦遭惩罚。现着重叙述京闱、南闱之案。

其实科场舞弊,由来已久,明季即已盛行。史称:"科场之事,明季即有以关节进者。每科五六月间,分房就聘之期,则为道地,或优谒,或为之行金购于诸上台,使得棘闱之聘,后分房验取,如操券而得也。每榜发,不下数十人。至本朝而益甚。顺治丁酉壬子间,营求者蝟集,各分房之所私许,两座师之所心约,以及京中贵人之所密属,如麻取粟,已及千百人,闱中无以为计,各开张姓名,择其必不已者登之,而间取一二孤贪以塞人口,然晨星稀点而已。至北闱尤甚。北闱分房诸公及两座主,大率皆辇下贵人,未入场已得按图挨次,知某人必入,故营求者先期定券,万无一失……甲午(顺治十一年)一榜,无不以关节得倖,于是阴躁者走北如鹜,各人成均,若倾江南而去之矣。至丁酉,辇金戴宝,辐辏都下,而若京堂三品以上子弟,则不名一钱,无不获也。若善为声名,遨游公卿者亦然。"

顺天闱主考官系左春坊左庶子曹本荣、右春坊右中允宋之绳,江南乡试主考官为内翰林国史院侍讲方犹、弘文院检讨钱开宗。帝于顺治十四年七月初四日谕告方犹、钱开宗说:"江南素称才薮,今遣尔等典试,当敬慎秉公,倘所行不正,独不见顾仁之事乎,必照彼治罪,决不轻恕。尔等秉公与否,朕自闻知,岂能掩人耳目,尔其慎之。"

然而,圣谕谆谆,前车之鉴(顺天巡按顾仁贪婪处死),并不能扑灭贪官索银卖衿之念,方犹、钱开宗、李振邺、张我朴等主考官同考官,照样沿袭前任恶习,舞弊犯法。顺天乡试同考官李振邺、张我朴更为放肆。他们力图通过此科,"纳结权贵,以期速化,揽收名下,以树私人""爵高者必录""财丰者必录",仅李振邺一人便"在处所通关节者二十有五人"。榜发之日,录取二百零六名举人,"人情大哗"。于是刑科右给事中任克溥上疏参劾说:"乡会大典,慎选考官,无非欲矢公矢慎,登进真才。北闱榜放后,途谣巷议,喷有烦言。臣闻中式举人陆其贤,用银三千两,同科臣陆贻吉送考官李振邺、张我朴贿买得中。北闱之弊,不止一事,此辈弁髦国法,亵视名器,通同贿卖,慭不畏死,伏乞皇上大集群臣,公同会讯,则奸弊出而国法伸矣。"吏部、都察院奉旨严讯后,审理属实,向上奏报。顺治帝大怒,于十四年十月二十五日降旨批示说:"贪赃坏法,屡有严谕禁饬。科场为取士大典,关系最重,况辇毂近地,系各省观瞻,岂可恣意贪墨行私,所审受贿、用贿、过付种种情实,可谓目无三尺,若不重加处治,何以惩戒将来。李振邺、张我朴、蔡元禧、陆贻吉、项绍芳,举人田耜、邬作霖,俱著立斩,家产籍没,父母兄弟妻子俱流徙尚阳堡,主考官曹本荣、宋之绳著议处具奏。"

第二月,十一月十一日、十九日,他又两次谕告礼部说:"国家登进才良,特设科目,关系甚重,况京闱乃天子观瞻,必典试各官皆矢公矢慎,严绝弊窦,遴拔真才,始不辱求贤大典。今年顺天乡试发榜之后,物议沸腾",同考官李振邺等、中式举人田耜等,贿赂关节,已经审实正法,其余中式举人之卷,岂皆文理平通,尽无情弊,尔部即将今年顺天中式举人速传来京,候朕亲行覆试,不许迟延规避。如有托故规避者,不来覆试,即革去举人,永远不许应考,仍提解来京严究规避之由。

顺治十五年正月十七日,世祖福临亲自于太和门覆试丁酉科顺天举人,"面谕之曰:顷因考试不公,特亲加覆阅,尔等皆朕赤子,其安心毋畏,各抒实学,朕非好为此举,实欲拔取真才,不获已尔。"众举人"皆顿首称万岁"。时人记述覆试情形说:"时新举人多半归里。祠部文移严厉,该府县拘执锁项,押送起解,如同隶囚,无不震恐兼程。会朝廷避痘南院(苑),覆试未有期,诸举人僦寓,家家畏同疫鬼,未去者驱出恐后,复至者闭户不纳,流离冻馁,与诸保解杂役偃息于破寺废观,颓垣倒屋之间,爨烟如燐,面灰如死,犹执卷呻唔,恐以曳白膏斧锧。"覆试之日,"每人以满兵一人夹之,仍谕以尽心构艺,不必畏惧。供给茶烟,未尝缺乏,即所监押,亦尽小心执礼,安慰致嘱,绝非外间凌侮之辈。题目乃上所亲定,阅卷某某等,上所猝点"。

十五年二月十三日,帝谕礼部:前因丁酉科顺天中式举人,多有贿买情弊,是以朕亲加覆试,今取得米汉雯等一百八十二名,仍准会试。苏洪溶、张元生、时汝身、霍于京、尤可嘉、陈守文、张国器、周根郜等八人,文理不通,俱著革去举人。

四月二十六日,顺治帝对丁酉顺天科场案作了最后的处理。他谕刑部等衙门:"开科取士,原为遴选真才,以备任使,关系最重,岂容作弊坏法。王树德等交通李振邺等,贿买关节,紊乱科场,大干法纪,命法司详加审拟。据奏王树德、陆庆曾、潘隐如、唐彦曦、沈始然、孙旸、张天植、张恂,俱应立斩,家产籍没,妻子父母兄弟流徙尚阳堡。孙珀龄、郁之章、李倩、陈经在、邱衡、赵瑞南、唐元迪、潘时升、盛树鸿、徐文龙、查学诗,俱应立斩,家产籍没。张曼、孙兰苗、郁乔、李树霖、张秀虎,俱应立绞。余赞周应绞,监候秋后处决,等语。朕因人命至重,恐其中或有冤枉,特命提来亲行面讯,王树德等俱供作弊情实,本当依拟正法,但多犯一时处死,于心不忍,俱从宽免死,各责四十板,流徙尚阳堡。"余依议。"董笃行等(同考官),本当重处,朕面讯时,皆自认委系溺职,姑著免罪,仍复原官。曹本荣等,亦著免议。"自今以后,考官士子俱当格遵功令,痛改积习,持廉秉公,不得以此案偶蒙宽典,遂视为常例,妄存幸免之心。如再有犯此等情罪者，必不姑宥。尔等衙门即行传谕"。同日，大学士管吏部尚书事王永吉因其侄王树德私通科场关节，自请处分，帝降旨批示说："王永吉乃朕破格擢用，受恩深厚，未见克尽职业，实心为国，负朕简任之恩。王树德系其亲侄，岂不知情，著降五级调用。"

在审处顺天科场案的同时，顺治帝又对主持江南省乡试的主考官、同考官的索银舞弊，施予了更为严厉的处罚。顺治十四年十一月二十五日，工科给事中阴应节上疏揭发江南科场舞弊之情说："江南主考方犹等，弊窦多端，榜发后，士子忿其不公，哭文庙，殴廉官，物议沸腾。其彰著者，如取中之方章钺，系少詹事方拱乾第五子，悬成、亨咸、膏茂之弟，与犹联宗有素，乃乘机滋弊，冒滥贤书，请皇上立赐提究严讯，以正国宪，重大典。"帝阅后甚怒，降旨批示说："据奏南闱情弊多端，物议沸腾。方犹等经朕面谕，尚敢如此，殊属可恶。方犹、钱开宗并同考试官，俱著革职，并中式举人方章钺，刑部差员役速拿来京，严行详审。"本内所参事情，及闱中一切弊窦，著郎廷佐（西江总督）速行严察明白，将人犯拿解刑部。方拱乾著明白回奏。

顺治十五年二月初三日，掌河南道御史上官钜又劾江南科场弊说：江南省同考官舒城县知县龚勋，出闱后被诸生所辱，事涉可疑。"又有中式举人程度渊者，啧有烦言，情弊昭著"应详细磨勘，以厘凤奸。帝阅后降旨：著严察逮讯。二月二十九日，礼部议覆前疏时奏称：应照京闱事例，请皇上钦定试期，亲加覆试，以核真伪。另外，直省士子云集，闱务不便久稽，其江南新科举人，应停止会试。帝允其议。

三月十二日，顺治帝亲自覆试丁酉科江南举人。二十日谕礼部：前因丁酉科江南中式举人情弊多端，物议沸腾，屡见参奏，朕是以亲加覆试。今取得吴珂鸣三次试卷，文理独优，特准同今科会试中式举人一体殿试。其汪溥勋等七十四名，仍准作举人。史继侠、詹有望、潘之彪、洪济等二十四名，亦准作举人，罚停会试二科。方域、顾元龄、刘师汉、夏允光、程牧、孙弓安、叶甲、林大节、杨廷章、张文运、汪度、陈珍、华廷橄、孙长发等十四名，文理不通，俱著革去举人。

顺治十五年十一月十八日，刑部审理核实江南科场舞弊案后奏称：正主考方犹拟斩，副主考钱开宗拟绞。同考试官叶楚槐等拟责遣尚阳堡。举人方章钺等俱革去举人。顺治帝阅后降旨加重惩治说："方犹、钱开宗，差出典试，经朕面谕，务令简拔真才，严绝弊窦，辄敢违朕面谕，纳贿作弊，大为可恶。如此背旨之人，若不重加惩治，何以儆戒将来，方犹、钱开宗，俱著即正法，妻子家产籍没入官。叶楚槐、周霖、张晋、刘廷桂、田俊民、郝惟训、商显仁、李祥光、钱文燦、雷震声、李上林、朱建寅、王熙如、李大升、朱范、王国桢、龚勋，俱著即处绞，妻子家产籍没入官。已死卢铸鼎妻子家产，亦著籍没入官。方章钺、张明荐、伍成礼、姚其章、吴兰友、庄允堡、吴兆骞、钱成，俱著责四十板，家产籍没入官，父母、兄弟、妻子并流徙宁古塔。程度渊在逃，责令总督郎廷佐、允得时等速行严缉获解，如不缉获，即伊等受贿作实是实。尔部承问此案，徇庇迟至经年，且将此重情，问拟甚轻，是何意见，著作速回奏。余如议。"

将此案与顺天案相比较，显然可以看出顺治帝对江南案之处理，远重于顺天案。其一，京闱案仅斩两位同考官，两位主考官和其他同考官俱蒙恩免议，而南闱（江南）则主考方犹、钱开宗立斩，同考官叶楚槐等十七位同考官立绞，妻子家产籍没入官，另一同考官卢铸鼎虽已死,亦难逃其罪,妻子家产同样籍没入官。其二,京闱覆试,仅革去张元生等八名举人,其他米汉雯等一百八十二名举人俱准参加会试,而南闱却革去十四名举人,其余举人中,只吴珂鸣一人准参加当年会试,汪溥勋等七十四名举人不得参加此次会试,史继佚等举人还罚停会试二科。其三,京闱舞弊受罚之举人王树德等保流徙尚阳堡,而南闱举人方章钺等则流徙宁古塔,道路更远,地更荒凉,戍人更悲惨。其四,京闱案,刑部拟议重,王树德等十九人拟立斩,李苏霖等六人中五人立绞一人绞监候,而帝加恩从宽,皆予免死而流徙,南闱则刑部拟议较轻,仅拟斩、绞两位主考,同考官皆责遣尚阳堡,而帝却摈斥其拟,改将主考、同考官一律处死。其五,京闱之拟议衙门刑部,虽拟议甚重,由帝改定,但没有受到训诫,而南闱之议,刑部却遭皇上严斥,并责令刑部回奏为何"问拟甚轻"?为何迟迟不报?刑部诸臣遵旨回奏后,吏部循谕,议拟惩治意见:刑部尚书图海、白允谦,侍郎吴喇禅、杜立德,郎中安球护、胡悉宁,员外郎马海,主事周新民等,"谳狱疏忽",分别革职、革前程并所加之级。帝降旨批示:"图海等本当依议,姑从宽免革职,著革去少保、太子太保并所加之级,其无加级者,著降一级留任。"

为什么顺治帝对南闱舞弊案要如此从重惩处?虽无明文述帝之内心想法,但若联系时局,分析清人对此案的一些评述,也许能有所了解。帝之此举,首先是因为南闱考官是违谕坏法。其他各省乡试考官,皆保按制前往,未经皇上召见面谕,而江南主考官方犹、钱开宗,则专门被帝召见"面谕",令其"敬慎秉公",否则,一旦违法,将按处决巡按顾仁之例惩办,"决不轻恕",可是,方犹、钱开宗却听而不闻,视而不见,贪婪纳贿,败坏国法,帝若不从严处治,岂不是言而无信。令出不行,今后臣人谁会遵旨?故予严办。

其次,南闱之案,流传甚广,物议沸腾。清人评述此狱之起因说:"南场发榜后,众大哗,好事者为诗为文,为传奇杂剧,极其丑诋。两座师撤棘归里,道过毗陵、金阊,士子随舟唾骂,至欲投砖掷礫。"此狱,"相传因尤侗著《钧天乐》而起。时尤侗、汤传楹高才不第,隐姓名为沈白、杨雪,描写主考何图,尽态极研,三鼎甲贾斯文、程不识、魏无知,亦穷形尽相"。"前此江陵(宁)书肆刻传奇名《万金记》,不知何人所作,以方字去一点为万,钱字去边旁为金,指二主考姓,备极行贿通贿状,流布禁中,上震怒,遂有是狱。"尤侗,乃著名才子,清人赞其"所作骈俪各种,脍炙人口。尝以西厢词句题作文,流闻禁卫",世祖观其所著,"叹曰真才子"。康熙时尤侗官翰林,"偕诸儒进平蜀诗文,上见其名曰:此老名士。西堂(尤侗之字)以此六字刻堂柱,左曰章皇天语,右曰今上玉音。极文人之荣"。南闱之弊,影响太坏,流传太广,不予严惩,难平民愤和士心。

再次,江南人才辈出,人文茂盛,状元、榜眼、探花,多为江浙才子所得。包括顺治十八年在内,顺治朝共举行了八次会试殿试,其中,吕宫、邹忠倚、孙承恩、徐元文、马世俊五名状元是江苏人,史大成是浙江人,只有傅以渐、刘子壮两名状元是山东、湖北人。八名榜眼中,江苏有两名。八名探花里,江苏有蒋超、沈荃、秦钺、叶方蔼四名,浙江有张天植、吴光两名。若将时间放长一些,则到乾隆六十年止,清朝共举行了六十六科殿试,选中状元、榜眼、探花各六十六名,其中江浙出了状元五十一名、榜眼三十八名、探花四十七名。总的是江苏、浙江名士才子夺走了百分之七八十的状元、榜眼、探花桂冠,大学士、九卿总督、巡抚亦多保江浙之人。因此,如果科场弊端太甚,真才不得选拔,那么,一则清帝难觅贤才,佐政乏人,再则有才之士埋没山林,怀才不遇,难免滋生不满情绪,诋毁朝政,动摇民心,尤其是在清初局面尚未完全稳定的形势下,争取士子,特别是争取江南士子,乃保朝廷当务之急,更需要纠正科场舞弊积习,更应严惩贪婪考官。

也许这些情况,以及顺治皇帝福临之爱才求贤,才使他加重惩罚南闱纳贿违法的考官和私通关节的举人。他在十五年四月初七日御乾清门考选庶吉士后,谕告诸进士,言及处治考官之事说:"朕屡重试典,严除弊窦者,实欲得真才而用之耳!"

其实,南闱处理固然很重,北闱的惩办,也很严厉,尤其是对违法之举人,南闱、北闱案的处治是大同小异,即都是连妻子父母兄弟一并流徙,只不过是京闱案流徙的地点是尚阳堡,比南闱案之宁古塔,要近一些而已。

仅仅是因为一人中举有舞弊之事,就连父母妻子兄弟都要连坐,都要充军数千里外,而且是荒凉边外。特别是宁古塔,清人称"其地重冰积雪,非复世界,中国人亦无至其地者。诸流人虽各拟遣,而说者谓至半道,为虎狼所食,猿狖所攫,或饥人所啖,无得生也"。被惩之举人,连同父、母、妻、子、兄、弟,当有四五家之七家数十人,就这样流徙边外,尸横异乡,惨不忍言。惩罚确是太重了。

清人对"丁酉之狱",虽不敢直言皇上苛暴,也讲点个别考官舞弊及明末清初敝习,但大体上皆认为此狱过严,非仁君之政,且为被惩之举人鸣冤叫屈,认为他们本系才子名士,并非腹内空空行贿得中,实即对"丁酉之狱"持否定态度。

以北闱为例,被罚流徙尚阳堡的举人中,有被清初大文豪吴伟业赞颂的孙旸、陆庆曾,孙旸系状元孙承恩之弟。吴伟业为孙氏兄弟专作《吾谷行》一诗。《吴诗集览》引《苏州府志》:"孙承恩……弟旸,字赤崖,少游文社,名与兄埒。顺治丁酉,举顺天乡试,科场事发,为人牵连,谪戍尚阳堡。圣祖东巡,献颂万余言,召至幄前,赋东巡诗,试以书法,上叹惜其才。"吴伟业又写诗赠陆庆曾,题为《赠陆生诗》:"陵生得名三十年,布衣好客囊无钱。尚书墓道千章树,处士汇邨二顷田。"董含在《三冈识略》中亦赞陆庆曾"素负才名"。

南闱之方章钺、吴兆骞二案,更为时人叹息。结事中阴应节参劾南闱有弊时所举之惟一例子,是江南主考方犹取中了少詹事方拱乾之子方章钺,因二方是"联宗有素"。尽管方拱乾在奉旨回奏时辩称:"臣籍江南,与主考方犹从未同宗,故臣子章钺不在回避之例,有丁亥、己丑、甲午三科齿录可据。"但方章钺仍被罚徙,其父方拱乾、兄悬成、享成、膏茂,以及妻子和兄长之妻、子,俱同徙宁古塔。方家父子皆系有才之士,名声远扬。方享成"二诗文,善书,精小楷,兼长山水,与程青溪、顾见山称鼎足。"方悬成就是有名的方孝标,官至学士,著述甚丰。方家父子兄弟皆因一人之案而全部流徙,着实令人悲痛感慨。

更为冤屈的是众所周知的吴兆骞。吴兆骞,字汉槎,乃江南名士,"善属文",考试之事,本系易如反掌,不料,州县押解,千里迢迢,道途艰辛,身心交瘁。皇上亲自覆试之日,"堂上命二书一赋一诗,试官罗列侦视,堂下列武士,银铛而外,黄铜之夹棍,腰市之刀,悉森布焉"。"每举人一名,命护军二员持刀夹两旁,与试者悉惴惴其慄,几不能下笔。"而且,"不完卷者,银铛下狱"。在此恶劣形势威逼之下,下笔千言的才子吴兆骞竟"战栗不能握笔""不能终卷",从而险遭斩杀,最后连妻子、父母兄弟一起流徙宁古塔。

顺康时期,许多名人学士为吴之冤屈鸣不平,作诗填词相赠,最著名的是吴伟业(吴梅村)之一诗和顾贞观的两首词。人文学家吴梅村以诗《悲歌赠吴秀子》,赠与吴兆骞。其诗为:

> 人生千里与万里,黯然销魂别而已。君独何为至于此,山非山兮水非水,生非生兮死非死。十三学经并学史,生在江南长纨绮。词赋翩翩众莫比,白璧青蝇见排诋。一朝束缚去,上书难自理。绝塞千山断行李,送吏泪不止,流人复何倚?彼尚愁不归,我行定已矣。七月龙沙雪花起,橐驼腰垂马没耳。白骨皑皑经战垒,黑河无船渡者几?前忧猛虎后苍兕,土穴偷生若蝼蚁。大鱼如山不见尾,张髯为风沫为雨。日月倒行入海底,白昼相逢半人鬼。噫嘻乎,悲哉!生男聪明慎勿喜,仓颉夜哭良有以。受患祇从读书始,君不见吴季子。

梅村此诗,描景抒情议事皆佳,实为绝唱之作,其最末两句"受患祇从读书始,君不见吴季子",更点明了此诗吴兆骞保含冤流徙的主题。

被誉为"词家三绝"之一的大词家顾贞观,与吴兆骞系好友,当吴远流之后,为此冤案,特写《贺新郎》亦名《金缕曲》二首相寄,题为《寄吴汉槎宁古塔,以词代书》。第一首:

> 季子平安否?便归来生平万事,那堪回首!行路悠悠谁慰藉?母老家贫子幼,记不起从前杯酒。魑魅择人应见惯,料输他覆雨翻云手。冰与雪,周旋久。泪痕莫滴牛衣透。数天涯依然骨肉,几家能勾?此似红颜多薄命,更不如今还有。只绝塞苦寒难受。廿载包胥承一诺,盼乌头马角终相救。置此札,君怀袖。

第二首为:

> 我亦飘零久!十年来深恩负尽,死生师友。宿昔齐名非忝窃,试看杜陵消瘦,曾不减夜郎僝愁。薄命长辞知己别,问人生到此凄凉否?千万恨,为兄剖。兄生辛未我丁丑。共些时冰霜摧折,早衰蒲柳。词赋从今须少作,留取心魂相守。但愿得河清人寿。归日急翻行戍稿,把空名料理传身后。言不尽,观顿首。

这两首词,情深意浓,念友心切,悲惨凄然,字字是血,声声是泪,读后令人无不悲从中来,凄然泪下。据说大词家纳兰性德见此词后,"泣曰:山阳思旧之作,都尉河梁之什,并此而三矣"。遂竭力奔走求情,筹措赎金,名人学士达官,争相捐助,吴兆骞得以离戍返归。

吴兆骞之革举远戍,实为冤屈,被罚之举人连同父母妻子兄弟流放边远荒凉之地,亦系太重,这是事实,但并不能因此而否定顺治皇帝福临对科场舞弊的惩处。士子献金求中,考官纳银受贿,本来就犯了贪婪之罪,国法不容,行贿者与受贿者皆应惩治。何况,其他贪污案件之后果,大都不如科场舞弊危害之严重。有清一代,科举为作官之正途,尤其是知县以上内外文武官员,大都由此而出,设若科场贿赂盛行,有银即可入学中举名登进士金榜,荣为状元、榜眼、探花,他日为官,必然贪婪虐民,那时内而大学士、九卿、司官,外而总督、巡抚、司道、州县官员,岂不皆成为贪官赃官,形成"政以贿成"的混浊局面,于国于民,害莫大焉。因此,顺治帝严革科场舞弊,是完全正确的,也起到了革明季颓风树清初新习的作用。《清史稿》赞其严惩顺天、江南纳贿坏法之考官及行贿中式之举人说:"一时人心大震,科场弊端为之廓清者数十年。"此见还是比较符合历史实际的。

少年天子福临从顺治八年正月亲政伊始,即感到用人之重要。他的母后于八年二月十一日便诰谕爱子说:"民者国之本,治民必简任贤才,治国必亲忠远佞,用人必出于灼见真知。"一年多以后,大学士陈名夏奏称:"贞观政治,可比隆三代,惟能用人故耳"。大学士范文程等人在奉旨会推大臣时奏称:"治天下首在用人,内而部院卿寺,外而总督抚镇,皆佐皇上经理天下之大臣也。"福临完全遵循了母后的教诲,采纳了范文程等人的建议,对任用文臣武将,特别是委任大学士和九卿,非常重视,力求选用贤才及合适之人。

福临亲政以后,官制大体上虽仍沿袭摄政时期之制,内三院和顺治十五年改为内阁的大学士,系满汉兼有,但也有较大的变动。变动之一是增加了汉大学士名额。顺治元年到七年,大学士一般是五六名或六七名,其中多系满洲旗人和汉军旗人,汉大学士较少。顺治三年到七年,每年大学士共七名,即范文程、刚林、宁完我、冯铨、洪承畴、祁充格、宋权,其中刚林、祁充格是满洲旗人,范文程、宁完我、洪承畴是汉军旗人,只有冯铨与宋权是汉人。顺治八年人员变化很大,但格局仍与前几年相同。顺治九年里先后有八名大学士,即范文程、宁完我、洪承畴、宋权、希福、陈名夏、额色黑、陈之遴,其中满洲二名、汉军三名、汉人三名,但汉大学士宋权于年初致仕,实际上只有陈名夏和陈之遴二人。顺治十年六月二十七日,世祖福临下谕内三院命增加汉大学士说:"纶扉为机密重地,事务殷繁,宜选贤能,以弘匡赞,每院应各设汉官大学士二员,著吏部详察实行,确举堪任者奏闻,尔内院即传谕行。"随即命吏部尚书成克巩为内翰林秘书院大学士、礼部左侍郎张端为内翰林国史院大学士、吏部右侍郎刘正宗为内翰林弘文院大学士。这样一来,大学士主要便由汉官担任了。比如,顺治十一年的大学士有:范文程、宁完我、洪承畴、陈名夏、额色黑、冯铨、图海、成克巩、张端、刘正宗、吕宫、金之俊、蒋赫德、王永吉、党崇雅、傅以渐,共十六人,其中范文程于九月解任,陈名夏于三月处死,张端在六月病故,余下十三位中,满洲两人,汉军旗人两人,汉官九人。顺治十二年共有大学士十六位,扣除因病休任二位,还有十四位,其中满洲四人,汉军二人,汉官八人。十三年起,满洲、汉军旗大学士和汉大学士的人数才大体相等,有时汉大学士还略多于满洲、汉军旗大学士。

顺治十五年七月二十三日,世祖福临下谕吏部,命将内三院改为内阁,大学士改加殿阁衔,称中和殿大学士、保和殿大学士、文华殿大学士、武英殿大学士、文渊阁大学士、东阁大学士,品级由原来的二品改为正五品(明朝大学士为正五品),但"照旧例兼衔",取消原有的内三院秘书、弘文、国史院大学士名称,翰林院照旧独立出来,(原混入内三院内)。这一年的大学士有满洲额色黑、图海、车克、巴哈纳等四人,汉军宁完我、洪承畴、蒋赫德等三人,汉大学士有成克巩、刘正宗、金之俊、傅以渐、王永吉、胡世安、卫日祚、李霨等八人,汉大学士仍略多于满洲、汉军旗大学士。

其次,大量委任新人。从顺治八年起,世祖除继续留用一些旧大学士外,不断擢用新官,到顺治十年十一年以后,内院内阁大学士,基本上是由帝新委任的。顺治七年内院大学士共七人,即范文程、刚林、宁完我、冯铨、洪承畴、祁充格、宋权,第二年刚林、祁充格处死,冯铨致仕,新任了希福、陈泰、雅泰、陈名夏、额色黑五位大学士。顺治十二年起,内院十几名大学士中,只有宁完我、洪承畴、冯铨三人是顺治八年以前的大学士,且宁完我于十五年致仕,冯铨于十三年二月致仕十六年二月复任,洪承畴虽一直是大学士,但从十年五月即已往湖南,兼任五省经略,不问院事,十七年才以病回京调理,十八年四月致仕,也就是说旧大学士实际上只留下两名,其余十一二名十三四名大学士皆是世祖新任的。

再次,世祖最重庶吉士,尽量擢用入主中原后开科取士选录的进士和庶吉士,超级提拔为大学士,一共任用了傅以渐、吕宫、李霨三人。傅以渐,山东聊城人,顺治三年一甲一名进士,即状元,授弘文院修撰,四年充会试同考官,五年充明史纂修官,八年迁国史院侍讲,九年充太宗实录纂修官,十年正月迁秘史院侍讲学士,五月迁少詹事,闰六月擢国史院学士,七月教习庶吉士,十一年八月授秘书院大学士。吕宫,江苏武进人,顺治四年一甲一名进士,授秘书院修撰,九年加衔右中允。十年二月,帝幸内院,吕宫与侍讲法若真、编修程芳朝、黄机并召对,命撰柳下惠《不以三公易其介论》,赐茶食。十年五月,帝谕吏部:"翰林官升转,旧例论资俸,兼论才品。朕思果有才品特出者,何必拘于旧例?右中允仍管秘书院修撰事吕宫,文章简明,气度闲雅,著遇学士员缺,即行推补。寻授秘书院学士。十年闰六月擢吏部右侍郎,十二月授弘文院大学士。李霨,直隶高阳人,父国𬘡在明朝天启时任大学士。李霨七岁而孤,弱冠登第,于顺治二年中举,三年成进士,改庶吉士,授检讨,寻晋编修。十年二月世祖亲试清书翰林,李霨列上等,擢中允,五月迁侍讲,寻擢侍讲学士,十二年迁秘书院学士,任日讲官,十四年充经筵讲官。十五年二月充会试副考官,五月授秘书院大学士,时年才三十四岁。世祖擢用倚任三人,三人也多有建树。李霨一直任到康熙二十三年病故,刚六十岁,人赞其"风度端重,内介外和,久居相位,尤娴掌故,眷遇甚厚"。康熙帝赞其"慎勤敏练,宣力有年,劳绩素著"。康熙三年吕宫卒时,范文程为其作诔说:"本朝第一人物,第一知遇,惟先帝知公,惟公不负先帝。"

又次,培养见习,为康熙朝准备了一大批名相能臣。顺治帝亲政不过十年,从顺治三年举行第一次会试起,到其十八年正月病故,一共举行了七科会试。由于他英年去世,一些优秀进士、庶吉吉虽然还来不及治理部院入阁拜相,但经世祖擢用培养,多已入直内廷,或为部院司员侍郎尚书,到康熙前期入阁拜相,成为创建"康乾盛世"的主要大臣,比如,徐元文,少年英俊,二十岁中举,顺治十六年二十五岁钦点状元。顺治帝召见元文于乾清门,谕以特简之意,"还启皇太后曰:今岁得一佳状元。赐其冠带蟒服裘靴,视旧典有加"。元文率诸进士谢恩,"世祖为御殿,百官陪列,鸿胪读表,前此未有也",授翰林院修撰,"数被宣召"。元文为诗记此说:"空传枚马金门侍,只倚雕虫侍武皇",舒发了其"生平致君之志"。元文曾从幸南苑,帝赐其乘御马,命学士折库纳为其执镫,折库纳乃元文馆师,元文"逊谢不敢",乃改命侍卫执镫。元文又曾于晚上入宫,帝在便殿召对,帝命赐馔,又赐其从者食,此皆罕有之殊遇。元文后在康熙朝历任国子监祭酒、翰林院掌院学士、左都御史、刑部尚书和大学士。

冯溥,顺治三年进士,选庶吉士,授编修,迁翰林院侍读学士,直讲经筵。"世祖幸内院,顾大学士曰:朕视冯溥乃真翰林也。"十六年冯溥升任吏部侍郎,康熙六年迁左都御史,八年擢刑部尚书,十年升任大学士,直到康熙二十一年七十四岁时始致仕还乡。吴正治,顺治六年进士,选庶吉士,授编修,迁右庶子,十五年出任江西南昌道,迁陕西按察使,"所至以清廉执法著称",十七年内擢工部侍郎,调刑部侍郎。康熙时历任左都御史、工部尚书、礼部尚书,二十年拜文华殿大学士。黄机,顺治四年进士,选庶吉士,授编修,迁侍读,再迁侍读学工、礼部侍郎,康熙六年进尚书,后任至大学士。宋德宜,顺治十二年进士,选庶吉士,授编修,屡迁至国子监祭酒,康熙时历任左都御史、刑部尚书、兵部尚书、吏部尚书,二十三年拜大学士。伊桑阿,满洲正黄旗人,顺治九年进士,累擢至内阁学士,康熙时历任吏户礼兵工部尚书,二十七年拜大学士。魏裔介,顺治三年进士,选庶吉士,历任给事中、都给事中,太常寺少卿、左副都御史,康熙三年拜大学士。熊赐履,顺治十五年进士,选庶吉士,授检讨,进侍读,康熙十四年超授大学士。李之芳,顺治四年进士,屡擢至郎中、御史,巡按山西,康熙时历任浙江总督、兵部吏部尚书,拜大学士。王熙,顺治四年进士,选庶吉士,屡受世祖嘉奖,十五年擢礼部侍郎兼翰林院掌院学士,为世祖起草遗诏,康熙时历任左都御史、尚书,拜大学士,为相二十年。陈廷敬、李天馥、吴琪等进士,在康熙时亦任至大学士。他们都为"康乾盛世"之奠立,做出了重要贡献。《清史稿》第二百五十卷记述了李霨、冯溥、王熙、吴正治、黄机、宋德宜、伊桑阿、徐元文、孙廷铨、杜立德、阿兰泰等十一位大学士事绩后,加以评论说:"康熙初叶,主少国疑,满汉未协,四辅臣之专恣,三藩之变乱,台湾海寇之越荡,措置偶乖,皆足以动摇国本。蔚、廷铨、立德、溥当多事之口,百计匡襄;熙预顾命,参军谋;正治等入阁,值事定后,从容密勿,随事纳忠;伊桑阿、阿兰泰推诚布公,受知尤深。康熙之政,视成、宣、文、景驾而上之,诸臣与有功焉。"

再次,慧眼识奇才,破格擢用卑微小吏。顺治帝虽特重庶吉士、进士,大量擢用汉官,倚任前朝旧宦(如陈名夏、金之俊等),但对非科举出身之能员,哪怕是职卑望浅,只要是确有真才实学,亦破格提拔重用,图海之起,即系明证。图海,字麟洲,马佳氏,满洲正黄旗人,初系笔帖式,顺治初充中书舍人,"具文武才"。清人载述图海之被皇上擢用情形说:"初,公为中书舍人,负宝从世祖之南苑,上心识其人,欲重用之。恐人不服,因谓众辅臣曰:某中书举趾异常,当置于法。众以无罪请。上曰:否则立置卿相,方可满其愿也。因立授内阁学士。"这是顺治八年的事。第二年授骑都尉世职。顺治十年四月,图海被擢任内弘文院大学士、议政大臣,十二年又加太子太保,摄刑部尚书事,十三年考满,加少保,荫一子入监读书,又兼任都统,十五年同大学士巴哈纳等校订《大清律》。三年之间由小小中书舍人一跃而为大学士,荣为三公三孤。但顺治帝对臣僚并不溺爱姑息,一旦发现其有大过,即严加惩处,对图海也不例外。顺治十六年闰三月,公额尔克戴青之家奴陈保等人殴打侍卫阿拉那后,反诬告阿拉那抽刀相击,并擅自将其绑缚,刑部审理此案时,竟偏听陈保等恶奴之言,拟议将阿拉那鞭一百,折赎。世祖初允其议,不久发现此案是非颠倒,遂于闰三月二十二日将图海革职议罪。他谕告吏部说:

　　图海向经简用内阁,期其恪恭赞理,克副委任,乃不肯虚公存心,凡事每多专擅,无论朕所未见之处,恣肆多端,即在朕前议论,往往谬妄执拗,务求己胜。朕知其行事如此,不可久留密勿之地,故调用刑部,彼犹不悟,以为不能堪任,侈然自满,受事有年,不思感恩报称,过误愈多,屡加诫谕,迄无悛悔。朕复不忍遽弃，屡以小事惩处，使之警省，犹然置若罔闻，如阿拉那一案，问理不公，是非颠倒，情弊显然，朕面加诘问，仍巧言支饰，不以实对，负恩溺职，殊为可恶，已经革职付部，著议政王、贝勒、大臣、九卿、科道会同从重议罪具奏。

过了两天，闰三月二十四日，议政王、贝勒、大臣、九卿、科道等官遵旨会议奏称：刑部尚书图海负恩溺职，应论绞。帝降旨批示：图海情罪重大，本当依议正法，但念其任用有年，姑免死，革职，家户籍没。

经过这次重惩，图海闭门思过，潜心研讨，文武才干俱增，世祖亦念其惩处过重，欲加宽宥，因去世未及发旨。顺治十八年十月二十四日，四大辅臣以新君圣祖名义谕告吏部说："世祖皇帝遗旨：原任都统图海，情罪原曲，欲改未及，遇有满洲都统缺补用。"着图海补授满洲正黄旗都统。康熙六年图海复任大学士，后为平定三藩和察哈尔部蒙古亲王布尔尼叛乱，建树了巨大功勋。

世祖福临对前明故臣，尤其是进士出身的旧臣，因其谙悉故事和典籍，亦很赏识和重用，如洪承畴、陈名夏、冯铨、陈之遴、刘正宗、成克巩、金之俊、王永吉、党崇雅、卫周祚、高尔俨、张端等，皆先后擢任大学士，参赞密勿。

在清初大多数满洲臣僚不谙明例政事，不悉民情，不知汉官贤奸，甚至不通汉话汉文的情况下，顺治帝能大量擢用汉官，任以大学士，参议政务，对革除明季积弊，妥善处理满汉关系，减轻黎民痛苦，缓和民族矛盾，安定社会，恢复和发展经济，稳定政局，进行统一全国的工作，无疑起了较好的作用。

顺治皇帝福临在顺治十年正月、十六年十月，先后颁发了两道震惊朝野的谕旨。十年正月初三日，他谕内三院："朕稽历代圣君良臣，一心一德，克致太平，载诸史册，甚盛事也。朕自亲政以来，各衙门奏事，但有满臣，未见汉臣，顷经御史条奏，甚属详恳。朕思大小臣工，皆朕腹心手足，嗣后凡进奏本章，内院、六部、都察院、通政使司、大理寺等衙门，满汉侍郎卿以上，参酌公同来奏，其奏内事情，或未当者，可以顾问商酌。尔等传谕诸臣，务体朕怀，各竭公忠，尽除推诿，以绍一心一德之盛。"

顺治十六年十月初四日，帝谕吏部："向来各衙门印务，俱系满官掌管，以后各部尚书、侍郎及院寺堂官，受事在先者，即著掌印，不必分别满汉。尔部即传谕各衙门一体遵行。"

这两道谕旨之所以会震惊朝野，主要是因为它道出了满官掌握实权汉官只是虚列其位的情形，并要将此敝习予以革除，真正授予汉官较大的权力。从顺治元年五月摄政王多尔衮统军入京定鼎中原以后，就定制部院除理藩院外，侍郎以下，皆是满汉复职。顺治五年起，增设汉尚书，各部都是满尚书一员汉尚书一员，侍郎则是满汉各二员，都察院是满汉左都御史各一员，左副都御史各二员，郎中、员外郎、主事等司官也是满汉兼有。乍看起来，好似满汉真是一家，对半掌权，实情却远非如此，这两道谕旨便是说明这种情形的最有力证据。

这种异常现象带来的后果是相当严重的，极不利于巩固满洲贵族的统治。入关初期，满洲尚书侍郎大多数是仅会清语清文（即满语满文），对汉文可说是目不识丁，对中原王朝的历史、制度、典故、律例、案例也不了解，这样的文盲和门外汉，怎能处理纷繁复杂重大的部务。拿起汉字公文，看不懂，找人翻译，一则兼通满汉文者当时太少，再则既会满汉文又熟悉部务的更为罕见，怎能准确翻译。堂堂六部，是具体治理全国的最高衙门，每年要处理成千上万的事件。以吏部而言，它的总职掌是管理全国文职官的任免政令，制定京内外各衙门文职官名额，各衙门的官员或由吏部铨选，或由该衙门报部任用，并按规制领叙品秩，考核功过政绩，拟议升降赏罚，以及守制、终养、封衔、议恤、荫子、土官世职等等问题。每一事件，每一问题，拟议之时，必须援引合适的例案律例，作为根据，否则便易发生差错，或虽无误，遇到别人驳议时，有例可援，也可持之有据，不易驳倒。"而例案之堆积，高与屋齐"，不要说不懂汉文的满洲尚书、侍郎、郎中、员外郎、主事，无法从中找到合适的例案，翻译也束手无策，事情就无法办理。汉尚书、侍郎、司官在办事上，当然比满官方便和高明，他们大都是科班出身，或系两榜进士，或系举人，既能随手翻阅，下笔千言，又善字斟句酌，还较熟悉典章制度掌故例案，因此繁重部务主要是由汉尚书、侍郎和司官具体处理的，但满洲尚书侍郎官员有最后决定权。尽管在大多数场合下，这种权的使用是虚的，是依汉官之议而行，但也有些事情却又系满官独立，汉官只能遵其意旨而选找例案理由，以作其议之根据和借口。这本来就已经大大压抑了汉官积极性，限制了汉官才能的发挥，妨碍了部务的正确妥善处理。而且，许多重大问题，非本部所能决定，必须奏报皇上，由帝亲裁，可是，入关以后十年里，各部院奏事，"但有满臣，未见汉臣"，汉官不能向皇上奏陈自己的意见，仅管满臣所奏并非汉臣赞同者，亦只好强抑己见，不能陈述争辩和驳议，当然是满臣主宰本部了。

现在，两道谕旨的下达，授予了汉尚书汉侍郎的奏事之权和掌印之权，汉尚书侍郎可以直接就本部之事向皇上呈奏，特别是当满汉尚书侍郎异议之事，这一陈奏权就给予了汉官很大的支持。掌印之权，更为重要，以往印归满官掌管，满官不同意之事，哪怕满尚书出缺或前往外地，只满洲侍郎在部，大印亦归这位侍郎掌管，他也就可否决或不理汉尚书之议，而按己意办理，盖上大印，上呈下达。现在谕旨现定，不分满汉，但论就任先后，"受事在先者，即著掌印"，这样，汉尚书侍郎便可能有一半左右的时间掌管大印。因为，尚书之缺，经常变动，或因为帝赏识，擢用大学士，或调往他部及地方督抚，或因过降革外调，那么，即使先是满尚书就任，掌管大印，但他不可能久任不变，一旦调走，自然是由该部汉尚书掌印了。

顺治帝如此倾心汉化，提高汉官职权和地位，扩大汉官的影响，固能对军国大政的妥善处理，起了相当大的作用，但也招致满臣愤怨，满汉之争加剧，因此，在顺治八年至十七年的十年里，连续发生了一系列政治斗争事件。

主编 启智

第二卷

清史通鉴

从金戈铁马的努尔哈赤到黯然退位的末帝溥仪，全书以生动鲜活的笔法，精雕细琢出爱新觉罗氏的十二位帝王，音容笑貌毕呈毕现，品性情趣栩栩如生。同时，依托于大量史实资料，真实客观地再现了清代二百多年的兴衰史：创业的艰辛令人肃然起敬；辉煌的鼎盛让人振奋不已；衰落的末日，让人捶胸痛泣。全书既具有浓郁的文学色彩，又具备翔实的史学价值。

中国华侨出版社

第五章　倾情董妃

一

封建时代的帝王能号令天下,运筹大业,却往往对自己的婚姻之事无能为力,至少在选择册封皇后(正宫娘娘)的问题上是如此。顺治皇帝的情况更为典型,第一位皇后的择配,即是多尔衮亲手酿制并强迫他饮下的一杯苦酒。

顺治五年(1648年)底,多尔衮已完成了进取帝位的一切准备,甚至在睿王府内"服皇帝之服装,自称'皇父与国父',并且以自己的名义下诏谕",提前染上了皇帝瘾。多尔衮对渐及成年的顺治皇帝已如芒刺在背,觉得"皇帝虽幼弱,然而他所透出的智略,已超越人们在他这年龄里所能期待的程度了"。于是,多尔衮不得不加快了称帝的步伐。

多尔衮的如意算盘是,顺治的皇帝名号暂不废也可,但须在别处另建一城府,"把皇帝当作一个俘囚迁移其中",而由自己占据紫禁城综理朝政。到那时,顺治皇帝形同虚设,废除名号不过是一纸诏书之事。为造新城,多尔衮开始搜掘库财、添征新税,调集大量工匠与服役者,力争早日竣事,而"冲龄的皇帝已经开始为自己的生命忧惧操心起来"。同时,多尔衮又派英亲王阿济格率队前往蒙古行聘,欲为顺治选立一位蒙古族皇后,俨然行使父皇为儿子择婚之权,用以稳住顺治之心。因此,这次选立皇后实则是多尔衮称帝计划的准备工作之一。

联姻是满蒙联合的重要纽带之一,是清王朝贯彻始终的既定国策。在清初国基未稳的情况下,满蒙之间的关系则显得至关重要,可说是关系到国家命脉之事。因此,在清太宗的五宫后妃(有封号者)中,几无例外地全是蒙古博尔济吉特氏女人,而顺治帝后来的九位晋封号后妃之中,亦有五位是蒙古博尔济吉特氏。在蒙古王公世系中,博尔济吉特氏(亦译作孛儿只斤)是元太祖成吉思汗的姓氏,其直系后裔多分居在东至吉林、西抵贺兰山、南倚长城、北界瀚海的广大漠南蒙古地区。清王朝开国时首先征服的就是漠南蒙古诸部,所以满蒙贵族之间互为姻亲,则成为武力征服之后必不可少的抚绥措施,并且一直维持到清亡。多尔衮为顺治选立蒙古皇后,除他不可告人的称帝目的之外,在政治上正是基于满蒙联合的考虑。

然而,因出天花而落下一脸麻子的阿济格,并未能顺利实现睿王的迎娶意图。他率队西出北京,欲经山西大同入蒙古,但其部众刚行至以出美女著名的大同城,即大肆劫掠民家妇女,甚至连正在迎娶过门的新娘子也不放过。大同守将姜瓖是故明降将,对阿济格此行本来就怀有敌意,又见清军肆无忌惮地在城中强抢民女,于是举兵复叛清朝。多尔衮闻讯十分恼怒,统兵亲征,直至翌年八月间才平定大同战事,然后亲自至蒙古接回选立的吴克善之女。

这时,汤若望已对顺治和孝庄皇太后颇为注意,认为很可能在他们母子身上实现传教的诸种计划。于是,汤若望便利用职掌钦天监大权的有利条件,暗中支持和保护皇帝免遭大难。依照清制,钦天监不仅观测天文气象,而且宫内重大建筑也须由钦天监择吉开工。汤若望便上奏疏,大量列举了是年天象不合与各地灾异之变的情形,建议立即停止新城建筑。多尔衮既恼怒又无奈,最后只得下令停工,他也深怕遭到天谴。这时,孝庄太后已有下嫁之举,与汤若望一唱一合,成功地阻止了多尔衮的称帝企图。孝庄皇太后对汤若望以"义父"相称,恐怕与此是有直接关系的。

孝庄皇太后在对摄政王多尔衮的特殊战场上,可称得上是胜利者,但在处理儿子的婚事上却一败涂地。

多尔衮死时,皇后的册封大礼尚未举行,顺治完全可借铲除多尔衮势力之机,改换皇后的人选。可选立皇后的当时,多尔衮大婚未久,为取悦孝庄皇太后,他偏偏选中了孝庄太后的亲侄女博尔济吉特氏为皇后。这一来,顺治皇帝虽对未婚妻不满,却又投鼠忌器,碍着母后的面子不敢撤废。顺治八年(1651年)八月,博尔济吉特氏被册封为皇后,颁诏全国。皇后既经册封,便为国母,平民百姓休妻尚且不易,"国父"欲休"国母"自然更难。如果说是多尔衮酿制了这杯苦酒,那么最后强逼顺治吞咽苦酒者,却是孝庄皇太后。

俗话说,"姑舅亲,辈辈亲,打折骨头连着筋"。顺治与皇后的结合便是亲上加亲的姑舅姻亲,而顺治皇帝本人又是满蒙民族的混血儿,理应与皇后和睦融洽。况且,新皇后仪容出众,"足称佳丽、亦极巧慧",称之"母仪天下"也够资格。可是,顺治皇帝在思想、感情、性格、意趣等各方面,都与新后扞格难入。据福临说,皇后生性妒忌,又嗜奢靡,更坏的是"处心弗端",见到"貌少妍者即憎恶,欲置之死"。例如,清初宫中沿袭明朝旧制,设教坊司(隶属礼部),专司宫中乐奏之事。教坊司中有近半者为女乐,平时"衣绿缎单长袍,红缎月牙夹背心,用寸金花样金发箍,青帕首"。女乐自然选择"少妍"者,而且穿红着绿,如花似玉,这使蒙古皇后难以忍受,下令裁掉女乐,一律改用太监吹管弹弦,如是才心安理得。她本人却极为讲究衣饰,"凡诸服御,莫不以珠玉绮绣缀饰",甚至在膳食时,"有一器非金者,辄怫然不悦"。最使顺治不堪忍受的是,皇后对他的举动"靡不猜防",多生醋意,顺治帝一怒之下,干脆择地别居,根本不与她见面。皇后体健色妍,一直未有子嗣,可知顺治很早就将她冷落一旁。

短短两年间,顺治因"含忍久之,郁懑成疾",身体衰弱、容颜憔悴。孝庄皇太后见状不妙,心知如再坚持己意,势必因此而葬送儿子性命,只好谕知福临"裁酌",实则默许了废除皇后一事。顺治得谕,不啻天降纶音,当即于顺治十年(1653年)八月间下令礼部及内院诸大臣,"命察历代废后事例俱奏"。消息传开,朝中顿时大乱,议论四起。在大臣们看来,皇帝的一切举动皆有关国体,休妻废后简直是不可思议之事!

二十四日,大学士冯铨、陈名夏等五人联名奏谏,劝皇帝"深思详虑,慎重举动"。不料挨了顺治的一顿臭骂:"皇后壸仪(后宫法度)攸系,正位匪轻,故度无能之人,尔等身为大臣,反于无益处具奏沽名,其属不合,著严饬行。"

二十五日,诸王大臣见劝谏者差点儿受到重惩,一时噤若寒蝉,吓得无人再敢吱声。

二十六日,顺治旨谕礼部:"今后乃睿王于朕幼冲时因亲定婚,未经选择。自册立之始,即与朕志意不协,宫阃参商已历三载,事上御下,淑善难期,不足仰承宗庙之重。谨于八月二十五日奏阅皇太后,降为静妃,改居侧官。"至此,诸大臣才恍然大悟,皇上早与太后计议停当,皇后已被贬入冷宫,所谓"议废"不过是补办个符合朝仪的手续,或者说是通知大家的一种方式。显然,顺治帝废除皇后并无"正当理由",即如谋弑夫皇、秽乱内宫、勾引外敌等等,顺治的根据仅仅是"志意不协"和"无能之人"而已。

二十七日,废后既经钦定,但一切仪式均由礼部议行,身为礼部尚书的胡世安如荆棘在身,举措为难。他深知废后的"理由"不足,恐将来祸及自己,便绞尽脑汁思得一缓兵之计,小心奏告:"此事未经诸王大臣公议及告天地宗庙,恐中外疑揣,请慎重详审。"疏入,顺治果然下令议政大臣及内三院议奏,胡世安则溜之大吉。

同日,礼部仪制司员外郎孔允樾冒死再奏,称:"皇后正位三年,未闻显有失德,特以'无能'二字定废谪之案,何以服皇后之心,且何以服天下后世之心?君后犹父母,父欲出母,即心知母过,犹涕泣以谏;况不知母过何事,安忍缄口而不为母请命?"一席话说得慷慨激昂,俨然以封建纲常伦理的卫道者自居。他又建议:"设皇后必不谐圣意,亦可效旧制选立东西二宫,共襄内治。"

二十九日,御史宗敦一等人见孔允樾大捞政治油水而顺治帝闻奏默然,他们忙纠集十四人合疏奏言:"皇后未闻失德,忽尔见废,非所以昭示风化也……伏乞收回成命。"这等于指斥皇帝的举动"有乖风化",顿时将顺治帝激怒,以"渎奏沽名"之罪议处宗敦一等人。

九月初一日,诸王大臣遵旨会议,深感事关重大,再次提出"仍以皇后正位中宫",并"选立东西两宫"作为折中方案。顺治已忍无可忍,终于吐露真情,解释道:"朕纳后以来,缘志意不协,另居侧宫已经三载。从古废后遗议后世,朕所悉知,但势难容忍,故有此举。"原来,自册立之日起,皇帝即与这位蒙古表妹分宫而居,并未成为事实上的夫妻,顺治之所以冒天下之大不韪提出废后,实出万般难忍之势。

顺治深知非议累累者多是汉官,便有针对性地下谕道:"(规谏者)必须真闻确见,事果可行,朕自听从。若全无闻见,以必不可从之事揣摩进奏,欲朕必从,冀免溺职之咎。"这一来,诸王大臣面面相觑,谁有本事对这种内廷隐秘之事"真闻确见"?纵然略知一二者,又有谁敢于公诸朝廷?顺治皇帝对孔允樾大加申斥,说他的奏章中有"不知母过何事"等语,责令他"如果知无过之处,著指实具奏"。

初四日,孔允樾闻旨吓得魂飞魄散,皇帝夫妻之间的私情如何"指实具奏"?他慌忙禀称:"皇后居深宫之中,其有过无过,非惟人臣不及知,亦人臣不敢知。"并且一再剖白自己前疏中提到的"不知母过"等语,亦不过是"仰冀君父动悔悟之机,开慈母一迁善之路"。最后,他战战兢兢地表示:"圣主在上,臣复何言?惟有席藁待罪静听处分而已。"

谁还敢再劝?

初五日,郑亲王济尔哈朗召集议政王会议,一锤定音,奏言:"所奏圣旨甚明,臣等亦以为是,无庸更议。"得旨:"既共以为是,著遵前旨行。"

仅二十一天,博尔济吉特氏皇后就永居冷宫。

在严厉惩治多尔衮之后,朝中的文武百官从废后之事上第二次看到了顺治皇帝的形象——一个拿定主意就决不回头或手软的青年人。

皇后之位虽不似帝位那样重要,却也不可久虚无人。一国之内只有帝而无后,等于一家之中有父而无母,意味着乾坤失调,国体不稳。一个月后,朝中旨令"应于满洲官民,蒙古贝勒以下,大臣以上女子中选立皇后"。这不过是一纸官样文章,孝庄皇太后对此早有成算在胸。

提前亲政使顺治皇帝更加成熟起来,而汉文化程度的不断提高,又使他逐渐感到滥肆纵欲的羞耻和危害。这种心理和生理上的成熟,促使他在男女关系问题上从"欲"走向"情"。可孝庄太后并不允许儿子自寻称心如意的佳偶,她既要维护蒙古王公贵族在宫中的特殊权益和地位,更要维护大清帝国的尊严和命脉,这就注定顺治的婚姻只能成为封建制度祭坛上的缀饰和牺牲。

顺治十一年(1654年)五月,蒙古科尔沁贝勒绰尔济的两位女儿同时被接进宫内,这两位博尔济吉特氏姐妹又几乎同时被聘为妃。按姻亲辈分,绰尔济是孝庄太后的亲侄儿,两位妃子自然是太后的侄孙女。一个月后,姐姐册封皇后,就是孝惠章皇后,妹妹即淑惠妃,也是顺治众多嫔妃中的最长寿者。顺治刚刚摆脱多尔衮的魔爪,又落入母后的樊笼。他决不甘心再度受制于人,便想方设法进行抗争。

两年前,定南王孔有德出镇广西,与李定国农民军决战于严关,败守省城。李定国大军围城猛攻,城陷后孔有德自缢而死,家眷百余人被杀,独女儿孔四贞(也称思贞、似贞、士贞)突围而出,奔京师哭诉其父死难事。孔四贞仪容秀美、善于骑射,深受孝庄太后钟爱,将其"育之宫中,赐白金万,岁俸视郡主"。以此安抚孔有德部众。时顺治正为择偶之事郁郁寡欢,与孔四贞一见钟情,甚为中意,欲册她为妃。孝庄太后鉴于孔四贞自言已许配偏将孙延龄,恐强娶四贞会激起孔有德旧部兵变,遂未答应此事。她见顺治为此事耿耿于怀,也未敢立即为孔四贞完婚,而将她养在宫内,封为和硕格格(即公主),掌其父定南王之事。按照清廷旧制,宫中严禁蓄养汉女,孔四贞却在宫内一直住了九年多,直到顺治死后的第二年才与孙延龄完婚,移居紧邻皇宫的东华门外,可见孝庄太后处理此事颇有为难之处。

新受晋封的孝惠皇后妹妹根本不会料到,她们入宫受封,仅是一对儿被摆在后妃位置上的偶象,在顺治眼中不屑一顾,乃至姊妹二人膝下寂寞,至死也无一子女。顺治皇帝既对孔四贞眷顾殷殷,便总看新皇后不顺眼,最后以"虽秉心淳朴,顾又乏长才(特长及才华)"的简单理由,索性不理睬皇后。他不仅极度冷视皇后姊妹,而且在顺治十五年(1658年)正月孝庄太后病时,以"礼节疏阙"对皇后兴师伐罪,下令停止进其中宫笺表,并谕诸王大臣议处,直欲再度废除皇后。以后,孝惠皇后姊妹在冷宫中苦熬了三十余年,孝庄太后去世时,她们哭得死去活来,与其说是哭太后,倒不如说是在哭自己的悲惨命运更恰切。而那位不到十五岁就被废掉的首任皇后,却连哭丧的资格也没有,只能幽居内宫,怅望昭西陵(孝庄太后陵墓)而感慨万端。清初诗人吴伟业曾写道:"豆蔻梢头二月红,十三初入万年官。可怜同望西陵哭,不在分香卖履中。"

顺治十三年(1656年)四月间,皇宫内落成乾清、坤宁、景仁诸宫殿,例应册立嫔妃。孝庄太后突然一反常态提出:"孔有德女孔氏(四贞)宜立为东宫皇妃。"这使众臣都大吃一惊,弄不清其中奥秘。原来,此时顺治皇帝已与弟媳董鄂氏暗结秦晋,孝庄太后发现后,企图以立孔四贞为妃来挽回福临之心,但为时已晚。

> 洞房昨夜春风起,遥忆美人湘江水。
>
> 枕上片时春梦中,行尽江南数千里。
>
> ——(唐)岑参《春梦》

这是唐代塞外诗人岑参的一首《春梦》诗,由于历代抄印之误,第二句"遥忆美人"也作"故人尚隔"。自然,岑刺史决然不会料到八百六十余年之后,这首小诗居然被顺治皇帝借以寄托哀思,而且不取多数版本认定的"故人尚隔",偏取存疑的"遥忆美人"字句,内中自有蹊跷。

这首诗是在董鄂妃去世两个多月后,由顺治御笔抄赠天童寺僧人木陈忞的。其时,木陈忞已离京半年,顺治皇帝剃发出家的闹剧刚刚收场,他一腔愤懑悲怆之情无法宣泄,故借旧诗名句排遣苦闷。因此,"遥忆美人"决非笔误,而是他感旧怀人心情的真实写照。

"顺治十七年八月壬寅,孝献庄和至德宣仁温惠端敬皇后(董鄂妃谥号,已追封为皇后)崩。呜呼!内治虚贤,赞襄失助,永言淑德,摧痛无穷。惟后制行纯备,足垂范后世,顾壶仪邃密(在内宫行为谨慎),非朕为表著,曷由知之?是用汇其平生懿行,次之为状。"这是顺治帝亲自撰写的挽词开篇,他认为只有自己才最理解爱妃董氏,所以亲制墓志铭,这在清代帝王中是少见的。

如果将顺治短暂的一生喻为一首配系复杂的交响曲,那么他与董鄂妃的爱情便是其中的华彩乐章!

在男尊女卑的封建时代,不惟百姓家妇女多不呼姓名,只称"×氏",即皇后或贵妃娘娘也是如此,清代后宫中诸如博尔济吉特氏、董鄂氏、佟佳氏、乌雅氏等等,或以氏族姓氏,或以部落为名。董鄂妃即是以部落为名。"董鄂"为满语译音,明代称之"东古"或"冬古",清初改译"东果"或"栋鄂""董鄂"。董鄂部位于今辽宁省桓仁县附近,明万历初年女真族分裂为四大部落时,董鄂部名隶建州部统属,实则独自为政。清太祖努尔哈赤以遗甲十三副起兵时,首先攻占了兆佳城和玛尔墩寨,降服了董鄂部。从此,董鄂部便被编入太祖军中征战南北,成为骨干力量。

董鄂妃是内大臣鄂硕之女,鄂硕为满族正白旗籍,隶属于地位显贵的上三旗(正黄、镶黄、正白),但他本人并无显赫战功,且因临阵畏惧受过处分,"三世以军功袭职"不过是沾祖宗的战功恩惠。据董鄂妃自己说,其父"性情夙愚,不达大道",而且在女儿晋封为皇贵妃后"荣宠已极,恐自谓复何惧,所行或不飭"。她还有个哥哥,自恃妹为皇妃,"心矜傲,在外所行,多以不理"。这情况与《红楼梦》里的贾府极其相似,自宁、荣二公以战功立业后,子孙袭职受惠,鱼肉乡曲;而贾元春选为皇妃后,贾府更是鸡犬升天,作恶多端。

按照清制,像鄂硕这样的贵胄世家,凡有年及十三四岁的女儿必须报选秀女,"或备内廷主位,或为皇子、皇孙拴婚,或为亲、郡王及亲、郡王之子指婚"。这种"选秀"制度,往往给一般旗籍官吏提供了与皇室结亲的绝好机会,一女入选,满门朱紫,鄂硕当然不会放弃这个好时机。福临帝在挽词中说,董鄂妃"年十八,以德选入掖庭",这显然是企图将他夺人之爱的丑行掩饰过去。选秀制度规定,"年已在十七岁以上,谓之逾岁,则列于本届合例女子之后"。也就是说,应选者一旦超过十七岁,被选中的机会就很少了。鄂硕出身上三旗,更兼女儿色艺双全,决不会等到"逾岁"再去应选,坐失飞黄腾达的机会。

那么,董鄂妃究竟是何时入宫的呢?

顺治十年(1653年)深秋季节,一队长长的马车驰至皇宫神武门前,每辆车上树有不同颜色和标识的两盏灯,表示着车内候选秀女的家庭地位和身份。巳时(上午九至十一时),户部官员清点人数后,引导应选的姑娘们步入神武门,来到顺贞门外等候着决定命运的最后时刻。每位姑娘都有一面小牌子,上书姓氏、籍贯、年龄等字样,面试合意者将牌留下,谓之"留牌子",落选者谓之"撂牌子"。此刻,每个应选者都忐忑不安地捏着小牌,仿佛是掂着性命的斤两。每届选秀之日,神武门前都有"千百辆车",俗称"排车",选中者不过十之二三,而入选秀女中能与皇室结亲者更属少数,有幸"备内廷主位"册为妃嫔的实则凤毛麟角。大多数"留牌子"姑娘的命运,不过是在宫内应付各种差遣,年满三十岁以后才遣出择配(以后递减至清末,二十岁即可出宫)。

这次预挑,董鄂氏的牌子被留了下来,而且很快被指配给顺治皇帝的同父异母弟襄昭亲王博穆博果尔为妻,她成为千百名应选秀女中的幸运儿。大约在第二年,董鄂氏与博穆博果尔合卺成婚,时年十六岁,比丈夫大两岁。然而,命运的冥冥之神并未将富贵与幸福同时赐给她,年仅十四岁的亲王经常率军出征,而且性情多与之不合,致使小夫妻生活并不美满。于是,夫妻感情上的裂隙便种下日后悲剧的祸根。

清制,朝中凡遇有吉凶礼典,在京达官贵人的命妇(封有品级的贵妇人)皆得入朝。顺治初年,更有各宗室及亲、郡王命妇轮番入侍后妃的定制,董鄂氏以襄亲王妃的显贵身份,当然有资格经常出入宫禁。她自幼"颖慧过人。及长,娴女红,修谨自饬,进止有序,有母仪之度,姻党称之",颇有大家闺范,大概很像《红楼梦》里那位知书达礼、雍容识度的薛宝钗。不知何时,她的脱俗不凡举动引起了顺治皇帝的注意,他们很快就发展到了难分难舍的地步。此时,顺治正为新皇后之事郁郁寡欢,董鄂氏也为少情的丈夫而痛苦,二人一见钟情,遂演成一段风流千古的故事。

现代有些心理学家认为,人类的"情"是一种很微妙的东西,"情"这种心理力量有时大得惊人,在极其强烈的情绪笼罩下的人,往往思维不能自制,甚至就根本不能发生任何作用,即所谓"丧失理智"。此刻的顺治皇帝就陷入这种因"情"而丧失理智的境地。他不惧母后在选择皇后问题上的政治考虑,不顾董鄂氏的弟媳妇身份,更无视宫内的种种非议以及道德伦常,几乎毫不犹豫地紧紧抓住爱河之中的一叶孤舟——董鄂氏。

这一切都发生在董鄂氏应选入宫后的半年之中。

顺治十一年(1654年)四月,孝庄皇太后觉察到这一异常情况,立即意识到事情的严重性,赶紧下令停止命妇入侍后妃之例,声称此例是"前代所无",且因"严上下之体,杜绝嫌疑"的缘故,但事情已至不可收拾的地步。汤若望回忆道:"顺治皇帝对于一位满籍军人(应是博穆博果尔)之夫人(当为董鄂氏),起了一种火热的爱恋。当这位军人因此申斥他的夫人时,他竟被对于他申斥有所闻知的天子,打了一个极其怪异的耳掴。这位军人于是乃因怨愤致死,或许竟是自杀而死。皇帝遂即将这位军人的未亡人收入宫中,封为贵妃。"

顺治垂青胞弟之妻,弟因此申斥妻子,竟然挨了当皇帝的哥哥一记"极其怪异"的大耳光。弟何冤屈兄何暴!更有甚者,这位皇兄毫无引咎自责之意,只让董鄂氏为丈夫守了二十七天丧,即匆匆将这位如花似玉的"未亡人"接入宫中,立为"贤妃",真不知"贤"字从何说起?

顺治敢于如此肆无忌惮地虐待胞弟,自有其政治背景。受封为襄亲王的博穆博果尔比顺治小三岁,是清太宗最小的儿子,其母懿靖大贵妃博尔济吉特氏也是蒙古人,崇德元年(1636年)册封为麟趾宫贵妃,而且地位在当时仅是庄妃的孝庄皇太后之上。但懿靖大贵妃与另一位康惠淑妃,都曾是蒙古察哈尔部首领林丹汗的妻子,太宗击败林丹汗后,便将二人俘虏并纳为福晋(妻子)。太宗在世时,懿靖大贵妃尚能受宠于一时,然太宗一死,她也就永难洗刷掉战俘的耻辱和自卑,既使顺治干出抢媳逼子的恶劣之事,懿靖大贵妃也只能忍气吞声,强咽苦水。

只要能达到目的,顺治并不计较手段和任何后果,因为他已是名符其实的皇帝。太宗在关外时,曾议及"礼义之国,同族从不婚娶"之事,并一度下令禁止娶继母、伯母、婶母及嫂子、弟妇、侄妇等行为,虽在实际中从未生效,尚有一纸官样文章。到顺治时,内大臣伯索尼见此禁已被皇帝破坏,索性奏言:"凡外藩法令,应稍宽弘。过去不准再与同族婚配之禁,因彼此不能遵行,如强令遵行,恐男女间反滋悖乱,请仍照旧例,以示宽容。"自是,干脆为悖德乱伦之事大开绿灯。

短短两年间,顺治即逼死胞弟,占夺弟媳,这种类似强盗行径的做法,招来宫内外各方面的汹汹非议。先是,顺治十三年(1656年)六月,孝庄皇太后急谕册立东西两宫,并提议以孔四贞为东宫皇妃,这是她不得已抛出的一石二鸟之策。孝庄太后早在入关之初就悬牌宫内,严禁汉女入宫,违者格杀勿论,她此次自食其言提出册立孔四贞,一是借此笼络孔有德旧部,二是企图以顺治对孔四贞的旧情来阻止其不轨行径,但为时已晚。七月间,襄亲王博穆博果尔死,孝庄太后的努力落空。八、九两月的下旬,顺治帝为平息朝议,分别举行了两次颇为滑稽的仪礼,先是在册立董鄂氏为贤妃的同日,遣官祭襄亲王,然后于拟封董鄂氏为皇贵妃的前三天,再次遣官祭奠胞弟。且不说这两场吉凶二礼并行的滑稽戏,奇怪的是顺治为何不去亲自祭祀,而是"遣官"代劳?想是有愧于死者,"愧"字拆读,乃心中有鬼也。

无论如何,死者已逝,顺治得偿大愿。但他并未想到,他在为一场亲手制造的悲剧收场的同时,又为自己更大的悲剧拉开了序幕。

同年十二月,董鄂氏正式册立为皇贵妃,而且按照册封皇后的大礼"颁诏天下"。这种异乎常格的礼典,是顺治帝对母后的第一次正式宣战——他发誓要再度废后而改立董鄂妃!董鄂皇贵妃的册封大礼于翌年元月初六日告成,十九天后,顺治帝公然下令:"太庙牌匾停书蒙古字,只书满汉字!"

欧洲文艺复兴时代的许多大师们认为,人类历史上的悲剧皆根源于爱,爱是美好的,却又是残酷的,甚至比恨还残酷百倍。可是,又有谁是为了恨才活在世间的呢!即使贵为天子的顺治皇帝亦不例外。他崇尚爱情,却又同时制造痛苦,历史往往就是按照这种并行不悖又对抗不息的逻辑演进。福临帝与董鄂妃的结合,既有普通人对正常爱情生活的渴慕和向往,也有天子与嫔妃之间的特殊不平等关系,但他终究是封建政治的集中与代表人物,是皇帝,这就注定其一切与封建政治不相符的东西都将成为悲剧的因素,自然包括爱情在内。但承受更大的重负和打击者,却是董鄂妃,因为她是女人。

在宫内外的一片訾议声中,董鄂妃进入掖庭,来到了顺治皇帝身边。仅四个月,她就升到了仅次于皇后的皇贵妃地位,而且将皇帝对众多妃嫔的宠爱集于一身。在众人眼中,这种专宠是比皇贵妃地位更令人艳羡之事。于是,她立即成为众矢之的,来自内庭的压力又远甚于朝中。

当时，她必须应付和处理来自三方面的压力，一是孝庄皇太后和皇后为首的蒙古后党；二是人数众多、关系复杂的妃嫔姻党，她们往往是朝中不同政治势力派别在内宫的代表人物；再就是十三衙门内那些炙手可热的太监大军，他们几乎囊括了皇宫内部事务的一切大权。而董鄂妃所可凭恃的全部资本，仅仅是自己的才智和顺治皇帝那一点儿可怜的爱。

俗谚有"伴君如伴虎"的说法，但对于董鄂妃来说，如何处理与孝庄太后之间的婆媳关系，是比伴君更为棘手之事。她既有端庄秀美的天生仪容，又谙熟宫中各种繁杂礼数，进止有度，言行得体，使婆婆难以挑剔。平日里，她"事皇太后，奉养甚至，伺颜色如子女，左右趋走，无异女侍"。顺治帝未出过天花，时常因避痘离宫至南苑处理政务。每逢这种夫君不在身边的时候，董鄂妃更如临深履薄，谨慎异常，"定省承欢若朕躬"，连孝庄皇太后都感到吃惊："后事我讵异常耶？"就在董鄂妃册封皇贵妃不久，孝惠皇后大概是"憔悴忧念"所致，大病一场几乎丧命。她亲临病榻扶持，"宫中侍御尚得乘间少休，后（董鄂氏）则五昼夜目不交睫，且为诵书史，或常谭（谈）以解之"。在孝庄太后看来，皇后病危，恰是董鄂妃争宠的天赐良机，而她却出人意外地伺奉汤药，全无觊觎后位之意，这自然极大地缓解了婆媳间的紧张气氛，堪称计高一筹。皇后病愈后，她仍是"晨夕候与居，视饮食，服御曲体罔不悉"，这岂是皇贵妃之职事，简直像个下等侍婢。因此，也有人推断认为，董鄂妃入宫前可能是孝惠皇后的"侍媵"，也可能是第一位废后的家侍儿，并未经选秀便随皇后入宫，以后喧宾夺主，反受专宠，然无史料可据，仅是一种大胆的设想而已。总之，董鄂妃在此问题上所表现出的胸襟和气度，确乎远在一般后宫佳丽之上，应该说是成功的。

这时的董鄂妃很有些唐明皇时那位杨贵妃的味道，"后宫佳丽三千人，三千宠爱在一身"。但她却毫无杨贵妃那种娇揉造作的酸味儿，更没有"贵妃出浴"的狎邪事情。她知道，自己时刻置身于众多后宫妃嫔的睽睽众目之下，稍不留意则会遗人把柄，酿成祸事。她平时衣饰"绝去华彩，即簪珥之属不用金玉，惟以骨角者充饰"。实际上，这种秀雅天成的自然美，远胜过挂满金簪玉珮的藻饰，前者真、而后者假。在与后宫嫔嫱的日常接触中，顺治皇帝曾这样描述道："（董鄂妃）宽仁下逮（以宽仁待下），曾乏织芥（毫无一点儿）嫉意。善则称奏之，有过则隐之，不以闻（不打小报告）。于朕所悦，后亦抚恤如子，虽饮食之微有甘毳（美味）者，必使均尝之，意乃适。宫闱眷属，大小无异视，长者媪呼之，少者姊视之，不以非礼加人，亦不少有诤诟。故凡见者，蔑不欢悦，蔼然相视。"她办理后宫庶务，无不尽心尽力，赢得姻党戚谊们的一片赞誉，福临说她"虽未晋（皇）后名，实（皇）后职也"，确是比较公正的评语。

董鄂妃入宫前三年，顺治皇帝因宫中事务凌乱难理，决定恢复明代内十三衙门旧制，这是他为政的一大败绩。于是，太监们骤然红得发紫，立即总揽了乾清宫执事、司礼、御用、内官、司设、尚膳、尚衣、尚宝、御马、惜薪、钟鼓、直殿（值日）、兵仗等大小一切宫中事务，权倾一时。汤若望记道："顺治自这个时期起，愈久愈陷入太监之影响中。这一种下贱人民（应译为"人"，而非"人民"），在朝代更替的时期（指明清易帜），俱都被驱逐出宫，成千成百地到处漂泊，然而这时却渐渐又一批一批收入宫中，照旧供职。这样被收入宫中、而又重新扎根筑巢的太监们,北有数千名之多。这一些人们使那些喇嘛僧徒复行恢复他们旧日的权势,还要恶劣的,是他们诱引性欲本来就很强烈的皇帝,过一种放纵淫逸生活。"顺治帝虽制铁碑约束,但在如此庞大的太监大军面前,一块小小的铁碑是无济于事的。康熙即位之初马上下令裁撤内十三衙门,可谓识见过人。董鄂妃先经选秀入宫,又出宫嫁到襄亲王府,再度入宫伴君,自然深知太监们的厉害。她自知无力与这些"扎根筑巢"的太监们抗衡,便以宽厚抚绥相待。每遇有太监或宫女出现过错,她总是为之求情,甚至能列举出他(或她)们以往的成绩劝谏皇帝息怒,这使得太监宫女们感激涕零。另外,凡有皇帝赏赍之时,她"必推施群下,无所惜",乃至封皇贵妃有年却至死也"绝无储蓄"。她巧妙而成功地阻止了太监们对皇帝的过多干预,并且改变了夫皇以往恣情纵欲的荒淫生活,使顺治从似神似鬼的境地中懂得了做人。

爱情的力量是惊人的,而得之不易的爱情才甘之如饴。董鄂妃在与各种势力的斡旋和斗争中,将自己和福临的爱情推上了一个更高的层次。

二人在后宫日常生活中形影不离,相濡以沫,福临每次"返跸晏(下朝休息)",董鄂妃总是亲自安排饮食、斟酒劝饭、问寒问暖,忙个不亦乐乎。顺治每每过意不去让她共同进餐,她却说:"陛下厚念妾幸甚,然孰若与诸大臣,使得奉上色笑,以沾宠惠乎?"可谓妙答! 因为顺治脾气急暴,时常与诸大臣闹得很僵。顺治十三年(1656年)以后,他与"诸大臣共食"的次数突然多起来,人们只以为皇帝有所悔悟,却不知是董鄂妃在樽俎言笑间的妙劝发生了作用。如遇有庆典大礼,顺治常饮酒过量,董鄂妃更是整夜扶伺,连炕床寒暖等小事也一一过问。

顺治帝既得知心,这时期格外勤政,往往批阅奏章至夜分,而每逢此时,董鄂妃总是毫无例外地亲伺书案旁,为其展卷研墨,伺奉汤茶。每见顺治因心绪烦乱而草率处理文件时,她便轻声劝道:"此讵非几务,陛下遽置之耶?(这难道不重要,陛下为何轻易处置呢?)"顺治漫不经心地答道:"无庸(不用),故事耳(老一套)。"董鄂妃复劝道:"此虽奉行成法,顾安知无时变需更张,或且有他故宜洞鉴者,陛下奈何忽之? 祖宗贻业良重,即身虽劳,恐未可已也。"顺治有时提出让她同阅,她却起身敬谢不敏,说:"妾闻妇无外事,岂敢以女子干国政,惟陛下裁察。"她心中总有一根无形的尺度,举止言行止于可止之时,从不逾度,即使夜阑人寂,只有夫妻同室阅卷时,她也能恰到好处地掌握分寸。

董鄂妃与顺治间的笃挚感情,并非卿卿我我的小夫妻恩爱,她不仅是顺治的精神支柱,还是一位颇有政治头脑的贤内助。顺治时吏治不整,故明旧臣大量入朝使新旧矛盾层出不穷,惩处降谪是经常之事,顺治为此大伤脑筋,常闷闷不乐。董鄂妃询其原委,谏道:"斯事良非妾所敢预,然以妾愚,谓诸大臣即有过,皆为国事,非其身谋,陛下曷霁威(息怒)详察,以服其心,不则诸大臣弗服,即何以服天下之心乎?"她提醒皇帝处治罪臣时,要分清"为国事"与为"身谋"的界限以区别对待,并以"服其心"作为惩治的要旨,这些思想都成为顺治整饬吏治的重要方针。古今杰出的政治家都并非超人,其聪明和过人之处多在于虚心纳谏,择善而从,顺治皇帝在清初政坛的诸种积极作用,能说没有董鄂妃的一份功劳吗?

一次,顺治帝连夜审阅一批报斩罪犯的案卷,握笔犹豫难决。董鄂妃起身问道:"是疏安所云,致轸陛下心乃尔?"福临沉吟道:"此秋决(秋天正法),疏中十余人,俟朕报可,即置法矣。"董鄂妃泫然泪下,劝道:"诸辟(杀头称"大辟")皆愚无知,且非陛下一一亲谳(亲自审理)者。妾度陛下心,即亲谳,犹以不得情是惧,矧但所司审虑,岂尽无冤耶?陛下宜敬慎求可矜宥者全活之,以称好生之仁耳。"她深知案上一点墨,民间千滴血,死刑重典尤关国家法度,因此提醒皇帝宜格外谨慎,福临亦对此深表赞赏。此后,每遇有"刑曹爰书(刑部案卷)",凡福临阅毕之卷,董鄂妃总劝他复审,说:"民命至重,死不可复生,陛下幸留意参稽。不然,彼将奚赖耶(他们还能依靠谁呢?)?"在处置死刑犯人的指导思想上,她提出"与其失入,毋宁失出",即与其因误判而错杀,还不如误将罪人减等或释放,因为误杀无法改正,而误释却可复判。她这种十分出色的法制和量刑思想,在清初吏治混乱、草菅人命的情况下尤显重要,对顺治影响至深。皇帝高度称赞她"以宽大谏朕如朕心"。董鄂妃在福临身边生活的短短四年间,"重辟(杀头)获全,大狱末减(减罪)者甚众"。福临也承认,由于自己的"覆谳"而少杀了许多无辜者,"亦多出后规劝之力",同时也反映出封建专制主义的黑暗与残暴。顺治皇帝将多尔衮的治国方略从"重剿"转为"重抚",董鄂妃的作用是显见的。

顺治帝在冗繁的政务之余,还得听"口讲(上课)",主要内容是四书五经,也兼及历史、文学等内容。每次听讲回来,董鄂妃便像个老大姐一样让他复述课业,答对了则高兴,"间有遗忘不能悉"之时,她竟如训一位顽皮的小弟弟似的,生气道:"妾闻圣贤之道,备于载籍,陛下服膺默识之,始有裨政治,否则讲习奚益焉?"福临非但从不生气,反而洗耳恭听。这时,二人之间全无皇与妃的等级隔阂,而是两颗互爱之心在感情上的平等交流,除了孝庄皇太后之外,普天之下大概也只有董鄂妃敢用这种口气对皇帝讲话。顺治酷爱狩猎,每次回来总向她炫耀打猎中的趣闻险事,而董鄂妃则"怵然于色",为丈夫的安危提心吊胆。也许,妻子的这种表现恰是丈夫的自豪和骄傲——他已完全赢得了爱妻的心。

董鄂妃的爱情之火仅燃烧了短短四年,可有谁知道,她为此耗竭了全部心血和生命。

由于董鄂妃的入宫,顺治同母后的关系已势同冰炭。短短四个月间,董鄂妃从贤妃一跃而为皇贵妃,且典礼拟于皇后,这已使孝庄太后心惊肉跳,而太庙扁额上公然剃除蒙文,则使母子之间的矛盾和斗争达到了顶点。太庙是清廷供祀祖宗神位的圣地,中殿供奉着太祖努尔哈赤和太宗皇太极(以后清帝牌位也置于此)的牌位,后殿则有太祖以前的肇祖、兴祖、景祖、显祖等列位祖先及列后的牌位,在太庙扁额上挤掉蒙文,则意味着宣布结束蒙古族女人统治后宫的历史,这是孝庄皇太后无论如何也不能接受的。于是,老谋深算的孝庄太后虽表面上未置一词,却在等待着适当的反击时机。

顺治十四年(1657 年)十月七日,承乾宫内传出一阵婴儿的响亮哭啼声,董鄂妃喜生麟儿,排辈为皇四子(康熙帝是皇三子)。于是,由于董鄂妃在后宫的专宠地位,未来的皇太后将非董鄂妃莫属,博尔济吉特氏一脉将被挤出后宫政治舞台,一切都因为新生儿的诞生而变得十分冷酷和现实起来。而年青体壮的皇后却寡居后宫,想见皇帝一面都很困难,何谈承恩受孕?董鄂妃几乎成为注定的胜利者,朝内外舆论也一致认为"皇帝要规定他为将来的皇太子的"(汤若望语)。形势急转直下,新皇子的降生使顺治满心欢悦,他一心想将董鄂妃扶立为正宫,于名于情,两全其美。然而,事情的发展却远不似顺治估计得那么乐观,他低估了孝庄太后的手腕和能力。

董鄂妃怀孕的这一年,京畿一带夏季连降大雨冰雹,秋天水灾成患,初冬气候异寒、半年多灾情不断。入冬后,孝庄太后移住京郊南苑,有意避开了正临盆的董鄂妃。董鄂妃产后不久,南苑突然传来皇太后"违和(身体欠安)"的消息,并谕后宫嫔妃及亲王大臣等前往省视问安。令人难解的是,告谕竟如同往常一样送到承乾宫,难道孝庄太后或她手下的太监宫女们不知董鄂妃是产妇吗?

南苑亦称南海子,元朝叫飞放泊,在永定门外二十余里处,是皇家春蒐冬狩、讲武阅兵之处。从皇宫至南苑的路程并不远,但在十冬腊月里让一位产后不久的妇女坐二十多里轿车,确属太不近人情。更有甚者,董鄂妃不但以产后孱弱的身体前往南苑,而且被留在孝庄太后榻前"朝夕奉侍废寝食",昼间捧茶进药、侍奉饮食,夜里仍执劳病榻,守夜熬神。孝庄太后明知她产后不久,却始终任凭她竭尽性命地扶侍,从未劝慰一句。董鄂妃遭此致命的打击,从此一蹶不振,"容瘁身癯、形销骨立(估计是严重的月子病)",只勉强挣扎了三年便含冤辞世。

就在董鄂妃拼死拼活地侍奉太后时,皇后却安居暖宫内,非但未去南苑问视,甚至"无一语奉询,亦未尝遣使问候"。两相对照,不禁生疑,莫非皇后早已悉知太后"病"情,所以安之若素,了若无事? 太后是真病还是假病? 是身病还是心病?

内中真情,顺治皇帝如鱼饮水,冷暖自知。十二月二十九日母后"贵恙"刚愈,颁诏大赦天下,四天后,福临压抑不住心头怒火,对皇后大兴问罪之师。他以废后为例,指责皇后在太后"病"时"礼节疏阙,有违孝道",下令停进皇后的中宫笺表,并谕议政王大臣等议罪,摆开了再度废除皇后的架式。显然,顺治已觉察出母后的不轨行径,以再次废后作为还击。

孝庄皇太后置之不理。但不理睬就是反对。

顺治帝的报复行动并未事先与爱妃商议,当董鄂妃得知消息后,立即从婆婆冷漠的态度中意识到问题的可怕。她比福临更为清楚,坚持废后只会导致悲剧提前发生,只要婆婆一息尚存,皇贵妃与皇后之间就有一道无法逾越的天堑。因此,她"长跪顿首固请"于夫皇之前,哭劝道:"陛下之责皇后,是也。然妾度皇后斯何时,有不憔悴忧念者耶? 特以一时未及思,故失询问耳。陛下若遽废皇后,妾必不敢生。陛下幸垂察皇后心,俾妾仍视息世间,即万无废皇后也。"她明确地指出顺治举动的后果,即"若遽废皇后"——"妾必不敢生",而"妾仍视息世间(活在人世)"——"万无废皇后"。

三个月后,新生的皇四子原因不明地死去。

于是,黄粱未熟,美梦已醒。顺治皇帝对母后的攻势,随着妻病子亡而彻底崩溃。他的收场戏,就是破例封这位仅活了一百零四天的儿子为荣亲王,如此而已。

一场人间悲剧,在掖庭之内悄然化为乌有。就在皇四子仙逝的同时,孝庄皇太后冷冷降谕:"(对皇后)如旧制封进。"未对侄孙女的失礼行为有任何惩罚的表示。这场历时一年余的母子帝后战争中,真正遭到无情而沉重打击的是董鄂妃,她失掉了爱子和半条性命,所以能将生命再维持三年,则完全是爱情的力量。至于孝庄皇太后,则带着胜利者的喜悦,每日在慈宁宫后的佛堂里参禅礼佛,口称"善哉",她已十分放心——董鄂妃已不可能再次受孕生子,死神在向她招手!

顺治十七年(1660年)八月十九日,董鄂妃在承乾宫内薨逝,时年仅二十二岁。

据顺治皇帝自我安慰地说,她"崩时言动不乱,端坐呼佛号,嘘气而化,颜貌安整,俨如平时"。但死者无论怎样意态安详,也无法掩饰生者难以名状的悲愤。如果说死亡是生者的不幸,那么董鄂妃之死,真正的不幸者只有一人,就是顺治皇帝。

于是,顺治皇帝凭借万乘之尊,在董鄂妃的丧事上导演了一场奇特的丧礼。

三

就在董鄂妃弥留之际,顺治皇帝也因哀痛过甚而陷于神情恍惚、举措茫然的状态。后来他全然不顾宫中的凶礼定制,硬使"蓝批"文件一直持续到自己死前七日才停止,竟然长达四个多月之久!而且,在停用"蓝批"的七天中,有一天是福临去悯忠寺观看太监吴良辅剃发出家的仪式,返宫即卧床不起,余几日均在病中。这就是说,如果福临不死,天知道"蓝批"要到何日才止?以至后来撰修《大清会典》时,官员们对此实难解释处理,只得略而不写。

蓝为哀色。顺治帝哀思如涌,无法斩断。

董鄂妃初丧的几天中,顺治皇帝"陡为哀痛所攻,竟致寻死觅活,不顾一切,人们不得不昼夜看守他,使他不得自杀"。从八月十九日至九月初一日景山寿椿殿设灵堂完毕,董鄂妃的尸棺一直停在宫中,福临几乎未离开爱妃生前居住的承乾宫。及至移棺之日,他已渐趋镇静,于是将一腔哀恸之情转为巨大的怒火,亲自组织指挥了一场清代历史上罕见的奇特丧礼。

首先,顺治帝即以董鄂妃生前不得册封皇后为憾事,便下令追封亡妻为"端敬皇后",并谕诸大臣拟奏谥号。谥号是对死者一生功过的基本评语,字数皆有定制,诸大臣先按皇贵妃的等级拟四字,顺治帝不允。大臣们只得再拟六字,八字,一直增加到十字才止。其谥曰"孝献庄和至德宣仁温惠端敬皇后",其中"端敬"二字是皇后应有的谥字,共计十二字,而清太宗皇太极初谥也不过十五字,以后孝惠皇后死时的谥号仅十字。即使如此,福临仍以谥封中没有"天圣"二个最荣崇的字而生气。按照清代谥法,皇后应有"承天辅圣"字样,如果妃嫔生子而为帝者,谥有"育圣"等字。尽管顺治皇帝在心目中早已视爱妃为皇后,但董鄂妃生前既未封皇后,亦无子嗣帝位,他的要求显然违悖情理,大概是"陡为哀痛所攻"而"不顾一切"了吧。

随后,福临命令词臣拟撰《端敬后祭文》,一群满腹经纶的文臣绞尽脑汁,连写了三稿也未合旨意,最后只得请来职位不高却晓谙一些内情的中书舍人(文职官名)张宸拟稿。他根据顺治皇帝与董鄂妃生前的一些生活细节草成祭文,哀情溢于行句之间,尤其是"渺兹五夜之箴,永巷之闻何日?去我十臣之佐,邑姜(周朝姜太后)之后谁人"等语,福临阅后触动旧情,泫然泪下,只因董鄂妃生前曾以姜太后为楷模。于是,张宸竟因此寥寥数语,一跃而升为兵部督捕主事,可谓一字千金。

董鄂妃生前本不信佛,但在"痴道人"的朝夕影响之下,她卧病期间也逐渐"崇敬三宝(佛、法、僧),栖心禅学",不但读完《心经》等佛典,还写有许多笔记,辑为《端敬后语录》,但已失传。当她自知不久于人世时,自思在几年艰难的宫内生活中,并无辜负皇帝和皇太后之处,却又无法理解积善为何不得善报。于是,她总是参究"一口气不来,向何处安身立命"等语,想向冥冥之神问明自己的归宿。据顺治皇帝自称,她"每见朕,即举之,朕笑而不答",而且临终前"犹究前说",至死也未弄清自己为何受到如此严酷的惩罚。她死后,顺治皇帝对此事耿耿于怀,便将丧事办成了一场浩大的佛门法事,发誓为不得善终的爱妃安排一处阴间的"安身立命"之地。

八月廿三日,即董鄂妃死后第四天,太监李国柱匆匆来到茆溪森和尚的住所,宣他进宫为董皇后主持丧事,一场仿佛是佛家问答方式的奇特丧礼正式拉开帷幕。

承乾宫内已改设成临时灵堂,茆和尚入门,先叩拜守在董鄂妃灵柩前、身着丧服的皇帝,然后拈香拜灵。他一时摸不着头绪,只得拣好听顺耳的话念道:"董皇后于庚子秋月轮满时成等正觉,与悉达太子睹明星悟道,无二无别,奇哉!一切众生,皆具如来智慧德相,但以妄想执着,不能证得。今日董皇后在此阐扬最上法要,大众会么?"言罢,喝一声下座而去。茆和尚语中提到的"悉达",本是印度史诗《罗摩衍那》中的女主人,被印度教神化为罗摩派的崇拜对象,又被神话传为多种形象美好的女神化身。茆和尚意在告诉顺治皇帝:董皇后已修成"正觉",与悉达女神一起观星悟道,堪称奇事。另外,佛家认为高僧"涅槃"(死亡)本身就是一种向被"妄想执着"困扰着的世人指示迷津、"阐扬最上法要"的方式,而董皇后之死正是这种高尚的举动。茆和尚此番大理论,可谓将董皇后之死吹捧到无以复加的高度。

又一日,茆和尚奉旨在董后灵前小参,曰:"了却凡心,超出圣地,识取自性弥陀,随处总是佛事。"其实,董鄂妃至死也未能"了却凡心",此语不过是安慰皇帝罢了。

再一日,茆和尚入宫再参。他觉察到仅说些不着边际的瞎话已使皇帝不悦,便口占一偈云:"几番拈起几番新,子期去后孰知音?天心有月门门照,大道人人放脚行。"他以历史上著名的俞伯牙和钟子期的高山流水之情为例,哀悼顺治帝从此痛失知音。"天心有月"一句,"天心"实则"圣主之心",那么"主心月"应是"情"字,意即帝后夫妻的笃挚爱情足以光照世人,就像月亮的银辉清光一样。这几句话果然引动福临旧情,一阵酸楚涌上心头,他猛然想起爱妃临终前总爱琢磨的那句话,忙趁此时请教道:"一口气不来,向何处安身立命?"茆和尚不知此语出自何处,只以为皇帝又想寻死,吓得缄口不语,使顺治帝大失所望。

景山大道场安排就绪,茆和尚应召指挥移棺之事。他来到棺椁前,不禁大为吃惊。顺治皇帝亲临现场不说,那些手执红杠准备抬棺材者,竟然是一批官阶至二三品的旗籍大臣!但皇帝在上,和尚岂敢多语,忙以禅杖指着棺材,口中念念有词。抬棺大臣见状,忙弯腰横杠准备起棺。突然间,茆和尚大喝一声:"起!"顺治帝微微颔首道:"谢和尚提拔。"

于是,从皇宫内的承乾宫到景山寿椿殿(明朝为永寿殿,今永思殿)的一路上,演出了一幕令人哭笑不得的活报剧。皇帝督阵,和尚指挥,而抬棺材者全是位居极品的八旗显贵。棺椁既大且重,抬棺者平日养尊处优,一呼百诺,何曾受过这种带有污辱性的皮肉苦累?但天子跟前,谁敢不从?据当时的目睹者说:"与舁(抬棺)者皆言其重。"这些八旗要员当时龇牙咧嘴、狼狈万状的情形可想而知。更有甚者,顺治皇帝下令诸王大臣的命妇皆须哭丧,而且特谕"内大臣命妇哭临不哀者议处"。这真是一道亘古罕见的怪命令!一大群满族贵妇人光是跪在灵前哭还不算数,而且"哭临不哀"者还得治罪,这就足以发动一场"痛哭大竞赛",当时场面想必颇为壮观! 以后,孝庄皇太后见事情闹大,只得亲自出面谏阻,但诸位命妇早已吓得魂飞魄散了。这哪里是在为一个皇贵妃发丧,分明是顺治皇帝借丧事恣意发泄一种刻骨铭心的仇恨,向母后也向一股股他自己也难以说清的恶势力。

茆溪森和尚很快得知,皇帝一直为爱妃亡灵的"安身立命"之处难以释怀,他便与弟子法海等人一番密计,在景山寿椿殿的灵堂上演出了一幕双簧,以问答的方式告诉皇帝,声称董皇后已变成龙女升天而去,不必再为她的冥间去处担忧。

紧接着,景山道场开法超度亡灵,茆和尚有几句妙语,逼真地描写了道场情况:"景山启建大道场,忏坛、金刚坛、梵网坛、华严坛、水陆坛、一百八员僧,日里铙钹喧天,黄昏烧钱施食;厨房库房,香灯净洁;大小官员,上下人等,打鼓吹笛,手忙脚乱。念兹在兹,至恭至敬,尚申(特意为)供养董皇后,呵呵!"这场"手忙脚乱"的法事进行到"三七"(即二十一天)为火葬日,寿椿殿前柴薪齐备,寂如空山,董鄂妃的尸棺即架于薪上。顺治帝亲临火葬场,令文职官员李世昌等人请溪森举炬。茆和尚秉炬至棺前,作偈道:"出门须审细,不比在家时。火里翻身转,诸佛不能知。"说罢举炬一掷,烈焰腾空,只在世间度过短短二十二个春秋的董鄂妃,从此玉殒香消。在封建政治的天平上,她和皇帝爱情的砝码显得太轻了,根本无法撼动天平的另一端——封建政治,也就无法找到自己的安身立命之地。

火熄烟尽,顺治帝请茆和尚收"灵骨"(骨灰),白椎和尚(茆溪森弟子)突然冒出一句:"上来也请师接?"茆和尚大吃一惊,此语甚为唐突冒失,等于在问:"将来皇帝死后也是由你茆和尚超度吗?"岂知一语成谶,仅四个月后顺治帝即步爱妃后尘而去,果然也是茆溪森为其主持丧仪,秉炬火化。但在当时却把茆和尚吓得面如土色,忙斥道:"莫莽卤!"白椎情知不妙,忙改口问:"皇后光明在甚处?"茆和尚答:"无踪迹处不藏身。"说完举禅杖就打,白椎掩头躲叫道:"天子面前,何得干戈相待?"茆和尚猛然省悟此处并非湖州报恩寺,而是景山寿椿殿前的火葬场,便收杖笑道:"将谓你知痛痒(让你知道胡说八道的惩戒)。"说着蓦地竖起手中玉如意,高声再占一偈:"左金乌(太阳),右玉兔(月亮),皇后光明深且固。铁眼铜睛不敢窥,百万人天常守护。"用几句法事中的套话将刚才危险的一幕掩饰了过去。皇帝及在场官员大概离得较远,未听清他们之间的问答,皆莫名其妙地望着几个打打闹闹的和尚不知何意。

白椎和尚的小插曲并非偶然。由于和尚们经常斡旋于内廷的太监之中,对顺治帝的身体状况了如指掌,已推知其不久于世,白椎和尚不过是个冒失鬼,将和尚们的私下议论贸然说了出来。顺治皇帝过早地纵欲,成年后又多年苦读至呕血,加上繁重的政务和更为沉重的心理负担,已经未老先衰,厌倦人生了。

顺治皇帝既深受封建政治的凌逼,却又同时亲手制造了更大的悲剧。董鄂妃尸骨火化后,"三十名太监与宫中女官,悉行赐死,免得皇妃在另一世界中缺乏服侍者"。另外,董后丧事花费之巨、仪礼之隆,已远远超出丧仪规定,"全国均须服丧,官吏一月,百姓三日。为殡葬事务,曾耗费极满埕的国币。两座装饰辉煌的宫殿,专供自远地僻壤所召来只是徒作馆舍。按照满洲习俗,皇妃的尸体连同棺椁、并那两座宫殿,连同其中珍贵陈设,俱都被焚烧"。顺治帝在临终前的《罪己诏》中也承认:"(董后)丧祭典礼,过从优厚,不能以礼止情,诸事逾滥不经,是朕之罪一也。"自然,殉葬和滥施浪费的直接责任者是福临,而福临和董鄂妃爱情悲剧的一手制造者却是孝庄皇太后,但逼死儿子的母亲,又能说是胜利者吗?

在封建专制制度下,统治集团的首脑们都在制造悲剧,却又都是封建政治悲剧下的牺牲品。而造成这一幕幕悲剧的总根源,正是这些悲剧扮演者竭尽全力维护的封建专制制度。

这场"诸事逾滥不经"的奇特丧礼,一直持续到福临之死,而"丧礼进行曲"的最高潮,则是顺治皇帝削发出家,这不仅使丧礼更为奇特,而且直接影响和加深了清初的宫廷政治矛盾,又大大跳出了爱情的狭小范畴。顺治帝对"理想"爱情的追求,既有其合理的部分,也有拘囿于时代和他的特殊地位的畸形部分。董鄂妃死后,福临心中的爱情之光已完全泯灭,而追求"不物于物"(庄子语,意即不为任何世事所局限)之心却更加强烈,这种完美的人生境界既然在世间根本不存在,便只能使人遁入佛门以躲开浓厚的"世情"。于是,顺治皇帝礼佛出家成为其爱情悲剧的续篇。

性情天子

清世祖——顺治

第六章　诚心向教

一

顺治帝礼佛几乎可以从"胎教"算起。满族入关前崇奉的是一种形式和内容都十分古朴简单的萨满教,与汉族源远流长、博大玄奥而且支脉繁多的佛教相比,只可谓"小巫见大巫"。清军铁骑踏进北京城的同时,萨满教也随着征服者来到中原地区,顺治元年(1644年)即建"堂子"(萨满教寺庙)于长安左门外的玉河桥东。然而,萨满教却远不如清军的刀矛火炮锐利,在强固无比的汉族佛教和传统文化面前,几乎不战自溃。堂子很快变成一座仅用来祭祀满族祖先、徒具宗教形式的空壳,其教义却被不肖子孙们忘了个精光。顺治十三年(1656年)十二月二十四日,礼部官员请皇帝在元旦将届时拜堂子,这时顺治帝已对佛教发生兴趣,干脆下令:"既行拜神礼,何必又诣(拜)堂子,以后著永远停止!"

在不长的时间里,佛教征服了萨满教,农耕生产方式征服了游牧经济,汉语征服了满语,孔子、孟子、程颐、朱熹等人亦被满贵族奉为"至圣先师"而崇礼有加……一切又都复归故道,循着中国传统的封建故辙踽踽前进。满贵族惟一保留下来可作为自己的征服特征而炫耀于世的,只是每人脑后的那根小辫子。

历史在沉思,究竟谁是征服者?

有趣的是,漂洋过海而来的天主教却抢先一步迈进了紫禁城,而且首先征服了孝庄皇太后。早在明末就升为耶稣会北京教区区长的汤若望,在传教方式上确有过人之处。他向清摄政王多尔衮一手献上《西洋新法历书》,另一手呈上的则是《圣经》,二者兼备,各有妙用,但《圣经》受到的待遇却远不如新历书。《西洋新法历书》于顺治二年(1645年)定名为《时宪历》颁行国中,《圣经》则只能和汤若望一起屈尊在北京宣武门内的小教堂里。于是,汤若望只能把传教的希望寄托于寻找新的代理人。

顺治八年(1651年)四月的一天,汤若望居住的南堂突然响起急促的叩门声,几名皇宫侍卫护送来一位宫女。宫女面带惊恐之色,声称某亲王的郡主得了急症,请汤若望前去诊视。汤若望并不精于医道,但根据来者介绍的病情,认为无关性命,便只将一面十字圣牌交来人带回,并嘱将此物悬于患者胸前即痊愈。不久孝庄皇太后传谕请汤若望进宫,告知患者并非"郡主",而是自己的亲侄孙女——顺治皇帝的正宫娘娘。从此,一面小小的十字架叩开了清宫大门,孝庄皇太后与汤若望结下不解之缘,认他为"义父",顺治皇帝自然称他为"玛法"。

顺治帝亲政不久,孝庄皇太后的胸前也挂上了一面十字圣牌,见者惊怪,太后却自以为荣而从不避人,尽管她此刻可能还不知基督耶稣和《圣经》为何物。十字架本是古罗马的刑具,基督教认为耶稣是替世人赎罪而被钉死在十字架上,故尊此为信仰的标记,胸前的十字架意即"基督在我心中"。然而,孝庄皇太后的心中未必真有基督耶稣,倒是时刻以儿子的帝业成败为念。更有趣的是,十字架挂在孝庄皇太后胸前,基督教义却钻到了顺治皇帝的心里。

顺治亲政之初求学若渴,几乎到了饥不择食的地步。汤若望凭借广博的学识和"玛法"的特殊关系,可以随时出入禁宫,"免循常礼",而且经常与皇帝共进饭食,"欢洽有如家人父子"。他在向顺治传授大量自然科学和社会知识的同时,也循循善诱地灌输基督教教义。顺治帝与其说是对基督教产生了兴趣,倒不如说是被汤若望那些海阔天空的自然和社会知识所深深吸引住了。在福临转信佛教的前一年中,他亲临南堂竟达二十四次之多,汤若望入宫朝觐的次数就更难统计了。

汤若望意欲在皇帝可塑性很强的时候,将其训练成一名笃诚的十字架崇拜者。显然,在"溥天之下,莫非王土"的封建时代,皇帝一旦跪倒在耶稣像下,何愁基督教在中国没有广阔市场?然而,任何一种宗教总是植根于相适应的文化土壤之中,中国毕竟是佛、道、儒三教的故乡,即使顺治皇帝有意领洗(基督教洗礼)入教,封建政权也决不会让他如愿,这就注定汤若望的企图是要失败的。但由于他与皇帝的特殊关系,西方大批天主教士却得以摩肩继踵地涌入中国,并获得自由传教的权利。很快,全国领洗入教者达到十万四千之众,以后到康熙时一度低落,嘉庆时再度复苏,基督教徒号称四十万众,传教士们撰写的教义读本和国内教徒释诂翻译之书,竟有一百五十余种,堪称泱泱大观,这显然与汤若望的开创之功是分不开的。

顺治皇帝成为两种宗教全力争夺的焦点。

顺治十年(1653年),北京地区的佛教徒对横行肆虐的天主教甚为愤怒,便聚资重葺毁于明嘉靖年间的城南郊海会寺,誓与异教相抗衡。他们特意请来憨璞聪和尚主持新刹,一时"禅众川趋,宗风大振",形成天主教在北方地区的一支劲敌。海会寺坐落在皇宫至南苑的途中,为皇帝往来的必经之地。翌年,顺治帝至南苑狩猎,偶见新寺落成,便入寺驻脚休息,并召憨璞聪谈话。憨璞聪是临济宗龙池派四世法师费隐容的法孙,又是木陈忞和尚的侄孙。他和木陈忞先后师承密云园悟(龙池派三世法师)禅师,密云园悟曾著《辨天说》,费隐容也著有《原道辟邪说》,皆针砭清初风靡一时的天主教。憨璞聪巧于辞令,与顺治帝相谈甚洽,顺治帝突然遇到知音,便召他入宫问佛法大义。从此,佛教也打开了清官之门,仅比基督教晚一年多。

顺治帝初见憨璞聪时,对佛教近乎茫然无知,曾问:"从古治天下,皆以祖祖相传,日对万机,不得闲暇。如今好学佛法,从谁而传?"憨和尚答道:"皇上即是金轮王转世,凤植大善根、大智慧,天然种性,故信佛法,不化而自善,不学而自明,所以天下至尊也。"这几句阿谀奉承的瞎话,竟然讨得顺治皇帝的极大欢心,憨璞聪又暗中结交了一班皇帝身边的太监,从此出入宫禁十分自由。

随着福临汉文化程度的提高,他已不满足仅与憨和尚谈禅。顺治十四年(1657年)十月初四日,憨璞聪被召入西苑万善殿,顺治仔细询问了当今佛界的宗门耆旧,并让他详细开列名单呈奏。憨璞聪见时机成熟,便将玉林琇、茚溪森、木陈忞、玄水杲等南方名僧逐一举列。自此,临济宗僧人们一批批来到北京,遍布宫内外大小寺宇,佛教不仅征服了顺治皇帝,也迫使孝庄皇太后取下胸前的十字架而改信释迦,基督教势力遂溃不成军,直至百余年后才再度抬头。憨璞聪寥寥几句奉承话,居然在两种宗教势力大会战中发生了关键作用,使佛教重振雄风,此公虽属狐假虎威,却因此享誉禅衲之间。顺治也承认:"朕初虽尊崇象教(印度为佛教发源地,产象,故佛教亦称象教),而未知有宗门耆旧。知有宗门耆旧,则自憨璞始,憨璞固大有道于祖庭者也。"

佛教赢得了皇帝,从而击败了盛极一时的基督教,却并未赢得佛教界内部的团结,反使各派系旧有矛盾更加激化。禅宗自六世祖慧能之后,首先分出南岳怀让和青原行思两派,以后南岳系又分为沩仰、临济两支,青原则分出曹洞、云门、法眼三支,合称五家。到宋代,临济再分出黄龙、杨岐二派,禅宗遂分裂为"五家七宗"。宋末元初,各派系多在国内逐渐衰微不传,惟临济宗和曹洞宗二支独秀,但学禅者又多信仰临济,曹洞遂成"孤宗",清初佛界即有"临天下,曹一角"之称。两派僧人各自标榜正统,"几欲操戈对垒",曹洞宗虽然以寡敌众,却寸步不让,使临济僧人也奈何不得。

自从临济宗诸僧得宠于皇帝后,形势急转直下。憨璞聪的法师费隐容曾写了一部曲解禅宗世系的《五灯严统》,自诩为佛门"宗统"和"正传"。憨和尚自恃皇帝的信任,遂暗中兜售私货,将该书呈上,欲再借朝廷势力欺压同辈。顺治对此有所觉察,未予批示。不久,木陈忞也写了一部《禅灯世谱》,更是谬误百出,佛界的有识之士尖锐指斥道:"至道之在心,自有公是公非……世史是非,天子尚不能操其柄,况道脉乎?"于是,临济宗诸僧身价陡落,被时人骂为"僧中贰臣"。

然而,以玉林琇和木陈忞为首的一班"僧中贰臣",并未顾及世人的唾骂,他们紧紧笼络住了顺治皇帝,以高压手段将曹洞一派贬入冷宫。玉林琇于顺治十五年(1658年)九月接到诏请,于翌年二月十五日才扭扭捏捏地来到北京,惹得顺治十分不满。但他很快就使皇帝五体投地,成为"痴道人"(福临法号)的入门法师,以后又公然派弟子占夺曹洞宗僧人主持的善权寺,迹类强盗,有人作诗骂道:"王林(即玉林)却继绿林风,惯占丛林伐己功。天目虞山为别业,善权地藏作行宫。长言大义何曾义,自谓孤忠却不忠。冒宠欺君人不识,法门也有此奸雄。"木陈忞更是有过之而无不及,他初入京师即大肆鼓吹新朝执政的合法性,甚至著《从周录》奚落古代伯夷和叔齐饿死首阳山、誓不屈从周朝的气节,认为:"伯夷将弹冠入周,安事首阳清饿哉?"当时浙东鄞县诗人董道权便反唇相讥:"文字传灯记北游(指其著有《禅灯世谱》和《北游集》),锄山拟筑御书楼(木陈忞还山后曾修'御书楼'以谢皇恩)。从今不哭新蒲绿,一任煤山(崇祯皇帝自缢处)花鸟愁。"木陈忞闻知大怒,竟指使弟子持刀杀董道权,幸亏董得讯出逃才免于一死。玉林琇和木陈忞的行径岂止是"僧中贰臣",简直是"僧中强盗"!

只可叹顺治皇帝并不了解这些和尚的真面目,始终对他们优礼有加,口称"老和尚"。若论礼佛,"痴道人"比起诸师更为心诚,他并无意去争什么"宗统"或"正传"的地位,而是一心一意钻研佛典,只想在莲台下求得精神解脱。从思想发展的脉络看,顺治礼佛有一条清晰的轨迹,即:孔孟——老庄——释迦。

顺治帝结识木陈忞不久,便在一次谈话中问道:"老庄悟处,与佛祖同为别?"答曰:"此中大有涓,佛祖明心见性,老庄所说,未免心外有法,所以古人判他为无因,滥同外道(非佛道)。"再问:"孔孟之学,又且如何?"师答:《中庸》说心性而归之天命,与老庄所见大段皆同。然佛祖随机示现,或为外道,或为天人,远公有言:'诸王君子不知为谁?'如陛下身为帝王,乾乾留心此道,即不可以帝王定陛下品位也。非但帝王,即如来示现成佛,亦是脱珍御服,著敝垢衣,佛亦不住佛位也。"

木陈忞心怀叵测,意欲将皇帝引入佛门,因此指斥庄子"心外有法""无因"入道,而孔孟又与老庄"大段皆同",总之都不如佛教更为彻底。他更巧妙之处,在于向顺治皇帝灌输"诸王君子不知为谁"? 这就是说,每人身上都有"佛性",但有人能成佛做祖,有人只能终生庸碌。人们往往连自己也"不知为谁",惟凭借禅师们揣摩"骨相"、判定"因果"、引诱"佛性",才能"见性成佛"、达到自我完善的目的,就像顺治皇帝不可以"帝王定品位"、如来佛"亦不住佛位"一样。此寥寥数语,木陈忞使自己身价陡增百倍,可谓乖巧! 顺治皇帝也正是在这些玄奥诡秘的说教之中,逐渐醉心佛典、潜心向化的。

顺治初承佛教即将孔孟老庄与佛学相比较,可见儒典庄玄对他影响至深。他起初苦读儒书,完全是为了统治需要,但久而久之,孔孟学说虽可用来"治国平天下",却无法医治他沉重的精神痼疾。在顺治看来,世道人心如此浇薄! 他幼年失父,遭宗室们奚落、睿王欺凌,又且朝内倾轧不休、天下战乱频仍,连亲生母亲也那样冷酷无情,偌大个中国就像一个"有了你,没了我;有了我,没了你"(木陈忞语)的拼死厮杀的流血之地。因此,他坐在太和殿上发号施令时虽也能杀伐决断,但返跸后宫时清夜扪心,却又多生恻隐,董鄂妃"与其失人,毋宁失出"的宽大思想所以很容易被接受,正是他这种矛盾违遵的心理反映。他既无法弄懂和解释当今社会的"诸种苦恼",只得一头钻入老庄那些"洸洋自恣以适己",即逍遥自适和超然物外的言论中,以寻求自我解脱之路。庄子不但鼓吹人生要超然,甚至认为死亡也是一种"乐"。"死无君于上,无臣于下,亦无四时之事,从然以天地为春秋,虽南面王乐(即帝王之乐),不能过也。"意即做一个逍遥于生、超然于死的"快乐"之人,其幸福远在帝王之上,这些思想无疑深深打动了正苦于无法自拔的顺治皇帝。而当顺治大量接触了佛学理论后,又觉得老庄不如释迦更彻底,于是转而问津佛门,完成了他人生历程上的最后一次重大思想转变。至于和尚们背地里干了些什么事,他既知之不多,也无兴趣过问。

顺治帝遁入禅关,憨璞聪可称为引荐者,玉林琇是启蒙老师,而真正使他步入佛门堂奥者,却是木陈忞和尚。木陈忞法名道忞,又号山翁,晚号梦隐道人,俗姓林,名莐。他是广东茶阳(今大埔)人,二十七岁弃科举入禅,先后辗转于江西、浙江、广东、山东等处寺院,顺治十四年(1657年)主持宁波天童寺。木陈忞精于外学(即世俗之学,诸如诗词、诸子、戏曲、书法等),因此深得顺治器重,特为其指定西苑、悯忠寺和广济寺三处"结冬"(居住过冬),伴君达九个月之久。

木陈忞极尽阿谀吹捧之能事,称顺治"夙世为僧",是禅师转世为帝,故能"尊崇象教,使忞与天下僧侣得安泉石"。甚至劝皇帝在开科取士时"但悬一格""若有人悟得祖师禅定(禅家名句),即与他今科状元"。可笑之甚! 古往今来何曾有过"和尚状元"? 但顺治帝对他却推崇备至,相识不久就差点儿"随老和尚出家去",并嘱"勿以天子视朕,当如门弟子旅庵(木陈忞弟子)相待"。玉林琇曾为顺治取过"行痴"等法号,顺治帝再请木陈忞取法名"慧棠""山臞"为字,"幼(或称幻)庵"作号,"师尧堂"为堂名,并将字号刻成玉章,凡御制书画辄用此钤印。顺治十七年(1660年)四月,南苑德寿寺竣工,顺治特旨于玄灵宫备斋宴请木陈忞,一席竟费金五百三十两,并对其所作《敕建德寿寺记》一文大加赞赏,馈赠之物难以数计。直至顺治帝临终前数月,还将唐人岑参《春梦诗》抄赠木陈忞,时木陈忞已南还天童寺,可见二人交情之深。

顺治皇帝潜心学佛,为人表率,使世风为之一变。京师内外添建新寺,原有大小寺宇内的香火骤然旺盛起来。江浙一带的礼佛修寺之风更是蔚为大观,玉林琇开法于浙江西天目山,自称"狮子(得正传法嗣的僧人称'狮子儿')正宗禅寺",四方佛子闻风竞趋,时人称其寺为"法窟"。木陈忞南返的一路上,瞻拜皈依者竟"倾市井",回山即在天童寺旁建奎焕阁,平阳寺建奎焕楼,"与当道(地方官吏)酬酢,气焰炬赫,从者如云"。茚溪森在浙江仁和县主持的龙溪庵,庙门上高悬顺治皇帝御书大字"敕赐圆照禅寺",进香者摩肩接踵,从此改名"圆照禅寺"。具德礼和尚虽未入京,但临济一门显赫,他也得以大展抱负,先是费金八万重建了杭州武林山灵隐寺的大雄宝殿,以后历时十八年,耗资以数十万,全部翻新了灵隐寺。寺内新建殿堂楼阁四十余幢,巍峨壮观,大雄宝殿"规制宏敞,丹舍精丽,为九州名山之冠",乃至"灵隐门庭甲天下,学众满数万指,不减南宋佛海时"。

在福临的影响下,不但使董鄂妃"崇敬三宝、栖心禅学",连孝庄皇太后也几次派近侍到万善殿,请和尚们开示参禅要领。宫内太监宫女参禅拜佛者更是人数众多,暗中与和尚们诗文酬答,和尚们也借此获得更多接近皇帝的机会,甚至不惜败坏"道品",吹捧太监们是"全身已作擎天柱,杰立时时在御前"。佛界更是盛传顺治皇帝曾自作一偈,云:"吾本西方一衲子,为何落入帝王家?"顺治帝是否说过这话,尚难以指实,但这种思想在他最后几年中确实是存在的。

董鄂妃死后,顺治帝万念俱灰,感到人世间的一切骤然黯淡,于是演成了出家为僧的历史闹剧。综观其一生的思想和行为,始终充满了极为深刻的自相矛盾,在天主、神主和人主之间,他无所适从,若明若暗,这是阶级和时代在他思想上刻下的最深印痕。

二

福临亲政初期即认识了天主教耶稣会士汤若望。

汤若望(1592—1666),德国人,明万历末年到中国传教。他以通晓天文、历法、数学、机械等学,受到欢迎。入清后更加受到重视,多尔衮命其修历法、编"时宪历",掌钦天监监印。顺治二年(1645年)加太常寺少卿衔,成为正四品的清朝官员。

福临亲政后,汤若望的地位更是迅速提高,当年即被封为通议大夫、太常寺卿。顺治九年七月初五日,汤若望向朝廷进浑天星球、地平日晷等仪器,皇帝赐以朝衣、凉朝帽、靴、袜等物。顺治十年(1653年)三月初二日,顺治帝又授予汤若望"通悬教师"称号,加俸一倍,并赐之敕谕。敕文对汤若望大加赞扬,说:"尔汤若望来自西洋,涉海十万里,明末居京师。精于象纬,闳通历法……朕承天眷,定鼎之初爱咨尔姓名,为修大清时宪历,迄于有成,可谓勤矣;尔又能洁身持行,尽心乃事,董率群官,可谓忠矣……今特赐尔嘉名为'通悬教师'。余守秩如故,俾知天生贤人,佐佑定历,补数千年之缺略,成一代之鸿书,非偶然也。尔其益懋厥修,以服厥官,传之史册,岂不美哉!"

顺治十二年(1655年)七月二十日,福临因汤若望"历任十载有余,治历明时,勤劳素著,不受俸薪,照旧惟领酒饭一桌,应复职加恩",遂授为通政使,赐二品顶戴。十五年诰封光禄大夫,秩为正一品,这完全是福临重视信任的结果。福临曾对左右大臣说:"汝曹只语我大志虚荣,若望则不然,其奏疏语皆慈祥,读之不觉泪下。"还说:"玛法为人无比,他人不爱我,惟因利禄而仕,时常求恩。朕常命玛法乞恩,彼仅以宠眷自足,此所谓不爱利禄而爱君亲者矣。"

最初,汤若望是因治愈了与福临尚未完婚的皇后,而受到福临母亲孝庄文皇后的敬重,称汤若望为义父,顺治帝遂称其为"玛法",即汉语爷爷的意思。

在顺治十三年、十四年的两年中,顺治帝先后共二十四次到汤若望的馆舍亲访他。德国人在考察了当时的情况后说"皇帝亲到民宅,这是非常稀少的事件"。除此之外,这两年间福临"仅有一次出宫拜访一位皇叔于其府邸之中"。

在频频的接触中,福临深为汤若望渊博的学识与高尚的品德所折服。对各种知识都感兴趣而又好学的福临,向汤若望请教有关天文、历算、社会人生等各方面问题。福临总以获得新鲜的知识而感到惬意,并愈加尊敬汤若望。他下令汤若望见他时免除跪拜,并屡加厚赐。福临常常召汤若望至宫中,往往谈至深夜,最后还要"命四位或六位青年贵胄护送他到家",并一再嘱咐要小心护送。福临还多次亲临汤若望住宅,"作较长之晤谈",不拘君臣礼节。随意历览教堂书房以及花园等处,若逗留时间稍长,即令进便餐。"欢洽有如家人父子"。

顺治十四年(1657年)正月三十日,是福临十九岁的生日。第二天,群臣趋朝贺拜,福临当众宣布要到玛法家过寿诞,并命在汤若望所建的天主教堂前立碑。碑文中说道:"若望入中国已数十年,而能守教奉神,肇新祠宇,敬慎蠲洁,始终不渝,孜孜之诚,良有可尚。人臣怀此心以事君,未有不敬其事者也。朕甚嘉之,因赐额名曰'通玄佳境',而为之记。"这对汤若望无疑是一种极大的荣誉。

汤若望在福临的心目中威信很高,福临对他几乎达到了言听计从的地步。汤若望也确实在福临的政治生涯中发挥了不小的积极作用。

福临有一种"火烈急暴"的脾气,易动肝火而不顾一切。作为封建帝王,有时"他略一暗示,就足够把进谏者的性命毁灭了"。当时朝中所有人对此都无能为力,而"惟独汤若望有胆量和威望,他不顾一切,敢向皇帝指示皇帝所应走的道路"。当时的汉大臣龚鼎孳评价汤若望说,他"睹时政之得失,必手书以密陈。于凡修身事天,展亲笃旧,恤兵勤民,用贤纳谏,下宽大之令,慎刑狱之威,盘固人心,镞厉士气,随时匡建,知无不言"。这是说从生活到政治等各个方面,汤若望都向福临提出建议。而更有甚者"乃至猎阻相如,表抗韩愈,抵触忌讳,罔慑震霆,微闻拂耳,终谐纳牖。最后则直陈万世之大计,更为举朝所难言"。汤若望对清朝顺治时期的统治,实在是贡献巨大。

汤若望曾向福临上三百余封奏帖,福临特"选择一批,藏于皇帝个人文书库的另一格,在出宫游猎时,携带身边,以便阅读"。从魏特的《汤若望传》中,人们可知,顺治九年(1652年)当五世达赖来朝时,谏阻福临出边往迎的,就有汤若望。那时他"特上一很长的谏书,并且又亲自向皇帝面奏",而终于产生作用。还有一次,汤若望"听说有五位悉属汉人部中高级官吏,被判决发往满洲极边充军",他"登时就去向皇上前替他们求恩"。结果又起了作用,五人"竟被赦免"。

福临在逝世前立三子玄烨为皇太子,作为帝位的继承人,据说也是采纳汤若望建议的结果。汤的理由是玄烨已经出过天花,再不会被"这种可恐怖的病症"所伤害,当然这在当时是最有说服力的理由。这就是龚鼎孳所谓"直陈万世之大计"的内容所在。

后来福临由于完全被佛教高僧所包围,才与汤若望有所疏远,但始终对其怀有尊敬信任之情。

<h1 style="text-align:center">三</h1>

福临是从顺治十四年(1657 年)开始接触僧人的,并立即被其包围,成为佛教信徒。对佛教高僧的敬仰,深深地影响了福临个人的生活道路。

顺治十四年深秋,福临驾幸南海子,在太监的怂恿下游幸海会寺。在这里,他见到了临济宗龙池派和尚憨璞聪,与其相交谈甚觉投契,开始对佛教产生了兴趣。十月初四日,福临在南苑万善殿召见憨璞聪。福临问:"从古治天下,皆以祖祖相传,日理万机,不得闲暇,如今好学佛法,从谁而传?"憨璞聪答曰:"皇上即是金轮王转世,凤植大善根,大智慧,天然种姓,故信佛法。不化而自善,不学而自明,所以天下至尊也。"福临听后觉得很受启发,以后又不断召见,详细询问佛教界的耆旧。他得悉龙池派内有许多著名和尚的情形,心中便十分向往。

顺治十五年(1658 年)九月,福临遣使赴江南湖州报恩寺召名僧玉林琇来京。由于清初江南士人对满洲贵族统治多有不满,因此诏书到时,玉林琇颇以清高自持。先是"卧床不起",后多次辞谢不应,使者深感为难。使者曾三次上奏皇上,言明玉林琇谢绝的情况,但顺治帝均不允许。最后,玉林琇才于次年二月勉强入京面帝。三月至天津,玉林琇又称病不行。福临得知后大为不悦,答应他问道完毕即送返归。事隔一年后,顺治帝曾对木陈忞说:"当初在山,即坚卧不起,极是高尚。到天津,欲饿死不来。如人家请客相似,客到门不肯入,教东家体面何在?"福临尽管曾对玉林琇的怠慢耿耿于怀,但会面后却对这位禅宗和尚完全折服了。

玉林琇在京时,福临以禅门师长礼待玉林琇,自称弟子,并请其起法名。玉林琇不敢,起而推辞再三。福临不许,并"要用丑些的字眼"。玉林琇遂书十余字进览,福临自选"痴"字,上用龙池派中的"行"字,即法名行痴。于是福临又自号"痴道人",以后其钤章还有"尘隐道人""懒翁""太和主人""体元斋主人"等。从此,凡请玉林琇说戒或致信札,福临均称弟子某某。玉林琇住万善殿凡两个月,多蒙对问。一次,福临问道:"悟道的还有喜怒哀乐否?"玉林琇回答:"唤什么作喜怒哀乐?"又问:"山河大地从妄念而生,妄念若息山河大地还有也无?"答到:"如人睡梦中之事,是有是无。"福临听后如聆佛语,神情大悦,随即赐予"大觉禅师"称号。

玉林琇是一位谙通世故的和尚,"语不及古今政治得失、人物臧否,惟以第一义谛启沃圣心",绝不接触实际,尽为谈禅谈玄,这与汤若望迥然不同。但这些已使这位日理万机而疲惫不堪的年轻皇帝感到慰藉,于是福临对佛教的信仰愈加虔诚,盼识更多名僧之心也更加迫切。

四月,玉林琇请求回还,临行时福临赐黄衣、银印,遣官送归,并令使者召玉林琇弟子茆溪森至京。六月中,玉林绣回至湖州,即令茆溪森随舟入京。

就在封玉林琇的同时,福临又封憨璞聪为明觉禅师。由于憨璞聪的推荐,福临在玉林琇离京前一月即闰三月遣使往浙江宁波天童寺召龙池派另一位名僧木陈忞进京。

这年七月苃溪森应召到京。福临是从玉林琇语录中发现苃溪森偈语最好,特指名召来。福临在万善殿接见苃溪森,问答佛法过程中,福临不断地"点首称善"。福临曾多次要封他为禅师,由于苃溪森考虑师徒不便并受封号,极力奏辞,故而作罢。尔后,福临遂亲笔大书"敕赐圆照禅寺"匾额,以示优崇。

九月,木陈忞携其弟子旅庵本月、山晓本晢等到京。

木陈忞的到来使福临对佛教的信仰达到了一个新的高度。这时龙池派中的许多名僧大都云集京师,除上述外,其中还有木陈忞弟子天岸本升,玉林琇弟子慧枢行地、骨岩行峰,木陈忞侄孙玄水超杲等。福临不时召见问对,在众多僧人的包围下,福临陶醉在佛家意境之中。

木陈忞知识渊博,才华横溢,能言善辩,词锋犀利,深得福临赏识与敬重。他到京不久,便被封为弘觉禅师,受到优礼。

木陈忞不时被福临召入内廷,福临对他说:"愿老和尚勿以天子视朕,当如门弟子旅庵相待。"木陈忞不仅以高深的佛学造诣更以其特有的深厚文化功底,使福临倾倒。这是二十岁刚刚出头的天子与年过花甲的老和尚的忘年之交,但福临丝毫没有因年岁差距带来的思想交流隔阂之感。

木陈忞把谈诗谈艺谈禅融为一体,妙趣横生,福临最愿与之交谈,心情也最为舒畅。他与木陈忞接触中无所不谈,无拘无束,显示了这位青年天子的博学与多才多艺。

福临曾与木陈忞谈论古今词赋,他说:"词如楚骚,赋如司马相如,皆所谓开天辟地之文。至若宋臣苏轼前后赤壁赋,则又独出机杼,别成一调,尤为精妙。老和尚看这两篇前后孰优?"回答说:"非前篇之游神道妙,无由知后篇之寓意深长。前赋即后赋,难置优劣也。"福临说:"老和尚论得极当。"于是当即背诵一遍《前赤壁赋》,接着,福临又说:"惟陶潜归去来辞独佳。"说罢又背诵一遍。接着背诵《离骚》。

福临不仅熟知《西厢记》,还对木陈忞说:"西厢亦有南北调之不同。"可见,他对当时的文学作品还很有自己的见解。他对木陈忞评论《红拂记》说:"红拂词妙而道白不佳。""不合用四六词,反觉头巾气,使人听之生趣索然矣。"

福临很了解也很关心当时文坛情形,他曾说东南的慎交社"可谓极盛,前状元孙承恩亦慎交社中人也"。他特别赏识当时的文学家尤侗,并多次向木陈忞询问尤侗情况。他称赞尤侗"极善作文字"。要人拿来尤侗的近作,"亲加批点""称才子者再"。他更要求取来"全帙,置案头披阅"。他还将极富文采的《讨蚤檄》一文展示给翰林院学士们说:"此奇文也。"他对尤侗所著的骚体赋"益读而善之。令梨园子弟播之管弦为宫中雅乐,以为清平调比之也"。福临很同情尤侗的遭遇,"叹其才高不第,屈居下僚,复为上官论斥",并当木陈忞面表示准备"擢升"他。

福临还欣赏当时的文学批评家金圣叹。他问木陈忞说:"苏州有个金基采,老和尚可知其人么?"回答说:"闻有个金圣叹,未知是否?"福临说:"正是其人。他曾批评《西厢》《水浒传》,议论尽有遐思,未免太生穿凿,想是才高而见僻者。"木陈忞又说:"与明朝李贽同一派头耳。"

福临对木陈忞的书法十分欣赏,他说:"朕极喜老和尚书法。"福临既擅长书法又善于绘画,且很有造诣。他书法学钟、王、颜、欧,"笔势飞动",而"山水小幅,写林峦向背水石明晦之状,真得宋元人三昧"。木陈忞的评价是"池临晋帖,画仿元人,莫不汲幽造玄,深臻大妙"。福临在"万机之余,游戏翰墨,时以奎藻颁赐部院大臣"。"每图大臣像以赐之,群服天纵之能。"仅《天童寺志》所载他赐给木陈忞等人的书法绘画藏于天童寺的,就达二十余卷轴。

木陈忞的子弟们均多才多艺,机锋敏捷。一日,福临与木陈忞共同欣赏尤侗以《西厢记》情节所作的一篇制义文:《怎当他临去秋波那一转》。福临看到兴致高昂之时忽然合起书卷来说:"请老和尚下。"木陈忞说:"不是山僧境界。"这时天岸升首座在席,福临便说:"天岸何如?"天岸升说:"不风流处也风流。"说得福临大笑。

福临从禅宗和尚处找到了更多的共同语言,和尚们也以自己的思想影响着福临。上行下效,此时宫中众多的太监、宫女乃至嫔妃也纷纷奉佛。其中包括福临最宠爱的董妃和太监吴良辅。在僧徒的包围中,福临萌生了出家的念头,他对木陈忞说:"朕想前身的确是僧,今常到寺,见僧家明窗净几,辄低回不能去。""若非皇太后一人挂念,便可随老和尚出家去。"但木陈忞却不同意,并劝他"保持国土,保卫生民,不厌拖泥带水,行诸大悲大愿之行",告诫他只有"现帝王身"才能"光扬法化",请他"万勿萌生此念"。福临接受了。

木陈忞在京八个月,于顺治十七年(1660年)五月告辞南还。福临非常留恋,请其留下弟子以早晚说话。木陈忞回答说:"诸弟子都是戆底人,恐有不到处,得罪皇上,反成道忞过咎。"福临说:"老和尚一旦还山,教朕如何忍得。"于是,遂留旅庵、山晓二人暂住前门善果、隆安两寺。福临特书"敬佛"两个大字及所绘山水、蒲桃画各一幅赐赠。十五日,木陈忞离京南下。木陈忞离去后,福临常念念不忘,当年又两次遣官专程探问。这年冬天,他又亲书唐代诗人岑参《春梦诗》一首,赠予木陈忞。诗云:"洞房昨夜春风起,遥忆美人湘江水。枕上片时春梦中,行尽江南数千里。"此时,可能因为董妃刚死,福临常常陷入昔日美人枕上,温存依恋的思绪之中,遥思追忆之情跃然纸上。并将其赠予木陈忞。

第七章 "吾本西方一衲子"

一

封建史书上的历史,有时是一页页可怕的神话和谎言。《清实录》中煞有其事地描绘道:"孝庄文皇后方娠时,有红光绕身,衣裾间如有龙盘旋状。女侍皆惊以为火,近视之不见,如是者屡(多次出现),众皆大异。诞之前夕,孝庄文皇后梦一神人抱一子授之,曰:'此统一天下之主也。'孝庄文皇后受置膝上,其人忽不见。既寤(醒后),以语太宗,太宗曰:'是异祥,子孙大庆之兆也。'次日,上(福临)诞生。视之,顶中发一缕,耸然高起,与别发迥异。是日,红光照耀宫闱,经久不散,香气弥漫数日……"

再动人的神话也是假的。孝庄太后当初怀孕时果真有托梦言志之事,也只能反映出她急于让儿子为帝的迫切心情。何况,顺治帝并非"统一天下之主",创业者是太祖努尔哈赤和太宗皇太极,入关夺得天下者是摄政王多尔衮,真正完成中国多民族统一大业者是康熙皇帝,顺治帝不过承上启下,完成了从多尔衮到康熙之间的历史过渡。

封建统治者编造出"真龙天子"和"君权神授"的种种神话,也不尽是用来欺骗愚弄人民大众,有时也要用来欺骗自己,以满足自己妄自尊大和至高无上的虚荣心。福临在盛京刚即位时,一次非要闹着穿黄颜色的外套,此事立即被御用文人们大肆渲染,吹捧刚满六岁的小皇帝就知道"黄"(即"皇")色,可见福临登基乃是天意。以后,顺治帝坐龙椅、穿龙袍,日用陈设遍雕龙形,仪仗伞盖尽绣龙纹,连他的脾气秉性都被臣子们称之为"龙性"。从懂事起,福临就被紧紧围困在"龙"的氛围之中,周围的一切都仿佛在告诫他:"你是真龙降凡的皇帝,代表着天意,非寻常人可比。"于是,幼年的顺治皇帝便自我膨胀起来,他随心所欲地鞭叱臣侍、飞鹰走马、纵欲无度、喜怒无常,而这一切也是"龙性难撄"。

随着年龄的增长,当他知道自己的君权并非"神授",而是在两大政治势力斗争的夹缝中"挤"出来的,于是"真龙天子"的神话便告破产。从即位到亲政的九年间,顺治皇帝越来越感到自己不像一条张鳞举爪、行云作雨的"龙",倒像条寄人篱下、萎缩不振的"虫"。他并未体尝到老天爷的丝毫恩赐,却时刻在摄政王的淫威下提心吊胆地生活,并和母亲一道为保住帝位而苦苦挣扎。亲王贵戚们的嘲谑和冷眼、母亲含辱忍垢下嫁仇人、睿王强迫他与并不爱的皇后成婚等事,都使福临真切地感到人世间的痛苦和冷酷。因此,"天"在福临心目中显得那样遥远难及和虚无缥缈,他执政期间祭天行礼的次数,远不如以后诸帝那样频繁。

以后,随着佛教徒们源源不断地涌入宫门,顺治帝又觉得"佛"比"天"更近,也更真切,"天书"不可读,佛典却汗牛充栋,任凭拣选。佛教反映的是中国的现实苦难,又以自我解脱的种种方式对现实苦难予以批判。顺治帝一经醉心佛门,如鱼得水,从这时起,他宁愿相信自己是"金轮王转世",而不愿听"真龙天子"的神话,"神主"的诱惑力已远远超过了那索然寡味的"天主"。另外,顺治情愿皈依佛祖还有一个重要原因,就是他那日益孱弱不堪的身体状况。

顺治十七年(1660年)春夏之间的一天,顺治帝与木陈忞和尚对坐谈禅。顺治面带倦色,突然叹道:"朕再与人同睡不得,凡临睡时,一切诸人俱命他出去,方睡得著(着),若闻有一些气息,则通夕为之不寐矣。"当时,福临刚刚过完二十四岁(周岁二十三岁)生日,正应血气方刚、精力充沛才是,何至衰颓如此?木陈忞借机奉承道:"皇上夙世为僧,盖习气不忘耳。"顺治帝心绪黯然地点头答道:"朕想前身的确是僧,今每常到寺,见僧家明窗净几,辄低回不能去。"沉吟半晌,又说:"财宝妻孥,人生最贪恋摆橛不下底(的)。朕于财宝固然不在意中,即妻孥觉亦风云聚散,没甚关情。若非皇太后一人里念,便可随老和尚出家去。"木陈忞闻言暗吃一惊,他远比那位后来亲手为皇帝剃发的茚和尚更世故,生怕担上"勾引皇帝出家"的罪名,忙劝道:"剃发染衣,乃声闻缘觉羊鹿等机,大乘菩萨要且不然,或示作天王、人王、神王及诸宰辅,保持国土,护卫生民。不厌拖泥带水,行诸大悲大愿之行。如祇(只)图清净无为,自私自利,任他尘劫修行,也到不得诸佛田地。即今皇上不现身帝王,则此番召请耆年,光扬法化,谁行此事?故出家修行,愿我皇万勿萌此念头。"俗谚曰,"说得出的不是禅",木陈忞的这一番大议论,禅机玄奥,难作透解,大意是说:出家事关因缘玄机,不可轻举妄动,菩萨们也往往变幻现身为天王、人王、神王或者宰辅,保国护民,济利众生。如果只图洁身自好而出家,即使修行几劫也不能成佛作祖,比如你福临不现身帝王,怎么会有请来诸多和尚光扬法事的善行呢?所以,请皇帝千万不要萌生出家念头。

不久,木陈忞和尚欲南返,顺治帝至方丈室话别,苦笑着说:"老和尚许朕三十岁来为祝寿。庶或可待。报恩和尚(玉林琇)来祝四十,朕决候他不得矣。"玉林琇曾与顺治相约来京祝四十寿辰。木陈忞闻言吃惊地问道:"皇上当万有千岁,何出此言?"福临抚摸着自己的削瘦面颊,反问道:"老和尚相朕面孔略好看?"见木陈忞不敢回答,便叹道:"此骨已瘦如柴,似此病躯,如何挨得长久?"木陈忞劝道:"皇上劳心太甚,幸拨置诸缘(冗事),以早睡安神为妙。"福临摇头道:"朕若早睡,则终霄反侧,愈觉不安,必谯楼四鼓(后半夜),倦极而眠,始得安枕耳。"此番话别,竟成永诀,半年后顺治即逝,木陈忞和尚欲"三十来为祝寿"之约,终成永憾。

过早地滥肆淫欲和"劳心太甚",已使顺治皇帝未老先衰,疲精惫神。而沉重的精神压力,更使他急于遁入空门。他自知病入膏肓,不久于世,因此根本不相信廷臣们和僧众关于"皇上当万有千岁"的瞎话,死亡的威胁往往使人比任何时候都清醒。这时,董鄂妃的病势已十分沉重,距逝期仅两个月,顺治帝在世间惟一的精神支柱即将颓坍,因此说出"即妻孥觉亦风云聚散,没甚关情"的沮丧之语。此刻,无论天主、神主和人主,在福临看来都"不在意中",只要能当一个内心清净的和尚去迎接死神,则是他惟一的心愿。因此,当董鄂妃薨逝、自己削发出家未遂时,他的精神世界已完全崩溃了。顺治帝在董鄂妃丧事中的种种恣意发泄的反常举动,则应当是不难理喻之事。

就在天主、神主和人主之间的痛苦和矛盾选择之中,顺治皇帝走完了自己短暂的人生之路。

顺治十八年(1661年)正月初二日,顺治皇帝因出家未遂,特命近侍太监吴良辅在悯忠寺作为替身出家为僧。悯忠寺在宣武门西南,始建于唐贞观十九年(1645年),寺内"梵宇崇阁,禅庐周备""历为秉受法戒者所依止(薙染出家仪式多在此举行)"。顺治特令于寺内建造戒坛,并于是日亲临寺内观看吴良辅祝发仪式。吴良辅在内监中拥有重权,他曾因"交通内外官员,作弊纳贿,罪状显著"受过处分,顺治帝选中他出家,颇有弦外之音。作为"代天理政"的"人主",顺治以此削弱太监的势力,并未忘记履行皇帝之责;作为无缘入佛的"神主",以"替身"出家可算是对夙愿无法兑现的一点小小补偿,一石二鸟,用心良苦。这又集中反映了顺治皇帝临终前仍处于天、神、人三者矛盾之中。康熙皇帝即位不久便处死吴良辅,"替身"一死,顺治帝的亡灵亦无可寄托。

初四日,文武官员上朝奏事,突然听说皇帝有病无法临朝,遂各归衙门。

初五日,大臣们一早便至皇宫请安,见宫殿各门上悬贴的门神和对联全部揭掉,便预感到大事不妙。许多人向内监们悄悄探询,只见他们面色仓皇。

初七日,宫内传谕:"京城内,除十恶死罪外,其余死罪及各项罪犯,悉行释放。"同时,又下令民间"毋炒豆(同痘谐音)、毋燃灯、毋泼水",这是宫中或民间家中有人出天花的习俗,于是,朝内外以及百姓皆知皇帝正在出痘,而且病势不轻。

半夜子时,顺治皇帝辞世于养心殿内,卒年二十四岁(虚岁),实则距二十三周岁生日还差四十天。也有人根据福临生前多次吐血等症候,推测他主要死因是肺结核,这一问题在德国弗莱堡教会的汤若望档案中已有记载。

初八日,大臣们仍蒙在鼓里,早朝时被告知一律摘去帽缨。大臣们虽知皇帝之丧才有此仪,但仍然半信半疑,私下耳语道:"讵上春秋富(皇上尚年轻),有此变也?"随即散朝。时外城门俱闭,列卒戒严,九衢寂寂,气势森严。午饭时分,百官们突然接到谕令"携朝服入宫",入宫后即至户部各领取白帛一条,人们始确信皇上已经殡天。大臣们都知每遇皇帝之丧,总会引起朝中一阵动乱,因此他们更关心的是新帝继位的问题。当得知顺治皇帝已指定佟妃所生的皇三子玄烨(即康熙)为嗣帝之后,众人"心乃安",时已至夜分二鼓。

是夜正值数九隆冬,"凄风飒飒、云阴欲冻、气极幽惨",文武百官全都坐在午门外的露天地上,足足冻了一整夜。翌日清晨,年仅八岁的新皇帝康熙(比乃父登基时大两岁)在太和殿升朝,诸臣退至天安门外的金水桥听宣哀诏,命各返衙门守制,二十七日之内严禁回家。至此,顺治皇帝的丧礼才正式开始。

从初二到初八的六天之中,宫外人心惶惶,宫内更为紧张,孝庄皇太后在儿子的丧事上费尽心机,大做文章。先是,顺治皇帝从悯忠寺返宫,发现已染上可怕的天花,清贵族视此为绝症,尤其是成年人再出天花,几乎大多数人很难幸存,宫内为此特设庙坛供奉"痘神娘娘"。福临自知身体已极度虚弱,难以痊愈,便密旨召大学士王熙至养心殿内,特于病榻前赐坐,二人相谈很久。关于这次谈话内容,王熙深知关系身家性命,至死也未敢泄露只言片语,惟在晚年自撰年谱中偷偷记下此事,"是日(初三),奉天语(皇帝之语)而论者关系重大,并前此屡有面奏,及奉谕询问密封奏折,俱不敢载"。那么,福临究竟在临终前"天语"何事?"密封奏折"又是什么内容?俱无从知晓,只有汤若望透露出一些有关线索。

"在这个消息(皇帝患痘)传出宫外之后,汤若望立即亲赴宫中,流着眼泪,请求容许他觐见万岁。"但顺治帝这时已视他为"讨厌不便的谏正者",而且是母后的同党,因此至死也未同"汤玛法"面别。福临只派人委婉地向汤若望转达,说自己因为有"许多罪恶,他觉得他是没有见上帝的资格了。如果他要再恢复康健时,他一定要信奉汤若望的宗教,可是现在的病症是不容许他作这件事情的"。汤若望虽未能面圣,却直接参与了嗣君人选的重大决策,而这一最终决策恰恰与福临的初衷相违背,可见福临至死也不愿见他,确是怀有很深成见的。

关于嗣君的选定,魏特在《汤若望传》中披露了内幕:"一位继位的皇子尚未诏封,皇太后立促皇帝作这一件事体。皇帝想到了一位从兄弟,但是皇太后和亲王们的见解,都是愿意皇帝由皇子中选择一位继位者。皇帝使人问汤若望的意见,汤若望完全立于皇太后的一方面,而认被皇太后所选择的一位太子为最合适的继位者。这样,皇帝最后受到汤若望的劝促,舍去一位年龄较长的皇子,而封一位庶出的、还不到七岁的皇子(康熙)为帝位之承继者。当时为促成这一个决断所提出的理由,是因为这位年龄较幼的太子,在髫龄时已经出过天花(康熙帝因出痘而落下一脸麻子),不会再受到这种病症的伤害。而那位年龄较长的皇子,尚未曾出过天花,时时都得小心着这种可恐怖的病症。"记载中谈到福临先是选中一位"从兄弟",当时尚在世的"从兄弟"计有四位,分别是辅国公叶布舒(兄)、镇国公高塞(兄)、辅国公常舒(兄)和辅国公韬塞(弟),虽不知福临选中哪一位,但凑巧的是此四人几乎全是满籍妃嫔所生,唯独没有博尔济吉特氏。这种故意违背"子承父位"祖制的做法,显然是有用意的。顺治帝在初三日将王熙召入宫内密谈,并有"密封奏折"之事,很可能即是帝位人选的这个意见。

显然,这是孝庄皇太后万难接受的。她不仅在儿子病危时"立促"选立嗣君,而且召集亲王们共同推翻皇帝的"成命",力主在皇子中选立新帝,并请来汤玛法助战。实际上,汤若望根本不是在皇帝患疾"消息传出宫外之后"才"立即亲赴宫中"的。因为此消息封锁极严,直至初七日晚(距福临咽气最多十个小时)宫内传谕释刑狱、禁炒豆等事之后,朝中大臣才确知皇帝病情,如果汤若望此时才闻讯赶来,显然没有时间参与上述诸多事情。

关于母子之间议立新帝的斗争经过,比较合理的解释应当是,顺治帝初二日卧病不起,自知不久于世,便召王熙议立继位之君等事。他既与母后有隙,便提出以"从兄弟"嗣位作为报复和最后的抗争,并写有"密封奏折"。王熙不过是一介小小汉官,怎敢在此重大事情上擅自隐讳,便向孝庄皇太后如实禀告。太后闻讯五内如焚,立即召集诸亲王会议,并通知汤若望立刻入宫参议(因此,汤若望入宫最迟也在初四、初五两日之间),坚决反对顺治皇帝的成命。福临孤木难支,遂改立"一位年龄较长的皇子",福临共有八子,四个早夭,当时除康熙外尚有福全、常宁和隆禧,俱非蒙古母亲所生。孝庄皇太后因皇后无子,只能从帝业稳定的角度考虑,提出让已出过天花的玄烨即位,尽管他是一脸麻子而有碍观瞻(此事在后来的官书及绘像中均被掩饰过去)。福临无奈,只得勉强首肯,也可能未最终达成协议,他已天逝黄泉路了。因为,紧接着便出现了孝庄皇太后等人私改遗诏之事。

初六日夜分三鼓,宫内风摇树影,死气沉沉,罡风呼啸,如闻鬼哭。几名太监手提宫灯,明灭闪烁,将大学士王熙再次引入养心殿。此刻,夜已深,人未寝,顺治皇帝感觉病势已重,恐再难支,忙召王熙入殿商议遗诏之事。福临在榻上强撑病体,嘱道:"朕患痘,势将不起,尔可详听朕言,速撰诏书,即就榻前书写。"王熙闻言泪满脸颊,泣不成声。福临催促道："朕平日待尔如何优渥,训尔如何详切,今事已至此,皆有定数。君臣遇合,缘尽则离,尔不必如此悲痛。此何时,尚可迁延从事,致误大事?"王熙只得拭泪吞声,在御榻前握管撰诏。但他心中暗暗叫苦,未曾料到顺治皇帝特令"就榻前书写",一刻不离,这却如何是好?

"金风未动蝉先知"。原来,被顺治帝视为亲信的王熙,早已置于孝庄皇太后的牢牢控制之下,他与皇帝间的任何言谈举动,太后皆悉知无遗。此刻,王熙既知皇帝秉性固执,更惧太后权势威严,而遗诏一经拟就盖上玉玺,万难更改一字,那么在孝庄皇太后面前如何交代? 想到此,王熙握笔踟蹰,进退维谷,左右思量。当写完遗诏首段后,他见顺治皇帝已倦容满面,不由心生一计,忙奏道:"恐过劳圣体,容臣奉过面谕(请皇帝详细口授之后),详细拟就进呈。"福临已气息奄奄,再无精力去想王熙的此话意图,便将遗诏大意说明。王熙忙卷起诏书,退出养心殿,才长长出了一口气。

王熙退至乾清门下的西围屏(耳房)内连夜拟诏,"凡三次进览,三蒙钦定",反复修改至第二天中午才算定稿。然后,遗诏交侍卫贾卜嘉捧奏皇帝,福临正在榻上更衣,很可能并未细阅,便谕:"诏书着(派)麻勒吉(大学士,与王熙共同拟诏者)怀收。俟朕更衣毕。麻勒吉、贾卜嘉,尔二人捧诏奏知皇太后。宣示王、贝勒、大臣。"是夜子时,顺治皇帝即在养心殿内去世。

从王熙初六日夜分入殿承谕拟诏,遗诏中经三次大改动,再经麻勒吉和贾卜嘉二人之手,最后于初九日清晨才在天安门外宣读,历时两昼三夜。这就是说,孝庄皇太后等人完全有时间从容不迫地按照自己的意图修改遗诏,而现今清代官书上公布的"罪己诏"(即遗诏),通篇语气严厉,痛自苛责,颇像一纸大兴问罪之师的檄文。孝庄皇太后等人在福临遗诏中究竟塞进了多少私货,尚难一一指实,但遗诏已成为顺治皇帝"罪己",孝庄皇太后"问罪";既指斥前帝为人、为政的"罪衍",又为新帝敲起警钟、祭起戒尺,各种口气皆备的一篇千古奇文!

"罪己诏"中共开列了十四款"大罪",从不敬祖宗、不孝母后、内宠(宠幸董鄂妃)逾制、疏懒政事(福临礼佛后刻有"尘隐道人"和"懒翁"等钤章)、昵近阉宦、崇汉抑满等施政之罪,到生活靡费、自恃聪明、厚己薄人等个人生活和品质上的过失,把"自己"骂得一无是处。若按《大清律》治罪,顺治皇帝简直是个十恶不赦、千刀万剐的犯人! 很清楚,"罪己诏"实际上是"问罪檄"。

"罪己诏"炮制出笼,使孝庄皇太后出了一口恶气,但讨伐并不仅限于纸上,她又亲手制造了贞妃殉葬的惨剧。顺治皇帝的妃嫔中共有三个董鄂氏,分别是端敬皇后(追谥)、贞妃(端敬皇后之妹)和宁悫妃,三人中唯宁悫妃生子福全。贞妃董鄂氏既为端敬董鄂氏之妹,而且"赋性温良,恪共内职",很像她的姐姐,因此顺治帝在爱妃死后,曾一度推恩移爱于贞妃。清初诗人吴伟业曾以诗记其事,将福临与贞妃比附为历史上的司马相如和卓文君,写有"从此相如羞薄幸,锦衾长守卓文君"等诗句。然而,顺治帝的移情之举,竟招致贞妃的杀身之祸,皇帝刚死,贞妃立即被迫殉身。据当时目击者说,顺治皇帝的灵堂在景山寿皇殿刚布置完毕,众人已见到贞妃的尸棺停放在皇帝的梓宫后边,乃至众人都感到十分惊诧。时距福临之死仅二十六天。

贞妃殉葬成为福临人生悲剧的最后一幕。

福临死前的一个多月,曾因乳母李氏之丧特派人南下,召茚溪森和尚入京理丧。孰料茚和尚未动身,钦差又赶到杭州宣读皇帝遗诏,再令茚和尚火速进京。他受此隆恩,感激涕零,当即在寺内设立世祖升遐(升天)牌位,祝道:"寿椿殿上话别时,言犹在耳,行大机,显大用,随宜说法,雷轰电击,这是皇上生平性躁处,千圣万贤不能窥于万一……"既感怀皇帝对和尚们"行大机,显大用"的恩德,又为皇上因那种"雷轰电击"的暴躁脾气损伤身体而深感遗憾。

四月十七日为皇帝崩后百日,亦为梓宫火化之期,茚溪森昼夜兼程,终于在四月十六日赶到京师。翌日上午,时已即位登基的康熙皇帝,亲临现场,令茚和尚为世祖章(福临谥曰"章")皇帝梓宫举火。茚溪森持禅杖喝道:"大众!山门前得底(的)句,禅堂里商量去,进到方丈,不必再举。何也?慈翁不肯辜负汝,若有人知落处,许他随我去。"说罢投炬,巨大的梓宫顷刻被烈焰吞噬。年幼的康熙皇帝无意于禅道,火葬刚毕即令茚溪森还山。茚和尚预感到再无"行大机,显大用"之时,遂于福临灵前拈香祝道:"大众!弱川无力不胜航,进前也,骑龙难到白云乡;退后也,玉棺琢成已三载,总不怎么也,欲葬神仙归北邙,毕竟作么生?"这些佛家隐语晦涩,索解为难,"骑龙难到白云乡"之句,似是叹惜福临出家未遂,终成憾事,以至和尚们进退失据,无以为靠。此后,这些荣宠一时的临济宗和尚们,的确再无顺治皇帝在世时的好日子了。

顺治皇帝丧礼期间花费至巨,所焚珍宝难以数计,"火焰俱五色"。当时有人说每焚一珠,即有一声爆响,而丧礼期间常是"声如爆豆",谓之"小丢纸"。至二十七日丧期将满时,干脆以大车满载珍宝器物投之火中,谓之"大丢纸"。顺治皇帝那具特制的巨大梓宫,连景山的大门都进不去,只得拆开东边一大段宫墙,才勉强得以通过。其余细节,难以备述,连当时在场的达官显贵们都惊叹道:"天家富丽……真大观也。"

也许,孝庄皇太后一直忙碌到丧礼将毕,"遥闻宫中哭声,沸天而出"的时候,才猛然想起死者是自己的亲生儿子,而非视同寇仇的政敌。于是,一丝深深的凄苦和悲哀油然而生。此时,许多人"仰见皇太后黑素袍、御乾清门台基上,南面,扶石栏立,哭极哀"。此刻,这位"大获全胜"的母亲,内心深处在想些什么呢?

一个女人的哭声,在皇宫上空久久回荡、回荡……

二

顺治十八年(1661年)正月初七日,少年天子福临去世,留下遗诏,其中最后一段最为重要:"太祖、太宗创垂基业,所关至重,元良储嗣,不可久虚。朕子玄烨,佟氏妃所生,年八岁,岐嶷颖慧,克承宗祧,兹立为皇太子,即遵典制,持服二十七日,释服,即皇帝位。特命内大臣索尼、苏克萨哈、遏必隆、鳌拜为辅臣,伊等皆勋旧重臣,朕以腹心寄托,其勉矢忠荩,保翊幼主,佐理政务。"

这一段遗言,是整个遗诏中最为重要的根本基调。它之所以重要,首先是它在四位皇子中指定了太子,指定了入关以后第二位清朝皇帝。福临共有八位皇子,长、四、六、八四位皇子早殇。顺治十八年(1661年)还有四位皇子,皇次子福全系庶妃董鄂氏所生。皇三子玄烨,母系佟佳氏,乃汉军旗人图山额真佟图赖之女,封为妃(很可能也是庶妃)。皇五子常宁,母系庶妃陈氏,皇七子隆禧,系庶妃纽氏所生。福临死时,皇二子福全十岁

（皆按虚岁算），皇三子玄烨八岁，皇五子常宁六岁，皇七子隆禧两岁。若论长幼，当立皇二子福全，若论嫡庶，诸皇子之母皆系庶妃，哪一位皇子都没有特别的优势，都是一般高。但这四位庶妃中，也略有区别，论妃之父亲而言，皇三子玄烨之母佟佳氏比其他三妃更高一筹，因为那三位妃之父亲，在《清史稿·后妃传》中均未载写姓名和官职，而佟佳氏之父佟图赖却是"辽古旧人"，早年随父佟养正归顺太祖，佟养正任至三等游击，守镇江阵亡，其世职三等轻车都尉由佟图赖承袭。佟图赖多年从征，开国有功，任至定南将军，汉军正蓝旗都统，晋世爵为三等子，顺治十五年（1658年）卒，赠少保兼太子太保。但是，佟佳氏有一弱点，即她家是汉军旗人，而皇二子福全之母董鄂氏、皇七子隆禧之母纽氏，显然都是满洲旗人，顺治年间，汉军旗人之地位远远低于满洲旗人。顺治帝曾于顺治九年（1652年），十二年的两次会试，将满汉生员分别考试，满洲旗人和蒙古旗人属于满榜，汉军旗人和汉人属于汉榜。当时汉军旗人除范文程、宁完我大学士因有帝特旨加恩，才当上了议政大臣，其他汉军旗人的大学士、尚书、都统，都没有资格担任议政大臣。可见汉军旗人之低于满洲旗人。这样一来，佟佳氏的优势又不复存在了。

因此，一般认为，若立皇子为帝，四位皇子之中，当以庶妃董鄂氏之子皇二子福全希望最大，最有可能继承皇位。但是结果出人意料之外，佟佳氏之子年方八岁的皇三子玄烨却被指定为皇太子了。

原来，福临曾想立一位堂兄弟继位，这可能是他考虑到四位皇子皆小，难当重任，尤其是下五旗王公势力还很强大，让一个七八岁、五六岁或更小的幼子登基，稳定不了政局。但是此议被皇太后反对，亲王们也不赞成这一意见，皆愿意从皇子中立一为帝。皇太后很赏识皇三子玄烨，福临拿不定主意，遣人询问汤若望。"汤若望完全立于皇太后底一方面，而认被皇太后所选择的一位太子为最合适的继位者"。"这样皇帝最后受到汤若望的劝促，舍去一位年龄较长的皇子，而封一位庶出的还不到七周岁的皇子为帝位之承继者。当时为促成这一个决断所提出的理由，是因为这位年龄较幼的太子，在髫龄时已经出过天花，不会再受到这种病症的伤害的，而那位年龄较长的皇子，尚未曾出过天花"。

遗诏最后一段之特殊重要，还在于它变更了祖制。这主要体现在两个方面。一是因为在此之前，新君之立，皆系由八旗王公大臣，尤其是八旗亲王、郡王、贝勒商议而定的。清太祖努尔哈赤于天命七年（明天启二年，1622年）亲定八和硕贝勒共治国政制，规定新汗由八和硕贝勒商议后"任置"。清太宗皇太极暴卒后，亦由八旗王公大臣议定推立新君。新汗新君并非只能由先汗先帝之皇子中选立，其他非皇子的王贝勒也有资格被推立为嗣君。本书第一章的白黄旗主争位，即已讲明了此事。但是这次的继位人，并不经过八旗王公大臣议立，而是由世祖福临指定，他可以征求王公大臣和汤若望的意见，但最后决定权仍仅仅归于这位快死去的皇帝，这与祖制是截然相反的。

另一方面，以往皆系八旗宗室王贝勒辅佐新君治政，或代摄政务。二十五年前太宗皇太极被诸贝勒"任置"为汗时，尽管他已年过而立之岁，多次统兵出征，文武双全，可是即位之初，仍系与大贝勒代善、二贝勒阿敏、三贝勒莽古尔泰并坐同尊，共治国政。十七年前太宗去世后，睿王争夺帝位未遂后，诸王议立由郑睿二王辅政，军国大事皆由两位摄政王处理，六龄幼君纯系傀儡，太后亦无实权。现在，福临变更了祖制，既指定皇子继位,又不让诸王辅政,而谕命四位大臣"保翊幼主",辅治国政,彻底废除了自太祖以来八旗王贝勒议处、辅治国政的祖制。

福临之所以要变更祖制,其原因虽未明说,但综合当时政局,也不难了解,主要是此举有其必要性,也有其可能实现的条件。

八年傀儡幼帝朝不保夕的苦难生涯,兄王冤死,嫂被皇叔多尔衮霸占的仇恨和羞辱,严重伤害了生性倔强的少年天子的自尊心,使他对摄政王恨之入骨,对亲王辅政、摄政制度深恶痛绝,坚决不让此景重现,故果断革除祖制,改由谕定之亲信大臣辅理国政。这是辅政大臣制出现的主观原因。但这一制度之能实现,又取决于两个基本条件。

第一个基本条件,也是最重要的决定性条件,就是君权强大。经过亲政以来十年的惨淡经营,少年天子已经拥有主宰全国军政的大权,真正达到了至尊无上的地步。他亲领正黄、镶黄、正白三旗,在八旗之中占据了绝对优势,其他亲王郡王或只辖一旗,或仅只辖有几个佐领,无法与帝抗衡。他连续籍没或降爵惩处了六位亲王,皇父摄政睿亲王多尔衮卒后籍没焚尸削爵,勒令英亲王阿济格自尽,籍没削爵,豫亲王多铎连坐,卒后其子多尼由亲王降为郡王。因与睿王之案有牵连,巽亲王满达海、端重亲王博洛、敬谨亲王尼堪卒后追罪;翼王、端重王之子俱降两级,降为贝勒;巽王所袭之爵系其父代善之爵;令康郡王杰书袭其父亲王爵;敬谨亲王尼堪以为国阵亡,其爵仍令传袭。他革除了王管部院之制,禁止部院再以书启奏叔王郑亲王济尔哈朗,一律奏呈于帝。他多次拒绝诸王贝勒和满洲大臣之议,悉按己意处理国政,如顺治十年(1653 年)废皇后,十七年坚持继续派遣巡按。他亲自擢用了一批忠于皇上的臣将,加强了两黄旗和正白旗的实力,上三旗人才济济,猛将如云,分任军政要职。垦田顷亩的增加,社会生产逐渐恢复,田赋收入陆续增多,云贵五省的平定,除福建的厦门一带及川东小块地区外,全国的绝大部分州县尽隶清政府版图,这自然是皇上治国有道,因而提高了天子威望。君威无比,帝权强大,是福临能够变更祖制,亲立皇子为太子,取消诸王辅政,指定亲信大臣保翊幼主辅理国政的最基本的条件。

另一方面,王权之削弱,也为辅政大臣制和立皇子之举的顺利实现,提供了有利条件。想当年,礼、睿、郑、豫四位亲王和克勒郡王各为一旗之主,英亲王、徐余郡王及其子端重亲王各辖若干牛录,先后担任大将军,统军出征,议处国政,下五旗王贝勒是何等地威风。然而,曾几何时,睿、英、二王籍没,豫亲王多铎之子多尼袭封亲王后,既降为郡王,又由其两代辖有的镶白旗调至正蓝旗,实际上已被剥夺了旗主之权和身份,正蓝旗和镶白旗已成为无旗主之旗。只有礼亲王代善之子康亲王杰书、郑亲王济尔哈朗之孙简亲王德塞、克勒郡王岳托之孙衍禧郡王罗可铎仍分系祖、父所遗之正红、镶蓝、镶红旗旗主。这就从根本上注定了下五旗王贝勒难与皇上敌对。

兼之,顺治帝逝世前夕,宗室诸王大都幼小,没有能力治政统军。以"铁帽王"而言,简亲王德塞只有九岁,庄亲王博古铎十一岁,信郡王多尼虽有二十六岁,然而在世祖去世后第四天即已病故,其子鄂扎袭爵,只有六岁,衍禧郡王罗可铎、康亲王杰书和显亲王富绥稍大一点,分系二十一岁、十九岁、十八岁。顺承郡王勒尔锦的年岁也小,其他军功诸王之子孙,敬谨亲王尼堪之子尼思哈于顺治十七年(1660 年)死时,才十岁,端重亲王博洛之子齐克新,顺治十八年(1661 年)死时只有十二岁。惟有安亲王岳乐已进入中年,三十七岁。

　　从世祖福临之弟兄和皇子的情况看,肃亲王豪格、承泽亲王硕塞、洛洛、格博会诸皇兄已死,其余叶布舒、高塞、常舒、韬塞等皇兄皇弟,都是先皇之庶妃所生,当时尚无封爵,没有资格肩负治国重任。福临之现存四位皇子,皆是幼童,当然不可能结党谋位。

　　正是由于以上情形,此时宗室诸王权势处于自太祖以来最为衰弱之阶段。王权之弱,为世祖变更祖制创造了十分有利的条件。

　　皇权强大,王权削弱,固是世祖变更祖制的最好机会,但仅此也不行,还须物色到合适的大臣。这几位大臣,既必须是皇上的忠臣,又必须有才干,有威望,已经担任要职,为帝宠信。经过亲政前后十来年的考察、栽培和使用,世祖福临找到了这样的人选,即内大臣索尼、苏克萨哈、遏必隆和鳌拜。

　　索尼,满洲正黄旗人,大学士希福之亲侄,于太祖时自哈达来归,精通满、蒙、汉文,任职文馆,赐"巴克什"号,授一等侍卫,历事太祖、太宗、世祖三朝,久任吏部启心郎,具体处理部务,军功政绩卓著,世职晋至二等子。索尼智勇双全,在两黄旗大臣中威信甚高,很受摄政王多尔衮赏识,曾几次拉拢,索尼忠贞不贰,誓死效忠先帝太宗和少年天子福临,严辞拒绝。睿王恼羞成怒,革索尼职,罚银,遣往盛京守昭陵(太宗之陵)。世祖亲政后,即召索尼还朝复爵,先后擢任内大臣、议政大臣、总管内务府事,晋世爵至一等伯,赐敕免死二次。

　　苏克萨哈,满洲正白旗人,父苏纳娶太祖第六女,历任护军统领、兵部承政、固山额真,授三等轻车都尉世职,后因故削世职。苏克萨哈乃苏纳额驸之长子,初授委署佐领,松锦战役立功,授三等轻车都尉世职,顺治七年(1650年)复其父世职,以苏克萨哈并袭为三等男。顺治八年正月世祖福临亲政后,苏克萨哈与睿王府护卫詹岱等首举故主殡殓服色违制及诸叛状,追罪睿王,帝遂擢苏克萨哈为护军统领、议政大臣,晋一等男兼一云骑尉。顺治十二年苏克萨哈率兵大败大西军南康主刘文秀所遣之卢明臣部,晋二等子,任领侍卫内大臣,加太子太保。

　　遏必隆,满洲镶黄旗人,系开国元勋弘毅公额亦都第十六子,母为和硕公主。遏必隆初袭父一等子,任侍卫,管佐领,寻因故削爵,不久以松锦战役立功,授骑都尉世职,入关后叙功晋二等轻车都尉世职。顺治五年以曾谋立肃亲王豪格,革世职及佐领,籍没家产一半。顺治八年世祖福临亲政后,复其职,并袭兄图尔格之二等公为一等公,擢领侍卫内大臣、议政大臣,加少傅兼太子太傅。

　　鳌拜,满洲镶黄旗人,开国元勋直义公费英东之亲侄,太宗及顺治时,勇猛冲杀,军功累累,入关前夕已任至护军统领,晋世职三等子。入关后晋一等子,因忠于世祖,被摄政王抑其功,不仅未再晋爵,反降为一等男,几次论死罚赎。世祖亲政后,初晋鳌拜三等侯,再晋二等公,加少傅兼太子太傅,擢任领侍卫内大臣,教习武进士,赐敕免死二次。

　　这四位大臣,既系开国功臣,历任要职,封授爵位,有的还系皇亲国戚,其中三人拥立世祖有功,且因效忠少君而遭摄政王压抑惩罚,另一人首告睿王"谋逆"立下功劳,因此世祖对他们格外宠信,擢任高官要职,晋授爵职,倚为亲信,故选中他们为辅政大臣,让其保翊幼主,辅理国政。

　　顺治十八年正月初七日少年天子福临病故,当天原任学士麻勒吉、侍卫贾卜嘉遵帝遗命,捧遗诏奏知皇太后,太后命宣示诸王公大臣及侍卫。索尼、苏克萨哈、遏必隆、鳌拜四人跪告于诸王贝勒推辞辅政说:"今主上遗诏,命我四人辅佐冲主,从来国家政务,惟宗室协理,索尼等皆异姓臣子,何能综理,今宜与诸王贝勒等共任之。"诸王贝勒说:"大行皇帝深知汝四大臣之心,故委以国家重务,诏旨甚明,谁敢干预,大臣其勿让。"索尼等奏知皇太后,乃誓告于皇天上帝与大行皇帝灵位前,然后受命视事。

四位辅政大臣之誓词为:"兹者先皇帝不以索尼、苏克萨哈、遏必隆、鳌拜等为庸劣,遗诏寄记,保翊冲主。索尼等誓协忠诚,共生死,辅佐政务,不私亲戚,不计怨仇,不听旁人及兄弟子侄教唆之言,不求无义之富贵,不私往来诸王贝勒等府,受其馈遗,不结党羽,不受贿赂。惟以忠心,仰报先皇帝大恩。若复各为身谋,有违斯誓,上天殛罚,夺算凶诛。"

至此,世祖福临遗指定皇子继承帝位,谕令四位大臣保翊幼主辅治国政,这一变革祖制的重大决策得以实现了,从此以后,新君皆由先皇于皇子中择立。这对稳定新旧天子交接之时的政局,提高君威,压抑王权,加强君主集权制度,产生了强大的影响。

韬文纬武

清圣祖——康熙

第一章　少年皇帝

一、大清崛起

中国东北最高山脉长白山,像一条雄伟的巨龙,蜿蜒起伏,气势非凡。一望无际的茫茫林海,与皑皑雪原交相辉映,风光绮丽,令人神往。在长白山的东北面有一座布库里山,山麓便是名闻遐迩的布勒和里湖,碧波浩渺,幽雅天成。

古代传说,有一天三位仙女从天而降。大姐叫俄古伦,二姐叫京古伦,小妹叫佛古伦。布勒和里湖的美景深深地吸引了她们,三姐妹情不自禁地脱衣下湖,快乐地游来游去,直到最后兴尽上岸。正在这时,天上飞来一只神鹊,衔着一枚红色的果子,不偏不倚刚巧落在佛古伦的衣服上,剔透玲珑,鲜艳欲滴。佛古伦爱不释手,一边穿衣服,一边将红果放进了口中。不慎红果滑入肚内,于是有了身孕,不能飞升,只得与俄古伦、京古伦依依惜别。十月期满,佛古伦生下一个男孩,取名布库里雍顺。他就是满族的始祖。

这个传说反映了满族在其发展过程中,经历了一个只知其母、不知其父的母系氏族社会阶段。同时也说明,白山黑水之间的广阔天地,正是本书主人公康熙的先世活动的历史大舞台。

满族是东北地区一个历史悠久的少数民族,先秦时称为"肃慎",东汉时称为"挹娄",北魏时称为"勿吉",隋唐时称为"靺鞨",五代以后改称"女真"。女真族在十二世纪初曾建立强大的金政权,并灭北宋,与南宋长期对峙,1234 年被新兴的蒙古汗国灭亡。

明朝建立后统一了东北。当时女真分为三大部:一部居住在松花江中游地区,松花江原名海西江,因此这部分女真人称为"海西女真";一部居住在长白山北部、牡丹江和绥芬河流域,这里原有渤海国,把当地叫作建州,因此这部分女真人称为"建州女真";还有一部分居住在黑龙江两岸和乌苏里江流域;进化程度最低,因此称为"野人女真"。1403 年,明朝在建州女真聚居地设建州卫,任命其首领阿哈出为指挥使,赐名李诚善。1412 年增设建州左卫,任命猛哥帖木儿(? 一 1433)为指挥使,他就是清朝皇室的祖先,后来被追封为清肇祖。1442 年又分设建州右卫,任命猛哥帖木儿的同母异父弟凡察为指挥使。从此有了"建州三卫"的称号。到十五世纪六十年代以后。建州三卫逐渐南迁到浑河、苏子河上游地区定居下来。

1559 年,建州女真的爱新觉罗家族,一个凤眼大耳、面如冠玉的小男孩诞生了,这就是康熙的曾祖父、后来的清太祖努尔哈赤(1559 一 1626)。十岁那年,努尔哈赤的母亲去世了,继母纳喇氏待他不好。十九岁时分家自立,因所得家产很少,不得不自谋生计,经常上山采松子、挖人参到抚顺马市上交换,广泛接触汉人。他曾一度投到辽东总兵李成梁帐下,受到军事锻炼,成为足智多谋、武艺超群的人才,能阅读《三国演义》和《水浒传》,受汉文化影响很深,也熟悉了明朝的政策和虚实。

1583 年,李成梁在苏克苏浒河部图伦城主尼堪外兰引导下,出兵攻破了阿台章京的古埒寨。努尔哈赤的祖父觉昌安、父亲塔克世在战斗中被误杀。为了报偿他们的冤死,明朝授努尔哈赤为建州左卫都指挥使,成为建州女真的首领。努尔哈赤把父、祖的死归咎于尼堪外兰,1583 年以父、祖十三副遗甲起兵,攻打图伦城,从此开始了统一女真各部的事业。1593 年努尔哈赤统一了建州女真,1619 年统一海西女真,并兼并了野人女真许多部落,攻占了外兴安岭以南的广大地盘,为全东北的统一打下了基础。

努尔哈赤在统一女真各部的过程中,创立了八旗制度。大凡女真人行军打仗或出猎时,氏族成员每人出箭一支,每十人为一基本单位,称为"牛录",就是汉语"大箭"的意思。十人中有一首领,称为"牛录额真",额真就是汉语"主"的意思。1601 年,努尔哈赤把每一牛录扩大到三百人,首领仍称"牛录额真",汉语译为"佐领";五牛录为一甲喇,首领称"甲喇额真",汉语译为"参领";五甲喇为一固山,首领称"固山额真"。汉语译为"都统"。每一固山都有特定颜色的旗帜作为标志,"固山"就是汉语"旗"的意思。当时组建了四个固山,设黄、白、红、蓝四色旗。1615 年,由于兵力扩大,增设镶黄、镶白、镶红、镶蓝四旗,其黄、白、蓝旗镶红边,红旗镶白边,合为八旗,全部女真人都分别编入八旗之中。

八旗制度是军政合一、兵民一体的社会组织形式,具有行政管理、军事征伐,组织生产三大职能。旗民平时生产,战时出征,出则为兵,入则为民。努尔哈赤是八旗的最高统帅,亲领两黄旗。其余各旗旗主,都由努尔哈赤的子侄担任,他们是各旗的统帅,称为"和硕贝勒"或"固山贝勒"。

在女真各部基本统一的时刻,1616 年 2 月 17 日,努尔哈赤正式登极称帝,国号"大金",年号"天命"。以赫图阿拉(今辽宁新宾)为都,称兴京。历史上为了把努尔哈赤建立的政权与 1115 年完颜阿骨打建立的金朝区别开来,特称之为"后金"。后金就是清朝的前身。

后金建立两年后。即 1618 年,努尔哈赤以"七大恨"誓师,向明朝揭开了战幕,攻克抚顺。1619 年萨尔浒之战,努尔哈赤以少胜多,大败明军,从此步步进攻,所向披靡,连陷沈阳、辽阳,取辽东七十余城。为了加强对明朝的攻势和对新占区的控制,1625 年努尔哈赤迁都沈阳,改称盛京。

1626 年 1 月,努尔哈赤率八旗精锐长驱西进,一鼓作气拿下锦州、大凌河、小凌河、杏山、塔山等地,乘胜围攻山海关外重镇宁远(今辽宁兴城),遭到明朝守将袁崇焕(1584—1630)的顽强抵抗。努尔哈赤亲临前线督战,城上以红衣大炮猛烈轰击,努尔哈赤久攻不下,无计可施,只好怏怏撤退,据说他本人也在此役中中炮受伤。这是努尔哈赤自起兵以来四十三年军事生涯中从未有过的挫折,他又急又气,从此怏怏不乐,身患毒疮,病情迅速恶化。1626 年 8 月 11 日,努尔哈赤在从清河温泉疗养返回京城的途中,死于离沈阳二十公里的瑷鸡堡。

后金政权从第一次皇位过渡起,就不是像汉族宗法集权政体那样实行严格的嫡长子继承制。大贝勒代善接受其子岳托、萨哈连的建议,撺掇二贝勒阿敏、三贝勒莽古尔泰,共同拥立四贝勒皇太极继位。皇太极(1592—1643)是努尔哈赤第八子,比代善小九岁,比阿敏小八岁,比莽古尔泰小六岁,尽管才干非凡,战功显赫,但实力并不雄厚,八旗中只领有镶白旗,因此一再推辞拒绝,在大家反复劝说下,才于 1626 年 10 月 20 日即位,改年号为"天聪"。他就是清太宗。

皇太极继位后,当即把进攻目标对准了明朝。1629 年 10 月,他制定了一个大胆的战略计划,后金军避开明朝设在山海关、宁远一线的坚强防御,绕道蒙古南下,直取明朝腹心。大军分左右两翼,越过长城,势如破竹,兵临北京城下,这令崇祯皇帝朱由检(1611—1644)感到非常意外。宁远巡抚袁崇焕、锦州总兵祖大寿、大同总兵满桂纷纷率兵勤王,与皇太极相持于北京城下。

在明军将领中,皇太极最畏惧袁崇焕。他的父亲努尔哈赤就是死于袁崇焕之手,两年前的宁(远)锦(州)之战中,他自己也曾被袁崇焕打得惨败,损兵折将,险些丧命。为了除掉这个心腹大患,皇太极决定实施反间计。他密令副将高鸿中、鲍承先假装耳语,让被俘的两位明朝太监听到:"今日撤兵乃是皇上的计策。前不久皇上单枪匹马到袁巡抚阵前,与对方谈了很长时间。袁巡抚和我们有密约,此事很快就要成功了。"然后故意疏忽,让一名姓杨的太监逃走。

杨太监潜回北京,将偷听到的假情报奏告了崇祯皇帝。崇祯一向刚愎自用,独断多疑,果然中了皇太极的圈套,下令把袁崇焕逮捕下狱,凌迟(剐刑,先肢解,然后割断咽喉)处死。明朝末年,能够抵抗后金的大将惟有袁崇焕,崇祯不辨真假,不分贤愚,冤杀袁崇焕,不啻于自毁长城。皇太极见他的战略目的已经达到,也下令班师回朝。

此后一段时间内,皇太极致力于他的政权建设。1629 年设文馆,七年后改为内三院,即内国史院、内秘书院、内宏文院,是清朝内阁的雏形。内三院大学士参与国家机密,是皇太极处理政务的左肩右臂。1631 年设吏、户、礼、兵、刑、工六部,分别以一名贝勒执掌大权,使他们由原来与皇太极的平列共治关系变成了君臣隶属关系。1636 年设都察院,负责稽察内外衙门,如果诸王大臣有不法行为,都察院有权列罪奏劾。1638 年又设理藩院,负责处理蒙古事务,以后成为清朝管理少数民族和对外交涉的专门机构。

内三院、六部、都察院和理藩院,合称为三院八衙门。这是仿照明朝制度建立起来的一套完整的国家机构,与八旗制度并存,并逐渐取代了原先八旗制度行使的国家权力。皇太极通过这一套政权机构,逐步把权力集中到了自己手中。

与此同时,皇太极还加强了军队建设。除原有满洲八旗外,1633 年组建汉军八旗,1635 年又增设蒙古八旗,合为二十四旗。皇太极把正黄、镶黄、正蓝三旗收归自己统辖,开创了清朝皇帝直接控制"上三旗"的制度。

1636 年 5 月 13 日,皇太极在沈阳故宫正式称帝,改年号为"崇德",改国号为"大清",改族名为"满洲"。从这一天起,中国历史上最后一个封建王朝——清朝,便正式诞生了,其政体也由八旗共治确定为君主专制。

十七世纪二十年代,满族社会已开始由奴隶制向封建制转化。皇太极继承了努尔哈赤的未竟之业,完成了满族社会性质的过渡,也使清朝从国体到政体都发生了根本性的改变,最后统一了东北全境。1635 年绥服蒙古,1637 年征服朝鲜,1642 年攻克松山、锦州,俘蓟辽总督洪承畴,明朝苦心经营二十余年的宁锦防线全线崩溃。清朝在东北的势力范围,东到鄂霍次克海,北抵外兴安岭,西北达贝加尔湖,山海关外地区除吴三桂镇守的宁远孤城外尽为清朝所有。这为清朝向关内发展,夺取全国政权,奠定了坚实的基础。

二、多情顺治

1643 年 9 月 21 日,皇太极因脑溢血暴死于沈阳清宁宫。当时他只有五十二岁,正当盛年,精力充沛,没想到死得太突然,未指定继承人,使得皇位的继承闹了一场大风波。当时最有势力争夺皇位的是和硕睿亲王多尔衮与和硕肃亲王豪格。多尔衮(1612—1651)是努尔哈赤第十四子,有正白旗、镶白旗及其兄弟英郡王阿济格、豫郡王多铎的支持;豪格是皇太极长子,有正黄、镶黄、正蓝三旗大臣图尔格、索尼、图赖、鳌拜等人的拥戴,并取得了镶蓝旗旗主、郑亲王济尔哈朗的同情。双方剑拔弩张,矛盾一触即发。

9月26日,距皇太极过世仅仅九天,诸王大臣召开会议讨论嗣君人选。两黄旗大臣竭力鼓噪拥立豪格,遭到否决后,他们便佩剑上前高声吆喝道:"我们这些人都是受先帝衣食养育的,恩比天高,情似海深。如果不立先帝之子,我们宁愿拼死追随先帝于九泉之下!"摆出了一副兵戎相见的阵势。双方争执不下,最后以折中的方案拥立了皇太极第九子、当时年仅六岁的福临(1638—1661)为帝,由济尔哈朗和多尔衮共同辅政,改年号为"顺治"。他就是康熙的父亲。

顺治帝继位时,全国形势发生了翻天覆地的变化。明末农民战争已持续十七年,纵横大半个中国,给明朝统治以沉重打击。崇祯帝困守北京孤城,无计可施。明朝的灭亡已成定局。1643年春,李自成改襄阳为襄京。称"新顺王",创立了新顺政权,随后进军关中。与此同时,张献忠攻克武昌,即"大西王"位,建立起初具规模的大西农民政权,随后进军四川。1644年元旦,李自成在西安正式建国,国号"大顺",年号"永昌",随即率军东渡黄河,经山西直抵北京城下。4月23日农民军开始攻城,经过两天战斗,解除了明朝在北京城的全部武装。崇祯在煤山(今景山公园)上吊自杀,统治中国二百七十六年的明王朝,终于被农民起义所推翻。

1644年4月25日,古老的北京一片沸腾。到处张灯结彩,焚香设案,家家户户门上贴着"永昌元年顺天皇帝万万岁"的黄色纸联,洋溢着节日的欢乐气氛。正午,李自成头戴毡笠,身穿缥(Piǎo,淡青色)衣,骑着乌驳骏马,率领农民军浩浩荡荡开进了北京城。

由于农民阶级固有的局限性,大顺军攻克北京后没有采取任何积极的措施巩固既得的胜利。主要将领刘宗敏、李过等忙于拷索百官,追赃助饷;牛金星热衷于策划登基,抢班夺权;军队缺乏训练,纪律涣散;领导层严重腐化,脱离群众。作为统帅的李自成,也缺乏高瞻远瞩的战略眼光,对于清军与明朝残余势力联合的可能性认识不足,特别是对驻守在山海关的吴三挂没有执行适宜的政策。吴三桂在身家利益受到损害的情况下,以报君父之仇为名,向清朝借兵,引导清军进入山海关。清朝方面则不失时机地调整了战略方针,打出了为明朝"复君父仇"的旗号,竭力拉拢汉族地主阶级,共同镇压大顺农民军,以取代明朝统治。5月27日,李自成在山海关遭到清朝和吴三桂联军的夹击,大败亏输,退回北京,仓猝即皇帝位,6月4日向西安转移。两天后,摄政王多尔衮率清军进入北京。紫禁城在四十多天内三易其主,中国历史从来也不曾演出如此丰富多彩的活剧来。

待北京一带局势稍微稳定,顺治便带着他的中央机关和后妃皇族从沈阳迁都北京。10月30日在天坛圜丘举行了隆重的开国大典。顺治祭拜天地后登基即皇帝位,宣布定鼎北京,仍用大清国号、顺治纪元。这标志着清朝中央政权的正式确立。那时,江淮一带广泛流传着一首民谣:

朱家面,李家磨,

做成一个大馍馍,

送给对巷赵大哥。

这首民谣说明了一个道理:清朝之所以能够顺利地取代明朝统治,纯粹是抢夺了农民战争的胜利果实,顺治也因此由一个局处关外的小皇帝轻而易举成了定鼎北京的大皇帝。

以后的十几年中,在清军和汉族地主武装的联合镇压下,李自成、张献忠先后牺牲,南明政权也被消灭,清朝基本上完成了中国的统一,因改朝换代引起的动荡逐渐趋于沉寂。

顺治之所以登上皇帝宝座,原是满族统治集团矛盾妥协的结果,大权实际上掌握在多尔衮手中;而统一局面的形成,也是得力于多尔衮的运筹帷幄,最多只能说,顺治是在多尔衮的辅佐下基本上实现了中国的统一。多尔衮是一位很有能力特别是富有军事才干的亲王,同时也是一个野心勃勃想当皇帝的危险人物。努尔哈赤去世时本来是安排多尔衮继位的,但当时他年仅十五岁,势单力薄,被皇太极抢了汗位;皇太极死后,由于豪格等人的作梗,他又没能如愿以偿。因此对于少不更事的顺治,多尔衮并没有以臣侍君的态度,更不会悉心去培养这位小皇帝了。顺治到十余岁时,喜欢骑马射猎,他开始意识到叔父专权跋扈,图谋不轨,自己仰人鼻息,危若累卵,却对此无可奈何。

顺治的母亲孝庄太后是一个很有政治头脑而且足智多谋的巾帼英杰。她感到多尔衮随时都有可能发动政变,废黜顺治。为了保住儿子的皇位,她依照满族兄死则弟娶其嫂的习俗,下嫁给摄政王多尔衮。这完全是一桩政治的结合,它成功地阻止了多尔衮篡位的阴谋,顺治的皇位因此得以巩固。

1651年初,皇父摄政王多尔衮病死于边外喀喇城,享年三十九岁。顺治虽然下诏表示哀悼,实际上心里暗自高兴。1月12日,顺治宣布亲政。为了报复多尔衮数年来对自己的压制,顺治公布多尔衮九大罪状,削夺了他的尊号,籍没了他的家产,甚至掘出尸体,用棍子打,用鞭子抽,最后砍掉脑袋,暴尸示众,并把他雄伟的陵墓化为尘土。

顺治亲政后,根据全国形势,毅然实行重视汉族文化、与民休养生息的政策。他在生活上厉行节俭,坚决抑制贪污,全国各地发生水旱灾荒都及时救济,并蠲(juān,减免)免赋税。他还要求诸王大臣在处理国计民生问题时,一定要尽忠竭虑,不得玩忽职守,更不准随意增加农民负担。这些措施对于医治战争创伤、恢复社会生产很有成效。

顺治是一位比较浪漫的皇帝。他在婚姻上追求纯真的爱情,而不太考虑政治的因素。皇后博尔济吉特氏聪明灵巧,容貌佳丽,但性格泼辣,嫉妒心强,顺治很不喜欢她,不顾群臣的反对,把她废为静妃,搬出正宫(即坤宁宫)。皇长子牛纽的生母巴氏、皇三子玄烨(即未来的康熙帝)的生母佟佳氏等,在宫中也并不得宠。顺治钟情的是内大臣鄂硕之女董鄂氏,不仅因为她是一位国色天香的绝代佳人,而且性情温柔,举止端庄,更兼天资敏慧,聪颖过人,对经史、书法颇有造诣。1656年8月22日董鄂氏进宫,三天后就被立为贤妃,仅仅过了一个月,9月28日又晋升为贵妃,并举行了盛大的册封典礼。从此,顺治与董鄂妃情深意笃,志同道合,至死不渝。

董鄂妃虽然没有皇后的名义,实际上却是六宫的主人。由于她德才兼备,又深得皇太后喜爱、皇帝敬重，所以宫中大小事务都由她经理。她的提升本来就太过神速，而且以贵妃的身份代皇后主持六宫，这在整个清代都是绝无仅有的，于是自然而然引出了关于她的来历的种种传说。一种颇为流行的民间传说，认为董鄂妃就是明末“秦淮八名妓”之一的董小宛，原系江南名士冒辟疆的爱妾，清兵南下时被掳掠，辗转入宫，蒙顺治专宠，用满洲姓董鄂氏。这实际上是子虚乌有的故事。因为董小宛生于1624年，比顺治大十四岁。清军攻占南京时，顺治还是一个年方八岁的懵懂少年，而董小宛却已芳龄二十二岁了。1651年1月2日董小宛因积劳成疾死于冒家，根本不可能在五年后还被选进宫中册封为皇贵妃。事实上，“董鄂”是地名，满语译音，满洲八大姓之一，与姓董的汉人风马牛不相及。至于另一种说法，认为董鄂妃是顺治第十一弟襄亲王博穆博果尔的妻子，实属牵强附会，更不足信。

董鄂妃的来历在这里似乎并不重要，重要的是她专宠六宫，间接地影响到了玄烨的前途。因为在封建宫廷生活中。皇子的命运直接取决于其生母与皇帝之间的关系。顺治一门心思全放在董鄂妃身上，心无旁骛，客观上疏远了佟佳氏，玄烨当然也就显得无足轻重了。不仅如此，玄烨聪明伶俐，深受孝庄皇太后器重，满心希望培养成为未来的皇帝，可一旦董鄂妃喜诞龙麟，顺治爱屋及乌，玄烨不言而喻就只能成为宫廷倾轧的牺牲品了。正在这时，一个偶然的事件改变了顺治的人生道路，从而也解脱了玄烨潜在的危机。

1657年10月7日，董鄂妃生下一位皇子，排行第四。这真令顺治喜出望外，准备立为太子。岂料乐极生悲，三个月后，这位皇子不幸去世，连名字都没来得及取。董鄂妃本来孱弱，宫中事务繁杂，操劳过度，更影响健康，加之爱子的夭亡对她刺激太大，从此病入膏肓，于1660年8月19日撒手西归。噩耗传来，顺治犹如晴天霹雳，悲痛欲绝，寻死觅活。人们不得不昼夜看守着他，谨防他一时想不开自寻短见。顺治万念俱灰，了无生趣，一度打算出家为僧，以摆脱红尘烦恼。后经多方劝阻，虽然出家未遂，却在4个月后也追随董鄂妃于九泉之下了。

民间传说顺治并没有死，而是出家到五台山当和尚去了，这纯系捕风捉影的编造。顺治本来体弱多病，又值爱妃仙逝，伤悼过度，无穷无尽的哀思、追忆和孤独，更使他的健康状态每况愈下，病魔乘虚而入，不久便染上了天花（中医称痘疮，俗称“出麻子”），1661年1月7日死于紫禁城养心殿，年仅二十四岁。

据史书的记载，顺治帝思考后事的安排可能是从正月初二日开始的。因为那一天早晨，当学士王熙到养心殿问安时，顺治帝把他留在身边，直到晚上才出宫。谈了些什么已不得而知。然而，第二天，他又主动召见王熙，并让他靠近自己的床边说话。王熙在日记中记到：“是日，奉天语面谕者关系重大，并前此屡有面奏，及奉谕询问密封奏折，俱不敢载。”王熙在自己的日记中都不敢把这些“关系重大”的内容记下来，可见君臣之间所谈论的内容除了继承人和其他重大人事安排，就是对自己政务得失的反思和对后事的担忧等。

病榻上的几天，也许是顺治帝一生考虑问题最多的几天。尽管他已厌弃无聊的后宫、繁杂的政务，但他不敢拿祖宗浴血奋斗打下的江山开玩笑。执政十七年来，无论是叔王多尔衮摄政，还是自己亲政，凡有闲暇，他便读书写字，已养成很高水平的文化素养。他在史书中得知,在绵延几千年的各代王朝史上,为争夺皇位的惨杀和流血,既不讲什么君臣大义,也不顾什么骨肉亲情。宫廷和皇位上下早已浸透了斑斑血迹。从自己的父亲皇太极即位和自己被推上宝座也都莫不如此。现在他惟一能做的,就是慎重地、妥善地利用自己的权力做最后一次安排。至于自己死后如何,他当然不愿往坏处去想。

初六的半夜,顺治帝感到自己不行了,急忙将学士麻勒吉、王熙召至养心殿,对他们说:"朕患痘,势将不起,尔可详听朕言,速撰诏书。即就榻前书写。"王熙泪如雨下,话都说不成句。顺治帝又说:"朕平日待尔如何优渥,训尔如何详切,今事已至此,皆有定数。群臣遇合,缘尽则离,尔不必如此悲痛。此何时,尚可迁延从事,致误大事?"王熙垂泪从命,在床前匆匆写下遗诏的第一段。此时顺治帝已疲惫不堪,由于看去于心不忍,王熙便请求顺治帝照以前所谈,等把诏书全部拟就再行进呈。顺治帝只得点头同意。二人赶紧到乾清门西前房内起草了皇帝的遗诏。随后三次进呈,三次改动,直到第二天红日西坠才算最后定稿。几个小时后,顺治帝去世。

正是在这个长达千余字的遗诏中,皇三子第一次有了一个汉文名字:玄烨,并被指定为皇位继承人。然而这却并不是顺治帝的本意。

清朝初年,还没有像此前的中原王朝那样建立一种稳定的立储制度:嫡长子继承制度。因此,顺治帝最初考虑的人选并不是自己的儿子,而是自己的弟弟。也许他以为只有年龄较大一点儿的人成为君主,才能应付得了复杂繁忙的政务。即便如此,仍遭到皇太后和一些亲王的反对,他们建议顺治帝还是在诸位皇子中选择。这种选择既可保证宗室王公及八旗各自地位的稳定和利益的不变,也符合入关后汉族传统中皇位正统一脉相传的做法,易于被更多的人接受。顺治帝仍是不太心甘情愿。这时他忽然想到了一位可以信任的人,便急忙派人去征询意见,以便一言以定。这个人竟是一个德国传教士,他叫汤若望。

汤若望在明朝天启二年(1622年)来华。次年到北京,以其精通天文受到明朝重臣的礼遇和赏识,编写了一些天文和历法的著作。顺治元年(1644年)五月,清军进入北京,明朝已成为过去,他怀着模棱两可的心情,等待着未来命运的安排。出其意料之外,清政府一纸禁止八旗兵弁随便进入天主堂骚扰的上谕贴在了他的住处,使他躲过了中国改朝换代的战乱。两个月后,当他把按西法修成的"时宪历"交给多尔衮后,很快便受到新王朝的信任和尊重。第二年年底他再进呈《西洋新法历书》后,为表彰他的功劳,清政府给他一个太常寺少卿的官衔。这样,他便由原来历局聘请的专家,成为朝廷的官员,并首次由西洋传教士掌管钦天监。

顺治帝亲政后,顺治八年(1651年)八月,顺治帝诰封他为通议大夫,还封他的父亲、祖父为通奉大夫,其母和祖母为二品夫人。在寄往德国的邮件中,多出了一大卷绢织的诰命文书。他也升为大常寺卿。顺治十年(1653年)三月,又赐给他"通玄教师"的称号。三年后,顺治帝亲笔书写了一块"通微佳境"的匾额,挂在宣武门内教堂中;另撰写碑文一篇,说他"事神尽虔,事君尽职",让传教士都以他为榜样,刻文立碑于堂前。在顺治十三、十四两年间,顺治帝到汤若望住处访问达二十四次,汤若望也经常到宫中拜见皇帝。顺治帝举凡政事、治理方法等都与他讨论,几年中汤若望上呈的奏疏、禀帖等有三百多件。据说在此以前，汤若望曾给顺治帝的皇后治好过病，皇太后深表感谢，认他为"义父"。所以，顺治帝总是称汤若望为"玛法"（满语，意为爷爷）。两人关系密切"有如家人父子"。

基于这些考虑，顺治帝临终前想到了要征询汤的意见。

顺治帝当时已有八个儿子，长子和四子已夭折。剩下的六个儿子是：九岁的二儿子福全，八岁的三儿子玄烨、五岁的五儿子常宁、三岁的六儿子奇授、两岁的七儿子隆禧和八儿子永干。有人说皇太后原本指望继承人能仍出于自己的蒙古博尔济吉特氏，因此不仅连续给顺治帝册封了两位这个家族的皇后，另外还有四个姓博尔济吉特氏的女子被册为妃子。不过，值得深思的却是，不仅两个皇后不为顺治帝所喜爱，连遭挫折，且六位女子都没有为顺治帝生下一男半女。那么，皇太后如果确有这种打算，现在也是全部落空了。皇帝既然没有嫡子（皇后所生之子），就只能在庶出诸子中选择。常宁以下不是咿呀学语，便还在襁褓之中，只有福全和玄烨两个尚堪择取。玄烨聪明好学，早为皇太后所垂爱，福全虽年长一岁，但却有一只眼睛失明。因此皇太后选择了玄烨。

"这样，皇帝最后受到汤若望的劝促，舍去一位年龄较长的皇子，而封一位庶出的、还不到七岁（应为八岁）的皇子为帝位之承继者。当时为促成这样一个决断所提出的理由，是因为这位年龄较幼的太子，在鬌龄时已出过天花，不会再受到这种病症的伤害，而那位年龄较长的皇子，却尚未曾出过天花，时时都得小心着这种可怖的病症。"

"玛法"的意见值得重视，"玛法"的理由更使顺治帝折服。自己即将被天花夺去生命，还有什么能比这个理由更能打动他呢？就这样清朝入关后最高权力的第一次移交，竟是因一位皇帝死于天花，一个不会再得天花的、本不受父皇关注的皇子立即身价百倍。小玄烨脸上的麻点顷刻间竟成了他得为帝王的资本。

三、玄烨登基

康熙毕竟年纪太小，因此有人主张让皇太后亲政，但她断然拒绝。

宫廷内一日之间发生了巨变。满眼的玄素更使严冬的寒冷浸入骨髓。各怀心腹事的王公亲贵和有关朝臣已数日未曾合眼，早已把元旦大节的心情丢到九霄云外。民间因有不许点灯泼水的禁令，也感到这个节日异同寻常，不敢欢歌饮宴。入夜的北京城笼罩在一片黑暗之中。即使白天，因城门尽行关闭，无数执行戒严的兵卒往来巡视，街道上几无行人。空旷寂寂。全城在宁静中暗暗透出令人惶骇的肃杀之气。

初八日，假期已过，各衙门开印。文武百官身着朝服陆续来到宫门。然而当大学士和礼部等官员被放进去后，宫门立即被轰然关闭。在一片惊愕之余，百官面面相觑，只好各自走开。直到当日傍晚，才有通知令百官各带朝服入宫，然后到户部领取服丧所用布匹。在太和殿外，各官交头接耳，才知道发生的一切。更鼓响过二声，"宣遗诏，凄风飒飒，云阴密布，气极幽惨，不自知其呜咽失声矣"。接着只听又有大臣高声告之百官不许归家，等候新皇帝登极典礼。午门外风寒刺骨，黑暗中群臣瑟缩一团。

太阳终于升起来了。顺治十八年正月初九日（1661年2月7日），风和日丽，玄烨的登极典礼马上就要举行。这是历史上又一令人悲喜交加的日子。

在派遣的一系列官员进行完祭告天地、太庙、社稷的仪式结束后，小玄烨身着白色丧服来到顺治帝灵前行礼,谨承受命,然后改换礼服,分别向祖母太皇太后和两宫皇太后(顺治帝皇后,生母佟氏时已尊为皇太后)行礼。接着升中和殿受执事官朝拜,再升太和殿宝座。大殿两侧丹陛,太和门内东西两侧,陈列中和韶乐、丹陛大乐,因在丧期,只鸣钟鼓而不奏乐。各种仪仗旗帜鲜艳整齐。执事官宣读即位诏书,以明年为康熙元年,大赦天下。尊祖母为太皇太后,生母为皇太后。定顺治帝谥号为章皇帝,庙号世祖。脱下丧服又换上朝服的文武百官上了贺表,随即向新皇帝三呼万岁,行三跪九叩礼。全部礼仪举行结束。全体官员又全部改换丧服,在天安门外金水桥下听颁哀诏。至此折腾一天一夜,忍饥受冻的全体官员才算演完了这出悲喜剧。小玄烨也正式成为统治中国长达六十一年的康熙皇帝。

这次以遗诏形式指定帝位继承人,是在孝庄太后主持下,对原有帝位继承制度的大胆改革。在此之前,新君之立,皆由八旗亲王、郡王、贝勒等商议而定。皇帝临终能指定帝位继承人,是诸王势力削弱、皇权进一步加强的结果。

玄烨的成长,最主要的是由于得到祖母孝庄皇太后的特殊钟爱和关照。自从是孙降生,祖母便亲自为之选择乳母和保母,以保证孙儿健康成长。皇孙逐渐懂事,这位具有政治头脑、贤良而卓识的祖母,为孙儿设计的教育方案,不言而喻,是以培养皇帝接班人为目标的。

康熙是清朝定都北京后的第二个皇帝,姓爱新觉罗,名玄烨。

顺治十一年(1654 年)的初春,本应是充满生机的季节,却因连年战火,仍是一派肃杀之气。自元旦过后,传入宫廷的消息更难令顺治帝兴奋。南明定西侯张名振,兵部侍郎张煌言率师自长江口溯江而上,入京口、登宝山、望江宁(今南京),遥祭明孝陵;在西南,永历政权正谋发兵数十万东出,以收复失地。顺治帝深感各处清军已疲于奔命,往来调动,难以应付新出现的逆转形势。这一年真是吉凶难料啊。

这一年三月十八日(1654 年 5 月 4 日)上午,紫禁城内景仁宫,宫女频繁出入,脚步匆忙。庶妃佟氏十月怀胎,就要分娩了。随着一声婴儿嘹亮的哭声,宣告顺治帝又有一个皇儿来到人间。

玄烨的母亲佟妃,系辽东汉人佟养真的孙女。佟养真先居开原,后迁抚顺。后金天命三年(1618 年),清太祖努尔哈赤兴师抗明,攻克抚顺,养真"挈家并族属来归",后奉命驻守镇江城(今辽宁丹东市东北)。因遭明军偷袭,佟养真与长子丰年并从者六十人皆遇难,堪称清代开国功臣。养真从弟养性,因经商常往后金(清),遂"密输诚款",被明发觉,逃往后金,努尔哈赤予以特殊奖励,"赐宗女为婿,号曰施吾里额驸,授二等副将世职"。天聪五年(1631 年)正月,清太宗皇太极选拔汉人少壮者组成汉军一旗,装备新造红衣大炮,任命佟养性为昂邦章京,总理汉人军民一切事务。从此,佟氏家族成了八旗汉军的骨干和中坚。佟氏的父亲佟图赖(养真次子,原名佟盛年),隶汉军正蓝旗,历任正蓝、镶白等旗固山额真、礼部侍郎等职,在太宗、世祖两朝屡立战功,晋爵至世袭三等子。按清廷祖宗之法,"后妃之选,例不得及汉人"。因此,太祖、太宗后妃之中,除了满人,便是蒙古人。尤其太宗时期,蒙古后妃竟多达七人。直到顺治年间,为了取得蒙古各部对清朝的支持,顺治皇后仍一再从科尔沁部选娶,坚持不从汉人中选妃的旧制。据说顺治之母孝庄皇太后曾谕令:"有以缠足女子入宫者斩",并将此旨悬挂于紫禁城北门

(神武门)之内。但是,八旗汉军非一般汉人可比,原虽汉人,既经入旗,便是旗人,且妇女皆不缠足。因此,顺治朝为缓和满汉民族矛盾,便开始注意提高汉军地位,并在汉军中选妃。大约于顺治九年或十年初,佟氏被选入宫中,为顺治皇帝之妃。佟氏入宫后,并不特别得宠于顺治帝,但却受到孝庄皇太后的疼爱。

儿子顺利地降临人世,佟妃如释重负。景仁宫中的一切都显得是那么地温馨和顺,这位十五岁的小额娘初次品尝到了做母亲的甜蜜。佟氏家族也因此在未来漫长的岁月中品尝到了贵戚的权位。

然而,佟妃品尝为人母的喜悦没有几天,她的儿子便在响亮的哭声中被保姆抱出了景仁宫,移往其他的地方抚养。这倒并不是因为佟妃不受顺治帝的宠爱所致。有人说这是清宫的规定:亲生母子不许同居一宫! 就这位出生未久又没有命名的小皇子当时所处的特殊情况看也许另有原因。

就在小玄烨出生前后的连续三年,京城正流行着一种令满族人心惊胆战的传染病——天花,吓得王公亲贵人人自危,扰得皇宫中人心惶惶。正是因为这一点,出生不久的小玄烨也算是被关照,很快便被送出紫禁城避痘。

还在东北地区时,满族中就已经有人传染过这种疾病。但毕竟东北气候较为寒冷干燥,天花不易流行,没有对人的生命构成很大的威胁。进入中原后,由于对气候水土的不适应,在满族中,天花的发病率很高。许多婴幼儿因此死亡。尽管在汉人中早已有鼻吸疫苗免疫的办法,但因当时满汉之间尖锐的民族矛盾,满人对汉人非常不信任,故而并未采取免疫措施。当顺治二年(1645年)在"京城出痘者众"的情况下,采取了消极措施,把京城内出痘的汉人强行驱赶,迁往城南四十里进行隔离。

顺治五年,当时的摄政王多尔衮又突然下令:凡八旗投充汉人不令迁移外,凡汉官及商民人等,全部迁往城南居住。原来住房产业,折卖各从其便。从此,京城出现汉城和满城之分,并严禁满汉往来。顺治十年十月,天花又一次大规模流行,满洲王公贵族更加惧怕。十六岁的顺治帝因为没有出过痘,连当时被抗清将领李定国杀死的定远大将军、敬谨亲王尼堪的丧礼都没敢参加。在十几年中,顺治帝几次避痘塞外和南海子。小玄烨出宫避痘的详情已不得而知。在他六十八岁时,追忆往事,曾感慨对臣下们回忆说:"钦惟世祖章皇帝(指顺治帝),因朕幼年时未经出痘,令保姆护视于紫禁城外,父母膝下,未得一日承欢,此朕六十年来抱欠之处。"这种感慨的确是出于挚诚。因为当他八岁登上帝位时,他的父皇顺治帝已英年早逝。又过两年,年仅二十四岁的生母佟妃也因病去世。对他来说,十岁前便失去了双亲,对他的成长和心理不能不产生重大影响。

当小玄烨被抱出宫后,在他身边的主要是两个保姆。一个是正白旗汉军包衣曹玺的妻子孙氏;另一个是瓜尔佳氏。每日里精心照料,寒暖在心。花开花落,春去春又来,小玄烨一天天地长大了。然而这个未经出痘、躲藏在宫外的小皇子并未能躲过"痘神娘娘"的垂顾。可能就在他两到三岁时,他还是染上了天花。令人惊异的是,他竟奇迹般地战胜了死神的纠缠。当稚嫩的小脸上星星点点的痘疹溃破、结疤脱落之后,只给他留下终身不能消除的一个个浅花麻点。后来历史证明,正是这一次大难不死,使他有了对天花终身免疫的能力,也才使他有机缘登上皇帝的宝座。

在"潜邸"狭小的庭院内,小玄烨最初能接触到的人,除了保姆外,就是一些宫女和太监;看到的除了院中的几株老枯树便是四壁紫红色的宫墙。他不知道外面的世界到底是个什么模样。他稍稍懂事之后,也许才知道正是因为皇子的高贵身份,才使周围的人对自己关怀倍至、耐心恭敬。但他并不能随心所欲。因为在五岁以后,他每天都有课程,要规规矩矩地识字。不仅要跟一个叫苏嘛喇姑的宫女学习弯弯曲曲的满文,还要跟张太监和林太监学习方方正正的汉文。从他们的讲述中,他才知道自己是"满洲人",此外还有"汉人""蒙古人"。知道自己住的地方和父皇发号施令的紫禁城曾经是明朝的首都,而自己的祖先创立的大清朝,凭借英勇的骑射从很远的东北到此,打败汉人,将它据为己有。每一天仍有许多消息从南方传到父皇那里,在大清朝遥远的南方,争夺江山的战争仍在激烈地进行。

从有限的文献资料中证实,这个新生儿并没有什么特别的理由值得人们对他另眼相看。他是一个皇子,但只是顺治帝与那位他并不怎么爱恋的佟妃一夜温馨的副产品。正因如此,在他降生后,顺治帝仍然忙于那些令他心烦的政务。三月十八日对于顺治帝来说很快便失去了它的特殊意义,他并没有给佟氏母子以更多的关照和垂顾,以致于在这个皇儿降生后相当长的时间内连一个名字都没有。直到这个孩子八岁时,由于顺治帝已自知难以挣脱死神之手,决定由这个皇儿来治理大清朝的江山,才由宫廷内的一番商量,匆忙地给他起了个名字:爱新觉罗·玄烨。从那时起,他的存在才从很少被人注意到被全中国人所关注;他的生命才像他的名字所寓意的那样逐渐散射出熠熠光辉。康熙年纪虽小,但五官端正,双目有神,口齿清晰,举止端庄,祖母认为孺子可教,特令自己的侍女苏嘛喇姑协助照看这位孙儿。苏嘛喇姑非一般侍女可比。满语苏嘛喇(Suma-la),意思是半大的口袋,表示她是一位聪明好学有知识的姑娘。史载:苏嘛喇姑"性巧黠,国初衣冠饰样,皆其手制",康熙幼年"赖其训迪,手教国书"。

一说起祖母二字,人们总是容易在脑海中幻化出一个步履蹒跚、老态龙钟的老妇人的形象。其实小玄烨出世那一年,他的祖母才刚刚四十二岁。数十年的宫廷生活,锦衣玉食,加上善于调养,这个虽已步入中年的当今皇帝的母亲仍是风度翩翩,姿色犹存。

小玄烨的祖母,姓博尔济吉特氏,是蒙古人。生于明朝万历四十一年(1613年)二月初八。她的父亲寨桑是蒙古科尔沁部的贝勒。当满族崛起东北大地,盛势日盛一日的努尔哈赤时代,科尔沁部便即输诚降顺。顺治帝父亲皇太极执政后,继续了努尔哈赤的联络、结好蒙古诸部的政策,歃血誓盟,联姻结亲。他本已娶了寨桑的妹妹哲哲为嫡福晋老婆,即位后册封为皇后。就在他即位的前一年(1625年),这位三十四岁的大贝勒又迎娶了寨桑的次女当时只有十三岁的布木布泰。她就是小玄烨的祖母。这位天苍苍,野茫茫,到处鲜花,满目青苍的科尔沁大草原上的女儿,立即以其美丽、天真、聪慧又不乏豁达的容貌和性格,很快赢得了皇太极的宠爱。九年后,她的姐姐海兰珠也嫁给皇太极。从此,一姓姑侄三人同事一夫,这在历史上也是一种怪事。崇德元年(1636年),在姑姑被册封为皇后的同时,布木布泰被册封为永福宫左妃。她在先后为皇太极生下三个女儿之后,崇德三年(1638年),生下了皇九子福临,五年后,五十二岁的皇帝丈夫去世,六岁的儿子福临即位,是为顺治帝,母以子贵,庄妃被尊为圣母皇太后。那一年她年仅三十岁。第二年(1644年)清军攻入山海关,年末,她随儿子由盛京迁居北京,进入紫禁城。

祖母经常亲自教导孙儿。据康熙后来回忆说："朕自幼龄学步能言时,即奉圣母慈训,凡饮食、动履、言语、皆有矩度。虽平居独处,亦教以罔敢越轶;少不然即加督过,赖是以克有成。"皇太后按照帝王的标准严格训练孙儿。如"俨然端座"一项,是皇帝举止修养最基本的功夫。为了养成这种习惯,皇太后时刻告诫他:"凡人行为坐卧,不可回顾斜视""此等处不但关于德容,亦且有犯忌讳"。所以玄烨自幼年登基,直至日后与诸臣议事,与讲官论证经史,与亲属闲话家常,"率皆俨然端坐"。用他自己的话说,"此乃朕躬自幼习成,素日涵养之所致"。

由于皇太后"望孙成龙"心切,竟使幼小的玄烨承受力不能及的学习负担,以致玄烨一度体弱多病,必须针灸治疗。后来他最怕针灸,形成条件反射,每闻艾味即感头痛。不过,这种认真、严格的教育是很有成效的。康熙"自幼好读书""自幼嗜书法""自幼留心典籍""自幼喜观稼穑""自幼不喜饮酒""自幼未曾登墙",以及"自幼习射"而不看无聊书籍等。这些优良的习惯的养成,均非一日之功。法国传教士白晋给康熙以很高的评价,认为他有极高的天赋、过人的才能和诸多美德。其中特别指出:"他的嗜好和兴趣高雅不俗,都很适合帝王的身份。"这些嗜好和兴趣,都是自幼养成的。康熙成年之后,深有体会地说:"教子必自幼严饬之始善。"

严格的训练和教育,使康熙在道德修养、学识水平上都不断地有所提高。史称康熙读书十行俱下,略不遗忘。他自五龄后,好学不倦,夜里读书,每至夜半。凡是帝王政治,圣贤之言,六经(诗、书、礼、乐、易、春秋)要旨,无不融会贯通,洞彻原委。于是,自幼便养成了好读书,习书法,留心典籍,喜观农情,不喜饮酒,爱好骑射等良风美俗。康熙成年之后,曾深有体会地说:教育子女必须从幼年抓起,要求严格,才能收到预期效果。

虽说到紫禁城外居住是为了避痘,但早已躲过痘神娘娘魔掌的小玄烨可能一直到顺治帝临终时才最后迁入清官。不过在那八年中,他当然也会经常随保姆、太监等进官,去给父皇、皇额娘(皇后)和额娘(生母佟氏)请安。当他看到禁城的肃穆,看到一班班朝服翎顶的大臣对父皇顶礼膜拜,一队队威武的侍卫和太监对父皇唯唯诺诺,他才知道皇帝的尊贵崇高、权威无限。他六岁时,在一次入宫给父皇问安时,顺治帝随口问及身边的几个儿子将来的志向时,当时只有三岁的五皇子常宁都还不能理解父皇的问题;小玄烨的哥哥福全回答说:"愿为贤王";而小玄烨却仰起满是麻点儿的小脸,应声回话说:"愿效法父皇。"此语一出,不禁使顺治帝大为惊异。当然这种回答是出自每个小皇子身边施教者的授意,还是小皇子们天真随意的应对,已很难猜测。但有一点是肯定的,即当时顺治帝正春秋鼎盛,才仅有二十余岁,将来嘱意哪个儿子继承帝位,还未曾打算。小玄烨的回答自然不会是对父皇意向的揣度。

第二章　平定三藩之乱

一、三藩由来

康熙亲政后，"以三藩及河务、漕运为三大事，夙夜廑念，曾书而悬之宫中柱上"。其中又将处置"三藩"看成是治国安邦的头等大事。所谓"三藩"，即顺治年间清廷派驻云南、广东和福建三地的平西王吴三桂、平南王尚可喜、靖南王耿继茂（后由其子精忠袭爵）。当时，他们奉命南征，击败南明政权及农民军余部，曾为统一中原做过贡献。此外，他们的权势也随之恶性膨胀，至康熙初年，已发展为新的地方割据势力，成为危害国家统一的症结。

诸藩势力的发展，与清初政治形势是有联系的。当时清朝统治者需要以高爵厚禄招降汉族将领，为其统一中原服务。孔有德、耿仲明（继茂之父）、尚可喜，原为辽东人，于天命六年（1621 年）三月清太祖努尔哈赤攻占辽东后，陆续去皮岛，往依明总兵毛文龙。天聪二年（1628 年）六月，明蓟辽总督袁崇焕擅杀毛文龙，东江大乱，自相残杀，孔、耿、尚等辗转流徙，最后在走投无路情况下，先后于天聪七、八年投降后金。清太宗皇太极出城十里相迎，隆重接待，并一反过去分拨降人隶属满洲八旗的惯例，授有德为都元帅、仲明为总兵官，命率所部驻辽阳，号"天佑兵"；授可喜为总兵官，命率所部驻海州，号"天助兵"。崇德元年六月，皇太极改国号为清，封有德为恭顺王、仲明为怀顺王、可喜为智顺王，并多方给予迁就和照顾。这时出现直属皇帝的三位汉人藩王，不仅于中央集权无害，反而有利于抵制满洲诸王，维护皇帝的地位和权势。崇德七年八月，皇太极析汉军四旗为八旗，命有德、仲明、可喜分隶正红、正黄、镶蓝旗。

吴三桂，江苏高邮人，后入籍辽东，明原任锦州总兵吴襄之子、后任锦州总兵祖大寿之甥，曾任游击、副将等职。吴襄因罪下狱，明晋升吴三桂为总兵官，令其率兵守宁远。明崇祯十五年二月，松锦会战结束，明十三万军队大部死伤、瓦解，蓟辽总督洪承畴降清，三桂逃回，收集逃亡兵力，从三千增至三四万人，力守宁远，为明廷所倚重。清占关外各城，惟宁远未下。崇祯十七年三月初六，李自成农民军已入山西，昌平兵变，京师戒严，崇祯帝封三桂为平西伯，令弃宁远，火速率兵入援京师，并起用吴襄提督京营。三桂奉诏后，行动迟缓，每日只行数十里。宁远至山海关仅两日程，十六日才到，二十日至丰润，知农民军已于前一日入京，便率领人们返回山海关。清朝曾多次遣书招降吴三桂，正欲率兵进关的摄政王多尔衮更许诺："伯若率众来归，必封以故土，晋爵藩王。"李自成亦曾派人招抚吴三桂，但因农民军的"割富济贫""追赃助饷"政策使地主阶级不寒而栗，所以吴三桂最终还是向清朝投降。同年四月，山海关一战，清吴联军大败李自成军，多尔衮即日"承制进三桂爵平西王"。至此，清廷所封汉人藩王，已有四名。

清朝进关后，主要是在汉人居住地区与汉人交战，所以很注意发挥汉人藩王的作用。顺治元年十月，命孔有德、耿仲明随大将军豫亲王多铎，吴三桂、尚可喜随大将军英亲王阿济格，从南北两路进兵陕西，征伐李自成。二年，下西安后，有德、仲明与多铎移师下江南，克扬州，取南京，消灭南明第一个政权——福王政权，八月班师；三桂、可喜与

清史通鉴

韬文纬武　清圣祖——康熙

阿济格进兵湖广,追击李自成,克郧阳、荆州、襄阳、武昌,下九江,闻李自成死于九宫山,即班师。如果说这时还是满汉合师进讨,那么从第二年起便逐步进入汉人藩王独自专征的阶段。

顺治三年八月,清廷授有德平南大将军,率仲明、可喜等征湖广。时福建南明唐王政权也已失败,桂王政权成立于广东肇庆,年号永历,其湖广总督何腾蛟驻湘阴,联合李自成农民军余部及左良玉旧部,号"十三镇",势力比较强大。经过一年多的征战,至五年春,湖南诸郡县悉定,并旁取贵州、广西部分地区,桂王转徙广西桂林,有德等奉命班师。然而有德师还,湖南郡县复为南明占据,清廷又派郑亲王济尔哈朗为定远大将军,率师征讨,亦仅复长沙、宝庆、衡州等府的部分郡县。丁是再派诸藩专征,并有驻镇地方之举。

顺治六年五月,改封孔有德定南王,令将兵二万征广西;改仲明为靖南王,可喜为平南王,各将兵一万征广东。不久,仲明以隐匿逃人惧罪自杀,其子继茂代领其众,袭封王爵。南进之师最初比较顺利,有德于是年冬即进占桂林,可喜等于次年冬攻克广州,桂王走梧州。但张献忠大西军余部李定国、白文选等人与南明桂王合作,使南明力量增大。最初进攻四川北部,清廷于顺治八年命镇守汉中的吴三桂进征四川。吴军力量较强,降清时即号称五万,征战过程中又收下降、扩员,大约已达七万。李定国等又转而争夺广西,于九年七月攻克桂林,有德阵亡,子亦被害,部下由其婿广西将军孙延龄及其女孔四贞统领。因有德爵除,四藩成为三藩。顺治十年五月,顺治帝为协调西南五省力量,剿抚兼施,消灭桂王政权,令洪承畴经略五省,兼领江西,授"经略大学士"之印。其职衔全称是:"太保兼太师、内翰林国史院大学士、兵部尚书兼都察院右副都御史,经略湖广、广东、广西、云南、贵州等处地方,总督军务兼理粮饷。"十四年十二月,顺治帝部署三路进兵方案,诏授吴三桂为平西大将军,与定西将军墨尔根侍卫李国翰从四川入贵州,另有宁南靖寇大将军罗托与经略大学士洪承畴从湖南、征南将军赵布泰与提督线国安从广西进入贵州。

顺治十五年正月,清军克贵州,顺治命多罗信郡王多尼为安远靖寇大将军,代替先遣之宁南靖寇大将军宗室罗托,与其他两路乘胜进取云南。十六年正月,三路大军俱入云南省城,南明永历帝等败走永昌府,后避入缅甸,两广、云贵基本平定。同年三月,顺治帝根据洪承畴建议,"命平西王驻镇云南,平南王驻镇广东,靖南王驻镇四川(次年七月,改驻福建)"。"三藩"分镇,曾取得显著效果。吴三桂于顺治十八年十二月率兵入缅,强行引渡永历帝及其眷属、随行官员,并另遣总兵追击、招降巩昌王白文选,不久晋王李定国亦死,云南底定。耿、尚分守闽、粤,亦曾有效地抵御郑成功的进扰。

随之而来的是"三藩"拥兵自重,权势日张。云南每年耗饷最多时达九百余万,平时亦不下数百万。所以说:"天下财赋,半耗于三藩。"而且三藩分别专制一方,严重侵犯中央集权。吴三桂以功晋封亲王,总管云南、贵州二省文武军民一切事务。顺治帝谕:"凡该省文武官贤否甄别举刻,民间利弊因革兴除,及兵马钱粮一切事务,俱暂著该藩总管,奏请施行。内外各该衙门不得掣肘。"应吴三桂之请,在皇帝授予云贵督抚的敕书中,竟大书"听王节制"四字。不仅如此,吴三桂还委派部下亲信到他省任职,称为"西选""西选之官几满天下"。他"散财结士,人人得其死力。专制滇中十余年,日练士马,利器械。

水陆冲要,遍置私人,各省提镇,多其心腹。子为额附,朝政纤悉,且夕飞报。诡称蒙古侵夺丽江、中甸地,及调兵往,又称寇逼,挟边防以自重"。耿、尚虽然不如三桂蛮横跋扈,然亦"擅署置官吏",垄断地方大权,各为一方之患。

"三藩"各自把持驻地财源,欺压百姓。吴三桂。"踞由榔(永历帝)所居五华山故宫为藩府,增廓崇丽;籍沐天波(黔国公)庄田为藩王;假浚渠筑城为名,广征关市、榷税、盐井、金矿、铜山之利,厚自封殖",并"招徕商旅,资以藩本,使广通贸易殖货财"。吴三桂不仅占据沐氏全部庄田,又圈占明代卫所军田,将耕种这些土地的各族农民变为吴三桂的官佃户,恢复明末各种苛重的租税和徭役,又"勒平民为余丁,不从则曰是我'逃人'"。此外还以放牧、狩猎等各种手段为借口,强征人民土地,霸占其产业。史载:"昆明三百里内为刍牧之场,其外为奉养之区者又三百余所。其道路之所费,岁时畋猎征求,又不与焉。潴其坟墓,庐其室家,役其妻孥,荐绅士庶及于农工商贾,惴惴焉唯旦夕之莫保"。

尚可喜、耿继茂两王倒没有吴三桂那样跋扈,但所镇地方也无人敢惹。同样也是以各种名堂垄断当地财赋,对民间百姓竭力搜刮、巧取豪夺。甚至利用沿海交通方便的有利条件,不顾清政府的海禁政府,大肆进行走私活动。在康熙初的十余年间,"三藩"的势力已越来越强,已成尾大不掉之势。居功自傲的功臣在战争结束不久,已成了伏踞南方、危害国家安定的势力。形势的发展已向年轻的康熙皇帝提出严峻的挑战。

二、三藩反叛

清朝封建三藩的目的,本来是为了安宁边疆,免除朝廷的后顾之忧。然而三王分镇滇、粤、闽之后,手握重兵,雄踞一方,位尊权重,尾大不掉,逐渐走上了与中央集权政府相对立的道路,成为分裂割据的军阀势力。这绝对不能为年轻气盛的康熙所容忍。

康熙亲政后,对于三藩的割据深感忧虑,把它与治河、漕运视为并重的"三大事",用纸条写下来贴在宫中墙柱上,夙夜廑(qín)念。康熙清醒地意识到:"吴三桂绝非宋朝功臣可比,乃是唐代藩镇之流。"他密切注视着局势的发展,准备寻找适当的时机解决三藩问题。

康熙初年,清朝开始采取一系列措施,逐步限制三藩势力的膨胀。首先是收缴吴三桂的平西大将军印。1663 年,康熙派内大臣对住在京城的吴三桂长子吴应熊说:"当初因为永历盘踞缅甸,边疆多事,所以授你父亲大将军印,不过是一时权宜之计。现在天下安定,你父亲仍据之不还,究竟是什么意思?"言下颇有责备之意,吴应熊自然听出了弦外之音,赶紧将此意转告其父。吴三桂迫不得已,具疏上缴大将军印,但内心怏怏不乐,对朝廷更加不满。

接着,清朝又大力裁减兵员,以节省军费开支。1665 年,裁云南绿旗兵五千人。两年后,左都御史王熙又奏请裁饷。他说:"国家的钱粮,大半消耗在云、贵、闽、广四省的兵饷上。仅就云贵两省而言,平西藩下官兵每年需俸饷三百多万两,本省赋役不足以供应其十分之一,这种情况势必难以维持长久。我认为,云贵地区既然已经平定,绿旗兵就应当立即裁撤,即使是藩下的多余士卒,也应当遣散屯田。这样,国家的财政负担自然减轻,饷源自然宽裕。"康熙当即令吴三桂与地方督抚酌筹裁汰,节省军费一百万两。

吴三桂精心建置的"忠勇营""义勇营"是他的王牌军队。1665 年 1 月,康熙调整两营将官的任命,并改换其驻防地点,几经折腾,使其名存实亡。对于吴三桂的心腹部将,也一一调离云南,翦除了吴三挂的羽翼,使其孤掌难鸣。

朝廷的行动,引起了吴三桂的女婿胡国柱和心腹谋臣方光琛的警觉。1667 年 5 月的一个深夜,他们冒着初夏的暴雨,紧急求见吴三桂,说:"朝廷已怀疑亲王您了,您应当想个自全之策。"吴三桂乍听这话,猛吃一惊,随即镇静下来,若无其事地"嘿"了一声。他毕竟久经沙场,老谋深算,略一思忖,便胸有成竹,不慌不忙,决定先投石问路,试探一下朝廷的动静再说。很快,吴三桂向朝廷上了一道奏疏,声称眼睛有毛病,请求辞去云贵两省事务。

康熙看了这道奏疏,毫不犹豫地批示道:"平西亲王吴三桂久镇边疆,总理两省事务,实在劳苦功高。近日览奏,知亲王两目昏瞀(mào,目眩眼花),精力锐减,都是因为操劳过度,积劳成疾所致,朕深表关怀。"同意将所管各项事务,照各省惯例,由当地督抚管理。这一招出乎吴三桂的意料,他指使党羽云贵总督卞三元、云南提督张国柱、贵州提督李本琛先后上疏,威胁朝廷收回成命。康熙毫不让步,答复说:"该藩以精力日减奏请辞职,所以朕特予允准。如今地方太平,若令平西亲王继续总理事务,恐怕操劳太多,有损健康,反为不美。你等不必再说。"就这样,康熙机智地解除了吴三桂总管云贵和"西选"的特权,吴三桂权力所剩无几,只是还有个高贵的亲王名号而已。

在剥夺吴三桂的权力后,康熙为了安抚他,于 1668 年 1 月将其长子和硕额驸吴应熊(1653 年 8 月 19 日奉顺治皇帝钦命娶皇太极十四女和硕公主)晋升为少傅兼太子太保,同时又提拔耿继茂次子耿聚忠、三子耿昭忠及尚可喜三子尚之信为太子少师,表面上示以恩宠,实际上是作为控制三藩的人质,使其不敢轻举妄动。

这种软硬兼施的策略颇为奏效。1671 年吴三桂六十大寿时,吴应熊带着妻儿,千里迢迢赴昆明祝寿。吴三桂沐浴着天伦之乐,非常高兴,对方光琛等人说:"你们看见了吗? 朝廷并不怀疑我,你们以后说话要慎重些。"

吴三桂麻痹了,康熙却并没有停止行动。正在这时,南明遗臣查如龙来到云南,煽动吴三桂反清复明。他给吴三桂上了一封血书,说:"天下督抚及朝中大臣都期待着您效周武王发起孟津之会。您毕竟是汉人,当年山海关之事实属万不得已,现在您兵强马壮,天下的主动权把握在您手中,如果您出兵北伐中原,天下云集响应,恢复大明社稷,真是千载难逢的好时机!"这件事泄露后,查如龙被押解北京处死。康熙也从这件事中吸取了经验教训:只要吴三桂还存在,就是一大隐患,这个隐患不根除,就有可能被反清势力所利用。至此,三藩的撤除已如箭在弦上,不得不发,只待有利时机。

当康熙积极准备解决三藩问题时,平南王尚可喜正为其长子尚之信而忧心忡忡。此时的尚可喜,戎马数十年,已感精力不济,老迈多病,尚之信受命佐理军务。但此人性情暴躁,酗酒嗜杀,每当喝得醉醺醺的时候,就拔出佩刀刺侍者,即使是他宠爱的姬妾,也往往被折磨得遍体鳞伤。尚之信喜欢养狗,特地修建了狗房,设狗监管理其事,经常纵狗兜风,所过之处必须用猪肉喂饲。一天夜里,尚之信听到有喧闹声,便派狗监去察看,发现是疯狗狂乱咬人,狗监怎么也不敢再上前去。尚之信大怒,令左右侍卫割狗肉喂狗,鲜血淋漓,直到肉尽才止。对于其父尚可喜的宫监堂官,尚之信也随意施虐,肆无忌惮。一天,宫监前往传达王命,尚之信见他大腹便便,行动迟缓,调侃说:"你这个肚子怎么这样大？里面肯定有奇宝,待我打开看看。"说完,操起一把匕首直刺宫监腹部,宫监当场气绝死亡。

对于尚之信的暴行,尚可喜的家人、部属和广东百姓都感到难以忍受,而尚可喜本人又无可奈何。为避免遭其毒手,尚可喜于1673年3月上疏朝廷,请求康熙允许他回辽东养老。

康熙接到尚可喜的奏疏,不由得大喜过望。他意识到这是撤藩的大好时机,决定顺水推舟,以此为突破口,向三藩开刀。3月12日,康熙给尚可喜下了一道谕旨:"平南王尚可喜,底定广东,镇守边疆,今年已七十,欲归辽东耕种,情词恳切,能知大体,朕心深为嘉悦。"5月3日,撤藩的诏书由钦差专程送达广州,尚可喜态度比较恭顺,拜谢之后,即陆续题报起程日期及家口、马匹数目,着手迁移事宜。

尚藩撤离,对吴、耿二藩震动很大。吴三桂召集幕僚商议,令谋士刘玄初也起草一封辞藩疏,以试探朝廷的态度。刘玄初劝阻说:"皇上早就想把您调离云南了,苦于难以启口。您这封奏疏一上去,岂不正中下怀?恐怕早晨上疏晚上调令就下达了。"吴三桂却错误地估计了形势,依然陶醉在自己的功劳簿上,扬言说:"康熙这小皇帝必然不敢把我怎么样,上疏只不过是为了消除他的疑虑罢了。"7月3日,吴三挂上疏康熙,自请撤藩。7月9日,耿精忠也如法炮制,上了同样一道奏疏。

短时间内连续接到三藩自请撤除的奏疏,对康熙来说正是求之不得的事。他将计就计,分别同意了三藩的请求,称赞他们"镇守边疆,劳苦功高,请撤安插,恭谨可喜",令议政王大臣就迁移之事详细讨论。一场大搏斗由此揭开了序幕。

然而出乎康熙的意料,议政王大臣会议对耿精忠的撤迁很快达成共识,而对吴三桂的处理却出现了严重的分歧。只有兵部尚书明珠、刑部尚书莫洛、户部尚书米思翰等极少数人主张将吴三桂及其所属官兵家口全部迁移,在山海关酌情安插。而以大学士图海、索额图为首的一批大臣则认为:"自从吴三桂镇守云南以来,地方安宁,总无乱萌。若将他迁移,就不得不另派满洲官兵镇守。兵丁往来,加上吴三桂的迁移,必然使沿途地方苦累不堪。况且云南民族成分复杂,镇守的满洲官兵,数量少了不足以弹压局势,多了又加重当地负担。相比之下,不如仍令吴三桂镇守云南。"双方各执一端,争执不下,无法达成一致,只好上奏康熙,由他亲自裁决。

这天深夜,月明星稀,万籁俱寂,康熙却辗转反侧,难以入眠,索性披衣下床,在乾清宫中信步徘徊。盛夏的紫禁城,酷热难耐,他心里颇感烦闷。白天议政王大臣会议的讨论结果令他很不满意,尽管索额图等人的意见也不无道理,他不得不加以考虑,但他自幼饱读史书,更深知藩镇割据的危害,唐朝后期的历史教训殷鉴不远。机不可失,时不再来,若不趁他们自请撤藩时下手,以后恐怕再难有此天赐良机。何况吴三桂之子吴应熊,耿精忠之弟耿聚忠、耿昭忠还在京师供职,彼等投鼠忌器,也许还不至于举兵叛乱。

这时,康熙已踱步来到殿外檐下。远处传来一串清脆的更声,一阵凉风掠过,使他感到分外地惬意,心里也似乎下定了最后的决心,转身快步来到书案前,奋笔疾书,亲自拟了一道圣旨:"吴三桂请撤安插,所奏情词恳切。著吴三桂率所属官兵家口,一并搬移前来。"

次日早朝,康熙刚将圣旨一宣布,索额图就第一个站出班行,朗声问道:"陛下可曾想到吴三桂会因此造反?"对于这个问题,康熙早已深思熟虑,他直视着索额图,斩钉截铁地说:"吴三桂蓄谋已久,若不及早铲除,将来必定养痈遗患。今日之形势,是撤藩他们可能造反,不撤藩也可能造反。与其姑息养奸,不如先发制人。"他已经做好了接受挑战的思想准备。

当时康熙年仅二十岁,血气方刚,不是那种瞻前顾后、患得患失的人。与鳌拜的斗争,使他经受了一次洗礼,变得干练、沉着、果断、坚毅,积累了一定的政治斗争经验。眼下,他又面临着一场更大规模的较量,对手之强悍,远非鳌拜可比。但他满怀信心,坚定不移,即使为此付出代价,也在所不惜。

1673年8月,康熙派礼部右侍郎折尔肯、翰林院学士傅达礼赴云南、户部尚书梁清标赴广东、吏部右侍郎陈一炳赴福建,会同当地总督、巡抚、提督具体办理撤兵起行事宜。康熙对吴藩特别重视,深知云南之行多有风险,于8月24日折尔肯、傅达礼启程时,特遣侍卫赐给每人御用佩刀一把,骏马两匹,以壮行色,以重事权。

9月7日,钦差大臣折尔肯一行奉撤藩诏书抵达昆明,吴三桂永镇云南的希望成了泡影,决定铤而走险。12月21日,吴三桂以召开会议为名,集合藩下官兵,杀云南巡抚朱国治,扣留朝廷使臣折尔肯、傅达礼,自称"天下都招讨兵马大元帅",蓄发易衣冠,以兴复明朝相标榜,发布《讨清檄文》,正式揭起了叛旗。又致信平南王尚可喜、靖南王耿精忠、台湾郑经及各省旧日部属,鼓动他们举兵反叛。1674年2月27日,原定南王孔有德女婿、广西将军孙延龄率先响应。紧接着,3月15日,耿精忠在福建起兵。1676年2月21日,尚之信在广东倡乱。吴三桂在各省的部将也纷纷树起反旗。叛军气势汹汹,咄咄逼人,战火很快燃遍云南、贵州、湖广、四川、广西、福建、陕西、广东八省,全国一片鼎沸。年轻的康熙面临着一场空前严峻的考验。

三、八年定乱

1673年岁末的一天傍晚,康熙伫立在御花园延辉阁下。天上飘着鹅毛大雪,凛冽的寒风呼呼吹过,侍立的太监、宫女冷得直哆嗦,康熙对此却茫然不知,两眼凝望着西南方向,眉头紧锁,默默无语。撤藩钦差大臣已派出数月,兵部郎中党务礼、户部员外郎萨穆哈又奉命前往贵州筹办吴三桂搬迁时所需的夫役、船只和粮草。时间一天天过去了,眼看就是年关,还没有确切的消息传来,康熙心里非常焦急。

12月21日黄昏,有两匹马急驰到兵部衙门,党务礼、萨穆哈终于赶回来了。他们俩是从贵州死里逃生的,一路马不停蹄,昼夜兼程,劳累得将要衰竭,来不及说一句话就昏倒在地。值班的书吏赶紧用姜汤灌醒,党务礼睁开眼睛,冲口而出:"吴三桂反了!"一句话,朝野顿时震动起来。

康熙日夜提心吊胆的事终于发生了。他紧急召开议政王大臣会议商讨对策。尽管反叛非一时一事酿成,但撤藩是导火线,朝臣中又发生了新的争执。反对撤藩者把吴三桂的叛乱归咎于主撤者,索额图甚至提出将倡议撤藩的人正以国法,眼看一场汉景帝诛晁错的悲剧又将发生。康熙十分冷静,敢作敢当,断然否决了索额图的意见,自己承担起全部责任。他对索额图说:"撤藩出自朕意,其他人有什么过错?我从来都认为三藩势焰嚣张,不能不撤,岂能因吴三桂反叛而诿过于人?"康熙极力保护主张撤藩的人,是非分明,胆识过人。诸臣对此无不感激涕零,心悦诚服。朝廷上下同仇敌忾,齐心协力,决心给叛军以迎头痛击。

康熙迅速调兵遣将,制定了平叛部署。荆州(今湖北江陵)居天下之中,战略位置十分重要,自古为兵家必争之地。因叛军已攻入湖南,居民震恐,人心浮动。康熙派前锋统领硕岱率精锐骑兵,昼夜兼程前往防守,以稳定军民之心,并进据常德,阻止叛军北上。12月24日,任命多罗顺承郡王勒尔锦为宁南靖寇大将军,总统诸将驻守荆州。多罗贝勒察尼、都统觉罗朱满等八人参赞军务,都统范达礼、王国诏等十四员大将同往,总计八旗禁旅约一万一千三百人。康熙以重兵抢先据守荆州,凭江设防,切断了叛军北进的道路,是稳定战局的重大决策。

鉴于四川邻近云南,军情紧急,康熙令西安将军瓦尔喀率全部骑兵,选拔将领,昼夜开赴四川,坚守由滇入川的所有险隘之地。又因广西与贵州接壤,任命已故定南王孔有德的女婿孙延龄为抚蛮将军,统所部军队固守广西,堵住吴三桂向广西的进攻。又谕令陕西总督哈占、甘肃提督张勇等,捍卫边境,稳定西北大后方。

1674年春,孙延龄、耿精忠相继反叛,形势进一步恶化。康熙迅速增调兵力,先后派出了六路大军。第一路,宁南靖寇大将军勒尔锦等,由常德、澧州(今湖南澧县)进攻云南;第二路,镇南将军尼雅翰等,由武昌出发,分水陆两路进攻岳州(今湖南岳阳)、长沙,直趋广西;第三路,安西将军赫业、西安将军瓦尔喀等,由汉中进攻四川;第四路,平南将军赖塔,由浙江进攻福建;第五路,定南将军希尔根等,由江西进攻福建;第六路,平寇将军根特巴图鲁等,率军赴广东,会同平南王尚可喜防剿叛军。

与军事行动相配合,康熙采取了一系列的政治措施。战前,康熙曾有过操之过急和考虑不周的失误,比如他已经预见到三藩"撤亦反,不撤亦反",却没有及时采取严密的防范措施,也没有考虑分批撤藩或派八旗兵换防等建议的可行性,三藩并撤,以致烽烟四起。所以,战争爆发后,康熙当机立断,下令停撤平南王、靖南王二藩,立即召回派往广东、福建的撤藩钦差梁清标、陈一炳,并亲自给尚可喜、耿精忠每人发了一道手谕,加以安抚,以免他们倒向吴三桂一边。

康熙将打击的重点直指吴三桂。1673年12月26日,康熙下诏削夺吴三桂的平西王爵,通告全国说:"逆贼吴三桂,当年穷途末路,摇尾乞怜,我世祖章皇帝念其投诚纳降,授以军旅,赐封王爵,开藩云南,倾心倚重。及朕本人,又晋爵亲王,委以重任,托以心膂。不想吴三桂心怀狡诈,宠极生骄,阴谋不轨,于本年七月内自请搬移,朕以为吴三桂出于诚心,且念其年龄衰迈,长期戍守边疆,所以特地允准,令有关部门周密安插,又特遣大臣前往云南宣谕圣旨。朕待吴三桂,可谓仁至义尽,无以复加。岂料吴三桂径行反叛,背弃朝廷豢养之恩,横行凶逆,涂炭生灵,真是天理难容,神人共愤。今削其爵位,遣宁南靖寇大将军勒尔锦,统率劲军,前往征剿,兵威所至,即刻荡平。凡有擒斩吴三桂首级者,即以其爵位封赏;以兵马城池归顺朝廷者,论功行赏。朕决不食言,各地方官可广为宣布遵行。"这道诏书一公布,将吴三桂几十年来为清朝立下的汗马功劳一笔勾销,无异于从政治上宣判了他的死刑。

1674年3月9日,兵部尚书王熙上疏请诛"逆子"吴应熊等人,得到议政王大臣会议的一致支持。这给康熙出了一道难题。吴应熊是吴三桂的长子,也是康熙的亲姑父,在皇室外戚中还算是比较称职的大臣。从人伦关系来说,康熙不忍心处死吴应熊,但为了防微杜渐,免得祸起萧墙,他又不得不以大清江山和国家利益为重。经过激烈的思想斗争,康熙决定大义灭亲,4月13日下令将吴应熊及其子吴世霖处以绞刑,并毁掉吴三桂在关外的祖坟,以示与叛军誓不两立。这一着棋,确实起到了"以寒老贼之胆,以绝群奸之望,以励三军之心"的作用,达到了康熙预期的效果。当吴三桂获悉子孙被正法时,正在军中饮酒,一接到讣闻,顿时脸色铁青,双手颤抖,酒杯拿持不住,落在地上摔得粉碎。丧亲之痛使他肝肠寸断,老泪纵横,好半天才缓过气来,长叹一声,无可奈何地说:"今日真是骑虎难下啊!"失望、悲痛、愤恨、悔愧之情,一齐涌上他的心头。

　　1674年12月4日,陕西提督王辅臣在宁羌(今陕西宁强)叛变,杀经略陕西军务的刑部尚书莫洛。西北后院失火,局势更加险恶,清军陷于多面作战的境地。康熙冷静地分析了形势,沉着应战,重新调整战略部署,以福建、浙江、江西为东战场,四川、甘肃、陕西为西战场,湖广为中心战场,分别配备良将劲旅,相继进剿。在东战场,有安亲王岳乐率军奋战于江西,康亲王杰书等分讨于浙江。在中心战场,康熙反复指示勒尔锦等,擒贼先擒王,主攻湖南,速灭吴三桂,各地叛军自然树倒猢狲散。

　　考虑到山东兖州邻近江南、江西、湖广,山西太原邻近陕西、四川,都是交通要道,战略位置极其重要,康熙将令副都统马哈达率军驻防兖州,副都统扩尔坤领兵驻防太原,秣马厉兵,建立接转基地,沟通北京——德州——兖州——江宁——安庆和北京——太原——西安两条运输线,以保证援兵及各项军用物资源源不断运往前线。为了保证军情传递的迅速、准确,康熙又令兵部在原有的驿站之外,每四百里设笔帖式一员、拨什库一员,遇有紧急事务,不分昼夜急驰传递。这样,大大加快了通信效率,能及时了解前方军情、掌握战争主动权。甘肃地隔北京五千里,有关情报只需九天时间就可送达;荆州、西安五天,浙江四天。吴三桂最初对康熙颇为轻视,以为不过一乳臭未干的小子,未经大战,不晓军事,没什么可担心的。后来听说驿报如此神速,不由得仰天长叹:"完了,完了! 不可与他争锋也!"

　　王辅臣的叛变,实在出乎康熙的意外。此人早年参加过农民起义,作战勇猛,爱乘一匹黄骠马,出入千军万马擒敌,无人敢当,有"马鹞子"之称。1649年清军围攻大同时,王辅臣投降,隶汉军正白旗,因勇冠三军,受到顺治帝赏识。后随洪承畴转战南北,忠心耿耿。云贵平定后,留镇云南,隶属吴三桂。康熙知他智勇双全,特地将他从吴三桂藩下调出,任命为陕西提督,委以西北重地。1670年底,王辅臣赴平凉(今甘肃平凉)上任前夕,进京谒见康熙。康熙对他非常关怀,让他过完元宵节再启程,并叫他同自己一起观灯,眷恋之情,溢于言表:"朕真想把你留在朝中,朝夕相见,但平凉是边庭要地,又非你亲去不可。"王辅臣临行前,康熙再次接见他,赐给一支蟠龙豹尾枪,说:"这枪是先帝留给朕的,朕每次外出,都把枪摆在马前,为的是不忘先帝。你是先帝之臣,朕是先帝之子,今日分别,其他东西都不足珍贵,惟把此枪赐给你。你持此枪前往平凉,见到枪就同见到朕,朕想到枪也如同想到你。"王辅臣感动得拜伏在地,痛哭流涕,久久不起,说:"圣上恩重如山,微臣即使肝脑涂地,也不能报答万分之一,怎敢不竭尽股肱之力,以报效陛下?!"王辅臣是肩负着康熙的殷切希望,前往平凉上任的。吴三桂叛乱后,派人持信函,委任札赶赴平凉,煽动王辅臣反叛。王辅臣没有丝毫犹豫,拿下信使,令其子王继贞押解北京。康熙大喜,任命王继贞为大理寺少卿。然而相隔不过几个月时间,王辅臣却树起了反旗,这令康熙怎么也难以置信。

康熙深知王辅臣的叛变影响更大,北京随时都可能受到威胁,又见其态度暧昧,不同于那些铁杆叛乱分子,决定实行招抚政策。他理了理情绪,传令召见王继贞,准备从他身上打开缺口。

王继贞一进殿,脚还没站稳,康熙就劈头喝问道:"你父亲反了,知道吗?"王继贞大惊失色,吓得浑身战栗,哆哆嗦嗦地说:"我不知道,一点也不知道。"见他吓成这副样子,康熙反倒动了恻隐之心,缓步走下殿来,扶起王继贞,安慰说:"你不要害怕。朕知道你父亲忠贞不二,决不至于造反,一定是莫洛不善调解,才有平凉将士哗变,使你父亲不得不屈从。朕今天召见你,是让你速速回去,宣布朕的命令,赦你父亲无罪。莫洛之死,罪在士卒,与你父亲无关。"王继贞这才喘了一口气,如释重负,诺诺而退,连夜赶回平凉。

1674 年 12 月 23 日,康熙又给王辅臣发去一道长篇诏谕,把他与王辅臣的交往一桩桩娓娓道来,力图以真情打动王辅臣。诏谕没有一句谴责的话,处处流露出体谅与宽容,俨然是一封叙旧的私人信函。康熙深知,值此非常时期,追究莫洛之死已毫无政治意义,重要的是王辅臣回心转意,使战略位置极其重要的大西北不再掀起叛乱的战火。

康熙的真诚,打动了王辅臣,他一直驻扎在平凉,既不南下与吴三桂会合,也不与四川的叛将王屏藩联手。1676 年 2 月,抚远大将军图海围困平凉,执行康熙的招抚政策,围而不攻,困而不战,以攻心为上,极力劝诱王辅臣反正。在粮道被切断、城内人心惶惶的情况下,王辅臣经过激烈的思想斗争,表示愿意投降。康熙信守诺言,恢复王辅臣原职,加太子太保,升靖寇将军,其部下一律赦免。6 月 15 日,王辅臣接受招降,平凉光复。陕甘叛军闻讯,纷纷撤退。靖逆将军兼甘肃提督张勇、宁夏总兵王进宝等跟踪追剿,收复许多失地。清军迅速从西北战场脱身,开赴湖广主战场,增强了对吴三桂叛军作战的力量。

招抚王辅臣成功,西北安定,康熙从中总结出一条经验:剿抚并用,事半功倍。此后,"剿抚并用"策略被推广到各个战场。康熙指示,只要有悔过投诚之人,都可接受其降顺,允许其戴罪立功。

1676 年 5 月至 1677 年 5 月,是康熙"剿抚并用"政策取得重大胜利的一年。在强大的政治攻势下,1676 年 10 月 4 日,耿精忠归顺。1677 年 5 月 4 日,尚之信投降。福建、浙江、广东等省相继平定,叛军势力局限于吴三桂控制的云南、贵州、四川、湖南、广西五省。清军实现了对吴三桂的逐步包围,并从湖南北部的岳州、长沙和南部的湘粤边界,西北从陕西到四川,对吴三桂叛军发起了反攻。

1678 年初,征南将军穆占连克郴州(今湖南郴县)、桂阳、桂东、兴宁、宜章、临武、嘉禾、永兴等地,彻底粉碎了吴三桂进犯广东的企图,并准备在湖南战场进行主力决战。吴三桂军事上接连丧师失地,便于 3 月 23 日在衡州(今湖南衡阳)称帝,国号周,大封诸将,聊以鼓舞士气,重新打开局面。8 月 17 日,吴三桂病死军中,其孙吴世璠继位,部下涣散,军心动摇。康熙利用这一大好形势,令清军分水陆两路夹击,迅速攻取岳州。

岳州位于长江南岸洞庭湖畔,是长江中下游的水陆要冲,具有极其重要的战略地位。据有岳州,不仅控制了湖南战场的主动权,而且可以切断东西南北的交通命脉。吴三桂深知此城是他立足湖南的支撑点,关系非同小可,特派他的侄儿、骁勇善战的大将吴应期把守,动用了大量的人力物力,在城内构筑防御工事。又在澧州、石首、华容、松滋等地派驻重兵,与岳州成掎角之势,互相声援。而对清军来说,攻取岳州是收复湖南的关键,意义也不可小视。因此,岳州一城之战,实际上关系着整个战争的全局。

防守岳州的吴应期是一员猛将,妄自尊大,不体恤士卒,对部将也傲慢无礼,盛气凌人。水师将领林兴珠在湘潭投诚,被康熙封为侯爵,授建义将军。林兴珠主动献攻取岳州之策,提出水陆并进,以一半船只停泊洞庭湖中大岛——君山,切断常德通道;其余船只停泊在香炉峡、扁山、布袋口等处,沿九贡山陆路扎营,切断长沙、衡州通道,扼断岳州陆上交通。这样,岳州城内叛军就成了瓮中之鳖,不战自毙。这是一个非常高明的战略计划,康熙欣然采纳,于1678年5月1日开始实施。他指示说:"岳州是湖南的咽喉要地,必须先行收复此地,长沙、荆州的大军才能前进。击破逆贼,底定湖南,在此一举!"

遵照康熙的指示,5月18日,安远靖寇大将军尚善、湖广总督蔡毓荣率水师开进洞庭湖,击溃叛军水师。康熙又调荆州、安庆、陕西、河南等地军队参与围攻岳州之役,共投入鸟船百艘,沙船四百三十八艘,兵力三万人,实力超过叛军。9月,清军从水陆两路将岳州团团围困,切断了城内粮道。叛军内无粮草,外无援军,惶惶不可终日,多次突围寻粮,都被清军击退。

与军事进攻相配合,清军也大力招抚,实行分化瓦解。林兴珠现身说法,以侯爵的身份发布告示,鼓动城内吴军投降。吴应期见军心涣散,不可再战,便放弃岳州,率部逃回云南。1679年1月19日凌晨,清军在蔡毓荣率领下,浩浩荡荡开进岳州城。负隅顽抗达五年之久的岳州终于光复。

捷报传来,康熙喜不自禁。与叛军鏖战五年,终于取得了辉煌胜利。年轻的皇帝舒了一口气,他似乎已看到了胜利的曙光,直捣叛军老巢已为时不远,最后的胜利指日可待了。极度兴奋之余,他挥毫写下了一首题为《收复岳州作》的长诗,以抒其情怀。

康熙沉浸在胜利的喜悦中,吴世璠却面临着一副烂摊子。当时他年仅十四岁,无力指挥战事,诸将各自为战,终于酿成了湖南的大溃败。特别是吴应期放弃岳州,几乎将整个湖南拱手出让。1680年4月11日,安远靖寇大将军察尼率军攻克辰州(今湖南沅陵),彻底肃清了湖南的叛军势力。

为了夺取平叛战争的最后胜利,康熙再次调整了部署,严惩作战不力、临阵退缩的大将军勒尔锦等人,以湖广总督蔡毓荣为绥远将军,率湖广全省绿营兵进攻云南,征南大将军赖塔率广西满汉大军进攻云南,勇略将军赵良栋率四川、陕西满汉八旗及绿营兵进攻贵州。清军从三个方向杀向叛军老巢,1681年2月19日抵达昆明城下,围攻半年多,吴世璠粮尽援绝,服毒自杀。10月30日,清军进入昆明,历时八年之久的"三藩之乱"终于平定。

1681年11月14日凌晨,捷报传到北京,文武百官齐集乾清门庆贺行礼。康熙按捺不住喜悦的心情,高兴得合不拢嘴。回顾八年来的艰难历程,他不禁心潮起伏,感慨万千,久久不能平静。他提笔写下了一首《滇平》诗:

　　洱海昆池道路难,
　　捷书夜半到长安。

朱矜干羽三苗格，

乍喜征输六诏宽。

天末远收金马隘，

军中新解铁衣寒。

回思几载焦劳意，

此日方同万国欢。

平定"三藩之乱"只不过是康熙政治生涯中的万里长征第一步，以后的路还很长很长。年轻的皇帝任重而道远。

第三章 统一台湾

郑成功于清顺治十八年十二月(1662年2月)驱逐荷兰殖民者,收复台湾后,郑氏集团势力控制的地区除台湾、澎湖外,还包括大陆福建沿海的金门、厦门以及铜山(今福建东山岛)、南澳(今福建南澳岛)等沿海岛屿,其中金门与厦门是郑氏集团经营多年的抗清根据地,是其在大陆沿海地区的主要据点。郑成功渡海攻台前,命其世子郑经坚守金、厦,其战略意图是:取台、澎以为基地,连金、厦以抚诸岛。然后广通外国,训练士卒,进则可战而恢复中原之地,退则可守而无内顾之忧。(《台湾外志》第11卷,第185页)可见,金门和厦门在郑氏集团的战略布局中既是维持其在大陆沿海地区最后立脚点的关键棋子,又是其在时机成熟时挺进中原的重要跳板。清政府要消灭郑氏集团,进而统一台湾,其战略目标也首先指向金、厦二岛。康熙元年(1662年)五月,郑成功在台湾去世,郑氏集团内部发生分裂,给清廷提供了机会。

一、招抚郑经

在郑成功取得台湾作为反清基地后,即采取了一系列巩固政权、开发台湾的措施,如建立府县等行政机构,推行寓兵于农的屯田政策以发展农业,同时,他又整修武备、制定法律、兴教办学、拓展贸易,以致日夜操劳,身心疲惫。在此期间,接连发生了几件事对郑成功打击很大。康熙元年一月,郑成功获悉其父郑芝龙及在京家族亲属被清廷满门抄斩的消息,顿足捶胸,伤心欲绝,望北面而痛哭,下令所有文武官员挂孝。四月,南明最后一个皇帝永历帝在云南昆明被吴三桂缢杀,南明灭亡。郑成功闻讯,情绪更加抑郁。同时,他又得知其子郑经私通乳母的丑事。郑经是郑成功的正室董夫人所生,是郑成功的嫡长子,也是其延平郡王王位的合法继承人。郑经生性风流倜傥,其妻唐氏是尚书唐显悦之孙女,端庄淑静,夫妻二人不甚相得。故郑经常在外拈花惹草,行为颇不检点。郑经四弟的乳母陈氏,年二十六七,有几分姿色,郑经不顾伦常,与之打得火热,并生下一子。为掩人耳目,郑经谎称此子为其侍妾所生。郑成功年未四十,喜得孙子,非常高兴,还因此赏赐了郑经。偏偏唐显悦为人苛刻,致书郑成功揭露此事,书中有"治家不正,安能治国"之语。郑成功秉性刚烈,闻此家丑,又受唐显悦如此讥讽,不觉气塞胸膛,立即命都事黄毓持令箭赴金门,协同郑成功之兄郑泰同往厦门,欲以治家不严的罪责斩杀郑经之母董氏,并杀郑经、乳母陈氏及所生之子。但由于金、厦诸将抗命不遵,郑经与董氏不但没有被杀,反而公然拘禁黄毓,控制了金、厦二岛的局势,使郑成功鞭长莫及,无可奈何。亲人与诸将领的不忠不孝,对郑成功内心的伤害之深是可以想象的。加上郑成功率数万军民入台,台湾发生粮荒,清廷实行经济封锁,切断了来自大陆的粮饷,又使郑成功心急如焚。

同年五月初,心身俱疲的郑成功受了风寒,仍强撑病体,登将台,手持千里镜遥望澎湖方向,看是否有大陆的运粮船来。五月初八这一天,郑成功再一次登台西望,视野尽处,只有海天茫茫。郑成功失望地回到书房,自感心力交瘁,病情加重,将不久于人世,遂命左右为其冠带整齐,请出太祖祖训,施礼毕,一页一页地翻看,忽然叹息道:我有何面目见先帝于地下！以两手掩面而逝。时年三十九岁，葬于台湾洲子尾（今台湾台南市北区）。台湾百姓怀念郑成功驱逐荷兰殖民者的恩德，建祠以祭祀其亡灵，祠名"开山庙"。清同治十三年（1874年），福建船政大臣沈葆桢上奏朝廷，请求以官方名义在台湾为郑成功建祠，以褒奖其忠烈，劝励后人，得到清廷批准。祠庙落成后，沈葆桢亲为撰写并手书楹联：

　　开万古得未曾有之奇，洪荒留此山川，作遗民世界

　　极一生无可如何之遇，缺憾还诸天地，是创格完人

对郑成功一生的人格功业做了评价。这些都是后话了。

郑成功去世后，因"乳母事件"而形成的郑氏集团内部的裂痕，又由于对继承权的争夺而迅速扩大为内部分裂。在台湾的郑成功之弟郑袭和在厦门的郑经，几乎在同时各自宣布为郑氏集团领导权的合法继承者，其下属也分化为拥叔派和拥侄派，也有徘徊观望，依违于两派之间者。由此而形成了台湾与金门、厦门隔海对峙，势同水火的局势，双方都在整军备战，准备用武力最后解决问题。

李率泰遣使招抚

清福建总督李率泰于当年六月从省城福州赶到泉州，接到效用总兵林忠及沿海官员的报告，得知郑成功去世，郑氏集团内部分裂，即将火并的消息，大喜过望，立即邀请在福建的靖南王耿继茂等人星夜驰抵剿郑前线漳州（治所在今福建漳州市），共商对郑氏集团的剿抚事宜。李、耿等人最后商定，当此郑氏内乱之际，遣使招抚，令其自行瓦解，不战而降是上策。于是两次派人赴厦门，与郑经议和，提出郑经及部属如能遵制削发，离岛登岸，归顺清廷，朝廷将不究既往，并厚爵加封，予以优待。

郑经闻报，与伯父郑泰，将领洪旭、黄廷等密谋道：如今东有郑袭等作乱台湾，西有清军虎视眈眈，我们两面受敌，内外交困，处境十分危险。不如暂借招抚与清廷周旋，以为缓兵之计，待我东渡台湾，平定内乱后再作处置，诸君以为如何？郑经此时虽年仅二十岁，心计却很深。他的意见得到其他人的赞同，部将洪旭将郑经的策略概括为"阳和阴违，俟靖内乱，再作筹画"十二个字，并献计派使者杨来嘉、吴荫赴漳州与清方细商招抚事宜，将以前郑军从各州县缴获的二十五颗印信交还清使，假戏真做，以迷惑清廷。郑经等同意，依计而行。

郑使杨来嘉、吴荫至漳州，面见李率泰、耿继茂，献上印信及假造的郑氏集团人员、船只清单，清单中称郑氏集团现有文武官员两千五百六十人，水陆官兵四十余万，大小船只五千余艘，控制区域有人口三百余万，显系夸大其词，虚张声势。李、耿以为招抚有望，厚待杨、吴二人，同时上奏朝廷，报告喜讯。清廷得报，一面命即刻送杨来嘉入京，一面下令福建各路清军原地待命，广布间谍，加紧进行离间、招抚郑氏集团的活动。

郑经东渡台湾平内乱郑经见假议和之计奏效，清军的威胁可暂时避免，立即集结部队，挥师东征，平息内乱。十月初，郑经任用周全斌为五军都督，陈永华为谘议参军，冯锡范为侍卫，率军扬帆启航。初七日，抵达澎湖，采纳陈永华先礼后兵、先声后实之计，派礼官郑斌先期抵台，宣称：郑经亲率大军赴台奔丧，命在台文武官员守职待命。当时在台郑氏诸将多持观望态度，只有黄昭、萧拱宸等少数将领支持郑袭，郑袭令其在台湾

各要塞设防,以武力阻止郑经入台。

郑经得知郑袭负隅顽抗,认为师出有名,遂统兵攻台。大将周全斌曾随郑成功收复台湾,熟悉台湾各港口的水道及防御设施。郑经听从周全斌的建议,避开其火力集中的重点防御水道,乘大雾从赤嵌楼附近的漖港突然登陆,背水一战,守将黄昭措手不及,中箭身亡。周全斌趁机大呼:黄昭已死,诸将速速倒戈。叛军溃败星散。周全斌率军乘胜追击,迅速控制了台湾的局面。郑经至安平,只诛杀了萧拱宸等五个叛军将领,其余概不问罪。又请出郑袭,与之相抱而哭,将罪责完全推到黄阳、萧拱宸等人身上,待郑袭如往日一样亲近,以安其心。此时郑经初承父业,恩信未著,又有所谓"乱伦""拒父"的恶名在身,有待洗刷,所以对台湾的反叛者采取了集中打击少数和低调处理的策略,不但很快平定了内乱,而且使在台文武官员心悦诚服,树立了威望,也稳定了台湾的局势。

郑经诱杀郑泰

郑经处理台湾内乱的策略十分成功,但其诱杀伯父郑泰却是犯了一个大错误。郑泰长期担任郑氏集团户官之职,管理郑氏的贸易和财政事务,掌握大量钱财,又在郑经东渡平乱期间,主持金门、厦门的军政事务,军事上也有很大实力,本来就已招致郑经的猜忌。郑经平乱时,又搜出郑泰给黄昭的密信,信中表示了支持郑袭做郑氏政权继承者的态度,这一来就更加激化了二人间的矛盾。康熙二年(1663年)正月,郑经率军返回厦门,驻守金门的郑泰称病未至厦门迎接道贺,使郑经越发愤怒,暗中筹划除掉郑泰,只因忌惮郑泰手握重兵,一时难以下手。

当年六月,郑经诡称欲携带眷属赴台湾安置,金、厦诸岛烦请郑泰照管。并铸金、厦总制印一枚,令礼官郑斌、户官吴慎持印至金门交给郑泰。郑泰对郑经已有戒备,受印后仍疑心其中有诈,不敢去厦门面见郑经称谢。其弟郑鸣骏不了解其中微妙,极力劝说郑泰赴厦门谢恩。郑泰被说动,到了厦门,见到郑经,郑经待之礼遇非常,郑泰疑心渐释。第二天,郑经摆酒邀郑泰议事,于内室伏下甲兵,席间,郑经掷杯于地,喝伏兵拿下郑泰,取出郑泰与黄昭的密信,郑泰无语,闭目受死。郑经缢杀郑泰,又遣周全斌驱船往金门抄了郑泰的家。郑鸣骏及郑泰之子郑绪昌闻讯,一怒之下,带领"文武大小官员四百余员、船三百余号、众万余人"到泉州向清军投诚(阮旻锡:《海上见闻录》),使金门守备一时空虚。另据清方档案开列的清单,此次与郑鸣骏等一同投诚的郑方官兵有:郑鸣骏等八千余人,陈辉等两千三百余人,杨富等两千九百余人,何义等一千八百余人。降清的郑军将领中还包括后来担任清军福建水师提督的万正色。郑经在面临清军大兵围剿之际,煮豆燃萁,杀害重臣,激变大批郑军降清,实在是一个严重的失误,对郑氏政权造成了很大的打击。

清郑和谈破裂

郑经对与清廷的和谈本无诚意,当初虚晃一枪,只是与清廷虚与委蛇,好借机抽身去台湾平乱。待郑经率军从台湾返回厦门,谈判使者杨来嘉也从京城回到厦门,向郑经报告,清廷的和谈条件是坚持要郑氏集团削发、登岸。此时郑经已无后顾之忧,不需再与清廷费口舌,故转而采取强硬态度,坚决要求"依朝鲜例",可以"称臣纳贡",决不"削发、登岸"。郑经继位后清郑间第一次和谈遂告破裂。

从康熙元年郑成功去世,到康熙二十二年(1683年)清政府最后统一台湾,清廷与台湾郑氏集团之间共进行了十次和谈(详见附录三《清政府与台湾郑氏集团和谈一览表》)。在这一系列和谈中,双方分歧的焦点都集中在是否"依朝鲜例"这个问题上。"依朝鲜例"是郑氏集团在历次和谈中提出的首要条件,也是其谈判的基本立场。所谓"依朝鲜例",就是要求清政府依照当时中国与朝鲜的关系模式来确定中国大陆与台湾、清中央政府与郑氏割据政权的关系,具体来说就是只称臣纳贡,但"不削发、不登岸"。朝鲜是中国的邻邦,由于种种原因,尤其是出于国防上的考虑,当时的朝鲜政府要求清政府给予保护,并向清政府称臣纳贡,成为中国的藩属国。郑氏集团坚持"依朝鲜例",实际是要清政府承认台湾为中国藩属国的地位,把台湾从中国领土中分裂出去。台湾郑氏集团把分裂祖国作为结束与大陆敌对状态,谋求和平的条件,与清政府统一台湾的主旨相悖,当然会遭到清政府的拒绝。

在谈判中,清方多次要求郑氏官兵必须"遵制削发",郑方则坚决表示"若欲削发,至死不易"。所谓"削发"(又称剃发、薙发),是清军入关后,清朝统治者强迫汉族人民改从满族风俗习惯的一项民族高压政策,要求所有汉族男子都必须像满族人那样把头顶前部剃光,后部蓄发,梳成辫子,清政府以此作为汉人是否真心归顺的标志。清廷在和谈中坚持"削发"条款,无疑是带有民族压迫性质的。但值得注意的是,台湾郑氏集团提出"不削发"并非完全是为了反对民族压迫,其用心也在于使台湾与中国分裂。因为清政府的"剃发令"只要求汉人剃发,外国人,包括藩属国的臣民都可以不剃发。郑经等提出"不剃发",正是要清政府"依朝鲜例",将郑经等人与藩属国臣民同样对待,归根结底还是要分裂祖国。至于"不登岸",是指不离开台湾及沿海岛屿,不放弃郑氏集团在这些地区的既得利益,继续维持郑氏政权的割据局面。

二、施琅请缨施琅与郑氏的恩怨

施琅,原名施郎,字尊侯,号琢公,福建晋江人(故里在今福建晋江市龙湖衙口)。自幼随其父施大宣出海经商,熟悉沿海水域、地理、气候情况,有丰富的航海经验。又从师习兵法、战阵及诸般武艺,成年后即以智勇兼备闻名乡里。后慕名投郑芝龙麾下效力,屡立战功。清顺治三年(1646年),施琅随郑芝龙降清。当时坚持抗清的郑成功久闻施琅精通阵法,尤长于水战,遣人邀之共图复明大计。施琅应邀前往,在郑成功部下任左先锋(一说为左冲锋)要职,参与郑氏集团军机大事的谋划,甚得郑成功的信任和倚重。施琅追随郑成功前后约有五年时间,参加了很多重要战役,立下了汗马功劳。后在一些重大问题上,二人意见发生分歧,关系逐渐疏远,矛盾日益激化,以至施琅一度执意要脱离郑氏,削发为僧。而导致二人最后决裂,反目为仇的是所谓"曾德事件",时间在顺治八年(1651年)。

曾德是施琅手下的一员从将(一说是亲兵),因犯法当处死。曾德贿赂郑成功的左右亲随,得以逃匿。施琅侦知曾德的藏身之所,将其擒获。郑成功闻讯派人持令箭请施琅刀下留人。施琅反驳道:法令并非施琅所私有,犯法者必究。若藩主(指郑成功)自徇其法,必有后患。遂下令杀了曾德。不料,持令箭者是曾德的生死朋友,其面见郑成功后,竟诬陷施琅蔑视藩主,面叱使者,抗命杀人。郑成功闻言,不禁勃然大怒,多日的积怨一下爆发出来,传令将施琅及其父施大宣、弟施显贵一并拿下,拘禁于一艘战船之中。当晚,有一人来看望施琅,私下告诉他,其一家人已性命难保,要他速作打算。施琅与家人商议后,决定逃跑。他假意喜形于色,取出酒菜与看守的将领吴芳畅饮,兴高采烈地对吴芳说:我原以为藩主要杀我,谁知是要我准备铠甲(按郑氏军法,交纳铠甲可以以罚代罪)。随后就恳求吴芳派人陪他去见郑成功,吴芳听信施琅的话,又见其父亲和弟弟尚押在部中,便点头同意了。施琅与随同的士兵行至偏僻无人之处。突然从怀中抽出铁锥,迅雷不及掩耳般地锥杀了随行的三个士兵,然后藏匿于一石洞中。

郑成功得到施琅逃跑的报告,愈发震怒,下令立即将施琅的父亲和弟弟推出斩首,并严格盘查往来船只,日夜搜索施琅。施琅在洞中藏身多日,饥渴难当,心想此处虽然安全,但非长久之计,必须设法逃出去。自忖部下之中,只有副将苏茂与我情同手足,最可信赖。于是施琅乘夜色潜出石洞,从荒野小道悄悄地摸入苏茂的军营之中。此时苏茂已接替施琅担任左先锋之职,施琅担心其贪官忘友,面见苏茂后即试探道:听说藩主悬赏千金捉我,我细想贤弟与我情义最厚,特来自献,以免他人捉了我会邀功。苏茂闻言正色道,苏某虽不才,但卖主求荣之事,苏某至死不敢为,请公再勿多疑。随后即令属下封锁消息,将施琅藏于密室,款待酒饭。第二天夜幕降临之际,苏茂暗遣心腹以一叶轻舟,将施琅渡海送至大陆。此时施琅已得知父亲和弟弟被杀的噩耗,他本以为父亲和弟弟与此事无关,自己逃出后,郑成功会网开一面,放了家里人,岂料郑成功如此绝情。施琅一怒之下,投降了清军。

施琅做了清军将领后,由于胆略过人,又熟知郑氏集团内部情况,成为郑军的劲敌。因其在与郑军的作战中,战功卓著,累迁至福建同安总兵官。康熙元年,施琅经国史院大学士、兵部尚书苏纳海的力荐,担任了福建水师提督的重要职位。在清军夺取金门、厦门的作战行动中,施琅率福建水师剿抚并用,克浯屿、下金门、招降陈升,发挥了重要作用,得到康熙皇帝"素谙海务,矢志立功"的褒奖。施琅如此为清廷效力、与郑氏为敌,其动机既有对清政府知恩图报的心理,也怀有向郑氏报仇雪恨的宿怨。

施琅率师三攻澎湖 康熙三年(1664年),清廷采取军事打击与政治招抚相配合的策略,将郑军逐出东南沿海地区,郑经被迫率余部退守台湾。当年六月,施琅与李率泰、耿继茂联名上疏朝廷,请求乘胜进攻澎湖,直捣台湾,剿灭郑氏,统一四海。十一月,朝廷下旨,同意施琅等人乘胜攻取台湾的意见,授施琅为靖海将军,以郑氏降将周全斌、黄廷、杨富、林顺、陈蟒等为辅佐,"统领水师,前往征剿",并指示他们:"凡事会议酌行,勿谓自知,罔听众言。毋谓兵强,轻视寇盗。严设侦探,毋致疏虞。抗拒不顺者戮之,大兵一至,即时迎降者免死……务期殄灭逆孽,副朕倚任之意。"(《清圣祖实录》卷十二)。

郑经得到清军将要进攻台湾的情报,立即召集诸将商议。洪旭认为,澎湖为台湾门户,当年郑成功得以收复台湾的一个重要原因,就是荷兰人对其在台湾安平等处的城堡、要塞过于自信,而不守澎湖。应令人统军赴澎湖,加强澎湖的防务。扼守住澎湖,台湾可高枕无忧。郑经深以为然,马上抽调台湾各地屯田部队的三分之一,加上郑经侍卫部队的一半,共计一万余人,配备四十余艘战船,命大将颜望忠率领,驰援澎湖,与澎湖郑军会合,抗击清军的进攻。同时,郑经又在台湾本岛的各港口、要塞部署了防御力量。

施琅接到朝廷进军台湾的命令后,即着手实施攻台行动。其总体战略构想是,"澎湖乃通往台湾之要冲,欲破台湾,必先攻取澎湖",清军水师如能"飞渡澎湖,则将扼据咽喉,进逼巢穴"(《康熙统一台湾档案史料选辑》第 51 页),对台湾的郑氏集团形成强大威慑。然后再根据风向、地形及敌情相机制定进剿台湾本岛的方略。据此,其战略计划将攻台作战行动分为两个阶段,第一阶段的作战任务是攻占澎湖,在澎湖设立清军大营,观察台湾形势;第二阶段的作战方针是相机而动,出奇制胜,统一台湾本岛。

康熙三年(1664 年)十一月,施琅率部发动了第一次进攻澎湖的行动。但清军船队出海不久,即遇到迎头而来的强大海风,船队难以逆风而行,只好返回出发地。清廷接到施琅出征失利的上报,指示施琅"与在事将弁酌情商议,伺机进取,以奏肤功,勿以日久为虑"(同上,第 50 页)。施琅接旨后,加紧进行渡海的准备工作,于康熙四年(1665 年)三月发动了第二次进攻澎湖的行动。三月二十六日,清军水师从金门蓼罗湾(即料罗湾)启航,向澎湖进发。由于海上风轻浪平,靠风力推进的清军船队航速甚为缓慢,航行了三昼夜,仍不见风起,只得靠岸停泊。二十九日再次出航,又遇顶头的东北风,风力强劲,海浪翻涌,阴云密布,施琅无奈,将船队撤回金门。两次出海受挫,施琅心急如焚,所谓"谋事在人,成事在天",天不遂人意,急也不济事,只有静待天时。

四月十六日,天空放晴,万里无云,施琅认为这是出师的好兆头,暗中祈祷天公相助,遂于当日午时下达出发命令,清军水师分别从乌沙头(在金门附近)和浯洲屿(即金门)起锚,数百只战船,浩浩荡荡,向着澎湖方向进发。航行一昼夜,至十七日午时时分,澎湖岛屿上的小山尖已依稀可见了。

然而,就在清军士兵欢呼雀跃,将领们额手称庆之际,海上风云突变,霎时间,狂风暴起,恶浪排空,黑云压顶,暴雨劈头盖脸地砸下来,船桅被风拦腰折断,船桨被浪击得粉碎,清军官兵们被眼前这突如其来的情形吓得匍匐在船舱中,发出歇斯底里的号叫,这怪异的叫声好似从水底发出来的,使人联想起传说中狰狞的海怪,更增添了阴森可怖的气氛……

清军遇上了一场罕见的海上风暴。

施琅在风浪乍起之时,尚能镇定自若,仍存一线希望,盼着这风暴来得急也去得快,他实在不甘心就此收兵,功败垂成。但转眼间,他的船队已被风浪冲得四分五裂,阵形大乱,无法聚拢。施琅长叹一声,下令鸣炮返航。

返航途中,因风高浪急,清军各船逐渐失去了联系,只能随风漂流。施琅的座舱漂到了广东潮州府的潮阳县(今广东潮阳市),周全斌和林顺漂至镇海,杨富漂到漳浦(今福建漳浦县),其他船只也先后被风涛和海潮带到厦门、铜山、浯屿、大担等海岛和港湾。经清点,有两只小船沉没,另有七只船下落不明。此次海上遭遇风暴,绝大多数清军都是死里逃生,物质损失虽然不大,精神上的打击却是相当沉重的,其在清军官兵心理上留下的阴影更是久久难以消除的。

清军攻台失利的原因从康熙三年末到康熙四年三、四月,施琅统率清军三次进军澎湖,都遭失利。三次失利,从表面上看都是由于天时风向等自然因素造成的,但从其内在原因来看,这是清廷在政治、经济、军事等各方面条件尚不成熟的情况下,贸然发动攻台行动的必然结果。在政治方面,当时康熙皇帝年纪尚幼(十一二岁),按顺治皇帝的遗诏,由索尼、苏克萨哈、遏必隆、鳌拜四位重臣辅助幼帝,佐理朝政。但野心勃勃的鳌拜使用阴谋手段排斥异己、培植党羽,逐渐形成了独揽朝政的局面。这样就破坏了正常的封建统治秩序,使清廷内部争权夺势的斗争不断激化,削弱了清政府的政治力量。同时,当时盘踞西南和东南地区的"三藩",即镇守云南的平西王吴三桂、镇守福建的靖南王耿继茂、镇守广东的平南王尚可喜拥兵自重,称霸一方;横征暴敛,鱼肉百姓;恣意妄为,对抗中央。对清政府已形成尾大不掉的局面,成为巩固和加强封建国家统一的严重障碍。尤其是福建和广东,地处清政府对台斗争的最前线,"三藩"势力把持着这些地区的军、政、财大权,使清政府无法全力以赴地顺利实施统一台湾的行动。

在经济方面,自明末清初以来,连年的战乱对社会经济造成了严重破坏,清政府的财政也由于战争的巨大消耗而十分拮据,以至于入不敷出。据顺治十二年(1655年)清工部给事中王命岳的上疏,当时清政府年财政收入为白银一千八百十四万两,支出为二千二百六十一万两,赤字达四百四十七万两(《清史稿》卷二百四十四,《王命岳传》)。这样的财政状况,是很难为一场大规模的远海作战提供足够的经济支持的。

从军事上来看,满清统治者统一中国大陆,建立封建王朝靠的主要是八旗骑兵和绿营步兵,这是其军事优势所在。但其对海战既缺乏实战经验,又没有足够的信心。对于建立强大的海上力量,清政府一来没有给予充分的重视,二来当时的经济条件也不允许。清廷欲武力解决台湾问题,主要依靠福建水师,而这支部队的骨干力量大都是原郑氏集团的投诚人员,清朝统治者对这些人并不完全信任,不能充分发挥他们的作用,这无疑会挫伤他们的积极性,削弱其战斗力。由于这些因素,清政府的综合军事实力虽然远超过台湾郑氏集团,但其海上力量却明显敌不过郑军水师。所以,即使清军舰队能顺利到达澎湖,也无取胜的把握。

攻台清军主将施琅还从作战部队的具体状况分析了失利的原因:一是投诚官兵的许多亲属都在台湾,所以他们存在顾虑,不能奋勇向前;二是出征部队多为临时拼凑,未经充分的选拔及训练,造成各部"参差不一",难以协调一致的状况;三是将领们无决策权,只是"奉有成命,勉应击楫",缺乏主动性和积极胜。所以施琅强调,出征失利虽因"风涛之险",但"人谋亦未允臧"。(施琅:《靖海纪事》卷上,《边患宜靖疏》)

值得一提的是,清军攻台船队中途而返可能还有一个重要原因。这在所有涉及攻台行动的清朝官方史料中没有透露一丝消息,却被荷兰方面的有关著述披露出来。这就是,清军此次武力攻台行动有荷兰舰队参与。据记载,此次荷兰海军提督博尔特派出战舰十艘、士兵一千人,与清军水师联合进军澎湖,其目的是不言而喻的,即我帮你打败郑军水师,剿灭郑氏集团,你把台湾送给我。清军主将施琅虽与郑氏集团有杀父之仇,但他从民族大义出发,不愿荷兰人染指台湾,更担心清荷联军取胜后,荷兰殖民者再次侵占台湾。因此,在行动过程中,施琅屡次对荷兰人采取不合作的态度,这引起了荷军指挥官的强烈不满。后来,在遇到强劲海风之际,施琅就以此为借口,率清军船队返回了。(详见赖永祥:《清荷征郑始末》)若此记载与史实相符,那么施琅可谓用心良苦,他是想完全依靠清朝自己的力量进攻台湾,其目的不仅是要剿灭郑氏集团,而且要统一台湾。这也表现出施琅深远的战略眼光和爱国精神。至于施琅及其部下在给朝廷的报告中为何对荷兰舰队的事只字不提,其原因就不得而知了。

三、启用姚启圣

招降高手姚启圣 为了扭转不利局面,遏止郑军的进攻势头,清廷对福建的军政大员进行重大调整,撤销郎廷相(郎廷佐之弟,康熙十五年六月继郎廷佐任福建总督)等人的总督、巡抚之职,任命姚启圣为福建总督,吴兴祚为福建巡抚。

姚启圣,字熙止,号忧庵,浙江会稽(今浙江绍兴)人,隶镶红旗汉军。康熙二年(1663年)中举,授广东香山县(今广东中山市)知县,后因事革职。"三藩之乱"起,姚启圣出家资募兵,投康亲王杰书帐下效力,屡献奇策,很受亲王器重,出任福建总督前已凭所立军功从代理知县累迁至福建布政使。姚启圣临危受命,面对郑军的嚣张气焰和咄咄逼人的攻势显得神闲气定、胸有成竹。他认为,刘国轩攻下海澄后不立即进攻漳州,而是舍近求远去攻泉州,是其大大的失策。他还分析道,郑军总兵力不过三万,集中起来才对清军有威胁。现在郑军攻占了很多城邑,必然要分兵把守。"众分,则势弱;势弱,则破之易也。此兵法所谓'兵多贵分,兵少贵合'者。"(《台湾外志》第二十二卷,第三百三十七页)

战局的发展正如姚启圣所料,郑军在占据了一些城池后,兵力分散,战线拉长,攻势果然减弱。为扩充军队,弥补兵力的不足,刘国轩经请示郑经,征发各地乡勇充军,同时将乡勇的眷属移送台湾,一来作为人质,二来也为增加台湾的农业劳动力。但这样就引起安土重迁的沿海百姓的怨恨。加上郑军以重兵围攻泉州,但却久攻不下,粮饷军需的供应发生了困难,于是又加重了对百姓的搜刮和役使。前线将领刘国轩等感到占领区民众的不满日益强烈,上书郑经指出,郑军筹饷部门繁多,制度混乱,形成对占领区百姓的层层盘剥,"弹丸之地,有限之民,正供之外,又有大饷、大米、杂饷、月米、橹桨、棕、麻、油、铁钉、灰、鹅毛、草束等项。最可惨者,又加之以水梢、毛丁、乡勇。民力已竭,科敛无度,伏乞速为裁罢,以苏民困"(《台湾外志》第二十二卷,第三百三十七页)。还有一些郑氏官员认为百姓困苦已极,这样不利于郑氏集团在沿海地区立足,主张停止幕兵、移民等活动,整顿郑军筹饷组织及制度。但郑经只是派人前往察议一番,未采取任何有效的变更措施,状况依然如故。结果是郑氏集团在沿海地区逐渐失去民心,而粮饷军需问题仍得不到解决,军心士气也开始动摇了。这一局面的出现,就为清军开展招降活动提供了契机。

康熙十六年康亲王杰书在与郑氏集团的议和失败后,曾向康熙皇帝报告说"郑锦(即郑经)无降意",康熙随即答复:"郑锦虽无降意,其附逆人民有革心向化者,大将军康亲王仍随宜招抚。"(《清圣祖实录》卷七十一)康熙帝这一招降郑经下属官兵,瓦解郑氏集团基础的旨意得到姚启圣的充分领会和贯彻。姚启圣很擅长搞策反工作,在出任福建总督之前,他就曾劝降过三藩骁将韩大任和郑军潮州守将刘进忠等人,耿精忠降清也有他的一份功劳。升任福建总督后,姚启圣在协助杰书等清军将领对郑军发动积极的军事进攻的同时,又抓住时机,采取一系列政治措施,对其展开了大规模的招降策反活动。为达到削弱郑氏集团社会基础,动摇其统治根基的目的,姚启圣首先从处理好对其家属及亲友的政策入手。他的前任郎廷相认为福建人大多与郑氏官兵有各种各样的联系,因而怀疑他们暗中资敌、通敌,普遍不予信任。姚启圣上任伊始,即广张布告,申明郑氏在沿海地区盘踞多年,当地百姓不可能与其无任何瓜葛,但绝不能以此株连无辜。他下令今后禁止以与郑氏有牵连为借口,进行诬告、陷害和挟私报复等活动。他还在搜罗人才时,对曾追随郑氏后来能改邪归正,又确有才能的人委以重任,授予统兵权,推心置腹,用人不疑。这些做法对争取民心,消除沿海民众的敌意产生了很好的效果。当时有个叫黄震性的人,是福建漳浦人,曾担任过郑成功部下的百夫长,后降清回归故里。他见时局变乱不定,便隐入道观,穿上道袍,做起了世外高人。但同时他又不甘心就此与青灯黄卷相伴一生,一直在静观局势的演变,希望有朝一日能一展才能。姚启圣任福建总督后实行尊重、团结郑氏投诚人员及亲属的政策,使黄震性感到自己出山的日子到了。

黄震性经过一番谋划和准备之后,到姚启圣的军门前投书自荐,并密陈剿抚郑氏集团的方略。他认为,郑经本人才识有限,依靠其左右诸将出谋划策才得以顽抗至今,"倘能高位厚禄买散人心,不用干戈,立可收其绩效"(《台湾外志》第二十二卷,第三百四十四页)。姚启圣与黄震性交谈后,感到黄震性是个难得的人才,其分析和建议很有道理,也正合己意。于是,姚启圣决定采取进一步的招降措施,通过招降来瓦解郑军,配合军事行动,取得战场的主动权。康熙十七年九月,姚启圣上疏朝廷指出,郑军之所以能如此猖獗,难以剿灭,就是倚仗其水师优势,进可以攻掠大陆地区,退可以据守海岛。因此他提出"宣布皇仁,广行招抚,以散其党,而孤其势"的策略。(《康熙统一台湾档案史料选辑》第166页)同时,他采用黄震性的建议,在与郑军占据的海澄相对峙的漳州设立"修来馆",令黄震性主持其事,以官爵、资财、玩好来引诱、招纳郑军官兵。对来降的郑氏人员不但给予赏银,而且让他们乘坐装饰华美的车马,身着鲜丽的服饰,往来招摇于漳州、泉州的郊野。有的降兵降将又逃归郑军,姚启圣等人也佯装不知,不加制止。这些人跑回去后以其所得向同僚官兵炫耀,在衣食都发生困难的郑军中引起很大震动。姚启圣又将一些房屋馆舍装饰一新,摆上各种生活用具,门上大书郑军某某将领公馆,放出风去说某月某日某某将领将来投诚,已为其准备好住所。从而使郑军上下左右互相猜疑,人心浮动。姚启圣还制定了《招抚条例十款》,并予以张榜公布,务使郑军官兵人人皆知。

姚启圣的招降活动对郑军官兵产生了巨大的瓦解作用,康熙十八年(1679年)年初,镇守沿海要地的郑军五镇大将廖琠等即率部向姚启圣投诚,在此前后投诚的郑军官兵络绎不绝,据统计,数年间有十万以上的郑军先后降清,有力地配合了清军的军事行动。

清政府招降活动的成功经验 在统一台湾的过程中,清政府与郑经等郑氏集团上层领导者的和谈屡屡失败,其针对郑氏集团中下层人员,尤其是郑氏军队广大官兵的招降策略却取得了很大的成功。据史料,清政府的招降策略促成了郑氏人员的两次降清高潮,第一次发生在康熙元年(1662年)至康熙三年(1664年),投诚的郑氏文武官员和士兵达到十多万人;第二次发生在康熙十六年(1667年)至康熙十九年(1680年),投诚的郑氏人员达十三万人以上,被瓦解的尚不在其内。其成功经验及对统一台湾所起到的作用是很值得探讨的。

清政府对郑氏集团招降策略的成功之处首先是设立专门的招降机构,制定和公布招降条例,使招降工作有组织保障,有章法可循。康熙元年,清政府在江、浙、闽、粤几个东南省份分别设立了满汉兵户郎中各一员,专门负责招抚和安置郑氏集团投诚人员。

当时的福建总督李率泰抓住郑氏集团内部矛盾激化,军事斗争失利,对康亲王又提出以海澄为双方往来公所的条件。康亲王答复说:“地方重务,责任全在总督,未可轻为定议。”要傅为霖去与姚启圣商议。姚启圣断然表示:国家的每一寸土地皆为朝廷所有,谁敢将其划为公共区域!而且当今圣上并无此意图。予以拒绝。谈判由此破裂。但姚启圣对傅为霖的才能十分赏识,也想乘机争取傅为霖,临别牵手恋恋,还赠送了不少的礼物。傅为霖也很感激,恨不能追随姚启圣于鞍前马后,为其效力。回到厦门后,傅为霖即在暗中为姚启圣工作,向郑军官兵散发书信,联络内应。当时郑军的主要将领包括刘国轩都一再收到清廷的劝降书,起到了促使其内部分化、将士离心的作用。

福建水师的重建和壮大 平定“三藩之乱”期间,清军在与郑军的作战中,一再处于被动不利境地,尤其是对盘踞海岛及濒海地区的郑军不能实施有效的打击,一个重要原因就是没有一支强有力的水师部队。康熙十五年(1676年),当时的福建总督郎廷相在与郑氏军队的较量中,认识到建立水师的必要性,向朝廷请求恢复和重建康熙七年遭裁撤的福建水师,设立水师提督和左右二路水师总兵。翌年,清政府恢复了福建水师建制,任命海澄公黄芳世兼任福建水师提督。康熙十七年(1678年),新任福建总督姚启圣痛感清军水师力量的薄弱和缺乏训练,在当年九月给朝廷的上疏中指出:郑氏集团之所以能长期割据台湾,并威胁沿海地区安全,倚仗的就是一支具有丰富海战经验、实力雄厚的水师部队。所以对郑军作战,“水战更重于陆战”。只凭借陆上优势进行陆战,无法彻底消灭郑军水师;要取得海上作战的胜利,就必须建立起强大的水师部队。他还指出,选任重臣为专职水师提督,使水师部队得到系统、全面的训练和正确的指挥,是福建水师建设的当务之急。这时他有心举荐精通海务、能征惯战的老将施琅出任福建水师提督,但他知道此时施琅之子施齐在海澄被郑军俘获,尚在郑军营中,故心存忌讳,不敢直接出面力保施琅。只在上疏中说“臣细加搜求,实无谙练水战堪任闽省水师提督之官,不敢冒昧妄保……请乞敕部另简廉勇优长、威名素著、深识水性、谙练才能者,仰祈钦点一员,勒限星驰赴任”(《康熙统一台湾档案史料选辑》第172页)。其言隐约有提醒朝廷起用施琅的含意。康熙十八年(1679年)的和谈失败后,姚启圣深感加强福建水师之事已刻不容缓,于当年六月上了一本《特举能臣疏》,疏中首先强调了水师提督一职的重要性说:“目下剿贼平海,全赖水师提督一官。今陆路既不能冲击矣,如水师战胜,贼自败走台湾,如水师不胜,贼仍盘踞厦门。是总督、巡抚、陆路提督不过相助为理,而决战成功,实水师提督一人任也。”(《忧畏轩奏疏》卷三)随后,姚启圣又检讨了自己当初不敢保举施琅的顾虑。于是他不避嫌疑地推荐施琅说:“臣任藩司(布政使)时,闻知原水师施(琅)威名,郑锦(即郑经)畏之如虎”,且福建各界人士,“万口同声,皆知其堪任水师提督也”(同上)。为解除朝廷的疑虑,他又指出,施琅虽有一子落入郑军之手,但还有六子及全家数百口在京城,岂有为一子而舍弃全家的道理呢?但清廷已于当年四月任命万正色为福建水师提督,姚启圣在得知这一消息后,仍坚持认为施琅是水师提督的最佳人选,于七月再次上疏提议让施琅以靖海将军总统福建水师事务,将万正色调往广东。此议被清廷议政王大臣会议否决。

不可否认,清廷不用施琅确实与其子在郑营有关。但任命万正色为福建水师提督也表现了对水师建设的重视,因为万正色的才能和资历具备了统率福建水师的条件。

万正色,字中庵,福建晋江人(与施琅同乡),郑氏投诚人员,善使大刀,在平乱作战中屡立战功。曾在朝天关之战中,手持一杆大刀,身先士卒,杀出重围,使敌人闻风丧胆,搏得"黄大刀"的威名。后任湖广岳州水师总兵,在洞庭湖与吴三桂水师征战,显示了水战才能。清军收复岳州后,康熙皇帝将其调回福建,提拔为福建水师提督。同时,康熙帝批准万正色携带岳州全部战船及水手到福建赴任,又从总督标下调拨一万四千人编入水师部队,从江苏、浙江选取战船百艘,从湖广拨发新式西洋炮二十具,一同调往福建,加强福建水师的力量。此后,姚启圣、吴兴祚等人在福州等地又督造了大批战船,并招降了一部分郑军水师,陆续装备、分配到福建水师。由于上至朝廷、下至福建军政大员对建设一支强大的水师部队已达成共识,并采取了一系列有力措施,使重建时间不长的福建水师迅速壮大,经过万正色的精心组织和训练,成为一支精锐善战的海上劲旅。

清军水陆并进收复沿海 至康熙十九年初,郑军在清政府军事进攻、政治瓦解和经济封锁的三重打击下,战斗力大为削弱。清军则大兵压境,水陆齐集,逐渐完成了合围郑军、收复沿海及岛屿的战略布署。康熙十九年(1680年)元月,万正色率由二百四十艘战船、两万八千五百八十名官兵组成的福建水师部队开至定海(今福建连江县东北)待命,并进行海上攻击作战演练,威慑郑军。郑经也调集所有水师部队,并征发远洋商船和文武官员的私船编入水师,以弥补战船的不足,将部队部署于海坛(今福建海坛岛)、南日(今福建南日岛)、湄州(今福建湄洲岛)、崇武(今福建泉州湾东北崇武镇)及臭涂澳(今福建惠安东南海角)等沿海岛屿,构成对清军水师的梯次防御。其中郑军水师副总督朱天贵统领战船两百余艘镇守第一线阵地海坛;郑军水师总督林升率一百余艘战船,坐镇臭涂澳,随时准备北上增援海坛。清郑两军对垒,大战一触即发。

这时,清军福建前线将领在进攻时间上发生意见分歧。福建总督姚启圣和陆路提督杨捷认为水师组建不久,实力尚不足以击败郑军。因此他们主张一方面福建水师再训练一段时间,并补充新造战船,同时联络荷兰舰队,待荷兰船到,于半年之后发起攻击,方有必胜的把握。福建巡抚吴兴祚和水师提督万正色则认为,水师实力强盛,士气高昂,足以破敌,不必等待荷兰舰队。而且此时海上正值北风,清军占据上风的有利位置,若等到下半年,风向一变,就失去了战机。所以主张立即向郑军发动进攻,并制订了作战方案,由万正色统水师兵分二路,一路攻海坛,一路迫近厦门;福建督、抚、提各率所部由陆路分别向郑军盘踞的厦门、海澄附近的海仓、松屿、浔尾、石浔等地同时发起攻击,与水师的海上行动相互配合,共歼郑军。(《康熙统一台湾档案史料选辑》第198—207页)

由于联络荷兰舰队之事迟迟没有结果,吴兴祚、万正色的意见逐渐占了上风。康熙十九年二月,万正色从定海率先向海坛郑军发动进攻,姚启圣、吴兴祚等也立即采取行动,从陆上夹击郑军,声援海上。万正色的水师在海坛港口与郑军展开激战,将朱天贵所率郑军及林升的援军驱赶至外洋,占领了海坛岛。这时,清军陆上部队已封锁了海岸及各港口,安放大炮,阻止郑军船只靠岸。郑军水师无法停泊和取水,总督林升只好率领全部水师撤退至金门蓼罗湾。消息传到厦门,郑经及郑军诸将均认为水师是战败逃至金门,一时人心惶惶,谣言四起,郑氏集团文武官员纷纷准备逃亡,已呈土崩瓦解之势。郑经传令刘国轩说:"思明(即厦门)将危,海澄何用?"要其立即放弃海澄,回守厦门,共商进退之策。刘国轩接令,心知败局已定,气塞胸臆,半晌无语,惟有顿足而已。这时守卫谢村、鼓浪屿一带的郑军将领陈昌降清。刘国轩闻讯,无心恋战,遂弃城、寨而走,退至厦门。厦门此时已陷入一片混乱之中,郑军官兵降清的降清,逃跑的逃跑,抢东西的抢东西。郑经与刘国轩、冯锡范等人见势不妙,怕夜长梦多,于是乘清军包围圈尚未合拢,率数千残兵败将惶惶如漏网之鱼,逃回台湾。在金门的郑军水师统领林贤也随后向台湾方向逃逸。朱天贵带领部分郑军水师窜至铜山,被姚启圣用招降之策瓦解,举部向清军投诚。至此,清军全部收复了沿海地区及岛屿。

平叛战争方面,由于耿精忠、尚之信先后降清,吴三桂势单力孤,于康熙十七年(1678年)八月,在其称帝五个月之后死于军中。此后,叛军在清政府强大的军事、政治攻势下节节溃败,清军陆续收复了湖南、四川、广西、贵州等省。康熙二十年(1681年),清军攻入叛军的老巢——云南,并于当年九月将最后一股叛军歼灭于昆明城。这样,历时八年之久,战火燃遍大半个中国的“三藩之乱”就被彻底平息了。

四、收复台湾

(一)决策攻台

清政府统一台湾策略的演变 对台湾是以武力统一为主,还是以和平统一为主,在这个问题上,清政府的策略经历了一个变化过程。康熙三年(1664年),清廷在收复金门、厦门诸岛之后,即任命施琅为靖海将军,令其率福建水师征剿台湾,务必彻底消灭郑氏集团。这时期,清政府武力统一台湾的态度是十分明确的。但在康熙三年末至康熙四年初清军水师三次进攻澎湖行动受挫后,清廷对台政策即发生了变化,从武力统一演变为停止武力行动,寄希望于通过和谈方式统一台湾。康熙五年(1666年),清廷下令裁减福建清军。康熙六年(1667年),清政府派使者赴台湾进行和平谈判。康熙七年(1668年),清政府又下令裁撤福建水师,焚烧所有战船,完全放弃了武力统一的打算。康熙八年,康熙皇帝在铲除鳌拜集团、亲掌朝政之后,仍继续实行以抚为主的对台方针,对和平统一寄予希望。当年六月,他亲自主持了对台湾郑氏集团的和谈,并作出不改变其在台湾统治地位的重大让步,但郑经等人顽固坚持对抗和分裂立场,致使和谈失败。此后,康熙帝致力于内部调整和发展,以增强整体实力,为统一台湾创造条件。康熙十三年(1674年),“三藩之乱”爆发,郑经的水师乘势在福建沿海登陆,数年间占领了闽、粤七府之地。经过八年的平叛战争,清政府不但彻底平定了三藩叛乱,而且将受到重创的郑氏集团重新逐回台湾岛。

康熙帝从清政府与台湾郑氏集团多次和谈失败的教训和郑经武力进犯大陆的威胁中认识到,以纯粹和平方式解决台湾问题的可能性是不存在的,要实现统一,必须诉诸武力。康熙十八年(1679年),平叛战争尚在进行当中,康熙帝即已定下了武力统一台湾的决心。《清实录》载:(康熙十八年正月)“上(指康熙)欲乘胜荡平海逆,乃厚集舟师,规取厦门、金门二岛,以图澎湖、台湾”(《清圣祖实录》卷七十九)。康熙十九年,在清军收复金、厦等沿海岛屿,郑经率残部逃亡台湾后,福建总督姚启圣于当年八月上疏条陈“平海善后事宜”八款,其中建议之一即为“台湾断须次第攻取,永使海波不扬”(《康熙统一台湾档案史料选辑》第 218—221 页）。但清廷却下达了部分裁减福建满、汉军队及水师部队的命令，康熙皇帝在给兵部的谕令中明确指示："台湾、澎湖，暂停进兵。令总督、巡抚等招抚贼寇。如有进取机宜，仍令明晰具奏"（《清圣祖实录》卷九十一）。部分撤军和"暂停进兵"的指令并非意味着放弃武力攻台的既定方针，而是尽快恢复沿海地区的社会秩序，减轻人民的负担，做好攻台的各项准备，等待攻台的最佳时机。这体现了康熙皇帝对战争阶段和时机的精心把握和对渡海作战的慎重态度。

郑经命丧台岛 郑经虽生于乱世，长于军中，但郑氏曾一度独占福建沿海，富甲一方，生活条件相当优越，养成郑经风流倜傥，颇以翩翩佳公子自许的禀性。其人工诗赋、善弓马，能推诚待人，礼贤下士，故能得到部下的鼎力辅佐，创出一番局面。但他性情懦弱，优柔寡断，好醇酒美人，怠于政事，在果敢决断、坚韧刚毅及文韬武略方面远逊于其父郑成功，因而也难成大器。其进犯大陆期间，曾将势力发展到闽、粤七府，最盛时总兵力达到二十万（据《台湾郑氏与英国通商的关系史》）。但两三年间，其在大陆及沿海的地盘即完全丧失，逃台时残余部队仅数千人，几乎是全军覆没。局势发展之快，兴衰成败似乎只在转瞬弹指之间，春梦未足，已成黄粱，这对郑经的精神上是一个沉重的打击。郑经败回台湾后，即意志消沉，无心理政，将所有台湾军政大事都推给其长子郑克𡒄去处理，自己则终日纵情花酒，围射酣乐，结果因纵欲过度，于康熙二十年（1681 年）元月病死于台湾，终年三十九岁，遗命传位于郑克𡒄。

郑经一死，郑氏集团内部的权力之争骤然激化。郑克𡒄是陈永华的女婿，陈永华在台湾的权势曾显赫一时，遭到冯锡范等人的嫉恨和排挤，于康熙十九年七月抑郁而死。康熙二十年郑经去世，尸骨未寒，冯锡范就又将争权的矛头指向继位后势单力孤的郑克𡒄。他与另一实力人物刘国轩联手，发动政变，杀死郑克𡒄，拥立冯锡范之婿、郑经的次子郑克塽延平郡王位。郑克塽年仅十二，郑氏集团的实际权力落入冯锡范与刘国轩二人的手中。

康熙决策攻台 康熙二十年四月，清福建总督姚启圣接到在台湾的内应傅为霖等人的密报，得知郑经已于当年正月死去，郑克𡒄被杀，年少的郑克塽继位。傅为霖在密信中还说："主幼国虚，内乱必萌，内外交并，无不立溃，时乎时乎不可失也"，要姚启圣速速发兵进剿台湾（《康熙统一台湾档案史料选辑》第 232 页）。姚启圣于五月上疏朝廷请求"会合水陆官兵，审机乘便直捣（郑氏集团）巢穴"（《忧畏轩奏流》卷四）。康熙皇帝接报，认为武力统一台湾的时机已经到来，于当年六月初七在与大学士等会商后发布谕旨：

"郑锦（经）既伏冥诛，贼中必乖离扰乱，宜乘机规定澎湖、台湾。总督姚启圣、巡抚吴兴祚、提督诺迈、万正色等，其与将军喇哈达、侍郎吴努春，同心合志，将绿旗舟师分领前进，务期剿抚并用，底走海疆，毋误事机"（《清圣祖实录》卷九十六）。

康熙作出武力统一台湾的战略决策，在清政府高层官员中引起强烈反应。从史料记载看，当时反对武力统一台湾的人在朝廷中竟占据主流，他们均认为："海洋险远，风涛莫测，长驱制胜，难计万全"（《清圣祖实录》卷一百一十二），即台湾远隔重洋，清军渡海进攻台、澎，风险太大，无必胜把握。可见当年三次进军澎湖失利的阴影仍然没有消散。在前线将领中，对武力统一持异议者也不乏其人。福建水师提督万正色即上疏力陈"台湾难攻,且不必攻",连此时福建清军的最高军事长官宁海将军喇哈达也提出了反对意见。当时朝野上下对攻台之事阻力之大,以至于"重臣宿将,至于道路之口,言海可平者百无一焉"。内阁学士李光地的一段话道出了一些人反对武力攻台的用心,他在《榕村语录续集》中说:康熙二十年五月,福建统兵将领"尽来上本,言海寇不可平,大都是畏难有六分,而养寇以自重有四分。万正色更有'三难六不可'之疏,中一条系言渠将刘国轩智勇不可当"(卷十一)。他的话可谓一语中的。这些前线将领反对攻台的原因一是存在惧敌、畏难心理,临阵退缩,怕打败仗;二是想保留台湾,以抬高自己的地位,认为一旦消灭郑氏集团,统一了台湾,恢复了和平,自己作为武将的身份和地位就会降低,不再能像现在这样手握重兵,统御一方了。说到底都是将个人眼前的利益放在首位,而置国家的长远利益于不顾。与此同时,李光地、施琅及姚启圣等人则支持对台湾使用武力。

从当时的历史情况看,清政府武力统一台湾不仅是必要的,而且各方面条件已经具备,统一的趋势已不可逆转。康熙皇帝高瞻远瞩,把握时机,顺应时势,作出进军台湾的历史性决策,是完全正确的。

清政府统一台湾的历史条件 康熙二十年郑经去世和郑氏集团的内讧,为清政府统一台湾提供了契机。此时清王朝政治稳定、经济发展、军事强大,已具备了统一台湾的主要条件。从政治上看,康熙八年(1669年),盘根错节、权倾一时的鳌拜集团被铲除,康熙帝通过一系列措施成功地将朝政大权集中到自己手中,有利于封建国家的稳定和统一。康熙十二年(1673年)至康熙二十年(1681年),清政府又采取撤藩、平叛等行动,将"三藩"等割据势力把持的地方军政大权收归中央,消除了东南、西南地区的重大隐患,进一步巩固了中央集权,为统一奠定了稳固的政治基础,使清政府得以把主要精力集中到台湾问题上来,全力以赴地完成统一台湾的历史使命。从经济上看,康熙帝在清除鳌拜集团后,陆续推行了"更名田"、延长对新垦土地征收租税的最高年限,以及兴修水利等经济政策,促进了社会经济的恢复和发展,增加了社会财富的积累,缓解了清初以来由于长期战争消耗造成的清政府财政的紧张状况,为统一台湾打下了较坚实的物质基础。在军事上,清廷上下在认识到水师建设的重要性后,齐心努力,扭转海上力量处于劣势的不利局面,建立起一支较强大的水师部队。在康熙十九年(1680年)清军收复福建沿海地区的作战中,福建水师发挥了重大作用,显示了它的实力,这就增强了清朝统治者实施海上军事行动和武力统一台湾的信心。此后,清廷改变了以往放弃沿海、守卫内陆的消极防御方针,将水师部队分别部署在金门、厦门、铜山、海坛等沿海重要岛屿,水师提督的指挥部设在海澄,随时准备对台湾发动军事进攻。清政府此时已具备了武力统一台湾的军事实力和战争手段。

在清王朝政治、经济、军事实力蒸蒸日上之际,台湾郑氏集团的处境却日趋恶化,已陷入难以自拔的境地。以政变方式篡夺权力的冯锡范、刘国轩结党营私,大张挞伐,迫害异己势力,使郑氏集团内部矛盾更加激化,人心涣散,出现了政局动荡的局面。在经济上,台湾一些地区连续数年发生水旱灾害,粮食歉收,米价飞涨。多年的战争消耗,也使台湾府库空虚,财政拮据。为筹集粮饷、扩充军队,郑氏集团加强了对岛内各族人民的压榨和勒索,苛捐杂税满天飞,抽丁派役无休止,以致民居茅舍也要按丈征税,百姓被逼,多自毁其屋。这样就使台湾的阶级矛盾和民族矛盾空前激化,各种形式的反抗斗争时有发生。在军事上,郑军在大陆沿海地区的作战中损失惨重,郑经进犯大陆时,从台湾征发、抽调的部队至少不下两万人,而逃回台湾时只剩下数千人,可谓老本都搭进去了。以原有部队加上临时拉来的壮丁,清军攻台前台湾、澎湖两地的郑军尚有数万人,大小战船二百余艘,但军心涣散,士气低落,不断有郑军官兵驾船投奔大陆,向清军投诚。康熙十九年(1680年)二月清军收复厦门时,台湾、澎湖守军闻讯,以为清军会马上渡海进攻,竟一度四散逃亡,使台、澎军事要地多日无人把守。康熙二十年(1681年),郑经暴亡,又使台湾再次出现风声鹤唳、士兵逃散的现象,守卫澎湖的郑军官兵仅剩三百二十人(据《康熙统一台湾档案史料选辑》第245—246页)。由此可见,郑氏集团的军事实力已远非昔日可比了。总之,郑氏集团政治上分崩离析,经济上财源枯竭,军事上一蹶不振,使其整体实力大为削弱,清政府武力统一台湾的时机也已成熟了。

从中国历史的走向来看,结束分裂、割据状态,实现祖国统一是民心所向、大势所趋。但统一需要条件,不可强求,条件不具备,时机不成熟,统一就无法实现。条件、时机成熟了,如果举棋不定,犹豫彷徨,不及时采取行动,已获得的有利条件和良机也会丧失。清朝君臣经过多年努力,为统一创造了良好条件;在我方兴盛,敌方衰败,双方实力对比形成"以镒称铢'之势的最佳时机,康熙皇帝果断地作出了武力统一台湾的历史性决策,把统一的条件变成统一的行动,这样就将统一台湾的进程大大向前推动了一步。这时,选将与定计问题就成为清政府的当务之急,统帅人员的安排是否得当,指导行动的战略策略正确与否,成为统一成败的决定因素。

(二)选将定计

"闻鼙鼓而思良将" 康熙皇帝在定下武力统一台湾的决心后,就开始考虑清军水师主将的人选问题。当时的清福建水师提督万正色虽然擅长水战,驭军有方,战功卓著,但他是武力统一台湾的坚决反对者,无法正确贯彻康熙皇帝的战略思想,康熙果断地决定将其调离原职,改任福建陆路提督。康熙皇帝后来回顾当时撤换万正色的原因时说:"万正色前督水师时,奏台湾断不可取。朕见其不能济事,故将施琅替换,令其勉力进剿,台湾遂一战而克。"(《康熙起居注》康熙二十三年七月二十二日)但究竟用何人来担此重任,康熙对此颇费思量。这时,姚启圣与吴兴祚联名上疏保举施琅,内阁学士李光地也向康熙皇帝推荐施琅,但由于施琅的特殊背景,任用施琅之事很费了一番周折。

前面说到,姚启圣曾多次向清廷举荐施琅担任福建水师提督,都遭否定。其中一个主要障碍就是施琅的儿子施齐(又名施世泽)、侄子施亥(又名施明良)都在郑军之中,朝廷担心施琅投鼠忌器,不肯尽心尽力地攻打郑氏。施齐、施亥被擒之后,郑经曾多方劝降,待之如上宾,其用意是"欲以阴结其心,且牵制襄壮公(指施琅),使不出都"(《温陵浔海施氏大宗族谱》之《施世纶·总戎忠烈文御兄传》)。即拉拢施齐等人,为其所用,并以此阻止施琅出京,担任福建水师提督之职。可见郑经的确对施琅心存畏惧。康熙十九年(1680年)二月,郑军溃乱逃台前夕,施齐、施亥遣家人与姚启圣暗通消息,密谋乘乱起事,擒郑经以献。但此事被刘国轩侦破,密报郑经。郑经于是下令,将施齐、施亥及其家属共七十三口全部杀害,抛尸大海。姚启圣闻讯,即于当年四月上疏朝廷报告其事,并请求给予优抚、正名。当时兵部认为姚启圣的消息来源不可靠,提出待克取台湾之后再予详查。但姚启圣此举的目的是扫清施琅出任水师提督道路上的障碍,因此他决定全力调查此事,提供充足证据。同年十二月,姚启圣与吴兴祚、杨捷合疏密奏其联合调查的结果,将此案所涉及的二十多人的证词一一附上,证明施齐等被杀之事属实。这对后来施琅得以复出起了重要作用。

李光地智荐施琅　李光地向康熙推荐施琅的方式要比姚启圣委婉含蓄得多。李光地,字晋卿,号榕村,福建安溪(今福建安溪县)人,康熙九年进士,时任内阁学士。李光地以其学问见识深得康熙的信任和倚重,加上他又是福建人,故就征台平海之事,康熙帝多次征求他的意见。李光地因与施琅都是闽人,又同在京城做官,所以交往较多,在交往中逐渐了解到施琅的为人和才能。如有一次,李光地与施琅在礼部侍郎富鸿基府上会面,施琅谈起顺治十六年清郑南京之战时郑军的优劣短长,分析得头头是道,很有见地,令李光地对其刮目相看,钦佩不已,感觉到施琅是个难得的人才,对付郑氏、统一台湾,非施琅不可。他与施琅又是同乡,为保护家乡父老的利益,两人在剿平海患方面有共同语言,从这一点上,他当然希望施琅能出任福建水师提督。但也正因为有这一层关系,李光地又要避"顾念私情,受人之托"的嫌疑,因而不敢在康熙面前放胆直言。以下康熙皇帝与李光地的两次对话记录了李光地举荐施琅的过程和情形,颇值得玩味。

(第一次对话。时间:康熙二十年二月)

康熙帝:施齐果以内附为海上(指郑氏集团)杀耶?

李光地:施琅既来,琅海上所畏也,恐我朝用之,故彼用其子,以生我疑,不用其父耳。施齐后得便来降,复为海上所得,知其必不能一心,故杀之。

康熙帝:施琅果有什么本事?

李光地:琅自幼在行间(军中),经历得多,又海上路熟,海上(指郑氏集团)事他亦如得详细,海贼,甚畏之。

康熙帝:(点首而已)

这段对话表明在姚启圣反复推荐施琅之后,康熙已经开始认真考虑起用施琅的问题,但对施琅仍有两点拿不准的地方,一是施齐等人是否真的被杀了,二是施琅是否具有统率清军水师征台的能力。所以他要征求比较了解施琅情况的李光地的意见。李光地的回答集中在打消康熙的这两点顾虑上,以此为施琅的复出铺平道路,但他却并未直接保举施琅为福建水师提督,只是点到为止,表现了李光地的谨慎态度。

(第二次对话。时间:同年七月)

康熙帝:海贼可招安否?

李光地:不能!

康熙帝:何故?

李光地:彼恃风涛之险,一闻招安,他便说不削发、不登岸、不称臣、不纳贡,约为兄弟之国。岂有国家如此盛大,肯与为兄弟之理。……

康熙帝:然则此时可用兵否?

李光地:闻郑经死,其军师陈永华亦死,此其时。……但向日满洲兵不习水战,上船便晕却,去不得。必须南兵习于舟楫,知其形势,乃可用。

康熙帝:汝胸中有相识人可任为将者否?

李光地:命将大事,皇上圣明神武,臣何敢与。

康熙帝:就汝所见,有可信任者,何妨说来。(敦问再三)

李光地:此非小事,容臣思想数日后,斟酌妥即复旨。

康熙帝:很是,汝去想。

(以上引文见李光地:《榕村语录续集》卷十一)

在这段对话中,李光地首先坚决主张对台湾郑氏集团不能采用招安等和平方式,必须使用武力,而且目前正是使用武力的最佳时机,以坚定康熙武力统一台湾的决心。然后,他又指出,渡海攻台不能用满族八旗,因为满人不擅长海战,所以必须用"南兵",即生长于东南沿海省份、熟悉海务的汉族军队。其言外之意是,既用"南兵"那么当然也要用"南将"来统领,这样就很自然地将话题转到福建水师提督的人选问题上来了。但当康熙直截了当地要他在其相识的人中推荐水师将领时,本来对此早已有成竹在胸的李光地此时却故作顿挫,重演引而不发、欲言又止的故伎,以至康熙敦促再三,李光地仍然持重不答,表示在这一重大人事安排问题上的审慎态度。康熙果然对其"容臣思想数日,斟酌妥即复旨"的话深表赞许,并耐心等待听取他的意见。这一波三折的问答充分显示出李光地对为臣之道的谙悉,以及他极深的城府。可以说李光地是很会做官,也很会做人的,这也是他后来能发达,做官做到文渊阁大学士(地位相当于宰相),并一生受到康熙皇帝特殊恩宠的重要原因之一

数日后,康熙派大学士明珠来询问李光地考虑的结果,李光地认为火候到了,便举荐施琅为福建水师提督,并一连提出四条理由:一、施琅全家被郑氏所杀,与郑氏是世仇,可以信任;二、诸将之中惟有施琅最了解郑氏集团内部的情况,"无有过之者";三、施琅智勇双全,"不是一勇之夫";四、郑氏集团"所畏惟此一人,用之则其气先夺矣"。这几理由已足以说明施琅是最合适的人选了。此后康熙又当面问李光地"汝能保其无他乎"?李光地回答:"若论才略,实无其比。至于成功之后,在皇上善于处置耳。"(引文出处同上)这样就打消了康熙的最后一丝顾虑。

施琅出任福建水师提督 经李光地等人的保举,康熙皇帝已基本确定了福建水师提督的人选,但他还要当面考察一下施琅的才能。于是康熙在内廷备宴,召施琅询问攻台之策。施琅侃侃而谈,从容分析了敌我双方的形势,并陈述其用兵方略。康熙皇帝听后十分满意,遂作出任命施琅为福建水师提督的决定。康熙二十年(1681年)七月二十八日,康熙皇帝对议政王大臣等发布谕旨:

"今诸路逆贼,俱已歼除,应以见在舟师破灭海贼。原任右督都施琅系海上投诚,且曾任福建水师提督,熟悉彼处地利、海寇情形,可仍以右督都充福建水师提督总兵官加太子少保,前往福建。到日,即与将军、总督、巡抚、提督商酌,克期统领舟师进取澎湖、台湾。"(《清圣祖实录》卷九十八)

同年八月,康熙又在瀛台赐宴,并叮嘱施琅说:"尔至地方与文武各官同心协力,以靖海疆,海氛一日不靖,则民生一日不宁,尔当相机进取,以副朕委任至意"(《康熙起居注》康熙二十年八月十四日),表示了对施琅寄予的殷切希望。

从施琅的自身情况来看,他的确具备了担任攻台清军水师主将的条件。首先,施琅自幼生长在海边,从事海上贸易等活动,精通航海,对海疆的气候、地理等方面的情况了若指掌。从军后,转战东南沿海,有丰富的海战经验。其次,施琅通晓兵法战阵,多年来精心谋划对台用兵方略,提出"因剿寓抚"的战略方针及一整套实施方案,不但周密完备,而且是切实可行的。第三,施琅是从郑氏阵营中反叛出来的,他熟悉台湾郑氏集团内情,他的智勇韬略也一向为郑军官兵所畏惧。他在郑氏集团中的故旧很多,为争取内应和进行情报工作提供了便利条件。第四,也是十分重要的一点,施琅是武力统一台湾的坚决拥护者,而且他对统一充满了信心。他指出,清政府对郑氏集团有三个必胜条件,一是"新平三藩",政治稳定;二是凭借"天下之财赋",有雄厚的经济基础;三是"以我之众百倍于彼",军事实力占压倒优势(《榕村语录续集》卷十一)。另外,施琅对敌方名将刘国轩等毫无畏惧之心,他对康熙皇帝当面表示:"今卜之天时,揆之人事,郑氏气势,决不能再延。且臣料其一二巨帅,虽号桀骜,以臣视之,直狐鼠耳,当非臣敌也。"(《靖海纪事》所附《襄壮公传》)。这种压倒一切敌人的气势和必胜信念与万正色等将领及朝中一些大臣畏敌如虎、谈海色变的怯懦言行形成鲜明对照,因而使康熙闻言"大悦",终于作出任命施琅为水师主将的重大人事决策。

施琅"因剿寓抚"的战略方针及实施方案 攻台行动战略指导的正确与否直接关系到统一大业的成败。施琅为攻台行动制定的战略指导方针是"因剿寓抚",这一方针是施琅在康熙七年(1668年)给朝廷的上疏中提出来的。

"因剿寓抚"的核心是以战逼和,即以军事手段促成台湾问题的政治解决,尽量避免在台湾本岛引发战争。"因剿寓抚"的重点在于"剿",军事进攻占主导地位,同时又努力寻求政治解决的可能性。二者的关系是先剿后抚、以剿促抚,也就是采取武力行动,以强大的军事压力迫使台湾郑氏集团接受和谈条件,实现台湾与大陆的统一。其具体实施方案分三个步骤:第一阶段,以清军水陆两栖部队攻占澎湖,消灭郑军有生力量。澎湖是台湾的海上屏障,扼制着当时台湾与外界联系的主要海上通道。占领澎湖,大兵压境,使台湾门户洞开、贸易受阻,可形成威胁其生存的逼近威慑。第二阶段,清军占领澎湖后,引而不发,做好攻台准备。同时,派使者赴台与郑氏集团和谈,迫其向清政府投诚,实现对台湾本岛的和平统一。若和谈失败,郑氏集团负隅顽抗,就采取第三步行动,进军台湾本岛。以清军主力舰队直抵台湾政治中心承天府(今台湾台南市)西面的安平港,实施正面牵制;同时派出两支精锐的快速舰队,一支向南封锁打狗港(今台湾高雄市),一支向北封锁蚊港(即魍港,今台湾嘉义县布袋镇好美里之虎尾寮)和海翁窟港(今台湾大安港),使其首尾不能相顾。在控制了台湾进出的主要港口水道之后,对台湾实施围困,并派人进一步招降郑氏集团,或促使其内部发生激变,不战自溃。如仍不能达到目的,则对台湾实施登陆作战,先扫清城市以外、村落之间的郑军,再攻取郑军困守的孤城,最后武力夺取整个台湾岛,彻底消灭郑氏集团。

施琅是清朝大臣中最坚决的主战派,一贯主张以武力统一台湾。在如何使用武力的战略策略问题上,施琅是深思熟虑、潜心谋划了多年的。但其"因剿寓抚"战略方针提出之际,正值清廷主和势力占上风,因而未被采纳,自己反被免去了福建水师提督的职务,在京城一待就是十三年。在朝中任内大臣期间,施琅统兵渡海、统一台湾的雄心并未消泯，"慨然有澄清之志"，认为终有一日自己将再着戎装，重返海疆，并为此做了积极的准备。他时常"翻阅历代二十一史，鉴古今成败及名臣言行可法者，一一具志诸胸中"（《靖海纪事》所附《襄壮公传》），从中汲取对统一台湾行动有借鉴意义的经验和启示。他密切注视东南沿海形势及台湾郑氏集团的动向，在得知郑军进犯福建沿海地区后，施琅扼腕落泪，痛心不已，当初他"若恣其生聚教训，恐养痈为患"的预言如今变成了残酷的现实。当在京闽籍官员向他请教平海方略时，施琅"指画明悉，凡征战机宜，以及绝岛巨浸、险阻厄塞之处，如列诸掌"（同上，《曾柄序》），足见这些年来他一直在心中筹划、考虑着平定海疆、统一台湾的事情，在此方面倾注了很多的心血。功夫不负有心人，到康熙二十年，皇上终于请出这位年逾花甲的老将披挂上阵了。离京前，康熙皇帝在内廷召见施琅，对他说："平海之议，惟汝予同，愿努力无替朕命"（同上，《襄壮公传》），对施琅"因剿寓抚"战略方针及实施方案表示了认可和赞同。后来，施琅在率清军统一台湾的行动中予以贯彻和实施，最终实现了以战逼和这一武力统一的最好结果，既圆满完成了统一台湾的历史使命，又使台湾避免了战争的浩劫。

施琅取得"专征"台湾的独立指挥权在攻台作战的指挥方面，康熙皇帝对自己不善海战颇有自知之明，他说：我对陆上用兵可以做到筹划周密。但我不了解海上情况，不能盲目地遥控指挥。因而他一方面统筹全局，保证福建前线的各种人员、物资需求；另一方面在作战指挥问题上比较尊重前方将领的意见，很少强行干涉其行动。

按照清朝"以满制汉，以文制武"的惯例，各地遇有大的战事，前线最高指挥官一般都由满族八旗将领担任。同时，作为文官的各省总督、巡抚对直接统兵作战的提督、总兵等武将拥有节制权力。所以康熙在作出武力攻台决策的谕旨中只笼统地命令在福建的八旗将军喇哈达与总督、巡抚及水、陆提督共同领兵进剿。在任命施琅为水师提督时，也是说要施琅到闽之日"即与将军、总督、巡抚、（陆路）提督商酌，克期统领舟师进取澎湖、台湾"。都没有明确指定谁为攻台清军主帅，按常规似乎主帅应是八旗将军喇哈达了。然而满族将军没有海战经验，渡海攻台非依赖汉将不可，这一点康熙心中是有数的，更何况喇哈达还是武力统一的反对者呢。但在汉将之中究竟以谁为主，这个问题不解决，就无法保证攻台作战指挥的统一和协调。

康熙二十年十月，施琅走马上任，一到福建前线，他就立刻发现了主将不明确、指挥不统一所带来的问题。当月，施琅即向朝廷请求授予自己"专征"大权，即由他来全权指挥攻台行动。康熙此时也认识到以前攻台清军指挥人员的圈子画得太大了，应该有所明确。十月二十七日，康熙下旨："总督姚启圣辖福建全省兵马，同提督施琅进取澎湖、台湾。巡抚吴兴祚有刑名、钱粮诸务，不必进剿。"（《清圣祖实录》卷九十八）这样就将攻台统兵将领圈定为施琅与姚启圣两个人了。但问题并没有因此而解决，施、姚二人间又出现了难以调和的摩擦和矛盾。从施琅来说，他二十多年来一直以平定海疆、统一台湾为己任，他在给朝廷的上疏中说："臣丁年六十有二，血气未衰，尚堪报称。今不使臣乘机扑灭，再加数年，将老无能为；后恐更无担当之臣，敢肩渡海灭贼之任。"（《靖海纪事》上卷，《决计进剿疏》）大有能担当此重任者非我莫属的气势和自信。所以他对与姚启圣"同征"的安排并不满意，认为姚启圣"生长北方，水性海务非其所长"，而且总督、提督共同统兵难免互相牵制、彼此掣肘，使自己无法实施既定方略，妨碍攻台行动的顺利进行。

因此他先后三次上疏，极力向朝廷争取"专征"权。

从姚启圣方面来说，自己为施琅出任福建水师提督出了这么大力，甚至不惜以全家百口的性命来担保，岂料施琅上任伊始就过河拆桥，排挤自己，实在是令他十分伤心，以致"不禁中心如焚如溺而不能自已"。但他极力保荐施琅也并非完全出于公心，而是"特以其为（郑）成功故将，欲借为先驱"（全祖望《鲒埼亭集》卷十五，《碑传·会稽姚公神道第二碑铭》），攻台之际，"欲其相辅成功"（《碑铭集》卷十五，《姚少保启圣传》）。其目的是借助施琅的才能和特殊身份，帮助自己成就统兵平定台湾郑氏的不世伟业，一来可报效朝廷的沐浴之恩，二来也可使自己建功扬名，可谓"公私兼顾"了。所以他也屡次上疏，坚决反对施琅"专征"，要求与施琅"同征"。

如果施、姚二人只是在"专征"与"同征"的问题上争论不休也还罢了，偏偏二人在出征时间、进军路线、兵力使用等一系列指挥问题上亦出现意见分歧，相持不下，以致严重迟滞了攻台行动的实施。在出征时间上，施琅主张利用西南季风于六月出征，姚启圣则主张利用东北季风于十月出征；在进军路线和兵力的使用上，施琅提出集中兵力先攻占澎湖，然后相机剿抚，统一台湾，姚启圣则坚持分兵两路，一路在台湾北部的淡水登陆，一路进攻澎湖，分进合击，夺取台湾。意见不统一，两人在指挥权上又无明确分工，于是就相互掣肘。康熙二十年（1681 年）十月，姚启圣上奏清廷，提出于当年十、十一、十二几个月中尽快出兵。施琅不同意，也上疏说："当此冬春之际，飓风时发，我舟骤难过洋。臣现在练习水师，又遣间谍通臣旧时部曲，使为内应，请俟明年三、四月进兵。"（《清圣祖实录》卷一百零二）以风向不利和准备不足否定了姚启圣的意见。第二年（康熙二十一年，1682 年）三月，施琅上奏朝廷提出于五月南风起时进兵，并与姚启圣按计划于五月初会集铜山（今福建东山岛），只等夏至后南风成信之际即发兵。不想姚启圣到铜山后以皇上有旨："进剿海逆，关系重大"，总督、提督应同心合谋为借口，"转意不前"，坚持南风不如北风，主张"十月可乘北风，分道前进"，使此次攻台行动受挫，半途而废。

攻台之事一拖再拖，就使清廷中反对武力统一的势力重新抬头。户部尚书梁标清上疏说："今天下太平，凡事不宜开端，当以清静为主"；左都御史许元文奏称："请暂停台湾进剿"；给事中孙蕙、笔帖式谭木哈图等也连续上奏本提出进取台湾之事宜缓。在朝中大臣的众议纷纭之中，康熙的攻台决心也有所动摇。这时康熙又去征求李光地的意见，并告诉李光地大臣们的主要顾虑是担心清军船队在海上遇到大风，郑军又乘机发起攻击，使清军惨败于汪洋之中，这实际也是康熙本人的顾虑。李光地未作正面回答，而是将施琅说过的一段话转述给康熙听，施琅说：只有没有海战经验的人才会有此顾虑。若在海上遇大风，纵有百万战舰，也如一粒谷壳，"我船不自立，贼船能自立乎？纵使（敌我之船）偶然飘至一处，欲会合（交战）而不可得。予既不（能）因之为功，贼又安能乘之为利？"所以海上狂风巨浪对于敌我双方的危害是一样的，谁也无法利用这一自然力来达到己方的目的。李光地最后说："如遇此事，不过无利，亦曾无害。"（《榕村语录续集》卷十二）李光地与康熙的这次谈话对再次坚定康熙武力统一台湾的决心和信心起了很大作用。康熙后来回忆此事时赞叹说："台湾之役，众人皆谓不可取，独李光地以为必可取，此其所长。"

实际上，攻台之事出现波折在很大程度上是康熙皇帝一直坚持总督、提督"同征"，又不明确二人的统属关系造成的。康熙为什么要这样安排？史料没有记载，我们只能作出一些推测。首先，康熙作为一位满清皇帝，在攻台作战中虽然不得不用清一色的汉将，但对这些汉将，尤其是像施琅这样先抗清、后降清的汉将是怀有戒心的。他安排施、姚二人"同征"，就有使二人互相监督、互相制衡的用意在里面。其次，康熙明白，攻台之事能否成功主要还是要看施琅的作用发挥得如何，但若以施琅为主将，姚启圣为副手，姚是总督，二人的上下级关系很难理顺；若反过来，以姚为主、施为副，施琅的作用必然大打折扣。所以不如大而化之，以不明确主、次关系为佳。但使康熙始料不及的是实际情况证明，他的这一"精心"安排恰恰造成了施、姚间难以调和的矛盾，导致攻台清军指挥系统的不协调，并一再延误攻台的战机，这就迫使他不得不对此进行重新考虑和调整了。

康熙二十一年七月，施琅又上疏力陈台湾"可破可剿"的理由，并第三次向朝廷要求给予"专征"权，甚至立下"事若不成，治臣之罪"的军令状。同年十月，康熙在答复施琅此一奏本时说："进剿台湾事宜关系甚重，如有机会，断不可失。当度势乘机即图进剿。"（《康熙起居录》康熙二十一年十月初四日）这里虽仍未同意施琅的"专征"请求，但武力统一台湾的决心已不再动摇了。两天后，康熙就施琅的"专征"问题交议政王大臣讨论，据《康熙起居注》载：十月初六日，"为议政王大臣会议准提督施琅请自行进剿台湾事。上曰：尔等之意如何？大学士明珠奏曰：若以一人领兵进剿，可得行其志，两人同往，则未免彼此掣肘，不便于行事。照议政王所请，不必令姚启圣同往，着施琅一人进兵似乎可行。上曰：然"。武英殿大学士明珠的话代表了相当一部分王公大臣的意见，康熙也就不再犹豫，随后下旨："进剿海寇关系紧要，着该督（总督）、抚（巡抚）同心协力，攒运粮饷，毋敢有误。"又说："海寇固无能为，郑锦（经）在时犹苟延抗拒，锦死，首渠既除，余党彼此猜疑，各不相下，众皆离心，乘此扑灭甚易，进剿机宜不可停止。施琅相机自行进剿，极为合宜。"（《康熙起居注》康熙二十一年十月初六日）康熙的这一决定意在由施琅一人率清军出征，姚启圣则坐镇福建，与巡抚吴兴祚一同负责后勤保障工作。这样，就把武力统一台湾的作战指挥权完全交到施琅手中，使施琅可以在不受干扰的情况下，充分发挥其军事、政治才能，实施其既定的攻台方略。

姚启圣由主战变为主和　康熙授予施琅"专征"大权，姚启圣失去统兵征台的机会，颇感失望，其对武力统一的态度也因此发生了转变，从主战变为主和。就在施琅接朝廷批准其督师"专征"台湾谕旨，率攻台清军赴泉州湾的崇涂海面演习操练，积极进行战前准备之际，姚启圣却于康熙二十一年底派出刘国轩的故友黄朝用到台湾与郑氏集团议和，并许以"不削发、只称臣纳贡，照高丽、朝鲜事例"等条件。但冯锡范等人自恃有大海为屏障，反对议和。康熙二十二年（1683年）正月，郑克塽听从刘国轩的建议，派知州林良瑞（更名林珩）随黄朝用同往福州继续谈判，并侦察清军虚实。姚启圣与郑氏议和及妥协活动遭到施琅的坚决反对，施琅表示：我奉旨"专征"，不敢主和，郑氏若有和谈诚意，就必须接受清廷的一切条件，向清廷投诚。康熙皇帝在接到上报后，对此次和谈也作出明确指示：台湾郑氏集团人员都是福建人，与琉球、朝鲜的情况不同，不可援引其例。如果其有意悔罪、剃发、归诚，可派人前往招抚；如果是闻听大军进剿，图谋缓兵之计，则迅速进军台湾。郑氏集团此时并未改变其原有立场，不过是想借和谈与清廷中的主和势力达成妥协,以苟延残喘,或借机为其备战争取时间。所以双方的观点仍然尖锐对立,和谈只能归于失败。

议和不成,姚启圣又于康熙二十二年初连续上疏提出派船对台湾实施袭扰、派间谍对郑氏集团进行离间活动等建议,认为只需采取这些措施,一二年间郑氏集团将不攻自溃。总之是要暂停攻台行动,延缓统一的进程。康熙二十二年五月,姚启圣还与一贯反对武力统一的万正色相附和,一起上奏朝廷陈述攻台有"三不可行":

一曰十年生聚,十年教养,况于数十年之积寇(指郑氏集团)乎?

二曰汪洋万顷之隔,波涛不测之险。

三曰彼船只坚牢,水务精熟"。

(《台湾外志》第二十七卷,第401—402页)

这些言论不过是重弹反战派的老调,此时的姚启圣已完全蜕变成武力统一台湾的反对者了。

由于福建前线军政大员中,施琅与姚启圣一主战、一主和,已构成了新的矛盾,对备战行动的实施产生了严重干扰,施琅于是也针锋相对地在康熙二十二年的元月和四月先后两次向朝廷力陈己见,努力排除干扰。施琅在奏章中说:据所获得的情报,在清军即将攻台的强大压力下,台湾郑军"人人思危,多有叛离之心",已呈现土崩瓦解之势。我军方面,如利箭上弦,训练精熟、士气高昂,可谓万事具备,只欠有利于我的南风。当此之际,若再延缓进攻时机,或改剿为抚,"譬若有人焉,扼其吭气将垂绝,一为之稍松,则其气舒而复起",给台湾郑氏集团以喘息之机,不但会坐失破敌良机,而且将使其声势复张,贻患无穷。因此主张即于当年夏季发起攻击。(《靖海纪事》卷上,《海逆形势疏》《海逆日蹙疏》)康熙皇帝在五月得知郑氏集团仍不放弃分裂和对抗立场的情况后,立即下令命施琅"速进兵",坚决否定了姚启圣等反对攻台势力的意见,为武力统一台湾最后扫清的障碍。

(三)夺取澎湖

清郑双方的战前准备　施琅在康熙二十年(1681年)十月赴任福建水师提督之后,在争取"专征"权、排除反战派的阻挠的同时,积极采取一系列措施,进行战前准备。他上任伊始,即着手对福建水师进行整顿和加强,包括选拔得力的将领、对水师官兵进行海上作战演练、修造可以经受海上风浪且具有一定攻击力的战船、监制海战及登陆所需器械等等。他不断派出间谍深入敌后,利用在郑军中的旧关系,进行策反和情报工作。他还派遣小分队乘快船到澎湖附近海域,对郑军进行佯攻和火力侦察,以弄清敌人的兵力部署和防御设施等情况。

在充分了解敌情的基础上,施琅制订出澎湖海战作战方案,其中最重要的是根据台湾海峡的气候特点,选择正确的渡海时机和进攻路线。季风气候是台湾海峡最明显的气候特点。每年的冬季季风,风向偏北,风力强劲,海上风急浪高;夏季季风则风向偏南,风力较小,海面也较平缓,但夏季又是破坏力极强的台风的多发期。对于当时以海风为主要动力的清军舰队来说,气候风向利用得当,则可借助风力,一帆风顺,为取胜创造有利条件;利用不当,判断失误,就可能遭到海风的袭击,重蹈康熙三、四年攻台失利的覆辙。因此，根据海峡季风气候规律来选择正确的渡海时机和进攻路线，对于清军进攻澎湖行动的成败至关重要。

施琅凭借多年海疆活动积累的丰富经验和对海峡季风规律的掌握，决定把渡海作战的时机选在夏季的六月。施琅认为，冬季北风刚硬强劲，不利于舰队的航行和停泊。澎湖之战，未必能一战而胜，一旦舰船被海风吹散，就很难迅速集结，发起二次进攻。夏季的西南季风则比较柔和，海上风轻浪平，清军船队可编队航行，官兵可免除晕眩之苦，也有利于舰队集中停泊，实施下一步作战行动。同时，由于夏季多台风，按常规此季节不宜渡海，所以敌方防备定然松懈。此时发起攻击，可使敌猝不及防，取得兵法所谓"出不意，攻无备"的奇效。为避开台风的袭击，施琅选定夏至前后20余日为最佳渡海和作战时机，他凭着以往航海经验判断，这段时间中风浪最平和，台风发生的可能性较小。

在进攻路线的选择上，施琅根据风向和已知的敌方防御情况，决定清军船队从铜山（今福建东山岛）起航，乘六月的西南季风向东穿越台湾海峡，首先夺取地处澎湖主岛以南、郑军防守薄弱的八罩屿（今澎湖望安岛）一带。这样就可获得船队的锚泊地和进攻出发地，并占据上风上流的有利位置，向澎湖发起攻击。攻下澎湖，扼敌咽喉，然后兵锋直指台湾，可顺利实施"因剿寓抚"的战略方针。

郑氏集团方面，澎湖历来是其海上防御的重点。早在明天启二年（1622年）荷兰殖民者入侵澎湖时，就在岛上修筑了一些防御设施。到清康熙三年（1664年）郑氏集团从大陆逃往台湾时，为防备清军攻台，对荷兰人留下的防御工事进行了恢复和增修，并部署了常驻分队作为海防前哨。康熙二十年（1681年），郑军主将刘国轩得知施琅的主攻目标是澎湖，便亲到澎湖部署防御工作。刘国轩在乘船仔细巡视了澎湖各岛之后，根据其地形、地势对已有的防御设施进行完善，在各险要之处又修筑了新的设施。他将郑军指挥部设在澎湖港湾内的娘妈宫（在今澎湖马公市），建炮城守卫。在港口两侧的西屿、内外堑、牛心湾和鸡笼屿、风尾柜、四角山以及港口外的虎并屿、桶盘屿等处设立炮台，又在沿海岸便于登陆的地段修筑了短墙，设兵把守。这样，郑军水师与岸上炮台相互配合，在澎湖构成了以娘妈宫为核心的海岛防御体系，可谓星罗棋布，坚如铁桶。康熙二十二年（1683年）四、五月间，刘国轩又得到施琅将于夏季乘南风进剿的情报，在台湾选拔精壮敢死之士，并抽调佃丁民兵，将可动员的商船、文武官员私船改装为战船，一起调配、部署于澎湖。使澎湖守军增加到一万七千余人，大小船只约两百艘，集中了郑军的全部精锐。刘国轩拉开架式，严密布防，企图在澎湖与清军决一死战，一举挫败其统一台湾的军事行动。

决战澎湖湾康熙二十二年六月上旬，施琅将由福建水师和部分陆师官兵组成的清军水陆两栖部队集结于铜山，作临战前的最后准备。他召集各级指挥员，用米堆成"沙盘模型"，明确而详细地阐述了自己的作战意图和方案。施琅又下令在各战船的船帆上以大字书写本船主将的姓名，这样既便于指挥，又可根据其进退以定赏罚。施琅标下游击蓝理自愿担任破敌先锋，领取了"先锋银锭"。施琅于是犒赏全体将士，举行誓师仪式。清军攻台部队共有官兵二万余人，战船二百三十余艘，船坚炮利，士气昂扬。

六月十四日清晨，大清福建水师提督、攻台清军主将施琅一声令下，清军舰队肩负着统一台湾的历史使命，浩浩荡荡驶出铜山港，风帆鼓起，龙旗飞扬，向着正东方向的澎湖进发。

六月十五日申时(下午三点至五点),清军舰队抵达澎湖西南的猫屿(在今澎湖七美乡)、花屿(在今望安乡)一带海面,只遇到小股郑军及巡海哨船,未作抵抗即向澎湖主岛方向逃逸,清军按计划顺利夺取了八罩屿作为锚泊地,并派官员乘小船到郑军未设防的将军澳(在八罩之东)、南大屿(在澎湖列岛的最南端,即今之七美屿)安抚岛民。

刘国轩虽得到情报说清军将于夏季发动进攻,并为此加强了澎湖的守备力量,但他手下诸将均认为:"六月风波不测,施琅是惯熟海务者,岂敢故犯突然兴师乎?"(《台湾外志》第二十七卷,第403页)不过是在虚张声势而已。所以当他接到哨船的报告说清军庞大舰队已占据八罩海域,时刻都有可能向澎湖发起攻击时,大感意外,匆忙组织迎战。这时部下丘辉等向刘国轩建议乘清军刚到,立足未稳之际,郑军先发制人,主动出击。刘国轩则认为:澎湖处处设防,清国舰队无避风港湾可停泊,值此台风多发季节,一旦风起,清军无处容身,必然溃败。"此乃以逸待劳,不战而可收功也"(同上,第404页)。吩咐属下,坚守不出。

十六日晨,施琅率清军向郑军防御阵地发起进攻。刘国轩指挥郑军水师在澎湖港湾内排列横队,依托岸炮火务抵抗清军。清军船队由于行动不一致,将士争功,前后拥挤冲撞,队形发生混乱,部分战船被突然上涨的潮水冲近敌炮台,陷入郑船和岸上火力的包围之中。先锋蓝理被流炮击中,肚破露肠,仍拖肠血战,奋呼:"今日诸君不可怯战,誓与贼无生还。"(同上,第406页)

施琅见前军危急,驱船冲入敌阵,奋力救出被围战船,激战中眼部负伤,只得率军退出战斗。因天色已晚,清军暂泊于距澎湖主岛不远的西屿头海面。施琅令部将游观光、许英、林凤各率所部,把守澎湖各出口要道;并下令官兵不许卸甲,弓上弦、炮装弹,严防郑军乘夜潮突围或劫营。

刘国轩看到清军退却,也不追赶,下令鸣金收兵。这时丘辉建议,乘清军新败,于当晚派水师袭击清军的锚泊地。刘国轩坚持"谨守门户,以逸待劳"的方针,认为只要台风一起,清军将不战自溃。刘国轩还因胜而骄,轻蔑地说:"谁谓施琅能军?天时、地利尚莫之识;诸军但饮酒,以坐观其败耳。"丘辉等快快而退。

十七日,施琅将舰队撤回八罩屿进行休整。清军初战失利与施琅战前的轻敌思想有关系,他原先预料清兵大军一到,郑军必会陷入混乱,溃不成军,不想会遭到如此顽强的抵抗。但施琅毕竟久经战阵,遭挫败后仍能保持冷静清醒的头脑。他及时吸取失利的教训,对下一步作战行动进行了周密的筹划和部署。施琅将清军分为四部分:施琅亲率五十六只大型战船组成的主攻部队,正面进攻郑军主阵地娘妈宫;总兵陈蟒等率领由五十只战船组成的东线攻击部队,从澎湖湾口东侧的崎内突入鸡笼屿、四角山一带,作为奇兵,配合主攻部队夹击娘妈宫;总兵董义等统率另五十只战船组成的西线攻击部队,从湾口西侧的内堑进入牛心湾,进行佯动登陆,牵制西面的郑军;其余八十只战船作为预备队,随主攻部队跟进。又采用部将吴英的计策,发挥清军战船数量上的优势(郑军可用于作战的船只数量有限),结成"五梅花"阵,以五船围攻敌一船,这样,既可免除清船互相冲撞之患,又可集中火力将敌船各个击沉。

十八日,施琅派船先攻取了澎湖港湾外的虎井、桶盘二岛,扫清外围。十九日,施琅亲自乘小船到澎湖内、外堑等处侦察敌情及地理形势。二十、二十一两日,施琅派老弱残兵分两路佯攻内、外堑,以为示弱骄敌之计。

二十二日早七时,经过充分休整和准备的清军向澎湖郑军发起总攻。这一场恶战,只打得天昏地暗,海面上炮矢纷飞,有如雨点,炮火的烟焰和蒸腾的水气遮天蔽日,以致咫尺莫辨,双方将士的鲜血染红了海水,在火光的映照下,仿佛整个大海都在沸腾、燃烧。经过九小时的激战,清军取得全面胜利,共毙伤郑军官兵一万二千万人,俘获五千余人,击毁、缴获郑军战船一百九十余艘。郑军主将刘国轩混乱中乘小船从澎湖北面的吼门逃往台湾,勇将丘辉、江胜等被击毙。此役清军阵亡三百二十九人,负伤一千八百人。

施琅的指挥艺术　澎湖海战是中国战争史上一次罕见的海岛攻防战役。从交战双方的实力对比看,清军在数量和质量上略占优势,郑军则是依托坚固防御阵地,以逸待劳,双方可谓各有优长,实力相当。最后的结果是,清军以较小的代价,取得了全歼郑军精锐,攻占澎湖列岛的辉煌战绩,这与清军主将施琅出色的指挥艺术是分不开的。

在渡海时间的选择上,施琅决定在风浪较平缓、同时又是台风多发季节的六月渡海,这样,一来保障了清军舰队在发起攻击前的安全航行和停泊,二来可出奇制胜,达成战役突然性。当然,风险也是存在的。

在进攻战术的运用上,施琅采取了多路分兵、奇正并用的战法,对几个方向上的防御之敌同时发起进攻,有效地打破了郑军的防御体系,使其顾此失彼,左支右绌,失去了整体防御的威力。

在进攻时间的掌握上,施琅为把台风袭击的危险降到最低限度,抓住战机,速战速决,只用了七天时间就干净、彻底地歼灭守敌,取得了澎湖海战的胜利。

此外,郑军主将刘国轩在防御上过于消极保守,没有利用清军初抵澎湖、远航疲惫和初战失利、主将负伤等时机,向清军发起主动进攻,而是收缩于港湾之内,一味死守,将取胜的希望寄托在台风等自然因素之上,这也是导致郑军失败的重要原因之一。

(四)和平统一

施琅的政治攻势　澎湖海战结束后,清军对台湾郑氏集团已形成大兵压境的有利态势。这时,施琅为贯彻"因剿寓抚"的战略方针,下令暂停军事进攻,一面休整部队,补充弹药给养,做好进军台湾的准备;一面发动政治攻势,推动台湾问题向政治解决的方向发展。他在澎湖严禁杀戮,张榜安民,令其恢复正常的生产和生活秩序,宣布免除岛民三年的租税徭役,使饱受战乱之苦的澎湖百姓得以休养生息,这对台湾的居民也不能不有所触动。他实行优待战俘的政策,为战俘疗伤治病,并允许投诚或被俘郑军官兵返回台湾与亲人团聚。这些人回到台湾,将其所见所闻辗转相告,产生了巨大影响。施琅还向台湾军民发布了《安抚输诚示》,宣扬清政府宽大投诚者的政策。据史料记载,当时的台湾出现了这样的局面:郑军官兵纷纷做好了向清军投诚的准备,统治者已无法禁止;广大民众也莫不心向清政府,盼望清军早日在台登陆(《社臻·澎湖台湾纪略》,阮旻锡:《海上见闻录》卷二)。施琅又派原刘国轩的副将曾蜚赴台做刘国轩的工作,促其劝说郑克塽等人向清政府投诚。

施琅与郑氏集团有杀父杀弟之仇,全家有数十口人丧于郑氏之手,但他能摒弃家仇,以国事为重。施琅对刘国轩、冯锡范的部下郑重表示:"断不报仇! 当日杀吾父者已死,与他人不相干。不特台湾人不杀,即郑家肯降,吾亦不杀。今日之事,君事也,吾敢报私怨乎?"(《榕村语录续集》卷十一)这对消除台湾军民的"恐施""恐清"心理起了很大作用,表现出施琅不仅是一个智勇双全的武将,而且具有清醒的政治头脑和卓越的政治才能。有人将施琅与春秋时期的伍子胥相比较,二人都是怀着父兄(弟)被杀的血海深仇,二人都因仇恨而背叛了自己的故国旧主,二人都以主将的身份统率重兵、击败仇敌,获得了报仇雪恨的机会,而二人最后的处理方式却截然不同。伍子胥为报私仇,不惜掘平王墓,鞭平王尸,终于引起楚人的愤怒和反抗,使吴国谋划多年的灭楚大计功败垂成。施琅能从大局出发,为国家的利益而放弃家仇,终于完成了统一台湾的千古大业,其在胸襟与气度上,明显高出伍子胥一筹。

兵不血刃收台湾　施琅对台湾郑氏集团的招抚策略,符合康熙皇帝"抚之为善"的战略思想,康熙深表赞许,并立即向台湾郑氏集团颁布了赦罪诏书,严正指出:郑氏集团割据台湾,人民饱受其苦,这种局面应尽早结束。郑克塽等人若能迷途知返,真心归顺,不但以往罪过全部赦免,而且将得到清廷的优待。

此时,台湾郑氏集团内部围绕今后的出路问题存在三种意见。一是将领黄良骥提出,率台湾现有军队、战船渡海征服吕宋,以吕宋为基业,图谋东山再起。此议得到一部分人的赞同。二是刘国轩主张向清政府投诚。他认为澎湖失守,军心民心已经瓦解,台湾随时都可能出现大乱,只有归顺清廷,求得宽恕,才是惟一出路。三是冯锡范一方面支持黄良骥等人的想法,一方面又企图分兵死守台湾,顽抗到底。最后,在内外压力的逼迫下,刘国轩的主张在郑氏集团中占了上风。康熙二十二年(1683 年)闰六月初八日,郑克塽派人与清军谈判,表示愿意投诚,但又提出留居台弯"承祀祖先,照管物业"的要求。施琅予以严辞拒绝,并提出清方的和谈条件:刘国轩、冯锡范亲自到军前面降;台湾的人口、土地全部移交清政府管理;郑氏集团人员遵旨剃发,迁入内地,听从清政府安置。七月五日,郑克塽等人表示完全接受清方的谈判条件,向清政府上表投诚。和谈取得成功,为台湾本岛的和平统一铺平了道路。

同年八月十三日,施琅率清军在郑氏官员的引导下,从台湾的鹿耳门(今台湾台南市安平港北)入港登陆。施琅沿途察看形势,感叹进入台湾的通道"港道纡回,地势窄狭,波涛湍急,可谓至险至固"(《靖海纪事》卷下,《舟师抵台湾》),庆幸能兵不血刃平定台湾岛。十八日,施琅主持举行了隆重的受降仪式,宣读了皇帝的赦诏,郑克塽等遥向北京方向叩头谢恩。然后,施琅带领清军顺利接管了台湾全境。"历尽劫波兄弟在,相逢一笑泯恩仇",至此,台湾如离家多年的游子终于重新回到了祖国的怀抱。

促成清政府能够以和平方式统一台湾本岛的因素有以下几个方面:一是清军武力攻占"台湾四达之咽喉,外卫之藩屏"的澎湖,歼灭了郑军的精锐,大兵压境,对台湾郑氏集团形成了强大的军事威慑。二是清政府充分利用军事行动造成的有利态势,展开政治攻势。施琅在澎湖的政治工作,进一步瓦解了台湾的军心士气,争取了台湾民众的支持;康熙皇帝的赦罪诏书则有利于打消郑氏集团投诚的疑虑。三是郑氏集团的决策者在决定台湾数十万军民命运的紧要关头,能够认清形势,作出顺应历史潮流的明智选择,停止抵抗,向清政府投诚。其中,郑军主将刘国轩力排众议,向郑克塽、冯锡范等人反复陈说利害,对推动郑氏集团归顺清政府起了重要作用。

清政府平台后的善后措施统一台湾后,在台湾的施琅代表清廷进行了一系列善后安抚工作。施琅亲撰祭文,前往祭祀郑成功庙,祭文说:

"自南安侯入台,台地始有居民。逮赐姓(指郑成功)启土,世为岩疆,莫可谁何!今琅赖天子威灵,将帅之力,克有兹土。不辞灭国之诛,所以忠朝廷而报父兄之职也。但琅起卒伍,于赐姓有鱼水之欢。中间微嫌,酿成大戾。琅于赐姓,剪为仇敌,情犹臣主。芦中穷士,义所不为,公义私恩,如是而已!"(《台湾外志》第三十卷,第 435—436 页)

祭毕,潸然泪下。此文委婉道出了施琅对郑氏的矛盾心理,并非完全是矫情之作。

施琅对投诚的郑氏集团官员以礼相待,不加任何歧视和侮辱;对郑军投诚官兵发给粮食和俸饷,军官陆续送往大陆,士兵愿意归农的许其归农,愿意继续当兵的加入清军。对于台湾的百姓,他整肃军纪,严厉禁止一切损害台湾人民利益的行为,公布了《谕台湾安民生示》《严禁犒师示》等,恢复台湾正常的生产生活秩序,对以往的苛捐杂税实行减免,制止原台湾地方官员犒军扰民。当时在台湾东印度公司商馆任职的英国人 Thomas Angeir 和 Thomas Woolhouse 在其给康熙的书信中说:"陛下所派遣之副司令官(应指施琅)服从陛下之命令,以宽大为怀,不图报复屠杀,无论匪徒(指郑氏集团人员)与人民概予赦免,不使其受丝毫之损害,因此我等亦得托庇平安,同受其益。"(转引自戚嘉林:《台湾史》上册,第 137 页)

对于在台的外国人,施琅也采取了保护政策,在对外事务的处理上掌握了分寸。当时在台湾的外国人有郑成功收复台湾后被扣留的荷兰人和在台做生意的英国人。施琅释放了被长期监禁的荷兰人,其中主要是一些妇女和儿童。对英国人,施琅将其视为敌人,他派人转告英国人说:"英国人十一二年以来,与台湾之匪徒勾结,以火药、枪械及其他武器供给之,违反一切国家之惯例及平等之原则,公然称与台湾王(指郑经)亲善,经常与台湾通商。"(同上,第 138 页)即使如此,施琅对这些英国商人的生命财产安全仍给予了保护,但拒绝了其继续留在台湾进行贸易活动的要求。这是对唯利是图,不惜违反国际准则,支持分裂势力的英国殖民者的应有惩罚。

此外,清政府也兑现诺言,对投诚的郑氏集团成员按其对统一贡献的大小进行封赏,封郑克塽为一等公爵,编入汉军旗,与入关时有功的汉族贵族一样对待。刘国轩、冯锡范都封为伯爵,刘国轩功高,后来还被重用为天津总兵。其他文武官员及士兵也都得到了妥善安置。这些善后安置措施对于消除台湾军民的疑惧心理,稳定台湾的社会秩序,巩固统一的成果产生了巨大作用。

康熙二十二年(1683 年)十一月下旬,施琅在台湾诸事初步就绪之后,将台湾事务交吴英管理,自己率部班师返回大陆。康熙皇帝在接到清军攻克澎湖、统一台湾的捷报后,龙颜大悦,当即亲题御书手卷一轴予以嘉奖,并赋诗一首:"岛屿全军入,沧溟一战收。降帆来蜃市,露布彻龙楼。上将能宣力,奇功本代谋。伏波名共美,南北尽安流。"(《台湾外志》第二十八卷,第 415 页)认为施琅可与汉代伏波将军马援相媲美,给予很高的评价。而后,又授施琅靖海将军,封靖海侯,世袭罔替,奖励施琅为统一大业所立下的汗马功劳。

五、展界开海

禁海迁界是清政府为对郑氏集团实施经济封锁而采取的措施,其消极作用是对我国沿海经济和海上贸易造成了严重破坏。康熙二十二年七月,清政府接受了郑克塽等人率部投诚,双方分裂、敌对状态宣告结束,禁海迁界也就失去了前提和意义。如何使台湾和大陆沿海经济得到迅速恢复和发展,巩固统一的成果,成为清政府工作的当务之急。在这种情况下,彻底解除禁海迁界法令,在沿海各省实行展界开海已势在必行,刻不容缓。

清政府展界开海的措施　康熙皇帝的睿智之处在于他能够比较准确地审时度势,相应调整政策,迅速果断地采取新的措施以取代过时的规章制度。康熙二十二年十月,两广总督吴兴祚上疏请求在广州等地实施展界,招民耕种。康熙谕示:

"前因海寇未靖,故今迁界。今若展界气民耕种采捕,甚有益于沿海之民。吴兴祚所奏极是。其浙、闽等处亦有此等事情,尔衙门所贮本章,关系海岛事宜者甚多,此等事不可稽迟。着遣大臣一员,前往展立界限,应于何处起止,应于何处设兵防守,着详阅确议,勿误来春耕种之期,尔等可速行酌议来奏。"(《康熙起居注》康熙二十二年十月十九日)

所谓展界,就是取消迁界令所划定的"禁区",安排因迁界移民被强迫迁离故土的沿海居民回归家园,将沿海的大片"弃地"重新开辟为良田,恢复正常的农业生产秩序。因为此事是历史遗留问题,涉及的地域又广,关系着国计民生,所以康熙帝十分重视,特委派朝中数位重臣前往福建、广东、江南(江苏)、浙江等沿海省份主持展界工作,并叮嘱他们:"迁移百姓甚为要紧,应察明原产,各还其主。"(《康熙起居注》康熙二十二年十一月十一日)从而保证了展界工作得以迅速而又有条不紊地进行,到翌年五月,沿海各省的展界工作即已完毕。

展界是开海的必要准备,开海是展界的必然延续。所谓开海,就是解除禁海令,恢复海上贸易,并允许沿海居民进行捕鱼、晒盐等生产活动。展界只恢复了农业生产,只有实行开海才能使沿海经济得到全面的恢复和发展,使返回家园的沿海百姓的生活得到切实的保障。但开海却不像展界那样顺利,而是遇到了来自沿海省份军政大员们的阻力。他们以沿海的防务为借口,希望维持海禁,以此来私自垄断海上贸易,从中牟取暴利。这样假公济私的做法,既损害了沿海百姓的利益,也不利于朝廷有效地控制地方的财政大权,并将沿海贸易税收这一重要财源收归国有。康熙二十三年(1684年)七月,康熙皇帝与完成了闽、粤展界工作后回朝复命的扈从学士石柱的一段谈话正反映了这个问题。

石柱:臣奉命往开海界,闽粤两省沿海居民纷纷群集,焚香跪迎。皆云:我等离去旧上二十余年,毫无归故乡之望矣。幸皇上神灵威德,削平寇盗,海不扬波,我等众民得还故土,保有室家,各安耕获,乐其生业……

康熙:百姓乐于沿海居住者,原因可以海上贸易捕鱼之故。尔等明知其故,海上贸易何以不议准行?

石柱:海上贸易自明季以来原未曾开,故议不准行。

康熙:先因海寇,故海禁未开为是。今海寇既已投诚,更何所待?

石柱:据彼处总督、巡抚、提督云,台湾、金门、厦门等处虽设官兵防守,但系新得之地,应俟一二年后,相其机宜后再开。

康熙:边疆大臣当以国计民生为念,今虽禁海,其私自贸易者何尝断绝!今议海上贸易不行者,皆由总督、巡抚自图便利故也。

(《康熙起居注》康熙二十三年七月十一日)

石柱本想借展界的盛况歌功颂德一番,以将开海方事敷衍过去。但康熙并未因此陶醉,而是立即追问开海之事为何不马上施行。然后他一针见血地指出,自实施海禁以来,沿海的走私贸易就从来没有禁绝过,现在的边疆大臣们反对开海贸易,不是为国家和百姓,而是为了他们自己能借此中饱私囊。

同年十一月,康熙皇帝排除干扰,明令宣布沿海各省原来的禁海令一律废除,使中断了多年的海上贸易得到很快的恢复和发展。为了对海上贸易进行有效的管理,并把海上贸易的税收权控制在中央政府手中,清政府于同年在广州、漳州、宁波、云台山建立了粤、闽、浙、江四大海关,专门负责进出口贸易和征税事务。在关税的征收方面,清政府又采取了鼓励贸易的轻税政策,促进了我国沿海贸易和中外贸易的繁荣和发展。

统一后两岸经济的交流和发展 清政府统一台湾,又及时采取展界开海等措施,开创了台湾与大陆经济交流和发展的新时代。

首先,台湾与大陆贸易出现了空前繁荣的景象。康熙年间,亲赴台湾的黄叔璥在所著《台海使槎录》一书中,详细描写了大陆商人穿梭于台湾与大陆之间进行贸易活动的情况。他们从大陆到台湾时,载去丝线、漳纱、剪绒、布、绵、绸、缎、草席、砖瓦、雨伞、瓷器、纸张、包酒等手工业产品和柑、柚、青果、烟、橘饼、柿饼、干笋、香菇、茶叶、药材乃至红枣、核桃、瓜子、松子、棒子等农副土特产品;从台湾返回大陆则载回米、麦、菽、豆、黑白糖、锡、番薯、鹿肉等台湾货物。交易的商品种类繁多,可谓应有尽有。贸易的范围也很广,南起闽、粤、江、浙等沿海省份,北至山东、河北、关东都与台湾有贸易关系。台湾商人的贸易活动也很活跃,"南到南洋,北及天津、牛庄、烟台、上海,舳舻相望,络绎于途,皆以安平(今台湾台南市安平区)为往来之港"(《台湾通史·商务志》)。两岸繁荣的商业贸易,为手工业和农业的商品生产提供了广阔的市场和畅通的销售渠道,促进了经济的发展。例如,大陆商人争购台湾的特产蔗糖,使蔗糖的市场扩大,价格上扬,刺激了台湾甘蔗种植面积的迅速扩大,统一后的十年间增长了十倍。台湾的制糖业也随之突飞猛进,产量大增,为台湾创造了大量财富。

其次,台湾地区与大陆沿海的农业经济也有了长足的发展。统一后,台湾与大陆恢复了正常往来。台湾肥沃的土地,富饶的物产,吸引着闽粤两省的人民前去开发,出现了向台湾移民的热潮。据统计,台湾在统一后的一百三十年间,人口增加了十倍。台湾男多女少,比例失调,自然增殖率并不高,可见大陆人口流入之多。大陆人口的大量迁入,解决了台湾劳动力短缺的问题,为开发台湾增添了一支强大的生力军。他们带去了大陆较先进的生产工具、生产技术和各种农副作物品种,促使台湾农业经济迅速发展。统一后的六十年间,台湾的可耕土地面积扩大了两倍多。台湾盛产的大米不仅能够自给,而且还能支援内地,被官府和商人运往福建、广东,甚至还转销到素有中国粮仓之称的浙江。康熙六十年(1721年),蓝鼎元至台湾,耳闻目睹台湾的发展变化,感叹道:"国家初设郡县,管辖不过百余里,距今未四十年,而开垦流移之众延袤二千余里,糖谷之利甲天下。过此再四五十年,连内山山后野番不到之境,皆将为良田美宅……"(蓝鼎元:《平台纪略·经理台湾第二疏》)大陆沿海地区自清政府统一台湾、实行展界后,人民重新获得土地和安定的生产环境。康熙四十六年(1707年),清翰林院侍郎陈迁鹤从福建赴广东潮阳,到达海丰,看到一望无际的农田。当地百姓告诉他:"台湾未平,此皆界外荒区;平后而荒烟野草复为绿畦黄茂,圮墙阤垣复为华堂雕桷。"(《靖海纪事》,陈迁鹤序)昔日被"抛荒"的土地,又变成了万顷良田,农业生产得到恢复和发展,呈现出蒸蒸日上的景象。

开海后,沿海的渔业生产也恢复了往日的兴盛。史料载:"自海禁既开,江南浙江省福建沿海诸郡渔船,四五月间毕集于此,名为"渔汛",大小船至数千只,人至十数万,停泊晒鲞,殆无虚地。"(康熙《定海县志》卷二,《环海图记》)

第三,对外贸易出现高潮。中国统一后,内乱消除,国际威望提高,许多欧洲及亚洲国家的商船远道而来,与中国通商;中国的商人也走出国门,积极与世界各国发展贸易,使中外贸易交流量大幅度增加。据史料记载,仅康熙二十五年(1686年)二月,停泊在粤海海面的西洋商船就达二十九艘之多。另以日本长崎港进口的中国船舶为例:康熙二十三年(1684年)为二十四艘,二十四年为八十五艘,二十五年为一百零二艘,二十六年为一百三十六艘,到康熙二十七年(1688年)增至一百九十四艘。五年之内竟上升了七倍多。海上贸易的恢复和繁荣,还给清政府带来了巨额海关税银。据《大清会典事例》,江、浙、闽、粤四大海关每年收取的关税可达一百二十三万一千余两。

第四章 崇儒重道

一、刻苦学习

正像他所使用的年号一样,正是在康熙帝统治时期,中国又重新出现了天下太平,国强民富、安居乐业的好时光。然而,康熙帝并不是一位安享太平的天子,与此恰恰相反,正是他兢兢业业,励精图治,不辞辛苦,不避艰难才开创了这一局面。在他领导下这个历史悠久的文明古国才成为有史以来疆域最广大、最巩固,国力最强盛的国家。因为有他,中国历史上才出现了封建社会中为时最长的盛世,并因此奠定了其后二百余年的清王朝的坚实统治。就中国四千年的帝王时代而言,他无疑是所有帝王中最杰出的人物。他之所以有此成就,人们可以说出各种各样的理由,但就个人因素而言,除了他刻苦自励,喜于学习,勤于政务外,别无解说。正如他自己所说:"载籍是赖,厥道无由。""虽古圣人,岂有生来无所不能者?凡事俱由学习而成。"

是啊!康熙帝从来不自诩什么"英明天纵"。他是一个帝王,但他并不是神。他自知从懂事时起到亲操大政的十余年间除祖母的谆谆教导及所经历的宫廷上下,朝廷内外的风风雨雨外,得益的就是专心学习。据他自己回忆说:"朕八岁登极,即知黾勉学问。彼时教我句读者,有张、林二内侍,俱系明时多读书人。其教书惟以经书为要,至于诗文,则在所后。及至十七八,更笃于学。逐日未理事前,五更即起诵读。日暮理事稍暇,复讲论琢磨,竟至过劳,痰中带血,亦未少辍。朕少年好学如此。更耽好笔墨。有翰林沈荃,素学明时董其昌字体,曾教我书法。张、林二内侍,俱及见明时善于书法之人,亦常指示。故朕之书法,有异于寻常人者以此。"康熙帝所说,在他亲政前就很知努力学习,但事实上学得东西是很有限的。所谓十七八岁,那是在他亲政、鳌拜垮台之后,身为泱泱大国的最高统治者,面临错综复杂、日益纷繁的国家政务,他越发感到为学的重要,才在处理日常政务的闲暇,起早贪晚如饥似渴地学习。

对一个戎马倥偬,以征服天下为首要任务的王朝来说,连续两代幼君登位决不是福事。但幸运的是顺治帝、康熙帝父子正因为即位时幼小,从懂事起便身处于汉文化环境的熏陶,尽管满族传统对他们的影响仍然很大,但他们毕竟对汉文化不至于心存芥蒂而有所防范。顺治帝就是一个汉文化的崇尚者,能诗善画。1671 年 3 月 27 日中午,内阁满汉大学士、六部满汉尚书、都察院、通政司、大理寺、詹事府等部院官员齐集太和殿,康熙帝首次经筵大典在这里举行。殿中已设下御前书案和讲官的讲台,当精心遴选的十余名满汉经筵讲官向皇帝行完一跪三叩头礼后,由讲官王熙和熊赐履分别进讲《大学》中的一章和《尚书》中"人心惟危,道心惟微"两句后,然后赐宴群臣,仪式便算结束。自四月十日始日讲开始。从此康熙帝的学习进入了一个新时期。

担任康熙帝经筵及日讲讲官的官员是从内阁大学士、学士、六部尚书、侍郎及翰林院官员中选择的。这些官员都通晓儒家经典和历代史事。都把造就一代贤君明主当作崇高的目标和荣耀,不仅尽心尽力,讲解明白晓畅,条理清晰,而且十分注重引导康熙帝以古来的著名贤君为榜样,作育君德;并注意结合为政的实际,以古喻今,提高他处理政务的能力和水平。这种学习对康熙帝的作用是显而易见的,因此激发了他充实自己的强烈渴望,他不仅要求讲官打破隔日一讲的旧制,且经常要求在经筵不开的假期也能进讲。康熙十二年二月(1673年3月),他对讲官们说:"朕听政之暇,即于宫中披阅典籍,殊觉义理无穷,乐此不疲。向来隔日进讲,朕心犹然未惬。"下令改变传统的办法,从此讲官每天都要上课,使"日讲"真正名副其实。从那以后,一些惯例一再被打破,不分寒暑,不论忙闲,也不管是否举行经筵开学,凡有时间都要上课。甚至他到外地巡视也要带着讲官,随时进讲。康熙帝倾心向学,刻苦努力的精神不仅令讲官们非常感动,甚至惊叹,认为是古今帝王中无可匹敌。在康熙帝以后执政的数十年中,除了因重大斋戒典礼节庆,巡幸出征等事偶有暂停外,他都在繁忙的政务之余孜孜不倦、持之以恒地进行着自己的学习。他像一个历尽艰辛,终于寻找到了热望已久的宝藏的开发者,怀着激动的心情不遗余力地在千古智慧的宝库中搜求。这个长年驰骋在马背上,在白山黑水,冰天雪地上一代代锤炼出的民族的后代,已将祖先吃苦耐劳,坚韧勤奋的精神凝入他经邦治国的实践中来。

从那以后,或在乾清宫,或在弘德殿,或在懋勤殿,康熙帝与日讲官员度过了一个个晨昏寒暑。常常是每天天还没有完全亮,康熙帝便召集群臣奏报政务,处理当天的国事。因此或在听政之前,或在听政之后开始当天的日讲。朝臣与讲官披星戴月,风雨无阻,春夏天看东方日出,秋冬日随夜幕隐退,星稀殿角,露湿庭阶。康熙帝精神振奋,不惮劳苦听政听讲,从无厌倦之态。康熙十四年四月(1675年5月),他对讲官们说:"日讲原期有益身心,加进学问。今止讲官进讲,朕不复讲,则但循旧例,渐至日久将成故事,不惟于学问之道无益,亦非所以为法于后世也。自后进讲时,讲官讲毕,朕仍复讲,如此互相讨论,方可有裨实学。"其实在此之前的讲学过程中,康熙帝早已不是只被动地听讲,而是经常与讲官反复研讨、辩难,经常阐发自己的学习体会和思想。当时南方吴三桂等三藩已发动叛乱,战火燃及半个中国,康熙帝要处理的问题实在太多,便将固定的日讲时间改为"乘间进讲",并从这时开始他每次都复述讲官所讲解的知识。而且到了康熙十六年,他已有了相当高的文化水平和理解能力,又把每次进讲改为由他自己先讲,然后由讲官复讲。由被动地接受到讨论式的学习逐渐过渡到自学加辅导,明显地看出康熙帝的进步迅速、而这不过只有短短的六年时间! 此间康熙帝还经常半夜起身,甚至通宵达旦披衣苦读。几年中,已将《大学》《中庸》《论语》《孟子》《尚书》《易经》《诗经》等儒家经典和《资治通鉴》等史书反复研读一遍。

康熙帝读书的自觉性和动力来源他对儒家典籍有益身心,有资治道的深刻认识。他二十岁时,一次与讲官们的对话就已经表达很清楚了。他说:"学问之道,在于实心研索,使视为故事,讲毕即置之度外,是徒务虚名,于身心何益? 朕于诸臣进讲后,每再三细绎,即心有所得。尤必考证于人,务求道理明彻乃止。至德政之暇,无间寒暑,惟有读书作字而已。"他所谓"作字",是指书法。康熙帝自小便养成了爱好书法的习惯,非常喜欢董其昌的行书,后又对米芾字发生兴趣,临摹习仿,写成一手遒劲有力、飘逸舒展的好字。说完上面的话后,康熙帝随手写了一行字,给讲官们传看。接着说:"人君之学不在此,朕非专攻书法,但暇时游情翰墨耳。"随后他对讲官熊赐履说:"朕观尔等所撰讲章,较张居正《直解》更为切要。"熊赐展当即回答说:"臣等章句小儒,不过敷陈文义。至于明理会心,见诸日用,则在皇上自得之也。"康熙帝对此颇为赞同,便进一步阐明自己的意思说:"讲明道理,乃为学切要工夫。修己治人,方有主宰。若未明理,一切事务,于何取则?"且说:"学问之道,毕竟以正心为本。"熊赐履见康熙帝有如此深刻的领悟,不由称赞说:"圣谕及此,得千古圣学心传矣。"康熙帝说:"人心至灵,出入无乡,一刻不亲书册,此心未免旁骛。朕在宫中手不释卷,正为此也。"随后康熙帝潜心写下了《读书贵有恒论》一文,勉励自己不自欺,如戒始勤而终惰,不能坚持经常。其中有言。"人之为学,非好之笃嗜之深,其势必不能以持久!"准备"无论细旃广厦,讽咏古训,日与讲臣共之。即至銮车帐殿之间,罔废图史,寻味讨论,弗敢畏其艰深而阻焉,弗敢骛于外物而迁焉,盖初终如一日也"。

　　康熙帝确实是在用这些认识鞭策着自己,他也确实是这样实行的。他是一个帝王,也明明知道自己享有至高无上的权力,用不着与自己的臣民在文化上一较高低。但是,他对自己约束和激励并不出自完全的兴趣和天性。因为他知道自己是一个统治者,更清楚地知道自己是一个被一个文化发达的大汉民族,视为野蛮的"异族"的统治者,他的谦虚好学本身就是一种政治行为。但是他要用自己行为和实际能力证明自己不仅是一个皇帝,还是一个称职的皇帝;是一个超越前古诸多帝王的皇帝。假如说几十万的满族与几千万的汉民族在打天下、治天下的冲突中所需要的不仅是战争,同时也是竞争的话,康熙帝的祖先和前辈们已然赢得了战争的胜利。当他成长为一个举国瞩目的君主后所面临的问题已别无选择,只有治天下这一惟一的任务,他要完成的只有获取人心,取得全国人民的认同。尽管他不可能想象自己可以与围绕在身边那些饱学诗书、满腹经纶的汉臣的"学问"相比,但却可以通过接受中国数千年的传统,满足他们的愿望,换取他们的信任,赢得他们的敬服。后来的事实表明:康熙帝的成功恰在于此。

　　康熙帝通过长期对儒家经典的研习和在为政的具体实践中的应用,深深感受到儒家思想对其经邦治国有着非常重要的作用。这种作用已远远超出以其笼络汉族地主阶级士大夫的工具意义。经过明末以来半个世纪的战乱和激烈的阶级矛盾与民族之间的冲突,人们望治心切,使儒家思想的中庸倾向、阶级调和致治以礼的内涵在缓和矛盾、恢复秩序、制定政策等方面不仅有了理论根据,而且也正符合当时的社会实际。正是依照儒经典的精神主旨和社会的实际形势,使康熙帝迅速扭转了四辅臣严苛残酷的政风,逐渐转向追求德治、崇尚宽仁,而这也成为他一生治国行政的基本调子。尽管在他晚年将此经验教条化,为政失之宽纵,造成严重的政治腐败,但清王朝能在严重的战乱和尖锐的对立中走出困境,应该说仍只能归功康熙帝的这一明智抉择。

　　康熙十六年五月的一天,儒臣进讲完毕,康熙帝对他们说:"卿等每日起早进讲,皆天德王道修齐治平之理。朕孜孜问学,无非欲讲明义理,以资治道。朕虽不明,虚心倾听,寻绎玩味,甚有启沃之益。虽为学不在多言,务期躬行实践,非徒为口耳之资。然学问无穷,义理必须阐发。卿等以后进讲,凡有所见,直陈无隐,以副朕孜孜向学之意。"其实类似的话在他一生中说过无数次。之所以如此,他已经明显地反映出他对宋明以来诸儒对儒家思想的解释所持的保留态度。尽管他一再倡导理学,但他似乎已感觉到那种对理、气、心、性的繁冗解释和攻讦驳辩不仅难以分清高下,即使被尊为所谓纯德的一些人多也只限于侈口空谈。他反复强调学问要有资治道,"务期躬行实践"。当他在与臣下谈到"理学"时说："日用常行,无非此理,自有理学名目,而彼此辩论。朕见言行不相符者甚多。终日讲理学,而所行之事,全与其言背谬,岂可谓之理学？若口虽不讲,而行事皆与道理吻合,此即真理学也。"康熙帝最需要的是治国的经验和实际的效果。终其一生,他倡导理学,也出了一些所谓"理学名臣",可在他眼中,并没有几个人是值得肯定的。他晚年时曾说："理学之书,为立身根本,不可不学,不可不行。朕尝潜心玩味,若以理学自任,必致执滞己见,所累者多。宋、明季世人好讲理学,有流入于刑名者,有流入于佛老者。昔熊赐履自谓得道统之传,其殁未久,即有人从而议其后矣。今又有自谓道统之传者,彼此纷争,与市井之人何异？凡人读书,宜身体力行,空言无益也。"从这既倡导又厌恶的情绪中,康熙帝表现出他完全是一个实用主义政治家而非理论家。尽管他对理学理论有很精深的研究。

在康熙帝所读过的无数典籍中,历代史籍几乎都有所涉猎,并作了很多的批注。他非常注重研究历代王朝兴盛衰亡的经验和教训。从帝王品德好尚到君臣关系,从整肃朝政到吏治安民,从发展经济到固舆安边都能引起他的高度重视。比如,他对唐太宗、汉武帝等君主的治绩多有赞誉,但对唐太宗以疑杀人,汉武帝信神仙方术却很不以为然,认为"惑已甚矣"。对汉文帝的善政,宋太祖微服了解吏治民情都深深敬服。对许多帝王的品格治迹都有很中肯明智的看法,当他读了魏征上唐太宗《十思疏》后,不无感慨地评道："人莫不慎于创业,怠于守成。故善始者未必善终。惟朝乾夕惕,不敢少自暇逸,乃可臻于上理。"他对冯道历官几个朝代仍洋洋自得地自称为"长乐老人"嗤之以鼻,说他。"四维不张,于兹为甚"。但却对冯道向唐明宗所说的"历险则谨而无失,平路则逸而巅蹶"的话大为赞赏,总结说："粤稽史册,国家当蒙庥袭庆之后,率以丰亨豫大弛其兢业之心,渐致废坠者往往有之,所以古者圣贤每于持盈保泰之际三致意焉。冯道以明宗喜有年而设譬对,犹得古人遗意。虽道之生平不足比数,而其言固可采也。"这种不因人废言,清醒知警的态度,在康熙帝读史书时是很一念存的。在他还年轻的时候就一直很注意历代兴亡的教训,自汉代以后的宦官、外戚之祸,亲王、权臣、武臣擅政都能引起他的警觉,并在制度建设上予以充分的研究。尤其明朝亡国的教训,在他可以说是念念不忘,经常与臣下们谈论,总是感慨不已。他深知:人主以一人临御天下,自身的修养深系天下安危。他以历史的经验告诫自己,为政不能怠惰,不能感情用事,要善于了解情况,听取臣下的意见。尽管一人高高在上,可以为所欲为,但偏激致误、纵欲亡身乃至于亡国,历史都提供了无数的先例。事实证明,康熙帝从一个深宫诞育的皇子成长为一个非常有作为的君主,得益于读书学习的"作育之功"甚多。也正是他深受数千年中原王朝治国经验的熏陶,在他手中,清政权终于从马上打天下的赳赳武夫姿态改变了形象,开始了以文治天下的辉煌历程。

随着康熙帝治国经验的增长和对文化典籍领悟能力的提高,康熙帝逐渐感到繁琐仪式的日讲不如自学来得实惠、自由。况且固定的学习程式和讲解,既耽误时间又阻碍政务处理。但他很尊重自己的那些师傅,很羡慕他们的学问,不愿与他们分开。在康熙二十五年(1686 年)他宣布停止日讲之前,便已在九年前设立了南书房。从那时起,甚至可能更早,在乾清门内西侧,面对乾清宫的那几间低矮的小房,已成了皇帝和他的文学侍从——词臣们经常研讨学问,谈文论政的永久场所。他保持十五年的"业余学校"生涯尽管已经毕业,可在他的寝宫中却常常是烛光伴随他的刻苦攻读,有时直亮到天明。读书已成为他皇帝生涯的重要组成部分,直到他的晚年仍坚持不懈。因此他区别于以往帝王的一个重要成就还不仅在于他有突出的文治武功的伟大政绩,他还给后人留下一百数十万字的著述。励精图治,察吏安民;选贤任能,优礼良臣;安边恤刑,武功文治;轻徭薄赋,赈灾蠲免,事无巨细,凡有益治国安邦均挂怀在心。在他心中展开的是一幅国家安泰、物阜民丰的宏图。在他龙飞凤舞、笔力遒劲的文字中,透射出充分的安然和自信;而在他留下的一千多首诗和数十篇文赋中虽常有忧国忧民的思绪萦绕心头,可胸怀廓大的浪漫主义情操却时时扬溢,慨叹边塞的辽远苍凉、瀚海无垠;寄志于大河奔流、山河壮阔,关情于草木鸣蝉,风雨明月。其诗作中"既有金戈铁马之声,又有流风回雪之态"。这个"骑马民族"的后代,虽然仍牢记祖辈不忘骑射的遗训却已是深谙治国之道并且满腹诗书。他虽然不乏祖辈坚忍雄健的马背雄风和叱咤风云的气度,但却已更具有远迈先祖的文化素养和治理一个新世界的广阔胸怀。祖先创业的那片黑土地上留下的只是令他追想的一连串神奇的故事,可当他父亲走进山海关的大门时,历史便注定了他要有一个更博大的胸怀来面对这个广阔辽远的国度和生于斯、长于斯的似曾相识的世界。他睁开双眼,惊异地关注着每一丝新奇,贪婪地吸吮着中国文化中的营养,以致于今深恨"夷族入寇"、很难放弃"华夷之辨"传统观念的汉族士大夫也睁大了惊奇的双眼,感到不同寻常。

康熙帝正是以这种突破祖辈狭隘换以宽容博大、兼容并蓄的全新姿态确立了自己的"明君"形象,终于使清王朝在国人心中赢得了"正统"的认可。

年青的康熙此间还做了意味深长的三件事:宣《圣谕十六条》、中西历法之争和御门听政。

雍正帝在雍正九年(1731年)十二月二十日,为圣祖仁皇帝实录所作的序文中称:纲举目张,庶司各修其职。意即纲举目张,才能治国安邦。所谓纲,就是敬天法祖、勤政爱民八个大字。敬天法祖是形式,勤政爱民是内容,前者为手段,后者为目的。所谓目,就是为纲服务的具体施政方针和各项政策,既有综合全局的总政策,又有各个不同时期的个别政策,即目中有目。那么,什么是康熙朝勤政爱民的总政策呢?

康熙九年(1670年)十月九日,即康熙亲政后的第三年,他曾发布圣谕十六条,代表了他勤政的总策略,并一生为之遵行,孜孜不倦。以下引述其原文:

朕认为国家想得到治理,不应以法律为急分,而应以教化为先导。当代人心醇洁善良,风俗朴实厚道,刑法放置不用,家家户户,丰衣足食,天下长治久安,一切治理得井井有条。原来是法律条令只能禁于一时,而文化教育的作用是历久不衰的。如果单纯地依靠法令,而教育事业不走在前头,那是本末倒置。但近来的社会风气却一天比一天坏,人们的观念不如过去,嚣张放肆,乱说乱动,制造事端,作案的手段愈来愈巧妙,打官司告状的事也越来越多。或是豪强富户欺压孤寡贫寒的人,或是土豪劣绅横行乡里,或是舞文弄墨的人出入衙门,或是强盗土匪抢劫事件不断发生,仇恨杀人的行为屡见不鲜。考虑到目前违法犯罪的事例太多,都是因为教育抓得不过硬。朕今欲效法古代帝王,崇尚道德,缓用刑法,教化人民,移风易俗之例,特颁布圣训十六条,令天下遵守执行。

一是重孝弟(弟亦作悌,善事父母为孝,照顾兄弟为弟或友,合言孝悌),以重视人伦

（父子有亲、君臣有义、夫妇有别、长幼有序、朋友有信，谓之人伦，即做人的起码标准）。

二是笃宗族（同宗之祖所出），以昭雍睦（和平相处）。

三是和乡党（乡里乡亲共居一地），以息争讼（打架斗殴告状）。

四是重农桑，以足衣食。

五是尚节俭，以惜财用。

六是隆学校，以端士习（端正为学之风）。

七是黜异端（邪说），以崇正学（儒家力主经世致用之学）。

八是讲法律，以儆（惩戒）愚顽（愚昧无知、顽固不化分子）。

九是明礼让，以厚风俗。

十是务本业（以农业为基础），以定民志（民心定则邦本得）。

十一是训子弟（教育下一代），以禁非为（为非作歹）。

十二是息诬告，以全良善（制止诬告，保护善良的人民）。

十三是诫窝逃（藏匿逃犯当窝主），以免株连。

十四是完钱粮，以省催科（自觉自愿地完成上缴给国家的粮食赋税任务）。

十五是联保甲（乡里同处，保甲连坐之法），以弭（消灭）盗贼。

十六是解仇忿（恨），以重身命（身家性命）。

以上诸条款，究竟如何训练、启发、劝导，以及怎样责成内外文武各主管部门的官员们督促率先举行等事情，礼部须详查典制，议定后上报朝廷。

十六条的中心思想是重视思想文化教育，教育上去，其他就迎刃而解了。为此，康熙曾说过：政治所先，在崇文教。储养之源，由于学校。

重农桑以足衣食，意即是物质建设。隆学校以端士习，是精神建设。二者相结合，如此，则纲举目张，由天下大乱走向天下大治。康熙做了六十一年的太平天子，与此不无关系。

二、推崇程朱

康熙皇帝亲掌政权以后，为了加强自己对思想领域的统治，经过一个时期的摸索，将程朱理学确定为正统哲学思想。这一行动，不但对当时社会发展起了重要的作用，也对此后中国社会的进步产生了重要的影响。

西汉中期以后，儒家思想即被封建统治者尊为正统思想，一千多年中，对于维护封建统治发挥了重要的作用。清朝以少数民族政权崛起东陲，为了建设和巩固政权，学习汉族传统治国理论为势所必需。因而，从皇太极时期开始，清朝政权即推行崇儒重道政策。入关以后，面对汉族人民已经成为主要统治对象的客观现实，清朝政权又将崇儒重道政策进一步铺开。顺治二年，清朝政府封孔子为"大成至圣文宣先师"。顺治九年九月，"临雍释奠"大典隆重举行，顺治皇帝勉励太学师生笃守"圣人之道""讲究服膺，用资治理"。顺治十四年九月、十月，顺治皇帝又首开清代帝王经筵日讲之先河，谕令儒臣进讲儒家经典。但是由于顺治皇帝过早去世，以及四辅政大臣执政时期的政策变化，清初以来一直奉行的崇儒重道政策出现了曲折。这样，全面贯彻崇儒重道政策的重任，便落在了康熙皇帝的肩上。

早在亲政之初,康熙皇帝即开始重新推行崇儒重道方针。康熙八年四月,康熙皇帝采纳汉官建议,于宫中致斋后,率领诸王、大臣亲临太学释奠孔子,在孔子位前行三跪六叩头礼。亲奠完毕,又至彝伦堂,听满汉祭酒、司业以次讲《易经》《书经》。听讲后,康熙皇帝说:"圣人之道,如日中天。讲究服膺,用资治理,尔师生其勉之。"不久,康熙皇帝擒拿鳌拜,排除了推行崇儒重道政策的重大障碍。这样,崇儒重道政策得到了全面的贯彻。首先康熙皇帝大力举行经筵日讲,积极学习儒家经典。通过学习,康熙皇帝深感儒家学说博大精深,对于修身、齐家、治国、平天下有着重要的现实意义。因而,对于儒家学说的创始人孔子、孟子等人,他极表佩服。康熙前期,在多次举行祭孔活动之外,康熙二十三年十一月,康熙皇帝于首次南巡后又驾幸曲阜,诣孔子庙,入大成门,行九叩礼;至诗礼堂,讲《易经》;上大成殿,瞻孔子像,观礼器;至圣迹殿,览图书;至杏坛孔子讲学处,观孔子手植之桧树;入承圣门,汲孔井水尝之;询问发掘《古文尚书》的鲁壁遗迹,诣孔林墓前酹酒,并亲为大成殿书"万世师表"匾额,留曲柄黄盖。在此同时,康熙皇帝又再次下令"天下学宫崇祀先儒",并亲自撰文盛赞孔、孟,进一步抬高儒家学说的地位。康熙二十六年,康熙皇帝亲作《至圣先师孔子庙碑》《孟子庙碑》文,御书勒石。康熙二十八年四月,康熙皇帝又亲作《至圣先师孔子赞》并序、《孟子赞》《曾子赞》《子思子赞》《孟子赞》。康熙皇帝宣扬孔孟之书把"道统"与"治统"统一,流传后世以为治理国家之用,即所谓"皆为万世生民而作也""如日月之光昭于天,岳渎之流峙于地",作用非常大,影响极其深远。可见,康熙皇帝对儒家学说的尊崇和对孔孟等人的吹捧,已经达到无以复加的地步,大大超过了前此的任何一位封建帝王。

长期以来,孔孟一直是汉族人民尤其是汉族士人心目中的圣人,作为一个少数民族皇帝,康熙皇帝对孔孟如此尊崇,对于缓和满汉民族矛盾,无疑起了重要的作用。但是,孔孟距离康熙皇帝生活的时代已十分遥远,而且,自从汉武帝"罢黜百家、独尊儒术"之后,尤其是宋明以后,儒家内部也发生了分化,形成了不同的思想流派,笼统地提倡崇儒重道和现实政治关系并不密切,对清朝政府加强对人民的思想统治作用也不直接。这样,经过一个时期的摸索,康熙皇帝又将崇儒重道发展成为尊奉程朱理学,从而进一步加强了对广大人民的思想统治。

程朱理学又称道学,北宋时由周敦颐、邵雍、张载、二程兄弟(颢、颐)等人创立,南宋时朱熹集其大成。程朱理学是一个比较完备的客观唯心主义体系,认定"理"先天地而存在,把抽象的"理"(实指封建伦理准则)提到永恒的、至高无上的地位;为学主"即物而穷理"。在朱熹同时,有陆九渊一派的主观唯心主义,宣扬"心"是宇宙万物的本源,为学主张"明本心",同程、朱派对立,是当时儒家学说中的另一流派。由于程朱理学更合统治者的需要,因而从南宋后期始即被尊为官方哲学,历经元、明,相沿不改。明代中期以后,王守仁弘扬陆九渊之学,宣扬"致良知",把"心学"发展到顶峰。王学产生后,很快就风靡全国,凡欲取程朱理学地位而代之。明末清初,程朱理学和陆王学心学并行。清朝入关初,统治阶级忙于统一全国,只笼统地崇儒重道,还无暇裁定朱王之争。康熙即位后,随着崇儒重道国策的推行,康熙皇帝越发认识到程朱理学对巩固封建统治的重要性,开始提倡程、朱。

康熙皇帝尊奉程、朱的思想,很大程度上是受了儒臣熊赐履的影响。熊赐履笃信朱学，"读孔孟之书，学程朱之道"，自康熙十年二月至康熙十四年三月一直充任日讲官。他以朱熹注《论语·学而》篇的讲解，开始了康熙一朝的日讲。此后，熊赐履始而隔日进讲，继而每日入宫，向康熙皇帝讲"读书切要之法"，讲"天理人欲之分"，讲"俯仰上下只是一理"，讲"本然之性与气质之性"，讲"辟异端、崇正学"，讲朱熹的知行观，斥王守仁的"知行合一"说。在熊赐履等人的影响下，康熙皇帝逐渐接受了程朱理学，并开始把它奉为官方哲学。康熙皇帝尊奉程朱理学的措施，大体有以下几个方面。

第一，把程、朱看作孔、孟正传，大力宣扬程朱理学。康熙皇帝认为，程朱以前，"虽汉之董子（仲舒）、唐之韩子（愈）亦得天人之理"，但却"未及孔孟之渊源"，没有得到儒家学说的精髓；到了北宋，邵雍"玩索河洛之理、性命之微，衍先天后天之数，定先甲后甲之考，虽书不尽传，理亦显然矣"；周敦颐"阐无极而太极，复著《通书》，其所授受，有自来矣，如星辰系乎天而各有其位，不能掩也，光风霁月之量，又不知何似"；程颐、程颢"充养有道，经天纬地，聚百顺以事君亲"；朱熹"集大成而继千百年绝传之学，开愚蒙而立亿万世一定之规，穷理以致其知，反躬以践其实"，这才得到孔孟正传；因此，只有程朱理学才是治国的学术，"非此不能知天人相与之奥，非此不能治万邦于衽席，非此不能仁心仁政施于天下，非此不能外内为一家"。为了宣扬程朱理学，康熙皇帝亲作《理学论》，提倡"学者当于致知格物中循序渐进"，"走程朱之路"；下令将朱熹从孔庙东庑"先贤"之列升到大成殿"十哲"之列，"以昭表彰至意"；给程朱的祠堂及讲学的书院赐匾、赐物。在提倡程朱的同时，康熙皇帝还排斥陆王，这方面的典型例子有康熙皇帝与崔蔚林的争论。崔蔚林是当时的一个朝臣，信奉王守仁的心学，曾撰《大学格物诚意辨》讲章一篇进呈。康熙十八年十月，康熙皇帝将崔蔚林召进宫，就朱、王之学进行辩论。在对"格物"范畴的阐释中，崔蔚林依据王守仁的学说，主张"格物是格物之本，乃穷吾心之理也"，并进而对朱熹学说提出质疑，认为"朱子解作天下之事物，未免太泛，于圣学不切"。当康熙皇帝转而论"诚意"，指出"朱子解'意'字亦不差"时，崔蔚林又表示反对，说"朱子以意为心之所发，有善有恶。臣以意为心之大神明、大主宰，至善无恶"。康熙皇帝准备不足，无言以对，只得暂时中止了辩论。十天之后，经过周密的准备，康熙皇帝对崔蔚林的主张进行了反驳，说："天命谓性，性即是理。人性本善，但意是心之所发，有善有恶，若不用存诚工夫，岂能一蹴而至？行远至迩，登高自卑，学问原无猎等，蔚林所言太易。"这里，康熙皇帝用的武器仍是程朱理学。

第二，刊刻程、朱之书。为了提倡程朱理学，康熙皇帝不遗余力地刊刻程、朱之书。《性理大全》是明朝永乐年间纂修的收录程、朱等人的理学著作及有关性理的语录的一部官书，影响颇大。康熙皇帝"见其穷天地阴阳之蕴，明性命仁义之旨，揭主敬存诚之要，微而律数之精义，显而道统之源流，以至君德圣学政教纪纲，靡不大小兼该，而表里咸贯，洵道学之渊薮，致治之准绳"。乃命儒臣对其重加补订，并亲为作序，刊行全国。后来，为了宣扬朱熹之学，康熙皇帝令熊赐履、李光地等人录章摘句，收集朱熹的一句一字，编成《朱子全书》，并亲为之制序，刊行全国。康熙皇帝还令修《周易折中》，"上津河洛之本末，下及众儒之考定，与持论之不可易者，折中而取之"。康熙六十年，康熙皇帝又以《性理大全》等书繁杂矛盾，下令节编性理诸书，成《性理精义》。在为《性理精义》作的序中，康熙皇帝叙述了自己对程朱理学的崇奉态度及该书的编纂经过：

"朕自冲龄以来,六十多年间,未尝一日放下过经书。唐虞三代而后,历代圣贤相传授受,言性而已。到了宋代,学者们才提出性理这个名词,使人了解尽性之学即学习圣贤之道,不外乎遵循理的规定。朕敦好典籍,对于理、道等有关论述尤为留意,而且在位日久,玩味愈深,体之身心,验之政事,越发认识到其确然不可易。前明纂修《性理大全》一书,可谓广备,但其搜取太繁,重复较多。各地流行的性理之书不下数百种,而相互矛盾者比比皆是,很不利于程朱之学的传播。于是,朕命大学士李光地将程朱之书加以诠释进览,授以意指,省其品目,撮其体要,既使诸儒之阐发不杂于支芜,又使学者之披寻不苦于繁重。至于图象律历、性命理气之源,前人所未畅发者,朕亦时以己意折中其间。这样,编成了这部《性理精义》,颁示天下。读此书者,当明了此意。"

康熙皇帝如此热衷于刊刻程朱之书,在中国古代帝王中也是少见的。

第三,重用理学名臣。康熙皇帝既尊奉程、朱,因而也重用那些讲程朱理学的所谓理学"名臣"。较早受到康熙皇帝重用的当数熊赐履。熊赐履因为在康熙皇帝开始举行的经筵且讲中提任讲官而深得康熙皇帝之心,康熙十四年迁内阁学士,寻破格授武英殿大学士,兼刑部尚书。次年,熊赐履以诿咎同僚而夺官。康熙二十三年,康熙皇帝南巡,熊赐履迎谒,召入对,御书"经义斋"榜以赐。康熙二十七年,熊赐履起为礼部尚书,后授东阁大学士兼吏部尚书,预修《圣训》《实录》《方略》《明史》等书,并充总裁官,五次主会试。康熙朝最得重用的理学"名臣"是李光地。李光地,字晋卿,福建安溪人。康熙九年进士,选庶吉士,授编修。三藩之乱时,李光地腊丸上书,有功朝廷,授内阁学士。康熙二十五年授翰林院掌院学士,直经筵,兼充日讲起居注官,教习庶吉士。历官兵部侍郎、工部侍郎、直隶巡抚、吏部尚书兼直隶巡抚等,康熙四十四年拜文渊阁大学士。李光地承家教,从小即究心性理之学,"非程朱不敢言",其理学"宗朱子而能别白其是非"。其时康熙皇帝"潜心理学,旁阐六艺,御纂《朱子全书》及《周易折中》《性理精义》诸书,皆命(李)光地校理,日召入便殿研求探讨"。由于和康熙皇帝的特殊关系,李光地在康熙皇帝面前说话也很有分量。江宁知府陈鹏年、桐城贡士方苞皆因事论死而终获免,噶礼、张伯行互讦案后张伯行得以复官,都是李光地出力的结果。除此而外,康熙年间得到重用的理学名臣,还有"笃守程、朱"的汤斌,有"专宗朱子、不容一语入出"的陆陇其,有以"崇程朱为己任"的张伯行,还有魏象枢、张廷玉、蔡世远等等。

在采取各种措施提倡程朱理学的同时,为了使其切实发挥社会作用,达到修、齐、治、平天下的目的,康熙皇帝还提倡真理学,反对假理学。

对于真理学和假理学,康熙皇帝有过明确的区别。康熙二十二年十月,康熙皇帝对日讲官张玉书等人说:"日用常行,无非此理。自有理学名目,彼此辩论。朕见言行不相符者甚多,终日讲理学,而所行之事全与其言悖谬,岂可谓之理学?若口虽不讲,而行事皆与道理吻合,此即真理学也。"也就是说,那些行事合乎封建伦理道德的理学家是真理学,而那些挂着理学家招牌、行为却不守封建伦理道德的人是假理学。因而、康熙年间,康熙皇帝曾反复谕说,提倡真理学,要求言行相符。康熙三十二年四月,康熙皇帝谕大学士等:

"翰林官以文章为职业。今人好讲理学者;辄谓文章非关急务。宋之周、程、张、朱何尝无文章？其言如是，其行亦如是。今人果能如宋儒言行相顾，朕必嘉之，即天下万世亦皆心服之矣。传谕翰林官知之。"

康熙四十三年六月，康熙皇帝谕起居注官揆叙等说："君子先行后言，果如周、程、张、朱勉行道学之实者，自当见诸议论。若但以空言而讲道学，断乎不可。"对于真理学，康熙皇帝也大力引用。康熙二十三年六月，康熙皇帝以学士汤斌"曾与中州孙钟元（奇逢）相与讲明道学，颇有实行"，以前典试浙江时又"操守甚善"，是个真理学，下令补授江宁巡抚。康熙五十二年九月，康熙皇帝令大学士李光地传谕九卿，"有明于性理实学之人，令各举所知。"康熙六十年三月，康熙皇帝与大学士等谈到刚进行过的会试，认为其中可能有弊，因为一些"真才实学"者未被取中，"如举人王兰生学问，南人中或有胜彼者，若直隶人则未能及之。前《周易折中》《性理精义》《朱子全书》，魏廷珍、王兰生等在朕前昼夜校对五年，不遗一字。读书人少全读性理者，王兰生甚为精熟，学问亦忧，屡试未中，或文章不佳，抑别有故耶？"因此，康熙皇帝赐王兰生进士，"著一体殿试"。

康熙皇帝反对假理学的言论俯拾皆是，如康熙四十三年四月，他谕大学士等："夫道学岂易言哉？孔子曰：'先行其言，而后从之。'人之品行，必始终不易，朕始信之。若徒托之空言，而无实事，则亦何益之有？"对那些假理学之人，康熙皇帝更是予以抨击、排斥。众所周知，康熙皇帝提倡理学是为了巩固封建统治，而那些所谓的讲理学之人却大多只以理学为敲门砖和护身符，其真正目的无非是为自己捞好处，求一己之私利。因此，这些所谓的理学家往往是当面一套，背后又一套，嘴上一套，行动上又一套，大搞两面派。对于这些人，康熙皇帝尤其痛恨。第一个遭到康熙皇帝抨击的假理学是崔蔚林。崔蔚林与康熙皇帝辩论朱、王，使康熙皇帝很是愠怒，加以崔蔚林言不顾行，居乡颇招物议，且文义荒谬，康熙皇帝对他更加反感。康熙二十一年六月，在与近臣等议及崔蔚林官职的升迁时，康熙皇帝鄙夷地指斥崔所谓道学未必是实，"为人不甚优""居乡亦不甚好"。两年后，崔蔚林自觉在朝中无法立足，疏请告病还乡。康熙皇帝决意借机对其加以惩治，乃谕大学士等："崔蔚林乃直隶极恶之人，在地方好生事端，干预词讼，近闻以草场地上纵其家人肆行控告。又动辄以道学自居，焉有道学之人而妄行兴讼者乎？此皆虚名耳。又诋先贤所释经传为差讹，自撰讲章甚属谬戾。彼之引疾乃是托词，此等人不行惩治，则汉官孰知畏惧！"后来，康熙皇帝在谈假理学时，还是没有忘记痛斥崔蔚林：

"从来道德、文章原非二事。能文之士，必须先明理；而学道之人，亦责能文章。

朕观周、程、张、朱诸子之书，虽主于明道，不尚辞华，而其著作，体裁简要，晰理精深，何尝不文质灿然，令人神解意释？至近世，则空疏不学之人借理学以自文其陋。如崔蔚林，本无知识，文义荒谬，岸然自负为儒者，真可鄙也。"

康熙皇帝的穷追狠击，使崔蔚林声名狼藉。

那些所谓的理学"名臣"，实际上也多言、行不一。对于这些人，康熙皇帝也一个个予以鞭挞羞辱。康熙三十三年闰五月，他又对大学士等发表谈话，将那些所谓的理学"名臣"加以集中的揭露和抨击。他说：

"初四日，召试翰林官于丰泽园，出《理学真伪论》，此亦书籍所有成语。熊赐瓒（熊赐履之弟）见此，辄大拂其意，应抬之字竟不抬写，不应用之语辄行妄用。原任刑部尚书魏象枢,亦系讲道学之人。先年吴逆(三桂)叛时,着议政王大臣议奏发兵。魏象枢云:'此乌合之众,何须发兵?昔舜诞敷文德,舞千羽而有苗格。今不烦用兵,抚之自定。'与索额图争论成隙。后十八年地震时,魏象枢密奏:'速杀大学士索额图,则与皇上无干矣'。朕曰:'凡事皆朕听理,与索额图何关轻重?'道学之人,果如是挟仇怀恨乎?又李光地、汤斌、熊赐履皆讲道学之人,然而各不相合。李光地曾授德格勒《易经》,李光地请假回籍时,朕召德格勒进内讲《易》。德格勒奏言:'李光地精熟兵务,其意欲为将军提督。皇上若将李光地授一武职,必能胜任。'反复为李光地奏请,尔时朕即疑之,德格勒又奏:'熊赐履所学甚劣,非可用之人。'朕欲辨其真伪,将德格勒、熊赐履等考试。汤斌见德格勒所作之文,不禁大笑,手持文章堕地,向朕奏云:'德格勒文甚不堪,臣一时不能忍笑,以致失仪。'既而汤斌出,又向众言:'我自有生以来,未曾有似此一番造谎者,顷乃不得已而笑也。'使果系道学之人,惟当以忠诚为本,岂有在人主之前作一等语,退后又别作一等语者乎?今汤斌虽故,李光地、德格勒见在也。又熊赐履所著《道统》一书,王鸿绪奏请刊刻,颁行学宫,高士奇亦为作序,乞将此书刊布。朕览此书,内过当处甚多。凡书果好,虽不刻自然流布,否则虽刻何益?道学之人,又如此务虚名而事干渎乎?"

这里康熙皇帝把理学"名臣"们"挟仇怀恨"、倾危同僚及"务虚名而事干渎"的丑行暴露于光天化日之下,从而揭开了这些人的伪装。

不过,对于这些假理学"名臣",康熙皇帝只是在其丑行败露后予以惩治。因为康熙皇帝笃信理学,又要提倡理学,所以还得任用这些有很大影响之人。这些人在丑行被揭露后,也大多能敛迹戢行,孜孜于理学,言行相顾,躬行实践。因而,总的来说,康熙年间还是重用这些所谓的理学"名臣"的。

康熙皇帝崇儒重道,由尊孔,到尊朱,提倡真理学,对当时社会和后世都有很大的影响。

第一,康熙皇帝的崇儒重道,争取了广大汉族士大夫和百姓的支持,促进了清初统一局面的形成。众所周知,中国古代一直以儒家学说治国,宋、明以来,程朱理学更成为官方正统哲学思想。清朝入关初,首先是把主要精力放在统一方面,清军所到之处,大肆屠杀反抗异族统治的汉族人民,激起尖锐的民族矛盾和社会矛盾。在文化事业上,清初统治者还拿不出一套争取汉人的政策和措施,所用官员也大多是一些投降的前明官吏,广大的封建士大夫也基本上还站在清政府的对立面。康熙年间,在军事形势大体稳定的情况下,提倡儒学,尊奉程朱,从而顺应了广大汉族人民的信仰心理,对缓和他们的反抗和对立情绪有很大好处。更重要的是,康熙皇帝尊奉程朱的政策赢得了广大封建士大夫的支持,大批封建士人通过科举考试、"博学鸿儒"特科等进入仕途,从而心甘情愿地为封建统治服务。这些,确实促进了清初的统一。

第二,康熙皇帝尊奉程朱,完成了对社会凝聚力的选择,从而为清王朝统治的巩固奠定了基础。历史唯物主义认为,任何一个社会要寻求自身的发展,都必须具有凝聚全体社会成员的力量。康熙年间,尤其是康熙中、后期,及时地以程朱理学来维系人心,稳定社会,无疑对封建国家经济、文化方面的恢复和发展有积极的促进作用。

当然,也须指出,康熙皇帝尊奉程朱的政策尽管有其积极意义,但消极影响也很大。首先,它导致了理学的进一步衰颓。我们知道,无论是程朱理学,还是陆王心学,到了明末清初都已衰颓不堪,面临绝境。康熙皇帝尊奉程朱,实际上就是用官府的力量强行把程朱理学规定为统治思想,令广大人民遵守封建伦理道德。因而,他并不提倡把程朱理学作为一个博大的思想体系去研究、发展,而只将其归结为僵死的封建伦理教条,从而导致了理学的进一步衰颓。其次,它带来了文化专制主义,最终铸成了思想界的万马齐喑。明末清初是个“天崩地解”的时代,也是思想界活跃异常、成就卓著的时代。其间,有鲜明反对君主专制的黄宗羲,有提倡经世致用的顾炎武,有主张物质世界统一于元气本体的唯物主义一元论者王夫之,等等。但是,到了康熙年间,实行尊奉程朱的政策,“言不合朱子,率鸣鼓而攻之”,强行统一思想,从而扼制了人们思想的发展,摧残了齐放的百花。其后,雍正、乾隆两朝对此政策奉行不渝,把封建文化专制主义引向极端,终于酿成了思想界万马齐喑的历史悲剧。

三、设馆修史

康熙时期,国内政局长期安定,社会经济也得到了迅速的恢复和发展。这样,康熙皇帝又先后采取各种措施,振兴文化教育事业。其中,对当时和后世影响颇大的是设馆修史的活动。

康熙皇帝自幼就喜欢读书,亲掌政权之后,仍是“听政之暇,无问寒暑,惟有读书作字而已”。他自称:“一刻不亲书册,此心未免旁骛。”因此终日手不释卷。当他五十一岁时,能够做到“目前陈列诸书,欲稽考某卷某处,但指令近侍取之,亦即可得。”他读书学习的范围很广泛,举凡经史典籍、诸子百家、历数、律吕、佛经道书,及至自然科学的书籍,无所不读。但他认为最为有用的是经书和史乘,因为“经史俱关治理”。在史乘方面他涉猎甚广,不仅经常阅读,还注意深入地探讨。他在论述吕后称制时指出:“后人谓陈平、周勃之对吕后,若能与王陵同持正论,未必吕后之意不可回。此盖事后论人,恒见其易耳。吕后以悍鸷之威,当称制之日,欲王诸吕,气凌群臣,此岂平、勃诸人口舌所能争乎?是以君子论事,又当观其世也。”反映了他联系历史条件考察事件发展趋势的见识。在分析明朝灭亡问题时认为:“有明天下,皆坏于万历、泰昌、天启三朝。愍帝(崇祯)即位,未尝不励精图治,而所值时势,无可如何。明之亡,非愍帝之咎也。”此言也体现了他着眼于历史发展之“时势”的分析问题的方法。正是由于康熙皇帝意识到史学的重要,在他执政期间,敕撰了许多史籍,为了保证撰史的质量和进度,对重要史籍,不惜花费许多人力、物力,设馆纂修。其中比较突出的是记注和编纂当代史以及撰修《明史》。

中国向有记注当代史的传统,顾炎武所谓“古之人君,左史记事,右史记言,所以防过失,而示后王。记注之职,其来尚矣”。记注制度至宋代已相当完备;“书榻前议论之词,则有时政记;录柱下见闻之实,则有起居注;类而次之,谓之日历;修而成之,谓之实录。”清朝继承了这套传之已久的制度并在康熙年间有所发展,设立了一系列记注当代史的机构。这些机构主要有起居注馆、实录馆和方略馆。根据康熙皇帝的指示,它们先后开展了纂修当代史的活动。

起居注是专门用以记载皇帝言行的一种载籍。清朝入关后,大臣屡有奏请设起居注者,均未获允准。康熙皇帝亲政后,于康熙九年(1670年)始置起居注馆于太和门西廊。起居注官随侍皇帝左右,"君举必书"。同记注"先载起居,次谕旨,次题奏,次官员引见"。凡内外各衙门所奉谕旨及题奏本章,皆抄送起居注馆,以便记注。起居注属内廷秘籍,每年例由翰林院会同内阁诸臣将上年"起居注册"看封储库,连皇帝自己都不许索阅。正是由于有此规定,康熙皇帝数度对起居注官产生怀疑和不满,终于在康熙五十七年三月以"今观记注官内,年少微员甚多,皆非经历事体之人。伊等自不暇,岂能详悉朕之言"等为借口宣布撤销起居注馆。所以今存《康熙起居注册》记事起于康熙十年秋九月初一日康熙第一次东巡,迄于康熙五十七年三月。此后起居注一度付阙,至雍正皇帝即位后,才又恢复了起居注制度。

实录专记一位皇帝统治期间的朝廷大事,主要根据官方档案以及起居注等资料编成。一般是后继皇帝为其前任皇帝设馆敕纂实录。康熙六年九月,康熙皇帝就设馆为其父顺治皇帝纂修了《世祖章皇帝实录》,至康熙十一年五月告竣,缮成满洲、蒙古、汉文各一百四十六卷。此外,康熙皇帝还开创了清代重修实录之风,于康熙十二年秋七月,设馆重修顺治年间修成的《太宗文皇帝实录》,至康熙二十一年九月完成。同年十月又设馆重修崇德年间撰成的《太祖高皇帝实录》,至康熙二十五年二月完成。两次改修前朝所修实录,都宣称是为了使之"文极雅训",其实不过是为了掩盖清朝先世曾臣服于明朝的事实,粉饰清朝开国的历史。

康熙皇帝在编纂当代史方面的一个创例是每于军事行动结束后,就设方略馆,"纪其始末,纂辑成书"。方略馆设总裁、提调、收掌等官,馆内设文稿、誊录、纂修、校对等四处以及书、纸二库,以分办各项事务。康熙朝编纂的《方略》很多,如康熙二十年平定了三藩的叛乱,于康熙二十一年设方略馆,纂修《平定三逆方略》六十卷。该馆还先后编定《平定察哈尔方略》上、下卷,记康熙十四年平定察哈尔布尼的叛乱始末;《平定海寇纪略》四卷,记康熙二十三年接受郑克塽投诚并收复台湾的经过。康熙十四年雅克萨之战,打败了俄国侵略者,又决定编纂《方略》,至康熙二十八年纂成《平定罗刹方略》四卷。康熙三十六年平定噶尔丹叛乱,又纂修了《亲征平定朔漠方略》四十八卷。

除以上三项外,康熙朝设馆始撰,未彻底完成的当代史还有:康熙二十九年四月设国史馆,以大学士王熙为监修总裁,大学士伊桑阿、阿兰泰、梁清标、徐元文为总裁,另委副总裁、纂修官以及誊录、翻译等多名。不知何故,这次规模浩大的撰修本朝史的活动,只撰成一些功臣传记竟不了了之。另外还有康熙二十三年五月开《会典》馆,康熙二十四年开《一统志》馆,均有成书撰就,但这些书因记事止于当时,又多次被后续各朝所续修改撰,所以现今所见《大清会典》和《大清一统志》,已非当日面目。

除了记注和纂修当代史外,康熙朝还进行了一项浩大的史学工程——撰修《明史》。

兴朝为前朝修史,这是自唐代以来形成的史学传统。清朝在入关第二年,即顺治二年就宣布开馆纂修《明史》。当时倒也煞有介事地任命了内三院大学士冯铨、洪承畴、李建泰、范文程、刚林和祁充阁等六人为总裁,任命学士詹图赖、兖伊图、宁完我等七人为副总裁,命郎廷佐等九人为纂修官。但真正的撰史工作并未展开,因为当时大局未定,战事频仍,朝廷根本无暇顾及此事,而所委之人又多系贰臣,无心编纂旧朝史事,客观上资料亡散、遗献无征,等等,都不可能成就一代之史。朝廷匆忙宣称设馆修史,不过是为了宣示明朝已运祚倾移,清朝则确立了天命所归的正统地位。因此,终顺治一朝,史稿"仅成数帙",撰史工作无形中处于搁置状态。总裁冯铨反而利用职务之便,将《明实录》中熹宗天启四年一段记载偷走销毁了。因为冯铨降清前是明朝阉党魏忠贤的党羽,这部分记载中有不利于他的内容。

康熙四年,重开明史馆,山东道御史顾如华曾奏请博集私家记载,广征弘通之士,由满汉总裁共襄其事,但不知何故,史馆仅以满文迻译《实录》,其他无所成就。

《明史》真正大规模设馆撰修是在康熙皇帝亲政以后。康熙十八年三月,康熙皇帝从给事张鹏所请,命内阁学士徐元文为监修,翰林院掌院学士叶方蔼、右庶子张玉书为总裁,再次开馆撰修《明史》。此次开馆规模之大,远远超过前两次,当时所录用的博学鸿儒一、二等计五十人,悉数尽充《明史》撰修官,此外又补充了右庶子卢君琦等十六人。因种种原因未参加博学鸿辞考试的姜宸英、黄虞稷、万言、黄百家等也被网罗入史馆。

以五十鸿儒为主体的史馆人员,在内东华门外的史馆内,投入撰史工作。他们首先进行了分工,全体人员共分为五组,抽签决定每组和每人所撰的具体篇目。在此后的三年中,他们将明代三百年的历史分三段撰写,康熙十九年正月至二十年六月,撰洪武至正德各朝。康熙二十年六月至二十一年四月,撰泰昌、天启、崇祯三朝。康熙二十一年四月至二十二年正月撰嘉靖、隆庆、万历三朝。

史官们在馆修史,勤勤恳恳,孜孜矻矻。

为了体例的完善和记事的确当,史官们还不断研讨,互相观摩。例如对是否设立《道学传》,就有彭孙遹、朱彝尊等七八个人发表了自己的见解。万象瑛描述他撰史时的情形说:"顾从事此中,具极甘心,事业考之群书,是非衷之公论,文章质之同馆诸贤,据事叙述,其人自见。虽不敢希信史,然职掌所存,或者其无负乎!"其他史官也同他们一样兢兢业业,例如:潘耒分工撰《食货志》,将自洪武至万历朝的《实录》,认真阅读,其中关于"食货"的内容,共钞出六十余册,密行细字,每册多至四十余页,少者亦有二十余页。又如馆臣所钞严嵩、张居正、周延儒事迹,均有五百余册;关于魏忠贤的生平资料则达上千页之多。汪琬在馆仅六十日,就撰出史稿一百七十五篇。可见史官们在明史馆确实是勤勉任事的。

经过三年努力,纂修者分拟之稿大部分完成,陆续交由总裁审阅。《明史》最早之初稿,多于此时修定,其后数十年间又在此基础上进行了增删改易工作。

《明史》馆总裁,在最初几年屡有变易,但徐元文居职最久,出力也最大。他在康熙二十一年曾一度因拜都御史罢史职。至二十三年重领《明史》监修官,遂延聘布衣明史志家万斯同居于其家,请其删定诸纂修官所拟史稿。经过十二年时间,至康熙三十年徐元文病卒,万斯同删成史稿四百十六卷。康熙三十三年,王鸿绪、陈廷敬为《明史》总裁,王氏也延聘万斯同,继续删定《明史》列传部分。又经八年的辛勤工作,至康熙四十一年万斯同客死王鸿绪京邸,史稿已成四百六十卷。万斯同所删定的史稿为《明史》最后成书起了决定性作用。

康熙四十年以后,旧时史馆诸人相继凋逝,修史工作又呈停滞状态。康熙四十八年,王鸿绪因附和阿灵阿等奏议改立皇太子事被免官,回家时将史馆草稿全部携去,竟无人过问。王氏在家将万斯同删定的史稿和以前馆臣所拟史稿又重新作了增损改易,于康熙五十三年进呈《明史》列传部分二百零五卷,于康熙六十一年又进呈本纪、志、表计一百零五卷,两次所呈共三百一十卷。此即后世所谓《横云山人明史稿》。至此《明史》基本完成了。虽然《明史》最后定稿是在雍正十三年,但自雍正元年最后一次开馆,因雍正帝刚即位,与其政敌斗争激烈,无暇顾及《明史》纂修之事,以致撰修人员互相掣肘,史事无所进展,最后仅稍为变动史稿的篇目次序、改窜一些字句,然后在纪传之后缀以赞辞,就定稿奏呈了。因此,雍正年间的再修《明史》,不过是为康熙年间大规模撰修《明史》做了简单的收尾工作,《明史》的主要撰修工作是在康熙朝完成的。

康熙朝能够基本完成《明史》,除了其他原因外,康熙皇帝的重视是一重要原因。首先从修史的机构和人员上,他予以充分的保障。康熙十八年所征博学鸿儒悉数充明史馆,皆授翰林侍读、侍讲、编修、检讨等职,给官衔与俸禄,使其参加修史成为一种荣誉。对于未获博学鸿辞之征或辞征的姜宸英、万言、黄百家、黄虞稷等人也给予俸禄和官职,礼聘修史。特别是像万斯同、刘献廷等人,客居总裁官邸,不食朝廷俸禄,对清朝表现出一定的抵触情绪,康熙皇帝也不怪罪,听其以布衣身份参史事。至于史馆监修总裁,一旦遇事缺任,及时予以递补。康熙年间,明史馆总裁屡有变更,任其事者有徐元文、叶方霭、张玉书、李爵、汤斌、徐乾学、王鸿绪、王熙、陈廷敬、张英、熊赐履等十余人。且所委之人,大多能胜任史积,具体组织撰史活动,而不是像前朝一般的史馆总裁徒事虚文,挂名而已。

其次是康熙皇帝屡屡亲自过问修史进程和修史中的问题。如康熙二十二年八月,康熙皇帝问学上牛纽、张玉书、汤斌等:"尔等所修《明史》如何?"牛纽等奏曰:"嘉靖以前已纂修过半。万历朝事迹甚多,天启朝实录有残缺,崇祯朝无实录,今就所有邸报编纂事迹,方可分作纪传。所以万历以后,成书较难。"康熙皇帝指示道:"时代愈近,则瞻徇易生,作史昭垂永久,关系甚大,务宜从公论断,尔等勉之!"康熙二十二年十一月,康熙皇帝又与大学士李霭作了与上述内容基本相同的谈话。

对于修史中遇到的具体史实的细节问题,康熙皇帝都多次涉问。如康熙四十二年四月指出:"此书所载杨涟、左光斗死于北镇抚司狱中。闻此二人系在午门前受御杖死,太监等以布裹尸出之。至于随崇祯殉难者,乃太监王承恩,因此世祖章皇帝作文致祭,并立碑碣。此书载太监王之心从死,明系错误。"康熙五十二年四月,又对李自成兵临京城时,是城内迎献还是城外攻取以及张献忠三个养子的情况作了指示。

康熙皇帝对于《明史》撰修问题的重视,固然促进了《明史》的完成,但也使《明史》较其他正史,更具官方色彩,其蕴含的历史观点和史学思想更符合封建正统规范。

康熙皇帝曾多次指示,撰修《明史》务须公正。康熙二十二年八月他强调《明史》"务宜从公论断"。当年十一月再次指出"史书永垂后世,关系甚重,必据实秉公,论断得正,始无偏颇之失,可以传信后世"。康熙三十一年又谕群臣曰:"作史之道,惟在秉公持平,不应胶执私见,为一偏之论。"康熙皇帝再三强调秉公持正,不执私见,其用意并不是要真实地反映历史,而是告诫史臣《明史》的论断必须遵循封建统治阶级所公认的正统观点,任何个人见解都不得与清廷的整体利益相违悖。

史臣们正是体会到康熙皇帝的真实意图,所撰史稿也就不敢触及清廷忌讳,无论在记事上还是在论断上,都不敢越雷池一步。例如,清朝以"异族"入主中原,最忌"胡虏"

之类的文字，《明史》中对所有涉及此类文字的文献都删除不录。明太祖朱元璋在元至正二十六年八月与张士诚作战时发布《平伪周榜》，至正二十七年十月北伐时有《谕中原檄》，都是非常重要的历史文献，只因前者有"胡运难以立功"，后者有"胡虏无百年之运"以及"驱逐胡虏，恢复中华"等言，竟将两文摈弃不录。又如，清人本是女真支属，居于建州，因名建州女真，在明朝曾接受爵秩，前后朝贡百年不辍。清入关后，认为这段史实不够体面，所以自称其发祥地为满洲，禁称建州卫；称自己为满族，禁称女真。《明史》撰修者因此不敢涉及清朝起源以及清入关前的问题，以至于连清兵进入中原的事都不敢提，甚至引起康熙皇帝的追问，仍寻找托辞，不愿载入。再如，清朝入关后，明朝的遗绪如南京的弘光、闽粤的隆武、两广滇黔的永历等南明政权，继续活动了十七八年。清廷不承认这些政权的正统地位，所以《明史》对这些政权的历史也语焉不详。至于《明史》一再宣扬程朱理学、鼓吹忠孝节义，更是与康熙皇帝推崇程朱理学、确立其为官方哲学的统治政策丝丝入扣。

总之，《明史》在修撰过程中受到康熙皇帝的严密控制，这种控制一方面对史官们认真撰史起了一定的督促作用，为《明史》的撰成提供了人员、资料等方面的有利条件；另一方面也制约了《明史》的思想内容，使其完全合于封建正统思想的规范。

尽管如此，《明史》作为二十四史中最后一部史书，仍不失为有价值的传世之作，清人赵翼曾评价说：

"近代诸史，自欧阳公《五代史》外，《辽史》简略，《宋史》繁芜，《元史》草率，惟《金史》行文雅洁，叙事简括，稍为可观。然未有如《明史》之完善者……盖阅六十年而后讫事，古来修史者未有如此之日久而功深者也。惟其修于康熙时，去前朝未远，见闻尚接，故事迹原委多得其真，非同《后汉书》之修于宋，《晋书》之修于唐，徒据旧人记载而整齐其文也。又经数十年参考订正，或增或删，或离或合，故事益详而文益简。且是非久而后定，执笔者无所徇隐于其间，益可征信，非如元末之修宋、辽、金三史，明初之修《元史》，时日迫促，不暇致详而潦草完事也。"

赵翼的评价，除了说《明史》"无所隐徇"被认为有吹捧当朝官修史书之嫌外，其他几点还是比较中肯的。《明史》的价值主要体现在两方面。其一，在体例上，它完善了纪传体体例，例如，为了适应明代阉祸猖獗、农民起义频仍、少数民族地区矛盾多故的客观情况，创设了《阉党传》《流贼传》和《土司传》。鉴于朱元璋罢除宰相制后，六部尚书及左、右都御史地位提高，特设《七卿年表》。此外如《历志》增加插图、《艺文志》只载明代所著之书等，也都是特例。其二，在内容上，除了清廷忌讳之处，一般记载都能做到丰富详实，有的内容是《明实录》所不载的。其记事的可信程度，从总体上看也超过其他许多明史著作，这得益于当时撰者如朱彝尊、潘耒等人的精心考辨和万斯同的严谨核实。

四、编修典集

出于对民族传统文化的热爱和理政的需要，康熙皇帝在位期间，先后组织编修了为数浩瀚的典籍。据《清史稿·艺文志》统计，由他组织编纂的书籍有：

经部 《日讲易经解义》《周易折中》《日讲书经解义》《书经传说汇纂》《诗经传说汇

纂》及序、《律吕正义》《春秋传说汇纂》《日讲四书解义》《康熙字典》《钦定音韵阐微》《韵谱》等。

史部 《明史》(未完成)、《太祖实录》(重修)、《太宗实录》(重修)、《世祖实录》《平定三逆方略》《亲征平定朔漠方略》《历代纪事年表》《太祖高皇帝圣训》《太宗文皇帝圣训》(续成)、《世祖章皇帝圣训》《月令辑要》及《图说》《皇舆表》《方舆路程考略》《清凉山新志》《刑部则例》《大清会典》《御批通鉴纲目》《通鉴纲目前编》及《外纪》及《举要》《通鉴纲目续编》等。

子部 《圣谕》《朱子全书》《性理精义》《历象考成》《数理精蕴》《星历考原》《选择历书》《佩文斋书画谱》《广群芳谱》《渊鉴类函》《骈字类编》《分类字锦》《子史精华》《佩文韵府》《佩文韵府拾遗》等。

集部 《清圣祖文初集》及《二集》及《三集》《避暑山庄诗》《古文渊鉴》《全唐诗》《唐诗》及《附录》《四朝诗》《全金诗》《佩文斋咏物诗选》《历代题画诗》《千叟宴诗》《历代赋汇》及《外集》及《逸句》及《补遗》《历代诗余》《曲谱》等。

总计康熙朝编修书籍共六十余种,一万余卷。这一成就,虽和其孙乾隆皇帝相比略逊一筹,但是却远远超过了前此所有帝王,以及清代的其他皇帝。康熙年间编修的书籍,不但数量众多,而且还以门类齐全和内容广泛而著称于时。如果说在他亲掌政权之初,由于战争较多和政务繁忙,使得他只是出于政治上的考虑,不得不将所修书籍局限于日讲各经解义以及前朝正史、本朝实录、圣训的话,那么,康熙三十年以后,随着国内政局进一步安定、社会经济迅速发展和清朝统治的巩固,这一局面开始打破,并先后出现了不少有名之作。其中,在继续编纂一些说经之书的同时,康熙皇帝又另辟蹊径,组织学者编修《康熙字典》,不但开辟了清人治学新方向,而且由于该书有着普遍的使用价值,在社会上也产生了广泛的影响;史部书籍的编修,也于原来正史、实录之外,别开生面地以方略、地志、会典编修为重点,对当时大一统的政治形势和当代史的各个方面加以广泛的探索和研究;以子部书籍而言,成绩尤为辉煌,不但内容涉及社会思想、自然科学、文学艺术等许多领域,而且在学术成就上也较之前代同类著作大有超越;至于集部书籍,成就也相当可观,尤其值得称道的是《全唐诗》和《全金诗》的编修和刊刻,既对前代文化成就进行一番总结,也对清代学者治学产生了深远的影响。康熙皇帝的这些成就,不但为繁荣、发展民族文化作出了重要的贡献,而且也为他的个人形象增添了一层夺目的光彩。于此选取其中影响较大者略作介绍,以见康熙皇帝修书的大致情况。

《康熙字典》 这是康熙年间编修的一部重要的字书。康熙四十九年三月,康熙皇帝对大学士陈廷敬等提出了编修字学书籍的设想:

"朕留意典籍,编定群书,这些年来,如《朱子全书》《佩文韵府》《渊鉴类函》《广群芳谱》等书都已修纂,先后告成。至于文字之学,也是很重要的,应该编修出一部书来。明人梅膺祚的《字汇》失于简略,张自烈的《正字通》则征引繁芜,内多舛驳。加上四方风土不同、南北声音各异。宋司马光的《类篇》分部或有未明,南朝沈约的《声韵》后人不无批评,明朝洪武年间乐韶凤等编的《洪武正韵》虽然对前朝字书多有辩驳,可惜又流传不广,故而世人仍多用《声韵》。朕曾经参阅诸书,用心考证,发现蒙古、西域以及海外诸国多用字母,地方不同,声音迥异,难以混一。大抵天地之元音,发于人声;人声之象形,寄于点画。如今,朕打算编修一部汉文字书,使其详略得中,归于至当,增《字汇》之阙遗,删《正字通》之繁冗,以垂示永久。你们斟酌讨论出式例具奏上来。"

根据康熙皇帝的指示,成立了编书机构,以张玉书、陈廷敬为总阅官,凌绍雯、史夔、周起渭等二十七人为纂修官。他们"悉取旧籍,次第排纂,切音解义以《说文解字》《玉篇》为主要依据,并参考《广韵》《集韵》《韵会》《正韵》,其余字书有一音一义可以采用的,也尽入其中。至于诸书引证不能详备的,又从经、史、百子以及汉、晋、唐、宋、元、明以来诗人文士的著述中旁罗博证,广泛征引,使其言之有据。"这项工程,历时五年,至康熙五十五年完成。康熙皇帝为之作序,并钦定书名为《字典》,后人遂称其为《康熙字典》。《康熙字典》在中国语言学史上占有重要的地位,它吸收了历代字书的有益成分,融会总会,并加以补充发展,达到了封建时代字书发展的顶峰。《康熙字典》的突出特点是收字多,计四万七千零四十三字,超过了封建时代的任何一部字书。在辨形、注音、释义、引例等方面,它也都比以前的字书更完备、细密、允当。在体例编排方面,《康熙字典》采用了《字汇》《正字通》两书行之有效的部首检字法,并将部首及部中之字均按笔画为序,查阅较为便捷。正如康熙皇帝在给该书写的序中所说的:"古今形体之辨,方言声气之殊,部分班列,开卷了然,无一义之不详、一音之不备矣。"

《渊鉴类函》 这是一部侧重于检查文章词藻的类书,计四百四十五卷,康熙四十年由张英、王士禛等纂修成,康熙四十九年由康熙皇帝亲为制序刊行。清代以前,已编有不少供人搜求词藻的类书,但有些书因系一代所修而内容多有重复,有些书又因分撰于各代而内容互不衔接。到了明代,有俞安期对古代一些类书作删除重复的工作,将唐人编成的《艺文类聚》《初学记》《北堂书抄》《白氏六帖》四部类书会编,并酌增此后编成的杜佑《通典》、韩鄂《岁华纪丽》的一些内容,编成二百卷的《唐类函》。《唐类函》虽然解决了唐代类书中内容重复的问题,但却没有解决与此后成书的各种同种类书的重复和衔接问题。因此,康熙皇帝以《唐类函》"皆唐辑也""既缺宋以来书,而唐以前亦有脱漏者",乃命张英等"遂稽旁搜,泝洄往籍,网罗近代,增其所无,详其所略,参伍错综,以搞其异,探颐索隐,以约其同,要之不离乎以类相从"。具体地说,《渊鉴类函》以《唐类函》为基础,进一步将收书范围扩大到唐代以前及唐代以后至明朝嘉靖年间(1522—1566年)以前的各种类书、正史、诸子、文集,并分别将新收各书的有关内容按部补入《唐类函》之中,从而使该书成为在时间上通贯古今、在内容上也远较同种类书更为丰富的一部大类书。在部属分类上,该书大体悉仍《唐类函》旧例,变动不大,但在每部之内的体例安排上却较《唐类函》更为完善。原本《唐类函》,仅将各部之下有关条文按《艺文类聚》《初学记》《北堂书抄》《白氏六帖》的先后顺序排列,最后殿以诗文。《渊鉴类函》对此重新加以编排,而"以释名、总论、沿革缘起居一,典故居二,对偶居三,摘句居四,诗文居五"。在《释名》《总论》中,先引《释名》《说文解字》,以使读者通训诂,明涵义;次以朝代为序,列经、史、子、集等书典故,对偶、摘句则不受时代限制,诗文按体裁分类编入。由于该书对前此同种类书的成果作了一次清理和总结,因而具有较高的价值。正如康熙皇帝在该书的序中称道的:"夫自有类书,迄于今千有余年,而集其大成,可不谓斯文之少补乎?学者或未能尽读天下之书,观于此而尽得其大凡,因以求尽其始终条理精义之所存,其于格物致知之功、修辞立诚之事,为益匪浅尠矣。"

《佩文韵府》 这是一部专门汇辑诗词歌赋中的词藻典故的类书,共四百四十卷,康熙五十年由张玉书等纂修成书。在此之前,宋、元之际阴时夫所著的《韵府群玉》、明代凌稚隆所著的《五车韵瑞》都是将诗词歌赋中的词藻典故汇辑起来并按韵编排的类书,但两书的共同缺点是疏漏不全。此后,明代的杨慎编《韵藻》、清初的朱彝尊编《韵粹》,分别对阴、凌二书进行了增补,惜内容仍不完备。《佩文韵府》便是以阴、凌两书为基础并参考其他同类著作又加增补而成的一部大类书。关于《佩文韵府》编修的原因、经过等,康熙皇帝说:

"朕万几在御,日昃宵分,未遑自逸。时当燕闲,不辍问学。群经、子、史,诵其文而晰其义矣。以至百家之书,凡可以裨世教、励民风者,修明补正,周使阙遗。尝谓《韵府群玉》《五车韵瑞》诸书,事系于字,字统于韵,稽古者近而取之,约而能博。是书之作,诚不为无所见也。然其为书,简而不详,略而不备,且引据多误。朕每致意焉,欲博稽众籍,著为全书。爰于康熙四十三年夏六月,朕与内直翰林诸臣亲加考订,证其讹舛,增其脱漏,或有某经、某史所载某字、某事未备者,朕复时时面谕,一一增录,渐次成帙。犹以故实或未极博,于十月复命阁部大臣更加搜采,以裒益之。既有原本、增本,又有内增、外增,将付剞劂矣,名曰《佩文韵府》。随于十二月开局武英殿,集翰林诸臣合并详勘,逐日进览,旋授梓人,于五十年十月全书告成,共一百零六卷,一万八千余页,囊括古今,网罗巨细。韵学之盛,未有过于此书者也。书成,诸臣请序。朕念自初至今,经八年矣,历寒暑之久,积岁月之勤。朕于此书,政事之暇,未尝惜一日之势也。朕又尝谕诸臣,从来著一大书,非数十年之功不能成。今数年以来,所成大部书凡十有余种,若非合众人之功,岂能刻期告竣? 故凡先后预事诸臣,皆命列名其中。兹序《佩文韵府》,因备记编撰之始末,遂及修集请书之大指,以见成书之不易如此。"

在编排体例上,《佩文韵府》仍袭阴、凌两书之遗规,按韵部次序收录字、词;同音之字,则按平、上、去、入次序排列;每韵部所收之字,先标音训,而后于此字之下收录尾字和它相同的词语、典故若干条,并注明所据书目。所收的词语典故,凡采自阴、凌两书者,均于其前加"韵藻"二字,列于最前面;凡新增的词语典故,则于其前加"增"字,列于所收阴、凌两书条目之后;所收词藻、典故,皆按二字、三字、四字次序排列,其中各条之下的例证,又以经、史、子、集四部为序;如果一条词藻典故同见于数书;则先引早出之书,而将其他各书的例句依次注于其下。所引之对语、摘句,附于该条典故之最后,并将"对语""摘句"四字各加方框,但不再指明所收词语的出处。该书刊行后,因发现尚有不少字、词遗漏,康熙五十五年又编纂了《佩文韵府拾遗》一书,对《佩文韵府》起了拾遗补阙的作用。由于该书在汇辑诗词歌赋的典故方面对前人的成果进行了一次总结,因而成为清代前期修成的一部有名的类书。

《骈字类编》 二百四十卷,康熙五十八年命词臣吴士玉等编纂,雍正四年由雍正皇帝制序刊行,是一部和《佩文韵府》互为经纬、相辅而行的类书,作用和性质也与之大体相同。但在编书体例上,该书仍按以类相从的旧例,按事类分为天地、时令、山水、居处、珍宝、数目、方隅、采色、器物、草木、鸟兽、虫鱼等十二门,另附"人事"一门作为补遗。对于每字之后所引的与此字相同的各条词语,也都齐句首一字,犹似现在的各种词典的排列方式。此外,它和《佩文韵府》不同之处还在于它不像《佩文韵府》那样,对二字、三字、四字词语兼收并蓄,而是仅收两个字的合成词。有此两书并行,读者可以随时以不同方法查出有关词语的典故出处。而且,该书对于所引各书词语,皆一一注明其书名、篇第,这也是该书超出《佩文韵府》的地方。因此,该书和《佩文韵府》一样,都是清代前期类书修纂中的重要成果。

《子史精华》　一百六十卷,康熙六十年命词臣吴士玉等编纂,雍正五年刊印行世。该书是将子、史两部古籍中可"资考证、广学问"的有关资料加以汇集而编成的一部类书。在我国古籍中,子、史两部书籍数量最多,内容也极为丰富,要查某事、某物见于某书都很不方便。清代以前,不少学者曾对这两部分古籍中的名言进行摘录,编成了一些类书。但是,这些类书多不尽如人意。如庾仲容的《子抄》、马总的《意林》简略不详,钱端礼的《诸史提要》疏陋寡绪,杨侃的《两汉博闻》、林钺的《汉隽》偏举不全,即洪迈的《经子法语》《诸史精语》及吕祖谦的《十七史详节》亦未为善本。而明人所辑更是琐碎,自郐无讥。《子史精华》对前人的同种类书进行了增编改造,立三十九部、二百七十九目,"自天文、地理、帝德、王功、礼乐、兵刑之大,人伦日用之常,以及九边之殊域,二氏、(指佛、道)之异教,方术技艺之巧,草木鸟兽之蕃",名言隽句,采掇靡遗;以大字标其精要,分注详其首尾,原原本本,条理秩然,繁简得中,剪裁有法。因而,后人赞曰:"守兹一帙,可以富拟百城于子、史两家,诚所谓披沙而拣金、集腋而为裘矣。"确实,《子史精华》为后人查阅子、史古籍中的各种资料提供了方便。

《全唐诗》　九百卷,是康熙皇帝下令编修的一部唐诗总集。唐代是我国诗歌发展的黄金时期,诗人辈出,诗歌难以数计。其中,各个作家的诗歌专集和唐人诗歌总集,唐、宋以后即有人动手汇辑。但是,后人编汇的这些唐人诗集都有一个突出的特点,就是收集不够完备。至明,胡震亨编成《唐音统签》一千三百三十三卷,清初季振宜编成《唐诗》七百一十七卷,采集宋、元以来所刊刻、传抄的唐人别集,并搜求遗佚,补辑散落,成为网罗面较广的唐诗总集。《唐音统签》一书的体例,以初、盛、中、晚断限,每一个作家的诗,则按体排比;季振宜《唐诗》多依照原集本次序。康熙皇帝喜读唐诗,又以胡、季之集虽粗具规模,但多舛漏,于是决定重新编定一部更为完备的唐诗总集——《全唐诗》。《全唐诗》的修纂,始于康熙四十四年三月,成于康熙四十五年十月,当时入局参校的,有彭求求、杨中讷等十人。在给该书作的序中,康熙皇帝谈到了编纂情况:

"诗至唐而众体悉备,亦诸法毕该。故称诗者必视唐人为标准,如射之就彀率,治器之就规矩焉。盖唐当开国之初,即用声律取士,聚天下才智英杰之彦,悉从事于六义之学,以为进身之阶。则习之者,固已专其勤矣。而又堂陛之赓和、友朋之赠处,与夫登临燕赏之即事感怀、劳人迁客之触物寓兴,一举而托之于诗。虽穷达殊途,悲愉异境,而以言乎摅写性情,则其致一也。夫性情所寄,千载同符,安有运会之可区别?而论次唐人之诗者,辄执初、盛、中、晚,岐分疆陌,而抑扬轩轾之过甚。此皆后人强为之名,非通论也。自昔唐人选唐诗,有殷璠、元结、令狐楚、姚合数家,卷帙未为详备。至宋初,撰辑《(文苑)英华》,收录唐篇命极盛。然诗,以类从,仍多脱漏,未成一代巨观。朕兹发内府所有全唐诗,命诸词臣,合《唐音统签》诸编,参互校勘,搜补缺遗,略去初、盛、中、晚之名,一依时代分置次第。其人有通籍登朝、岁月可考者,以岁月先后为断;无可考者,则援据诗中所咏之事,与所同时之人系焉。得诗四万八千九百余首,凡二千二百余人,厘为九百卷。于是,唐三百年诗人之菁华,咸采撷荟萃于一编之内,亦可云大备矣。"

《全唐诗》的编纂,对于研究我国唐代的历史、文化和文学,无疑有很大的参考价值。首先,该书继承了以前的各种唐诗汇辑本的成果,并在此基础上,相当完备地搜罗了唐代三百年间无论成集的或零星的篇章单句的诗歌,使后人能概见唐诗的全貌。其次,《全唐诗》中所作校订也有一定的参考价值。《全唐诗》以明人胡震亨《唐音统签》、清初季振宜《唐诗》为蓝本,而胡、季二人不仅藏书丰富,又都是精鉴名家,他们对唐人诗的校勘,用功甚深。《全唐诗》既以二书为前资,又据当时内府所藏善本校补,因而其校订确有一定价值。

《历象考成》 四十二卷,论述历法之书。康熙皇帝对自然科学,尤其是天文历算有浓厚的兴趣和极深的造诣,"万几之暇,留心律历算法,积数十年博考繁颐,搜抉奥微,参伍错综,一以贯之。爰指授庄亲王(允禄)等率同词臣,于大内蒙养斋编纂,每日进呈,亲加改正,汇辑成书,总一百卷,名为《律历渊源》"。《历象考成》即为其第一部。中国古代很重视天文历法,而推求天文历算之学,古法无征。所可考者,汉《太初历》术、明《大统历》术等。明朝后期,利玛窦等西方传教士进入中国,带来近代天文历算学。但是由于当时朝廷中对"法祖""法外"存在分歧,西方的近代天文历算学未能被中国统治者接受。清初,西方的天文历算之学"累译而至""其术愈推愈精",与中国的历算学不合,而且西洋人"自秘其学,立说复深隐不可解"。强烈的民族自尊心使康熙皇帝决定以自己的力量找出推算之法。他下令诸臣"详考法原",终成此书。《历象考成》上编十六卷,题《揆天察纪》,阐明理论;下编十卷,题《明时正度》,详述方法;附表十六卷,备运算之用。该书"集中、西之大同",采用了丹麦天文学家第谷的体系,在编纂上和精度上都比明代徐光启吸收了西方天文知识编成的《崇祯历书》有所提高,在中国天文学史上有一定地位。

上述书籍之外,还有一部《古今图书集成》也值得重点介绍。《古今图书集成》原名《古今图书汇编》,共计一万卷,署名为"雍正三年蒋廷锡等奉敕撰",但是真正编纂者却是康熙年间的著名学者陈梦雷。陈梦雷,字则震,又字省斋,晚号松鹤老人,别号天一道人,顺治八年生于福建侯官(今福建省福州市)。自幼聪敏好学,十二岁时中秀才,十九岁时中举人,康熙九年得中进士,选庶吉士,任翰林院编修。陈梦雷虽然少年得意,但一生却历尽坎坷。在他走上仕途之后,曾经三次因受到封建统治集团内部政治斗争的牵连而被囚禁或遭流放。第一次是康熙十二年返闽省亲之时,适逢盘据福建的靖南王耿精忠举兵反清。陈梦雷因拒不受伪职,而被拘于福建僧舍达五年之久。第二次是在三藩叛乱平定以后,清政府错以附逆罪将陈梦雷征下诏狱,不久减死谪戍奉天。十六年后,康熙皇帝东巡,陈梦雷蒙恩召还,侍皇三子胤祉读书。但二十多年后,康熙皇帝去世,在诸子角逐中获胜的雍正皇制胤禛一上台便对政敌大打出手,陈梦雷又以七十一岁高龄再次被流放塞外,终而老死于流放之地。

长期囚禁与流放生涯虽然使他在仕途上极不得志,但是与宦海隔绝的客观环境却给了他读书治学以较为充裕的条件。尤其是康熙中流放奉天期间,他在极为艰苦的环境中坚持读书,著述不辍。与此同时,他还热心当地教育事业,执经问业之士接踵而至。在此期间,他先后著成《周易浅述》八卷、《盛京通志》《承德县志》《海城县志》《盖平县志》等书。通过这些书籍的纂修,锻炼了他搜集材料、分部划类等整理和编纂文献的基本技能,而长期的教学实践也使他进一步熟悉了治学的门径。因此,这一时期是他学识和能力成长的重要时期,也是他以后从事编纂《古今图书汇编》的重要准备时期。

康熙三十七年,康熙皇帝东巡,陈梦雷献诗称旨,蒙恩召还,命侍皇三子诚郡王允祉读书,赐宅城北,安置家属。陈梦雷从任职起,即"掇拾简编,以类相从,仰备顾问",也就是对古代典籍按类加以整理,准备进讲。恰在这时,康熙皇帝有意要编修大型类书。因为,在他看来,"《三通》《衍义》等书详于政典,没有草木虫鱼等内容;《类函》《御览》等类书但搜词藻,又没有集天德王道等大道理,因而编修一部包罗万象、通贯古今、条理分明的大类书,"以宣扬圣朝的文治",就成为迫切的任务。于是皇三子允祉将陈梦雷作为修书人选推荐给康熙皇帝,当蒙谕允。康熙皇帝对陈梦雷的工作"指示训诲,钦定条例",并亲幸其第,御书"松高枝叶茂,鹤老羽毛新"联句相赐,以示鼓励。

康熙皇帝的重视和关怀,使陈梦雷受到巨大的鼓舞,他迅速地将原先为"仰备顾问"而收集材料的工作进一步扩大为编纂一部大型类书的活动。为了表示这部新修类书囊括了古今书籍的全部知识,陈梦雷为之取名《古今图书汇编》。从康熙四十年十月开始,陈梦雷正式编修《古今图书汇编》。他独自一人承担编选任务,从允祉处领银雇人缮写。经过数年不分昼夜、废寝忘食的劳动,到康熙四十五年四月,全书初步编成,计三千六百余卷。初稿修成后,陈梦雷把它进呈给康熙皇帝,希望由皇帝决定其去存分合,并要求利用内府藏书、江南别本等对所收内容加以校订、增补。但是,康熙末年,诸皇子为争夺皇位继承权而拉党结派,斗争甚烈,康熙皇帝无暇及此。而且,《古今图书汇编》初稿过于浩博,它虽称三千六百余卷,但"若以古人卷帙较之,可得万余卷",对这样一部大类书进行校订,显然要很长很长的时间。更重要的是,康熙五十一年太子允礽再次被废,与允礽关系密切的允祉和陈梦雷都受到一定牵连,因而该书的校订、出版也被推迟。不久,雍正皇帝上台,允祉被贬守护康熙皇帝墓——景陵,陈梦雷被第二次流放。雍正皇帝下令把《古今图书汇编》改名为《古今图书集成》,令尚书蒋廷锡等重加编校。蒋廷锡等人对其中的类目名称和卷数作了一些改动,而内容却大都仍陈氏之旧,然后宣布定稿。雍正四年,由雍正皇帝作序,将《古今图书集成》付印。在印本上,记的是蒋廷锡等"奉敕撰述",陈梦雷的功劳被完全抹煞。

经过雍正朝改定的《古今图书集成》,全书凡万卷,另有目录四十卷,内分六汇编、三十二典、六千一百零九部。六汇编是历象、方舆、明伦、博物、理学、经济,其中历象汇编包括乾象、岁功、历法、庶征四典,凡一百二十部,计五百四十四卷;方舆汇编包括坤舆、职方、山川、边裔四典,凡一百八十七部,计二千一百四十四卷;明伦汇编包括皇极、宫闱、官常、家范、交谊、氏族、人事、闺媛八典,凡二千八百七十三部,二千六百零四卷;博物汇编包括艺术、神异、禽虫、草木四典,凡一千一百三十部,计一千六百五十六卷;理学汇编包括经籍、学行、文学、家学四典,凡二百三十五部,计一千二百二十卷;经济汇编包括选举、铨衡、食货、礼仪、乐律、戎政、祥刑、考工八典，凡四百五十部，计一千八百三十二卷。在全书层次安排上，部是最基层的单位，每部之下又包括汇考、总论、图表、列传、艺文、选句、纪事、杂录、外编等项，汇考记述大事，引证各种古书以详细介绍该部内容之源流；总论采录经、史、子、集各书对该内容的议论；图表则根据内容需要，分列图、表加以说明，但并非每部都有；列传记述人物生平；艺文则采集和该部内容有关的诗、文、词、赋等；选句多择俪句、对偶，供吟诗作文时借鉴；纪事收录不见于汇考的琐细小事；杂录收不宜收进汇考、总论和艺文的材料；外编则收录前述各项不好安排的荒唐无稽之事。《古今图书集成》所收内容，多将原书整篇、整段抄入，并一一注明出处，标示书名、篇目和作者，以便读者核校原书。全书总计约一亿六千万字，规模仅次于《永乐大典》，而远在其他同种类书之上，是一部名符其实的集古今图书之大成的中国古代的百科全书。

由于《古今图书集成》对古典文献进行了一次分门别类的全面清理和总结，因而，它在中国古代图书事业史上有着重要的地位和影响。首先，由于该书收书范围甚广，遍及经、史、子、集四部古籍，而且在收录过程中，又多是不加删节的整篇、整段抄录，因而保存了大量的原始资料，为古典文献的保存和流传作出了贡献。其次，该书体例完善，分类详细，也为学者治学提供了极大的方便。该书中的每一个类目，几乎都是一门专史的资料汇编。举例来说，历象汇编集中了古往今来天文学知识，其中的乾象典汇集了有关天、日、月、星、风、云霞、雾、虹霓、雷电、雨、露、雪、霜、火、烟等方面的材料，历法典则记录了自古以来历法沿革的历史，庶征典则专记历代以来的各种灾异。方舆汇编大致以历朝疆域、迁都、州郡设置之沿革和山川河流、各地矿产、边塞各族以及邻近各国的情况为主要内容；明伦汇编则记载了自古以来不同身份的人，包括帝王、后妃、太子、公主、文臣、武将等的活动情况；博物汇编之禽虫、草木二典，专记与动植物有关之事。对于这些不同方面的专门资料，学者可以根据自己的治学方向，阅读其中的有关典、部，了解其大致沿革，然后再由该书中注明的出处，寻检相关书籍，以作进一步的研究。因而，它不但可以作为专史资料汇编使用，而且可以作为治学的向导，起着资料索引的作用。再次，《古今图书集成》在辑佚和校勘等方面也有重要的作用。由于《集成》成书较《永乐大典》晚了近三个世纪，因而未被《大典》收录的有明一代和清初的不少佚书赖此得以保存。如明末宋应星的《天工开物》是学界周知的古典科技名著，但清朝中叶以后，此书隐而不闻，以至《四库全书》及《挈经室集》皆未收录。近代以后，该书始由日本翻刻本稗贩回来。但日本翻刻本不仅误字很多，且图画粗劣，已失宋氏之真。学者陶湘因思及《集成》一书曾有引用，遂据该书所载，临摹重印，使《天工开物》得复旧观。解放后，明崇祯十年原刻本《天工开物》已由北图访得，此书再也不算是佚书。但将原刻本和后出的《集成》本、日本营生堂翻刻本相比较，《集成》本更近于原刻本。除此而外，还有明末科学家徐光启，生前曾著有《农遗杂疏》一书，其中收有《甘薯疏》《芜菁疏》等农学专著数种。此书清初尚存，分见于徐乾学《传是楼书目》和《明史·艺文志》。但后来该书失传，迄今尚无发现，而在《古今图书集成》博物汇编草木典卷五十四里，却载有徐氏的《甘薯疏序》，使读者由此可以窥见《农遗杂疏》一书的一鳞半爪。不仅如此，该书对辑录明初以前的一些已佚著作和文章也有它的作用。如嘉、道年间著名学者张金吾曾至吴兴鲍氏知不足斋，借读朝廷颁赐的《古今图书集成》，先后从中发掘出金代遗文多篇，并将之录入《金文最》一书。此外，该书成于清初，所录各书内容由于使用了较早的版本而多存古籍原貌，而没有像乾隆中修书时因忌讳多端而对古籍律加改窜的情况。因此，在校勘此后流行的一些古籍时，《古今图书集成》一书也有重要的作用。

《古今图书集成》虽然有着极高的价值和作用，但也存在着明显的缺陷和不足。一是作者未阅"秘府之藏"，因而并未将清初传世之书悉行收录。试将该书和《永乐大典》相比较，该书成书虽晚三个世纪，但其分量，尚不及《大典》之半。这便说明，《永乐大典》中半数以上的书籍内容未被《古今图书集成》收录，这不能不说是该书编修中的一个严重缺陷。在《大典》未佚之前，两书同行于世，各有侧重，互相补充，可使学者得知古往今来全部著述的概貌。而在《大典》散佚之后，其中有不少有价值的书籍也随之亡佚，我们不能不因当时编修此书时虽有可能但却没有使用《永乐大典》中的材料而感到极度惋惜。二是由于该书正式编修时间较短，又系由陈梦雷一人主持，所雇书手在抄录有关篇章、段落时，脱漏、错误之处不少，而陈梦雷本人也未覆核改订，原稿便被夺走并仓促刊印成书。尽管如此，该书仍不失为现存类书中一部规模最大、用处最广、体例也最完整的类书。

康熙皇帝编修群籍取得了巨大成就，但也不可避免地存在着不足。康熙皇帝编修的典籍，虽然内容涉及诸多方面，但是由于阶级局限和个人识见局限，却没有编修过话本小说、充满反清色彩的诗文以及治河之书等。康熙皇帝编修群籍，一方面是为了标榜其稽古右文，更主要的却是要借此达到统一人们思想、巩固封建统治。因而，在编修成的群籍中，程朱理学之书占有了很大分量，其他经部、子部、史部、集部之书也无不贯穿着维护封建统治的目的。同时，对于流行于社会下层的民间文学和话本小说，对于反对清朝民族压迫和封建专制统治的"明季末造野史"和"国初伪妄诗文"，康熙皇帝不但不予编修刊印，反而严厉禁毁。在位期间，他两次下令查禁"坊肆小说淫辞"，数兴文字狱以镇压著、刻带有反清色彩诗文的人。对于治河之书，康熙年间曾有人要求编修。康熙四十年三月，河道总督张鹏翮请求将康熙皇帝有关治河的谕旨敕下史馆，纂集成书，使后人"永远遵守"。康熙皇帝接疏后，指出治河应因时、因地制宜，不可用定法束缚后人，而且治河尚未取得彻底成功，汇编谕旨不应太急。因而，他宣布，"纂书之务，著不必交翰林院，即令张鹏翮编辑呈览"。由于康熙皇帝反对，编辑治河谕旨成书之事未能得行。有关治河之书，以后再也无人敢提。我们认为，康熙皇帝反对编辑有关谕旨的动机是可以理解的，但是作为治河颇有成效的康熙朝，把有关谕旨汇编，进而对治河工作加以回顾和总结，不也可以给后人留下一些经验和教训吗？而且，由于反对汇编治河谕旨，到无人敢提编修治河之书，就在编修的群籍中留下一段空白，实在令人遗憾！

五、振兴教育

在封建社会里，教育事业对于巩固封建统治起着重要的作用。就积极方面而言，教育为各级封建官僚机构源源不断地输送着大量的统治人才；就消极方面而言，教育也能消泯广大人民群众的反抗思想。因而，康熙皇帝对教育事业一直十分关心，使当时的教育事业呈现出蓬勃发展的景象。

康熙初年，清朝统治虽然已经大体上巩固下来，但是经过长期战乱破坏，教育事业仍然是一片凋敝景象,"所在屠灭,郡邑为墟""文学诸生,谋生犹恐不给,奚暇诵读?"各地学舍普遍废坏,师席久虚。教育事业的凋敝产生了严重的后果。当时,不只各级政府机构中官吏奇缺,不得不借资前明降官和捐纳官员,致使官吏素质低下,而且因为长期未在广大百姓中进行教化,也为清朝政府统治人民造成了极大的困难。据时人所见,当时各地的普遍情况是:"丰稔之岁,则相与赌博酣歌,沉湎荒淫,流荡而忘返;饥凶之年,则但见鸠形鹄面,扶老携幼,逃散而无归,人民流离,田地荒芜,盗贼奋发,狱讼繁兴。"面对这种情况,康熙皇帝感到,广大百姓就像一座活动频繁的火山,如果不向他们灌输封建伦理道德观念,一旦火山爆发,后果就会不堪设想。因此,康熙皇帝在位期间广设学校,倡建书院,整顿科场,重视八旗教育,使得教育事业走出了明末清初以来的低谷,而进入了一个新的发展阶段。

长期以来,各种不同类型的学校一直是教育事业的主要机构。振兴教育,首先须从学校入手。有鉴于此,早在亲掌政权之后不久,康熙皇帝即亲作《学校论》,对学校在教育事业中的地位予以高度重视。他说:

"治理天下,没有比正人心、厚风俗更重要的,而其根本在于推行教化。学校是推行教化、将百姓纳入统治轨道的地方,因而古代家有塾,党有庠,术有序,国有学。人生到八岁,自五以下至于庶人之子弟,都要入小学;到十五岁,则入大学。因此,自家至于国莫不有学,自天子至于庶人莫不学,自幼至于长莫不皆学。凡学以《诗经》《尚书》《礼记》《乐记》为本,干戈(按:代武舞)羽籥(按:古代文舞)为文,父子君臣、长幼尊卑等伦理道德从此而出。古人把淑其耳目手足之举措、养其心以复其性当作修己治人的主要途径,真是太完备了。因此,当时的君子履信思顺以事其上,小人也都乐于遵循礼制而耻于犯法,不以做官为尚,因而天下大治。后世学校寖广,教官寖繁,教育目的已失去先王遗意。学校中的士子,只以教育为求取利禄的工具,期望他们遵循十分之一的道德,都比登天还难。而且,如今的教育仅仅是死读书而已,很少有人真正致力于实践,与古人背道而驰。因此说'教隆于上,化成于下',否则就如停住脚步而指望前行一样不可能。教化是天下大治之本,而学校则是教化之原。那么,如何才能敦隆教化而兴起学校呢?务其本而不求其末,尚其实而不务其华,以内行为先,不汲汲于声誉,以经术为要,不屑屑于文辞。倘能如此,就符合圣人化民成俗之道了。"

在这一思想的指导下,康熙皇帝从修复、增设各地学校入手,开始了他的振兴教育的活动。

清初继承明制,在中央设立了国子监和各级儒学。虽然这些地方儒学与明代后期一样,已经不具教学职能,而只是朔望春秋举行尊孔典礼、岁科两试造具生童名册以及办理本地诸生举优出贡等活动的管理教育的官僚机构,但是,因为这些机构在地方教育中起着领导、监督的作用,影响不可低估,因此,康熙年间,康熙皇帝在顺治年间普遍恢复各地儒学的基础上,又在一些边远地方以及新设州县继续增设儒学。例如,康熙四年,清朝政府宣布设奉天各府、州、县等儒学,照顺天例,为京府大学;辽阳、宁远、海城为中学;盖平、铁岭、广宁为小学。康熙二十六年,康熙皇帝下令,直隶怀来、永宁、保安三卫仍各设学,由保安州学、延庆州学兼摄。康熙二十八年,康熙皇帝又令贵州贵筑县照例设学,由新贵县学官兼摄。

针对各地府、州、县学普遍不具备教学职能的现实情况,为了普及初级教育,从康熙二十年代开始,康熙皇帝即积极提倡各地兴办义学。康熙四十一年,他还特命在京师崇文门外设立义学,颁赐御书"广育群才"匾额;五城各设一小学,延请塾师教读,"有成材者选入义学",计义学、小学每年廪饩共三百两,于府、县按月支给。康熙四十年代以后,在他的倡导下,义学又普及到边疆省份,以及内地各省的穷乡僻壤。如康熙四十四年,他下令贵州省各府、州、县设立义学,将土司承袭子弟送学肄业,以俟袭替,其族属人等,并苗民子弟愿入学者,亦令送学,该府、州、县复设训导躬亲教谕。次年又议准,贵州省府、州、县、卫俱设义学,许土司生童肄业,颁发御书"文教遐宣"匾额,奉悬各学。康熙五十二年康熙皇帝宣布在全国大办义学,推广普及教育"各省府、州、县令多立义学,延请名师,聚集孤寒生童,励志读书"。此后,康熙皇帝仍然很关心各地的义学,不时督促。康熙五十四年康熙皇帝下令畿辅地区的穷乡僻壤皆立义学,并要求直隶巡抚遍示庄村,使百姓皆知皇帝"崇文好学深意"。康熙五十九年,康熙皇帝又批准广西土属共十五处各设义学一所,并令该地巡抚选择本省品学兼优的举人贡生,每属派发一员,作为义学教员,"教读土属愿学子弟"。

在积极提倡汉族平民教育的同时,对于八旗子弟的教育,康熙皇帝也十分重视。清朝入关后,大批八旗子弟进入京城等地。为此,顺治元年分八旗为四处,各立官学,是为八旗官学之始。顺治九年,顺治皇帝又下令每旗各设宗学,令宗室子弟读书其中。康熙年间,又继续增设不少八旗官学,主要有:

景山官学 康熙二十四年四月,康熙皇帝谕内务府曰:"今见内府佐领人员善射及读书善文者甚少,可专设学舍,选可教之人,令其学书习射,优者录用,劣者罢黜,学舍应立于朕常见之处,俾习学之八� 勉肄业。"后来,有关方面议定,设立景山官学,建于北上门两旁,共给官房三十间;设满官学三房,汉官学三房,满书每房设教习三员,汉书每房设教习四员,挑选内佐领内管下官学生三百六十六名入学。肄业生员内有愿为教习者,选择移送令教习三旗(按:指满洲、蒙古、汉军各旗)子弟;将内廷执事人员、闲散人员内老成而堪为师长者,不分满洲、蒙古、汉军人员,挑选九名教习满书;满洲教习食执事俸米,汉教习给银、米、衣服等物,六年期满,分别勤惰,议叙授官。

盛京左、右两翼官学盛京 (今辽宁省沈阳市)是清朝的"发祥重地",清朝入关后以之为留都,并在那里设立了与首都北京基本对应的一套政权机构。顺治年间,在各地设立学校的同时,盛京所属府、州、县也各设立学校。康熙三十年三月,清朝政府决定,"盛京左、右两翼,各设官学二处,将彼处俊秀幼童,各旗选取十名,每翼四十名。满学各二十名,教读满书,习马步箭;汉学各二十名,教读满、汉书,习马步箭;交与盛京礼部堂官,不时稽查操演。如盛京有各部衙门笔帖式、乌林人缺出,照例补用。满学设满文助教各一员,汉学设通满、汉文助教各一员,俱由吏部考授。其汉学,令奉天府尹于盛京生员内择其才学优长者各二名,令其教读。学舍由盛京工部拨给"。康熙皇帝表示同意。

墨尔根两翼学校 康熙三十四年二月,康熙皇帝又应黑龙江将军萨布素等人之请,在墨尔根地方(今黑龙江省嫩江县)两翼各立学校,设教官一员,"新满洲诸佐领下,每岁各选幼童一名,教习书义"。

其次,对于各级教官和广大生徒,康熙皇帝也一再下令,严加管理。

在各级教官中,学政是掌管一省教育的最高官员,康熙皇帝尤其重视。各省学政,皆由他亲自选拔任命。在此同时,他还多次要求他们实心任事。他规定,新补学政,一经领敕,次日即须赴任;各省旧任学政考试完毕后,必须在十一月内报满到部,如违定限,即题参处;学政考试迟延、限内不能完结者,降一级调用;各省学政要对所有士子负责,秉公办事,不得营私作弊、考试不公,从而导致。真才沦弃、文治不光",否则督抚等官即行纠参,严加治罪。对于"士子观法所系"、直接影响受教育者的其他各级教职官员,康熙皇帝也作出各种规定,严格加以要求。康熙十八年题准,学政于官员贤否,遵照敕谕,例应考核,文到,各府、州、县掌印官照旧式备造僚属履历,及以前荐奖戒饬缘由,填注考语事实,教官更分年力、志行、学识、教规四款,内有贤、不肖之尤者,别具揭帖,限一月内送阅,案临,再造新任及改节改过者,季冬续报,并将任内作兴学校事迹,备申报夺。康熙四十三年,康熙皇帝针对直省教职官内"不谙文学者甚多",责问"如此何以训士",下令有关部门拿出解决的办法。经过讨论,决定"嗣后教职由部选后,赴抚臣考试,其考居一、二、三、四等令其赴任,五等令归学习,六等革职"。康熙皇帝还下令,学臣要对教官加以考试,评定优劣,"如全无文理者",即行题参。

为了培养合乎封建统治所需要的端人正士,对于广大就学士子,康熙皇帝更是十分重视,要求他们先品后学。康熙九年,康熙皇帝颁行圣谕十六条,令士子作立身标准。这十六条是:"(一)敦孝弟以重人伦;(二)笃宗族以昭雍睦;(三)和乡党以息争讼;(四)重农粟以足衣食;(五)尚节俭以惜财用;(六)隆学校以端士习;(七)黜异端以崇正学;(八)讲法律以儆顽愚;(九)明礼让以厚风俗;(十)务本业以定民志;(十一)训子弟以禁胡为;(十二)息诬告以全良善(十三)戒窝逃以免株连;(十四)完钱粮以省催科;(十五)联保甲以弭盗贼;(十六)解仇忿以重生命。"康熙四十一年正月,康熙皇帝又专门发布了一道《训饬士子文》,对在学诸生提出要求:

"国家建立学校,原为兴行教化,作育人才。朕临御以来,尊师重儒,关心学校,近来又慎选学使,厘剔弊端,立志使风教修明,贤材蔚起,国家蓄兴。但是近来士习不端,儒效罕著,大失朕之所望。这其中的原因,固然是内外臣工未能很好地奉行重教政策,但你们这些学生积锢已久、猝难改易却也是原因之一。如今朕亲作训言,再加警饬,你们听着:从古以来求学之人即先立品行,然后再到文学、学术、事功,源委有叙。你们幼闻庭训,长列宫墙,朝夕诵读,宁无讲究,一定要身体力行,砥砺廉隅,敦孝顺以事亲,秉忠贞以立志,穷经考义,勿杂荒诞之谈;取友亲师,悉化侨盈之气;文章归于醇雅,毋事浮华;轨度式于规绳,最妙荡轶。学子轻薄,自古受讥。如果行己有亏,即使读书又有什么用?如果居心不善,行己多愆,或者散布流言蜚语胁制官长,或者隐粮包讼出入衙门,或者唆拨奸猾欺孤凌弱,或者招朋呼类结社要盟,这样的人,为纲常名教不容,为乡党不齿,即使侥幸逃脱法律惩处,他的内心又能无愧吗?况且乡试、会试乃抡才大典,事关重大,士子倘有真才实学,又何必担忧困不逢年?但你们中的一些人,却沽名钓誉,暗通声气,夤缘诡遇,不顾身家,又有的窜改籍贯,希图考中,气焰十分嚣张。种种弊端,深可痛恨。士子中选之始,尤贵品行端正。如果中选伊始就巴结贿赂,便已是作奸犯科,那么以后败检逾闲又何所不至?又如何指望其秉公持正,为国家建立功勋?朕关心你们,故不惮反复。这个训言颁到后,你们务必共体朕心,恪遵明训,痛改前非,争自濯磨,积行勤学,以图上进。假如能金榜题名,木仅你们自身荣耀,即使是你们的祖、父也跟着光宠。逢时得志,还有什么其他的要求呢?倘若你们还把朕的训言视作空文,玩愒弗儆,毁方跃冶,自暴自弃,则是你们冥顽无知,终究不能遵奉教义,既负国家栽培,又得罪过。王章具在,朕也不能宽免你们。从此以后,从中央的国子监,到各地方的乡间学校,学臣师长都要传集诸生,多方董劝,以副朕怀。否则,职业弗修,咎亦难逃,到时不要说朕没有先说。你们这些士子都要听好。"

再次,康熙皇帝还多次驾幸太学,下令修建校舍,敕谕优恤诸生,关心教育事业的发展。皇帝驾幸太学,主要是督促诸生,以示其重视教育。史籍之中,记有康熙皇帝多次驾幸太学,训示诸生。例如,康熙八年四月丁丑日,康熙皇帝幸太学,行礼、听讲毕,指示国子监师生"讲究服膺""圣人之道"。第二天,他又进一步指示国子监官员:"今行辟雍释奠之典,将以鼓舞人才,宣布教化。尔等当严督诸生,潜心肄业。诸生亦宜身体力行,朝夕勤励。若学业成立,可裨任用,则教育有功。其或董率不严,荒乃职业,尔等系师生,难辞厥咎。尚其勉之,毋怠。"

康熙皇帝非常关心士人的学习环境,在位期间多次下令修葺破旧的校舍。康熙二十二年八月,工科给事中许承宣题请修葺天下学宫。"以崇文教",康熙皇帝表示同意。康熙四十一年(1702年)正月,康熙皇帝下诏修葺国子监。康熙四十四年十一月国于监落成时,康熙皇帝又赐书"彝伦堂"匾额。

对于在学诸生,除了给予成例规定的经济、政治待遇使他们安心读书外,康熙皇帝还发布一些诏谕,优恤诸生。康熙九年题准,嗣后生员如果犯事情重,地方官先报学政,俟黜革后治以应得之罪;若词讼小事,发学责惩,不得视同齐民,一律扑责。康熙二十二年覆准,各省学租,有发给贫生,将所余以充兵饷,有竟不给发者,嗣后令各直省督抚给发廪生、贫生,以助膏火之费。康熙二十七年,康熙皇帝又下令,嗣后学田租赋,除通稽各学田原额若干、每年额租若干,先造请册报部外,每年终将用过某费若干项、赡过贫生某某若干名,详开旧管、新收、开除、实在,造册报部;如册报隐漏迟延,赈贫虚名无实,及教官、学霸、豪强之家私据侵占者,查出,按法追究。

作为康熙皇帝振兴教育的第二方面,是他对书院建设十分热心。

中国古代书院兴起于唐代后期,南宋以后迅速发展,并且历经元、明而不衰,对于教育事业和学术文化的发展都发挥了重要的作用。最初,书院多为私办,与政府设立的学校并行。南宋以后,由于官学腐败,封建统治者遂把眼光转向书院,书院也逐渐与科举挂上了钩。至明代后期,官设学校徒具形式,书院成为为科举考试输送高级人才的主要教育机构。

明末清初,长期的社会动乱使得全国的书院遭受严重破坏,它们或毁于兵火,或并于僧寺,存者为数极少。为了笼络汉族知识分子以建立统治,从顺治二年起,清朝政府在占领区内连年开科取士。这样,一些地区的书院开始恢复,并新建了一些书院。至顺治九年,全国修复和重建前代书院已有十四所,新建书院也有十一所。但是,由于当时满、汉民族矛盾十分尖锐,为了防止汉族士人利用书院讲学进行反清活动,同时,有鉴于明末士大夫借书院讲学而互相结党攻讦、抨击时政、削弱统治的历史教训,顺治年间,清朝政府的书院政策表现出极大的摇摆性。顺治九年,清朝政府向天下学宫颁行卧碑,对士子严加约束,并下令"各提学官督率教官、生儒,务将平日所习经书义理着实讲求,躬行实践,不准别创书院,群聚徒党,及号召地方游食无行之徒,空谈废业"。既限制书院,清政府下令每乡设立一所社学,择"文义通晓、行谊谨厚者"为社学教师,以满足人们的文化要求。在清朝政府的强力压制下,当时有相当一批旧有书院被改为社学,敢于创办书院者寥寥无几。而后,随着统治的逐渐巩固,清朝统治者关于书院的禁令才有所松动。顺治十四年,顺治皇帝从偏沅巡抚袁廓宇之请,下令修复衡阳石鼓书院。受此影响,全国书院数量开始回升。但因时当大乱之后,经济残破,兼之以清朝统治集团内部斗争激烈,往往朝令夕改,因而终顺治时期,全国书院呈现了十分凋敝的局面。以修复和重建前代书院而言,不过六十一所,至于新建书院,也仅有四十五所。

康熙初年,随着战争的结束,教育事业有了初步的发展。一些有识之士开始自发地兴办书院,并先后在社会上产生了较大的影响。而在此时,清初以来政府所提倡兴办的社学却走上了绝路。它们大多"不过择一老缝掖督市肆十数童稚,于赞宫廓宇殿阁之间,句读《千(字)文》《百(家)姓》而已"。既不能实现统治者宣传儒学的愿望,又不能满足广大士人的文化需求。为此,康熙二十五年,康熙皇帝下令提学查革各地社学。同时,康熙皇帝也将目光转向了几个世纪以来的传统教育机构——书院。

早在三藩叛乱期间,康熙皇帝即为吉林宁安满洲学房赐名"龙城书院",并为其书匾"龙飞胜地"。三藩叛乱平定之后,康熙皇帝对各地书院建设的态度更为积极,"特命各省并建书院"。为了推动各地书院建设,他先后向各地有名书院赐匾、赐书。几十年中,前后不下十余处,如:

康熙二十五年,为江西白鹿洞书院、长沙岳麓书院御书"学达性天"匾额,并颁赐《十三经》《廿一史》及日讲各经解义十六种。康熙三十三年,为河南开封游梁书院御书"昌明仁义"匾额。康熙四十一年,为京师金台书院(时为义学)御书"乐育英才"匾额。康熙四十二年,为云南昆明书院御书"育才"匾额,为山东历城白雪书院御书"学宗洙泗"匾额。康熙四十四年,为苏州文正书院御书"济时良相"匾额,为杭州崇文书院御书"正学阐教"匾额。康熙五十五年,为杭州敷文书院御书"浙水敷文"匾额,并赐《古文渊鉴》《渊鉴类函》《周易折中》《朱子全书》等;为福州鳌峰书院御书"三山养秀"匾额,并赐经书;为福建龙溪南溪书院御书"文山毓哲"匾额。康熙五十六年,为江西铅山鹅湖书院御书"穷理居敬"匾额。康熙五十八年,为河南开封大梁书院御书"两河文教"匾额,为江西南昌豫章书院御书"章水文渊"匾额。康熙六十一年,为江苏苏州紫阳书院御书"学道还纯"匾额。康熙某年,为江苏扬州安定书院御书"经术造士"匾额。

在康熙皇帝的带动下,各省督抚纷纷采取行动,或者亲自动手在省城建立书院,或者"发金置田",檄令属下州县建立书院。其主要者,如康熙十年,安徽巡抚靳辅应安庆士绅之请,下令修复当地培原书院,改名"修永""仍命府学教授劝课生童,讲贯理学"。康熙二十一年,两江总督于成龙建江宁虹桥书院,"檄上江各士,肄业其中"。康熙二十二年，广西巡抚郝浴建桂林新华亭书院，"属提学道召集生徒，月给廪饩，肄业其中"。康熙二十四年，云贵总督蔡毓荣、浙江巡抚赵士麟分别建立昆明昆明（育才）书院和杭州敬一书院。上行下效。知府以下各级官员也都闻风而动，置办学田，招收生徒，延聘名师，建立书院。如，康熙二十年。安徽池州知府喻成龙建池州池阳书院，"集六邑诸生，肄业其中，置田七百余亩，以为供膳，讲诵极盛"。其中一些官员还利用政余亲赴书院讲学，如汤斌、张伯行皆曾亲临东林书院。有些官员，对于当时知名学者非常倾慕，为了提高本地书院声望，卑辞重礼，千方百计邀请他们至辖内书院讲学。如康熙初年直隶内黄知县张沐请孙奇逢主讲于内黄，浙江海昌知县许三礼请黄宗羲讲学于海昌。而后，又有常州知府骆钟麟师事李颙，并将其迎至辖内，"主东林讲席，继讲于江阴、靖江、宜兴，兴起甚众"。一时之间，全国出现了兴办书院的热潮，书院数量进一步增长，流风所及，甚至僻处海隅的台湾和少数民族散处的边远地区也先后建立了多所书院。如自康熙二十二年收复台湾后，至康熙末期，几十年间，向无书院的台湾也先后兴建了西定坊书院（康熙二十二年）、镇北坊书院（康熙二十九年）、弥陀室书院（康熙三十一年）、竹溪书院（康熙三十二年）、崇文书院（康熙四十三年）、东安坊书院（康熙四十四年）、高雄屏山书院（康熙四十九年）、海东书院（康熙五十九年）等八所书院。再如，康熙四十七年，著名学者李来章谒选广东连山，"创连山书院，著学规，日进县人申进之，而瑶民之秀者亦知向学，诵读声彻岩谷"。

由于康熙皇帝的提倡，康熙年间的书院得到了很大发展。总计康熙一朝，全国新建书院凡五百三十七所，修复或重建前代书院二百四十八所。两者相加，共达七百八十五所，成为自明朝嘉靖年间以来百年之中少见的一个书院迅速发展的时期。

在极力振兴教育的同时，对于与教育密切相关的科举考试，康熙皇帝也十分重视。

科举考试是选拔人才的主要手段，是教育目标的实现。清代科举考试始于顺治时期。但是，由于当时尚处清朝科举实行之初，其中不尽合理之处很多。而且，由于科举考试直接关乎应考士子一生荣辱浮沉，因而科场舞弊现象也十分严重。这些，既不利于封建统治集团选拔到合格统治人才，实现教育的目的，也不利于鼓励广大士子认真读书学习，普及教育。因此，康熙时期，康熙皇帝先后采取各种措施，整顿科场。

首先，康熙皇帝改革了考试制度。

康熙年间，康熙皇帝在试卷形式的改革方面迈步较大。由于经济、文化发展不平衡，清代在进行科举考试时，对各地士人要求也不一样。会试时，为了照顾贫穷落后地区及边远省份的考生，而将全国分为南卷、中卷、北卷三个区域，各摊一定名额，分别录取。顺治年间，因云、贵等省未经平定，而将诸省应试的中卷分入南卷之内。康熙皇帝即位后，因"各处省分俱全"，下令仍将浙江、江西、福建、湖广、广东五省及江宁、苏、松、常、镇、徽、宁、池、太、淮、扬十一府及广德一州为南卷，直隶及山东、山西、河南、陕西四省及奉天等处为北卷，四川、广西、云南、贵州四省及庐、凤、安庆三府及徐、滁、和三州为中卷，"其南、北、中卷中式额数，照赴试举人之数均派"。三藩叛乱期间，云、贵、川、粤等省先后叛乱，"道路梗阻，赴试无人"，康熙皇帝遂令将中卷分并到南、北卷内。三藩之乱平定后，为了尽快录取云、贵等地士人，振兴当地教育，康熙皇帝于康熙二十四年正月下令恢复中卷。其后，在执行过程中，南、北、中卷又各分出左、右，十分繁杂；而且庐、滁等文化发达地区隶属中卷,划分也不合理。于是,康熙皇帝又进行了相应的改革。康熙三十八年十二月,左副都御史梅鋗上疏说,会试定例,分南、北、中卷,后又于南、北、中卷之内各分左、右,"以致阅卷者不尽衡文,只算卷数,以定中额",请仍照旧例,止分南、北、中卷,概去左、右名色。九卿议覆,应如所请,并提出将江南庐州等府、滁州等州旧系中卷者,俱归南卷;其云南、贵州、四川、广西四省,去其中卷名色,每科云南定为"云"字号,额中二名,四川定为"川"字号,额中二名,广西定为"广"字号,额中一名,贵州定为"贵"字号,额中一名;康熙三十九年会试,恩诏加额,应将云南、四川各加中二名,广西、贵州各加中一名。康熙皇帝表示同意。此外,康熙皇帝还别出心裁地设立官卷。原来,在考试中,大臣们往往利用职权营私舞弊,录取自己子弟,堵塞了贫寒士子的入仕之路,影响他们的读书兴趣。于是,康熙三十九年六月,康熙皇帝对大学士、九卿等说:

> "考取举人、进士,特为得人耳。若行贿夤缘而得之,则出身之本源不清,而欲冀他日之为忠臣良吏,得乎?今朕意欲凡系大臣子弟,另编字号,令其于此中校阅,自必选择其文之优劣。大臣子弟既得选中,又不致妨孤寒之路,如此则于考试一事大有裨益。尔等议奏。"

七月,康熙皇帝又以当年会试为例,说:"观九卿所议考试一事,科道亦不心服。况今年会试所中,大臣子弟居多,孤寒士子未能入彀,如此欲令人心服,得乎?"在康熙皇帝的一再督促下,于十一月,大臣们终于提出了具体办法,即"嗣后直隶各省乡试,在京三品以上,及大小京堂、翰林、科道、吏、礼二部司官,在外督、抚、提、镇及藩臬等官子弟,俱编入'官'字号,另入号房考试,各照定额,每十卷,民卷取中九卷,官卷取中一卷,不必分经,其副榜亦照此算取"。

在改革试卷形式的同时,康熙皇帝还改革试卷内容,下令科场出题不拘忌讳。清代科举仍用八股文,其题皆出自《四书》。封建时代,忌讳特别多,考官们为了保住自己的禄位,出题时小心翼翼,尽择"冠冕吉祥语"。一般士子,为了登上金榜,也瞅准了考官们的这种心理,不孜孜于学,而整日揣摩估猜,以求侥幸。因此,康熙五十二年十月,康熙皇帝下令:"今后闱中题目应不拘忌讳,庶难预作揣摩,实学自出。"

此外,康熙皇帝还下令延长科举出榜时限,以保证阅卷。康熙后期,随着生产的发展、社会秩序的安定,参加科举考试的士人也越来越多,考官因出榜期限紧迫,往往草草阅卷、粗粗定等,因而常常"遗失佳卷",不利于教育的发展。康熙五十年十月,九卿遵旨议奏:"直隶各省生员、举人额数屡增,赴考士子较前倍众,因揭晓期迫,考试官不能细心遍阅,草率录取,以致遗失佳卷。嗣后会试揭晓宽于三月十五日内,乡试揭晓,大省宽于九月十五日内,中省宽于九月初五日内,小省宽于九月初五日内。直隶、江南、浙江乡试人数倍于他省,照会试例,加入房官二员",如此,"限期既宽,主考官阅房考官之荐卷外,余卷亦令遍阅,庶不致遗失佳卷"。九卿的建议,得到了康熙皇帝的批准。

其次,康熙皇帝严明考试纪律,严惩科场作弊者。

早在顺治年间,清朝政府即对科举考试作出详细规定。康熙年间,又对现存规条不断加以补充、完善。如,康熙二年题准,直省各学臣三年内止应考试童生一次,乡试后报满;凡前任学臣已经考过一次者,毋得再考;如有前任学臣考试未完,缘事离任者,许新学臣将未考州、县生童接考,以应乡试;如有违例重考者,听该督抚题参。康熙十年覆

清史通鉴

韬文纬武 清圣祖——康熙

准,嗣后学政案临各府,于考试招覆之日,提调官即对明坐号姓名,将州、县、府原取本卷解送学政,与所取之卷逐一磨对,倘文气笔迹稍涉可疑,即行按究。康熙十二年覆准,顺治十八年经科臣疏请,并岁、科为一考。今三年内,童子入学,府学止二十名,大学止十五名,中学止十名,小学止七、八名。据直省学政所报文册,各学生员三年内每学援纳事故黜革等项,约三四十名至百名不等。三年内为时甚久,仅行考试一次。储才不广,督责不勤,应仍照旧例,三年岁、科两考,满洲、蒙古、汉军照汉人例一体考试。康熙二十七年规定,各学武生于考校文生后踵行考取。康熙四十一年覆准,乡试之年,遇新任学政于本年到任者,即将岁考一、二等生员册送科举,以应本年乡试,仍于乡试后补行科考,生员补廪增、童生入学,均照定例,将试册速行送部。嗣后各省学政,因乡试期近,科考未遍,题请以岁作科者,均照此例。

除了制定这些考试规条以外,康熙皇帝还针对考试中出现的问题,随时加以解决。例如,康熙十八年二月,都察院左都御史魏象枢条奏学道考试十弊:"一、童生府考无名,径取入学;二、额外溢取童生,拨发别学;三、私查印簿某卷某号即某人,以便贿卖;四、解部册籍迟延,更改等第;五、先开六等革单,吓诈保等银两;六、将文童充武童,入学后夤缘改武为文;七、将生童远调考试;八、纵容教官,包揽通贿;九、曲徇情面,孤寒弃斥;十、将额外溢取童生,混附生员册内报部。"康熙皇帝表示禁此十弊,"嗣后考核学道,俱注'剔除十弊'具题"。康熙五十三年十月,监试御史倪满等条奏科场四款:"一、顺天乡试,举子入闱,俱穿拆缝衣服、单层鞋袜,只携篮筐、小凳、食物、笔砚,其余物件不许携入,则夹带文字之弊可杜。二、举子入闱,任意接谈,往来行走,嗣后应添设营官一员,八旗每翼添设参领一员、章京二员,一体入闱,坐明远楼前,汉人责令营官稽察,旗人责令参领等稽察,务令举子照卷面字号,押进号舍,不许私从栅栏外出。至代作、传递、夹带等弊,每由号军顶冒入闱。嗣后号军务选正身,每十名以一人为号头,将号军面用印记,造册送入。三、向来乡、会试,举子交卷领签照出,止于申、酉二时,今则彻夜交卷,恐滋弊窦。嗣后应遵旧例,天晚不准收卷,即行封门,则诸弊自然肃清。四、贡院号舍七千四百有奇,今科技投考举子七千四百九十余人,恐致不敷。查贡院左右,尚有闲地,请交顺天府酌量添造。至贡院四周围墙,多系土筑,请用砖砌,棘闱自然严密。"康熙皇帝接疏,批复:"倪满等所奏甚是。着九卿会同议奏,其各有所见,应增款项议增。"康熙六十年,康熙皇帝又指出房考官预作手脚为科场中"弊之最大者",下令"仍着原派巡察左右都统、副都统等入场,照旧巡察"。

康熙皇帝不仅严申考试纪律,而且对违犯规条、科场作弊者予以严厉制裁。康熙年间惩处科场弊案不少,兹举几例如下。

顺天己卯乡试案 康熙三十八年八月,顺天正、副考官李蟠、姜宸英等在主持顺天乡试时"考试不公",且防范疏漏,连代倩之人都混入考场,事后为人参劾。康熙皇帝令九卿磨勘中式举人试卷,并对参劾之疏提出处理意见。九卿讨论之后,只提出将李蟠、姜宸英等革职。康熙皇帝对这个处理意见大不满意,指出:"此案若照议完结,仍不知儆。着将所取举人,通行齐集内廷复试。如有托故不到者,即行黜革。其考官等处分,俟覆试后具奏。"

江南辛卯乡试案 康熙五十年,江南乡试后,即有江南正考官、副都御史左必蕃上疏,称中式举人吴泌等"不通文义,外议沸腾",请将吴泌等或提至京师覆试,或交督抚严审。同时,江苏巡抚张伯行也递上奏疏,报告有数百人抬拥财神直入学宫"口称科场不公等语"。康熙皇帝令由张鹏翮会同两江总督、江苏、安徽巡抚在扬州地方彻底详察,严加审问,并将左必蕃及副考官赵晋解任,发往质审。审问结果,竟挖出一个以赵晋为首的作弊团伙。康熙五十二年正月,康熙皇帝对干连人犯严加制裁:副考官赵晋贿通关节,大干法纪,原拟斩监候,现照顺治丁酉科场倒,改斩立决;呈荐吴泌的同考官、句容县知县王日俞原拟流三千里,查其通同作弊,也改为斩立决;夤缘中式的吴泌,说事通贿的俞继祖等人,照原拟绞监候;呈荐程光奎的同考官、山阳县知县方名原拟绞监候,因其明知程光奎作弊,试后又向程光奎索要谢钱,改为斩立决;试前在贡院内埋藏文字、入场抄写而中举的程光奎,照原拟绞监候;请人代笔而中举的徐宗轼、夹带文字入场而中举的席玕,并照原拟枷责;左必蕃作为专任科场之官,失于觉察,革职。

福建辛卯乡试案 康熙五十年,福建乡试作弊案也被揭露出来。经过审问,至康熙五十二年正月作出判决:贿通关节的同考官吴肇中斩立决;夤缘中式的王汤三、说事通贿的林英绞监候;正考官、检计,副考官、工部主事,皆失于觉察,革职。

浙江丁酉乡试案 康熙五十六年浙江乡试又有作弊被揭露,康熙皇帝派礼部侍郎王思轼等前往调查。至康熙五十八年五月,调查、审问明白后,康熙皇帝作出处理:浙江正考官、编修索泰应允侍读学士陈恂嘱托,将士子陈凤墀中式,陆续借陈恂银一千五百两,拟斩,监候秋后处决;倩人作文、夤缘中式的陈凤墀及营谋关节的陈莘衡,陈恂拟绞,监候秋后处决;陈凤墀之父陈文炽,往陈恂之子陈钰家取回关节,陈钰接受银两转付,俱拟绞,监候秋后处决;士子费我功央求其岳父陈恂营谋关节,但未能中式,杖徒;代陈凤墀作文的段志闳照例枷责;索泰等所得银两,及费我功所许银两,俱追取入官,同考官、知县洪晨绂照例革职,副考官、检讨张懋能降二级调用。至此,此案方才了结。

再次,康熙皇帝还对八旗子弟参加科举考试作出特殊规定。康熙初年,不许八旗子弟参加科举考试,康熙六年九月,康熙皇帝一改政策,"复命满洲、蒙古、汉军与汉人同场一例考试,其生童于乡试前一年八月内考试"。但是,八旗子弟是清朝军队的主要后备力量,令其习文予试,势必使其懈弛武备,不利于封建统治,尤其是战争期间,这种矛盾表现得更为明显。因此,康熙十五年十月,当平叛战争进行正酣之时,康熙皇帝下令嗣后将旗下子弟考试生员、举人、进士暂令停止。然而,要提高八旗子弟的文化素质,更好地为封建统治服务,保住以满族为主体的国家政权,势必还要在八旗子弟中提倡习文,鼓励他们参加科举考试。因而,当大规模战争平息后,八旗子弟习文予试的禁令也渐渐取消。康熙三十六年十月,康熙皇帝甚至下令允许八旗宗室子弟参加科举考试:"嗣后八旗宗室子弟有能力学属文,奋志科目,应令与满洲诸生一体应试。"此外,为了照顾八旗驻防兵子弟的教育,康熙皇帝还允许其在所驻省份入籍考试。康熙十一年九月,四川湖广总督蔡毓荣上疏,认为"川、湖二省移驻弁兵,既经安插,即同土著。伊等子弟有读书者,似应准其入籍考试"。蔡毓荣的建议,得到康熙皇帝的批准。

康熙皇帝广设学校、倡建书院、整顿科场的各项措施,对当时社会产生了积极的影响。首先,它对普及教育、提高全民族的文化素质有不可忽视的作用。面对清初以来教育凋敝的现实,康熙皇帝大加振兴,从而使各地义学纷起,书院林立。以书院为例,北宋时只有七十多所,至南宋为四百多所,明朝嘉靖年间书院最多时达到五百多所。但是,到了康熙年间,新建、修复以及重建书院激增到近八百所。如果加上顺治年间已经修复和建立的书院,那么,康熙年间的书院总数已近千所,且分布于大江南北、长城内外。书院林立,无疑对普及教育、提高全民族的文化素质有很大帮助。其次,康熙皇帝振兴教育还对巩固国家统一、发展社会经济起了不可忽视的作用。通过推行教育,儒家学说得到广泛传播,从而为巩固国家统一、发展社会经济提供了较好的思想基础。另外,康熙皇帝重视八旗教育,兴办八旗官学,允许八旗子弟参加科举考试,对于八旗子弟学习汉族先进文化也起了积极的推动作用,并先后培育了像纳兰性德那样著名的诗人和文学家,为民族文化的繁荣作出了重要的贡献。

当然,康熙皇帝振兴教育也有其严重的局限性和消极影响。最突出的是,康熙皇帝把教育与科举紧紧相连,教育的内容又是程朱理学的一套,教育的目的是选拔官吏。因而,康熙后期,原来空前活跃的思想界沉寂下来,封建士人整天死啃"四书""五经",讲究理气、性命,写作八股文,从而严重束缚了思想文化的发展。再者,康熙皇帝提倡的教育,其内容说到底不过是儒家学说,各种自然科学知识未得重视,甚至被排斥在教育范畴之外,这很不利于中国社会的进步,对中国近代落后于西方产生了一定的影响。

六、历法之争

汤若望在顺治帝晚期恩宠至极,威望正隆,但是一股反西人、西学、西教的暗流正在汉族士大夫中涌动。当时由于顺治帝的纵容和汤若望等传教士的努力,中国人信西教者已达十余万人,教堂遍及全国各主要城市。本来,自西人、西教传入中国,早已引起了许多知识分子的不满。天主教教义所宣传的把天当作纯粹造物主和全能上帝的思想;说亚当、夏娃创造了所有人类等都极大地伤害了中国人的民族情感。他们不能想象中国"历代之圣君、贤臣是邪教之苗裔,六经、四书是邪教之微言"。加上传教士的使命和天主教的排他性及视一切其他宗教为异端的征服特性,他们渐渐无法容忍。除此之外,自从地理大发现以后,西方殖民主义者陆续东来,印度沿海、马六甲、菲律宾、印尼等先后被葡萄牙、西班牙、荷兰等占据,在相当长的时间内一直还据中国澳门和骚扰南方沿海,更引起中国人的警惕。顺治年间,一些汉族士大夫尽管有心排斥、攻击传教士,但因不敢公开倡言"华夷之辨"的思想(满族当时也被视为夷),投鼠忌器,只得暂时忍耐和沉默,顺治十六年五月,安徽歙县官生杨光先准备向传教士发难。也许是出于擒贼擒王的考虑,他不计利害地写了一本名为《摘谬论》的书,攻击西洋新历法有十大错误;紧接着又著《群邪论》三章,驳斥基督教的荒谬,到处散发。他说:传教士的目的并不在于向中国贡献其天文历算之学,而是想以此骗取信任,以售其传教的"奸谋"。中国人如"只爱其器具之精工,而忽其私越之于禁",就无异于"爱虎豹之文皮,而豢之卧榻之内"。"非我族类,其心必殊。"次年年底,他又向礼部呈《正国体呈稿》,控告汤若望,借大清之历以张西洋,借西洋新法阴行邪教,在《时宪历书》封面首面题写"依西洋新法"字样,"是暗窃正朔之权以予西洋,而明谓大清奉西洋之正朔也"。而且要警惕这些人"呼朋引类,外集广澳,内官帝掖,不可无蜂虿之防"。但因顺治帝正倚重汤若望,其呈文如石沉大海、杳无音讯。顺治十八年七月,顺治帝已去世,康熙帝年少,杨光先再上《请诛邪教状》,受到四辅臣的支持。康熙三年"历法狱案"成立，次年，汤若望被判死刑，另几个传教士利类思、安文思和南怀仁被判充军；李祖白等五名中国官员被处死。后因地震，汤若望等才被释放。但几个月的折磨，已使这位洋"玛法"心力交瘁，气息奄奄，一年以后，汤若望死于东堂（在今王府井大街）。就在汤若望被判刑的同时，尽管杨光先不太通天文历算，再三请辞，还是被任命为钦天监监正。

康熙帝亲政后，鳌拜专擅自恣、气焰十分嚣张，康熙帝为显示权威，便首先想重翻"历案"，以打击鳌拜。康熙七年冬，原钦天监官员，被免罪重人钦天监的传教士南怀仁上疏康熙帝，弹劾钦天监监副吴明烜所造《康熙八年七政民历》中，"康熙八年闰十二月，应是康熙九年正月，又有一年两春分、两秋分种种差误"。为此一场大辩论在康熙帝的指示下展开。

康熙七年（1668 年）十一月二十三日，康熙帝发下谕旨："谕杨光先、胡振钺、李光显、吴明炬、安文思、利类思、南怀仁：天文最为精微，历法关系国家要务，尔等勿怀夙仇，各执己见，以己为是，以彼为非，互相争竞。执者为是，即当遵行，非者更改，务须实心，将天文历法评定，以成至善之法。"按照皇帝的指示，传教士以南怀仁为首，钦天监官员以杨光先为首在康熙帝面前争相陈奏。只见双方唇枪舌剑，互不相让，一堆堆天文、历算的名词，让康熙帝不知所以，摸不着头脑，根本无法判断谁是谁非。年轻的皇帝只得对二人说，可以用实测的方法检查。很快，他派内院大学士图海、李霨等群臣二十人监临、准备实测工作。第二年正月，分别测验了立春、雨水，月亮、火星、木星，结果证明，南怀仁的测算准确，而杨光先等的测算都不对。为进一步验证，他又让双方在午门外以日晷针测日影在正午的位置。这一天，重臣齐集午门之外，人们瞪圆眼睛盯着两根日晷针影，随着阳光的移动，针影正在向事先算好的刻度接近，恰在正午，南怀仁所划的刻度日与针影重合，而杨光先所划刻度尚差几分。这一场中西历法之争，至此已水落石出。随后，尽管杨光先辩解再三，也已无济于事，吴明烜虽仍被留原任，此后，康熙帝又任命南怀仁为钦天监监副，参与天文历法工作。

其实，杨光先心中明知道自己的天算水平很低，当时他攻击汤若望时，只是考虑西洋人居心不良，应该赶快将其驱逐才是。他在自己的一本书《不得已》中说：传教士不宜宦婚，心怀异志，竟在中国经营有三十多个教堂，到处鼓动中国人人教。他批评政府既不查究这些人来自什么国家，也不问他们去往何处，全国各地可以到处活动，中国从来没有这样对付外国人的政策。他警告人们，不要只欣赏外国人的制器之精巧，制器精其兵械亦精，"适足为我隐患也；不婚宦者，志不在小，乃到诱吾民而去之，如图日本、取吕宋之已事可鉴也"。他告诫人们，"今者海氛未靖，稽查当严，揖盗开门，后患宜悉"，如果不以为意，"习以为常，不察伏戎于莽，万一窃发，百余年后将有知予言之不得已者"。因此，他的最终主张是："宁可使中国无好历法，也不可使中国有西洋人。"

但是，也许康熙帝并不觉得西洋人能把中国怎么样。郑成功提一旅失败于大陆的军队不也把荷兰人赶出台湾了吗？西洋人的大炮在传教士的帮助下，不也早已成为八旗军的"重器"，应用于战阵了吗？或许是西洋的天算之学的秘密和精确在他心中引起了极大的兴趣；或许是他觉得"无好历法"到底对王朝统治的继统之正有所损伤；也可能是他觉得汤若望曾在他即位上作用至大，他不能忘记这位洋玛法的功劳。反正鳌拜等人利用历法错误将洋人陷于绝境是不人道的,他要实事求是地纠正这一冤假错案。既然不能不考虑西教传播对国人敏感神经的刺激,他要在是否准许传教士自由传教的问题上采取措施。康熙八年五月,当他把鳌拜逮治后,南怀仁借机上奏攻劾杨光先,说杨依附鳌拜捏词陷人,将历代所用之《洪范》五行,称为灭蛮经,致李祖白等各官正法,援引吴明烜谎奏授官诬告汤若望谋叛。经康亲王杰书等商议,认为杨光先情罪重大,就处以死刑。汤若望应恢复通玄教师之名。康熙帝有旨:"杨光先年老,牯从宽免死。其天主教除南怀仁等照常自行外,所有直省复立堂入教,仍着严行禁止。"

就这样,一场持续五年的中西"历法"之争带着复杂的党争、政争的色彩落下帷幕。南怀仁随后被任命为钦天监监正。杨光先被罪逐回原籍,不久病死于途中。但这一反复,看上去传教士又重新取得了胜利。实际上,康熙帝善待西人,用其技艺、禁止其自由传教的政策却不能不说是士大夫们的胜利。传教士们依照康熙帝的指示,重新安葬了汤若望、他们希望禁教只是暂时的,只要康熙帝对西学有兴趣,说服康熙帝准许自由传教便不是没有希望。

康熙帝的确对西学很感兴趣。自这场争出人命的狱案后,他一面坚持经筵日讲,深入了解儒家经典和历代帝王致治的史事,一面不断召南怀仁和另一名传教士安多学习天文仪器的用法。起初,他只是想当一个是非的裁断者,正如他后来所说:"朕幼时,钦天监汉官与西洋人不睦,互相参劾,几至大辟。杨光先、汤若望于午门外九卿前当面赌测日影,奈九卿中无一知其法者。朕思已不知,焉能断人之是非,因自愤而学焉。"因此,从接触那些稀奇古怪的天文仪器开始,他对日月的运行,繁星的出没更充满了好奇和探求的兴趣。他在传教士的帮助下,逐渐地识记了许多重要的恒星,明白了一些天体运行的基本知识。十余年以后,南怀仁陪伴康熙帝东巡盛京时记载说:"夜空晴澈,皇帝看着半圆形的天空,让我用中国话和欧洲话把主要的星一个不剩的读给他听。他通过这件事,表示着他有着无限的知识。他拿出几年前给他制作的小型星座图表,依据星的位置说出时刻来。这样,他便在其周围的贵人面前,能夸示他的学问而得意。"康熙帝确实会很得意的,因为他身边的朝臣们对这些知识几乎是一无所知,尽管这些朝臣个个都可称得上学问渊博。为了进一步了解天文历算,他还开始学习数学和几何,到康熙二十七年南怀仁去世,他已有相当基础。此后,法国传教士张诚、白晋等又成了他学习这些知识的教师。明末徐光启翻译的《几何原本》和另一本《实用和理论几何学》都先后被编译成满文。

在清宫养心殿近侧,康熙帝还特意选了一间屋子,作为学习的教室。张诚、徐日升、白晋、安多等传教士几乎是每天进宫讲解。在这一个"学生"的课堂中,摆放着好多仪器,其中除了传教士进献的数种外,许多都是康熙帝让人制作和仿制的。在这里,"老师"对学生十分恭毕敬,"学生"对老师也相当尊重。每次讲课,康熙帝都能全神贯注,屏息静听。遇到不明白的问题,总是详细询问,直到完全弄懂为止。他背诵那些公式、定律、绘图计算证明,反复复习,很快便掌握了欧几里得和阿基米德的几何学。尽管"大臣和亲王们一点也不想致力于学习,而他却连续两年如此专心致志,以致把处理其他事务以外剩下的几乎全部时间,都花在学数学上了。同时,他把这个学习当作他最大的兴趣"。白晋回忆说:"他兴致勃勃地学习这门自然科学,除了每天通常跟我们一起度过的二三小时之外,无论是白天还是晚上,他自己还花了不少时间自学。还因为这个敌视娇生惯养和游手好闲的皇帝通常睡得很迟,又坚持早起,所以即使我们力求早一些到达皇宫,但往往在我们到达之前,他已派人来找我们检查他已经搞好的运算或某个新问题了。使人感到惊讶的是,他亲自努力去找一些同已经给他讲过的相类似的新问题;他把几何学中学到的最有趣的东西运用到实践中去,以及练习使用一些数学仪器,看作为一种乐趣。"他经常使用一只适合于几何运算的带有测高望远镜的半径仪,"时而测量某座山的高度,时而测量某些引人注目之外的距离远近。这一切整个朝廷官员都看在眼里,他们都吃惊地看到他们的皇帝如同一直陪随他去旅行的传教士张诚一样,能很成功地进行各种运算"。

对于康熙帝对数学、天文的爱好和兴趣,几乎每一个接触到他的传教士都激动不已。他们期望着康熙帝因此而善待、看中传教士,进而对天主教感兴趣,放宽传教的禁令、期待着"在一个世纪之后,人们将会看到天主教的中国"。应该说,这种期望肯定是一种奢望,但并不是毫无道理,康熙帝对传教士在宫廷的服务表示满意,后来确曾一度恢复了他们在中国传教的自由,直到他执政的后期,才由于罗马教皇干涉中国内政而最后将其禁止。

总的看来,康熙帝对"西学"的兴趣仅限于天文和数学,尽管他也垂询过传教士们有关西方的风俗、习惯,欧洲和世界各国的国情以及其他各种情况,但他不可能很清楚那些国家到底与中国有什么本质的区别,或说并没发现那些国家会对中国造成多大的威胁。他没有杀掉杨光先,不只是表明了他的宽容和大度;禁止传教的事实,恐怕即已证明他多少也认为杨光先警惕西人的话不无道理。后来他也觉察到了这些西洋等国"千百年后""中国恐受其累"。仅此而已。他对当时在华传教士暗中从事的有损中国利益的秘密活动却了解很少,甚至认为他们从来都是遵守中国法度的。

康熙帝一直为有西洋人服务于宫廷而骄傲和自豪,因为他们不仅可以贡献准确的历法,在他看来,这正可证明他的"柔远能迩"和善待夷人的宽容。朝臣们不仅对皇帝精于数算感到惊讶,且对康熙帝的宽容也都惊愕不已。他们中一些人为巴结和取悦于皇帝,尽量搜集一些仪器进献,却很少有人效法皇帝来学习天算知识。这不仅因为士大夫们从来便轻视这些末技,还因为他们并没有多少人敢于私下里与传教士过从往还。李祖白等官员被杀的恐惧、杨光先的被治罪都还昭昭在人耳目。不过康熙帝以为历算是国家重务,还在康熙十五年,他便下令:"钦天监专司天文历法,任是职者必当学习精熟。向者,新法、旧法是非争论。今既知新法为是,满汉官员务令加意精勤。此后习熟之人,方准升用;未习熟者,不准升用。"那时,清王朝的南方已是战乱遍地,康熙帝经常是在百忙之中还关注这个问题,足见其兴趣之浓。此后直到他执政的后期,他仍以深通天算之学而自豪。这在中国古代的帝王中确实是绝无仅有的。但无论如何,中国距离真正了解西方,重视科学技术并感到这些会给这个古老国度带来重大变化的时代仍是相当遥远的。

第五章　立储风波

一、皇子众多

康熙八岁御极,六十九岁驾崩,在位六十一年,是中国历史上在位时间最长的皇帝。他对这件事作过调查,说自秦始皇元年以下,称帝而有年号者二百一十一人,"在位久者,朕为之首",为此感到无比欣慰。康熙之后,清代诸帝在位时间也没有超过康熙的。雍正在位十三年;乾隆在位六十年;嘉庆在位二十五年;道光在位三十年;咸丰在位十一年;同治在位十三年;光绪在位三十四年;宣统在位三年。其中乾隆本可与乃祖比美,只因他不肯上同皇祖纪年,故在位六十年即传位嗣子,自己当了太上皇。所以康熙与以后诸帝比,也是在位最久的皇帝。

皇帝在位时间长短,由诸多因素促成。其中主要是御极早晚、政局如何、寿命长短三项。顺治帝早丧,选中康熙即位,康熙以八岁少年当皇帝。前数年,他实际上没有也无能力掌握政权。不过,康熙亲理朝政是很早的,只有十几岁,属于政治上早熟。当时,客观急需,促使他少年老成,及早干预国事。所以康熙御极早,虽由其父所定,也是他本人有才能,有谋略,能够胜任。

康熙当政期间,虽然也出现过外来侵扰、内部阴谋、叛乱和储位之争,但并未酿成重大祸乱,没有大规模的农民起义,没有宫庭政变,没有造成国家危机的外患,政局基本上稳定。大清帝国是强大无敌的,这与康熙的治理密不可分。康熙通过各项政策加强了国家的经济实力与军事实力,国用充足,兵强马壮,边疆巩固。不论内部还是外部敌人都望而生畏,这是最根本的问题。康熙的内政、外交刚柔适当。刚,表现于常以敏锐的目光洞察事物,精明果断,不避艰险,勇于进取,国家的大权、大利不丢、不让;柔,则表现于对下属和人民比较宽和,政策较灵活,不作激化矛盾之举,尽可能息事宁人,让各阶层的人们或多或少地从皇帝的"仁政"中得到好处,能够过得去,活得下去。

康熙的作为,使他在全国赢得了崇高的威信。比起暴君,人们还是欢迎一位仁德皇帝的。他"受到本国人民及邻国人民的崇敬。从其宏伟的业绩来看,他不仅威名显赫,而且是位实力雄厚、德高望重的帝王"。

人到七十古来稀。康熙在人们准备为他庆祝七十大寿的时候去世,已登古稀之年。古代皇帝长寿少,短命者多。康熙属于长寿者。他与一般帝王不同,从来不追求长生不老,也不幻想返老还童。他幼年时期,身体不算太好,吐过血,"常灸病",直至多少年后,仍念念不忘灸病之苦,即艾味亦恶闻,"闻即头痛"。但他一生不消极保养,而是以积极态度从事骑射、狩猎和田园劳动,"或猎于边墙,或田于塞外",增强身体素质,锻炼"勇果无敌"精神。康熙五十八年八月十九日,他将自幼至今狩猎所获做了一个统计:"凡用鸟枪弓矢,获虎一百三十五、熊二十、豹二十五、猞猁狲十、麋鹿十四、狼九十六、野猪一百三十二,哨获之鹿凡数百。其余围场内随便射获诸兽不胜记矣。"比方说野兔为小动物,不屑详计总数,但最高纪录尚能记忆,最多时"曾于一日内射兔三百十八",超过庸常人毕生所获。他认为"恒劳而知逸",如果长期安逸,劳累就经受不住。他一生读书、治理朝政向来不辞辛劳。并于日理万机之余暇,充满乐趣并心神宁静地潜修技艺;其兴趣、嗜好高雅不俗。生活上节饮食,慎起居;"不喜厚味",喜"粗食软蔬",所好之物不多食,不尚豪华,爱简洁。这种良好的精神状态和习惯,使他避免了糜乱生活之害,因此始终保持了旺盛的精力,并健康长寿。他在迎接古稀之年作诗一首:

> 淡泊生津液,清虚乐有余。
>
> 鬓霜惭薄德,神愈恐高誉。
>
> 苦好山林趣,深耽性道书。
>
> 山翁多耄耋,粗食并园蔬。

康熙当时是就饮食一事书怀,其心境极为平和。但诗中涵义很深,既讲养身之道,又将养心、养性融合其中。

康熙很欣赏自己的健康和寿命,说:五十岁"方有白须数茎"。有人向他进乌须方,康熙笑而辞之,说:"自古帝王鬓斑须白者史书罕载。吾今幸而斑白矣。""朕若须鬓皓然,岂不为万世之美谈乎?"几十年间,他继承祖业,治理国家,不曾虚度时光。他非常满意地说:"赖祖宗积善累德之效,所以受无疆之福,得四海余庆,万类仁寿,使元元之众安生乐业。于此观之,可谓足矣"。这是就过去而言,康熙直到生命最后的日子里,也没停止操劳和思虑。康熙一生是充实而又硕果累累的。

康熙帝的妻子,从清东陵陵寝安葬者统计,共有四位皇后:孝诚仁皇后赫舍里氏、孝昭仁皇后钮祜禄氏、孝懿仁皇后佟佳氏、孝恭仁皇后乌雅氏。其中赫舍里氏为康熙四年册封,于康熙十三年生允礽之日死。康熙十六年,册封钮祜禄氏为皇后。康熙二十八年册封佟佳氏为皇后。乌雅氏却是雍正即位尊为皇太后的。妃嫔等有:敬敏皇贵妃章佳氏、悼怡皇贵妃瓜尔佳氏、悫惠皇贵妃佟佳氏、温僖贵妃钮祜禄氏、定妃万琉哈氏、顺懿密妃王氏、纯裕勤妃陈氏、惠妃纳拉氏、宜妃郭络罗氏、荣妃马佳氏、成妃戴佳氏、良妃卫氏、平妃赫舍里氏、慧妃、宣妃、通嫔纳拉氏、襄嫔高氏、谨嫔色赫图氏、静嫔石氏、熙嫔陈氏、穆嫔陈氏、端嫔董氏、僖嫔、布贵人、伊贵人、兰贵人、马贵人、袁贵人、文贵人、尹贵人、新贵人、常贵人、勒贵人、妙答应、秀答应、庆答应、灵答应、春答应、晓答应、治答应、牛答应、双答应、贵答应、瑞常在、常常在、尹常在、禄常在、徐常在、石常在、寿常在、色常在。共后、妃、嫔、贵人、答应、常在五十五人。

多妻必多子,据清实录载康熙子、孙、曾孙一百五十余人。多妻多子孙,是康熙家庭的一大特点。长期以来,中国是个体小生产经济占绝对优势地位的社会,家庭不仅是生活单位,犹是经济单位。人们观念中子孙多是一大幸福,平民百姓如此,帝王将相更是。其实不然。如果说贫苦劳动人民家庭成员之间同甘共苦,无所争夺,能享天伦之乐,皇帝则很难有这种幸福。争夺皇位就是一大不幸。康熙共生子三十五人,其中早殇没来得及叙齿者十一人,叙齿者二十四人。

皇长子允禔,康熙十一年生。母惠妃纳拉氏。据传教士白晋说:"皇上特别宠爱这个皇子,这个皇子确实很可爱。他是个俊美男子,才华横溢,并具有其他种种美德。"由于他在皇子中年龄居长,替乃父做事最多。征讨噶尔丹时,康熙任命裕亲王福全为抚远大将军,十九岁的允禔从征,任副将军,参与指挥战事。还衔命祭华山,管理永定河工程。二十六岁,被封为直郡王。因争储位,谋害太子,被康熙革王爵,监禁,雍正十二年,卒。

皇二子允礽,生于康熙十三年。因系孝诚仁皇后所生,为嫡长子。康熙十四年,在他还是个一岁多的婴儿时，就被立为太子。但是康熙四十七年九月被废；四十八年，复立；五十一年十月，再废，受禁锢；雍正二年，卒。

皇三子允祉，生于康熙十六年。母荣妃马佳氏。允祉博学多才，成为乃父学术上的最有力助手。康熙征噶尔丹时，允祉领镶红旗大营。二十一岁，被封为诚郡王；次年，隆为贝勒；三十二岁，晋诚亲王。雍正即皇位，命允祉守护景陵。雍正八年，被夺爵、囚禁。十年，去世。

皇四子胤禛，生于康熙十七年（1678 年）。母孝恭仁皇后。康熙亲征噶尔丹时，胤禛奉命掌管正红旗大营。二十岁，被封为贝勒，三十一岁，晋雍亲王。康熙驾崩，胤禛继位，为雍正帝。

皇五子允祺，生于康熙十八年（1679 年）。母宜妃郭络罗氏。康熙认为此子心性甚善，为人淳厚。康熙征噶尔丹时，允祺奉命领正黄旗大营。十九岁，被封为贝勒，年三十岁，晋恒亲王。雍正十年，卒。

皇六子允祚，康熙十九年（1680 年）生。母孝恭仁皇后。康熙二十四年，夭折。

皇七子允祐，康熙十九年（1680 年）生。母成妃戴佳氏。康熙夸他"心好，举止和蔼可亲"。康熙亲征噶尔丹时，命允祐领镶黄旗大营。十八岁，被封为贝勒；二十九岁，晋淳郡王。后管正蓝三旗事务。雍正元年，封淳亲王。八年，卒。

皇八子允禩，康熙二十年（1681 年）生。母良妃卫氏。少时为允禔母惠妃抚养。诸臣奏称其贤，康熙的哥哥裕亲王也在皇帝面前夸他"心性好，不务矜夸"。康熙自然喜欢，十七岁，即被封为贝勒。后署内务府总管事。因争储位被夺贝勒，并受拘禁。允礽获释，允禩复为贝勒。雍正即位，为稳定其情绪，命总理事务，进封廉亲王，授理藩院尚书。雍正元年，命办理工部事务。四年，雍正以其结党妄行等罪削其王爵，圈禁，并削宗籍，更名为阿其那。同年，死

皇九子允禟，康熙二十二年生。母宜妃郭络罗氏。二十六，被封为贝子。雍正命其驻扎西宁。后以其违法肆行，与允禩等结党营私为由，于雍正三年夺爵，幽禁。四年，削宗籍，令改名塞思黑。卒。

皇十子允䄉，康熙二十二年生。母温僖贵妃钮祜禄氏。二十六岁，被封敦郡王。康熙五十七年，奉命办理正黄旗满洲、蒙古、汉军三旗事。因党附允禩，雍正元年，被夺爵拘禁。乾隆二年，得以释放，封辅国公。六年，卒。

皇十一子允禌，康熙二十四年（1685 年）生。母宜妃郭络罗氏，与允祺、允禟同母。康熙三十五年，年幼夭折。

皇十二子允裪，康熙二十四年（1685 年）生。母定妃万琉哈氏。康熙四十八年，封贝子。曾署内务府总管事务，办理正白旗满洲、蒙古、汉军三旗事。康熙御极六十年，派允裪祭盛京三陵。次年，任镶黄旗满洲都统。雍正即位后，进封履郡王。乾隆即位，进封履亲王。乾隆二十八年，卒。

皇十三子允祥，康熙二十五年生。母敬敏皇贵妃章佳氏。康熙六十一年，雍正即位，封为怡亲王，命总理户部三库。雍正元年，总理户部。为人"敬谨廉洁"，雍正照例赐钱粮、官物，均辞而不受；对雍正"克尽臣弟之道"；总理事务"谨慎忠诚"，为雍正所赏识。三年，从优议叙，复加封郡王，任王于诸子中指封。后总理京畿水利，多有建树。又办理西北两路军机。八年卒。是雍正最知心也是得其协助最多的兄弟。

皇十四子允禵，康熙二十七年（1688年）生。母孝恭仁皇后。与雍正同母。但党附允禩，与雍正对立。康熙四十八年，封贝子。五十七年，任抚远大将军，征讨策妄阿拉布坦。六十年，率师驻甘州，进次吐鲁番。雍正元年，晋为郡王。三年，被降为贝子。四年，禁锢。乾隆即位时，下令释放，封辅国公。乾隆十二年，晋升贝勒；十三年，进封恂郡王。二十年，卒。

皇十五子允禑，康熙三十二年（1693年）生、母顺懿密妃王氏。雍正四年，封贝勒，命守景陵。八年，封愉郡王。九年，卒。

皇十六子允禄，康熙三十四年（1695年）生。与允禑同母。因在亲王死后无嗣，雍正命他袭封。乾隆三十二年，卒。

皇十七子允礼，康熙三十六年（1697年）生。母纯裕勤妃陈氏。雍正元年，封果郡王，管理理藩院事。六年，晋亲王。七年，奉命管工部事。八年，总理户部三库。十一年，授宗令，管户部。十二年，赴泰宁，送达赖喇嘛还西藏，沿途巡阅各省驻防及绿营兵。十三年，返回京城，协助办理苗族事务。乾隆即位，命总理事务，解宗令，管刑部。乾隆三年，卒。

皇十八子允祄，生于康熙四十年（1701年）。与允禑、允禄同母。康熙四十七年，夭折了。

皇十九子允稷，康熙四十一年（1702年）生。母襄嫔高氏。康熙四十三年，夭折。

皇二十子允祎，康熙四十五年（1706年）生。与允稷同母。雍正四年，封贝子，八年，晋贝勒。十二年命，祭陵，称病不行，降辅国公。乾隆即位后，复封贝勒，守泰陵。二十年，卒。

皇二十一子允禧，康熙五十年（1711年）生。熙嫔陈氏生。立志向上，颇有文才。雍正八年，加封贝子，晋贝勒。乾隆即位，晋慎郡王。乾隆二十三年，卒。

皇二十二子允祜，康熙五十年（1711年）生。母谨嫔色赫图氏。雍正八年，封贝子，十二年，晋贝勒。乾隆八年，卒。

皇二十三子允祁，生于五十二年（1713年）。静嫔石氏所生。雍正八年，封镇国公。十三年，乾隆即位，晋贝勒，后降镇国公。四十五年，复封贝子，两年后，晋贝勒。四十九年，加郡王衔。五十年，卒。

皇二十四子允祕，康熙五十五年（1716年）生。母穆嫔陈氏。秉性忠厚和平。有学识。雍正十一年，允祕十七岁，被封为诚亲王。乾隆三十八年，卒。

康熙诸子，能文能武，多为奇英之才。康熙对皇子教育自幼年抓起，慎选教师，并亲自教诲督促，多方面严格要求。康熙谈起对皇子的教育，曾说："朕深惟列后付托之重，谕教宜早，弗敢辞劳，宋明而兴，身亲督课，东宫及诸子以次上殿，背诵经书，至于日昃，还令习字、习射、覆讲，尤至宵分。自首春以及岁晚无有旷日。"教育内容很全面，经、史、文、算术、几何、天文、骑马、射箭、游泳等，使用各种火器，还兼以书画音乐。尤其注重教以治道，"上下千古成败理乱，已了然于胸中"。康熙寄希望于子孙，要把他们培养成自己事业的优秀继承人。为了同一目的，皇子长到几岁或十几岁、二十几岁就开始跟随乃父外出巡视、谒陵，增长见识，了解各地风情、民间疾苦。尤其征讨噶尔丹之役，令十九岁的皇长子任副将军，率师随裕亲王出征，开创皇子领兵之制。三十五年康熙亲征时，命太子坐镇京师代理朝政，皇三子、皇四子、皇五子、皇七子等分别管理镶红旗、正红旗、正黄旗、镶黄旗大营,从父皇出征,参与军事议论,接受锻炼,称得上一次诸子接替朝廷大业的演习。康熙无意恋栈,渴望儿孙们成长起来,肩负起清朝统治重任。

二、允礽二立二废

康熙对子女的教育自幼严格,选拔教师很慎重,并亲自督促教诲,期望甚高。他自己曾谈到子女的培养问题,说:"朕深感各位皇后临死时的托付之重,教育应及早抓起,所以不辞辛劳,夙兴夜寐,亲自督促功课。每天天还没亮,诸位皇子便轮流上殿背诵经书,直到太阳西斜。又令他们习字、射箭,往往持续到夜半。一年四季,天天如此,未曾有一天闲暇。"教育内容十分全面,经、史、文学、数学、天文、书法、绘画、音乐、骑马、射箭、游泳等,无一不学,并能使用各种火器(枪炮)。每天刚敲五更时分,百官尚未早朝,偶尔有先到朝堂的人,也是残睡未醒,倚在墙角柱头假寐。这时就可看见一盏白纱灯刺破了黎明前的黑暗,引导皇子们进入隆宗门拐弯隐去,随即书房里传来阵阵琅琅书声。不论春夏秋冬,也不分寒暑雨晴,从来没有间断过。在康熙悉心培养下,每位皇子都精通四书五经、满语汉语,诗文书画无一不精,刀马剑箭无一不晓,个个文武双全,成为一时俊彦。

康熙对每位皇子都寄予厚望,特别重视教给他们治国安邦的真实本领,要求他们对上下千古的成败治乱都必须了然于胸,成为自己事业的优秀继承人。皇子们几岁或十几岁时,便开始随他四出巡视、谒陵,增长见识,了解各地风情和民间疾苦。康熙渴望皇子们茁壮成长,肩负起清朝军国大任。

法国传教士白晋以他在清宫中的亲眼见闻,详细记载了康熙对诸皇子的悉心培养:"康熙皇帝……以父爱的模范和特别关心皇子们的教育而受到人们的敬佩。1694年初,我从中国出发的时候,皇上有十四位皇子和几位公主……十四名皇子中有十名是美男子,而且他们一般都才华横溢,其他皇子当时还很年幼。"

"皇子的老师是从翰林院最优秀的大学士里选拔出来的。因为这些老师从青年时就在朝廷中培养,都是全国公认为最有才学的人。尽管如此,皇上还要亲自逐个检查幼年皇子们的学习情况,了解他们学习的细微末节,甚至批阅他们的作文,令他们在御前讲解书籍的内容。

"皇上特别注意对皇子们施以道德教育,努力进行与他们的身份相称的各种训练。皇子们一学会走路,立刻就教给他们骑马、射箭、放枪的方法,以这些训练,代替游戏和娱乐。皇上不喜欢别人溺爱皇子,不仅如此,还希望他们从小就在劳动和艰苦环境中锻炼,并习惯于食用粗糙的肉类。距今十年以前,随从皇上行幸鞑靼山区归来的张诚神甫对我谈了下面的一席话。

"皇上在这次旅行中,最初只带了皇长子、皇三子和皇四子。可是狩猎一开始,皇上又召来三个皇子,其中最大的年仅十四岁,最小的只有九岁。这些年幼的皇子从早到晚身背箭筒,一手持弓,时而纵马奔驰,时而缓辔而行,时而止步不前,向某个目标射箭。他们在马背上整日经受风吹日晒,约达一个月之久。不论哪个皇子,没有一天是空手而归的。皇子们刚刚开始狩猎,最小的皇子就搭上小箭,射死了两只鹿。

"这些皇子都懂得满语和汉语,而且说得很好。他们对难于掌握的汉学的学习成绩也很显著，就连最小的皇子当时也读完了'四书'中的前三部，正在学习第四部。皇上不许照管皇子的人宽容他们任何微小的过失。虽然欧洲宫廷也很重视王子们的教育，但中国比欧洲更加重视。皇子周围的人都知道，如果他们隐瞒了皇子的过失，就会受到严惩，所以他们从不隐瞒。"

1676年1月27日，平定三藩的战争正在紧张进行，年仅二十二岁的康熙出人意料地宣布，立皇后赫舍里氏生的刚刚十八个月的皇次子允礽为太子。允礽并不是长子，他有五个哥哥，其中四位早夭，都没有超过四岁。但皇长子允禔却是他实实在在的兄长，当时已经五岁。据后来法国传教士白晋说："皇上特别宠爱这个皇子，这个皇子也确实很可爱。他是个美男子，才华横溢并具有其他种种美德。"但遗憾的是，允禔的生母是惠妃纳拉氏，庶出，所以与皇太子的宝座无缘。允礽虽然是皇次子，但他有一个得天独厚的优势，那就是他的生母乃是当朝国母，立他作为皇储，符合中国传统社会宗法继承制立嫡立长的原则，乃是一件顺理成章、众望所归的事情。

1674年6月6日，正当吴三桂举兵叛乱、南国烽烟四起的关键时刻，允礽来到这个世上。由于难产，皇后赫舍里氏当天下午死于坤宁宫。允礽的出生使康熙大喜过望，但他的欢乐心情却因皇后的暴亡而烟消云散。正值青春年少之际，结发妻子却撒手归天，康熙的悲痛心情不难想象。他沿袭明朝的惯例，辍朝五天，毫无心思处理国政。一个月后追悼皇后时，他的悲痛还难以自己。他在皇后的梓宫前洒泪祭奠，称赞她对太皇太后和皇太后恪尽诚孝，待属下宽厚仁慈，治理宫中事务极其勤谨，是一位难得的贤内助。因此，对于新出生的皇次子允礽，康熙的感情是复杂的、矛盾的。一方面，他责怪这位小皇子的出生导致了皇后的死亡；另一方面又可怜他与自己儿时丧失母爱有着共同的经历，甚至比自己更惨。康熙把对皇后的一腔深情，毫无保留地转移到了允礽身上，某些时候甚至对他有点娇惯和放纵。立允礽为皇太子，既有稳定国家局势、确立合法的继承制这种政治意义，用康熙建储诏令中的话来说，乃是"以重万年之统，以系四海之心"，但在很大程度上也并不排除康熙主观上的感情因素。

当时，设立了为太子服务的詹事府衙门，以内阁侍读学士孔郭岱、翰林院侍读学士陈廷敬为满汉詹事。康熙特别关心允礽的成长，比其他众皇子倾注了更多的心血。允礽幼小的时候，康熙就开始为他讲授四书五经。允礽六岁时正式拜师入学，先后有张英、李光地、熊赐履、汤斌等德高望重的名儒担任太子的老师。允礽还向西方传教士学习过数学和医学。等到他年龄稍大，康熙就向他传授治国之道，告诉他祖宗的创业经历和确立的国家制度，后人当如何守成、如何用兵。凡古今治乱成败、人心向背的经验教训，事事都详细指点，并经常带他外出视察。允礽天资聪颖，学业进步很快，八岁能左右开弓，箭无虚发；十岁时将"四书"记得滚瓜烂熟。他曾拟过一副很不错的对联："楼中饮兴因明月，江上诗情为晚霞。"受到康熙的赞许，夸奖他"骑射、言词、文学俱佳，没有不及人之处"。

允礽二十岁刚出头，就能代替父皇处理朝政了。1696年，康熙亲征噶尔丹，授权允礽代行祭天地的郊祀礼，各部院奏章交太子处理，如果事关重大，由诸王大臣议定，启禀太子定夺。允礽不负重望，恪尽职守，朝廷上下都称颂他的贤能。白晋在《康熙皇帝》中说："这位现年二十三岁的皇太子和京师里的同龄王侯一样眉清目秀，身体健壮，是最为理想的皇子之一。因此，皇太子的侍臣及朝廷大臣对他有口皆碑。人们深信他不久即将像其父皇那样成为历代最著名的皇帝。"

然而事与愿违,立太子后由此而产生的皇帝与太子之间、太子与皇子之间的矛盾却一天天尖锐起来。这是康熙所始料未及的。

1690年7月,乌兰布通之战前夕,康熙准备御驾亲征,给噶尔丹迎头痛击。出塞以后,漠漠荒原的凄凉景象,使康熙对太子眷恋不已,甚至把允礽的衣冠带在身边,时时拿出观看、抚摩,就如同见到本人一样。不料中途生病,高烧不止,更加想念儿子,令皇太子允礽、皇三子允祉火速赶往军营见面。8月28日,两位皇子骑马来到行宫,向父皇请安。康熙期望太子表现出起码的关怀之情来,而对当时年已十七岁的允礽来说,这正是他行孝的一次绝好机会。然而康熙察言观色,发现允礽竟没有半点忧戚之意,言谈之中倒流露出幸灾乐祸的神色。康熙舐犊情深,没想到日思夜想盼来的太子,竟是如此地冷酷无情,不由得大失所望,心里很不是滋味。他认定"允礽绝无忠君爱父之念",留在身边无益,干脆打发他先回北京。这是父子俩之间发生的第一次不愉快。

此后,康熙进一步发现允礽有许多恶劣品性,不堪君国重任。本来允礽的学识是不错的,但他一岁半就立为太子,身居一人之下万人之上,处处与众不同,这种特殊的地应,加上周围人的阿谀逢迎,渐渐使他忘乎所以,目空一切。大凡太子有荣誉地位,却无治国重担与压力,有权力欲而无责任感。允礽就是在这样的环境中养成了骄奢淫逸、暴虐不仁的性格,令康熙感到非常头痛。康熙一生主张宽厚仁慈,允礽却横行霸道,肆意凌辱王公大臣,曾殴打平郡王讷尔素、贝勒海善(肃亲王常宁之子)、镇国公普奇等,手下兵丁很少人没遭过他的毒打。康熙一生注意节俭,从不扰害百姓,允礽却对金钱贪得无厌,放纵属下勒索地方官员。1707年允礽随康熙南巡,江宁知府陈鹏年供奉简单,差一点被允礽处死,经张英、曹寅苦苦求情才幸免于难。不孝、不仁,这是康熙最反感的恶行,他怎能容忍这样的人继承自己的皇位?

如果允礽仅仅是品德有亏倒也罢了,通过教育还是可以挽回的。但问题并非如此简单,围绕着太子宝座发生的一系列党争使康熙与允礽之间的矛盾大大激化了。自从立太子之后,朝廷中就出现了拥护太子和反对太子两股势力。大学士领侍卫内大臣索额图是太子生母孝诚皇后的叔父,也就是太子的叔外公。允礽出生的当天,孝诚皇后去世,索额图作为叔外公对允礽格外疼爱,关怀备至,允礽立为太子,他当然是支持的,并成为太子党的首脑人物。而反对立太子的势力,也各自拥立一位皇子,与太子党对立,朝中的平静局面被打破。康熙本人坚持立太子,对于反对太子的人,不论其资历、地位如何,一概不予迁就。大学士明珠是康熙惠妃纳拉氏的哥哥,皇长子允褆的舅舅,为了支持允褆,他联合大学士余国柱、户部尚书佛伦等,公开与太子党对立。1688年2月,康熙毅然罢免明珠大学士职务,余国柱、佛伦被革职处分,将党争暂时弹压下去。

康熙最初很注意维护太子的地位,树立太子的权威,为他将来执政作准备。他为太子制定了威严的着装、仪仗,与自己的规格相差无几。每年元旦、冬至和太子生日(称为"千秋节"),康熙除了接受诸王、贝勒及文武百官的进表、朝贺外,还让他们到太子居住的东宫重复同样的仪式,行二跪六叩首礼。但1694年3月祭祀奉先殿时,他发现太子有越权的行为。按礼法制度,皇帝与太子的仪礼有严格的区别,皇帝的拜褥在门槛内,太子的拜褥在门槛外。然而当时的摆设却是太子的拜褥与皇帝相同,并置槛内。康熙令礼部尚书萨穆哈移往槛外,萨穆哈面有难色,不敢承担责任,请旨记档。康熙勃然大怒,当即宣布罢免萨穆哈官职，向允礽发出了严重警告。

在康熙与允礽父子失和的情况下，1698年3月，封皇长子允禔为直郡王，皇三子允祉为诚郡王，皇四子胤禛（即后来的雍正皇帝）、皇五子允祺、皇七子允祐、皇八子允禩（Sì）都封为贝勒，先后参与国家政务的管理。而在康熙亲征噶尔丹期间受命留守京师的允礽，却没有得到父皇任何嘉奖，心中老大不快。就康熙大封诸子的本意来说，未必有易储的意图，但诸皇子受封并陆续从政，却使他们有了竞争皇储的政治资本，使本已失宠的允礽感到了莫大的威胁。这样，康熙与允礽之间的矛盾更加尖锐起来，而且在原有的皇帝与太子这一对矛盾之外，又增加了太子与皇子、皇子相互之间的矛盾。

鉴于自己的百般呵护收效甚微，丝毫没有把太子拉回自己身边的希望，康熙决定拿太子党的首脑人物索额图开刀。1703年5月，康熙下令逮捕索额图，斥责说："你背后怨尤之言，不用朕说穿，你自己心里明白。朕若不先发制人，恐怕反遭你的毒手。"最后以"议论国事，结党妄行"的罪名将索额图拘禁，不久死去。直到1713年，索额图已死去十年，康熙仍余恨未消，咬牙切齿地说："索额图其是本朝第一罪人！"

对于索额图的覆灭，允礽心中十分难过，但又无可奈何，怨愤之情时常见诸辞色；同时待人接物也变得喜怒无常，自暴自弃。康熙以铲除索额图来挽救允礽的努力再次宣告徒劳，父子间的感情鸿沟越来越大。

1708年9月2日，康熙由避暑山庄前往木兰围场，随驾的有皇太子允礽、皇长子允禔、皇十三子允祥、皇十四子允禵（tí）、皇十五子允禑、皇十六子允禄、皇十七子允礼、皇十八子允祄及文武官员、八旗侍卫三万多人。9月26日，年仅八岁的允祄突然病倒，御医百般治疗，非但不见好转，反而不断恶化。康熙心急如焚，匆匆回到热河。随行官员因康熙年事已高，怕他经受不住打击，无不为之忧虑。相反，太子允礽却表现出惊人的平静，毫无怜爱之意。

允祄为密妃王氏所生。王氏是一位倾城倾国的绝色美人，一位西方传教士称她为"那位皇帝迷恋的有名的汉族妇女"。康熙对她很钟爱，爱屋及乌，对允祄也很有特殊感情，这就理所当然引起了允礽的忌恨。允礽清楚祖父顺治皇帝的所作所为，由于迷恋董鄂妃，废黜了皇后，甚至打算立董鄂妃生的皇子为太子。父皇既然宠爱密妃和允祄，其情形与当年顺治十分相似，允礽甚至想到自己的太子地位是否稳当。所以当康熙心情极度沉重、坐卧不安之时，允礽竟无动于衷，甚至喜形于色。这使康熙想起了1690年自己生病时允礽的表现，不禁痛心疾首，责备说："你是他的亲哥哥，怎能毫无友爱之心？"没想到允礽雷霆大发，与康熙激烈争吵，态度极其恶劣，最后拂袖而去。康熙长叹一声，跌坐在椅子上，既伤心，又担心，半天没有缓过神来。

由于允祄病势日渐沉重，康熙不忍心看到悲剧降临，决定回宫。10月15日，康熙强打精神，故作镇静地告谕随从诸大臣说："自十八阿哥患病以来，朕昼夜调治，希望他早日痊愈。现在病情加剧，想来已无济于事。朕一身关系甚大，为了年老的皇太后和天下臣民，朕必须保持身体健康。区区幼子，有何关系，朕忍痛割爱，就此启程。"

康熙与允礽的隔阂越来越深，他甚至怀疑允礽有谋害自己的企图。因为他发现允礽每到夜晚便鬼鬼祟祟地逼近他的帐篷，从缝隙向里面窥探，白天则监视着自己的一举一动。康熙心中积郁已久的疑虑陡然增加，神经高度紧张，曾说："朕说不定是今日被鸩（zhèn，以毒害人），还是明日遇害，昼夜戒惧不宁，死生未卜。"为此他特令武艺高强的皇长子允禔护卫左右。

10月16日午夜，一个黑影闪进御营，摸向睡梦中的康熙。他被惊醒，一跃而起，高呼："抓刺客！"御营内外顿时大乱，警声四起，侍臣、卫士和骑兵急忙前来护驾。虽然刺客迅速逃离，神秘地消失在黑暗中，但康熙已猜出来者是谁。御营戒备森严，外面的人根本就不可能潜入皇帝的行营。而且此人的身手动作和脸上的冷漠神情，他简直太熟悉了。他确认，这神秘的不速之客，就是皇太子允礽。

1708年10月17日，康熙巡视塞外返京途中，刚刚停歇在布尔哈苏台，就传令文武大臣立即到行宫前集合。大臣们不知发生了什么事，赶紧来到行宫门口。康熙喝令允礽跪下，当众历数他的罪状，禁不住老泪纵横。他说："朕继承祖宗宏图大业以来，迄今已四十八年。几十年来，朕兢兢业业，体恤群臣百官，惠养黎民百姓，以治理天下为己任。岂料允礽不效法祖德，不遵守朕训，肆恶虐众，暴戾淫乱，种种罪恶，实难启口，朕已包容二十年。近来允礽更加嚣张，公然侮辱在朝诸王、贝勒、大臣官员，并专擅威权，纠集党羽，窥伺朕躬，甚至连朕日常起居饮食也百般探听。一旦有人揭发其不法行为，他就怀恨在心，伺机报复，所以朕不曾将其所作所为向各位大臣核实，以免再遭不幸。朕巡幸陕西、江南、浙江等地，或驻庐会，或歇御舟，从来不随便走出半步，更没有滋扰民众。而允礽及其属下人等却巧取豪夺，为所欲为，令朕羞于启齿。联从允礽幼儿时起便谆谆告诫他，所用诸物都是庶民膏脂，应节俭有度，爱惜民力。然而他不遵循朕言，穷奢极欲，甚至派人拦截进贡使团，抢夺蒙古马匹，使蒙古各部俱不心服。诸如此类，不胜枚举。朕希望他悔过自新，一忍再忍。不想允礽穷凶极恶，大有将其同胞兄弟都不放过的趋势。十八阿哥患病以来，众大臣无不体恤朕年事已高，恐朕伤心过度，允礽身为兄长，毫无友爱之心，朕对他稍加责备，竟勃然大怒，与朕顶撞。更有甚者，允礽每夜窥视朕的行踪，阴谋不轨，企图为索额图报仇。如此不忠之人，朕岂能将祖宗大业交付与他？倘若让如此不忠不孝、不仁不义之徒继位为君，我大清帝国的祖业将如何发扬光大？"

说到这里，康熙已是失声痛哭，扑倒在地。

恰在此时，允祄的死讯传来。真是祸不单行，康熙悲愤交加，心力俱瘁。

康熙本来是打算回到京师再采取行动的，但由于日夜担惊受怕，心神不宁，惟恐允礽抢先动手，加害于己，所以先发制人，在途中便迫不及待宣布废黜太子。同一天内国家发生非常变故和十八阿哥病死，皇帝此时又不在京师坐镇，局势很是危险，因此康熙宣布废太子后，急令大队人马火速返回京城。

这件事在康熙心灵上留下了深深的创痛。为了国家政治上的需要，他不得不废黜太子。但宣布废黜后，他又感到非常难过。愤恨、失望、惋惜、怜爱，各种心情交织在心头，一连六天都是食不甘味，寝不安席。每当与众大臣谈起这事时，他就泣不成声，涕泪纵横。

10月29日，康熙回到北京。当天，召诸王、贝勒、文武百官齐聚午门，宣布将允礽囚禁于咸安宫，实际上是上驷院旁边的一座毡帷，由皇四子胤禛协同允禔负责看守。康熙亲撰祭文，告祭天地、太庙。社稷坛，于11月6日颁诏布告天下。

允礽被废对康熙精神上的打击很大，诸皇子却感到幸灾乐祸，因为他们通往权力顶峰的路上已减少了一块绊脚石，况且太子已废，每个人都有成为皇储的可能。康熙看在眼里，急在心头，他把诸位皇子叫来，语重心长且近乎于哀求地说："同一时间内发生十八阿哥病死和允礽被废的事,朕已伤心欲绝。你等应体谅朕心,安分守己,不要再惹是生非,让朕痛心了!"但是皇子们没有让他安静,一波未平,一波又起。

允礽被废,皇太子位空缺,诸皇子为了各自的理想,明争暗斗,激烈较量。尤以是长子允禔和皇八子允禩最为突出。允禔在诸皇子中年龄最大,最早参与军国大事,特别是康熙拘禁允礽前命他担负警戒任务,这使允禔产生一种幻想,以为康熙立嫡不成,势必立长,因此经常飞长流短,造谣中伤,攻击皇太子允礽。但康熙对他的野心早有觉察。1708 年 10 月 17 日拘禁允礽的同时,也公开声明:"朕前命直郡王允禔护卫朕躬,并没有立允禔为皇太子的意思。允禔秉性急躁愚顽,岂能立为皇太子!"这实际上是对允禔作了定论,打破了他的美梦。允禔见自己夺储无望,转而大耍手腕,骗取父皇的信任,企图借刀杀人,铲除正在拘禁中的允礽和强劲对手允禩。

10 月 29 日,允禔借口请安来到康熙身边,见左右无人,便故作神秘地说:"父皇可曾听说过一位名叫张明德的相面人?据说此人相术不凡,曾给八阿哥看过相,说他日后定当太贵。"

康熙当然明白允禔这句话暗示的是什么。但他正襟危坐,一言不发,看允禔还要耍什么把戏。

允禔从康熙的脸上看不出预期的答案,只得刹住了话题。停了停,话锋一转,又说:"允礽品行卑污,对父皇不仁不义,大失人心。如果要杀允礽,不劳父皇亲自动手。"

康熙猛然一颤,惊诧不已,不敢相信这句话出自亲生儿子之口。他勃然大怒,厉声喝道:"允禔,你这狼心狗肺的东西!你既不懂得君臣大义,又不念及父子亲情,简直是乱臣贼子,天理难容,国法难容!还不给我退下!"

允禔灰溜溜地走了。康熙气得浑身发抖,一股冷气直冲脑门。

根据允禔提供的线索,康熙立即派人调查张明德相面一事。经查,不仅属实,而且有谋害废太子允礽的企图。允禔、允禩都牵连在其中。不久,皇三子允祉揭发:皇长子与蒙古喇嘛巴汉格隆来往密切。康熙顺藤摸瓜,发现是用巫术镇魇允礽,并从允禔府中搜出镇魇物件,证明允禔确实有陷害亲兄弟的阴谋。人赃俱获,允禔不敢抵赖。康熙下令,革其王爵,终身监禁。

允禔失势,皇八子允禩势力大增,跃上了争储的舞台。允禩精明能干,党羽众多,在朝臣中颇有威望。但康熙从相面等事中发现他野心勃勃,明知张明德谋害允礽却不举报,居心叵测,又发现允禩任内务府总营期间,大肆笼络人心,博取虚名,侵吞皇权。康熙气愤地对大臣们说:"八阿哥到处活动,拉帮结派,将朕所赐恩泽,都归功于自己名下,这简直是又生出一个允礽来。以后有人胆敢再说称赞八阿哥的甜言蜜语,朕立即砍了他的狗头!朕手中皇权绝不容他人践踏!"11 月 11 日,康熙以"柔奸性成,妄蓄大志""纠结党羽,谋害允礽"的罪名将允禩逮捕。皇十四子允禵出面求情,说:"八阿哥绝无谋害太子之心,儿臣可以担保。"皇九子允禟(táng)也在一旁随声附和。气得康熙暴跳如雷,拔出佩刀向允禵冲去。心地善良的皇五子允祺急中生智,一把抱住康熙大腿,跪在地上哀声劝阻,诸皇子也纷纷叩头恳求,才避免了一场流血事件。康熙余怒未息,挥拳打肿了允禟的脸,并令诸皇子抽挞允禵二十鞭。

储位空缺,诸子纷争愈演愈烈,使康熙感到有必要补上缺位,杜绝诸子争储的念头。但由于他再次决策失误,不但没能结束诸子纷争的局面,反而使一大批朝臣也卷了进来。

　　1708年12月25日,康熙召满汉文武大臣齐聚畅春园,说:"朕身体近来渐觉虚弱,人生难以预料,今日的大清江山并非朕亲手创建,所以关系尤为重大。只因目前找不到能够代替朕处理朝政的皇太子人选,致使朕心气不宁,精神恍惚。"他要众大臣在诸位阿哥中举奏一人。领侍卫内大臣阿灵阿(遏必隆之子、康熙孝昭皇后钮祜禄氏之兄)、散秩大臣鄂伦岱、汉尚书王鸿绪等人私下计议,并与诸大臣串通声气,联合举荐皇八子允禩。康熙大不以为然,指出:"皇八子从未办理过政事,对于治国没有经验,况且身获重罪,拘禁在狱,不宜立为太子。"由于康熙根本没有立允禩为储君的意图,允礽被废黜,允禵遭拘禁,大臣们一时猜不透康熙的心思,一个个都闭口不言。

　　其实康熙心目中的理想人选仍是允礽。当初废允礽时,他简直怒不可遏,过后冷静下来,又感到痛惜万分。皇帝与储君的矛盾暂时消失,父子之间的对立也不复存在,康熙痛定思痛,在认识上对允礽发生了一个大转变。允礽被囚禁不久,托兄弟们向康熙申诉说:"父皇怪我诸般不是,件件属实,只是弑逆之事,我绝无此心。"康熙听后默然不语,沉吟半晌,下令将允礽颈上的锁链去除。特别是允禵、允禩的阴谋败露后,康熙更是恍然大悟,觉得允禵最狠毒,允禩最危险。相比之下,允礽并无大错,对他的处理有些冤枉。而且允礽目前的精神状态面临崩溃,使康熙确信是允禵一伙巫术镇魇所致。他忧心忡忡地对大臣们说:"允礽近来行为异常,白天沉睡不醒,半夜才开始吃饭,喝酒几十大觥也不醉。一遇阴雨雷电,就惊恐万状,不知所措。说话颠三倒四,忽起忽坐。吾儿被魇魅纠缠,神智不清,看来是千真万确的了。"从此,康熙开始反省自己,"囚禁允礽,是不是朕错了?"这个问题反复折磨着他,使他的精神负担十分沉重。他回忆拘禁允礽那一天,忽然天昏地暗,日月无光;回到北京时,一股大风旋绕在御驾前,久久不去。"这难道是偶然的巧合吗?"他在心里问道。日有所思,夜有所梦,据说他在梦见了已故的祖母孝庄太皇太后,但老人家与以往不同,既不上前,也不说话,远远地坐着,脸上露出愠怒的神色;他还梦见了允礽的生母孝诚皇后,见了他欲言又止,欲前又却,最后冲口而出:"允礽冤枉!"康熙大叫一声,从梦中醒来,额上冒出涔涔冷汗。他想:"是不是太皇太后、皇后也在责怪我呢?"

　　被魂牵梦萦的康熙,终日以泪洗面,寝食不安,一天天消瘦下去,文武大臣个个忧心如焚。12月4日,在朝臣们极力劝说下,康熙离开紫禁城,前往南苑行围。然而睹物伤情,孝庄太皇太后生前对允礽的钟爱,孝诚皇后去世时恋恋不舍的神情,允礽少年时活泼可爱地随侍左右、父子天伦其乐融融的情景,一幕幕浮现在眼前,怎不令康熙黯然神伤?五十五岁的老皇帝再也支撑不住了,终于病倒。大臣们不敢怠慢,赶紧护驾回宫。康熙迫不及待地传旨:马上召见允礽。

　　父子相见没有亲热的寒暄,甚至谁也没有说话,只是怔怔地望着对方。但康熙已相当满足了,他让太监传话给等候在外的大臣们:"朕刚刚召见了废太子,感到病情轻松多了。从今以后,不许再提往事。"此后康熙经常召见允礽,每召见一次,心里就畅快一些。他曾找过太子的老师、大学士李光地,单刀直入地问道:"太子的病如何医治才能痊愈?"李光地当然明白这句话意味着什么,所以也意味深长地回答说:"慢慢调治,天下之福。"康熙非常满意,随即于12月25日令众大臣举荐太子人选。出乎他的预料,满朝文武推举的竟是拘禁中的皇八子允禩。这使康熙感到,必须利用允礽嫡长子的身份,才能堵塞朝中大臣之口,断绝诸位皇子觊觎储位之念。允礽再次犹如明星一般从康熙的满腹愁云中冉冉升起。

12月26日,康熙召科尔沁亲王额驸班第、领侍卫内大臣、都统、护军统领、满大学士、尚书等人入宫,解释说:"皇太子允礽前因魇魅纠缠,以至本性沦丧。朕将他召到身边,加意调治,今已痊愈。朕原在书上见过魇魅之事,觉得荒诞不经,不能相信以为真,今日才知道魇魅可以迷失人的心志,真是太可怕了!"诸臣祝贺道:"皇上洞悉太子病源,用心治愈,真是国家之福,天下之福。"康熙郑重问道:"你们是否还像以前一样辅佐太子?"诸臣异口同声回答:"臣等无不同心协力!"于是康熙将御笔殊书当众宣布,大意是:"从前拘捕允礽时,朕不曾与人商议,以为理所当然,便将允礽逮捕囚禁,全国臣民都认为朕的行动极为正确。每当想起这事,朕就放心不下,仔细想来,对允礽的指控有属实的,也有捕风捉影的。何况允礽患的是心病,今已逐渐痊愈,这是朕的福分,也是诸臣的福分。今朕不打算匆匆忙忙立允礽为太子,只是想让各位大臣知道这事而已。允礽绝不会抱复仇之怨,朕可以尽力担保这一点。"实际上,这是一份平反的文书,康熙的意图再明白不过了:他要复立允礽为太子,只是时间早晚而已。

1709年4月19日,康熙正式复立允礽为皇太子,遣官告祭天地、宗庙、社稷坛。

同一天,康熙封皇三子允祉、皇四子胤禛、皇五子允祺为亲王,皇七子允祐、皇十子允䄉为郡王,皇九子允禟、皇十二子允祹(táo)、皇十四子允禵为贝子。第二年10月,正式册封允祉为诚亲王,胤禛为雍亲王,允祺为恒亲王,允祐为淳郡王,允䄉为敦郡王。这既是"普天同庆"的表现之一,同时也隐含着康熙的良苦用心:从积极方面来说是试图促进太子与诸皇子以及皇子相互之间的团结,从消极方面来说则是为了限制太子的权力。这表明允礽虽然复出,其地位却并不稳固。所以朝廷内外有人预言:"太子虽然复位,将来如何却很难说。"

允礽复出之后,重新成为众矢之的,凡有意争夺储位的皇子都把矛头对准了他;允礽对众兄弟也格外戒备,时刻提防,彼此间的裂缝比过去更大。同时,太子与皇帝之间的矛盾也再次滋长。允礽并没有吸取先前的教训,仍大摆皇太子的派头,饮食服用比康熙还奢侈,而且经常派家奴到各省富庶地区勒索贡品和美女。最不能让康熙容忍的是,原来的太子党又重新聚集到允礽周围,侵夺康熙的皇权。允礽急于登基,曾满腹牢骚地抱怨说:"古往今来,有当了四十年而不能即位的老太子吗?"

1711年10月27日,康熙在畅春园大西门内箭厅召见诸王、贝勒、文武大臣,气愤地说:"有的大臣为皇太子援结朋党,诸位都是朕亲自提拔的,受国恩已经50年了,不想着为国尽忠,却比附皇太子结党营私,究竟想干什么?"诸臣见康熙声色俱厉,颔下胡须气得乱颤,都面面相觑,不敢说话。康熙逐个质问都统鄂善、兵部尚书耿额、刑部尚书齐世武和副都统悟礼等人,众人矢口否认有结党之事。康熙不容分辩,将他们全部拘捕审问。

皇帝与太子之间的矛盾,使朝中大臣无所适从。如果倾向皇帝,惟恐以后太子即位,大祸临头;如果倾向太子,又怕皇帝怪罪,招致杀身之辱。所以朝臣中流传着"两处总是一死"的说法,人心动荡不安。

矛盾终于发展到不可调和的地步,康熙决定再次废黜太子。1712年10月29日,康熙巡视塞外回到北京的当天,向诸皇子宣布:"皇太子允礽自复立以来,狂疾未除,大失人心,祖宗大业断不可托付此人,著将允礽拘捕囚禁。"意大利传教士马国贤目睹了这一可悲的场景,写道:"当我们抵达北京附近的皇庄畅春园时,惊恐地看见花园里有八九个满洲人和两个太监跪在那里,光着身子,双手反绑。不远处,诸皇子站成一排,也光着头,双手捆在胸前。不久,皇帝乘坐敞篷轿从房间里出来,走到皇子们面前,爆发出虎吼一样的愤怒,痛斥太子,下令把他关在宫内,并宣布永远废黜这个不幸的皇子。"允礽再次由尊贵的储君变成阶下之囚。

第二天,康熙以御笔朱书起草了文告。康熙承认,当初复立允礽为太子时,正是他自己充当了太子的保证人,然而允礽恶习不改,劣迹昭彰,使他惭作赧颜,愧对举国百姓。由于允礽"狂疾"益增,不可救药,他不得不将其永远废黜。1712 年 12 月 13 日,康熙庄严地祭告天地、太庙、社稷坛,表达了他深切的悔恨之情,完成了废黜太子的最后程序。

围绕皇储之位发生的风风雨雨,使康熙伤透了心。从此他对建储一事讳莫如深,宣布不再立太子,而且禁止臣下谈论建储之事。他不希望重蹈覆辙,更不愿意看到同室操戈的悲剧发生。他太疲倦了。他需要安宁。

三、年老心声

康熙五十一年再废太子后,为了防止诸皇子争储斗争再度重演,康熙皇帝不再建储,在此同时,他也不许臣下建言立储。这一决定,虽使形势表面上暂时安定下来。然而,由于此时康熙皇帝已经进入晚年,眼见老皇帝身体一天不如一天,面对着将要空缺出来的皇帝宝座,诸皇子哪里能不动心、不垂涎呢?因而,尽管康熙皇帝三令五申,不许臣下建言立储,不许诸皇子营求储位,但是,诸皇子中私下活动营求储位者仍大有人在,不只原先受过康熙皇帝打击的废太子允礽、皇八子允禩仍不死心,即使原先并未公开参求营求储位斗争的皇三子允祉、皇四子胤禛、皇九子允禟、皇十四子允禵也都参加到争夺储位的角逐中来。由于康熙皇帝曾多次明令禁止,他们营求储位的活动大都十分秘密。他们的这些活动,使得康熙皇帝的命令成了一张废纸。面对这种情况,康熙皇帝十分伤心,非常羞愧,极端愤懑,而又无可奈何。伤心的是,自己对儿子们尽心抚养,将他们一个个教育成人,而今晚境来临,没有一个人顺从自己、关心自己;羞愧的是,诸皇子为了争储夺嫡闹翻了天,将家庭丑闻完全暴露在社会之上,严重地影响了他自己在广大臣民之中的威望;愤懑的是,自己的这些儿子们竟在自己还在世时就已觊觎最高权力,这不是向他争夺权力又是什么?所有这些,都严重地摧残了他的心灵,伤害了他的身体,同时也严重干扰了国家事务的处理。早在康熙四十七年初废太子时,康熙皇帝即"六夕不能安寝",而后即连病数月,虽经多方调治,身体有所恢复,但是由于日夜忧心,至康熙五十年代初,虽然行年未至六十,却已须发皆白,身上病症也越来越多。康熙五十年五月,康熙皇帝北巡塞外,即自京师抱病而出,令人扶掖而行。康熙五十四年时,康熙皇帝因病右手不能写字,只能左手批折。康熙五十六年秋,康熙皇帝精神亦大不如前,据他自称"朕近日精神渐不如前,凡事易忘,向有怔忡之疾,每一举发,愈觉迷晕"。十一月初,又增腿膝疼痛,并感受风寒而咳嗽声哑。这时,这个临御天下近六十年的老皇帝已觉自己余日无多,对于前途,十分悲观,他深怕自己的几个儿子乘他生病之机矫传皇太后诏旨而行逼宫之举;他也想到这些斗红了眼的儿子们会不会给他进鸩毒,而后再伪撰诏书,行篡位之举;或者在他死后,将他的尸体置于乾清宫内而束甲相攻。为了维护他的一世令名,他希望死的光明磊落而不能不明不白。他需要向广大臣民袒露心迹,对自己一生作一个总结,布告天下,让天下臣民后世对自己一生有个客观的评价。为此,早在初废太子之后,他即随想随记,积之十年,至五十六年十一月二十一日大病之中,他将诸皇子、满汉大学士、学士、九卿、詹事、科道齐召至乾清宫东暖阁,颁布了情辞恳切的长篇谕旨。为了使读者了解康熙皇帝当时的心情,特译成白话,全文载录如下:

"我在年轻时身体十分健壮,从来不知道什么叫生病。今年春天,才得了头晕之症,身体渐显消瘦。秋天时,我行围塞外,蒙古地方水土很好,因而精力渐觉充沛,面容也逐渐丰满起来,每天骑马射箭,都不觉得疲劳。回到北京后,因为皇太后身患重病,我日夜忧劳,头晕这症又不时发作,心中有许多话,想向你们说,所以特地将你们召至加以面谕:

从来帝王治理天下,没有不把尊敬上天、效法祖宗作为首要之事。敬天法祖的主要内容,就是要使远近宾服,让人民休养生息,让百姓普遍享受四海之利,而作君王的则要以百姓愿望作为自己的愿望。体恤群臣,子育万民,在国家没有危险时即注意加以保护,在天下未乱时即不懈地孜孜求治。不分白天黑夜,尽心尽力。宽严交相为用,互相补充,施政中既讲原则,又不失灵活,以图国家长治久安。自古以来各朝,以我大清取得天下最为名正言顺。我太祖、太宗起初并无取天下之心,太宗皇帝曾经率兵至北京附近,许多大臣都要求攻而取之,太宗皇帝劝止他们说,明朝和我朝,虽然平素关系不好,而且目下攻之也甚为容易。但考虑到它是中国的主宰,因而不忍心攻取。后来,流贼李自成攻破北京,崇祯皇帝上吊自杀,不少臣民纷纷来迎我师入关,不得已,我朝才发兵入关,剪灭李自成,入主中原。秦朝末年,项羽起兵攻秦,而后,却统一于西汉,起初,汉高祖不过是泗水上一个亭长罢了。元末,陈友谅等纷然起兵,后来,却统一于明朝。起初,明太祖不过是皇觉寺一个和尚。我朝上靠祖宗福荫,下顺人民意愿,从而统一全国,可见,李闯王、张献忠等这些乱臣贼子起兵作乱,不过是为我朝统一创造条件罢了。

现在我年将七十,在位也已五十多年了。所以如此,实在是上天、祖宗暗加佑护而并非我有什么德行啊!我从幼读书,对于古今道理粗略通晓,太凡帝王各有天命和一定福分,凡应得高寿者无法使之不享高寿,凡应享太平者不能使之不享太平。从黄帝甲子年迄今,共四千三百五十余年,其间称帝者三百多人。但是由于史料湮没,三代之事不可全信。而秦始皇元年迄今,共一千九百六十余年,称帝而有年号者二百一十一人。在这二百多个帝王中,在位时间最长的就数我了。古代哲人一般都不吹嘘自己并适可而止以保全始终。三代以后,一些帝王在位时代虽长却未留下什么好声名,一些帝王又因寿命太短而不知民间之疾苦,我的岁数很大,在位时间又长,不知后世之人对我如何评价,而就目前之事来看,又实在可以使人痛哭流涕。为此,我预先随笔自记,尚且十分担心天下之人不知我的苦衷啊!

自古以来帝王多以死为讳。后人读起他们遗诏,觉得并不像他个人语气,并不是他想说的话。这些大多都是他们弥留之际,神智昏愦,令人代笔捉刀所为。我则不然，现在就让你们知道我的肺腑。在我在位二十年时，我没有想到会活到在位三十年；在我在位三十年时，我没有想到会活到在位四十年。现在我已在位五十七年了。《尚书·洪范》篇所载五福，一是高寿，二是富有，三是康宁，四是好德，五是善终。五福之中，以善终列于最后，是因其非常难以达到啊！现在我年岁将近七十，儿子、孙子、曾孙总共一百多个，天下也大致安定，即使未能完全移风易俗，家给人足，但是几十年来孜孜求治，小心谨慎，从未松懈，数十年如一日，这些，怎么能用劳苦二字简单加以概括啊！不少前代帝王短命而死，史家论及，一般都说他们奢侈腐化、贪于酒色所致，这些都是后代书生随意加以讥讽，以致不少品行优美的帝王，也被他们说得一无是处。我现在为这些前代帝王说句公道话：他们所以早夭，实在是因为治理天下事务十分繁重，身体无法承受的缘故啊！诸葛亮说，鞠躬尽瘁，死而后已。能够履行这句话的臣下，只有一个诸葛亮。而作为帝王，肩负至重，无法推卸，哪里是臣下所能比拟的呢？臣下愿做官就可做官，不愿做官也可挂冠而去，年老退休回家，抱子弄孙，还可以过一段自在生活，而作国君的却没有此等福分，勤苦一生，从无休息。大舜虽称无为而治，但是却于巡幸途中死于苍梧；大禹一生更是忙碌，以致手脚都长了厚茧，最后死在会稽。这样勤政，四处巡幸，不能有一天休息，哪里能说是崇尚无为、清静自持呢？从前人们常说，帝王当抓关键，而不必事事都抓，我以为不然。一件事不谨慎，就会给天下治理造成影响；一会儿不谨慎，也许造成长期祸患。小事不注意，很可能影响全局。因此，我办每件事都细心谨慎，不敢贪图清闲。如果今天留下一两件事不办，明天就多了一两件事，如果明天再图安闲，所积事务会越来越多。而国家事务，件件重要，哪里能拖延不办呢？因而我处理政务，无论大小，即使奏章内有一字错误，也加以改正之后才予发出，办事不敢马虎大意，是我的老习惯。五十多年来，经常是先事防患于未然，四海之内的人民，普遍对我加以称颂，感戴我的恩德，哪里只能只抓大事，不办小事呢？

我自幼身体强壮，能够拉开十五力的硬弓，并能连续射出十三把箭，对用兵征战，我也十分在行，然而平生没有随便杀过一个人。平定三藩，扫定噶尔丹，都是我一手安排。国库帑银，如果不是出兵打仗或者赈济灾民，从不敢随意花费，因为这都是百姓血汗啊！各处巡狩行宫，也十分朴素，每处花费，不过一二万两银子，和河工建设每次要花三百万两白银比较起来，不到百分之一。从幼读书，就知道应该戒防酒色，不接近小人，因此到老也没出什么毛病。但自康熙四十七年大病之后过度地伤耗精神，渐觉不及往时。再加上日理万机，都由我一人决定，经常感到心力不济，十分担心发生意外，而自己要说的话说不出来，岂不遗憾。所以我先在神志清晰之际将之一一说出，对自己一生为人行事加以总结，岂不是很高兴的事情吗？

凡人有生就有死。这是符合圣贤大道的大道理，并没有什么可以恐惧的。近来我身体多病，心神恍惚，身体十分疲惫，起卧行走如无人扶持就感到困难。当年我的志向是以天下为己任，并想做到生命不息，奋进不已。现在我身患重病，怔忡健忘，心中十分害怕处理事务时以是为非，办错了事。我已为治理天下耗尽了心血。现在身体不好，吃得少，事情多，哪里能活多久？再加上天下承平已久，人习宴安，说不定哪一天国家要出大乱子。那时，我即使心有余也恐力不足，无法振作，而呻吟床榻，就是死了也感到遗憾。从前梁武帝也是个创业英雄，但至晚年为侯景所逼，而死于台城。隋文帝也是个开创之主，但由于不能预知他的儿子隋炀帝的品行，最后不得善终。又如历史上不少弑君先例，如服食吞饼、烛影斧声，都是因为事先没有发觉，从而对国计民生产生了巨大危害。从前汉高祖传遗命于吕后，唐太宗定储位征求长孙无忌的意见，如此大事，不自己作主，而是问计于人，我一看到这些，就替他们感到耻辱。如果说现在，有什么奸小之辈，企图在我病危之际，废立自专，以期捞取荣华富贵，只要我一息尚存，是决不肯容忍这些家伙的。

我虽身为帝王，但是出生和成长过程中都没有什么异于常人之处。因而从八岁即位，至今五十七年，从来不许别人妄言符瑞祯祥。至于史册所载什么景星、庆云、麟凤、灵芝之类，以及子殿前焚珠玉、天书降于天，更都是欺世之谈，我所不取。只是实实在在地处理国家政事而已。近来臣下奏请建立储君，分理国事，无非都是怕我死去。死生是人之常情，我并不忌讳，只是天下大权当统于一人之手，十年以来，我将自己一生为人行事，所思所想，都亲笔书写，严加封存，至今尚未写完。像立储这样的大事，我哪里会忘记呢？君主责任重大，如果让我放下这副担子，好好休息，肯定可以增加年寿。你们都受我深恩，有什么法子让我放下这个担子啊！我现在气血耗尽，勉强支持，万一耽误国家大事，五十七年以来的一切努力都要付之东流，岂不可惜？这些都是我的肺腑之言。每次看到老臣引年乞休，我都要落泪，你们还有退休之日，我什么时期才能休息呢？只要让我休息十天半月，身体略为复原，我的高兴心情，哪里是言语所可形容的呢？如果那样，我再活上几十年，达到宋高宗那样的岁数，也是可能的。我到五十七岁时才有几根白胡须，有的人向我进献乌须药，我笑着推辞说，从古以来，历代帝王能活到长出白胡须的年头有几个人，如果我须发皆白，不是千秋佳话吗？康熙初年和我一同在朝的如今已经没有一个人了。后进新升之臣下，也都白了头发。我在位时间已经够长了，应该知足了，我位居天下之首，占有四海之富，无所不有，没有未经历的事情，到了老年，一刻也不能休息。在我看来，扔掉这个君位不过像脱掉一双旧鞋，放弃高贵荣华就像扔掉一把泥沙。如果在我有生之年，天下太平，我的意愿即已满足。希望你们大小臣工，千万不要忘记我这个五十余年太平天子的反复叮咛，那么，我一生之中再也无他求了。

这道谕旨我已准备了十年之久，如果将来有什么遗诏，也无非就是这些话，我把心里话都毫无保留地掏给你们，此后我就不再重复了。"

此道谕旨颁布之后，因为又逢孝惠章皇后病重去世，康熙皇帝忧劳焦急，身体更加消瘦，双脚浮肿，病卧床上七十余日，不能行走。一直到次年春间，气候渐暖，病况始显好转，开始处理各种国务。虽然如此，但毕竟老境来临，总的情况是一年不如一年。如康熙五十七年时，康熙皇帝说自己稍微早起，就"手颤头摇，观瞻不雅，或遇心跳之时，容颜顿改"。康熙五十八年四月，他又说自己"气血渐衰，精神渐减，办事颇觉疲惫，写字手亦渐颤"。当年冬至祭天,因足疾未愈,而令皇三子诚亲王允祉代行礼。康熙六十年春,更增"易倦善忘"之症。冬至祀天,又命皇四子雍亲王胤禛代行礼。尽管如此,康熙皇帝仍然一本初衷,鞠躬尽瘁,死而后已,于康熙六十一年春巡视畿甸,省方间俗,察吏安民。夏天,又北巡塞北,九月底回到北京后,又忙于处理各种政务。就是在疾病折磨和烦忙的政务处理之中,康熙皇帝一步一步地靠近了自己生命的终点线。

康熙六十一年十月二十一日,返京不过二十几天,康熙皇帝又赶往南苑行围,因为多日劳累,身体更加虚弱,兼之以时值隆冬,气候寒冷,康熙皇帝感受风寒。十一月初七日,康熙皇帝回驻畅春园治疗疾病。按照惯例,十一月十五日冬至节时,康熙皇帝须亲往南郊举行祀天大典,因为生病,他下令皇四子雍亲王胤禛代行祀典并令其预先斋戒。多年以来,康熙皇帝一直疾病缠身却都闯了过来,因而对于此次感冒,他并未在意,而是照常办理各种政务。这月初十、十一、十二,胤禛在斋戒期间,曾经连日遣太监、侍卫问候康熙皇帝病情,他也只是随随便便地回答"朕体稍愈"。谁知就是这点大意断送了他的性命。十二日深夜,康熙皇帝病情急剧恶化。夜半刚过,急召皇四子胤禛于斋所,命其速赴畅春园,南郊祀典改派公吴尔占恭代。同时,又召皇三子诚亲王允祉、皇七子淳郡王允祐、皇八子贝勒允禩、皇九子贝子允禟、皇十子敦郡王允䄉、皇十二子贝子允祹、皇十三子允祥、理藩院尚书隆科多等齐至御榻之侧,谕令他们说,皇四子胤禛人品贵重,为人行事都符合我的心愿,一定能够挑起治理天下的重担,兹以他继我为君,即皇帝之位。这些话刚刚说完,皇四子胤禛也自斋所赶来,趋前问安,康熙皇帝又告以数日以来自己病势日增之况。眼见自己的父亲已被疾病折磨得奄奄一息,十分痛苦,胤禛眼含热泪,对父亲进行了一番劝慰。至当日(十三日)夜间,这个为大清王朝的昌盛与繁荣奋斗六十多年的一代英主康熙皇帝,满怀着对他的亿万子民无限眷恋之情告别了人世,在位六十一年,终年六十九岁。

当夜,在康熙皇帝诸子与理藩院尚书、步兵统领隆科多的严密护卫下,康熙皇帝的遗体从畅春园还回紫禁城乾清宫。为了防止国丧期间可能发生的各种变乱,下令关闭京城九门。十六日,向全国颁布康熙皇帝遗诏,其内容和五十六年冬预作遗言大致相同,只是增加了继承人和丧事遵照礼制办理两条。十九日,胤禛以登极遣官告祭天地、太庙、社稷坛,京城开禁。二十日,胤禛御太和殿登基,受百官朝贺,改明年为雍正元年。二十八日,为康熙皇帝上尊谥为"合天弘运文武睿哲恭俭宽裕孝敬诚信功德大成仁皇帝",庙号"圣祖"。十二月初三日,将其遗体移送景山寿皇殿。雍正元年四月,雍正皇帝胤禛亲送康熙皇帝灵柩至遵化山陵,安放享堂,九月,雍正皇帝胤禛再往遵化,将康熙皇帝灵柩安放景陵地宫。从此,这个对于中国古代社会进步起过重要推动作用的一代英主康熙皇帝,便长眠于景陵之下的地宫之中。

四、传位四子胤禛

康熙皇帝因病去世虽然为其一生画上了一个句号,但是在他死后一段时间里,由他在位期间开始进行的诸皇子争夺储位以至最高权力的政治斗争仍在继续。

雍正皇帝胤禛在位期间,虽然功业彪炳,不亚乃父;他死之后,有关他的传说也是家喻户晓,童叟皆知。在各种历史著作中,他更是史家集中讨论的重点对象,或褒或贬。然而,在他即位之前的康熙时期,尤其是在康熙季年康熙皇帝诸皇子进行激烈争储夺嫡斗争之时,在时人心目中,有望继位的只是皇太子允礽、皇长子允褆、皇八子允禩、皇十四子允禵等三四个头角风云人物,对于皇四子胤禛,普遍不大关注,印象淡漠。谁也不曾想到,这个默默无闻的雍亲王,竟在康熙皇帝临危之际,金口玉言,令其嗣位为君。康熙皇帝为何对其独加青睐?而作为角逐帝位中的一匹黑马,胤禛又是玩弄了什么手法而使自己一夜之间便成为政治舞台上的中心人物并使其他所有对手中箭落马、一败涂地?其实,如果对康熙季年有关史料详加分析,即可看出,胤禛所以在储位之争中得到最后胜利,并非出于偶然,而是他多年以来辛苦经营的合理结果。

胤禛生于康熙十七年,是康熙皇帝的第十一个儿子。因为在他出生前后,他的七个兄长皆在童年早夭,按照后来的皇子排列次序,他成为皇四子。他的生母是乌雅氏。在他出生之时,他的母亲不过是个一般宫人,因为生子有功,进位德嫔,不久,又晋升为妃。在他幼年时期,康熙皇帝的孝懿仁皇后因为无子,将他抚养成人。孝懿仁皇后是一等公佟国维的女儿、康熙皇帝生母孝康章皇后的侄女,康熙末年担任理藩院尚书、步兵统领隆科多的姐姐,可以想见,这段经历和关系对于他在几十年之后的发达有着一定的因果关系。

青少年时期,在康熙皇帝的关心下,胤禛受到了良好的教育。学习内容包括满、汉、蒙古文字、经史、骑射等许多科目。年龄稍长,又随从康熙皇帝巡幸各地。十九岁上,康熙皇帝亲征噶尔丹,又以胤禛参预军事,掌管镶红旗大营,经受军旅生活的锻炼。同时,为了培养他的行政才能,康熙皇帝还先后派给他一些临时性的差使,并于康熙三十七年将他封为贝勒。就是通过这些,胤禛学到了日后治理天下所必需的文化、历史知识,并具有了一定的行政才干,在满族皇室中也有了一定的政治地位,从而为他后来参加储位之争以及最后打通通向最高权力之路准备了条件。

康熙四十七年九月,在胤禛步入而立之年的时候,发生了康熙皇帝废掉皇太子的重要历史事件。对此,皇长子允褆、皇八子允禩这些平素早已在国家政治生活中崭露头角的皇子欣喜若狂并且都毫不犹豫地投入了竞争储位的斗争。在这场政治风暴中,和这些手足同胞相比较,胤禛显得更为成熟。他深知,虽然康熙皇帝和允礽父子矛盾由来已久,然而,由于父皇向来为人仁慈宽容,尽管在气头上采取了一些十分激烈的行动,但在事情过后,念及父子之情必然会改变态度;况且,多年以来,在诸多弟兄同胞中,自己并非十分引人注目,太子被废对自己没有好处,确定皇太子也暂时轮不到自己头上。兼之以康熙皇帝宣布废掉皇太子是在北巡塞外期间,恰好在此期间,胤禛奉命留京办理事务,未曾陷入这场斗争。因而,对于此次事件,胤禛采取了调和的态度。他一方面力劝康熙皇帝息怒以保重身体,并全面考虑事情的影响和后果,另一方面,对于废太子允礽,他也不落井下石,而是在不使自己卷入斗争旋涡的前提下,有机会时,便为允礽说上几句好话。如康熙四十七年九月中旬康熙皇帝进京后,将允礽拘押上驷院,他自己则撰拟废弃皇太子的告天文书,写好之后,交于负责看管允礽的皇长子允褆、皇四子胤禛、皇九子允禟,让他们交给允礽过目。允礽看过之后,对他们说,我的皇太子是父皇给的,父皇要废就废,何必告天。允褆将此话转奏给康熙皇帝,康熙皇帝听后说,做皇帝是受天之命,这样的大事,怎么能不告天?允礽如此胡说,以后他的话"就不必上奏了。允褆将这道谕旨传给允礽,允礽又说,"父皇若说我别样不是,事事都有,只弑逆的事,我实无此心,须代我奏明"。允褆以康熙皇帝有言在先,拒绝代奏。这时皇九子允禟向胤禛说,这件事关系重大,似应代奏。胤禛即不顾允禔反对,将此上报康熙皇帝。本来,康熙皇帝废掉皇太子的主要原因之一是怀疑他企图加害自己,现在听到此话,立即下令摘除允礽项上锁链,同时,对于允礽的敌对态度也大大缓和下来。

在有分寸地为允礽开脱的同时,胤禛也极力避免触怒允礽的政敌允禩、允禔一伙人,以免被他们视为太子党,他明明知道在康熙皇帝废太子前后,允禔、允禩干了许多见不得人的勾当,但是他却不向康熙皇帝揭发。在康熙皇帝回心转意对允礽的态度缓和下来后,想起胤禛顾全大局的做法,当众对他加以称赞,说他"性量过人""深知大义""洵为伟人"。胤禛也矢口否认他曾为废太子说过好话。并说:"皇父褒嘉之旨,臣不敢承受。"对于允禔、允禩公开跳出来竞争储位的做法,他既不表示支持,也不表示反对。同时,他自己也一再表示无意营求储位。正是他的这种态度,在康熙皇帝初废太子的风波之中,他既未像允礽、允禔、允禩一样受到康熙皇帝的严厉打击而声名大损,也未像其他年幼皇子一样唯唯诺诺、无所表现。因而,康熙四十八年,他和皇三子允祉、皇五子允祺一样受封为亲王,政治地位大大上升,成为在这场政治风波中捞取实惠最多的一个皇子。

康熙五十一年十月,康熙皇帝宣布再废皇太子。在此同时,为了防止诸皇子争储斗争再度重演,康熙皇帝不立储君并禁止臣下就此建言。这时,由于政治地位的提高,胤禛的政治野心也进一步膨胀并直接投入了争夺储位的斗争。他深知,自己所思所想、所作所为绝不是一个忠臣孝子所当为,因而,他的活动十分秘密,同时,他还超出对手之上制定了一套争夺储位的详细的纲领和计划。所有这些,具见于康熙五十二年时他的藩属亲信戴铎写给他的密启。该密启中说:

"当此君臣利害之关,终身荣辱之际,奴才虽一言而死,可以少报知遇之万一也。谨据奴才之见,为我主子陈之:

皇子有天纵之资,诚为不世出之主;诸王当未定之日,各有不并立之心。论者谓处庸众之父子易,处英明之父子难;处孤寡之手足易,处众多之手足难。何也?处英明之父子也,不露其长,恐其见弃,过露其长,恐其见疑,此其所以为难。处众多之手足也,此有好笋,彼有好瑟,此有所争,彼有所胜,此其所以为难。而不知孝以事之,诚以格之,和以结之,忍以容之,而父子兄弟之间,无不相得者。我主子天性仁孝,皇上前毫无所疵,其诸王阿哥之中,俱当以大度包容,使有才者不为忌,无才者以为靠。昔者东宫未事之秋,侧目者有云,'此人为君,皇族无噍类矣。'此虽草野之谤,未必不受此二语之大害也。奈何以一时之小忿而忘终身之大害乎?

至于左右近御之人,俱求主子破格优礼也。一言之誉,未必得福之速,一言之谗,即可伏祸之根。主子尊老敬贤,声名实所久著,更求刻意留心,逢人加意,素为皇上之亲信者,不必论,即汉官宦侍之流,主子似应于见面之际,俱加温语数句,奖语数句,在主子不用金帛之赐,而彼已感激无地矣。贤声日久日盛,日盛日彰,臣民之公论谁得而逾之?至于各部各处之闲事,似不必多于与闻也。

本门之人,受主子隆恩相待,自难报答,寻事出力者甚多。兴言及此,奴才亦觉自愧。不知天下事,有一利必有一害,有一益必有一损,受利受益者未必以为恩,受害受损者则以为怨矣。古人云:不贪子女玉帛,天下可反掌而定,况主子以四海为家,岂在些须之为利乎?

至于本门之人,岂无一二才智之士,但玉在椟中,珠沉海底,即有微长,何由表现。顷者奉主子金谕,许令本门人借银捐纳,仰见主子提拔人才之至愈。恳求主子加意作养,终始栽培,于未知者时为亲试,于已知者恩上加恩,使本门人由微而显,由小而大,俾在外者为督抚提镇,在内者为阁部九卿,仰籍天颜,愈当奋勉,虽未必人人得效,而或得二三人才,未尝非东南之半臂也。

以上数条,万祈主子采纳……当此紧要之时,诚不容一刻放松也。否则稍为懈怠,倘高才捷足者先主子而得之。我主子之才智德学素俱,高人万倍。人之妒念一起,毒念即生,至势难中立之秋,悔无及矣。"

以上戴铎建言,对当时政治形势进行了深入的分析。在他看来,康熙皇帝再废太子之后,争夺储位的诸皇子谁策略得当,活动积极,谁即可取得胜利。因此,在建议胤禛积极参加争储活动的同时,还要求他注意策略,对上要想尽一切办法,取得康熙皇帝的宠爱和信任;对下则要以废太子凌虐兄弟为鉴戒,处理好兄弟关系。除此之外,还要不露声色地联络百官,其中尤其是要大力扶持自己雍邸嫡系并将他们安插各级要职,以为夺取天下打下组织基础。可见,戴铎这一密启,为胤禛参加争储斗争制定了详细的纲领、策略和措施。对此,胤禛极为重视,赞之为"金石"之言,并且按照这些建议,参加到争夺储位斗争的角逐中来。在按照这一计划进行活动时,康熙皇帝始终是他的一个工作重点。十来年的时间里,他一直极表顺从孝养之意。对于康熙皇帝交给他的所有工作,他都尽心尽责地努力完成。同时,考虑到康熙皇帝晚年心境不好,家庭生活不幸福,他则于康熙皇帝诞辰或闲暇之日多次邀其临幸圆明园或热河避暑山庄狮子园,举行家庭宴会,席间,父子、翁媳、祖孙欢聚一堂,同座共饮,宴会之后,又请老皇帝赏花或逗孙为乐,使得他享受些天伦之乐。这样,尽管其时康熙皇帝不建储君,但是在虑及身后之事时,胤禛至少已经成为一个候选目标。对于与自己一起竞争储位的几个对手如皇三子允祉、皇八子允禩、皇九子允禟、皇十四子允禵等,虽然从心中对他们恨入骨髓,但在表面上绝不拆台。在此同时,为了迷惑政敌,他还有意与一些僧衲相往还,并自我标榜为"天下第一闲人",以表示自己与世无争。而在此背后,他的主要精力都用于从组织上扩大自己势力。为此,他破坏康熙皇帝不许结党的规定,千方百计地招揽官员。有时甚至达到了卑词重礼,不顾身份的地步。经过他的数年经营,以他为核心,形成了一个小集团。这个集团的主要成员有川陕总督年羹尧、湖广提督魏经国、副都统常赉、四川布政使戴铎、河南开归道戴锦、兰州府同知沈廷正、武会元金昆、清江理事同知马尔齐哈、内阁中书博尔多、步兵统领隆科多、皇十三子允祥等。这个集团,人数虽不算多,但活动能量却出奇地大,在胤禛指使下,他们经常出入大学士、九卿、六部官员之门,向他们进行游说,甚至还将康熙皇帝十分信任的大学士李光地也拉到自己一边。兼之以其中一些人如年羹尧、隆科多又身处要津,在当时就已成为一支不可忽视的政治势力。正是在这些艰苦细致工作的基础上,胤禛才在康熙皇帝死后顺利地继位为君,在康熙末年的争储斗争中取得了最后的胜利。

因为胤禛在即位之前十几年的时间里曾和他的几个政敌进行过激烈的明争暗斗,因而,在他继位为君之后,那些失败的对手怀着失望、愤懑的心情制造了不少有关他争储篡位的传言,并通过各种渠道在社会上广泛传播以发泄自己的不满。这些传说,当即由时人载入笔记,而后又由文人演绎成小说,史家载入历史著作,成为聚讼不决的一桩历史公案。这里依据当代史家最新研究成果对之略加辨析,以使读者了解雍正即位之真相。对当时有关雍正即位的各种传言加以归纳,大致有以下三种说法:一是毒杀康熙皇帝自立说。二是盗改遗诏自立说。三是矫旨即位说。其中第一种说法是:康熙皇帝在畅春园病重时,"皇上(指雍正皇帝胤禛)进一碗人参汤,不知如何,圣祖皇帝就崩了驾"。第二种说法是,"圣祖皇帝原传十四阿哥胤禵天下,皇上将'十'字改为'于'字"篡了位。第三种说法是,康熙皇帝病中,"降旨召胤禵来京,其旨为隆科多所隐,先帝宾天之日,胤禵不到,隆科多传旨遂立当今"。据当代一些史家研究,上述三种说法,一条也站不住脚。其中第一种说法是胤禛进掺有毒药的人参汤药杀康熙皇帝。而据有关史料记载,康熙皇帝在世期间,最反对喝人参汤,康熙皇帝此次生病,患的又是重感冒,感冒发烧之际,岂肯以火益火?其中第二种和第三种说法虽然貌似有理,但是也是由于不了解清代皇子称呼方式和诏书起草发送程序而纰谬百出。清代称呼或书写皇子序次时,必于其前加上"皇"字,如皇四子、皇十四子之类。将遗诏"皇位传十四子"改为"皇位传于四子"固甚容易,但如将"皇位传皇十四子"中的"十"字改为"于",只能会出现"皇位传皇于四子"的笑话并露出盗改遗诏的马脚!更何况当时首先写就的遗诏是满文而不是汉文,将满文之"十"字改为"于"字绝不像汉文那么容易!胤禛向来聪明过人,谅其不会干出此等蠢事。另,康熙皇帝起草诏书,例由内阁拟文,交兵部所管驿站发出,隆科多只是负责宿卫,不是内阁大学士,也不是兵部堂官,无论如何,也不能一手遮天,包办一切。由此看来,上述有关胤禛篡位的各种传言和证据都是站不住脚的,至少是不充分的,胤禛继位有着其封建道德和法制意义上的合法性。

胤禛继位虽使虚悬十载的国本问题得到了最后的解决,但是,由于他是在诸皇子角逐储位斗争中登上帝位的,因而,在他即位之初,形势仍然相当严峻,当时情况下,至少有两件事是当务之急,一是为康熙皇帝办好后事,二是确立自己的统治。为此,康熙皇帝去世之当夜,他即在隆科多等人的严密保护下自京西畅春园返回紫禁城,而后,允祥以及其他皇子亦护送康熙皇帝遗体回大内,安放乾清宫。次日,大殓,发丧成服。自皇太后以及嗣皇帝胤禛以下所有满汉文武皆截发成服。为了防止大丧期间发生变乱,下令关闭京师九门。十六日颁遗诏于全国。十九日以登极告祭天地。二十日胤禛御太和殿登极。十二月初三将康熙皇帝灵柩移送景山寿皇殿。十二月初九日,二十七日服满,胤禛释去重孝,从乾清宫东庑居丧倚庐移居养心殿。经过胤禛的努力,康熙皇帝生前所担心的他死之后诸子束甲相攻、争夺帝位的现象并未发生,雍正皇帝胤禛在全国的最高统治地位也初步确立下来。

康熙末年,在竞争储位时,碍于当时形势,对于和他竞争储位的对手,胤禛在表面上从不加以触犯。即位之后,手中有了权力,这样他便开始对政敌加以打击。为了不致激起事变,全面出击,显然并不策略。因而,对于这些对手,他区别情况分别加以处理。其中,皇八子允禩在皇室和廷臣中都影响甚大,是敌对势力中的核心人物,胤禛对其先示笼络。即位之初,即封其为廉亲王,命他与大学士马齐、尚书隆科多、怡亲王允祥一起总理事务,负责大丧期间的各种国务处理。对于皇十四子允禵,因其拥兵在外,对自己统治最为不利,康熙皇帝去世之次日,胤禛即降旨令其将大将军印敕暂交平郡王纳尔苏署理,火速回京奔丧。十二月间,允禵进京,立即将之置于半囚禁状态。不久之后,他的矛头又指向了皇三子允祉、皇九子允禟。十二月间,先后下令将允祉亲信、负责编纂《古今图书集成》之陈梦雷和允禟手下太监何玉桂发遣边外,逮捕允禟党羽秦道然。十天之后,又将允䄉也发往西宁,代替允禵戍守西疆。而后,随着他的统治地位的日益巩固,对于政敌的打击也更为残酷。在他的打击下,康熙皇帝的皇长子允禔、废太子允礽、皇三子诚亲王允祉、皇八子廉亲王允禩、皇九子贝子允禟、皇十子敦郡王允䄉、皇十四子贝勒允禵皆先后被拘禁。其中允禵、允礽、允祉、允禩、允禟皆被迫害致死。尤为过分的是,他还下令将允禩、允䄉分别改名阿其那、塞思黑(猪狗之意),以示侮辱并将其子孙也革除宗籍。这样,在昔日竞争储位的这些对手纷纷引颈就戮之际,雍正皇帝个人的专制统治得到了空前的加强。

与此同时,在各种国务处理中,他的政治才干也得到了充分的发挥,针对康熙末年以来朝政废弛、吏治腐败的现象,他"竭虑殚心,朝乾夕惕,励精政治,不惮辛勤"。先后通过整顿吏治,实行奏折制度、创建军机处,制止八旗下人对旗主的私属关系,推行地丁合一、耗羡归公、养廉银和改土归流等重要制度、政策和法令,以一个改革者所当具有的胆略,对当时的封建统治机构和赋役制度进行了大刀阔斧的改革。通过改革,在经济上,使得国家财政情况明显好转;在政治上,也使皇权进一步强化,为乾隆时期清朝统治全盛局面的形成奠定了一个很好的基础。雍正皇帝以自己的实际成就证明,他是康熙皇帝最优秀的接班人。

在雍正皇帝的各项改革措施中,特别值得一提的是他所创建的秘密建储制度。作为康熙末年争储活动中的一个主要人物,雍正皇帝早就看出康熙末年争储斗争的根源在于传统建储制度不完善,从而导致了政局的混乱并严重消弱了皇权。为了防止类似情况再度出现,经过深思熟虑,雍正元年八月十七日,在他即位九个月后,他召集总理事务王大臣、满汉文武大臣、九卿等至乾清宫,宣布秘密建储。按照这一规定,由他将储君名单装入密封锦匣之内,当着几位总理事务王大臣之面将匣"置之乾清宫正中最高之处世祖章皇帝御书'正大光明'匾额之后"。直到他死之后,才允许臣下开拆。而后,又另书与之内容相同的密旨一道存放圆明园,以为异日勘对之资。在他看来,这一决定对全国臣民而言,解除了因储位空缺而产生的危机感;对储君而言,因为并不知道自己是内定储君,当然也就不会因此而骄横不法,更谈不上敢和皇帝争权;对诸皇子而言,一不知道自己是否储君,二不知道储君是谁,想要对其进行攻讦也无的可发;对宗室重臣而言,因为不知道谁是储君,也就无法攀龙附凤,进行政治投机。而皇帝本人却通过这一决定在生前可以不受任何干扰地处理各种国家政务,死后也可以按照自己的意旨实现国家最高权力的顺利过渡。雍正皇帝的这一规定,是对两千多年以来特别是清朝开国以来传统建储制度的一个重要改革,也是对康熙晚年再废太子后禁言建储思想的完善和发展。正是这一制度的推行,使得此后一百多年的时间里,没有再次出现皇室之内骨肉相残的局面,最高权力过渡一直相当顺利,对于清朝政权的长治久安起了重要的作用。因而,尽管雍正皇帝曾经不择手段地屠兄戮弟,大大违背了康熙皇帝的意愿,但是对于这一制度的制定与推行以及由此而导致的清朝政权的长治久安,康熙皇帝地下有知,也会为之含笑瞑目的。

铁面皇帝

清世宗——雍正

第一章　角逐帝位

一

康熙十七年十月三十日(1678 年 12 月 13 日),一个婴儿诞生在皇宫中,这就是对后来中国历史的进程发生一定影响的雍正帝。他的父皇康熙这时已有了十个儿子,他是来得并不算早的第十一个了,但是清朝皇室规矩,皇子夭折,即不叙齿,康熙的血胤幼殇的很多,在这婴儿的哥哥中,当时健康成长的只有康熙十一年(1672 年)、十三年(1674年)、十六年(1677 年)先后出世的胤禔、胤礽和胤祉三人,因此算起行次来,这婴儿倒居了第四位,成了康熙的皇四子。这个行次,在康熙全部三十五个儿子中居于前列,是年长皇子,占据从事政治活动的有利地位。后来他的继承皇位,被一些人说成是篡改康熙"传位十四子"遗诏中的"十"字,因此,皇四子的行次不可不加注意。皇四子的父皇给他赐名胤禛,胤字是他们兄弟的排行,凡是叙齿的,都用的这个字;禛,读音 zhēn(音真),按照许慎《说文解字》的解释,禛义是"以真受福"。康熙希望这个儿子对上天和祖宗真诚,以此得到福祉。康熙给儿子们取名都从示字旁,所用禔、礽、祉等字,都寄予有福的愿望。且不管康熙的原意,在胤禛成为皇帝以前,就用这个符号来代表他。胤禛的生母乌雅氏,是满洲正黄旗人。胤禛是她生的第一胎男孩,其高兴心情可想而知。她这时还是一般的宫人,第二年才被封为德嫔,有了一定地位。胤禛的外祖父威武,担任护军参领,胤禛继位后追封他为一等公。所以胤禛的生母和外家并不高贵,不能给他带来在皇子中的特殊地位。胤禛童时受孝懿仁皇后的抚养。这位皇后是一等公佟国维的女儿,康熙生母孝康章皇后的侄女,康熙十六年(1677 年)被封为贵妃,二十年(1681 年)晋为皇贵妃,二十八年(1689 年)病死前被册立为皇后。孝懿仁皇后没有生过男孩,只产一女也殇逝了,故而育养德嫔之子,年幼的胤禛因她尊贵,很可能有意识地巴结她。

康熙二十二年(1683 年),虚龄已届六岁的胤禛,入尚书房读书。学习的课程有满、汉、蒙古文和经史等文化课,还有骑射、游泳等军事、体育课目。据法国传教士白晋在1697 年讲,他见康熙前十四位皇子受教育的情形是:

这些皇子的教师们是翰林院中最博学的人,他们的保傅都是从青年时期起就在宫廷里培养的第一流人物。然而,这并不妨碍皇帝还要亲自去检查皇子们的一切活动,了解他们的学习情况,直到审阅他们的文章,并要他们当面解释功课。

皇帝特别重视皇子们道德的培养以及适合他们身份的锻炼。从他们懂事时起,就训练他们骑马、射箭与使用各种火器,以此作为他们的娱乐和消遣。他不希望皇子们过分娇生惯养;恰恰相反,他希望他们能吃苦耐劳,尽早地坚强起来,并习惯于简朴的生活。这些就是我从神父张诚那里听说的,是他在六年前随同皇帝在鞑靼山区旅行回来后讲的。起初,君王只把他的长子、第三个和第四个儿子带在身边;到打猎时,他还叫另外四个儿子随同前往,其中年龄最大的只十二岁,最小的才九岁。整整一个月,这些年幼的皇子同皇帝一起终日在马上,任凭风吹日晒。他们身背箭筒,手挽弓弩,时而奔驰,时而勒马,显得格外矫捷。他们之中的每个人,几乎没有一天不捕获几只野味回来。首次出猎,最年幼的皇子就用短箭猎获了两头鹿。

皇子们都能流利他讲满语和汉语。在繁难的汉文学习中,他们进步很快。那时连最小的皇子也已学习"四书"的前三部,并开始学习最后一部了。皇帝不愿让他们受到任何细微的不良影响。他让皇子们处在欧洲人无法办到的最谨慎的环境中成长起来。皇子们身边的人,谁都不敢掩饰他们的哪怕是一个微小的错误。因为这些人明白,如果这样做,就要受到严厉的惩罚。

白晋认为包括胤禛在内的康熙诸皇子受到的是比较全面的教育,而康熙本人对他的儿子们的教育非常重视和严格。白晋讲的基本符合史实。康熙对儿子的学习抓得很紧。他看到一些贵胄之家,对子孙过分娇生惯养,长成大人,不是"痴呆无知",就是"任性狂恶",反而害了子孙,因此做"上人"的,对子孙必须从幼年就严格管教。他的二儿子胤礽,是孝诚仁皇后所生,长到两岁,册立为太子,年至六岁,命他读书,为他挑选张英、熊赐履、徐元梦、尹泰、顾八代、汤斌、耿介、汪灏等人做讲官,张、熊、徐、尹等都官至大学士,熊、汤等为著名理学家。皇太子的师傅基本上就是同时就读的皇子的老师,胤禛从张英学习四书五经,向徐元梦学习满文。与胤禛关系最密切的是顾八代,他是满洲镶黄旗人,康熙二十三年(1684年)以侍讲学士人值尚书房,后升礼部尚书,三十七年(1698年)休致,一直在内廷教育胤禛和其他皇子。退职后过清贫的生活,死时家中没钱办理丧事。胤禛说他"品行端方,学术醇正"。亲自给他理丧,出资安葬他。他的廉洁奉公,无疑给胤禛深刻的印象和一定的影响。康熙在繁忙的政务中,给皇太子讲四书五经,据记载,有一阶段,每天在临朝御政之先,令太子将前一日所授的书背诵复讲一遍,达到熟记和融会贯通才告结束。他特别着重以孔孟的经书教育儿子们,对他们说:"凡人养生之道无过于圣人所留之经书,故朕惟训汝等熟习五经四书性理,诚以其中凡存心养性立命之道无所不具故也。"少年和青年时代的胤禛,受父皇和师傅的严格管束,从事以四书五经为主要内容的学习,掌握了满文、汉文等文化知识和骑射技术,锻炼了身体,养成读书和思考问题的习惯。这个时期,作《春园读书》《夏日读书》等诗歌,叙述其在春光明媚之时,"讽咏芸编兴不穷",酷暑难耐之日,静坐书斋习读,都是写实的。清朝教育皇子的方法颇为成功,康熙、雍正、乾隆、嘉庆等皇帝都是这样培养出来的。这个方法,为许多读书人所称道,乾隆时目睹其事的赵翼,富有感情地写道:

> 本朝家法之严,即皇子读书一事,已迥绝千古。余内直时,届早班之期,率以五鼓入,时部院百官未有至者,惟内府苏拉数人(谓闲散白身人在内府供役者)往来。黑暗中残睡未醒,时复倚柱假寐,然已隐隐望见有白纱灯一点入隆宗门,则皇子进书房也。吾辈穷措大专恃读书为衣食者,尚不能早起,而天家金玉之体乃日日如是。既入书房,作诗文,每日皆有程课,未刻毕,则又有满洲师傅教国书、习国语及骑射等事,薄暮始休。然则文学安得不深?武事安得不娴熟?宜乎皇子孙不惟诗文书画无一不擅其妙,而上下千古成败理乱已了然于胸中。以之临政,复何事不办?因忆昔人所谓生于深宫之中,长于阿保之手,如前朝宫廷间逸惰尤甚,皇子十余岁始请出阁,不过官僚训讲片刻,其余皆妇寺与居,复安望其明道理、烛事机哉?然则我朝谕教之法,岂惟历代所无,即

三代以上,亦所不及矣。

他虽意在颂扬清朝,然叙事是属实的。

胤禛在尚书房读书的同时,跟随康熙四处巡幸,有时还奉命出京办事,得到接触社会的机会。

康熙在平定三藩叛乱和统一台湾后,把注意力转向北方,几乎每年到塞外巡视,每次指令几位皇子侍行。二十五年(1686 年)七月,康熙北巡塞上,九岁的胤禛首次随同出发,同去的有允禔、允礽、允祉。他们一行出古北口,到博洛和屯,西南行,至西尔哈乌里雅苏台,于八月下旬回到北京。此后,康熙出塞,胤禛经常奉命侍从,所经过的地方,大体是今天河北省承德和张家口两个专区。康熙出塞,名为"秋狝",与蒙古王公共猎,实是会见蒙古族首领,密切他们同清朝中央政府的关系,稳定对这个地区的统治。胤禛多次侍行,看到乃父的巡幸作用,他说"一人临塞北,万里息边烽",不过说得夸大了些。

康熙二十九年(1690 年),漠西准噶尔部首领、野心家噶尔丹攻占漠北喀尔喀蒙古,迫使哲市尊丹巴胡土克图率众南下,康熙谕其撤兵,归还喀尔喀故地,噶尔丹不听劝阻,兵犯内蒙,扬言"夺取黄河为马槽",妄图吞灭清朝。在这严重威胁面前,康熙任命裕亲王福全为抚远大将军,领兵抵抗,并命十九岁的皇长子允禔为副将军从征,这是用皇子领兵的开始,康熙于三十五年(1696 年)亲征噶尔丹,命皇子参予军事,胤禛时年十九岁,奉命掌管正红旗大营,随从他的有公长泰、都统齐世、原任尚书顾八代等人,与此同时,皇五子允祺、皇七子允祐、皇八子允禩分别管理镶黄旗、正黄旗、镶红旗大营。他们于二月出发,四月,胤禛与诸兄弟参加对噶尔丹进兵与否的议论,六月回到北京。这一次的统兵,胤禛和他的三位弟弟不过是坐镇的意思,没有真正指挥打仗,但是行军议事,也是得到一次军事训练。这次出征的第二年,康熙再次亲征,兵至狼居胥山,彻底击败噶尔丹分裂势力。此役胤禛没有参加,然而他很关心这次战斗,作《狼居胥山大阅》《功成回銮恭颂二首》,赞扬乃父用兵功业:"指顾靖边烽,怀生尽服从。遐荒归禹甸,大漠纪尧封。庙算无遗策,神功迈昔踪。凯旋旌耀日,光景霁天容。"也表现了他对这场战争的看法。

如今的永定河,清初名叫无定河,又叫浑河,经常泛滥,河道迁徙不常。康熙为了治理它,不断出发考察,三十三年(1694 年)允禔随同康熙出京,沿北运河到天津,西行,至霸州的信安镇、白洋淀西淀东口的赵北口,了解无定河下游的情况。康熙在三十六年(1697 年)彻底粉碎噶尔丹势力后,大力治理无定河,次年,疏浚河道一百四十五里,筑堤一百八十余里,为了表示希望它不再改道的愿望,特赐名"永定"。三十九年(1700 年)十月,带领胤禛和皇十三子允祥视察永定河南岸工程,驻在宛平县榆垡,胤禛拔出桩木,发现短小不合规格,报告父皇,要求返工。次年四月,胤禛、胤禔、允祥再次陪同乃父视察永定河,奉命作纪行诗《阅永定河应制》,他对他们父子的任务写道:"帝念切生民,銮舆冒暑行。绕堤翻麦浪,隔柳度莺声。万姓资疏浚,群工受准程。圣心期永定,河伯助功成。"诗未见佳,亦可作康熙间修治永定河的纪实。

康熙为着治理黄河、淮河、里运河,联络江南士大夫,于二十三年(1684 年)起,不断南巡视察河工和了解民情。开始几次,胤禛没有机会参加。四十一年(1702 年),他与胤礽、允祥侍从父皇南巡,行至德州,胤礽生病,就住了下来。胤禛、允祥依照宫中尚书房的规矩,照常读书习字。一天,康熙召见翰林院侍读学士陈元龙等谈论书法,议得兴起,引诸臣至皇子读书处,胤禛弟兄正在书写对联,"诸臣环立谛视,无不欢跃钦服"。胤禛临帖很多,善于模仿,曾学书乃父字体,颇为相像,得到嘉奖。话说回来,皇太子的病一时好不了,康熙无心南下,遂带着儿子们返回京城。数月后,于四十二年(1703年)正月,原班人员启程南行,途经济南,参观珍珠泉、趵突泉,过泰安州,登泰山。路经沂州府蒙阴县,胤禛作《过蒙阴》诗。在宿迁县阅堤工,渡过黄河。经淮安、扬州,在瓜洲渡长江,到达镇江,登金山江天寺,康熙为它书写"动静万古"匾额,胤禛作诗云:"宿暮金山寺,今方识化城。雨昏春嶂合,石激晚渐鸣。不辨江天色,惟闻钟磬声。因知羁旅境,触景易生情。"继续南行,乘船至苏州,作《雨中泊枫桥遥对虎阜》诗记兴:"维舫枫桥晚,悠悠见虎邱。塔标云影直,钟度雨声幽。僧舍当门竹,渔家隔浦舟。茫茫吴越事,都付与东流。"寻经嘉兴,到杭州,在演武厅,同父皇、兄弟等射箭。至此回还,道过江宁(今南京市),康熙命从行大学士祭明太祖孝陵。后经由江苏沛县、山东东平州(今东平县)、东昌府(今聊城)等地,于三月间回到北京。这一次,康熙携同胤禛弟兄察阅了徐家湾、高家堰、翟家霸堤、祥符闸、新河口等处。因黄淮工程,颁诏天下,赐复条款三十八项。此行使胤禛了解了黄淮河道工程及江南民情,也是他终身仅有的一次大江南北之行。

清朝皇帝远祖的坟墓永陵在兴京(今辽宁省新宾县),开国君主努尔哈赤的福陵、皇太极的昭陵都在盛京(今沈阳市),顺治的孝陵又在直隶遵化县。顺治母亲孝庄文皇后的尸体放置在孝陵的旁边,称暂安奉殿。中国古人认为祭祀和兵戎是国家的大事,祭祖又是祭祀的重要内容。清朝皇帝对于祭祖异常重视,国家有重大事情,或用兵的胜利,都要祭告祖陵。康熙因系孝庄文皇后所扶立,对他的祖母生前极力孝养,死后虔诚致祭。他的儿子们还没有长大成人时,康熙就带着他们祭祖,年岁稍长,就让他们独立进行祭祀活动。二十七年(1688年)十二月,孝庄文皇后一周年忌辰,康熙率同胤禛和胤禵、胤祉去暂安奉殿致祭,次年的忌辰,命皇太子率领胤禛、胤祉前往行礼。三十五年(1696年)、四十五年(1706年)的忌辰,胤禛独自奉命往祭。三十七年(1698年),因平定噶尔丹之乱,康熙亲往盛京拜谒祖陵,七月出发,出古北口,穿越蒙古诸部落,到松花江及吉林乌拉(今吉林市北),南下至兴京祭永陵,到盛京祭福、昭二陵。取道山海关,于十一月回到京师。这一次侍行的皇子很多,据《清圣祖实录》记载,有胤禵、胤祉、胤祺、胤祐、皇九子胤禟、皇十子胤䄉及允祥,没有胤禛,但是他有《侍从兴京谒陵二首》诗,表明他跟随乃父祭扫了盛京三陵。他在诗中写道:"龙兴基景命,王气结瑶岑。不睹艰难迹,安知启佑心。山河陵寝壮,弓箭岁时深。盛典叨陪从,威仪百尔钦。"这是云游了清朝发祥地,获得祖宗创业艰辛的深切感受。祭祖之外,胤禛参予了其他祭祀。三十二年(1693年),清朝政府重修阙里孔庙落成,康熙令胤祉带领胤禛、胤禩等前往曲阜参加祭祀大典,年仅十五岁的胤禛进行了尊师重道的活动。

康熙多次去佛教圣地五台山朝佛,四十一年(1702年)正月,胤禛与胤礽、允祥随同父皇出发,经涞水、易州、阜平,过龙泉关时胤禛朝佛有感,作诗云:"隔断红尘另一天,慈云常护此山巅。雄关不阻骖鸾客,胜地偏多应迹贤。兵象销时崇佛像,烽烟靖始口炉烟。治平功效无生力,赢得村翁自在眠。"旋至五台,畅游诸大寺。回程经正定,阅视永定河堤,返抵京师。

康熙四十七年(1708年)第一次废太子事件以前的胤禛,即三十岁前的皇四子,比较多的是书斋的生活,较少独立活动,但不时随从乃父巡幸,东北到满洲发祥地的辽吉,东南至富甲天下的苏杭,西去山西五台,北达内蒙古草原,足迹半个中国。在巡游中,了解各地经济出产,山脉河川,水利运输,民风社俗,宗教信仰,名胜古迹,历史问题;观察了康熙处理政事,考察了地方行政和吏治,获得了官场情况的第一手资料。所以巡阅四方,是年轻的胤禛向社会学习的好方式。这对他日后参加皇位的争夺和继位后的治理,都有极重要的意义。使皇子接触社会,不把他们关在宫墙之内,不使他们只同太监、宫女为伍,增长他们的见识,这是康熙培养皇子的一个良好的方法。

二

在康熙的最后二十年统治中,由废太子和储贰虚悬而产生的储位斗争,依照时间发展顺序,可勾勒出以下画面:康熙四十七年九月废黜皇太子允礽,诸皇子竞争储位,十一月大阿哥允禔首先失败,被圈禁;十三阿哥允祥失宠;八阿哥允禩伙同九阿哥允禟、允䄉活动最力,朝臣公举为储君,然被康熙否定,雍正以四方讨好的态度,周旋于皇帝、诸兄弟之间;次年三月康熙再以允礽为储贰,并封诸子为王、贝子,希望大家和衷共济,然而允礽仍令康熙失望,于五十一年十月再次被废囚禁;允祉、胤禛、允禩、允䄉随着掀起激烈的储位争夺战,允祉于五十二年衔命开蒙养斋馆修书,处境似比诸兄弟为优越,但五十六年春天他的属人孟光祖案件使他声望下降;允禩继续争储,康熙对他极端厌恶,宣布父子之情已绝;五十六年胤禛夺储的目标、手段进一步纲领化,到康熙末年参予政事活动较多;这一年冬天,朝臣因康熙生病请其册立太子,康熙乃颁布遗言而不明确立储;因为在西北对厄鲁特蒙古人用兵,允䄉于五十七年被任命为抚远大将军王,威望日重,被部分朝臣认为是预定的储君;允礽虽见弃于乃父,然未死心,且不断有朝臣推荐他,以至康熙于登极六十年大庆时发配那些不知趣的人去充军。在整个过程中,诸皇子结党不辍,人员组合也有变化,各集团地位浮沉不一,在这扑朔迷离的局面中,各皇子在康熙的心目中是什么地位? 与储位是什么关系? 为了清晰地回答这两个问题,我将对每一个皇子集团作出说明,以期明瞭康熙逝世前储位的可能人选,作为揭示雍正继位之谜的第一个步骤。

允礽两岁被册立为皇太子,此后就以这种身份接受教育、处理人际关系以及部分政事。他有才能,骑射、言谈、文学都很好,不到十岁就跟随康熙四出巡幸,学习处理政事。康熙也培养他的威信,给太子制定了储君的特有制度,体现太子威严的着装、仪仗、用物与皇帝的差不多,国家三大节中的元旦、冬至以及太子的千秋节,王公百官要在给皇帝进表、朝贺之后,到太子处所进行同样的仪式,要行二跪六叩首礼。藩属朝鲜国书因没有为允礽避讳及表笺用词不当,康熙帝都加以指责。康熙三次亲征噶尔丹,均令允礽留守京城,处理政事。

允礽储君的特殊地位,如果与其父皇、与诸兄弟、与贵胄朝臣的联系,各方面都能正确对待,就有利于朝政和他的顺利登基,处理不好就会出大乱子,事情正是沿着后一方向发展的。允礽虽然年轻,但做太子的历史却很长,随着时间的推移,一部分人就想依附于他求取发迹,遂在他周围形成了一个小集团,主要成员是索额图。此人是允礽生母孝诚仁皇后的亲叔父,即是允礽的叔外公,早在康熙八年(1669年)就担任了大学士,二十五年(1686年)改任领侍卫内大臣,随后率领使团与俄国签订尼布楚条约,是康熙前期的重臣。他向着外孙,极力使皇太子的仪卫接近于皇帝,更为严重的是他反对康熙,图谋允礽早日登极。康熙为保护帝位,对太子党的活动自然不能容忍,但投鼠忌器,为保护皇太子,不使事态扩大,只惩治少数人。三十六年(1697年)征讨噶尔丹回到京师附近,急忙下令处死私自在皇太子处行走的内廷人员,四十二年(1703年)以索额图"议论国事"为罪名,将他囚禁致死。在没有废太子以前,太子党人的活动就使我们看到事情的严重性:第一,一开始就出现党派,使事情具有政治斗争性质;第二,政争的焦点是夺权,康熙是保卫皇权,防止他人干政,允礽是抢班继位。

太子党人的活动,不仅是把允礽推到康熙的对立面,事情还要复杂。允礽的人品也很有问题:贪婪货财,以至侍从康熙巡幸,勒索地方,把外藩蒙古进贡的马匹也掠为己有;性情暴躁,毫不克制,责打王公贵族,当着父皇的面,把官员推到水中。康熙行政注重宽仁,这就使父子间政见相左,令康熙感到后继非人,担心允礽当政会出现"败坏我国家,戕贼我万民"的恶果。父慈子孝是父子关系的准则,康熙极端讲究孝道,孝养太皇太后和皇太后,并以此期望于允礽,哪知允礽不顾乃父死活,更不讲孝顺了,因此康熙认为他"绝无忠爱君父之念",父子感情恶化。

康熙通过立太子的一段实际经验,认为太子应当有三个条件:一是要忠于父皇,不可结党谋位;二是为人仁义,将来为政清明有道;三是孝友为怀,做储君时能守孝道。这些要求,随着储位斗争的深入,还有补充发展,不过基本精神尽在其中了。

康熙对允礽的容忍是有一定限度的,四十七年九月终于作出了废黜太子的决定,并迅速付诸实行,促成康熙下决心的是两件事。其时康熙带领允礽、允禔及几位小皇子于木兰秋狝返京途中,随行的皇十八子允祄患重病,允礽毫不关心,康熙以兄友之义责备他,他不改过,反而暴怒,此其一;其二,允礽每夜在康熙住的帐篷周围活动,从缝隙处窥测乃父行动,康熙认为他可能要谋害于己,为索额图报仇,因此昼夜不宁。迫于形势,在路上把允礽锁禁起来。回到京城,即举行告天仪式,正式宣布废黜允礽。

康熙怕允礽谋害他,在拿禁允礽时,指派皇长子直郡王允禔保护自己,允禔却向康熙建议,杀了允礽,且不要皇父出面,由其进行。康熙听了惊异不止,于此可见允禔与允礽矛盾的深重。允禔作为庶长子,很得康熙宠信,三次从征噶尔丹,第一次且受命为副将军,他是太子以外诸皇子中惟一的王爵,他的母舅大学士明珠一度是康熙亲信大臣,因与索额图闹党争被康熙撤职,这大约是他与允礽矛盾的起点。他周围也集聚一些贵族,有康熙舅舅佟国维家族的鄂伦岱、隆科多、顺安颜及上三旗中的一两个大臣,下五旗中的一些王子,他利用喇嘛巴汉格隆搞厌胜术,幻想咒死允礽。允礽被废,他以为这是争当皇太子的好机会,不惜露出凶相,这倒使康熙厌恶他,不但不会选中他,还将他终生圈禁,使其集团彻底失败。

在允禔将败未败,感到自身争储无望之时,转而支持贝勒允禩,向康熙推荐,言相面人张明德说允禩"后必大贵"。皇家发生重大事情,康熙派皇子为内务府大臣,处理一些家事,允礽事出,康熙命允禩署理内务府总管,他还是皇子中最年轻的贝勒,可见康熙对他的信任。允禩听信乳母的丈夫谗言惩罚御史,允礽向康熙告发,因此双方交恶,相面人张明德赞扬允禩命大的同时,说他可以召来十六条好汉,只须二三个人就可以暗杀允礽,允禩听了高兴,转告允禟、允䄉。他见允礽被废,允禔被责,力争当太子,为此利用职权,联络官员,市恩买好,连太子党人的罪恶也加以隐匿。引起康熙不满,将他革爵圈禁。

废太子事件发生之初允禔、允禩的活动,令康熙感到事情的严重性,立即制止诸子结党谋求储位。告诫他们不能邀结人心,树党倾轧,否则就是国贼,严厉处置。同时又对满洲属人宣布,不许与诸皇子非法结党。可是,太子是国本,国家当有储君,而且康熙立太子已达三十多年之久,朝臣皆有立太子的心理习惯,康熙本人也不例外,在这种情况下若再立一个太子,既符合臣民心理,又免得诸子争夺储位,所以康熙在废允礽不到一个月的时候,就有再立太子的打算,但立什么人,以什么标准立太子,自己也不很清楚。及至知道允禔厌胜之事后,以为允礽是受人巫术致病,而发疯暴戾,宣布将看他的病情变化再作安排。左副都御史劳之辨揣摩到康熙要复立允礽,抢先上书保荐废太子,以图拥立之功,康熙洞察他的心术不正,将之革职回籍。随后命朝臣推荐太子,允禩党人佟国维家族转向允禩,大学士马齐也倾心于他,在他们示意下,朝臣一致举荐允禩,康熙对此非常不满,一面惩治马齐,谴责佟国维,一面决心启用允礽,乃于四十八年(1709年)三月把他复立。

允礽再立,是康熙反对结党谋位的立储标准的体现。他惩处马齐、劳之辨,是不许朝臣干预立储。他深知臣下拥立储君,将来会以此要挟正位的太子,擅权恣肆,对皇权不利。他考虑的是清朝的长治久安,把立太子当作是皇帝个人的权力和事情,结党谋求储位就是侵犯他的权力,就是危害朝廷的行为,结党谋位者就没有资格充当储君。所以康熙在允礽再立过程中进一步明确,在发生过废立太子事件的客观条件下,不能用结党谋位的人为储君。

允礽并不是康熙的理想太子,再次册立他,只是用他填补储位的空缺,以扼制诸皇子结党谋位,所以他的地位很不巩固。允礽可能意识到这种形势,再次结成团党,希望早正大位。他常常对人说,古往今来,那有四十年的太子!觊觎御座之心溢于言表。他的党徒有步军统领托合齐、兵部尚书耿额、刑部尚书齐世武、都统鄂缮、迓图、副都统悟礼等人,大学士嵩祝亦趋承于皇太子,势力不小。康熙发现之后,指斥允礽无耻之尤,与恶劣小人结党,再加上服御陈设等物超过皇帝标准,因此将他废黜圈禁,并致死托合齐。结党,终于使允礽再次丧失太子的政治生命。

允礽不甘心被废,乘康熙五十四年(1715年)对蒙古准噶尔部用兵之机,用矾水写了信件,要求公普奇为他活动,出任领兵大将军,以便再谋复位。允禩党人贝子苏努指使其侄辅国公阿布兰出面告发,康熙遂给予打击,这就是所谓矾书案。朝臣方面也有为允礽活动的,五十六年(1717年)冬天,大学士王掞疏请建储,实际是指再立允礽,同时御史陈嘉猷等八人也作出同样奏议。次年一月翰林院检讨朱天保奏请复立允礽为太子,又警告康熙不要弄出汉武帝杀戾太子那样的事件,惹起康熙愤怒,指斥他希图侥幸,论罪处死。六十年(1721年)登极大庆时,大学士王掞、御史陶彝等十二人先后奏请立太子,康熙已不能再像上次那样容忍王掞和御史们,责备他们结成朋党,以为异日宠荣,加以惩治,陶彝等人遣成西北军前效力,王掞以年过七十由其长子、少詹事王奕清代往。朱天保、王掞并没有同允礽发生联系,也没有结成团体,而康熙却以"植党希恩"之名责罪,表明他坚决反对诸皇子与朝臣结党图位,那怕有这种潜在因素也不行。

矾书案、朱天保案、王掞案,无不表明允礽是不可能再立了,事实上,康熙也说过:允礽两次被立,经过几十年的教育,不能改过,只能把它囚禁,所以不杀他,就是怕落个重演戾太子事件的恶名。在这种思想下,怎么可能再立允礽!所以,被黜后的允礽,只是作为一具政治僵尸被某些人死抱不放,而他本人绝无复位可能。

允礽失败的原因,关键在于结党抢权,被康熙发现而遭到打击。

皇八子允禩有心计,精明能干,雍正都说他颇有识量。他与允礽的暴戾不仁的作风相反,以仁爱自励,笼络人才,收买人心。在兄弟、家室、外戚、满洲和汉人大臣中广有活动市场,具有众多的拥护者。康熙原来也钟爱他,南巡召来的著名学者何焯分到允禩府中做侍读,允禩对他百般照顾,又托他弟弟在江南买书,因此江南的文人纷纷传言允禩极为好学,是极好的王子,获得好舆论。允礽对允禩、允禟、允䄉不好,他们就联合起来。允禵幼时受允禩生母惠妃的抚养,与允禩关系亲密,所以允禵夺嫡无望转而支持允禩。皇十子允䄉也归心于允禩,允䄉生母是温僖贵妃,康熙孝昭皇后还是他的姑母,她们都是康熙初年四辅政大臣遏必隆的女儿。遏必隆的儿子阿灵阿,袭爵一等公,允礽初废时任职理藩院尚书,他认为允禩的八字庚戌己己丁未壬辰,与前代帝王相同,故而衷心拥护允禩。康熙哥哥裕亲王福全在此时也称赞允禩有才有德。鄂伦岱是佟国维长子,历任领侍卫内大臣、散秩大臣、都统。揆叙是前面提到过的大学士明珠之子,任翰林院掌院学士、工部侍郎,其父败于允礽党人索额图之手,感情上投向允禵、允禩一边。马齐为满洲首席大学士。汉人中的王鸿绪,官户部尚书,原为明珠党人。内务府苏州织造李煦也附和允禩,在苏州采买女子送到允禩府中。这些人聚集允禩周围,四十七年十一月举荐太子时,马齐、阿灵阿、鄂伦岱、揆叙、王鸿绪倡首,示意百官,因而如前所述一致推举,但被康熙否决了。不过这一事实对允禩很重要,它表示允禩集团有势力,骨干多,影响大,气焰嚣张。当康熙追查推举允禩首倡人员时,马齐竟敢负气拂袖而去,随后在第二次废黜允礽事件中,允禩集团成员阿灵阿插手其间,说朱天保的奏请是希冀异日宠荣,促使康熙杀戮朱天保。众人保举允禩,还造成允禩虚拟储君的地位。康熙后来不立太子,如果万一故世,没有储君,允禩就可凭借被众荐举的历史,顺理成章地登上宝座。

贵胄官僚保荐允禩,康熙不用,反而复立了不得人心的允礽,允禩自然不服。及至再废允礽之时,允禩顿生幻想,希望乃父承认公举他的事实,他试探性地问康熙:我现在该怎么做事?要不就装病卧床,免得大家不好对待我。康熙看出他的心思,当即告诉他,你只是一个贝勒,怎敢作越分之想?喝破了他的太子梦,于是他仇视乃父。五十三年(1714年)冬天,康熙出塞狩猎,允禩因其母二周年忌辰没有随行,及至康熙回程,允禩派太监送去两架将死的鹰,而自身并不迎驾,也不请示行止,以示对乃父的藐视,把康熙气得几乎心脏病暴发,因而对他大肆谴责。统观康熙前后对允禩的揭露,主要内容是:

甲,阴怀图位大志,不守本分,所谓"自幼心高阴险""妄蓄大志",不讲臣弟之道,谋害允礽,以图储位。

乙、妄博虚名,滥施恩惠,甚至与康熙争名。在管理内务部大臣事务时,把康熙所宽宥的和施恩的事情,揽为己功,买好众人。允祉说允禩的行为像梁山泊的宋江假行仁义,康熙也同意地说他及其党人如同梁山泊贼徒,又拿他与允礽作比较,说允礽悖逆屡失人心，允禩则屡结人心，这个人的阴险，百倍于允礽，因此更可恶可怕。

丙、结党谋位。康熙在四十七年九月就指出允禩"党羽早相要结"，五十三年说他与乱臣贼子结成党羽，密行险奸。

丁、不孝不义。允禩结党谋位，对父皇、对嫡长、对非同党的兄弟，自然是不讲孝道和友恭之道，所以康熙说深知其不孝不义情形。

不孝之子的结党谋位，康熙已不是喜欢他的问题，而是惧怕他、痛恨他。惧怕，是因允禩党徒多，势力大，以至可以搞政变夺权；痛恨，是明确宣布断绝父子恩情，一度停止允禩俸禄，五十五年允禩患伤寒病，几乎死去，康熙内心是不顾其死活，只是怕落个不慈的名声，才过问一下，可见父子间感情绝裂到何等严重程度。

总之，康熙与允禩介蒂太深，各存疑心，甚至成仇，储位争夺中的这种历史决定，康熙决不会选择允禩为继承人。所以四十七年之后，允禩与御座的距离随着年份的增加而愈来愈远。如果说还有一线希望的话，则在于他尚得人心，还有一定的政治力量。

皇三子允祉与争夺储位的关系，评论家过去重视不足，杨珍在《关于康熙朝储位之争及雍正继位的几个问题》中以"储位竞争中的一个被忽视者"为目，给允祉以特写，在《雍正传》里也写了"胤祉的'希冀储位'"一目。总的来讲对他研究不够。

允祉二十岁从征噶尔丹，执掌镶红旗大营，二十二岁受封为诚郡王，一年后因在康熙敏妃病逝百日内剃发，被削夺王爵，降为贝勒。

允祉与允礽关系密切，若允礽不出事，将来对他是不会错的。康熙在返京途中囚禁允礽，允祉适在京城，康熙召他到行在，虽说不是拘执，实已没有什么不同。允祉揭露允禔对允礽搞厌胜，而所使用的喇嘛巴汉格隆却是他的属人，这样不怕沾连自己，表示维护允礽正当权利，康熙因他有这个揭发，原谅了他。允礽再立后，允祉被封为诚亲王。允礽是皇太子，允祉同他交好，并没有不正常的地方，后来能仗义执言，表明在有太子时他是个安分守法的人，并没有觊觎储位的非分之望。

允祉爱钻研学问，和他常在一起的学者蔡升元说他手不释卷地看书。他的书法好，还在二十二岁时，诗坛领袖王士禛就说他的字方圆径寸，遒美妍妙。雍正也说，在他的兄弟中，允祉、允禧工于书法，让他们给康熙景陵书写碑额。基于允祉的文才，康熙于五十二年(1713年)命他在畅春园开设蒙养斋馆，负责修书。他吸收原任编修陈梦雷、侍读学士法海、编修魏廷珍、方苞、杨道昇等参加工作，撰成《律吕正义》《数理精蕴》《历象考成》(统名《律历渊源》)，又编纂我国第二部大类书《古今图书集成》(雍正间正式完成)，允祉对文化事业的贡献不小。

允祉受康熙委派，参与祭祀及处理一些政事。康熙三十二年(1693年)重修阙里孔庙告成，允祉率领雍正、允禩前往祭祀，四十七年祭奠内大臣明珠，为领侍卫大臣福善送殡，五十一年往吊大学士陈廷敬之丧。五十四年，和同雍正与康熙讨论西北用兵事。五十六年春，与雍正等查看明朝皇陵，处理盗陵事务。同年冬天，康熙有病而太后孝惠章皇后病危，与雍正、允祹等向朝臣传达谕旨。五十七年孝惠章皇后神牌升祔太庙奉先殿，允祉行致祭礼。五十八年冬至，允祉与康熙同行祭天礼。六十年二月允祉随从康熙祭孝庄文皇后陵、顺治孝陵、孝东陵，三月允祉与雍正等复查会试中式原卷，四月允祉祭太庙。

康熙同允祉的父子感情比较好。康熙第一次废黜允礽时，愧悔交加，患病又不医治，拖到十一月中旬，才接受允祉与雍正的请求治疗。自四十六年起，允祉请康熙临幸他的花园，允礽被废后，他每年都请乃父到他在京城和热河的花园聚会，先后达十八次之多。康熙废太子、囚长子，缺少天伦之乐，允祉以此为父皇开心。

康熙诸皇子的属人多依势胡作非为，五十三年（1714年）发生皇子太监诈骗官员案，这皇子中有允祉、允禩、允禟、允䄉、允䄔、允禄，审判结果，允祉、允䄉的属人没有治罪，这两人是在父皇前有宠的，偏偏他们的下属没问题，可能是官员看康熙脸色作了袒护。五十六年（1717年）出现允祉属人孟光祖行骗案，孟在几年里，自称奉允祉之命，到山西、陕西、四川、湖广、广西等省活动，使用驿站，结交地方长吏，代表允祉向川抚年羹尧赠送礼品，年回赠马匹银两，赣抚佟国勷送他银两缎匹。此事被直隶巡抚赵弘燮告发，康熙亲自过问，将孟光祖处斩，佟国勷革职，年羹尧革职留任。但康熙不让牵连允祉，对魏廷珍说，这事关乎诚亲王声名，你每天同他一处修书，知道他的为人，应当以身命保他。这是有意保护允祉。

上述事实说明，废太子后，允祉也是不甘寂寞，希望成为新太子。其时，他是诸皇子中能够自由活动的年龄最大的人，这一点对他很有利。清太祖、太宗历来注重嫡子，其次就是年长的儿子，所以褚英、代善、豪格相继受重用。康熙继承这个传统，立惟一的嫡子允礽，重用长子允禔。废太子事件后，允祉、雍正自然地进到特殊地位，而允祉尤甚。正是在这种情况下，得到康熙的一些信任，允祉就以储君自命，希望获得储位。雍正的属人戴铎说允祉把杨道昇收罗到府里，而杨是颇有才学，兼通天文的人。从戴铎的眼光看，允祉礼遇杨，是因杨能够以天文知识为允祉解说他有大命的意思，也就是说允祉也在争取储位，雍正集团不可以不注意这个竞争对手。不过允祉尽管有幻想，但没有过多的活动，他身边只是几个文人，有一定学术地位，而没有相应的政治地位，陈梦雷是耿精忠逆案中人，方苞是《南山集》案中人，他们受过流放和管治，没有活动能量。允祉在兄弟中也没有特别要好的人，他告发允禔，无异于得罪了皇子中最大的党派允禩集团，大约康熙也看到了这一点，才特意保护他。他没有竞争能力，很难在储位斗争中取胜。

康熙给予允祉一定的钟爱、使用，但他缺乏政治活动能力，两次陷入部属犯罪案，显然缺乏制御下人的本事，这样一个人如何能治理天下，所以康熙很难取中于他。允祉虽然奉命做了一些事情，这与他的身份地位有关，似乎与选皇储没有特别的联系，对他来讲没有特殊意义，不过只是一般的参与而已。

允䄉是雍正的同母弟，可是关系平常，却与允禩、允禟交好。康熙第一次废太子之初，在乾清宫召见诸皇子，下令锁拿允禩，指责他有图谋储位的野心，允禟对允䄉说，此时我们不救允禩，还等到什么时候？允䄉当即说八阿哥没有夺嫡的心思，康熙闻言大怒，拔出佩刀就要砍允䄉，允祺赶快抱住乃父，诸皇子叩首请求父皇息怒，康熙命鞭挞允䄉，并赶出宫。允礽复立之后，康熙分封诸皇子，允禔获得贝子爵位，还把被夺爵的允禔原有的包衣佐领和浑托和人口的一半以及上三旗所分佐领的全部赏给允䄉。允䄉是受封皇子中最年轻的，得益甚多。当初康熙要砍杀他，很可能是因为喜爱他，却见他忤逆自己，一时控制不住感情，才有贸然的行动。

康熙末年，西北用兵是一件大事。准噶尔部蒙古人虽经康熙三次亲征败回新疆，该部及和硕特等部在青海、宁夏部分地区也有势力。由于蒙古人信仰西藏喇嘛教,和藏族关系密切,顺、康间蒙古和硕特部人做西藏俗王,他们虽都隶属于清朝,但关系松散,所以西部蒙古是清朝的西部以至北部边疆不稳定因素。康熙五十四年准噶尔部策旺阿拉布坦进攻清朝哈密,康熙当即派富宁安为靖逆将军、傅尔丹为振武将军在巴里坤、阿尔泰山抗击,但两年之内,军事并无进展。五十七年,策旺阿拉布坦属将策零敦多布率兵入藏,杀掉和硕特拉藏汗,并禁锢后者扶立的达赖六世,控制西藏。为此康熙派西安将军额伦特到青海经营西藏事务,九月为准噶尔人包围,全军覆没。这时西北的形势非常严峻,准噶尔处于进攻态势,除占据新疆、西藏,进而可以影响与它们毗邻的青海、甘肃、宁夏、蒙古、四川、云南,不加控制,清朝就不能稳定。五十六年夏天康熙说年老了,血气渐衰,要是在强壮时期,早把这件事办成功了。现在虽不能亲征,但下命把前线将领的奏疏交给皇子观看,有了让皇子参与西北军事的打算。青海失利,康熙为了在西藏、新疆两方面用兵,统一前线指挥,以利战斗,需要派遣有权威的统帅,十月,决心用皇子出征,选定允禵,命为抚远大将军,晋封王爵。康熙对这次任命非常重视,采取了许多使允禵顺利行使职能的措施:命允禵使用正黄旗旗纛,采用亲王规格,允禵自称及众人对他称谓均是"大将军王",命令简亲王之子永谦、皇孙弘曙等随同出征;任命平郡王纳尔苏为允禵助手;十一月康熙为出兵,亲自去堂子祭旗纛;十二月允禵自北京出发,乘马出天安门,诸王贵族及二品以上大臣均到列兵处送行;康熙命令驻防新疆、甘肃、青海的八旗、绿营军皆听允禵指挥,当时那里声称精兵三十万,实际有十几万人;康熙给西北蒙古王公指示:大将军王是我皇子,确系良将,故命带领大军,掌生杀重任,你们大小事务俱要听他指挥,就像接受我的谕旨一样。这一切都说明康熙极端重视允禵的任命及其使命,简直有代己出征的味道。

允禵于五十八年三月到达西宁,首先整顿内部,参奏办事不力的在西宁管理兵饷的吏部侍郎色尔图、滋扰百姓的都统胡锡图,以提高办事效率和战斗能力。向在西宁塔尔寺的小呼毕勒罕做工作,由其传谕藏人:清军是来驱逐准噶尔、复兴黄教的,要欢迎大军到来。按照康熙的布署,先收西藏,后捣准噶尔本部;对藏分兵两路。五十九年正月允禵把指挥部移向靠近西藏的穆鲁斯乌苏,以便就近指挥,进藏大军击败准噶尔人进入拉萨,为达赖七世举行坐床仪式。自此之后,准噶尔人再未能入藏。这次军事胜利,稳定了西藏地区,使清朝能集中力量,全力对付准部本土;掐断了准噶尔与达赖喇嘛的联系,使他们不能利用黄教煽动对清朝的叛乱。这次胜利,允禵立了大功。

藏事结束,战事移向新疆,允禵于六十年(1721年)五月从青海移驻甘肃的甘州。从五十四年战争发生以来,清朝几乎年年议论对策旺阿拉布坦用兵,但实际上没有行动,西藏平定后,清朝又议进取,议政大臣认为明年进兵,事关至要,大将军应请觐见,接受指示,才能行动,于是以大将军王请求召见的名义,于十月令允禵及富宁安部、傅尔丹部的官员回京筹商。允禵十一月到京后,长期滞留都城,次年四月辞赴甘州军营,直到康熙故世,他并没有对新疆作军事进攻。

允禵一出任大将军,争夺储君的形势发生了巨大变化,在允禩集团内部,于允禩储位无望之时,允禵的得宠,使这个集团不仅兴奋起来,并把这个希望寄托在允禵身上:拥护他去夺取储位。允禟早就向亲信说,他和允禩、允禵三人中必有一个人当太子,又说允禵才德双全,其他兄弟皆不如他,将来必然大贵。及至允禵出征令下,允禟说十四阿哥现今出兵,皇上看得很重,将来皇太子一定是他。允禵出发前,允禟每天到允禵家去,二三更才离开,总是商量允禵早成大功、回来当太子的事。

允禵本人也把当皇太子作为实践目标。他知道远离京城及康熙年迈对他获得储位不利,很需要同伙的支持,一再要求允禟给他报告康熙信息,他说皇父年高,好好歹歹,你须时常给我信儿;又说皇父一有欠安,就早早带信给我。他并非真是关心康熙健康,而是为相机采取行动。康熙五十八年允禵在西宁,把临洮张恺叫去算命,张恺事先与知府王景灏串通好了,到时说允禵的命是元武当权,贵不可言,将来定有九五之尊,运气到三十九岁就大贵了。允禵这时三十二岁,以为再过几年就会龙飞九五了,高兴异常,称道张恺说得很对。可知他当皇太子、皇帝的愿望是很强烈的。允禵为实现目标,"虚贤下士",招揽人才,特别爱结交文士,以抬高自己声望。为取得大学士李光地的支持,礼遇他的弟子陈万策,呼以先生而不名。又三次派人敦请颜李学派的首领李塨,害得李塨要以迁居来摆脱他,表明允禵为拉拢人,已不择手段了。

前述允禟、允禵都把允禵西行同册立皇太子联系起来,当时人以及后世评论家也是这样。西行对于允禵的储位究竟是什么关系呢?反映了康熙对允禵是何态度呢?

(甲)康熙钟爱允禵,绝不像雍正说的是厌弃他。

雍正说康熙用允禵,不过是以皇子虚名坐镇,而允禵又是秉性急悍,素不安静的,借此把他打发到远处,免得生事。允禵决不是虚名坐镇的人,在战争中发挥了统帅作用,上述事实已交代了,他确实是如同康熙所说,有统帅才能。当六十年十月令其回京议事时,康熙还指示,若策旺阿拉布坦这时大举进犯,允禵就不要回京,同时前进到肃州指挥。在康熙心目中前方离不开这个大将军,怎么会是为了远远打发他!允禵的出征,只能说明康熙喜爱他,重用他,任何不利于允禵的解释,都与客观实际相背离。

(乙)康熙在培养允禵。

允禵有才能,西藏胜利的事实,雄辩地证明了这一点。允禵在臣民中的威望在提高,如他六十年回京,百官郊迎,阿布兰出班跪接,表示托身投靠,但是允禵的威望也并非很高,李塨坚不赴召,王掞等请复立允礽,说明允禵并没有取得朝野的一致信任。认为允禵是预定皇储的史家,对允禵的威望作了过高的估计,以为他像皇太子被人信奉,不符合当时事实。康熙使用他,培养他,如果条件成熟了,指定为皇太子,当然是可能的。允禵对康熙的培养,作过努力,但不尽如人意。他的亲信何图弟兄根据在西北的亲身闻见,说允禵初去时名声很好,后来开门纳贿、索诈文武官员钱财,手下人也敲诈勒索,名声就很不好了,人人抱怨了。允禵确实捞了不少钱,一次送给允裸二十万两、允禟六万两银子。看来他进取精神并不能善始善终。

(丙)允禵集团为其储位未定而担心,康熙对允禵的考察使他们心烦不安。

五十七年任命允禵为大将军王之后,康熙未对允禵加恩,即以王爵来说,可以说没有真给。出兵之初,为树立统帅权威,以便号令蒙古王公,故给允禵以王的名义,但清朝正式封王,得有王号,如康熙四十八年三月下令封允祉、雍正等为王,允祐、允禩为郡王,到十月才正式册封,分别给予和硕诚亲王、和硕雍亲王、多罗淳郡王、多罗敦郡王封号,可是允禵始终没有赐号,他的奏疏具衔为"大将军王",不及王号,所以允禵不是正式的亲王,类似"假王"。《永宪录》记载雍正元年封允禵为郡王事,下注"未赐封号,注名黄册,仍称贝子"。可见没有封号,只是虚封,实际爵位仍是原来的。这一点,我从康熙对允禵女儿的封爵上找到了证据,五十八年八月允禵女出嫁,封为郡君,女婿为多罗额驸。清朝制度,固山贝子女封郡君,亲王女封郡主,允禵女儿的封号,显然是按其父贝子的爵级授予的,而那时允祉、雍正女封为郡主,是按亲王女赐爵的。这就证明允禵实际上还是贝子待遇。

六十年允禵回京并非主动请求,是奉召的,他的集团成员没有把这看作是好事,允禩说乃父明明不要允禵成功,恐怕将来难于安顿他。表明他们不相信康熙以允禵为继承人,心里总是嘀嘀咕咕,忐忑不安。允禩等为获得康熙的信息,收买太监陈福、李坤,随时报告康熙喜怒动静。他们自知允禵还不是康熙的预定储贰,要达到愿望,需要做各种努力,包括违法探听康熙动向,由此可见,研究者中的允禵预定储君说,不合当时实际,不能成立。

贝子距离亲王,尚差着贝勒、郡王三个等级,至于同皇太子,更不是一般等级的差距问题了。康熙指斥允禩以贝勒身分响望皇太子是不自量力,他的等级观念很强,名分不假与人,不愿随便给允禵以真王,怎么能说已内定他为皇太子。如果照某些研究者那样说法,我想康熙也是不会同意的。

(丁)允礽谋为大将军事不能给允禵预定储君说帮忙。

有研究者以允礽谋为大将军而不可得的事情,与允禵不谋而得作比较,认为允禵得之,是其为康熙预定储贰的证明。我认为这是只看表面现象,缺乏具体分析造成的误解。允礽被囚,谋为大将军,第一步追求的是获得自由,第二步才是凭借两次当皇太子的历史,谋求复位,他之要出任大将军并不就是要当皇太子,大将军和皇太子发生联系,对于他来讲是因为有当皇太子的历史,没有这个历史,就缺乏内在联系。允禵没有允礽那样的资历,他做大将军就不能直接同当皇太子挂钩。只能这样认为,允禵当大将军,有被选中当皇太子的可能,但这两者绝不是等同的关系。

(戊)康熙是否考虑允禵会得到允裪等人支持能顺利继位而选定他为继承人?结论显然不应当是这样的。

有研究者认为康熙看到争夺储位的混乱局面,怕继承人不能顺利接班,而选定允禵就不要紧了,因为他会得到允裪、允禩等人的支持,从而会成功交班。康熙选择皇储的重要标准,是该人不结党谋位,设若以允禵得允裪等支持,则不是鼓励结党谋位吗?是否康熙过于厚爱允禵,标准独对他不起作用,如此,难道康熙就不怕结党谋位带来的严重后果,何必对允礽废而立、立而废?这都解释不通。康熙决不能以允禵与允裪交好作为选中他的一个条件,恰恰相反,对允禵与允裪结党关系,已惩治于前,薄谴于后,允裪患伤寒病,康熙以允禵与允裪相好为理由罚他护理允裪。康熙对他们关系不满意,但又没有看作极严重的事情。据分析,初次废允礽时,允禵年轻,在允裪集团中不是第一二位的人物,因而康熙原谅了他,后来既不选允裪为储贰,对允禵的结党问题就不那么重视了。尽管如此,结党应是允禵通向太子宝座的障碍,而不是有利条件。

(己)康熙要在对准噶尔议和后册立允禵的说法,纯属推论。

有的研究者认为康熙在六十一年进行对准部和议,事成将立允禵为皇太子,只是雍正谋位破坏了康熙这一行将实现的计划。六十一年是有清朝与准部使节往来的事,《抚远大将军奏议》一书记载六十一年十月准部的踹那木喀等五人被送往京城。双方谈判情节不知。清朝连连讲进攻,年年不发兵,对准部主要是采取守势,这时愿意议和,不足为奇。但是议和与立太子是什么关系呢?似乎没有联系,因为康熙晚年不立太子,不会以对准部议和作为立太子的先决条件,再说议和也不是允禵的胜利,不能借此而立他,其实,倘若真要允禵边陲立功,在西藏胜利之后,即可册立他了,何必要等两年后他并未立新功而立太子?还有,即使议和成功,怎么就知道康熙要立太子了?史无征凭,揣测之词,很难成立。

(庚)康熙派遣允禵出征是分散其党、破坏其谋位的妙棋吗?

持雍正合法继位说的研究者中认为允禵远出,是康熙故意分割允禩党人,感情容易冲动的允禵离开京城,不致使政局变乱,减少允禩党人的谋位活动,便于从容安排后事。这样分析似乎不合康熙原意,未见中肯。允禵出任大将王是受重用,不是惩罚,前已说明,毋庸赘述。允禵出征结果,使其声望大增,不是压抑了该党谋位,而是有了更多的资本,所以在部分朝臣中产生允禵是未来储君的认识。康熙安排后事虽是复杂的事情,但远不是非要调离皇子出京才好安排的,设若没有准部的事,不需要大将军,又怎么办呢?我想,西北发生战事,康熙考虑的是赢得战争,派有权威的人去当统帅,是为这个目标服务的,而不是要解决皇子的党争问题。雍正也只是歪曲事实说派遣允禵是康熙厌弃他,也不能说是分散其党,因为没有那样的目的。看来历史事实难于支持康熙以允禵出征破坏党争的妙棋的观点。

总之,康熙对允禵的态度,鉴于他比较单纯、正直、能干,对他钟爱,派他为大将军王,建立功业,有培养的意图,作为选择皇太子的一个人选,但他还不够成熟,又有参加允禩集团谋夺储位的历史,影响康熙对他的进一步信任,所以他是康熙择储的人选之一,而不是理想的、惟一的一个,还不是预定的皇太子,更不是当然的皇太子。

在康熙的皇子中,有人一度为康熙所喜,或有特殊地位,如废允礽以前的钟爱允祥,晚年的重用允祹,对年长的皇五子允祺并不歧视。有必要对这几位皇子分析一番,以便探测康熙的立储意向。

允祥生于二十五年(1686年),生母敏妃受康熙宠爱。三十七年(1698年)至四十八年(1709年),即允祥十三岁至二十四岁的十二年中,康熙南巡、北狩、西幸、谒陵,几乎每一次都带着允祥,为其他皇子所不能比拟,有时带的皇子很少,仅为两三人,也必有他。康熙六次南巡,允祥竟随行四次,康熙爱之何其深也!有几次,只有允祥和允礽,或者加上雍正。就是这些机遇,使允祥同允礽接近起来,甚至可能成为皇太子党人。在第一次废允礽时允祥遭了殃,有关史料被雍乾时期的史官遵照为尊者讳的原则湮没了,现在能知道的是:《雍正起居注》记载,雍正说允祥因允礽之事,"无辜牵连,一时得罪,皇考随即鉴宥";《皇清通志纲要》记载,允祥与允礽、允禵同时被圈禁。事实真象不像雍正说的,康熙没有原谅允祥,因为允礽复立后没有给允祥封爵。应该说,在废太子事件以前,允祥是康熙最喜欢的皇子,不过在废太子事件中的表现令康熙痛恨,从而失去以后被选择为皇太子的可能。

允祺,行五,年长,也得到康熙对年长诸子的共同待遇,参加少量的皇家事务活动,康熙说他心性甚善，为人淳厚，封恒亲王。其王号，表明康熙希望他的王封能永久保持。他自幼由皇太后抚养，皇太后病危，他要求去料理事务，康熙不允，却用允祉、雍正等传旨办事。说明他没有能力，不会得到重用。他对皇太子的位置是无所谓的，不争竞，也不结党。

允祹于四十八年（1709年）受封为贝子，当时不引起人注意，以后康熙出行，他往往侍从。五十七年（1718年）春皇太后逝世，允祹署理内务府事务。康熙在命允禵出师同时，重视八旗事务，命允祹管理正白旗满洲、蒙古、汉军三旗旗务，这是皇子管旗务制度的开始，五十九年裕亲王妃死，允祹奉命去经理丧事，六十一年正月奉派祭太庙，夏至祭地坛，秋分祭月坛，十一月出任满洲镶黄旗都统。看得出来，允祹在康熙心目中的地位在提高，显然康熙也是把他作为一个有才能的儿子来看待的，但是没有迹象要立他为皇太子。

康熙对待皇子的态度，绝非一成不变，总是依据其人的素质、表现调整看法，因而皇子地位有升有降，钟爱者因失宠而沉寂，默默无闻者得宠而名显，年长者总不会吃亏。

在储位之争中，雍正参加并不算早，那是在允礽复废之后，但他后来居上，不露声色，则是他结党谋位活动的特点。

允礽出事的最初时日是允禔得意，接着是允禩的被重用和受权贵的保举，雍正看得清楚：他自己与储位无关，不妨表现得超脱一点，维持既得利益，争取未来处境好一些，为此采取四方讨好的策略，周旋于这场严重的政治斗争中。

雍正继位后说允礽虐待过他，原因是他得到康熙喜爱，允礽嫉妒而打击他。这是给自己脸上贴金，不足相信。雍正与允礽关系平常，既不像允祉、允祥与之密切，又不像允禔、允禩与之对立，允礽被囚禁，雍正作为看管人之一，揣摩康熙对允礽的态度是恨铁不成钢，并不是要把他置诸死地，所以决定不对他落井下石，而要保护他的正当利益。康熙一度不让看守人代转允礽奏言，可是允礽说父皇批评我的话都接受，只是说我弑逆实在没有想过。这话关系重大，允禔不给转奏，雍正说就是代奏得了不是，也要为他去说。此事转奏之后，康熙取消允礽项上的锁链。这件事，允礽直接受益，对康熙正确理解废太子也有好处，雍正这一手讨好了两方，还令众人感到他讲义气，获得好评。

雍正和允礽原有君臣关系，是本分的，应当的，若允禩为皇储，雍正要同他建立新的君臣关系，又不是一个集团的人，与己不利，所以不愿有新太子。但是也不愿站到对立面去，以免将来遭到打击，所以对允禩集团，保持着若即若离态度。允禩手下人马尔齐哈，与雍正关系不错，他成为双方的联系人。允禟、允禵保救允禩时，原也拉他参加，雍正没有应允，但知道他们备有毒药，准备在允禩出事时集体自杀。连这样事都能得知，表明雍正和他们有所默契，不过不是一党。

雍正对康熙表现出一副关切的样子，与允祉一道冒死劝康熙治病是最显著的事例。他在康熙面前给包括允礽在内的诸兄弟说好话，打圆场，企图获得康熙的好感和信任，所以康熙说他度量过人，深知大义。

雍正这样周旋于父子、兄弟之间，收到了联络各方面感情的实效，并获得晋封亲王的好处。但是对康熙的表扬却不接受。康熙说雍正为允礽保奏是伟人行为，雍正否认有这样的事。因为允礽将来究竟如何结局，他不能预料，如果接受表彰，将有太子党人的罪名,那就得不尝失了。于此一事,可见他是工于心计的人,可以说废太子事件锻炼了雍正,为其日后争夺储位积累了斗争经验。

弘旺《皇朝通志纲要》说雍正在首次废太子事件中,与允礽、允禔、允祉、允祺、允禩、允禟都被囚禁过,而西洋传教士马国贤则说在第二次废允礽时,诸皇子被挪听训话,这当然也应包括雍正在内。废太子事件中年长诸子都一度得罪,其情形不详,无法准确说明,有的人是有罪过,而雍正、允祺可能是因年长关系,康熙一度禁闭,怕他们生事。不管怎样,这事不影响康熙对雍正的看法。

允礽再废之后,更多的皇子参加到谋求储位的斗争中,雍正便是其中的一个。在五十二年(1713年)制定了纲领、策略和措施。他认识到这时是"利害之关,终身荣辱"之际,决心参加储位的角逐,争取不世之荣。他相信自己有做皇帝的命,他的属人、福建道员戴铎告诉他,武夷山一个道士算定雍正是"万"字命,雍正高兴异常。马尔齐哈对雍正指天文谈祸福,也是恭维他有人主之分,雍正以此增强自身及手下人谋位的信心。此种迷信心理与允祉、允禩、允禟一样,以为天命所归,就减少谋位不合法的精神负担了。

雍正制定了处理父子、兄弟、朝臣、藩属诸种关系的策略,以争取各方面的好感和支持,建立、扩大自己的力量。康熙英明,雍正因而认为,自己若表现的愚蠢,必然被看不上,弃置一旁;设若聪明过露,又会被认为有野心,可能遭到打击,这两种表现都会使自己与储位无缘。为此,既要表现出有能耐,又不令乃父感到可畏,即不要重蹈允禩的覆辙。对待诸兄弟,要以允礽暴虐为鉴戒,多团结人,使有才能的不嫉妒,无才能的人来依靠。对百官,加意笼络,无论是亲贵、朝官、侍卫、汉人,都要和好相待,以便造成好舆论,影响皇帝。对藩邸人员加以培植,造成自己的嫡系势力,作为斗争的核心。

雍正的活动手段是力图隐蔽,不露痕迹。上述谋位方针许多出自戴铎一封书启中的建议,可是雍正给他的批语却是:你说的虽是金玉良言,但对我来讲一点没有用处,因为我不想图大位。对自己的亲信,尚且如此真真假假,何况对待他人了。倘若真不想当太子,为何不告发戴铎引诱皇子谋位的大罪?雍正这一手,只不过是遮人耳目。

雍正三番五次说他对皇位不感兴趣,故而不收党羽,不树私恩小惠,与舅氏家族,与妻族、和姻亲关系都很平常,与满汉大臣、内廷执事人员没有一个亲密往来的,同兄弟也不私相结交,有的人要投靠门下,还严加拒绝。似乎是没有门户的人,可是他又说像允禩等人那样营谋储位,倘若我不让的话,他们能纠合人,我难道就不能纠合?他们卖私恩小义得名,我岂有不能获取的?自信结党不会落后于他人,其实这才是真实情形。

雍正分封在镶白旗,按照清朝制度,他得有属下人,他们之间在名分上是主奴关系,即使其人出任高官,对本门主人讲也是附属。雍正自决定争取储位,就鼓励、帮助属人谋求官职。戴铎的哥哥戴锦,经雍正派人到吏部活动,出任河南开归道,戴铎在康熙六十一年由广西按察使升任四川布政使,沈廷正由笔帖式任兰州府同知,魏经国为湖广总督。年遐龄曾任湖广巡抚,康熙四十三年已休致,其女为雍正侧福晋,其子年希尧于康熙末以布政使衔署理广东巡抚,又一子年羹尧为川陕总督。雍正为扩充财力,与他的兄弟一样做买卖,如用傅鼐到苏州贸易,还派人到浙江与英国人进行交易。

在藩属之外,雍正违法结交官僚,通过马尔齐哈、年羹尧联络礼部侍郎蔡珽,蔡以学士不便与王府来往辞谢,及其出任川抚,往拜雍正,并推荐左副都御史李绂。雍正乘戴铎往福建赴任之机,命其带礼物送给闽浙总督觉罗满保。

雍正还结交三教九流人物,同喇嘛教内蒙古大喇嘛章嘉呼图克图讲论佛旨,自云受其启迪甚多。在北京西山建立大觉寺,用禅僧性音为住持。雍亲王府邸(今雍和宫)附近有柏林寺,平常与该寺僧往还。白云观道士罗清山死后,雍正特命内务府为其经理丧事,原因是他在康熙末年苦行修持,这不成其理由,显然是当时他们关系密切。

隆科多,前已说过,原是允禔党人,后来他的家族转为允祺支持人,隆科多不再结党,取得康熙信任,五十年(1711年)取代允礽党人托合齐职位,任步军统领,五十九年(1720年)兼任理藩院尚书,六十一年(1722年)十月雍正奉命清查京仓,隆科多为成员之一,可能这个时候成了雍正的人。

废太子过后,雍正与兄弟间交往不多,唯与允祥关系密切,废允礽前,他们一块随康熙出行,一次只有雍正和允祥二人,在一起写字,康熙令随侍大臣观看,所以俩兄弟结交由来已久。允礽废后,允祥失宠,两人仍往来密切,宴集唱和,雍正能随康熙巡幸,允祥只能留在京城,给雍正诗词、书信,后者保存的诗歌就有三十二首。雍正继位就重用允祥,说明这搭档早就建立了。

雍正对其党人严厉控制,不容对他不忠。年羹尧少年得志,没把主子看在眼里,从孟光祖事件中可知与允祉有联络。他给雍正书启,称臣而不称奴才,雍正回批,大骂他是"儇佻恶少",用来书中的"今日之不负皇上(指康熙),即异日之不负我(指雍正)者"的话威胁他,说他引诱自己谋位,拿这个书启做证据,随时可以向康熙告发。并令他将带到住所的弟侄、十岁以上的儿子送回京城,以示惩罚。戴铎不愿在福建做官,想告病回京,雍正说他没志气,鼓励他:将来位至督抚,方可扬眉吐气,若在人宇下,岂能如意乎!即要死心踏地跟着主子谋取高位。

雍正经营的小集团有其特点:形成在康熙季年,比允禩、允禵、允祉等人的都晚;成员不多,要人也不多,与允禩、允禵无法相比,但是他的人员到时都能安排上用场,作用不可低估;活动隐蔽性强,像戴铎的转交觉罗满保礼物,是见其家人,而不作直接的沟通。特别要指出的是雍正利用与佛徒交游掩护他的结党谋位活动。他建设祠宇,与僧衲交友,著作释家语录《圆明百问》,编辑宣扬恬淡避世思想的《悦心集》,把自己装扮成怡情自适、与世无争的"天下第一闲人",令康熙产生他不结党的错觉,也给对手以无能为力的假象。

社会上总是传说允禩、允禵、允祉如何如何,大有被册立之势,允礽的皇太子的历史资本也没有被人忘记,而雍正则不为人传颂。他的属人深感不安,五十六年戴铎心急如焚,向雍正建议:台湾道员可以管兵马钱粮,何不帮他谋得这个职位,将来争储失败,好有一个退路。他这么悲观,除表明雍正集团势力还没有发展起来,也是这个集团的隐蔽活动方式尚不为人所知造成的,而这对它的未来的成功很有好处。雍正看到戴铎图谋割据台湾的建议,可以设想他的心情是何等地凄凉,他的事业发展得并不顺利。而当得知允禵笼络到程万策后,嘴硬地说"我辈岂有把屁当香闻之理",在表示蔑视他们之外,能不为对手势力的膨胀而心焦吗?他登极后说他经历世故多年,动心忍性处实在不寻常,这倒是实情,他经受了磨炼,也锻炼了能力。

顺、康时皇子多交由内务府官员抚养,成长之后,往往将抚养之家的产业给予该皇子,允禵、允祹都养育在官员之家,雍正则在宫中长大,由皇贵妃佟氏抚育。佟氏为佟国维之女,隆科多之姐,康熙二十八年(1689年)病危册封为皇后(孝懿仁皇后),雍正认她为养母,而其生母乌雅氏出身寒微,不能为其增添光彩,所以雍正愿意认佟氏舅家,而对亲舅家反倒关系平淡,这是他争取隆科多的机缘,可是因此同生母德妃的关系蒙上了阴影。

雍正从学于大学士张英、尚书顾八代、学士徐元梦等人,并将清代考据学开创者之一的阎若璩请在贝勒府中,又同僧衲为友,是以儒学、佛学均有根基。奉命教习裕亲王世子保泰,显然康熙了解他的学问。他的书法精好,而且仿效乃父笔体书写,得到康熙的赞赏,每年令他写扇面赐人,多达一百余幅。他有才能,并得到康熙的承认。

对于雍正的品行,康熙在四十七年说他幼年有些喜怒不定,又教育他遇事"戒急用忍"。喜怒不定与戒急用忍,指的是雍正一个毛病,就是毛躁,容易冲动,感情用事,说过头话,办过头事。毛躁对于一个人不好;对官员尤其不好,所以考核官员标准,有一条是浮躁,若有了这条评语,官就不好做了;对于一个皇帝,影响更大。康熙批评雍正急躁是按照对皇子的要求而言的,雍正深知这事的重要,当康熙旧语重提时,回奏经父皇教诲已经改正,而今已过三十岁,这个评语关系生平,请不要记在档案里,康熙接受了这份请求。雍正在结党谋位时动心忍性,真是戒急用忍,喜怒不形于色,他之讲禅学,大概也是用它帮助自己克服那个毛病。他成功了,取得了康熙的谅解,这个缺陷不会影响对他当皇太子的选择,但是雍正做皇帝以后自我克制减少了,老毛病不时犯出来。

康熙和雍正的父子感情不断亲密。前面说过,雍正与允祹劝谏乃父治病,康熙非常满意,在痛惜嫡子被囚而己身生病之时,因有儿子加以慰藉,当然感念于怀。据《清圣祖实录》记载,早在四十六年十一月雍正请乃父临幸府园进宴,随后允祹也请乃父。统计《实录》资料,康熙先后去雍正的圆明园和热河狮子园十一次,六十一年多达三次,其中一次是诸皇子公请,但假座于圆明园,显然这时雍正园苑为康熙乐去的地方。有一次是雍正把乾隆引见给康熙,一时三皇帝交谈,为皇室佳话。康熙不只是要雍正帮助书写扇面,他给雍正写过许多匾额,如写"为善最乐"匾额,并配以对联:"种德在宽仁,俾昌尔后;立身睢忠孝,永建乃家",雍正把匾额悬挂在雍和宫书院正室太和斋。康熙与允禩关系紧张,诸皇子对允禩态度,也成为对康熙的态度。允禩患伤寒病,康熙在秋狝回京的路上叫雍正派人去探视,后来雍正以允禩病重,先回京看望,康熙因此说他把护驾的事搁在一边,那么关切允禩,大概也是一党,就罚他同允禩一齐料理医药事务。其实雍正以为乃父关怀允禩,才表现出积极态度,及至知道错会乃父之意,赶忙到乃父面前说自己不知轻重,请求治罪,从而取得康熙谅解。雍正做皇帝后,回忆往事,说偶尔有不能让康熙满意的事,大约就是这类事情。雍邸伶人徐彩官打死人,本应抵罪,康熙只判了流刑,显然是为照顾雍正,不使他丢面子,和在孟光祖案上顾恤允祹是一个意思。康熙给雍正王爵赐号"雍亲王"中的雍字,有多种含义,大约是取的和睦的意思,他们父子关系和好,虽偶有小疙瘩,但很快解除,双方感情向亲密方向发展,到康熙季年尤甚,六十一年乾隆为康熙钟爱之后,更发展了这种关系。

雍正管理皇室寿庆丧葬祭祀事务,至康熙末年比较重要。康熙三十九年(1700年)皇太后六十大寿,雍正主管进献寿礼事务,考虑周详,礼品得当。三十五年、四十五年雍正先后至遵化,主持孝庄文皇后陵的祭奠。皇太后病危时,雍正和允祉代传康熙谕旨,及至病逝安葬东陵,康熙不能亲去,由雍正宣读祭文。康熙登极六十年大庆,亲去遵化东陵祭祀,雍正率领允祹、诚亲王世子弘晟往祭盛京三陵。同年康熙圣诞,雍正奉命祭太庙后殿。

雍正参与国家事务。康熙第二次亲征噶尔丹,雍正执掌正红旗大营。三十九年随从康熙检查永定河工程,发现质量问题。五十二年顺治淑惠妃死,康熙祭奠,发现祭器祭品粗劣,命雍正查究,雍正找出应负责任官员如实奏报,使得光禄寺卿、工部尚书、侍郎、内务府总管等官员受到革职、降级、罚俸等处分。五十六年,雍正同允祉等查处盗发明陵事件。康熙末,曹之璜勒索工部官员银两,在宫嫔常在丧事中,赶打轿夫,致使棺木落地,雍正奉命审理此案,考虑到宦官索诈之事太多,不用重法,就不能煞住这股歪风,于是给曹按大不敬律判处死刑,监候执行。六十年会试,贡士以录取不公哄闹考官府第,雍正奉派与允祉率领大学士王顼龄等复核中式原卷。同年冬至,雍正主持圜丘祭天礼。六十一年,因通仓、京仓仓米发放中弊窦丛生,康熙命雍正率领世子弘昇、公延信、尚书孙清齐、隆科多、查弼纳、公吴尔占等清查,雍正等检查仓粮存放,建议严格出纳制度,增建仓廒,厉行奖惩制度。十一月初九日,以冬至将临,雍正奉命到南苑斋所斋戒,准备代行祭天仪式。康熙对祭祀,特别是祭天,历来看作国家大事而加以重视,身体好时,都亲自进行,尤其是祭天等大祭,不用人代,他说天坛大祭,必亲祭方展诚心,五十年冬至虽有小病,仍坚持亲行,五十六年冬至大病,派公马尔赛代祭,而自身尚行斋戒。所以雍正连续两年代行祭天,对他是件大事,反映康熙对他的看重。

雍正办事的特点是认真负责。事无大小,凡康熙交办的,必克尽职守,办理完善。在他的办事中,透露出严肃执法的精神,主张奖惩严明,对违法者,渎职者,不循情面,该揭发的、惩治的,绝不宽容,为的是严肃法纪,吏治澄清,提高行政效率。他这样做是有意识的,因为他主张严威政治,四十八年春天随从康熙游猎于白洋淀,康熙痛责与允禩结党的鄂伦岱,当时没有结党的雍正说,皇父圣体刚刚好,不值得为这种人烦恼,对乱臣贼子,自有国法,若把他交给我,立刻就把他诛杀了。结合他判处曹之璜死刑事例,可知他会说到做到,他的这种主张,戴铎看得明白,对李光地比较了雍正、允禩两个人的作风和政治观:允禩柔懦无为,不及雍正聪明天纵,才德兼全,且恩威并进,大有作为。他是为雍正说项的,希望李光地在康熙面前保荐雍正,但是他对两人的比较是中肯的。允禩是以仁义为纲领的,但讲仁义的多属维持现状,不讲求进取;雍正与他针锋相对,讲恩威并施,实质是整饬积习,振作有为。由此可见,储位斗争中,不同派别的皇子中有不同的政治纲领,这也是储位斗争成为政治斗争的一个内容。话说回来,雍正以严威政纲而有自己的特色。对有作为的官僚会是一种鼓励,不过一定会为多数官僚所不喜,这可能也是他不为舆情所注意的一个原因。

康熙拿他的选择储贰的原则分析雍正,认为他没有结党谋位,他说雍正可能是允禩一党,实际并不认为他们是一党,不过是一时气话而已。在他看来,隆科多原来不是雍正党人,这时没有结党;年羹尧与允祉有牵扯,显然不是雍正贴心人;蔡珽等受雍正拉拢,是在康熙去世前不久的事,不会想到他们的结合。雍正的隐蔽活动,欺骗了康熙,把他排除在党人之外。有研究者认为康熙知道雍正结党,但有意识利用他去对付允禩党人。这样分析不见得符合康熙心理,因为康熙严厉反对皇子结党,怎么能用一党反对另一党?再说允禩党团势力大,也不是到了康熙无法处置,非要借助于另外一个皇子党来扼制它的程度,康熙说不立允禩就不立他,他无能为力,康熙何需采取那样制造政局混乱的加强党争的措施。康熙是讲宽仁的,按说不应欣赏雍正的严威,可是他也知道当时待料理的事情很多,有一个雍正那样的后继人来弥补一下,未尝不是好事。对于父子间的关系,康熙表示满意,说雍正能够体会自己的意思,有爱戴之心,又能殷勤小心,是真正的孝顺儿子,这一点又符合了他选择太子的条件。如此看来,康熙心目中的雍正是有能耐的孝顺的好儿子,可以作为皇储的一个候选人。

明了康熙对各个皇子的态度,可以对皇储问题作一番综合分析了。

康熙五十六年冬季百官奏请建立皇太子,康熙于十一月立了一份遗言,完全没有涉及皇太子人选,下令搞了一份皇太子礼仪,搪塞了诸臣的建议。康熙在允礽之外没有册封过皇太子,允礽复废后储位始终虚悬。康熙认为没有皇太子并不要紧,他从历史上找到依据:清朝没有这个习惯,清太祖、清太宗都没有预立皇储;宋仁宗三十年没有立太子。

康熙不再立储,有三方面的考虑:第一,没有合意的人选。太子是国本,应当慎重选择,特别是有了废黜允礽的教训,更知立非其人关系的重大。他对诸皇子不甚满意,四十七年废允礽告天文书中说徒有众子,都不如他,五十二年又说众皇子学问见识不坏,但不一定能在复杂政争中把持得住。第二,国家只能有一个君主,不能要太子分理国政。他认为太子年长,身边难免有小人,会结党,不能尽子臣之道,会和皇帝发生冲突。在事实上,自立允礽后,分散了皇权,康熙不能容忍,他说诸皇子滥施威福,是分了他的威柄,而大权所在,岂可分毫假人,更不愿给名正言顺的皇太子了。废允礽后若再立太子,康熙年老多病,从生理上讲需要太子协理政事,诸臣也是这样建议的,可是康熙坚持天无二日,民无二主,天下大权,当统于一的观点,这样还是以不立皇太子为好。第三,防止皇子间结党。康熙看到儿子们长大了,分封了,各有属人,可能各自谋利益,若立了太子,正是大家攻击的目标,将会出现不停的党争。这里要多说一句,认为康熙以允禵、或雍正为继承人的两派研究者中,皆有人认为康熙安排后事的妙棋是支持中意皇子的党争活动,这背离了一个基本事实,即康熙反对皇子结党,结党的皇子是他的叛逆,怎能鼓励他结党谋位,又怎能选择其为继承人!康熙何其厚爱允禵如此,或者康熙何其厚爱雍正如此!都说不通。

在废太子子目里说到康熙选择皇太子的标准,在以后的实践中,康熙丰富了它的内容。首先是反对皇子结党谋位,册立皇太子一定要皇帝独断。他深知结党谋位的危害,将会造成皇帝与太子、太子与诸皇子以及诸皇子之间的矛盾斗争,将大臣卷进来恶化朝政,将出现朝臣拥立太子而日后借以擅权的危险。结党谋位也是剥夺皇帝特有的立太子的权力,康熙要保卫它,从刘邦立太子受吕后干预,唐太宗立李治必须获得长孙无忌支持的历史中吸取了教训,五十六年讲到这些事,深以为耻,竭力避免落入同样的命运。康熙初立允礽时,不可能出现结党谋位的事,别的朝代立太子一般也不存在这个问题,康熙朝由于先出现了太子结党,接着有废太子事件以及伴随而生的诸皇子结党争夺储位,这种实际情况,使康熙不得不以是否结党图位作为选择继承人的基本条件,先决条件。其次，康熙要求继承人要能做到诚孝。据《清圣祖实录》记载，康熙在五十二年说，"今欲立皇太子，必能以朕心为心，方可立之"，以"朕心为心"是有丰富内容的严格标准。古人讲孝，父母想要吃、穿、用的东西，要办的事情，还没有说出来，儿子先想到了，给老人预备了，筹办了，甚至父母没有想到的，儿子想到了，去做了，这样符合父母的心思，才算得上纯孝。康熙经常对儿子们讲孝道，说宋孝宗孝敬太上皇宋高宗，明宣宗奉事母后，但认为他们还做得不够，宋孝宗是定期朝见宋高宗，而自己服侍皇太后五十年，有事随时去商量，无事也是不几天就去看望，表现出天伦至性。他说的以朕心为心就是要皇储有这种纯孝：能体会皇父的思想，以其意志为意志，想皇父之所想，做皇父之所欲做的事，所以孝道是康熙立太子的重要标准。复次，皇太子要有才能。康熙说他的后继人应当是"坚固可托"的，就是讲的这个条件。皇帝要当好，要能保持清朝的江山，没有才能当然不行，否则天下就会大乱，臣民就要遭殃，这是康熙所极不愿意看到的，也关乎着他的声名，所以必然要有这个条件。

康熙不立皇储，但是这样的大事那里能够忘怀，他总是依照自己的标准，盘算着选那一个儿子为储君。那些从来默默无闻的皇子不在他的挑选范围，结党谋位的允礽、允禩、允禵、允祥给排除掉了，剩下来的年长皇子、少壮皇子、钟爱之子应该是他的考虑对象。康熙晚年所要选择的继嗣，不出雍正、允禵、允祉三人。我在《雍正传》中说："胤祉以年长有学识赢得康熙的重视，然无政治远谋和行政才干，很难是理想的太子；允禵有才有功，处于要职，应该说是康熙选择储贰的目标之一；胤禛以年长有才能及善于体会乃父的意图而获得好感，尤其在康熙季年得到重视，也可能是皇储候选人之一。"现在还是这个看法。这里要补充的是，康熙最后几年，允祉离太子宝座的距离远了，六十年、六十一年上半年不立允禵，他的光明前程有了阴影，胤禛在康熙心目中的分量似乎有增加。而有能力竞争皇储的，也就在于雍正、允禵这对同胞兄弟。由于康熙没有明确宣示过太子人选的意向，所以我这里只是一种分析，不敢说完全符合康熙心意，不过自信不会相差太远。

<h2 style="text-align:center">三</h2>

康熙于六十一年（1722年）十一月十三日晚突然死去，享年六十九岁。康熙是因何而死？涉及胤禛继位是否合法，当时朝野及社会议论纷纷，直至今日，也未得到令人信服的有力证据说明此事。使它与"太后下嫁""顺治出家"，成为清朝前期的三大疑案之一。

前文提到，皇太子两度被废，诸皇子争夺储位弄得他心力憔悴。第一次废太子后，就连续多日失眠，接着就生病，康熙五十四年（1715年）十月，他自己说，右手麻木，不能拿笔写字。五十六年（1717年）再废太子后，他又说"过伤心神"，大感不及往时了，这年的"秋狝"没有举行。入冬以后，腿膝疼痛，咳嗽声哑，头晕频发，心神恍惚，双腿渐肿，步履艰难，行动必得人扶。年末，病势加重，遍体沉重，心中烦躁，连续失眠。五十七年（1718年）整个春天躺在病床上，病状如前，心悸加剧，一阵心跳后，"容颜顿改""手擅头摇"，双目看物亦渐困难。

这一年因西部兵事起，不得不带病临朝，操持西征各项军务，书写诏书，手臂颤抖，十分困难。五十九年(1720年),西部军事取得胜利,西藏形势稳定,康熙心情稍舒,病情好转。六十年春主持登基一甲子各种庆祝、祭典活动,并两次巡游塞北,与胤禛、允祉等皇子行围。六十一年(1722年)八月,再次行围。十一月初七日生病,由南苑回畅春园,派四阿哥胤禛至南郊举行大把,为康熙祈福祈寿。胤禛遵旨于斋所至斋,多次遣护卫太监至畅春园请安。十一、十二两日康熙都传谕"朕体稍愈"。

然而,十三日零时,康熙病势加重,命胤禛"速至"。零晨,召允祉、允□、允祐、允禑、允祺、允祹、允祥、隆科多至榻前,谕曰:"皇四子(胤禛)人品贵重,深肖朕躬,必能克承大统。若继朕登基,即皇帝位。"胤禛闻召驰至,于上午巳刻(九至十一时)"趋进寝宫,上告以病势日臻之故"。当天,胤禛又数次进见问安。戌刻(十九时至二十一时)康熙去世。

从记载看,康熙所得之病是"偶患风寒";又说"本日即透汗"(指初八日);至十二日胤禛每天几次问安,康熙还说"朕体稍愈";至十三日上午,胤禛进寝宫,康熙还清醒地告诉他自己的病情一天天加重等情况;而至当天晚上7点后就突然去世了。所以,康熙之死的细节是不怎么清楚的,死得也太突然,故而引起当时至今的议论。

当时最为盛传的死因是:"圣祖皇帝在畅春园病重,皇上(指新皇帝胤禛)进一碗人参汤,不知如何,圣祖皇帝就崩了驾,皇上就登了位。"这是说,康熙是胤禛进参汤下毒药死。

此说流传虽广,但实际上很肤浅,袭自历史上一般的宫廷毒杀、篡权的演义,只能供街头巷尾的消遣。像康熙那样的坐了六十余年天下的皇帝,一饭一菜、一汤一茶入口都要经过极其严格的查验,何况在满朝注意力集中的时刻,为康熙进汤,能下药谋害,根本是不可思议的。

更何况康熙是不喝参汤的。康熙五十一年(1712年),江南织造曹寅病重,苏州织造李煦上折请求御赐药剂,其中有人参,康熙谕:"南方庸医,每每用补剂,而伤人者不计其数,须要小心。曹寅原肯吃人参,今得此病,亦是人参中来的。"康熙五十七年(1718年)又说过:"南人最好服参,北人于参不合,朕从前不轻用药,恐与病不投,无益有损。"康熙首先认为用参"伤人",再认为北方人尤其"于参不合",所以他根本就不食人参,如何肯服参汤?即使要药死他,熟悉他的生活习惯的儿子,也不会愚蠢到在他不肯吃的东西上下毒。皇帝的习惯在宫中就是制度,谁又敢违反皇帝至关生死的习惯与制度,而能为皇帝进参汤呢?

看来,说康熙食参汤被害的人连康熙的禁忌都不知道,显然袭取过去的一般说法,也不要负什么历史责任地随便说说。

还有的人从胤禛关于授命继统的自我表白上分析出漏洞:一是既然康熙临终授位于皇四子,为什么不让皇四子本人知道?二是康熙直到临终前都没有更衣,直到康熙死了之后,皇四子才"恸哭仆地。良久乃起,趋至御榻前,趋至大恸,亲为圣祖更衣"等。认为康熙不可能死在十三日,自己的病情不那么严重,所以没有必要更衣。而康熙死时皇四子肯定在离病榻不远处,此外还有一个隆科多也在榻前。是"胤禛有可能向皇父说了什么,康熙帝是在情绪波动太大的情况下突然死去的"。

就是说,康熙在授命继统问题上,并非授之于皇四子胤禛,而是要授于别的皇子,如皇十四子允禵。结果,允禵远在西陲军前,而皇四子胤禛知道了这个决定,在康熙病榻前与皇父"说了什么",使康熙"情绪波动太大",才突然死去的。

这种说法是在认真阅读分析历史资料的基础上提出来的,应是有见地的说法。但是,这个观点联系到继统问题,如果康熙授命的继统者没有确定是皇十四子,胤禛就不能同康熙在御榻前发生什么争论,康熙也就不会因情绪波动太大而突然死去了。

这种说法在野史上就言之凿凿了。许多野史,秘闻、秘录、演义、故事之类都说,康熙早把皇十四子定为继大统者,写有《遗诏》密藏。

康熙病卧畅春园,御医诊断说"皇上脉象无妨"。而康熙自认为不会速死,但也对"脉象无妨",不久还能痊愈"将信将疑"。于是,他想快些把继位大事定下来,便让御前侍卫阿达色到青海送信给皇十四子允禵,让他即刻回京侍疾。

阿达色走后,皇四子与隆科多勾结一起,又威胁畅春园协理太监梁英,支走值班的皇子和侍卫,偷改了康熙的遗诏。康熙等不来皇十四子,又眼见病榻之前皇四子、隆科多的改诏劣行,一气之下而撒手归天。

这等演义小说,只要生动吸引人,捕风捉影,编造离奇,自不必与之深究。

总而言之,根据可考的史料分析,康熙是心脏病暴发而突然死去的。康熙在位60年之久,虽然习好骑射、围猎之类体育活动,但终因为政十分辛苦,劳心用脑,就易得心脑疾病。而五十四年后,因废太子和诸子争储事件,使他大伤心力,于是就得了心脏病,当时的病症便是"右手麻木",不能写字。后来头晕之状渐重,心悸厉害,一阵心跳之后,"容颜顿改"。再后来心脏症更加明显:长期失眠、腿脚浮肿、手颤头摇。

最后一次病卧畅春园,"偶冒风寒"是不错的。但正因为是一般感冒,所以没引起御医和众人及康熙本人的重视,只是让他发汗,"透汗"后,以为可以望好。岂知老年人愈是"透汗",身体就更弱。在卧榻上,康熙依然要处理许多事务,依然未想到就死,因为他已病了多年,时好时坏,就不大注意了。结果,心脏病发作,死在病榻之上。何况,心脏病在当时根本无特殊方法和特效药能治得好,说死就死;时至当今,有多种方法和灵效药医治心脏病,但该病仍然是死亡率最高、最速的疾病之一,仍然是说死就死,谁能确保防范,这种病又哪管你是贵贱贫富?

若是平民百姓,死就死了,谁去考究?心脏病,死就死了,可能睡一觉就再也醒不过来了,有谁去问?很正常。唯独康熙、唯独皇帝,怎么死了,也得考究一番,有几个皇帝死了不考究的?何况康熙之死,有很多疑问没有得到答案,皇四子、皇十四子就是一篇最好的考究素材。所以,康熙之死无人考究才是不正常的,发生疑问、议论,成为永久的话题,才是正常的。

四

康熙一死,虚悬多年的嗣位问题就得立即解决,因为国不可一日无主。继康熙之位的便是皇四子胤禛,他即位之日是康熙六十一年(1722年)十一月二十日,即康熙死后的第七天。他颁诏天下,以明年为雍正元年。然而,他一登极嗣位,对他嗣位是否合法,便发生了轰动性的议论,同时也发生了许多或明或暗的斗争。

史载,康熙终前,胤禛从斋所被召至畅春园康熙病榻前侍疾。其夜戌刻,康熙驾崩,胤禛"哀恸号呼,实不欲生"。此时,步军统领隆科多宣布了康熙的授命继位的遗诏。胤禛听罢皇考遗诏更加"惊恸""昏仆于地"。而诚亲王允祉等向胤禛叩头,劝他节哀,他才"强起办理大事"。

随后,由隆科多保护,胤禛先回紫禁城准备迎接皇考遗体。当天夜里,载运遗体的銮舆由侍卫、诸皇子、太监等人扶入乾清宫,胤禛作为太子和新君率领迎接,带头哭临。

同时关闭九门,由隆科多亲自布置京城保安,以后九门共关闭了六天。十六日颁布遗诏,颁布丧事办理礼制和程序。十九日,新君以登极遣官告祭天地、太庙、社稷坛,京城开禁。二十日,雍正御太和殿登极,受百官朝贺,颁布即位诏书。诏书宣布继承皇考法规,不作政制变更,期望昆弟子侄"一体相关,敦睦罔替,共享升平之福",并宣布"恩赐款项"凡三十条。二十八日,诸王文武大臣拟上大行皇帝谥号,雍正刺破中指,以血圈出庙号"圣祖"二字。十二月初三日,遗体送入景山寿皇殿停放。

十二月初九日,孝期将尽"四期",雍正按制释服,移居养心殿。至四月十一日,康熙遗体送至遵化山陵,胤禛御乾清门处理政务。九月,雍正再次去遵化,安放康熙遗体入地宫,定墓名为"景陵",完成了康熙的葬礼,新皇帝可以安心坐殿了。

表面看来,河清海晏,风平浪静。连雍正本人在送康熙梓宫去遵化山陵后,即写信告诉年羹尧说:"山陵入庙大典,诸凡如意,顺遂得十成尽力尽礼。"然实际上在一派升平之中却暗行着纠葛、动乱和杀机。

主因还是来自康熙诸皇子争夺储君之位的症结未解,虽然雍正按他宣布的"遗诏"坐上皇帝宝座,而诸皇子及其势力还要夺回皇位。他们向雍正攻击的第一个回合,就是说他宣布的"遗诏"是假的,遗诏是雍正一伙篡改而成的。十四阿哥及其拥戴者则进一步说,皇父留下的真诏书是让十四皇子继统,因此要夺回被雍正篡夺的皇位继承权。

史书说,当胤禛自斋所被召至畅春园,等到康熙宾天,哀恸不欲生,隆科多"述皇考遗诏"之时,在场的诸阿哥允祀、允禟、允䄉等当即就发作了,认为那个"传位于四阿哥胤禛"的"遗诏"是隆科多编造出来的。于是,在康熙未冷的遗体前大闹了一场,还说动手打了起来,隆科多身为九门提督、步军统领,自然身手不凡,出手制住了允禟等人,又把遗诏放于灵前,诸阿哥才不敢继续胡闹。然后,才由隆科多保护,送胤禛回了大内。接着隆科多就封闭了九门,胤禛也宣布,没有令旨诸王(实指诸皇子)不得进入大内。

第二天,胤禛宣布主要的命令是:令"大将军王允禵二十四日驰驿来京";收缴康熙的朱批谕旨,有敢私自隐匿、焚弃、存留者"日后发现,断不宽宥,定行从重治罪";还晋封延信为贝子,命他立即驰驿赴甘州(治所在今之甘肃张掖),雍正给他的命令是:抵达甘州把允禵处的所有奏折、朱批谕旨、家信全部收缴封固奏送来京。不要手软疏忽,不要让允禵留有部分不交。若在路上遇见允禵已在还京,"勿将此谕稍有泄漏。"胤禛为何要急着令允禵还京?又为何急着收缴康熙的朱批奏折?当时就引得舆论纷纷,大家说这是要把十四阿哥调回京来管束、杀害,免得他拥有兵权在外起兵;而收缴朱批,是害怕他自己篡位的马脚败露在康熙的朱批谕旨或与允禵的往返家书之中。

且说驻扎甘州的十四阿哥允禵,他远在甘肃,最担心的是京中有变远水难解近渴。他担心之事果然发生,先是阿达色带回父皇让他"即刻回京侍疾"的谕旨,随后又看到辅国公延信传达新君四阿哥要他还京奔丧的命令,他又是悲伤,又是愤恨。他毕竟是数十万大军的统帅,而且在军中指挥战争四年有余,最后是愤恨压过了悲伤,决定率领部队进京问"老四"矫诏篡位之罪。

允禵率领数千精锐返京,当行达直隶境内,为直隶巡抚李维钧所阻。原来直抚李维钧是年羹尧的心腹,年向朝廷密奏原直抚赵之垣"庸劣",而被撤任,雍正一登基便听从年的保奏,启用了李维钧,李维钧以"天子新丧,嗣君已立,率兵入京有背大礼,有失人心",及"京城重兵防守,九门提督隆科多手握军权"等情震慑允禵,使允禵不得不将所部军队留在保定,只带随从卫队入京。

允禵入京即向礼部和内务府提出二道咨文,要求先叩谒先帝梓宫和母后,让他们作出安排,雍正答应了允禵的请求。

当时康熙的遗体装殓后尚在景山寿皇殿停放,允禵赴灵前哭拜,雍正亦作陪同拜。允禵望见这个夺走自己皇位的四哥,如同仇敌,血红的双眼瞪着,一声未哼。

"十四阿哥!"雍正首先打了招呼。

允禵依然瞪着眼,没有动弹,也未回话。此时,侍卫蒙古人拉锡见这形势不对,怕闹出大事来,赶忙趋向允禵,拉他叩见新君。

"臣在!臣叩见皇上!"允禵十分勉强地向雍正行了礼。

临离开寿皇殿时,允禵心里憋得难以抑制,但又无法发泄,画蛇添足地向雍正说:"我是皇上亲弟,拉锡乃掳获下贱,若我有不是处,求皇上将我处分,若我无不是处,求皇上即将拉锡正法,以正国体!"

雍正闻此并未说什么,心里想:"真正气傲心高,看怎么收拾你!"

随后,允禵又拜见了母后皇后。母亲天性,更爱的是幼子。允禵出征西陲,四年多未见,皇帝便落到大儿子头上,而且轰传康熙遗诏是小儿子继位,被大儿子篡改夺位。这次相见,就格外怜爱允禵。但是,宫中耳目众多,又怕说穿了对幼子不利,所以那次相见,母子心照未宣,话也不多。相见后互问了寒暖,说了些西征的情况,转入正题后,母亲安慰儿子:"你和老四都是我的亲骨肉,哥俩千万别闹别扭!"允禵也只得委屈称是。临别时母亲一再嘱咐:"去拜拜当今皇上,别失了大清礼数!"允禵再次答应,叩头出宫。

最后是按君臣大礼去叩见皇帝,史称这次相见,"机锋大露"。

允禵一进太和殿,一眼望见的是金碧辉煌的御座和御座上端坐的雍正。本来打算虚应故事,敷衍过去就算了。但见到金殿情景,想到御座为座上的政敌夺去,自己称臣跪拜,想到以后的君臣生活,自己皇帝美梦的飞灭,这位"大将军王"的热血奔涌了。

允禵身不由己地下跪:

"给皇上请安!"

下面应该行君臣三拜九叩大礼,但允禵站起来两眼瞪着御座,竟再也未跪下去。

他仅仅行了个兄弟相见常礼。在金銮殿里,御座之前,这是绝不允许的,尤其是第一次在这里面见新君。

雍正见他的面色和礼数不对,想到自己毕竟是胜利者,对亲兄弟,就谅解了吧。谁知不待他说话,站在御座前的允禵却说出了太不应该说的话:

"我这次回来谒灵,想不到你当上了皇帝!"

雍正一听对方挑战,立即冷冷地反问:

"那你想到的应该是谁?"

"我不清楚。皇阿玛清楚,有人心里更明白!"

"你不清楚是你自己的事,现有大行皇帝皇阿玛的遗诏在,你不清楚可以自己去看!"

允禵一听雍正抬出遗诏压他,正碰上火捻,当场就要揭露他的篡改行为。但转念一想,自己毕竟又无真凭实据,也无父皇让他继位的任何文件,甚至连口头上的许诺也没有一言片语。于是,他语塞了,无可奈何地低下了将军之首。

雍正也怕他还会再说些什么,或许逼得他当场给亲弟弟定罪才罢,那也是很不体面的。于是赶紧转移话题:

"西边的军情怎样?"这是君让臣述职了。

其实,随便说说也就过去了。但是,不知怎的再次激起了允禵的火气,因为他肚子里确实有无名之火:自己出征四年,反让身无片功的雍正抢了皇位!于是他急不择言:

"年羹尧的密报不都向你说了吗?"

雍正听了此言,可真的发火了,因为此事不是"遗诏",皇帝向臣子"垂询"供职情况,本是天经地义。于是他高声回答:

"说了! 他说你擅离职守,私带军队回京闹事!"

"既如此,悉听大皇帝下旨治罪!"

皇帝的御旨很快就下发了,干干脆脆的十一个字:"旨:允禵削去王爵,仍存贝子。"

雍正元年(1723年)四月初二日,雍正亲送康熙遗体至遵化山陵,安放享殿。雍正下旨让允禵为守陵大臣,命他前往。允禵不服,雍正传旨训诫,在允禟的劝说下允禵受命。事毕,雍正返京,留允禵看守陵墓,并令人管束,把他囚禁在那里。

当此之时,诸皇子大都站在十四阿哥允禵一面,对雍正登极愤愤不平,皆认为他篡改了遗诏;满朝文武、朝野上下也议论纷纷。

康熙宾天的第四天,雍正公布了所谓大行皇帝的"遗诏"。其内容是康熙五十六年十一月预作的遗言,篇幅很长,此不照录,大体是说,自十年前身体觉着不好,"恐前途倘有一时不讳,不能一言,则吾之曲衷未吐,岂不可惜"。因此十年以来就酝酿着要说今天说的"遗言""此谕已备十年,若有遗诏,无非此言"。"遗言"到底说了什么? 实际上要紧的事,即谁来继位的事,一点也未说。只是总结性地谈了他自己一生的事,说到立遗诏定大统时,举了汉高祖传遗命于吕后、唐太宗定储位于长孙无忌,认为这种做法不好,"朕每览此,深为耻之",为什么呢? 他怕百年之后"或有小人希图仓卒之际,废立可以自专,推戴一人以期后福。朕一息尚存,岂肯容此辈乎?"据说,康熙当年立了这个遗言之后,大学士们感到很茫然,这个遗言什么也没说,算什么"若有遗诏,无非此言"? 因此缮写完后仍问康熙:"此外有何应存之处,恭候皇上指示。"康熙回答:"朕言不再之语,已尽之矣。"

总之,雍正颁布的"遗诏"就是这个"遗言"。但他颁布的"遗诏"中却多了最关键的内容:"皇四子人品贵重,深肖朕躬,必能克承大统,著继朕即皇帝位。"就是说,这个"遗诏"把"遗言"抄录,加了个授命皇四子继承大统的尾巴颁布出去。

当时,熟知康熙五十六年"遗言"的臣工还大有人在,大家见到"遗诏"与当年的"遗言"在立储的关键问题上不一样,所以"矫诏篡位"之说便传播开来。

"篡位"，篡谁的位呢？不言而喻，自然说的是篡夺了十四阿哥允禵的位，允禵应是合法继承人。当时就有人说："圣祖皇帝原传十四阿哥胤禵天下，皇上将十字改为于字篡了位。后来又有人说：康熙第十四子胤禵，原名"胤祯"，康熙的遗诏是"皇位传十四子胤祯"，雍亲王的名字也不叫"胤祯"，他把遗诏"十"字改成"于"字，"祯"字改成"禛"字，而又临时说自己的名字就叫"胤禛"。遗诏改后成了"皇位传于四子胤禛"。

此种宣传实际上是在玩文字游戏，熟习清代皇子书写制度和文字用法者不会相信，但宣传于大众之中，舆论就轰动开来。清代书写皇子，一定要在第几子前加一"皇"字，绝不许变动，如"皇四子""皇十四子"，不能说"四皇子"，这是制度。说"皇位传十四子"，十四子前没有皇字，根本不合制度；若加一皇字，则变为"皇位传皇十四子"，而若要把十字改为于字，遗诏则势必变成"皇位传皇于四子"，根本不通。

更为明显的是："于"字在当时不与"於"通用，当时要说"传位给谁"，必然是"传位於谁"，原文就应是"皇位传於皇十四子"才是，那还怎改呢？显然说雍正改诏篡位是不可能的。

至于说雍正原名不叫"胤禛"，为把"胤祯"改为"胤禛"才现说自己就叫"胤禛"。此说更好笑了，如杨启樵先生就说，如果雍正原名不明，假定是×。康熙死后，把遗诏中"胤祯"改为"胤禛"，而后挺身出来说：自己便是"胤禛""实匪夷所思"！当时雍正已45岁，数十年来谁不知他叫何名？待到遗诏一改，强说自己不是×了，而是"胤禛"了，那不是天大笑话吗？何况的确在四十五年中，无论何书、何折、何旨，胤禛就是胤禛，从无二名，如何改法？而皇十四子确有两个名字，康熙三十六年（1697 年）修的《宗室玉牒》为"胤禵"，四十七年（1708 年）康熙封他为贝子时"上谕"中称"胤祯"，在抚远大将军位上也称"胤祯"，雍正即位后更名胤禵，免重君讳，后称"允禵"。

看来，雍正既然未改康熙立皇十四子为继位人的"遗诏"而篡位，那么康熙也就没有让胤禵继皇位的遗诏。

以雍正之干练，他也不会堂而皇之把康熙五十六年的"遗言"加上传位于他自己的尾巴，颁布于众。他强调的是康熙的临终"遗诏"，就是说康熙五十六年没有说传位给谁，但在临终时却立了传位于皇四子的遗诏。

对此，冯尔康先生的几点考订和分析是颇有见地的。

冯先生认为，康熙弥留之日康熙召他至榻前，当时他在斋所负有祭天重任，无诏不敢擅离；而有谕召他去又必有特使之命。朝鲜迎接清朝告讣使的官员金演听译员讲，康熙病重时"召阁老马齐言曰：'第四子雍亲王胤禛最贤，我死后立为嗣皇。胤禛第二子有英雄气象，必封为太子。"这是把立胤禛与将来立弘历联系起来，一下子安排了以后两代，弘历以后亦曾讲过这样内容的话。康熙晚年宠爱弘历，爱孙及子是有道理的。

冯先生还列举了更多的理由来说明："康熙临终所指定的皇储，胤禛比乃弟的可能性要大。"

第二章 督治天下

一

　　由于康熙在位时间长达六十一年,作为一个老皇帝,康熙十分欣赏汉文帝施惠于民、尽量不扰民的统治方针。于是,像一般的老人一样,晚年的康熙不免要有利泽天下,以求博得为政宽仁美名的想法。

　　但社会的发展不容于个人的美好想法,一味地宽容,对社会并没有多大地好处,相反,在此指引下,康熙末年的社会积弊十分多:

　　社会吏治日益松弛,官吏贪污成风;在不借白不借的心理支配之下,政府高官们、皇子们大肆从国库中借支,造成国家钱粮空虚,国库告急;地方绅衿鱼肉百姓,贫者愈贫,富者愈富;从战略角度考虑,按照康熙末年的财政状况,如若国家再有大灾难,或者是边疆告急引发战争的话,那么国家财政必然捉襟见肘,国库空虚到无银用兵赈灾的地步,用雍正的话就是"关系非浅"了,后果十分严重。

　　此外,地方绅衿势力的扩张,对欲集中皇权的雍正来说,无异是眼中之钉。

　　种种忧患,雍正都十分明白,他只是在等待机会。

　　雍正掌权后的一个月,就给户部下达了全面清查钱粮亏空的总动员令,并且不怕麻烦,具体部署了各地清查的方针,政策和注意事项:

　　　　"各省督抚将所属钱粮严行稽查,凡有亏空,无论已经参出及未参出者,三年之内务期如数补足,毋得苛派民间,毋得借端遮饰,如限期不完,定行从重治罪。三年补完之后,若再有亏空,决不宽贷……"

　　即是说:你们各省的总督、巡抚回去严格检查辖区内的钱粮亏空问题。如果发现亏空,不管是已经向中央报告过的还是没有报告的,都必须在三年之内,把亏空的数目补齐。

　　——在补亏过程中,不得以补亏为理由,再向民间增加苛捐杂税。比如山东省,以前查明亏空数十万两,虽然现在名义上使用官员的俸禄补足了,其实我已经知道这中间有不少巧取豪夺,乱收费乱摊派的事情。山东如此,其他省份可想而知。

　　——另外,也不得乘机掩饰亏空,或者寻找借口不全力执行。如果你们有谁在限定的时间之内,不补完亏空的,我一定会严加处罚。在三年补完亏空以后,如果再发生亏空的事,我也不会饶恕你们。

　　雍正还规定了如果地方官员贪污挪移钱粮,而督府为其包庇隐瞒,即将督抚一并治罪的"连坐"之法。

　　雍正说,假如有谁在清查中徇私舞弊,包庇纵容,万一被我查访到或被监察官员举报后证实的,将连同该省的总督,巡抚一起加重治罪。

　　雍正这狠招使诸官心惊肉跳,再也不敢怠慢。

　　雍正即位时已是四十五岁。面临着一个难以收拾的烂摊子局面:吏治腐败、税收短缺、国库空虚。

对这些,雍正是有着清醒认识的。在即位之后雍正说:"历年户部库银亏空数百万两,朕在藩邸,知之甚悉。"

意思是说,当我还是皇子的时候,就知道到历年中央的户部银两亏空达到数百万之多,底下的府厅州县亏欠的数量就更不知有多少了。我对这些都已十分清楚,你们就别再想办法来骗我了。

这些亏空哪里去了?

雍正进行了分析——

各地出现亏空钱粮问题的,必然是受到上司勒索,不得不从国库中拿来上供,要不就是自己贪污侵渔、中饱私囊了。无论什么情况,都是非法的。

先前父皇康熙在位的时候,施政宽宏大量,对你们手下留情,没能将那些贪官污吏尽行革除。尽管后来严令限期把亏空的数目补齐,但也不过是光打雷不下雨。采取的一些追亏补空的办法,也都走了形式,你们也就对付过去了。亏空现象因此依然如故,甚至有增无减。

长此下去,国库越来越空虚。万一地方上出事,继续开支,拿什么去应付呢?此事非同小可,因此我决心彻底地清查!

长期当皇子辅助执政的生活,使雍正积累了充分的行政经验。加上即位前就曾协助康熙在户部清理亏空,遭遇许多麻烦。因此对中央及地方的财政十分清楚;对下面官僚的种种贪污手法,心理状况也一清二楚。

正是因为对下情极为熟悉,所以,雍正诸项改革措施出台大都能一针见血,击到贪污官僚的痛处。

可谓对症下猛药!

看来,雍正早已经是居安思危,认识到亏空问题不仅是个经济问题,也是个关系到长治久安的吏治问题,是关乎根本的政治问题。于是他决心进行一个大手术。

"新官上任三把火。"雍正上台,第一着就向吏治开刀,实在是因为吏治腐败是康熙晚年最大的弊政之一。而清查亏空正是整顿吏治的最好突破口。

全国大小官吏那么多,对于新君还十分陌生。雍正除了隆科多、年羹尧等几个可信任的人外,无所依靠。正好可以通过清查亏空这个运动,撒下大网,借势观人,激浊扬清,杀一儆百。也就是说,通过这个运动,可以光明正大地打击异己势力、树立威权。正如前述,康熙末年的储位之争十分激烈,雍正的登基即位又是诡秘难辨,以致人心不服,基础不稳。雍正发动清查,正可以借机名正言顺地打击诸王的朋党势力,巩固自己的地位和权力。

清查亏空的第三个好处是有助于摸清家底,真正掌握财政状况。

雍正是励精图治之主,想干的事情十分多,青海正在打仗,异己还没有铲除,但干大事要花大钱,只有摸清家底,改善了财政,才能身上有钱,心里不慌。

雍正尽管未必懂得"从数目字上管理国家"的道理,但他知道"一旦地方有事,急需开支,拿什么去应付"的道理。

明主治吏不治民,从贪官污吏身上要钱,不但不会引起民怨,还能博得好名声。

这样来看,清查亏空这一着,真乃"一举三得"之策。

直接受命于最高决策者的特派员制度,往往是特别时期的特别手段,因为事关重大,又对现有的官僚体系不抱希望,不得已而为之。

雍正在清查亏空过程中,不时派遣特派员来解决一些棘手问题。

雍正四年,大规模清查江西省的钱粮亏空。当时的巡抚裴律度明明知道各府州县仓谷亏空很多,但却隐瞒不报,对下面的贪污官员也是极力包庇。长期这样下去,亏空局面难以改变。雍正对此十分恼火。

雍正命把已调任的裴律度留于任所,将前任布政使张楷、陈安策发往江西审讯。

雍正又觉得现任巡抚都立,无论做人还是当官都太软弱,只是喜欢沽名钓誉,不能完成清查亏空这么重大的任务。因此决定特派吏部侍郎迈柱到江西,真正检查全省钱粮多年的亏空问题。

与此同时,雍正命令从别的州县挑选出几十名官吏,火速奔赴江西。

发现有亏空问题的官员,立即查办,让候补官员作好顶替的准备。

迈柱到任后,积极认真清查,但是受到江西按察使积善的反对,雍正明确支持迈柱,称赞他"到任以来,不避嫌怨,为地方生民计,实心效力"。

清理的结果出来以后,雍正马上命令裴律度及历任藩司补偿仓谷的亏空。

特派官员异地清查亏空情况,让他们互相监督,这是雍正惯于使用的一个狠招,十分灵验。

雍正五年,福建布政使沈延玉报告说,福建省的仓谷出现亏空。雍正认为一定是巡抚毛文铨瞒上欺下所导致。马上特派广东巡抚杨文乾和许容为钦差大臣前往清查。

上次清查江西钱粮,雍正调动了大批的候补官员,让他们时刻准备上岗。这次清查福建的仓谷亏空,与候补官员调动同时进行的,是舆论的准备。

雍正发布上谕告诫福建的老百姓:因为清查马上就要进行,有些贪官们可能已听到风声,会临时借调有钱人家的粮食来充实库存。如果你们有人把粮食出借给他们的话,那出借的粮食就成了官府所有的了,发觉后也不再归还。

上谕还说:我已经挑选了一批候补府州县官员随同钦差一起到福建,如果"现任府州县内之钱粮稍有不清者,即令更换"。

把候补官员摆在那里,查出问题马上换人,这破釜沉舟的姿态,表明了雍正彻底清查的决心。

地方的清查亏空责任到总督巡抚,时限三年,已如前述。中央北京乃盘根错节之地,清查工作就更难展开,因此更应注重清查技巧,加大清查力度。

这样,雍正元年(公元 1723 年)年正月十四日,雍正下令设立了一个独立的清查机构——会考府,主要稽查核实中央各部、院的钱粮奏销(就是各省每年将钱粮征收解拨的实数报部奏闻)工作。

本来,各部院的收入支出、钱粮运用,都是由各部院自行奏销,因此账目混乱、官员营私舞弊的现象十分多。

为了从制度上堵塞这个漏洞,雍正规定会考府负责稽查审计各部的收支,凡是钱粮的奏销,不管出自那个部门,都应该由新设立的会考府清厘"出入之数",这样就把奏销大权由原先的各部院收归中央。

这样一来,官员即使想做手脚也不容易了,政府也有希望能把奏销这个大窟窿补上。

雍正说,当日康熙也深知其中的弊端,只不过不欲深究罢了,"朕今不能如皇考宽容"——我决不会像父皇那样宽容——雍正总是不断强调这点。

雍正对下情显然十分了解,他说,钱粮奏销中弊病很大,主要是看有无"部费"(即所谓好处),假如没有,就是正常开支,计算也清楚,但户部也就不准奏销。但万一有浪费的话,即便是浪费百万的也可以奏销。

为了提高会考府的权力,雍正委任他的兄弟怡亲王允祥、舅舅隆科多、大学士白潢、尚书朱轼等四人共同负责,并谕令允祥说:你如果不能清查,我会再派大臣,大臣再不能干,我会亲自出马。可见雍正决心很大。

会考府成立了两年多,办理了各部院奏销事件五百五十余件,其中被驳回的就有九十六件,成效显著。

清查中关系到贵族和高级官僚,也不宽贷。

其实,在这一次清查亏空的行动,一大批达官显贵,王公贵族被牵连进去。比如雍正的十二弟履郡王允祹因为曾主管过内务府事务,在追索亏空中被迫将家中的器物当街变卖。

雍正的十弟允祺也因此赔银数万两,还不够数,最后被雍正抄家罚没。

其中户部库存白银查出亏空二百五十万两,雍正责令户部历任的尚书、侍郎、郎中、主事等官吏均摊赔偿共一百五十万两,另外一百万两由户部逐年偿还。

让前任官僚们把口中的肉,包括已经是消化多年的肉重新吐出来,这在中国历史上恐怕少见!以往的此类情况往往发生在因为政治形势变化,处境发生重大改变的失宠官员身上。

古语云:水至清则无鱼。意思是说水太清了太纯了,鱼就没法活了。

官场从来就不是一潭清水。康熙皇帝恐怕也是知道官场这潭"混水"而不愿意深究吧!

雍正却大胆踩进了这潭"混水",可是,他并不能从根本上革除腐败,但是会考府的工作成效还是值得肯定的,而这与他雷厉风行的作风是密不可分的。

二

挪移,是指因公挪用,因为常常有迫不得已的情况,比如紧急救灾、临时招待等等;侵欺则是贪污。两种情况,都可能造成亏空。

但是二者性质有所不同,所以处分上也会区别对待。一般来说,挪移是轻罪,侵欺是重罪。

按常理,清查亏空,应当先抓贪污腐败,然后解决挪移问题。而雍正帝却反其道而行之。他规定在清查中,无论是侵欺还是挪移都要据实清查,而在追补赔偿之中,则不管是侵欺发生在前,还是挪移发生在前,都将挪移的亏空先补足,再赔偿侵欺的部分。

雍正此计,看似不合情理,实则高明。

因为他早看到从前清查亏空的种种舞弊现象,他揭露这些贪官说:借挪移的名,来掩盖贪污的事实,这种把戏,我太清楚了。

——一是想图谋侥幸过关,二来想即使再也掩盖不了贪污罪时,也可巧立名目,把贪污进自己腰包的钱先说成是挪移暂用;或者贪污数额小的才承认贪污,贪污数额大的就千方百计说成挪移,以想拖延时间弥补亏空,为自己的重罪开脱。

——类似现象几十年来沿习成风,以至贪者无所畏惧,不知收敛,肆意搜刮。因为估计自己即便暴露,会被参劾时,也不过以挪移的名义结案了事,逃脱重罚,只要命在,接着再干,以至于亏空的事情一天比一天严重。

正因为雍正对这些把戏十分熟悉,所以挪移之罚先于侵欺的办法一出,把许多贪官打了个措手不及。把贪官的后路一下子给堵死了。

这点更验证了雍正改革"取乎其上"的决心。

"上有政策,下有对策。"在这个例子里,贪官们的对策就是巧立名目、避重就轻,意图达到瞒天过海、浑水摸鱼的目的。

而雍正则是先研究对策,再制订政策,显然比贪官们更高一筹。

古语云:"主贤明,则悉心以事之;不肖,则饰奸而试之。"

意思就是说,当部下的,上级贤明就会好好干、认认真真;上级糊里糊涂,就会玩忽偷懒,甚至假装表现、蒙混过关。

不能不承认,这也是人之常情,凭什么给一个混蛋卖命,死心塌地为他效劳呢?

所以,"明主者,不恃其不我欺也,恃我不可欺也!"

意思是讲,贤明的领导,不靠别人不欺骗他,而是靠他不可以被人欺骗。

而这就是靠领导的知人善任和驾驭权术。在这个例子中,贪官们不幸地遇上了一个更为老谋深算的对手——雍正。

雍正这一手反弹琵琶的成功,首先在于他知己知彼,充分地预测到了对手的意图和可能采取的对策。

他知道贪官们极有可能采取的手段是在亏空的账面上偷桃换李,变贪污为挪移,以达到避重就轻的目的。

因此,他一反常规,先论挪移之罪,后抓贪污重罪。本来,在清查工作中,贪污是主要打击对象,是主要矛盾,但是当贪官们做了手脚之后,挪移就成了事实上的贪污,反成了主要矛盾。

先抓挪移,看似在抓次要矛盾,实则是避实击虚的方法。

自然,这也是非常情况下的非常策略,事实上,在雍正后期打击贪官清查亏空的工作取得一定成效之后,就逐渐恢复了往日先查侵欺再追挪移的成法了。

可见,方法和策略都不是固定不变的,一定要结合具体情况、具体对手,灵活应用,才能收到好的效果。

亏空一旦被清查出来,赃官就被革职拘禁。雍正迫使他们吐出赃银,保证如数归还国库,通常的手段之一就是严厉抄家。

雍正元年八月,通政司右通政钱以错提出一套查抄补追的方法,主要原则是:凡亏空官员被查验核实之后,一方面严格搜查原工作单位,一方面发文件到他原籍的地方官,命令当地查封其家产,控制其家人。而后再追索变卖财物,杜绝赃银有转移藏匿的可能。

此项建议马上得到了雍正的赞同，并明确表示：查没来的财产，将用于公事及查没中的有功人员。

重赏严罚，双管齐下。

雍正元年六月，山西潞州知府加璋揭发原山西巡抚苏克济，在任职期间敲诈各府州厅县银两，共计四百五十万两。

雍正查验核实之后，籍没苏的家产，并责令其家人赵七赔偿 20 万两。

本年，不断有官员下台，被抄家。如湖广布政使张圣弼，粮储道许大完，江苏巡抚吴存礼，布政使李世仁，江南粮道王舜，前江南粮道李玉堂，湖南按察使张安世，原直隶巡道宋师曾，广西按察使李继谟等等。

抄家之风使大小官员心惊肉跳，有人悄悄地送了雍正一个外号：抄家皇帝。

把贪官及其家属"捆绑"起来查没，用株连的办法来对付贪官，这正是雍正为贪官们十分憎恨的理由。也是雍正惩治贪污成果显著的重要原因。

历史传说中雍正狠毒的骂名，大多由此而来。

据说，当时官员们在一起打牌时，把其中的私牌也戏称为"抄家私"，可见雍正反腐败是雷厉风行的。

反贪难，因为这有损官僚集团整体的既得利益。经常是翻来覆去，可是腐败分子却越来越多，贪赃枉法之风愈演愈盛。

就其主要原因，高调唱得多，落到实处少。雍正这一手，不仅雷声大，雨点也大，不仅抄衙属，抄家，连老家和家属也不放过。

真是穷追猛打，一个不饶。

倒霉的赃官们是穷途末路了。即使如年羹尧之狡诈多端，见事不妙，开始向各地转移藏匿财物，也被雍正访了个清清楚楚，抄了个一干二净。

雍正大概是抄家上瘾了，对于那些畏罪自杀的官员也不放过。

雍正四年，广东巡抚杨文乾参劾本省一个道员李滨贪污受贿，亏空钱粮。李得知后，畏罪自杀。

闽浙总督高其倬，福建巡抚毛文铨参劾兴泉道道员陶范，撤了他的职。哪知道还没有来得及追查，陶也自杀了。

雍正对此说：这些贪官估计官职和家财都难保了，便想一死抵赖，妄想牺牲自己的性命保住财产，留给子孙后代们享用，哪里有这种如意的算盘？

他下令督抚，遇到这样的情况，一定要拘禁这些赃官的家属和亲信的家人，严加审讯，必须把赃款追回补偿。

常言道：杀人不过头点地。雍正这一手，狠得已经近乎绝情。

在封建时代，宽怀大量带给君主的也许是被人认为软弱、好欺；严刻则使人畏惧、顺从。马基雅维利在《君主论》中曾说：

对于君主，被人畏惧要比受人爱戴安全得多。所以一位明智的君主应当立足在自己的意志之上，而不是为他人意志或感情所左右，君主为了使自己的臣民团结一致履行他的意志，对于残酷这个恶名也就不必太介意。

雍正大约是深得其中的三昧：连死人也不放过。因为这可以使百官更加畏惧他。这样的"抄家皇帝"，确实让人有些害怕，也值得我们有些官学习学习。此外，雍正还三令五申，严禁下属和当地士民代替赃官赔偿或者垫付，把板子结结实实地打到了赃官身上。

雍正的理由是，如果允许代赔或垫付的话，可能会出现不法绅衿与贪官狼狈为奸，以求留任的情况。或者，地方的蛀虫又会趁机搜刮百姓。

雍正对官僚们的心理明明白白。

为了确保不出现贪官为弥补亏空把负担转嫁给老百姓的情况，雍正专门相应地变革了官吏任用制度——实行大罢官。

看来单单抄家是不够的！

雍正注意到让官员留任以弥补亏空，最终受难的还是老百姓。

与其留下后患，不如干脆一不做，二不休：凡是贪官，一旦被人告发，就革职离任。

元年二月，雍正指示吏部：凡是官员在任内出现亏空钱粮的，都不可再留任；如果是亏空已经清还完毕，还可以继续为官的，一定由吏部再奏请，复任视情况而定。

此政策一出来，被罢官的人很多。

三年以后，湖南巡抚魏延珍上奏说，湖南省内的官员遭到弹劾的已经有一大半，并表示说，如果还有舞弊贪污的，还会继续参劾，毫不留情。

十年以后，当时的直隶总督李卫上奏说，通省府厅州县各级官僚，能够连续在任三年以上的没有几人。

由此可见，官员贪风难以根绝，但官是不那么好当了！

如此大规模频繁更换官员，原因在于大部分官吏被人告发而被撤职查办。从时间跨度上来看，罢官的政策是一直坚持下来的。

被雍正视为"模范督抚"的河南巡抚田文镜，在短短的一年之内，共参奏属员二十几人，雍正对田文镜毫不留情雷厉风行的作风十分欣赏、大加赞扬。

很难对雍正的这种大罢官作出道义上的评价。不过，从效果上来看，通过以罢官作处罚，迫使官员保持廉洁奉公，忠于职守的措施，取得了一定的效果。

其中，主要在于雍正坚持不懈毫不手软的性格。改革者的性格因素相当程度上决定了改革政策最后能否坚持下去。

这也是中国历来改革的一个令人无奈的规律。

但是如果罢官仅仅是这么一种策略的话，那雍正就和以严刑酷罚出名的朱元璋没多大差别了。

在酷刑方面，朱元璋规定，官员凡是贪污六十两以上的，一律杀头。并且把贪官的皮给剥下来，填上草料，放在官员的办公地点旁边。

朱元璋是够酷的了，但取得的效果却不太好，舍命贪污的官僚总是前仆后继，大有人在，到最后他的子孙们也毫无办法。

雍正的聪明之处就在于，除了以抄家、罢官作威胁外，他还专门建立了耗羡归公和养廉银制度。

高薪来养廉的行政思想，对历来的低薪制是个突破。作为制度化来尝试，雍正是第一人。

三

密折，即是臣对君的奏折，它是君臣间的私人联系方式，具有个人的高度私密性，故又称密折。它的特点是：臣子事无大小都可以风闻人告；上折子的臣子并不需要特殊的官衔，只要获得皇帝许可，即使是人微言轻的七品芝麻官也可以向天子递送折子。

中国王朝自古以来，臣工报告的名目繁多。

如有章、奏、表、议、疏、启、书、记、封事等等。

以奏折为正式公文的名称，始于清代的顺治年间。在康熙手里，密折作为一种实际的政治工具有了深层发展。不过，密折有了一套完整的制度运作，还得从雍正一朝开始算起。清代君臣之间的"言路系统"大致是这样的：臣子们上的主要是"题本"和"奏本"。后来才添上了"密折"。

题本：凡是弹劾、钱粮、兵马、捕盗、刑名之事，均用的是题本，要加盖上公印，才算有效力。

奏本：凡是到任、升转、代属官谢恩、讲述本身私事的，都用奏本，上面不用盖印。题本有两个阻碍君臣沟通的缺点：

第一，手续很繁琐。它规定用宋体字来工工整整地书写，应该备有摘要和附本，必须由内阁先审核。送皇帝看过后，又要用满汉两种文字来誊写清楚。如果有紧急的事情，很容易误事；

第二，题本要由通政司这个机构来转送内阁，最终才上呈天子，过目的人多，也容易泄密。明代的权相严嵩，让他的继子赵文华主管通政司，凡有对严氏集团不利的言论事情，他们都能先于皇帝了解，而后报复仇敌，陷害忠臣，销毁作恶证据，无所不用其极。题本的保密性差，并可能使权臣垄断朝政。

奏本比题本稍好些，不那么手续繁琐，不过，它也得过通政司浏览这一关，所以保密性还是不强。

密折就不一样了：它不拘格式，可以自由书写，也不用裱褙、提要、副本这些东西，当然快捷很多；而且它的"上达天听"，不用通过通政司、内阁，由皇帝亲自来拆阅，保密度十分高。这一条君臣互动的快速通道，对中国历代繁文缛节的文官政治，必然带来了巨大的冲击。

康熙处理密折的方式很小心，他曾经说：

"所批朱笔御旨，皆出朕手，无代书之人。此番出巡，朕以右手病不能写字，用左手执笔，断不假手于人。故凡所奏事件，惟朕及原奏人知之。"

不过康熙为人坦诚，他对于所批的的密折，批阅后就发还本人，因此官员们"皆有朕手书证据在彼处，不在朕所也"。

因此臣子不必担心写给皇帝的密折被曝光，或在某些时候变成挨整时的引用的材料。

但雍正的作风和他的父亲不同。

康熙驾崩第十四天，"初登大宝"的雍正就定下上缴朱批的规定。

谕文写得十分严厉："所有皇考朱批御旨,俱著敬谨封固进呈;若抄写、存留、隐匿、焚弃,日后发觉,断不宽恕,定行从严治罪。"

雍正规定,不但前朝的奏折要收回宫中,今后本朝的朱批在本人捧诵后,也要缴呈,不得私自存留,犯者究罪。

终康熙一朝六十一年,给皇帝写密折的人不过一百多人。

而雍正的十三年,密奏者达到一千一百多人。

雍正对密折政治的热心由此可见一斑。

雍正元年(1723 年),雍正就下令各省督抚密上奏折,于是封疆大吏都有这个权力,只是实行过程中有的被处分,便停止其上密折的权力。

以后,雍正又把递折之权扩大到提督、总兵官、布政使和学政全体官员。

另外,一些小官如知府、同知也得到了雍正的特许,可以直接上密折。

这些小官之所以有这个权力,全是雍正给的特殊恩宠。他们有的是在康熙驾崩时上节哀顺变书和雍正搭上的关系;有的是亲重大臣的子孙,或是在引见时获得赏识。

不过,雍正是十分讲究体制的。

雍正虽然允许微员密奏,也允许他们参劾上司的不法,但是却不许这些微员以此骄傲,妄自僭越职权。

雍正曾告诫大臣:"令许汝密折上达,切勿藉此挟制上司,而失属官之体。"

"上司处切勿稍失统体,事无两大,朕未有于一省之中用两三督抚之理也。"

由此想到明朝时一些东西厂的太监权力过大,以致一些无耻的朝臣去拜他们做干爹干爷,以致朝政淆乱的事情,就会对雍正的这些防患未然的提法有所认同。

总之,通过对上密折的特许权的颁发,雍正在从高层到低层的官员间都安插了他的心腹,撒开了一张个人的通讯大网。而这些耳目除了上奏密折外并无其他特权,也无特定组织,所以很难为非做歹,变成明代的厂卫那样危害国家的政治毒瘤。

受清末革命党的宣传影响,至今人们一般都将雍正视为"专制暴君",而看不到其治国的雄才大略,更没有辩证地认识他的一系列专制措施和康雍乾盛世间存在的重要联系。

雍正大力实施的前所未有的"密折政治",并不只是一种单纯的控制臣子的手段,虽然这也是十分重要的一项内容。应该看到,雍正朝的密折政治里,君臣筹商军国大事,仍是最重要的内容。

在推行一项重大的改革政策之前,通过密折交流,进行君臣磋商,不匆匆地顿然公之于众,这种做法应当说是有历史进步意义的。

往往对待一件具体的政事,决策者和执行者都有各自的顾虑和隐衷,在一般性的公文里很难充分陈述。这样,一来不利于上方的决策,二来下边也不能全力奉行。

密折的上递及批复则使上下方面都公开观点,经过充分交流再付诸决策实施,使政策出台有了一定的缓冲。

"密折制度"表面看来是加强君主专制的做法,是落后的,但同时也推进了一定程度上的政务民主,减少了许多"拍脑袋工程",较大程度地在推行政策前降低了"摩擦系数",提高了行政效率,促进了改革政治的实现。

雍正一朝的许多重大改革,都先通过"密折"讨论过。

如摊丁入粮、改土归流、疏浚运河等重大政策,就是雍正同官员通过密折反复商酌才定下的。

凡是推行改革政策,都应该雷厉风行,讲求高效。奏折制度使臣下奏议无不立达御前,这是省去中间转呈机关的必然结果。

奏折迅速递到雍正手中,他勤于政事,挑灯阅览立刻批示,该执行的立即付诸实施,因此大大提高行政效率,促进改革政治的实现。

治水是中国历代的最大问题。它甚至成了百姓判断统治者是否合于天命的标志,所谓"圣人出,黄河清"。

但河清又是十分难盼来的,所以又有"俟河之清,人寿几何"的苍凉感叹。

对待治水,雍正也曾通过河臣的奏折进行分析。

雍正二年,大臣李绂曾向雍正当面提出疏浚淮扬运河的建议,雍正觉得有道理,就任命他与河道总督齐苏勒商酌,齐以工程浩大,不敢轻易决定,准备在实地考察后,再提出具体意见。

齐苏勒的奏折上呈后,雍正有这样的一番朱批:

> "朕命李绂来传谕旨,不过令尔得知有此一论,细细再为斟酌,并不为其所奏必可行也。大率河官惟希望兴举工程,尔属员多不可信。况此事关系甚大,岂可猛浪,若徒劳无益,而反有害,不但虚耗钱粮,抑且为千古笑柄。倘果于国计民生有益,亦不可畏难而中止,总在尔详悉筹画妥确,将始终利益通盘打算定时,备细一一奏闻。并非目下急务,尤非轻举妄动之事也。"

这番话是通情达理的"活话",将事情的正反、利弊两面都说到了,指出治水关系非同小可,人情一方面好大喜功,一方面畏缩怕难,要根绝这两方面失误,根据实际的整体情况来做决定。

说这番"活话",并不是要事成居功于自己圣明,事败诿过于下属无能,而是要大家小心论证,他则从中考虑。这样做的好处是不会让臣子先入为主,为附和上司的心意而搅乱了决策的合理程序,使"治水"反成"乱水",遗害无穷。

这正是通达人情世理的政治家的施政分寸。

雍正四年,有一位官员上奏折,举出河工备料的弊端,雍正匿去上折人的姓名,将折子转发给河道总督齐苏勒,命他"尽心筹画"。

齐苏勒又上奏,针对皇帝转下的折子中的说法,说明了事情的原委。

雍正阅览了后,对齐苏勒的解释十分满意,批道:"所奏是当之至,朕原甚不然其说,但既有此论,其中或不无些少裨益,所以询汝者,此意耳。今览尔奏,朕洞彻矣。"

河工是十分复杂的事情,往常是非专家不能为;因河工耗资巨大,往往也成为许多贪官污吏的生财之道,这就是在治水的难度上又增加了治吏的困难。

看来雍正对治水的复杂性是看得非常透澈的,所以很少轻易发表先入为主的意见。而是多方考察、多方听取各方面说法,而密折正是他居中作考虑判断的材料。

正因为臣子的密折多是从个人的角度来看问题的,所以反而可能触及一些政务的实质部分,而把各方面的私人意见汇总到一起,就可以了解各种需要解决的矛盾,看到事情的大概全貌。

聪明的决策者聪明的地方，往往不在于他事先有特别好的意见，而在于他善于听取多种意见并给以十分恰当的总结。

在强力推行"改土归流"这件事上，雍正也体现了这样一个聪明决策者的态度。

最初他并不主张用兵，而是认为应当"缓缓设法，谕令听众"，但他也并未将此作为不可置疑的既定方针，而是要求臣下"切勿勉强遵承"，应当"徐徐斟酌，详议具奏"，也就是要再讨论考虑。

这问题君臣前后磋商了几年。雍正从对苗民事务的不熟悉、主意不定，到最后把握实情，做出果断的决策，推行强力的政策，正是他充分吸收臣下意见的结果。

雍正一朝的天文地理、政事人情，都在密折中有十分丰富的反映。

雍正帝在宁夏道鄂昌奏谢"允其奏折言事"的折子后写了一篇长谕，讲叙得十分详细，这段话很能体现雍正包揽天下事的雄心。他写道："今许汝等下僚亦得折奏者，不过欲广耳目之意。于汝责任外，一切地方之利弊，通省吏治之勤惰，上司孰公孰私，属员某优某劣，营伍是否整饬，雨□果否时若，百姓之生计若何，风俗之淳浇奚似，即邻近远省，以及都门内外，凡有骇人听闻之事，不必待真知灼见，悉可以风闻人告也。只须于奏中将有无确据，抑或偶尔风闻之处，分析陈明，以便朕更加采访，得其实情，汝等既非本所管辖，欲求真知灼见而不可得，所奏纵有谬误失实，断不加责。"

从这段话里，可见雍正要了解的事情很多。

有地方政事的好坏；有地方官的勤惰优劣；有大吏待属员的公正或徇私；有军队的训练和纪律；有水旱和农业生产的情况；有百姓的生活和风俗等等。这些内容，事无大小，均可在密折中上报。

为了提高官员们递密折的积极性和胆量，雍正不要求所报的事情件件属实，即使事情不太确定，只要注明出处以备调查就可以。

雍正还告诉地方官，不但可以报告本地的事情，在当地听说的外省乃至都城里的事情也可以入报。

就这样，雍正就搭起了一张无所不包、无远弗届的情报网！

对地方官吏的察核，是雍正朝密折政治中的又一重大内容，而指示考察的方式、内容、角度则变化多端。

当年的储位斗争在雍正初年的继续，使雍正对官民动向一直是密切关注。

奏折制度的一个目的就是让官僚在职责范围以外，互相告密，迫使他们互相监督，存有戒心，不敢妄胆擅权，对雍正更存畏惧；

而雍正则可从奏折中观察臣下的思想、心术以至隐衷；因之予以鼓励和教诲，这样多方联络，上下通情，就能在更大程度上控制臣下。

当李卫任云南盐驿道时，雍正在云南永北镇总兵马会伯的奏折上批道：

"近闻李卫行事狂纵，操守亦不如前，果然否？一毫不可瞻顾情面及存酬恩报怨之心，据实奏闻。"

这是调查李卫的品质。

李卫任浙江巡抚时，雍正在他的奏折上批示说，对新任黄岩镇总兵董一隆的优劣所知不多,叫李卫"细加察访,密奏上来"。这又是叫李卫去调查他人。

雍正派大理寺卿性桂去浙江清查仓储钱粮,并要他到浙后,听到什么情报就要密奏。性桂到任后,报告了杭州将军鄂弥达与李卫之间存有距离。

田文镜也折奏李卫是"难能可贵"的当代贤员,但是"驭吏绳尺未免稍疏,振肃规模未免少检,则于大僚之体有未全,于皇上任使之意亦有所未付"。

看来,李卫虽是雍正一朝的"模范督抚",而雍正也要时时派员探听他的情况,决不轻信。

同样,当雍正派李绂为广西巡抚时,李绂正为雍正宠信,但是在他赴任之际,雍正命原广西署抚、提督韩良辅认真观察李绂的吏治,随时密奏过来。叫上下级之间互相观察也是雍正的一个绝招。

雍正曾叫湖南巡抚王朝恩调查其下级湖南布政司朱纲的"行止";但是此前,雍正也曾让朱纲访查他的顶头上司王朝恩,并在朱的奏折上批语谈及他对王朝恩的印象:"观其为人干地方吏治颇为谙练,但才具微觉狭小。"

"汝其事事留意,看其居心行事,倘少有不安处,密奏以闻,如稍隐匿,不以实告,欺蔽之咎,汝难辞也。"

这样,监督别人的人,实际上也在别人的监督之中。

只有雍正一人高高在上,却能不断通过各方视角,洞察着所有方面。

最有意思的是他对广东众官员的考察。

岭南虽离北京有千山万水之遥,但雍正通过相互监察术,也牢牢地掌握了封疆大吏的一举一动。

广东提督王绍绪是雍正的宠臣鄂尔泰举荐的官员。雍正觉得王虽然思路敏捷,办事牢靠,但好像比较爱搞小恩小惠,作风也不雷厉风行,因此在给广东将军(王的上司)石礼哈的密折中朱批指示他留心观察打听,然后根据实情汇报。

石后来密奏说:王绍绪当官做事虽然稍嫌琐细,但是对皇上还是很忠心的,而且他不贪污受贿,工作上也是勤勤恳恳。

雍正还是不放心,又秘密询问两广总督孙毓珣对王绍绪的评价。还密令广东巡抚傅泰直接到基层调查王的所做所为。

后来傅泰向雍正汇报调查结果说:王绍绪人品十分端正,也不贪污受贿,只是为人办事不够果断,显然是性格上有些懦弱。

这些都印证了雍正对王绍绪的第一印象。

傅泰不但监视王绍绪,还受命监视同僚广东布政使王士俊、按察使楼俨。他密报王士俊十分有办事才能,也勤勤恳恳,是个称职的官员,但观察他的言行,好像有些自鸣得意,骄傲自满。又说楼俨对于判案不是太熟悉,而且年纪也大了,身体不好,时常得病,精力跟不上,所以办事难以周全。

那么傅泰就是皇帝绝对信赖的亲信了吗?

不是,他监视着众人,同样也在雍正的监控下。

广东布政使王士俊也受命反过来监视傅泰。

王士俊向雍正报告说,傅泰这个人心里面没有什么固定的原则,根本也看不出一个封疆大吏的智慧来,偶尔发一番议论,毫不出色。近来还打听到广东海关要找五个文书职员,后来这五个人都被傅泰各勒索三百两银子,傅泰才让他们得了这个职位。所以傅泰的人品,我是十分怀疑的。

雍正得了王士俊的密报,觉得有道理,就严厉责备了傅泰,并把他降级调回了京城。

雍正还让广东总督郝玉麟和王士俊彼此监视。

郝对王的评价十分好,认为他办事干练,居心公正。

但王却对郝不以为然。于是雍正对王士俊朱批密示:朕也觉得郝玉麟到任之后,就知道抓钱粮这些事,别的大政方针都不太在意。你帮我尽量规劝他,但是不要让他知道这是我的意思,旁敲侧击让他清楚就行了。

王士俊还没收到雍正朱批,又打了个小报告上去,说按察使楼俨有一回抓住了一个私藏军火、窝藏盗匪的大盗,押到肇庆审问,而郝玉麟不了解地方的风土人情,没有好好审问就将大盗给放了,等等。

但是这一次雍正并没有治罪郝玉麟,也许是他从别的耳目那里获得了新的情报,证明郝是无辜的。

从上述事情来看,广东一省上到总督、巡抚,下到府州县官,都处在雍正这张遥控大网中。

在现存的清宫密折档案中,人们可以发现,雍正对官员的考察,精细到了一种近乎不可思议的程度!

雍正曾要重庆总兵任国荣留心文武官的"声名"。任于七年六月折奏:

四川学政宋在诗"公而且明,声名甚好";

川东道陆赐书"办事细心,人去得";

永宁道刘嵩龄"人明白,身子甚弱";

永宁协副将张英"声名平常";

漳腊营游击张朝良"操守廉洁,谙练营伍,但不识字"。

就连下属小官们的健康状况、文化程度都反映上去,这简直可以说是写十分细致的人才档案了!

雍正阅毕,对这五个人分别都给了批语:

"谨慎自守,小才器。"

"为人老成,才情未能倜傥。"

"观其人甚有长进,于引见时不似有病,为何如此?"

"原系甚平常人,且有猛浪多事之疵。"

"其人优劣,前此未知。"

据此可见,雍正对大小官员的政绩到品质都是巨细无遗、十分关注的,而关注层面之细微近乎古往今来、绝无仅有。

这么做会不会太多余呢?

雍正自己不这么觉得,他对此有一番不同历代帝王的说法。

在雍正四年八月,雍正曾给鄂尔泰的一封密折写了下面的批语,解释其考察官员至细入微的目的:

"治天下惟以用人为本，其余皆枝叶事耳。览汝所论之文武大吏以至于微弁，就朕所知者，甚合朕意。……览卿之奏，非大公不能如是，非注意留神为国得人不能如是，非虚明觉照不能如是，朕实嘉之。但所见如是，仍必明试以功，临事经验，方可信任，即经历几事，亦只可信其已往，犹当留意观其将来，万不可信其必不改移也。"

这可以说就是雍正的治吏用人的哲学大纲了。

雍正十分明确以下三点：

第一，用人是为政的根本大事，而其他事情反而是枝叶，所以即便是对位置极卑微的小官职，也要知人善任，不可掉以轻心，越是位高权重，越是要留心用人细节；

第二，观察人，要不存先入为主的态度，要注意观察他的具体实践；

第三，仅仅观察他以前做过的事情，还不能对这人盖棺定论，要密切注意他在未来的变化，因为任何人都不是一成不变的。

雍正把他这套"观人术"写进了密折，教给了下属。

关于地方上绅民的情况，雍正十分关切，希望从奏折中获得确实消息。

六年三月，苏州织造李秉忠奏报苏州春雨调和，油菜、小麦长势良好，物价平稳，小民安居乐业。雍正批道：

"览雨水调和情形深慰朕怀，凡如此等之奏，必须一一实人告，不要丝毫隐饰。苏州地当孔道，为四方辐辏之所，其来往官员暨经过商贾，或遇有关系之事，也应留心体访明白，密奏以闻。"

一折之中，既叫官员留心天气、农业，又让官员留心民情。同年，雍正在广西学政卫昌绩的奏折上批示："地方上所闻所见，何不乘便奏闻耶？"

卫昌绩随即应诏上奏："粤西风俗之恶薄有宜整齐者，绅士之强横有宜约束者。"

这是说粤西民风凶恶，土豪劣绅很多！

卫昌绩还列举民谣"官如河水流，绅衿石头在"，指出当地人民怕官员还不如怕这些土豪劣绅！

雍正七年，署理直隶总督刘于义密折上报：隆平县民李思义等妄称跪拜太阳可以禳灾避难，以此接受信徒，骗取钱财，但并无党羽。

刘于义请求：将李思义发配边疆，余众枷责。

雍正批准了，又指出折中未提及将李送到发遣地后的管束问题，又命令刘于义作题本时，将这点说明白。

雍正用心周密如此。

一次，两广总督奏报，广东龙门营一位千总在巡查时捕人，被杀身死，现在官方也已将拦截者抓获，要求正法。并请治自己的"疏忽之罪"。

雍正朱批："地方上凡遇此等事件，但要据实奏闻，何罪之有？若隐讳支饰，则反获罪于朕矣！"

即是说地方发生了一些恶性案件，报上来我不愿你，如果不报，被我知道了，才要重重惩罚！

凭着对这些密折的细致披阅，雍正对各地方的民风习俗、生产生活和吏治情况有了及时、准确的把握。

雍正常利用朱批启示官员怎样做人和任职。

田文镜刚被提拔为河南巡抚，雍正担心他感恩图报心切，会心急办坏事，在其奏折中朱批："豫抚之任，汝优为之。但天下事过犹不及，适中为贵，朕不虑不及，反恐报效心切，或失之少过耳。"

这是要田文镜遇事"悠着点"。

在另一个折子上，就田文镜处理一事不恰当，批示说："大凡临事，最忌犹豫，尤不宜迎合，及一味揣摩迁就，反致乖忤本意……今后勿更加是游移无定，随时变转，始于身任封疆重寄，临大节而不可夺之义相符也，切记勿忘。"

这是要田文镜不要单单迎合皇帝心意，以致办事没自己主见，要正确理解职责所在，处理公务要坚决。

康熙曾在李秉忠的一个折子上批道："今将尔调任苏州织造矣，勉力供职，惟当以顾惜颜面为务。"

这是担心李秉忠以宫廷内务人员出身，有许多"下人"的习气，有时行为猥琐，给皇帝丢面子，所以有此交代。

另外，雍正还常在密折中决定或宣布官员的取舍任用。事后才发具体文件。

这也就是今天的"打招呼"，凡事都保留一个缓冲的余地。万一不妥或出错可以更改。

平级的官员，只有和衷共事，才能理好朝政。

雍正常在密折中反复说明这一点。

一次李卫上折，讲到鄂弥达赴京陛见，希望皇上尽早放他回任。雍正对这两人的惺惺相惜感到高兴，批道："尽心奉职之人，同城共事，焉有不彼此相惜之理！鄂弥达于驻防武臣中论，实一好将军，汝今奏伊约束驻兵之长，伊在朕前极口赞服汝之勤敏，亦出公诚，朕览之甚为欣悦，如是方好。"

可见臣子们在密折中不是单说坏话的，也有相互赞美的，而雍正也对他们的交情加以鼓励。这是铁腕皇帝的温情一面。

禅济布与丁士一同为巡视台湾御史，在他们的奏折上，雍正指示说："和衷二字最为官箴之要，倘有意见不同处，秉公据实密奏，不可匿怨而友，尤不可徇友误公。"

意思是说，不怕有不同的政见，问题在于秉公处理。既不应该藏起不满，装作朋友，更不该为了交情误了公事。

雍正还常用密折赞扬或指责一些官员。

雍正元年四月，在江南提督高其位的请安折上，雍正批道："览高其位此奏，字句之外，实有一片爱君之心，发乎至诚，非泛泛虚文可比，朕观之不觉泪落，该部传谕嘉奖之，以表其诚。"

雍正在朱批中要领旨人向'模范官吏'学习，他写道："鲁论云择善而从，何不努力效法李卫、鄂尔泰、田文镜三人耶？内外臣工不肯似其居心行事之故，朕殊不解。若不能如三人之行为，而冀朕如三人之信任，不可得也。"

雍正在朱批中训斥臣下，有时非常严厉。

杨名时奏折论"因循干誉",雍正于行间批云:"人为流俗所渐染,每苦不自知,然所谓渐染者,不过沾名矫廉之习,其病本轻而可治,无如身既为流俗所染,而反泥古自信,认古之非者为是,则病入膏肓,难以救药也。

"一切姑听朕之训示,反躬内省,有则改之,无则加勉,不必簧鼓唇吻,掉弄机锋也。"最后作总批:"朕因欲汝洞悉朕之居心,故走笔而谕,不觉言之逦迤而繁也。"

这是指责杨名时以批判他人因循干誉为题,其实自己也有沾名钓誉的毛病。

这样或赞或弹,对官员无疑是个经常的警策。

尤值得一提的是,雍正对奏折的批谕,有的事情相近,而批语却或肯定,或批评,十分不一样。

这是雍正心血来潮、随心所欲吗?

为此,雍正在关于《朱批谕旨》一书的上谕中特作说明:"至其中有两奏事,而朕之批示迥乎不同者,此则因人而施,量材而教,严急者导之以宽和,优柔者济之以刚毅,过者裁之,不及者引之,并非逞一时之胸臆,信笔旨画,前后矛盾,读者当体朕苦心也。"

这里,我们就可以明白为什么雍正要对官员的人品性格也细作查访了,因为在他看来,发指示还要因人而异,有针对性,才能出好的结果。

但保密则是实现以上所有重要功能的最大条件。

如查嗣庭案发,雍正在李卫奏折上批示,要杭州将军鄂弥达委派副都统傅森、李卫选派可信属官一同星速驰去抄查嗣庭的家。

这是急待执行的绝密命令,不走颁布正式公文的途径,避免被查抄人获知消息后先行准备,破坏抄检。

雍正一再要求具折人保密,在命鄂昌书写奏折的朱批上说:

"密之一字,最为紧要,不可令一人知之,即汝叔鄂尔泰亦不必令知。假若借此擅作威福,挟制上司,凌人舞弊,少存私意于其间,岂但非荣事,反为取祸之捷径也。"

对禅济布的奏折,雍正对保密问题说得十分清楚:"至于密折奏闻之事,在朕斟酌,偶一直露则可,在尔既非露章,惟以审密不泄为要,否则大不利于尔,而亦无益于国事也。其凛遵毋忽。"

又向李秉忠说:"地方上事件,从未见尔陈奏一次,此后亦当留心访询;但要慎密,毋借此作威福于人,若不能密,不如不奏也。"

由此可见,雍正非常严格地要求大小臣工保守奏折内容和朱批的机密,特别是对小臣,教导不厌其烦,并以泄密对他们不利相威胁。

之所以要如此说,是因为他考虑到小臣获此荣宠,容易擅作威福,挟制上司和同僚,造成官僚间互相猜忌,政治混乱,对国事造成不利。

所以雍正三令五申:不能保密,就不要上奏折。

如果私相传达,即使是透露不大重要的内容,也是非法的。

原甘肃提督路振声就曾在这方面犯下一个十分低级的错误。

他将朱批中皇帝对其弟固原提督路振扬的褒语抄下来,转达路振扬。

路振扬受宠若惊,高兴之余,马上递折谢恩。

没料到这就犯了大忌。

雍正大怒,指出:"朕有旨,一切密谕,非奉旨通知,不许传告一人,今路振声公然将朕批谕抄录,宣示于尔,甚属不合,朕已另谕申饬。可见尔等武夫粗率,不达事体也。"把路振扬吓得个屁滚尿流。

当然,雍正清楚,要保密,制裁不能成为通常手段,主要是制定奏折保密制度。

鉴于此,他实施了四项措施:

一是收缴朱批奏折。

已说过,雍正即位当月,命令内外官员上交康熙一朝的朱批,又规定此后奏折人在得到朱批谕旨后一定时期后,将原折及朱批一并上交,于宫中保存,本人不得抄存留底。奏折中的朱批,也不得写入题本,作为奏事的依据。

二是打造奏折专用箱锁。

雍正于内廷特制皮匣,配备锁钥,发给具奏官员,凡有奏折,一律装入匣内,差专人送至京城。钥匙备有两份,一给奏折人,一执于皇帝手中。

这样,只有具折人和皇帝二人能够开匣,外人不能也不敢开。

为具折人不断书写奏折的需要,奏匣每员发几个,通常为四个。只能用它封装,否则内廷不接受。

广州巡抚的奏匣被贼盗去,只得借用广东将军石礼哈的奏匣,不敢仿制。

三是奏折直送内廷。奏折由地方送到北京,不同于题本投递办法,不送通政司转呈,若是督抚的折子,直接送到内廷的乾清门,交内奏事处太监径呈皇帝,其他地方官的奏折不能直送宫门,交由雍正指定的王大臣转呈。

雍正说,假如小臣直接赴宫门送折,不成体统。事实上他是为具折的小臣保密,不让人知道除了方面大员以外,还有什么人能上折子。

被指定转传奏折的人,有怡亲王允祥、尚书隆科多、大学士张廷玉、蒋廷锡等人。

偏远地区的小臣,还有送交巡抚代呈的。

如雍正命广西右江道乔于瀛将奏折交巡抚李绂或提督韩良辅转送。

转呈的王大臣都是雍正的心腹,他们只是代转,不得拆看,具折人也不向代呈人说明奏折内容。

如朱纲一再在奏折中保证所奏内容绝对保密,连隆科多"亦不敢令闻知一字"。

四是由雍正亲自阅看,不借手下人。

折子到了内廷,雍正一人开阅,写朱批,不要任何人员参予此事。他说,各省文武官员之奏折,一日之间,曾至二三十件,多或至五六十件不等,皆朕亲自览阅批发,从无留滞,没有一人赞襄于左右,不但宫中无档可查,也并无专司其事之人。

雍正批阅以后,一般折子转回到具折人手中,以便他们遵循朱批谕旨办事,有少量折子所叙问题,雍正一时拿不定主意,就将它留中,待到有了成熟意见再批发下去。

对于此制度作用,雍正有一番夫子自道。

他在《朱批谕旨·卷首上谕》中写道:"(朕)受皇考圣祖仁皇帝付托之重,临御寰区,惟日孜孜,勤求治理,以为敷政宁人之本,然耳目不广,见闻未周,何以宣达下情、洞悉庶务,而训导未切,诰诫未详,又何以便臣工共知朕心,相率而遵道遵路,以继治平之政绩,是以内外臣工皆令其具折奏事,以广谘取,其中确有可采着,即见诸施行,而介在两可者,则或敕交部议,或密谕督抚酌夺奏闻。其有应行指示开导及戒勉惩儆者,则因彼之敷陈,发朕之训谕,每折或手批数十言,或教百言,且有多至千言者,皆出一己之见,未敢言其必当,然而救人为善,戒人为非,示以安民察吏之方,训以正德厚生之要,晓以福善祸淫之理,勉以存诚去伪之功,往复周详,连篇累牍,其大旨不过如是,亦既殚竭苦心矣。"

他把朱批奏折的作用总结为两点,一是邀上下之情,以便施政,二是启示臣工,以利其从政。

雍正"殚竭苦心",每日看几十封奏折,书写千百言批语,大事小事无不关注,对密折作用自然很有体会,不过有的话他不便明说,故未谈及。

而海外学者杨启樵则将雍正朝的密折作用细细归纳为十点:

一是官员间相互牵制,相互监视。

二是督抚等大员不能擅权。

三是人人存戒心,不致妄为,恐暗中被检举。

四是露章(即题本或奏本)有所瞻顾,不敢直言,密折无此顾虑。

五是有所兴革,君臣间预先私下协议,不率尔具题,有缓冲余地。

六是以朱批为教育工具,借此训诲、开导臣工。

七是臣工得朱批之鼓励,益自激励上进。

八是人材之登进、陟黜,借密折预作安排。

九是自奏折中见臣工之居心制作。

十是广耳目,周见闻,洞悉庶务。

这里分析得非常周详了。而清史学家冯尔康又将其总括为:强化帝王专断权力的手段;君臣议政、推行改革的高效工具;控制官员的手段。

通览中国历史,雍正的所作所为确实是创造了君主集权的顶峰。

中国的政治从秦汉两朝之后,三公夹辅王室,丞相为政府领袖,很像现代的内阁制。

明初年,朱元璋废中书省,罢丞相,由皇帝亲领庶务,皇权最重。但明朝君主大都昏庸无能,以致于被宦官佞臣弄权。后来内阁制形成,它的"票拟权"使大学士握有一定的宰辅权力。清初承明之制,又有议政王大臣会议,分散了一部分皇帝权力。

康熙致力加强皇权,设南书房,用一部分职位低的文人协助议政,用少数人写告密文书的奏折,加强了对下情的了解。

雍正比乃父又跨进一大步,使奏折成为正式官书,所有比较重大的事情,官员都先通过奏折请示皇帝,而这种奏折不通过内阁所属的通政司转呈,皇帝的批示完全出自御撰,不需要同内阁大臣商讨。

这样一来,奏折文书由皇帝亲自处理,部分剥夺了内阁票拟权,把内阁抛在一边了。

雍正时内阁中书说:"国朝拟旨有定例,内外大臣言官奏折,则直达御前;天子亲笔批复,阁臣不得与闻。"正是说的奏折制下的情形。

《四库全书总目》也说:"自增用奏折以后,皆高居紫极,亲御丹毫,在廷之臣,一词莫赞,即《朱批谕旨》是也。"

雍正中期又设立作为纂述转达机构的军机处,代行内阁职权,这就使皇权如同朱元璋时代,真正是"庶务事皆朝廷总之"了。

内阁职能削弱的同时,封疆大吏的职权也有一定程度的下降,稍微大一点的地方事情,都要上奏折请示皇帝办理,他们成为皇帝的膀臂,由中枢神经来支配,中央、地方完全融成一体,在皇帝绝对统治下行施国家机构的职能。

清朝史学家章学诚曾就读《朱批谕旨》的感受说:"彼时以督抚之威严,至不能弹一执法县令,但使操持可信,大吏虽欲挤之死,而皇览能烛其微,愚尝读《朱批谕旨》,叹当时清节孤直之臣遭逢如此,虽使感激杀身,亦不足为报也。"说明当时政令确系出自雍正。

奏折制度不但加强了皇权,还为皇帝行施至高无上的权力提供帮助——

各层次官员反映各种社会问题的奏折,使皇帝了解下情,为制定政策、任用官员提供了可靠根据。

这种制度表面上看来是一种文书制度,但其影响的深远,超乎一般的衙门兴废,涉及君臣权力的分配与皇帝政令的施行,成为中国官僚史上的重大事件。

密折确实是雍正王朝统治的主要手段,雍正也把密折这一统治工具玩得得心应手、炉火纯青。所以,称雍正王朝的政治为"密折政治",理由也就在此!

四

雍正登基一周年之际,说"国家政治,皆皇考所遗,朕年尚壮,尔等大学士所应为之事,尚可勉力代理,尔等安乐怡养,心力无耗,得以延年益寿,是亦朕之惠也"。他的代行臣下之事,除朱批奏折外,就是设立军机处。

七年(1729年),雍正便开始对准噶尔策妄阿拉布坦用兵。为了这场战争的顺利进行,他采取了许多措施,设立军机处,即为其中的一项。六月,雍正发出上谕:"两路军机,朕筹算者久矣。其军需一应事宜,交与怡亲王、大学士张廷玉、蒋廷锡密为办理"。这是正式建立军机房,派允祥、张廷玉等主持其事。

雍正究竟于那一年设立这个机构,载籍所示不一,有七年、八年、十年几种说法,事实上是可以统一的。王昶在《军机处题名记》一文中说:"雍正七年青海军事兴,始设军机房,领以亲王大臣"。他于乾隆前期即为军机章京多年,所说军机房设于雍正七年具有权威性。嘉庆末年梁章钜亦充任军机章京,他说:"自雍正庚戌〔八年〕设立军机处,迨兹九十余年"云云,认为军机处建立于雍正八年。之后,吴振棫不知所从,含糊地说:"雍正七八年间,以西北两路用兵,设军机房。"但是他在谈到军机处官员军机章京准悬朝珠一事时,又说这是"自雍正七年始",这就又肯定为雍正七年了。《清史稿》的记载,在《职官志》和《军机大臣年表》两处自相矛盾,年表处列军机大臣自七年始,而《职官志》则说:"雍正十年,用兵西北,虑保值者泄机密,始设军机房,后改军机处。"十年(1732年)春,雍正命大学士等议定军机处的印信,三月初三日,大学士等拟议印文用"办理军机印信"字样,雍正同意,命交礼部铸造,制得归军机处,派专员管理,并将印文通知各省及西北两路军营。不久以后,印信改由内奏事处保管,军机处使用时请出。由上述诸说可知,雍正设立军机处,经历一个过程,即七年置军机房,八年改名办理军机处(军机处),十年铸造关防,这是这一机构日益完善和成为定制的过程。雍正死,乾隆守丧期间,把它改名总理处,谅阴毕,再改名军机处,后来这个机构坚持到清末,所以说雍正创立军机处,成为清朝一代的制度。

军机处设有军机大臣，雍正从大学士、尚书、侍郎等官员中指定充任，人数不定，正式称呼是"军机处大臣上行走""军机大臣上学习行走"，统称"办理军机大臣""军机大臣"则是它的简称了。它是军机处的主官，下属有军机章京，雍正时也没有定员，由内阁、翰林院、六部、理藩院、议政处等衙门官员中选择充任，他们负责满、汉、蒙古各种文字工作。

军机处要办理机密紧急事务，办公地点应该要靠近寝宫，而不能像内阁在太和门外。据王昶记录，军机值房一开始设在乾清门外西边，寻迁于乾清门内，与南书房相邻，后来移到隆宗门的西面。无论是在乾清门内或门外，都离雍正寝宫养心殿十分近，联系较便捷。雍正初设军机处时，房舍是用木板盖成，乾隆初年才改造瓦房，建筑非常不讲究。

军机处只有值房，没有正式衙门，有军机大臣和军机章京，但他们都因有别的官职，派充的军机处职务；军机大臣不是专职，本职事务依然照常办理；军机章京以此为职责，但仍属原衙门的编制，占其缺额，升转也在原衙门进行，因此王昶说军机处"无公署，大小无专官"。

军机处这样闻名后世的机构，原来是这样子的，所以它问世后的一段时间内，没有被人们承认为正式衙门。即如最早担任军机大臣的张廷玉，乾隆中自陈履历，备言他历任各种官职和世爵，以及临时性的差使，单单没有提到担任军机大臣的事。乾隆五十年前后纂修成功的《清朝通典》《清朝通志》《清朝文献通考》等官书，也没有把军机处作为正式衙署看待。军机处成立了，人们还没有完全意识到它的重要性，这是因为它没有官署和专职人员的特点所决定。

军机处的职掌是，面奉谕旨，书成文字，并予转发。雍正每天召见军机大臣，形成一套制度，其详细情况，记载缺略，不得而知。以后的情形是，每天寅时（三至五点），军机大臣、章京进入值房，辰时（七至九点），皇帝召见，或有紧要事务，提前召见。每天见面一次，有时数次。退出后，军机大臣书写文件。雍正勤政，估计他召见军机大臣的时间不会晚，次数不会少。当雍正即位一开始，办理康熙丧事，特命吏部左侍郎张廷玉协办翰林院文章之事，那时，"凡有诏旨，则命廷玉入内，口授大意，或于御前伏地以书，或隔帘授几，稿就即呈御览，每日不下十数次"。出于撰写谕旨的需要，每日召见多达十几次，这当然不是张廷玉后来军机大臣任上的情况，但它却是日后雍正召见军机大臣，指授区划的预演。及至张廷玉为军机大臣时，"西北两路用兵，内直自朝至暮，间有一二鼓者"。八九年间，雍正身体不好，"凡有密旨，悉以谕之。"此时，张廷玉可能是在圆明园内军机处值房中工作，雍正不分昼夜地召见，以至一二更后才返回住宅。在鄂尔泰入阁以前，张廷玉是雍正最亲近的朝臣，他的繁忙比一般官僚又不同，不过他的每日屡被召见，则还是反映了军机大臣的情况。

雍正向军机大臣所传旨意，以西北两路用兵之事为重要内容。如十年（1732年）二月，宁远大将军岳钟琪奏劾副将军石文焯纵敌，雍正命办理军机大臣议奏。这一年，西路军大本营要移驻穆垒，雍正选定六月初四日巳时启行，于四月十三日命军机大臣通知岳钟琪，"将一应事宜预先留心备办，但军营切宜慎密，以防漏泄"。其他方面的军政、八旗事务,也命军机大臣办理。九年(1731 年),雍正认为山东登州是滨海重镇,所辖地方辽阔,只有六千兵丁,怕不够用,命军机大臣详细讨论,是否酌量增添兵额。第二年,打牲乌拉地方的丁壮问题,也命军机大臣提出处理意见。看来,在军机处设立之初,主要是处理战争、军政和八旗事务,而后扩大范围到所有的机要政事。

军机大臣面聆皇帝旨意,草拟文书。在清代,皇帝的诏令有好几种。"旨",批答朝内外官员关于一般事务的题本的文书;"敕",颁给各地驻防将军、总督、巡抚、学政、提督、总兵官、榷税使的文书。这两种文书均由内阁草拟,经内阁发六科抄出,宣示有关衙门和人员。上谕,有两种,一是宣布巡幸、上陵、经筵、蠲赈以及侍郎、知府、总兵官以上官员的黜陟调补诸事,这也由内阁传抄发送,叫作"明发上谕";另一种内容是"诰诫臣工,指授兵略,查核政事,责问刑罚之不当者",由军机处拟定,抄写,密封发出,叫作"寄信上谕",它因不是由内阁,而是朝廷直接寄出,故又称"廷寄"。这几种公文,军机处承办的寄信上谕最为重要,内阁所办理的倒是一般性事务。廷寄,经由张廷玉的规划,形成一套制度,凡给经略大将军、钦差大臣、参赞大臣、都统、副都统、办事领队大臣、总督、巡抚、学政的,叫"军机大臣字寄",凡给盐政、关差、布政使、按察使的,叫"军机大臣传谕"。字寄、传谕封函的表面都注明"某处某官开拆",封口处盖有军机处印信,因此保密程度高。有关军国要务,面奉谕旨,草拟缮发,这是军机处的主要任务。

军机处还有被咨询的任务,前述雍正命军机大臣议奏增加登州驻军问题,即为征询意见,以备采择,这是皇帝主动提出的问题。朝内外官员所上奏疏,雍正有的发给军机大臣审议。这样军机大臣可以和皇帝面议政事,有参议的职责和权力。

官员的奏折,皇帝览阅,朱批"该部议奏""该部知道"的,或没有朱批的,交军机处抄成副本(即"录副奏折"),加以保存,这也是军机处的一项工作。

军机处三项任务,最后一项是保存文件,对决定政事无关紧要。参议政事一项,要由皇帝决定参议某事,不是固定职权,是被顾问性质,其与闻事务的多少,与皇帝从政能力、兴趣有关系,雍正时代,军机大臣不过是承旨办事,乾隆时当过军机章京的赵翼认为:雍正以来,军机大臣"只供传述缮撰,而不能稍有赞画于其间"。这个结论,用在雍正时代最为恰当。军机处作文字工作,王昶就此说它职司的"知制诰之职"。唐代知制诰,为翰林学士官,专掌诏令撰拟,它是朝廷官职,但又具有"天子私人"的性质,即秘书性质,所以军机处成为皇帝的秘书处了。军机大臣对皇帝负责,它的下属军机章京因是其他部门官员兼任,所以他们之间虽有上下级关系,但后者不是前者的绝对属吏,不易结成死党,因此军机大臣不能对皇帝形成尾大不掉之势,只能绝对听命于君主。

军机大臣奉旨撰拟机务和用兵大事,而这是原来内阁票拟的内容,至此为军机处所夺,使它只能草写一般事务的文件,这就降低了内阁的职权。军事要务由军机处承旨,内阁的兵部从事军官考核、稽查军队名额和籍簿,这是些日常琐务,用兵方略、军政区划都没人过问了。

雍正所用的满人军机章京,系从议政处调来,这就给它来了个釜底抽薪,也使它名存实亡。

雍正时军机处的性质,还从军机大臣和军机章京的任用表现出来。雍正任命怡亲王允祥、大学士张廷玉、蒋廷锡、鄂尔泰、马尔赛、平郡王福彭、贵州提督哈元生、领侍卫内大臣马兰泰、兵部尚书性桂、内阁学士双喜、理藩院侍郎班第、銮仪使讷亲、都统莽鹄立、丰盛额等为军机大臣,内阁侍读学士舒赫德、蒋炳、兵部主事常钧、庶吉士鄂容安、内阁中书柴潮生、翰林院编修张若霭等人为军机章京。允祥、张廷玉、鄂尔泰与雍正关系密切当然不必说,蒋廷锡于雍正四年任户部尚书,协助允祥办理财政,赢得雍正的信任。马尔赛被雍正用为北路军营抚远大将军,早得眷宠。莽鹄立于雍正初年为长芦盐政,即得雍正的欢心。哈元生,在西南改土归流中立有大功,雍正见他,解御衣赐之,宠待有加。讷亲,雍正病笃,以之为顾命大臣,可见信任之专。张若霭、鄂容安分别为张廷玉、鄂尔泰之子。雍正的军机大臣,原来的官职,由正一品至从四品,相差很大,所以他们之被任命为军机大臣,官职是必要条件,但关键的取决于他同皇帝的私人关系,吴振棫就此指出:"军机大臣惟用亲信,不问出身。"这些亲信一旦入选之后,必定更秉命于皇帝,所以军机大臣只能从事撰述传达工作,而不能成为与天子有一定抗衡权的宰相。雍正给军机处书写"一堂和气"的匾额,希望他的亲信们和衷共济,不另立门户,一起对他负责,安心做忠实奴才。

归军机处办的事情,不管大小,"悉以本日完结",绝不积压。这样的办事作风,效率自然较高。寄信方法也是快捷的。张廷玉提出的廷寄办法,是军机处将上谕函封后交兵部,由驿站递相传送。军机处根据函件内容,决定递送速度,写于函面,凡标"马上飞递"字样的,日行三百里,紧急事,另写日行里数,或四、五百里,或六百里,甚至有八百里的。这就和内阁发出的不一样了,内阁的明发上谕,或由六科抄发,或由有关部门行文,多一个衙门周转,就费时日,保密也困难,经常被地方官员探到消息,雇人先行投递,他们在正式公文到来之前,已悉内情,作了准备,加以应付。这样的事不乏其例,如四川布政使程如丝贪婪、人命重案,在成都审理,待后刑部的判处死刑意见被雍正批准,程竟在公文下达前五六天获得消息,自杀于狱中。雍正深知这些情弊,不止一次地讲到这类问题,并尽力加以制止。五年(1727年)三月,他说泄密严重:"内外咨呈文书往来,该衙门尤易疏忽,以致匪类探听,多生弊端,间有缉拿之犯,闻讯远扬,遂致漏网,此皆不慎之故,贻误匪轻。"他命令"有关涉紧要之案,与缉拿人犯之处,内外各衙门应密封投递,各该管应谨慎办理,以防漏泄"。如有疏忽,从重治罪。他在军机处设立前,已着手解决重要公文的保密和驿递问题,军机处成立,经张廷玉规划,创廷寄之法,"密且速矣",于是既保证中央政令的严格贯彻,速度又较前加快,从而提高了清朝政府的行政效率。

军机处是在雍正整饬财政之后设立的,当时整个吏治比较好。军机处官员处机要之地,但没有什么特权。军机大臣有每日晋谒皇帝之荣,没有其他特权。雍正允许军机章京和军机处笔帖式挂朝珠,表示宠异。朝珠,文职五品、武职四品以上才许悬挂,出任军机章京的大多是六七品官员,其中编修、检讨、内阁中书都是七品小官,他们破例得同四品以上官员一样挂朝珠,是雍正给的特殊荣誉。但是这种虚荣,并没有实质性的好处。其时军机处官员十分注意保密,不与不相干人员往来。嘉庆五年(1800年),仁宗曾就军机处漏密事件发布上谕,他说:"军机处台阶上下,窗外廊边,拥挤多人,借回事画稿为名,探听消息。"因此规定不许任何闲人到军机处,即使亲王、贝勒、贝子、公、大臣也不得到军机值房同军机大臣议事,违者重处不贷。又特派科道官一人,轮流在军机处纠察。这是乾隆后期以后吏治败坏下的情形,雍正年间完全不是这样。张廷玉任职年久,据说"门无竿牍,馈礼有价值百金者辄却之"。讷亲"门庭峻绝,无有能干以私者"。雍正年间军机处官员的廉洁,使他们有可能不违法,保守机密能忠实地履行职责。

雍正创设军机处,使其日益取代内阁的作用,是行政制度上的重大改革。它使议政处名存实亡,使内阁形同虚设,军机大臣虽然具有一定权力,但主要是秉承皇帝意旨办事,没有议政处的议决权,内阁的票拟权,这些权力全部归于皇帝了。所以行政机构的改革,加强了皇权,削弱了满洲贵族和满汉大臣的"相权"。军机处设立与奏折制度的确立相辅相成,雍正亲自批答奏折,向军机大臣面授机宜,天下庶务都归他一人处决。前已说过,雍正的专权与明朝的朱元璋相同,但是又有不同,朱元璋日理万机,忙不过来,找几个学士做顾问,然而不是固定的班子在皇帝指导下处理政事,因此皇权是强化了,行政效率却不一定高,而雍正建立军机处,加强皇权的同时,还提高了行政效率,使得皇权能够真正地充分地实现,所以他的权力实际上比朱元璋还要集中,他以前的其他帝王对他更是不可及的了。

第三章 整顿八旗,协调满汉

努尔哈赤创建八旗制度,由子侄分任各旗旗主,旗主与旗下有严格的主从关系,皇帝要调发旗下人员,必须通过旗主。旗下隶属于旗主,同皇帝是间接关系,也就是说旗下有两个主人,即旗主和皇帝。各旗内亲王、贝勒、公是世袭的,他们世代掌管所在旗。这样在对待旗民的统治上,皇帝要直接掌管旗民,加强皇权,旗主要维持对旗下的所有权,因而产生皇权与旗主权的矛盾。自清太宗起的清朝前几代皇帝都谋求削弱旗主的权力,太宗、顺治两朝使镶黄旗、正黄旗、正白旗成为上三旗,由天子自将,于是剩下其他五旗,即下五旗旗主问题。康熙在统治后期,派皇七子胤祐管理满洲、蒙古、汉军正蓝旗三旗旗务。当今皇帝的儿子到下五旗中作管主,代替原来的旗主,实际上削弱了旗主的权力。所以雍正以前,八旗旗主势力逐渐衰微,已无力与皇权抗衡,但是他们还拥有一部分权力,影响着皇权在八旗中的进一步行使。

雍正继位初年,承袭乃父遗策,任用亲信弟兄和王公管理旗务,如以康亲王崇安管理正蓝旗三旗事务,皇十七弟果郡王允礼管理镶红旗事。他在对管主的使用中,发现它和皇帝及八旗内官员的矛盾,管旗务的诸王因身份崇高,还是影响皇帝对旗民的直接统治,而管主同都统等官员职权难分,往往互相摩擦,对于"公事,亦未免耽误",雍正遂于六年(1728年)减少管主,取消崇安、锡保及信郡王德昭等的管理旗务。七年(1729年),雍正"命庄亲王允禄管理镶白旗满洲都统",九年(1731年),改"命庄亲王允禄管理正红旗满洲都统事务",十年(1732年),用平郡王福彭"管理镶蓝旗满洲都统事务"。允禄、福彭是管理都统事务,与管旗务大不相同,管旗务是八旗都统的太上皇,是管主,都统得唯命是从,管理都统事务,本身相当于都统,或是兼职都统。都统是所谓掌"八旗之政令,稽其户口,经其教养,序其官爵,简其军赋,以赞上理旗务"。是八旗的军政长官,是一种职务,由皇帝临时任命,不能世袭,与所在旗的旗民是官民关系,而不是主从关系。允禄是雍正第十六弟,又以亲王身份管都统事,他已不是管主,降为一旗长官了,而这不是他个人的荣辱问题,因为他长期受雍正信任,后来为乾隆顾命大臣之一,他的出任管理都统事务,表明皇子、亲王在八旗中地位的降低,表明管主的被取消。至此,清代管理八旗事务人员经过了三个阶段的变化:旗主——管主——宗室贵族管理都统事务,每一次的变化,都是旗内主从关系的削弱,旗主不再具有原先的旗内自主权,皇帝将它剥夺净尽了。这个三部曲是皇权在八旗内(主要是下五旗)强化的过程,雍正的宗室贵胄管理都统事的办法,则是它的终结。这是八旗制度内皇权、旗主权消长过程的主线,围绕着它,雍正还采取了许多相应措施。

八旗都统,清文为"固山额真",印信即以此为文,"额真",满语意为"主"。雍正元年(1723年),给事中硕塞条奏:"额真二字,所关甚巨,非臣下所可滥用",请加改定。雍正为正名分,崇君主,接受他的建议,命将"固山额真"改为"固山昂邦",意为总管,即汉文的都统,又将"伊都额真"改为"伊都章京",意为领班。臣下不能称为"主",只能尊奉一个主人——皇帝。"固山额真",是努尔哈赤建旗时的老名称,后来的都统早已不复是旗主的意思,至此,雍正又在文字上加以改变,从意识形态上革除旗主的痕迹,从而也标志旗主权力的实际消失。

旗员的官缺,向分旗缺、翼缺、公缺数种。旗缺,是某一官职例由某旗人员充任;八旗又分左右两翼,翼缺是专属于某一翼的人员的官缺;公缺是所有八旗人员的。旗缺、翼缺只在某旗某翼内进行拣选,旗主、管主可以把持这些缺位,也使得各旗之人具有向心力,团结自固,但在八个旗内,各旗人才不一,因而有的旗升转较快,有的则较迟滞,也不公平。这一问题,康熙初年即着手解决,八年(1669年)、十年(1671年),分别将各部堂主事、郎中改为公缺,通同论俸升转,但员外郎、主事仍按旗升转。雍正六年(1728年),以铨法划一为理由,将原属于旗缺、翼缺的各部员外郎、主事、内阁中书、监察御史、给事中、工部造库郎中,一律改为公缺。既解决铨法的不公平,亦不使旗主、管主干预旗缺中任何一部分旗员的任用。对八旗内部缺分的补授,雍正亦行更改,原来下五旗王公所谓公中佐领之缺,只在该王公属下拣选,八年(1730年),雍正认为这样做不易得到合适的人,命于该旗中拣选官员引见补授,若该王属下之人可用的当然也可以拣选。企图使诸王所用人员尽量少同他有密切关系。

佐领是八旗基层牛录的主官,职位虽不甚高,但地位重要,特别是原管佐领(勋旧佐领),系清朝开国时期率族众归来的,被编为牛录,佐领在一个家族世袭,也即使它永远掌握这个基层组织,世管佐领,也是早期投入后金政权的部众,佐领也是世袭。雍正于四年(1726年)二月说,他们中年幼的,愚昧的,衰老不能办事的,只给佐领的俸禄,不许管理事务,其事另选择该旗大臣官员兼理。这就等于取消了原管佐领、世管佐领的世袭罔替。可见雍正对八旗各级主人下手,褫夺他们的统治权。

对于王公与属下的关系,雍正作了许多规定。元年(1723年),禁止王公在所属佐领内滥派差役,只许挑选人员充任护卫、散骑郎、典仪、亲军校、亲军,不许兼管家务,若用作包衣官职,或令跟随子侄,都要列名请旨,并且要知会该旗都统,由都统复奏。若属下犯罪,王公要奏闻,交刑部处理,雍正说:"不请旨,断不可也。"这是说王公对属人没有任意使用权和处罚权。二年(1724年),雍正不许下五旗王公听信逸言,将属下妄加残害,或借端送刑部治罪,若有此种情况,则将这些被害者撤离原主门下。同时规定,王公属下有被问罪发遣的,不许发往该王公打牲处所,免得他们发生联系,私自回到该王公门上。政府惩治王公属下,不容原主包庇,王公迫害其属下,政府不容其肆恶,这是一个问题两个方面,即不许王公与属下有不正常关系。同年,更定王公拥有的护军、领催、马甲数。亲王为护军、领催四十名,马甲一百六十名;郡王护军、领催三十名,马甲一百二十名;贝勒护军、领催十六名,马甲八十名;贝子护军、领催十六名,马甲六十四名;镇国公护军、领催十二名,马甲四十八名;辅国公护军、领催八名,马甲三十二名,比原来的数目减少了。同年还下令,诸王所属佐领,凡移出的,其内人员不得再与旧主往来,否则从重治罪。使王公对旧部不能发挥影响。

雍正特别不许王公勒揪属下,元年(1723年),他说五旗诸王不体恤门下人在外省做司道府县官的,向他们分外勒取,或纵容门下管事人员肆意贪求,为除此弊,他允许该等官员封章密揭。次年,他发现公爵星尼向属人王承勋勒取几千两银子,为此特发上谕,说星尼才是公爵,而王承勋不过是州县官,就要这么多银子,若主人是王府,属人为地方大员,则不知要多少了。他就此事警告王公,若不悛改,"必将五旗王府佐领下人一概裁撤,永不叙用"。十一年(1733年),太原知府刘崇元告发他的佐领李永安,在其回京时,李永安到他家索去银子一百二十两及马匹、衣物,后李永安又派人到他任所,勒取辔头、潞绸,还要三二百两银子。雍正下令对李永安严行查处。

削弱八旗王公与属下的私属关系,在雍正初年有特殊意义。雍正严禁诸王滥役属人时说:早先诸王对属下尚知恩抚,而"朕之兄弟,分给包衣佐领之人既少,而差役复多,其余诸王亦从而效之"。他把诸兄弟视作罪魁,借此整饬,收回王公任用属人的权力,所以这是他打击宗室朋党的一个内容。他把严禁王公勒索旗下,纳入了清查钱粮、打击贪赃、肃清吏治的措施之中。他指责王公的勒逼造成旗下官员的贪赃:"该员竭蹷馈送,不能洁己自好,凡亏空公帑,罹罪罢黜者多由于此。"可见他在继位之初,急急忙忙地改革旗务,是同打击朋党、整顿吏治紧密结合。

二年(1724.年),雍正下令设立宗学,按八旗的左右两翼各立一学,招收宗室子弟学习,每学设正教长、副教长,由翰林院编修、检讨充任。宗学招收宗室子弟,学习满文、汉文,演习骑射,由政府按月发给银米、纸笔。每年雍正派大臣去考试,进行奖励和惩罚。七年(1729年),雍正因宗学不能容纳觉罗子弟,特于各旗设立觉罗学,令觉罗子弟读书学射。此外,雍正还设立咸安宫八旗官学,选择八旗子弟中俊秀者入学,内务府包衣佐领的景山官学中的优秀者亦可入选。雍正对他兴办宗学的原因作过说明,他认为宗室中人各怀私心,互相倾轧,把骨肉视为仇敌,更有甚者,"要结朋党,专事钻营";还有一种人骄奢淫佚,荡尽产业,也是不肖子孙。为改变这种风习,要作许多工作,但必须加强对他们的教育,以事挽救——"急筹保全之道,若非立学设教,鼓舞作兴,循循善诱,安能使之改过迁善,望其有诚"。他又说:"必教以典礼伦常及治生之计,俾各好善恶恶,崇俭戒奢,方可谓教育有成。"他把办宗学与削夺诸王权力、宗室朋党同时进行,以巩固他在政治上的胜利。

清朝入关之初,八旗人口微少,他们为官作宦,当兵吃粮,又有旗地可以耕作,不存在生计问题,但时间稍长,如到雍正继位,已八十年了,这时人口增殖甚多,而官职缺额和兵额都有限量,旗地没有增加,除了上述职业以外,清政府又不允许他们自谋生活出路,因此出现了新添人口的生活问题,此外旗人因长期脱离生产,出现生活上追逐奢华的问题。二年(1724年),雍正向八旗官员和民人说:

> 尔等家世武功,业在骑射,近多慕为文职,渐至武备废弛;而由文途进身
> 者,又只侥幸成名,不能苦心向学,玩日偈偈时,迄无所就;平居积习,尤以奢侈
> 相尚,居室用器,衣服饮馔,无不备极纷华,争夸靡丽,甚且沉湎梨园,遨游博
> 肆,不念从前积累之维艰,不顾向后日用之难继,任意糜费,取快目前,彼此效
> 尤,其害莫甚。

他敏锐地看到旗人逐渐丢掉尚武精神,向追求生活享乐方面发展。对后一方面感受尤深,他知京中一部分旗人以酗酒、赌博、赴园馆,斗鸡、鹌、蟋蟀为事,京外他去过盛京,见旗人以"演戏、饮酒为事",以至城中酒肆多的不得了。他还知道,有的旗人的享乐,靠着变卖家产和钱粮来维持,他说他们"多有以口腹之故而鬻卖房产者,即如每饭必欲食酒,将一月所得钱粮,不过多食肉数次,即罄尽矣。又将每季米石,不思存储备用,违背禁令,以贱价尽行粜卖"。

雍正针对一些旗人糜费和不善治生的问题,采取种种措施维持旗人的生活,希望他的国家的根本——八旗军不致为生活问题而动摇。

雍正告诫旗人"量入为出,谋百年之生计"。他严厉禁止旗人分外享乐,元年(1723年),不许旗人酗酒、斗鸡,重定公侯及八旗军民婚丧仪制,让旗人崇尚节俭是重要的原因。到十二年(1734年),他就此事说:"近闻八旗人等仍有未改陋习,以夸多斗靡相尚者",因命八旗都统务必加强教育。这些禁令,主要是进行教育,收效自不会多,即如变

卖禄米,仍是司空见惯之事。五年(1727年),顺承郡王锡保报告,贾富成私自偷买旗军甲米,又向旗人放高利贷,雍正命他加以追查,将所买甲米及高利贷本利银追出,赏给破获此案的官兵。他感到一个一个追查不是根绝旗丁出卖禄米的办法,于六年(1728年)令在京仓附近设立八旗米局二十四个,即满、蒙、汉军每旗一个,在通州仓附近按八旗左右两翼,设立米局两处,每局都派有专官,稽查禄米的买卖。这是限制旗人的靡费,以便量入为出。

雍正为增加旗人的收入,实行优恤政策。元年(1723年),发内帑银八十万两,分给各旗,作为官兵婚嫁丧葬的费用,于是规定护军校、骁骑校等婚事给银十两,丧葬给银二十两,马甲、步军等给银递减。这是临时性的补助,对八旗生活帮助有限。

旗人繁衍了,而八旗兵额是固定的,所以出现很多余丁,没有职业,生活无着。雍正想扩大兵额,但又受政府财力的限制,就略为增加兵数,令从满、蒙、汉军中选取四千八百人为养育兵,每一旗满、蒙、汉军分配六百名,其中满洲四百六十名,蒙古六十名,汉军八十名。每一个满洲、蒙古养育兵每月关饷银三两,汉军每月也应为三两,但实给二两,多余的饷银给额外增加的养育兵,这样汉军每旗又可增添四十人,这次总计添加养育兵五千一百二十人。同年,雍正又特别增长汉军额数,把汉军二百六十五个佐领又二个半佐领,扩充为二百七十个佐领,兵额从一万七千五百二十八名,增至二万名。适当增加八旗兵额,雍正坚持了这项政策。九年(1731年),西安将军秦布奏称,他所管辖官兵定额八千名,然因户口繁盛,旗丁已近四万人,因请在余丁中挑选一千名当差,每月仅给饷银一两、米三斗,雍正批准了他的要求。就此,他考虑到驻防各地的八旗情况相类似,因命其他驻防地也扩大兵额,挑选余丁充任。

八旗庄田是公田,旗人只有使用权而没有所有权,但是时间长了,实际上成了所有者,因而能将所使用的旗地典当或出售,当然这是不合法的。七年(1729年),雍正过问这类事情,他考虑典卖旗地之事相沿已久,不便依法惩治,又不能不处理而任其发展,因此命各旗查明典卖情况,动支内库银按原价赎回,留在旗内,限原业主一年之内取赎,过限不赎,准本旗及别旗人照原价购买。十二年(1734年),命清查直隶旗地。他力图保持旗人产业,不令流落八旗之外。

限制出卖甲米和旗地,是消极的防范措施,雍正还着眼于发展旗人生产,即位之初,就兴办热河屯垦。元年(1723年)六月命于热河、喀喇和屯、桦榆沟三处屯田,从京城满洲、蒙古八旗中择取没有产业的旗丁八百名前往,编设佐领,另设总管从事经理。十一年(1733年),命喜峰口驻防兵屯田,每名给地一百五十亩,菜园四分,照民田例交税,税银留充兵饷。

雍正下力搞的是八旗井田。孟轲讲的井田制,两千年间,真正试行者是雍正。二年(1724年),他批准户部侍郎塞德的建议,设立井田,令拨京南霸州、永清、固安、新城等县官田二百多顷,作为井田,在京城八旗内,选择十六岁以上、六十岁以下没有产业的人员前往耕种,按照孟轲所说的井田制精神,每户授给一百亩为私田,十二亩半为公田,八家共有公田一百亩,私田在外,公田在内,又给每户十二亩半作室庐场圃之用,官给盖房屋,按人口分配。另给每户发银五十两,购置耕牛、农具、种籽。私田收入归井田户,公田收成,在三年后全部交公。为办理此事,设置井田管理处,派建议人塞德前往料理。实行以后,愿去的人很少。五年(1727年),雍正说:那些没有产业,游手好闲的旗人,依靠亲戚为生,使好人受累,而他们却能为非作恶,遂强迫他们迁往井田处耕种,那些犯了枷号鞭责罪的革退八旗官兵,也罚往耕种。以后,又把侍郎哲遵、尚书石文焯等先后发往井田处效力。由于所去旗人多"非安分食力之人",不仅不好好从事生产,反而偷卖官牛,私自出租井田。管理官员又将井田分成等第,徇私调换,干没公田租课。种种情弊,不断发生。乾隆继位就把井田改为屯田,不愿屯田的井田户撤回京中原旗,留下田房交地方官出租,愿意留下屯种的,按地亩完纳钱粮。雍正试行井田制十年,最后以失败而告终。关于井田制,议论者多,然都不敢贸然实行。康熙年间亦有议行的,康熙说井田法好是好,但形势已不允许它实行了,"后世有欲于旷闲之壤仿古行井田之法者,不惟无补于民,正恐益滋烦扰。天下事兴一利不如去一弊之为愈,增一事不如省一事之为得也"。雍正不怕多事,他宣布:"特开井田,以为八旗养赡之地",希望它能解决八旗的生计,滋扰之弊,在所不计。但是,他的认识不符合于客观实际。第一,一部分旗人因长期脱离生产,成为寄生虫,要他们改变习性和生活习惯,不是一般的行政命令所能做到的,所以用他们实行井田制,他们就只能破坏而不能建设。第二,实行井田制不是一个孤立的简单的事情,它同土地所有制、政治制度、赋税制度等相关,在封建土地私有制已流行千百年后,没有经历社会革命,实行以土地公有制为基础的井田制,即使在一片国有地上实行,在地主土地私有制的包围下,它也不可能长期存在,必然会出现将井田私租出卖的现象,如此,井田怎能维持!第三,纵令雍正的井田法得以长期维持,垦田不过二百余顷,户民不约二百家,人、田均极少,而要想扩大,政府给田、房、开垦费就要增多,也是力量所难达到的,这就是说井田很难大规模发展。那样的小规模进行,根本解决不了旗人的生产生活问题。因此,雍正实行井田制,虽力求解决旗人生计问题,勇于实践,但以主观代替客观,盲目实践,失败也是理所当然的。

雍正晚年谋图扩大旗人的生产地区,令人往黑龙江、宁古塔等处调查,规划分拨旗人前往居住耕种,正当就绪之时,由于他的故世而没能实行。

在八旗人员逐渐地脱离生产、追逐享乐、生活窘迫的现实面前,雍正力图挽救危机,劝诫他们节俭,为他们堵塞钱财漏洞,又希望用发展生产增加他们的财源。他的种种努力收效甚微,没有阻止得了旗人的腐化趋势,旗人的生计问题依然存在。他以后,问题更趋严重。这是清朝一代的问题。清朝对八旗用养起来的办法,使他们渐渐成为寄生者,渐渐成为废人,这个基本政策不改变,旗人的问题根本解决不了。雍正希望发展旗人的生产,是有识之见,但没有从根本上变更对旗人的方针,所以就不可能改变旗人的状况。

在曾静案一节提到雍正反对华夷之辨,强调满族统治的合理性,至于满汉关系,他还有具体的处理办法。

反满复明思想,自清朝入关后,就在一部分汉人中流行着,有的人积极实践,故而朱三太子事件不断出现。

崇祯有七个儿子,第二、五、六、七四子都殇逝,长子朱慈烺立为皇太子,三子朱慈炯为周皇后所生,封为定王,四子慈炤生母为田贵妃,受封永王。李自成进北京,获朱慈烺,封之为宋王,得朱慈炯,封为宅安公,朱慈炤下落不明。李自成退出北京,朱慈烺和朱慈炯兄弟也不知存亡去向,可是不久有人自称是故太子朱慈烺投奔南京福王政权,因真伪莫辨,被朱由崧囚禁。据《明史》记载,该人为明驸马都尉王昺之孙王之明,适清军主南京,乃投降清朝。至此,崇祯的长子已不为人所注意,他的遗胤最尊贵的就是第三子朱慈炯了。因为此人不知所终,汉人正好利用他的名号反清。康熙十二年(1673年),

京城有人称朱三太子,记载说他叫杨起隆,又叫朱慈璊,他草创政权,建年号广德,封了大学士、军师、总督、提督、齐肩王、护驾指挥、黄门官等官,联系郑成功部下降清将领,准备在首都起兵,被人告发,"朱三太子"逃亡,其妻马氏及齐肩王等被捕。此后,有人诈称杨起隆,也即诈称朱三太子,在陕西造反,被抚远大将军图海拿获,于十九年(1680 年)解至北京遇害。与杨起隆活动的同时,蔡寅在福建称"朱三太子",组织数万人,与在台湾的郑经联合,攻打清朝的漳州,被清朝海澄公黄芳世打败。有个明朝后裔叫朱慈焕,赘于浙江余姚县胡家,生有六子,本人流浪四方,教书为生,化名何诚、王士元。清朝政府对他有所察觉,康熙四十五年(1706 年)将他的三个儿子拿获下湖州长兴县监狱。其时,在宁波、绍兴等府,有张念一(张甘一、张君玉)、张念二(张甘二、张君锡)、施尔远等人从事反清活动,尊奉朱慈焕为朱三太子,四十六年(1707 年)十一月。清军对他们围剿,他们打败官军。进入四明山中的大岚山坚守,次年初失败。在苏州,有一念和尚,也声称尊奉朱三太子(慈焕),秘密组织群众,当清军围攻张念一时,他们竖起大明旗号,头裹红布,抢劫太仓州典铺,声言攻打州仓库,当即被州官镇压。江南、浙江两案发生后,康熙派遣侍郎穆丹到杭州审查,张甘一、张甘二、朱慈焕、一念和尚先后在苏州、山东、吴江等地被逮捕。康熙以朱三父子为首恶,将他们杀害。又据吴振棫记载,江南有金和尚,诈称崇祯第四子永王朱慈炤是朱三太子,将之拥立,聚众于太湖,准备在康熙南巡时起事,活捉康熙,届时发炮不响,遂为清军破获。康熙最后一次南巡是在四十六年春天,吴振棫所记,与一念和尚的活动在同时同地,但情节又有所不同,因此尚难于断定是一件事。如果金和尚就是一念和尚,则他的活动计划是较庞大的。

康熙对出现的反清复明活动严厉镇压,同时做出对前朝并无恶感的姿态,他南巡到江宁,亲至朱元璋明孝陵祭奠,或派官员往祀,表示对朱元璋的敬意。他保护明十三陵,派皇子巡查、扫祭,以此笼络汉人,希望消弭反清思明情绪。雍正深知关于"朱三太子"的活动及其能量,特别是大岚山及一念和尚的案子,他应当是很清楚的。他也参加了查看明十三陵的活动。也就是说对反清复明他不仅知道,而且要采取对策。

元年(1723 年)九月,雍正说他发现康熙的未发谕旨,称赞朱元璋统一华夏,经文纬武,为汉唐宋诸君所未及,因命访求明太祖的后裔,以便奉其桃祀。次年,找出正白旗籍、正定知府朱之琏,封为一等侯,世袭,承担明朝诸陵的祭祀,同时把他族内人丁都抬入正白旗。据说朱之琏的先人朱文元,是明宗室代简王的后人,在松山战役中被俘,入了八旗。雍正利用这类旗人,完全不用担心他们会和拥护朱明的汉人搅在一起,却可当作招牌,用作宣传不仇视明朝,不歧视汉人的工具。

雍正中,汉人假借朱姓之名反清的仍不乏其人。七年(1729 年),雍正说:"山东人张玉伪称朱姓,冒充前明帝裔,宣称星士为他算命,当有帝王之分"。同年,广东总督郝玉麟在恩平县拿获藏有"楚震公"令旗的群众,据说他们的军师叫李梅,以灾变劝人造反,他宣称有一个人,生辰八字俱是壬寅,今年八岁,现在交趾,山西、陕西、福建、广西各省都有他的人,都发了委任书。又据说:康熙末年在台湾造反的朱一贵的儿子称朱三太子,原在交趾小西天,已出发到巫山,有众几十万,不久就要领大兵来了。郝玉麟称这个案子"人犯众多,情事重大"。案中人原计划在七年十二月初二日攻打恩平县,事机不密,被清政府发觉,首领区在台、陈京干、梁伟杰等被捕,李梅逃亡,后被捕,又逃脱了,雍正对这个案子始终关注,责怪郝玉麟办理不力。同时期,广西人张淑言、福建延津道员家人马姓等说:钦天监奏紫微星落于福建,朝廷业已派人到闽,把三岁以上、九岁以下的男子全部斩杀。李梅、张淑言等人的言行透露,有"朱三太子"活动在国境之外,可能在南方邻国安南。他们是否为一伙,资料没有揭示清楚,但李梅提到八岁孩童势力达到福建、广西,而张淑言正是广西人,又说福建将发生变故。他们所说的地区、内容相同,似非偶合,估计当时两广、福建部分汉人假借朱三太子旗号,进行反清活动,并有一定的势力。有人认为康熙朝破获朱慈焕案件后,反清力量转移到海外吕宋、交趾等地。此说不无见地,因反清势力屡受挫折,国内活动困难,一部分就转往邻国。然而这只是讲了一方面的道理,还要看到,随着不断发生的"朱三太子"事件的一一失败,再简单地诈称朱三太子,很难使群众相信,不便于首领的活动,而诡称其在海外,把他当作一个偶像,则可以用他继续组织群众,这是一个原因;另一方面,清朝加强了对北方和江浙的控制,反清力量不易在这些地方集聚,而两广、福建处于边远地区,又有反清传统,因此反清复明的活动就南移了。

上面说的是雍正朝出现的"朱三太子",另外,康熙朝朱慈焕余众仍在活动。案内人甘凤池,当日亦被捕,受过两次夹刑,后放出,继续进行反清秘密活动。他被人称为"炼气粗劲,武艺高强""各处闻名,声气颇广",成为领袖人物。和他共同为首的有周昆来,原籍河南商邱,久居江宁,原姓朱,或说是明朝封在河南的周王的后人,曾往苏州见过朱慈焕,与其认为叔侄。有张云如,有人说他是明朝后裔,以相命、念符、练枪为手段,广收门徒。他们联络各阶层人士,因为名气大,和地方大吏都有往来。张云如被两江总督范时绎请至官署,范为学其坐功,欲下拜求师,张坚辞,就上坐,范在侧领教。江苏按察使马世炯命其子向张云如学习,称张为师。江宁驻防旗人佛插、赫者库亦同张交游。江宁人于琏捐纳为候选县丞,张云如收为徒弟,告诉他"辅助海中真主",又把他荐给扬州盐商程汉瞻。

浙江总督李卫获悉甘凤池、张云如等活动,要从甘凤池突破,假意为他的儿子学武艺,请甘凤池及其子甘述为师,甘氏父子应允入衙而被捕。虽是受骗上当,亦可见他们有较高地位,也自视不凡。

他们联络各地人士,其中有蔡胡子,浙江人,在安庆算命,说八年(1730年)秋天要举事。有镇江旗人潘朝辅,卖私盐,"有大志,结交往来过客"。有常州人陆剑门,会天文六壬奇门,懂得兵法,在松江水师提督柏之藩幕中做事,遍游南北十省,交际人甚多。有平湖人陆同庵,是贡生,立志反清,往来苏松各处,看视河道地势,在昆山教习徒众。有无锡范龙友,亦是生员,教人拳棒,联络医生李九征,说海上四方山有朱姓聚集,遣人到内地联系,举人张介绥及金匋南、华希渭往浙江乍浦寻觅未遇。有苏州踹匠栾尔集,与段秀清等二十二人拜把结盟,准备进行齐行增价的斗争。嘉定有踹匠王朝和监生姚秉忠,姚给其联络人饷银,每季七两二钱,说是从海上领来,有事听征集调用。还有江宁人夏林生,在河南固始县卖花树,联络该县武生周图廉,周组织小车会,"党羽甚众",常对结盟弟兄说:"我们虽然穷困,终了还有出头日子。"七年(1729年),甘凤池叫他到镇江相会,届期,甘被李卫"请"去,周图廉因缺乏盘费,延期赴会,未得相遇。这些人有的相互间有交往,有的没有,但众人都以甘凤池晓得天文兵书,"欲得以为将帅,无不与之邀结往来"。这些人均以反清复明为目标,甘凤池随身携带两个密本,记载各省山川关隘,险要形势,攻守机宜,他要夺天下。他们与"朱三太子"朱慈焕一案关联,后仍坚持信仰朱明后裔。陆剑门劝陆同庵入伙,以"吕宋山岛内有朱家苗裔"为说词,在给其委任状上用"东明龙飞六年"纪年。他们中人总宣传朱家后人在海上,有寄托,是进行政治斗争。甘凤池等的活动,被李卫派人打入内部,暴露了秘密,七年(1729 年)、八年(1730 年)间相继被捕。雍正深知反清复明活动对清朝统治的不利,对这个案子极力注意,他说:

> 此种匪类,行藏诡秘,习尚乖张,暗怀幸灾乐祸之心,敢作逆理乱常之事,关系国家隐忧。

又说:

> 斯种匪类,为生民害甚于盗贼,孟子所谓恶莠恐其乱苗也。

在他认为,盗窃犯只是单个人的行动,政治犯则可以影响到一群人。有鉴于此,他特派工部尚书李永升到浙江会审。范时绎、马世烆因与张云如有交往,为护己之短,与李卫不协调,雍正支持李卫,赞扬他"矢志坚定,勇于奉公""能于众所忽处留心究察",树为"督抚模范"。他对朱明后裔之说倍加警觉。向李卫说:

> 吕宋山岛前明苗裔之真伪有无,极当确切鞫讯。前岁因西洋人来密奏及此,随命闽粤大吏加意访察,金云子虚。斯事当年圣祖亦曾垂意,今据云审究自不待言,即此案不得实耗,将来仍宜另行设法探访。

随后李卫回奏:对此问题留心已久,还在密探之中。这是他们君臣所谓隐患的核心问题。

雍正用暴力镇压汉人的反清势力,又以优待明裔感化汉人,力图处理好围绕清朝统治是否合法的斗争问题。

直隶多旗地,旗人甚众,他们依恃特权,欺压汉民,造成严重的旗汉冲突。

雍正元年(1723 年),直隶巡抚李维钧密奏房山县庄头李信与宛平县庄头索保住勾结作恶的罪行,他说李信等独霸房山县石行,把附近居民的牲口抢去,为其拉石料出售;放高利贷,拿百姓房产作抵押,不能偿还的,勒逼人妻、子、女为奴;强占房山、宛平县民间妇女多人为妾;打死人命。他们的行为造成严重的后果,"以致宣化府士民罢市"。雍正痛恨庄头作恶,见奏即指示李维钧将李信等严审究拟,"以示惩创,以舒畅小民怨抑之气"。他知道此等庄头,必勾结内廷势要,去之不易,他怕李维钧遇到阻力,退缩不前,因在李的奏折上批道:"尔断不可游移软懦,倘遇难以推卸之处,直告之日上意指示,何敢见宽"。与此同时,公开向李维钧发出谕旨:

> 畿甸之内,旗、民杂处,向日所在旗人暴横,小民受累,地方官虽知之,莫敢谁何,朕所稔悉。尔当奋勉整饬,不必避忌旗汉冰炭之形迹,不可畏惧勋戚王公之评论,即皇庄内有扰害地方者,毋得姑容,皆密奏以闻。

李维钧是汉人,若对旗人据法惩治,必遭王公反对,会被安上汉人反对旗人的罪名,雍正给李维钧撑腰,警告贵胄不得对他陷害,以便他顺利处置不法的旗人,适当消释汉人的怨恨。七月,李维钧密奏宝坻庄头焦国栋、焦国璧在城乡占据田土一千余顷,开设当铺、商店数处,打死人命六条,奸占妇女,包揽词讼,私立场集。雍正指示李维钧:"除暴安良,尔分所当为,类此等事,宜极力振作,更勿虑朕以多事见责。"十月,雍正谕内务府,加强对庄头的管理,对怙恶不悛的即行革退。十二月又谕,庄头不得奢华,住房不得过制,不得擅用非分之物,否则正法不贷。经过一番整饬,有的凶恶庄头有所收敛,自动将地租和当铺利息各减一分,李维钧因他们知过省改,请求免予治罪。雍正回答说:恶人秉性难移,对他们仍要留心访察,如少蹈前辙,立即参处,不可稍存姑息之念,绝不要始勤终息。他还作了除恶务尽的表示:"朕必永断此恶而后已。"正是在雍正的鼓励与督责下,李维钧继续打击作恶庄头,二年(1724 年)正月又将静海县镶黄旗恶霸庄头李大权捉拿归案。

对于庄头以外的凶横旗人，雍正亦从严惩罚。康熙末，许二倚恃是旗人，率众打死民人刘国玉，雍正即位有赦免恩诏，刑部援引诏书，欲为之减刑，大学士等复奏，雍正说许二倚仗旗人犯罪，实属可恶，不可援赦宥免，仍应按原罪拟绞监候，秋后处决。四年（1726年）八月，直隶总督李绂奏报：镶黄旗人王三格，据称是内务府仓官，在满城县有祖遗圈地，早年转典给县人孙含夫、冉铎等取租，雍正三年（1725年）回到满城，殴打孙含夫及佃农，占夺原地。转年三月孙含夫到保定控告，还未审理，王三格因冉铎吃斋被乡人称为老道，就诬告冉铎邪党聚众，自称教主，任命孙含夫等人为将军、总管。直隶按察使据报将冉铎等人拘捕审讯，造成冤狱。王三格因是仓官，地方官不便审理，请将其官职革退，以便审结。雍正指示："三格实属可恶，宜加倍严惩，以警刁诬。仓官非官，彼自名之为官也，殊可发一大笑！"王三格夺人财产，又肆诬陷，可见旗人对汉民欺压的严重。他可以自称仓官，封疆大吏的总督也对他无可奈何，亦见旗人特权之大。雍正加倍严惩的态度，才可以多少打击不法旗人的嚣张气焰。五年（1727年），顺义县旗人方冬魁在酒馆中见到张四，张未让坐，方即对之打骂，激怒张将其杀死，署理直隶总督宜兆熊承审，拟将张四定为绞监候罪，雍正不以为然，他说："向来庄居旗人，欺凌民人者甚多，即方冬魁之事可见"，因此对张四从宽发遣：免死，枷号两月，责四十板完结，"以为旗人不论理恃强凌弱欺压民人者之戒"，并将此事晓谕八旗及各屯庄居住之旗人，以引起警惕。这样从轻处理张四，于法律不合，但不失为纠正旗人肆意作恶弊端的一个措施。

旗、汉民之间的纠纷案件，向例，旗民不由地方官审理，到康熙三十七年（1698年），经直隶巡抚于成龙题请，设立满洲理事同知一员，驻保定，审理旗人斗殴、赌博、租佃、债务诸事，至于人命盗匪等重案，则会同督抚鞫审。这个理事同知，专由满人承当，与作为知府副手的同知不同。州县官不能随意审查旗人案件，也不能对旗人用刑。雍正初，以直隶旗、汉互相呈控事件繁多，增设满洲通判一员，亦驻保定，协助理事同知处理事务。不久，仍以事多，旗、汉纠纷均赴保定办理不便，遂将张家口、河间、天津的旗、汉事件分别交张家口同知和天津同知审理。这是雍正维持康熙朝旧制，只是增设专管旗民事务的官员，以便比较迅速地处理纠纷案件。六年（1728年），良乡县知县冉裕棐杖责旗人乌云珠，署直隶总督宜兆熊以违例虐待旗人将他题参。雍正说："旗、民均属一体，地方官审理事务，只当论理之曲直，分别赏罚，不当分别旗、民。"冉裕棐奉公守法，不应当革职听审，因将宜兆熊的题本掷还。他还说不知道有不许地方官体刑旗人的成例，要刑部查明具奏。刑部查出果有这种案例，雍正命把它废掉，依他的指示执行，同时指责宜兆熊那样对待属员，过于苛刻。

旗人与汉人在处刑上，向来有所不同，汉人犯流徒罪的照律充发，旗人则可改为枷号、杖责结案，实际是从轻发落。四年（1726年），雍正感到它使法律不能一致，因命大学士、八旗都统及满洲、汉军中的九卿共同商议，可否将旗人的准折刑法取消，一律按照统一的刑律与汉民一样处置。大学士等认为准折刑法是不好，易使旗人轻于犯罪，但满人、蒙古人缺乏营生之术，发遣难于图存，请维持旧例不变，惟汉军有犯军流罪者，则照律发遣。

在旗民与汉民关系问题上，雍正亦欲作些改革，但因照顾旗人的方针不变，所以在法令上就不能不遵奉旧制了。然而在实践上，打击不法旗人，尤其是作恶多端的庄头，一定程度地缓和旗、汉矛盾。在这里，人们可以看到，他维护旗人特权，但又不使它过分,这同他对待汉人中的绅衿是一样的,即承认其法定权利,而不允许非法虐民。只有这样,才有利于巩固清朝的统治。

与旗人欺凌汉民相一致,在官僚中,旗员傲视汉员,这是清朝的职官制度所决定的。雍正宣称:"朕即位以来,视满汉臣工均为一体。"又声言:"朕待臣下至公至平,从无一毫偏向,惟视其人如何耳。"听其言而察其行,他的言行并不完全一致。

清朝对大学士、六部尚书、侍郎等官实行复职制,满汉兼用,且为同等职务,但总有一个主事的,即所谓在前行走者,这却法定为满人。五年(1727年),雍正规定,大学士领班以满人中居首的充任,其余大学士的行走秩序,不必分别满汉,要依补授时间排列名次,由皇帝临时决定,并指定汉人大学士张廷玉行走在旗人孙柱之前。六部满尚书在汉尚书之上,张廷玉以大学士管吏部、户部尚书事,雍正不顾定制,命张廷玉行走在前。六年(1728年),公爵傅尔丹管部务,张廷玉因他为贵胄,不敢越过他,向雍正请求,让傅尔丹在前行走,雍正不答应,令张廷玉安心居前。汉人励廷仪任刑部尚书多年,其属满人侍郎海寿升任尚书,按规定超居其上,雍正为表示对励廷仪的重视,命他在前行走。雍正一面执行以满人为领班的制度,一面又因人而异,重用一部分汉人。

满汉官员在政府中的不同地位,自然会产生矛盾,互相排斥。雍正见到:"满洲为上司则以满洲为可信任;汉人为上司,则以汉人为可信任;汉军为上司,则以汉军为可信任"。雍正认为这种偏向,将影响政事的治理,时加警惕。汉军杨文乾为广东巡抚,广州将军石礼哈及广东官员阿克敦、常赉、官达等四个满人协谋陷害他,被雍正识破,因训饬他们。雍正说他信任的满员迈柱、汉员李卫、汉军田文镜和杨文乾,什么出身都有,"但能竭忠尽力,则彼挟私倾陷之徒,无论其为满洲、汉军、汉人,皆不得施其炎狯,肆其奸谋"。在这相互排斥之中,满人占居主导地位,他们不仅据要津,即使为汉人的下属,亦以旗籍而蔑视主官,雍正知道这是旗人的常习,时加警诫。汉人孔毓珣任广西巡抚时,汉军刘廷琛为按察使,雍正叮嘱他:"凡百处不可越分,毋因巡抚系汉人遂失两司之体,而主张分外之事,朕如有所闻,必加以僭妄处分也。"雍正考虑到政事的治理,需要官员的团结一致,他告诉官员:都是办的朝廷事情,何必分满洲、汉人、汉军、蒙古,应当"满汉协心,文武共济,而后能致治"。他以此律人,也应该说这是他的真实思想,他为了很好地利用汉官,不愿过分地歧视他们。

雍正说:"天之生人,满汉一理,其才质不齐,有善有不善者,乃人情之常,用人惟当辨其可否,不当论其为满洲为汉人也。"这里说的是对满汉一视同仁,惟看其才质。可是他又对臣下说:"朕惟望尔等习为善人,如宗室内有一善人,满洲内亦有一善人,朕必先用宗室;满洲内有一善人,汉军内亦有一善人,朕必先用满洲;推之汉军、汉人皆然。苟宗室不及满洲,则朕定用满洲矣。"同样人才,先宗室,次满人,再次汉军,最后才是汉人,满汉就是有区别、有等第。所以说雍正依然执行清朝传统的依靠满洲团结汉人的用人方针,但是他比较重视才能,给某些汉人以较高的地位和特殊的荣誉,有利于这些汉人发挥政治作用。

雍正即位不久,召见八旗大臣,宣称:"八旗满洲为我朝根本",植本一定要牢固,为此要根据满洲现存问题,逐一解决,限诸臣于三年之内,"将一切废弛陋习,悉行整饬,其各实心任事,训练骑射,整齐器械,教以生理,有顽劣者,即惩之以法"。解决八旗生计问题,是他巩固满洲根基一项措施,此外,他还抓了几件事。

满洲八旗军事训练在较长和平时期之后逐渐废弛。雍正在藩邸就知道,八旗训练不过是虚应故事，每至校射之期，管旗大臣不过至校场饮茶，闲谈一阵散伙，有人担任领侍卫内大臣三年，竟没有看过侍卫骑射。军械损坏，官员也不修理，将修理费、添置费落入私囊，政府虽有定期检验制度，但彼时各旗互相挪借，以至"租箭呈验"，进行欺蔽。雍正说此种情况，先帝没有怪罪，他本人"则不能宽恕"，定行整顿。他立限一年，要将器械修整完备，届时检验一旗，即行封存，防止挪移租箭积弊。训练亦行加强，命教养兵练习长枪、挑刀各艺，八旗前锋营每月习射六次，马甲春秋两季合操。雍正还增加驻防外省八旗军的人数和地区，太原、德州各添五百人，增设驻防福州水师营、浙江乍浦水师营、广州水师营，设甘肃凉州八旗兵二千人，庄浪八旗兵一千人，添设驻防山东青州将军、副都统，八旗兵二千。雍正说"省省皆有驻防满兵，方为全美"。他希望通过训练和扩大防区，维持和增强八旗军的战斗力。

语言，是一个民族得以独立存在的基本条件，雍正致力于防止满人的汉化，在语言上颇为留神，他说"满洲旧习最重学习清语""八旗兵丁学习清语最为紧要"。六年（1728年），他发现侍卫护军废弃满语不讲，用汉话互相调笑，遂指示他们专心学习满语。十一年（1733年）又下令，凡是侍卫护军，只许说满语，不许讲汉话。八旗训练时，亦只讲满语，如果仍有说汉话的，定将该管大臣、官员严肃治罪。语言与文字紧密相联，雍正办宗学、觉罗学、八旗官学，亦以满文为主要课程，教育旗人不忘本民族文字。雍正注意满文翻译的准确性，他说若拘泥字句，则文义不能贯通，若追求通俗易晓，修辞就不能典雅，他讲求辞意兼到之法。康熙曾命顾八代用满文翻译朱熹辑的《小学》，没有刊刻，雍正将它印刷颁布，并作序言。雍正令把《孝经》译成满文出版，也为它写了序。

满人散处各地，尽管驻防的旗人有固定居住地区，即俗谓满城，但总是和汉人杂处，往来增多，自不可避免民族间的通婚。雍正采取禁止的政策。蔡良赴福州将军任前，雍正对他说："驻防兵丁均系旗人，竟有与汉人联姻者。"要他到任后严行禁绝。蔡良至闽，查明旗人娶汉人为妻的二百一十四人，嫁出者二人。雍正说不会就这些人，不过既往者不究，"将来者当加严禁"。

汉族文明高于满族，满族虽居统治地位，然而汉化却是不可避免的趋势，雍正极力保持满族的语言文字，风俗习惯，禁止满汉通婚，防止满人的汉化，不利于民族融合，违背历史的潮流。其所以如此，是使满族以本来面貌。维持其对全国的统治。

雍正处理满汉关系的原则，可以归结为两条，一是以八旗满洲为立国根本，保护它，维持其生计和特权地位，防止满人汉化；二是适当调节满汉矛盾，打击恣意压迫汉人的不法旗人，重用汉人中的有才能的人士。第一条表现了他的顽固态度，第二点则反映了他的应变精神。

第四章　外交关系

一

　　雍正朝对外关系在清代对外关系的发展中属于自清初至乾隆二十一年,即从 1644 年到 1756 年这一阶段。这一百一十余年的对外关系特点是由明代与东南亚诸国关系为主转向与西方国家关系为主,并且在经济上、军事上、宗教上不断和西方诸国发生矛盾和冲突。雍正朝的对外政策,总的说来是承袭了乃父康熙皇帝的对外政策,但是某些方面有所改变,发生了一些变化。

　　雍正皇帝对东南亚诸国的政策就与康熙皇帝不同。明末清初,华人移居东南亚诸国出现了又一次高峰,进一步扩大了中国对东南亚诸国的影响。清初,清政府基本上继承了明政府与东南亚诸国的朝贡贸易关系,但远不及明朝发展。这一是由于十六世纪以来葡萄牙、西班牙、荷兰等西方殖民主义者占据了东南亚诸国,阻碍了中国和这些国家的贸易;二是明末清初中国的战乱也影响了中国和这些国家的来往;三是由于清初两次实行海禁,虽然只有短短的三十九年,但却使明末刚刚发展起来的民间海外贸易受到扼制。雍正继位以后,正是处于第二次海禁时期。我们知道,康熙二十三年(1684 年)宣布撤销第一次海禁令,次年就宣布江苏的松江,浙江的宁波,福建的泉州和广东的广州为对外贸易港口,并分别设立江海关、浙海关、闽海关和粤海关管理对外贸易事宜之后对外贸易迅速发展,特别是和东南亚诸国往来贸易频繁。但是不久,清政府发现,每年出海船只千余艘,"回来不过十之五六,其余悉卖在海外"。因此清政府又在康熙五十六年(1717 年)下令禁止出海南洋,此即第二次海禁。两次海禁虽然允许中国商人到日本经商,即所谓"内地商船,东洋行走犹可",还明确规定"至于外国商船,听其自来",不在禁止之内。但是却严格禁止中国民间商人到南洋诸国经商。

　　康熙五十六年(1717 年)第二次禁海令的颁行,遭到沿海人民、商人以及某些官僚的反对。因此康熙末年至雍正初年,禁海与反禁海的斗争异常尖锐,走私贸易日益猖獗。雍正二年(1724 年),蓝鼎元在《论南洋事宜书》中坚决反对海禁。他认为:福建、广东沿海诸地"人稠地狭,田园不足于耕",当地居民"望海谋生,十居五六"。他们往往把"内地贱菲无足轻重之物,载至番境,皆同珍贝,是以沿海居民,造作小巧技艺,以及女红针黹,皆于洋船行销,岁收诸银钱货物百十万入我中土,所关为不细矣"。接着他指出:"今禁南洋,有害而无利,但能使沿海居民富者贫,贫者困,驱工商为游手,驱游手为盗贼耳。"他强调"沿海居民萧索岑寂、穷困不聊之状,皆因洋禁。其深知水性惯熟船务之舵工水手,不能肩担背负以博一朝之食,或走险海中,为贼驾船,图目前糊口之计。其游手无赖,更靡所之,群趋台湾、或为犯乱。"他认为:"开南洋,有利而无害,外通货财,内消奸宄,百万生灵,仰事俯畜之有资,各处钞关,且可多征税课,以足民者裕国,其利甚为不小。"他本着"天下利国利民之事,虽小必为,妨民病国之事,虽微必去"的原则,坚决主张开放海禁。蓝鼎元反对清廷禁海政策的主张,不仅反映了沿海商民的意见,也代表了部分官僚的意见。雍正初年,清朝统治者内部对海禁认识也并不一致,有支持者,也有反对者,但由于雍正皇帝认为"海禁宁严毋宽,余无善策",因此雍正五年(1727年)仍然坚决推行禁海政策。

雍正三年(1725年),福建秋季歉收,次年又闹春荒,因而各地相继出现抢米事件:汀州府饥民在四月末五月初在永定县抢夺谷船和行户粮食。六月,高其倬奏兴化府南台县、福州、邵武府建宁县、汀州、上杭等地都先后发生抢米事件。七月,宜兆熊、毛文铨奏"福建缺米有土棍抢米之事"。为此,沿海地区的官员又再次提出开放海禁,以解民困的主张。雍正四年(1726年)福建巡抚毛文铨提出:"往年开洋之时,洋船到厦甚多,各省商客无不来厦贸易,税课充溢",自禁海以来,税课几乎无收,他建议开放海禁。同年,闽浙总督高其倬奏称:"福、兴、漳、泉、汀五府,地狭人稠,无田可耕,民且去而为盗。出海贸易,富者为船主,为商人;贫者为头舵,为水手。一舟养百人且得余利,归赡家属。曩者设禁例,如虑盗米出洋,则外洋皆出米地。如虑漏消息,今广东估舟许出外国,何独严于福建。如虑私贩船料,中国船小,外国得之不足资其用。臣愚请弛禁。"在沿海官员的一再请求之下,在沿海各地特别是福建省乏粮和民变动乱的形势下,雍正五年六月,雍正皇帝终于同意了督臣高其倬的请求,准许福建省与南洋诸国贸易,但是其他省仍行禁止。同时他还特别强调康熙皇帝过去下令禁海是"绥靖海疆,且不忍令内地之民转徙异地,实仁育义正之盛心也"。

雍正帝开放海禁是附有条件的。这些条件经九卿大臣会议讨论,雍正批准,主要是:一是出海船只的省份有限制,各省出海的港口有限制,即经批准出海船只必须在指定地点出入口。雍正五年(1727年)在同意福建船只出海南洋之后,又同意了广东省船只亦可出海,因此这年规定:"至闽粤洋船出入,总在厦门、虎门守泊。嗣后别处口岸概行严禁。"雍正七年(1729年)浙江总督李卫疏言"内地商民船只,向例禁止出洋。嗣闽省产米不敷食用,准督臣高其倬奏,令该省与南洋贸易,他省仍行禁止。但查浙江洋面接连闽省,恐奸商趋利冒险前往,而沿途洋汛以非闽船反致稽查不及。请照闽省准其一体贸易。其洋船向无买米装回之事仍循旧例,毋庸与闽省相同"。雍正皇帝批准了他的请求。这样至雍正七年,已先后有福建、广东、浙江三省船只可以出海贸易。二是对出洋、返回时间都作了规定,而且出洋船只必须按规定返回。即"洋船出人海口,必按定期限,方易稽查,嗣后每年出口船只,应令于四月造报;入口船只,于九月内造报"。对那些遇到特殊情况不能按时返回者也都作了具体规定:"如入口之船有番账未清,不便即回者,准俟来年六、七月间回港;有遭风飘泊他省者,准取具该地方官印结赍回;有舟行被溺无凭查据者,饬取飘回余人,或邻船客商等确供详核。倘故意迟延并徇私捏报,即行分别究处。"三是对过去逗留南洋各国未能及时回国的人作了"不准回籍"的规定。本来清政府开始时是允许"内地之人留在外洋者,准附洋船带回内地"。"但数年以来附洋船而回者甚少"。雍正帝认为"此辈多系不安本分之人。若听其去来任意,不论年月之久远,伊等益无顾忌,轻去其乡,而飘流外国者愈众矣。嗣后应定限期,若逾期不回,是其人甘心流移外方,无可悯惜"。因此他决定:对那些过期而不返回逗留外国者"不许其复回内地。如此,则贸易欲归之人,不敢稽迟在外矣"。同时他还进一步解释说:"朕非欲必令此辈旋归也。即尽数旋归,于国家亦复何益?所虑者即经久离乡井,安身异域,宜乎首邱之念绝矣,而一旦返回故土,其中保无奸徒色藏诡谋勾连串通之故乎!"同时还规定:

"又现住外洋之船,或去来人数不符,或年貌互异者,即系顶替私回,应严饬守口官,于洋船回时,点对照票,细加稽查,如有情弊,将船户及汛口官员,分别治罪。"四是出洋船只必须按规定数量携带粮食和其他物品。"至每船应酌带米石,暹罗大船三百石,中船二百石;噶喇巴大船二百五十石,中船二百石;吕宋等处大船二百石,中船一百石;哕仔等处中船各一百石。如有偷漏,以接济外洋例论罪。再出洋之船,动经数月,油钉蓬麻等物,酌量许带,仍注明数目,以凭查验。"

尽管有如此严格的限制,但毕竟是开了海禁。雍正皇帝此举,虽然违背了其父康熙皇帝禁海的旨意,但却是一项有利于国计民生的明智行动。它不仅解决了沿海各地缺粮的困难,也活跃了内地的经济,促进了内地经济的发展。例如,从雍正五年冬到六年秋,从厦门出口的福建商船共有二十一只,雍正六年七月底以前返回的商船有十二只,就载回来大米一万一千多石,还载回燕窝、海参、苏木、牛皮等物。而且开放海禁,还加强了中国同南洋诸国政治、经济、文化上的联系,维持了同东南亚诸国的友好关系。

雍正时期的中越关系:自1431年安南独立后,安南和明朝一直保持着友好的臣属关系,两国之间没有再发生过战争。清王朝建立后,顺治十七年(1660年),安南国王黎维祺曾遣使"奉表贡方物"。康熙五年(1666年),清王朝派遣内国史院侍读学士程芳朝为册封正使,礼部郎中张易贲为副使到安南国册封黎维禧为安南王,并赐镀金驼纽银印。此后三年一贡,通商互市,关系比较密切。雍正九年(1730年)安南国王黎维构死。次年,黎维构之子遣使到清廷告哀。雍正十一年(1732年),清廷赐恤已故安南王祭文、银、绢,并遣使册封安南国王世子黎维祐为安南国王。整个看来,雍正朝中越关系一直比较好。两国之间,除保持三年一贡的朝贡贸易外,还从广西龙州到越南的牧马庸、驱驴庸,从云南开化府的马白关进入越南,以及从广东的钦州到越南的江坪、芒街开展两国间的民间贸易。当然,这些都是小宗贸易。中国出口商品主要是布匹、绸缎、纸张、缸碗、烟、茶、药材等;进口商品有大米、槟榔、胡椒、香料、海产品等。

清初,一些南明人士抗清失败后移居越南,此后也不断有华人自广西、云南移居越南北方。据《清实录》记载:雍正九年(1731年)广西就有不少"无知愚民,抛弃家业,潜往交趾地方开矿"。甚至有的华人被任命为安南官员,在那里招徕中国民商,推动了该地区经济的发展。大量华人移至越南,把先进的中国文化也带到了越南,对越南的经济文化发展做出了自己的贡献。

但是,由于中国的云南、广西、广东三省和越南接壤,自明代以来,两国间就不断发生边界领土纠纷。清康熙年间就曾发,生过云南开化府的牛羊、蝴蝶、普园三处纠纷。雍正年间又发生了赌咒河边界纠纷案。云南开化府马白关外自开化府南二百四十里赌咒河为中越两国边界。明时,误以铅厂山下小溪为赌咒河,已失去一百二十里。清代康熙二十二年(1683年)铅厂山下小溪内叙路村六寨又被安南所占,而以马伯汛为界,又失去四十里。为此,雍正三年(1725年)云南总督高其倬提出:"若论旧界,应将二百四十里之境彻底取回。臣见在移咨安南国王,交趾之都龙、南丹二厂,皆在此内,交趾倚为大利,必支吾抗拒,捏辞淩陈,为此详奏。"雍正皇帝本着"柔远之道,分疆与睦邻论,则睦邻为美;畏威与怀德论,则怀德为上"的原则,认为"都龙、南丹等处,在明季已为安南所有"就不必收回了。"两地接壤连境,最易生衅,尤须善处以绥怀之,非徒安彼民,正所以安吾民耳。即以小溪为界"为是。安南国为此上疏申辩。雍正帝批复:"朕心存柔远,中外一视""已批谕将斜路村等处人员撤回,别议立界之地"。雍正四年(1626年)秋八月,两国遣使共同"立界于铅厂山"。雍正五年(1727年),雍正皇帝谕内阁:"安南国定界一事,朕已加恩,别议立界,该国王不知感激,又复具本"并决定:"一切事宜,著鄂尔泰妥酌行之。"鄂尔泰复行清查,提出"以铅厂山下小河以内立界",又划给安南80里。安南国王接此消息,上表表示感激。雍正皇帝高兴之余干脆决定:"朕特沛殊恩,将云南督臣等查出之地四十里,赏赐该国王。"这样,这次边界纠纷,自雍正三年(1725年)至雍正六年(1727年)以清政府又割让给越南一百二十里的领土才算了结。

雍正时期的中泰关系:古代中国和泰国之间一直保持着友好的关系,从未发生战争和重大的武装冲突。清顺治九年(1652)年,暹罗国王派遣使节到清廷请贡,并换给印敕勘合,自此暹罗贡船不断。康熙四年(1665年)定暹罗贡期三年一次,贡船以三艘为限,每艘不逾百人,入京员役二十人永以为例。康熙六十一年(1722年),清政府又与暹罗使议定自该年起,暹罗运米三十万石,分别运至福建、广东、宁波三处售卖。因为这种贸易"有裨地方,免其税"。超过部分及其他货物则照例收税。自此,雍正年间,暹罗大米源源不断地输入中国。雍正二年(1724年)十月,广东巡抚年希尧疏陈暹罗运米并进方物。雍正皇帝十分高兴,下令"暹罗不惮险远进献谷种、果树及洋鹿、猎犬等物,恭顺可嘉,压船货物概免征税,用奖输心向化之诚"。雍正六年(1728年)又令:"暹罗商船运来米谷,永远免税。"暹罗输入中国之物品除大米外,主要是沉香、苏木、犀角、翠竹等物。从中国购买的物品主要是生丝、丝绸、瓷器等。清政府对暹罗提出所要购买的物品,都尽量予以满足。例如暹罗贡使提出:暹罗本国所产马匹体甚小,暹罗国王希望从中国购买良马数匹运回暹罗繁殖。雍正皇帝不仅同意,并下令马匹费用由内务府支给。有时清政府还破例允许暹罗购买某些"禁品"。比如雍正七年(1729年),暹罗国王授命暹罗贡使向清王朝提出购买东京弓二十张、红铜钱十担。清政府礼部认为此系"禁品",不准其请。雍正皇帝闻知后,不仅同意其请,而且无代价地赏给暹罗国王。雍正五年(1727年)清政府对南洋开放海禁以后,两国之间的民间贸易也得到了迅速发展。中国民间商船不断由海南、广州、汕头、厦门、宁波、上海等地前往暹罗,一年竟达几十艘之多。暹罗使节每次来华,清政府都给予了热情的接待。雍正七年(1729年)暹罗贡使呈请:"京师(指北京)为万国景仰,国王欲令观光上国,遍览名胜,归国陈述,以广见闻。"雍正皇帝下令:选贤能司官带领游览,并赏银一千两供其购买所喜之物。

中国和印度尼西亚、菲律宾、马来西亚诸国的关系:中国自古和这些国家就有了友好的往来,但是,自十六世纪起,这些国家的形势却发生了很大变化。由于新航路的发现,西方殖民主义者纷纷东来,并先后在1511年葡萄牙占领了马六甲,1571年西班牙占领了马尼拉,1619年荷兰占领了雅加达,这些国家相继沦为西方殖民主义者的殖民地。到了雍正年间,这些国家已基本上断绝了和中国的来往。但是,这期间一直保持着独立的苏禄国却始终保持着和中国的友好关系。苏禄国,是菲律宾群岛南部的一个岛国。明万历年间,西班牙曾多次派兵进攻该国,但由于其国城据山险和人民的坚决抵抗,西班牙久攻不下,因而苏禄国一直保持着独立。雍正四年(1726年),苏禄国王母汉未母拉律林派遣使节贡方物至福建,福建官员奏报,雍正皇帝得知十分高兴。他指示:"苏禄国远在海外,隔越重洋,从来未通职贡。今输诚响化,甚属可嘉。闽省起送来京之时,著沿途地方官护送照看,应用马匹、食物,著从厚支给,以示朕加惠远人之至意。"雍正五年(1772年)六月,苏禄贡使到达北京,贡珍珠、玳瑁、燕窝等多种贡品。雍正皇帝亲自接见了使节,赐宴赏赐,并确定此后苏禄国每五年一朝贡,贡道福建。雍正十一年(1633年)苏禄国王奉表谢恩,并提出其祖东王在永乐年间入贡病逝德州,东王之二子安都禄、三子温哈喇居住中国守茔。恳请清廷修整东王墓,并予安都禄、温哈喇后代以照顾。雍正皇帝同意其请,命人对德州的苏禄东王墓所有墓道、享亭、牌坊修理整救一新,对安都禄(其后代改姓安)、温哈喇(其后代改姓温)的后代各选一人,清廷给予顶戴奉祀,著为例。

雍正年间,包括整个清代,中国和印尼、马来西亚、菲律宾诸国政府间的关系虽然断绝,但是中国和这些国家的民间往来却有增无减。主要表现在两个方面:一是移居这些国家的华人日益增多。至雍正朝,印尼巴达维亚(雅加达)的华人已达万余人,马六甲的华人也有两万余人。菲律宾的华人大约有三至四万人。华人移居这些国家,不仅改变了这些国家的人口结构,并在这些国家中形成了一种独特的混合文化,影响了这些国家某些风俗习惯,也促进了这些国家社会经济的发展。华人还参加了当地人民反抗殖民主义者的斗争。二是中国和这些国家的民间贸易有所发展,特别是自雍正五年(1727年)清廷开放海禁以后,中国和这些国家的民间贸易更加活跃。其中尤以到达马尼拉的中国民间商船为最多,平均每年要有三十至五十艘中国商船到达马尼拉。商品主要是丝绸、瓷器、珠宝和漆器。商品到达马尼拉后,西班牙商人则成批收购,再经墨西哥转口欧洲。

二

十六世纪与十七世纪之交,随着欧洲殖民主义者东来,基督教第三次传入中国。明万历九年(1581年),耶稣会士罗明坚进入广州,十一年(1583年),耶稣会士利玛窦进入肇庆,自此天主教传教士正式进入中国传教。至康熙末年近一百四十年间,虽然曾先后发生过明季南京天主教案,清初北京天主教案,但总的说来,在此期间无论是明政府还是清政府,对天主教在中国的传播,基本上采取不干预政策。但是到了康熙末年,情况发生了变化。由于罗马教皇多次遣使来华,重申中国天主教徒不得祀天、尊孔、祭祖的禁令。康熙六十年(1721年)一月十四日康熙皇帝看了罗马教皇的禁约之后,十分生气,就在禁约上批示:"览此告示,只可说得西洋等小人,如何信得中国之大理?竟是和尚、道士异端小教相同,彼之乱言者,莫过如此。此后不必西洋人在中国行教,禁止可也,免得多事。"这一禁教令下达之后,执行长达一百二十年,直至鸦片战争爆发,才被迫撤销。

雍正皇帝继位之后,继续推行了康熙皇帝的禁教政策。可以说雍正朝的禁止天主教传教政策是康熙朝禁教政策的继续,而且有所发展。早在康熙下令之前,雍正皇帝当时作为皇子对其皇父允许天主教在中国传播,即持不同态度。因此对康熙下令禁教他就坚决支持。当然,在他继位之后,就必然要继续推行这一政策了。

康熙末年,虽然下令禁教,但是各地并未坚决执行。对各地已修建的天主教堂及在各地居住的传教士如何处置,清廷尚无明令。因此,雍正元年(1723年)十二月闽浙总督觉罗满保疏奏:"西洋人在各省,起盖天主堂,潜住行教,人心渐被煽惑,毫无裨益。请将各省西洋人,除送京效力外,余俱安插澳门。"礼部议复:"应如所请。天主教改为公所,误入其教者,严行禁饬。"雍正皇帝批示:"西洋人乃外国之人,各省居住年久。今该督奏请搬移,恐地方之人,妄行扰累。著行文各省督抚,伊等搬移时,或给予半年数月之限,令其搬移。其来京者,与安插澳门者,委官沿途照看送到,毋使劳苦。"此令执行一年,各地先后把传教士送至广东省。为此,两广总督孔毓珣疏言:"西洋人先后送到广东者,若尽送往澳门安插,滨海地窄难容,亦无便舟令其归国。广东省城,为洋舶聚泊之所,应将各省送到西洋人,令其暂住省城之天主堂。其年壮愿回者,令其陆续附舟归国,年终造册报部。年老有疾,不愿回西洋者,听其居住省城天主堂,不许各处行走、行教诵经。其外府之天主堂,俱改为公所。素日误入其教者,俱令改易。"同时在北京的日耳曼传教士戴进贤也奏请免逐传教士回澳门。雍正皇帝令礼部讨论此事,礼部议复:"臣思西洋人在中国,未闻犯法生事,于吏治本生原无大害。然历法、算法各技艺,民间俱无所用。别为一教,原非中国圣人之道。愚民轻信误听,究非长远之计。经臣议,将各省送到的西洋人,暂令在广州省城天主堂居住,不许外出行教,亦不许百姓入教。遇有本国洋船到粤,陆续搭回。此外,各府州县天主堂,尽行改为公所,不许潜往居住。"对于礼部的意见,雍正皇帝批道:"朕于西洋教法,原无深恶痛绝之处,但念于我中国圣人之道,无甚裨益,不过聊从众议耳。尔其详加酌量,若果无害,则异域远人,自应一切从宽。尔或不达朕意,绳之过严,则又不是矣。"不难看出:此时雍正皇帝的禁教态度虽十分明朗,但尚不十分严厉,并强调各地在执行过程中,既不要过急,也不要绳之过严。他的这一态度我们从雍正五年(1727年)他对李卫奏折的批复也说明了这点:"姑且以理化导,不宜遽绳以法,何也?现今都中许其行教,一旦严惩,人岂诚服?若论沿海诸省,尤当禁革,徐徐逐渐为之甚是。"在这个批复中可以看出雍正皇帝的禁教态十分明朗,尤其沿海诸省更应禁革,但做法应放缓一些,要徐徐逐渐为之,不能过急、过严。

根据清廷禁教的旨令,各地先后都将传教士解送广州,除了在钦天监或宫廷任职的二十余名传教士留在北京外,被解送广州的传教士有五十余名。各地的天主教堂已改作他用。例如杭州的天主教堂就改作天后宫。浙江总督兼管巡抚事李卫还专门撰写了《天主教堂改天后宫碑记》。在这篇文中记载了天主教传入中国的经过,并从五个方面批判天主教宣扬天主创造万物的荒谬。应该说它是雍正时期反对、批判天主教的一篇代表作。

康熙末年以来,清朝统治者所推行的禁止天主教传教的政策,其导火线虽是罗马教皇关于中国天主教徒禁止祀天、尊孔、祭祖的禁令所致。但其根本原因还是由于天主教文化与中国传统文化特别是儒家文化矛盾、冲突的结果。中国封建社会占统治地位的思想是传统的儒家思想,天主教既要在中国传播,又公开反对祀天、尊孔、祭祖等中国某些传统习俗,还要中国统治者承认它反对的合法性,其不可行和遭到反对是必然的。中国的传统文化虽然说它并不排斥外来宗教,如佛教、伊斯兰教的传人,也包括天主教早期在中国的传播,但是,这些宗教要想在中国站住脚,都必须和中国传统的儒家思想——中国封建社会的统治思想正宗相吻合,起码不能公开反对和批判儒家思想。以耶稣会士利玛窦为首的一些传教士高明之处,就在于他们看到了这点,因此他们不是去宣扬这两种文化的不同之处,而是尊重中国的风俗习惯,并宣传天主教教义实与儒家思想相合。这就是为什么明清之际，天主教在中国迅速发展的原因。而罗马教廷却坚持要改变中国的风俗习惯，反对中国天主教徒祀天、尊孔、祭祖，还要中国承认其合法性，显然是行不通的。不仅封建统治者明令禁止天主教传教，就是一般的中国老百姓也把那些不祀天、不尊孔、不祭祖的天主教徒视为异端，特别是它更排斥了士子人教的可能性，因而使天主教在中国一直影响不大。

　　雍正皇帝后来对天主教的态度变得越来越严厉，甚至公开批判天主教，其原因是多方面的，但是影响其态度发生变化的，一是所谓的"苏努诸子案"。苏努是努尔哈赤的四世孙，褚英的曾孙。曾任辅国公、镇国公、都统、宗人府左宗人及编修玉牒的总裁。康熙年间，由于两次废立皇太子，引起诸皇子争夺储位的斗争。在储位之争中，苏努、满都护、保泰、七十、马尔齐哈等人都支持皇八子允禩。雍正帝对他们是恨之入骨的，但在他刚即位时，鉴于自己的处境和朝野舆论，不得不装出一副高姿态，对那些支持允禩的大臣暂时采取拉拢、收买的策略，以待时机成熟时再收拾他们，用雍正帝自己的话来说，也可以说是"冀其改过自新"吧。勒什亨是苏努的第六子，康熙末年任蒙古正黄旗副都统、满洲正红旗副都统。雍正元年二月初十日，雍正下令逮捕勒什亨。雍正帝在上谕中指出："勒什亨，险邪小人。伊父苏努系七十之党，结为生死之交。七十等朋比为奸，摇惑人心，扰乱国是。朕于苏努父子，宥其罪戾，迭沛恩施。封苏努为贝勒，授勒什亨领侍卫内大臣，御前行走，亦冀其感念国恩，悛改旧恶。岂知伊等心无餍足，仍然结党营私，护庇贝子允祹，代为支吾巧饰。将朕所交之事，颠倒错谬，以致诸事制肘，难于办理。"因此雍正帝决定："勒什亨不可在内廷行走，著革职，发往西宁，跟随允禵效力。"勒什亨的十二弟乌尔陈为勒什亨陈情，亦被同时发往西宁军前。不难看出：苏努父子因过去支持允禩、允禵，雍正最初并未处理。逮捕、发遣勒什亨是因为他支持允禩、允禵，和天主教没有任何关联，何况逮捕、发遣勒什亨、乌尔陈之前，两人都没有参加天主教。

　　但是，在勒什亨、乌尔陈到了西宁之后，事情却发生了变化。在西宁，勒什亨和乌尔陈遇到跟随允禵而到西宁的葡萄牙耶稣会士穆近远（又作穆经远、穆敬远）。经穆近远之手，两人都参加了天主教。此事被当时任川陕总督管理抚远大将军事的年羹尧得知，他在雍正二年五月十一日密报给雍正帝，控称勒什亨、乌尔陈二人在西宁同时加入天主教，并捐资修建天主教堂，与传教士交往密切等。当雍正帝得知他的政敌参加了他所厌恶的天主教，一方面加深了他对天主教的恶感；另一方面也找到了加重勒什亨罪行的借口。他下令将传教士穆近远押回北京，同时又下令把苏努及其诸子（共十三子）除二人已在西宁外，其余全部发往右卫。他在是年五月上谕称："苏努于我父子兄弟骨肉之中，谗谮离间，暗中钻营，惟扰乱国家是务。朕防之有年矣。"勒什亨"祖护贝子允祹，扶同隐匿，将所交事件故为迟延""乌尔陈指称武备院奏事人内，于朕前显露愤恨之容。勒什亨系获罪之人，例不得奏请训旨，而乌尔陈将伊兄（指勒什亨）引入紫禁城内，殊属不合，是以并将乌尔陈同伊兄发往军前""今苏努以七十病故，退有后言，是仍念伊等旧日党与，扰乱国家之心毫无悛改也。苏努不可留在京师，煽惑众心。著革去贝勒，其属下佐领，著撤回""著伊同在京诸子，于十日内带往右卫居住。到彼之后,若不安静自守,仍事钻营,差人往来京师,定将苏努明正国法"。此后,雍正帝在雍正二年八月、三年三月、五月、十月多次就此事发表谕旨,他所强调的苏努父子的罪行仍然是"挟伊祖旧仇,专意离间宗支,使互有烦言,人人不睦""勒什亨等,皆继其父志,而奸恶过焉",尚没有把勒什亨、乌尔陈参加天主教作为他们新的罪行提出。这里还需要说明一个问题就是苏努本人是否参加了天主教,目前尚无证据说明苏努参加过天主教。综上所述不难看出:苏努被革职并与诸子被发遣右卫,主要原因是雍正帝由于苏努父子往日支持允禩而结下的宿怨。雍正帝表面上装出宽宏大量的姿态,却早有除去之心,但一直没有借口。年羹尧的密折正好给雍正帝提供了这样一个借口。因此苏努及其诸子被遣送右卫,主要是因为他们过去支持允禩谋夺储位,但也和勒什亨、乌尔陈在西宁参加了天主教有关,只不过雍正帝还没有公开把它作为他们的新罪状而已。

雍正四年(1726年)事情又发生了急剧的变化:这年正月,雍正皇帝发出上谕,历数允禩的罪状,并将允禩、允禟、苏努等,削去宗籍,逐出宗室。三月将允禩改称"阿其那""更名编入佐领",五月将允禟改称"塞思黑"。两江总督查弼纳和苏努有姻亲关系。查弼纳被审时供出:"苏努、七十、阿灵阿、揆叙、鄂伦岱、阿尔松阿结为胁党,协力将阿其那致之大位",因而又加重了对苏努的处理:照大逆罪,戮尸扬灰,抄没家产,重治其子孙。五月二十八日上谕:"苏努、七十之子孙内,有奸恶不可留者,俱著详察,指名奏请候旨。"根据这个旨意,右卫将军申穆德对发遣到右卫的苏努长子沙勿略、次子(名字不清)、三子苏尔金、七子詹尔金、九子福尔陈、十子书尔陈、十一子库尔陈、十三子木尔陈参加天主教的情况,于雍正五年(1727年)正月初八日向朝廷作了题为《关于处死信奉伪教教徒之事宜》的报告。报告指出:除苏尔金、书尔陈、库尔陈早在康熙末年就参加了天主教外,其余在右卫的苏努各子也都先后在雍正二年、三年、四年内参加了天主教。报告还指出:"他们还扬言:宁愿正法,也不弃教。"这件事,对雍正帝震动很大:进一步加深了对天主教的憎恶;同时也公开宣布苏努诸子参加天主教是"愚昧不法,背祖宗,违朝廷"的罪行。申穆德的报告呈上之后,雍正皇帝让议政王大臣讨论这一报告。大臣们讨论后提出:判处不肯放弃天主教的苏尔金、库尔陈死刑。雍正皇帝认为有必要再派大臣或亲王到右卫进行审讯并劝说他们放弃天主教。结果恒亲王允祺(一说诚亲王允祉)被派往右卫,又派嵩祝查抄苏尔金的府邸。允祺(或允祉)审讯的结果,苏尔金等人表示:既愿意为皇上效力,又不愿放弃信仰的天主教。查抄苏尔金等人府邸的结果,在苏尔金、书尔陈的宅邸均发现有天主像和供奉天主的地方,而且他们的子弟伊让加、勒冈及四个家人都是天主教徒。雍正皇帝接到允祺(或允祉)与嵩祝报告之后,决定由诸大臣及刑部再次共审苏尔金、乌尔陈等人,结果苏尔金等人仍然坚持不放弃天主教的信仰。诸大臣及刑部根据审讯结果提出:苏尔金、乌尔陈等"结党乱政,复私人西洋邪教,请将乌尔陈等凌迟处死"。雍正帝批复:"乌尔陈、苏尔金、库尔陈等,不遵满洲正道,崇奉西洋之教,朕令伊等悛改,屡次遣王大臣等降旨,分晰开导,乃伊等固执己见,坚称不愿悛改。如此昏庸无知,其心固已先死,何必加以诛戮?""朕从前已将伊等之罪暂行宽宥,今复将伊等正法,西洋人不知其故,必以为伊等因人西洋之教被戮,转使伊等名闻于西洋"。看来此时雍正帝所以不同意判处苏尔金、乌尔陈等人死刑基于两点:一是他们的前罚(谋逆)已得到他的宽宥;二是他们的新罪(参加天主教)尚不足以判处他们死罪。但是苏尔金、乌尔陈等既参加了天主教又不肯弃教这件事,雍正帝还是十分重视的,这在他的另一次谈话中表白得就更加清楚,他说:

> 天主者,天也。世人无不敬天者。国家立祭祀之坛,即所以敬天也。我满洲之民,亦有"跳神"。年年岁首,焚香化纸,皆敬天之礼仪也。
>
> 我满洲之民自有敬天之礼仪,亦犹蒙古、汉、俄罗斯、欧罗巴之民各有祭天之礼仪也。今观乌尔陈之词,昏愦糊涂,似有禁其敬天者。朕未尝言其不应敬天,然敬天之习俗当各有不同耳。伊既系满洲之民,则应与朕同俗。今伊图谋不轨,弃我之法俗,从欧人之教律,岂有二天为伊共戴乎?四海之内,唯天与共。一国之中,宁有二主耶!
>
> 乌尔陈之父乃塞思黑、阿其那之党羽。今伊与其父同出一辙。弃我国之礼教,从欧人之伪律。乌尔陈曰:"若皇上循天主之戒律,赐我一死,我死,皇上亦将负杀我之恶名,以吾乃天主教徒也"。今朕以其父之罪杀之,此则一新罪也!
>
> 伊与其父均犯死罪。尔等奏请,朕未予答复。今朕赐其一死,乃以其父与伊所犯罪,而非以其信奉天主教也。朕之宽恕信从天主教之奴仆者,盖因彼等皆卑贱之下人也。尚有他人为天主教徒,并无妨碍。纵有不当之处,先皇与朕均不在意。乌尔陈乃满洲之民,又系宗室,竟弃我祖宗之礼仪;从欧人之戒律,仅此一端,即已贱踏国法,冒犯天威。此其应改过者也。

从雍正帝这一长篇讲话中可以看出他对天主教的看法和对一般天主教徒的政策和过去基本一致。可是他已认为作为满洲宗室的乌尔陈等人参加天主教是"践踏国法,冒犯天威",是"一新罪也",但仍属"应改过者也"。在这篇讲话里,还没有表现出对天主教的敌对态度。根据雍正帝的旨意,苏尔金、乌尔陈等人被判处死刑。8月24日,乌尔陈死于狱中。9月6日刑部拟将苏努的其余三十九名子孙全部斩首,雍正皇帝临时撤销了原判,改判长期监禁。

综上所述不难看出:苏努诸子所以被发遣,最后被判长期监禁,主要是因为苏努及其诸子过去在储位之争中站到了允禩一边,而他们参加天主教只是罪上加罪,而非案情发生的原因或主要原因。因此这个事件不能如传教士当时所宣扬的是"一起骇人听闻的迫害在右卫的信奉天主教亲王的事件"。尽管他们最终被判处长期监禁,是由于他们参加天主教而引起的新旧罪同判,而就整个案件的全过程和判罪的主要依据来看,不能如有的学者所主张的那样,把这一事件定性为"苏努教案"。

影响雍正皇帝对待天主教态度变得更加严厉的第二件事是葡萄牙使节麦德乐来华。康熙六十年(1721年),康熙皇帝为了加强对在华传教士的管理和废除教廷颁发的禁止中国教徒祀天、尊孔、祭祖禁约二事,派葡萄牙籍传教士张安多到意大利会晤罗马教皇。雍正元年(1723年)张安多同罗马教皇的两位使节鄂达尔和伊尔方神父携带教皇的两封书信来华,葡萄牙政府即派麦德乐为使节也一起来华。到达中国之后,张安多及教廷的两名使者携教皇的两封书信先到北京,麦德乐在广州等候。教皇的两封书信原文没有见到,但从雍正帝的有关谕旨可以看出主要有以下几方面内容:一是对康熙皇帝表示感谢,对雍正皇帝登基表示祝贺。二是感谢雍正皇帝释放传教士德里格,并请援例释放在押的毕天祥、计有纲。三是希望对寓居中国的西方传教士予以关怀爱抚。四是请准许传教士在中国传教。是年十月,教廷使节回国,雍正写了复信:"谕西洋教化王伯纳地哆:览王奏并进方物,具见悃诚。我圣祖仁皇帝怙冒万方,无远弗届,龙驭升遐,中外臣民,悲思永慕。朕缵承大统,勉思绍述前徽。教化王地处极远,特遣使臣赍章陈奏。感先帝之垂恩,祝朕躬之衍庆。周详恳至,词意虔恭。披阅之余,朕心嘉慰。使臣远来,朕已加礼优待。至于西洋寓居中国之人,朕以万物一体为怀,时时教以谨饬安静。果能慎守法度,行止无愆,朕自推爱抚恤。兹因使臣归国,特颁斯敕,并赐妆缎、锦缎、大缎六十疋,次缎四十疋。王其领受,悉朕倦倦之意。"

教皇信中所提到的毕天祥是意大利人。康熙三十八年(1699年)到四川传教。康熙四十四年(1705年)教皇使节多罗来华时,毕天祥曾到广东迎候,并担任多罗的翻译。在北京期间由于其行动可疑被清廷逐出四川。康熙四十五年(1706年)因随多罗南下在南京附近,以私自出京名被捕。解至四川受审,未发现其他罪行而先后被关押在北京、广东。计有纲情况不清。雍正四年(1726年)六月,雍正帝经过调查了解之后,下令释放毕天祥、计有纲:"德里格于康熙五十九年因传信不实,又妄行陈奏。我圣祖仁皇帝,念系海外之人,从宽禁锢。及朕即位后,颁降恩诏,凡情罪可原者,悉与赦免,开以自新。德里格所犯与赦款相符,故得省释。彼时,广东大吏未曾将毕天祥、计有纲之名人大赦册内,具体上闻。今据王(指罗马教皇)奏请,朕查二人所犯,非在不宥之条,即王不行陈奏,朕亦必查出施恩。今特降旨与广东大吏,将毕天祥、计有纲释放,以示朕中外一体,宽大矜全之至意。"

雍正五年(1727年)一月二十六日,雍正皇帝降旨,召见了在北京为清廷服务的二十名传教士,并设宴进行款待,这是一个不寻常的举动。受召见的传教士们感到这"是一次前所未有、异乎寻常的荣誉"。在召见过程中,雍正皇帝向传教士们了解了有关瑞典和俄罗斯战争的情况以及天主教和东正教有什么不同,并十分赞赏意大利画家、耶稣会士郎士宁的油画、巴多明的翻译以及法国宋君荣绘制的地图。并且还告诉传教士们:有人指责天主教不孝敬父母,对此传教士们也作了解释。席间,雍正皇帝还告诉传教士们说:葡萄牙使节麦德乐已从广州动身前来北京。会见后还送给参见会见的传教士一些礼物。从这件事不难看出:雍正皇帝对那些为清廷服务的,遵守中国法度的传教士的态度是友好的,对他们在中国还是欢迎的。

当年四月,葡萄牙使节麦德乐到达北京。麦德乐首先会见了在北京的传教士们。传教士们向他介绍了清廷关于天主教的政策。麦德乐在教皇信中提出的问题都基本上得到了解决的鼓舞下,准备在雍正皇帝接见他的时候,向清政府提出两项要求:一、归还各省的天主教堂;二、要求准许天主教在中国自由传教。有的传教士劝他不要这样做,因为这些要求和清廷的政策相违背,而且由他提出也不合适。麦德乐不听。四月初八日,雍正皇帝接见麦德乐。麦德乐果真向雍正皇帝提出上述两项要求。雍正皇帝听后很反感,也很生气,对麦德乐提出的两项要求,当即作了否定性的答复。当天还发布上谕:"中国有中国之教,西洋有西洋之教,不必行于中国,亦如中国之教,岂能行于西洋。如苏努之子乌尔陈等愚昧不法,背祖宗,违朝廷,甘蹈刑戮而不恤,岂不怪乎?"在北京的传教士们听到这一消息后,也都对麦德乐的行为感到不满。法国传教士宋君荣记载:"这就是麦德乐先生由于不完全听从我们的劝告,贸然行动而给我们造成的麻烦。此后麦德乐先生非常后悔,因为现在大家都不知道该怎么办,也不知道如何跟皇帝打交道了。"不久麦德乐便乘船返回欧洲。

麦德乐虽然走了,但是他此行中国的影响却并未消失。这一点,我们可以从不久后雍正皇帝发表的一篇有关天主教的长篇讲话得到证实。雍正五年六月初一日(1727 年 7 月 21 日),雍正皇帝在圆明园召见了在北京的传教士苏霖、马盖朗、费隐、戴进贤、雷孝思、巴多明、沃尔方、雷纳尔迪和宋君荣以及修士郎世宁等,并对他们发表了一次长篇讲话。这篇讲话,除了向传教士们讲述自己断然拒绝麦德乐提出的两项要求外,又着重阐述了清廷有关天主教的政策,从中更反映了雍正帝本人的宗教观。这次讲话,宋君荣在给盖雅尔的信中作了详细介绍,其大致内容是:

朕允许尔等留住京城和广州,允许尔等从这里到广州,又从广州往欧洲通信,这已足够了。不是有好多人控告尔等吗!不过朕了解尔等是好人。倘若是一位比朕修养差的君主,早就将尔等驱逐出境了。麦德乐向朕提出要发执照,好让朕知道尔等皆是好人,朕不想那样做。朕会惩罚恶人,会认识谁是好人的。但是,朕不需要传教士,倘若朕派和尚到尔等欧洲各国去,尔等的国王也是不会允许的嘛。

先皇让尔等在各省建立教堂,亦有损圣誉。对此,朕作为一个满洲人,曾竭力反对。朕岂能容许这些有损于先皇声誉的教堂存在?朕岂能帮助尔等引入那种谴责中国教义之教义?岂能像他人一样让此种教义得以推广?喇嘛教最接近尔等的教,而儒教则与尔等之教相距甚远。尔等错了。尔等人众不过二十,却要攻击他教。须知尔等所具有的好的东西,中国人的身上也都具有,然尔等也有和中国各种教派一样的荒唐可笑之处。尔等称天为天主,其实这是一回事。在回民居住的的最小村庄里,都有一个敬天的"爸爸"(即阿訇——译者),他们也说他们的教义是最好的。和我们一样,尔等有十诫,这是好的,可是尔等却有一个成为人的神(指耶稣——译者),还有什么永恒的苦和永恒的乐,这是神话,是再荒唐不过的了。

佛像是用来纪念佛以便敬佛的。人们既不是拜人佛,也不是拜木头偶像。佛就是天,或者用尔等的话说,佛就是天主。难道尔等的天主像不也是尔等自己画的吗?如同尔教一样,佛也有化身,也有转世,这是荒唐的。难道我们满洲人在我们的祭祀中所竖立的杆子(指索罗杆子)不如尔等的十字架荒唐吗?(原文如此——译者)在儒生、喇嘛、和尚当中都很少有人理解他们那一套教义,就像尔等当中很少有人理解尔等的教义一样。大多数欧洲人大谈什么天主呀,大谈天主无时不在、无所不在呀,大谈什么天堂、地狱呀等等,其实他们也不明白他们所讲的究竟是什么。有谁见过这些?又有谁看不出来这一套只不过是为了欺骗小民的?以后尔等可常来朕前,朕要开导开导尔等。

这里,之所以不厌其繁地抄引雍正帝这个长篇讲话,是因为它最深刻、最精彩,同时也是最全面地反映了雍正帝的宗教思想。试想,在我国历史上,还有第二个封建皇帝敢于对宗教问题甚至包括自己本民族的萨满教在内发表如此明目张胆的演讲吗?"有谁见过这些？又有谁看不出来这一套只不过是为了欺骗小民的？以后尔等可常来朕前，朕要开导开导尔等。"这些话居然出自一位十足的封建皇帝之口，是何等深刻有力，又怎么能不令人拍案惊奇！雍正帝对自然科学的兴趣与研究远不如乃父康熙帝，但康熙帝对宗教的认识也绝不会这样一针见血！当然，这里还有一个问题，就是既然雍正帝对佛教、伊斯兰教甚至萨满教有如此看法，那么为什么他在下令禁止天主教传播的同时，不但不下令禁止佛教和其他宗教，他自己还迷恋道士僧人，熟谙禅宗，讲究长生术？对这个问题，雍正在历次讲话中也说得十分清楚：他之所以禁止天主教传播，一是天主教教义和中国封建社会的传统的儒家思想发生了矛盾，而且"相距甚远"；二是中国有中国之教，西洋人之教不必行于中国。对于宗教的看法是一回事，在现实统治政策方面又是一回事，二者是不能一致的，也许这正是反映出雍正帝本人的思想性格特征。

尽管清廷多次重申禁教令，但不时发现各地仍有天主教传教士在活动，天主教徒数量虽较之禁教前相对有所减少，但为数仍然可观。据雍正十年（1732 年）六月广东巡抚鄂弥达奏称：广州原有天主教堂虽改为公所，但仍发现天主教堂十五处。传教士既有西洋人，但多数是中国人。教徒有一万两千余人，其中有汉人，也有满人。

那么为什么这一时期天主教在中国屡禁不止呢？究其原因主要有以下几点：一是雍正年间虽然多数传教士被遣送广州，但留在北京的仍有二十余人。他们虽被禁止到各地传教，但是他们改变传教方法仍然在暗中从事传教活动。比如他们撰写宣传天主教教义的小册子印发各地。雍正年间，在北京编印的传教书籍就有巴多明的《德行谱》《济美篇》，殷宏绪的《主经体味》《训慰神编》《忠言逆耳》等。二是禁教期间某些被遣居广州、澳门的传教士，又潜回内地进行传教。比如葡萄牙传教士聂若望于 1700 年到中国传教，康熙末年禁教时期他去了日本。雍正年间又潜回内地，暗中传教。三是雍正年间，中西贸易发展，欧洲到中国经商的商船增多。一些传教士趁到中国经商的机会，暗中潜行内地进行传教。四是康熙末年禁教之前，天主教在中国已拥有三十余万教徒，他们是天主教在中国的社会基础，这是天主教在中国屡禁不止的重要原因。明末某些信奉天主教的家族，例如徐光启家，他们的后世子孙几乎都信奉天主教。五是尽管自康熙末年到雍正年间，清廷屡下禁令，禁止天主教传教。但此时天主教的活动，总的说来还没有构成对清王朝统治的直接威胁，没有发生天主教徒武装反抗清王朝的事件，因此虽然屡次下令禁止，但并不坚决、彻底。这就是为什么一些传教士在禁教期间仍然可以活动于教徒中间，天主教堂依然存在的原因。

第五章 改土归流

雍正三年(1725年),鄂尔泰上折以充分的理由说明西南改土归流的必要性和迫切性,阐明了改土归流的方针是既用兵作前锋和后盾,又不能专恃用兵;要以剿抚并用治其标,以根本改制治其本。对于反对改土归流的土司,以计擒为上策,兵剿为下策;令自投献为上策,勒令投献为下策。对投献者要给予安抚政策,可收其田赋,稽查他的户口,仍给予养赡;表现好的土司还可以授予职衔冠带。就是尽量落实政策性,坚决反抗就坚决以兵力镇压,能不用兵的尽量说服教育,争取减少敌对情绪,减少改土归流的阻力,既能迅速实现改土归流,而且少留后患。

鄂尔泰的改土归流计划自然是比较正确的方案。

鄂尔泰的奏疏使雍正最终下决心进行改土归流。他看着折本十分高兴,连连批道:"好! 上天鉴之矣! 我中心嘉悦,太让我感动了! 还有什么可说的呢!"全部批准了这个奏折,勉励他尽快实行。

但是,鄂尔泰这个奏折提出后,却使"盈廷失色",朝臣们都以为雍正会降罪于他。但雍正却如此高兴,说:"鄂尔泰真是天赐奇臣呀!"

鄂尔泰的奏折被批准后,他奉旨开始了行动。雍正四年(1726年)四月,鄂尔泰下令对向官兵挑衅的广顺州长寨用兵,并亲到长寨巡查指挥。事定后,设立长寨厅(今长顺县),这是雍正朝大规模改土归流的开端。

四年十月,雍正实授鄂尔泰云贵总督,加兵部尚书衔,又把广西划归云贵总督管理,让鄂尔泰领导改土归流。鄂尔泰管辖了云南、贵州、广西三省,雍正就于六年(1728年)十二月破格授予鄂尔泰三省总督衔。

鄂尔泰受命后没有辜负雍正的厚望,他全面了解三省情况,认真研究各地的特点,上奏请求分为轻重缓节实行。雍正批示让他放手去干,不必要处处请示,这就更增加了鄂尔泰的信心。

鄂尔泰推行改土归流确是按政策进行。长寨地区的土司十分凶恶,官兵进攻,土司挟众抵抗。官兵攻入长寨,焚烧了他们的寨巢,但首逆逃走。鄂尔泰命总兵石礼哈挥兵挺进,对抵抗的土司首领尽行斩杀,大获全胜。鄂尔泰便首先在这里设立保甲,巩固夺得之地。以此地为根据点向四外扩展,招服了永宁、永安、安顺生苗一千三百九十八寨,广顺、定番、镇宁生苗六百八十余寨。

镇沅地区的"土知府"刀瀚等是一些积恶多端的土官。鄂尔泰招之不降则发兵攻打他们,把他们的军队击溃,活捉了刀瀚等人。乌蒙土知府与镇雄土知府联合抗击官兵,攻掠东川府,鄂尔泰命游击哈元生率兵讨伐,在四川军配合下取得胜利。遂又把他们管辖的土地改设乌蒙府(后改称昭通府)和镇雄州(今镇雄县)。

广西泗城土知府岑映宸聚众四千,力量较大。鄂尔泰向他宣布政策,岑映宸乞降,鄂尔泰允降,又把他原来的地盘改为泗城府(治所即今之凌云县)。改土归流大张旗鼓地搞起来了,梧州、柳州、庆远等地的土民,却拥护清军的做法,主动为清军准备粮草,配合改土归流行动,有力地推动了广西地区的活动开展。

黔东苗岭山和清江、都江流域是贵州著名的苗疆，其四周三千余里，一千三百余寨。左有清江可达于楚，右有都江可通于粤，左州据其中央，群寨环于四周，地势险峻而重要。鄂尔泰命熟悉贵州地形的贵州按察使张广泗率兵进入左州，以武力讨平了抵抗清军的苗寨，随后即设置厅县，置管理政。然而"苗民凶顽"，往往前败而后复，屡征不靖。后雍正钦派吏部侍郎吕耀曾、大理寺卿德福到贵州，会同地方官进行"宣谕化导"，也无济于事。到了雍正十三年(1735年)终于发生了叛乱，叛民占领左州、台拱，攻掠镇远府的黄平，包围都匀府的丹江厅、凯里。雍正以哈元生为扬威将军，湖广提督董芳为副将军，调集广西、湖南、湖北清军前来会剿。

这次战争情况复杂，有地方分裂势力，也有反抗清政府的苗民，一同与政府军作战。雍正又派刑部尚书张照为抚定苗疆大臣，又任用果亲王允礼、宝亲王弘历、和亲王弘昼、大学士张廷玉、户部尚书复庆，会同大学士鄂尔泰，对贵州苗民大动干戈。

因苗民反抗激烈，使清政府派往贵州的大臣意见发生分歧。抚苗大臣张照首先提出鄂尔泰改土归流不是好政策，惹得苗民愤怒，动乱不止。由于张照消极，他又不懂作战策略，所以贵州苗区的改土归流多年没有搞好。直到乾隆继位后，罢免了张照，另派张广泗到贵州。张广泗发兵对苗民大加进剿，终于平定苗疆，在苗区设置了流官制度。乾隆慎重推行了少数民族政策，组织苗民进行农业生产，轻徭薄赋，才使这里稳定下来。

四川凉山是彝民集居的地区，宁远、峨边、马边、雷波等处山峦连绵，苗民在此劳动、生息。而彝民深受土司制度的迫害，好田好土为土官、土司占有，彝民多被逼居深山僻谷中居住，生活悲惨，类于野兽。清政府在云贵地区推行改土归流，也派兵深入彝民区，在沙马、雷波、吞都、黄螂而达建昌这广袤千余里的地区，建置营汛、革除土司、派驻流官，普遍设立了府州县制。

两湖地区的改土归流进展比较顺利。这里虽有土司制度，但因与内地广泛交流，土民和汉民隔阂不大，大土司也熟悉流官制度。当云贵地区开展了改土归流以后，这里的大土司彭肇槐主动要求改流，清政府在他管辖的地区设永顺府和桑植、保靖二县。与永顺府临近的湖北容美土司田曼如心里害怕，假装归顺，而实际上实行残酷的统治；雍正对他下旨诫谕，他仍不主动要求改流。于是命鄂尔泰派兵进集，当大兵压境之后，田曼如众叛亲离，他只得自缢身亡。清政府把他管辖的地区改设鹤峰州(今鹤峰县)。到雍正末年，两湖土司大都自动投献要求改流，使这里的土司制度基本宣告结束。

改土归流是雍正朝的一件大事，在这项地方制度的变革中，鄂尔泰充当了主要角色，由关键时刻的上疏，到制定改流方略，再到具体去实施。经历多年，工作十分艰辛。所以，雍正对他的信任，由此而无出其右了。

鄂尔泰在康熙年间为官并不得志，做了二十余年的内务府员外郎，未升一职。雍正做亲王时，让他办点事，他以"皇子不宜交结外臣"为理由加以拒绝。雍正不以他的拒绝为非，反而认为这人刚正不阿，是个忠臣的料子。雍正登极后提起当年的事，对他进行了表扬，鼓励他能为本朝干点大事业。

雍正元年就外放他做乡试考官和江苏布政使，两年的试用，到雍正三年(1725年)九月，就提升他为广西巡抚，做了独当一省的封疆大员。任命之后犹觉仍可大用，上任途中又调任云南巡抚管理云贵总督事。此时，他上奏了改土归流之折，为雍正最后下了进行此项改革的决心。不久,便实授他云贵总督,加兵部尚书衔,两年之后又让他任云南、贵州、广西三省总督,在鄂尔泰的主持下,西南改土归流搞得轰轰烈烈。大局初定,雍正于十年正月召他进京,加封保和殿大学士,官居首辅。

后来,贵州台拱地区苗民为乱,雍正以"办理未善",削其伯爵,以示赏罚分明,但对他的信任并未改变。

雍正对鄂尔泰经过多年观察,认为他忠实、正直又极有才识。破格用之后,果然成了一代名臣。雍正对他推诚相待,大胆任用;对他的生活、身体、子女也格外照顾。连他的府邸都要亲自派人建筑,邸中用物也亲自过问置办,还在他的新宅上悬挂手书的"公忠弼亮"匾额。雍正对自己的能臣如此待遇,才使鄂尔泰感恩报主,也真正做出了一番事业。他所办改土归流之事是成功的,但出了问题,也给他一定惩罚,从中再次看出雍正的用人,确实有他的长处。

雍正朝对西北用兵是失败的,对西南的改革是成功的。

西南改土归流之后,雍正为了进一步实现对广大西南地区的巩固统治,在改土归流的基础上进行了一系列的开发政策。

改土归流之后,存在着如何善后问题,善后搞不好,仍然会激发矛盾,易于反复。雍正很重视善后工作,例如:西南土地广远、地形复杂、各民族的习俗差别很大,一下子改派满汉流官,难以适应这些地区的复杂形势,对当地的土官打击面也将很大。善后问题最重要的是如何处理土官问题。

雍正谕令,如何处理当地土司、土官,完全根据他们的态度而定。对那些自动缴印、主动要求改流的,可以重新授给他守备、千总、把总之职,并可以世袭,让他们照样做官,为清政府的统治服务。湖南、湖北大部分是这么做的,仅于雍正十二年(1734 年),忠峒等地区就有十五家大土司主动要求改流,雍正都批准了他们的世袭官。前文提到的永顺宣慰司彭肇槐主动改流,雍正授给他参将之职,世袭拖沙喇哈番,赏银 1 万两。其他土司都授给了千总、把总职。

对那些始终抗拒改土、罪行重的土司、土官,则予严厉打击,从重治罪。云南镇沅土知府刀瀚、贵州康佐长官司长官薛世乾等都因平日恶行昭著,又一直对抗官兵,改土之后把他们处死或终身监禁,土地财产等全部没收,当地土民皆同声称赞。

另有一大批土官及其家属,在当地无法让他继续为官,一是土民对他们反感很大,二是他们的地方力量还很大,留他们做官或留在原地易出问题,雍正就下令把他们迁往远处安置。这些土司、土官安排到安徽、江苏、江西的最多,浙江、河南、陕西、广东、盛京都有安置。雍正要求给他们较为优厚的生活待遇,让地方官尽量照顾他们。多数土司、土官的远迁、安置都还好,少数地区因安排有问题使他们逃走了,雍正对地方官严厉批评,让他们设法捉回再行妥善安排。

对改流之后的流官派遣,雍正也很重视。这些地区不好治理,必须派去有能力、忠诚可靠、肯吃苦、清正廉明者。雍正与鄂尔泰对新派的流官都反复推敲,使派去的第一批流官都比较合适,对这些新开发地区的安定起到积极影响。改土后十余年,派往云贵、四川、两湖都没出大问题,这些地区的土民也都相安无事。

雍正对改流之后的西南地区,认真改革、划一了赋税,这些地区生活较内地贫困,雍正则采取了轻收赋税的政策。

土司统治时,不仅赋税很高,尤其土税太高,土司对土民随意征收,什么"火坑钱""烟火钱""锄头钱",直至对土民剥削得一无所有仍不罢休。雍正将这些繁多的税收一律取消,按内地"摊丁入亩"进行征收,"较之土司陋规十不及一"。改流之后,土民的负担减轻了,提高了生产积极性,对西南地区的开发起到了促进作用。

雍正还在西南地区开展丈量土地、鼓励开垦事宜。改流之后,清政府没收了土司的大量土地,有的赠给官吏、有的归还农民、有的地区还任民占田。对土司强占、战争破坏的土地,清政府都让原主认领,无人认领的,招农开垦。对大量无主荒芜的田地,或多年不种的生荒地,官府则发给牛种、给以银两、分给房屋,鼓励垦种。鄂尔泰本人就曾捐银三千两,买牛一百头,盖房六百间,配给招徕耕种的农民。新垦的土地,一般是水田六年起科、旱田十年起科。

同时,清政府在改流地区大力发展水利事业。如云南昭通府改流之后,兴修水利十项:新泽坝、利济河十八道坝、冷水河坝、新泽沟、天梯沟、月方塘、省耕塘、二道沟、三道沟、八仙海渠。这些渠道,可以灌溉土地两万亩。云南全省改土归流后兴建的水利事业达七十项之多,还设置了水利专官,这些专职官员从同知、通判、州同、县承到典史、吏目凡十余级。

改流区的交通开发也是一项重要内容。贵州都匀至湖南黔阳一千二百余里的清江长期淤塞不通,雍正七年开浚,舟楫往返,千里无阻。雍正九年又修通了都江,都江的修理甚是困难,上至都匀,下至黎平,数百里尽是险碛、怪石、莽林、浅滩,修通后"邮递往返",有"水道康庄"美称。上至土黄,下达广西百色的河道,全长七百余里,雍正拨款六千二百余两予以修通,使两粤、湘楚为之沟通。

苗民区域交通最为困难。改土归流之后,清廷即组织苗民修筑公路,把原来土司各霸一方,断绝道路,凭险自固的现状打破,改流前自中原至云南,须由贵州取道曲靖而往。改流之后,道路通畅,北可达四川,东可入贵州,入滇之途遂通畅。水路、山途的开发,使内地与西南各省往来方便,促进了各民族经济、文化的往还,促进了社会的进步。

改土归流之后,内陆的先进生产技术在西南落后地区得到推广,如种田、冶铁、烧窑、纺织、采矿等技术在西南各省广泛传播,使这些数千年落后,甚至刀耕火种的穷山僻谷一朝得到了开发,这是历史的巨大进步。

改土归流后,雍正在西南地区推广了文化教育事业。开发之前,少数民族没有读书机会,更谈不上参加科举考试。土司们总希望土民世代无知无识,以便长久把他们当牛做马。改流之后,清政府在这里普遍开设了学校,设置教职。府学设教授,州县设训导,府城设考棚。雍正还批准给各州府县科举之名额,使少数民族也有了做官的机会。在一些穷苦乡村,官府广设义学,使读不起书的儿童得到读书识字的机会。据记载:云南通省改流后仅雍正朝就开设义学四百六十三处,改流区开设一百四十八处;贵州在雍正年间设义学二十四所,全部设在苗区。由于学校的开办,提高了西南少数民族的文化水平。

改流区的封建陋习也得到改善和革除。如改流前西南落后地区的仇杀、群斗现象严重,广大贫苦农民为土司、土官所控制,成为他仇杀的工具。改流后各地严禁群斗,发现挑斗者严惩不贷。此后,群斗的现象基本革除了。许多地区的近亲结婚现象更加严重,如永顺府的"骨种之习",即姑之女,必须嫁舅之子,此种陋习也被禁止。少数民族地区的奴隶制度极其普遍、严重,改流后实行豁贱为良政策,改变了人身的依附关系,提高了奴隶的身份,使这里的生产关系得到部分调整。

　　总之,西南改土归流后实行的改革是多方面的,其历时之长,涉及地区之广、影响之大,确为清代所仅见。这项政治、经济、文化、民族各方面的综合改革,是雍正的一项突出作为。雍正由始至终为西南地区的改革制定政策、控制局面、派调官吏,主持各项事业的展开,使西南地区的改革取得了历史性的成功,无疑是应该肯定的。

　　自然,在改土归流过程中,掺杂了对少数民族的镇压和杀戮,这是封建统治者的阶级局限和历史局限,应该予以批判和揭露。

第六章　暴死之谜

一

雍正十三年(1735年)阴历八月二十三日凌晨,一代雄主雍正帝,突然暴死在圆明园宫中。据说他是遇刺丧身,不得善终。官方当然不会留下这样的记录。为他编纂的实录更不用提,即使第一手资料的《起居注册》,也无法在其中找出什么破绽。《册》上关于他临终前的记载,可以简括如后:

八月二十一日,上不豫,仍办事如常。二十二日,上不豫。子宝亲王、和亲王朝夕侍侧。戌时(午后七时至九时),上疾大渐,召诸王、内大臣及大学士至寝宫,授受遗诏。

二十三日子时(夜十一时至翌日一时)龙驭上宾。大学士宣读朱笔谕旨,着宝亲王(指乾隆)继位。

这是最原始的资料,雍、乾两朝《实录》大致相同。《清史稿》等史书,是照搬,自然不会逸出这个范围。

说世宗遇刺毙命的,是一些后出的稗官野史,如《满清外史》《清宫遗闻》《清宫十三朝》等等,据说刺客是吕留良的孙女吕四娘。雍正六年曾经发生过吕留良文字狱。十年十二月定罪:留良、葆中父子戮死枭示,另一子毅中斩决,孙辈发遣边疆为奴。有人说四娘混入宫内,以宫女身份侍寝,伺机行刺;有人说吕案发生后,四娘漏网出奔,学得一身武艺,潜入宫内,以飞剑砍去清帝脑袋;也有人说尚有一名叫鱼娘的女子协助下手。这些耸人听闻的传说,见诸稗官野史,也摄成了电影,渲染得有声有色。即使下笔谨严的学者,一提到世宗之死,以此佳闻,聊侃一番。但我个人以为行刺之说不可信,为什么呢? 首先要问:吕案发生后,其家有无漏网者? 答案:否。雍正八年,曾有漏网者的谣言传入宫内,皇帝询问负责该案的浙督李卫说:"外边传有吕氏孤儿之说,当密加访查根究,倘或吕留良子孙有隐匿以致漏网者,在卿干系匪轻……"

李卫于七月二十五日的密折上禀覆道:吕氏一门,不论男女老幼俱已严禁,连留良父子的茔地也早遣人监视。李卫受世宗非常之知,以擅长侦缉著名,不致敷衍了事。因此四娘漏网云云恐无可能。

其次要问:四娘有无混入宫内? 答案也同样为否。虽然罪犯眷属——特别是十五岁以下女子,没收入宫为奴的例子不是没有,譬如株连在吕案中的严鸿逵、黄补菴,其妻妾子女就是赐给功臣家为奴的。然而吕氏的孙辈却发遣到宁古塔,给披甲人为奴。大概对于案情较重的人犯,多做这样的处置。所以四娘混入宫内之说也不可能。

再次,圆明园虽属离宫,实际上皇帝一年倒有三分之二驻跸在此。紫禁城内阴森、萧杀,怎能及有亭台园林之胜的圆明园? 因此,"自新正郊礼毕移居园宫,冬至大祀前始还大内""盖视大内为举行典礼之所,事毕即行,无所留恋也"。园内有内阁及各部院等机构,规模不下于大内。自雍正二年起,设有护军营,昼夜巡逻,戒备森严,绝非像稗官描写那样,一个女子能飞檐走壁,轻易潜入寝宫,砍去皇帝脑袋。

野史肯定世宗被刺,最有力的证据来自《鄂尔泰传》。

考《鄂尔泰传》,谓是日上尚视朝如恒,并无所苦,午后忽召鄂入宫,外间已风传暴崩之讯矣。鄂入朝,马不及被鞍,亟跨骡马行,髀骨被磨损,流血不止。

既入宫,留宿三日夜始出,尚未及一餐也。当时天下承平日久,长君继统,何所危疑而仓皇若此? 可证被刺之说或不诬矣。

但查考现存鄂尔泰的十来种传记,只有袁枚的《行略》有类似记载,说:"八月二十三日夜,世宗升遐,召受顾命者,惟公一人。公恸哭,捧遗诏从圆明园入禁城。深夜无马,骑煤骡而奔,拥今上登基。宿禁中七昼夜始出。人惊公左壤红湿,就视之,髀血淋淋下,方知仓猝时为骡伤,虹溃未已,公竟不知也。"和野史对照,就可发现歧异之处:《行略》未提即日暴崩,未提数日未及一餐,至于"被刺之说或不诬矣",更属臆测之词。

进一步说,《行略》本身也有浮夸之处。譬如二十三夜升遐云云就有问题。他多半死于二十二日夜(详后)。史臣故作玄虚,写作二十三日子时才龙驭上宾。如此可说是二十二日午夜,可说是二十三日凌晨,将死期拖延一天,便稍减暴卒的嫌疑。也就是说写作二十三凌晨还勉强可以,写作二十三日夜,是明显的错误。因《起居注册》《实录》上明明说二十三日晨奉大行皇帝黄舆返大内,当日申刻(午后三时至五时)大殓。这是公开的丧礼,日期不能任意窜改。所以《行略》说二十三夜升遐,是绝对错误的。

其次,《行略》说"召受顾命者惟公一人",但官私记载中有同受顾命其他诸臣的姓名,譬如庄亲王、果亲王、大学士张廷玉等都是,又怎能说"惟公一人"呢?

《行略》又说到公恸哭,捧遗诏入禁城,拥今上登基。这也有不实之处。姑不论手捧遗诏的是否鄂尔泰,但同入禁城者大有人在。《起居注册》中,对于大行皇帝遗体返宫的工作分配上,有详尽的描述:谁先持"合符"开城进京;谁负责收拾乾清宫;谁为护后;谁随大行皇帝轿进宫;谁陪同新君乾隆入朝。鄂尔泰只是新君随行四人中的一名而已。

还有,从"骑煤骡而奔,拥今上登基"看来,给读者一个信息,那就是乾隆并未在遗榻前送终,由鄂尔泰捧遗诏驰入大内,始被拥继位,这与基本事实不符。

不过,骑煤骡而流血倒是事实,同为顾命大臣的张廷玉,就说过类似的话:"仓猝中得宫厩驽马乘之,几至蹶踣。"

至于"宿禁中七昼夜始出",却很平常,因禁中原有直宿之所,世宗晚年把这个得力的心腹视同知友,"常召公宿禁中,逾月不出"。平素尚且如此,一旦遭遇大事,留宿宫内,协助新君,也是理所当然。

由于袁枚曾受知于鄂尔泰,又受鄂后人之托而写传记,过于强调把鄂描绘成双手拥戴新君登基的主角。野史断章取义,复加以臆造之词,世宗于是蒙上身首异处的污名。

世宗既不是被刺,然则那些传说又从何而起? 吕四娘何以和世宗挂上了钩? 这可分数点来阐明:

第一,宫闱生活,讳莫如深,充满神秘色彩,民间对于紫禁城这个小天地,抱着无限的好奇心,一旦有丝毫"奇闻逸事",便辗转相传,添油加醋,甚至以讹传讹,远离真相。且清朝以满人入主中原,始终不能消泯汉人的反抗心理,对于王室的传说,不免掺杂了诬蔑失实之处。譬如"太后下嫁摄政王""顺治出家为僧""康熙为雍正鸩杀""乾隆系汉人血统""同治染梅毒丧命"等等,经过学者们考证,多为无稽之谈。所谓世宗被刺之说,也只是类似的一种蜚语而已。

第二,满人入关后,汉人反清复明运动仍很激烈,从兴义师到秘密结社,用各种方法打击清廷。康熙四十七年被捕的一念和尚,便是著名的抗清义士。吕留良长子葆中也被牵连进去,幸能脱罪,却忧惧而死。雍正七年有张云如案,牵连甘凤池、周璨、陆同巷等人。甘凤池是一念和尚的同伙,陆同菴是吕留良的私淑者。稗官中有江南八侠,其中就有甘凤池、周璨、吕四娘三人。如此，很容易将吕四娘误当作吕留良的孙女。还有，前文提及有吕氏孤儿漏网之说，既已传入宫禁，民间当有传闻。这吕氏孤儿通过稗官野史，变成精谙武艺的吕四娘，也成为刺毙清帝的巾帼英雄了。

第三，圆明园闹刺客之说，民间确有传闻，但这是嘉庆朝的事，嘉庆八年闰二月二十日，嘉庆帝自圆明园返大内，将进顺贞门，突有刺客陈德冲出行凶，当场被缉拿住。野史把陈德写作成德，把返大内写作幸圆明园。后人以讹传讹把嘉庆当作雍正，也不无可能。

第四，官书上有关世宗之死，记载甚简，既未言病情，且自不豫至上宾不出三日，野史硬说其中存在疑点。但清代官书中有关帝王之死，都记载得十分简略，譬如世宗子乾隆，孙嘉庆，玄孙道光，《实录》上记载他们自不豫至驾崩都不出两日，但从无人怀疑过。如果说可疑，该是世宗的曾祖太宗皇太极，《实录》上说他当日上朝视事，"是夜亥刻，上无疾，端坐而崩"。但也无从证明他是横死。而且用现代医学的眼光来看，一个外表健康良好的人，可能因心脏、脑溢血等急症，瞬息之间丧命也是可能的。因此，野史硬把暴卒和遇刺扯在一起，是不合理的。

以上是被刺说来源的梗概。

世宗既未遇刺，当是寿终正寝。此又不然，他可能服丹药中毒而亡，何以见得？这可从宫中档案等资料中推论而出。世宗生前，宫内蓄养了一批僧道异能之士。他死后仅隔一天，也就是八月二十五日，嗣主乾隆忽然下一道谕旨，把炼丹道士驱逐出宫，谕旨说：

> 皇考万岁暇，闻外间有炉火修炼之说。圣心深知其非，聊欲试观其术，以为游戏消闲之具，因将张太虚、王定乾等数人，置于西苑空闲之地，圣心视之，如俳优人等耳，未曾听其一言，未曾用其一药。且深知其为市井无赖之徒，最好造言生事，皇考向朕与和亲王面谕者屡矣。今朕将伊等驱出，各回本籍。……若伊等因内廷行走数年，捏称在大行皇帝御前一言一字……一经访闻，定严行拿究，立即正法，决不宽贷。

新君甫继位，百务待理，突然对数名道士作出紧急措施，很是耐人寻味！乾隆显然最在为乃父申辩，说视之如俳优，未听一言，未服一药。既如此，又何必迫不及待下逐客令？又说早知其为市井无赖，最能造言生事。既如此，察察为明的世宗，能容忍若辈在宫中吗？如果乾隆为的是崇正道、黜异端，那么缁流为何不同时排斥？相反地，他却在此时沾沾自喜地称："朕崇敬佛法……仰蒙皇考嘉奖，许以当今法会中契超无上者，朕为第一。"而且，还令超盛、元日两僧来京瞻仰梓宫。

还有一件值得注意之事，就在驱逐道士的同日，另有一道谕内监、宫女的谕旨，告诫他们不许妄行传说国事，"恐皇太后闻之心烦""凡外间闲话，无故向内廷传说者，即为背法之人""定行正法"。究竟外间有何闲话？为何皇太后听到会心烦，这些很自然地会令人想起与世宗横死有关。

因此，我们可以说世宗虽未被刺，却死得很仓猝，有些蹊跷。官书经过讳饰，看不出痕迹。张廷玉有《自订年谱》，是一篇有关雍正之死的重要文献，说："十三年八月二十日，圣躬偶尔违和，犹听政如常，廷玉每日进见，未尝有间。二十二日，漏将二鼓，方就寝，忽闻宣召甚急，疾起整衣，趋至圆明园。内侍三四辈。待于园之南西门，引至寝宫，始知上疾大渐，惊骇欲绝。庄亲王、果亲王、大学士鄂尔泰、公丰盛额、纳亲、内大臣海望先后至,同到御榻前请安出,候于阶下。太医进药罔效,至二十三日子时,龙驭上宾矣。

张廷玉是雍正心膂股肱,顾命大臣,他亲身经历的手记,可信度很高。从这段简略的记事中,可隐约窥见隐藏在官书背后的史实。这才知世宗自八月二十日起,已开始不豫,但仍能办公,并无一病不起的迹象。廷玉既"每日进见",二十二日那天当然也不例外。这一夜十时许,忽被召进宫,突然知数皇帝已濒临弥留关头。可能白天还一无危急预兆,才使他"惊骇欲绝"。廷玉进寝宫时,也许龙驭已上宾,至少昏迷不省人事,何以见得?这也是《年谱》中无意透露出来的,因世宗鹤驾后,有一段密旨不知下落的插曲。早在雍正元年八月,就订立了所谓密建皇储法:皇帝把皇储的名字写就,贮于锦匣,收藏在乾清宫正中"正大光明"匾额后,另有一道朱笔密旨,随身携带,以备万一时作勘对之用。可是世宗一断气,谁也不知这道密旨竟安放在何处。《年谱》道:

> 二十三日子时,龙驭上宾矣……廷玉与鄂尔泰告二王诸大臣曰:"大行皇帝因传位大事,亲书密旨,曾示我二人外,此无有知者。此旨收藏宫中,应急请出,以正大统。"王大臣曰:"然。"因告总管太监。总管曰:"大行皇帝未曾谕及,我辈不知密旨之所在。"廷玉曰:"大行皇帝当日密封之件,谅亦无多,外用黄纸固封,背后写'封'字者即是此旨。"少顷,总管捧出黄封一函,启视之,则朱笔亲书传位今上之密旨也。

二十二日夜,廷玉等入寝宫时,如果雍正尚能开口,继承人之事何等重要,定有指示,决不致监时仓皇,可证君臣进见之际,世宗早撒手归天,至少是有口难言。

世宗死得很突然。他刚一死,炼丹道士就被撵出宫。所谓"金石燥烈,鼎湖龙升"云云,可以说获得了初步的证实,但还需要旁证,且看他生前对方士的处遇。

宫内原蓄养着五花八门的人才,道士只是其中的一类。此等王室中的帮闲客,为帝王供养,自古已然,并非起始于清廷,更不是世宗为始作俑者。其中有文人、画士、星相、占卜、缁流、羽士等等,洋洋大观。他们的种类、人数,完全视人君的好恶而增减。圣祖对科学很感兴趣,头脑似乎比较开明,但对占卜、修炼这一套也颇热衷。口虽道"朕亦有用喇嘛、和尚、道士处,并不令伊等占验"。但《清稗类钞》却说善风角占卜的河南人刘禄,经常随侍在侧,为他占验。如果说野史不足为凭,那么宫中档案该无质疑余地。康熙六十年六月,他驻跸热河行宫时,曾召见川陕总督年羹尧,令他在赴京之便,寻罗瞎子代算一命。年羹尧于六月初九日密折中禀复道:"臣到京后,闻知其人在京招摇,且现今抱病,臣是以未见伊。"

康熙在密折上带有惋惜的口吻批道:"此人原有不老诚,但占得还算他好。"

康熙早已洞悉罗瞎子为人,可见平素于这方面相当留意,从"占得还算他好"看来,他找人占卜,当是司空见惯之事。

又如,康熙六十一年,礼部尚书蔡升元折请暂假三年,理由是占卜得适逢厄运,惟有告假归里,始能解禳,圣祖于折上的朱批竟是:"此折所奏详细,准其具奏。"无独有偶的是,雍正元年三月十一日,给事中缪沅也以"孛星飞人命宫,与臣为难"作拖辞,请"勿以文章之事差臣"而上奏,居然获准。

至于延道士、炼丹药,表面看来,康熙是断然拒绝。他在一次对大学士的讲话中,甚至否定了医书的可靠性,更反对服补药,作推摩,说:"至服补药,竟属无益……好服补药者,犹人之喜逢迎者也。天下岂有喜逢迎而能受益者乎……朕亦从不服药,至使人推摩,亦非所宜。推摩则伤气,朕从不用此法。"然而宫中档案内,有大量关于他任道士炼丹药的记载。比方说,隆科多曾经推荐道士李不器在内廷行走。又有个被称为神仙的王文卿,圣祖曾召见他,赐予匾额、对联等物,实际上王道士只是个骗子,还有些道士,譬如谢万诚、王家营等,曾应召炼丹。圣祖虽说六十年来目睹炼丹者不计其数,未曾轻信,但毕竟让他们试验,要看个水落石出。他曾说:"从来神仙之术非一,门路甚广。方士之言,一闻轻信,其祸匪浅。况朕经过不止数百人,虽用功各异,来历则同。久而久之,往往自不能保,或有暴死者……"

可知圣祖接近过无数方士,令他们各展本领炼丹。丹成后先让道士们试服,结果有作法自毙的。这种审慎的态度,使他虽亲近道士,却能幸免于难。

雍正的崇尚方术,较乃父有过之无不及。他热衷命数,甚至官吏的任用、录黜,经常也凭占卜来决定。他到处延访修炼之士,梦想借此辈的方术,来祛病延年,到头来却为丹药所误。关于这些,在官方公开的文书中自然不会觅得。幸而故宫档案中还保存着片鳞半爪,勾稽爬梳,能依稀获得真相。

在历代君主中世宗,是比较特别的一个。政治上用阳儒阴法那一套,这是帝王惯用的手段,倒没什么稀奇。思想上他信仰佛教,特别是禅宗。但他自选历代禅师语录集中,却选入了道士紫阳真人和净士亲的莲池大师,自称圆明居士,殿于诸师之后,又把喇嘛教的章嘉胡土克图扯在一块,称之为证道恩师。这种不同一般的手法,有人认为是"掩盖平生之残忍,故托慈悲"。但本人以为未必尽然。故宫档案中有许多僧人的奏折,如超盛、明慧、明幢、实怡等,世宗很热心和他们讨论,且他还希望把教义灌输给大臣。试举一例,雍正十三年三月二十四日,超盛密折中提到路过保定,曾向直隶总督李卫说教,无奈"李卫虽一心诚笃,向上有志,但领会全无半点,恐一时未必能得"。世宗用朱批鼓励道:"实可谓一窍也不通,尚在甚远。虽然,亦不可择省力处下手也。回程再至保,尽力开示。"超盛在另一密折上说:"伏绎朱批谕旨,四阿哥功夫将似打成一片。"四阿哥指的是世宗心目中的太子弘历,令他参悟禅宗,稍有心得,就欣悦地告诉僧人。这些作为,不能说纯属掩饰诈伪。

另一方面,世宗对于道教——特别是修炼功夫,也非常感兴趣。他称赏紫阳真人,说真人所著的《悟真篇》,能发明金丹之要,"若真人者可谓佛仙一贯者矣"。此外,世宗《御制文集》中,还有不少歌颂神仙、丹药的诗,譬如烧丹、采苓、放鹤、授法等都是,试举烧丹一首,以概其余:

铅砂和药物,松柏绕云坛。

炉运阴阳火,功兼内外丹。

光芒冲半耀,灵异卫龙蟠。

自觉仙胎熟,天符降紫鸾。

这不是想象,宛如宫中炼丹的写真签。

世宗好祥瑞、崇神道,应是很早以前的事,但道士们究系何时进宫?何年炼丹?由于资料限制,雍正七年以前,无法觅得佐证。于藩邸时却有一段和道士的因缘,在他和门下戴铎的书信往来中可以看到。戴铎当时正在出差,密折报告:"奴才路过武彝山,见一道人,行踪甚怪,与之谈论,语言甚奇,俟奴才另行细细启知。"

雍正于折上批道:

所遇道人,所说之话,你可细细写来,做闲中往来游戏。功名甚淡,尚非其时。古人云:"炉中若无真种子,总遇神仙也枉然。"

时在康熙五十五年，正逢皇储空悬，诸王逐鹿之时。道人所说，当为世宗有九五之尊的命运。他虽欣喜，却因时机尚未成熟悉，故意说"功名甚淡"等语。然而看下一折的批语，其猴急情状便跃然纸上。戴铎说："……至所遇道人，奴才暗暗默祝，将主子问他，以卜主子。他说乃是一个'万'字。奴才闻知，不胜欣悦。其余一切，另容回京，见主子时，再为细启知也。"

雍正批道：

> 你如此做事方是，具见谨慎，所遇道人所说之话，不妨细细写来。你得遇如此等人，你好造化！

这是目前所知他和道士牵上关系的最早资料，当时众兄弟也争着搜访奇人异士，世宗这种行动并不特别。继嗣登极后，按理说宫禁中少不得有道士行走，但缺少明显的资料。一方面也许为了整肃朋党、澄清吏治，使他无暇骛外，另一方面，该从他健康方面着手研究。

作为帝王，享尽人间尊荣富贵，惟独病、死两般，谁也难免。道士方术于是应运而起，据说这样不但能却病延年，还可兴国广嗣，没有比这个最能扣动人君心弦的。世宗与道士的结缘，不外乎此。御极之初，他勤于政务，六年后，据说"天下庶政渐次就理"，政敌、权臣先后被肃清，皇权日益巩固。然而初时日理万机，事无大小，都亲力亲为。操劳过度。雍正七年时已年逾半百，健康日渐衰退，加上私生活方面或有失节制，戕贼身子，不得不乞灵于药石。太医的医术无法使他惬心适意，便遍访各地名医、修炼养生之人，来为他服务。关于世宗的病期，说得最清楚的是雍正八年五月二十日的一道上谕。伪满州政府出版的《史料丛编》里，收有这一件，说："诸王文武大臣请安……面谕曰：'朕自去冬即稍觉违和，疏忽未曾留心调治。今年三月以来，间时发寒热，往来饮食不似平常，夜间不能熟寝，如此者两月有余矣。及至五月初四日，怡亲王事出，朕亲临其丧，发抒哀痛之情。次日留心试察，觉体中从前不适之状，一一解退，今则渐次如常矣。'"由此可知他是自七年不久却又恶化。这是乾隆吐露出来的，他说：

> 八年六月，圣躬违和，特召臣（指乾隆）及庄亲王、果亲王、和亲王、大学士、内大臣数人入见，面谕遗诏大意。

当时可能病势危殆，不然就不重于面谕遗诏，幸而这次能化险为夷，至秋渐趋好转。因此，上述七年冬乃至于八年秋诸说，都各有所据，并行不悖。

世宗的病状是忽寒忽热，似疟非疟，胃纳不佳，睡眠不宁。究竟是什么病？不得而知。也许是连年操政过劳之故，但酒色斲伤也不是不可能。这方面资料绝少，最重要的有两条，一是《大义觉迷录》，"逆犯"曾经对他的攻讦，有酗酒和淫色两点。对于前者，世宗的分辩是：

> 朕之不饮出自天性……前年指督路振扬来京陛见。一日忽奏云："臣在京许久，每日进见，仰瞻天颜，全不似饮酒者，何以臣在外任，有传闻皇上饮酒之说。"朕因路振扬之奏，始知外间有此浮言，为之一笑。今逆贼酗酒之谤，即此类也。

这也许是实话，雍正二年正月二十八日，山东巡抚黄炳进荔枝酒四箱。世宗于密折上朱批：不可多献，从来不善饮酒，原为赐人玩的。对于淫色的辩驳是：

> 自幼性情不好色欲。即位以后宫人甚少。朕常自谓：天下人不好色未有如朕者！

另一是朝鲜《承政院日记》,记彼方君臣对答:(雍正十三年)九月十四日酉时,上御熙政堂,召对入侍……(参赞官洪)景辅曰:"雍正沉淫女色,病入膏肓,自腰以下不能运用者久矣。年且六十,其死固宜。"照此说来,那么,世宗于登基六年后,政局渐趋安定,使他私生活逐渐走上糜烂的道路。但朝鲜方面的官私记载,对清廷有夸张失实之处,不可尽信,还得找旁证。

所以追究世宗的死因,该是一个重大的课题。他的死,几乎公认为遇刺丧命,持异论者寥寥无几。本人以为他是服饵丹药中毒而亡的。官书虽然尽量为他回护、掩饰,但依然留下蛛丝马迹。譬如《高宗实录》中,就有炼丹道士被逐的上谕。更为重要的是,一些原来密藏在宫禁内从不公诸人世的档案,很幸运地得以阅览。综合这些资料,推断他死于丹药,也许不算武断。皇帝因信任僧道,服丹药而死的,历代不乏其人,唐代就有五人,明代也有数名,世宗不过是其中之一而已。以上虽属推测,但信离真相不会太远。

二

对雍正的主张,有的人,是人恨其不死;有的人,则是人惜其早死。

如果没说错的话,对雍正当时人而言,很多人是恨其不死;对后人特别是今人来说,则是惜其早死——正如有的学者所说:"他(雍正)如果像乃父康熙那样的寿考,多活十一年,政局就会不同;要是像儿子乾隆那样的长命,多活三十一载,政治上变化之大,自不在话下。夸大地说,也许因而改易了此后中国的命运,亦未可定。"客观地讲,从雍正对中国历史的实际影响而言,这些话是不错的。总之,一个人的人格好坏是一回事,而他的历史作用又是另一回事。正因为如此,关于雍正究系死于何因的探讨,就与那些一味猎奇考证有所区别了。

雍正到底是怎么死的? 笔者认为:除吕四娘刺杀说无确证而仅能聊备一说外,其死因则有远因和近因之分、直接原因和间接原因之别。就远因和间接原因而言,不外有如下几点:首先,雍正其人,一味好强斗胜,这种性格表现在施政上,便是"日理万机,刻无宁咎"的施政作风。说得低调点,雍正是一个不折不扣的寸权不移的"权欲狂"。据说,现存台北故宫博物院的经雍正手批的汉文奏折就约有二万二千余件,但这只是雍正过手奏折的一部分,不过,按此最保守的数字计算,雍正平均每天要处理臣下奏折近五份,这与他自称的灯下批览奏折的说法是相符的。此外,他为稳固帝基,还要拿出相当时间解决政敌问题、调解臣下关系、整顿吏治和宫廷内务、接见大小官僚和国外使节、从事各种繁琐的礼仪活动,等等。可以说,除非病得卧床不起,雍正从来都是将日程排得满满的,决不将一些他认为该自己干自己又干得了的事交给大臣或兄弟儿子们去干。可以想见,这对一个四五十岁的人来说,绝对是超负荷劳作,雍正能吃得消吗?"为君难",是雍正道出的苦衷。继位后又羡慕王府的清闲生活,并不是雍正在卖官词。所以说,尽管雍正的衣食住行享受着至高的待遇,但由于他长期的心力劳瘁而难得稍有休整,应该是他早逝的重要原因——雍正可能是累死的。

其次,与上述相关联,雍正对疾病长期忽视,自逞身体健壮,对疾病不加治疗,也是造成其早逝的不可忽视的原因。而待到疾病成堆时,他虽然重视了,但病情一有转机又照旧逞能,则实在是致使雍正不免猝死命运的又一原因。

再次,雍正在地位稳固后的几年里,私生活等事可能放松了节制,这是一个不可小视的现象,据当时的朝鲜人与其国王讲:"雍正沉淫女色,病入膏肓,自腰以下不能运用者久矣。"外人不必为雍正遮丑,所以,这种说法未必是空穴来风。即使当时的国人,也有雍正好色的传言,此说虽经雍正自己辟谣,但对此我们宁信传言,也不要听雍正的自辩,这个道理是最简单不过的。如果这等说法确实的话,我们完全有理由断认:雍正很可能就吃了好色的亏,以致自戕其命了。此外,雍正嗜酒也是不容他自辩的事实,有资料表明,雍正是常"喝大酒"的。酒色相加,不等于自蹈死路吗?

最后,雍正的性格好"怒",这对他身体极有影响。暴喜暴怒是雍正特有的脾气,想来,怒大伤身这一真理,也是对雍正死因的注脚之一。尽管雍正自称隐忍了这一脾气,但通过前面所述,可知他是戒不了的,"江山易改,秉性难移"嘛。

综上,对雍正来说,哪个方面对他身体影响是主要的,哪个是次要的,我们不可能也没有必要去做主次划分的必要。同样,哪个原因导致了雍正的暴死,今人也不可能武断。完全可以这样讲,凡是对雍正身体造成危害的因素都可能是造成他猝死毙命的导因。而到底具体是什么急症使雍正暴死,则不得而知了。

关于上述说法只是笔者在前人研究的基础上所做的总结和概括,并非杜撰,也构不成一说,更不是新说。

可喜的是,关于雍正死因的研究,有了新的进展,那便是雍正死于丹药中毒!主张雍正死于丹药中毒,最早出于金梁的《清帝外记》。金梁曾写道:"惟世宗之崩,相传修炼饵丹所致,或出有因。"这一话断很谨慎。近年来,海内外学者杨启樵、王钟翰、冯尔康、杨乃济等先生都不同程度地赞成此说。其中以杨启樵、杨乃济二先生为代表。杨启樵先生在其《雍正帝及其密折制度研究》一书中,专辟一章"清世宗暴死之谜",系统地分析了雍正死于丹药中毒的原因,很有说服力,杨启樵指出,雍正很早就崇信神道,并根据确切史料发现,雍正七年以后,可能由于他的私生活开始放松节制,进而戕伤了身子,不得不乞灵于丹药,于是,通过地方官们遍访道士,白云观道士贾士芳就是较早被召进宫里并得雍正信赖的。人所共知的是贾士芳第二次被召进宫内随后不过两个月,就以"妖妄之技"和语言妄诞而遭处斩大祸,这是《实录》明载的。但杨启樵通过一些宫中未刊档案,纠正了官书对贾士芳大狱内情的有意遮饰,指出雍正所以怒斩道士贾士芳,并不是仅仅因为贾士芳竟说出"天地听我主持,鬼神供我驱使"等所谓"妄诞"之话,而是因为贾士芳用道术操纵了雍正的健康——至少雍正是这样看的。更有见地的是,杨先生认为:雍正处死了贾士芳后,并没有对其他召入宫的道士产生厌烦之念,这很可能因为贾士芳属于道教的北宗——全真派,而全真派注重内心修养,换句话说,贾士芳之所以惹恼了雍正,很可能由于他信守"除情去欲""清静无为"的教义和养生之法,进而对雍正进行直言劝谏,揭疼了雍正的伤疤,所以才一怒之下将他一斩了事。而此时供养在宫内的大概属于南宗(正一派)的娄近垣以及张太虚、王定乾等人,则谨慎处事。他们在宫中设道坛,用符水、丹药给雍正治病,结果,丹药居然起了作用,使雍正的"邪病""涣然冰释"。娄近垣因此被赐以四品龙虎山提点司钦安殿主持,大受雍正褒奖。杨启樵以为,娄近垣在雍正十二年八月离开京师到龙虎山建置道院后,可能经娄近垣引见的张太虚、王定乾等道士,他急功近利,希望以异术获宠,"没想到世宗一命,就断送在他们手里"!杨启樵最后认为:雍正是服丹药中毒而亡。

如果说杨启樵认为雍正是丹药中毒而死之说,还带有推断性质的话,那么,杨乃济先生通过现存中国第一历史档案馆所藏的内务府造办处的《各作成活计清档》等一些第一手材料,则找到了雍正死于丹药中毒说的有力旁证,从而补充了杨启樵说理有余而论据不足的缺欠。

杨乃济在其"雍正帝死于丹药中毒说旁证"一文中,揭示了雍正大量的羽坛活动,以至烧丹炼贡的迹象,这无疑是对雍正死于丹药中毒说的有力旁证。至于雍正是否长期服用具有毒性的补药——丹药,杨乃济则借用冯尔康先生《雍正传》所揭示的史实,进而推断:雍正至少从四年就开始服道士制的"既济丹",以后特别是八年左右那场大病后剂量增大,以致中毒而死。不过,"中毒说"还有待进一步实证。

三

雍正于十三年(1735年)八月二十三日死于圆明园后,遗体连夜就被运回皇宫,安放到乾清宫。九月十一日将梓棺移驻"龙潜之地"雍和宫。乾隆二年三月初二日,梓棺始安葬于易州泰陵地宫。

众所周知,雍正的祖父顺治、皇父康熙都葬在遵化的马兰峪,而雍正为何葬在距遵化较远的易州而不随其祖父呢?这是不是乾隆的安排呢?

作为帝王"万年吉地"的选择,一般在某个帝王在世时就选定好,并着手修建了。雍正的陵寝也是在其活着的时候张罗的。所以,首先可以肯定地说,雍正死后所下葬的地点的选择,与乾隆并没有关系。

那么雍正为什么决定不随父葬呢?有传说道:是因为他害怕"见到"康熙!传言,雍正通过卑鄙的手段,谋害了皇父,并盗改或篡改了康熙遗诏,以不正当手段地登了帝位。他继位后,又大肆屠戮贬斥兄弟,这种对骨肉无情的行为,必是康熙所不愿看到的。正因为雍正心里有鬼,加上他又迷信鬼神,所以,担心日后若与皇父葬在一起,自然会遭到报复斥责,永无宁静之日。于是,他在生前便选定了远离皇父所在东陵的易州太平峪为自己的"万年吉地"。这一传说是根据雍正篡夺皇位说而衍化来的,既然雍正继位问题还是个谜,那么,此说的是非真伪也应该是个谜了。

据官方文献记载,雍正选择自己的"寿宫"还有段故事,想来比较可信。

其实,早在雍正四年(1726年)时,皇帝就吩咐十三弟允祥等料理山陵事务,并作为军国大事去办。次年闰三月,雍正又命总兵李楠、钦天监监正明圆带着"风水先生"们去东陵遵化,意欲在那里选块风水宝地。可见,雍正起初是决定随父而葬的。允祥等相中了九凤朝阳山地,征得雍正同意后,很快便开始施工,但很快发现这块山地地层内土质带砂哪里是什么宝地?于是,雍正便放弃在遵化建陵的计划,下令在房山县等地继续寻找宝地,但也找不到令雍正中意的地方。后来,经向以晓知天文地理的福建总督高其悼会同允祥物色勘查,才在易县泰宁山太平峪地方寻到了"山脉水法,条理详明"的上乘吉地。雍正对此很满意。遂决定在此建陵。

太平峪一地,西有云漾山,北为泰宁山,东是立陵地,南临易水河,真可谓奇峰异岭环抱、蜿蜒清水相临的宝地,而且,土质又不含砂,所以,从雍正到大臣都认为可在此辟为"万年吉地",当雍正下定决心后,忽又想到一件事似乎不妥:那就是这样择陵地违背"子随父葬,祖辈衍继"的古制。虽然雍正做事向来我行我素,但他却最忌讳招惹人们的物议。为使此事顺理成章,他便假意让臣下会议一下,看看这样做是否与古帝王典制有不合之处。可想而知,善体上意的大臣们只能引经据典,说古来就有先例,不碍情理的。如此,雍正才表示"朕心始安",于雍正八年开始破土动工兴建,但一直到雍正死前还未竣工,也许他没想到死得如此早。

可见，雍正并不是怕见康熙而另辟陵园，而是因为"风水"迷信而使他这样做的。

不管雍正出于何种考虑而立弘历为储君，在宝亲王弘历成为乾隆帝的过程中，父子间的交接班是极为顺利的。而且，乾隆的确也是一位中国历史上不可多得的明主，一句话，雍正没有选错人。当然，这是后话。

乾隆刚刚即位，除如礼发葬皇父外，着实做了一番替父遮丑的工作。诸如替皇父严猛治政曲意开脱，平反雍正一手造成的惨案等等。这既是他为皇父遮掩罪责，又是在通过这些举措笼络人心。其中有一件事，纯属为父遮乖掩丑的行为。那便是在雍正死后第二天，乾隆就下令驱逐受雍正信宠的道士张太虚、王定乾等。并且，特下旨为雍正掩丑说："皇考万机余暇，闻外间炉火修炼之说，圣心深知其非，聊欲试观其术，以为游戏消闲之具，因将张太虚、王定乾等数人置于西苑空闲之地，圣心视之与俳优人相同，未曾听其一言，未曾用其一药。且深知其为市井无赖之徒，最好造言生事，皇父向朕与和亲王面谈几次了。"并威胁勒令出宫的张太虚等人，要是在外不安分，"捏称"雍正的一言一字，定要"严行拿究，立即正法，决不宽贷"！为什么乾隆发这么大的火，为什么如此急不可耐地驱逐道士？联想起雍正好仙崇道和他的暴死，实在不能不让人心起疑惑！同样，乾隆为雍正豢养道士的"败德"袒护开脱，也实在让明眼人容易看破！

雍正生前为洗刷自己"谋父""逼母"尤其是"弑兄""屠弟"等传言罪名，一度写了洋洋万言的自辩书——《大义觉迷录》。乾隆即位后不久，却一反雍正所为，将被雍正免罪去四方现身说法的曾静、张熙处死，同时，严令收回一度被用来作为教化臣民的"教材"《大义觉迷录》。也许，乾隆对皇父欲盖弥彰的自辩，已意识到是一个巨大的失误，所以，为了遮掩事实真相，才将这一有损皇父形象的御书收回，以作为禁书，成了藏书家的宝贝。

为纠正雍正残害诸兄弟尤其是允禩、允禟的过激行径，乾隆一登位，就一面替皇父开脱，一面下令恢复允禩、允禟子孙的宗籍；将拘禁数年的允䄉、允䄂宽赦释放，不久又赐给二人辅国公爵。其他诸如对允禩、允禟案中的治罪人员，乾隆也给予宽大处理。为此，乾隆博得了朝野一致的赞颂声。

十全英主

清高宗——乾隆

第一章　祖父宠儿

一

雍正十三年(1735年)九月初三日清晨,紫禁城内庄严肃静,正在举行清朝第六代皇帝登基大典。一位头戴皇冠身着龙袍的英俊君主,端坐在太和殿的宝座上,接受庄亲王允禄、果亲王允礼、大学士鄂尔泰、张廷玉等八旗王公文武官员和外藩蒙古王公的叩拜。这就是历史上在位最久、寿命最长、对中国的发展起了重大作用的乾隆皇帝爱新觉罗·弘历。

弘历后来被尊谥为"法天隆运至诚先觉体元立极敷文奋武孝慈神圣纯皇帝",简称纯皇帝,庙号高宗,清代的官书、笔记、文集称他为纯皇帝、纯庙、纯皇和高宗,蒙古王公尊他为"大皇帝",西藏达赖喇嘛敬书"大君",而民间一般习惯则称其为乾隆皇帝、乾隆帝,有时又简称为乾隆。

弘历虽因父皇世宗胤禛刚于十日前逝世万分悲恸,但值此登基之时,肩负重任,当然要专注于国政的治理,首先是需要全面、正确地认识祖宗留下的"遗产",以便从中吸取经验教训,采取明智的方针和政策,解决存在的问题,使大清国更为巩固,更加富强。

乾隆皇帝是我国历史上传奇式的人物,关于他的出身,历来有种种传说。

一种是浙江海宁陈氏。据《清朝野史大观》记载,康熙年间,皇四子雍亲王胤禛与朝中大臣陈阁老很相善,王妃钮祜禄氏生得美貌,深得雍亲王宠爱。她与陈夫人也很要好,常有来往。相传,陈阁老五十余岁时,其夫人忽然怀孕,陈阁老欣喜,早烧香,晚磕头,求得菩萨保佑,生个儿子,好接继后代。这时,王妃钮祜禄氏也怀了孕,渴望生个男孩,日后出人头地。康熙四十九年,钮祜禄氏与陈夫人同月同日分娩。陈夫人生了个男儿,遂了心愿,而王妃竟生了个女孩,内心愁闷。王妃的身边婢女李妈是个精明绝顶的人,她知晓王妃的心事,便忍不住对王妃说:"奴才愿为王妃效劳,能将公主变成小王。"接着便秘密与王妃商议了一番。王妃听后,笑开眉眼,忙让李妈着手去办,这李妈出了宫门,便来到陈阁老府上,先说到:"恭喜夫人生了贵子。"然后说:"王妃也生了小王,王妃让老婢来此告诉夫人,待满月时,请夫人带小官人到宫里玩玩。"陈夫人高兴答应。到了满月那天,王妃不见陈夫人与小官人进宫,很是着急,令李妈到陈府去接。当李妈又来到陈府时,见陈夫人正害病,陈阁老没有进宫的打算,就说:"我家王妃在宫里准备了各样礼物,如果夫人与小官人不能去,恐怕王妃会生气的。"陈阁老听后,想了半天,最后决定让奶妈抱着小官人随李妈进宫。来到宫里,李妈让陈府奶妈在下房等候,便抱着小官人见了王妃。一直到暮色降临,李妈才将孩子交给陈府奶妈,抱回陈府。回到家里,揭开脸罩,不由大吃一惊,竟是个女娃。陈夫人非常痛心。陈阁老也非常忧伤,但知道王妃生的是女孩,将儿子换去,想日后有望当个皇帝,于是,便对夫人说:"不要哭闹,不得声张。出了这事,只好将错就错,否则性命难保。"日后,王妃抱着小王子出来与雍亲王见面,雍亲王见这白白胖胖的儿子,又是钮祜禄所生,满心喜欢,更加宠爱。而陈阁老怕别人知晓，便告老还乡，回到浙江海宁。但后来"陈与帝共一宗"之说仍然不胫而走，绘声绘色传遍大江南北。

另一种认为，乾隆是在康熙年间，为热河行宫——避暑山庄的宫女所生，这宫女名叫李金桂。

康熙四十九年秋季，皇帝率领皇子亲贵，文武大臣，来到"木兰围场"举行一次大规模的狩猎活动。这"木兰围场"在承德以北四百里的地方，此地山高林密，百兽俱全，是个理想的狩猎场所。方圆数百里的围场，由近五十个小围场组成。八月底的一天，在阿格鸠围场，康熙皇帝端起猎枪，打中了一头肥硕的梅花鹿。皇帝的枪声就是信号，各队扈从闻声策马扬鞭，追逐四散的群鹿。其中一队的领队是皇四子雍亲王胤禛，这胤禛身材魁伟，能骑善射。只见他挑中一只大鹿，全力追赶，足足追有一顿饭的工夫，方举枪射击，连发两枪，结果了这头鹿的性命。胤禛勒住马，回头望去，只有贴身的一个叫恩普的"哈哈珠子"（男孩子），气喘吁吁赶上来，其他人马已不知去向。

胤禛高兴地指示恩普，砍下鹿角，好回去登帐。恩普却先拿出一个木碗，割开鹿的喉管，接一碗鹿血，递给胤禛，那胤禛一大口气喝了大半碗，然后才动作麻利地砍下鹿角，主仆二人跨上马，缓缓南行。

鹿血有壮阳补气之神效。不多时，只见骑在马上的胤禛脸胀得通红，鹿血劲发。心里像有一团压不住的火，喉咙热呼呼的，像有东西梗得难受，喘不上气来。胤禛忙叫住恩普道："这附近有人家吗？"恩普说："四爷，翻过前面的山，就能看见行宫，我去找个妞儿让您使用。"胤禛只好重新上马。他们顺坡而下，很快到了平地，只见平地尽处，是一个菜园，菜园边处，又是一片树林，林边一座茅屋映在眼前。主仆二人停住马，恩普忙说："四爷，您先进屋等等，我很快就回来。"胤禛明白他去做什么，便进屋坐在炕沿上等着。不多时，恩普就将一位宫女推进屋，然后又掩上门。宫女惊叫一声："四阿哥！"胤禛早已按耐不住欲火，黑暗之中与这宫女草草完了事情。于是演出了这段露水姻缘。

胤禛推开屋门，回头一望，真是吃惊不小，这宫女实在长得太丑，想到刚才那番光景，不由大失所望，恨不能马上离开此地。于是急忙叫道："恩普，快牵马来！"恩普牵过马来，胤禛上了马后，一言不发，往北走去，心里在叨咕：原来清朝家规严格，皇子私通宫女，算是秽乱宫闱，这事如果传出，不仅自己竞争皇位无望，也会给臣下和后人留下笑柄。只有当机立断，除掉这知情的哈哈珠子。想着想着便走近峡谷，这峡谷路很窄，一面是悬崖，一面是峭壁。胤禛让恩普前面带路，自己拾鞭策马跟着，当他靠着峭壁一面与恩普的马接近时，便举起鞭子狠狠向恩普的马眼抽去，恩普马受惊，乱蹿乱跳，三下两下，就把恩普抛下悬崖，马也随后落进谷底。

当胤禛望见前面有七八个皇帝派遣的近侍骑马迎来，都停住马，一名御前侍卫忙说："四阿哥，奴才们可找到你了。"胤禛便将如何追上了一头大鹿，恩普又如何不小心掉下悬崖之事细述一遍，御前侍卫安慰一番，留下两名侍卫查找恩普下落，自己便陪着胤禛上马，赶回围场。自然免不了皇父几声责备，便又随皇帝回到避暑山庄。随后，御前侍卫禀报了恩普的死讯及善后处理。不久，雍亲王及陪侍人马就随皇帝回京了。

第二年五月，皇帝照例要到热河避暑，秋季行围。大驾来临之前，避暑山庄的总管太监康敬福，便遇到一大难题，一筹莫展，不知所措，与四阿哥艳遇的宫女李金桂怀孕了！消息传到康敬福耳里，真把他吓坏了。当听说男方是四阿哥时，更吓得惊慌失措。转眼金桂怀孕已八个月了，肚子一天大似一天。康敬福也一天比一天着急，万般无奈，只好告诉朝中内务府总管大臣、兼任步军统领的隆科多，请他想办法。这隆科多是孝懿仁皇后的胞弟，其子又娶了四阿哥的同母妹妹，同皇帝是至亲。所以，受到皇帝重用，他本人也与皇四子关系密切。

隆科多听到康敬福的报告大吃一惊，并在康敬福的安排下，来到行宫北面菜园旁的茅草屋，传询金桂。隆科多严厉地问："你说清楚，你肚里怀的到底是谁的种？""四阿哥的！"隆科多半信半疑，"你怎么知道是四阿哥的种呢？"

"是恩普跟我说的。"

隆科多问康敬福，恩普是谁？康敬福忙回答："是四阿哥贴身的哈哈珠子，去年摔死了。"隆科多一愣，想到这不是死无对证吗？

"那天是恩普找的我，他让我陪他去抓蝴蝶什么的，当走出很远来到这屋子外面时，我要回去，他却骗我说：'你进屋里吧，这里有福，说不定还会遇到贵人。'说着便把我推进屋去，随后把门关上。"又说："门刚开的时候，外面有光，我看门对面炕上坐着的人留鬖发，我听人说，四阿哥留鬖发。"

"还有呢？"隆科多又问。"还有……"

隆科多想事已至此，再问也是这样了。便对金桂说："好！你回去吧。但你心里要有数，不要跟别人说什么！"金桂说声："是！"于是，康敬福叫来太监将金桂送回来处。接着隆科多又叮嘱康敬福要告诫手下，千万不能走漏风声，并要善待金桂。

八月，金桂已怀孕十一个月了，仍没动静，隆科多更加着急起来，忙让康敬福将大腹膨起来的金桂找来，厉声问道："你到底怀的是谁的种？""是四阿哥的！"隆科多大怒道："还提四阿哥！我问你世上有怀孕十一个月的女人吗？"金桂哭着说："不知道。""不知道？若不看你大肚子，非拿大板打你！你说实话。"

金桂痛哭着说道："大人，奴才如有半点假话，请求一死，我请求大人问问四阿哥，否则我死不瞑目。"

隆科多回到住所，伤透了脑筋：问四阿哥吧，他却留京办事，不在随员之列，若派人进京去见四阿哥问问清楚，四阿哥会发脾气，造成意外风波，不好收拾。正在举棋不定，消息却传到了德妃耳中。德妃是四阿哥的生母，听说儿子干了这等事来，气得大病一场。

德妃姓乌雅氏，她一向忠厚，识大体，深得皇帝敬爱，听说她病了，皇帝自然来到德妃寝宫看视，询问得病原因，德妃免不了泪流满面，哭出声来。

皇帝惊讶地说："怎么回事，为什么这等伤心？"

德妃哀声乞情地说："奴才是替四阿哥着急！请皇上看在奴才的薄面，饶恕他的罪过吧！"

皇帝更加惊异，说："我不明白，他犯了什么罪呢？"德妃说："请皇上问问舅舅（隆科多）就知道了。"

皇帝立即派侍卫召隆科多来问话："四阿哥犯了什么罪？德妃让我问你。"

隆科多听说德妃出面调节，感到事情比较好办了，便不慌不忙道答道："出了笑话，奴才正在查明。"接着将金桂怀孕的奇闻,向皇帝作了简要陈奏。

"真是四阿哥干的? 那宫女怎么说的?"皇帝又问。隆科多想想回答:"奴才不敢肯定,只是那宫女始终认定是四阿哥的。"

皇帝说:"那好办,你马上派人进京传旨,让四阿哥立即来此,我问个明白!"

于是隆科多指派亲信,连夜兼程马不停蹄进京宣召四阿哥。

隆科多见了四阿哥,就忙问:"四阿哥,你跟我说实话,我替你出主意、想办法。"胤禛一脸诚恳的样子,回答说:"我怎敢瞒舅舅呢? 凡事还指望舅舅照应。"

隆科多又问:"那么,你和那宫女确有其事?""有的!"

隆科多接着问:"你知道那宫女叫什么名字?""不知道!""不知道? 人家可怀了你的孩子了!"

隆科多又说,皇帝为此很生气,德妃也急得旧病复发,你看怎么办?

胤禛忧心忡忡地说:"我能怎么办呢! 这下三阿哥、十阿哥他们等着看笑话了。"

又说:"舅舅我听您的话。你看该如何处理善后事宜呢?"隆科多想了又想说:"这事要看皇上的态度了。"

说完,隆科多起身告辞,胤禛刚送到门口,突然想起一件事,忙将隆科多拉住。

"舅舅,算日子已十一个月了,那女人怎么到现在还没生呢? 是不是另有隐情?"隆科多态度肯定地回答:"绝无隐情!"胤禛看隆科多有点不高兴的样子,忙说:"舅舅,我是怕那女人生个怪胎!"

此言一出,隆科多也大为吃惊,但也只好安抚胤禛说:"不会的,我自有办法。"说完,便急忙策马回到山庄,找康敬福商量对策。

隆科多对康敬福说:"有人说金桂怀孕十一个月了,可能是怪胎?"康敬福说:"不会吧!"说罢嘴唇略动,欲言又止。

隆科多说:"你说说,怎么不会? 快快说来?"康敬福压低声音说:"回大人话,金桂所怀的,说不定是个龙种!"

话音未落,隆科多大喝道:"闭嘴! 你有几个脑袋,敢胡说八道? 废太子的风波刚刚平息。原来为了夺嫡而登大位,大阿哥被幽居;八阿哥囚于畅春园;十三阿哥被禁高墙。这起废太子之风刚刚平息,如今若说金桂怀的是龙种,不也表明四阿哥想当皇帝? 这话要是皇帝知道了,你我脑袋都得搬家。"

接着又叫来康敬福的亲信阿林商量应急办法。最后议计:找个偏僻无人的地方,让金桂待产,并派人守卫。如果金桂生下怪胎,就连金桂一起弄死,报个"病毙"备案;如果她好好生了个孩子,只好到时候再说。隆科多又嘱咐他们,要严防太监、宫女乱说,否则处死;要派谨慎、得力的人办事,不得走漏半点风声。

安排好了应付对策,隆科多又思量起对付皇帝、保护四阿哥的对策。打定主意后,便在皇帝晚膳后闲行之际,提到此事,请求皇帝不要生气,不要当着其他皇子的面责骂四阿哥,使其能有个单独向皇上悔罪的机会。康熙皇帝接受了隆科多的请求,决定在避暑山庄一片茂密松林之中的一座石亭宣召四阿哥。

胤禛忙跪倒磕头,给皇帝请安。皇帝问道:"四阿哥,你知道把你叫来有何事吗? 那个宫女怀孕与你有无关系?"胤禛吓得忙说:"儿子知罪了!"皇帝厉声问道:"你知道你犯了什么罪吗？你平时还讲究小节,哪知你却干出了这等下流的事!"

　　胤禛被问得不敢回答。见情势严重,隆科多怕自己的功夫白费,便忙跪下劝说:"天热,请皇上别动气,四阿哥已认错了,就请皇上饶恕他吧!"

　　皇帝说:"这么个儿子,我能怎么样? 不过,真相不查,是非不明。"接着皇帝又问了胤禛那宫女怎么处置,胤禛说不敢擅作处理。皇帝让他把那宫女带回宫去。这样赏赐胤禛当然不愿意,所以也没采纳,把金桂仍丢在野外。雍亲王连忙给皇上磕头谢恩,这场风波才告平息。

　　又过了几天,金桂在破旧不堪的马棚里生下一子。宫中知道后,由德妃出面,求得康熙帝同意,才将这个孩子抱入宫中,传说他就是乾隆帝。

　　据正史记载,乾隆生于康熙五十年(1711 年)八月十三日,他的母亲是钮祜禄氏。钮祜禄氏于康熙四十三年十三岁时赐侍胤禛藩邸为格格。弘历即帝位后尊她为孝圣后。所谓乾隆为汉人之后,以及他是雍亲王"野合"而生,并没有史实作为基础,恐怕只是传说而已。

　　关于乾隆的身事的第一种传说,我们有必要考查还应该说到"海宁陈家"。

　　"海宁陈家"一词,于有清一代,朝野闻名,臣民皆知,乃至帝王君主,亦袭其辞以称之。道光朝有江西建昌道道员陈崇礼应召,道光帝询其家世,陈崇礼为佐贰属员起家,当时官场之风重科举出身,故而意颇惶愧。然当陈奏明自己系陈元龙、陈世倌之后代,道光帝欣然微笑曰:"汝固海宁陈家也。"遂擢陈崇礼为盐运使,可见其晋升纯系得力于门望。海宁,清为州治,在浙江省北部,南临杭州湾。清世谈官阀,侈恩遇者,无不知海宁陈家。而恩遇隆盛之根由,乃至谓:清代有一帝,实为其家所产,或谓系圣祖康熙帝,或谓系高宗乾隆帝,而集四方传言,则以指乾隆者为多。至清朝末年,可以说海内上自缙绅,下迄妇孺,莫不知海宁陈家子有一人为帝之说,而汉人尤为津津乐道,众口一词,有凭有据,牢不可破。其流传之广,影响之大,足可以与"太后下嫁""顺治出家""雍正被刺"等传说比肩,并称为清宫四大奇案。

　　海宁陈家之后人、道光朝以门望而升官的陈崇礼的从孙陈其元,著有《庸间斋笔记》,述说其祖源家世:"余家系出渤海高氏,宋时以勋戚随高宗南渡,籍临安。始祖东园公讳谅者,明初居仁和之黄山,游学至海宁。困甚,偶憩赵家桥上,忽坠于水。陈公明遇,设豆腐肆于桥侧,昼寝梦青龙蟠桥下,惊起,见一男子方入水,急援之,询知世族,乃留之家。公老无子,止一女,因以女女之,而以为子焉。东园公一传为月轩公讳荣,承外祖姓陈氏,而世其腐业。业腐者起必以戊夜,一日者,于门隙见双灯野外来,潜出窥之,则一儒冠者,一道士也。道士指公室旁一地曰:'此穴最吉,葬之位极人臣,有一石八斗芝麻官数。'儒冠者曰:'以何为验?'曰:'以鸡卵上枚坎其中,明日此时,鸡子出矣。'乃于怀中取卵,埋之而去。次日公起磨腐,忽忆前事,往探其处,则闻然二鸡雏也,正骇异间,又见双灯遥遥至。雏已出壳不可埋,急于室中取卵易之,而屏息以伺。二人者至,撝之则仍鸡卵也。儒冠者咎其言不雠,道士迟疑良久曰:'或气运尚未至耶?'遂去不复返。居久之,公乃奉东园公骨瓮葬其中,二世之后遂有登科者,至今已三百年,举贡进士至二百数十人,位宰相者三人,官尚书、侍郎、巡抚、布政者十一人,科第已十三世矣。初葬时,植檀树一株于墓上,堪舆家称为海宁陈氏檀树坟。圣祖仁皇帝南巡时,闻其异,曾驻跸观焉。"

这个笔记,纯系杜撰编造,自欺欺人。康熙当朝六十一年,曾六次南巡,其中五次至浙江,《清实录》中对康熙历次南巡逐日记载其驻跸之地,皆至杭州而返,从未到过海宁,幸陈家观其坟之举从何而来?至于清代有一帝为海宁陈家所出之传说所指的康熙,其实为"狸猫换太子"之说的一个小小的变异枝节,比指陈家子为乾隆者更荒唐。传言顺治帝二十四岁而崩,感到其子孙不蕃,急欲抱他人之子,自饰其有后。今考顺治有八子六女,后来继位称帝的玄烨为第三子。皇长子牛钮,顺治八年生;二岁夭亡,皇二子福全,顺治十年生;玄烨生于顺治十一年,皇四子以下不必再计。福全至康熙三十三年六月乃卒,若顺治无三子玄烨,二子福全可嗣位,如何能说因无子而抱他人子以继嗣呢?此种异说,不堪一击。由此联想起另一则传说,言顺治帝福临亦不是满洲之血脉,而是山东人王杲与皇太后孝庄苟合而生,其文字记载以魏声和《鸡林旧闻录》为始,旋为英国人濮兰德所采,遂入英文记载中,而国人又转释译以内销,视为大内秘史,抑何可哭!断乎康熙为陈氏后人之传说,亦是此等野人语。

海宁陈家之园邸,有御书"爱日堂""春晖堂"二匾。日,尤如父也,"爱日"可解为孝养父亲,"春晖"取自唐朝孟郊《游子吟》诗句:"谁言寸草心,报得三春晖",意思是母恩。持乾隆为海宁陈家子之说者以此为力据。然考证史实,此二匾为康熙所书,与乾隆毫无干系。《清史稿·陈元龙传》载:"康熙三十九年,迁侍讲学士,明年,转侍读学士。四月,上……作书,赐内直翰林同观。谕曰:'尔等家中各有堂名,不妨自言,当书以赐。'元龙奏,父之阉年逾八十,拟'爱日堂'三字。御书赐之。"此御书"爱日堂"匾之由来,时陈元龙同乡谕德查升,拟请"澹远"二字,康熙亦即挥毫赐之。御书"春晖堂"匾之由来,系康熙四十六年事。据《海宁州志·列女》载,陈元龙胞弟陈邦彦,其父陈维绅,死得很早,娶黄氏,"陈维绅娶黄氏,钱唐相国文僖公侄孙女,观察怀玉季女也,年十九归陈。三载寡,守节四十一年,丸熊教子,迄于成立。以子邦彦贵,封淑人。康熙丁亥,御书'节孝'二字旌其门,癸丑,赐'春晖堂'额。"由此看来,康熙为臣工家府题写匾额,乃经常之举,为得是施之恩德,唤之感念,融洽君臣关系,不失为驭下之道,毫无穿凿附会之处。再如康熙四十四年乙酉南巡,时桐城张文端公英已以大学士致仕,迎驾清江浦,随至江宁。康熙将启驾,张英已与在籍诸臣奏请,允留一日,得旨:"念老臣恳求谆切,准备再留一日启行。"最初,张英已谢职归籍临行时,御书"笃素堂"三字以赐;在淮安,则御书"谦益堂"及"葆静"匾额;在江宁,则御书对联及"世恩堂"匾额,他所赐赉,不可胜言。"世恩"二字,于好事者揣测亦可联为"祖上恩德、后嗣感念"之类,莫非康熙与桐城张家有脉因?否则何以单挑"爱日""春晖"之御书匾额而指清代有一帝为海宁陈家之后呢?

海宁陈家登科入仕,始于明正德八年(1513年)分科陈中孚,后来科名仕官之盛,实为罕见。陈氏之显贵,在明朝为陈与郊、陈与相兄弟,一为提督四夷馆太常寺少卿,一为贵州左布政。与郊之后虽有科第官职,但不及与相之后代颇应"芝麻官数"之谶语。与相之子陈元晖、陈祖苞同登万历癸丑进士,一为山东左参政,一为顺天巡抚,时为明末。海宁陈氏科第之奇,常以父子兄弟同登一榜为惯例。祖苞之子陈之遴,崇祯丁丑榜眼,官至中允,入清后遂累升至大学士。之遴弟陈之暹之子陈金战允,为康熙朝尚书。祖苞之后代多清贵之官,然不登卿相。与相还有一子名陈元成,官至大学士,陈氏为卿相者,皆元成之后。元成之子陈之闇为拔贡生,之闇之子陈元龙为宰相、孙陈邦彦为侍郎;元成另一子陈之闇为岁贡生,之问之子陈诜为礼部尚书,诜之子陈世倌为宰相;之闇另一子陈世仁为翰林检讨,世仁之子陈用敷官督抚。之闇还有一子陈论为刑部尚书。海宁陈氏在康熙、雍正间,仕宦显达,中外居要任者极多,而科第尤以康熙朝为盛。康熙四十二年癸未会榜,陈云龙弟陈嵩,侄邦彦,陈诜之子陈世倌,三人同榜,按行辈竟为三代。康熙五十六年元龙之子陈邦直,世倌之兄陈世仁,还有一服属较疏的陈武婴,兄弟三人同榜。一时以天下之大,就试者之多。而屡为海宁陈家所占,俗语不实,流为册青,无怪某以神秘之见解,附会于帝出乎陈家,特假科榜以恩赏。然而,附会传说者不知皆非乾隆陈家有此异数,而是在乾隆未出世多年之前。以荣盛之势相较,海宁陈家至乾隆朝,官运实已稍衰了。

　　陈世倌在雍正朝,曾做过巡抚大员,至乾隆六年,由工部尚书升至文渊阁大学士。至乾隆十三年十一月,以错拟票签革职。乾隆谕称:"察议不过降罚了事。今以五人在阁,似此向有定例之事,竟至办理错误,使朕万几之烦,尚须审详至此! 于心何忍? 岂不有愧? 着交部严查议奏。"遂至以革职处分宰相。谕又谓:"张廷玉、来保、陈大受,均在军机处行走,尚有交办事件,或系一时疏忽。"这样便开脱了三相,所严查议奏者,惟有陈世倌及史贻直二人;至革职之议,史贻直得留任,而陈世倌竟革。得旨,乾隆又举陈世倌其他种种罪过谕:"陈世倌自补大学士以来,无参赞之能,多卑烦之节,纶扉重地,实不称职。著照部议革职。"又谕:"朕前降旨,谓陈世倌多卑琐之节,并非泛论。即如伊乃浙人,而私置产兖州,冀分孔氏余润。岂大臣所为? 今既革职,著谕山东巡抚,不准伊在兖州居住。"陈世倌被革职后两年,乾隆十五年八月,来京恭祝皇帝万寿,想必竭尽诣媚之辞,宝财之献,结果乾隆赏其原衔,仍令回原籍海宁,至乾隆十六年三月,命来京入阁办事,九月,兼管礼部事。自后陈世倌复起,在内阁中事事小心,至乾隆二十二年,以老病请求退职。谕旨中亦毫无倚重之辞,且多嘲讽之语。谕曰:"大学士陈士倌,虽年近八旬,而精力甚未衰迈,简任纶扉,历有年所。今以老病,奏请解任回籍,情词恳切。大臣中齿宿望高,宣力年久,任蟠蟠黄发,为班联表率,诚熙朝盛事。然而老倦而思故乡,亦常情所有。果真以衰老陈情者,朕自曲加体恤,俾得荣归故里,以资颐养,初未尝强为挽留,如张廷玉之年力既衰,朕即允其归田。迨后辗转获咎,乃其自取,实非朕初意所及料也。且陈世倌奏内,既称为其生母修改坟茔,此亦人子未竟之责,自宜及身而为之。著照所请,准其回籍。现任汉大学士,原有二人,不必缺另补,听其自为酌量。如一二年后精神清健,仍可来京办事,以昭优念老臣之意。"品味其中,乾隆不信陈世倌决然肯卸职归田,语多讥讽不屑,一句"果真以",尤闻冷笑之声。且明言告之,即使挽留,也不过以皓首老臣表率班联,用来点缀一下天朝盛事而已。并毫不留情地警告,若有以告退为名而行要挟君王之实,那不过是自讨没趣,自认倒霉,如张廷玉者自取其咎事即前车之鉴。张廷玉乃雍乾两朝多为倚重之老臣,尚辗转获咎,况陈世倌乎? 如此看来,此谕绝非敬大臣之礼,又何论乾隆私厚于陈氏? 陈世倌于乾隆二十二年春辞朝,乾隆帝不加理会,陈世倌却迟迟不欲遽归故里,帝亦视而不见,不肯谕留,而陈世倌终于未行即卒,老死他乡。就是说,即使如传说中言,乾隆南巡至海宁陈家去见或者去认那位辞官回家的生身之父陈世倌,也见不到认不了了。

乾隆生于康熙五十年八月十三日,若论抱养异姓之子,必须生年在康熙五十年内,且月份日期也不能有较大出入,而且必须是当朝天子康熙或雍亲王胤禛之所为。据考这一年海宁陈氏在朝者有两位达官,一是陈世倌之父陈诜,时方由湖北巡抚内升工部尚书,其擢职在四月,已在京朝任事;另一位是陈元龙,是八月初四日由吏部左侍郎迁广西巡抚,距乾隆生日只差九日,当尚在朝,未赴新任。陈诜与陈元龙为同祖兄弟,皆为大学士陈元成之孙。值得注意的是,传说帝家以女换去陈世倌之子,而当时陈世倌并未在京任朝官,纵然是时生育一子亦无条件被帝家易去。而陈氏在朝者陈诜、陈元龙,其子嗣由来及后世俱明,又何曾别有一子为帝家所换。

此外,当时陈诜或陈元龙果有一子被康熙帝或雍亲王抱而易之,因其讳避而后世鲜知。若指康熙所为,绝不可信!康熙是清代帝王中子女最多的一位,总共有五十五个子女,其中子三十五人,除夭折早亡者外,成年皇子二十人,颇受牵累。时复立皇二子胤礽为皇太子不久,至将再废,而诸皇子跃跃思动,皆欲谋储,酿成后来兄弟相戕之祸。面对这种情况,康熙极为忧虑,为何还要以"凤换龙"之手段抱一异姓者,置之雍王府,而又隐讳其事,以成汉人潜移满族天下?若果真这样,则康熙就是存心蓄意将天下交与汉人才立雍亲王为储嗣,以促成易来之陈氏子将来继其父而称帝,胤禛夺嫡之疑案便不存在,而诸王的不满与声讨也便可以理解,其仇视所归便是康熙而非雍正了。这种揣测,是不可思议的,极不合情理的,绝对不能成立!若指雍亲王胤禛私下抱易陈氏子则当时雍王已前有三子,第一子及第二子虽早殇,第三子弘时已八岁,何必再抱一异姓汉人?难道胤禛亦听说"青龙蟠桥下""檀树坟之后人位极人臣"等海宁吉兆,晓得陈氏三子必有九五之福吗?而这必须建立在胤禛能够继统称帝的基础上才能实现,时兄弟相煎正炽,焉知皇位归于哪位皇子?就算胤禛自信有把握能够夺取金銮,以当时韬晦审慎之为,亦不肯行易换汉臣之子,以供诸兄弟攻击之资。角胜于毫芒之间的诸皇子,最怕授人以柄,何人这样做,无异自毁,其帝王之梦必成泡影,而且极有获罪遭谴之祸。因此,假设陈诜或陈元龙有一子被康熙帝或雍亲王易去,其动机难以成立,后果更不堪设想,假设也就失去意义。

此外,有清代,旗人生子一定要报都统衙门,宗室生子一定要报宗人府,定制十分缜密。何况紫禁城内,门禁森严,怎么能随便抱子出入宫内?传说演义故事中将臣工、侍从以至仆妇出入深宫大内说得如同信步街肆,面见皇帝与皇太后、皇后如同径寻亲朋,还有什么金銮殿上皇帝召见携子臣工之类,都是缺乏起码的宫廷常识而随意编造。

总之,种种传说中关于清朝有一帝,或者干脆说乾隆帝弘历系抱养于海宁陈氏之子的话,可以完全辟除。关于乾隆下江南至海宁驻幸陈家之事,亦绝非去认什么生身父母,而是为了海塘工程。

清朝修治浙江海塘工程,始于康熙朝。雍正十一年(1733 年),雍正帝命内大臣海望、直隶总督李卫赴浙查勘海塘,谕曰:"如果工程永固,可得民生,即费千万不必惜。"此为大举修治的开始。乾隆即位方两个月,即谕:"浙江修理海塘工程,该督郝玉麟等奏,增添捐纳条款,经九卿令议准行。朕思捐纳一事,原为一时权宜,无益于吏治,并无益于国帑。朕知之甚悉。浙江增捐之处不必行。海塘工程,著动正项钱粮,办理其事。"以此来看,雍正、乾隆尽心于民事,并不惜动支国库,以杜绝捐输苟且之谋,自是国运方兴之日。乾隆即位后，雄心勃勃，颇欲有所作为，也自有其功业。他常从形式上效法先祖，看到其祖父康熙"为百姓阅视河道，咨访问阊风俗"而六下江南，"盛典昭垂，衢谣在耳"，因于乾隆十六年（1751 年）起，中经二十二年、二十七年、三十年、四十五年，至四十九年（1784 年），也先后六次到江南巡视。对此，乾隆比较重视，自言："予临御五十年，凡举两大事，一日西师，一日南巡"，并强调："南巡之事，莫大于河工。"他在南巡中，确实比较注意兴修水利，治理水患，特别是对浙江海塘工程，予以较多的关注，多次阅视，令地方大吏将柴塘改为石塘，"为民间永远御灾捍患"。这在某种程度上，起到了发展生产、维系人心、加强统治的积极作用。

乾隆第一次南巡于十六年正月启銮，入浙渡钱塘，祭禹陵而返，根本没去海宁，第二次南巡在二十二年，至杭而返，亦未至海宁。因海塘工程之重点当时不在海宁，故两次南巡不以此地为目的。二十五年庚辰，钱塘江朝势北趋，海宁告警，引起乾隆的重视，二十七年三月第三次南巡，乃亲临勘视，有御诗云："两度曾未临，额手谢神灵。庚辰忽转北，海近石塘行。"三月初二日谕："朕稽左时巡，念海疆为越中第一保障，比岁潮势渐趋北大霤，实关海宁。钱塘诸邑利害，计于老盐仓一带，柴塘改建石塘，即多费帑金，为民永远御灾捍患，良所弗惜。"御诗《观海塘志事示总督杨廷璋巡抚庄有恭》云："明发出庆春，驾言指海宁。海宁往何为？欲观海塘形，浙海沙无常，南北屡变更。北坍危海宁，南坍危绍兴……绍兴故有山，为害犹差轻。海宁陆且低，所恃塘为屏……接石为柴塘，易石自久经，费帑所弗惜，无非为民生……"此后，海宁塘工成了朝廷特意区划之事，与康熙时治河工程同等重要。乾隆于三十年第四次南巡，四十五年第五次南巡，四十九年第六次南巡，无一次不到海宁，最后一次南巡的前一年，谕曰："至浙省海塘，前经降旨，将柴塘四千二百余丈，一体改建鱼鳞石塘，为海滨群黎永资捍卫；今要工将竣，亦不可不亲为相度。"依上述史载，乾隆南巡四至海宁，皆为塘工，绝非为他故，如传说中寻亲认父皆是胡猜。

乾隆巡幸海宁，海宁自然会为他安排。陈家为此地望门，累世簪缨，三朝宰位，与国同体，其园邸尤为海宁名胜，若选迎驾之处，舍此无他。《据海宁州志》载，陈氏家园本名隅园，原为南宋时封安化郡王氏家园故址，至清时园中尚有老树为南宋遗物，历尽沧桑，可谓难得。安化郡王为北宋靖康间太原守将王禀，金兵南侵，王禀以身殉所守之土，宋廷南渡后，宋高宗赵构封王禀以王号，召其后袭爵，而赐地于盐官，即海宁城内。王氏家园历元、明两朝，尚有遗迹，至明万历年间，陈与郊得之，修治一新，因园处城中一隅，故取名隅园。至清，传至陈元龙。雍正十一年，年逾八旬的陈元龙乞休，其子陈邦直以编修侍养归籍。乾隆元年，陈元龙卒，而陈邦直遂不复出，专力营构此园，设备非常齐全、雅致。其园占地百亩，楼观台榭，供憩息可游眺者有三十余所。制崇简古，不事刻镂。有环碧堂、挨藻楼、澄澜馆、天香坞、群芳阁、筠香馆、赐闲堂、潄月轩、竹堂、月阁、环桥、古藤水榭等胜景，供帝王驻跸憩游，实为理想之佳地。居于园中，即可闻钱塘江潮声，其地望可想而知。

乾隆第三次南巡，初幸海宁，驻在陈家，为其园御书赐名"安澜园"，取安宁潮澜之意，不离塘工之本；并御书"水竹延清""怡情梅竹"二榜于环碧堂中。时陈邦直尚在。乾隆御诗《驻陈氏安澜园即事杂咏》六首，第一首"名园陈氏业，题额日安澜。至止缘观海，居停暂解鞍。金堤筑筹固，河渚涨希宽。总厘万民戚，非关一己欢。"其二："两世凤池边，高楼睿藻悬（楼中恭悬皇考'林泉耆硕'御书，是编修陈邦直之父原任大学士陈元龙予告时赐额也）。渥恩贲耆硕，适性惬林泉。是日亭台景，春游角微弦。观澜遂返驾，供帐漫求妍。"其三："隅园旧有名（以是园为暂憩之所，因赐今额，隅园其旧名地），岩壑杳而清。城市山林趣，春风花鸟情。溪堂擅东海，古树识前湖。世守独陈氏，休因拟奉诚。"其四："别业百年古，乔松径路寻。梅香闻不厌，竹静望偏深。瑞鹤舞法影，时禽歌好音。最佳泉石处，枕帖玩悬针。"其五："元臣娱老地，内翰肯堂年。赌墅棋声罢，木天砖影捐。竹堂至潇洒，月阁抱清娟（竹堂月阁，皆园内名胜）。信宿当回跸，池边坐少延。"最后一首吟道："天郎惠风柔，临溪禊可修（是日上巳）。趣真如谷口，姓不让冈头。意以延清水，步因觅韵留。安澜祝同郡，宁为畅巡游？"体味诗意，哪有一点儿寻亲认父的示意呢？

乾隆第四次南巡，没去杭州，先至海宁，正为此时全塘改柴为石。有诗"盐官三载重经临，两字'安澜'实厘心"。其行之意，亦在《驻陈氏安澜园叠旧作即事杂咏》六首中反映，如："如杭第一要，筹奠海塘澜"。"意在安江海，心非耽石泉"。"观塘吾本意，讵可恣遨游"？其诗还涉及海宁陈家："盐官谁最名，陈氏世传清。讵以簪缨蟒，惟教孝友情。春朝寻胜重，圣藻赐葆明……"并未有血亲宗脉之隐。

乾隆第五次南巡后，仍驻在安澜园，有《再叠前韵》六首，诗中云："观海较前异，石塘贴近澜。""熟路原相识，名园颇觉宽"。"沙州逮北边，数岁为心悬"。"安澜易旧名，重驻跸之清。御苑近传迹，海疆遥系情"。"南北涨坍屡，悉欣诗句留。即今值愁际，那得惬情游"？其中"御苑迈传迹"一句，系乾隆既幸陈家，甚爱其园，回京后遂在圆明园内仿之而建，与无锡秦氏寄畅园同例，景致建与海宁之处无二，所以"安澜园"命名。其中"南北涨坍屡"一句，指钱塘江潮势或南或北，迁改不常。自三次南巡后，乾隆虽无年年至此勘视，然理会海宁塘工之谕旨，载于《清实录》中颇多，持二十余年不懈，竟于一朝亲告成功，享国之久，谋国之勤，此皆清世帝王可光史册之事。

乾隆第六次南巡时已七十四岁高龄了，有一首诗《四幸陈氏园三叠前韵》："春月来观海，古稀仍据鞍。""乡语分疆异，民心一例欢"。"载语世臣者，承蒙在敬诚"。"六度南巡止，他年梦寐游"。乾隆自知以后无复南巡再幸之日，而且上绳康熙帝，既许在位之日不逾圣祖六十一年，南巡亦以圣祖六次南巡为准止。

以上乾隆南巡四至海宁勘查塘工，因海宁这个地方没有其他合适之地可作迎驾之所，陈家有名园遨驾，乾隆赏其园林，屡幸其家作憩游之地，并无其他隐衷。从当时陈氏子孙的《记恩录》看，仅以屡荷御题园名堂榜自炫，并无召对事实可言。传说中的乾隆之亲生父亲陈世倌，在乾隆初幸海宁陈家时，已去世四年；乾隆生诞之日在京列朝的陈元龙、陈诜，也早已上饮黄泉多年。乾隆对海宁陈家，毫无加厚之意，《清史稿》中有《贰臣传》，此为乾隆所特定，开千古未闻之例。贰臣指在前明为官，降清后又为官的臣子。贰就是变节的意思，列入此传者，绝非褒扬。佟养性、佟养正先为明将，早归太祖努尔哈赤，康熙之太后为佟养正之孙女，康熙又娶佟养正之曾孙女为皇后，佟氏遂一概不列贰臣，此乃乾隆着意加厚。但对海宁陈氏，则明列崇祯丁丑榜眼、入清后累升至大学士的陈之遴于贰臣不讳。国史明明有传之人，其人明明曾仕于明，如赵开心，即不入贰臣。

苟援此例，乾隆如稍为陈氏施恩加厚，何不避陈之遴之过？乾隆当政前，陈氏为卿相者皆已逝已退，只有陈世倌、陈邦彦二人。陈邦彦于乾隆十五年(1750年)十一月为礼部尚书，次年十二年即被革职。此人在康熙四十二年(1703年)已入翰林，且以其母节孝邀奖，得御书"春晖堂"之赐，越雍正朝至乾隆中，在翰林已五十年，方得一侍郎之职，其擢升何速之有？又简任一年，即被革拿下。陈世倌为相，也遭革职，在同时诸相中，最不为乾隆所敬礼，仅以其为康熙朝旧臣而优容延纳之；一俟陈世倌告休，马上痛快准允，无所倚重，无所挽留，可见所谓乾隆厚待海宁陈氏，较之康雍朝实在是适得其反。若果有亲脉之缘，绝不至如此。乾隆巡海宁幸陈家时，陈氏无有君王加厚成就格外亲近以至隆盛而自诩，更无祖德泽后、风水特佳以优越。然至数代之后，其裔陈其元作《庸间斋笔记》，颇述祖德，侈言其家清初之盛，但实语不详，而且很多并不准确，纯用家门传说之方，为张大语，又何怪世人传说之谬而不能以史实证之呢？

　　传说海宁陈家抚养清皇室之女，长大后嫁与常熟蒋溥，其居人称"公主楼"。此说可视为"狸猫换太子"传说之附翼，以佐证确有其事。然上述凿凿史实、累累引证已示明乾隆这"龙"绝非海宁陈氏之后，此"凤"又何以托附？有欲证诬为实者，言乾隆为陈元龙之后，易来之皇女嫁与蒋溥，谱牒有载；陈元龙移其女为恩抚其弟之女，实乃伪称而掩亲生，以免遭祸；蒋氏父子在雍正朝甚尊显，此必暗中联姻帝室而然；蒋溥父丧不守制，直以满官自居，故信其为帝王主婿；蒋溥于雍正八年得轻车都尉世职，即是驸马都尉之意；蒋溥病殁于乾隆二十六年(1761年)，乾隆曾亲往视疾两次，可为主婿之证；海宁陈氏后人言，其家请一塾师，忘其姓名，在馆曾见陈元龙嫁女时陪妆品单底簿，内有御赐金莲花，而此物非公主郡主不能得去，以上几条，根本经不住推敲。其一，陈元龙先有一子二女，不须抚其弟之女为女；其弟亦仕宦，非孤贫不能养女；如康熙或雍正果真以女换男，正是令此女坐定为陈氏女，何故由元龙掩饰引起世人怀疑，弄巧成拙？其二，以蒋氏父子在雍正朝之尊显来论定与帝室之联姻关系，乃妄加揣臆，与海宁陈家之腾达必与乾隆出自该家有关之说同出一辙，实难使人心服。其三，蒋溥父丧不守制，系雍正夺情所至。父丧，其子应守孝三年，因公事不能遵守此制，谓之夺情。清世祖夺情远较前明为轻，帝王欲夺即夺，谁人奈何得了？有何限制？且夺情与主婿，二者相违甚远，何以竟混为一谈？其四，蒋溥与马尔赛、张廷玉同得轻车都尉之职，难道马、张二人亦为驸马？况清室称驸马为"额驸"，并不与都尉相属，何以混淆？其五，蒋溥于乾隆中期，久居宰位，病后，皇帝还亲自去探望他，循君臣之礼，并无深探其隐之处。况蒋溥一生三娶，原配汪氏，继娶陈氏，再纳王氏。蒋溥病危时，陈夫人已先逝，清室规制，公主殁则额驸之恩礼悉停，况蒋又娶三夫人王氏？其六，查清廷《内务府掌议司则例》，并未载公主陪嫁物中必备金莲花。此本一随意玩好之物，何以非公主郡主不能得？试问出何典故？公主出自天家，称"下嫁"，郡主出自王府，称"出嫁"，公主所能得，未必郡主不能得；郡主所能得，未必品官之家不能得。何必非称"御赐"？以金莲花出自不知姓名塾师之口，而断定为公主郡主之物，再推及此女必出自帝王之家，确实是不够确凿有据的！我国已故著名史学家孟森先生对"海宁陈家"有专题研究，曾为世传所谓"公主楼"一说，亲问过诸常熟人及蒋氏后人，都称闻所未闻，可见世传之说何其谬讹了。

　　关于海宁陈家与高宗南巡已详细阐明了，从中不难看出二者之间关系毫无存疑之处；如是，则诸如李妈弄术、以凤换龙、乾隆窥秘、和珅探隐、南巡认父、陈世倌拒亲以及爱日堂、春晖堂、公主楼等等围绕乾隆出自海宁陈家的传说演义故事，便不攻自破，难圆其说了。所谓"乾隆生世"疑案之一端——"狸猫换太子"的说法可以告一段落了。

二

康熙五十七年十一月，十四阿哥允禵以"大将军王"率师出征，在朝野上下看来，争储棋局业已明朗化，允禵的继为嗣皇已指日可待了。然而，这位以"皇太子"自命的抚远大将军驻节西北三年，并无显赫功绩可言。康熙六十年十月，皇帝允准允禵回京请旨的要求，令其将大将军印交与平郡王讷尔素护理，于年底来京。十一月二十六日允禵到京，皇帝指示方略似乎用了太长的时间，六十一年四月才命其仍回青海军中。

允禵回京，本来是立为皇太子的一个机会，但在滞留京师的五个月中，皇帝并未提及此事。允禵"立了大功，早正储位"希望的破灭，令八阿哥允禩、九阿哥允禟等十分沮丧，允禟曾语其亲信秦道然云："皇父明是不要十四阿哥成功，恐怕成功后难于安顿他。"他们的态度，反映了看好十四阿哥的上层舆论又发生了微妙变化。及至十四阿哥二次出京，离开风烛残年、朝不保夕的皇父，人们难免会想，皇帝若真心欲立允禵为皇太子，为什么让他远离身边，长驻西北呢？

十四阿哥的去了复来，来而复去，垂暮之年的康熙究竟作何考虑，现在已无从确知了。不过，就在允禵二次离京前一个月发生的一件纯属偶然的小事，或许可以帮助人们探索康熙晚年思路变化的轨迹。

这件小事就是雍亲王胤禛第四子弘历初次谒见皇祖康熙。

康熙六十一年暮春时节，京师西郊圆明园内百花吐艳，姹紫嫣红，一派大好春光。此园在康熙驻跸的畅春园以北约一里许，是康熙赐给四阿哥雍亲王的一座园子，皇帝还特为题额"圆明园"三字。三月十二日，雍亲王奏请皇父临幸圆明园观赏牡丹。再过六天就是皇帝六十九岁万寿了，皇帝欣然允准。京城西北郊皇子赐园虽多，而皇帝不时临幸的只有三阿哥诚亲王胤祉和四阿哥胤禛的园子。因为储位之争，自康熙四十七年以来，皇帝经常抱病在身，近年来，身体状况更坏，头晕频发，手指颤抖，足部浮肿，心中十分苦闷。四阿哥既请游园赏花，皇帝自很高兴。赏花之处是一座楠木结构，覆以青、蓝两色琉璃瓦的宽敞屋宇，庭前种了牡丹数百株，屋后则是一排排青青古松，每逢春夏之交，这里各色牡丹争相怒放，最称园中盛景，故名之曰"牡丹台"。康熙此次临幸牡丹台初不过家人聚会，赏花散心而已，不意却发现了"弘"字辈百余名孙子中出类拔萃的一个——胤禛第四子弘历。

弘历本行五，他上面有弘晖、弘盼、弘昀和弘时四个兄长，但二哥弘盼不到三岁夭折了，没有载入玉牒，故而玉牒上弘历以雍亲王胤禛第四子称。不过，牡丹台第一次觐见皇祖时，他的大哥弘晖、二哥弘昀也先后早殇，因此，留给皇祖最初的印象是弘历排行老二。当天随弘历谒见皇祖的还有他的五弟弘昼，弘昼虽比弘历小两个多月，但个头差了一大截，而且处处显得局促不开展。弘历身材修长，皮肤白皙，天庭十分饱满，下巴略显尖了一点，而他那双像秋水一般澄澈明亮的眼睛流露出的聪慧、灵气，一下子便把老祖父的目光吸引了过去。最令皇祖惊异的是，这个小孙子谈吐举止安详凝重，讲出话来也极得体,对一个十二岁的小孩来说,初次经历这么大的场面,可真的难为了他。凭着丰富的阅人经历,康熙直觉这个皇孙气象非凡。及至回跸畅春园后,他找机会向雍亲王详细地询问了弘历的种种琐事,后来又把弘历的生辰八字要了去。三月二十日,万寿节刚过,康熙再次驾临圆明园,宣谕将雍亲王第四子弘历带回宫中养育。

一月之中,两幸雍亲王赐园,这里蕴含有异乎寻常的意义。对弘历来说,自不待言,它使默默无闻的雍邸庶子脱颖而出,成为他日后继承皇位的主要政治资本;就是对康熙晚年扑朔迷离的争储棋局而言,它也将给予举足轻重的影响。故而《清圣祖(康熙)实录》亦作了如下的记录:

> 三月丁酉(十二日),皇四子和硕雍亲王胤禛恭请上幸王园。进宴。

> 三月庚戌(二十五日),皇四子和硕雍亲王胤禛恭请上幸王园。进宴。

幸雍亲王赐园不能说是异事,重要的是,康熙为什么在见到弘历后,决定把他养育宫中。

上面说过,康熙诸子,多养于外家。皇孙辈而养于宫中者,在弘历之前,有废太子允礽第二子弘晳。弘晳极受皇祖喜爱,以至朝鲜来中国的使臣说:"皇长孙颇贤,难于废立云。"又说:"或云太子之子甚贤,故不忍立他子而尚尔贬处云矣。"在他们看来,废太子允礽有可能复出,原因在于康熙以皇长孙颇贤。这种看法有一定道理。因系中的允礽已四十多岁了,深谋远虑的康熙选择皇位继承人,不能不把目光放得更长远一点,因此在允礽的废立问题上,他考虑到了弘晳这一因素。弘历继弘晳之后,是已知的近支皇孙中惟一享有"养育宫中"特殊待遇的孩子,其时弘历之父胤禛四十四岁,康熙会不会有类似的考虑呢? 据云弘晳颇贤,那么弘历究竟凭什么博得皇祖另眼看待呢?

牡丹台初见,弘历无疑给康熙留下了深刻的印象。但弘历的生辰八字之奇,更令皇祖大为惊异。

1929年故宫博物院文献馆首批公布的内阁大库档案中有乾隆八字,并附康熙时人的批语。这个批语,是康熙六十一年,即十二岁的弘历初见皇祖那年写的。下面节录其中部分内容:

> 乾隆八字:
>
> 辛卯(康熙五十年)
>
> 丁酉(八月)
>
> 庚午(十三日)
>
> 丙子(子时)
>
> 批语:庚金生于仲秋,阳刃之格,金遇旺乡,重重带劫,用火为奇最关,时干透煞,乃为火炼秋金,铸作剑锋之器。格局清奇,生成富贵福禄天然。地支子、午、卯、酉,身居沐浴,最喜逢冲,又美伤官,驾煞反成大格。书云:子午酉卯成大格,文武经邦,为人聪秀,作事能为。运行乙未、甲午、癸巳身旺,泄制为奇,俱以为关。
>
> 五星日月分阶,四余独旺,身命居官,又为月上奎娄,加之妻临财地,嗣主入垣,真为七政纯粹,格局清奇。由此观之,名爵禄寿,子秀妻贤,天然分定,无不备焉。更美水辅阳光于田宅宫,又系昆主朝阳,定主椿萱具庆,雁行有序。

　　此命贵富天然，这是不用说。占得性情异常，聪明秀气出众，为人仁孝，学必文武精微。幼岁总见浮灾，并不妨碍。运交十六岁为之得运，该当身健，诸事遂心，志向更佳。命中看得妻里最贤最能，子息极多，寿元高厚。柱中四正成格祯祥，别的不用问。

　　按照命相家的说法，乾隆八字，天干庚辛丙丁，火炼秋金，是天赋甚厚的强势命造，术语称为"身旺"；地支子午卯酉，局全四正，男命得之，为驷马乘风，主大富贵。因此说，以命相而论，乾隆八字出奇地好。

　　庄练先生在《中国历史上最具特色的皇帝·十全五福乾隆帝》一书中说，吴相湘先生曾在故宫档案"乾隆八字"上见有康熙的批语："此命富贵天然，这是不用说的，惟幼年总见浮灾。"但《掌故丛编》公布"乾隆八字"时，并未以按语或加注形式说明批语系康熙御笔。不过，上述批语无论康熙手批也罢，其他精通子平学的术士所批也罢，现在至少可以推断康熙在康熙六十一年春曾看过"乾隆八字"。上述"乾隆八字"批语后有这样一句话："今岁壬寅，流年天喜星坐命，天福星守限，四季祯祥，喜福安宁。"康熙六十一年岁次壬寅，可见"乾隆八字"系该年所批。"天喜星""天福星"云云皆星相家术语，言占卜对象弘历壬寅岁流年大吉，四季祥顺。这年暮春，乾隆以皇孙首次谒见皇祖康熙于圆明园。有种种迹象表明，弘历八字经康熙寓目，是雍亲王胤禛精心策划而实现的。

　　雍亲王胤禛想把自己儿子弘历送到皇父身边养育是早有预谋的。乾隆晚年临幸避暑山庄所写的《游狮子园》一诗注解中透露这样一段故事："康熙六十年我十一岁，随皇考(胤禛)至山庄观莲所廊下，皇考命我背诵所读经书，不遗一字。当时皇祖(康熙)近侍皆在旁环听，都很惊异。皇考始有心奏皇祖令我随侍学习。"原来，工于心计的雍亲王早就考虑把自己这个聪慧可人的儿子送到康熙那里"随侍学习"；不仅如此想了，而且有意识地让康熙的近侍"在旁环听"弘历的朗朗背诵，通过这些"左右近御之人"把信息传递上去。这年十一月，抚远大将军王十四阿哥允禵宣召还京，嗣后并无立为皇太子之命下，胤禛遂加快步伐，于是有第二年春三月牡丹台弘历初谒皇祖之一幕。借这个机会，胤禛才有可能进一步向康熙展示弘历的八字，而他事先早已算准"此命贵富天然"，出奇地好。

　　雍邸蓄有星相术士，胤禛本人亦精于此道，具体事例俯拾即是。雍正即位不久，曾自作主张，将年羹尧之长子年熙过继给隆科多为子，雍正二年(1724年)六月十五日在年折的朱批中他向年羹尧作了如下的解释：

　　朕已谕将年熙过记与旧旧隆科多作子矣。年熙自今春病只管添，形气甚危，忽轻忽重，各样调治，幸皆有应，而不甚效。因此朕思此子非如此完的人。近日着人看他的命，目下并非坏运，而且下运数十年上好的运。但你目下运中言刑克长子，所以朕动此机，连尔父亦不曾商量，择好日即发旨矣。此子总不与你相干了，旧旧(隆科多)已更名"得住"从此自然全愈健壮矣。

　　像雍正这样看了年羹尧的命，又看了年子之命，且笃信到一旦将病危的年熙过继给他人即"自然全愈健壮"的人，不看自己亲之子的命那是不可想象的。

　　值得一提的是，胤禛的兄弟们在对命相的迷信上，有过之而无不及。八阿哥允禩"每访得九流术士有些异样的，更令心腹人招至家中藏之密室，到打发去的时节，便叫送他银子或一百两或两百两不等,这种人也多得紧……"允禩的党羽阿灵阿说他八字"庚戌己丑丁未壬辰"与前代帝王相同,有君主的福分"。三阿哥允祉将周昌言私藏家中,"拜斗祈禳,阴为镇厌"。大阿哥允禔、九阿哥允禟的迷信已如上述。最有意思的十四阿哥允禵,康熙五十八年驻军西宁时竟受到一个绰号叫"张瞎子"的算命先生的愚弄。雍正年间,允禵获罪,牵连了张瞎子,审讯时有以下一段记录,饶有风趣:

问:"张瞎子,你是哪里人,从前几时到西宁,你怎么钻谋到大将军府里去的,允禵的八字如何叫你推算,你如何算来,允禵又怎样喜欢赏你,还向你说些什么话?一一从实供来!"

供:"我名叫张恺,系陕西临洮府人,原会算命。康熙五十八年内,本府知府王景灏从西宁军前差家人王二达子来叫我。我于九月二十日到了西宁,见了王景灏,他向我说:有个'戊辰甲寅癸未辛酉'的八字,你算算看!我算了一算说:这八字是假伤官格;可惜身弱了些!他说:我告诉你,这就是十四爷的八字,他是最喜奉承的,若叫你算时须说他元武当权、贵不可言才合他的意思哩!他是要悄悄在旁听着的,你记着要紧。我答应了。到二十七日,王景灏又着家人三儿送我到大将军门口,有个刘老爷领了进去,先叫我算了一个'庚申戊寅丙子戊子'的命,又算了一个'甲子甲戌庚申己卯'的命,又算了一个'戊辰甲寅癸未辛酉'的命。我说这庚申的命不大好,这甲子的命好些,总不如这戊辰的命更好。傍边的人问怎么好?我说这个八字元武当权,贵不可言。随即赏了我三两银子打发出来了。到了第二日,听得是大将军叫王知府亲自领我进去,旁边有人说你给大老爷磕头,我随即磕了头。地下铺了一块毡子,叫我坐下,就有人问我说:你昨日算得戊辰的果然好吗?我说这命是元武当权,贵不可言,将来定有九五之尊,运气到了三十九岁就大贵了!旁边人说:大人说你说的很对,又赏了我二十两银子出来了。我原是图得几两银子,奉承是实。"

允禵这班王爷们做梦都想当皇帝,而现实又处在风云变幻、扑朔迷离的争储格局之中,他们谁也不能掌握自己的命运,因此急于乞求术士,以预知天意。他们的迷信尽管可笑,还是可以理解的。

还需指出,痴迷命运在当时是极为普遍的社会现象。著名诗人赵翼说京师有个叫董华星的进士,精六壬奇门术,相阴阳宅尤奇验,人皆称"董仙翁"。浙东则有"揣骨史瞎子",遇男子则揣骨,女子则听声,言人祸福休咎皆奇中。赵翼列举事例甚多,而且皆为康熙、雍正、乾隆年间名人之事,可见他是倾心信服的。《红楼梦》反映的是康、雍、乾时代宫廷内外,特别是旗人社会的风情,其中事涉迷信的不胜枚举。赵姨娘买通马道婆把宝玉、王熙凤"年庚八字"写在两个纸人身上作法竟闹得阖府天翻地覆:元妃逝于甲寅年十二月十九日,而前一日立春,故已进入卯年寅月,恰与"虎兔相逢大梦归"相合——这仅是两个尽人皆知的例子。之所以把话扯得这么远,是想让人了解,在距今二三百年以前的清代社会,上上下下弥漫着迷信命运的浓厚气氛,雍亲王胤禛有意利用弘历的好八字达到自己不可告人的政治目的是完全可以想象的。问题的关键还在于康熙到底信不信这一套。

康熙自称"朕之生也,并无灵异,及其长也,亦无非常。八龄践祚,迄今五十七年,从不许人言祯符瑞应,如史册所载景星庆云、麟凤芝草之贺,及焚珠玉于殿前,天书降于承天,此皆虚文,朕所不敢,惟日用平常,以实心行实政而已。"康熙确是比较务实而尊重科学的英明帝王,但也难免有迷信荒唐之处。初废太子后,康熙就怀疑允礽为鬼物所凭,及至查出胤禔用喇嘛僧搞"厌胜",遂当众说:"朕初谓厌魅之事,虽见之于书,亦未可全信。今始知其竟可以转移人之心志也。"在这一点上,他不如李光地的看法更接近科学。可能康熙愈到暮年,愈多迷信。下面举一件朱批奏折为例:

> 臣年羹尧再奏:臣陛辞之日,奉旨令臣到京着罗瞎子推算,钦此。臣到京后,闻知其人在京招摇,且现今抱病,臣是以未往见伊,理合附奏,非臣敢于违旨也。臣不胜战栗之至。
>
> 朱批:此人原有不老诚,但占得还算他好。
>
> 康熙六十年六月初九日具

年羹尧时为四川总督,五月康熙在避暑山命其兼川陕总督事,年陛辞时康熙交代他到京"着罗瞎子推算"的是什么事,已不得而知了,不过从"朱批"口气推测,康熙让罗瞎子算过不止一次了,所以说"占得还算他好"。

凡人迷信,影响甚微;王公大臣笃信命运,至多会激起巨大的政潮;皇帝在用人行政,特别是作出与宗庙社稷攸关的重大抉择时,如果也求诸星相术士的解说,那么,迷信则会对某一时期历史进程的局部面貌起着决定作用。不承认这类历史偶然性的支配作用,历史反倒会具有非常神秘的性质。

康熙看了弘历的年庚八字后,心中自然有所触动。但他还要实地考察这个稚气未脱的小孩子。康熙人生之旅行将结束了,在仅余的短短的八个月中,这位垂暮的老皇帝和他的爱孙弘历在避暑山庄朝夕共处度过了五个月的宝贵时光。如果说康熙见了弘历的八字是第一个历史偶然性,那么避暑山庄祖孙亲密相处,则是第二个历史偶然性。对于年幼的弘历而言,前者是不由自己操纵的幸运,而后者则是能够加以善处的机遇。

康熙六十一年四月,皇帝出巡塞外,皇孙弘历随驾扈从。弘历六岁时即随父亲雍亲王去过避暑山庄,不过那时皇祖还不知有这么个孙子,因为他的孙子百十成群,毕竟太多了,此次则不然,在夏秋两季五个多月的时间里,他同慈祥的祖父几乎天天在一起,避暑山庄三十六景,山林苍莽的木兰围场,到处都留下了祖孙二人相依为伴的身影。

山庄南部,有一组据岗临湖的宫殿,沿石级而下,可直达湖岸,开窗眺望,湖光山色尽收眼底,而殿南则是数百株茂密的古松,轻风吹过,便听得松涛阵阵,四周愈加显得清幽宁静,因此这座宫殿康熙亲题为"万壑松风"。驻跸山庄期间,就在这里处理日常政务。此次弘历就住在"万壑松风"殿旁的"鉴始斋",皇祖批阅章奏,他"屏息侍旁",引见官吏,他"承颜立侧",到传膳的时候,皇祖不忘分赐爱孙一点他最喜欢吃的东西,祖孙俩钓鱼归来,皇祖也总想着让他带几条鲜鱼给住在狮子园的父亲雍亲王送去。有一次,弘历正在书斋中专心读书,忽然听到皇祖喊他名字,凭窗一望,只见御舟已停?自在晴碧亭畔,急忙出室沿着陡峭的山路向湖边跑去,到了晴碧亭,皇祖一把将气喘吁吁的弘历揽在怀里,不停地说:"有点闪失可怎么得了,有点闪失可怎么得了?"他心里却热热的,对爱孙发自天性的孝心十分感动。

"万壑松风"以北,散布着大大小小几十个湖泊,每当夏日,荷花盛开,碧波之上,红白相映,煞是好看。而观赏荷花的最好去处则是濒如意湖边的一座方亭——"观莲所"。一次弘历随侍皇祖到了这里,皇祖指着玻璃窗外的荷花对他说:"会背《爱莲说》吗?"弘历心里可乐了,他九岁启蒙读书,父亲请的师傅是名翰林福敏,此人端方正直,严若秋霜,但教育学生,深得循循善诱之道。弘历记性绝顶,读书过目不忘,一日功课,半天就背得滚瓜烂熟,福敏先生却不让放学,说是五弟弘昼还不会背,做哥哥的岂有先走之理?于是又提前布置第二天的功课,弘历老大不高兴。不过几年下来,倒多读了不少书,《诗》《书》《四子》自然不在话下,就是古文名篇也有不少可以朗朗成诵。眼下皇祖让背的《爱莲说》他不仅会背,而且会讲,皇祖津津有味听了,赞不绝口。又有一次,也是在"观莲所",皇祖亲洒宸翰,"运腕力如撑海岳,挥毫形似舞龙鸾",把个弘历看呆了,皇祖回顾弘历说道:"喜欢我的字吧!"于是写了一条长幅,一条短幅,弘历拿出随身带的一把扇子,皇祖又随手在上题了首诗,一起赐给了他。

进了避暑山庄正门,就是行宫正殿"澹泊敬诚"殿,康熙每于御门引见的日子,常在殿前空旷地带阅射。在弘历眼中,皇祖的善射,为群臣所不及。皇祖一次亲临阅视,细心地向弘历传授要领,弘历也为皇祖争气,连中五矢,皇祖喜出望外,赐给他一件"黄马褂",还到处夸这个孙子少有祖风。皇祖还让十六阿哥胤禄教弘历火枪的技法。弘历初次试射,一枪就把百步之外的一头羊击毙了,皇祖见了,甚为喜悦,特赐两杆名为"花神"和"旧神"的火枪给弘历。

八月初,秋高马肥,正是狩猎的好季节,康熙离开山庄开始行围,十二岁的弘历骑着经过特殊调教的驯良小马,一身戎装,紧随皇祖身旁。过了崖口,只见一片连绵起伏的沙岗,这便是第一围场——永安莽喀。待合围之后,只见康熙用火枪击中一头大熊,大熊应声仆地,但虞卒们不得皇上之命,谁也不敢近前。过了好半天,大熊毫无动静,康熙就让身边侍卫护送弘历上前补射几箭,他私心想让这个爱孙得个初次入围即能毙兽的令名,却不料弘历刚翻身上马,那头受重伤的大熊又猛地起身扑了过来,康熙立即用虎枪把它击毙了。这件事,康熙后怕不已,回到武帐,连连对照拂弘历的和妃瓜尔佳氏说:"这孩子命贵重,这孩子命贵重,要是到跟前熊扑过来,那成何事体?"

皇帝对弘历的逾格宠爱,王公大臣,特别是几个争储有望的皇子们看在眼里,不知心里是什么滋味?对于一个十二岁的孩子来说,弘历只觉得自尊心得到了极大的满足。他不是不知道,"弘"字辈皇孙百余人中,论聪明才识、好学傅闻,实不乏其人,而皇祖之爱却独钟于己,这是何等自豪的事呵!当然,自豪兴奋之余,他的幼小心灵有时也泛起一丝疑云,为什么皇祖如此偏爱自己呢?木兰行围后回驻山庄时发生的一件小事,使心中的疑团更难解了。

那次皇祖到雍亲王胤禛赐园狮子园时,弘历亦随侍前往,看望自己的父母。没想到,皇祖此次之行,特要相看一下弘历生母的相貌,因此到园后即让弘历嫡母乌喇纳拉氏(后谥孝敬皇后)"带其生母来见"。弘历生母即雍邸"格格"钮祜禄氏,由于她身份低下,康熙从来没有见过她。钮祜禄氏被带来后,皇帝端详一番,赞不绝口道:"有福之人,有福之人。"为什么皇诅来狮子园专门要看弘历生母,为什么看后连称"有福之人"?联系起皇祖也不止一次对他说过"你福泽恐怕超过我"的话,弘历总感到皇祖的话仿佛意在言外。

避暑山庄与皇祖相处的日子,给弘历一生留下了不能磨灭的印象。随着年龄的增长、地位的变化,他反复回味皇祖说他"伊命贵重""福泽较厚""福过于予",说自己生母为"有福之人"这些话,开始体会出皇祖的言外之意是想让他将来递承皇位。弘历登上皇位不久就说过:"予幼龄仰蒙皇祖恩眷,养育宫中,俾得日侍左右,亲聆训言。盖圣鉴洞烛至今,隐有付托之意。"到了晚年,乾隆更是屡屡提及牡丹台初谒皇祖和避暑山庄那段难忘的岁月,一再说皇祖的逾格眷爱"似已知予异日可以付托"。为了表示不忘皇祖天高地厚的隆恩,乾隆特在圆明园牡丹台(后更名"镂月开云")和避暑山庄"万壑松风"两处各题一匾,额曰:"纪恩堂",前者记受皇祖之恩的开端,后者记受皇祖之恩的实迹。

至于皇祖康熙是否有这样的想法,现在还拿不出确证。从常理来看,心境孤寂的老皇帝疼爱弘历这个仪表俊伟、聪明伶俐的小孙子,并不难理解。令人难解的是,身居九五之尊而当垂暮之年的康熙对弘历的钟爱是仅仅限于一个老人对隔辈人的亲情呢,还是有超出这种感情之外的政治意味呢?

康熙屡屡提到了弘历的"命""福"云云,乾隆后来也在这些关键之处大加渲染,从而推想皇祖当日已"隐有付托之意"。而康熙说弘历"命贵重""福过于予""福泽较厚"的根据何在呢?恐怕除了直接观察外,就是弘历的年庚八字。

《书经·周书·洪范》谓"五福"一曰寿,二曰富,三曰康宁,四曰攸好德,五曰考终命。康熙预颁的《遗诏》中提到"五福以考终命列于第五者,诚以其难得故也"。前四福,不言而喻,康熙已尽有之,唯结局能否善终为皇帝所忧虑。看弘历八字批语,有云"此命贵富天然""为人仁孝""寿元高寿",已囊括所谓"五福",又有"妻星最贤最能""子息极多"之类的占语,宜乎康熙称其福大命好,超过自己。当然,这也只能是推测。因为康熙并没有明确说过弘历在未来皇统递承上应有的位置。

皇太子将谁属?一直到康熙末也是个谜。孙辈的弘历、弘晳康熙自然不可能有明确的表态,就是诸皇子中哪一个为皇帝所看中,可以宗社相托,至少在临终前夕亦守口如瓶。事实上,很有可能像雍正后来所说的那样,康熙在"仓猝之间,一言而定大计"。

康熙六十一年十一月十三日,即皇帝从热河回銮两个月后,猝然崩逝于畅春园。康熙晚年,心情郁闷,疾病缠身,他的去世本来是人们意中之事。不过,康熙去世前一个月,他照常处理政务。十月初九,命四阿哥雍亲王胤禛率隆科多等查勘通州仓粮;二十一日去南苑行猎,二十六日群臣奏请来年七旬大寿事宜,康熙以"今西陲用兵,士卒暴露,转运罢敝,民生乏食,物价腾贵"为由未予采纳。十一月七日康熙觉身体不适,从南苑回跸畅春园。初九命雍亲王胤禛代行预定于十五日举行的冬至祭天大礼。至少这个时候,虽说自感病重,但他仍未想到死神即将降临。十一月十三日凌晨病情遽然转危,当晚去世。因此,康熙崩逝之快近御王公大臣仍觉十分突然,恐怕康熙本人也未料到。

《清圣祖(康熙)实录》是这样记述康熙崩逝及传位雍正的:

> 甲午(十三日),丑刻,上疾大渐。命趋召皇四子胤禛于斋所,谕令速至。南郊祀典,著派公吴尔占恭代。寅刻,召皇三子诚亲王允祉、皇七子淳郡王允祐、皇八子贝勒允禩、皇九子贝子允禟、皇十子敦郡王允䄉、皇十二子贝子允祹、皇十三子允祥,理藩院尚书隆科多至御榻前,谕曰:'皇四子胤禛人品贵重,深肖朕躬,必能克承大统,著继朕登基,即皇帝位'。皇四子胤禛闻召驰

至，巳刻，趋进寝宫，上告以病势日臻之故。是日，皇四子三次进见问安。

戌刻，上崩于寝宫。

雍正即位后，追述康熙崩逝中一个至关重要的情节是："朕驰回请安，皇考告以症候日增之故，朕含泪劝慰。其夜戌时，龙驭上宾。朕哀恸号呼，实不欲生。隆科多乃述皇考遗诏，朕闻之惊恸，昏仆于地。诚亲王等向朕叩首，劝朕节哀。朕始强起办理大事。"

综合《实录》所载及雍正忆述，可知康熙崩逝、雍正嗣位简要经过是：十一月十三日丑刻（凌晨一至三时）康熙病危，寅刻（三时至五时）召皇三子胤祉等及隆科多宣布以皇四子胤禛即皇帝位的末命。巳刻（上午九至十一时）胤禛驰至，三次进见问安。戌刻（晚七至九时）康熙崩逝，隆科多宣布遗诏，胤禛"闻之惊恸，昏仆于地"，胤祉等向其叩首，始办理大理。

以上是雍正皇帝钦定的官方说法。对此，当时和后世都有很大的怀疑。雍正人承大统遂成为清朝最大的一桩疑案。

康熙没有留下亲笔书写的传位于皇四子雍亲王胤禛的遗诏，这是整个问题症结之所在。雍正自述康熙传位给他，没有坚实证据；攻之者以为雍正矫诏篡位，同样也拿不出坚实证据。因此，解决这一疑案不仅要靠对史实的合理分析，而且要提供具有客观性的可靠证据。

康熙崩逝，在向全国公布遗诏的同时，亦向各藩属国派出敕使传讯。朝鲜闻讯，立即命远接使金演前往迎接。当年十二月，金演从从清敕使的"译舌"（翻译）那里得到了如下情报：

> 康熙皇帝在畅春苑病剧，知其不能起，召阁老马齐言曰："第四子雍亲王胤禛最贤，我死后立为嗣皇。胤禛第二子有英雄气象，必封为太子。"仍以为君不易之道，平治天下之要，训戒胤禛。解脱其头项所挂念珠与胤禛曰：'此乃顺治皇帝临终时赠朕之物，今我赠尔，有意存焉，尔其知之。'又曰：'废太子、皇长子性行不顺，依前拘囚，丰其衣食，以终其身。废太子第二子朕所钟爱，其特封为亲王。'"言迄而终。

这条史料中所说的"胤禛第二子"系指弘历，因雍正长子、二子、三子早殇，唯四子弘时尚在。"废太子第二子"即前面提到过的弘晳。

有人以为朝鲜史料缺乏可靠性。诚然，朝鲜人确实对中国政事缺乏深入了解，甚至搞到了一些假情报，但却不能因此一笔抹煞朝鲜史料的价值。有人说，上述史料源于雍正党羽为其合法即位制造的舆论，不足凭信。这样说也过于武断。这条朝鲜史料的价值如何，应对其作具体分析后再加以判断。

上述记录康熙临终遗嘱的朝鲜史料之所以比较可靠，首先在于它的内容都被日后事态的发展所证实。弘历在雍正元年八月被密立皇太子。大阿哥允禔、废太子允礽俱"依前拘囚"，分别在雍正二年和十年死于监所。据雍正自述，允礽在禁锢的最后几年中，他时时"遣人赍予服食之类"，以致允礽临终前涕泣："我本有罪之人，得终其天年，皆皇上保全之恩也。"允礽之子弘晳先封理密郡王，雍正六年晋封亲王。这条朝鲜史料的可信性，还在于除官书之外，某些野史的记载，可资佐证。萧奭的《永宪录》向为治史者所推重，其中提及康熙临终前，"以所带念珠授雍亲王"。当然，人们还可以说受康熙末命的"阁老马齐"未见于《实录》及其他记载,由此而怀疑这条朝鲜史料为人杜撰。这的确是其可疑之处,但并非无法解释,下文将对此作出说明。

值得注意的是,康熙对"阁老马齐"口授的遗嘱中特别强调:"胤禛第二子有英雄气象,必封为太子。"

"有英雄气象",对一个十二岁的小孩子来说,作如此判断似乎有点玄奥,然而了解了康熙悉知弘历八字,又屡言其福大命贵,而弘历却也聪颖过人,仪表非凡,也就不难理解了。难以理解的是何以"必封为太子"呢? 这可能是康熙临终前对胤禛的郑重嘱托,而胤禛亦奉命唯谨,保证恪遵皇父旨意,于继位后即正式实施。从这一推想出发,来体味雍正于翌年八月密立弘历为皇太子时说的一番话:"(圣祖)于去年十一月十三日仓猝之间,一言以定大计。圣祖之精神力量,默运于事先,贯注于事后,神圣睿哲,高出乎千古帝王之上",也就不难了解其中的深意了。

看来康熙最后决定雍正继位,虽在仓猝之间,但并非匆匆作出的草率决定。康熙早就说过:"一事不谨,即贻四海之忧;一时不谨,即贻千百世之患""立储大事,朕岂忘耶?"再废太子后,允礽、允禵这两个最有希望入承大统的皇子继大阿哥允禔之后也被淘汰出局。此后,他考虑过三阿哥允祉、四阿哥胤禛,但他更看好十四阿哥允禵。允禵有年龄较轻的优势,又经历了数年军旅生涯的历练,有带兵才能,如果康熙早一年去世,皇位可能会落在了允禵手里。然而,从种种迹象推测,自康熙六十一年春天皇帝见到了"有英雄气象"的弘历后,他逐渐把胤禛父子作为一个整体,对大清帝国的命运作了长远的考虑。处于弥留之际的老皇帝肯定又反覆权衡了胤禛、允禵、允祉这三个最有希望的皇子的长短优劣。允禵才具最优,但陷入允禩一党过深,若继为嗣皇,难于保证不对废太子及其党羽进行报复;允祉党派色彩甚淡,且为人仁孝,长于天文、算学,但治国之才不足;胤禛对父亲诚孝,在诸兄弟中无朋党偏私,可期掌权后会保全骨肉臣工,但才能不及允禵,且年纪偏高。是不是可以设想,促使康熙作出最后抉择的正是在自己心目中具有非同寻常分量的爱孙胤禛第二子弘历。

从这个意义上,也可以说:"有英雄气象"的弘历在康熙决定帝位传承上,起了举足轻重的作用。从另一方面讲,康熙在弥留之际,一言而决,规划了清王朝此后百年大局。

其实,认为康熙默定乾隆为第三代皇帝的看法由来已久。

乾隆皇帝《裕陵神功圣德碑文》中说:

> (乾隆)年十二随世宗(雍正)初侍圣祖(康熙),宴于牡丹台,一见异之曰:是福过于予。厥后扈驾避暑山庄,及木兰行围,恭承恩眷,辞见圣制《纪恩堂记》,于是灼然有太王贻孙之鉴,而燕翼之志益定。

"燕翼",典出《诗经·大雅·文王有声》:"诒厥孙谋,以燕翼子。""太王贻孙"云云,用的也是故典。史载周朝奠基人太王古公亶父三子:长子太伯、次子虞仲和少子季历,季历生子名昌,太王独垂青昌这个孙子,说:"我世当有兴者,其在昌乎!"太伯、虞仲了解父亲"欲立季历以传昌"的心曲,就跑到荆蛮之地,文身断发,让季历继承周国。季历之子姬昌随之为周君,一手完成灭商大业,他就是三代圣主周文王。

乾隆死后葬在东陵陵区内的裕陵,裕陵《神功圣德碑文》记述了乾隆一生的丰功伟业,此碑建于嘉庆四年(1799 年),可以说是最早明确表述康熙默定乾隆未来帝位的一种正式的、带有权威性的官方看法。

此后八年,《清高宗(乾隆)实录》告成,把这种看法表述得更简明,该书卷一有云:

> 上(乾隆)之福祚久长,良由圣祖深爱神知,默定于前;世宗垂裕谷诒,周注于后;用以继绳一体,锡天下臣庶无疆之庥。

上述官方说法在当时有广泛影响。礼亲王昭梿在《啸亭杂录》"圣祖识纯皇(乾隆)"一节也说:

> 纯皇少时,天资凝重,六龄即能诵《爱莲说》。圣祖初见于藩邸牡丹台,喜曰:'此子福过于予。'乃命育诸禁延,朝夕训迪,过于诸皇孙。尝扈从之木兰,圣祖枪中熊仆,命纯皇往射,欲初围即获熊之名耳。纯皇甫上马,熊复立起,圣祖复发枪殪之。归谕诸妃嫔曰:'此子诚有福,使伊至熊前而熊立起,更成何事体?'由是益加宠爱,而燕翼之贻谋因之而定也。

上述看法,关系皇统递承的内幕,这是何等严重的事体!嘉庆初年出现的官方看法,盖源于乾隆登极后屡屡申说的"伊命贵重""福大于予""隐有付托"云云,但这些话,乾隆几乎都是在《御制诗》诗注中零零散散述及的,从未在正式谕旨中,郑重其事地讲过此事。因为他深知,兹事体大,不仅关系自己父亲的形象,也关系到康雍之际那场极其微妙的储位之争。

当康熙在世的最后一年,由于弘历的介入长期悬而未决的储位之争,无疑在康熙最后一刻决定皇位继承人上起了举足轻重的作用。但不宜过分夸大这种作用。在中外学者中,有一种"康熙因宠爱乾隆而传位于雍正"的观点,显然也不尽符合历史真实。须知康熙是从诸皇子中挑选皇位继承人的,而不可能以皇孙弘历德才兼备、命相大贵为由而选中其父胤禛先作嗣皇。这种违反常理的说法,既贬低了雍正,也贬低了康熙。真理有时再向前迈出一步,也会变成谬误。强调弘历在雍正人承大统中的不可或缺的重大作用,有助于人们了解那一特殊历史时代的宫廷斗争的全部内幕,但如果超过一定的"度",也令人难以信服。

三

康熙六十一年十一月十三日深夜,皇帝遗体载于肩舆运回京城大内,奉安于乾清宫,新皇胤禛在步军统领隆科多护卫下先行回到紫禁城。

京城很快遍传皇帝晏驾,一时雷哭,如丧考妣,同时,流言四起,人心汹惧。隆科多下令关闭京城九门,诸王"非传令旨",不得进入大内。京师立即陷入一片恐怖气氛。在京的西洋传教士马国贤是这样回忆当时情形的:

> "1722 年 12 月 20 日(按指西历),晚饭后我在皇上叔父的屋子里正和安吉洛神父聊天,我听到一种低沉连续的嘈杂声,仿佛是夹杂着从皇宫中传出来的一些声音。由于了解一个国家的风俗,我立即把门锁好,并对我的同事说,不是皇帝死了,就是北京爆发了武装叛乱。为了证实我自己关于动乱原因的猜测,我爬到寓所墙上。这墙位于一条大路旁边,我惊讶地见到无数骑兵互相谁也不说话,正向各个方向狂奔。""我终于听到在我脚下有几个人说,康熙皇帝驾崩了。后来我听说御医们断定皇上患的是不治之症后,他便下旨任命第四

被刚刚去世的皇祖预定为未来皇太子的弘历这时住在畅春园中一座名为澹宁堂的居所之中。这个十二岁的孩子在那里度过了有生以来最悲痛、最恐怖的一夜。他对眼前所发生的天崩地坼般的政治剧变包含的意义,几乎茫无所知。

十一月二十日,胤禛在太和殿登基,正式即帝位。改明年为雍正元年。

京师九门在关闭了六天之后,重新开放。人心渐渐又趋于安定。

随后不久,弘历由畅春园移入大内宫中居住,开始了长达十三年的皇子生活。在这十三年中,皇父雍正恪尊康熙遗嘱,很快密立弘历为皇太子,并以非常的手段,维护其皇储地位。在这十三年中,四阿哥弘历潜心向学,大体接受了古代圣主明王的思想和治术,为他临御天下臣民作好了准备。

雍正元年(1723 年)初,春耕将举,皇帝首次前往天坛大飨殿举行隆重的祈谷大典。这一天是正月十一,即所谓"上辛日"。雍正还宫后把弘历召到养心殿,"以肉一脔赐食"。弘历吃了,觉得味道好鲜美,却不知是什么肉。细心的弘历还有点怀疑,皇父为什么不把三哥弘时、五弟弘昼一同叫来吃肉呢?弘历的疑心不能说没有道理。雍正这个人做什么事都要经过深思熟虑,反复斟酌,哪怕一点小事也每每寓有深意。即位后初次郊祀,向上天祈求年谷顺成之后,他又上告穹苍,百年之后,将以皇四子克承大宝。祈谷礼毕,他有意把献给上帝的小牛肉带回宫中,单单给了弘历一人,让他慢慢去品味。弘历到底是皇祖、皇父两代选中的聪明绝顶的皇位继承人。日后忆及此事,弘历曾谈到他当时已悟出皇父深意。然而,这件事当时只能藏在胸中,彼此都心照不宣。

雍正通过单独赐肉弘历做了暗示之后,就开始思索如何正式封弘历为皇太子。在这件事上,殷鉴未远。康熙立储之误有三:其一,太子失教;其二,太子立而复废,乍废乍立,失之乖张;其三,也就是对雍正来说,最为抱憾不已的是,康熙毕竟没有留下一件亲笔书写的命其为嗣皇的确凿凭据。雍正心中以为,自己绝不会重蹈前两覆辙,然而,如何明确地封弘历为皇太子,又不为诸子及朝中王公大臣所知呢?这件事真让他伤透了脑筋。经过八九个月的酝酿,雍正终于解开了这道难题,他发明创造了一种在中国古代政治史上前无古人的秘立皇储的办法。

雍正元年八月十七日,皇帝把总理事务王大臣、满汉文武大臣及九卿召到了乾清宫西暖阁,事先他已把亲笔书写的"立皇四子弘历为皇太子"的谕旨密封于锦匣之中,待诸王大臣齐集,遂开始宣谕。先说去年十一月十三日圣祖于仓猝之间一言以定大计,自己不及圣祖精神力量默运于事后先,贯注于事后的"神圣睿哲",但神器至重,不可怠忽,又不可如昔日圣祖因"二阿哥之事"身心忧悴。那么,到底如何是好呢?且看雍正独出心裁的办法:

> "圣祖既将大事付托于朕,朕身为宗社之主,不得不预为之计。今朕特将此事亲书密封,藏于匣内,置之乾清宫正中,世祖章皇帝(顺治)御书'正大光明'匾额之后,乃宫中最高之处,以备不虞。诸王大臣,咸宜知之。"

随后,命大臣们退朝,只留下总理事务王大臣怡亲王允祥、廉亲王允禩、大学士马齐和舅舅隆科多四人,当着这四人之面,将盛有传位密旨的锦匣收藏在"正大光明"匾额后面。全部秘密立储仪式至此告结。

秘密立储,顾名思义,并非不立储,而是不明立储。皇储不能不立,否则大事一出,极易被人指为授受不明;但立储又需绝对机密,诸王大臣不知所立者何人,被立的阿哥亦不知所立的是自己。雍正以为,只有如此,才可避免康熙晚年在立储一事上的种种失误;也只有如此,才是对四阿哥弘历最大的爱护和保全。

妥善地处理了立储大事,雍正终于可以告慰亡父的在天之灵了。不过,他反复推敲之后,决定采取一种含蓄的方式,向亡父告之此事。

秘密立储后三个月,康熙周年忌辰在即,雍正降旨命皇四子弘历往祭景陵。康熙陵墓在京东遵化昌瑞山顺治孝陵之旁,名曰"景陵"。雍正元年九月圣祖梓宫安奉地宫后,初逢周年大祭,雍正却让一个年仅十三岁的小孩子前往主祭,这确是十分耐人寻味的。《清世宗实录》对此有如下记载:

十一月己丑(十三日),圣祖仁皇帝期年大祭,上亲诣奉先殿行礼,复诣寿

皇殿,瞻拜圣祖仁皇帝御容,行礼尽哀。

上命皇四子弘历祭景陵。

翌年十一月十三日,康熙再期忌辰,雍正"仍命皇四子弘历祭景陵"。

以皇子或诸王代祭祖陵,在雍正之前,不乏其例;但由像弘历这样未更事的孩子主持皇祖"期年大祭"和"再期忌辰"的祭典,恐怕是绝无仅有的。雍正这样安排,似乎是出于孝子之心,亡父生前钟爱皇孙弘历,临终前又郑重嘱托封弘历为皇太子,如今亡父夙愿已偿,由弘历前往主祭,而自己留在京师瞻拜亡父遗容,默默祝告,不是更妥帖周到吗?雍正用心可谓良苦,但他一再做出这样的安排却深深刺痛了另一位皇子的心。

这位皇子就是三阿哥弘时。弘时出生于康熙四十三年,比弘历大七岁。其生母李氏在雍邸时系侧福晋,雍正即位后册封为齐妃。弘时之兄俱早殇,因此雍正诸子,以他年长。弘时居长,且生母名分较高,无论从哪方面考虑,弘历也不应后来居上,所以他无论如何咽不下这口气。这种不公平的待遇,弘时以为并非初次。弘时于康熙五十八年成婚,一妻二妾,六十年妾钟氏生一子,名永坤,是为雍亲王胤禛的长孙。不料康熙封皇三子诚亲王允祉之长子弘晟、皇五子恒亲王允祺之长子弘昇为世子时,弘时单单被拉下了。对于一个娶妻生子的成年人来说,怎能不感到耻辱,不心生愤懑呢?恐怕在此以前,雍亲王胤禛对弘时、弘历的爱憎好恶业已有所流露,而做父亲的有偏爱之心,又往往酿成亲生骨肉之间的仇隙,更何况弘时弘历兄弟又非一母所出。是不是可以这样推测,雍亲王府中的四阿哥弘历幼年生活不很如意,母亲是身份低贱的"格格",上有年长七岁,并不友善的哥哥,特别是康熙大封诸王世子而独有弘时向隅,他们兄弟俩之间根本的利害冲突已趋明朗,这怎能不令胤禛忧虑?就在这一年春天,康熙将弘历携回宫中,亲自养育,他可能听了胤禛关于弘时将危及弘历安全的某些说法,又鉴于弘历八字上有"惟幼岁总见浮灾"的批语,所以促成了他速下决心,将弘历接到了自己的身边。

大约在雍正元、二年弘历奉命两祭景陵之际,雍正与弘时的关系逐渐发展到了决裂的严重程度。这从弘时的师傅王懋竑的遭际可窥出一点迹象。王懋竑是江苏宝应人,"精研朱子之学,身体力行",康熙五十一年成进士。雍正元年,皇帝召王懋竑与漳浦宿儒蔡世远同来京,授王懋竑翰林编修,"命在三阿哥书房行走"。但王懋竑做弘时师傅时间不长,第二年便以母忧去官,离行时,雍正召见,嘱付他"治丧毕即来京,不必俟三年"。

官员丁父母忧,例应居家守制;丧服未满,即令任职者,称为"夺情"。凡夺情,必有极为特殊的需要,皇帝出此举,要经慎重考虑。如今雍正命王懋竑治丧毕即来京,说明他对三阿哥弘时的教育是重视的,认为王懋竑是个不可须臾离的好师傅。但是,当王懋竑于雍正三年居丧未满二十七个月即返回京师时,雍正似乎又觉得无所谓了。《清史列传》王懋竑的传记记云:

> 明年(雍正三年)入都,谢恩毕,遂以老病辞归。

而雍正竟也答应了。由此推测,此刻弘时已不需要王懋竑的谆谆化导了。

在王懋竑离京还籍的一两年间,雍正与弘时之间究竟发生了什么变故呢?

雍正四年二月十八日皇帝在革除允禩宗室籍所降的一道谕旨中曾提及弘时之事:

> 弘时为人,断不可留于宫廷,是以令为允祉之子。今允禩缘罪革去黄带,玉牒内已除其名,弘时岂可不撤黄带? 著即撤其黄带,交与允裪,令其约束养赡。

雍正即位后,令诸兄弟名字上一字"胤",改为"允"。允禩,即康熙八阿哥胤禩。清制:宗室系金黄带,故宗室又俗称"黄带子"。撤黄带,即革除宗室籍。上述谕旨提到,在弘时因允禩株连而撤去黄带以前,他已继给他的八叔允禩为子,理由是其"为人断不可留于宫廷"。弘时在雍正即位后亦随其父母搬到宫中居住,尽管他已娶妻生子,但未予封爵,故未分府另居。雍正元年王懋竑奉召来京,"命在三阿哥书房行走",亦可证其时弘时尚在宫中。但雍正三年王懋竑在丧期未满即还京时,雍正已不需要他继为皇子弘时师傅了,因为弘时已过继给他的八叔为子了,从宗法上讲,皇帝与弘时已不存在父子关系了,"三阿哥书房"随之裁撤,自然无需王懋竑"行走"了。

这样,推断三阿哥弘时的出宫入允禩府邸在雍正二、三年之际,大致是不会错的。问题是弘时"为人"何以"断不可留于宫廷"呢?从雍正旨谕的口气揣测,似乎并未抓到弘时什么把柄,所以说他"为人"如何如何,况且过继其八叔为子,也谈不到惩戒。让他出宫,仅表明雍正对他"留于宫廷"不放心。联系康熙六十一年弘历离开雍亲王府,被养育宫廷,联系雍正对八字的迷信,雍正以"过继"这种方式遣弘时出宫,恐怕主要考虑的是弘时"为人"可能危及皇储弘历的安全。平心而论,雍正有此忧虑亦不为过,一而再、再而三对弘时的刺激,这个年轻的皇子确有可能铤而走险。

然而,为什么要过继给自己的政敌允禩为子呢?允禩曾被康熙指责受制于妻,是以尚未生子。《清史稿·皇子世表》允禩一支亦无后嗣。这可视为一个原因。但雍正十二弟允裪时年四旬,亦无子嗣,何以不过继给允裪呢? 看来这里还大有文章。

孟森先生认为,弘时的遭遇在于卷入了雍正即位后手足相残的政治纠纷,他同情被父亲残酷迫害的诸叔伯,加以行为不谨,有所流露,最终酿成了父子绝情的伦常剧变。这种看法也是有道理的。

然而,平心而论,雍正即位之初并无屠戮兄弟的预谋。康熙六十一年十一月十四日,大行皇帝大殓毕,雍正颁布的第一道谕旨是:"命贝勒允禩、十三阿哥允祥、大学士马齐、尚书隆科多总理事务",第二道谕旨是召十四阿哥、大将军王允禵驰驿来京奔丧,第三道谕旨是:"贝勒允禩、十三阿哥允祥俱封为亲王。二阿哥之子弘晳,封为郡王。"可见,他是想通过重用允禩、赐封弘晳郡王向康熙晚年势同水火的两大政治势力作出姿态,希望取得他们与新君合作,把初政的局面稳定下来。在雍正内心,自以为他与皇太子党、皇八子党并无旧怨,非但无怨,允禩等倾倒太子,恰为自己扫清了为帝的障碍,"为渊驱鱼,为丛驱雀",竟可称为有功。如今又示以赤诚,出以公心,未必不能得到诸兄弟的协力襄助。但他忽略了并非不重要的一个事实,即觊觎皇位已久的诸兄弟几乎一致认定皇父不可能传位于四阿哥胤禛,因而,从雍正即位的那一天起,他的继承合法性便受到了怀疑和攻击。流言不胫而走,有谓"先帝欲将大统传与允禵,圣躬不豫时,降旨召允禵来京,其旨为隆科多所隐,先帝殡天之日,允禵不到,隆科多传旨,遂立当今",有谓"圣祖皇帝原传十四阿哥允禵天下,皇上将'十'字改为'于'字",亦有谓"圣祖皇帝在畅春园病重,皇上就进一碗人参汤,不知何如,圣祖皇帝就崩了驾,皇上就登了位"……更为严重的是,储位竞争的失败者悻悻不平,无论如何亦不能接受"黑马"胤禛获胜的事实。九阿哥胤禟听到胤禛继位的消息,即突至胤禛之前,"箕踞傲慢而坐,意甚叵测",十四阿哥胤禵从西宁回京即散布说:"如今我之兄为皇帝,指望我叩头耶?我回京不过一觐梓宫,得见太后,我之事即毕矣!"雍正为时势所激,不得不改变和谐各方的初衷,很快对政敌施以血腥的镇压。雍正元年二月他说,即位以来,"朕之弟兄及诸大臣,一切过犯,无不施恩宽宥",但众人并不知感,"百日之内,淆乱朕心者百端。伊等其谓朕宽仁,不嗜杀人,故任意侮慢乎?此启朕杀人之端也"。雍正杀机一动,遂于数年间,将其政敌,分化瓦解,铲除殆尽。雍正二年革郡王允䄉爵,禁锢宗人府;屡责廉亲王允禩结党营私,存心狡诈;三年命革去允禟贝子爵;四年革允禩、允禟黄带子,削宗室籍,随即将允禩圈禁高墙,又提解允禵至京,禁锢寿皇殿,当年允禟、允禩先后死于禁所。几年间,伴随着雍正兄弟间骨肉相残的惨祸,朝中大狱迭起,群臣战栗。而这一切波及宫廷之中,则不能不激化雍正与弘时之间的旧怨。弘时从自己的遭遇出发,很可能深深地同情被皇父残酷迫害的诸叔伯辈。雍正亦正是据此将弘时过继与允禩为子。

这种做法并不新奇。当年康熙认定大学士马齐暗中操纵朝臣公同保举八阿哥胤禩为皇太子,马齐被免死后,"即交胤禩严行拘禁"。揆其用意,似在对胤禩加以考验,亦在使二者构成连坐关系,更利操纵。如今雍正将政治态度倾向于允禩的弘时过继为其子,恰与康熙手法如出一辙。事实亦恰如雍正所愿,当雍正四年允禩缘罪革去黄带不久,也正好以弘时为允禩之子,将其一并挑去黄带。一年后,弘时去世,时年二十四岁。论者多以为弘时不是被雍正诛戮,就是被赐令自尽了。从现存档案看,弘时挑带后,交与允䄉约束养赡。还没有足够证据说雍正杀了他。但即便排除雍正手毙其子这种可能,弘时也是抱着与自己生身之父不共戴天的仇恨郁郁而终的。

弘时无疑是弘历皇储地位的最大威胁,如果他寿命绵长。也是弘历嗣位后最严重的隐患,雍正从自身痛楚的经验中总结出,与其兄弟间骨肉相残,不如自己在世时痛下决心,斩草除根,永绝后患。所以他先将弘时遣出宫中,继而撤带削籍,不承认他是爱新觉罗子孙,最终在自己还活着的时候,看到弘时永远地退出了逐鹿问鼎的政治舞台。

雍正对弘时的无情,正是对祖宗付托的宗庙社稷的有情,正是对已密立为皇太子的弘历的有情。

弘时之死,意味着弘历从幼岁的浮灾中彻底地解脱出来了。这一年他十七岁,在他面前展开的是一条通向最高权力的康庄大道。

雍正五年确是弘历大吉大利的一年。这年七月十八日,弘历与皇父选中的名门闺秀富察氏在皇宫西二所举行了大婚典礼。西二所,全称应是乾西二所。乾清宫东西两路,各为两条长长的巷子,在长巷两旁又分居东西十二宫,是为妃嫔所居。东、西六宫之北即为乾东五所和乾西五所,所谓"西二所"就是西路储秀宫以北的乾西五所中的第二所。弘历初随皇父搬入大内,住的是毓庆宫,与富察氏成婚时新房即在西二所,此后至即帝位前大约七八年间,弘历与富察氏都住在这里,因此日后乾隆对西二所十分珍重,将其升格为重华宫,大加修葺。弘历在皇子时期,妻妾虽多,但与嫡福晋富察氏感情最融洽。

富察氏与弘历成婚时十六岁,皇父雍正的选她做已密定为皇太子的弘历的嫡福晋,是把她作为未来的皇后考虑的。人品、性情、相貌等自不用说,雍正最重视的是富察氏的娘家。富察氏父亲名叫李荣保,前面屡屡提及的马齐就是她的二伯父。富察氏之所以被选中为弘历的嫡福晋,雍正似乎有以富察氏一族雄厚的外戚势力翼护弘历这样的政治考虑在内。

富察氏一族是康熙、雍正时代根基深厚、权势显赫的满洲世家。富察氏曾祖哈什屯以军功授一等男爵,祖父米思翰康熙时任户部尚书,以力主撤藩名震天下,到父亲李荣保、大伯父马斯喀、二伯父马齐、三伯父马武这一代权势益隆,其中尤以马齐尤受康熙倚重,授武英殿大学士,亲书"永世翼戴"匾额赐之。康熙四十八年正月,皇帝怀疑他怂恿众臣,谋立允禩,马齐力辩自己无朋比怀私之事,最后竟一气之下,拂袖而去,康熙震怒,治马齐罪,李荣保、马武亦被株连,但康熙还是宽宥了马齐兄弟。康熙五十五年复授马齐武英殿大学士,马齐兄弟蹶而复振。雍正即位,马齐被任命为四名总理事务王大臣之一,与另一名外姓总理大臣隆科多相比,在卫护胤禛嗣位上,马齐同样有巨大贡献。康熙临终前召大学士马齐谕以胤禛为嗣皇、弘历封皇太子,可见对他寄托了极大的期望。雍正对兄弟臣工喜怒无常,善始善终者极其罕见,而竟能宠眷不衰的,诸兄弟中当推怡亲王允祥,而勋旧大臣则无过于马齐。由于有以上的政治背景,富察氏被选为弘历的嫡福晋,即未来的皇后,绝不是偶然的。

值得一提的是,富察氏一族在乾隆朝以后族之故,更达于鼎盛之势。而李荣保第十子、富察氏之亲弟傅恒一支尤煊赫。雍正欲以富察氏这一满洲勋戚世家翼戴其子弘历的良苦用心总算没有白费。

四

弘历当了皇帝后,对自己青少年时代是非常怀念的。在"怀旧戏作"一首小诗中说:"当年颇有少年心,上马飞驰下马吟。今日殷忧胜潇洒,壮怀减却杳难寻",就真实地流露了他的怀旧情绪。

对于乾隆来说，皇子时代的十三年，确是他活得最潇洒、最惬意的一段宝贵时光。乾隆不像他的曾祖父顺治和祖父康熙那样髫龄即位，没有天真烂漫的童年和少年；也不同于他的父亲雍正，青年时代便机关算尽以谋取皇位，直到四十五岁，韶华已逝，才坐上了皇帝的宝座。乾隆十三岁即被皇父密定为皇储，无需为此耗费精神；他的父亲鉴于康熙晚年诸子卷入政治的殷鉴，也绝不允许他过早地与外间社会接触。雍正在处心积虑地维护皇四子弘历的皇储地位的同时，贯注精神于其教育，期望他在登极之前，具备作为一个帝王的足够资格。

雍正深知，要教育好皇子，首在慎选天下英贤，为阿哥师傅。藩邸时期，只延请了翰林福敏一人教育弘历、弘昼兄弟，现在显然已不够了；况且，弘历学业的长进也实在快，亟需有老师宿儒为他讲解儒家经典中的深奥旨义，这似乎也是福敏不能胜任的。经过反复推敲，雍正选择了徐元梦、朱轼、张廷玉和嵇曾筠四位品行端方、学问博洽的名臣，并于雍正元年正月，在懋勤殿举行了肃穆庄重的拜师典礼。师道尊严，皇子拜师，照清朝家法，彼此长揖而已。弘历和弘昼两兄弟先后给各师傅深深一揖，徐元梦等亦深还一揖，上书房的读书生活遂正式开始。但这四位师傅中，徐元梦不久即得罪而去，张廷玉又忙于承旨书谕，很少在上书房露面，嵇曾筠后来也离京赴河督之任，惟有朱轼常至书斋为弘历兄弟讲授。对弘历来说，懋勤殿拜师虽有四位，令他终生念念不忘的只有朱先生一人而已。

朱轼，字若瞻，号可亭，故而乾隆名之曰"可亭先生"。他是江西高安人，康熙三十三年成进士。此人为官清廉，负一时重望，学问也好，经学造诣尤深。乾隆日后说他"汉则称贾董，宋惟宗五子。恒云不在言，惟在行而已"，由此可以概见其治学的特点。朱轼对乾隆一生影响深远。如果说福敏使弘历饱读经史诸子的话，那么，朱轼则帮助他慢慢地咀嚼、消化，把几千年积累下来的中国古代文化精华，特别是儒家的政治思想、道德规范吸吮进来，变成这位年轻的皇子、未来的皇帝血肉之躯不可分离的部分。每当弘历听可亭先生娓娓不倦地阐述经旨，谆谆教诲读书立身在行不在言时，心里总是泛起阵阵暖意。雍正十年，朱轼病重，回籍调养期间，弘历在"春日寄朱可亭先生五十二韵"一诗中表述了对先生学问道德的由衷敬佩和为弟子者深深的怀念：

先生方抱病。静室独安眠。
当代穷经彦，清时守道贤。
事君欣际遇，奉职佛仔肩。
……
早岁承纶缚，成童授简编。
芳规看表帅，函丈获周旋。
义府优游水，春风坐卧便。
赋诗闲检韵，味道细烹泉。
每自威仪谨，从知学问全。
董生醇治术，朱子续心传。

十载如旬日,高山复大川!

乾隆对恩师可亭先生的感情是深挚绵长的,直到他已成为年届古稀的老者时,仍在深情地回忆着五十多年以前听可亭先生讲课时那种"如坐春风中"的愉悦心情。朱轼对乾隆一生,特别是初政时的乾隆影响至深,袁枚为朱轼所写的《神道碑》中说:

> 公(朱轼)奉世宗(雍正)诏,侍皇上(乾隆)青宫最久。皇上登极未一载,仁言圣政,重累而下,九州八陔,靡不异音同叹,庆尧舜复生,然则,公启沃之功可以想见。

上书房中另一位令弘历终生怀念的师傅是蔡世远,尽管蔡世远未预懋勤殿拜师之礼。蔡世远,字闻之,福建漳浦人,康熙四十八年进士。雍正元年皇帝为三阿哥弘时择师王懋竑的同时,亦召这位漳州名儒来京,分到四阿哥书房行走。蔡世远曾助李光地纂《性理精义》,是服膺宋儒的理学家,他尤长于古文,故专门教弘历兄弟古文。弘历印象最深的是,闻之先生常常操着浓重的闽音说:"古人云,为人一世有三不朽,此乃立德、立功与立言。立言虽列立德、立功之次,又谈何容易? 司马迁、韩愈以立言而不朽,他们堪称深得为文之道。学古文当以昌黎为宗,只有理足才可以载道,只有气盛才可以达词。"弘历深深受教,终生奉为作文圭臬。弘历与闻之先生共同度过了八个寒暑,雍正九年,蔡世远抱病告休,弘历寄诗问候:

> 一线阳回节近春,先生独卧病兼贫。
> 釜漂白水薪为桂,簾卷寒风雪作银。
> 未识命车期几日,已经伏枕过三旬。
> 药炉静对无余事,应有新诗付锦鳞。
> 书斋十载接辉光,屈指睽违一月长。
> 试问炉锤何忽忽,可知岁月亦堂堂。
> 腰围定减冬前带,发际应添镜里霜。
> 伫待春风重坐卧,新知旧学总商量。

闻之先生刚离开书房一个月,而弘历就是如此想念他呵! 当蔡老先生读到这位年轻弟子寄来的充满拳拳真情的诗章时,不知会如何感激涕零。

青少年时代的弘历师傅虽多,但他只推重三位先生:即奠定他一生学业基础的福龙翰先生、引导他了解了儒学真谛的朱可亭先生,以及帮助他掌握学以致用工具的蔡闻之先生。五十年过去了,乾隆在怀念他们的诗章中,依然不忘早已作古的"三先生"使他"得学之基""得学之体""得学之用"。

上书房中,与弘历同窗共读、感情最深的莫过于五弟弘昼。弘昼生母耿氏亦为藩邸"格格",他仅小弘历几个月,因此二人从小相伴,从九岁起又一同从师福敏,在雍亲王府"如意室"西间"乐善堂"一起读书习字。康熙六十一年三月弘历养育宫中,还常常惦记着家里的五弟。弘昼之后,胤禛虽又添了第六子福宜、第七子福惠、第九子福沛,但这三个孩子都先后夭折,待雍正老儿子弘瞻出生时,弘历、弘昼兄弟已二十出头了,他俩对宫中称为"圆明园阿哥的"十弟弘瞻感情都较淡薄。因此,当雍正元年正月懋勤殿拜师时,只有弘历、弘昼兄弟二人,但后来弘历二十四叔允秘和平郡王福彭亦先后奉旨读书内廷,成为弘历的同窗学友。

允秘虽称叔辈,但比弘历兄弟还小五岁。他是康熙的老儿子,英雄暮年,眷爱幼子,允秘从小亦甚得父亲钟爱。康熙畅春园弥留之际,胤禛三次进见,很有可能受康熙嘱托,善视幼子。雍正即位,将允秘视同己子,命入上书房读书,后与弘历、弘昼兄弟同日封亲王。在书房中,允秘虽小,弘历对他却十分敬重,"奉题二十四叔父裕德轩三十韵"一诗称其:"性情恒静正,体貌更恭温",谈到他们叔侄二人的书房生活时说:"数曾相赏析,几度易寒暄。讲学欣同幄,延师更一门。晓晡常并席,岁腊偶开樽。联骑趋香陌,轻舟泛御园",可见他们的关系是异常亲密的。

弘历另一位同窗知己是平郡王福彭。前面已经提过,福彭是老平郡王讷尔素长子,讷尔素得罪,雍正以福彭袭爵。福彭稍长于弘历,康熙时即养育宫中,雍正六年又奉旨读书内廷,对一个远支宗室来说,诚为异教。弘历称赞福彭"器量宽宏,才德优长,在书室中与之论文,每每知大意,而与言政事,则若贯骊珠而析鸿毛",在诗中把他许为"知音"。雍正十一年秋福彭奉命西征,弘历亲往清河送行,并赋诗以志其事:

　　宗翰临戎剑气寒,来廷屈指觐呼韩。

　　秋风惯拂征人面,马上何须回首看。

　　武略文韬借指挥,书斋倍觉有光辉。

　　六年此日清河畔,君作行人我独归!

由于平郡王福彭与曹雪芹有很近的一层亲戚关系,所以有的传说讲,曹雪芹幼时经福彭介绍,与弘历亦有过交往。《北京名园趣谈》记云:

　　传说在雍正元年(1723年)四月初十日,年仅十岁的曹霑(曹雪芹)跟随他的表哥、平郡王的儿子福彭(十四岁)游逛圆明园,到同乐园听戏时,见到了雍正及后妃、皇子等。由于福彭曾经作过皇四子弘历(乾隆)的伴读,经福彭介绍,小小的曹霑兴高采烈地拜会了年仅十二岁的弘历。弘历很高兴,称赞曹霑'秀外慧中,必承祖业无疑',希望曹霑长大成人后,'要秀而实方可'。临别时弘历解下自己佩带的用丽江宝峰石磨制而成的十八粒串珠,赠给了曹霑。曹霑接过串珠,拜谢而辞。

姑不论这则传闻是否可信,有一点是可以肯定的,曹雪芹通过福彭对雍正、乾隆父子有相当深的了解,这无疑会帮助人们理解千古不朽的名著《红楼梦》的时代背景。

人们还说弘历在上书房读书时有一个身分特殊的同学——三世章嘉活佛若必多吉。严格地讲,这是不准确的。若必多吉于康熙五十六年生于甘肃凉州,雍正元年大兵赴青海平定罗卜藏丹津叛乱,以若必多吉为二世章嘉活佛阿旺罗桑却丹的转世灵童,星夜护送京师。二世章嘉活佛系雍正在藩邸时直透三关的恩师,因此他的转世灵童若必多吉到京后,备受雍正爱护崇敬,多次赐给金银绸缎珠宝,让他仔细诵读大藏经《甘珠尔》,就在这个时候,弘历曾奉皇父之命与章嘉活佛一同学经,结下了无上法缘。弘历即位后,命章嘉活佛管理京师寺庙喇嘛,后来授与"振兴黄教大慈大国师之印",这似乎与弘历在皇子时代与其共同学经不无关系。

弘历读书很勤奋,上书房的功课完毕,回到家中,仍在自己的小书房口不停诵,手不停披,他深深地沉浸在读书的乐趣之中。大内的家——西二所有书屋"乐善堂"和"抑斋",圆明园的家——长春仙馆的书房亦名乐善堂,这是一个十分清静的读书之处,弘历所写的《乐善堂记》中说:'余有书屋数间,清爽幽静,山水之趣,琴鹤之玩,时呈于前,菜圃数畦,桃花满林,堪以寓目。颜之曰'乐善堂者',盖取大舜乐取于人以为善之意也。"至于西二所的书室命名曰"抑斋",乾隆后来解释说:"夫予向之所云'抑'者,不过欲退损以去骄吝,慎密以审威仪,所为敬业乐群之事耳。"

弘历天分甚高,用功又勤,所以得到师生交口赞誉。朱轼说他"精研易、春秋、戴氏礼、宋儒性理诸书,旁及通鉴纲目,史,汉,八家之文,莫不穷其旨趣,探其精蕴"。弘昼则说"吾兄于问寝视膳之暇,每有所得,发为文词。日课文一首,虽退居私室,亦不敢自懈,手披心绎,欲力追古作者"。福彭评价更高:"皇四子问安视膳之余,耳目心思一用之于学,考合古今,微论同异,虽单词支义必条分缕析,铢黍弗差,每为文,笔不停缀,千言立就,而文思泉涌,采翰云生。"而在弘历自己,并不认为自己如何超群,他的孜孜向学,似是发自心底的对读书的热爱,且看他"读书乐"一诗:

周孔未云远,典籍良具陈。

深造乃有得,面墙终自沦。

伊余本下学,敢忘书史亲。

转念学海阔,未易窥涯津。

汲古乏修绠,贻诮腹笥贫。

昌黎读书篇,字字堪书绅。

况复饶至味,好与结芳邻。

乐意寓静观,优游期日新。

通过师傅的教导、同窗的切磋,以及自己消化理解,弘历初步构建起以儒家价值取向为标准的伦理道德系统。他服膺孔子,推崇宋儒,在诗文中阐发"内圣外王"之学。从弘历当时的思想倾向来看,他坚信儒家"仁政""德治"的正确,认为"治天下者,以德不以力";在处理君臣关系,他则主张虚己纳谏。对于孔子"宽则得众"的格言尤为心折,在《宽则得众论》一文中说:

自古帝王受命保邦,迩尔向风,薰德沐义,非仁无以得其心,而非宽无以安其身,二者名虽为二而理则一也。故至察无徒,以义责人则难为人;惟宽,然后能并育兼容,众皆有所托命……诚能宽以待物,包荒纳垢,宥人细故,成己大德,则人亦感其恩而心悦诚服矣。苟为不然,以褊急为念,以刻薄为务,则虽勤于为治如始皇之程石观书,隋文之躬亲吏职,亦何益哉!

在历代帝王中,唐太宗是这位皇储崇拜的偶像,他在论唐太宗的史论中赞美这位"三代以下特出之贤君"说:"虚心待物,损上益下,用致天下之盛。即位之后,励精图治,损己益人,爱民从谏,躬行仁义,用房玄龄、魏征之俦,君臣相得,不敢怠遑,用致贞观之盛,令德善政,不可殚述。"

人们可能认为,弘历讲"宽则得众",批评"褊急""刻薄",赞美唐太宗,是不是有感而发,具体地说,他是否用隐晦的方式来表达自己对父亲残害手足、为政严猛的不满?实际上,虽不能排除这种可能,但对年轻的皇子弘历来说,不过是在书斋中坐而论道,泛泛发挥对"仁政""德治""虚己纳谏"等儒家教条的理性认识而已。而且,弘历也认为"宽"要有一定限度的,否则,便会沦于柔懦,柔懦为害之巨,不下于刚暴。在《汉元帝论》一文

中,弘历对此作了精辟的阐述:

> 自古亡国之君,或失于刚暴,或失于柔懦。刚暴者,其亡速;柔懦者,其亡缓。亡速者,一知其将危,而济之以宽和,犹或可救于末路;亡缓者,相互牵连受苦,日甚一日,虽有贤者,亦无以善其后矣。故刚暴之亡国也,或聚敛诛戮之已甚,众叛亲离,而祖宗之德泽未泯,身虽亡而国祚有不绝者焉。柔懦者,或权臣,或国戚,或宦寺,或女谒,大权一失,威福下移,身虽苟安于一时,而至子孙未有不亡者,是柔懦之亡国又甚于刚暴也。

由此可见,弘历在即位之前虽倾向于宽仁,但并未趋于极端,因此他为政之初,不过以宽作为一种策略手段,以调整雍正严猛政治留下来的种种后遗症。在积累了越来越多的政治经验后,政策走向便由宽转严,但又时时注意把握分寸,不为已甚。因而宽严相济,以严为主,则成为乾隆一朝政治的特色。这与他在皇子时期即领悟到的帝王南面之术的精奥是有很大关系的。

弘历十三年的读书生活又是丰富多彩的。他一生对诗文书画的“结习”就是在这时养成的。弘历作诗文,都是蔡世远指点入门的。学画则多与二十一叔允禧相互探讨切磋。允禧与弘历同生于康熙五十年,比弘历大半岁多一点。这位天潢贵胄自幼善书画,所画山水笔致超逸,水墨花卉亦极富雅韵。雍正十二年允禧作《山静日长图》,弘历题诗云:

> 吾叔乃诗翁,裁句清且好。
> 近复参画禅,颇懂画中道。
> 高斋长日暇,为我濡毫扫。
> 即景绘为图,笔法特高老。
> 一峰插天青,波面池亭小。
> 峰腰瀑布飞,旁畔清流绕。
> 更无别妆点。写意殊了了。
> 我闻诗兼画,妙品古来少。
> 摩诘真迹无,元镇清风渺。
> 吾叔乃升堂,况值青年早。
> 从知天授奇,不凭人力巧。
> 嗟我学画法,年来曾探讨。
> 高山但景仰,兴洽林泉杳。

从诗中可以看出弘历对允禧画技的由衷景仰,此后,他又寄诗向二十一叔索书画,诗中亦有“琼瑶乞并嫌细惠,景仰还斯步后尘”之句。

除诗文书画之外,皇子时代的弘历还有各方面的广泛兴趣,他喜欢田猎校射,喜欢春秋郊游,读书闲暇,还下围棋、坐冰床、玩投壶、饲鹤养鸽、烹茶品茗、鉴赏古玩,甚至对斗蟋蟀也饶有兴味,且看他“斗蟋蟀”一诗:

> 乘闲偶作壁上观,沙场不见戈戟攒。
> 当前勇力先手搏,怒气奋张故胆寒。
> 阔额修腰振两翼,牙排利锯目如墨。

羽林十二汉家郎,虫达功高居第一。

值得一提的是,乾隆在青少年时代对西洋器物就很欣赏。他在"千里镜"一诗中是这样描写望远镜的:

谁欤巧制过工任,玩景何须出绮帷?

视远惟明元在我,鉴空无碍却凭伊。

光如水月初圆际,了若湖山尽历时。

闻道离朱能独眇,还疑千里未曾窥。

弘历也喜欢摆弄西洋"奇物"自鸣钟,说它"铜轮铁絃凡几重,机轴循环运其中。应时滴响声春容,挈壶无所施其功。精巧绝伦疑鬼工,任班流汗难追踪。异哉兹物无始终,周历昼夜春与冬。悬置几上胜金镛,晚报日昳晓嵋东"。

皇子时代的读书生活,对弘历来说,确是轻松而惬意的。"深忆十年事,心清一碗茶",这是弘历的自白。然而,令乾隆终生追怀不已的世外桃源式的美妙日子即将结束了。雍正身体状况日呈不支之势,他已开始考虑让弘历早日熟悉皇帝应了然于胸的种种军政事务了。

雍正七年冬天,身体魁梧的雍正皇帝终因不堪勤政过度和精神紧张的重负而病倒了。至翌年三月以后,寒热时发,夜间不能入寐,病势转重,及至五月顷,一度好转,但到六月间,又见危象。为慎重起见,他特召大学士张廷玉及弘历和弘昼兄弟等,面谕遗诏大意。此刻的雍正,见到年已二十的密定的皇储弘历,心里真是百感交集,一言难尽。

以雍正敏锐的政治嗅觉,是不可能体察不到弘历因浸染汉文化过深而显得略为仁柔的弱点。病中的雍正曾在朱批中密谕鄂尔泰:"倘(朕)心力之所不能,无可奈何之事,亦不得不为预备,不然,则朕为天地列祖之罪臣矣。皇子皆中庸之资,朕弟侄辈亦乏卓越之才,朕此血诚,上天列祖皇考早鉴之矣。朝廷苦不得贤良硕辅,书至此,卿自体朕之苦情矣"。弘历后来亦承认:"皇考尝以朕为赋性宽缓,屡教诫之。"不过,雍正对自己亲自制定的全封闭式皇子教育所培养起来的皇储弘历总的还是满意的。就在他重病之际,预颁遗诏中亦特别强调,严刻为政,乃为整饬人心风俗之计,俟诸弊革除之后,仍可酌复旧章。从中已透露出由严而渐转宽缓的政策趋向。因此,虽对弘历的某些政治品质有不放心之处,但雍正并未动摇对弘历的信心。

雍正对弘历的教育真是用心良苦。他是弘历青少年时代一位不可忽视的导师,是不具师傅之名,但给予弘历一生深刻影响的最重要的一位导师。

在弘历的眼里,皇父表情严肃,凛若秋霜。他经常见到父亲的身影出现在书房,听到父亲向师傅详悉询问皇子们的课读情况。弘历二十岁那年,父亲来到书房为弘历亲自题写了一副对联:"立身以至诚为本,读书以明理为先",弘历以此为题,专门写了两篇时文,阐发自己对联语的理解。不久,父亲又来书房题写了唐人赵嘏两句诗。雍正书法潇洒飘逸,遒劲有力,素为弘历所敬服。他为此特写诗以纪其事:

夹钟应律普条风,浩荡春熙造化同。

雨露泽来三殿上,璧奎文降九天中。

漫言北海书称健,可识山阳句独工。

最是万几无暑暇,恩颁宸翰荷无穷。

当然，在弘历眼里，父亲也并非永远是正襟危坐、令人望而生畏的一副面孔。尽管政务繁剧，雍正仍有闲空谈佛说道，他不仅自号"圆明居士"，还给弘历取名"长春居士"，弘昼取名"旭日居士"，福彭取名"如心居士"。雍正屡屡鼓吹儒、释、道三教同原，因为他深知佛教对政治另有妙用，所以他也不时向弘历等皇子指示禅宗妙谛，弘历稍有心得，他就欣悦地与僧人讲述。不过，当时弘历已意识到帝位非己莫属，用世之心正热，因而对怡神养性的禅理似乎没有多大兴趣。

雍正对弘历的影响之深刻，往往倒在于潜移默化的、不易察觉的方面。像很多有个性的男孩子最初对父亲往往持批判态度，及至中年以后，竟惊异地发现自己思想、性格，以至言谈举止越来越像父亲一样，在弘历此后漫长的生涯中，似乎也从矫正其父为政之失开始，最后又回到了其父老路上。不过，这是在更高层次上的回归。

雍正十一年二月，弘历被封为和硕宝亲王，同日，五弟弘昼亦封和硕亲王，赐号"和"字。弘历之封为"宝"亲王，因即将入承大宝，这是不言而喻的。"和"字也寓有深意，这里寄托着雍正的殷切期望。雍正一向以为弘历、弘昼同气至亲，实为一体，两兄弟若能诚心友爱，休戚与共，自然和气致祥，有利于社稷江山的巩固。雍正十三年五月，命皇四子宝亲王弘历参与办理苗疆事务。三个月后，雍正崩逝，遗诏命"宝亲王皇四子弘历为皇太子，即皇帝位"。

弘历即将身着朱轼等名儒为他精心裁制的"内圣外王"的华衮，以一副仁慈宽厚的面目君临天下；但切莫忘记，他的骨子里已经深深打上了满洲帝制文化的深深印记，在他内心深处保留着皇父雍正的政治基因。

随着弘历登上太和殿的皇帝御座，他那极富戏剧性的阿哥时代终于落下了最后一幕。当弘历手捧大行皇帝遗诏，读到"宝亲王皇四子弘历秉性仁慈，居心孝友，圣祖仁皇帝于诸子孙之中最为钟爱，抚养宫中，恩逾常格"一节时，热泪不禁夺眶而出。古往今来，为帝为王者何啻千百，有哪一位像自己一样受到祖父两代重托呵！感戴祖父恩遇之深的同时，弘历觉得自己身上的担子太重了。自此以后，每逢皇父忌辰，必盥手焚香，将此遗诏恭读一遍，"以志思慕之诚，以凛继绳之重"。在他人生旅途过半、政治生涯亦过半时曾说："予小子自践祚以来，敬惟古帝王所以凛承付托者，不过于其考或偶于其祖，若予，则皇祖、皇考付托所渥重，言念及此，自视常若不足，遑敢弛朝乾夕惕之志？故凡出治临民，罔不尽心筹度，日慎一日。"

承继祖父遗志，不负皇祖、皇考两代深恩重托，是推动乾隆皇帝成就功业的最大力量，也是他今后漫长人生之路上最重要的精神支柱。乾隆皇帝的这种积极地、主动地通过政治权力来满足自己使命感和成就感的帝王人格，将在此后六十三年的中国历史上留下深刻的印记。

古人云，礼乐之兴，俟以百年。大清王朝自顺治元年（1644 年）定鼎北京到雍正十三年雍正崩逝，已近百年。大兴礼乐的机遇正历史地落在了乾隆皇帝的头上。

乾隆时代开始了，清朝的历史将翻开新的一页，中国历史也将随之翻开新的一页。

第二章　即位之初

一

> 乾纲独断,乃本朝家法。自皇祖皇考以来,一切用人听言大权,从无旁假,
> 即左右亲信大臣,亦未有能荣辱人,能生死人者。

——这是乾隆皇帝的肺腑之言,也是十八世纪中国传统政治的格局。

封建时代赋予了帝王至高无上的权力,他们运筹大业,号令天下,几乎无时不在操纵和影响着人类历史的命运。

乾隆皇帝正是那个时代的产物。他以乾纲独断的统治作风,使有清一代的专制统治登峰造极。

雍正十三年(1735年)八月的深秋,北京西郊的圆明园里传出了一个令人震惊的消息——雍正皇帝驾崩了。

一切都来得过于突然。

八月二十日,中秋佳节刚过,整个圆明园还沉浸在节日喜庆的余悦中,雍正皇帝却生起病来。龙体不豫,本是朝廷中的大事,但一连两日,皇帝听政办事如常,并没有异样的感觉,谁知,到了第三天,即二十二日,皇上竟然病倒了。

圆明园里开始忙乱起来。

圆明园虽说是离宫,皇帝一年之中倒有大部分时间驻跸于此,每年自新正行毕郊礼即移避园宫,到冬至大祀前才返回紫禁城。紫禁城内的阴森、肃杀之气,怎及得有亭台园林之胜的圆明园呢!故而圆明园里不仅有内阁六部等办事衙门,也有护军管、御膳房、太医院等随侍机构。

御医亲侍榻前,开出一个又一个的药方,但一切都无济于事,到了戌时(晚上七时至九时),伴随昏黄残照的暮色,雍正的病情急剧地恶化。作为一名大权在握的君主,一个时时主宰别人命运的人,也许此时,他才真正领略到无奈的悲哀。雍正已经感到了末日的来临,他用尽了平生的最后一把气力,下达了他帝王生涯中的最后一道诏旨:"立即传命召庄亲王允禄、果亲王允礼、大学士鄂尔泰、张廷玉,领侍卫内大臣丰盛额、讷亲、内大臣海望入宫。"

晚上十点左右,宣召入宫的命令到达诸王大臣的府第。这些白日还见得龙颜的大臣们,被这入夜之后的突然宣召搞得心惊肉跳。他们疾起整衣,手忙脚乱地赶到圆明园。当他们被待于园宫西南门的内侍引入寝宫后,立时"惊骇欲绝",预感中的不祥,得到了证实,皇上已濒临弥留的关头。

雍正并非多病之躯,而且由于体魄健康,他在即位之初,几乎是没日没夜的埋头于那些奏折文牍中,由此成了以勤政闻名的皇帝,但头几年的日里万机和事毕躬亲,不能不使他操劳过度。自雍正六年(1728年)以后,年逾半百的皇帝,身体是每况愈下。

生为帝王,享尽人间荣华富贵,却无法摆脱大自然生老病死的规律。于是,向以却病延年著称的道士方术,打动了那一颗颗渴望长命百岁的帝王心,就连雍正这样精明强干的英主,也与道士结下了不解之缘。

大约自雍正八年（1730年）开始，随着雍正皇帝被疾病缠身，圆明园里便燃起了长年不息的阴阳火。在烟雾缭绕、神玄莫测的气氛中，一批又一批的金丹出炉了。然而，这些被雍正称作颇见"补益元气"之功效的丹药，并没有使皇帝延年益寿，兴国广嗣。雍正一病不起，且猝然发作，当时就有人怀疑他是服丹中毒。但是这种有伤皇帝体面的事情，在宫廷中一向讳莫如深，即使王公大臣也不敢妄发一言。

这时，先后到达的王大臣们，到御榻前请安毕，便都退出门外，候于廊上阶下，整个园宫笼罩在惨怛忧伤的气氛中。每个人的脸色由先时的惊慌，渐渐变得凝重衰戚，伴随轻声的低语，不时发出声声感叹。谁都明白，他们即将面临着"天崩地坼"的时刻，皇上那发青的脸色，神志不清的症状，都使人感到病入膏肓的无望。

时间在一分一秒地过去，人们在痛苦的煎熬中期待着转机，期待着"死生反掌"的奇迹。然而，"太医进药无效"，到了二十三日午夜子时，未及花甲之年的雍正皇帝便六脉俱脱，魂归西天了。终年五十八岁。

随着报丧声一起，寝宫内外响起了惊天动地的哭声，"大丧"的一应事项就此宣布开始。但在王公大臣们的心里，却有比大丧还要重要的事情，那就是新皇帝的即位。

天下不可一日无主，国家不可一日无君，然而雍正皇帝猝然崩逝，没来得及口传遗命，恸哭失声的文武大臣不禁面面相视，露出不安的询问目光。虽说早在雍正元年（1723）年，雍正皇帝即已秘密确立了储君，而且在众人心中也都清楚，嗣君当为皇四子弘历，可这有关国本的大事，又岂能无凭无据呢？

雍正并非没有安排，只是知道这个秘密的只有他的心膂股肱大臣鄂尔泰和张廷玉，在人们的窃窃私语和饮泣声中，鄂尔泰和张廷玉公开了这个秘密。他俩对庄亲王、果亲王和诸大臣说："大行皇帝（指死去的皇帝）因传位大事，亲书密旨，曾示我二人，此外无有知者。此旨收藏宫中，应急请出以正大统。"

原来，雍正皇帝自即位后的元年八月制定了秘密建储制度后，便把写有储君名字的密旨贮于锦匣，收藏在乾清宫的"正大光明"匾额后，又另书一道朱笔密旨随身携带，以备万一时勘对之用。雍正一向严厉忌刻，很少信与他人，对秘密储君，自然不会轻易透露。可是，雍正七年（1729年）入冬以后的一场大病，使得皇帝对自己的身体丧失了信心，他自以为将不久于人世，便于次年九月，将建储的密旨告诉一向谨慎用事的心腹大臣张廷玉，以托后事。

雍正十年（1732年），正月，又将这一秘密扩大到另一心腹大臣鄂尔泰。他同时召见两人宣示密旨，嘱咐他们严守秘密，声称除"汝二人外，再无一人知之"。因而，除了雍正帝本人之外，鄂尔泰和张廷玉便是这道密旨的见证人。

嗣君已有所属，社稷即有所托。诸王大臣们立即传召总管太监，令他请出密旨。他们急切地期待着，却没有一个人的心境是平静的。因为新皇帝将直接关系着他们每个人今后的前程和命运。

但是，这道随身的密旨究竟放在哪儿了呢？谁也不清楚。总管太监为难地说："大行皇帝未曾谕及，我辈不知密旨所在。"

众人的目光又转向鄂尔泰和张廷玉。只见张廷玉不慌不忙地答道："大行皇帝当日密封文件，谅亦无多。外用黄纸固封，背后写一'封'字者，即是此旨。"

按照张廷玉的提示，未过多久，总管太监果然从雍正帝的诸多书简和遗物中找到黄

函一封,捧到了诸王大臣的面前。张廷玉当众打开遗诏,在灯下宣读起来:

"皇四子宝亲王弘历,秉性仁慈,居心孝友,圣祖仁皇帝于诸孙之中,最为钟爱,抚养宫中,恩逾常格。雍正元年八月间,朕于乾清宫召诸王满汉大臣入见,面谕以建储一事,亲书谕旨,加以密封,藏于乾清宫最高处,即立为皇太子之旨也。其仍封亲王者,盖令备位藩封,谙习政事,以增识见。今既遭大事,着继朕登基,即皇帝位。

张廷玉的话音刚落,弘历已泪流满面,痛哭失声了……

自雍正病情发作,弘历便与五弟和亲王弘昼侍疾于父皇榻前,他并没有想到此时竟是他与父皇的永诀。雍正的突然晏驾,令他震惊,他"哀号仆地",悲痛不能自已,然而,几分钟之后,他成了皇帝,一个统治亿万臣民、天下至尊的皇帝。这是多少人梦寐以求的。为了这顶皇冠,历史上不知酝酿了多少诡谲的阴谋,产生过多少流血的厮杀和攘夺。如今,皇位轻而易举、名正言顺地归他所有,他不能不从心底感激父亲对他的特殊宠眷,感慨命运对自己的垂青。悲喜交加的情感,使刚刚收住眼泪的弘历,又痛快淋漓地"大恸"起来。

弘历在父丧的哀戚声中,在诸王大臣们恭诚的叩拜和敦促下,接过了这象征最高权力的皇位。他根据父皇临终的遗命,宣布由庄亲王允禄、果亲王允礼、大学士鄂尔泰、张廷玉四大臣辅政。一个以新皇帝为核心由先帝生前宠信的宗室大臣为辅佐的最高权力机构就这样诞生了,而这一切,距雍正帝的崩逝不过一两个时辰。

天还没亮,弘历奉雍正帝的遗体返回了紫禁城,在他的主持和率领下,当天下午,皇太后、皇后、妃嫔、皇子以及宗室贵戚、朝廷命官,齐集内廷剪发成服,将雍正的遗体入殓。

一连三天,弘历都在异常的忙碌中度过,大丧在肃穆的气氛中成礼。接下来的,当是嗣皇帝的登基。

八月二十七日,清廷向全国颁布了雍正皇帝的遗诏。九月三日,弘历在祭告了天地祖宗之后,于紫禁城内的太和殿登上了皇帝的宝座。随着他诏告天地,宣布改明年年号为乾隆元年的那一刻起,乾隆皇帝便出现在历史的舞台上,这年他刚刚二十五岁。

一个二十五岁的青年人,当他第一次坐在金碧辉煌的御座上,俯视着王公百官匍伏于他的脚下,听着震荡整个大殿的山呼万岁声,他领略到从未有过的喜悦和最大的满足。这坐落在紫禁城中轴线上的宝座,是真正的天心地胆的位置,它象征着对天地之间万事万物的最高支配权,谁拥有了"宝座",谁就拥有了天下。他一时陶醉于这一"万国衣冠拜冕旒"的场景中……

然而,登基的喜悦,很快被一个令人忧烦的谣言冲淡了。

就在雍正皇帝死去的当天,有关他死因的传闻沸沸扬扬,在京城内外四处而起。有人说,皇帝被一女侠行刺而死,不得令终,刺客正是当年他以戮尸枭示处以极刑的文字狱案犯吕留良的孙女。当时,雍正帝将吕氏子孙或斩决或发遣为奴,唯其孙女吕四娘漏捕逃亡。传说她学得一身武艺,为报仇雪恨潜入宫中,并以飞剑砍掉了雍正的脑袋。

也有人说,雍正帝的死与那西郊上空长年不断的袅袅青烟有关……

前种说法,流传街头巷尾,几乎成了民间百姓茶余饭后谈论的中心。但它过于神奇怪诞,往往令人难以置信。倒是后一种传闻,使弘历大伤脑筋。从宫廷中太监宫女们的切切私语和诡谲的神色中,弘历意识到,父亲服丹中毒的隐情已被披露于众。而一个号称精明强干的君主,因崇信神道而致丧命,这无论如何都是过于昏愦的举动。生性好强的弘历,无论如何也接受不了这个事实。

为了维护先帝的形象,也为了他自己的那份虚荣,他决定以强权的手段,封住众人的口。

八月十五日,即雍正帝崩后的第三天,新皇帝将几个道士赶出宫中,并颁旨诏示天下。他说:

> "皇考万几余暇,闻外间有炉火修炼之说,圣心深知其非,聊欲试观其术,以为游戏消闲之具,因将张太虚,王定乾等数人置于西苑空闲之地,圣心视之如俳优人等耳,未曾听其一言,未曾用其一药,且深知其为市井无赖之徒,最好造言生事。皇考向朕与和亲王面谕者屡矣。今将伊等驱出,各回本籍。""若伊等因内廷行走数年,捏称在大行皇帝御前一言一字,以及在外招摇煽惑,断无不败露之理,一经访闻,定严行拿究,立即正法,决不宽贷。"

乾隆急于洗刷父亲身的上"污迹",匆匆忙忙抛出了这道上谕。然而,刚刚登上大宝的新皇帝却忘了投鼠忌器。他那"未曾听其一言,未曾用其一药"的表白,反倒给人以"此地无银三百两"的感觉,完全暴露了雍正帝对炼丹术的迷信,以及他服丹中毒隐情。

然而,这小小的失误,却使年青的皇帝迈出了他初政的第一步,它预示着一个充满青春活力、锐意改革的新政即将开始了。

事实上,乾隆从父亲的手里,承继的是一份几乎可以使所有有帝王者为之歆羡的基业。大清王朝,历经几代人的努力,到他登基之时,业已国家升平,民物晏安。作为一个步入太平盛世的天子,弘历似乎可以高枕无忧了。但年青的皇帝,绝非平庸之辈,他在喜悦与兴奋的同时,感到了这份家业的分量,意识到治理和驾驭这个幅员辽阔的庞大帝国绝非易事。一种强烈的使命感激励着他发奋振作,让他保持了清醒的头脑。

乾隆无疑是一个福命的皇帝,他一帆风顺地登上了皇位,面临的是政治清明,国泰民安的时局。他没有遇到太多的棘手的问题,更没有遇到爆炸性的危机。但是他同样面临着急待解决的社会矛盾,面临着需要调整和治理的国家政治。而对于刚刚继位的乾隆来说,最大的问题,莫过于雍正年间父亲实行铁腕政治所造成的后遗症。

雍正后期,长大成人的乾隆已封为宝亲王,在奉命参与政务的过程中,他深切地体验到了雍正的统治手段,他钦佩父亲的才干和魄力,但同时又对父亲的严刻猜忌不满。直觉和感受使他意识到,雍正以强权政治诛戮宗室,打击异己,虽然巩固了自己的皇位,却使整个国家笼罩在一片哀怨声中。封建专制政治下,本来就不存在平和宽松的气氛,而雍正帝的严刑峻法,更是将人们置于一种恐惧不安、提心吊胆的境地之中,人人怀着惴惴之心打发着岁月,社会和官场弥漫着紧张的空气,传播着不满的情绪。这对于一个肩负守成重托的君主来说,绝非好的兆头。何况乾隆与父亲之间不仅存在着情格差异,且有政治上的分歧。

乾隆是主张宽大为治的,尽管他的父皇每每以他赋性宽缓训诫教诲。然而,一旦他君临天下,昔日的政治见解,仍会执着地变成国家的法令政策,促使他去作一番尝试的。

雍正十三年(1735年)九月,乾隆颁布谕旨,明确宣称:

> "治天下之道,贵得其中,政宽则纠之以猛,猛则济之以宽。而《记》称一张一弛,为文武之道。"

于是,在宽猛相济的口号下,一个又一个调整前朝统治政策的法令措施,颁行于全国。

——他禁止地方清丈土地,虚报开垦。

——禁止工程捐派。

——废弃由官府掌管民间房地产交易的"契纸契根法",还民买卖自由。

——停止没有实效的"营田水利法"和复古的"井田制"。

——恩诏蠲免各省民户积欠钱粮。

在乾隆看来,政令繁苛,每事刻核,实为扰累闾阎之政,而他的新政,则要减去一切繁苛,与民休息。

然而,乾隆深知。他的父亲一生中最受指责而致声名狼藉的是对宗室兄弟的残忍无情。不管在这场争夺帝位的斗急中,父亲有多少不得已的苦衷,都无法摘脱残害手足的恶名。他的大伯父允禔,二伯父允礽都是在康熙朝被禁锢的,父亲没有释放他们,二人都死在高墙之内。三伯父允祉,十叔允䄉,十四叔允禵也被永远圈禁。最悲惨是他的八叔允禩、九叔允禟,他们被削籍禁锢,改名为阿其那、塞思黑,在受尽百般折磨后,又被秘密处死。而且,这场骨肉相残的斗争,株连甚广,五叔允祺之子弘昇,七叔允祐之子弘曙也因此被削去世子,而宗室之中,被关被杀,削籍夺爵,抄家流放者更是不计其数。父亲甚至连亲生的儿子也没有放过,三哥弘时同样被黜革宗室。

皇家内院,历来最薄亲情,骨肉杀戮的悲剧,几乎无代不有。然而如雍正之严酷者,仍属鲜见,这使他的政治声誉受到极大的损害。

乾隆亲身经历了这场家庭的惨变,对其中的利弊曲折,自然有他自己判断。

雍正十三年(1735年)十月八日,即位刚刚一个多月的皇帝,便针对这桩历史公案,发布了第一个带有倾向性的诏旨:

> 允禩、允禟,孽由自作,得罪已死,但其子孙仍是天潢支派,若俱屏弃宗牒之外,与庶民无异。当初办理此事诸王大臣再三固请,实非我皇考本意。其作何处理之处,着诸王满汉文武大臣,翰詹科道各抒己见,确议具奏。

在以"孝悌"治天下的思想制约下,乾隆不便为父亲的政敌公开翻案,但却要消弥来自父亲严猛政治的弊端,这并非一件容易的事。好在皇权至上,皇帝可以生杀人,荣辱人,更可以嫁祸于人。他宣称"当初办理此事,乃诸大臣再三固请,实非我皇考本意",即为父亲摆脱了干系,又为自己找到了翻案的理由。

两天之后,乾隆命令宗人府查明因罪革迫退宗室觉罗,分别赐予红带、紫带,载入了玉牒,一大批皇子皇孙恢复了名号。

一个月后,雍正的死敌阿其那、塞思黑之子孙,也被收入玉牒,给了红带子。

接着,又有许多被禁高墙的宗室王公重见了天日,新德、新福、云乔顺、宗教、鄂齐、丰库、裕伸、德存、勇端、讷尔苏、广宁、扬德、华玢等人,均被释放回家。就连最重要的案犯允䄉,允禵也被解除了圈禁,赐以公爵,允禵尤以亲叔父受到眷顾。

据朝鲜使臣的记载,乾隆欲将允禵被囚十三年的应得俸禄一一给还,允禵坚辞不受。但乾隆还是千方百计欲使叔父得到"补偿",他将以告发其父发迹封王的允禵长子弘春革去郡王爵位,圈禁在家,至乾隆十三年,封允禵为恂郡王。

此外,乾隆更没有忘记为他死去的三哥弘时昭雪,他给还弘时的皇子身份,令收入玉牒。

短短数日之内,乾隆为父亲了结了这场结怨颇深的历史公案。他虽然没有平反全部的案情,却改变了对所有案犯的过重的处分,顺从了民意,这实质上是翻了雍正所定的旧案,但乾隆却一再声称,这是遵照父亲的本意。新皇帝的干练和精明,已写在这一道道翻案的谕旨上。

随着宗室王的获释,对全国狱案的纠偏继之而起,一些无辜蒙冤、罪轻罚重的官吏士子,也从枷锁之下解放出来,因贻误军机判处死刑的骁将傅尔丹,以朋党之罪处斩监候的总督蔡珽,以及诽谤程朱、发配军台的谢济世,均被赦免。就连文字狱要犯查嗣廷、汪景祺的家属也被恩诏释罪。那些因亏空钱粮,侵吞公帑被罢被革的官吏,更是一体宽释。

皇帝的朱笔之下,每日都响起震动天地的惊雷。宽大政治就像一股春风,将新皇的"宽仁"送到了王府官邸,也送到了黎民百姓之家。

但"宽仁"的新帝,却不同于普度众生的菩萨。在乾隆处理雍正的积案时,不是一律从宽,还有一些由宽改严的案例,如对曾静、张熙案的处理。

曾静是湖南的士子,张熙是曾静的学生。二人因接受了清初学者吕留良的华夷之辨的反清思想,投书川陕总督岳钟琪,劝他起兵反清。并且道听途方,收集了一些来自宫廷的流言,斥责雍正帝弑父篡立,屠戮兄弟,逼杀生母,淫母父妾。而这些耸人听闻的奇传,把雍正说成了大逆不道的罪人。

奇怪的是,一向刻薄寡恩的雍正帝只将死去四十余年的吕留良开棺戮尸,戚属坐罪株连,却把犯下十恶不赦之罪的曾静、张熙免罪释放,并颁旨告诫子孙将来亦不得因曾张诋毁自己而追究诛戮。更令人不解的是,雍正皇帝对曾静、张熙的反清思想及其散布的流言蜚语,进行了公开的辩驳,刊刻《大义觉迷录》一书颁行全国,令地方官每月朔望宣讲。这种越描越黑、越搅越混的辟谣手法,使各种真真假假的政治流言,成为遐迩皆知的宫廷新闻,反倒搞臭了自己。精明一世的雍正皇帝,竟因一时糊涂,干下了绝大的蠢事。

乾隆早就对父亲这种不明智的做法,叫苦不迭。他一上台,便不顾父亲的诏命,将曾静、张熙锁拿解京,凌迟处死,勒令停止宣讲《大义觉迷录》,命各督抚将原书汇送礼部收存。从而结束了这场拙劣的闹剧。

几个月后,新政便为乾隆皇帝树立起宽仁而英明的形象,为他赢得了臣民的拥戴。在时人留下笔墨中,有这样的记载:

"高宗(乾隆)登基所布诏令,善政络绎,海宇睹闻,莫不蹈舞。"

"纯皇帝(乾隆即位,承宪皇雍正)严肃之后,皆以宽大为政。罢开垦,停捐纳,重农桑,汰僧尼之诏累下,万民欢悦,颂声如雷。"

乾隆的皇位稳固了,这些颂词就是最好的证明。

然而,成功的新政,带给皇帝的并非尽是赞誉和欢声,他同样有烦恼和愤怒。因为历史上的任何新政,都是以牺牲一部分人的利益,去换取另一部分人的利益为前提的。乾隆在推行宽大政治的过程中,自然谴责和压制了那些以推行严猛政治发迹的官员,雍正帝的得力大臣田文镜就被乾隆点名申饬。于是,新政遭来了訾议。

乾隆元年(1736 年)七月,署四川巡抚王士俊密书上奏说:"近日条陈,唯在翻驳前案,甚有对众扬言,只须将世宗时事翻案,即系好条陈之说,传之天下,甚骇听闻。"

这明明是指责乾隆皇帝翻了雍正的旧案。

尽管王士俊含沙射影,但在乾隆看来,却一针见血地点破了新政的实质。"是谓朕为翻案矣。"这使乾隆大为恼火。

清代帝王历来重视"祖制""家法",处处标榜"敬天""法祖"的信条,因而,乾隆的新政,虽然在全面地调整雍正以来严苛政治的弊端,但他却不止一次地宣称,他是"时时以皇考之心为心,以皇考之政为政"。再三强调"朕凡用人行事,皆以皇考为法,间有一二事酌量从宽之处,亦系遵奉皇考遗诏,并非故示优容"。也就是说,新政完全符合雍正皇帝的思想和政策,乾隆并没有违背父亲的意愿和成规。而王士俊却公然指责他翻了前朝的旧案,这不啻说他背弃了祖制家法吗!这是多么严重的失德和不孝。

乾隆无论如何也接受不了这种"诽谤"和中伤,他怒不可遏,大骂王士俊"金邪小人",诏令立即将他拿解京师问罪。

王士俊撞到了枪口上,却也命当如此。他本是贵州平越人,康熙末年进士,雍正时期,以刻削鲠直闻名,钻营至封疆大吏。先任湖北巡抚,后又继田文镜为河东总督,管辖河南山东。在豫三年,行政为人一如田文镜,他垦荒劝捐,严行不殆,虽博得了能吏的美名,也成累民之祸害。乾隆一上台,立即将他革职解任。半年之后,才又任命他为署四川巡抚。然而,降革与复起之间,已是官声扫地。

雍乾交替,政风陡移,王士俊见旧法不存,人心不古,已是寸心怅惘,感慨万千。再加上官职由总督贬为巡抚,还是个没有实授的署巡抚,更是牢骚满腹,骨鲠在喉。因而,他刚到四川,便遏止不住涌上心头的怨气,直接了当指责了这场风靡全国的翻案潮。

于是,王士俊成了乾隆帝的靶子,他要借此杀一儆百。但乾隆深知,王士俊所代表的是一股势力,一股因循守旧的顽固势力,要铲除它,还需花些功夫。他将诸王大臣及六部九卿科道各官召入宫内,进行了公开的辩驳。他愤愤地说:

"从来为政之道,损益随时,宽猛相济……朕只遵明训,凡用人行政,兢兢以皇考诚民育物之心为心,以皇考执两用中之政为政"。"及王士俊訾为翻驳前案,是诚何言?是诚何心耶?"

王士俊以如此悖逆之言,妄行陈奏,已犯下了死罪。

九月,诸王大臣议其为恣行讪谤罪,请照大不敬拟斩立决。但乾隆不愿破坏自己的宽仁形象,从轻判定王士俊斩监候。两年之后,王士俊蒙恩获释,又被削职为民,赶回了老家。

处置了王士俊,乾隆有种兴奋而沉重的感觉。这是他即位以来遇到的第一个反对者。他发现自己并非一味的心慈手软,同样懂得在必要的时候,以铁腕手段维护皇权的尊严。然而,王士俊敢于如此顶撞他,却使他陷入了无可名状的忧郁中……

虽然乾隆斥责王士俊"外饰鲠直,以便己私"却也不得不暗暗佩服他的胆量,赞叹他对前朝的忠心。直觉使乾隆意识到,他这个新皇帝与旧臣之间仍然存在难以沟通的隔阂,不是所有的人都拥护他的新政,在前朝的遗老中,不乏怀旧之人。但在这满朝文武当中,又有哪一个不是父亲的遗老旧臣呢?他产生了一种孤独感。

乾隆是在先朝重臣的拥戴下登上皇位的,他没有自己的亲信。雍正皇帝鉴于他们兄弟争立的教训,对自己的儿子防范严密,乾隆弟兄们与前一辈的皇子无法相比,他们没有形成自己的藩邸私属的机会。而备位皇储的乾隆更是一直留居宫中。一言一行都在雍正的眼皮底下,很少属于自己的私人空间。所以,到他即位之时,除了"用人唯旧"之外,别无选择。这正如他自己所说的那样:"今朕所用之人,皆皇考所用之人。"

用人唯旧,避免了新旧臣僚之间的相互倾轧,也避免了因人事更迭所造成的人心浮动。然而,乾隆却并不感激父亲为他安排的这种平稳的政局,当他登上御座,俯视那些虽堆满谦恭之气却是相当陌生的面孔时,心里总有一种沉甸甸的感觉。对于一个经验不足的青年皇帝来说,驾驭那些久经政治风雨的老臣,确实不能不煞费苦心。

但乾隆实在是福命的皇帝,尽管他一即位便处在老臣的包围中,却不曾遇到来自臣僚的挟制,在那些阿谀和战栗的背后,也没有发现阴谋和不轨。也许他真该感激他的父亲。雍正的高压政治已经浸透了大小官员的灵魂,使他们在皇权面前俯首帖耳。

尽管如此,乾隆的心里仍然没有踏实感。专制政治,人君高高在上,却又深居九重,在与外世隔绝的情况下,政事只好委之大臣。在没有心腹股肱的情况下,乾隆又怎能放心得下呢?于是新皇帝在即位的第三天,就恢复了"密折制度"。

密折,也就是臣下上奏皇帝的机密奏折。它始于康熙年间,在雍正朝形成了严格的制度,成为皇帝大权独揽的产物。而密折制度又为乾隆皇帝继承,自然有它特殊的作用。为了搞清它,我们不得不追述密折制度的历史。

清承明制,有损有益。作为封建王朝行政而上通下达的官文书。在清初主要是前朝制度的延续。官员给皇帝的奏章分为两种。一种称"题本",另一种称"奏本"。题本与奏本的不同之处,在于前者是报告公务的文书,后者则是报告个人私事的文书。但无论题本还是奏本,都要送交内阁,经内阁票拟后,才能送到皇帝的手中,不但手续复杂,运转迟缓,内阁的意见又不能不对皇帝产生一定的影响,这对皇帝实行专制统治,显然是个不小的牵制。

有鉴于此,在康熙朝出现了奏折。

康熙皇帝虽以宽仁闻名天下,但在加强皇权方面,他绝不比别人手软。为了对地方官进行监视,他暗中指定少数亲信大臣随时将所见所闻秘密奏上。又为了保密起见,这种奏章都成拆叠形式,故而康熙便称之为"折子",或"密折"。而后,康熙帝又规定,享有折奏权的官员必须直接与皇帝保持秘密联系。具折人要亲自缮写,不得假手他人,更不得泄露他人。密折写好后,由本人或派专人径送御前,不经内阁。因而,奏折的内容,除了皇帝之外,便无人知道了。

乾隆皇帝恢复密折制度,看中的正是这一点。对于深居大内、外事并未历练的皇帝来说,最重要的莫过于了解下情,只有这样,他才能无所牵制地行使手中的权力,才能在变幻莫测的官僚政治的风雨中,辨别是是非非。

在这方面他的父亲雍正皇帝给了他更多的影响,也为他留下了更多的借鉴。雍正即位之后,为擦净御座下的斑斑血迹,坐稳潜伏着危机的江山,他需要牢牢控制每一个臣民。为此,雍正皇帝扩大了密折的使用范围,除了中央和地方的高级官员普遍具有折奏权外,作为监察官的科道,也可具折密奏。而且,这些官员须每人每天轮流奏事,如此一来,密折真正成了皇帝的耳目,密折越多,皇帝所闻越广。而后,随着有些官职较低的藩臬府道提镇官员也蒙特旨具折密疏,密折则完全成为皇帝驾驭群臣的工具了。然而,其中却不无劳心焦思的筹划。

为了达到这个目的，雍正皇帝规定了严格的保密制度，并屡屡以"君不密则失臣，臣不密则失身"诫谕臣下。鄂尔泰是他的亲信大臣，但当鄂尔泰的侄子、任宁夏道的鄂昌密奏上达后，雍正皇帝批复说："密之一字最为紧要，不可令一人知之，即汝叔父鄂尔泰亦不必令知。"雍正不愿在皇帝与官员之间，再出现一个中间人，因为无论这个中间人是谁，都有混淆视听的可能。

雍正皇帝是精力过人的。对于臣下的奏折，他除了亲自阅看之外，还要亲自批复，因所批谕旨使用朱笔，故称"朱批"。朱批使皇帝的意志畅通无阻地直达地方。

比起他的父亲来，乾隆没有来自皇位争夺的危机，但他同样面临着如何掌握驾驭群臣的难题，而密折制度无疑是解开这一难题的关键，他可以从奏折中看到大臣们不敢公开谈论的政事，可以用朱批，批复不便在谕旨中公开发表的指示。而官员之间还可借此彼此监视，相互牵制，即督抚大员亦不得擅权欺罔。因而，乾隆皇帝在摒弃了父亲的许多严猛统治措施的同时，却毫不迟疑地保留了雍正大力提倡的奏折制度。

乾隆元年八月十三日，他颁布了实行奏折制度的诏旨：

"自古人君为治，莫要于周知庶务，通达下情"。"今初理大故，正当广为咨诹，以补见闻之所不及。其从前何等官员任其奏事，或有特旨令其奏事者，俱着照前折奏。"

乾隆的用心没有白费。几个月的奏折看下来，他不再望着着那山积般的文牍蹙眉出神了。奏折为他打开了通往外部世界的门窗，他由此看到了他所主宰的臣民，所统治的国家。了解了当兴之利，当革之弊。他不再依赖诸王大臣的"辅政"，完全可以独立地去发号施令了。

奏折的作用越突出，乾隆对奏折的处理就越认真，每日晨起进膳后，他便开始批阅奏折。几乎每一份奏折，他都要详细地阅览，不使一字从眼前漏掉。遇有错讹之处，他必指出令其改正。凡属机密，留中不发之件，他往往亲自缄封，有的索性默记心中，将原件当时焚毁。平时如此，巡幸在外也是如此。他从不委人代办。不论他走到哪里，奏折就送到哪里。批阅奏折几乎成了他生命中的一部分。

事实上，对于乾隆来说，批阅奏折就是在行使手中的权力。乾隆十三年（1748年）以后，随着奏本文书的废止，奏折的作用更加突出，官员遇有机密政务，往往先以奏折形式报告皇帝，在得到皇帝的首肯后，再以题本的形式向中央政府有关部门具奏，但只是为了完成最后的批准手续。乾隆由此实现了大权独揽。

然而，在乾隆强化皇权的道路上，却并非尽是喜悦。他曾经忧虑过、烦恼过。

当雍正使他名正言顺地登上皇位的定座时，却没有给他全权执政之柄，四名辅政大臣的存在，则意味着新皇帝尚不具备亲政的条件。乾隆隐隐感到了一种无形的压力。因为，他没有忘记在祖父康熙年幼时辅正大臣鳌拜的专横，而这些历练颇深的老臣对政治的敏感绝不在皇帝之下。辅政大臣刚刚工作了三天，大学士鄂尔泰、张廷玉便向乾隆提出取消"辅政"之名，沿用雍正皇帝居丧时的"总理事务处。"

毫无疑问，他们同样记起了往事，记起了鳌拜如何被亲政后的皇帝逮治问罪。

前车之鉴，触目惊心。于是，乾隆群臣之间第一次就权力问题而产生的芥蒂，便如此顺利地解决了，而随着辅政大臣变成了总理事务大臣，皇权的地位无形中突出了。

只是旧的矛盾刚刚解决，新的矛盾便摆在了皇帝面前，作为乾隆居丧期间的全国最高决策机构——总理事务处仍然不能令他满意。短短数月之间,他和几位总理事务大臣已因权限不明发生了好几起摩擦,这使乾隆满心不快,为了限制他们,分散他们的权力,乾隆又任命平郡王福彭,大学士徐本、朱轼,公讷亲,尚书海望等人协办总理事务。但他仍然觉得不能得心应手。

乾隆是一个绝对专制主义者,这一点他酷似他的父亲雍正。他曾经不止一次地宣称:"盖权者,上之所操,不可太阿倒持。"因而,不能把握手中的权力,他是决不会甘心的,而他所受的教育,所面临的环境,所遇到的问题,都促使他更加醉心于集权政治,提醒他抓住一切机会去实现它。

机会总是留给那些善于思索的头脑。乾隆二年(1737年)十一月,服丧二十七个月、刚刚脱掉孝服的皇帝,便借庄亲王等人奏辞总理事务,宣布撤销了总理事务处,恢复雍正年间的军机处。他任命大学士鄂尔泰,张廷玉,公讷亲,尚书海望,侍郎纳延泰,班第等六人为军机大臣。于是,乾隆皇帝以先朝旧臣组织起属于自己的权力机构,他看中了军机处的形式。

军机处,是雍正皇帝的杰作。然而乾隆皇帝却使它增色,增辉。

清初沿袭了明朝的内阁。内阁掌天下之政,宣布丝纶,厘治宪典,是综理国政的中枢机构。内阁大学士职在赞理机务,表率百僚,如同历代的宰相。

但清代内阁,却是先天的不足,自诞生之日起,它的权力就被满族贵族组成的议政王大臣会议分割了。而清代的列祖列宗们,又都高度重视专制皇权。乾隆的祖父圣祖康熙皇帝曾以南书房掌票拟谕旨,象征相权的内阁受到了削弱,到了世宗宪皇帝即乾隆的父亲雍正统治时,又设立了综揽全国政务的"军机处",内阁的决策权从而被剥夺殆尽,几乎成了单纯的办事机构。

内阁权力的转移,是在无声无息中完成的。但在这表面平静的背后,则是一场皇权与相权的争夺。军机处正是这场斗争的产物。

军机处,原名"军机房",又称"军需房"。顾名思义,它的产生与军事有关。雍正年间,清王朝用兵西北,发动了对准噶尔部的战争,军机贵于速密,但作为权力机构的内阁却在太和门外,远离皇帝的寝宫。而内阁人员的繁杂,地近街市的喧嚣,都不利于军事用兵,于是雍正皇帝便别出新裁地在乾清门外(后迁隆宗门内),设立了军需房,旨在专门办理军务。然而,它却使皇帝找到了实现他树立皇权独尊的所在。

封建国家,皇帝至高无上,但专制政治在赋予君主绝对权威的同时,还要照顾官僚群体的权力分配。皇帝在处理国家大事时,不能不受到大臣们的影响,其中的昏庸者则或完全为他人左右。但在军机处,皇帝对国政的裁决,完全出于自己的考虑,他无须再听大臣们议而不决的建言谏议。雍正帝第一次体验到这种心中意化作口中言、不受掣肘的快慰,这快慰是无可代替的,一经归他所有,他绝不会放弃。

军机处被保留了下来,成了"王命所自",却颇为奇特。

它没有专门的办事公署。起初只是板屋数间,到乾隆时也不过是稍加修葺的几间瓦房,其简陋绝非任何官衙可比。当时曾在军机处供职的赵翼记下了令他难忘的军机处直舍。他说:

> "余值军机时,直舍即在军机大臣直庐之西,仅屋一间半,又逼近隆宗门之墙,故窄且暗。"

比起军机处的衙门来,雍正皇帝对军机处官员的设置更具特色,他从内阁中书中选出任事谨慎又能守口如瓶的人,入军机处充当缮写,称军机章京;又以他的亲信心腹大臣怡亲王允祥、内阁大学士张廷玉,蒋廷锡充军机大臣参与决策。终雍正一朝,军机大臣始终没有超过三人,而军机章京则保持在十人左右。比起机构庞大、人员繁杂的内阁来,已不知精简了多少倍。而设官之少还在其次,事实上,可以说军机处根本没有专官。无论是军机大臣还是军机章京,都在内阁或各部保留原来的官衔和品级,他们不过是赢得了皇帝的信任,以临时身份入直军机处,而一旦失宠,皇帝的特简则会变成一纸黜令。这样一来,由皇帝亲自简用的军机官员则完全成了御用工具。

乾隆需要的正是这种"工具"。

在控制臣僚方面,乾隆丝毫不比他的父亲逊色。他十分注意军机大臣的遴选,除了"择阁臣及六部卿贰熟谙政体者兼摄其事"外,主要提拔自己的亲信。自乾隆十年他以户部侍郎傅恒任军机大臣始,便逐渐在军机处换上他的心腹。而且,他一改雍正朝军机大臣不超过三个人的惯例,同时任命六人为军机大臣,分割了军机大臣的职事和权限。

经乾隆的改革和整饬,军机处更加适应专制皇权的需要,成了"有事无不综汇"的权力机构。

就执掌而言,在乾隆朝,军机大臣不仅参与大政、大狱的议谳,而且要为皇帝准备处理政事的参考资料,审核内阁撰拟的谕旨,就用人、行政、科举和对外用兵等国家大事大政发表意见,制定政策、方略,还要经常充当钦差大臣出使地方。

但对军机大臣来说,最能说明地位和身份的是他们负责草拟上谕。

清代的谕旨,凡批内外臣工题本常事谓之"旨",颁将军、总督、巡抚、学政、提督、总兵官、榷、税使谓之"敕",皆由内阁撰拟以进。凡南、北郊时享、祝版及祭告山川与大臣死事者祭葬之文,与后妃、宗室、王分封册皆由翰林院撰拟以进。"然唯军机处恭拟上谕为至要。"

当时,皇帝无日不与军机大臣相见,军机大臣"每被旨各归舍缮拟,明日授所属进之。"乾隆为了摆脱前朝老臣的影响,在军机处恢复未久,便以鄂尔泰、张廷玉年老衰迈体恤老臣为由,逐渐改由讷亲独自承旨。所谓"上初年,唯讷公亲一人承旨"。讷亲面奉谕旨后,再口授另一军机大臣,即汪由敦撰拟。直到乾隆十三年傅恒出任军机大臣领班后,才改由军机大臣同进见,自此遂为成例。军机大臣将皇帝的谕旨口授军机章京,由军机章京撰拟后,再进呈皇帝,皇帝阅后发出。

对于谕旨草拟由军机大臣专属变为军机章京之职,梁章钜在《枢垣纪略》中是这样记载的:

"迨傅文忠傅恒公领揆席,满司员(司员即军机章京)欲借为见才营进地,文忠始稍假之,其始不过短幅片纸,后则无一非司员所撰矣。文端(汪由敦)见满司员如此,而汉文犹必自己出,嫌于揽持,及亦听司员代拟,相沿日久,遂为军机司员之专职,虽上(乾隆)亦知司员所写。"

乾隆年间曾任军机章京的赵翼记下了军机司员草拟圣旨的情形。

"军机撰述谕旨,向例撰写后于次日进呈,自西陲用兵,军报至,辄递人,所述指示随撰随进。或巡幸在途,马上降旨,傅文忠(军机大臣傅恒)面奉后,使军机司员歇马撰缮,驰至顿宿之行营进奏,原不为迟也。然此营到彼营七八十里,必半日方到,而两营之间,尚有一间营,以备圣驾中途小憩者,国语谓之'乌墩'。司员欲夸捷,遂仓促缮就,急飞驰至乌墩进奏,名曰'赶乌墩'。斯固敏速集事,然限于暑刻,究不能曲尽事理,每烦御笔改定之。"

乾隆时有"马上朝廷"之说,长年巡幸在外,像这类马上传旨,而后由军机章京由途中间歇时赶拟谕旨的事,当不在少数。虽然赵翼所讲述的是乾隆中期的事情,但由此不难联想到他初政时的情景。

而除了拟旨之速外,军机处的特殊之处,还在于它下达谕旨的形式。

皇帝的谕旨,由军机处发出的,分为"明发"和"廷寄"两种。明发谕旨,先送内阁,依次到部院各司,层层下发。廷寄谕旨则直达受旨人手中,每逢谕旨发出,即封入纸函,加盖军机处钤印,再交兵部加封,发驿站驰递。驿递人员根据函外标明的缓急字样确定驰递的时间,凡用"马上飞递"者,为日行三百里;写有"紧急"者,或日行四五百里,或六百里,还有六百里加快者。自军机处设立后,凡属重要机密事件皆用廷寄,朝旨到达地方,畅通无阻,"始密且速矣。"

军机处使专制皇权空前地强化了,而乾隆则将军机处牢牢控制于指掌之中。于是,中枢权力完全从内阁中游离出来,内阁所掌票拟(草拟谕旨)只剩下寻常的例行公事,内阁大学士虽爵位崇高,列文班之首,但如果不入军机处兼作军机大臣,不过徒有虚名。而权力受到削夺又不独内阁,就连满族入关前沿用下来的议政王大臣会议也成了无事可办的机构,只是个"摆设"而已。

乾隆的初政是成功的。他在巩固皇权的道路上迈出了坚实的一步,从中体验到了做"天下主"的愉悦和满足,而其中的艰辛和劳苦,则远远多于快慰。他夙兴夜寐,孜孜求治,不论酷暑严冬,整日埋头于千头万绪的棘手事务中,万几无暇。赵翼以他的亲身感受记下了乾隆皇帝勤政的情形:

"上(乾隆)每晨起,必以卯刻……自寝宫出,每过一门,必闻爆竹一声。余辈在直舍,遥闻爆竹声自远渐近,则知圣驾已至乾清宫,计是时,尚须燃烛寸许,始天明也。余辈十余人,阅五、六日轮一早班,已觉劳苦,孰知上日日如此。"一个朝鲜人也记下乾隆那几乎成了固定模式的日常起居:

"卯时而起,进早膳后先览中外庶政,次引公卿大臣与之议决,至午而罢。
晚膳后更理未了公事。间或看书,制诗书字,夜分乃寝"。

乾隆酷爱写诗,游景,但繁杂的国事,初政的压力,却使他的雅兴大大减少,促使他更加勤勉用事。他告诫自己:"人君之恶,不可不慎,虽考古书画,为寄情雅致之为,较溺于声色货利为差胜,然与其用志于此,孰若用志于勤政爱民乎?"

在乾隆通往最高权力之路上,受到最大伤害的莫过于一个帝梦成空的王子——乾隆三哥弘时了。

雍正第三子弘时之死也是清宫难解之谜,而要探索其真相,则必须与乾隆生母相互参酌,因此亦可谓与乾隆家世之谜有关的谜中之谜。

弘时生于康熙四十三年,比乾隆大七岁。他的母亲是雍亲王侧福晋李氏,其地位显然较乾隆生母"格格"钮祜禄氏要高得多,而且,李氏似为年轻时的雍正所专宠,她于康熙三十六年至四十三年之间,为雍正连生三个儿子。弘时十六岁时娶尚书席尔达之女栋鄂氏为嫡妻,另有钟氏、田氏二人为妾,康熙六十年钟氏生一子。雍正继位后,特为弘时延请名儒王懋竑为上书房师傅。不料雍正五年八月初六弘时骤逝,其时弘时二十四岁,弘历亦十七岁了。

对于雍正这个业已长成且娶妻生子的皇子,记载雍正一生重要言行的官修编年体史书——《清世宗实录》,竟连他的名字也没出现。倒是在乾隆登极不久,昭雪雍正朝获罪宗室时,提及了这位"三阿哥"。乾隆谕旨是这样说的:

> 从前三阿哥年少无知,性情放纵,行事不谨,皇考(雍正)特加严惩,以教导朕兄弟等使知做戒。今三阿哥已故多年,朕念兄弟之谊,似应仍收入谱牒之内,著总理事务王大臣酌议具奏。

由此知道,弘时在雍正时已被革去黄带,从玉牒中除名了。至于弘时如何"放纵""不谨",雍正又怎样"严惩",由于谕旨语颇浑沦,使人难得其详,而愈发觉得乾隆似有难言之隐,《清世宗实录》阙载雍正严惩弘时,其背后亦不无隐秘。

孟森先生最先提出"世宗诸子高宗兄弟之间,不无一可疑之点"。他依据《清皇室四谱》所记"皇三子弘时……雍正五年丁未八月初六日申刻,以年少放纵,行事不谨,削宗籍死",指出弘时长成,且已有子,何以骤然处死,并削宗籍?孟森推测其中的原因可能有两个:其一,雍正即位后残害诸兄弟,以致雍正诸子,包括乾隆在内都不以为然,弘时不谨而有所流露;其二,弘时之兄俱早殇,他可能"于帝位之传授,中有隐觊",也就是说,雍正为帝之后,他曾与乾隆角逐皇储。近年来,金承艺、高阳、戴逸诸先生也注意到弘时之死,对这一皇家伦常惨剧给予进一步解释。总的来看,他们都认为雍正之所以手毙亲子,当不出皇位继承之争和对父亲弑兄屠弟的不满有所流露两种原因。

弘时的失爱于其父,由来已久。康熙六十一年正月册封首批亲王世子时,皇三子诚亲王胤祉之子弘晟、皇五子恒亲王胤祺之子弘昇俱封为世子,独有皇四子雍亲王胤禛第三子弘时向隅,这是令弘时极为难堪的一件事。其时,康熙二十四个儿子中,膺最高宗室爵——和硕亲王的只有三人,即允祉、允祺和胤祺,既然弘晟、弘昇都受特旨封为世子,以承嗣亲王,时年十九且已娶亲生子,其母为雍亲王侧福晋,又是雍亲王见存长子的弘时为什么偏偏漏掉了?显然是雍正认为此子不堪造就,故不请封;联系到此时距雍亲王第四子弘历牡丹台首谒皇祖不过两个月的时间,雍正此时似乎心中已另有所属。按皇室制度讲,亲王之嫡子方可请封为世子,庶出的阿哥弘历是没有资格封世子的,但雍正仍要压抑为侧福晋所出的弘时,这怎能不让这个火气方刚的年轻人怒火中烧?看来雍正的偏爱弘历早已酿成了侧福晋李氏一房与"格格"钮祜禄氏一房之间的仇隙,请想想《红楼梦》中王氏、宝玉一房与赵姨娘、贾环一房之间的仇怨与暗中斗法吧,宝玉以嫡子受到偏爱尚且如此,弘时则显然高贵而偏遭冷落,他心里该有多大的委屈呵!乾隆的"幼岁总见浮灾",有很大可能是他这位不怀好意的三哥弘时人为制造的,让这个还不知道如何保护自己的小孩子继续住在雍亲王府中可真令雍正和康熙不放心,这大概是促成康熙将弘历立即携回宫中养育的一个原因吧!

及康熙宾天,临终嘱托嗣皇雍正"必封"弘历为皇太子;雍正恪遵康熙遗嘱,于即位周年,即雍正元年八月亲御乾清宫,郑重地举行了秘立皇储的仪式,他亲书立弘历为皇太子的密旨,封固于鐍匣之中,敬藏"正大光明"匾额之上。然而,弘历经其祖、父两代密定为未来皇位继承人是在绝对机密的情况下进行的,弘时自然被蒙在鼓里,特别是雍正为弘历、弘昼兄弟二人择师的同时,也千里迢迢调安庆教授王懋竑来京,授翰林院编修,命"在三阿哥处行走",素来不把庶出且其生母微贱的四弟放在眼里的弘时,此时大概还在做着皇帝梦吧!

但时隔不久,雍正便把他甜美的帝梦惊破了。雍正元年十一月十三日是康熙周年忌辰,总理事务王大臣等以皇帝一岁之中已两次往谒陵寝,奏请停止亲谒,"于诸王命一人恭代"。雍正接受停止亲往的建议,而在命谁去恭代祭陵上却撇开了已封王爵的康熙诸子,"命皇四子弘历祭景陵"。弘历此时仅是十三岁的孩子,自然也没有任何爵号,祭陵大典,且是圣祖周年初祭,是何等庄重之事,竟让一个未成年的皇子恭代,看起来近乎儿戏,而在雍正看来,此举虽于制度有违,但非如此不能告慰亡父在天之灵。如果说弘历代雍正往谒景陵仅此一次,那么也不妨认为是雍正的权宜之举,并未寓有深意,但雍正二年十一月圣祖的"再期忌辰",代皇帝恭谒景陵的还是"皇四子弘历"!再昧于事理的人也不会不明白了,"正大光明"匾后恭藏的传位密旨上的皇太子必皇四子弘历无疑。皇三子弘时置身其中,对未来皇位之所属仍有系恋,其父一举一动的含意,当最敏感。弘历一再恭代皇父往谒祖陵之日,也就是他帝梦成空之时。

弘时与雍正的恩怨纠葛,原本是中国古代一夫多妻制大家庭中司空见惯的事情,但到雍正君临天下,他的遗产就不是以钱财计了,作为皇帝遗产的集中体现——皇位,其争夺之惨烈,手段之诡谲,影响之巨大深远,又绝非一般人家的伦常之变可同日而语,从康熙晚年争储混战中厮杀出来、眼下为储位之争的余波搞得焦头烂额的雍正对此有着最深切的理解。他绝不允许康熙、雍正之际的噩梦重演。弘时在彻底绝望后铤而走险,并坚决地加入雍正政敌的强大营垒之中,恐怕是雍正三年以后最令他愤懑且忧惧的事了。从雍正的个性而言,这个人绝不会因顾念父子亲情而手软,他必定会出以非常之手段,坚决维护弘历的皇储地位。

然而,论者以为弘时为雍正所杀,目前似难定论。

《宫中档雍正朝奏折》载雍正四年二月十八日一道谕旨,全文如下:

> 弘时为人,断不可留于宫庭,是以令为允禩之子。今允禩缘罪撤去黄带,玉牒内已除其名,弘时岂可不撤黄带?著即撤其黄带,交与允祹,令其约束养赡。钦此。

允禩,雍正八弟,康熙时封多罗贝勒,雍正即位,晋廉亲王,总理事务,雍正四年初削宗籍,圈禁宗人府。弘时过继给允禩为子,当在雍正二、三年间,估计其时弘时怨望,且有所表现,故而说"弘时为人,断不可留于宫庭"。雍正这样作无异于把弘时排除于未来皇位继承者之外,而偏偏过继给自己的政敌允禩为子,亦可证明弘时与允禩在政治上很可能一鼻孔出气。须知清帝有时偏喜欢把有过误,甚至有罪不便处置者,交由与他政治态度相同的人管束。到雍正四年初允禩挑带禁锢,又给雍正进一步惩治弘时一个机会,于是借允禩撤去黄带、玉牒除名,他的"儿子"弘时自然亦应照此办理。所谓"虎毒不食子",雍正这一着却狠毒到了极点,撤去黄带,玉牒除名,就意味着弘时不仅与雍正不存在父子关系,而且他连爱新觉罗的姓氏也被剥夺了,而以一般旗人交给允祹(按辈分讲是弘时十二叔)"约束养赡"。

从雍正四年二月到五年八月弘时早逝,这一年半的时间里,弘时的情况现在已一无所知。杨珍先生著文对雍正杀子提出质疑是有道理的,但无论如何,正当韶华之年的弘时之死是雍正残酷迫害所促成的,即使排除雍正手毙其子这种可能,弘时也是抱着与自己生身之父不共戴天的深仇大恨郁郁而终的。

弘时之外，因雍邸庶子弘历入承大统而受到极大伤害的莫过于废太子胤礽第二子、嫡长子弘皙了。雍正可以对自己亲子弘时狠下毒手，永绝后患，但对弘皙则碍于康熙遗嘱，未便下手，从而终于导致了高阳先生所说的乾隆即位后的一次"流产的政变"。

据朝鲜《李朝实录》记载，康熙弥留之际，除交代了帝位传承大事之外，还郑重嘱托雍正说：

> 废太子、皇长子性行不顺，依前拘囚，丰其衣食，以终其身。废太子第二子朕所钟爱，其特封为亲王。

废太子允礽、皇长子允禔已幽禁多年，康熙命照前拘囚。废太子第二子即前面已经提及的弘皙。照康熙原来的安排，爱新觉罗皇族和大清一统江山是要交给自己嫡长子允礽和嫡长孙弘皙这一对父子递相承袭主持的，无奈事机杂出，天不由人，才被迫放弃了这个他认为最完美的方案。但这位很重感情的老人并未因此丝毫减弱对他们的爱心，很有可能康熙晚年时为此时时感到不安，甚至愧疚，到他即将辞别人世，决定将帝位交给胤禛、弘历这一对父子相继承袭时，自然想对允礽、弘皙父子有所补偿。所谓"性行不顺"，是说允礽身患疯疾，即精神错乱，所以要继续锁禁，但需丰其衣食，以终天年。弘皙被其父牵累，不能为太子，但要封最高一级宗室爵——和硕亲王。

雍正忠实地执行了上述遗嘱，雍正二年胤礽病逝，追谥"理密亲王"；至于弘皙，登极之始即封其为郡王，六年又进封亲王。

但弘皙这个帝梦成空的皇孙同弘时一样，对弘历的继位，也有一口无论如何也咽不下的恶气；不同的是，弘时是在弘历即位未成事实之前，被迫强咽下了这口气，而弘皙则是在弘历即位既成事实之后，终于把这口恶气吐了出来。

乾隆即位之后，以庄亲王允禄为中心，逐渐形成了一个以近支宗室王公等组成的政治集团，他们暗中互相串连，行踪十分诡秘，与年轻的新皇帝对抗。这一集团除允禄外，主要有理亲王弘皙、宁郡王弘晈、郡王弘昇、贝勒弘昌、贝子弘普和镇国公宁和这些乾隆的叔伯兄弟。他们当中弘皙以昔日东宫嫡子自居，心怀怨望，自不待言；但允禄及其他弘字辈的兄弟则不然。允禄在雍正时封庄亲王，乾隆即位特命总理事务，又赏亲王双俸，兼与额外世袭公爵，在乾隆诸叔中，庄亲王允禄可谓恩宠最隆。弘普与宁和都是允禄之子，弘普乾隆元年封贝子，宁和则得了那个"额外世袭公爵"，这两个人也可称为受恩于乾隆者。弘昌与弘晈参与这个政治集团更不好理解了。他俩是乾隆十三叔、怡贤亲王允祥之子，允祥与雍正关系非同一般，雍正称其为"自古以来无此公忠体国之贤王"，去世后令配享太庙，还打破祖制，命怡亲王王爵世袭罔替。弘晈于雍正八年封宁郡王，弘昌则于乾隆初由贝子晋封贝勒。弘昇这个人，前面提到过，他是乾隆五叔、恒亲王允祺的长子，康熙未封世子，但这亲王世子到雍正五年八月时被削去了——其时乾隆三兄弘时不寻常地死去了，弘昇的被革去世子看来很耐人寻味，不过，乾隆即位后，将其赦宥，封郡王，用至都统，还受命管理火器营事务，他参与暗中反对乾隆的党派活动，真不可思议。

乾隆对这个怀有敌意的政治集团有所觉察是在乾隆三年的时候，只是缺乏足够的证据，才迟迟没采取行动。到第二年秋冬之际，有人告发弘皙等与庄亲王"结党营私，往来诡秘"，乾隆才下令宗人府查讯此案。经过宗人府的一番审办，最后奏请将允禄、弘晳、弘昇革去王爵,永远圈禁,弘晈、弘昌、弘普、宁和具革去本身爵号,宗人府在拟罪请旨的奏折上,特别指出理亲王弘晳在听审时"不知畏惧,抗不实供"。值得注意的是,乾隆在最后裁决此案时,说庄亲王允禄"乃一庸碌之辈",张昇不过"无藉生事之徒",弘昌则"秉性愚蠢",弘晋则"所行不谨",弘晈"乃毫无知识之人",而所列弘晳罪行之严重、居心之险恶,则不大相同:

> 弘晳乃理密亲王之子,皇祖时,父子获罪,将伊圈禁在家,我皇考御极,敕封郡王,晋封亲王,朕复加恩厚待之,乃伊行止不端,浮躁乖张,于朕前毫无敬谨之意,惟以谄媚庄亲王为事,且胸中自以为旧日东宫之嫡子,居心甚不可问,即如本年遇朕诞辰,伊欲进献,何所不可?乃制鹅黄肩舆一乘以进,朕若不受,伊即将留以自用矣。

说明白了,就是这位"旧日东宫之嫡子",仍期望有朝一日,取乾隆帝位而代之。但乾隆所举"于朕前毫无敬谨之意",以及进鹅黄肩舆一节,恐怕还不能构成弘晳有篡位野心的罪案。因此,在处置弘晳时,也只是革去亲王,免于圈禁,仍准其郑家庄居住。

到此为止,允禄、弘晳等结党一案,尚不能视为悖逆之类的严重政治事件,只不过弘晳有政治野心而已。这是乾隆四年十月间的事,到十二月,案情急转直下。有一个叫福宁的人,是弘晳亲信,到宗人府首告弘晳有弥天大罪,乾隆震怒,令平郡王福彭、军机大臣讷亲严切审鞫。在审讯有关案犯时,巫师安泰的口供最骇人听闻。据安泰供称,他曾在弘晳府中作法,自称祖师降灵,弘晳随即向其问了以下几个问题,请神问答:

"准噶尔能否到京?"

"天下太平与否?"

"皇上寿算如何?"

"将来我还升腾与否?"

这些问题活画出一个惟恐天下不乱、企图东山再起的政治失意者的嘴脸。更为严重的是,弘晳不仅睥睨新皇,梦想复辟,而且已开始付诸行动了。经平郡王福彭等继续审出,弘晳已经仿照管理宫廷事务的内务府之制,设立了掌仪司、会计司,俨然以皇帝自居!所以乾隆怒不可遏地斥责弘晳"居心大逆",命拿交内务府总管,在景山东果园永远圈禁,其子孙亦革去黄带,从宗室中除名。

随着昔日东宫嫡子弘晳被永远圈禁于阴森蔽日的高墙之中,从康熙晚年开演的宫廷争储闹剧也就落下了最后一幕。

二

人们习惯于把官僚政治比作宦海,而历史上,宦海的沉浮,不知使多少官人士子遭到了灭顶之灾。皇帝虽然至上至尊,位居九五,然而,从他登上御座的那一时刻起,他同样置身于官僚政治的激流险滩中。

乾隆从父亲手里接过了皇位。但有了皇位的皇帝,却没有属于自己的夹袋中人物,孤身置于先朝的老臣中。尽管周围有着数不清的欢呼赞誉,乾隆仍然从那一张张陌生的面孔中,观察到了变幻莫测的官场,感受到盘根错节的党派关系。

党争是官僚政治的痼疾。明末以来,官场相互援引,攀附成风。而各个林立的党派之间,你攻我伐,相互倾轧,搞得乌烟瘴气。在清人的眼里,明朝的灭亡,在很大程度上来之于这种自相摧陷的"窝里斗",因而清朝的统治者最忌党争,自顺治、康熙、雍正,屡屡颁诏戒谕,并对官僚士子结党立派的行经进行了不折不扣的打击。然而。这种分门植党,官官相护,偾事误公的恶习,却有相当广泛的社会基础。由师生,同年(同年考中进士),同僚属员所形成的特殊关系,竟是那样地牢不可破,而为了在宦海的沉浮中不致被吞没,官员也有不得不结交的缘由或苦衷。因而,往往是旧的朋党铲除了,又结成新的朋党。

尽管乾隆不止一次地表示,党争为他"深恶而痛斥者"。但当他即位时,朝廷上已形成鄂尔泰与张廷玉两党的分野。

清代礼亲王昭梿在他所撰的《啸亭杂录》中记载说:

"高宗(乾隆)初年,鄂张二相国秉政,嗜好不齐,门下士互相推奉,渐至分朋引类,阴为角斗。

鄂尔泰、张廷玉皆为前朝遗老,又均有拥戴之功,两人分门立户,相互攻讦,不仅影响到朝政的统一、最高统治阶层内部的稳定,也为初政的新皇帝尽快地熟悉政务,巩固和加强他的皇位、皇权,制造了无形的障碍。

乾隆一时不得不周旋于两党之间,从中摸索对臣僚的驾驭术。而对他来说,既要消除党争之害,打击鄂尔泰、张廷玉的势力,又要在自己没有培植起亲信股肱之前,倚靠二人帮助自己处理国政,使国家机器能够正常地运转。这使乾隆皇帝煞费苦心,几乎成了他的一块心病。正像后来他所说的那样:"彼时事之大者,莫过于鄂尔泰,张廷玉的门户之习。"

鄂尔泰,姓西林觉罗氏,字毅庵。隶满洲厢蓝旗。康熙年间,由举人授三等侍卫,至雍正朝累官至云贵总督,保和殿大学士,军机大臣。

有关鄂尔泰的发迹史,在官书中有比较详细的记载。说来倒很简单。雍正初年,贵州苗民负险肆横,反叛攻扰,西南久无宁日,而朝廷招抚毫无成效,雍正皇帝大为困扰。就在举朝不知所措的情况下,奉命署理云贵总督的鄂尔泰首倡在西南"改土归流"。主张以军事高压手段,废掉盛行西南少数民族地区的土司制度,改由朝廷委派流官加以统治。雍正帝十分赞赏,授以全权。而后,鄂尔泰以他的魄力和胆略,剿抚并用,足迹穷边六千余里,终于在西南成功地推行了"改土归流",消息传到了京师,雍正帝欣喜异常,在给鄂尔泰的朱批中写道:"朕实感谢矣! 不知如何待卿,而后心安。"并令户部尚书海望治一新宅,迎其凯旋。

而在时人的文墨中,鄂尔泰得到雍正皇帝的宠信,似乎还缘于另外一层,那就是雍正早就欣赏鄂尔泰的才识和忠耿。

当时,鄂尔泰在内务府任职,还是"雍亲王的雍正,在藩邸以事召鄂尔泰,欲结交笼络,却被鄂尔泰以"皇子不得结交外臣"严辞拒绝。但雍正非但没有为此恼怒,反而认为他以郎官微末之职,敢于拒绝皇子,正是他的可取之处,其守法之谨可倚为大臣。

鄂尔泰在康熙年间一直充任宫廷侍卫,只当过几年内务府员外郎这样的小官,仕途并不得意。直到四十四岁,连他自己都认为此生升官无望了。不料,在雍正即位后,竟时来运转,于雍正元年(1723 年),被擢为江南江苏布政使。雍正三年(1725 年)迁广西巡抚,署云贵总督,次年实授云贵总督,加兵部尚书衔。从此,加官晋爵,后来者居上,乾隆十年内召拜相,居军机大臣首席,一下子越过了入阁多年、久居相位的张廷玉,成为雍正皇帝的第一宠臣。虽然，鄂尔泰一度被疑为依附年羹尧，隆科多的党羽，但他最终还是以骨鲠之忠赢得了雍正的信任。雍正称赞他"居官奉职，悉秉忠诚"，是个"专心为国而不知其他"的人。并认为他的能力实属大材，"每事筹及远大"。故而，鄂尔泰虽然与田文镜，李卫并称"总督中三杰"，但他在雍正十年（1732年），擢保和殿大学士，晋爵一等伯，并于雍正临终时顾承遗命，却非田文镜、李卫能及，而鄂尔泰每每称雍正为慈父，雍正屡称鄂尔泰"胜朕顽劣之子"，更说明他们的君臣关系，非同寻常。这一点，就连雍正本人也不隐讳。他在给鄂尔泰的朱批中说："朕与卿一种君臣相得之情，实不比泛泛。"

但仅从鄂尔泰与雍正皇帝的关系，似乎还不能勾画出其人的全貌。鄂尔泰是个颇具特色的人。

在文人留下记载中，鄂尔泰颇有古大臣的风范。

那还是在他任云贵总督时，云南巡抚杨名时，以泄漏朱批谕旨获罪罢革，继任巡抚朱纲趁机落进下石，百般罗织罪名，至欲用刑。鄂尔泰严厉地斥责了朱纲，设法保全了杨名时。乾隆即位后，杨名时被新皇起用，召回京师赐礼部尚书衔。他非但没有感恩于鄂尔泰，反而书劾鄂尔泰治理苗疆用策不妥。但在杨名时病逝时，鄂尔泰仍临其丧，嚎哭致悼。

鄂尔泰与大臣孙嘉淦素不相和。雍正时，在官场上有直臣美名的孙嘉淦，被亲王首告婪赃。雍正问及鄂尔泰。鄂尔泰当即表明了态度。他说："孙嘉淦性或偏执，若操守，臣可以百口保之。"

有如此宽大胸怀、严谨作风之人，本该不会结党营私。然而，宦海的沉浮会使人不知不觉地随波逐流，而错综复杂的关系和各种机遇，又容易使人卷入官僚政治的旋涡中。

鄂尔泰最先形成势力，是在他发迹于云贵总督的时候。

人称鄂尔泰自视过高，甚至常鄙视古人，气出其上，但他对待属下却颇有长者、前辈的风度，肯于奖掖后人，对周围的臣僚部将，凡有一善一技，他均过目不忘，遇时给予奖励拔擢，所谓"知人善任，赏罚明肃"。因而，在他节制西南的七年中，麾下文武官员张广泗、张允随、元展成、哈元生、韩勋、董芳等人均乐为其用，并皆在平定贵州苗民的叛乱中立功。他们被鄂尔泰的才干所折服，也为他的赏识而感恩。像哈元生、董芳等提督，因出自鄂尔泰幕府，为鄂尔泰一手提拔，他们到鄂府，甚至"执洒扫贱役，"甘做佣仆的活计。这种特殊的上下级关系，必然使他们固结一体。

但比起前者来，皇帝的宠眷和重寄，更使鄂尔泰的威望在朝野大增。雍正皇帝为了嘉奖鄂尔泰的忠诚，曾颁旨天下说："朕有时自信不如信鄂尔泰之专。"而且，事无大小多委鄂尔泰奏闻督办"以故，公（鄂尔泰）所到之处，巡抚以下走千里拜谒，虔若无人"。久而久之，在鄂尔泰周围便聚集起一帮趋炎附势之人。而鄂尔泰虽生性豁达，却骄倨有余。在众星捧月般的逢迎中，他再也不是当年严辞拒绝皇子请托的骨鲠之士了，"一切嫌疑形迹无所避，门庭洞开，宾客车马麻集，漏（古代计时的钟表），尽乃已。"

如此一来，到了乾隆即位前后，鄂尔泰在朝庭内外已结成以他为首的党派。依附者，"不独微末之员，即侍郎尚书中亦所不免"。著名人物，如史贻直、尹继善、仲永檀等皆投其门下。乾隆四年（1739年）鄂尔泰六十大寿，百官争先恐后，趋其府上拜寿称觞。鄂尔泰因惧怕新皇怪罪，不敢接纳，故作诗谢客。诗云：

老至情怀难向说,

不堪重许贺人多。

不管当时鄂尔泰有怎样的情怀?向谁难说?一语"贺人多"都足以说明他当时的势力,以及在官员中的影响。

除此而外,官僚政治的裙带关系还少不了戚属和姻亲。

西林觉罗氏,本是个显赫的家族,自从龙入关,重侯累相,武达文通。鄂尔泰的发迹,使这个家族更为显赫。鄂尔泰的弟弟鄂尔奇,官居户部尚书,步军统领。获罪后,推鄂尔泰之恩宥免。长子鄂容安,初为军机章京,后任封疆,为河南巡抚,两江总督,在西征时任参赞大臣。次子鄂实,也是参赞大臣。二人均死于西征准噶尔的战场。三子鄂弼为山西巡抚,署西安将军。四子鄂宁亦官至巡抚。五子鄂忻为庄亲王允禄女婿,女儿嫁与宁郡王弘晈,侄儿鄂昌任湖北、甘肃巡抚。

如此一个满门贵胄的家族,本身就有一种咄咄逼人之势,何况还有位居首辅的鄂尔泰。

相比之下,张廷玉似有在鄂尔泰下风之势,但张廷玉的发迹和所获雍正帝的宠眷,却比鄂尔泰早得多。

张廷玉,安徽桐城人,字衡臣。康熙年间中进士,任内阁学士,刑部、吏部侍郎。至雍正朝累迁至保和殿大学士,军机大臣,兼管吏、户二部,并任翰林院掌院学士。

与鄂尔泰不同,张廷玉出生于书香世宦之家,一门朱紫,他的父亲张英以文学之才获宠于康熙皇帝,最早入直南书房,成为康熙身边的宠臣,累官至大学士。死后,赐谥"文端",寓以其人崇尚正学、品行端方之意。

张廷玉是张英的次子,他的长兄张廷瓒官拜詹事府少詹事,弟弟张廷璐官礼部侍郎,张廷豫官工部侍郎。张廷玉的三个儿子也都拜官登仕版。长子张若霭,次子张若澄,均直南书房,为内阁学士。少子张若渟亦自内阁学士起家,历任军机章京、侍郎、尚书等职。堪称满门贵盛,正像张廷玉的弟子汪由敦在为张写的《墓志铭》中所说的那样:"一门之内,朝绅命服,辉映闾里,天下荣之。"

张家本是桐城巨族,其子弟得官入仕,多由科举正途。富贵得之于功名,似亦无可指责。然而,以张家两代大学士的遭逢,张廷玉历事三朝的地位,蒙恩得以荫袭、议叙之子侄姻戚,更是不乏其人。以故,乾隆六年(1740年),左都御史刘统勋上书指责说;官场舆论"动云'桐城张姚二姓,占却半部缙绅。'今张氏登仕版者有张廷璐等十九人,姚氏与张氏世姻,仕宦者有姚纪锟等十人。"足见张廷玉势力之大,党羽之众。

张廷玉没有出任封疆的资历,自踏上仕途,便在皇帝身边任职。同父亲一样,他受到皇帝的眷注和青睐,似乎得益于那一手好字和文学之才,由于他工书法,通文义,在康熙末年便入直南书房缮写上谕,"辰入戌出,岁无虚日",并十一次扈从圣驾出巡塞外。雍正即位以后,张廷玉虽以大学士奉命掌管吏、户二部,但实际上,更像雍正的得力秘书。清人陈康祺说他"晨夕内值,宣召不时……每奉密谕,筹划机务,羽书四出,晷刻不稽"。

张廷玉用命尤在文字功夫上为多,他除遵旨缮写上谕外,还负责纂修《圣祖仁皇帝康熙实录》。在这些方面,他表现出超人的才智。有记载说:

"凡其所平章政事,及召对诸语,归时灯下蝇头,书于秘册,不遗一字。""裁拟谕旨,文采赡备。"

故而,张廷玉深得雍正皇帝的称许,说他"宣力独多""详达朕意",就连对张廷玉颇有成见的乾隆后来也写诗称赞他:

述旨信无二,

万言倾刻成。

缮皇祖实录,

记注能尽诚。

乾隆这一评价可谓知人。张廷玉的确才思敏捷,万言之句可倾刻而就。但更能说明他个性和为人的是皇帝说他"信"与"诚"。

张廷玉性情宽厚,立身谨饬,尤以勤密著称,时时检点。他一直参与机密事务,却从不泄露于人,即家人子弟也不能得知。晚上,他常常点燃双烛治事,即使已经就寝,仍于枕上思索着所拟之文,或觉不妥之处,立即披衣起身握笔改正。

由于张廷玉博文强记,常常收到事半功倍之效。他能将各部院大臣、司员、胥吏的姓名、籍贯,以及何年科举,何年入仕,丝毫不差地说出来,就像一个活档案。为此,使雍正深感得力。

而张廷玉的机敏过人之处,不仅仅表现在"善于窥测上(皇帝)意",他还很有驭吏之能,凡有属吏行私舞弊之情,均为所察。在史籍中,有一颇为有趣的记载:

"一日,(张廷玉)坐堂上理事,曹司持一牒来曰:此文,'元氏县'误书'先民县',当驳回原省。公(张廷玉)笑曰:若'先民'改'元氏',外省之误。今'元氏'作'先民',乃书吏略添笔画,为需索计耳"。

以张廷玉的才学和精明,书吏这种以文字弄权之事,自然逃不过他的眼睛,因为"元氏"添上两笔,便成了"先民"了,而外省多不会将自己的乡名写错,所以张廷玉断定是胥吏所为,下令黜斥。

张廷玉向以操守谦正自诩,遇事洁身自好。他做考官时,有人欲通关节,以微词试探,他赋诗以辞。诗曰:"帘前月色明如昼,休作人间幕夜看。"

但更多的时候,他却是圆滑得到家,事不关己,从不多言,故陈康祺说他:"如文和(张廷玉)之察弊,亦中人之才所易及。乃画喏坐啸,目击狐鼠之横行,而噤不一语。"

这些自然不能让皇帝知道。雍正称赞他:"其为人外平和,内方正,足办国家大事。"故而倚任之重。雍正四年(1726年),张廷玉入文渊阁为大学士,以后又晋文和殿、保和殿大学士并承命管理吏户、翰林这样重要的部院。雍正七年,以西北用兵成立军机处,在始设的三名军机大臣中,张廷玉位居第二,列怡亲王允祥之后,而居大学士蒋廷锡之前。军机处的一套规章制度,包括军机谕旨明发和廷寄的设计,均出自张廷玉之手。张廷玉在雍正一朝出了大力,雍正皇帝毫不掩饰地称他作股肱。

那是雍正五年(1727年)五月,张廷玉偶患小恙,雍正帝命御医前往诊视,又遣内侍询问寝食,关怀备至。随后他对侍卫说:"朕连日臂痛,汝等知之乎?"

众人不解,惊问其故。

雍正笑着说:"大学士张廷玉患病,非朕臂痛而何?"

皇帝的宠信和倚重,将张廷玉置于权势显赫的地位。他每日承办的事太多,偶尔能到朝房或公署听事,所辖部院司曹官员抱案牍守候一旁、待其裁决者,常常有数十人之多,所谓"环立番进",待张廷玉一一予以定夺。就连在马上舆中,他也要批览文书,不得片刻小憩。

权重必然势重。他在鞍前马后地侍奉"皇帝"、不时地候旨听宣出纳王命的过程中,也固结起自己的势力。"薄暮还寓,则宾客门生,车驾杂沓,守候于外舍者如卿也。"到了乾隆元年,年已六十四岁的张廷玉位当三朝元老,"一时大臣皆出后进",或以知遇之感,或为提携之恩,投到张廷玉门下的不知凡几。

可见,乾隆即位时,无论张廷玉还是鄂尔泰都各自形成了势力强大的朋党集团,双方势同水火,而两家子弟宾客,"渐且竞权势,角门户",更起了推波助澜的作用。当时的情况,就像乾隆指出的那样:"满洲则思依附鄂尔泰,汉人则思依附张廷玉。"所以鄂张两党在一定程度上反映了满汉官僚之间的矛盾。

人称,鄂尔泰与张廷玉"同事十余年,往往竟日不交一语"。但为争权夺势,却无日不在暗中较劲。

张廷玉向以谦躬自居,但对鄂尔泰却是寸步不让。本来鄂尔泰一直外任封疆,而张廷玉官居京城,两人是井水与河水各不相犯。虽有嫌隙,却是互不相扰。但自雍正十年,鄂尔泰内召还京,并后来者居上,以首席军机大臣班次在张廷玉之前,这使张廷玉大为不快。而后,鄂尔泰偶有过失,张廷玉必冷嘲热讽,使其不得自容。

礼亲王昭梿记下了发生在两人之间的一次玩笑对话:

> "暑日,鄂公尝脱帽乘凉,其堂宇湫隘,鄂公环视曰:'此帽放于何所?'公(张廷玉)徐笑曰:'此顶还是在自家头上为妙。'鄂神色不怡者数日。"

张廷玉明明是在警告鄂尔泰要老老实实做官,否则乌纱帽则带不长了,而鄂尔泰虽然大为恼火,却又找不出发作的理由,只好自生闷气。

实际上,张廷玉虽然在咬文嚼字上比鄂尔泰高出一筹,常常以口角获胜,但由于清政府的大权操纵在满族上层的手中,乾隆皇帝的重满轻汉、袒护满族官员的倾向较为明显,所以更多的情况下,还是鄂党占上风。

鄂、张两党的明争暗斗,必然导致大的冲突,而第一次大的冲突,竟是伴随着新皇帝的登基而来。

雍正十三年(1735年)五月,贵州台拱、古州一带的苗民再度反叛,爆发了大规模的反清斗争,震动了朝廷。雍正皇帝怒形于色,颇有怪罪鄂尔泰措置不善之意。

实际上,苗民反叛的原因是多方的。这一带改土归流最晚,而且由于鄂尔泰,张广泗等得力大员相继调离,归流的工作很是草率,除了添设流官派驻军队之外,未对原有土司势力作应有的触动。而后,随着新派流官苛征暴敛,擅作威福,原有的土司势力便利用苗民的不满,鼓动反清。他们围攻官军,破坏驿站,并攻下了附近的州县,连陷凯里、重安江、黄平等重要城镇,一时之间,西南隅陷入了兵燹之中。

雍正急调川黔楚粤四省军队三万余人,驰援古州。他任命贵州提督哈元生为扬威将军,湖广提督董芳为副将军。同时,又成立办理苗疆事务处,以果亲王允礼,宝亲王弘历(乾隆),和亲王弘昼,大学鄂尔泰,张廷玉等人为办理苗疆事务大臣,专门负责平叛。

鄂尔泰曾向雍正皇帝夸下海口,声称西南改土归流后,可保百年无事。然而,不过几年工夫,苗民复叛,苗事再起。鄂尔泰虽然很是意外,但自觉心亏理短,便以从前经理苗疆筹划布置未周具疏请罪,并请罢免官职,削去伯爵,甘愿回家养病。

雍正皇帝正在气头上,再加上朝廷中反对鄂尔泰的呼声颇高,便以鄂尔泰抱病虚赢,需要调养,解去他大学士之职,并削去伯爵。

在雍正看来,对鄂尔泰的处置,合情合理,他说:苗事再起,是因鄂尔泰"从前经理之时,本无定见,布置未协所致。朕昔时轻率误信"。"国家锡命之恩,有功则受,无功则解。今鄂尔泰请削去伯爵,于情理相合。"看来,此时的雍正,没给鄂尔泰加上个欺君之罪,就算是便宜他了。鄂尔泰遭际不佳,被革职夺爵,则意味着鄂党的势力受到了严重的打击,而张党正在得势。

这时,雍正皇帝又偏偏用了属于张党的刑部尚书张照为抚定苗疆大臣,前往贵州主持平叛。

张照,为张廷玉所赏识,却素忤鄂尔泰。他见鄂尔泰失宠于皇帝,受到申饬,继而又有解任之旨,以为时机已到,可借端报复。于是,自请前往贵州督理苗事。

官场上的争斗,同样是你死我活,虽然它并不见血迹尸骨。

张照一心想给鄂尔泰以致命的一击,他甚至没有为自己留有退路,因为他既不知兵,又无帅才,手里惟一的一张王牌,便是他得知雍正有放弃苗疆的想法,一旦战败,他可以具疏请回。而实际上,张照根本不想打仗,在他看来,只要能将鄂尔泰在贵州所行全部否定,不仅可以使雍正下定放弃苗疆的决心,免去这场战争,而且他还可以一泄私愤,在鄂尔泰站起来的地方,再搬倒他。何况,张照奉命之时,皇帝已有令在前,令他访察鄂尔泰之事。这使张照有恃无恐。

张照一到贵州,便为鄂尔泰罗织罪状,每疏上达,必向皇帝陈说鄂尔泰从前经理不善,并密折奏陈改土归流非可行之策。其用心,在于推翻改土归流,敦促皇帝赶快废弃此策。

为了达到目的,张照还致书给哈元生,令他搜求鄂尔泰之事。

但哈元生为鄂尔泰旧人,对鄂尔泰之拔擢感恩戴德,岂肯为张照所用?这个生长在直隶、河间的回部人,虽出身行伍,性情鲁莽,却是个侠义之人,他忘不了是总督大人鄂尔泰为自己这个一名不闻的中军游击,屡屡请功,拔至提督。因而,张照的所为,只能加深他对其人的反感。

张照把心思都用在整治鄂尔泰身上了,在军事上却一筹莫展。而他这个抚定苗疆大臣。由于毫无用兵经验,一到贵州便提出了错误的"分地分兵进剿"之策。他以施秉一带为界,命将军哈元生率滇黔兵马,副将军董芳领楚粤兵马,分两头进剿。这一大调兵几乎用了半月的时间,几万大军往返调动,先已削耗了自己,将士苦于奔波,怨声四起。

军队好不容易安营扎寨,各就各位了。哈元生又犯了分兵太重,有守无攻的指挥错误。

哈元生为了保护营汛不致失守,他沿路分兵把守,以致数万军队,用以攻剿之师,不过一两千人。以如此劣势兵力,去应付熟悉山势地形的苗人,其结果只能是东援西救,疲于奔命而又顾此失彼。

董芳,比哈元生世故得多。为了保全自己,他完全听命于张照,并按照张照的指示,仅以招抚行事,坚守汛地不出。

以故,张照对董芳极力称善,而指责哈元生种种错谬。哈元生与董芳之间亦意见参差,相互攻讦。将帅不和,已是失败的先兆。

而且,张照等人除了用兵不得要领之外,还有政策失当之处。他们出于对苗民屡抚屡叛,反复无常的憎恨,抓住苗民,不论降拒,一律剿杀。这种野蛮的屠戮,反而把苗民逼到了绝路上,反谋益坚,甚至手刃妻女从军抗清。

由于以上种种原因,自张照出任苗疆大臣后,“日久无功”“苗患”仍在蔓延,几成无可收拾之势。

但雍正的死,改变了一切。

乾隆即位的第二天,便下令召张照还京,命湖广总督张广泗为经略,代张照督理苗疆。

这表明了乾隆对苗疆一事的态度与雍正完全不同。

乾隆早在为皇子时就开始参与机务,每日承雍正的训谕教导,对国事已有自己的看法。而且他又以宝亲王的身份奉命督理苗疆,对苗疆之患的始末,也是一清二楚。他并不赞成父亲对苗疆一事的处理,反而从心里肯定鄂尔泰改土归流的正确。因而,当他在批阅张照奏折时,立即感到了问题的严重。

九月,乾隆皇帝颁旨指责张照,说他在奏折中,对目前用兵情形,收复与未收复之地的状况,以及日后的用兵方略等均未能一一分析陈奏,“连篇累牍之奏,竟以巧词猜度,有意迎合”。痛斥张照所称,“新僻苗疆,当因其悖乱而降旨弃绝”,尤为乖谬,下令总理事务大臣及办理苗疆事务大臣传旨严行申饬。

但张照的错谬还远不止此。

乾隆最忌党争。他从奏折中,完全洞悉了张照持门户之见,存心报复的行径。他在谕旨中以更加严厉的口气斥责说:

“从前,经理古州苗疆,系鄂尔泰独任其事,后来逆苗煽动,张照在京时,见皇考申饬鄂尔泰,因其向来料理原未尽善。继有解任之旨,张照遂以私意揣度,过甚其词。”

接着,乾隆又宣称,鄂尔泰解任之由,主要在病而不在咎。而且是鄂尔泰自请解职,非被罢革,鄂尔泰之功过,待将来事竣之后,自有定论。

至十一月,乾隆便以张照“挟诈怀私,扰乱军机,罪过多端”之名,下令革职下狱。

封建专制政治,使生杀荣辱系于皇帝一身,人臣的命运,往往改变于瞬间,取决于皇帝的喜怒哀乐。

雍正皇帝以临终时的宽容,原谅了鄂尔泰在苗疆的失误,使他仍以大学士,承受顾命,辅佐新皇。而乾隆皇帝又以鲜明的态度,为鄂尔泰彻底翻了案,并在逮治张照的同时,将鄂尔泰的得力心腹张广泗派往贵州。一时之间,是是非非来了个大调个。由此鄂党的势力立时甚嚣尘上,张照成了众矢之的。

先是,张广泗疏劾张照阻挠军机,与哈元生互相攻讦,将应办之事置之不理,致大军云集数月,毫无成效。

接着,哈元生具书举发张照诱其参劾鄂尔泰之事。

鄂尔泰对张照更是恨之切齿,“因欲置之重典”。

鄂党摆开了全面反攻之势,并以牙还牙,借机罗织罪名,制造大狱,将张照置于死地,以达到穷治张党的目的。

乾隆对此并非没有察觉,他岂能听任鄂党乘机报复,形成一党压倒优势的局面。因而,尽管他气势汹汹,痛责张照并将张照下狱问罪,却是雷声大雨点小。他没有草草定罪,而是冷静地观察着局势的发展。

实际上,鄂、张两党的这场冲突,早在乾隆皇帝的预料中。为了不使张党压倒鄂党,他公开为鄂尔泰翻案。而为了不使鄂党击败张党,他又明确地告诫张广泗等人说:“今朕用鄂尔泰为大学士,又总理事务,张广泗又不可以为新主之重待而有迎合之心。”“人臣事君之道,唯有据实秉公,无偏无党。”

但鄂张两党已成剑拔弩张之势,鄂党好不容易抓到了机会,岂肯轻易撒手。张广泗更是首当其冲,最为卖力。

张广泗,是汉军旗人,隶镶红旗。他没有科举正途的名分,康熙末年,由监生捐得了知府的官衔,便一直任职西南,先是在贵州思州府,雍正四年又调任云南楚雄。这时,鄂尔泰在云贵地区的改土归流刚刚开始。于是熟知“苗情”的张广泗为总督大人所赏识,倚为左右手。从此,以平苗之功,官阶累迁,由贵州按察使、贵州巡抚、卒至湖广总督,并以才优干练闻名朝野。

张广泗隶鄂尔泰部下,与他共事长达七年。以后,鄂尔泰内召还京,张广泗也调任湖广。改土归流,虽出自鄂尔泰的运筹和设计,但在执行上,却有张广泗不少的思索和规划。雍正六年(1728年),苗疆底定,改土归流已告尾声,是他奉命与鄂尔泰共同制定了“善后十条”合疏上奏的。

所以,张照攻击鄂尔泰经理苗疆不善,否定改土归流,实际上也是在打击张广泗。如果一旦因此获罪,不仅鄂尔泰要受重惩,他张广泗也难脱干系。因而,这次奉命到贵州接替张照,他是绝不肯轻易放过对方的。不仅为报鄂尔泰知遇之恩,也为自己出这口闷气。

张广泗于十一月到贵州,对战事做了重新的部署。以他对苗疆军务的熟谙和干练。这位以平苗起家的经略,仅用半年时间,至次年夏季,便以接踵而至的捷报,宣告了清王朝对苗疆的征服。

繁忙的军务,并没有使张广泗忘记对张照的还击,而乾隆皇帝的称许和嘉奖更使他得意忘形。乾隆元年(1736年),正月,他借乾隆的倚重,开始落井下石,奏称“黔省军需银两,张照任意糜费,今支用将完。”

这是一发重炮。

张照督理苗疆时,户部拨解军费一百万两,支用全权自然归他这个抚定苗疆大臣所属。张照将这笔军费,收贮在贵东道库,一直没有让贵州藩司经手,这使地方官十分不满。布政使主管地方财政,巡抚有筹饷转输之责。当巡抚元展成因军需紧急,司库已无项可支,咨明张照请他协济时,张照却蔑视地对元展成说:“此事与汝毫不相干。”这种妄自尊大,傲慢无礼,又不负责任的态度,自然激怒了元展成,也成了日后张广泗攻击他的把柄。

张照确实不会理财,同他用兵一样,错乱忤谬,甚不合理。而且他刚愎自用,听不得半点异议。乾隆皇帝对此早有耳闻。张广泗劾折上达后,他立即下令让张照赔偿十分之八,并命户部查明严追。

在乾隆看来,张照以国家经略大臣膺节钺重寄,非但没有军功,反而挟私偾事,以寻衅鄂尔泰为急务。即使按以军法，立置重辟，也不为过。

然而，乾隆却不能如此。他清楚地知道，在这场事端的背后，是鄂尔泰与张廷玉两大党派之间的较量。正如他在《怀旧诗》中追忆的那样，"鄂尔泰，张廷玉素不相得，两家亦各有私人""盖张照即张（廷玉）之所喜，而鄂（尔泰）所恶者，张广泗即鄂所喜张所恶者。余非不知，即不使一成一败，亦不使两败俱伤，在余心固自有权衡"。

当时，乾隆皇帝尚未形成自己的班子，没有属于自己的人马，他只能沿用雍正的旧臣，小心翼翼地操纵着这架庞大的国家机器，使它不致因为自己这个新手而出现"故障"。在他没有找到合适的人选前，他需要他们中间的每一个人，因为他们是整个国家机器的组成部分。

正是在这种不使一派得势，亦不使一派失势的思想指导下，乾隆元年九月，当廷议对张照依律拟斩时，乾隆皇帝出人意外地下令将张照宽免释放。而且，在皇帝的关照下，张照出狱未久，便奉命在武英殿修书。乾隆二年（1737 年）二月授内阁学士，入直南书房，乾隆五年（1740 年）又授刑部侍郎，次年，官复原职，仍居刑部尚书之位。

在这一过程中，乾隆皇帝还为张照洗清了冤情。

原来，张广泗疏劾张照糜费军饷，致百万两军费支用不过半年。乾隆责令张照补赔十分之八。张照具折自陈，由他经手的钱粮只有十三万，均派拨各府，其余与他无关。乾隆立即令户部行文张广泗察实。

张广泗本有意倾陷，欲置张照于重典。所以，他借故拖延，直到乾隆四年（1739 年）正月，在朝廷的屡屡催促下，才不得以以"张照经手银两为二十五万回奏"。

乾隆十分气愤，他斥责张广泗说："此奏与原折迥不相符，且迟至二年之久始行奏覆，显有回护原参，碍难措置之处。"一语道破了张广泗所做的手脚。

乾隆随即颁旨宣称："张照经手之二十五万两，俱分发各路为军需之用，本无应赔之项，"一言定鼎。

至此，这项盈廷为之牵动的大案才算了结，而其中却处处体现了皇帝的良苦用心。

乾隆置身于两党之间，竭力保持持平公允，不使双方失之于均衡。他并非不愿消灭党争，而是实在不愿在朝廷中形成一派独占鳌头之势，从而构成对皇权的威胁。所以，他小心谨慎，在剪除朋党的时机尚未成熟的情况下，仍使双方维持势均力敌，以收相互牵制之效。

为了不致使两党发生无必要的冲突，乾隆皇帝留意于朝廷中每一件事情的处理，避免给人以偏袒一方的印象。在用人上尤为谨慎。

乾隆五年（1740 年）初，刑部需要补一名侍郎，乾隆原打算任用张照，但在廷议时适逢鄂尔泰未曾入直，而张廷玉在场。为了不使人疑为张廷玉荐引了张照，杜绝鄂党妄加议论，乾隆干脆另用了杨嗣璟为刑部侍郎。以后，又找了一个适当的机会，才起用张照。

但更多的情况下，是乾隆不时对他的大小臣僚发出警告，禁止他们朋比结党。他说："若必欲依附逢迎鄂尔泰、张廷玉，日积月累，实所以陷害之也。"

又诚饬鄂、张二人说："二臣更当仰体朕心，益加警谨。"在皇帝的心里，清代绝不能像明末那样盛行门户党援，他必须肃清纲纪。

然而，冰冻三尺，非一日之寒。鄂、张两党的长期对立，嫌隙日深，决不是皇帝的几道谕旨，就能使数年的积怨烟消云散的，而官僚政治为了个人的利害得失，相互的倾轧，往往是无孔不入。从而使官场上的尔虞我诈，更加伺空见惯。

乾隆六年(1741年)，鄂张两党，再次形成尖锐的矛盾冲突。

事情发端于陕西道监察御史仲永檀的一份劾疏。是年三月，仲永檀奏言：

步军统领鄂善接受京城富民俞氏贿银一万两。俞氏丧葬出金请九卿吊丧。礼部侍部吴家驹因参加俞氏葬礼，受吊丧谢仪银五百两，又吞分送给九卿炭金二千两。詹事陈浩在俞家陪吊，奔走数日，而且，前往俞家吊丧的不止九卿，大学士张廷玉差人送帖，徐本，赵国麟俱亲往彼处。

这一丑闻的揭露，矛头直接指向了张廷玉及其党羽。并因事关婪脏，将张党置于狼狈不堪的境地。仲永檀为鄂党立了一功。

仲永檀是山东济南人，乾隆元年进士。曾以敢言闻名。仲永檀虽为汉人，却投到了鄂党的门下，他紧紧追随鄂尔泰，颇重门户之见，在鄂张两党的斗争中不遗余力。这回，他终于看准了时机，告张党以受贿之罪。

张党何以会受贿呢？俞氏富民又是怎样的人呢？似乎说来话长。

俞氏，名君弼，曾为工部凿匠，钻营至巨富。然而，却命中无子，只好过继了一个孙子。不料，没过数年，俞君弼因偶染小疾，竟致一病不起，未几便呜呼哀哉。于是，他留下来的家产便成了衅端。俞君弼还有一个义女，女婿许秉义乃是贪财好利之徒。他欺俞家嗣孙年小，图谋争夺家产。便利用为俞家主丧之机，行贿于与他同宗的内阁学士许王猷，让他遍邀九卿到俞家致吊，凡参加吊丧之人皆以重金酬谢。以为如此可以凭借朝官的势力，达到独霸俞家产业的目的。

此事，很快为步军统领鄂善告发。乾隆皇帝动怒，下令将行贿许秉义逮捕下狱，严加鞫审，镇以国法。并将许秉义的同宗、内阁学士许王猷革职查办。然后申饬九卿各官，严禁他们到俞家"吊丧"。

但是，重金之下，必有勇夫。虽然，皇帝申饬戒谕，仍有礼部侍郎吴家驹等人前往。就连鄂善也被俞家收买，接受了俞家托人送来的"说合银两"。

鄂善是满族人，雍正年间的老臣，乾隆即位后，仍予重用，授予号称九门提督的步军统领之职，居禁军头领的地位。又先后任兵部尚书、吏部尚书等官，得宠于一时。他并非张廷玉之党徒，但此次却受了张党的牵连。

仲永檀给了张党重重的一击。但他犹以为不足，又接着参劾张党泄密。他说："向来密奏留中事件，外间旋即知之。此必有串通左右，暗为宣泄者。则是权要有耳目，朝廷将不复有耳目矣！"

仲永檀所说的"权要"，就是张廷玉。

在这里，仲永檀是暗喻张廷玉的党羽，将密奏留中之事，私下透露给张廷玉。而所谓的密奏留中，是大臣们以奏折的形式向皇帝陈奏的机密。按着规制，皇帝阅后，封缄留存，除了皇帝本人之外，任何人不能知道。

仲永檀密折参了两案，两案皆事关重大，涉及权要。乾隆皇帝阅后，心里也为之一惊。但仲永檀气势咄咄逼人，倒使他提高了警觉，他意识到这是党争的信号，必须妥善处理。

但是，授权谁去处理呢？乾隆一时找不到合适的人选。因为，张党中的主要大臣几乎都被牵扯到此案中，在这种情况下，如果再派某个人单独承办此案，不论他是鄂党，还是张党,都无法脱去挟个人恩怨搞乱是非的嫌疑。

乾隆思前想后,竟然想出成立一个七人办案组的主意,命由怡亲王、和亲王、大学士鄂尔泰、张廷玉、徐本、尚书讷亲、来保共同查审此案。这样,既可避免有人做下手脚,又会使案情因七人会审,令人信服。

尽管乾隆已经布置停当,欲穷追到底。但他仍怀疑仲永檀有诬陷之嫌。他说:"使其果实,则鄂善罪不容辞;如系虚捏,则仲永檀自有应得之罪。""此事甚有关系,若不明晰辨理,判其黑白,则朕将何以任用大臣? 大臣又将何以身任国家之事耶?"

至于仲永檀指称有人泄密,在皇帝身边弄权,乾隆更是视为妄词。他批复说:所谓"权要串通左右"一语,"朕观此时并无可串通之左右,亦无可串通左右之权要"。下令让仲永檀明白回奏,并指示办案大臣秉公查清。

然而,查审的结果,却完全出于乾隆的意外。

数日以后,在王大臣们的严厉鞫讯下,鄂善及其家人,供认了曾接受俞氏嗣孙俞长庚贿银一千两。鄂善被革职拏交刑部。

鄂善是乾隆重用之人,他如此欺君玩法,令乾隆大失所望。且新皇帝更看重自己的声誉,在他看来,"鄂善一人之事所关甚小,朕用人颜面所关则大"。"若再不明彰国法,则人心风俗,将何所底止?"于是,赐令鄂善自尽。

这是乾隆皇帝登基以来,第一次如此严厉地处置大臣。他是那样痛心疾首,垂泪书谕。整整一个多月,食不甘味,寝不安席。

但比起法办鄂善来。乾隆对张廷玉等大学士似乎更难"处置"。从心里讲,他不愿自己所任用的大臣一个个都是欺君罔上的奸佞。如果不是有干国法,乾隆决不允许他们在这场涉嫌党争的案狱中受到倾轧。

因而,在处理了鄂善之后,乾隆只将礼部侍郎吴士骐和詹事陈浩革职,其余均从宽开脱。并颁旨明确指出:"仲永檀折内所奏大学士等到俞姓送帖吊奠一事,今查询明白,全属子虚。"

实际上乾隆明明知道,所谓大学士送帖吊奠一案,根本无法查实。因为仲永檀早就声称,"大学士等人已于皇上申饬九卿时,追毁原贴",送帖吊奠的证据不复存在。乾隆皇帝是何等地精明,他怎会不知呢? 而且,在他挑选办理此案的七个大臣中,就有张廷玉、徐本二人是仲永檀点名参劾之人。以当事人办理自己的案件,其结果更是可想而知了。

乾隆皇帝不予追究,又有谁还敢再查呢?

只是仲永檀所劾密奏留中泄密于权要之事,非无的放矢,他举出御史吴士功弹劾尚书史贻直密奏曾被宣扬于外。

吴士功是张廷玉的门生,河南光州人,字唯亮。雍正十一年中进士,由郎中考选御史,颇具才气。由于他与张廷玉的特殊关系,仲永檀所参吴士功泄密,并串通权臣,毫无疑问指的是张廷玉。而史贻直又与鄂尔泰交好。因而,是案所表现出的门户党派之争,实在是太明显了。虽然,乾隆清楚地记得,吴士功上年确有密奏,而且确实被"宣扬于外",但他决定压下此事。

对乾隆皇帝来说,这种处置,实在是个特例。他最忌臣僚泄露机密,常说:"人臣谏奏事件,理宜慎密,若有参劾,即非露章,而用密折,尤不当泄露于外,以自作威福。"凡遇臣下泄密,他往往严惩不殆。

乾隆元年(1736年)二月,给事中曹一士上疏弹劾王士俊,乾隆阅后,马上将密折封缄起来,留中未发,也不曾向任何人提及此事。但几天之后,乾廷上下四处传开,闹得沸沸扬扬。毫无疑问,这是曹一士自己宣扬出去。其用意,自然因为王士俊不为新皇帝所喜,他可乘机落井下石,借打击别人,抬高自己的声誉。但事与愿违,泄密之事被乾隆发觉后,曹一士受到降级的处分,险此被革了职。

但这一次,乾隆的态度却完全不同。他颁旨说:"御史吴士功奏参尚书史贻直一折,且今姑且不究。着与二人阅看后,封于内阁。若伊等将来不知悛改,再有过犯,将此取出,一并从重处分。"

如比重大的泄密事件,就这样被乾隆压了下来,史贻直没有因为被人指参受到审查,吴士功、张廷玉也没有因为相互串通,泄露机密,受到惩处。

这就是乾隆皇帝不偏不倚的驾驭术。

初政的乾隆皇帝,在操纵驾驭官僚政治这架庞大的机器时,犹如驾驶一艘巨轮航行在大风大浪的海上,他尤其需要保持船身的平稳,只有这样,他才能闯过激流险滩。

北宋王禹偁写过一篇《待漏院记》,文中十分强调宰相的地位和作用。认为"一国之政,万民之命,系于宰相"。但乾隆却不以为然。他作题辞反驳说:

> "记中历葳相臣,贤者一、邪者一、庸者一,列为三等,亦既彰往者、规来者,可以为执政者之龟鉴矣。但所谓一国之政,万人之命,悬于宰相,则吾不能无疑焉。夫此三等之人岂能自用?用之者君也。若为君者不能自用,其臣或资于人焉,则贤者不称其为贤,邪者盖肆其为邪,而庸者则将自喜为庸矣。是则一国之政,万人之命,不悬于宰相,悬于为君者明矣。"

在乾隆的帝业生涯中,他的确可称得上是一个高居于众官僚之上,牢牢控制生杀予夺大权,而不和任何人分享的专制皇帝,在他统治的六十余年中,虽不乏才干横溢的大臣,但在他这个专制君主的驾驭下,却不曾留下彪炳历史的业绩。而乾隆的成功,正是从他逐渐削夺雍正旧臣的相权开始的。

乾隆初年,在他所任用的雍正旧臣中,以鄂尔泰、张廷玉的地位最高。自恢复军机处、宗室王公被排斥在权要机构之外后,鄂尔泰为首席军机大臣,张廷玉居其次。均是位居宰相的重臣。二人虽然各树门户,朋比结党,相互倾轧,但却不曾威胁到皇权的稳定。因而,乾隆帝在初政的过程中,虽不时给以告诫,却仍倚寄颇深,优容包涵。以故,鄂尔泰和张廷玉均权势旨显,并在朝廷内外负有盛名。在清人袁枚为鄂尔泰所撰的行略中有这样的记载:

> "乾隆元年,每行一政、下一诏,海内喁喁,拜泣歌舞,以为尧舜复出。有归美于公(鄂尔泰)。"

乾隆二年(1737年),在朝鲜使臣回国后的奏报中,也称誉说:

> "新主政令无大疵,或以柔弱为病"。"阁老张廷玉负天下重望,有老母,乞归养不许。彼人皆以为张阁老在,天下无事云。"

毫无疑问,鄂尔泰和张廷玉在乾隆推行新政的过程中,起了举足轻重的作用。然而,对于有极强权力欲的乾隆来说,只能有威名的皇帝,不可有能事的大臣。他使鄂尔泰和张廷玉始终慑于皇帝的天威之下,不敢越雷池一步。

在乾隆看来,"鄂尔泰固好虚誉而近于骄者,张廷玉则善自谨而近于懦者"。所以,乾隆尤其注意对鄂尔泰的裁抑。正如他自己后来说的那样:"鄂尔泰在生时,朕屡降旨训饬,较之张廷玉尚为严切。"

清代首崇满洲,满族贵族一直在政治上享有特权。乾隆虽然一向标榜他处事一秉至公,无所偏袒。但事实上,他袒护满族官员的倾向十分明显。他不但规定了军机大臣必须以满人为首席,而且所用要员也多为满人。乾隆这种崇满歧汉的思想,本来对鄂尔泰十分有利,他借此把持住了"一人之下,万人之上"的首席宰辅的地位,并使自己在与张党的角逐中每每居于上风。鄂尔泰当时的情况,就像乾隆在《御制诗文集》中所说的那样:

初政命总理,顾问备左右。

具瞻镇百察,将美惠九有。

鄂尔泰在雍正所留下的一班老臣中位居首魁、权势倾朝,这是朝廷内外有目共睹的事实。而他的骄倨傲慢,更给人以权臣震主的感觉。

乾隆元年(1736年)正月,署湖南永州镇总兵崔起潜上疏参劾"大学士鄂尔泰欺蔽于中,苗疆经略张广泗迎合于外"。这是影射鄂尔泰专权用事,结党营私。

同年七月,署四川巡抚王士俊,在上书指责乾隆翻前朝旧案的同时,也提出"大学士不宜兼部务"。乾隆知道,这也是针对鄂尔泰而来,王士俊是田文镜的心腹,而田文镜则与鄂尔泰久成嫌隙。

两疏虽然都在纠参鄂尔泰,但却事关皇帝。乾隆向以大权在握自诩,并以此炫耀自己的圣明。然而,刚刚登基,未及一载,就被官吏们指为受人欺蔽,隐意为皇权旁落,强烈的自尊心,使乾隆无论如何也接受不了这种言论。

于是,乾隆颁布上谕,公开驳斥说:"朕御极以来,一切政务皆躬亲裁断。即苗疆一事,大学士鄂尔泰未曾旁置一语。即总理事务大臣,亦未曾襄赞一词也。崔起潜将毫无影响之事捏词妄奏,明系倾陷大臣,扰乱国政,甚属可恶。"崔起潜因此获罪,被拿解至京,交刑部严审定罪。

皇权不可侮,更不可无,乾隆不止一次地宣称:"朕为天下主,一切庆赏刑威,皆自朕出,即臣工有所建白,采而用之,仍在于朕。"所以,他对王士俊也说:"朕岂为金任所惑之主哉?"

事实虽然并非完全如乾隆所说的那样,但当鄂尔泰在苗疆一事上做下手脚,欲置张照于死地之时,乾隆的确没有听信鄂尔泰的逸言,用乾隆的话说:"朕若听信其言,张照岂获生全?彼(张照)不知朕非信谗之主,而鄂尔泰又岂能谗照之人?"

鄂尔泰骄愎过甚,并不为乾隆所喜,而且乾隆不时地在挫折鄂尔泰的锋芒。

雍正生前,曾有意要将他为雍亲王时居住的藩邸旧居改建为庙宇。但当雍正帝死后,搬出皇宫另辟新居的和亲王弘昼索要原雍亲王府旧邸时,鄂尔泰为博得皇帝御弟的欢心,竟然主张将王府赐给弘昼。

赏罚唯皇帝自出,乾隆绝不允许大臣擅作主张,何况乾隆本来就认为此府为龙腾所在,不宜再作王府。因而,他断然拒绝了鄂尔泰的建议,将原雍亲王府改为礼佛的喇嘛庙,称"雍和宫"。

乾隆三年(1738年)朝廷议"三老五更",这是复行古帝王敬礼耆老之意。在古代,以年在八十以上的老者称"三老"。"五更",主要指乡宦的名称。相传,古代设"三老五更",以尊养年老的官员,而能被选入"三老五更"的人,皆是德高望重之辈。以后,历代间有沿习此礼者,但年令则放宽在六十岁右右。其时,鄂尔泰、张廷玉俱可当三老之位,但张廷玉遇事谦退,不愿招摇。他以"典礼隆重,名难实付"为由,坚决反对举行此礼。所谓"断以为不可",并作《三老五更议》陈说己见,此礼遂因张廷玉之奏而寝。

但鄂尔泰的态度却大不相同。他依违其间,俨然以耆老自命,并希冀借此博取美名。这件事自然引起乾隆帝的反感。甚至在四十年以后,年已六十八岁的老皇帝,见到张廷玉当年所作的《三老五更议》时,仍然感触颇深,撰文题记,指责鄂尔泰"因好虚荣,近于骄者"。

鄂尔泰的骄慢,自然有其来由。他在雍正朝宠眷隆渥,莫可谁比。在朝廷内外已形成一股势力,在众人的心里也形成一种趋附逢迎的心态。

乾隆五年(1740年)初,乾隆帝下令让已故大臣浙江总督李卫入祀贤良祠。四月,河南巡抚雅尔图奏请将已故巡抚田文镜撤出豫省贤良祠,理由是河南百姓恶恨其人。

田文镜、李卫、鄂尔泰,是雍正帝最推崇的三位大吏,只是三个素不相合,搏衅成隙。乾隆即位以后,田文镜、李卫相继故去,只剩下一个鄂尔泰,又在朝廷中居于望位,所以,众官吏的攀附之势如蚁附膻。

乾隆是何等精明之人,他立刻看出雅尔图是醉翁之意不在酒。申饬说:"此奏并不在田文镜起见,伊见朕降旨令李卫入贤良祠。其意以为李卫与大学士鄂尔泰素不相合,特借田文镜之应撤,以见李卫之不应人耳。"一语道破了雅尔图在有意迎合鄂尔泰。

接着,乾隆又说:"从来臣工之弊,莫大于逢迎揣度。大学士鄂尔泰、张廷玉乃皇考简用之大臣,为朕所倚任,自当思所以保全之。伊等谅亦不敢存党援庇护之念,而无知之辈妄行揣摩。"一语双关,既警告了鄂尔泰、张廷玉结党聚势、以权徇私,又斥责了群臣附炎趋势、揣度钻营。

但比起警告和斥责来,乾隆更注意牢牢把握用人之权,不使他的大臣有所窃夺。

当时,聚集鄂尔泰周围的,不独微秩末禄,亦不独侍郎、尚书,就连朝廷中的皇亲国戚也在攀附之列。如蒙古额驸策凌,一到京城,就为鄂派的官员法敏、富德、常安等向乾隆帝游说,请加官晋爵。还特地为富德请补随印侍读,为年老的特古勒德尔请令还京。其用心就在于投鄂尔泰之所好,博得他的欢心。对此,乾隆深知其情,也甚感痛心。他说:"额驸且然,何况他人。"

然而,痛心大臣朋党,还在其次,乾隆尤其不能容忍大臣分其君权,甚至不允许在群臣中有大臣可以用权、用人的认识和心态。因而,他严厉拒绝了额驸策凌的荐人之请。并且声称:"朕御极以来,用人之权从不旁落。试问数年中,因二臣之荐而用者为何人?因二人之劾而退者为何人……若如众人揣摩之见,则是二臣为大有权势之人,可以操用舍之柄。其视朕为何如主耶?"

乾隆的确不是平庸之主。他明智,敏锐,不失所察,不为所惑。而尤其难能之处,在于他事必躬亲,大权从不旁假。所以,他在驾驭那架庞大的国家机器时,熟悉到每个机器零件,一遇故障,他会驾轻就熟地找到问题的所在。

在审理永州总兵崔起潜一案时,乾隆因崔起潜所参有损皇帝的尊严,虽在指责鄂尔泰欺蔽人君,实则是影射自己无能,所以本想严加惩处。但后来又降旨从宽发落。诏旨下达后,朝廷内外立时纷传这是鄂尔泰上疏所奏,而鄂尔泰在拟罪具题时,确实有疏陈将崔起潜宽释的密折。乾隆明白"若非鄂尔泰泄露于人,何由知之?"当时,他虽然对鄂尔泰这种邀买人心的做法十分不满,但在尚需倚用这些前朝遗老的情况下,乾隆未加追究。

然而,五年以后,乾隆却旧事重提,当众抖出鄂尔泰泄密买好、有丢颜面的事情,并且公开说:"人情好为揣摩,而反躬亦当慎密。""是鄂尔泰慎密之处,不如张廷玉矣。"

乾隆直接拿鄂尔泰与张廷玉作比较,对鄂尔泰不能不是个极大的刺激。而在一抑一扬之间,失势与得势已经有了分晓。这实在是个敏感的信号,乾隆的确是第一次以如此严厉的态度对待鄂尔泰,也是第一次历数他的过犯,并点名指责他。而乾隆这样做,无非是因为鄂尔泰在朝廷内外固结过甚,群臣投附,趋之若鹜,已经超出了皇帝所能包容的限度。

但君臣之间,何为限度? 就权力的分配而言,却是因人而异。朝隆是个大权独揽的皇帝,作为"宰相",鄂尔泰即使谨小慎微,君权和相权的矛盾,也要迟早爆发。乾隆六年(1741 年),鄂尔泰终于"惹"恼了乾隆皇帝。

事端起于朝隆所赏识的大臣黄廷桂。

黄廷桂是汉军旗人,出身于世宦之家,康熙末年,由监生袭曾祖云骑尉世职,为侍卫。雍正年间,迁总兵,提督、四川总督。乾隆元年,西陲军务告竣,朝廷裁四川总督,黄廷桂降为提督,官古北口。

乾隆六年夏季,乾隆帝出边行围来到古北口。按照惯例,皇帝检阅了当地的军队。当乾隆看到古北口镇的官兵"队伍整齐,技艺娴熟"的演习后,十会满意,称赞不已,这在乾隆皇帝是不多见的。乾隆认为,这一切"洵由统领大员董率有方,将弁兵丁勤于练习所致"当即赐赏黄廷桂战马二匹,皇上用缎二疋。两个月后,乾隆返回京城,便授黄廷桂为甘肃巡抚。

可天下的事情,偏偏有那么多的巧合。就在乾隆皇帝于北部边外对黄廷桂倍加称道,大有恨识拔之晚的时候,奉命留京办事的鄂尔泰,却以黄廷桂滥举匪人的罪名,按例议处,降二级调用。于是,君权与相权直接冲突起来。

原来,古北口守备和尔敦钻营行贿部院一事被人告发,而黄廷桂又曾经为和尔敦疏陈用为守备。故而,黄廷桂也被怀疑接受了和尔敦的贿赂,有婪脏的行为。

鄂尔泰一向讨厌黄廷桂,正好被他抓住把柄。鄂尔泰是主管兵部的大学士,于是他下令兵部对和尔敦进行严审,兵部审后又交刑部,欲借机整治黄廷桂。可是,虽经两部反复审讯,和尔敦却始终供称,不曾有钻营恳请黄廷桂之事。鄂尔泰不甘就此罢休,仍责令两部再审。于是,兵部审完,交刑部,刑部审完,仍维持原议。鄂尔泰抓不到黄廷桂有婪索赃私的证据。只好给他安了一个"滥举匪人""将劣员咀越保留"的罪名,议罚降调。

而且,鄂尔泰为了不使皇帝出面干预,他勾连刑部官员,以最快的速度、最短的时间,赶在乾隆出巡返京之前,审理结案,并上奏题覆。在鄂尔泰看来,乾隆皇帝远在古北口外,批阅本章决不会比在京城仔细,定能蒙混过关。

乾隆岂是被人欺瞒之主! 本章刚刚送到他手中,他就发现了问题。意识到这是鄂尔泰利用他出巡未归,挟嫌报复,先发制人。他气愤地说:"黄廷桂不过因朕出口行围,路经古北,防备守御事务需人料理,是以将和尔敦请调,并非荐举升迁也,亦非保举和尔敦久留此任耶。""办此事之大臣素与黄廷桂有不睦之处。""谓非挟嫌,谁信之?"

乾隆早已对鄂尔泰不满,此事尤其让乾隆反感,认为鄂尔泰非但不识抬举,且欺君揽权。所以不点名地数落他说:"如此办理已负朕推诚待大臣之意,况久在朕洞鉴之中,而犹欲逞己意,是徒为朕所轻耳。""此等居心行事,乃竟出于朕信任头等之大臣,朕转用以自愧。伊等将视朕为何主耶?"

乾隆越说越气,先时一直没有提到鄂尔泰的名字,这时干脆点名道姓,下令"将办理此案的大学士鄂尔泰等人严行申饬"。并以黄廷桂为无干之人,免除处分。

对鄂尔泰来说,这不啻一次严厉的惩处。他像被人猛击了一掌似的,开始清醒起来。

自雍正末年以来,鄂尔泰位至极品,崇隆至盛,虽贵持清介,不染赃私,却骄愎自负,目中无人。新皇帝在他眼里也不过是个涉世未深的雏儿,虽说天资聪颖超绝,为政也颇有乃父的干练,但终归为九重深宫里长大,阅历有限,经验不足。在官场政界的风云迷雾中,绝非他这个久经历练的老臣能比。他没有想到,就在他自以为老姜为辣的时候,他的一举一动都没有逃过乾隆的眼睛,所行以权泄愤之事,被乾隆全盘地抖了出来,不讲情面到没给他留下一块遮羞布。鄂尔泰不能不为之震慑,也不得不从心里佩服乾隆的精明。从此,他开始敛迹修身,做起"太平"宰相来,在张廷玉的文集《澄怀园语》中,记载了鄂尔泰曾有一句警世名言:"谓大事不可糊涂,小事不可不糊涂,若小事不糊涂,则大事必至糊涂矣。"这或许是鄂尔泰的为官准则,与雍正帝称他识量渊宏,规划久远的为人和个性相符。但自此而后,鄂尔泰恐怕不论大事小事都一概糊涂起来。

然而,宦海中从没有平静的港湾。不管鄂尔泰糊涂还是不糊涂,真糊涂还是假糊涂,太平宰相都不是那么容易当的。虽然,他畏于皇帝的天威,甘于淡泊,不再兜揽事权。但是,依附在他周围的党徒却不甘寂寞。乾隆七年(1742年),十二月,仲永檀与他的长子鄂容安串通泄密、陷害异己的事情败露,又累及鄂尔泰。

仲永檀因在乾隆六年疏劾步军统领鄂善婪脏、御史吴士功泄密两案皆实,加官晋爵,由御史擢至左副都御史,成为三品大臣,和鄂尔泰的关系也更加密切。但仲永檀虽指参张党婪脏、泄密,斥之不遗余力,自己却尤不知修省官箴、官德,大有小人得志忘乎所以之情。乾隆七年二月,他充会试副考官,由贵州赶赴京师,一路仗势欺人,令家人鞭打平民,被河南巡抚雅尔图参劾,处以罚俸。但这小小的惩罚,并没有使仲永檀引以为戒,收敛起骄狂之气。他仍然毫无顾忌地为所欲为,利用在京期间,与鄂尔泰的长子鄂容安往来密切,会商谋陷他人之事。岂知,螳螂捕蝉,黄雀在后。仲永檀的所为很快被人告发。其时,鄂容安以詹事府詹事被命在上书房行走,正为乾隆所倚用。事发后,两人俱被革职拿问,交王大臣会鞠。

在审理的过程中,仲永檀才像泄了气的皮球,与鄂容安一一供出他们相互交通,在参奏别人之前,先行商谋,参奏之后,又相互照会的情实。仲永檀无非是要买鄂尔泰的好才极尽巴结之能事,与鄂容安结成至交。这种无视法网、朝纲,明知故犯的结党营私行为,令乾隆感到发指,他一针见血地指责说:"仲永檀受朕深恩,由御史特授副都御史,及依附师门,将密奏密参之事无不豫先商酌,暗结党援,排挤不睦之人,情罪甚属重大。鄂容安在内廷行走,且系大学士之子,理应小心供职,乃向言官商量密奏之事,情罪亦无可逭。"

仲永檀与鄂容安,一个是鄂尔泰的门生,另一个则是其犬子,两人皆与鄂尔泰关系密切。且鄂尔泰不止一次地在乾隆面前奏称仲永檀端正直率,可为大用。因而,乾隆对鄂尔泰的不满,也已形于辞色。他指责鄂尔泰既"不能择门生之贤否",也"不能训子以谨饬",是其营私党庇之过。

见乾隆动了怒,张党图谋报复,要求刑讯仲永檀和鄂容安,并逮问鄂尔泰。如果此事追究下去,鄂尔泰必将身败名裂,鄂党也会随之崩解,形成张党得势的局面、

"一国之政,悬于为君者明矣。"乾隆明知此事于鄂尔泰"罪名重大",若查个水落石出。"鄂尔泰承受不起",故不准诸王大臣再予深究,从宽了结了此案。除仲永檀下狱,病死于狱中外,鄂容安令退出南书房,鄂尔泰交部察议,以示薄惩。

乾隆虽然痛恨大臣以权谋私,但却懂得在打击的同时,又要驾驭得当。他不愿造成一党得势的局面,因而竭力维持两党的均势。而已知收敛的鄂尔泰,在雍正的一班旧臣中是一个谙练政务的能臣。这一点,更为朝隆所看中,正如他自己所说:"若将鄂尔泰革职拿问,而国家少一能办事之大臣。"

鄂尔泰被乾隆宽释了,但乾隆并没忘记告诫他:"朕亦不能为之屡宽也。"言外之意,鄂尔泰如若再有过犯,定会严惩不殆。

只是,鄂尔泰没有等到那一天。自乾隆九年(1745年)入冬以后,他便卧病在床,手脚不能动弹,好像患了中风偏瘫之症。乾隆十年四月就病故了。遗书上达后,乾隆颁旨说:"大学士伯鄂尔泰公忠体国,直谅持躬。久任边疆,茂著惠绩。简领机务。思日赞襄。才裕经论,学有根柢。不愧国家之柱石,允为文武之仪型。"算是对他一生的盖棺之论。乾隆还亲至鄂尔泰府第酹酒,辍朝二日,准予配享太庙,入贤良祠,并赐谥"文端"。恩礼俱为隆盛。

鄂尔泰一死,鄂党群龙无首,在朝廷中的势力大不如从前。乾隆十一年(1746年)九月,有人疏劾鄂尔泰的弟弟,官户部尚书、步军统领的鄂尔奇有提拿越控,滥用部牌,庇护私人,坏法扰民等罪名,鄂尔奇被革职罢官。但经过诸王大臣会鞫核实后,提出应加倍治罪。乾隆不容张党趁机倾陷,他虽然认为鄂尔奇有玷职守,理宜从重治罪,但仍然声称"朕念鄂尔泰裨益国家政务甚多,以之相抵",免去鄂尔奇加倍治罪之处。两年之后,鄂尔奇死。

鄂尔泰兄弟虽相继死去,但鄂党的势力却固结不散,大有百足之虫死而不僵之势,朝廷内有大学士史贻直固持门户之私,朝廷外又有鄂尔泰的子侄和门生故吏相邀相聚,他们朋比徇私,倾轧异己,继续了党争之患。于是大学士史贻直又引起了乾隆的注意。

史贻直,字儆弦,江苏溧阳人,康熙三十九年进士,历任吏部、工部、户部侍郎,署理福建、两江、湖广、直隶等省总督,乾隆年间累迁至尚书、协办大学士、文渊阁大学士,可谓出将入相的老臣。

在官修史书《清史稿》中记载说:

"贻直为政持大体,不苟为异同。性强记,饬举止,善为辞令。"

有关他善于辞令的传闻,以当年他与雍正皇帝的一段对话为最有趣。那是雍正初年,年羹尧获罪被诛以后。雍正诛谬年党不遗余力。史贻直与年羹尧同年进士,又为年羹尧所荐,所以雍正帝问他:"汝亦为年羹尧所荐乎?"这本来带有问罪之意,史贻直却不

慌不忙,十分平静地答道:"荐臣者龚尧,用臣者皇上也。"一句话,为自己摘脱了干系。当然,雍正不加治罪,反而用他,并非缘于他的巧辩,主要还是因为他有可用之处。

雍正曾有御制诗文赐之,称他:

　　率属分曹地望崇,位跻卿贰赖和衷。
　　形墀迹躅中台履,玉佩声会晓殿风。
　　勿惮贤劳亲吏职,好将就业亮天工。
　　公忠不负衣冠选,槐棘均叨雨露同。

可见,史贻直位跻卿贰,是因为他对皇帝忠心耿耿,且勤于吏职,所以称他"不负衣冠选"。

乾隆即位以后,史贻直仍以老臣得到重用。在汉人大学士中,除了朱轼、福敏之外,就数张廷玉和史贻直的资历最老。而朱轼卒于乾隆元年,福敏于乾隆十年以疾解任。其余徐本、赵国麟、陈世倌等人虽比史贻直早晋大学士,但徐本在乾隆九年致仕,赵国麟早在乾隆六年去职。所以,自乾隆十年以后,汉人大学士除张廷玉而外,便以史贻直、陈世倌居于望位,汪由敦、梁诗正等皆其晚辈,陈世倌虽位在史贻直之先,但科举功名却在史贻直之后,且其秉性"廉俭纯笃",属于不好生事的一类。于是,史贻直的所为便突出起来。

史称史贻直"器量宏大,风度端凝",这或许是文人史者的誉美之言,也或许是只看到史贻直的一时一事。事实上这并非他的一贯作风。

官场上,汉人历来重视科举功名,视为为官的本钱和论资排辈的依据。史贻直十九岁考中进士,可谓功名早就。他比张廷玉小有十岁,却与他为同科进士,随后一同考选庶吉士,点翰林,雍正元年又一同入直南书房。只是自此而后,两人的官运便有了明显的不同,距离拉大了。张廷玉是平步青云,扶摇直上,累官至翰林院掌院学士、户部、吏部尚书,以大学士出任军机大臣,综理枢要,出纳王命,成了皇帝的心腹大臣。而史贻直只是官居侍郎,外放署理总督,直到乾隆七年才晋为协办大学士,且始终没有入直军机处。这或许是史贻直与张廷玉结怨的潜在原因,而史贻直出于忌妒,不甘居于与他同年的张廷玉之后,转而投到与张廷玉对立的鄂尔泰门下,这也是极为可能的事情。总之,史贻直为鄂党中要人,向重门户之争。

早在乾隆五年(1740年),史贻直被隶属张党的御史吴士功弹劾后,便一直耿耿于怀,伺机报复。只是由于鄂尔泰还在,诸事轮不到史贻直出头露面。乾隆十年,鄂尔泰一死,在朝廷中便隐然形成了史贻直与张廷玉对峙的局面。

自乾隆十三年(1748年),张廷玉上疏请求致仕归田,史贻直便开始就张廷玉配享太庙一事大做文章。他四处宣扬张廷玉于清王朝无有大功,不当有配享太庙之荣,并多次在乾隆面前陈说其词,欲达到使乾隆改变雍正遗命、罢张廷玉配享太庙的目的。

乾隆深晓史贻直的用心。虽然他对张廷玉配享太庙素有成见,而张廷玉先是请他赐一配享佐券,后又不亲至朝廷谢恩,这种对皇帝不尊不信又带要挟的态度,已极大地伤害了乾隆的自尊心,令乾隆不能忍受,但乾隆还是奉行不为大臣左右的原则。他仅削去了张廷玉的伯爵,没有从史贻直罢配享之请。反而在申斥张廷玉的同时,点了史贻直的名。他说:"张廷玉与史贻直素不相合,史贻直久曾在朕前奏张廷玉将来不应配享太庙,在史贻直本不应如此陈奏,而彼时朕即不听其言也。""史贻直即与张廷玉不协,又何能在朕前加之倾陷?"

但乾隆明白,张廷玉一经休致归里,便剩下史贻直独在阁中,史贻直趁机以权徇私甚有可能。故而,乾隆在召见军机大臣的同时,把史贻直也一同找来,当面训诲说:"若因张廷玉既去,即自矜得意,是亦自取罪戾耳。"

这一警告,是针对史贻直的结党行径而发,其中的寓意,史贻直当然明白。但是,由于张廷玉屡屡遭到乾隆的痛责,几致一败涂地,而他又成了内阁中汉人大学士的元老重臣,开心得意的同时,性情不免骄慢起来,甚至于事不拘小节。

乾隆十五年(1750年),三月,乾隆出巡回归京城,召在京总理王大臣面谕,却唯独史贻直不在,乾隆等了许久,只好先召见庄亲王等人。此事虽小,却有损于皇权的尊严,按照宫中礼制,皇帝回銮,王大臣等接驾之后,应在乾清门等候皇帝召见。因而,史贻直没有候驾,令乾隆满心地不悦。为了发泄心中的不快,也为了不使大臣骄矜成性,乾隆明确指出史贻直"小节不谨,必致尊卑之分不明,"让他明日回奏。

在乾隆独操国柄、明察秋毫的政治气氛中,大学士史贻直虽有行私之心,却始终不得逞志。但是,鄂党的势力并没有敛绝,他们趁张廷玉因配享失势之际,蠢蠢欲动,大有复起之势。于是,乾隆又于二十年(1755年),制造了胡中藻文字狱案,借端打击鄂党并史贻直。

胡中藻,内阁学士,兼侍郎衔,是鄂尔泰的门生,向以鄂尔泰的高足自居,又与鄂尔泰的侄子、官居地方大员的鄂昌关系密切,勾结往来,将张廷玉党派的官员视若攻讦的对象,每每寻隙陷。

虽然,鄂张两党的衅争,随着鄂尔泰、张廷玉一死一去,已经不能再掀起盈廷的大波澜了,乾隆也不可能再受到相权的掣肘和要挟。但是,十几年的统治经验使乾隆意识到,只要朋党的势力还在,便有滋生的可能,他必须严刑峻法,效法父亲雍正杀一儆百,才能达到朝野震怖的目的。如此一来,乾隆选中了胡中藻,从他的集子《坚磨生诗钞》下手,开始罗织罪名。

原来,胡中藻的《诗钞》中,有"谗舌很张箕""青蝇投吴肯容辞"之句,这是指责张廷玉及党羽在乾隆面前搬弄是非。乾隆向以乾纲独断自命,最忌臣下对朝政有权臣当道、欺君弄权的评论。因而,胡中藻诗中的"谗舌青蝇"之语,不仅是他攻讦张党的罪证,而且有指责皇权旁落之嫌,大不中听。于是,乾隆质问说:"试问此时于朕前进谗言者谁乎?伊在鄂尔泰门下依草附木,攀援门户,恬不知耻。"不仅点出了鄂尔泰的名字,而且抓住胡中藻诗中有"记出西林第一门"之句,对胡中藻以西林觉罗氏鄂尔泰第一弟子自诩的行径,大加痛责。

虽然臣子朋党比起攻击大清王朝的悖逆之罪来,实在微不足道。但是乾隆似乎更想借此振刷群臣的朋党恶习,在面谕群臣的最后,他声色俱厉,申饬说:"朕见其诗,已经数年,而在诸臣及言官中并无一人参奏,足见相习成风,牢不可破。朕更不得不申我国法,正尔嚣风,效皇考之诛查嗣庭矣。"

胡中藻已是难逃一死!因为非如此,不能树立皇帝的绝对权威。而杀人立威,惩一儆众,则是专制帝王必不可少的统治手段。

四月,胡中藻被处以斩决。但案情却越察越重,被牵连到此案的内外大臣,还有鄂尔泰之侄、甘肃巡抚鄂昌、大学士史贻直和鄂容安等,甚至波及了死去的鄂尔泰。

鄂昌在一个月前被革职罢官,锁解京师。因为,鄂昌不仅平日里与胡中藻叙门谊,论杯酒,诗词唱和,引为同调。而且,陕甘总督刘统勋又从他的书籍和信扎中,查出所作诗篇《塞上吟》有诋讪之词,诗中称蒙古为"胡儿",并对其从弟鄂容安被差往西北前线不满,发出"奈何,奈何"的感叹。这些罪证也足够将鄂昌送进地狱的。

在乾隆看来,鄂昌身为满洲,世受国恩,在任广西巡抚时,就看到了胡中藻的《诗钞》,本应对其"大逆"之词愤恨谴责,但鄂昌反而与之往复唱和。这是沾染了汉人分朋引类、以浮夸相尚的恶习,而丢掉了满族的尊君亲上、朴诚忠敬为根本的古朴风俗。说穿了就是鄂昌丢掉了皇权至上的思想。因而,他斥责鄂昌是"丧心已极""背谬之甚者"。而且胆敢把与满族一体的蒙古称为"胡儿",自加诋毁,"非忘本而何?"再加上不愿其弟从军,破坏了满族尚武的精神,乾隆痛骂鄂昌"纯属满族败类!"赐令自尽。

鄂昌出身满洲世家,却沾染了相当深重的汉人朋党痼习,以汉化自矜自诩,学着汉人士大夫的样子,流连于杯酒诗词之中,酬庸唱和,涉迹之门户。这在当时的满族官僚中具有相当的代表性。乾隆对此最为痛恨,也最为头疼,他不能一一对那些倾慕汉化的满官遍加惩创,而杀一儆百则是最为可行的手段。鄂昌以身膺封疆重寄,又与逆犯胡中藻勾连,便成了乾隆整饬满族士风,以树君上之威的牺牲品。

在处理鄂昌的两个月中,乾隆两次传谕八旗官兵,令其务必保持满族古朴风俗,"尊君亲上"杜绝一切玩物丧志的汉人陋习。并警告说:"今后如有与汉人互相唱和,较论同年行辈往来者,一律照鄂昌,严惩不贷!"

鄂昌被处以重典,受到株连的鄂党也逐个被人指参。大学士史贻直首先难脱干系。史贻直是继鄂尔泰之后鄂党中的核心人物。他与鄂昌的伯父鄂尔泰为同年举人,鄂昌便效汉人之习,称史贻直也为"伯父"交往极厚。史贻直见原任甘肃布政使出任河道官职,便向任甘肃巡抚的"侄儿"鄂昌寄书请托,替自己的儿子史奕昂谋个布政使之职,书中有"鼎力玉成"之语,而颇重门谊的鄂昌也果直鼎力玉成,为他这位伯父了却了望子成龙的心愿。在刑讯的过程中,鄂昌供出了他与史贻直之间的徇私之情,但史贻直却被乾隆杀气腾腾的阵势吓昏了头,在鄂昌供认不讳的情况下,死不认账。这又如何骗得了能明察秋毫的精明皇帝呢! 史贻直以"为子请托于前,又不据实陈奏以图掩饰"的罪名,被勒令以大学士原品休致回籍。乾隆本对史贻直的结党行为十分厌恶,说他"向日亦非安静之人",如果不是看在他为政勤慎的面子,定会从重治罪。两年之后,乾隆南巡,史贻直至沂州迎驾,乾隆赐诗给他,仍然旧事重提,颇带讥讽。

> 归林缘舐犊,辞阁匪思鲈。
>
> 能改无过矣,知仁何碍乎?
>
> 迎庐方出户,咨政挈同途。
>
> 风度犹然在,江山秀助腴。

从诗的后半部看,乾隆已经原谅了史贻直当年的舐犊之私,而前提是因为史贻直"能改无过矣,知仁何碍乎?"足见乾隆杀人立威,以儆臣僚手段的成功,致使老于官场,以临事不改常态闻名的史贻直也成了战战兢兢、服服帖帖的"安静之人"了。乾隆的目的达到了,是年三月,他颁布谕旨宣称:史贻直"两年以来,家居安静,业已改悔,著仍补授大学士,入阁办事"。在一伏一起之间,君权与相权的关系自然又有了根本性的变化。

除了史贻直外,乾隆对鄂党的打击,不遗余力,大有穷追穷治,不达目的决不罢休之势,甚至连奔赴黄泉已达十年之久的鄂尔泰也没有放过。指责鄂尔泰过去曾对胡中藻大加赞赏,以致胡中藻肆无忌惮。鄂尔泰对酿成此等大逆之案负有无可推卸之责,下令将鄂尔泰撤出贤良祠,声称,"使鄂尔泰此时尚在,必将伊革职重治其罪,为大臣植党者戒",气势咄咄逼人。而任西征军参赞大臣的鄂尔泰长子鄂容安,在清军平定伊犁,朝廷恩赏用命官兵时,却独自向隅,不及分毫之赐。不久,鄂容安与其弟鄂实相继在平定准噶尔的战事中阵亡,才算保住了晚节。乾隆皇帝赐谥"刚烈",亲临奠祭,命入昭忠祠。

乾隆利用胡中藻一案给了鄂党致命的一击,他那五雷轰顶之势,不仅使鄂党为之倾覆,即张党的内外臣工,也无不为之震悚敛绝,历时剧久的党争之祸至此宣告结束。正如礼亲王昭梿所说:"时局为之一变。"

然而,乾隆的收获绝不止此。在审理此案的过程中,张廷玉病故的消息刚好传到朝廷,乾隆又找到了借题发挥之机。他一向视鄂张两人为半斤八两,主张不使两党一成一败,这时,他仍然不偏不倚,面谕群臣说:"胡中藻依附师门,甘为鹰犬。视张廷玉等人为青蝇,张廷玉所用之人,也未必不以鄂尔泰、胡中藻为匪类。"而他则要一碗水端平。在警告众人不要妄为揣摩,群相附和,以成朋党之弊的同时,仍准鄂尔泰和张廷玉配享太庙,但却声称这只是遵奉皇考的遗诏,其弦外之音流露出的贬斥之意是十分明显的。足见乾隆打击朋党,在相当程度上是为了抑制相权,而且大获全胜。所以他颇为自得地说:"鄂尔泰、张廷玉,亦因遇皇考及朕之主,不能大有为耳。不然,何事不可为哉?"

鄂尔泰与张廷玉是雍正朝的名臣,对乾隆又有辅弼拥戴之功。然而,乾隆既恶朋党,更忌名臣。因为二者皆是他实行专制政治的大敌,有损于他唯我独尊的帝王形象。

为此,乾隆于四十六年(1781年),借官僚尹嘉铨著有《本朝名臣言行录》兴文字案狱,并阐发了一个非常重要的思想,即本朝无名臣,也无奸臣。他说:"名臣之称,必其勋业能安社稷方为无愧,然社稷待名臣而安之,已非国家之福。况历观前代,忠良屈指可数,而奸佞则接踵不绝,可见名臣之不易得矣。朕以为本朝纲纪整肃,无名臣,亦无奸臣。何则?乾纲在上,不致朝廷有明臣奸臣,亦社稷之福耳。"

鄂尔泰与张廷玉,既为朋党祸首,又为前朝名臣,自然为乾隆不容,其借端打击,不遗余力,当是必然的。

太庙,是封建帝王祭祀列祖列宗的庙宇。而帝王至尊,不仅生前要有文武百官俯首听命,即使死后,也要有佐命功臣陪伴扈从。因而,得以身后配享太庙,便成了大臣们无以伦比的殊荣。

雍正十三年(1735年)八月,弥留之际的皇帝,没有忘记安排他的老臣,临终留下了令鄂尔泰、张廷玉配享太庙的遗诏,这使已经地位煊赫的鄂张二人,更加身价百倍。而嗜爵如命的张廷玉,尤其看重这配享的隆遇,视为光宗耀祖的殊荣,因为,在整个清朝配享太庙的十二名异姓大臣中,他是惟一的汉人。

张廷玉没有立下出生入死的殊勋,也不曾建立惊天动地的功业。他之所以能与那些满族的"英贤"等量齐观,不过是因为他具有超乎常人的好手笔。张廷玉正是凭着自己的好手笔,参与了雍正一朝的最高机密,划策决疑,为雍正皇帝定天下立有大功。因此,雍正帝对张廷玉是倍加称道,视若股肱,赏赐酬庸甚厚。据记载,在雍正临朝的十三年中曾六赐帑金给张廷玉,"每赐辄以万计"。张廷玉为感激皇帝的恩宠,也为了炫耀自己的体面,将自家花园命名为"赐金园"。

但是,遭逢也有时运。张廷玉虽为雍正帝所宠,却不为乾隆帝所爱。在乾隆的眼里,"张廷玉在皇考时仅以缮写谕旨为职,此娴于文墨者所优为"。"朕之姑容,不过因其历任有年,如鼎彝古器,陈设座右而已。"鄙视到把张廷玉当作一件只可供人观赏,却毫无用途的摆设,几同所蓄俳优之类。

而且,乾隆满汉之见极深。张廷玉虽以汉人久居高位,却得不到他的信任。只因乾隆深恶朋党,在对鄂尔泰集团势力多方裁制的同时,为了保持派系之间的力量均衡,收相互牵制之效,不得不庇护张廷玉,但也不时给予裁抑。

乾隆即位之初,张廷玉与鄂尔泰同封伯爵,加号"勤宣"。张廷玉以此为荣,乾隆七年(1742年),请将伯爵由其长子张若霭承袭,乾隆没有答应。为了抑制张氏家族势力过分膨胀,也为了裁抑张廷玉本人,乾隆令伯爵衔只封张廷玉本人,及身而止。

其时,张廷玉年逾花甲,已是接近七十的老人。乾隆准其在紫禁城内骑马,又允其不上早朝。这一方面是出自对老臣的关照,但另一方面,却不无排斥之意,从而逐渐形成了由讷亲独自面承圣旨的局面。

张廷玉身历三朝,久经官场,见惯了宦海的沉浮与倾轧,对于君臣关系所出现的变化,他不会没有感受。只是他一向立身严谨,信奉"万言万当,不如一默"的原则,绝不会为此露出一丝一毫的不满,更不会去追究其中的缘故。据说,张廷玉曾有一句名言,记载在他所作的《澄怀园语》中,即为:"予(我)在仕途久,每见升腾罢斥,众必惊相告曰,此中必有缘故。余(我)笑曰:天下事安得有许多缘故?"

缘故当然有,只是张廷玉早已视之为官场常情,司空见惯。而以他的处世哲学,他绝不"敢"去追究其中的缘故,唯独想在"功德圆满"之后,赶快逃之夭夭,离开是非之地。

乾隆十一年(1746年),张廷玉的长子内阁学士张若霭病故。这对张廷玉实在是个意外的打击,白头人为黑头人送终,不能不使他倍觉伤悼,更引起了他的思乡之情。这年他已是七十五岁的老翁了,虽不时上朝奏事,但内廷行走,已是步履蹒跚,需人扶掖。乾隆特命其次子庶吉士张若澄在南书房行走,以便照料。但皇帝的关照,却无法阻止他的归梓之心,致仕的念头越来越强烈。

乾隆十三年(1748年)正月,张廷玉上疏乞休,以"年近八旬,请得荣归故里"。这本是人之常情,但在专制君主的眼里,却有不肯尽忠之嫌。乾隆认为,人臣事君,只应鞠躬尽瘁,死而后已。他对张廷玉说:"卿受两朝厚恩,且奉皇考遗命,将来配享太庙。岂有从祀元臣,归田终老之理?"

乾隆不允所请,而张廷玉极力陈奏,以致"情词恳款,至于泪下"。尽管乾隆反复晓喻不应引退的道理,张廷玉还是哓哓争辩,不甘罢休。结果是张廷玉被迫留下了,却惹得乾隆皇帝满心的不悦。

这一年恰恰是乾隆最不称心的一年,先是皇后富察氏病逝,乾隆失掉爱妻。继之,又是大臣辱命,金川败绩。乾隆一反常态,大开杀戒,连连惩治大臣,或杀或革,或降罚流遣,官场上乌云密布,雷声四起,大小官僚又似乎回到了雍正时代,处在人人自危、岌岌惶惶的恐惧中,担忧着明日的命运。

张廷玉没有被卷到这场"灾难"中去,但也没有躲过这场暴风雨给人的震慑力。他三番两次地受到乾隆的点名指责。

七月,生员樊显科场自刎,大学士兼浙江学政陈其凝因署内阅卷,被疑为有忝职守,以权谋私。乾隆以此案情节暧昧,骇人听闻,命都察院左副都御史梅毂成会同浙江巡抚方观承鞫讯查明。但却顾虑陈其凝是张廷玉荐举之员,梅、方二人又是张廷玉的安徽同乡,会瞻徇情面,避重就轻。故而当着众军机大臣的面,点明他们之间的关系,说张廷玉与陈其凝"师生契密,人所共知"。言外之意,是警告他们不得在众人眼皮底下徇私。这毫无根据的责谴,表明了乾隆对张廷玉的强烈不满,带有明显的有意寻过的味道。而这次寻过不过是个开头。

九月,文颖馆进呈所刻《御制诗集》,乾隆以其"讹误甚多",又命将身为总裁官的张廷玉与梁诗正、汪由敦等人交部议处。

冬至,翰林院撰拟皇后祭文,用了"泉台"两字,乾隆吹毛求疵,认为这两个字,只可用于常人,不可加之皇后之尊。掌管翰林院的大学士张廷玉以及阿克敦、德通、文保等人,俱被指为草率塞责,罚俸一年。

十一月,他发现由张廷玉、陈大受、汪由敦等人拟写的谕旨中,存在明显的抑满扬汉倾向,将同时办理军需马骡台站事项的满人巡抚阿里衮说成是"善于取巧",将汉人巡抚陈弘谋说成"无功无过"。乾隆十分气愤,他说:"此系面奉谕旨,何得舛谬若是,明系祖护陈弘谋。"并点出日前他曾召见汪由敦,谈到陈弘谋尚有任事之能时,汪由敦竟以汉人中有如此能吏喜见于形色。为此,张廷玉、来保、陈世倌、史贻直、陈大受等五名汉人大学士,均被交部议处。

但乾隆犹以为不足,他喋喋不休,继这道申饬汉官的谕旨后,又降旨训斥。而每次都少不了有张廷玉。其中也是有原因的。

其时,庆复、讷亲等一批满族大臣丧师失纪,已被议为死罪,张广泗、周学健等汉军旗人,也各有过犯,死命难逃。这本是由皇帝个人掀起的政治风潮,但乾隆却怀疑汉大臣们在一旁幸灾乐祸,而汉大臣的首领自然是张廷玉。特别是在鄂尔泰死后,张党的势力有在朝廷中上升的趋势,乾隆不能不借端给以打击。故而,他对他们说:"夫国家不能无军旅之事,为大臣者熟不当抒诚宣力,效命疆场,不辞艰瘁。若汉人见伊二人(讷亲、张广泗)之身罹罪遣,而自幸不膺重寄,得以优游事外,转从而非笑之,此其居心不太凉薄乎?即如大学士张廷玉久历仕途,幸而保全至今,亦因未遇此等事耳。又如汪由敦,诸凡不肯奋免向前,遇此等事,更不知若何矣。伊等扪心自问,当抱歉之不暇,尚可存訾议之见耶!"

这道贬责汉官的谕旨,只点了张廷玉和汪由敦的名,足见乾隆当时对张廷玉的嫌恶与不满,已达到了难以容忍的程度了,因而,也殃及他的党徒。

汪由敦,出自张廷玉的门下,浙江钱塘人,雍正二年进士。乾隆即位以后,汪由敦受知于新皇帝,入直南书房,为内阁学士。而后,累迁至侍郎、尚书。乾隆十一年(1746年)署左都御史,为军机大臣。

据《清史稿》记载,汪由敦的才学,酷似他的老师张廷玉。他记诵淹博,文章典重有体。当时,乾隆作诗成癖,每日或用朱笔作草,或者口授,令人移录,称之"诗片"。凡经汪由敦耳闻笔录者,从无差错。故而,汪由敦又因强记,当乾隆之意,令他撰写谕旨,实则取代了张廷玉的位置。最初,汪由敦只为讷亲代笔,讷亲死后,汪由敦得面承圣谕,然后根据圣旨拟草,从而成了出纳王命的大臣。史称,汪由敦"内直几三十年,以恭谨受上知"。死后,乾隆称其"老诚端恪,敏慎安详"。

但在乾隆恣意打击朋党、削夺权臣的政治中,汪由敦以门生之见,不可能不卷入派系党争,乾隆也不可能不借端给予打击。

在乾隆皇帝咄咄逼人的申斥下,张廷玉更是"思乡"心切,只想一走了之。乾隆自然看出此意,于乾隆十四年(1749 年)正月,再颁上谕说:张廷玉"生长京邸,子孙绕膝,原不必以林泉为乐"。"城内郊外,皆有赐第,可随意安居,从容几杖,颐养天和。"随后赐诗一首:

> 职曰天职位天位,君臣同是任劳人,
> 休哉元老勤宣久,允矣予心体恤频。
> 潞国十朝事堪例,汾阳廿四考非伦。
> 勖兹百尔应知劝,莫羡东门祖道轮。

诗中,一方面告诫张廷玉为臣的天职,在于任劳任怨,决不可倚老邀功,因为皇帝已经"体恤频"矣。另一方面,又在提醒张廷玉"应知劝"。可见,廷上廷下,口头笔上,张廷玉的致仕之请,已不知提过几次了,而乾隆皇帝也不知劝慰过几次了。

无奈,张廷玉的"乡思",已到了执迷不悟的程度。到了十一月,乾隆见他仍然归心炽切,且老态日增,精采大减,故而动了恻隐之心。觉得"强留转似不情,而去之一字实又不忍出诸口"。因为"座右鼎彝古器,尚欲久陈几席,何况庙堂元老,谊切股肱"。

乾隆派人到张廷玉的府第,将自己的意思告诉了他,让他自行抉择。其中虽不乏关切和恩许,却带有更多的贬低和试探。因为,在乾隆的谕旨中,张廷玉已毫无掩饰地被比同为"座右鼎彝古器"了,而"去之一字实不忍出诸口",则又没有明确地准他走。

但张廷玉似乎顾不了许多了,他见乾隆松了口,喜出望外。当即表示:"仰蒙体恤垂询,请得暂辞阙廷,于后年江宁迎驾"南巡。乾隆见事已如此,便准他原官致仕,伯爵仍带于本身,声称"俟来春冰泮舟行旋里,朕当另颁恩谕"。并表示他期待着十年以后"朕五十正寿,大学士亦将九十,轻舟北来,扶鸠入觐"的君臣重逢情景。

如果张廷玉就此与乾隆一别,便可以荣归故里,以全晚福了。谁知,他又节外生枝,自取其辱,反落得蓬头垢面的下场。

原来,张廷玉在得遂初衷后,又顾虑起身后能否得到配享的问题了。因为乾隆说过,"岂有从祀元臣,归田终老之理?"君恩似水,何况新君并不得意他这个老臣,张廷玉不能不为此辗转反侧。而恰在这时,他又听说大学士史贻直(鄂尔泰之党)向乾隆进言,说他并无功德,不应配享。张廷玉顿时心急如焚,似火攻心,强烈的虚荣心使他顾不得多年的休养,再不是那个持志养气,甘于淡泊,见"泰山崩于前而色不变"的方正君子了。他唯恐身后不得蒙荣,进宫面谒皇帝,请求乾隆不改变雍正的遗命,"免冠呜咽,请一辞以为券",流露出一副不讲廉耻的乞恩讨赏的奴才相,完全不见了平日的清高和谨慎。

乾隆因配享出自雍正的遗诏,久成定命,并无收回之意。见张廷玉对自己如此防备,如此不信,提出这近似要挟的请求,心中十分不快。但乾隆还是勉从所请,答应了张廷玉,并赋诗一首赐之:

> 造膝陈情乞一辞,动予矜恻动于悲;
> 先皇遗诏唯钦此,去国余思或过之。
> 可例青田原侑庙,漫愁郑国竟摧碑;
> 吾非尧舜谁皋契,汗简评论且听伊。

这是一首寓意颇深的诗句,它一方面重申了雍正帝的遗命,同意张廷玉配享太庙,并以唐朝开国功臣的身后之荣作比,声称对他的恩典"或过之"。但另一方面,更浸透了皇帝对张廷玉的不满和警告。所谓"漫愁郑国竞摧碑",是说他可以像唐太宗那样,给魏征(封郑国公)树碑立传,也可同样效法太宗仆碑毁文。而"吾非尧舜谁皋契,汗简评论且听伊",更是直截了当,说张廷玉的功德不比皋契,实不应配享,将来历史自有评论。

这首诗所流露出来的反感情绪,是谁都看得出来的。对张廷玉来说,绝不是好兆头。

帝王可以翻手为云,也可以覆手为雨,他的喜怒哀乐向来关乎着每个人的命运。张廷玉以三朝元老重臣,久经政治风雨,当尽知为官之临深履薄之道。可是,不知他是真的轻视皇帝,还是一时糊涂,鬼迷了心窍。在得到恩准配享的谕旨后,他只是具折谢恩,并以年老天寒,不亲赴殿廷,让儿子张若澄代往。

乾隆动怒了,他认为这是张廷玉对自己的不敬,"所行有出于情理之外",要明颁谕旨申斥。这时,他正当丧妻失子之恸,家庭惨变的悲哀,再加上金川之役失利的烦恼,使他肝火上升,动辄大发雷霆。讷亲、庆复、张广泗、周学健等大臣相继被诛,满朝文武不时遭到谴责,宽大政治已经变成了严苛政治。而张廷玉好像不识时务,偏偏在此时"惹"怒了乾隆。

乾隆对张廷玉的不满已经积郁了很久,这时,就像火山爆发一样,既猛且烈。他让军机大臣传旨,令张廷玉明白回奏。

当时,军机大臣承旨的只有傅恒和汪由敦。汪由敦不能不顾及师生之情分,何况张廷玉在奏请赐券配享的同时,又不避嫌疑地推荐了他这位得意门生继任了大学士之职。汪由敦当即免冠叩头为张廷玉求情,请求皇帝不要将此事公布于众,声称"若明发谕旨,张廷玉罪将无可逭"。但乾隆怒气正盛,对汪由敦的请求毫不理睬。汪由敦无奈,又不忍负师生之谊,便不顾军机处的规矩,将乾隆发怒的消息禀报师门。

龙颜大怒,张廷玉已知此番非同小可。第二天一大早,他便赶到宫廷跪叩请罪。不料,这亡羊补牢之举,非但没有任何用处,反而授人以柄。

乾隆明明知道,张廷玉的"请罪"并非出自真情,而是汪由敦泄露了消息。因而更加恼怒,对张廷玉大加诘责,似在历数他的罪状。而张廷玉的所为也确有为乾隆所不能容忍之处。

第一,配享太庙,乃非常恩典。张廷玉不亲自至宫廷谢恩,是视配享为应得之分。正像乾隆质问的那样,"伊近在京邸,即使衰病不堪,亦应匍匐申谢。乃陈情则能奏请面见,而谢恩竟不赴阙廷,视此莫大之恩,一若伊分所应得,有此理乎?"并点明了张廷玉这样做是认为皇帝配享之言既出,自无反汗之理,而自己以后再无可觊之恩,也无复加之罪了,因而无须顾及君臣之情了。

第二,张廷玉要求兑现雍正的遗言,请乾隆重申配享太庙的恩典,是信不过新君。所以乾隆说他,"张廷玉之罪,固在于不亲至谢恩,而尤在于面请配享。其面请之故,则由于信朕不及,此其所由得罪于天地鬼神也"。

第三,张廷玉归心似箭,引起了乾隆对他的怀疑。乾隆得知,早在讷亲当政时,张廷玉就多次怂恿讷亲代奏归里之请,讷亲深晓乾隆的个性,不敢明言,只是时时借机流露。因而,乾隆认为,张廷玉在尚未龙钟衰老之时,就营营思退,是对新君不予重用的不满,

"自揣志不能逞,门生亲戚之素相厚者,不能遂其推荐扶植之私",从而寻求明哲保身之道,在为官一世,"赀产足瞻身家"的情况下,以"容默保位为得计"。

第四,张廷玉不能亲至朝廷谢恩,却于次日黎明赴阙请罪,"此必军机处泄露消息之故",而汪由敦以师生之情,先已舍身向皇帝请命,后又不顾朝规泄密露情,更加深了乾隆的成见,从而确信张廷玉举荐汪由敦继任大学士,乃是在朝廷安插私人,在皇帝身边留下耳目。他痛斥说:张廷玉"及去位,而又有得意门生留星替月""则身虽去而与在朝无异,此等伎俩可施之朕前乎?试思大学士何官,而可徇私援引乎?更思朕何主,而容大臣等植党树私乎?"

专制帝王最容不得大臣"震主"和"欺主"。张廷玉对乾隆已犯有不信、不尊,外加欺蒙之罪,而欺君蒙主,植党营私,尤其为乾隆所憎恶,不仅为权力受损,还为龙颜无光。他愤愤地说:"我大清朝乾纲坐揽,朕临御至今十有四年,事无大小,何一不出自朕衷独断。即月选一县令未有不详加甄别者,宁有大学士一官而不慎重详审,听其援置私人乎?""为人臣者,其可不知所儆惕乎?"

乾隆于盛怒之下,出言威厉,大有倾覆张廷玉之势。但乾隆御下的高明之处,就在恰到好处。他见张廷玉已经威风扫地,而所构之罪又不足以置之重惩,因此,当廷议张廷玉不得配享太庙,并革去大学士职衔和伯爵、留京待罪时,乾隆反倒下令让张廷玉仍以大学士衔休致,明春回乡,身后仍准配享太庙,只是削去了伯爵。而被牵连的汪由敦却被革去协办大学士和尚书衔,令在尚书任上赎罪。以后,汪由敦虽仍得乾隆的任用,累官至吏部尚书,但直到乾隆二十三年(1758年)病故,始终不曾再任大学士之职。其原因只为汪由敦为张廷玉徇私援引。

但一波三折,事情并未就此了结。张廷玉在遭到乾隆帝的一顿披头盖脸的训斥后,只觉得老脸丢尽,心灰意冷。在提心吊胆地度过一个严冬之后,便遵照乾隆的"明春回乡之旨,奏请启程。这时,他恨不得马上离开京城,大有逃命的心境。不料,这又惹恼了乾隆"。

因为,乾隆十五年三月,皇帝的长子定安王永璜逝世,而作为永璜老师的张廷玉,在永璜刚过初祭,就急请归田,似乎太无人情。

乾隆本不喜爱永璜,永璜一向不得重用,乾隆十三年(1748年)孝贤皇后大丧时,永璜又因礼节疏简被乾隆痛斥,声称绝不立永璜为太子。但父子挚情,永璜在遭谴后两年即殁,即使与乾隆的滥施皇威没有直接关系,也不能不引起他的内疚。因而在永璜死后,乾隆一反十三年切责的态度,丧礼仪典甚优,礼部奏请缀朝三日,乾隆命改为五日,而且在初奠时亲临奠酒。

初祭在成服之后,丧服未除,张廷玉便亟亟告归,于是又被乾隆帝抓住了小辫子。他觉得张廷玉实在太不知趣。本来经廷臣议处,张廷玉已是罪不可逭,而他仍然加恩,宽留原职,准其配享。在张廷玉陛辞之日,又赏赐手书御制诗篇、冠服、如意等物,并下令在张廷玉动身南还时,派大臣侍卫送行。而张廷玉却是甫过初祭,即奏请南还。"试思伊曾侍朕讲读,又曾为定安亲王师傅,而乃漠然无情,一至于此,是谓尚有人心者乎?"

张廷玉虽然教过乾隆读书,但那早已成为往事,自视天资超绝的乾隆并不十分看重师门,如今老迈衰老的张廷玉更是令他嫌弃,动辄得咎,最后竟以曾为人师获愆。

或许也是张廷玉的官运到了劫数。

这时,恰好蒙古额驸、超勇亲王策凌病故。策凌能征惯战,为清王朝拓疆开土,守护边陲立有大功,临终时又留下"身故之后,乞附葬公主园寝"的遗言。乾隆听后,大加赞赏,称他"身后尚不忘恋阙,其一生实心为国可知"。令侍卫德山与策凌子成衮扎布护送其遗体进京,赏银万两办理丧事,照宗室亲王典礼进行。随后,又下令让策凌配享太庙,开蒙古亲藩配享太庙之先。

作为乾隆来说,令一个屡立战功的蒙古亲王配享太庙,不足为怪。只是当他如此慷慨地把配享的殊荣赐给一个并不为他平日称道的大臣,且又需打破成规时,他的举动不能不使人产生一种别有用意的感觉,从而联想到他是在对张廷玉死乞百赖邀恩的一种嘲讽和鄙视。因为,乾隆虽然恩准了张廷玉配享太庙,但实在过于勉强。

没过多久,乾隆果然开始借策凌配享一事大做文章。于十五年四月颁布上谕,列举张廷玉不得配享太庙的理由。他毫不掩饰地指出,凡得配享太庙的均为立有汗马之功的佐命元勋,鄂尔泰尚有开辟苗疆经略边陲之功,配享已属过优。张廷玉仅以缮写谕旨为职,为娴于文墨者所为,于经国赞襄毫无建树,配享实在逾分。

乾隆不客气地对张廷玉说:"刘基在明,原系从龙之佐,有帷幄之功,而当时配享尚不免有訾议,今张廷玉自问,果较刘基何若乎?"接着,他下令将此旨并清朝配享诸臣名单一同交给张廷玉阅看,让他自加忖量,能否与配享诸臣比肩并列。"应配享,不应配享,自行具折回奏。"

这实在是专制君主的别出心裁的恶作剧,乾隆忽晴忽雨,忽左忽右,将一个八十老臣"玩"于指掌之中,直到他服服帖帖地"告饶"。

张廷玉一心想着配享太庙,俎豆千秋,却遭到了乾隆皇帝三番五次的指责,求荣反辱。直到此时,他才如梦方醒,知道帝王之家的供果并不好吃,如若再行坚持,则不仅自身受辱,还会祸及家门。于是,张廷玉战战兢兢地具折请罪:

> "臣老耄神昏,不自度量,于太庙配享大典,妄行陈奏。皇上详加训斥,如梦方觉,惶惧难安。复蒙示配享诸臣名单,臣捧诵再三,惭悚无地。念臣既无开疆汗马之力,又无经国赞襄之益,年衰识瞀,行咎日滋,伏乞罢臣配享,并治臣罪。"

乾隆终于向张廷玉逼出了"口供"。然后,他便以大学士九卿议奏的名义,修改了雍正皇帝的遗诏,宣布罢免张廷玉的身后配享。

可怜张廷玉三朝侍君,五十年如一日,修炼了一辈子的谨慎,竟因一时的疏忽失检,逆犯了龙颜。结果是备受羞辱,衣冠扫地,在乾隆十五年以大学士致仕,灰溜溜地返回桐城老家。

但遭逢不际,祸患相寻。刚刚归里的张廷玉,又有祸事跟踪而来。他的儿女亲家朱荃获罪,牵连到他。

朱荃官四川学政,被御史储麟趾参劾匿丧赴任,贿卖生童,罢官回籍,十五年(1750年)三月,行至巴东,于船上投水而死。这种潜纵灭迹,畏罪自杀的行为,自然瞒不过明察的乾隆,他认为其中定有更大的情弊,不能以朱家托词落水而草草了事。于是下令地方官对朱荃的戚属严加审训,并让四川总督策楞、湖广总督永兴、巡抚唐绥祖过问此案。

在乾隆的严厉督责下,督抚大人闻风而动。七月,湖广总督永兴具折上奏,声称朱荃家人供出,御史所劾朱荃之罪件件属实。原来,朱荃接到家中讣告时,正值地方科举考试临近,按照规定,他该丁忧守制,以尽孝道。但他为了不失掉监临考官的肥缺,当即将讣告焚毁,匿丧不报,历考嘉定等三郡一府。当时,地方"童试"两考,本县为初试,学政"按临"为院试,以府为单位,分两场,一场正试,一场复试,取中者都是生员,俗称秀才。其中的考试程序甚为繁复。朱荃就是贪图新秀的挚敬,利用其间的关节作弊的。他从中贿卖生童九名,赘得银两、貂衣等物。接着朱荃的弟弟朱英等人也供出,朱荃勒索新进诸生规礼约有四五千两。随后,又查出朱荃原为吕留良、严鸿逵文字狱大案中获罪之人。

诸罪齐发,朱荃劣迹累累,赃私狼藉,"实近年来学政所未有",乾隆气愤已极。因为,这不仅关系到他用人的脸面,更主要的,也是他最不愿承认的,是在朱荃一事上他确有被人欺骗之处,张廷玉、梁诗正、汪由敦等人都先后举荐、包庇过朱荃。

张廷玉为元老旧臣,朱荃的年辈后于张廷玉许多,他与张廷玉结为儿女亲家,自然可得到这棵大树的庇荫,而张廷玉也不能不为他多方周旋和提携。以他的地位和身份即使他不出面,也会有那些善于察言观色的门生属下为他代劳,唯恐阿谀逢迎不及。所以,尽管朱荃是吕留良逆案中的罪人,为人不齿,但满朝文武、包括御史科台,都没有一个人出面指参,更没有一个人指责张廷玉与此等人联姻结戚。这种朋比瞻徇之习,自然为乾隆所不能容忍。

而且,朱荃的发迹和高迁,也全凭了张廷玉在朝中的显赫地位。当时朝廷举行词林会考,朱荃被列为一等,在张廷玉以皇帝宰辅兼阅卷大臣的情况下,不管朱荃的真才实学有多高,都摘不掉得到张廷玉暗中扶持关照的嫌疑。因为,即使张廷玉没有看到朱荃的卷子,也没有授意嘱托其他的阅卷大臣,仍然会发生阅卷大臣揣摩迎合的事情。何况张廷玉并非洁身自好到不徇私情的程度,在京察大典时,他就曾把朱荃列为一等,直到引见时,才被乾隆降为二等。

张廷玉平日谨守远祸之道,但对朱荃的扶掖却漫无忌惮,其本人植党如此,党羽门徒更是交相引类,无所顾忌。汪由敦曾在试差人员中力保朱荃。梁诗正在朱荃交部审议时,声称"功令森严,无人更敢作弊",言外之意是朱荃被人诬陷。

这种明目张胆的党庇行径,令乾隆震怒。他本对张廷玉余怒未息,耿耿于怀,这时朱荃一案正好给他抓住把柄。他怒责张廷玉说:"公然与(朱荃)为姻亲,是诚何心?而漫无忌惮至于如此。其忘记皇考圣恩为何如?其藐视朕躬为何如?张廷玉若尚在任,朕必将伊革去大学士,交刑部严审治罪。今既经准其回籍,著交两江总督黄廷桂于司道大员内派员前往传旨询问。"随后又将张廷玉罚款一万五千两,追缴从前赐给的御笔、书籍及一切官物,查抄其在京住宅。兴师动众,严追严查,大有穷治张党之势,张党的重要人物梁诗正交部察议,汪由敦降为侍郎,均为包庇朱荃获罪。

经过这场"问罪",张党完全被击垮。张廷玉以垂老之躯几遭严谴,已是茕茕孑立,尽失往日的威势,门生故吏各寻出路,如树倒猢狲散,连吴士功这样的死党也去投奔了史贻直。乾隆打击前朝勋臣,严禁朋党之患的斗争,至此,以皇权的独尊而宣告了它的尾声。

乾隆二十年(1755年)三月,张廷玉病逝,乾隆又做出眷念老臣的姿态,宽恕他的过失,令仍配享太庙,声称:张廷玉"要请之愆虽由自取,皇考之命朕何忍违!且张廷玉在皇考时,勤慎赞襄,小心书谕,原属旧臣,宜加优恤,应仍谨遵遗诏,配享太庙,以彰我国酬奖勤劳之盛典"。赐祭葬如例,谥"文和"。张廷玉直到死后,才为自己挽回了一点面子。

乾隆四十四年(1779年),年已七旬的老皇帝又想起了他的这些老臣,在《怀旧诗》中一一品评功过,张廷玉被列为五阁臣之一,诗曰:

风度如九龄,禄位兼韦、平。

承家有厚德,际主为名卿。

不茹还不吐,既哲亦既明。

述旨信无二,万言倾刻成。

善皇祖实录,记注能尽诚。

以此蒙恩眷,顾命配享行。

及予之莅政,倚任原非轻。

时时有赞襄,休哉国之桢!

悬车回故里,乞言定后荣。

斯乃不信吾,此念讵宜萌?

臧武仲以防,要君圣所评。

薄惩理固当,以示臣道贞。

后原与配食,遗训改或更?

求享彼过昭,仍享吾意精。

斯人而有知,犹应感九京。

在这首毁誉参半的诗评中,乾隆既讲出了他与张廷玉之间的关系,也讲出了他对臣下的驾驭术。那就是有过必惩,有错必责,但却惩而不治,罚而不罪。从而使大臣衔于皇恩,畏于皇威。正如他自己在诗注中所说的那样:"廷玉卒于家,余仍遵皇考遗诏行,而彼时不得不示以惩戒,固亦瑕谕不能相掩也。""廷玉虽有过,余仍不加重谴,仍准以大学士衔休致,及其既卒,仍令配享太庙。余于廷玉曲示保全,使彼泉下有知,当如何衔感乎?"

主编 启 智

第三卷

清史通鉴

从金戈铁马的努尔哈赤到黯然退位的末帝溥仪，全书以生动鲜活的笔法，精雕细琢出爱新觉罗氏的十二位帝王，音容笑貌毕呈毕现，品性情趣栩栩如生。同时，依托于大量史实资料，真实客观地再现了清代二百多年的兴衰史：创业的艰辛令人肃然起敬；辉煌的鼎盛让人振奋不已；衰落的末日，让人捶胸痛泣。全书既具有浓郁的文学色彩，又具备翔实的史学价值。

中國華僑出版社

第三章　平准战争

一

　　自雍正年间清朝与准噶尔的额尔德尼昭之战后,准噶尔部因人员伤亡惨重、驼马物资丧失殆尽而元气大伤,已无力继续进行对清朝的战争。从雍正十一年(1733 年)下半年起,噶尔丹策零以各种方式向清廷表示,准备释放清军俘虏,派使者请和。

　　清王朝连年对准噶尔用兵,军费开支过多,"计自康熙五十六年备边以来,旋罢旋调,先后军饷七千余万",库帑银锐减。因此,朝野都有停止用兵、休养生息的要求。翰林院检讨周彬上疏说,对准噶尔用兵造成"糜费疲惫",应该迅速撤兵,"军务俱行停止""舒天下之力""养天下之命"。雍正帝也感到对准噶尔用兵师久无功,长此以往,不利于国计民生。雍正十二年初,雍正帝得知噶尔丹策零"欲遣使请和"的信息,他虽心存疑虑,仍然十分重视,让文武大臣议论对准噶尔用兵一事。因西、北"两路将军大臣等所议互异",他于五月二十日宣布当年暂停进兵,并召北路左副将军策凌、西路署大将军查郎阿晋京与军机大臣等共同详议。七月,因他们的意见"亦不画一",又诏令"王公满汉文武大臣公同会议,各抒己见,据实具奏"。策凌、查郎阿认为,清军"兵力有余,士气奋勇;贼势穷蹙,人心离散",故"力主进剿"。和硕康亲王巴尔图等人主张先战后和,即两路大军"约会齐进,并力歼除",如噶尔丹策零"悔祸祈恩",再"宽其罪戾,议定边界"。大学士张廷玉等则主张先遣使议和,噶尔丹策零"若仍执迷不悟""再议征讨"。雍正帝深感对准噶尔用兵"一时难以告竣",决意议和。为打消噶尔丹策零的疑惧,他下令驻科布多清军撤回察罕瘦尔。八月,清廷派遣侍郎傅鼐、额外内阁学士阿克敦、副都统罗密为使,前往准噶尔,宣谕雍正帝罢兵议和旨意,商谈准噶尔与喀尔喀划定牧界,从而迈出了与准噶尔议和坚实的一步。

　　噶尔丹策零对清政府使者的到来,十分欢迎,他派宰桑特磊、吹纳木喀等人到距伊犁十余里的地方迎接,盛情接待。

　　尽管双方都有议和的愿望,但议和的道路却是艰难曲折的。开始,傅鼐等宣示敕谕,提议喀尔喀与准噶尔以阿尔泰山梁为界。噶尔丹策零则提出以杭爱山为界,此议被傅鼐、阿克敦否定后,又要求将哲尔格西拉胡鲁苏等处一直向南弃为闲地。雍正帝认为此地系喀尔喀游牧地,故令将傅鼐等人的奏折和地图密寄额驸策凌。策凌认为,在哲尔格西拉胡鲁苏界外,原有清军安设的卡伦,"应议定将我卡伦照旧安设";"厄鲁特游牧,应以额尔齐斯为止。如伊不遵,或以阿尔泰岭为界,不得越过哈巴、博尔济、阿里克泰、清吉尔等处。至中间交壤之处,彼此俱毋得打牲。嗣后阿尔泰迤东令我处巡逻,迤西令彼处巡逻",总之"断勿令过阿尔泰岭,方为善策"。雍正十三年闰四月,噶尔丹策零派往北京议和的使臣吹纳木喀提出,阿尔泰原系厄鲁特游牧地,杭爱山原系喀尔喀游牧地,要求由哲尔格西拉胡鲁苏等处至巴尔库尔定为边界。雍正帝批驳说:"所云'阿尔泰系厄鲁特游牧之地',此噶尔丹从前之事……现今噶尔丹之属人及丹济拉之子孙俱在内地,尔准噶尔部曾未越阿尔泰游牧居住,乃谓为厄鲁特游牧之地,可乎?"不过,为永息兵戈,安逸众生,雍正帝特允将阿尔泰山梁外哈道里哈达清吉尔、布喇清吉尔两处空闲之地俱属于准噶尔,并提出自克木齐克、汗腾格里、上阿尔泰山梁,由索尔毕岭、下哈布塔克、拜塔克之中,过乌兰乌苏,直抵噶斯口为界,将胡逊托辉至哈喇巴尔鲁克全都作为空闲之地。这一划界方案,比以前对策妄阿拉布坦时已有所让步,但噶尔丹策零并不满足,他"漫指前奏未允之哲尔格西喇呼鲁苏等处"为准噶尔部"边界",并要求清廷敕令喀尔喀内徙,于喀尔喀境内更留空地。雍正帝死后,乾隆帝继承其对准噶尔部的政策,他一方面采取近疆固守的方针,谕令清军严加戒备,一方面在定界条件方面毫不让步。乾隆元年(1736年)正月,乾隆帝在接见准噶尔使臣吹纳木喀时强调,必须"谨遵皇考原旨定界",否则不必往返遣使。

在准噶尔,尽管广大人民群众"无不以定界和好为乐者",但在上层贵族中,反对按清廷方案划界的意见却占了上风。准噶尔使臣吹纳木喀回到伊犁以后,噶尔丹策零"集宰桑大台吉等议"。小策凌敦多布及其伯父之子、大喇嘛拉卜立木主张遵乾隆帝之意,以阿尔泰山为界,"余多阿谀噶尔丹策零者,故其意亦未定"。乾隆二年,噶尔丹策零致书喀尔喀车臣汗,仍声言欲得阿尔泰。乾隆帝判断噶尔丹策零意欲请和,又惮于遣使,故令以额驸策凌名义作书答复,逐条批驳噶尔丹策零书,奉劝他"详审是非利害,遣使达诚",并说"如尔难于遣使,我当代奏,令尔使赴京,共成和好"。此信由台吉额默根于九月初七日送达伊犁,噶尔丹策零随即遣宰桑达什、博吉尔二人为使随额默根奉表至京,请求"嗣后喀尔喀与厄鲁特各照现在驻牧,无相掣肘"。乾隆帝认为噶尔丹策零"有诚心求和之意",遂命侍郎阿克敦为正使,御前三等侍卫旺扎尔、乾清门头等台吉额默根为副使,于乾隆三年(1738年)三月与达什等前往准噶尔谈判划界。

当年秋,阿克敦等在伊犁与噶尔丹策零进行了两个多月的谈判,由于噶尔丹策零坚持清方卡伦必须后撤,并表示若以阿尔泰山梁为界断然不可,所以双方未能达成共识。十二月,阿克敦等人返回京师。噶尔丹策零遣使臣哈柳等随阿克敦至京,向乾隆帝提出定界的新方案:"循布延图河,南以博尔济、昂吉勒图、乌克克岭、噶克察等处为界,北以逊多尔库奎、多尔多辉库奎,至哈尔奇喇博木、喀喇巴尔楚克等处为界。我边界人等,仍在山后游牧,不得越阿尔台岭;其山前居住蒙古部人,只在扎卜堪等处游牧,彼此相距辽远,庶可两无牵掣"。同时,还提出撤退清方卡伦和进藏熬茶等项要求。乾隆帝在接见哈柳及令其带回的敕书中,赞扬了噶尔丹策零关于准噶尔游牧不越过阿尔泰山的意见,对其"请循布延图河,南以博尔济等处,北以孙多尔库奎等处为界"以及将布延图、托尔和卡伦内移的要求,则予以否定,"此必不可行之事",但也表示在托尔和、布延图等处,清方"断不修筑城屋驻扎兵丁",在科布多也不再驻兵,只是每年定期派兵二三十人前往巡视。乾隆帝还提出,关键是"休兵息民,永归和好",如此,"即定界与否,亦非要事"。乾隆帝既坚持了清政府关于定界的原则立场,又表现了一定的灵活性,作出了让步,这就为双方谈判最后达成协议奠定了基础。

乾隆四年十二月,噶尔丹策零再次遣使臣哈柳至京进表,接受乾隆帝所提条件,同意以阿尔泰山为界,托尔和、布延图两处卡伦仍在原地安设。至此,由于清廷与准噶尔双方都作出了让步,争执多年的定界一事,遂告结束。

喀尔喀与准噶尔牧界的划定,使清政府与准噶尔部割据势力之间的矛盾,暂时得到缓和,因而出现了将近二十年的和平局面。这对清政府特别是喀尔喀休养生息,发展经济,是极为有利的,从而也就为乾隆朝平定阿睦尔撒纳的叛乱,彻底解决准噶尔部问题创造了条件。

二

乾隆十年(1745 年)九月,噶尔丹策零病死。为争夺汗位,准噶尔统治集团内部互相攻杀,使本来就不安定的准噶尔部陷于内乱之中。

噶尔丹策零有三子一女:长子喇嘛达尔札,次子策妄多尔济那木札尔,幼子策妄达什,女儿乌兰巴雅尔。乾隆十一年初,年方 12 岁的策妄多尔济那木札尔"以母贵嗣汗位"。但他昏庸无能,残暴嗜杀。其姐乌兰巴雅尔等每以善言规劝,禁其淫乱,他非但不听劝诫,反而听信谗言,将其姐和姐夫赛音伯勒克拘禁起来。那木札尔的荒淫暴戾,引起准噶尔部多数贵族及其属下民众的不满。乾隆十五年夏,策妄多尔济那木札尔欲利用行围打猎的机会杀害对其汗位最具威胁的异母兄长喇嘛达尔札。拥护喇嘛达尔札的赛音伯勒克等人亦借机行事,将策妄多尔济那木札尔擒获,剜去双目,囚禁于阿克苏。喇嘛达尔札登上了准噶尔汗位。

喇嘛达尔札虽为长子,但系庶出,因此不能服众,"诸台吉皆觊觎大位,各不相下"。乾隆十六年,辉特部台吉阿睦尔撒纳、和硕特部台吉班珠尔以及达什达瓦等人,谋立策妄达什为汗。事发,达什达瓦和策妄达什被杀,阿睦尔撒纳和班珠尔则逃亡到达瓦齐处。达瓦齐系巴图尔珲台吉之后,大策凌敦多布之孙,游牧于额尔齐斯沙喇泰地方,人众地险,而且"他的族系出身使他有权优先继承汗位"。喇嘛达尔札早就对他存有戒心,这时即派人前去传唤达瓦齐,欲以议事为名将其召来杀掉。达瓦齐预知其谋,拒不从命,喇嘛达尔札遂派兵往擒。达瓦齐得知此信,于九月二十二日率部众 5000 人内附。行进途中,达瓦齐在和通哈尔垓地方击败了杜尔伯特台吉策凌乌巴什所率追兵,但仍未能摆脱敌人。在纳林布鲁克河、阿尔泰山梁一线,又有博和勒岱、鄂勒哲依率兵万余邀截,因阿尔泰山地狭难过,达瓦齐遂与阿睦尔撒纳、班珠尔经额尔齐斯逃往哈萨克。

喇嘛达尔札尽擒达瓦齐眷属及部众囚禁于伊犁,又派兵三万往哈萨克擒拿达瓦齐和阿睦尔撒纳。达瓦齐和阿睦尔撒纳逃出哈萨克,潜回原牧地塔尔巴哈台(今新疆塔城),收集部众千余人,昼伏夜行,于乾隆十七年十一月二十七日突入伊犁,杀死喇嘛达尔札,达瓦齐登上了汗位。

达瓦齐颟顸无能,嗜酒好杀,渐失人心。小策凌敦多布之孙纳默库济尔噶尔在达瓦齐自立之后,首先归降,但不久就在部分准噶尔部宰桑的支持下,与达瓦齐兵戎相争。他们相互攻伐,同时向各部征兵,各部宰桑穷于应付,无所适从。杜尔伯特部台吉车凌、车凌乌巴什、车凌孟克不满于达瓦齐的统治,乃"集族谋曰:依准噶尔,非计也,不如依天朝,为永聚计"。乾隆十八年十月二十一日,三车凌率领所部三千一百七十七户,计一万余人,离开长期居住的额尔齐斯河原牧地,投归清朝。

达瓦齐和阿睦尔撒纳的联盟,是在反对喇嘛达尔札的基础上建立起来的,当共同的敌人被推翻之后,由于各自利益的驱使,他们之间的矛盾就渐渐暴露出来了。达瓦齐自立之后,阿睦尔撒纳返回旧牧地塔尔巴哈台雅尔地方,管辖五个游牧,防守准噶尔北境。

他凭恃拥立之功,暗中扩充势力。乾隆十八年十月,阿睦尔撒纳提出与达瓦齐南北分辖准噶尔的要求,遭到达瓦齐的拒绝。于是,阿睦尔撒纳就与班珠尔等抢掠了伊犁北部的鄂毕特鄂托克。从十一月起,达瓦齐派兵攻打阿睦尔撒纳,但屡屡败北。次年六月,达瓦齐命台吉沙克都尔曼济等率兵三万名,玛木特率乌梁海兵八千名,东西夹攻阿睦尔撒纳。阿睦尔撒纳和纳默库等率千人在额尔齐斯夔博和硕固守,因众寡不敌,遂率众向内地转移,投奔清朝。

准噶尔由于连年内乱不已,生产力遭受极大破坏,人民生活穷困已极,达瓦齐自立之后,更是众叛亲离,人心离散。三车凌等率部属内迁归附,既显示了包括贵族在内的广大厄鲁特人民对准噶尔统治集团的不满,也反映出他们要求结束内乱,实现统一安定的强烈愿望。

清政府对准噶尔的形势极为关心。康熙、雍正两朝都视准噶尔割据势力为实现国家统一、安定的主要障碍,但受当时客观条件的限制,准噶尔割据势力虽然一时被击败了,不久又卷土重来,彻底解决准噶尔问题的愿望一直未能实现。

乾隆帝执政之后,继续雍正帝时开始的与准噶尔部的谈判,并最终与噶尔丹策零划定了牧界。但是,乾隆帝始终对准噶尔贵族保持高度警惕,非常关注准噶尔的局势。乾隆十八年八月,尚书舒赫德奏请遣使准噶尔与达瓦齐修好,乾隆帝虽然认为清王朝"无乘乱兴师之理",但"达瓦齐本系别支,胆敢作乱弑君,自为台吉",实属大逆不道,故斥遣使修好之说"殊为不晓事体"。当年冬,三车凌率部内附,乾隆帝一方面谕令成衮扎布将车凌等移入边卡内驻扎,妥善安置;另一方面,对准噶尔宰桑玛木特率兵追击车凌,强行进入边卡一事,极为恼火,认为准噶尔有轻视清兵之意,如不加以惩创,准噶尔强大之后,"必至渐生觊觎,出入无忌",那时不但喀尔喀得不到保护,而且对边疆的安全构成极大威胁。乾隆十九年,乾隆帝终于定下以武力进讨,彻底征服准噶尔的决心。五月初四日,谕军机大臣:"伊部落数年以来,内乱相寻,又与哈萨克为难,此正可乘之机。若失此不图,再阅数年,伊事势稍定,必将故智复萌。然后仓猝备御,其劳费必且更倍于今……朕意机不可失,明岁拟欲两路进兵,直抵伊犁,即将车凌等分驻游牧,众建以分其势。此从前数十年未了之局,朕再四思维,有不得不办之势。"这是一道十分重要的上谕。第一,六个月之前,乾隆帝还说过"近日准夷内乱,堂堂天朝,固不肯乘衅发兵攻取"的话,这时却有了根本性的改变,从而确立了以武力平定准噶尔的总方针。第二,适时地提出了"两路进兵,直抵伊犁"的战略决策,为平准战争的胜利奠定了基础。第三,制定了战后处理准噶尔部的"众建以分其势"的政策,为防止准噶尔部内乱和平定后来的阿睦尔撒纳叛乱,维护国家的统一,作了充分的思想准备。

乾隆帝之所以在这时提出"两路进兵,直抵伊犁"的战略决策,一方面是由于准噶尔部出现了内乱,有机可乘,另一方面则是清王朝已拥有了雄厚的经济实力。清朝自入关之后,经过顺治、康熙、雍正三朝百余年的努力,国内出现了政局稳定、经济发展、财政充裕的局面。顺治年间,清政府入不敷出,每年约有数十万两银子的亏空。康熙末年,已略有节余,户部库存达八百余万两。雍正朝,已增至六千余万两。况且,进军伊犁,还可以借助于归附的厄鲁特军队。所以,乾隆帝在召见满洲王大臣,宣示办理准噶尔事宜时曾这样说:"准噶尔之事,自皇祖、皇考时,频烦圣虑,历有年所,因机无可乘,故大勋未集。今事机已值,无烦大举,以国家之余饷,两路并进,不过以新降厄鲁特之力,少益以内地之兵,即可成积年未成之功。"

乾隆帝决策对准噶尔用兵一事,所有的汉大臣均未与议,而满洲王大臣中,只有大学士傅恒一人赞成用兵,其余的人因雍正九年和通泊之战惨败,谈虎色变,以深入为难,"不愿劳师动众"。乾隆帝力排众议,定下进军伊犁的决心。阿睦尔撒纳、玛木特先后率众归附之后,准噶尔部内乱不止、众叛亲离的情况更为明晰,乾隆帝进一步坚定了进军伊犁的决心。

乾隆十九年六月,陕甘总督永常提出"裹粮进剿"的建议,即进军伊犁的清军官兵及跟役人员,俱以六个月计算,共裹带口粮数百万斤。此议受到乾隆帝的批评,他说:"此系从前岳钟琪所办,乃相沿绿旗陋习,已属失策。况此番情形,与前更自不同。现在准夷内乱相寻,人心离畔,以天朝余力乘机进取,正所谓取乱侮亡之时。若裹带米面数百万斤,驮载前往,则兵丁防护不暇,何能轻骑进剿?且与蒙古交战,惟应仍用蒙古行走之法,加以官军节制足矣。"所谓"蒙古行走之法",系指不带辎重的骑兵轻捷快速地运动,亦即是乾隆帝所说的"轻骑进剿"。部队的粮秣供应,除士兵随身携带少量的牛羊肉干和炒面等口粮外,主要采取因粮于敌,就地补给的办法,"将收取达瓦齐所有牲畜备用,倘有不敷,则以茶叶、银两,向厄鲁特、回子等换易口粮,办理分给"。轻骑进剿可以充分发挥骑兵的快速机动能力,出其不意,击其不备,速战速决。但是,在伊犁地区靠因粮于敌的办法来解决部队的粮饷问题是很困难的。所以,乾隆帝的决策,也为这次进军埋下了隐患。

乾隆帝原定于乾隆二十年秋季向伊犁进军。阿睦尔撒纳在热河觐见乾隆帝时建议说:"塞外秋狝时,我马肥,彼马亦肥,不如春月乘其未备,且不能远遁,可一战禽之,无后患。"玛木特的意见也是如此。乾隆帝认为"其言良当",遂采纳了他们的建议,决定两路大军皆提前于乾隆二十年二月进兵。

四

早在乾隆十九年(1754 年)五月,乾隆帝即谕军机大臣等:"所有明岁军兴一应粮饷、兵丁、马驼,均应豫为筹画。"此后,有关方面积极地进行各种准备,如调拨兵丁、购买马驼、贮运粮秣、勘察进军路线、安设台站等,甚至制作了大批生津止渴的"果单",以备穿越沙漠时解渴之用。此外,他还重视战前的思想动员和舆论准备。当时,满族王大臣在对准噶尔用兵一事上畏怯退缩,为振奋满族王大臣和八旗兵的战斗精神,他于十月十三日召见各王大臣,宣示办理平定准噶尔事宜,阐明了进军伊犁的重要意义,对"惟守妻孥以求安逸,闻战阵而甘退缩"的习气提出了严厉的批评,勉励他们要"奋励踊跃从事",并坚定地表示,"朕总理天下诸务,惟据理独断,应办之事,断不为众所阻挠;如其不可,众虽强为奏请,朕亦断不允行。是皆尔等所共知者。此用兵要务,朕筹之已审,岂以众人怯懦,即失机宜,半途而废!"为了配合军事进剿,乾隆帝于十一月又下诏宣谕准噶尔部,从政治上揭露达瓦齐的分裂罪行,号召各部首领脱离达瓦齐,归附清朝,指出:"先来者先受朕恩，后来者后蒙朕惠，即使达瓦齐痛改前非，输诚投顺，朕亦一体封爵，不令失所"，如"仍怀观望或敢抗拒者，大兵所至，必尽歼除。尔等其详求朕谕，熟思利害，善自裁择，勿遗尔悔"。

十二月，乾隆帝决定发兵五万，于明年二月分北、西两路出击：以班第为定北将军，阿睦尔撒纳为定边左副将军，亲王固伦额附色布腾巴尔珠尔、亲王衔琳沁、郡王讷默库、郡王衔青滚杂卜、内大臣玛木特、将军阿兰泰、尚书达尔党阿等为参赞大臣，官兵二万五千人，马七万匹，由乌里雅苏台出发，越阿尔泰山向西南推进；西路以永常为定西将军，萨喇尔为定边右副将军，亲王额琳沁多尔济、贝子扎拉丰阿、总督鄂容安等为参赞大臣，三车凌均为参赞大臣率所部兵以从，官兵二万五千人，马七万匹，自巴里坤西进。两路大军各携两月粮，约期会于博罗塔拉河（伊犁东北三百里），会师后直捣伊犁。

乾隆二十年二月十二日，阿睦尔撒纳率北路哨探兵六千人，从乌里雅苏台出发；八天后，班第率察哈尔兵三千人继进。二十五日，萨喇尔率西路哨探兵六千人，从巴里坤出发；三月九日，永常率兵继进。阿睦尔撒纳和萨喇尔原为准噶尔部有实力、有影响的人物，乾隆帝令他们率旧部举旧部旗号先行，是为了利用其影响和力量，即所谓"以夷治夷"。还是在乾隆十九年十一月时，闽浙总督喀尔吉善曾奏请以藤牌兵助西、北两路进剿准噶尔，乾隆帝不准，他说："朕此次即满兵亦不多用，仍以新归顺之厄鲁特攻厄鲁特耳。"但是，定北将军班第不懂得这个策略。他于三月十九日抵达郭勒阿里克，即率经过挑选的六千名精兵急行军，前往额尔齐斯以西的喇托辉，与阿睦尔撒纳前队会合。乾隆帝得悉此情，即予以严厉批评，指出："大兵进剿，自宜略分先后。经朕屡降谕旨，令班第计阿睦尔撒纳行程，约离数日，相继前进。一则阿睦尔撒纳系准噶尔人众知名之人，今伊带哨探兵前行，人多认识，于收服准夷人众较易。再前队既有哨探兵，复有将军随后带兵继进，声势联络，军威益振。如将军、副将军合并一处，则众人惟知有将军，不复更知有副将军，转置阿睦尔撒纳于无用之地，不足以展其一所长，殊于军行无益。"他令传谕班第、阿睦尔撒纳二人，"务须酌量相离数日，陆续进发，不得同在一队行走。西路将军永常、萨喇勒（尔）等，亦遵朕屡次谕旨前进，毋得故违取戾"。由于准噶尔内乱不止，人心思治，迫切要求摆脱达瓦齐的专横统治，又受阿睦尔撒纳、萨喇尔的影响，故清军所到之处，准噶尔各部皆望风迎降，"各部落大者数千户，小者数百户，无不携酒牵羊以降，兵行数千里，无一人敢抗者"。清军进展异常顺利。

班第与阿睦尔撒纳于西喇托辉会合后，率部经额尔得里克、察罕呼济尔等地，向额米尔（额敏）进军。四月中旬，西、北两路清军均进至博罗塔拉河（今博尔塔拉河）地区，因侦知达瓦齐已往察卜齐雅勒地方，遂不待两路会合，班第、阿睦尔撒纳和萨喇尔分率所部，轻骑前往。二十七日，萨喇尔兵至登努勒台，班第、阿睦尔撒纳等于次日进抵尼楚滚，两地相距仅二十里。这时，达瓦齐已退往格登山。班第、阿睦尔撒纳和萨喇尔商定，三十日两路大军同时挥师南下。"汉、蒙军队到达伊犁时，准噶尔人便跟一些首领一起向他们投诚"，清军兵不血刃地占领了伊犁。

五月初五至初七日，阿睦尔撒纳和萨喇尔分率清军抢渡伊犁河。北路军由固勒扎渡口越推墨尔里克岭，西路军由喀塔克渡口越扣们岭，两路并进，进逼格登山。格登山位于伊犁西南、特克斯河北岸，"达瓦齐拥众万人，后负格登山崖，前临泥淖，驻营固守",但是,达瓦齐部"军械不整,马力亦疲,各处可调之兵已收括无遗。现在众心离散,愿降者多"。五月十四日,两路清军逼近格登山,占据形胜之地,严阵以待,并示以欲掠准噶尔游牧以诱敌。当日夜,阿睦尔撒纳派翼领喀喇巴图鲁阿玉锡、厄鲁特章京巴图济尔噶尔等率领二十二名壮士兵,前往达瓦齐大营侦察。阿玉锡乘敌松懈不备,突袭达瓦齐大营。准噶尔军惊溃奔窜,自相践踏。达瓦齐从睡梦中惊醒,不知虚实,率两千余人仓皇逃走。次日晨,阿玉锡清点投降者,计四千余人。

达瓦齐率残部翻越天山南逃,清军一面分道南追,一面向阿克苏、乌什等地发出檄文,令当地维吾尔等族人民协助清军擒拿达瓦齐。乌什维吾尔族领袖霍集斯旧日虽与达瓦齐友善,但接到清军檄文后,即率众于各隘口设卡防堵。达瓦齐到达乌什附近时,仅剩百余骑。霍集斯伏兵林内,遣人牵羊载酒往迎达瓦齐入城,待其酒醉后将其缚之,执献清军。至此,达瓦齐割据势力被彻底平定。

战后,乾隆帝谕令班第等将清军陆续撤回。班第等遵旨留兵500驻守伊犁,将其余各部先后撤回内地。乾隆帝对作战有功的将领论功行赏,阿睦尔撒纳赏亲王双俸即双亲王,班第、萨喇尔晋封为一等公,惟永常因筹办军需不称旨,未膺封赏。达瓦齐被押送北京后,乾隆帝赦免其罪,封为亲王,住在北京,受到清廷的优待。

五

乾隆帝认为,一个统一而强大的准噶尔,对清王朝是一巨大的威胁。所以,早在乾隆十九年,他就决定,俟平定准噶尔之后,采取"众建以分其势"的方针。次年正月,他对此方针又有所阐释:"将四卫拉特封为四汗,俾各管其属。"具体说来,即以车凌为杜尔伯特汗,阿睦尔撒纳为辉特汗,班珠尔为和硕特汗,噶尔藏多尔济为绰罗斯汗,四部俱依照喀尔喀蒙古设立盟旗,令四汗兼管。其目的是使四部相互制约,分而治之,以防准噶尔分裂割据势力破坏国家的统一和安定。

阿睦尔撒纳虽然归附清朝,但他是想借助清朝中央政府的力量,消灭其政敌达瓦齐的势力,以达到"为四部总台吉,专制西域"的野心。阿睦尔撒纳的野心与清廷对准噶尔的方针尖锐对立,水火不相容,因而一场分裂与统一的斗争不可避免地展开了。

阿睦尔撒纳的政治野心,从一开始即有所暴露。乾隆二十年初,他在向伊犁进军之前,即以忒字奏请赏给印文,以招降辉特部人,"其欲取多人,占据地方之意,已经微露"。四月,进兵至塔本集赛以后,他竟拥兵不进,借口查办属人,逗留时日,而暗中将其属人迁往博罗塔拉,以攫夺伊犁的牲畜财物。由于准噶尔各部台吉纷纷率众归附,阿睦尔撒纳更加志得意满,专擅独断。他施展阴谋,玩弄手段,一方面为实现其为四部总台吉的政治野心大造舆论,声称"四卫拉特与喀尔喀不同,若无总统之人,恐人心不一,不能外御诸敌,又生变乱",又"托言哈萨克人众,谓非令伊为总台吉不可";一方面极力讨好额附科尔沁亲王色布腾巴尔珠尔,"使与班第为难,而以己情托其归奏",企图以此动摇清廷决心,收回分封四部汗的成命,承认他为厄鲁特四部总汗。进占伊犁之后,阿睦尔撒纳叛逆之迹日渐暴露,竟以厄鲁特四部总汗自居,将乾隆帝所赏黄带孔雀翎置而不用,一切行文也不用清廷所颁副将军印信,而仿效达瓦齐用小红钤记;不将内附实情告知准噶尔人民,而将投诚的台吉宰桑等擅行诛戮;暗中培植亲信,四处招兵买马,竭力扩展割据势力,积极准备叛乱。

清廷对阿睦尔撒纳的政治野心,早有觉察,亦有所提防。进军伊犁时,乾隆帝令阿睦尔撒纳率兵为前锋,以利用其号召力,沿途招降准噶尔人众,与此同时,又令额附色布腾巴尔珠尔与之同行,以伺察其言行。他密谕色布腾巴尔珠尔:"(阿睦尔撒纳)若有反叛之状,则汝收将军印,便宜行事",又密谕萨喇尔等人,对阿睦尔撒纳"务须留心防范,慎勿任其所行"。为防止阿睦尔撒纳专擅和贪功,乾隆帝谕令班第,议事时,要让萨喇尔、玛木特与阿睦尔撒纳等"会同商办",班第则要"留心办理,切勿令彼先行独办,然后告之班第转奏也"。

乾隆二十年六月二十八日,乾隆帝根据班第、萨喇尔、鄂容安的联衔密奏,认为阿睦尔撒纳"种种不法之处,图据准噶尔已无疑义"。他当机立断,决定不待其公开叛乱,先发制人,掌握主动。他密谕班第等人,如阿睦尔撒纳尚未起程入觐,即行擒拿,在军营正法;如已动身,则另行办理。同时,令阿兰泰率领凯旋索伦兵 1000 名往阿睦尔撒纳游牧处,擒拿其妻子及亲信宰桑。但是,班第以清军兵少,未敢擒拿阿睦尔撒纳。

七月初十日,阿睦尔撒纳从尼楚滚军营起程赴热河入觐。但他暗中却与其亲信党羽策划叛逃,先后遣人前往扎布堪河游牧处接取妻子人众,令阿巴噶斯带兵抢掠额林哈毕尔噶、业克明安各处游牧,令库图齐纳尔等带兵分路抢掠伊犁清军大营,令噶勒杂特带兵由乌陇古一路抢掠陆续撤回的清军官兵。起程后,阿睦尔撒纳一再故意拖延,次日即行住宿,并遣纳噶察向班第告称:"阿巴噶斯、约苏图、乌克图与喇嘛等潜行计议,如不令阿睦尔撒纳统领驻扎,伊等宁剖腹而死,不能贪生别事他人。"纳噶察从班第处返回后,阿睦尔撒纳与他以及阿巴噶斯、察哈什等人"回避众人,密商竟夜"。八月十九日,阿睦尔撒纳行至乌隆古河(今新疆阿勒泰境内),由于此时他已"截获了由北京下达给将军们的命令",而且已接近其游牧地,所以便开始实行其密谋已久的叛逃计划,将定边左副将军印信交给同行的喀尔喀亲王额琳沁多尔济,诡言"先至游牧,再行入觐"。二十日,即绕道额尔齐斯河逃走,沿途大肆抢掠。额琳沁多尔济领兵三百名前往追捕,但为时已晚。

阿睦尔撒纳公开打出了反清叛乱的旗帜。在他的煽惑下,伊犁地区准噶尔宰桑喇嘛等亦纷纷攻袭清军,抢掠台站,断绝粮道。八月二十三日,宰桑克什木、都噶尔等率兵抢掠伊犁台站。此时定北将军班第、副将军萨喇尔和参赞鄂容安遵旨率八旗兵五百名留驻伊犁办理善后事宜,因兵少且又缺乏准备,无力控制局势,乃于二十四日退出伊犁,向峤吉斯转移。二十九日,行至乌兰库图勒,班第等人被叛军包围。当日夜,班第、鄂容安力竭自杀,萨喇尔率兵百余人脱出,至峤吉斯河被宰桑锡克锡尔格所执,送往伊犁拘禁。此时清军定西将军永常率索伦、察哈尔劲兵五千八百余名驻木垒。反对阿睦尔撒纳叛乱的准噶尔宰桑扎木参率所部数千人来投,"永常疑其诈,挟宰桑为质,兼程却走"。乾隆帝命永常派兵接应北路,但他闻知阿睦尔撒纳叛乱的消息后惊慌失措,竟置北路于不顾,于九月初八日率兵退回巴里坤,复欲退守哈密。永常的怯懦退却,使阿睦尔撒纳的叛乱日益蔓延开来。

六

阿睦尔撒纳叛逃之后,乾隆帝于乾隆二十年九月十二日重封准噶尔四部:噶勒藏多尔济为绰罗斯汗,车凌为杜尔伯特汗,沙克都尔曼济为和硕特汗,巴雅尔为辉特汗。旋以永常畏葸怯战,贻误军情,将其革职解京问罪,命副都统策楞为定西将军,扎拉丰阿为定边右副将军,率西路清军于年内剿灭阿睦尔撒纳党羽阿巴噶斯,明年正月进军伊犁;哈达哈为定边左副将军,率北路清军驻扎于形胜之地,遥为声援。乾隆帝认为,冬季进兵较难,但进兵"愈迟缓,则贼党愈固,贼力愈强,办理更费周章",他批评了达勒当阿、哈达哈等人于"明岁草萌时再行进发"的主张,坚持迅速进兵之议。为此,他令清军在进军途中,用补给缎匹、银两的办法,以疲乏之马匹换取厄鲁特蒙古肥壮马匹;鉴于进军路远难于转运,令清军"官兵前进之时,必须因粮于敌,以壮兵力"。同时,令署陕甘总督方观承、甘肃巡抚吴达善等官员负责粮秣的转运,以保证军粮足敷供应。

阿睦尔撒纳自乌隆古河叛逃之后,原欲回其游牧地,因阿兰泰已将其妻子拿获解京,并将其游牧人众内移,他只得率众南下,先至铿格尔、西喇托辉等地,又至博罗塔拉。十二月十七日,前往伊犁坐床。

西路清军兵分两路向伊犁进军:一路由珠勒都斯,一路由博罗布尔噶苏。乾隆二十一年正月,参赞大臣玉保率先头部队进抵特克勒河(今新疆特克斯河),阿睦尔撒纳计日可擒。二十八日,先前由策楞派往伊犁招降当地喇嘛的侍卫福昭等送来阿睦尔撒纳已于二十一日被诺尔布台吉擒获的情报:"阿睦尔撒纳向哈什处败奔,因被乌鲁特兵截击,复奔至雅木图岭,正在斫冰开道之际,被台吉诺尔(布)、固尔布班贺卓、博什阿哈什、巴图尔乌巴什等追及擒获。"玉保以红旗驰报策楞。策楞随即飞章入奏。其实,阿睦尔撒纳被擒纯系子虚。当时清军前锋距阿睦尔撒纳仅一日行程,阿睦尔撒纳见清军来势迅猛,便散布虚假情报以施缓兵之计。玉保、策楞等人不审虚实,信以为真,立即停止进军,静候诺尔布来献俘。达尔党阿正领兵由珠勒都斯前进,策楞亦令其停止。其后,清军诸将又互相推诿,一误再误,以致完全失去追剿阿睦尔撒纳的有利战机。阿睦尔撒纳乘机经和尔郭斯(即霍尔果斯)越库陇癸(今哈萨克斯坦库陇奎山)向西逃入哈萨克牧地。

四月,乾隆帝以轻信阿睦尔撒纳诡计,贻误战机罪,将策楞、玉保撤职查办。五月,他重新调集军队,部署新的军事行动:以达尔党阿补授定西将军,率兵出西路,直入哈萨克,悉力搜捕阿睦尔撒纳;命定边左副将军哈达哈,率兵出北路,剿灭乌梁海之后,即前往哈萨克,追剿阿睦尔撒纳;命将军兆惠为定边右副将军,率兵一千五百人,自巴里坤进驻伊犁,为机动部队。

阿睦尔撒纳逃入哈萨克后,得到哈萨克汗阿布赉的支持。他与阿睦尔撒纳商定,令各游牧凑集兵丁,分路抵御进入哈萨克的清军。七月初三日,达尔党阿率西路清军一千人,进抵哈萨克境内之雅尔拉,与阿睦尔撒纳、哈萨克头人霍集伯尔根所率哈萨克兵二千人相遇,大败哈萨克兵,斩五百七十余人,俘十一人。清军乘胜追击,至努喇再败逃敌,杀三百四十人,俘十人。阿睦尔撒纳兵败不支,遂改换蓝蟒逃走。达尔党阿本该乘胜继续追击,但他却欲行招抚。是月十二日,达尔党阿释放哈萨克俘虏楚鲁克,令其晓谕阿布赉擒献阿睦尔撒纳。二十七日,楚鲁克和被哈达哈释放的昭华什一起回到清军军营,禀称阿布赉"恳求大皇帝开一面之网,全伊一命""如必责令擒献,岂敢抗违,请再予限十五日,我等星夜驰回,即将阿睦尔撒纳擒献,不敢欺罔"。达尔党阿虽然不准其为阿睦尔撒纳请命,但由于停兵招抚而丧失了有利战机。当时达尔党阿与阿睦尔撒纳"前后相距不过里许",达尔党阿为敌人所欺骗,竟"下令不许众兵前进",致使阿睦尔撒纳得以易服潜逃,先逃往呢雅斯图山中,后逃回阿布赍的老营。与此同时,哈萨克汗阿布赍率兵千余,自巴颜山西行,欲声援阿睦尔撒纳,途中被北路清军击败。清定边左副将军哈达哈从俘虏口中得知"阿布赍所在,故意迟回,不即掩获,迨已逸去,始勒兵追蹑其后",同样丧失了歼敌良机。两路清军会师后,达尔党阿和哈达哈仍不以追歼逃敌为念,"竟于初见之次日,即分营行走。至第三日,即议及撤兵",再次坐失战机。

由于清政府连年对准噶尔用兵,并令喀尔喀和归附的厄鲁特人随征,一再征丁征马,人民不堪其累;喀尔喀和厄鲁特一些上层人物见达尔党阿、哈达哈等清军将领指挥无能,屡屡受骗,顿生轻视之心,所以反清叛乱事件不断发生,其中喀尔喀郡王、副将军青滚杂卜叛乱的影响尤大。早在清军征讨达瓦齐之时,青滚杂卜见阿睦尔撒纳"潜蓄叛志,亦隐有二心",遂与之勾结。将军班第等密参阿睦尔撒纳时,他竟私行泄漏消息,后因不满清廷以放走阿睦尔撒纳的罪名将喀尔喀亲王额琳沁多尔济"赐死",遂自军营私自逃回其游牧地,尽撤其所设台站卡座,并煽惑喀尔喀一并撤驿,致使北路台站从十台至二十六台全部瘫痪,联络中断。乾隆二十一年十月,辉特部汗巴雅尔和哈萨克头人锡喇、尼玛、莽噶里克、扎那噶尔布等相继发动叛乱。十一月初六日,奉命率兵前往擒拿巴雅尔的巴里坤办事大臣和起在辟展(今鄯善)被尼玛、莽噶里克等包围,力尽遇害,准噶尔全部又陷入纷乱之中。

在这种情况下,乾隆帝首先集中力量解决喀尔喀问题。八月,乾隆帝授亲王成衮扎布为定边左副将军,带兵前往和托辉特;以"天时渐寒,马力亦恐疲乏"为由,命西、北两路清军暂停深入哈萨克,达尔党阿、哈达哈将厄鲁特兵遣回各游牧处,以轻骑兵由阿尔泰速往喀尔喀,会同成衮扎布,平定青滚杂卜叛乱,安抚喀尔喀各部。同时,派兵至乌里雅苏台,接续各台站。参赞大臣纳木扎勒率索伦兵追捕青滚杂卜,于十一月二十八日在与俄罗斯交界处的杭哈奖噶斯地方,将其擒获,槛送京师。

针对准噶尔的混乱局面,乾隆帝密谕定边右副将军兆惠率所属驻防伊犁兵丁撤回巴里坤,并调索伦兵两千名,察哈尔、吉林、阿拉善旗兵两千五百名及安西绿营兵两千名前往巴里坤,以稳固西路清军要地。

乾隆二十一年十一月二十五日,伊犁办事大臣兆惠遵旨率所部一千五百余人,自济尔哈朗河撤退,转战而南,先后在鄂垒扎拉图、库图齐、达勒齐等地与厄鲁特叛军作战,歼敌千余人。次年正月初五日,退至乌鲁木齐。绰罗斯汗噶尔藏多尔济联合哈萨克头人锡喇、尼玛等部叛军围攻兆惠。清军在冰雪泥水中且战且走,苦战近二十日,始至特纳格(今新疆阜康),此时清军官兵皆饥寒交迫,疲惫不堪,难于继续作战,只得"结营自固"。在此之前,侍卫图伦楚率兵八百名自巴里坤前来接应兆惠,经过一个月的苦战,于正月二十九日夜与兆惠会合。二月二十三日,兆惠与图伦楚率部回至巴里坤。

阿睦尔撒纳乘准噶尔部境内变乱四起之机,于乾隆二十一年九月末从哈萨克窜回准噶尔地区。次年二月,他与参加叛乱的厄鲁特各部台吉、宰桑会盟于博罗塔拉,自立为总台吉。他网罗党羽,收集残部,企图与青滚杂卜会合后,共同反清。但是,不久他即得到青滚杂卜已被清军擒获的消息,只得又逃回哈萨克。

乾隆二十二年(1757)正月,乾隆帝调整部署,调部队赴巴里坤集结,准备再次向准噶尔进军;改授定边左副将军成衮扎布为定边将军,舒赫德为参赞大臣,率兵出北路;定边右副将军兆惠和参赞大臣富德,率兵出西路。三月十一日,成衮扎布、兆惠等率七千名大军,由巴里坤起程,一由珠勒都斯北进,一由额琳哈毕尔噶西进。此时准噶尔叛军由于各部互相攻杀,力量大为削弱。先是四月初一日扎那噶尔布袭杀其叔噶尔藏多尔济,随即往博罗塔拉坐台吉床。尼玛又欲害扎那噶尔布,往迎阿睦尔撒纳管理准噶尔地方。阿睦尔撒纳因与哈萨克不睦,又回到准噶尔抢掠扎那噶尔布游牧地,适遇富德率军追袭,他不敢抵抗,望风而逃。鉴于上述情况,乾隆帝批评成衮扎布准备办理回部事务的主张是不知轻重缓急,他提出以先剿擒阿睦尔撒纳为要务的方略,命两路清军克期会合,并力擒获阿睦尔撒纳。

阿睦尔撒纳率众先逃至巴尔达穆游牧地,纠合叛军数百人,逃往额布克特山驻守。参赞大臣富德得讯,即率兵往追。五月初一日,清军追至额布克特山时,阿睦尔撒纳已经逃遁。清军分兵追击,经塔尔巴哈台,深入哈萨克境。五月三十日,追至爱登苏,击败哈萨克汗阿布赍部骑兵。六月初三日,清军俘获了助阿睦尔撒纳叛乱的辉特部汗巴雅尔。当日,阿布赍的使者至军营献马请罪,表示"倘阿贼入我境,必行擒送"。初七日,阿布赍在爱呼斯河(今哈萨克斯坦爱古斯河)向清使递交表文,愿以哈萨克全部归顺,并遣使入觐,正式成为清朝的藩属国。这为彻底平定阿睦尔撒纳的叛乱创造了良好的外部条件。

六月十九日,阿睦尔撒纳率领二十人逃至阿尔察图,投奔哈萨克汗阿布赍。阿布赍不动声色,约以明日早上相见,而暗中却派人"先散其马匹牲只",准备将其擒献清廷。阿睦尔撒纳有所察觉,带领妻子、亲信八人乘夜暗逃离,渡过额尔齐斯河,于俄历 7 月 28 日逃到俄罗斯境内的塞米巴拉特要塞。

沙皇俄国对中国的准噶尔部早就怀有野心,阿睦尔撒纳叛清后,沙俄当局曾多次写信诱其归顺俄国,在 1757 年 1 月 6 日的一封信中说:"凡是准噶尔地方之人,即使宰桑,如若率出其属下之众,前来投诚我俄罗斯,则予以接受。"阿睦尔撒纳为了能与清廷对抗,也急欲寻求沙俄的支持。乾隆二十一年(1756 年)冬,阿睦尔撒纳曾派遣宰桑达瓦赴圣彼得堡,向沙俄表示,"愿意服从俄国女皇的旨意,……请求俄国政府在额尔齐斯河和斋桑湖之间地区修建要塞,以防满洲人。他还请求俄国当局协助,使卫拉特人承认他为汗,并服从他的旨意"。当时俄国由于正在欧洲同普鲁士进行战争而自顾不暇,并慑于清政府的强大,因而没有满足阿睦尔撒纳的全部要求,仅答应他一旦失败,"可以带一批数量不大的随从人员在俄国安全避难"。所以,阿睦尔撒纳在叛乱失败之后,既为清军所追捕,又不见容于哈萨克,就逃入俄国请求加入俄国国籍。沙俄把阿睦尔撒纳当作向准噶尔扩张的资本,西伯利亚副总督格拉勃连夫在托博尔斯克接见了他,并给予优待和保护。

在得知阿睦尔撒纳逃入俄国以后,清廷内部在如何处理这一事件上意见不一,有人担心"饬索过严,以致又启边衅",因而"迁就隐忍,苟且自安",甚至有人主张放弃伊犁,"直欲退守玉门关"。乾隆帝断然否定了这些错误的意见。他认为:"阿睦尔撒纳实为悖逆之渠魁……将来必不能久甘穷困,势必滋生事端,为患边境。是逆贼一日不获,西路之事一日不能告竣。"他尤其担心,如果让阿睦尔撒纳留在俄国,"必将为其所用,以为哈萨克一带之患"。因此,乾隆帝令理藩院发文照会沙俄政府,要求俄国"遵照原定不匿逃犯之条",把阿睦尔撒纳交还中国。与此同时,又谕令加强北部边防,以防阿睦尔撒纳利用沙俄的力量侵扰边境。

　　沙俄政府先是捏造谎言,掩盖其容留阿睦尔撒纳的真相。乾隆二十二年八月二十日(俄历 9 月 21 日),阿睦尔撒纳因患天花病死,沙俄政府仍对清政府封锁消息,在清政府的一再交涉之下,才于次年正月初七日正式通报阿睦尔撒纳的死讯,并请中方派人至边境验尸。清政府派亲王齐巴克雅喇木丕勒和侍郎三泰前往恰克图验尸,确认阿睦尔撒纳已死无疑,乾隆帝认为"准噶尔全局自可以告厥成功"。至此,阿睦尔撒纳的叛乱基本平定。

第四章　保卫西藏

一

　　尼泊尔是与我国西藏毗邻的一个山国。长期以来,尼泊尔境内部落林立。13世纪,尼瓦尔族建立了马拉王朝,但未能统一全部尼泊尔,其内部还有不少分立的政权,直至18世纪,仍有"大小部落总共三十处"。其中阳布(一作雅木布,今加德满都)、库库木(一作库库穆、库科木,今巴德冈)、叶楞(一作易隆,今帕坦)三部较大,在清朝文献中称为"巴勒布"(一作"巴尔布")。各分立的王国相互争战,力量彼此削弱。廓尔喀部遂乘机崛起。

　　廓尔喀原是拉加普族建立的一个小邦,位于阳布西北,相距约六日路程。在首领普里特维·纳拉扬·沙的领导下,廓尔喀乘机对周围各部用兵,"节次侵占阳布等三处地方,势力愈加,随将附近之达纳隆等小部落又共占取二十七处",于1768年(清乾隆三十三年)统一了尼泊尔,迁都阳布,建立起廓尔喀王朝。

　　从4世纪起,尼泊尔就与中国在经济、文化等方面有了接触。由于尼泊尔与西藏毗邻,也信奉佛教,经济上又有互补性,所以尼泊尔与西藏人民世世代代友好往来,互通有无,"(廓尔喀)素无盐、茶,并无银两、马匹,所产惟米豆、牛羊、布帛、铜铁、珊瑚、玛瑙、孔雀……然西藏素产盐斤,及内地贩运银、茶,实为科(廓)尔喀必需之物,故向来藏属夷民往来驮运,彼此通商,相安已久"。清代,尼泊尔与西藏之间的商业贸易和人员交往更为密切,尼泊尔商人"自康熙年间即在前藏居住,皆有眷属,人户众多,不下数千名口",有的还与藏民通婚,也有不少藏民往尼泊尔贩运粮食、布匹等物。除了民间交往之外,尼泊尔与中国两国官方也有联系。清雍正十年(1732年),马拉王朝的阳布、库库木、叶楞三部曾遣使至西藏,向清廷进贡,雍正帝赐缎匹、玻璃、瓷器,但念道路遥远,往返艰难,令其使臣即由西藏返回,希望三部与西藏贝勒颇罗鼐"协力和衷,维持黄教"。雍正十二年,阳布等三部又遣使赴京进贡。但是,由于廓尔喀入侵西藏,尼中两国长期和平相处的友好关系一度被破坏。

二

　　廓尔喀统一尼泊尔之后,国力强盛,积极推行对外扩张政策。因其国小人众,对于地广人稀的西藏,早有觊觎之心。乾隆四十九年(1784年),六世班禅之弟沙玛尔巴因与其同母异父的哥哥仲巴呼图克图争夺六世班禅巨额遗产不遂而逃亡廓尔喀。他"与大头人巴都尔萨野交好,将藏中虚实告知,从中怂恿,外夷唯利是图,顿萌窥伺之意"。

　　乾隆五十三年五月,廓尔喀致书西藏地方政府官员,提出领土等要求,声称:"我境接壤之聂拉木、济咙二处,原系我巴勒布地方,仍应给还。"西藏与廓尔喀贸易,向来使用廓尔喀银钱。这时廓尔喀新铸银钱,向西藏地方提出,停用旧钱,专用新钱,一个新钱当两个旧钱使用。驻藏大臣庆麟、雅满泰以及西藏地方政府官员均对廓尔喀的无理要求予以严厉驳斥,明确指出:聂拉木、济咙"二处俱系达赖喇嘛地方",廓尔喀"新铸钱文甚少,不能流通,仍将新旧搀杂使用""若一个当两个使用,我们太吃亏,不能依允的"。廓尔喀的无理要求被驳回,遂以贸易纠纷为借口,派兵入侵西藏。

六月,廓尔喀大头目苏尔巴尔达布(一作素喇巴尔达布)率兵三千人入侵西藏,二十一日占领后藏济咙,二十四日夺取聂拉木,然后北上进攻宗喀(今吉隆)、噶协尔(今定日)等地。

三

西藏驻军不多,驻藏大臣庆麟在接到廓尔喀入侵的情报后,一面从各地抽调一千二百名绿营兵、达木蒙古兵等派赴前线,一面向北京报警,同时向四川总督李世杰求援。

拉萨至北京相距遥远,乾隆帝迟至七月二十七日才得到廓尔喀入侵的奏报。他立即发出谕令,强调聂拉木、济咙、宗喀等地,"此系卫藏所属地方,理应派兵堵御",要求"所有后藏与巴勒布接壤之处,俱宜力为守御,其前藏地方,亦著庆麟等严加防范"。为此,他作了多方面的筹划和部署。

第一,保护、安抚班禅额尔德尼。班禅是藏传佛教最高领袖之一,在西藏民众中有很大影响。此时七世班禅年龄尚小,为防其受惊扰和被廓尔喀利用,乾隆帝令雅满泰率兵赴后藏札什伦布(今日喀则),给予抚慰,如情况紧急,即将其迁移至前藏。

第二,向西藏民众进行政治动员。八月初四日,乾隆帝发布敕谕,向西藏民众说明调集内地官兵入藏,讨伐侵犯藏界的敌人,其目的"无非保护尔等,奠安卫藏之意",号召西藏民众积极支持清军。

第三,发布檄文,谕廓尔喀退兵。指出聂拉木、济咙两地,"虽边外蕞尔之区,原系藏中旧属,非尔之地。从前五辈达赖喇嘛时,尔等侵夺济咙,经达赖喇嘛发兵夺回"。廓尔喀必须"往复熟筹,速行退兵,将聂拉木、济咙等处全行献出。否则,大兵一发,尔等靡有孑遗,追悔莫及,尚其详审利害,毋自贻伊戚也"。

第四,调兵遣将。乾隆帝接报后,立即命四川总督李世杰调兵三四千名,由四川提督成德、总兵穆克登阿率领,迅速入藏;令赴热河(今河北承德)入觐的成都将军鄂辉、总兵张芝元即日起程回任。

第五,筹集军费粮饷。为支持抗击廓尔喀入侵的战争,乾隆帝从四川、陕西、山西和湖北等省拨银一百七十万两,作为采买军粮及其运输费用,并命四川总督李世杰移驻打箭炉,负责筹办军需。自打箭炉至西藏,几乎全是崎岖难行的山路,运输困难,费用昂贵。据李世杰说:按照军需则例规定,骡马驮运米粮,每石每站给银三钱,口外山路以四十里为一站,自打箭炉至西藏共五千三百六十五里,一百三十三站,需银三十九两九钱。按照此价,运送三千名官兵的口粮,负担实在太重。经李世杰筹划,定以每米一石用牛马一头,每站给银一钱六分,夫役一名照管牛马两头,每夫每站照台费旧例折给口粮一分,不给工价,也不另给烟茶糌粑,这样每运米一石,仍需银二十六两八钱六分。乾隆帝考虑到,入藏官兵所携带口粮,只够途中食用,"倘由内地拨往,不特需费浩繁,且恐缓不济急,所关匪细",所以决定除途中所需粮食由内地拨运、途中购买外,其余均在西藏就地采买。他还特别强调,兵丁并非专需米石,凡麦面牛羊青稞糌粑等物,均可作为口粮;要晓谕藏民多为出售,清军应估价给银。

四川总督李世杰接到庆麟的求援信后,即抽调成都驻防满兵、绿营兵和金川屯练土番共计三千名赴援。七月二十二日,提督成德率领先头部队绿营兵一千名,从成都出发。与此同时,驻藏大臣庆麟七月初九日从拉萨出发赴后藏。他虽到了边境,却没有深入了解前线情况,只是根据藏军将领的一面之词就向乾隆帝报告说,藏兵在胁噶尔打了胜仗,"虽贼众(藏)兵少,尚能抵御""仰赖大皇帝威福,俱各守坚战利"。其实这是一份虚假情报,乾隆帝却也信以为真,认为不必调用清军入藏,他说:"巴勒布被官兵以寡击众,剿杀退败,看来贼众无能,亦无大志,不值大办。"于是他立即调整部署,令鄂辉、李世杰将后续之五百名清兵停止派出,甚至想让成德所率出发已二十余日的先头部队于中途撤回。不久,庆麟又报告说,巴勒布增兵,藏兵年久未经行阵,且一时不能齐集,前线吃紧,他自己也于七月二十八日将班禅从后藏接往前藏。于是,乾隆帝又命清军急速赴藏。但由于相距遥远,信息滞后,以及情报不准等原因,作战指挥出现了混乱。八月二十四日,成都将军鄂辉回到成都。虽然总督李世杰十天前刚刚接准雅满泰因巴勒布兵多,藏兵不甚得力,而催令所调官兵迅速前往的来咨,但这时又接到乾隆帝"续派官兵停止前往"的谕旨,鄂辉、李世杰感到"缓急轻重之间,实难悬定",鄂辉只得从成都赴打箭炉,查探信息。乾隆帝尽管对这种混乱情况非常不满,但也认识到必须给前线将领随机应变的权利,他说:"朕所降谕旨,系就伊等奏到之折,揆度情形,遥为指示,及经伊等接奉时,前后机宜,又或互异。该督正当按照彼处现在情形,随机妥办,原不必稍存拘泥,方为善体朕怀也。"与此同时,乾隆帝因庆麟、雅满泰昏愦无能,又授理藩院左侍郎巴忠为御前侍卫钦差大臣,赴藏会办。

　　十一月二十二日,鄂辉率满汉屯练官兵四百名赶到札什伦布,因先期到达的成德已抵第哩朗古,鄂辉遂率部前往,十二月初九日两部于第哩朗古会师。鄂辉、成德率清军由第哩朗古沿山间小路寻积雪稍薄处行走,于次年正月中旬进至宗喀。廓尔喀兵已经撤走,清军不战而收复宗喀。因雪大难行,清军在宗喀暂时休整。二月下旬,天气稍晴,鄂辉率军出发,先由善于攀登的汉土兵丁在积雪稍薄处挖开积雪,开辟道路,大队清军随后在小路上翻山越岭,迤逦而行。清军行军虽然异常艰难,但一直未遇到廓尔喀兵,所以未经交战,即顺利地收复了济咙、聂拉木以及其他边境村镇。

四

　　所以会出现这种情况,主要是因为西藏地方当局和驻藏大臣巴忠等人,违背乾隆帝的旨意,私下与廓尔喀议和。

　　对如何处理廓尔喀的入侵一事,乾隆帝一开始就定下了以武力抗击的方针。九月十二日,他又谕令鄂辉、成德等人,"务即兼程迅速前抵后藏,协力剿捕。现在派调各处官兵,俱已陆续进发,军威壮盛。鄂辉等统兵驰抵该处,虽不必扫穴犁庭,尽歼其丑,但不可止将贼众剿散,俾胁噶尔之围一解,即云藏事。必须将前此彼贼抢占之济咙、聂拉木、宗喀等处,全行收复,并勒令该头人出具甘结,明定地界,严立章程,不敢复行越界滋事。惟当趁此兵威,使之畏惧慑服,以期一劳永逸,方为妥善":

　　但是,西藏地方的僧俗官员,却畏敌如虎,为了一己的私利,竟希图与敌人私下议和。廓尔喀入侵西藏之初,掌握后藏大权的仲巴呼图克图、红教喇嘛萨迦呼图克图,不经驻藏大臣和达赖喇嘛的允许,即派使者与廓尔喀议和。乾隆帝得知此讯后,接连发表上谕,表明反对不给入侵之敌以打击即私下议和的态度。十月初七日,他说:"若在藏众喇嘛均可与外夷部落私相往来,尚复成何事体耶?即和息一事,亦必须倚仗兵威,使贼震怖,方可永远宁谧。如以心存懦怯,辄往议和,转为贼人所轻,安能保其不复滋事!"三天之后,他进一步指出:"巴勒布贼众擅敢侵犯藏界,业经内地派兵前往,若不示以兵威,任令红帽喇嘛等私与议和,因而完结,则置达赖喇嘛、班禅于何地?且贼众等无所畏惧,将来大兵全撤,设复潜来滋扰,势必又烦纷纷征调,成何事体!……朕非乐于用兵,不恤士卒,希图多有斩获。但贼既侵犯天朝边界,若不加之惩创,何以安番众而靖边圉?"

乾隆五十四年正月,巴忠到达西藏。巴忠通晓藏语,谙熟藏情,深受乾隆帝倚重,故令其接替获罪的雅满泰任驻藏大臣。但巴忠急于早日完事,回京受奖,置乾隆帝的谕令于不顾,也不听从达赖喇嘛"应行进剿"的意见,竟支持仲巴等议和。曾参与议和的公班第达之子噶布伦丹津班珠尔后来供认,"五十四年正月,班禅额尔德尼之父巴勒丹敦珠布因沙玛尔巴到济咙来讲和,就往宗喀一路迎去,又要我同往。二月内,巴大人派我到宗喀约会巴勒丹敦珠布"。

将军鄂辉、提督成德收复宗喀后,面对西藏边境地区恶劣的自然条件,也倾向于议和撤兵,所以在奏报中极力夸大前线的困难。二月末,清军已收复了全部失地,鄂辉等人更急于撤兵。三月,鄂辉、成德在济咙军营接见了从廓尔喀返回的仲巴、萨迦私派的议和代表,听取了他们的汇报,竟认为"巴勒布因细故兴兵,固属不法,然起衅尚系有因,究其情节,实非敢争夺地方。兹该番等一闻大兵将到,旋即退界奔逃,更有申诉乞降情事。冀同为上方百姓,尚非自外生成之辈"。于是,鄂辉、成德派总兵张芝元、穆克登阿与丹津班珠尔、巴勒丹敦珠布、巴载等前往廓尔喀地界见其头人。

所谓"议和",其实是"许银赎地"。廓尔喀主管议和的是头人巴穆萨野达萨尔,但在前台直接与西藏代表交涉的却是六世班禅的弟弟沙玛尔巴。廓尔喀提出,"聂拉木等处是其抢占,必须多用银两,年年付给,方肯退还"。沙玛尔巴狐假虎威,胁迫西藏代表答应廓尔喀提出的苛刻条件。五月中旬,双方终于达成协议,"两边定议之人一一列名,铃用图记。内开:'每年许给元宝三百个,合银一万五千两,按年付给。倘有反悔,神佛必降咎灾'等语"。当时,丹津班珠尔等"以藏内力量,不能永远按年付给,复向沙玛尔巴讲论。他说先把当年交清,再分作三年送交元宝三百个,或可免永远给银的事,沙玛尔巴又与玛木萨野、哈哩哈尔、乌巴迭阿三人另写合同一张,作为凭据"。丹津班珠尔等当时没带银两,为尽快完事,他们向在宗喀的西藏商人凑借元宝300个,如数付清了当年的赎银。

在与廓尔喀议和期间,巴忠在胁噶尔曾数次给丹津班珠尔写信,催促速与廓尔喀达成和议,他满足于廓尔喀愿意进表纳贡的承诺,而对于屈辱性的和议条款,不但没有提出异议,反而用瞒天过海的手法,以廓尔喀投降向清廷报捷:"巴勒布震慑天威,现已畏罪输诚,设誓定界,自此藏地敉宁,边疆永靖。"他与鄂辉等人草草拟订善后事宜十九条,包括西藏驻兵、训练、巡防、贸易、税收等内容,规定:在后藏札什伦布驻绿营兵一百五十人,拉子、胁噶尔等边疆地区驻藏兵二百人,藏兵于每年九月十五日以后至十月底与驻防绿营兵一体训练;驻藏大臣二人按年分为二次轮赴后藏巡查;噶布伦、戴绷、第巴等官员,须由驻藏大臣督同拣选,商之达赖喇嘛,等等。巴忠不等善后事宜办完,就急急返回北京。

第一次廓尔喀战争,双方军队未曾交战,最后以"许银赎地"的形式宣告结束。乾隆帝不了解事实真相,以为廓尔喀真的是畏罪乞降,输诚进贡,所以当廓尔喀贡使到京时连日赐宴,并册封廓尔喀国王拉特纳巴都尔王爵,其叔巴都尔萨野公爵。然而时隔不久,战火又重新燃起。

五

巴忠等用"许银赎地"的办法,虽然使廓尔喀暂时从西藏退兵,但矛盾并没有真正解决。每年一千五百两的赎地银,并没有满足廓尔喀贵族的贪欲,但对西藏地方政府来说,则是个十分沉重的负担。更为重要的是,这种屈辱性的条款是稍有爱国心的人所难于接受的。乾隆五十五年(1790年),达赖喇嘛为了"将所立合同撤回,永断葛藤",曾派人去廓尔喀谈判,因意见分歧谈判未果。当年秋,廓尔喀派两个头目以查看银钱为名,到拉萨来索取所谓的"赎地银两",达赖喇嘛拒绝支付。十二月,奉乾隆帝之命来藏办事的阿旺簇尔提穆抵藏,"得知许银说和之事,即言:此事不成体制,未清银两毋庸找给"。阿旺簇尔提穆的态度,对达赖喇嘛是很大的支持,他更欲废除与廓尔喀的和约。乾隆五十六年六月,噶布伦丹津班珠尔、扎什敦珠布等人,奉达赖喇嘛之命,以往后藏巡阅边界、训练藏兵和修理寺庙为名,来到聂拉木,写信"约廓尔喀人来至边界面议地租一事",不想中廓尔喀人诡计,作为人质被裹胁到廓尔喀。

与此同时,廓尔喀在沙玛尔巴的挑唆下,借口债务未清,派兵再次入侵西藏。

七月上旬,廓尔喀兵千余人越过边界,占领了聂拉木,将丹津班珠尔、扎什敦珠布及教习兵王刚、冯大成等十余人捉住,送往廓尔喀阳布,并掠去他们携带的原准备给廓尔喀的一百八十个元宝。

廓尔喀诱执了西藏地方政府主要官员噶布伦、戴绷之后,即开始向西藏大举进攻。七月二十九日,廓尔喀军队将宗喀包围,并于八月初二日开始"四面攻围"。教习陈谟、潘占魁督率藏兵、喇嘛等协力堵御,打死敌兵数十人,廓尔喀军败退至离宗喀三十里的俄玛。在定日,廓尔喀兵千余人前来围攻官寨,将各处寨落烧毁,藏兵被迫退守胁噶尔。在济咙,守军为防止廓尔喀兵渡河,将热索桥砍断,但廓尔喀兵伐木搭桥,占领济咙。八月十六日,廓尔喀兵三千余人围攻萨迦,守军达木蒙古兵奋勇拒敌,大半阵亡,而藏兵战斗力较弱,萨迦终于弃守。

廓尔喀侵略军节节进逼,威胁班禅额尔德尼的驻锡地札什伦布。八月十六日,驻藏大臣保泰派兵将班禅迁往前藏,由仲巴呼图克图留守札什伦布寺,都司徐南鹏率绿营兵一百二十人驻守官寨。仲巴畏敌如虎,毫无斗志,在廓尔喀进至札什伦布的前一天,趁夜暗逃往东喀尔,并将寺中细软搬走,造成人心混乱。更有甚者,济仲喇嘛罗卜藏丹巴等在吉祥天母像前占卜,竟假托卜辞,胡说"不可与贼接仗",结果弄得"众心惑乱,不复守御,皆行散去"。二十日,廓尔喀兵进至札什伦布。次日,轻而易举地占领了札什伦布寺。随后,廓尔喀兵围攻札什伦布官寨,遭到徐南鹏部绿营兵的顽强抗击,被打死数十人。廓尔喀侵略军在札什伦布大肆烧杀抢掠,造成了极大的破坏,"放火焚烧(官寨)四围所屯粮草"，札什伦布寺金塔上"所镶松石珊瑚金银花贼皆挖取，佛前所供金银帏幔等项亦被取去……其商上所贮银器绸缎等物俱被贼掠去"。九月初七日，廓尔喀兵带着抢掠的大量财物从札什伦布退走。

六

（一）乾隆帝决心对敌大张挞伐

八月二十二日，乾隆帝接到驻藏大臣保泰、雅满泰关于廓尔喀诱执西藏噶布伦、戴绷，占领聂拉木的奏报，认为从前鄂辉、成德、巴忠办理不妥，苟且了事，以致复生事端。廓尔喀系"内附天朝之臣仆"，本次侵犯聂拉木，"不过为索取债目"不必大办，鄂辉系总督大员，"声名较大"只要带兵前往，廓尔喀"自必闻风胆落"。所以他命鄂辉进藏相机办理，大学士孙士毅自北京往成都署理四川总督。

但事情并不像乾隆帝设想的那样简单。一方面，廓尔喀不断扩大侵略，相继占领济咙、萨迦、定日等地，甚至纵兵抢掠札什伦布；另一方面，所派官员不能实心任事，鄂辉推诿不前，仅令成都将军成德率兵赴藏，他本人迟至九月初六日始离成都，二人在途中又按程缓进，观望不前，而保泰、雅满泰遇事即"心慌胆落，懦怯已极"，不但已将班禅自后藏移居前藏，且复欲将达赖、班禅移往四川泰宁，弃前藏于不顾。有鉴于此，自九月下旬开始，乾隆帝一再强调，对廓尔喀必须大张挞伐。

九月二十八日，他说，对廓尔喀，"必须慑以兵威，痛加惩创，俾知慑服，不敢再萌他念，方期一劳永逸。若少存将就了事之意，使彼无所畏惮，大兵撤后，彼必复至边境抢掠，又将作何办理？倘复须调兵进剿，是贼匪转得以逸待劳，反客为主……若云道路遥远，粮运维艰，岂有贼匪能来，我兵难往之理！"

十月初六日，乾隆帝又指出："此事初起之时，朕并非必欲大办。如贼匪只因索欠启衅，抢掠聂拉木等处边境，尚可为之剖断曲直，责令清还欠项。朕之初意，原不欲劳师远涉。今贼匪肆行侵扰，竟敢抢掠札什伦布，不得不声罪致讨，非彼乞哀可完之事。若因贼匪已遁，遂思就事完结，使贼匪无所畏惧，将来大兵撤归，贼匪复来滋扰，又将作何办理？岂有堂堂天朝，转为徼外番贼牵制之理！此事势在必办，竟无二义。"

于是，乾隆帝重新进行部署：保泰、雅满泰革职留任，效力赎罪；奎林补授正红旗蒙古都统，舒濂赏给副都统职衔，前往西藏办事；鄂辉、成德革职，以副都统衔效力军前；调两广总督福康安率兵进藏，授为将军，海兰察、奎林为参赞大臣；命陕甘总督勒保、西宁办事大臣奎舒筹办福康安部进藏所需马匹粮草；除先期征调的七千五百名屯练士兵外，再调索伦兵一千名，由海兰察等率领，分批进藏。

（二）福康安率兵入藏

福康安（1754—1796），满洲镶黄旗人，富察氏，字瑶林，号敬斋。其父傅恒官居保和殿大学士、首席军机大臣，姑母为乾隆帝的孝贤皇后。福康安曾参与平定大小金川、镇压甘肃石锋堡回民起义、镇压台湾林爽文起义等重大战争。由于他不论情况如何艰险，都能够勇于任事，一往无前，而且在战争中表现出卓越的指挥才能，所以深受乾隆帝的器重。

十月初三日，福康安在江西途次接奉令其准备率兵赴藏的谕旨，随即兼程晋京。抵京后,乾隆帝面授方略,"以西宁赴藏较川省路近而平",令其"取道由草地行走,以期迅速"。十月十九日,福康安自京师启程。行进途中,曾接勒保咨会,告知"青海口外并无树株,今值隆冬,冰雪甚大,马草牛粪均被雪压,难以趱行",乾隆帝也令其"酌量情形……若实有难行之处,当即改道由四川赴藏,不可勉强,以致欲速转迟"。福康安接旨后,经过调查,认为冬季从西宁口外草地行走固然艰难,但不是完全阻隔,况且走此路比改道四川可以早到西藏一月时间,所以决计仍从青海一路进藏。十一月二十六日,福康安抵达西宁,稍事停留,在补充了必要的口粮、马驼、帐篷等物之后,即轻装减从,于十二月初一日继续前进。出口之后,自然条件越来越恶劣,山高雪大,瘴气逼人,极为难行。在亢阿拉山、扎苏拉山及和约尔达巴罕等处,"旧存积雪,或七八寸至二三尺不等,石径崎岖,艰于登陟,并有大河数道,冰坚雪厚,宽逾数里"。鄂林察林诺尔(今鄂陵湖、扎陵湖)、星宿海、喇嘛陀罗海等处,"数百里内,溪涧交错,泉水甚多,冬令处处凝冰,远近高下,竟无路径。且该处多系沟塍,沙滩乱石纵横,与冰块相间层积,马足倾滑,行走维艰"。过了巴颜哈拉,进入昆仑山区,"地势极高,瘴气最大,虽不比云贵烟瘴伤人,然人行寸步即喘,头目眩晕,肌肤浮肿,冬间冷瘴较之夏间尤甚"。福康安出口时即已"冒寒患病",每日仍坚持行军十六个小时以上,"每日寅(三至五时)初起程,行至戌(十九至二十一时)刻始行驻牧,止余两三时牧放马匹,尽力趱行,并站前进,一日所行道路,较之喇嘛番子人等行走两日程途尚属有余"。正月二十日,福康安驰抵拉萨。从西宁至拉萨,行程四千六百里,除去途中先后停留的十一天,实际行军只有三十九天。

(三)聂拉木之战

成德、鄂辉率领清军从成都出发,行走六七十天,于乾隆五十六年十月下旬、十一月中旬先后抵达拉萨。

廓尔喀得知清军入藏的消息后,即收缩兵力,占据定结的廓尔喀兵数百人于十一月初一日夜间撤走,而集中兵力于聂拉木、济咙两处,添筑卡寨,加砌围墙,"以为负隅固守之计"。

十二月初一日,成德进至后藏,鉴于聂拉木为廓尔喀兵出入西藏的大路,必须首先攻取,遂率兵经拉子(今拉孜)、胁噶尔、第哩朗古等地向聂拉木进军。二十七日,到达距聂拉木三四十里的拍甲岭。次日寅时,乘夜急进,于黎明时接近聂拉木敌寨,趁敌不备,发起进攻。聂拉木官寨围墙既高又厚,寨房高大坚固,廓尔喀兵固守不出,从墙孔施放鸟枪、投掷石块。随后数日,清军多次进攻,抛掷火弹,烧毁东边寨房,但西北官寨却屡攻不克。五十七年正月初九日,鄂辉率兵赶到,与成德会合,兵力达到一千二百余名。这时在聂拉木西北官寨内困守的廓尔喀兵仅有一百名,但鄂辉、成德"只图自守之计,不为进剿之谋",大部兵力被派往木萨桥、拍甲岭、第哩朗古、萨喀等处,分兵把口,而在聂拉木担任攻剿作战的仅有五百名。即使如此,清军兵力仍有五倍于敌的优势,但鄂辉、成德作战消极,不敢大胆进攻,认为廓尔喀兵凭借寨墙墙孔施放鸟枪,"官兵扑近,难免受伤",寄希望于火攻。但因连降大雪,清军不但火攻屡屡受挫,而且有二十余名官兵冻死冻伤。清军曾挖掘地道数处,均因遇巨石而受阻,从二十日开始利用西面墙角通向寨内的一道沟渠为掩护,连日挖成长三丈余的地道。二十四日,运进炸药四十包,点火爆炸,将大部墙垣寨房炸塌,清军乘势攻入,将敌人全部歼灭,攻占聂拉木。

(四)济咙之战

清军收复聂拉木,并且后续部队正继续向西藏进发,对廓尔喀当局形成了巨大的压力。廓尔喀国王拉特纳巴都尔致书鄂辉、成德和西藏活佛,请求清廷罢兵议和,但又不认罪,甚至把入侵西藏的原因归之于西藏背约。与此同时,廓尔喀侵略军仍占据着济咙、绒辖等地,并增派军队,加修工事,企图固守。

乾隆帝接报后,立即指明廓尔喀"总借索欠为词,意在归咎唐古特人等,胁诱说合"的实质,提醒福康安等人切勿中敌人的缓兵之计,而要坚持定见,激励将士,勇往直前,给敌以痛击,"必令贼匪畏威服罪,不敢再提银两,永远不犯藏界,始为完善"。福康安发给廓尔喀檄谕,声讨廓尔喀的侵略罪行,表明清军坚持以武力保卫祖国领土,决不与敌人议和的原则立场,指出:"尔自外生成,辄敢称兵滋扰卫藏,不但占据边界,且敢侵犯札什伦布,将庙宇塔座损坏,镶嵌金什物肆行抢掠,尔岂不思卫藏之地,岂容尔等作践……今本将军奉命亲统大兵,问尔廓尔喀之罪,惟有将尔部落一举荡平,申明天讨,尔等从前所议钱债细事,概不值理论,现在调集各兵,源源而来,克期进发,捣尔巢穴,务在悉数歼擒,不留余孽。此皆尔孽由自作,速取灭亡,恶贯满盈,罪在不赦。至尔给噶布伦信内称,'若能说合,也免汉番官兵并廓尔喀的生灵受罪,如要动干戈,我处也预备'等语,尤属妄诞……本将军共行天罚,号令严明,即日统兵进剿,断不似从前与尔说和完事,谅宜知悉。"

二月十七日,福康安从拉萨起程,二十七日到达后藏。三月,清廷授福康安为大将军。鉴于廓尔喀在济咙、绒辖等地已增兵筑垒固守,福康安认为应该待所调清军到齐后,再集中兵力向敌人进攻;济咙为进剿要路,必须先行收复。闰四月上旬,索伦兵、屯练士兵均已到藏,福康安、海兰察遂率领已抵后藏的六千名清军于十八日离开札什伦布,经拉子、第哩朗古、宗喀等地,向济咙进军。五月初六日,进抵距擦木仅数十里的辖布基。擦木为济咙外围的一个要地,两山夹峙,中亘山梁,路径狭窄,廓尔喀兵在山梁扼要之处前后筑石碉两座,三面临河,均砌筑高约两丈的石墙,只有一条小路可通向北面的寨门。由于擦木地势险峻,易守难攻,福康安决定利用夜暗,隐蔽地向敌人发起进攻。当日适值阴雨,入夜后雨更大,清军冒雨出发,分三路秘密向敌寨运动,途中涉水渡过数道河流,于初七日黎明时进至擦木。福康安督兵迅速登山,潜至敌寨墙外,搭人梯越过寨墙,打开寨门,一拥而入,夺占前碉。后碉更险要坚固,廓尔喀兵在碉内放枪投石,死命固守。清军毁墙冲入碉内,短兵相接,奋勇杀敌。此战清军前后杀敌二百余名,一举占领擦木。

为了保证主力顺利向济咙进军,福康安遣成德、岱森保率兵三千名由聂拉木南进,以牵制廓尔喀兵力;令诸神保率兵一千名驻守绒辖要口窝朗卡,以防敌抄截后路。五月初八日,福康安督兵乘胜前进,途中在玛噶尔、辖尔甲击败自济咙前来偷袭的廓尔喀兵,歼敌近两百七十名。初九日,进至济咙。济咙寨碉高耸,形势险固。官寨建在山冈上,用石砌筑,高大宽广,周围叠石为垒,高及两丈,密排鹿角桩木。官寨西北临河处砌大碉一座,直通官寨,便于取水;东北石崖上砌大碉一座,倚石为固;东南山梁上砌石碉一座,山势陡峭,难于攀登;山下喇嘛寺与东南石碉斜对,各处碉卡可互相应援,成犄角之势,廓尔喀兵分据险要,负隅固守。福康安在摸清地形、敌情之后,决定采取攻击官寨的同时,分兵进攻各碉卡,待将各碉卡之敌歼灭后,再集中兵力进攻官寨的战法。初十日丑时(一至三时),清军利用夜暗,兵分多路,同时向既定目标发起攻击,海兰察率领索伦骑兵往来截杀。哲森保部、蒙兴保部首先攻占东南山梁和山下喇嘛寺。福康安随即调哲森保部增援巴彦泰部,合力攻击临河大碉,清军用大炮将碉座轰塌一角,跳河逃跑的廓尔喀兵不是淹死就是被索伦骑兵截杀。东北石崖大碉,被桑吉斯部用火弹焚毁。据守官寨的廓尔喀兵在阿满泰部清军的猛烈攻击下,从石垒退入寨内,放枪投石,拼死抵御。此时清军已肃清周围各据点,福康安遂集中各部清军合力进攻,一面用炮轰击官寨,一面架梯攀登,拆毁寨外石垒后,接近官寨。午后,清军冒雨连续作战,直至亥时(二十一至二十三时)始将官寨攻破,收复济咙。此战,廓尔喀兵除投河落崖者及在碉寨内伤毙者外,六百四十余名被杀,一百九十八名被俘。

十二日,岱森保部在德亲鼎山连克敌卡三处,进至下木萨桥。

至此,清军已基本收复了被廓尔喀侵占的领土。

七

早在乾隆五十六年廓尔喀入侵西藏之初,乾隆帝就一再强调,对入侵我国领土的廓尔喀,必须慑以兵威,痛加惩创,并深入敌境,迫其降服,此为一劳永逸之计。福康安遵照乾隆帝的旨意,早已做好深入廓尔喀境的准备。所以,收复济咙之后,福康安只用两天进行休整,即于五月十三日,率六千名清军冒雨起程,向热索桥开进。

热索桥位于济咙西南中廓两国交界处,是在一条自东往西流的河流上浮搭木板而成的渡桥,该河注入玛尔藏河后往南流入廓尔喀,廓军在南北两岸均筑有石卡,据险守御。十四日晨,清军经过一昼夜行军,到达热索桥附近时,北岸守卡廓军无法抵御清军的猛攻,弃卡逃跑,南岸守桥廓军仓促撤去桥板,隔河施放枪炮,阻止清军过河。十五日寅时(三至五时),福康安令清军从河边正面佯攻,同时派兵越山绕至距桥六七里的上流,扎筏渡河,直扑敌卡,正面清军乘守敌慌乱之机夺据热索桥,搭桥渡河,进入廓尔喀境。

福康安率军南下,所过之地,均为高山大河,山势险峻,水流湍急,路径逼仄,难于通行,有时不得不一边修路一边前进。因受地形限制,"缘山顺河,并无容足之地,不能扎营",清军"俱在石岩下露宿",廓尔喀也因"沿途无驻足据守之处"而未驻军防守,所以最初几天清军进军比较顺利,"深入贼境一百六七十里,未见一贼"。

廓尔喀采取集中兵力,重点防守协布噜、东觉等几个战略要点的方略。协布噜与热索桥形势相似,西、北两面临河,西面是玛尔藏大河,北面是东西向的支流,支流北岸的旺堆山坡低缓,南岸山坡极高,廓尔喀在山崖上树木城,外筑石墙,玛尔藏大河东西两岸均筑卡驻兵,在支流上游三十里处的克堆,建寨数座,屯兵极多。五月二十日,福康安率兵至旺堆,见河上桥座已被敌人拆毁,遂指挥清军一边用炮轰击南岸廓军,一边伐木搭桥,但连战两日,搭桥均告失败。二十二日,福康安改取声东击西的战法,令惠龄留旺堆正路佯攻,牵制敌人,派台斐英阿率部绕至玛尔减河西岸,攻廓军卡垒,福康安、海兰察率军绕过数道大山,于次日黎明到达支流上游北岸,因廓军在对岸防守严密,且河水湍急,搭桥十余次均未成功。傍晚,大雨滂沱,福康安佯令撤退,而于夜半待廓军回克堆寨后,缚木渡河,然后兵分三路,潜至克堆寨周围,占据有利地形,于二十四日黎明时出敌不意发起攻击,焚毁敌寨后,直逼协布噜。此时台斐英阿部也翻山越岭,绕至玛尔藏河西,攻克敌寨,从西面夹攻协布噜。廓军见状,放弃木城石卡,拼命逃跑。留在旺堆的清军乘势搭桥渡河,与海兰察部一起,追击逃敌。此战,清军连战五天,共杀敌五百余名,夺占了敌重兵防守的协布噜。

福康安率兵自协布噜前进一百一十里,到噶多驻营,准备攻取东觉。自噶多南行,翻越作木古拉巴载山和一条东西向的河流,即是东觉,此为正路。东觉"为贼境险要之地,贼匪据险设备,前后高下,分布颇为联络";自噶多东南越山至雅尔赛拉、博尔东拉一带,廓尔喀亦有重兵防守,该处"系属间道,与正路互为犄角,最关紧要"。噶多一带"山径丛杂,处处相通",为防止廓军邀截清军后路,福康安决定从正路和间道两路进军。六月初三日,两路清军分别起程。福康安率兵至作木古拉巴载山,令台斐英阿等留守山梁,用大炮昼夜轰击,牵制敌人,自率主力潜往噶多普,于初六日下至山麓,浮水渡河,督兵猛攻。台斐英阿得知主力已渡过河,亦下山搭桥渡河,攻击廓军木城石卡。海兰察一路由间道昼夜潜行,初六日黎明由博尔东拉山巅向下冲击敌营,将敌木城石卡拆毁后前往东觉与福康安会合,追击逃敌。此战,清军以伤亡一百余名的代价,攻克东觉,捣毁敌营寨、碉卡、木城等五十余处,杀死、俘获廓军七百八十余名。

奉命在聂拉木一路牵制敌人的成德、岱森保部,于五月下旬攻克札木和铁索桥后,也进入廓尔喀境,占领多洛卡、陇冈等地。

福康安、海兰察率军由东觉乘胜进军,于六月初九日进至雍鸦。廓尔喀军已在对面噶勒拉山等地据险设防,清军在雨雪中连续行军作战,官兵多有伤病,极度疲惫,口粮也已食尽,无法继续进攻,只得在雍雅就地休整。在此期间,廓尔喀不断派人向福康安乞降。原来清军进入廓尔喀仅二十天,即前进数百里,连克协布噜、东觉等要地,威逼阳布,廓尔喀看到难以抵御清军的进攻,遂试探与清军议和,从六月初开始,先后分两批将先前抓去的兵丁王刚、噶布伦丹津班珠尔、营官聂堆及藏民等近三十人全部释放,令王刚等并遣大头人普都尔帮哩赴福康安行营,投递国王拉特纳巴都尔五月二十八日和六月初九日、十八日的书信,说明抢掠后藏和诱执兵丁、噶布伦等皆系沙玛尔巴唆使,沙玛尔巴已于五月十五日病死,表示如准其归顺,"情愿磕头投降"。福康安认为廓尔喀并非真心乞降,而是缓兵之计,故提出廓尔喀只有遵守以下条件,才准予投降,即:拉特纳巴都尔及其叔巴都尔萨野亲来大营叩头请罪,将沙玛尔巴焚化后的遗骨送出呈验,交出从前与西藏地方官员喇嘛签订的两份合同,送还从札什伦布抢掠的财宝,全部撤出噶勒拉等地驻守的廓军,等等。如有不遵,即统兵进剿。

由于一直得不到廓尔喀方的答复,福康安遂于七月初二日指挥清军向廓尔喀军进攻。雍鸦以南,山势皆南北相向,层叠横亘,陡峻异常。清军进战,全须仰攻。自辰时(7~9时)激战至半夜,占领噶勒拉、堆补木两山。堆补木山下为东西向的帕朗古河,河南为甲尔古拉大山与集木集大山,山梁东西连贯七八十里,廓军据险设木城碉卡数十处,守御极为险固。初三日,福康安率兵至帕朗古河北岸,激战半日,攻克桥北敌卡,夺占大桥。福康安"以为势如破竹,旦夕可奏功,甚骄满",不采纳海兰察扼河立营的建议,率兵过河,冒雨向甲尔古拉山进攻。山崖陡险路滑,清军艰难地行进20余里,接近木城时,廓军居高临下,施放枪炮,清军仰攻,没有树木等可以掩蔽身体,只得撤退下山。山上廓军从高处冲下,驻集木集大山的廓军从旁抄出配合,另有一股敌兵在大河西隔岸放枪,三路共约七八千人一齐来犯,清军"且战且却,死伤甚众,赖海兰察隔河接应,而额勒登保扼桥力战,乃退贼"。此战,持续两日一夜,清军深入雍鸦七十余里,夺占帕朗古大桥,攻克木城四座、大小石卡十一处,杀敌六百余名,然而清军未能攻占甲尔古拉山,并付出了沉重代价,护军统领台斐英阿等中枪阵亡。

八

廓尔喀虽然在甲尔古拉山之战中阻止了清军向阳布的推进,但并没有根本解除威胁,遂乘胜遣使议和,表示接受福康安提出的除国王亲自来营请罪的所有条件,并于七月十七日向福康安呈缴大小合同、沙玛尔巴遗骸等物。由于清军在甲尔古拉山受挫,福康安不再坚持"擒渠捣穴"的终极目标,七月初九日,他在奏报中一方面承认廓尔喀态度十分恭顺,另一方面大谈清军进兵的困难,尽管他仍然表示"臣等身当巨任,虽贼匪畏惧乞哀,断不敢遽存将就了事之见",但已显露出倾向议和的意思。十九日,他更全面分析了清军的不利处境,认为清军兵力不足,粮饷不继,廓尔喀地势险阻,备御坚固,断难擒渠捣穴,且时届深秋,藏地早寒,冰雪封山,恐难久驻,"与其悬军深入,难以计出万全,莫若宣示恩威,尚可永绥边境",建议接受廓尔喀乞降。

乾隆帝也看到了清军的困难,希望早日结束这场战争。八月初九日,他传谕福康安等人说:"藏内气候骤冷……今岁节气较早,计九月中旬雪霰已在所不免。若非及早蒇事,撤兵回至内地,军需等项无由挽运,设粮运稍有不继,是进不能直捣贼巢,退又为大雪所阻,岂不进退两难,所关匪细! 是以早经降旨,令福康安就近筹酌,如实在万难取,不妨据实奏明,受降完事。"二十二日,接到福康安七月初九日奏折后,立即令福康安传谕廓尔喀,"赦其前罪,准令纳表进贡,悔罪投诚",并令福康安等"亦即撤兵回至内地"。

七月二十七日,廓尔喀缴出以前抢去的札什伦布银两等物件,请求"差办事大头人等进京请罪谢恩,瞻仰大皇帝天颜"。拉特纳巴都尔在得到准许后,于八月初八日遣办事大头目噶箕第乌达特塔巴等四人到北京朝贡,并由福康安转奏,允诺"廓尔喀永远遵奉约束,不敢丝毫滋事,不但西藏许银之语不敢再提一字,即如济咙向来有给与鹰马之例,亦永远不敢索取""聂拉木边外札木地方……五辈达赖喇嘛时曾归藏内管辖,从前私立合同内所写札木归给廓尔喀之语,实属不知分量,今情愿仍属西藏,亦不敢提及"。福康安遵奉乾隆帝旨意,接受廓尔喀乞降,第二次廓尔喀战争结束。

八月二十一日,福康安率清军自帕朗古起程回国,九月初四日全部撤至济咙。十月初三日,乾隆帝发廓尔喀敕谕一道,赦其侵犯西藏之罪,准予纳表进贡。十二月二十七日,封拉特纳巴都尔以王爵。

<h2 style="text-align:center">九</h2>

第二次廓尔喀战争爆发之后,乾隆帝就认识到战争的发生与西藏政治宗教制度的弊端不无关系,因此决心趁此机会整顿藏政,以期永绥卫藏。乾隆五十六年底,他谕军机大臣说:"卫藏一切事务,自康熙、雍正年间,大率由达赖喇嘛与噶布伦商同办理,不复关白驻藏大臣,相沿已非一日。达赖喇嘛系清修梵行,惟知葆真养性,离尘出世之人,岂复经理俗务,自必委之于噶布伦。而噶布伦等遂尔从中舞弊,诸事并不令驻藏大臣与闻,及滋生事端,始行禀白,吁求大臣为之经理,迨至事过,仍复诸事擅行,以致屡次滋衅,成何事体……向来驻藏大臣,往往以在藏驻扎视为苦差,诸事因循,惟思年期届满,幸免无事,即可更换进京。今经此番大加惩创之后,自应另立章程,申明约束,岂可复循旧习。嗣后驻藏大臣与达赖喇嘛,遇有应办事件,当一一商同办理,噶布伦等与在藏章京会办,不得稍有专擅。"这一谕旨既指出了藏政的种种弊端,也指明了藏政改革的原则和方向。

乾隆五十七年,随着战争的节节胜利,乾隆帝对筹议善后章程一事屡降谕旨。福康安等遵旨先后拟订《酌定额设藏兵及训练事宜六条》《酌拟卫藏善后章程六款》《藏内善后条款外应行办理章程十八条》等各项善后章程,分别奏请。经议复奏准后,福康安将上述各项章程主要条款汇集成二十九条,于五十八年正式颁发西藏地方政府遵行,这就是著名的《钦定藏内善后章程二十九条》。

《藏内善后章程》对西藏的政治、宗教、军事、外交、财贸等各项制度都作出了明确的规定,最为突出的特点是提高了驻藏大臣的地位和职权:督办西藏政务,与达赖、班禅平等;在达赖、班禅和各地黄教呼图克图转世时,监督履行"金瓶掣签"手续;会同达赖喇嘛拣选西藏地方僧俗官员和喇嘛,奏请补放;管理西藏地方驻军,会同达赖选任军官,巡视边界;全权处理西藏对外交涉事宜;稽核西藏地方财政,等等。该章程还规定建立西藏地方常备军,在边界设兵驻防。《藏内善后章程》的颁行,标志着清朝在西藏的施政更为完备,不但进一步加强了对西藏的管理,而且对密切中央与西藏地方的关系,以及巩固西南边防和安定西藏社会秩序等方面,都有着积极的作用。

<h2 style="text-align:center">十</h2>

(一)驻藏大臣的设立

驻藏大臣,全称"驻扎西藏办事大臣",是清政府派驻西藏的最高行政长官。雍正五年(1727年),清政府鉴于西藏上层贵族之间争权夺利的斗争日趋激烈,"著内阁学士僧格、副都统马喇差往达赖喇嘛处",是为派遣驻藏大臣之始。次年,平定阿尔布巴叛乱之后,清政府正式设立驻藏大臣办事衙门。

初期的驻藏大臣主要职责是监督西藏地方政府,调解西藏贵族之间的矛盾纠纷,并不直接干预西藏地方事务。后来,清政府多次提高驻藏大臣的权力。乾隆十六年平定珠尔默特那木札勒叛乱后,规定西藏地方政府主管官员噶伦"遇有紧要事务,禀知达赖喇嘛与驻藏大臣,遵其指示而行"。乾隆五十八年,清政府颁布《钦定藏内善后章程》,用法律条文确定了驻藏大臣的地位,规定"驻藏大臣与达赖喇嘛、班禅额尔德尼平等,共同协商处理议事,所有噶伦以下的首脑及办事人员以至活佛,皆是隶属关系,无论大小都得服从驻藏大臣"。驻藏大臣的职责是"统前藏、后藏而理喇嘛之事"。凡任免西藏僧俗官员,统率驻防绿营,巡查操阅藏兵,巡视边界,审核对外贸易和财政收支,平定刑罚,拟定法制,处理涉外事宜,均由驻藏大臣统掌。此外,确认达赖、班禅及其他大小活佛的转世,也必须在驻藏大臣的监督之下进行。

(二)确立政教合一的噶厦体制

顺治初,西藏内附,清政府在西藏实行"政教分离"的政策,即承认由蒙古和硕特部首领固始汗建立的地方政权,通过蒙古汗王对西藏实行间接的统治;尊崇黄教,以达赖、班禅为宗教领袖。康熙五十九年(1720年),清政府派清军进藏,驱逐了侵入西藏制造动乱的蒙古准噶尔部军队,为加强对西藏的治理,开始在西藏实行改革,废除了在西藏地方政权中大权独揽的第巴职位,实行四噶伦联合掌政。由于西藏贵族内部争权夺利,雍正五年(1727年)发生了噶伦阿尔布巴等人的叛乱,掌后藏政务的噶伦颇罗鼐于次年攻入拉萨,平定了叛乱,清政府因颇罗鼐功大,命其全权处理西藏地方政务,后晋封为郡王,四噶伦联合掌政的制度遂告中止。

颇罗鼐忠于清朝,维护祖国统一,深得清廷的信任。颇罗鼐死后,其子珠尔默特那木札勒承袭郡王爵位,总理藏政。珠尔默特那木札勒拥权自重,排除异己,"势且延及达赖喇嘛,为雄长一方之计",暗中策划反清叛乱。叛乱平定之后,清政府总结经验教训,对西藏的行政体制进行了改革。一是废除郡王制,建立噶伦联合掌政的噶厦(西藏地方政府)。乾隆帝的原则是"多立头人,分杀其势"。当达赖喇嘛等人奏请封平叛有功暂摄政务的班第达为郡王时,乾隆帝断然拒绝,明确指出:"前于珠尔默特那木札勒伏诛之后,已屡经传谕策楞等,抵藏之日,会同达赖喇嘛,酌设噶隆(噶伦)二三人,以分其势,庶不至事权太重,易生事端……若仍照从前颇罗鼐故事,议设藏王,是去一珠尔默特那木札勒,又立一珠尔默特那木札勒矣。"噶厦由噶伦四人组成,其中一名为僧官,三名为俗官,噶伦间地位平等,规定"噶隆(伦)事务,不可一人专办",应由四名噶伦"公同办事"。二是变"政教分离"为"政教合一"。清政府给予达赖喇嘛管理西藏行政事务的权力,从而使达赖喇嘛不仅是西藏的宗教领袖,而且也是受命于中央政府的政治领袖。西藏的重大事务,包括补放第巴头目、选派各寺院之堪布喇嘛等,都要请示或直接由达赖喇嘛决定。噶厦的噶伦中,有一名是"深晓黄教"的喇嘛,与另外三名俗官"公共办理"藏务。在达赖喇嘛的系统下,还设置全部由僧官主持的译仓(秘书处)。噶厦的政令、公文,必须经译仓审核并加盖达赖喇嘛的印信方为有效。三是如前所述,提高驻藏大臣的地位。至此,西藏的行政体制基本确立。乾隆五十八年(1793年),清政府颁布《钦定藏内善后章程》,对有关西藏的内政、外交、宗教、军事、法律、贸易、职官等各个方面,都有明确规定,使西藏的行政体制得到进一步完善。在此体制下,"达赖喇嘛得以专主,钦差有所操纵,噶隆不致擅权"的原则得以实现,清中央政府对西藏的管辖更为有效。

(三)建立金瓶掣签制度

藏民信奉黄教,崇拜达赖喇嘛、班禅额尔德尼和黄教的其他活佛,达赖、班禅和其他活佛不但对西藏的宗教、政治等方面具有巨大的影响力,而且拥有巨额财富。所以,当达赖、班禅和其他活佛圆寂(逝世)后,在寻访和确认"呼毕勒罕"(转世灵童)时,西藏和蒙古世俗王公贵族为了掌握更大的政教权力和更多的财富,往往明争暗夺,操纵作弊,"徇情妄指,或出自族属姻娅,或出自蒙古汗王公等家,竟与蒙古王公、八旗世职官袭替相似"。长此以往,必然危害清廷对西藏的统治和边疆的安定。为铲除积弊,乾隆帝创立了金瓶掣签制度。

乾隆五十七年,清政府颁发金瓶,置于拉萨大昭寺。次年在《钦定藏内善后章程》中正式确立金瓶掣签制度。规定遇有达赖、班禅及其他活佛转世时,即将所寻访到的数名"灵童"名字和出生年月,用满、汉、藏三种文字缮写于象牙签上,置于金瓶中,由驻藏大臣监督,在大昭寺佛像前掣签认定。京师雍和宫亦贮一金瓶,当蒙古各札萨克所奉活佛转世时,将转世灵童姓名报理藩院,由理藩院尚书监督掣签。

(四)驻防绿营,建立藏军

雍正六年(1728年),清政府在设立驻藏大臣衙门时,留绿营兵两千名驻守西藏,后改为一千五百名,三年一换,成为定制。西藏原设有藏兵,但"向来分派各寨农民,有事则调集为伍,既无统率,又少操娴,虽有数万之名,仅为虚设"。所以,在廓尔喀两次入侵西藏时,"藏内番兵乘间即逃,遇敌即退"。为改变这种状况,加强边防,清政府于乾隆五十七年议定(次年载入《钦定藏内善后章程》)建立西藏地方常备军,与驻防绿营兵一体训练。藏军额设三千名,编为六代本,每代本二如本,每如本二甲本,每甲本五定本。武器装备,百分之五十鸟枪,百分之三十弓箭,百分之二十刀矛。军队驻防,前藏、后藏各驻一千名,定日(今定日西)、江孜各驻五百名,特别规定要在边界设兵。

(五)勘定边界,设立鄂博

乾隆五十七年廓尔喀之战后,清政府令勘定西藏边界,设立鄂博。福康安、驻藏大臣和琳等先后组织实施,至五十九年,西藏与周边布噜克巴、哲孟雄、作木朗、洛敏汤、廓尔喀等处地疆界,均已明确,并于济咙、聂拉木、绒辖、喀尔达、萨喀、昆布、定结、帕克哩沿边一带设立鄂博。《钦定藏内善后章程》规定:在所有边界上都要竖立界碑,驻藏大臣出巡时,必须予以检查。

第五章　土尔扈特回归

土尔扈特本为厄鲁特蒙古四部之一。早在十七世纪二十年代末,它从中国的天山以北迁移到了里海之滨伏尔加下游地区游牧。过了将近一个半世纪,即乾隆朝平定准噶尔以后的十多年,它忽然又跋涉万里,从伏尔加河回到中国,成为当时轰动中国和全世界的一大事件。

当初,土尔扈特所以向西迁徙,是因为四部之中准噶尔日益强盛,欺凌别部,土尔扈特的首领和鄂尔勒克不堪受其欺压,因而率所部五万余帐牧民,离开了他们原来在雅尔(塔尔巴哈台之西北)的牧场,向西移动。就像后来乾隆帝在《土尔扈特部纪略》中所说:"其时四卫拉特各自为汗,无所统属,又不相和睦。和鄂尔勒克因率其子书库尔岱青至俄罗斯之额济勒地(即伏尔加河)。"在西迁中,他们击退了诺盖人的阻挡,越过哈萨克草原、渡过乌拉尔河,来到了人烟稀少的伏尔加河下游各支流沿岸。土尔扈特蒙古人就在这里"放牧牲畜,逐水草围猎之利""置鄂拓克,设宰桑",成为一个独立的游牧汗国。

然而伏尔加河下游并不是土尔扈特牧人的理想乐园。他们虽然把已经衰落的诺盖人远远地驱走,但却和正在扩张的沙皇俄国成了近邻。俄国依恃其强大的经济和军事实力,对土尔扈特侵略、压迫,力图加以控制。但要想完全征服这些剽悍善战,不耐羁绊的游牧民族也并非易事。土尔扈特从迁移到新的家园以后,一天也没有停止抗俄斗争。西迁后的第一代领袖和鄂尔勒克就是在清顺治元年(1644年)与俄军作战时,阵亡于阿斯特拉罕城下的。他死后,其子书库尔岱青、其孙朋楚克、其曾孙阿玉奇相继为汗,一方面采取政治措施,增强军事力量,使土尔扈特发展成为拥有数十万臣民和八万军队的汗国;另一方面继续与俄国斗争,参加了伏尔加河流域各族人民反抗沙皇统治的起义。早在十七世纪六十年代,俄国爆发了著名农民领袖拉辛领导的顿河流域农民的起义,伏尔加河两岸的土尔扈特人起而响应,积极参加了这次起义。十七世纪末,伏尔加河流域又发生了巴什基尔人起义,土尔扈特人在阿玉奇汗的领导下"起而支持巴什基尔人"。康熙四十五年(1706年),阿斯特拉罕人民起义爆发,沙俄政府要求阿玉奇汗出兵镇压起义,阿玉奇汗却联合巴什基尔人,袭击沙俄统治下的城镇。俄国当然不会放弃统治土尔扈特的野心,它早把伏尔加河下游这片水草丰美的草原视为己有,要千方百计使新从东方迁来的牧民们臣属于自己。除了武力进攻以外,它又采取迂回的外交手段,与土尔扈特多次进行谈判,威胁利诱。谈判集中在以下几个问题上。一、土尔扈特臣服于俄国;二、限定土尔扈特的地界和牧区;三、要求土尔扈特派兵帮俄国打仗;四、贡赋和贸易。土尔扈特族孤处域外、强敌窥伺、力弱势单,承受着极其沉重的压力。为了求得本民族的生存和发展,不得不既敷衍俄国,又努力抗争。在俄国日益加强控制之下,竭力保持自主、自由的行动,维护本族的权利。故沙俄统治者一直未能实现对土尔扈特的完全征服,而土尔扈特在政治上也一直保持着基本独立的状态。就像原苏联历史学家帕里莫夫所说:"卡尔梅克人(指土尔扈特)在极为隆重的,给人印象深刻的气氛中向俄国政府代表人的宣誓,并未制止住卡尔梅克人去袭击俄国辖区,抢劫、屠杀以及俘虏俄国人。十七世纪四十和五十年代,卡尔梅克人接连不断袭击乌发、喀山、萨马拉的俄国村庄和巴什基尔人的村庄,以及袭击萨拉托夫、察里津和阿斯特拉罕一带。经常在袭击之后,又向俄国政府认罪,为自己寻找开脱的理由。但又签署新的誓言,并立即违背这些誓言。"

远离故土的土尔扈特人,在沙俄经常的侵略威胁之下,不能不怀念自己的家乡和留在家乡的亲人。土尔扈特部迁到伏尔加河下游以后,就几次想重返祖国,由于路程遥远,旅途艰难而未能付诸行动。但他们与厄鲁特蒙古各部依然保持着密切联系。明崇祯十三年(1640年)准噶尔领袖巴图尔珲台吉在塔尔巴哈台召开厄鲁特和喀尔喀各部蒙古首领的会议,土尔扈特部首领和鄂尔勒克不计较和巴图尔珲台吉的前嫌,带领他的儿子们,从万里以外赶来参加会议,会上共同制定了有名的《蒙古卫拉特法典》,以调整蒙古族各部的关系,增强相互之间的团结。和鄂尔勒克以后又派人参加准噶尔部对哈萨克的战争,特别是和鄂尔勒克与巴图尔珲台吉的关系改善以后,两部的往来更加密切。和鄂尔勒克的女儿嫁给巴图尔珲台吉为妻,而和鄂尔勒克之孙朋楚克又娶了巴图尔珲台吉之女为妻,生下儿子即后来土尔扈特著名的阿玉奇汗,阿玉奇自幼住在准噶尔,由其外祖父巴图尔珲台吉抚养。后来,策妄阿拉布坦又娶阿玉奇的女儿为妻。这种频繁的通婚关系,正是两部密切的政治联系的反映。

土尔扈特西迁伏尔加河下游后,也一直和清朝中央政府保持密切联系。早在顺治时期,土尔扈特就多次遣使入贡,顺治十二年(1655年),和鄂尔勒克的长子书库尔岱青遣使锡喇布鄂尔巴向清朝"奉表贡"。两年后,土尔扈特的罗卜藏诺颜(书库尔岱青之弟)及其子多尔济,遣使沙克锡布特向清政府"贡驼马二百余,复携马千,乞市归化城",清政府同意其请求,进行了马匹贸易。康熙时期,和土尔扈特部的联系也很频繁,康熙三十六年(1697年),清政府平定噶尔丹叛乱后,土尔扈特汗阿玉奇派诺颜和硕齐等随策妄阿拉布坦使者,一起"入贡庆捷"。以后,策妄阿拉布坦又走上分裂割据的道路,掠夺厄鲁特诸部的人户牲畜。阿玉奇将自己的女儿许配策妄阿拉布坦,并令其子散札木率众护送完婚,不料策妄阿拉布坦竟兼并了散札木的人户。"初,策妄阿拉布坦徙博罗塔拉,乞婚于阿玉奇,阿玉奇以女妻之。其第三子散札布率属户万五千余以往。自噶尔丹既灭,策妄阿拉布坦谋并诸卫拉特族,留散礼布不遣。阿玉奇索其子,乃逐散札布归额济勒(即伏尔加河),仍留从户不之给,分隶准噶尔鄂托克。阿玉奇固索不获,因构难"。从此,阿玉奇与策妄阿拉布坦的关系急剧恶化。策妄截劫阿玉奇派往清朝的贡使,抢夺赐品,又不让阿玉奇入藏熬茶。康熙四十三年(1704年)阿玉奇嫂携其子阿喇布珠尔"入藏礼佛,策妄阿拉布坦阑之,不得归"。阿喇布珠尔不能返回伏尔加河,遂遣使至北京,向清廷陈诉,并求内属。清廷封阿喇布珠尔为固山贝子,令其居于嘉峪关外。由于策妄阿拉布坦的阻梗,一度使土尔扈特与祖国往来通道堵塞。但土尔扈特仍千方百计,另觅途径,和清政府联系。康熙五十一年(1712年)阿玉奇汗的使者萨木坦等"假道俄罗斯,达京师,表贡方物"。萨木坦等历尽旅途的艰辛,取道西伯利亚、库伦,经两年之久才到达北京。康熙为了表示对远离祖国,寄居异乡的土尔扈特部的关怀,并希望联络阿玉奇、牵制策妄阿拉布坦,特派内阁侍读图理琛等组成使团,前往伏尔加河下游,探望土尔扈特部,这就是历史上著名的"图理琛出使"。使团于康熙五十一年(1712年)五月出发,经色楞格斯克、叶尼塞斯克、托博尔斯克、喀山,于五十三年春到达伏尔加河下游阿玉奇汗的驻地。土尔扈特人听到祖国使节到来的消息,欣喜若狂,立即召集部落,修治毡帐,沿途陈设筵篷,接待十分隆重。图理琛等转达了康熙帝的问候,阿玉奇汗明显表示了对祖国的依恋之情。他说:"满洲、蒙古,大率相类,想起初必系同源",指出土尔扈特的"衣服帽式,略与中国同。其俄罗斯,乃衣服语言不同之国,难以相比",而且"公开声称厌恶俄国"。阿玉奇汗向图理琛等详细询问了祖国的政治、经济情况,对使团非常热情"留旬余,筵宴不绝",表现了土尔扈特人民和首领对祖国深厚的感情。使团于康熙五十四年夏回到北京,后来,图理琛写成《异域录》一书,记载了这次出使的经过情形。沙俄政府日益加强对土尔扈特的控制,但土尔扈特部冲破沙俄的重重阻挠,仍努力与清朝保持联系。乾隆二十一年(1756年),土尔扈特汗敦罗布喇什(阿玉奇之孙、渥巴锡之父)遣使吹札布,绕道俄罗斯,经过三年的艰苦旅程,回到国内,与清政府联系。乾隆帝在避暑山庄万树园接待了吹札布,吹札布代表敦罗布喇什向皇帝呈献贡品、方物、弓箭袋,并请求去西藏谒达赖喇嘛,乾隆允其所请,并高兴地赋诗以志:

> 乌孙别种限罗义,假道崎岖岁月赊。
> 天阙不辞钦献觌,雪山何碍许熬茶。
> 覆帱谁可殊圆盖,中外由来本一家。
> 彼以诚输以诚惠,无心蜀望更勤遐。

翌年,吹札布从西藏返回北京,乾隆又召见他。吹札布陈述了土尔扈特人民在沙俄压榨下的痛苦,他说:土尔扈特对俄国只是"附之,非降之也。非大皇帝有命,安肯为人臣仆"。吹札布对乾隆的陈诉,说明了土尔扈特虽远离祖国,却始终认定自己是多民族祖国的一个成员,承认和清朝保持着臣属关系。

清雍正二年(1724年)阿玉奇汗病逝,其儿孙们觊觎汗位,发生了一场斗争。沙俄政府插手其中,要安排自己信任的人担任土尔扈特的领袖。政府给阿斯特拉罕长官的训令中说:"力求避免领主们(指土尔扈特贵族们)完全按自己意愿选择汗",并授意以阿玉奇的外甥道尔济·纳札洛夫为汗,却遭到土尔扈特贵族们的强烈抵制。沙俄政府无奈,只得让步,承认了阿玉奇汗生前指定的汗位继承人车楞敦鲁布(阿玉奇之幼子)。沙俄政府安置自己代理人的计谋没有成功,但却取得了认可土尔扈特汗位的权力。

车楞敦鲁布死后,敦罗布喇什(阿玉奇之长子沙克都尔札布的第五子)继承汗位。沙俄政府又进一步要求把敦罗布喇什的儿子作为人质,送往俄国,还要敦罗布喇什保证:"(对俄国政府)忠诚效劳,不同外国及异族交往,不派使团。如有使团见他,则报请(沙皇)宫廷决断"。敦罗布喇什只得将第二子萨赖送去做人质,长期被拘禁在阿斯特拉罕。敦罗布喇什不堪失子之痛,几次写信给俄国女皇,要求放回他的儿子。他得到的答复是:"政府决定要卡尔梅克汗的儿子做人质,这是无可改变的。"后来,萨赖惨死于阿斯特拉罕拘所。俄国政府的严密控制与高压手段,在土尔扈特人心中点燃了仇恨的火焰。

乾隆二十六年(1761年),敦罗布喇什去世,其十九岁的幼子渥巴锡继汗位。俄国利用汗位交替的时期,施加压力,以求达到完全控制土尔扈特部的目的。首先是通过改组"札尔固"(部落会议)以限制汗的权力。"札尔固"本是土尔扈特汗之下的机构,由汗所信任的8名首领组成,"实际上是汗手下的辅助大臣和助手"。根据1640年《蒙古卫拉特法典》的规定:"札尔固的一切决定只有经过汗的批准方能在法律上生效"。但沙俄政府在渥巴锡继汗位的次年,颁布了新的札尔固条例,规定札尔固成员不得由汗任命,它的"组成必须经过俄国政府批准",汗不能随意改变札尔固的决议。这就是通过改变札尔固的组成和职权,以束缚渥巴锡汗的手脚。

俄国政府还企图扶植已经东正教化了的土尔扈特贵族敦多克夫家族,以取代渥巴锡的统治。"让敦多克夫重建土尔扈特部政权"从而使土尔扈特"成为(俄国)一个新的行政区域"。敦多克夫家族是阿玉奇第4个儿子衮札布之子敦罗卜旺布(即敦多克奥木巴)的后裔,敦罗卜旺布的后妻贾恩和她所生的儿子道迪比和阿沙莱,长期住在彼得堡,接受了东正教的洗礼,改成俄国姓敦多克夫。俄国政府的这些措施,不仅激怒了渥巴锡,也损伤了土尔扈特人的民族自尊心与宗教感情。

俄国政府还向土尔扈特人的居住地大量移民,鼓励成千上万的顿河哥萨克举家迁徙到伏尔加河下游,挑起土尔扈特和哥萨克移民之间的争端。沙俄的移民政策,给土尔扈特的经济与社会带来严重后果,"使卡尔梅克游牧区的土地逐渐缩小。这一政策打击了那些拥有成千上万马群、牧群和人口众多的兀鲁斯的大封建主的经济利益",同时"也加剧了卡尔梅克居民生活条件的恶化"。

沙俄政府和瑞典、土耳其频繁地进行战争,向土尔扈特部无休止地强行征兵,造成土尔扈特民族的巨大灾难。乾隆三十年(1765年)后,沙俄政府"屡征土尔扈特与邻国战""拣土尔扈特人众当其前锋",土尔扈特人为俄国作战而伤亡惨重,"损伤土尔扈特人众数万,归来者十之一、二",因而造成了"人人忧惧"和整个部落的动荡不安。上述沙俄政府对土尔扈特的控制和迫害,必然激起其人民的强烈反抗,同时也更坚定了他们重返祖国的决心。

在清政府平准战争中,一部分厄鲁特人逃往土尔扈特,其中包括像清政府指名缉拿的舍楞等人。他们盛称中国天山以北土地辽阔、水草丰美、人口稀少,是游牧孳生的好地方,而且中国西北的蒙古族和土尔扈特同出一源,制度、服饰、语言、宗教、风俗相同,可以信赖共处。因此,在土尔扈特族中返回故土的愿望重新萌生。

乾隆中叶,沙俄正和土耳其进行大规模战争,向土尔扈特征调大批士兵,命令"十六岁以上者尽行出兵",使土尔扈特部"众皆汹惧"。渥巴锡汗更是忧心如焚,他一面在暗中加紧策划反抗俄国、回归故土的行动;一面又不得不率领数万土尔扈特人奔赴高加索,参加对土耳其的战争,以麻痹沙皇政府。在这次战争中,土尔扈特人作战勇敢,立下功勋,但牺牲极大。俄国政府并未给以应得的酬劳。相反,根深蒂固的民族歧视使土尔扈特的士兵备遭凌辱。"俄国官员和司令们纵容自己的下级对野蛮人的宗教和卡尔梅克喇嘛的迷信仪式,态度粗暴,进行侮辱。如果俄国人看到这些被践踏在脚下的可怜虫胆敢表现微弱的反抗,就对他们施加可怕的、狂暴的打击。"

乾隆三十五年秋(1770年),渥巴锡汗和士兵们从对土耳其作战的战场回来,和他的亲信们积极酝酿返回祖国的计划。他的亲信包括侄子策伯克多尔济、从准噶尔逃来的舍楞,还有巴木巴尔、达什敦多克和大喇嘛洛桑丹增。尽管采取了保密措施,而起义和逃徙的消息仍泄露了出去,传到俄国驻土尔扈特部大使基申斯科夫的耳朵里,幸好这是个狂妄自大的人,不把土尔扈特人放在眼里,不相信他们真敢反抗和逃徙,以为听到的只是谣言。他以傲慢的态度对渥巴锡汗说:"你不敢这么干! 我对那些谣言只付之一笑。可汗,你很清楚,因为你是一头用铁链锁住的熊。"基申斯科夫的傲慢和疏忽,客观上帮助了土尔扈特人得以实现其逃徙的计划。

　　渥巴锡汗原想在伏尔加河结冰以后,会合河两岸的土尔扈特人一齐行动。不料,"是岁冬温,河水不冻,渥巴锡不能待河北入户"。气候温暖,河水不冻,对岸的一万多户土尔扈特人无法渡河,而起义的风声已泄露,俄国人已怀疑戒备,其势不能久待。渥巴锡遂于乾隆三十五年十一月十九日(1771年1月4日)召开大会。他满怀激情地向战士们说:沙皇已下令要把他的儿子送到彼得堡去作人质,并且还要征发一万名土尔扈特人去参加俄国军队,他号召大家,起来反抗,脱离俄国。策伯克多尔济也在会上慷慨陈词,揭露沙俄政府的种种罪行,要把土尔扈特人全都变成奴隶。会上,群情激愤,伟大的起义开始了。土尔扈特人拿起武器,携带妻儿老小,十七万人浩浩荡荡地走上重返祖国的征途。临行前,抛下了带不走的锅灶、家具、什物,烧掉了木质的宫殿与房屋,辽阔的草原上升起了熊熊烈火,标志着土尔扈特族与俄国决裂、东走不复返的坚定决心。起义队伍分成三部分,舍楞和巴木巴尔率领精锐部队作先锋,攻打挡住前途的哥萨克,为后续队伍冲杀开一条血路,妇孺老弱,或骑牛马,或坐车辆,或徒步从行,走在中间,两侧各有武装骑士作护卫,渥巴锡和策伯克多尔济率领两万名战士殿后,阻挡追来的俄军。起义队伍在八天之内通过了伏尔加河和乌拉尔河之间的草原,把尾追的俄军远远抛在后面,而先锋部队,摧毁了库拉金纳等要塞,保护大队安全渡过了乌拉尔河,迅速地踏上了大雪覆盖的哈萨克草原。

　　土尔扈特东徙的壮举,使彼得堡宫廷内惊惶失措,一片吵闹埋怨声。俄国女皇痛责"她的大臣们竟漫不经心到让整个部落在她信任的奴仆的鼻尖下举行暴动,逃出了神圣的俄罗斯国境,从而使罗曼诺夫家族和头戴彼得大帝皇冠的守护鹰蒙受了永不磨灭的耻辱"。赶忙调集大批军队,有的跟踪尾追,有的抄前堵截,要把不驯服的土尔扈特人消灭在中亚细亚的茫茫荒漠之中。土尔扈特部进入哈萨克草原之后,困难接踵而来,前有险阻,后有追兵,长途跋涉,粮食、水草极为缺乏,他们开始徙移的时候已是隆冬气候,风急雪深,饥寒交迫,疾病流行,人口锐减。而俄军以及俄国政府唆使哈萨克人、巴什基尔人不时发动袭击,更给在艰难行军中的土尔扈特人造成巨大的伤亡。然而,土尔扈特蒙古不愧为英雄的民族,他们团结一心,勇敢顽强,打退敌人的进攻,克服路途的险阻。当队伍来到奥琴峡谷,山口通路已被哥萨克占领,在部队进退不得、安全处于千钧一发之际,渥巴锡显示了他的勇敢机智,他组织了五队骆驼兵,从正面猛攻哥萨克。策伯克多尔济则率领一支精锐的小分队,从山间峡谷,悄悄迂回到哥萨克的背后,出其不意,突出袭击,前后夹攻,大获胜利,歼灭了哥萨克,打通了东进的道路。渥巴锡等还能在很不利的处境下,灵活运用政治和军事手段,变被动为主动,使部队遇难呈祥、化险为夷。当土尔扈特部走到姆莫塔湖时,陷入了哈萨克小帐努尔阿里汗和中帐阿布赉汗五万联军的包围中,前进的道路已被堵塞,部队饥疲不堪,难于战胜。渥巴锡等冷静地分析了形势,派出使者和哈萨克谈判,并送还在押的一千名俄国和哈萨克俘虏,从而争得了三天喘息的时间。渥巴锡等利用这一时机,积极部署、休整队伍,调动兵力。于第三天深夜,他亲率主力,奇袭哈萨克军,成功地冲出包围,向着祖国,继续前进。

乾隆三十六年五月二十六日(1771年7月8日)策伯克多尔济率领的前锋部队在伊犁河流域的察林河畔与前来迎接的清军相遇。六月六日,清军总管伊昌阿、硕通会见了刚刚到达的渥巴口、舍楞以及土尔扈特的主力部队。土尔扈特部历经艰难险阻终于完成了反抗沙俄,重归故土的历史壮举。他们这次返回祖国的大迁徙是从乾隆三十五年十一月到翌年六月完成的,前后将近八个月,行程一万数千里,长途行军,忍饥耐寒,历经战斗,付出了重大牺牲。起义时,他们共有三万三千万余户、十六万九千余人,到达祖国、幸存下来的只有7万多人。他们反抗沙俄,向往祖国,重归故土的行动,在我国历史上写下了可歌可泣的爱国篇章,他们的英雄业绩也赢得了全世界的注目和尊敬。十九世纪英国著名作家德昆西用优美的文笔,描写了土尔扈特部起义和迁徙的全过程,书名《鞑靼人的反叛》。他在书中评论说:"从有最早的历史记录以来,没有一桩伟大的事业,能像上个世纪后半期一个主要鞑靼民族跨越亚洲无垠的草原,向东迁逃那样轰动于世与那样激动人心的了。"

当清廷知道土尔扈特东归的消息时,一部分大臣心怀疑虑,既怕收纳土尔扈特,得罪俄国,影响中俄两国的关系,又怕土尔扈特或与俄国串通,假意东返投归,伺机进行袭击,且怕收容数万饥疲之众,耗费太大。特别是归来的人众内有从前叛逃的舍楞在内,更增加了人们的疑惧。乾隆帝说:"朕闻有土尔扈特来归之信。……而畏事者乃以新来中有舍楞其人,曾以计诱戕害我副都统唐喀禄,因以窜俄罗斯者,恐其有诡计,议论沸起。古云:受降如受敌,朕亦不能不为之少惑。"当时,在前方的巴图济尔噶勒奏称:"此次投诚之土尔扈特情形,不可深信,请在喀尔喀选兵二万往防。"乾隆帝在汇集情报,摸清情况后,判断其必非伪降,力排众议,主张全部接纳来人。他说:"渥巴锡并未犯罪,舍楞前虽获罪,迹似可疑,但其属下能有几人?渥巴锡既已投诚,舍楞势孤同来,亦应有之事。若谓俄罗斯明知伊等投诚,佯为不知,或同商伪顺,断无是事,朕谓其投诚十分之九。"又说:"或又以为不宜受俄罗斯叛臣,虞启边衅。盖舍楞即我之叛臣归俄罗斯者,何尝不一再索取,而俄罗斯迄未与我也。今既来归,即以此语折俄罗斯,彼亦将无辞以对"。"且数万乏食之人,既至近界,驱之使去,彼不劫掠畜牧,将何以生?……夫明知人以响化而来,而我以畏事而止,且反致冠,甚无谓也。其众涉远历久,力甚疲矣,视其之死而惜费弗救,仁人君子所不忍为,况体天御世之大君乎!"事实证明:乾隆帝的判断、考虑是正确的,合情合理的。他毅然决定收纳重返祖国的土尔扈特族,把数万之众从死亡线上抢救下来,使之重新参加中国的民族大家庭,他比识短见小、畏事惜费的大臣们更加高瞻远瞩,更有政治头脑。

清廷接待土尔扈特礼遇优厚,规格隆重。特命舒赫德接任伊犁将军,专门筹划安插优恤事宜,又派额驸色布腾巴勒珠尔专程赴伊犁,迎接渥巴锡等来热河觐见。当时,土尔扈特人奔波万余里,颠沛流离,牲畜尽失,衣物全无,饥寒交迫,生活极为困苦。据舒赫德奏："土尔扈特穷困,或衣服破烂,或靴鞋俱无,其幼孩有无一丝寸缕者",乾隆帝对之极为关心,努力为他们筹谋衣食,他说:"此七万余众,冻馁口瘠之形,时悬于目而恻于心。凡宵旰所究图,邮函所咨访,无暇无辍。"当土尔扈特到达后不久,他即令购皮衣二三万件发往,又恐一时不能购齐运往,令清查仓库内贮存的旧衣,迅速发给,以资穿戴。舒赫德接奉谕旨后,果然在哈密等地仓库内找到了棉袄旧衣六千件及皮布帘等,先行运往发给,乾隆帝十分高兴,称赞舒赫德尽心努力,办事迅捷,他批谕:"甚好!如此留心,朕得一好大臣,何乐如之。虽细事,诚可嘉也。"这也可反映出皇帝救济土尔扈特族的迫切心情。他又责成舒赫德安排土尔扈特人众的生活和住地,"口给以食,人授之衣,分地安居,使就米谷而资耕牧"。责成张家口都统常青供应畜群,"出我牧群之孳息,驱往供馈"。责成陕甘总督吴达善供应茶叶、羊只、皮衣,"发帑运茶,市羊及裘",又令西安巡抚文绶经理嘉峪关外事务。使安置工作迅速落实,井井有条。土尔扈特回到祖国三个月内,清廷为临时解决其生活,即购送马牛羊近二十七万头、官茶两万余封,米麦四万一千余石,此外羊裘五万一千余袭,布六万一千余匹,棉五万余九千斤,氊帐四百余具及帑银二十万两,使贫困的土尔扈特人众的生活得到妥善的安排,他们深深感到了祖国对他们的爱护和关心。

乾隆三十六年六月二十五日,渥巴锡一行在额驸色布腾巴勒珠尔的陪同下,从伊犁启行,赴热河觐见。九月上旬抵达木兰围场,时乾隆皇帝正在围猎,渥巴锡等即于九月初八日在木兰围场之伊绵峪觐见皇帝,乾隆在行幄中接见他们,"以蒙古语垂询渥巴畅"。并赐宴赏物,命他们围猎观射。乾隆帝因不战而能使土尔扈特人众归附,十分高兴,写了如下的诗篇:

> 通使曾经丙子年兹徕统部不期望
> 名编典属非招致礼肆鸿胪合惠宣
> 类已全归众蒙古峪征嘉兆信伊绵
> 无心蜀望犹初志天与钦承益巩虔

这首诗表达了乾隆皇帝作为大国君主,欢欣喜悦,踌躇满志的心情。

九月十七日,乾隆帝回銮避暑山庄,即颁谕封渥巴锡为卓哩克图汗,策伯克多尔济为布延图亲王,舍楞为弼哩克图郡王,巴木巴尔为毕口呼勒图郡王,其他领袖封贝勒、贝子、公、台吉。皇帝又接连在澹泊敬诚殿、四知书屋、卷阿胜境召见了渥巴锡,并举行盛大典礼,赐宴万树园及溥仁寺,命设灯宴、观火戏。其时,正值热河普陀宗乘庙(即小布达拉宫)落成,命渥布巴口等观礼,并御制《土尔扈特全部归顺记》《优恤土尔扈特部众记》二文,勒石刻碑,存放在普陀宗乘庙内。至于赏赐银两物品,尤为优厚。在一次赏赐中,给渥巴锡银五千两,策伯克多尔济银四千两,舍楞银三千两。显示了清政府全盛时期的阔绰排场和对土尔扈特的优遇。当时,乾隆帝曾写了许多有关土尔扈特部的文章和诗句,如《万树园灯词》:

> "西隆平定已多年宴赉频施毕后先
> 孰意新归额济勒 山庄重看设灯筵"
> "程经万里不辞遥嘉与优恩咏蓼萧
> 自是劳徕志远部非关寻乐借元宵"

"通使昔曾阿玉奇今来明背俄罗斯
纳降彼已先孤约 以此折之信得辞"
"舍楞逃去复回归悔过斯应谛昔非
智爽光明有如是缚鸡笼内岂为威"
"夕峰渐隐夕阳晖万树须臾万烛辉
望后漫嫌无月色上元景物岂其非"
"讵止随围按岁轮频繁来集仰流鳞
新来那不心生美明有伊犁旧识人"
"缠头环耳各随宜何必衣冠尽改之
独幸文身南掌使也随班采仰威仪"

　　从这组诗篇,可以窥见当年历史上那场惊心动魄的斗争以及乾隆帝的战略考虑、民族政策和在避暑山庄接待土尔扈特领袖们的盛况。此后清廷将土尔扈特部安置各处,分地放牧。渥巴锡等所部称旧土尔扈特部,分南、北、东、西四路,分置四盟,各设盟长,南路在喀喇沙尔,置四旗,渥巴锡为盟长;北路在和布克赛里,置三旗,策伯克多尔济为盟长;西路在精河县,置一旗,默们图为盟长,东路在库尔喀喇乌苏,置二旗,巴木巴尔为盟长。另舍楞所率部众称新土尔扈特部,放牧于科布多、阿勒泰地区,置二旗,舍楞为盟长,随来的和硕特恭格部,放牧于博斯腾湖,置四旗,恭格为盟长。他们在各自的土地上,生活孳息,直到今天,已有二百多年。

　　土尔扈特返回祖国的爱国主义行动和清政府对土尔扈特部的妥善安置,使沙俄政府恼羞成怒,竟然行文清政府,称渥巴锡等"俱系悖教匪人,不当收留,"并用恫吓的口吻称,如若收留,"不守和好,恐兵戈不息,人无宁居"。针对沙俄政府的无理要求,清政府义正词严地答复:"土尔扈特渥巴锡人等,与尔(指俄国)别一部落,原非属人。……尔国征调烦苛,不堪其苦,率众来投",这种返归祖国的爱国行动,清政府岂有拒而不纳之理。对沙俄的武力恐吓,清政府明确表示:"或以兵戈,或守和好,我天朝惟视尔之自取而已",表明了绝不屈服于俄国武力威吓的严正态度。事实上,俄国政府也不可能为此而和清政府开战,它除了加紧监视尚留在伏尔加河彼岸的一万多户土尔扈特族,防其再次逃逸外,也无可奈何,只得不了了之。

第六章　六下江南

一

乾隆帝弘历在君临天下五十年之际,对南巡江浙的重要性讲了这样一句话:"予临御五十年,凡举二大事,一曰西师,一曰南巡。"所谓"西师",是指乾隆二十年至二十四年(1755—1759年)平准定回之役,这场历时五年的战争,彻底清除了准噶尔部南侵喀尔喀威胁大西北及京师的祸根,统一了准、回各部,拓疆二万余里,为保持西北、北方及青海、西藏的安宁,奠定了坚实的基础。此役当然是皇上朝夕考虑的头等大事,但是"南巡"为什么能和"西师"相提并论? 这得先从乾隆帝的一道谕旨谈起。

乾隆帝弘历于乾隆十四年十月初五日下了一道关于南巡的重要谕旨,讲述巡幸江浙的原因、目的及应该注意的问题,摘录如下:

> 江南督抚等,以该省绅耆士庶望幸心殷,合词奏请南巡,朕以钜典攸关,特命廷臣集议,今经大学士、九卿等援据经史,且仰稽圣祖仁皇帝六巡江浙谟烈光昭,允宜俯从所请。朕轸念民依,省方问俗,郊圻近省,不惮躬勤銮辂,江左地广人稠,素所惦念,其官方、戎政、河务、海防,与凡闾阎疾苦,无非事者,第程途稍远,十余年来未遑举行。屡尝敬读圣祖实录,备载前后南巡,恭侍皇太后銮舆,群黎扶老携幼,夹道欢迎,交颂天家孝德,心甚慕焉。朕巡幸所至,悉奉圣母皇太后游赏,江南名胜甲天下,诚亲披安舆,眺览山川之佳秀,民物之丰关,良足以误畅慈怀,既询谋合同,应依议允从所请。但朕将以明年秋幸五台,经太原,历嵩、洛、赵、魏,回銮已涉冬令,南巡之举,当在辛未年(乾隆十六年)春,正我圣母六旬万寿之年也,将见巷舞衢歌,欢腾献祝,称朕以天下养之至爱,上以广承欢之庆,下以慰望幸之忱,益深嘉悦。届期择吉以闻,向导人员朕酌量先期简派,前往清跸,所至简约仪卫,一切出自内府,无烦有司供亿。至行营宿顿,不过偶一经历,即暂停亦不逾旬日,前岁山左过求华丽,多耗物力,朕甚弗取,曾经降旨申饬,明岁晋、豫等省,以及江南,俱不可仿效。至名山古迹,南省尤多,亦祗扫除洁净,足备临观而已,无事崇饰,倘有颓圮,随宜补葺,悉令动用官项,但当据实,不得任有司浮冒。其民间张灯结彩,圣祖尝以为戒,载在方册,宜共恪遵,其慎勿以华侈相尚,所司通行晓谕。其一切应行典礼,著照所议行。

过了十一天,乾隆十四年十月十七日,他又降一谕:"闽浙总督喀尔吉善、署浙江巡抚永贵奏请临幸浙省阅视海塘一折,前因江南督抚等奏请南巡,特命大学士、九卿会议,询谋佥同,业经降旨谕允,江、浙瞵封接壤,均系圣祖屡经临幸之地,且海塘亦重务也,今既据该省士民感恩望幸,群情踊跃,合词代奏,宜允所请。"

以上乾隆帝讲的南巡之原因,是奉母后游览名胜,省方问俗,考察"官方、戎政、河务、海防",了解闾阎疾苦,这些都是事实。但若联系当时局势和六次南巡的具体情形,以及乾隆帝的个性来看,他之所以要巡幸江浙,而且从乾隆十六年才开始,以后又五下江南,便可知晓,奉母览胜,仅是出巡的一个目的,而且是一个不太重要的附属目的,其根本的原因和愿望,则主要是政治性的,即他是为了创立和巩固"全盛之势"而出巡的。这与江浙的客观环境和历史及其在清政府统治者心目中的地位,有着密切的关系。江苏、浙江在清朝诸帝的心目中占有十分重要的地位。江浙是鱼米之乡和"财赋之区"。乾隆十八年全国在籍田地为七百零八万顷,征赋银二千九百六十一万余两,粮八百四十万余石,而江苏一省民田有六十八万余顷,征赋银三百三十七万余两,粮二百一十五万余石,浙江民田四十五万余顷,赋银二百八十一万余两、粮一百一十三万余石,即是说江苏、浙江二省的田地、赋银、赋粮数,分别占全国田地、赋银、赋粮的百分之十六、百分之二十九、百分之三十八。再以田赋之外的第二大收入盐课而言,乾隆二十九年全国盐课共银三百八十余万两,而江浙为二百五十八万余两,占盐课总数百分之六十八。在每年运京供帝王后妃文武官员兵丁食用的四百万石漕粮中,江浙占了二百五十七万石,为漕粮总数的百分之六十四。仅此几个简单的数字,便足以表明江浙二省在全国经济领域的特殊重要性。

江苏、浙江二省人文茂盛,是全国文化最发达的地区,才子学者之多,数倍数十倍于他省。仅以关系政界、文化界最为重要的科举而言,江浙二省状元最多。顺治朝举行了八次殿试,取了八名状元,其中有江浙的吕宫、邹忠倚、史大成、孙承恩、徐文元、马世俊六人。康熙二十一科,除山东邓钟岳考上一名状元外,其余二十个状元皆系江浙人。雍正朝的五个状元中,江浙人居其四。乾隆年间出了二十七个状元,江浙人居二十一名。以上顺康雍乾四朝皇上钦定的六十一名状元中,江浙出了五十一位状元,占状元总数百分之八十三。榜眼、探花以及二、三甲进士之情与此类似。这也直接影响到大学士、九卿、总督、巡抚、布政使、按察使、学政等职的人选,江浙之人任职之多,在政界影响之大,是其他各省难以相比的。

江苏、浙江又是清朝前期明末遗民活动的中心,反清思想和反清行动一直延续不断,文字狱也以江浙为多。这些事实表明,江浙在经济上、政治上、文化上具有特别突出的地位,朝廷必须牢固控制住江浙,充分利用江浙的人力、财力和物力,来巩固其统治,来发展其"盛世"。这就是乾隆帝要效法皇祖六下江南的根本原因。

二

乾隆皇帝弘历于乾隆十四年十月下达巡幸江浙之谕后,便督促臣僚进行安排,使其实现。他多次下谕,责令群臣不要浪费民力扰乱民间。乾隆十五年正月二十九日,他谕军机大臣:朕巡幸江浙,"问俗观风",清跸所至,除道供应,有司不必过费周章,已经屡降谕旨。"至川原林麓,民间冢墓所在,安厝已久,不过附近道旁,于辇路经由无碍,不得令其移徙。"同年三月十九日,闽浙总督喀尔吉善之折到京。其折说:查勘御道营盘处所,南省道路,山水交错,不似北地平旷可以随宜布置。且杭、嘉二府道旁皆桑,平原难得。臣与向导大臣恭阅御舟所经河道,纤路最宽者,不过一丈以上,或尚不及一丈。"臣等不敢过求开阔有损田园",凡营盘处所,必详勘无妨民业之处,签桩修治。至于杭城西湖各名胜所经陆路,亦止期修治平坦,无事开拓宽广。乾隆帝阅后批示:"知道了。总以务朴省事及息浮议为要。"

不久,他又看到向导大臣的奏折。向导大臣努三、兆惠奏称:由杭州渡江至绍兴禹陵、南镇一路,"河道窄狭,仅容一船,经过石桥四十余座,须拆毁过半,旱地安设营盘,地气甚属潮湿"。努三、兆惠的责任是保证御道畅通、安全,让皇上、太后平安、舒适地游览、考察,遇到问题及时解决,一般是不能以此惊动圣上烦劳天子的,这将被视作无能、失职或欺扰至尊,而被惩处,为什么这两位大臣要冒遭罚的危险奏呈难题?因为,他们所奏的含意是很清楚的,至少有两点十分明确:一为道路难行,谏阻巡幸浙江;二为如要前往,需大兴土木滋扰民间。这对于乾隆帝来说,确是一个不易解决的难题。因其不便行走而停止吧,出巡的愿望就会落空,雄伟的目标无法达到,允其拆桥占用民地大建营盘吧,又要骚扰民间,违背已发之旨,此题确难解答。但乾隆皇帝可不是遇事惊慌胸无主见之庸君,而且此时刚及不惑之年,身体健壮,胸怀大志,对个人享受看得并不太重,因此,经过思考后,他找到了轻易攻关的妙方。他于十五年三月二十七日谕军机大臣:朕初次南巡,禹陵近有百余里之内,不躬亲展奠,无以申崇仰先圣之素志。向导及地方官拘泥而不知权宜办理之道,鳃鳃以水道不容巨舰、旱地难立营盘为虑,若如此,所议拆桥数十座,即使于回銮之后,一一官为修理,其费甚巨,且不免重劳民力,"岂朕省方观民本意耶"?"朕在宫中,及由高梁桥至金海,常御小船,宽不过数尺,长不过丈余,平桥皆可径度,最为便捷。越中河路既窄,日间乘用,俱当驾驶小船,石桥概不必拆毁"。其原拟安立营盘二处,"著于此处造大船一只,专备晚间住宿",不必于旱路安营,既避潮湿,"且免随侍人众践踏春花之患"。看起来似乎无法逾越的巨大障碍,就因乾隆帝不拘泥必坐龙船竖艦之常规,临机应变,改乘小船,从而轻易地跨越过去了。

乾隆十五年十月,闽浙总督喀尔吉善呈报关于巡幸浙江的两个问题。他奏称:明春南巡,浙省杭、嘉两郡俱系水乡,湖荡港汊,纵横交错,自江南交界至杭,陆路惟运河纤道,宽仅七八尺,凡应用什物暨执事人等,有须先送前站预备者,若开辟陆路,必挖废很多民间田园,今勘定副河一道,什物及执事人等,均由副河前进。御道两傍,本来俱应安兵站围,浙省运河纤道竟有无可站立之处。今酌定于两岸内,凡支河汉口各安卡兵二三名,临时禁遏人舟,如无路径处,不复安兵站围。其两岸有村镇居民处,许令男妇老幼跪伏瞻仰。乾隆帝于十月三十日批示:"甚是,妥当之极。好。不必严为拦阻。"

乾隆十五年十一月十三日,总理行营王大臣和硕庄亲王允禄等呈奏明春南巡所需之兵丁、马匹、船只等事。允禄等奏:水路随从官兵,必宜酌减,除大臣等应中途留住及随从人员已钦派外,侍卫仍派三班,兵丁本应派八旗六百名、健锐营四百名,但江、浙一路乘船,健锐兵久不操练,恐致生疏,应予停派。至江南登舟时,各处官员人等量减,但取差使无误,其余人员俱留住河北。其前锋、护军等兵,减派五百名,加上江宁迎驾兵二百名,足敷差使。拟派章京四十员,虎枪侍卫兵丁拣选四十员。江浙旱路应需之马,除御马用船载往,随从人等官马,照康熙时例,取用于地方,大臣一员用马五匹,章京侍卫一员马三匹,护军、紧要执事人等用马二匹,其余每二人用马三匹,于驻防、绿营官马、驿马内预备,合计需马六千六百九十余匹。其由徐家渡至直隶厂,由小五台至平山堂、高曼寺,由苏州至灵崖、邓尉、虎丘等处,非紧要差使,俱留于舟次,约须备马四千匹,仍令每十匹外多备一匹,以便添用。至于船只,如多,亦恐拥挤,派出大臣,或每员给二只,或一只。侍卫官员等,或二三人一只,或四五人一只。拜唐阿兵丁,或八九人一只,或十数人一只。除装载物件便民船二十五只外，统计沙飞、马溜船四百四十只。随行官员人等，在十里以内者回船住歇，远者于附近寺院歇店宿歇，不许占住民房。米粮柴草，派地方官招商，于行营左右公平售买。乾隆帝览折后，同意其议。

不久，两江总督黄廷桂奏，遵照廷议，将马照数调备，并备马二千余匹赴浙协济。闽浙总督喀尔吉善奏：拟调通省营马五千匹备用，其什物另备人夫扛抬。总理行营王大臣就此议奏：江苏人稠地狭，马匹太多，难以安顿饲养，请再酌减江苏备用之马。浙省既备有人夫扛抬什物，原议每匹外备一匹之议，可予减省。帝从其请。

另外，江宁将军锡尔璊、两江总督黄廷桂奏准，巡幸之时大阅，预备满兵一千五百名、汉兵一千五百名会合操练。两江总督黄廷桂奏准，车驾经历江苏省内二十三个州县，赏赍需钱，宝苏局存钱不敷，暂加铸八卯。等等事项，总理行营王大臣和江浙官员，紧张进行准备。出巡之时，需指派一些王公大臣留京，总理事务，途中由总理行营王大臣具体安排，乾隆十六年第一次巡幸江浙时，乾隆帝便指定庄亲王允禄、履亲王允祹、和亲王弘昼、大学士来保、史贻直在京总理事务，行营由大学士、一等公傅恒总管。以后五次南巡的准备工作，大体与此相似。

乾隆皇帝弘历仿效皇祖康熙帝玄烨六巡江浙之例，亦六下江南。第一次是乾隆十六年，从正月十三日离京，至五月初三日奉母后返回畅春园。第二次是乾隆二十二年，正月十一日出发，四月二十六日回圆明园。第三次是乾隆二十七年正月十二日至五月初四日，第四次是乾隆三十年正月十六日至四月二十一日，第五次为乾隆四十五年正月十二日至五月初九日，最后一次是乾隆四十九年正月二十一日至四月二十三日。前四次是奉母后前往，后两次为帝率臣巡幸。这六次巡幸，一般都要到江宁（南京）、苏州、杭州、扬州，后四次还加上浙江的海宁县。六次所经之地、所做之事，虽然不尽相同，但大体上离不开以下几个方面的范围。现以第一次南巡为例，参举其他五次巡幸，作些评述。

其一，蠲免积欠钱粮。第一次南巡之前，乾隆十六年正月初二日，乾隆帝下谕蠲免江苏、安徽、浙江钱粮说："朕巡行江浙，问俗省方，广沛恩膏，聿昭庆典。"更念东南贡赋甲于他省，其历年积欠钱粮，虽累准地方大吏所请，分别缓征带征，以纾民力，而每年新旧并征，小民终未免拮据。朕宵旰勤劳，如伤在抱，兹当翠华亲莅，倍深轸切，用普均霈之泽，以慰望幸之忱。著将乾隆元年至乾隆十三年江苏积欠地丁二百二十八万余两、安徽积欠地丁三十万五千余两悉行蠲免，"俾官无诖误，民鲜追呼，共享升平之福"。浙江因无积欠，著将本年应征地丁钱粮蠲免三十万两，以示鼓励。直隶、山东所过州县，蠲免本年应征额赋十之三，又免山东欠谷九十七万石余。

其二，阅视河工。江浙屡遭特大水灾，成千上万人葬身鱼腹，田园庐舍淹没，家产尽失，故乾隆帝视水灾为江浙大害，决心大兴河工，治灾谋利。早在乾隆十六年第一次南巡时，向导大臣努三、兆惠就奏称：江南附近御路朱家闸之引河，洪泽湖之九里冈，清口之木龙，运河闸，高邮州之东堤、南关、车运坝及高家堰，共八处，"均关运道民生，工程紧要，仰请亲临阅视"。乾隆帝于第一次南巡期间，就直接处理了几件有关河工之事。江南河道总督高斌等奏称，高堰汛内大坝、里坝等处石工，上年连日风雨，倒卸四段，长七十三丈五尺，请拨银兴修，帝批准其奏。他又下达专谕，命修建淮安石堤说：朕经过淮安，见城北一带，内外皆水，虽有土堤，而人烟凑集之区，"设经异涨，其何以堪，亟应改建石工,以资保障"。著河道总督高斌会同总督黄廷桂确勘详估,及时建筑毋忽。他亲祭禹陵,行三跪九叩礼。他阅视蒋家坝堤工,并降专旨,筹定洪泽湖五坝水志,畅开清口。他说:洪泽湖上承清、淮、汝、颍诸水,汇为巨浸,所恃以保障者,惟高堰一堤,天然坝乃其尾闾,伏秋盛涨,辄开此坝洩之,而下游诸州县胥被其患。下游居民深以开坝为惧,而河臣转藉为防险秘钥,二者恒相对持。朕南巡亲临高堰,循堤而南,越三滚坝,至蒋家闸,周览形势,乃知天然坝断不可开,天然坝当立石永禁开放,以杜绝妄见。高堰石堤至南滚坝以南,旧用土工石堤,应自新建信坝北雁翅以北,一律改建石工。此后,他对河工更多次下达专旨,尽力讲求治河之法,投入巨量帑银,兴办了几项大工程,收效很大,正如他在晚年所述那样:"六巡江浙,计民生之最要,莫如河工海防,凡一切补偏救弊因时制宜之方,亦既殚精劳思,夙夜讲求,不惜数千百万帑金,以蕲一劳永逸,为亿兆生灵永远安全之计。兹幸南北河工,自开放新河之后,化险为平,海塘石工,依限告蒇。"

其三,召见和加恩江浙士绅。对于休致或因事因故居家的文武大员,以及进献诗文之绅衿,他皆予厚遇,或起用其官,或赐诗物嘉奖,或授与职衔。第一次南巡时,浙江省海宁县人陈世倌,原由乾隆帝自废员起为左副都御史,迁工部尚书,乾隆六年擢至大学士(此人即野史胡说其家是乾隆帝之出生之地的尚书),后以拟旨错误,下吏议夺职,帝斥其"卑琐不称大学士",从部议,夺其职,返家闲住,乾隆十五年入京祝嘏,帝命赏还原衔。十六年三月三十日,乾隆帝于高曼寺行宫降下一谕:原任大学士陈士倌从前罢任,尚无大咎,上年已复予原衔,此番于行在屡经召见,虽年过七十,精力尚健,且系旧人,仍著其入阁办事。他又下谕,对致仕侍郎沈德潜加恩,照其原官赏给本俸,前来接驾的革职提督杨凯年力未衰,从前被参案内,尚无劣迹,且曾历练戎行,著加恩补授河南河北镇总兵。对接驾时参加考试考中之举人蒋雍植、钱大昕、吴娘、褚寅亮、吴志鸿等人,特赐举人,授为内阁中书。

其四,阅兵。乾隆十六年二月乾隆帝在苏州、嘉兴,三月在杭州、江宁皆数次阅兵,并赏赐官兵银米,他曾写过好几首阅兵的诗,其中一首是在江宁阅兵:

"建业开牙驻禁军,当年深意守惟勤。安时要不忘危日,诘武宁当视具文。八色旗分光耀旭,千行士气厉凌云。方行禹迹无非事,大烈钦承勗绍闻。"

其五,移风易俗。乾隆十六年二月二十二日,他就江苏奢靡之风下谕说:

朕命驾时巡,周览风俗,观民察吏,惟日兢兢,三吴尤素所厪念也。粤自我皇祖圣祖仁皇帝巡幸东南,先后六举,历今四十余年,盛典昭垂,衢谣在耳。项者入境以来,白叟黄童扶携恐后,就瞻爱戴,诚意可嘉。朕已叠沛恩膏,广敷渥泽,惟念大江南北,土沃人稠,重以百年休养,户口益增,习尚所趋,盖藏未裕,纷华靡丽之意多,而朴茂之风转有未逮。夫去奢崇实,固间阎生计之常经,而因时训俗,以宣风而布化,则官兹土者之责也,其尚励乃实心,以行实政,无忝教养斯民之任……事事惟俗摩之是戒,将见康阜之盛益臻,父老子弟共享升平之福,朕清跸所至,有厚望焉。

另外,谒明太祖朱元璋孝陵,视江宁机房,祭明臣王守仁,幸尊文书院,游览报恩寺、雨花台、灵谷寺、虎丘、西湖等名胜古迹,等等。

通过六下江南,乾隆帝了解了官风民情,兴修河工,蠲免赋税,革弊兴利,宣扬圣恩,争取江南缙绅士民,对安定江浙,发展生产,创造"全盛之势",起了积极的作用。

当然,由于六次出巡,大量人员来去奔波,几千匹马,上千只船,每次历时四五月,这项"大差"确实也用掉了大量银两,滋扰了民间。

尽管乾隆帝先后几十次下谕,讲述一切费用动支帑银,禁止骚扰地方,力求俭朴,不许奢侈,但是事实上却远非如此,随侍大臣作威作福,地方官员拼命巴结,竞奢华,比阔绰,使六下江南之举,浪费了巨大的人力、物力和财力,给民间带来了严重的灾难。比如,乾隆帝第一、第二、第三、第四、第五次巡幸江南,在杭州换小船之前,都是乘坐特制的安福舻,"甚为安适",还有翔凤艇作为备用,"已极便适",而两淮盐政伊龄阿还令盐商办制宝连航御舟,供帝乘坐,遭帝严斥。仅乾隆十一年至三十三年,两淮盐商便挪用应交运库的"余利银"四百六十余万两,供"办贡及预备差务"之用。这"差务"就是供帝巡幸江南之用,这"办贡"也与南巡有关。这还不包括两淮盐商直接承办大差而用掉自己的银两。据档案《扬州行宫名胜全图》记载,两淮盐商为迎接乾隆帝巡幸扬州,曾先后集资修了高桥、香阜寺、天宁寺、迎恩桥、虹桥、莲花桥、万松亭、平山堂、宝塔寺、高曼寺、锦春园等(或在其原有之地内修建)宫殿楼廊五千一百五十四间和亭台一百九十六座,并购置其中陈设景物,使扬州市容、风气大变,更加奢华。沿途供应亦奢。乾隆帝第五次南巡时,御舟将至镇江,相距约十余里,"遥望岸上,著一大桃,硕大无朋,颜色红翠可爱。御舟将近,忽烟火大发,光焰四射,蛇掣霞腾,几眩人目。俄顷之间,桃忽然开裂,则桃内剧场中峙,上有数百人,方演寿山福海新戏"。

乾隆帝在晚年曾亲撰《南巡记》一文,总结性地叙述了他六下江南的原因、目的及成效,现摘录如下,以供参考:

"举大事者,有宜速莫迟,有宜迟而莫速,于宜速而迟,必昧机以无成,于宜迟而速,必草就以不达,能合其宜者,惟敬与明乎……予临御五十年,凡举二大事,一曰西师,一曰南巡……若夫南巡之事,则所为宜迟而莫速者……盖南巡之典,始行于十六年辛未,是即迟也。南巡之事,莫大于河工,而辛未、丁丑两度,不过敕河臣慎守修防,无多指示,亦所谓迟也。至于壬午,始有定清口水志之谕(向来河臣率皆新拆清口,恐干多费工料之议,洪湖盛涨,则开五坝,下河一带,无岁不被偏灾。自壬午年三次南巡,始定高堰五坝水志高一尺,清口则开放十丈为准,俟秋汛后洪湖水势既定,仍如常接镶口门。嗣是河臣恪守此法,数十年来,下河免受水患,田庐并资保护)。丙申乃有改迁陶庄河流之为(……乾隆丙申春谕……兴工,至丁酉仲春蒇事,开放新河,大溜畅达,既免黄河倒漾之虞,更收清水刷沙之益)。庚子遂有改筑浙江石塘之工(浙江海塘自戴家桥迤西皆柴塘,不足资巩护。庚子南巡,亲临阅视,因饬该督抚于老盐仓一带改建鱼鳞石塘,仍谕令存留旧有柴塘,以为重门保障……石塘三千九百四十丈全行告竣)。今甲辰又有接筑浙江石塘之谕(……亲临指示,不惜百余万帑金,降旨一律接筑石塘,俾滨海黔黎永资乐利)。至于高堰之增卑易砖,徐州之接筑石堤并山,无不筹度咨诹得宜而后行,是皆迟之又迟不敢欲速之为……河工关系民命,未深知而谬定之,庸碌者惟遵旨而谬行之,其害可胜言哉,故予之迟而又迟者以此。"

第七章　风流皇帝

一

　　乾隆帝的元后孝贤纯皇后富察氏,出身名门世家。其曾祖父哈什屯,随从太宗征战有功,袭牛录(牛录为基本的户口和军事编制单位,三百人为一牛录),任礼部副理事官,顺治时任至议政大臣,又加太子太保。富察氏的祖父米思翰,是康熙帝的亲信大臣,官至户部尚书,兼议政大臣。富察氏的父亲李荣保也袭父世职,任至察哈尔总管。

　　富察氏于雍正五年,被世宗册为皇四子弘历的嫡福晋。乾隆二年十二月初四日,乾隆帝册立嫡妃富察氏为皇后。第二日,以册立皇后礼成,颁诏天下。诏书说:"朕惟位昭天地,乾行与坤顺同功,治洽家邦,壸政与朝章并肃……恭奉圣母崇庆皇太后懿旨,以嫡妃富察氏秀毓华门,礼娴内则,柔慎秉于粹性,温恭著乎令仪,殚诚敬以事庭闱,孝同孺慕,抒恪勤而持禁掖,德懋纯修……允宜册立为皇后。"并沛施恩惠。满洲、蒙古、汉军四十以上从小系夫妇者,给与恩赐,除十恶及谋杀、故意杀人不赦外之犯法妇人,予以赦免。

　　富察皇后性情贤淑节俭,孝顺太后,与皇帝相处融洽,深得皇帝敬重。皇后"正位中宫十有三载,珠翠等饰,未尝佩戴,惟插通草织绒等花,以为修饰。又以金银线索缉成佩囊,殊为恭珍用物,故岁时进呈纯皇帝荷包,惟以鹿羔绒毛缉为佩囊,仿诸先世关外之制,以寓不忘本之意,纯皇帝每加敬礼"。大学士阿桂曾对孝贤皇后笃爱皇上之情讲道:"纯圣壮年,曾患疖,甫愈,医云:须养百日,元气可复。孝贤皇后闻知,每夕于上寝宫外居住奉侍,百日满后,始回宫。"

　　乾隆十三年二月,乾隆帝奉太后带皇后等去东巡,谒了孔陵,祭了岱庙,凡山东名胜,统去游览,怎奈孝贤皇后,突发风寒,随行医官诊脉服药,却似饮水一般,皇帝又诏山东名医诊治,亦不见效。皇帝下旨回銮,船到德州,皇后已晕了数次,皇太后来看视,才模模糊糊说声"谢恩"。临终之时,对着乾隆帝,落了眼泪。

　　关于孝贤皇后富察氏之死因,这里还有一种传说。据说,皇后之兄傅恒的妻子长得娇滴妩媚,美丽动人。一日,春风荡漾,晓色融和,乾隆帝护着太后的銮驾,来到刚刚完工的圆明园游玩。到了园内,后妃、公主等一律相随,迎驾两旁。皇帝下了舆,龙目一瞧,人群之中,有的风鬟雾鬓,素口蛮腰,不暇评艳,有的装扮得花枝招展,相似天仙。仅有一妇女,弯弯的眉儿,秋水般的眼睛,丰润的鼻子,鹅蛋式的脸儿,白玉似的脖颈,红润的珠唇,含笑的粉腮挂着两点酒涡儿,好个丽人。乾隆帝看了半晌,不觉魂儿飞出腔肠,飘飘然不知如何是好。暗暗想到:这人有些面熟,不知是谁家眷属?只是当着众人面前,不便细问,只好呆呆坐着。一会儿,众人转向皇后请过安,但见皇后站起,与那丽人握手道:"嫂嫂来得早!"丽人连忙回答:"应该恭候!"乾隆帝听了两人对话,方记起这丽人是皇后的亲嫂子,内务府大臣傅恒之妻。当下太后有旨:"今日来此游览,大家不必拘礼。"众人皆谢恩。园内楼台亭榭,珍禽异卉,美不胜收,大家玩到中午,便到离宫进了午餐,直到傍晚,太后方兴尽起驾回宫,皇帝、皇后也一同随返。皇后与傅夫人握手叙别,皇帝更恋恋不舍,不住回头。自此,乾隆皇帝时时把这美人儿搁在心里。一日,遇着皇后千秋节,太后预颁懿旨,令妃嫔开筵祝寿。乾隆帝竟开心起来,忙到慈宁宫向皇太后谢恩,又回到坤宁宫,对皇后道:"明日是你的生辰,何不去召你嫂子入宫,畅饮一天?"皇后答道:"她明日自应到来,不必去召了。"第二天,到了皇后的千秋节。皇帝视朝之后,立即回宫。文武百官,随驾至宫门外,祝皇后千秋。祝毕众散,乾隆帝便来到坤宁宫,众妃嫔及公主、福晋等齐集宫中,傅夫人也在其中。御驾进来,众人忙站起立行礼。乾隆帝忙道:"一切蠲免。今日为皇后生辰,奉皇太后懿旨赐宴,大家好好欢饮一天。不必拘礼。"遂令大家卸了礼服,一概赐坐。偏这傅夫人,换了常服,越加妖艳,杏脸桃腮,楚楚动人。乾隆帝目不转睛地盯着她。她嫣然一笑道:"寿礼未呈,先蒙赐宴,这都是皇太后、皇上的厚恩,臣妾感激不尽。"乾隆帝道:"姑嫂一体,何用客气?"当下传旨摆宴。于是,乾隆帝坐首席,皇后坐次席,皇帝令傅夫人坐第三席,傅夫人谦让一番,只好入座。众妃嫔、福晋、公主也依次侍坐两旁。这次寿筵,山珍海味,异常丰盛。饮至半酣,众人带着酒意。乾隆帝发了诗兴,要让大家即事吟诗。公主、福晋嚷道:"这个旨意,须会吟诗的方可遵从;若不会吟诗,皇上可不要治罪。"乾隆帝道:"不会吟诗,罚饮三杯,只是皇后与嫂嫂都不在此例。"众人无话可说。乾隆帝起句道:"坤闱设帐庆良辰。"皇后即续下句道:"奉命开筵宴众宾。"乾隆帝闻皇后吟毕,便道:"第三句请嫂嫂联吟。"傅夫人忙道:"臣妾无能,情愿遵旨罚饮三杯。"乾隆帝道:"刚才说过嫂嫂不在此例。不过姑姑能诗,嫂嫂没有不能吟的道理。"傅夫人被迫无奈,只好想了又想,吟道:"臣妾也叨恩泽逮。"乾隆帝又道:"我接下句:两家并作一家春。好不好?"傅夫人极口赞扬。宴席呼三喝四,好不热闹。傅夫人连饮了几杯,面带红晕,飘飘欲仙,越发人爱,把个皇帝弄得心痒能搔。皇后与傅夫人多饮几杯,皆有醉意。不多时,皇后已大醉,由宫女扶进寝宫,皇帝也让宫女将傅夫人扶到别宫暂寝。众人散了酒宴,谢恩退去。乾隆帝却乘机溜进傅夫人寝宫。见到美人,心魂荡漾,亲亲我我,成就了好事。这时,天色已晚,皇后醒过酒来,想起傅夫人还在宫里,便令宫女看视,宫女去了好一会儿,才含笑回报,称傅娘娘卧室紧闭,不便入内。皇后道:"皇上呢?"宫女道:"万岁爷嘛……"说了两声,红了两颊,停住下文。皇后已略觉一半,叹了一声,不好再问下去。这晚傅夫人不胜酒力,留住宫中。次日清晨,皇帝仍像往日一样出视早朝,傅夫人来到皇后寝宫坤宁宫,皇后一看,只见云鬓半鬈,犹带睡容,便含醋意道:"嫂嫂恭喜了!"说者有意,听者心惊。这句话说得傅夫人不觉脸上阵阵发热,立即匆匆告辞出宫。

自此,皇后见了乾隆帝,不似前日那般温柔,乾隆帝也觉暗暗抱愧,但和傅夫人却情热如火,不知有多少佳期密约。皇后顾着面子,不好声张,只好忍在肚里,郁郁不乐。谁知祸不单行,皇后的亲子永琏,竟于乾隆二年,突得急病,不幸夭折。永琏年方九岁,聪明伶俐,深受皇帝喜爱。本已由乾隆帝遵照家法,密立皇储。恰在这时去世,皇后恨上加恨,痛不欲生。乾隆帝乘此机会,百般劝解,再三引咎,允其再生嫡子,当续立为储,并谥永琏为端慧皇太子,赐奠数次。皇后方转回心来。过了几年,皇后又生一贵子,赐名永琮,怎奈永琮二岁时,得了天花,过早夭折。皇后哭得死去活来,乾隆皇帝自然也很伤感。此时的富察氏精神委顿,兴致毫无。乾隆帝想出一法,借东巡为名,奉皇太后率皇后启銮,以消皇后忧闷为实。沿途山明水秀,林静花香,可是,皇后却无心欣赏。这次东巡,护卫的禁军,由侍卫内大臣傅恒统领。有一天,傅恒来到皇后的乘船,向胞妹问安,闲谈中无意泄露傅夫人所生的儿子福康安可能是龙种。皇后听罢,越发恨兄妇不知廉耻,也恨自己的胞兄懦弱,简直是窝囊废!这时的皇后不但是气恼,还有无限的悲痛。当船行到德州水面,皇后因谏夫君不要寻花问柳,便与乾隆帝顶撞起来,皇后言语尖刻,使皇帝越发难堪,盛怒之下,反手一掌,打在皇后脸上。

刹那间,皇后脸无血色,浑身颤抖,想到自己已尽孝道,得到什么?爱子夭折,皇帝移情,虽为皇后,却无乐趣,真是活受罪,不如一死了之。突然间,只见皇后一转身子,踉踉跄跄直奔后舱,等皇帝醒悟追过去时,只听"扑通"一声,人已落水。待救上来时,已经绝气。这件大事非常突兀,导致无人敢说皇后赴水自尽。

孝贤纯皇后终年三十七岁。乾隆帝对结发妻子感情极深,夫妻恩爱,一旦永诀,十分哀恸。谕令大办丧事,典礼极其隆重。

乾隆帝十分悲伤,亲作挽诗,诗中有:"圣慈深忆孝,宫壶尽称贤"两句,并下谕礼部道:"思惟孝贤二字之嘉名,实该皇后一生淑德,应谥为孝贤皇后。"乾隆帝又亲写了一篇《述悲赋》,其中说:"纵糟糠之未历,实同甘而共辛""影与形兮难去一,居忽忽兮如有失""信人生之如梦兮,了万事之皆虚,呜呼,悲莫悲兮生别离,失内佐兮孰予随"。他的诗中说:"甘载同心成逝水,两眶血泪洒东风。"可见乾隆帝对孝贤皇后之笃爱及哀悼。但皇后落水的传说是没有根据的。

据史记载,孝贤皇后是随太后、皇帝山东巡幸,旅途劳顿,到济南染风寒,返京途中病逝德州。此后乾隆帝多次南巡,路过济南,怕触景生情,引起悲怀,永不进济南城。乾隆有诗云:"济南四度不入城,恐防一人百悲生,春三月昔分偏剧,十七年过恨未平",乾隆帝对孝贤皇后的感情真挚而持久。

但是,其实际情况如何呢?

乾隆帝的元后是孝贤纯皇后富察氏。富察氏出身名门世家。其曾祖父哈什屯,从太宗征战有功,袭牛录,任礼部副理事官,顺治时升至内大臣、议政大臣,进世职为一等阿思哈尼哈番(一等男)加拖沙喇哈番,又加太子太保,由于他坚决拥护世祖,不附从摄政王多尔衮。富察氏的祖父米思翰是康熙帝的亲信大臣,历任内务府总管、礼部侍郎、户部尚书,兼议政大臣。富察氏的父亲李荣保袭父世职,任至察哈尔总管;其兄马齐蒙圣祖赏识宠信,历任巡抚、左都御史、兵部尚书兼议政大臣,康熙三十八年晋大学士,后又晋升二等伯。其弟马武历任内务府总管、都统、领侍卫内大臣。

富察氏于雍正五年被世宗封为皇四子弘历的嫡福晋。乾隆二年十二月初四日,乾隆帝身着礼服,御太和殿,宣读制书,命大学士鄂尔泰为正使、户部尚书海望为副使,持节,赍册宝,册立嫡妃富察氏为皇后。第二日,以册立皇后礼成,颁诏天下。诏书说:"朕惟位昭天地,乾行与坤顺同功,治洽家邦,壶政与朝章并肃……恭奉圣母崇庆皇太后懿旨,以嫡妃富察氏秀毓华门,礼娴内则,柔慎秉于粹性,温恭著乎令仪,殚诚敬以事庭闱,孝同孺慕,抒恪勤而持禁掖,德懋纯修……允宜册立为皇后",并沛施恩惠。王公以下至奉恩将军及闲散宗室,民公侯伯以下二品大臣以上命妇,俱加恩赏赐。八旗满洲、蒙古、汉军四十以上从小系夫妇者,给予一定恩典。除十恶及谋杀、故杀不赦外之犯法妇人,查与赦免。

乾隆十三年二月，帝奉太后带皇后东巡，至山东，谒孔林，诣少昊陵、周公庙致祭，登岱，幸济南府，观趵突泉，阅兵，三月初八日从济南回銮，十一日至德州登舟，当日皇后去世，终年三十七岁。帝诣太后御舟奏闻，"皇太后临视，悲恸良久"。第二日乾隆帝降谕说："皇后同朕奉皇太后东巡，诸礼已毕，忽在济南微感寒疾，将息数天，已觉渐愈，诚恐久驻众，重厪圣母之念，劝朕回銮。朕亦以肤疴已痊，途次亦可将息，因命车驾还京，今至德州水程，忽遭变故。言念大行皇后乃皇考恩命作配朕躬，二十二年以来，诚敬皇考，孝奉圣母，事朕尽礼，待下极仁，此亦宫中府中所尽知者。"

乾隆帝十分悲痛，下令大办丧事，典礼极为隆重。大行皇后梓宫送到北京长春宫，帝亲临视，皇子祭酒，王以下文武官员齐集举哀行礼。皇帝持服用素绸，九日缀朝。妃嫔以下，皇子、皇子福晋咸服白布，截发辫，剪发。王以下文武官员，公主、福晋以下乡君、奉恩将军恭人以上，民公侯伯一品夫人以下，侍郎、男夫人以上，皇后娘家男妇，和其他人员，俱成服，齐集举哀。外藩额驸、王、公、台吉、公主、福晋、郡主及朝鲜等国使臣于服内来京者，亦成服，每日三次奠献。诸王以下文武官员俱斋宿二十七日。

乾隆帝"深为哀恸"，不仅亲作挽诗，又亲写《述悲赋》：

《易》何以首《乾坤》？《诗》何以首《关雎》？惟人伦之伊始，固天俪之与齐。念懿后之作配，廿二年而于斯。痛一旦之永诀，隔阴阳而莫知。昔皇考之命偶，用抡德于名门。俾逑予而尸藻，定嘉礼于渭滨。在青宫而养德，即治壸而淑身。纵糟糠之未历，实同甘而共辛。乃其正位坤宁，克赞乾清。奉慈闱之温情，为九卿之仪型……嗟予命之不辰兮，痛元嫡之连弃。致黯然以内伤兮，遂邈尔而长逝……呜乎，悲莫悲兮生别离，失内位兮孰予随？入椒房兮阒寂，披凤帷兮空垂。春风秋月兮尽于此已，夏日冬夜兮知复何时？

爱妻孝贤皇后之死及三个月前皇后之第二嫡子永琮之殇，使乾隆帝悲痛万分，因而脾气不好，对办理丧仪不恰当、不敬皇后的人严加惩责。大阿哥永璜因迎丧失礼遭斥，管理翰林院的刑部尚书阿克敦以大行皇后册文误将"皇妣"译为"先太后"满文而被判处斩监候，刑部尚书、侍郎盛安等官全部革职留任，工部尚书、侍郎因办理皇后册宝，"制造甚属粗陋"而均遭诫责，侍郎索柱连降三级。一大批官员"违制"，于百日之内剃发，遭到重惩，江南河道总督周学健、湖广总督塞楞额被帝斥为"丧心悖逆""弃常蔑礼""丧心病狂"，而勒令自尽。因后之丧仪而分别遭帝斥责、降级、革职、罚俸、赐死的，有大学士、尚书、侍郎、总督、巡抚张廷玉、高斌、尹继善、汪由敦等等官员，可见帝对孝贤皇后之笃爱及哀悼。

孝贤后生永琏、永琮二子，皆殇，一女亦殇，另一女封固伦和敬公主，于乾隆十二年下嫁科尔沁辅国公色布腾巴尔珠尔额驸。十七年色布腾巴尔珠尔进袭亲王，二十年蒙帝赐双俸，增护卫。固伦和敬公主于乾隆五十七年去世。

二

乌拉那拉氏是佐领那尔布的女儿，论出身，自然不如皇后富察氏那样高贵显赫，也不如贵妃高佳氏那样"笃生名族"，但在乾隆为皇子时她已被选为侧福晋，因此，乾隆二年（1737 年）十二月册封皇后的同一天亦被封为"娴妃"，册文中称"那拉氏持躬淑慎，赋性安和,早著令仪",其地位在皇后富察氏、贵妃高佳氏(后谥慧贤皇贵妃)以下,而在同日被封的纯妃苏氏、嘉嫔金氏等以上。乾隆十三年春,皇后崩逝,此前慧贤皇贵妃亦已谢世,中宫不宜久虚,其时已进娴贵妃的乌拉那拉氏循资而进,理所当然地应继孝贤为后。然后,皇帝在感情上不能接受那拉氏进住皇后所居的坤宁宫的事实,于是在乾隆十四年二月仅仅晋封那拉氏为皇贵妃,"摄六宫事"。即使如此,皇帝也是勉遵皇太后懿旨,做得十分不情愿。在册封皇贵妃的仪制上,皇帝还故意降低规格,不准公主、王妃、命妇等前往皇贵妃宫行庆贺礼。理由十分牵强,说什么如果初封即系贵妃者,公主等自应前往祝贺,而那拉氏初封娴妃,由妃晋皇贵妃,"仪节自当酌减"。而实际上是皇帝不愿渲染那拉氏地位的上升。这一年四月,皇帝在诗中坦率地写了这样一句:"六宫从此添新庆,翻惹无端意惘然",怕人看不懂,又自注道:"遵懿旨册封摄六宫事皇贵妃礼既成,回忆往事,辄益惘然。"触景生情,重忆往事,刚刚愈合的丧后痛创又渗出了血水,于是皇帝"惘然"。在这种并非无端的怅惘情绪下,自然要酌减庆礼的仪节。名不正则言不顺,宫中上上下下无不从皇帝吞吐曲折的口气中领悟到皇帝不想让那拉氏取代新亡的孝贤皇后,暂摄六宫事皇贵妃那拉氏更是如鱼饮水,冷暖自知了。

平心而论,皇帝倒不是对那拉氏怀有怎样的恶感,说到底,他不想让任何一位妃嫔取代孝贤皇后的位置,更不去说取代皇后在他心目中的位置了。

乾隆十五年是孝贤皇后去世的第三个年头,这一年八月十三日又逢皇帝四十大寿,在圣母皇太后一再催促之下皇帝只得勉从懿旨,立乌拉那拉氏为皇后。册立皇后大典定于八月初二举行,届期皇帝亲临太和殿,命大学士傅恒为正使、大学士史贻直为副使,持节行册立礼。傅恒、史贻直持金册、金宝至景运门,由太监接过节、册、宝入宫,摄六宫事皇贵妃那位氏跪接金册、金宝,册立礼成。随后颁诏天下,文字冠冕堂皇,称颂皇后那拉氏"孝谨性成,温恭夙著",并以天子口吻期望新后"承欢兰殿,表范椒涂,勃孝治于朕躬,覃仁风于海宇"。自此,乌拉那拉氏继孝贤之后,成为乾隆皇帝第二位正式的皇后。接连几天,喜庆连踵。八月十三日,皇帝四旬万寿,皇帝亲往慈宁宫给皇太后行礼、礼服御太和殿接受文武百官的祝贺、在乾清宫设家宴宴请近支王公、皇子皇孙,表面上一派喜气洋洋,谁想到皇帝此刻仍不肯忘怀三年以前在德州水滨那令人肝肠寸断的桃花时节。他竟遣走近侍,独自一人伫立在八月晚风中,低吟着缅怀孝贤皇后的诗章:

净敛纤云碧宇宽,宜□嘉兴物皆欢。

中宫初正名偕位,万寿齐朝衣与冠。

有忆那忘桃花节,无言闲倚桂风寒。

晚来家庆乾清宴,觑眼三年此重看。

水势湍急翻白浪,怒流触石为涡漩,但当风平浪静,漩涡消逝的时候,水面就会像镜面一样平静;然而,皇帝的心湖自从三年前激起了巨大的漩涡后,却永远不会恢复昔日的宁谧了。那拉氏正位中宫,隆重的四旬万寿大典,皇帝在大庭广众之下不能不强作欢颜,而愈是矫情,愈是深感孝贤皇后离去之后心灵的空虚。万寿日留下的诗篇是皇帝胸臆中再次激起了感情波澜的真实写照。

对那拉皇后,皇帝内心的感情十分复杂。她与孝贤皇后同样早从藩邸,同样端庄秀美,同样性情贤淑,对皇太后同样晨昏定省,以代皇帝尽孝养之心,也同样得到太后的垂爱,皇帝实在很难确切地指出她不如孝贤的地方。乾隆十六年三月十一日,是孝贤皇后三周年忌日,正赶上首举南巡江浙,皇帝与那拉皇后奉皇太后驻跸杭州圣因寺行宫,皇帝在悼念孝贤皇后的一首诗中,无意地流露出对那拉皇后的内疚:

独旦歌来三忌周,心惊岁月信如流。

断魂恰值清明节,饮恨难忘齐鲁游!

岂必新琴终不及,究输旧剑久相投。

圣湖桃柳方明媚,怪底今朝只益愁。

"岂必新琴终不及,究输旧剑久相投"。有时候还真是只有自己才能深刻地解剖自己,特别是像乾隆皇帝这样感情内向的人。他默默地自问:"难道那拉皇后一定不如孝贤皇后吗?"随后又自己作了回答:"毕竟与孝贤结褵已久,彼此情投意合,那拉皇后终究不行呵!"——看来皇帝终于找到了与那拉皇后不谐的症结之所在:爱恋结发贤妻孝贤皇后的情结已潜伏在自己意识最幽深之处,自己不能,更准确地说是不愿彻底地将其摆脱掉。经过反思,皇帝领悟得更深了,三年以来自己宁愿沉浸在虚幻的昔日柔情似水的旧梦中,也不愿回到现实中去追求新的生活,与继后那拉氏建立起有爱情的美满婚姻。乾隆十六年暮春,杭州圣因寺行宫湖畔的一番反省之后,皇帝有意亲近那拉皇后,以图建立真正的有感情的夫妻关系。乾隆十七年四月那拉皇后诞了皇十二子永璂,三年后皇十三子永璟降生,也是那拉皇后所出。那拉氏自为皇四子弘历侧福晋以来至她生命可悲地结束,仅生此二子。皇帝与那拉皇后融洽和睦的夫妻生活持续了不过五六年光景,这以后,那拉皇后似乎又被皇帝冷落了。

从表面上看,那拉皇后年过四旬,色衰爱弛,也是意想中事,但实际上却有着更深刻的原因。那拉氏尽管随侍皇帝多年,皇帝对她的性情却不真正了解。正位中宫后才逐渐觉察出,在皇后"赋性安和"的表象之下,隐隐有一股逼人的刚气,与温柔缠绵的孝贤皇后比较,皇帝难免有怀旧之感;令皇帝不惬的还有,即使那拉皇后极力周旋时,也缺乏孝贤皇后对自己体贴入微的真情。这些微妙得难于把握地方,确使帝后在感情上已隐隐出现了裂痕,然而皇帝全都隐忍下去了,为顾全国体,皇帝当然不能和那拉氏闹翻,他宁愿与那拉氏维持一种帝后恩爱的假象,以从道德上垂范全国臣民。乾隆二十年以后,皇帝经常临幸入宫较晚的年轻的令妃,即后来诞育嘉庆皇帝、被追赠为孝仪皇后的魏氏。魏氏在大约十年之间为皇帝一连生了四男二女,乾隆三十年晋令皇贵妃,位号仅次于皇后那拉氏。

也恰恰在这十年间,那拉皇后对皇帝的积怨也越来越深了。大概除了皇帝之外,只有她一人才深深了解皇帝那眷恋孝贤的拳拳之心。尽管她对皇帝册封她为皇贵妃、为皇后时的勉强内心委屈万分,但仍然克制自己,力图尽快抚平皇帝内心深处的创伤,不过她觉得自己付出的感情并没有得到应有的回报,特别是当帝后独处时,皇帝那种冷淡,以至无意中流露出来的轻蔑,真令她不堪容忍。乾隆二十年以后,贵为国母的那拉皇后在空旷的坤宁宫中常常无言垂泪,只有早晚到慈宁宫请安时,才能得到皇太后的温语慰藉。皇后与皇帝感情生活上日见明显的裂痕,皇后没有一点责任,甚至连皇帝生母皇太后也这样认为,不过她老人家主张容忍,她叮嘱皇后千万不可一时负气冒犯皇帝。但太后也没看得透,从骨子里讲,皇后不是那种逆来顺受的懦弱女子。她内心日积月累的怨愤总有爆发的一天,而压抑郁积得愈久,爆发起来也就愈猛烈。

乾隆三十年春,那拉皇后的一腔怒火终于爆发了!

这一年正月十六日,处在一生事业巅峰的乾隆皇帝奉皇太后自京启銮,举行第四次南巡,那拉皇后,以及令贵妃、庆妃、容嫔等随行。途经山东时,越济南府城而不入。在此之前,皇帝南巡或朝圣亦有三次驾临济南,同样交臂而过。此次皇帝特别写诗说明不在济南驻跸的原因:

四度济南不入城,恐防一入百悲生。

春三月昔分偏剧,十七年过恨未平。

十七年前,孝贤皇后病倒在济南,皇帝不愿勾起对往事的痛苦回忆,所以才匆匆南下。二月初十车驾驻跸陈家庄行宫,是日为皇后千秋节,传旨停止行礼筵宴,但早晚两膳皇帝都加菜赏赐。闰二月初七,皇帝一行进驻杭州府行宫,越二日,改驻圣因寺行宫,宫闱中仍一派承欢洽庆景象。十八日平地一声惊雷!皇帝命将"突发疯疾"的那拉皇后由额驸福隆安等严加监护,先期遣送回京。据宫中皇后赏膳底簿的记载,十八日于名胜"蕉石鸣琴"处进早膳时,皇帝还赏有那拉皇后的膳品,到十九日早膳时,则只有令贵妃、庆妃和容嫔了。由此可知帝后冲突爆发在闰二月十八日。据行宫中流传出来的消息说,皇后对皇帝所冒犯,然后怒气冲冲到皇太后前哭诉,恳求在杭州出家为尼,太后那里肯准;不料皇后竟从袖中抽出利剪,将万缕青丝齐根剪去。满洲习俗,逢至亲大丧,男子截辫,女子剪发,平素无事,猝然自行剪发,乃是最忌讳的乖张之举。皇后竟在众目睽睽之下,自行剪发,宜乎将其视为"突发疯疾"。至于皇后究竟受到了什么巨大刺激而万念俱灰,毅然决心削发为尼,外间更有诸多莫可究诘的奇谈怪论。

皇帝将那拉皇后遣走之后,愤怒的心情久久不能平息。加之帝后失和已昭然于天下,不胫而走的流言更搅得他心烦意乱。乾隆十三年春,皇帝因孝贤皇后溘逝陷入了无法摆脱的心理危机;十七年后,也是在巡幸途中,也是"路上行人欲断魂"的清明时节,他再一次陷入了不可摆脱的心理危机。但这一次是因为与继后那氏情断缘绝,他只有恨,没有悔,只有懊恼,没有遗憾。

皇帝人生旅途的第二次坎坷十分短暂。第二年七月十四月被幽禁于冷宫中的无发国母那拉氏即辞别了人世。对于一个早已抱定玉碎决心的人,死,并不可怕;然而,那拉皇后临终前的日子也实在太凄惨了。乾隆三十一年五月皇帝命将那拉氏历次受封的册宝悉数收缴,其中包括皇后一份、皇贵妃一份、娴贵妃一份、娴妃一份,这意味着那拉氏不仅失去了皇后的位号,而且被永远地、彻底地从皇帝诸后妃中摒弃了。到了七月初,那拉氏已奄奄一息,手下供使唤的宫女仅剩两名而已。但乾隆皇帝对她没有丝毫恻隐之心,仍然于七月初八日从圆明园启銮,奉皇太后前往热河避暑去了。六天后,那拉皇后含恨去世,皇帝接到留京办事王大臣的讣告恰逢中元节、大驾刚刚抵达避暑山庄的时候,于是立即向天下臣民宣布皇后奄逝,其中首次披露了前一年春天帝后失和的情况:

"据留京办事王大臣奏,皇后于本月十四日未时薨逝。皇后自册立以来,尚无失德。去年春,朕奉皇太后巡幸江浙,正承欢洽庆之时,皇后性忽改常,于皇太后前不能恪尽孝道。此至杭州,则举动尤乖正理,迹类疯迷,因令先程回京,在京调摄。经今一载余,病势日剧,遂尔奄逝。此实皇后福分浅薄,不能仰承圣母慈眷、长受朕恩礼所致。"

在这道煌煌谕旨的结尾,皇帝还以宽仁的口气告诉全国臣民:"若论其行事乖违,即予以废黜,亦理所当然;朕仍存其名号,已为格外优容。但饰终典礼,不便复循孝贤皇后大事办理,止可照皇贵妃例行,交内务府大臣承办。"

这真是一件几乎通篇都在说谎的不可多得的清官方文书!

实际上早已剥夺了那拉氏皇后,以及前皇贵妃、贵妃和妃的位号,乾隆却说什么"朕仍存其位号"。乾隆没有明加废黜皇后,还有一段外间未能尽知的情节。原来自从乾隆三十年四月结束南巡回到京师,即欲将那拉皇后正式废掉,无奈有刑部侍郎觉罗阿永阿等力谏,才打消了这个想法。昭梿在《啸亭杂录》中记述此事甚详:

"觉罗少司寇阿永阿,以笔帖式起家,任刑部侍郎。性聪敏,善词曲,尝定秋审册,公扬笔曰:此可谓笔尖儿立扫千人命也。纳兰皇后(纳兰即那拉)以病废,公欲力谏,以有老亲在堂难之。其母识其意,喟然曰:汝为天家贵胄,今欲进谏,乃以亲老之故以违汝忠荩之志耶,可舍我以伸其志也。公涕泣从命,因置酒别母,侃然上疏。纯皇帝(乾隆)大怒曰:阿某宗戚近臣,乃敢蹈汉人恶习,以博一己之名耶?特召九卿谕之。陈文恭公(陈宏谋,时为吏部尚书、协办大学士)曰:此若于臣宅室中,亦无可奈何事。托冢宰庸(托庸,时任兵部尚书,冢宰为吏部尚书别称,此处昭梿所记有误)曰:帝后即臣等之父母,父母失和,为人子者何忍于其中辨是非也?钱司寇汝诚(钱汝诚,时为户部侍郎,仍署刑部侍郎事,故称司寇)曰:阿永阿有母在堂,尽忠不能尽孝也。上斥之曰:钱陈群老病居家,汝为独子,何不归家尽孝也?钱叩谢。上乃戍公于黑龙江,命钱司寇归终养焉。逾年,后既崩,御史李玉明(当为李玉鸣)复上疏请行三年丧礼,亦戍于伊犁。二公先后卒于边,未果赦归也。"

昭梿说钱汝诚"归终养",与《清史列传》钱汝诚传所记"三十年,疏请终养,许之"相合。《清史稿·部院大臣年表》记钱汝诚乞养在三十年五月初三。阿永阿犯颜直谏一事在《朝鲜李朝实录》中亦有反映:"乾隆幽囚皇后,而刑部侍郎阿永阿极谏。"《清史稿》记四达于乾隆三十年五月初二代阿永阿任刑部侍郎,可知阿永阿同日被革。据此,可以断定昭梿所记乾隆欲废那拉皇后一事基本属实。大约乾隆南巡还京即以疯疾为名废掉皇后,这在皇帝亦为不得已之举,因为皇后无发,仪容毁损,断不能在公众场合露面,这毕竟是颇为尴尬的事:四月底或五月初,刑部侍郎、觉罗阿永阿侃然上疏,力陈废后之非,疏中势必要论及皇帝私德,龙颜震怒,遂召谕九卿,时间即在五月初二,当日廷议,陈宏谋、托庸等圆滑官僚蹩蹩然如辕下之驹,钱汝诚稍为阿永阿缓颊,即遭帝训斥,遂有阿永阿革职,以四达代之的谕旨;翌日,钱汝诚乞终养,帝许之。事后皇帝畏于人言,放弃了明废皇后的打算,但那拉皇后的生命亦屈指可数了。

上述讣告全国臣民皇后崩逝的明发谕旨中还说"(皇后)所有丧仪止可照皇贵妃例行,交内务府大臣承办"。帝后丧礼本应由礼部职司其事,何以交内务府大臣独办?是不是不愿让外朝了解那拉皇后临终前的惨状,抑或那拉皇后并非善终?今天人们如提出这样的疑问是完全合理的。但在当时,乾隆皇帝说此话的意思是他根本不打算"照皇贵妃例"安葬那拉皇后。《大清会典》载:雍正三年(1725年)十一月敦肃皇贵妃年氏薨,皇帝辍朝五日，大内以下、宗室以上，五日内全穿素服，所生皇子摘冠缨、截发辫，成服，二十七日服除，百日剃头。《会典》还规定："初薨日，亲王以下、奉恩将军以上，民公侯伯以下、四品官以上，朝、夕、日中三次设奠，咸齐集……至奉移后，惟祭日齐集"。可见，皇贵妃丧仪虽不能与孝贤皇后大丧仪相比，也极隆重。乾隆皇帝的慧贤皇贵妃高佳氏、淑嘉皇贵妃金氏等逝于乾隆三十一年以前，俱照雍正三年敦肃皇贵妃丧仪例行。到那拉皇后"奉旨"按皇贵妃例办理丧事时，内务府总管大臣却毫无动静，御史李玉鸣终于沉不住气了，依据《会典》，上折参劾内务府未能遵旨经理丧仪，皇帝七月十九日在避暑山庄览折大怒，当即命锁逮这个不知好歹的御史，同时将此事宣谕天下：

> "御史李玉鸣奏，内务府办理皇后丧仪，其上愤满月，各衙门应有照例齐集
> 之处，今未闻有传知，是否遗漏等语。实属丧心病狂！去岁皇后一事，天下所
> 共知共闻，今病久奄逝，仍存其名号，照皇贵妃丧仪，交内务府办理，已属格外
> 优恩。前降谕旨甚明，李玉鸣非不深知，乃巧为援引《会典》，谓内务府办理未
> 周，其意不过以仿照皇贵妃之例，犹以为未足，又不敢明言，故为隐跃其词，妄
> 行渎扰，其居心诈悖，实不可问！李玉鸣著革职锁拿，发往伊犁。并将此晓谕
> 中外知之。"

李玉鸣参奏内务府违旨，正是御史纠劾百司的职责所在，而且他援引《会典》所载的是祖宗成法，为什么说他"丧心病狂""居心诈悖"？心中有鬼，且丧心病狂的不是御史李玉鸣，恰恰是皇帝本人。他既要说些照皇贵妃例行之类堂而皇之的话，以欺骗天下舆论，又不情愿照谕旨之言行事，当有人认真地要求内务府遵旨办事时，矛头虽指向这批皇家奴才，却无情地击中了主子的要害。乾隆要封住天下悠悠众口，就必须杀一儆百，惩办多嘴的李玉鸣。李玉鸣事件后，舆论果然宁帖了，至少在表面上。但那拉皇后的丧仪如何办，则由内务府大臣们放手了。好在他们对主子的意图心领神会，自然会想出绝妙对策的。据《清东陵大观》一书所载，那拉皇后的棺椁不过附葬于"纯惠皇贵妃园寝"中，纯惠皇贵妃，苏氏，乾隆二十五年四月薨逝，她的园寝及那拉皇后附葬情况，《清东陵大观》记曰：

> "乾隆帝特命在妃衙门内添建一座单檐歇山式绿琉璃瓦的明楼，其中竖立
> 一统朱砂碑，碑身刻有满汉两体文字的'纯惠皇贵妃园寝'，并以此称取代妃衙
> 门之称。宝顶下地宫中葬有纯惠皇贵妃，棺椁居中；后来又葬入了乌喇那拉皇
> 后，棺椁则置于东侧。地宫内的规制有墓道券、闪挡券、罩门券、门洞券、金券，
> 还有一道石门，相当排场。"

的确相当排场，但它是"纯惠皇贵妃园寝"！

乾隆皇帝的爱是慷慨的，也是悭吝的；他的感情是丰富细腻的，也是专断粗暴的；他的柔情有如缓缓流淌的一江春水，是那样地绵长而久远，但绝情之时，又犹如火山爆发，令天下震惊！

对孝贤皇后与那拉皇后，皇帝把他内在的感情淋漓尽致地发挥到了极点。

然而，高度自尊的乾隆皇帝对那拉皇后毕竟做得太绝情了。当时朝野上下的同情一齐倾注到含冤而逝的那拉皇后身上，皇帝在舆论中陷于空前的孤立，甚至皇帝亲生的儿子也不例外。据说，三十四年后，嘉庆皇帝——令皇贵妃魏氏所出的皇十五子——亲

政伊始,便下令将乌拉那拉氏重新按皇后丧仪安葬。

乾隆皇帝与那拉皇后反目成仇,在当时很快成为轰动全国的新闻,甚至流传到了东邻朝鲜。乾隆也承认"皇后一事,天下人所共知共闻",因而一再明发谕旨,为自己辩解。乾隆四十三年九月,皇帝东巡谒祖回銮至锦县地方,有一个叫金从善的秀才遮道进递呈词,第二条即请皇帝为那拉皇后一事下诏罪己,为此,皇帝降旨批驳说:

"至所称立后一事,更属妄诞。乾隆十三年孝贤皇后崩逝时,因那拉氏本系朕青宫时皇考所赐之侧室福晋,位次相当,遂奏闻圣母皇太后,册为皇贵妃,摄六宫事,又越三年,乃册立为后,其后自获过愆,朕仍优容如故,乃至自行剪发,则国俗所最忌者,而彼竟悍然不顾。然朕犹曲予包含,不行废斥。后因病薨逝,只令减其仪文,并未降明旨,削其位号。朕处此事,实为仁至义尽。且其立也,循序而进,并非以爱选色升,及其后自蹈非理,更非因色衰爱弛。况自此不复继立皇后,朕心事光明正大如此,洵可上对天祖,下对臣民,天下后世,又何从訾议乎? 该逆犯(指金从善)乃欲朕下罪己之诏,朕有何罪而当下诏自责乎?"

锦县生员金从善的原呈今已不复可见,不过从乾隆谕旨中至少可以得知呈词中有"天下后世当有所訾议"这样的话,而且所"訾议"者,又非同一般,否则何以让皇帝为此下诏罪己呢?

乾隆与那拉皇后的恩怨纠葛现在似乎只能看到乾隆的一面之词,帝后反目的真相到底如何? 在这一令朝野瞠目结舌的事件中,皇帝与那拉皇后究竟谁为失德者? 看来,如果不能澄清萦绕在这一历史疑案上的重重迷雾,既不能对乾隆皇帝作出令人信服的历史结论,也难于论列记述这一事件的稗官野史的是非虚实。

三

那拉皇后幽死的那年,乾隆皇帝才五十六岁,但帝后反目,万口哄传,给了他极大的刺激,从此心灰意冷,绝了再立中宫的念头。乾隆四十三年九月锦州生员金从善呈请皇帝就乌拉那拉皇后一事下诏罪己,他还请"复立后",皇帝十分恼怒,认为有必要向天下臣民公开表示不复立后的决心和理由,遂降旨曰:

"朕春秋六十有八,岂有复册中宫之礼? 况现在妃嫔中,既无克当斯位之人,若别为选立,则在朝满洲大臣及蒙古札萨克诸王公,皆朕儿孙辈行,其女更属卑幼,岂可与朕相匹而膺尊号乎?"金从善事件后,终乾隆一生,再没有人敢议立皇后。

然而在乾隆诸后妃中,享有皇后位号的,还有一位孝仪皇后,不过,那是死后追封的。

孝仪皇后魏氏,生于雍正五年九月九日,乾隆即位,入宫为贵人,乾隆十年十一月封令嫔,时年十九岁,是深宫中比较年轻的一位。魏氏比孝贤皇后小十五岁,孝贤在日,与魏氏关系亲密,魏氏地位上升,与孝贤提照拂爱护不无关系。乾隆皇帝晚年在孝贤陵前祭酒时所作的一首诗云:"旧日玉成侣,依然身旁陪",当时魏氏已逝,以皇贵妃祔葬地宫,棺椁位于孝贤皇后棺东侧,故而诗中说"依然身旁陪",乾隆称魏氏系孝贤"旧日玉成侣",可见二人在宫中的特殊关系。似乎由于此种缘由,孝贤逝后,乾隆对魏氏别有一种难以名状的亲近感,特别是乌拉那拉皇后被冷落后,已经升为令妃、令贵妃的魏氏实际上宠冠后宫。乾隆三十年四次南巡,那拉皇后实际上被废黜,给了魏氏晋升皇贵妃的良机,从此,魏氏虽未加以"摄六宫事"的名义,但皇贵妃魏氏实为兰宫领袖。魏氏前后生有皇十四子永璐、皇十五子颙琰即后来的嘉庆皇帝,皇十六子(未命名)、皇十七子永璘,以及皇七女和皇九女,是皇帝后妃中诞育子女最多的一位。

乾隆四十年正月二十九日皇贵妃魏氏薨逝,年四十九岁,谥"令懿皇贵妃"。魏氏去世时,皇十七子永璘才十一岁,皇帝内心颇有怜意,加以前年豫妃、去年庆贵妃连遭薨逝,眼下皇贵妃魏氏又接踵而亡,皇帝内心极为悲痛,他在"令懿皇贵妃挽诗"中说:

> 儿女少年甫毕姻,独遗幼稚可怜真。
>
> 兰宫领袖令仪著,萱闼殷勤懿孝纯。
>
> 了识生分原属幻,所惭化者近何频?
>
> 强收悲泪为欢喜,仰体慈帏廑念谆。

魏氏是乾隆在世时册封的最后一位皇贵妃,随着魏氏去世不仅中宫久虚,而且权当六宫领袖的皇贵妃亦阙而不补。乾隆六十年九月,皇帝归政大典在即,正式宣布嘉亲王、皇十五子颙琰为皇太子,准备翌年元旦即位为嗣皇帝,"母以子贵",永琰生母孝懿皇贵妃也就被追赠为"孝仪皇后",是为乾隆第三位正式皇后。

关于孝仪皇后魏氏的家世,后人亦有离奇的说法。美国人恒慕义主编的《清代名人传略》"颙琰"条下记曰:

> "有记载说:颙琰(即永琰)之母孝仪皇后原为苏州女伶,乃是掌管宫中娱乐的衙门升平署自苏州买来或雇用者。甚至有人断言,升平署内有一座小庙,供奉一尊女神喜音圣母,圣母脚前一度立有颙琰及其子旻宁(即绵宁,道光皇帝)庙号和谥法的两座牌位,如同这两人就是她的后代。尽管有这种可能,但官方记载却说:孝仪皇后是满族人,《八旗氏族通谱》(原注:74/92,见安费扬古条)载有姓氏,其家至少有三代世为内务府包衣。她是高宗宠爱的妃子,居于圆明园内著名的'天地一家春',颙琰即诞生于该处。"

"颙琰"条的作者房兆楹先生引述有关孝仪皇后的传闻后说"有这种可能",他对官方记载则未予评论。

看来,升平署内小庙喜音圣母前列嘉庆、道光两位皇帝庙号、谥号的牌位似乎为讹传,然而,孝仪皇后魏氏是否原系苏州女伶,则是一个可以深入探讨的问题。

升平署是承应宫廷奏乐演戏事务的机构,据《大清会典》:"设管理事务大臣一人,于内务府大臣内简充"。乾隆时尚无"升平署"之称,排演戏剧音乐在南花园(今南长街南口),故称"南府",道光七年(1827年)改名"升平署"。升平署中蓄养江南优伶,这是尽人皆知之事。乾隆三年五月,释服未久的皇帝命大学士鄂尔泰等密谕南方织造、盐政等不得强买"优童秀女",这道密谕先说自己"自幼读书,深知清心寡欲之义""虽身居圆明园,偶事游观,以节劳勚,而就就业业,总揽万几,朝乾夕惕,惟恐庶政之或旷,此心未曾一刻放逸",然后转入正题:

> "近闻南方织造、盐政等官内,有指称内廷须用优童秀女广行购觅者,并闻有勒买强买等事,深可骇异!诸臣受朕深恩,不能承宣德意,使令名传播于外,

而乃以朕所必不肯为之事,使外间以为出自朕意,讹言繁兴。诸臣之所以报朕者,顾当如是乎?况内廷承值之人,尽足以供使令,且服满之后,诸处并未送一人,惟海保处曾进二女子,其一已经拨回;曾进一班弋腔,因甚平常,拨出外者二十余名。此人所共知者,何至广求于外,致滋物议?是必有假托内廷之名,以惑众之听闻者。尔等可密传朕旨晓谕之,倘果有其事,可速悛改,如将来再有浮言,朕必问其致此之由也。"

雍正皇帝去世,乾隆行三年之丧,乾隆二年十一月服满,至上述密谕不过半年时间,南方织造、盐政中海保已进女子二名、弋腔一班。乾隆说"其一已经拨回",另一女子何在?乾隆说弋腔班中因平常"拨出在外者二十余名",未拨出而不平常者又有多少,见留何处?推敲上述密谕,可知在南方担任盐政、织造和税关监督的内府包衣官员罗致貌美艺绝的优伶以进呈内廷本为例行之事,但这些奴才拉大旗作虎皮,把事情搞得太过分了,以至江南流言蜂起,累及圣德,皇帝不得不悄悄告诫他们事情要做得隐蔽点、策略点。其实皇帝日理万机,年节看看戏,调济一下紧张的工作节奏本无可厚非;皇帝喜听南音,购觅江南优伶入宫当差,亦不足深责。这里想说的是,孝仪皇后魏氏出身于苏州女伶,系"升平署自苏州买来或雇用者"究竟有无可能性?答案是:有这种可能,但并无确证。

唐邦治先生所撰《清皇室四谱》记孝仪皇后云:"孝仪皇后,魏氏,内管领清泰之女。"管领"有两种涵义:第一个涵义是"八旗包衣的基层编制单位",八旗下属包衣人一般编为一个牛录(佐领),不够编一牛录的,则编为半个牛录,满语为"浑托和",汉语称"管领";第二个涵义是随管领这一组织来的,管领的头目亦称"管领"(满名"包衣达")。八旗中上三旗包衣归内务府管辖,其管领则称"内管领"。孝仪皇后的父亲清泰就是内务府下一个管领的包衣的头目。从民族成分讲,虽有汉姓魏,但已属满族人了。《清史稿·后妃传》说:"魏氏,本汉军,"是错误的。如果魏氏原是苏州优伶,只能这样设想:魏氏被南府(升平署)从苏州购觅而来,以色艺俱佳为乾隆所喜爱,但家法森严,魏氏先认内管领清泰为父,经选秀女之途入宫,赐号贵人,当然,这不过是想象。在没有确证之前,还是把孝仪皇后认定为内管领清泰之女稳妥。

除三位皇后外,乾隆还有五位皇贵妃位号的妃子。

慧贤皇贵妃高氏,是高斌之女。高氏出身内务府包衣世家,乾隆在藩邸时,为侧福晋,乾隆即帝位,册封贵妃。乾隆十年正月薨逝,追谥"慧贤皇贵妃"。高斌以治河名世,官至大学士。嘉庆年间,高斌一支奉旨抬入满洲镶黄旗,赐姓"高佳氏"。高斌子孙高恒、高朴相继因贪墨坐诛,据说处死高恒之前,大学士傅恒曾奏请皇帝看在已经去世的慧贤皇贵妃的面上,贷其一死。乾隆对此颇不快,正色道:"如皇后兄弟犯法,当奈何?"傅恒为孝贤皇后兄弟,听罢战栗不敢言。至杀高朴,皇帝再谕:"高朴贪婪无忌,罔顾法纪,较其父高恒尤甚,不能念为慧贤皇贵妃侄而稍矜宥也。"

哲悯皇贵妃富察氏,也是早年随侍藩邸旧人,雍正六年生皇长子永璜,九年生皇二女,但她先于乾隆即位而逝,乾隆十年追赠哲悯皇贵妃。乾隆十七年十月东陵胜水峪地宫成,慧贤皇贵妃、哲悯皇贵妃棺椁随孝贤皇后梓宫自静安庄出发,乾隆皇帝望着这三位年轻时代生活伴侣的灵驾鱼贯而去,挥泪赋一首七律以志哀:

凤翣龙輀何事尔，鱼贯故剑适相从。

可知此别非常别，漫道无逢会有逢。

芦殿惊心陈白日，鞞涂举目惨寒冬。

百年等是行云寄，廿载凭参流水淙。

帝陵先葬皇后，皇贵妃祔葬帝陵，始于康熙皇帝。孝贤皇后先葬胜水峪地宫，慧贤及哲悯两皇贵妃祔葬，俱援例而行。

地宫中第三位皇贵妃金氏也是内府包衣世家出身，祖上是鸭绿江畔义州地方的朝鲜人，太宗皇太极时投诚，编为满洲正黄旗包衣第四甲喇下的第二高丽牛录。金氏为内务府上驷院卿三保之女，其兄金简则以制作"武英殿聚珍版"而名世。金氏也早侍藩邸，乾隆二年十二月册封嘉嫔，累进至嘉贵妃，乾隆二十年一月薨，追谥淑嘉皇贵妃。淑嘉皇贵妃之父三保一支于嘉庆初脱离包衣籍，抬入满洲正黄旗，并赐姓"金佳氏"。淑嘉皇贵妃所生皇四子、皇八子、皇九子和皇十一子多高寿，且有艺术气质，下面"金枝玉叶"一章还要详谈。

乾隆另两位金贵妃——纯惠皇贵妃和庆恭皇贵妃——则未祔葬乾隆地宫，她俩葬在帝陵西侧"裕妃园寝"。纯惠皇贵妃苏氏初侍乾隆藩邸，乾隆即位，册封为纯嫔，随即晋纯妃，生皇三子、皇六子和皇四女，乾隆二十五年四月晋纯皇贵妃，当月薨逝，谥"纯慧皇贵妃"。庆恭金贵妃陆氏无子嗣，乾隆三十九年七月去世时位号是庆贵妃，嘉庆皇帝登极，念及自己"自冲龄蒙庆贵妃抚育，与生母无异"，特旨追赠庆贵妃为庆恭皇贵妃。

乾隆嫔妃中为皇帝生有子女的还有愉贵妃珂里叶特氏、忻贵妃戴佳氏、舒妃叶赫那拉氏和悖妃汪氏。

在乾隆皇帝众多的妃嫔中，百年以来人们谈论不衰的是极富传奇色彩，而道明真相又极其平常的所谓"香妃"。

香妃之名，晚清就开始流传，辛亥革命以后更为人所津津乐道。1915年在故宫外朝地带新成立的古物陈列所将一幅名为"香妃戎装像"油画陈列于浴德堂后，好事者趋之若鹜，古物陈列所前门庭若市，香妃艳事很快传遍京师，成为街谈巷议的新闻。"香妃戎装像"所画系一内着红装，外罩铠甲，佩剑挺立的英姿飒爽的年轻女子，据说出自乾隆年间宫廷画师郎世宁的手笔，画像下并附古物陈列所写的《香妃事略》：

"香妃者，回部王妃也，美姿色，生而体有异香，不假熏沐，国人号之曰香妃。或有称其美于中土者，清高宗闻之，西师之役，嘱将军兆惠一穷其异。回疆既平，兆惠果生得香妃，致之京师。帝命于西内建宝月楼（原注：即今之新华门）居之。楼外建回营，毳幕韦鞲，县如西域式。又武英殿之西浴德堂，仿土耳其式建筑，相传亦为香妃沐浴之所。盖帝欲借种种以取悦其意，而稍杀其思乡之念也。讵妃虽被殊眷，终不释然，尝出白刃袖中示人曰：'国破家亡，死志久决，然决不肯效儿女子汶汶徒死，必得一当以报故主。'闻者大惊，但帝虽知其不可屈而卒不忍舍也，如是者数年。皇太后微有所闻，屡戒帝弗往，不听；会帝宿斋宫，急召妃入，赐缢死。上图即香妃戎妆画像，佩剑矗立，纠纠有英武之风，一望而知为节烈女子"。

古物陈列所在《香妃事略》结尾处不忘告诉观者："原本现悬浴德堂，系郎世宁手笔。"《香妃事略》虽不能掩饰其广告味道,但这篇短文结构谨严,文字古朴,史事传闻虚实相间,确是不可多得的佳作。加以举宝月楼、回子营、沐德堂等古迹当证,难怪一时万人争说,九城轰动。随后出现的有关香妃的演义、小说、戏剧等虽情节更加动人,但总不脱《事略》的窠臼。

最先出来廓清香妃迷雾的是北京大学历史教授孟森先生,据他考证,民间盛传的香妃其原型是乾隆皇帝的容妃和卓氏。孟森在《香妃考实》一文中指出,乾隆容妃和卓氏既姓和卓,必为真主默罕穆德后裔,与后来据回疆叛乱的大小和卓或为兄妹,或为父女。和卓氏入清的时间,当在大小和卓未叛之前。孟森是这样论断的:

"大小和卓在伊犁初定时,实为受中朝之惠,而得返故境。迨其叛也,已在
(乾隆)二十一二年间,始渐明叛状,至二十四年秋,乃讨平之,两和卓授首。而
和卓妃之入清,当在其先。盖两和卓由准得释时,以乞恩于中朝而进其女,非
叛后以俘虏入朝也"。

孟森说,乾隆皇帝考虑到和卓氏与宫中妃嫔言语不通、嗜欲不同,决定在西苑瀛台之南修筑宝月楼,"以为藏娇之所",又在毗邻宝月楼的西长安街街南辟出一区,定名"回子营",并添建回教礼拜堂,专门安置归顺之回民,"屋舍皆用回风,以悦妃意"。宝月楼建于乾隆二十三年之春,当时回疆军事方殷,孟森据此进一步证明和卓氏入清必在大小和卓发动叛乱之前。

孟森据《清皇室四谱》等文献资料,历述和卓氏初入宫赐号贵人,乾隆二十七年册封容嫔,三十三年晋容妃,五十三年四月十九日卒。据此孟森批驳"香妃"为太后缢死的传闻说:"太后寿考,至乾隆四十二年乃崩,已八十六岁,后十一年容妃乃卒,此岂可以太后赐死诬之?"孟森先生是学问淹通、考据精审的清史专家,他的论断凿凿有据,从此香妃即容妃在学人中间成为不可移易的铁案。容妃既受恩宠,且又善终,所谓身怀利刃、欲伺机行刺皇帝以报故主云云只可视为荒诞不经之言,进而推想容妃恐怕也不会是遍体异香的西域美人。

不过,孟森先生确信宝月楼为乾隆破宫中旧例为容妃准备的香闺,并从皇帝御制宝月楼诗文中推绎出他对容妃的绵绵恋情。如御制《宝月楼记》中说:"楼之义无穷,而独名之曰'宝月'者,池与月适当其前,抑有肖乎广寒之庭也。"孟森据此推测:"此则中有一奔月之嫦娥在,知有营为金屋之意";《宝月楼记》又说:"夫人之为记者,或欣然于所得;而予之为记,常若自识,是宜已而不已。予亦不知其何情也!"孟森据此又推测道:"此又见高宗之用情,而兼露英主本色,自以为宜已,则对此叛回之女不宜尊宠,亦明知之;然不能已,则自问亦不知其何情,可知其牵于爱矣";再如,乾隆五十六年新正御制"宝月楼自警"诗云:"液池南岸嫌其远,构以层楼据路中。卅载画图朝夕似,新正吟咏昔今同。俯临万井诚繁庶,自顾八旬恐胝丛。归政之年亦近矣,或当如愿吴恩蒙。"孟森亦以为与容妃有关,他说:"此诗在乾隆五十六年,距容妃之丧已将及三年,诗中殊有悼亡意味。高宗文字不足以绮靡言情,且又须保持帝王尊严态度,只能如此。然感慨之意,溢于言表。云'卅载画图',决非楼之图。楼为南海底倚墙尽处,何有于卅载之画图,而朝夕求其似否? 盖知画图即楼中人之图也。香妃像举世流行于今日,当时有郎世宁画本戎妆一像,为游行从跸围猎行宫之貌。殆即诗之所指。卅载之图尚朝夕求其相似,可知珍惜

之意。曰'新正吟咏昔今同',同之中分今昔焉,即所谓物是人非者也。"总而言之,孟森是从乾隆御制宝月楼诗文推求其中的弦外之音的,他毕竟是重视考据的史家,所以他又明明白白地告诉读者,乾隆关于宝月楼虽历年有诗,却"难指为与(容)妃有涉"。

是不是可以说,孟森先生在考出了俗传香妃的原型本容妃之后,也真的相信皇帝在宝月楼头与容妃有过一段情意缠绵的恩爱缘分。由于孟森做学问之严谨素来为人所敬服,且从高宗御制诗文中抉隐剔幽得出的结论也并非凿空之言,自《香妃考实》刊出,香妃虽被揭去面纱,变成了实有其人的容妃,但其魅力未减当年,有关容妃的轶事仍是人们茶余饭后的谈资,仍是文人驰骋遐想的素材,甚至今天在乾隆皇帝的历史传记中也有据孟森说法而断定容妃是极受乾隆宠爱的。

周远廉先生在《乾隆皇帝大传》中说:

"帝特于临街筑宝月楼以居容妃,又特于墙外建'回子营'修礼拜寺,以及亲写许多首关于宝月楼之诗,这一切充分表明了乾隆帝对容妃是何等的宠爱。"

高阳先生《清朝的皇帝》一书中也提到了容妃,他说:"高宗生平所眷者两女子,一即福康安之母,傅恒之夫人;一即容妃"。高阳同意孟森的基本观点,又多有发挥。如乾隆何以筑宝月楼?他以为"原因并不止如心史(孟森字)所言的'言语不通,嗜欲不同',而是有如下三因:

首先风俗大不相同。坤宁宫每日煮猪两口祭神,元旦子刻祀神当皇家礼中最隆重者,皇帝、皇后行礼;春秋两大祭,皇后亦到,妃嫔自当侍从。而最尴尬者,则为后妃受胙,是一种猪肉丝饭,此为回教徒,万不能忍之事。

按:戊寅为乾隆二十三年,和卓木正嚣张之时,回疆亦未入版图,高宗必须怀柔,不能强使容妃(香妃)叛教。且既承恩宠,亦不忍出此。

其次,大内后宫,除御花园外,别无游观之处,高宗筑宝月楼于瀛台之南,则随时可以驾幸西苑,而不必如临幸圆明园,须劳师动众。同时,容妃独承雨露,亦不虞其他妃嫔有争宠而左右为难之苦,高宗为己计者甚便。

最后一点是利用容妃了解回部的情况,特别地理,以便在指授方略时有所依据。此在高宗实不免内咎于心,方灭其国,又宠其人,复以得自其人的智识,为取其国的助力。高阳先生还进一步申说:"回部叛乱,以及两和卓木兵败,为其同族所杀,在当时都是瞒住容妃的。其后以无母家可归省,乃于宝月楼外,'营回风之教堂及民舍',以慰其乡思。"此外,高阳对孟森所引御制宝月楼诗的内蕴也有不少新见,这里故且从略了。

如今已被辟为中南海南门——新华门的宝月楼是否为当年乾隆皇帝藏娇的金屋?要正确地回答这个问题,就必须从容妃和卓氏究竟何时、以何种原因来归谈起。

近年来,经过中外学者对清朝官书、档案以及其他文献资料的开掘和研究,已经可以确证下述几个问题:

容妃和卓氏虽与叛清的回部(清朝史籍中称居住在天山南路、信奉伊斯兰教的维吾尔族人为"回人",称其地为"回部"或"回疆")领袖大和卓布拉呢敦、小和卓霍集占同宗,为派罕帕尔(即派噶木巴尔,回人尊默罕穆德为"天使",派罕帕尔即回语"天使"之意)后裔,但她那一支家族却不仅没有卷入大小和卓发动的叛乱,而且当清军胜利地追剿向境外逃窜的大小和卓木时,容妃和卓氏的叔叔额色尹、胞兄图尔都还领兵到将军兆惠大营协助官军作战。就辈分而论,额尔克和卓额色尹是大小和卓木堂叔。乾隆二十四年闰六月当额色尹来到兆惠大营,告诉他"六月内遇布拉呢敦所属百余人,剿杀甚众",兆惠对来归的额色尹等加以抚慰,并令其遣人往境外布鲁特部落"往取家属"。

将军兆惠表面上对来归的额色尹等予以抚慰,骨子里却猜忌甚深,他随后即密奏乾隆皇帝:"因思伊等系霍集占同族,又与布鲁特相契,恐回人等又以伊等为和卓,妄行敬信,应于到京后请旨,将伊等或留京城,或安插安西、哈密等处。"乾隆谕令兆惠先将额色尹等送京。当年九月额色尹等抵京,经军机大臣面询,得悉额色尹等身世、经历,乾隆皇帝指示:"额色尹系霍集占一族,且久居伊犁,不便遣回叶尔羌等处,应即留京师居住。"此时,图尔都和卓正在送京途中,皇帝同时谕示,将额色尹、图尔都等"家口送京"。

乾隆二十四年十月初二日,以额色尹与其侄玛木特"俱系派噶木巴尔后裔",分别授公爵和扎萨克头等台吉。到除夕宴清朝正外藩时,"回子公额色尹、一等台吉玛木特、图尔都和卓"敬陪末席,可见容妃之兄图尔都的进京当在二十四年年底。图尔都亦很快被授以品级,乾隆二十五年正月十六日皇帝谕军机大臣:"在京安插回人内,额色尹系公品级、玛木特、图尔都和卓系扎萨克,应归理落院管辖。又乐工、匠艺人等,共编一佐领,其佐领着白和卓补授,归内务府管辖。嗣后续到回人,均入此佐领下。"

作为额色尹的侄女、图尔都的胞妹和卓氏大约在乾隆二十五年初被护送至京。据清宫档案所记,乾隆二十五年二月初四日新封和贵人,并赏赐珊瑚朝珠、金银首饰,及缎纱皮绵等袍褂衣物。和贵人即维吾尔族姑娘和卓氏,时年二十七岁。

据此,和卓氏的入宫,并非如孟森先生所推测的那样,在两和卓未叛之前,为"乞恩于中朝而进其女";高阳先生推测"利用容妃了解回部的情况""回部叛乱,以及两和卓木兵败,为其同族所杀,在当时都是瞒住容妃的"更属不着边际的臆断。

如此一说,乾隆皇帝于乾隆二十三年春修建的宝月楼也不可能是皇帝为容妃营筑的香巢。按宝月楼于二十三年春动工兴建,当年秋天落成。这段时间,清军正在库东一带与回人苦战,乾隆皇帝岂能预料一年多后有个回女和卓氏来归,更不可能为一个莫须有的回女在西苑预修金屋以备藏娇。

何以修建宝月楼?乾隆在《宝月楼记》中已交代得再明白不过了:

"宝月楼者,介于瀛台南岸适中,北对迎薰亭。亭与台皆胜国遗址,岁时修葺增减,无大营造。顾液池南岸,逼近皇城,长以二百丈计,阔以四丈计,地既狭,前朝未置宫室。每临台南望,嫌其直长鲜屏蔽,则命奉宸,既景既相,约之枨枨。鸠工戊寅(乾隆二十三年)之春,落成是岁之秋。"

南海中的瀛台,三面临水,花木扶疏,是皇帝夏日临幸之处。令皇帝稍嫌不满的是,"每临台南望",由于瀛台与皇城城墙之间缺少屏障,西长安街上熙来攘往的百姓可以把皇帝的活动看得一清二楚。于是在瀛台正南方向拆除一段皇城城墙,墙基与那一条"长二百丈、阔四丈"的狭长地段并在一起作地基,正好修一座东西二百丈、南北宽四五丈的重檐楼宇。又以"池(液池,即南海)与月适当其前,抑亦有肖乎广寒之庭",遂命名为"宝月楼"。要之,宝月楼之建,原与容妃无涉,容妃居于大内后宫,亦从未下榻宝月楼。

至于与宝月楼隔街相望的回子营的修建,则确与容妃的家族有一定关系。乾隆二十四年冬，和卓氏的叔叔额色尹、堂兄玛木特，以及胞兄图尔都等平叛有功的"回人"头面人物先后进京，同时奉旨办送来京师居住的还有和田等六城伯克、后封王爵的霍集斯等，皇帝遂决定在西长安门外、西长安街路南一带营建房屋，让随他们陆续来京的族属居住。回子营建成后，从新疆叶尔羌（今新疆维吾尔自治区莎车）移居来的回人乐师、工匠等编成一佐领，就定居在那里。乾隆二十八九年，又在回子营修建了一座熔维吾尔族和汉族建筑风格于一炉的礼拜堂。寺成，乾隆御制《敕建回人礼拜寺碑记》，叙述了回子营及礼拜寺营建始末。

"定回部各城，其伯克霍集斯、霍什克等并锡爵王公，赐居邸舍，而余众之不令回其故地者，咸居之长安门之西，俾服官执役，受廛旅处，都人因号称'回子营'……爰命将作支内帑羡金，就所居适中之地，为建斯寺，穹门垲殿，翘甍周阿，具中程度。经始以乾隆癸未（二十八年）清和吉月，浃岁落成。回众以时会聚其下，而轮年入觐之众伯克等无不欢欣瞻拜，诧西域所未曾睹，问有叨近日之荣而兼擅土风之美如是举者乎？"回子营之建并非为了慰藉容妃的思乡之情，这是不言自明的。

如今，矗立在西长安街北侧的宝月楼已成为众目瞩望的中南海正门新华门，车行此处，京城故老还能指点门楼，娓娓道出"香妃"轶事；旧日的回子营却早已更名东安福胡同，近年有的学者去那里走访土著，还找到了一位回族常大爷，他的祖父在前清时曾在升平署当差，演奏回部音乐，但回子营已面貌全非，只留下当年回人礼拜寺的一段围墙、汉白玉石砌的城台，以及一弯汉白玉石拱券，引发人们怀古的幽思。不过，经过"文革"劫难，怕连这一点点历史遗迹也荡然无存了吧！

《香妃事略》还提到大内武英殿西的浴德堂"相传亦为香妃沐浴之所"。孟森先生在考定香妃之讹时，已否定浴德堂为香妃赐浴之处。此后单士元先生又进一步申说，浴德堂在明、清两代并非浴室，当然更谈不到"香妃沐浴之所"，其建筑可能是元代遗物。他们的意见是对的。所谓"香妃"不可能在文武百官注目之下，从外朝宫殿群中招摇而过，去离宝月楼数里之遥的浴德堂洗澡。

宝月楼、回子营、浴德堂已如上述，就连《香妃事略》所说的西洋人郎世宁所画的"香妃戎装像"究竟是不是容妃本人，也大成问题。现已初步查明，1915年新成立的古物陈列所从热河避暑山庄运来一批文物，其中有一幅油画美人像，画的是一个妖媚英俊的戎装女子，原画上有一黄签，题为"美人画像"数字，并无系容妃的说明。原古物陈列所为取得轰动效应，遂定名为"香妃戎装像"，悬挂于浴德堂，并附会某些野史及有关香妃的传闻，杜撰成《香妃事略》一文。香妃事迹至今仍众说纷纭，其源盖出于此。

曾为曾国藩入幕之宾的晚清诗人王闿运在《湘绮楼文集》"今列女传"中，已塑造了"香妃"的雏形——"回妃"，其事迹如下：

"准回之平也，有女籍于宫中，生有美色，专得上宠，号曰'回妃'。然准女怀其家国，恨于亡破，阴怀逆志，因侍寝而惊宫御者数矣。诘问具对以必死，报父母之仇。上（乾隆）益悲壮其志，思以恩眷之。太后知焉，每召回女，上辄左右之。会郊祭斋宿，子夜驾出，太后乘平辇直至上官，入便闭门。宫侍奔告，上遽命驾还，叩门不得入，以额触扉，臣御号泣，闻于内外。太后当门坐，促召回女，绞而杀之，待其气绝，抚之已冷，乃启门。上人号泣，俄而大窘，顿首太后前,太后亦持上流涕,左右莫不感动泣下。海内闻者皆叹息,相谓天子有圣母也。"

乾隆纳容妃,这是事实,但到了咸同间,传闻已失实若王闿运所记之"回妃"。民国初年史家张采田先生已指出"此所记回妃事亦不详所本",而《香妃事略》的撰写者却仍以王记"回妃"为本,益以"体有异香"而为"香妃"。杜撰香妃者的高明在于能附会宝月楼、回子营、浴德堂等人所共见共知的史迹,与香妃入情入理地联系在一起,且指郎世宁绘"美人画像"为香妃戎装写真,香妃故事遂家喻户晓,而去信史则更远矣。而杜撰香妃者的拙劣也恰恰在所做手脚不免留下种种破绽,孟森先生力辟其诬妄,还香妃之本来面目。可惜的是,孟森先生胸中已有高宗宝月楼金屋藏娇的成见,乃从御制诗文中爬罗剔抉,辗转求证,虽力求人安而后心安,惟档案等史料之不易见,在容妃入宫的时间上走入误区,《香妃考实》终未尽得其实,影响所及,至于今日仍有笃信宝月楼乾隆与容妃恩爱故事者。

现在已经到了彻底澄清香妃迷雾的时候了。

容妃和卓氏是年过五旬的乾隆皇帝众多妃嫔中的一个。如果说她有什么新奇的话,则在于她是个维吾尔族上层贵族女子。乾隆纳回女为妃,虽亦为破例之举,但不会像纳汉妃一样引起宫中外朝正统满洲人的强烈反对。太祖努尔哈赤、太宗皇太极、世祖福临俱纳蒙古后妃,他们的用意在以婚姻为纽带加固"满蒙联盟";和卓氏出身派噶木巴尔,其家族能与发动叛乱的同宗的大小和卓划清界限且以实际行动参加了平叛战争,乾隆皇帝略仿满蒙联姻祖制,在平定回疆后,纳和卓氏入宫;和卓氏封"和贵人"后两个月,乾隆又将宫中女子巴朗指配给和卓氏之兄为图尔都为妻,这都是出于政治目的婚姻的妙用。和卓氏容貌端正,性情和顺,但乾隆绝不单单为了美色或追求新的刺激才把她纳入宫中的。

正是从对维族上层贵族羁縻怀柔的政策出发,所以乾隆皇帝对容妃和卓氏的生活习俗非常尊重。容妃在宫中,饮食由一位名叫努倪马特的回族师傅侍候,巡幸在外时,也受到特殊关照。乾隆三十年春四次南巡时,赏赐给容嫔的膳食有羊肚片、羊他他士、酒炖羊肉、奶酥油野鸭子等。乾隆三十六年春东巡谒孔,容妃受到了格外赏赐的膳食有回回饽饽、羊西尔占等。四十三年秋东巡谒祖,至围场猎得野猪、狍子,皇帝命赏随行众嫔妃野猪肉,唯独赏容妃一盘狍子肉。可以确信,信奉伊斯兰教的容妃和卓氏入宫以后,坤宁宫虽然还用大锅煮猪祭神,但容妃绝不会受胙,和其他嫔妃一起大啖"猪肉丝饭"。元旦祀神及春秋两大祭时,皇帝肯定会有权宜之计不让容妃尴尬的。

乾隆五十三年四月十九日容妃薨逝,时年五十五岁,皇帝辍朝三日,丧仪照康熙九年慧妃薨的旧例办理,并未提高规格。容妃遗物首饰衣服等分送给叔叔额色尹、哥哥图尔都的妻子,以及容妃的姐妹们。

可以这样说,自从结发贤妻孝贤皇后病逝后,乾隆皇帝在他那漫长的人生途路上,就再没有一个后妃能像孝贤那样去平抚皇帝那孤寂的、焦躁不安的灵魂了。他有皇后和妃嫔,有年轻美貌的贵人、常在、答应,他和她们有性欲之爱,但他已永远地失去了情爱与性爱和谐地融在一起的温馨的家庭生活。乾隆六十年,皇帝谒东陵时曾亲往孝贤皇后陵前酹酒三爵,年已八十五岁的老皇帝当时赋诗一首,结句是:"齐年率归室,乔寿有何欢?"第二年,嘉庆元年春,刚刚归政的太上皇帝乾隆携子皇帝颙琰(嘉庆)再次前往孝贤皇后陵前酹酒,望着陵前高大葱郁的松林,他不禁又回忆起四十八年前那令人心碎的日子,太上皇留下了这样伤感的诗句:"吉地临旋跸,种松茂入云。暮春中浣忆,四十八年分。"在"四十八年分"句下,太上皇自注云:"孝贤皇后于戊辰(乾隆十三年)大故,偕老愿虚,不堪追忆!"自从四十八年前皇帝与元配妻子富察氏白头偕老的愿望随着运河中的春水一去而不复返地流逝以后,皇帝所企盼的只是在另一个世界与孝贤皇后重逢。乾隆五十五年春天,他在孝贤皇后陵前表白了这一心愿:

> 三秋别忽尔,一晌奠酸然。
>
> 追忆居中闱,深宜称孝贤。
>
> 平生难尽述,百岁妄希延。
>
> 夏日冬之夜,远期二十年。

这一年,皇帝整整八十岁,他对已成冢中白骨的爱妻诉说,自己不想活到一百岁,与你相会之期再远也不会超过二十年!

如果孝贤皇后能与乾隆皇帝白头偕老的话,那就不仅仅会改变乾隆的人生,在一定程度上,也可能会改写乾隆时代历史的某些篇章。

第八章　盛极而衰

一

　　乾隆步入老年之后,相信他治理的大清帝国已经实现了"小康"局面,所以不大关心民生。由于人口的成倍增长,不得不开垦山荒河淤,虽然使人口与耕地的矛盾得以缓解,也留下严重的恶果。那就是造成大量水土流失,致使黄河经常泛滥成灾。早年的乾隆为治河屡兴大工,用力于江苏淮安黄河、淮河、运河交界地区,收到一定成效。迄至四十年(1775年)后,江苏黄河下游地区水患未能根治不说,上游河南地区水患也呈上升趋势。据清代人统计乾隆朝河南省境内黄河漫口(决口)次数:

　　十六年七月,阳武十三堡漫口,十七年正月合龙。

　　二十六年七月,杨桥等处漫口,本年十一月合龙。

　　四十三年七月,仪封等处漫口,四十五年二月合龙。

　　四十五年七月,考城五堡、芝麻庄等处漫口,本年八月合龙。

　　四十五年七月,张家油房漫口,本年十二月合龙。

　　四十六年七月,焦桥漫口,本年本月合龙。

　　四十六七月,青龙冈漫口,四十八年三月合龙。

　　四十九年八月,睢州漫口,本年十一月合龙。

　　五十二年六月,睢州十三堡漫口,本年十月合龙。

　　从上述统计可知,乾隆四十年(1775年)以前,河南地方黄河仅决口两次。四十年以后,十年之间决口有七次之多。另外,还有几次决口在五十二年(1787年)以后,没有被统计在内。

　　黄河频繁决口地由江苏移至河南,标志受灾人口与土地面积的扩大。这与乾隆晚年轻视治河及用人不当有直接关系。

　　四十三年(1778年)春,河南、河北、山东等省旱情严重,可到了六月下旬,河南境内连降大雨,黄河及沁、洛诸水同时上涨。河东河道总督姚立德向乾隆奏报:河南境内黄河在仪封县决口六处,考城县决口三处,每处宽达几十丈。决口处涌出的河水经由贾鲁河故道,自河南考城、睢州、宁陵、永城,入安徽省亳州进入淮河。

　　乾隆得报,因河决上游,江南无险可防,急令两江总督高晋带人前往河南堵塞决口。安徽巡抚闵鹗元报告:河南黄河水直注安徽亳州,亳州城虽保住,"其城外坊厢民房,半多倒塌,该州被水地方居十分之九。又蒙城居亳州下游,因水势漫涨不能容纳,以致四乡田庐淹浸居十分之八。至下游怀远、宿州、凤阳、灵壁、五河等州县,濒河洼地亦被淹及"。河南的灾情局势要比安徽重许多倍。

　　九月,在河南指挥抢修的高晋向乾隆报告,先前已堵塞的时和驿地方再次决口,溃出的河水经陈留、杞县、睢州、柘城境内的横河、康家河、南沙河、老黄河汇注贾鲁新河,然后流入安徽亳州境的涡河。

　　高晋堵筑无方,乾隆指授机宜。他虽不到抢修工地,乃据高晋所呈进绘图指挥。他想起从前治水专家裴日修曾告诉他,下埽渐及中流时,每埽下系大铁锚八只,容易下坠到底,叫高晋照此法仿制。乾隆相信"蛟龙畏铁",认为这个办法会"有益无损"。十二月,高晋报告:按照乾隆指示办法执行,于十一月二十九日合龙,"金门(指合龙处)水已断流。"谁知时和驿刚合龙成功,仪封新筑坝"复有蛰塌",是为黄河第三次溃堤。乾隆指责高晋督工不力,将其交部严加议处。

四十四年(1779年)初,乾隆派并没有多少治水经验的阿桂到仪封指挥堵筑。四月上旬,阿桂向乾隆奏报:四月七日水势汹涌,北坝上首边埽塌去七丈,加上风暴大作,全河之水狂涌口门"又将旧做各埽连软镶一并塌走",他组织新开的引河"俱已淤浅,现将引河口门暂时堵闭"。堵塞决口工作第四次失败。

乾隆至此一筹莫展,眼看再有两个月黄河伏汛就到了,堵筑溃堤工程就得无限期推迟。他只好求助于神仙保佑:

今复思古有沉璧礼河之事,因择白玉璧一件,并撰拟祭文一道,由驿发往。

著阿桂等于接奉后,即诣现做坝工河岸虔诚致祭,或可冀河神佑助,速得蒇工。

乾隆从前并不迷信神灵。十八年(1753年),北京周围发生蝗灾,御史曹秀先请求颁发御制文祭祀,遭到他严厉痛斥:"朕非有泰山北斗之文笔,好名无实,深所弗取。"那时乾隆相信的是人力不是神力。几十年后,他却亲颁祭文祈求神灵了,实在是一个莫大的讽刺。乾隆还把仪封段黄河失修归罪于河东河道总督姚立德,将其革职。

开挖引河。阿桂决定在仪封王家庄地方开挖九百多丈长的新引河与原开引河衔接,借引河将黄河主流归入故道。四十四年七月,引河始成,由于仪封决口未能堵塞,安徽亳州一带再次受淹,河南比安徽自然灾害更重。八月伏汛来时,阿桂命令开放王家庄引河,"初甚畅顺,半日之后,河水顿落,引河口门一带仍复停淤",堵筑工程第五次失败。

仪封黄河堵筑决口事一直进入到冬季,屡塞又屡塌方,弄得乾隆心烦意乱,寝食不安。阿桂多次恳请议罪议罚,乾隆心知治河非其所长,给予宽免。在一年多的时间里,所用秫秸达六千八百多万斤,动用银两为五百六十万两。

四十五年(1780年)二月,正当乾隆焦头烂额之时,突然接到阿桂奏报大坝合龙的喜讯。阿桂报告说:二月六日,开放引河后,日见畅达,又连值顺风,全河溜势掣动八分,因于十一日趁机堵合,未逾数刻金门立见断流,大溜全部流入新河。这次黄河大坝竟非人力所为,是偶然自行合龙的。据阿桂解释说:

"二月十一日,仪封漫口未合龙以前,金门尚阔三丈,水深十一丈余。至午时,忽报顺黄南坝沉坠,惊往勘视。则南坝埽根,全势向北移走,陡与北坝接连,时金门水面深止一二丈。尔时见机可乘,随将合龙秸料赶紧填压。不三四刻,已见断流。"

因此,乾隆君臣都把这次合龙成功归结于神灵保佑。乾隆此时正在南巡,他说初十那天渡黄河时曾到陶庄河神庙上香,"十一日遂有两坝自行合龙,黄流顺归故道之事,此岂非天佐神助。"阿桂又查出此神是"灵佑襄济大王,本姓黄,河南偃师县人",并择其子孙一人为奉祀生,岁岁祭祀。

然而,这位神仙并没有保佑多久,当年夏天,河南考城、张家油房等处黄河再次决口,河南、安徽又是一片汪洋。四十六年七月,黄河仪封段再次溃堤,决口达20多处,"北岸水势全注青龙冈",堵塞工程将近二年,"自例需工料外,加价至九百四十五万三千两"。

清代人说,自和珅窃权,河防日见疏懈,当时任河道总督职务者,"皆出其私门,先以钜万纳其帑库,然后许之任视事,故皆利水患充斥,借以侵蚀国帑。而朝中诸贵要,无不视河帅为外府,至竭天下府库之力,尚不足充其用"。这段话道出一个事实,黄河水害虽系天灾,更是人祸。

乾隆后期,劳动人民辛苦劳作创造了大量财富,成为统治阶级任意挥霍的资本,在这方面,乾隆本人是比较突出的。

四十三年(1778年)十月,河南黄河肆意横行之时,乾隆脑中想的却是到江浙游玩。在他的授意下,两江总督高晋、闽浙总督杨景素等合词陈奏,以两江三浙臣民"望幸甚殷,且河工海塘皆冀亲临指示,恳请于庚子春再举南巡盛典"。这个高晋,当时正在河南堵塞黄河决口,屡次失利束手无策,不知他为什么不请乾隆到河南工地现场指示一下,真是一个十足的奴才官僚。朝隆接到高晋等的奏折,说黄河下游还有停淤,若非临莅阅视,究不能悉其实在情形,定于四十五年(1780年)年正月巡幸江浙。

四十四年(1779年)冬,阿桂在河南组织堵筑黄河决口接连失败。乾隆为了表示重视,假做姿态:"漫口一日不堵,民患即一日不息,朕心亦一日不宁。"说得多么悦耳动听。四十五年正月十一日,在黄河决口并没有合龙的情况下,他不是去河南,而是到江浙巡察河工了。

南巡江浙,过去乾隆都是打着皇太后的旗号前往的。三十年(1765年)乾隆宣布皇太后年事已高,今后东南各省地方不要再请求南巡。太后于四十二年(1777年)去世不久,他就决定再次南巡,而且各地方在接驾时大肆铺张,无不搭彩棚,办筵席,宴饮歌舞,极力奉迎。史称在四十五年的南巡中,各省商人"预输苏抗间彩缎与奇玩,路旁结棚如物形,或楼台状,穷极眩采,横亘数十里"。乾隆对沿途迎驾官绅、扈从人等厚加赏赐,其花费更为历次南巡所不及。

乾隆初政时,坚决反对为自己祝寿。当他闻知某些文武大臣为自己备寿礼时,就明确地表示:"朕所望于内外臣工者,总在实心实政,为国家宣猷效力,不在称觞祝嘏之仪文",祝寿送礼之事,"朕甚不取。"

二

乾隆四十年以后,由于专制统治的极端加强,乾隆皇帝的骄傲情绪也空前滋长。他一生,在位时间长,政治活动多,涉及面广,其中一些成就还比较大。所有这些,在进入乾隆后期,几乎都成了他自我陶醉的资本。在夸耀自己的这些成就时,他特别喜欢将自己和历代帝王进行比较。开始时是比疆域、比人口、比蠲赈、比政治安定,比统治巩固;七十岁以后,这种比较达到了极为庸俗的地步。除文治武功之外,包括年龄、儿孙和在位时间在内的一切项目都成了他进行比较的内容。如在乾隆四十五年七十(1780年)寿辰时,他即亲制《古稀说》,历数秦汉以下历代帝王"寿登古稀者才得六人",其中之汉武帝、梁武帝、唐明皇、宋高宗等四君皆不值一提,下余两个创业之君元世祖和明太祖,虽然武功甚盛,但其"礼乐政刑,有未遑焉"。而他本人在位期间,"前代所以亡国者,曰强藩、曰外患、曰权臣、曰外戚、曰奸臣、曰佞幸,今皆无一仿佛者"。而后,乾隆四十九年三月,他于五次南巡途中,京中奏报曾孙奕纯得子载锡,乾隆皇帝五世同堂,群臣纷纷称赞。这时,他开始和历代帝王比儿孙,当即令儒臣查阅《四库》中"自古以耄寿得见元孙者凡几人"。查阅结果:"三代以上不可考,秦汉以后、隋以前未有其人。"自唐迄明,五世同堂者只有唐朝钱朗、宋朝张焘、元朝吴宗元、明朝罗恢、归璩、文征明等六人，"帝王中臻斯盛者，尤未之前闻"。这样，乾隆皇帝又像打了一场大胜仗一样异常高兴。乾隆五十年，乾隆迎来了自己即位五十年国庆，于是，他又和历代帝王比起了在位年代。当年元旦，他挥毫作诗："七旬登寿凡六帝，五十纪年惟一人。汉武却非所景仰，宋家高孝更非伦。"乾隆五十五年和六十年，他八十寿辰和在位周甲，更是年龄、儿孙和在位年代无所不比。如其五十五年所作之诗篇中称："八旬开袤春秋永，五代同堂今古稀。""古稀六帝三登八，所鄙宋梁所慕元，惟至元称一代杰，逊乾隆看五世孙。"乾隆六十年时又有诗称："三代问谁几周甲，藐躬惕已益增寅。"这样比来比去，在他看来，历代帝王中没有一个能比得上自己。就是在这样的比较之中，他得到了极大的心理满足和乐趣，本已发胀的脑袋更是越来越大，直把他昏昏然、飘飘然地捧上九霄云外。乾隆前期即已非常严重的浮夸和挥霍行为一发不可收拾。如乾隆四十九年，他喜得玄孙，当即命令各省督抚详查治下五世同堂者，以致各地官员置行政事务于不顾，陆续查得一百九十四家上奏。为此，他亲制诗篇、御书匾额、赏赐缎匹银两，勒令建坊，不一而足。此番举动之后，意犹未足，他认为自己"逮事皇祖、皇考，复得元孙，亲见七代，实为古今罕有"。乾隆五十七年，他又花样翻新，再命各省督抚访得臣民中身见七代者七人，优加赏赉。与此同时，他还借各种礼庆之际大肆挥霍。乾隆五十年代，他的孙子多人陆续成婚。为此，他连年赏赐不绝。其中，赏赐最多的一次是他的幼女和孝公主下嫁和珅之子丰绅殷德。据史载："妆奁之侈，十倍于前驸马福隆安时。自过婚翌日，辇送器玩于主第者，概论其值，殆过数百万金。二十七日，皇女于归，特赐帑银三十万。"在此同时，乾隆皇帝本人历次寿辰的庆祝活动越过越排场，其中，靡费特甚的是乾隆四十五年、五十五年举办的乾隆皇帝七旬、八旬两届万寿庆典和乾隆五十年、嘉庆元年举办的两次规模盛大的千叟宴。

乾隆皇帝诞辰是八月十三，恰值秋季，依据惯例，一般都在避暑山庄举行庆祝活动。因而，乾隆四十五年以前，每逢乾隆皇帝诞辰，避暑山庄皆连日筵宴，热闹异常。而且，连同北京至承德三百多里间的道边树木上也披红挂彩，装饰一新。乾隆四十五年，乾隆皇帝七十寿辰时庆典规模更为隆重盛大。为了投他之所好，前期一年，以皇六子永瑢和军机大臣和珅为首的一班子臣便已在进贡器物和进贡数字上绞尽脑汁，大做文章。凡是贡品，皆"取九九之义"，截至乾隆四十四年四月，单是其中之无量寿佛，便已达一万七千九百六十三尊，计银二十八万七千四百八十两。至四十五年七月，各省督抚进献万寿贡品进入了高潮。据当时的朝鲜使臣记载，贡车多达三万辆，此外，人担、驼负、轿驾者更是多不胜数。为了抢运贡品，车辆互相争道，"篝火相望，铃铎动地，鞭声震野"。与此同时，西藏班禅、蒙古哲布尊丹巴呼图克图等主要宗教领袖和各族贵族王公分别前来觐觐；朝鲜、琉球、安南等藩邦属国也都遣使觐贡。在内外上下的一片颂扬声中，乾隆皇帝也觉得飘飘然。就在他陶醉于自己即位以来的统治成就的时候，大量的帑藏银两、缎匹一下子经由他手赏赐给了前来祝嘏的臣下和外藩使臣。

七旬万寿庆典使得乾隆皇帝大为开怀。为了满足自己的侈大心理，乾隆五十二年八月，刚过七十七岁寿辰，乾隆皇帝即正式颁布谕旨，命令臣下照历次皇太后万寿庆典之例筹办自己的八旬万寿庆典。乾隆五十三年三月，又专门成立了由军机大臣阿桂、和珅等共同参加的筹办八旬庆典的领导机构。为了筹集庆典资金，和珅等人欺上压下，除向商众大事勒索之外，还令全国大小官员各捐廉俸。与此同时，各种庆典准备活动也先后着手进行。首先是动工将紫禁城、圆明园所有建筑和京城至西山一带全部道路一律重加修整。在这些工程正在紧张施工的时期,北京至承德之间的路面点缀工程也开始着手进行。而后不久,各省督抚又循例遣人进京,对分派地段进行布置。为了将庆典办得隆重盛大,乾隆皇帝除下令开恩科乡、会试之外,还于五十五年正月颁布诏旨,再行普免全国钱粮。当年七月,万寿庆典首先在热河避暑山庄拉开帷幕,哲布尊丹巴呼图克图等宗教领袖,西藏、回部、蒙古、金川、台湾等少数民族贵族头人,朝鲜、安南、缅甸、琉球、哈萨克、南掌等国使臣一齐向乾隆皇帝叩祝万寿无疆。而后,连日赐宴、观剧,赏赉不绝。八月上旬,乾隆皇帝进京,庆典活动进入了高潮。八月十二日,在乐队所奏的万寿衢歌乐声之中,乾隆皇帝在子孙曾玄和文武千官的簇拥下自圆明园起驾进城。一路之上,"夹道左右,彩棚绵亘,饰以金碧锦绣",较之历次皇太后万寿庆典的布置更为壮丽。乾隆皇帝高兴之余,将白花花的银子像流水一般颁赐给迎驾的"老民、乐工、承应匠役人等"。当日,大宴重华宫。子孙曾玄百数十人彩衣作舞,奉觞上寿。次日,万寿节。乾隆亲御太和殿,接受宗室、满汉文武大臣、边远土司和外藩使臣的朝贺。而后,所有人众分作两处举行大宴。万寿节后,一连十来天,观剧之外,就是游幸香山和圆明园。这时,乾隆皇帝历数汉唐以来,帝王寿登八旬者只有梁武帝、宋高宗、元世祖三人,不是偏安之君,就是未见五代,只有自己统治全国,固若金汤,曾玄绕膝,五世同堂。看着这些,乾隆皇帝感到无限的满足与快活。

万寿庆典之外,两次千叟宴也值一述。乾隆皇帝四十九年三月,乾隆皇帝决定踵至康熙皇帝故事举行千叟宴。"凡内外文武官员年在六十以上者,皆与赐宴之列。"为此,成立了一个由皇六子永瑢、阿桂、金简等共同负责的内务府办理千叟宴事务处,全面负责千叟宴筹备事宜。当年十月,乾隆皇帝正式颁布谕旨,定于来年正月初六在京举行千叟宴盛典,"用昭我国家景运昌期、重熙累洽、嘉与中外臣民耆老、介祉延禧之至意"。与宴人数渐次增加到三千六百人,与宴人物也由原来的内外文武官员扩大到各国使臣、边地土司、出痘的蒙、回两部王公和地位较卑而又年过七十的耆老士民、八旗兵丁、拜唐阿以及匠役人等。所有与宴人员名单,经过乾隆皇帝批准,均由军机处正式行文各省通知与宴人员于年底封印以前进京。这样从十一月初开始,各省与宴官吏士民先后就道,北上进京。届期,与宴人员齐集乾清宫,按班序列,俟乾隆皇帝升座,乐声大作,与宴人员一齐向乾隆皇帝行三跪九叩大礼,然后各入座次,宴会正式开始。席间,乾隆皇帝频命皇子、皇孙、皇曾孙等分别向与宴人员执爵敬酒。其中年过九十者,还招至御座前,由他亲赐卮酒。此时,乾隆皇帝想起康熙六十一年新正千叟宴时自己遵命向老臣执爵敬酒时的情形,眼见当下千叟宴的空前盛况,喜不自胜,乐不可支,诗兴大发,当即挥毫成诗一首,诗云:"抽秘无须更骋妍,惟将实事纪耆筵;追思侍陛髫垂日,讶至当轩手赐年;君酢臣醻九重会,天恩国庆万春延,祖孙两举千叟宴,史册饶他莫并肩。"此番宴罢,乾隆皇帝兴犹未阑。乾隆六十年十一月,在宣布次年归政的同时,他又决定在嘉庆元年正月再举千叟宴。以庆祝他六十年来的文治武功和嘉庆皇帝登基。据史载,此次与宴人数多达五千九百人,较之上次几乎翻了一番。偌大的皇极殿和宁寿宫座无虚席,席面上堆满了金杯玉碟、山珍海味、名酒佳肴。总计两次盛宴,备办宴席近两千桌。而且,宴会之时,乾隆皇帝亲自向与宴臣民赐酒赐诗,之后又各颁如意、寿杖、缯绮、貂皮、文玩、银牌等物。其中之银牌,依据受赐者年龄而自十五两至三十两不等。连同其他赏赐开销,不下数百万两之多。

在这些浮夸、挥霍行为达到顶点之际，乾隆还发明了一套歪理论。他多次宣称，天地生财止有此数，不散于下，则聚于上。按照他的这个逻辑，他的这些挥霍行为不但无害，而且有益于穷民。就在这套歪理论的指导下，几十年中广大劳动人民用汗水积攒起来的巨额财富，经由他手而付之东流，并且还一直弄到了国库空虚、民穷财尽的地步，乾隆皇帝的任情挥霍给国家和人民都带来了巨大的灾难。

三

随着乾隆皇帝大头症的恶性膨胀，他的拒谏饰非的毛病也愈益严重。本来，从乾隆三十年代始，清朝政治即已脱离了康、雍年代向上发展的轨道，至乾隆五十年代，更因乾隆皇帝年迈、怠于政务而愈益废弛，整个社会危机四伏，险象丛生。再加上有和珅的装点粉饰，下有各级官员报喜不报忧，竟使乾隆皇帝对腐败现象视而不见。对此，窦光鼐、尹壮图等个别官员实在看不下去，大着胆子说了两句老实话，谁料乾隆皇帝竟黑白不分，是非不辨，大为恼火，窦、尹两人也差点儿为此丢掉了前程。

窦光鼐是乾隆七年进士，因为不谙官场吹拍之术，多次受到乾隆皇帝的严厉申斥，仕宦五十多年，仍在学士、侍郎、学政等职务上晃来晃去。乾隆四十六七年时，浙江先后发生了王亶望和陈辉祖两起贪污大案，全省钱粮亏空高达一百三十多万。为此，乾隆皇帝在处死王、陈的同时，限令浙省各级官员一年内将亏空全行补齐。然而因为吏治腐败，四五年后，全省亏空不但没有补齐，反而有愈益严重之势。因此，乾隆五十一年时，乾隆皇帝又派尚书曹文埴、侍郎姜晟等前赴浙省，清仓查库。得知中央派员清查消息，浙江巡抚福崧以下大小官员闻风而动，一方面借机向百姓摊派加征，一方面用重金收买清查官吏。其中，最为无耻的是平阳县知县黄梅。当时，他的母亲刚刚死去，他不放过这个借机勒索中饱的好机会，不但匿丧不报，反而以为母庆祝九十寿辰为借口，在府演戏，收受贺礼。在此同时，他还明目张胆地印发编号田单、印票、借票、收帖等，上注花户姓名及摊征银两，发往各村，按亩派捐，"每田一亩，捐大钱五十文"，勒令乡民交纳，连同前此贪污所得，总数不下二十多万两。时任浙江学政的窦光鼐得知此事，立即上书乾隆皇帝，予以揭发。除此之外，他还将闽浙总督富勒浑、浙江布政使盛柱以及永嘉县知县席世维、仙居县知县除延翰等人贪污钱财的罪恶事实一并检举。这就触动了浙江官场上的关系网。为了报复，以新任浙江巡抚伊龄阿为首，所有贪官污吏通通联合起来共同对付窦光鼐。他们一方面互相包庇开脱，以使调查无法深入；一方面歪曲事实真相，罗织罪状，对窦光鼐反咬一口，一直告到乾隆皇帝那里。众口铄金，眼见控告窦光鼐的奏折如同雪片一样飞来，使得乾隆皇帝极为恼火，置贪官污吏于不问，反而对窦光鼐严加申斥，指斥他"不顾污人名节，以无根之谈，冒昧陈奏，实属荒唐"。此后不久，他又以窦光鼐此举"煽惑人心，以启生监平民人等讦告官长、效尤滋事之风"将其革职拿交刑部治罪。一时之间，浙省贪官弹冠相庆。但是，就在窦光鼐行将被逮之际，在平阳县人民的支持下，两个秀才冒着生命危险敛取了黄梅非法摊派的票据两千多张，悉数交予窦光鼐。窦光鼐持有证据在手，当即呈报乾隆皇帝。在这些铁证面前，为防引起民变，乾隆皇帝才不得不将窦光鼐释放，转而装模作样地惩治贪官。

尹壮图是乾隆三十一年进士，乾隆五十五年时，任内阁学士兼礼部侍郎。眼见朝政日非,尹壮图心中甚为忧虑。当年十一月,他上书对乾隆皇帝处分官吏时往往以罚缴巨额银两代替行政处分的做法提出了批评。在此同时,他还揭露,"各省督抚借罚银为名,派累属员,致仓库多有亏缺"。一个小小的内阁学士,竟敢对他的政策进行批评,这使乾隆皇帝极为反感,当即责令尹壮图将所指具体人事再行复奏。为此,尹壮图在复奏时又进一步指出,"各省督抚声名狼藉,吏治废弛,经过各省地方,体察官吏贤否,商民半皆蹙额兴叹。各省风气,大抵皆然"。为了证实自己的这种说法,他要求乾隆皇帝简派满洲大臣和他一起密往各省盘查亏空。当时,乾隆皇帝刚刚度过自己的八旬万寿,传到耳中的全是一片颂扬之声。因而,尹壮图的这一奏疏,不啻是给他泼了一瓢冷水,使得乾隆皇帝大为光火。他怒气冲冲地说:"朕临御五十五年,子惠元元,恩施优渥,普免天下钱粮四次,普免各省漕粮二次,为数何啻万万。倘遇水旱偏灾,不惜千百万帑金,补助抚恤,赈贷兼施。部屋穷檐,共沾实惠,凡身被恩膏者,无不家喻户晓,小民等具有天良,方将感戴之不暇,何至蹙额兴叹,相聚怨咨。""乃尹壮图忍为此蹙额兴叹之言,直似方今天下,民不聊生,不特诬及朕躬,并将亿兆黎民爱戴惆忧,全为泯没。"为了对尹壮图进行惩罚,乾隆皇帝令其自备廪给与侍郎庆成前往山西、直隶、山东、江苏等地盘查仓库。所至之处,庆成则大吃二喝,游山玩水,以待当地官员挪借完毕,始令尹壮图前往盘查。因而查来查去,一点问题也未能发现。尹壮图不得不违心地上书乾隆皇帝,自认愚妄之罪。这时,乾隆皇帝又对尹壮图横加指责。"使小民等受我朝百数十年深仁厚泽,尊亲爱戴之忱,尽行泯没,竟将熙嗥之民,诬为朝不谋夕之状,则莠言惑众,其罪实无可解免。"盘查完毕还京,即将其逮下刑部治罪。不久,又将其革职留任,以示惩戒。出完了这口恶气,乾隆皇帝的情绪方才平静下来。

乾隆虽对窦光鼐、尹壮图二人大为光火,严厉惩罪。其实,作为两个封建官吏,窦光鼐、尹壮图所揭露的尚远非当时全部实际情况。由于政治黑暗、吏治腐败,兼之以土地兼并空前剧烈,天灾横行,不但卖儿鬻女、逃荒要饭者比比皆是,甚至人吃人的惨剧也时有发生。如果他们将这些也揭露出来,乾隆皇帝如不将他们治罪处死,那才怪呢。

四

乾隆晚期,各级官员贪污国帑,出现了严重的财政亏空。李侍尧案发,同时也暴露了云南财政亏空问题,和珅等人报告"云南通省吏治败坏,闻各府州县多有亏空之处,必须彻底详查,清厘积弊"。乾隆则说:"朕不忍穷究,聊开一宽容之路",让各州县官自行弥补完事。

四十七年(1782年),御史钱沣揭露出山东巡抚国泰、布政使于易简勒索州县官员,致使州县仓库亏空。乾隆首先表示不愿"复兴大狱"。当查出国泰勒索银八万多两,属员趁机上下其手,通同作弊,造成全省普遍亏空时,乾隆要求只查钱沣所参劾的历城、章邱、东平、益都四州县,"至通省州县之亏空,人数众多,且出自国泰之抑勒,朕实不忍似甘省之复兴大狱"。他要法外施仁,让各州县地方官用二至三年时间,"自行弥补"。

由于乾隆的纵容及和珅的包庇,当时官场聚敛成风。四十年(1775年)以后,因贪赃被公开判罪的除前面提到的两广总督李侍尧、陕甘总督勒尔谨、浙江巡抚王亶望、闽浙总督陈辉祖、山东巡抚国泰之外,督抚一级的贪官还有直隶总督杨景素、安徽巡抚闵鹗元、浙江巡抚福崧、江西巡抚郝硕、闽浙总督伍拉纳、福建巡抚浦霖、闽浙总督富勒浑、雅德等人,贪官之多,令人侧目。乾隆对数额巨大的不得不绳之以法,以平民愤,多数仅以罢官了事。

有些贪官,还受到乾隆的信用。湖广总督毕沅与湖北巡抚福宁、布政使陈淮,三人朋比为奸。毕沅性格迂缓,不以公事为务;福宁天资阴刻,广收贿赂;陈淮专门摘人瑕疵,务使属官倾囊解橐以赠,然后得免。故当时湖北民谣称"毕不管,福死要,陈倒包"。据说是形容"毕如蝙蝠,身不动摇,惟吸所过虫蚁;福如狼虎,虽人不免;陈如鼠蠹,钻穴蚀物,人不知之"。然而,乾隆毫不察觉,称毕沅是"素能办事者"。

有一个学者出身的官僚,未做官前曾为一富户的私塾先生,每次进入富户家时,"必双手作搂物状",有人问他为什么这样,答道:"欲将其财旺气搂入己怀也。"他当官之后,拼命聚敛财富。又有人问他:

"先生学问富有,而乃贪吝不已,不畏后世之名节乎!"

"贪鄙不过一时之嘲,学问乃千古之业。余自信文名可以传世,至百年后,口碑已没而著作常存。"

他作如是回答,早已把"文官不爱钱"的古训抛到九霄云外去了。

由于惩贪禁而不止,和珅在乾隆的同意下,制定了"自请认罪银"条例,只要交上银两若干万,就可以免于处分。贪官污吏们更加无所顾忌了。

五

正当乾隆自鸣得意,陶醉于大清帝国的升平盛世、物阜民丰的时候,广大人民群众的生活情况已经开始急剧恶化。

进入乾隆四十年代以后,人口与土地的矛盾更加突出。一些地主阶级知识分子已经开始意识到这个问题,并且探索解决的途径。

耕地是农业生产最基本的条件。在自给自足的封建小农经济中,如果不能维持必要的人均耕地面积,不仅简单的再生产无法维持,劳动者的生存都难以保证。乾隆后期著名学者洪亮吉说:"岁计一岁一人之食,约得四亩。"就是说按照当时生产水平,人均耕地达到平均四亩,方能维持生活。三十一年(1766年),全国土地面积为七亿四千一百多万亩,人口为二亿八百多万人,人均耕地只有三亩多。这个数字不是非常可靠,但是反映了按照洪亮吉"岁得四亩"的标准来看,已经明显不够。

乾隆执政前期,尚肯正视人口增长与土地不足的现实,采取开垦山荒河淤,移民边疆,减免零星土地租税等措施,使这个问题有所缓和,还促进了边疆地区的农业发展。但晚年他说:

欲使家给人足,比户丰盈,其势断有所不能。若如经生迂腐之见,拘执古制,均其田亩,限其服制。必致贫者未富,而富者先贫,扰累纷纷,适以酿乱。

他的这种态度,更加助长了日益上升的土地兼并趋势。

乾隆后期,由于土地不足反而刺激了地主占有土地的强烈欲望。俗有"百年土地转三家"之谚,"今则不然,农民日惰,而田地日荒,十年之间,已易数主"。地价也大幅度上涨,顺治年间,江南地区每亩上等土地价格为二三两银子,至乾隆中期已达十余两。粮食价格,乾隆初每升米十余文,五十年(1785年)后,每升达到三十文左右。和珅本人占有土地八千顷以上,他的家人刘全和马某也占有六百余顷。

封建剥削不断加重。随着商品经济的发展,各地有漕粮省份都拒收本色,改征折色,即由征米变为征银。贪婪的地方官任意浮收,有一石加至数斗者,若遇军需,滥征加派尤为严重。五十七年(1792年),乾隆在出巡途中,遇到湖南凤凰厅生员刘大鸿等人告状,称湖南地方官借采买兵粮为名,"每田一亩,连加耗实需出谷九斗三升",地方官给价时,"每谷一斗,仅发官价五分,贫民逃避不前,辄票差花户锁押"。半年之后,步军统领衙门又向乾隆报告:陕西蒲城县监生马廷璇来京呈控该县匿灾不报,"又借军需为名,雇觅骡头,科派铺户银钱,及藉修文庙,累及闾阎"。吏治败坏,加重了人民的苦难。

晚年的乾隆,喜听逢迎之词。四十五年(1780年),他正踌躇满志地准备庆祝七十大寿,湖北地方官福川因为水利失修,安陆城外富民河久经淤塞,奏请疏浚。乾隆听罢,不分青红皂白地指责此举为"沽名""不惟虚糜帑项,且徒劳民力",下令将他交部严加议处。在这种情况下,有些地方官为了保住官职,往往匿灾不报。

四十九年(1784年),乾隆最后一次南巡。巡幸大队人马途经德州时,直隶广宗县民人李知止在路旁"叩阍"陈事,请求"兴修河道工程"以减轻水患。乾隆对此根本不予考虑,反而大骂李知止"希图获利",令直隶总督将其治罪。

自然灾害频繁发生。乾隆后期,由于吏治败坏,尽管每当发生灾害,乾隆也宣布调拨物资前往赈济,但经手办赈的地方官吏却于赈济册内,"多加人口,及领银散赈,又减户拨给从中侵蚀银两,使赈灾徒有虚名。

五十年(1785年)春夏之交,江苏、河南、山东及安徽大旱,农民种不上地,吃不上饭,"灾氓嗷嗷待哺"。山西介休、汾州、霍州、平阳、绛州、浦州久旱无雨,"百姓多刨挖野菜,采取榆钱充食"。

广大群众不甘心忍受欺压,各种不同形式的反抗斗争日趋活跃。如浙江乌青地方赁田之佃户,"小涉旱涝,动辄连圩结甲,私议纳数。或演剧以齐众心,或立券以为信约。侦有溢额者,黜者遂群噪其家"。佃户有组织的力量,迫使地主不敢滥增租额。

四十三年(1778年),浙江嵊县又爆发了王开经领导的"纠众抗粮"事件。当巡抚王亶望向乾隆奏报后,乾隆急忙谕令务必严厉镇压,对于"复敢纠集多人,将该县殴辱"的首犯决不轻贷。此事刚被平息,安徽合肥县又爆发了夏瑶江领导的"饥民抢米"风潮。饥民们不但"殴伤弓兵",而且对"客贩驮米下船,邀众拦阻",最后形成聚众强行抢米,打伤巡检,"逼写字据"的事件,斗争是相当激烈的。

次年(1779年)春天,直隶井陉县民发生聚众抗官的斗争。井陉知县周尚亲采买粮食"抑勒米价",粮价每石九钱三分,竟只发六钱,"余银入己",还以修庙、修桥为名"派钱累民"。村民在李望春、梁绿野等领导下赴正定府告状,而直隶总督周元理却袒护贪官,使事态继续扩大。乾隆唯恐这种群众性的风潮在北方蔓延,一面急令地方官相机劝抚,一面急派额驸福康安前赴正定弹压,并将引起众怒的直隶总督周元理革职,才勉强把这场斗争平息下去。

第九章　名帝之死

一

　　乾隆皇帝二十五岁登基，处处以皇祖康熙为楷模，理刑处政都以康熙圣训为金科，甚至一言一行都效仿他的祖父。

　　乾隆还多次表示，若蒙苍天保佑，能执政六十年，就立即将皇位传给儿子，不敢超越皇祖执政六十年的年限。

　　时光荏苒，乾隆的话不想很快需要兑现了。乾隆六十年（1795年）九月初三这一天，高宗在勤政殿召见皇子皇孙及王公大臣，宣布立皇十五子嘉亲王永琰为皇太子，以明年为嘉庆元年。他还命令将"永"字改为"颙"字，取吉祥宏大之意，希望他的继承人发扬康乾盛世的光辉，普照天下万民。

　　丙辰（1796年）年元旦，经过几个月的充分准备，这一天终于迎来了授受大典，也就是传位仪式。嘉庆陪同太上皇先到奉先殿堂子行礼，随后遣官祭告太庙，再后即举行正式仪式。只见乾隆在太和殿，亲自将金光闪闪的皇帝玉宝交给嘉庆皇帝，嘉庆帝双膝跪地，头微垂，用双手接过父亲手中的玉玺，群臣高呼"万岁"，太上皇受贺结束后回宫，嘉庆帝正式即位，接着又是群臣祝贺。嘉庆帝又将太上皇颁写的传位诏书颁行天下，并对有功人员予以封赏。整个仪式完成。这一年，乾隆已八十六岁高龄，嘉庆帝已进入成年，三十七岁。

　　乾隆当了太上皇后，按年龄及以往朝代的规制来说，就应颐养天年，不再处理政事了，更何况新皇帝已不是个孩子，完全有力处理国家大事。但乾隆人老心不老，他在退位前及退位后多次说自己身体很健康，仍能处理大事。如乾隆四十三年（1778年），他发了一道谕旨，表示到期传位，但紧接着又为自己将来训政大造舆论，他说："朕今年春秋六十八，康强一如往时，自然应该代替上天爱养百姓，治理百官，以不负祖宗的重托。现在距乙卯年（即乾隆六十年）还有十七年，为日还长，我怎么能有息肩（即休息、退休之意）之想法呢？如果朕的精力始终这样旺盛，每天都很勤勉，这不正遂了朕的意愿，这难道不是很好吗?!"

　　乾隆六十年（1795年），高宗在传位诏书中对后事做了种种安排后，紧接着又宣布："朕仰承上天保佑，身体健康，一日不至倦勤，一天也不敢怠倦。归政后，凡遇有军国大事，及用人行政等大端，岂能置之不问，仍须朕躬亲指教。至于嗣皇帝，只能朝夕聆听训谕，将来知道有所秉承，不致出现差错，这难道不是国家的大福？"他认为颙琰统治经验不足，还须学习。但颙琰也不是无事可做，乾隆觉得自己年近九旬，对于登降跪拜等礼节，已经做得不很好了，因而须将"郊、坛、宗、社诸祭祀"的行礼事交给颙琰来做，也算"人尽其材"。乾隆还命令部院衙门及各省题奏章疏，甚至连引见文武官员等寻常事也要"嗣皇帝一同披阅"，以便效法乾隆的所作所为。

　　乾隆不服老，实际上是不愿放弃权力。因而直到他死也没有离开养心殿。

　　早在乾隆三十七年（1772年），高宗就在宫中外东路兴修宁寿宫，作为归政之后当太上皇时的休养之所。但乾隆退政后,并未真的归政休养,而是改归政为训政,这就为他继续留住养心殿找到了理由。按清代礼制,皇帝退位之后,应该迁出养心殿,移居宁寿宫,而让新皇帝移居养心殿,即使训政也应如此。但乾隆不愿离开养心殿,让嘉庆居住在毓庆宫,他提出两点理由:一是"寝兴六十养心惯",就是说,即位之后居养心殿已六十年了,最为安全吉祥。一切照旧,应当继续居住养心殿,诸事便利。二是"己便兼亦欲人便",也就是说,养心殿在乾清门西边、遵义门之内,向来召见王公大臣、六部九卿及引见官员等,便由乾清门进,趋走甚近,若在宁寿宫则相距较远,不便利。乾隆还一再声明,自己年近九旬,若将来幸越期颐或稍觉倦勤,即当迁居宁寿宫。但他并没有这样办,最后仍死在养心殿寝宫。

太上皇帝大权不放,事事让嗣皇帝嘉庆学习效法,这可难为了嘉庆。在乾隆去世前的三年间,嘉庆仁忍坚耐,韬光养晦,确有帝者之风。据朝鲜《正宗实录》记载,嘉庆元年(1796年)三月十二日,朝鲜国王召见朝鲜赴大清国进贺使李秉模等人时,询问太上皇及新皇帝有关情况,再现了当时的真相。朝鲜国王问李秉模说:"太上皇精力还好吗?"李答:"还好!"又问:"新皇帝仁孝诚勤,誉满四方,是这样吗?"秉模回答说:"状貌和平洒落,但每天宴戏不止,坐在太上皇一旁,太上皇喜他也喜,太上皇笑他也笑。于此可知大概了。"李秉模接着报告说:"太上皇帝派和珅阁老对我们宣旨说:'朕虽然归政,大事还是我办。你们回国问国王平安,道路远,不必派人来谢恩。'太上皇虽然把持大政不放,使儿皇帝变成木偶一般,但已经年近九十岁的人了,记忆力明显衰退。书状官洪乐游报告朝鲜国王说:"太上皇帝容貌气力,不很衰老,但却健忘异常,昨天的事今天就忘,早晨施行的晚间就没有了。所以他身边的人都无所适从,一任和珅解释。新皇帝平时与临朝时,总是沉默寡言,异常持重,喜怒也不形于色。但开经筵时,却虚已听受。"偌大一个帝国,由一个年近九旬的老人统治着,不能不说是一种悲哀。

为了不让嘉庆帝操持政权,和珅出主意,让嘉庆帝每天陪太上皇看戏游乐。当时白莲教起义遍及川、楚、陕几省,清军禁旅大战疆场,天下已无太平可言,而出于权力旁落的恐惧心理,乾隆帝让自己的儿子陪着自己每日嬉戏不止,这无论如何也是说不通的。康乾盛世终于走到了它的尾声。

二

从嘉庆三年(1798年)开始,太上皇显得很疲倦,史书上记载他"心体焦劳,因勤政导致积劳成疾",有时身体好一些,又"训政不倦,召见臣工如往常一样"。到了嘉庆四年(1799年),在太上皇身边的臣仆都知道:太上皇要龙驭上宾,升天了。正月初一,新年第一天总还算平安。第二天早晨,乾隆还盼望着前方送来胜利的捷报,并写下了生平最后一首诗:

> 三年师旅开,实数不应猜。
>
> 邪教轻由误,官军剿复该。
>
> 领兵数观望,残赤不胜裁。
>
> 执讯速获丑,都同逆首来。

当天晚上,弘历病危,紧急召见嘉庆。看着年近九旬的老父亲就要离开他手创的

"乾隆盛世",离开大清帝国,虽已成年的嘉庆帝仍止不住流泪。弘历示意儿子靠近些。嘉庆跪着向前挪了几步。太上皇已经不能说话,但他神志仍然很清醒。他拉着儿子的手,多次把头和目光移向西南。嘉庆明白父亲的心情,哭着说:"父皇请放心,儿臣一定尽早平定西南'叛匪',父皇等着捷报吧!"乾隆听了儿子这番话后,安详地点了点头,闭上了双眼,永远地离开了他依依不舍的人间,这时时间已指向正月初三的凌晨。

根据乾隆帝临终面谕"万年以后,当以称'宗'为是",嘉庆帝为太上皇上庙号,称为"高宗"。

乾隆病逝的同一天,他的遗诏在全国发布,对自己的一生作了如下评价:

"朕自从即位以来,一天比一天谨慎。当承继祖父开创平和局面时,不敢有更高的奢望。我觉得帝王的德性,只在敬崇上天,效法祖宗,勤于政事,体爱民众这四个方面,而这四方面,知道并不难,难的是做起来难。几十年来恭恭敬敬,虔虔诚诚,每次郊坛祭祀,都亲自拜往,不因为年龄日高而稍有安逸之念。中间四次到盛京(沈阳)拜谒祖宗陵寝,回首创业的艰难,更加体味到守成的不易。万机事理,都躬亲披揽,宵旰沥胆,忘记疲劳,引见臣僚,批答奏章,一天也没有间断过。各省雨水丰歉,时刻不忘。共六次南巡江浙,考察河工海塘,关怀民疾,如保赤子。五次普免天下钱粮,三次普免南方漕粮,二次免除积欠,遇到水旱等灾,又免又赈济,总计不下亿万万,只希望百姓富足,国家安定。仰赖上天祖宗保佑,海宇升平,疆域扩充,平定伊犁、回部、大小金川,缅甸来朝,安南臣服,以及底定廓尔喀,舟船车马所到之处,无不举手称臣。凡这些战争,都是不得已而用兵……"

乾隆遗诏,如果就乾隆五十年以前的国内局势而论,大体上还是恰当的。乾隆初期中期,的确做到了国强民富,"全盛之势",但到了乾隆晚年,形势已大有变化。遗诏有符合实际的一面,也有讳过扬功之处,无法据此对他的一生功过做出全面评价。

嘉庆四年(1799年)九月,创造清代史的"全盛之势"的乾隆帝,葬于河北遵化马兰峪裕陵。

弘历登极的第七年便开始为自己营造陵墓,最初打算和他父亲雍正的陵墓在一起,定在河北易县西永宁山下的西陵,并已选好了穴位。后来,为使东、西两陵"香火并续",又改选了东陵。建陵时,正值清王朝国力鼎盛,财富积累颇多,所以整个工程耗银也很多,达二百余万两。其中地宫规模浩大,仅用在汉白玉雕刻上就达八万个工。裕陵地宫是九券四门无梁柱的拱券式石结构建筑,券顶和四壁雕刻着四大金刚、五方佛、五欲供。内壁上刻有三万多字的梵文和番文经咒。地宫四道石门的八扇门上各雕刻着四大天王座像。地宫最后的部分,即主要的墓室,正中宝床上停放弘历的金棺,东侧为两位皇后(孝贤皇后和嘉庆帝的母亲孝仪皇后)的灵棺,两侧为三位皇贵妃的棺椁。

乾隆去世,嘉庆亲政。他立即动手剪除和珅集团。

乾隆晚年,和珅窃取了愈来愈大的权力。他把自己的党羽吴省兰、李潢、李光云等都安插在部院侍郎、卿等要职,把持枢廷,事多专决。军机处记名人员,他可以擅自撤换。嘉庆二年,首席军机大臣阿桂病死,由和珅接替。他"乘高宗(乾隆)昏耄,颇有挟太上皇以号令皇帝(嘉庆)之势"。和珅居然擅改成章,用印文传示各部院衙门及各直省督抚,给皇帝的奏折,必须另缮写一份,封送军机处。军机大臣王杰、董诰虽受乾隆器重,但因不肯附和和珅,受到排挤。嘉庆三年,董诰丁母忧毕还京,和珅"遏不上闻",以致乾隆多次责问"董诰何时来",直至乾隆一次出宫,见道旁跪着董诰,才发现这位军机大臣。和珅一手遮天,竟至于此。他甚至敢于借口腿疾,骑马直进皇宫左门,过正大光明殿,"乘坐大椅桥抬入大门,肩舆出入神武门"。乾隆所批谕旨,和珅可以"因字迹不甚识,将折尾裁下,另拟进呈"。和珅得意忘形,把君臣尊卑之别,全然置之不顾。当然,和珅也明白,乾隆年事已高,能否控制住未来新皇帝,对他至关重要。乾隆六十年(1795 年)九月二日,当他得知皇帝要立永琰为太子时,抢先给永琰"先递如意,漏泄机密",以讨好新主子。他还对嘉庆不放心,多方阻止嘉庆的亲信升擢。传授大典举行过后,乾隆本打算调永琰的老师、两广总督朱珪入阁。永琰作诗向老师祝贺。事被和珅侦知,他向乾隆密告:"嗣皇帝欲市恩于师傅。"乾隆遂罢朱珪之召。和珅还把心腹吴省兰安插在嘉庆身边,"与之录诗草,觇其动静",实为坐探。三年(1798 年)春,嘉庆颁谕将于冬季举行大阅之典,和珅竟通过乾隆降敕,"现在川东教匪虽将次剿除完竣,但健锐营、火器营官兵尚未撤回,本年大阅著停止",公然拂逆未来天子的意志。

对于和珅骄横跋扈,嘉庆内心憎恨,但是表面上却十分恭谨,"凡于政令,惟和珅是听,以示亲信,俾不生疑惧",甚至扬言自己要倚和珅治天下。嘉庆的韬晦策略,麻痹了和珅,使和珅对未来有了安全感。因此,他把乾隆病危消息,只是当作新闻,"出向外廷人员叙说,谈笑如常",他做梦也没想到,乾隆去世,自己的末日也来临。

乾隆去世当天,嘉庆就把和珅强行软禁起来,名义上任命和珅与成亲王永瑆、大学士王杰、尚书福长安等负责办理丧仪,但要求和珅、福长安"昼夜守直殡殿,不得任其出入"。正月四日,在斥责征剿白莲教不力的诏书中,嘉庆矛头直指军机大臣,"内而军机大臣,外而领兵诸将,同为不忠之辈",指责对象当然是首席军机大臣和珅。五日,嘉庆宣布御门听政,决定"于用人行政一切事宜,皆得封章密奏",把政治权力收归手中。他还同时表示要效法先帝,"以求言为急务",不能仅听"一二人之言"。嘉庆这些举措,实际上是向内外廷臣发出向和珅开刀的信号。于是御史广兴、郑葆鸿,给事中广泰、王念孙等,相继上疏弹劾和珅。八日,嘉庆下令逮捕和珅、福长安,并宣布嗣后一切陈奏事件,"俱应直达朕前,俱不许另有副封关会军机处。各部院文武大臣亦不得将所奏之事,预先告知军机大臣"。同时,任王杰为首席军机大臣,命成亲王永瑆、前任大学士署刑部尚书董诰、兵部尚书庆桂等为军机处行走,命仪亲王永璇总理吏部,永瑆总理户部,调兵部尚书郭庆桂为刑部尚书。驰驿安徽,调巡抚朱珪入京直尚书房。山东巡抚伊江阿得知乾隆去世,驰驿赴京递送奏折,被嘉庆派人截获。伊江阿奏折内附有给和珅书信,劝和珅"节哀",而于嘉庆"无一字提及"。嘉庆气愤之余,将伊江阿发配伊犁。嘉庆还把和珅集团中主要人物左都御史吴省兰革职回籍,侍郎李潢降为编修,太仆寺卿李光云以原品休致,大学士苏凌阿罢官去看守乾隆陵墓裕陵。十五日,嘉庆宣布和珅二十二条大罪,十八日赐和珅自尽,福长安斩监候,被押往和珅监所,跪视和珅自尽后,再押回狱,秋后处决。嘉庆还查抄了和珅"累至数十百万"的家产。

大学士王杰在惩治和珅后上疏总论各省亏空的严重及其原因时,作了这样的总结:

……惟是积弊相沿,有积重难返而又不可不亟加整饬者。一,各省亏空之弊,起于乾隆四十年以后,州县有所营求,即有所愧送,往往以缺分之繁简,分贿赂之等差。此等赃私初非州县家财，直以国帑为夤缘之具，上司既甘其饵，明知之而不能问，且受其挟制，无可如何。间有初任人员天良未泯小心畏咎，不肯接收，止司转为之说合，懦者千方抑勒，强者百计调停，务使之虚出通关而后已。一县如此，通省皆然，一省如此，天下皆然。于是大县有亏空十余万者，一遇奏销，横征暴敛，挪新掩旧，小民困于追呼，而莫之或恤，靡然从风……

　　各省驿递（裁归州县后）…于是使臣乘骑之数日增一日，有增至数十倍者，任意随带多人，无可查询。由是管号、长随、办差、书役乘间需索，差使未到，火票飞驰，需车数辆及十余辆者，调至数十辆、百余辆不等。骡马亦然。小民舍其农务，自备口粮草料，先期守候，若不堪言……至于州县之耗帑，又有无可如何者，差使一过，自馆舍铺设，以及酒筵，种种糜费，并有夤缘馈送之事，随从家人，有所谓钞牌礼、过站礼、门包、管厨等项，名目甚繁，自数十金至数百金，多者更不可知，大抵视气焰之大小，以为应酬之多寡。其他如本省之上司及邻省之大员，往来顿宿，亦需供应，其家人藉势饱欲，不餍不止，而办差长随浮开冒领，本官亦无可稽核。凡此费用，州县之廉俸不能支，一皆取之库帑，而亏空之风又以成矣。

　　嘉庆帝颙琰在几次谕旨中，对和珅定了二十二条大罪，很能反映和珅贪婪专权及其祸国殃民之情。大致说来，有这么一些：一、于乾隆六十年九月初三日册立皇太子之前一天，和珅向颙琰"先递如意，泄漏机密，居然以拥戴为功。二、见帝时，骑马直进圆明园左门，过正大光明殿，至寿山口，"无父无君，莫此为甚"。三、借称腿疾，乘坐椅轿抬入大内，肩舆出入神武门。四、娶出宫女子为次妻。五、延搁军报，有心欺蔽，致征剿白莲教之军务日久未竣。六、乾隆帝病重时，其"谈笑如常，丧心病狂"。七、帝带病批谕字画，间有未真之处，其竟胆敢口称不如撕去，另行拟旨。八、将户部事务一人把持，变更成例，不许部臣参议字。九、隐匿不办抢夺达赖之商人的"番人"。十、不批准蒙古王公来京祭悼皇父。十一、大学士苏凌阿老迈难堪，因系其姻亲，竟隐匿不奏，侍郎吴省兰、李潢、太仆寺卿李光云皆曾在其家教读，"并保列卿阶，兼任学政"。十二、军机处记名人员，其竟任意撤去，"种种专擅，不可枚举"。十三、其家所盖楠木房屋，"僭侈逾制。其多宝阁及隔段式样，皆仿照宁寿宫制度。其园寓点缀，竟与圆明园、蓬岛、瑶台无异"。十四、其蓟州坟茔，竟设立享殿，开设隧道，"附近居民有和陵之称"。十五、家内所藏珍宝甚多，其中珍珠手串竟有二百余串，较大内多数倍，大珠较御用冠顶还大。十六、那些本不应戴宝石顶，却藏有真宝石顶数十个，整块宝石不计其数，且有内府所无者。十七、家内银两及衣服，数逾千万。十八、夹墙藏金二万六千余两，私库藏金六千余两，地窖内埋银百余万两。十九、以首辅大臣与小民争利，附近通州、蓟州地方均有当铺钱店。二十、其家人刘全家产多达二十余万，且有大珠及珠珠手串，"若非（和珅）纵令需索，何得如此丰饶"。二十一、和珅私藏皇上才能服用的正珠朝珠一挂，"往往于灯下无人时私自悬挂，临镜徘徊，对影谈笑"。二十二、京师步军统领衙门及巡捕五营所管步甲兵丁，"在和珅宅内供私役者，竟有千余名之多"。

　　正月初三日，乾隆帝之遗诏下达。他在最后一道诏书中，对自己的一生作了如下的评价：

……即位以来，日慎一日，当重熙累洽之期，不敢存豫大丰亨之见。敬思人主之德，惟在敬矢、法祖、勤政、爱民，而此数者，非知之艰，行之维艰。数十年来严恭寅畏，弗懈益虔，每遇郊坛大祀，躬亲展恪，备极精禋，不以年齿日高稍自暇豫。中间四诣盛京恭谒祖陵，永维创业之艰，益切守成之惧。万几恭揽，宵旰忘疲，引对臣僚，批答奏章，从无虚日。各省雨旸丰歉，刻系怀抱。凡六巡江浙，相度河工海塘，轸念民依，如保赤子。普免天下钱粮者五、漕粮者三、积欠者再，间遇水旱偏灾，蠲赈兼施，不下亿万万，惟期藏富小民，治臻上理。仰赖天祖眷贻，海宇曼平，版图式扩，平定伊犁、回部、大小金川，缅甸来宾，安南臣服，以及底定廓尔喀，梯航所至，稽首输忱，其自作不靖者，悉就翦灭，凡此肤功之叠奏，皆不得已而用兵。而在位日久，经事日多，祗惧之心，因以日切，初不敢谓已治已安稍涉满假也……近因剿捕川省教匪，筹笔勤劳，日殷盼捷，已将起事首逆紧要各犯骈连就获，其奔窜黟党亦可计日成擒，蒇功在即，比岁环宇屡丰，祥和协吉，衷怀若可稍舒，而思艰图易之心，实未尝一刻弛也……

乾隆帝之遗诏，若仅就乾隆五十年以前的国内局势，以及二征廓尔喀而论，应当说还是比较恰当的。乾隆初期和中期，确是民富国强"全盛之势"，但到了乾隆晚年，则形势便大有变化了，奸相和珅专权乱政，吏治败坏，贪污盛行，民多"蹙额兴叹"。特别是乾隆帝之最后一首诗《望捷诗》及遗诏中关于白莲教起义的评述，更与实情出入太多，此时不是已擒"起事首逆紧要各犯"大功即将告成之时，而是征剿三年，用银已达"七千万两，尚难见到告成之期，起义正在迅速扩展。由此可见，乾隆帝之遗诏有符合实际的一面，也有严重讳过争功之处，无法据此对其一生功过作出正确的评价。

庸弱守成

清仁宗——嘉庆

第一章　十五阿哥继位

乾隆二十五年(1760年)十月初六日凌晨丑时,清王室的又一位皇子诞生于御园之天地一家春,他被取名为爱新觉罗·颙琰,这就是后来受禅嗣位、对清代历史有一定影响的嘉庆帝。

颙琰的出世,对于乾隆皇帝弘历的家庭生活来说,是一件不大不小的喜庆事。说它不大,主要是颙琰既非乾隆的长子、独子,也不是嫡子,所以算不上是什么头等的大喜事。说它不小,就是在过去,人们总是希望多子多孙,多福多寿,更何况是封建帝王喜添贵子呢?! 早在颙琰诞生的这一年元旦,乾隆就以其抑捺不住的喜悦之情,在御绘的《岁朝图》志语中,写下了"迓新韶嘉庆"之句,颙琰嗣位后之所以改元嘉庆,显然是与这一诗句相应的。再说下颙琰的生母魏佳氏,本来是一般的庶妃,她之所以接连地被晋封为贵妃和皇贵妃,其中一个很重要的原因,就是她自乾隆二十二年起,为乾隆连生四子,乾隆对此能不高兴吗? 颙琰正是在这不大不小的喜庆气氛中降临人世的。

颙琰在乾隆诸子中,排行第十五,很长的一段时间里,他在人们的心目中是一个不显眼的十五阿哥。他在日后登上皇帝宝座,得以承继祖父辈叱咤风云的事业,确是人们始料不及的。

首先是行次问题,这对于承继帝位是至关重要的。乾隆共有十七个儿子,而颙琰却排在第十五位。这个行次,无论怎么算都是靠后的,如果按照汉族历代王朝传统的建储法,凭这一行次要想登上皇帝的宝座,其希望实在是微乎其微,除非是发生了某种特殊的事变。当然,满族有满族自己的规矩,清王室在承继帝位问题上,并没有完全遵循汉族王朝的框框套套,事实上清太宗皇太极、清世祖福临、清圣祖玄烨、清世宗胤禛、清高宗弘历的继位,都不是由于居长、居嫡所致。但也不能因此得出结论说,居长居嫡在清代帝位继承上无关紧要,只不过是清王室并没有把这个问题绝对化而已。

清代前期帝位继承之所以出现上述情况,其原因是多方面的、复杂的。其中有实力派的问题,如皇太极虽说是努尔哈赤的第八子,却凭一人独掌两黄旗的雄厚实力,倾倒其兄代善、莽古尔泰等而继承汗位;有两强相争,第三者得利的,如年仅六岁的皇九子福临,在皇太极死后,由于多尔衮和豪格两强相争不下,才得以被拥戴为帝;有直接参与争夺的,如康熙的第四子胤禛的继位;也有某种偶然性因素起作用的,如玄烨之受祖母孝庄皇太后的喜爱,弘历则因几位兄长或早逝或品行不端而得获帝位。但应该看到,汉族王朝那种传统的立嫡立长的建储制度,对清王朝正产生着越来越大的影响,像清太宗皇太极去世时,豪格继位的呼声本来很高,这不仅是由于他立下诸皇子无与伦比的赫赫战功,更重要的是他是皇长子,在"无嫡立长"的情况下,自然处于极其有利的地位,只是由于他的强劲竞争对手、年龄比他还小三岁的叔叔多尔衮从中作梗,为了避免公开分裂和内战,最后双方都作了必要的退让,选立了年幼的九弟福临。不过这种弃长立幼的做法,在当时已遭到非议。朝鲜使臣李梣从沈阳发回的密报说:"清汗(指皇太极)于本月初九日夜暴逝,九王(指多尔衮)废长子虎口王(指豪格)而立其第三子(指福临),年甫六岁,群情颇不悦。"正说明了无嫡立长的嗣位法,对清王室已经有了相当的影响了。

又如清圣祖玄烨的首次建储就很典型,他不仅打破了清朝皇帝生前不预立皇太子的惯例,而且公开确认了立嫡立长的建储原则。康熙十四年(1675年),当玄烨还只有二十二岁的时候,便急不及待地正式册立刚满周岁的嫡子允礽为皇太子,并且颁诏天下。

允礽是孝诚仁皇后赫舍里氏所生,他虽是皇二子,但由于其亲兄承祜四岁夭亡,不叙齿,故允礽实际上是嫡长子。故允礽之被册立,标志着嫡长继承制已为清王室所确认。其后,由于康熙诸子对储位的争夺异常激烈,允礽本人也日渐骄纵,玄烨遂于康熙四十七年(1708年)九月,以"不法祖德,不遵朕训,肆恶虐众,暴戾淫乱……不孝不仁"等罪名,第一次把皇太子允礽废掉。但过了不久,玄烨对这一处理便有所后悔,同时也是为了遏止诸子争夺储位斗争的进一步扩大和激化,再一次宣告立嫡的原则,于康熙四十八年(1709)三月复立允礽为太子。由于允礽此人实在不争气,在复立后仍不知悔改,继续胡作非为,不断扩大"太子党"的势力。这样,迫使玄烨不得不在康熙五十一年(1712年)十月,再度将允礽废掉,把他禁锢于咸安宫。而皇四子胤禛却在这场持续不断的储位斗争中,成了最后的胜利者。允礽尽管最终未能承继帝业,但立嫡立长制的被确认,却是十分重要的。

现在再回过来看看颙琰的处境。在他出生之前,乾隆已经有过十四个皇子,但说来也怪,这些天之骄子并没有获得皇天的特别眷佑,其中大部分是"天命不济",十四位兄长竟有八位夭折,卒年大的只有二十五六岁;小的仅有几个月。这种情况对于颙琰是"祸"是"福",关系甚大。又因为乾隆的立嫡的观念,较之乃祖康熙更是有过之而无不及,所以有关嫡子的情况,就显得更为重要了。

乾隆嫡子有二。其一是皇次子、嫡长子永琏,生于雍正八年(1730年)六月,生母是当时的嫡福晋、其后的孝贤纯皇后富察氏。据说这位正宫娘娘为人贤淑,性尚恭俭,"平居以通草绒花为饰,不御珠翠。岁时以鹿羔沴毪为荷包进上,仿先世关外遗制,示不忘本"。所以乾隆对她甚是宠爱,再加上喜得嫡子,于是母子二人在宫中所处的地位,除乾隆生母、孝圣皇太后钮祜禄氏外,其他任何人都是无法与之相比的。早在乾隆元年(1736年)七月,弘历便遵用乃父雍正所创的密建家法,将年仅七岁的嫡长子永琏内定为皇储,亲书其名,密置于乾清宫"正大光明"匾后。只是由于永琏没有福气,只活了九岁,在乾隆三年(1738年)十月病死了。乾隆为此发布上谕说:

> 永琏乃皇后所生,朕之嫡子,聪明贵重,气宇不凡。皇考命名,隐示承宗器之意。朕御极后,恪守成式,亲书密旨,召诸大臣藏于乾清宫"正大光明"匾后,是虽未册立,已命为皇太子矣。今既薨逝,一切典礼用皇太子仪注行。

这一上谕,一方面反映了乾隆立嫡观念十分强烈,同时由于永琏的逝去,使他不得不把第一次内定的皇储公开,正式册赠为皇太子,赐谥"端慧"。所以永琏又被称为端慧太子。

乾隆的第二个嫡子,是皇七子永琮,生于乾隆十一年(1746年)四月,也就是说距乃兄之后十七年出世。这样的嫡子实在难得,乾隆也的确为此高兴过一阵子,看来传嫡又有了希望,"高宗属意焉"。"拟书名缄贮,继念其年尚幼稚而未果。"但老天爷好像是有意捉弄这位立嫡心切的乾隆帝,永琮的命运比他的亲哥哥永琏还糟,只活了一年零八个月,于乾隆十二年(1747年)十二月因出痘去世。命丧仪比一般皇子从优,谥"悼敏"。乾隆在上谕中说了这样一段既含混又真切的话:"先朝未有以元后正嫡绍承大统者,朕乃欲行先人所未行之事,邀先人不能获之福,此乃朕过耶?!"此话看似发问,实是回答,看来只好半是怨天,半是责己了。当时,颙琰虽然尚未出世,永琮的早殇好像与他毫不相干,然而从乾隆决心立嫡这一点看,其关系可大了。所以在事隔五十二年之后,颙琰作为实现了亲政的嘉庆帝,心里不由得不想起这位享年仅两岁而他又从未见过面的七阿哥,并在嘉庆四年(1799年)三月追封他为"哲亲王"。这或许是出于某种"感恩"吧。

两位嫡子的早逝,使乾隆立嫡的愿望受到了沉重的打击。乾隆十三年(1748年),皇后富察氏去世,使乾隆的立嫡想法完全绝望了。

在孝贤皇后去世后,乾隆曾另立皇后。此人名纳喇氏,原是侧室福晋,乾隆二年封娴妃,十年十一月进贵妃。为了填补中宫的空缺,在十四年四月先晋封皇贵妃,命统摄六宫事,于十五年(1750年)八月册立为皇后。纳喇氏生有两子,即皇十二子永璂和皇十三子永璟。永璂活得稍长一点,到乾隆四十一年(1776年)去世,年二十五岁。永璟则三岁就夭折了。

立嫡既不可能,立长又如何呢?乾隆的长子永璜,生于雍正六年(1728年)五月,生母是哲悯皇贵妃富察氏,她尚未等到乾隆继位,便于雍正十三年(1735年)去世了。她的封号,是乾隆即位后追封的,先封哲妃,再晋皇贵妃。永璜八岁丧母,这对其在宫中的地位不能不有所影响。在乾隆十三年孝贤皇后去世时,"永璜迎丧,高宗斥其不知礼,切责之。"连永璜的师傅与谙达也因此受到罚俸的处分。仅过了三个月,因廷臣议立皇太子事,乾隆再次"责皇长子于皇后大事无哀慕之诚",这对于皇长子来说,当然是很不体面的。不知与此事有没有关系,只过了一年多,永璜便病倒了,在病危时,乾隆才封他为定亲王。紧接着,这位皇长子便与世长辞了。

在颙琰出世之前死去的还有三位异母兄长,这就是皇三子永璋和皇九子、皇十子。老九、老十只两三岁便夭折了,未有命名。三阿哥永璋生于雍正十三年(1735年)五月,生母是纯惠皇贵妃苏佳氏。永璋虽说是庶妃所出,然当时在嫡绝长殁的情况下,他叙齿居前,当是有机会嗣位的。可惜他同样天命不济,在颙琰出世前三个月(乾隆二十五年七月)病死,终年仅二十六岁,被追封为循郡王。

还值得一提的是颙琰的亲哥哥永璐,他生于乾隆二十二年(1757年)七月,排行第十四。但他也只活了四岁,在颙琰出生的当年三月病死。

以上八位兄长的早逝,对于颙琰日后的嗣位,无疑是关系甚大。到颙琰出世时,在他前面还有六位异母哥哥,除了上面已经提及的废后纳喇氏之子永璂外,就是淑嘉皇贵妃金佳氏所生的皇四子永城、皇八子永璇、皇十一子永瑆;愉贵妃珂里叶特氏所生的皇五子永琪;以及纯惠皇贵妃苏佳氏所生的皇六子永瑢。而刚出世的颙琰,按当时的叙齿虽说"升"到了第七位,但其嗣承大位的希望,仍是微乎其微的。事态将如何发展,就得半靠机遇,半靠自我奋斗了。

颙琰在初时之所以不大显眼,还有另外一个重要因素,就是生母后台不太硬。在封建时代,一般来说是"母凭子贵",但反过来说,母亲的地位及影响,有时也对儿子的命运和前途起着决定性作用,这在宫廷生活中是屡见不鲜的。远的不用说,清王室的情况就很突出,像世祖福临之得以继位,并不是他本人有什么特殊的才干,或立下过什么赫赫的功绩,而是与他的生母庄妃博尔济吉特氏有着直接的关系。一来庄妃是皇太极晚年惟一的宠妃,其子福临在嗣位问题上自然占有某些不可言喻的优势,在各方争持不下的情况下,把他抬出来是符合先帝心愿,使各派势力无话可说;二来在争夺帝位的激烈斗争中,庄妃也善于周旋与笼络,使各实力派相互制约,寻求折中,最后只好让福临嗣位。圣祖玄烨的生母佟氏,虽不见宠于顺治帝,却受到了顺治生母孝庄皇太后的特别疼爱,这不仅大大地改善了佟氏在宫中的地位,而且直接决定着玄烨的前途。

然而颙琰却没有那么好的天分。他的生母魏佳氏,既无特殊的本领,又无任何特殊的背景。她的父亲清泰,只是个不入传的内管领,后家本属汉军,其后才抬入满洲旗。魏佳氏入宫后,也只是个很一般的贵人,直到乾隆十年(1745年)才封为令嫔,这与同时期众多的后妃相比,显然是低格的。她共育有四子二女,按时间顺序排列是:乾隆二十一年七月生皇七女和静固伦公主;二十二年七月生皇十四子永璐(早殇);二十三年七月生皇九女和格和硕公主;二十五年十月生皇十五子、本书主人公颙琰;二十七年十一月生皇十六子(四岁殇、未命名);三十一年五月生皇十七子永璘。从这份时间表里可以看出,佟氏所生子女基本上是靠后的,而且间隔较密,说明她在这段时间已获得乾隆一定的宠遇,但直到三十年六月,她才被晋封为皇贵妃,虽说地位正在上升,但也算不上是什么特别的恩宠,到乾隆四十年(1775年)正月去世,终年四十九岁,谥"令懿"。至于被册赠为孝仪纯皇后,那是颙琰被正式册立为皇太子后的事了。

颙琰自幼由庆妃陆氏抚育,但这位养母在宫中的地位也很一般,她本身未生育子女,乾隆初被封为庆嫔,二十四年十二月晋庆妃,三十六年再晋庆贵妃,至于庆恭皇贵妃的封号,则是颙琰亲政后追赠的。因此,这位养母也不可能给颙琰的继承大位提供什么有利的条件,这是十分清楚的。

颙琰在长达三十六年的皇子生活中,从来未有提督师旅、征战四方,因而谈不上有什么战功;也从未督官临民、治理政务,自然也谈不上有什么政绩;就连乾隆十分频繁的巡游天下,除每年例行的秋狝木兰外,颙琰侍随的机会也屈指可数。所以无论从哪一个角度看,皇子时代的颙琰,确实是一位不大显眼的十五阿哥。

清朝前期的皇帝,在继位之前都有不同的经历,大体上有以下几种类型:

一是清太宗皇太极,他过的是戎马生涯,无论在称帝前还是在称帝后,都在统率八旗,奋战疆场,他的皇子时代,可说是除了战斗还是战斗,这是当时的历史条件所决定的。

二是世祖福临和圣祖玄烨,他们都是幼年承继大统。福临即位时年仅六岁;玄烨即位时也只有八岁,所以他们的皇子生涯,既短促又简单,他们的才干与智慧,都是在做了皇帝之后才表现出来的。

三是世宗胤禛,他的皇子时代特别长,直到四十五岁才得以缵承帝位,其活动内容也相当广泛,有学习生活、随帝巡视、参预军政决策、督师从征、审理案件等,但更多的是直接参与争夺帝位的斗争。而所有这些活动,对于日后称帝都是很有帮助的。

第四就是高宗弘历和颙琰了。他们的皇子时代,与上述诸帝大不相同,基本上是过着书斋生活。弘历在临政前夕，还算和鄂尔泰一起办理过苗疆事务，而颙琰却连这点实践也不曾有过。同时，弘历即位时只有二十五岁，而颙琰嗣位时已经是三十七岁了。这三十多年的书斋生活，虽说是漫长的，但对颙琰来说却是十分有益的。

清朝皇室有一个好规矩，就是对皇子读书的要求十分严格，从康熙时开始就是这样。皇子长到六岁，就必须入尚书房从师学习。凡入值尚书房的师傅，都是经过皇帝亲自严格挑选的。像乾隆元年正月，弘历即位不久就着手抓诸皇子的学习，挑选了大学士鄂尔泰、张廷玉、朱轼、左都御史福敏、侍郎徐元梦、邵基等六人，任皇子师傅。开学之日，还要郑重其事地举行拜师礼，并面谕张廷玉等人说：

> 皇子年齿虽幼，然陶淑涵养之功，必自幼龄始，卿等可殚心教导之。倘不率教，卿等不妨过于严厉。从来设教之道，严有益而宽多损，将来皇子长成自知之也。

这一交代是必要的。因为向皇子授书，不同寻常，它毕竟是一种特殊的教育，对于这些作为臣下的师傅们，若事先不给吃"定心丸"，不赐予"上方剑"，是很难获得良好效果的。与此同时，乾隆还谆谆告诫诸皇子说："师傅之教，当听受无遗。"这些话，既是上谕，又是宫规，因而实际执行情况还是相当好的。当时入值内廷的赵翼曾颇有感触地写下了一段纪实：

> 本朝家法之严，即皇子读书一事，已迥绝千古。余内值时，届早班之期，率以五鼓入，时部院百官未有至者，惟内府苏拉数人（谓闲散白身人在内府供役者）往来。黑暗中沉睡未醒，时复倚柱假寐，然已隐隐望见有白纱灯一点入隆宗门，则皇子进书房也。吾辈穷措大专恃读书为衣食者，尚不能早起，而天家金玉之体乃日日如是。既入书房，作诗文，每日均有课程，未刻毕，则又有满洲师傅教国书、习国语及骑射等事，薄暮始休。然则文学安得不深？武事安得不娴熟？宜乎皇子孙不惟诗文书画无不擅其妙，而上下千古成败理乱已了然于胸中。以之临政，复何事不办……然则我朝谕教之法，岂惟历代所无，即三代以上，亦所不及矣。

这番话，自然是就总的方面说的，事实上无论皇子还是师傅，在漫长的岁月里，不可能完全不触犯规章，但每当出现这种情况，乾隆都是严加诘责，并作出相应的惩处。

颙琰就是在这种环境下学习的，并弃过他皇子时代那漫长的书斋生活。后来，他为刊刻自己的《味余书室全集》写了一篇序言，实际上是对自己的读书生活，作了一个概括性的总结。该文道：

> 文以载道，诗以言志。幼而习，长而行，安身立命之处，必应以经书为标准。我朝龙兴辽沈，国语骑射诚为最要根本，固应亿万民敬承勿懈。然为海寓之主，亦不能不以文治化成天下。故天家子弟，六龄即入上书房从师受业，陶冶性情，涵濡德义，日亲宿儒，克励力学，虽才质有不同，聪钝有互异，而化其骄泰之性，使知孝悌之方，悟经书之奥，功非浅鲜矣。视彼前朝太子，偶一出阁讲学片时者，奚啻天壤之分哉。予悟性迟钝，乙酉年（乾隆三十年，1765年）入学，从觉罗奉硕亭（宽）先生读书；至壬辰年（乾隆三十七年，1772年）而五经粗毕，

从谢东墅(墉)先生学今体诗;至丙申年(乾隆四十一年,1776年)始,从朱石君(硅)先生学古文并古体诗,直至今日时于几暇,仍相商酌讨论。书窗景况,宛然如昨日也。

这份序言,颙琰既谈到了他读书的目的和指导思想,也谈到了他从师及习学的简历。他虽然谦称"悟性迟钝",但实际情况并非如此。他的脑子不但不笨,而且相当聪敏,就拿读经来说,六岁入学,十三岁即通五经,这就很不简单了。难怪乾隆在他通经后的第二年,即癸巳年(乾隆三十八年,1773年),就遵用密建家法,把颙琰内定为皇储,又是祀天,又是祭祖,祈求皇天保佑这位刚满十四岁的嗣君。可以这样说,颙琰之得以嗣承大位,很大程度是他自己克勤力学、涵濡德义的结果。

当然,颙琰对于自己被内定为皇储,在当时是不可能知道的。但他对于克勤力学的深义,却从师傅朱石君先生那里得到了启发,他自己对此也深信不疑。这一点,还得从"味余书室"的命名谈起,颙琰曾写过一篇《味余书室记》说:

> 予居禁中,有室五楹,不雕不绘,公余绎昼,所习书史,游艺于诗文,或临法帖一幅,怡然自得其趣也。欲题其楣端请于石君先生。先生曰:勤学者有余,怠者不足,有余可味也,名之曰味余书室。承先生嘉惠之意而为之记曰:夫余之义亦大矣。民生在勤,勤则不匮。盖闻禹惜寸阴,晋陶侃言众人当惜分阴,为学者可不勉哉……苏子瞻诗云,此生有味在三余,其意深矣……予质鲁恒,以不学为戒,故三冬甲夜,孜孜于退食之时,游情于圣贤之籍,是予之策其余力也,若云知味则未之逮。是为记。

由于"余而可味"包含着很深的哲理,所以颙琰特别喜欢"味余书室"这一命名,并常以此自勉,没有虚度这一段宝贵的时光。他的师傅朱珪后来为《味余书室全集》写了一个跋,实际上是对这位当年的学生作个基本评价:

> 臣自乾隆丙申(四十一年)夏五月入直尚书房,得侍讲案,……窥我皇上生知睿圣,好学敏求,诵读则过目不忘,勤孜则昕夕不怠,计日课诗,岁不下五百余首,各体成备,义必正大,声中黄宫,不为雕篆奸掣之音,洞烛于中而发之以诚,须乎至仁之心,宜天佑之所笃,申万民之所托命也。文则执经心而镜史志,条理综贯内圣外王之学。

朱珪的这番评价,看来并非完全出于对皇帝的颂扬,通观《味余书室全集》所载诗文,确实不乏纵论古今、阐发经史的力作。事实上颙琰的思想、品质、性格、作风等等,基本上是在"味余书室"读书这段时间里形成的,这对于他的为人与为政关系甚大,其中又突出地体现在"勤""俭""仁""慎"这四个方面。

关于"勤",颙琰不仅注意身体力行,而且对这一命题的议论也最多,其中的《民生在勤论》,写作时间较早,可以代表他关于"勤"的原始思想。文曰:

> 民生在勤,勤则不匮,自天子以至庶民,咸知勤之为要,则庶政修而万事理矣……贵贱之等、内外之分虽有不同,而朝夕兢惕,各勉于勤,自能臻善而寡过也。人日习勤劳则日近于善矣,日习惰弛则日近于恶矣。如其不勤,则为学者

安于下流而不能上达,为治者惰于事功而庶政怠荒,欲求家国治、天下平,其可得乎?! 故勤者夫人所当勉者也。若农夫不勤则无食;桑妇不勤则无衣;士大夫不勤则无以保家;公卿不勤则无以佐治,其害奚胜言哉。书曰:惟日孜孜,可不戒与?! 可不勉与?!

这些话并非颙琰关起门来空发议论,而是他日后勤政的思想基础。为学以勤,为政以勤,始终如一。在这方面,颙琰可说是当之无愧的。

关于"俭",对于一个封建帝王来说,只能是相对的,而不可能是绝对的。但是否具有这种思想认识,情况就大不一样。颙琰对于乃父乾隆后期的肆意奢华,口里虽不好直说,但在思想上是有抵触的。所以他经常借读经来大发议论,其中有一篇题为《礼与其奢也宁俭论》的文章道:

> 孔子曰:与其奢也宁俭者何哉? 原乎礼制之始,有朴素之质,而后有周旋之文,不务浮华,专事节俭,此太古之风也……后世踵事增华,变其本而加厉,竞奢靡之习,忘节俭之风,而礼之本意失矣……移风易俗、拨乱反正之道,莫善于俭也。为学为治者,岂可以是为常谈而忽之哉。

这位十五阿哥的确聪明得很,他首先把孔大圣人请出来,即使乾隆看了也无话可说,然后借题发挥,抨击一番,亦属有理有节,不失分寸。所谓"节俭乃太古之风",其实包含着两层含义,既是指远古时代的三皇五帝,也是指满族自己的开山鼻祖。至于所说的"后世踵事增华"指的是谁? 这就请对号入座了。所以他在亲政后实行拨乱反正,把崇俭黜奢摆在十分重要的地位,绝不是偶然的。

关于"仁",颙琰在习学时就说过:

> 博爱之谓仁,尚矣……圣人应天受命,调御万方,作之君,作之师,以不忍人之心,行不忍人之政,家国以治,天下以平,流泽子孙,其根本深厚于仁。

所谓在家为孝,在外为仁,两者本来就是紧密相联的,而颙琰确是两者兼而有之。颙琰之孝,早已为乾隆及老祖母孝圣宪皇太后所称许,这也是他得以嗣承大位的重要因素之一。至于颙琰之仁,这里暂不多说,拟结合他亲政后的具体情况再详加考察。

关于"慎",它所涉及的范围更广,颙琰曾有诗句提到:"图书率性参精密,默养心田慎满盈。"可见他从小就很注意对于"慎"的修养,诸如慎为政、慎用刑、慎择臣等等。就拿慎用刑来说,颙琰认为:

> 用刑之大旨,不外明慎。明者知其事之原委,察其情之真伪,两造既备,虚衷听断,如日之光,不遗幽暗,犯法者甘心认罪,受害者了无嗔怨,此明之功效也。慎者……一字无虚始可定案,片言不实勿厌重推。

颙琰在当时还谈不上什么实践经验,但他对于乾隆后期的情况还是注意观察的,他所讲的明与慎的相互关系,也是合乎道理的。事情往往是由慎而明,由明而断。这样,事情就有可能办得好一些,而历代种种冤假错案的出现,除居心不良、贪赃枉法者外,难道不正是既不明又不慎的结果吗?! 所谓"情况不明决心大,心中无数办法多",表面上看好像很聪明、很有魄力,其实是愚蠢至极,不管其主观愿望如何,其结果只能是把事情办坏。

总而言之,颙琰在这漫长的"味余书室"岁月里,学业与思想均已趋于成熟。这一方面是由于他本人孜孜以求、勤敏好学所致;另方面也与诸师的谆谆善诱,多方启迪分不开。颙琰自己说过:"予六岁入学,习经书,十三学诗,十七属文,书窗朝夕,行帐寒暑,幸无间断。若今体格,初从学于(谢)东墅师傅;古体诗及古文,从(朱)石君师傅习焉。予赋性鲁钝,赖二先生切磋琢磨之功,十有余年,略开茅塞……"于诸师中,最受颙琰敬重的,当首推朱珪。

朱珪,字石君,颙琰惯称他为石君先生。珪少时受经于大学士朱轼,"八岁即操觚为文,文体倔聱苍古",年十九登进士,为乾隆所赏识,尝称:"朱珪不惟文好,品亦端方。"初出任地方官,"四十年,召入觐,改授侍讲学士,直上书房,侍仁宗学"。自此深受颙琰敬重。乾隆四十四年(1779年),朱珪奉命典试福建,临行赠颙琰五箴,"曰养心、曰敬身、曰勤业、曰虚己、曰致诚。仁宗力行之,后亲政,尝置左右"。可见朱珪对颙琰思想影响甚深。当时颙琰也赋诗送别。诗曰:

> ……
> 玉尺抡英奇,罴采辉南斗。
> 硕儒振士风,学艺焙醇厚。
> 行旌饬河染,驰赴琨瑶阜。
> 三载坐春风,半岁别云久。
> 心怀去路遥,目极天涯有。
> 雁落远浦沙,风送长亭柳。
> ……
> 送君歌骊驹,离情倩谁剖。

次年,朱珪又奉命总督福建学政,因这次不是临时差使,所以颙琰的离情别绪显得更深厚、更强烈,撰成长律六章,与师志别。现择录其中三章如下:

> 衡文三载例推迁,一纸纶音下九天。
> 何幸仕林瞻宿彦,由来才望属名贤。
> 满堂桃李声华灿,奕世经书清白传。
> 又拥轺车向闽越,甘棠遗荫喜重联。
> 欲去难留可若何,片言相赠耐吟哦。
> 仙霞秋色迎天节,须女文光烛晓河。
> 别意时萦雁过处,离情空见月明多。
> 人生聚会原无定,且为斯须驻玉珂。
> 屈指流光五载期,就将启导荷贤师。
> 授经评史真探奥,作赋论文匪好奇。
> 秋月春风时对语,细旃广厦每凝思。
> 中心切切勤攀恋,渺渺离惊话讲帷。

此后,这类赠诗更是越来越多,有祝贺石君师升迁调职的,有祝贺大寿的,也有以诗代书遥寄问候的。特别是乾隆五十五年(1790)，是年既是乾隆八旬大寿，又是朱珪花甲之年。颙琰不顾避讳，竟情不自禁地在贺诗中把父皇和师傅联在一起。诗曰：

圣主八旬岁，鸿儒花甲年。

三天德凤著，五福寿为先。

律转浃辰纪，辛占二百前。

芝颜驻丹景，艮背贯渊泉。

鹤下瀛洲树，花摇海岳烟。

千春桃结实，十丈藕成船。

论道心追洛，传家族茂燕。

吏铨资重任，台鼎待名贤。

文笔超韩柳，诗才贯道禅。

早锤爪胝盛，不使葛藤牵，

设醴诚难罄，尊师敬独尊。

期颐长颂祷，如阜更如川。

如果说，"文笔超韩柳"之句有点过誉，那么，"尊师敬独尊"则反映了颙琰内心真实的感情。其后颙琰嗣位，朱珪正在两广总督任上，"高宗欲召为大学士，和珅忌其进用，密取仁宗贺诗白高宗，指为市恩。高宗大怒，赖董诰谏免，寻以他事降珪安徽巡抚，屏不得内召"。可见颙琰与朱珪之间的诗句实在非同一般，揽权窃政的和珅，早就把它盯上了。而颙琰与朱珪不寻常的关系，就是在"味余书室"期间奠定的，颙琰嗣承大位的优势，实际上也是在"味余书室"期间奠定的。

前面已经提到，颙琰出世时还剩下六位哥哥。随后，他的生母魏佳氏又生下两子。皇十六子四岁夭折，皇十七子永璘则是最后一名小弟弟了。按此计算，颙琰在这八兄弟的排列中，排行倒数第二。这样，颙琰能否嗣位，确是玄而又玄。

但既然是皇子，就总有嗣位的希望，不过要把希望变成现实，还得半靠机遇，半靠自我奋斗。

颙琰的奋斗并不像乃祖雍正。他不要权谋，不靠残酷的争夺，而是靠自己的品行、德性和学识，在自然的静态中，慢慢地赢得了父皇乾隆的赏识。此外还得靠更多的机遇，而这种机遇，颙琰也是有的。

在无嫡无长的情况下，乾隆到底属意谁呢？此人不是当时叙齿居长的四阿哥永城，也不是日后得以嗣位的颙琰，而是愉贵妃珂里叶特氏所生的五阿哥永琪。关于这一点，乾隆在一次有关建储问题的回顾中提到：

……以皇次子乃孝贤皇后所生嫡子，为人端重醇良，依皇考例密缄其名，定为皇储，是未尝不欲立嫡也，但不以明告众耳。嗣后皇七子亦孝贤皇后所出，秉质纯粹，深惬朕心，惜不久亦即悼殇。其时朕观视皇五子于诸子中觉贵重，且汉文、满洲、蒙古语、马步射及算法等事，并皆娴习，颇属意于彼，而未明言，乃复因病旋逝。设依书生之见，规仿古制，继建元良，则朕三十余年之内，国储凡三易，尚复成何事体。

这位曾为乾隆属意的五阿哥永琪,生于乾隆六年(1741年)二月,因"少习骑射,娴国语,上钟爱之"。三十年十一月病重时,被封为荣亲王。三十一年(1766年)三月去世,卒年二十六岁,谥曰"纯"。永琪的去世,对颙琰来说,实质是又一次机遇,尽管他自己在当时无此意识。同时,永琪之被属意,也说明了一个问题,就是乾隆在立嫡无望的情况下,不再论资排辈,而是转向了立贤,这不能不说是颙琰在其后得以嗣位的一个重大转折点。

现在再来看看颙琰另外几位兄长的情况。六阿哥永瑢,早在乾隆二十四年(1759年)十二月便奉父皇命出继慎郡王允禧为嗣。允禧是康熙的二十一子,多才多艺,"诗清秀,尤工画,远希董源,近接文征明,自署紫琼道人。乾隆二十三年五月薨。"而永瑢本人也是多才多艺,"亦工画,济美紫琼,兼通天算"。他初封贝勒,三十七年晋封质郡王,五十四年再进质亲王,五十五年(1790年)去世,卒年四十八岁。

四阿哥永城,则是在乾隆二十八年(1763年)出继给履亲王允祹为嗣的。允祹是康熙的十二子,掌管过正白旗满、蒙、汉军三旗事,势力颇盛。雍正即位后封履郡王。乾隆初年晋封履亲王。卒于乾隆二十八年,其子弘昆先此去世,遂以永城出继。

这样一来,有希望嗣位的仅剩下八阿哥永璇、十一阿哥永理、十二阿哥永瑆、颙琰和他的亲弟弟永璘了。

关于永瑆的情况,在上节已有所论及。他学习很努力,一生没有犯过什么过错,只是由于他是废后纳喇氏之子,乾隆对永瑆毫无好感,到乾隆四十一年(1776年)病死,既无封号,也不赐谥。不过颙琰还好,他不像乃祖雍正对兄弟辈那般残酷。他对于每一位兄弟,不管是去世的还是在世的,都有着很深的手足之情。乾隆五十年,当他路过这位可怜的十二阿哥的陵墓时,感触甚深,特赋诗一首。诗曰:

> 远别人天已十年,夜台终古锁寒烟。
> 一生心血凭谁付,手泽长留在断篇。
> (十二兄手抄清语一本八千余句,乃生前日日展玩之书,今在予处敬谨
> 收藏。)
> 风雨书窗忆旧情,还思听雨续三生。
> 弟兄十七萧疏甚,忍见长天雁阵横。
> (予弟兄十七人,今存五人矣!)

这些诗句,既表达了颙琰对十二阿哥的哀思,同时也对他众多兄长的早逝,表现出无限的怀念。

八阿哥永璇,虽说在乾隆四十四年已受封为仪郡王,但在五十四年却没有和其他弟兄那样获封亲王,这就证明乾隆对这位皇八子的看法不好。他的亲弟弟、十一阿哥永理,本来很有才气,"善书法,幼时握笔,即波磔成文,少年工赵文敏,谈论书法具备,名重一时。士大夫得片纸只字,重若珍宝。""高宗爱之,每幸其府第。"可是这位颇为自负的永理,却在乾隆三十一年因在颙琰的扇子上题署"兄龙泉"别号一事受到了父皇的严厉训斥。颙琰虽然与此事有一定的关联,但当时他年仅七岁,且雅号非他所署,所以乾隆并没有责怪他。乾隆的怒火,显然是冲着十一阿哥永理来的,但当时他也只有十五岁,有了这番训斥,永理要嗣承大位,已是不大可能的事了。

由此看来,颙琰的得以嗣位,除了他自身的条件外,其外部条件,特别是诸兄弟情况的变化,实在是太重要了,也是太富传奇性了。颙琰是在乾隆三十八年(癸巳,1773 年)被秘密箴名、内定为储君的,当年他只有十四岁。直到乾隆六十年(乙卯,1795 年)九月,才被公开宣布册立为皇太子,而这时的颙琰已是三十六岁。这段令人寻味而又捉摸不定的时间,也实在是够长的了。

　　乾隆六十年(1795 年)九月初三日,乾隆帝御临勤政殿,召皇子、皇孙、王公大臣等人见,宣示恩命,正式册立皇十五子、嘉亲王颙琰为皇太子。定于明年(1796 年)正月元旦举行授受大典,禅位于颙琰,改元为嘉庆元年。为此,乾隆发布了一篇很长的上谕:

　　……朕缵绍鸿业,六十年间,景运庞洪,版图式廓,十全纪绩,五代同堂,积庆骈蕃,实为史册所罕见……朕钦承家法,践祚后亦何尝不欲立嫡……不意其早年无禄,不能承受……嗣于癸巳年冬至,南郊大祀,敬以所定嗣位皇子之名,祷于上帝……是朕虽不明立储嗣,而于宗庙大计,实早为筹定,特不效前代之务虚文之而贻后患耳……朕诞膺大宝,今六十年矣,迥念践祚时默祷上帝之语,并追忆朕年五旬后曾于圣母皇太后前奏及归政之事,彼时蒙圣母谆谕,以朕躬膺付托之重,天下臣民所系望,即至六十年亦不当传位自逸。次晨,朕即以圣母所谕,默奏上帝,若能长奉慈宁,寿跻颐庆,朕亦何敢复执前愿。乃自丁酉年以来,所愿既虚,于是仍冀得符初志,兹天恩申锡,竟获周甲纪元,寿跻八旬开五,精神康健,不至倦勤,天下臣民以及蒙古王公、外藩属国,实皆不愿朕即归政。但天听维聪,朕志先定,难以勉顺群情,兹以十月朔日颁朔,用是取吉,于九月初三吉日,御门理事,召皇子、皇孙、王公大臣等,将癸巳年所定密缄嗣位皇子之名,公同阅看,立皇十五子、嘉亲王颙琰为皇太子,用昭付托。定制孟冬朔颁发时宪书,其以明年丙辰为嗣皇帝嘉庆元年……其应行典礼,该衙门查照定例具奏。

　　从这一上谕可以看出,乾隆一方面为自己六十年来的业绩欣然自得,又为储君的最后落实兴高采烈。他还赋诗一首志庆。诗曰:

　　归政丙辰天佑荷,改元嘉庆宪书观。
　　祖孙两世百廿纪,绳继千秋比似难。
　　弗事虚名收实益,唯循家法肃朝端。
　　古今惇史诚希见,愧以为欣敬染翰。

　　随着储君的公布,乾隆算是了却一桩心愿;而作为皇储、并即将嗣位的颙琰,此时此刻的心情却是复杂的。他对此既有点预感,又确实有点意外,其表现是既惊惧,又欣喜。如果说,颙琰对于自己的嗣位完全没有一定预感,那是不真实的。他在乾隆四十八年(1783 年)随父东巡恭谒祖陵时所写下的诗句,其中大部分都是以"守成"为主题的。如在抚顺城写下了:"守成继圣王,功德赡巍峨,永怀肇造艰,克勤戒弛惰。"在启跸往盛京时,写下:"尝祭思开创,时巡念守成,待瞻豳洛地,大业缅经营。"恭竭福陵时,又写下:"展礼珠丘思丕匮,守成常念拓基难。"所谓"诗以言志""言为心声""继圣王""缅经营"这类话,并不是颙琰一时心血来潮讲出来的,而是表明了他对于日后"守成继业"已经有了一定的思想准备。事实也证明,他在亲政之后就是以"守成继业"作为指导思想的。尽管如此,当乾隆宣布恩命时,颙琰还是显得有些出乎意外,诚惶诚恐,既惊且喜。当时他写下一首诗说:

> 天光下贲到臣身,秩晋青宫恩命申。
> 一己愚衷频战栗,千秋金鉴凛遵循。
> 谦恭作则钦先训,胞与为怀体圣仁。
> 自愧凡材何以报,趋庭听夕侍君亲。

稍后,他去谒陵时又写了一首:

> 孙臣蒙宠渥,致敬告珠丘。
> 自念微才薄,难承锡命优。
> 孝思诚不匮,子职务勤修。
> 虔祝皇躬健,频增海屋筹。

另外,他在《十全纪实颂》里还提到:"……立臣为皇太子,闻命之下,五内战兢,恳陈孺私,未蒙俞允……"这些话,虽然多少带有些自谦的成分,但无可否认,颙琰对于自己的嗣位思想准备是不足的,因而在内心的确存在着某种不安。嘉庆二年,他在回忆过去的味余书室生活时所写下的诗句,更清楚地反映了他在嗣位前的真实思想:

> 室本旧时额,味余意可寻。
> 经书堪乐性,吟射自娱心。
> 欲了此身事,何期宝命临。
> 从兹鲜暇晷,承旨寸衷钦。

不管颙琰是否真的准备在"味余书室"中"了此身事",他毕竟已是从一位不大显眼的十五阿哥,静悄悄地成了乾隆内定的储君;又从内定储君成为公开的皇太子,成为即将受禅嗣位的嘉庆帝。然而这位年龄已不算太轻的嗣皇帝,所肩负的并不是什么"宝命",而是一副十分沉重的历史重担。对于这一点,聪明的颙琰已经或多或少地意识到了。

第二章　恭聆圣训

自嘉庆元年(丙辰,1798年)正月元旦颙琰嗣位,到嘉庆四年(己未,1799年)正月初三乾隆帝病逝,在这三年零三天的时间里,乾隆帝作为太上皇,仍然总揽大权。而颙琰,与其说是登临宝座的嗣皇帝,不如说是一个整天恭聆圣训、侍游侍宴的侍皇帝。这段时间,既是嘉庆新朝的开端,也是乾隆帝晚年政治的延续。这三年,实际上是颙琰隐忍不发的三年,这对于一个准备锐意革新政治的新皇帝来说,既是痛苦的,又是可悲的;但对于他进一步体察朝政,积累经验,又是有益的和必要的。

一

嘉庆元年正月元旦,这是一个大喜大庆的日子。与过去众多的皇帝登基的情况不同,颙琰不是在先帝大丧期间即帝位的,所以用不着一面办理丧仪,一面筹备庆典,因而朝内朝外,上上下下一片喜气洋洋,从早到晚,鼓乐之声不断。这一天,寿高八十有六的乾隆,在就位六十年后成为太上皇;而三十七岁的颙琰,在被内定为储君二十三年后,当上了嗣皇帝,真是双喜临门,喜上加喜。

授受大典是在太和殿举行的,仪式十分隆重而又十分热烈。是日,颙琰先侍乾隆帝诣奉先殿行礼、诣堂子行礼,遣官祭太庙后殿,仪典随即开始。乐部设中和韶乐于太和殿前檐下,丹陛大乐于太和门内,导迎乐于午门外。太和殿东楹案上置传位诏书,两楹案上陈传位贺表,由大学士、内阁学士诣乾清宫请出"皇帝之宝",置御案左几上。内外王公以下文武百官朝服咸集,朝鲜、安南、暹罗、廓尔喀等国使臣列于班末。中和韶乐大作,奏元平之章,太上皇帝便在护内大臣等簇拥下,御太和殿升座。阶下净鞭三响,丹陛大乐作,奏庆平之章。礼部堂官迎导照琰诣殿中拜位后,颙琰率王公以下大臣齐齐跪下,由大学士两人跪展贺表,宣读后仍奉安案上。再由大学士二人迎导颙琰至太上皇御座前,由左侧的大学士奉"皇帝之宝"跪进太上皇帝,太上皇帝将御宝亲手授给颙琰,再由右侧的大学士跪接后奉安于御座的右几上。颙琰率王以下大臣向太上皇行九叩礼谢恩,礼成,鸣鞭如前,中和韶乐作,奏和平之章。在这一片乐声中,太上皇帝欣然还宫,整个授受大典便告完成。从这里开始,就该把颙琰称作嘉庆帝了。

嘉庆帝在保和殿暖阁更换礼服后,复御太和殿登极,礼乐如前,由王公以下大臣暨外藩使节向新皇帝行九叩礼。礼毕,嘉庆帝还宫。内阁学士奉宝恭送回乾清宫。礼部、鸿胪寺官则诣天安门城楼上宣读太上皇帝的传位诏书。诏书很长,兹节录如下:

> 朕缵绍丕基,抚绥函夏,勤求治理,日有孜孜,仰赖上天眷佑,列圣贻谋,寰宇乂安,蒸黎康阜,声教四讫,中外一家。御极以来,平定伊犁、四部、大小金川,扩土开疆数万里。缅甸、安南、廓尔喀,以及外藩属国咸震慑威棱,恪修职贡。其自作不靖者,悉就殄除。功迈十全,恩章六合,普免各省漕粮者三,地丁钱粮者四,展义巡方,行庆施惠,蠲逋赈贷,不下数千万亿。振兴士类,整饬官常,嘉与万邦黎献,海隅苍生,同我太平,跻之仁寿。朕持盈保泰,弗懈益虔,勤念雨旸,周谘稼穑,于庶言庶狱庶慎,靡不躬亲……日慎一日,六十年于兹矣。

回忆践阼初元,曾默吁上苍,若纪年周甲,当传位嗣子,不敢仰希皇祖以次增载。今敬近洪厘,幸符初愿……昨冬颁朔届期,特宣布诏旨,明定储位,以丙辰为嘉庆元年,豫勒所司敬议归政典礼。皇太子秉性谦冲,胪诚固让,率同内外王公大臣等,具章请朕至百岁始行斯典。但天听维聪,朕志先定,再四申谕,勿得恳辞。皇太子仁孝端醇,克肩重器,宗佑有托,朕用嘉焉。已诹吉祗告天地、宗庙、社稷,皇太子于丙辰正月上日即皇帝位。朕亲御太和殿,躬授宝玺。可称朕为太上皇帝,其尊号繁文,朕所弗取,毋庸奏上。凡军国重务,用人行政大端,朕未至倦勤,不敢自逸,部院衙门及各省题奏事件,悉遵前旨行……

接着下来的,便是一系列加恩赏赐、赦免以及赈济孤寡等等。乾隆的这份传位诏书,对于他六十年来所取得的辉煌成就,罗列得点滴不漏;然而对于中期以后出现的危机及种种弊端,却是只字不提。新嗣位的嘉庆,心里对此自然是清楚的。但他除了默认之外,此时此刻又能说些什么呢? 也许是当时受到廷内廷外一片喜庆气氛所感染,他曾赋诗一首曰:

> 玉律先春丰愿宣,灵台重祀丙辰年。
> 乾隆建极亿龄启,嘉庆承恩万福延。
> 紫禁葱笼凝瑞雾,金炉纷郁结祥烟。
> 渺躬寅荷苍生祉,钦若皇衷格上天。

授受大典之后,接着下来的便是一系列无休无止的大宴、小宴。大典当天,嘉庆便侍太上皇帝诣寿皇殿行礼,御乾清宫赐皇子、亲藩等宴。其后又有侍太上皇御宁寿宫皇极殿行千叟宴、御重华宫行群臣茶宴、御紫光阁赐蒙古王公贝勒及各外藩使臣宴、御奉三无私殿赐皇子亲藩宴、御正大光明殿赐大学士、尚书等宴,而且是"每岁皆如之"。其中规模最盛大的,要算是正月初四日在宁寿宫皇极殿举行的千叟宴了。

这种千叟盛宴,并非乾隆首创,在康熙时就举行过两次。乾隆效法乃祖,"乾隆五十年(1785年),圣龄古稀有五,诹吉春正月赐千叟宴于乾清宫。与宴诸臣,自宗室王贝勒以下,暨内外文武大臣官员、致仕大臣官员、受封文武官阶绅士、兵丁、耆农工商,以及外藩王公台吉、回部藩部土官土舍、朝鲜贺正陪臣之齿逾六十者,凡三千余人。其大臣年七十以上,官员兵民年九十以上者,准子孙扶掖入宫。年最高者如百五岁之司业衔郭锺岳等,得随一品大臣同趋醴座,亲与赐觞"。当时乾隆帝曾赋诗云:"祖孙两举千叟宴,史册饶他莫并肩。"其矜夸之气,可谓不可一世。

嘉庆元年正月初四在皇极殿所举行的千叟宴,是乾隆帝举行的第二次千叟宴,一来是为了庆祝授受大典,二来是预贺太上皇圣寿八十六岁。因而其规模比以往任何一次都要大。"与宴席者三千五十六人,列名邀赏者五千人。上至王公,下逮兵民匠艺以至蒙古、回部、番部、朝鲜、安南、暹罗、廓尔喀诸国使臣,咸集殿墀,数逾八千人。""臣僚中六旬入宴者,犹为乾隆元年始生之人,虽荣以叟名,皆荷六十年天恩长养所致。"

是日,"陈中和韶乐于皇极殿檐下,丹陛大乐于宁寿门内。布内外王、贝勒、贝子、公、台吉、一二品大臣宴席于殿内;朝鲜、回部、番部、暹罗、安南、廓尔喀等国使臣宴席于殿廊下;三品大臣官员宴席于丹陛甬路;四品以下有职官员宴席于丹墀左右;其余拜唐阿、护军、马甲以及兵民匠艺人等宴席于宁寿门外。""其一品大臣及年届九十以上者,太上皇帝召至御座前,亲赐厄酒。"其余人等,"各赏诗草、如意、寿杖、文绮、银牌等物有差。"真可以说是盛况空前。

在盛宴之前,还举行了册封后妃典礼。嘉庆帝"奉太上皇帝之命,遣东阁大学士王杰为正使、礼部右侍郎多永武为副使,持节赍册宝,册立嫡妃喜塔腊氏为皇后";"遣礼部尚书德明为正使、礼部右侍郎周兴岱为副使,持节赍册宝,册封侧妃钮祜禄氏为贵妃";"遣礼部尚书纪的为正使、内阁学士扎郎阿为副使,持节赍册印,册封刘佳氏为诚妃";"遣礼部左侍郎铁保为正使、内阁学士那彦成为副使,持节赍册,册封侯佳氏为莹嫔。"

随着授受大典的举行,喜事是一桩接着一桩,宴会是一个接着一个,欢乐的声浪,也一阵高过一阵。然而,就在这满朝文武尽情欢庆的时候,上一年爆发的湘黔苗民起义战火未熄,规模更大、历时更久的川楚陕白莲教大起义烽烟又起,这一阵强似一阵的风暴,标志着嘉庆朝从诞生的第一天起,便陷入了岁月多艰的困境。

二

嘉庆帝嗣位后,便成为清王朝入主中原后的第五代皇帝。这时距清王朝确立全国统治,已经有一个半世纪之久了,封建统治所固有的各种矛盾,经过了这长期的积累和发展,已经大大地激化起来。这种矛盾及其激化,还不同于以往一般的朝代,而是具有封建社会末期的时代特征,封建生产关系可以调节的余地已越来越小,解决矛盾的难度也就越来越大。从大范围来看,中国封建社会正走向它的尽头;从小范围来看,清王朝正处于从盛到衰的历史转折,面临着如此严峻的形势,皇帝也确实是不好做的。

事实也正是这样,嘉庆一朝,可说是内部战乱频仍,所谓"苗乱""教乱""洋盗为患"等等,一波未平,一波又起,基本上没有停息过;而外部也危机四伏,殖民主义的侵略威胁日趋严重,这和乃父乾隆帝"全盛"时期的"开疆拓宇,四征不庭,揆文奋武"的情况相比较,确有天渊之别。应该承认,这一切都是清王朝中衰的表现,好像是应该由嘉庆帝负责。然而大量事实证明,嘉庆帝并非败家之子、败国之君。导致清室中衰的根源,不在嘉庆帝,而是在于以"十全"功业著称的乾隆帝。这位乾隆皇帝,曾经以他非凡的才能和勇于开拓的精神造就过有清一代的极盛局面;然而乾隆还有另外一面,他颇具富家纨绔子弟的性格,行事又辄欲突过前人。他既励精图治,又好大喜功;既乾纲独断,又信任太偏,这就使得他在建立巨大功业的同时,自觉不自觉地逐渐走向了反面。功业愈隆而骄奢愈甚,再加上享国日久,耄老荒纵,独断专横,宠信权奸,挥霍无度,以至后期国库帑藏日绌,政事与军备俱日益败坏。尽管乾隆在传位诏书里对上述危机与积弊均讳谟如深,只字不露,但"苗乱"与"教乱"的相继而起,已向人们表明了一个重要的讯号,有清一代的全盛时期已经过去,多事之秋已经来临。所以在嘉庆元年正旦的授受大典上,这位太上皇帝交给嘉庆帝的,绝不是一个欣欣向荣的太平盛世,而是一个内创累累、积重难返的疲败之局,这对嘉庆帝的统治关系极大,有必要详加剖析。

其一是关于"十全武功",这是乾隆一生引以为荣的大事。他自己就曾经写下过"十全大武扬"等诗句,又撰成《十全记》,竖碑建亭,留作不世的纪念,并自称"十全老人",命镌"十全老人"之宝。"其所谓十功者,平准噶尔为二,定回部为一,扫金川为二,靖台湾为一，降缅甸、安南各一，又两次受廓尔喀降，合为十。"在官修史书中，对此是一片颂扬的，包括嘉庆在内，也写过《十全纪实颂》之类的颂扬文章说：

> 武功于铄赫声濯，灵开万古未通之域，成两朝未竟之志，平伊犁，定回部，靖金川，降缅甸，安南内附，台郡敉宁，廓尔喀部效顺修贡。大功十全，德威震慑……如此等等。

但在野史中，对于这一问题的看法，则似乎较为客观，既肯定其功绩，也指出了它带来的后患，这就是"国帑告匮，元气夷伤，所谓功成万骨枯矣"。这里不准备对乾隆的"十全武功"作全面的评价，但有一点却是十分清楚的，就是乾隆为了这个"十全"，的确付出了极其巨大的代价，历年国库积蓄，随着庞大战费的开支，就像流水一样被大量耗费掉。清人对此作过一些不完全的统计：用兵西陲，平定准、回两部，"用兵五年，用帑银三千万余两。"前后两次用兵金川，"地仅千里，不及准、回两部十之一二……用帑银至七千万，功半而事倍。""三十一年用兵缅甸，至三十四年，共军需银九百十一万两……五十二年台湾用兵（指镇压林爽文起义），本省先用九十三万，邻省增拨五百四十万，又续拨二百万，又拨各省米一百十万，并本省米三十万石，加以运脚，约共米、银一千万。"此外，对安南、廓尔喀、西藏的用兵费用，还未计算在内。"综计乾隆一朝所用战费，约在一亿二千万两以上。而当时的国库收入，年仅三千余万两，可见岁出之额，不为不巨。这还只是较大战役直接的军需开支，至于常规的兵饷更是不计其数。四十七年，乾隆帝不顾大学士阿桂的极力谏阻，以"府库充裕"为理由，竟诏准以虚额名粮归入武职"养廉"，另行挑补兵员实额，仅此一项，"新增之饷，岁近三百万，二十余年即需七千万"。这就是当时阿桂在谏疏里所说的："国家经费骤加不觉其多，岁支则难为继。"后来，嘉庆帝对乃父所定下的这项岁支，越来越感到头痛，在上谕中说："当日建议之初，阿桂通盘计划，逆料及数十年后经费难继，其深识远虑，亦不愧老成谋国。"嘉庆帝虽然碍于皇考的尊严，委婉地以所谓"深惟财散民聚之义，损上益下，惟愿出帑藏以裕军国，圣训煌煌，高迈千古"之类的饰词，替乾隆帝遮掩一番；但严峻的现实又使他不得不承认："自增名粮额缺以来，闻各省营伍积弊相沿，仍属有名无实，于武备亦未能大有裨益。"并以"立政之道，贵在因时制宜"，对挑补兵额的积弊着手加以整顿。由此可见，乾隆帝在这些方面之所作所为，贻患于后世是十分严重的。嘉庆帝虽然竭尽全力加以矫正，但积习已成，要想彻底改正过来，就不那么容易了。

其二是有关南巡之类的肆意挥霍。在乾隆中叶，户部府库存银曾达到七千八百万两，这与乾隆帝即位之初库存不足三千万两相比较，应该说是相当丰裕的。但是到了后期，国用则常告匮缺，除军需耗费过钜外，南巡之类的肆意挥霍，也是重要的原因。据不完全统计，乾隆一朝，南巡者六，东巡者四，西巡者五，至于奠祭曲阜，秋狝木兰，近游京畿，诣临嵩洛，车驾时出，更是记不胜记。如果说康熙帝的六次南巡还大多与治理黄淮有关，那么乾隆复作六度南巡之举，只不过是借视河之名，行羡艳江南之实，对于河务确无多大裨益。这一点，即使在乾隆帝自己所写的《南巡记》里也是清楚的。有些学者曾经评论说："乾隆时，黄河漫口于豫苏凡二十次，未闻弘历曾亲至其地，相度形势。乃幸苏杭，观海潮，铺陈辉张，循旧蹋新，是知其意不在此而在彼也。"

至于巡游所过，官吏办差接驾，务求华美，以取容悦，其为害就更大了。乾隆帝目睹这类"巷舞衢歌""踵事增华",在口头上也不得不说些"朕心深所不取""增华角胜,甚非奉职之道"乏类的话,但谁都看得出这是言不由衷,装装样子而已。于是每次清跸所至,戏台、采棚、龙舟、镫舫以及沿途点缀,更是有增无减,不断升级。就拿南巡所经四省的行宫来说,"在直隶界内者七:曰涿州、紫泉、赵北口、思贤村、太平庄、红杏园、降河。山东界内者九:曰德州、晏子祠、灵岩寺、岱顶、四贤祠、古泮池、泉林、万松山、郑子花园。在江南界内者九:曰顺河集、陈家庄、天宁寺、高旻寺(以上江北)、曰钱家港、苏州府、龙潭、栖霞、江宁府(以上江南)。浙江界内者二:曰杭州府,曰西湖。此皆各省大吏临时建筑者。而旧族名园,灵山古刹,其增华修葺,以备翠华临幸者,犹不与焉。"此外,还有相当多的费用,出自财力雄厚的盐商。如"两淮盐商,本属富有,而捐赀修建行宫,一输每至数十万"。长芦盐商自不甘落后,"乘舆屡次游巡,天津为首驻跸地,芦商供亿浩繁"。而盐商的钱,当然不会是白捐的,他们将会成倍地把捐出的钱捞回来,从而导致盐政的日益败坏。

总之,乾隆帝的南巡,"供亿之侈,驿骚之繁,转十倍于康熙帝之时"。"康熙时,每处所费不过一二万金,此时每处供设至二三十万金不止。合天下计之,所费岂何以支?!况一次之不足,至再至三,官吏何由供给? 商人何得而捐输耶?! 劳民伤财,消耗元气,影响所及,吏治民风,同归败坏。"它所带来的后患,是可想而知的。

在开始时,廷臣还有所规谏,如翰林院检讨杭世骏上疏抗论时事说:"巡幸所至,有司一意奉承,其流弊皆及于百姓。"乾隆帝正在兴头,见疏后便火冒三丈,将杭世骏交部严议。部议罪当重辟,赖侍郎观保谏免,才保住一命,赦归故里。侍读学士纪昀,是颇得乾隆赏识、名重一时的才子,他也找机会向乾隆从容陈谏:"东南财力竭矣。上当思所以救济之。"但乾隆帝也不买他的账,竟怒斥道:"朕以汝文学尚优,故使领四库书馆,实不过娼优蓄之,汝何敢妄谈国事。"又尹会一视学江苏,还朝后奏言:"陛下数次南巡,民间疾苦,怨声载道。"话虽然说得直率一些、尖锐一些,但其本意还是希望乾隆帝不再做这些劳民伤财的蠢事。但乾隆帝对这些忠言,不但听不进去,反而严厉诘责:"汝谓民间疾苦,试指出何人疾苦? 怨声载道,试指明何人怨言?"这种反驳,很明显是一种强词夺理,其结果是尹会一被谪戍远边。其后,内阁学士尹壮图也曾疏言:"督抚藉词办差,勒派属吏,遂致仓库亏耗。"也遭到了革职的处分。自此以后,朝臣只好结舌吞声,无敢复谏。而海内财赋之匮缺,吏治民风之败坏,都与此有极大的关系。对于这一点,乾隆帝后来也有所认识,并有所悔悟。他在禅位时曾对简用大臣吴熊光说:"朕临御天下六十年,尚无失德,惟六度南巡,劳民伤财,实为作无益害有益。将来皇帝(指嘉庆)如南巡,而汝不阻止,汝系朕特简之大臣,必无以对朕。"事实上嘉庆帝自亲政后,除每年例行的秋狝木兰、承德山庄避暑,以及必要的恭谒祖陵外,基本上未有大规模巡游之举。这显然是吸取了乃父的教训,并用自己的实际行动去纠正乾隆留下来的弊政,当然,这只是就嘉庆帝个人节省靡费滥支而言。在这方面,尚易办到;若就吏治民风之败坏来说,要把它扭转过来,那就难而又难了。

除南巡外,乾隆帝在其他方面的挥霍也是相当惊人的。像上面提到的两举千叟宴,第一次参加的是三千多人,另一次竟高达八千人,这除了说明乾隆帝的好大喜功和肆意挥霍外,还能说明什么呢? 又如祝寿,乾隆帝也总是大操大办,总要办得胜人一筹。稗

史里有一段记载乾隆帝为生母孝圣皇太后六十大寿举行庆典的情况,写得很具体,兹引述如下:

> 祝寿之典,古已有之,然未有如弘历时之奢侈者。乾隆十六年十一月二十五日,为弘历母钮祜禄氏六旬寿诞,自西华门至西直门外之高梁桥,十余里中分地张灯,翦彩为花,铺锦为屋,丹碧相映,不可名状。每十步间一戏台,北调南腔,舞衫歌扇,后部未歇,前部又迎。游者如置身琼楼玉宇中,听霓裳曲,观羽衣舞也。其景物之点缀,有以色绢为山岳状,锡箔为波涛纹者,甚至一蟠桃大数间屋,此皆粗略不足道。至如广东所构之翡翠亭,高三丈余,广可二丈,悉以孔雀尾作屋瓦,一亭不啻万眼。湖北所制之黄鹤楼,形制悉仿武昌,惟稍小矣,最奇者重檐三层,墙壁皆用玻璃砖砌成,日光照之,辉煌夺目。浙江所结之镜湖亭,以径可二丈之大圆镜,嵌诸藻井之上,四旁则以小圆镜数万,鳞砌成墙,人入其中,一身可化千百亿,当为罕见。以一姓之庆典,而靡费至于如此,固无解于后之讥云。

到了乾隆二十六年,孝圣皇太后七十大寿,乾隆帝又变了个花样,以其母素喜江南景物,但因年迈不宜远行,特于万寿寺旁造屋,尽仿江南式样,市廛坊巷,无不毕具,长至数里,奉銮舆往来游行,名曰苏州街。国库的钱财,就这样被大量地耗费掉。

此外,像承德避暑山庄,在康熙帝时已是一大胜景,但乾隆帝还嫌不够气派,复大肆扩建增饰,亭楼分置,杰阁高凭,长桥虹驾,曲榭翠飞,玉喷珠跳,晴雷夏雪等等,所费自然更大。当时民间就流传着“皇帝之庄真避暑,百姓仍在热河也”之谚。正是上有所好,下有甚焉。从此官风不正,民风日下,它给嘉庆帝所带来的困难,当是可想而知的了。

其三是宠信和珅,以致上上下下官吏贪墨成风。和珅系满洲正红旗人,姓钮祜禄氏,字致斋。少贫无藉,本来只是一名普通的官生,被打发在銮仪卫当差,选舁御轿。他学问不深,但记忆力尚强,对于四书五经之类倒能背诵一二,在一次偶然的机会中,由于应对称旨,受到乾隆的赏识,命总管仪仗事宜,从此官运亨通,青云直上,旋升为侍卫,又擢任副都统。乾隆四十一年(1776年),他开始踏上了政治大舞台,正月任户部右侍郎,三月入值军机处,任军机大臣,四月兼内务府总管大臣。四十五年三月,授户部尚书,御前大臣兼都统。五月,其子丰绅殷德获乾隆赐婚,指为皇十女和孝固伦公主额驸。这样,和珅便与乾隆皇帝攀上了亲家,并授领侍卫内大臣,充四库全书馆总裁,兼理藩院尚书事。和珅之专宠,较前益甚。四十九年七月,调任吏部尚书、协办大学士,封一等男,仍管户部事。五十一年闰七月,任文华殿大学士。五十三年封忠襄伯。乾隆帝禅位更晋封公爵。其时所有军政大事,无不参与规划,可谓权势赫赫,炙手可热。

和珅既得志,贪黩更甚。他前后柄权达二十多年,内而尚侍,外而督抚,多出于和门。凡“不附己者,伺隙激上怒陷之;纳贿者则为周旋,或故缓其事,以俟上怒之霁。大僚恃为奥援,剥削其下以供所欲”。所谓内有聚敛之臣,外有贪黩之吏,互为因果,贪风便愈演愈烈。事实上,乾隆后期所发生的许多贪赃大案,都与和珅有着这样或那样的关系。如山东巡抚国泰,本系和珅私党,他在任内与布政使于易简合伙贪赃,“娄索诸属吏,数辄至千万”。以致辖内州县库存亏空严重,于乾隆四十七年为御史钱沣所劾,乾隆命和珅及左都御史刘墉偕钱沣前往查勘。和珅竟先行遣仆驰往通风报信,结果为钱沣截获,再加上刘墉办案主持公道,终使和珅无法庇护,国泰、于易简俱被逮下狱,赐令自尽。其他如王亶望、陈辉祖、伍拉纳、浦霖等贪赃案,"皆珅在内隐为驱迫,使之不得不贪也"。乾隆朝后期虽然也查办了一些贪赃案件,但有更多的贪吏,由于有和珅这尊大神作护符,因而有恃无恐,贪风不减,特别是各省州县的库银亏空,更有泛滥之势,这也是乾隆帝给嘉庆帝留下的一大难题。

　　清王朝在中央政治制度上,并非实行独相制,为什么和珅得以长期专权呢？这是一个值得探讨的问题。当然,专权离不开皇帝的信任,这是一个前提,而和珅是具备了这个前提的。此外,就是机构与任职,在清代中央政治机构中,内阁大学士声望最高,军机大臣权力最大,御前大臣和内务府总管大臣与皇帝最接近。而这四项关键性的职务,和珅都担任了,而且还兼任了吏部尚书、户部尚书,也就是说,用人权与财政权都有了。再查乾隆年间的大学士年表,自乾隆四十二年至嘉庆四年(1777—1799)期间,担任过内阁大学士职务的,其数量虽多达十六人,但其中大部分任期都很短,而任职在十年以上、比较稳定的只有阿桂、嵇璜、和珅、王杰四人。阿桂自乾隆四十二年五月任武英殿大学士,至嘉庆二年八月病故,任阁职达二十一年。他虽以元勋上公为枢府领袖,并兼军机大臣,但实际上大部份时间是奉命在外办事,或治河,或督师,或赈灾,或办案,南北奔驰无虚日,真正在京的时间并不多。所以他虽然素鄙和珅的为人,但对之亦无可如何,只是一向对和珅持严峻的态度,"不与同值庐,朝夕入直,必离立数十武。和珅就与语,漫应之,终不移一步"。嵇璜则是以河督入相,在乾隆四十五年九月任文渊阁大学士,至五十九年七月病故,任阁职也有十五年之久。他对于治河业务尚有一套,但对于朝廷大政则非所长,加上他并非军机大臣,实权本来就不大,为人也老实得很。所以他对和珅的态度,趋附则于心不忍,抗争却势所不能,只好委曲相安,因而对和珅并没有构成多大的威胁。王杰于五十二年正月入阁,任东阁大学士,至嘉庆七年七月致仕,任阁职十六年,且兼任军机大臣,其权力看来还是有的,为人也正派。时"和珅势方赫,事多擅决,同列隐忍不言,杰遇有不可,辄力争。上知之深,和珅虽厌之而不能去。杰每议政毕,默然独坐。一日,和珅执其手戏曰:'何柔荑乃尔'！杰正色曰:'王杰手虽好,但不能要钱耳！'和珅赧然"。可见王杰在阁僚中,还是敢于同和珅作正面抗争的。但他无论是在内阁还是在军机处,其资历均较和珅浅,所以虽有抗争,仍无济于事,甚至还受到和珅的压制。

　　那么,对于和珅的专恣妄为,难道乾隆帝本人就真的如此老糊涂吗?！看来也不完全是这样。在这个问题上,乾隆帝是既糊涂,又不糊涂。说他糊涂,就是直到临死前,仍然不计后果地让和珅专擅朝政,丝毫没有加以制止的表示,甚至连准备禅位给颙琰的消息,也事先让和珅知道了。说他不糊涂,就是对于和珅的为人不仅有所闻,而且也有所知。其实,乾隆帝真正依为股肱重臣的,并不是和珅,而是阿桂、海兰察等,凡办实事、大事,大多是委派他们去负责,才感到放心。而对于和珅,只"不过是使贪使诈,如古之俳优弄臣"而已。事实上,乾隆帝对和珅的斥责,次数并不少,态度也相当严厉。如四十六年(1781年)甘肃回民起义,乾隆命海兰察率兵往讨,又命和珅带钦差大臣关防同往。海兰察作战辄胜,而和珅则畏缩不前,连总兵官图钦保作战阵亡也隐匿不报。这些事当然瞒不过乾隆帝,遂以其取巧而传旨切责说:"岂不知朕于数千里外,悬悬厪注乎！再本日毕沅奏和珅在途次行走情形,婉转开脱,措词委曲,此则外省观望习气,究于和珅之行走濡滞,能逃朕之洞鉴乎?"在海兰察、额森特获胜后,和珅却恶人先告状,反诬"二人不查贼形,希图侥幸"。但乾隆帝并没有偏袒和珅,在阅疏后即断然驳斥说:"伊二人先行打仗,并无不是之处。和珅遗形之奏章,岂行走迟延者,反为有功乎?"遂勒令和珅迅速先行回京。其后,海兰察班师还朝,和珅仍心有不甘,又讦海兰察等接受皮张等物。乾隆帝则说:"海兰察能杀贼,皮张收以御寒,何必诘责? 汝等既不能杀贼,亦岂能谢绝人情乎?"仅就这一项任命,乾隆帝已是三责和珅了,而且态度很不客气,可见乾隆帝对和珅确是有所知的。到嘉庆二年,阿桂病逝,乾隆帝召见枢臣,当众对和珅说:"阿桂宣力年久,且有功,汝随同列衔,事尚可行。今阿桂身故,单挂汝衔,外省无知,必疑事皆由汝,甚至称汝师相,汝自揣称否?"言时辞色甚厉,后遂只写军机大臣,不列姓名,著为例。由此可见,和珅在乾隆帝的心目中,其地位确是很低的。

乾隆帝既然知道和珅之无功无德,有辱师相之称,为什么还让他柄权达二十多年,而且是宠信倍加呢? 官修史书对此自然是有意回避的,但在诸多野史里,几乎是众口一词,说是由于和珅的相貌与雍正某妃相似之故,兹摘录一则如下:

> 当雍正时,世宗有一妃,貌妖艳。高宗年将冠,以事入宫,过妃侧,见妃方对镜理发,遽自后以两手掩其目,盖与之戏耳。妃不知为太子,大惊,遂持梳向后击之,中高宗额,遂舍去。望日月朔,高宗往谒后,后瞥见其额有伤痕,问之,隐不言,严诘之,始具以对。后大怒,疑妃之调太子也,立赐妃死。高宗大骇,欲白其冤,逡巡不敢发,乃亟返书斋,筹思再三,不得策,乃以指染朱迅往妃所,则妃已缢帛,气垂绝。乃乘间以指朱印妃颈,且曰:我害尔矣。魂而有灵,俟二十年后,其复与吾相聚乎? 言已,惨伤而返。迨乾隆中叶,和珅以满洲官学生在銮仪卫选升御舆。一日驾将出,仓猝求黄盖不可得。高宗云:是谁之过欤? 和珅应声曰:典守者不得辞其责。高宗闻而视之,则似曾相识者,骤思之,于何处相见,竟不可得,然心终不能忘也。回宫后,追忆自少至壮事,恍然于和珅之貌,与妃相似。因密召珅入,令跪近御座,俯视其颈,指痕宛在,因默认坤为妃之后身,倍加怜惜,遂如汉哀之爱董贤矣。不数年间,由总管仪仗而骤跻相位。故坤之贪恣,高宗虽知之,亦不加责焉。迨高宗将归政时,谓坤曰:吾与汝有宿缘,故能若是,后之人将不汝容也。

这种说法,虽然有点像神话,但相信此说者并不乏人。如萧一山先生所撰《清代通史》,对学界颇有影响,对于此说,他也是基本上认同的。他说:"或谓弘历之宠和珅,以其貌与世宗贵妃某相似。贵妃者,私于弘历而为皇后责辱以死者也。此言虽属离奇,然揆之情理,亦非绝对乌有。以此可知弘历之待和珅,盖俳优弄臣目之,虽知其骄横跋扈之态,亦怜惜优容,不暇切责。殊不知庇奸殃民,自隳国威,清运之盛衰,即以此为最大关键也。"

应该指出,即使从情理上看,此说之疑点颇多,似难成立。第一,此女并非一般的宫女、才人,而是跻身于贵妃之列,姓甚名谁? 是何封号? 死于何时? 总得有个交代! 即使是官修正史,对于后妃的废立或赐死,尽管在因由方面或有隐瞒,或有歪曲,但大多还是有所记载的;至于野史,更不必为此避讳。而此说却在这一关键的地方有意含混,故不得不疑。第二,此妃深居的宫闱,绝非一般的住所可比,这里既是神圣的,又是神秘的,宫规之严,警卫之密,是不言而喻的。而如此鲁莽的举动,在宫内除雍正一人外,还能有谁敢如此斗胆?! 当此妃"持梳向后击之"时,难道她就不害怕所击的正是雍正帝吗? 况且这里是皇帝的三宫六院,绝非《红楼梦》里大观园之潇湘馆、怡红院,哪能如此这般地打打闹闹呢?! 即便是雍正帝进内,也得再三宣示"驾到",难道年已将冠的弘历,却能这般静悄悄地、神不知鬼不觉地溜进来吗? 第三,有关乾隆帝的风流韵事,传说固然不少,但大多是他当了皇帝之后,然而这时的弘历,毕竟还是个尚未公开的皇太子,上头还有严父在管着。况且从辈分上说,他属儿辈,妃属母辈,来得那么随便。所以说,弘历即使再风流、再任性,也断不敢如此唐突。第四,贵妃被皇后赐死,这在宫内并不是一件小事,雍正帝不可能不知,此事之原委若被雍正帝知道了,弘历还能继续当太子吗?! 还能嗣位当皇帝吗?! 第五,所谓"眄貌与妃似""颈部指痕宛在""为妃之后身"等等说法,其迷信色彩实在是太浓了。当时有人信之、传之,不足为怪,若今天仍信之、传之,那就说不过去了。

既然"和珅貌似某妃"之说不足为据,那么乾隆帝之宠信和珅原因何在? 看来还应从当时的现实生活中去找答案。一是历代的奸佞,都有一套特殊的逢迎本领,看来和珅也不例外。他遇事机灵,辄应对称旨,尤善于揣人主喜怒,投主之所好,且和珅的记忆力颇强,"过目辄能记诵,每有所言,能悉举其事之本末"。因而颇能博得乾隆帝的好感。二是乾隆帝与和珅是亲家,乾隆帝最钟爱的皇十女、和孝固伦公主,是和珅的儿媳妇;和珅的儿子丰绅殷德,是乾隆帝的快婿,就凭公主与驸马爷这一关系,乾隆帝也得对和珅迁就迁就。三是当时军旅之费、土木游观、宴会挥霍等等,岁出无虑亿万,而国库则从裕转绌,常告匮缺。可是和珅却颇善于梏"计划外"收支。他兼管吏部和户部,既管官,又管钱,常常是通过官去捞钱。在某种意义上说,是乾隆帝索之于和珅,和珅索之于督抚,督抚索之于属吏,而属吏则索之于百姓。层层盘剥,又层层中饱。从一段时间看,乾隆帝的好大喜功得到了满足,而且还自我感觉良好。所以乾隆帝不仅需要像阿桂这样的能妥善处理军国大事的股肱之臣;同时也很需要象和珅这样的"使贪使诈"的"弄臣"。至于这样做,会给大清帝国、给嗣皇帝颙琰留下什么样的后患,看来乾隆帝是不会计及的。

其四是八旗、绿营的相继腐败以及军备的废弛。八旗兵本是清王朝立国的基干力量,在入关前,以淳朴和强悍著称。当然,对此也不能估计过高,像宁锦战役清兵之败,以及他们长时期地被拒于山海关外,足以证明八旗兵员及其战斗力还是有限的,如果不是农民军与明朝官军长期厮杀,以致两败俱伤;如果不是吴三桂在关键时刻引清兵入关,并为之前导,在前冲杀,清室能否入主中原,还应打上一个很大的问号。但不管怎么说,清王朝在较短的时间里统一了全国,这是事实;早期的八旗兵内部,没有那种骄娇的积习,这也是事实。但自入关以后,由于八旗兵在政治上、经济上以及军事编制上,都享有种种特权,政府对他们是豢养有加而骄情不惩,因而其气质便很快发生蜕化。早在顺治后期,就出现了"八旗人民怠于武事,遂至军旅隳弊,不及曩时"的情况。在平定"三藩之乱"的战争中,八旗内部所存在的种种问题,便有较充分的暴露,当时统兵的多是八旗王公贝勒,他们或"安坐罔闻,止知自守";或"退缩不前,全躯保身";或"各分疆界,互相推诿",甚至托言"粮饷不继""舟楫未具",坐失战机,尽弃城池。像"顺承王勒尔锦守荆州,闻吴逆兵至,踉跄而归",将大炮数十门埋入土中,到嘉庆时被挖出,遂被耻笑为"荆州炮"。由此可见当时八旗兵的素质已大大下降。康熙最后之所以能平定"三藩之乱",实际上是依靠了像赵良栋、蔡毓荣、王进宝、孙思克、姚启圣、施琅、李之劳等一大批绿营汉将。可是在"三藩"平定之后,八旗官兵依然故我,毫无振作。左都御史王鸿绪曾上疏参劾说:"驻防将领恃威放肆,或占夺民业,或重息放债,或强娶民妇,或谎诈逃人,株连善良,或收罗奸棍,巧生絷诈。种种为害,所在时有……请严饬将军、副都统等力行约束。"康熙帝虽采取过一系列措施加以整顿,但实际上收效并不大。

乾隆一朝,虽号称武功极盛,但究其实不过是强自夸张,并没有多少值得炫耀的。当时不仅八旗兵已经腐败,就是代之而兴的绿营也同样腐败,其中又以两次金川战役暴露得更充分。乾隆十一年(1746年),大金川土司莎罗奔为乱,命张广泗任川陕总督进讨。"广泗初至军,妄为大言,既久无成效,则诿过于部将""转战逾二年,师无功",遂被逮至京,"当失误军机律斩"。复于十三年四月任命保和殿大学士讷亲为经略大臣,督率禁旅前往平叛。讷亲是贵戚勋旧,又是朝廷重臣,在雍正、乾隆两朝,均受知遇,名气相当大。按理说,派他去对付小小一土司,当不会有太大的问题。但讷亲却重蹈张广泗的覆辙,刚抵军前便盛气凌人,既不调查,也不作周密的部署,即下达军令,限期三天拿下莎罗奔的大寨噶拉依,并且声言:将士有谏者斩。三军震惧,不得不硬攻碉堡,伤亡惨重,总兵官任举亦阵亡,讷亲由此气夺,竟"慑伏不敢出一令,每临战时,避于帐房中,遥为指示,人争笑之,故军威日损"。自后便支吾搪塞,筑碉自固,甚至上疏提出:"来岁增兵。计需费数百万。若俟二三年后有机可乘,亦未可定。"这些话,竟出自一个身负重任的亲信大臣之口,未免太不像话了,难怪乾隆帝在阅疏后怒火冲天,立即下旨切责说:"卿等身在戎行,目击情状,不能确有成算,游移两可。朕于数千里外,何从遥度?!我师至四万,彼止三千余,何以彼应我则有余,我攻彼则不足?"乾隆帝本想立即召还讷亲,但"又念大金川非大敌,重臣视师,无功而返,伤国体,为四夷姗笑"。这确实弄得乾隆帝进退两难,狼狈不堪。而讷亲的覆奏,"先后呶呶万言,无一要领,惟急请回京陛对",其实是想借机开溜。事情已经到了这个地步,乾隆帝也只好下了狠心,"以其祖遏必隆之剑,邮寄军前",赐讷亲死。另派大学士傅恒代为经略,偕岳钟琪同往进讨。岳钟琪对莎罗奔本有旧恩,莎罗奔也不愿与岳交战,遂"遣使诣钟琪乞降"。这次战役,只不过是对付一土司,却耗饷七百七十五万两,"劳师二载,诛两大臣,又失任举良将"。而最后大金川的所谓"乞降",只不过是给乾隆帝保全一点面子的暂时罢兵而已。

到乾隆三十六年(1771年),小金川土司僧格桑与大金川土司索诺木结盟,相继为乱。乾隆帝以四川总督阿尔泰养痈贻患,事发后又按兵不进,夺其职,不久赐死。命户部侍郎桂林代之,同时任命温福为武英殿大学士兼兵部尚书,统率大军往讨。但这位温大人和讷亲是同一类货色,他"不广咨方略""即督兵攻碉,士卒多伤亡,咨怨无斗志"。在受到挫败后,"惟日与董提督天弼辈置酒高宴"。额驸色布腾巴尔珠屡加规劝,温福竟反诬其"煽惑军心""朋比倾陷",遂致被召还京。参赞伍岱为此浩叹说:"吾闻速拙,不闻迟巧。焉有屯兵贼境,而日以宴会为务者?吾固辽海健儿,未审兵法有若此而能致胜者也!"并密疏上陈:"温福在军好安逸,不亲督战,自以为是,寒将士之心。"温福亦罗织罪名,疏劾伍岱。乾隆帝却偏信温福之言,夺伍岱职,逮问遣戍伊犁。这种是非颠倒,赏罚不明的做法,必然动摇军心,并进一步败坏军纪。其实当时抨击温福的尚大有人在,像海兰察从云南抵四川军前,看到温福之所为,曾扣刀诮之曰:"身为大将,而惟闭寨高卧,苟安旦夕,非夫也。今师虽疲老,使某督之,犹可致胜。若公终不肯出战,不若饮刃自尽,使某等各竭其力可也。"温福拂袖而起,依然故我,继续避战。金川土司侦知清兵疲弱,遂以劲旅数千攻董天弼军,清军不战自溃,天弼为乱枪击毙。土司便乘胜进袭木果木大营,"时大营兵尚万余,会运粮夫役数千,争避入大营,温福坚闭垒门不纳,轰而溃,声如坏堤,于是军心益震。贼四面蹂入,温福中枪死,各卡兵望风溃散"。这一战被称为"木果木之败"。当时在军中任参赞的明亮,曾记下了他目睹的溃败情景:"师遂大溃,我兵自相践踏,终夜有声。渡铁锁桥,人相拥挤,锁崩桥断,落水死者以千计。吾方结营美诺,见溃兵如蚁,往来山岭间。吾遣人止之,溃兵知吾在,止者数千,吾为之收留犒赏。兵方安眠,适有持铜匜沃水者,误落于地,有声铿然,溃兵即惊曰:'追者至矣'!因群起东走,势不可遏,其丧胆也若此。"可是乾隆帝对于这次惨败却懵然不知,"闻温福死,诏予一等伯爵,世袭罔替,祀昭忠祠"。只是后来由于海兰察等人的不断告发,才命夺爵。由此可见,军队的腐败,军备的废弛,讷亲、温福等统兵大员固然是难辞其咎,但作为最高统治者的乾隆帝,竟也这般糊涂,难道就没有责任吗?!

到乾隆末年,问题更多,其突出表现是营伍奢侈,靡费甚多,其中又以福康安最典型。他长期被乾隆倚为边务重臣,但考其战功,则大多出自阿桂、海兰察等人之力。可是福康安却恃功恃贵,"到处婪索,妄作威福。每日罗食珍异,开营伍奢侈之端倪,故每一征战,糜费多而成功少"。他奉命征苗,督七省官兵,与苗相持一年有余,老师旷日,则常以暴雨山潦涨阻作为托辞。其征台湾时,竟因备礼不周而谗杀名将柴大纪。其征廓尔喀,亦因气骄满而偾师,若非海兰察之力,他是下不了台的。可乾隆帝对福康安却恩宠倍加,封赏备至,甚至准备破例"酬以王爵",只是后来考虑到福康安是"孝贤皇后侄、大学士傅恒子",进封为王,天下人或议朕厚于后族,富察氏亦虑过盛无益"才作罢。嘉庆元年(1796年),福康安病卒于"剿"苗军中,按太上皇旨意,加郡王衔,谥"文襄",配享太庙。对于这些,当时刚嗣位的嘉庆帝,碍于太上皇旨意,不得不违心去办。其实,他对于福康安其人以及军中的种种积习,心里还是很清楚的,所以在亲政之后,"屡下诏戒诸将帅毋滥赏,必斥福康安"。这就是有力的证明。

综观上述四个方面,清室的中衰,实始于乾隆后期。所谓"内坏于和珅,外坏于福康安",而乾隆帝实总其责,这从个人的历史责任来说,应是没有什么疑问的。而从书斋里长大的嘉庆帝,正是在这样一个巨大的历史转折关头嗣位的。他所面临的困难,当是可想而知了。

三

从嘉庆元年(1796年)正月元旦开始,颙琰在名义上已经是皇帝了,但在实际上,他又不是真正的皇帝,或者说,他只是一个被太上皇捆绑着手脚的皇帝。这是他在嗣位后所遇到的最大的难题。

说到乾隆帝的禅位,其实是真真假假,有真有假。说它真,就是乾隆帝的确履行了他在践祚之初对上天许下的诺言:"若蒙眷佑,得在位六十年,即当传位嗣子,不敢上同皇祖纪元六十一载之数。"他三番五次地拒绝了皇太子及大臣提出的"俟寿跻期颐,再举行归政之典"的请求,如期地举行了授受大礼,亲手将"皇帝之宝"授给了颙琰。说它假,就是乾隆帝让位不让权,即所谓"盖义虽更,大权不移也"。事实上,乾隆帝直到临死前的一天,仍然把实权牢牢地掌握在自己手里。对于这一点,乾隆帝是毫不讳言的,而且反复讲了不知多少次。早在册立皇太子的上谕里,他就明白地宣称:"朕仰承昊眷,康强逢吉,一日不至倦勤,即一日不敢懈弛。归政后,凡遇军国大事,及用人行政诸大端,岂能置之不问,仍当躬亲指教。嗣皇帝朝夕敬聆训谕,将来知所禀承,不致错失,岂非天下国家之大庆。"在禅位前一个月,又专门发布了一道谕旨说:"朕于明年归政后,凡有缮奏事件,俱书太上皇帝,其奏对称太上皇。"其后在传位诏书里,再一次重申:"朕未至倦勤,不敢自逸。部院衙门及各省题奏事件,悉遵前旨行。"乾隆帝的这些话,是讲得很冠冕堂皇的,于己是"不敢懈弛""不敢自逸";于子则"知有所承""不致错失"。这样,谁还敢说半个"不"字呢!所以乾隆帝的所谓"禅位归政""并非颐养南宫,优游无为",而是借此一举三得:一来履行了诺言,以诚见于天下;二来大权仍然独掌,不致旁落;三是摆脱了那些细小繁琐的杂事,也有利于他延年益寿。这一点,乾隆帝自己也是承认的。他在上谕里曾经说过:"至郊坛宗社诸祀,朕年开九秩,于登降拜跪仪节,恐精力稍有未充,不足以将诚敬,自应嗣皇帝亲诣行礼。部院衙门并各省具题章疏,及引见文武官员寻常事件,俱由嗣皇帝披阅,奏知朕办理,为朕分劳,庶得更遂怡养,幸跻期颐,勉副天下臣民之望,尤所至愿。"对于这样的"禅位",乾隆帝又何乐而不为呢?!就连纪元这等庄重的事,乾隆帝实际上是搞了两套,即外廷改用嘉庆纪年,而内廷则仍用乾隆年号,致有乾隆六十一年、六十二年……又如归政后的定例规定,太上皇帝的谕旨,称为敕旨,因而在嘉庆初年所颁发的许多谕旨里,大多有"奉太上皇敕旨"等语,这种"旨中有旨"的情况,说明了乾隆帝仍然是乾纲独揽,而嘉庆帝只不过是在奉旨行事罢了。

嘉庆元年正月二十日,也就是嘉庆嗣位不到一个月,发生了这样一件事。是日毕沅等奏筹办军粮军火一折,内有"仰副圣主宵旰勤求,上慰太上皇帝注盼捷音"等语,其实这只是一种套话,而且对嗣皇帝与太上皇两个方面都照顾到了,按理说似乎没有多大问题。但乾隆帝看后却很不高兴,并训斥说:"本年传位大典,上年秋间即明降谕旨,颁示中外:一切军国事务,仍行亲理。嗣皇帝敬聆训诲,随同学习。其外省题奏事件,并经军机大臣奏定款式,通行颁发。毕沅并不遵照办理,是何意见?无论办理'苗匪'一事,起自上年二月,一切军务机宜,俱系朕酌筹指示,现在军营奏折,亦无不逐加批览。即自嘉庆以后,内而部院各衙门,外而督抚大吏等奏章事件,亦皆朕躬亲综览,随时训示,岂因有授受之典,即自暇自逸,置政事于不问乎?"这段话,讲得再清楚不过了,作为嗣皇帝的嘉庆,只不过是"敬聆训诲,随同学习"而已,至于朝廷大政、内外奏章,一切仍由太上皇主宰。毕沅不了解其中奥秘,以致在奏折里摆错了位置,结果挨了一顿训斥。不过,这在乾隆帝看来,还算是便宜了他。

嘉庆二年(1797年)十月二十一日,发生了乾清宫交泰殿失火的事件,乾隆帝为此发布了一道敕旨说:他"春秋八十有七,精神纯固,康健如常……朕仍居养心殿,皇帝则居毓庆宫,而乾清宫系接见臣工听政之所,相距俱远,只因承值太监等不戒于火,致有此事。现在朕虽已传位为太上皇帝,而一切政务仍亲理训示,政事有缺,皆朕之过,非皇帝之过"。应该承认,在承担事故责任这一点上,乾隆还是相当老实的,但这一事件却从另一个角度说明:嘉庆帝连宫廷事务也负不了责,那么这位嗣皇帝的权力到底有多大? 也就可想而知了。

至于嘉庆帝本人,对于这一切自然是有想法的。不过他既以仁孝著称,且性格内涵,对此自然不会张扬。在乾隆帝去世之后,他所发布的一系列上谕却从另一个角度讲了一番表面上冠冕堂皇但含意却很深的话,诸如:"我皇父康强纯固,训政弥勤,时聆恩诲,事事得有禀承……自上年冬猎,偶感风寒,调愈后,气体虽逊于前,然犹日亲训政,未尝稍辍。""自亲授大宝后,孜孜训政,又逾三载,高厚深仁,昊天罔极,实非自古帝王枢前即位者可比。"从这些话的字里行间,我们确实可以看到嘉庆是处在一个什么样的位置上。

如果说,中国官书的记载多少有所避忌的话,那么朝鲜方面的史籍记载就直率得多了。摘录数则如下:

嘉庆元年正月,进贺使李秉模等驰启曰:"……礼部尚书德明引臣等及冬至正、副使至御榻前跪叩。太上皇帝使阁老和珅宣旨曰:朕虽然归政,大事还是我办。"

三月,朝鲜国王召见回还正使闵钟显、副使李亨元等。上谓钟显曰:"新皇帝何如?"钟显曰:"仁孝端重,在诸王中最有令誉,观于宴飨之时,侍坐上皇之侧,只视上皇之动静,而一不转嘱,观于此亦可见其人品矣。"

同月,召见回还进贺使李秉模等。上曰:"太上皇筋力康宁乎?"秉模曰:"然矣。"上曰:"新皇帝仁孝诚勤,誉闻远播云,然否?"秉模曰:"状貌和平洒落,终日宴戏,初不游目。侍坐太上皇,上皇喜则亦喜,笑则亦笑,于此亦有可知者矣。"……"盖太上皇,诸凡事务不欲异于前日。"

上述几则记载,客观反映了乾隆帝在归政后仍然总揽大权,以及嘉庆的应对策略。这些"闻见别单",实质上是一种政治情报,其真实性和准确性,是相当高的。

在乾隆帝内禅后,依然是政由太上,而和珅又是出纳帝命之人,所以嗣位后的嘉庆帝,不仅要应付太上,而且还得考虑怎样对付和珅。所谓"沉默持重,喜怒不形",这本身就是一种斗争策略。他碍于乃父尚在,对于和珅不得不暂时强为容忍。礼亲王昭梿在《啸亭杂录》里有一则随笔说:"丙辰元日上既受禅,和珅以拥戴自居,出入意颇狂傲。上待之甚厚,遇有奏纯庙(乾隆)者,托其代言,左右有非之者。上曰:'朕方倚相公理四海事,汝等何可轻也?'珅又荐其师吴稷堂省兰与上录诗草,觇其动静。上知其意,吟咏中毫不露圭角,故珅心安之。"嘉庆帝之所以这样做,是在等待着时机的到来,而和珅则昏昏然,还以为是自己的"拥戴之功"奏效哩。

至于说到侍游侍宴,则是嘉庆帝为了应付太上皇而不得不采取的策略。在他嗣位的时候,苗疆尚在苦战,川楚烽烟又起,官吏贪婪,军备废弛,国帑日匮,而上上下下仍在竞尚奢靡。可以这样说,几乎是没有哪一件事不让他心焦的,他哪里还有心思出游赴宴呢?! 然而压在他头上的那位太上皇,却已游宴成癖,禅位以后,游宴更是有增无减,只要翻阅一下《太上皇帝起居注》,就不难发现其游宴几无虚日,甚至是一日数宴。如果只是他一人去享清福也便罢了,可是他却偏要摆出太上皇的架势,把嗣皇帝视作侍皇帝。

早在禅位前钦定的各款定例就有一条规定:"外廷筵宴,由各该衙门循例奏请,嗣皇帝恭奉太上皇帝亲御宴座,嗣皇帝侍坐,一切仪注,临时具奏。"既然是太上皇钦定的条例,嘉庆就得遵行。在《国朝宫史》典礼条也有一段记载:"皇帝侍奉太上皇帝,问安视膳,日以为常。恭遇庆节令辰,躬亲侍宴,预布诸司共备,设太上皇帝御筵于宝座前,皇帝宴位于太上皇帝宝座东次,届时,太上皇帝升宝座,皇帝莅宴位,率亲王以下与宴者,行礼献宴,作乐如常。皇帝进酒时,躬诣太上皇帝宝座前,北向跪,奉觞上寿,饮毕,受爵还,复宴位。太上皇帝赐皇帝酒,进爵大臣承敕旨进酒,退,乐既阕,所司引庆隆舞进,按节起舞入侑,余并如常仪。"这种礼仪繁琐的侍游侍宴,实际上已成了嘉庆嗣位后头三年的一项主要活动,也是他不得不硬着头皮承担的一份苦差事。

朝鲜方面的各类使臣,由于经常有机会参与这些游宴活动,因而他们的记载特别详细和具体。兹摘录数则如下:

进贺使李秉模驰启曰:(嘉庆元年)正月十九日平明,因乱部知会,诣圆明园……黄昏时,太上皇帝从山高水长阁后御小舫,嗣皇帝亦御小舟随之……太上皇帝御楼下榻上,嗣皇帝侍坐,设杂戏赐茶……

又冬至正使金文淳、副使申耆驰启曰:(嘉庆二年十二月)三十日,设年终宴于保和殿……少项,皇帝先出御殿,候太上皇帝陛殿御榻,皇帝别设小榻,西向伺坐。乐作进爵,文武官亦皆陪食。今年正月初一日,因礼部知会,臣等与书状官及正官等,诣午门伺候。皇帝乘黄屋小轿,幸堂子。少项,回銮,鸣鞭动乐,太上皇帝御太和殿,皇帝在殿内西向侍坐……初六日回銮时,当为祗迎。而是日太上皇帝与皇帝幸圆明园……日出后,太上皇帝乘黄屋小轿,到臣等祗迎处,顾眄而过。须臾皇帝坐马而出……初十日,臣与副使同往圆明园,住接间舍,则闻已前期设蒙古帐幕于山高水长之前云。十一日,通官引臣等入就班次,太上皇帝乘黄屋小轿而出,臣等祗迎后,太上皇帝入御蒙古大幕,皇帝西向侍坐,动乐设杂戏……宴讫,太上皇帝乘轿还内,皇帝跟后步还……十四日,旋设灯戏于山高水长,而以风势之太紧,姑且停止。十五日朝先设放生戏,又赐宴于正大光明。通官引臣等入诣殿槛外,太上皇帝升殿,皇帝西向侍坐,动乐设戏……须臾,太上皇帝还内,皇帝随入……又设灯戏于山高水长。通官引臣等进诣花障子内班,太上皇帝出御山高水长,皇帝如前侍坐,设角觚戏……灯火杂戏,西洋秋千,次第设行。炮燀埋火,尤为轰烈,声响如雷,烟焰涨空……十九日,更诣圆明园。饭后,通官引臣等山高水长亭下,太上皇帝出座,皇帝侍坐,德明以特旨即引臣等至御座前,太上皇帝使和珅传言曰:你们还归,以平安以过之意,传于国王可也。臣等叩头,退出班次……宴几毕,皇帝先入,宴毕后,太上皇帝入内……所乘黄屋小轿,载于小船……舟行几一里,始泊岸而下,即庆丰图也。皇帝先已来候于此,侍坐如仪……

上述这则记载,真实地反映了乾隆帝禅位后频繁的游宴,以及嘉庆帝侍游侍宴的基本情况。试想从除夕到正月十九日,仅朝鲜使臣获邀参加的游宴就这么多,而外国使节无缘参与的游宴还不知凡几。嘉庆则每一次都得躬亲侍陪,或"先行恭候",或"在后尾随"。所谓"侍坐如仪",说明了这种侍游侍宴,已经形成了一定的格式。嘉庆帝就是在这种频繁的游宴中，当了整整三年的侍皇帝。所以说，这三年表面上看是嘉庆新朝的开端，实质是乾隆帝晚年的延续。

乾隆帝是在嘉庆三年(1798年)冬腊月开始生病的，从此健康状况便大逊于前。《实录》对于此事的记载十分简单，只是在嘉庆的上谕里提了一句："自上年冬腊，偶感风寒。调愈后，气体虽逊于前，然犹日亲训政。"朝鲜的贺岁使团在嘉庆三年十二月进京时，也听到了一些传闻："……或云病患，今则少差，而朝或苦剧，夕又差减；夜又呻吟，昼又和平。日日如是，渐不如前。十九日进京之夕，通官以太上皇旨来传，朝鲜使臣明日当引见云。其日虽未引见，又于正朝分殿受贺，故都人亦谓太上皇病患快复矣。"在二十九日，太上皇确曾接见了一次，"……少顷，以太上皇旨，引臣等入重华宫，太上皇御亨敕芳斋，引臣等进前，传谕曰:国王平安乎? 臣等谨对:平安。仍命臣等退就班次。"但翌日的除夕大宴，即改由嘉庆帝主持了。"三十日设年终宴于保和殿，臣等因礼部知会，当日晓头入诣保和殿，坐于东陛上。平明，皇帝出御殿内，举乐设戏，进馔献爵……"嘉庆四年(1799年)正月元旦的受贺礼仪，较前稍有改变，"天明，皇帝率三品以上行贺礼于太上皇帝，而殿庭狭窄，诸王贝勒于门内行礼，三品官及外国使臣于门外行礼。礼毕后，臣等由右上门至太和殿庭。少顷，皇帝出御太和殿受贺，……一如太上皇帝前贺仪。盖太上皇帝自昨冬有时昏眩，不能如前临朝云。"不过在当天，乾隆仍在嘉庆的侍随下，"御乾清宫，赐皇子亲藩等宴。"这说明了乾隆直到正月初一，其健康虽然欠佳，但仍无大碍。

但从初二开始，乾隆帝的病情便开始恶化，"辛酉，太上皇帝圣躬不豫。上侍疾养心殿，吁天虔祷，问视弥谨。响夕大渐。"初三日辰时，病逝于养心殿。终年八十九岁。尊谥"纯皇帝"，庙号高宗。是年九月十五日，安葬于裕陵。

对于太上皇帝的崩逝，据《实录》记载，嘉庆帝是十分悲痛的，"上至御榻前，捧足大恸，擗踊呼号，仆地良久""视小殓毕，先趋乾清宫，于西丹墀跪迎大行太上皇帝吉礜"，大殓时，"上痛哭失声，擗踊无数。既殓，奉安梓宫于乾清宫正中""上哀恸深至，自且至晡，哭不停声，竟日水浆不入口，王大臣等伏地环跪，恳上节哀，上悲痛不能自已，左右皆弗忍仰视"。这大概是嘉庆帝仁孝至诚的一种本能表现吧。

但朝鲜使臣在京城内外所收集到的反映，却是另一番情景，朝野官员和平民百姓，对于这位"十全老人"的安详逝去，其反应亦同样是安详的。他们在上报的闻见别单里提到："皇城之内，晏如平日，少无惊动之意，皆曰此近百岁老人常事。且今新皇帝至孝且仁，太上皇真稀古有福之太平天子云。"可见，在大多数人看来，乾隆的逝去，早已在意料之中，因而一切都显得十分平静。嘉庆作为一孝子，不管怎么说，丧父毕竟是不幸的；然而作为一个嗣皇帝，却从此得以亲政，放开手脚地去施展自己的抱负，按照自己的意愿去处理军国大事，从这一点说，又是不幸中的幸事。它标志着嘉庆帝作为"侍皇帝"的结束，作为嗣皇帝的真正开端，从而揭开了嘉庆朝历史新的一页。

第三章 "和珅跌倒,嘉庆吃饱"

　　嘉庆帝嗣位后,便成为清王朝入主中原后的第五代皇帝。这时距清王朝确立全国统治,已经有一个半世纪了。清朝前期,统治集团由一些奋发有为的政治强人如康熙帝、雍正帝主持,政府职能部门行政能力较高。乾隆帝继位之初,承袭前期诸帝余绪,亦能乾纲独断,文治武功,开疆拓土,均有可观,出现了所谓的"康乾盛世"。但到了乾隆末期,封建社会所固有的各种矛盾,经过长期的潜伏与发展,这时已不可避免地大大激化起来,成了封建社会的不治之症。就在嘉庆嗣位的前夕和初期,湘黔苗民起义的烽烟未熄,川楚陕白莲教大起义的战火又起;闽粤浙一带海疆不靖,内部战乱频仍,外部也危机四伏,西方殖民主义的侵略威胁日趋严重,这和乃父乾隆帝全盛时期的"开疆拓宇,四征不庭,揆文奋武"的情况相比较,确有天渊之别,清帝国的衰颓之势更加明显,开始了清王朝由盛而衰的转折时期,这一切好像应该由嘉庆帝负责。然而,追根求源,导致清王朝中衰的根源不在嘉庆帝,而在于以"十全"功业著称的乾隆帝。这位乾隆皇帝秉祖康熙、父雍正两世之余烈,以自己非凡的才能和勇于开拓的精神造就了清代的极盛局面,使得蒙、藏遗留问题彻底解决,准噶尔全部归附,乾隆帝不愧为中国历史上的著名皇帝。然而乾隆帝还有另外一面,他颇具富家纨绔子弟的性格,行事又辄欲突过前人。他既励精图治,又好大喜功;既乾纲独断,又信任太偏。这就使得他在建立超越前人的不世功业的同时,也不自觉地走向了自己的反面。功业愈隆而骄奢愈甚,再如上享国日久,耄老荒纵,独断专横,宠信和珅,挥霍无度,以至于乾隆后期国库帑藏日绌,吏治腐败,政事与军备日益松弛败坏。尽管乾隆帝在传位诏书里对自己的文功武治作了最全面的概括,而对社会危机和积弊讳莫如深,但"苗乱"与"教乱"的相继而起,已向人们表明了一个重要的讯号,大清王朝的全盛时期已经过去,多事之秋已经来临。所以在嘉庆元年正月元旦的授受大典上,太上皇乾隆交给嘉庆帝的,绝不是一个欣欣向荣、生机勃勃的太平盛世,而是一个内创累累、积重难返的疲败之局,残阳如血的动荡时世。

　　"十全武功"是乾隆帝一生最引以为荣的大事,但为了成就这个"十全武功",大清帝国付出了极为沉重的代价,几乎花光了康熙帝、雍正帝留下来的巨大家业。"十全武功"导致的直接后果就是"国帑告匮,元气夷伤,所谓功成万骨枯矣"。再者,乾隆一生好巡游,早年便有"马上皇帝"之称。他一生六下江南,四顾盛京,多次西上五台山,巡幸大半个中国,至于曲阜祭孔,泰山封禅,木兰秋狝,更是再三再四,乐而不疲。频频出游,固耗费掉大量国帑,然远不如向各地官吏索取的多,而官吏们则转而去搜刮地方上的民脂民膏,肆意滋扰百姓,导致吏治更加腐败。当年乾隆帝对江南的巡幸,简直是地方上的灾难。本来,江南地区物产丰富,经济相当繁荣,明朝中后期就开始出现了资本主义生产关系的萌芽,但由于乾隆的南巡,使得积聚起来的财富不但不能进入生产领域,进行扩大再生产,甚至也不能进入正常的商品流通领域,就耗费在这毫无意义的迎来送往中,从而抑制了江南资本主义生产关系萌芽的发展,致使三吴地区元气大伤,也使中国丧失了与西方资本主义经济接轨的大好时机。

　　最为严重的是,乾隆帝晚年宠信和珅,以致上上下下官吏贪墨成风,从此吏治腐败就成为疯狂侵噬大清帝国肌体的毒瘤和不治之症,直接导致了大清帝国由极盛走向衰败。乾隆帝之所以宠信和珅,历史上还有一个凄惨而动人的传说。乾隆还是年近二十岁的皇子时,有一次因事进后宫,他从雍正帝的一个妃子身边经过,这位妃子长得非常娇艳美貌,她正对着镜子梳妆,年轻的乾隆出于少年人的好奇心性,从后面捂住她的双眼,当时乾隆只是与她开个玩笑,不敢对父皇的妃子有什么非分之想,那妃子一时惊慌,用梳子向后击去,正好打在乾隆的额头上,还留下了一个小小的伤痕。第二天,乾隆去向他的母亲钮祜禄氏请安时,母亲见他额头上的伤痕,再三盘问,乾隆只得把事情的经过如实说了出来,钮祜禄氏听了非常生气,怀疑这个妃子调戏太子,立即下令将这个妃子赐死,年轻的乾隆十分惊慌,想说明是自己的过错,不能责怪那个无辜的妃子,但在母亲的盛怒之下又不敢直说。后来当他辞别母亲跑到那个妃子的住所时,妃子已经上吊自尽了。乾隆想起自己的一时荒唐竟导致父皇妃子非命,十分愧疚,就用手指在妃子的颈上按上朱印,默默许愿:"是我害了你,魂如有灵,二十年之后再来与我相聚。"说完便满怀悲痛回到自己的住所。无巧不成书,到了乾隆朝中期,有一天,乾隆帝到圆明园闲逛,起初天气有些阴,到了中午云开日出,遍地阳光,热得人透不过气来,乾隆正晒得难受,这时有人马上送来黄盖替他遮阳。乾隆一看此人唇红齿白,乃一翩翩美貌少年,于是就详细询问他的情况,这个会办事的少年就是和珅。和珅告诉乾隆帝他是满洲正红旗的学生,现在銮仪卫当差,具体地说就是给乾隆帝抬轿子,地位很低,交谈中乾隆帝觉得此人面熟,似在什么地方见过。他回宫以后,这个年轻人的相貌始终浮现在他的脑海里。灵光一现,乾隆帝突然想起,和珅的面貌与那个受自己连累而死的父皇妃子十分相像,于是便密召和珅入宫,让他跪在自己面前,仔细端详,果然相似,更令人吃惊的是和珅的颈上也有一个痣,宛如手指的印痕,以此为据,乾隆帝便认定和珅是那妃子托生,来印证二十年前的宿愿了。就这样,乾隆怀着赎罪和还愿的心理,对和珅倍加怜爱。经询问,乾隆得知和珅颇通文墨,于是便提升他为内务府总管,从此以后和珅便靠着乾隆帝的宠爱而飞黄腾达。我们且不去分析这个传说的真假,实际上和珅在仕途上的飞黄腾达,主要是因为他的聪慧。和珅虽是旗人,但与懵懂无知的满族贵戚相比,他多少能背诵些《论语》《孟子》;而与汉族大臣相比,他既通晓满汉文字,又能粗通蒙古、西番文字,也算是一个有学问的人了。因此,遇有重大军政决策,他都能"承训书谕",把乾隆帝交办的事情办得妥妥帖帖,深得乾隆帝的赏识和重用。乾隆帝也一再褒赞他:"清文汉文,蒙古西番,颇通大意,勤劳书旨,允称能事。"乾隆帝雄才大略,乾纲独断,并不需要臣工有治国安邦的宏韬伟略,小有才智,善解人意,能够无差错地"承旨书谕",就是能臣了。和珅凭借他幽默风趣的谈吐,通晓多种语言文字的才智,秉承主子脸色行事的机灵,无微不至关怀主子生活的作风赢得了乾隆帝的青睐,获得了乾隆的宠信。乾隆帝是把和珅当作伶臣来看待的,就像当年汉武帝对待东方朔一样。乾隆禅位,和珅晋封为公爵,其时所有军政大事,无不参与规划,可谓权势赫赫,炙手可热,连嗣皇帝嘉庆也要看和珅脸色行事,否则皇位难保。和珅小人得志,贪黩更甚。他前后柄权二十多年,内而尚侍,外而督抚,多出于和门。凡"不附己者,伺隙激上怒陷之;纳贿者则为周旋,或故缓其事,以俟上怒之霁。大僚恃为奥援,剥削其下以供所欲"。所谓内有聚敛之臣,外有贪黩之吏,互为因果,贪风便愈演愈烈。事实上,乾隆朝后期所发生的许多贪赃大案,都与和珅有着这样或那样的关系。乾隆朝后期虽然也查办了一些贪赃案件,但更多的贪官污吏,由于有和珅这尊大神作护符,因而有恃无恐,贪风不减,特别是各省州县的库银亏空,更有泛滥之势,这也是乾隆帝留给嘉庆帝的一大难题。此外,和珅还利用审查贡品的权限,明目张胆地大肆侵吞内外大臣的贡品。纳贡本是皇帝的特权,和珅竟公然将贡品据为己有,"四方进贡之物,上者悉入坤第,次者始入宫也"。

由此可见,乾隆后期的弊政有很大部分与和珅有直接关系。嘉庆帝认真分析了当时的社会、政治形势,认为要想整饬内政,挽救危机,就必须首先诛除和珅这个侵噬社会肌体的毒瘤。十年磨一剑,不曾试锋芒。多年的韬光养晦,忍气吞声,就是为了等待"扬眉剑出鞘"这一天的早日到来。现在父皇已死,和珅的靠山已倒,这正是诛除和珅的大好时机,应该立即动手,否则日久生变。诛杀和珅必须做到"稳""准""狠",绝不能囿于国家大丧之日就缩手缩脚,要趁这个机会打和珅一个措手不及。尽快地诛杀元凶,不仅不会引起时局的动荡,反而是稳定时局的关键。

嘉庆四年(1799年)正月初三,即乾隆崩逝的当日,嘉庆帝就向和珅动手了。首先,嘉庆帝任命和珅参与总理乾隆帝葬仪,夺去和珅军机大臣、九门提督等衔,命他与福长安昼夜守值殡殿,不得任自出入,实际上是将和珅与福长安软禁监视起来。正月初三上午,嘉庆帝召见和珅说:"你是大行太上皇帝的近臣,首席军机,内阁大学士,实为国家勋旧;朕刚亲政,诸事仰赖,望相公不负大行太上皇帝的重托,辅朕处理一切军政大事。如今国家大丧,丧事为国家首务,朕特命你全权主持丧务;主持丧务期间,暂免你军机大臣、九门提督等职,专心治丧。待国家大丧期满,再复尔原职。"嘉庆又谕令福长安说:"大行太上皇帝在日,你与相公一起朝夕服侍,朕甚为感念。特命你与相公一起专心治丧,也暂免你军机大臣及尚书等职。"和珅与福长安被嘉庆帝的信任迷惑住了,根本没有想到颇有城府的嘉庆帝竟然在父皇大丧之日向他们下手了,他们二人还心安理得地日夜值守在乾隆的殡殿里。其次,嘉庆帝加封自己的兄弟子侄,紧急进行人事调整。正月初三傍晚,嘉庆帝紧急召见仪郡王永璇、成亲王永瑆、定亲王绵恩。嘉庆帝对十一哥永瑆道:"朕命你入军机处为军机大臣,处理军政大事;朕即晋封八兄仪郡王永璇为亲王,总理吏部;特命定亲王绵恩为九门提督,总管京城的卫戍及防务诸事,同时,火器营、建锐营也交给绵恩指挥。""绵恩应连夜调出和珅宅内一千余名步甲兵丁,迅速调换九门提督衙门及巡捕五营的将官,严密警戒内外城各处,并在和珅同党栖居处密布暗哨,切断和珅、福长安与外界的一切联系。同时,宫中的侍卫要清理审查。这一切都要秘密进行"。正月初四日,嘉庆帝对人事进行了紧急调整,任命成亲王永瑆,大学士董诰,尚书庆桂为军机大臣;那彦成、戴衢亭留任军机处;盛柱(皇后喜塔腊氏之兄)署工部尚书,保宁为英武殿大学士,庆桂为御前大臣、协办大学士,书麟为吏部尚书,松筠为户部尚书,富锐为兵部尚书。同时,让仪郡王永璇总理吏部,成亲王永瑆除任军机大臣外,总理户部兼管三库。随后,正式晋升仪郡王永璇为仪亲王,贝勒永磷为庆郡王,绵亿封履郡王,其他皇室成员俱受封赏。第三,下诏急调恩师朱珪火速入京。正月初三上午,嘉庆帝命以六百里快驿,诏恩师朱珪从安徽巡抚任上火速进京。第四,授意御史广兴等人弹劾和珅。

嘉庆帝亲自领导和指挥了诛除和珅的战斗,在战斗处于白热化的关键时刻,他就吃住在养心殿,足不出户,昼夜召见大臣,调兵遣将,商量对策,晚上也不到后妃处寻欢作乐。后妃们虽然不知道嘉庆帝诛除和珅的行动,但从嘉庆帝的一言一行中,也敏感地察觉到将有什么重要的事情发生,因而也都自觉地不到嘉庆帝身边打情骂俏,死搅蛮缠,以免分散皇帝的精力。当内阁、军机处、京城防务及各重要部院官员都换上与和珅作对的老臣或自己的亲信心腹之后,嘉庆帝立即向和珅击出了致命的一拳。正月初八日,嘉庆帝召集王公大臣宣旨道:"现有给事中王念孙、御史广兴、大学士刘墉、御史广泰等列款奏劾和珅,言之凿凿。朕即刻削夺和珅大学士、军机大臣及九门提督等职;夺军机大臣、吏部尚书福长安职,并将伊等下狱治罪,特命仪亲王永璇、成亲王永瑆前往传旨,由武备院卿兼正红旗邦军都统阿兰保监押以行。命永璇、永瑆、绵恩、额驸拉旺多尔济及刘墉、董诰等,对和珅、福长安进行审讯;命永瑆、绵恩、淳颖等,查抄和珅、福长安及其家人财产。至于平日有被和珅挟从者,概不追究,余不累及。"此旨一下,国人为之振奋,嘉庆帝的后妃们更是欢欣鼓舞,她们往日亲身体验了丈夫所受的窝囊气,现在见丈夫终于反戈一击,向和珅主动进攻,无不为丈夫的果敢行动而骄傲,称赞嘉庆帝不仅床上功夫了得,无坚不摧,而且在治国安邦上也有超凡胆识,英武过人,因而对嘉庆帝更加崇拜和热爱了。而平日那些和珅的门徒走狗,惶惶不可终日,但看到"概不追究,余不累及"的诏谕,皆心存侥幸,但愿能度过生死关,保住一条狗命。

再说仪亲王永璇、成亲王永瑆奉旨到乾隆帝的殡殿里捉拿和珅、福长安。和珅见永璇、永瑆带着全副武装的侍卫前来,心知有异,猜想可能是嘉庆帝对自己下毒手了。只见永瑆看了和珅许久,突然道:"和珅接旨。"和珅一看势头不对,跪在地上说道:"奴才接旨。"只听永瑆念道:"奉天承运嘉庆皇帝诏曰:今有给事中王念孙,御史广兴、广泰,大学士刘墉等列款奏劾和珅欺罔擅专,贪婪纳财,言之凿凿,特谕革和珅大学士、军机大臣等职,逮捕下狱鞫审,钦此!"和珅骤听此旨,简直不敢相信自己的耳朵,想不到嘉庆帝平时对自己口称相公,言听计从,前几天还叫自己总理乾隆帝葬仪,现在乾隆帝尸骨未寒,就在乾隆帝的停尸房里向自己下毒手,心肠真够狠毒。嗨,只怪自己瞎了眼,把嘉庆帝的韬光养晦看成是软弱可欺,如今后悔也来不及了。不等和珅辩解,他就被侍卫牵拽而去。一旁的福长安早已吓得魂飞魄散,随后也被锁走。嘉庆帝在自己父亲的停尸房里果断捉拿和珅、福长安的情景,真正做到了稳、准、狠,确实是一击必中,一剑封喉。

嘉庆帝一面派人捉拿和珅,一面发出上谕,令今后陈奏的一切事件俱应直达御前,恢复了被和珅破坏了的密折陈奏制度,加强了皇权。上谕称:"各部院衙门文武大臣,及直省督抚藩臬,凡有奏事之责者,预先告知军机大臣。即如各部院衙门,奏章呈递后,朕可即行召见,面为商酌,各交该衙办理,不关军机大臣指示也,何得豫行宣露,致启通同扶饰之弊耶?即将此通谕知,各宜凛遵。"正月十一日,嘉庆帝为和珅的问题专门发一道诏谕,指斥和珅僭妄不法,目无君主,延匿军报,贻误重务,独揽部务,弄权舞弊,党同伐异,任人唯亲,贪污纳贿,害国肥己。与此同时,令五大部尽快鞫审和珅,各省督抚及部院九卿对和珅进行议罪。直隶总督胡季堂奏称:"和珅丧尽天良,非复人类,种种悖逆不臣,蠹国病民,几同川楚'贼匪',贪黩放荡,真一无耻小人,丧心病狂,目无君上,请依大逆律凌迟处死。"各省督抚及部院九卿纷纷上书一致要求将和珅这个悖逆不臣、蠹国病民、贪黩放荡、目无君主的奸臣贼子以大逆罪凌迟处死,抛尸街头,而对福长安则处以斩

立决。正是上上下下有了这些舆论,嘉庆帝便在正月十五日正式公布了和珅的二十大罪状:

大罪之一:朕于乾隆六十年九月初三日,蒙皇考册封为皇太子,尚未宣布谕旨,而和珅于初二日即在朕前先递如意,漏泄机密,居然以拥戴为功。

大罪之二:上年正月,皇考在圆明园召见和珅,伊竟骑马直进左门,过正大光明殿,至寿山口,无父无君,莫此为甚。

大罪之三:又因腿疾,乘坐椅轿抬入大内,肩舆出入神武门,众目共见,毫无忌惮。

大罪之四:并将出宫女子娶为次妻,罔顾廉耻。

大罪之五:自剿办教匪以来,皇考盼望军书,刻萦宵旰。乃和珅于各路军营递到奏报,任意延搁,有心欺蔽,以至军务日久未竣。

大罪之六:皇考圣躬不豫时,和珅毫无忧戚,每进见后,出向外廷人员叙说,谈笑如常,丧心病狂。

大罪之七:昨冬皇考力疾披章,批谕字划间有未真之处,和珅胆敢口称不如撕去,竟另行拟旨。

大罪之八:前奉皇考谕旨,令伊管理吏部、刑部事务,嗣因军需销算,伊系熟手,是以又谕令兼理户部题奏报销事件。伊竟将户部事务一人把持,变更成例,不许部臣参议一字。

大罪之九:上年十二月内,奎舒奏报循化、贵德二厅,贼番聚众千余,抢夺达赖喇嘛商人牛只,杀伤两命,在青海肆劫一案。和珅竟将原奏驳回,隐匿不报,全不以边务为重。

大罪之十:皇考升遐后,朕谕令蒙古王公未出痘者不必来京。和珅不遵谕旨,令已未出痘者,俱不必来京,全不顾国家抚绥外藩之意,其居心实不可问。

大罪之十一:大学士苏凌阿两耳重听,衰迈难堪,因系伊弟和琳姻亲,竟隐匿不奏。侍郎吴省兰、李潢,太仆寺卿李光云,皆曾在伊家教读,并保列卿阶,兼任学政。

大罪之十二:军机处记名人员,和珅任意撤去,种种专擅,不可枚举。

大罪之十三:昨将和珅家产查抄,所盖楠木房屋,僭侈逾制,其多宝阁与隔段式样,皆依照宁寿宫制度,其园寓点缀,竟与圆明园蓬岛、瑶台无异,不知是何肺肠。

大罪之十四:蓟州坟茔,居然设立享殿,开置隧道。附近居民有和陵之称。

大罪之十五:家内所藏珍宝,珍珠手串竟有二百余串,较之大内多至数倍,并有大珠较御用冠顶尤大。

大罪之十六:又宝石顶并非伊应戴之物,所藏真宝石顶有数十余个,而整块大宝石不计其数,且有内府所无者。

大罪之十七:家内银两及衣服等件,数逾千万。

大罪之十八:且有夹墙藏金二万六千余两,私库藏金六千余两,地窖内并有埋藏银两百余万。

大罪之十九:附近通州、蓟州地方,均有当铺钱店,查计资本,又不下数十余万,以首辅大臣与小民争利。

大罪之二十:伊家人刘全,不过下贱家奴,而查抄资产,竟至二十余万,并有大珠及珍珠手串,若非纵令需索,何得如此丰饶?

其余贪纵狂妄之处,尚难悉数。

这些罪状归纳起来,可分为三大类,其一是大不敬,其实都很牵强,谁都能看出来,这纯属"欲加之罪,何患无辞"一类;其二是专擅,这倒是事实;而真正揭到和珅痛处的,还是贪黩,即其三。对于上述这些指控,和珅大多供认不讳。和珅知道既然落到了嘉庆帝的手里,不管自己承认不承认这些罪状,其结果都是死路一条,还不如死得痛快点。于是,嘉庆帝将这二十大罪状,交给京师三品以上官员传阅,还解释说,和珅是皇考简任的大臣,本不应该轻为更易的,即使有罪,只要稍有可原,也应该尽力保全,可是照科道诸臣所列举的这样,和珅真是罪孽深重,难以宽宥。照嘉庆帝的本意,非要将和珅凌迟处死,才能一出心头那郁积多年的恶气,可是他的妹妹,已经下嫁和珅之子丰绅殷德的固伦和孝公主再三涕泣求情全其肢体,又有大臣董诰、刘墉的一再劝阻,嘉庆帝只得按照康熙诛鳌拜、雍正诛年羹尧的前例,"加恩"赐和珅于狱中自尽。正月十八日,嘉庆帝宣布:鉴于和珅曾为首辅大臣,为国体起见加恩宽大,特赐令自尽,赐他一个全尸。福长安则判斩监候,秋后处决,并提福长安至和珅狱中,跪视和珅自尽。大学士苏凌阿年迈昏聩,令其退休;侍郎吴省兰、李潢,太仆寺卿李光云,俱降黜治罪。和珅的弟弟和琳因早已在川楚军前病逝,缘军功配享太庙,设立专祠,至此也被明令撤出太庙、拆毁专祠。和珅的儿子丰绅殷德因系固伦和孝公主额驸,看在他妻子十公主的面子上仍保留伯爵封号,在家闲住。

谕下当天,即赐帛令和珅在狱中自缢。这时距乾隆帝去世仅半个月,距和珅下狱也只有七天,可见嘉庆帝处理和珅一案,确实做到了从快从重,体现出雷厉风行的作风。和珅在临死前写下了一首诗说:"五十年来梦幻真,今朝撒手谢红尘。他时水泛含龙日,认取香烟是后身。"此诗似偈似谣,前两句含义尚明,因为和珅生于乾隆十五年(1750年),死于嘉庆四年(1799年),刚满五十岁。从权力的顶峰一下子沦为阶下囚,并被赐死,这对和珅来说当然是一场梦,更是一场噩梦。后两句的含义则较为隐晦,好像与乾隆帝宠幸和珅的历史传说有关。

和珅自尽的次日,即正月十九日,嘉庆帝为稳定朝廷内外大小臣工疑惧株连之心,颁旨申明:"和珅任事日久,专擅蒙蔽,以致下情不能上达,若不立除元恶,无以肃清庶政,整饬官方,今已明正其罪,此案业经办结。"处置和珅已取得决定性胜利,而处置和珅只是为了"儆戒将来",并非追究既往,过去的犯罪已过时效,不再株连。至于以往某些官员,"奔走和珅门下,逢迎馈赂皆所不免,若一一根究连及多人,亦非罪不及众之义"。嘉庆帝声称,和珅种种蠹国肥家,贪黩营私"犹其罪之小者""朕所以重治和珅之罪者,实为其贻误军国重务",所以他安定人心道:"凡大小臣工,毋庸心存疑惧",即使以前与和珅沆瀣一气,"热中躁进,一时失足,但能洗心涤虑,痛改前非,仍可勉为端士,不至终身误陷匪人。特此再行明白宣谕,各宜凛遵砥砺以副朕咸与维新之治"。既然危及嘉庆帝皇权统治的元凶和珅已经授首,如果打击面过大,株连过多,就会影响当时社会的稳定,赐死和珅,嘉庆帝杀一儆百的目的也就达到了,对和珅余党也就宽大处理,不再一一追究了。

当时,朝鲜使臣对嘉庆帝处理和珅一案评价相当高:"和珅处置后,人皆谓皇帝有三达德。自即位以来,知和珅之必欲谋害,凡于政令,惟珅是听,以示亲信之意,俾不生疑惧,此智也。一日裁处,不动声色,使朝著一新,奸宄屏息,此勇也。不治党羽,无所株连,使大小臣工,洗心涤虑,俾各自安;皇妹之为坤子妇者,另加抚恤,此仁也。"

至于和珅的家产到底有多少,历来众说纷纭。当时,嘉庆帝派庆桂、盛柱、永理、绵恩等王公大臣查抄和珅家产,曾列回一份清单如下:

正屋一所(十三进七十二间),东屋一所(七进三十八间),西屋一所(七进三十三间),徽式屋一所(六十二间),花园一所(楼台四十二座),东屋侧室一所(五十二间),钦赐花园一所(楼台六十四座,四角楼、更楼十二座,更夫一百二十名),杂房(一百二十余间),古铜鼎(二十二座),汉铜鼎(十一座),端砚(七百余方),玉鼎(十八座),宋砚(十一方),玉磬(二十八架),古剑(十把),大自鸣钟(十九座),小自鸣钟(十九座),洋表(一百余个),大东珠(六十余颗,每颗十两),珍珠手串(十八颗一串,共二百二十六串),珍珠数珠(十八盘),大红宝石(一百八十余块),小红宝石(九百八十余块),蓝宝石(大小共四千零七十块),宝石数珠(一千零八盘),珊瑚数珠(三百七十二盘),蜜蜡数珠(十三盘),宝石珊瑚帽顶(二百三十六个),玉马二匹(高一尺二寸,长四尺),珊瑚树十棵(高三尺八寸),白玉观音一尊,汉玉罗汉十八尊(长一尺二寸),金罗汉十八尊(长一尺八寸),白玉九如意(三百八十七个),砒玺大燕碗(九十九个),白玉汤碗(一百五十四个),白玉酒杯(一百二十个),金碗碟三十二桌(共四千二百八十八件),银碗碟(四千二百八十八件),嵌玉如意(一千六百零一个),嵌玉九如意(一千零十八个),水晶酒盂(一百二十三个),金镶玉簪(五百多副),整玉如意(一百二十八枚),砒玺大冰盘(十八个),白玉烟壶(八百余个),砒玺烟壶(三百余个),玛瑙烟壶(一百余个),汉玉烟壶(一百余个),白玉唾盂(二百余个),金唾盂(一百二十个),银唾盂(六百余个),金面盆(五十三个),银面盆(一百五十个),镶金八宝炕屏(四十架),镶金八宝大屏(二十三架),镶金炕屏(二十四架),镶金炕床(二十架),四季夹单纱帐(全),老金缕丝床帐(六顶),镶金八宝炕床(一百二十架),嵌金玻璃炕床(三十二架),金珠翠宝首饰(大小共计二万八千件)。

金元宝一千个(每个重一百两,计银一百五十万两),银元宝一千个(每个重一百两),赤金五百八十万两(估银一千八百万两),生沙金二百万余两(估银一千八百万两),元宝银九百四十万两,洋钱五万八千圆(估银四万零六百两),制钱一千零五十五串(估银一千五百两)。

当铺七十五座(查本银三千万两),银号四十二座(查本银四千万两),古玩铺十三座(查本银二十万两),玉器库两间(估银七十万两),绸缎库两间(估银八十万两),洋货库两间(五色大呢八百板,鸳鸯一百五十板,五色羽缎六百余板,五色哗叽二百余板),皮张库一间(元狐十二张,各色狐一千五百张,貂皮八百余张,杂皮五万六千张)。

瓷器库一间(估银一万两),锡器库一问(估银六万四千一百三十七两),珍馐库十六间,铁黎紫檀器库六间(八千六百余件),玻璃器皿库一问(八百余件),药材房一间(估银五千两),人参六百八十余两(估银二十七万两),貂皮女衣(六百十一件),貂皮男衣(八百零六件),杂皮男衣(八百零六件),杂皮女衣(四百三十七件),棉夹单纱男衣(三千二百零八件),棉夹单纱女衣(二千一百零八件),貂帽(五十四顶),貂蟒袍(三十二件),貂褂(四十八件),貂靴(一百二十只)。

地亩八千余顷(估银八百万两)。

和珅死后,他的财产又陆续被清出许多,据档案记载:嘉庆四年(1799年)正月二十二日永锡等所奏,查得海甸和珅花园内房一千零三间,游廊楼亭共三百五十七间(系以前赏赐)。马圈一所,计房四十三间,善缘庵寓所八十六问,游廊四十二间,园内有金器具七件,金镙九个,银器五十件。另在承德尚有寓所一处,陈设玩器戏衣等若干。二月三十日直隶总督胡季堂奏,大城等七县查出和珅及家人呼什图米、麦、豆、杂粮共一万一千零六十五石。三月二十八日绵恩等又陆续查出和珅借出本银所开当铺十二家,家人刘全等四人伙开当铺八家,和珅契置取租房一千零一间半,取租地一千二百六十六顷,通计二十万三千三百两,和珅还有借出应追本利银二万六千三百一十五两,并自拴大车八十辆,车价银九千六百两。

　　有人估算和珅的财产总价值达八亿两,而清政府当时国库每年收入不过四千多万两,和珅的财产相当于二十年的国库收入。和珅凭借乾隆皇帝的宠幸,大搞权钱交易,贪赃枉法,卖官鬻爵,聚敛巨额财产,短短二十年时间竟然敛财八亿两,真称得上天下第一敛财高手,天下第一巨贪。

　　嘉庆帝在父皇大丧之日诛杀和珅是从政治上考虑的,是为了扫除自己亲政道路上的绊脚石。不除和珅,天下只知有和珅,而不知有皇帝,他的皇权就会受到威胁,甚至会成为傀儡皇帝。不承想,拔出萝卜带出泥,查抄出来的和珅家私竟然如此之巨,大出嘉庆帝的意料之外,在经济上收益亦颇丰饶。和珅的财产,属于金银钱财部分,俱上交内务府广储司;珠宝玉器、古玩字画、首饰、器皿、皮张绸缎及其他家用物资数量极多,也绝大部分归内务府,少部分赏给皇帝后妃、皇子皇孙、王公大臣、御前侍卫和太监等,另一小部分如旧衣物、戏衣及京外热河等地的物品全部变卖;和珅及其家奴内监在京外存粮食二万余石,一半以上作为救济当地灾民之用;在京的府第、花园、当铺、钱庄、祠堂、马厩等,除嘉庆帝的亲弟弟庆郡王永璘分得了和珅府第的一半,妹妹十公主分得了和珅府第的另一半,哥哥成亲王永理分得了和珅的园林外,其余都进了嘉庆皇帝的腰包。仅就人参一项而言,当年春天,内务府因收进和珅的人参数量过巨,以至无法储藏,不得不变卖数百斤,因此竟造成了市面上一时钱币短缺的现象。这真应验了北京街头风传的童谣:"和珅跌倒,嘉庆吃饱。"嘉庆帝赢得了政治上与经济上的双丰收,真是何乐而不为呢!

　　嘉庆帝在取得诛杀和珅的决定性胜利后,就给自己放了几天假,日夜沉溺于后妃们的乳香肉色中,以给冷落了一段时间的后妃们一个热烈的补偿,并把从和珅处得来的珠宝玉器、古玩字画、首饰、器皿大肆赏赐给自己心爱的后妃们。后妃们见嘉庆帝心情高兴,出手大方,也都打扮得花枝招展,妖媚风骚,个个使出浑身解数,把嘉庆帝伺候得欲仙欲醉,如同神仙一般。嘉庆帝和他的后妃们都陶醉在诛杀和珅后的巨大喜悦和幸福之中。

第四章　整顿吏治

一

嘉庆亲政，颁布的第一道谕旨，就痛斥了在镇压川楚陕白莲教起义的前线掩败为胜、玩兵养寇的一帮领兵将领和大臣，他所指的这些大臣之一，就是当时的湖广总督毕沅。

毕沅，江苏镇沅人。乾隆二十二年入值军机处，以后青云直上，做过按察使、布政使、陕西巡抚，河南巡抚等官，乾隆五十三年(1788 年)被擢升为湖广总督，算得是清代地方最重要的官员之一，颇得乾隆皇帝赏识。毕沅秉性温厚，颇好学问，凭借身居高位的便利，拔擢契掖了不少读书人，章学诚、洪亮吉、孙星衍等清代著名的大学者，都曾寄于他的幕下。《续资治通鉴》一书也由他总其成。对于他在清代学术上的贡献，专家们的评价都是很高的。

可是，一个大学者未必就是一个称职的官吏，毕沅就道如此。何况偏偏就是他在湖广总督任上时，爆发了川楚陕白莲教起义，他作为一个读书人的胆怯、懦弱、没有政治眼光等弱点，因此而暴露无疑。他与同在湖广的巡抚福宁、布政使陈淮三人朋比为奸，都不把公事当回事。据说，毕沅天性迂缓，福宁天资阴刻，拼命搜求财富，而陈淮，则专门挑下属的毛病，非得逼得人倾其所有都送给他才算完。所以民间编出歌谣说："毕不管，福死要，陈倒包。"又说，毕沅像蝙蝠，身不动摇，专吸所过虫蚁的血；福宁像狼虎，见人就抢，谁也躲不过去；陈淮如老鼠或蠹虫，钻到洞里去偷去触，还不让人觉得。一个地方的三个最高级官员如此，白莲教起义首先在此处爆发，也就毫不奇怪。这样看来，毕沅就不仅仅是懦弱，也相当贪婪了。

白莲教起义爆发，毕沅受和珅指使，不向朝廷如实报告军情，致使战火越烧越旺。嘉庆二年(1797 年)毕沅病重，此时尚是太上皇训政时期，对他自是百般抚慰，当年七月毕沅死时，乾隆还下谕说他"办理军需，积劳婴疾，兹闻溘逝，殊深轸惜"，并迢赠他太子太保世职，让他的孙子承袭。乾隆晚年赏罚不明，就到了如此地步。

两年之后，乾隆死去，毕沅的问题又被重新提出来。人们指责毕沅的欺上贪下，导致了川陕白莲教起义未能在初起时就被扼杀，而蔓延了九年之久，甚至还有更激烈的，说非戮毕沅之尸，不足以谢天下，据嘉庆皇帝的上谕，他的罪过，一是身任湖广总督时，不能实力整顿，以致激起事变；二是不能迅速剿除，办理不善；另外，还查出他私自提用银两以及把银两馈送各领兵将领的问题，这是他的第三条罪状。毕沅如果活着，一定要将他从重治罪，如今已死，嘉庆于是决定，将他的子孙承袭的世职，一概革去，后来，又将他的家产也都清查入官。这是嘉庆亲政后最初处理的几个案子之一。

嘉庆一朝的农民反抗，率多以"官逼民反"为词，可见官吏的腐败贪酷，已成为清朝从盛转衰的主要原因之一。嘉庆亲政后，也曾雄心勃勃，想仿效乃祖父初即位时的做法，对贪官污吏进行清查打击，可是一旦着手处理，就出现了参差，下面就举两个例子，看看嘉庆是怎样处理官吏贪黩案例的：

四年九月,处理两淮盐政征瑞案。

和珅当政时,贿赂公行,凡任盐政、关差、织造这类肥差的官吏,都纷纷逢迎和珅,向他递送丰厚货贿,其中最甚者是两淮盐政,而在历任两淮盐政中,最甚者就是征瑞。据宗室绵恩查出,征瑞曾馈送和珅白银二十万两,和珅未收,征瑞竟用此项巨款为儿子捐纳官职,还开设铺面,可是应该交公的款子,他却有意拖欠。显然是把交纳公款看成是可以缓办的事,却把赂贿权门作为急务。嘉庆见到绵恩的上奏,把征瑞召回京师,当面询问,征瑞说这二十万两银,是因和珅妻子死去而送的,但和珅嫌少,意思是让他增到四十万,所以才未收。在此之前他也曾送过二十万,和珅收了,此外还送过缎匹物件、奇巧之物,那就不可胜计了。嘉庆听罢叹道,天下做下属的馈送上司礼品,哪有送上几十万两的事?这不是为了取悦上司,使自己能在两淮盐政任上久留以谋私利,又是什么?再者,征瑞还捐出五千两银修庙,即使这些银两是自己的,多的不知干什么才好,也应先交官项,怎么可以干这类求福无益的事。加上让府县向百姓劝募,不但勒索铺户,也累及编户小民,闹得怨声鼎沸。就凭这两起罪状,征瑞就该被查抄正法了,不过,嘉庆又说,朕先前答应,不再因和珅之事,牵连曾向他行贿的人,修庙的事毕竟没有动用公款,所以决定从宽处理,仅仅将征瑞革职,送以东陵去监工而已。

同年十月,处理道员胡齐仑案。

胡齐仑是湖北道员,他的顶头上司就是湖广总督毕沅。二人在任时,正是川楚陕白莲教起义初兴之时,毕沅绰号"毕不管",将各项繁杂事务一概推给属下,军费就都由胡道员一人经理,毕沅并不过问。据揭发,军营中的行贿之风就是始自湖北,也就是从这二人开始的。胡道员经手湖北襄阳局军需银四百一十九万余两,不按规定发放兵饷,却私自扣下两万九千余两作为馈送、行贿费用,仅带兵大员永保,就收过毕沅馈送的白银两千两、胡齐仑送的六千两。嘉庆气愤说,怪不得这帮领兵大员,都巴不得多有点"教匪",巴不得永远也剿不完,因为即使立了大功。也不过加五等之封,赏赐也有定额,哪里比得上长年混在军营,领兵从地方上一过,就能厚享馈赂,动辄盘千累万!这可真是靠养"贼寇"为肥身之计,以挥霍国家军费为中饱私囊之资了。再者说,毕沅、胡齐仑二人一挥手,就把八千两白银送了永保,那可都是兵饷啊,少了八千两银,就不知有几千兵丁要受冻挨饿,官吏如此,怎能指望士卒奋勇杀敌!白莲教起义久扑不灭,就是这帮劣员胡作非为造成的恶果,真可谓"不杀不足以平民愤"啊。

毕沅已死,无从追究,嘉庆便决定对胡齐仑予以严惩。照清律,官吏侵盗钱粮入己之数在一千两以上的,判"斩监候",嘉庆想,如按律来判,需到明年秋天才能处死,这一年若在监中病死,岂不是便宜了他吗?于是从严判处,将胡齐仑立即处绞。

侵挪兵饷,确实罪大恶极,胡齐仑被绞,也是罪有应得。可是征瑞的行为,难道就够不上"侵盗钱粮入己"罪吗?以几十万两白银行贿,却不过是个革职,而从嘉庆对二人申斥的口气,也可看出对征瑞显然温和得多。二人之罪,性质相同,而征瑞私扣之银却比胡齐仑多出数十倍,嘉庆判案,如此倚轻倚重,其原因说穿了,就因征瑞是满洲大臣,胡齐仑却是汉人。嘉庆偏袒满员,当然不止这一例,如此不公,贪风又怎能真正得到遏止呢?人们谈及嘉庆,多愿举他惩治胡齐仑一案,证明他惩贪的决断,而找不到他如此决断却贪风日炽的原因,上述征瑞的例子,可以帮助我们找出答案。

嘉庆四年(1799年)八月二十日,湖北安陆县生员沈从隆,控告知府盛德昌等地方官们,有私设公堂,私造刑具,滥用非刑的人,不合法度,应行禁止。都察院转奏后,嘉庆深表关注,申饬严禁。谕曰:

朕发现有用数十斤大锁脚镣的刑具,以前外省地方官,私设班馆及自新所(监禁之地),曾经降旨严禁。至于刑具等项,都是按照刑部制度,官方印烙颁发,有一定的尺寸式样,如私制刑具,非法使用,是违法犯罪的。

苏州有新造的小夹棍等名止,湖北又有数十斤的大锁,不是私造,从何而来。何况官设刑具,是根据犯人情罪的轻重,分别责罚,即使是对付邪教,也应该一律用官刑。审办寻常案件,自设非刑,任意妄为,借严刑峻法,济贪酷之私,如不严行查禁,何以整肃吏治而服民心。

下令各省督抚,严饬属下,今后一切刑具,都用官定的尺寸,颁发印行,如有私自造设刑具,非法滥用者,立即严参治罪,决不宽宥。

有令不行,有禁不止,事后地方官仍有私造刑具,使用非刑者。故嘉庆十二年(1807年)四月二十七日,又重申禁令,申严地方官擅造非刑并捕役(刑警)私考之禁。

嘉庆说:据称各省问刑衙门,在例定的刑具外,往往私造刑具,如木棒棰一物,专门用作敲打内外脚踝骨,动至数十下或百余下不等,以致骨节损折,严重地违法。反映确切。

地方官审办案件,所有刑具轻重大小,俱有一定程式,理应慎重其事,为何制造非刑,残酷无情?如果审理的不是正犯,而两足已被打残,小民并未犯法,定会残废终身,于心何忍?看来不仅捕役私用,即使地方官员们,也未必不视为常刑,忘其残酷暴虐。

如果被审讯的是贼犯,也有官设刑具,不能恣意妄为,毫无恻隐之心,不可不严加饬禁。

嘉庆的元后即孝淑皇后喜塔拉氏,死于嘉庆受禅后的嘉庆二年。按照惯例,皇后应与皇上合葬一处,当皇上还健在之时,先将皇后安放地宫,陵寝自然不能封门,需待皇上也死了以后葬进去,才能最后封陵。孝淑皇后死时,皇陵尚未建成,其遗体一直停放于静安庄,八年七月,陵寝告成,可就在举行移葬仪式之前,由于撰写奏事折的官吏糊涂,却闹出一则大笑话。

这类奏事仪折,都有固定的撰写词句,这次负责撰写之人不动脑子,竟把前代皇上葬仪中的惯用词句"掩闭石门、大葬礼成"八个字抄进去了。嘉庆看了这八个字,不由得不火冒三丈,他把奏事大臣叫来责问:石门怎么可以掩闭?闭上就不能再开,这块吉地,是当年皇考(指乾隆帝)赐给朕的,又不是赐给皇后的,你们把石门关了,让朕再另找吉地吗?还有什么"大葬礼成",更不像话,朕还没死呢,你们就"大葬礼成"了,你们可真忍心说出口,还形诸笔墨!遂下令把所有办事王大臣和礼部官员一概拿到吏部,严加议处。

查办结果,是书写者的漫不经心,和负责典礼的王公大臣的敷衍了事,以致如此一个重要典礼又经如此众多王公之手的文件出现这样的大错,竟无人察觉。嘉庆心中恼火万分,说朝廷之上没有实心办事的人,对一切事情都只是因循将就,这正是他的隐忧。于是把一大批王公大臣提来,新账老账一块算,予以惩处。首当其冲的是亲王绵亿,嘉庆骂他最滑头,又最无能,遇事只会推诿,什么事都办不好,这回又出这么重大的疵漏,被革去正红旗蒙古都统,罚俸六年。此外,领侍卫内大臣保宁、礼部尚书永庆、兵部尚书纪昀、军机大臣德瑛、礼部左侍郎扎郎阿以及承写奏章的礼部主事宋其沅等,都或被革职,或被革职留任。

在些案被惩之人中,以宗室王公居多。嘉庆朝有不少王公身居要职,手握重权,但昏庸拙劣却超出人们想象之外,当时朝野中就多以此为笑柄。即如禄康,在宗室中属长行,嘉庆亲政之初曾为辅政大臣,以清廉著称,但才能庸劣,连字也识不得几个。一次礼亲王昭梿在宫中遇见他,恭维他祖上有功德,他竟红着脸说,我祖宗是身遭刑戮的人,还敢谈什么功德? 礼亲王惊愕不已,后来才弄明白,禄康祖上是努尔哈齐幼弟穆尔哈齐,曾为努尔哈齐的开创大业立下过汗马功劳,后因病而死,努尔哈齐亲去哭奠,封为"多罗诚毅勇壮贝勒"。而所谓身遭刑戮的,是褚英贝勒,努尔哈齐的长子,被努尔哈齐赐死的。原来禄康将这两人弄混了,这可真是数典忘祖,无怪乎礼亲王愕然,骇然。

传说,乾嘉时这类王公不在少数。有位王公外放为盐政,正逢祭祀之日,问祭的是谁,人回答是孔夫子,又问孔夫子是谁,回答说是圣人,仍不明白。回府中问幕僚,孔子都当过什么官,幕僚说当过鲁司寇,还兼任过相,还是不懂,幕僚就向他解释说,就好比是现在的刑部尚书兼协办大学士。这人终于懂了,把人都召来责怪说。"什么夫子,什么圣人,就说是孔中堂(清朝将刑部尚书称为中堂)不就完了吗?"

四

那彦成(1764—1833),满洲正白旗人。姓章佳氏,字韶九,一字东甫,号绎堂。大学士阿桂之孙。乾隆朝进士。嘉庆朝曾任内阁学士兼军机大臣、礼部尚书、陕甘总督、两广总督等要职,参与镇压白莲教起义等。为人耿直,好提建议,嘉庆对他褒贬不一,对错参半,不尽合乎实际。

嘉庆九年(1804年)二月十三日,嘉庆谕军机大臣说:那彦成前往黑龙江视察工作,就齐齐哈尔应办的事情,提出六条意见,上报朝廷。

朕详细地披阅,如要求嗣后内地的民人,有来黑龙江地方贸易的人,准他们携眷属居住,种地谋生,屯丁有放出为民的人,也准他们安居乐业,不一定把他们逐出境外。

那彦成的意见,实属移民实边,反对封禁之举,合情合理,有利民生,有利边疆。力主封禁的嘉庆坚决反对,批评为"事不可行"。

东三省为根本重地,原来不准民人杂处,致碍旗人的生计,所以内地贸易的人,不许在那里居住谋生,如果有私自逗留的人,还应当驱逐出境,怎么能以通商致富之说,转让内地人民前赴黑龙江种地谋生,听其自便呢? 如果说准令汉人居住,那么地方富庶,兵力可以勇健,也无此理。兵强之法,不在通商。

就那彦成的上述意见,可见嘉庆的批评,毫无道理,只是为了固守祖宗的封禁政策。

二年之后,即在嘉庆十一年(1806年)正月初八日,因为那彦成在广东办理洋匪(海盗)犯了错误,并与布政使广厚看戏饮酒之事,降旨将他们二人解职候审,进京处理。

嘉庆详阅案情后说:那彦成初任两广总督时,认真办理洋面海盗,分派水师官兵出洋巡缉,结果沿海各口岸守备空虚。嗣因盗窃频闻水帅官兵又不能得力,于是大量派出间谍,出示招抚,有报告投诚者,不加查讯,就给顶带银两,先后投首人犯,计有五千多名,实属师心自用。试想海洋盗匪,动掠不法,本应该督饬文武官员,加紧捉拿严办,才能做到惩奸究而靖海疆。现在那彦成倡导招抚,只图多一个投诚者,即使少一个大盗,殊不知此端一开,那么带兵的人就会害怕冒险出洋,躲避风涛,必然会导致玩忽职守,文职官员以招致盗犯为名,企图博得上司的嘉奖,亦所乐为。不但地方捕务从此废弛,即使兵民等人,目睹洋盗杀掠害人,不旋踪(后退)而赏给银两顶带,以致交相含怨,物议沸腾。

那彦成办理失当之处,实在于此,幸而这五千多名投首之犯,还算安静帖服,那彦成尚无大罪。

其余如看戏饮酒等事,虽询问属实,还算小错误。此外也并没有贪污营私的劣迹。那彦成素日自称才过其人,不肯虚心,是其大毛病。

从前在陕西督办军务,未能办好,彻令回京降旨。未经数年,又经朕特恩弃瑕录用,提拔为封疆大臣,并多次谆谆训诫,至再至三,仍不能改掉旧习,虚心办事,实在是辜负朕的教诲和栽培。

姑念并无其他劣迹,招降盗匪等,也没有发生闹事的地方,尚可以略加宽大,不给罢斥治罪。令将那彦成派往新疆,任伊犁领队大臣。

那彦成两条错误,前者移民实边齐齐哈尔,无论在那时或今天,都不算错误;后者办理洋盗,招抚过多,宽大无边,还算个小错误,但也无关大局。故曰,评那彦成,对错参半。

尽管如此,但他说明嘉庆考核官吏比较认真,不敷衍塞责,不放过官员的任何失误之处,就这一点说来,还是值得认同的。

嘉庆常说:知人安民,为政之要;无欺无隐,为臣之要。因此,他经常考察官吏的政绩。

吉林将军秀林,满洲镶白旗人,自乾隆六十年(1795年)起,任吉林将军达十五年之久,后到嘉庆朝升任吏部尚书,受到两朝的重用,可谓优待已极。

在吉林将军任上,利用职权之便,办理参务,私自派征商帮银两,侵蚀肥己达到三万余两之多,以致吉林大小官员,人人效尤。而且将该处卡伦私行彻减、造成真参走漏,刨夫等私用秧参(人工栽培家参)掺杂充数,他装作不知,任听作伪,一切弊端,都由将军造成的。

另外,发遣到吉林的官犯(官员犯罪者),并不遵旨派当苦差服刑,相反地却帮助盘费,馈送礼品,并为他们盖造房屋,俾令安居。这都是因为平日侵吞银两,得以任意挥霍,损公肥私的结果。

根据这种情况,原定按律问斩,入于当年的审案记录中,本应予勾(提前判死)。但是考虑到从前曾处理过类似案件,只赐令自尽。故秀林亦照此办理。

嘉庆说,秀林废法营私,虽然罪有应得,但由于巧取商人,并非剥削民脂民膏,朕法外施仁,在无可宽宥之中,姑开一面,加恩免其肆市(杀头示众),派军机大臣、刑部侍郎,前往传旨,赐令自尽(皇帝让他自杀)。与秀林有牵连的人犯,亦分别情况,进行处理。

五

嘉庆十一年(1806年)十月二十六日,谕内阁:朕亲制勤政殿记及勤政箴(劝谏),这是因为受到皇考厚恩,不敢追求安逸享乐,惟一想到的是勤政治民,才能继承先祖的遗志。

可是,近来内外官员无所事事者多,真心实干的人少,每天以早起为苦,以致误了很多事情。

从前多次降旨,命令在京的各部院衙门,遇有应奏事件,即使逢朕传问地方事日期,也都应当随时奏报,不得怠惰积压。

可是昨天朕前往阐福寺上香,在那里传膳办事,各部院衙门没有一个奏事的折子;本日则六部(户、吏、礼、工、兵、刑)、理藩院、内务府各衙门,都分别发出奏报事件很多,而且有一衙门陈递数折。这充分说明,昨天因朕到阐福寺,害怕早起前往办事,今天积累多件,一起陈递,怠惰偷安,又蹈故辙,错误严重。

朕勤求治理,日夜操劳,天未亮即穿衣,夜晚秉烛看文件,从来不肯怕苦怕累,并不是因为本日奏事较多,不愿意多事,实在因为昨天无事,恐怕积压因办事件,难于处理。部院中今日所奏多件,试问你们难道都是昨日赶紧缮写出来的吗?而且本日陈递月折,即共有七处,刑部奏事四件内,除奏斩决述旨一件,或说逢朕上香之日,意取吉祥,留到今日陈奏,尚可以说过去,其余三件,昨天为什么不上奏?又如礼部所奏,系皇史宬(又名表章库,即明清档案库。在北京东城区南池子大街南口东边)事件。理藩院所奏,系喇嘛事件。都可在昨天陈递,为什么随便延迟?

各部院衙门的习气,每逢陈奏事件,其兼内廷办事人员,往往不肯定期,推给专在本衙门办事的堂官(中央各部的官如大学士侍郎等)定日上奏,而那些堂官等一听到另传地方,于是苟且偷安,在家吃喝玩乐,甚至将紧要事件,也压到第二天报告,反以体贴皇帝身体健康为由,尤其是大错特错。

朕出巡各地,目的不在游山玩水。昨天到阐福寺上香,本是岁例举行。此后如在瀛台(位中南海太液池内)观看冰鞋,那是因为体恤八旗兵丁,较艺颁赏。而且一切批章召对,仍与在宫内无异,而事完毕之后,也就马上回宫,何曾流连忘返而在那里观赏景物呢?

昨日在阐福寺,各衙门竟无应办的事情,感到特别惭愧,虚度一日。《书经》说过,一日二日万几(即日理万几,形容很忙),一天不办事,耽搁的事非常多,比如昨日既无可办的事,朕什么时候趁机去游玩各个殿座楼亭?在辰刻(上午七时至九时)即已回到宫中,各位臣下又怎么能以照顾朕的身体为由呢?

在京各部院衙门,皆所以佐朕为治,朕经常训饬,该堂官等仍然不知道振作到如此程度,又何况外省官员,积习相仍,效尤滋甚,因循疲玩,政务又怎么能不废弛呢?

除昨日随驾官员因事不加惩处外,其余有责任不奏报者,均令察议惩戒。嗣后各衙门有事者,俱应随时奏报,不得迟延。布告天下。

第五章　禁矿与限制移边

一

在人口过剩、耕地不足、地力有限、盲流群体到处充溢、社会经济已陷入困境的情况下,要使社会经济获得新的生机,就必须突破传统的"重本抑末"政策的束缚,通过大力开发工矿资源,吸收和消化愈来愈多的剩余劳动力,使他们获得新的就业,并为社会创造财富,给经济发展以新的活力。然而要真正做到这一点,确非易事,就拿清王朝来说,从康熙朝开始,廷内廷外、上上下下,就一直围绕着"禁矿"还是"开矿",展开了长期的、反复的论争。随着论争的起伏,清朝的矿业政策也呈现着时禁时弛、禁中有弛、弛中有禁的态势。在嘉庆以前的几位帝王,他们随着时势的变化,在矿业政策上也有过多次的反复,总的来说,康熙是以禁为主,禁中一度有所松弛,说它呈现过一个小小的马鞍形亦未尝不可。雍正则属强硬派,一直强调崇本禁矿,如果说他有过松动,也只能是个别例外,无碍于他厉行禁矿的大体。乾隆的矿业政策变化较大,他实行的是以开为主,开中有禁。但不管怎么说,坚持"重本抑末、本固邦宁"的势力,在总体上仍然占居上风,他们极力反对开矿的主要论点,无非是那么几个,即所谓"开矿有伤风水龙脉""开矿乃弃本逐末""开矿扰民,易滋事端""开矿易聚难散,难以控制""开矿官本难筹,商力不足"等等,而其中的核心,则仍然是死守几千年来老祖宗遗留下来的"农本主义",对任何新鲜事物都抱着不屑一顾、甚至是敌视的顽固态度,并迅速作出本能的反抗。

嘉庆本来就是一个农本主义者,早在味余书室习学时,他对于"农本"这一套,就十分崇拜和向往,当时他所写的诗文,有相当一部分就是以"农本"为主题的,像其中一首起名为《敕族劝农桑》的诗提到:

> 为政先崇本,农桑衣食源。
> 资培瑞善俗,教育厚黎元。
> 九夏耕耘亟,三春蚕绩繁。
> 柔条时采伐,嘉谷殖昌蕃。
> 筐筥勤幼省,田畴劝课温。
> 缲车修竹经,秧马杏花村。
> 无俾女红倦,休言稼事烦。
> 圣朝民富足,生理自相敦。

此诗写于乾隆四十一年(1776年),当年嘉庆只有十七岁,虽说乾隆已将他内定为皇储,但他并未想到自己在日后会登上皇帝宝座,即使这样,他在诗中已明确地把"崇本"看作是为政的第一要务,可见传统的所谓"本""末"的偏见对他影响之深。这是嘉庆嗣位及亲政后极力反对开矿的思想根源。

当然,嘉庆之厉行禁矿,还有更直接的具体原因,就是他在位期间,清王朝正处于多事之秋,国内外局势都十分动荡,所谓"苗乱""教乱""海事"等等,从未停息。对于过去历朝有关开矿问题所发生的论争,嘉庆也多少有点了解,不过他相信的是主禁派的"开

清史通鉴

庸弱守成

清仁宗——嘉庆

矿聚盗说",而不相信主开派的"开矿弭盗说"。这一点,在他历次颁布的有关矿业问题的上谕中,都表露得十分清楚。所以嘉庆禁矿之严厉,比起乃祖雍正,可说是毫不逊色。

嘉庆四年(1799 年)三月,两广总督吉庆奏称:"广东采挖黎地石碌铜斤,试办一年,额已短缺,且该处滨海临洋,多人前采,恐致滋生事端,似应亟行停止。其省局鼓铸,仍请运用滇铜。"这是嘉庆亲政后第一次接触有关矿业问题的请示。他立即批复说:"所办甚妥,所见极是。仍用滇铜,不必开采。"话虽不多,但观点鲜明,态度也很坚决,可见他对待开矿,一开始就摆出了极其严峻的态势,因为他所害怕的就是"滋生事端"。在这里应该指出,广东省在乾隆初年获得开发矿业的权利,本来是来之不易,是当时两广总督鄂弥达会同巡抚杨永斌,带头向顽固守旧的禁矿派发起了猛烈冲击的结果,这在我国矿业史上有"鄂氏三疏"之称,从而使广东成为继云南之后经廷议获准全面开发矿业的省份。可是嘉庆刚亲政,便将这一可喜的势头压下去了。自此以后,嘉庆便在矿业政策上不断倒退,变得愈来愈顽固和僵化。

如果说,嘉庆停开广东石碌铜矿只是寥寥几句批语,具体想法还未有充分披露的话;那么事隔不到一个月,他禁开邢台银矿的上谕,讲得就十分具体了。嘉庆四年四月,宛平县民潘世恩、汲县县民苏廷禄呈请在直隶邢台境内开采银矿,该项呈请是通过宗室、给事中明绳转递的。嘉庆在获知报告后就沉不住气了,他大加申饬说:

> 朕恭阅世宗宪皇帝硃批谕旨,于开矿一事,深以言利扰民为戒。圣训煌煌,可为万世法守。朕每绎思庄谕,志之于心,因无人以此陈请,未经明谕。今特降旨宣示,使知朕意。夫矿藏于山,非数人所能采取,亦非数月所能毕事,必且千百为群,经年累月,设立棚厂,凿砂煎练。以谋利之事,聚游手之民,生衅滋事,势所必然!纵使官为经理,尚难约束多人,若听一二商人集众自行开采,其弊将无所不至!此在边省犹不可行,而况地近大名?!该处向有私习邪教之人,此时方禁约之不暇,岂可听其纠众?!且国家经费,自有正供常赋,川陕"余匪",指日即可殄平,国用本无虞不足,安可穷搜山泽,计及锱铢?!潘世恩、苏廷禄自因现在开捐,揣摩迎合,觊觎矿苗,思擅其利,乃敢藉纳课为词,以小民而议及帑项,实属不安本份。俱著押递本籍,交地方官严行管束,毋许出境滋事。至给事中明绳,若系巡城,只当听断词讼,遇有比等呈词,亦应饬驳,况伊并非巡城,且系宗室,今以开矿事冒昧转奏,明系商人嘱托,冀幸事成分肥,殊属卑鄙。朕广开言路,非开言利之路也。聚敛之臣,朕断不用。明绳折著掷还,并交部议处。

嘉庆的这一上谕,其实有点自欺欺人。他拉大旗作虎皮,先抬出乃祖雍正的朱批谕旨去吓人,说什么"圣训煌煌,可为万世法守"。不错,雍正确曾下过许多有关禁矿的硃批谕旨,而且是愈禁愈严,但即使这样,雍正也没有把事情完全做绝,有时也有某些灵活和松动。像雍正二年(1724 年)九月,他给主张开放矿禁的两广总督孔毓珣的覆谕就是一例。他一方面坚持认为"养民之道,惟在劝农务本";开矿"今日有利,聚之甚易,他日利绝,则散之甚难";"朕富有四海,何藉于此。"但另方面又说:"因悯念穷黎,谕尔酌量令其开采,尔等揆情度势,必不至聚众生事,庶或可行。"雍正六年(1728 年)十二月,广西巡抚金供奏请于桂林府属涝江等处矿区,召本地殷实商人,自备资本开采,所得矿砂,三分归公,七分给商;梧州府属之芋莩山产有金砂,请另委员办理;又粤西贫瘠,铜器稀少,如开采得铜,并请价买,以供鼓铸。部议"均应如所请",雍正亦从之。这些都说明了雍正的朱批也不全是一个调门。退一步说,雍正对开矿果真是完全禁绝,也不能说嘉庆的依据完全有道理,因为雍正的朱批谕旨是"圣训煌煌";难道康熙、乾隆的朱批谕旨就不算"圣训煌煌"?雍正的话,"可为万世法守";康熙、乾隆的话就不可"万世法守"吗?特别是乾隆,他在即位后便大大修改了雍正的禁矿政策,在两派官员关于矿业问题的论争中,往往支持主开派的意见,甚至主动表明,即使在皇陵、行宫附近也准许开矿。他曾下谕说:"古北口外、三道沟等处请开煤窑,朕只期于地方兵民实有裨益。至于行宫,不过暂时巡幸之所,有无妨碍,不必议及。"乾隆九年(1744年)七月,那苏图受命任两广总督,乾隆就在他到任的奏折里批示说:"两粤开采一事,颇为目下急务。盖不开采,铜斤何由得裕。"总之,鼓励开矿的"圣训"并非没有,只是在嘉庆看来,雍正的"圣训",更符合自己的想法和需要,于是顺手拿来,作为厉行禁矿的一个法宝罢了。

自此以后,嘉庆所发的禁矿谕令便接连不断。嘉庆四年十二月,以"山西煤窑,最易藏奸",命顺天府会同步军都统查拿,按律治罪。嘉庆六年(1801年)三月,大学士、伊犁将军保宁和伊犁领队大臣松筠等,联衔奏请开采新疆塔尔巴哈台所属各处金矿。军机大臣根据嘉庆一向的禁矿宗旨,即行议驳。嘉庆自然认为"所驳甚是",并下谕指斥说:该处金砂,过去严行禁采,尚恐不免有偷挖之弊。今若官为开采,势必招集多人,奸良莫辨,并恐内地甘凉一带游民,纷纷踵至。此等无藉之徒,聚之甚易,散之则难,于边地殊有关系。仍著保宁将产金处所严行封禁,勿令偷挖滋事。"其实此事之主见是出自松筠,他对于嘉庆的禁矿政策,一向持有不同的意见,在任陕甘总督时就曾上疏说:"贼不患不平,而患在既平之后,请弛私盐、私铸之禁,俾余匪散勇有所谋生。"可见松筠是把开发矿业作为解决流民群出路的,实质就是主张"开矿弭盗说"。嘉庆"以其言迂阔",置之不理。但松筠赴京觐见时,仍坚持己见,这便激怒了嘉庆,本来是准备任命松筠为伊犁将军的,但由于松筠"不听话",遂将他降为副都统,只授以伊犁领队大臣。谁知松筠到新疆后又出新招,怂恿保宁请开金矿,这大概是嘉庆意料不及的。不过在嘉庆的眼里,松筠毕竟还是个人才,所以只好再申饬一番,也算是不为已甚吧。

嘉庆六年(1806年)九月,步军统领明安具奏:大兴县民张士恒等呈称,平泉州属四道沟、云梯沟等处,有铜苗透出,请自备资本开采。原铜是铸造钱币的主要材料,仅官局的需要量就很大,一向属于求大于供的紧缺物资,因而就算在矿禁最严的时候,对于申请开采铜矿,也大多能网开一面,给予恩准。但嘉庆连采铜也堵得严严的,他批示"其事断不可行'。列举的理由还不少:第一,盖开采俱系无业游民,攒凑资本,互相邀集,趋利若鹜,倘已聚集多人,而铜苗渐竭,彼时何以遣散,岂不虑其滋生事端?!这显然是老一套的说法,亦即所谓"易聚难散"说和"开矿滋事"说。第二,即或开采获利,而该处地方与蒙古山场相连,使蒙古等以为内地官民专为谋利,有失国体。这种说法虽然把问题提高到"国体"的高度,但究其实则是似新实旧,无非是所谓"反对言利"以及该地特殊。第三,现在户、工两部鼓铸所需铜斤,照例由滇运京,尽属充裕,无须另筹开采。这更是一种毫无远虑的短期行为,试想以云南一省的原铜,怎能长期满足全国鼓铸的需要?事实证明,稍后云南原铜缺额,自然不足鼓铸之用。嘉庆在列举了这些理由后,遂下令将"所有平泉州属四道沟、云梯沟等处产铜山场新旧洞口永远封禁,不准开采",并"责成地方官严加查察,毋许再有私行偷挖之事。"此外,嘉庆还借所谓"言利"问题,标榜自己,责斥别人,说什么"朕自亲政以来,屡谕臣工不准言利,然确信朕言者固多,心存观望者亦不少,不以朕为贤君,而视为好货之主"。为了证明他确非"言利"和"好货",还举例说,上年直隶总督胡季堂奏请在大名地方开设铅厂,即不准行。可是明安却一再上疏"言利",在本年内先是奏请开发木材,现又请开铜矿,"必系轻听属员怂恿,冀图沾润"。结果,明安的步军统领职务,命"革职留任",其余所管正红旗蒙古都统及三山、畅春园、火药局、崇文门税务、总理工程处等职,"尽行革去开缺,以为大臣轻率取巧者戒"。可见嘉庆在矿业问题的固执己见,确已近于僵化了。

然而开发矿山自然资源,乃社会发展的必然趋势,并非一纸禁令所能完全禁止的。嘉庆十四年(1809)八月,直隶提督薛大烈等查获民人路成章私运大批生铜,据称系购自八沟地方,准备赴京售卖。此事居然也惊动了日理万机的嘉庆,竟将此列为要案,亲自进行处理。他立即指示薛大烈即日赶赴八沟,尽快查明该地是否确有铜矿,是否有人违禁私挖,抑或是贩自别地。薛大烈倒也聪明,他很快就联想到嘉庆六年平泉州四道沟曾呈请开采铜矿而未获准之事,随即查实这批私运生铜,确系在四道沟私挖所得,并将私采铜砂之徐振等人拿获。嘉庆对此竟像打了胜仗一样高兴,一面赞扬薛大烈"能于多年旧案记忆明确,办理不致费手,尚属能事",命交部议叙,参与查缉有功的李学周等人,亦命优先升补;另方面对缉获各"犯",命解赴热河,交军机大臣会同行在刑部审拟具奏,对在逃的沈county各"犯",著热河道、平泉州严缉归案审办。同时重申禁令:"所有四道沟铜矿,著该地方官出示严禁,随时查察,毋再任奸民偷挖,致干咎戾。"此案从发现至审结,嘉庆可说是一抓到底,突出地体现了一个"严"字。

事实上,嘉庆不仅对金、银、铜等金属矿禁得很严,就连日常生活及鼓铸冶炼所必需的煤矿,也屡谕禁采,即使是小规模的开采,亦不予允准。嘉庆十一年(1806)十一月,科布多参赞大臣恒伯奏称:洪果尔托洛海山产煤甚旺,民人内有情愿前往挖取者,请旨限以三十人前往开采。嘉庆则立即批驳说:"所奏非是。口外蒙古地方,向无开挖煤窑之例。洪果尔托洛海山在扎哈沁牧界以北,伊等平日虽不在彼住牧,如准民人挖煤,相沿日久,民人积众,难免不滋生事端。所奏不准行,并著申饬。"对于旗人申请采煤,嘉庆从宽裕旗人生计出发,虽曾网开一面,有所宽容,但仍有诸多限制。如上一章提及,嘉庆曾于二十年(1815年)允准吉林旗人于指定的缸窑、胡家屯、营盘沟、田家屯、丁家沟、波泥河等六处开采煤斤,并责成吉林将军富俊妥立章程、约束稽查,免滋事端。过了一年,因营盘沟一处煤源短缺,富俊奏请准于在毗连的西南山坡换给执照开采,即遭嘉庆驳回,认为"营盘沟换照之事,易启影射朦混之弊,著即封闭,将执照撤销"。毫无商量的余地。可是嘉庆之子、宣宗旻宁在这方面就开通得多了,同样是对待营盘沟换照之事,旻宁继位不久,即予照准,谕示:"荒山子、三道沟、下二台暨西南山坡四处,俱准其开采。"两相对照,更足以证明嘉庆矿业政策的保守性。

铅是铸造钱币及军械的重要原料,需要量亦很大,但嘉庆禁开铅矿的谕旨同样屡见不鲜。嘉庆十二年(1807年)正月,宛平县民杜茂封投递呈禀,请于顺德府所属之邢台、内邱等地开采银铅各矿。嘉庆指斥说:"山场开采,例禁甚严,商民违例营求,不但事不准行,俱有应得之罪。开采不独有妨地脉,且雇夫刨挖,均不过游手好闲之徒,将来日聚日多,互相争竞,所获之利有限,而流弊无穷。杜茂封无知牟利,冒昧渎呈,实属大干例等。"为此,嘉庆竟下令将杜茂封解往直隶,交署理总督温承惠派大员押往邢台、内邱一带,周历原呈内所称之有矿山场,面加驳讯,使其无可置辩,再治以应得之罪。为了禁矿,嘉庆竟使出这样的折磨人的手段,未免做得太过分了。

二十年(1815 年)四月,嘉庆还就封闭新疆都兰哈拉铅厂一事,指示伊犁将军长龄说:"新疆地方,总以镇静为本,不宜轻易更张。都兰哈拉铅厂,所得课银不过一万余两,于经费实无裨益。该处与土尔扈特等处接壤,恐聚集多人,或致越境偷挖金砂,滋生事端。著将存厂铅砂赶紧熔尽,即将该厂永远封闭,嗣后不准再请开采。其厂地给还扎哈沁公托克托巴图,设卡稽查,仍按季派员会哨,严密巡查。"就这样,嘉庆为了坚持禁矿,什么样的理由全都用上了,自始至终,毫无松动的余地,可以这样说,嘉庆禁矿之严、禁采范围之广,较之雍正实有过之而无不及。

嘉庆推行这种消极倒退的禁矿政策,在廷臣中并非无人反对,只不过是人数较少,又不敢与他作正面冲突罢了。嘉庆十九年(1814 年)正月,因河工费用浩繁,财政日形拮据,吏部右侍郎、老河臣吴璥建议暂开捐例,户部亦有此议。嘉庆对于开捐,素持谨慎的态度,于是指定大学士曹振镛、户部尚书托津、吏部尚书铁保、工部尚书英和四人妥协具奏。但他们之间的意见并不一致,其中只有英和一人极力反对开捐,最后他只好单独上疏陈述己见。他认为"理财之道,不外开源节流",在节流方面还大有潜力可挖,近年"天下无名之费甚多,苟于国体无伤,不得任其糜费""历年增出各款,可裁则裁,可减则减,积久行之,国计日裕"。在开源方面,英和的意见更为精辟,甚至是和嘉庆的一贯政策唱反调,他指出:"开源之计,不得以事涉言利,概行斥驳"。对矿山"毋庸封闭,或官为治理,或任富商经理",因为开发矿业,是"取弃置之物,以济民生之用,实属有益无损,且可赡养贫民,虽聚集多人,而多人即藉以谋生,人有谋生之路,即无滋事之心,虑其滋事,不令谋生,不免因噎废食"。他还列举新疆为例说:"新疆岁支兵饷百数十万,为内地之累,其地金银矿久经封闭,开之而矿苗旺盛,足敷兵饷。各省矿厂,亦应详查兴办。"英和这番话,好像是专门针对嘉庆而说的。但嘉庆不知是自觉理亏,还是对英和其人素有好感,或是两者兼而有之。总之,他在看到英和的覆奏后并没有发火,他虽然仍以"开矿流弊滋多"为理由,顽固地拒绝放松矿禁,但对英和本人却无太多的指责,相反,在稍后不久,甚至委以吏部尚书、军机大臣要职。至于所议河工经费一事,最后还是根据曹振镛、托津、铁保三人的覆奏,同意暂开捐例。尽管嘉庆一再声称,"捐例之弊,朕所稔知"。但事实证明,嘉庆视开矿之"害",甚于开捐,因而在万不得已时宁可开捐,也不可开矿。这样,嘉庆便在矿业政策上失去了最后的一次转机,在禁矿问题上一直顽固地坚持到自己去世为止。

在这里还应该指出,并非多事之秋就必须厉行禁矿,像道光一朝,其内外危机并不亚于嘉庆朝,但在矿业政策上,宣宗旻宁就比老子嘉庆开明得多。虽然道光也下过一些禁矿令,但更多的是鼓励开矿,他曾对军机大臣讲过:"自古足国之道,首在足民,未有民足而国不足者。天地自然之利,原以供万民之用,惟经理得宜,方才推行无弊,即如开矿一事,前朝屡行,而官吏因缘为奸,久之而国与民俱受其累。我朝云南、贵州、四川、广西等处,向有银厂,每岁抽收课银,历年以来,照常输纳,并无丝毫扰累于民。可见官为经理,不如任民自为开采,是亦藏富于民之道。因思云南等省,除现在开采者外,尚多可采之处。著宝兴(四川总督)、桂良(云贵总督)、吴其濬(云南巡抚)、贺长龄(贵州巡抚)、周之琦(广西巡抚)体察地方情形,相度山场,民间情愿开采者,准照现开各厂一律办理,断不可假手吏胥,致有侵蚀滋扰阻挠诸弊。"看来,旻宁这番谕示,不管是有意还是无意,都好象含有总结嘉朝禁矿教训之意,开矿到底是有害还是有利、是聚"盗"还是弭"盗"、是滋事还是安民? 关键就在于经理是否得宜。旻宁之所以能主动地鼓励各地开矿,正是他正确地把握住这个关键;嘉庆之所以厉行禁矿,而且是愈禁愈糟,似不应完全归结于当时的社会客观形势,更重要的是他未能摆脱传统观念的束缚,没有把握住"经理得宜"这一关键,从而因噎废食,窒息了社会经济新的出路,嘉庆对此是难辞其咎的。

二

如上所述,清代自乾隆以来,人口迅速膨胀,耕地严重不足,人均耕地面积不断下降,已处于警戒线上,再加上封建统治者厉行禁矿,自然资源弃置于地,得不到开发和利用,人民生活困境已日甚一日,大批剩余劳动力的出路何在? 出关耕垦,也就自然而然地成为关内流民群,特别是山东、山西、直隶等省无业游民所注意的一个焦点。

吸收关内劳动力出关耕垦,不仅是当时社会经济发展的必然趋势,而且也是加速边区开发、增强各族人民联系的重要途径。可是清朝统治者却人为地设置种种障碍,他们认为关外是什么"龙兴之地",千方百计阻止内地民人出关。早在顺治年间,清统治者就在明代辽东边墙的基础上,"修濬边濠,沿濠植柳",建立了所谓"柳条边",以阻止内地民人出关。至于经由山海关出入,更须凭官府发给的"印票",才准于放行。这些限制措施,不仅适用于东北三省,而且也适用于蒙古地区。不过在嘉庆以前,禁令执行得并不很严格,关外旗人和蒙古牧民,对于内地民人流寓垦殖大多持欢迎的态度;一些地方官员从发展当地生产、增加收入出发,或公开实行招徕政策,或对落籍流民采取睁一眼、闭一眼的态度,总以"该流民等业已聚族相安,骤难驱逐"为词,仍予入册安插。因而康、雍、乾三朝出关垦殖的人仍源源不断。嘉庆也曾承认,"口外沿边地方,自康熙年间已有内地民人在彼耕种居住,百余年来,流寓渐多,生齿日众",以至在雍正时不得不承认既成事实,分别在吉林、盛京等地设府置官进行管理。乾隆九年(1744 年)直隶总督高斌奏称:古北口外零星余地,请仍听民耕种。因自雍正十年奉旨听民认垦输粮,从此民人安立家室,悉成土著,如一旦拨给旗人,恐民糊口无资,难于别处安置。是旗人未受得地之益,而民人先有失业之累。经大学士等议覆"应如所请",乾隆亦下旨"从之"。可见在嘉庆以前,历朝虽屡颁禁令,但在执行过程中,也具有一定的灵活性。

但嘉庆亲政后却完全无视现实,不仅多次重申禁令,而且执行格外严厉,毫无松动的余地,这说明他的关外垦荒政策,与他的禁矿政策一样消极和僵化。

嘉庆八年(1803 年)五月,他下令兵部酌定稽查关口出入民人章程时,详细地提出了他对这个问题的一些基本想法,概括起来有以下几个要点:

1.山海关外东三省地方,系满洲根本重地,原不准流寓民人杂处其间、私垦地亩,致碍旗人生计,例禁有年,必须严格贯彻执行。

2.自乾隆五十七年(1792年)因京南偶被偏灾,仰蒙皇考格外施恩,准令无业贫民出口觅食,系属一时权宜抚绥之计,事后即应停止。但近年以来,民人仍多有携眷出关,各口官员并不分别查验,概准放行,至今春尚有携眷出关者数百户之多,这是一种严重的失职。

3.嗣后民人出入,除只身前往之贸易佣工,就食贫民,仍令呈明地方官给票、到关查验放行、造册报部外;其携眷出口之户,概行禁止。即遇关内地方荒歉之年,贫民极思移家谋食、出口营生,亦应由地方官禀明督抚据实陈奏,候旨允行后,始准出关。

嘉庆除饬令直隶、山东各督抚将上述旨意向属区民人通行晓谕外,还将前段时期执行禁令不严的副都统韦陀保交部议处,以儆效尤。

十一年(1806年)七月,嘉庆又因关外流民人口大增而谕示内阁说:"郭尔罗斯地方,从前因流民开垦地亩,设长春厅管理,原议章程除已垦熟地及现居民户外,不准多垦一亩,多增一户。今数年以来,流民续往垦荒又增至七千余口之众"。"国家设立关隘,内外各有限制,该处流民七千余人,非由一时聚集,总由各关卡平日不行稽查,任意放行,遂至日积日多。嗣后各边门守卡官弁,务遵例严行查禁,不得听任成群结伙相率流移。若仍前疏纵,定按例惩处不贷。"这种情况的出现,正说明嘉庆的禁令,既不得人心,亦不合时宜,因而它对于广大流民群来说,并不那么灵,即使是各守卡员弁及关外各地官员,亦碍难切实执行。所谓"新增七千余口",若相对于整个流民群自然不算多,但在短短的几年里,聚集到同一个地方来,这个数目就不算少了。

嘉庆十三年(1808年)九月,为了进一步严格控制内地民人出关耕垦,由盛京将军富俊负责制定了新的章程,规定关内民人出山海关至奉天所属各地,除得有原籍发给的关照一张,填注姓名及所往处所,到关验明放行外,还应有随身护票一张备查。若出山海关至威远堡法库边门外,则应有原籍关照两张,一照山海关存留,一照边门存留。经户部议覆,准予施行。至于章程规定,从嘉庆十四年(1809年)正月开始,将各该处民人户口、地亩,责成通判、巡检、地保等分别立限详报,以防续有流民前往籍户诡添情弊。户部则认为是项规定尚不严密,应饬令该将军按每一季度派员清查一次,将有无增添之处,具结报部备查。嘉庆立即批准了户部议覆的章程,同时指出:"盛京地方设立边门,原所以稽查出入,用昭慎重,若听任流民纷纷出口,并不力为拦阻,殊非严密关禁之道。嗣后著照该部奏定章程,交该将军严饬守口员弁,实力巡查,并出示晓谕各处无业贫民,毋得偷越出口私垦,致干例禁。"这在嘉庆一朝禁止流民出关私垦诸章程中,属内容最为详尽、措施最为严密的一个。

至于蒙古地区,在过去也曾经是关内流民群重要的流向之一,流入人数之多,并不亚于东北三省,仅康熙五十一年(1712年),"山东民人出口种地者多至十万有余",雍正也鉴于"伊等皆朕黎庶,既到口外种地生理,若不容留,令伊等何往?"遂于雍正元年(1723年)、二年、三年分别设置了古北口、张家口、归化城三同知进行管理。这些情况,嘉庆是深知的,但他不以为是,反认为是个大漏洞,千方百计予以堵塞。早在嘉庆八年(1803年)八月,他就以"蒙古地方容留民人租种地亩,日久必致有碍游牧"为理由,下令将齐巴克扎布等处种地游民强行驱逐。只是由于该部首领蕴端多尔济等,以该地蒙古人等"多有欠民债者,今若概行驱逐,则负欠之蒙古措偿拮据,而贫民亦无所归",主动恳请容留,嘉庆才不得不暂时收回成命,恩准"免其驱逐"。但仍明确规定,"嗣后不准另垦地亩,添建房屋";"其聘娶蒙古之女为妻者,于该民身故后,将伊妻子给与该处扎萨克为奴";"所有该处居民,著库伦办事官员按人给予执照,每年由蕴端多尔济派员检查,造册报院。倘经此次办理之后,再有无执照民人任意栖止,不特将该民人从重治罪,必将该盟长扎萨克等一并治罪。"由此可见,"强行驱逐"虽说是免除了,但控制措施却较前大大地强化了。

嘉庆十五年(1810年)二月,他又鉴于"内地民人生齿日繁,出口谋生者益复加增",下令户部对各口外寄居种地之民人,现在作何稽查? 民人出口,各关是否记档? 每年年终是否造册报部等情,作一次全面的检查,迅速覆奏。同时规定:商贩往来,俱由都统衙门发给照票;其余双身出入民人,均应取具关内铺保,方准放行出口。有关出入口情况,由山西巡抚造册报户部;各关口造册报兵部查核。仅过了两月,嘉庆又认为吉林、盛京、直隶、山西口外毗连一带,过去共设有一府、一州、五县、十二厅,分别隶属于吉林将军、奉天府尹、山西巡抚和直隶总督统辖,地方辽阔,管理不便,对执行禁令也常出漏洞,因而决定专设热河都统一员,对这一地区实行统管。同时再次申明,"除原先经开地亩外,不准再有私招民人开垦之事";"现在该处聚集民人,已有十万八千六百余户,应责成理事、司员、州县等严查,勿令再添外来流民"。这都表明,嘉庆所采取的限制措施,较之康、雍、乾时期严厉多了。

由于嘉庆推行的这种封禁政策是与时势相背离的,对关内、关外社会经济的发展和解决人民生计都十分不利,因而在实际的执行过程中不能不大打折扣。嘉庆十五年(1810年)十一月,吉林将军赛冲阿奏称:吉林厅查出新来流民一千四百五十九户;长春厅查出新来流民六千九百五十三户。这一庞大的数字,即使一向自以为是的嘉庆帝大吃一惊;又使他对有关官员的查禁不力大为恼火。他不得不严旨切责说:"流民出口,节经降旨查禁,各该管官总未实力奉行,以致每查一次,辄增出新来流民数千户之多。又总以该流民等业已聚族相安,骤难驱逐为词,仍予入册安插,再届查办复然。是查办流民一节,竟成具文。试思此等流民多致数千户,岂一时所能聚集?! 该地方官若能于入境之始,认真稽察,何难即时驱逐?! 且各该流民经过关隘处所,若守口员弁果能严密稽查,何能挈族偷越? 各该管官员种种废弛,于此可见。""嗣后责成该将军督率厅员实力查禁,毋许再增添流民一户。如再有续至流民,讯系从何关口经过,即将该守口官参处。""长春厅民人,向系租种郭尔罗斯地亩。著理藩院饬知该盟长扎萨克等,将现经开垦地亩及租地民人,查明确数报院存案。嗣后无许招致一人、增垦一亩。

第六章　风雨飘摇

一

嘉庆元年(1796年)正月初七日,湖北宜都(今枝城市)、枝江(今枝城)、长乐(今五峰)等地红阳教首领张正谟、聂杰人等率众起义,从此揭开了川楚陕三省农民大起义的序幕。各地教徒纷纷响应,起义队伍很快发展到一万多人。他们占据山寨,攻拔县城,惩办贪官。

三月,姚之富、王聪儿、张汉朝、高均德等率众集中于襄阳地区。为了表达对已故襄阳地区红阳教首领齐林的怀念和敬重,姚之富等人推举齐林的妻子王聪儿为总教师。在他们的影响和推动下,起义烽火迅速燃遍襄阳、郧阳(治今郧县)、宜昌、施南(今恩施)、荆州、汉阳、荆门等湖北大部分地区。起义蔓延到陕西、四川、河南等省,当地的红阳教首领徐天德、王登廷、冉天元、王廷诏、苟文明等纷纷率众响应。各路起义军多则数万人,少则数千人,对清朝的统治构成了严重威胁。

为了镇压起义,清廷急令湖广总督毕沅、陕甘总督宜绵、四川总督福宁、湖北巡抚惠龄、西安将军恒瑞等率兵围剿,不久又命都统永保总统军务。但是,在最初的半年中,清军的围剿并不顺利,"官兵先后杀贼不下数万,而贼起益炽"。起义军得到广大农民的支持,势力旺盛。而各地的地主阶级则全力站在官府一边,组织团练乡勇,协助清军镇压起义军。因此,这场以红阳教名义发动的反清斗争,本质上是农民阶级和地主阶级之间的大搏斗,是一次真正的农民大起义。

起义一开始,各路起义军因受红阳教内派系繁多、互不统属的影响,大都分散作战,彼此不相联络。他们或固守孤城,或盘踞山寨,消极防御,为清军各个击破提供了条件,以致聂杰人、张正谟、曾士兴、陈德本等部很快即为清军消灭。而襄阳起义军则与其他各路起义军有所不同。

王聪儿、姚之富在起义之初就主动出击。四月初,他们率部猛攻襄阳城,"顷刻间,该府长门、南门、东门蜂屯蚁集,不计其数",冒着清军密集的炮火和弓箭的射击,"抢取门板遮面直前,用木梯、木板攀城"。但由于襄阳城高墙厚,清军顽强抵抗,起义军久攻不克。

五月下旬,王聪儿、姚之富从襄阳撤围,挥军南下,进攻湖北重镇钟祥。当时,清守军力量薄弱,而起义军在贫苦农民的支援下,日聚日多,斗志极为旺盛,六月初终于攻克钟祥。起义军的胜利,引起清廷的极度恐慌。在嘉庆帝的再三督令下,永保亲自坐镇指挥,调度各路清军,实行南北夹击,妄图一举歼灭起义军。

为了冲破清军的包围圈,王聪儿、姚之富采用声东击西的战术,即以一支部队佯攻清军粮台,转移永保的注意力,然后率领主力越过山岭,冲破清军拦截,回到襄阳的双沟、王家楼一带。清军尾追不舍,在陈家河(襄阳北)一带遭起义军伏击。双方短兵相搏,清军大败,急忙撤退。嘉庆帝闻讯,大骂永保无能,下令将其逮入京师治罪,而以惠龄总统军务。

这时,姚之富认识到,在敌强己弱的形势下,再与敌人打阵地战无异于飞蛾扑火,遂决定采用流动战术，与清军周旋。他再三告诫部属："断莫与官兵接仗，遇见时即四散奔走，总要官兵不知我们出没才好……俟官兵赶逐疲乏之时，再拼死上前抗拒，若敌不住，再逃不迟。"这种"敌进我退，敌疲我打"的战术，保存了襄阳起义军的主力。

嘉庆二年正月，王聪儿、姚之富为了避开清军的围追堵截，决定实行战略转移，向河南挺进。一路上，起义军"不整队，不迎战，不走平原。惟数百为群，忽分忽合，忽南忽北"，使清军疲于奔命，而又找不到起义军主力。起义军却经常出其不意地袭击清军。王聪儿亲自带领的一支由女教徒组成的起义部队，个个英姿飒爽，战斗力颇强。她本人又能身先士卒，勇敢善战，在马上运用双刀，矫捷如飞，所向无敌，不少清军将士见了惟恐躲避不及。

三月，起义军抵达陕西镇安。为摆脱清军的尾随追剿，王聪儿、姚之富又决定向四川进军，以便与当地起义军会合。他们沿汉水北岸经洵阳（今旬阳）、安康，直抵紫阳。五月十二日，由紫阳白马石、汉王城等处渡过汉水。五天之后，清军统帅惠龄才率大队兵马赶到，结果贻误了战机。

嘉庆帝闻讯大怒，斥惠龄竟"放贼全数渡江""无耻之至"，并说："兵法有半渡而击者。贼匪于十二日偷渡时，若急蹑贼踪，邀之半渡，可以聚而歼戮。乃坐失机会，实属大错。"他下令革去惠龄的"总统之任"，而以陕甘总督宜绵代之。

王聪儿、姚之富率领的襄阳起义军顺利地渡过汉水后，即分三路向四川挺进。六月初，又合兵一路，穿越大巴山区，经通江、达州（今达州市）于二十二日进入东乡（今四川宣汉），与四川起义军徐天德、王三槐部会师。

徐天德、王三槐等人在四川起义后，就把山寨设在悬崖峭壁、深林密箐之间，消极防守，结果陷于被动挨打的境地，使清军赢得了集结力量、移师入川的时机。在宜绵的亲自督令下，明亮、德楞泰、惠龄等人分率所部清军从北、东、南三个方向向起义军猛扑过来。徐天德、王三槐等率众与清军苦战，屡遭失败，大量减员，情况十分危急。王聪儿、姚之富等人率领襄阳起义军入川，扭转了四川起义军的不利处境，推动了四川反清斗争形势的发展，为其后来成为这场大起义的主要战场奠定了基础。

川楚起义军会师后，"分屯山冈，延亘三十余里"，起义声势更为壮大。经共同协商，决定按地区分别编为黄、蓝、青、白等号，设掌柜、元帅、先锋、总兵等职。其中，湖北起义军方面，王聪儿、姚之富等称襄阳黄号，高均德等称襄阳白号，张汉朝等称襄阳蓝号；四川起义军方面，徐天德等称达州青号，王三槐等称东乡白号，龙绍周等称太平（今万源）黄号，罗其清、苟文明等称巴州（今巴中）白号，冉文俦、冉天元等称通江蓝号。

东乡会师壮大了起义声势，但也暴露出农民小生产分散、保守、落后的弱点。各路起义军不仅没有建立统一的指挥部，没有提出统一的斗争纲领和口号，而且彼此猜疑，互相防范，不能团结对敌。会师不久，即以"大家分散便于逃走"为由，川楚起义军各自为战，互不联系。这就使瞬间出现的大好形势化为乌有。

东乡会师以后，王聪儿、姚之富鉴于四川起义军中部分人的不合作态度，认为难以在四川立足，加之一味迁就部下"四川地方生疏，不愿前往，立意总欲渡江回乡"的安土重迁思想，作出了分两个梯队重返湖北的决策。前队由王聪儿、姚之富率领，直趋襄阳，后队由王廷诏等率领，牵制清军主力，保证前队顺利到达目的地。一路上，前有清军明亮部堵截，后有惠龄及恒瑞、庆成等部紧追。但起义军发挥勇敢善战的精神，冲破白帝城清军防线，进入湖北巴东、归州（今秭归）地区，然后趋南漳，欲从南漳回襄阳。由于前有清军重兵堵截，回襄阳之路已被断绝，王聪儿、姚之富又率部西走房县、竹山，旋经竹溪再度进入陕西，并在入陕途中大败清军明亮部，毙护军统领惠伦。嘉庆帝得知起义军又回陕西的消息后，将宜绵革职，改由湖广总督勒保总统军务。

十月，王聪儿、姚之富为了打破清军的围追堵截，决定强渡汉江，伺机奔袭西安。为此，将襄阳各号起义军重新组成四支部队，分别由王聪儿和姚之富、王廷诏和高均德、李全和樊人杰、张汉朝率领。十二月初，王、姚率部向汉中东挺进，以吸引清军主力，而高均德则乘清军不备，趋汉中西，出其不意地强渡汉江，兵锋直指西安。明亮、德楞泰唯恐西安有失，撤下王、姚部，追剿高均德部。这就使王、姚等各部起义军得以顺利渡过汉江，并与高均德部胜利会师。

襄阳起义军渡过汉江以后，王、姚、高部于嘉庆三年二月在镇安、山阳、商州一带，与清军主力明亮、德楞泰、额勒登保部作战，而李全、王廷诏所部则由城固北趋宝鸡，直逼郿县（今眉县）、盩厔（今周至）。随后，李全部的前锋王士奇部经盩厔进至西安城下，迫使陕西巡抚秦承恩龟缩城内，"日久哭泣，目皆肿"。然而，王士奇部战斗力毕竟有限，且孤军深入，弹药粮草无从接济，以致与清总兵王文雄部激战失利，随即败退。王、姚部在额勒登保所率清军的围攻下，也立脚不住，不得不向湖北方向且战且走，于三月初退到湖北郧西与陕西交界处的三岔河时，被清军和当地地主武装团团围住。王、姚指挥起义军占据山梁，居高临下与清军战斗，多次打退敌人的进攻。终因弹尽援绝，突围未成，全军覆没，王聪儿、姚之富先后跳下悬崖，壮烈牺牲。王聪儿、姚之富牺牲后，襄阳起义军中的王廷诏、李全、高均德等部，在陕西南部及陕西、湖北两省交界处与清军进行过多次战斗，因失利而进入川东北地区，继续坚持反清起义。至此，湖北各地的起义均已先后被镇压下去，只有张汉朝部还在湖北西部活动。此后，四川成了起义的主要战场，四川起义军成为这次起义的主力军。

二

四川起义军中队伍繁多，一般来说分为两大支：一支由达州青号徐天德和东乡白号王三槐、冷天禄领导，另一支由通江蓝号冉文俦和巴州白号罗其清领导。

嘉庆三年正月，两支四川起义军由梁山（今梁平）、垫江、渠县四出活动，不久"又复合并一处，以致达州、开县等处道路梗阻，军火、粮饷未能接济"，引起了清廷的惊恐。为了改变清军在四川的被动局面，嘉庆帝令勒保任四川总督，统一筹划四川军务。

早在嘉庆二年十二月，勒保就认识到，四川清军少而起义军多，"以致有贼之地无兵，有兵之地无贼，并有贼过而兵犹未来，有兵到而贼已先去者"。为此，他提出应通盘筹划，"先从川东进剿，清一路，再进一路"。通过观察，他选定王三槐为突破口。东乡白号起义军首领王三槐，是一个斗争意志极不坚定的人。自参加起义后，他就幻想通过清廷招抚，谋个一官半职。嘉庆三年七月，勒保派人诱劝王三槐去其军营"谈判"，将其逮捕，解京处决。

王三槐死后，东乡白号由冷天禄统率，继续高举反清大旗。十月，勒保以大军围攻东乡白号义军据点安乐坪寨。鉴于寨中盐粮将尽，冷天禄缓兵之计，诈称请降，麻痹勒保，然后于夜间率军冲出包围圈。但由于损失很大，东乡白号起义军从此一蹶不振。

接着，勒保又把罗其清部当作围剿的主攻目标。当年六月，罗其清和冉文俦两支起义军占据川北大神山，与陕西起义军连营数十里，一时势力大盛。不久，德楞泰、惠龄等遣兵扼住山后的渠河，防止起义军向北撤退，而以主力围攻大神山。经过激烈战斗，清军连破起义军几个营寨，杀死两千人。但由于起义军顽强抵抗，清军始终未能攻占大神山。七月，清军又分三路猛攻大神山，起义军被迫撤至营山县的箕山。德楞泰和惠龄率军前后夹击，起义军又损失四千余人。八月，德楞泰见起义军坚守营寨不出，便派少数清军前往叫骂，而于中途埋伏重兵邀击。罗其清中计，亲自引兵下山迎战，结果大败。这时，高均德、龙绍周等湖北起义军北走广元，与徐天德、樊人杰、王登廷等部起义军合兵直趋陕西，德楞泰急忙舍弃罗其清、冉文俦部起义军，分兵数路截剿高均德、徐天德部。经过四昼夜的战斗，高、徐起义军损失四五千人，已无路可退，被迫来到箕山。而罗其清部起义军乘清军北追之际，分兵五六千人猛攻营山县城。徐天德也扼住渠县饷道，与罗部形成掎角之势。不久，清军主力到达，罗、徐等部被迫退回箕山。德楞泰遣乡勇严防各隘口，并约诸路清军会剿。九月，罗其清等被迫放弃箕山，与李全、王廷诏等部退据营山附近的大鹏山。

大鹏山广百余里，四周多悬崖峭壁，地形极为险峻。山上有泉水，并有旧建城寨，石墙甚坚固。起义军刚至大鹏山，即遭到额勒登保、德楞泰、惠龄、恒瑞四路清军的围攻。起义军将士毫无畏惧，一面屯聚粮食，分立卡隘，严密防守，一面派兵分劫巴州、渠县运道。由于徐天德、冉文俦率兵攻打大竹、梁山二县，分散了清军的部分兵力。十月，清军架梯猛攻大鹏寨，又四处放火焚烧，使整个山寨成为一片火海。罗其清立脚不住，率部分起义军出走。十一月，额勒登保亲自督军攻寨，用炮轰击，终于攻破大鹏寨。随后，罗其清和逃散的起义军战士均被清军和乡勇搜获。十二月底，冉文俦部在通江被德楞泰、惠龄部击败，冉文俦于突围时牺牲。

嘉庆四年(1799年)正月，太上皇乾隆帝去世，嘉庆帝亲政，真正掌握了朝廷大权。

此时，起义军虽因罗其清、冉文俦部的覆没，而遭到了一定程度的挫折，但起义形势并未发生根本性的变化。张汉朝部在陕豫交界至陕甘交界的南山地区，坚持抗清斗争；高均德、李全、樊人杰、徐天德等部，在川楚陕交界地区时而独立作战，时而联合行动，使清军顾此失彼，疲于奔命，清军统帅勒保陷入一筹莫展的窘境。乾隆帝自川楚陕三省农民大起义爆发即"寝膳靡宁"，至咽气时犹拉着嘉庆帝之手，"频望西南，似有遗憾"。

在嘉庆帝亲政之前，一切"剿捕"事宜均由乾隆帝及其宠臣和珅主持。而各统兵将领"皆以和珅为可恃，只图迎合钻营，并不以军事为重，虚报功级，坐冒空粮，其弊不一而足"。清军将领平时惟酒肉笙歌自娱，一遇战事则"拥兵自卫，不敢近贼，或命将弁堵剿，将弁亦不向前，惟催督乡勇，乡勇亦不踊跃"。当时川楚各地广泛流传这样的歌谣："贼至兵无影，兵来贼没踪，可怜兵与贼，何日得相逢？""贼来不见官兵面，贼去官兵才出现。"这是对清军腐败无能最辛辣的讽刺。

显然，川楚陕起义形势和战局的发展变化，迫使嘉庆帝在政治和军事上采取相应的措施，重新部署力量。其主要措施有：

第一，惩办权臣。嘉庆帝在乾隆帝大丧之际，果断地处决了大学士、军机大臣和珅，使政治、军事大权操于己手。第二，统一事权。嘉庆帝认为，以往镇压起义之事所以收效不大，还在于"事权不一"，为此"特申明军纪"，授勒保为经略大臣，"赐以印信"，统一指挥川、陕、楚、豫、甘五省军队,所有各路带兵大臣、各省督抚均听其节制。同时,对作战屡次失利的将领责以"纵贼"之罪,其中督抚、将军如湖北永保、惠龄,河南景安,陕西宜绵、秦承恩,四川英善等人或被处死,或革职充军。第三,增调兵力,除了集中五省兵力之外,又先后抽调京营满兵、蒙古兵、陕甘回兵、苗疆兵、广东兵,以及不计其数的军资、器械。第四,竭力分化瓦解起义军。嘉庆帝亲自撰写了《邪教说》一文,公开申明:凡习教而又奉公守法者不予查拿,聚众犯法者必严加惩办。尤为毒辣的是,嘉庆帝三令五申,要在各起义地区广置寨堡。

　　川楚陕农民大起义不仅危及清王朝的统治,而且直接打击了地主阶级的切身利益,从而引起了他们的极大恐慌。各地地主、乡绅纷纷组织乡勇、团练,帮助清军守城和镇压起义军。据载,嘉庆二年仅四川一省的乡勇即达三十余万人。同年,襄阳一带地主阶级为卡断王聪儿、姚之富起义军的粮饷和武器供应,开始大修堡寨。嘉庆三年,兰州知府龚景瀚提出"坚壁清野"之法。他说:"为今之计,必行坚壁清野之法,责成地方官巡行乡邑,晓谕居民,团练壮丁,建立堡垒,使百姓自相保聚,并小村入大村,移平处就险处,深沟高垒,积谷练兵,移百姓所有积聚实于其中。贼未至则力农贸易,各安其生;贼既至则闭栅登陴,相与为守。民有所恃而无恐,自不至于逃亡;别选精锐之兵二三千名,以牵制贼势,不与争锋,但尾其后。贼攻则救,贼退则追,使之进不得战,退无所食,不过旬余,非溃则死耳。不战而屈人,策之上者也。"

　　勒保任经略大臣以后,采纳了龚景瀚的建议,并会同各省督抚晓谕各州县,设立碉堡,坚壁清野,招募乡勇,建立地主武装团练。随之,各地修筑堡寨,垒起三四米的高墙,墙前挖有深沟,把当地民众强行集中到堡寨里,并行保甲之法。乡勇平时清查起义军的"细作",战时则登上堡寨高墙抵抗起义军的进攻。此法一经实行:几乎割断了起义军同广大人民的联系,使起义军的兵源、粮饷和武器供给均发生严重困难。不过,清廷的修堡寨和坚壁清野政策,其效力毕竟是有限的,起义军也未被困难吓倒,仍以各种手段打击敌人。嘉庆四年八月,嘉庆帝以勒保"安坐达州,虚糜厚饷,又坚执不必添兵之说,致贼蔓延",严旨诘责。随后又以围剿徐天德不力,将勒保革职拿问,改以额勒登保为经略大臣。

　　当时,各地起义军时分时合,运用游击战术四处打击清军。在激烈的战斗中,高均德牺牲,冉天元毅然挑起指挥重任。冉天元英勇善战,他屯兵苍溪,抗击来犯之敌。十一月,额勒登保指挥清军进攻苍溪。他以杨遇春、穆克登布分左右翼进行包抄。左翼穆克登布恃勇先进,绕出起义军前。起义军抓住机会,以大部队冒死冲突穆克登布后帐,使其腹背受敌。双方短兵相搏,清军副将以下二十四名军官、兵勇二百余人被歼。接着,起义军以全力猛攻额勒登保大营,血战竟夜,安全突围。苍溪之战是起义军处于低潮时期取得的一次重大胜利,沉重地打击了清军的嚣张气焰。

　　与此同时,王廷诏等人鉴于难以攻破敌人堡寨,遂率两万名起义军将士由陕西城固、南郑(今汉中市)转移,于略阳抢渡嘉陵江,进入甘肃,与那里的起义军会师。额勒登保急忙移师追剿,与陕西巡抚台布配合,将甘肃起义军逼回陕西境内。经额勒登保、杨遇春、王文雄等部清军合力围剿,这支起义军后来兵败川北南江,王廷诏被俘。

　　苍溪之战后,冉天元重整旗鼓,于嘉庆五年正月率领万余名起义军将士由定远(今武胜)渡过嘉陵江,向川西挺进。此举吓坏了清统治者,成都、重庆同时戒严。嘉庆帝以四川总督魁伦防范不力,将其革职留任。魁伦本一介书生,不谙军事,他派悍将朱射斗率三千清兵进击,自率主力殿后。当朱射斗在蓬溪被义军包围时,魁伦拥兵不救,致朱射斗部全军覆灭。

二月,冉天元率部进至梓潼、江油(今江油北),拟北上与甘肃起义军会师。不料,德楞泰此时也率清军赶到江油,于是双方在江油西之马蹄冈大战。冉天元先派一支弱兵前去挑战,而将主力埋伏起来。双方一接仗,挑战的义军且战且走,很快将清军引诱至伏击圈内,伏兵尽起,重创其左、右、前营。德楞泰率中军驰救,内外冲击,鏖战至暮,清军乘夜突围退走,方免覆灭命运。三月,在嘉庆帝的再三督促下,德楞泰率军围攻马蹄冈。冉天元再次设伏迎战:以大队人马屯聚冈内,而以万名起义军埋伏在数十里外的火石垭后。当时,清军四路扑来,德楞泰亲率大队人马直趋马蹄冈,进入起义军伏击圈内方发觉中伏,只得仓促应战。双方鏖战三昼夜,清军又饿又困,数路皆败。德楞泰见大势已去,率数十名亲兵占据山巅,作垂死挣扎。冉天元见状,决定活捉德楞泰。正当冉天元督众登山时,因坐骑中箭而被俘。与此同时,杨遇春率援军和乡勇赶到,战败起义军。冉天元被俘后在成都牺牲,其余部万余人,由张子聪等率领,趁魁伦防范不严,向成都方向进军。嘉庆帝得讯后大为震怒,立即下诏迫令魁伦自尽,而以勒保署四川总督。

马蹄冈大战后,起义军的力量越发削弱了。在清廷的严厉镇压和分化瓦解下,至嘉庆七年二月,徐天德、冷天禄、李全、张汉朝、樊人杰等人均在战斗中相继牺牲,仅剩下苟朝九、王世贵、苟文明等小股义军,在老林中坚持战斗。

嘉庆七年(1802年)初,苟文明重整起义军余部,转战陕西、甘肃,与清军周旋。七月,苟文明从老林中兵分三路,向清军发起攻击。他们在林径错杂之处,或遍践足迹,或乱掷衣物,以麻痹和迷惑清军。但清军以投降的义军战士为向导,打乱了起义军的部署,先后俘斩王世贵、苟文明。到当年十月,四川起义军基本上被消灭。十二月,额勒登保以"大功戡定"奏闻皇帝,获得嘉奖。

就在清廷朝野弹冠相庆之际,南山老林中起义军声势又逐渐壮大起来。原来,清廷在"大功戡定"后,为节省军费开支,大量裁撤赖以镇压起义的乡勇,规定每名乡勇仅给银二点五两,收其刀矛,遣送回原籍,由于乡勇多半来自穷苦流民,一经裁撤,无家可归,谋生无路,立刻陷入生活无着的窘境,于是不少人被迫拿起武器,重返老林,和潜藏在那里的苟朝九等起义军残部联合起来,进行游击作战。他们人数虽然不多,活动范围有限,但因有着丰富的作战经验,加之熟悉清军号令、作战方法,以及老林路径,因而能"忽陕忽川,忽聚忽散",即使屡遭围困也能"乘雾溜崖突窜""分军遇之则不利,大队趋之则兔脱,仅余二三百贼而三省不得解严"。嘉庆帝只得再下谕旨,先后令班师回京的德楞泰、额勒登保率军前往镇压。

从嘉庆九年(1804年)春开始,清军和起义军展开多次激战。起义军虽处绝境,但却经常利用有利地形,拼死拒敌,战斗中"竟有带箭四五支,而犹力扑者,其情形殊为凶悍"。然而,毕竟寡不敌众,经过多半年的战斗,起义军伤亡殆尽。九月,起义军的最后一个重要首领苟朝九被俘牺牲,至此,轰轰烈烈的川楚陕农民大起义终以失败告终。

三

说起浙、闽、粤沿海的洋盗活动,其实由来已久,讲远一点,可涉及明末清初的郑芝龙。但自康熙统一台湾后，郑氏旧部多已瓦解，清政府亦曾大力经营海疆，开通海路，因而洋盗活动曾一度销声匿迹。但到了乾隆末年，洋盗势力复炽，究其导因，却明显地和安南黎维祁与阮光平、阮光缵父子之内战有着密切的关系。魏源在《圣武记》中提到："国家自康熙二十二年克台湾、平郑氏。二十四年大开海禁，闽粤浙吴，航天万里，鲸鲵不波。及嘉庆初年而有艇盗之扰。艇盗者，始于安南。阮光平父子窃国后，师老财匮，乃招濒海亡命，资以兵船，诱以官爵，令劫内洋商舶，以济兵饷，夏至秋归，踪迹飘忽，大为患于粤地，继而内地土盗凤尾帮、水澳帮亦附之，遂深入闽浙。土盗依夷艇为声势，而夷艇恃土盗为乡导，三省洋面各数千里，我北则彼南，我南则彼北；我当艇则土盗肆其劫，我当土盗则艇为之缓。"当时清朝统治者称之为"海事"，它与"苗事""教事"几乎是同时并发，从而成为威胁、打击清王朝的三大势力之一，也是令嘉庆感到相当头疼的事件之一。

关于这种洋盗活动的性质，历来众说纷纭。有说是纯属以海上剽劫为生的海盗类；有说是属于经营东西洋贸易或进行海上武装走私的海商类；也有说是属于"官逼民反"、沿海人民反抗封建统治者的义军类。从当时客观存在的事实来看，情况是比较复杂的，各种因素都有一点，其性质不可能那么单纯，但就洋盗的历史渊源、导因及其主要活动来看，有两点是不应忽视、不容置疑的：一是受安南国王阮光平、阮光缵父子的操纵、怂恿与支持。礼亲王昭梿在《啸亭杂录》里就曾指出："时安南阮光平阴叛本朝，命其夷官等人中国海面掳劫，以充其国帑。"其实质就是内外勾结，对中国沿海的一种侵犯。二是洋盗前期的主要活动是进行海上剽劫，甚至是"遇船即劫，无所拣择"。他们或绑架扣押往来于海上的粮船、渔船、糖船、棉船等，"勒银取赎"，得银后进行"俵分"；或"打单卖票"，对过往商船进行勒索。因而洋盗所打击和损害的主要对象，虽然是那些正常从事海上贸易的商人，也包括一些与我国进行正常贸易的外国客商，而不是什么封建统治者。嘉庆曾在四年三月的一道上谕中透露过：由于"近年以来，洋面不靖，商贾往往裹足不前，海船到关者较少"，致使兼管关务的闽浙总督魁伦按例须赔垫关税短缺银十八万六千两之巨，而海商因贸易减少所造成的损失就更难以计算。魁伦的赔垫，尚可通过嘉庆加恩酌予宽免，而海商的损失，自然是没有谁去管了。所以嘉庆在上谕中经常讲，"盗匪在洋肆劫，最为商民之害"。此话当是不假。尽管在后期的情况多少有些变化，但没有证据足以说明这是绝然不同的两码事。所以从总体上说，把洋盗与苗民起义、白莲教起义完全等同看待，都一律看成是正义性的人民起义斗争，显然是不妥的。这是需要首先说明的。

(一)前期洋盗的活动与嘉庆的对策

嘉庆元年(1796年)正月，授受大典及千叟盛宴的余庆未尽，嘉庆就得着手处理有关洋盗的案件。当时，福州将军署闽浙总督魁伦、广东巡抚朱珪、浙江巡抚吉庆分别奏报拿获洋盗。嘉庆特别指出："未获各犯逃窜之后，势不能久留洋面，其淡水及食米等物，均须上岸取用。将弁等仍当于岛屿处所，巡缉擒拿，断不可任其远飏潜匿。"在当时清水师尚不足以出洋追捕的条件下，采取制之岸上、切断供给的办法，还是可行的。另外，嘉庆对于魁伦在折内将五十余名出洋贩卖咸鱼，因无船照而被关津扣押的人，也算在一百三十名洋盗案犯之内上报的做法，提出了谴责，指出："该督一并叙入，以见其获犯数多，殊属牵混。嗣后遇有此等案外人犯,毋得仍前牵连叙入。"可见嘉庆在掌握政策界限上,要求还是较严的。

元月刚过,嘉庆对洋盗问题还是放心不下,便进一步谕示军机大臣说:"盗匪在洋往来行劫,其船中日用淡水、食米,从何而来?必系沿海渔船人等私为接济,致得久住海洋。虽滨海贫民向藉捕鱼为生,势难概行禁止,然当鱼汛之时,严密盘诘,查其船中人口若干,带米若干,按口计食,倘有多带粮米,立即查究……况盗犯所得赃物,必须上岸销售。地方文武,果能于各隘口实力严查,断其接济之路,复四面兜截,自无虞其运飓漏网。"稍后,嘉庆还将例禁物品范围扩大到硝黄火药等,指出:"近来海洋盗匪每遇商船,即放炮为号,海洋非出硝黄之地,若非奸徒偷卖,盗匪又从何处购觅?欲杜私贩透漏,必先于出产地方严行查禁,除官府给照采办外,毋许丝毫私售,盗匪即无从接济。"自后,断绝接济的办法,便成为嘉庆对付洋盗的重要策略之一。

过了不久,魁伦拿获伙贩铁锅、夹带渡台之蓝三世等,虽查明他们并无私卖给洋盗,但仍被判以绞刑。嘉庆甚至称赞魁伦办得对。可见嘉庆对断绝接济,其态度是异常严厉的。

元年二月,魁伦在奏折中开始提及洋盗与安南相互勾结说:"闽省洋盗充斥,并勾结安南夷船""粤省匪船,遂有假装服饰,称为安南夷人,乘风入闽。臣以海洋为闽省最要之事,不敢稍有疏懈,亦不敢过于张皇。现添派水师,扮作商船,诱令贼船靠近,施放枪炮,更可使洋匪遇见商船,疑系官兵,不敢肆行剽劫"。由于当时对洋盗与安南相互勾结的情况,了解得还不多,因而尚未引起嘉庆的注意,只认为"所办尚好,实力实为,毋懈。"

由于当时"苗事""教事"并发,清军在湘、黔、鄂、川、陕广大地区,已陷于两线苦战,顾此失彼,更无力顾及东南"海事",所以先行对洋盗招抚,是嘉庆既定的一项重大策略,总之,能安则安,起码要让"海事"不致再造成大碍。元年五月,当魁伦奏报:"洋盗首领獭窟舵即张表,带领首伙各犯四百七十三名自行投首,并呈缴船只炮械等物。"嘉庆对此正是求之不得,当即照准,令"赏给獭窟舵守备职衔,并赏蓝翎及大缎两匹,用是奖励"。至于獭窟舵自请出洋协助官军缉捕,嘉庆则认为:"此或一法,但宜倍加慎重,不可稍存大意。如能将林发枝擒获献功,固当格外优赏;否则或林发枝听闻此信,亦思投首免罪,其余伙盗,自皆闻风解散,庶可永久绥靖海疆。"由此可见,嘉庆之推行招抚,其实还含有"以盗捕盗"之意。仅过了三个月,嘉庆便借洋盗首领纪培率众投首的机会,密谕魁伦不妨实行"以盗捕盗",认为:"伊等在洋日久,熟悉水道情形,自可得力,惟当随时留心,倍加慎重,又不可明示以疑彼之心,于密为防范之中,仍加之鼓励,俾收以盗攻盗之效。"嘉庆的这些想法,虽未免过于乐观,但在已陷于困境的嘉庆看来,也可算是最便捷而又不致有大碍的办法了。

其实,嘉庆虽然同意对洋盗实行招抚,但同时也保持着较高的警惕,并在上谕中指出:"此等盗犯,一时畏罪自投,未必真心改悔,其伙匪人数较多,既能率伙而来,岂不能纠约而去?虽所乘船只现已入官,亦岂不能抢夺别船,乘间远逸?!当严饬地方官随时查察,不可仅以取保了事。"对于地方缉捕不力,嘉庆的态度也是相当严厉的。元年七月,已卸任的两广总督朱珪奏获洋盗何玉理,并查明该犯早在乾隆五十八年即出洋行劫,在海面肆劫几及四年。从情理上说,此事该奖而不该责,但出乎意料之外,嘉庆却突发一谕,认为广东"洋盗并未敛戢,该督抚等平日所办,竟属有名无实。除朱珪降旨申饬外,所有五十八以后历任该省督抚及朱珪,均著交部严加议处"。众所周知,朱珪是嘉庆的恩师,两人的情谊历来颇为深厚,嘉庆的态度再严厉,也不至于在已缉获盗犯的情况下,再找点碴子去难为朱珪。此事很可能是和珅暗中搞鬼,并通过太上皇去给嘉庆出难题。要知道,这类事在太上训政的三年里,是时有发生的。不过,话又得说回来,如果嘉庆的态度不是严厉的话,和珅也不致于在这个问题上打主意了。仅过了几天,又以闽省官兵四十七人,在海上为洋盗戕害一事,进行查究,究明该等"盗匪语言,俱系粤省口音",遂认定"广东尤为盗匪出没之地",这样,朱珪本来奉调入补大学士出缺,便以"粤洋艇匪充斥,朱珪不能始终奋勉实力查拿,殊负委任"而告吹了。

当时的洋盗,不仅在沿海洋面剿劫中国商船,而且也剿劫来华贸易的外国商船。元年九月,新任两广总督吉庆奏称:他在浙省台郡获得一名被洋盗劫持的英国商人,因语言不通,遂带至广东通过番译查明,该商名远览,系本年七月被洋盗劫掠过船。并附呈英商的供词称:"我是英吉利国人,带有洋糖、洋油、黄豆谷物,由小吕宋到澳门发卖,船内共有十人。今年七月内在大洋遇见匪船,被害六人,其余四人用绳捆住,分载四船,那三船不知去向。匪船驶至外洋,被大风击破,我抱板漂至山边,有贼八人同时漂至,适遇官兵拿获。"其实这类剿劫,在当时是时有发生的,只不过有些为清政府所知,有些是清政府未闻而已。所以英国曾多次向清政府提出:"情愿自备资斧,配备洋船,协同水师缉捕洋盗。"此项建议,虽因有侵犯中国领海主权之嫌而被嘉庆坚决拒绝,但英国之所以提出这个问题,也并非空穴来风,全无所指。可见洋盗的剿劫活动。对于发展正常的中外贸易是不利的。

值得注意的是,有关洋盗与安南阮氏相互勾结的内情,从嘉庆元年年底开始,便陆续有较多的披露,也开始引起了嘉庆的重视与警惕,并相应地制定了防御与应对措施。元年十一月,两广总督吉庆奏报:"访问洋盗聚集并藏匿船只各处在安南境内,且有该国隐匿贼匪之情"。但他的意见是,对于此事暂时不宜张扬,"此时若行文该国,反致贼匪闻信潜逃"。嘉庆亦认为:"所见尚是。刻下暂且无庸行文晓示该国。俟派往访查官员呈报到日,吉庆当不露声色,妥为办理,即将贼首擒获,以绝根株。"又以"粤省十府三州之内,八郡皆系滨海,自惠潮以迄雷琼,延袤二千余里,处处毗接外洋"。遂饬令吉庆分三路加强海防:以高、雷、廉、琼所属洋面为西路,其中特别是江坪、白龙尾一带,历来盗船俱在该处藏躲,而雷琼海峡,则是盗船潜使来粤的通道,令二营各派兵船三十艘,分作两帮,往来巡缉搜拿。自惠州平海以东,至潮州闽粤交界为东路,令南澳总兵林国良领兵船二十艘,上紧堵拿,咨令闽浙总督魁伦饬铜山营配兵船二十号协缉。广州、肇庆及虎门、大鹏、广海寨、老万山等处洋面为中路,派参将黄标领兵船三十艘实力追捕,总期悉绝根株。这是嘉庆得悉洋盗与安南阮氏相互勾结后,重点在粤省作出的一次重大的军事部署。

嘉庆二年(1797年)正月,吉庆在折中称:察访江坪地面,民夷杂处,勾结为匪,是否应行照会安南,请予批示。嘉庆此时虽已掌握了一定的实据,但经过慎重考虑后,认为此事涉及国与国之间的关系,本着"不轻开边衅"的原则,决定作冷处理,覆示吉庆说:"细思事有所难,如该国王果不知情,自可照会搜捕。今据拿获夷匪罗亚三等供称,安南乌艚,有总兵十二人,船一百余号,并据起获印记,是此项乌艚夷匪,皆得受该国王封号,其出洋行劫,似该国王非不知情,若令会合拿贼,彼岂肯听从。倘安南藉词抵饰,何从与之分辨,又岂值因此生衅,兴师征讨该国?!"当然,嘉庆作出这种冷处理亦并非示弱,而是强调以内防为主的一种斗争策略,所以他命令吉庆等于粤闽浙三省洋面加强令剿,"遇有外洋驶入夷匪,无论安南何官,即行严办。嗣后拿获安南盗匪,审明后当即就地正法,毋庸解京。"看来嘉庆这样的处理,较之发照会更有效、更稳妥。

嘉庆五年(1800年)六月,安南盗船三十多艘,纠合水澳帮、凤尾帮盗船各六七十艘,汇萃于浙,进逼台州,会风雷雨大作,盗船撞破覆溺殆尽,其泅岸及攀扶败舟者,均为定海镇总兵李长庚所俘,其中就有安南伪侯伦贵利等四总兵,就地被处以磔刑,以敕印掷还其国。

在安南方面,对于清朝这一动态,当然不会毫无所知,加上其内部"旧阮"与"新阮"之间为争夺政权正准备内战。阮光缵为了讨好清廷、对付"旧阮",不得不装装样子,将不属于他们操纵的洋盗黄柱、陈乐等六十余名拿获,于嘉庆二年五月解送广东究办。这也从另一个方面说明,当时安南境内确是洋盗的重要巢穴。不过嘉庆对此不为已甚,并顺水推舟地嘉勉一番,有意让阮光缵在洋盗问题上超脱。但实际上阮光缵操纵和支持洋盗的政策,并没有多大改变,不过由此也产生了一些直接的和间接的影响,使原来以安南为基地的洋盗,军心不稳,纷纷向内地投首。二年六月,广东巡抚陈大文奏:有从安南投回之吴大相、庄得利、李大安等率伙党及家属一百余人,交出船只器械,情愿随同兵役捕盗。七月,洋盗著名首领林发枝,亦率伙党一百五十三名内投,被授以七品衔,来京安置。四年(1799年)八月,有方维富等十八名投首,并且供称:"盗首陈添保现在安南,亦欲乘隙率众来归。"五年(1800年)八月,广东按察使吴俊奏:"盗匪出没风涛,得赃之后,夷官婪取,所得无几,其中略知利害之辈,率伙来归,呈缴船只炮械,议于离海窎远之南雄、肇庆、嘉应等处分别安插。"六年(1801年)十一月,一直在徘徊观望的陈添保,终于携眷内投,并缴出安南印敕。据两广总督吉庆上折奏称:"陈添保困捕鱼遭风,于乾隆四十八年经阮光平掳去,封为总兵。"嘉庆更认为"积年洋盗滋扰,皆由安南窝留所致,即阮光平在日,已将内地民人掳去,加封伪号,纵令在洋劫掠"。并且指斥"阮光平身受皇考重恩,如此丧心蔑理,实非人类,本应声罪致讨,惟该国现与农耐(即阮福映)交兵,转不值乘其危急加以挞伐。该国灭亡亦在旦夕,毋庸给予照会。惟当严饬将弁,巡缉各洋,遇有安南盗匪窜入,立即拿获惩办"。到七年(1802年)八月,安南阮福映已基本上打垮了阮光缵,为了争取清朝早日"册正",便主动缚送洋盗首领莫观扶等三人来粤正法。由此更激起了嘉庆对阮光缵的憎恨,指出:"近年以来,闽粤两省之洋盗,闻系该国(安南)纵令出洋行劫,朕未肯轻信。今阮福映缚至莫观扶三犯,讯取供词,均系内地盗犯,该国招往投顺,封为东海王及总兵等伪职,仍令至内洋行劫商旅。是阮光缵不但不遵旨查拿,而且窝纳叛亡,宠以官职,肆毒海洋,负恩反噬,莫此为甚。"由此可见,前期的洋盗,确是一伙内外勾结、横行海上的盗匪团伙,丝毫没有什么正义性可言。到七年十二月,阮光缵政权已经覆灭,嘉庆便在洋盗问题上对他算总账说:"比年来闽粤洋面,屡有劫盗,经疆吏访闻人告,该国竟有潜通窝纳之事。朕以诚信怀远人,尚谓事涉疑似,只饬知该国一体查缉。旋据阮光缵自陈惶悚,坚称实不知情。后农耐国长阮福映遣使缚送盗犯莫观扶等三名,经审讯明确。是阮光缵豢养盗贼,通同劫掠,负恩背叛,情迹显然,实为王章所不宥。设阮光缵此时尚膺封土,必应罪致讨,以惩凶诈。乃伊国连年与农耐战攻,今已自取灭亡,益见倾覆之理,昭然不爽。"嘉庆的这些话,虽说是声讨阮光缵,其实也是说给安南新主阮福映听的。因为过去"农耐地方,洋盗亦多于彼处销赃",在洋盗问题上也并不是那么干净,所以嘉庆有意借阮福映请求"册正"的机会,对阮光缵纵庇洋盗指斥一番,目的在于促使阮福映在立国后,能自动断绝与洋盗的勾结,使洋盗失去基地而陷于孤立。其后的事实证明,嘉庆的这一策略是成功的。八年(1803年)九月,嘉庆在一份给两广总督倭什布的上谕中提到:"粤省洋匪,往年因安南豢贼分赃,盗匪行劫后,即回江坪销赃。此时越南小心恭顺,盗匪不能向彼逋逃,所有抢劫赃物,自必由内地上岸私行销售。著倭什布饬令所属于陆路各隘口岸严密巡查。"魏源在《圣武记》里也提到:"安南旋为农耐王阮福映所灭,受新封,守朝廷约束,尽逐国内奸匪,由是艇贼无所巢穴。"这都证明了阮福映在受册封后,确实停止了支持和怂恿洋盗的政策,从而使一度颇为猖獗的洋盗,失去了重要的活动基地,并促使其内部出现了一些新的变化。这样,嘉庆朝的"海事",亦随之而进入了一个新的阶段。

(二)蔡牵、朱濆的主要活动及其变化

从嘉庆八年(1803年)开始的这个新的阶段里,洋盗的主要首领是蔡牵和朱濆。应当承认,他们都是前期洋盗的过来人,而不是与前期洋盗活动毫无关系的另一股新兴力量。即使以蔡牵所部来说,他们当时的主要活动也是海上剽劫、打单勒索、绑架卖票等等。嘉庆八年,军机处档案就有这方面的记录:"出洋商船,卖取蔡牵执照一张,盖有该匪图记,随船携带,遇盗给验,即不劫夺"。这与魏源在《圣武记》里所载的:"凡商船出洋者,勒税番银四百元,回船倍之,乃免劫"是一致的。有人对此辩解说,这是蔡牵"劫商自救";甚至认为"这是属于维持人民反清起义队伍所必要生存条件的自救行为"。其实这种辩解是很难成立的,既然认为它是一次反清起义的正义斗争,为什么不可以"劫官自救",而非要"劫商自救"不可?!难道一种以损害正当商人利害为主要内容的行动,可以称得上是正常斗争吗?于是又有人辩解说,"被蔡牵营伍行劫的对象,大多为有名有姓的大商户字号""是对巨商集团敌视行为的惩戒",具有"阶级报复"的因素。然而这种辩解也同样是难以成立的,试想既然是剽劫,难道不拣"有名有姓的大商户,而去拣那些一贫如洗的船户下手吗?!既是凡是出洋的商船均须缴银买取蔡牵的"免劫票",这就成了当时洋盗的普遍规矩,又怎能说只是对个别商团的敌视行为的一种报复和惩戒?!就说是"敌视行为"吧!也应作深入的分析,除了那些官僚、地主、大商人三位一体、平日专恃官府势力、横行霸道、欺压穷人发家者外,难道对于大多数正常经营海上贸易的商人,因对洋盗的剽劫和勒索不满,产生过某种"敌视",也可以视作"阶级对立"而对他们进行"阶级报复"吗?!这样去辩解,显然是难以服人的。

蔡牵大约是从乾隆五十九年(1794年)开始,在福建漳、泉一带参与洋盗活动的,早在三年八月,嘉庆就在上谕里点过蔡牵的名。指出:"兹盗首蔡牵等已逃回内洋,即责成魁伦缉拿务获,若再致盗首远飏,则二罪并发,恐魁伦不能当此重咎。"同年十二月,又谕浙江巡抚玉德说:"盗首蔡牵一犯,潜匿浙洋,仍著玉德严饬各舟师上紧查拿,以靖洋面。"可见蔡牵在前期洋盗里,并非无足轻重的一般成员,而是其中的重要首领之一。自阮福映断绝了对洋盗的支持后,过去依附于安南的团伙,一度陷入了进退失据的困境,于是有些依附于蔡牵,"得艇百余";有些则依附于朱濆,"亦得艇数十艘"。"其在闽者,皆为漳盗蔡牵所并""既得夷艇、夷炮,凡水澳、凤尾余党皆附之,复大猖獗"。所以说,蔡

牵与朱濆之基干,起码有相当一部分是曾与安南相勾结的前期洋盗,这当是没有什么疑义的。

当然,如果说后期的蔡牵、朱濆与前期的洋盗毫无区别、毫无变化,也不合乎事实。其变化主要有三:一是由于越南阮福映政权已停止了对洋盗的操纵与支持,因而就不再存在外部因素,变为纯粹是中国内部的问题。二是蔡牵与朱濆所部,虽然始终没有停止其在洋面对往来商船的剽劫与勒索,但其活动已部分地转向对清政府的直接抗争上,不管其主观动机如何,起码在客观上与当时的"苗事""教事"起着某种呼应的作用。正是从这一意义上说,嘉庆从九年六月以后,便将蔡牵从称"盗"改而称"逆"。这种改变,正说明了蔡牵等人的活动,已有了某种变化。三是海上的活动,不可能没有陆上的支持,否则就难以长期持续下去。自嘉庆八年以后,由于不再存在安南这块基地,因而蔡牵、朱濆不得不寻求向内地发展,除表现为在沿海省份及台湾直接攻城掠地之外,更主要是加强了与内地反清会党的联系,即《圣武记》所载,"且结陆地会匪,阴济船械、硝磺、米粮"。八年二月,嘉庆再谕玉德:"近日闽省洋匪与会匪,颇有互相勾结。内地天地会匪甚多,若致养痈贻患,又成大案矣。汝应不动声色,密为访察,将其紧要头目,一鼓成擒,立行正法。蔡牵为洋盗巨恶,此贼一日不除,洋面一日不靖,慎之密之。"因为内地会党的反清斗争,对于蔡牵等人的活动,不可能不产生巨大的影响,而嘉庆所害怕的正是这一点;他之所以一再叮嘱玉德、吉庆在切断会党与蔡牵等人的联系时,一定要做到"不动声色,密之又密",就是害怕这种影响由此得以进一步的扩大。

嘉庆七年(1802年)五月,蔡牵率部夜袭距厦门仅三十里的大担、二担山炮头,捣毁炮位,抢走汛炮,旋即撤离。这是蔡牵首次向清军驻防地的主动出击,不过当时其意旨在"夺炮",而非"夺地"。但此事却充分地暴露了清朝海防的废弛,从而引起了嘉庆的严重关注。他下旨对玉德切责。清政府还总结了过去在洋面与洋盗交战的教训,以"夷船高大,水师战船不能制",两广总督长麟、按察使吴俊,早在嘉庆五年,即"依商船米艇式样,于通省各官养廉内捐造,各船均设炮位,共有一百余号,常川在洋游巡堵缉,遇盗即擒,声势颇为雄壮"。嘉庆立即传谕推广,令"沿海省分自可仿照捐办,以资缉捕"。随后,浙江巡抚阮元亦跟着办,"率官商捐金十余万,交水师提督李长庚赴闽造大舰三十,曰霆船,铸大炮四百余配之"。这样,清政府在东南沿海海防力量,便较前大大增强。但有一点是值得注意的,就是这些海防费用的支出,大多是靠当地官员捐廉和商人捐助的,而不是由国家动拨藩库帑项,这与"苗事""教事"的事事动辄相比较,就有很大的不同,这倒不完全是一个帑藏紧绌、拿不出来的问题,因为在嘉庆的心目中,当时的"海事",尚不足以与"苗事""教事"等同看待。

嘉庆八年正月,蔡牵率部抵达定海,进香普陀山。浙江水师提督李长庚率霆船尾随赶到,发动突然袭击,蔡牵不敌,且战且走,李长庚昼夜穷追,直至闽省三沙洋面。蔡牵粮尽、硝绝、帆毁,清军师船又据有上风,蔡牵实际上已陷入被全歼的绝境。但蔡牵却利用了闽浙总督玉德的贪功,伪降于玉德,条件是"勿令浙师于上风逼我"。玉德不虞其有诈,竟传檄令浙师收港,并遣兴泉兵备道庆徕前往招抚,蔡牵遂得以乘间"缮檣械、备糗粮,扬帆远去"。这是清军首次向蔡牵所部进行较大规模的军事进击,蔡牵得以幸免。

蔡牵经过了这次几遭覆灭的教训,也赶紧采取应对措施,一是以厚金向闽商定造巨艇,其高大过于水师的霆船。船建成后,商人用以载货出海,伪扳被劫,这样,蔡牵便大大地加强了自己的海上实力。二是把在台湾洋面劫得洋船大米数千石,主动分济活动于粤省洋面的朱濆部,从而促成了蔡、朱的联合。九年六月初,他们连艘八十余入闽,这是蔡牵第二次向清军主动进击。恰好此时浙江温州镇总兵胡振声率兵船二十四艘至闽运送造舟木料,闽浙总督玉德遂檄令胡振声迎击,可是福建水师却不给予支援,致令振声陷于孤军作战,在浮鹰洋面被蔡、朱联军火攻,坐船被焚毁沉没,胡振声、兵弁八十一名均告阵亡,这是自有"海事"以来清军损失最大的一次。此事自然引起了嘉庆极大的震怒,这样,双方进一步接战便不可避免。

九年八月,蔡牵和朱濆乘上次获胜之势,主动攻入浙省,而李长庚对此亦有所备,率各镇水师于定海北洋迎战。蔡、朱以一百一十艘战船,一字排开阵势;李长庚亦不示弱,督兵冲贯其中,将蔡、朱船队分割为二,命众镇将击朱濆,自率兵专攻蔡牵,实行各个击破。蔡牵败退后却归咎于朱濆没有尽力应援,朱濆不服,遂率队离去,蔡朱的联合,遂告破裂。九年冬,李长庚再败朱濆于甲子洋。十年夏,又败蔡牵于青龙港。蔡牵由于在浙闽洋面屡遭败绩,无所依托,遂决计夺取台湾,以便在那里建立据点。这样,嘉庆朝的"海事",便向着攻城掠地的方向发展,蔡牵与清政府的直接抗争,亦随之而加剧。

嘉庆十年(1805年)十一月,蔡牵亲率战船一百多艘进攻台湾,在淡水登陆,向清政府发动了自有"海事"以来规模最大的一次军事进攻。应该指出,蔡牵的这次行动,与过去单纯的海上剽劫有很大的不同,一是他打击的对象主要是清政府,在这一点上是与苗民起义、白莲教起义有一致之处。二是他自称"镇海王",自署官属,独树一帜,表明他开始有了和清政府作长期抗争的打算。三是他在台湾登陆后,即与当地原有的反清会党实行松散的联合,相互呼应,因而一时声势大振。蔡牵首仗攻克洲仔尾,全歼守备陈廷梅部。十一月二十三日,又攻入凤山,击毙千总苏明荣等。为了阻止清政府从大陆调兵增援,蔡牵沉大船六艘,堵塞了进台的海口通道鹿耳门。在这一切部署停当后,蔡牵于十二月率众万余,围攻台湾府城及其外围屏障安平镇和嘉义城。清台湾镇总兵爱新泰死守府城,知府马夔升死守嘉义,以等待大陆的援兵。

嘉庆在接获蔡牵攻扰台湾的奏报后,立即决定将剿办蔡牵之事升级,其表现是:一、所有军火、粮饷、器械、船只等项,照军兴例动帑经理,一切均责成该督经办,不得稍有贻误,而不象过去那样靠官员和商人的捐助。二、仿"教事"中悬重赏擒"首逆"的办法,著"传知水陆文武各员弁,能将蔡逆擒获,必重加恩赏,并晓谕台湾士民,悬立赏格,俾知奋勉。三、正式派出军事统帅,负责剿办,以"赛冲阿久历行阵,于剿捕事宜素为谙练",任命他为钦差大臣,迅速驰赴闽省,悉力督剿。"该处提镇自李长庚、许文谟以下各将弁,均受该将军节制调拨。"这一切都表明,嘉庆已郑重其事地对待蔡牵了。

在此之前,总统闽浙水师的提督李长庚已闻警出动,率师数千渡海赴台,于十二月二十日抵达鹿耳门,但为沉船所阻,未能登岸。遂绕道安平镇入鹿耳门,迫使蔡牵退保洲仔尾。十一年二月初,许松年、王得禄败蔡牵于洲仔尾,而蔡牵的主力舰船六十多艘,反被自己的沉船堵住了出海口,困在北汕海口,危在旦夕。

嘉庆亦随时密切地注视着战情的发展,二月初曾谕李长庚:"蔡牵本系积年洋盗,若复窜重洋,办理殊为棘手。今朕特谕李长庚,蔡逆一犯全责成该提督擒捕,倘能擒获该犯,即公、侯、伯崇封,朕所不靳;设蔡逆竟于海口逋逃,伊自思当得何罪?恐不止革职拏问已也。"这实际上是逼李长庚立军令状了。对于玉德,嘉庆早已窝了一肚子气,此时见玉德赴台不力就更火了，"玉德，著降为二品顶戴，拔去花翎，先示薄惩，以观后效。"由于此时"苗事""教事"已先后底定，嘉庆遂得以全力对付"海事"，为了加大保险系数，除先前已派赛冲阿为钦差大臣赴台剿办外，于十一年二月底又加派"剿教"主帅之一的德楞泰为钦差大臣，率护军统领扎克塔尔、温春、提督薛大烈，并带领巴图鲁侍卫章京五十员，驰驿前往剿办。为了保证大军渡台粮运军需的顺畅，嘉庆还特意选派"才猷练达，屡著劳绩"的江西巡抚温承惠经办军饷，这些部署表明，嘉庆已把对蔡牵一战，作为大仗来打。

蔡牵所部被困在北汕口内动弹不得。此时，李长庚出北汕，许松年出南汕，对蔡牵实行夹击，志在必得。但在这关键时刻，"风潮骤涨，沉舟为风浪掀起飘去，贼夺门出。官兵追截其船十余，卒以闽师不助扼各港，故贼竟遁去"。其余在台岛各路作战的反清会党，亦先后为赛冲阿所镇压。这样，蔡牵企图攻占台湾作为基地的计划，到十一年三月即告失败。

由于嘉庆原来的设想是毕其功于一役，因而对这样的战果并不感到满意。下令将李长庚、王得禄、邱良功等革去翎顶。

李长庚等人，虽说因未能捕获蔡牵而自行引咎，呈请"革职治罪"，但他们内心却是有苦难言，遂借蔡牵之所以能逸脱一事，上疏作了一番申述："蔡逆未能歼擒者，实由于兵船不得力，接济未断绝所致。臣所乘之船，较各镇为最大，及逼近牵船，尚低五六尺。曾与三镇总兵愿预支养廉，捐造大船十五号，而督臣以造船需数月之久，借帑四五万之多，不肯具奏。且海贼无两年不修之船，亦无一年不坏之槙料。桅柁折则船为虚器，风蓬烂则寸步难行。乃逆贼在鹿耳门窜出，仅余船三十，蓬朽硝缺；一回闽地，装蓬焊洗，焕然一新，粮药充足，贼何日可灭?"很明显，李长庚此疏，既是为自己和浙闽水师辩护，也是直接揭露闽浙总督玉德的。而嘉庆对于玉德之所为，亦早有觉察，他之所以不急于革除玉德的总督职务，主要是时机未到。用嘉庆自己的话来说，就是"现在军需紧要之时，若遽将伊革职交部治罪，伊转得置身局外，将一切棘手难办之事，诿之他人，遂其安逸"。所以到十一年五月，台湾大局已完全稳定，嘉庆便对玉德算总账了，指出"玉德身任闽浙总督有年，于海疆事务不能随时整顿……以致洋盗蔡牵肆无忌惮，竟敢窜赴台湾滋扰……总督统辖文武，所司何事，乃玩误一至于此?!"著将玉德革职，闽浙总督一缺，调湖南巡抚阿林保补授。到五月底，嘉庆又根据李长庚在疏辩中所提到的两点指控，加重了对玉德的惩处。指出："著温承惠传旨将玉德挚问，派员押解赴京，交刑部审讯治罪。"这是自"海事"以来，受惩处最重的一个封疆大吏。

在广东方面，自朱濆与蔡牵分裂后，一度传说他的坐船被击沉没，溺海死，但其后查明并无其事，而是回到了粤东洋面，继续活动，但一度准备在澄海受抚。只是由于新任两广总督那彦成所推行的招抚政策，遭到了广东巡抚孙玉庭的极力反对，因而未能成为事实。

那彦成是大学士阿桂之孙，刚入仕途便颇得嘉庆的器重，早在嘉庆三年，即以年青有为出任军机大臣，旋又任工部尚书、都统、内务府大臣等要职。但他缺乏自知之明，自恃自负，容不得人而几经降革。不过嘉庆对他还是具有好感，并寄予厚望的，就在那彦成被任命为两广总督之前不久，嘉庆还手诏诫之："汝诚柱石之臣，有为有守。惟自恃聪明，不求谋议，务资兼听并观之益，勿存五日京兆之见。"但那彦成于九年十二月到任后，依然故我,听不得不同意见,终于在招抚洋盗问题上,与广东巡抚孙玉庭闹翻了,那彦成认为:"广东土匪勾结海寇为患,久不靖,兵不足用。"因而专意招抚,先后招抚洋盗首领黄正嵩、李崇玉等及其部众达三千一百多名,分别赏给千总,把总、外委顶带,予以安插,并赏给银两。而孙玉庭则认为这种搞法,名为"抚盗",实是"赏盗"。于是向嘉庆告状说:"那彦成办理投首盗匪,每名赏银十两,计海盗不下数万,若尽行招抚,经费为难。此等盗犯,罪皆凌迟枭斩,今准其投首,概置不问,荣以顶带,加以重赏,致民间有'为民不如为盗'之谣。揆诸事理,殊属未协。"孙玉庭还进一步指出:"盗非悔罪,特为贪利而来。官吏贪功,不惜重金为市,阳避盗名,阴撄盗实。废法敛怨,莫此为甚。"这些意见,提得相当尖锐,从而引起了嘉庆对招抚问题的重视,他除了将那彦成立予革职,两广总督一缺调吴熊光补援外,还为此专发一谕指出:

> 前授那彦成为总督,原令会同该抚,督饬地方文武尽心缉捕,期于戢盗安民,并未令其招抚……从前朕办理剿捕教匪,曾谆谆以勿事招抚为诫,天下宁不知之。那彦成称,将盗犯置之岸上,尚有踪迹可寻,得以制其生命,实属大言不惭,可笑已极!盗匪在洋出没,尚不能谨守炮台要隘,制其登岸之路,岂有将海盗置之陆路,转能制其生命?!即伊祖(即阿桂)亦未必有此才干,况那彦成乎?!该匪等积惯劫,一无恒业,此时即按名赏银十两,花销易罄,即赏给顶带,亦岂能久事羁縻?此后洋盗必须力为缉捕,断不可轻信投诚,以杜后患。"

那彦成该不该受到惩处,那是另一个问题。但应该指出,嘉庆在此谕中所讲的,却并非全是真实话,关于推行招抚之策,嘉庆不仅在"教事"中曾多次推行过,而且在"海事"之初,也曾明令推行,并给予就抚者以厚赏,这是无可否认的事实。其实,嘉庆也用不着为此进行抵赖,因为"招抚"本来就是一项弹性极强的政策,在力量对比吃紧时就推行一下;当力量对比占优时就收,一切均以统治者的利益为转移,这已不是什么不可告人的秘密。那彦成之所以错,就错在他只看到广东这一局部,未看到全国这一全局;或者是他确实投机取巧,即如嘉庆所指斥的那样,"只图海洋盗匪稀少,有意见好见长"。不管怎么说,嘉庆此谕一出,已表明了清政府对洋盗的招抚政策要收,则是确凿无疑的了。

在一意主剿的思想确定后,嘉庆在军事上亦作了一些新的部署。一是严防朱濆入闽,以防止蔡、朱的再度联合,特别是严防他们再度窥伺台郡。二是鉴于台湾局势已趋于稳定,令德楞泰毋须渡台,另以赛冲阿调补福州将军,负责现有剿捕事宜,陆路镇协各营,除督抚提三标外,均归将军统辖。三以台湾一镇,远隔重洋,从本年开始,令将军、总督、巡抚、水陆两路提督,轮往查阅营伍,事竣必须专折奏闻。四是更新闽浙水师战船,使清水师在海战中处于有利地位。嘉庆认为:"海洋捕盗,全赖船只驾驶得力,方于捕务有益",因而立即批准了温承惠、李长庚提出的建造大同安棱船六十艘的计划。其规格,"梁头以二丈六尺为度,务期料实工坚,足资冲风破浪",每艘造价银四千两,除准领原拟定造的米艇价值应销银二千六百余两外,每只尚不敷银一千三百余两,准先于司库借项应用,统由道府以上各官养廉内分年摊扣归还。与此同时,又吸取了过去蔡牵以重金通过闽商定造大船的教训,规定嗣后新造、拆造商船,"梁头均不得超过一丈八尺"。确保水师在战船装备所占有的优势。五是针对乾隆末年以来,水师疏于训练,对操驾等基本功全不熟习,严正指出:"是名为舟师,实不谙习水务,又岂能责其上紧缉捕?!若水师不能操舟,即如马兵不能乘骑,岂非笑谈?!战船出没风涛,呼吸之间,一船生命所系,若非操驾得力,有恃无恐,焉能追驶如意?!此于水师捕务关系不浅。"遂命令沿海各督抚通饬所管舟师,勒期实力训练,务令所有弁兵,于"转帆、捩舵、折戗、驾驶及泅水出没各技艺,人人娴习,择其优者派充舵工,专管操驾"。并规定嗣后水师各营,俱不准雇用舵工。

以上这些措施,对于促进"海事"的底定都是必要的和正确的。但有一个问题,嘉庆处理起来却颇伤脑筋,这就是地方文武不协、总督与水师提督不协、闽省派系与浙省派系不协。这些矛盾,在玉德任闽浙总督时,即已积累很深。阿林保于十一年五月到任后,不仅未能站在至公的立场予以化解,反而受种种谮言的影响,使自己也被卷进漩涡里去而不能自拔。他对于李长庚先抱有成见,随后又错误地总结玉德革职的教训,产生了"长庚不去,则督威不立"的想法,因而想方设法攻击李长庚。面对着有关李长庚"剿捕不力"的谮言,嘉庆在开始时也曾公开地为李长庚进行辩护,如他在十一年六月的上谕中说过:"或言李长庚有不尽力之时,缘海上风涛难测,往往两舟相望不过数丈,而为风浪阻隔,始终不得相近。李长庚以一人尾追,忽南忽北,喘息不惶,前无拦截,旁无协助,或风势不便,或众寡不敌,暂为迟缓,姑作自全,亦情势所有。"嘉庆当时对李长庚还谈不上深知,却以皇上的身份为一名并不相知的小臣作如此具体的辩护,实不多见。其目的无非是企图化解矛盾,使地方文武能协心同心,共靖海疆。可是阿林保虽说到任未久,却对李长庚咬住不放,连疏密劾,必欲革去李长庚而后快,致使嘉庆曾一度有所动摇。不过嘉庆可贵之处,在于处事慎重,他并未完全偏信阿林保一面之词,而是取兼听并观的态度,于八月初就此事密询于浙江巡抚清安泰。要"清安泰留心密查,是否有心怠玩,抑系另有别情"。就在这个时候,李长庚奏报拿获蔡牵部另船盗首李按。但嘉庆对此并不感到高兴,只是冷冰冰地覆旨说:"李长庚追捕蔡牵日久,未经奏有捷音,此次不过小得胜仗,其歼擒者只系另船伙匪,且奏称行抵三盘,已失盗踪,若果紧蹑,何致失踪?是官兵距贼较远之明证。"很明显,嘉庆这番不冷不热的话,与他上次主动替李长庚辩解已大不相同了。不过嘉庆仍不急于对李长庚的"怠玩"下结论,他还需要时间作进一步的观察,也想在听到清安泰的回禀后再作处理。

其实,嘉庆倒是个精明人,还未等到清安泰的覆奏,他已察觉阿林保对李长庚的密劾,"均系揣度之词""毫无实迹",于是下旨切责阿林保"太存成见",并说"朕非庸闇之主,岂肯以莫须有人人重罪?!该提督冲风涉浪,已阅数年,岂能以悬揣虚词,遽绳以法?试思此时即将李长庚褫问,将沿以何项罪名?又责令何人统率舟师剿贼?……阿林保所奏实属冒昧轻率,著传旨申饬。"阿林保原想"去长庚以立督威",想不到由此而碰了一鼻子灰。不过嘉庆亦不为已甚,他只是从协调地方文武出发,对此事未予深究。仅过几天,嘉庆闻悉李长庚因追击蔡牵而"身受数伤",遂立即赏还上次革去的顶带,"不复疑其惶怯逗遛"。

当然,嘉庆对李长庚其人有进一步的认识,还得力于清安泰的辩诬。清安泰在覆奏中提到:"长庚熟悉海岛形势、风云沙线,每战自持舵,老于操舟者不能及。且忘私殉国,两载在外,过门不入,捐造船械,倾其家赀,所俘获尽以赏功,故士争效死。且身先士卒,屡冒危险……故贼中有'不畏千万兵,只畏李长庚'之语,实水师诸将冠。"至于未能缉获蔡牵,清安泰根据海战的实际情况,辩解其力,大意说:"海艘越两三旬若不熯洗,则苔黏蜇结,驾驶不灵,其收港非逗遛。且海中剿贼,全凭风力,风势不顺,虽隔数十里犹数千里。故海上之兵，无风不战，大风不战，大雨不战，逆风逆潮不战，阴云蒙雾不战，日晚夜黑不战，飓期将至、沙路不熟、贼众我寡、前无泊地皆不战。及其战也，勇力无所施，全以大炮轰击，船身簸荡，中者几何？我顺风而逐，贼亦顺风而逃，无伏可设，无险可扼，获其一二船，而余船已飘然远矣。贼往来三省数千里，遇剿急则直窜外洋，我师冒险无益，势必回帆收港，而贼又遁诛矣。且船在大海之中，浪起如升天，落如坠地，一物不固，即有覆溺之虞。每遇大风，一舟折舵，全军失色，虽贼在垂获，亦必舍而收……且水陆兵饷，例止发三月，海洋路远，往返稽时，而事机之来，间不容发，迟之一日，虽劳费经年，不足追其前效……"

清安泰这一辩诬疏，是在十一年九月上旬送达嘉庆手上的，至此有关李长庚"贻误失职"的问题，终于得到了澄清。嘉庆赞许清安泰"所论甚属公正"；同时严斥阿林保"到任不过旬月，地方公事、海洋情形，素未熟悉，于李长庚更从未谋面，辄行连次参奏。参奏之事，又全属子虚，设朕误信其言，则李长庚正当奋不顾身为国殄贼之际，忽将伊革职拿问，成何事体？岂不令水师将弁寒心？！试问水师中有过于李长庚者乎？！朕又不昏聩糊涂，岂受汝蛊惑，自失良将"？为此，嘉庆严正警告阿林保说："兵船在洋捕盗，全在地方官协力帮助，文武和衷，方克有济。今兵船正当剿捕吃紧之际，若阿林保尚不知以国事为重，屏除私见，甚至因此次参奏未遂，而心存嫉忌，遇事掣肘，以致蔡逆遁诛，海疆贻误，则阿林保之罪甚大，朕惟执法惩办，勉之慎之。"嘉庆此谕虽用词严厉，甚至明确提出："嗣后剿贼事专倚长庚，倘阿林保从中掣肘，玉德即前车之鉴。"但其出发点仍然是协调关系，共靖海疆，这是十分清楚的。

李长庚自闻知种种诬言得以辩证，益加感奋，全力效命海疆。十二年春，败蔡牵于粤洋大星屿。十一月，再败蔡牵于闽洋浮鹰山。十二月，率福建水师提督张见追牵入南澳，将蔡牵逼至黑水外洋。当时蔡牵仅剩大船三艘，小船十余艘，其坐船舷篷又被炮毁，而闽粤水师战船，则数十倍于蔡牵。李长庚自谓已稳操胜券，遂亲自以火攻船挂蔡船后艄，正欲跃登时，不料蔡船尾部突发一炮，正中李长庚咽喉、额角，淌血倒下，翌日殒命。当时清军兵力仍占有绝对优势，只要继续围攻，蔡牵所部将难免全军覆没。但张见庸懦怯阵，遥见总统船乱，竟急令闽师首先撤出战斗。这样，蔡牵才得以化险为夷，从容撤往越南外洋休整。

十三年（1808年）正月，当嘉庆接到关于李长庚阵亡的奏报，"览奏为之心摇手颤，震悼之至"，在谕中痛惜说："朕于李长庚素未识面，因其在洋出力，叠经褒嘉。不意其功届垂成，临阵捐躯。朕披阅奏章，不禁为之堕泪。李长庚虽已身故，而贼匪经伊连年痛剿，残败已极。今殁于王事，必当优加懋奖。"着加恩追封为三等壮烈伯，赐谥"忠毅"，赏银一千两经理丧事，于原籍福建同安县官为立祠，春秋祭祀。其灵柩护送到日，特派福建巡抚张师诚亲到同安代为赐奠。但张见临阵脱逃一节，由于阿林保的包庇，竟得以蒙混过关，不仅未予深究，反而以"追剿蔡牵出力人员"，下部议叙。可见当时地方派系之见，仍然很深，这对于"海事"的底定，自然是不利的。

随后，嘉庆任命李长庚部将、南澳镇总兵王得禄为浙江水师提督，负责追剿蔡牵；又命粤省水师提督钱梦虎，专办朱濆。十三年五月，蔡牵离开越南外洋，经粤洋返抵闽洋，但其旧部如王铎、王准、郭秋等，此时多已投首，其义子蔡二来亦为清兵擒杀，因而原在闽洋的基础，实已荡然无存，只好北入浙洋，另图发展。七月在舟山普陀北洋与朱濆再度联合,但旋即为复任的浙抚阮无所败,蔡、朱重新分裂。朱濆自率所部,经闽返粤,但被金门镇总兵许松年盯住不放,"追至长山尾,了见贼船四十余,知其最巨者为濆所乘,并力围攻,濆受炮伤,未几毙"。嘉庆以许松年"克歼渠魁,赐花翎,予云骑尉世职"。而朱濆余部,由其弟朱渥率领,继续活动于闽粤洋面。

蔡牵自与朱濆再度分裂后,势力更形单薄,且清政府断绝岸上接济的措施愈来愈严,因而船上的粮食、食水、火药等物资亦愈来愈匮缺,不得不经常化整为零,甚至不断变换坐船,改易旗帜,以逃避清军的追捕。嘉庆为了协调闽、浙两省的剿捕力量,在人员配备上也作了适当的调整,调王得禄任福建提督,擢邱良功任浙江提督。十四年七月,又提升陕西巡抚方维甸任闽浙总督,而将阿林保调离。这样,原来积累很深的派系之争,亦得以解决。自后"闽、浙将帅无间""两省合力,同心灭贼"。十四年八月,王得禄与邱良功合围蔡牵于定海渔山,经过了两天一夜的激战,蔡牵始终被死死缠住,未能突围,铅丸弹药均已用尽,便用番银作炮子点放,先是邱良功左腓受矛伤,王得禄赶来接战,额与腕均为炮伤,但清军坚持不退,并投掷火斗、火罐,焚毁蔡船尾楼,又用船冲断其后舵,使蔡船完全失去了控制,动弹不得。"牵知无救,乃首尾举炮自裂其船,沉于海。"淹毙。事后嘉庆帝论功行赏,王得禄著加恩晋封二等子爵,赏双眼花翎。邱良功锡封三等男爵。当时有人为之鸣不平,邱良功却坦然说:"海疆肃清,已为快事,名位轩轾何足计。"如果过去闽浙间派系之见不除,这种情况是不可能出现的。故"论者谓贼之生死在闽浙之合与不合,前此贼屡因于浙而闽不协力,至是闽浙合而贼遂歼矣"。可见闽浙之协调行动,实"海事"底定的一个重要关键。

蔡牵死后,朱濆见大势已去,遂率众在福建归降,并呈缴海船四十二艘,铜铁炮八百余门。嘉庆为了加速"海事"的扫尾工作,遂乐于允准,谕示说:"今朱渥真心悔惧,率众投诚,与始终怙恶者不同。朕仰体上天好生之德,加恩予以矜全,准其投首。著查照旧例,分别遣散回籍安插,交地方官查传乡保亲族严加管束,如再犯法,定行加倍治罪。"蔡、朱两大部,随着朱濆的投诚,总算是基本上获得了解决。

剩下来的问题,就是活动于粤洋的原安南夷艇的余部了,当时共有五帮,即"林阿发、总兵保、郭学显、乌石、郑乙"。那彦成督粤时以招抚而获罪;吴熊光督粤时,以"高州府之吴川、雷州府之遂溪,为通洋盗薮,宜塞港以清其源",但也未能彻底解决问题。自蔡、朱两大部失败后,粤帮的声势亦渐趋衰微,再加上嘉庆于十四年调派百龄督粤,他从两个方面采取了严厉的措施,一是改粤粮、粤盐水运为陆运,其南粤厅及琼州隔海者,以兵船护送。对硝磺各厂,亦改商归官,使其在外洋无可劫,乃冒死拨小船入掠内河,官兵即可随时歼捕。二是筹饷大练水师,惩贪去懦。原水师提督孙全谋失机,立即劾逮治罪。由此,"每一檄下,耳目震新,巡哨周严,遇盗辄击之沉海,群魁夺气,始有投诚意"。百龄则剿抚兼施,以剿促抚。先是迫使郭婆带与郑乙帮之张保仔火并,郭"将张逆伙党杀毙不计其数,擒获三百余名,夺获张逆匪船十一只",于十四年十二月"率其伙众五千余人,大小船九十余只,大小炮四百余位,一并收入平海内港,赴官呈献投诚"。百龄则吸取了那彦成的教训,不敢擅自作主,遂请示办理。嘉庆传谕,"著即准其投首,加恩赏给把总,令其随同捕盗"。这些话,只能由嘉庆开口,否则即会惹来麻烦。从当时的实际情况看,百龄的措施固然得力,但主要还是形势的变化,对洋盗已愈来愈不利,因而过后不久,郑乙妻亦"屡蹙于官兵,遂于十五年二月诣省城乞降",并劝其部首领张保仔率众投首。百龄亲自出虎门口外收验查办,计投诚帮船共有二百七八十号,伙党一万五六千人,炮千余门。这是自有"海事"以来,清政府接受投诚人、船、械数最多的一次,连嘉庆对此也不大放心,但张保仔既然是自动送上门来,也没有却之之理,遂在谕中指示说:"其意仍不过为谋食起见,并非真知大义,自悔前愆。但现在既将船只炮械悉数呈缴,并将家口先行送省登岸,其情节尚无虚伪,若必拒而不许,转致生反侧之心,亦非宁谧海洋之道,且人数既众,亦不忍概予骈诛。"嘉庆感到担心的,倒是这二万多人在投诚后如何妥为安置?所以他在上谕里只好直截了当地提出:"伙党有二万余人之多,安置实属不易,既不应按口给粮,又无给产养赡之理。伊等为求食而来,若无从得食,势必仍去而为匪……必须妥为筹划,俱令口食有资,不再滋事。"此话讲起来容易,做起来就难了,嘉庆自己别无良策,就只好推给百龄,命他"设法安插""悉心经理,据实奏闻"。作为封疆大吏,办法总会是有的,虽然尽行安置不无困难,但在嘉庆面前,百龄也只好认了。

　　自郭婆带、张保仔等相继投首后,粤洋形势便大有改观。百龄又不失时机地檄令各镇,于十五年六月"合剿乌石帮于儋州洋,尽俘其众。又降东海帮林阿发等三千四百余名"。至此,粤洋宣告肃清,嘉庆命加封百龄太子少保衔,赏戴双眼花翎,给予二等轻车都尉世职。同月,闽浙总督方维甸、福建巡抚张师诚奏道,蔡牵余部陈赞携同蔡牵义子小仁及文幅等投诚,共计投出首伙一千三百余名,船六只,大小炮五十余门并鸟枪器械四百余件。嘉庆立即谕示照准,并从宽发放。至此,持续了十多年的闽、浙、粤三省"海事",终告最后底定。不过,嘉庆对待"海事"的底定,并不像"苗事""教事"那样,大肆宣扬所谓"蒇功",也没有大张旗鼓地对满朝文武、上上下下进行封赏。可见在嘉庆的心目中,"海事"之于"苗事""教事",还是有区别的。他只是在"海事"底定时,在谕中颇为自得地讲了这么一段话:"国家经理大事,当扼其要领,譬如治病,当究其病源,如剿教匪,则坚壁清野为要;靖洋匪,则杜绝岸奸为要。"如果说,在"剿教"中推行坚壁清野之策,嘉庆是经过了很长的一段摸索之后才坚定起来的话,那么"靖海"则显然不同,从一开始嘉庆即已一再明令杜绝岸上接济,作为对付洋盗的一项重要策略了。不过,魏源在写《圣武记》的时候,对嘉庆这项成功经验,作了一点重要的补充。他说:"然亦适应安南守约束、杜艇匪之后耳!不然,接济之令能行于内地,而不能禁于属吏,以彼漏卮乘我内蠹,虽欲不整戈船、骛大海,其可得乎?!"魏源的这点补充,看来是符合实际的。由此可见,洋盗的兴衰,实与安南局势的演变有着极大的关系,因而我们在考察嘉庆洋盗问题时,对此似不应忽视。

第七章　猝死之谜

　　嘉庆帝在位期间,虽然内忧外患频仍,但经过他二十多年的苦心经营,平息了天理教紫禁城之变,肃清了广东、福建、浙江三省海盗的骚扰,镇压了陕西、江西、安徽、云南等地木工、农民、少数民族的起义,斥逐了英国阿美士德使团的无理行为,维护了清王朝的尊严,且不时免征百姓赋税,兴修河道,抗灾赈济等等,倒也能够守住祖父留下来的不世基业,把偌大的大清江山打点得社会安定,百姓安居乐业。他高高兴兴地度过了六十大寿,心满意足,决定围猎木兰,痛痛快快地享受一番。

　　嘉庆二十五年(1820年)七月,嘉庆帝按往年惯例秋狝木兰。秋狝全过程分为两个阶段。首先进驻热河避暑山庄,在此处边消夏边处理政务,大约占整个秋狝时间的三分之二。第二阶段即秋凉以后,再行北上赴木兰围猎,会见各蒙古王公大臣,加强与周边民族的和睦关系。在嘉庆皇帝看来,木兰秋狝主要是习劳练武,避免八旗由安逸而荒疏武备,同时也为款洽周边民族,并不是盘游畋猎,游玩欢览,而是遵从祖制家法,绍统守成的重要举措。七月十八日清晨,嘉庆帝自圆明园启銮。因皇后钮祜禄氏年老色衰,嘉庆帝让她留在宫中,只带了几位年轻的妃嫔随行。其他随行的除御前大臣、军机大臣及总管内务府大臣等外,还有皇次子智亲王绵宁,皇四子瑞亲王绵忻,皇长孙贝勒奕纬。命肃亲王永锡,大学士曹振镛,协办大学士兵部尚书伯麟,吏部尚书英和等留京办事。一切都很正常,当时谁也没有想到,嘉庆帝的这次离京,竟是他人生道路上的最后一段旅途。

　　嘉庆帝一行,自圆明园往北经汤泉,第一天抵达位于顺义县西北之南石槽行宫,二十日驻跸密云县行宫。直隶总督方受畴奏称:"深州(今河北深县)地方,秋禾多有双穗至十一穗者",并摘取了二十茎作为样本进呈。方受畴本想拍拍嘉庆帝的马屁,进呈祥瑞让嘉庆帝高兴一番,在秋狝开始时取个好兆头。不承想马屁拍到了马腿上,嘉庆对这一套"天人感应"的把戏并不欣赏,他认为"国家以丰年为瑞,何必以双歧合颖诩为美谈"。二十三日,嘉庆驻跸喀喇河屯行宫,下午,他略感不适,时有轻微发烧憋气。因出古北口后,塞外凉意扑面而来,早晚温差较大,大概偶染暑热。他对如此小恙,也没有放在心上。二十四日是前往热河行宫旅途的最后一天。这天天气晴好,嘉庆帝一行拂晓动身,经西平台、双塔山、元宝山之大三岔口,进入广仁岭,这是通向热河行宫的理想之路。广仁岭御道又称石筒子道,康熙末年,自山梁顶凿开修成一宽敞通途,赐名"广仁岭"。后来乾隆帝为了纪念乃祖这一创举,专门于此建一碑亭。

　　一路之上,满汉王公大臣一般骑马,只有嘉庆帝坐轿。可能是精神不太好,嘉庆帝在轿中时而瞌睡,时而沉思,很少下来走动改骑。车驾行至广仁岭的时候,周围山峦林木苍郁,峡谷幽雅深邃,流水潺潺相伴,路径平坦,前面一片开阔,真给人一种"山重水复疑无路,柳暗花明又一村"之感。嘉庆帝顿觉心旷神怡,谕令停轿。他走下轿子,呼吸一下新鲜空气,活动活动筋骨,吩咐道:"马匹侍候。"侍卫们牵过马来,嘉庆帝兴致勃勃地说:"朕要策马越过广仁岭。"皇次子绵宁见父皇年事已高,一路上身体又不太好,连忙说:"父皇还是坐轿吧。"近侍太监也劝说道:"皇上还是坐轿的好。"这位近侍太监深深了解嘉庆帝的饮食起居和身体状况。嘉庆帝这时已经六十一岁了,别看平时没有什么病,但由于贪恋女色,纵欲过度,身子已被淘空了。他的眼皮已非常松弛而且肥厚,他的手掌肥厚柔软却没有什么力量,他的大腿已毫无弹性,他的腰部叠起几层皮囊,他的腹部肥嘟嘟的,他的双乳松软且向下耷拉着。这一切都是高血压和冠心病的症状。像他这样六十多岁的老人,体态肥胖,根本不能从事跑马这种剧烈运动,血压、心脏和肺活量都承受不了。嘉庆帝没有听从绵宁和近侍太监的劝告,跨上骏马奔驰而去。他用力夹住马肚,让骏马撒开四蹄,纵横驰骋于塞外江南的怀抱,把所有烦恼的事情都抛之脑后,尽情享受大自然的壮丽景色。不多时,嘉庆帝便到了热河行宫。由于跑了一阵马,出了一身汗,嘉庆帝觉得周身有说不出的轻松,呼吸也畅快些。他不知道,他路上感染上了暑热,好好休息一下,应该没有什么大碍。可是由于他的固执,肆意地骑马狂奔了一段,出了一身汗,被凉风一吹,一下子就中暑了,最后竟要了他的老命。

热河行宫不仅是个山青水秀,景色宜人的好地方,并且坐落在京都与西北蒙藏各族居地接壤处,往来木兰围场十分方便,又适宜进行政治军事活动。康熙帝在择地开辟行宫时曾说:"朕数巡江南,深知南方之秀丽;而幸秦陇,益明西土之殚陈,北过龙沙,东游长白,山川之壮,人物之朴,亦不能尽述。皆吾之所不取,惟兹热河。"到了避暑山庄后,嘉庆帝稍事休息,就立即处理政务。一是擢升詹事府少詹事奎照为詹事。奎照是内务府大臣、尚书、军机大臣上行走英和的儿子。太上皇乾隆帝在位期间,和珅独揽朝政。那时和珅见英和年少英俊,才华横溢,欲将其女许配英和为妻,却遭到英和与其父尚书德保的拒绝。当时和珅深得乾隆的宠幸,权倾天下,在朝中一手遮天,多少人千方百计溜须拍马,谄媚邀宠惟恐不及,而德保父子竟能一身正气,不屑与和珅为伍,实属罕见。嘉庆亲政后,对英和十分欣赏和重用,提拔他当尚书和军机大臣。此次离开紫禁城,在留京办事的四大臣中,除亲王、大学士外,尚书只有英和一人,可见嘉庆对英和是何等信任。现在又提拔他的儿子,就是要向天下传达一个信息,正直而又有学识的人一定会得到重用,以此来培养一种新的社会风尚。二是加赏热河绿营兵丁及看守避暑山庄弁兵每人一月钱粮,看守口外各行宫弁兵每人半月钱粮。此乃惯例,以示关怀及奖励他们对皇帝安全的警卫工作。处理完政务后,嘉庆帝回到了烟波致爽殿休息。烟波致爽殿是皇帝的寝宫,面积有七间房子大,正中三间设皇帝宝座,为皇帝接受后妃进见之处。西边头间为佛堂,后间即是皇帝寝室,东边两间则是皇帝与近臣议事场所。殿之两侧,有走廊与门殿相连,门殿两边有侧门可通东西"侧宫",即后妃居住的地方。皇帝若要临幸哪位后妃,便可直接走进去,十分方便。

吃过晚饭后,嘉庆帝准备就寝时,突然感到身子十分不适。他以为是白天骑马颠簸的缘故,腿部和手臂有刺痛。四肢酸软乏力,胸口烦躁郁闷,十分难受,尤其不能平躺。忙碌了一天,嘉庆帝十分疲惫,渴望尽快入睡,可痰气上涌,又无法睡得安稳,处于一种似睡非睡似醒非醒的状态。睡到半夜,嘉庆帝感受到全身发冷,就像要掉到冰窖子里一样,冷气从心里直往外冒。他知道自己是中暑了,受了风寒,于是让近侍太监去熬碗热汤。可是喝过热汤以后仍不减心中的寒冷,于是就在身上盖起棉被,蒙头大睡,可还是睡不着,只好半坐半卧着。越是睡不着,大脑皮层的活动就越活跃。这时,亲政后的一幕幕往事一一在脑海浮现:想起自己在父皇大丧之日诛杀和珅,是何等地果敢和英明;

想到官员的贪黩和怠玩是如何侵蚀大清帝国的根基,自己的心里就有说不出的难受,自己亲政之初就整顿吏治,可腐败就像韭菜一样,割了一茬又长一茬,越反越多,是自己心中永远的痛;再就是河患不断一直是困扰自己的一块心病。蒙蒙眬眬之中,他仿佛又看到许多被杀害的天理教徒哭叫着向他索命……就这样,似睡非睡,迷迷糊糊,一直挨到天明。

　　七月二十五日清晨,嘉庆帝从蒙眬中醒来,由于缺乏睡眠,他的脸面显得苍白浮肿。昨晚的症状仍不见好转,身体变得更加虚弱,不断的痰涌使呼吸变得更加困难起来。嘉庆帝的妃嫔们及皇次子绵宁、皇四子绵忻来请早安,嘉庆帝已不能下床行动了。上午,嘉庆帝病情加重,胸口闷痛,说话断断续续,十分困难,但他头脑却异常清醒,仍然带病坚持工作,"以詹事府少詹事朱士彦为内阁学士,兼礼部侍郎衔;翰林院侍读学士顾皋为詹事府詹事。"这是嘉庆帝一生最后处理的一项政务,也是他发布的最后一项人事任命。道光帝即位时,召见顾皋,握着他的手,大恸不已,盖怀念先皇帝临死当天对顾重用之情,这是后话。时至午后,嘉庆帝的病情急剧变化。从表象看,痰涌堵塞气管,呼吸更加困难,已经无法说话,时而清醒,时而昏迷,处于一种弥留状态。皇子、皇孙和王公大臣们都心急如焚,但又束手无策,惟有在西间佛堂祷告苍天,期望上苍能够保佑人间的帝王渡过难关。那些平时养尊处优的太医们,关键时刻就派不上用场了,虽使出浑身解数,也阻挡不住死神的步伐,抑制不住嘉庆皇帝病情的恶化。其实,嘉庆帝的病情,与他母亲魏佳氏一样,都是偶染风寒,只要静心调养,避免刺激,是没有什么大碍的,但由于没有引起足够重视,导致病情加重,最后送了性命。

　　正当嘉庆帝生命垂危处于弥留之际时,热河上空突然电闪雷鸣,电光闪闪,像一支支锐利的冷剑,劈开天幕,自长空直刺而降;阵阵惊雷在山庄行殿周围炸响,似乎要把避暑山庄劈个粉碎。天发雷电,风云异色,给皇帝病危增添了一种恐怖神秘的气氛。妃嫔、皇子、皇孙、王公大臣、太医、太监和侍卫们,都被这巨雷霹雳震呆了,他们惊惶失措地围拢在嘉庆帝的床边护卫着他,在大自然的淫威面前,人间帝王显得是如此脆弱和不堪一击。嘉庆帝睁着恐怖的眼睛,他的躯体在霹雳声中战栗,他的灵魂在霹雳声中出壳。在闪电的映照下,他已完全失去了往日人间帝王的风采,更像一个被死神逼上绝路的行将就木的老人。他眯着失神的眼睛,抬起手,艰难地比划着。大臣们都知道这手势的意思是在吩咐后事,让他们拿来鐍匣,找出密诏,宣布皇太子继位。可一时仓促,鐍匣怎么也找不着。突然,似有一个火球闪进烟波致爽殿,整个大殿被白亮的电光照个透彻,同时,一个炸雷崩响在烟波致爽殿上,整个大殿像被几条恶龙抓起来腾到天空,突然间又摔到地上,大殿的门窗被炸得粉碎,殿体在风雨中摇晃着。响雷过后,众人再看嘉庆皇帝,已溘然长逝了。紧接着大雨倾盆而下,与皇子、皇孙、王公大臣的哭声汇成一支悲壮的安魂曲,宣告清王朝嘉庆时代的结束。

　　嘉庆二十五年(1820年)七月二十五日晚上七时左右,嘉庆皇帝崩逝于避暑山庄烟波致爽殿,享年六十一岁。由于嘉庆帝弥留和逝世正处于热河雷暴时刻,且卧病只有一日,于是有关他的死亡便和雷电联系起来,出现了因雷击而猝死的传闻。

　　传闻是这样的:嘉庆帝不仅贪恋女色,而且酷爱男风,乱搞同性恋,长期嬖宠一名面貌清秀的小太监,经常干那龌龊的勾当,引起后妃和近侍大臣们的非议。到达避暑山庄后,两人更是如胶似漆,形影不离。嘉庆帝的寝宫设在烟波致爽殿,殿后有一座小楼,名"云山胜地",为正宫的终点。该楼为避暑山庄的制高点,共两层,面阔五间,玲珑雅致,站在楼上,山庄景色尽收眼底。据说,此楼正是嘉庆帝与小太监的幽会场所。一天,他们正在此寻欢,忽然道道闪电劈开云层而下,一个火球飞进小楼,在嘉庆帝身上炸开,顿时被雷劈死。于是,人们议论纷纷,作为一个封建帝王,他竟然敢冒天下之大不韪,乱搞同性恋,破坏了神圣的纲纪,悖乱了伦常,已经到了上天难以忍受的地步,所以派遣雷神来惩罚他。那天他被雷轰击,天火烧尽他罪孽深重的身躯,变成一堆骨头,无法收殓入棺。大臣们想了个法子,将一体材相貌同嘉庆帝相似的太监绞死,再打扮盛装,真皇帝骸骨放在棺材底部,上面平躺着假皇帝尸体,运回北京。这种谣传没有丝毫史实根据,嘉庆帝是个老实本分的皇帝,一生以祖父的江山社稷为重,并且信奉儒家的治国方略和传统道德,根本不可能做出离经叛道的事情。根据嘉庆帝的病状以及当时避暑山庄的情景可以推定,嘉庆帝是因途中染暑、劳累过度、过分自信、思想麻痹、医疗不周等导致心肌梗塞或脑中风而死,时值雷暴,对其猝死可能有影响,但却非遭雷劈致死。因为,嘉庆帝的寝室在烟波致爽殿内最西边一间,西、北墙全为厚砖结构,墙上没有窗户,南墙与佛堂相隔,只东边通门边殿中宝座。即使避暑山庄当时处于雷发区,可烟波致爽殿不是高层建筑,殿后尚有云山胜地楼,电柱或雷球,不可能从殿正门或南墙(敞开处)进入,穿过正中三间,再拐入最西间炸开。更何况,当时殿中一片混乱,妃嫔、皇子、皇孙及王公大臣、侍卫、太监们都在皇帝寝室、外间及殿堂周围,只有嘉庆帝一人平躺在床上,既不是最接近的电击面,也不是制高点,若真有雷劈下来,被雷击中的也不应该是他本人。如果非要说嘉庆帝由于罪孽深重,上天派遣雷神加以惩处,那只能是强词夺理的无稽之谈。

嘉庆帝猝死留给人们的是猜不透的谜底,又给绵宁继位涂上了一层扑朔迷离的色彩。对于嘉庆帝之死,《清仁宗实录》是这样记载的:"晌夕,上疾大渐,召御前大臣赛冲阿、索特那木多尔斋,军机大臣托津、戴均元、卢荫溥、文孚,总管内务府大臣禧恩、和世泰,公启鐍匣,宣示御书:嘉庆四年四月初十日卯初立皇太子绵宁。戌刻,上崩于避暑山庄行殿寝宫。"这是赤裸裸的篡改,它将纷繁复杂的事实简略地进行歪曲和否定,肆意掩盖了由于嘉庆帝猝死而引发的嘉、道两朝交替期间发生的继统危机。

前面讲过,嘉庆帝平时身体一直很好,没有什么病史,他在热河避暑山庄染病时,自己并不在意,而病情却是急剧恶化的,以至当时他对自己的后事、建储缄名诏书以及遗诏等有关国家稳定的重大事宜都无法交代清楚,从而引发了皇次子绵宁继位的危机。当嘉庆帝处于弥留之际时,已经不能言语,用手比划着。在场的皇子、皇孙、王公大臣都惊惶失措,乱了方寸,惟有大学士戴均元、托津稍微沉着镇定。他们想,皇帝就要咽气,而天大要事、当务之急就是要新帝继统,谁来嗣承皇位,本来应该由皇帝本人决定,但嘉庆帝既然说不了话,又因仓促来不及交代后事,如此比划,最重要的莫过于要王公大臣找出鐍匣,宣读密诏,立太子继承皇位。

按照雍正帝创建的秘密建储家法,皇帝在将咽气时或咽气后,必须立即启开鐍匣,宣布皇帝继承人,然后才能发丧。关于建储缄名密诏,雍正帝和乾隆帝都明确地说是"缄名于乾清宫正大光明匾额后"。嘉庆帝虽然也遵用秘密建储家法,但他即位之后,一直是霉运不断,怪事迭出。嘉庆二年(1797年),乾清宫毁于火灾,"正大光明"匾也化为灰烬。"正大光明"匾四字,为顺治皇帝所书,笔力浑厚苍劲,旁有康熙帝、乾隆帝的跋言。重修乾清宫后,"正大光明"匾根据藏于御书处真迹摹拓重制。嘉庆十八年(1813年),天理教徒攻打紫禁城,差一点用火把皇宫点着。嘉庆二十四年(1819年),皇宫内文颖馆失火,烧掉几间房屋,幸被及时扑灭。嘉庆帝害怕建储缄名密诏长期放在"正大光明"匾后毫无安全保障,所以改为"缄藏鐍匣"。鐍匣是用楠木制造的,其规格长三十二厘米、宽十六点七厘米、厚八点七厘米,体积较大。但鐍匣究竟藏在什么地方?只有他一个人知道。

七月二十五日下午,嘉庆帝病情恶化,他用手势比划着,托津、戴均元心领神会,知道皇上欲宣布密立诏书。两人仔细摸遍嘉庆帝全身,不见密诏踪影。接着监督内侍打开皇帝自京城带来的十几个箱子,真可谓翻箱倒柜,里里外外全都搜遍,也是一无所获。这时,嘉庆帝已经停止了呼吸,驾鹤西去了,在避暑山庄的王公大臣和侍卫们都陷入混乱和恐怖之中。

嘉庆帝临终前既没有交代,建储密诏又找不出来,立储问题是否会演变成兄弟残杀、争夺皇位的悲剧?嘉庆帝一生共有后、妃、嫔十四人,其中皇后二人,即孝淑皇后喜塔腊氏与孝和皇后钮祜禄氏;贵妃二人,即恭顺皇贵妃钮祜禄氏与和裕皇贵妃刘佳氏;妃四人,即华妃侯佳氏、庄妃王佳氏、恕妃完颜氏、信妃刘佳氏;嫔六人,即恩嫔乌雅氏、简嫔关佳氏、逊嫔沈佳氏、荣嫔梁氏、淳嫔董佳氏、安嫔苏完尼瓜尔佳氏。嘉庆帝共有五个儿子,分别是:和裕皇贵妃刘佳氏生皇长子;孝淑皇后喜塔腊氏生皇次子绵宁,即后来的道光皇帝;孝和皇后钮祜禄氏生皇三子绵恺和皇四子绵忻;恭顺皇贵妃钮祜禄氏生皇五子绵愉。嘉庆帝共有九个女儿,分别是:简嫔关佳氏生皇长女;孝淑皇后喜塔腊氏生皇次女和皇四女庄静固伦公主;孝和皇后钮祜禄氏生皇七女、皇八女和皇九女慧愍固伦公主;恭顺皇贵妃钮祜禄氏生皇三女庄敬和硕公主;华妃侯佳氏生皇六女;逊嫔沈佳氏生皇五女慧安和硕公主。这九个女儿,除皇三女庄敬和硕公主和皇四女庄静固伦公主长大成年出嫁外,其余七人均早逝。

皇长子,生于乾隆四十四年(1779年)十二月二十九日,生母是和裕皇贵妃刘佳氏,于乾隆四十五年(1780年)三月初六日去世,名义上是两岁,实际上只活了三个月,没有取名。嘉庆期间亦未给任何封号,其穆郡王封爵,则是嘉庆二十五年(1820年)道光帝即位后,为了悼念这位大阿哥而追封的。

皇次子绵宁,生于乾隆四十七年(1782年)八月初十日,生母是嘉庆帝的结发妻子孝淑睿皇后喜塔腊氏。他是嘉庆帝的惟一嫡子。嘉庆二年(1797年),孝淑睿皇后喜塔腊氏病逝后,嘉庆帝把对爱妻的恩爱全部倾注到绵宁身上,寄以厚望,并于嘉庆四年(1.799年)四月初四日,遵用密建家法,亲书绵宁之名,密缄鐍匣,内定为皇储。三十多年来,嘉庆帝尤其关心对绵宁的教育培养,时常让他代替自己祭祀天地祖宗,出巡陪伴左右,耳濡目染,体会为君之道,治国之术。当绵宁进入而立之年时,历史并没有为他提供多少显示才能的机会。如何树立绵宁在满朝文武大臣中的威信和影响,以便他将来能够按部就班地顺利继承皇位,这一直是令嘉庆帝寝食难安的大事。嘉庆十八年(1813年)天理教徒攻打皇宫终于给绵宁提供了一个展示自己才能的大好机会,绵宁抓住了这个机会,表现得十分勇敢,令嘉庆帝满意,最终得以继承皇位。是年,绵宁正跟随父皇在热河打猎,因猎物稀少,收获不大,嘉庆帝心中不快,让绵宁、绵恺提前返京。绵宁返京不久,九月十五日正在上书房读书,忽报天理教徒自东华门攻进皇宫。绵宁躲在上书房不敢出来,至午后,以为天理教徒已被消灭,事态已经平息,准备赴储秀宫向皇后钮祜禄氏等人请安时,另一路天理教徒攻进了西华门。不久隆宗门杀声震天,撞门声大作。当时,绵宁虽说已年过三十,但一直生长在皇宫,养尊处优惯了,根本没有经过血与火的锻炼和洗礼,吓得心惊肉跳,不知如何是好。当时情况十分危急,有五六名天理教徒已经从御膳房矮墙爬上内右门西大墙,若再向北去,就能到达储秀宫,乃是皇后钮祜禄氏等后妃居住的地方。如果天理教徒攻进储秀宫,嘉庆帝的后妃受辱,那大清帝国的脸面何存。在这危急关头,经身旁总管太监常永贵提醒,绵宁用手中鸟枪连续打倒墙上两名天理教徒,其他的也就无法再上墙了。天理教徒被清军镇压后,嘉庆帝论功行赏,重奖绵宁。他考虑到绵宁年过三十,既无战功,又无政绩,默默无闻。此次开枪击毙天理教徒,正是树立他威望的最好时机。所以,嘉庆帝把头功给予绵宁,称赞他"实属有胆有识,忠孝兼备""身先捍卫,获保安全",晋封他为智亲王,增俸银一万二千两,号所御枪曰"威烈",真可谓用心良苦。难能可贵的是,绵宁居功不自傲,表现了一个未来帝王的广阔胸襟。他在如此厚赏面前谦称:"事在仓促,又无御贼之人,势不由己。幸叨天、祖、皇父、皇母鸿福,却贼无事。子臣年幼无知,于事后愈思愈恐。所有恩纶奖谕之处,子臣有何谋何勇?实不敢当。"嘉庆帝对于绵宁这样自谦更是赞赏不已,心中甚慰。嘉庆帝驾崩时,绵宁已三十九岁,所以,无论立嫡立长,都非绵宁莫属。

皇三子绵恺,生于乾隆六十年(1795年)六月二十二日,生母是孝和睿皇后钮祜禄氏,她在后来虽继为皇后,但毕竟是侧室福晋,所以绵恺算不上是嫡子。绵恺学习不努力,品质亦不甚淳朴,嘉庆帝对他的印象不太好。不过在嘉庆十八年(1813年)"癸酉之变"中,他曾随同皇次子绵宁狙击天理教徒,也曾受到过嘉庆帝的褒扬,但绵宁由此而受封为亲王,而绵恺却无此厚赏,可见嘉庆帝对绵恺是有看法的。嘉庆二十二年(1817年)正月,嘉庆帝又一次指责绵恺说:"朕闻三阿哥则经年累月,诗文俱置不作……阿哥等日在书房,并无他事,又无旗务管理,若仅卯入申出,不肯留心学问,岂不竟成侁旷。"这时绵恺已是二十四岁的成人了,竟要父皇作这样的训诫,可见绵恺是如何地不成器。在嘉庆帝的心目中,绵恺根本没有继承皇位的可能。嘉庆帝驾崩时,绵恺已二十六岁,如果找不到建储密诏,他将是绵宁继承皇位的最大竞争对手。

皇四子绵忻,生于嘉庆十年(1805年)二月初九日,与三阿哥绵恺是同母兄弟,但出生的时间相隔达十年之久。从嘉庆元年(1796年)到嘉庆十年(1805年)之前的这段时间里,嘉庆帝的众多后妃,竟没有一人生育过子女,这可能是嘉庆帝在嗣位和亲政后,被"教事""苗事""海事"等弄得焦头烂额,无心依恋宫闱的缘故吧。嘉庆帝嗣位后所得的四个子女,全部在嘉庆十年以后出生的,这不知是巧合,还是由于上面所述的原因。绵忻质性聪明,人品也较三阿哥绵恺强。他在嘉庆二十四年(1819年)正月得以封为瑞亲王,实与他在学业上的迅速进步大有关系。嘉庆帝驾崩时,绵忻才十六岁,尚未成人,继承皇位的可能性不大。

皇五子绵愉,生于嘉庆十九年(1814年)二月二十七日,生母是恭顺皇贵妃钮祜禄氏。钮祜禄氏是嘉庆帝晚年最宠幸的妃子,嘉庆帝晚年所得的四个子女中,有三个是她生育的,而绵愉则是嘉庆帝子女中最小的一个了。老来得子,嘉庆帝对绵愉自然是无比娇惯和宠爱,但由于这位五阿哥年龄太小,在嘉庆帝在世时没有什么封号。嘉庆帝驾崩时,他才七岁,所以继承皇位的可能性更小。

通过以上分析可以看出,在嘉庆帝的五个儿子中,无论是立嫡还是立长,都是非皇次子绵宁莫属。现在,鐍匣无影无踪,态势对绵宁极为不利,他又不好将心里的想法提出来,为了避嫌,他只好袖手旁观,决不参与,以示清白。如何结束这段令人难受的皇位真空呢?这副重担,不得不落到当时职务最高,为人最持重而且最有办事能力的大学士戴均元、托津身上。围着嘉庆帝的遗体,大家六神无主,都痛哭流涕。皇次子绵宁更是哭得像泪人儿似的,他急切盼望有人在这个关键时刻帮他说句公道话,既合乎家法又能对他有利。对大臣们来说,只顾哭泣也无济于事,如果不找出鐍匣,宣布皇太子继位,就不能为嘉庆帝发丧,现在天气已经热起来了,遗体老摆在避暑山庄也不是事儿,必须早作决断,这样好把皇上遗体运送回京。

正当众人沉默观望之时,总管内务府大臣禧恩(睿亲王多尔衮后裔)带头表明了自己的态度,开口帮皇次子绵宁说话。禧恩提出,既然找不到鐍匣,诸皇子中,二阿哥绵宁年长,且为皇后所生,又有平定天理教反叛的功勋,自然应该由二阿哥绵宁继承皇位。这个建议不无道理,却受到戴均元、托津的非议。戴、托二人,作为枢密大臣,根本原则是谨遵祖制家法。他们并不反对绵宁继位,而是考虑到既没有皇帝口谕,又找不到传位密诏,由陪伴诸臣推选登基,有悖于祖制家法,名不正言不顺,难以使满朝文武信服,因而犹豫不决。禧恩坚持己见,为之力争,强调国家不能一日无主,且时间拖久怕有变故,在这非常时期应该处事从权,既要坚持原则性,又要讲究灵活性。其他大臣都显得焦躁烦虑,有支持禧恩意见的,也有赞成戴均元、托津二人看法的,一时之间,没有定见。皇次子绵宁心里也是备受折磨,他本想有禧恩出来替自己说话,别人很快就会响应,这样自己就顺理成章地继承皇位,不承想戴均元、托津十分迂腐,死抱着祖制家法不放,他心中恨死了戴、托二人,但嘴里又不好说什么。

众人就在嘉庆帝的遗体旁边吵吵闹闹了好一阵子,后来终于有人想出了一个折中方案:立即派人进京面奏皇后钮祜禄氏,一方面报告嘉庆皇帝宾天经过;一方面报告避暑山庄找不着建储密诏,看看是否藏在乾清宫"正大光明"匾后等等。七月二十五日晚上,决定由总管内务府大臣和世泰偕领首太监等人,六百里加急驰驿,直奔圆明园。和世泰重任在肩,不敢懈怠,便连夜赶路。皇后钮祜禄氏是他的亲妹妹,正好借此机会,共同商讨继统问题与今后对策,探讨一下若找不到建储密诏,皇后的两个儿子皇三子绵恺和皇四子绵忻有无继承皇位的可能。

从七月二十五日晚至二十七日凌晨,和世泰等人衣不解带,马不停蹄,终于抵达圆明园,东方开始泛白。他们顾不上鞍马劳顿,疲惫不堪,立刻叩开圆明园禁门。钮祜禄氏皇后在睡梦中被叫醒,和世泰拜见皇后,泣不成声,断断续续地将嘉庆皇帝宾天的全部经过,以及禧恩与戴均元、托津等人在皇位继承人上的分歧奏明皇后。皇后闻奏,一方面为皇帝驾崩而五内俱焚,另一方面又为嗣君未定而心焦。她意识到,承传帝祚更为国家根本大计,更是当务之急。建储密诏没有着落,皇位空悬,隐藏着极大的危险,目前最紧要的就是要立即找到建储密诏,宣布皇太子继位。所以她只得强忍悲痛,命留京王公大臣到乾清宫"正大光明"匾后仔细寻找,又命在皇帝寝宫中认真搜查,结果并无鐍匣。

钮祜禄氏皇后出身世家,是礼部尚书恭阿拉之女,为人贤惠机敏,且顾大局,识大体,富有政治头脑。她仔细分析一下目前的情势,北京皇宫内与避暑山庄都找不到鐍匣,看来再找到建储密诏已不大可能。这将怎么办?避暑山庄护灵的王公大臣,包括皇次子绵宁在内,把球踢过来,本意为何?是否在最后时刻,希望她出面做出决断。然而,她能够做出决断吗?做什么决断呢?清朝祖制规定,后妃不得干预朝政,更不能在皇位继承人上说三道四,指手划脚。但现在面临非常时期,继统出现危机,国无主君,旷日不决,她将无以告慰嘉庆帝于九泉之下。到底由谁来继承皇位呢?是皇次子绵宁?还是自己的两个儿子?历史把钮祜禄氏皇后从幕后推向前台,需要她做出最后的抉择。钮祜禄氏皇后不愧是统率后宫、母仪天下的国母,此时表现了果断无私的美德。七月二十七日这天,钮祜禄氏皇后下了一道懿旨,内容如下:

"我大行皇帝仰承神器,俯育寰区,至圣至仁,忧勤惕厉,于兹二十有五年矣。本年举行秋狝大典,驻避暑山庄,突于二十五日戌刻龙驭上宾。惊闻之下,悲恸抢呼,攀号莫及。

泣思大行皇帝御极以来,兢兢业业,无日不以国家为念,今衰遘升遐,嗣位尤为重大。皇次子智亲王,仁孝聪睿,英武端醇,现随行走,自当上膺付托,抚权黎元。但恐仓猝之中,大行皇帝未及明谕,而皇次子秉性谦冲,素所深知,为此特降懿旨,传谕留京王公大臣驰寄皇次子,即正尊位,以慰大行皇帝在天之灵,以顺天下臣民之望。"

皇后这一举措,清代从未有过先例,也不符合祖制,这是不得已采取的权宜之计。

这是一篇光明磊落、顾全大局的表态声明,说明她完全理解和尊重先皇的意愿。她深知,绵宁是嘉庆帝最宠爱的已故皇后喜塔腊氏的嫡子,自幼勤奋好学,自己的儿子绵恺各方面都不如他。嘉庆帝临朝理政,经常命其伴随左右,观摩学习帝王之道,为君之术。根据其二十年熏陶磨炼,她早已看出皇上属意于他。尤其是绵宁在皇宫内枪击天理教徒,论功行赏,嘉庆帝故意夸大他的作用,让他立了头功,加封智亲王,明白人一眼便知。皇后是个有政治头脑且顾全大局之人,加上她对皇上的忠心和爱心,她便毫不犹豫地发出上述懿旨。

这也是一个冷静明智、客观正确的抉择。如果钮祜禄氏存有私心,既然皇宫和避暑山庄两处都找不到鐍匣和建储密诏,凭着与皇帝几十年的笃厚深情和在宫中的崇高威信,她完全可以假托帝意立亲生儿子绵恺或绵忻为帝,王公大臣们也没有什么好说的。当然,万一这样做了,而后密诏出现,立的是绵宁,她将身败名裂,贻笑千年。可是她没有这样做,出于对大清江山社稷的责任感和使命感,出于对先皇意愿的理解和尊重,她终于理智战胜了感情,战胜了自我,超越了自我,做出了正确的抉择,赢得了满朝的尊重,并将永垂千古。这真是皇后大事不糊涂。

留京王公大臣将皇后懿旨交和世泰携带,和世泰来向妹妹辞行时,兄妹俩的手紧紧地握在一起,和世泰对妹妹做出的果敢抉择感到欣慰和支持,皇后交给和世泰一件鼻烟壶,托他转交绵宁,表示信任和支持。带着皇后的伟大抉择,二十七日,和世泰等人又跨马急奔,驰骋在返回避暑山庄的驿道上。

在避暑山庄,皇子皇孙及随从大臣们为寻找嘉庆帝建储密诏而争得面红耳赤,吵得口干舌燥,一夜下来都有点疲惫不堪,无精打采了。第二天(七月二十六日)上午,正当大家一筹莫展,无计可施之时,忽然,有一个近侍小太监从怀里拿出一只小金盒。真是踏破铁鞋无觅处,得来全不费功夫,在场的王公大臣情绪都为之一振。

小金盒与祖制规定的鐍匣完全不同,它体积小,便于揣在怀中。为什么会有小金盒? 前面讲过,密立皇储,缄藏鐍匣,自雍正帝起,皆置于乾清宫"正大光明"匾后。乾隆帝密书两份,一份放在匾后,一份随身携带。至嘉庆帝时,鉴于鐍匣置于乾清宫匾后易出差错,危险太大,改用小金盒贮存建储密诏,随身携带,不置匾后。这就是留京大臣未能在"正大光明"匾后找到建储密诏的缘故。

小金盒又怎么出自近侍小太监的怀中呢? 这是事出有因。七月十八日,嘉庆帝带着妃嫔和皇子皇孙、王公大臣们赴热河避暑山庄,一路上风尘仆仆,心情不佳。最后一天,他改轿乘骑,策马翻越广仁岭,由于马上颠簸,身体不适,怕小金盒丢失,故把它交给近侍小太监妥为收藏。这是国家重大机密,没有皇帝发话,近侍小太监根本不敢私自打开或交给任何人。眼见王公大臣们因找不到鐍匣心急如焚,且皇帝已经归天,再保存它已无必要,隔了一夜,终于将小金盒献出。也有传说,戴均元、托津于皇帝箱箧索觅,不见鐍匣密诏,便将避暑山庄侍卫太监以下所有人员集中搜身,最后从近侍小太监身上搜了出来。

在场众人的目光都一下子集中到这神秘的小金盒身上,它里面有没有建储密诏? 可是小金盒安装固锁,没有钥匙,时间已经来不及再去找钥匙了,托津情急,当众将锁拧开,打开金盒。现场的气氛顿时紧张起来,众人都屏住呼吸,眼睛死死盯着小金盒。果然不负众望,小金盒里真有嘉庆帝亲手御书的建储密诏。在场所有人都跪伏在地,托津当即宣读建储密诏:"嘉庆四年四月初十日卯初立皇二子绵宁为皇太子。"悬在心头的一块石头终于落地,众人有说不出的轻松,皇次子绵宁更是长长地出了一口气,紧锁的眉头一下子舒展开来。先前不赞成绵宁继位的大臣们立即见风使舵,纷纷拥戴智亲王绵宁即皇位,总算避免了一场继统危机。

绵宁即位当天,连续发布几道谕旨,宣布他受命继位,向全国发表,以及筹办"恭奉梓宫回京"事宜。

七月二十九日寅刻(凌晨三时至五时),和世泰返抵山庄,带来了钮祜禄氏皇后的懿旨。和世泰当即宣读钮祜禄氏皇后懿旨,并转上皇后送绵宁的鼻烟壶。这是多么大的支持! 绵宁的最后一个顾虑消除了。正如他自己所说:"子臣跪聆之下,字字铭泐肺腑,永矢弗忘,叩头祗领,恭谢慈恩。"绵宁万分感动,关键时刻皇后没有偏袒自己的儿子,而是坚决地站在他一边。倘若本来就没有建储密诏或者根本找不着,则皇后的支持必起决定作用。现在已经找到了建储密诏,又有皇后的支持,绵宁觉得自己可以名正言顺、理直气壮地荣登皇帝宝座,而没有丝毫的愧疚感,大臣们也再不敢非议什么了。为了表示他对钮祜禄氏皇后的感激和尊重,他立即尊封钮祜禄氏为皇太后,虽然他只比皇太后小六岁,但侍奉如生母,倍加尊敬。甚至后来皇太后钮祜禄氏与自己的亲侄女、道光帝的皇后钮祜禄氏有隙,制造出清宫史上有名的用药酒秘密毒死道光帝皇后的深宫疑案,道光帝也一直强忍悲痛,隐忍不发,不敢怀疑皇太后。皇太后钮祜禄氏一直受到道光帝绵宁的精心照顾,一直活到道光二十九年(1849年)十二月十一日,享年七十四岁。她死后不到一个月,道光帝也驾崩,所以有人说道光帝就是因为为她办丧事而累死的。道光帝绵宁所做的一切都是为了感谢钮祜禄氏皇后当时在他继承皇位上的支持。当然这是后话了。

接到钮祜禄氏皇后懿旨的当天,绵宁复奏皇太后,报告已得小金盒,"维时御前大臣、军机大臣、内务府大臣,恭启鐍匣,有皇父御书'嘉庆四年四月初十日卯初立皇二子绵宁为皇太子'朱谕一纸。该大臣等合词请遵大行皇帝成命,以宗社为重,继承大统。子臣逊让,至再至三,该大臣固请不已。本日恭奉懿旨,命子臣即正尊位",只好从命。同时将小金盒里所藏嘉庆帝建储密诏呈报皇太后过目。这些虽为表面文章,然而它关系到大清政权的顺利交接,所以还是要慎重其事,给天下百姓一个圆满的交代。

由于等待从北京运来楠木棺椁,至八月十二日嘉庆帝梓宫(即安放皇帝遗体的内棺、外椁)才离开避暑山庄,由一百八十人分班轮流抬送,二十二日抵达安定门。绵宁先进城拜叩皇太后钮祜禄氏,两人相见,悲伤哀恸,但互为默契,各自没做亏心事,心中坦然,感情融洽。拜见后,绵宁复至东华门跪迎,引梓宫经景运门进入乾清宫安放。接下来便是一系列祭奠仪式。钮祜禄氏皇太后见到嘉庆帝的遗体放声痛哭,好在按照丈夫的生前遗愿立绵宁为帝,没有什么对不起嘉庆帝的地方。皇贵妃刘佳氏、如妃钮祜禄氏、恩嫔乌雅氏等妃嫔也一个个哭得死去活来,特别是如妃钮祜禄氏是嘉庆帝晚年最宠爱的妃子,对嘉庆帝感情最深,一边哭一边诉说着皇上的恩情,如泣如诉,哽咽难言,真是叫人心疼。

嘉庆二十五年(1820年)八月二十七日,绵宁正式登基即皇帝位,以明年(1821年)为道光元年号。为示与同辈兄弟区别,将自己名字中的"绵"改为"旻",即道光帝旻宁。这样,道光帝旻宁便成为清朝的第八代君主、入关后的第六位皇帝。在这里需要指出的是,清室在嘉庆帝之前,历来都不是嫡子继承大统,但嘉庆帝却得以实现了,这倒是嘉庆帝感到最欣慰不过的事情。

嘉庆帝猝死热河及其后出现的鐍匣风波和继统危机,虽然由于钮祜禄氏皇后等人从国家利益的大局出发,处置果断公正,没有演变成血腥的宫闱争斗、兄弟残杀,但也局势紧张,激变的可能性随时存在。当时在找不到鐍匣建储密诏的情况下,戴均元、托津等,对拥立皇次子绵宁继位的合法性表示怀疑,虽然问题最后圆满解决,风波平息,然而绵宁心中积怨甚深,一直耿耿于怀。起码他认为,在神器归属这个至关重要的大是大非问题上,可以考验人们对他的忠诚程度。事实上,当时以立不立他为标准,已形成意见相左的两部分大臣。对拥戴有功的内务府总管大臣禧恩,道光帝旻宁自然重重有赏。是禧恩首先旗帜鲜明地提出绵宁应继位,且为之争辩,所以,绵宁在避暑山庄宣布继位,即任命禧恩为御前大臣、领侍卫内大臣,宠幸有加;而对态度暧昧,不拥戴自己继位的戴均元、托津等人则视为他走向皇帝宝座的障碍,后以撰拟遗诏有失误之语为由,罢军机大臣职,一直不受重用。

道光帝即位后,一面着手处理政务,一面仍继续抓紧办理皇考嘉庆帝的丧葬大事。

九月初十日,将大行皇帝梓宫从禁内乾清宫奉移于景山观德殿殡宫暂安,同时拨银十万两,对原建于太平峪的陵寝工程进行最后的增饰,并正式宣布将嘉庆帝的山陵定名为昌陵。十月,恭上皇考大行皇帝尊谥曰:"受天兴运敷化绥猷崇文经武孝恭勤俭端敏英哲睿皇帝",庙号"仁宗",世称"仁宗睿皇帝"。道光元年(1821年),昌陵增饰工程全面竣工,决定将大行皇帝梓宫从景山观德殿奉移山陵。三月二十三日行大葬礼,决定将嘉庆帝永远安葬于昌陵地宫。

安葬嘉庆帝和孝淑皇后喜塔腊氏的昌陵,属清代帝王三大陵区之一的清西陵。整个清西陵的范围相当大,北起奇峰岭,南抵大雁桥,隔易水与狼牙山相望,东临战国时代遗址燕下都,西止西长城的重要关口紫荆关,周长达二百华里,始建成于雍正八年(1730年),第一位入葬清西陵的清代皇帝是雍正,其陵寝定名为泰陵。昌陵陵址,选在雍正泰陵西南一里许的太平峪,与祖父雍正帝的陵寝相守相依,从而构成了整个清西陵的中心和主体。昌陵早在嘉庆元年(1796年)太上皇乾隆帝训政时就已动工兴建,到嘉庆八年(1803年)宣告建成。同年十月将先期故去的孝淑皇后喜塔腊氏安葬在这里。到嘉庆帝去世时,距陵墓建成已有十七年,于是道光帝又拨银十万两,对整个昌陵进行增饰,使整个昌陵较初建时更为宏丽,待增建工程竣工后,才将嘉庆帝梓宫安葬在这里。这样,嘉庆帝便成为入葬清西陵的第二位皇帝。

在嘉庆帝的后妃中,孝淑皇后喜塔腊氏死得最早,死于嘉庆二年(1797年)二月,终年三十七岁。喜塔腊氏是嘉庆帝后妃中死后惟一与嘉庆帝同葬在昌陵的女人,其他的后妃则没有这个福分和荣耀。

在昌陵西面三华里处,还有昌西陵,这是咸丰帝专为安葬嘉庆帝的第二位皇后即孝和皇后钮祜禄氏,于咸丰元年至三年(1851年—1853年)赶建起来的,其规模较其他后陵要小一些。孝和皇后钮祜禄氏于嘉庆二十五年(1820年)八月道光帝嗣位后,尊为皇太后,居寿康宫。十二月上徽号为恭慈皇太后。道光二年(1822年)十一月,因册立皇后,又加上康豫二字。道光八年(1828年)十一月,因平定回疆,又加上安成二字。道光十四年(1834年)十月,因册立摄六宫事皇贵妃,又加上庄惠二字。道光十五年(1835年)十月庆六十大寿,加上寿禧二字。道光二十五年(1845年)十月七十慈庆,加上崇祺二字。至此钮祜禄氏徽号全称为恭慈康豫安成庄惠寿禧崇祺皇太后。道光二十九年(1849年)十二月十一日去世,终年七十四岁。道光三十年(1850年)三月上尊谥为孝和恭慈康豫安成应天熙圣睿皇后,九月加上尊谥钦顺二字。咸丰三年(1853年)二月葬昌西陵。咸丰十一年(1861年)十月加上尊谥仁正二字。钮祜禄氏的全谥为孝和恭慈康豫安成钦顺仁正应天熙圣睿皇后。

在昌陵和昌西陵之间,还建有昌妃园寝,规模也较泰妃园寝小三分之一,这里先后葬有嘉庆帝的其他十二位妃嫔。恭顺皇贵妃钮祜禄氏,嘉庆初年被选入宫,赐号为如贵人。嘉庆十年(1805年)五月册封为如嫔。嘉庆十五年(1810年)九月晋封为如妃。嘉庆二十五年(1820年)十二月,道光帝晋尊为皇考如贵妃。道光二十六年(1846年)十二月,晋尊为如皇贵妃,居寿安宫。道光三十年1850年)正月,咸丰帝晋尊为皇祖如皇贵太妃,咸丰三年(1853年)三月行册尊礼。咸丰十年(1860年)闰三月初三日去世,终年七十四岁,谥为恭顺皇贵妃,葬于昌妃园寝。和裕皇贵妃刘佳氏,颙琰为皇子时,入侍藩邸。嘉庆元年(1796年)正月册封为诚妃。嘉庆十三年(1808年)十一月晋封为诚贵妃。嘉庆二十五年(1820年),道光帝晋尊为皇考诚禧皇贵妃。道光十三年(1833年)十二月十八日去世,谥为和裕皇贵妃,葬于昌妃园寝。华妃侯佳氏,嘉庆元年(1796年)正月册封为莹嫔。嘉庆六年(1801年)四月晋封为华妃。嘉庆九年(1804年)六月二十八日去世,葬于昌妃园寝。庄妃王佳氏,父伊里布,举人。初赐号为春贵人,嘉庆六年(1801年)四月册封为吉嫔。嘉庆十三年(1808年)十一月晋封为庄妃。嘉庆十六年(1811年)二月十五日去世,葬于昌妃园寝。恕妃完颜氏,父哈丰阿,官轻车都尉。颙琰为皇子时,入侍藩邸。卒于嘉庆二年(1797年)以前,是年四月追封为恕妃。嘉庆八年(1803年)移葬昌妃园寝。信妃刘佳氏,将军本志之女。初赐号为信贵人,嘉庆十三年(1808年)十一月册封为信嫔。嘉庆二十五年(1820年)十二月,道光帝晋尊为皇考信妃。道光二年(1822年)十月十三日去世,葬于昌妃园寝。恩嫔乌雅氏,父万明,官至左副都御史。嘉庆时赐号为恩贵人。嘉庆二十五年(1820年)十二月,道光帝晋尊为皇考恩嫔。道光二十六年(1846年)二月初十日去世,葬于昌妃园寝。简嫔关佳氏,拜唐阿德成女,颙琰为皇子时,入侍为格格。卒于嘉庆二年(1797年)以前,是年四月追封为简嫔。嘉庆八年(1803年)移葬昌妃园寝。逊嫔沈佳氏,内务府大臣职衔永和女,颙琰为皇子时,入侍为格格。乾隆五十一年(1786年)生皇五女慧安和硕公主,不久即去世。嘉庆二年(1797年)四月追封为逊嫔。嘉庆八年(1803年)移葬昌妃园寝。荣嫔梁氏,员外郎光保女。嘉庆时赐号为荣贵人。嘉庆六年(1801年)五月初十日去世。嘉庆八年(1803年)移葬昌妃园寝。嘉庆二十五年(1820年)十二月,道光帝晋尊为皇考荣嫔。淳嫔董佳氏,委署库长时泰女。嘉庆初年赐号淳贵人,嘉庆六年(1801年)四月册封为淳嫔。嘉庆二十四年(1819年)十月十三日去世,葬于昌妃园寝。安嫔苏完尼瓜尔佳氏,公安英女。嘉庆时充常在。嘉庆二十五年(1820年)十二月,道光帝晋尊为皇考安嫔。道光十七年(1837年)六月二十七日去世,葬于昌妃园寝。

内忧外患

清宣宗——道光

第一章　道光继位

一、祖父恩宠

乾隆四十七年八月初十日(1782年9月16日)清晨，东方露白，曙光初现，清宫大内撷芳殿中所，经过一番紧张而又兴奋的忙碌，大清皇室的又一个皇子降生人世。他就是后来大清王朝的第八代君王道光皇帝——绵宁。

绵宁的降生，带给皇室的愉悦是可以理解的。此时，绵宁父、祖俱在。其祖乾隆，时年七十二岁，已是年过古稀；其父颙琰(即后来的嘉庆皇帝)时年二十三岁。对乾隆来说，古稀之年，喜得"龙孙"；对颙琰而言，则是长子早丧之后，又添贵子。所以，祖、父两人欣喜之情，不言而喻。

不仅如此，绵宁的降生，对乾隆、颙琰乃至大清江山，还有一层更重要的意义。乾隆即位之后，一直为至关重要的立储问题所困惑。封建王朝时代，册立皇太子是一件非同小可的大事，历代皇帝均为此煞费苦心，乾隆也不例外。

乾隆元年，曾首立天资聪颖、气宇不凡的皇次子永琏为储君，但未及三年，永琏猝然而逝。乾隆九年(1744年)，皇后富察氏又为乾隆诞育一子永琮，因永琮"出自正嫡，聪颖殊常"，深得乾隆喜爱，遂属意永琮，欲立为太子。不料，永琮没有这份福气，也是三岁而亡。这两次痛失皇子，对乾隆打击很大。再加上永琮死后不到一年，一直受乾隆宠爱的富察氏亦病逝，搅得乾隆此后心绪烦乱，性情暴躁易怒，以致引发了宫内一系列悲剧。于是，立储之事，一直拖到二十年后。

直到乾隆三十八年(1773年)冬，已属六十三岁的乾隆，深感精力衰退，才最后将颙琰立为皇太子。因乾隆立储，系遵守雍正比例，秘密进行的，故所立何人，只有乾隆自己知晓，年已十四岁的颙琰也不知道内情。

乾隆四十四年(1779年)，颙琰的嫡福晋，后来的孝淑睿皇后生有一子，但尚未命名，就于次年身亡。颙琰对其长子的夭折，当然悲痛，而在乾隆看来，则不仅是一个普通"龙孙"的夭折，而且是一个皇太孙的损失。如果联系到乾隆早年两次立储，皇太子两次早夭的经历，如今好不容易立了颙琰为皇太子，而颙琰的长子又是早夭，为身后的江山社稷考虑，乾隆的心头不能不罩上一层阴影。所以，在颙琰长子夭折后两年降生的绵宁，即可为颙琰平复长子丧失后的悲痛，又可为乾隆减少帝统继承上的隐忧。因此，整个清宫的喜庆气氛是可想而知的。

绵宁呱呱坠地后，史书记载："生有圣德，神智内足，天表挺奇，宸仪协度，颅身隆准，玉理珠衡。"对于一个皇子的溢美之词，人们固然无法判断其真伪虚实，难以窥出绵宁初生时的容貌长相。但我们据此可以知道，作为一个初生婴儿，绵宁的健康和发育，起码是正常的。加之，绵宁又是颙琰的嫡福晋所生，在其兄长早夭后，形同长子，这一嫡长子的优势也使得绵宁在乾隆后期和整个嘉庆一朝始终处于长期受宠的优越地位。

随着年龄的增长，绵宁的"聪明天□"，使得"圣业益精"，由此"两朝恩眷，日加隆焉"。

二、修文修武

清朝,作为少数民族入主中原的王朝,为了适应和改变文化落后的少数民族与文化先进的中原民族的巨大反差,实行有效的统治,格外重视皇子的教育和培养,为历代皇子制定了一套完整的课读制度。

按照清朝祖制,皇子读书一事,比历代都严格。根据与道光同时代的史学家赵翼的记述,皇子们到六岁就要入学,上学的地方称上书房。每天五鼓时分,天还未亮,就必须进入书房,开始学习。除夏至到立秋这段时间,因天气炎热,可于中午散学外,其余均为全日制,至薄暮时,方能散学。为防止皇子逃学和师傅懈怠,管门太监还要对教学时间,按时登记,从备察核。学习课程,上午为儒家经典、政治、史事、诗词文章,下午为满文、蒙文、骑射、技勇。

绵宁于乾隆五十二年(1787年),在由钦天监择定的良辰吉日里,由宫内府太监手提白沙灯导引,进入上书房。

上书房的师傅都是皇帝从翰林院里挑选才品兼优者充当。绵宁的老师先后有四位。先是编修秦承业和检讨万承风,后是礼部右侍郎汪廷珍和翰林院侍读学士徐颋。这四人都是乾隆和嘉庆年间进士,满腹经纶,可谓名士宿儒。

绵宁聪明好学,颇有天赋。史书说他能"目下十行",恐有溢美。在上书房里,绵宁先后学习了四书、五经等典籍,还阅读了《资治通鉴》《通鉴揽要》《纲鉴撮要》《贞观政要》等著作,同时还对《圣祖圣训》《庭训格言》《三帝实录》《开国方略》等进行了系统的学习,从中培养帝王之基,吸取统治之道。此外,诗词文章,也日见精进。从收集绵宁登基以前所写诗文的《养正书屋诗文全集》看,全集共四十卷,其中诗词部分二十八卷,收作品共二千七百五十五首;文章十二卷,收文一百七十一篇。绵宁诗作,大都是有关政事典仪、较晴量雨、望捷勤民、治河转薄一类的记事之作,而留连景物者,不到十分之一。绵宁的诗文,就整体格调和韵律而言,虽谈不上有什么传世佳作,但大都朴实无华、自然流畅。

绵宁之父嘉庆皇帝一再强调:八旗满洲,以骑射为本,要以弧矢威天下。所以,绵宁在习文的同时,还要进行刻苦的武功训练。

其武勋如何,从三件事中可了解大概。

乾隆五十四年(1789年),乾隆皇帝率领众皇子、皇孙和他一起前往木兰围场行围射猎。这天,大队人马驻在张三营行宫。乾隆心血来潮,想看看皇子、皇孙们的艺业武功,就来到了较射场地,端坐台上,令诸皇子、皇孙依次较射,比个高低。这年,绵宁才年仅八岁。轮到绵宁较射时,绵宁从容不迫,拉开小弓,搭上小箭,一箭射出,正中靶心。紧接着第二箭,再发再中。乾隆喜动天颜,大为高兴,当场谕令:绵宁如能再中一箭,即赏穿黄马褂。绵宁遵照老皇祖谕令,不慌不忙,拉开架势,又搭上一箭,一箭射去,又中箭靶。然后,绵宁收起弓箭,跪倒在乾隆面前,等候听赏。乾隆心中大喜过望,却故意装作不解地问道:"你想要什么?"绵宁不答,仍长跪不起。乾隆终于忍不住大笑起来,命随行人员速取黄马褂,赏赐绵宁。但因事出仓促,一时找不到小马褂,乾隆不得不将一件大马褂取过,将八岁的绵宁裹住,一抱而起,亲昵异常。

按说，一个八岁儿童，较射弓箭，连中三元，已是不易之事，特别是三发三中后，长跪不起，请赏黄马褂，逼迫其皇祖兑现这份当时人们很难得到的殊荣，足见其年纪不大，却心计不小。

乾隆五十六年(1791年)，八月中秋刚过，天清气爽，风和日丽，年已八旬的乾隆皇帝，率领着文武百官和宗室王公，又一次兴致勃勃地前往木兰(承德府以北四百里处)举行秋狝大典。所谓秋狝，是清朝皇帝和宗室王公在秋季举行的大规模的行围狩猎和军事训练活动。这时的绵宁年方十岁，满身稚气，也被老皇祖带同前往。一日，在威逊格尔围场，高宗乾隆与众王公纵马驰骋，尽情射猎。十岁的绵宁在旁观看一时性起，摩拳擦掌，跃跃欲试。正巧，从前方不远的地方窜出一只受惊的小鹿。绵宁见状，急忙弯弓搭箭，射中小鹿。乾隆一见此情此景心中大喜。虽说前年绵宁连中三元的事，乾隆仍记忆犹新，但不能与此次同日同语。前年射的是定点死靶，这次射的却是奔跑中的活鹿，难度大不一样。乾隆欣喜之下，立命随从人员取来花翎、黄马褂，赏给绵宁。事后，乾隆仍不能忘怀此事，并手书御制七律一首：

　　尧年避暑奉慈宁，桦室安居聪敬听。

　　老我策骢尚武服，幼孙中鹿赐花翎。

　　是宜志事成七律，所喜争先早二龄。

这首诗说的是乾隆十二岁的时候，曾经随同祖父康熙前往木兰围场行围，康熙搭弓放箭，将一只黑熊射中倒地。康熙为锻炼小皇孙的胆量，即命乾隆前往再射。乾隆来到近前，不料黑熊并未射死，仅是受伤倒地，见有人近前，突然立起，扑向乾隆。乾隆面对危险，毫不惊慌，镇定自若，虚与周旋。康熙在一旁见事不妙，急忙又发一枪，将黑熊击毙。乾隆十二岁随祖父行围，只是遇受伤的熊而不惊，但绵宁随祖父行围，却引弓获鹿，论本领，绵宁当在老皇祖乾隆之上，更何况"所喜争先早二龄"，即绵宁在此乾隆小二岁的时候，就有如此令人瞩目的表现，怎能不令乾隆于欣喜之余，赋诗记盛呢！

乾隆皇帝是一位颇有作为的帝王，他创造了大清王朝的全盛之势，号称十令武功。他的好恶，他的倾向，对颙琰立储，对绵宁的政治生涯应该有着举足轻重的影响。

道光二年(1822年)正月，道光和署陕甘总督朱熏就士兵训练和军队素质问题，有过一段比较详细的奏批。

朱熏奏道：向来绿营兵丁，步箭三四力弓居多；马弓则不过两力。临阵不能杀贼，即技艺娴习，亦属无益。

道光批示："现在，除东三省外，皆染此习，可恶之至。"

朱熏奏道："臣所属的骑兵和步兵训练，均以六力弓为标准。"

道光批示："人之气力，强弱不一，以六力为准，原属旧制。如果马上、步下均能达到四、五力弓。且能有准，就可制胜。"

朱熏奏道："绿营鸟枪兵，虽施放娴熟，但临阵时，往往枪口过高，实在是因为射击时前、后手不稳造成的。"

道光批示："此乃绿营通病，不是手不稳，而是技艺生疏的缘故。"

朱熏奏道："请皇上批准另外制造每支十五斤重的枪，发给士兵操练。"

道光批示："鸟枪并不是炮，不必弃轻从重。我从小就开始练习鸟枪，深知此法。每支五斤至七、八斤重都可以,关键在于士兵的技艺如何。如果都以每支十五斤重为标准,反而显得笨重,并不适用。打枪之法,全在随机智巧,并不是靠臂力的大小决定的。你所说的道理,近于迂腐。"

上述君臣奏、批,谁是谁非,姑且不论。但从中不难看出,绵宁对军器的性能、使用和操练还是颇有见地的。

通过严格地培养和训练,绵宁已被塑造成为文武兼备的准帝王形象了。

三、处变不乱

嘉庆登基之后,大清王朝由盛转衰,农民起义连绵不绝,此伏彼起。特别是嘉庆十八年(1813年)九月发生的天理教农民大起义,在京城近畿的直隶、山东、河南等地,攻城掠地,闹得天翻地覆。由林清率领的北路义军竟然图谋京城,攻入紫禁城内,直接震撼了清廷的统治,史书称之为"禁门之变"。因为这年是癸酉年,又称为"癸酉之变"。

这年八月,嘉庆皇帝依照祖制,前往木兰围场,举行秋狝大典。长期从事秘密反清活动的天理教首领李文成、林清决定,乘嘉庆离京之际,于九月十五日,在河南、直隶两省同时举事。先由林清率领少数义军潜入京城,事发后,抢先攻占紫禁皇城,随后,由李文成率大队义军北上应援。

嘉庆前往木兰秋狝,本来绵宁随行。九月初,木兰一带秋雨连绵,嘉庆被迫减围,并命绵宁先期回京。所以,林清义军进攻紫禁城时,绵宁已在京城,正逢其变。

九月十五日,义军二百人,手持白旗,腰缠白布,兵分两路,向紫禁城逼进。一路由祝现、屈五率领,直奔东华门;一路由李五、宋进才率领,扑向西华门。东华门一路虽有太监刘金、刘得才(该两人均为天理教徒)接应,但因事机不密,被护军发觉,所以,只有十余人进入东华门,其余逃散。西华门一路在太监杨进忠(天理教徒)的导引下,八十余人顺利进入西华门。义军全部入宫后,将守卫杀死,关闭了西华门,一路入内,闯进尚衣监、文颖馆,会集于隆宗门外(大门已关)。直到这时,正在上书房读书的绵宁才接到义军闯宫的报告。绵宁急命内监速取鸟枪、撒袋、腰刀,匆匆出门临敌。只见义军战士手执白旗,正由门外廊房攀上高墙,企图进入养心门内。绵宁见状,在养心殿阶下,忙举枪射击,连续击毙两名义军战士。另有一种说法,说宫内太监与天理教义军相通,递给绵宁的枪弹并不是实弹,绵宁举枪射击,没有命中,发现鸟枪中装的是空弹,慌急之中,取下衣服上的铜扣,充作子弹击出,才将义军战士击毙。其余义军只好退下,不再翻墙。这时,闻讯赶来的清军禁旅陆续云集,大内才得以暂时安定。绵宁又果断地采取如下几项紧急措施:一是急草奏章,飞报远在围场的嘉庆皇帝,奏报事变情形。二是严命关闭禁城四门,令各路官军入宫"捕贼"。三是至储秀宫安抚皇母,嘱皇三子绵恺小心守护。四是亲自率领兵丁前往西长街、西厂一带访查。五是派谙达侍卫在储秀宫、东长街布置,以防不测。由于绵宁的精心部署,举措有力,经过二天一夜,义军这次攻打皇宫的起义才被镇压下去。

九月十九日,嘉庆回京,见顺利"平叛",龙心大悦,盛赞绵宁有胆有识,忠孝兼备,可嘉之处,达到了"笔不能宣"的程度。遂发恩旨,封绵宁为智亲王,每年增加俸银一万二千两,并命名绵宁所用鸟枪为"威烈"。从此,绵宁的地位已与其他皇子明显地拉开了距离。

四、立为储君

嘉庆四年(1799年)正月,已经禅位给嘉庆皇帝的太上皇帝乾隆去世。又过了三个月,经过长期的培养和观察,嘉庆皇帝决定将未来的大清江山托付绵宁。四月初十日,嘉庆遵照秘密建储的家法,手书一道朱谕,将绵宁立为储君,并将硃谕封入鐍匣,悬置于乾清宫"正大光明"匾额之后。从此,绵宁成了嘉庆的秘密接班人了。

这时的绵宁已是十八岁的一个勇武青年。嘉庆将其秘密立为储君之后,培养和教育更加精心。这主要体现在三个方面:第一,督促学业。为激励绵宁勤学苦读,嘉庆为绵宁园中读书之处亲题"养正书屋"匾额,并在闲暇之时,至养正书屋考课。春天一到,则命绵宁前往南苑行围射猎,夏季炎热,又命绵宁到凉爽怡人的瀛台攻读诗书,以使绵宁早日具备帝王之学。第二,历代封建帝王大都为立储继统而煞费苦心,宫廷内部,为争当太子,争夺皇位,往往勾心斗角,内乱不已,清代也不例外。嘉庆为防微杜渐,避免内争,采取了"防止窥测,杜绝猜疑"等诸多办法,使绵宁的皇太子地位顺理成章地得到稳定。嘉庆十三年(1808年),绵宁的嫡福晋(后封为孝穆成皇后)死去,嘉庆特命使用金黄色座罩,以与其他皇子福晋相区别,这一不同寻常的举动,无疑为绵宁的地位罩上了金色的光环。嘉庆十八年(1813年),绵宁与其弟共同镇压了林清发动的禁门之变。绵宁受封智亲王,每年加俸一万二千两;三弟绵恺则仅被传谕褒奖;贝勒绵志也仅晋升郡王衔,每年加俸一千两。这样,绵宁的地位得到了明显的提高。第三,让绵宁直接参与重大的国务活动。清代的不少国务活动是象征性的,并没有多大的实际意义,但其重要性是不可低估的。绵宁被立为储君后,嘉庆前往寿皇殿展拜列祖列宗,命绵宁随行;前往高宗乾隆的裕陵举行敷土大礼,本该嘉庆亲临,也让绵宁"恭代";郊、坛的祈年、祈雨等祈报活动,亦多由绵宁代之;有关陵、庙的祭祀活动,也由绵宁代行。嘉庆二十三年(1818年),嘉庆皇帝已届晚年,最后一次出巡盛京,参拜清祖三陵(即清先祖的永陵、努尔哈赤的福陵、皇太极的昭陵),又命绵宁随行,在列祖列宗面前,意味深长地对绵宁进行传统教育,令其牢记大清江山缔造艰难,守成不易的道理。

在嘉庆的循循善诱和精心塑造之下,绵宁日渐成熟,只待历史为其提供君临天下的机会了。

五、荣登大宝

嘉庆二十五年(1820年)七月,嘉庆皇帝又一次前往热河,举行秋狝大典。随行人员除文武群臣外,尚有皇次子绵宁和皇四子绵忻。

七月二十四日,嘉庆皇帝因偶感中暑,圣躬不愈。二十五日晚,病情突然加重。于是,宣召御前大臣赛冲阿、索特那木多布斋、军机大臣托津、戴均元、卢荫溥、文孚,总管内务府大臣禧恩和世泰等八大臣,来至榻前,公启鐍匣,宣示嘉庆御书,御书上用朱笔写道:嘉庆四年四月初十日卯初立皇太子绵宁。当日晚八时许,嘉庆皇帝驾崩。

清以前的历代封建王朝,如果皇帝去世,则由皇后长子继位,如皇后无子,则从妃嫔中先择年长者继位,并且要在皇帝生前,颁发明令,预先立为太子,充任法定继承人。清代一改旧制,既不搞嫡长子继承,也不预立,而是实行"立储以贤"的政策。如太祖努尔哈赤有子十六人,传位给第八子皇太极,皇太极有子十一人,传位给第九子福临(顺治),福临去世传位第三子玄烨(康熙)等。除康熙搞过预立太子,不久又废掉之外,其余各朝均不预立太子。

雍正皇帝即位后,清代的皇位继承法发生了变化。在继续坚持立储以贤的原则下,改不预立太子,为预立太子,即秘密建储法。所谓秘密建储法,即是由在位皇帝经过长期考察,从诸皇子中择定一人,以碟笔御书其名,封于锦匣之内,悬置乾清宫正大光明匾额之后,待在位皇帝临终之时,召集御前重臣共同拆启,当众宣布,于是被书名的皇子随即践祚称帝,与嫡长子继承制比较起来,立储以贤,其进步意义是显而易见的;为防止诸众皇子勾心斗角,保证皇室政权的平稳交接,秘密建储法,确不失为一种较为明智的措施。

绵宁,是继乾隆、嘉庆之后,按照秘密建储法产生的第三代清代帝王。嘉庆皇帝共有五子九女。在封建皇权的权力角逐中,皇女是没有实际意义的。在五位皇子中,长子生于乾隆四十五年(1779年),次年即死去。次子即是绵宁,生于乾隆四十七年(1781年),嘉庆四年(1799年)被秘密立为皇太子。三子绵恺,曾与绵宁一起参与平定禁门之变,但只获得传旨嘉奖,直到嘉庆临终前不久,才被封惇郡王,可见其在嘉庆诸子中份量不重。四子绵忻,本来无所建树,却于嘉庆二十四年(1819年),受封为瑞庆王,比三子绵恺官高一级,与绵宁平级,可能颇受嘉庆皇帝宠爱。至于五子绵愉,嘉庆临终时,年龄尚小,还在上书房读书。据此,可以看出,除皇四子绵忻外,在皇位继承问题上,绵宁没有竞争对手,顺利即位,似乎是顺理成章的事。

按史书记载,绵宁即位,确实没有遇到什么麻烦。但仔细推敲,也还有一些令人迷惑不解之处:

第一,嘉庆二十五年(1820年)七月十八日,嘉庆皇帝前往木兰举行秋狝大典。七月二十四日到达避暑山庄,也就在这一天,嘉庆皇帝感到身体不适。二十五日白天,嘉庆帝批阅奏章,接见群臣,还"治事如常"。晚八时左右,嘉庆皇帝于避暑山庄行殿寝宫中死去。从发病到崩逝,不满二日,事情来得过于突然,以致令人难以相信。对此,嘉庆自己也不能解释,他在临终遗诏中说:"我的身体素来强壮,还未曾得过病。虽然年过六十,行路登山,仍不觉得劳累。这次秋狩途中,只是偶感中暑,昨天还骑马翻越过广仁岭。"绵宁在嘉庆崩逝后的第六天,即八月初二日的一道谕旨中也证实:嘉庆"虽年过六十,身体康健,精神强固。这次秋狝,我一直跟随左右,祖父行走健步如常。途中虽偶感中暑,登山仍不觉疲倦"。那么,身体健康的嘉庆为什么只经一天多就由发病而崩逝呢?可能绵宁也觉得原来说的二十四日"圣躬不愈",二十五日"宾天",过于急促了些,于是又改口说,嘉庆是"遘疾三日,遂至大渐",即病了三天,才病情加重。到底是一日多,还是三日,不得而知。

第二,按照正史记载,七月二十五日傍晚,嘉庆病情转重,召集御前八大臣,公启鐍匣,宣示嘉庆御书,立绵宁为皇太子的。问题是,雍正亲定的秘密建储法规定,皇帝立储的御书,封入鐍匣后,照例应悬置于乾清宫"正大光明"匾额之后,嘉庆皇帝立绵宁为储君的御书自然也不能例外。那么,在避暑山庄公启的鐍匣是哪一个呢? 当然不会是"正大光明"匾额之后的那一个。如果是另外还有一个鐍匣（这种可能性是存在的），身体素来强壮，未曾得过疾病的嘉庆皇帝是否有必要将这一绝密文件随身携带呢？即使嘉庆皇帝的立储御书确实封存在两个鐍匣里，分别存储，按照清制，"正大光明"匾额之后的那个鐍匣无疑是最具权威性的圣旨。然而，所有正史均只记载了避暑山庄公启的鐍匣，而只字未提乾清宫"正大光明"匾额之后的鐍匣，不知道绵宁及其群臣在悲喜交替中忘记了"正大光明"匾额之后的鐍匣呢，还是有了避暑山庄的御书，无须再验证"正大光明"匾额之后的御书呢，或者在"正大光明"匾额之后干脆就没有什么鐍匣呢！难怪台湾学者陶希圣、沈廷远指出："据传，嘉庆帝在位时曾密立太子，但未放置正大光明匾上。嘉庆死时，既无明令，也无储君。诸大臣多方搜寻，始找到密存的文件。"

第三，嘉庆死后第三天，即八月二十七日，绵宁尊嘉庆皇后钮祜禄氏为皇太后（绵宁生母孝淑睿皇后喜塔腊氏，死于嘉庆二年），并派御前侍卫吉伦泰带领二名太监，急驰回京，向皇太后禀报嘉庆之死。事隔一天，即八月二十九日，绵宁接到皇太后传来的懿旨："嘉庆皇帝归天，自应由智亲王绵宁即位，但恐怕仓卒之中，嘉庆皇帝未曾明白晓谕，而绵宁又一向谦虚，特降懿旨，命留京诸王大臣，请绵宁即位。"从这道懿旨看，皇太后显然不知道发生在避暑山庄的八大臣已公启鐍匣之事，事实也确是如此，所以绵宁在接到皇太后的懿旨后，马上"复奏"二十五日嘉庆临终前八大臣公启鐍匣的过程，并将匣内所藏嘉庆立绵宁为皇太子的殊谕，恭呈给皇太后。既然皇太后当时并不知道嘉庆所立何人，她又无权擅自取下"正大光明"匾额之后的鐍匣，为什么将降懿旨，让绵宁不要谦让，当即即位呢？

第四，《清史逸闻》等书记载：绵宁自小聪明神武，十岁即引弓获鹿，深得乾隆宠爱，嘉庆十八年，又以大智大勇平定林清起义有功，"积此二原因，遂缄各金匮（鐍匣）"。那么，绵宁被立为储究竟是嘉庆四年，还是嘉庆十八年以后呢？

第五，绵宁继位不到十天，宫廷内部发生了一场重大的人事变动。事情的经过是这样的：七月二十五，嘉庆皇帝临终时，军机大臣敬拟遗诏，其中有"高宗乾隆降生在避暑山庄"一句话。这份遗诏拟出后，曾经绵宁看过，绵宁也承认当时"未经看出错误之处"。事隔一个多月的九月六日，绵宁又重新审阅遗诏副本，这回发现了问题，绵宁认为高宗乾隆的降生地是雍和宫，不是避暑山庄，且有高宗实录等为证。于是，传旨诘问军机大臣。军机大臣解释说："乾隆降生于避暑山庄的说法是根据嘉庆御制诗的第十四卷和第六卷的诗注得来的。"按说，判断乾隆降生地，乾隆之子嘉庆的诗注，也算得上是权威资料了。遗诏即使有错，也主要是错在嘉庆，其次则是错在绵宁本人，因为绵宁也审阅过遗诏的初稿。但绵宁仍然不依不饶。九月初七日，绵宁降旨，命军机大臣托津、戴均元退出军机处，军机大臣卢荫溥、文孚留任，四人一并交刑部严议。九月八日，绵宁再颁谕旨，将托律原来管辖的咸安宫蒙古学、托忒学、唐古特学、令赛冲阿管理；宗人府银库，改由英和管理；御药房、太医院，则由和世泰管理。八月九日，命托津、戴均元退出军机后，各降四级，卢荫溥、文孚各降五级，留军机处行走。到道光元年，卢荫溥、文孚也被调离军机处。军机处是当时清廷中央政权机构中权势最重的部门，"掌军国大事"。托律、戴均元、卢荫溥、文孚四人，是嘉庆二十五年军机处的全部班底，特别是托律、卢荫溥，资历最深。托津连续十五年，入值军机，卢荫溥也连任军机大臣达九年之久。没想到,嘉庆的这班老臣,在新皇登基后数日,竟全部逐出军机处。这四人是嘉庆遗诏的撰写者,也是公启鐍匣的见证人,这四人的厄运和绵宁的即位有没有微妙的关系呢?

尽管绵宁的即位存在某些疑点,但是这次宫廷的权力交接毕竟是平稳的、和平的。

八月十日,遵照高宗乾隆关于"绵"字为民生衣被用品的经常用字,难以回避,将来承继大统的皇帝,要将"绵"字改为不常用的"旻"字的成命,绵宁改为旻宁,并按御名缺笔常例。

八月二十七日黎明,大驾卤薄全设,百官齐集于朝,内大臣,执事各官行罢朝贺礼,绵宁御太和殿,即皇帝位,告祭天地、太庙、社稷,颁诏天下,以明年为道光元年。

第二章　整顿吏治

吏治败坏并非从道光时才显露,早在"康乾盛世"年代就已十分严重。乾隆时当权二十余载的和珅被赐死时,家产被抄,其家产约值八亿两,相当于他执政期间国家财政总收入的一半,所以当时有"和珅跌倒,嘉庆吃饱"的民谚流传。除和珅外,被揭发出来的贪污案件层出不穷,像督抚、布政使国泰、王亶望、陈辉祖、伍拉纳、浦霖等人的贪黩案。一次抄没家产达几十万两。乾隆四十六年(1781),在甘肃布政使王亶望假冒赈灾银案中,因贪赃二万两以上而被处死的地方官,就有二十二人。嘉庆继位后,处治了和珅,但吏治腐败状况仍无法扭转。"虽大狱屡兴,而吏治益坏,上下征利,贪黩成风,一般老百姓,皆蹙额兴叹。"一些贪污案件,长期未被发现,有的在几十年后的道光朝才被披露,反映了嘉庆时吏治败坏之甚。龚自珍曾对清朝吏治的败坏和官僚制度的腐朽,进行了猛烈的抨击:"不论盐铁不筹河,独倚东南涕泪多,国赋三升民一斗,屠牛那不胜栽禾。"吏治败坏直接威胁着清王朝的统治。

道光并非庸君,是一个想有作为的皇帝。道光继位前对王朝的衰败和吏治败坏已有察觉。道光继位后力图振兴清王朝,使自己成为一个汉高祖、唐太宗式的有为之君。"朕寅成大宝,日理万机,孜孜焉,惴惴焉,尝恐用人行政或致阙失……试思汉高祖之大度,唐太宗之英明,运筹决胜,亦必须萧曹房社辅助而成也。"道光希望在他统治时期出现一个繁荣昌盛的局面,名垂青史,为爱新觉罗家族树立楷模。正因如此,道光继位后,勤于政务,事无巨细,亲自过问,批阅奏章,夜以继日。为了不误国事,他要求各部门即使在年节、素服期间,奏章也要随时呈送。他一方面自己勤于政事,另方面就是要求他的臣属同他一样勤于国事,期望能收到以身使臂,以臂颐指的工效。道光想有所作为,首先着眼于建政,针对吏治败坏"积弊相沿,挽回无术"的情况、把整饬吏治作为"第一要事"。

一、甄别良莠

道光说:"为政首在得人,安民必先察吏",他对官吏考察的标准是:

第一,实心奉公。道光把官员能否"实心实力""勿尚空谈""不采虚名,务求实际"作为考察官吏的首要条件。他特别强调一个"实"字,只有多于实事少空谈,才能奉公着力,扭转那种只说不做、言行不一的虚伪作风。道光视此是"为政之道"。道光在强调实心奉公的同时又极力反对奢华挥霍及假公济私情事。他在道光十六年曾指出:"朕综理庶政十六年来,训诫臣工,惟求实心实政,力挽瞻顾徇庇之风,使内外臣工皆能振刷精神,破除情面,勉副朕意,何患不纲纪肃清,日臻上理耶!"他对一些忘公济私或假公济私的官员,查出后,均予处分。道光十六年,太监张进忠因违禁赌博被捉,总管太监张尔汉向内务府大臣、步军统领耆英恳求释放,首领太监许福善从旁帮说。耆英私送人情,答应帮忙,遂令所属员弁将聚赌太监留供取保,予以释放,解回当差。事情被揭发,耆英受到惩处。通州民人王文弼呈递封章控告协办大学士英和的家人张天成私加租息,仗势欺压民人,英和被革去紫缰,革去协办大学士头衔。道光对此事十分重视,除对英和进行惩处外,并以此事表明他整顿吏治的决心。他告诫群臣不要专擅生事,重蹈奸究专权故辙,要"矢公忠信",保持名节。道光说:"国家简用大臣匡襄治理,必须谨慎持躬,公忠任事,方为无忝厥积,永受国恩……英和受三朝厚恩,应如何戒满持盈,益加敬俱,乃不自检束,声势赫耀,竟至非其所属之州县亦有仰希风指意存见好之事。此在明季宦官专擅纵恣招摇生事,或不免依势欺凌……从前和珅专擅,其始不过一二无识之徒趋承依附,渐至自作威福,中外侧目,莫敢上闻",应该引以为戒。故此,"特降谕旨,剀切申诫,嗣后在廷满汉大臣务益矢公忠信,倍加恪慎,庶几克承恩眷,永保令名,以副朕教诲成全之至意。"如不谨慎,失节违制,惩之无情。"朕用人行政,全在赏功罚过,一秉大公,方足以示劝惩。"其实,英和一事在当时并不是很典型的严重案例,受到处理的也不止上述数人,道光抓住此事大肆声张的根本目的,是为了"吏治蒸蒸日上",体现了道光在整饬吏治中的"小惩大诫"而已。

第二,要诚实,敢于直言。道光针对当时官场之弊"总在蒙蔽不实,处处皆然"的状况,要求官员敢说真话,即使对皇上,也不要说假话,不能取巧奉承。他说:"直陈无隐,可谓国之柱石。"道光把直言、诚实与治国、施政联系在一起,认为"为政之道,首戒欺蒙"。各级官员只有诚实不欺,才能上情下达,杜绝各种弊端。所以他一再指出:"诚实二字,万毋自弃。"一些官员为了迎合道光"希图见好",结果受到申斥。如唐鉴被道光特选为福建按察使,福建巡抚颜检为了讨好道光,就在奏折中吹捧唐鉴"通达治体,实心可靠"。对此,道光斥为"谀词"。江西学政王宗诚因农业丰收在望,奏颂"此皆仰赖圣德",道光斥责说:此种"侈谈无理之论""矫情颂扬朕德,尤属近谄,嗣后不应若是"。还有的人颂扬道光箭术高超,道光斥之为"信口夸诞以致作伪,心劳日拙耳"。为了鼓励官员直陈敢谏,只要是"永矢公忠,为国宣力",即使"语句狂悖",道光也能宽谅。

第三,要任劳任怨,不避嫌怨,依法奉公。道光认为吏治败坏不能改变的一个重要原因,是"地方文武视身家太重,国计太轻",如果大臣能"视国事如家事,以民心为己心",那什么事都可以办好。他进一步指出,官吏要以国事为重,还必须有不辞劳苦、任劳任怨的精神,特别是在遇到挫折,甚至受到谤怨时,更要任劳任怨。他还要求官员在处理一些重要事情或棘手案件时,要"不避嫌怨",秉以公心,坚持下去,"不要日久生怠""务期水落石出"。对发现的冤假错案,要立予纠正,以期"无枉无纵,各得其实""断不可惑于救生不救死之说,也不可因大概情形业已入奏,即续得实情亦必稍为牵就,以符前言,则大谬也"。他认为,"能平反冤狱较之实心缉盗尤有利于吏治"。道光的上述认识和指示,虽不能根本改变官僚集团的腐败状况,但也曾起到了一定的积极作用,纠正了一些冤假错案。道光四年,山西榆次县民阎思虎将赵二姑强奸,案发后,知县当堂逼认为和奸,草率定案,以致赵二姑忿激自杀。赵家亲属赴京控告诉冤,道光降旨交山西巡抚邱树棠亲自复审。但是,邱树棠并不认真复查,仍以和奸草草了结。经御史梁中靖参奏,道光复令将原案人证卷宗提解刑部审讯,才把案情查实,确系阎思虎强奸酿命,属于淫杀,严惩了案犯,赵二姑得到了平反昭雪。承审务员贿属舞弊的情况,也逐一查出,分别进行了处理:知县吕锡龄发新疆充当苦差,太原知府沈琮革职发乌鲁木齐效力赎罪……巡抚邱树棠降为按察使。道光五年,浙江德清县属民人徐敦成与徐倪氏通奸,被其妻蔡氏发现,遭怒斥。徐倪氏恼羞成怒,与人将蔡氏勒死,蔡氏娘家亲属上告县衙。徐家豪富用金银上下买通,湖州府两次验尸均定为自缢而亡,蔡家不服,不断上告。道光得知后,派王鼎前往查办,方将此案查明。德清县知县黄兆惠发往黑龙江充当苦差,其他受贿官员也分别轻重予以惩处。道光十分感慨地说,这些案件的出现,"皆因官官相护,罔顾天良,罔尽心力,止知窃禄肥家,置民瘼于弗问,言念及此,愤懑何堪"。一语道破了当时官场的黑暗和吏治败坏的情况。同时道光也知道,类似的冤案,"是非颠倒者又岂能以数计,似此案牍繁多,草率从事,含冤莫诉,苦累愚氓,亦安用此督抚大吏乎?"因此,他要求督抚考查地方官政绩时,把有没有冤狱,冤狱是否得到纠正,作为检验官员实心奉公的一个重要依据。

第四,言行一致。要求官员不能只是口头上讲实心奉公,还要实力去做,言与行一致。道光指出:"知之匪艰,行之维艰,言顾行,行顾言"。他认为,立法并不难,行之却不易。要改变官员"知之者众,实践者鲜"的情况,做到言行一致,才能对吏治有所裨益,才是察吏的最根本依据。

道光察吏训臣的核心,一个是"实"字,另一个是"公"字。察吏的过程就是整饬吏治的过程。

为了使对官员甄别有所依据,道光重新公布了嘉庆五年仁宗关于三年考绩的谕旨:

"近年以来,六部堂官所拔识之司员,大率以迎合己意者为晓事之人,以执稿剖辩者为不晓事之辈,以每日偪谄卑词巧捷者为谨慎,以在司坐办口齿木纳者为迂拙,遂至趋承卑鄙,乞怜昏夜,白昼骄人,仕路颓风,几不可向。朕思转移风气之方,须立矜式观摩之准。现已届京察之期,各部俱应慎重选举,以公心办事,勿有丝毫私意,问心无愧斯可对君。此旨着通行晓谕,各录一通,悬于公署,朝夕观摩等因,钦此。

对官员定期甄别,规定三年一次考绩。"各直省每届三年大计,由该督抚详加考核"。对那些贪官恶吏,一经发现要随时参奏,"勿得稍有姑容,以肃官常"。对一些不称职的官员,也不要"任其尸禄,有害民生"。

在甄别中,首先汰除精力衰颓,难望振足者。甄别自中央六部开始,因"六部为纲纪庶务之地,责任匪轻。欲剔弊厘奸,必劝勤惩惰,岂容年力衰迈才具平庸者,溷迹其间毫无所区别,既不足以淬人才,尤非所以整饬部务,不奖贤能,何以理庶务,不去衰庸,何以拔真才"。道光的这个认识和决定无疑是正确的,因为只有将中枢机构整治好,才能对地方官员进行甄别和考察,才能改变吏治败坏的状况。六部中又以礼部先行。第一个被汰除的是"精力就衰,不能办事"的礼部郎中罗宸,继之是福申;"目力昏匮,才具平庸"的员外郎佛楞额,"心地糊涂,不堪供职"的堂主事张景泗,都被勒令休致。除了中央六部进行甄别,地方各级官员仅因精力衰颓不能振足而被黜斥的,就更多。所谓"精力衰颓",并不是只就年龄而言,主要的是指那些只有虚名而不实心办事的官员。对那些能实心办事,即使年老,仍然倚重,他们有了过失,只要能够改正,还是同样使用。道光指出:"官官相护,朕所恶也;舞文取巧,朕所恶也;言行不实,朕所恶也。至用人行政,偶有小失,审度未能周妥,一经发觉,立即秉公办理,不稍回护,是无私心也,朕必宽其既往,仍望其将来识之。""即或偶而失实而所奏尚属因公,亦必曲加宽恕,从不遽加谴责。"

其次,对那些"谨慎自守,遇事瞻顾不全,以沽名邀誉,置身于无过之地为得计"的平

庸之辈,也要受到汰除。对地方官员甄别,特别注意对各府主管官员的考察。为此,道光公布了雍正六年谕旨:

> 知府一官管理通郡,有察吏之责,如知府得人,则察吏以安民,于地方实有裨益,但知府内仅有系循分供职,不能察吏而有素无过犯不至于参劾者,此等人员若令久任地方,于属员贤否必不能详察周知,于吏治无益。钦此。

以上汰除对象,是道光为了提高官员的素质而采取的措施之一。对于那些贪赃枉法,危害地方的官员,道光查出后,一一进行惩处,这是他在整饬吏治中实行的理谕和律惩相结合的措施。

受到道光惩处的,上自宗室亲贵、一二品大员,下至地方文武均有。豫亲王裕兴强奸使女寅格,以致寅格羞极自缢身亡,被革去王爵,折圈空室三年。庄亲王奕窦、辅国公溥喜,各赴尼姑庙内吸食鸦片烟,镇国公绵顺带妓女赴庙唱曲,"卑鄙无耻",分别予以重惩。宗室中,硕海擅入衙署滋事;福山讹诈钱文,奸淫妇女,开室聚赌,均被革去四品顶戴。秀宽烧死民人,被处以绞刑。绵翱希图讹诈,被革去奉恩将军职衔。这些仗势欺人的没落贵族,危害人民,作恶多端,是满洲贵族腐败堕落的反映,道光虽然想尽力"保持宗支教养兼施",但是民愤太大,实际上又无药可救,惩办仅仅是其中的一小部分。

地方官员中也严惩了一些搜刮地方,贪赃枉法,欺压百姓的奸宄。天津知县汪本,知府李蕃纵容吏胥借兴办水利大肆需索款项贪污中饱;安乡县知县李庆孙,伙同胥吏克扣灾民口粮;湖南湘潭知县灵秀,谋娶该衙捕役的女儿为妾,不久,又转辗售卖;通判叶起鹏收受部民寿礼,并诬指绅民为闹漕凶棍,追捕勒索……这些行为卑劣,居心贪诈,民愤极大的恶官,均受到严惩。道光感叹地说:"是多设一官,百姓即多受一官之累"。对这些贪官墨吏不予严惩,吏治何以"日臻至上!"

道光登极以来所遇到的吏治败坏情况,极为严重,他采取的措施表明他整顿吏治的决心十分坚决。

吏治败坏由来已久,而且长期无法改变,甚至不断加深,原因很多,其中一个重要的因素,则是官官相护,主要表现为失察。失察就是包庇。

道光十年十月,揭发出户部犯有失察过失的官员达二十二人。一些中央及地方大员对其所属官员应察而失察的累计达二万零二百九十八名。道光对这些犯有失察过错的大吏,分别予以降级处理。而这只是被发觉的失察事件,其他尚未查及的不知还有多少。在当时像吏部吃"通贿",户部吃"平余",兵部克扣军饷,刑部吞没赎款,工部在兴建工程中渔利,就是"清苦"的礼部,也在科举考试时容情受贿等等腐败现象,在中央机构中随处可见。

为了解决上述弊病,道光除了训诫、律惩以整肃吏治外,还努力健全一些制度,重申已有的律令,并采取了一些相应的措施。

第一,限定衙门差额,裁减冗员。州县吏役是地方一害。他们平日腹剥百姓,鱼肉群众,为所欲为,人民敢怒而不敢言。而各地吏役又大量超过额定编员。道光规定,各级州县差役数以八十名为限,所有额外增置的书役等人员,一律裁汰。按此规定,仅各直省就裁撤了吏役达二万三千九百余名。

第二,控制捐输,限制督抚属员随意提补。"清制,入官重正途。自捐例开,官吏乃以资进。其始囿以蒐罗异途人才,补科目所不及,中叶以后,名器不尊,登进乃滥,仕途因之殽杂矣。"清政府中叶以后,由于财政日益支绌,当时补救之策是变相加赋,同时大开捐纳。捐纳有常捐,有大捐。常捐只损出身虚衔,大捐则卖知府以下的"实官"。出银买官的地主商人,到任后拼命搜刮,在其任职期间不仅要收回捐官所用的银钱,还要"将本取利",榨取更多的钱财。捐官,是清代入仕的一个简捷途径。不仅没有功名的地主商人可以捐官,就是有了功名,地位较低的官吏,也可用银钱买取较高级的官阶,更增加了官僚集团的腐败。为此,道光规定,现任官员不准加捐职衔,以堵截官场日益滋长的腐朽之风。同时规定,各省督抚遇有提调要缺时,应先尽正途(即科举入仕)人员题补;不准属员充当幕僚,不准署正印;严禁佐杂人员代官视事,不准佐杂应升人员超越职位任事;不准将幕僚保列,以杜冒滥。还规定,钦差大臣查办事件时,随带的司员,不难以现任大员的子弟充当、派往。各省州县官不准随意回省谒见上司,以杜彼此牵攘。道光的这些规定,目的是想剎住官官关连的私情关系,以利于吏治的澄清。

第三,加强宗人府管理。宗人府是管理皇室宗族事务的机构。鉴于宗室日趋衰败,宗室子弟成为寄生虫,各种事件不断发生,道光加强了对宗人府的管理,先后两次拟定条例,责成宗人府严格对宗室的管理。从道光四年开始,宗人府还把闲散宗室移往边疆地区进行屯垦,以减少他们对京师社会的危害。

除了上述的整顿外,道光还拟定有关赈灾的细则,加强对赈灾工作的管理,以防止官员从中贪冒。

道光在整饬吏治时首先进行的是察吏训臣,以做一个好官员的标准,进行理谕;对一些不合格的官员进行甄别;充实健全规章制度,其目的在于破除旧习,制止吏治败坏情况的继续发展。同时,又提拔有才干的官员,为建立有效的新的官僚机构在努力。

二、求贤选才

道光甄别考察官吏,只是整顿腐败的官僚机构,以图振兴衰败王朝的一个步骤。要治理国家,就要发现、选拔治理国家的人才。对此,道光的认识还是比较明确的:"国家以贤才为宝。"继位后,他一直把用人是否得当,提高到直接影响国家兴衰的高度加以重视。"为政首在得人",得人才能治国。正因为他看到了用人与治国的关系,更加感到发现人才的困难。知人难,得人尤难。在吏治败坏的情况下,道光就更加迫切地希望求得一批忠于清王朝的干练之才,替换那些衰朽庸才、贪官墨吏,以改变统治机构的现状,辅佐他治国兴业,成为"有为之君"。这是道光急于求贤的政治原因。

道光在用人上有两点认识值得一提。

第一,懂得人在认识上有局限性。

人的能力是有限的,即使是帝王也是如此,"是以圣王在上宵旰劳勤,不敢以一人治天下,也不欲以天下奉一人,旁求贤才赞助枢要,一德一心,使世祚永固,万国咸宁,诚得治天下之要道也"。

第二,相信人才的存在,要善于发现人才。

道光认为国家广大,有许多人才未被发现,影响了他们为国家效力。"天下之大,兆民之众""岂无遗才?"为了聚敛人才,他几次颁发有关求贤选才的诏书。

道光元年(1821年)登极不久即颁发诏谕,令各府州县保举孝廉方正及荐举才品优长的读书人。但是这一诏谕未被地方官员予以足够的认识,他们满足于维持现状,把举才视为可有可无之事。有的敷衍应付,以平庸之辈充数,甚至还有的官员从中受贿作弊。道光严厉斥责了这种情况,责令督抚催促所属悉心查访,不得以任何借口应付搪塞,如果仍然不认真执行或随便找人充数,定予以重惩。

除诏谕各地荐举贤才外,具体选才的途径有以下几种办法。

第一,荐送。

由督抚从所属府道州县现任官员中荐举。将那些为官廉正,洁己爱民,一心为公,办事认真并受到民众赞誉的官员,由督抚写具考评意见,具折保奏,等待皇帝任命调用。为了解除督抚担心因荐举之员出了差错而受到牵连的顾虑,道光特别指出,所保人员如因公出现差错,不追究保荐人的责任,不加议处;但如因所举之人本来品德不端,补放后行私获罪,则要由推荐人负责,对荐举之人进行议处。这样既可保证荐举人才的素质,又加强了保荐人员的责任心。

道光年间被荐送的人员中,确有一些干练之才,如尚书刘镮之举荐的名儒唐鉴,授广西知府,四川总督蒋攸铦推荐的川东道陶澍,擢升按察使。对陶澍,因其在入觐论奏时"侃侃多所举劾",道光不大放心,密谕巡抚孙尔准考察陶澍为人品德。孙尔准经过认真考查,向道光写了一份有关陶澍德政的详细奏报,极力保荐,陶澍获得重用,擢升两江总督。为官期间在治理河道和其他任职中政绩显著。陶澍临终前遗疏举荐林则徐继为己任。除林则徐外,陶澍还举荐了不少人才。

林则徐(1785—1850),福起侯官(今福州)人,字少穆。嘉庆十六年(1811年)进士。道光二年(1822年),授淮海道,未任,署浙江盐政使,迁江苏按察使。道光四年(1844年),署布政使。道光十一年(1831年),升任东河河道总督。道光十二年(1832年),调任江苏巡抚。林则徐在道光初期升迁之快,在一般官员中是少见的。他在江苏为官期间,整治河流,兴修水利,赈灾济民,发展生产。他疏浚了源出太湖的浏河和白茆河,治理了七甫河、泖湖、淀山湖等几十处河道、塘湖,修筑了不少闸坝、涵洞和海塘,使鱼米之乡的江苏地区水利工程大为改观。在当时,各种灾荒连年不断,劳动人民为了活命流离失所,苦不堪言。林则徐一面多次上奏请求赈灾,一面采取储粮救灾的措施,又从外省引进一年两熟的稻种,用以发展生产。林则徐有识有见踏实认真,受到大学士、两江总督孙玉庭的极高赞赏,他在奏折中称赞林则徐"器识远大,处事精祥",推荐他综办江浙水利。道光在孙玉庭的奏折中写道:林则徐"即朕特派,菲伊而谁",表示早已赏识,才不断提拔。道光十七年(1837年),擢湖广总督。林则徐与陶澍尤有深交,督抚之间密切配合,受人称赞。

道光在选才求贤中,对下级官吏甚至普通士兵,只要有功有才,也能不拘一格地提拔信用。道光九年(1829年),杨发、田大武被提拔就是一例。杨发、田大武本是普通兵士,在道光八年(1828年)平定张格尔叛乱中,奋力生擒版首张格尔,战功卓著,兵部拟补杨发为甘肃宁远堡守备、田大武为陕西抚标左营守备,带领引见。道光在接见二人后批示兵部:"该二员年力精壮,均堪造就,著交杨芳随时训练,策励成材,用示朕培养人才之至意。"

第二,考绩。

清沿明制。京官称京察,外官称大计,由吏部考功司掌握。道光年间的考绩,不仅选才,也进行弹劾。道光七年(1827年),给事中吴杰奏请京察中应举劾并用,经道光批准后诏谕饬行。道光十五年(1835年),复令京察外随时可以纠参,以补不足。

第三,科举选拔。

清代以科举为"抢才大典",虽多沿明制,但在慎重科名、严防弊端等方面,立法之周全远超过前代。道光重视人才的选拔,除按规定期间开考外,还加开恩科。由于科举是封建时代知识分子的主要出路,竞争也异常激烈,科场中也弊端丛生。道光为了通过科举选拔真才,同时也为了笼络知识分子,每届考期,先发申谕,选择主考官。规定,主考官不得以年老荒谬之员滥行充数,不得仅就荐卷决定取中与否的依据,"务得真才拔萃",受贿作弊的监考官员,必将绳之以法。同时,公布考场规则,以资遵循,堵塞科场舞弊之风。道光朝正科十举,恩榜五开,也反映了道光想聚敛人才的愿望。

第四,育才。

育才主要通过两个途径,一是重视书院。清代学校,沿袭明制,京师名国学,并设八旗、宗室等官学。各省设有府、川、县学。除此之外,还在各省设有书院,最初设在省会,以后府、州、县相继建立。书院多数只是准备科举的场所,具有培养人才基地的作用,但因清代中叶以来政治的衰败,对书院重视程度,早已减弱,各种弊端也不断发生。道光从育才着眼,继位后重视书院建设,下令整顿各直省书院,严禁长期不到书院课业的官员照样领取年俸。课业不得兼充,各司所长,以保证课业讲授质量。修缮损坏的书院房屋。粤西省城秀峰、宣城两书院,人多开支大,入不敷出,准予置买田亩,每年所得租谷粜价,供书院支用。河南省城大梁书院落成,道光加赏御书匾额最挂。道光对各地书院经济上、精神上的支持与鼓励,反映了他对书院育才的期望,这是他重视培育人才的一个方面。另一个途径,是重视在实践中培育人才,这特别体现在当时最急需的治河专门人才的培育上。

道光十二年(1832年)九月,发布诏谕,让中央各部从所属官员中,不分满汉,选正途出身,勤奋聪敏清廉者保送一人,由吏部发往东南两河学习,每期二年。学习各种治河之事,但不准承办重要工程,也不准经营钱粮。二年期满,由河道总督写出考评文字,送部引见,以备选用。曾任河督的张井,原来并非河员出身,程祖洛保荐其办事实心奉公,不避艰险,得到道光的赏识,不断升迁。道光四年(1824年),简署东河总督。由于其刻苦学习治河之术,认真负责,道光六年(1826年),调补江南河道总督。在其治河经历中,成绩显著。张井是在治河实践中培养出来的治河专门人才中的一个代表。

道光求贤佐治的办法:荐选、考绩、科举、育才,并不是始自道光,历代帝王都采用过相似或相同的方法,道光只不过是继承和发展了这些做法,这从一个方面反映了他求贤佐治和执政初期励精图治的精神。

道光为了振兴王朝,有所作为,更好地发挥在职官员的作用,还在两个方面促进佐治。

第一,倡直言以纳谏。

道光继位后多次倡导直言,表示自己要"虚怀纳谏"。他认为自己日理万机,虽不辞劳苦,但不敢自信无一阙失。另外,国家之事,用人行政得失,国计民生各事,都要各官出主意,谋划策。因此,他要求官员们不仅能提出时政之弊,还要能提出切实改进的办法,这比只讲空话要好得多。这个要求可以堵塞一些只会纸上谈兵的人从中取巧,也为有真才实学的贤才以用武之机。道光对遇事敢直言不讳,不人云亦云,能表白自己独立见解的人,极为称赞。为了听取各方面的意见,博采众议,道光还不拘封建礼仪规定,阅览那些因地位低下、不能直接上条陈的人写的奏章。道光二年(1822年)九月八日,四川平武县贡生唐开兰呈《迩言》一策,道光得悉后,命有关部门官员呈览,并因此事发出指示,今后各衙门遇有类似奏呈事件,一定要附章上奏,不准压抑。道光十五年(1835年)六月六日,安徽举人朱凤鸣呈递封章,违背了制度,受到处罚。道光采取了宽容的态度,他作了批示,出于开通言路,爱惜人才的愿望,免予追究。为了广开言路,对言官的指陈,如有不实之处,也能谅解。不予处理或减轻处理。道光八年(1828年)三月十六日,给事中托明奏参安徽怀来县知县添派差没,按月苛敛,危害民生。道光派人前往调查。经查明,托明所奏不完全符合事实,有不实不尽之处。对此,道光作了如下批示:"民隐,言官之所当言,虽言之不实,朕不再罪之。然亦不可不加审察,滥行入奏,尤不可因有此旨,概行缄默,反失朕听言从实,欲周知民间疾苦之本意也。"在要求言官据实指陈的时候,强调不能因噎废食,不要因怕负责任而取缄默态度。道光在处理"所奏不实"的情事方面,再次表明出宽容。道光十一年(1831年)六月二十日,御史徐培深奏参山东信阳县知县恩福巧夺民财,形同市侩。经查核,所奏不实,道光指示,对御史徐培深"毋庸议"。因言官可以风闻言事,不可能件件查实后再上奏,虽不应捕风捉影,亦不要怕出错而缄默不言,如言官怕失实而保持沉默,就违背了道光"听言从实,察吏安民"的本意。道光反复要言官不要因所奏有所出入受到批评而缄默,是道光把直言作为察吏安民的一个途径,是他整顿吏治的组成部分。是否能直言以陈,也就成为判断贤否的一个依据。因此,凡是言事有功的人,即行擢升。道光十五年(1835年)八月二十四日,冯赞勋、金应麟、黄爵滋、曾望颜等官员,因遇事敢于直言,"明白晓事"均被擢升。道光希望大臣们能理解他鼓励言官是为了广开言路的本愿,遇事要敢于直言以陈。将个人得失抛掉,只要有益于国计民生,就应确切直陈,不应隐讳不语。不要因自己不是言官而缄默,也不要把谏言当作向上升迁的阶梯,更不应一得到升阶,就想保住禄位,免惹是非。这种沽名钓誉在前,缄口保位于后的做法,是与朝廷用人图治的原意根本对立的。道光曾诚恳地表示:"朕总理庶政,一秉大公,即听言一节,探望诸臣切实敷陈,不惮再三告诫,期以察天下之治,勿非徒博纳谏之虚名,其有徇隐姑容、前后易辙者,尤当深以为戒,言行相顾,始终不谕。朝廷收说言之益,国家著直陈之效,朕实厚望焉。"道光这番发自内心的话,不仅是对直言的褒奖、鼓励,也从一个方面反映了他励精图治的心愿。道光十六年(1836年)十一月十三日,他又发布上谕,指出国家设立科道等官,是为了广开言路,以期兴利除弊、摘伏惩奸,于国计民生两有裨益。正因如此,所以科道中每有奏陈,都认真对待,"虚衷采纳"。对有些人借鼓励进谏的机会,进行挟嫌诬陷,查实后,也会予以严惩。惩办诬陷,正是为了更好地广开言路。"

　　道光纳谏是真诚的,与他求贤佐治的思想是一致的。应该看到,道光作为封建帝王,由于其阶级局限性和自身的弱点,在他执政的三十年中,也确实信用了一些善于奉承的官员和阴狠狡诈的好究,对此,历史上有过一些不同的议论。

《清史纪事本末》第四十卷,记述了道光时曾任军机大臣的曹振镛的文字中有如下记载:"振镛在内阁,专伺人主意旨,而素不学。每奉命衔文,得试卷稍古雅者,辄不介事,摘卷中一二破体字,抑之劣等,于是文体日颓,而学术因此不振。又带最厌言官言事,振镛也教以此法,遇章疏中有破体字、疑误字者,摘出交部严议,于是科道相戒,不敢言事,而言路雍塞。遂使三十年中,吏治日媮,民生日困,酿成内外兵祸,开千古未有之变局,皆振镛一人之罪也,然帝深信任之。"

曹振镛(1755—1835),字俪笙,安徽歙县人,乾隆四十六年(1781年)进士,历任乾隆、嘉庆、道光三朝,官至武英殿大学士,上书房总师傅、军机大臣,受到道光的倚重。曹振镛得宠于道光皇帝的因素,一是曹振镛是"老臣",服官五十余年,历三朝,二是崇节俭,处处注意"搏节",防止靡费,与道光倡导的节俭精神相吻合;三是有才干,尤其"学问见长"。在道先朝十四年政务中,"清恭正直,历久不谕",循规蹈矩,"克驯赞事"。而他的弱点,也是显而易见的,挑剔微疵,造成学风欠佳的后果。但不能把学风不正的后果归结成言路闭塞,更不能因此而说道光朝的衰败,"皆振镛一人之罪也"。恰恰相反,道光信用他,正是在早期励精图治中拔贤知任。以信用曹振镛来否定道光纳谏一事,是不符合历史事实的。

道光纳谏,还可以从御史陈庆镛的升降一事中反映出来。道光二十三年(1843年)四月四日,御史陈庆镛奏劾鸦片战争中犯有罪过受到惩处后又被起用的琦善、文蔚、奕经,认为道光起用这三个人是"刑赏失错,无以服民"。在鸦片战争中,琦善被"褫职逮治,籍没家产",道光二十三年(1843年),又以三品顶戴授热河都统。宗室奕经以扬威将军督师浙江,让其收复定海、镇海、宁波三城,结果大败而归,曾以劳师糜饷、误国殃民罪,被逮京圈禁,后与琦善同时被起用,以四等侍卫充叶尔羌帮办大臣。文蔚随奕经出兵,结果造成大宝山惨败,朱贵牺牲,被褫职下狱。后以三等传卫充领队大臣。这三个罪臣治而不罪,复而起用。陈庆镛的奏劾是对道光用人行政失当的一种批评,引起朝野震动。道光采纳了陈庆镛的意见,收回了起用三人的成命,仍将三人革职,令其闭门思过。但是,事隔数月,琦善、奕经、文蔚三人与另外两个在鸦片战争中负有罪责的奕山、牛鉴均被起用,而陈庆镛曾因事降调,解职回籍。道光起用琦善等人,是基于道光的"罪在朕躬",把鸦片战争战败的责任归咎于自己,另外,认为琦善尚属"年轻"可为(琦善当时五十三岁,正是壮年),再加上穆彰阿等当权大臣的保荐庇护所至。陈庆镛的"解职回籍",与参劾奏章是否有关?陈庆镛在道光二十三年奏劾,道光二十五年(1845年),迁给事中,道光二十六年(1846年)乞归,在咸丰朝复被起用,这中间似没有必然的联系。陈庆镛的降调,多少也受到朝中当权者的报复,这还可从穆彰阿庇护琦善抑制林则徐的事实中得到启示,其中包含着民族偏见。道光对陈庆镛的态度,也是民族偏见所造成的后果,而不能完全归咎于道光纳谏的虚伪。

应该看到,道光的身上也存在其他封建帝王所具有的爱听好话,喜欢奉承的一面。尽管他倡导直言,也批评过唯唯诺诺的官员,但恭维毕竟比逆耳之言容易接受,只要不过分露骨,或出现在不适当的场合。前述的曹振镛的长期被信用,除了已提到的几个因素外,就是曹振镛遇事"多磕头少说话"。再如,穆彰阿、潘世恩身为军机大臣时,也好顺

承旨意,无之为他。当时有人写了《一剪梅》云:

　　仕途钻刺要精工,京信常通,炭敬常丰,莫谈时事逞英雄,一味圆融,一味谦恭。

　　大臣经济在从容,莫显奇功,莫说精忠,万般人事要蒙胧,驳也无庸,议也无庸。

　　八方无事年岁丰,国运方隆,官运方隆,大家赞襄要和衷,好也弥缝,歹也弥缝。

　　无灾无难到三公,妻受荣封,子荫郎中,流芳身后便无穷,不谥文忠,便谥文恭。

　　上述讥讽,反映了当时官场的腐败和庸俗风气,也从侧面说明,即使是道光为励精图治而求贤纳谏,也是十分有限的。道光的求贤纳谏,从当时的条件看,有其积极时一面,也有其局限性造成的消极一面。但是,应该看到道光的纳谏还是他求治的表现。

　　第二,笃勋旧,奖贤良,以示重贤不忘。

　　道光一方面选拔一些新的干练之才,另一方面就是大力表彰历代被称颂过的圣贤或良臣——儒家名宿和年老的功臣、重臣,以此为在朝官员及文人士子树立楷模。这也反映了道光求贤的思想基础——重儒。重儒就是重治。道光二年(1822 年),诏刘宗周。道光三年(1823 年)汤斌,道光五年(1825 年)黄道周,道光六年(1826 年)陆贽、石坤,道光八年(1828 年)孙奇逢"从祀先儒"。是后复以宋臣文天祥、宋儒谢良佐,"入祀文庙"。道光重视古儒,有其政治目的,不是仅仅崇奉儒学的成就。他认为,儒道纯精的人,如果没有躬身实践的表现,即便是起到巩固封建统治的作用,还不能算治世贤人。比如明臣黄道周(1585 — 1646),福建漳浦人,曾在铜山孤岛石室中读书,因号石斋。工书法,善画山水、松石。天启进士,崇祯时任右中允,南明弘光帝任其为礼部尚书。南京被清军攻陷后,他与郑芝龙在福建拥立隆武帝,自请往江西征集军队,至婺源为清军所俘,坚不投降,被杀于南京。像这样一个"顽固"的反清名儒,竟然在明亡近二百年后,被道光皇帝"升柑学官",成为一代楷模,并不是要表扬他的反清骨气,而是赞扬他的"忠君报国"精神。这在清代中期政局衰颓,吏治败坏,官员缺乏"天良"的情况下,其用心是很清楚的。至于活着的元老,如杨遇春、长龄、黎世序、孙玉庭、戴均元、秦承业、汪廷珍、黄钺、王鼎、玉麟、潘世恩、阮元、吴其濬等,他们都在几十年的任职期间,或征战疆场、平定叛乱、镇压起义;或传授儒学;或治理河工、赈灾恤民……对巩固清王朝的统治起过重大作用。他们在生前得到极高嘉奖,有的被绘图紫光阁,有的凯旋时享受了"抱见礼"。逝世后,又得到重恤赐奠,封荫子孙。这一切都说明道光在求贤佐治上确实是煞费了一番苦心。

　　道光在整顿吏治时,求贤若渴,特别对鸦片战争以后的军事人才,更为重视。他一再强调,只要才能出众,民心爱戴,又能"洞悉夷情",深通韬略的人,不拘资格,即可升调,也可破格使用。他命令各省督抚提镇,在水师及各镇武弁中挑选对训练军队认真,人品优良,忠于职守的人,不限名额,秉公保奏,准备调用。道光还签于清水师战斗力薄弱的教训,要在各镇中挑选一部分中下级军官充实水师。这些事虽未能实现,但反映了道光图治的愿望。

　　道光求贤佐治作了不少努力,虽然也得到了一些比较清廉、干练之员,但更多的是使他失望。道光十七年(1837年)三月三十日他曾讲道："自古得人则治,当今更觉为难。""欲求一堪膺重寄者,不可多得。"道光朝人才难得的原因何在呢?

第一,世风日下,官僚机构腐败。

高级官员不肯认真察吏、除滞拔优;地方官员不肯爱惜民力,任意苛剥。遇到事情先考虑保住自己的身家。道光在给两江总督陶澍的谕旨中,称赞他为人"爽直、任事勇敢"。道光希望他的臣属都能像陶澍那样正直公忠。可惜!朝中像陶澍这样的官员太少了。

第二,拔不当人,各地举荐的多不是干才。

道光十五年(1835年)十二月四日,道光在一份谕旨中批评了一些督抚保举人才不认真遴选、滥竽充数之事。如荐举出来的直隶正定镇总兵海陵,是一个"性耽安逸,难望振作"的庸才。广东南昭连镇总兵萨龄阿,是一个连日常事务都"不能整饬"的无知蠢才。高州镇总兵岳万荣,在四川建昌镇任内,利用职权,为自己的儿子万嵩龄更换籍贯,收入本标,提升为外委之职。上述几人均是由副将经荐举而提升为总兵的人。由于这些人才学或品德低劣,很不称职,只能"自滋咎戾"。对吏治不仅无益,反而造成损害。

第三,迷信科举正途。

道光虽采用各种办法选拔人才,但主要还是依靠科举,视之为"正途"。八股取士的制度自明以来,早已弊端百出。一些人虽出身科举正途,但往往是个庸才。更有不少人把科举视为做官的阶梯,为官后,只图私利,并不真心为国为民办事,更何况科场中还有很多弊端。道光虽对科学考试作了种种规定,但科场中舞弊之风根深蒂固,加上吏治腐败已达到不可收拾的程度,所以种种弊端仍不断发生。道光十六年(1836年)武科考试中发生了"庆廉事件"。庆廉是兵部员外郎容恩的胞侄,容恩是兵部掌印司员。庆廉本是残废,平日连走路也感到困难。按照清王朝规定,录用旗员首先重视骑射,八旗子弟应试,先要通过骑射合格考试,方准入场会考。容恩凭借职务之便,勾通其他官员,以庆廉"手疾"为名,免考其马步箭,又打通监射的王大臣,未加复查就按照上报原册,准予考试,结果中了武进士。庆廉违制冒考的事情虽然被揭发出来,道光取消了庆廉的武进士资格,有关包庇、徇私的官员也同时受到处分,但科场舞弊等各种弊端并没有因此而绝迹,仍不断发生。浙江举人顾宗伊,在试卷上写了给考官袁文祥的书信,以通关节;顺天府属大兴县和宛平县二县文童,互相顶冒,造成考场混乱。有的地方考生私带诗文入场应试。道光十二年(1832年)查出,有十五名直隶生员带四书及诗文入场。这些科场上的弊端,使道光想通过科举选拔人才遇到困难。道光说,不得其人,宁可缺额,不凑数字。道光十八年(1838年),道光亲自校阅武科殿试,一甲应取三名,因一甲第三不得其人而空额。就此他说:"未便迁就符额,用示朕核实抡才之意。"另外,道光也很难觉察周详,有的大员在用人上,往往以某人对自己的态度而取舍。同年登第而入翰林的罗惇衍、张芾、何桂清三人均"年届未弱冠"。张芾、何桂清对当权的穆彰阿能"拊之",而罗惇衍不与其通。结果,虽初考试时三人都得中,但传旨时以罗惇衍年纪太轻,未可胜要任为由,"著毋庸去"。实际上三人中罗惇衍十九岁,张芾十八岁,何桂清十七岁。罗年岁最大,由于得罪了穆彰阿,变成了年岁最小。由此可见,即便有才干,也未必能得到信用。

第四,道光在求贤纳谏上言行不能完全一致,说得多,做得少。

曾给受利赞扬的冯赞勋,也因遭到诬陷而被革职。当御史富隆额奏请究查捏造浮言一事时,道光认为这样做会"促使进言之人心存畏葸,瞻顾不前",故而"著无庸议"。这种言与行的脱节,使道光的求贤实际效果,受到影响。

三、贪官污吏惩而不绝

道光继位后,决心整顿吏治,清除腐败,严惩了一批贪官墨吏、王公显贵,但是官僚机构的腐朽,已达到病入膏肓,医治无术的地步。酷吏贪官,比比皆是,为非作歹,欺害百姓。这已不是仅仅惩治少数几个赃官所能改变的,而是封建制度衰落溃烂的反映。所以,在道光整饬吏治的同时,吏治败坏仍在继续,仅举几例:

酷吏害人,监狱遍地。道光十四年四月查出广东州县私设班馆监狱,非刑凌虐"犯人"。清代监狱,设有内监以禁死囚,外监以禁徒流(犯)以下,女监以监女犯。徒以上锁收,杖以下散禁,轻罪人犯及干连佐证,准取保候审。但州县因惧怕候审人在外延误审讯,往往设有班馆、差带等名目,以控制。这种未确定犯罪与否,但又被看押在班馆(即如看守所)的人,成为贪官酷吏敲诈勒索的对象。

广东番禺县在该县衙前后左右一带布满班馆。顺德县衙的东边,有一个名叫"知遇亭"的地方,凡被虐待将死的人,便被差役抛在这里等死;西街全是差役们设的私馆,标名为:"一羁、二羁……",直到"八羁"。香山县衙内有大班馆五所,另还有私馆十余所。三水县署内有左右班馆各两处,该县典史还在大堂侧面私设一处。

各地县衙用各种残酷手段对待被关押的人。有的把人关押在囚笼内,这种囚笼站进去连腿都不能弯屈;也有的把人关在烟楼处,用火烟从下面熏灼。尤其惨不忍睹处,吏役用三尺余长的铁杆竖立在地上,顶住犯人喉颈,锁镣铐住手脚,形似盘踞状,称之为"饿鬼吹箫";又有将人倒悬墙上,鞭鞑拳殴,称之为"壁上瑟琶";或将犯人一个手指与一足趾用绳子前后牵吊,谓之为"魁星踢斗",残酷无比。吏役以折磨犯人为趣事,并以此向犯人家属敲诈勒索。吏役勒索洋银,动辄以"尺"称,一百元称之"一尺",常常开口十余尺、数尺不等。对家庭富裕实际又没犯法的人,为了敲诈,就捏造案情,拘禁在班馆内,然后索款,公开称之为"种松摘食"。犯人初入狱时,监狱禁卒率领旧监犯将新犯拳殴三次,谓之"见礼",然后向其索要,动以千百计,称为"烧纸钱"。旧犯在狱内,其中有大哥头,他向新犯人勒索来的钱财,与典史狱卒同分。新犯人如果不给钱,加重凌虐,坚持不给钱的人,有的就被打死。管监为了逃避追查,令倒填年月日,假称病故,以掩盖痕迹。

各地官吏贪赃枉法之事,更是举不胜举。四川仁寿县令恒泰,接受贿赂,将强奸逼认为合奸,又将无辜通为巨盗,然后凌虐致死。甚至有的人被抓来,先重责二三十小板,然后再审,结果人被杖毙,不知何由。有的地方以抓"咽匪"为由,吊铐刑讯,甚至用镬煮人。有的吏投随意抓人,将人抓去,先站木笼,官也不察不问,任其肆虐,直至毙命。草菅人命,州县习以为常,上司各官也不为怪。"狱囚不死于法而死于问刑之官。"

各地蠹役尤横,大州县有千余人,小州县亦数百人、百余人不等,遇有民间诉讼事件,差役多方勒索,涉讼人往往因此破产,就是缉捕盗窃案件,差役也向事主索取"发脚钱",甚至竟叫乞丐导至窝家诈赃,以饱私囊,真贼反令远口。遇有纠纷事件,则对双方都施以诬词，以达到逐户苛索目的，使无辜之人受累。官场之为非作歹，黑暗腐败，可窥见一斑。

道光十五年四月十八日，还查出湖南宝庆府邵阳县除监狱外，私设卡房三所，分别叫作外班房、自新房、中公所，每年三卡内"病毙"者，不可数计，被当地称为"四大寇十八路诸侯"害人。该县差役在册的有千余人，白役、散班却有两千余人。

对此，道光曾亲自过问，屡下诏谕。道光元年谕："私设一切非刑，概行禁止。"道光五年又谕："饬禁禁卒凌虐监犯。"各州县酷吏遍地，似狼如虎，"于心忍乎，于法平乎！"道光气愤地说："深为可恨，此等劣员不顾天理，不念人情，置百姓疾苦于度外，视国家法度如泛常，听任书役如狼如虎，扰害闾阎，灭尽天良，所谓以不忍人之心，行不忍人之政者，安在？"但吏害成灾，冤狱遍地，并不是几纸诏谕就能改变了的。

除了酷吏害人，遍设监狱外，积案不处理，案情错判也是屡见不鲜。安徽泾县民人徐飞陇被伤身死，悬案数载，死者家属两次京控，一直没有审明。道光六年，浙江省署黄岩县知县刘俨，在一命案验尸时，发现被害人曾得齐尸伤不符，也不追查，在上司的庇护下，使受害者冤沉海底。七年，山西交城县民人李积庆故意杀害胞兄，该县知县陈星珠未能审出实情，压案不办，不了了之。更有甚者，有的案件竟拖达三十余年之久。道光十三年揭发出来的四川庆府县梁贵一案，自嘉庆三年监禁后，在监三十五年，直到道光十三年，经提讯，确认无罪释放。道光得知此案情况后说道："梁贵一无罪之人，缧绁半生，殊出情理之外。"类似情况尚有许多，久不清理。直隶深州民人田兰馨京控一案，也达三十年之久，方才讯明奏结。在结案中错断之事还时有发生。"各省屡有斩绞错误之案"。道光二十五年，查出错结之案，四川有六起，河南有五起。二十六年查出，直隶、奉天、陕西、甘肃、云南各有五起错结之案。这只是查出的假错之案，由于官官相护或怕追查上司失察的责任，极力进行包庇隐瞒的还不知有多少。赃官酷吏造成的冤狱遍地的现实，使道光不无感叹地说："是多设一官，百姓即多受一官之累。"

贪赃受贿。有的公开索取，有的变换名目搜刮，官场中贪赃受贿公开成风。当时官员升迁要给上司各官送别敬银已成为不成文的规定，实际上是上下级官员间公开的行贿受贿。据载：补授陕西一个粮道出京上任时，竟用去别敬银一万七千两，"上任后每年年节寿诞均要给上司送礼，数目可观：将军三节两寿每次送礼八百两，又表礼、水礼八色，门包一次四十两。两都统每节送礼银二百两，水礼四色。八旗协领每节送银二十两。抚台分四季致送，每节一千三百两，逢节或寿诞还要送表礼、水礼、门包……每年仅送礼，就要用去近二万两白银。直隶道员徐寅弟，以过节做寿为名，接受"馈送"，他的下属蒋兆一人就送了白银两千四百两。徐寅弟管辖二府、四十八州县，"既经受收陋规，必不至蒋兆一人"。这些用于送礼的银两，当然不会掏官员自己的腰包，无非是"腹剥小民脂膏"，受害的还是老百姓。另外，像山西巡抚王兆琛一次受商人节规钱就达一万四千余两；霍州知州一次受贿达一万余两。还有像汾阳知县曹文锦、山阴知县金作节、河律知县程震佑均公开受贿。有的官员因受贿还闹出种种笑话。扬州一名知府审理一件诉讼案，原告为使官司打赢，先给知府送银五十两，但是，在堂审时，竟被打了五十大板，原告感到自己原本有理，又向知府送了银两，不该受此委屈，就向知府伸出五指，那知知府竟斥责说："被告比你更有理！"也伸出五指又翻了一番，表示被告贿银一百两，比你多一倍,所以原告要吃五十大板。

　　监守自盗,也是贪赃的一种手段。道光五年,广东管库官员假造文领,描摹印信,两次冒领库银一万二千两之多。各地库亏之案"层见叠出,甚至盈千累万",侵吞官帑,私饱囊橐。道光二十八年,查出历任运司出借公款银达九万三千九百三十余两。二十九年,又查出浙江各属库存正项动垫银亏达二百八十四万六千八百余两,亏仓谷一百十万九千五百余石,米三千余石。道光二十三年,还发生了震动朝野的库银盗窃案。户部银库管库人员监守自盗,自嘉庆五年,先后被盗出库银九百二十五万二千余两之多。

　　道光整饬吏治的决定是无可非议的,正是因为他看到了官僚机构的腐败,已严重危及王朝的统治。为澄清吏治他花费了极大的精力和时间,下达了众多的诏谕,采取了不少措施,包括撤换昏庸无能、严惩赃官酷吏等等。其态度和行动是认真的,但终不能将吏治整顿好,吏治败坏的情况继续发展,道光在诏谕中不断显露出他焦急的心情。但是,道光看到的只是吏治败坏的表面现象,他不能认识到吏治败坏的根源,就在于他要维护的封建制度。

第三章　以农为本

一、奖励垦荒

清王朝入关以来,也很重视屯垦之事。最初是在直省,随后,在新疆地区进行屯田,后来又在东三省及蒙古、青海、甘肃、热河等地招民开垦。

新疆屯田,从康熙年间就已进行。道光平定张格尔叛乱后,为充实边疆的防务,实行"以本地之民种本地之田,守要隘即捍身家"的办法。因而,屯田之事再次进行,也就成为处理善后事宜一项重要内容。先在大河拐,招募当地贫困的少数民族进行试垦。道光看到当地群众的支持是取得平叛战争胜利的一个重要因素,"喀什噶尔、英吉沙尔、叶尔羌三城去秋守御,极得兵民之力,即回众咸知兵威,民力实足以捍卫地方,正宜因势力导,俾联为体"。十一年九月,道光决定先将西四城可种之地招民开垦,并允许携带家属。为了增加边疆的军事力量,减少新疆兵费支出,对屯田农户中,有愿意入伍者,准其在当地当兵。这样做的好处是在当地"收一眷兵,即撤一换防兵额"。内地派兵戍边,由于路途遥远,后勤供应困难,开支极大,而且,急用时征调需时,往往会贻误战机。在当地屯户中出兵,既可戍边,又可省饷,调遣及时,有利于边疆的巩固。还规定:内地去戍边的士兵中,有自愿在当地安家落户者,听其自便。这样,数年之后,戍边士兵中可以有一半是当地屯户中的"眷兵"。随着屯田的扩大,人口的增多,戍边的士兵来源也就可以解决了。到那时,内地去边疆戍边的士兵,可以陆续全部撤回,戍边任务可以全部由屯农中挑选的士兵来承担。"回疆物产供回疆兵糈,兵民日益繁昌,则回心日益固结,是屯田一事,实为安边便民,足食足兵立良法。"

除了西四城之外,屯田地区不断扩大。乌什、阿克苏、乌鲁木齐所属的阜康、奇台暨吐鲁番,都招民屯田。伊犁惠远城以东,亦选当地民户开垦。阿卜勒斯荒地,全部给当地群众屯垦,设五个庄,每庄一百户,每户可得地二百亩。库车的荒地,亦给当地无地民众耕种。叶尔羌属巴尔楚喀,荒地很多,广招眷民,进行屯垦。另外规定,凡是从内地去新疆屯田的人户,"皆官给印券",自行前往。鼓励内地群众去边疆屯垦,但不强制。

为了使屯田能顺利进行,使屯田的民众能得到好处,对屯田户还实行减轻赋税政策,规定每年按土地肥瘠情况,"征粮多至亩二斗四升,次小麦八升,次六升五合,最少三升"。轻赋的目的在于"务使野无旷土,人尽力田,俾民食储边,并收实效"。

与新疆接壤的甘肃、青海等地,荒地极多,道光也谕令招民开垦,他在给鸦片战争中被发遣到新疆的邓廷桢的谕中,要他在甘肃"亲历周勘,设法招垦"。邓廷桢经过实地勘察,先后查出甘肃荒熟地一万九千四百余顷,又有番贡地约一千五百余顷,还有宁夏镇马厂归公地一百余顷。新疆、甘肃等地屯田开垦,虽然没有达到道光希望的"野无旷土,人尽力田",但总还是取得了一点成效。

除西北地区外,东北地区也进行了屯田垦荒,清朝时因东北是清王朝的"发祥之地",不准内地百姓前往,因此,关外土旷人稀,而蒙古族居住的地方,更为人口稀少,地域广袤,尤利于开垦。道光五年,曾迁移民七十七户,开垦了熟地三万三千一百余垧。

由于道光对东北地区屯垦工作过分谨慎，东北的屯垦进展不大。十二年，道光根据盛京将军裕泰提出的"科尔沁垦章八章"作出规定：垦地者必须用自己名字，垦荒数不能超过五顷，屯熟的地可以典押给农民，按契约折价收费；地主到时无力赎回，可让农民继续耕种，限一年抵还；年满后，允许地主自己种或租给原来佃户，不得重新典押，或者给人垦种，农民交还土地以后，可以自己去开垦荒地，自行耕种；蒙古人种熟地，不得租人，等等。这个章程在于保证开垦荒地者的利益和政府的管理，以便更多的荒地得到开发。

道光年间经过屯垦，荒地变成熟地，从已报数字看，其为可观。至道光十三年七月为止，乌拉凉山泉开垦地共有七万三千九百余垧。十四年二月，巴尔楚克的毛拉巴什赛克三一带荒地，累计开垦二万四千余亩，共招得种地民人三百六十余名，"实边储而壮声势"。八月，喀什噶尔屯田约二百余顷。二十年八月，乌鲁木齐所属各州县报垦地计有三万五千六百九十余亩。二十二年十月，惠远城东三棵树地方，可垦得地三万余亩。阿勒卜斯地方得地十七万亩。二十四年四月，围筑沙坦共得地一百三十九顷多，招募屯丁两千名。

上述数字，尚是不完全统计，当然还有地方官没有统计以及有意少报或不报的地亩。这些成绩的得来，是和道光的重视分不开的。道光为鼓励屯垦，对垦殖有功人员，也给予了奖励。道光在二十四年二月十二日说："伊犁地区极边，兵粮民食必当计及久远，当以开垦为第一要务，出力人员格外加恩。庆辰以知府尽先选用，塔那泰以同知尽先选用，保山以同知尽先选用，伊津色以通判发往甘肃差委补用，……此系朕破格加恩，嗣后能于应垦地亩随时经划，著有成效者，必当量加鼓励。布彦泰督率有方，赏加太子太保衔。"

布彦泰，颜札氏，满洲正黄旗人。嘉庆二十三年，充伊犁领队大臣。道光初，擢头等侍卫。历喀什噶尔参赞大臣、办事大臣、总兵、副都统，玉麟荐他"习边事"，调伊犁参赞大臣。二十年，授伊犁将军。二十二年，疏陈开垦事宜，说："惠远城三棵树地方可垦地三万余亩，请就本地民户承种输粮。阿勒卜斯地方可垦十七万余亩，请责成阿奇木伯克等筹计户口，酌量匀拨。"至二十四年疏报塔什图毕等开垦叠著成效，诏嘉他"忠诚为国，督率有方"加太子太保。他"用夫匠五十三万四千工，实垦得地三棵树、红柳湾三万三千三百五十亩，阿勒卜斯十六万一千余亩"，成绩卓著。他还奏留林则徐，与林则徐一起在南路阿克苏、乌什、和阗周勘，与喀喇沙尔办事大臣全庆，经两年，得田六十余万亩。全庆在回疆南路垦田也很有成效。林则徐在道光二十四年在新疆兴治屯田，周历南八城，濬水源、开沟渠，屯田三万七千余顷，给当地群众耕种，为新疆的屯垦做出了贡献。

道光除了奖励屯垦有功人员外，为了"屯垦得以储饷，边陲得以巩固"，在二十六年八月指示疆臣，要他们"准今酌古，实力讲求"，并特地将"于理兵储饷，再三致意，曲尽边防要领"的唐朝陆贽的《缘边守备事状》一疏，分发给有关将军、督抚、提督等人，要他们"置诸座右，务宜触目儆心，反复寻绎斟酌，以求其当变通以适其宜"。正是道光对屯垦的重视与督导，才收到上述的一点成效。

道光在边境实行"寓兵于农"的政策，不仅有利于减少军饷方面的支出，而且是他着眼于巩固边疆的具体措施，应该说是平叛战争得到的一点教训，客观上有利于边疆的开发和边防的巩固。

二、兴修水利

着重对黄河、运河、淮河、永定河以及直隶水利工程进行整治。

第一，治黄河。黄河是我国第二大河。它发源于青海省，东流经青海、四川、甘肃、宁夏、内蒙、陕西、山西、河南、山东九个省区，注入渤海，全长五千多公里，流域面积七十五万多平方公里。黄河可分为三段，从内蒙古的托克托县河口镇以上为上游，泥沙少，河水较清。从河口镇到河南的孟津县，是黄河的中游，流经黄土高原，由于高原上缺少植被保护，土层疏散，雨后大量泥沙从各支流冲入黄河，河水变浊，使黄河成为世界上含沙量最多的"泥河"，素有"一石河水六斗泥"之称。从孟津县至入海口，是黄河的下游。黄河流入华北平原，水势变缓，泥沙大量沉积，河底高出地面，形成世界上少有的"地上河"。黄河束狭于大堤内，流路紊乱，多沙洲汊道，带来严重灾害。正是"三年两决口"，洪水和冰凌灾害频繁，给沿岸广大人民带来巨大灾难。

由于黄河不断泛滥，因此，道光十分重视黄河的治理。但治理不甚得法，因而收效甚微。最初采取加高大堤，加宽堤顶的办法。道光元年，命河督张文浩与豫抚姚祖同履勘河床。道光三年，江督孙玉庭、河督黎世序提出"加培南河两岸大堤，令高出盛涨水痕四五尺，险要处堤顶加宽，以丈五尺及二丈为高度"的治理方案。这种水涨堤涨的治河办法，不能根本改变黄河成灾的状况。四年十一月，高堰十三堡决口，出现大水灾。道光把河道总督张文浩革职，另派严娘督工南河，并遣尚书文孚、江廷珍重新驰勘河床。五年，张井提出要疏通刷清河身的意见。道光对他的建议极为重视，认为是一种治河良策。六年，道光复命张井与琦善、严娘会勘河口。张井提出了新的具体的治河方案：由安东东门工下北岸别筑新堤，改北堤为南堤，中间挑疏引河，把黄河水导流入海。张井的主张深得道光的称赞，命张井督南河，淮扬道潘锡恩为副督，协助张井具体规划治河事宜。琦善对张井的主张有不同的看法，并提出了修正意见。琦善认为，"改河非策"，应该启王家营减坝，将正河挑挖深通，放清水刷涤，再堵坝，引黄河水归入正河。经多次众议，最后采纳了琦善意见，进行整治。十五年，以粟毓美为东河总督，他试用"抛砖法"来减少河水对坝的冲刷。在受到黄河水冲击的地方，抛下大量砖石，形成挡水坝，缓和了河水冲击的力量，有利于堤坝的稳固。他的办法行了数年，效果很好，而且节省治河费用一百三十余万两。二十二年，祥符堵塞，治理用银六百万两。二十三年，又任命钟祥为东河总督。二十四年，修筑东坝，又用白银一千一百九十余万两。

道光一朝，治理黄河耗资浩繁，由于治不得法，负责治理官员只顾眼前，不求根治，加之官员贪污盗窃，包工偷工减料，虽花去大量银钱，但黄河泛滥成灾仍不断发生。

第二，治运河。千百年来，运河是我国南北交通的大动脉，关系着南粮北运和南北诸省的物资交流。历代政府一直把运河作为漕运的主要通道。到清代，运河由于年久失修，加上黄河迁徙后，山东境内段水源不足，河道淤浅，有些地方成为死河，不能通航，每遇大雨还经常漫堤成灾。为了保证漕运畅通，道光也很重视运河的修濬工作。道光元年，为弥补运河水量不足，采用巡抚姚祖同的建议，在正河旁旧河形内抽沟导水，提高运输能力。三年，又添筑戴村坝的官堤碎石坝四处。由于嘉庆年间黄河经常决口，使运河河床淤垫不断增高，借黄河水促进运河运输的弊病日益加深。七年，张井、潘锡恩提出修复北运河刘老涧石滚坝、中河厅南纤堤、扬粮二厅东西纤堤及堤外石工,移建昭关坝。道光准行。十四年,两江总督陶澍、巡抚林则徐,在湖顶冲的黄金坝及东冈筑两重盖水坝,增建圩埂二千八百八十丈,使水入湖。又建筑减水石坝两座,在湖的东堤,以分泄河水暴涨之势。在入运河处修复念七店古涵,作为水门,并建立石闸,以放水助运。十六年,复移建黄泥闸于迤上二百丈,改为正越二闸,以有利于漕运。十七年,移筑襄沙引渠沙坝在西河渭外,以资取蓄。十八年,在临清闸外,添筑草坝九处,节节擎蓄,又在韩庄闸上朱姬庄迤南筑拦河大坝一个,使上游各泉及运河南注的水,拦人微山湖,又制定《收潴济运章程》六条。十九年,栗毓美又增高戴村坝。

第三,治淮河。淮河源出于河南桐柏山,东流经河南、安徽等省,到江苏省入洪泽湖。洪泽湖以上,河长八百多公里,流域面积十六万多平方公里。洪泽湖以下,主流出三河经宝应湖、高邮湖,由江都县三江营入长江,全长约一千公里,流域面积十八万多平方公里。较大支流北岸有洪河、颍河、涡河等;南岸有潗河等。下游有入海河道。1194年(南宋绍熙五年),黄河夺淮入海后,河道淤高,迫使淮河南下,辗转大运河入江,从此淮河两岸,"大雨大灾,小雨小灾,无雨旱灾"。由于淮河河道淤高,造成流入淮河的各河,如沙河、东西肥河、洛河、洱河、芡河等也经常泛滥成灾。江苏、安徽两省受害尤深。治淮河就要先治各河,有清一代经营于淮黄交汇的地区,花费钱财尤为可观。道光年间也极为重视淮河的治理。道光二年,修建高堰石工,由于施工草率,四年淮水暴涨,造成数处坍损。侍郎朱士彦在奏折中揭露了工程草率的情况:"高堰石工在事诸臣惟务节省,办理草率。又因抢筑大堤,就近二堤取土,事后亦不培土补足"。割肉补疮,造成后患。道光命文孚查议,文孚经过调查,建议改湖堤土坦坡为碎石,在仁、义、礼旧坝地方,各增建石滚坝,以防特大洪水。十年,张井建议:"淮水归海之路不畅,请于扬粮厅之八塔铺、商家沟各斜挑一河,汇流入江,分减涨水,并拆除芒稻河东西闸,挑挖河滩,可抵新辟一河之用。"道光十分赞赏这个意见,下令照办。十二年,移建信坝在夏家桥。十四年,改挑挖义字河头。

第四,治理永定河及兴修直隶水利。

永定河是海河水系五大河之一,在河北省西北部。上游桑干河源出山西省北部管涔山,东北流至今官厅水库。怀来县官厅以下称永定河,东南经北京市西郊,到天津市入海河,长六百五十公里,流域面积五万多平方公里。上流流经黄土高原,含沙量仅次于黄河,故有"浑河""小黄河"之称。下游淤浅,河道迁徙无定,故有"无定河"之称。清代筑"永定大堤"以固河床,后定名永定河,但其水仍经常决堤成灾。道光三年,河由南八工堤尽处决口而南,直冲汪儿淀。十年,直隶总督那彦成提出修建方案,建议在大范瓮口挑挖引河,并将新堤南遥埝,加高培厚。道光批准了这个计划,并准予兴工修建。经过整治,十一年春天,河溜注方向改向东北,经窦定,历六道口,注入大清河,水由范瓮口新槽复归王庆坨故道流动。十四年,宛平界北中、北下汛决口,大水由庞各庄循旧减河至武清的黄花店,仍归正河尾间流注入海。良乡界南二工决口,水由金门闸减河入清河。为了减弱水势,爰挑引河,自漫口处迤下直至单家沟间段,修筑二万七千四百余丈以分散水压。二十四年,南七口漫工,在迤北三里多远的河西营为河头,挑挖引河七十余里,直达凤河,以减水势。道光年间在治理永定河的工程中,还是以河患发生,方才消极应付为内容,缺乏有力的治灾措施。

海塘,只有江浙两省有,在海滨筑塘,捍御咸潮,以便沿海居民生活和耕稼。在江南,自松江的金山到宝山,堤长三万六千四百余丈;在浙江,自仁和至乌龙庙,直至江南金山界,塘长三万七千二百余丈。江南地区,平洋暗潮,水势比较迟缓。浙江则水势顺流而下,与溯江而上的潮互相冲突,形成激流巨浪,水势十分凶猛。清代整治海塘,改民修为官修,比较重视。道光年间也钜工累作,多次进行整治。道光十三年五月,拨巨款修筑,一次拨银五十一万二千余两。第二次,拨款十九万四千余两,十二月,又拨银九十二万二千两,累计一百十余万两,修补限内、限外制坝工程,并东塘界内,在前后两塘中新建鳞塘二千六百余丈。十四年,道光命刑部侍郎赵盛奎等查勘应修各工情况,又派左都御史吴椿往勘,并留在浙江会办修塘事宜。这一工程到十六年完成,累计修筑各工长达一万七千余丈,用银一百五十七万余两。

除上述治理工程外,在大江南北,远至新疆,均有水利工程动工,这也反映了水灾的严重和道光对水利的重视。因此,每年都要拿出巨款用于治河和水利工程。道光四年五月,“留江苏解部银十五万两濬太湖下游水道”“命户部拨银一百二十万两,兴办直隶水利”“修山东鱼台汛西岸河堤”“修直隶千里长堤”。五年,“修复湖堤,约需银三百万两”。而其中尤以治理黄河用费最巨,每年治理黄河约“需银三百万两”。“每年东河南河岁请修防经费数百万金。”“东河南河岁修银三百八十余万两。”

除正常开支外,每逢大汛或大水之后,又要追加经费进行治理,名为“另案工程”。另案工程用费浩繁,经常是多于常年治河经费。“道光中,东河、南河于年例岁修外,另案工程,东河率拨一百五十余万两,南河率拨二百七十余万两。逾十年则四千余万。六年,拨南河王营开坝及堰、圩大堤银合为五百一十七万两。二十一年,东河祥工拨银五百五十万两。二十二年,南河扬工拨银六百万两。二十三年,东河牟工拨银五百八十万两,后又有加”。这种“另案工程”,几乎成为常例,并年年追加。“道光二十五年,东河另案共二百五万八千七两有奇,南河另案,共银三百三十万四千八百八两有奇。二十六年,东河另案共银百九十四万七千七百二十三两有奇,南河另案共银二百九十五万三千五百二十四两有奇。二十七年,东河另案共银百七十九万八千九百八十七两有奇,南河另案工程,共银二百七十八万五千两有奇。合计约计东河每年百九十万两,南河每年三百余万两”。治河所需成为道光财政上又一项重要支出,因此,道光在八年十月乙未的上谕中申令节支,“河工所需为度支之大端,近年例拨岁修银两外,复有另案工程名目。自道光元年以来,每年约需银五六百万两”。数目惊人,而且逐年不断增加,以至还有“另案外所添之另案”名目。庞大的治河经费,已成为道光朝财政拮据的一个重要的原因。

水灾是道光朝的大患。道光对水灾的防治是认真的,可以说是“经营不遗余力”。为了防治洪水,在当时的情况下,道光动用了能使用的一切手段,包括行政上和财政上的,他罢斥了众多治河防洪不得力的河道总督和地方督抚,投入了大量的人力和财力,但事与愿违,收效甚微,各地水灾仍不断发生。究其原因,除客观自然因素外,大致有以下几点:

(1)河道失修。每年虽投入大量银钱用于“河工”,但经费许多都被贪污、挪用,致使不少河道淤塞。一些防洪工程,也因多年“总未认真修理,任其塌卸剥落,以致为患甚巨"，一遇大雨，即刻成灾。这样的例子屡见不鲜。如道光二年，直隶水灾，就是"由于河渠淤浅，水无所归"造成的。不少官员对所管河道，平日既不修浚，又"漫不经心，疏於防范"，遇到大雨，发生水灾，也就成为必然。

(2)治河无方，"有防无治"。一些河道官员，只要河不决口，就算万事大吉，根治之法，很少过问。因此，只注意加高堤坝、护卫堤岸或堵塞漏洞，做些表面工程，这在治理黄河上更为突出。"当秋伏大汛，司河各官率皆仓皇奔走抢救不遑，及至水流坝清，则以见在可保无虞，而不复再求疏刷河身之策，渐至河底日高，清水不能畅出，堤身递增，城郭居民尽在河底之下，惟仗岁请金钱将黄河抬於至高之处……每年东河、南河岁请修防经费数百万金，在国家保卫民生，原不靳惜孥金，惟以此年年增培堤堰，河身愈垫愈高，势将河所底止……一经下游顶阻，势必泛滥四出。"这种"增培大堤，接筑长堤，固是目前急务，第黄水出路不畅，若不急筹减落之法，仅恃增培堤岸，岂能抵御盛涨"，也致使水灾连年发生。虽然道光不断指出，"其弊皆由于有防无治"。"治河之道，疏瀹与修防并重"，但无济于事，仍然是"河底垫高，为患日甚"的局面。

(3)官僚机构腐败，贪污中饱，偷工减料。治河修堤偷工减料贪污中饱，已是司空见惯，道光也对此深知："朕闻自嘉庆年间以来，各河督等习于安逸，往往不於霜降后逐段亲诣勘验，以致工员等将虚贮、花堆、克扣、偷减诸弊，视为固然。甚或有佐办春工时辄以不应修而修，转将应修处所暗留为大汛抢险地步，以便藉另案工程事起仓促，易滋侵冒。"为此，道光让各工大员"严饬通工员弁，仍不得籍公帑以肥私囊，尤须严惩奸胥而斥劣幕"。虽屡有严谕，但仍不能制止此种情况发生。

道光二年，揭发出仪封大工冒销帑项滥行支付之事。该工程秸料共五千四百余垛，合银九十八万四千余两，但报销银却高达一百七十九万六千余两，浮销多报一倍。又将易钱之银每银扣制钱八十文，名为"八子"，前后共换银八十余万两，共扣得"八子"钱五万六千余串。引河挖沟，实用银一百九十八万五千余两，实报银却达二百六十万九千余两，浮销多报六十二万四千两，累计冒销银数达一百多万两。道光三年，又揭发出修河工程质量低劣贪污多报之事。建坝计算土方时，把挖的堤旁土的深度和填高的土加在一起算，挖去一寸，堤身等于自高一寸，再把挖的土堆在新筑堤上，堤增高一寸，实际上，挖一寸土，算堤高二寸，冒领一倍的工钱。在夯打新筑堤坝时，常常是填土三尺才夯实一次，造成堤身虚松很不牢固。派来检查工程质量的官员，并不认真查看，而是一望而过。管工官员还同检查官员、测量人员相互勾结，多报冒领。道光四年，十三堡、息浪庵决口，原因之一，就是由于河工官员"所办石工根本不牢固"所致。在修筑堤坝堰盱工程时，"石料内多欹斜空隙，仅恃灰浆锭镉，难资抵御"。此种情况，绝非个别之事。道光五年，揭发出南河工程积弊有十余条之多，新砌石料表面平整光滑，而内里堆放的都是没有加工的乱石块；内部空隙都用碎石填充；砌石灰浆不满；灰缝太薄；三合土中加杂着松散黑泥；砖料厚薄大小不一；桩根不稳固等等。这样的堤坝如何挡得住洪水的冲击？道光十一年，抽查东、南二河所备工料，发现扬河厅所存旧料九垛，均已变质；祥河厅人字场料垛、曹考厅顺坝厂中段料垛虚松不足，其中一半为残朽物料，不少地方还将工料随意挪用。

更有甚者，河工经费不仅被贪污、私分、挪用，甚至还成为一些河工官员应酬送礼的

"钱库"。道光对此异常气愤,他在上谕中指出:"朕闻近来江南河工时有过往官员及举贡生监幕友人等前往求助,该河督及道府碍于情面,不能不量为资助,以致往者日众,竟有接应不暇之势……该员等焉有自己出资之理,无非滥请支领赴扣工程以为应酬之费,於河务甚有关系,不可不严行禁止。因思此等游客,不能无因至前,往往向在京官员求索书信以为先容……南河既有此弊,东河亦所不免,著东河总督通行严禁。"

有限的治河经费,一被贪污中饱、挪用,二被具体管工者偷工减料窃走,真正用于治河已很有限,再加上治河无方,河流决口,水灾不断,也就无法避免。

道光虽然常常告诫官员,"河防关系国计民生",尽管他"不惜帑金"大力修防,但却是"万金虚抛",以有限的经费去填贪盗的无底之壑。

基于河患不绝,河工人员不得力,道光着力提拔治河人才。他认为:"河督第一重要。"除了前述不断调动不称职的河督外,他在道光六年正月提出:"将平素深知人员内有能胜此任者,不必拘定资格,核实保奏,以备简用。其厅汛各员内,如习气过深,阻挠公事者,亦当秉公澄汰,以挽挠风而昭惩戒。"道光特别赞扬了张井、潘锡恩"皆非河工出身,亦俱能尽力图治"。

潘锡恩,字芸阁,安徽泾县人,嘉庆十六年进士,曾任侍读学士。他曾上疏条陈河务。道光五年,他以道员发往南河,补淮扬道。六年,授南河副总河。二十二年,提出用灌塘法保证漕运畅通,与河督麟庆意见相同,授为南河总督。二十三年,他督工挑河四万一百九十余丈,启除界坝,放水畅通。河南中牟河决口,黄水往湖,他上疏请放山盱各坝宣泄湖水,导出湖水,引入中河,以济转运。又以上游河水陡落,有淤垫,组织挑工清淤。秋天,湖水又涨,掣卸高堰石工四千余丈,由于抢护及时,没有决口。二十四年,黄河水流未复故道,他急筹济运,宣泄湖水,启放外南厅属顺清河,导引入河归海。二十五年,中牟合龙,南河连年无险,潘锡恩有大功。

道光把选用河务人才放在首位,他"屡次开诚布公降旨垂询,原因河务紧要,必与该督和衷共济,相助为理,庶于公事有益"。但综观道光年间所用河督大员,精通水利的干练之员并不多。有人论述说:"河患至道光朝而愈亟,南河为漕运所累,愈治愈坏。自张文浩蓄清肇祸,高堰决而运道阻,严娘畏首畏尾,湖河并不能治。张井创议改河,而不敢执咎,迄于无成,灌塘济运,赖以弥缝。麟庆、潘锡恩因循其法,幸无大败而已。吴邦庆讲求水利,而治河未有显绩。粟毓美实心实力,卓为当时河臣之冠,不独砖工创法为可纪也。东河自毓美后,朱襄、钟祥、文冲继之,祥符、中牟迭决,东河遂益棘也。"这一段评论,对道光年间水政的评价还是比较恰当的。

三、蠲赈救灾

在封建社会,由于科学技术不发达,生产能力低下。人们抗御自然灾害的能力非常微弱。各种天灾的侵扰与破坏,成为历代王朝非常头痛又苦于应付的大事。道光在位期间频繁不断的自然灾害,是其继位以来在内政上遇到的一大难题。三十年间,水灾、旱灾、蝗灾、震灾、风灾、霜灾、雹灾、瘟疫……人间能遇到的自然灾害,都交替发生,有时是几种灾害同时发生,从未间断。不但灾害多,而且受灾地区广泛,北自黑龙江,南达两广,东起沿海诸省,西达新疆等地,大江南北,长城内外,几乎是无处没有发生过灾情。

小灾波及几县、几十县,大灾遍及数省上百乃至几百个县。在灾害严重的年代,有的地区不断出现"人相食"的悲惨景况。天灾,再加上吏治败坏造成的"人祸",更加加重了灾情的蔓延和人民的痛苦。

道光朝不断发生的众多自然灾害中,尤以水灾发生最为频繁,受灾地区也广。据《清宣宗实录》《道光朝东华录》《清史稿》及有关资料记载,道光朝发生的水灾灾害有以下特点:

第一,连绵不断,受灾面广。

自道光元年(1821年)至道光三十年(1850年),三十年间,年年有水灾发生。北自黑龙江,南到贵州、云南,就连经常干旱少雨的甘肃也曾出现水灾。三十年间,全国有十几个省有水灾发生,其中尤以直隶、山东、湖北、江苏等省最为频繁,灾情也重。

第二,灾情重。

如道光二年(1822年)。山东卫河,河南沁河,河南、直隶间的漳河,山东武城河,河北武强河,山东徒骇河,湖北汉水等,众多河流同年决口。其中尤以直隶灾情最重,入夏以来,连降大雨。河渠淤浅,积水无处泄,致使一百四十三州县中被水淹者达八十州县。这一年全国有十余省报有水灾发生。道光三年(1823年),永定河、北运河、山东武城河、卫河、太湖决口漫溢,浙江杭州等三府,江苏太仓等十七州县也同时发生水灾,其中尤以直隶、山东、江苏、浙江等省为重。直隶大面积被淹,上年被淹地区积水未退。今年又再次遭灾,"顺天府属州县上年被水,文安县村庄涸水不及十分之二,其余水深三四尺至八九尺不等"。这一年全国又有近十个省发生水灾。灾情之重为道光朝所罕见,损失也大,"道光癸未(三年)大水,元气顿耗"。又如,道光十二年(1832年),黄河、淮河、永定河、汉水、堵水以及其他一些河流都发生决口,均州汉水溢入城,水深七尺,民房倒塌无数。道光十三年(1833年)、二十一年(1841年)、二十二年(1842年)、二十三年(1843年)、二十四年(1844年)、二十七年(1847年)、二十九年(1849年)等年一些地区均发生较大水灾。"癸巳(道光十三年)大雨而后,无岁不荒,无县不缓。以国家蠲减旷典,遂为年例"。道光朝灾害之重,受灾地区之广,从中可以窥见。

第三,一些河流经常决口。如黄河在道光四年(1824年)、十一年(1831年)、十二年(1832年)、二十一年(1841年)、二十二年(1842年)、二十三年(1843年)、二十四年(1844年)、二十九年(1849年)多次决口,有时是多处决口。其中二十一年六月黄河在河南决口,将省城围困,"四面城身,久泡酥损";二十三年,黄河、沁河盛涨。"大溜湧注,将中牟下汛入堡新埽先后全行蛰塌,口门塌宽一百余丈""河南省城积水未消"。淮河在道光四年(1824年)、二十一年(1841年)、二十三年(1843年)先后决口。永定河、汉水也是经常泛滥。道光二十三年(1843年),永定河决口,"口门塌宽三百六十余丈。

水火无情。自然灾害首要的直接受害者是灾区的贫苦百姓。洪水泛滥,一片汪洋,房屋倒塌。庄稼被毁,众多人溺毙,幸存者处于饥寒交迫之中。道光二年,直隶大水成灾,御史郭泰成在该年七月戊辰的奏折中讲到直隶此次灾情时写道:"直隶入夏以来大雨时行,田禾被淹",灾民无法活命,"待赈不暇,……数万饥民驱令枵腹……嗷嗷待哺"。道光三年(1823年),直隶又遭大水,无数灾民为了活命,离乡背井,逃往他乡谋生。如此严重的灾情,众多百姓的生命。清王朝不能不予重视,道光在上谕中说道:"所奏甚是……本年直隶水灾较广……风闻各处关口留难向阻……该民人甫抵关门，又复长途纡折，其情极为可悯……其实系觅食灾民，只须问明来历，以备稽查，毋得概行拦截。"道光在另一份奏折中批示说："直隶连年水灾，皆朕不德，不能上感天和，致我无辜赤子荐受灾荒，何忍睹此景象，惟有返身修己，极力拯济。"道光自责，是为了安抚民心，也反映了灾情的严重性。

由于黄河、淮河以及其他一些河流治理不善，经常决口，造成沿岸广大地区饱受水灾之苦，从道光有关上谕中也可窥见一二："见在淮扬及安东海沭一带皆成巨浸，小民荡析离居，饥寒交迫，该督等能无蒿目伤心。""江浙、安徽、湖北等省，皆因雨水多涨，各属漫淹较广，灾民荡析离居，嗷嗷待哺……灾区既宽……哀鸿满目。"

许多地方由于灾害连年，以致发生人相食的惨状。

道光十二年（1832年），北方不少地区，"入夏以来，经月不雨"，出现旱灾，而江南一带则遭受了洪水之害。这一年春天，昌平等地发生饥荒。夏天，紫阳大饥，出现了人相食的惨况。十三年（1833年）春，山东诸城、日照大饥，当地群众大量外逃活命。夏天、保康、郧县、房县饥荒，又发生人相食之事。二十七年（1847年），南乐饥，人相食惨景再度发生。二十九年（1849年）夏，江陵、公安、石首、松兹、枝江、宜都等地洪涝引起饥荒，饿死者无数，到处是"嗷鸿遍野，安集无期"的悲惨景象。

自然灾害不仅给道光朝带来了财政上的巨大困难，而且也反映了吏治的败坏，道光对此深感不安。他认为："既已失经理于先，必应善补葺于后，虽曰天灾流行，然人定亦能胜天。"为此，道光采取了如下措施：抓防惩——及时预防，惩办不力的官吏；抓赈恤——拨款赈灾，安排流民。

（一）治蝗害于未萌之中

每届蝗卵、蝗蝻滋生期间，道光下令全力扑捕。道光元年（1821年）六月，颁发了康济录《捕蝗十宜》。申令如地方官捕蝗不力，发现有飞蝗之处即予处分。又颁寄申启贤所录乾隆年间户部议准《捕蝗章程》六条，加上申启贤拟加的四条，严格执行。道光三年（1823年）八月，将因捕蝗不力的海州直隶州知州刘铃革职，饬令淮海道亲自前往捕捉飞蝗。道光四年（1824年），容城知县、大兴知县、宛平知县捕蝗不力，摘去顶戴，责令十日内捕尽。道光五年（1825年）五月，发现香河等十四州县有蝻虫出土，令其速捕，并设厂收买，以钱米易蝗。宁河知县、宝坻知县因蝗蝻出土已一月，捕除不力，摘去顶戴，令直隶总督蒋攸铦赶捕飞蝗。道光十二年（1832年）六月，谕令及早捕灭蝗蝻，捕蝗不力的人员要严参。道光十五年（1835年），南方各省多受蝗灾，对有关官员"立即从严参处"。道光十六年（1836年），飞蝗成灾，将捕蝗不力的大同知县、怀仁知县、山阴知县摘去顶戴，勒令捕捉，克期净尽。

（二）赈躐灾区

道光朝连绵不断、破坏严重的自然灾害，不仅造成灾区人民的大量死亡和流散，而灾区更多的人需要活命。封建社会大灾之后往往带来大乱，这在历史上是屡见不鲜的，道光也深知这一点。为了安定统治秩序和保护一定的劳动力，道光每年不得不拿出大量粮食和金钱,对灾区百姓进行赈济。救灾方法,是赈济、蠲免、借贷、缓征等等。

第一,赈济。

包括赈济口粮、子种、修屋费等。如道光元年(1821年)四月,拨江苏省海州等州县赈银四十五万六千两。道光二年(1822年)三月,拨江苏上元等二十一州县赈银五十四万两。九月,拨通仓米十万石赈直隶省被水灾民。道光三年(1823年)二月,河南、山东二省运通州粟米内拨出十八万石展赈。六月,因永定河溢,北运河又同时泛滥,加给直隶二县灾民二个月口粮,十四日,又谕令,因直隶通州等八十一州县农田被水淹,受灾之户五口以上者,给米四斗,四口以下者给米三斗,每米一石,折银一两四钱。二十三日,又将粤海关解部税银截拨四十九万两;九江关解部银截拨十五万两;临清关拨银六万两;天津关拨银二万两;山东拨捐监银十万两;河南拨捐监银三万两,地丁银八万两;河东秋拨应报河工经费项下拨银七万两,解赴直隶。道光说:"直隶连年水涝,朕尽力拯济,虽重帑用之于百姓,不稍吝惜。"二十八日,统计直隶已有一百另八府厅州县受灾,为赈灾而截留漕米达四十万石,又拨奉天存仓粟米约二十万石留作备用。并在卢沟桥、黄村、东坝、清河四处办理赈务,每处以白银五万两,于八月一日开厂煮粥。八月十八日,又具体规定每月逢一、六日按人口定量发放赈米。

道光三年(1823年)的大赈济,是道光登极后遇到的最大的一次自然灾害,而采取的第一次大规模的赈济。这一年,除直隶外,江苏、浙江、江西、湖北、河南、山东等省的一百多州县也受灾害,也分别进行了赈济。对重灾的江苏苏州、松江地区,还加赈银一百万两。仅据《道光朝东华续录》所载,这一年清政府用于直隶、江苏、浙江、安徽等省灾区的赈款,就达四百余万两,粮食百万多石,还不包括地方自己可以动用的银两和捐银。

道光四年(1824年),赈直隶、河南四十州县,江苏、安徽、浙江、山东等七十七州县一月口粮,给江苏上元等灾区银三十八万五千两。以后各年,赈济口粮工作连续不断,赈银不断,如道光七年(1827年)。给高邮等受水灾州县赈银五十六万多两;道光九年(1829年),给江苏海州等州县展赈口粮等共三十五万两。道光十一年(1831年)十月,截留江西漕米八万石赈南昌、九江饥民。十二年(1832年),湖北水灾,拨银三十万两赈灾,十二月,又拨浙江、江西仓谷二十万石赈济福建灾民。十三年(1833年)二月,淮扬等属计二十二州县受灾,拨款三十五万两赈济。十四年(1834年)二月,给昆明等十一州县地震赈银八万两。十六年(1836年)正月,拨山东司库银五万两赈济登、莱、青三府饥民。十九年(1839年),拨银五千两,赈台湾地震灾民。二十七年(1847年)七月,拨库银十万两及拨邻省银二十万两,赈济河南旱灾。八月,再拨内帑银三十万两,又命户部拨银三十万两赈河南灾。道光说:"当此经费支绌之时,朕不惜内帑以延民命。"可见灾情之重,赈银之艰难。九月,命江苏、安徽两省购米,运往河南赈灾,给河南四十一州县发放口粮。十月,命河南将本年应征漕粮一万四千四百石留放本省备赈。十一月,缓河南六十四州县新旧额赋。十二月,给河南十七州县水灾口粮。二十八年(1848年)九月,因这一年江宁、扬州、淮安,灾情重,拨银七十八万两备赈。由于湖北灾重,从顺天府拨银三十万两。江西、山西各拨银十五万两,共拨银六十万两备赈。二十九年(1849年)六月,道光在上谕中讲道:"凡有可以恤民之处,自无不尽心经理,力图保全,惟灾区既宽,费需甚距,虽经官民等量力捐助,赈恤穷黎,尚恐未能周遍,当此哀鸿满目,朕复何忍稍为屯膏致民困未能即苏。"这一年,由于江苏、浙江、安徽、湖北等省受水灾地区较广,道光谕令各省督抚将藩关各库银两酌留备赈,同时准许商船向灾区贩米免税。虽如此,能否赈济周全?对此,道光仍十分忧虑,"即令筹款赈抚,仍恐缓不济急",为此,再次令发内帑一百万两赈灾。当他听到赈济灾区收到一定成效时,异常兴奋地说:"臣民之福,即朕之福",反映了他关心灾情的真实心情。

第二,蠲免。

包括免除额赋、税课、捐支等等。据《道光朝东华续录》等资料不完全的统计,由于灾害或其他原因。受到赈济、蠲免、缓征赋税一部分或全部的州县,道光二年(1822年),为二百八十八个州县;道光三年(1823年),为四百二十七个州县;道光四年(1824年),为三百二十一个州县;道光五年(1825年)、六年(1826年),为二百八十二个州县;道光七年(1827年),为二百四十六个州县;道光八年(1828年),为一百九十八个州县;道光九年(1829年),为一百八十三个州县;道光十年,二百九十个州县;道光十一年(1831年),三百五十个州县;道光十二年(1832年),为五百八十四个州县;道光十三年(1833年),为四百二十七个州县;道光十四年(1844年),为四百二十三个州县;道光十五年(1835年)。为四百二十四个州县;道光十六年(1836年),为四百五十六个州县,道光十七年(1837年),为四百四十个州县;道光十八年(1838年);为四百六十个州县;道光十九年(1839年),为四百四十个州县;道光二十年(1840年),为四百七十个州县,道光二十一年(1841年),为四百八十九个州县;道光二十二年(1842年),为四百一十三个州县;道光二十三年(1843年),为四百四十一个州县;道光二十四年(1844年),为四百五十五个州县;道光二十五年(1845年),为四百九十七个州县;道光二十六年(1846年),为七百一十个州县;道光二十七年(1847年),为六百五十个州县;道光二十八年(1848年),为六百四十六个州县;道光二十九年(1849年),为四百一十个州县。道光朝三十年间,平均每年约有四百个州县受到赈济或蠲免、缓征赋税。

道光对灾区进行蠲免,既由于灾情严重,民生无着,蠲免多少可以减轻一些人民的负担;也由于百姓遭灾,衣食无着,想征收也无法征到。有些赋税早已拖欠多年,根本无法收取,只有进行蠲免。如果说前一个原因是主动赈灾,那么,后一个原因实际上是被动的免赋。是无可奈何之举。但不管是主动的赈灾,还是被动的蠲免。都减少了道光朝的财政收入,也就加重了道光朝的财政困难。道光十二年(1832年),道光在一份上谕中说:"据户部奏,自道光十年以来,陆续拨给各省军需、赈恤、河工各项银两,加以被灾省份缓免钱粮,并两淮盐课,统计一二年间,多出少入二千余万两。"

道光在治灾中,除了政府拨款实施赈济,进行蠲免外,还采取了其他一些办法。

第一,奖励捐输,救济灾区。

道光十二年(1832年)正月规定,凡捐资助赈三百两以上者,议叙,给予顶戴,有职人员,给予加级记录;捐资一千两以上者,给予职衔。道光十三年(1833年)三月,表扬了滦州等地区捐资的"善举"。滦州等三十七州县"劝捐粮食自数石至数百石不等,劝捐钱自三四千串至万余串不等"。天津一县就捐银五万多两。这些捐输被称赞为"以民养民之善举"。道光十五年(1835年),有的绅商一次就捐出三万二千两赈济银。二十九年(1849年),苏州商捐制钱十万千文。除了个人捐资外,非灾区资助灾区也是一种形式。

道光二十七年(1847年),河南遭到特大灾害,江苏、安徽运粮支援,减轻了河南由于灾害造成的困难。这种"以民养民"的赈济方法,既利于灾区灾情的缓解,也缓和了政府则政上的困难。

第二,劝课农桑,多辟水田,进行自救。

一是借给灾区籽种,二是抓住季节,抢播抢种。道光要求在北方"多辟水田"。让地方官在可以开辟水田的地方。劝导当地民人从事耕种水田。直隶省雨水多,灾区广,要在退水之地及时抢种和补种。种"一项即有一项之益",于"国计民生实有裨益"。抢播抢种可以安顿民生,缓解灾害造成的困难。道光二十二年(1842年)二月,道光对贵州巡抚贺长龄报告试种桑秧木棉,教民纺织以行自救一事,批谕说:"实力劝导,断不可中辍"。为了使北方灾区生产发展,道光二十三年(1843年)七月,谕令将南方民间灌田使用的水车,交发府县,让地方官劝民仿制,试行灌溉。并告谕地方官员。开始时"未免惜费惮劳",但只要行之有效,就能对"农功必有裨益"。这也是道光重视农桑的一种表现。

第三,以工代赈,兴修水利。

道光十二年(1832年),北京及直隶入夏以来经久不雨,旱情严重,到了七月,永定河溢,许多地区受灾。道光除拨钱粮进行救济外,还采取了"以工代赈"的办法,兴修水利。道光十三年(1833年)正月,用以工代赈的办法,疏浚北京九门护城河道。七月,谕令直隶用以工代赈的办法兴修水利。道光二十八年(1848年),湖北水灾,九月,道先谕户部拨银六十万两赈济湖北水灾,同时谕令有堤各州县以工代赈修筑堤防。

从道光时期统计资料表明,道光年间自然灾害年年不断,为缓和灾情,道光进行了涉及面极广、数量极大的救灾、治灾活动。修河防、筹海运、蠲免缓征赋税积欠,多少体现了道光关心民瘼顾及民生的情况。

道光在采取经济上救灾措施的同时,为防止官员在救灾中贪污中饱,采取了相应的措施。一方面三令五申,严禁救灾官员中饱私囊;另方面则把政府救灾事宜,刊刻誊黄,广为张贴,让百姓知道,防止官员克扣。使灾民得到实惠。道光告诫赈灾官员,必须做到:一不得假手胥吏,致有侵冒;二要公开赈务,让百姓知晓;三要有详细赈灾发放清单,以备查考。道光六年(1826年)十月,在一份上谕中讲道:"除奉旨刊发誊黄遍行晓谕外,仍饬各州县将被灾某村庄应赈户口若干,某户某名口,分别极贫、次贫,应给口粮若干,再逐一明榜示……如需支放折色,或以银易钱散放,亦须将每户大口小口,分别给银若干,应照市价制钱若干之处,一并详细列入。其附近灾区,成熟村庄或一律缓征,或仍应完纳,亦将某村庄应缓,某村庄应征,一体明白宣示。"道光想制订周详的赈灾规定,以便能使赈灾钱粮真正发到饥民手中,其用心不能不说良苦,但是,腐败的官僚制度下的贪官污吏,还是使用种种手段贪污克扣。

首先,谎报灾情。道光三年(1823年)七月,道光发现,有的地区富豪人家与地方官吏勾结,以熟作荒,企图得到蠲缓。而实际受灾地方的百姓,由于无钱向官员行贿,地方官吏不予报荒注册,便以荒作熟,这样就得不到赈济、蠲缓。开征时,受灾地区穷苦百姓无力完纳赋课,地方官又以实欠数字申报蠲缓。得益的不是需要赈济的灾民。而是地方官吏和富户。道光说:"虚报户口,百弊丛生,甚为可恶。"

其次,冒领赈款。道光十三年(1833年)十月,道光发现,被灾地方,穷民最苦,豪棍最强,富户最优,吏胥最乐。赈济时,有挽糠秕短缺升斗私饱己囊者;有派累商人,抑勒铺户令其帮助者;有将乡绅家丁佃户混入丁册,希图冒领者;有将本署贴写皂班列名影射者;有将已故流民艺丐入册分肥者;有将纸张、饭食、车马、派累、保正作为摊捐者;有将经济贸易人等捏作饥民,代为支领者……这些人以灾荒为得计,施展各种伎俩,从中渔利,坑害百姓,而真正的饥民得不到实惠。

灾民由于得不到赈济,为了活命纷纷逃往他省。据道光十一年(1831年)九月有的地方统计,"一月以来,灾民过苏州境者,已有二万余人,现在陆续来者,日数百人或一二千人不等"。西安省城"游民不止八九万人"。道光说,如果当地赈灾办得好,灾民何至"舍近就远",离乡背井,流离失所,转辗沟壑?道光的"勿令一夫失所"等指示,只能成为一纸空文,尽管道光把赈灾放到极为重要的地位,但赈灾要靠具体人员去做,而吏治败坏,赈灾收效只能微乎其微了。

第四章　平定张格尔叛乱

一、张格尔其人

张格尔,新疆和卓波罗尼都的孙子。

波罗尼都的父亲维吾尔族封建主玛罕木特,因反抗蒙古准噶尔部,连同他的两个儿子——大和卓波罗尼都、小和卓霍集占,被准噶尔汗策旺阿拉木坦拘禁在伊犁。乾隆二十年(1755年),清军平定准噶尔达瓦齐分裂势力叛乱,进入伊犁,释放了被准噶尔拘禁的大小和卓。清政府让大和卓波罗尼都回到叶尔羌,统辖旧部,让小和卓霍集占留在伊犁。准噶尔部阿睦尔撒纳叛乱时,霍集占与其勾结。乾隆二十二年(1757年),清政府平定了阿睦尔撒纳叛乱,霍集占畏罪逃往南疆,煽动其兄波罗尼都叛乱。乾隆二十四年,清政府平定了大小和卓叛乱,波罗尼都,霍集占被诛,清政府重新统一了新疆地区。乾隆二十七年,清王朝在新疆设置伊犁将军,统辖天山南北路,还在新疆各地驻扎军队,设置卡伦(即哨所),加强了对西北的统治。

在清军平定叛乱时,大小和卓曾遣使向霍罕投降,霍罕鉴于清王朝兵力强盛,不敢收纳。大小和卓被歼,大和卓波罗尼都的次子萨木萨克逃入霍罕,霍罕收留了萨木萨克,又怕清王朝用武力追索,遭受战事波及,只好告知清政府,表示愿意担负监守萨木萨克的责任。乾隆帝也因势利用,答应每年给白银一万两,让霍罕约束萨木萨克等人。霍罕又藉萨木萨克和卓之名,用以号笼络教徒。

波罗尼都长子阿布都哈里,按清律应行缘坐连诛,乾隆怜他年幼无知,免其一死,将他赏给功臣家作了奴隶。道光三年,又将阿布都哈里一家人入蒙古正白旗,并"赏给差使"。

萨木萨克入霍罕后,叛心不死,久想借助霍罕兵力在新疆发动新的叛乱,进行分裂祖国的活动,他的次子张格尔追随其父,在霍罕以和卓后裔为名,进行煽惑活动。

张格尔曾在阿富汗喀布尔受过教育,在此期间,开始同英国殖民者接触。为了恢复在新疆的世袭封建特权,张格尔卖身投靠英国。英国殖民者早就觊觎我国新疆,从19世纪20年代起,不断派遣间谍冒充传教士和商人,潜入新疆内地活动。张格尔的卖身投靠,为英国殖民者实现其侵略我国新疆的野心,提供了一个良好的机会。英国殖民者向张格尔提供顾问和军火,并帮助张格尔训练了一支叛乱武装。经过几年策划,张格尔自以为羽翼已丰,能够发动武装叛乱了,便利用南疆地区因清办事大臣斌静的庸谬而造成的群众怨恨情绪,又借助布鲁特的力量,终于发动了持续数年的叛乱战争。

乾隆二十四年(1759年)平定回部大小和卓叛乱之后,为了缓和民族矛盾,清政府实行轻徭薄赋的政策,使当地"回民"(维吾尔族)得以休养生息。然而,随着时间的流逝,清政府派驻新疆地区的各级官吏贪婪腐败的本性恶性发展。嘉庆时,他们与当地维吾尔族官吏(伯克)狼狈为奸,"敛派回户,日增月甚",除铜钱外,"又土产、毡裘、金玉、缎布赋外之赋,需索称是,皆章京、伯克分肥,而以十之二奉办事大臣",致使回民和其他少数民族怨声载道。此后,回民反抗事件不断发生。与此同时,早已将势力伸入西亚地区的英国殖民者,别有用心地在浩罕(在今乌兹别克斯坦境内)等国培养了一批外逃的和卓后裔,利用他们与清政府相对抗。张格尔即是其中之一。张格尔野心勃勃,时刻梦想在南疆恢复和卓家族的统治,为此"以诵经祈福传食部落",笼络和愚弄维吾尔族人民。嘉庆二十五年(1820 年)秋,张格尔利用南疆维吾尔族人民对参赞大臣斌静的荒淫贪暴和残酷压迫极为不满之机,率数百名叛军潜入南疆,勾结维吾尔族上层人士比苏兰奇,向清军发起进攻,失败后慌忙逃往浩罕。道光四年(1824 年)秋、五年夏,张格尔屡以小股袭扰近边,而清军屡捕不获。五年九月,清领队大臣色彦图率兵二百人出塞巡逻,未遇张格尔叛兵,回师途中,纵兵滥杀无辜,布鲁特部妇孺一百余人,激起义愤。该部头目率部追杀,将色彦图等围歼在一座山谷里。道光帝得知后,感到边事日紧,一面迅速调兵遣将,加强清军的防御力量,一面告诫伊犁将军庆祥:"现在张格尔窜逃未获,难保不乘间窥伺。"他令庆祥加强警惕,密切注视张格尔的行踪,随时做好平叛准备。

道光六年六月,张格尔纠集安集延(今乌兹别克斯坦安集延)、布鲁特(柯尔克孜)五百余人,由开齐山路闯入中国,进至距喀什噶尔(今喀什)数十里的阿尔图什(今阿图什),以祭祀祖墓为名,煽动当地民众反清。新任喀什噶尔参赞大臣庆祥闻知消息,立即派兵进讨,消灭叛军四百余人、生擒四十余人。但张格尔突围逃走,喀什噶尔一带发生叛乱,以致"道路不通,万分紧急"。

张格尔感到自己的力量不足以同清军抗衡,便遣使向浩罕求援,以出卖祖国权益为条件,"约破西四城(喀什噶尔、英吉沙尔、叶尔羌、和阗),子女玉帛共之,且割喀什噶尔酬其劳"。浩罕统治者穆罕默德·阿里汗利欲熏心,亲率万人进攻喀什噶尔,遭到清军的顽强抵抗。后因与张格尔发生矛盾,恐腹背受敌,率军退走,但有二三千浩罕兵被张格尔诱留,并被置为亲兵。七月底至八月中旬,张格尔叛军先后攻占了和阗(今和田)和英吉沙尔(今英吉沙)二城,接着全力进攻喀什噶尔城。守军在庆祥的指挥下,英勇作战,顽强抵抗了两个多月。终因援绝力竭,喀什噶尔于八月二十日被叛军攻破,庆祥自缢身亡。不久,叶尔羌(今莎车)也落入敌手。张格尔得意忘形,竟在喀什噶尔"自称赛义德·张格尔·苏丹,宣布为当地的统治者",随即在南疆实行极其野蛮的统治,其暴虐甚于从前的和卓千百倍。不久,广大维吾尔族人民认清了张格尔的嘴脸,转而支持清军,有的还积极参加了以后的平叛战争。

二、平叛部署

张格尔叛乱的消息传到北京,道光帝意识到如不迅速平定叛乱,势必危及清王朝在新疆的统治,因而立即进行平叛部署,并在随后开始的平叛战争中,采取了一系列有力的措施,其中主要有:

第一,在军事上,迅速调兵遣将,以期厚集兵力,一鼓平定叛乱。道光帝最初任命能征善战的署陕甘总督杨遇春为钦差大臣,令其统领万余大军,前赴新疆筹办剿捕事宜。不久,又以伊犁将军长龄为扬威将军,杨遇春和山东巡抚武隆阿为参赞大臣,并调派吉林、黑龙江、四川三省清兵,总兵力达三万七千余人。道光帝认为,阿克苏为"回疆适中要路",再三叮嘱长龄、杨遇春等人,清军先头部队在此地暂时屯驻,养精蓄锐,待后续部队到达,再会合前进,"务期厚集兵力,一鼓扫除,以彰天讨"。他还再三告诫将士,"勇往之中,寓慎重之意""不可冒昧轻进,致堕贼人奸计"。大军出发后,道光帝又提醒长龄、杨遇春等人,注意严防后路,廓清台站,以免腹背受敌。为了保证平叛战争的顺利进行,清廷还制定了奖惩和严守军纪的条例,规定"一切军情,无论满汉官兵,总当视为一体,秉公持正,微功不掩,小过亦惩,俾令众志成城,同心敌忾",以充分调动清军将士平叛的积极性。

第二,政治上惩办贪横不法官员,并向回城居民宣示恩威,实行严格的区别对待政策。道光帝在出兵平叛的同时,寻思回部"久已习为恭顺,何致遽思变乱"? 最后得出"总由近十余年来,历任参赞、办事大臣等贪淫暴虐"的结论,并令长龄对此"细加察访"。不久,他根据长龄的奏报,将民愤极大的原喀什噶尔参赞大臣斌静等人定为斩监侯,从而在一定程度上缓和了民族矛盾。另外,道光帝还多次谕令长龄、杨遇春等人,行军途中广张告示,宣示朝廷恩威,并对叛乱者根据不同情况予以区别对待:对"甘心助逆"而又"执迷不悟,抗拒大兵"者决不宽贷,而"被胁附合之众,果能解甲迎降,投诚乞命,皆可量予宽贷,乃令各复旧业",以最大限度地孤立张格尔为首的叛乱者。

第三,后勤供应上,竭力保证粮饷和其他军用物资的源源接济。道光帝在调兵平叛的同时,命令户部筹集军火粮饷及一切经费,使之"源源接济,兵精粮足"。为了使这一思想落在实处,先后采取了如下得力措施:先命陕西巡抚鄂山署理陕甘总督,办理军需粮饷驮载等项事宜。接着,又把熟谙陕甘事务的前任陕西巡抚卢坤派驻甘肃肃州(今酒泉),督办一切军需粮饷,并命鄂山驻扎兰州,调度策应,遇事与卢坤"和衷商榷,督饬委员及地方官迅速转运,源源接济,毋得短绌迟误"。随后,又派办理粮饷颇有经验的大臣恒敬驻哈密,以确保关内外粮饷的转输顺畅。当大军集结于阿克苏时,道光帝鉴于乌鲁木齐屯粮数额原本不少,将此地之粮运往阿克苏,较之由内地转输,路途几近过半,毅然决定以乌鲁木齐为后路粮台,令大臣英惠总办其事。这就更好地解除了参战部队的后顾之忧,保证了平叛战争的需要。

三、战争过程

(一)柯尔坪之战

道光六年八月,道光帝得知张格尔叛军攻占和阗、英吉沙尔,并围攻喀什噶尔的消息之后,立即发布谕令,严肃指出:"刻下紧要机宜,总以严守东四城(阿克苏、乌什、库车、辟展)为要,阿克苏尤为适中扼要地方,更应加意固守。"实际上,此时张格尔叛军正向清军的主要集结地阿克苏挺进,并到达距阿克苏仅八十里的浑巴什河,后又进至距阿克苏仅四十里之地。在这形势危急之际,清军在杨遇春等人的直接指挥下,对叛军两面夹击,击毙和俘虏叛军一千余人,"大河以北,已就肃清"。张格尔又在浑巴什河以南裹胁回众,妄图再攻阿克苏。此时,清军已在阿克苏境内采取了严密的防范措施,并在河南岸搜剿叛军三百余人,又一次使张格尔夺取阿克苏的阴谋化为泡影。

正当清军在阿克苏一带接连获胜的时候,道光帝于十月得知喀什噶尔城失守。他立即颁发谕令,提出"以密速进取喀什噶尔为急",一面向叛军"扬言官兵驻守阿克苏、乌什,且不进剿,以懈贼心",一面分奇兵断敌归路,以主力由英吉沙尔等处前进,"两路会合夹攻"。当时各路清军已会师阿克苏,长龄、杨遇春等人遵照道光帝的旨意,决定立即向战略要地柯尔坪(今柯坪)进军。柯尔坪地处阿克苏西南约三百里,是清军进剿叛军、收复喀什噶尔的必经之路。正因为如此,张格尔派三千名叛军在柯尔坪恃险据守,并准备不惜一切代价阻挡清军的前进。长龄、杨遇春派陕西提督杨芳率部前去剿灭。杨芳挥军分两路突袭该地,叛军拼死抗拒。副将胡超身先士卒,挥刀接连砍杀数名叛军,清军将士一拥而上,剿杀叛军过半。接着,清军又两路追杀,将叛军全部消灭。

柯尔坪之战的胜利,使清军在整个平叛战争中迈出了极为重要的一步,具有巨大意义:第一,沉重打击了叛军的嚣张气焰,宣布了张格尔夺取南疆东四城,进而占领全疆迷梦的破产。第二,有利于促使被张格尔裹胁的回众反正,从而削弱叛乱势力。第三,打通了西进的道路,鼓舞了清军的士气,增强了平叛的信心。

柯尔坪之战后新疆已进入冬季,大雪封山,道路难行,清军暂停进攻,抓紧时机为来年的平叛战争积极进行各项准备工作:第一,厚集兵力。在阿克苏集结清军五万余人,为乾隆年间平定大小和卓叛乱时清军兵力的两倍多。第二,确定用兵方略。道光帝先是提出三路进兵、一正二奇的方略,长龄则认为应分奇正两路进发。道光帝表示不为遥制,但应奇正并用,截其归路,"断不可令正兵先入而奇兵未到,转驱该逆使遁也"。第三,从各地迅速调运粮饷和其他军用物资。在道光帝的多次谕令下,鄂山、卢坤二人同心协力经理粮饷的转输工作,使乌鲁木齐存粮充足,仅面粉一项,乌鲁木齐和伊犁两地就采买四百三十八万多斤,雇买二万六千五百余只膘壮骆驼和九百余辆双套铁脚车。第三,进一步分化瓦解张格尔叛乱势力。道光帝指示,对叛军要"设法用间",尽量将与叛军离心离德的回众"收为我用"。

(二)喀什噶尔之战

道光七年二月六日,集结于阿克苏的清军主力开始向喀什噶尔大举进军。张格尔闻讯,急忙在洋阿尔巴特(今伽师东)纠集叛军二万(号称五万),临时筑起一道防线。二十二日,清军进至大河拐。当晚,叛军乘清军扎营未稳之机,以三千人偷营劫寨。清军早已有所戒备,枪炮立时齐发,击退叛军。次日晨,长龄亲自督率官兵,星驰进发,抵达洋阿尔巴特。叛军两万余人据沙冈防守,阵地长五六里。长龄、杨遇春率主力由正面,杨芳由右翼,武隆阿由左翼,分路扑杀,叛军虽拼死反击,终于不支,纷纷溃逃。清军追击三十里,大获全胜;毙敌万余人,俘敌三千二百余人。二十五日,清军向张格尔重点设防的沙布都尔庄(今伽师西)发起猛烈攻击。张格尔利用纱布都尔庄的有利地形,"决水成沮洳,贼数万临渠横列",妄图阻挡清军的前进。战斗开始时,清军步兵冒险从正面越过水障强攻,叛军恃险施放枪炮,并用马队进行反冲击。清军人人奋勇,个个争先,和叛军短兵相接展开肉搏战。正当战斗激烈进行时,长龄派马队从左右两翼包抄,叛军阵营顿时大乱,大败而逃。长龄又亲自督军分路追杀,歼敌万余人。二十八日,清军又在阿瓦巴特大败叛军,歼敌二万余人。乘胜追至洋达玛河,距喀什噶尔城八十里。二十九日,清军进至浑河北岸,距城仅十余里。张格尔不甘束手待毙,令叛军倾巢而出,十余万人背城阻水而阵,绵亘二十余里,以作最后一搏。清军选死士乘夜袭扰敌营,使其疲惫。当夜大风,飞沙障目。长龄以敌众我寡,敌又据有利地形,恐其趁风霾之机反击,欲退营十余里,待风停再攻。杨遇春却劝阻说:"天赞我也,雾晦中贼不辨我多少,又不虞我即渡,时不可失;且客兵利速战,难持久。"长龄觉得很有道理,立即以索伦马队千余骑绕趋下游佯渡,牵制叛军主力,由杨遇春亲率主力乘昏暗在上游抢渡。果然叛军因遭突袭,阵脚顿时大乱,纷纷溃逃。三月初一日拂晓,清军全部顺利渡河,并乘势进抵喀什噶尔城下,随即发动猛烈进攻。城内叛军既缺乏杀伤力大的火炮,又没有统一指挥,数万人龟缩一处,乱作一团。清军迅速攻占了喀什噶尔城,生俘叛军四千余人。狡猾的张格尔在城破之前已先逃遁,欲归附浩罕,被拒绝入境,只得流窜于柯尔克孜族的游牧处所,伺机卷土重来。

清军收复喀什噶尔之后,即一分为三:长龄留驻喀什噶尔,杨遇春率军向英吉沙尔、叶尔羌进剿,杨芳率兵进攻和阗。杨遇春兵行迅捷,以雷霆万钧之势,于三月初五日攻克英吉沙尔,十天后又兵不血刃地收复了叶尔羌城。不久,杨芳所率清军于毗拉满(今和田西)击败叛军五千人,乘势克和阗。至此,南疆西四城全部收复。

四、张格尔的覆灭

早在张格尔叛乱发生时,道光帝就屡下谕旨,务必生擒张格尔,治以重罪。清军收复喀什噶尔城时,张格尔已先期逃逸;清军收复英吉沙尔后,仍无张格尔的确切行踪。为此,道光帝下谕严厉斥责长龄等人"未能仰体朕宵旰忧勤之意,致有疏纵,办理不善"。又质问长龄等人:张格尔"如竟不获,该将军等自问可称藏功否?"

张格尔不甘失败,自喀什噶尔逃逸之后,时刻梦想卷土重来。道光七年末,他获悉大部分清兵已在杨遇春的率领下撤回内地,便重新拼凑了一支五百人的叛乱队伍,欲乘清军除夕不备之际偷袭喀什噶尔。十二月二十七日,当他窜至阿尔图什时,受到当地维吾尔族民众的持械拦阻,被迫折回卡伦之外。长龄得知消息,立即令杨芳带兵连夜前去搜剿。杨芳分兵三路追击,终于在喀尔铁盖山(今喀拉铁克山)追上叛军。经激烈战斗,叛军大部被歼,仅剩三十余骑簇拥着张格尔往山上逃跑。这时,副将胡超等人飞骑直前追捕。山高路滑,张格尔等被迫弃马徒步上山,胡超等亦弃马穷追不舍,消灭叛军二十余人。走投无路的张格尔见难逃灭顶之灾,即欲自刎。胡超等立即飞身上前,生擒张格尔和其余八名叛军。至此,张格尔叛乱被彻底粉碎,清军取得了最后的胜利。

道光八年五月,张格尔被解送京师,道光帝亲临午门受俘,并颁发谕旨,历数张格尔煽动、组织武装叛乱和背叛祖国的种种罪行。不久,道光帝又在圆明园廓然大公殿廷讯张格尔,随后予以处决。背叛祖国的民族败类张格尔得到了应有的下场。

五、平叛胜利的原因及历史意义

(一)平叛胜利的主要原因

平定张格尔叛乱之所以迅速取得胜利,其原因是多方面的。

就张格尔来说,他进行叛乱是逆历史潮流的反动之举,违背全国人民、尤其是广大维吾尔人民的意愿,因而得不到广大民众的支持。张格尔把自己绑在外国殖民者的战车上,同五名英国特务形影不离,这就更加丧失人心。他对南疆人民进行残酷剥削和压榨,"残害生灵,淫虐妇女,搜索财物,其暴虐甚于从前和卓千倍万倍"。这就必然激起民愤,使自己迅速成为孤家寡人。因此,当清军云集阿克苏之际,和阗民众自发将张格尔伪封的四名官吏"缚献军营,并将附贼一百余人全行击毙",一度收复和阗。只因大雪封路,清军无法驰援,和阗才得而复失。

就清廷来说,平定张格尔叛乱是维护国家统一、民族团结的正义之举,因而得到了广大军民的拥护。除了得道多助之外,道光帝采取的一系列正确的政策和策略,也是这次平叛战争得以顺利进行和最终取胜的重要保证。仅就军事方面而言,值得指出的有如下几点。

第一,坚持"厚集兵力,一鼓扫除"的方针。新疆幅员辽阔,地广人稀,且距内地道路遥远,从内地调遣的兵力毕竟十分有限。因此,在张格尔叛乱之始,"各回响应,旬日万计"的不利形势下,如果用有限的兵力四处出击,全面开花,势必陷入重围。由于长龄、杨遇春等坚决执行了道光帝的上述方针,将各路大军云集阿克苏,然后一战一战地打,使有限的兵力发挥了巨大的作用。

第二,正确选择战略集结地域。张格尔进行叛乱的战略设想是:首先抢占南疆西四城,然后兵锋指向东四城,进而使全疆脱离清朝的统治。道光帝根据新疆舆地情况,对此已有所察觉。因此,当张格尔叛军进攻西四城之时,道光帝及时下达谕旨,指出阿克苏为"回疆适中要路",各路大军必须云集并扼守此地,以保卫东四城和进军西四城。事实的确如此,阿克苏东连库车,西邻乌什,南接叶尔羌,北界伊犁,为南路之要地,北路之屏障,若有闪失,就会影响全疆局势。正由于道光帝抓住了关键之处,在阿克苏集结重兵,不仅使东四城安然无恙,避免局势恶化,而且有利于集中优势兵力,以高屋建瓴之势,将盘踞于西四城的叛军各个击破。

第三,前敌将领指挥得当。前敌将领根据战场实际情况实施灵活机动的作战指挥,是确保作战胜利的前提条件。实践表明,长龄作为此次征战的主帅,其应变能力和指挥能力都是比较好的。他在关键时刻能够择善而从,并当机立断,更是难能可贵。清军进攻喀什噶尔时利用恶劣天候出敌不意地渡河突袭成功,就是他及时采纳杨遇春正确意见的结果。杨遇春戎马一生,具有较丰富的实战经验,他和杨芳等人在此次平叛战争中都表现出了较好的前敌指挥才能,为平叛胜利作出了贡献。

(二)平叛胜利的历史意义

张格尔叛乱,同外国侵略势力密切相关。早在19世纪初叶,英国殖民主义者就不断派遣特务冒充商人潜入新疆地区,收集政治、经济、军事、民族等各种情报,进行罪恶的间谍活动,企图蚕食新疆,进而向中国内地扩张其侵略势力。外国殖民者为了在新疆寻找可靠的代理人,自然就把目光瞄准了始终梦想在新疆恢复和卓家族统治的代表人物张格尔。"在这次叛乱中,张格尔军队就是在英国援助下组织和装备的,军队的教官是由英国人担任的,而且在张格尔的身边,经常有五名英国特务和他形影不离,支配着张格尔的一切行动。"张格尔事件"是在外国侵略势力支持下进行的民族分裂的叛乱"。因此,张格尔叛乱的被平定,对于维护多民族国家的统一和领土完整,对于反对殖民主义的侵略和维护国家独立,都具有极其重要的历史意义。

第五章　鸦片战争

一、国际国内形势

　　自满族贵族定鼎中原至 19 世纪 30 年代,清王朝虽然经历了由盛转衰的过程,但中国始终是一个独立的封建国家。1840 年,鸦片战争爆发,西方资本主义国家用炮舰叩开了中国的大门。从此,独立的封建的中国逐步地变为半殖民地半封建的国家,中国历史进入了近代史时期,也是中国人民反对帝国主义侵略和封建主义压迫,艰难地进行资产阶级民主主义革命的时期。中国之所以发生如此巨大的变化,是有着深刻的国际和国内原因的。

(一)资本主义国家的兴起和对外扩张

　　作为资本主义时代开始的标志,是英国的资产阶级革命。17 世纪 40 年代,英国新兴的资产阶级领导了反对封建旧制度的起义,取得了资本主义对封建主义的第一次重大胜利,成为世界历史的转折点。英国资产阶级夺取政权后,通过对内对外的剥削与掠夺,扩大了资本的原始积累,使资本主义经济不断发展。从 18 世纪 60 年代开始,英国实行了以蒸汽动力和机械操作代替手工操作为主要标志的"产业革命",到 19 世纪 30～40年代,各主要工业部门已普遍采用机器生产,大大提高了劳动生产率。英国成为当时世界上最先进的工业国家。

　　法国是西欧资本主义因素发展较早较充分的国家之一。到 18 世纪,资本主义工商业已发展到相当的规模,封建制度成了资本主义发展的严重桎梏,终于在 1789 年至1794 年爆发了由资产阶级领导的有广大群众参加的摧毁封建制度的大革命,推翻了封建王朝,建立了法兰西共和国。这是一次比英国革命更深刻的资产阶级革命。

　　美国在 1783 年取得了反对英国殖民主义的独立战争的胜利,建立美利坚合众国以后,为资本主义的进一步发展提供了有利条件。美国独立初期,经济远比英、法落后,但由于摆脱了殖民枷锁,加上领土不断扩大,资源十分丰富,欧洲移民不断涌入,又从亚非各国掠夺大批劳动力,从而使资本主义经济发展的速度日益加快,逐渐成为工业强国。

　　19 世纪 30 年代,即鸦片战争爆发前夕,荷兰、英国、法国、美国、葡萄牙、西班牙、比利时等欧美国家,相继完成了资产阶级革命,资本主义的发展已经成为不可抗拒的历史潮流。

　　资本主义国家产业革命的广泛开展,带来了生产力的革命性变革。纺织、冶金、采矿、机器制造等新兴工业的不断涌现,火车、轮船等先进交通工具的相继使用,使社会生产力迅猛发展,创造了过去任何时代都无可比拟的巨大的物质财富和先进的科学技术。但是,随着经济的发展,迅速暴露了资本主义固有的矛盾和弊病。资产阶级从工业革命中获得了巨额利润,广大工人却遭受残酷的剥削,大批手工业者和农民丧失了劳动的机会,落入了失业大军的行列,劳资之间的矛盾日趋尖锐。于是,资产阶级除了对内继续吮吸工人阶级和劳动人民的血汗外,采取对外扩张政策,大规模地掠夺殖民地,开辟新的原料供应地和商品销售市场,借以摆脱经济危机,追求贪得无厌的利润。这样,就有越来越多的地区和国家成为资本主义列强侵略的对象,使古老落后的国家先后被卷入了资本主义的旋涡之中。

英、法、美等新兴资本主义国家,取代葡萄牙、西班牙、荷兰等老殖民主义国家,对非洲、拉丁美洲进行疯狂的掠夺,使一系列国家成了它们的殖民地。同时,把侵略魔爪伸向亚洲各地。早在 17 世纪,英、法殖民者就在印度沿海地区建立侵略据点。后来英国排挤了法国,并加紧向印度内地鲸吞蚕食。到 19 世纪 40 年代,整个印度实际上已沦为英国的殖民地,成为英国向东方侵略扩张的主要基地。在印度沦为殖民地的过程中,与中国毗邻的一些国家,也先后遭到资本主义国家的侵略和威胁。在所有的侵略活动中,英国扮演了急先锋的角色。自 1816 年至 1835 年,尼泊尔、锡金、不丹,或者被英国吞并,或者受英国控制。1824 年英国武装入侵缅甸,逼使其割地、赔款、通商。同年,又侵占了新加坡。1835 年,英国迫使暹罗(今泰国)与其签订了通商条约。1839 年,又发动入侵阿富汗的战争。法国也不甘落后,它于 18 世纪 80 年代,通过帮助越南南方的阮福映政权镇压西山农民起义,乘机渗入越南,攫取特权。这样,中国的一些邻近地区和周边国家,有的变成了资本主义国家的殖民地和半殖民地,有的正在受到资本主义国家的侵略威胁。

至于地大物博的中国,则早已成为新老殖民主义者觊觎的重要对象。新兴的英国资产阶级对中国更是垂涎欲滴,并早已蓄谋用武力打开中国的大门。1793 年和 1816 年(清乾隆五十八年和嘉庆二十年),美国先后派马戛尔尼和阿美士德为大使,到北京与清政府进行谈判,提出允许英国官员驻北京,开辟天津、浙江为通商口岸,割让浙江沿海岛屿等无理要求,遭到清政府拒绝。1832 年(清道光十二年),英国东印度公司又密令大鸦片商胡夏米乘"阿美士德"号间谍船自广州北驶,经厦门、福州、宁波、上海、山东半岛、山海关等地,对中国沿海进行历时半年的带战略性的侦察航行,详细探测了港湾、水道和季风规律,实地侦察了各地驻军和炮台的数量和质量。1835 年 7 月,胡夏米在给英国政府的报告中提出:只要一支小小的海军舰队,就足以制服清王朝。他还对舰队的编成、兵力数量、集结海域和行动季节等提出了具体建议。1838 年 7 月,英国东印度舰队司令马他仑,遵照英国政府的旨意,率领军舰 3 艘,窜到珠江口,再次对中国进行武力威胁和侦察活动。英国之准备武力入侵中国,已昭然若揭。

(二)资本主义国家迅速发展的军事

西方资产阶级登上历史舞台以后,对内镇压封建复辟势力,对外争夺殖民统治,经历了频繁的战争,并随着近代工业和科学技术的发展,使军队的武器装备以至编制体制、作战方式都得到迅速的发展和改善,从而建立了世界上最强大的武装力量。

1. 火器取代了冷兵器

中国的火药与火器制造技术在 14 世纪传入欧洲以后,至 17 世纪 30 年代,欧洲开始进入火器时代。此后,不少国家注意对炮身、炮架、牵引工具和炮弹的研究和改进,推动了火炮的发展。至 19 世纪初,欧洲各国已能用生铁和铜铸造各种滑膛前装火炮,并依其口径与炮管长度之比例和性能特征,区分为加农炮、榴弹炮和臼炮;炮身重量从几百斤、几千斤直至万余斤;口径从几英寸到十余英寸;炮弹有实心弹、霰弹、燃烧弹,弹重从几磅到几十磅,野战炮一般发射六磅至十二磅炮弹。火炮有效射程一般一千至二千米,每分钟可发射二至三发炮弹。随着炮车的不断改进,火炮的机动性也大大增强。当时,英国军队主要装备榴弹炮和加农炮,另有少量臼炮。法国军队装备了新式的轻型十二磅加农炮。俄军则主要装备六至八磅的野战炮。从此,火炮便成为欧洲各国作战的重要武器。如法、俄两国在1812年的博罗迪诺会战中,法军投入五百八十七门火炮,俄军集中了六百四十门火炮。到19世纪中叶,滑膛炮开始被线膛炮所代替,球形实心弹开始被榴弹和霰弹所代替,火炮的技术性能又一次得到较大改进,使用也就更加普遍。

西欧国家对步枪构造的改进,也取得了很大的成就,先后由火绳枪发展为燧发枪。1818年,英国研制成含雷汞击发药的火帽,用于步枪的发射装置,使击发枪机向前推进了一步。此后,欧洲步枪的发射装置又有较大的创新,其中最重要的是德国在1835年研制成用击针打击点火药,引燃火药,发射弹头的机柄式步枪,亦称击针枪。它明显地提高了射速,使射手能以任何姿势(卧、跪或行进中)进行装弹射击,因而更便于实战。第一次鸦片战争时,英军所使用的博克式步枪,就是这种类型的击发枪,其最大射程为二百二十米,每分钟可发射二至三发子弹。另外,还有少量布仑斯威克式击发枪,不怕风雨,击发灵便。

2.军兵种建设趋向正规化近代化

随着枪炮等火器的日益改进,欧洲军队的军兵种建设也日趋正规化近代化。鸦片战争前,除英国外,其他欧洲国家已普遍实行征兵制,服役期限多数为三至六年,也有一至二年的,只有俄国长达十五年至二十五年。有些国家还实行预备役制度,以便平时养兵较少,战时又有足够的兵员。此外,英法等国还招募外籍雇佣兵。平时,大多数国家陆军的最高编制为团,下属营、连两级。步兵一般以营为战术单位,骑兵一般以连为战术单位。战时,则有军、师、旅的合成军建制。当时,英国约有陆军十四万,连同用于内卫的国民军,共约二十万,已成为一支初具规模的多兵种合成的近代化军队。在编制方面,步兵团辖三个营,营辖十个连,每连有士兵九十至一百二十人。炮兵团辖十二个营,每营辖八个连,每连有火炮六门。骑炮旅辖七个炮兵连、一个火箭连。骑兵团辖四个连,每连有士兵二百五十人(战时编制)。法国系欧洲拥有军队最多的国家之一,常备陆军经常保持在五十万以上。步兵有一百个基团(其中二十五个轻步兵团),每团辖三个营,每营八个野战连(一个掷弹兵连、一个轻骑兵连、六个基干连)。另有十个猎兵营(每营十个连)和专门在非洲服役的二十一个营。骑兵有重骑兵(即预备队骑兵)十二个团,基干骑兵二十个团,轻骑兵二十一个团,和驻非洲的轻骑兵七个团。每团六个连,每连一百九十人(轻骑兵连二百人)。炮兵有专门用于攻城的步炮团、战时编入步兵师的基干团、骑炮团和架桥团,每个炮团十二个连,每连火炮六门。法国军官大多受过良好的训练,具有较丰富的带兵练兵经验,是欧洲军队中的佼佼者。特别是19世纪初,法皇拿破仑一世着意改革军事指挥体制,改进师的编制,并把步兵、骑兵、炮兵合编到师与军的建制之中,发挥协同作战的威力。同时,改进补给制度,使军队更便于机动作战。这些改进,对法国军队以至整个欧洲军队的建设,产生了重大的影响。

为了适应对外侵略扩张的需要,资本主义列强纷纷加强海军的建设,其中以英国最快,法国次之。自 1807 年美国发明第一艘用蒸汽作动力的客轮以后,英国于 1811 年便仿制成功,1830 年又制成第一艘铁质明轮蒸汽船。这种船只受风向和水的流向影响较小,加快了航速,增强了机动性。但因蒸汽机体积庞大,机器和燃烧用煤占很大的面积和重量,以致装载火炮的数量受到限制,加以机器和划水轮都暴露在外,战时易遭敌方炮火摧毁。因此,19 世纪 40 年代前后,蒸汽船一般用于巡航、侦察、通信和短途运输。鸦片战争时,英国的战列舰依然依靠帆力。即使如此,也是当时世界上先进的战舰。其船帮由表里两层组成,外包铁皮,内衬木板,底亦双层,故有夹板船之称。其排水量,大者上千吨,小者数百吨。大型舰长一百零八米,可载六七百人;有两至三层甲板,分别装备八十到一百二十门火炮,发射三十二磅炮弹;舰首舰尾装有可发射五十六磅和六十八磅实心弹的加农炮,或装有可发射爆炸弹的大口径臼炮,有效射程为一千米至二千米,具有相当大的摧毁力和杀伤力。中型舰装备五十至七十八门火炮,小型舰装备二十二至三十四门火炮,最小的装备十至二十二门火炮。火炮射速一般已达每分钟一至二发。大、中、小各型舰船及其火炮,可以在不同距离发扬火力优势,并互相支援作战。此外,还装设了先进的罗经导航,运用望远镜观察。1836 年,英国拥有大小舰艇五百六十艘,总吨位约五十万吨,居欧洲第一位。这时,法国军舰的技术水平和战斗性能与英国军舰大致相同,其最大的战舰装有一百三十一门火炮,但舰艇数量少于英国,1815 年拥有大小战舰一百五十八艘,至 19 世纪 30 年代仍无大的发展。俄国的海军编有波罗的海和黑海两个舰队以及阿尔汉格尔斯克、里海、堪察加三个分舰队,其实力仅次于英、法,居世界第三位。美国的海军建设较晚,但发展的速度较快,其大型巡航舰的性能优于其它国家同类型的军舰。

3.作战方式不断适应战争的需要

资产阶级革命不仅为军队提供了新的技术装备,促进了编制体制的变化,而且为作战方式的变革创造了条件,使之更适应战争的需要。这种变革,突出地反映在法国的资产阶级革命和拿破仑一世时期的战争中。拿破仑利用由广大农民参加的人数众多、装备良好和具有灵活性、机动性的军队,创造了一套新的作战方法。他强调进攻,并把消灭对方的有生力量放在首位。他善于集中优势兵力兵器于主要作战方向,以便各个击破敌人,争取战争的主动权。他还善于迅速地机动部队,出其不意地攻击敌方的翼侧和后方,收到奇袭的效果。他不仅重视步、骑、炮兵的协同作战,而且吸取了美国独立战争中散兵战的经验,采用了以纵队为基础,使散兵线与纵队相结合的队形,以第一线的散兵和第二线保持纵队的各营,向敌人纵深很浅的横队攻击,通常能取得良好的战果。上述新的作战方法,在 1813 年以后为欧洲各国普遍采用,并在很长一段时间内被许多国家奉为经典。

英国在相继击败和削弱了西班牙、荷兰、法国和丹麦的舰队以后,便跃居世界头号海军大国的地位,掌握了世界主要海域的制海权。在长期的海战中,英国海军不仅形成了一套适应帆力舰时代的作战方法,而且积累了掠夺海外殖民地战争的经验。它首先用炮舰轰开被侵略国家的某些重要通商口岸,建立军事和贸易据点,然后逐渐向内地渗透。在抢占对方设防的口岸时,往往集中优势舰炮轰击对方的炮台和防御工事,压制岸炮火力,掩护陆战队登陆,从正面和翼侧发动进攻,占领对方的炮台,进而攻取沿海、沿江城市,在海陆协同的登陆作战方面,创造了许多成功的战例。

英、法等资本主义列强,凭借武器先进、组织良好和富有实战经验的军队,到处横冲直撞,打开了一个又一个不发达国家的大门,在世界范围内争夺原料产地和商品市场,为发展资本主义经济创造条件。

(三)清王朝的衰落

清朝是中国漫长的封建社会中最后一个封建君主专制正朝。18世纪中叶以后,随着社会危机逐渐加深,清王朝的统治由强转弱,逐渐走下坡路,进入封建社会的末世。这种社会危机突出地反映在以下几个方面。

土地兼并不断加剧。清朝统治者掌握全国政权以后,初期采取了一些客观上有利于休养生息的政策,使明末清初陷于崩溃的社会经济得以逐步恢复和发展,资本主义萌芽开始增长。但农业和家庭手工业相结合的自然经济始终占统治和支配地位,商品经济很不发达。不仅如此,进入18世纪以后,土地兼并活动又呈加剧趋势,愈来愈多的土地集中在少数王公贵族、权臣新贵、豪绅地主和富商巨贾的手里,广大农民有的只有很少的土地,有的完全丧失了土地,成为佃农和雇农,承受苛重的地租剥削,或出卖劳动力为生。这种富者田连阡陌、贫者无立锥之地的两极分化现象,严重影响了农业生产的发展和人民生活的改善,也阻碍了商品经济的发展和资本主义萌芽的成长。由于土地兼并加剧,加上人口增长很快(从1741年至1834年全国人口由一亿四千万增至四亿一千万),耕地面积却增加很少,水旱等自然灾害又连年不断,以致粮棉生产供不应求,价格不断上涨。这样,就使劳动人民进一步陷入少衣缺食、挨饿受冻的困境,社会矛盾更加尖锐。

封建统治阶级日益腐败。这种腐败首先表现在皇室的骄奢淫逸之风日盛一日。每遇皇帝出巡和皇室婚、丧、寿庆,都大讲排场,挥金如土。此外,还大兴土木,修建宫殿、苑囿,劳民伤财。不仅皇室如此,文武百官也过着穷奢极欲、纸醉金迷的生活。伴随奢侈靡费而产生的另一弊病,就是整个官场贪污勒索、贿赂公行之风盛行。有句民谚说:"贪不贪一任州官,雪花银子三万三。"这是对官场贪污腐败情形的生动写照。由于大小官僚热衷于敛财纳贿,贪恋禄位,以致政治上苟且偷安,墨守成规,各项政务日形废弛。嘉庆年间翰林院编修洪亮吉一针见血地指出,朝廷大小官员无不"以模棱为晓事,以软弱为良图,以钻营为进取之阶,以苟且为服官之计。……夫此模棱、软弱、钻营、苟且之人,国家无事,以之备班列可也;适有缓急,而欲望其奋身为国,不顾利害,不计夷险,不瞻徇情面,不顾惜身家,不可得也"。这段话深刻地揭示了官吏的腐败对国家的严重危害。道光朝时,有人写词讽刺说:"仕途钻刺要精工,京信常通,炭敬常丰;莫谈时事逞英雄,一味圆通,一味谦恭。大臣经济在从容,莫显奇功,莫说精忠;万般人事在朦胧,议也毋庸,驳也毋庸。"鸦片战争前夕,福建著名诗人张际亮在给鸿胪寺卿黄爵滋的信中指出:"今之外吏岂惟讳盗而已哉,其贪以浚民之脂膏,酷以干天之愤怒,舞文玩法以欺朝廷之耳目,虽痛哭流涕言之,不能尽其状。"由这样一批尸位素餐、庸碌贪婪的官吏当政,怎能励精图治、卫国安民!

阶级矛盾日趋尖锐。随着土地兼并的不断加剧,封建统治阶级的日益腐败,阶级矛盾也就日趋尖锐,以致18世纪下半期至19世纪初,全国由边远地区到中原腹地,农民起义此伏彼起,连绵不断。从1796年(嘉庆元年)起,爆发了历时九年,遍及四川、湖北、陕西、河南、甘肃五省的白莲教起义。时隔九年,山东、河南、直隶又爆发了天理会起义,部分起义武装潜入京都,攻打皇宫,使北京城陷于一片混乱。1832年(道光十二年),湖南、广东又发生了瑶民起义。1835年,接连发生了山东赵城人民起义、湖南武冈瑶民起义、四川凉山彝民起义和贵州谢法真领导的起义。这些规模不等的起义,既具有反抗阶级剥削又具有反抗民族压迫的特点,标志着社会危机的深刻化。这些起义,虽然都以失败告终,但大大削弱了清王朝的统治,加速了它的衰亡。连绵不断的农民起义,促使清政府进一步采取"安内重于攘外"的政策,对于迫在眉睫的外敌入侵未予重视,最终陷入"内外交困"而又无法解脱的窘境。

闭关锁国,夜郎自大。清王朝由盛变衰,除上述诸因外,与实行闭关锁国政策也有密不可分的关系。清政府所以实行闭关锁国政策,一方面害怕国内反清势力与采取武力掠夺手段的外国殖民者结合,危及其统治的稳定性。另一方面也是主要的方面,则是农业和小手工业相结合的自给自足的自然经济使封建统治者滋生了固步自封、夜郎自大、闭关自守的思想。乾隆帝在给英王的书信中说:"天朝物产丰盈,无所不有,原不借外夷货物,以通有无。"正是这种心态的生动写照。他们企图闭上国门,用与世隔绝的办法维持"天朝上国"的统治,结果适得其反。实行闭关锁国政策,导致了中国航海事业的衰落,束缚了对外贸易的发展和国内资本主义萌芽的生长,阻碍了对日新月异地变化着的外国情况的了解和对世界先进思想文化、科学技术的学习。它不仅不能给中国带来进步和发展,防止资本主义国家的侵略,相反,在政治、经济、军事、科技与文化等方面拉大了与资本主义国家的差距,最终被动挨打,给中国带来了极大的后患。

(四)日益衰败的军事

与资本主义列强相反,清朝在军事方面,随着政治腐败和经济落后而日趋衰落。

清王朝的经制兵八旗和绿营,在鸦片战争前,约有八十万(其中八旗约二十万,绿营六十万),数量上多于任何一个资本主义国家的军队。但是,军队的素质每况愈下,无法与资本主义国家军队相比。1796—1804年(嘉庆元年至九年),清政府镇压川、楚、陕白莲教起义,消耗白银两亿两,但军队畏缩不前,无法对付起义武装,不得不依靠罗思举等统率的随征乡勇(俗称"官勇"),代替正规军冲锋陷阵。清军的腐败和落后主要表现在以下几个方面。

1.军制十分落后

清军的军制相当落后,弊病甚多,突出反映在下列三个方面。

(1)体制不统一,地位不平等,指挥不协调

清王朝为了维护满族贵族对全国的统治,将"开国"之军八旗兵"恃为长城",一半以上担负警卫宫阙、拱卫京城任务,其余则集中驻防于全国各战略要地,以便镇压各族人民的反抗,同时监视绿营兵。八旗兵之在京都者由亲王统驭,在外地者由直接听命于皇帝的满、蒙族将军统驭,即使负责全国军事的兵部也无权指挥调动。这样,不仅人为地

造成八旗与绿营之间的矛盾,而且严重影响军队的集中统一指挥。

清政府在民族歧视思想支配下,对于由汉人组成的绿营兵奉行既依赖又防范的方针。为了对它实行有效的控制,采取"以文制武""化整为散"的政策。"以文制武",即地方最高行政长官总督有统率所辖省区绿营之权(不设总督的地区由巡抚兼任提督),为各省区绿营的最高统帅。武职官员提督、总兵有管辖各省区绿营之权,却受督、抚节制监督,遇有战事,无调动部队之权。而督、抚又受制于中央,有关军事问题须经兵部审核,由皇帝降旨,方能施行。"化整为散",即除由督、抚、提、镇直接统辖的亲兵(多者四五营、少者二三营)相对集中驻防外,其他则分成许多营、汛,散驻各地,以便镇慑地方,同时达到"强干弱枝"之目的,避免尾大不掉之患。此外,绿营"兵皆土籍""将皆升转",将领调离时,士兵不得随将领行动。实行这些政策,固然有利于集兵权于中央,但是一旦遇有战事,只好东抽西调,零星拼凑成军,临时指派统将,不但迁延时日,而且兵与兵不相习,将与兵不相通,很难成为组织严密的有战斗力的部队。加上指挥系统重床叠架,互相掣肘,以致往往贻误战机,并很难彼此相顾、协力作战。

(2)实行极不合理的俸饷制度

八旗与绿营,不仅政治上不一视同仁,经济上也厚彼薄此。按清廷规定的粮饷制度,八旗武官的正俸银比同一级的绿营武官高出一至四倍。此外,还有相当可观的俸米、旗地和高于正俸银几倍、几十倍的"养廉"银以及皇帝临时发给的赏银。而绿营武官除正俸和"养廉"银外,一般很少特殊照顾。以赏银为例,除地处烟瘴的云南提督、总兵和孤悬巨浸、远隔重洋的台湾总兵,每年分别给予赏银五百两和三百两外,其他各省的提督、总兵则无此例。士兵待遇的差别也很大。八旗士兵平时的月饷银平均达五至七两。此外还有世袭土地,多者几十亩,少者十几亩。而绿营士兵平时的饷银,马兵月支二两、战兵月支一点五两、守兵月支一两,另各给米三斗,除各种惯例扣除和将弁的非法侵吞外,实际收入更少。绿营士兵由于俸响过低,加上嘉庆、道光年间米价大幅度上涨,每石"丰岁二两,俭岁三两,荒岁四两",根本无法养家糊口,所以只得混迹市肆,或充小贩,或作手艺,以补家用,名充行伍,实等市佣。加之绿营实行世兵制,父兄在伍,子弟充当"余丁",遇有缺额,先从余丁中挑补。因余丁可支五钱月饷,故多以幼小羸弱者挂余丁之名,壮健者另谋生计。这样世代相承,便形成老弱残兵充斥营伍。战时,绿营虽另有"出征赏银""出征借银""月支盐菜银""日支口粮"等俸饷则例,而且开支巨大,但不能有效地改变由于平时的低薪制所造成的部队素质低下的状况。此外,无论八旗还是绿营,官兵之间的薪饷差距也过大。以绿营为例,最高级军官提督与守兵之间的薪饷相差约二百一十七倍,最下级军官把总与守兵之间的薪饷相差为四倍多。这种俸饷制度,不仅人为地制造了两种军队之间的矛盾,而且制造了官兵之间的矛盾,不利于军队内部的团结和战斗力的提高。

(3)沾沾自喜于"以弧矢定天下",忽视武器装备的改进

长期以来,清军都装备着弓矢、矛戟、刀斧、椎梃、蒙盾等冷兵器,和旧式的鸟枪、抬枪以及少量火炮,直至鸦片战争时,仍然是冷热兵器并用,技术上亦无改进。

清政府虽然在满、蒙八旗兵中成立了配有火炮的火器营(汉八旗只有四十人的炮队),但始终以弓箭、腰刀、长枪、盾牌等冷兵器为主。绿营兵所配的鸟枪和抬枪,一般只

占三至五成,少数边远省份约五至六成;火炮平均每一千人十门(主要是轻型炮),后又下令除沿海、沿边、城池要隘以及水师战船的火炮原封不动外,其他戍地的火炮一律撤回,存于督、抚、提、镇驻地的库内,待有战事时临时酌发。绿营兵的冷热兵器分别按队编配。如在广东,一个一千人的营,分成二十队,其中马上弓箭手四队,马下弓箭手两队,鸟枪手十队,炮手一队,藤牌手一队,大刀手一队,长矛手一队。鸦片战争前夕,虽又出现重视热兵器的倾向,强调"军储利器,枪炮为先,全在提炼硝磺,精造火药,方能致远摧坚"。绿营陆师冷热兵器的编配比例,由弓箭刀矛六成、鸟枪抬枪四成改为鸟枪抬枪六成、弓箭刀矛四成,但也只是微小的变化,无论数量还是质量,都无法与西方国家的军队相比。

清军的武器装备落后,除了思想保守外,根本原因在于缺乏近代工业。首先,手工开采的铜、铁、硫、硝等矿业,不是日益发展,而是不断萎缩。其次,用手工制造的枪、炮和火药,一般都存在工艺粗糙,质量低劣的问题。例如火药的研制,因缺乏科学的定量和定性分析,很难达到最佳效能。又如手工制造鸟枪,一个工匠需三十个工作日才能造出一杆枪,其有效射程只有一百米左右,而且射速慢、精度差。手工制造的重炮,不仅射程短,而且装填、瞄准费时费力,还极易发生膛炸。至于后装炮,因后膛闭锁问题难以解决,加之威力不大,故没有装备部队。此外,无论鸟枪还是火炮,种类繁多,形制不一,给使用带来极大不便。

清军军制方面的这些弊病,成了提高官兵素质、协调部队内部关系、实施集中统一指挥和加强战斗力的严重障碍。

2.军备日趋废弛

鸦片战争前,清军的军备废弛已发展到令人震惊和难以容忍的程度。以征服者自居和养尊处代的特殊环境,使昔日剽悍骁勇的八旗兵很快变得骄横懒散,放荡不羁,游手好闲,惹是生非,徒有其表而不能征战的老爷兵。绿营兵则因"承平日久",其营伍也日益废弛,战斗力不断下降,同样成为"虚设"之兵。

军备之所以日益废弛,首先,与政治上的腐败直接相关。虽然规定督、抚对所属部队有巡阅制度,但往往是虚应故事,敷衍塞责,报喜不报忧,欺上瞒下。至于提督、总兵等武职大员,因权力受到种种限制,影响治军的积极性;加上耽于安乐,害怕艰苦,以致对军营事务放任不管。更有甚者,有的冒领缺额粮饷,侵吞修船造船公款,贪污自肥;有的勾结烟贩,私运鸦片,牟取暴利;有的暗设赌场娼馆,坐地分赃。遇有军事行动,则公开向地方勒索馈赠,强拉夫役车辆,扰害百姓。甚至劫掠商船,杀害良民,冒功领赏。统兵大员治军不严,本身腐化堕落,必然影响整个部队,久而久之,兵营中聚众赌博,酗酒挟妓,偷窃财物等恶习渐滋蔓生。特别是嘉庆朝以后,鸦片流毒全国,八旗、绿营官兵吸食鸦片已成为普遍现象,不少人成了鸠形鹄面的病夫。这样,就使整个部队陷入瘫痪状态。1835年(道光十五年),监察御史常大淳奏称:"新疆、湖南、广东、四川各营伍,日久生玩,满营则奢靡自逸,汉营则粮额多虚。由于拔补之徇私,操演之不实,以国家养兵之资,为众人雇役之用。请饬将军、督、抚,力除积习。遇剿匪保案,不得冒滥,以励戎行。"这在一定程度上反映了当时的营伍废弛情况和要求改变这种状况的愿望。

其次,部队训练有名无实。原来,八旗、绿营都有严格的训练制度。如规定八旗兵每月习骑射、步射六次，春秋两季进行分合操练，于芦沟桥合演枪炮，皇帝亲临检阅，赏罚严明。绿营兵则定有钦差大臣和督、抚、提、镇检阅营伍制度，督促检查部队的训练。但至嘉庆以后，这些制度逐渐废弛，甚至根本不抓训练。究其原因，除了统兵大员玩忽职守外，八旗兵因懒散成性而厌恶训练，偶尔为之，也要乘车骑马出城，连路都不愿走。绿营兵则因差操不分而影响训练。由于绿营兵平时除了巡山、巡海外，还执行解送、守护、察奸、缉私、承催等本应由巡警和衙役承担的繁杂任务，终日东奔西走，加之因饷薄而不得不兼以小贩、手艺谋生，因而无暇也无心操练，以致产生了只知有差不知有操的观念。不仅如此，在执行差役过程中，还沾染了油滑取巧、钻营偷懒等恶习，丧失了作为战士应该具备的朴实坚忍、英勇果敢的性格，在精神上解除了武装。当然，为了应付上司检阅，也抽些部队搞点训练，但偏重于操演冷兵器时代的两仪、四象、方圆、九进连环等阵式，搞近于演戏的花架子。由于不抓训练，武器的丢失锈蚀现象也十分严重。1835年春，广东水师提督关天培亲临中、右两营军火局检查军装、甲械、弹药，发现贮存的生铁炮子均已锈蚀，全有孔眼。此外，有的弁兵还将官马变卖，盔甲典当，已毫无战备观念可言。

至于作战方法，陆上作战，往往采取"进步连环之法"，即重火器在前，次为轻火器，再次为冷兵器。交战中，距敌较远时先用火炮轰击，待敌稍近时施放抬枪，再近施放鸟枪，"三击不中，火器左右旋于后"，继以冷兵器肉搏拼杀。如敌大队继至，牌、枪不能敌，则分退于火器之后，再次施放火炮、火枪。这种战法，既不能使冷热兵器互相掩护，同时发挥作用，而且队形密集，机动困难，极易遭受敌人的火力杀伤，因而很不适应与全部装备火器的欧洲军队作战。水上作战，距离远时，先用炮轰击；稍近时，用鸟枪射击，或爬上桅杆用喷筒喷射火焰；两船靠近时，用火球、火罐等焚敌船舱，烧灼敌军，同时手持刀矛跳上敌船与敌拼杀。这种战法，只能对付武装海盗船只，而无法与船大体坚、火炮多、射程远、威力大的侵略军战船较量。

对于训练有名无实、战法不适应实战需要等情况，清廷也有所察觉。1804年，嘉庆帝在谕批中指出："今绿营积习，于一切技艺率以身法架式为先，弓力软弱取其拽满适观，而放枪时装药下子任意迟缓，中者十无一二，即阵式杂技亦不过炫耀观瞻，于讲武毫无实效。"他命令官兵习射以六力弓为度，习枪以迅速命中为度，力挽积习，不得因循玩忽。道光帝也严饬督、抚、提、镇激发天良，公勤奋勉，实力操防，一洗从前恶习。无奈，部队已经积重难返，绝非几道谕旨所能奏效。长期不讲求训练所造成的将不知分合奇正，兵不知起伏进退，陆则不能击刺、不善骑马，水则不习驾驶、不熟枪炮的状况，也不是一朝一夕可以改变的。

3.海防异常薄弱

除军队建设外，清政府在设防方面也存在不少问题，其中最突出的是在设防指导思想上表现为防内重于防外。这一指导思想，既贯彻在边防建设方面，也贯彻在海防建设方面。

清军水师是一个附属于八旗、绿营的专业兵种，有内河、外海之分。奉天(今辽宁)、直隶(今河北)、山东、江苏、浙江、福建、广东等濒海各省均设有外海水师，但规定"沿海各省水师，仅为防守海口、缉捕海盗之用"。这一重内轻外的规定，极大地影响了水师的建设。

　　首先，对于战船与火炮的制造，不是考虑如何有效地对付入侵之敌，而是着重考虑利于追捕走私船和海盗船。乾、嘉年间，鉴于外海水师船只体积大，行驶不快，先后谕令把船身改小，仿照商船式样改制，结果导致水师"仅能就近海巡查，不能放洋远出"。鸦片战争前，福建外海水师战船以同安梭船为主，最大的集字号配备重量不超过两千斤的火炮八门，炮位均安在舱面，炮手无所遮蔽，易受火力杀伤。广东外海水师有少量被称为"体势壮阔，安炮最多，屹立江中，俨若炮台"的红单船，其实长仅十丈余，宽二丈左右，只载官兵八十人，配备数百斤至一千斤火炮二十至三十门。另一种可勉强在外洋作战的大号米艇，每船设官兵六十五名，配置近千斤至二三千斤火炮十二门，另有火箭、喷筒、火罐等火器。但这种米艇，全省只有五十一艘，堪用者仅三分之二。由上可见，中国的水师战船较之英国、法国的海军舰艇，其船体结构、吨位、载炮数量以及火炮性能，都是无法比拟的。

　　其次，海防兵力少而分散，素质甚差；海口炮台以及防御工事的构筑，也不予重视，不仅数量少，而且十分简陋。

　　东北濒海地区，只在旅顺设水师一营，额兵约五百人。直隶省的大沽系屏障津、京的重要海口，可是水师建制时设时撤。第一次鸦片战争时，大沽海口仅有守兵约八百名，旧设炮台两座，距水较远，原存炮位大半生锈，不堪使用。山东有水师三营，额兵一千三百余名，分防胶州、成山头、登州等处汛地。配有赶缯船和红头船共十四艘，但"赶缯船则船头过高，红头船则无桨橹，海面均不适用"。出洋巡哨，尚需另雇商船。海口炮台十三座，均为砖石结构，有的已经塌废。江南水师，分外海、内河两支，设水师提督。其中外海水师有战船一百五十多只，不少已破废不能使用，水师官兵共六千八百九十四名，除防汛者外，仅有二千九百余名能遂行机动作战任务。海口所设的炮，除两门重四千斤外，其余均为三千余斤以下小炮。在长江与黄浦江汇合处的吴淞口，虽筑有东、西炮台，但孤立暴露。浙江沿海有水师十二营，战船约三百只，但单薄难御风浪，且分散在濒海六府。扼江、浙、闽、粤四省海上通道的舟山岛，设有总兵，下辖三营共二千六百余人，有艇船五艘、同安船四十二艘、钓船三十艘，辖有陆路汛地数十处，内海、外海汛地数十处，兵力十分分散。水师的训练很不严格，"名曰水师，实皆不谙水性，每届水操，辄将战船抛锚泊定，然后在船演放枪炮，与陆路无异；按季巡洋，则虚应故事，并不前往"。定海县城三面环山，一面临水，仅筑小炮台四座，未能依托山险构筑坚固的防御工事。位于甬江入海口的镇海县系浙东重镇，但对夹江对峙的金鸡山、招宝山的设防却十分薄弱，仅在招宝山上构筑炮台一座。

　　1830年（道光十年）以后，英国政府不断派遣武装走私船在中国东南沿海一带活动，保护鸦片走私，对中国构成军事威胁，引起了清政府的警惕。特别是1834年，英国驻华商务总监督律劳卑以"英王使节"身份要求面见两广总督卢坤，遭到拒绝后，便命英舰两艘强行闯入虎门，进行武力威胁。清廷大为震惊，决定加强东南沿海战备。为此，福建成为重点设防省份之一，但实际上并未采取相应的改进措施。当时，该省设有水师提督，约有官兵二万七千人，辖三十一营，战船二百七十只，配置在绵延二千五百余里的海岸线上以及各较大岛屿。重要海口厦门，在北岸之白石头、安海、水操台以及屏蔽海口的鼓浪屿,均筑有炮台,安设旧式火炮,但东西两侧的青屿、崆屿、小担、大担等处均未设立炮台。所有海口"旧设炮台,大者不过周围十余丈,安炮不过四位六位,重不过千斤"。

相对而言,广东的海防建设比其它沿海各省搞得好些。该省额设外海水师两万人,分中东西三路设防,中路以虎门为重点。自律劳卑事件发生后,道光帝任命关天培为广东水师提督。关到任后,立即着手加强虎门要塞的设防。他鉴于虎门的第一道门户沙角山和大角山之间水域宽阔,火炮形不成交叉火力,故将两山的炮台改为担负瞭望警戒任务的信号炮台,着重加强山峰雄峙、江面狭窄的第二道门户上下横档与南山(亦称武山)之间的设防:于南山的威远、镇远炮台之间增筑靖远炮台,上横档岛西端添筑永安炮台。并建议于南山和横档、饭箩排之间添设由木排承托的大铁链两条,用以拦截乘风直驶的敌舰,便于炮台火炮轮番轰击。另外,在横档以西的南沙山(亦称芦湾山)添筑巩固炮台,并在水中抛石钉桩,不使敌船从此绕越。对第三道门户的大虎山炮台也进行了加固,添设了炮位,在暗沙之上抛石下桩,不让敌船顺利行驶。他还添铸了六千至八千斤的火炮,安设于威远、镇远、靖远等炮台。在炮台的构筑方面也作了某些改进。经过近两年的努力,炮台由六座增至九座,火炮由一百五十三门增至二百三十四门,守台兵由二百八十名增至三百八十名,虎门要塞的设防得到了加强。

与此同时,关天培还着手整顿广东水师,撤换了一批不称职的军官,制订了明细的训练章程,抓紧部队训练。他要求炮台守兵每天在潮汐涨落时各操练一次,做到手熟眼准;要求鸟枪兵学会站、跪、卧三种姿势射击,弓箭兵能拉大力硬弓,无论枪箭,都力求命中目标。对于担任巡洋任务的水师官兵,通过分批轮训办法,使"兵技渐就精强"。还规定每年二月、八月进行近似实战的水陆合练,检验部队的训练水平和协同作战能力。

关天培对于加强广州的设防作出了重要贡献,但正如他自己所说的,对"夷人情形尚难深悉",因而针对性不强。其设防部署,基本上从防御少量敌舰出发,没有考虑到如何对付大规模的入侵。炮台的构筑仍未脱离古代裸露式的结构,高台长墙,既无顶盖防护,又无壕沟及掩体工事,极易被敌方炮火摧塌,守备人员也易遭敌火力杀伤。步枪和火炮的技术性能基本上没什么改进。水师的训练也不尽切合实战要求。此外,清廷规定,外国护货兵船可以直达沙角,只是不许擅入口门。这也给防御作战带来了不利的影响。

当时,由美国传教士裨治文在广州主编的《中国文库》(又称《澳门月报》)对广州的设防作了这样的描述:中国人对于武器、防御设施的改进是深闭固拒的,"在广州河岸的炮台上可以见到的大炮,耶稣会教士(指汤若望、南怀仁等——编者注)所铸的铜炮可算是最好的……此外,许多大炮是葡萄牙或荷兰造的,各个时代、各种长度、各种形式、各种口径都有;其中不少已陈旧不堪,百孔千疮,以致无用。名符其实的海军大炮一门也没有,安装在帆船上的是野战炮或攻城炮……土炮是铸造的,而且我们相信一般是铁的,其炮膛不似欧洲大炮那样钻得平滑;炮架只是一种木架或坚硬固定的炮床,上面用藤把炮绑住,此炮只能直射,极难对准任何目标,除非目标紧靠着炮眼面前。虎门周围的炮台就是安装着这种光怪陆离的大炮"。"河岸上的炮都是裸露的,没有一个能够抵挡得住一只大炮舰的火力,或可以抵御在岸上与炮舰配合的突击队的袭击。""中国的战船一般只有大炮二至四门,都安装在一个固定的炮床上……除非在平静的海面上,否则就全无用处。""中国的火绳枪是制作粗劣的武器,子弹多是铁的。他们不知道有刺刀这种武器,燧火枪、卡宾枪、手枪和其它的火器都不用。"这些记载虽有不实之处,但在一定程度上反映了清军武器装备低劣和海防建设落后的面貌。

以上情况表明,一方是政治、经济、军事迅速发展和侵略扩张野心日益膨胀的西方资本主义强国,另一方是政治、经济、军事日益衰败和对于外国侵略缺乏准备的封建的中国,1840年的鸦片战争就是在这种历史条件下进行的。显然,当时的中国正面临着异常严峻的考验。

二、英国发动战争

(一)战争的酝酿

林则徐受命赴广州禁烟,面临十分严峻的国际形势。

英国,正酝酿向中国发动侵略战争。

英国政府于道光十四年(1834)派遣律劳卑为驻广州的商务监督,作为英国政府的代表。过去只有代表商人的大班,转身变为代表政府的监督。当时,外国人把这看成是"英国对华自由贸易这一场新剧的第一幕"。接着,英王下了三道敕令,规定1834年4月21日(道光十四年三月十三日)以前由东印度公司大班们对贸易和商人的管辖权,交由行将上任的律劳卑监督管理;并且要"设置一个具有刑事及海上法权的法庭,开庭地点定为广州或在广州的任何一只英国船舰上,由总监督暂时担任裁判长";"授权各监督征收每吨两个先令的吨税"。这三道敕令,露骨地侵犯了中国主权。其中领事裁判权,是英国政府多次企图通过外交手段取得的一个重要特权。外交大臣巴麦尊发布的特别训令,指示律劳卑男爵不可"在他对于此事未经过缜密考虑之前,即依据敕令组织法庭";"不得把英国的兵船开入虎门口,除非由于非常的情况而有此需要"。表面上看来,英国政府的"对华政策根本上是和平的",实际上,这些训令,都打了战争的活结。律劳卑后来在中国采取的每一个导致战争的步骤,都可以说是符合美国政府训令的。所以,马士说:"仅仅十多个字的一小段辞句中,巴麦尊子爵放进了燃烧炸药的信管"。这看法是符合实际的。炸药爆炸,只剩下时间的问题了。

律劳卑于六月初九日(7月15日)抵达澳门。他是以全权大使的身份来华的,并且于次日以"公函"形式向总督呈递信件。这行动本身就违反惯例,未建立外交关系的两国,不通知对方而擅自派出政府代表,显然是藐视对方主权的表现。这理所当然地引起清政府强烈的反应。连马士也认为:"英政府并没有发给律劳卑一件凭证,以便呈递中国君主或其他官吏,甚至连任命律劳卑一事都没有通知北京政府或广东当局。"更不要说事先按程序与中国政府谈判建交。七月二十九日(9月2日),两广总督下令停止中英贸易。同时,命令一切外国雇佣人员离开商馆。到了这个时候,清政府仍然把西方资本主义强国看作"朝贡"藩国,这当然是落后的,但清政府所采取的措施却维护了中国主权。然而,律劳卑却叫嚷总督"挑起战端",并于八月三日(9月5日)下令巡洋舰"依莫禁"号及"安东罗天古"号开入内河,八月五日(9月7日)强行入侵虎门,炮击炮台,并于九日侵犯黄埔。律劳卑正是以自己的侵略行动,把中英关系推向战争。

英国政府并未就此停步。道光十五年初(1835年2月),英外交部威灵顿公爵给律劳卑的信里称:"陛下政府不打算通过武力和暴力来使它的臣民和中国建立通商关系,但是要通过其他调和的策略。"威灵顿在备忘录里称:"英皇可以根据枢密院的法令授予商务监督一定的权力来管理在中国的陛下臣民。按照枢密院法令所规定,制定有关通商条例和管理驻在该他的陛下臣民的规程,依照法令规定执行对犯罪人的惩罚与监禁。设立一个有执行刑律和使用海军权力的法庭。"威灵顿又"建议把一只快速带帆战舰和一只较小的战舰给领事管辖",这就是说,他既要得到的领事裁判权,又没有放弃武力讹诈的政策。

律劳卑于十月十一日(11月11日)死于澳门,英国对华战争的时间表不得不向后推延。继任者是德庇时。英国外交大臣巴麦尊在给他训令中称:"我方在未接奉国内进一步训令之前,保持绝对沉默状态,似乎是最适当的方针。"他继续行使外交讹诈政策,却引起了在广州的英国商人的强烈不满。十一月九日(12月9日),广州64名英国商人上书本国政府,要求"派遣一位有适当官阶,办事审慎和富有外交经验的人为全权公使,并建议命令他先乘军舰直驶中国东海岸。尽可能逼近首都北京……就用陛下名义提出要求充分赔偿损失""首先就律劳卑阁下抵达广州时两广总督发出告示横加侮辱,随后又施加贬抑,使其蒙受耻辱……要求赔偿"。"如果需要采取强制行动的话,就把中华帝国对外对内大部分贸易停顿下来,截断向首都北京贡纳税收,并且占据所有武装船只",这样,"可以迅速地迫使中国政府向我们所提出的公平和合理的条件屈从"。这伙人挖空心思寻找各种能挑起战争的借口。道光十六年(1836),英国舆论更为露骨地要求签订一个实现英国上述目的的条约,他们说:"与中国缔结条约时,我们必须念念不忘向中国取得一个英国公使在清廷的常驻权,一个明确的一定的进出口货税则,废除公行专卖权。"同时,"各口岸的领事获得适当的权能……并在侨民中施行有效的管理,无须中国政府出来干涉"。可以看出,英国资产阶级所提出的这些要求,远比鸦片走私更为深刻。潜伏的矛盾,在广州造成一种爆炸性局面。他们赤裸裸地说:"我们要和中国订立一个条约,这个条约必须是在刺刀尖下,依照我们的命令写下来,并要在大炮的瞄准下,才发生效力的。"

英国政府1836年任命义律为在华商务总监督。义律(Cherles:Elliat,1801—1875)。他出身贵族和外交官家庭。1815年入海军,服务于英国海军及外交界多年。道光十四年(1834年),他是律劳卑监督的秘书。鸦片战争中,他是英国侵华的总司令兼全权代表。鸦片战争后,他担任百慕岛、圣海仑纳岛总督,是英国殖民地政策的推行者。来华之前,他致外交部的信写道:"照我看来,英王政府所要用以维持和促进同这个帝国商业交往的那种和平妥协政策,在广州五六十名侨商中,一般是不很受拥护的;要是想把这各种政策的实施靠我来作决定的话,那么,这将会是我所要作的一件最不得人心的事。"这表明他决心适应英国资产阶级需要,抛弃过时的"沉默政策"。道光十七年初(1837年初),中国关于禁烟问题的争论正进入决定性阶段,义律凭着他的侵略经验,觉察到"因鸦片问题而有发生纠纷的可能性"。道光十七初(1837年2月),他致函外交部,这对好战的巴麦尊显然产生效果,觉得实行炮舰政策时机已到。十月五日(11月2日),巴麦尊建议"把东印度防区舰队总司令、海军少将马他仑爵士调往中国,并尽可能常常派去一艘或数艘兵舰；第一，借以保护英国的利益，并于女王陛下的臣民或有正当理由对中国当局控诉时，加强女王陛下的监督，在必要情况下所提出的一切抗议的力量；第二，帮助监督、维持往来广东各海口的商船水手们的秩序。"巴麦尊接受了英国商人早先提出的侵略主张。马他化对这事评论说："这确是一件新的转变，因为所有以前的训令都不过是表示要把一切示威行动都隐蔽在幕后的一种意愿而已；而现在的这项建议却差不多可以表示出政府正是要开始制定一种政策了。"马他仑十分清楚他所奉使命的严重意义，他说"贸易既不再是一批商人的垄断利益，现在已经成为女王陛下政府直接保护和监督下的事"。这就是说，中国政府任何维护本国主权和利益的措施以及反对英国经济扩张的决定，都可以被用来作为英国政府实施炮舰政策的借口。显然，英国殖民主义者侵略中国的炸药就要点燃了。

　　道光十九年六月二十六日（1839年8月5日），英国外交部收到义律二月二十日（4月3日）致巴麦尊的信函。这是他关于林则徐禁烟的最早的报告。义律站在侵略的立场上，颠倒黑白，污蔑禁烟运动是"不可饶恕的暴行""是一种侵略"。他毫不掩饰地鼓吹发动侵略战争，主张对中国"应该出之以迅速而沉重的打击，事先连一个字的照会都不用给"，接着，义律向巴麦尊提出了侵华的具体方案：（一）"立刻用武力占领舟山岛，严密封锁广州、宁波两港，以及从海口直到运河口的扬子江江面"；（二）"应该经过的河口向朝廷致送通牒"，要求惩办林则徐，赔偿、道歉，割让舟山岛以及在岛上及一切沿海港口经商；（三）"替英国货物取得自由输入广州、宁波、夏门与南京的权利，为期十年"；（四）"应该使用足够的武力，并以西方国家对这个帝国所从来没有过的最强有力的方式进行武力行动的第一回合"。这个赤裸裸的侵华方案，是马嘎尔尼来华提出的侵略要求的翻版。马嘎尔尼于乾隆五十八年（1793）奉英政府命，以庆祝乾隆帝八十寿辰为名前来中国，要求缔约通商，遭清政府拒绝。义律的方案，大体上成为后来英国发动侵华战争的基本蓝图。

　　义律另一报告是四月十七日（5月29日）给巴麦尊的关于林则徐封锁商馆、缴烟、英商撤出广州等事件情况，并附有四月十一日（5月23日）英国鸦片贩子的请愿书。

　　这封请愿书可以说集中地表达了他们要求英国政府向中国作战的意图。鸦片贩子提出："英国人民从事此种贸易，是得到他们政府公开或非公开许可的；并且同时，对英属印度财政收入，近年获得一百万到一百五十万英镑的利益。"这就决定英国政府与鸦片贩子利益的一致性。另一些人说得更具体："其实政府是有意识在这个鸦片贸易上打算，而且非常关心地扶植这项贸易作为它主要收入，并从这项贸易获得了庞大的税收，每年收益由一百万镑至三百万镑，几占印度总税收十分之一……没有鸦片贸易，东印度公司董事会就不可能这样顺利地为'国内开支'取得他们大量的汇款。英格兰的商人也不可能买到现在那么大量茶叶，而不需要向中国送出大量的白银。"英国众议院特别委员会的报告也认为："鸦片贸易是收入的重要来源，放弃东印度公司孟加拉的鸦片垄断，似非得计。"他们承认："在英国国会、英国内阁和印度政府之间存在着某种直线的权利和相互关系，即如果后者无法拒绝一个鸦片商的要求，前两者也不得提出异议。各方的关系是这样的：印度殖民政府是鸦片贸易的创办者和供给者及受益者，国会和内阁是贸易的批准者，鸦片商不过是被利用来通过他们的努力以攫取巨额利润的雇员而已。"英国政府与鸦片贩子是一丘之貉,这是林则徐万万想不到的。

义律四月十七日(5月29日)的报告与鸦片贩子的请愿书,直到八月二十三日(9月31日)英外交部才收到。英国对六月初以后广州发生的一系列事件,包括中英矛盾的激化与冲突,林则徐严禁鸦片的措施,均未得到信息。可见,英国政府作出战争决定的根据,实际上就在义律与鸦片贩子5月29日的报告以前。应当看到,战争一旦发动起来,殖民主义者就必然在侵略的轨道上越滑越远。

事实证明了这一判断。英国政府接到义律二月八日(3月22日)的报告之后,英国伦敦一些与鸦片贸易有关的议员、银行家、商人、鸦片走私船长,便大肆叫嚷起来,掀起了阵阵好战浪潮,积极策划点燃战火。义律为了挑起战争,在"交凶""具结"问题上,采取一系列极为蛮横无理和挑衅的行动。

七月八日(8月16日)义律再次拒绝交出凶手。林则徐便命令封锁澳门,禁止粮食进入澳门并下令驱逐澳门英国人。林则徐此举,意在迫使义律交凶。但是义律已决心策动本国政府发动战争,故意采取挑衅的态度,于七月二十三日(8月31日)乘坐"窝拉疑号"军舰入侵广东海面,向中国挑战。林则徐针锋相对,发出告示,号召沿海居民武力自卫,"如见夷人上岸滋事,一切民人皆准许开枪阻止,勒令退回或将其俘获"。

义律是一个地地道道好战分子,他渴望战争很快来临,他毫不掩饰地说:"忍住不让中国政府知道它的报应时刻即将到来,是一件不容易的事。"三月九日(4月22日),他再次催促巴麦尊下决心发动战争。他说:"对这些践踏真理和正义的行为的必要回答,就是给予一击。"他给印度总督奥克兰勋爵信里认为,采取总的措施,必须得到女王陛下政府的批准,他极力要求印度总督"派出尽可能多的军舰和武装艇归我海军将领指挥",在中国海域武装挑衅。

箭在弦上,义律的战争策划就要变成血与火的现实了。

(二)英国议会决定开战

八月十四日(9月21日),英国外交部接到义律5月29日的报告后,立即作出反应,叫嚷"对付中国的惟一的办法,就是先揍它一顿,然后再作解释"。

英国鸦片商人第二次上书巴麦尊,时在九月间。报告中关于林维喜事件和英商被逐出澳门的消息,英国外交部于道光十九年十二月五日(1840年1月9日)才收到。而在这之前,道光十九年八月二十四日(10月1日),英政府内阁已决定"派遣一支舰队到中国海去""对三分之一的人类的主人作战"。

九月二十二日(10月8日),巴麦尊将英国政府对华作战的决定秘密通知义律,并作了具体指示:

> 陛下政府认为绝对必须把大不列颠和中国的今后关系安置在明确而安全的基础上,为此,陛下政府意将派遣海军到中国海去,可能还有少量陆军……
>
> 陛下政府现在的想法是:立刻封锁广州与白河或北京诸河,封锁广州与白河之间认为适当的若干处所;占领舟山群岛中的一个岛或厦门镇,或任何其他岛屿,凡是能够用作远征军的供应中心与行动基地,并且将来也可以作为不列颠商务之安全根据的就行;陛下政府是有意于要永久占有这样地方的,陛下政

府还打算立刻开始捕捉并扣押海军所能够弄到手的一切中国船只,采取了这些步骤之后,海军司令应该进到白河河口,向北京政府送一封信,告诉他们不列颠政府何以采取这样的行动,要求如何;并说明,这样行动将继续下去,一直等到他们派遣适当的官吏,有权并携有训令到司令的船上答应大不列颠的一切要求的时候为止。

义律1840年2月间收到这个秘密训令,即武力侵略中国的决定。巴麦尊致义律密函里说得更明白:"我所收到的你的来信,已到了5月29日所发的第23号,并且秘密告诉你,陛下政府对于今年春广州事件所已经形成的意向。为了指导你的行动,这是很重要的,你应该首先得知其事。"这说明5月29日以后所发生的一切事件与冲突,林则徐在处理这些冲突的方针、政策、方法,与英国政府决定战争与否是没有必然联系的。

九月二十日(10月26日),鸦片贩子查顿写信给巴麦尊提出封锁中国沿海港口,以便提出赔偿,要求开放福州、宁波、上海等,此外,还为巴麦尊设计了作战所需的兵力方案;伦敦代理商人约翰·艾贝尔·史密斯也致函巴麦尊,阐述查顿的意见。这些鸦片贩子在推动英国政府对华作战,起了推波助澜的作用。后来巴麦尊写信给史密斯说:"我们能够给在中国的海上军事和外交事务以详细的指示,取得了这些令人满意的成果,主要归功于你和查顿先生所给予我们的相当可观的帮助和情报。"各地商人也纷纷写信给巴麦尊,催促"政府能早日决定政策"。这些商人同样为鸦片贸易辩护,他们荒谬地提出:中国政府纵容百姓贩烟,因而外国人也就不应遵守中国法律。这个论点,后来成为英国政府对华作战的理由之一。伦敦东印度与中国协会在给巴麦尊信里,毫无掩饰地表露了他们的野心,说要"以欧洲的原则,为两国新关系的基础"。谁都明白,欧洲原则,实际就是支配和奴役中国的原则。信中又说:"施以武力,可以有很大成绩""我方应当用武力强迫中国方面让步,将贸易置于一个安定的永久的基础之上"。

英国殖民主义者最关心的是对华贸易中的特权,也就是与"中国缔结一通商条约"。"伦敦东印度与中国协会"提出:(一)"开放广州、厦门、福州、宁波、扬子江";(二)"在以上各地,英商须有与本地华人直接交易之权";(三)"中国政府应当让他们自由地在家庭与社交方面遵照欧洲习惯,拥有住所,与妻子同居,中国当然依法保护,不得横加欺侮";(四)"出入口关税,应由中英政府协议厘定,以后非经双方同意,不得更改";(五)"英国驻华商务监督系英女王的代表,应准与中国皇帝大臣以及地方当局直接交涉,并准予居住北京或其他商埠,以保护英侨,管理商业";(六)"在华英侨,如违犯中国法律,只准将其个人处罚,不得牵动全体,良莠不分,混为一谈";(七)"如中国不愿开辟商埠,应将一岛割让与英国(用购买或其他方式),英国可在岛上建造商馆"。不言而喻,这可以看作《南京条约》及附约的草图。

道光二十年正月十八日(1840年2月20日),英国政府预拟了《对华条约草案》十条,要求开放口岸,设置领事,割让岛屿,赔偿烟价,废除洋行,赔偿军费等,商定关税及领事裁判权等条款。禁烟运动给英国政府蓄意已久的侵略要求实现的一个借口。利物浦资本家安德·韩德森说得很明白:"中国方面的无理举动,给了我们一个战争的机会。这对英国是很有利的;因为这可以使我们终于乘战胜之余威,提出我们自己的条件,强迫中国接受。"

道光十九年十二月十二日(1840年1月16日),英女王维多利亚在下院发表演说:"在中国发生的事件已经引起我国臣民同该国商业来往的中断,这一事件深为影响我臣民以及我本身王权的尊严。"这是对中国作战的信号。事实正是这样,英国远征军早已驶进中国海域了。道光二十年正月十八日(2月20日)巴麦尊照会清政府时,竟颠倒黑白地提出了作战"理由":(一)所谓林钦差对"英王代表身份的义律横施暴行";(二)指责中国禁烟法律只对外国,而不对本国,等等,因而恬不知耻称:"英国对中国的敌对行动,不但是正当的,甚至于是绝对必要的。"而直到4月4日,英王才把这事件提交国会辩论。为可耻的鸦片贸易而战,毕竟是不光荣的,议会中反对派代表格雷厄姆提出中英关系中断的责任在于英国政府的议案,借以反对执政党议员。国会付诸表决,262票对271票,以9票之差被否决他的提案。议会终于通过作战议案。巴麦尊露骨地宣称:"这场战争是完全值得打下去的。"

五月二十日(6月21日),英舰队司令伯麦率领侵略军抵达澳门外海。五月二十九日(6月28日)英军舰正式封锁珠江海面,鸦片战争正式爆发。

三、战争过程

(一)英军北上

英军舰队于1840年6月底,从广东北上,最先进犯福建厦门。时任闽浙总督的邓廷桢,早已做好了战斗准备。英军出师不利,反遭痛击,不得已继续北上浙江。此时,两江总督伊里布和浙江巡抚乌尔恭额认为英军相离还远,不做应战准备。谁知一夜醒来,英军已经到了眼皮底下。7月2日,英军到达定海。

定海位于浙江省舟山岛上,是长江口的屏障,又是南北海上交通的枢纽,地理位置十分重要。英国侵略军要实现北上天津,威胁清政府的战略目标,必须占领这个居中策应的重要地点。

7月3日,英军两只汽船开到定海北港的头道街,探测水路深浅,转了一圈就赶紧退出去了。第二天早晨,数艘英国军舰,直接开进港口内。这时的定海守军,毫无防备,看见英国军舰进来,也没有开炮。总兵张朝发心里着急,马上派人到英船上交涉,询问他们的来意。英国人通过一个翻译说:"我们要占领这个舟山岛,希望中国方面派一个高级官员来军舰上商议一下。"来人回去报告了张朝发,张朝发又赶到城中和定海知县姚怀祥商量,决定先到英舰上探探英国人的情况。于是,姚怀祥带着游击(清代绿营军官)罗建功,坐上小船开过去,上了英国军舰,会见了英国海军司令伯麦和陆军司令布尔利。伯麦拿出事先写好的汉字照会交给姚怀祥,照会上写着,请定海知县马上把所管辖的岛屿交给英军,若不照办,就开炮轰击,还声明7月5日下午二时为最后期限。姚怀祥镇定自若,严词拒绝。

回到定海城中,姚怀祥与总兵张朝发商议对策。他建议水师官兵退入城内,一起坚守城池,等待援兵。张朝发不同意,说:"守卫城池不是我的责任,我率领水师,只知道保卫海口而已。如果不守海口,把敌人引到岸上来,形势就不好了。"两人谈了半天,还是各司其责,守城的专管守城,守不住也不能退走;迎战的就以作战为主,被打败了也不能入城。姚怀祥回到衙门,亲自带领城中的守兵,用土袋把四个城门堵死,还准备了守城的武器弹药。张朝发则把城外各处的兵马集合到港口,准备迎战。仓促间,敌军压境,官兵虽然率先没有做好充分的作战准备,但还是士气饱满,坚守国门,抵抗外敌入侵。

7月5日早晨,英国军舰和运输艇都已经进入港口内,准备好了大炮。下午二时,他们限定的期限已到,看到中国水师准备抵抗,没有丝毫投降的意思,英军海军司令伯麦就下令进攻,刹那间,英军的炮火向港口外的关山炮台轰击,总兵张朝发带领水师官兵英勇还击。双方炮火猛烈。突然,张朝发左大腿被弹片击中,掉到水里。卫兵赶紧下水把张总兵救起来,放到担架上,退往镇海去治疗,后因伤势过重,于8月2日身亡。张朝发退走以后,群龙无首,水师抵抗不住英军的进攻,关山炮台被英军占领。英军大队人马登岸后连夜炮轰定海城,发起攻城攻势。到第二天凌晨,英军从东门外登着云梯,攻入城内。知县姚怀祥见大势已去,跑到北门投水自杀。

这次定海战斗,守军虽然英勇抵抗,但是因为武器装备太差,战前又没有精心设防,所以最终失败了。但英国侵略者也不得不承认:"这次战斗,英军凭着人多才取胜,中国士兵的抵抗是很勇敢的。"在定海战役中英军第一次用武力侵占了我国领土。

7月6日,英国侵略军进入定海城,开始了疯狂的掠夺。一个英国军官描述英军抢掠的情景说:"军队登上岸,英国国旗就展开,从这一分钟起,可怕的抢掠光景就呈现在眼前。他们闯进每一幢房子,劫掠每一只箱箧,街上堆满了书画、桌椅、日用器具和粮食……这一切都被席卷而去……直到再也没有什么东西可抢的时候,抢掠才算停止。"英军把定海当成了一个基地,派上校布尔利驻扎在这里,负责军事;又派了一个名叫查克的文职官员管理民事,就像清朝的总兵和知县一样,占据了定海城。

英军总司令乔治·懿律安排好定海驻防之后,又率主力沿海岸北上。8月6日,到达天津大沽口。第二天,义律就坐上汽船开进了白河口,探测水路。11日,直隶总督琦善派人去义律的汽船上,探听他们来干什么。英国人交给来人一封懿律写给琦善的信,内容大意是:有重要文件,请琦善派官员去取,还要求上岸购买食物。琦善接到报告,马上派地方官员先筹备了牛羊及一批食物送给英国人,并取回英国外交大臣巴麦尊致中国宰相的书信一封,这封信附有中文译本。英国侵略者在这封信里颠倒黑白,说林则徐"迫害"英国侨民,侮辱英国政府。所以,英国才派军队前来,要求"赔偿损失"和昭雪所受的冤枉。琦善赶紧将这封信寄送道光皇帝。并竭力夸大英国舰队船坚炮利,说每艘英舰上都有三百至四百门大炮,每门炮有七千至八千斤重。道光皇帝看后,不禁惊慌失措。原来,道光皇帝接到定海失陷的报告后,就经常听到大臣们议论,说什么英国军队来进攻我国,都是因为禁烟的缘故。也有人造谣说,去年广东收缴鸦片,林则徐先是答应用钱买,后来不给钱,所以招来了祸害。沿海几位督抚,平常不注意海防,致使英国军舰一直开到大沽口,他们生怕受到道光皇帝的斥责,也都跳出来攻击林则徐,说他无事生非、挑起战争。道光皇帝在这一片攻击声中,头脑发昏,把责任全推到林则徐身上,决定用牺牲林则徐的办法换取英国人退兵。于是,他命令琦善,在天津海口和英国谈判。

8月15日,义律把巴麦尊的信交给琦善派去的千总白含章,要求在十天内答复。第二天,英军派人说,天气炎热,暂时到别处纳凉,就离开大沽口,前往长兴岛(在今辽宁复州湾)索要食物和淡水去了。不成想,半路上遇到台风,英国舰队被冲散,只有三只船到达长兴岛。其余舰船,有的避风进入涧河(在今丰润县),有的开到了山东半岛附近。直到 8 月 27 日,英国舰队才又在大沽口集合。琦善马上派白含章登上英国军舰,邀请懿律上岸会谈。懿律一开始答应了,后来装病不去,只派义律上岸会谈。琦善在大沽口南岸搭了两座帐篷,一座给义律等人居住,一座自己居住。8 月 30 日,义律带着十几个人坐着小船靠岸,在琦善的帐篷内开始会谈。因为彼此语言不通,需要有人翻译,谈判很费时间。谈了两天,也没有谈出什么结果。英方坚持无理要求,琦善不敢随便答应,只好保证说,朝廷马上派钦差去广东调查这件事,只要英军退回广州,一切问题都可以通过谈判得到解决。9 月 1 日,会谈结束。

9 月 2 日,懿律给琦善回信,坚决要求赔偿烟价和改革双方交易的制度。琦善答复懿律要上报皇帝,六天后才能给正式答复。懿律趁着这个工夫,带着舰队开到山海关,9 月 8 日才回来。琦善给懿律写了回信,措词非常婉转,于 9 月 13 日派白含章送上英舰。懿律最初答应南撤时,一并撤退定海的驻兵,并动手给琦善写信,但到信写好之后,又突然变卦了。白含章要求懿律重写回信,懿律说:“来不及再写,就以口头说的为准,所有的问题现在都没有落实,既然是到广州商议后再解决,那么,定海的驻军就不能马上撤退。”实际上,当时天气开始转冷,懿律觉得英军不宜在北方久留,所以,就于 9 月 15 日向广州撤去。

道光皇帝误以为靠琦善说了几句话,就把英军给退了,认为琦善立了大功,就任命琦善为钦差到广东去查办这件事。9 月 28 日,又任命琦善为两广总督。10 月 3 日,道光皇帝下令免去林则徐、邓廷桢的职务,留在广州等待查问。道光皇帝还一直抱着幻想,认为只要惩罚了林则徐,就可以万事大吉。

12 月初,琦善开始在广州办理公务。他先去检查林则徐去年查禁鸦片的一些文件,想在其中找出一些差错,好给林则徐加上个罪名,结果白费了一场心机。于是,他减少了海防兵丁的人数,把林则徐招募的水勇也予以解散,还命令把虎门设防区中的水下暗桩清除掉,听任英军汽船探测水道,甚至还要处分在沙角炮台击退敌舰的总兵陈连升。琦善以为这样做就可以讨好义律,缓和与英国的矛盾,但正好助长了英国侵略者的嚣张气焰。这时候,懿律因病回国,义律为英国全权代表与中方谈判。琦善对义律提的各项要求,一一答应下来,只有割让香港一事,表示不敢做主,要向皇帝汇报。琦善想靠这种办法拖延时间,再不断地给义律点儿好处,使义律能在谈判中让步,但义律气焰很盛,不愿意耐心等待,为了强迫琦善尽快投降,义律再次以武力进攻相威胁。

1841 年 1 月 7 日,英军突然进攻沙角、大角炮台。此时因琦善撤去了许多海防官兵,沙角炮台只剩下六百名官兵。守将陈连升一面组织抵抗,一面派人向琦善告急,请求派兵支援。而琦善却置之不理,不发一兵一卒。陈连升坚持指挥战斗,打退敌人数次进攻。不料,由于汉奸出卖,炮台后门被汉奸骗开,英军从后面进攻,造成守军腹背受敌。炮台上弹药打光了,弓箭放完了,陈连升带领士兵与敌人展开肉搏战,拼死抵抗到最后一口气。陈连升的儿子陈长鹏始终跟着父亲战斗,手握长枪,高声喊杀,刺杀了好几个英军,自己也负了重伤。他跳入大海,投水自尽。大角炮台上的千总黎志安率领士兵顽强拼搏,身上多处受伤,最后关头见形势不利,督率士兵把四十门好炮推落水中,突出敌人的包围。沙角、大角炮台失陷了。

陈连升牺牲后,他的坐骑在他的尸首旁低着头,双眼含泪,悲伤地嘶叫着。英国侵略者看见这匹马高大雄壮,知道是一匹好马,就把它捆住运往香港。但是,这匹马和它的主人一样,仿佛知道他们就是杀害自己主人的仇敌。不管侵略者喂它什么上等草料,它连闻都不闻;有人靠近它,它就扬起蹄子踢,张口就咬;要是有人骑上它,那就倒霉了,战马非得把他摔个鼻青脸肿不可。英国侵略者拿它没办法,就把它赶到海边荒山之中。马在那里不吃草也不喝水,天天跪到海边沙滩上,向着北方大陆高声嘶叫着。在香港的中国人看到战马的这种情景,都非常感动,便喂它东西吃。如果是用手捧着东西喂,战马就吃;如果放在地上,它就不吃,仿佛知道这块土地已被外国人霸占了似的。当人们围观的时候,有人说这是陈连升的坐骑,战马仿佛听到了人们在说什么,就双眼流泪。有人喊它,说能带它回大陆,它就显得高兴,拼命地跟着那人走。但是,英国侵略者坚决不肯把它放回大陆。这样,战马忍饥挨饿,终于在1842年4月死在香港。这就是"节马"的传说。1862年,人们用石头刻了一匹骏马,一条腿抬起来,昂首挺胸,好像还要冲向战场,这就是《书马图》。这匹石马,今天被保存在广州市博物馆内,向人们讲述着那一段叫人悲愤心酸的历史。

义律派兵攻占沙角、大角炮台以后,乘势向香港岛进军,并于1841年1月26日强占香港岛。英军海军司令伯麦率领一队士兵登岸,升旗鸣炮,举行"占领香港"的仪式。驻守岛上的清军被迫撤离。义律还命人到处张贴告示,硬说香港"已经钦差大臣琦善同意,割让给英国君主",而且"已有文字在案"。钦差大臣琦善早被义律的猛烈进攻吓破了胆,对香港被攻占束手无策。英国强盗的非法占领竟成为事实。

1841年6月,战争还在继续,英国殖民主义者就宣布香港为自由港,并任命官员,实行行政管理。1843年4月,英国殖民当局宣布香港为英国殖民地,并成立香港政府,侵华罪魁璞鼎查当上了第一任香港总督。他们把香港改为带有英国味道的名字——君士丹,又名"维多利亚城"。我国的神圣领土——香港,从此挂起了英国的米字旗。

广东人民对英军强占香港的强盗行径异常愤怒,纷纷起来反对。他们集会示威,联名上书,正在广州的林则徐急忙赶到巡抚衙门,督促怡良向道光皇帝报告这件事。

道光皇帝接到报告,气得大骂琦善无能,下令把琦善革职,拔去顶戴花翎,抄没家产,还命怡良派人把琦善押送回京,严加审讯。据当时有人记载,抄琦善家产的时候,发现财产数量巨大,仅银元宝就有一千多个,散碎银子四万多两,即使其他财产不作计算,也足以证明他是一个大贪官了。

(二)三总兵定海御敌

义律在鸦片战争中的做法,并没让英国大资产阶级满意。于是,英国政府派遣殖民老手璞鼎查接替义律的职务。1841年8月,璞鼎查到达香港,立即向广东地方当局提出一份新的议和提纲,还通知奕山说,义律已经回国,本人就是全权代表。如果中国不能派出全权代表,接受议和条件,就要进攻了。

8月25日,奕山还没有来得及将新的议和纲要送往北京,璞鼎查便率领侵略军,开始了对厦门的进攻。这时的闽浙总督颜伯焘,反对议和,主张出海和英军决一死战。英军来攻,他命部下出战迎敌,经过几个小时的激战,清军的弹药用完了。金门镇总兵江继芸、副将凌志壮烈牺牲。鼓浪屿、厦门相继失陷,水师造船厂、铸炮所、火药库和炮台都遭到破坏。英军闯入厦门放火抢掠,无所不为,他们见到金银财宝能搬走的都搬走,不能搬走的就地毁坏,抢去金条、银条价值二万多元。颜伯焘因为作战不力,损失惨重,被撤职查办。9月25日,英军继续北上,进犯到定海附近。

定海的地理位置险要。1840年7月,英军第一次占领后,就委派官员在这里驻守。1841年2月英国人退走,清政府马上派定海镇总兵葛云飞、寿春镇总兵王锡朋、处州镇总兵郑国鸿,率三千官兵驻扎定海。

葛云飞,字鹏起,浙江山阴县人。他的父亲是一个低级军官,在父亲的影响下,从小就开始读书练武,特别敬慕历史上爱国奉公的将领。从军后,他为人刚强正直,忠于职守,在缉捕海盗的战斗中多次立功,官职不断上升,到1838年,被任命为浙江定海镇总兵。葛云飞清醒地看到,外国人决不会甘心在中国的失败,他们肯定要用武力来侵略中国,而定海是中国南北海防线中间的接连点,战略地位十分重要,是兵家必争之地,因而一定要严加防守。为了表明抗敌决心,他专门请人打造了两把佩刀,一把上刻"昭勇"两字,一把上刻"成忠"两字,用来勉励自己。1839年,葛云飞的父亲去世,他按当时惯例,离职回家料理父亲的后事,守丧三年。临走时,葛云飞凭着自己多年海防的经验,给当时浙江巡抚乌尔恭额写信,明确告诉他,广东正在禁烟,敌人阴险狡猾,恐怕要来浙江沿海骚扰,提醒巡抚不要轻视这件事,要早做抗御敌人进攻的准备。后来,他从家中又给乌尔恭额写信,再次提出加强浙江沿海一带的防务,做好抗击敌人进攻的准备。但是,乌尔恭额根本听不进去这些忠告,认为葛云飞把敌情说得太严重了,英军远在千里之外,不会到浙江来,也没把加强沿海防御的事放在心上。

鸦片战争爆发以后,英国侵略军沿海北上,进犯定海。定海守军仓促应战,结果陷于失败。束手无策的巡抚乌尔恭额这时候才想起了葛云飞,马上写信召葛云飞到镇海,商量战守事宜。葛云飞虽然还在服丧期间,但痛感国土沦陷敌手的耻辱,他到父亲坟上哭祭一场,毅然赶赴镇海前线。

葛云飞赶回镇海时,伊里布奉命作为钦差大臣,前来办理军务。这个伊里布同琦善一样,是个主张"抚远"的软骨头,一味寻求妥协。葛云飞到任后,提出先加强镇海防守,再准备收复定海。由于葛云飞的努力,镇海的防御得到加强,人心也安定下来。当时任闽浙总督的邓廷桢,对葛云飞的精神和能力十分赞赏,认为他是当时惟一一个能独挡一面的将军。

葛云飞御敌守土的行动,得到了当地人民群众的大力支持,人民千方百计地配合守军进行抗英斗争,主动侦察外国人的情报,救护从定海逃出来的难民,还准备了大批商船渔船,听从葛云飞的调用。1840年9月,定海农民包祖才和他的弟弟阿四等人,抓获了英国侵略军的炮台司令安突德以及十多名英国士兵,交给了清军。群众的支持,极大地鼓舞了葛云飞反侵略斗争的决心。他多次向上司请示,愿意带兵收复定海,但伊里布正同英军相互勾结,根本不答应。不久,独守空城的英军,因粮食供应困难,疾病流行,被迫于1841年2月退出定海,返回广东。葛云飞受命接防。

定海收复后,葛云飞丝毫没有放松警惕。他和一同前来防守的寿春镇总兵王锡朋、处州镇总兵郑国鸿一道察看地形,加紧备战。葛云飞下令修复旧炮台,修补城墙,并且提出了增建炮台、堵塞港湾等防止敌人进攻的一系列措施,但没有得到上司的支持,奕山在广州签订《广州和约》以后,英军陆继撤出虎门口外。道光皇帝认为情况已经好转,命令各省裁撤兵员,节省军费。这时,取代伊里布任两江总督的裕谦鉴于形势还很严峻,没有马上执行命令,并请求皇帝暂缓裁兵。清廷不允许,裕谦只好让外省调来的军队回本省。针对葛云飞的一再要求,裕谦增派了一千八百名兵勇,还给他送去五十门大炮和数万斤火药。然而,这些离加强防务的需要还差得很多。葛云飞万般无奈,请求预借三年薪俸来充作定海防务费用,结果被斥责为要挟上司,违抗命令。甚云飞虽然遇到种种困难,但却没有动摇抗敌保国的决心。

这年9月26日上午,哨兵报告,发现敌军舰艇多艘,正向定海方向开过来,距离定海只有三十里了,葛云飞立即命令部队进入阵地。当天下午,璞鼎查率舰两艘闯入港湾,窥探地形,企图像上次一样,轻而易举地占领定海。可是,他失算了,敌舰还没有进入港湾里面,就遭到守军大炮的轰击。葛云飞亲自在炮台上开炮,击断一艘敌舰的桅杆,吓得敌人仓皇逃出海湾。葛云飞传令各处守军,提高警惕,加强防御,并与王锡朋、郑国鸿一道研究抗敌的方案。由葛云飞守卫最险要的半塘土城,王锡朋率部守卫晓峰岭,郑国鸿守卫竹山门。当时,英军总兵力达二万人,而定海守军不过五千人,分兵把守各处,力量分散。如果敌人强行进攻,将很难防守。葛云飞赶紧向总督府请求增援,但没有得到应有的支持。

27日早晨,英军四艘军舰逼近土城。葛云飞在土城上亲自指挥各炮台还击,打退敌人多次进攻。到中午时,英军已被击毙四百多人。

28日早晨,敌人进攻竹山门,被郑国鸿击退,打死三百名英军。29日,敌人进攻五奎山,被守军击退。30日,英军集中主力进攻晓峰岭,同时分兵进攻土城和竹山门,妄图一举解决问题。三位总兵共同指挥部队奋勇反击,一次次把登陆的英军赶回海上去。

连续的战斗,使清军处于艰难困苦的境地。没有后方的支援,粮食快吃完了,将士们每天只能吃三碗稀饭。但是大家的士气旺盛,弹药快用完了,将士们便准备好弓箭和大刀应敌。葛云飞感慨万千,禁不住流下眼泪。他痛恨上司不发援兵,更敬佩将士们忍饥挨饿,拼死战斗,没有一丝怨言的精神。一天早晨,定海百姓给葛云飞送来一碗人参汤,葛云飞坚决不喝。他说:"将士们都忍饥杀敌,我怎么能咽下这碗参汤!"他把人参汤倒在小河中,让将士们用手捧水喝,和大家一块分享这碗参汤。在这艰难时刻,葛云飞与将士们同甘共苦,更加坚定了大家誓死保卫国土的决心。

10月1日,临近中午时分,英军集中兵力又发动了进攻。他们先攻晓峰岭。王锡朋沉着指挥,打退了敌人一次次进攻。枪管、炮管打红了,无法再射击,将士们就与扑上来的敌人展开肉搏战。终因寡不敌众,守军伤亡殆尽,老将军王锡朋壮烈牺牲。敌人攻陷晓峰岭后,立刻兵分两路,一路进攻县城,一路进攻竹山门。郑国鸿率军誓死抵抗,英勇牺牲,守卫竹山门的清军大敌当前,视死如归,全部为国捐躯。晓峰岭、竹山门丢失,使葛云飞腹背受敌。在这危急时刻,葛云飞把总兵印信交给一名亲兵,命令他突围出去交回镇海大本营,不能让敌人得去。将士们见败局已定,劝葛云飞突围,再准备反攻。甚云飞豪迈地说:"大丈夫以身许国,事情已经到了这种地步,宁可让那些平庸的人笑话我不聪明,也不能让贤明的人责备我不忠于国家。"面对蜂拥而上的敌军,葛云飞手执大刀,大喊一声,率领仅存的二百人冲入敌阵。从土城杀向竹山门,葛云飞身上负伤四十多处,仍然坚持战斗,伤口里流出的鲜血湿透了衣服和铠甲。正当他冲到竹山门山崖下时,一阵枪弹击中了他的胸膛,葛云飞壮烈牺牲。可是,他们昂然挺立在山崖下,怒目圆睁,手握大刀,吓得侵略者久久不敢靠近。

葛云飞、郑国鸿牺牲后,遗体落入了英军手中。这一消息惊动了一位侠士,他组织了一支精干的小分队,决心抢回英雄遗体。他们中的一批人化装成老百姓,三三两两地潜伏在停放爱国将领遗体的附近。另一支人马突然向敌军发起攻击,吸引敌军的注意力。趁敌人混乱之机,潜伏的队伍冒死冲上前去,迅速抢回了遗体,并派人连夜送回宁波。这支队伍就是让侵略者寝食不安的黑水党。那位侠士就是他们的首领,叫徐保。

1840 年 7 月,英军第一次攻占定海之后,浙东人民自发起来打击英国侵略者,逐渐形成了这支力量比较强大的敌后抗争队伍。它的主要成员都是沿海的渔民。一开始,他们的活动主要在宁波,在以后的斗争中,他们的活动范围逐渐扩展到镇海、定海一带。他们有时和清朝官兵进行合作,但更多的时候,是采用机动灵活的游击战术,独立地打击英国侵略者。黑水党的主要首领徐保,是一位富有传奇色彩的智勇双全的人物。他手下的人个个武艺高强,跳墙上房,就像走平地一样,神出鬼没,难见踪影。他们的基本作战方针是分散和隐蔽,三五个人一伙,选择时机,歼灭敌人。他们不仅在陆地上活动自如,在水上也有呼应,甬江中就有他们备好的八支桨的小船。只要有可乘之机,他们就能迅速袭击敌人。历史上曾有记载,说他们曾在两个月里杀了数百名英军。英国人十分恐惧,都龟缩在据点中。

1841 年 10 月 13 日,英军占领宁波。大队人马离开后,驻守宁波的英军就遭到黑水党一刻不停地打击和骚扰。据英国人宾汉写的《英军在华作战记》中记载:1842 年 2 月 28 日,一艘名叫"衣那"号的运输船靠在岸边加水,由于退潮而被搁浅。负责运输船的军官鬼使神差,竟被 3 个中国人所说服,陪着他们到不远的几所房子里去。这名军官在两名非战斗员的陪伴下,走了不很远,就被四五个中国人所袭击。第二天上午,英军才在一个池塘中发现了他没有头的躯体。《英军在华作战记》中还有这样一些记载:"摩底士底"号军舰上的一个小兵有一种习惯,经常在中午给他们船长的小马梳理毛发。小马就放在一所没有人居住的房子里,距离他们的船只有几十米远。有一天中午,他在那间房子里被人拐走。另有一天,一只中国小船经过宁波的西水门,撞着堤岸,船帮被撞得陷了进去。哨兵从船上发现一个被绑着、口中塞着东西的英国人⋯⋯后来,英军士兵不敢一个人独自在城内走动,处处都感到恐惧。

黑水党人袭击英军的方法多种多样,英军防不胜防。黑水党的人有时穿上英国人的衣服和皮鞋,学几句英国话,故意接近英军士兵,和他交谈,趁其不备,突然拔出匕首将他刺死。如果想抓活的俘虏,就用布条从后面勒住英国人的脖子,英国人只好束手就擒。然后再把布条绕几下,双手抓住布条两端,快速地将英国人背到偏僻的地方,用毛巾堵住嘴巴,把他装到布袋里,捆好口,用绳子把布袋从城墙上系下去,运到城外。

黑水党中有一对孪生兄弟,擅长用套环擒拿英军,号称"环王"。他们用一根长藤,在顶端结一个环,然后趁夜间躲在城外墙下边,故意装出各种禽兽的怪叫声,吸引城墙上巡逻的英军士兵。当士兵从城垛上探头向外张望时,他们就迅速抛出藤环,套住士兵

的脖子,猛地向下拉,英军士兵就会从城上掉下来。没多久,黑水党的弟兄们大部分学
会了这一手。晚间巡逻的英军士兵不断地失踪,引起侵略军的极大恐惧,认为这些人一
定是中了中国人的什么法术。

这些渔民、百姓组成的浙东黑水党人,面对英国侵略军的猖狂进攻,无所畏惧,英勇
地坚持敌后抗英斗争,充分显示了中国人民的智慧和力量。

(三)吴淞口、镇江城保卫战

10 月 1 日,定海失陷后,英军接着进攻镇海,浙江提督余步云贪生怕死,不战而逃。
两江总督裕谦坚决抵抗,兵败投河自尽。英军在镇海大肆掠夺,连铸炮所的二百斤铜也
装上船运走。10 月 13 日,英军攻进富庶的商业中心宁波。那个曾经在"阿美思德"号间
谍船上的传教士郭土力被委派为"县长"。英军疯狂掠夺,抢走了可供侵略军食用两年
的粮食和库存的十二万元白银。

浙东连失定海、镇海、宁波三座城池,战死了几个总兵和一个总督。"和平"已经是
不可乞求的了。10 月 18 日,道光皇帝任命另一个侄子协办大学士奕经为扬威将军,侍
郎文蔚和蒙古副都统特依顺为参赞大臣,牛鉴为两江总督,调集江西、湖北、四川、陕西
和甘肃等几个省的军队,前往浙江应战。奕经带着大批随员南下,一路上游山玩水,向
地方索要各种供应。12 月初,奕经到达苏州后,借口筹办军务,整天沉溺在花天酒地之
中。有人向他建议,招募民间乡勇,分散进军到宁波、镇海、定海附近,让他们骚扰敌人,
等把敌人拖得疲惫不堪时,再出动大军收复失地。奕经正在寻欢作乐,根本听不进去。
转年 1 月 25 日,奕经忽然做了一个梦,梦见英国人全都上船,张帆出海,宁波等三座城里
没有一个外国人了。奕经把梦一说,文蔚说他也做了一个同样的梦,这真是好兆头,于
是决定进兵。3 月 10 日,他们率队从绍兴分兵三路,同时向宁波、镇海、定海进攻。英军
早有准备,乘机反攻,结果清军不但没有收复失地,反而又丢了慈溪。奕经等人仓皇逃
回杭州,从此不敢再战。道光皇帝接到战败报告,也不再说主战了,转而一心求降,派遣
盛京将军耆英和被革职的伊里布赶赴浙江,准备向英军投降求和。

英国侵略者此时的胃口越来越大,准备进攻南京。1842 年 5 月,英军进犯海防重镇
乍浦。5 月 17 日,英军陆战队上岸,分兵两路,左路直扑乍浦城下,右路攻击沿途各炮
台,以截断清朝军队之间的火力支援。这些穷凶极恶的英军万万没料到右路敌军在天
尊庙遭到清军顽强地抵抗。

天尊庙在乍浦城南约三里的地方,驻扎了由佐领隆福率领的满族兵二百一十人。
英军向天尊庙发起多次猛攻,都被击退,损失惨重。英第四十九团,除两个人外,其余的
人死的死,伤的伤;另一个团的上校军官被打死,这是开战以来,英军战死的级别最高的
军官。狂怒的英军派大批后续部队赶来支援,架起炮猛轰天尊庙。中国守军苦战三小
时,终因弹尽粮绝伤亡殆尽,隆福自杀,尚存的士兵也都挥刀自尽,决不死在敌人的屠刀
之下,表现了崇高的民族气节。天尊庙落入英军手里,这伙强盗放火烧了庙宇。与此同
时,英军左路攻入乍浦,开始大肆屠杀百姓,发泄其兽性。有记载说,英军攻破乍浦,烧
杀抢掠,惨无人道,街道上堆满了尸体,扔到河里的死尸堵得河水都流不动了。

6 月初,英军兵围吴淞口。吴淞口位于长江入海口,是上海的咽喉,长江的门户。这

里江面宽阔,历代兵家把这里作为必争之地。为了加强吴淞口的防务,清政府选调英勇善战、素有威望的老将军陈化成任江南提督。1840 年 10 月,陈化成自福建赴任,此时他已是快七十岁的人了。老将军到吴淞口后,马不停蹄,亲自勘察地形,指挥部队和民工修复炮台,添设炮位,制造火药。新铸八千斤大炮六十门,沿海构筑二十六个土堡。吴淞口东西有两座炮台,互为掎角之势。陈化成在西炮台安放一百五十四门大炮,东炮台安放二十七门大炮。他还从福建水师挑选了一批经过战斗锻炼的精兵,编入驻防队伍,经过一番整顿,吴淞口的防御能力得到提高。陈化成严格治军,为防敌人绕道袭击炮台,他派了徐州镇总兵王志元率部驻守东西炮台后面的小沙背。这个王志元不听调动,手下士兵还滋事扰民。陈化成查清情况后,当众惩处了违纪者。陈化成忠于职守,爱兵如子,深受大家爱戴。军中士兵和当地百姓都尊敬他,称他为"陈老佛"。

英军攻占乍浦后,在吴淞口外集结兵力,耳闻陈化成作战勇猛,不敢贸然进攻。6 月 9 日,四艘船舷两侧安置了伪装木人的英国军舰,趁江面大雾弥漫,闯向西炮台,妄图侦察清军火力部署。陈化成一眼识破了敌人的诡计,按兵不动,一炮不发。16 日清晨,江面上掀起恶浪,英军七艘战舰,数十只运输船,向吴淞口发起猛烈的进攻。霎时间,炮声震天,烟气腾空。陈化成手拿令旗,站在炮台最高的地方,不顾到处横飞的弹片,指挥守军沉着应战,击沉击伤敌人大小舰船八艘,打死打伤敌军两百多人。美军只好放弃正面登岸的打算,改用小型舰艇开进西炮台南面的蕴藻浜,强行登陆,企图从侧面包抄西炮台。陈化成又一次看穿了敌人的诡计,立即督饬守军奋勇抵抗。

两江总督牛鉴躲在宝山城里,当英军开始进攻以后,他接连三次派人通知陈化成退兵。陈化成拒不领令,顽强反击,打退了敌人的进攻。击毁英国军舰和重创英军的消息传到牛鉴耳朵里,他顿时来了精神,要亲自去吴淞口,名义上去督战,实际上是要争功。这个首鼠两端的两江总督,在打仗的时候还忘不了讲排场,他带着浩浩荡荡的仪仗队,鸣锣开道,招摇过市。队伍走到小沙背时,被英军发现,立即招来英军猛烈炮火的轰击。牛鉴吓得惊慌失措,急忙爬出轿子,换上士兵服,混在队伍中抱头鼠窜。牛鉴的逃跑使军心顷刻间瓦解。驻守小沙背的徐州镇总兵王志元,本来治军不严,又受过陈化成的训斥,此刻,他看见总督逃命,也放弃阵地跟着逃跑。东炮台的守军见状也紧跟在后面逃走。刹那间阵地上一片混乱。大批英军趁机登陆,从侧面和正面围攻炮台,吴淞口腹背受敌。

陈化成怒火中烧,抱定为国捐躯的决心。他命令旗手,将"陈"字锦缎帅旗插到炮台前沿,激昂慷慨地高声喊:"我们奉命抗敌,只有坚守阵地,不能后退。我要以死报效国家!"陈化成亲自操炮射击,鼓励将士坚持战斗。突然,一发炮弹在陈化成身边爆炸,老将军多处受伤,鲜血直流。他强忍伤痛,继续鼓励身边将士奋勇杀敌。无奈大势已去,英军登上炮台,蜂拥而上。一阵排枪,陈化成身边将士中弹倒下,陈化成腹部中弹,喷血身亡。英军乘势占领了宝山和上海。

英国侵略军占领上海六天,向上海人民勒索赎城费竟达五十万银元。6 月底,英军增援舰队陆续到达吴淞口外。7 月上旬,英军沿江而上。7 月 15 日,英军到达镇江江面上,驻镇江的京口副都统海龄率领守军展开了悲壮的镇江保卫战。

海龄,姓郭洛罗,山海关驻防旗人出身,属满洲镶白旗。1810 年任张家口协中营守备,1817年升任直隶督标左营都司,后历任游击参将、副将、总兵等职。1840年12月,海龄调任京口副都统。他坚决主张禁烟抗英,对琦善等人的投降行为极为不满。他曾经上奏朝廷,斥责琦善的卖国,自己则加紧了镇江的防务。镇江是江宁(今南京)的屏障,也是京杭大运河南北漕运的枢纽,具有重要的战略位置。

海龄到任后,多次呼吁朝廷重视长江防务,增派军队,修补城墙。牛鉴就任两江总督后,认为英军打不到镇江来,不愿对镇江防务投入力量。1842年,战争形势恶化,海龄每次上奏朝廷,都直言力争,批评牛鉴虽然担负着扼守长江的重任,却不能亲自查看情况。他请求招募水勇,雇佣船只,准备木筏,拦江堵塞水道。为激励士气,他还借支了半年的俸饷,发给士兵。但是,朝廷对他要求加强防务的上奏不予理睬,对他借支俸银发放军饷的举动大为不满,给了他处分。这些并没有使海龄丧失斗志。他率领部下巡察江防,鼓励士兵操炮演习,下令堵塞了江边的小港,又从山东调来青州兵帮助守城。镇江的老百姓在海龄的鼓舞下,也筹集银钱,购买树木,在江面上扎起木筏做防御工事,协助守城。

7月13日,牛鉴从吴淞口战场上逃到镇江城。他惊魂未定,根本不考虑怎么应战,反而让常镇道道员周顼携带重礼犒劳敌军,然后自己匆忙逃往南京。其他朝廷大员也都惊恐万状,逃避一空。只有海龄没有丝毫的怯懦,他憎恶牛鉴等人的举动,当众表示,如果英军进攻,"本副都统立即提兵出战",显示了誓与英军血战到底的坚强决心。为防备出现意外情况,海龄把江边守军撤回城里,加强四门的防守,并下令关闭城门,在城中搜捕奸细,以防奸细在城中做内应搞破坏。他还命令军民多准备瓦块砖石,准备一旦城池被攻破,立即展开巷战,宁为玉碎,不为瓦全。

7月21日清晨,一阵猛烈的炮火从江中敌舰上飞出,英军开始进攻镇江了。炮声呼啸,震耳欲聋,炮弹不停地在城上城下爆炸,一些房屋被击中,燃起熊熊大火。攻城的英军手持毛瑟枪,狂叫着涌向城墙,爬云梯攻城。守城清军怒目圆睁,挥舞大刀长矛扑向敌人。海龄亲自在北门督战,拼死反击,接连打退敌人的几次进攻。英军恼羞成怒,仗着人多势众,分兵进攻西门和南门,他们把军舰上的火炮抬到岸上,轰击城墙。江南的7月,骄阳似火。守城清军在海龄的指挥下,头顶烈日进行着顽强的战斗。表现最为勇敢的是来自山东的青州兵,他们以一当十,奋勇拼杀。一位青州兵用长矛刺穿一名英军后,来不及拔出长矛,就又挺矛刺死另一个冲上来的英军。此刻,长矛上穿着两具尸体,再无法抽出来,他便赤手空拳和涌上来的敌人搏斗,直至壮烈牺牲。

激战持续了几个小时。英军凭着人多和武器精良,终于攻进镇江城内。在这危急关头,海龄力图挽回败局。他身上的战袍已被鲜血染红,手举寒光闪闪的宝剑,对身边的士兵大声喊着:"我们已经没有退路,宁可自杀,也不能投降{"喊罢,海龄忍着伤痛跨上战马,带头杀向敌军。士兵们看见都统大人如此奋勇,也都增强了勇气,紧跟着海龄杀入敌群,做最后的拼杀。由于清军人少势弱,又得不到援助,经过一天的激战后,人员大部分伤亡。日落黄昏,海龄见大势已去,已没有挽救败局的可能了,就骑马回到家中,命令家人举火烧房,自己与妻子、孙子在屋内自焚,以身殉国。

在海龄英雄行为的激励下,镇江军民虽败不降,他们不堪忍受失败的耻辱,更不能容忍残暴的侵略者烧毁自己的房屋,践踏自己的骨肉。他们奋不顾身地袭击侵略者,在英军路过的每一处房屋中,几乎都留下了反抗军民的遗体。一股英军进城后,沿城墙巡查,忽然受到隐蔽在附近房屋里的守军袭击。两名英军军官和一些士兵被打死。夜晚,城内军民更是机动灵活地袭击英军的步哨和卫兵。伟大的革命导师恩格斯曾热情地赞扬镇江守军的英勇作战,他说:"驻防旗兵虽然不通兵法,可是决不缺少勇敢和锐气,这些驻防旗兵总共一千五人,但却殊死奋战,直到最后一个人。在这次战斗中,英军损失一百八十五人……如果这些侵略者到处都遭到同样的抵抗,他们绝对到不了南京。"

四、屈辱签订《南京条约》

1842 年 8 月上旬,英军舰船七十六艘,陆续开到南京江面。在此之前,7 月 27 日,两江总督牛鉴就派人前往镇江英船上,送去照会,接洽投降。7 月 30 日,牛鉴接到文生(此人以前为海龄的家庭教师,后被英军俘虏)从镇江带来的英军照会。照会要求牛鉴立即交出赎城费,免得生灵涂炭。8 月 5 日,牛鉴见英国军舰已到南京江面,就派人上船送信,告诉英国人,朝廷已派钦差大臣耆英、伊里布专程办理和议之事,两人马上就到南京,还答应交纳六十万两白银的赎城费。璞鼎查回信说,伊里布到后,再作商谈,如果能如愿,就不会进攻这座城市。实际上,以后几天,英军派人乘小船沿水路进入城郊,侦察南京地势和清兵布防情况,做好了进攻太平门的准备。伊里布 8 月 8 日到达南京,马上派家人张喜(此人在浙江时,多次与英国人接触)等人去和英国人接洽,英国人不予理睬,并声称 8 月 11 日即将进攻。张喜回来报告,众人都大吃一惊。伊里布连夜写信,派张喜于 8 月 11 日早晨天不亮时送到。当时,英军的一部分炮兵开始登岸,做出准备进攻南京的架势。书信送到后,张喜又极力陈说和平的意愿,璞鼎查才下令暂缓进攻,将各船上的红旗都换成蓝旗。其实,所谓英军攻城不过是虚张声势,以势压人。这时,到达南京江面的英军作战人员共七八千人,军舰上正流行霍乱,造成大量减员,能够参战的不过三千四百人。而此时驻防南京的清军却有八千之多,如果坚决抵抗,仍有挽回败局的可能。然而,璞鼎查的恐吓讹诈奏了效。清政府无心再战,一意求和。

8 月 11 日,耆英到达南京。第二天,耆英派佐领塔芬布、张喜等人带着耆英、伊里布两人的联名照会,去见璞鼎查,准备开始和谈。英方将所提条款,列了一个清单,让塔芬布等人带回。这些条款十分苛刻,主要内容有赔款二千一百万两白银;割让香港;开放广州、福州、厦门、宁波、上海为通商口岸等。中英官员见面用握手礼。璞鼎查气势汹汹地说:"如果中国能答应这些条件,就罢兵,签订永远和好的条约,否则立即进攻。耆英和伊里布对这些条款不敢做主,要禀报朝廷。几天后,英军探知南京城中有满汉大军开到(这是误传,实际足两部调防),马上就把蓝旗换成红旗,准备攻打太平门。钦差大臣耆英、伊里布胆怯了,被迫连夜写信,答应英方所要求的条款。

8 月 14 日,耆英派侍卫咸龄、江宁布政使黄恩彤与英方代表麻恭等在静海寺会谈。谈判中,清朝代表对英方提出的条款,完全予以承认。然后,咸龄要求英方撤退兵船,英方提出先交出六百万元赔款,才撤退长江上所停泊的所有船只。而招宝山、厦门鼓浪屿及定海三处,必须等到赔款完全交清以后,英军才能撤退。黄恩彤和英方代表争论一番后,英方才答应将招宝山的兵船与南京、镇江的同时撤退。英方又要求在条约上加盖国玺,以证明双方的信用。耆英、伊里布不敢辩解,只好写奏折上报道光皇帝。璞鼎查闻此谈判结果大喜,通知登岸各军,暂时不要行动,等候解决。

8月20日,耆英、伊里布、牛鉴率侍卫咸龄、布政使黄恩彤等登上英军司令舰"皋华丽"号,和璞鼎查及英军各高级军官见面。大家寒暄约一个小时,耆英、伊里布等人告辞。回到驻所,耆英立即向道光皇帝上奏折报告所见所闻,他说外国人的军舰非常坚固,大炮很多。过去听的是传闻,如今上了人家的船,亲眼所见,才知道有多少兵力都很难将其制伏。接到耆英的这份报告,道光皇帝害怕战争继续,皇位难保,只好发出圣旨,答应英国人的一切要求。

原定22日,璞鼎查到静海寺回访。可到了那一天,璞鼎查没有来。耆英派人去问,说是正在审查章程,一时抽不出空来,另定24日再来回访。耆英赶快命令地方官员购买大批牛羊肉、蔬菜等送给英军。24日上午,璞鼎查坐着绿呢大轿,带着众将及卫队二百人,来到静海寺。耆英命令鸣炮三响,奏乐欢迎。隆重的仪式过后,开宴吃饭,满桌上的菜肴都是中国风味。宴罢,璞鼎查告辞回船,静海寺中又是鸣炮三响,鼓乐齐奏,耆英等人一齐送到寺门外面。这次璞鼎查又提出要入城会谈的具体条款,耆英唯恐大批英军入城,可能引起居民混乱。璞鼎查声明只带少数随从,不带一兵一卒。于是,8月26日,耆英集合四个营的士兵,排队、奏乐、鸣炮,到江边去迎接璞鼎查等人。英国使臣拿出几天来议定的条款文本,内容比以前又细分出了几条几款,新加上允许在通商口岸的外国人携带家属居住,并设领事等条款。耆英不敢怠慢,只好全部答应下来。英方建议8月27日签字,因伊里布有病,所以又推迟两天,定在8月29日,在"皋华丽"号军舰上签字。

8月29日,上午11点左右,耆英、伊里布、牛鉴等人,一同登上英军司合舰"皋华丽"号。这艘军舰是英舰中最大的一只,签字的圆桌设在中舱。璞鼎查及耆英、伊里布、牛鉴四人围桌而坐,两边站着英军将官,在军官后边站着一圈侍卫。桌上放着装订成册的条约文本,前面是汉文,后面是英文。这时,长江江面上的英国船舰都悬挂起英国国旗,各船上的英军士兵,欢呼着"女王万岁",而耆英等人就在英国国旗飘扬的阴影下,在"女王万岁"的呼声中,忍辱含垢地在《南京条约》上签了字。

条约规定清政府割让香港,开放广州、厦门、福洲、宁波、上海为通商口岸,赔款两千一百万银元。

《南京条约》签订后,美、法等国也趁火打劫,于1844年强迫清政府签订了中美《望厦条约》和中法《黄埔条约》等不平等条约。

五、中国战败的直接原因

第一次鸦片战争,是中国军民反对外国入侵、维护民族尊严的正义战争。在两年零两个月的抗英战争中,清政府从全国各地调兵遣将,动用了可能动用的武器装备,耗费了巨大的财力物力,结果还是屡战屡败,最后不得不与英方签订屈辱的条约,成为千古遗恨。抗英战争的实践表明,清王朝的政治腐败、经济落后和武备废弛,乃是中国战败的根本原因。正由于此,使中国所具有的兵力雄厚、以逸待劳、有人民支持等有利条件不能充分发挥,所存在的武器装备落后、部队素质低劣等弱点无从改变;同时,也就无法抵消和减杀英军船坚炮利等优势,扩大其兵力不足、远离后方、补给不便等困难;从而也就丧失了战胜敌人的可能性。当然,作战失利的最直接原因,则是由于战争指导上的战略性失误,并突出地表现在以下几个方面。

第一,不明敌情,盲目指挥。

英国发动侵华战争,既有明确的政治目的,又有对中国情况经过长期侦察而制定的具体战略方针。此外,在战争过程中,还继续调查研究,不断完善既定的方针,以便既能达到战争的政治目的,又能缩短战争的进程。英军还十分重视战役、战斗侦察,及时获取清军的情报,确定对策,或先发制人(如进攻虎门),或先行防范(如对付广州和浙江清军反攻),从而争取主动,避免被动。

清王朝则相反。由于闭关锁国,夜郎自大,因而对西方列强的情况茫然无知,对英国发动侵华战争缺乏预见和准备。战争爆发后,仍然不了解英军的战略意图,所以只能提出"沿海各省一体严密防范""大张挞伐"之类笼统的不切实际的方针。另外,道光帝往往根据假象和有关将军、督抚的虚假奏报,制定错误的决策。1840年秋,英军因季节和疫病等原因自大沽南返,道光帝却认为"夷情恭顺",下令沿海各省裁撤调防官兵,但时隔不久,英军进犯虎门,只好再次调兵加强海口防务。1841年6月,进犯广州的英军撤至虎门口外,道光帝认为"夷氛已靖",再次下令酌量裁撤调防官兵,不几天,英军便攻陷厦门。1842年3月,清军浙东反攻失利后,道光帝一面增兵浙东,防敌进犯杭州,一面继续加强直隶沿海防务,防敌进犯天津,而英军的进攻方向则是长江下游。正因清廷不明敌情,盲目指挥,所以清军着着被动,而英军着着主动。同样,由于不明敌情,时而轻敌,时而畏敌,在战与和之间摇摆不定,对整个战局造成不利影响。

第二,打击抗战派,重用投降派

主持广东禁烟的林则徐、邓廷桢,抗英决心坚定不移,设防备战周密有序。英军开始不直接进攻广州,固然主要由于执行英政府制定的战略方针,但与广州戒备森严也不无关系。遗憾的是随着道光帝抗英态度的变化,竟以莫须有的罪名将他们革职,发配新疆。此后,一些有识之士奏请重新起用林则徐,均遭道光帝拒绝,甚至受到批评,致使抗战派受到沉重的打击。此后,道光帝任用的琦善、奕山、伊里布、奕经、耆英、牛鉴等,不是屈服于英军淫威的主抚派,就是怯懦无能之辈。琦善、伊里布、耆英和牛鉴,畏敌如虎,一意乞和,致使关天培、陈化成等爱国将领处于孤掌难鸣的困境,对于广州和长江下游的作战失利,负有重大的罪责。奕山、奕经虽各统兵数万,却胸无韬略,因而既不能"靖逆",又不能"扬威"。他们身为皇亲贵胄,却贪生怕死,不愿为大清帝国效命疆场。英军北犯闽、浙,继犯长江,他俩竟置道光帝的命令于不顾,不敢身先士卒,率部袭击留驻香港和浙东的少数英军,带头破坏了清廷的集中统一指挥,使清军无法协调一致地作战,从而也影响了道光帝的抗战决心,最后发出了"无人,无兵,无船"的哀叹。用兵之道,择将为先,不选用智勇双全的将帅,而欲争取战争的胜利,乃缘木求鱼。

第三,只知调兵堵御,忽视改进战法

清王朝长期奉行防内重于防外的方针,沿海要地兵微将寡,遇到外敌入侵,只好从内地各省零星抽调部队,临时拼凑成军,千里赴援。这些部队,士兵与将领之间互不熟悉,在未经训练的情况下,仓促投入战斗,结果,既乏锐气,又少协同,往往一触即溃。另外,由于交通不便,往往援兵未到,而守军已溃。这种弊病,战争初期即已暴露,但清廷没有及时总结教训,采取改进措施,即一面就地选募精壮农民和渔民、疍户,充实成边部队;一面在重要海口附近分别调兵组建战略预备队,统一领导,严格纪律,强化训练,改变号令不齐、散漫无纪、技艺生疏、胆气不壮等状况,以便一旦有警,就近开赴前线,配合作战,即使前沿阵地已被敌突破,尚可在纵深地域继续抗击敌人。这样,既能提高部队的战斗力,又可避免贻误战机,增强防御作战的韧性。无奈,不论是浙东反攻,还是长江下游抗战,始终用零星抽调、仓猝应敌的老办法,因而重蹈前期作战的覆辙。

清军在抗英作战的初始阶段,因为不了解近代化英军的作战特点,打些败仗在所难免。正如林则徐所说:"盖内地将弁兵丁,早不乏久历戎行之人,而皆觌面接仗,似此相距十里八里,彼此不见面而接仗者,未之前闻,故所谋往往相左。"问题在于为何在两年多的时间内始终一败再败?重要原因之一,在于清廷既不及时严惩畏敌怯战的将领,严肃军纪,激扬士气,又不认真研究敌人的作战特点,着力探索避攻之长、击敌之短的有效战法,而是主观地认为英军长于海战、短于陆战,并且始终依托筑城技术十分落后的炮台和土城等工事,拘泥于阵地防御战,不辅以必要的运动战和广泛的游击战,以致不但不能予进攻之敌以有力的打击,而且一旦要塞或城池失守,便丧失了扭转被动局面的能力。至于诱敌深入,不断分散和消耗敌人,以至最后战胜敌人的战法,则更不敢实行。因为,诱敌深入,必然会暂时丧失一些土地和城镇。可是清律规定,凡丢失城池者,不论是何原因,都将受到严厉的处分,所以统兵将领谁也不愿冒这个风险。何况,当时最高统治集团和前敌将领能有几人懂得只有消灭敌人的有生力量,才能有效地保存城池的道理?另外,这种灵活战法之不能实行,还与前敌将领轻视人民、部队扰害百姓,不能和不敢依靠群众密切相关。奕山之解散三元里抗英义勇,奕经之不采纳臧纡青的"散战疲敌"之策,就是明证。因此,也就失去了战胜敌人的最有力最可靠的保证。

六、鸦片战争时期的思想界

(一)经世思潮的兴起

鸦片战争前夕,一些注重经世致用的封建士大夫,预感到地主阶级临近末日,农民革命的风暴正在酝酿,而在寻求药方,以医治病入膏肓的封建制度。英国侵略中国,鸦片战争所形成的新时局,也为封建士大夫们提出了新的课题。

战争期间,有"经世"之志的官僚士大夫,都直接或间接地投入了反英斗争。他们揭露清军的腐败,疆帅之无能,纲纪之不立,号令之不行,希望在反侵略战争中有所建树。然而,他们只能从封建的思想武库中撷拾一些陈旧的武器,重申"华夷之辨",用藤牌防枪弹,伏地避火炮,宣扬古代传统的"火攻"术等等。结果,当然迅速败阵而宣告破产。不过,他们能够把心力才思开始从义理词章中转移出来,这仍是一个值得注意的变化。

战后,一些士大夫震惊于不平等条约的深刻影响,指出今后中国的前途"不堪设想",从而痛斥投降派官员,批评道光皇帝,主张整兵再战。但是他们的御敌之策,治国之方,仍然是闭关政策,用古代传统对待"夷狄"的办法,用强化封建的国家机器的办法,去对付资本主义侵略。而且又顽固地与人民为敌,认为防民重于防夷。在这一点上,他们与投降派并无区别。这种"攘外必先安内"的反动思想,正是近代中国一切反动派的共同特点。

只有林则徐、魏源、姚莹等士大夫中的优秀人物,才真正有些新见识、新思想,提出了"师夷之长技以制夷"等等。然而他们开创新风气的努力,并未能冲破封建障碍而顺利实现。只有到了19世纪八十年代以后,资产阶级改良主义思想家登上舞台,才得以继承和发展了他们的思想而展开了新的斗争。

(二)关于宣南诗社

一些中外论著认为宣南诗社是在道光十年由林则徐发起组织的,其主要成员除林外,尚有龚自珍、魏源、黄爵滋等,张际亮、汤鹏、戴绸孙、朱琦等亦系该社成员。该社是鸦片战争时期抵抗派的母胎与维新思想的先驱,它是一个目的在于反观帝国主义,批判封建专制,具有政治改革主张的进步集团,在鸦片战争前起了重大的进步作用,对林则徐等人的思想与活动有很大影响。这些说法都缺乏历史依据。

宣南诗社创立于嘉庆九年,次年即活动中断。到了嘉庆十九年董琴涵"复举此会"。至道光十年以前,该社已经"寥落"了。因该社常在宣武门城南一带活动,故名宣南诗社或城南诗社。

陶澍做京官时,是该社早期的重要成员,梁章钜在社活动亦甚久。林则徐只有嘉庆二十四、五年之间,曾短期参加过该社活动,从其资望、地位、年龄来说,均属一般成员,且参与活动时已是该社的后期了,根本不是,也不可能是该社的组织者和领袖。

据宣南待社主要成员钱仪吉、周之琦、胡承珙、董琴涵等人的记载,该社自嘉庆九年初创,至十九年再举,先后参与活动者计有顾南雅等十九人,嘉末道初加入活动的有林则徐、杨茗孙等十一人。龚、魏、黄等未参加该社活动,汤茗孙与汤鹏亦不是一人。龚自珍、魏源、黄爵滋在自己的著作中,在同他们诗文交往甚多的人的记载中,也都未提及他们参加过该社活动。

龚、魏诸人同宣南诗社中某些成员确曾过从甚密,但从他们的生平经历来看,他们没有参加宣南诗社是合乎情理的。

宣南诗社即消寒诗社,初举于嘉庆九年,复举于嘉庆十九年。道光十年以后未见诸记载,实际上已经消失,它是嘉道间在京的南方出身的中小官吏和封建知识分子的消闲组织,既不反对汉学,也没有反对帝国主义的倾向,更不是地主阶级抗英派组织的进步文学社团。先后参加的成员,可考者三十一人。

谢国桢在《记宣南诗会图卷》中说:"社中的成员不是朴素笃学之士,就是持正不阿的政界中铮铮人物,是属于前进的一派。"此论值得商榷。宣南诗社并非在某种政治主张下聚会的,个别人物的政治倾向并不能代替整个诗社的政治倾向。就诗社集会的内容来考察,看不出什么进步性来。

林崇墉在《林则徐传》一书中说:自林则徐道光十年外放离京以后,宣南诗社"这一集团在程恩泽、黄爵滋等人继续结合下,人数比以前更多,言论比以前更激昂,在社会上也更引人注意"。此论也是完全没有根据的。

宣南诗社是封建社会中常见的那种文人之间的"雅歌投壶""文酒酬唱"的消闲性集会组织,只是更具有乾嘉时期学风、诗风的特点,在这一程度上可以说它是乾嘉汉学的旁支余绪。从诗社的总的基本倾向来看,它并不是一个锐意改革的进步政治集团,它既没有对专制政体进行批判,更没有也不可能以"反对帝国主义"为目的进行活动。它所起的只能是粉饰现实,维护现在统治的作用。

(三)龚自珍、魏源

在近代史上,龚、魏之并著于史册,得力于梁启超之推扬。任公之着眼点,首在龚、魏二人今文经学之渊源,以及二人所开创之新风气对后世之影响。龚、魏并言三世相承,文质再复之治乱循环史观,均着意于经世致用,以经术融于文章,对清末民初的维新志士、革命先驱产生了难以估计的影响,对中国近代史上之启蒙运动产生难以忘怀之贡献。此其大同,但亦有不少差异。

(1)二人著述之方大异。龚或"引公羊义讥切时政,诋诽专制",或"规天下大计",如君师如宰辅;而魏则着眼于较低层次,仅就漕运、盐政之类实务提出具体建议,虽为经世致用目的而作,但均属专家之学,如策士、幕宾,不若龚作之直接涉及立国根本大政。

(2)于治学之门径而言,龚、魏二人俱雅重史学。而龚之兴趣但在理论与批评,魏则理论与实践并重,其成就亦以史籍之撰述为主。

(3)以治经之取径而言,龚、魏二人于今文经学之家法,及公羊春秋之条例,既有承传,亦有所突破与创发。于六经文字,龚非如一般经师之"专主今文",而是"兼明古今"。而魏之治经,则系从《繁露》之条例入手。于《尚书》学,龚认为"今、古文同出于孔子之手",只是传读不一;而魏则力主光复"西汉今文家专门之学"。

(4)就历史学说而论,魏之三世循环说较为宏通。龚说始终以《公羊》家之三世说为主,其灵感得自《周易》与《老子》之辩证循环义,只不过是个引子。魏则不然,他的三世说,有重大突破,除治绩三世升进义与治法文质循环义说外,复有另一与之相应涵盖更广之治道三世衰退说。就言理表达之修养言,龚优于魏,龚氏言理,文约而指博;魏说则零散,疏落而欠系统。观念不明者有之,前后矛盾者亦有之。

龚自珍在廿八岁从刘逢禄学公羊学之前已同今文经有了关系。因为第一,龚自珍同时期的人和受他影响较深的人都强调他"好今文"。第二,公羊学的特点是援"三统""三世"以言变革,它每易为隐忧国事、期待变革的人所接受。在他二十八岁以前的著作中(如《乙丙之际箸议》)也有迹象可寻。第三,乾嘉年间,今文经学异军突起,庄存与、刘逢禄、宋翔凤形成"常州学派",龚自珍对复兴的今文经学和庄、刘行事应有所闻。从刘学习公羊学之后赋诗:"从君烧尽虫鱼学,甘作东京卖饼家",可见服膺之深。

龚尽管受到今文经学的影响,却与西汉今文经学不同,即和庄、刘复兴时的今文经学也有区别。这主要表现在:(1)西汉、清代的今文经学是以经书为指归,根据经书立论的。龚则主张"不必拘泥乎经史",要"通乎当世之务",以"救裨当世"。不迷恋历代相传的儒经,而是借用"出没隐显"的"微言"。(2)西汉、清代今文经学强调君权神授,天人感应,揣摩圣旨,尊亲事君。龚则是呼唤风雷,期待变革,关心国家民族危亡,主张反抗外来侵略。他的"大一统"是为了维护国家的统一、建设边疆、严守海防,遏制资本主义的侵华野心,而不是过去今文家的妄自尊大,乱弹"蛮夷辅诸夏"的陈词滥调。(3)龚与过去今文经学家不同之处,还在于他不只是从经书中寻找"微言",议政言事,而是用自己的体会来解释经学,并把外面新的因素加到经学里去。正是因为这样,后来的今文经师对龚自珍最有所责难的,皮锡瑞就是一个。

龚自珍是杰出的社会批判家。在他的青年之作《明良论》诸篇,和他平生得意之作《尊隐》等名著中,以其非常的激愤和敏锐的洞察力揭露了皇权的专制,鞭挞了封建官僚政治,预言了那个社会即将灭亡。他的思想和语言真是金光闪闪,震撼了思想界。这是他的历史功绩。

但龚的思想也有消极面。他"药方只贩古时丹",与民权二字不但毫不相干,而且冰炭不容。他提出过"更法""改革",但他的一些有积极意义的改革主张,归纳起来不外是:(1)在新疆设置行省;(2)废除八股文;(3)用人不论资格;(4)主张禁鸦片。但值得注意的是他在鸦片战争中的表现:(1)他根据封建的原则来衡量现实,认为中国没有什么希望了,"民之骄悍不畏君上",为"开辟以来"所没有,他对人民的仇视和诬蔑,正好同林则徐"民心可用"的信念形成鲜明对比。(2)对外国侵略者的态度是:不要再同外国打了,赶快枪口对内吧。这同琦善的主张何其相似。因此,战争中他态度消极,"颓放无似""心绪平淡"。

再则龚自珍的理想国"农宗",是官僚地主的乐园,是农民的永恒地狱。年青的龚自珍写《平均篇》,指出贫富的尖锐对立发展下去,"即至丧天下"。三十岁以后,他写了农宗作为其理想国的蓝图。他自己承认,《农宗》与《平均篇》"大指不同"。《农宗》的设想,是要强化封建宗法制度和自然经济,用血缘关系的纽带,把穷人束缚在土地上,世世代代不得翻身,也没有任何保护中小地主的意义。龚自珍强化自然经济的"驱民于南亩"的主张,是把重本抑末的思想发挥到了极致,远远超过一般封建思想的程度。他的理想国及其有关的经济思想,只是追求历史的倒退。

龚在《尊隐》中欢呼"山中之民"将要兴起。据龚自珍自己的论述可以断言:"山中之民"决非农民的代表,而是龚自珍那样的封建士大夫的化身。

鸦片战争以前,魏源主张"经世致用",以维护封建专制制度的统治,但比其同代人有高明之处。其哲学思想则是唯心主义中夹杂着一些朴素唯物主义和辩证法因素。他认为一切事物,起源和归宿于一种不可知的"神气"。他的历史观也是唯心的。总起来看,他的政治思想并没有反映出什么新的社会经济形态和代表新的阶级力量。在哲学思想上,也没有比前代的优秀思想家提出什么新的东西。

在魏源的全部思想中,最可贵、最光辉的是他从总结鸦片战争失败的教训中,所表现出的强烈的反对外国资本主义侵略的爱国思想。1.他在一定程度上认识到鸦片战争的失败,是清朝统治者昏聩的必然结果。2.对外国资本主义侵略者的性格有了一定程度的认识,既不简单地目之为"化外之民",又承认他们有"长技"可学。3.提出了经过分析的抵抗外国侵略的主张,而且充满了能够打败敌人的信心。他希望吸取失败教训,振作起来,"师夷之长技以制夷",并希望运用人民的力量打击侵略者。他还提出抵抗外国武装侵略的有效办法是"守外洋不如守海口,守海口不如守内河",采取类似游击的战术。

魏源还提出了改革的具体主张与措施。鸦片战争前,他已深刻注意到清朝政治、经济的严重弊端,提出了除弊之策,主张发展"末富"——商业,改革漕务、盐务和治河的政策。战后,他根据对时局的新认识和对西方国家的研究,提出允许民间开采银矿,改革币制,仿铸银元,发展对外贸易,扩大进出口通商,发展近代工业,鼓励官民设厂制造机器、船舶以至近代武器。

史学界评论魏源大都称之为地主阶级改革派,极其量也无非称他是一个有资本主义倾向的地主阶级改革派。其实从其经济主张、经济思想以及对后世的影响来看,他是一个由地主阶级改革派向资产阶级维新派过渡的人物,是资本主义思潮的前驱者。中国资本主义基本上是由地主阶级分子投资新式工业而产生的,投资者也由是变为资产阶级,其思想代表人物最初也是从地主阶级改革派分化出来的。而鸦片战争时期的民族忧患则迫使杰出的思想家由爱国立场迅速转上资本主义道路。魏源就是这个转变的发端者。

从魏的全部社会改革思想看,封建性的诚然占大多数,但最具实质意义的则是他的倾向于资本主义的主张。他的发展机器工业的主张才是真正的经国大略,他主张私人设厂制造,甚至主张民办军事工业。这是在中国第一次提出建立资本主义的大机器工业。他赞美过资产阶级政治,尤其是美国的民主制度。他重视商业和商人的作用,重"本"而不抑"末",他把商人利益并列于国计民生。从其对后世的影响看,影响最大的也是他的资本主义倾向。他的主张成为后来民族资产阶级以工商为国本的呼声的嚆矢。改革派的思想家、政治家如王韬、康有为、梁启超等莫不奉魏源著作"为讲西学之基础"。

当然,正因为中国本身还没有资本主义经济和资产阶级,地主阶级分化得也很慢,魏源的这种资本主义倾向,也就不能很快地形成一种广阔的社会思潮,而只能为少数先进分子所独有,并且也不可能具备完整的形态。

(四)其他进步思想家

鸦片战争前,中国人对世界十分缺乏了解,对美国和美洲的认识尤为浅薄。只有少数一些私人记述,还大都得之于失实的传闻,以为美国和加拿大皆在非洲。连朝廷也不知道美国是一个独立仅六十来年的年轻国家。

鸦片战争时期和战后,林则徐、魏源、梁廷枏等先后对美国做了比较正确的介绍。魏著《海国图志》,梁著《海国四说》对美国的介绍,皆据美国传教士裨治文所著《合省国志略》和布路国人玛吉士所著《地理备考》,尤以梁廷枏的介绍最为详尽。在他们对美国的介绍中,都反映了开眼看世界的进步思想。

魏、梁等人的著述称,美国是物产丰富,文教发达的国家,其国有"武、智、公、周、富、谊"六个特点。赞美了美国独立的战争和民主制度及其宪法,透露了他们对美国民主制度的朦胧向往。但他还没有引进这种民主制度的要求。当然,他们的了解和介绍也还是表面的、肤浅的,更谈不上本质认识。

魏、梁等受美国经济制度和政策的启发,丰富了他们开眼看世界的思想。如主张开矿无禁,奖励通商,奖励创造发明等等。不过,魏的思想由此出发,再进一步发展到主张向西方学习,梁则没有。

姚莹在鸦片战争以前是一位比较关心国计民生而干练的开明官吏,主张经世致用。鸦片战争时期,发展为开眼看世界的著名代表之一,和向西方学习的一位重要先驱。由经世致用而开眼看世界,这是鸦片战争时期爱国主义思潮的主要特征。姚莹在这个思潮中：(1)同林则徐、魏源等站在一起，大声疾呼反对闭关政策和闭目塞听，呼吁了解、介绍西方各国情况。(2)坚决支持林、魏的向外国学习的主张，不怕触犯时忌，主张面对现实，放下"天朝上国"的架势，学习西方，为"制夷"目的服务。(3)积极身体力行，收集介绍西方的资料，从事这方面的著述，在十分困难的逆境中，撰著《康輶纪行》，盛赞魏源《海国图志》的成就。

张穆是鸦片战争时期近代中国的一位进步思想家。他主张坚决反抗英国侵略，反对妥协投降，赞扬林则徐领导的禁烟斗争，歌颂群众自发的反侵略斗争，提出了"民心可恃"的进步主张，指斥投降派"措置乖张"。他详细地剖析了不平等条约对中国的危害，指出了英国侵略者的豺狼本性。他认为外国人可在中国设教堂传教，是"假邪说以偿其大欲"；外国人可在中国租地建屋，将便利于他们对中国土地"肆行吞占"；片面最惠国待遇，则更是外国人企图"抗税构祸，冀获渔人之利"的伎俩。

张穆的进步思想，还表现在他的爱国、笃实的学术思想方面。他一贯讲求经世致用之学，关心漕、河、盐诸大政。他提倡科学，对《镜镜詅痴》一书称赞备至，并亲自主持刊刻出版。他又是研究"西北舆地之学"的大师，他深刻地窥察到俄国侵略西北的罪恶用心，抱着极大的爱国激情，撰著了《蒙古游记》等著名著作。在研究方法上，张穆也是别开生面，独树一帜的，书中用了很大的篇幅，研究了当时蒙古的现实社会。

周树槐(1786—1858)，湖南长沙人，鸦片战争时期的无神论思想家。其主要思想与主张：

(1)批判有神论：①反对天人感应的神学目的论。他认为天不是有意志的人格神，而是无意志的自然界。②批判人能仙的有神仙论。指出"生之必有死也，是物理之自然也"。不能有不死之神仙。③批判有所谓河神的有神论。

(2)批判风水、禄命等有神论思想：①否定堪舆迷信，认为人死为鬼是谬论。从历史事实，用形式逻辑推理，以及对形神关系的论证，证明鬼荫是不存在的，是"徒欲以臆见、幻想、莫须有之事，伸不可知不必知之说"。②用事实证明"禄命""八字"是不存在的。③批判迷信选日思想，认为纯是一种骗术。

(3)宣传不怕鬼思想。指出虚幻的传说的鬼是不存在的，现实的资本主义侵略者之"鬼"，则在"乘风弄祸，跳良白日"，你越怕它，它越欺侮你。只有奋起斗争才行。

周的缺陷是：还不能以近代自然科学的知识作批判迷信的武器，反把迷信作为一种欺骗来认识，不了解有神论调的社会阶级根源。

第六章　战后维权斗争

两年多的抗英战争,以清王朝的失败而告终。鸦片战争的失败,《南京条约》的签订,对想有作为的道光皇帝的打击是沉重的。向以天朝的体面和个人尊严为重的道光,陷入懊丧悲痛之中,一时还很难从痛苦中解脱出来,所以朝政一度显得消沉。但道光毕竟是一个勤政图治的皇帝,在悲痛中没有苟安偷生,在他在位的最后八年中,为图振兴,做了最后的努力。

一、整顿防务

鸦片战争的失败,使道光对清王朝军事力量有了一个较为实际的了解,为了王朝的巩固,道光着手整顿各地防务,加强防御力量。

道光在鸦片战争中看到清王朝防务废弛的一个原因是"泥守旧制",多少年来一切遵照"祖宗成文",从不改变,整顿防务首先革除旧制中的积弊。

整顿海防。道光二十二年九月二十三日(1842 年 10 月 26 日),在寄谕沿海各将军、副都统、督抚、提镇时指出:"现在英人就抚,准令通商,各海口仍应加意防范,从前所设水师船只,几同具文,且今昔情形不同,必须因地制宜,量为变通,所有战船大小广狭,及船上所列枪炮器械,应增应减,无庸泥守旧制,不拘何项名色,总以制造精良,临时适用为贵,即如各口岸新安大炮及屯守兵丁……无论陆路水师,其兵丁应如何遴选,技艺勤加训练,方臻纯熟。船上与岸上施放枪炮,各有机宜,应如何分别讲究,沿海大小岛屿,可否另有布置,傥仍视为一概相同,临时安能得力? 至江海要隘如何布置,方可扼要固守,种种善后事宜,著各就地势,悉心讲求,妥议章程具奏。"这是战后道光对军备整顿的第一道指示。他对陆路,水师、船舰、枪炮,以至战略战术等等,要求有关大员应该以实战为原则,加强整顿设置,特别强调"不可拘泥旧章、徒饰外观,以至有名无实"。

在整顿海防的重点和步骤上,道光也从战争中清军暴露出来的船小不坚、炮旧不利的情况,提出"总以造船制炮为要"。造船:"停造例修师船,改造战船。""战船不拘大小,务在坚固。"船料"必须本质坚实,运用灵捷,方能得力,若拘守旧制,名为修理战船,其实无济于用,又复何所裨益!"道光把奕山提供的仿照美利坚兵船制造的船样,酌照英国中等兵式样制造的船图样及说贴五贴,分别寄给江南、福建、浙江海防察看仿制;并让捐献"坚实得力"船只的在籍郎中潘仕成,负责造新式战船,"断不许令官吏涉手,仍至草率偷减。所需工价,准其官为发给,并不必限以时日,俾得从容监制,务尽所长"。

制炮:"炮械不拘名色,务在精良。"他强调"制造炮位,无论铜铁,总以精炼为要……务期一炮得一炮之用"。他还特别指出,在选取材料时要精选铸铁。大炮固然需要,小炮更加重要,以"体质轻固者为得用"。他认为三十斤重的抬炮,"当恐运动未便灵活,若每炮再减六七斤,运用时当更得力"。为提高新铸大炮的威力和切合实战需要,对一些具体问题也提出要予注意,如炮车推挽,炮架支放,轮转装药等等。

除了造船制炮以外,道光还强调了加强水师将领的选拔和士兵的训练。为了弥补水师将领的不足,他准予在"陆路将领内酌保游击、都司各一员,千总、把总各二员",带赴洋面,训练一年,用于充实水师。对原有水师将领中一些不能胜任者,进行调整;有才干的予以提拔。鉴于以前弁兵只习弓马,不习水务枪炮,造成作战中不得力的状况,提出"水师弁兵,自以讲求驾驶舟楫,辨识风云沙线,熟识鸟枪火炮为要务"。

整顿海防,各处海口都要进行,而重点在广东、吴淞。道光指出:"现在办理善后,广东地方,水师尤为噢重""其将备能否得力,船只如何备用,器械如何制造,以至平日如何巡哨,临改如何制胜……力加整顿"。命巡抚祁贡(字竹轩)调查回报。他对吴淞口外的水师废弛情况,"思之令人寒心",责成有关人员必须立刻进行"酌量变通,然后整饬会哨,以冀补牢"。对定海,他十分关注,指出:"浙江海口情形,以定海为藩篱,定海未复,则镇海、宁波等处修防不容暂缓"。由于英军二次占领定海,深入舟山各岛屿,对地形十分了然,因此,道光要求在这个地区的整顿工作,必须做到"事事皆胜于前",才能做到有效防御,不至为英人控制。因侵略军到过江阴,所以道光对这一地区的防务也作了指示:"鹅鼻嘴圌山关,为江南第一紧要门户,江北则以三江营为扼要",在目前。"海疆安静"之时,也要"密为防备""勿涉张皇,亦毋稍疏忽""于密为防备之中,处处示以无疑,慎勿稍有宣露"。"固宜示以诚信,免致猜疑,尤须防其诡计,密为戒备"。道光反复告诫有关官员进行整顿,表明他加强水师的巨大决心。他在这一年的十一月五日,审定了奉天、直隶、山东水师出洋会哨章程,十二月十二日,又审定了耆英所奏的变通水师章程。把改革的内容,作为制度,写入章程。

道光着重整顿海防水师,是吸取了鸦片战争由于海防废弛而导致失败的教训,重视了海上防御入侵的战备,改变了战前重陆上、轻水上的旧制,是道光重振海防而采取的措施。

道光在战争期间,因敌人的"船坚炮利",清水师废弛,"等于虚设",一度想"改水师为陆师,专防内地"。战后,道光变消极裁撤为积极加强,可以说是一个进步,由于道光的重视,清军水师和海防得以恢复,一些地区有所加强。

江南海防。二十二年,道光令耆英等周历吴淞、狼山、福山、圌山关各处,增设战船炮械。二十三年,加强江阴鹅鼻嘴、瓜洲及南河、灌河、射阳湖各口的防御,令璧昌等把沿海城邑,互为联络,添铸火炮,并造水师舢板船,在江岸南山筑炮台。二十四年,璧昌又因狼山、福山江面太宽,在刘闻沙、东生洲、顺江洲、沙圩等处,修筑炮提。这年八月,道光谕:"江苏水师应需大小兵船一百三十只。现在江宁、苏州两处分厂赶造,一俟造成,即分拨务营认真演练。"水师各营,增加大小战船一百三十余艘。二十七年,李星沅筹防泖湖,贮石沉船,增设本牌,存储炮位,分布重兵。

福建海防。二十二年,道光谕怡良等在福州等处各要口屯兵,在距省城二十里外的洪塘河等地,都沉船布桩设防。

广州海防。二十三年,祁贡(字竹轩)等招集十万团练,以升平社学为团练总汇之地,推及韶州、廉州等处。二十四年四月,重修广东虎门内洋炮台。二十七年,增筑高要县属琴沙炮台,并虎门广济墟兵卡。

其他如山东,道光今山东疆臣,以三汛师船、四县水勇,合而为一,统以专员,往来策应,并于扼要岛屿,设置大炮。

除了建造战船、修理师船外,道光还从国外进口战船。二十二年,购吕宋国船一艘,并谕绅商多方购置，"是为海军购艘之始"。

再有，训练军队。道光认为"地利不足，应以人事补之"，船炮再好，要人去驾驭。因此，在战后整顿防务的三大任务，练兵、造船、设险中，把练兵放在了重要位置上，"以练兵为第一要务""训练兵丁为急务"。练兵首先是精选兵士，裁汰老羸。二十二年九月二十五日，道光在给伊里布赴任广州（伊里布由乍浦副都统派为钦差大臣、广州将军去广州继续商谈中英商务）时的谕令中，要伊"认真校阅"驻防兵丁，"破除积习，裁汰老羸，挑补精锐，总期一兵得一兵之用，至今昔情形不同，有应随时变通之处，尤须详细讲求，予为办理……不可抱定旧制，徒劳无益""务使兵弁均能用命，器械全数适用"。三十年，他再次令各督抚提镇，汰老弱冗滥之兵，抽练精壮，申各营皆要选锋劲旅，"不得以工匠仆投，虚占兵粮"。

重视乡兵。二十一年，道光令山东巡抚于蓬莱、黄县、荣城、宁海、掖县、胶州、即墨所属编练乡兵互防。又令沿海疆臣仿浙江定海土堡之法，在近海村落招募乡兵，兴筑土堡，以联络声势。二十三年，又令广东省团练助防海口。二十六年，命各州县民壮随营参加训练。这一年，还在沿边招募猎户千人，编为一军，供远探近防之用。乡兵的招用，一定程度上加强了清军的防务力量。

训练内容。重点放在枪炮的使用上，要"施放有准"。道光说："操兵为第一要务，火器尤贵精娴"。其他传统武器刀矛弓箭马术，也都要"熟习"。其次是战术训练，要做到有勇知方。要训练部队了解攻守，懂得配合。作战时各队兵力"应如何分布，如何会合，两旁如何抄袭，后路如何策应，埋伏兵丁，如何出其不意，潜起夹攻？无事则分列各营，有事则联为一体，务令号令指挥，捷若指臂"。道光还提出了"速战阵式"，他命令讷尔经额进行训练。这种阵式的安排是：用五百斤铜炮六十尊，设在速战阵头层，三十斤铜炮一百尊，设在二层，有炮车推挽，炮架支放，轮转装药，连环套打。这种阵式体现"厚集兵力"（火力），"层层设防。"

道光希望清军通过训练能"悉成劲旅"。在战后财政开支紧缩，实力撙节时，还尽量做到兵饷不减或少减。希望兵丁体谅朝廷困难，"妥为演习技艺，悉成劲旅"。"兵丁等务当力图自效，悉成劲旅，用备干城之选，朕实有厚望焉"。

道光特别要求带兵的官员，要爱护士兵"平日恤之以仁，推之以恩，要之以信，制之以义，而复严号令，明纪律，公赏罚，德怀威畏，以固人心，振作士气，俾上下一体，有进无退，方为有用之师"。还要求将弁"平日与看守炮台兵丁，讲究方略"，以达到官兵一气，"自可呼应便捷，无坚不摧，用收有备无患之效"。道光是有鉴于鸦片战争中官不知兵、兵不知将的情况，有针对性地强调官要知兵，严明军纪，提高士气，注意实用。这对于加强防务，提高清军素质，都是很有意义的。

改革章程。道光在战后强调要在军备的各个方面拟定善后章程，就是把革除旧弊、拟定新规的措施具体列条成章，作为制度固定下来。这对改革清军防务体制，有着积极的意义。以二十三年九月三日（1843年10月25日）军机大臣穆彰阿等奏议的浙江善后事宜为例。

浙江善后事宜有二十四条。一、改提标左营兵丁为外海水师；二、镇海营改隶提督管辖；三、移昌五营都司驻石甫，再添兵力；四、改乍浦营参将为副将，并添兵丁；五、海盐县之漱浦地方,添设外海水师;六、海宁州添设内河水师;七、添设弁兵,即在本省各营裁拨;八、通省陆路兵丁,选十分之三,专习火器;九、乍浦驻防旗兵,专习陆战(实际上是撤销了乍浦水师);十、水师以巡缉为操练;十一、水师各镇照例出洋统巡,并按期会哨;十二、提督每年亲往沿海各营校阅兵技;十三、巡抚每年亲赴乍浦等处,校阅兵技;十四、水师额设战船,俟同安梭船造成,试验后按营分设;十五、钱塘江内,添设船只,以习水战,十六、水师营内招募善于泅水之人,教习兵技;十七、修复招宝、金鸡两山及乍浦等处炮台;十八、镇海、乍浦后路添筑炮台,并将海宁州、凤凰山炮台,移建山下;十九、海宁、海盐交界之谈山岭,建筑石寨,并修炮台;二十、沿海城寨,择要修复;二十一、酌减马兵,节省经费贴补各兵赏项;二十二、演习枪炮,添置火药铅丸;二十三、添置炮位,补制机械;二十四、修建各工分别动款,并劝谕捐输。

　　道光对浙江善后事宜二十四条十分赞赏。他在四日分别谕内阁、军机处落实执行。他说:"浙江善后事宜二十四条内提督每年亲往沿海各营校阅兵技,并巡抚亲赴乍浦考核二条,著闽浙总督明查暗访,如该提督、巡抚视为具文,并不届时亲在,以至日久废弛,即著该督指名参奏",如果总督不予参奏,一旦发觉,就"一并惩处,决不宽贷"。又说:"所有招宝、金鸡两山及乍浦等处修复炮台,并镇海、乍浦后路添筑炮台,及海宁、海盐交界之谈山岭建筑石寨,内修炮台,并沿海城寨择要修复,以备藏兵抄袭四条,并添置炮位一节,均系海疆紧要事宜",命立刻确估兴办,然后一一验收,再由道光派亲信大臣验收,凡不合要求的,一定要惩办。

　　浙江的善后事宜,实际上涉及了有关体制方面的改革,除了有关浙江地区本地特点以外的条文,其他各条实际上成为战后各地善后事宜的依据。

　　战后的八年中,道光在悲愤之中,挣扎着力图改变一下国力衰败的局面,但从总的方面看,他下达的有关谕令,采取的所有措施,仍然是在旧体制内搞一点"亡羊补牢"之术。由于当时清王朝经济水平低下,不懂近代科学技术,加之其他原因,成效并不显著。

二、继续禁烟

　　严禁鸦片,是道光继位以后的一贯主张,并制订了严厉的措施,付诸行动。鸦片战争的直接起因,是道光的禁烟,但在《中英南京条约》签订的十三项条款中,对鸦片问题只字未提。原因之一,是道光对鸦片持严禁态度。据有关材料记载,在中英谈判之前,英方代表璞鼎查原先拟就了计划,主张鸦片照其他货物一样,纳税后公开输入销售,以免私运私卖,引起麻烦。但清政府代表在谈判会晤时,对鸦片问题只字不提,故而英方在会议上也没有提出此事。缔约以后,英方代表对此不解,曾向清政府代表问及此事。"亨利爵士于是声言道:现在一切问题都圆满解决了,我愿意就这个题目说几句话——这就是关于引起这次战争的最大原因——他指的是鸦片贸易。等到这几句话被译出之后,中国方面都一致地不愿谈这个问题。最后,亨利爵士告诉他们,这只是当作私人谈话的题目,这便引起了他们的兴趣,他们急切地询问……"英国代表把引起吸食鸦片的罪责完全推卸在中国身上以后,然后试探性地说:"若将鸦片的入口,使之合法化,使富户和官吏都可以参加合作,这样便可将走私的方便大大限制,下便人民,上裕国课,岂不甚好!""中国代表们都承认这种说法颇能言之成理,但是他们表示:大皇帝是不会听从这种议论。"参加谈判的清政府代表，都是主张弛禁鸦片的，英方的观点和他们是一致的。这些官员先是担心刺激英方，回避谈及鸦片，以免使谈判破裂。后来虽然以私人方式交谈，但清方代表仍然不敢公开表明对鸦片的弛禁态度，深怕被道光皇帝怪罪，对己不利。他们只是私下对璞鼎查说了心里话："不管外国商船带不带鸦片，中国不必查问，也不提出诉讼。"鸦片在战后实际上是弛禁了。

第二年，中英签订《中英南京条约》附件时，英方又提到了鸦片贸易合法化问题，当时，中国代表之一黄恩彤记载了有关鸦片问题谈判时的经过："税则即定，璞使遣马礼逊来言曰：'鸦片为人害，中国禁之是也。然名禁，实不禁也。今禁之不为不严，而吸食如故，贩运如故，中国无知不良之民何也。英国亦无知不良之商何也。且禁之则不准进口，彼得于海中交易，名为禁烟，实则免税，彼获厚利，而不纳税，无怪乎愈禁而愈不止也。为今之计，与其禁之，不如税之；耆大臣若以此意入告，增税必多'。并具有说帖一纸。余白耆公，公踌躇曰：'鸦片弛禁，璞使蓄意久矣。先不言而今始言之，得毋别生枝节乎？'余曰：'彼所言其名非也，其实是也，分若据理据法正言拒绝，彼转有辞，不若没为重税以难之。'乃为马礼逊曰：'耆公非不知名禁不如实税也，但中国禁烟甚严，吸食者罪至死，今遽请弛禁，大皇帝断不依允，中外大臣，亦必力争。耆公即冒罪奏请，恐亦无济，且奸民与奸商，走私渔利，由来已久，一旦弛禁，能必其进口报关，遵例纳税乎？诚恐徒有弛禁之名，仍无纳税之实，谁任其咎？公使如必欲耆公奏，请莫着必纳税银五百万两，作为一年定额，即由公使汇交，以明各商先之走私，原非得已，今之纳税，实出至诚，以后按年照额完纳，统归公使保交，或邀恩允准，亦未可知。'马礼逊曰：'贩烟获利诚厚，亦安能先纳五百万之税乎？'余曰：'林大臣昔年毁烟二万箱，当时必不能收缴净尽，乃尔国索还烟价在广东，先有六百万，在金陵又有四百二十万，足见鸦片之成本重而余利多。今中国弛禁，每年止索税银五百万，本为过也。如一时未能如数，先交三百万，余于半年内，分两限完纳，或于此中划抵，中国补还英国之银，似亦甚便，可回复公使，斟酌为之。'其议遂寝。"英国不忘鸦片贸易的合法化，清政府代表则碍于道光严禁立场，不敢答应。这番交涉虽然没有达成协议，而事实上，英国商人走私鸦片不但没有放弃，反而更加变本加厉。

鸦片问题在谈判及条约中一再回避，而走私仍在进行，但是道光在禁烟问题上的态度却一直没有改变。坚持严禁，决不让鸦片贸易合法化。二十三年十月十日（1843 年 12 月 1 日），道光在给去广东的两广总督耆英的谕中，再次提到禁烟问题，他说："朕思鸦片烟虽来自外夷，总由内地民人。逞欲玩法，甘心自戕，以至流毒日深。如果令行禁止不任阳奉阴违，吸食之风既绝，兴贩者即无利可图"。他要求耆英"统饬所属，申明禁令，此后内地官民，如再有开设烟馆，及贩卖烟土，并仍前吸食者，务当按律惩办，毋稍姑息。特不可任听官吏人等，过事诛求，致滋扰累。总之，有犯必惩，积习自可渐除，而兴贩之徒，亦可不禁而自止矣"。道光还特别关照沿海督抚，要特别警惕来自海上的是私贩烟船。当他接到梁宝常奏报"登州府属的荣成、文登、福山等县有双桅洋船二只停泊，内有广东、江西等省民人驾舢板小船……欲与南民贸易，私想试贩鸦片"后，立即谕令该督抚"严禁各海口商贩，不准私相交易"，以防烟贩走私。

道光对吸食鸦片者，仍严惩不贷。二十七年十二月十六日，巡视中城御史志魁等奏,编查保甲,发现吸食鸦片逸犯杜炮,道光立即令将志魁"交部叙议",以资鼓励。

应该指出,鸦片战后的禁烟,已经没有战前那样雷厉风行了,战争的失败,一些本来主张严禁鸦片的大臣,也是处在无权或消沉的情况下,如林则徐,还在屯垦的边疆地区,道光虽力主禁烟,但已无人认真执行,鸦片烟走私在战后有增无减。

"广州自道光二十四年后,鸦片整箱运输街市中,直如非违禁品"。《中华纪事报》这样写道:鸦片贸易及吸食"均成公开,并不隐避,青天白日之下街市中,常见有运贩往来"。统计资料表明:1847—1849年间,鸦片输入平均每年一万八千八百十四箱,价一千一百十八万五千元。从1844—1850年间,英国输入箱数:1844年,二万八千六百六十七箱;1846年,三万四千另七十二箱;1848年,四万六千箱;1850年,五万二千九百二十五箱,都是走私流入的。鸦片走私愈来愈烈,几乎到了无法收拾的地步。

三、台湾冤案

《中英南京条约》签订后,璞鼎查所率英军,以等候清政府释放战俘为名,强行占据厦门鼓浪屿,并对清政府代表施加压力,以"台湾英俘被害"为词,制造了一桩"台湾冤案"。

战争期间,在浙江被俘英军,大多已经释放归还。英军侵略台湾时,有一百多名英军官兵被台湾军民俘获,并一直被拘留在台湾。璞鼎查派部属尔夫到台湾领取英授,台湾兵备道姚莹接见尔夫时告诉他,在台湾被俘的一百余名英俘中,有的已经病毙,有的已按中国法律正法,目前在台湾扣押的,只剩下军官九名,以及因遭风遇难被台湾军民救起的军官七多忍占与英军二十五人。姚莹将这些英俘及被救人员交与尔夫带回去。尔夫十分感激,请姚莹到了他的船上,燃放礼炮,并悬挂百面彩旗表示热烈欢迎,又一起共饮太平酒以后分手。但是,璞鼎查得到英俘中有的已被杀死的消息后,立刻产生异议,诡称台湾被杀英人都是遭风遇难的英商,要求清政府将台湾镇道达洪阿、姚莹等正法谢罪,并向死者家属赔偿抚恤金。耆英为了向璞鼎查献媚,上折诬陷达洪阿、姚莹冒功生事,要求予以严议。道光见到奏报后,命怡良赴台湾进行调查。怡良依照耆英诬陷达洪阿、姚莹的意图,制造了一起冤案。

由于英国侵略者窥伺台湾的活动没有得逞,反而损兵折将。对此早已怀恨在心。仅在道光二十二年中,就屡屡犯扰。正月二十六日,英三桅船三艘,在台湾五汊港外洋北驶,企图再次入侵,台湾军民守御十分严密,未能如愿。二月三十日,三桅英船一只,舢板船四只,在淡漳交界的大安港洋面,准备由粤奸黄舟等招引逃到台湾去的匪徒为内应,寻机入口。同知曹谨、魏瀛、通判范学垣、知县黄开基、副将关桂、游击安定邦等,率兵堵御,并且在港口以北的土地公港设伏,"夷船畏军容整盛遽退"。巡检高春如、谢得琛施反间计,派人雇了渔船驶近英船,以粤人周梓等用粤语土音与汉奸黄舟对话。英国侵略者以为良机莫失,用重利收买来人,要他们引路驶向台湾海口,周梓看到侵略者中计,就把英船诱至设伏的土地港进口,英船中计驶入,碰到暗礁,船立即倾倒入水,英船想掉头,但已来不及了。清军伏勇齐起,清军发炮轰击,船被击破,纷纷落水,淹死不少,有的英军跳上舢板船逃窜,有数十名英军手持短械想夺船逃命。陆军与壮勇合力围歼,杀死英军数名,俘获四十九名,另有粤奸五名。所缴获的鸟枪、腰刀,都是镇海、宁波清军营中的兵器,可见,这是一批屡次参与侵华战争的侵略军。

道光接到这次战斗胜利的奏折后,非常高兴,他说:"该英人窥伺台湾,达洪阿等以计诱令其船搁浅,破舟软馘,智勇兼施,不负委任,著赏太子太保衔,并阿克达春巴图鲁名号"。达洪阿等后来又"叠奉廷谕,生擒俘虏除头目外,均即行正法,以快人心"。道光高兴心情,是可以理解的。鸦片战争以来,道光日夜盼望胜利喜讯,但清军连连败北,所以,对达洪阿、姚莹等在台湾反击英军侵略的胜利,更加感到无限欣慰。

英国侵略军在台湾一次又一次碰壁,扬言要调大军前来报复。道光为此谕问达洪阿、姚莹有何对策,并指示说:如果大队英船入侵台湾,必须及早"定谋决策,操必胜之券"。并查询英俘情况,取供以后与上年俘获监禁在押的一百三十余名英俘,连同汉奸等人即行正法,头目继续禁锢勿杀。

道光二十二年三月间,英船不断在台湾样面出现,派人探察港口情况,并在各港口骚扰。二十二日,英船一只,带着几只本地的小船,在树岭湖口外窥伺,清军守兵发现后,立即发炮轰击,击伤靠进口岸的二只小船,英船在洋面开炮回击,因距离较远,炮子都落水中。二十三日,英军乘八只当地草乌小船又一次进行窥伺,被守军击沉三只,溺死敌兵多名,并获内营鸟枪一枝,上面镌字二十七号,是清军厦门水师用枪。藏于岛上的内应汉奸,妄图出船呼应,都被捕获归案。

从道光二十年六月到二十二年三月,英军从没有停止过侵略台湾的活动。英军侵略台湾,一是为了掠夺台湾丰富的资源物产,二是因为台湾地处要冲,是侵略中国和东南亚地区的战略要地。英国侵略台湾未能如愿,而璞鼎查在谈判时,也没有能够在条约中得到在台湾获取权宜的方便,因此,他总想寻找机会进行补偿,释俘问题就成为他可以利用的借口。

璞鼎查所谓台湾镇遭杀的不是侵略军,而是遇难英商的谎言,本来不值一驳,但当时妥协官僚别有用心,便附和璞鼎查的诬陷,推波助澜。"时在江苏主款官吏,方忌台湾功,而福建厦门失守文武,亦相形见绌,流言四起。"耆英就根据福建已故总督苏廷玉及提督李廷钰二人的家信,奏劾达洪阿、姚莹"冒功"。道光派怡良去台湾调查。怡良到台湾后查阅了各种材料,发现达洪阿、姚莹"无功可冒",但因他必须找到达洪阿、姚莹"罪证",用以向英方谢罪,硬劾达洪阿、姚莹"有罪",褫职逮捕解京。台湾兵民得讯,"汹汹鼓噪",大鸣不平,经达洪阿、姚莹再三劝解,才平息。"翌日,众兵犹人柱香一柱,赴钦使行署泣愬",又遭到怡良申斥。

达洪阿、姚莹保卫台湾战斗的胜利,是鸦片战争期间惟一可以值得称道的成功的保卫战,结果却遭到妥协官僚的诬陷。"台湾之狱,外则耆相主之,内则穆相主之,怡制使之查办此案,竟以莫须有三字定谳"。

穆彰阿等人所以要陷害达洪阿、姚莹,是因此二人坚决主张抗英,反对议和。达洪阿曾奏述侵略者处境"未必能持久",认为坚持抵抗就能够取胜。姚莹甚至在《中英南京条约》签订的八月八日,在《再复怡制军言夷事书》中,更加直言不讳地反对议和。他说:"窃闻逆夷北上,复分扰江南……复有在地奸民,为其区划,镇江之失,江宁之困,无怪其然。闻当事诸公,有暂时羁縻请圣明速决大计之奏。虽云紧迫万分,何遂至是?又闻广东有言,英夷已空虚,群夷不服所为,颇多兴怨,似有内溃之形,乃转掠商艘以助其势,外益夸张,内容急迫。美利坚亦谓天朝不可堕其术中,此言似又与职道前月所陈,不无吻合。若我担严守口岸,不与海上争锋,内查奸民诛之,不事姑息,再持数月,夷将自溃,不审朝内诸公如何赞襄纶綍,翘首天南,疢如疾首矣。"不能说姚莹对敌我情况的分析都是对的,但仅仅从主战反对议和这点上,已经是妥协派官僚们所不可饶恕的行为了,故而,惩治达洪阿、姚莹已是"成算早定"的了。

道光对达洪阿、姚莹事件的处理,头脑还是清醒的。他在批复耆英等有关台湾英俘问题的奏折中指出,战争中发生的事情,双方"各宜置之不论",因为英国绝不会将其在侵华战争中的将领,因清政府的要求而"遂令废弃"。同样,在鸦片战争中"我国伤亡将士甚多,又岂能于事后一一取偿耶?"实际上是批驳了侵略者的无理要求和妥协官僚无原则的迁就。但是,由于刚刚达成"和议",道光还是在妥协派和侵略者的压力下,不能不表示一下对达洪阿、姚莹的"薄责"。事过不久,"鉴二人枉,不深罪,达洪阿、姚莹旋即起用"。二十三年十月二十五日,道光任命达洪阿为哈密办事大臣。达洪阿、姚莹的冤案终于得到澄清。

咸丰登基后,又对此事进行了彻底的平反。"未及改元,即黜大学士穆彰阿,起用总督林则徐,以抚夷之议,执政者主之,非上(指道光)意也。故下诏宣示中外,并及达洪阿、姚莹前在台湾尽忠尽力,而穆彰阿妒其成功,陷之,欲置于死地。二臣皆起用。"

四、支持民间反侵略斗争

鸦片战争后,中华民族与外来侵略者之间的矛盾上升为主要矛盾。人民的反侵略斗争兴起,特别在东南海防前哨广东地区更是如火如荼地展开,道光顺应民情,支持了广东人民的反侵略斗争。

(一)火烧十三行

《中英南京条约》签订后,英国又迫使清政府签订了《虎门条约》和《中英五口通商章程》作为附件,进一步攫取了片面最惠国待遇,关税协定等种种特权。其他资本主义国家也随之要挟,纷纷强迫清政府签订了《中美望厦条约》《中法黄埔条约》(即中美、中法五口通商章程三十四款和三十六款)等,抚夷各款,截至上年(道光二十五年)十二月,一律完竣。但是,侵略与反侵略的斗争,并没有终止。

广州人民的反侵略斗争,在鸦片战争后有了新的发展。在人民散发的《告谕英商大略》中的第一条指出:"辛丑(指1841年,道光二十一年)之后,英人侥幸得志,勿视为中国之弱也。"表明了人民反侵略的决心,并未因清政府的失败而改变。而英国侵略者,却以战胜者自居,在广州等地肆无忌惮,横行不法。广州重新开市后,英商与民人交易时,"动因口舌,促起风波,愈以纷争为强"。商馆中的役使,更是仗势欺人,"沿岸攫掠布店货物,论值未成,径携以去"。在路上"遇平民,辄喝令急趋避,否则鞭扑随之"。广东人民早就怨恨在心。最初还只是城内"众怒难息",继而附近入城商贾的农民,也因被欺侮,"积为深怨"。广东人民"骁健多好义",他们痛恨英国侵略者在自己的乡土上,"焚烧其房舍,奸污其妻女,杀戮其父兄,誓不共戴""多敢死之气"这是鸦片战争后,广东人民掀起新的反侵略斗争的根本原因,完全是侵略者逼迫出来的。

广东人民在鸦片战争后反侵略斗争的一个显著特点是有组织、规模大,动辄万人,其中,社学起了重大作用。

社学,或称书院,义学,本来是地主阶级办"团练""御盗贼"之所。鸦片战争期间,社学成为广东人民编练义勇,进行抗英的组织。《中英南京条约》签订后,广东附近各社学彼此联络,声势大壮,决心团练御侮,约定"同患相扶,协力共救"。南海、番禺各县遍布社学,举办团练,富者助饷,贫者出力。其中以广州附近的升平、东平、南平、隆平等社学,最为有名。

社学的迅速发展,是和道光的积极支持分不开的。道光二十二年十月,由钱江、何大庚起草的一份《全粤义士义民公檄》中说:"恭读上谕,'士民中果有勇谋出众之材,激于义愤,团练自卫,或助官军以复城邑,或厄要隘,以遏贼锋,或焚击夷船,擒斩大憝,或申明大义,开启愚顽。能建不世之殊勋,定有非常之懋赏,钦此!士民等钦奉王言,共引团练,仿范里连衡之制,指愿得百万之师;按赏田捐之方,到处有三时之乐,无事则各归农业。有事则协心从戎,踊跃同袍,子弟悉成劲旅,婉娈如玉,妇女亦能谈兵。"在升平社学建立过程中,道光指示:"该省西北乡绅士,敌忾同仇,深知大义,著查明首倡义举之人,如有才具堪胜文武之任者,即据实保奏,候朕施恩,并剀切晓谕该省各府州县,均宜照此团练自卫,并备调遣。将来如果得力,自当从优奖赏,即军务告竣,未经调拨应用者,亦必概加赏赉。"道光还准备将社学团练作为一支军事力量而调遣,协同清军进行作战。在道光的积极推动下,升平社学应时而生。

升平社学先由广州西北郊石井乡举人李芳等于道光二十二年夏间联名呈请,捐资在石井建社,附近十三社八十余人加入,后陆续增至十八社,招募义勇,团练御侮。随着社务发展,在籍内阁中书何有书等又在江村附近地方设立升平公所作为辅助,以为丁壮聚集之所。二处联为一气,声息相通。经费主要由地方捐助,升平社学各乡签捐银约近二万余两,升平公所各乡签捐银约计七千余两。社内壮勇,都自愿赴升平公社报名,统计连约各乡团练共有数万人,其中勇健可以调遣者,不下万人。社学是由地方绅士组织领导,下层劳动人民广为基础,人力财力全部来自民间。正是由于社学具有较为广泛的基础,所以,它领导下的斗争,声势十分浩大。

道光二十四年三月二日,广东巡抚程矞采奏《绅士捐建升平社学公所由》中提到,社学成立一年多以来,城东南各路,亦都闻风而起,各选择燕扩墟、沙梨园及河南等处先后建立东平、南平、隆平各社学公所,仿照团练。壮勇少的数千人,多的万余人,队伍都十分整齐雄伟。

在社学领导下,战后广东人民第一次大规模反侵略斗争,就是火烧十三行。

道光二十二年十一月六日(1842年12月7日),英军士兵强买陈亚九的橙子不付钱,陈亚九向其索要,英军士兵恼羞成怒,拔刀刺伤了陈亚九右手臂,陈负痛松手,大声呼喊。在附近卖糕的李亚华及往来行人,愤见不平,一齐围住英军士兵,帮同陈亚九讲理索钱。英军士兵自知理亏,突出人群,避入附近洋房,并将大门紧紧关闭。群众在后紧追,人数越聚越多,将洋楼紧紧围住,大声斥责。英军在楼上用砖瓦向楼下人群掷打,激起了愤怒的人群更加强烈的反响。此时,县民苏亚炳等人从此地经过,询问了事情的原委,感到英人欺人太甚,苏亚炳率众绕到十三行门首,搬起大石撞开大门,一拥而进,用火将房屋点燃。英军见火起，急忙赶来扑救，苏亚炳等大喝一声，拔出腰刀，向英军殴砍，英兵施放手枪抵御。在混战中，有二名英兵当场被殴毙在地，苏亚炳、李亚三、何亚郁等数人，亦被英军枪弹击中，负伤倒地，其中五个人因伤重殒命。愤怒的群众口呼杀贼，阻止英人前去扑火，直到第二天，"火熄而散"，共烧毁英人楼馆四间，群众的自发斗争，表明了对英国侵略者的深刻仇恨。

事后，祁贡向道光奏报"民洋争吵，洋楼失火"。道光在十一月十二日上谕中指出："粤省士民，因洋人情形傲慢，激成公忿，迥非籍端滋事者比。"他指示祁贡等人，要秉公妥办"总当使洋人服输，不致有所藉口，尤不可屈抑士民，使内地民心，因而解体"。道光清楚地表明他对此事起因的看法，即英国侵略者傲慢横行引起。并针对祁贡等人对参与此事的群众进行惩办的主张，明确指令祁贡等人，对民人的反英斗争，不能进行镇压，"尤不可屈抑士民"。

事后，璞鼎查写信给祁埙，提出索赔要求。祁埙因为道光已经有了诫谕，不敢过分软弱，在复书给璞鼎查时说："勿纵酿后祸"，百姓"一时数万众齐心，非同小可"，触犯众怒，后果将更加不堪设想，政府也无法控制。璞鼎查无奈，只得暂时了事。

（二）禁租河南地

道光二十四年二月间，英国侵略者的军舰驶进珠江，向清政府提出六点侵略要求：一、英人二年后进住广州省城；二、英人要在广州河的南岸建立楼房；三、在十三行开河截段；四、设立天主教堂；五、在广州设立领事馆；六、在天津建屋通商。英国侵略者在上述无理要求还没有得到清政府答复的情况下，就开始在广州河的南岸勘地分界。英国侵犯中国主权，蛮横无理的行为，激起广州人民强烈反对。广东省城各界商量，每个铺户捐铺租一月，凑得经费银三百余万两，齐集壮勇十万余人，准备与英国侵略者斗争，同时，修书一封，向英人提出警告，结果，英人大惊，怕众怒难犯。

珠江南岸，旧称河南，与省城广州相对。这里人口众多，但地方狭小，在此居住的多是自食其力的劳动者，"多赖咫尺之地，为仰事俯育计"，靠着宝贵的、狭小的地皮谋生。在河南西部有一块水陆十分方便的地方，与广州洋楼隔水相望。此地隔岸临海，占据此地，可以封锁西面的通道，阻截黄埔中船只进入省城。另外，在河南的南面，地随河折，曲折处直下，就是西南入省河的凤凰冈，往东是鸡鸭滘。倘使从洲嘴曲折地方筑一炮台，就可以扼住广州西南乡入省的咽喉。所以，河南地不仅仅是附近四十八乡居民依生谋业的地方，而且，由于地理位置重要，又成为战备的要害地区。英国侵略者为了谋取此地，先是以重金购买，遭到当地人民的强烈反对后，又采取变诱为惊的办法，璞鼎查党在二十四年四月初二、三、四日，来到河南洲头，进行丈量，插旗为界，强行抢占，造成既成事实。

广州河南地区人民群众对侵略者的蛮横无理，义愤填膺，决心绪以惩罚。四月五日，聚集在双州书院的数千群众，拟书投寄英人头目痛斥他们背约抢占的侵略行为，并明确告知侵略者：广大民众"众口一词、不愿出租"河南地。在一份《合堡绅耆投词信稿》中说："现因英吉利国欲勒租河南地方建造屋宇，本处绅民均不情愿，乃英吉利国领事不得业主允议，突于四月初二、初三等日，竟到河南洲头嘴地方丈量，插旗志界，是将恃硬强占,有背和约,我等绅耆大为骇异,迫于初七日会齐四十八乡,约集三千余人,同到洋行会馆欲与之面辩,以明所不愿者众……而领事推匿不见,故渐函分辩情理,陈说利害,交通事转递,原冀其中止以弭争端,俾各守和约。"另如,在《致英吉利领事官信稿》《告谕英商大略》等信函中,反复强调了不愿租借河南地的决心,甚至表示,"虽官亦不能夺以与人",即使清政府答应,老百姓也不答应。河南人民一方面进行说理斗争,一方面在组织上进行准备。在群情激愤之下,侵略者也不得不面对现实。英领事"知众议鼎沸",只好"爱暂止河南之议"。另外,英想租花地口的石围塘,亦因当地人民的强烈反对而作罢。侵略者只能挟迫清政府地方官吏,耆英与英方签订了二年后进广州城之约,此事才告一段落。

(三)黄竹歧案

鸦片战争期间,广州沿江上下数十村为了自卫身家,纷纷筑闸栅围村自卫。道光二十七年夏天,一部分英国侵略军乘船到广州城西南的黄竹歧村一带"打猎"。登岸后,撞进闸栅,在村内鸣枪打鸟,看见妇女,哗众调戏,吓得村中妇女惊叫逃跑,英士兵麦克地竟然在后面向惊逃的妇女举枪射击,以此为乐,险些伤人。村民闻枪声赶来,并鸣锣传递消息,召集邻村群众前来支援。英军在越聚越多的群众面前。惊恐暴躁,妄图行凶。被激怒的群众向侵略者扑去,当即殴毙英军六名,并且把尸体绑上巨石,投入村外大河之中。村民陈亚辰也被英军殴死,另一村民李亚健被英军殴成重伤。余下英军逃回船中,急忙掉头回驶,逃回省城,向英领事报告。英领事随即照会耆英,要求缉凶抵命,并且威胁说:英国要召集香港守军前来烧毁黄竹歧。耆英赶紧派人会同南海县令张继邹,召募渔民,驾船打捞被击毙的英兵尸体。英方以被戕有据,向清政府地方官员索要"凶手",并要求由英领事自行审讯惩办。新到任的广东巡抚徐广缙拒绝了英方的无理要求,他答复英人说:"杀人偿命法也,然一命一抵,法安可滥!不能渔肉吾民以绚夷欲而塞夷责也。"徐广缙亲自审理了此案,问明英人被杀缘由,判处三人死刑,并在杀死英人的地方行刑。但是,英国侵略者对此处理仍不满意,向清政府官员蛮横提出,一定要烧焚黄竹歧村,否则"不足以息众怒,而杜效尤"。企图借此讹诈,并逼迫清政府压制群众的反抗斗争,以保证他们的"安全"。

耆英迫于洋人的压力,责令府县官吏出示,召集省绅开会,要他们拟一份今后"毋许妄杀,后此永葆无事"的公函,刊刻遍贴,以慰洋人。

道光在十一月二十一日接到耆英报告后,指示他:一面要孥凶惩办,一面要饬令水陆各营暗中防范,防止英国侵略者借此扩大事态。后来,道光又接到奏报,黄竹歧村民二人也被殴伤至死。随即谕令:"勿令有失民心,是为至要。"二十六日,耆英又报,英国侵略者不仅要杀凶手,还要烧黄竹歧及毗连二村。道光气愤地指出,英方要求"荒谬已极,自无允准之理",要耆英"持平审办,固不可失之宽纵,致拂夷情,尤不可持之操切,有失民望"。并再次告诫耆英要加强防范,不可麻痹大意。十二月七日,道光令耆英调查此案起因,当接到耆英关于此案起因的奏报后,道光说:"此次黄竹歧华洋争殴之事,该国若能约束禁止,何至动起衅端,该督等务将此意剀切晓谕,令其设法禁止,非贸易不得无故滥入民间田舍房屋。"道光对事件起因的分析还是恰当的,完全由英方挑衅而起。

(四)反进城斗争

英人到广东贸易,已有二百年之久,按照旧制规定,外国人不能随便进入广州城,外国商人常常为此不满,认为是被中国人看作异类,是一种不平等待遇。《中英南京条约》签定后,璞鼎查又提出了进广州城的要求,清政府只答应他不带兵卒,轻骑简从,在升平公所商谈事宜,谈毕出城。

鸦片战争后,英在广州设领事馆,马礼逊作为首任领事,屡次请求进城,没有结果。马礼逊后回香港,不久病故,英领事改为马峨,又提出入城事,因不久去职,亦即中止。德庇时继任领事后,再次提出入城一事。

《中英南京条约》签订后,英、法、美又先后强迫清政府签订了一系列不平等条约。到道光二十五年,各国强迫清政府订约之事告一段落。按有关条约规定,清政府要收复定海,英领事德庇时就以清政府不准英国人进广州城为借口,拒绝如约归还定海,以此要挟。十一月二十三日,道光接到耆英报告后,指示他说:"恐难免希冀请求,该督等惟当持以镇静,俟其续请时,即告以贸易之事,期于彼此相安,今欲更改旧章,人心必为疑怪……傥为滋生事端,彼此均为不便,为此晓谕,庶华洋两不相扰,可以经久相安。"十二月二十日,道光接到耆英报告,"英官仍执前说,要求进城",再次指令耆英予以拒绝。他说:"英人进城一节,本非条约所有……该督等仍当详晰开导,谕以即使准其进城,而民情究难相安",一旦冲突事发,"地方官断难查办",决不负约束的责任。英人无奈,只得于二十六年五月退出舟山,"并于三日内派兵船四只,赴该处装载英兵,驶向印度"。但进城一事英人仍未放弃。二十七年春间,德庇时突然率兵舰十余只,英军千人突入省河,占据十三行湾停泊,并令英兵潜上炮台,钉紧炮眼,然后"坚请进城"。道光在三月七日得奏后,指示耆英:"该督等惟当一面饬文武员弁迅速布置,严密防堵,一面向该国剀切晓谕相机妥筹,固不可过事张皇,尤不可稍形疏懈。"耆英与英方会谈后,商定:二年后英人入城。二十八年,徐广缙代替耆英。二十九年,德庇时回国,由文翰继任,提出践约要求。入城与反入城斗争更加尖锐。

耆英于二年前答应英人入广州城一事,实际上是不负责任的推脱之词。当年英人提出进城来住,没有等到答复,"英船已直入虎门,驶进省河,泊十三行下",准备兵戎相见,强行入城。耆英既怕答应英人入城"激民变",又怕拒绝英人入城"开边衅",他采取缓兵计,以首鼠两端态度,虚应故事,私下答应英人二年后入城。这样,他用欺骗的办法暂时稳住了英人入城之心。十二月二十九日,耆英被调入京,所有两广总督印及钦差大臣关防,均交徐广缙署理。广州入城一事的处理,就落到新任两广总督徐广缙,广东巡抚叶名琛的身上。

徐广缙,字仲升,又字靖候,河南鹿邑人。嘉庆二十五年进士,初在京为官。道光十三年,出任陕西榆林知府,历安徽徽宁池太道、江西督粮道、福建按察使。擢顺天府尹,后又为布政使。二十六年,升任云南巡抚,调赴广东。二十八年,道光授命他为两广总督,兼通商大臣。

叶名琛,字昆臣,湖北汉阳人。道光十五年进士,选庶吉士,授编修。十八年,出任陕西兴安知府,历山西雁平道、江西盐道、云南按察使,湖南、甘肃、广东布政使。二十八年,升任广东巡抚。

徐广缙去广东任事时,道光指示他说:"疆寄重在安民,民心不失,则外侮可弭。嗣后遇有民洋交涉事件,不可瞻徇迁就,有失民心……总期以诚实结民情,方为不负委任。"徐广缙在交涉英人要求入城一事上,执行了道光的指示,赢得了反入城斗争的胜利。

道光二十八年五月,英领事文翰告知徐广缙,明年二月二十一日为进城之期。徐广缙在第二年正月二十三日带着属员前往虎门与文翰交涉,一面向道光报告请旨。徐广缙同叶名琛商议,"今我两人和衷一志,顺民心以行之,复何疑之有"。为防止英军强行入城,加强了省城防务,自省河以东各炮台,选择将弁,加强防务。并指令将弁,如英军闯入,沿海炮台就开炮迎击,同时配备药弹兵士,再预备策应队伍,进行了层层设防。

文翰得悉徐广缙、叶名琛进行战备,想借谈判之机将徐广缙、叶名琛骗到英船上扣留,作人质逼迫清政府答应准许进城。徐广缙接到邀请后,慨然应允。官员们担心一旦事变,不好应付。徐广缙对此已有准备,临行时叮嘱水师提督洪名香说:"若我留彼船不还,可悉舟师攻之,我自有处,勿以我故遂疑鼠忌器也。"讲完乘小舟前赴英船。文翰请徐广缙进入内舱,随即关了舱门,把徐广缙的随从官员隔在门外,取出准备好的条款给徐广缙,要立即允应。徐广缙看后,逐条以理力斥,双方相持不下。文翰见徐广缙不肯就范,威胁徐广缙说,一定要订下进城日期后,方准回去。徐广缙反驳说,耆英答应你的事,是在我来粤之先,我是奉皇帝之命来粤的,怎能随便答应你进城日期?况且,老百姓不允许你们进城,你们应该有所耳闻,我更不能自行作主。此事只有奏明皇帝,听候皇帝的谕旨,谁也不能自作主张。文翰说,请旨时间太长,我们可以代替你用火轮船送到天津转递。徐广缙说,请旨之事,"本朝自有定制……一切当遵天朝法度,勿率性生事"。文翰软硬兼施,没有压服徐广缙,只得送客。从此,英方天天派人询问,徐广缙每次均以"静候旨意"相告,不谈其他事。

道光接到徐广缙奏报后,指示说:"民心即天心……非外夷所能议拟者。"让徐广缙不要违背民意,不要让英军入城。道光旨意一宣布,英人纷纷指责文翰无能。文翰再次找徐广缙,责备中国不该言而无信。徐广缙答复说:江南议和后,中国重信义,凡夷船经我口岸,听其出入,不再诘查阻禁,是推诚相与也。着相亲立和议,并没有料到你国兵目会潜载卒械,乘我不备,毁我炮枢;阻塞炮眼。那时,清军兵没有调,炮没有换,你们却深入据桥,阻遏行路,民情惊骇,瞬间便可酿成祸端,破坏和约,故而酌量轻重缓急,不得权宜约定年代,答应如期入城,使你们兵目离开是非之地,以保持和平局面。故而,失信义的,你国在先,何以反责别人?举国上下都反对你们进城,谁也不能禁止。义正辞严的一席话,说得文翰哑口无言,无以辞对。徐广缙最后表示,如果你们一定要进城,官不能管,你们自己去与百姓较量。

当时,广州人民群情激愤,自去年冬天至这年三月,省城越秀书院监院,刻印公柬,邀集越华、羊城二书院同事,以及城中绅士,决心自己保卫省城,他们劝各家选派人员器械,为抗拒英人入城进行准备。"一时雷动云合,自老城而及新城,新城而及四郊。河南人亦创隆平社学,同时响应。地大者至数千人,少亦数百,按日分期,自具所练丁勇名数,柬报越秀……旬日间,得十万人有奇。"声势极其壮观,义勇夜出时,四城灯烛照耀,如同白昼，英人见此情景，吓得张口结舌，"戒馆役黑夷，未黄昏，即自闭前后户，市肆暂停交易"。文翰内受洋商牵制，外惧众怒难犯，只得暂时放弃入城要求，要求照旧通商。

广州人民反进城斗争的消息奏入，道光欣喜万分。他十分感叹地说："洋务之兴，将十年矣，沿海扰累，糜饷劳师，近年虽略臻安谧，而驭之之法，刚柔不得其平，流弊出，朕恐濒海居民或遭蹂躏，一切隐忍待之。盖小屈必有大申，理固然也。昨因英夷复申粤东入城之请，督臣徐广缙等连次奏报，办理悉合机宜，本日又由驿驰奏，该处商民深明大义，捐资御侮，绅士实力匡勃，入城之议已寝。该夷照旧通商，中外绥靖。不折一兵，不发一矢……令该夷驯服，无丝毫勉强，可以历久相安，朕嘉悦之忱，难以尽述。"道光还赞扬了"粤东百姓，素称骁勇，乃近年深明大义，有勇知方……难得十万之众，利不夺而势不移，朕念其翊戴之功，能无恻然有动于衷乎！著宣布朕言，俾家喻户晓，益励急公向上之心，共享乐业安居之乐，第其劳动，锡以光荣，毋稍屯膏，以慰朕意"。

英国侵略者对未能进入广州城一事，怀恨在心。数月后，文翰又给徐广缙写信说："国王以进城未能如约，为人所轻，似觉赧颜，请为转奏。"徐广缙以罢议进城之后，贸易刚刚恢复，不可再申前说，拒绝转奏。事实上，徐广缙还是向道光报告了这件事。道光在九月十八日谕徐广缙，要他叫英人"安心贸易，勿生枝节，上而督抚提镇，下而军民人等，旁及诸国，断无以不进城为羞耻之事"。还要他继续警惕，"阖城文武军民，戮力同心，屹然有不摇之势，朕何忧乎"。后来，文翰又致书大学士穆彰阿、耆英，派人到上海、天津投递。文翰还增亲赴上海，想再提出入城一事，都被拒绝。道光得悉后，说："朕嘉悦之怀，实难尽述。"他又说：只要"联官民为一气，民心日固，斯外情益服，商民共悦，实为承久乐利之计"。

广州反进城斗争所以赢得胜利，首先在于粤东"十万之众"齐心抗争，迫使英国侵略者不得不考虑事情发展的后果，从而暂时放弃进城打算。其次是徐广缙、叶名琛能顺应民意，坚决执行不准英人入城的方针，领导了这次反英人进入广州城的斗争，并迫使英国侵略者暂时放弃入城要求。道光也从中受到鼓舞，他看到了人民群众的力量，"众志成城"。使在鸦片战争失败阴影笼罩下的道光，看到了一点希望，也得到了一些安慰。

第七章　感情生活

一、皇后暴死

道光二十年(1840 年)正月初六,清宫大内还洋溢在春节的欢庆气氛之中。突然传出皇后患病的消息,道光帝陪同皇太后前往看视。五天后,即十一日夜二点左右,皇后崩。道光亲自前往看视。八点左右,道光又陪同皇太后前往祭奠。道光帝当即传谕,派惠亲王绵愉、总管内务府大臣裕诚、礼部尚书奎照、工部尚书廖鸿荃总理丧仪。

这就是正史中有关孝全皇后之死的基本文字内容。至于为何得病,得的什么病,不得而知。

道光前后共封过三位皇后,第一位是孝穆成皇后,是道光为皇子时的嘉庆元年(1796 年)被册封为嫡福晋,死于嘉庆十三年(1808 年)正月,其皇后名分是道光即位后追封的。第二位是孝慎成皇后,在孝穆成皇后死后被嘉庆册封为道光的继嫡福晋,道光即位后立为皇后,于道光十三年(1833 年)四月去世。

孝全成皇后是道光的第三位皇后,道光初年入宫,赐号全嫔。小时候,其父颐龄任职苏州,其聪明、贤惠堪称一时之冠。入宫后,曾经仿照民间的乞巧板,将木片削成若干方,排成"六合同春"四字,作为宫中新年的玩具,为皇宫的深宅大院增添了喜庆气氛。直到咸丰初年,京外还有人仿其遗制,以致被《清宫词》誉为:"惠质兰心并世无,垂髫曾记住姑苏。谱成六合同春字,绝胜璇玑织锦图。"所以,钮祜禄氏入宫后,以美貌聪慧、心灵手巧深得道光宠爱,连连晋封。道光三年(1823 年)册封为全妃,五年(1825 年)晋为全贵妃,十三年(1833 年)又晋为皇贵妃,十四年(1834.年)立为皇后。按照清官规制,女子入宫,在通向皇后的道路上,共有八个阶梯,这八阶梯是:答应、常在、贵人、嫔、妃、贵妃、皇贵妃、皇后。孝全皇后初入宫时,就跳越过了答应、常在、贵人三个等级,被册封为嫔,以后在短短的十四年间,又迈上其余五个台阶,达到了一个宫中女人昼思夜想的巅峰地位——皇后,其升迁速度是相当快的。孝全的晋封之快,几乎可以肯定地说明,她在道光那里,得到了特殊的宠幸。

既然如此,正当春风得意,年仅三十三岁的孝全为何突然患病身亡呢?对此,正史并无明载。然而,我们通过其他史料,还是可以找到解答这一问题的某些线索的。

道光二十年(1840 年)时,道光帝已年近六十岁。在这之前,就已开始考虑皇位继承人的问题,当时的合适人选一是孝全皇后所生的皇四子奕詝,一是静皇贵妃所生的皇六子奕䜣。这年,就詝和奕䜣而言,奕詝十岁(虚岁),奕䜣九岁(虚岁),年龄大致相当,身体发育均属正常,奕詝似乎以敦厚见长,奕䜣则以聪颖取胜,两人各有优长,不分伯仲;就孝全皇后和静皇贵妃而言,前者为皇后,自然位居第一,后者为皇贵妃,地位仅在皇后之下,排名第二,两者虽有差距,但差距不大,难分优劣。

在这种情况下,奕詝和奕䜣谁可能成为大清皇位的继承人,关键在于道光帝的好恶。

《清宫词》中有一首词记载了孝全皇后之死,它是这样写的:

如意多因少小怜,蚁杯鸩毒兆当筵。温成贵宠伤盘水,无语亲褒有孝全。

这首词的注释说:孝全皇后先由皇贵妃总管六宫事务(道光十三年),不久,正位中宫(道光十四年),数年后暴死,事多隐秘。当时,道光的继母孝和皇太后还活着,家法森严,道光也不敢违抗孝和皇太后的懿旨,所以,特谥之曰"全"。道光既痛悼孝全去世,故不立其他妃嫔之子为继承人,而决定立奕詝,因为奕詝为孝全所生,并且在诸皇子中年龄较大。

《清宫词》所记,孝全之死与筵席上的鸩毒有关,注释则说,孝全之死和孝和皇太后有关,是孝全违背了家法,孝和皇太后执行家法的结果。至于违背了家法中的哪条哪款,注释没有明说,只说是"事多隐秘"。

到底是什么"隐秘"呢?史家的另一条史料回答了这个问题。原来,道光帝在奕詝和奕䜣这两位皇子中,究竟确定谁为继承人,一直举棋不定。

在封建时代,皇宫内嫔妃的地位常常依赖于皇子的地位。正所谓"母以子贵"。钮祜禄氏当然明白这一点,她知道,只有让自己的儿子成为皇太子,继而登上皇位,自己的地位才能巩固。道光二十年间,道光帝一共有四个儿子,即十岁的奕詝和奕誴、九岁的奕䜣、一岁的奕譞。在四个皇子中,奕譞尚小,奕誴又生得"状貌粗拙",平日"动止率略",不为道光帝喜欢。所以,有希望继承皇位的就是四子奕詝和六子奕䜣。

奕詝和奕䜣各有优势,奕詝年长一年,而奕䜣却"天姿颖异",甚为道光帝钟爱。所以,钮祜禄氏所担心的就是奕䜣。她知道,奕䜣一旦登上皇位,其生母就会扶摇直上,那她的地位也就难保了。

可是,事情的发展偏偏违反意愿。道光二十年(1840年),钮祜禄氏听到传闻,说道光帝欲立奕䜣为皇储。她实在不愿意接受这样的事实:皇后的儿子不能立为皇储,偏偏要立一个妃子的儿子。听到这个传闻后,钮祜禄氏饭吃不下,水喝不进,越想越恼火,在寝宫憋了三天,最后想了个破釜沉舟的宴毒计。

一天,钮祜禄氏在自己的宫内,摆了一桌美味佳肴,请皇子们都来品尝。钮祜禄氏欲在皇子们进食时,毒死奕䜣、奕誴,便在鱼中下了鸩毒。在奕詝三人坐在桌前准备动筷的时候,钮祜禄氏把奕詝叫了出来。

"我儿,一会儿吃菜时,不要吃鱼。"

"为什么?"

"那鱼是做给六阿哥吃的。"

"那为什么我不能吃?"

"不为什么,不让你吃,你就别吃。"

"不!你不告诉我,我就吃。"奕詝耍起了性子。钮祜禄氏没有办法,就把实情告诉了奕詝。奕詝听罢,睁大了眼睛好半天没说出话来。要知道,奕詝同奕䜣、奕誴从小一起长大,现在又同在上书房学文习武,兄弟几个是蛮有感情的,现在怎么能眼看着他们被毒死呢?

正在这时,奕䜣、奕誴在里面已经等得不耐烦了,大声喊道:"四哥快来呀!"

奕詝耷拉着脑袋来到了桌前。皇子们开始进餐了。奕䜣、奕誴有说有笑地品尝着,一会儿说"这个香",一会儿说"那个鲜",吃得津津有味。这时的奕詝两眼直瞪着那道鱼菜发愣。此刻,奕䜣伸过筷子夹鱼了,筷子还没碰到鱼上,桌下就挨了一脚,直疼得奕䜣"哎哟"了一声。奕詝并不理睬他,两眼还是盯着那鱼菜。隔了一会儿奕誴来夹鱼时,桌下也挨了一脚。这两脚使奕䜣、奕誴都悟出了门道。结果两人谁也没再吃这道鱼菜。钮祜禄氏的阴谋也就没有能够得逞。

当时孝和太后还活着。太后听到了此事大怒,立刻下令赐钮祜禄氏死。道光帝听说后,急忙从前宫跑回,替钮祜禄氏求情。无奈皇室家法森严,太后又执法如山,道光帝无计可施。钮祜禄氏徘徊良久,最后不得不投缳白宫门,自缢而死。

史书对此多有隐秘,只曰"暴崩"。也有说是孝和太后故意毒害而死的。

道光十六年(1836年),孝和睿皇太后钮祜禄氏六十大寿,皇宫内隆重庆祝。道光帝率王公大臣、皇后钮祜禄氏率六宫嫔妃,分别向皇太后祝寿。道光帝为讨皇太后的喜欢,写了不少诗词,颂扬皇太后福如东海,寿比南山。皇后钮祜禄氏也填写了一些诗词,敬献给皇太后。皇太后的六十大寿庆典之后,又过了些日子,一天,道光帝到皇太后处请安,无事闲话,说到了皇后的聪明才智。谁知皇太后流露出无限惋惜的神情。道光帝感到非常惊异,向皇太后追问原因。太后说:"女子以德为重,德厚才能载福。如果只凭一点才艺,怕不是福相。"其实,太后这些话,本来也是随便谈到的,并没怎么介意。不料,这些话后来传到皇后耳中,钮祜禄氏非常不高兴。她想:我现在已经是国母,况且又有个男孩,将来这个孩子必定要继承皇位,那时我就是太后,怎么能说没有福相呢?她心里犯开了嘀咕,慢慢地,感情上和皇太后产生了隔阂,行动上也就有了表现,每次给皇太后请安时,言语中总有些刺激性的话。时间长了,皇太后看出了问题,也明白了事情的原委,便大发脾气。皇太后是皇帝的母亲,又是皇后的亲姑姑,怎么能忍受这种旁敲侧击、冷潮热讽的话呢?这以后,皇太后不是当面训斥皇后,就是指斥道光帝管教不严,母子之间,姑侄之间,矛盾越来越大。道光帝和皇后的感情本来非常好。皇太后每次的责备,道光帝又都讲给皇后听。皇后越来越生气,见了皇太后也就顶撞得更厉害。一些嫔妃知道了这件事,出于对皇后的妒嫉,也到皇太后面前说皇后的坏话。这样,皇太后与皇后之间的关系更加紧张。

道光十九年(1839年)腊月,北风狂吹,寒气逼人。一天,皇后外出,患了感冒,有几天未到皇太后处请安。谁知,皇太后竟亲自来到皇后处探视,问寒问暖,格外亲热。皇后感到自己过去做得不对,心里很不是滋味。转眼到了道光二十年(1840年)正月,皇后的病已基本好了,便到皇太后处问安。皇太后很高兴,拉着皇后的手,问这问那,十分亲热。姑侄间以往的矛盾似乎冰解了。过了一天,皇太后派两名太监特意给皇后送来一瓶名酒品尝。皇后很高兴,当着太监的面,当时就斟了一杯,一饮而尽,还对太监说味很甘美,多谢皇太后。但是,就在这天夜里,皇后去世了。

上面这个故事是否真实,已经查无实据、无法证实了。我们只知道,道光帝在得知皇后钮祜禄氏崩逝的消息后,非常悲痛。他专门发了一道上谕,称赞皇后"恭俭柔嘉",命惠亲王绵愉、总管内务府大臣裕诚、礼部尚书奎照、工部尚书廖鸿荃总理丧仪。第二天。道光帝身穿青袍,摘掉冠缨,亲到皇后灵前祭奠。整个宫中,仅孝布就用二百二十四匹。道光帝还立钮祜禄氏的儿子奕𬣞为皇太子,委派皇贵妃博尔济吉特氏代为抚养。为了表示对皇后钮祜禄氏的怀念,此后道光帝再没有册立皇后。

二、后妃子女

举凡帝王,位居九五,君临天下,一言九鼎,统驭万方。对其先祖来说,是龙子、龙孙;对后世子孙而言,则是龙祖、龙父,当然不可与黎民百姓、凡夫俗子相比。其实,他们也是社会整体结构中的一个成员,他们也有七情六欲,只不过由于地位的不同,表现形式不同罢了。道光皇帝也是如此。

道光帝于嘉庆元年(1796年)成婚,至道光三十年(1850年),历五十五年,计有后、妃、嫔、贵人十六位,她们是:

孝穆成皇后,钮祜禄氏,户部尚书、一等子爵布颜达赉之女,嘉庆元年嘉庆册封为绵宁嫡福晋,嘉庆十三年(1808年)去世,道光即位后追封为孝穆皇后;孝慎成皇后,佟佳氏,三等承恩公舒明阿之女,孝穆成皇后去世后,嘉庆册封为继嫡福晋,道光即位后立为皇后,道光十三年(1833年)去世;孝全成皇后,钮祜禄氏,二等侍卫、一等男颐龄之女,先为全嫔,后晋全贵妃,道光十一年(1831年)生咸丰奕𬣞,道光十三年(1833年)升为皇贵妃,统管六宫之事,道光十四年(1834年)立为皇后,道光二十年(1840年)去世,道光钦定为孝全成皇后;孝静成皇后,博尔济吉特氏,刑部员外郎花良阿之女,后晋静皇贵妃,孝全皇后死后,负责抚育咸丰奕𬣞,奕𬣞即位,尊为皇贵太妃,咸丰五年(1855年)尊为皇太后,死后谥孝静成皇后。

庄顺皇贵太妃,乌雅氏,先为常在,后为琳贵人、琳贵妃,咸丰时尊为琳贵太妃,同治时尊为琳皇贵妃,同治五年(1866年)谥庄顺皇贵妃;彤贵妃,舒穆噜氏,先为彤贵人,后为彤贵妃,复降为贵人,咸丰时尊为彤嫔,同治时尊为彤贵妃;和妃,纳喇氏,嘉庆时特命为侧室福晋,道光初年封为和嫔,后晋和妃;祥妃,钮祜禄氏,先为贵人,后晋为嫔,复降,咸丰时尊为祥妃;佳贵妃,郭佳氏,先为贵人,后晋嫔,复降,咸丰时尊为贵妃;成贵妃,钮祜禄氏,先为贵人,后晋嫔,复降,咸丰时尊为贵妃;常妃,赫舍哩氏,由贵人晋封;顺嫔,由常在晋封;恒嫔,蔡佳氏;豫嫔,尚佳氏;贵人,李氏,由答应晋封;那氏,由答应晋封。

这十六位后、妃、嫔、贵人中,为道光帝生育子女者,仅有七位,她们是:孝慎成皇后生一女,孝全成皇后生一子二女,孝静成皇后生三子一女,庄顺皇贵妃生三子一女,彤贵妃生二女,和妃生一子,祥妃生一子二女,共为道光帝生育了九子九女。

　　道光之时,上有诸多母辈(嘉庆后、妃),中有成群后、妃,下有众多子女,如此庞杂的天下第一家,除了森严的传位家法,严格的尊卑等级,烦琐的宫禁律令之外,作为一个家庭,虽然与寻常百姓迥然有别,却也不乏骨肉亲情。

　　严于教子,勤督课业。皇子素质的优劣,事关大清祖业的继统,所以清王朝历代皇帝都十分重视对诸多皇子的教育和培养。道光对皇子们既严加管教,又抚爱备至。严格执行皇子年届六岁必至上(尚)书房读书的祖制,除上书房外每当酷暑季节,皇子们可移住西郊圆明园之一澄怀园的"上斋三天",一边读书,一边避暑,直至秋凉,再回到大内的上书房,继续攻读。为了保证皇子学业有成,道光帝为皇子们精心择定学识优异的内阁学士、翰林为师傅,教授课程,并特派大学士或协办大学士为上书房总师傅,稽查督促,以防疏懈。如发现师傅管理放纵,教育不力,或皇子们学业不精,贪玩逃学,则传旨申饬,或撤换师傅。皇子读书,十分严格,每日五更时分,就要准时进入书房,除夏至到立秋这段时间为半日制,可在午初(中午十一时)放学外,其他季节均为全日制,要在薄暮时分才能休学。管门太监对教学时间要按时登记,以备查核。皇子所学课程包括经史诗文、满文满语、骑马射箭等项。上书房前的阶下就是宽阔的运动场,皇子们在正课之余,常常在这里舞刀弄枪,学习骑射。道光帝在日理万机之暇,经常到上书房阶下,令皇子、王子练习射箭,射中者即赐以丝帛或羚枝。在道光的严格督促下,皇子们的学业日渐精进,道光二十九年(1849年),皇四子奕䜣和皇六子奕䜣经过切磋研究,制成枪法二十八势,刀法十八势。道光帝见皇子钻研有得,学业有成,十分高兴,特赐名枪为"棣华协力",刀曰"宝锷宣威",并赐皇六子白虹刀一把。道光帝注重对皇子们的培养造就,虽然主要着眼于大清江山的长治久安,但也不乏父子之间的人伦亲情。

　　皇女的地位,与皇子相比,不可同日而语。皇女隆生后,即有保姆喂乳照料,难得与生母见上一面,自出生至婚配,十余年间,母女见面次数,仅有几十回。尤其甚者,每当公主出嫁,则由皇帝赐给府第,不与舅、姑同住,舅、姑见公主则需行见皇帝的大礼。驸马只能住在府中外舍,公主不召,驸马不能与公主同床共枕。公主每召驸马一次,都要花许多银钱,贿赂管家婆保姆,才能夫妻相聚。如果公主不贿赂保姆,即使公主宣召,保姆必然多方阻拦,甚至责以无耻。女子柔懦软弱,不敢力争,自然要长期受保姆挟制,即使入宫拜见母亲,也不敢倾诉。所以,清代公主很少有生儿育女者,并且十个中就有九个是因相思而死。自清初至道光二百年来,数以百计的公主命运大抵如此,惟有道光帝的大公主与驸马符珍冲破了保姆的樊篱,得到了夫妻自由同居的权利。事情的经过是这样的:

　　大公主刚结婚的时候,宣召驸马同居共枕,被保姆阻拦,以至一年多的时间,大公主没有见过丈夫符珍。大公主十分愤怒,但暂时忍而不言。一天,大公主人宫,跪在道光帝面前,说:"父皇究竟将臣女嫁给哪个人啦?"道光说:"难道符珍不是你的夫婿吗?"大公主说:"符珍长相什么样? 臣女已嫁给他一年了,还从未见过面。"道光说:"为何不能见面?"大公主说:"保姆不让臣女与符珍见面。"道光帝说:"你们夫妻间的事,保姆怎么能管呢,你可以自己做主!"大公主得了道光帝的这句圣旨,回到府中,立即将保姆痛斥一顿,以后随时召见丈夫符珍,夫妻感情甚好,先后生了子女八人。此事可谓有清以来,独此一桩,深受时人称道,称大公主为女中豪杰也。看来,道光对皇女下嫁后的苦情也并不知晓,只是无意中成全了一桩好事。

清时,皇帝母后在宫廷政治中大多不居重要地位,皇帝不时前往拜见,也不过是例行家规,虚应故事而已。道光帝身为人君,事母情笃。一次,道光帝生母孝淑睿皇后生日时在宫内演剧,以为庆贺娱乐。但是只演斑衣戏彩这一阕。在剧中,道光面上挂着一副白胡子,穿斑连衣,手持一只鼗鼓,装作小孩子游戏舞蹈的样子,面对太后而唱。这一举动,看来近似荒唐,但仍不失仁孝之心。

三、二子争位

道光十一年六月初九(1831 年 7 月 17 日),时已夜半,圆明园湛静斋全贵妃钮祜禄氏的寝宫内,忽然传出几声婴儿的啼哭声,道光帝的第四位皇子降生了。

消息传到养心殿,年近半百的道光帝喜出望外,当即含泪赐名奕詝。道光帝的喜悦欢欣不是没有理由的。此前道光帝本来已有三个皇子。次子奕纲、三子奕继早亡,皇长子奕纬,最受道光帝的宠爱,长至二十三岁,已经落落成人。一日,奕纬的师傅某太史强逼其背诵经书,告诉他:"好好读书,将来好当皇帝。"奕纬终究是个孩子,不耐烦地顶撞道:"我将来作了皇上,先杀了你。"此事为道光帝所知,当即召见大阿哥奕纬。奕纬刚刚跪下请安,道光就气愤地踢了他一脚,正好伤及下部,没过几天就死了。三皇子的相继死去,使年近半百的道光帝悲痛万分,对于皇朝未来的继统大事隐怀不祥之兆。惟一令道光帝稍感欣慰的是,皇长子过世时,全贵妃钮祜禄氏和祥贵人均已身怀六甲,如能生得男婴,亦堪来日大用。

在道光的群妃众贵当中,全贵妃钮祜禄氏最受宠爱,她年方二十三岁,年轻貌美,体态轻盈,楚楚动人。其父是承恩公颐龄,曾仕宦苏州,钮祜禄氏随父同行,备受江南山水浸染熏陶,聪慧绝伦。道光初年入宫,后因宠连得晋封,道光三年(1823 年)册封为全妃,五年晋全贵妃,成为后宫中红极一时的人物。但聪明的全贵妃清楚地意识到,仅凭自己的姿色取得道光的宠爱只是暂时的,要想永久确立自己的地位,非走"母以子贵"这条路不可。

道光十年(1830 年)五月,道光帝召幸全贵妃,不久,她便怀上了胎妊。她满心欢喜,盼望自己能生下一位男婴,来日当上大阿哥,自己也不枉恩宠一生。一日,全贵妃从小太监口中得知,几乎与她同时,祥贵人也怀上胎妊。听到这一消息,全贵妃面部的笑容顿时消失,急命小太监偷偷查阅宫中召幸皇妃密档。

原来在清代皇宫内,皇后之下,有皇贵妃、贵妃,妃嫔、贵人等,分住几个宫,皇帝住在养心殿，每晚让值更太监唤某妃来，未经允许，其他人不敢随便来。敬房事要有记载，某年某月某日某妃来住，以便查考。小太监偷查密档后，旋即密报全贵妃，祥贵人的胎妊比她早有月余，全贵妃大失所望，她知道，皇帝选任大阿哥虽然以贤不以长，但在顺序上前列当然是占有一定优势的。

道光十一年（1831年）四月，皇长子奕纬被道光误伤身亡后，前三皇子尽失，全贵妃更加敏感地意识到皇四子位置的重要性。她知道，年迈半百的道光帝连丧三子，急盼得子以继承皇位，谁能尽快填补道光这一空虚的心理空间，谁就有可能在未来的皇位继承竞争中获胜。想到这里，全贵妃早生皇子的念头越发强烈了。

一天，宫中御医又来给全贵妃诊察胎儿，全贵妃见左右无人，便小声问道："不知这腹中是女是男？"因全贵妃平素在宫中颇会笼络人心，与这御医熟识，因此，御医顺口答道："当然是真龙天子。"全贵妃听罢，大喜，急忙又问："此胎儿可否早降生月余？"御医听罢，大惊失色，跪地叩头，连说："使不得！使不得！皇子虽可早生，但不足月，定会早亡，奴才要掉头的呀！"这边御医已吓得汗流浃背，谁知全贵妃却早已心花怒放。

次日，全贵妃又特召御医入密室，对御医说道："我想让皇子早点降生，来日如能得继大统，我必重赏，你究竟有何办法。"御医答道：奴才并无妙法，只有从今日起服用奴才祖传的保胎速生药，皇子便可提前降生，只是……"全贵妃明白御医的意思，笑着连声说道："那就不是你的责任了，自然不必多虑。"

于是，从这日起，全贵妃每日遵医嘱服下保胎速生药物，不多时日，便觉得腹中燥热，那小东西也在腹中舞拳弄棒，大有敲门欲出之势。到六月初九日，移住圆明园湛静斋的全贵妃忽觉腹中疼痛难忍，经过一番"苦斗"，终于生下了皇四子，道光帝赐名奕詝。因连丧三子，为皇子起名时，道光曾颇费心机，前三位皇子的名字均用"纟"字旁，而皇四子则用了"言"字旁，道光实际上是把奕詝视为皇长子，备加喜爱。

六天后，祥贵人也生下了一个男婴，是为皇五子奕誴，果然不出全贵妃所料，奕誴降生后，道光帝虽然也很高兴，但其兴奋程度与奕詝降生时已不可同日而语。

清代以前，在皇位继承问题上实行的基本上是嫡长子继承制，即在诸多皇子中，立嫡不立长，在嫡系子孙中立长不立贤。这种制度的建立及实行，尽管保证了政权的平稳交接，但也带来了一个明显的弊端：嫡长子在诸皇子中并不都是才智出众者，一些智力低下、昏庸无能之辈在这种制度的庇护下登上了皇帝宝座，有的给当朝的统治留下了深深的祸患。

清朝建立后，为避免上述弊端，有意废除了这一制度。清朝入关前两代继位的君主，太宗皇太极和世祖福临，既不是长子也不是明立的太子。入关后，也未预立太子。常常是皇帝临终时，在皇子中诏命一位贤能者嗣位。雍正帝继位后，为防止诸子争立，各树朋党，互相残害，建立了秘密建储制度，即由在位的皇帝对全体皇子作长期默察考验，选定之后，以朱笔书名，密定为储，藏之锦匣，悬置于乾清宫最高处"正大光明"匾额之后。当皇帝病危时，当众开启，册立皇太子。

秘密建储制度的创立,虽然避免了皇子之间的猜疑丛生,但储位之争依然存在。咸丰皇帝继位前同其弟奕䜣之间的争夺,就表现得十分激烈。

道光皇帝是于道光二十六年(1846年)开始考虑立储的。当时有资格充当皇太子的有五人:四子奕詝、六子奕䜣、七子奕譞、八子奕詥、九子奕譓。当时,奕詝十六岁、奕䜣十五岁、奕譞七岁、奕詥三岁、奕譓二岁。奕譞、奕詥、奕譓年龄尚小,加之生母地位较低,缺少竞争实力,有条件参加竞争的是奕詝和奕䜣。

在奕詝和奕䜣之间,究竟选哪一个为皇储,道光皇帝还犹豫未决。为了考察他们的品行与能力,一年春天,道光皇帝命诸皇子去南苑较猎。奕䜣平时愿意舞刀弄枪,骑射技术高超,这一点奕詝自愧不如。于是临行前,奕詝去上书房问其师傅杜受田讨计。杜受田亦有意辅佐奕詝登上皇位,并对道光帝的心理作过揣摩。面对即将开始的围猎较量,杜受田认为只有如此这般,才能斗败奕䜣,于是给奕詝出了一个锦囊妙计。

南苑是皇家的围猎之地,位于北京郊外。这时正值谷雨,路边的垂柳已披上了绿装,一簇簇野花散发着醉人的芳香。正襟危坐在高头白马上的奕䜣,昂首挺胸,双目远眺,眉宇间透出一股傲气。他心想,此番狩猎较量,我乃如鱼得水,最后一定能以最多的猎物,博得父皇的欢心,那时,皇储就非我莫属了。

到了南苑围场,皇子们带领自己手下的人分别开始了围猎。奕䜣果然身手不凡,他骑的白马快如飚风,他拉的银弓满似圆月,只一会儿工夫,就猎获几只鹿和野兔。正当奕䜣等人骑射的兴致正浓的时候,忽然发现奕詝正默坐在一旁,其手下人也在奕詝身边垂手侍立,不觉心中纳闷,便驱马来到近前,探问其故,奕詝答曰:"我近日身体不适,不敢随意驰逐。"

日落时分,皇子几人带着各自的战利品,回到宫中向父皇禀报战绩,并献上猎物。果不其然,奕䜣所得猎物最多,心里也最为欣喜。皇子中独奕詝一无所献,道光皇帝不解,问其缘故,奕詝答道:"儿窃以为现在正是动物繁衍孕育下一代的时候,我不忍心在这个时候杀死它们,并且我也不愿意以骑马射猎这些小的技艺,与兄弟们争个高下。"本来,道光皇帝看到奕詝一无所获,心里有些不高兴,但听到奕詝讲出这番话来,顿时眉开眼笑,连声说道:"我儿果然有君子的气度。"

经过这番围猎较量,道光皇帝初步有了意向:立奕詝为储。

道光皇帝是个办事优柔寡断的人。虽然南苑较猎,已经决定把皇位传给奕詝,但不久,他的心里又不平衡起来,因为他毕竟非常喜欢奕䜣。是的,奕䜣自幼活泼好动,聪明伶俐,不论学文还是习武,他总是学得最快,记得最牢,运用得最好。从这样两项殊荣上就可以看出道光皇帝是如何偏爱奕䜣了。一是道光皇帝看到奕䜣读书能得大旨,曾亲自为其书斋题写了"乐道书屋"四字匾额,这是其他皇子都没有得到的。二是道光二十九年(1849年),为了奖励奕䜣的武功,特赐给奕䜣一柄金桃皮鞘白虹刀,准许他永远佩带,这也是其他皇子所没有享受到的殊荣。另外,从奕䜣生母的升迁上也能看到道光帝对奕䜣的钟爱。奕䜣生母原来只是位于宫内第五位的妃子。道光十四年(1834年),也就是奕䜣两岁时,她超越了和妃、祥妃,被晋封为贵妃,孝慎皇后死后,她在宫中居第二位。道光二十年(1840年),孝全皇后暴卒后,她便总摄六宫之事,成了实际上的皇后。

由于对奕䜣的偏爱,道光皇帝决定再给奕䜣一次机会,考察一下奕詝和奕䜣的品行。一天,道光皇帝将两个盒子放到两个皇子面前。这两个盒子,一个是金的,一个是木的。金盒上雕满了姿态各异的龙,龙体闪烁着光芒;木盒上刻着麒麟,也被漆得黑亮。道光皇帝指着两个盒子说:"这两个盒子,我儿各选一个。"奕詝和奕䜣听了这话互相看了一眼。奕詝平静地说:"六弟先选吧!"奕䜣听了这话,也不谦让,伸手将金盒抓在手里。

从这件小事上,道先皇帝感到,还是四子奕詝仁义憨厚,六子固然聪明,可是人品不如其兄,于是下决心把皇位传给奕詝。

经过较量以后,道光帝立四子奕詝为储君的决定,再也没有发生过大的动摇。但道光始终欣赏奕䜣的才气,对没有将奕䜣立为储君一事一直抱憾。对此,正史往往为尊者讳,不便明载,倒是野史,或多或少地反映了这一情况。

据说,道光帝在临死的那一天,知道自己即将离开人间,忽然命内侍传旨,宣召六阿哥奕䜣。正赶上四阿哥奕詝入宫,给道光帝请安。听到宣召奕䜣进宫的圣旨,深感惶惑不安,急忙来到道光身边。道光帝见来者并不是六阿哥,而是四阿哥,微微叹了一口气,在昏迷中还问:"六阿哥来了吗?"当六阿哥应召来到时,道光帝已经咽气了。

还有一种说法,说道光在病重弥留之际,正值奕詝在旁,道光帝头脑昏昏,错以为是六阿哥奕䜣在身旁,就拉过他的手说:"我本想立你为帝,现在已经如此,真是不由己啊,你要自尊自爱!"说完这句话,又反应过来,知道面前的皇子是四阿哥奕詝,道光一时窘极。奕詝见此,知父皇不忘六弟,急忙随机应变,跪地叩头,并发下誓言,一定保全奕䜣。

还有第三种说法,当道光病重时,将御前重臣召到寝宫,从床内取出金匣,命人开启。这时,皇四子奕詝的生母已不在,而皇六子奕䜣的生母尚在。奕䜣的母亲就让内监叮嘱御前重臣不要接受金匣。诸臣一时委决不下,犹犹豫豫,不敢上前接领金匣,道光帝急得连连用手拍床。众大臣见道光帝发怒了,这才上前接过金匣,启开后,取出谕旨。这次众臣敢于不领金匣,是由军机大臣季芝昌串通的。所以,奕詝即位后,季芝昌就由顾命大臣调往闽浙,任总督去了,不久又告病,死时,文宗(奕詝)朱笔批示:无恤典。将顾命大臣外放任总督,一个正一品的朝廷大员死后不予恤典,在整个清代,是绝无仅有的。

至此,我们可以明了,道光帝在立储鐍匣中,破例在一匣中放了两道谕旨,这充分反映了道光在立储问题上的矛盾心理,以及封建朝廷在权力交接中斗争的复杂性。

尽管传闻种种,莫衷一是,皇四子奕詝毕竟登上了皇位。道光三十年(1850)正月二十六日,在太和殿举行了奕詝的登基大典,次年改元咸丰,历史又翻过了一页。

道光二十六年(1846年)道光帝将立太子朱谕正式写好。道光三十年(1850年)正月,道光帝病笃,自知阳寿已尽,遂把军机大臣等八人召至寝宫,从床内取出装有朱谕的锦匣,递与诸大臣,以便开启出示。然而,诸大臣没有一个敢上前接受。原来事先奕䜣生母静贵太妃已知朱谕内容,为阻挠开示朱谕,她指使太监告诉八大臣不许接受锦匣。

这里特别是侍郎季昌芝早知朱谕内容，并明白静贵太妃的意图，于是他带头不接锦匣，从中作梗。道光皇帝这时说话虽已经比较困难，但心里尚明白事理，看到这番情形，已经明白一二，顿时大怒，他用手使劲地拍打床铺，好像在说，我还没死，你们竟然不听调遣！几个大臣一见皇上发怒，赶忙上前接过锦匣。打开一看，里面有一份立储密谕，上面写着两行汉字："皇六子奕䜣封为亲王，皇四子奕𬣈立为皇太子。"在后一行汉字的旁边，又书了"皇四子奕𬣈立为皇太子"的满文字样。出示朱谕后，只几刻工夫，道光帝殡天。道光三十年(1850年)正月二十六日，奕𬣈在太和殿正式即位。次年改元咸丰，开始了清代咸丰朝的统治。

咸丰登基以后，原顾命大臣之一侍郎季昌芝被派任闽浙总督。季昌芝到任不久，即生病卸任。后来季昌芝死的时候，咸丰帝竟朱笔批曰"不恤典"，即清政府不予办丧银两，也不举行任何仪式。以顾命大臣出任总督和正一品大员卒而不予恤典的事，在清一代是绝无仅有的。人们在分析此事的时候，都认为，这是季昌芝阻挠接受道光帝锦匣的结果呀！

第八章　悲情道光

　　道光在位三十年(1821—1850)，是清朝历史上执政时间仅次于康熙(在位六十一年)和乾隆(在位六十年)的一位皇帝(光绪在位三十四年，但独立处理政事的时间很短)，道光继位时，清王朝的"康乾盛世"早已过去，王朝的衰败正在延续和发展。在他在位的三十年中间，清王朝遇到了强大的英国资本殖民主义的入侵，道光统治下衰败的清王朝，经过长达两年的抵抗，最终失败了。道光虽不情愿，但还是经他的手批准签订了《中英南京条约》等一系列不平等条约。不平等条约的签订，开了清王朝对外关系屈辱软弱的先河，也撕下了天朝大国的面纱，过去还被掩盖着的衰败腐朽真相，第一次陈示于国人和西方列强面前。鸦片战争和不平等条约的签订，使中国历史发生了急骤的变化，中国社会开始进入半殖民地半封建社会。道光也就成为中国历史上绝无仅有的横跨中国封建社会最后阶段和半殖民半封建社会开始阶段的帝王。对这位处于中国社会性质发生重大变化时期的君主，如何实事求是较为全面地评价，不仅对道光的研究，而且对于认识中国封建社会的没落，封建制度的腐败和它走向灭亡的必然性，都会被深刻地揭示出来。

一、力求有所作为

　　道光幼年时，清王朝还处在"康乾盛世"的尾声之中，他曾目睹过清王朝的兴盛景况，并在他年少的头脑中，印上朦胧浅淡但又难以抹去的印记。在其成长过程中，遇到了嘉庆初年的川楚陕白莲教大起义，这次起义对清王朝统治的冲击是巨大的。如果说尚未成年的道光对这次起义感受尚不深刻的话，当其到"而立"之年时，目睹并亲自参加镇压的天理教起义军攻入紫禁城的情景，给他留下了终生难忘的一幕。在他写给嘉庆的谢恩奏折中，清楚地表明了他的心情："势不由己，事后愈思愈恐。"已成年的道光，面对清王朝衰败的趋势，不能不考虑如何巩固王朝"基业"的问题。他继位后，多次提到王朝"缔造维艰，守成匪易"，告诫自己及后代子孙要守好"家业"，巩固清王朝的"基业"，并力图制止住清王朝的衰败，走上振兴，使"康乾盛世"在他统治下再现。

　　道光并不甘心做一个平庸的君主，他幻想着成为具有"汉高祖之大度，唐太宗之英明"的帝王而"载诸史册"。道光的一切活动，特别是鸦片战争前二十年的活动，都是在这一思想指导下进行的。

　　道光想有作为，力图除旧布新，在其执政的三十年中做了不少努力，其中有两点特别值得一提：

(一)敢于正视清王朝存在的弊端

　　作为封建帝王，他不可能认识封建制度的腐朽，但道光敢于正视和提出存在于封建政权中的弊病，并力图加以扭转。继位不久，他就一针见血地指出，王朝政权已处于百弊丛生，日甚一日，几成积重难返之势，而最大的弊端是吏治败坏，横征苛敛，虐取于民，官官相护,朋比为奸。其严重程度已到了"积弊相沿,挽回无术"的地步。

正是道光正视吏治腐败的现实,使他感到了恐惧,决心整顿吏治。

(二)勤于政事

道光自幼聪颖好学,深受儒家经典熏陶。性格内向,正统保守,为人勤奋,喜欢思考问题,但又谨小慎微。他深知王朝"基业""守成匪易",因此对政事的处理上兢兢业业、小心谨慎、事必躬亲,并以"虚心实行"四字自勉自励。对各种奏章,都亲自审批,夜以继日毫不松懈。道光在位三十年,后期由于鸦片战争的失败,以致各种弊端有增无减,清王朝更加衰败,道光表现出灰心丧气的情绪,但他没有放松政事。道光二十九年(1849年),他年已六十八岁,并有病在身,仍然不分冬夏,处理政事,从未怠慢。直到他临终前十日(道光三十年正月初四日),才由其子(咸丰帝)代其批阅奏章。道光死后遗诏中说:"自御极至今,凡批览亲奏,引对臣工,旰食宵衣,三十年如一日,不敢自暇自逸",还是比较真切的。

二、励精图治

道光继位之初,倾其全力,扭转衰败。综观其在位三十年间图治所行,概括有以下几点:

(一)提倡节俭

先戒宫廷中的奢侈淫华和官场中的贪婪挥霍,希望通过戒奢华,力从节俭,"概从朴实",而能"返本还淳"。并谕令把节俭作为制度固定下来,成为振兴王朝的"永久图治之道",成为治国的原则,改变社会颓风的关键。

为了推行节俭政治,他身体力行,衣食简朴,裁减贡物,力戒浮华,在有清一代帝王是罕见的。更为重要的是把提倡节俭作为整顿吏治的重要环节。

道光提倡节俭的目的是改变官僚地主阶级中奢侈挥霍的腐败之风,以此来推行封建的节俭政治,以利于国家的振兴。虽然他自己没有完全做到,如重修地宫工程,就造成极大的浪费,但他确实又在那里身体力行,几十年如一日。虽没有能改变官僚集团中浮华、挥霍的恶习,但在官僚集团中还是有所震动,有所收敛。与他之前的清代帝王相比,在节俭上道光是胜过他的前辈的。

(二)整顿吏治

道光针对官僚机构中的种种弊端,着力整饬。他反对空谈欺骗,提出要办"实心实事",把求实作为"为政之道"和考察官吏的重要内容。在行动上,"赏功罚过",对官吏中的贪赃枉法、营私舞弊、腐败堕落、为非作歹的"不肖"之徒和庸碌之辈,进行整饬。触及的范围较广,上自皇室勋贵,下及太监、吏役、家奴。在整饬"不肖"的同时,求贤佐治,选拔人才。

整饬吏治,对改变吏治败坏起了一定的作用,也选拔了一些有真才实学的人才。但总的看成效并不显著,一则吏治败坏已久,惩不胜惩,又官官相护;二则不少谕令未能付诸行动,成为"具文";三则道光未能将其贯彻始终。

(三)开源节流

道光为改变财政拮据的局面,在财政上采取了紧缩开支、堵塞漏洞的节流措施。为减少军费开支,裁减了一些兵员和臃肿机构的吏员,并在边疆地区进行屯垦。对贪污、盗窃、挪用、失职以及造成经济损失的官员,除了给予处分外,还在经济上进行罚赔。为了增加收入,采取扶持商业保证捐输,弛矿禁,允许民间开采,藏富于民的政策。这些措施的施行,在一定程度上增加了财政收入,减少了损失,财政拮据状况也得到了一些缓和。同时,重商和弛矿禁在客观上促进了资本主义因素的缓慢增长,在封建制度禁锢下的中国,是一种进步。

(四)平定叛乱,维护统一

张格尔勾结浩罕图谋叛乱,早在嘉庆末年就已开始,到了道光六年(1826年),终于发生了大规模叛乱,危及国家的安全和统一。道光采取坚决措施,派兵平叛,并亲自指挥。张格尔叛乱的平定,维护了国家的安全和统一,代表了全国各族人民的意愿,也是道光想有作为、励精图治的体现。

(五)严禁鸦片

鸦片泛滥,是道光朝时中国社会的一害,道光对鸦片危害的认识在不断加深,从白银外流到危及社会的"民俗之害",到"实可亡国"之害。因此,排除干扰,一贯力主严禁。颁布禁烟条例,惩治吸烟人犯,特别是重用林则徐查禁鸦片,把全国禁烟活动推向了一个高潮。禁烟的开展,不仅对清除烟害,而且对固结民心,振奋民气,都起了巨大的作用。

(六)注意安民

封建统治者与人民大众在本质上是对立的。但是,封建帝王为了稳固统治,而注意安民,在历史上也不是绝无仅有的。道光对百姓生活安定与封建政权稳固的关系,有一定认识。他在《声色货利论》中引用孔子所说"百姓足,君孰与不足,百姓不足,君孰与足"的话告诫自己,同时也是提醒官吏要注意爱民,因此,不断申谕各级官吏要"洁已恤民",严惩害民官吏。

由于道光朝各种灾害不断,每遇灾害,都要拨出银两款项进行救济,并诏谕受灾地方缓免赋税"以苏民困"。同时为了解决危害最大的水灾之害,道光还十分注意"讲求水利,保卫民生",除了派专人勘察,研究治理的办法,并拨专款治理外,道光自己也在思考研究治理之策,对经常泛滥的永定河、大清河,提出了很有见地的意见,可谓"经营不遗余力"。

(七)对鸦片战争的组织指挥

1840年,由于英国入侵爆发的鸦片战争,是道光执政期间遇到的最重大的事件。在长达两年多的反侵略战争中，道光处于组织领导者的地位。战争的结局是以清王朝的失败而告终。道光对清王朝在战争中的失败，负有主要的责任。但在当时的具体环境和形势下，道光尽了他力所能及的努力。他在整个战争期间，对战争的认识，态度上发生过这样或那样的变化，就其对英国入侵的基本态度来讲是主战的。这种主战立场，在客观上符合中国各阶层人民的愿望和要求，广大爱国官兵的浴血抵抗和各地人民群众的自发抗英斗争，是最好的说明。对一个想有作为的皇帝来讲，他不想让清王朝的"家业"毁在其手中，他在两年多战争中的努力，也是他想励精图治、振兴王朝的一个反映。战争的失败是由多种因素造成的，不是某一个人的个人意愿所能决定的，因此，对道光在鸦片战争中的作用，不能简单地予以全盘否定。

三、无知道光

说来有些可笑，作为天朝大国的君王，道光帝和英国人打了三年仗，却对英国的情形一无所知，实在是可笑之外又有些可悲了。

其实，道光的无知，责任并不全在于道光本人。大清王朝的闭关锁国政策，既阻遏了西方列国对中国的渗入，也封闭了中华自身对外界的认识，人们只能生活在一个封建传统根深蒂固的国度里，陶醉于天朝的文治武功、一统盛世之中，以为天朝的大皇帝君临万国，施恩四夷，无论内地外夷，均系大皇帝百姓。既然天朝大国如此尽善尽美，何必再去了解外藩夷国呢！

本来，早在秦汉以后的古代中国，就以自己的聪明才智，开始了对外部世界的认识过程，使中国人对世界的了解长期居于世界领先的地位。法国的一位著名汉学家德·歧尼早在1761年就以大量的史实向世界宣布，他认为中国人在哥伦布到达美洲之前一千年，就已经首先发现了美洲，从而引发了一场持续至今的学术论争。享誉世界的英国当代学者，《中国科技史》的作者李约瑟则以无可辩驳的事实声称：与其说世界是欧洲人发现的，不如说"欧洲是中国人发现的"。然而，明清以后，特别是清代以后，中国古代的文化优势，变成了僵化的优势意识，进而限制了人们对外部世界的认识和探索，甚至在天朝尽善尽美的幻觉下，演化出一系列令人啼笑皆非的历史误会。

清初如何，姑且不论。这里，我们仅以道光祖父乾隆、道光之父嘉庆和道光本人三个时期为例，略举数端，向人们展示天朝大国对世界知识无知到何种程度。

先看乾隆期。明清以来，西方的殖民者如葡萄牙、西班牙、荷兰、英国、法国、俄罗斯等国相继东来，且与中国发生多次军事冲突和频繁贸易往来。但到乾隆时期，中国人仍然不知道葡萄牙地处何方，不知西班牙是何许国家，分不清荷兰与英国。乾隆年间撰修的权威文献《大清一统志》，竟然说"葡萄牙靠近满剌加（今马来西亚的马来亚部分），信奉佛教"。简直是无稽之谈！另一权威文献《皇朝通典》上则写道："法兰西占据澳门，土产象牙、犀角。"连谁占领了中国领土，中国领土上出产什么都不知道，实在是太荒唐了。明清时期来华的传教士利玛窦、庞迪我、南怀仁、艾儒略等人，曾先后向中国介绍世界的"五大洲"之说，乾隆年间编修的《清朝文献通考》，则认为五大洲之说，是沿袭中国战国时邹衍的大九洲的神话,编造出来的,语涉狂诞,海外奇谈,连考证的必要也没有;后来,乾隆时期的一代文宗纪昀所以把五大洲之说收入《四库全书》,是作为荒诞异闻类的东西,录以备存而已。

乾隆五十八年(1793 年),马戛尔尼率领着英国政府庞大的代表团来到中国。代表团特别精选了几百箱贵重礼物和当时的世界最新发明成果,进献给乾隆皇帝,意在打动乾隆,推动中英交往。乾隆看过礼品之后,对西方物质文明的发达也曾甚感"惊奇"。但当马戛尔尼说明来意后,乾隆立即表示,与英国交往,"与天朝体制不合",应该"仍照定例"(即只准进贡)办理,"天朝物产丰盈,无所不有,原不借外夷货物以通有无",天朝也"从不贵奇巧"。乾隆如此,臣下自然如此。马戛尔尼向乾隆的权臣和珅提出愿意在北京表演气球载人升空的新发明时,和珅听后,态度极为冷漠,傲然视之;马戛尔尼邀请乾隆宠臣、清朝将军福康安检阅自己的卫队演习欧洲新式火器操练时,这位福大人却冷淡地回答说:"看亦可,不看亦可。这火器操法,说来没有什么稀罕!"乾隆君臣,异口同声,拒绝了与英国的贸易往来,也拒绝了人类社会最新的物质文明。

再看嘉庆期。到了嘉庆时,整个清朝士大夫阶层依然如旧,没有任何开放意识,对外部世界仍是茫然无知。嘉庆皇帝和权臣孙玉庭有一段事关英国的对话,可以集中反映出中国统治阶级对西方列强的认识和理解,这段对话大致如下:

嘉庆帝问:"英国是否富强?"

孙玉庭答:"这个国家比西方各国都大,所以强盛。但它的强盛是由于富裕,而所以富裕则是因为中国的缘故。"

嘉庆追问:原因何在?

孙玉庭答:"英国到广东贸易,用他们的货物,将中国的茶叶换回去,再转卖给西洋各小国,所以富裕,并由富裕而强盛。西洋各国都需要茶叶,就像中国西北地区离不开大黄一样。如果我国禁止茶叶出口,英国就会穷困,又怎么会强?"

听了孙玉庭的回答,嘉庆皇帝满意地笑了。

这就是嘉庆君臣眼中的英国。

历史的车轮转到了道光朝,西方列强对中国的觊觎和入侵日益迫近,中外交往日益增多,中华民族面临着日益严重的威胁。按说中国人的西方知识应该有所长进,但事实并非如此。道光比乃父、乃祖强不了多少,士大夫们比起他们的先哲来也是一样的麻木。

鸦片战争之前,道光朝出了一位博学多才的大学问家,名叫阮元,当他听说欧洲有个哥白尼,提出了日心地动说,深感不解,斥之为"上下易位,动静倒置",意思是是非颠倒,属"离经叛道,不足为训",连研究的必要也没有。还是这位阮大人,居然把美洲和非洲混为一谈,说美洲位于非洲境内。

鸦片战争开战后,投降派琦善在清廷讨论对英政策时,他根据曾经审讯英军俘虏的经历,发表了对英军侵华的看法,他说:"英国女王乃一年轻女子,尚未婚配,正在待嫁,所以英国并不是女王的英国,她也并不关心自己的疆土。该国乃是一些权臣掌权,这些人只知谋取私利,并不关心国家如何。"所以,英国侵华只是"这些权臣的一逞之念",不会有什么祸患。琦善此言,并不完全是在为投降政策制造舆论,也包含着琦善对英国人的认识水准。

下面再看一看被誉为中国"第一个睁眼看世界"的林则徐,在肩负道光重托,南下广州,主持禁烟时,陆续向道光发回了一道道奏折,我们从中看到有这样一些文字:

"英国要攻中国,无非乘船而来。它要是敢于闯入内河,一则潮退水浅,船胶膨裂;再则伙食不足;三则军火不继。犹如鱼躺在干河上,自来送死。"

"如果奔逃上岸,英兵浑身裹紧(指紧身军装),腰腿直扑,跌倒便爬不起来。凡是内地不论怎样的人民,都可杀掉这些异类,跟宰犬羊一样。"

"该国现在是女子主国,在位四年,年仅二十,其叔父分封外埠,一直有觊觎王位的野心,因此女王自顾不暇,哪有时间窥探(中国)这边!"

一个奉旨专门与洋人打交道的钦差大臣,其有关洋人的知识尚且如此,其他则不问可知。

还有这样一件小事:鸦片战争之时,有一位美国医生伯驾,他也待在广东,当中英关系紧张的时候。他也曾与钦差大臣的属下谈论过世界地理方面的问题。谈话结束后,好心的伯驾善意地提出要送给钦差大臣一点礼物,这些礼物是:一本地图集、一部地理书、一架地球仪。这对钦差大臣了解域外情形,应该是大有好处的。没想到,清方的官员们却让伯驾写一份请愿书,大约是让伯驾把礼物当作"贡品"一类献给钦差大臣,他们才好收下。于是,大为烦恼的伯驾干脆把礼物收回去了。

道光帝本人,作为君王,身居九重,坐井观天,和他的臣下一样,孤陋寡闻,愚昧无知。

道光十四年(1834年),英国首任驻华商务监督律劳卑来华挑衅,英舰闯入广州省河,击毁沿岸炮台,直抵广州。道光在处理这一事件时,虽然声称对"英人仗恃船坚炮利,暗蓄诡谋"早有所闻,但对英国人"为什么来到广州""为什么一经停止贸易,就变本加厉,竟敢闯进内河,开枪放炮"却一无所知,束手无策,不知如何应付,只能重复那些"化外蠢愚,不懂禁例,自应先行开导""不值与之计较"的陈年老调。

道光帝将林则徐派往广东查禁鸦片,大见成效。虎门销烟后,道光兴致很高,开始了解有关外人的情形了,他曾向林则徐认真地提出过这样的问题:

道光帝问:"洋人买了几千个中国幼女,供妖术之用,是否真有其事?"

林则徐答:"外国雇用华人去做工,做仆役,但不是搞妖术。"

道光帝问:"外国鸦片是不是掺和人肉配制?"

林则徐答:"说不定曾用乌鸦肉掺和。"

由此可见,道光茫然无知,林则徐也是只知其一,不知其二。

道光二十二年(1842年)三月,鸦片战争进入后期,清军败局已定。二十一日,已经兵败浙江的扬威将军奕经,向道光帝报告,广东方面送来两名懂得英语的通事(翻译)。道光得悉后,立即发出谕讼,开列了一系列想要了解的问题,命奕经向通事"详细查询""分别诘问,详晰具奏",道光提出的问题主要如下:

英吉利国距中国水路需多少天？

英吉利至中国需要经过多少国家？

克食(什)米尔距英国有多少路程？

克食米尔与英国是否有水路可通？

克食米尔与英国有没有来往？

这次，克食米尔为什么追随英国来到浙江？

其他来到浙江的孟加拉、大小吕宋等英国士兵，是英军头目私自号召的，还是英国国王派来的？

英军士兵是被裹胁来的，还是图以重利？

英国女王年仅二十二岁，为什么能够成为一国之主？

英国女王是否婚配？

英国女王的丈夫叫什么名字？

英国女王的丈夫是何处人氏？

英国女王的丈夫在英国担任何职？

英军在浙江攻城掠地，搜刮民财，是谁主持其事？

义律是否确实回国？

义律回国后在干什么？

英国制造鸦片，卖给中国，其意图除了发财之外，是否另有诡谋？

半月之后，即四月初六日，台湾镇总兵达洪阿又奏报捉获英军俘虏多人。道光帝又给达洪阿开列了一串问题，令其逐层密讯，翻译出明确供词，据实具奏。这些问题包括：

英国究竟方圆多大？

英国的属国共有多少？

英国的属国中，最为强大、不受该国统属者有几个？

英国至新疆的南疆，有没有陆路可通？

英国和南疆地区有没有往来？

俄罗斯与英国是否接壤？

俄罗斯与英国有没有贸易往来？

这次侵华各官，除璞鼎查是英国任命的，其余各官，是国王任命的，还是由带兵之人派调的？

道光提出的上述问题，固然反映了道光对外国情形的茫然无知，也说明他开始想了解外部世界的迫切心情。这些问题包括了政治、军事、交通、经济等诸多方面，反映了他渴望了解新世界的一种心态，也说明道光头脑中固有的天朝尽善尽美的神话开始发生动摇。

作为鸦片战争的最高决策人，道光是个失败者。但鸦片战争的失败却刺激了这位封建君主，开始把眼光转向了天朝之外，同时，鸦片战争的失败，也刺激中国的一代知识分子，开始了中国历史上史无前例的外国问题研究，从而使中国人的西洋观发生了历史性的转折。

四、大清衰败加剧

道光励精图治,想成为一个有为之君,可以说是竭尽了全力,与其前辈相比,虽没有什么创新之举,但却是兢兢业业,苦费心机。道光想"图治",就要清除衰败王朝中积淀多年的沉垢和痼疾,阻力之大是可想而知的,道光在行动中深深认识了这一点,"积习相沿,牢不可破",结果是收效甚微。道光想有作为勤政图治三十年,最后以失败的悲剧而结束。他没能挽救,更没有振兴清王朝,反使清王朝的衰败更加加剧。历史就是这样的无情。

道光作为一个封建帝王,在他的统治范围内可以主宰一切,但他的主观意愿虽经努力仍不能实现。这个事实再一次说明,历史有其发展规律,不是以哪个人的意志为转移的。主观的意愿能否变为现实,要受到主客观众多因素的制约。

道光励精图治所以失败,究其原因,就道光本人来看:

1.道光不具备实现其"图治"愿望的才智。

道光自幼受着严格系统的封建儒学教育,"六岁入学读书,凡圣贤之所言,自幼无不诵读讲肄,以为修身立志之本"。他的思想仍然是中国几千年建立在封建经济基础上的儒家思想体系。对外部世界一无所知,更没有从当时正在兴起的先进的资本主义思想文化中汲取有益的东西,这就决定了他的"图治",只是在一切遵循"旧制"的范围内踱步,修补千疮百孔的封建政。

鸦片战争前是如此,鸦片战争的失败,虽然使道光在思想上受到震动,但没有发生大的变化。他开始注意也想了解一些外国的情况,可是又不想放下"天朝"的虚架子,认真地去了解研究变化着的世界,从中吸取有益的东西来改造王朝,合上当时世界急速变化的拍节。失败、悲痛可以化为力量,但需要振奋、借鉴、变革和决心。道光悲愤有余,振奋不足,更不识世界发展的时务,因此,他的"图治"不仅没有加进新的变革内容,甚至比战前更加不力。这就使他统治下的国家失去了极其宝贵的时间,与西方列强的差距愈来愈大,国家更为贫困虚弱,更无力抵抗资本主义列强的入侵。

另外,道光缺乏实现"宏图大业"的气质。道光把"守业"放在第一位,处理政事谨小慎微,缺乏魄力和坚定性。

2.道光求贤佐治,但又不善于识人和用人。"图治"变革需要人才,人才需要发掘和不拘一格,道光虽有所领悟,但传统的选才之道,以儒家伦理纲常为标准,以科举为主要途径,这样就限制了人才的发现,聚集和使用。道光虽三令五申让各地推荐贤才,各地官员不予重视或只是应付,当然无法如愿。不可否认,旧的传统的封建教育制度和清政府的锁国政策,也是变革之才难以成长的原因。所以,在道光周围始终没有形成一个真正执行他的意图,齐心辅佐他励精图治的权力中枢。

3.道光讲得多,做得少。

有图治的愿望,缺少具体实施的步骤。道光看到了封建政权的一些弊端,但拿不出革除的具体办法,只能就事论事。他的谕令很多,但很少检查执行的情况。当执行受阻时,他也无可奈何,久而久之,诏令成为一纸"具文",最后落个心灰意冷。

4.心胸狭窄,有浓厚的民族偏见。

这不仅限制了人才的发现和使用,又使他在思想深处与满族官僚中保守派排汉思想发生共鸣。鸦片战争时期,林则徐是力主禁烟和坚决抵抗侵略的重要官员。林则徐坚决执行道光的禁烟谕令,在广东与侵略者交涉中,他根据实际情况,提出斗争策略和政策,并预见到英国可能发动的侵略战争,而积极备战。林则徐在这些方面远远超过了深居宫禁的道光。初时,林则徐也得到道光的全力支持。但当英国发动侵略战争,谣言四起时,道光由于无知,轻信逸言,加罪林则徐"开了边衅",而进行惩罚和迫害。林则徐在河南治黄工地成绩卓著,一再请求返回抗英前线,但心胸狭窄的道光,仍不允其将功补"罪"。王鼎以死相谏,力保林则徐时,道光仍然不允。而对琦善等误国罪人,却不了心了之,反而重用。这是道光胸狭窄与民族偏见的一个具体反映。他疑虑自恃,使他反复无常。他虽然讲求言纳谏,但也爱听奉承之词,这样就使一些善讲"主子洪福""皇上圣明"的阿谀之人,如穆彰阿之流,在他身边久盛不衰。

5.道光虽然注意安民,但对当时最为严重的经济衰退和土地集中、农业凋蔽,拿不出解决办法,致使社会阶级矛盾日益激化。

从客观上讲,道光是在清王朝急骤衰败的情况下登上皇帝宝座的,他想要挽救的是一个危机四伏、早已腐朽的封建制度。他想要守好爱新觉罗祖传的"家业",但这份"家业"的根基已经腐烂。道光的一切努力,只不过是为将要倒塌的封建坛庙支上几根杇木,诚如一个医术不高明的大夫,想为已病入膏肓的垂危之人挽回生命一样,无济于事。道光没有能力扭转封建王朝没落而走向死亡的发展趋势。道光作为一个封建帝王,他看不到,也不愿意看到他要维护、挽救的封建制度的灭亡,更不可能自己动手去推翻这个腐朽的封建制度,道光悲剧的根源就在这里。

大厦将倾

清文宗——咸丰

第一章　射偏了的箭

一

　　道光十一年六月初九(1831 年 7 月 17 日),时已夜半,圆明园湛静斋全贵妃钮祜禄氏的寝宫内,忽然传出几声婴儿的啼哭声,道光帝的第 4 位皇子降生了。

　　消息传到养心殿,年近半百的道光帝喜出望外,当即含泪赐名奕詝。道光帝的喜悦欢欣不是没有理由的。此前,道光帝本来已有个皇子。次子奕纲、三子奕继早亡。皇长子奕纬,最受道光帝的宠爱,长至二十三岁,已经落落成人。一日,奕纬的师傅某太史强逼其背诵经书,告诉他:"好好读书,将来好当皇帝。"奕纬终究是个孩子,不耐烦地顶撞道:"我将来做了皇上,先杀了你。"此事为道光帝所知,当即召见大阿哥奕纬,奕纬刚刚跪下请安,道光就气愤地踢了他一脚,正好伤及下部,没过几天就死了。三皇子的相继死去,使年近半百的道光帝悲痛万分,对于皇朝未来的继统大事隐怀不祥之光。惟一令道光帝稍感欣慰的是,皇长子过世时,全贵妃钮祜禄氏和祥贵人均已身怀六甲,如能生得男婴,亦堪来日大用。

　　在道光的群妃众贵当中,全贵妃钮祜禄氏最受宠爱,她年方 23 岁,年轻貌美,体态轻盈,楚楚动人。其父是承恩公颐龄,曾仕宦苏州,钮祜禄氏随父同行,备受江南水浸染熏陶,聪慧绝伦。道光初年入宫,赐号全妃。后因宠连得晋封,道光三年(1823 年)册封为全妃,五年晋全贵妃,成为后宫中红极一时的人物。但聪明的全贵妃清楚地意识到,仅凭自己的姿色取得道光的宠爱只是暂时的,要想永久地确立自己的地位,非走"母以子贵"这条路不可。

　　道光十年五月(1830 年 6 月),道光帝召幸全贵妃,不久,她便怀上了胎妊。她满心欢喜,盼望自己能生下一位男婴,来日当上大阿哥,自己也不枉活一生。一日,全贵妃从小太监口中得知,几乎与她同时,祥贵人也怀上胎妊。听到这一消息,全贵妃面部的笑容顿时消失,急密命小太监偷偷查阅宫中召幸皇妃密档。

　　原来在清代皇宫内,皇后之下,有皇贵妃、贵妃、妃嫔、贵人等,分住几个宫。皇帝住在养心殿,每晚让值更太监唤某妃来,未经允许,其他人不敢随便来。敬房事要有记载,某年某月某日某妃来住,以便查考。小太监偷查密档后,旋即密报全贵妃,祥贵人的胎妊比她早有月余,全贵妃大失所望,她知道,皇帝选任大阿哥虽然以贤不以长,但在顺序上前列当然是占有一定优势的。

　　道光十一年四月(1831 年 5 月),皇长子奕纬被道光误伤身亡后,前三皇子尽失,全贵妃更加敏感地意识到皇四子位置的重要性,她知道,年迈半百的道光帝连丧三子,急盼得子以继承皇位,谁能尽快填补道光这一空虚的心理空间,谁就有可能在未来的皇位继承竞争中获胜。想到这里,全贵妃早生皇子的念头愈发强烈了。

　　一天,宫中御医又来给全贵妃诊察胎儿,全贵妃见左右无人,便小声问道:"不知这腹中是女是男?"因全贵妃素在宫中颇会联人,与这御医非常熟识,因此,御医顺口答道:"当然是真龙天子了。"全贵妃听罢,大喜,急忙又问:"此胎儿可否早降生月余?"御医听罢,大惊失色,跪地叩头,连说:"使不得!使不得!皇子虽可早生,但不足月,定会早亡,奴才要杀头的呀!"这边御医已吓得汗流浃背,谁知贵妃却早已心花怒放。

次日,全贵妃又特召御医入密室,对御医说道:"我想让皇子早点降生,来日如能得继大统,我必重赏,你究竟有何办法。"御医答道:"奴才并无妙法,只有从今日起服用奴才祖传的保胎速生药,皇子便可提前降生,只是……。"全贵妃明白御医的意思,笑着连声说道:"那就不是你的责任了。自然不必多虑。"

于是,从这日起,全贵妃每日遵医嘱服下保胎速生药物,不多时日,便觉得腹中燥热,那小东西也在腹中舞拳弄棒,大有敲门欲出之势。到六月初九日,移住圆明园湛静斋的全贵妃忽觉腹中疼痛难忍,经过一番"苦斗",终于生下了皇四子,道光帝赐名奕詝。因连丧3子,道光帝为皇子起名时,曾颇费心机,前3位皇子的名子均用"纟"字旁,而皇四子则用了"言"字旁,道光实际上是把奕詝视为皇长子,倍加喜爱。

6天后,祥贵人也生下了一个男婴,是为皇五子奕誴。果然不出全贵妃所料,奕誴降生后,道光帝虽然也很高兴,但其兴奋程度与奕詝降生时已不可同日而语。

后来,皇五子奕誴不为道光所喜爱。而全贵妃虽然为道光生下的是个早产儿,日后体弱多病、寿命不长,但却在皇位继统大战中赢了第一阵。

二

在封建时代,皇宫内嫔妃的地位常常依赖于其子的地位,正所谓"母以子贵"。钮祜禄氏当然明白这一点。她知道,只有让自己的儿子成为皇太子,继而登上皇位,自己的地位才能巩固。道光二十年间,道光帝一共有四个儿子,即十岁的奕詝、十岁的奕誴、九岁的奕訢、一岁的奕譞。在四个皇子中,奕譞尚小,奕誴又生得"状貌粗拙",平日"动止率略,"不为道光帝喜欢。所以,有希望继承皇位的就是四子奕詝和六子奕訢。

奕詝和奕訢各有优势,奕詝年长1岁,而奕訢却"天姿颖异",甚为道光帝钟爱。所以钮祜禄氏所担心的就是奕訢。她知道,奕訢一旦登上皇位,其生母就会扶摇直上,那她的地位也就难保了。

可是,事情的发展偏偏违反意愿。道光二十年(1840年),钮祜禄氏听到传闻,说道光帝欲立奕訢为皇储。她实在不愿意接受这样的事实:皇后的儿子不能立上皇储,偏偏要立一个妃子的儿子。听到这个传闻后,钮祜禄氏饭吃不下,水喝不进,越想越恼火。在寝宫憋了三天,最后想到了破斧沉舟的宴毒计。

一天,钮祜禄氏在自己的宫内,摆了一桌美味佳肴,请皇子们都来品尝。钮祜禄氏欲在皇子们进食时,毒死奕訢、奕誴,便在鱼中下了鸩毒。在奕詝三人坐在桌前准备动筷的时候,钮祜禄氏把奕詝叫了出来。

"我儿,一会儿吃菜时,不要吃鱼。"

"为什么?"

"那鱼是做给六阿哥吃的。"

"那为什么我不能吃?"

"不为什么,不让你吃,你就别吃。"

"不！你不告诉我，我就吃。"奕詝耍起了性子。钮祜禄氏没有办法，就把实情告诉了奕詝。奕詝听罢，睁大了眼睛好半天没说出话来。要知道，奕詝同奕䜣、奕誴从小一起长大，现在又同在上书房学文习武，兄弟几个是蛮有感情的。现在怎么能眼看着他们被毒死呢？

正在这时，奕䜣、奕誴在里面已经等得不耐烦了。大声喊道："四哥快来呀！"

奕詝耷拉着脑袋来到了桌前。皇子们开始进餐了。奕䜣、奕誴有说有笑地品尝着，一会儿说"这个香"，一会儿说"那个鲜"，吃得津津有味，这时奕詝两眼直瞪着那道鱼菜发愣。此刻，奕䜣伸过筷子夹鱼了，筷子还没碰到鱼上，桌下就挨了一脚，直疼得奕䜣"哎哟"了一声，奕詝并不理睬他，两眼还是盯着那鱼菜。隔了一会儿奕誴来夹鱼时，桌下也挨了一脚。这两脚使奕䜣、奕誴都悟出了门道。结果两人谁也没有再吃这道鱼菜。钮祜禄氏的阴谋也就没有能够得逞。

当时孝和太后还活着。太后听到了此事大怒。立刻下令赐钮祜禄氏死。道光帝听说后，急忙从前宫跑回，替钮祜禄氏求情。无奈皇室家法森严，太后又执法如山，道光帝无计可施。钮祜禄氏徘徊良久，最后不得不投缳白宫门，自缢而死。

史书对此多有隐秘，只曰"暴崩。"

三

奕詝是道光帝旻宁的第四子，在他出生前的两个月，业已成人的 23 岁的皇长子奕纬暴死，道光帝悲痛欲绝，忧惧日后皇位继承无人。因此，奕詝降生后，倍受道光帝的喜爱，视之为理想的皇位继承人。

五岁时，便给奕詝请来名师杜受田在学理文法上好生调教。稍长，道光帝为培养其武功，经常让奕詝演习枪法。并时常带奕詝等皇子游猎南苑，策马扬鞭，张弓搭箭，意在养成尚武精神。

一日，道光帝又带诸皇子出猎，平素出猎时，奕詝多稳重持中，今日则不知为何兴奋异常。骑至南苑丛林深处，乱草中突然窜出一只野鹿，与马队擦肩而过。奕詝见状，拍马掉头便追，怎奈他操之过急，转头时身体失去平衡，惊呼一声，跌落马下，昏迷不起。

道光帝大惊，急回宫抢救，才知伤及股骨。经上驷院正骨医生治疗，很快可以下床行走，但接骨稍有错位，行路颇感不便，竟落下一个跛足的下场。这次马失前蹄使道光帝伤心至极，此前，他视奕詝为最理想的接班人，现在奕詝成了一个跛子，作为真龙天子，形象大打折扣，这使道光帝在日后皇位继承者的选择问题上，长期犹豫，久决不下。

四

道光十六年(1836 年)，按照皇室的规定，奕詝满六岁，开始进入乾清门北侧的上书房读书。上书房里的课程安排是：上午学习汉字诗词文章，儒家经典以及历代政治史迹。午后，由满洲师傅教授满语满文，蒙族师傅教授蒙语蒙文。然后不断要学习骑射、技勇，至日落方休。为什么学习汉文化，是自不待言的。汉文化是中原的传统文化，已有五千年历史，其发达程度远远高于少数民族文化。要治理以汉文化为主体的国家，就非学习汉文化不可。清代入关后，早在康熙、雍正和乾隆三朝就已经掌握了汉文化。学习蒙语蒙文,则是为了加强对蒙古的笼络,当时满族贵族仍然坚持着与蒙古贵族的政治联姻,所以需要学习蒙语蒙文,学习满语满文则是为了继承本民族的文化。至于学习骑射、技勇,则是为了保持和发扬本民族骁勇善战的传统风俗。

学习这些课程,奕詝一直很用心,很努力,特别是对于骑射以及棍棒刀枪,尤有兴趣。这时候,同奕詝年龄差不多的只有奕䜣。所以,两人经常在一起切磋骑技以及枪法、刀法。一天,奕䜣向奕詝提议说:"我们一起编一套刀法、枪法如何?"奕詝欣然同意。于是,两人就开始了琢磨:我这一枪刺过去,你怎么防,你这一刀砍过来,我怎么挡。两人你一来我一去研究了好几个月,终于编出了一套枪法和刀法。枪法共二十八势,刀法共十八势。一天,两人来到了道光皇帝面前,把他们编创的枪法和刀法,认认真真地演练了一遍,直看得道光连声叫好。高兴之余,道光皇帝特御赐这套枪法为"棣华协力",御赐刀法为"宝锷宣威。"道光皇帝心里想:将来的皇位继承人就要在这两个皇子中产生,不管谁继承皇位,另一个都要勠力协助,所以道光皇帝给两人创编的枪法刀法这样命名,等于深情地叮嘱:你们兄弟间要协力呀!这样才能宝刀不老,国威永振。

五

清代以前,在皇位继承问题上实行的基本上是嫡长子继承制。即在诸多皇子中,立嫡不立长,在嫡系子孙中立长不立贤。这种制度的建立及实行,尽管保证了政权的平稳交接,但也带来了一个明显的弊端:嫡长子在诸皇子中并不都是才智出众者,一些智力低下,昏庸无能之辈在这种制度的庇护下登上了皇帝宝座,有的给当朝的统治留下了深深的祸患。

清朝建立后,为避免上述弊端,有意废除了这一制度。清朝入关前两代继位的君主,太宗皇太极和世祖福临,既不是长子也不是明立的太子。入关后,也未预立太子。常常是皇帝临终时,在皇子中诏命一位贤能者嗣位。雍正帝继位后,为防止诸子争立,各树朋党,互相残害,建立了秘密建储制度,即由在位的皇帝对全体皇子作长期默察考验,选定之后,以朱笔书名,密定为储,藏之锦匣,悬置于乾清宫最高处"正大光明"匾额之后。当皇帝病危时,当众开启,册立皇太子。

秘密建储制度的创立,虽然避免了皇子之间的猜疑丛生,但储位之争依然存在。咸丰皇帝继位前同其弟奕䜣之间的争夺,就表现得十分激烈。

道光皇帝是于道光二十六年(1846年)开始考虑立储的。这时有资格充当皇太子的有五人,四子奕詝、六子奕䜣、七子奕譞、八子奕詥、九子奕譓。当时奕詝十六岁,奕䜣十五岁、奕譞七岁、奕詥三岁,奕譓二岁。奕譞、奕詥、奕譓年龄尚小,加之生母地位较低缺少竞争实力,有条件参加竞争的是奕詝和奕䜣。

在奕詝和奕䜣之间,究竟选哪一个为皇储,道光皇帝还犹豫未决。为了考察他们的品行与能力,一年春天,道光皇帝命诸皇子去南苑较猎。奕䜣平时愿意舞刀弄枪,骑射技术高超,这一点奕詝自愧不如。于是临行前,奕詝去上书房向其师傅杜受田讨计。杜受田亦早有意辅佐奕詝登上皇位,并对道光帝的心理作过揣摩。面对即将开始的围猎较量,杜受田认为只有如此这般,才能斗败奕䜣,于是给奕詝出了一个绵囊妙计。

南苑是皇家的围猎之地,位于北京郊处。这时正值谷雨,路边的垂柳已披上了绿装,一簇簇野花散发着醉人的芳香。正襟危坐在高头白马上的奕䜣,昂首挺胸,双目远眺,眉宇间透出一股傲气。他心想,此番狩猎较量,我乃如鱼得水,最后一定能以最多的猎物,博得父皇的欢心,那时,皇储就非我莫属了。

到了南苑围场,皇子们带领自己手下的人分别开始了围猎,奕䜣果然身手不凡,他骑的白马快如飓风,他拉的银弓满似圆月,只一番功夫,就猎获几只鹿和野兔。正当奕䜣等人骑射的兴致正浓的时候,忽然发现奕詝正默坐在一旁,其手下人也在奕詝身边垂手侍立,不觉心中纳闷,便驱马来到近前,探问其故,奕詝答曰:"我近日身体不适,不敢随意驰逐。"

日落时分,皇子几人带着各自的战利品,回到宫中向父皇禀报战绩,献上猎物。果不其然,奕䜣所得猎物最多,心里也最为欣喜。皇子中独奕詝一无所献,道光皇帝不解,问其缘故,奕詝答道:"儿窃以为现在正是动物繁衍孕育下一代的时候,我不忍心在这个时候杀死它们,并且我也不愿意以骑马射猎这些小的技艺,与兄弟们争个高下。"本来,道光皇帝看到奕詝一无所获,心里有些不高兴,但听到奕詝讲出这番话来,顿时眉开眼笑,连声说道:"我儿果然有君子的气度。"

经过这番围猎较量,道光皇帝初步有了意向:立奕詝为储。

六

道光皇帝是个办事优柔寡断的人。虽然经过南苑校猎,他已经决定把皇位传给奕詝。但不久,他的心理又不平衡起来,因为他毕竟非常喜欢奕䜣。是的,奕䜣自幼活泼好动,聪明伶俐,不论学文还是习武,他总是学得最快,记得最牢,运用得最好。从这样两项殊荣上就可以看出道光皇帝是如何偏爱奕䜣了。一是道光皇帝看到奕䜣读书能得大旨,曾亲自为其书斋题写了"乐道书屋"四字匾额,这是其他皇子都没有得到的。二是道光二十九年(1849年),道光皇帝为了奖励奕䜣的武功,特赐给奕䜣一柄金桃皮鞘白虹刀,准许他永远佩带,这也是其他皇子所没有享受到的殊荣。另外,从奕䜣生母的升迁上也能看到道光帝对奕䜣的钟爱。奕䜣生母原来只是位于宫内第五位的妃子。道光十四年(1834年),也就是奕䜣两岁时,她超越了和妃、祥妃,被晋封为贵妃。孝慎皇后死后,她在宫中居第二位。道光二十年(1840年),孝全皇后暴卒后,她便总摄六宫之事,成了实际上的皇后。

由于对奕䜣的偏爱,道光皇帝决定再给奕䜣一次机会,考察一下奕詝和奕䜣的品行。一天,道光皇帝将两个盒子放到两个皇子面前。这两个盒子,一个是金的,一个是木的。金盒上雕满了姿态各异的龙,龙体闪烁着光芒;木盒上刻着麒麟,也被漆的黑亮。道光皇帝指着两个盒子说:"这两个盒子,我儿各选一个。"奕詝和奕䜣听了这话互相看了一眼。奕詝平静地说:"六弟先选吧!"奕䜣听了这语,也不谦让,伸手将金盒抓在手里。

从这件小事上,道光皇帝感到还是四子奕詝仁义憨厚,六子固然聪明,可是人品不如其兄,于是下决心把皇位传给奕詝。

七

经过南苑校猎和两盒选择,道光皇帝已经决意让奕詝继承皇位了。但有时还觉得亏了六子奕䜣,所以,迟迟没动朱笔。道光二十九年(1849年),道光皇帝病体缠绵,久治不愈,身体虚弱。这时,他感到去日无多,到朱笔书名的时候了。但提起笔来,心里还是不踏实,想着要写"奕詝""奕䜣"两字又往往跳到笔下。道光皇帝心里明白,皇位到底给谁,他没有真正下决心。怎么办呢?道光皇帝想:还是再考察一次吧!这次考察完结,我一定把皇太子决定下来,并书写出来,藏之锦匣。

主意拿定之后,道光皇帝派人到上书房,召皇四子和皇六子入对。入对就是回答皇帝提出的问题,而这些问题多半是关于治理国家的方略方面的。四子奕詝和六子奕䜣马上就意识到了这次入对的意义。如何对待这一决定命运的考察呢?奕詝和奕䜣都来到了各自的师傅处讨教。奕䜣的师傅是卓秉恬。卓秉恬根据奕䜣头脑清楚,口齿伶俐,学识渊博这些特长,告诫奕䜣:"皇上问什么,就答什么,回答时尽量把道理说得清楚一点,尽量多说、说透。"奕詝的师傅是杜受田。杜受田知道奕詝的口才远不如奕䜣,知识也不如奕䜣丰富,如果正面陈述治理国家的方针,肯定败在奕䜣手中,只有示孝藏拙,才能在道德文章方面战胜奕䜣。于是他告诉奕詝:"皇上召你兄弟二人,肯定要说'自己身衰多病将不久于此位'这样的话,阿哥听到皇上说这话时,什么也不要说,只要伏地痛哭就行了。"

奕詝、奕䜣二人各自从师傅处讨得妙计,来到道光皇帝的病榻前。果不其然,道光皇帝先悲哀地述说了自己的病情,然后让两个皇子分别讲一讲,他死了以后,他们怎样治理国家。奕䜣听了问话,便滔滔不绝地讲起治国的方略。奕詝听完道光皇帝的话后,伏地痛哭流涕,直哭得奕䜣讲不下去了,哭得道光皇帝也掉下泪来。最后,还是过来两个内侍将奕詝二人扶了出去。入对就这样结束了。

经过最后一次考察,道光帝感到,还是四子奕詝仁孝,于是下决心把皇位传给四子奕詝了。

八

清代改变了以前的嫡长子继承皇位的制度,皇太子由在位皇帝选择皇子中贤能者充任。至雍正年间,雍正皇帝为避免皇子之间出现争储拼斗,创建了秘密建储制度,即由在位皇帝对所有皇子作长期默察考验,选定皇太子后,朱笔书名,密定为储,藏之锦匣。锦匣两份:一份藏于乾清宫最高处"正大光明"匾额后,另一份由皇帝自己收藏。

道光二十六年(1846年),道光帝将立太子朱谕正式写好。道光三十年(1850年)正月,道光帝病笃,自知阳寿已尽,遂把军机大臣等八人召至寝宫,从床内取出装有朱谕的锦匣,递予诸大臣,以便开启出示。然而,诸大臣没有一个敢上前接受。原来事先奕瑝生母静贵太妃已知朱谕内容,为阻挠开示朱谕,她指使太监告诉八大臣不许接受锦匣。这里特别是侍郎季昌基早知朱谕内容,并明白静贵太妃的意图,于是他带头不接锦匣,从中作梗。道光皇帝这时说话虽已经比较困难,但心里尚明白事理,看这一番情形,已经明白一二,顿时大怒,他用手使劲地拍打床铺,好像在说,我还不死,你们竟然不听调遣!几个大臣一见皇上发怒,赶忙上前接过锦匣。打开一看里面有一份立储密谕,上面写着两行汉字:"皇六子奕䜣封为亲王,皇四子奕詝立为皇太子。"在后一行汉字的旁边,又书了"皇四子奕詝立为皇太子"的满文字样。出示朱谕后,只几刻工夫,道光帝宾天。道光三十年正月二十六日(1850年3月9日),奕詝在太和殿正式即位。次年改元咸丰,开始了清代咸丰朝的统治。

咸丰登基以后,原顾命大臣之一侍郎季昌芝被派任闽浙总督。季昌芝到任不久,即生病卸任。后来季昌芝死的时候,咸丰帝竟朱笔批曰"不恤典",即清政府不予办丧银两,也不举行任何仪式。以顾命大臣出任总督和以正一品大员卒而不予恤典的事,在清一代是绝无仅有的。人们在分析此事的时候,都认为,这是季昌芝阻挠接受道光帝锦匣的结果呀!

第二章 万事开头难

咸丰皇帝登极之时刚好二十岁,恰是血气方刚、风华正茂的年龄。当上皇帝之初,他想施展才能,有所作为。于是,他颁诏求言,集思广益。许多朝臣应诏陈言,直谏流弊,纷纷入奏,改变了道光时期"十余年间无一人陈时政得失,无一折言地方利病"的那种"万马齐喑"的局面。道光皇帝不能任人唯贤,"尤虑大权傍落,必择谨善之士佐治。故一时才臣半遭废斥",唯与曹振镛、穆彰阿"有水乳之合"。咸丰皇帝"求治之心甚切",登极以后立即求言求贤,应该说是一种进取的表现。

道光三十年二月二十九日(1850 年 4 月 11 日),大理寺卿倭仁"应诏陈言,上嘉其直谏"。三月初十日(4 月 21 日),通政使罗惇衍"应诏陈言,上伏诏答之"。三月十一日(4 月 22 日)左副都御史文瑞"疏陈四事,并录进乾隆元年故大学士孙嘉淦《三习一弊疏》,礼部侍郎曾国藩疏陈用人三事,均嘉纳之"。四月初七日(5 月 18 日),内阁学士车克慎"疏陈敬天继志、用人行政凡十条,优诏答之"。咸丰皇帝重视群臣的意见。

倭仁,字艮斋,乌齐格里氏,蒙古正红旗人,是道光九年的进士,二十四年升大理寺卿。大理寺是清代的一个司法衙门,与刑部、都察院并称"三法司"。倭仁在应诏陈言折里,重点讲了用人的重要性。他说:"行政莫先于用人。用人莫先于严辨君子小人。夫君子小人藏于心术者难知,发乎事迹者易见。"他从不同角度总结了君子与小人的特点,论述可谓淋漓至尽,勾画得形象逼真。久经官场的倭仁对清政府内部两种不同人物研究是透彻的。

(一)从性格方面看,"大抵君子讷拙,小人佞巧。君子澹定,小人躁竞"。

(二)从对人方面看,"君子爱惜人才,小人排挤异类"。

(三)从志向方面看,"君子图远大,以国家元气为先。小人计目前,以聚敛刻薄为务"。

(四)从气质方面看,"刚正不挠,无所阿向者君子也。依违两可,伺候人主喜怒,以相趋避者小人也"。

(五)从侍君方面看,"谏诤匡弼,为朝廷补阙拾遗者君子也。迁就逢迎,导入主遂非长傲者小人也"。

(六)从奏疏方面看,"进尤危之议,悚动人主之警心者君子也;动言气数,不畏天变,以滋长人君之逸志者小人也"。

倭仁的这段分析,对比妥帖,点中要害,咸丰皇帝阅后认为十分精彩。"疏入,上称其辨君子小人之分,言甚切直。谕嗣后大小臣工,有所见闻,剀切直陈,宜以倭仁为法。"倭仁的陈言直谏,受到咸丰皇帝的充分肯定,而且将他树为各级官吏效法的样板。这对当时的官场显然是很大的振动,鼓励更多人关心国家命运。

罗惇衍,字星斋,号椒生,广东顺德人,道光十五年进士,二十九年迁通政使司通政使。通政使司是掌收各省题本的机关。罗惇衍在道光三十年三月,向咸丰皇帝所陈《端本善俗疏》,主要倡导官场风气的改革。他说:"古帝王立纲陈纪,根源祇在一心。检摄此心,莫先于居敬穷理。居敬穷理,莫先于勤省察。勤省察莫先于观览载籍。圣祖仁皇帝御纂《性理精义》一书,其总论为学之方,立志之要。"他主张以理学治天下,"惟在皇上万几之余,讲习讨论,身体力行之耳"。同时,他倡导广开言路,希望咸丰皇帝敕令直省督抚,才是镇学政,"皆得犯颜直谏,指陈天下利病,无所忌讳。即藩臬中有能披沥肝胆,畅所欲言者,亦许自行密封,令督抚代为呈递"。如果说前一项建议是重视理论指导管理国家的话,后者则是树立一种敢于批评皇帝的风气。"犯颜直谏"可以说是封建时代君臣关系的最佳典范。无论能不能在实际中贯彻执行,咸丰皇帝还是欢迎罗惇衍的奏章。"疏入。上嘉其爱君之诚。并饬谕中外大臣,实力奉行。"咸丰皇帝的态度是积极的。

曾国藩,字涤生,号伯涵,湖南湘乡人。道光十八年进士。三十年三月,他应诏陈言,集中论证"今日急务,首在用人"的道理,呼吁皇帝要重视人才的培养和选拔。曾国藩奏疏称:"今日当讲求者,惟在用人。人才不乏,欲作用而激扬之。则赖皇上之妙用,有转移之道,有培养之方,有考察之法。三者不可废一。"

他首先直截了当地指出政府官员中存在的问题:"臣观今日京官办事通病有二,曰退缩,曰琐屑。外官办事通病有二,曰敷衍,曰颟顸。习俗相沿,但求苟安无过,不肯振作有为。"曾国藩总结的京城内外官场通病,可以说言简意赅,入木三分。

他提出了"转移之道",使官员成为有用之才的办法,"莫若使从事于学术"。在官员中树立学习与研究的风气。"又必皇上以身作则,乃能操转移风化之本。"他建议咸丰皇帝象当年康熙皇帝那样,"勤于学问,儒臣逐日进讲,寒暑不辍。召见廷臣,辄与往复讨论"。皇帝为群众做学习的榜样,督促各级官吏重视学习。"见无才者,则勖之以学,以痛惩模棱罢软之习;见有才著,则愈勖之以学,以化其刚愎刻薄之偏。"他认为通过学习文化,提高官员素质。"十年以后,人才必大有起色。"这就是他的"转移之道"。

其次,他提出培养官员的具体方法。"所谓培养有数端,曰教诲,曰甄别,曰保举,曰超擢。"各衙门的主管官员要对下属官员经常表扬和批评。"堂官于司员一言嘉奖,则感而图功,片语责惩,则畏而改过。此教诲不可缓也。"对于政府官员中有问题的不称职官员要及时审查清理。"榛棘不除,则兰蕙减色,害马不去,则骐骥短气。此甄别不可缓也。"对于有才能的官员,可以通过"部院各保司员"办法选拔人才。皇帝还可以破格提拔,越级重用官员。他进一步强调培养官员的重要性。"盖尝论之,人才譬若禾稼,堂官之教诲,犹种植耘籽也,甄别犹去稂莠也,保举犹灌溉也,皇上超擢,譬之甘雨时降,苗勃然兴也。"他明白地指出当时政府纪律松散,人浮于事,互不负责的严重问题。"今各衙门堂官,多内廷行走之员,或累月不到署,自掌印主稿外,司员半不识面。譬之嘉禾稂莠,听其同生同落于畎亩之中,而农夫不问。教诲之法无闻,甄别之例亦废。"还有的问题更为严重,"顷岁以来,六部人数日多。或廿年不得补缺,终身不得主稿。内阁翰林院人数亦三倍于前。往往十年不得一差,不迁一秩。"他建议各衙门堂官,"日日到署",了解司员情况,"务使属官之性情心术,长官一一周知"。皇上也经常询问官员的情况,使八衙门的人才心中有数。偶有破格使用,"而草木之精神皆振"。

接着,曾国藩提出考察官员的方法。他认为了解官员最好通过"奏折"形式。虽然"国家定例,内而九卿科道,外而督抚藩臬,皆有言事之责,各省道员,亦许专折言事。"但是,道光末年官场风气变化异常。"乃十余年间,九卿无一人陈时政得失,司道无一折言地方利病,科道奏疏,无一言及主德隆替,无一折弹大臣过失。"他对于道光末年"万马齐喑"的政局是不满意的,却又不便指责先帝,只好说:"一时风气,不解其所以然。"然后,他列举本朝以来,"匡言主德者,如孙嘉淦以自是规高宗;高铨以寡欲规宣宗,皆优旨嘉

清史通鉴

大厦将倾

清文宗——咸丰

纳。纠弹大臣者,如李之芳劾魏裔介,彭鹏劾李光地。"这些前朝的直谏事例"至今传为美谈。直言不讳,未有盛于我朝者也"。他希望咸丰皇帝能坚持"求言甚切"的作风,"借奏折为考核人才之具,永不生厌鹢之心。涉于雷同者,不必交议而已,过于攻讦者,不必发钞而已。此外但见有益,不见有损。""若人人建言,参互质证,岂不更为核实乎?"

曾国藩当时为礼部右侍郎,兼署兵部右侍郎,虽然职位不算太低,却也不算太高。他极力呼吁皇帝重视人才,反映汉族官僚中职位不高的人的晋升心理,当然也说明咸丰初年封建官吏中的腐败、堕落,人才缺乏的严重问题。

咸丰皇帝对他的奏折评价很高。"奏入。谕称其剀切明辨,切中事情。"他很快采纳曾国藩的意见,"命百日后,举行日讲"。他又命儒臣缮写《朱子全书》及《贞观政要》,"朝夕讲求"。他在效仿前贤,力图寻求"理学"大师朱熹的深奥哲理,把唐朝开国皇帝唐太宗视为楷模。

咸丰元年,曾经命令部下编写学习材料,"诏翰、詹诸臣分撰讲义进呈。"咸丰二年三月,他又下诏求直言,四月,太仆寺少卿徐继畲疏陈释服之后,宜防三渐:一、土木之渐,二、宴安之渐,三、壅蔽之渐。咸丰皇帝"置诸座右,时时省览。"他对于某些意见,采取积极态度。这是一个年轻皇帝难得的作风。

当然,对于咸丰皇帝征求言谏也不能估价过高。事实上,他纳谏是有限度的。自颁诏求言以来,廷臣献纳不下百余章。咸丰皇帝对于这些奏章,"或下所司核议,以'毋庸议'三字了之;或通谕直省,则奉行一文之后,已复高阁束置,若风马牛不相与"。对于锋芒指向自己的官员,则大动肝火,反目成仇,甚至于摔折于地,"立召军机大臣欲罪之"。事实教育了犯颜直谏的官员,认识到批评皇帝是危险的。

二

咸丰皇帝从前朝谀臣误国的教训中认识到,维持王朝政权,巩固自己的地位,必须有得力的助手,有自己的智囊团。他们应该是忠于王室,刚直不阿,有勇有谋,精明能干的人才。在他周围逐渐地涌现几个这样的"智囊",协助他赞画枢务。

祁寯藻是咸丰皇帝任命的第一个大学士。祁寯藻,字春圃,山西寿阳人。嘉庆十九年成进士。道光元年直南书房,历任学政、侍郎、尚书、军机大臣、协办大学士。文宗即位,拜体仁阁大学士,仍管户部。他"历事四朝,久参密勿,侃侃持正论,不少阿附取容同列多忌之"。在鸦片战争中,他反对权相穆彰阿的卖国政策,主张积极防御,抵抗侵略者。"寯藻自道光中论洋务,与穆彰阿不合。至是文宗锐意图治,罢穆彰阿,蓓;藻遂领枢务,开言路,起用旧臣,寯藻实左右之。"他提倡朴学,延纳寒素,士林归之。他保举许多知名寒士,主张"保举循吏及优处潜修之士,以备任用"。咸丰初年重新起用受穆彰阿排挤的官员,在很大程度上吸取了祁寯藻的意见。

另一个重要"智囊"是杜受田。"文宗初政,杜受田以师傅最被信任,赞画独多。"咸丰皇帝给杜受田加太子太傅,兼署吏部尚书,调刑部尚书、协办大学士。"受田虽未入枢廷,国家大政及进退大臣,上必咨而后行。"杜受田应咸丰皇帝登极求贤诏,疏荐起用林则徐。"杜受田疏陈整军威,募精勇,劝乡团,察地形四事,发军前大臣。"他认真研究历史经验,了解社会问题,"咨访古今政治利弊,暨民生疾苦,无不尽心匡弼,献纳嘉谟"。他是咸丰皇帝最尊敬、最信任的"赞襄帷幄"的得力军师。"每召见时,于用人行政,国计民生,造膝敷陈,深资匡弼。"可惜的是,杜受田辅佐皇帝为时太短,咸丰二年(1852年)病逝。咸丰皇帝如同失去一只右臂,"不觉声泪俱下,悲痛实深!"他的良师、益友兼智囊从此分手,悲痛的感情是真实的。

咸丰皇帝的主要智囊有满洲大臣文庆。他的字孔修,费莫氏,满洲镶红旗人,道光二年进士。历任通政使,左副都御史、内阁学士,而后至侍郎、尚书、军机大臣,后因事革职。咸丰元年重新起用,赏五品顶带,五年开始青云直上,复为军机大臣、协办大学士,加太子太保,拜文渊阁大学士,晋武英殿大学士,管理户部,充上书房总师傅。"文庆醇谨持大体,宣宗、文宗知之深,屡踬屡起,眷倚不衰。"他成为咸丰皇帝政治决策方面依靠的谋略家。

文庆对咸丰皇帝提出一项战略措施,就是重用汉臣。他说:"当重用汉臣。彼多从田间来,知民疾苦,熟谙情伪。岂若吾辈未出国门,懵然于大计者乎?"他和守旧的满洲贵族不同,有政治远见,"常密请破除满汉畛域之见,不拘资格以用人"。文庆善于采纳汉族官员的意见,尽管不是他主管部门的部下,也能认真地听取意见。他在咸丰六年(1856年)去世前的"遗疏"中,还向皇帝指出有几个地方督抚"皆不能胜任,不早罢,恐误封疆"。可见他深谋远虑,才识过人。咸丰皇帝评价文庆:"人品端粹,器量渊深,办事精勤,通达治理。"对他十分信任,"纶扉襄赞,夙夜宣劳,深资倚畀"。文庆是咸丰初年杰出的政治家。

文庆去世后,咸丰皇帝在满洲大臣中最信任的是肃顺。肃顺,字豫亭,满洲镶蓝旗人,郑亲王乌尔恭阿第六子,清朝皇帝的远房宗室。道光十六年授三等辅国将军。以后几年,虽充任前引大臣等职,却是无足轻重的闲散差事。咸丰皇帝继位后,肃顺才得以发挥他的政治才能。肃顺步步高升,由内阁学士、礼部侍郎、兵部尚书、理藩院尚书,乃至御前大臣、协办大学士,成为咸丰皇帝最重用的"智囊"。

肃顺是个具有远见卓识的政治家。他虽然有些缺点,为人议论,"然其才识,在一时满大臣中,实无其比"。他注重人才的选拔,"优礼贤士,而又有知人之鉴",善于结纳贤士。在肃顺门下集聚了一批有才华的汉族"文士名流",如郭嵩焘、龙湛霖、王闿运、邓辅纶、尹耕云、高心夔、李篁仙等,时称"肃门七子"。他礼贤下士,认真听取有学识的文人意见,"采取言论,密以上陈",从众人的政治见解中吸取营养。

有的史料记载:"肃顺秉政时,待各署司官,眦睚暴戾,如奴隶若,然惟待旗员则然,待汉员颇极谦恭。尝谓人曰:咱们旗人浑蛋多,懂得什么,汉人是得罪不得的,他那枝笔厉害得很。""汉人有才学者,必罗而致之,或为羽翼,或为心腹。""肃顺极喜延揽人才,邸中客常满""而独不喜满人,常谓满人胡涂不通,不能为国家出力,惟知要钱耳,故其待满人不如其待汉人之厚,满人深恶之"。这是应该从当时社会环境来说明、来认识的。

肃顺的思维敏捷,作风雷厉风行。他"治事之猛,识别之精,不避权贵,尤不顾八旗贵胄,故宗室旗人,恨之尤甚"。肃顺敢于触动最得势、最腐败的八旗贵胄、宗室旗人,足以证明其胆识不凡,主持正义,站在社会进步力量方面。因而受人疾恨也是自然的事。"名满天下,谤也随之。"历史人物中的佼佼者往往是在相反评价的交织中涌现的。

《清史稿》对于咸丰皇帝信任智囊,重用肃顺,励精图治的评论是较客观的:"文宗厌廷臣习于因循,乏匡济之略,而肃顺以宗潢疏属,特见倚用,治事严刻。其尤负谤者,杀耆英、柏葰及户部诸狱,以执法论,诸人罪固应得,第持之者不免有私嫌于其间耳。其赞画军事,所见实出在廷诸臣上,削平寇乱,于此肇基,功不可没也。"咸丰皇帝信任智囊,赞画枢务,有益于清朝的统治。

三

咸丰皇帝接手的清政府是一个烂摊子。满朝文武,无所用心,人浮于事。各级大小官僚都"以模棱为晓事,以软弱为良图,以钻营为进取之阶,以苟且为服官之计。"京城里的官员抱残守缺,不负责任,"在内部院诸臣事本不多,而常若猝猝不暇,汲汲顾影,皆云多一事不如少一事"。各省的官员自私自利,营私舞弊,"在外督抚诸臣,其贤者斤斤自守,不肖者亟亟营私。国计民生,非所计也,救目前而已;官方吏治,非所急也,保本任而已"。一股股腐败无能的势力把持了官场。

大学士穆彰阿依仗手下有一伙人,控制各级衙门,对刚刚即位的咸丰皇帝采取不支持态度。他先消极对抗,"遇事模棱,缄口不言"。继而玩弄权术,妨贤病国。"迨数月后,则渐施其伎俩。如英船至天津,伊犹欲引耆英为腹心以遂其谋,欲使天下群黎复遭荼毒。其心阴险,实不可问!"他已经堕落到出卖国家利益,勾结敌人的地步。当许多正直的官员极力保荐林则徐的时候,穆彰阿从中阻挠。"伊屡言:'林则徐柔弱病躯,不堪录用。'"咸丰皇帝已经起用林则徐,派往广西,穆彰阿又屡言:"林则徐未知能去否。"伪言荧惑,企图使咸丰皇帝"不知外事",将年轻的皇帝架空。

咸丰皇帝为了"申国法""肃纲纪""正人心",下令将穆彰阿革职,"永不叙用"。这一重大决策宣布后,"天下称快",受到朝野内外的普遍拥护。

另一个高级官员耆英,因签订《中英江宁条约》《中法黄埔条约》《中美望厦条约》,举朝内外,恨之如仇。咸丰皇帝即位后,耆英入奏用人、行政、理财三策,胡说什么"人有刚柔,才有长短。用违其才,虽君子亦恐误事;用得其当,虽小人亦能济事","他的这个贬君子、举小人的谬论,是咸丰皇帝不能容忍的,当即予以训斥。咸丰皇帝"朱笔罪耆英",宣布他"畏葸无能""抑民以媚外,罔顾国家"。"降为五品顶带,以六部员外郎候补"这个决定也受到朝野上下普遍称赞,"当时上谕一出,人人颂祷圣德英武,迈古腾今"。咸丰皇帝做了件大快人心的事。

咸丰八年四月,英国兵船侵入天津。咸丰皇帝派大学士桂良,吏部尚书花纱纳"驰往查办",又派耆英以侍郎衔,"前往办理洋务"。由于英法联军以武力威胁清朝,耆英贪生怕死,"同桂良、花沙纳商允照会,相对泣于窗下"。耆英擅离职守,私自回京,"借称面陈极要",不候谕旨。这是一种临阵脱逃的叛逆行为。有的大臣拟请判处耆英"绞监候"。

肃顺认为这个处分太轻了,奏请对耆英即行正法,"以儆官邪而申国法"。咸丰皇帝认为"亦未为是""尤觉不忍弃之于市"。于是,他"不得已思尽情法两全之道,着派左宗正仁寿、左宗人绵勋、刑部尚书麟魁迅即前往宗人府空室,令耆英看朕殊谕,传旨令伊自尽"。耆英受到应得的惩罚。

咸丰皇帝尽管没有雄才大略,但是头脑清醒。他懂得"治乱世,用重典"的历史经验,铲除奸宄,惩治国贼,是符合朝野多数人的愿望,是坚持正义立场的重大决策。

耆英由判处"绞监候"到改为自尽,是肃顺坚持"申国法"的结果。也许有人认为太过分了,咸丰皇帝都不大同意,不是肃顺"冷酷"吗?其实,在政治斗争中的宽容、仁慈都是幼稚的东郭先生。铁腕人物是政治舞台不可缺少的。

肃顺为人极有胆识,其治事极有魄力,而颇深刻。他"佐文宗申国法以救积弊",主张"严禁令,重法纪,锄奸宄",力图革除政府官员中种种腐败的弊端。例如,当时户部在财政管理上有问题,"钞币大钱无信用,以法令强行之,官民交累,徒滋弊窦"。这是危及政府财政收入,又影响全国群众切身利益的大事。"肃顺察宝钞处所列'字'字号欠款与官钱总局存档不符,奏请究治,得朦混状,褫司员台斐音等职,与商人并论罪,籍没者数十家。又劾官票所官吏交通,褫关防员外郎景雯等职,籍没官吏亦数十家。"这就是咸丰九年、十年间的"钞票舞弊案"。

　　在封建专制时代的官场上,"褫职"与"籍没"不是罕见现象。肃顺既然要整顿财政,势必打击那些"将官款化为私欠"的贪污犯。这是严肃的政治斗争,并非无原则的人事纠纷。

　　咸丰八年(1858年),肃顺整顿科场,对清朝科举考试中的营私舞弊行为做了坚决的斗争,时称"戊午科场之案"。

　　清代的科举考试制度是选拔官员的重要途径。自道光朝以来,科场舞弊现象日趋严重。有的考生以"条子"呈递考官,记明暗语。"条子"上加三圈、五圈,如果中试则赠三百银两、五百银两给考官。考场成为公开贿赂场所。这种"不正之风",在咸丰初年更为盛行,大庭广众不以为讳。有的考官竟公开对落第考生说:"何以不递条子?"走后门,写条子,司空见惯,"世风之下,至斯极矣"。

　　咸丰八年,顺天乡试揭榜,唱戏的优伶平令得中高魁,考在前十名。社会舆论大哗。咸丰皇帝闻奏谕令大臣调查原因。原来是主考官大学士柏葰的门丁靳祥从中为平令经营,使其中式,而且涉及柏葰之妾。另一考官程庭柱接条子"不下百余条"。这一案件涉及二十余人。

　　咸丰皇帝特命肃顺会同刑部审讯。肃顺乃就各嫌犯供状上陈,力言取士大典关系至重,亟宜执法以惩积习,请将柏葰等人斩决。咸丰皇帝批准肃顺奏请,处斩柏葰、平令等七人,其他诸人革职治罪有差。从此以后,"遂无人敢明目张胆显以'条子,私相授受者"。肃顺整顿科场,纠正考试中的不正之风,确实取得显著效果。

　　有人说戊午科场之狱是肃顺"快私憾而张权势",这是一种臆测之词。在封建时代官场上勾心斗角行为,不能说对肃顺绝无影响。但是,肃顺执法严正却是事实。例如,户部主事李篁仙曾为"肃门七子"之一,后来因事下狱。时人估计肃顺一定以私交而偏袒他,"以肃善李,必可宽也"。然而,这种估计并未应验。肃顺秉公执法改变了人们对他的错误判断。后人评论说:"观李氏之事,亦颇见肃顺之铁面无私,不事阿徇。"在晚清官场上,像肃顺一样"铁面无私"的官员是少有的。

四

　　咸丰皇帝初期的经济形势是严峻的。自从中英《江宁条约》订立后,清政府的财政危机日趋加剧。战后十年内,仅鸦片走私,中国白银外流量又达三亿两。战争赔款和军费开支多达七千万两,已经超过了政府库存总数。"入款有减无增,出款有增无减。"政府的国库收支入不敷出,"日甚一日"。在道光二十九年(1849年),各地欠国库白银共八百六十余万两。咸丰皇帝即位的这一年,即道光三十年(1850年)头十个月的国库收入尚不敷以后五个月的预算支出。咸丰元年(1851年),太平天国农民革命爆发后,清政府调动大批军队镇压群众,军费开支急剧增加。清政府从北方各省抽调库存银两,引起地方货币短缺,财政吃紧。大批清军集结京师内外,使京畿地区负担过重,国库亏空,甚至国家机关的官员薪俸都发不下来。

官方货币严重短缺,各地流行许多"私帖"。清政府不仅没有取缔,反而仿效私帖,发行银钱票。早在道光年间,内务府在京城设立天元、天亨、天利、天贞、西天元等五官号,"行使银钱各票,所得利息,作为内务府进款",补充皇室经费开支的不足。鸦片战争形势的紧张,造成私帖挤兑风潮的形成。军队官兵大量抢夺银钱,地方官员拼命搜刮百姓银钱,私帖大肆泛滥套兑银钱,因而出现了"银钱亦倍形短绌"。清政府的财政经济已经到了山穷水尽的地步。

国库空虚,财政混乱的严重局势,最敏感的是中央政府的主管机关。咸丰皇帝一上台,就收到财政主管部门紧急报告。"户部疏陈整顿财政,胪陈各弊,得旨:实力革除。"由此可见,咸丰皇帝在经济政策上并非恪守祖制,一成不变。他正视现实,因势利导,发动朝野官民商讨对策,集中各种建议,"在艰难险阻之中,力求通变权宜之法"。他整顿财政决策是:其一"开源节流",其二"变通钱法"。

关于"开源节流",主要通过推广捐例,举借内外债,增加税收,变卖旗田,削减薪饷等方法,增加政府收入,减少支出,解决财政亏空问题。这是属于权宜之计。

(一)捐纳和捐输是清代财政收入的补充方式。所谓"捐纳"就是朝廷卖官鬻爵。各省绅士、商民、游幕,官员子弟,候补、试用各官,只要按照捐例交银,即可得到某项官职。如只愿得到某项官阶职衔,或捐文武监生、贡生等,也可指项报捐。公开卖官的收入作为政府财政来源之一。

咸丰元年(1851年),清政府颁发《筹饷事例条款》,宣布"卖官大减价",捐纳京官、外官、武官各种职衔,按照道光二十六年(1826年)条例所载银数核减一成,即九折收捐。这是第一次降价。

咸丰三年(1853年),清政府又制定《推广捐例章程》,规定照定例银数核减二成,即以八折收捐,并由户部预颁空白文武职衔及贡监执照,发交各省军营粮台,随时填发。这是第二次降价。

咸丰四年(1854年),捐纳官职的实际价格减到二成半,即以七五折收捐。这是第三次降价。

咸丰七年(1857年),又规定按半银半票收捐,由于票钞贬值,捐纳银数不及原额的六成。这是第四次降价。

后来,户部无款拨给各省军需,遂准许各省开捐。这个口子一开,如洪水决堤,不可阻挡,造成官吏队伍急剧膨胀,"流品日杂""市侩无赖滥厕其间"。由于买官花钱,得官后拼命搂钱捞本。政府官员腐败的恶性循环,甚嚣尘上。

所谓"捐输",是清政府给予报效商民的某种奖叙。咸丰三年(1853年),朝廷下令鼓励"劝捐助饷",规定根据个人捐输银数,分别赏给盐运使衔或副将衔,或另赏花翎;或赏给举人,一体会试。在《捐输广额章程》中,对地方政府捐输的优待条件名文规定,准许在各级科举考试中,增加名额。这样的章程,为地主富商及其子弟铺设了进身之阶。

(二)借债筹饷是又一项应急措施。咸丰三年(1853年),创议举借内债。最初只在山西、陕西、广东等省向"殷实之家""饶富之家""暂时挪借,以助国用"。政府出给印票,分年按期归还。其他省份是陆续推广的。在名义上是"劝借",实际上是强借,结果变成了"绅富捐"。从咸丰三年(1853年)开始,清政府举借外债。由苏松太道吴健彰经手,向上海洋商借债,数额不详。咸丰五年(1855年)和咸丰六年(1856年),在江海关洋税中加还白银十二万七千七百八十八两。这是清政府为攻打小刀会起义军偿还雇募外国船炮的债务。

(三)增加赋税是"就地筹饷"的财政措施。主要增收商业税和加征农业税。关于商业税,后面有一节专谈此事,这里先说农业税。咸丰年间,对农业土地税的加征,包括对田赋采取附征和漕粮勒折浮收。在四川按粮津贴和捐输;在云南、贵州按亩抽收"厘谷"或"义谷";在江苏、安徽等省亩捐加征;在广东沿海有"沙田捐"。用各种手段,巧立名目,加征田赋。

咸丰三年(1853年)以后,开始实行漕粮折色,即用银两代替实物折纳。由于当时银贵钱贱,对纳税人是"无形重敛"。

田赋预征,更为严重。咸丰三年(1853年)令四川、山西、陕西三省预征一年的钱粮。如遇到自然灾害,农民难以纳赋,"预征累民"。劳动群众生活陷入水深火热之中。

(四)奏减八旗俸饷是咸丰年间节省财政支出的又一措施。八旗俸饷是清政府的沉重负担。有识之士早已看到改革的必要性。咸丰二年(1852年),朝廷公布了《旗民交产章程》,正式允许"旗田"出售,减轻政府负担,解决"旗民生计维艰"问题。咸丰三年(1853年),清政府又下令削减兵饷,折发制钱,将文武高级官员的"养廉"抽出部分充军饷。咸丰皇帝"敕文臣三品以上养廉以四成、武臣二品以上以二成充军饷"。咸丰十年(1860年),又减成发饷。从八旗俸饷中节省政府的开支,缓和国库的财政紧张状况。

关于"变通钱法"的建议很多,主要是发行纸币和改铸大钱。咸丰元年(1851年)御史王茂荫向皇帝提出《条议钞法折》,主张发行纸币,控制数量,并以库银为抵押,可由民间钱庄认购发行与承兑。咸丰二年(1852年),皇帝任命王茂荫为户部侍郎,兼管钱法堂,主持新设的官票厅,专司官票的发行筹备事宜。

咸丰三年(1853年)正月,御史蔡绍洛上奏《请铸大钱》,主张以钱代银,钱乏应由铸大钱来补。"户部奏铸当十、当五十大钱,王大臣又请增铸当百、当千,谓之四项大钱。当千者,以二两为率,余递减。"咸丰三年初,户部调大理寺恒春会同户部主持大钱的铸发事宜。

咸丰三年二月,大学士祁寯藻管理户部事务时,奏请设立官钱总局,"将宝泉、宝源二局,每月鼓铸卯钱,全行运解,作为票本。并由部库应放款项内,酌提见银,藉资转运。总计辘轳收发,以见银一百万两,见钱一百万串为率。凡官俸兵饷,及各衙门支用杂款,分成搭放"。咸丰皇帝批准这个计划方案,"诏如所请"。这是银与钱搭配使用,作为官俸兵饷。

同年二月十七日(1853年3月26日),咸丰皇帝上谕批准由户部拟定的《试行官票章程》,决定以京师为试点发行官票,按照银八票二的比例,给文职二品,武职三品以下的朝廷官员发放奉俸及各衙门的办公费。余下二成实银,拨给京城天元、西天元、天利、、天亨、天贞等五家官号为本兑现官票。

清政府又熔化宫中金钟和动用宫中金条,给驻防京城外的蒙古八旗军发军饷。同时,在内务府设立捐铜局,搜缴京师民间的铜器、铜斤,并封存铜铺。在皇宫里收集了大量铜物,熔化花园里的铜屋,作为铸钱原料。同年三月,宝泉局铸造"当十"铜大钱,五月又铸发"当五十"大钱。十一月又铸成"当百""当五百"以至"当千"的大钱。咸丰年间还有"当二百""当三百""当四百"等大钱。咸丰皇帝正式批准由户部公布《官票章程》和《宝钞章程》向全国发行宝钞。百姓对官票"相约不收",使官票"几成废纸",而对大钱非常欢迎。

咸丰皇帝实行的变通钱法,使政府渡过了财政危机。"战时国库收入总额能够维持在平均每年九百五十七万两左右,一方面是从1853年起,主要靠发行银票、钱票,铸造大钱、铁钱;另一方面是从1856年起,把京饷原由各省预拨改为临时定额摊派解款的结果。"实际上,这都只能做到勉强维持封建朝廷的苟延残喘而已。

第三章　重用汉臣

二

曾国藩出场了。

曾国藩在近代中国是一个非常人物。誉之者说他是理学大师、大儒,是一代名臣;毁之者说是卖国贼、刽子手。正如章太炎说:誉之则为圣相,谳之则为元凶。

他也是一个非常有争议的人物。

但对付太平天国,他的确是两者兼而有之,是能臣也是刽子手。

曾国藩是进士出身的。因为有学问,又能依附穆彰阿、倭仁等当朝权臣和理学权威的门下,使他春风得意、机遇迭生,从 1840 年(道光二十年)的一个从七品的翰林院检讨,不到十年连升十二级为正二品侍郎了。他在大清王朝六部中先后出任礼部、兵部、工部、刑部和吏部的侍郎,人称"侍郎专家"。由此他于政府职能和官场升浮都是非常熟悉的。

原来曾国藩初登宦途时,曾有几年一直停步在翰林院检讨的座次。有年大考翰詹,从翰林院选拔人才,穆彰阿任总考官,交卷后,他向曾国藩面索应试诗赋,曾国藩立即赶回住处仔细誊清,又是亲自送往穆府。穆彰阿见曾国藩如此恭敬,心中大喜。两人的师生之谊深化了。从此之后,曾国藩因穆彰阿美言,几乎年年升迁,就在 1847 年,三十七岁那年,升授内阁学士兼礼部侍郎衔。

曾国藩的官运亨通,穆彰阿是帮了大忙的。

有一个说法是:有天,曾国藩忽然接到次日进宫召见的谕旨,当晚先在穆彰阿府中安歇。第二天应召到了皇宫某殿,却发现该处并非往日等候召见之地,结果等了很久,却无召见之事,只好悻悻回到穆府,准备翌日再去应召。晚上,曾国藩谈及此事时,穆彰阿问道:"你有否见到壁上所悬的字幅吗?"曾国藩无以回答。穆彰阿为他懊悔,连声说道:"坐失良机,坐失良机,可惜! 可惜。"他反复思想了很久,就唤心腹家丁过来,偷偷地关照:"你拿四百两银子去找内监某某,请他速去某殿,就是点着蜡烛也要将壁上所写的字幅抄录下来,这四百两就是给他的劳务费。"第二天清晨,曾国藩觐见皇帝,皇帝所问及的就都是壁间所悬挂的先代皇帝语录。曾国藩对答如流,奏对得体。皇帝极为高兴,对穆彰阿说:"你曾经说过曾国藩此人遇事留心,诚然。"

所以做官升官是要抱好大腿。曾国藩总算找准了门路。

当然,曾国藩更是有才学。十年京官,他交结了不少朋友,人以群分,这些人也多是有才学的,如邵懿辰、郭嵩焘、何桂珍。他们讲究实际,经常商及国家政治大计、经济得失,有时还联系实际进行考察,如曾国藩在工部侍郎任上,就研究舆地学,对各地地理设置非常注意。

曾国藩以读书为本,居官操守廉洁,生活俭朴,为此并以"求缺于他事,而求全于堂上"为勉,自书自居为"求阙斋"。

鉴于长期的与各界人士交往,使曾国藩具备有善于识人、知人善任之才干。

有如江忠源不拘小节,"任侠自喜,不事绳检"。曾国藩和他作了几次闲谈,认为他颇有才干,说"是人必立功名于天下,然当以节义死"。塔齐布是绿营游击,曾国藩发现他每次训练士卒,必自执旗指挥,虽然暴风骤雨,亦如同平时,就认为他出类拔萃,大加信用。此外如湘军名将鲍超、杨载福出身行伍,彭玉麟是一个穷秀才,曾国藩在他们穷途潦倒时,就发现他们都是将才,加以提拔、选任。相传,李鸿章组建淮军时,带着刘铭传、潘鼎新等四个部属去叩见曾国藩。曾国藩躲在屏风后观察,故意迟迟不见,等了多时,他人只得耐心,而刘铭传就不耐烦了,即离开座位走来走去,大骂山门。曾国藩看在眼中,后来他对李鸿章说:四个都是将才,而此人(刘铭传)更是帅才,切不可等闲视之。后果应验。

曾国藩确有他的人才鉴定,讲实学,多以诚朴为准,比如他所定的湘军带兵之人,须具备所谓的四条标准:(一)才堪治民;(二)不怕死;(三)不急名利;(四)耐辛苦。所以湘军统兵的营官,多数是读儒书的知识分子和绿营偏裨。他们是湘军的骨干。

因而在他任两江总督期间,幕府人才之盛,湘军将帅之精,据统计后来得以成名的就有一百八十二人,其中做到一二品官的,即总督有十四人,巡抚十三人,提督、总兵各有二十人。

这是一个集人才的群体,因而湘军前期在与太平军作战时虽然是屡战屡败,却能屡败屡战,败而仍能凝聚不散。

1852年7月,太平天国进军湖南时,曾国藩被派为江西正考官出京,中途得悉母丧回到湘乡老家。翌年初,咸丰皇帝因武昌失陷,采纳周天爵意见,命湖南和山东、江苏等九省在籍官绅、曾任二三品文武官举办团练。曾国藩是最早从湖南巡抚张亮基处接到谕旨的,开始他推卸,但经好友郭嵩焘和兄弟曾国荃等劝说,终于应邀到长沙筹办团练。

曾国藩到了长沙,就提出要设一大团,把周边各县农民,择其壮健而又头脑单纯的招募来省城编队训练;他还成立了所谓的"审案局",拿到造反农民,即使有造反嫌疑的,也不作审讯,就借巡抚令旗,重则斩首,轻则亦立毙杖下。他主张对付任何造反的民众,只用杀才能干净利落。所谓是官府杀人不必拘守常例,乡绅捕人不必一一报官,无限止地扩大杀人权限。其中多遍及无辜。据说曾国藩办团的第一天,带领团丁外巡某村,见有买桃人和卖桃人争吵,问讯原因,买桃人说,我已付了钱,他说没有付。卖桃人说,他没有付钱,想赖我桃子。经审明后,乃是卖桃人说谎。曾国藩命团丁将他捆缚立即杀头。

非杀何以立威,曾国藩就奉行了这样的信条,也为其他官衙和团练做出榜样。

杀人如草不闻声。因而他被称为"曾剃头""曾屠胡子",意思是杀人如剃头发、剃胡子。

曾国藩的作为,咸丰皇帝却极为赞赏,说是"办理土匪,必须从严,务期根株净尽"。

曾国藩的两重性人格,诚朴和残忍兼而有之,王道和霸道交替使用,他的手段高明、认识睿远,这是太平天国远远不能及的。洪秀全、杨秀清等人从此遇到了最强大的对手。

二

曾国藩久历官场,明察时弊。

当时像他那样有经历有识见的高级官员是不多的。

他深知大清王朝的军事支柱绿营已经腐败，所谓是将与将不和，卒与卒不习，胜则相忌，败不相救，各怀携贰，离心离德，因而在与太平天国作战两年有余，所消耗军饷不可说不多，调集将士不可不众，而往往未战先遁，从后尾追，而从来没有与之拦头一战的。所以他要建立一支新的武装部队。

它就是后来人称的"湘军"。

曾国藩的湘军，纯属私人军队性质。湘军只听命于曾国藩。他亲自选拔、擢用与已有关的血缘、亲缘、乡缘和业缘等关系的亲戚故旧、同乡好友、师生门徒出任各军统领、营官。如罗泽南、胡林翼、左宗棠是学友；彭玉麟、李鸿章是门生；湘军高级将领，仅鲍超是四川奉节人。鲍超出身行伍，因在重围中拼死救出胡林翼，由此受到青睐。他所率领的霆军，也被曾国藩视为湘军正宗部队。

湘军基层也很讲究地域观念。曾氏兄弟的直属部队，尤讲究籍贯。曾国荃的吉字中营，不仅是选用湘乡人，且尽用以曾家大院周边十里内的人丁，同乡风俗习惯语言相近，不易隔膜，而更大因素是便于指挥、调拨。曾国藩还规定凡当兵的，都须取具保结，造具府、县、里居、父母、兄弟、妻子、名姓、箕斗清册，各结附册，以便清查，便于控制。所以湘军作战，即使面临困境，也从未出现有临阵叛变的。

曾国藩也很懂得政治宣传传媒的功能。

1854年，湘军出省作战，曾国藩写了《讨粤匪檄》，向太平天国宣战。

《讨粤匪檄》是很有煽动性的。它以"名教""人伦"为名，号召全国地主士绅和其他民众群起为"卫道"而战。说太平天国所过之地贫富都受洗劫，被掳者银钱满五两不献出即斩首，妇女不肯放足者即斩其足；又说太平天国崇洋教，弃孔子，将中国几千年礼义、诗书扫地荡尽，还说太平天国到处破神像，毁庙宇，甚至孔庙学宫、关帝岳王，都要焚毁，所谓"无庙不焚，无像不灭"。以此挑动人们对太平天国的仇视。

太平天国领袖们讲究天父上帝，神化自己，如醉如痴，真是走火入魔，他们企图用自己织编的基督教文化替代中华固有的本土文化，这种愚昧、无知，致使当时的人们，只要稍有些文化常识，也会认为是幼稚得可笑。这就为曾国藩代表的卫道者钻了空子。

《讨粤匪檄》也是湘军的政治总纲。它用维护封建伦常组织湘军，也用它攻击、否定太平天国的制度和政策。

为了战胜太平军，曾国藩也很注意湘军基层士兵的伦理教育，他要士兵知道自己是在卫护封建秩序而战。由此，作为一代大儒的曾国藩，竟为士兵需要，编写了《爱民歌》。在湘军建立水师、陆师后，他在南昌又写了通俗易懂易记的《水师得胜歌》《陆师得胜歌》，要士兵天天背诵，能说能唱，以此宣扬湘军的优势，鼓动他们勇敢作战。

1853年，太平天国在派军北伐同时，又派军西征。

西征的目的是为巩固天京安全，夺取安庆、南昌、庐州（合肥）和武昌等长江上游重镇。

同年5月，由春官正丞相胡以晃、夏官副丞相赖汉英和检点曾天养、林启容、陈宗胜等首批西征军，乘船千艘，溯江而上，先后占领安徽和州、芜湖、安庆等地。当时太平军水师有绝对优势，所谓是往来如飞、飘忽莫须，江面上几乎看不到清军的一舟一筏。

6月，西征军由胡以晃、陈宗胜等留守安庆；赖汉英等万余人继续乘船向江西省会南昌挺进，先后攻占江西彭泽、湖口，横渡鄱阳湖。所到之处，当地民众箪食壶浆，送来钱米,前来犒师,使西征军不须运输,不事野掠,足可保证行进。西征军纪律严明,受到沿途民众拥护,南康府民众还将知府恭安、知县罗云锦捆绑了,押送前来。

6月24日,西征军直扑南昌城下。南昌守兵仅千人,江西巡抚张芾见战火逼近,飞檄请求正在九江、拟赴援安徽庐州的已升任湖北按察使江忠源前来解救。江忠源来不及向北京请示,即率军三昼夜疾走四百里,先于太平军前两天到达南昌,与张芾和办理团练的在籍刑部尚书陈孚恩合力防守,全城兵力有五千人,由江忠源统一指挥。

江忠源进入南昌后,对全城作了严密布防,将自己的军队布防在首当其冲的德胜门和章江门,他白日巡城,夜间宿在谯楼,且为整顿军纪,将怯战缒城逃跑的兵勇格杀不论,还将附城民房尽数焚毁,以至将壮丽的滕王阁也夷为平地了。

西征军抵达南昌城下时,方知江忠源部队已抢先一步,立即组织攻城战斗。江忠源在城头督战,强烈的炮火把他的随从都打死了,仍督军不退。几天后,江忠源还分军出城反扑。西征军多日攻城不下,便下船于德胜门、章江门外立栅筑营,开挖地道,深埋地雷。7月9日,德胜门月城地雷爆发,炸塌城墙六丈余,攻军蜂拥而上,江忠源弟江忠济督军几百奋力堵住缺口,破城未遂。

在此期间,西征军多次深挖地道,但又多次为江忠源指挥守军灌水破坏。

7月底,西征军又用地雷炸毁德胜门、章江门城墙二十丈,仍为江忠源率军堵住缺口。

杨秀清闻悉南昌久围不下,由天京派出第二批西征大军,由国宗石祥桢、韦志俊、石镇仑等率领溯江而上,沿途多有民众参加部队。太平天国后期的名将陈炳文、汪海洋都是在此时分别参军的。

陈炳文当时是芜湖茶馆的一个跑堂,他气力过人,可以用一只手抢起满装二三十斤的开水壶,对准碗口浇茶,远距一二尺,了无一失;汪海洋小名二虎,家贫,浪迹江湖,在安徽定远山中为盗。这时来到和州,与兄弟、同伴投奔太平军,隶国宗石镇吉部。

8月4日,第二批西征军二万余人来到南昌城下,与赖汉英合力攻城,仍未得手。于是西征军分出一军,由曾天养带领在南昌周边地区,攻城掠地,堵截敌援。

曾天养勇敢善战,先后攻占丰城、瑞州(高安)、饶州(波阳)、景德镇等州县,各地会党团体,农民造反队伍纷起响应。曾天养军从占领区获得几万石糟粮和军需物质,大力支持了南昌西征军,还源源不断运往天京。曾天养因为作战神速,由此获得了"飞将军"绰号。同年10月,他在安庆被晋升为秋官又正丞相。

南昌久攻未下,而清方援军陆续到达南昌,再要夺取更是困难了。杨秀清便下令撤围南昌。

9月24日夜,西征军扬帆北去,占领九江,由林启容镇守,石祥桢、韦俊等率军进军湖北,开辟新战场,赖汉英就因主持围攻南昌九十三天师劳无功,耽误了整个西征战略部署,被调回天京,革职,命人删书衙删改六经。

四

南昌城下,太平军鏖战正急时,石达开已由天京来到安庆,主持安徽战事。

石达开很有战略思想,他认识到安庆地居天京上游,位置极为重要,就努力经营,把城墙加高五尺,周边普筑炮台、望楼,分兵把守,安庆就此成为天京上游第一重镇。

为了巩固安徽地区,石达开还在占领州县推行乡官制度,所谓乡官就是在乡镇也按军队编制,五家为伍,二十五家设一两司马,百家设卒长,以上设旅帅、师帅和军帅,对民众作军事化管理,亦农亦兵,兵农合一。各级乡官直接包办了所属民众的衣食住行,生老病死。太平军每到一地,就设立乡官制度,挨家挨户登记造册,制作门牌,这份门牌对每家的人口、姓氏、性别和户主关系都分别作有详细记录,它其实就是贴在门上的"户口簿"。乡官和门牌,在中国过去是没有的,它正是太平天国农民的创造思维结晶。

　　一要巩固,二要发展。当西征军由南昌回撤后,分军两路,东路由胡以晃为主帅,向庐州(安徽合肥)进发。

　　庐州是清王朝在安庆失陷后所设的临时省会。

　　胡以晃凯歌行进,由集贤关、练潭攻取庐州南面的桐城,击溃侍郎吕贤基所办的团练;胡以晃愤于吕贤基的顽抗,当夜进城时就传令搜杀"吕妖"。传令官一层层地传令下去,"吕妖"竟被误听为"女妖"了。

　　于是,第二天拂晓,居民还多在睡梦里,很多妇女就被搜获,莫名其妙地惨遭搜捕杀戮,到正午发现差错下令封刀时,无辜妇女已有三千五百多人死于刀下。战争的残酷,倒霉的仍是民众。

　　太平军乘胜攻打庐州。

　　新任巡抚江忠源闻讯抱病自六安州星夜赶到庐州。两天后,胡以晃大军才赶到,分兵围攻庐州七门。江忠源亲临城楼督战,晚间也睡在水西门上,他还特制了一面"迅扫妖气"的红底黑边大旗,号令全军,稳定人心。

　　胡以晃下定决心要攻下庐州,在围城外遍筑木城土垒,向城里发射炮弹。庐州守军主要是江忠源带进城的一千多名湘军和临时招募的乡勇。江忠源向各处求援,各处清军纷纷前来,其中有江南大营的总兵和春和江忠源的兄弟江忠溶。太平军士气旺盛,他们都无法接近庐州城墙。

　　江忠源严加防守,但庐州知府胡元炜却动摇了。

　　胡元炜和太平军谈判,打算开门投降。

　　对于胡元炜的投降,转变立场,有几种说法:一说是因为受到江忠源讥讽;江忠源是听了胡元炜说庐州兵饷已办齐始敢进城的,但却发现并非如此,很不高兴,就假胡元炜身胖,揶揄他说,"你既如此多虑,何以仍长此一身的肉?"也有说江忠源点卯,发现胡所部练勇应有五百,实数却只有一百五十,由此延及;另说是胡元炜捐官的银子,原是太平军给他的,他是因此而献城的。但无论如何,像胡元炜那样的四品知府打出白旗,主动投降,这在太平天国时期是罕有的。

　　经过三十四天激战,太平军终于夺取了庐州城。

　　江忠源由亲兵护卫出奔,途中拔剑自杀未成,至金斗门抽隙跳池自杀。

　　几天后,胡以晃得意洋洋举行了隆重的入城仪式:

　　开道的是四五十个骑马的军官,一式黄巾黑衫青裤,每人前张黄伞,紧跟的是仪仗队,有杏黄绸蜈蚣旗十对,白心红边,中嵌黑白相间太极图的方旗五对,丈高阔大黄布旗十对,上有胡以晃的官衔,接着是大锣四面,打二十四锤,吹手两班,锣鼓四班,黄绣龙旗一把,在无数刀枪簇拥下,胡以晃乘着八人抬的大红绸绣花玻璃大轿。胡以晃白面有须,戴似财神用的帽式,穿无领大袖红绣花袍,足登缎靴。轿后所跟四五十名军官,亦是一式黄巾,着黄马褂红绸裤,每人持蓝绸旗;胡以晃后,是曾天养,也是坐轿,旗帜仪仗。

太平天国的各级官员非常讲究自己的身份,为了要达到让大家都知道他持有的身份显赫、特殊,最引人注目的就是突出表现在日常生活的衣食住行。

庐州民众夹道观看,人们从来没有见过这样的排场,似乎比之大清巡抚、总督出巡也要奢侈、威风得多。当时目击者就记录了这样的场面。

庐州之战,太平军也遭到不小损失,也许是这个原因,石达开从天京、安庆抽调了若干得力干部前来补充,如在安庆巡查民务和带兵的殿右二十指挥李秀成,当时叫李寿成,就是这时派往庐州的。

庐州是兵家必争之地。半年后见于清江南大营和春等军围攻庐州,杨秀清派夏官又正丞相周胜坤和秋官副丞相陈宗胜率军来援。胡以晃因治军不力,又丢掉了庐州西边的六安州,被削去豫王爵,调离庐州,发在石达开麾下听用。

1855 年 3 月,清军和春等部反扑庐州,陈宗胜战死。庐州围急,太平天国几次派出援军,石达开、陈玉成也曾先后前来解围,未能奏效。同年 10 月,潜伏在城里的士绅打开城门接应,庐州陷落。

五

1854 年,西征军韦志俊、石祥桢部鏖战武昌城下,久攻不克,就分军向湖南挺进,开辟第二战场。

湖南战场上,他们遇到了强大的对手,即曾国藩新建的湘军水陆师。

进入湖南的西征军的两支主力部队:春官又副丞相林绍璋的前军;国宗石祥桢的后军。

凯歌行进。开始,两军旗开得胜,马到成功。2 月 27 日,林绍璋部占领岳州,西渡洞庭,攻占湘阴,于是溯湘江而下,攻占仅离省城长沙六十里的靖港、新康。长沙城门紧闭,进入一级战备紧急状态。3 月 11 日,西征军攻占长沙城西宁乡,他们的战略是占据长沙周边城镇而后全面围攻长沙。当时曾国藩新编的湘军已北上,因宁乡失陷赶来反扑,西征军失败,北撤。曾国藩派王鑫、塔齐布等追击,取湘阴、岳州。

湘军初战获胜,得意之至,岂料西征军退出岳州后,即调动第二梯队,大举反攻。4 月 4 日,在湘鄂边境的羊楼司与乘胜北上的湘军王鑫军相遇,湘军败溃,王鑫及曾国葆等部均退入岳州城。他军因城空无粮均离城它去,王鑫部独留城中,后果然缺粮而人心混乱,王鑫急缒城逃走。西征军再占岳州。

西征军继续南下。4 月 22 日,再次占领靖港。他们仍采取一个月前的陈规旧例,由石祥桢率水师守靖港,林绍璋率陆师南下,以攻取长沙周边卫星城市孤立长沙。4 月 24 日,林绍璋军在宁乡大破湘军三营,攻占湘潭和株洲渌口,即在湘潭城外修筑防御工事,筑垒自固,并在湘江上游水面鏖集几十艘民船建立了木城,阻击援军。

形势大好。长沙已陷入太平军的南北围攻中。

曾国藩调兵遣将,他以塔齐布、王鑫等湘军水陆师主力攻湘潭,自引水师攻靖港作为牵制。

4 月 25 日,塔齐布等部来到湘潭战场。

4 月 26 日,林绍璋部主动出击,失败。

4月27日,湘军水陆并进。西征军水师先败。陆军摆开阵势迎战。此时,统率陆师的参将塔齐布,身先士卒,独自驰马陷阵,湘军将士随之跟着冲锋。太平军与敌多年鏖战,却从未见有敢于短兵相接、作肉搏战的清军,不禁惊愕,后队忽然望见周围山冈出现不少肩挑的行人,心理负担更为沉重,以为湘军大至,就先撤走;前军也退,相互拥挤、践踏,湘军大声呼喊杀敌,山冈上的行人也相呼应,太平军不战而溃,湘军乘势追至城下。

4月28日,西征军水师在湘江水面被焚毁百余艘。

4月29日,西征军陆师又败。林绍璋收队回城时,广西籍老兄弟和两湖籍兄弟因战争失利、互相指责,五十步笑百步,竟引起械斗,自相残杀,死去几百人。

4月30日,西征军水师又在湘江水面被焚毁几百艘船只。

5月1日,林绍璋放弃湘潭,北走。

五天战斗,林绍璋五战五败,据称将士阵亡超过万人。这是太平军自金田起义后最大的一次溃败。也是湘军创建后首次大捷。湘军就此声名远扬,士气振奋,始为朝廷器重,且作为正规军由内线转入外线作战。

湘潭之战,主要是林绍璋不懂得打仗,不会管束将士。当时从双方实力比较,太平军是处于上风,完全有把握打败湘军、攻占长沙的。这一仗如果打得好,刚筹建的湘军很有可能在萌芽时就被拔掉。

这一仗,为曾国藩出山捞到了一笔极大的政治赌注。他由是对林绍璋其人记忆犹新,十年后,他还和被俘的李秀成谈及"林绍璋于咸丰四年在湘潭战败,其人并无本领"。

太平天国自此之后,再也无力进图湖南。

因此后来李秀成总结失败教训,把它列为"天朝十误"之一,说,"误不应发林绍璋去湘潭,此时林绍璋在湘潭全军败尽"。

与此同时,曾国藩所率水师在靖港打了败仗。

原先曾国藩根据情报,以为靖港石祥桢部只有几百将士,而且未作戒备,可以一举成功,就带了战船四十号,兵丁八百前往,向靖港驶进,在接近西征军营地时,望楼上哨兵就发现了,守军开炮轰击。这时正好风高浪急,湘军水师逆风行船,速度缓慢,曾国藩求胜心切,派遣勇丁上岸牵纤。石祥桢遣将士杀尽牵纤者,又命两百多只小划子顺风而上,攻击敌船,乘风纵火,火顺风势,风助火威,敌船纷纷起火。湘军陆师闻讯水师失利,会同团丁前来援救,石祥桢引军反击,团丁不战逃命,牵动陆师溃退,争渡浮桥,桥塌,溺死百余人。曾国藩见危急状,亲自仗剑督阵,命令立令旗于岸上:"过旗者斩。"但团丁不听,都绕过令旗奔逃。曾国藩自领的湘军水陆师全败,辎重船艘尽毁。他顿足捶胸,羞愤之至,逃到靖港对岸铜官渚投水自尽;投了水被救起来后,又投了水,也有说当时曾国藩先后共投了三次水想自尽。在救回到长沙妙高峰时,他想起兵败之惨,又想寻死,连夜写了遗疏和遗嘱二千言。正在痛苦绝望的时候,忽然从湘潭前线传来塔齐布等大捷的喜讯,方才取消寻死的念头。

太平军靖港之战只是小胜。湘军水师虽败,但由于左宗棠赞画湖南巡抚骆秉章幕,于人力物力不断充实,致使湘军水师重新获得配备,士气振奋。

1854年6月,曾国藩指挥水陆师二万余人北上进攻岳州。

秋官又正丞相曾天养由常德赶回岳州组织反攻。湘潭惨败,元气大丧,太平军水陆都败,曾天养退出岳州,在城陵矶继续阻击湘军北上。

曾天养再次组织水陆军反攻，仍失败。

几天后，曾天养得到湖北援军，第三次组织反攻，却因湘军守备杨载福乘风纵火，又遭失败。

湘军水陆师乘胜前进。此时南风大作，水师船队行驶飞速，直至城陵矶。

曾天养虽屡战屡败，仍豪气不衰，他见湘军骄傲轻敌，先以偏师诱敌，而主力潜伏在旋湖港，敌人中计追击前来，游击沙镇邦领头队，总兵陈辉龙率二队，船大体重，被诱进浅滩搁浅起来，正是进退两难。曾天养就指挥伏船出击，全部、彻底歼灭陈辉龙、沙镇邦所带的水师船只。水师总统、知府褚汝航、同知夏銮闻警来救，也因陷入重围，被一一打死。曾国藩湘军水师开始装备就很精锐，配备有从澳门向葡萄牙购置的大炮，水师将士也是经过挑选，现在仅在一天战斗中就都毙命，曾国藩又是伤心极了。

两天后，曾天养率军三千从城陵矶登岸，打算安寨扎营，忽见南面烟尘大起，原来是破格擢升的新授署湖南提督塔齐布率领的湘军陆师赶到。曾天养来不及布阵调遣兵将，竟然跨上黑马，手执长矛，直冲塔齐布而来；塔齐布来不及遮挡，被一矛刺中坐马，准备抽矛再刺，不料塔齐布亲兵黄明魁急以长矛反刺，曾天养来不及转身，被一矛刺中，跌于马下，惨遭杀害。

曾天养之死是西征太平军一大损失，太平天国从来宣扬人死是"升天"，不能哭，不能做丧事，但对曾天养之死却破例，两湖太平军连续吃素六日，以悼念他。曾国藩也因率湘军出境时吃过曾天养的亏，此后牢记不忘。后来还几次与被俘的李秀成谈及说："其人是一好手，资格最深。"

六

西征军由南昌撤回后，由胡以晃率领的部队攻占了安徽庐州，另支由国宗韦志俊、石祥桢等率领西进湖北。

1853 年 10 月 1 日，西征军进入湖北，占领长江北岸的武穴（广济），即溯江西上，打响了第二次攻打武汉的炮声。十七岁的左四军正典圣粮、职同监军陈玉成也别领一军，占领了漕河。

这年陈玉成刚由牌尾（童子兵）脱籍，成为正式的牌面。他年过十六，身材不过中人，容貌秀美、潇洒，颇见虎虎生气。据说他两眼下长有黑痣；也有说是小时候患有眼疾，用草艾熏眼夹，以致愈后在眼下留有疤痕，因而乡人谑呼为"四眼狗"。此后，这个浑号也为敌方借用，作为诬骂陈玉成的代名词了。

西征军势如砍竹，年底占领了鄂东重镇黄州（黄冈）。

湖广总督吴文熔是曾国藩坐师，资格颇深，亦很有官场阅历，但毕竟是儒门中人。不会带兵领将，他率领的军队纪律松懈，也无力约束。时值天寒地冻，将士就驻地堵城附近村庄，拆毁民房，掠取燃料，用作兵营生火取暖，民众被迫流离失所、无家可归，怨声载道。也有民众投奔了太平军，或为太平军通风报信，传递清军活动。

吴文熔也在注意黄州太平军动态。

这天，吴文熔获得消息，说是黄州城里的太平军将士正热烈地欢度天历春节，毫无戒备。

吴文熔心中大喜，以为是求胜良机，亲自带领人马连夜启程，向太平军防线发起偷袭，但接连三次，均未成效。堵城滨江临壑，三面都是水，吴文熔在此处连营十三座，本已犯兵家之大忌,加之连日雨雪,将士给养受阻,多有冻馁。韦志俊、石祥桢摸清对方实况后,分军绕至敌军大营后,设伏于林麓冈峦,而吴文镕和大营将佐毫无觉察。几天后,太平军主力出黄州猛扑敌营,伏兵从后侧纵火焚烧,清营前后受因,全军不战溃散,吴文镕跳入池塘自杀。

西征军乘胜直进,第三次攻战汉口、汉阳,逼近武昌省城。

西征军取得新的胜利后,即采取分兵掠地的战略:韦志俊率领一万人马,围攻武昌;石祥桢、林绍璋率领主力两万余人进略湖南;曾天养率万人转向湖北西部,攻城掠地,扩大战果,陈玉成率几千人扫荡鄂北。此中最为活跃的是曾天养和陈玉成两军。

曾天养是在攻占庐州后调赴湖北战场、增加西征军力量的,他在占领汉口、汉阳后,为削弱、孤立武昌,就引军扫荡湖北各处清军,先后攻占孝感、云梦、安陆、随州、钟祥和荆门等地,他的主攻目标是荆州(江陵)。因受敌阻挡未成,旋又转赴上游,攻占宜昌、宜都和枝江各地,两月之间,连下十余府县、沿途所至之地,尽焚毁府衙、学宫和佛庙道观。尽管太平天国领袖和广大将士熟悉《三国演义》故事,洪秀全、杨秀清还常以关羽、张飞和赵云的英勇作为激励将士的最佳模式,但他们对明清以来各府县以至乡镇都置有的关帝庙,仍属必毁无疑。它并不全是出自对神佛的卑视和否定,更主要这是太平天国的国策,是为大树特树上帝和其一家为惟一真神,即天王东王等所谓上帝诸子的绝对权威。

6月,曾天养军在两次进攻荆州(江陵)未成,引军南下入湖南岳州境,不久,曾天养战死。

另一支是陈玉成军,他们在与曾天养合军破云梦后,分手北上占应城。

5月初,林绍璋军在湘潭惨败。韦志俊军却屯扎武昌周边的金口、白湖镇等地,采取断敌接济、围而不攻的战略。6月,太平军扫除武昌外围清军,韦志俊得各处援军会合,从梁子湖西攻,攻破清军洪山营垒,逼近武昌城根。

6月26日,太平军水师从汉口出发攻武昌城西,吸引守城军;而由陈玉成率五百将士,从梁子湖转武昌城东,缒城而上,遍插黄旗,守军惊散。

太平军占领全城。

这是太平天国第二次攻占武昌省城。

捷报传到天京,对西征将士论功行赏。这时已是殿左十八指挥的陈玉成,又被提升为殿右三十检点。检点是仅次于六官丞相的高级官员,按编制仅设三十六员。一年后,冬官正丞相罗大纲在九江战死,陈玉成即受补罗的官缺。他在前期就是领兵大员了,因而后来遂成为一方诸侯,被定位在领导核心圈,良以有也。

在湖北战场,陈玉成发挥了自己的卓越才干和勇敢精神。

养兵千日,用在一朝,在无日不战的太平天国战场,陈玉成非常注重将士的平素训练。他的部队是太平天国最有战斗力的。相传他很能用兵,行军神速,出奇制胜;面遇强大、人数众多的敌军,经常采取以小部队牵制、吸引对方,或断敌后路或断其粮道,争取战争的主动权,使敌人难以应付,陷于被动格局,然后突然集中优势兵力将它歼灭。因此当他驰骋江淮大平原时,当地就传遍了"三十检点回马枪"的故事了。

陈玉成也注重读书,比较尊重读书人,在军中也读了些书,可能也不仅是那些为天王东王制作宣扬上帝政治的本本,还有其他。人们说他"吐属风雅,熟读历代兵史,侃侃而谈,旁若无人"。可见他有些知识。这在太平天国将帅中也是凤毛麟角的。他和李秀成有一定文化,能直接理解天京诏旨,自己也会写信和露布,这或也是被洪秀全器重的另个原因吧!

1854 年 10 月,武昌又为湘军主力攻陷。湘军依仗强大的水师先将长江汉水江面由民船改装的太平军水师歼灭,完全控制了长江水面,守将石凤魁、黄再兴匆忙撤退。

七

湘军攻陷武汉三镇后,清王朝赏了曾国藩一个兵部侍郎衔,办理军务。曾国藩踌躇满志,与新任湖广总督杨霈商议水陆三路东进路线。

东进的第一目标是田家镇。

田家镇在湖北境内长江北岸,它和南岸的半壁山对峙,是湘军夺取九江必争之地。

太平天国燕王秦日纲奉命主持田家镇防务。

秦日纲在北岸蕲州和田家镇之间,沿岸遍筑土城;在田家镇和半壁山之间江面,横江系大铁索三道,篾缆七道,江面上布置五座大木筏,筏上密架枪炮。铁索、篾缆、木筏和土城,星罗棋布,布置严密,自以为万无一失。其实这种原始的单纯防御,是处处被动,处处挨打。他们想不出很好的战略战术,只能从《三国演义》抄袭,即模仿三国后期吴人防晋将王濬水军溯长江东下的办法。

果然如此,太平军水陆师均败。湘军水师用烘炉大斧砍断拦江铁索和竹缆,学的也是当年王濬的一套,正好十一月东南风大作,风助火威,木筏尽成飞灰,太平军水师船只四千多艘也都被焚烧,百里内外,火光烛天。湘军的强大攻势,致使太平军放弃了田家镇等,战场被迫转移到了九江。

西征战场危急。翼王石达开率军自安庆赶来湖口,主持九江战事。已革豫王胡以晃由庐州、冬官正丞相罗大纲由饶州(波阳)分别带领人马前来助阵。转战江北蕲州、黄梅等处的检点陈玉成也引军进入九江,强化九江城防。

湘军水师歼灭了剩存的太平军全部水师后,完全控制了江面,从北面威胁九江。湘军陆师主力塔齐布、罗泽南等也来到九江城下。

曾国藩也乘船来到九江长江江面。

湘军气焰嚣张。水师在肃清九江、小池口间的太平军船排,全军分泊于鄱阳湖口内及口外的梅家洲、八里江,陆师在攻陷小池口后,移营九江南门外,分军为四,围攻九江四门。

石达开以逸待劳,严密扼守。他以原湖口守军黄文金熟悉地形,命他南攻吴城等地,以罗大纲军守西岸梅家洲,自守东岸湖口县城。分别严密扼守鄱阳湖;于营外广布木桩竹签十余丈,掘壕数道,内埋地雷,上用巨木横斜搭架,钉铁蒺藜于上面,可谓是防务严密,固若金汤。太平军且以守为攻,不时出击,骚扰敌人,每天深夜还以火球火箭开导,顿时金鼓齐鸣,摆出一副像煞要出营作战的姿势。湘军水陆师只得戒备待发,枕戈达旦,难以安眠,弄得疲惫不堪,但当几次到营边挑战,却因为守军坚拒不出,未得收效。

石达开也是运用了《三国演义》诸葛亮在定军山,命赵云带兵五百,每夜锣鼓惊扰曹营的故事。

七天后,即 1855 年 1 月 29 日,湘军水陆师大举进攻梅家洲罗大纲军阵地。石达开根据湘军水师求胜心切的骄躁心理,故意把扼守鄱阳湖口的部队撤往梅家洲,湘军水师见有机可乘,就由都司萧捷三等领兵二千、轻舟一百二十余号冲进湖内。石达开在他们驶进后,即重新调兵遣将封锁湖口,断其归路。强大的湘军水师遂被斩割为湖内湖外两支,实力大为减弱。

当晚,月黑风高,石达开会同罗大纲,以轻舟偷袭停泊在湖口的湘军水师李孟群、彭玉麟等,焚烧大船九号,小船三十余号,获得胜利。李孟群等侥幸逃脱,急率残部遁驶上游。这是湘军水师组建以来又一次惨败。

太平军复夺回九江对岸要镇小池口。

曾国藩派副将周凤山带军渡江前来攻打小池口,被罗大纲部击退。围攻九江湘军转陷危地。

风水流转。太平军开始转入主动。

曾国藩也觉察到了,命水师,包括由上游武穴前来的杨载福部水师会集后退扎在九江长江江面。

在此之际,石达开等正策划一场歼灭湘军的战斗。

2月11日,又是一个月黑迷漫的夜晚,石达开指挥的太平军会同小池口的罗大纲军、林启容的九江守城军,两岸同时并举,以轻舟百余艘冲向湘军水师,顿时火弹喷筒齐发,杀声震天,当场焚烧湘军战船百余号,俘获曾国藩的坐驾船,即水师主帅所乘的旗舰,杀管驾官、监印官等多员,尽得船中的文卷册牍。其余战船纷纷向武穴上游逃去。这一仗,湘军水师被打得辎重尽失,不复成军。曾国藩于事急时先改乘小船逃到陆师罗泽南营,他瞭望江心火光烛天,想及自己经年心血、赖以成不世之功的水师一败再败,痛不欲生,竟当着罗泽南面,又作出一出要跳水自杀的闹剧。

二十四岁的石达开打败了五十四岁的曾国藩。

太平军乘胜反攻。在湖北广济,秦日纲、韦志俊乘除夕之夜,湖广总督杨霈在大营欢宴之际,突然出千军袭击,杨霈得报,慌忙逃跑,全军万余不战瓦解。秦日纲等循杨霈逃跑路线尾追,连占蕲州、黄州和汉阳,与前来援救的胡林翼部湘军对峙。4月,秦日纲、韦志俊等攻占武昌省城。这是太平军第三次攻占武昌。

三克武昌标志太平军西征战场的胜利。

武昌扼江汉枢纽,为兵家必争之地。新任湖北巡抚胡林翼、湖北提督杨载福和罗泽南等湘军主力都分路前来争夺。

未几,秦日纲调走,由韦志俊主持武昌战事。双方势均力敌,互有胜负。

与此同时,江西战场太平军形势很好。九江城下,湘军第一号悍将塔齐布因屡次失利,气愤呕血而死;在湖口,黄文金军击毙湘军勇将萧捷三;石达开更在接纳由广东北上的天地会十余万众后,占领了江西八府五十余县。曾国藩十分恐惧,飞檄接替塔齐布的副将周凤山撤九江围,前来南昌孤城布防。周凤山军至樟树镇(清江),遭到石达开军痛歼,全军覆没,周本人逃回湖南家乡去了。曾国藩只得派心腹家丁装扮乞丐持密函要罗泽南回救。罗久攻武昌不下,为早日回援江西,求胜心切,急欲攻下武昌,自在洪山布阵,被伏兵流弹击中左额要害,当即毙命。也有一种说法是,罗泽南出于轻敌,一马当先,被参加太平军的兴国州(阳新)少年童子用鸟枪击毙了的。

太平军在湖北、江西战场取得一系列的胜利,于是当时在军中流行了一首歌谣:"破了锣(罗泽南)、倒了塔(齐布)、杀了马(济美,在南昌战死),飞了凤(周凤山),徒留(刘于浔领水师驻南昌)一个人也无用。"

第四章　后宫风云

咸丰帝即位之初,雄心勃勃,励精图治。可是,自咸丰二年(1852年)太平天国起义爆发后,朝廷派出的镇压大军屡战屡败,局面一发不可收拾。眼看着江南半壁河山将拱手相让,咸丰帝不禁慨叹自己生不逢时,渐渐变得心灰意冷。他开始懒于听政,而把大部分心思都用于纵情声色。在继位的第二年,他就下令挑选秀女入宫。以后又几次从满蒙两族的官宦人家挑选秀女,并破除禁选汉女的祖制,选汉女入居圆明园,供自己寻欢作乐。

一次,有一批被强征入宫的秀女,排列在坤宁宫外等待咸丰帝挑选。秀女们大多跋山涉水,千里迢迢而来,等候多时却不见天子圣驾,早已饥肠辘辘,疲惫不堪,加之初入皇宫,对宫中的森严气势不免惊恐,再想到千里之外的父母兄弟,都不由得伤心落泪。顿时,坤宁宫外一片唏嘘泣零之声。大内总管太监见状,大声威吓道:"皇上很快就要驾到,你们再哭下去,惊动圣躬,定然严惩不贷。到那时,再哭爹喊娘也来不及了。"

众秀女听后,顿时吓得战战兢兢,再不敢哭诉。这时,有一位女子却推开众人走到前面,痛斥总管太监:"我们离别父母,从千里之外来到宫中待选,实在是被逼无奈的。即使被皇上选中了,也将幽禁宫中,这和罪犯囚徒有什么分别?父母千辛万苦把我们拉扯大,我们却无力报答父母,这次分别,或许永无相见之日,这是多么凄惨的事啊!现在天下大乱,皇上不思求贤才,用良将,保卫江山社稷,而只知寻欢作乐,强征良家女子,历代的明君会有这样的所作所为吗?"

太监们听了,不禁被这个秀女的慷慨陈词给惊呆了。这时正巧咸丰帝驾临,太监们把她推到皇上面前,要她跪下请罪。这女子拒绝下跪,义正辞严地说:"我今天特地来请求一死,何必再下跪。"咸丰帝说:"你刚才说的话,我只听到了一半,你再讲一遍。"这个秀女当着皇帝的面又斥责了一遍。咸丰帝说:"你真的不怕死吗?"女子说道:"我死了,千秋万代将牢记我的名字,而万岁爷却又将如何自处呢?"说完,猛然将头向旁边的石柱撞去,被太监们用力拖住。咸丰帝见她连死都不怕,杀了她只会担个坏名声,只好悻悻地放她出宫。随后,将其他强征来的女子也都释放回家,草草结束了这次选秀女活动。

尽管如此,经过几次选秀女活动,咸丰帝后宫已是佳丽三千,美女如云了。其中,有个名叫兰儿的姑娘,就是在首次选秀女时被咸丰帝看中,入选后宫的。

兰儿,姓那拉氏,因祖先居住叶赫地方,又称叶赫那拉氏。那拉,在汉语里是"太阳"的意思。道光十五年(1835年),兰儿出生于北京西四牌楼壁柴胡同。

兰儿的曾祖父名叫吉郎阿,字蔼堂。乾隆五十一年(1786年)年任内阁中书,后屡有升迁,官至刑部员外郎。她的祖父名叫景瑞,出身监生。嘉庆十一年(1806年),授笔贴式。十八年(1813年),升盛京(今沈阳)刑部主事。道光元年(1841年),升山东司员外郎。道光二十三年(1821年)三月,户部银库大量亏空。库银案揭发,牵连其父吉郎阿应赔银四万三千二百两。因为他已早死,责成景瑞减半代赔。二十七年(1847年),景瑞因未能照赔而入狱。二十九年(1849年)获释,开复原职,不久即年老罢官。兰儿的父亲惠征,生于嘉庆十年(1805年),进士出身。道光八年(1828年)以后,长期任笔贴式。二十九年(1805年)二月,列京察一等,军机处记名以道府用。闰四月,升郎中,兼保源局监督,同年,外放山西归绥道。咸丰二年(1852年)二月,调任安徽宁池太广道。由此可知,兰儿的祖上三代为官,虽不是达官显宦,也属于中等官僚家庭。她的外祖父惠显,在道光年间历任安徽按察使、驻藏大臣、工部左侍郎、京营右翼总兵等要职,也是位居二品的封疆大吏。

兰儿,是家里人对她亲切的称呼,外人叫她兰姑娘。她的母亲佟佳氏,出身名门,娴熟礼法,举止利落,对兰儿影响很大。兰儿家里共有兄妹四人,在兰儿得宠后,兄弟照祥、桂祥也备受尊宠,累至高官显职;其妹叶赫那拉氏,小名容儿,经姐姐牵线搭桥,奉咸丰帝之旨与醇郡王奕譞完婚,成了王爷的嫡福晋。

兰儿从小美丽超群,可谓天生丽质。少女时代,她偶尔外出踏青或郊游,总会吸引路旁行人的注目,听到观者啧啧的赞叹之声,说什么"天上的仙女也不过如此"等等,可见兰儿是具有古诗《陌上桑》中"耕者忘其犁,锄者忘其锄,来归相怨怒,但坐观罗敷"的罗敷之美的。

由于兰儿好修饰,会保养的缘故,以至于成为慈禧太后以后,直到古稀之年,仍然丰韵犹存,魅力不减当年。

曾为慈禧画像的美国女画家卡尔在其所著《清宫见闻杂记》中,对她作了这样的描绘:"太后全体各部,极为相称。面貌之佳,适与其柔黄之手,苗条之体,黑漆之发,相得而益彰。盖太后方额丰颐,明眸隆佳,眉目如画,樱口又适称其鼻,下额极广阔,而并不带有一毫顽强态度。耳官平整,齿洁白如编贝。嫣然一笑,姿态横生,令人自然怡悦。予若不知其已臻六十九岁之大寿者,平心揣之,当为一四十许美妇人。太后精神焕发,神采照人。可知其平日居气养体之安适,决非常人所及。加以明罗满身,珠翠盈头,其一副纤丽庄严之态度,真有非笔墨所能形容者。"

由此可知,兰儿虽非绝代佳人,倾国倾城,但确实是一个常人难及的美丽女子。况且,兰儿还是一个聪明、勤奋好学的人,她对经史很感兴趣。据说,在入宫前,"五经成育,通满文,廿四史亦皆浏览"。正是由于学习了这些知识,她才能在后宫中脱颖而出,才能够一步步登上了清王朝最高权力的宝座。

兰儿生于重男轻女的封建社会,在那个时代,儿子可以出将入相,光宗耀祖,女子则只能成为传宗接代的工具,在家庭中毫无地位可言。在兰儿的家庭,父母重视照祥、桂祥兄弟而轻视兰儿姐妹也是很自然的。因此,兰儿虽然生活在世代为官的家庭,但物质条件和精神生活并不优越,这正好培养了她克服困难的勇气和毅力。她就像贫瘠土地上生长的一株兰花草,经历风霜的侵凌,苦耐冰雪的洗礼,在料峭的寒冬,默默期待着春天早晨的第一缕阳光……

盼望着,盼望着,春天来了。咸丰元年(1851年),咸丰帝奕詝为充实后宫,向全国颁发选秀女诏书。兰儿这年芳龄十七,虽然超过了入选年龄,但仍有备选资格。咸丰二年(1852年),道光帝丧期已满,咸丰帝于二月初八、初九两日,正式遴选秀女。兰儿以其艳丽的姿容,不俗的举止,赢得了年轻帝王的欢心。

这年五月,兰儿被奉旨而来的太监们慢慢地抬进了紫禁城。初入皇宫,她被咸丰帝赐封为"兰贵人",住在西六宫之一的储秀宫内。这里庭院幽雅,林木秀美,宫内陈设富丽堂皇,宫女太监随时陪侍。宫门前西侧安置成对的铜龙和铜鹿,前殿高悬乾隆皇帝的御笔匾额:"茂修内治"。储秀宫前面是翊坤宫、体和殿,后边是丽景轩,雕梁画栋,秀林环绕,气象非凡。

一张黄纸定终身。兰儿梦寐以求的愿望终于变成了活生生的现实。

咸丰三年(1853年),皇帝奕詝后宫里有正式名位的后妃共计十人,排名顺序是:皇后、云嫔、兰贵人、丽贵人、婉贵人、伊贵人、容常在、鑫常在、明常在和玫常在。兰贵人虽然与皇后之间隔着嫔、妃、贵妃、皇后四级,但在当时列内廷主位中的第三位,这比起那些没有定数的常在、答应们来,自然要尊贵得多,幸运得多了。

尽管如此,兰贵人在入宫之初并没有很快得宠,扶摇直上。原因在于,宫廷里的情况并不像她想象的那么简单。

咸丰帝即位初年,勤于政事,较少耽于女色。朝政余暇,经常有皇后钮祜禄氏相陪相伴。皇后钮祜禄氏,性情贤淑,待人仁厚,顾全大局,善解圣意,在位中宫,享有圣明之誉。咸丰帝性好玩乐,有时以游玩宴会为娱乐活动,听到皇后的婉言规劝后,即使再高兴快乐的活动,他也立即抽身而去。外省军报或廷臣奏疏送呈内廷,咸丰帝意欲来日览奏,及早宽衣就寝,可是听到皇后的规劝之后,立即起身看折理事。宫中妃嫔如遭到皇帝斥责,或妃嫔之间发生争执,都由皇后出面调停平息。总之,皇后钮祜禄氏在宫中宛如一个善于操持家务的总管,上至大清皇帝,下至妃嫔宫女,对她都能言听计从。总之,钮祜禄氏正宫娘娘的地位,闭月羞花的容貌,温柔贤淑的品性,善于协调人事的能力,都使她在咸丰初年后宫中领导群伦,独占皇宠。

皇后以下,兰贵人等妃嫔之上的,还有一位云嫔。云嫔姓武佳氏,是咸丰帝奕詝为皇子时的侍妾,由于入宫较早,陪侍皇上多年,地位也自然是很尊崇的。

在诏选入宫的诸秀女当中,咸丰帝最为宠爱的是丽贵人,丽贵人是主事庆海之女,姓他他拉氏,她与兰贵人同时入宫,只因此女有倾国倾城之容,沉鱼落雁之貌,皇上赐封她为"丽贵人"。丽贵人虽然名次列在兰贵人之后,但凭借其身姿窈窕,体格风骚,受皇帝宠爱比兰贵人有过之而无不及。再说,咸丰帝久已过弱冠之年,望嗣心切,见皇后肚里一直毫无动静,不免眷顾日减,转而独宠美艳的丽贵人,两人朝夕相伴,形影不离,令后宫诸人暗暗妒忌,然而也无隙可乘。

咸丰三年(1853年)夏季的一天,炎炎烈日像一面巨大的火镜笼罩着紫禁城。咸丰帝酷暑难熬,便与丽贵人等同去圆明园消暑游玩,不想,皇舆凤辇行至半路,丽贵人便头晕目眩,胸闷气急,病势沉重。咸丰见势不妙,急忙打道回宫,遣太医入宫诊脉,知是暑热之症,方才放下心来。丽贵人谨遵医嘱,静养调治,期待身体慢慢好转。

咸丰帝见爱妾病重,为早日康复,除经常带人探视外,再不像以往那样,夜夜去打扰她。此时朝中有杜受田、肃顺等得力宰臣,辅弼策划,悉心赞襄,咸丰帝每日只在奏疏上朱批"钦此""知道了"几个字,然后转交军机处和内务府具体办理。所以,咸丰帝每天早朝下来,百无聊赖,又没有丽贵人陪伴,心情郁闷得很。

咸丰帝静极思动,这天早朝之后,看看天朗气清,金风送爽,就想到各处走走,散心解闷。于是,他让御前太监传命,准备出行。

咸丰帝的一举一动,都在一个人的暗中掌握之中,你说是谁?她就是兰贵人叶赫那拉氏。兰贵人是个工于心计、善于逢迎的女人,她为了了解皇上的癖性与喜好,掌握皇上的举止行动,以达到取媚于皇帝的目的,竭尽拉拢收买之能事。她常常把自己的衣物和食品,赏赐给身边的宫女和太监们,以示恩宠,这些下人也感恩图报,她们或暗中窥伺,或拾人牙慧,然后将皇上的消息一五一十向主子禀报。兰贵人还嫌储秀宫消息闭塞,于是借与后宫妃嫔来往走动的间隙,将御赏的首饰、如意等赐物,暗暗馈赠于皇帝和皇后的贴身太监们。这些出身微贱的太监、宫女们,平日受够了主子的冷眼与打骂,饱尝了人世的辛酸,对兰贵人的抬举没有不受宠若惊,感激涕零的。因此,这些人将宫中的大小事件皆暗中留意,有时竟冒着掉脑袋的危险去向兰贵人通风报信,以此报答兰贵人的恩德。末了,兰贵人自然又是一番丰厚的赏赐。

当然,兰贵人此举用心良苦,非常人能够猜度,她从中的获益是无法估量的。比如,兰贵人借助于各宫太监、宫女的帮助,在入宫以后不久,对皇宫里的基本情况了如指掌。至于皇帝的嗜好,如爱听曲子,爱看京戏,兰贵人也早有耳闻,并在这些方面暗下了功夫。

储秀宫里有一个乳母是南方苏扬人,善江南诸小曲。兰贵人闻知后,立即向这位乳母虚心请教。乳母教得格外认真,兰贵人天生聪慧绝伦,不过半年,凡江浙盛行诸调,皆朗朗上口,曲尽其妙。此外,兰贵人入宫前还学过京剧,听说咸丰帝是个京戏迷,就刻意练习,整天与几个好唱京戏的宫女互相切磋,提高技艺,不到一年,唱念做打,样样精通。兰贵人性格活泼,天然浪漫,莺歌燕语,珠圆玉润,加之巧于修饰,更出落得如天仙一般。

皇上近日郁郁寡欢、闷闷不乐的消息早已为兰贵人知晓。她想:自己争宠的时机应该成熟了!于是,她秘密联络咸丰身边的太监,密切注意皇上动向。

功夫不负有心人。这天,咸丰帝下令备轿出行。早有一个长腿的太监,平日得了兰贵人的封赏,正思报效无门,见此机会,乘备轿工夫,扯开飞毛腿,一溜烟便到了储秀宫,将此消息报告了兰贵人,兰贵人大喜,随即授意这个御前太监:要千方百计引导皇上到储秀宫来,事成之后,必有重赏。太监欢喜不迭,飞奔而去。

一盏茶工夫,咸丰帝在众人前呼后拥下,由那位御前太监导引,从养心殿起轿,经体和殿、翊坤宫,向储秀宫迤逦而来。咸丰帝坐着明黄镶龙软舆,正思忖着去何处游玩,忽然一阵风吹来,只听得桐荫深处的宫院内传来一曲圆润宛转的歌声。咸丰帝本是个风流天子,这勾魂摄魄的曲子,自然打开了他沉闷已久的心扉。他抬眼向前一看,只见一座宫院,宫门匾额上御书三个字"储秀宫",咸丰帝若有所思,但一时却不甚明白,他用手一指,众太监簇拥而入。进得宫来,只见浓荫夹道,花气袭人,眼前顿觉清爽,咸丰帝连声赞叹:"好一个逍遥之所,清凉世界!"

众宫女见天子驾临,慌忙跪到地上迎接。咸丰帝此时一心一意在那唱曲儿的女子身上,便吩咐众人原地静候,不许妄自走动。自己欠身下轿,寻着歌声而来。

绕到后园,只见一个旗装女子,手执一柄白鹅羽毛扇儿,背着脸坐在假山旁,清脆宛转的曲子正从她这儿随风传出来,扣人心弦。咸丰帝轻手轻脚地走到女子身后,只见这女子杨柳细腰,乌黑的鬓发垂在洁白的粉颊上。她一边唱曲子,一边把粉脸侧来侧去,上下俯仰,秀发也随风披散开来。咸丰帝本想假装咳嗽一声,见她唱得入神,不忍打断,只好静静地站在她身后。这时,那女子唱道:

秋月横空奏笛声,
月横空奏笛声清;
横空奏笛声清怨,
空奏笛声清怨生。

唱到最后一句,真是千回百转,余音袅袅。听到这儿,咸丰帝忍不住叫道:"好曲子!好曲子!"那女子见是朝思暮想的天子爷,不禁又惊又喜,忙倒地跪禀:"臣妾兰贵人叩见万岁。"这几个字本来是寻常之语,可是经兰贵人口中道出,就特别悦耳动听。咸丰帝龙心大悦,俯身说:"朕生平最爱听曲子,但从未听到像今天这样如沐春风的好曲子。真是

'此曲只应天上有,人间能得几回闻'啊!"

兰贵人听到皇上夸奖自己,心花怒放,仰起脸对皇上说:"承蒙皇上过奖。若皇上乐意听,臣妾愿再唱几首。"

咸丰帝端凝着眼前这位女子,只见她眉弯目秀,桃腮含春,樱唇带笑,皓齿明眸,广额丰颐,不觉回想起去年选秀女时的情景来。他发了一会儿怔,这才连声叫道:"好!好!"

兰贵人见机会难得,有意卖弄,一口气唱了十几支曲子,只听雏燕声、黄莺声、银铃声、声声入耳,珠圆玉润,美妙动听。咸丰帝不禁为这些曲子所迷醉,所倾倒。

两人又说了一会儿话,咸丰帝感到口干舌燥。兰贵人见状,急忙转身进屋,取出银杯,沏了一杯香茗。咸丰帝已跟进屋来,兰贵人双手侍奉,殷勤中含着几分羞怯,咸丰帝一面接茶,一面瞄着她的粉脸儿,直看得兰贵人脸上泛起阵阵红晕。咸丰帝凑到她身边,俯首在她耳边,低低说了几句话,兰贵人听了,愈发羞得不能自持。

这时,正巧两名太监在门外候旨,咸丰帝转身对他们说:"传朕的口谕,朕今天在这儿息宴了。叫大家散了自便去吧。"两太监听了,心有灵犀,便口称遵旨,把院门掩好,悄悄地退了出去。这里兰贵人陪侍皇上息宴。直到夕阳西下,太监们才见咸丰帝拥着兰贵人,走了出来。太监们抬过舆轿,皇上入乘,兰贵人跪送出宫。

送走咸丰帝之后,兰贵人知道皇上今晚还要宣召侍寝,便急忙梳洗打扮了一番,往镜里一看,不啻一个花枝招展的仙女。在用完夜膳后不久,只见敬事房太监,高举着一方绿头牌而来,口称:"兰贵人接旨!"兰贵人跪下接旨。众宫女扶她到卧室里去,照例脱去衣服,将浑身洒上些香水,穿上太监拿来的大氅。穿着停当之后,兰贵人喊了声"领旨",太监闻声而入,将兰贵人扛在肩上,送入皇帝的寝宫。

这番裸体入宫的旧例是雍正以后形成的。据说,雍正帝当年正是被一个冒名入宫的侠女所刺,倒地而亡的。因此,后来的历代皇帝格外注意预防提备,每日如幸妃嫔,都是由太监传旨,令妃嫔脱得一丝不挂,临时穿上御赐大氅,免得怀挟匕首,行刺帝王。兰贵人自然也不能例外。

太监把兰贵人扛入咸丰帝寝宫,卸去氅衣。兰贵人战战兢兢地钻入御衾之中。按惯例,太监要在外面恭候两个时辰,再把兰贵人送回储秀宫。因为咸丰帝以往临幸妃嫔,是从不叫留的。这次却不同了,咸丰帝吩咐太监不必再等,兰贵人被恩准留宿过夜。这一夜,咸丰帝拥着兰贵人,自然是千种缠绵,万般恩爱。次日天明,日上三竿,咸丰帝方才起身上朝。

自从这次领略了兰贵人的无限风情之后,咸丰帝的心目中,兰贵人开始拥有了一席之地。他每逢精神爽爽、心情愉悦的时候,总忘不了宣召兰贵人侍寝。兰贵人也百媚千娇,温言细语,轻轻款款,缱绻缠绵,使出浑身手段,极力趋承。咸丰帝本是怜香惜玉之人,见兰贵人如此可爱,眷顾更加殷勤。正所谓帝德乾坤大,皇恩雨露深。

兰贵人得宠后,在后宫的地位也日渐提高。咸丰四年二月二十六日(1854年3月24日),皇上晋封兰贵人为懿嫔。"懿"字的含义是温柔贤善,用这个字代替与小名"兰儿"相联系的名位封号,自然进一步体现了咸丰帝对叶赫那拉氏的垂爱之情和殷切厚望。

该年十一月廿五日(1855年1月13日),咸丰帝命协办大学士贾桢为正使,礼部右侍郎肃顺为副使,举行册封典礼,正式册封叶赫那拉氏为懿嫔。

截至该年十二月初三日(1855年1月20日),咸丰帝的妻妾仍为十人,依次为皇后、云嫔、懿嫔、丽贵人、婉贵人、伊贵人、容常在、鑫常在、明常在和玫常在。其中,婉贵人姓索绰罗氏,满洲正白旗人,为左都御史奎照之女。伊贵人姓伊尔根觉罗氏,咸丰二年(1852年)称英贵人,该年十一月,晋封英嫔。咸丰三年九月初三日(1853年10月5日),降为伊贵人,在贵人之次。鑫常在为正白旗披甲人吉禄之女。咸丰三年二月廿四日(1853年4月2日)由宫女晋封为鑫常在。玫常在姓徐桂氏,正黄旗人,为催领诚意之女。咸丰三年十一月初三日(1853年12月3日),由宫女被封为玫常在。

在众后妃中,丽贵人因其姿色超群而最受咸丰帝宠爱,竟然连皇后、云嫔与懿嫔也逊她几筹。咸丰四年(1854年)秋,丽贵人喜结珠胎,消息传来,咸丰帝手舞足蹈,心里比吃了蜜还甜,因为,这下龙子有望了。于是,咸丰帝对丽贵人恩宠有加,于四年年底册封丽贵人为丽嫔,并信誓旦旦地对丽嫔允诺:如果生下龙子后,再晋封她为丽妃。丽嫔听后,自然万分高兴。

丽贵人喜结珠胎,并晋封为丽嫔的消息传出后,后宫诸妃嫔对此各揣心思。对于皇后钮祜禄氏而言,她认为自己侍奉皇上多年,却一直未有子嗣,每当发现皇上为此焦躁不安的时候,她会感到无比愧疚和深切地自责,同时她也希望其他妃嫔能早日诞育皇子,解除咸丰皇帝的后顾之忧,因此,丽妃怀孕的消息对她来说是一个天大的喜讯。

这则消息对于其他妃嫔,尤其对懿嫔而言,绝不亚于一个晴天霹雳。因为,懿嫔从入宫那天起,经过一段时间的揣摩分析后,清醒地认识到:在未来的宫廷生活中,她真正的竞争,除至高无上的皇后外,另一个人就是艳如桃李、病如西子的丽贵人。事实也的确如此。

如果说,咸丰皇帝最敬重的后妃是皇后的话,那么,他最宠爱的后妃无疑是丽贵人了。

每个人都生存在一定的夹缝中,古往今来的伟大人物,无不以其非凡的生命力和顽强的进取精神,在生存或奋斗的领域拓展出凡人难以企及的高度和广度,从而成为顶天立地的巨人。

叶赫那拉氏就生存在皇后和丽贵人构筑的夹缝当中。当她处心积虑、千方百计地赢得皇上宠幸,先丽贵人而晋封为懿嫔时,高兴得一连几天未曾合眼。可是,没过多久,丽贵人怀孕了,皇上大喜过望,立即封丽贵人为丽嫔,并且,懿嫔尤为忧虑的是,丽嫔将来母以子贵……

再说咸丰帝望嗣心切,就不再去烦扰丽嫔了。时光荏苒,转眼已是咸丰五年(1855年)夏。这天早朝,军机大臣禀报:僧格林沁在河北打败了李开芳统领的太平军,并俘获了李开芳本人,太平军北伐至此失败。这条消息使清廷上下鹊跃欢腾,奔走相告,咸丰皇帝也异常兴奋起来。

正是乘着这种余兴,这天晚膳后,咸丰帝只带一二随从,安步当车,来到储秀宫懿嫔的住处。这时懿嫔早已用过晚膳,正在卸妆,准备安寝,忽闻皇上驾到,便仓促迎驾,跪地请安。咸丰帝亲手扶起,二人携手步入卧室。

以往召幸的时候,都是由宫监宣召,扛玉体至养心殿,这次却是圣驾亲临。由于懿嫔毫无准备,仓促迎候,此时她浑身只穿一件粉红色罗衫,更显得玉骨姗姗,肌肤柔嫩,咸丰帝不胜喜欢,便一把将她拥入怀中。

懿嫔此时却装出半推半就的样子。咸丰帝感到非常奇怪,关切地问道:"朕为这群长毛贼(指太平天国起义军)闹得人心惶惶,多日不来召幸,让你寒衾冷落,形影相吊。

莫非你有些怨朕吗？"

懿嫔接口道："臣妾怎敢。只是臣妾有几句话不好不奏，又不好妄奏，恳请万岁爷恕罪，方敢奏明。"

咸丰帝道："你尽管讲来，朕决不会怪罪于你的。"

懿嫔语重心长地说道："长发盗贼肆虐已有多年，多年来万岁爷日理万机、宵旰忧胆，什么事都要你亲自处理，万岁爷就是有多么旺盛的精力，也要注意爱护保养。万岁爷龙体上承列代先祖，下系子孙万民，关系社稷千秋，何等珍重。如果万岁爷能格外自重，永葆青春，臣妾比永夜承恩还要快慰呢！"

咸丰帝笑着说："你久居深宫，长伴孤灯，难道竟能甘于寂寞吗？"

懿嫔深情地说："若能承帝龙恩，臣妾自然有说不出的欢慰，这也是臣妾前世修来的福分。可是臣妾只有一人，普天之下，却有万民仰仗皇上垂询。臣妾欢娱事小，国家安危事大，圣躬近日加倍辛劳，臣妾实在不愿因一夕欢娱，有伤皇上龙体。"说到这，懿嫔连眼圈也红了。

咸丰帝听了懿嫔一席话，不由得将她搂得更紧，他俯首依偎着懿嫔的娇脸，动情地说："瞧你，真是个贤德女子。嗨，后宫佳丽三千，真正能替朕着想的，只有你一个人啊！"

这一晚，芳情脉脉，软语喁喁，引发咸丰帝万分怜爱。不到数日，懿嫔竟怀酸作呕，患起病来。咸丰命太医诊视。太医奏称懿嫔有龙凤之喜。咸丰帝听了有说不出的高兴。

隔了数日，丽嫔十月怀胎，一朝分娩，谁知咸丰帝的第一个孩子，竟是个女儿，就是后来的荣安固伦公主。时年已二十六岁的咸丰帝，满怀希望丽嫔生一个白胖健壮的阿哥，长大以后继承自己的千秋大业。谁知天公偏不作美，没有遂了皇帝的心愿。自然，咸丰帝对丽嫔腹中胎儿期望有多高，对这个小公主的失望就有多深。在庆贺孩子满月的赏赐物品中，居然减半发下去。皇上的态度由此可见一斑。

消息传到储秀宫，懿嫔不禁暗自窃喜。回想起前些日子，她独自一人的时候常常长吁短叹；有时半夜三更难以入睡，守着孤灯，独自垂泪；在皇上和众人面前，尽管强打精神，强颜欢笑，但在孤寂的内心深处，藏了多少疲惫和憔悴。直到她自己怀孕之后，紧张不安的内心才稍稍宽慰了一些。时至今日，懿嫔仿佛从一个可怕的梦魇里走了出来，打开尘封的窗棂，心灵的世界依然天高地远，依然风清云淡。

她抚摸着日渐隆起的腹部，谛听着小生命躁动不安的隐约之声，似乎有一种强烈的预感：自己的伟大的梦想，正如黎明前的那轮朝阳，每时每刻都在积蓄力量，期待着喷薄而出的刹那。

咸丰五年（1855年），皇帝奕詝已经二十六岁。满族盛行早婚习俗，男子到十六岁或十七岁就娶妻生子。咸丰帝作为一国之君，后宫佳丽三千，膝下尚无一子，大清江山谁来承继？这个问题不能不使他忧心忡忡，暗自神伤。

本期望丽嫔能生出皇子，谁知事与愿违，咸丰帝自此以后，无心料理朝政，一门心思全寄托在懿嫔身上。

现在，后宫里所有人都知道：咸丰帝最宠爱最关心的人是懿嫔。

当懿嫔获得咸丰帝专宠之时，后宫里的妃嫔却怨声四起。以前得过宠的人为失宠而迁怒于她。从未受过宠幸的人，因懿嫔专宠而抱怨于她。很快，懿嫔就成了后宫女人们的众矢之的，过街老鼠。也就在这个时候，懿嫔叶赫那拉氏与皇后钮祜禄氏发生了冲突，懿嫔为此甚至险遭毒打。

皇后钮祜禄氏，在孝德皇后去世后荣登皇后宝座，成为六宫之主。在咸丰即位之初，钮祜禄氏以其尊荣的地位、贤淑的性格、秀丽的姿容颇受青年天子的宠爱，在后宫中享有至尊无上的显位。可是，随着岁月的流逝，皇后陪侍皇帝多年却一直未能诞育皇子，加之皇后老成持重、沉默寡言的性格，咸丰帝对她的宠爱日益减少。此外，皇后还把失宠的原因归结为一个人，那就是她一直不大喜欢的懿嫔叶赫那拉氏。

在成丰二年（1852年），首次诏选秀女活动中，被咸丰帝选中的秀女入宫后，皇后钮祜禄氏对其中一个秀女印象最深，她就是美丽活泼的叶赫那拉氏。因为那拉氏除漂亮之外，还与别的秀女不一样的是，她被皇帝和皇后召见时是那样的落落大方，毫不拘谨。从她的眼神里可以看出，这个秀女绝不是等闲之辈。钮祜禄氏脑中顿时闪出一个念头：绝不能把这个女子留在宫中，否则将贻害无穷。随后，她竟面红耳赤地劝咸丰帝打发叶赫那拉氏出宫。可是，咸丰帝早已被那拉氏的天生丽质和非凡举止所倾倒，对皇后的劝诫置之不理，后来，不仅将那拉氏选入宫中，而且不久即册封为兰贵人。

以后，皇后为阻止兰贵人的进一步发展，经常在咸丰帝耳边吹风，说兰贵人的坏话，企图让皇上疏远兰贵人，可这仅仅是皇后一厢情愿。兰贵人取宠的手段比皇后要高明得多。咸丰帝对兰贵人的宠幸与日俱增，地位也不断升迁，由贵人而晋升为懿嫔。

咸丰五年正月初四（1855年2月20日），云嫔病死。懿嫔在咸丰帝后妃中，地位已仅次于皇后，居第二位了。

皇后钮祜禄氏对咸丰帝整日迷恋懿嫔深为不满，她劝皇上应该保重龙体，可皇上一笑了之，置若罔闻。皇后对此非常气恼，她苦思冥想之后，找到了一个自鸣得意的绝妙办法。

原来，清朝的皇帝非常敬畏祖训，只要是爱新觉罗家族留下的制度，后世统治者往往奉若神明，严格遵循。咸丰帝迷恋着懿嫔，使皇后想起了祖训，她想用祖训来约束这个贪恋女色的皇帝，自然对懿嫔也是一个警告。

钮祜禄氏唤来了自己的心腹太监，授意他到懿嫔居住的储秀宫，如此这般。次日清早，太监领令走到储秀宫寝宫门外念起祖训。正在温柔乡里沉睡的咸丰听到"祖训"二字，便急忙披衣起而跪听。这个太监是尊皇后之命而行的，他在寝宫门外诵读祖训，一直等到咸丰帝走出储秀宫，前往听政殿后才住口。

咸丰帝一向以标榜仁孝自居，对祖训也非常敬畏。因此，皇后将祖训作为尚方宝剑，以警示皇帝的办法还真灵验，以后，咸丰去储秀宫的次数减少了。

钮祜禄氏自以为皇上从此改邪归正，将勤于政事，哪知好景不长，当钮祜禄氏放松戒备时，咸丰帝又鬼使神差地往储秀宫跑动。这次简直变本加厉了，他不但像以前一样整天去储秀宫，而且隔三差五不上早朝。

皇后见此情形，故伎重演，可是咸丰帝这次一反常态，听到祖训后居然跟没事人一般，任凭坤宁宫太监千呼万唤，就是无动于衷。有一次，咸丰帝披衣走了出来，不是敬畏祖训，直接去上朝，而是将这个太监骂了个狗血淋头。

当太监怀着一肚子委屈跑到皇后那儿交差时，皇后大骂道："真是个不中用的东西！你有祖训在身，就是皇上犯法，与庶民同罪，斥责他也是应该的。好，你再带两个太监同去，如果不能说动皇上，小心你的狗头！"

三个太监去了有一个时辰，灰溜溜地滚回来了。皇后一看那个狼狈样，摆手示意他们免奏退下。她这会儿真是又气又恨。气的是皇上迷恋懿嫔，竟然一连几天早朝也不上了,眼下国运维艰,民怨沸腾,皇上却这样不思进取,成何体统!她恨的是懿嫔以色取宠,狐媚惑主,祸国殃民。皇上不上朝听政,祸根在于这个妲己,这个褒姒!

钮祜禄氏越想越气恼,越想越愤恨,她自言自语道:"不能就这么下去,长此以往,国将不国;长此以往,我这个皇后将置于何地!作为统摄六宫的皇后,对于惑主误国的狐媚之人有责任严加惩处!"想到这,皇后痛下决心,她决定亲自出马,一是劝皇帝理政,二是惩戒妃嫔乱宫。

咸丰六年(1856年)正月,皇帝长夜安住储秀宫,引起外朝内廷一片哗然,皇后认为时机成熟,决定依计而行。这天清晨,皇后早早起床,梳洗收拾停当,顾不得用过早膳,就令心腹太监把祖训拿来。那位太监一听祖训就头晕脑胀,因为这个东西已经把他搞得焦头烂额、六神无主。可是,懿旨已下,哪敢有半点儿差池?这位太监无可奈何,只得小心翼翼地取来祖训,手足无措地站在那里候旨。

过了好一阵儿,只见皇后威风凛凛地从深宫里走出来,对那个发愣的太监说道:"随我去储秀宫!"太监刚开始还不明白皇后葫芦里卖的什么药,半天才转过弯来:"哦,皇后要亲自出马了。"太监急忙把祖训捧过头顶,三步并作两步,跟着皇后直奔储秀宫。

来到储秀宫门外,把门的太监见是皇后驾到,纷纷跪迎,哪敢阻拦。皇后和随行太监直奔懿嫔寝宫。在宫门口,皇后双膝倒地,高声叫道:"请皇上起,听祖训!"咸丰和懿嫔此时被惊醒过来,听到外面皇后高呼祖训,咸丰帝不免有些惊慌,他怎么也不会想到皇后敢亲自前来,此举定然非同寻常。

咸丰帝连忙起身披衣,穿戴齐整,走出寝宫,恳请道:"朕即视朝,勿诵祖训。"咸丰帝匆匆上朝而去。皇后目送皇帝的身影消失后,转过身来,吩咐身边的太监起驾前往坤宁宫,并立即传旨令懿嫔一同前往。

懿嫔接到皇后懿旨,不免惊慌失措,她知道皇后要找她算账了。因为,按照清朝宫制,坤宁宫是皇后行使权力,进行赏罚后妃的地方。她看着皇后那怒气冲冲的样子,明白这是皇后在吃自己和皇上的醋,忌妒自己获得专宠,所以借祖制而泄私愤。此次去坤宁宫,肯定不会有好果子吃。无奈懿旨已下,她不敢不遵。临行前,她密令身边心腹太监,在她走后,立即去养心殿,想办法把此事禀报皇上,安排妥当以后,懿嫔心事重重,步履沉重地向坤宁宫走去。

懿嫔到达坤宁宫时,只见钮祜禄氏已在正中央皇后宝座上落座,一脸怒容,两边的几个首领太监也都是一副凶神恶煞的样子,宫内的空气异常紧张。懿嫔知道眼下自己羽翼未丰,鸡蛋碰不过石头。因此,她一踏进宫门,就倒地给皇后行跪拜大礼。皇后早已气得七窍生烟,对懿嫔根本不屑一顾,只听她破口大骂:"皇上本来是个勤理政务、奋发有为的天子,自你入宫以后,皇上既不视朝,也不理政。你究竟用什么妖术迷住了皇上,从实招来!"

懿嫔跪在地上,哪敢说出片言只语。她很清楚,任何辩解都不仅无用,而且只能是抱薪救火,越描越黑,将激起皇后更强烈的愤怒和更严厉的惩处。于是,她审时度势,缄口不言,一味低头"服罪"而已。

过了一会儿,懿嫔慢慢抬起了头,泪花在她眼眶里打转,但她强忍着不让流出来,只见她把下唇一咬,说了一声:"都是臣妾不好,臣妾知罪了。"

皇后见懿嫔低头认罪了,就来个顺水推舟,命令宫中太监:"知罪就好。来人哪,家法侍候,给我打!"威严的语调中分明流露出几许得意。

懿嫔低下头，紧咬着牙关，双臂撑地，紧紧地保护着腹部。因为她非常清楚，这里有她惟一的希望存在。只有这个小生命，才可以拯救自己。此刻，她心中只有一个念头：委屈一下吧，或许将来生个阿哥就好了。

就在懿嫔做好充分准备，静待受罚的时候，救星出现了。

原来，咸丰帝从储秀宫走出来，上朝途中回想着皇后那气势汹汹的样子，估计今天会发生一些不同寻常的事情。因而上朝以后，根本无心理政。当一个大臣出班启奏镇压太平军的消息时，没等说上两句，咸丰帝便不耐烦地挥手说道："所有军事奏折，着军机大臣妥议具奏。"说完便宣布退朝。在他心里，还惦记着后宫里的事情，什么太平军、长毛，他才顾不上详细过问呢。朝中大臣纷纷摇头不满，可是又无可奈何，只得退朝。咸丰帝罢朝后，急忙传旨前往储秀宫。它正要入乘皇舆，准备启行，忽然道旁闪出一个太监，高声禀报："皇上，奴才有事禀报，望皇上慢行。"

咸丰帝转过身来，定睛一看，这不是懿嫔的心腹太监吗？于是，还没等太监细禀，他就抢着问："懿嫔现在如何？"

太监急忙跪禀："启奏皇上，刚才正宫娘娘传下懿旨，令懿嫔娘娘前往坤宁宫。懿嫔娘娘临行前，命奴才前来——"

话还未说完，皇上就一清二楚了。他深知传令懿嫔去坤宁宫意味着什么，懿嫔的处境一定非常危险。于是，咸丰帝传旨火速赶往坤宁宫。当他走进坤宁宫时，在皇后的命令指使下，两个手持竹板的太监已走近懿嫔的身边。

正在这千钧一发之际，咸丰帝连忙高呼："请皇后免责，懿嫔已身怀六甲，身孕要紧！"

皇后刚才还得意地暗自思忖："叶赫那拉氏，你目无我正宫，整日与皇上耳鬓厮磨，颠鸾倒凤，今日也让你尝尝恣意妄为、媚惑皇上的苦果。"钮祜禄氏眼看好戏登场，正在宝座上趾高气扬呢，忽听一声高喊，往外一瞧，见皇上已跨进门来，心里顿时凉了半截。

既然皇帝出面说情，懿嫔且有怀孕在身的理由，岂有不准的道理。皇后见事已至此，只好悻悻地叹气道："皇上怎么不早说呢？早知懿嫔有喜，哀家就不会责怪她了。"于是，皇后便令懿嫔起身赐座。

一场风波就这样平息了。钮祜禄氏本想借助皇后的威权来惩戒获得宠幸的懿嫔，却因皇帝的阻止而没有得逞，心中一直耿耿于怀。而懿嫔见皇后手段平平，坤宁宫事件有惊无险，于是，依仗皇帝的恩宠，日益骄纵起来。

坤宁宫事件平息后，咸丰帝觉得宫里禁令太多，不便寻欢，于是又想起圆明园的"四春"女子来。

自汉女进入圆明园以来的很长一段时间，咸丰帝把全副精力用在园内诸女子身上，整日歌舞助兴，饮酒取乐，又有轻颦浅笑，绿肥红瘦，弄得这位青年天子快乐逍遥，不思回宫。到咸丰五年(1855年)，太平天国起义军早动北伐和西征，清朝军事吃紧，咸丰帝遂一心留意朝政，无暇入园寻欢。不久，奕䜣生母孝静皇贵太妃病重，咸丰帝感念皇太妃对自己的抚养之恩，每天去探望，非常殷勤。到这年七月，孝静皇贵太妃崩逝，尊封为康慈皇太后。咸丰帝哭临视殓，主持丧仪，奉安入葬，忙了三四个月，颇尽孝忠。后来，懿嫔诞育龙种，咸丰帝愈加宠幸，几乎夜夜陪侍储秀宫。

因此，将近一年光阴，咸丰帝未曾御幸圆明园。而今，皇后和懿嫔为争宠闹到如此地步，咸丰帝为平息两人纷争，索性谁也不予理睬，决定择日游幸圆明园。

却说圆明园内，四春女子盼星星，盼月亮，盼了一年，也不见天子的踪影，都有些心灰意冷,无限凄凉。近日闻知圣驾将至,立即精神倍增,欢呼雀跃,每天成群结队在园门口探望。四春女子当中,杏花春格外聪慧,一心想捷足先登,抢个头筹,因此,她近几月已贿赂园内所有值班太监,让他们留意消息,及时禀报。这些太监得了好处,自然格外卖力,从早到晚,翘首以待。

这日上午,咸丰帝退朝后,传出入园圣谕。随后,皇上乘坐明黄绣龙软舆,在众太监前呼后拥下,向圆明园而来。

早有值班太监探明消息,急派人往杏花春馆告知。杏花春早已整装待发,闻知天子不时将至,急忙准备。圣驾翩跹而至,杏花春急忙轻折柳腰,俯伏在地。因为康慈皇太后丧期未满,园内诸宫女也都身着素服。杏花春樱唇轻启,娇音已出:"臣妾杏花春恭请皇上金安。"咸丰帝俯身细瞧,只见她浅妆淡抹,越显得秀发如墨,面似银盘,与众女子相比,就好比鹤立鸡群,分外显眼。咸丰帝心中无限爱慕,忙令她快快起来。杏花春叩谢龙恩,让咸丰帝先行,随后率众宫女侍驾而行。

到了杏花春馆,杏花春引导皇上入寝宫落座,命馆内诸女捧出各样时鲜果品,美酒佳肴,请皇上自用。杏花春更是抖擞精神,殷勤献媚,时而眉目传情,时而珠喉吐信,把这咸丰帝服侍得十分妥帖,留连忘返。当晚,天子传旨留宿杏花春馆,自有那杏花春极力侍奉,欢度良宵。

翌日,咸丰帝见园中茂林修竹,碧水流彩,奇花异卉,争芳斗艳,不禁龙心大悦,特下圣旨,传谕各宫妃嫔、贵人和园内众美女,都到杏花春馆,举行盛宴,皇上钦赐宴名为群芳宴。一时间,三宫六院,接奉圣旨,佳丽三千,联袂而来。园内的牡丹春、武陵春、海棠春,虽满肚子醋意,不敢不到。

只有皇后钮祜禄氏,统摄六宫,母仪天下,谨言慎行,不喜放任,故而没有前来。懿嫔本是喜爱热闹繁华之人,只因身怀六甲,行动不便,自然也称病不起。其余妃嫔,仰慕龙恩,无不趋之若鹜,献媚取宠。

这天,杏花春馆群芳毕至,佳人齐集,莺歌燕舞,浅唱低吟,说不完的旖旎风光,道不尽的温柔情态。咸丰帝沉湎其中,尽欢而散。他这样一连寻欢作乐近月余,不问朝政。

不料,太平天国又闹腾起来,军情紧急,飞报至京,朝中文武大臣,好似群龙无首,不知所措。皇后得知此事,大惊失色,急忙亲赴圆明园,劝驾回宫。咸丰帝乐不思蜀,拖延了三五日,方才返宫视朝。

咸丰帝本无心朝政,马马虎虎办了几件大事,正准备再赴圆明园取乐,忽然敬事房太监前来禀报:"大阿哥降生了!"

"大阿哥降生了?"咸丰帝简直不敢相信自己的耳朵,直至太监重复禀报后,他才回过神来。咸丰帝已经嗣位六年,时年二十六岁,听到皇子诞生的消息,顿时高兴得手舞足蹈,喜不自胜。

皇子诞生的第二天,咸丰帝立即传谕内阁,晋封懿嫔叶赫那拉氏为懿妃,并赏赐懿妃白银三百两,绸缎四十匹。不久,咸丰帝又亲自赐皇子名为爱新觉罗·载淳。

此后,叶赫那拉氏母以子贵,在后宫中力挫群芳,地位扶摇直上。应懿妃之请,咸丰帝又加封她为"天地一家春",凌驾于"四春"之上,并在圆明园别造洞天,以示专宠。咸丰七年(1857年),懿妃晋升为懿贵妃,成为皇后之下、众妃之上的后宫二号人物。

如果就此止步,那么,她也许就不是叶赫那拉氏了。

第五章　火烧圆明园

1860 年(即咸丰十年)是清朝立国以来内外交困危机空前的一年,也是咸丰帝备感痛楚的一年。

而这一年又本应是一个吉祥年,咸丰帝继位十年,他本人又三十大寿(虚岁)。因而在大年初一(1 月 23 日),宫内外一片喜气洋洋。

开春新正,咸丰帝端装正色到各处行礼后,御太和殿受贺,至乾清宫赐宴,并颁"万寿罩恩诏"于天下,共有圣恩十六项。受惠的除王公大臣、儒生士子、孝子节妇外,还有几项与老百姓也有着关联:

> 军民年七十以上者,许一丁侍养,免其杂派差役;八十以上者,给与绢一
> 疋,绵一斤,米一石,肉十斤;九十以上者,倍之;至百岁者,题名旌表。

> 直省有坍没田地其虚粮仍相沿追纳者,该地方官查明咨部,奏请豁免。

> 从前各省偏灾地方,所有借给贫民籽种、口粮、牛具等项,查明力不能完
> 者,著予豁免。

> "各处养济院,所有鳏、寡、孤、独及残疾无告之人,有司留心,以时养赡,毋
> 致失所……

就连囚犯也沾了光,充军流放者"减等发落",就是犯了死罪的,若案情较轻,亦可由刑部查明,"请旨定夺"。

大年初一日,咸丰帝共颁下六道谕旨,全与他的三十寿辰有关。

在清朝,皇帝逢十的大寿,特别隆重。咸丰帝二十岁的生日,因为要守制,没有任何庆典,这一次还不应该好好地乐一乐! 宫内外都知道,咸丰帝特别喜欢热闹,这几年天下不靖,把咱们的皇上害苦了,这一次无论如何也得让寿星开开心了。

然而,这一吉祥年,又成了灾祸年。也许从这一年开始,清朝最高统治者的逢十大寿,凶多吉少。自咸丰帝之后统治中国半个世纪的那拉氏,四十大寿遇日军侵台、五十大寿遇中法战争,六十大寿遇中日甲午战争,而七十大寿虽没有中外开战,但日本人与俄国人却在中国的土地上打起来了。这些都是后话。在刚刚过年的时候,咸丰帝是打算好好庆贺一下自己的生日的。

这一年刚开始的时候,咸丰帝的日子还是比较好过的。在镇压皖豫鲁苏的捻军战场上,他以漕运总督袁甲三(袁世凯的叔祖父)继胜保为钦差大臣,主持安徽"剿匪"事务;改派都统胜保去河南,主持河南"剿匪"事务;又派提督傅振邦督办苏北徐州、宿迁一带"剿匪"事务;又派都统德楞额督办山东"剿匪"事务。如此部署,多有成效,捻军的势力被压小了。江南大营的统帅、钦差大臣和春也报来了好消息:清军攻克了江浦、九袱洲,太平天国的首都天京已被团团包围。更让他心动的是钦差大臣、两江总督何桂清的奏折,称:英法失和、英美相争,法国准备攻打澳门与西班牙为难……这些消息虽不那么可靠,但犬羊反复之性,难以理测。

可没过了多久,坏消息接踵纷至。

1860 年 3 月 19 日,太平军攻下浙江省城杭州,清巡抚、布政使等官死之。江南大营清军立即前往救援,咸丰帝命和春兼办浙江军务。

1860年4月11日起,太平军在调动了江南大营的兵力后,分路回援天京,先后占领高淳、溧阳、句容、秣陵关、淳化镇,并于5月2日起,十万兵马分五路扑攻江南大营,至5月6日,再破江南大营,天京解围。

1860年5月15日起,获胜的太平军向东进击,5月19日克丹阳,26日占常州,30日占无锡,6月2日占苏州,15日占昆山,17日占太仓,准备进军上海。江南富庶之地,尽为太平军所有。太平天国第二次达到全盛期。咸丰帝见此,只能不计前嫌,6月8日授曾国藩为尚书衔,署理两江总督。

自太平天国占领南京后,两江总督的衙署临时迁至常州。此时常州、苏州皆失,咸丰帝的意图是,让曾国藩率领所部湘军,取道江西、安徽,绕至苏州一带,以保东南大局。曾国藩是一个优秀的战略家,并不像咸丰帝那样只顾得头痛医头,脚痛医脚。他已经看出若要扑灭太平天国须得攻克南京;而要攻克南京,又必须首先攻克安庆,从上游逐次而下方可成功。以前江南大营数度围困南京而不免最终失败,就是没有占据上游。于是,他以种种理由解释自己不能马上去江南。咸丰帝对此甚有误解,以为曾国藩按兵不动,仍是嫌"尚书衔""署理"非为真授,为自己多年得不到地方实缺而闹意气。这位以"忠臣""干臣"自我标榜的家伙,到了这个时候反跟朕摆起架子来了。他极想发作,恨恨怒骂曾国藩一顿,然转念一思,既然江南尽失,浙江也可危,与其让予"长毛",不若给了曾国藩算了。他要是真想当两江总督,地盘要靠他自己一点点打下来,朕不就是给了个头衔吗?8月10日,他正式授曾国藩为两江总督,并授钦差大臣,督办江南军务。咸丰帝心想,这下子曾国藩该满意了吧。

哪知曾国藩依旧不去江南,而是加紧了对安庆的攻击。咸丰帝对此恼怒万分。江南是清朝的财赋之区,京城吃的也全靠苏南、浙江每年一百万石海运米支持,这一区域有着至关重要的意义。曾国藩拥兵自重,显有异心。可是,咸丰帝此时已经管不了江南了,更强大的敌人站在他面前。

自1859年6月英、法兵败大沽后,两国出兵报复的风声不时飘至上海。苏松太道吴煦私下与英国商人拟订停战条件:清政府完全承认《天津条约》,大沽口撤防,另增赔款银一百万两。这种几乎完全是民间性的调停是否有效,今天也很难确定。一贯反对对外开战的何桂清对此很有兴趣(很可能他就是吴煦的后台老板),于1860年2月上奏探询口风,咸丰帝严词拒绝。同时,在僧格林沁的要求下,咸丰帝先后调兵一万三千人,合之原防兵,使天津、大沽、山海关一带的清军兵勇达到二万九千,其中大沽驻军1万人。北方的海防再度加强。

1860年4月,在太平军解围天京,进扑江南大营的同时,英法联军陆续开抵中国沿海。其中英军有军舰七十九艘,地面部队约二万人,雇用运输船一百二十六艘;法军有军舰四十艘,陆军七千六百人。如此庞大的兵力兵器,在西方殖民扩张史上亦属罕见。4月14日,英、法公使与海、陆军司令在上海商订了作战计划。4月21日,英军占领定海(今舟山市)。5月27日,英军占领大连。6月4日,法军占领芝罘(今属烟台)。到了6月下旬,英法联军大体完成了其军事准备:以上海、舟山为转运兵站,以大连、芝罘为前进基地;英舰七十艘已驶入渤海湾,大连驻扎英陆军一万一千人,法舰大部也驶入渤海湾。芝罘驻扎法陆军六千七百人。6月26日,英、法政府通告欧美各国,对中国正式宣战。

面对如此的军事局势，受到太平军沉重打击的江苏官员态度顿变。两江总督何桂清数次上奏婉言主和。太平军攻击常州时，他又跑到上海，与英、法联络，欲借英、法军队"助剿"太平军。6月5日，何桂清明言上奏："现在东南要塞均为贼据，苏省无一兵一卒，全境空虚"，要求咸丰帝全盘接受英、法开出的条件，"速定和议，借兵助顺"。尽管何桂清因兵败而被革职，何桂清的请求更是被咸丰帝全然否决，但继任者薛焕（以江苏布政使署理管理各国事务钦差大臣、署理江苏巡抚）不顾严旨，仍在私下里奉行何桂清的政策，苏松太道吴煦更是多方联络。在这批官员的请求下，英、法公使不顾与清朝开战的事实，宣布武装保卫上海，维护商业活动，并抽调英军一千零三十人，法军六百余人，在上海布防。由此而产生了世界战争史上的奇特现象：在中国北方与清中央政府作战的英、法两国，在上海地区却与清地方政府进行军事合作。本是对手，却成战友。

到了这个时候，咸丰帝的态度也变了。他已陷于两面作战的困境：英法联军大兵压逼北方，太平军乘胜扫荡东南。从各处的奏报来看，此次前来报复的夷兵夷船甚夥，不知僧格林沁能否抵挡得住？而上海的官员言论更让他担心，英法若与"长毛"合作（在江苏，双方的控制区已经连接），大清的江山岌岌可危。他先是频频下旨，让何桂清、薛焕等人"开导"，以求能够出现"转机"。可是这种咸丰帝惯用的不予任何实际承诺只靠下级官员嘴皮子的外交，自然不会有任何成效。于是，他又下令驻守大沽的僧格林沁不得首先开炮，并谕令直隶总督恒福，若英、法使节前来换约，"大皇帝宽其既往""由北塘进京换约"。

咸丰帝让步了。他已经不再要求废除《天津条约》，甚至对《天津条约》中公使驻京等条款，也没有提出修改。很可能美国公使"乖顺"的进京举动使他感到了某种心安，只要能不面见这些桀骜不驯的"夷"人，就让臣子们去折冲尊俎保全"天朝"吧。尽管咸丰帝自以为让步很多，但他的价码与英、法此时的要求相比，差距甚远，根本谈不到一起去。且英国专使额尔金、法国专使葛罗认为，若不先给予清朝以极大的军事打击，任何谈判都不会成功。

大炮的轰鸣是最为有力量的外交辞令。在一个强权的世界，谁也不能否认这一点。

1860年8月1日，英法联军以舰船二百余艘、陆军一万七千人，分别由大连、芝罘开拔，避开防守严密的大沽，在清军未设防的北塘登陆。直隶总督恒福依照咸丰帝的旨意，频频照会英、法使节，希望他们按照美国的先例，进京换约。来势汹汹的英、法两方对此根本不予理睬。

驻守大沽的钦差大臣僧格林沁，奉旨不得首先开战，对登陆之敌也未能乘其立足未稳而施加打击。英法联军在未遇任何抵抗的情况下，登陆行动进行了整整十天。一直到8月10日，即咸丰帝将江南全权交予曾国藩的当日，英法联军才全部登陆完毕。从8月12日起，英法联军开始行动，当日攻占大沽西北的新河。8月14日又攻克大沽西侧的唐沽。僧格林沁此时才真正明了英法的意图：绕开防守严密的正面，而从防卫薄弱的侧后来攻打大沽。此时已晚，大沽柔软的腹部完全裸露对手的面前。僧格林沁见军情不利，决心在大沽拼死一战，不求成功只求成仁，也算对得起君主的隆恩了，咸丰帝闻此大惊。

清朝的精锐部队主要有两支，一支是兵勇将近十万的江南大营，主要围攻南京，此时为太平军扑灭，咸丰帝不得已才重用曾国藩和他的湘军。另一支就是由僧格林沁统率的总兵力约三万的部队;而三万众部中精华万余名是僧格林沁直接指挥的大沽守军。若是僧格林沁在大沽死拼,那又靠谁来保驾呢?咸丰帝知道僧的脾气,立即派人带了一道亲笔朱谕给他,词句语重心长:

> 握手言别,倏逾半载。现在大沽两岸正在危急,谅汝在军中,忧心如焚,倍切朕怀。惟天下根本,不在海口,实在京师。若稍有挫失,总须带兵退守津郡,设法迎头自北而南截剿,万不能寄身命于炮台。切要!切要!以国家倚赖之身,与丑夷拼命,太不值矣!

咸丰帝的意思是让僧格林沁若见形势不利,立即带兵从大沽脱逃,以能最后保住北京。与此同时,他还不顾英、法一意开战的态度,于8月16日由内阁明发了一道自欺欺人的上谕(让今人看了完全莫名其妙)全文为:

> 著派文俊、恒祺前往北塘海口,伴送英、佛(法)两国使臣,进京换约。钦此。

这时候的咸丰帝,对先前极度不满的《天津条约》,不再敢有任何意见了。

1860年8月18日,英法联军攻占了大沽西侧仅数里远的大、小梁子,完成了从大沽侧后实施进攻的一切准备。8月21日,联军再攻大沽北岸主炮台西侧仅五百米的石缝炮台,守军奋力坚持两小时而不支,大多战死,指挥作战的直隶提督乐善亦阵亡。僧格林沁见败局已定,急忙统兵撤离大沽,绕开天津,直往通州。经营三载,耗帑数十万,安炮数百位的大沽炮台,在此次战斗中没有发挥任何作用。8月23日,英法联军进据无人防守的天津。

在这里还应提提上海的战况。1860年8月18日,太平军在李秀成的统率下进至徐家汇,逼上海西、南两城门,署江苏巡抚薛焕借英法联军之兵固守。8月19日,太平军三面包围上海,进逼租界,为英法联军所挫。8月20日,太平军再攻上海,仍被英法联军所败,李秀成中弹受伤。8月21日,太平军因连败而撤出上海。在同一个时间里,英法联军在南、北战场扮演了迥然不同的角色。不过,这一切,咸丰帝当时并不十分清楚。

战败了,结果都是相同的。咸丰帝只得派出大学士桂良为钦差大臣,至天津与英、法进行谈判。英、法开出的价码是:增加赔款;承认《天津条约》;公使驻京与否由英方自行决定;开天津为通商口岸。桂良等人根据咸丰帝谕旨正欲唇枪舌剑进行一番辩驳,傲慢的英、法专使直截了当地告诉桂良,只许签字,不容商议。桂良等人要求宽限以备上奏请旨,英、法又以桂良无"全权"为由,宣布谈判破裂。9月8日,英法联军由天津向北京开进。

桂良的交涉失败了,咸丰帝又派出最为信赖的怡亲王载垣为钦差大臣。英法联军的行动,又使谈判地点从天津移至通州。至9月17日,载垣等人奉旨屈从英、法的各项要求,战事眼看就要结束。哪知第二天,9月18日,时任英国使团中文秘书的巴夏礼,却提出了换约时须亲见皇帝面递国书,皇帝盖玺的条约批准书亦须当场交给英国使节。这下子可刺中了咸丰帝的痛处。这是他最不能容忍之事。

巴夏礼,英国一铁厂工人之子,家境贫穷。其表姐嫁给了普鲁士传教士郭士立(K. F. A. Gutzlaf),遂于1841年来中国寻出路,学会了中文。靠着郭士立的关系,1842年找到了一份工作,充任英国公使代表濮鼎查的秘书,参加了鸦片战争。此后在厦门、上海、福州英国领事馆里当翻译。1856年代理广州领事。"亚罗号"事件时他极力扩大事态,占领广州后成为广州的实际主宰。1858年底改任代理上海领事。此次英法联军再度北犯,专使额尔金任命他为中文秘书。由于额尔金常常不愿与清朝官员打交道,往往派巴夏礼出面。在清朝的文献中,巴夏礼是一个频频出现的人物(因为他与清方官员交涉最多),对他的议论和猜测也最多。然从各地大臣的奏报中,咸丰帝也竟然认定巴夏礼是英方的"谋主",因而在通州谈判开始前(9月14日),就下旨怡亲王载垣设法将巴夏礼及其随从"羁留在通(州),勿令折回以杜奸计"。擒贼先擒王。

此时谈判破裂,怡亲王载垣立即通知驻守通州东南张家湾的僧格林沁。而僧格林沁立即率部出动截拿巴夏礼等三十九人。9月18日,僧格林沁所部两万人与英法联军先头部队四千人大战于张家湾。结果僧部大败。9月21日,僧格林沁等部清军三万人与英法联军五千人再次大战于通州以南的八里桥,清军再次大败。此后,英法联军继续进军,兵锋进迫北京朝阳门外。

怡亲王载垣刚刚拿获巴夏礼时,上奏中称:

> 该夷巴夏礼善能用兵,各夷均听其指使,现已就擒,该夷兵心必乱,乘此剿办,谅可必操胜算。

以为捉住了巴夏礼即可在军事上获胜。谁知此后的战事一败如水。此时,他们又想起了关在北京刑部北监的巴夏礼,让他写"退兵书",而巴夏礼提出的反条件又让他们瞠目,"该书只写英文,不写汉文"。

若大个北京城,清朝找不出一个懂英文的人。这事情的本身,就能透视出许多。

早在钦差大臣僧格林沁兵败大沽退守通州一带之后,曾上有一密折,请咸丰帝"巡幸木兰"。

"木兰"是指热河行宫(今承德避暑山庄)西北的打猎场所(位于今围场县境内)。此地原为蒙古王公献给康熙帝的。避暑山庄建成后,每年夏秋之际,清朝皇帝便来此处行围打猎,召见蒙古王公,显示"满蒙亲睦",颇有今日统战工作之意义。此称"秋狝",又称"巡幸木兰"。僧格林沁此次上奏的目的,当然不是让咸丰帝在此时跑到热河行宫去打猎散心,或者做做蒙古王公的"民族调解"工作,而是婉转地表达了对战局的判断,让咸丰帝离开北京,"避避风头"。

在当时的环境中,作为一名统兵大员只能表达对"逆夷"决战决胜的信心,绝不能说"无胜利把握",更不可说"不能获胜",此乃长敌人威风灭自己志气之举。但僧格林沁深知,在通州一带将要进行的是一场决战,他手中并无制胜之术,一旦失败,北京将陷入敌手,皇帝将成为俘虏。此事体大,不能不言。

此种我武不扬的密折,咸丰帝当然是留中不发。但僧格林沁的表白,却使他在高调声中看到自己的位置。1860年9月9日,他得知桂良在天津谈判失败,英法联军开始向北京进攻,决定开战了,但又怕战之不胜而身陷囹圄,便颁布了一道亲笔朱谕:

> 桂良等奏,夷务决裂情形。览奏何胜愤怒!朕为近畿百姓免受荼毒,不得已勉就抚局,乃该夷屡肆要挟,势不决战不能。况我满、汉臣仆,世受国恩,断无不敌忾同仇,共伸积忿。朕今亲统六师,直抵通州,以伸灭讨而张挞伐。著内廷王、御前大臣、军机大臣、内务府大臣迅速定议。并有僧格林沁密折一封,一并阅看。本日奏事之外廷大臣,并着与议。特谕。

咸丰帝明显在这里要了个滑头,明明是想逃离北京到热河躲避,却说是"御驾亲征"至前线。总不能让朕自己说出来要逃难吧,发下僧格林沁的密折,就是想让你们仿效僧格林沁,联名上奏劝驾移往,朕再表示勉从其难。一场做给老百姓看的戏也就算完成了。

参加朱谕讨论的大臣们,完全了解咸丰帝的心思,但他们首先需要考虑的是,天子一旦离开京师,会对全国形势和朝廷形象发生什么样的影响。反复商议后,由体仁阁大学士贾桢领衔上奏,称"时无寇准",澶渊之功难恃;木兰无险,"土木之变堪虞"。

这一篇奏折中引用了两个典故。一是 1004 年辽兵犯北宋,宋真宗畏敌,准备迁都南下,宰相寇准力议御驾亲征,结果宋真宗统兵到澶州(今河南濮阳)督战,宋军受到激励而大获胜利,迫使辽方议和,史称"澶渊之盟"。二是 1449 年蒙古进攻明朝,大太监王振挟明英宗率军亲征,结果在土木堡(今河北怀来境内)被蒙古军俘虏。明英宗之弟被推为帝,即明代宗。朝廷大臣的意见是,咸丰帝既不亲征通州,也不北往热河,而是坚守北京。

咸丰帝阅此奏折十分生气,难道让朕坐以待毙?因为看到此折上诸亲王并未列衔,问何人定稿、何人秉笔,答以由总管内务府大臣、户部左侍郎宝望主稿。咸丰帝再下朱谕:

> 巡幸之志,朕志已决,此时尚可从缓。惠亲王天潢近派,行辈又尊,自必是国事为重,着与惇亲王、恭亲王、端华等速行定议具奏。

这一次,咸丰帝已经顾不上什么面子了,明白让手下拟一道请求移驾的奏折来。

9 月 10 日,阴云渗淡。惠亲王绵愉、惇亲王奕誴、恭亲王奕䜣、郑亲王端华等人奉旨会议,毫无主见。问及京城能否守御,众皆莫对,闻者徒有嗟叹而已。咸丰帝派怡亲王载垣出城谈判的消息,使他们感到了一线生机;而前门外的烧饼却被抢购一空,当作不测时干粮之用。另一道命令使京城处于一片恐慌之中:限大兴、宛平两县在当夜子刻(夜十一时至次日一时)前,准备大车五百辆。还有一条谣言在京城迅速蔓延:"夷人已到通州,定于二十七日(9 月 12 日)攻城!"

自 1853 年太平天国北伐军攻击天津引起京城大乱之后,1858 年 5 月、1859 年 6 月大沽口的炮声也在不同程度上制造了京城的恐慌。此次也不例外,大沽口一开炮,京城里的富绅大户们纷纷作逃难计。可若大个京城,上百万人口,能走的只能是少数,大多数人从来就把目光集在他们的皇上身上,就连金枝玉叶的皇上都稳稳地住在圆明园内,咱小老百姓还跑什么呢?此次不一样了。皇上要跑了,这条消息使人们感觉如头顶上响了一颗炸弹。

9 月 11 日,各位大吏、谏台言官、内廷词臣纷纷上奏,请求咸丰帝留下来,同守京师,甚至要求他从城外的圆明园,搬到城内的皇宫,以此激发民气,安定人心。咸丰帝对此,统统留中不发。用当时官场用语来说,这些奏折被"淹了"。消息灵通人士又得知,咸丰帝当日又颁下一道朱谕:

> 朕察时审势,夷氛虽近,尤应鼓舞人心,以拯时艰。即将巡幸之预备,作为亲征之攀,镇定人心,以期巩固。著惠亲王等传谕京城巡守、接应各营队,若马头、通州一带见仗,朕仍带劲旅,在京北坐镇,共思奋兴鼓舞。不满口〔万〕之夷兵,何虑不能歼除耶?此旨著王、大臣同看。

在专制社会中,统治者说的话字面上的意思与实际要表达的意思经常有不小的差距。我在这里接连引用几段朱谕,正是想让读者获得一种"语境",能够直接了解当时的政治语言。明明是逃跑，却找个借口"巡幸木兰"，这也就罢了，但将"巡幸"作为"亲征"，那是另一种"语言技巧"了。即将开战的通州一带在北京的东南，咸丰帝"带劲旅在京北坐镇"，不就是见势不妙即可滑脚而逃吗？

一传十，十传百，咸丰帝逃跑的消息在北京引起了一阵雪崩。9月13日，在京的军机大臣匡源、文祥、杜翰联名上奏，直言不讳，要求咸丰帝收回成命。此外，大学士彭蕴章出奏，六部会奏，都察院、九卿、科道各递封奏，皆要求"止驾"。如此强大的压力，咸丰帝只能由内阁明发上谕：

> 近日军务紧要，需用车马，纷纷征调，不免啧有烦言。朕闻外间浮议，竟有谓朕将巡幸木兰举行秋狝者，以致人心疑惑，互相播扬。朕为天下人民主，当此时势艰难，岂暇乘时观省。且如有此举，亦必明降谕旨，预行宣示，断未有銮仪所准，不令天下闻知者。尔中外臣民，当可共谅。所有备用车马，著钦派王、大臣等传谕各处，即行分别发还，勿得尽行扣留守候，以息浮议而定人心。

这一篇谕旨，将执意逃跑的咸丰帝洗刷得干干净净，公然宣布从无"巡幸木兰"之议，只是民间的谣言。但当时的细心人也能看出破绽：既然上谕一开头就宣称征调车马不是为了"巡幸木兰"，而是因为"军务紧要"，又为何"分别发还"呢？难道军务不再"紧要"了吗？这么多的车马不是为了逃跑又是为了什么？

《翁同龢日记》透露了更多的内幕：这一天咸丰帝的七弟醇郡王奕譞入圆明园痛哭流涕，要求身先士卒，决一死战，请咸丰帝不要北逃，五弟惇亲王奕誴亦大力支持此议。军机大臣文祥势更是力争。咸丰帝不得已而让步。这一天由内阁明发的上谕很可能就是军机大臣文祥起草的。他要乘此时机用咸丰帝的嘴来绑住咸丰帝的腿。在当时的环境中，起草人只需将冠冕堂皇的词句递上去，任何一位上级也无法修改，只能点头称善，这又是专制社会里下级操纵上级的特殊手法之一。

北京的民情随着发还的车马而渐显平静下来。庄严的上谕使咸丰帝再也无法提逃跑之事，前方主帅僧格林沁奏折中的一段话，又及时地给他送来了宽心丸：

> 若奴才等万一先挫，彼时即行亲征，亦可不致落后。

这句官场用语翻译成现代白话，那就是，"就是等到我部战败之后，皇上再开始逃跑，也还是来得及的"。

9月18日，张家湾开战。僧格林沁战败的消息传到北京，咸丰帝频频召见亲王、大臣，但仍未逃跑。

9月21日，阴云惨淡。通州八里桥决战，僧格林沁再次战败。咸丰帝得知消息，再也坐不住了。当天晚上，圆明园内的灯光终夜不息，咸丰帝召见亲信重臣商议。御前会议上决定了两项对策：一、咸丰帝避居热河，这时候再也没有人敢出面反对了。在公私文献中，此次逃跑名曰"北狩"。二、恭亲王奕䜣留在北京，全权处理英法事务。当日由内阁明发的上谕称：

> 恭亲王奕䜣著授予钦差便宜行事全权大臣，督办和局。

此外，咸丰帝还给奕䜣一道朱谕：

> 现在抚局难成，人所共晓，派汝出名与该夷照会，不过暂缓一步。将来往返面商，自有恒祺、蓝蔚雯等。汝不值与该酋见面。若抚不成，即在军营后路督剿；若实在不支，即全身而退，速赴行在。

"行在"是指皇帝临时驻跸之地。看来咸丰帝对形势已作了最坏的估计,如果讲和不成,拒战又败,那也逃到热河来吧。

9月22日,是咸丰帝至死都不能忘记的日子,尽管上帝给他的日子已经不多了。这一天,他离开了北京,离开了圆明园。野史中称,但凡皇帝在圆明园乘舟时,岸上宫人必曼声呼曰"安乐渡",递相呼唤,其声不绝,直至御舟到达岸边。咸丰帝出逃时,他的儿子也效法呼喊"安乐渡"。咸丰帝听后感慨万千,抱着他儿子说:"从今以后再也没有什么安乐了",言毕潸然泪下。又据时任詹事府詹事、上书房行走的殷兆镛的记录,这一天的卯初(约早晨5点),咸丰帝召见惠亲王绵愉、恭亲王奕䜣、惇亲王奕誴、怡亲王载垣、郑亲王端华和军机大臣等人,作了最后的安排。巳正(大约上午10点),咸丰帝一行从圆明园的后门出逃。临行前十分忽忙,就连御膳及铺盖帐篷都未带。而临行前的忽忙,又使咸丰帝没有机会再看看京城,甚至连圆明园的秋色均未注意。这一切,他以后再也看不见了。

在清代,皇帝出巡是大事,一般需在一个半月前就得准备,沿途安排行宫膳食。可这一次,全无供张,甚至地方官闻警已逃,禁军饥不得食欲溃。清人笔记中描写了狼狈的情景:

> 圣驾遂于初八日(9月22日)巳刻偷走……銮舆不备,扈从无多……车马寥寥,宫眷后至,洵迫不及待也。是日,上仅咽鸡子二枚。次日上与诸宫眷食小米粥数碗,泣数行下。

没有前驱之卤薄,没有锦扬之銮仪,没有跪迎之官员,没有酒宴之铺张,甚至没有合用的被褥,咸丰帝一路上只能吃到两个鸡蛋,喝碗小米粥,流着眼泪走。

这是清朝历史上第一次皇帝出逃京城。40年后,他的妻子(那拉氏)带着他的侄子(光绪帝)再次出逃。

八里桥之战后,英法联军稍事休整,继续开进。9月24日占领通州。9月26日,其一部进至朝阳门外。尽管咸丰帝在出逃的路上于9月25日命令钦差大臣两江总督曾国藩、钦差大臣漕运总督袁甲三、河南巡抚庆廉、安徽巡抚翁同书、提督傅振邦从镇压太平军、捻军的战场上抽调"精勇"援京;到达热河行宫后于10月2日命盛京将军玉明、绥远城将军成凯、山东巡抚文煜、陕甘总督乐斌、山西巡抚英桂、河南巡抚庆廉亲自率领精兵进京"勤王",并命钦差大臣湖广总督官文、湖北巡抚胡林翼派兵勇救京;又于10月10日再次催促各地"勤王"之师星夜前进,并命吉林、黑龙江将军"派兵内援",但是,从当时的运兵条件来看,这些兵勇赶到北京至少在一个月之后。

留在北京身负重任的钦差大臣恭亲王奕䜣,一再致书英国专使额尔金、法国专使葛罗,要求停战议和,但英、法方面要求首先释放巴夏礼。手无可战之兵的奕䜣,却欲以巴夏礼作为人质,迫英法退兵。双方的交涉一时以巴夏礼为中心。奕䜣等人至此尚不明巴夏礼的真实地位,敌人催逼越紧,他越以为此人重要。10月6日,英法联军在北京安定门、德胜门外再次击败僧格林沁等部清军,法军一部冲进了圆明园,开始抢劫。奕䜣等人避走万寿山。10月8日,在京城的清官员,在英、法的胁令下,释放巴夏礼。10月10日,英法联军司令官照会奕䜣,限三天内交出安定门,否则即将城门攻开,清朝官员只得乖乖照办了。

1860年10月13日中午12点,北京的安定门向英法联军开放,侵略军之一部列阵进入北京。这座始建于明代的城门,本是王师出征之道(明清惯例,禁军出京攻守,出安定门,入德胜门),此时正式交给英法联军"代为看守"。北京已完全落入英法联军的军事控制之中。

自 10 月 6 日法军闯入圆明园进行抢劫后,眼热的英军第二天也入园参加抢劫。灿烂的东方名园顿时成了一个强盗世界。

从咸丰帝的五世祖康熙帝修建圆明园起,经历了雍正、乾隆、嘉庆、道光诸朝的全力经营,耗帑二亿两以上的白银,终于在京西北的山山水水之间建起了这座占地五千余亩、中西景观一百多处的皇家园林。1793 年,乾隆帝在此接待了第一位到达中国的英国使节马戛尔尼,并让他游览全园。由此,圆明园更以清朝"夏宫"的名称流传于欧洲。从未到过中国,更未见过圆明园的法国大文豪雨果,以文人特有的灵敏感受,描绘了这一地方:

> 在地球上的一个角落,有一个奇特的世界,它叫做夏宫。艺术的基础在于两种因素,一是产生欧洲艺术的理性,二是东方艺术的想象。在想像的艺术中,夏宫相当于理性艺术的帕提侬神庙。凡是人们,近乎神奇的人们的想象所能创造出来的一切,都在夏宫身上得到体现。帕提侬神庙是世上极为罕见的、独一无二的创造物,而夏宫却是根据想象、而且只有根据想象方可拓制的巨大模型。您只管去想那是一座令人心向神往的、如同月宫城堡一样的建筑。夏宫就是这样。您尽可以用云石、玉石、青铜和陶磁来创造您的想象;您尽可以用云松来作它的建筑材料;您尽可以在想象中拿最珍贵的宝物,用最华丽的绸缎来装饰它……

没有见过圆明园的雨果,把它想象成梦幻般的仙境;而见过圆明园的人,却称它是梦幻仙境的真实再现。

此时,这座"想象艺术"中的帕提侬神庙,正在侵略军手下呻吟。

一名"冷静"的法国贵族客观地描绘了当时的场面:

"我只是一个旁观者,一个不抱任何偏见、却也充满好奇心的旁观者,贪婪地欣赏着这一幕奇怪且令人难忘的情景:这一大群各种肤色、各种式样的人,这一大帮地球上各式人种的代表,他们全都闹哄哄地蜂拥而上,扑向这一堆无价之宝。他们用各种语言呼喊着,争先恐后,相互扭打,跌跌撞撞,摔倒又爬起,赌咒着,辱骂着,叫喊着,各自都带走了自己的战利品。初看起来真像是一个被人踏翻了的蚂蚁窝,那些受惊了的勤快的黑色小动物带着谷粒、蛹虫、卵或口衔麦秆向四面八方跑去。一些士兵头顶着皇后的红漆箱;一些士兵半身缠满织锦、丝绸;还有一些士兵把红宝石、蓝宝石、珍珠和一块块水晶放在自己的口袋里、衬衣里、帽子里,甚至胸口还挂着珍珠项链。再有一群人,他们手里拿着各式各样的座钟和挂钟,匆忙地离去。工兵们带来了他们的大斧,把家具统统砸碎,然后取下镶在上面的宝石……这一幅情景只有吞食大麻酚的人才能胡思乱想出来。

……

在园里,到处都有人群,他们奔向楼阁,奔向宫殿,奔向宝塔,奔向书室,唉,我的天呀!"

这位法国伯爵还写道,他的一名传令兵为了讨好他,"双手满满地给我捧来一大把珍珠"。相对法军抢劫中的混乱,英军操行此事时显然"有序"得多。英军统帅格兰特(J.

H. Grant)得知法军的获利,"非常仁慈地发出一道命令,让每个军团的一半军官在第二天上午可以去圆明园抢劫,但这批人必须在中午回来,以便其余的一半军官可以在下午去抢"。在"军官优先"的原则执行之后,很快又准许士兵"沾利"。

为了使没有机会参与这场大抢劫活动的官兵们不至于失望,"公平"地分配这些"战利品",英法联军还成立了专门委员会,进行拍卖、分配等活动,并将最好的一份献给英国女王和法国皇帝。等到后来英法联军撤退时,载运赃物的大车队有几里长。

圆明园的罹难并没有到此为止。

当时僧格林沁截拿巴夏礼一行,共计三十九人,而到 10 月 8 日、10 月 12 日、10 月 14 日三次释放被俘人员时仅十九人,另外二十人在狱中死去。为了报复清朝的"残暴",英国专使额尔金决定给咸丰帝一个永久的"教训"。最初意欲烧毁城里的皇宫,后因恐皇宫化成灰烬,清朝颜面尽失而有可能垮台,从清朝手中攫取的利益随之再失。最后额尔金选择了圆明园。而在抢劫圆明园的最为积极努力的法方,却认为此举"不文明"而拒绝参加。

1860 年 10 月 18 日,英军第 1 师数百名士兵根据额尔金的命令在园中放火。顷刻间,几十股浓烟升起,圆明园成为一片火海。熊熊的大火,三日不息,远在京城里的人们都可以看见西北方向那冲天的黑烟。天空黯淡,日月无光,尘埃与火星,随风飘到城里,在我们民族的历史上,蒙上了一层埃尘。

我们不知道咸丰帝得知他的出生地在举行了他三十岁生日大庆后毁于一炬作何感想,但可以肯定,不管他怎么想,他什么也不能做了。他已经没有任何反抗的力量。

清史通鉴

主编 启 智

第四卷

从金戈铁马的努尔哈赤到黯然退位的末帝溥仪，全书以生动鲜活的笔法，精雕细琢出爱新觉罗氏的十二位帝王，音容笑貌毕呈毕现，品性情趣栩栩如生。同时，依托于大量史实资料，真实客观地再现了清代二百多年的兴衰史：创业的艰辛令人肃然起敬；辉煌的鼎盛让人振奋不已；衰落的末日，让人捶胸痛泣。全书既具有浓郁的文学色彩，又具备翔实的史学价值。

中国华侨出版社

第六章　仓惶北狩

咸丰十年(1860)六月,英法联军再次闯入渤海,并先后攻陷北塘、大沽、天津。咸丰帝派桂良为钦差大臣前往媾和。因英法所提条款过于苛刻,桂良不敢擅断,所以,条约未能签订。英法联军继续向通州进犯,咸丰帝再派怡亲王载垣和兵部尚书穆荫为钦差大臣,赴通州议和。

会谈中,英国公使额尔金的代表巴夏礼,在天津所订条款基础上,又提出英法联军进驻张家湾以南五里,公使进京换约带兵增至一千人的要求,天津条款中议定公使进京带兵四五百人。载垣等虽竭力讨价还价,最后还是接受了全部条件。

载垣在奏请咸丰帝的过程中,感觉到咸丰帝虽同意侵略者的要求,但十分勉强,意识到咸丰帝在是战是和问题上仍未下决心。咸丰帝的这一态度影响了载垣等在谈判中的立场。

八月初三,巴夏礼等带着英法公使给载垣照会的答复,再次来到通州。巴夏礼在同载垣的会谈中,又提出公使进京觐见皇帝"不能跪",不能"以敌体礼见面"。载垣答道:"此事关系国体,万难允许",希望撤销此项要求。巴夏礼则表示"并未授权谈论此事",拒绝进一步讨论。谈判陷入僵局。

载垣见议和难成,遂通知僧格林沁在张家湾一带布置驻防,并密告僧格林沁扣押巴夏礼,以为人质。

谈判宣告破裂,英法联军进攻僧格林沁的张家湾大营,僧军大败。八月初七日,联军追至通惠河八里桥,这里距京城仅八里,再次与僧格林沁军交战,同时与胜保的部队激战。僧、胜两军皆败。英法联军逼近京师,局势危急。

载垣等人在欲和不成、欲战又败的形势下,又力谏咸丰帝"巡幸木兰",木兰即热河。

最先提出"巡幸木兰"动议的是僧格林沁。还在大沽炮台失陷时,僧格林沁就给咸丰帝上了一道密折,提出了巡幸木兰,即逃往热河的建议。咸丰帝在肃顺等人的怂恿下,采纳了僧的建议。这从咸丰帝当年七月二十七日所发布的朱谕中可以看出。这道朱谕声称要"亲统六师,直抵通州,以伸天讨,而张挞伐",咸丰帝要求大臣们讨论这道诏谕。奇怪的是,咸丰帝随同朱谕一起交给大臣阅览的还有僧格林沁要求其"巡幸木兰"的密折。明眼人一看便知,咸丰帝亲征是虚,逃跑才是实。所以,群臣在讨论时,多针对"巡幸木兰"一举,而且多采取否定的态度。大学士贾桢概括了群臣不同意"巡幸"的两点理由:一是认为京师楼橹森严,如果不足守卫的话,那么木兰平川大野,就更不可恃了;二是认为,一经迁徙,必然造成人心涣散。群臣还以明代"土木之变"为鉴,警告咸丰帝巡幸之举很可能带来失位的危险。

咸丰帝得知众大臣讨论的结果时,大怒,表示"巡幸之举,朕志已决",并又指示几位王公大臣讨论定议。既然已决意巡幸,还讨论什么呢?所以,王公大臣会议讨论的内容是无滋无味的。据载,先有人问:"团防大臣有何准备?"答曰:"没有。"又有人问:"京城兵力可足敷坚守防堵否?"没有人敢作肯定的答复。有人提议请车驾还宫,以安定人心。

因为咸丰帝还住在圆明园。郑亲王端华断然反对,说:"既已毫无可守,如何请车驾还宫?"于是不再有人献策。

次日,九卿科道又纷纷上疏,力言历代迁都之祸,反对咸丰帝"木兰巡幸"。侍郎潘祖荫单衔进密封奏折,警告咸丰帝巡幸之举可带来"七祸",其中最严重的是失位。

既然群臣纷纷反对,咸丰帝只好暂时作罢。七月二十九日,咸丰帝发布上谕,否认有巡幸之意,同时命令放还民间车马。

但是,当僧格林沁八里桥战败的消息传来以后,咸丰帝再也顾不了许多,立即决定銮舆出走,派奕䜣留守京师,办理善后。

八月初八日巳正时分,圆明园宫门四门大开。内务府大臣传皇帝口谕:出门。于是,前锋营先出大宫门,继之以八旗护军、禁卫军、咸丰帝后、命妇凉轿,年老体弱的朝臣也准乘轿,能骑马的王公大臣,骑着高头大马,一般随员、太监、宫女、杂差,步行跟出园门,接着是上千辆载重大车,最后是后防八旗兵勇。上万人的皇家大军,首尾相接,十里长龙,浩浩荡荡地出了大宫门。

皇家大军,昼行夜宿,经过了整整八天时间,终于进入热河县境。

承德地方大员,听到前锋营通报以后,热河都统春佑、热河道福厚、承德府知府云杰、热河县官毓泰,以及避暑山庄总管等,到西大街头道牌坊跪迎。

承德府西大街,是一条进入避暑山庄的御道,乾隆年间修造,宽约一丈。进入头道牌楼以前是万寿寺、菩萨庙、考棚、扑道营、承德府衙、西粥厂。过头道牌楼是城隍庙。过二道牌楼是兵备道、文庙、文昌阁、红庙山。过三道牌楼是宏济寺、小马神庙、老君庙、红桥、火神庙、武庙。丽正门,是避暑山庄的正门,正门前是长长一道红影壁墙。御道两旁除了这些建筑以外,还挤满了高高低低的危房陋铺。因为四十年皇帝没有出巡,避暑山庄已变得满目凄凉。

皇家大军经过御道,进入避暑山庄。咸丰帝住进烟波致爽殿西暖阁。皇后钮祜禄氏居于东宫院内,懿贵妃那拉氏居于西宫院内,其他嫔妃也都各自被安排住所。

咸丰十年(1860年)九月,英法联军攻占张家湾之后,继续西犯,在八里桥与僧格林沁、胜保部相遇,双方鏖战四个多小时。在英法联军的火枪火炮面前,满蒙骑兵劲旅失去了往日的"威风",僧格林沁败阵,胜保中弹落马,清军伤亡过半,落荒而逃。

消息传来,京师大震,清朝宫廷上下惶恐万分,一片混乱,警报似雪片一般递入圆明园。咸丰帝决定由六弟恭亲王奕䜣留京收拾残局,自己则携带妃嫔,仓皇逃往承德避暑山庄。十多天后,咸丰的出生地和"游乐场"圆明园燃起了熊熊大火,世界上最伟大园林之一的圆明园被侵略者付之一炬。

因出行仓猝,圆明园中的珍奇宝物均未带走。为保证园林安全,咸丰帝特命总管内务府大臣宝望留守。圆明园被焚后,宝望惊恐万状,急给逃往承德的咸丰帝上一奏折,报告了圆明园被破坏的经过:

八月初八日,皇上銮舆起行后,总管内务府大臣文丰、明善遵旨照料圆明园。奴才当即进城,筹划调拨行在军饷,办理防守等事。谁料到八月二十一日,夷匪逼近京城,九门戒严。奴才随同总统巡军大臣昼夜在城防护。二十二日夜间,遥见西北火光烛天,奴才等不胜惊骇。但当时正是深夜,恐英夷乘势攻城,不敢开门探视。到二十三日才惊闻二十二日夷匪闯入圆明园。奴才悔恨顿足,急派人往视,见园内殿座焚毁数处,总管内务府大臣文丰投入火海殉难。

刚刚逃到热河,惊魂未定的咸丰帝接到奏折后,勃然大怒,大骂宝望等人懦弱无能,用颤抖的手提笔在奏折上批示道:

文丰、明善立即革职。宝望只知顾一己之命。前于御园被毁,既不前往。不知具何肺肠?实在是我满洲的弃物。

咸丰帝余怒未消,次日忽又接到宝望另一份奏折,写道:

二十三日夷人二百余名,并土匪不计其数,闯入清漪园东宫门,将各殿陈设抢掠,大件多有损伤,小件尽行抢去,并本处印信,一并遗失。二十四日,夷人陆续闯入静明园宫门,将各殿陈设抢掠,大件损伤,小件多经抢去。

阅过奏折,咸丰帝感到两眼发黑,几乎晕倒过去,幸有左右贴身太监扶侍,才得以伏在御案上闭目片刻。旋即在这份奏折上写道:

你系内务大臣,非他人可比。即使不能在园料理,出城一住,有何不可?乃竟至不顾,尚有人心耶?

不久,宝鋆受到降职处分。

咸丰十年(1860年)九月,咸丰帝携内廷嫔妃,狼狈逃至热河避暑山庄,惊魂未定,又听到圆明园被焚的消息,悲愤至极。他与肃顺等人探讨此役惨败原委,众人皆说:英夷大炮迅烈,射程又远,实在难以防御。咸丰帝生气地说道:"难道我天朝上国,人杰地灵,居然连此等邪炮也对付不了吗?"言毕下诏,求天下通达精明之士上书言破敌炮之事。

十余日后,云南学政张锡嵘递上一份奏折,专谈破敌炮之法,并附呈山西候选教职祁元辅所撰《破夷纪闻》一书,供皇上御览。此书引起了咸丰帝的极大兴趣,他认真阅览,在破炮之术中重重地描上了几笔。这份《破夷纪闻》所列破敌之术主要有五种:

其一是"牛皮御炮法"。即用木板制成方架,用生牛皮并排铺置数层,用生漆黏合,然后将其牢固地钉在木架上,如此,敌炮击来,可缓其击力。

其二是"木城御炮法"。此法为缅甸国与英人作战时所发明。其制法为先选用坚硬木板,约宽一尺,将被胎钉于上面,两头钉实,中间放松。板子背面斜着安装一个小柄,约八尺长,柄头倒地,而板直立,其柄头数人按住挂地。把数十板组合为一队,排列起来,状如城墙。与敌人接仗时,敌炮轰击则冒烟前进,执板的士兵要听梆声为号,不得参差倾跌。临近敌人时,以击鼓为号,数十板按顺序略开小缝,士兵从中向敌方开炮,马队步队也从后面突然杀出。据说缅甸即使用此法大败英夷。

其三是"渔网御炮法"。即在上述木城左右及上部,多挂绳结渔网,如此,敌人数十斤重之炮子打来,渔网悬空一挡,炮子便已减力,不致击坏木板,更为万全。

其四是"沙袋御炮法"。即我军与敌接仗时,各带一布袋,内中或装沙子或装糠、麦草等类,均装至二三十斤。敌人开炮时,兵可急将袋弃于地上,筑成一临时城墙,士兵匿藏其中,敌炮定无计可施。

其五为"幕帐御炮法"。此法是在我军头顶上,用大油帐数十张,撑起在空中,用以御炮。因夷人发炮远射,必用勾股之法,有倾斜高度而放,炮弹凌空射出,弯弓坠下,正中我军头顶,如安设此帐,炮弹适好在帐布之上爆炸,不会伤及我军。如一帐烧穿,可紧急再换一张。

对于祁元辅这奇异古怪的御炮之术,咸丰帝虽详加披阅,但对其应用价值却不敢认同。只好谕告胜保:

> 特将山西候选教职祁元辅所著《破夷纪闻》转交。此书朕已详加披阅,现在避炮之法,亟需讲求,所陈述各条,虽未必尽合机宜,然亦不无可取。着胜保详细体察,采择备用……

咸丰帝到达避暑山庄,休息了几天以后,精神又振作起来。他是个喜欢寻欢作乐,不甘寂寞的人。所以,一有精神,就想起了圆明园的湖光山影和天堂一般的生活。但是圆明园远在四五百里远的京城,而自己却在口外,再想游圆明园,只好等回銮以后了。又一想,皇祖每年都举行木兰秋狝,在这里大宴群臣。避暑山庄比宫中三山五园可能更胜一筹,何不借此机会游游山庄消愁解闷呢!于是传谕游庄。

咸丰帝坐便舆,在后妃簇拥之下,出烟波致爽殿,经过云山胜地来到湖区。皇帝在山庄内游览也是兴师动众,舆前众太监开路,舆后大批近侍禁卫,手提担挑,随带一切生活用品。

九月的山庄虽然山青水秀,气候宜人,但比起京城要凉爽多了。此时,咸丰帝多穿了几件内衣,外罩暗红色不绣花丝绸长褂,头戴天鹅绒帽,帽前缀一颗巨珠,闪闪发光。

咸丰帝传谕在水心榭停下观景。执事太监把御案、御座安好,又放了几张楠木桌,放下垫子,王公大臣、后妃围坐停当,沏茶毕,宫女把苹果、石榴、梨子、葡萄、哈密瓜、龙眼等放在案桌上。

咸丰帝高兴地说道:"都统春佑操办有方,供张与圆明园无异,赏春佑吃水果。"

春佑忙叩头说:"皇上过奖,不是臣的功劳,臣接上谕,府县衙门四处奔跑,筹划了部分水果,也是皇上的口福啊!"

喝茶吃水果之后,开始传膳。除御膳房例膳外,特意把熏烤的鹿、狍、雉、兔等野味儿,摆在明显的地方。咸丰帝看了龙颜大悦,说道:"真还有点山庄风味咧!"每样尝过后,分赏王公后妃。

咸丰帝和王公后妃们,膳后喝茶打诨,望着碧绿的湖水,心旷神怡。由此处观景,远近风景尽收眼底:罗汉峰、僧帽山、金山亭,远近相宜,景色幽雅;西北远望南山积雪亭,与芝经云堤、环碧、万壑松风隔湖相望,情趣盎然一新。咸丰帝问道:"东边那组建筑是何风景?"春佑答道:"回皇上话,那是文园狮子林,内有十六景,是山庄的庄中之庄。"咸丰帝笑曰:"圆明园有园中之园,这里也有庄中之庄。"停了一会儿,咸丰帝又问:"听说这里也有买卖街,在什么地方?"春佑叹息说:"买卖街在山庄西边,据说乾隆年间买卖街兴盛过一时,南北杂货,酒楼茶肆,辉映相望,绿栏栉比,金匾映目,吹弹之声,彻夜不休,繁华景象不减皇城。如今已经面目全非了。"

谈话间,咸丰帝已觉有些疲倦,于是口谕回銮,前呼后拥的銮舆又回到了烟波致爽殿。

咸丰帝等从京城仓皇出走，不曾带戏班到热河。而咸丰帝又是一日也离不开听戏的主儿。所以，到热河后便觉寂寞难忍。

一日，咸丰帝召见热河都统春佑，道："朕问你一件事。"

春佑赶紧跪下叩头，道："奴才敬听。"

"你这一带可有戏班吗？"

春佑一听是这个事，忙答："回禀万岁爷，承德市面有几个清音小班，也有几个好角儿。如果万岁爷赏光，奴才带他们来侍候。"

"嗯！那就带他们来，朕要听听他们唱得如何。"

"是！奴才遵命。"春佑叩过头，赶紧退出准备。

次日，春佑带三拨清音小戏班来到烟波致爽殿。三拨小戏班伶人，分拨到台前向咸丰帝叩头谢恩。咸丰帝拭目看时，只见戏班男女伶人各半，全是二八妙龄，特别是女伶，个个玲珑俏俊，不觉精神大振。心想，在京中听戏数年，还没见过这样的妙龄俏女，今日在塞外还大开眼界了呢！

演唱开始。先是一段清唱。在一阵紧锣密鼓之后，一对男女伶人登台，鼓板一打，女伶唱起了二黄倒板，虽然没有化妆，却唱做逼真，音韵婉转，十分动人。咸丰帝看得不禁拍手叫好，左右大臣也跟着喝彩。

清唱一段，继之花唱。也是一对男女伶人登台，男伶似浪荡公子打扮，摇摇摆摆。女伶如大家闺秀，身穿全红戏衣，姗姗碎步，举手投足，妩媚无比。女伶唱了一段《别窑》。咸丰帝听罢龙颜大悦，再一次拍手叫好。

这一段戏下来，咸丰帝精神备增，连连赞道："好戏！好戏！"春佑也因此得了赏银。

此后，这几拨戏班便早晚两班伺候，频繁出入。烟波致爽殿成了圆明园的同乐园。

时间长了，庄上出现了议论，说："皇上宣召清音小班入宫演戏，很晚才出宫，这样演下去，不过一年有人就会成为妃子。"

懿贵妃首先听到了这些议论，心中顿时怏然不悦。想，这不又要出现"四春"吗？她知道，这事只有借助皇后，才能阻止发生。于是便到东宫找皇后商议。

皇后说："这些流言蜚语，我也没少听到，有什么办法？"

懿贵妃说："怎么没有办法，我们姐妹可以一起来劝说啊，这也是为皇上好嘛！"

皇后叹了口气说："如今远在塞外，听没听的，看没看的，不听清音小唱，又怎么能行？"

懿贵妃道："宁可让皇上忍着，也不能再召小戏班。听说，升平署总管安福昨天已面奏皇上，皇上命北京内外戏班分三拨来热河供奉。估计半月左右总可以赶到。这半个月不能劝皇上忍一忍吗？"

皇后也为这事担心，于是说："好吧，咱们一起劝一劝。"

经过言官上书劝谏，以及皇后、懿贵妃劝说，咸丰帝发了一顿脾气，最后还是停止了召清音小班。喧闹一时的避暑山庄顿时静了下来。咸丰帝除了一日四餐，有时朱批几个折子，再无别的事可做，到了晚上，更感到寂寞无聊。时间一长就忍不住了。

这天晚上，咸丰帝实在闲着没事，就想到了微服出访。

"万岁爷要访什么地方?"肃顺还没弄清楚皇上的去向,于是打着小心探问。

"朕想看看民间闹市,解解闷。"

肃顺知道近些日子咸丰帝闲日子难以打发,不好再劝,忙吩咐附近侍去内务府库房找几套民衣民帽,又让几个太监换了民服,天黑以后,前呼后拥地出了避暑山庄,直奔西大街闹市。

街市果然热闹。大街两旁,楼房平房鳞次栉比,灯火通明;商贩叫卖,乞丐乞讨,人声鼎沸;酒楼、赌场、妓馆、大烟馆比比皆是;布衣百姓、达官贵人络绎不绝。

前面是个十字路口,迎面的二层小楼上,挂着一个大大的灯笼,上面写着"翡翠楼"三字。楼前摆满了摊贩杂货,楼内吆五喝六,满楼酒气扑鼻,通过敞开的门能看到,几个满汉大员喝得东倒西歪。看到这些情景,咸丰帝不无感慨:咳!虽是介民,倒也自由。

咸丰帝一行由太监引路向右拐,来到了火神庙戏园。按照肃顺的吩咐,附近侍把戏园先围了个里三层外三层,不准再有人出入。于是拥着咸丰帝进了戏园。

戏园很简陋。前面一个戏台,台下十几排长板就是听戏者的座位。此刻已有三十多人稀稀拉拉地坐在长板上。戏台上一个女伶正委婉缠绵地小唱。附近侍在后排撵走了几个戏客,把咸丰帝迎到座位上。

待咸丰帝坐定,安福开始点戏。他把一两银子扔到台上,敞开沙哑的嗓子喊道:"唱《夜奔》!"

这是一出昆腔。鼓琴一响,台里走出一个小林冲,看样子十五六岁。一身簇新的行头,扎束得极其英俊,随着小锣笛子一面唱,一面做身段,干净利落,丝丝入扣。咸丰帝看得极高兴,拍手喝彩。安福于是又点了《雁门关》《群英会》等段子。

估计时辰已过了三更,肃顺觉得是回宫的时候了,便趴在咸丰帝耳边小声说道:"万岁爷,龙体该歇息了,是不是明天再……"

咸丰帝伸了伸懒腰,极不情愿地起身离座,一行人又簇拥着咸丰帝回到了烟波致爽殿。

咸丰十年(1860年)十月,英法联军分别与清政府签订《北京条约》后,在通州北门上船,从水路经天津,南下返师。

恭亲王奕䜣闻听英法退兵,喜出望外,他怀疑夷人狡猾藏奸,密派探子多人,沿途侦探,得回的消息都是:"夷人已尽数撤退。"奕䜣这才松了口气,自言自语道:"此役大功告成矣。"坐在大殿内,奕䜣闭目回想这些天来与英法联军打交道的经历,仿佛做了一场噩梦。今天英法夷人终于最后就抚,可以顺利地向热河交差了。想到这里,他即命部下起草奏折,恭请皇帝回銮,即刻驰奏。

却说咸丰帝奕詝自弃京逃奔热河以来,起初几日,感王朝多事,圆明园被焚,颇为愁闷。随行大臣肃顺见咸丰帝终日闷闷不乐,便每日安排在烟波致爽殿开戏,有时还去行宫附近的围场打猎,夜幕降临后,更沉浸于女色之中,摆脱了种种宫中的陈规,咸丰帝很快兴奋起来,纵欲自戕,对北京的局势开始漠不关心。

一日,咸丰帝正在烟波致爽殿观戏,忽有北京奏折传上。成丰帝心不在焉地展折视之,发现是六弟奕䜣与留京王大臣合递的奏折,上面写道:

皇上举行秋狝,驻节滦阳,原为集师示威,以安京师。现查夷兵已俱行撤离,北京市井安定如初。中外人士,皆衷心盼望皇上早日回京,以镇定京师,安抚人心。况且皇上巡幸热河之时,本是秋间,现时令已至冬季,塞外寒冷异常,非京城气候能比,不宜久居。又臣子与皇上已多旬未见,依恋之忱,不可抑止,常致不能寝寐。皇上为天下臣民之主,京师是四方拱极之地,恳请皇上早日还宫,以定人心。

阅罢奏折,咸丰帝松了一口气,心中暗暗欢喜,心想:还是六弟能干,未费一卒,却退夷兵,保我爱新觉罗王位不失,塞外天气凝寒,即速还京,安定天下,确属上策。想到这里,他起身离殿,急召载垣、肃顺等人,商议还京之事。

咸丰帝兴奋地说道:"顷接京师奏报,夷兵已全部退却,请求銮舆回京,不知诸位以为如何?"

肃顺听罢咸丰的话语,不由地一愣,心中暗想:这是奕䜣、文祥害怕吾等左右皇帝而使出的诡计,吾等万万不能同意。他知道咸丰帝最惧怕与夷人同住京师这一弱点,便起身说道:"臣以为即刻回京,实为不可。因夷情狡诈,反复无常,现奏夷兵退出京师,怎能保证皇上刚一回京,夷兵又返,再来请求亲递国书,整日饶舌不休。况臣闻现京师以内,夷兵大队虽然撤出,但仍有夷官驻京,在此情形下,皇上贸然回京,难免再受其纠缠。依臣愚见,不如暂且住在行宫,待夷务彻底完竣,夷酋全部离京,再行回京不迟。"

载垣也看出了肃顺的心思,附和道:"此言有理,况且现在时至冬令,天气凝寒,圣上御体欠安,怎能冒此严寒,径行回京。"

听罢二人连珠炮式的奏陈,咸丰帝仅有的一点回京念头,顷刻间便荡然无存了。以病弱的躯体,他惧怕凛烈的寒风;以天下共主的身份,他更不肯屈尊,与夷酋共住京城。他记得,乾隆年间,乾隆皇帝接见英国大使马戛尔尼时,曾勒令英使行跪拜之礼,好不威风。皇父道光帝在道光二十七年(1847年)也曾指挥叶名琛将英夷成功地拒绝在广州城外,使英夷羞辱狼狈至极。在他看来这一切均足以载入爱新觉罗家族的光荣史册,闪闪发光。而反观自己,咸丰帝不禁自惭形秽。他深知,自己是清朝入主中原后,第一个被逐出北京的皇帝,狼狈至极,已难于向列祖列宗交代。今天如再贸然回京,与夷酋平起平坐,是万万使不得的。

想到这里,咸丰帝绷起涨红的脸,有气无力地说道:"汝二人言之有理,朕本年暂缓回京。"

次日,咸丰帝回谕奕䜣,写道:

恭亲王奕䜣等合词恳请回銮,朕已阅览。惟此次夷人构兵侵犯,恭亲王等虽已与之议妥和约,允其所请。但难保其退兵后,各国夷酋中,仍有驻京者,如朕回銮,其请求亲递国书,将何以应付,如此,朕又将再离京师。恐京师人心震动,不利安定。

朕反复筹思,以为木兰巡幸,系遵循祖宗旧典,热河距京师不远,与住京师无异,足以控驭局势……本年回銮之举,各位王公大臣不准再行妄奏。

由此,回銮之举不了了之。

由于政事的忧烦和北逃热河的颠沛流离,咸丰帝在途中即已病泄呕血。至避暑山庄后,久治不愈,身体日渐虚弱。咸丰十一年谷雨刚过,就又卧床不起。

这一日,咸丰帝似觉有了点精神,便爬起来批阅奏章。他知道,几天没有处理,奏折一定积攒了很多。

果然,各地奏报情况,特别是奏报同太平军作战情况的奏折积压了很多。咸丰帝拿起奏折一个一个地看,不一会儿工夫,头上便冒出了涔涔冷汗,胸前也隐隐发痛,好像一不留神就会栽倒。他伏在紫檀书案上喘了几口大气,然后示意左右太监把他扶到床上躺下歇息。

咸丰帝躺在床上,想到批答奏章一事,甚是困惑。他不能理解,他的列祖列宗哪来的那些精力来应付日理万机的繁杂。特别是世宗雍正皇帝,竟以处理政事为乐,每天手批章奏,动辄数千言,而不觉得疲倦。对于他来说,仅是每天看完奏折,就同上刑一样,特别是那些军报。他也想,也许是自己生不逢时,刚刚继位,南方就出了乱子,十年未弭。域内乱子尚未平息,夷人又至。这样的乱世是列祖列宗都没有经历过的。祖父以前,只有边陲的鳞甲之患,父亲那时,英夷也不过为了鸦片逞凶……想到这,他自己宽慰自己,换了任何一个皇帝,也会这么应付局面的。

想到这,他示意太监把奏折搬到床上翻阅。这样看一会儿,歇一会儿,好不容易把所有的奏折都看了一遍。他推开奏折,慢慢坐起来,早有准备的小太监,敏捷有序地上前伺候。首先是一块软白的热毛巾递到他手里,然后进参汤和燕窝,最后一个太监捧进一个朱漆嵌螺钿的大果盒,跪在床前,盒盖揭开,里面是金丝枣、木樨藕、穰荔枝、杏波梨、香瓜五样蜜饯水果。皇帝用金叉子叉起一片梨,放在嘴里,慢慢嚼着,觉得舒服多了。

"传懿贵妃来批本!"

"喳!"管宫内传宣的太监领旨走了。

懿贵妃接旨赶到烟波致爽殿时,咸丰帝已由太监陪着去了皇后处。懿贵妃来到御书案侧面的小书桌前,这是专为她设的书桌。咸丰帝看过的奏折已由太监放在小书桌上。

懿贵妃先把那些"请圣安"的黄折子挑出来放在一边,数一数奏事的白折子,一共是三十二件,然后再把没有做下记号,须发交军机大臣拟议的挑出来,那就只剩下十七件了。

这十七件是需要皇帝亲自批示的。其实所谓批示也就是写上几句习惯的用语,比如:"觉""知道了""该部知道""该部议奏""依议"之类。可是这简单的话,皇帝也不愿亲自动笔,只在奏折上用指甲做了记号。贡宣纸的白折子,质地松软,掐痕不但清晰,而且不易消灭。懿贵妃经常代咸丰帝批本,清楚地知道咸丰帝所做记号的意思。懿贵妃根据掐痕(记号)的多寡、横直、长短,用朱笔写出一句话,反映出咸丰帝的意思,就算完成了批答。

懿贵妃坐在桌前,看着这些奏折,脑中又出现了近日常考虑的问题,即咸丰帝为什么让她代为批折。是因为皇后识字不多,看不懂奏折,还是因为自己是惟一皇子的生母,还是要制约一下专擅跋扈的肃顺的权力。不管怎样,她愿意得到这样的机会,因为各地的奏章反映的是正在发展中的军国重务,要了解内外局势,就必须阅读这些奏折,要熟悉朝章制度,默识大臣言行,研究驭下之道,懂得训谕款式,也必须阅读这些奏折。她比谁都更加注意咸丰帝的病情。她知道,不过一年半载,她六岁的儿子、咸丰帝惟一的皇子载淳,就将继承大统。她必须帮助儿子治理天下。因此她现在必须学习。

想到这,懿贵妃拿起朱笔开始批答。十七件奏折,对于她实在算不了什么,不过半个时辰,都已批答完毕。

咸丰十一年(1861年)春,咸丰帝身体虚弱,常宣召懿贵妃代批奏折。

这天,懿贵妃处理奏折,在没有做记号的奏折中,发现了一道奕䜣的奏折,主要意思是:"奏请赴行在,敬问起居。"这是很简单的奏请,可是咸丰帝没有批答。为什么?懿贵妃心里十分清楚。恭亲王奕䜣过去是咸丰帝的皇位竞争者,近期感情上不是很融洽,又是肃顺的政敌。估计奕䜣要来热河,目的有两个,一个是亲自看看咸丰帝的病情,以为自己今后作打算;另一个是苦谏回銮。懿贵妃虽没有同奕䜣联手,但与肃顺也是冤家一对。肃顺一再向咸丰帝秘密进言,说懿贵妃喜善揽权,干预政事。企图阻止懿贵妃代批奏章。懿贵妃也对肃顺的专擅跋扈仇恨在心。她想,如果让奕䜣到热河苦劝咸丰帝回京,北京有那么多王公大臣、勋戚耆旧,或许可以制约一下肃顺的专横。可是,咸丰帝没有在奕䜣的奏折上做任何记号,显然这是要把该奏折发交军机处处理。而在热河的军机大臣都是肃顺的死党,倚肃顺为灵魂,仰肃顺之鼻息。所以,该奏折发到军机处的后果,是不言自明的。懿贵妃决心为这道奏折做些努力。

懿贵妃拿着这道奏折,到了烟波致爽殿西暖阁咸丰帝的住处。

咸丰帝一眼就看到了懿贵妃手里的奏折,待懿贵妃请了跪安后,便问:

"你拿的是谁的折子?"

"六爷的。"宫内家人称呼,咸丰帝行四,恭亲王奕䜣行六,所以妃嫔都称奕䜣为"六爷"。

咸丰帝不作声,脸色渐渐地阴沉下来。这样阴沉的脸色,懿贵妃于近期见得多了。起先是不安和不快,时间长了,便不以为然了。而现在,懿贵妃是有目的而来,就更不在乎这些了。

"万岁爷!这道折子何必发下去呢?"

咸丰帝用峭冷的语气答道:

"我有我的道理。"他本来想给她一个钉子碰碰,但底气不足。

"我知道万岁爷有道理。可是对六爷有什么话,该亲笔朱批。六爷可是万岁爷的同胞手足。而且……"她略一沉吟,终于把下面的话说了出来:"他跟五爷、七爷他们,情分又不同。"

咸丰帝有五个异母的弟弟,行五的奕誴,出嗣为他三叔的儿子,袭了惇亲王的爵,行七的奕譞、行八的奕詥和行九的奕譓都是在他手里才受封的郡王。惟有奕䜣的情况特殊,是封他为太子的同时,由先帝亲封的亲王。此外,情分格外不同的是,咸丰帝十岁丧母,由恭亲王奕䜣的生母抚育成人,所以,在几个兄弟中,只有他们俩如一母所生。

但是,因爱成仇,也正为此。这是咸丰帝的心病,懿贵妃偏偏要来戳穿,而且话说得在理。咸丰帝心里恼火，又说不出来，只好让了一步，说："那，你先搁着！"

"是！"懿贵妃说，"这道折子我另外留下，等万岁爷亲笔来批。"

这句话既像是对"先搁着"的答应，又像是在对咸丰帝作安排，使咸丰帝好生不快。咸丰帝没有表情地说道：

"你跪安吧！"

"跪安"是皇帝叫人退下的一种比较婉转的说法，然而真正的涵义，因人因地而异。召见臣工，用这样的说法是表示优遇；对妃嫔用这样的说法就意味着讨厌了。咸丰帝此时用这样的说法对待懿贵妃，表明心里极不高兴。

懿贵妃走后，咸丰帝立即回到书房，召见肃顺，打算把懿贵妃连降三级，去当她入宫时的"贵人"。但见了肃顺，又改变了主意。

肃顺早已从小太监嘴里，得知了情况，此时见咸丰帝不语，满面忧烦，便趋至御座旁边，悄悄问道：

"又是懿贵妃在万岁爷面前无礼？"

咸丰帝叹口气，点点头。

"那么，皇上是什么意思，吩咐下来，奴才好照办。"

"能怎么办？"咸丰帝无可奈何地说，"第一，她总算于宗社有功；第二，逃难到此，宫里若有什么举动，那些个'都老爷'，不又抓住题目了，左一个折子，右一个折子……"

所谓"于宗社有功"，当然是指后宫惟有懿贵妃诞育了皇子。肃顺想，不提也罢，提起来正好进言。于是，他先向外望了望，看清了小太监都在远远的廊下，才趴在地上，免冠碰了个头，以极其虔诚忠爱的语气说道：

"奴才有句话，斗胆要启奏皇上。这句话出于奴才之口，只怕要有杀身之祸，求皇上天恩，与奴才做主。"

肃顺是咸丰帝言听计从的亲昵近臣，早已脱略了君臣的礼节，这时看他如此诚惶诚恐，大为惊异，便用惯常所用的排行称呼说道：

"肃六！有话起来说。"

肃顺叩头起来，额上竟已见汗，他躬身凑到咸丰帝跟前，低声细语：

"懿贵妃恃子而骄，居心叵测。皇后忠厚老实，将来恐怕奈何不了她。皇上可要为将来好好打算打算。"

"你说如何打算？而且有我在，她敢怎样？"

"奴才不是说眼前，是说皇上万年以后——这还早得很哪！不过，趁阿哥现在年龄还小，应该早下决断。当年汉武帝立太子时，为防止女主专恣乱国，就做得很英明果断。"

咸丰帝知道他说的是钩弋夫人故事。钩弋，姓赵，汉武帝夫人，因居钩弋宫故名。钩弋夫人生昭帝。在昭帝将立为太子时，汉武帝惟恐钩弋夫人以后恃子专权，乃赐其死。肃顺的话说得这样率直，咸丰帝也不免悚然惊心。对于自己的病，最清楚的莫过于自己。一旦倒下来，母以子贵，那就尽是懿贵妃的天下了。吕后专权、武则天篡位这些史迹，咸丰帝是非常熟悉的。他感觉到太阳穴皮肤下，隐隐青筋在跳动，他的双手紧握着御座的靠手，他的决心难下呀。这时候，他感到头昏胸痛。他知道，他的身体已经不允许他再思考下去了。于是他说：

"让我好好儿想一想。"接着咸丰帝又郑重地告诫："你可千万别露出一点什么来！"

"奴才没有长两个脑袋，怎么敢？"

肃顺走了以后，咸丰帝回到居室又躺着想了好长时间。他想到了近期懿贵妃有时的无礼，也想到了过去懿贵妃的可爱之处，他更想当一个仁孝慈爱的皇帝。最后，他终于说服了自己，放弃了杀懿贵妃的念头。

咸丰帝与肃顺的这次密语，虽然是极机密的，但最后还是被懿贵妃那拉氏知道了。以后那拉氏坚持处死肃顺恐怕于这事也不无关系。

晚膳用罢，咸丰帝来到了东宫皇后居处。皇子载淳正与宫女在院内玩耍，又蹦又跳甚是高兴。见到咸丰帝，立刻变了样，收起嬉笑，跪下请安，用满洲话叫声"阿玛"（即父亲）！

咸丰帝看到皇子这样有规矩，很高兴。他知道，这都是"谙达"调教得好，但"谙达"究竟不能算作传道解惑的"师傅"。按清皇室的规矩，皇子六岁就应该上学读书了。咸丰帝到皇后这儿来，就是要和皇后商量一下给皇子选派师傅的事。

皇后已由宫女通报，出来给皇帝请了安。两人来到了皇后的小书房。

皇后的小书房是个套间，窗明几净，十分素雅。皇帝摘下冬帽，坐在软椅上。

"你也坐嘛！"

"嗯。"皇后拉过一个锦墩，坐在皇帝身旁，从茶几上的大冰盘里取了个苹果，用一把牙柄的小洋刀，聚精会神地削着皮。

"你看大阿哥是不是该读书了？"咸丰帝看着皇后削果皮的手，慢条斯理地说。

"按规矩，是时候了。"皇后边说边把削好的苹果递给咸丰帝。

"去年，朕曾经降过旨，命大臣择保儒臣堪膺授读之任，大学士彭蕴章保荐了李鸿藻，你看如何？"

皇后知道李鸿藻这个人。他是"上书房"的老人，醇王、钟王、孚王都跟他读过书，都说"李师傅讲书透彻"。醇王和钟王私下里还说过："李师傅长得像皇上。"所以，听皇帝征询，内心是赞同的，但皇后素性谨慎，对于此等大事，向来不愿作过分肯定的表示，所以，这样答道：

"光是口才好也不行，不知道可有真才实学？人品怎么样？"

"翰林的底子，学问是不会差的。至于人品，他这三年在河南'学政'任上，名声挺不错。"

"这一说，再好不过了。"皇后欣然答道。

"我想就是他吧！"皇帝略带感慨地说，"大阿哥典学，原该隆重些，我本来想回了京再办，现在不能再耽误了！"

"那就让钦天监挑日子开书房吧。"

"不用，我自己挑。"

咸丰帝平时读书，涉猎甚广，谶纬星命之学，亦颇有所知。当时便找来时宪书，选中四月初七入学。日子挑好了，又商量派人照料书房，这个差使落到御前大臣景寿身上。

景寿尚宣宗第六女寿恩固伦公主，是咸丰帝的姐夫，宫中都称他"六额驸"。他秉性沉默寡言，不喜是非，由他以懿亲之尊，坐镇书房，既不会无端干预师傅的职权，又可叫大阿哥心生忌惮，不敢淘气，是个很适当的人选。

于是第二天早晨，咸丰帝到御书房，先写好一张朱谕放着，然后召见军机。

军机大臣以怡亲王载垣为首，手捧黄匣，焦祐瀛打帘子，依次进殿行礼。未等他们有所陈奏，皇帝先把一道朱谕交给了侍立在旁的肃顺。肃顺接在手里，先略略看了一遍，随即往御书案旁一站，双手捧起，等军机大臣都跪好后，高声宣旨：

"大阿哥于四月初七日入学读书。

着李鸿藻充大阿哥师傅。钦此！"

念完了把朱谕放入黄匣，捧交怡亲王，好由军机处转交内阁，"明发上谕"。

四月初六日，入学的前一天，咸丰帝特意召见李鸿藻，询问大阿哥入学的准备情况。李鸿藻——奏报，咸丰帝感到满意。于是问：

"高宗纯皇帝的圣训，其中有一段关于皇子典学的话，你可记得？"

"臣谨记在心，不敢忘！"

"念给我听听。"

这是有意考"师傅"了。李鸿藻应声："是！"然后用极清朗的声音背诵："乾隆元年正月二十四日，上谕皇子师傅大学士鄂尔泰、张廷玉、朱轼、左都御史福敏、侍郎徐元梦、邵基：'皇子年齿虽幼，然陶淑涵养之功，必自幼龄始，卿等可弹心教导之。倘不率教，卿等不妨过于严厉。从来设教之道，严有益而宽多损，将来皇子长成自知之也。'"

"对！"咸丰帝点点头，"我要告诉你的，也就是这些话，俗语说：'开口奶要吃得好'，你是大阿哥启蒙师傅，别辜负我的期望！"

李鸿藻赶紧免冠碰头，诚惶诚恐地说："臣敢不竭驽驹，上答天恩！"

咸丰十一年（1861年）六月初九日，是咸丰帝三十一岁生日。这天一早，咸丰帝就赶到了供奉康熙、雍正、乾隆、嘉庆、道光五位皇帝御容的绥成殿行礼，然后临御澹泊敬诚殿受贺。

王公大臣们已经在殿内等候。咸丰帝在乐声中入座。之后，以皇子和亲王、郡王为首，贝勒贝子、公侯伯子男五等封爵、文武大臣、翰詹科道，一律蟒袍补褂，各按品级序列，在礼部和鸿胪寺的官员鸣赞之下，行了三跪九叩首的庆贺大礼。

午时，咸丰帝在福寿园赐宴。在赐茶、进膳和不断的磕头中，亲王大臣们个个汗流浃背，委顿不堪。咸丰帝龙袍在身当然也是如此。所以，宴罢回到寝宫，咸丰帝即将龙袍脱去，只剩一身绸子小裤褂。这还不够，咸丰帝令四个小太监替他打扇，等积汗一收，又要了新打来的井水擦身。这样自然是痛快，但冷热相激，他虚弱的身子却受不了了。不一会儿就觉得鼻塞头昏，胸口有股说不出的烦闷。

但是，他不肯把自己的不舒服说出来——有许多原因使得他不能说，大喜的日子召御医，不独太扫兴，更怕引起不小的惊疑揣测。

就在这时，太监来请驾，说皇后和妃嫔，还有大阿哥、大公主都等着要替万岁爷上寿。

咸丰帝答应着,在金豆蔻盒子里取了些紫金锭、槟榔放在嘴里嚼着,换了轻纱便衣,起驾去受妻儿家人的祝贺。

在烟波致爽殿的正屋中,皇后及所有的妃嫔都在这儿等候,珠冠凤衣,一律大妆。大阿哥和大公主是早就被教导好的,一见咸丰帝,便双双迎上来跪安,用满洲话恭贺吉祥。然后等咸丰帝升了座,皇后领着妃嫔行礼。

之后,就是到澹泊敬诚殿戏园听戏。宫中年节喜庆,照例要演"大戏",那是乾隆年间传下来的规矩。凡是"大戏",不重情节,讲究场面,神仙鬼怪,无所不有。万寿节的大戏,总名"九九大庆",其中再分"麻姑献寿""瑶池大宴""海屋添寿"等等节目,几乎把所有关于寿诞的神话,都容纳了进去。只见满台的王母娘娘、南斗、北斗、寿星、八仙、金童玉女、天兵天将,一个个服饰鲜明,形容奇特,齐声合唱着"天下乐""太平令""朝天子""感皇恩"之类北曲的"牌子",载歌载舞,热闹异常。

大戏演完了,接着演咸丰帝亲点的"寻常轴子杂戏"。演着演着,咸丰帝有点坐不住了。方才由于出了些汗,头昏鼻塞倒是好多了,肚子里却作怪了,一阵一阵地疼。先头还忍着,到后来,冷汗淋漓,脸色发青。小太监看出不妙,走了过来,低声问道:"万岁爷哪儿不舒服?"

"肚子疼。想拉!"

"奴才伺候万岁爷方便。"

"等一等!"咸丰帝心想,一离座而起,整个欢乐热闹的场面,顿时就会改观,所以还希望能忍下去。又过了一会儿,咸丰帝终于忍不住了,一连声地叫:"快!快!"

过来两个小太监掖着他,几乎脚不点地,一阵风似地把他送入预先已准备了净桶的后院套房里。

事出突然,满座皆惊。但谁也不敢乱说乱动,只一个个偷眼看皇后。

皇后已学会了镇静,她知道马上会有人来奏报,所以急在内心,表面上还能保持中宫的威仪。

果然,一会儿工夫,太监来报:"皇后万安,万岁爷只是闹了肚子。"

"请了御医没有?"

"万岁爷不让传御医。"

"嗯!"皇后明白了皇帝不欲声张的用意,"有什么情况马上奏报!"

"喳!"太监欲走。

"还有,悄悄儿告诉各宫的丫头,让她们告诉她们主子,别慌,别动!"

"喳!"太监答应一声磕了头走了。

这时候,咸丰帝已经便完,感到轻松多了。见到去皇后处奏报的太监回来,忙问:"外面怎么样?"

"奴才跟皇后回过了,说万岁爷只不过闹肚子,皇后才放心。外面现在都很正常。"

待收拾完毕,咸丰帝又回到了戏园,后妃、大臣一齐跪迎。咸丰帝入座,戏又照常演出。

咸丰十一年(1861)六月十五日傍晚,咸丰帝用锦州酱菜佐膳,吃了两小碗鸭丁梗米粥,精神大好,于是思量着找些消遣。

"肃六!"咸丰帝喊道,声音显得很有力量。

"喳!"正在门外等着侍候的肃顺回答得也很响亮。

"今儿十五,月白风清,你看咱们去哪儿逛逛?"

"这个……"肃顺想了想答道:"奴才给皇上出个主意,'芝径云堤'的月亮最好,皇上不如到那儿去纳凉,再传了升平署的学生来,让他们清唱着消遣。"

"好!"皇帝欣然答道:"就这么办!"

"喳!奴才马上去准备。"

肃顺随即分头遣人,一面通知升平署伺候清唱,一面在"芝径云堤"准备黄幄、坐具、茶炉。然后回入殿内,料理起驾,怕夜深天凉,皇帝身体虚弱,特别叮嘱太监,多带几种单夹衣服,好随着天气变化,随时添减更换。

等一切准备妥善,皇帝坐上明黄软轿,肃顺亲自扶着轿杠,向"芝径云堤"开去。

"芝径云堤"是嘉庆皇帝亲题的"避暑山庄三十六景"之一。山脚下一片明净的湖水,被一条芝形的土堤隔成两半,这条堤就叫做"芝径云堤"。堤北是"如意洲",又名"一片云",临水而建的戏台就在那里。

来到堤上,略微歇了一歇,肃顺带着升平署的总管太监安福,咸丰帝最宠爱的几个学生,还有嘉庆年间就在热河当差,于今专教学生唱曲的老伶工钱思福、费瑞生、陈金崔等人,来向皇帝磕头请安,随即呈上戏折子,请求点戏。

咸丰帝不看戏折子,只随口吩咐:"唱《长生殿》吧!"接着,抬头望着蓝天淡淡的云彩,念道:"凝眸,一片清秋,望不见寒云远树峨嵋秀!苦忆蒙尘,影孤体倦,病马严霜,万里桥头,知他健否?纵然无恙,料也为咱消瘦……"念到这里,咸丰帝低头问道:"这一折叫什么?"

这一折叫"尸解"。皇帝久病不愈,安福怕说出来嫌忌讳,所以只是磕头,不敢回答。

肃顺虽不解音律,但这段在宫中常听,已熟了,知道咸丰帝所念的曲文,是描写杨贵妃在马嵬驿被陈元礼兵变所迫,悬梁自尽以后,阴魂不散,如何在淡月梨花之下,自伤玉碎珠沉,追忆当年恩情。此时此刻,唱这样凄凉萧瑟的曲子,实在有些犯忌讳,这也是安福不敢回奏的缘故。

于是他故意叱斥安福:"你看你,当差越来越回去了!怎么让皇上考住了?下去吧,拣好的唱给皇上听!"

这算是解消了一个僵局,安福自然如释重负。安福知道皇帝最爱那些词藻清丽,或者情致缠绵的南曲,看到眼前的景致,想起《琵琶记》里有一折,恰好当行出色,于是便叫陈金崔挶笛,费瑞生掌板,由咸丰帝所宠爱的学生张多福主唱。

檀板一声,笛音旋起,张多福启喉唱道:"楚天过雨,正波澄木落,秋容光净,谁驾冰轮。来海底?碾破琉璃千顷。环珮风清,笙箫露冷,人生清虚境。珍珠帘卷,庚楼无限秋兴。"

这曲牌叫《念奴娇》,下面要换调了,就在这空隙中,咸丰帝问肃顺:"你知道这唱的叫什么?"

"奴才哪懂啊?"肃顺陪着笑道,"听那辙儿,好像叙的是月夜的景致。"

"对了! 这是《琵琶记》的《赏秋》。"

前面的张多福,听见皇帝这么说,越发来了精神,接着唱下面的《生查子》和《念奴娇》序:"逢人曾寄书,书去神亦去。今夜好清光,可惜人千里,长空万里,见婵娟可爱,全无一点纤凝。十二阑干,光满处,凉浸珠箔银屏。偏称,身在瑶台,笑斟玉斝,人生几见此佳景?"

"好曲文,好曲文!"皇帝击节称赏。

但,当张多福唱到"峭寒生,鸳鸯瓦冷玉壶冰,栏杆露湿人犹凭"时,咸丰帝皱了眉头。咸丰帝的一举一动,全在肃顺眼里,此时,他知道一定是出了岔子了,所以等这一支《古轮台》唱完,随即俯身低声问:"可是哪儿唱错了?"

"嗯!"皇帝点点头问:"是谁教的? 传他来!"

张多福这一折《赏秋》,是陈金崔所教。安福带着惴惴不安的陈金崔来到御前,跪了下来,听候传问。

"'湿'是入声,你怎么教张多福唱成平声? 难听死了!"

陈金崔嗫嚅着回奏:"'湿'字,'连腔',听起来像平声。"

"谁叫你'连腔'?"

这一问,越发叫陈金崔汗流浃背,结结巴巴地说:"是奴才的师傅这么教的。"

他的教曲的师父,如何可用来抵制皇帝? 这是极不得体的奏答。宫中相传的心法,遇到这种情形,要抢在前面申斥、开脱,来平息皇帝可能会爆发的怒气。所以安福严厉地喝道:"好糊涂的东西,你师父算得了什么? 你师傅教的,还能比得了万岁爷的教导!"

"是! 是!"陈金崔不住地在地上碰着头,"奴才糊涂,求万岁爷教导!"

皇帝有样好脾气,在这些方面,一向"诲人不倦",小太监写错了字,他会和颜悦色地给指出来,甚至朱笔写个"字样",吩咐"以后照这样写"。因此陈金崔和安福十分恐慌,咸丰帝却不以为意,真个指点了他们一番。

"你那个师父也不高明,怕得连南曲、北曲都搞不清楚。"咸丰帝徐徐地说道,"北曲的入声,唱高了像去声,唱低了像上声,拖长了就成平声。《琵琶记》是南曲,'湿'字唱错就错在这个'连腔'上面。这你明白了吧?"

"万岁爷圣明! 万岁爷的教导,奴才一辈子受用不尽。"陈金崔又大着胆子说,"奴才斗胆,再求万岁爷教导,南曲的入声该怎么唱才动听?"

"出口即断,也别有意做作,轻轻一丢,自然干净利落。昆腔是所谓'水磨调',婉转之中要有顿挫,就在这些上头讲究。"

听到咸丰皇帝娓娓道来,升平署的老伶工,无不心悦诚服。咸丰帝也大为得意,为现身说法,他还亲自小声哼唱着教他们,就这样消遣到二更时分。肃顺再三谏劝,咸丰帝才怀着余兴,起驾回宫。

咸丰十年(1860年),是咸丰帝一生中情绪最为低沉的一年。九月,他携群妃宠臣为避英法联军兵锋,逃往热河,狼狈至极,面子丢尽。逃到热河后,又听到圆明园被焚,内外库款,被抢掠尽净的奏报,心中更是难过至极。从此,咸丰帝心灰意懒,醉心声色,罕问朝政。英法联军撤兵后也不愿回銮,不是说天气渐寒,就是说御体欠安,把回京日期推迟到明年春天。

咸丰十一年(1861年)六月,时令已至盛暑,咸丰帝仍无意回京。一日黄昏,咸丰帝用完御膳,回到寝宫,咳嗽不止,时有血块吐出,经御医紧急调治,又饮了几口鹿血,方才平静下来。正欲早点歇息,忽有贴身太监送紧急奏疏来。咸丰帝强打精神,疑惑地开视奏折,见折内有几行小字并附有图说,写道:

> 钦天监启奏,八月初一日,仰观天象,见天上呈现日月合璧,五星联珠
> 祥兆,特绘图呈览。

看到这里,咸丰不由精神为之一振,绷了多日的黄中透红的脸上露出了几丝笑容。他想起三个月前,钦天监曾奏报彗星见于西北,示警人间。为此,他曾愁云密布,数日未食。今天"日月合璧,五星联珠"这罕见的奇瑞祥兆,终于战胜了晦气的"彗星",怎能不令他欣喜万分呢?

想到这里,咸丰的周身似乎充满了力量,他起身提笔,在奏折上批示道:

> 星文表瑞,实为世运祥兆,上苍保佑,速荡平逆匪,黎民复业,年谷顺成,天
> 下太平……

他希望在神祇的保佑下,尽快把太平军镇压下去,以维持、巩固爱新觉罗氏的天下。书毕,他走到窗前,仰观天象,久久不能入睡,这恐怕是咸丰驾崩前最为高兴的一夜。

咸丰帝知道自己所剩的日子不多了,越想这些就越对皇后产生了不尽的眷恋之情。在这段日子里,咸丰帝不是把皇后请到东暖阁来闲谈,就是挣扎着到皇后那里闲坐。皇后寝宫右侧,是一座水榭,曲槛回廊,后临广池,池中种满了荷花,正值盛开,皇帝每次来,总喜欢在那里凭栏而坐,观玩着摇曳多姿的红白荷花,与皇后谈论往事。

往事十年,在皇帝真是不堪回首!即位之初,尚是弱冠之年,身体极其壮硕,哪会想到有今日这样的衰颓?这十年中,内外交困,应付糜烂的大局,心力交瘁,诚然是致疾之由,但纵情声色,任性而为,自己不爱惜身体,才是导致虚弱的根本原因。每逢想到这里,咸丰帝都追悔莫及。

当然,这份悔意,他是决不肯说出来的。而眷恋皇后正是追悔的表示。不过皇后忠厚老实,看不出他的意思。

咸丰帝虚弱得厉害,多说话会觉得累。但是,他总觉得有许多话,还要对皇后说。他明白,这时不多说几句,便再没有机会了。

为了不惹皇后伤心,他避免用那种郑重嘱咐后事的语气,有许多极要紧的话,都是在想到哪里就说到哪里的闲谈方式中透露的。好在皇后极信服皇帝,他的每句话,皇后都会记在心里的。

有一次谈起大臣的人品,咸丰帝提到先朝的理学名臣,把康熙朝汤斌、张伯行的行谊,告诉了皇后,这两个人是河南人。于是又谈到此刻在河北办团练、讲理学的李棠阶,咸丰帝说他是品学端方,堪托重任的真道学。也谈到驻防河南的蒙古旗人倭仁,曾经当

过悼亲王师傅，此刻在做奉天府尹，也是老成端谨的醇儒。

皇后把李棠阶和倭仁这两个名字，在心里记住了。

有一次谈到肃顺，皇后把宫内对肃顺的怨言，很婉转地告诉了咸丰帝，意思是希望咸丰帝裁抑肃顺的权力。

"我也知道有很多人对肃六不满。"咸丰帝平静地说，"什么叫'任劳任怨'？这就是任怨！如果不是他事事替我挡在前面，我的麻烦就更多了。"

"我也知道他替皇上分了许多劳。可是……"皇后正色说道，"凡事也不能不讲体制，我看他，有点桀骜不驯。"

"他也不是对每个人都这样，譬如对你，"皇帝停了一下又说，"我知道他是挺尊敬的。你可以放心。"

"我不是什么不放心！"皇后急忙辩白，"有皇上在，我还有什么不放心的？"

咸丰帝报以苦笑，有句没有说出来的话：若是我不在了呢？皇后明白咸丰帝的意思，后悔失言。本来可以深入地谈一谈咸丰帝身后的事，但经过一小挫，机会失去了，而且以后再没有这样的机会。

第二天，七月十二日是皇后的生日。事先，皇后以时世不好为理由，一再向皇帝要求，蠲免应有的礼节。但皇帝也很坚决，说这是她逃难在外的第一个生日，一定要热闹一下，留作纪念。皇帝是愿意热闹的，如果咸丰帝能开心，她是不会反对的，所以她顺从了皇帝的意思。

那天一早，王公大臣身穿蟒袍补褂，到皇后寝宫门外，恭祝千岁。在热河的少数福晋命妇，则按品大妆，进宫向皇后朝贺。中午在澹泊敬诚殿赐宴开戏，咸丰帝亲临向皇后致贺，兴致和精神都很好。戏是咸丰帝点的，都是些劝善惩恶、因果报应的故事，是皇后喜欢看的。

第七章　国事艰难

　　"行在"热河的奕詝在为自己的"苦命"祈祷,巴望新的一年能够灾消难弭、时来运转。美好的愿望往往难以成为美好的现实。倒霉的奕詝在大年初一就遇到了麻烦,苗沛霖公然与他分庭抗礼,大举围攻寿州,将安徽巡抚翁同书等一批大吏困在城中。"争山"又遇新对手,奕詝的美梦又一次被严酷的现实惊破碎灭。

一

　　奕詝的"争山"新对手苗沛霖是一位很特殊的人物,经历复杂,关系复杂,还带有点传奇色彩,从他身上,很能窥见奕詝统治时代的社会风貌。以往人们总为他表面上的反复无常所迷惑,看不清他的"庐山真面目",以往的研究也不愿在"小人"身上浪费笔墨,一般史书也只是论及太平天国英王陈玉成被杀情节时,才把他抬出来当"叛徒"笔伐,詈之曰风吹两边倒的墙头草、流氓无赖,这都不是真实的苗沛霖。需要廓清的迷雾太多,留在即将出版的拙著《晚清枭雄苗沛霖》中廓清吧。这里与读者一道探测他的心底世界,看看他怎样成为中国近代史上第一个军阀和奕詝的"争山"对手的。

　　苗沛霖,字雨三,安徽凤台人,凤台与寿州同城而治,也可说是寿州人,生于嘉庆年间,家"贫贱",是一个十足的穷光蛋,照当地土话说,是没有日子过的人家。人不能自由选择自己的出身。出身可以让人"安命",也可以促人奋起。苗沛霖就不甘于安命居贫,他"少负意气""倜傥有大志",要结束穷光蛋的家境。可是,怎样才能改变自己的命运?"万般皆下品,唯有读书高",传统的封建功名利禄,像磁石一样吸引着他,在他看来,这才是人生价值所在。他,和洪秀全一样,选择科举入仕之途,成为功名利禄的狂热追求者,"习贫攻苦",勤于章句,兼之天资聪颖,"年三十而补弟子员",考中了秀才。一个"于俦类无所不凌侮"的乡村无赖,总算脸上有了一点光,但这丝毫不能改变他穷困潦倒的凄凄惨境,他失望、愤懑,但为了生存,也只好到六安教个蒙学,就是这样,还是"不足自赡",养活自己都困难。他又陷入了深深的苦闷之中。

> 手披残简对青灯,独坐寒帏数列星;
>
> 六幅屏开秋黯黯,一堂虫语夜冥冥。
>
> 杜鹃啼血霜华白,魑魅窥人灯火青;
>
> 我自横刀向天笑,此生休再误穷经。

　　面对孤馆青灯,黯黯秋夜,独坐寒帏,沉思……世界不会满足人,人要以自己的行动来改变世界。利禄之欲破灭,他要从失落中找回自我。"我自横刀向天笑"(谭嗣同的"我自横刀向天笑,去留肝胆两昆仑"的著名诗句,毋庸讳言,来自苗沛霖诗)。有远大抱负,刚愎自用,桀骜不驯的他,又怎甘如此落寞?遂投笔而起,"丈夫终不当沟壑死!"他要以自己的行动来改变不能满足他的世界了。而奕詝执政以来的社会大震荡,为他提供了大显身手的广阔天地。

咸丰三年(1853年)初,太平军沿江东下,克九江,陷安徽省城安庆,直捣金陵,朝野震动,对活跃在皖北的捻党运动也起了催化剂的作用,"乡集土匪蜂起":

冯金标、张凤山起义于皖豫边境;

朱洪占、陈起生、邓作仁、尹甲、王怀山、孙玉标、倪中平、朱天保起义于亳州;

胡元众、张狗、史鸭、陈小爱、江怀勤起义于蒙城;

刘洪立、王之重起义于凤台;

李殿元起义于宿州。

他们于咸丰三年正月(1853年2月)在雉河集(今涡阳县)举行会盟,公推雉河集人张乐行为"盟主",宣布起义抗清,这就是著名的"十八铺聚义"。它是捻党转向捻军的里程碑。大江南北,鼓角相闻,烽火连天。这种乱世之秋,在苗沛霖看来,正是千载难逢的机遇,照他自己的话说,"此丈夫得志之秋也!"他决志投笔从戎,在乱世之秋一显身手。可是,在这一广阔的历史舞台上,要扮演一个适合自己的角色,并不那么简单,究竟要像洪秀全那样充当农民起义领袖角色,还是像曾国藩那样充当"戡乱卫道"的角色?对这种相悖的知识分子参政行为模式,他都进行了尝试。

捻军起义后不久,他跑到了皖北雉河集去投靠张乐行。

当时的皖北,受地理和交通条件的限制,非常闭塞,教育特别落后,所以捻军中的知识分子屈指可数。苗沛霖这个读过《孙子兵法》的秀才来投,张乐行求之不得,对他信任有加,请他在幕中充当"先生"(即谋士,皖北土语称"红笔师爷"),为之运筹帷幄,决胜千里。但没过多久,他后悔了。在他看来,张乐行不过一草莽,怎能屈居其下?于是与张分道扬镳,跑到寿州知州金光筋那里,请求团练乡勇,自为练总。这完全是响应奕䜣的号召。

原来,奕䜣看到绿营兵不堪一击,为取得"争山"大战的胜利,便把视线转移到宗族上来,试图利用宗族组织来达到扑灭农民革命烈火,巩固、重建地方统治的目的。为达到这一目的,采取了两大措施:第一是政权下放,规定"凡聚族而居,丁口众多者,准择族中有品望者一人为族正,该族良莠责令察举"。就是说,族长(正)可以有行政的权力,这样,原来限于调整宗族内部关系的族权开始与基层政权结合起来了。第二大措施就是拥兵权下放。咸丰三年一月八日(1853年2月15日),奕䜣颁布上谕,号召各地乡绅族长组织团练乡勇,保卫乡里。同时,鼓励在朝官吏回乡倡办团练,以宗法血缘关系为纽带,组织"子弟兵",去"保卫桑梓",去捍卫清政府的地方统治,并且还任命了一批团练大臣,差往各省督办团练。由于奕䜣的大力倡导,在太平天国占领区以及太平天国势力可能达到的地区以及其他农民起义烈火燃烧的地区,出现了团练乡兵的高潮,曾国藩的湘军产生了,而像淮北的牛师韩、李南华等小规模的团练武装,多得简直不可以数计,这样,在太平天国的冲击下,原来只有国家可以拥有的拥兵权,奕䜣也下放给了地方宗族。

由于清政府的大力扶植,宗族势力得到膨胀性发展。虽然奕䜣借重宗族组织只是权宜之计,事实证明,打败太平天国、捻军及其他农民起义武装的确得力于宗族的援助,但也因此造成地方势力的恶性发展,苗沛霖的崛起就与奕䜣为"争山"采取的这一"应变"措施有很大关系。

在团练乡兵的高潮中,苗沛霖见有机可乘,也想通过这种途径组织一支武装。没想到,金光筋"忽之",根本不加理睬,他所能得到的只是"不许二字"。他大失所望,快快而去。不过,如何借助"团练"之名去实现自己的政治抱负,却在他脑海里萦绕。

苗沛霖的确有自己的政治抱负(野心)。现实角色选择失败后,他曾赋诗言志。云:

故园东望草离离,战垒连珠卷画旗;

乘势欲吞狼虎肉,借刀争剥马牛皮。

知兵乱世原非福,老死寒窗岂算奇?

为鳖为鱼终不免,不如大海作蛟螭。

不为鳖不为鱼,是要独树一帜,做大海中的"蛟螭"。"蛟"是一种龙,"螭"也是一种龙,""龙"是帝王的象征,做大海蛟螭,与洪秀全"龙潜海角"何其相似!苗沛霖可谓"居心叵测"。

作为一个受过传统教育的知识分子,他内心深处对如火如荼的农民造反运动极为痛恨,同时又对清王朝不行"德政"的黑暗统治深感不满,他写过这样一副对联:

什么天主教,敢称天父天兄,丧天伦,灭天理,竟把青天白日搅得天昏,何时伸天讨天威,天才有眼。

这些地方官,尽是地痞地棍,暗地鬼,明地人,可怜福地名区闹成地狱,到处抽地丁地税,地也无皮。

显然,上联是诅咒"上帝"的,下联则是辱骂奕䜣王朝的黑暗统治的,这种奇特的内心世界,使他可以向任何一方靠拢,但不可能与任何一方黏合,他可以左右逢源,但绝对游离于两者之间,他要走出一条自己的路——作大海"蛟螭",这种自我发展的道路,用官方语言说,就是"崛强官匪间,专制一方",在夹缝中建立一个割据政权。这就是他的政治抱负。有一次,他遇到在阜阳办团练的尹嘉宾,私下对他说:"天下大势去矣!安徽一省如为他人所据,可惜也!"尹一下给弄蒙了,苗沛霖何出此言?等他恍然大悟时,吓得半天说不出话,苗雨三太奸险了。

要打天下,不是一句空话,要有现实条件做保证,特别是军队。在大动乱年代,只要有能耐,拉出一支军队,并不太难。咸丰三年,当家乡大办团练时,苗就到处扬言,团练不可靠,"必筑寨、积粟、治兵可保",提出包括"治兵"在内的"六字"方针。也许因他平时"好大言",爱吹牛皮,此次恐怕又是纸上谈兵,所以无人答理。咸丰六年(1856 年)夏,情况发生了变化,捻军兵进凤台,本乡本土地主士绅及其团练被打得一败涂地,这时人们才"稍思沛霖言",觉得苗沛霖的主张不无道理,苗沛霖于是打出"御捻"的旗号乘机号召,重申他的"治兵"主张,得到回应,"听之,奉为练长"。他立即在武家集筑立圩寨,率"宗族二十人"指挥打败了念军,聚有千余人。接着,他把武家集圩寨扩充为"苗家老寨",立寨并村,"约得万余人"。这万把人,就是他的基础武装,地域、宗法、血缘关系成为团结这支武装的纽带,使它一开始就具有鲜明的部曲、家兵的性质,像苗氏宗族中的苗天庆、苗景开、苗熙年、苗长春、苗景和、苗景花等都是这支武装的骨干人物,随着苗沛霖势力的壮大,他们各率所部,东征西讨,独挡一面,为苗沛霖开拓地盘尽心尽力。对这支武装,苗沛霖完全按自己的意志将其统一编排,置五旗,编队伍,齐金鼓,束号令,"不听者以军法从事"，使这支武装与漫无纪律的乡团区别开来，走向正规化。由于苗沛霖驾御得法，"苗家军"有着较强的战斗力，它多次打败了捻军，打败了那些不愿听其指挥、控制、收编的地主士绅及其经营的团练，异军突起，壮大了声威，"附之者甚众"，到咸丰七年（1857年）即成为"名震两淮"的地方实力派，他，由此走上自我发展的割据之路。

时势造英雄，英雄造时势，恐怕没人怀疑它的正确性，但如果笔者提出文化传统造"英雄"，读者会以为故作惊人之语吗？且不妨作为"假说"提出来。本书的体例不容作者去广征博引、详加考证，不过，稍作说明（恕作者暂时偏离主题），也不难理解，如有的地方自古多慷慨悲歌之士，有的地方自古以来以盛产武人（包括军阀）著称，有的地方文人荟萃，有的地方人宁死不讨饭，有的地方以乞讨为荣甚至连女孩子找对象也要看看男方会不会乞讨……这些都是各地不同的地方文化传统，沿以为例，可以影响、锻造一代又一代人。与"时势"的作用相比，地区文化传统的作用并不逊色。苗沛霖之所以走上了自我发展的"军阀"之路，除"战垒连珠卷画旗"的时势之外，地区文化传统的影响力非同小可，我们的"假说"由此切入，也许能够得到验证。

苗沛霖是淮北人。狭义上的"淮北"包括江苏、安徽两省淮河以北地区（广义的"淮北"还包括豫东、鲁西南以及淮河以南部分地区）。这个地区自古以来就以重武轻文著称于世，谁能在"武"的方面成就一番事业，谁就可以光荣门第，成为人们心目中的偶像、英雄。苏东坡（轼）在《上神宗皇帝书》中有云："其（淮北）民皆长大，胆力绝人，喜为剽掠，小不适意，则有飞扬跋扈之心，非止为暴而已。汉高祖、项羽、刘裕、朱全忠皆在徐（州）数百里间，其人以此自负，雄杰之风，积以成俗。"这种观念代代承传，形成颇具淮北特色的地方文化。

现代著名文学家林语堂先生在他的名著《中国人》中也有精辟论述，认为中国人与中国人是不同的，尽管同处于车同轨、行同伦、书同文的中华民族大文化圈里。人的不同，在笔者看来，就是文化的不同，因为人既是文化的载体，又是文化的化身。人的不同反映出地区文化的差异。林语堂还特别指出："在所有以武力夺取了政权而建立自己的朝代的盗匪中，没有一个是江南人。吃大米的南方人不能登上龙位，只有吃面条的北方人才可以，这是一贯的传统……如果我们以陇海铁路的某一点为中心画一个方圆若干里的圆圈，并不是没有可能，圈内就是那些帝王们的出生地。汉朝的创业帝王来自徐州的沛县，晋室始祖来自河南，宋室来自河北南部的涿县，明太祖朱洪武则来自安徽凤阳。"在这里，林语堂也揭示出淮北区域文化的特质。

作为一种文化传统，经过一代又一代武人的勋业而不断强化，并渗入淮北人的骨髓，直到近代后期（1919年以后）仍根深蒂固，刘邦"大丈夫不当如是耶"和项羽"可取而代之"的气概，"尤不减于当年"。可见这种文化传统影响之深之远了。

文化传统以人为载体，人的思想、行为往往打上地区文化传统的烙印。对淮北人来说，最能体现地区文化传统的观念、行为就是"尚武"和崇拜英雄，有位好奇的调查者就发现，淮北人"向具武侠之风，故一般农民颇尚武，农闲时期，集合一处，刀枪剑戟，随意玩弄，盖对于国术甚嗜好也。因有古刘、项之风，故崇拜英雄，而当兵亦每为农民出外谋生之惟一途径，居常以能任军职为光门楣耀祖宗，是于好尚武艺，而文事不与焉"。这是对近代淮北社会生活的写真。笔者就是淮北人,每隔一二年总要回乡省亲,每次回去,都发现"武馆"又增多了,各县都有,有的县可以用"武馆林立"来形容,各类武馆招生的广告贴满大街小巷。尚武之风还是那么盛。

在地区文化传统的锻铸下,淮北因而成为盛产武人的地区,"英雄意识"因而也弥漫于整个淮北地区。

读者一定嫌作者太啰唆。这也无奈。历史研究很难,要与"死人"沟通、交流、对话,更属不易。没有对历史"情境"的正确设置,任何"假说"都无法得到证实,"死人"的内心世界也无从窥知。

上述特定历史情境的设定,正是为了证实:苗沛霖把"军阀"作为理想角色而加以选择,同样深受地区文化传统之赐。

世间有一种比海洋大的景色,那便是天空,还有一种比天空更大的景象,那便是内心活动。

苗沛霖的心底世界是广袤的、多维的,但透过种种迹象,我们还是可以求知其内心潜藏的奥秘,找出其渴望扮演的理想角色和走上自我发展道路的内驱力。

在苗沛霖的深层意识里,曹操,这个根生在淮北大地上的"乱世奸雄",是他崇拜的偶像、英雄,在他心目中,奕论算老几,曹操才最伟大,"(苗)蓄叛已久,平素尝与队下闲叙,极慕曹操之为人,而自诩其用兵如诸葛,呼队下某某为五虎将,动以淮南称王为词"。由"极慕"不难想见他对曹操崇拜的程度。这是淮北"崇拜英雄"的文化传统在他心中的投影,而动不动以"称王为词",却是他"英雄意识"的膨胀。"崇拜英雄"和"英雄意识"在他心中共生,而"英雄意识"的膨胀恰恰是"崇拜英雄"的必然走势。《蒙城县志书》中有段关于苗沛霖与蒙城练总李南华交往的记载,十分有趣:

> (苗)向年办练时,屡与南华晤,握手论天下事……常笑语南华曰:"现今英雄独使君与操耳。"南华佯不解,遂与之绝。

这里苗沛霖以曹操自喻、自比。曹操简直占据了他的整个心理空间。曹操"不为虚美,行己谨俭",他也"性俭约,自奉鲜重肉,得财辄分部曲……人以是奇之,识者已知其有异志";曹操"唯才是举",他也在凤台设了一个"招贤馆",如此等等,不一而足。曹操成了他模拟的原型。不过,他不准备对曹操进行简单的"复制",重要的,是继承曹操的据地称雄思想。他的理想人生,就是要做曹操那样的英雄。军阀,因此成为他渴望充当的理想角色。在他的心灵深处,就是要让曹操"复活",再现淮上割据的局面。这是他的行为原则,今后的一切活动包括表面上的反复无常,无不为此目的服务。《剑桥中国晚清史》说他是"毫无原则的武夫",但见"图"穷而未见"匕首"者也。

淮北另一特产"英雄"、当过乞丐后来削平群雄当上明朝开国皇帝的朱元璋,对苗沛霖的崛起也产生了一些影响,朱元璋曾经奉行的"高筑墙、广积粮、缓称王"的政策,为苗沛霖所继承,经过一番添油加醋的加工改造,他提出了一个名之曰:"高筑寨、广聚粮、先灭贼、后称王"的"十二字"方针,作为其实现割据的途径、步骤。

从以上的简单叙述中,大致可以证实地区文化传统造"英雄"的"假说"不谬,正是曹操"复活"的欲望火焰,成为激发苗沛霖走上割据道路的强大内驱力。不过,作者应该声明的是,地区文化传统只是许多锻造"英雄"原材料中的一种,不是惟一,而这方面却很少引起人们的注意。苗沛霖是个"复合体"(其他历史人物也是一样),理应"复合"地加以审视。除强调地区文化传统因素外,"时势"千万不能丢开,因为,乱世是军阀的摇篮。

苗沛霖算是成功于一时地趟出了一条自我发展的路,成为奕䜣的"争山"对手。这种结果,当然得之于苗沛霖处心积虑的"自我发展",可是,读者不会相信,奕䜣却有意无意为他开绿灯。成就了他,是奕䜣的养痈,贻下苗沛霖尾大不掉之患,自找倒霉。笔者不是故弄玄虚、危言耸听。要解开这个谜团,就要看看奕䜣及其大吏们对苗沛霖的"羁縻"政策了。而这一决策的出台,对奕䜣来说,也是一种无奈,为了对付"发(太平军)捻(军)"的联合"争山",他似乎别无选择。

太平军和捻军原是两支独立的"争山"队伍,互不统属。洪秀全不把这支地方武装放在眼里,张乐行倒也"不屑附于长发"。"以响马拜响马,谁甘屈膝?"这种狭隘的农民意识,导致两军的分而不合。可是,咸丰六年(1856年),说来也巧,对各方都是一个转折:苗沛霖起步图谋"自我发展",奕䜣又一次陷入"洋祸"的泥潭——第二次鸦片战争爆发,而太平天国、捻军也都面临新的抉择,不得不相互靠近。

先从太平天国方面说,这年发生了亲痛仇快的内讧。

自定鼎金陵以后,洪秀全深居简出,深陷宗教的泥潭不能自拔,几乎全身心耗在拜上帝教教义的阐释上,不理朝政,军政大权均由东王杨秀清主持。杨秀清是开国功臣,"天父"的代言人,大权独揽,名义上"尊洪秀全为首",实际上不把洪秀全当作一回事。如咸丰三年太平天国开科取士,诗题竟然是"四海之内有东王"。在封建帝制时代,向有"四海之内莫非王土,率土之滨莫非王臣"之语,道出封建帝王至高无上的权威,而太平天国开科取士,以"四海之内有东王"做试题,明眼人一看便知,东王显然凌驾于天王之上,"一朝之大,是首一人",洪秀全"实杨之傀儡也"。更有甚者,杨秀清动不动借天父下凡怒责洪秀全。洪秀全生活腐化,大兴土木,把天王府建造得金碧辉煌,侈丽无匹,杨秀清要"杖谏";天王虐待宫女,杨秀清要杖他四十大板;杨秀清一说天父附体下凡,洪秀全马上就得下跪恭迎,受责受惩。洪秀全是太平天国的开创者,也是性情刚烈之人,虽慑于"天父"之威,对杨秀清的飞扬跋扈一忍再忍,但洪杨矛盾日益加深。而"阴柔奸险"的韦昌辉又从中拨弄,谄媚取宠,骗取洪秀全信任,要攘夺杨秀清之权。杨韦互相猜忌,矛盾重重,在天京已成为公开的秘密。翼王石达开、燕王秦日纲对杨秀清专横无理心怀不平,也遭到杨的打击,"积怨于心"。矛盾愈演愈烈,终于引发了自相残杀的内讧。咸丰六年六月(1856年7月),东王逼迫天王封他"万岁",公然要取而代之。天王迫于淫威,不得不当面应允,而暗调韦昌辉、石达开、秦日纲回京靖难。八月三日(9月1日)深夜,韦昌辉率精兵三千从江西秘密回京,以迅雷不及掩耳之势,对东王府发动突然袭击,杀杨秀清及其家属,接着,"不分清白,乱杀文武大小男女"达三万余众,使天京这个被精心构筑的"小天堂"立刻化为名副其实的人间地狱。九月,翼王石达开从湖北赶回天京,责备韦昌辉"多杀以逞,食肉为快",不料韦又欲诛石,石连夜出逃,亲属全部罹难。韦的滥杀,引起天京军民的强烈不满,在一片"诛韦"声中,十月(11月)中旬,洪秀全下诏,"共诛"韦昌辉及参与大屠杀的秦日纲等二百人,结束了长达两个多月的内讧恐怖时期。

杨韦事变是太平天国历史上最惨痛的一页,不仅削弱了太平天国自身的力量,而且使迅速发展的军事态势急转直下,天京再次被围。在湖北战场上,武汉守将韦志俊因其兄韦昌辉被诛,丧失斗志,十一月二十二日(12月19日)弃城而去,湖北各州县随之不守。在江西战场上,湘军水师逐渐占了上风,重新控制了那里的长江水面。更为重要的是,经过内讧,"人心改变,政事不一,各有一心",太平天国开始走上下坡路,这是洪秀全失败的原因。

事变后,翼王石达开回京"提理朝政"。面对残破的局面,他想到了张乐行,如果能把捻军拉过来,不仅可以巩固安徽根据地,而且可以扭转内讧带来的军事上的颓势。十月间,他特地派人前往雉河集"送信",约张乐行南下。咸丰七年(1857年)春,又命陈玉成、李秀成北上,准备与捻军会师。

再说捻军。咸丰六年正月,捻军各部在雉河集举行了第二次会盟,共尊张乐行为"大汉盟主",树起他在捻军中的权威地位,黄、白、红、蓝、黑五旗"统将皆听盟主调遣"。捻军从此结束了各自为战的局面,实现了大联合。雉河集会议后,捻军分兵四出,攻河南,逼山东,进退绰如,纵横跌宕,打得攻捻统帅、河南巡抚英桂无力招架。奕䜣大为不满,七月(8月)再次派攻捻能手、袁世凯的叔祖父袁甲三挂帅"督办皖豫间剿匪军事"。袁甲三赴任后,督率豫、皖、苏三省攻捻之师"会剿",与张乐行捻军在皖北展开拉锯战,大小数十战,终于大获全胜。

雉河集根据地失守,张乐行无所依归,只好率主力南下,与太平军会合。咸丰七年二月六日(1857年3月1日)占领豫、皖之交的商业重镇三河尖,九日两军在霍邱地区会师,"于是分者始合,狼败(狈)苍黄,急则相倚,势使然也"。双方"急则相倚",在困境中实现了联合(不是合并),这在太平天国和捻军史上,都具有重要的意义,太平军从此有了最有力的支持者,而捻军也摆脱了孤立无援、孤军奋战的境地,两军互相呼应,安徽战场上出现了奕䜣最不愿意看到的"发捻交乘"的局面。为了加大攻捻力度,奕䜣把胜保派往前线,"以副都统衔帮办剿匪事宜"。张乐行迎来了最凶恶的对手之一,而苗沛霖则"福星高照"。

胜保,字克斋,苏完瓜尔佳氏,满洲镶白旗人,道光二十年(1840年)举人,考授顺天府教授,历光禄寺卿、内阁学士,咸丰三年在河南、直隶、山东等地镇压太平军,曾因军败遭贬。这位"满腔"忌克,其志欲统天下之人",有一套无人企及的招降纳叛的本领,读者一会儿便可领略到。

霍邱会师,揭开了张乐行捻军与太平军联合作战的序幕。经协商,决定以三河尖为中心,以颍上为主要用兵方向,以图向北发展,同时进攻河南固始、安徽寿州,作为策应。这最初的联合,没有取得耀眼的战绩。四月十日(5月3日),颍上县城久攻不下,太平军回军六安,捻军退三河尖,迎击前来攻尖的胜保。五月二十五日(6月16日),三河尖不守,张乐行率部二万众,顺淮河东下,到达淮南水上要隘正阳关,被胜保指挥清军各部重重围困。胜保剿抚兼施,收买了老捻张金桂潜赴霍邱作内应,七月十日(8月29日)轻取城池,一举切断了张乐行最后的补给线。

正阳关被困已久,张乐行捻军面临严重的困难,"食将尽,刲驴马杂野菜食之",雪上加霜,疫疾流行起来,倒毙不少,"日舁尸抛淮流"。失败的因素不断滋生,清军可谓胜利在望。没料想,就在这个当口,胜保背后突然冒出一股势力,给他造成后顾之忧,这股势力,不是别人,正是苗雨三。

半年来,清军与太、捻联军逐日鏖战于淮上,谁也没有留意也无暇旁顾其他。苗沛霖瞅准这个有利时机,使劲发展,等引人注意时,他已形成气候。

正阳关交战方酣,苗沛霖这股势力的出现使清方突然感到如芒刺背。时在前敌的贾臻(几年后当了几天安徽巡抚)在复郑瑛棨信中忧心忡忡地说:"此间军事大有全股殄灭之望……但能防其(张乐行)冒死走险,不令窜逸,则聚歼可以操券。惟沙河之北,凤台县境展沟、阚疃一带,又有文生员苗沛霖者,以义兵为名,聚众已至二万余(已在展沟村之内外筑土围三十余处)。到处劫粮,心怀不测……若此时兵力难分,设沙北稍有变动,则大军有腹背受敌之虑。"苗雨三的突然冒出,令攻捻大员们心慌,万一腹背受敌,大局不堪设想。

指挥攻捻的胜保面对突如其来的问题,镇静自若,他有玩得烂熟的法宝。要不想使"全股殄灭(张乐行捻军)之望"成为泡影,只有稳住那颗躁动的野心。于是,决定对苗沛霖采取"暂示羁縻"的政策,并上奏朝廷,奕訢第一次闻知苗沛霖其人。

八月间,胜保派凤台县知县李霖带着他的"手谕"前往苗家老寨"开导"苗雨三,希望苗能就范。

胜保有意"羁縻",苗沛霖却摆起架子来,答复说:"本拟赴营谒见大帅,但因团众过多,无人统束,一时难以远离,容后再行请示。"不就范也不断然拒绝就范,他的滑头奕訢看出来了,不过是"以难于约束为辞,饰其旁观之计"。苗沛霖的等等看,自有道理,清军胶着正阳关前线,与捻军打得不可开交,不会对自己怎么样;胜保没给一点好处(一官半职),凭一纸"手谕"就想让他就范,未免太小瞧他了。至于说"团众过多",四个字的分量是称不出来的,那是在向胜保耀之以威,以引起清朝方面的足够重视。当然,他也向胜保传递了一条重要信息:"容后再行请示",意味着他暂时不会对清军构成威胁。胜保不蠢,得此信息,便毫无顾忌全力以赴对付张乐行了。

正阳关之战仍在持续着。张乐行因弹尽粮绝,几乎无力招架,"几成擒矣"。关键时刻,李秀成伸出援助之手,派李昭寿(不久为胜保招抚)率太平军奋力杀开一条血路,到了正阳关下,八月二十五日(10月12日),里应外合,张乐行终于突出重围,到六安与李秀成会合。

正阳关之战持续三个多月,以张乐行失败而告终。对清军来说,"克复正阳关,为淮南第一奇捷",奕訢大喜,赏给胜保头品顶戴。

战役一结束,悬而未决的苗沛霖问题又提上了日程。苗沛霖虽然给了胜保一颗定心丸,使胜帅得以专顾张乐行,但他自己绝不会放掉任何利于"自我发展"的机会而仅仅坐山观虎斗——奕訢看走了眼。所以,当战役结束时,胜保吃惊地发现苗雨三"颇有尾大不掉之势"了。事已至此,胜保也无可奈何,"发捻交乘"的局面没有了结,他无论如何不能对苗沛霖用兵,否则又是腹背受敌。而且苗沛霖不是太、捻,是"团练",理应为奕訢效力,果真如此,用以对付"发捻"的实力就会骤然增强。现在的苗沛霖绝不是无足轻重的人物,而是可以左右时局的关键棋子,对他,没有别的办法可想,只有"羁縻"。正阳关战役结束后,胜保再次遣把总耿希舜、邵徵祥、廪生王尚辰以花翎五品官往抚,"温语"相劝,希望他随胜帅进攻捻军。苗沛霖拍着胸脯,字字掷地有声地说:"吾青衫久裂作帜,冠缨用饰长乾,何官为?然杀贼(捻军)固吾好!"何等冠冕堂皇!爽快如此,连作者都感到意外。他突然来了个一百八十度的大转弯,是因为奕訢给了他一个花翎五品的芝麻官吗?不是,苗沛霖野心勃勃,绝不会这么没出息。苗沛霖"知兵",又有"小诸葛"之名,更有曹操的"奸猾",凡事鳃鳃过虑,计较得失。他在想:捻军被清军杀得大败,退到六安去了,在皖的李秀成部太平军为解镇江之围而奉令东进,安徽战场上的炮声暂时作哑。而清方对他采取的只是"暂示羁縻"的临时政策,即"俟张逆(乐行)全股肃清,如该生叛形已著,移师剿办,趁其甫经煽乱,或尚易于了结,不致再成燎原之祸"。这时清军完全可以抽出手来搂他,因此,再持"旁观之计",对自己没什么好处。再者说,他曾向寿州知州金光筋请求团练乡勇,未得允许,但到咸丰六年(1856年),他却未经批准擅自办"练"(实际上是"治兵"),这在当局看来,自然是不合"法"的,说他"聚群不逞为乱",若是受了"羁縻",就等于对既成事实的肯定,他便可以名正言顺地去扩充自己的势力了。何况,还有一个花翎五品的小官,当然,他看上的不是这个,而是胜保,胜保是奕訢的方面大员,朝廷上下红得发紫的人物,完全可以为我所用。当年曹操能够成就一番事业,很大程度上利用了汉献帝这块招牌。建安元年(196年),他把汉献帝掠至许昌,挟天子而令诸侯,号召弥众。他虽然不能像曹操挟制汉献帝那样挟制咸丰帝,但如果能拉上胜保这根热线,他就可以"借其权势,以逞逆心",来达到专治一方的政治目的了。苗沛霖的小算盘拨拉得的确不同凡响。

为了拉上胜保,苗沛霖也下了一番软工,"以声妓蛊之,胜保恨相见晚",于是纳"沛霖为门下士",结成师生关系。苗雨三与胜帅由此勾结一起。

咸丰八年(1858年),"洋祸"又炽,"发捻"又乘机发动军事进攻,特别是张乐行捻军,四月二十一日(6月2日)占领"全淮上游重地"的怀远县城,五月四日(6月14日)进克"水陆咽喉,南北冲要"的皖东重镇临淮关,第二天,连拔"皖东门户"的凤阳府、县两城,清军节节败退,皖东地区成为张乐行的天下,与太平天国辖区连成一片。奕訢震怒,将安徽巡抚福济撤职查办,大学士翁心存之子翁同书(其弟翁同龢是光绪皇帝的恩师)调补皖抚。七月二十三日(8月31日)重新调整攻捻部署:胜保为钦差大臣,督办安徽军务,翁同书帮办军务,袁甲三督办豫苏皖"剿匪"事宜。

攻捻战事日非,钦差胜保更加需要苗沛霖,"胜保尤信用沛霖,沛霖亦深与结纳"。在胜保等攻捻大吏们的保奏和影响下,朝廷对苗沛霖采取了"一意羁縻"的政策。从"暂示"到"一意",说明苗沛霖的举足轻重和奕訢的无奈。苗沛霖每立微功,必晋显秩。从咸丰八年到咸丰十年(1858—1860年),奕訢因苗剿捻有功先后12次为他加官晋秩,由知县而知州、知府、四川川北道加布政使衔,督办淮北团练,官居二品。苗党刘兰馨、张建猷、苗天庆、年玉田等等也被迭加超擢,显赫一时。

奕訢"羁縻"苗沛霖,除了加官之外,没有别的办法,为了对付"发捻"的联合"争山",也只有"厚赏"。他的"隆恩"施在别人身上,无疑使人感到无尚荣耀、受宠若惊,即使有点野心,早已被"浩荡皇恩"淹没了。政策策略是一柄"双刃剑",一出手可能产生两种效果。奕䜣的"一意"施恩笼络,在苗沛霖身上得到的反映出乎所有人的意料之外:苗沛霖还是那个苗沛霖,从来不穿官服、戴官帽,没有一点儿官样,那种扮相,史书说跟乡村野夫差不多,就是会见地方官吏,仍然是"燕服谈谑,倨傲无礼",这种不合"礼"的举止,绝不是鸡毛蒜皮的"小节"、不检点,视"圣物"为垃圾,简直就是大逆不道。他的"弗冠服",只能用"示弗臣也"来解释了。

苗沛霖头上有许多官衔,同样出人意料的是,他从来就不准手下人称呼什么官,否则要受到斥责,要么称他为"先生""老先生",要么称之为"苗大先生",他才感到惬意。读者切不要以为苗沛霖出身秀才,扮演过传道、授业、解惑的角色,称"先生"没有什么值得大惊小怪的,其实"先生"之称的背后隐藏着令人费猜的意蕴,当时有位叫刘声木的人非要弄清苗葫芦里到底卖的什么药,特地做了一番考证,发现了个中奥秘,说苗沛霖称先生不是没有来历的,"春秋时,楚白公作乱,其党羽石乞不称为白公,称为长者。是此等名称,由来已久,苗沛霖亦依样葫芦而已"。原来,"使其属称苗先生",同样具有"示弗臣也"的深意。

苗沛霖有不臣之心,但奕䜣给他那么多方便条件,当然不会任其过期作废,"假官爵号召徒党""借国家声威号召一方令行禁止",是他常用的手段,比如奕䜣给他督办淮北团练的大权,他便以"淮北练总"的特殊身份号召弥众,暗暗扩充个人势力,把寿州、凤台、宿州、灵璧、蒙城、怀远等州县划为"东练",分五旗,委派心腹徐立壮、邹兆元、张建猷、管致中、刘兰馨主持;把阜阳、颍州、霍邱及河南光州、固始、新蔡、息县等州县划为"西练",分十四营,委派心腹牛允恭、吴正谊、朱鑫、王金奎、董志诚、邓林松、林济川、祝兰馨、潘垲、杨天林、郭扬辉、李道南、赵春和、倘贯金主持。在东、西练所辖范围内,苗沛霖规定了"练三丁取一,贫者出兵,富供资粮犀屡"的征兵筹饷制度,并将所得之众亲自严加训练,有目的、有计划地加以编排,形成一套组织严密的军事体系:苗沛霖为最高领袖,称"(大)先生";其下为"五旗总",地位仅次于苗;"五旗总"下置"五旗"和"营",旗有旗主,营有营主。五旗总颅、旗主、营主均由苗沛霖委任,纳入"苗家军"系统。五旗和营是最基本的作战单位。"苗家军",在苗沛霖的苦心经营下(当然还有胜保、皇上作后盾),蔚成大观,到咸丰十年发展到数十万众,遍布皖、豫两省数十州县。

军事力量的扩张,是为开拓地盘服务的。苗沛霖以"苗家军"为后盾,以凤台为中心,四处拓展,通过对圩寨的争夺和有效控制,实现割据目的。

圩,也称围、堡、寨,统称"圩寨"。它是从村落发展而来的,村环以围(墙),围环以濠,吊桥通内外,犹如碉堡,是圩寨一般形势。它是社会动荡的产物。苗沛霖崛起时,淮北已"圩寨林立"。如果把淮北作为一个系统,那么它是由众多的子系统——圩寨组成的。圩寨常处于封闭、半封闭状态,它以血缘关系、裙带关系受制于圩主、寨长家长式的统治之下,构成一个个"小而全"的社会,这正是苗沛霖割据的社会基础。

捻军起义后,村落几乎不复存在。捻军也好,它的对手也好,都非常注重对圩寨的争夺和经营,"加砖增堞,坚如城郭",当时就有"官圩""民圩""贼圩"之分,作战方式也因此变为拉锯式的"圩寨战"。苗沛霖对圩寨,那是力所必争的。争夺的方式也是赤裸裸的，一是武力攻伐，从捻军手中夺，奕䜣对他"一意羁縻"，不就是借重他的武力攻捻吗？苗沛霖攻捻确也不遗余力——原是他"先灭贼，后称王"题中应有之举，但夺取的圩寨不是奕䜣希望的那样夷为平地，而是"得一处守一处，绝不归官办理"；二是凭借奕䜣给予的特殊权力夺取地主士绅经营的"民圩""藉官势收圩"，有不从者多方挟制，或烧房屋、或扰耕种，或掘坟墓，或掠妇女、牲畜，再不从，那就要屠圩了。所得圩寨，委派"（小）先生"一类的小官取代圩主、寨长，进行管理，使之完全脱离清政府地方统治的控制，变成具有特殊意义的"苗圩"。

通过对圩寨的争夺与改造，苗沛霖割据局面逐渐确立，到咸丰十年（1860年）即成为"南通光、汝，西薄归、陈，东逾州来，北尽黄河之浒，连圩数千，众数十万，讼狱大小皆口决，县令守符玺而已"的强大武力集团。在所控制的范围内，苗沛霖可以令行禁止，可以生杀予夺，可以私刻督办安徽团练关防，地方官受其钳制，连与他结为师生关系的钦差大臣胜保、安徽巡抚翁同书也受其胁迫，只得听之任之。他曾在蒙城等地设立"公寓"取代县衙的统治，宿州知州董声元不听支使，他便将其掠至凤台"老寨"关押，另在宿州设立"苗营公司"（苗所设官、府，都是这类怪名称），委派心腹侯克瞬取而代之。清政府在淮北的统治名存实亡。

"一意羁縻"政策结出如此恶果，这是奕䜣始料不及的，养痈贻患，怪谁呢？胜保、袁甲三、翁同书吗？他们都是养痈之人，皇上也有责任。奕䜣也许会认为，政策本身并没有错，错就错在用错了地方，而且一旦用错，就只能将错就错，连改错的机会都没有。苗沛霖狼子野心，实堪痛恨，罪不容诛，但"较之粤（太平军）、捻之显然叛逆尚属稍知顾忌"，太、捻是"心腹之大患"，苗沛霖只是肢体之患，为了对付"发捻"的联合"争山"，苗沛霖这股势力只能加以利用，要利用只能继续"羁縻"，姑息迁就，是痈也得养。一旦"发捻交乘"的局面结束，肢体之患必欲清除，这叫"先剿群捻，次（剿）沛霖"，有理有利有节。肢体之患可以危及腹心。奕䜣想不了那么多。

奕䜣"借苗练以制捻"，苗沛霖"借官势以号召"，什么君臣大义，早抛到了九霄云外，双方为了各自的目的，互相利用而已。

苗雨三尾大不掉，再也不能满足"俨然割据"的局面，那颗躁动的野心再也按捺不住。宿州知州董声元在凤台受审时，苗的亲信就明明白白告诉董说："我家老先生，他日之皇帝也。"他要与奕䜣分庭抗礼了。

苗沛霖所以能够割据淮甸，专制一方，毫无疑问与其徒党众多，羽翼丰满大有关碍。因之，对苗沛霖集团中的骨干人物作些考察，应是不可或缺的，同时也有助于我们对苗沛霖更深入、细致的了解。正是由于他们，作为一介书生的苗沛霖才可能以武干政，雄长江河。他们的左右开拓，奋力冲杀，终于使苗沛霖的政治理想水到渠成，苗沛霖也即瞅准时机，公然割据称雄，独霸一方，与清王朝分庭抗礼了。

在苗沛霖集团中，有一批骨干人物，为苗沛霖的事业开拓，没有他们，很难设想会有淮上割据的局面。但由于史料所载不详，我们这里的考察不免失之简略了。另外，苗沛霖割据后他们的所为、归宿如何，也顺便在此带过，以期有一个较全面的了解。这一批骨干人物，以苗沛霖为核心，构成"苗沛霖集团"，他们是：

1.苗景开

苗景开,官书亦作苗金开。苗沛霖之侄,深得苗赏识、信任,常常代表苗沛霖发号施令,苗之崛起,可以说苗景开厥功甚巨。

苗景开之所以能成为苗沛霖的重要心腹,是与他的军事指挥能力分不开的。一张瑞墀所撰《两淮戡乱记》说苗沛霖"犹子三,金开能将,天庆善战,长春善谋"。而对于苗景开能将事,多有记载。这里不妨从中抄录一段,或可见一斑:

> 时凤(阳)、寿(州)、临(淮)、定(远)皆为贼踞,贼营淮南,官兵营淮北。沛霖言于袁帅(袁甲三),请渡淮为营,不许;请以其练众,许之。乃率数十骑潜济,当贼冲道碣石而反。次日二鼓,率三千人舣舟径渡,赍三日粮,于所度(渡)处为四垒,留其侄金开守之,曰:'力支三日,当救汝'。复驰还寨。昧爽,贼自凤入临淮,突见苗帜,大骇反,悉众攻之。金开闭营自守三日。沛霖自寨引精锐二万至,督帅袁以马军三千助之。金开引众开营出,三面夹击,贼众大败。袁帅以大军渡淮亦至,遂围凤阳。(张)洛行留其将张龙守凤,自引大军出备鏖战……金开以骈邻横冲……贼败……张龙遂以城降。

因镇压捻军、太平军有功,苗沛霖"兄弟犹子,秩咸总镇",屡膺封典,苗景开即擢至副将。1861年寿州围城战役拉开战幕后,他代表苗沛霖督率西练十四营,与河南捻军陈太和部合兵,号称二十万,向西拓展,牵制清军,"取道新、息,大掠而西,犯汝宁、南阳、汝、陕,薄潼关而还"。接着率部进攻颍州,与寿州围城之师结为掎角,遥相呼应。1862年庐州失守,陈玉成中计误入迷途,北向寿州,企望与苗沛霖合兵抗清。时沛霖驻颍州、寿州之间的江口集,指挥进攻捻军,乃密遣苗景开前往寿州,"相机料理",随之生俘陈玉成。1863年苗沛霖掀起第三次抗清高潮时,他率部进攻蒙城。12月苗沛霖身死蒙城,割据局面结束,他投靠僧格林沁,导引清军收复苗家军所据守的寿州、凤台等地,但并未能因此而换来清政府对他的"宽宥"。清廷先令吏部将其褫职查办,继又特诏僧格林沁"将擒获逆党苗景开迅速正法。"

2.苗天庆

苗沛霖之侄苗天庆,以"善战"著称,深为苗沛霖器重。如果说苗景开是苗沛霖的左膀的话,那么苗天庆则可称得上是苗沛霖的右臂了。苗家军粗具规模后,苗沛霖复"赍金数千镒购马两千匹,为马军",这支苗家马军,即交苗天庆统率。苗天庆即赖这支武装,纵横驰骋淮河流域,与捻军作战(清廷为此赏给他一个勤勇巴图鲁的勇号),为苗沛霖开拓地盘。1860年,他曾一度攻入五河县,"胁各围(圩)顺从",不数月,"浍(河)上骚然"。苗沛霖进攻安徽巡抚翁同书驻地寿州时,曾遣苗景开督率西练十四营西向河南出击,而使苗天庆督率东练二旗,合张宗禹、孙葵心部捻军,亦号称二十万,"取道蒙城,大掠而东,犯丰、沛、萧、砀、曹、单、濮、沂,别出陷清江浦,而还"。苗沛霖败灭后,他弃寿州转至河南,投入张宗禹捻军中,后被捻军首领任化邦所杀。

3.苗长春

苗长春,也是苗沛霖之侄,《两淮戡乱记》说他"善谋"。苗沛霖曾造炮船二百,组成苗家水军,教习水战,这支水军即由苗长春统带,往来梭巡淮河中,策应陆地战事。苗沛霖进攻寿州时,苗长春亲督水军炮船停泊在寿州西门,切断了清军的水上生命线——饷道,保证了寿州围城战役的胜利。苗沛霖行将灭亡之时,苗长春见大势已去,即与苗希年献怀远城以降,仍不免身首异处。

4.苗希年

苗希年,官书或作苗熙年,苗沛霖之弟。张瑞墀《两淮戡乱记》中称他"尤勇猛嗜杀,军中号'人屠'"。1859 年,他统带所部苗家军,会合苗景开、苗天庆等部,与龚德树部捻军、陈玉成部太平军"会战于临淮之南",取得胜利。1863 年 12 月 6 日,与苗沛霖败死蒙城的同一天,他与苗长春献怀远县城出降,旋亦被杀。

5.潘垲

潘垲,官书或作潘闿、潘恺、潘四等,是苗沛霖集团中的重要成员。潘氏一族约五百户,世居霍邱县之三河尖,耕读传家。潘垲曾参加童子试,未中。其人重然诺,在乡里有很高的威望,遇有大事,均由他决断。1856 年 7 月,三河尖被捻军占领,潘垲及其子潘立勋、潘开勋先后被裹入捻中,潘垲威望素著,很快受到重用,"久之,与诸酋埒。所部常七八万,私与官军通消息"。后解散所部,只身前往寿州,谒见巡抚翁同书,极力向翁表白心迹,"且言贼中情形。翁甚喜,赏五品军功牌,命与沛霖合办团练……垲知沛霖叵测,不欲属。翁曰:'汝不彼附,恐不汝容也。'垲不得已,见沛霖。语竟夕,沛霖大悦,宿志尽露"。潘垲由是得到苗沛霖的信任,成为"西练"第九营营主,以三河尖为基地,控制霍邱各苗圩,并向河南光州、固始、新蔡、息县拓展。在苗沛霖集团中,数他占跨地盘最大,《寿州志》说他控制的圩寨达二百余处,实际上恐怕远远不止此数。

1861 年 6 月 19 日,当寿州围城战役激烈进行之际,苗沛霖以进攻仇敌徐立壮鲁家口旧圩为词,指挥潘垲、林朗攻占了正阳关和霍邱县城,"城内三河尖厘局亦被该练占踞、把持,目下自寿而西数百里间皆其党与,节节分布,所为实属叵测"。寿州破城后,苗家军会师怀远,苗沛霖部勒其众为十大营,潘垲仍为第九营营主,受命与第八营营主祝兰馨控制三河尖及霍邱境内各圩寨。因潘垲实力强大,湘军欲剿苗沛霖,而一意拉拢潘垲,以为分化瓦解之计。照曾国藩的话说,即"意不仅在该练,亦欲因此收抚群圩,俾人人得以自新,庶逆党易于解散"。1862 年(同治元年)湘军大军压境时,他多次向湘军大将、安徽巡抚李续宜表白,"颇以忠义自许",自是"不敢显抗官军",当然也不与苗沛霖反目。1863 年(同治二年)5 月苗沛霖再次举起抗清大旗时,曾国藩也加紧对潘垲施行心理上的攻势,特派寿州老儒刘本忠前往三河尖抚慰,"垲感泣,乃宣布曾公威德,凡向为沛霖所胁之十三营,众十余万,地数百里,皆愿倒戈杀贼(指苗沛霖——引者)"。刘本忠也说:"潘垲平日办事尚近情理,不至遽从苗沛霖为叛逆云云。又言,潘垲之妹夫名李熔铸,尤晓大义。"湘军提督成大吉、总兵萧庆衍、道员叶兆兰进攻淮北时,苗沛霖令潘垲由三河尖进攻六安,潘垲拒绝执行命令,反投禀成大吉,要求投诚。曾国藩以为,"该练首鼠两端,原不足信,而目前未敢公然背叛,只可因势利导,不必鸣鼓而遽攻。查苗逆三月中昌(倡)言复叛,彼此僧邸(僧格林沁——引者)北去,希部(李续宜部——引者)未到,淮南北一无足恃,潘练久居尖镇,若起而与苗逆响应,早已多树一敌,乃屡次具禀前来,颇知顺逆,虽不能保其心之无他,而尚知顾惜名义,其非甘心从苗,或犹可信。前此无兵之时,未尝揭竿而起,今则成军已进,当更择善而从。牺牲玉帛待于二境,以待强者而托庇焉,不特潘垲有此心,即凡圩皆有是心。彼既两利而俱存,我亦可羁縻而弗绝。"因此之故,命成大吉正式接受潘垲的投诚,并且"假以团练之权",凡其权威影响能及之地,若霍邱、阜阳以及河南光州、固始等地的团练,均归他经办,使之不再听从苗沛霖的指挥。

但曾国藩招抚潘垲,不过是权宜之策。苗沛霖败灭之后,清廷也不肯放过他。1864年(同治三年)3月,河南道御史吕序程上书弹劾,说"潘垲系积惯讼棍,其子潘立勋著名捻匪,率众投苗,占据三河尖,招匪数万,逼胁光、固官圩归伊调遣,勒令良民蓄发,东西数百里烧抢一空;率众数万,助苗攻破寿州,复于光州、固始各城门、衙署张贴告示,语多狂悖,请饬僧格林沁将该犯等一并正法"。5月,潘垲及其子潘立勋均被枭首。

6. 王金魁

王金魁,又作王金奎,颍州练首,苗沛霖之重要心腹。1857年(咸丰七年)附苗,所部接受改编,他成为苗家军的第四营营主,割据颍州、阜阳间。清政府以其剿杀捻军有功,曾赏游击衔。他曾代表苗沛霖与胜保联络,也曾假借胜保的旗号在颍州城外添设厘卡,为苗家军筹集军饷。1861年(咸丰十一年)寿州围城战役期间,他代表苗沛霖前往六安,与宿敌张乐行、龚德树捻军达成谅解,解除了后顾之忧。旋随苗景开出师河南,配合寿州战事。怀远会师,苗家军改编为十大营,王金魁仍为第四营营主。1862年(同治元年)与捻军、太平军合作进攻署安徽巡抚贾臻驻地颍州城。11月27日,秉承苗沛霖之意,在颍州三里湾朱家圩捕杀湘军樵采者康福清等九人,制造摩擦,利用统治集团内部的矛盾和斗争,竟如愿以偿地将湘军蒋凝学部挤出颍州城。1863年(同治二年)末,苗沛霖被困蒙城,"征西练,多观望不赴……惟王金奎、祝兰芳以众往"。后史迹不载。

7. 祝兰馨

《两淮戡乱记》等史籍写作祝兰芳,原为颍州练首,归附苗沛霖后,任苗家军第八营营主。寿州围城战役期间,他领苗沛霖之命攻据颍上县城。怀远编师,所部仍为第八营,与潘垲共同管辖三河尖及霍邱境内各圩寨。1862年(同治元年)太平军、捻军、苗家军会攻颍州时被张乐行所杀,为苗沛霖挑拨太平军与捻军的关系和颍州倒戈制造了口实。

8. 吴正谊

吴原系颍州练首,颍州东南乡吴圩人,1857年(咸丰七年)归依苗沛霖,所部被改编为第二营,他由此成为苗沛霖的重要心腹爪牙,为苗沛霖开拓地盘效尽犬马之劳,"吴圩逆匪吴政(正)谊为苗逆死党,现在逼胁阜、颍民圩几及二百处,势甚鸱张"。1861年(咸丰十一年)苗沛霖与太平天国"连和"后,太平天国当局驻苗家军的代表余安定即以吴圩为安身立命之所。怀远编师,他仍为第二营营主,管辖颍州、颍上间洄(回)溜集诸圩寨。1862年(同治元年)参与颍州战事,其后史迹不详。

9. 张建猷、刘兰馨

二人均为苗家军黑旗旗主,苗沛霖的重要心腹爪牙。按黑旗所指方向为北方,所以张建猷、刘兰馨始终以蒙城为基地向北开拓,一度控制蒙城县城。清政府对苗沛霖一意羁縻,加官晋秩,他们也连带地屡受封赏,由都司而升参将,由参将封副将,再由副将而加总兵衔。后均战死在蒙城。

10.李万春

李万春为苗家军白旗旗主,苗沛霖集团中的重要人物,总管寿州附近的苗圩。1861年(咸丰十一年)10月30日,苗沛霖攻破寿州后,即把寿州交他把守。李万春还曾参与生俘陈玉成的密谋。胜保被调往陕西时,令苗沛霖投效僧格林沁。僧格林沁札饬苗沛霖单骑赴宿州谒见,苗心存疑惧,"始而应允,继而不果",乃以李万春代之前往。1862年(同治元年)湘军蒋凝学部进驻寿州以后,他秉承苗沛霖之意制造摩擦,12月1日,杀湘军樵采之勇夫三人,掠七人于潘家圩,实现了苗沛霖驱除湘军出寿州的目的。1863年(同治二年)7月,与方长华、赵玉华、童维翰一同杀了寿州知州毛维翼,完全控制了寿州。苗沛霖败灭后,他献城出降,旋被戮。

11.姚有志

姚原为寿州练首,附苗后成为苗沛霖集团中的骨干人物,负责由寿州向六安一带扩展地盘。据载,"苗逆以狐假虎威之势,到处勾引积匪界之重权,令收各圩,纳粮派队皆以伊为主,该匪(姚有志——引者)得志,遂多方媚苗,有不服者,必力争之,以故姚有志得凭苗之势无恶不作,寿州自保义集至六安之严家店数十里无不遭蹂躏",控制圩寨数十处。苗沛霖曾致函与他,内有"先清淮北,次清淮南,不患大事不成等语",要他死心塌地为苗效力。1861年(咸丰十一年)助苗攻破寿州,并受苗沛霖之派遣前往庐州陈玉成驻地告捷。1862年(同治元年)太平军、捻军、苗家军合兵进攻颍州府城,"姚有志亦资助粮谷,合谋围颍"。苗沛霖大势已去,他向清政府投案自首,结局如何,不得而知。

12.牛允恭

牛允恭系阜阳练首,附苗后所部被苗沛霖改编为第一营。牛允恭号为苗家军营主,但对苗沛霖阳奉阴违,"颍州团练向系苗沛霖办理、派员管带……迨来颍西、阜阳、太和一带民团,因苗沛霖……叛形渐露,恐流为逆党,遂各守堡寨,自保身家,练总牛允恭……不愿与之共事"。1861年(咸丰十一年)苗沛霖进攻寿州时,令牛允恭等"西练"六营攻取颍州,牛允恭不用命,旋受署庐凤道才宇和招抚,入颍州守城,阻止苗家军的进攻。寿州将陷,淮北练董平鸿绪、文生王者香赴临淮求救,他亦赴豫省告变,苗沛霖便派张建猷杀之。

其他还有方长华、童维翰、倘贯金、朱万隆、朱品三、董志诚、邓林松、朱鑫、林朗、黄毛兽、赵春和、王则侨、张士端、管致中等等,都在苗沛霖的事业中发挥了重要作用。总之,苗沛霖正是通过上述党羽为其开拓地盘,才实现独霸一方的政治目的。

二

经过几年的奋力开拓,苗沛霖集团迅速成为可以影响时局的强大的军事政治集团,清政府在安徽、河南的统治已被苗沛霖集团分而治之,苗沛霖已"俨然割据矣"。万事俱备,只欠佳机,一旦机缘巧合,苗沛霖就会毫不犹豫地将"俨然"割据的局面公开化。而到1860年(咸丰十年),苗沛霖焦思渴盼的时机终于来临了。

1860年,对清政府来说,是自鸦片战争以来时局最为艰难的一年,而这种尴尬的局面,正是苗沛霖所渴求的。

从对太平天国战争方面说,进攻太平军的主力湘军于这年2月拉开了具有决定全局意义的安庆争夺战的序幕。

安庆位于皖河与长江的交汇处,背山面水,地势险要。康熙年间编修的《安庆府志》上论及安庆的形势说,安庆"滨江重地也。上控洞庭、彭蠡,下扼石城、京口。分疆则锁钥南北,坐镇则呼吸东西,中流天堑,万里长城"。顾祖禹在《读史方舆纪要》中称:"安庆者,金陵之门户也。"战略地位如此重要,曾国藩自然要倾全力相争,这原本是他"东征计划"中关键的一环。他认为,"自古平江南之策,必踞上游之势,建瓴而下,乃能成功……欲复金陵,北岸则须先克安庆""安庆不得,终无克复金陵之理"。他甚至把安庆的得失视为"定乾坤之能转不能转"的关键。湘军二号巨魁胡林翼也认为,"安庆为江表咽喉,实平吴之根本,安庆未复,水陆阻梗,不能直抵江宁"。因此,曾胡联手,全力争夺安庆。对太平天国来说,安庆必守,太平天国干王洪仁玕就指出,"长江者,古号为长蛇,湖北为头,安省为中,而江南为尾。今湖北未得,倘安省有失,则蛇中既折,其尾虽生不久"。战略意向很明确,安庆必保,否则天京危矣,太平天国危矣。有鉴于此,双方均把用兵的主要方向投放到安庆,展开激烈的争夺,谁也无暇旁顾,这对苗沛霖来说,无疑是公然割据的不可多得的大好时机,苗沛霖因而跃跃欲动。不过,更重要的因素,还是来自清政府对外关系上所面临的严重困境。

原来,1856年英法联军发动第二次鸦片战争,清政府战败求和,于1858年(咸丰八年)6月分别与英、法、俄、美签订了丧权辱国的《天津条约》。但西方列强仍不满足于从中国攫取的种种特权,利用换约时机,蓄意制造事端,重新挑起战争,1860年8月24日攻占天津后,大举进犯北京,9月22日清文宗咸丰皇帝以"秋狩木兰"为名率领群臣妃嫔逃奔热河行宫(承德避暑山庄),10月13日北京陷落。

京师沦陷,皇帝出逃,天下出现"无主"的局面,人心浮动,这正是苗沛霖之类的阴谋家求之不得的"天"赐良机。中外汲汲之际,苗沛霖大喜过望,抚掌曰:"时至矣!"以为这正是他据地称雄的绝妙时机。恰在此时,他的老师胜保驰书苗沛霖,要他"务各精选壮练,配齐枪炮旗帜器械,兼程驰赴,尅日来京",以示"勤王"。胜保深恐苗沛霖"藉词延宕,坐视君国之急",苦口婆心开导说:"我国家养士二百余年,深仁厚泽,固结人心,凡有血气之伦,孰不同仇敌忾?矧该道(苗沛霖——引者)为本大臣所素知之人,拔诸千万人之中,置诸千万人之上,担圭曳组,显姓扬名,试问非荷皇上天恩,何以致此?水源木本之谓何!尔道其肯忘报乎?夫不调他练,而必调该道之练,不召他将,而必召该道等之将,皇上之待该道,隆乎否乎?本大臣之信该道,诚乎否乎?该道等定当鼓舞奋兴,争先灭贼(英法联军——引者)也。该道等果能仰体皇上宵旰之忧,及本大臣期望之意,裹甲疾趋,志殄臣寇,非惟侯封可卜,且亦获佑于天。"而苗沛霖,虽然也有"遍读诸史,见义兵莫大于勤王"之类的漂亮话,但并"不奉调"。在他看来,"天下大势譬如残棋,得一着犹可支数步"。建立独立王国的绝妙佳机,哪能轻易放过呢?!"江南师溃万年堑",清廷陷于绝境,苗沛霖借着这个机会,卸下团练的伪装,公开与清廷分庭抗礼了。

一方面,上书钦差大臣袁甲三、安徽巡抚翁同书、徐州总兵傅振邦,说"诸生沛霖泣禀大人麾下：霖闻君受臣辱,君辱臣死。今京师震陷,乘舆蒙尘,霖受国厚恩,不能一旅勤王,宜万死! 谨于十月朔,集五旗总十四营主,素服北向,大临三月(日),约悉散家财,出死力杀贼(捻军——引者)……请抚宪移营合肥剿粤贼,袁帅、傅帅反军京师讨嘆(英)夷,宿卫天子,霖自以练守寿州、临淮,剿张(乐行)、宫(指龚德树——引者),风关要地宜筑寨护之,练众日增已逾十万,两淮盐卡霖请私焉"。实际上是要袁甲三的临淮军、傅振邦的徐州军和翁同书的寿州军自动退出淮河两岸,拱手交他把持、控制。而谓十万余众,不能一旅勤王,其心路人皆知了。

另一方面,遣兵调将,"于所居蒙城设坛会所属,大临三日,缟素发丧",说什么"天下已无主,我等当各求自全"。于是,令部众"推戴",公然称"河北天顺王"。这样,一个以淮北为中心,地跨安徽、河南两省的军阀王国建立起来。军阀,苗沛霖渴望扮演的理想角色,随之由隐蔽型转换为公开型。

苗沛霖从1856年(咸丰六年)揭竿聚众,创建私人武装"苗家军",为实现"崛强官匪间"割据一方的政治目的而奋力开拓,迅速崛起,并在短短的四年时间内,即成为连圩数千,有众数十万(或作十余万)的可以左右时局的强大的地方实力派,原因何在? 归纳起来,大约有以下数端:

首先,苗沛霖善于审时度势。当捻军起义的烈火燃遍淮北之时,特别是捻军打到他的家乡时,苗沛霖乘机打出"团练""御捻"的旗号,把那些被捻军打得到处鼠窜的地主豪绅及其团练收拢到自己的周围。继之,到处攻伐,吞并异己,不断壮大自己的力量,终于异军突起。

其次,有为实现其政治目的的明确的纲领、政策。特别是"筑寨""积粟""治兵"的"六字"方针和1860年前后由"六字"方针演变而来的"高筑寨、广聚粮、先灭贼、后称王"的"十二字"方针的持续不断的施行,使苗沛霖集团日渐强盛,为其使曹操"复活"、再现淮上割据的局面铺垫了升腾的台阶。

再次,清政府为了借苗沛霖集团之力消除"心腹之大患"的"发捻(太平军和捻军)",对苗沛霖一意羁縻,迭加超擢,甚至让他督办安徽全省团练。这就为颇富政治野心的苗沛霖发展个人势力创造了如鱼得水的良好的条件。苗沛霖因而得以"挟天子而令诸侯""假公济私",借着官势而膨胀了个人势力。如文献资料所说：

苗沛霖自咸丰六年借练勇剿捻为词装旗、掠粮,其行为与捻匪无异,经胜保倡议招抚,袁甲三、翁同书均具折保奖,叠加超擢,该练遂挟制官府以逞。

该练名为助官剿捻,实则逼胁各处民团,使临、凤、颍、寿一带皆其党与,致成尾大不掉之势。

清政府的"一意羁縻"的策略流变为姑息养奸政策,结果"纵虎为患",搬石头砸自己的脚。这一政策虽然在对付太平军、捻军的战争中起了一定作用,但它也使苗沛霖集团"借官势以号召""挟制官府以逞",乘机坐大起来。

复次,苗沛霖集团崛起淮甸,既与当时激烈的军事争战局势有关,也与所处地势相连,正如王定安所说："自古异人豪杰,多产淮甸;而奸雄草窃,跨方州拒朝命者,亦往往出淮、蔡之间,其地势使之然耶!"苗沛霖的凤台"老寨"为滨淮要区,"跨踞淮、淝,障蔽南北,人又习战,实为异常险要之区。苗沛霖始意本图据为巢穴,然后西吞颍、亳,东陷灵、宿,为并据长淮之计"。同时,淮河以北,有捻军与清军生死搏斗;淮河以南,有太平军与清军激烈鏖战。苗沛霖正利用这种纷乱的局面而崛起于滨淮之地这种农民起义军与清军激烈争战的夹缝地带(或称缓冲地带)。"天时""地利"和苗沛霖处心积虑的"人和"投缘地结合在一起,因缘势会,苗沛霖自然可以如愿以偿地扮上"军阀"的理想角色了。

又次,"时事糜烂,守土之吏,畏贼如虎狼,而视民如鱼肉,是驱良入于暴也"。清政府的腐败统治迫使大批流民和破产农民加入苗家军,为苗家军的成长、壮大提供了用之不竭的兵源。

总之,苗沛霖集团崛起的原因是多元复杂的,但其中很重要的一点,就是时势造就了苗沛霖这样一代枭雄。

三

任何军阀,总是以扩张、保守地盘为职志的。苗沛霖要维持淮上割据的局面,要与清王朝争夺天下,除"略地"外,还必须"攻城",夺取在战略上具有举足轻重的较大城市,以为拓展地盘的大本营和抗清的指挥中心。这样,与凤台同城而治的滨淮要地寿州,便首当其冲了。而要攻取寿州,还要处理好与宿敌太平军和捻军的关系,解除后顾之忧,"连和"政策,作为一种策略,付诸实施。寿州围城战役,是苗沛霖抗清运动中的第一次高潮。这次战役从 1861 年(咸丰十一年)2 月 10 日正式拉开战幕,到 10 月 30 日结束,历时十个多月,其中的情形也是颇为复杂的。本章即以寿州围城战役为轴心,详尽考察战役进程及在此过程中苗沛霖集团的多边关系。

"天顺"王国建立后,苗沛霖举起反清旗帜,掀起了他的抗清运动,矛头直指寿州。

苗沛霖把矛头指向寿州,有着非常明确的战略意图,那就是"攻围寿州,觊觎淮淝上游,以图肆毒中原"。

寿州,亦称寿春,地处淮水之阴,"城枕淮(河)、淝(水),阻水为固",地势极为险要,自古为兵家必争之地。城北,是淝水之战的古战场八公山(在淝北淮南,亦名北山);西北有峡石山夹淮为险(西岸为峡石,东岸有寿阳山),加上"寿故繁庶,富家大贾务厚藏",既得地势,又可尽商贾之利。同时省城安庆掌握在太平军手里,庐州(合肥)要地亦为陈玉成所据,寿州实际上成了安徽省的政治统治中心(安徽巡抚翁同书即驻寿州),其政治意义、战略意义可想而知,一旦拿下寿州,控制皖抚,安徽的政治统治大权就可以为苗沛霖所操纵,而且可以寿州为据点,指挥苗家军去"肆毒中原",与清王朝争夺天下。因此,对苗沛霖来说,寿州必得。

为了夺取寿州,1860 年(咸丰十年)12 月 12 日,苗沛霖特派游击衔花翎都司李学曾,花翎都司郭洪波,蓝翎把总谢贯斗,六品军功傅家瑞,队长卢金榜、贾永丰、李双勤等 7 人赴寿州,作为内应。事泄,七人尽被徐立壮、孙家泰诛杀,从而爆发了所谓的"寿州擅杀案。"

关于"寿州擅杀案"中苗党七人被杀情由,史料记载不尽相同,主要有三种说法:

第一种说法,如《皖志列传稿》称:"(咸丰十年)冬,沛霖遣都司李学曾等七人之瓦埠,道寿州宿,(孙)家泰邀杀之,并杀苗党之守正阳者,急召(徐)立壮与团长蒙时中合御沛霖。"即认为孙、徐都是苗的仇人(结怨情形详下文),诛杀苗党,似乎是为了报复苗沛霖。

第二种说法,如《剿平捻匪方略》称:"系贩济贼马,不服盘查,为练众格杀。"

第三种说法,如《清史稿》云:"沛霖遣谍入寿州,家泰杀之。"《蒙城县志书》也说:"(苗)天庆、(苗)金魁遂夺蒙练马十余匹。蒙人诉于沛霖。沛霖将天庆发送邹圩读书,金魁发寿州,交凤台县管押,欲就此图寿,阴使其党郭洪波等借探金魁,入城以为内应。寿兵查获八人,诛之。"

根据苗沛霖的战略意图,《清史稿》和《蒙城县志书》的记载是可信的。

案发后,苗沛霖"衔之次骨,骤率水陆数万犯城",扬言要杀死徐立壮,为李学曾等七人"报仇"。

徐立壮,凤台北乡人,初随苗沛霖"治兵",对苗沛霖集团之崛起卓有劳绩,成为苗家军的黄旗(五旗中以黄旗最尊)旗主。可是,苗、徐何以仇敌不两立?

据《剿平捻匪方略》说:"徐立壮与苗沛霖皆住凤台、蒙城之间,相去二十里。咸丰八年,苗沛霖心怀忌嫉,以计杀徐立壮之党练总邹兆元,由是徐立壮离心。"

又据《皖志列传稿》说:"咸丰六年(1856年)丙辰春,捻首张洛行钞下蔡(凤台——引者),沛霖避之寿州,寿州人亦不礼焉,郁郁归。夏,始与同里徐立壮、怀远邹兆元,纠众为盟,筑三寨,分五旗,申明约束……立壮、兆元始与沛霖同起义,势相埒,其后沛霖计杀兆元,立壮始自危。巡抚翁同书,文墨生,不知兵,既失定远于捻,退寿州,欲倚立壮办贼,奏授永固副将。庚申(1860年)春,带练众五千,而令参将马昇平、副将于昌麟与之合,北联临淮军。钦差大臣袁甲三屯怀远,资以炮火,围定远。5月,而庐州寇援军麇至,二将败死,练溃,临淮军遁,捻揭凤阳,犯寿州,沛霖以宿怨故,归咎立壮,火其家,夷其先人塚,腾书诘二帅,二帅恐,亦劾立壮以慰沛霖。沛霖则征寿州练总会下蔡领旗,后至者按军法治,寿练恐。"

苗沛霖是个"满腔忌克"之人,对与之同时举事,势不相下的徐立壮当然不为其所容,杀死邹兆元,不过"杀鸡给猴看",要徐立壮有所顾忌而甘拜下风,而徐立壮则立意自树一帜,不愿听命于苗。这是苗、徐结怨的根本原因。至于说徐"后见苗悖,遂不附,苗逐之",不过是表面上的东西。实际上,徐立壮在邹兆元被杀后,即自树一帜,公然与苗沛霖颉抗,并且屡次收买刺客去行刺苗沛霖,皆不果。苗称"河北天顺王"时,徐立壮与徐登善、徐思忠聚其族人占据切近苗家"老寨"的宋家圩抗拒苗沛霖,为苗所嫉恨,率苗家军屠宋家圩,株连及牛家圩徐大绍族。徐立壮如漏网之鱼,狼狈逃奔寿州。于是,苗沛霖遍张榜文,有"务杀得百里不姓徐而后已"之句。

表面上看来,寿州围城基于"因嫌起衅",实则苗"心存叵测,背叛已形",羽毛已丰,"寿州擅杀案"只不过为其制造了绝好的借口而已。

苗沛霖寿州围城的另一个借口是与孙家泰的"私忿",史籍所谓"苗沛霖本怀反侧,见时方多故,益猖恣,因与寿州团练徐立壮、孙家泰等有嫌,会其所部数人为立壮所杀,遂围攻寿州";"苗沛霖陷寿州,以孙家泰故";"寿州团绅孙家泰本捐纳部曹,居家督团事,而与苗仇敌不两(立),苗每不逊,必以索孙为辞",云云。

孙家泰,字引恬,1849年(道光二十九年)入赀为员外郎,分刑部广西司,"治牍明决,为上官所器"。1853年(咸丰三年),太平军陷安庆、皖北捻军遍地开花之时,他随工部侍郎吕贤基督办皖省团练,并随安徽巡抚周天爵镇压了定远陆遐龄领导的抗清起义。苗沛霖崛起后,因宿嫌故,他一意主剿,并"募健儿刺苗逆悍将",引起苗沛霖的刻骨痛恨。那么,苗、孙因何交恶?

据《皖志列传稿》称:"家泰强直有气,(周)天爵亦赏异之,天爵薨颍州,家泰以忤道府夺官,旋复职。尝集诸团长(寿)州城,家泰短后衣,跨马佩剑,丁壮持矛戟夹侍,出入威仪甚盛。沛霖既受胜保抚,闻檄召,则跨青骡,衣大布衣,戴小冠往会,从者百十人,类村野不习容止,座中皆鄙视沛霖,无与语,沛霖益憾。已未(咸丰九年,1859年),孙家鼐以第一人及第,家泰从弟也。沛霖备礼往贺,州城闭,不得入,沛霖望城揖,长啸疾驰去。"

《能静居日记》也记载说,苗沛霖"与寿州孙氏结怨,则以孙家鼐中状元,苗时往贺而孙不纳故也"。

另外,民间口碑资料也提供了一些难得的情况。据称:"(苗)出身贫苦,父亲在孙状元(即孙家鼐——引者)家当佃户,为了争一口气,忍饥挨饿供苗沛霖念书,苗沛霖聪明,后来进了秀才,在地方上就有点小名望了。一年过旧历年,孙状元叫佃户来家侍候,苗沛霖父亲生了病,不能去,就叫苗沛霖代他去。苗沛霖到孙家后,孙家以秀才相待,招待他到客厅里吃茶,并问他父亲的病。苗就老老实实地说:'是来替父亲侍候东家的。'孙家一听就变了脸,说:'既然如此,你就滚出客厅去,听候呼唤!'苗沛霖在孙家当了三天长工,侍候了三天,回家后,发誓说:'他年我若得志,非杀孙家泰全家不可!'这就是苗、孙成仇的原因。后来苗沛霖不但杀了孙家全家人,连孙家的祖坟也刨掉了。"

由此看来,孙、苗结怨已非一日。不过,值得注意的倒是,孙家泰一开始就在地方上办团练,受到剿捻大吏们的赏识。可是,苗沛霖"受抚"后,清廷让他督办淮北团练,孙家泰的寿州团练自然受其统辖,向为其所轻的穷书生居然压在了他的头上,这使他很不服气,根本不听苗沛霖的调遣。应该说,这才是苗、孙势不两立的主要原因。

为攻取寿州,苗沛霖积极进行准备:调兵遣将,"日集数千人于下蔡";"四出攻掠,劫袁帅(袁甲三——引者)粮运",劫夺饷银、官米,夺正阳、三河尖、临淮关各关卡,置下蔡厘卡,筹备军饷;遣姚有志、姚士荣经营寿州、六安各圩寨,"以塞南道";命蒙城、寿州等地的练总约期赴苗家老寨领旗、听令,逾期者诛。寿州员外郎孙家泰不奉调,苗沛霖即以此为借口,率众千人,兵临寿州北门,声言"索家泰便罢兵"。这是寿州围城战役的前奏曲。苗沛霖此举,使在皖督师的钦差大臣袁甲三、安徽巡抚翁同书惊慌失措,纷纷向主子飞章告变,指陈苗沛霖的"叛状"了。袁甲三奏折说:

> 四川川北道苗沛霖自咸丰七年收抚后,屡次带练助剿,不为无功,但其人桀骜难驯,往往倚势妄为。臣与翁同书随时函商,仍欲设法笼络,使为我用。是以该道始欲夺占沿淮关税、厘局,臣等即勉从所请,另于下蔡添设一局,专济该练勇粮之用,委曲求全不为不至。讵苗沛霖与同办团练之已革副将徐立壮因私忿不洽,焚其房屋,抢其资财,掳其人口,毁其坟墓,徐立壮仅以身免,已属

骇人听闻;复又纠约各路练总赴下蔡议事,因寿州城内绅董孙家泰等未到,大佛该道之意,函令寿州团练将孙家泰捆献,方保无事,从此,隙怨愈深。十一月初一日,苗练头目多人赴寿州城内,不知欲为何事,被寿州练局杀害七人,经翁同书札委庐凤道才宇和等查明究办,未据详覆。而苗练时有渡淮攻城之说,适徐立壮避难到寿,遂与孙家泰集练驻防河口,以御苗练。臣与翁同书复饬才宇和赶紧查办,并.派员前往开导。尚未定议,而苗练党与王金魁又于十一月十三日在颍上县地方劫掠饷银、官米,并将炮船二十只扣留备搭桥渡淮之用。经臣飞函饬谕,该道捏称患病,诿为不知,令其公局覆臣禀函,亦自谓所行实有过当之处,而饰词夺理,藉端要求,竟不知法纪为何物?因徐立壮前在抚臣营中,孙家泰本住寿州城内,遂欲借口抚臣以为挟制,其居心实不可问。且先经寿州绅民搜获苗沛霖致其党姚有志信函,有先清淮北,次清淮南,不患大事不成等语。

至于袁甲三因与胜保的矛盾而连带压制苗沛霖,激起苗的极端不满,"沛霖以甲三抑己决计反"这样的事实则只字未提,这也是奴才们惯用的手法。因此,我们再看看翁同书的奏章:

> 川北道苗沛霖上年攻克凤阳后,欲袁甲三移军蒙城,未经邀允,该道即心怀不服,出言不逊;又以赏犒过薄,保举未优,袁营扣押粮价,阻伊贩盐,时形怨望。臣恐激成巨患,一面飞致袁甲三,一面函商苗沛霖,极力调停。又因其助官剿贼,于兵饷万绌之时,拨济杂粮二万余石,迨攻破程圩优加赏犒,该道于臣营并无闲言,不意伊赴蒙、宿一带为捻匪所败,遁回老寨,怨庶复萌,藉词投禀,语多不经,并称拟将长淮上下关卡一律归苗营充饷。臣与袁甲三以其拥众恃强,只得致书婉阻,而该道以扎营下蔡,堵塞河道,挟制两营为之设局抽厘。又以私忿焚掠练总徐立壮等之家,发墓露骸;杀武进士苏姓;逼辱署宿州知州董声元,肆诋河南抚臣庆廉及袁甲三。近复令人赴沈邱县境煽惑各寨,付红旗十二面以作表记,各寨未敢允从;又往河南光州五属恐吓勒捐,狂妄情形不可枚举。至寿州与凤台县同城,苗沛霖原系凤台生员,前年欲拥众入城,署凤台县知县姚德宾劝其少减从骑,伊即忿怒,檄令城中将姚德宾捆献,否即屠城。适臣移军到寿为之和解,得以息争。乃自上年冬间,苗练在下蔡筑营僵勒,城中局董欲捆送绅士员外郎衔孙家泰,阖城惊骇。十一月,城中团练杀苗练七名,并不请官定夺。臣饬令知州任春和查讯,据称系贩济贼马不服盘查,为练众格杀。臣一面函谕苗沛霖听候查办,一面饬令庐凤道才宇和秉公严讯。不意苗沛霖不候讯断,屡次发队焚掠关厢,杀害行旅。近日又将袁甲三营中兵米、银钱、炮船尽行掠去。查该道之桀骜皆在圣明洞鉴之中,而此次起衅究由寿州团练之擅杀。

翁同赖以守寿州城的主要是孙家泰的团练,也是激成"苗沛霖事体"(或"淮北之变")的主要借口,而翁同书却轻轻掩饰过去了。

为了不致使事态扩大,朝廷一面谕令袁甲三、翁同书"秉公查讯"寿州"擅杀"一案,

"毋得稍有偏袒";一面授意袁、翁于苗沛霖"婉转牢笼",切不可"操之过急"。

清廷所以对苗采取"婉转牢笼"的政策,是因为:(1)苗沛霖拥众数十万,可以左右整个安徽战局乃至关系全局,若拨兵致讨,"恐兵连祸结,猝不可解";(2)长期以来,"官军借苗练以制捻",取得一定成效,如果激而生变,不仅前功尽弃,而且树一劲敌,"先剿群捻,次沛霖"的预定方略就会成为泡影;(3)太平军、捻军均近在咫尺,"设乘间勾结,愈觉难以收拾"。

尽管朝廷用心良苦,筹措万端,但苗沛霖已决意抗清,"婉转牢笼"政策也即不甚了了。而袁甲三、翁同书也不得不对主子息事宁人的"和事佬"旨意处以"将在外,君命有所不受"的态度而不得不准备与苗作战了。

1861年(咸丰十一年)2月10日,苗沛霖誓师下蔡,"设七人位祭之,哭三日,渡淮",水陆直至两河口。翁同书遣寿春镇总兵黄鸣铎率水师迎击,双方相持纪家台,展开寿州外围的拉锯战。寿州围城的战幕正式拉开。

大敌当前之际,清军内部对战与和还在争吵不休。参将韩殿甲以为"沛霖背逆无状,其言寻仇,诈也",应大加挞伐;署藩司张学醇则力争不可,认为"沛霖与孙氏寻仇,非叛也,如撤防兵,苗众即退"。相持不下。而孙家泰则向翁同书提出了"召徐立壮守城"的建议,换句话说,也就是利用他们之间的矛盾,使之互相仇杀,"抚徐以敌苗"的建议。翁同书颇为赞同。于是,给了徐立壮一个总兵的头衔,让他督勇三千守城。这又给苗制造了一个借口。苗沛霖要其部众到处"流言惑众",说寿州发生了"奇案":"孙家泰、徐立壮拘囚巡抚,不许官军进城,并强夺其印,明调官军暗勾发逆",云云。其意在掩人耳目,造成寿州围城并非仅仅出于"私忿",而是"公义"的正义举动。于是悉征其五旗十二营举兵围寿,败黄鸣铎水师,薄北门,连营二十余垒,并分兵四出:使朱万隆取凤阳关,筑寨抽厘;使倘贯金袭霍邱,破之;使苗金开、祝兰芳袭怀远、颍上,一鼓而下;又派苗天庆、丁潮山等攻灵璧,大败沈宝臣所部清军,"灵璧之南东连泗境皆苗党,灵璧之西皆捻党"。安徽战场上出现了"发捻苗"交乘的局面。

安徽"溃烂"如此,清政府不得不考虑换马,把办理不善的翁同书褫职,调京候用,改授湘军大将李续宜为安徽巡抚,"朝廷本意安徽军事属之李续宜,用为巡抚。沛霖旧隶胜保部下,心惮楚军",试图假湘军之威而震慑苗沛霖,以期达到"婉转牢笼"的目的。但是,"湘军实无意及之",李续宜更是百般推诿,说"陈玉成图解安庆之围,悉锐西窜,以攻我之所必救。湖北为众军根本,臣宜提师回援,不能遽任皖抚之事"。清廷无奈,只好让贾臻署理安徽巡抚,而翁同书被困寿州城中,无法脱身,不得不滞留危城。

当苗沛霖公开举起反清大旗之时,便确立了"连和"太平军、捻军的策略方针。寿州围城不久,苗沛霖即特派王金魁(奎)到定远与宿敌张乐行、龚德树捻军达成谅解;又遣朱鑫、陆长华赴庐州与陈玉成部太平军言和,要求与太平军协同作战,共同进行抗清运动,并且还表示,苗家军愿蓄发、受印信,奉太平天国正朔。"粤贼大喜",遂遣辛大刚、余安定、许导奎、赵大治等赴苗家老寨与苗沛霖会晤,筹商抗清事宜。还统带一定数量的太平军前往,与苗家军合兵。苗家军部分蓄发,苗沛霖本人也接受了太平天国"奏王"的封号,直到1862年(同治元年)3月。此举是不是说苗沛霖放下屠刀,立地成佛,加入了太平天国？

如前所述，"崛强官匪间，专制一方"，是苗沛霖集团的出发点和行为原则，苗沛霖及其集团的一切活动，都是围绕这一战略方针并为之服务的，与太平军、捻军的这段不平常的交往应该不会例外。

事实上，"苗家军"有自己一套完整的组织系统，这种组织系统并没有因苗沛霖接受太平天国封爵而有所改变。试举几例：

例一，《两淮戡乱记》载：

（咸丰十一年）六月，沛霖遣苗金开督西练十四营合河南贼陈太和众号二十万，取道新、息，大掠而西……使苗天庆督东练二旗，合淮北贼张宗禹、孙桂心（孙葵心）亦号二十万，取道蒙城，大掠而东。

例二，《豫军纪略》载：

（咸丰十一年）九月二十七日夜，攻陷寿州……留数千人守寿州，自率大队于十月初六日赴怀远，部其众为十大营。

例三，《蒙城县志书》载：

（同治元年正月）二十日，黑旗头目张建猷率万余人由双涧集进抵西涧桥，次日抵戴家堂。蒙练与白圩御之，不克，夜劫其营未破。

这就说明，苗家军的组织一仍其旧，所打的旗帜依然是"苗字旗号"，并没有打起太平天国的旗帜，也没有拿太平天国的军制来部勒其众。接受太平天国封号，如同接受清政府的封号一样，是一种假象。"勾结粤匪陈四眼狗（即陈玉成——引者）、捻首张落刑（张乐行——引者）等为其前驱，盖意在图据寿、颍，以为根本，然后窥伺中原而肆扰西北。"也即利用天、捻为之冲锋陷阵，从而达到雄踞一方的政治目的。这才是苗沛霖"连和天、捻"的真正意图（真相）。

再者，从当时苗沛霖面临的实际情况看，迫切需要"连和"太平军、捻军。这是因为，在与天、捻"连和"前，苗沛霖是公开打起"灭贼"旗号、以清廷"剿匪"大员面目出现，与捻军、太平军作战的，尽管为着其政治目的不断"蚕食"清王朝地方统治，具有抵抗清王朝反动统治的一面，但毕竟有"团练"的外衣作掩护，又有钦差胜保这把大红伞罩着。而此时，他翅膀已硬，便高高擎起了"反清"的大旗，这样很自然地就会出现两面受敌的态势，其利害关系，素有"小周瑜"之名、"号知兵"的苗沛霖自然是很清楚的。为免致腹背受敌，便采取了打一拉一的策略，即"联络张洛行，以免后顾忧"是谓。这也是苗沛霖连和天、捻的重要原因。

苗沛霖公开进行抗清运动后，一些原为苗控制的地区的团练，不仅不再听苗沛霖之命，反而掀起了"倒苗运动"，也给苗沛霖进攻寿州造成了后顾之忧。如：

在蒙城：1861年（咸丰十一年）2月，苗沛霖约蒙城团练与之合围寿州，但蒙练为仇敌李南华控制，李不仅不予理睬，反而乘苗无暇北顾之机，驱除苗沛霖集团在蒙的势力。19日，逐苗党出城，20日，杀苗将戴训、景明珠，拘囚苗沛霖之侄苗天运，砸毁苗沛霖设在蒙城的统治机关——"南公寓"和"北公寓"，严密城防：李南华总管城练，李得胜统带各队，守备徐名扬及张云松、陆鸿庆、邵广等分带帮办，练总丁叶兰、王青云率练丁助守；募勇四百名，分为五队,每队八十人,每人日给粮七合;搜苗的南、北公寓钱粮,并城内苗姓铺店以充饷;候选知州张虎文、候选县丞葛守心、候选训导吴珍玉、五品蓝翎丁曾艺协理团练总局举办团练,名曰"养正团练";派武生丁映五、州同杨金华、监生杨登三、杨肇元、军功黄敬球、葛锡盘分巡东门;派文生张礼典、武生陈廷光、军功葛果行、张桂岭、姚兰彩分巡南门;使文生葛澍、监生陈士华、文童徐廷贵、李纫兰、陈身润、陈焕章、军功刘映芳、总役杨先分巡西门;使廪生陶滨、武举陆怀武、监生郁九韶、总役慕魁分巡北门。俨然如临大敌。

在宿州:1861 年 3 月 14 日,清军总兵田在田令宿营守备丁永贵逮捕苗将侯克舜、江玉书等,诛之。16 日,苗的部将孙梦卜攻宿州,为田在田部清军击败,孙梦卜阵殁。先是,苗沛霖"阴蓄异志,遣党汪东海盘踞宿城。时知州董声元与苗不合,东海夺官权,横暴自恣,竟拥官赴苗老寨。及东海去,苗党侯克舜代之,益肆,寻隙杀人,分党据城门,严夜禁,勿得偶行,州人大恐"。宿州营守备丁永贵见事急,谋诛之。14 日夜,密结吕焕文、傅清标、潘协安、防殿臣、沈汉修、王效五、王化兴、饶大勋、张广平、韩文斗、马广廷、沈嘉惠、许维信、任克道、杨占魁、朱清标、李占魁、陈兆林、李守义、沈廷禄、崔佩章、王宣文、葛景福、赵景云、任克明、来廷标、王志标、刘心善等二十八人前往,自率四人突入其局,杀侯克舜及心腹数人"诈言伊都统(伊兴额——引者)军至,苗慑夜溃"。田在田复令王豹文督勇守城,"尽逐苗党"。

这些地方的"倒苗运动",给苗沛霖造成一定的压力,使他不能专顾寿州。这也是促成苗沛霖"连和"太平军、捻军的一个重要的因素。

捻军、太平军所以与之联合,自然是争取尽可能争取的抗清力量以为推翻清政府的助力,退一步说,至少可以去一帮凶,减轻自身的压力,何况苗举起了反清的鲜明旗帜!天、捻与之合作,当然也有其内在的原因或者说客观要求使然。

从捻军方面说:1857 年(咸丰七年)12 月,捻军内部发生了一次惨痛的内讧分裂事件——"刘饿狼事件":由捻军军师、白旗旗主龚德树献计,经"大汉盟主"张乐行默许,将蓝旗旗主刘永敬(绰号"饿狼")及其侄刘天台(绰号"小白龙")以"反叛"的莫须有的罪名予以诱杀,(因变起六安,亦可称"六安之变")致使蓝旗部众在刘天福、刘天月、刘文鉴、魏希古、魏希元、魏希纯等的率领下,脱离张乐行、龚德树主力捻军,举兵北归,使在正阳关战役中已经削弱的淮南捻军的力量,再遭削弱。接着,白旗旗主孙葵心也因与张、龚"二逆不和",返师皖北,使捻军内部极度不稳,出现了一股"投敌逆流",严重削弱了捻军力量。因而,也需要与苗家军"连和",借以壮大自己的声势。

从太平天国方面说,"杨韦事变",石达开将"合朝好文武带走",这是太平天国走下坡路的开始。尽管后来洪秀全起用了洪仁玕、陈玉成、李秀成等卓越将领,军事上大有起色,但毕竟扭转不了太平天国走下坡路的局面。特别是在安徽战场上,湘军全力围攻号称"金陵之门户而保障其安全"的安庆,使在淮南的陈玉成部太平军及张乐行、龚德树捻军不得不放弃淮南根据地而西上救援。1860 年(咸丰十年)12 月 10 日,太平军、捻军联合部队与多隆阿、李续宜部湘军大战于桐城挂车河,联军大败,伤亡万余人,失垒四十余。安徽战场的局势对太平军越来越不利,因而,苗沛霖这股强大的地方势力,便就引起太平天国方面的特别注意,并把争取苗沛霖作为自己的战略目标:"当兹安省既失,务宜北连苗(沛霖)、张(乐行——引者),以顾京左"。而苗沛霖却主动来"归",这当然是太平天国当局所求之不得的。天、捻、苗"连和",乃势使之然。然而,太平军、捻军没有真识苗沛霖的"庐山真面目",以致上当受骗,演成了陈玉成遭擒、张乐行罹难的历史悲剧,这是后话,暂且不提。

天、捻、苗联络一气,这使清廷惶恐不安,"该练勾结粤匪、捻匪,联为一气,剿办更难措手",责令在皖督师的钦差大臣袁甲三"与翁同书密商定计,拨兵夹击,迅速歼除,不可徒事羁縻,以致养痈贻患"。"寿州、正阳如有失事,惟袁甲三是问"。同时,要袁、翁想方"设法离间,使该练与发逆互相猜忌,不能合而为一,则苗沛霖进退无据,剿办似易为力"。似乎要对苗沛霖采取"铁血政策"。但这些一时未能改变由天、捻、苗三方联合所造成的形势变化。于是,在淮南的陈玉成部太平军和张乐行部捻军得以全力与清军争夺安庆,而苗沛霖集团也解除了后顾之忧,得以专顾寿州。

天、捻、苗联为一气,苗沛霖已无腹背受敌之忧,后顾顿消,于是加快了围攻寿州的节奏。3月,大批苗家军由两河口攻扑寿州北关,并由菱角嘴渡河直捣寿南,袭踞堰口集、保义集等圩,连营数十座,准备长期围困寿州,威胁"淮上重地"正阳。同时,为了顺利遂行战役计划,苗沛霖"远交近攻",特致函清江南提督李世忠,约其"共图寿州,并据淮河之险"。

李世忠,原名李兆受或李昭寿、李兆寿,河南固始人。捻军起义时,他与薛之元(又名薛小)在皖、豫边界结捻起事,不久,投靠清安徽徽宁池太广道员何桂珍。1855年(咸丰五年)12月11日,以部将马超江被杀事件为辞,戕杀何桂珍及英山县令苏秀槐等四十七名清吏,据英山县城。不久,投靠太平军李秀成部,被封为"检点""太平天国殿右拾文将帅"等。1858年(咸丰八年)10月,受胜保招抚,将太平天国的要地——滁州献给清军,其部改编为"豫胜营",李兆受改名李世忠,随倒戈进攻捻军、太平军,成为天、捻劲敌。苗沛霖所以"远交"李世忠,无非是因为李和苗都曾为胜保所招抚,而且李世忠是典型的流氓无赖,反复无常,清廷始终对他存有戒心。这样的人物,表面上看与苗沛霖有许多共同之处,苗以为不是没有利用的可能。但李世忠为向清廷表明"心迹",对苗置之不理,还将苗沛霖与其书具"呈"给袁甲三,这又使清廷想入非非。4月17日,给李世忠发了一道密谕,要他"乘此机会以密函招致,设计歼除首逆,较之以兵力尤为便捷……此事宜密速办理,不可泄漏,致误事机"。但在前线"剿匪"的大吏们唯恐此计有失,于是想出了一个万全之策,即"以毒制毒"之法。袁甲三在给朝廷所上的奏折中,申述了提出此策的理由及其妙用,说:

> 查苗沛霖桀骜不驯,固属罪不容诛,而较之粤、捻之显然叛逆尚属稍知顾忌。此时积年巨寇,尚须反覆开导,劝令投诚,岂于该练偶入迷途,不思委曲以消隐患,此臣所谓但有一线可原,仍欲牢笼驾驭也。即以苗沛霖、徐立壮、孙家泰三人衡而论之:孙家泰刚愎任性,暴厉恣睢,擅杀无罪,已非地方官所能钳制,若令有众数万,其悖逆有不可知者矣;徐立壮无驭众之才,事事较苗沛霖变本加厉。即如苗之截臣饷船,不过因抚臣未为办案,欲藉以激成臣怒为之伸冤,其于李世忠及往来商船尚不扰害也。徐立壮现于鲁家口无论官商肆行截

抢，致商贩阻隔，盐米之路顿绝，李世忠亦愤激具禀，请为剿办，其酿乱尤为可恨。论现在局势，不能宽孙、徐而独责苗练，将来办法亦必须参以权术。臣平情度势，此三人中不除一人，万不能敷衍了事。已密饬张学醇等相机除徐或径约苗沛霖合力攻之，既可藉撤围寿之兵，亦免致李世忠积愤不平。若于合兵之际，收渔人之利，亦一举两得之事，并密遣人赴寿嘱翁同书设法除孙以释苗怨，而为解围之计。盖苗练声称，如不攻城，不能报仇，似非志在破城，或因孙在城中，虚声恐吓，欲得而甘心也。臣已密告翁同书，若不量思变通，寿民被围情急，万一私将孙家泰捆送苗练，又岂翁同书所能禁止。臣于此事经权并施，实已不遗余力。至张学醇之能副臣望，翁同书之能听臣言与否，则不能逆睹也。

苗沛霖集团已"成尾大不掉之势"，设法诱歼"首逆"似没有"经权并施"稳妥。因此，清廷对袁甲三的方案是肯定的。不过，在朝廷看来，还应该再"毒"一些："该练等结仇已深，恐非查办所能了结。苗练既无归路，若俾令进退维谷，不激而生变其谁信之？莫若以毒制毒，令苗练即攻孙、徐，以赎前愆，兼泄私忿，此三人中互相格斗，能歼除一二，官军坐收其利，较之敷衍羁縻似有把握。"

其实，这种"以毒制毒"之法，翁同书在此之前就已经付诸实施了，他以为，"苗、徐不睦，如蛮触相争，官兵毋庸过问"，并把徐立壮调出寿州城，使之督勇前趋鲁家口去与苗家军拼搏，官兵坐山观虎斗，坐收渔人之利可也。

但是，孙家泰、徐立壮的团练势单力薄，不足以与苗家军相抗。而苗沛霖，照样"昼夜运粮、调练，围攻寿州，将正阳关、双桥集之路概行札断"。又同太平军、捻军合作，准备以地道打开寿州，志在必下。其外围部队已扰及河南光、固、新、息等州县，皖、豫边界处处烽火，狼烟四起，给清廷以很大的压力。同时，苗沛霖"忽翻前议"，要求翁同书将寿州所杀七人之尸骸归葬；抚恤七人家属等，这使翁同书不知所措。而徐立壮、孙家泰亦"自知为苗练所不容，彼此结为腹心；又因无力以敌苗练，遂招引捻匪自树羽翼""患在萧墙"。局面愈来愈复杂，愈难以收拾了。

本来，翁同书在寿州围城之初是极力主张讨伐苗沛霖的。3月4日，他在给朝廷上的奏折中说：

苗沛霖始则倚官逼民，继且挟众抗官。所到之处，钱漕不能开征，词讼不由官断，聚财无厌足，杀人如草菅，逼令绅富大户将妻子迁入老寨为质，勒索不遂则阖家戕害。又于蒙城、宿州擅立公局，私设公案，任意杀戮。近在颍州杀臣差弁千总韩登喜及步兵王凤鸣，欲劫所解饷银，并在两河口抢劫同知史久恩银物，将该员掠至下蔡勒赎，种种跋扈，骇人听闻，以至强梁者从之如云，不服者去而入捻，日剿捻而捻愈炽，职此之由。现接袁甲三抄送苗营信稿，狂悖诋欺，实堪发指，所称臣曾谕拏伊营之人，其言毫无影响。……苗沛霖怙恶不悛，亦岂容养痈贻患。迩来远近士民闻伊桀骜，皆不乐为之用，但能仰邀乾断，诏书一下，军心民心自必倍加踊跃，除恶务尽，惟力是视。臣军虽饥疲，然勉以忠义，无不人思效死。

可是，此时寿州被困日久，饷项无着，清军"战士枵腹荷戈"，不得不取济于市民，惹起民怨沸腾。苗沛霖又占据了三河尖、正阳关等军事重镇，设卡抽厘，"长淮之利尽归所有。"又遣其侄苗景开率马步大队攻扑"皖北只此根本,豫省藉为藩篱"的颍州城。战事在不断地扩大。切身利益所关,逼着翁同书走向另一个极端。6月,将他极力拉拢的徐立壮处死,将孙家泰投进监狱(孙家泰入狱后,知为翁同书出卖,愤而仰药自尽,绝命词有云:"大丈夫不争岁月,士君子自有功名",是对翁同书可耻行为的诅咒)。企图以两个奴才的性命来换取苗沛霖的撤兵。

6月23日,"内患肃清后",翁同书派遣游击邹学镛、参将谭玉龙与苗沛霖谈判,"令其更换旗帜,遣去党与",但"该练数万仍未肯立时撤退"。

"地有虎狼诸将怯,山无草木八公愁。"

这是翁同书发出的无可奈何的悲声。

7月14日,翁同书再次上奏朝廷,竭力为苗沛霖开脱,说他"过犹知改",要朝廷"量加抚慰",答应他的要求。(被杀七人归葬及抚恤等事)事已至此,清廷只好顺水推舟,颁发了一道阿Q式的"上谕:"

> 苗沛霖所部练勇因勇目都司李学曾等被害,辄敢不候查办,纠众围攻寿州……当该练勇滋事之初,苗沛霖不能约束其众,任令寻仇构衅,本应从重治罪,念其统带练勇随同官军剿贼,屡立战功,现在各练总均愿撤队,仍随苗沛霖立功自赎,该员亦知感激图报,惟约束不严,咎有应得,四川川北道苗沛霖着交部议处,以示薄惩,仍责令听候袁甲三等调度,剿贼自效,以赎前愆。前任安徽巡抚翁同书于团练仇杀未能速为讯断,实属办理不善,着一并交部议处。被害之游击衔都司李学曾,都司郭洪波,把总谢贯斗,六品军功傅家瑞,队长卢金榜、贾永丰、李双勤死于非命,均着照阵亡例议恤。

"寿州擅杀案"结案后,苗沛霖开始撤围,并将太平军遣送回庐州。寿州围城战役进入了一个新的阶段。

孙家泰、徐立壮已死,苗沛霖的种种要求也得到了满足,宿怨已释,矛盾化解,寿州围城事件似乎应该划上句号。但,如前所述,"寿州擅杀案"本只是苗沛霖进攻寿州的借口,他并不会因此案的完结而偃旗息兵。"苗沛霖之意,必欲得寿州为根本,因其地与下蔡相近,彼若得之,即无虑临淮官兵之议其后也,然后长驱汝、颍、陈、蔡之间,以团练为名,逼胁各处民圩。"故而,寿州志在必得。所谓"撤围",不过装装样子,将贴近州城的东南两面之营往后撤了一步,其九里沟、东津渡、菱角嘴、两河口各处水陆要冲各营仍然驻扎如故。但要攻取寿州,苗沛霖还需要寻找新的借口,于是,不断制造事端,多方要求:

其一,7月14日,翁同书在苗沛霖的授意下,给朝廷上了一本奏折,言"前将内患肃清后,寿州重围如故。经游击邹学镛、参将谭玉龙与苗沛霖往复辩论,渐有转机。臣令该员等乘势开导,令其更换旗帜,遣去党与,而该练数万仍未肯立时撤退。迨五月十六日,邹学镛等会议,甫就范围,适署藩司张学醇单骑来寿,复向苗沛霖再三劝谕,晓以大义,苗沛霖无可置喙。二十三、四等日,陆续将附近各营撤退,寿州之围遂解。臣观苗沛霖之为人,智计有余,见事透澈,其寻仇一节皆其手下人之意,该道稍知大义,何敢附和。此时宿嫌已解,惟求力为湔雪,俾得勉赎前愆。窃思该练始以寻仇起衅,终以释怨罢兵,事出有因,过犹知改,伏望温旨量加抚慰,以坚众志而释群疑。至寿城擅杀之苗练七人……均曾累著战功,今皆死于非命,可否照阵亡例饬部议恤以慰幽魂?"苗沛霖即"以候翁同书前折批回为词,大半尚未剃发",迟迟不肯撤围。

其二,要求惩办练总蒙时中,"苗沛霖之见已释,惟擅杀案内尚有练总蒙时中,系怂恿起意之人,必须查获审办"。否则,苗沛霖就有理由围攻寿州。

其三,要求将黄鸣铎治罪:"苗沛霖以徐立壮等既伏其辜,无可藉口,即声称结捻助官,系署寿春镇总兵黄鸣铎主谋,此时必欲得黄鸣铎方可全撤。"

其四,还要求查办吉学盛,以"吉学盛勾引土匪进城为词,必欲围攻寿州"。

总而言之,苗沛霖是以"必不能行之事为坐困寿州之计"。这一点,清廷也看清楚了。8月20日的"上谕"说:"苗沛霖以黄鸣铎等勾引土匪进城为词,必欲围攻寿州,其蓄意谋叛已可概见。"

但,令清朝统治集团担忧的是,苗家军的"人数不下十余万,往往围攻一寨,累月经旬期于必破,其势不易扫除,况临淮四面皆贼,无一路不须严防,而在营不过万余人"。这种情况,是剿?是抚?争论激烈,出现了"剿抚之争"。

主剿派以袁甲三为代表。

袁甲三在"寿州擅杀案"发生后,一直是主抚派的代表人物。但到10月12日,他给朝廷上了一个奏折,一反前见,一味主剿,变为主剿派的领袖。折中说:

苗沛霖跋扈悖叛,人所共愤,臣前次(此)屡示优容者,原期其翻然悔悟,仍为我用,是以一面设法箝制,一面极力疏解,各处兵力不足,不欲再增强敌也。迨抚议就绪,前抚臣翁同书具奏寿州解围,已奉恩旨不加谴责,而仍不肯撤退,是其自外生成,甘心悖逆,万不能再事羁縻,臣遂决意主剿。

主抚派的代表除苗沛霖的"老师"胜保外,还有翁同书。在寿州围城战役之初,他一意主剿,拉着苗沛霖的仇敌徐立壮、孙家泰来对抗苗家军。但当苗把寿州层层包围后,翁同书成了瓮中之鳖,随时都有丢掉脑袋的可能。性命攸关,翁一意主抚,多方为苗辩护。

除主剿、主抚派外,尚有主"剿抚兼施"者,这就是在皖的另一员剿捻大吏、署理安徽巡抚贾臻。10月21日,他在给朝廷上的奏折中说:

查苗逆、捻匪所畏者,惟胜保与楚军耳。今李续宜既在鄂省,胜保又未南来,不但绅民大失所恃,且恐逆众闻知即有鼎沸之虞。当胜保初被督办皖豫军务之时,先声所至,望风而靡,又值楚军攻克安庆,淮南州县次第收复,因之更加畏惧。臣暗中访察,苗沛霖胁从之众渐多离心,沙河两岸颇有相约剃发以待投诚者,有密见府县官自明其非甘心从逆。此时若以重兵压境,剿抚兼施,将克日有廓清之效。

总之,能否剿办,统治者毫无定见。苗沛霖瞅准机会,发动了总攻击。

10月29日夜,风雨晦冥。苗家军以朱天祥、赵森保(寿春营守备)、朱佩棻(游击)、丁映斗、朱淮潮(外委)、朱长庆、任得胜、柏云锦(都司)、朱淮祥、吉玉成(千总)、丁冠军等(后清廷令彭玉麟查办)为内应,里应外合,内外夹攻,一举攻克了寿州城。昔日的安徽巡抚翁同书而今成了苗沛霖的阶下之囚。寿州围城战役以苗家军的最后胜利而告结束。而这时咸丰已不在人世了。

第八章 临终顾命

咸丰十一年(1861年)七月,咸丰帝病危,已经昏迷了数日。

这一天午后,咸丰帝服了重用参苓的药,精神大振。他知道这是极珍贵的一刻,不敢等闲度过,便传旨召肃顺。

一看皇帝居然神采奕奕地靠坐在软榻上,肃顺大为惊异,跪安时随即称贺:"皇上大喜,圣恙真正是大有起色了。"

咸丰帝摇摇头,只说:"你叫所有的人都退出去,派侍卫守门,什么人都不许进来。"

这是有极重要、极机密的话要说,肃顺懔然领旨,安排好了,重回御前,垂手肃立。

"这里没有别人,你搬个凳子来坐着。"

越是假以辞色,肃顺反而越是不敢逾礼,跪下回奏:"奴才不敢!"

"不要紧! 你坐下来,说话方便。"

想想也不错,他站着听,皇帝就得仰着脸说,未免吃力,所以肃顺磕个头,谢了恩,取条拜垫过来,就盘腿坐在地上。

"肃六,我待你如何?"

就这一句话,肃顺赶紧又趴下来磕头:"皇上待奴才,天高地厚之恩。奴才子子孙孙做犬马都报答不尽。"

"你知道就好。我自信待你不薄。只是我们君臣一场,为日不多了,你别看我这会儿精神不错,我自己知道,这是所谓的'回光返照'。"

他的话还没有说完,肃顺感于知遇,触动悲肠,霎时间涕泪交流,呜呜咽咽地哭着说道:"皇上再别说这话了! 皇上春秋正富,哪里有天崩地坼的事? 奴才还要伺候皇上几十年……"越说越伤心,竟然语不成声了。

咸丰帝又伤感,又欣慰,但也实在不耐烦他这样子,"我知道你是忠臣,大事要紧,你别哭了!"咸丰帝用低沉的声音说:"趁我现在精神好时,有几句要紧话要嘱咐你。"

"喳!"肃顺慢慢地止住哭,拿马蹄袖擦一擦眼泪,仍旧跪在那里。

"我知道你平时尊敬皇后,将来要不改常态,如我在时一样!"

这话隐含锋芒,肃顺不免局促,碰头发誓:"奴才如敢不敬主子,叫奴才天诛地灭。"

"除了尊敬皇后,还要保护皇后,如果将来有谁爬到皇后头上去,你要想法制止。"

咸丰帝虽没有直接说出"谁"来,但肃顺是明白的。咸丰帝的话说明,他已看出懿贵妃有揽权的迹象。肃顺想,既然把保护皇后的重任托付给了我,就是让我将来辅弼幼主,既是如此,何不趁此机会把私下里商量好的顾命大臣的名单提出来呢? 想到这,肃顺说道:

"奴才承皇上隆恩,托付大事,只怕粉身碎骨,难以图报。不过奴才此刻有句话,不敢不冒死陈奏,将来责任重大,总求皇上多派几个赤胆忠心的人,与奴才一起办事,才能应付下来。"

肃顺平时的口才很好,这番话却说得支离破碎,极不得体。好在皇帝懂他的意思,便问道:"你说的是顾命大臣吗?"

肃顺不敢公然答应,只连连碰头。

咸丰帝沉默了一会儿,说:"照你看,有哪些人可受顾命?"

"此须上出宸顾,奴才不敢妄议。"肃顺故意这样以退为进地措词。

"说说无妨,我好参酌。"

于是肃顺慢条斯理地答道:"怡、郑两王原是先朝受顾命的老臣。随扈行在的四军机,是皇上特简的大臣。还有六额驸,忠诚谨厚,奴才自觉不如。这些人,奴才取保,决不会辜负皇上的付托。"

"嗯,嗯。"皇帝这样应着,闭上眼,吃力地拿手捶着腰,显出疲倦的样子。肃顺看到皇上累了,赶紧告辞。肃顺知道,尽管皇上没对提出的几位顾命大臣表示什么意见,但这些提议肯定会对皇上起作用的。

咸丰十一年(1861年)七月十四日,咸丰帝病情加重,危在旦夕。宫内上下都知道了皇帝病情,大家都把一颗心悬得高高的,准备应付不测之变。

肃顺是咸丰帝最宠信的大臣。由于平素树敌太多,所以,他想到,要想在咸丰帝驾崩的混乱时期,保护自己,就必须抓权。权不但要重,还要多,差使揽得越多,越容易防范周密。正是出于这种考虑,肃顺在皇后生日那天,抓机会又揽到一项差使,"署正黄旗领侍卫内大臣"。在内廷当差的"御前侍卫"和"乾清门侍卫",都在"正黄""镶黄""正白"这所谓的"上三旗"中选拔。肃顺由于这项差使,使得他掌握了指挥正黄旗侍卫的权力,对于控制宫门交通,获得了更多的方便。

当然,指挥正黄旗侍卫的权力在这个时候并不是主要的。在这个时候抓权,莫过于抓到顾命大臣的权力。自己抓到顾命大臣这个权,只是问题的一个方面,另一方面还要把自己的政敌排斥在顾命大臣之外。他自信,凭着自己在咸丰帝面前所取得的信任,这是能办到的,但必须计划周密。正是为了这,肃顺、载垣、端华和杜翰四人特别密商了一次顾命大臣名单。

密商是在肃顺家的一座水阁中进行的。端华先发言,他用那被鼻烟染得黑黑的手指,指点着说:"你、他、他、我,这里就四个人。"

"军机大臣全班。"载垣插话。

"不,不!"肃顺纠正载垣的话,"怎么说是全班,文博川不在内。"

"那就是三位,穆、匡、焦,加上咱哥儿四个,这就七位了。"

"还应该添一个。"肃顺说了一句,望着杜翰又问:"你懂我的意思吗?"

"中堂的意思我懂。"杜翰点点头。

不仅杜翰,就是载垣、端华,稍微想了想,也都懂了肃顺的用意。大清朝的家法,对于"亲亲尊贤"四个字,看得特重,选派顾命大臣,辅保幼主,更不能有违这两个规矩,但"尊贤"的贤,只凭宸断,"亲亲"的亲,却是不能假借的,至亲莫如手足,皇帝又曾受孝静太后的抚养,这样说来,亲中之亲,莫如恭王,所以顾命大臣的名单中,如果要排挤掉恭王,就必须有一个适当的人,作为代替。

景寿是额驸,皇帝的嫡亲姐夫,年龄较长,而且以御前大臣兼着照料大阿哥上书房的事务,派为顾命大臣,不失"亲亲"之义,这样,用此一位沉默寡言的老好人来抵制恭王,勉强也可以堵塞悠悠之口。

顾命八大臣算是有了。接下来的就是如何找机会向咸丰帝建议了。

肃顺在为维持自己的权力作积极的部署。同样地,懿贵妃也在为自己的名位作打算。在咸丰帝病危之时,懿贵妃回首宠冠六宫的日子,追思往日恩情,不免临风雪涕。但是,她知道,现在不是伤心的时候,现在是她一生最紧要的关头,丝毫急忽不得,特别是在大阿哥身上,她必须多下功夫,把他抓得紧紧的。

她教了大阿哥不少的话,其中最重要的只有一句:"封额娘做太后。"这句话说起来不难,难在要说得时候,不能说迟了,说迟了就可能又落在皇后后面,不是同日并封,两宫齐尊。但更不能说早了,如果皇帝犹未宾天,大阿哥说了这句话,会替她惹来大祸。最好是在皇帝一咽气,大阿哥枢前即位,第一句就说这话,那便是御口亲封,最光明正大的了。

此时,肃顺的政敌——奕䜣,虽身在京城,远离热河,也时刻注意热河方面动静,并几次请求来热河探望(实质是了解咸丰帝病情)。同时,奕䜣还极力结交握有重兵的武将,为在即将到来的混乱中重新把握朝政做准备。

咸丰十一年(1861年)七月十六日,咸丰帝早膳的胃口还很好,到了下午,突然昏厥。宫中又乱作一团。

栾太等三名御医早已闻讯赶到,赶紧诊脉。认定是虚脱后,栾太立即开出药方"通脉四逆汤",重用人参、附子,并派人煮药,救治。

服下"通脉四逆汤"以后,咸丰帝渐渐苏醒,转侧张眼,用微弱的声音说:"我不行了!"然后把脸转向肃顺继续说:"你找人来吧! 大阿哥、宗令、军机、诸王。"

这些人除了大阿哥刚刚睡觉外,早已在外等候。肃顺转身出门,宣召亲王及军机大臣进见。

以惠亲王绵愉为首的亲王及军机大臣一个个悄悄地进入东暖阁,排好班次,磕头请安。发言的仍然是惟一奉旨免去跪拜的惠亲王,他用没有感情的声音说道:"皇上请宽心静养!"

"五叔!"皇帝吃力地说:"我怕就是这两天了。"

一句话未完,跪在地上的人,已有发出哭声的。咸丰帝枯疲的脸上,也掉落两滴晶莹的泪珠。

歇了一会儿,咸丰帝又一个字一个字地说:"宗社大计,早定为宜。本朝虽无立储之制,现在情形不同,大阿哥可以先立为皇太子。"

惠亲王代表所有承命的人,复诵一遍,表示奉沼:"是! 大阿哥为皇太子。"

"大阿哥年纪还小,你们务必尽心匡助。现在,朕特委派几个人,专责辅弼。"

到了最紧要的一刻了,所有的亲王和军机大臣都凝神息气,用心听着,深怕听错了一个字。

"载垣、端华。"咸丰帝念到这里,停了下来,好久未再作声。

每一个人都在猜测着,咸丰帝所要念的下一个名字。此时肃顺在想,皇帝可别临时变卦,念出恭亲王的名字呀!

咸丰帝继续宣示名单:"景寿、肃顺、穆荫、匡源、杜翰、焦口瀛。"

这一下可喜坏了肃顺等人,因为这正是肃顺等人私下里拟定又由肃顺向咸丰帝建议的人选哪。载垣看了看端华和肃顺,磕一个头,结结巴巴地说:"臣等仰承恩命,只恐才具不足以负重任。只有竭尽犬马,尽心辅助,倘有异心,天诛地灭,请皇上放心。"

这番话虽不甚得体,总算有个交代了。咸丰帝点点头,又问:"大阿哥呢?"

大阿哥已由太监抱来,在门外等候,此刻听到宣召,专门服侍大阿哥的太监赶紧把他放下地来,半哄半吓地说:"皇上叫了,乖乖去吧!记着,要学大人的样子,懂规矩,千万不能哭,一哭,明天我就不能陪你玩了。"

穿着袍褂的大阿哥,听太监说一句,应一句。正这时,景寿掀帘出来,牵着大阿哥的手,走进屋来。大阿哥走到御榻前,跪了安,叫一声:"阿玛!"

咸丰帝握住大阿哥一只小小的温暖的手,想到六岁的儿子马上就要承担一片破烂的江山,百感交集。他觉得对不起祖宗,也对不住子孙,此时才知生死大限是如何严酷无情!万般皆难撒手,而又不得不撒手。想到这,心里一阵酸痛,眼泪不禁夺眶而出。

就这样呆了片刻,咸丰帝止住眼泪稳定稳定情绪,手摸着大阿哥的小脸,看着载垣说:"我把他交给你们了!"

"是!"载垣肃然答道,"大阿哥纯孝天生,必是命世的令主。"

咸丰帝又将耳光移回大阿哥脸上,说:"你也认一认我所托付的八大臣,给他们作个揖吧!"

载垣代表顾命八大臣辞谢,皇帝不许。最后,惠亲王发言劝阻,顾命八大臣站成一排,与大阿哥相向而立。一面作揖,一面跪下还礼,这样咸丰帝算是当面托过孤了。

在形式以外,还有最重要的一道手续。肃顺命人抬来几案,备了丹毫,要咸丰帝亲笔朱谕,以昭慎重。但这时咸丰帝已经无法写字,握着笔的手,不住地发抖,竟写不出一个字来,惟有颓然掷笔,说一句"写来述旨"!

奉旨,杜翰以为皇帝代笔的立场,简单扼要地写了两道"手谕",捧交最资深的军机大臣穆荫,穆荫转交御前大臣肃顺,肃顺把"手谕"放在咸丰帝身边的几案上,捧过仙鹤形的金烛台,照映着皇帝看那两个文件。

"念给大家听听吧!"

肃顺捧着上谕,面南而立,念道:"立皇长子载淳为皇太子。特谕。"又念第二道:"皇长子载淳现为皇太子,着派载垣、端华、景寿、肃顺、穆荫、匡源、杜翰、焦口瀛尽心辅弼,赞襄一切政务。特谕。"

咸丰帝听后没有表示不同意见,这就是认可了。办了这件大事,咸丰帝像泄了气的皮球,颓然垂首,双眼紧闭。惠亲王见此,说了句:"皇上歇着吧!"亲王、军机大臣纷纷跪安退出。

又不知过了多少时间,咸丰帝蒙眬中听到呜呜哭泣声,抬眼一看是皇后跪在榻前。

皇后钮祜禄氏端庄贤厚，极有教养，最得咸丰帝敬重。咸丰帝费力地侧了侧身，伸手握住皇后纤嫩的秀手，喘了几口大气，吃力地说道："朕不行了。"听到这话皇后的哭声越发高了起来。过了一会儿，皇后的哭声小了一点的时候，咸丰帝又继续说道："你要保重自己。把皇儿照顾好。"说着伸手从枕头底下拿出一个蜀锦小囊和一张黄纸，递给皇后。皇后不解地望着咸丰帝，随手先打开锦囊，锦囊里面是一枚长方小玉印，上面刻着"御赏"二字。看到玉印，皇后知道了这是乾隆朝传下来的。皇后又打开黄纸，见上面朱笔书写着一行字："某如恃子为帝，骄纵不法，卿即可按祖宗家法治之。特谕。"皇后惶惑地望着咸丰帝。咸丰帝知道皇后没有理解自己的用意，解释说："这颗玉印将来可限制权臣独断专行，目无君长；这道朱谕将来用于惩治违犯祖宗家法之人。"皇后听罢，给咸丰帝磕了一个响头，含着眼泪说了句："给皇上谢恩。"

咸丰帝显得很累的样子，但还是说道："让她们依次进见吧！"

皇后明白这是要见嫔妃最后一面，于是吩咐太监宣召懿贵妃。懿贵妃正候在门外，听到宣召，即趋入门内，跪在皇后身后。

"兰儿！"咸丰帝叫道。

"兰儿在。"皇后回身示意懿贵妃到前面来。懿贵妃站起身，拿着拜垫，跪到了榻前，把头低下，鼻子里发出欷歔欷歔的声音。

咸丰帝闭着眼，伸手又从枕下摸出颗印来，递给皇后，说了句："'同道堂'印给兰儿！"

懿贵妃听罢，把方才压下去的哭声尽量地放了开来。这一哭，皇后心酸得也忍不住了，着急地说："别哭了！快磕头谢恩吧！"

懿贵妃从皇后手里接过那枚一寸见方，阴文大篆的汉玉印，趴在地上给皇帝磕了个响头。

"兰儿，"咸丰帝说道："我只有一句话：要尊敬皇后。"

"我记在心里。"懿贵妃又补充说："我一定遵旨。"

"好！你先下去吧！"

皇后又把其他嫔妃也都宣入皇帝寝宫，一一作了嘱咐。入夜，咸丰帝开始"上痰"了。王公大臣都跪伏在地，皇太子在御榻前拜了下去。看看久无声息，肃顺点了根安息香，凑到咸丰帝鼻孔下，去试探可还有呼吸。那支香依旧笔直的一道烟，丝毫看不出有鼻息的影响。肃顺便探手到皇帝胸前，一摸已经冰凉，随即双泪直流，一顿足痛哭失声。

咸丰皇帝宾天了。

回光返照

清穆宗——同治

第一章　不爱母亲的皇子

一

不由得你信不信,同治是中国皇宫中出生的最后一位皇帝。俗话云:龙生龙,凤生凤。皇帝出生在皇宫里,历朝历代都是再正常不过的了,本无必要铺叙。但是,同治帝的出生,却给这个在中国已经绵延了两千多年的正常现象画上了一个巨大的句号。从此以后,紫禁城中再也没有一个皇帝出世。同治帝无子女,而以下的光绪、宣统二帝在故宫中均无后代,数十年间若大的皇宫竟听不到一声儿啼,世言称为"宫荒""国统三绝"。因此,这个最后的皇子在紫禁城中出生的详情内幕,就更令人感兴趣了。

咸丰六年(1856年),新年伊始,大清紫禁城储秀宫内一片繁忙。太监、宫女们在总管太监韩玉来的指挥下,不停地来回奔走着。原来,深得咸丰皇帝宠爱的懿嫔,也就是后来赫赫有名的慈禧太后,接近临产期。

按清宫规定,嫔妃等人怀孕,一般要到八个月时才开始"上夜守喜",也就是进行临产期的各项准备工作。但咸丰帝自二十岁登基以来,至今已有六年,宫内虽有后妃十八人及众多的常在、答应,只有丽妃生过一个女孩。皇位无人继承,皇帝怎能不万分焦虑?他盼子心切,也就顾不了宫中规矩,老早就下旨令太监们筹办懿嫔分娩事宜。因此,大年一过,整个皇宫立即忙碌起来。

早在年前十二月二十四日(1856年1月31日),咸丰帝就命韩总管传旨,把懿嫔的母亲接到宫中照看女儿。二十六日上午十点多,懿嫔的母亲带着两名家中的仆妇,被太监由巷震门接入储秀宫,与女儿同住。

大年正月初九,咸丰帝派钦天监博士张熙到储秀宫中选"刨喜坑"的"吉位"。"刨喜坑"是满族生子的一个古老习俗,就是挖一个坑,用来掩埋胎盘和脐带。张熙经过一番仔细观看,选定储秀宫后殿明间东边门为"大吉"之地。因此,在正月二十四这天,总管韩玉来带领内务府营造司的三名首领太监,在张熙选好的位置上刨了"喜坑",又带来两名专门选来的姥姥,在"喜坑"前念喜歌,然后往里放了一些筷子、红绸子和金银八宝,取其"快生吉祥"之意。

正月二十八日(1856年3月4日),内务府又送来精奇呢(汉语"正"的意思)妈妈、灯火妈妈、水上妈妈各十名,懿嫔从中各挑选两名备用。她们是从镶黄、正黄两个名分最高的旗人中精心挑选出来的妇女,她们需有生男孩的经历,而且谙熟接生之道。还选了两名"姥姥",都是有经验的接生婆。这些人从二月初三日清晨六时起,一齐来到储秀宫,开始"上夜守喜",太医院也派来御医六人,在御药房轮流值班。

随着预产期越来越近,新生儿用的衣物、尿布等物,也都准备齐全。这些东西统称"吗哪哈"。由于皇室所用,自然不同寻常,不仅种类齐全,而且用料考究。其中包括:春绸二十七件,白纺丝小衫四件,单幅红春绸挖单一块,红兜肚四个,潞绸被十八床,蓝高丽布褥十床,蓝扣布褥一床,蓝高丽布挡头长褥一床,白高丽布挖单三十三个,白漂布挖单三个,蓝素缎挡头二个,青素缎挖单一块,红青纱挖单一块,白布糠口袋二个,白纺丝小带四条,挂门大红绸五尺,蓝扣布挖单十个,白漂布小挖单二十六个。做这些东西,共用各种绸料一百五十六尺四寸,各色布料十匹。

三月初九,御医为懿嫔摸脉,根据脉象,禀明懿嫔妊娠已近九个月。第二天,又由两位姥姥摸脉,估计将在三月底或四月初分娩。于是各项准备进入最后阶段,各种接生工具陆续被送到储秀宫。这些物品包括:分娩时处理胎盘和脐带用的大小木槽二个、木碗二个、木锹一张、小木刀一把,一块长六尺、宽四尺的精纺黑毡,还有那一大套新生儿用的"吗哪哈"。造办处还特地为新生儿赶制一座精美的吉祥摇车。最后,又取来曾在皇宫中不知用过多少次的宝物——存放在乾清宫的"易产石"和挂在养心殿西暖阁的大楞蒸刀。

咸丰六年三月二十三日未时(公元 1856 年 4 月 27 日下午二点),一声婴儿长啼从储秀宫中传出,划破了紫禁城的上空。咸丰帝盼望已久的喜讯终于传来了。这时,总管太监韩玉来飞也似前来禀奏皇上:"三月二十三日未时,懿嫔分娩阿哥,已经收拾利落,母子均安,万岁爷大喜!"咸丰帝一听,龙心大悦,当即下旨,晋封懿嫔为懿妃,储秀宫的太监也都提职的提职,升官的升官。又任命储秀宫太监张文亮为"大阿哥下八品官职谙达"。至于对各路太监、宫女、接生姥姥及帮忙的妈妈等一千人,各有优赏,不必细表。一时间整个紫禁城一片喜气洋洋的景象。咸丰帝喜不自禁,竟吟诗一首,诗云:"庶慰在天六年望,更钦率土万斯人。"

但是,这种景象在清宫中像行云流水一样一去而不复返了。历史进入 19 世纪中叶,大清王朝江河日下,中国封建皇朝绵祚将绝,同治成为中国皇宫中诞生的最后一位皇帝。尽管咸丰的玫贵人,曾在咸丰八年二月(1858 年 3 月)生有一子,但旋即早亡,从此同治成了咸丰皇帝的独根独苗。咸丰刚过而立之年,就在内外交困的忧患中死去。此后,阴险贪权的叶赫那拉氏执掌了大清权柄。似乎是应了"灭建卅者叶赫"那句谶语,在慈禧的淫威下,同治帝婚后不能过正常的夫妻生活,以致于绝嗣而亡。而慈禧精心挑选的光绪、宣统两位皇帝,不知是鬼使神差,还是大清国运该绝,竟皆未生一子一女。因此,同治以后,皇帝都是从宫外抱入的。中国皇室再没有皇子出世。专门用来为皇子接生用的易产石和大楞蒸刀,自此长期闲置未用,这两件宫中宝物竟早已亡失。末代皇帝溥仪出宫后,清室善后委员会曾将宫中物品逐件登记,养心殿大楞蒸刀和乾清宫的易产石,都已化为乌有,不知去向。

关于同治帝"绝户",还有一种迷信的说法。载淳在热河即皇位的第二天,就颁布一道上谕:

"道光二十六年三月,皇祖特降谕旨:'以二名不遍讳,将来继体承绪者,上一字仍旧毋庸改避,亦毋庸缺笔,其下一字应如何缺笔之处,临时酌定。以是著为令典等因。钦此。'

今朕敬遵成宪,将御名上一字仍旧书写,毋庸改避,其下一字毋庸缺笔,凡臣工奏章内遇有此字,著用'淳'字改避。其奉旨以前所刻书籍,俱毋庸议。"

这是一道有关帝名避讳的上谕。从此，凡遇"淳"字，就得把其中的"子"去掉，而补写一个"日"字。因此，有人就附会说："去子而无子，所以同治无后。"这当然是一种迷信说法。

二

二十六岁的咸丰帝喜得龙子，不胜欣喜。因而小皇子的洗三、升摇车、小满月、满月、百禄、醉盘等宫中庆典过得有声有色，皇亲国戚们更是出手大方，一次又一次给小皇子赏赐礼品，在他刚满周岁的时候，已经成为拥有大量珍宝的"巨富"。

同治出生的第二天，宫殿临督领侍史进忠等人就已开始为他准备"洗三"用的绸缎、大宝盆等物。并命钦天监博士贾席珍、陈希吕选"洗三"的吉位。所谓"洗三"，是宫中育儿习俗，即孩子出生的第三天，要给新生儿洗浴。钦天监官员选定南面是迎春神方位，三月二十五日上午十一点半，开始给小皇子洗浴，到中午十二点四十五分，才完成"洗三"的仪式。这是小皇子出生后经历的第一次盛典，几乎牵动了所有的皇室成员。他们每人都为小皇子准备了第一份礼物。咸丰帝赏赐的礼物是红雕漆盒一件，内装金洋钱四个，金包一分，银宝一分。皇后送金银八宝八个，金银如意四个，金银钱四个，棉被和棉褥各二床，白布糠口袋二个，棉袄四件，夹袄四件，袜子四双，吗哪哈四个，兜肚四个，抱抱帘四个，红绸带四条，月白纺丝带四条，枕头两个，头挡一个。他们把这些礼物送给小皇子，叫做"添盆"。除了皇帝、皇后外，丽妃、婉嫔、蹄贵人、容贵人、璇贵人、鑫常在，都给小皇子添了盆，就连丽妃生的大公主，虽不满周岁，也被抱来给小皇子添盆。此外，上一辈的皇贵太妃、琳贵太妃、常嫔、佳嫔、彤嫔、成嫔、祥嫔、寿安固伦公主、寿藏和硕公主、寿恩固伦公主、八公主、九公主，以及惠亲王、恭亲王、悼亲王、钟郡王、孚郡王、恭亲王福晋、恭亲王长女、悼亲王福晋、瑞敏晋郡王福晋、隐志郡王福晋、懿妃之母等人都参加了"洗三"添盆活动，分别向小皇子送上数量不等的礼物。

四月二日，又进行小皇子"升摇车"的仪式。满族育儿有一个奇特的习俗，就是"睡悠车"。清代有这样一句民谚："关东外，三大怪：窗户纸糊在外，姑娘叼着大烟袋，养活孩子吊起来。"所谓"养活孩子吊起来"，就是把悠车悬在梁上，把小儿放在车内，来回悠动，小儿在里面悠然自得，也就不哭不闹了。钦天监博士们选定四月初二卯时（早六点），为小皇子升摇车万全大吉之日。预定时间到了，在储秀官后殿东次间，太监们把摇车升挂起来，这时太阳恰好从东方冉冉升起，寓意小皇子如日之初生。这时，造办处的太监在摇车上贴上福字，营造司首领太监唱着喜歌，由本宫首领太监执香引路，后面跟着谙达张文亮，把小皇子从东进间南床抱到东次间，放在摇车里。升摇车，不仅程序繁琐，而且相继又是一番赏赐。从帝后到妃嫔以及上一辈的妃嫔、公主、亲王、郡王、福晋等人，都要给小皇子送小荷包两个，内装金洋钱、金银宝或金银如意不等。

四月初五日又过"小满月"。按清宫规定，这一天要大赏生母。其规格是：皇后生子赏银一千两，表里（即衣料）三百匹；妃生子赏银三百两，表里七十匹。生女孩者减半赏给。叶赫那拉氏由于生了男孩，分娩当天又晋升为妃，因而得到银三百两，表里七十匹的赏赐。懿妃的高兴劲自不待言，对宫内总管以下五十多人分别赏赐了银两和衣料。

　　四月二十三日,正好是小皇子满月,紫禁城又掀起了一次庆贺高潮。当天午正二刻,由内殿太监杨寿给小皇子剃头,剃完后赏杨寿小卷袍料一件,银四两。咸丰帝这天情绪特别好,传令各宫妃嫔到储秀宫中摆宴,大事庆祝。小皇子新剃了头,看起来眉清目秀,头角峥嵘,皇后妃嫔无不啧啧称赞,纷纷给小皇子送上一份厚礼,其中皇后赏赐最丰,这些礼物是:

　　金镯四个,银镀金铃铛、升、斗、钟、印一份,小帽两顶,单纱小衣服八件,兜肚两个,裤子两条,鞋袜四双。

　　其余妃嫔、公主、亲王、郡王、福晋无不争相送上一份厚礼,五颜六色地堆了满床。

　　按满族习俗,小儿满月时应由父亲给取名。咸丰帝早就胸有成竹,立即钦赐佳名,说:"就叫载淳吧。""载"字是从辈分上排下来的,乾隆时皇六子永瑢,画了一张发朝图,进呈给孝圣皇后,由乾隆帝御笔亲题,有"永绵奕载奉慈娱"一句。以后,宗室皇子取名,就用"永绵奕载"四个字排辈,咸丰的儿子自然轮到"载"字了。"淳"字则有质朴、敦厚之意,这寄托着咸丰帝对儿子的一片殷切期望。原来,咸丰帝当年与他的六弟恭亲王争位之时,就是凭着他的老师传授的"仁孝"二字,赢得了道光皇帝的信任,终于击败比他聪慧好强的奕䜣,登上了皇帝宝座。因此,他希望小皇子也像他一样,养成纯朴仁孝之美德,好继承大统,承嗣皇位。可见当时咸丰帝对小皇子真正是爱意也浓浓,寄望亦殷殷。

　　到七月初三日,是小皇子的"百禄之喜"。所谓"百禄",其实就是给小儿过百日,因人死后亦有"百日之祭",为避此忌,乃改称百日为百禄。这一天,从皇帝、皇后,到各宫妃嫔等人对小皇子又是一番赏赐。其礼物之丰盛,不必细表。

　　咸丰七年三月二十三日(1857年4月17日),迎来了小皇子的第一个生日。按照满族习俗,这一天要"抓周",也即皇宫中的"抓醉盘"。据说,满周岁的小儿已初懂人事,这一天"抓周"可以测出小儿一生的情趣和志向。《红楼梦》第二回中写贾宝玉周岁时,政老爷试他将来的志向,便将世上所有的东西摆了无数,叫他来抓。谁知他一概不取,伸手只把那粉脂钗环抓来玩弄。那政老爷便不喜欢,说将来不过酒色之徒,因此便不甚爱惜。普通百姓家小儿"抓周",一般是在小儿面前放上纸、笔、书、算盘、鞭子、锄头(纸制的)等物。据说,抓纸笔者预示小儿将来能读书当官,抓算盘能经商致富,抓锄头的只能种田务农。

　　皇宫"抓醉"自不同凡响。首先,要准备好"抓醉"的用具。按宫中规定,这些用具包括玉陈级二件,玉扇坠二枚,金匙一件,银盒一圆,犀钟一捧,犀棒一双,弧一张,矢一枚,文房四宝一份,醉盘一具,中品果一张。到了卯时,也就是早晨六点左右;小皇子开始"抓醉"。小皇子由太监抱着,面向西北,在摆好的物品中摸来摸去。小家伙今天精神特别好,只见他先从中抓出一本书,立时引起一片啧啧称赞。太监把书收下,让小皇子再抓,小家伙毫不费力从里面又抓出一套小巧玲珑的弧矢,又引出一片称赞声。最后,小皇子开始抓第三件东西,小家伙一把就握住了一杆笔。小皇子抓来这三样东西,使皇帝及后妃们十分满意,预示小皇子以后兼有文治武功,定可重振大清江山。皇帝一想到这里,不禁露出惬意的笑容。于是,皇帝后妃及亲王福晋们对小皇子又是一番丰盛的赏赐。

小皇子"抓醉"首先抓到的是书,后来的事情证明,同治确实与书结下了不解之缘。他一生只活了十九岁,从六岁时开始入书房读书,直到十八岁才走出书房开始亲政,在弘德殿书房中度过了十二个春秋。在他亲政后,慈禧太后还让他每天"办事召见后,仍应诣弘德殿与诸臣虚衷讨论"。他的老师李鸿藻等人也照常上班,给他上课。他死后,恭亲王率领一班人到弘德殿和昭仁殿检点他的遗物时,还看到书籍笔墨仍然井然有序地陈放在那里。

同治从出生第三天"洗三"起,历经小满月、满月、百禄、醉盘等仪式,共得到了五次赏赐。到他刚满周岁时,已是一名巨富小儿。他得到了金银器八百余件,衣被鞋帽等物五百六十多件,荷包、玉器等物七十件,这还不包括份例之内的各种供应,这真是生于皇家贵如天,周岁幼儿成巨富。

三

咸丰帝对小皇子载淳无限钟爱。他曾写过这样一句诗:"绕膝堂前助笑颜。"生动再现了小皇子膝前承欢的感人情景。

咸丰八年(1858年)玫贵人生的小皇子夭折后,咸丰帝膝下承欢的只有大阿哥载淳和丽妃所生的公主。而载淳作为咸丰帝的独根独苗,未来皇统的继承人,更是深受咸丰宠爱。

咸丰十年六月初九日(1860年7月26日),正是咸丰帝三十而立的日子。在宫中举行了盛大的万寿庆典,王室贵贵及各宫后妃都来祝皇上三旬万寿,热闹非凡。皇上今天心情特别好,特别是年仅五岁小皇子载淳出来给父皇祝寿,执杯祝酒,跪地叩头,礼仪娴熟,把皇上高兴得红光满面,为自己有这样聪明的儿子感到自豪。于是,他大宴百官,特命载淳出见廷臣。大臣们一见皇子眉清目秀,端庄凝重,仪表堂堂,气度不凡,无不叩首欢呼,把祝寿活动推向高潮。

咸丰帝除了在逢年过节、生日祝寿等节日里对小皇子例有赏赐外,他平时也常把自己喜欢吃的东西分赏给小皇子和大公主,以博得小家伙们一笑为乐。

咸丰十年八月二十日(1860年10月4日),在咸丰狼狈逃往热河行宫的第五天,晚膳刚刚用过,咸丰帝在热河头一次吃到自己非常喜欢的鹿肉,觉得味道特别鲜美,余味无穷。这么精美的食物让两个孩子也尝一尝。于是,他就令太监把两盘还冒着热气散发着余香的肉送给大阿哥和大公主品尝。不一会儿,两个太监回来了,咸丰问:"大阿哥和大公主吃得好吗?"太监连忙回答:"禀报皇上,他们吃得非常高兴。"咸丰脸上露出了几天来十分少见的笑容。

又过了几天,锦州副都统向在热河行宫皇帝贡奉礼品。其中有几瓶卤虾和虾油,看起来色泽鲜亮,别有风味。于是,咸丰帝派太监把这些贡品赏给大阿哥和大公主。

咸丰十一年(1861年),是一个多事之秋。南方的清军正与太平军苦苦熬战,败多胜少。在北方,捻军起义烽火正炽,攻城掠地,十分凶猛。咸丰帝被搞得焦头烂额,坐卧不安。这天,又接到两江总督曾国藩的奏报,说清军在安庆被围,请示重新调置军队。咸丰帝焦急地踱着步,太监们紧张得大气都不敢出,在一旁静候吩咐。这时六岁的小载淳连蹦带跳地跑了过来,太监们心中一惊,连忙去阻挡,可小载淳早已跑到了咸丰跟前。不愧为聪明伶俐的小皇子,一见父皇焦急的神色,立即收起顽皮嘻笑,马上跪下给皇上请安,用满语叫了一声"阿玛!"(汉语为爸爸)。

沉思中的咸丰帝被皇儿逗乐了,摸着载淳的头说:"嗯,乖,起来去玩吧,别摔着!"

载淳这才站起身来,后退两步,然后转过身去悄悄退下。望着小家伙的背影,咸丰帝露出了欣慰的笑容。这些宫内礼节,都是由"谙达"张文亮教的。见到孩子已有了这么强的接受能力,心头又涌起了思量已久的念头,想和皇后商量。于是,他派人把曾国藩的奏折发往军机处,等第二天早晨再与大臣商议。之后便径直向皇后的小书房走去。

咸丰急于同皇后商量的事,就是让载淳入书房读书。雍正皇帝明确规定过:凡皇子年届六龄,即入书房读书。早在去年,皇帝就已明降谕旨,命大臣认真选择和荐举品学兼优的儒臣,以备充作皇子的师傅。大学士彭蕴章推荐一位叫李鸿藻的大儒,说他学问高深,可堪充重任。

李鸿藻,字兰孙,是直隶高阳人士,咸丰二年(1852年)进士出身,初授翰林院庶吉士,第二年又授散馆编修之职,咸丰四年九月(1854年10月)又任功臣馆纂修。因对《贞观政要》研究得非常透彻,又富有文采,深得皇帝重视,第二年命他在上书房行走。又命他为山西省乡试副考官。后因父亲病故,请假在家服丧。咸丰七年二月假满,仍回上书房行走。七月,被任命为河南省学政提督。

咸丰帝对李鸿藻人品学问早有了解,当即允准彭蕴章的奏请,下诏将李鸿藻召回京城供职,仍在上书房行走。

咸丰帝一边想着,一边已经走进了皇后房间。这时,早有太监通报皇后,说皇上驾到。皇后急忙起身接驾。见过了礼,咸丰就把自己的意思告诉了皇后。

皇后也早已把小皇子入学这件事放在心里,并且也暗中给他物色老师。一听皇上想让李鸿藻充任大阿哥师傅,当即表示赞同,说:

"他在上书房行走时,醇王、钟王、孚王都跟他读过书,跟我谈起过他,说李师傅口才很好,讲书透彻。还私下告诉我,说李师傅长得像皇上,让人望而起敬。但不知可有真才实学,人品怎样?"

皇上胸有成竹地回答:

"这你就放心吧,他是翰林的底子,学问深着哪。至于人品,他这三年在河南学政的任上名声很好,人品更是众人交口称赞。"

"这样说来,就再好不过了。"皇后欣然同意。

"唉",皇上伤感地说,"大阿哥典学,原该隆重些,我本想回京再办。但现在京师不稳,一时半会也回不去,也不能再拖延了。"

"那就让钦天监挑个日子开书房吧。"

"那倒不必。皇儿典学是件大事,得选个吉利日子,还是由我自己选吧。"

咸丰平时读书,涉猎甚广,谶纬星长之学也很在行。当即传旨双喜送来时宪书,翻检了一会,选定四月初七日为皇子开书房。

日子选好了,又商量派何人照料书房。议来议去,觉得御前大臣景寿最合适。景寿娶了宣宗道光帝的第六女寿恩固伦公主,是皇帝的姐夫,宫中都称他"六额附"。他秉性沉默寡言,不喜拨弄是非,在宫中人缘很好。皇后以他与自己性格相近,更觉得满意。

一切都已商议妥当,第二天早晨皇帝驾到御书房,写好了一张朱谕,然后召见军机大臣。

军机大臣们鱼贯而入,见过礼后,排到两旁。未等大臣启奏,皇上就把这道朱谕交给侍立在旁的肃顺。肃顺高声宣旨:

"大阿哥于四月初七日入学读书。

着李鸿藻充任大阿哥师傅。

钦此!"

以怡亲王为首的一班大臣跪接圣旨,由军机处转交内阁,"明发上谕"。

在小皇子入学的前一天,咸丰帝又特地召见李鸿藻,垂询大阿哥入学的准备情况。听完汇报后,皇帝又让李鸿藻背诵乾隆皇帝圣训中关于皇子典学的一段上谕,想最后再考察一下李鸿藻的学问。李鸿藻多年入值上书房,对这段上谕早已熟记在心,于是朗朗上口,流利地背诵了一遍。皇上满意地点点头,赏给丝绸两匹,荷包一对,端砚一方,大卷笔十枝。

咸丰帝之得皇位,受益于老师最多。因而他对小皇子典学这事看得非常重要。小皇子入学的第一天,他在御书房和军机大臣议政大半天,下朝后已累得一句话也不愿说。但他还是急于知道大阿哥的学习情况。他先传张文亮进来,细问一切。又怕太监图功讨好,尽拣好的说,就又把景寿也传来。听到两人一致赞扬小皇子聪明好学时,他十分高兴。把大阿哥带到东暖阁和自己一起用餐。为了热闹,他又派人叫来丽妃和大公主,一时宠妃、佳儿、娇女相聚一堂,父慈子爱,欢声笑语,道不尽的天伦之乐。

四

咸丰十一年四月初七日(1861年5月16日),四更左右,天蒙蒙亮,谙达张文亮急忙把大阿哥载淳唤醒。原来,今天大阿哥入学。头天晚上,皇后一再嘱咐,宁早勿晚。张文亮十分利落地为大阿哥穿戴好袍褂靴帽,先领他到皇上、皇后那里请了安,就由景寿领着,到书房上学。

老师李鸿藻也起得很早,他平素讲究仪表,今天更是不同寻常,他着意穿戴一番,朝珠补褂,翎领煌煌,好不威严。他收拾停当,就早早来到书房外面,躬候小皇子的到来。见大阿哥一行人到了,先按廷臣见皇子的礼节,请安行礼。然后由景寿把大阿哥引入东间书房。书房里摆了一对东西相向的书案,西面的由皇子坐,东面的是师傅的座位。

第一件事,是行拜师之礼。景寿拿出了咸丰的朱谕,高声宣读:

"奉旨。"

李鸿藻等人赶紧跪下,恭接圣旨。

景寿继续传旨:

"大阿哥今日初入书房,派定翰林院编修李鸿藻充任师傅。师道尊严,虽皇子不得例外,应行拜师之礼。着李鸿藻毋得固辞。钦此!"

李鸿藻立即叩头谢恩。按常例,李鸿藻自然要谦让一番。因而行过礼后,就请景寿转禀皇上,请免大阿哥拜师之礼。

"你不必过谦!本朝最重师傅之教,大阿哥行拜师之礼,以后可知尊师之意,这样才会虚心受教。"景寿说到这,转身向恭候在书房门外的张文亮喊道:

"取毡条来!"

传取毡条,就是要行跪拜叩头大礼。这下急坏了李鸿藻,连忙向景寿说:

"若行大礼,不敢奉诏!"

"也罢!"景寿向张文亮做了个手势,叫他不必去取。然后对李鸿藻说:"那就按老规矩,让大阿哥做揖吧。"

既是老规矩,圣谕又明言"毋得固辞",李鸿藻若再谦辞,就显得虚伪而且有失师道了。所以就不再多说,走到书案面前,稍微偏着站定。

这时,景寿才转过身来让大阿哥行拜师之礼。

这拜师之礼早已由张文亮教好了。只见大阿哥恭恭敬敬向李鸿藻做了揖,叫了一声"李师傅!"

这样,拜师之礼就算完成了。

然后是开始上课。李师傅和大阿哥各自就座,景寿坐在旁边的椅子上,而谙达们只能在南窗下站着。李鸿藻见大阿哥已坐好,就把书房的功课内容告诉他:先练拉弓,然后读满文,最后学汉文。布置好后,就让大阿哥和谙达们到院子里练拉弓。

拉了一会儿弓,就让大阿哥回书房读满文。先是从字头教起,由景寿负责教授。不一会,小皇子就学会了一个字头,休息片刻后,由李师傅上汉文课。李师傅把着他的笔,写下了"天下太平"四个字,然后教他认这四个字。认一会儿字后,又教他读书。第一课便是《大学》中的一句话:"大学之道,在明明德,在新民,在止于至善。"大阿哥第一次和老师念书,觉得很新奇,认真地跟师傅读。读了二十遍,便已朗朗上口。读着读着,他觉得口渴,便自顾自地走下来,高声召唤张文亮。李师傅吃了一惊,连忙问:"你怎么了?"大阿哥大声说:

"我渴了。"

李师傅立即沉下脸来,让他先回到座位上去。然后严肃地说:"做人要学规矩,越是身份贵重的人,越要有规矩。书房有书房的规矩,你知道吗?"大阿哥想了想,忽然记起额娘的话,马上回答:"要听师傅的话。"李师傅一听这话高兴了,赞扬他懂事。说:

"在书房里,有什么事,譬如渴了要喝水,或要小解什么的,都要告诉我,等我答应,不能自己随便走。懂了吗?"

"懂了。师傅,我渴了。"

"这才对,下来,找张文亮去吧!"

大阿哥这才从大靠背椅上滑下来。站在门口的张文亮急忙把他抱到对过房间,那里早已备好了小膳桌。小家伙喝了杯香甜的玫瑰露,又吃了几块点心。这才回来继续上课。又认了"正大光明"四个字,然后又是背诵《大学》里的那句话。李师傅一看他背得熟了,才欣然合书宣布下课。

这是小皇帝入学的第一天,也是最得意的一天。一路上,张文亮抱着他,小太监们前簇后拥,一个接一个地称赞他聪明,懂规矩,献宝似的把他送到皇后那里。皇后和各妃嫔们早已等着大阿哥放学,一见他回来了,皇后首先迫不急待地问:

"在书房哭了没有?"

张文亮连忙跪下回答:

"没哭,大阿哥在书房乖得很,师傅夸他聪明,懂规矩。"

皇后十分高兴,把他抱到炕上,问这问那,又让他背了《大学》里的那句话,乐得大家合不上嘴。

五

大阿哥载淳是懿嫔(慈禧)亲生儿子,但他对这个生母毫无感情。

这首先与清朝有悖于人情的宫廷制度有关系。按照大清祖制,皇子出生后,无论嫡庶,一呱呱落地,就由保姆抱走,送到事先已经选好的奶妈手里。每个皇子按规定需有四十个人照料。其中包括八个保姆、八个乳母,此外还有针线上人、浆洗上人、灯火上人、锅灶上人。婴儿断奶后,就把奶妈打发走了,再添若干名太监,做皇子的谙达,专门负责教小皇子吃饭、说话、走路、礼节等等。到六岁,就准备好小冠、小袍褂、小靴,教他们随着王公大臣站班当差,并正式上书房读书。按规定,他们不仅不能与生母生活在一起,而且还不许生母随便去看儿子。

对于皇子而言,所有的后妃都是他的"额娘"。他的爸爸只有皇上一个,而他的妈妈则有十几个甚至几十个。因此,哪个额娘慈爱善良,小皇帝就对哪个额娘有感情。

俗语云:"有奶便是娘。"普通百姓家,儿子对母亲一往情深,除了儿是娘身上掉下来的肉这种血脉相连的骨血关系外,就是"儿是吃娘奶长大的"。但是,大清皇宫的规矩,就是儿不吃母奶。后妃们在分娩后,须立即服用回奶药,把奶回掉。

大阿哥载淳刚生下时,御医见他神色脉纹俱佳,先用"福寿丹"给他开口。所谓"福寿丹",是宫内特用的一种婴儿药,即配方是:朱砂一分末、黄连一分末、甘草五厘末,蜜水调服。朱砂能安神、定惊;黄连可清热解毒,甘草润肺,也能解毒。

过了一会儿,总管太监韩来玉领来两个奶妈,让懿嫔先挑选一名,留下来喂养大阿哥。按规定,从这天起,奶妈每天的食品供应是:鸭子半只,或肘子、肺头若干,轮流食用。这些都是下奶的食品。

至于懿嫔,在产后的第三天,御医就给她服用了"回乳生化汤",一直服用八天,至四月初三日时,"乳汁渐回,结核亦消",可见这种药回乳效果甚佳。因不用下奶,懿嫔坐月子期间不食油腻,她每天的食谱是:用粳米、碎粳米、碎红米、黄老米、碎黄老米、小米、凉谷米等八种米,每种七合五勺,再加芝麻四合,熬粥。此外,每天还供应鸡蛋二十个。

同治从出生那天起,就没有吃过生母一口奶。他很少能得到温馨的母爱,却更多地领略了生母严厉的斥责和看不上的白眼。

但是,大阿哥的出生,却给生母懿嫔带来了数不尽的好处。她在分娩的当天就被晋封为懿妃。第二年的正月,内阁奉谕旨,懿妃又晋封为懿贵妃。在不到一年的时间里,她连升二级,其地位仅次于皇后。她凭着母以子贵这张王牌,咸丰宾天后的第二天,被她儿子亲口封为皇太后。她又利用同治帝年幼无知,垂帘听政,成为大清王朝的最高统治者。她给了同治一份骨血,而同治帝回报给她的则是无限的荣华富贵,得到了她梦寐以求的权力和地位。

对于慈禧来说,同治只是她谋取权位的工具,她的母子情爱,早已被那炽烈的权欲烧得荡然无存。她对大阿哥很少有慈母之心,却极其热衷于宫廷的争权夺势,以至于在亲生儿子面前也放不下架子。大阿哥去给她请安,她经常板着面孔,动辄教训一顿。她那狭隘的妇人之心更令人难以容忍。她自己对儿子严厉不算,还十分忌恨别人关心、爱护小皇子。在宫中,有几次看到小皇子依偎在皇后怀里,和皇后亲热无间,她打心眼里不快。小皇子是她自己的私有财产,是她自己满足权欲的工具。她要牢牢地把儿子控制在自己手里,让他绝对服从自己,绝对孝顺自己,而不许他和别人有感情。

小皇子载淳是龙年龙月出生的龙子,按照迷信说法,他龙运兴旺,算是好命。但他偏偏投胎于这样一个钻到"权眼"里的女人,注定他的命运是悲惨的。

载淳不愿与生母亲近,对她总是敬而远之。每次请安时,总是觉得与她无话可说。在生母面前,他觉得自己是个受严厉管束的奴才,只有在皇后跟前,他才能感受到宠儿的欢乐。

第二章　缺乏童趣的生活

一

同治元年春节,慈禧太后在政变后迅速稳定了政局,实现了垂帘听政,因而心情特别好,对小皇帝格外开恩,小皇帝和太监们游玩嬉戏,甚是欢快。转眼已到二月二,两宫太后见年也过了,该让小皇帝上学读书了。于是,特下懿旨,让钦天监挑择入学吉日。钦天监官员回话,二月十二日是个好日子,入学时间就定下了。

然后是给小皇帝选择师傅。除了原先的师傅李鸿藻外,又增选了几位师傅。他们是:礼部尚书、前大学士祁俊藻;管理工部事务大臣、前大学士翁心存;工部尚书倭仁。他们都是当时耆年硕望、品学端方、最有名望的老臣。除了这些教汉学的老先生外,还命礼部尚书倭付珲布为总谙达,礼部左侍郎伊精阿和兵部尚书爱仁为谙达,专门给皇帝讲授满文。这样,共给皇帝配备了四个师傅、三个谙达。

为了督导小皇帝好好读书,又命辈分最高、小皇帝爷爷辈的惠亲王绵愉常驻弘德殿,专门照料小皇帝读书。又派惠亲王的儿子奕详(小皇帝叔叔)在弘德殿伴读。

对于皇帝典学,两宫太后和近支亲贵,无不给予高度重视。因为大清皇祚,已是一脉单传。皇朝兴衰,都寄托在这位不满七岁的小皇帝身上。如典学有成,堪当大任,则大清中兴有望。因此,特派位极人臣的议政王奕䜣充任弘德殿总稽查,全权负责皇帝读书的课程设置和典学的一切事务。

同治元年二月十二日(1862年3月13日),小皇帝正式入学。开学仪式非常隆重,一大早,惠亲王、师傅、谙达、御前大臣、内务府大臣等朝廷要员们簇拥着小皇帝,到圣人堂拈香,向至圣先师孔子像行礼。然后到乾清宫略作休息。各位师傅、谙达们早已在弘德殿门外,按顺序站好,恭候自己高贵的学生——小皇帝的圣驾。不一会儿,小皇帝来到弘德殿。

载淳这次入学的身份,已大大不同于在热河行宫了。那时他还是一位小皇子,而现在则是当今皇上,因而拜师礼与上次迥然有别。

在行拜师礼之前,老师们要先向自己的学生行君臣之礼。各位师傅和诸达们依次排列,给在坐上的小皇帝行三跪九叩首的大礼。行完礼后,才进入书房。进书房后,师傅们先跪在地上,而小皇帝则站着,给跪在地下的师傅们一个一个地作揖,边作边叫一声师傅,这就完成了"拜师"之礼。

然后开始上课。授课地点是弘德殿书房。弘德殿是乾清宫的西朵殿,宫院非常幽雅,原是皇帝视事之处。弘德殿院内南向殿内匾额为"奉公无私",照壁悬挂"大宝箴"三字,后室匾叫"太古心",殿后东室匾叫"怀永图",这些都是乾隆皇帝的御笔。殿内设有至圣先师孔子牌位。嘉庆帝死后,咸丰帝曾移居弘德殿。这次为了载淳典学,特将此殿开办书房。

讲课时,小皇帝面向东坐,师傅面向西坐,伴读的奕详坐在西墙下,待讲的师傅则坐在殿门傍。

先由祁俊藻讲《大学》,他把书翻开,一遍又一遍地教小皇帝读书,直到读熟两节,方才合书。然后由谙达讲授满语。下课后,又由御前大臣教小皇帝练了一会儿竹弓。这半天的功课就算结束了。放学了,小皇帝从座位上站起来,师傅谙达们恭敬地在殿门外依次站好,送小皇帝回宫。

以前,皇子上学均在上书房,兄弟叔侄都是同窗,地位都是平等的,因而是一种"同学"关系。但同治帝的"伴读"则不同了,他们不是同学关系,而是君臣关系。为皇帝当伴读,当然是一种荣典。但这是个受罪差使。他们对小皇帝必须谨守君臣之礼,一天不知有多少次下跪叩头,很受拘束。最难受的是代小皇帝受罚。小皇帝一旦嬉笑顽皮,不愿读书,认不出字,背不出书,师傅们不便斥责皇帝,只好指桑骂槐,让"伴读"代受其过。尤其惠亲王照料弘德殿,监督小皇帝的课业,用其子奕详伴读,也是为了便于当老子的借惩戒儿子来吓唬小皇帝,让小皇帝听话。

因此,在弘德殿无论是当师傅、谙达,还是当"伴读",面对同治帝这个特殊的学生和同学,经常处于无可奈何的境地。当然,师傅们比谙达更好些,因为师傅可以坐着讲课,而谙达只能站着讲课。

小皇帝典学是大清朝政的一件大事。因此,议政王奕䜣和军机大臣们共同拟订了一份皇帝典学章程,共十五条,其中规定了小皇帝的日常作息时间、功课内容及皇帝学习的纪律。

以下是这份章程的主要内容:

(一)每天皇帝入书房,按照历朝上书房的规矩,其课程排序是:先拉弓、然后学蒙古语、读满语、讲汉书。

(二)皇帝的作息时间:每天在例行早朝召见或引见后,就到书房读书。现在是半功课,下书房后再传晚膳。将来到整功课时,就在书房里传晚膳。

(三)现在皇帝刚入书房,年纪尚小,仅是半功课,到八岁时改为整功课。

(四)在课堂上应该诵读与讨论相结合,二者不可偏废。读完书休息时,应该和师傅随时讨论。以古论今,古为今用,屏除虚仪,务求实际,不能读书刚完,就出去休息。

(五)遇到两宫太后及他自己过生日时,可以放假三天,即万寿节正日子及其前后各一天。

(六)年终从彩服日(阴历十二月二十七)到第二年的正月初五日,放假九天,不上书房。

(七)每年正月十三到正月十六日,不上学。

(八)弘德殿搭、拆天棚及端午中秋,各放假一天。

(九)遇到祭祀大典日,可以撤去拉弓及满蒙文两门课,汉书课酌量减少。

(十)皇帝亲祭坛庙日不上学。

(十一)自初伏到暑日,均是半功课。

(十二)现在皇帝尚在冲龄,只练拉弓。二三年后就应练习步射,十岁后练习打枪,以保持满族的骑射旧俗。

（十三）为重功课计，拟请两宫太后下懿旨，严防皇帝练习打枪时在各处游览。打完枪稍事休息，就应立即回宫。

（十四）骑马一事，须从小开始学习，才能逐渐娴熟，拟自入学后，每隔五天，下书房即在宫中长街学习骑马，特殊的天气除外。

（十五）学习步射时，拟请由御前大臣及乾清门侍卫派出数人，随同皇帝陪射，并与他比赛，以资观摩。

从上列章程条款来看，小皇帝的课业负担是很重的，与现在普通小学比，不仅所学的科目多，而且学习时间长，内容又十分艰深，同治小皇帝如果生活在我们这个时代，一定会十分羡慕当今"小皇帝"们那欢乐、愉快、丰富多彩的学校生活。

从作息时间上看，小皇帝每天老早就要起床，去给两个妈妈请早安。吃完早膳后，要陪着太后们到养心殿里参加他什么也听不懂的朝政，耐着性子绷着一张严肃、庄严的小脸，做着皇帝的样子。下朝后，立即就去书房上课，然后才能吃饭与休息。这还是半功课的作息时间，如按"整功课"的制度，小皇帝每天卯初（早上五点）起身，卯正（早上六点）去书房读书。然后还有膳前课与膳后课，就连吃饭也不能离开书房，须在书房中用膳，而且是一节课接着一节课地上，中间略有休息，也不能随便玩，仍要与师傅讨论课业，不许"诵声甫辍，旋即退息"。

从学习时间上看，当时小皇帝根本没有寒假与暑假，只是在春节前后有九天的假期，在两位妈妈及自己过生日时，可分别放假三天。过正月十五灯节时，可放假三天。此外，就是端午、中秋、祭典日、搭拆天棚日等各放假一天。以上放假时间，加起也不足一个月，况且其中有的节假日也不能休息与玩耍，而是参加各种繁缛的礼仪活动。和现在比起来，不仅没有星期日，也没有寒暑假，可见，当个皇帝学生不容易。

到了暑热的夏季，小皇帝虽然从初伏到处暑日，可以减轻一半的功课，但仍要坚持每天上学。为了保证小皇帝能在暑热中读书，太监们每年阴历四月就开始在弘德殿搭天篷，直到九月份才拆除。天篷又高又大，可以把整个宫殿罩在里面。这样，即使外面烈日炎炎，殿内也很凉快。天凉以后，便把天篷撤去，然后是糊门窗，铺地毡，置炉火，用来过冬。弘德殿冬天很暖和，同治曾写了一道《赋冬日书斋即事诗》，其中有"晴旭烘窗炉火暖"一句。可见，为了让他在寒暑期能够继续学习，真是不遗余力、费尽心机。

从课堂内容上看，有满语、蒙语、汉语三门文化课，这个六七岁的小孩须学习三种语言，而这三种语言又是世界上最难学的。他的状元宰相老师们讲的尽是些艰深难懂的帝王之学，除了文化课外，还有骑马、拉弓等武课。他天天被一大群师傅、谙达们包围着，教他学这学那，不得轻闲，小皇帝精神、体力负担之重是可想而知的。

二

皇帝是中国封建社会的最高统治者。他富有四海，居临四方。正如《诗经》中所云："溥天之下，莫非王土；率土之滨，莫非王臣。"且不说三宫六院，嫔妃成群，享不尽的荣华富贵，吃不完的山珍海味。为争夺皇帝宝座，在人类历史上不知演出了多少幕血腥醍醐的史剧，兄弟相煎，父子相残，大动干戈，生灵涂炭。

但是，六岁即位的同治小皇帝，对帝王的尊荣却毫无体会。相反，他竟有一个令人惊讶的见识：当皇帝就是"当差"，而且是一种"苦差。"

一次，他对崇敬的老师翁同龢发出了一通这样的感叹：

"唉，我这个差事真苦啊，天天都要去太后那儿问安侍膳，太后召见大臣时又得跟着上朝，然后还得到弘德殿读书。这可真是个苦差！"

做皇帝与"当差"，可谓风马牛不相及。而同治小皇帝为什么会发出这样的感叹呢？

原来，同治当的并不是真正的皇帝，只不过是太后垂帘前的一个小摆设，一个由他生母操纵的小木偶，他像一个演员手上的线傀儡，在舞台上忙碌地上下、进出，何得而不苦，何得而不叹！

同治帝没有一个欢乐、轻松的童年，他被关在紫禁城那厚重高大的红墙里。他没有朋友，没有伙伴。他周围只有两种人，一种是要他天天去叩头问安的人——他的两个太后妈妈。另一种是天天向他下跪叩头的人——他的大臣和太监们。

按照宫中礼节，小皇帝除了日常给两宫太后请安侍膳外，在逢年过节，尤其是太后圣寿节（生日），其礼仪更繁琐了。下面是一次给太后上徽号的仪式。

慈安、慈禧两个徽号是在咸丰十一年九月拟定的，但没有举行正式的仪式。到同治元年四月二十四日（1862年5月22日）才举行加徽号的仪式。当天先派官员去祭天地祖宗，然后小皇帝穿好礼服驾至中和殿，装模作样地看了遍奏书。然后登上舆轿，经由右翼门来到永康左门。下轿后，由大学士捧着奏书在前边引路，小皇帝在后边跟着步行，来到慈宁门。小皇帝从东边的台阶上去，到门下站在东边。这时，两宫太后驾临慈宁宫，升座，摆好全副仪仗。小皇帝从东边走到中间，在正中的拜位上跪下。左边的大学士捧着奏书也跟着跪下，膝行向前，把奏书递到小皇帝手里。小皇帝接过来，由他恭献奏书。他右边的大学士跪下接过奏书，放在中间的黄案上，由宣读官捧起来，跪在地上宣读。宣读完毕，小皇帝率文武百官向两太后行三跪九叩大礼，恭上徽号。礼毕，两太后分别回到各自寝宫。这时，小皇帝的事还没做完，又分别到绥履殿问母后皇太后安，到平安殿问圣母皇太后安。

第二天是给两宫太后加徽号的正日子。这天，小皇帝穿戴整齐，驾至太和殿，又按昨天的礼仪，恭献册宝。从这件事上，可见七岁小皇帝应付这样的大场面，完成这样一套繁琐的礼仪，实属不易。

再如举办各种祭祀，也是由小皇帝出面唱"主角"。一次，北京一带久旱不雨，小皇帝就在文武百官陪同下，到景山大高殿上祈雨。先派大臣到北京西郊的龙潭取水，然后敲锣打鼓迎入京城。沿途农民设香案于道路两旁，祈祷上苍降雨。大臣把龙潭之水送到大高殿，供奉在殿上。小皇帝佩带一块玉牌，上刻有"斋戒"二字，虔诚地斋戒祈祷，口中念道：

"敬求上天怜悯，速赐甘露，以救下方黎民百姓之命。凡有罪于天，祈降朕身。"

这样连着祷告三遍，再三叩头，才算结束。

一次，小皇帝正在行祈雨礼时，突然真的下起了大雨。但仪式还没有结束，小皇帝就在雨中坚持行礼。一个大臣送来一把遮雨的东西，被他拒绝了。这样，等仪式完成之后,他已被浇成了落汤鸡,回到宫中就病倒了。

另据他的老师翁同龢在日记中记载,同治五年十二月(1867年1月),北京地区入冬久不下雪,被认为是凶兆之年,因而决定由小皇帝去祈雪。当时正值岁尾,由于礼仪活动甚多,把小皇帝累病了。于是临时决定从十二月二十二日就提前四天开始放假。十二月二十四日,他的病还没有利索,就率群臣到大高殿上行祈雪之礼。直到新年初三北京下了一场大雪,才算了却了一件心事。

小皇帝还要承担着很多礼仪性的国事活动。其中必不可免的就是赐蒙古王公宴。按清朝的惯例,年终时内外蒙古王公要分班循环来京上朝值班,皇帝照例要赐宴。赐宴地点在抚辰殿或保和殿,在京二品以上的大臣坐陪。殿内摆设矮餐桌,其坐席是放在地上的锦茵。每二人一席,进膳时小皇帝也坐锦茵上。所赐之宴,除酒之外,还有十六样蒙式菜肴,大多是半生半熟的肉。小皇帝虽然不爱吃,但也强迫自己吃。宴会上气氛庄重而压抑,进餐时虽然有几十人在坐,还有几十人侍候,但绝无一人出声,大家都谨守礼节,默默地、恭恭敬敬地吃着。宴后,小皇帝照样还要向蒙古王公们颁赏,这种活动每年都要举办。

作为名义上的国家元首,小皇帝要参加的仪式很多、很多。行不完的礼,叩不完的头,天天如此,年年如此。这不能不使天性活泼好动的小皇帝产生厌倦之情。尤其令他难以忍受的是,在所有的仪式上,都要求他像个帝王的样子,摆出帝王的仪式。想哭不能哭,想笑不敢笑,只能是经常板着一副毫无表情的铁面孔。一次,曾国藩在平定太平天国后,由两江总督调任直隶总督,被恩准入朝觐见。接见后,他在日记中记载他对小皇帝的印象是:"皇上冲默,亦无从测之。"像曾国藩这样谙于世故的权臣,都看不出小皇帝的喜怒哀乐,可见他装皇帝样子的功夫真是到家了。当然,要达到这个地步,小皇帝是做出了巨大的牺牲的。他因而童心泯灭,未老先衰,成了一个小老头。

三

在同治帝的老师中,他最喜欢的有两个人,一个是他的启蒙老师——李鸿藻,另一个是翁同龢。

翁同龢,字声甫,号叔平,又号瓶生。道光十年四月二十七日(1830年5月19日)生于北京城内石驸马街罗圈胡同。他的父亲翁心存,道光进士,曾任礼、户、工三部尚书,曾是恭亲王、醇郡王、惠郡王、钟郡王的老师,晚年奉命在弘德殿行走,任同治帝的师傅。翁同龢承继父业,刻苦攻读,在咸丰六年(1856年)考中状元,年仅二十六岁。

同治四年(1865年),李鸿藻被升为军机大臣,入值军机处。虽仍兼弘德殿行走之职,但军机事务繁忙,无暇照料皇帝的功课。为不耽误小皇帝的学习,两宫太后决定添派师傅,结果翁同龢被选中。

他得知此讯,喜不自胜。在他看来,人臣高贵,无如帝师。如能造就一位贤君圣主,乃千古不磨的大业。乃父翁心存几度充任上书房总师傅,肃顺被诛后重被起用,任弘德殿行走。如今他继承父亲遗作,父子双双启沃一帝,更是一则佳话,自觉脸上无限风光。消息传出后,早有士林朋友纷至沓来,贺喜不迭。

同治四年十一月十二日（1865 年 12 月 29 日），两太后召见翁同龢。昨天晚上，由于过度兴奋，他半夜十二点匆匆起床，整肃衣冠，做好准备。后半夜两点多，东华门刚开，他就急忙乘车进宫。早上四点，把谢恩的折子递给内奏事处。然后在九卿朝房，坐等召见。

早上九点，终于轮到召见的时候了。醇郡王领他进入养心殿东暖阁。小皇帝这几天有病，十几天没上朝了。因今天朝见师傅，才特地让他进来参加召见。翁同龢跪下叩头行礼，然后是慈禧问话。慈禧说：

"现在派你在弘德殿行走，你要尽心教导。李鸿藻在军机上很忙，皇帝的功课照料不过来，就靠你多费心了。"

这番温谕，使翁同龢非常感激，忙免冠叩头：

"臣才识浅陋，蒙两位太后格外提拔，深知责任重大，惶恐不安。唯有尽心竭力，启沃圣心，上报二位皇太后恩典。"

"只要尽心尽力，没有做不好的。"慈禧说到这，喊了一声：

"皇帝！"

坐在御案前的小皇帝，连忙应了一声从御座上滑下来，侍立在旁。

"你要听师傅的话，别淘气。"慈禧提高了声音问："听清没有？"

"听清了！"小皇帝回答。

他们都露出了满意的笑脸。

十二月初十（1866 年 1 月 26 日），翁同龢第一次进殿授读。这天清晨，外面十分寒冷。下着细细的雪花。他早晨五点就起床了，六点多进宫，先被引入养心殿跪安，八点多到了弘德殿，随班进入南角门，在南墙下站班，迎候小皇帝大驾。

不一会儿，小皇帝驾到，师傅与谙达们忙叩见皇帝。因今天是翁同龢第一次入值，小皇帝向他做了一个揖，算是行过了拜师之礼。然后是各自归座。先是上满语课，教汉书的师傅们退到弘德殿西小屋坐候。一刻钟后，满语课结束。该上汉书课了。于是翁同龢等三人就来到书房。先由倭仁进讲，徐桐与翁同龢二人在门旁坐候。

倭仁，字艮峰，乌齐格里氏，蒙古正红旗人，道光九年的进士出身。早年是理学家唐鉴的弟子，素以理学大师闻名，在弘德殿属首座。平口授读，自称力崇正学，必以程朱为指归。今天他讲的是《尚书》中的《召诰》一节。只见他摇头宣讲，小皇帝在下面无精打彩，愁眉苦脸地听着，像是在活受罪。不用说小皇帝，就连翁状元听了也颇费解。

然后是徐桐讲。徐桐字豫如，号荫轩。道光三十年进士出身。祖上本是汉人，后来隶籍满洲，编入汉军正蓝旗，算半个满人。他是同治四年二月才被授以弘德殿行走的。他师从倭仁，以理学家自负，实则是靠他父亲尚书徐泽醇点上了翰林，其学问之浅薄早为士人所传。一次，徐桐在翰林院阅卷，竟将"秘"字读成"衣""必"，一时传为笑柄。

今天，徐桐讲的是《孟子》和《大学》。先背熟书，后授生书。他讲得比倭仁还差，小皇帝仍无兴趣，就这样昏昏地上了一上午课。坐在旁边的翁同龢心想，如果靠这两人把小皇帝培养成一代圣主，那真是白日做梦。

等徐桐讲完，小皇帝已经饿得挺不住了。于是立即传膳。膳后，轮到翁同龢授读。

翁师傅捧书就坐后，小皇帝立时来了精神。他对翁师傅的这门课很感兴趣，这门课叫《帝鉴图说》，是明代大政治家张居正编写的一本教材。张居正为了辅导幼年的明神宗，在明朝隆庆六年(1572年)把自尧舜以来历朝帝王的事编成一个个小故事，其中包括八十一件可以学习的好事，还有三十六件引作教训的坏事。每个故事都加上标题，配上一幅工笔图画。由于图文并茂，趣味盎然，比较适合儿童特点，同治小皇帝非常喜欢。翁同龢对这本书非常熟悉，几乎每个故事都能倒背如流，娓娓道来。小皇帝听得津津有味，很感兴趣。

　　下面是翁同龢在同治五年二月十六日(1866年4月11日)所讲的一堂课。

　　在连续几个阴天之后，这天北京的上空一片晴朗，明媚的阳光给京城带来一片暖融融的春意。小皇帝的心情很好，显得格外精神。午膳后，该轮到翁师傅讲课了。他老早就睁着两只大眼睛，静静地坐在座位上等着上课。翁同龢把书翻开，说道：

　　"臣今天讲'碎七宝器'这一段。"

　　小皇帝随着翁师傅的话翻到那段，只见图上画着一个魁梧的帝王，拿着一把玉斧，正在砸一件东西。

　　"这是什么东西？"小皇帝指着图问。

　　所谓的"七宝器"，是一种便器，也即尿壶。但当着皇上的面怎好直说这不雅之物。他考虑一下，回答道："等臣讲完，皇上就明白了。"

　　于是，翁同龢就讲了宋太祖平蜀的故事。这个故事讲述的是后蜀皇帝孟昶因生活奢靡，以致被宋所灭。宋灭蜀后，把蜀中宝物运到开封。宋太祖发现其中有一件溺器，用七宝装饰，就用玉斧砸碎了。说："蜀主以七宝装饰此物，当以何器贮食？所以如此，不亡待何？"

　　那不雅之物在讲述中，自然而然地说明白了。小皇帝听后马上就理解了这个故事的含义，对故事情节留下了很深的印象。

　　翁师傅的课讲得好，早就在宫里传开了。两宫太后自然要问，翁师傅怎样讲课？小皇帝照实讲了书房的事，并把那个"碎七宝器"的故事绘声绘色地讲了一遍，太后听了十分高兴。有一天，慈禧太后面谕李鸿藻："闻翁同龢讲《帝鉴图说》甚明白，上颇乐闻。"

　　翁同龢讲课不仅生动，而且深入浅出，把道理融进每个小故事中。一次，翁同龢讲唐宪宗拒受贡品一节，边讲边阐发做帝王的道理，同治帝听了大为感慨，说：

　　"贡献皆取之于民，我亲政后，定效法宪宗，不受贡物。"

　　翁师傅听了大为赞许，连连夸皇上讲得好。说：

　　"皇上能这样，真是天下臣民的福份。"

　　翁同龢之所以得到小皇帝的爱戴，有多方面的原因。小皇帝的师傅，原来都是些五六十岁的老者，而翁同龢仅有三十五岁，正当盛年，精力充沛，自然一扫以前老师傅们的暮气，这正是小皇帝最缺少的，也最想得到的东西。

　　翁师傅不仅年富力强，而且娴习经史，学问精湛。因而他讲技娴熟，颇得其法。

　　更重要的一点是他有很强的责任心。每天他寅时入值(早上四点)，申时(下午四时)回家。一年四季除生病外，几乎天天如此。有时甚至抱病当班，不肯缺课。

他备课极其认真,对所讲的内容往往一日温习数遍,直至熟记为止。他为了弄懂一些问题,跑遍北京大小书铺,遍访名儒大师,直至彻底搞清楚为止。

为帮助同治帝学会作诗,他特意编辑了《唐诗选读》,亲手抄清,送给皇上,让他随时阅读。同治读古文有困难,他便将常用文言虚字编订成册,附上例文注释,供同治随时翻检。他见同治写仿不佳,是因笔不合手,特地到城外德宝魁笔店亲选两支上等水笔送给同治。种种关怀照顾,加深了他们的师生感情。

在教育方法上,他十分注意灵活性和实际效果。当他看到小皇帝精神疲倦时,就停止宣讲,让皇帝到宫院中散散步。同治帝感到作论太难,他提议不妨由师傅先编几条有关用语,供皇上选择使用,很受皇上欢迎,对提高他的作文水平起了不小的作用。

翁同龢把小皇帝的典学看得比什么都重要,凡是影响皇帝学习的事,他都挺身出来管,因此他不惜得罪同僚,有时对太后的一些做法也敢于直言相谏。同治七年(1868年),两宫太后常领着小皇帝巡幸王府。因此而打乱了教学计划,影响了书房功课。他认为这样不利于圣学。便会同李鸿藻联合上折,奏请停止皇上巡幸,以重圣学。此折虽被"留中",没有公开答复和处理,但表明了师傅们的责任心。

同治小皇帝天性活泼灵秀,而师傅、谙达们却教导他怎样老成、持重,为改造小皇帝的童心,他们真是煞费心机,常常受到小皇帝机智而又倔强的抵制,时常会闹出令人尴尬乃至忍俊不禁的事情。当然,在小皇帝情绪好,学业有明显长进的时候,师傅和谙达们也喜形于色,欢声一片。

他的启蒙老师李鸿藻在教过一段时间后,对他的评价是:"姿性平常,亦不乐攻苦。"因而对他要求逐渐严格起来。一天,李鸿藻督课十分严厉,唬着脸让他好好念书。同治感到受不了,就要请假入内以避之。但李师傅坚不允许,让他在坐位上好好读书。这时,小家伙气得脸都涨红了,"啪"的一声,把桌上的书扔到地上,愤怒说道:

"我不读了!"

这一举动把李师傅气坏了,他觉得自己的师道尊严受到了严重损害。他声色俱厉地说:

"皇上,请你把书拾起来!"

一连说了几遍,小皇帝就是不拾。相持了好长一会儿,小皇帝怕把事闹大了,让他那严厉的西太后额娘知道,就不好收场了。想到这,他才快快不乐地把书拾起来。

又有一次,小皇帝说什么也不想再读下去了,眼睛左瞧右盼,一会做个鬼脸儿,一会儿嘻嘻地笑几声,师傅让他专心读书,他就是不肯,与师傅执拗起来,气得师傅束手无策,毫无办法。师傅一看怎么劝也不听,气得哭了起来,一边流着鼻涕眼泪,一边劝他听话。小皇帝一看师傅都让自己给气哭了,就有些不好意思了。这时正好看见书上写有"君子不器"几个字,就用他的小手把"器"字下面的两个"口"字遮住,然后招呼师傅说:

"师傅,你来看,这句话是什么意思?"

师傅一看,是"君子不哭"几个字,真是让人哭笑不得,立即破涕为笑,停住哭泣,连夸皇上聪明。

一次小皇帝读书,当读到"日若稽古帝尧,日若稽古帝舜"一句时,竟把"帝"字读成

"屁"字,念成"日若稽古屁尧,日若稽古屁舜"。自己读着觉得很好玩,不觉嘻嘻笑出声来,把师傅气得直翻白眼。

当然,小皇帝不总是那么顽皮,也有认真读书,让师傅们高兴的时候。

一天,小皇帝学写字,写着写着,就不着边了,在纸上胡乱画了起来,李鸿藻见此情形,就来到他跟前,把他的手拉过来,捧着他的手说:

"皇上,你现在心不静,休息一会儿吧!"

小皇帝一见师傅这么客气,立即收起嬉笑,认真对师傅说:

"不了,我好好写。"

然后,他就工工整整、一笔一画地练习起来。

同治四年十二月十二日(1886 年 1 月 28 日),翁同龢给小皇帝讲书,他听讲十分认真,不嬉戏,也没有倦容,使翁师傅发出了"我皇天资粹美"的感叹。尤其令他感到高兴的是,小皇帝记忆力特别好。四年前的夏天,他曾替李鸿藻写了十余张字帖,给皇帝练字用。这事小皇帝还记着呢,在讲课之余闲谈时,问道:

"您不就是那位写红仿格的翁师傅吗?"

"臣正是!"他连忙回答,"皇上记性真好!"

"我知道,你是翁心存的儿子。"小皇帝笑着说。

同治五年八月初一日(1866 年 9 月 9 日),小皇帝读书特别勤奋,就连多日来不愿意学的满语课,也能非常安静地学习。在翁同龢讲课时,他更是非常认真,因而学习进度很快,不一会儿就把旧课复习完了,又学了新课。这时,距下课时间还有一会儿,师生俩唠起家常来。说着说着,小皇帝忽然记起了翁同龢的老父亲。就关切地问老翁师傅已经去逝几年了,去逝时任什么职位,现在葬在哪里,等等。

翁同龢是个大孝子,一提起故去的老父,心中不免难过。又见小皇帝这样关心自己的老父,感动得不觉泪涕满面,沾湿了衣服。小皇帝见此情此景,也动了侧隐之心,跟着流出了同情的眼泪。

然后,小皇帝又向翁师傅打听他哥哥的情况,问道:

"您哥哥也是翰林吧?",

"是的。"

然后,又问他哥哥的年龄、官爵等等。这时,小皇帝想起去年翁师傅曾因哥哥去逝而请假十余天的事,关切地说:

"去年腊月您曾为兄服丧,不就是这个哥哥吗?"

"正是,多谢皇上体恤。"翁同龢感激地答道。他想,一个十一岁的小孩,竟这么懂事,富有同情心,他长大了定能成为仁孝慈和的皇上。

同治五年一月二十八日(1866 年 3 月 14 日)后半夜,北京突然刮起了罕见的黑风。听见外面寒风呼啸,翁同龢抖抖索索地从床上爬起来。虽然已有五更天了,但外面被大风刮得天昏地暗,伸手不见五指。仆人看看天气,面有难色。翁同龢毅然地说:

"备车,挂灯。"

马车顶着大风艰难地进行着。当车行至前门城墙外时,一阵疾风刮来,车灯一下子刮灭了,骡马受惊,翘着蹶子,在黑暗中狂奔起来。马车左撞右碰,万分危机,幸亏及时赶来几个守城官丁,把惊骡拉住,才避免了一场惨祸。但在黑暗中,骡马被撞伤,车被碰坏,眼看就要到列班的时间了,翁同龢焦急地对官丁说:

"马上备轿!"

官丁立即备好一顶轿,冒着狂风急速地把翁同龢送进宫内,终于在列班时赶到。

连惊带吓,又遇风寒,翁同龢感到体内寒热交加,身子直发抖。当他上课时,头痛得几乎不能端坐。但他仍强打着精神,忍住疼痛,一板一眼给小皇帝讲着书。

小皇帝见师傅疼成这样,还给自己讲课,于心不忍,就说:

"师傅,您去休息吧,我自己读。"

然后,他就自己认真地,静静地读了起来。

翁同龢强挺着坚持把课上完,回到家后,就开始发高烧。虽然吃了药,但一宿高烧不止,彻夜呻吟。

第二天早晨,翁同龢仍然余热不退。祸不单行,他的老母也病情加重。无奈,只好派人去请一天假。

第三天,他虽然出了不少汗,但仍有余热。想到因自己有病,把皇上的课耽搁了,心中不免内疚,于是,他便咬着牙,在凌晨三点钟就硬撑着起床了。他一站起来,立即感到一阵头晕目眩,耳鸣不已。但他还是坚持按时进宫列班,为小皇帝进讲。由于病痛难忍,他在讲课期间,几次出去休息片刻,坚持把课讲完。而小皇帝也能体谅师傅的苦衷,师傅讲课时认真听,师傅出去休息时也不嬉闹,在座位上安安静静地读书。

同治帝对师傅比对谙达要敬重得多。平时上满语课时好嬉戏,等上汉书课时则比较认真。他在淘气的时候,师傅们管教的效果比谙达们好得多。同治五年九月二十日(1866年10月28日),小皇帝在上满语课时,闹得很厉害,一刻也不安静,搅得谙达上不了课。正在谙达万般无奈的时候,倭仁、翁同龢、徐桐三位师傅走入书房。小皇帝一见师傅们表情严肃地向自己走来,吓得立即收起嬉皮笑脸,回到自己的座位上去,正容危坐。师傅们对他讲了一会儿道理,才退下去。

谙达们对这件事很不服气,说他们三个师傅在上满语课时不应上书房,这是越俎代庖,愤愤不平了好几天。

<h1 style="text-align:center">四</h1>

翁同龢有一个好习惯,就是每天都坚持记日记。尤其是在他任弘德殿行走时,逐日记录同治帝典学的情形,多数日记都十分简练。兹举几则日记,以窥一斑:

同治五年正月初九日(1866年2月23日)。阴,垂垂欲雪,寒甚。早五点,同治帝亲至太庙行礼,七点还宫,九点到书房,十一点四十五分退。今天读书微倦,略有戏动。讲《帝鉴》"一忧一喜与兄弟共之"一句时,皇上能引《孟子》中"众忧亦忧"一句为证,可见皇上颖悟不常。

正月十一日(2月25日)。讲书颇有戏动,我以"敬"字献给皇上,皇上才听话。

正月十四日(2月28日)。宣庙(道光帝)忌辰,皇上到奉先殿、寿皇殿行礼。昨日皇上咳嗽、呕吐,皇太后有谕,今日书房不必多读。上午九点皇上到,减去熟书数号,默书、写作皆减。上午十一点退。

正月二十四日(3月10日)。我在十点左右进至案前侍皇上温习功课,先和皇上说,我是南方人,口音与皇上不同。皇上说不碍事,坚持让我领着读,因而领着读了一遍。

正月二十五日(3月11日)。皇上读书还清朗,只是膳后一时许精神有些疲倦。

二月初五日(3月21日)。皇上总开玩笑,我恳切地和皇上理论,并讲《帝鉴》"唐宪宗不受贡献"一段,反复讲解,皇上才听话。

二月初九日(3月25日)。晴,大风。六点皇上到,膳后背书时多有错误,我向他讲述矫正轻谩,警惕怠惰的道理,并切论勇于改过是成为圣主的根本,皇上听了面露喜色。又讲"延英忘倦"一段,用这个故事进一步阐发力戒怠惰的道理。

二月十一日(3月27日)。皇上读书很勤奋,略有戏笑,经师傅力争,方停止戏笑。

二月十二日(3月28日)。皇上读书时好时坏,但我说的话他都能听进去。在讲"淮蔡成功"一节时,有段注解难读,就请皇上把手指放在书上,用手指点着字读,方读得顺口。开始还有点勉强,但一试效果很好,十分高兴。

二月十五日(3月31日)。今天皇上读书还算勤奋,只是常嬉笑。昨天默写时错了一个字,我也不禁失笑。

二月十七日(4月2日)。今天皇上读书没有倦容,也不嬉戏,还是今年头一遭。只是在讲书时,说话和动作都不合礼数,因而抗词争之,并稍加讽谏。

二月二十五日(4月10日)。早晨六点皇上到。今天皇上多戏言,我与诸公恳切劝谏,才听话。读书还勤奋,下午一点半退。

二月二十七日(4月12日)。今天皇上读书极顺利,膳后全书读了十五遍。读满语也很顺利,用了两个小时就完成了,然后退出书房。上午九点又入书房,读得很好。讲"受言书屏"一段,还安静,中午十二点多就退下了。这样顺利是几天来所没有过的。

三月初三日(4月17日)。晴,仍暖。早六点上课,十二点十分退。膳前上课有戏言戏动,膳后读书很勤奋,讲书时也安静。生书领读五遍,自己读五遍,稍改变教学方法.效果还好。我与诸公商议,皇上近来言行多有非礼之处,不能不极力劝谏。于是就以学习态度认真不认真,来定每天读书的节数。希望这样能稍起作用。

三月十三日(4月27日)。晴,非常热。六点上课,十二点下课。膳后上课时有一段嬉笑,其余的时间都很顺利,讲书也很好。本日为皇太后进讲"明太祖诏百官迎养父母官给舟车"一节,皇太后问洪武为政尚猛及当时大臣为谁等问题,我都正确地回答了。又问皇帝功课情况,我回答说,这十来天虽无戏言,但精神疲倦。两宫太后说,皇帝每天起床甚早,往往叫醒时还睡眼蒙胧。入春后天气渐长,正是春困的时候。我回答说精力自然应该积聚,但也应视时宜怎样。每当读书不顺时,就让他写字,或下座走一走,舒展一下,把情绪调节好后,读书就顺利了。

三月十七日(5月1日)。皇上在膳后上课时又有戏言,但很快就止住了。讲书时还安静,皇上在讲书时说了这样一句话:"宋仁宗不喜珠饰,何异于太宗之戒主衣翠耶。"诸臣都称赞他讲得好。

四月十一日(5月24日)。皇上到大高殿祈雨。黎明浓云如墨而不雨,皇上殷切盼雨,读书时望云而叹,可见吾皇之仁厚。午露日光,傍晚云合。将近六点时入书房,晨读四刻钟就结束了,这样顺利是几天来所未有的。满语也只用了两刻钟,膳后读书也很好。中午十二点退。

五月十二日(6月24日)。烦热益甚,似数年来无此酷暑。今天读书极好,膳前写字仅用四刻钟,而满语也用了四刻钟。李鸿藻持阿里汉折来到殿中,并传太后旨:"以后膳前专读汉书,用六刻钟即可。满语改在膳后,不用多读,可酌量减少。"因为天气酷暑,故减去讲书、默书等课。

五月二十四日(7月6日)。阴云四布,下午二点有雨数点,雷声隐隐向东去。这天是三坛祈雨日,皇上亲至大高殿行礼。有太监来,说皇上祈雨时中暑,让在书房中听传。

五月二十七日(7月9日)。清晨有微雨,但很快就停了。七点后细雨如毛,地被淋湿了,雷声隆隆,先下小雨,晚上七点半时大雨如注,雷电交加,大雨下了三刻钟。从去年到现在还没见过这样的快雨。由此可见天心之仁爱,吾皇冒暑祈祷之诚笃。

十一月十五日(12月21日)。晴,极暖。早六点入书房,皇上读书甚"涩",读了七刻钟才完。所谓"涩"者,就是读书时乱哼哼。膳后九点四十五分又上课,满语用四刻钟,然后背熟书六遍,多戏语,写字草率,讲书后又重写一张,略好一些。

十一月二十三日(12月29日)。今天早六点皇上到大高殿祈雪,没上早课。九点一刻回来,读书十分勤奋,学得很快,讲书也很通顺。

十一月二十五日(12月31日)。今天皇上有引见,上午十点一刻才来上课。先用三刻钟上满语课,我们上课时已十一点一刻了,读到下午一点,学习平平。写字时手腕没劲,未免太滑,因最近写大字太多了。下午一点半下课。当时日光荡漾,皇上见仍无雪象,不胜嗟叹。我进言道:只要皇上圣心诚敬,一定能感动上天。皇上点头,十分赞许。

十二月十二日(1867年1月17日)。皇上有点咳嗽,右手虎口的伤口结痂未掉,有钱那么大,不痛。但不能写字,也不能练拉弓。

同治六年五月初三日(1867年6月4日)。我在领读时,皇上很不安静。皇上盼雨心情迫切,听到雨声就高兴,雨停了就面带愁色,但愿老天能理解皇上。前天下旨,定于初七日祈雨。

十月二十七日(11月22日)。自本月以来,皇上一坐便读,精神焕发,讲书、属对都有进步,真是可贺。满语课自桂清来后,皇上也不再嬉戏。今天满语课进展尤速,仅用四刻钟就学完了。在膳后讲书时,我与倭仁发生了一点龃龉。

同治七年三月十六日(1868年4月8日)。皇上今天读书精神极其分散,恐怕是由于昨天照例去看剧造成的。因而上课时间延长一个时辰,才勉强读完。

三月二十九日(4月21日)。皇上读书较好,只是背熟书数号不佳,讲书还可以,昨天开始用朱笔在所讲的书上圈点,今天开始脱手写仿。

五月初一日(6月20日)。晴,热。皇上清晨入书房,读书十分勤奋,顺畅,背诵如流,精神一振,只用一个半点就结束了。剩下的只有写字、属对及读诗等几项作业。

七月初九日(8月26日)。晴,更热。皇上读书很懒散,精神不振,可知昨天必有耳目之玩。

以上仅是《翁同龢日记》中的一些片断。从这些只言片语的记载中,我们可以看出一个十多岁的小皇帝,怎样在众多师傅的教导下,进行他作为帝王所应完成的学业。就大多数情况而论,小皇帝学习是很用功的,并不像有人所说的那样,是一个只知嬉笑淘气的顽童学子,而是兼帝王、儿子、学生三种角色于一身,肩负天下重托的特殊学生。他的学习负担比一般学生要重得多。除了参加各种政务仪式外,他还肩负代表全国百姓和上天沟通的重任,一遇雨雪不调,他必须去祈雨、祈雪,因此而多次中暑、受凉或感冒,影响了功课。当然,他毕竟是个孩子,无论怎样教育,还是时常露出儿童的本性,在上课时嬉笑、戏弄老师,着实让师傅们大伤脑筋。但更多的是师徒之间有真诚的感情交流和共享学业进步的欢乐。

五

年轻的帝师翁同龢,因教学有方,深受小皇帝的喜爱,也颇为两宫皇太后看重。俗语云:"枪打出头鸟。"教学的成功给他带来了欢乐,但也带来很多麻烦和苦恼。从资历上看,他入值弘德殿时间较晚,年齿又浅,因而引起了"满洲诸公"的妒忌。妒忌得最厉害的是徐桐。据《翁同龢日记》中记载,徐桐见太后经常称赞翁同龢,却不表扬自己,急得直吐血。于是,他表面对翁彬彬有礼,暗中却挑拨翁和谙达们的关系,常在背后搞些小动作。

按清代书房的规矩,皇帝出入书房,师傅和诸达们都要站好队,在门口迎送皇帝。站队时,满洲老师谙达们只能站在汉族师傅的后面。这样,谙达们心里不服气,觉得这样是低人一等。最使他们不满的是,师傅们可以坐着进讲,而谙达们则只能站着授书。谙达们几次想推翻这个规定,都没有成功。

翁同龢在同治四年十二月初十日(1866 年 1 月 26 日)第一次进讲时,就遇到这个令人头痛的问题。他早已知道书房中的"站""坐"之争。这个争端始于醇亲王奕譞同治四年取代恭亲王奕訢任弘德殿稽察。一次,他传皇太后谕旨,命授读者在案旁就坐,其余的人可暂时退出书房,但他没说明其余的人是否可以侍坐。奕譞传了这个语意不明的旨意后,一些谙达认为有机可乘,教满语的谙达伊精阿首先公开在旁边坐着。不久,奕譞发现了这个现象,立即弹劾伊精阿,制止谙达在书房就坐。于是,谙达们愤愤不平,议论纷纷,要求改变这一不合理的规定。

翁同龢第一次入值弘德殿,觉得自己年纪轻轻,看见岁数比自己大得多的谙达们站着,而自己却要坐着,于心不安。尤其是知道"站""坐"之争的内幕后,怕招来议论,因而对是否就坐一时有些犹豫。但他又一想,这是大清旧章,不可随便更易,不能因为自己一个人谦虚而顿改旧制。想到这,他就毅然决然地入坐进讲。

谙达们没有达到目的,便迁怒于汉族师傅。而徐桐则利用自己一半旗人的身份,挑动谙达们把不满情绪集中到翁同龢身上,掀起了反对翁同龢的小风波。同治五年十一月,在徐桐的挑动下,谙达奕庆、桂清等人相继"掀腾",在授课时也仿汉人师傅例就座。翁同龢不知是计,就以一个卫道士的身份公开表示反对,认为这个规矩沿袭已久,若要更改,须请旨方可。翁的态度加深了谙达们对他的怨恨。于是,他们故意拖长自己膳前授课的时间,挤掉翁同龢讲授汉功课的时间,企图要翁同龢担当授读"不尽心"的责任。

同治七年(1868 年),书房改为整功课。整功课极其繁重,小皇帝早五点起床,六点上课。冬季天还没亮,小皇帝就已到书房了。一天下来,读生书、背熟书、练字、默写、温课、写诗、作论、拉弓、打枪,真是又忙又累。在上课的同时,又要参加很多仪式,往往影响功课进度,加重课业负担。一个十几岁的孩子,哪能堪此重负,因而经常生病,上课时也常常无精打彩。另外,当时两宫太后又张罗给小皇帝选秀女,同治帝越发神思不定,因而功课进展十分缓慢。

本来课业负担就很重,而谙达们为了与翁同龢夺争授课时间,又不断加大满语的课业量,有时一讲就是一个半小时甚至两个小时,甚至连小皇帝用膳的时间都被挤占用了,两宫太后不得不枵腹等着小皇帝下课进膳。到了膳后,小皇帝早已累得精疲力尽,就是你翁同龢讲得再好,对一个已经打不起精神的学生也是无可奈何的了。这样,帝师们争斗的结果,作出牺牲的首先是小皇帝。

翁同龢鉴于小皇帝课业负担过重,想在教学方法上作一些改良。他采取灵活多变的授课方式,一会儿领着读,一会儿教他写字,一会儿又让下来走动走动。他的这些改良方法遭到了倭仁、徐桐的反对。倭、徐在小皇帝情绪不佳、精神不聚之时,往往采用罚读、罚写的办法,逼迫小皇帝学自己教的课。尤其是倭仁,对自己讲的《尚书》要求极严,常让小皇帝默写尚书段落。小皇帝本来对这门课就不感兴趣,又让他把大段大段的课文背熟,真是难上加难。默写时,往往半天想不起来,急得直冒汗。连别的师傅都觉于心不忍,但倭仁仍然严肃地瞪着眼睛看着,从不肯提示一个字。这样一来,小皇帝对这门课更是感到厌恶,不愿学了。

翁同龢反对这种教育方法,认为罚读罚写于事无补,主张"顺情劝诱",通过各种方式激发小皇帝的学习兴趣。但这些建议遭到徐桐的反对,他指责翁同龢是"另开台面""借此取悦圣心",是向小皇帝献媚买好。这些议论传到翁的耳里,气得他"肝气作痛"。

由于他们常罚读罚写,又加之谙达们故意延长满语课时间,翁同龢膳后的课时大多被侵占,有一次膳前竟拖到下午二点,膳后课几乎全部挤掉。翁同龢焦急万分,而徐桐和谙达们则暗中高兴,私下里兴灾乐祸地说:"这下有翁叔平好瞧的。"见翁同龢整天愁眉苦脸,认为可把这个年轻气盛的帝师给"降"住了。

小皇帝可遭罪了。喜欢上的课没多少时间,而不喜欢上的课却没完没了,一天累得连话都懒得说,偶而想轻松一下,说几句笑话,或画个小人什么的,立即惹出师傅们喋喋不休的一套大道理。这样一来,他身心交疲,常闹小毛病。小皇帝也乐得生病,因为那样可以免去书房之苦。

两宫太后见小皇帝学业进展不大,还经常生病,心中忧虑,每次在翁同龢帝前进讲时,都细问小皇帝功课,并告诉他皇上易于疲倦,胃口不好。翁同龢明知这是因徐桐和谙达们作祟,加重了小皇帝的身心负担,但这话又说不出口,只是自言如何改进教学方法,如何增进皇上学习兴趣,对问题的实质却避而不谈。

但人的忍耐终是有限的。翁同龢看到师傅、谙达们的争课影响了小皇帝的身心健康和学业,深感内疚和不安。无论是从师生感情出发,还是忠君责任感的驱使,他终于抛弃了个人的恩怨得失,向醇亲王诉说了自己的苦衷。醇亲王很同情他,就向两宫太后陈奏改良授课制度。翁同龢又与李鸿藻协商解决办法,取得李鸿藻的支持。在醇亲王和李鸿藻的建议下,两宫皇太后正式传谕:满功课改在膳后上,时间不必过长。并要李鸿藻多抽出些时间,常去书房进讲。

满功课改在膳后的规定一公布,立即遭到谙达们的反对。在他们的鼓动和唆使下,宗人府理事官阿里汉陈奏,满功课改在膳后是重汉抑满,违犯祖规,大为不妥。太后见到这个奏折后,十分生气,斥之为无知妄言,把原折掷还,并再次传谕:嗣后膳前专读汉书,可用六刻钟;满语改在膳后,无庸多读,酌减为要。在两宫太后出面干预下,抢占课时间问题才得到解决。

帝师们的争斗给翁同龢带来了沉重的精神负担,使他的教学效果受到影响。同时,经过这番折腾,小皇帝的学习兴趣锐减,功课不好。西太后为此屡加斥责,说师傅们教导不力,甚至有一天竟说出了"恨不得我自己来教"的牢骚话。这些严谕责备,虽不是指翁同龢,但他心里也是惴惴不安。这时,又遇李鸿藻嗣母姚太夫人病逝,李遂力请回籍"丁忧"。这样,翁同龢感到自己势孤力单,书房颓局难挽,曾一度产生辞职之念。但他一想到国家多难,皇上典学未成,为臣责任重大,不忍离去,因而极力克制,坚持下来。

同治七年十月(1868年11月),李鸿藻守孝满复任,仍在弘德殿、军机大臣上行走。他回到书房后,在翁同龢的支持下,全力整顿书房。鉴于徐桐讲课效果太差,同治帝实在听不懂,李认为他难胜进讲重任,奏请两宫皇太后将他撤下,改由翁同龢领讲。李的奏请得到批准,从此翁同龢取代了徐桐的位置。徐桐被撤后,气得大发牢骚,说翁李二人互相标榜,存心打击他。翁李则不以为然,全力进讲,同治帝的学业渐有起色。但不久之后,同治十年(1871年)翁母病逝,他只好回籍守孝离开。

五

同治五年十一月二十七日(1867年1月2日),虽然距过年还有一个月,但宫中的人们已早早地忙碌着准备过年。尽管宫中很热闹,但小皇帝并没有因此而散心,在上课时仍然十分认真,尤其是背熟书时,十分通畅流利,讲书写字也都有板有眼,师傅们十分满意。下午一点半时,课就上完了。小皇帝虽然上了大半天课,但仍很有精神,小家伙见大家忙着准备过年的春联,一时也来了兴致,他喊过贴身太监,预备笔墨,思索了一会儿,就用他还不太熟练的笔法,写了一副楹贴横匾。写完后,看着自己的手笔,不免有些得意。就叫太监把这副楹贴送给师傅表达他对师傅们的一点心意。正好翁同龢、倭仁和徐桐还没回家。他们看到小皇帝的"作品",虽然笔画粗厚,词句也不太对仗,但毕竟出自一个十一岁小孩之手,对于呕心沥血的老师,这副充满雅气的手笔算得上一份珍贵的礼品,心中十分欣喜。翁同龢建议说:"咱们也写几副对联送给皇上吧。"倭、徐二位师傅十分赞同。于是你一句、我一句地作上了对子,不一会儿,就凑上了十余副,翁同龢在纸上精心抄正,送给小皇帝。这些对联是:

开卷有益,立善为师。

稼穑维宝,福禄来崇。

皇建其有极,道积于厥功。

敬胜者吉,谦尊而光。

检身若不及,树德莫如滋。

日向皇都水,冰从太游融。

八荒开寿域,万国转春风

皇极开昌运,春风鼓太和。

惟民归于一德,作善降之百祥。

观天地生物气象,学圣贤克己功夫。

观万物有生意,以一心为严师。

念经始典于学,于缉熙单厥心。

乐取于人以为善,欲寡其过而未能。

古训是式威仪是力,功崇惟志业广惟勤。

这些对联,既有对帝业的赞美,也寄予着他们对小皇帝典学有成的殷切期望。

这一年的春节小皇帝玩得特别痛快。春节前因小皇帝身体不太好,恭亲王特传太后谕旨,破例让小皇帝提前四天放假,十二月二十三日起就不再上书房了。春节期间,除了给两皇太后请安,接受朝官祥贺外,小皇帝天天和太监们玩耍,好不开心。转眼之间,十三天就过去了。大年初六,小皇帝开始到弘德殿书房读书。玩了十多天,小皇帝的心一时收不回来,因而在书房里精神不太集中,常常困倦。翁同龢见小皇帝这样,就想怎样才能激发他的学习热情。他记起春节前小皇帝送楹贴的事,心中一下有了主意。他向两宫太后陈奏,说皇上喜爱"属对",请允许开设属对之课。经太后批准,同治六年二月初九日(1867年3月14日)开始在书房中专门教小皇帝作对联。在第一堂课上,翁同龢先出了一句上联:"敬天。"

小皇帝不暇思索,应声答到:

"法祖。"

"好!"师傅们见小皇帝这样聪明,十分高兴,大加赞叹。

打这以后,小皇帝一连几天学习兴趣都很浓厚,背熟书、学满语、练写字、讲课文,都十分顺利,翁师傅发出了"一切皆好"的赞叹。更难得的是,小皇帝在上课时积极思考,比拟联想,无不生趣,对所学内容理解得很好。二月二十三日这天,在上满语课时,当读到"福龄阿"一词时,小皇帝像是突然想起了什么,对谙达说:

"这句话我知道,我皇父在热河时就这样叫我。"

谙达连声称妙。原来,"福龄阿"这个满语词汇,是汉语"天生有福人"的意思。当年小皇帝是咸丰皇帝的掌上明珠,独根独苗,自然宠爱有加,"天生有福"。

小皇帝听人说,人们称有学问的人肚子里墨水多,没有学问的人是"胸无点墨"。一天,他心血来潮,竟把一盅墨水吮进肚里,然后跟小太监说:"这下朕有学问了。"小太监一看小皇帝黑黑的嘴唇,忙问:

"皇上,你吃什么了?"

小皇帝得意地说:

"朕喝墨水了。"

这下可吓坏了小太监,忙去禀告太后。这时,小皇帝也感到阵阵作呕,十分恶心。太后听报,急传太医。太医给开了苏梗等去毒表散之剂,给小皇帝服了。然后告诉师傅和谙达,可暂休几天,让小皇帝养病。这样,小皇帝连休五日,天天喝"三消饮",才解除了恶心之症。重上书房时,师傅们看小皇帝脸色还有些苍白,心中不免难过。这时,又传来太后懿旨,让他适当减少功课。

同治六年(1867年)的夏季异常炎热。阴历六月份,一连多日无雨,火热的太阳炙烤着紫禁城火红的围墙,皇宫热得像蒸笼一样。弘德殿虽然早已搭起凉篷,但也抵挡不住这股热浪。进讲的师傅们个个挥汗如雨,小皇帝更是热得无精打彩,怎么也不愿背书练字,天天一副倦不可支的样子。虽然功课减了又减,但还是嫌累得慌。小皇帝心想:这时如果不不书房,那该多好啊!要想不上书房,惟一的借口就是生病。小皇帝已经尝过一些甜头,有几次都因生病而获假数日乃至十余日,这次何不再试试呢?

主意已定,这天他一上书房,便显出恹恹欲睡的模样,读了几页书,写了一张字,就跟师傅说:

"师傅,我头晕恶心,胸中烦闷,怕是有病。"

师傅们哪敢耽搁,连忙把总管太监传来,让他去禀报皇太后。

等了好长时间,太监才回来。原来,西太后听了禀报后,肚子里直犯嘀咕,昨天还好好的,怎么今天一上书房就病了呢?于是,她让太监传旨:问皇上是否真的病了,命他速到长春宫探视。并说,如果是皇上作假拖功课,明天就要把耽误的功课全部补上,包括满语课在内。

小皇帝听了,心中一怔,这下可要坏事了。他知道,什么也别想瞒过他那精明过分的亲娘,这次该他倒霉了。一想到慈禧那冷峻的目光,他就觉得心虚。但事已如此,想不去也不行了。他只好随着太监怏怏地来到长春宫。

果然,慈禧早已把太医找来,又是切脉,又是问诊,假话自然不难戳破。太医禀报,未见什么病症。慈禧一听这话,立即沉下原本就很严厉的脸,把小皇帝劈头盖脑地斥责一番。然后严谕皇上贴身太监:以后小皇帝在书房有什么不规矩的举动,须随时来报告,不得隐讳,否则定严惩不贷。

小皇帝想借口生病在暑期休息几天的计划,就这样破灭了。无奈,第二天只好乖乖地继续上书房,在火云炎炎的酷热中,坚持读书。

但是,有一次小皇帝是真的病了。同治八年五月初六日(1869年6月15日),小皇帝下了书房,就在御花园跟小太监们玩举铜鼓的游戏,一连举了十多下,已累得有些气喘了,但小皇帝素来争强好胜,最后那一下举到一半就举不上去了,皇帝要面子,不肯撒手扔在一边,而是想慢慢地放回原处。谁知,鼓太重了,刚要把手撤出来,只听"哎哟"一声,鼓已压在他右手食指和中指上。太监忙不迭地把鼓移开,小皇帝的手指已被压得肿了起来。

两宫太后得知此讯,大怒,重责了陪玩的小太监。太后认为皇上与太监玩耍伤手这件事不宜外传,因而奏事太监第二天到书房告诉师傅们:皇上昨天偶移一玉山子伤右手,不能上书房。又过两天,皇上仍未来上课,太监又传旨,说皇上感冒头痛。

师傅们对皇上身体十分担忧,就去皇上起居处看药方。只见脉案上写着:呕吐发热均止,惟饮水不消。药用焦曲、麦芽、枳实等品。五月十一日,师傅们见药方上写着:诸症皆平,惟三日不大解,药用一捻金。十二日,见御医方上写着:诸症悉平,大便畅行,用代茶饮。直到十九日,皇上才重入书房读书。这次伤手,小皇帝共休了十二天的假。

小皇帝重入书房时,师傅看见他容颜清瘦,面色苍白。一看便知,是服用通利药剂太多的缘故。李鸿藻对此事感到很生气,责备太医李德立说:"皇上只是手伤,你怎么给他服那么多通便的药?"李德立不以为然,说这是奉太后旨意行事。听他这口气,好像皇上的病与己无关,太后让怎么治就怎么治。师傅们听了,不觉心寒,更为皇上的健康担忧了。

转眼到了秋季。九月初二日(10月6日),正式给皇上开射箭的课。以前只是练拉弓,现在皇上已十四岁了,可以习射了。太监早已在院中安置好靶子,皇上面向西站好,距靶子有十来步远。先由御前大臣奕山领射,教皇上怎样放矢,怎样瞄准,然后让皇上射。他多年练习拉弓,着实有些臂力。只见他轻松把弓拉开,连射三箭,除了一箭没中外,其余二箭正中靶上。第一次习射就取得这样好的成绩,群臣一片欢呼。

六

同治帝的性格很像他的父亲咸丰皇帝,重情感而少理智。想当初,咸丰皇帝已看出叶赫那拉氏是一个唯权是图、心狠手辣的野心家,也知道"灭建州者叶赫"这个典故,甚至隐约意识到她将母以子贵,篡夺朝政。但是,当肃顺建议他仿照汉武帝诛杀钩弋夫人的故事,杀母留子,以绝后患时,他却犹豫了。他忘不了圆明园之夜与她的雨露之情,更下不了让小皇子失去生母的狠心,终未采取果断措施,致使大清皇脉断送在这个阴狠的女人手中。

同治帝与他父亲一样,是个很重情感的人,在这一点上,他与生母慈禧的禀性格格不入。慈禧喜欢权势,在争权斗争中,能保持高度的理智和镇静,采取果断阴狠的手段,置政敌于死地。而同治帝则不然,他注重人与人之间的感情交流。因此,在他的生母慈禧和嫡母慈安之间,他更喜欢温柔娴淑型的慈安,而不喜欢冷峻理智型的慈禧。在他的几个师傅中,他较喜欢重情感的李鸿藻和翁同龢,而不喜欢整天板着一副"道学"面孔的倭仁和徐桐。在他所学的各门课程中,他偏爱能抒发情感,显露文采的作诗、属对等课,而不喜欢《四书》《五经》等阐发义理的课程。

讲作诗、属对的老师,正是颇有文彩又通情达理的翁同龢。翁是个很讲感情的人。同治八年(1869年)年底,他的一名车夫因赌博负债而自刎身亡,他得知后,立即派人帮死者家属处理后事,并代他偿还了赌债。在他的日记中,还记着这样一件"小事":有一年正月初三时,"仆人李元煮浮圆子,油溅伤眼,而瞳神无恙"。他对原配夫人汤孟淑更是一往情深。在她病逝后,翁曾一度痛不欲生。他在那年七月七日,牛郎织女相会的日子,他眼望隔河相对的"双星",不由吟起"七律"一首,来排解对亡妻的思念之情:

燕台回首树冥冥,尚见西山未了青;

薄醉岂能销积霉,远游终是逐浮名。

凤低蝉薄知成梦,鱼沈兔灯唤不醒;

人事变更谁料得,涿州城下看双星。

由于这对师生性格相近,因而能心气相通,教学效果自然胜于其他科目。翁同龢进讲时,常有佳话传来。例如,同治六年五月二十四日(1867 年 6 月 25 日),翁同龢出了一句上联:

"中兴颂"。

小皇帝应声对上了下联:

"大宝箴。"

十二月初五日(12 月 30 日),翁同龢出上联:

"太学讲经。"

皇上对下联:

"延英论政。"也是一副佳联。

同治七年十一月二十七日(1869 年 1 月 9 日),翁师傅出上联:

"天临南极近"。

皇上应声说:

"星共北辰明。"

同治八年四月一日(1869 年 5 月 12 日),翁同龢出上联:

"德大能容物。"

皇上对下联是:

"心诚自格天。"

每当属得佳对,群臣莫不啧啧称赞。小皇帝看见师傅欣赏自己的对子,心中感到由衷的快乐。书房气氛一下子就活跃起来,小皇帝也精神焕发,读、写、背无不顺利。回到宫中和两位太后进膳时,他也可以眉飞色舞地炫耀一番。每当这时,慈安太后就会露出欣慰的笑容,赞赏小皇帝几句。而慈禧太后却往往不为所动,只是告诫小皇帝要谦虚,继续努力,结果是让小皇帝大失所望,兴致皆无。

清朝皇帝喜作诗,同治帝也不例外。况且有大文豪翁状元精心指导,同治帝的诗作日有长进,在书房中常有佳诗妙句。

同治七年十一月二十六日(1869 年 1 月 8 日),是翁同龢在三个月前请假送父亲灵柩回籍安葬后第一次上书房。久别重逢,师徒互致问候。这时,翁师傅看见皇上案上有一个装订得很精致的小本子,就问:

"皇上,请问那是什么书?"

小皇帝一听这话,立刻面露得意的神色:

"这是我的诗集。"

"噢?"翁同龢感到惊喜。

"快给臣看看。"

翁同龢拿过这本诗集,见皮上写着"同治御制诗"几个字,翻开一看,大多是课堂中所作的命题诗,也有自己课下吟咏情物的诗。这时,他看到一首名为"寒梅"的诗,不住地点头称赞。

"皇上,这首诗写得最有情致。"他说着,不禁大声吟诵起来:

"百花皆未放,一树独先开。好诗,好诗! 实乃圣章第一篇也。"

同治八年三月二十九日(1869年5月10日),这天皇上嗓音清亮,背书、读书都很流利。最后,翁师傅出了个诗题:"松风。"让皇上以此为题作诗一首。然后,翁同龢对徐桐说:

"咱们耐心点,不要着急,我们以一个'静'字等他慢慢构思。"

写下题目后,小皇帝浓眉紧锁,默不作声地苦苦思索起来。翁、徐二位师傅也静静地在旁边看着。

想了好一会儿,突然,小皇帝眉头舒展,拿起笔来,飞快地在纸上写着。

"好了。师傅,我的诗作完了。"

翁师傅连忙拿过来,仔细地看了起来。只见他一边看着,一边点头,面露喜色。

"妙,真是妙句!"他转过脸对徐桐说:"皇上这两行结句真是妙不可言。你看,'南薰能解愠,长在舜琴中'。两句诗竟用了两个典故。这前句是用《史记》上'南风之薰兮,可以解吾民之愠'这个典故,而后句是用《礼记》上'舜作五弦之琴,以歌南风'这个典故。把这两个典故巧妙地糅和到一起,真是一个难得的佳句。"

小皇帝的这句诗立即在师傅中间传开了,无不感到欣喜万分,倭仁说这句诗是蔼德仁君之言;徐桐说这是太平有道之象,将重见尧天舜日;李鸿藻认为皇帝能活用经史典故,且出语即见是帝者身份,读书确有长进。当然,最感到得意的,还是专教皇上学诗的翁同龢。他说,从这诗的功底来看,皇上用典巧妙,珠联璧合;从风格上看,作的是"道学诗",字面却无"道学气";在诗的天分上来说,似乎比乾隆"之乎者也"都用到诗中要高明些。

同治帝学诗确有点"天分。"他背经史时往往很费劲,背多少遍都记不牢。而背诗时则不然,有的诗他吟诵三遍,就能背诵如流。

同治帝的诗,在他长大成人后,就更加成熟了。下面是他在驾崩那年写的三首诗:

元旦试笔

春韶试笔纪元正,正烛时调淑气近。

北斗回杓看瑞象,东风入律谱和声。

苍穹泽沛占丰稔,紫塞兵销喜肃清。

长侍慈闱依爱日,发朝先进万年觥。

暮春即景

郊西辇路净天尘,五百韶光次第新。

送暖云山真绮丽,得时花草亦精神。

正当芳甸巡行日,尚忆兰亭吃饮人。

岂为物华供玩赏,阳和布令乐同民。

南苑阅武

风劲霜高万马骧，特临南苍饬戎行。

八方无事边烽静，七萃如云士气扬。

岂是劳军来细柳，敢云纵猎郊长扬。

防秋略寓驱刘意，家法钦承戒怠荒。

对同治帝这几首诗，民国大总统徐世昌有过评价。他在《晚清簃诗汇》中有这样几句案语：

"穆宗英明仁武，推心委任将相，削平大难，宏启中兴。仰承祖宗家法，忧国勤民，拳拳见于歌咏。"

又说，同治帝的诗"光明俊伟，气象峥嵘。"

这些评论当然有溢美之处，但从以上三首诗来看，同治诗确有一番风骨和意境。

相形之下，同治帝的文论就差得多了。翁同龢常叹息皇上作论"文思艰涩""文思甚窘"。当然，在师傅们的耐心启发下，也能作出一些令人满意的小短文来。

同治八年三月初八日(1869年4月19日)，师傅开始让皇上练习作论。这天给的题目是"任贤图治"。小皇帝思考了一会儿，就一笔一画地写了起来，约用了四刻钟，终于写完了他的第一篇"论文"。这篇"论文"只有这样几句话：

治天下之道，莫大于用人。然人不同，有君子焉，有小人焉，必辨别其贤否，而后能择贤而用之，则天下可治矣。

这实际上只是一篇论文的提纲，但思路还算清楚，而且一句扣一句，很有逻辑性。师傅们感到非常高兴。翁同龢称赞这篇短论是："圣章第一篇。"大臣们知道了也很兴奋，一个大臣还特意写信把这件事告诉了直隶总督曾国藩。曾国藩回信说："圣学日益精进，不胜大幸！"

同年十一月八日(12月10日)，翁同龢给出的论题是"矢鱼于棠"。皇上作论"颇速而有意致"，尤其是开头一句，翁师傅认为写得很有见地，这句话是这样写的："巡守田猎皆以省民风供祭祀为亟。"可谓一语破的，开宗明义。

第三章　母子斗法

　　太监安德海是慈禧跟前红得发紫的红人。籍直隶南皮,这地方是历史上有名的专出太监的地方。他自己给自己做了宫刑,当了太监。这家伙生得一副妇人相,面庞清秀,走起路来一摇一摆的,特别擅长巴结主子,进宫没几年就成了慈禧宫里的心腹人物。当年搞政变铲除肃顺一党,安德海曾行"苦肉计",拿着两宫太后的秘密信件回京传递消息,说起来也是为慈禧日后垂帘听政立过大功的人,加上平时专讲慈禧爱听的话,所以特别受到慈禧的赏识。

　　又听说安德海与慈禧另有一层关系。当年安德海自刑的时候,六根根本未净,因此在宫内名为太监,实则仍是龙阳之身。慈禧二十七岁便做了太后,即便是咸丰活着的时候也失宠数年,久未承天子雨露之恩。这种活寡的尴尬,对一个有强烈欲望的少妇来说是很难忍受的。所以安德海格外地得宠了。慈禧与他的关系非同寻常,这就使安德海仗势骄纵,格外地张狂。

　　他的张狂,达到了渐干国柄的程度。宫内就不用说了,就连朝廷的命官,要递个折子,办个什么事,假如不送安德海好处,就很难顺利地办好。比方几次议修圆明园,多一半都是安德海在背地里做的功夫,他用花言巧语说动了慈禧,为的就是工程一开,要花的银子多的无法计算,这样上到内务府下到承办工程的大小官员,都可以趁机中饱私囊,安德海也能从中得到不少贿赂和好处费。就拿同治七年八月御史德泰望风请旨陈请修园来说,就是这个安德海背后授意的。他揣摸出慈禧修复圆明园的心思,然后让德泰出面上奏,弄好了德泰可以博得太后欢心,安德海可以借工程大把大把地赚银子,一举两得。万一弄不好也全无安德海干系。后来这德泰还真上了奏折,而且还动员了内务府的一名库守拟定了个筹款章程,打算在"京外各地方,按户、按亩、按村鳞次收捐"、用这笔搜刮百姓的银子支付修园的巨大开支。不料奏折和筹款章程交议以后,恭亲王拍案大怒,他说:"如果开了这个敛财的恶例,就等于解了奢侈之风的禁,朝廷还怎么提倡励精图治,还怎么号召百姓维持好不容易才开启了的中兴大业?!"议事的军机们全都赞成恭亲王的这话,大伙觉得,不严办一下这些望风钻营、溜须拍马的无耻之徒就不足以警示中外,所以共同拟了个旨,革了德泰的职,将那个拟出敛财办法的库守发落到黑龙江"披甲为奴"。

　　议修园子的各种议论归了寝。但是到底断不了修园的念头,大修大建动大工程的日子总是会有的。这不,过了年皇上就十四岁了,不用说谁也能看得出,用不了多久就要大婚、就要亲政了,难道大婚的好日子还不修修宫,修修门,好好地庆贺一下子吗?只要这些工程一开,哪一项不得报销几万两银子?这美差谁能不动心,谁能不眼红呢?

　　所以,走安德海门子的人愈来愈多了,人们亲近他、巴结他是为了今后的路子。可是这安德海却昏了头,人们越是恭维他,越是抬举他,他越是由聪明变得糊涂起来,好像是他个人有非凡的本领，有操持天下的生杀大权似的。

皇上特别恨安德海，从小就恨。他见不得安德海那满脸堆着笑、曲意奉承主子的下贱样。平日里只要叫他看见安德海在拍马屁，他准定找个机会骂他一顿。可是往往自己刚骂完了他，他就跑到太后那里编排一顿，反让皇上受一顿斥责。这小子还常常派了人监督皇上在书房、在宫里的表现，连说个什么玩笑话都告到慈禧那里去，自己落个忠心耿耿的嘉奖。有时候，他还成心在母亲面前用教训的口气规劝皇上好好读书，说的皇上心里这不痛快，想骂又不敢骂，干受他的气。这种恨一直积累着。直到安德海谗言赶走了桂连，终于达到了一触即发的程度。

有好些天，皇上下了书房就在屋子里摆弄小泥人。他把各色各样的小泥人一个一个摆到桌子上，嘴里嘟嘟囔囔地不知说些什么，然后拿出一把裁纸刀，用力一挥，一个小泥人的头便滚落下来，有时用力过大，那颗泥头一下子骨碌到地上，摔得粉碎。开头几天没有谁注意这件事，只当是皇上又想出了新的解闷的办法呢，可是一连许多天，连砍了几个小泥人的头，不免引起了别人的好奇心。当有人问起的时候，皇上狠狠地说："这是小安子的头！"一听这句，把周围的人全吓傻了。

这安德海肯定是活不长了。

恰好在这个时候，筹办大婚的圣旨颁下来了。说是筹办，实际上是提早几年做准备。谁都知道，皇上大婚是国家的头等大事，事到临头就来不及了，所以同治八年三月二十七，同治刚刚过完了十四周岁的生日，两宫太后就发了一道懿旨，宣布皇家要筹办大婚。

懿旨说大婚的宗旨是"力崇节俭"，话是这么说，可民间百姓结婚都要大大地铺张一下，何况是富有四海的当朝天子！至少面子得说得过去。像紫禁城里的宫殿不能不修吧！不能全修几个重要的殿，重要的门不能不修吧！大婚的一应用品不能不准备吧！查查旧例，除了康熙是在位大婚的，这以后的四五代皇帝全是婚后登基的，所以算下来也有二百年没见过皇帝大婚的热闹了，不热闹一下怎么对得起列祖列宗，怎么对得起这勘乱承平之世！何况两宫皇太后垂帘听政，辛苦了这么些年，给自己的儿子摆摆谱有什么不应该的！

这些话从安德海长着如簧之舌的嘴里说出来格外地入情入理。两宫太后，特别是慈禧深以为然，当即把内务府的主管大臣明善找了来，商量修葺事宜。

眼看着朝廷就要大兴土木，大把花钱了。

这可急坏了当家人。主掌户部的宝鋆最先稳不住了。谁都知道眼下是承平，可是难道谁都忘了刚刚蒙过难吗？一直烧了十六年的农民起义的烈焰刚刚扑灭，英法联军烧掉的圆明园至今墙破瓦败，国库里几乎没有一两剩银子，办个小事都得向四方伸手，眼下的局面只能是量入为出，支撑着过，哪里容得了再像从前一样一掷千金呢？别的不算，光是照着祖宗传下来的规矩一丝不苟地按《大清会典》去做，这大婚也至少得上百万两银子，这笔钱将来出在何处还没个定准，哪里承得住再节外生枝，大操大办呢？

宝鋆得了信，急急忙忙跑到恭亲王那里去讨主意，俩人商量了许久，没别的招数，只能找个德高望重的人上个折子，力谏两宫太后崇俭戒奢，在筹办大婚问题上"可省则省，可裁则裁"，为天下做个榜样。这个人，就是同治朝理学大师、言行方正、思想守旧的大学士倭仁。倭仁一则资格老，二则身为帝师，人重言重。宝鋆出面请倭仁站出来说话，倭仁还真的没驳面子，当即写了个劝谏的折子递上去了，可是两宫是否能从善如流呢？

其实，要说的不只是两宫太后，而是在慈禧面前溜须拍马、乱出主意的安德海。安德海在后面撺掇着两宫大操大办，其意并不是为同治。他不过是想借着机会为自己大捞一笔，别的不说，单是借采办大婚物件，监制龙衣往江南一游，弄个钦命的美差，好好出宫走一遭就是了不起的殊荣。当了这么多年红人，也该有个机会来显示自己特殊的地位了。

这种特殊的地位是任何一个太监也别想得到的。清王朝定鼎中原之后。鉴于历朝历代宦官专权的流弊，专门为宫中的内侍——太监制定了严格的规矩，不许他们过问政治、不许与外官交结、不许出京，就是出紫禁城办事也得先到敬事房说明原因，照准之后领了牌子才能走。这些措施是当年顺治皇帝亲定的，为此还专门铸了一道铁牌立于交泰殿，明文规定，如有违犯一律"凌迟处死"。有清二百多年，就是严格地按照这些规矩管理太监的。

可是安德海却仗着自己是慈禧面前的红人，仗着自己曾替主子做过大事，根本没把这些规矩当回事。他跟前跟后地在慈禧面前游说，说防微杜渐的一个根本办法就是委任一个钦差给他，他可以替主子往江南跑一趟，亲自去打听一下大婚所需物件的价码儿，这样心里就有数了，就不怕内务府的人在价目上捣鬼。倭仁的折子里不是说"大婚典礼繁重应备之处甚多，恐邪佞小人欲图中饱"吗？这回打听清楚了价，想中饱恐怕也不行了。所以派他去江南实在是接受倭仁的意见，杜绝流弊的一个根本办法。说来说去，慈禧动了心，她觉得这不失为一个好办法。不过她不敢轻易地松口，因为交泰殿里的那个铁牌没人不知道。于是，也没明说行，也没说不行，就这么拖着。

安德海早把牛吹出去了。人还没走，宫里宫外就已经传开了，安德海奉了懿旨，要去南边采办大婚用品、监制龙衣了。几个平日就和安德海吹吹拍拍、臭味相投的大小太监，还有安德海的远近亲戚，以及花钱买来的老婆，都嚷嚷着跟他一起逛江南，大有一人得道，鸡犬升天的架式。

是安德海不怕死吗？明知道太监不准出京还非要吹他个人人皆知？其实这小子可不傻，他放出这些消息，为的就是拿慈禧的这块大牌子压人。谁不知道如今当政的就是这位太后？那个慈安多一半只是个"陪坐"而已，根本不起什么实际的作用。只要拿了慈禧这柄尚方宝剑，还怕有谁敢管吗？

宫中沸沸扬扬传了一个夏天的消息，到了夏秋之交终于有了动静，安德海启程了。太监出宫必须有主子点头，这一走起码是几个月，不经慈禧的同意，打死他也不敢。而太后点头，必是得了懿旨，而亲奉懿旨才能摆那么大的谱。这安德海的谱摆得太极了。

光是装满了大木箱的马车就有十几辆,首尾相接,从胡同口一眼望去根本望不到头。车辕上套的全是清一色的枣红马,也不知这小子从哪儿雇来的,个个骠肥体壮,就跟御马监里的御马似的。跟着安德海一起走的家眷个个是一等的打扮,男的全是青缎长袍,女的全花枝招展,那气派真是不同凡响。光是看热闹的人就挤了半条街,把安德海威风的,好像不是太监了,而是外放的督抚走马上任似的。车队出了城一直往东,想必是直奔通州,肯定是取道运河一路往南的。

就在安德海带了家眷、雇了大车耀武扬威地出了城,一张大网已经悄悄地拉开了。

不少聪明的人已经有了预感,这个安德海目空一切,已经到了人见人恨的地步。且不说皇上把他当成了眼中钉,就连军机、王公大臣无不把他当成渐干国柄、干政乱政的祸星。同治四年,政坛上曾经出了一场震骇天下、危及国本的大政潮,慈禧背后听了安德海的种种谗言,加上她本来就对恭亲王存有戒心,便一纸亲笔上谕,把恭亲王逐出军机,罢议政王,革掉了一切差使。后来经过满朝文武极力转圜,才勉强留下了军机差使,但是同治之初就有了的议政王的称号却永远地革掉了。这次政潮的远因虽是慈禧与奕䜣在权力问题上的矛盾,而安德海干政却在中间起了相当大的推波助澜的作用。说起来安德海谈不上与恭亲王有什么矛盾,一个是秉国的军机,一个是内廷的太监,所司所管实在是毫不相干。可偏偏这个安德海不是安分之辈,他在内巴结主子,在外招权纳贿,几乎是无所不干。这些屡被恭亲王耳闻,也屡遭恭亲王训斥,于是他怀恨在心,伺机报复。有一回安德海到内务府领取宫中不敷之金,正巧碰上兼管内务府的恭亲王,恭亲王神色严厉地对他说,后宫奢靡无度,应该有所节制,不料安德海却反唇诘问:"请问王爷,后宫浪费了什么,怎么就叫索求无度?怎么就叫有所节制?"

恭亲王一时语塞,想不出该举个什么例子合适,于是泛泛一指:"诸如瓷器杯盘之类的东西,每个月本来都照例供应一份,光存着的就肯定不知道有多少了,怎么会还不敷使用,还需再领?"

听到恭亲王的解释,安德海皮笑肉不笑地应了一声:"奴才知道了。"

第二天安德海服侍慈禧用膳,太后突然发现,满桌子摆的都是民间百姓才用的粗大笨重的瓷碗,惊问其故,这安德海阴阳怪气地说:"奴才也是实在想不出办法了,如果能变出钱了,宁可奴才饿上几天也绝不让主子受委屈。可现在不是捏在人家手里吗?主子只好能将就就将就了。"

接下来他添油加醋地把恭亲王劝诫节俭的话说了一遍,气得慈禧把筷子一扔:"好啊老六,我还没归政呢他就来管我了,连我的用度他也要限制了,他还想干什么?!"

就这样,本来就有的矛盾,本来就有的猜疑更多了,更大了。安德海的能量早已超过了一个内廷太监能起的和应该起的范围,也就是从那时起,里里外外都觉得不好好地惩戒一下,这小子肯定要坏事的。

不知自忌的人肯定没有好下场。安德海就属于这一种。他以为慈禧的保护伞够大的了,可以想怎么就怎么。可是他万没想到,这够大的伞居然也有够不着的时候。于是他毫无警觉,毫无防备,耀武扬威地走了。

　　已经有相当一段时间,皇上下了功夫去编织捕杀安德海的那张大网了。他不动声色,早就派了人暗地里调查安德海的种种劣行。听说他装了十几大车的那些箱子,里面全是不知打哪儿弄来的珍宝,这回带到南方,就是要到南边脱手卖掉的,那珍宝根本不敢在京城里卖,足以证明那东西的来路和本身的价值非同一般;听说他家里的摆设规矩全比照宫里,平日里他在家就像太上皇似的;听说他们家的三亲六故全打着安德海的旗号为非作歹,仗着他是慈禧跟前的红人,倒像他也是主子似的;听说他多次结交外官,接受甚至索取贿赂……不用再打听了,就凭这几条就足以置他于死地了。十四岁的皇上掌握了这些材料后,让自己的心腹太监有意无意地在几位王爷,军机大臣面前透个几句,久而久之,几乎所有的人都知道安德海干尽了不法情事,只等着败露受惩呢!

　　这样,柄国的重臣们和皇上一样,不动声色地等着机会。

　　这机会是安德海自己送上来的。

　　他出了京直奔通州雇船,由于行李多,家眷多,光是大平安船就雇了二艘,外加五六艘小船随行。一路上安德海身穿龙衣,号懿命钦差,船头挂着一面“日形三足乌”之旗,船舷则红红黄黄地插满了龙凤之旗,招招摇摇,浩浩荡荡。乍一看,根本看不出是钦差之船,倒像是皇太后、皇上的御船出行了呢!

　　说起这“日形三足乌”,里头还有个典故。《春秋》里曾记有“日中有三足乌”的传说,“三足乌”是传说中的一种鸟,它生在“昆墟之北”,专门为神话中的西王母取食。安德海也不知得了哪个高人的指点,专门请人做了这么一个寓意深刻的旗子,高悬在船头,让人知道他的身份是钦命特使,专为皇太后办事的,而且这个太后是谁也一目了然,西王母当然指的就是西太后了。有西太后做靠山,安德海的胆能不大、腰能不硬吗! 所以他一点都没把一路所过的州县放在眼里。

　　安德海的船上,带着好几十号人。除了随行的太监、女眷、亲戚外,还有专门从京师镖局里雇来的镖手,他们的任务就是保护十几箱珠宝。另外还有前站官,负责打尖,安排食宿。再就是僧人、女乐,也带着那么十来个。反正是在京城摆不成的谱,全摆到这运河上来了。一路上,这支船队吹箫鼓瑟,热闹非凡,那叫一个威风。以致于走到哪儿,哪儿就聚满了一群群围观的人。

　　这消息很快就传到了山东巡抚丁宝桢的耳朵里。

　　丁宝桢,贵州平远人,咸丰朝进士。贵州那地方穷乡僻壤,举子进士出的不那么多,所以这位丁大人算得上贵州一省顶尖人物。他生性耿直方正,敢做敢当,不为五斗米折腰。据说他由山东布政使升迁为巡抚时,正巧碰上圣眷正隆的蒙古亲王僧格林沁统辖山东、河南军务。僧格林沁是蒙古人,办事认真,也是敢做敢当的人物,不过有时候有点顾前不顾后。当年在通州八里桥狙击英法联军,就是他下令一家伙擒拿了英法联军派来的谈判代表巴夏礼以及一行三十九人。结果英法联军恼羞成怒,一直把战火点到了圆明园。知道了他的鲁莽,自然也就能想象他那盛气凌人的作风。要知道,皇上见了他都行抱见礼,所以他接待属下就像皇上接见臣工,一般都是不设座的,虽没叫跪着,可全是让人家站着回话。丁宝桢听说他有这个毛病,就托人递了个话:"如果让我坐着说话,那我就前去谒见;如果不让坐,那我根本就不去见你。"

听了这个话,所有丁宝桢的部属全为他捏着一把汗。不料僧格林沁反倒特别客气,对他这种耿介之气大为欣赏,不但设座相见,而且交了朋友,从此另眼看待。

上年丁宝桢晋京陛见,京中人士说起安德海的种种劣行,这位丁大人当时就放出了话:"他要不犯在我手里则已,一旦犯到我手上,我非宰了他不可!"后来这句传到了皇上的耳朵里,皇上特别欣赏,他暗暗地记住了这个人,把他当作可以借助的力量,有朝一日就用他来杀这个无法无天的安德海。这回安德海真的走了,而且走的是运河水路,那就非过山东不可了,一过山东,不就到了丁宝桢的眼皮底下了吗?

安德海的平安船一路招摇,"平安"地到达德州境内。丁宝桢早就通知了德州知府赵新如:"只要安阉的船一到,没犯事则已,稍有不法嫌疑,即刻擒拿禀告。"

赵新如的胆子特别小。他倒是听从了丁大人的指示,专门派人在运河德州段的水域口把着,只要一见安德海的船,马上驰报济南巡抚衙门。可是他即使是看见了安德海那张狂不法的样子,他也没敢动手。赵新如是举人出身,一看便知那"日形三足乌"之旗的寓意,他犹豫了,害怕了。若真是西太后批准了的南下钦差,自己下手拿了不是死罪吗?都知道安德海是太后跟前一等的红人,自己有几个脑袋,敢往泰山上撞?!为了这事,赵新如伤透了脑筋,后来还是听从了几位幕僚的主意,放安德海一马,让他平安出境,然后向巡抚报告,这报告也特别讲究,决不用正式的公文,而是在其他公文里夹上一张小白条,叫做"夹单密报"——将来出不出事全与自己无关。夹单密报连夜送往济南城了。

丁宝桢当天晚上就得了信,他眼睛一亮,"好小子!你还真敢来呀,老子正等着你呢"!事不宜迟,他一面飞章入奏,向皇帝报告自己准备擒拿要犯;一面部署人马,捉拿安德海。奏折以四百里,仅次于重大军务的速度飞向京师。

此刻,安德海的船正往南行。过了德州是东昌府。东昌府是程绳武的辖区,丁宝桢再一次发出命令,叫程知府拿人,可这位程知府也没那个胆。虽然他派了艘快船紧跟在安德海船梢之后,也做好了拿人的准备,可是一连跟了三天,还是没敢动手,安德海的平安船又平安地驶出了东昌府。出了东昌,直奔东阿镇。东阿镇一过就应该渡黄河一路向南。可是没到东阿他们往东一拐,朝着泰安县进发,不用说安德海是想去拜访五岳之首——泰山。

丁宝桢急了,眼看着这小子在山东境内招摇,又抓民夫当差,又招女乐品竹调丝,竟没人敢奈他之何!这可把宫保急坏了,他一拍桌子,"我就不信没人敢碰他,你们只管抓,上头要是怪罪下来,我丁宝桢一人担着,与下官无涉"!于是他飞檄东昌府总兵王正起发兵追赶,王正起带了一小队精兵强将,走间道直奔泰安,来了个坐等。

安德海满以为自己这个钦差身分足以让所有人却步。所以他目中无人,一路游山玩水玩得热闹。这会儿正盘算着怎样在泰山上好好看看风光。听说秦始皇、汉武帝还在这里封过禅,峰峰岭岭之间全是文人墨客的题字,自己虽识不了几个字,可是评头论足、附庸风雅的本事却绰绰有余,再说那泰山日出是非看不可的,好像隐隐约约听谁说过"登泰山而小天下",那我一定去尝尝这的滋味。他对手下说:"咱们就住在泰山顶上,不见着日出,就不下山!""对! 反正咱大爷有的是工夫!"

大队人马闹哄哄地进了泰安县,找了家最好的客栈投宿。安德海宽衣上炕,手下人正伺候着洗脚,忽听有人来报:"听说安钦差过泰安境,县老爷备了一桌酒席准备伺候。不知安钦差能否赏光?"安德海一听,这风头还能不出? 答应道:"你们先回去,我随后就到,对你们老爷说,太客气了,恭敬不如从命,一会儿我就上去拜访。"来者留了一个听差负责带路,然后先回去报告去了。

这"县老爷"实际上就是东昌府的总兵王正起,他们编了一套谎话,把安德海骗了来,当即擒拿归案,押往济南府。

从泰安到济南只有一百多里路,押解安德海的队伍却荷枪实弹,多达五六十人。因为抓的犯人有如此奇特的身份,白天走既招眼又易走漏风声,所以王正起下令连夜星驰送往济南。一路上可把押解的差衙害苦了,这安德海不但没有丝毫惧怕,反而破口大骂,口口声声说我是皇太后派下来办差的,看谁敢动我一根毫毛! 老子今儿个把话说在头里,你们要是不怕死的尽管难为我,看看咱们谁的面子大! 差役们没有一个人吭声,由着他骂。这太监骂人是出了名的,什么脏字、损字都说得出口,上至祖宗八代,下到姨娘小舅子,没有骂不到的。整整一个时辰,这骂声没完没了。后来终于他自己骂乏了,勉强住了嘴,斜靠在车帮子上昏昏沉沉地睡着了。

也就是天蒙蒙亮,安德海被押进了巡抚衙门。丁宝桢天没亮就来了,他知道要抓的已经抓到了,大为振奋,现在要紧的是录个口供,赶快拜折上报,候旨处理。所以安德海刚一被提进来,丁宝桢立即过堂密审。

刚才迷糊的那一会儿使安德海养足了精神。进了门他就端出泰然自若的神情,根本不把丁宝桢放在眼里。丁宝桢一看气就不打一处来,这小子的确是傲得没边了,不把他治了,将来准不定还闹出什么乱子来呢! 于是他大喝一声:"你是何人,胆敢冒充钦差,该当何罪!"

安德海瞥了丁宝桢一眼,口气也相当硬:"我是谁大人还不知道吗? 长春宫的首领太监安德海,奉了慈禧皇太后的懿旨,专程赴江南、广东置办大婚的物件、监制龙衣。丁大人,你要是耽误了我的公事,你又担当得起吗!"

一上来,安德海便撑起了慈禧的那把保护伞,变被动为主动了。

"胡说! 你知不知道太监不能擅自出京,还敢假传圣旨,你是不想要脑袋了吧!"

"我奉的是太后的懿旨!"

"懿旨? 我怎么没有看见明发上谕呀!"

"这……。"

"你放明白点,安德海!宫里的规矩你又不是不知道?果真是派你出来的,那你就把勘合拿出来给我看看吧!"

勘合是古代调动军队或出入皇城的一种凭信。安德海出京,除了慈禧点头之外没有向任何衙门申报,所以根本没有什么凭信。一听丁宝桢要查验勘合,他赶紧换了一副笑脸,陪罪似的说:"我说丁大人,咱们好话好商量。我是太后宫里的总管,您老想一想,假如我一天不照面,太后问起来我还能活命吗?我有那个胆子私自出京吗?可您老也知道,宫里的事那么多,规矩那么多,有时不能全照规矩走,像有个特殊使命,也就讲究个特殊形式,太后交待的话不是一句两句就说得清的。要不这么着,您老发个折子问问太后,有没有这回事。我就在您老这儿多待几天,听听信行不行?"

"大胆奴才,你敢花言巧语!明明是没有凭信,偏说是钦命,难道皇太后没别人派了,非派你个太监办差?难道皇太后叫你挂着龙凤之旗,拉着女眷女乐一路招摇?你抬出皇太后来哄人,你以为就信你了,就没人敢动你了?痴心妄想!来人呀!给我拿下,先打他四十大板,看他说不说实话!"

丁宝桢倔起来谁都敢碰,看着安德海那仗势欺人,心中无人的样子,可把他气坏了。他知道,要真是上折问旨,说不定得个什么旨意呢?真要是够着了那张保护伞,那小子要不报复才怪呢!恭亲王那么硬他都敢较劲,何况自己!索性先办了这小子,横竖自己占着理,就算皇太后怪罪下来,谁叫他没有凭信来着!

这一想,丁宝桢下定了杀人的决心。尽管巡抚衙门里的幕僚不少人为他捏着一把汗,可是他却像出了口恶气似的痛快极了。大不了是个擅杀之罪,可是除此一害,那功名该有多大!就算丢了官,这一辈子也能落个忠正贤良、敢做敢当的好名声,那也不枉活一世了。越想越痛快,这位宫保大人竟哼哼呀呀地唱起来了。

安德海可并没有想到死,虽然他心里有些害怕,但是多年来他的特殊地位、特殊关系,使他莫名其妙地养成了一种优越感,这种优越感极大地膨胀着,使他越来越看不清自己的真实身份。他目空一切,他为所欲为,他干尽坏事,可是却没有人敢把他怎么样,就像没有人敢把慈禧皇太后怎么样一样。安德海很少想到自己是个太监,也许正因为他从来就不是一个真正的太监,因此男人所有的野心,贪欲他都有,男人没有的既自尊又自卑,自尊自卑混在一起的特殊心理他也有。正是这些东西混杂在一起,他才张狂的没边又怕死的要命。他觉得丁宝桢断不敢杀人,因为杀了自己就同杀了慈禧一样不可想象。一听丁宝桢喊"先打四十大板"时,他觉得这个处罚肯定是到头了。他心里骂到:"丁宝桢!你这小子,胆敢动手打我,等老子回京以后,不狠狠收拾你一下我就不姓安!"

没想到挨完了打,还真的把他押进了死囚的牢房。安德海的心不住地砰砰乱跳。一会儿快,一会儿慢,有时竟像要蹦出喉咙了,弄得他好不难受。

他不知道下一步要干什么,他尽量装出平静的样子。可是一个死神的阴影却悄悄地在他身子周围悄悄地播散开来,他使劲挥了挥手,可是怎么也挥不去。他彻彻底底沮丧了。他懒懒地坐在地上，想起了往事……

噢！那是进宫的那一年吧！那把自己给自己做"宫刑"的刀子并不大，却泛着白森森的寒光，一刀下去，血流如注，创口处抹了一把香灰与热油搀和成的"药油"，就算断了"祸根"。当时自己不吃不喝已经困了三天，身上一点力气也没有了，那么疼的一下，自己却连动也没动就晕过去了。后来的几天，自己也在生死两界徘徊。不知有多少天，一直是平躺着，连身都不能翻一翻，拉屎撒尿都在坑上，屁股底下的灰土终日湿漉漉的，那滋味今生今世也忘不了了。恐怕还没有人敢自己给自己做那种"手术"吧！

安德海不由得晃了晃脑袋。就冲这一点，自己也不是一般的人。哼，要不是那一下子，自己一辈子不是窝在南皮那个鬼地方，脸朝黄土背朝天，窝窝囊囊地活一辈子吗？现在自己是什么身份！吃的是什么，穿的是什么！响当当的总管太监！天下有几个人能和自己比呢？这辈子算是风光过吧！

噢，要说风光，咸丰十一年行苦肉计挨了一顿"皮巴掌"，牙都掉了三颗，脸都打肿了，贴肉放着慈禧的亲笔信被"叉回了"京城，传递了极密的消息。这才有了六爷（恭亲王）亲赴行在奔丧，与两宫太后密谋、回銮政变这一系列后话。那功劳可不算小吧！从那时起自己在皇太后眼里的地位更加不同了，自己说话的口气也格外地不一样了。有时生了病，连慈禧太后都亲临"视疾"，那是什么荣耀！哼！有谁享受过这样的宠信呢？

想不到今儿个栽了跟头。这个丁宝桢还真不含糊，一路上没人敢拦、敢管，甚至没人敢问，可偏偏他敢，竟把我逮了来问！你等着，只要皇太后知道了这个信，准有你好瞧的！

太阳落山了。囚室里的铁窗逐渐暗了下来。一名衙役点着一根蜡烛从远处走来，也许是为了防风，蜡烛特意靠近胸前，而且走的很慢。烛光是从下巴往上照的，衙役的脸整个走了形，拉得长长的，眼睛像金鱼眼睛似的突出来，不知怎么，他的嘴是半张着的，像个黑幽幽的洞，那样子可怕极了。正巧安德海站起来往铁窗外面张望，一眼瞅见，吓得他差点叫出声来，过了半晌，那心还怦怦怦地乱跳。太监除了骂人出名，胆小也是出了名的，谁要背地里猛拍一下肩膀，踩一下脚或者喊一句，准把前头那位吓得尿了裤子。安德海突然之间觉得自己真的是保不住命了，刚才瞅见的那模样兴许就是地狱里的小鬼来叫他的魂呢！一想到这儿，他哇地一声大哭起来，喊爹喊娘，喊太后喊丁大爷……反正是想起谁就喊谁。

可惜一切都晚了。丁宝桢已经传了话，什么也不用审了，天黑就推出去问斩。26岁的安德海，不管有多大的靠山，也远不济急，命归黄泉。

假如他一直都能意识到自己只是个太监，是不是就可以免掉脑袋了呢？

倒安之役终于发动了。

皇上已经迫不及待地等了好几天，他像怀里揣着一只兔子一样，压不住地兴奋。见了两宫太后，不敢多说一句，好像再多说一句就会把自己的心思全掏出来似的。他默默地等着，等着，只等着安德海到了山东，撞到丁宝桢手里，这好戏就开场了。

别看他只有十四岁,可是他觉得特别有把握,他知道事情不发则已,一发军机肯定会站在自己一边的。这些些年了,他早就看出来了,六叔恨小安恨得要死。要不是姓安的在慈禧那里谗言,同治四年哪至于出那么大的变局,翻那么大的车! 前不久借着筹办大婚,姓安的又在母亲那里说东道西。皇上知道,六叔他们顶顶头疼的就是借机花钱了。在东暖阁旁听议政时,同治早就背熟了"励精图治""能省就省""能裁就裁"这一套了。他料定,只要处理了安德海,没人敢在母亲耳边聒噪,修园之类花钱的欲望是一定能有所节制的。别的恩怨全不说,单这一条,六叔他们肯定是支持自己的。

皇上觉得自己有把握,他知道慈安太后肯定会站在自己一边。安德海在内宫的张狂,最看不顺眼的就是慈安了。但是她知道小安子是慈禧跟前的大红人,只好假装看不见。这几个月,她知道安德海在背后挑唆大操大办,自己不是皇上的生身之母,站出来反对总是不合适,但是她听说光修一个乾清门就要报销十万两银子。这回刚刚结束大乱走向承平,皇家该也该为天下做个好样子,想了几次这样的话,可是忍了忍一直没有说。后来听说安德海几次要求南下广东去采办大婚物件,她本来想制止,可是那天晚上去养心殿看儿子,皇上悄悄地说这正是惩治安德海的好机会……慈安一下子明白了皇上的用意,当时她什么也没说,只是使劲地攥着儿子的手摇了两下,这心迹已经再明显不过了。

皇上觉得自己有把握,更关键地是知道丁宝桢肯定会站在自己一边。上年丁宝桢来京时说的话早就传到了皇帝的耳朵里,当时皇上就觉得认定了丁宝桢肯定是可以倚重的。现在安德海真的出京了,而且走的是运河水路,一定会从丁宝桢眼皮底下过,这事就已经成了一半了。抱着这样的兴奋,这些日子,皇上连上书房念书都格外地起劲。下了书房头一件事就是跑到慈禧宫里等着放奏折的黄匣子递进来。这几天他更是格外留心,生怕自己一不留神漏了山东来的折子,万一慈禧先瞧见了——"留中",一切可就完了。

看折子一般是在下午,因为上午差不多都是上朝议事、上书房念书,而各地的折子递到的时间不太一样,除了特别要紧的公文随到随递之外,其他都是攒齐了一块送进来。皇上已经过了十四岁生日了,两宫太后觉得该让他熟悉公务,慢慢学着看折子了,所以打四月起他就开始每天阅看,当然是在慈禧的指导下学着看,有时候慈禧累了,就由皇上坐在小椅子上,念给她听。所以到这时他已经粗略地知道了哪些折子是日常的汇报,用不着太用心地看,只要看到了关键的几句就行了。有些折子则必须反复看,因为这些文件字里行间都传递着某种信息。看熟了以后,慈禧索性先让皇上分类,然后再由自己过目。有时慈安也坐过来,一块跟着听,但她很少拿主意,"宸断"的一般只是慈禧一人。

偏巧这几天慈禧贪凉,夜里睡觉时受了点凉,她对皇上说:"折子你先看吧,有什么说的再来告诉我。"

这可把皇上乐坏了,他觉得安德海肯定是完了,也许这正是老天的意思呢! 要不然当着慈禧的面接到了丁宝桢的折子怎么办？岂不还得费一番周折才能治了这小子！这几天,皇上心急如焚,只要黄匣子一进来,他头一件事就是翻来翻去,可是,山东的折子却总是不见。直到第四天,丁宝桢的折子才算到了。皇上一把把它捏在手里,小心地拆开一看,只一句他的心就通通通地跳起来了。"终于捉住了！"

养心殿南墙的木格子里放着的自鸣钟清脆地敲了三下,皇上定了定神,"事不宜迟,今儿个就把它办了,千万不能挨到明天！"于是他当即派了太监赶到恭王府叫六叔带上军机和内务府的大臣来。吩咐之后又跑到慈安那里,请慈安过来一块听折子,一路上他悄悄地告诉慈安,已经派人去请六叔了,今天就要处理这件事,要不明天慈禧想出什么辙,杀小安子的计划就全落空了。

别看慈安平时不拿主意,可到了关键的时刻还真沉得住气,她小声嘱咐说,千万别显得像早就核计好了似的,她叫皇上先回宫,喝点水再来,而自己装作事先根本不知道的样子,先去慈禧那里"探视",随便坐着聊聊……

过了一会儿,皇上果然手捧着奏折急匆匆地走来了。这时,慈安神态安详,正坐在那里和慈禧闲聊呢。皇上请了安便说:"两位额娘,有个大事请你们商量,我觉得做不了主,可事又太急,已经事先通知了六叔和内务府的大臣们一起来。"

"什么事值得这么急呀！还请了六爷和内务府？"慈禧看了儿子一眼。

"是,额娘,儿子也没想到,小安子出事了！"

"什么？"

皇上清了清嗓子,大声地说:"山东巡抚丁宝桢来了个折子,说小安子一路招摇,现在被抓起来了,来折请旨处理呢！"说着,展开手里的折子,用很慢的声音念:"……伏思我朝列圣相承,二百余年,从不准宦官与外人交结,亦未有差派太监赴各省之事。况龙袍系御用之衣,自有织造谨制;倘必应采办,但须一纸明谕……何用太监远涉靡费？且我皇太后、皇上崇尚节俭,普天钦仰,断不需太监出外采办。即或实有其事,亦必有明降谕旨,并部文传知到臣,即该太监往返,照例应有传牌勘合,亦决不能听其任意游行、漫无稽考。尤可疑者,龙凤旗帜系御用禁物,若果系太监在内廷供使,自知礼法,何敢违制妄用？至其出差携带女乐,尤属不成体制！似此显然招摇煽惑,骇人听闻,所关非浅。现尚无骚扰撞骗之事,而或系假冒差使,或系捏词私出,真伪难辨。臣职守地方,不得不截拿审办,以昭慎重。"同治一边收起奏折,一边又说:"皇额娘,这小安子胆大包天,竟敢滥用龙凤之旗,携带女乐,这不是给咱们丢脸吗！我一看这折子,气就来了,怕额娘休息未起,赶紧先派人去请六叔和内务府的人来商量怎么办,然后赶来请旨,请两位皇额娘拿个主意吧！"

他振振有词地说着。慈禧原本是斜靠在炕上的,一听这话马上坐了起来,她的脸变成了铁青,左额角的青筋一蹦一蹦的,眼看就要发怒了。皇上心里十分紧张,可他知道在这节骨眼上无论如何得硬着头皮顶住。情急生智,他一个箭步冲上去扶住慈禧,"焦急地"说:"怎么啦,额娘？别这么生气,犯不上为这么个混账东西生气。这家伙不说出去好好为额娘脸上增光,反倒给抹黑!不好好收拾他,倒叫外人看着我们没有祖宗家法似的!您可千万别急坏了身子!"

慈安也赶紧从炕这边挪了过来,扶着慈禧说:"妹妹别着急,那不是放着顺治爷留下的规矩吗?该怎么办就怎么办,这是小安子自找没趣,白白辜负了咱们的信任!"

这两句话把慈禧死死地钉在那里了。她本来是想说:"你把六爷和军机们叫来干什么!"可是还没容她张口,儿子就来了这么一套,一下子堵住了她的嘴,这下子想回护安德海也回护不了了,儿子和慈安端出了祖宗家法,叫她还说什么!不过,慈禧的确是个不同寻常的女人,转瞬之间她便恢复了平静,她缓缓地说:"既然已经叫来了军机,咱们就去听听他们的意思吧!"

一边说,一边往起来站。也许是受凉还没好,也许是站得太急,也许是刚才怀怒未发,慈禧忽然感到一阵头晕,随即身子一晃又坐了下来,沮丧地说:"这会儿我头晕得厉害,你们先去见起吧!"

慈安和皇上往门口走去,她又转身关切地说:"妹妹,要紧吗?传太医来瞧瞧?"

慈禧摇了摇手,慈安又嘱咐侍立在边上的宫女们:"你们小心伺候主子,有什么事赶紧来报!"一边往门外走,一边又说:"妹妹你放心,有什么咱们回头再商量。"

说完,慈安和同治一前一后朝养心殿去了。

恭亲王和军机,内务府的大臣早已候在那里好一会儿了。奕䜣对这特别地召见也略知一二,可是等慈安、同治进来的时候,他还是明显地一怔,慈禧为什么没来?但他没敢问,率众先请了安。皇上不等发问便先把丁宝桢的折子拿了出来,他手一扬说:"六叔,丁宝桢来了折子,说了安德海种种不法情事,已经抓了起来,现在请旨处置,你们说该怎么办吧!"

慈安插了一句:"这安德海出京,内务府究竟知道不知道?"

内务府的主管大臣是明善,才不久曾因为安德海幕后游说两宫大动土木申请拨款而在恭亲王那里碰了一鼻子灰,这会儿还生着安德海的气呢!平时内务府多花钱总要挨户部、挨恭亲王的嘲讽,可内务府也有一本难念的经呀!别的不说,单是宫廷的花销也一年多似一年,大多是安德海一个劲儿地讨好太后,处处向内务府伸手,可难办的却是内务府,所以早把安德海恨得咬牙切齿了,这回能除掉安德海岂不是拔掉了一个眼中钉?要说安德海出京这事他知道不知道,这九城之中凡知道安德海的就没有不知道他要出京办差的。这几个月,安德海早把风吹得到处都是了。可是毕竟谁也没见到太后的懿旨,谁敢说究竟有没有那个旨意呢!于是明善吞吞吐吐地说:"奴才也只是风闻。"

皇上一听,"风闻,那就是说你知道了?知道了为什么不拦着!"

"奴才听说他是得了懿旨,所以不敢拦。"

"混账!那你就没错了?他要说有旨意要你明善的脑袋你也信吗?"

"对!对!是奴才的错,奴才没想到这安德海敢假传圣旨。"

"这就对了,皇太后那么圣明,怎么会让太监出京,你也不想想!"

如果再纠缠让没让安德海出京就坏了,恭亲王赶紧插了一句:"这安德海究竟还有什么不法情事臣等还不清楚,请皇上明示,也好议个办法,请皇太后,皇上圣裁!"

皇上这才想起,奏折还攥在自己手里,他赶紧递了过去,"六叔,你干脆念念吧!"

恭亲王念了一遍,说道:"这小子还真是无法无天了!"

"对,咱们不是有祖宗家法吗? 你们瞧瞧该怎么办吧!"皇上把头转向明善:"明善,你说,照旧例太监犯法该怎么处置?"

"照理是极刑,可是如果皇太后皇上宽其一限,也可特例特办。"

"胡说! 什么宽其一限,难道皇太后过去办事不是照祖宗家法吗?"

看看火候已到,恭亲王说:"照这样胆大包天、公然违法的太监,不杀不足以谢天下,不杀不足以告慰两宫太后和皇上辛苦创建的大好局面。臣请援例就地正法。"

"不这么办,倒像是我们没有调教好太监,纵容他们无法无天到处招摇似的。皇上,听你六叔的,就这么办吧!"慈安在旁插了一句。

"好,就这么办!"

养心殿里的会议接近了尾声,殿里的人刚刚松了一口气,正准备散的时候,忽然,一个太监急匆匆地跑了过来,尖着嗓子喊道:"慈禧皇太后有话,叫先留下丁宝桢的折子,有什么话明天再说。"

眼看着一只手横插进来,已经差不多的决议就这么搁了浅。养心殿里一下子静了下来,在场的每个人都像吃了苍蝇那样难受。同治倒底只有十四岁,最先沉不住气了,他一拍桌子:"我就不信谁能救得了这小子的命! 咱门走着瞧,我要不让他死在山东,就不当这个皇上了!"说完他拂袖就走。

慈安一把拽住了他,用相当决断和冷静的声音说:"等两天也行,不过是让小安子多活几天而已。"

一看慈安和同治同样坚决的态度,恭亲王悬着的心放下了,他平静地率众臣跪了安。君臣步出了养心殿。此刻的紫禁城笼罩在薄暮的淡粉色晚霞中,微风轻起,远近的宫殿楼阁陷入了傍晚的无限寂谧之中。

第二天,上朝议事的仍然只有慈安和皇上。听说慈禧太后躬体欠安不来了。军机们特别注意到,丁宝桢的那个折子没发下来,皇上和慈安也绝口未提这回事。可是一连两天过去了,丁宝桢的折子都留中未发,难道真就这么"淹"了吗? 看这形势,西圣执意保全安德海,非逼着大伙议出个生路来。到第四天,丁宝桢的第二通奏折飞递到京,这是抓住安德海审讯之后的那封奏折,里面报告了安德海不仅有招摇违法之事,还从他身上搜出了几封"请托密函",这是勾结外官的铁证。消息传出,京城里本来就沸沸扬扬的议论一下又高涨了,上下一片喊杀之声,醇亲王也憋不住了,他写了份奏折力净,坚决要求惩办安德海,以维护祖宗家法的尊严。这样慈禧不得不出来直接面对这强大的压力了。

越一日,慈禧力疾上朝。养心殿像平日一样,皇上端坐在前面的御座上,两宫皇太后分列左右坐在皇上之后的椅子上。三人好像什么事也没发生似的，可是谁都觉得越是表面平静就越是透着内心的紧张。刚坐好，慈禧就说了话："恭亲王，你们把丁宝桢的折子议一下吧，先拟个旨意来看。"

没用十分钟，这上谕就拟好了，不用说，里面赫然写着"就地正法"四个字。这回不等慈禧说话，同治就张了口："六叔，内务府的人有什么意见不妨先说说。"

"是。臣等征求了内务府的意见，该衙门认为我朝二百年从未有太监胆敢假传懿旨，这回如不从严惩治，怕开了先例，将来难保不有循私枉法以为后继者。请皇太后，皇上圣裁。"

慈安说了话："这安德海犯法，纯粹是辜负了我们姐俩儿对他的信任。听说他还在船上挂了个什么旗子，让人觉得是皇太后叫他四处去打秋风，这成什么体统？妹妹，我看是容不得他活命了，这也是他自找没趣，不是你我不给他面子，你说呢？"

慈禧还能说什么呢？养心殿里九个人，倒有八个是主张杀安德海的，儿子一口一个祖宗家法，再争下去，倒显着自己真有什么隐情似的。这么一想，慈禧的心横下去，脸反而开朗了，她暗暗地说："安德海呀安德海，不是我不给你回护，是你平日得罪的人太多了，这回又犯在人家手里了，再怎么我也救不了你了。"想到这儿，她的心出奇地静了，缓缓地说："就这么办吧！"

上谕以六百里加紧的速度飞递出京。为了防范安德海潜逃，一共寄了五封，分别寄给了直隶、山东、河南、江苏以及漕运总督，也就是说运河沿线的总督巡抚全得到命令，只要抓住安德海，"毋庸讯供，即行就地正法"。

当廷寄飞递到济南城的时候，安德海的头已经掉了五天了。为丁宝桢捏着一把汗的大小官吏们无不弹冠相庆，上谕是用头等公文的速度递来的，足见本案的重大，"就地正法"写得那么简单明了，真是纲宸独断，君臣一致，真真体现了君臣同治的底蕴！把个丁宝桢乐坏了。

慈禧到底是个能干的女人。既知安德海命已不保，她一不做二不休，雷厉风行地发起了一场大整顿。她听说从安德海身上搜出了"请托密函"，拍案大怒，当下追加了一道谕令，将此案一干人犯一律处决，几个跟着跑的太监"查明绞决"，另几个雇来的帮手、保镖和安德海的亲信以"恐吓居民"之罪而"就地正法"了，而安德海花钱买来的妻妾和几个罪轻一点的人全充军发往黑龙江，"给披甲人为奴"了。

办完安德海，又发了一道明发上谕，申明整饬宫禁，将与本案有关的文件全都编入宫中则例，着内务府大臣严饬总管太监，嗣后务将所管太监严加约束、勤慎当差。如有不安本分出外滋事者，除将本犯照例治罪外，连该管太监一并惩办。上谕通令各省督抚，"遇有太监冒称奉差等事，无论已未犯法，立即锁拿，奏明惩治，毋稍宽纵"。

慈禧的一连串举措得了一片赞赏之声。原本是14岁的小皇上该得的称赞，反叫慈禧拿去出了风头。不过，皇上倒底还小，他并没有更多的想法，只是非常解气。他觉得自己长了这么大，第一次干了件中外称赞、大快人心的好事，实在是了不起，能把母亲最最宠信的安德海宰了,说明只要自己做得对,就一定会赢得上上下下的支持,母亲的面子再大,权力再专,性格再烈,也会有所顾忌,有所退让。他第一次觉得,在母亲无所不能的巨大光晕之下,裂开了一道只有自己能看见的小缝。

一连几天,他的饭吃得特别香,觉睡得特别踏实,走路说话都格外地来情绪。

正当他极度兴奋,尾巴越翘越高的时候,慈安适时地扯了扯他的袖子,告诉他千万别得意得出格。这一提醒把已经飘飘然的皇上一下子激醒了。

是啊,慈禧皇太后的脸色已经难看了好几天了,今天早上,她还说胸口疼得厉害,连喉咙也肿起来了。传来太医,说皇太后是"肝气上逆,喉痛面肿,内火过旺",赶紧服药,可是这内火压也压不住了,她病倒了,一病就是二十多天。

同治不敢再盲目地乐了,他知道这内火是由杀小安子引起来的,所以好几天他都格外地陪着小心,他实在是太怕自己的母亲了。

不过,他觉得总有一天,天下的事全归自己说了算,自己拿主意。那顺治爷、康熙爷不都是十四岁亲政的吗?自己也十四岁了,多早晚也能亲政呢?他常常地想象着自己一个人坐在养心殿里披阅奏章,运筹帷幄,指点江山,那是什么滋味呢?

第四章　排场的婚礼

中国古代最早规定后妃制度的典籍《周礼》中记载:"古者,天子后立六宫,三夫人,九嫔,二十七世妇,八十一御妻。"由此看来,周代的皇帝可以有 121 位夫人。隋唐时期,皇帝的妻妾也仿照九品中正制的官僚等级,有了品级划分。

明清时代,鉴于前代宫闱之乱,后妃人数较前代有所减少,机构上也大大削减。在内宫机构上,把自唐代以来的六局二十四司改为"立六局一司;局曰尚宝、尚仪、尚服、尚食、尚寝、尚功,司曰宫正"。清代自康熙以后定为"皇后居中宫;皇贵妃一,贵妃二,妃四,嫔六,贵人、常在、答应无定数,分居东西十二宫"。由于妃嫔以下没有确定的数量,可以随意扩充,后宫佳丽有增无减,钗光鬓影,轻颦浅笑,豪奢不输前朝。

这样,朝廷挑选秀女入宫,耗费了大量的人力、物力和财力。到清代,选秀女活动已经逐渐形成了一套完整的制度。

早在顺治年间,清政府明确规定:凡八旗女子,不论属于官员或兵丁的家庭,只要合乎年龄,一律报户部应选。《八旗则例》中记载:"凡应选之秀女,未经选验之前,不准私行许聘出嫁,违者交部治罪。"这样,皇帝选择女子充当妻妾的优先权就以法律形式规定下来。

关于清代选秀女的资料,在吴振棫的《养吉斋丛录》中记载是详细而系统的。

"八旗挑选秀女,或备内廷主位,或为皇子、皇孙拴婚,或为亲、郡王及亲、郡王之女指婚,典礼各有等差,而挑选之制则无异也。"由此可见,选秀女不只限于皇帝一人,而是皇族各代男子普遍具有的一种特权。

选秀女活动具有严格的组织程序:"挑选秀女,事隶户部。每旗分满、蒙、汉为先后。满、蒙、汉三者之中,以女子之年岁长幼为先后。造册分咨各旗。其年自十四至十六为合例。有应挑而以病未与者,下届仍补挑。年已在十七以上,谓之逾岁。则列于本届合例子女之后。每日选两旗,以人数多寡匀配,不序旗分也。"

远道而来的女子要乘车,近处的女子也要乘车。这既是交通来往之需,也是为了使选秀女活动显得更加庄重。

清朝初年,选秀女活动的组织缺乏经验,不够严密合理,因此曾出现:"车马杂沓,先后凌乱,应选者争路不得进,不特堕珥遗簪而已。"可见,秩序是相当地混乱,以至于一些秀女觐见皇上时,早已衣衫不整,青丝凌乱,钗环斜坠,香消玉殒,使主持选秀女的皇上大为扫兴。

直到嘉庆年间,额附丹巴多尔济总结历次选秀女的经验,制定了一套组织实施办法,才避免了过去的混乱现象。

选秀女活动改进以后,具体程序是:"挑选之前一日,该旗参领、领催等先排车。比如,挑正黄、镶黄两旗,则正黄之满、蒙、汉分三处。每一处按年岁册,分先后排定。镶黄之满、蒙、汉亦分三处。每一处亦按年岁册,分先后排定,然后车始行。"

车的前后也是严格按照清朝尊卑观念。首先是正黄之满洲,而蒙古,而汉军。继以镶黄之满、蒙、汉,依次类推,鱼贯衔尾而进。

车辆的行进路线也是事先规定好的。"车树双灯,各有标识。日夕发轫,夜分入后门,至神武门外,候门启,以次下车而入。其车即由神武门夹道出东华门。由崇文门大街,至直北街市,还绕入后门而至神武门。计时已在次日巳午之间。选毕者,复以次登车而出,各归其家。虽千百辆车,而井然有序。俗谓之排车。"

选秀女时,"应选女子入神武门,至顺贞门外恭候,有户部司官在彼管理。至时,太监按班引入,每班五人,立而不跪。"即使皇帝看中了也不当场表态,据说是为了照顾没有被选中的秀女的面子。那怎么办呢?"当意者,留名牌,谓之留牌子。定期复看,复看而不留者,谓之撂牌子"。备选秀女准备一式两份牌子,牌子上写明姓名、某官某人之女,某旗人,年龄多大。备选阅时,放在皇帝面前一块牌子,系在秀女胸前一块牌子,这样便于皇帝了解相关情况,以资参考。

被皇帝选中而留了牌子的秀女命运是难以预料的。"秀女入宫,妃、嫔、贵人惟上命。"妃嫔等级高低全看皇帝的喜爱程度,全在皇帝的一念之间。当然,这里也有出身门第条件的限制。"选宫女子,贵人以上,得选世家女,贵人以下,但选拜唐阿以下女。宫女子侍上,自常在、答应渐进至妃、嫔。后妃诸姑、姊妹一般不赴选。"

据《清史稿》记载:"每三岁选八旗秀女,户部主之;每岁选内务府属旗秀女,内务府主之。"由此可见,每年一小选,三年一大选。年复一年,皇室后宫的宫女轮流交替,源源不断地进入宫中,其数额也就难于计算了。

朝廷将数以千计的美貌女子罗致入宫,其目的是显而易见的。首先,用来满足皇帝和皇室子弟骄奢淫逸的生活享受。中国古代,风流天子历朝不乏其人,以致流传下许多家喻户晓的风流韵事来。此外,从古代诗词中,也可窥其一斑。如唐朝白居易的《长恨歌》:"春宵苦短日高起,从此君王不早朝。承欢侍宴无闲暇,春从春游夜专夜。"再如唐朝李商隐的《北齐》:"一笑相倾国便亡,何劳荆棘始堪伤。小怜玉体横陈夜,已报国师入晋阳。"又如清朝朱受新《吴宫词》:"夜拥笙歌百尺台,太湖月落宴还开,君王自爱倾城色,却忘人从敌国来。"可见,帝王之好色,以至于亡身亡国,的确触目惊心,连诗词歌赋中也俯拾皆是了。

当然,历代后宫妃嫔成群,一个更重要的目的是为了皇帝广施雨露,遍布恩泽,龙马精神,培养皇子皇孙,以维系国脉根本,确保宗祧社稷代有传承,以求实现天下历万世而永为一家一姓之天下的迷梦。

同治十年,两宫皇太后将选秀女诏书颁行全国。随后,内务府遍召满蒙大臣的秀女,入宫备选。

此次选秀女地点安排在御花园钦安殿,由两宫皇太后在恭亲王长女,也就是慈禧太后的"干闺女"、通称大格格的荣寿公主协助下,亲自主持。

经过一层层严格挑选,最后只剩下十名候选人。在这十名秀女中,慈禧看中了一个长相与她本人非常相似的女子。这个女子姓富察氏,是刑部江西司员外郎凤秀的女儿,不仅相貌秀丽,而且聪明洒脱,尤其让慈禧高兴的是,年方十四岁的富察氏,长着一张充满稚气的娃娃脸,浑身也露出一股天真纯洁的气质,一看就是一个稚气未除,不谙世事的大女孩。慈禧心下暗自盘算:如果立富察氏为皇后,肯定容易受自己摆布,这样,她自己这个皇太后仍能幕后操纵朝政,名义上撤帘归政,实际上仍然可以玩弄权柄。而其他几位,尤其是崇绮之女阿鲁特氏,不仅年长懂事,而且博古通今,很难对付,千万不能让她们入主中宫。

慈安太后的主张却恰好相反,她理想的皇后人选正是蒙古状元崇绮的女儿阿鲁特氏。

阿鲁特氏出身书香门第,自幼受过良好的家庭教育,她的容貌虽比不上其他几位秀女妩媚娇艳,却显得端庄典雅,成熟稳重,自有一种雍容大度的尊贵相,一望而知便是大家闺秀,令人由衷敬佩。况且,阿鲁特氏这年芳龄十九,是入围的十名秀女中年龄最大的,还比同治帝年长两岁,因而更显得举止得体,言语合仪。慈安心想:皇后母仪天下,最好选择老成持重、知书达礼的女子,方能担当起中宫正位,为六宫垂范。想到这里,她对阿鲁特氏更加喜欢了。

这样一来,慈禧为巩固自己现有的权力打算,慈安为江山社稷安危着想,两人在同治帝选后问题上又展开了一场较量。

开始,两宫太后都竭力争取同治帝选自己中意的秀女,来达到自己的目的。据说,同治帝本人看中的秀女,既不是富察氏,也不是阿鲁特氏,而是知府崇龄之女,即后来封为瑜妃的赫舍里氏,因为赫舍里氏在众秀女中长相最为出众。事实上,如果依同治帝所愿,可能后来就不会发生一系列悲剧,因为赫舍里氏不仅容貌姣美,而且是极能干的人,她必然能够化解两宫之间的芥蒂与慈禧母子间的冲突。然而,历史毕竟是历史,任何人可以假设、推想,但无法更改。

两宫太后各自召同治帝密议立后之事。同治帝虽然对赫舍里氏一见钟情,可是内心却非常敬重慈安太后,经过慈安太后一番开导,他便决定立阿鲁特氏为后。回想这几年来,他独处深宫,担负着许多非他这个年龄所能胜任的繁文缛节,大婚之后,亲政将随之而来,那时他又要独立处置繁重的军国大事。因此,同治帝的内心总有一种不堪重负、惶惶无依的感觉。在选皇后时,他也想找一个像姐姐一样年长懂事的皇后,使自己的心灵有所寄托,感情生活得以充实。

慈禧太后举荐的皇后人选富察氏,尽管姿容艳丽,聪明伶俐,可是同治帝认为此人言语随便,举止轻浮,不合礼仪,不堪担当皇后重任。而阿鲁特氏却不同,虽然只有一面之缘,却已看出她家教良好,端庄贤淑,而且此前早就听说她诗书娴熟,才华横溢,有"女状元"的美称。同治帝心想:如果选立阿鲁特氏为皇后,那么,婚后一有闲暇,就可以与皇后谈谈书房里的功课,把自己得意的诗念给她听,夫唱妇随,互相切磋,那将是一种多么惬意的神仙般的生活呀！想到这里,同治帝进一步坚定了自己的意愿。

俗话说:"二月二,龙抬头。"同治十一年阴历二月初二,对通过复选入围的四名秀女进行最后裁决。这四名秀女何人为后,何人为妃,何人为嫔,就看皇帝手中那柄玉如意递到谁的手中为定。

一锤定音的关键时刻到了,只见同治帝手执玉如意,神色凝重地走下雕金蟠龙宝座,看看四名八族名媛,个个国色天香,花枝招展,简直让这位青年天子眼花缭乱,心神恍惚,他感觉不知如何才好。再扭头看看慈安太后,得到的是慈爱、期盼、鼓励的目光,而一旁同坐的慈禧太后,不怒而威,表情复杂,让他无法琢磨,愈发紧张,竟口干舌燥起来。

同治帝便传呼"献茶",很快,一名小太监捧着一盏龙井上来。同治帝接过茶盏,轻轻地呷了一口,一丝清香从舌尖荡漾开来,沁人心脾,同治帝顿时觉得镇静了许多,正准备一饮而尽,头脑中突然闪现出一个主意。于是,他装作一不小心,把茶水泼溅到地上。然后,让凤秀之女富察氏和崇绮之女阿鲁特氏从泼过茶水的地上走过。因为,皇后人选也主要在她们两人之间产生。

凤秀之女富察氏,是一个爱美、爱干净的女孩,今天参加大选,她特意穿上自己最心爱的那件漂亮精美的皮袍,显得雍容华贵、富丽堂皇。她想,以自己的俏丽姿容和聪明伶俐,一定会俘虏同治皇帝那颗热情似火的心,也同样会赢得两宫太后的青睐和其他竞选者的嫉妒,同治皇后的桂冠一定是属于自己的。当她听到同治帝的要求,确信自己只剩下最后一个竞争对手,心中愈发得意,只见她拎起那件美丽的皮袍,在茶水泼过的地方,踮起脚尖,轻轻一跳,便跨了过去。

轮到崇绮之女阿鲁特氏出场了,她心中暗想:在今天这种场合,当着两宫皇太后和皇上的面,无论如何举止方面不能失去礼仪。拿定了主意,她就像平常那样,迈着端庄稳重的步子,从容地从茶水上缓缓走过,似乎根本没有在意脚下的茶水。

看到此情此景,同治帝的心情无比高兴,这正是他预先设想的。于是,他轻松欢快地对两宫太后说:"两位秀女的表现,母后皇太后(慈安)和圣母皇太后(慈禧)都看到了,提衣服的爱衣,不提衣服的知礼。选妃取色,选后取德。儿愿立崇绮之女为后。"说完,他把那柄玉如意递到崇绮之女手中,这就意味着,同治皇后已经正式确立下来,她就是崇绮之女阿鲁特氏了。

此时此刻,慈禧太后气得脸色铁青,恨不得要从座位上跳起来,把玉如意从崇绮之女手中夺回,亲手交给富察氏。她浑身哆嗦了一会儿,方才平息了些。平心而论,同治帝说得合情合理,怪只怪凤秀之女富察氏不争气,在关键时刻因小失大,丧失了皇后的尊位。大概,这也是天命有归吧。

慈安太后一向温柔敦厚,顾全大局。刚才这些人的一举一动,她都看在眼里,记在心头。崇绮之女阿鲁特氏面对考验,从容镇定,应付裕如,尽显状元门第遗风,大家闺秀气度,有教养,知礼节,无论从哪方面讲,入主中宫都是情理之中的事。因此,她为能拥立这样一位皇后而骄傲,同时也为同治帝随机应变能力而喝采,而高兴。

当然,慈安太后也看到了慈禧的情绪变化,慈禧一心巴望凤秀之女入主中宫,可惜如意算盘落空了,一脸的沮丧与愤懑。慈安太后便动了恻隐之心,仿佛同治帝选择崇绮之女为皇后是自己的过错似的,为弥补"过失",她急忙把选妃的荷包抓在手里,走过去,让同治帝送到富察氏手里。

同治帝原本不大乐意,可是鉴于慈禧的淫威和慈安的劝慰,他沉吟了一会儿,最终还是把选妃的荷包,送到富察氏手里,封她为仅次于皇后的皇妃。

另外两名秀女,一个是崇绮之女的亲姑姑,崇绮之父赛尚阿小老婆生的女儿,因为是庶出,自然没有资格当选皇后。这一年她才十六岁,比自己那位当选皇后的侄女还小三岁。另一位是知府崇龄之女,姓赫舍里氏,这年十八岁,前面已经提到了,她是众秀女中长相最漂亮、最妩媚的一个。这两个秀女均着选为嫔。

随后,就在当天便发布了确立皇后和妃嫔人选的上谕:

第一道谕旨:"钦奉慈安皇太后、慈禧皇太后懿旨:皇帝冲龄践祚,于今十有一年,允宜择贤作配,正位中宫,以辅君德,而襄内治。兹选得翰林院侍讲崇绮之女阿鲁特氏,淑慎端庄,著立为皇后。特谕。"

第二道谕旨:"皇帝大婚典礼,著钦天监诹吉,于本年九月举行。所有纳采、大征及一切事宜,著派恭亲王奕䜣,户部尚书宝鋆,会同各衙门详核典章,敬谨办理。"

第三道谕旨:"员外郎凤秀之女富察氏,著封为慧妃。知府崇龄之女赫舍里氏,著封为瑜嫔。前任副都统赛尚阿之女阿鲁特氏,著封为珣嫔。"

同治帝大婚,是清朝自康熙以来二百年内首次在位皇帝大婚,因而成为当时朝廷的一件头等大事,格外引人注目。

这年八月,距离九月十五日的大婚吉期还有一个多月,北京城内已是熙熙攘攘,一片沸腾。自从乾隆五十五年清高宗八十大寿庆典以来,北京已经有八十多年没有这么热闹过了。一时间,入京拜贺的地方官员,采办贡品的大内差官,借机前来做生意的商贾,游玩看热闹的闲杂人等,纷纷拥入京城,几天之内,京城及城郊的大小客栈、会馆、庙宇等一切可以住人的地方都为之爆满。

八月十七日,是"大征"的吉期。所谓"大征",就是下聘礼,朝廷特派礼部尚书灵桂为正使,大学士徐桐为副使,取"灵子桐孙"之意,持节至皇后府邸行大征之礼。聘礼由内务府预备,除了赐给皇后家大量金银器皿、绫罗绸缎以外,还有甲胄、弓矢等带有满族特点的聘礼。

当行聘礼的队伍到达皇后府邸时,崇绮一家早已跪伏地上迎接,把正使灵桂、副使徐桐迎入大门,然后请皇后阿鲁特氏出临受礼。

自从二月初二,皇帝亲授如意,立为皇后,并派内臣送回家的那一天起,阿鲁特氏在家中的地位和身份便发生了很大的变化。她与祖父、父母和兄嫂已没有家人之礼。她一进家门,全家人都应该跪在大门外迎接,而她则必须摆出皇后的身份,不许还礼,最多示意性地点一点头。随即被家人奉入正室,独住五开间的二厅,内有宫女贴身侍候,外有乾清宫班上的侍卫把守门厅,稽查门禁,管束极为严厉。

此后,就连皇后的父亲崇绮本人也难得见女儿一面。偶尔一见,也必须穿戴整齐,谨守礼节,言语举止来不得一丝一毫的随便和大意。阿鲁特氏的母亲嫂子们,倒可以天天见面,但也必须小心侍候。以用膳为例,食物从厨房里传来,由丫头送到长嫂手里,再由长嫂传给母亲,再由母亲双手捧上餐桌,然后众人侍立一旁,等皇后用膳完毕,再依次传下去。刚开始几天,阿鲁特氏如芒在背,食不下咽,经过半年时间才逐渐习惯了。她实在不忍心让母亲侍立太久,每顿饭都吃得特别快,无奈每顿饭总有二三十样菜,光是一样一样传上餐桌的工夫,就花费好长时间。

"大征"这天,皇后早早就梳洗打扮完毕。当太监宣布请皇后出临受礼时,她在宫女簇拥下步入大厅,拜受诏书。太监在宣读完"大征"诏书后,公布了聘礼单子,然后一一亲自把聘礼交给皇后。这份聘礼单子上,既有皇帝与两宫太后送的大礼,也有宫廷显贵送的厚礼。怎么才见得这份厚礼之厚呢?有一事足以说明问题,这就是,文武百官为了巴结讨好同治帝和两宫太后,争相花费重金购买奇珍异宝,致使京师的珠宝价格短时间之内成倍上涨。当时有人写诗讥讽说:"金钗钿合定深情,执赞官仪别有名。椒戚都趋珠宝市,一时如意价连城。"

在九月十五日大婚前几天,是皇后妆奁进宫的日子。这些天,从皇后家到皇宫的路上,常挤满看热闹的人群。普通老百姓都想看看这天下第一份的嫁妆到底如何丰盛。

这份嫁妆的确非同一般,光是装各种嫁妆的彩车就有三百六十辆,须用四天才能发完。最为壮观的是送嫁妆的彩车队伍,只见望不到尽头的黄缎彩车,伴着悦耳的笙歌鼓乐迤逦而来。彩车中装满了各种各样首饰、古玩、服装等物,抬妆奁的宫廷校尉全都身穿一色红缎绣花短褂,红黄相间,灿若朝霞,引得围观的老人妇女一片片啧啧赞叹声。

运送妆奁的队伍中,最令人惊奇的嫁妆是一面西洋大镜。这面大镜子在阳光下闪闪发亮,耀人眼目。在进宫门时,遇到了麻烦,原来镜子太大,校尉们根本无法抬进去。最后,不得不把镜架卸掉一部分,才勉强挤进宫去。

九月十三日,宫廷内开始举行册立皇后、皇妃的仪式。同治帝派礼部官员告祭天地、太庙后殿和奉先殿。

九月十四日凌晨四点,同治帝早已穿上礼服,来到太和殿,亲自阅视一遍那篇拗牙难读的"皇后玉册"和"皇后之宝"。这本玉册上的字全部用纯金铸成,缀在玉版上,由工部负责制造,共花费黄金千两。而"皇后之宝"也用赤金铸成,四寸四分高,一寸二分见方,交龙纽,满汉文,由礼部承制,报销黄金也逾千两。

接着,同治帝任命册封皇后的使臣,正使是威望最高的惇亲王奕誴,副使是贝勒奕劻。当庞大的册封队伍来到皇后家时,崇绮府邸早已灯火辉煌,亮如白昼。皇后的全副仪仗，一直排到胡同口外面。鼓乐喧天的乐队过后，供奉玉册金宝的龙驾缓缓停在崇绮家门前，正副使一个捧册，一个捧宝，步入大门。

崇绮全家早已在门口跪接，在大厅正中安放好玉册、金宝，这才请皇后出堂，在厅堂之中面北跪下，听御前太监宣读册立皇后诏书，在接受了玉册和金宝以后，册立大典也算圆满完成。

与此同时，清廷派大学士文祥为正使，礼部尚书灵桂为副使，持节捧册，前往凤秀府第册封富察氏为慧妃。

下午四点，慈安、慈禧两太后在慈宁宫升座，同治帝前往行礼，然后又来到太和殿，接受群臣百官朝贺。朝贺完毕，同治帝派惇亲王奕誴为正使，贝子载口为副使，持节至皇后府邸行奉迎礼，也就是民间的迎亲礼。在民间，一般是新郎亲自前往迎亲，但皇帝大婚与众不同，皇帝以九五之尊，不能屈尊亲驾，因而用一柄龙形玉如意，上面由皇帝亲笔写一个"龙"字，放在迎亲凤舆内，就算是皇帝亲临奉迎皇后了。

迎亲的队伍以玉册、金宝为前导，凤舆居中，抬凤舆的校尉都穿绛红绣服，随后是一眼望不到尾的仪仗。旌旗、宫扇都绣着鸾凤图案。队伍前后是宫灯三百对，灯罩是由景德镇御窑厂特地为婚典制造的。

这天晚上普天同庆，全国各地老百姓都要在家门口张灯结彩。整个京城更是万家灯火，蔚为壮观。尤其是从午门到皇后家的御道上，悬挂着数百盏宫灯，远远看去，好似一条璀璨夺目的银链，把喜庆之夜装点得分外美丽。这时，同治帝和皇后都身穿红色龙凤同和袍，宫中执事及命妇都戴上了大红罩袖，宫殿里到处悬挂着红色彩绸，地上铺着大红地毡……放眼看去，视野之内，全部是红，满眼是红，到处是红，把喜庆气氛渲染到了极致。

子夜零点的钟声一响，大婚典礼的高潮也来到了。皇后的凤舆开始起驾进宫，一时鼓乐齐鸣，仪仗、车辆一字儿排开，后面是无数的宫灯和喜灯，闪出夺目的光彩。在长蛇阵一般的送亲队伍中，簇拥着皇后乘坐的黄缎盘金鸾凤肩舆，由16名精神抖擞的校尉抬着，在通往乾清门的御道上缓缓行进。街道两旁挤满了观看的人们，摩肩接踵，真是人山人海。御道两旁排列着一队队太监，当皇后的凤舆行进而来时，宫监们立即拍手欢迎，如潮的掌声此起彼伏，接连不断。《清宫词》有一首诗，正是描绘此情此景的："昭阳仪仗午门开，夹路宫灯对马催。队队宫监齐拍手，后边知是凤舆来。"

当然，最热闹的还是午门以内。为了表示普天同庆，两宫太后在大婚这天下谕：特许大开夜禁，凡是身着花衣的人都可以进入午门观看皇后仪仗。紫禁城门，平时查禁非常严格，普通百姓想进去根本没门儿，这次破例开禁，真是千载难逢的好机会，既可观看大婚盛况，又可以一饱皇宫眼福。因此，人们纷纷购买戏装，不到一天，全城戏装被人们抢购一空。大前门旁一家雨衣店，平时卖花翎和高丽货，眼下一见花衣供不应求，便用高丽纸画成彩衣出售，买者络绎不绝，这家店主大发横财。总之，人们通过各种办法穿上花衣，进入午门观看大婚盛典。皇后凤舆一入午门，便有无数人头攒动，争相观看。

《清宫词》内有一首诗是专门反映这番情景的,诗云:"巨典煌煌庆大婚,金吾不禁放诸门。忽传纸价高丽贵,一色花衣唱谢恩。"

当然,也有一些不法分子趁机混入宫中,大肆偷劫。同治大婚以后,发现宫内丢了许多东西,凡是办事大臣都受到了一些惩罚,因而到光绪帝大婚时宫禁很严,这是后事。

当午门楼上钟鼓齐鸣时,同治帝就知道,皇后阿鲁特氏已由大清门入宫了。于是,他从乾清宫起驾,前往坤宁宫,准备在那儿与皇后同拜天地。

过了大约一盏茶工夫,皇后凤舆入乾清门,皇后下轿,一手拿着一个苹果。随侍宫女把苹果接住,福晋、命妇立即捧上宝瓶,内藏特铸的"同治通宝",金银钱、小金银锭、金玉小如意、红宝石以及五谷杂粮,一瓶虽小,却盛着人间富贵,是名符其实的"宝瓶"。皇后手拿宝瓶,缓缓进入交泰殿。在进入殿门时,门槛上专门设置了一双朱漆马鞍,鞍下放两颗苹果,皇后跨过去后,就可以"平平安安"。这时,皇帝也驾到交泰殿,在一片鼓乐声中,皇帝与皇后一起下拜,成为结发夫妻。

然后是拜寿星、拜灶君、行合卺礼……繁文缛节,数不胜数,这样,从半夜一直折腾到天亮。

同治帝大婚礼,为了搞得排场奢华,清政府筹备了整整三年,前后共耗费白银一千一百三十万两,现在折合人民币九百多亿元,这个数目相当于清王朝全年财政收入的一半,如果兑换成粮食,可以供一千四百万人足足吃一年。总之,这次"百年难遇"的大婚盛典,其规模之大,耗费之巨,不仅在清朝历代皇帝婚典中绝无仅有,而且在整个中国封建帝王婚典当中,恐怕也无出其右者。

第五章　亲　政

　　尽管慈禧太后殚精竭虑，为巩固权力无所不用其极。但是，从同治八年(1869年)开始，慈安太后和以奕䜣为代表的朝臣纷纷以顺治、康熙祖制来对她施加压力，督促她早日撤帘归政。慈禧以载淳典学未成为借口，负隅顽抗，又延缓了三年。同治十一年(1872年)，同治帝成婚，慈禧鉴于多方面的压力，不得不同意撤帘归政。同治帝为表示对两宫皇太后垂帘以来勤政的酬劳，举行隆重庆典，给两宫皇太后敬上徽号：慈安徽号为"端裕"，慈禧徽号为"端佑"。

　　经过近半年的准备，同治十二年正月二十六日(1873年2月23日)，同治皇帝举行了亲政大典。

　　亲政的前一天，两宫皇太后正式宣布撤帘，发布一道懿旨云："皇帝寅绍丕基，于今十有二载，春秋鼎盛，典学有成，兹于本月二十六日，躬亲大政。欣慰之余，倍感兢惕……皇帝日理万机，当敬念惟天惟祖宗所以托付一人者，至重且钜。只承家法，夕惕朝乾，于一切用人行政，孳孳讲求，不可稍涉怠忽。视朝之暇，仍当讨论经史，探求古今治乱之原，克俭克勤，励精图治。此则垂帘之初心，所夙夜期望而不能或释者也。在廷王大臣等，均宜公忠共矢，勿避怨嫌。本日召见时，业经淳淳面谕。其余中外大小臣工，亦当恪恭尽职，痛戒因循，弘济艰难，弼成上理，有厚望焉。"

　　从这些言辞可以看出，两宫皇太后对同治帝独揽权柄还有些不放心。因此，又发一道懿旨，令"皇帝每日办事召见后，仍应诣弘德国殿，与诸臣虚衷讨论。李鸿藻、徐桐、林天龄、桂清、广寿均著照常入值，尽心讲贯，用收启沃之功"。

　　不久年轻英俊的同治帝御临太和殿，接受王公以下文武大臣官员的朝贺。从此以后，他将成为大清朝名副其实的最高统治者。为了摆脱垂帘的阴影，他把办公地点从养心殿移到乾清宫，常在那里单独召见臣子，独立裁决军国大事。这一天，各口岸的中国船只有史以来第一次挂起龙旗，以示庆贺。

　　同治帝亲政后，确有一股奋发有为的热情。在亲政的第三天，他就下令整顿财政，严禁内务府支取户部款项。谕令各省督抚举荐人才，以备任用。下令各地整顿税收，严禁官吏渔猎百姓。他夙兴夜寐，细览章奏，兢兢业业，井然有条，就连御史考试，也亲自验查试题。

　　同治帝满以为，自己这样勤于政事，一定没有辜负两宫皇太后的谆谆教诲和殷切期望，一定会得到慈禧的赞许。

　　其实，慈禧太后在归政时发布的懿旨，不过是一些冠冕堂皇的漂亮话，都是做做样子的违心之言。慈禧本意并不在于同治帝能否励精图治上，而是希望他亲政后，仍然像以前一样，小心谨慎地侍候她，事事向她请示、汇报，聆听她的指教。

可惜,同治帝毕竟年轻幼稚,对慈禧太后嗜权如命的本性缺乏足够的认识。虽然在亲政后不久,为表示感谢太后的归政之恩,再次举行两宫皇太后加封大典,慈安太后加封"康庆"二字,慈禧太后加封"康颐"二字,而且主动增加了拨给两宫太后的"交进银",从原来的每年白银十万两增至十八万两。但是,同治帝天天独自处理朝政,却从不向慈禧太后请示汇报。没多久,慈禧太后实在忍无可忍了,于是把同治帝召来狠狠地训斥了一顿。而同治帝年轻气盛,性格刚强,对慈禧干预政事也心怀不满。但她毕竟是自己的生身母亲,又不好轻易发作。这样,更滋长了慈禧太后的跋扈气焰,她仍然不放听政的姿态,事事对同治帝掣肘。同治帝每有独自裁决的事,不启禀慈禧,或与她商量,都将遭受责骂训斥。

同治帝感到,他的生身母亲不是自己温柔的港湾,而像一条阴冷的毒蛇,在缠绕着他,吞噬他的统治精神和独立意志。为了实现自己的夙愿,他千方百计策划着将这条毒蛇从他身边支开。

希望终于来了。同治帝从太监那里知道,慈禧太后有心重建圆明园,把那里当作她的休憩、娱乐、颐养天年的场所。

原来,同治帝大婚后不久,慈禧太后就考虑到同治帝的亲政问题。无论从当时或将来考虑,她都想为自己找一个风景秀丽、天地广阔的居住之处。于是,她曾对军机大臣们说过:"大难既平,吾姐妹辛苦日久,今距归政不远,欲择日遍召大学士、御前大臣,谕以宏济艰难之道,惟养心殿地太迫窄。"她心里嫌养心殿地方狭小,不够宽敞,想搬到乾清宫去住。

乾清宫是清代皇帝和皇后居住的场所,也是听政、受贺及平日召对臣工、引见臣僚、接见使臣的地方。在紫禁城诸建筑中举足轻重,建筑精美,地势开阔。可是,恭亲王看出了慈禧太后的心意,就抢着说:"慈宁宫是太后最合适的居所。"按清朝祖制,慈宁宫是皇太后养尊之地。

慈禧太后是不满足于居住慈宁宫,才说这番话的,见奕訢又端出祖制来先发制人,就只好不了了之。后来,她对京师各地进行了斟酌,最后还是选定了虽较偏远,但环境幽雅、宽敞怡人的圆明园。

紫禁城内,殿阁巍峨,结构严谨,长期住在宫中,颇有拘谨乏味之感。远不如近郊圆明园,虽经英法联军烧毁,但依然风景宜人,若经过精心修缮,定能使人心旷神怡,留连忘返。想当年慈禧在圆明园"天地一家春"的寝宫中蒙受咸丰帝恩宠,在那里一对少年夫妻度过了一段万种缠绵、千般恩爱的甜蜜时光,真个令人魂牵梦萦,情丝难断。

因此,她早已悄悄令人着手修园。同治四年(1865 年)修复了圆明园北路春雨轩、紫碧山值房。第二年又修复了圆明园围墙及绮春园值房。同治七年(1868 年),清军平定东西捻军起义后,慈禧觉得天下太平,就派安德海指使御史德泰奏请向百姓按户抽收捐税,筹集修园经费。这一建议立即遭到恭亲王奕訢等的强烈反对,最后迫使慈禧下诏把德泰革职拿问。慈禧自从经过这次挫折后,深知修园之举不得人心,有损自己的政治声望,因而就不再公开主张修园。但修园之心却一日也未曾泯灭。

同治帝得知慈禧太后有心重修圆明园,就立即着手准备。这样一来,不仅他自己在政事之余,可以去开心消遣,而且可以讨慈禧的欢心,公开表明自己对太后的孝心,戳穿慈禧向人散布自己"不孝"的流言蜚语。更主要的是,这样可以让慈禧太后离开紫禁城,在圆明园的美景中流连忘返,不再过问政事,干扰自己。

于是,同治帝向两宫皇太后提出了重修圆明园的想法,慈禧太后从来没有这么高兴过。她想,同治帝把园子修好了,自己可以在那里安享天年,即使有大臣们为难和攻击,即使有后人修史立传,也可以让同治帝做挡箭牌,自己只是坐享其成,何乐而不为呢?

慈安太后深知修园之举不得人心,但她也知道同治帝的苦衷,如果不用这一招儿,确实无力摆脱嗜权如命的慈禧,这实在是万不得已而为之,也只好默许了这件事。

同治帝见两宫皇太后同意自己的主张,就在同治十二年九月二十八日(1873年11月17日)发布了一道上谕:"两宫皇太后垂帘听政十一年来,朝乾夕惕,倍极勤劳……自朕亲理朝政以来,无日不以感戴慈恩为念,朕尝观养心殿书籍之中,有世宪皇帝御制圆明园四十景诗集一部,因念及圆明园本为列祖列宗临事驻跸听政之地,自登基以来,未奉两宫皇太后在园居住,于心实有不安。因以回复旧制为念。现当库款支绌之时,若遵照旧修理,动用部储之款,庆恐不敷。朕再三思考,惟有将安佑宫供奉列圣圣容之所,及两宫皇太后所居三殿,并朕驻跸听政之处,择要兴修。其余游观之处,概不兴修……庶可上娱两宫皇太后之圣心,下可尽朕之微忧也。"

重修圆明园的诏书刚一发出,就引起了朝野的极大关注。内务府官员及一些当权太监不禁万分欢喜。他们正愁没有贪污搜刮的名目,修圆明园是一个大兴土木的工程,正可借机大肆侵吞公款,收受贿赂。于是,一听说同治帝和太后有意兴修圆明园,就从背后极力怂恿。今日终于如愿以偿,做了多年的发财梦就要变成现实了。他们怎能不心花怒放呢?

与此相反,这一举动遭到了多数朝臣的反对。就在上谕颁布的第三天,一名叫沈淮的御史就上书直言,以目前西北回乱未平,南北均有旱涝为由,劝皇上不宜大兴土木,否则有损圣德。同治帝闻奏大怒,立即召见沈淮,以《大学》养老之子言之,把沈淮狠狠地臭骂了一顿,沈淮本来不善口才,见天威震怒,早已吓得魂不附体,哑口无言。于是,同治帝更加理直气壮,又下了一道谕旨,阐述自己决策的正确性。

他先表示自己为了奉养两宫皇太后,不得已而大兴土木,但深知工程浩大,所以只选择几个地方略加修葺。这样,他以尽孝为幌子,以节俭为旗号,似乎可以堵住大臣的口舌了。

谁知,又有一个叫游百川的御史,竟殚精竭虑地想出了另外一条劝阻皇上修园的理由,他提出,重修圆明园可能再次引来洋人的骚扰,企图借洋人来恐吓同治帝。同治帝本来就讨厌洋人,一看游百川的奏折,气不打一处来。他立即召来游百川,厉声责问道:"你也有父母,哪有父母想要,而你偏不给的道理!"这游百川是个刚直不阿、能言善辩之士。他巧舌如簧,沉着应战道:"紫禁城内南、北、中三海,俗称西苑,近在宫掖,风景秀丽,用不了多少银两,加以修缮,就可作为皇太后颐养天年之圣地。"

同治帝知西苑虽然景色宜人,但紧接皇宫,无法实现自己内心的目的,于是决定严惩游百川,杀一儆百。

第二日,同治帝发布了一篇经过精心炮制的上谕,给以游百川为代表的人一个下马威。上谕中写道:"朕观该御史(游百川)所奏之意,亦不过欲使人知已尽言官之责,徒沽其名耳,安有体朕孝恩之意哉……该御史既为言官,并未闻有关系国计民生之事,乃先阻朕尽孝之心,该御史天良安在?今将该御史游百川即行革职,为满汉各御史有所警戒。俟后如再有奏请暂缓者,朕自有惩办!"

同治帝把上奏谏阻的游百川罢官免职了,的确达到了杀一儆百的目的,此后很长时间内再没有人敢出面谏阻同治帝兴修圆明园一事。同治十三年(1874年),重修圆明园的各处工程正式开工。慈禧太后兴致尤高,她以太后之尊,不惜躬亲画样,详订款式。同治帝也数次巡幸圆明园遗址,亲自实地勘查。这母子二人,彼此心照不宣,甚为相洽相行。

但修园之举,劳民伤财,毕竟不得人心。同治十二年十月(1873年11月),左宗棠的西征军攻陷肃州,获得平回战役的彻底胜利,就在这时,将士们得到了皇帝和皇太后不顾国库空虚、边防不靖而修复圆明园的消息。后方统治者骄奢淫逸,歌舞升平,怎能不令前方舍生忘死、拼杀疆场的将士们寒心呢?所以,左宗棠决定拖延一些时间,再把捷报发往京城,从而企图使最高统治者多一些担心,少一些安乐,而暂停修园。谁知同治帝和慈禧太后根本不在乎什么太平不太平,早已决定了修园大计。左宗棠的一番苦心,不过是他本人的一厢情愿罢了。

就这样,同治帝与慈禧太后不顾群臣反对,力排众议,紧锣密鼓地开始了大规模的修园工程。

重修圆明园,说起来容易,做起来就难了。首先遇到的一个难题就是钱。圆明园是康熙、雍正、乾隆三大盛世用全国物力兴修起来的。同治帝虽然声称只是部分修缮,但其费用仍然十分庞大,据预算至少需银一百万两。在多年战乱后,国库银两大多消耗在军费开支上,早已入不敷出,哪有钱用于修园?因此,修园之初,内务府的人常常三个一队,五个一伙,跑来要钱,弄得同治帝一筹莫展。

同治帝被逼无奈,只好发起了一次募捐活动,下谕让众大臣为重修圆明园报效园工银两。此令一下,在官员中立即引起了骚动。那些惜财如命的大臣们见皇帝把手伸进了自己的腰包,不免心有余悸,但圣命难违,只好象征性地拿出一些银两,以应付皇帝的号召。

第一个带头报效银两的是恭亲王奕䜣。同治十二年十月初四(1873年11月23日),他率先把两万两白银交到内务府,并声称受恩深重,不敢仰望嘉奖。其实,奕䜣对重新修园一事始终持反对态度,但他深知慈禧对此事态度十分积极,皇帝也下了决心,上书谏阻只是螳臂挡车,徒劳无益。况且,自同治四年(1865 年)与慈禧的一番争锋,他逐渐认清了自己的正确位置。与慈安等共同携手诛杀太监安德海干得非常漂亮,但他惟恐慈禧怀恨在心,此后愈发小心在意,持重老成。如今皇上下诏让群臣募捐,以自己在朝中的身份和地位,只能率先垂范,以表忠心。

在奕䜣的带动下,内务府官员明善和贵宝也自告奋勇地分别捐银两万两和一万五千两。他们是竭力倡导修园的人,这样慷慨大方,是有企图的。皇上见他们捐款积极,一定把主持修园的肥差交给自己,那时就能中饱私囊,一本万利。此后,各大臣纷纷前来捐银,但并不像同治帝和内务府大臣预计的那样踊跃,捐万两以上的极少,大多是两三千两。甚至有些亲王、大臣竟声称从自己薪俸中扣几百两银子,算作略表"报效之忱"。

同治帝见状,万分焦急,后来经内务府大臣婉转点拨,他才恍然大悟:大臣们捐银不踊跃,与奖赏没有兑现有关系。于是谕令恭亲王:"著总管内务府大臣核给奖励。"

听说皇上要给奖赏,这些大臣顿时露出了庐山真面目,纷纷根据自己捐银的数目,请求奖赏。后来,内务府索性明码标价,以捐银多少决定升官的标准。这样一来,官员们捐款才踊跃了一些。尽管如此,到第二年八月(1874 年 9 月),捐款总数也不过四十万五千五百二十两,对于修园这个庞大工程来说,简直是杯水车薪,无济于事。

在捐款修园过程中,还有一段令人捧腹的闹剧。事情是这样的:慈禧太后有个亲戚,曾仰仗慈禧这层关系在广东海关任职,捞了不少外快,家财万贯。听说慈禧和皇帝号召捐款修园,认为这是一个邀宠升官的好机会,就单独上了一份奏折,声称愿意个人出资修圆明园的西围墙。不想此君腹中没有多少墨水,在"修"字下多写了个"补"字,这要修墙就成了补墙。圆明园西墙大部分坍塌了,要补砌这么长的围墙,是一项浩大的工程。慈禧和皇帝正为修园经费捉襟见肘而愁眉不展,见有人主动请求出资补墙,自然喜出望外,欣然答应了此君的要求。此君见上谕发下后,才知自己夸了海口。但圣旨已下,只好硬着头皮开工了。原先预算修墙料价可用六万两,但才补了四分之一,已支款百万,直弄得他典房卖地,鬻器当衣,勉强支撑了一个多月,才修补了一半,其实,他花了许多冤枉钱。因为承办修墙的官员见他自己包修,不用公款;不能牟取私利,就十分嫉恨。于是故意拖延工期,加劳力,耗材料,每天有数千人就食于此,而不卖力干活。纵使他有万贯家产,怎禁得起这般糟踏?眼看自己倾家荡产也无力完工,只好托人向慈禧说情。慈禧见他如此狼狈,原本出于邀宠之心也已落空,真是又怜又气,但也毫无办法,只悻悻地说:"真是自找苦吃。"于是,圆明园西围墙只修补了一半,便告停工。

按照迷信说法,同治十三年(1874 年)是个不吉祥的年头,叫"太岁冲犯",这年凡是南北向的房屋,都不宜开工。因此,同治帝下令圆明园工程务必于同治十二年年底前开工,以避开明年"太岁冲犯"之忌。

同治十二年十月初七日(1873 年 11 月 26 日),内务府官员进驻圆明园。第二天在安佑宫、天地一家春、正大光明殿等处举行了开工仪式。不久,钦天监择定了良辰吉日,届时将正式举行上梁仪式。时间选好了,可是各处上梁急需大批上好的木料,一时没有着落。

正当同治帝为修园木料奇缺而发愁的时候,从京城突然冒出一个名叫李光昭的人。李光昭本是靠做买卖为生的投机商人,他善于钻营投机,熟谙贿赂之道,经常周旋于官宦之家,进行诈骗活动。当他听说同治帝修圆明园急需木材,不禁又动了行骗的主意。他很快和内务府的诚明、贵宝、成麟等直接办理修园工程的官员拉上了关系,并鼓动自己的三寸不烂之舌,向诚明等吹嘘自己家道如何殷富,对皇上如何忠心,最后抛出了令内务府官员怦然心动的诱饵。他声称自己在江南诸省采购了价值万两白银的楠、椿、松等巨木,并愿把这批木料全部砍伐运京,报效朝廷,用于修园。诚明等听了喜出望外,隆重款待李光昭,并立即禀报同治帝。同治帝闻讯,真是雪中送炭,想不到自己竟有这样忠心耿耿的臣民,欣然恩准,令成麟与李光昭同行,去各省砍伐木材。并谕令各省督抚予以保护,所运木料一律免税放行。

李光昭如同奉了尚方宝剑,打起了"奉旨采办"的旗号,私刻"奉旨采运圆明园木植李衔"的印章,在四川、湖北等地大肆招摇撞骗。四川总督吴棠觉得此人来历不明,形迹可疑,便派人暗中探访。经过明察暗访,很快就揭开了李光昭的真面目。吴棠立即上奏朝廷,说四川省从来没有姓李的客商购存木料,更没有李光昭其人采办木材之事,李光昭所言纯属骗局。同治帝此时求木心切,正所谓饥不择食,虽听说此事,也不把它当回事儿详加查问。

李光昭行骗引到地方官员的警觉.没捞到多少油水.便打起了骗洋人的主意,他匆匆奔赴香港,冒名差办圆明园工程的钦差大臣,到处张扬木材事宜。香港商界早已知道大清皇帝正大兴土木,重修圆明园。现在见到钦差大臣来采买木料,便信而不疑,不久就有一个名叫安济的法国商人,首先落入李光昭的圈套,与李签了一份购木合同。谁知事不凑巧,安济竟在木料运来之前因醉酒跌入海中淹死了,合同因此而作废。李光昭又找到另一名法国商人博威利,与他商洽购买洋木三万五千英尺,讲好这批木材每尺的价格是一元五角,其中包括运费,总价五万四千二百五十元,计划一个月之内这批木材运抵天津。

李光昭在香港大肆挥霍,此时已囊中羞涩,这时真让他付款买木材,已无力承担。但随他而来的成麟急于想在这件事上立功,好为自己在内务府补个空缺,就不顾一切地怂恿他与法国商人签订了这份购木合同。

于是,李光昭携带合同和木样,乘海轮到达天津。他一面禀呈直隶总督兼北洋大臣李鸿章,请求海关免税放行,一面向内务府呈报,说已将一批洋木运至天津大沽港。他自以为京中官员不懂英尺大小,也不晓得洋木价格,转而漫天报价,明明是价值五万多两白银的木材,他竟谎报三十万两。为了保险起见,他竟无耻地贿赂美国领事馆,求美国人替他隐瞒木价。

内务府官员们接到李光昭禀文后,立即呈报给皇上,同治帝阅后自然龙颜大悦,立即批文"奉旨依议"。

谁知天津已闹出了乱子。李光昭做的是骗人的买卖,洋商把货运到天津后,他哪里有钱去付款提货。于是李光昭便耍开了无赖。一会儿说款子未齐,一会儿又说木材尺寸与原议不合,不肯提货。洋商情急之下,告到法国领事馆,由法国领事馆出面,控告李光昭废弃合同,有意诓骗,要求清政府拘留李光昭,令他赔偿法商损失。这样,就引发了一场中外交涉事件。

李鸿章见事情闹大了,就连忙上奏同治帝,把李光昭行骗内幕及其所引起的纠纷捅了出来。同治帝闻奏,仿佛被人当头打了一棒,恍然大悟,天威震怒,下谕令李鸿章审讯,按律严办。李鸿章以"诈称内使近臣"和"诈传诏旨"罪,判处李光昭斩监候,秋后处决。

堂堂大清皇帝竟然被一个小小奸商所骗,在中外造成了恶劣的影响。是可忍,孰不可忍。同治帝恼羞成怒,下令把代为李光昭奏请捐助木材的崇论、明善、春佑三位大臣"革职留任",不久,又将与此事有牵连的内务府大臣贵宝、诚明和成麟等一并革职。这些人本想借李光昭升官发财,不想反被这个大骗子拉下了水,悔之晚矣。

至于李光昭就更惨了。李鸿章将他判了个秋后处决,恰巧这年秋天正是慈禧太后的四十大寿,按例届时暂缓处决,李光昭就可以多活一年。同治帝对这个让自己丢尽脸的骗子已恨之入骨,所以批示李鸿章把他"立即正法",马上处决,一天也不想让他多活。

虽然李光昭已人头落地,但同治帝心头之恨并未消解。因为随着这件木材诈骗案的败露,引发了朝廷众臣反对重修圆明园的更大风潮。以前谏阻修园的多是名不见经传的小官,而这次不同了。恭亲王、醇亲王、文祥、徐桐、广寿等一批御前大臣,军机大臣和帝师们也纷纷上书,要求停止修园。同治帝感到这股风潮迅猛异常,自己很难抵挡。

在修园之前,内务府大臣和一些朝臣为了从中牟取暴利,竭力为同治帝摇旗呐喊,壮大声威,进而促成了重修圆明园一事。可是,随着工程的展开,他们发现这项浩大工程的启动资金如杯水车薪,并无多少油水可捞。特别是木材诈骗案事发,曾积极倡导修园的明善、贵宝等大臣被革职查办,其他人见势不妙,急忙抽身,只留修园大臣的空头衔而已。

那位最先倡导重修圆明园的慈禧太后,对修园近期消息了如指掌,可表面上她对此事却装聋作哑,袖手旁观,做出一副事不关己的样子。这样,在主张修园的一方,同治帝成了名副其实的孤家寡人,不免有些心虚。但他年轻气盛,不肯善罢甘休,仍咬牙硬挺着。于是,同治朝最激烈的一场政治斗争拉开了帷幕。

自从张罗重修圆明园以来,同治帝把它看作了头等大事,他隔三差五就往圆明园跑,说是视察工程进展,有时竟在那里终日停留,夜不归宫。更为严重的是,早年有私游旧习的同治帝,亲政以后,常借视察工程为名,流连于市井之间,有几次竟被大臣撞见,引起了一片议论。

首先对同治帝发难的是恭亲王奕䜣,他原本就反对重修圆明园,只是碍于这事有慈禧做后台,他对同治四年差点被慈禧革职还心存余悸,因而不但没有公开表示反对,还装出赞许皇上的姿态，先后两次带头捐款。当李光昭诈骗案一曝光，同治帝私游之事也闹得满城风雨时，恭亲王觉得阻止修园的机会来了。他采用了迂回战术，把停工同"戒微行、远宦寺、绝小人、警宴朝、开言路、惩夷患，去玩好"等七件事混在一起，这样就避开了慈禧太后，直把矛头集中在毫无政治经验的同治帝身上。

同治十三年七月十六日（1874年8月27日），奕䜣发动惇亲王、醇亲王、科尔沁亲王伯彦讷谟祜、额附景寿、郡王衔贝勒奕劻、军机大臣文祥、宝鋆、沈桂芬、李鸿藻等十重臣联衔上奏，就停园工等八事进行劝谏。这十人分别是五御前、五军机，不是同治帝的叔伯、长辈，便是宰辅命臣，可谓阵容强大，来势汹汹。

同治帝看了奕䜣和十重臣的奏折，气不打一处来，他索性把这些折子扔到一边，不予理睬，看他们有何办法。

奕䜣等十重臣见递上去的折子如同泥牛入海，杳无音讯，便一起去见皇上。同治帝被逼无奈，只好气急败坏地同意接见。

十重臣在太监引领下来到同治帝内宫，只见同治帝铁青着一张脸，还未等十重臣跪下请安，劈头就说："我停工怎么样？你们还有什么好啰嗦的？"

恭亲王听出同治帝说的是气话，内心并未接受劝谏，便回答："臣等所奏还有别的，不只停工一事，容臣宣诵。"

说完，奕䜣从靴中拿出折子，一条一条地宣读起来，就像给小学生上课一样，反复举例讲解。恭亲王早想一吐为快，因而忘了向皇帝进言要字斟句酌，不觉话越说越重，言辞越来越激烈，大有叔叔教育侄子的味道。这时，猛听得"啪"的一声击案声。众大臣吃了一惊，只见同治帝怒吼道："这个位子让给你，怎么样！"

众大臣见天威震怒，说出这么重的话来，紧张的气氛一下子达到了顶点。大学士文祥这几天正患病，身体极度虚弱，他见君臣之间已经僵到这个地步，不禁悲痛欲绝，一声长号，竟喘不上气来，马上昏厥过去。同治帝见状，马上派人把他先扶了出去。

接着，醇亲王奕譞对同治帝进行劝谏。他采取以情感人的方法。说到伤心处，声泪俱下。但提到"微行"一事时，同治帝觉得在众臣面前揭自己的老底，面子上实在下不了台，不禁恼羞成怒，厉声责问："那是谣言，你说，是从哪里听来的？"

醇亲王知道此事涉及皇帝天威，不好点破，便支吾不言。同治帝反而认为醇亲王没有确凿证据，是捕风捉影的传闻，竟和醇亲王较上了真儿："你给我说说，我何时何地私游，有谁见到了，不然你就是造谣。"

这可把醇亲王逼到了绝路上，不说出原因来就犯了欺君大罪，他怎能担当得起？于是，便把同治帝哪天在宣德楼小酌，哪天在龙源楼午膳，哪天去过八大胡同，哪天在琉璃厂买闲书，都一一指出了时间、地点，甚至在酒馆要了什么菜，花了几两银子都说得清清楚楚。

同治帝听了，不禁目瞪口呆，就像在大街上被人剥光了衣服一样，羞得无地自容。他万分恼怒，但自己把柄落在众人手里，一时竟无话可说，经过一阵可怕的沉寂之后，只听同治帝言不由衷地说:"别的都好说,只是修园一事,是为了讨太后的喜欢,我不能说停就停,得奏请太后决定。"

十重臣见预期目的已经达到,就匆匆退下。一场经历了两个多小时的廷争,总算平息下来。但这只是风雨欲来前的暂时平静,一场更大的风暴正在酝酿,那时将涌起更加猛烈的波澜。

同治帝现在才意识到自己是多么可怜,自己的一举一动都在别人的监视之中,身为万乘之君,却不能为所欲为,自由自在,还不如一个平民百姓活得潇洒。那么,微服之事,醇亲王怎么会知道得这么详细,是谁监视自己? 是谁告的密? 同治帝心想,我一定要查个水落石出,对监视人和告密者一定严惩不怠!

同治帝召见醇亲王,想从他那里了解有关自己微服外出消息的来源。正巧醇亲王那天去南苑验炮不在。于是,他便召来恭亲王追问此事。恭亲王一开口就吞吞吐吐,同治帝觉得事有蹊跷,就紧逼追问,奕䜣最后不得不实话实说:"是臣的儿子载澂告诉我的。"

同治帝顿时明白了,心想:怪不得他们把我的举止摸得一清二楚,原来是这个王八蛋泄的密。

那载澂是何许人呢? 他是恭亲王奕䜣之子,因为父亲的关系,他经常出入皇宫,后来又当上了皇帝的伴读,两人知无不言,言无不尽,非常亲密。同治帝一直视载澂为自己的知心朋友,两人都好玩乐,尤其微服私行,多由载澂怂恿和陪伴。当同治帝听说是载澂告的密,心中暗想:"这父子二人实在可恨,一个在朝廷上欺负我,一个阳奉阴违,在背地里坏我名声。我一定得给他们点颜色看看。"

同治帝正准备将奕䜣父子加以惩戒,以泄私愤。哪里知道,他此时也处于极为不利、自身难保的境地。原来,恭亲王等十重臣为迫使同治帝就范,这些天正四下活动。他们联名上奏两宫皇太后,想先说服太后,让太后来给同治帝施加压力。

慈禧太后以她丰富的政治经验,觉察到停止修园乃大势所趋,无力阻挡。与其继续冒天下之大不韪,硬顶着,不如索性抢先来个高姿态,把责任推给儿子,自己落个圣明的美誉。于是,她假惺惺地同意了恭亲王等人的建议,叫来同治帝,训斥他没把事办好。

这样一来,同治帝处于上压下挤,进退维谷的艰难境地。慈禧本来是怂恿他兴修圆明园的后台,现在暗中撤了梯子,反而把修园所引起的一切过失都推给了他。同治帝如同哑巴吃黄连,有苦说不出。

七月二十九日(1874年9月9日),骄阳似火,最后摊牌的时候到了。这天上午,同治帝见了十重臣。先进去的是恭亲王,因为已有慈禧在后面撑腰,他这次完全理直气壮,在同治帝面前毫不收敛。奕䜣向同治帝开宗明义地提出停止修园的请求,并再次毫无顾忌地讲了一大篇同治帝早已听腻了的大道理。同治帝对恭亲王向太后告状一事早已不满,现在又来指手画脚,他索性倒身躺在宝座上,来表示他对这位亲叔叔的不耐烦。恭亲王见同治帝这样蔑视自己,更加气愤,他上前一步,责备同治帝违背祖训,干出一些不合体的事来。

　　同治帝实在听不下去了,"呼"地坐起来,怒气冲冲地说:"你对祖训可真熟啊,对朕的事还有什么可说的,你就尽管说吧!"

　　恭亲王来个顺水推舟,指着同治帝身上穿的衣服说:"皇上穿的这件衣服就不合祖制!"

　　原来,同治帝平时与载澂等人微服私游,穿着一身黑衣,这身衣服一方面可以掩饰他的帝王身份,另一方面他身着黑衣后,更显得面皮白净,格外精神。今天同治帝一时疏忽,竟忘了换龙袍朝服。当叔叔的恭亲王奕訢见侄子这么不尊重自己,怎能不肝火上升呢?

　　同治帝一听,把脸一沉,怒声反问:"朕今天穿的这身衣服,和你儿子载澂穿得一模一样。你管不好自己的儿子,却来教训朕。你先退下,朕随后有旨。"

　　接着,同治帝草拟一封诏书,传谕十重臣遍览。大臣们看了,面面相觑,目瞪口呆。原来,诏书中写的是取消恭亲王世袭罔替称号,降为不入八分辅国公,也就是把奕訢的爵位连降十等。这还不算,又撤去他军机大臣职务,除去了他一切差使,交宗人府严议。同时,还免去了恭亲王之子载澂的贝勒郡王衔和御前大臣行走的职务。

　　众大臣急忙一齐进见,劝同治帝收回成命。尤其是惇、醇两位亲王,极言对日本、台湾交涉已处于紧急状态,除恭亲王外,没有人能担此重任。最后,同治帝被迫勉强收回成命,恢复了奕訢军机大臣的职务。

　　恭亲王奕訢见同治帝收回成命,觉得这个年轻皇帝奈何不了自己。上有慈禧做后盾,下有朝臣拥戴,看你能把我怎么样!因此,当同治帝再次召见御前、军机十重臣与帝师翁同龢时,便决定对停止修园发起最后进谏,非迫使同治帝下令停工不可。

　　同治帝此时已处于孤立无援的境地。眼看众臣已站到恭亲王一边,知道修园工程不得不取消。一想到自己张罗了将近一年的"大事"竟被大臣们给否定了,自己想摆脱慈禧太后的如意算盘也落空了,真是咽不下这口气,因此,他责问恭亲王:"当初,我提修园,你不也赞同吗?你还带头捐银,现在怎么出尔反尔,非要迫使我停工!"

　　恭亲王听了这话,像被人刺痛了伤口,脸上红一阵,白一阵。当初他怕触怒了慈禧,为明哲保身,不惜违心做出支持的姿态。但这话当着同治帝的面怎好意思说出口。他不愧是政坛老手,很快就恢复平静,答道:"臣以为皇上天资聪明,必以为事不可为,有下诏停工的一天,那时天下定要盛赞皇上圣明。"

　　"你为我想得太周到了。"同治帝冷笑着说。突然,他把话锋一转,怒声喝道:"你这不是当面一套,背后一套吗?你们为什么到太后那里告我的状?是何居心,这不是挑拨我们母子关系吗?"

　　十重臣见情势不好,急忙极力申辩,一时间,殿堂之上,唇枪舌战,此伏彼起。同治帝哪里是十位老臣的对手,不一会儿,便口干舌燥,欲辩无言。在旁静观的帝师翁同龢急忙为同治帝解围,同治帝也就坡下驴,同意停止修园。但为了挽回一点皇帝的面子,有气无力地说："现在说时机不宜,那等十年、二十年之后,四海平定,国库充裕了,你们许不许我重新修园?"

众臣见皇帝已同意停工,便齐声说:"当然,当然!"大家其实内心都明白,这只是一张空头支票,谁知道十年、二十年之后是什么样子。

同治帝见事已至此,只好收场。但他看到众臣都追随恭亲王,自己只是个徒有其名、说了不算的皇帝,实在咽不下这口气。因此,他决定效法康熙大帝除掉辅政大臣鳌拜那样,给恭亲王奕䜣点颜色看看。

为了收到实效,同治帝仿效他生母同治四年的故伎,给恭亲王定了召对时"语言之间,诸多伯仪"的罪名,下谕革掉恭亲王的亲王爵位,降为郡王,仍允许他任军机大臣之职。同治帝满以为这样就不会招致众臣反对,轻而易举地剥夺恭亲王之权。他哪里会想到,军机大臣们早已与恭亲王联成一体了;尤其在谏阻修园这件事上,十重臣采取了空前一致的行动。恭亲王一旦受处罚,都不能不有唇亡齿寒、兔死狐悲之感。因此,同治帝发布谕旨几天来,如石沉大海,一点反响也没有。

同治帝不由得气冲斗牛,七窍生烟,他心想,在众大臣心目中,堂堂九五之尊还抵不上恭亲王奕䜣,简直是狼狈为奸,反了。于是不顾一切,亲拟一道谕旨,以"朋比为奸,谋为不轨"的罪名,将十重臣统统革职。同时派太监传旨,准备在明天召集六部尚书、侍郎、左都御史、内阁等在京大员,当众宣布将十重臣免职的上谕。他这是仿效慈禧太后在祺祥政变中的招法,企图发动一次宫廷政变,来清除妨碍自己皇权的十重臣。

这时,早有探事的太监把这件事禀告慈禧太后。一直坐山观虎斗的慈禧,认为自己出面的时机到了,是自己力挽狂澜,收拾残局的时候了。

第二天,同治帝正准备实施他的"政变"计划,太监突然通报两宫太后驾到,同治帝听报大吃一惊,这时两宫皇太后已驾临弘德殿,并传旨召见御前、军机十重臣。

于是,弘德殿中出现了这样一幕场景:两宫皇太后高高地坐在御案里,同治帝在旁侍立,十重臣在下面跪听。慈禧在这个关键时刻,又一次淋漓尽致地发挥了她的玩权手段。只见她一把鼻涕一把泪地数说恭亲王的功劳,对皇帝把事情弄到这个地步,感到痛心疾首。最后,由慈禧太后一语定乾坤:"十几年来,没有恭亲王怎会有今天的太平。皇上年少不懂事,前天的上谕立即取消。"

随后,军机大臣们按慈禧的意思,拟了一道上谕,以同治帝的名义发布。上谕写道:"朕奉慈安端裕康庆皇太后、慈禧端佑康颐皇太后懿旨:皇帝昨经降旨,拟将恭亲王革去世袭罔替,降为郡王,并载澂革去郡王衔。在恭亲王召对时,言语失仪,原属咎有应得。惟念该亲王自辅政以来,不无劳勋足录,著加恩赏还亲王世袭罔替,载澂贝勒郡王衔。该亲王当仰体朝廷训诫之意,嗣后益加勤慎,宏济艰难,用副委任。"

同治帝本来设想,今天是自己大兴龙威,重振帝纲的好日子。没想到两宫皇太后出面干预,不但威风没抖出来,反而落了个受训的遭遇。经过这么一折腾,他那原来就很薄的一层帝王尊严被慈禧剥得一丝不剩。

围绕重修圆明园而掀起的一场轩然大波,就这样归于风平浪静了。争斗的双方——同治帝和以恭亲王为首的十重臣,斗了个你死我活,结果两败俱伤。皇帝通过这件事被证明"少不省事",威信大大降低。而恭亲王险些丢了乌纱帽,被吓得胆战心惊,从此更加小心谨慎。鹬蚌相争,渔翁得利。惟一的胜利者,是身居幕后的慈禧,开始怂恿同治帝修园的人是她,最后制止修园的人还是她,真可谓翻手为云,覆手为雨。她利用这件事把同治帝的政治声望狼狈地践踏了一回,又借这位青年皇帝的手对权倾朝野的恭亲王大大地整治了一番。最令她得意的是,通过自己导演的这场惊心动魄的闹剧,又一次显示了她本人的政治才能,提高了自己的威望,博得了朝野一片"皇太后圣明"的美誉,这为她以后再度垂帘做好了铺垫。

第六章　少年皇帝韵事多

一

按理说,同治帝的婚姻生活应该很美满。他对自己的皇后阿鲁特氏十分中意,他爱她端庄娴淑,爱她知书达礼,爱她雍容不俗。因此,小俩口在婚后可谓互敬互重、相亲相爱。犹如鸳鸯戏水,甚为相洽相得。

据说,在大婚之夜的洞房花烛下,同治帝想试一下这名状元小姐的文才,便要新娘子吟诗助兴。皇后不愧状元之女,竟一气吟了杜甫的《秋兴》八首。她那清柔的嗓音恰如莺歌燕啼,娇脆宛转,喜得同治帝心花怒放,倍加怜爱,度过了一个无限缠绵的蜜月良宵。

大婚之后,同治帝和皇后如胶似漆,耳鬓厮磨,好不惬意。宫中没事时,他常和皇后谈文作诗。谈到兴起,共同吟诵几首都喜爱的唐诗,真是其乐无穷。同治帝对皇后的爱是一种深沉的敬爱,他把她当作姐姐那样敬重,在她面前从不轻佻浮薄,更无亵容狎语,就连打情骂俏也于心不忍。他从内心里敬重和爱慕皇后。和她在一起时,他感到心里非常充实,他把她当作自己的知心朋友。

看见这对新人感情这样好,极力促成此事的慈安太后感到由衷的高兴,她为他们婚后的幸福生活而感到欣慰。每当皇后到她那里侍膳时,她总是让皇后早点回宫,好多有时间陪皇上。

慈禧太后则恰恰相反。同治帝去看她的次数本来就不多。婚后又沉浸在幸福的新婚生活中,去看她次数就更少了。慈禧由此生出无限的怨恨。她恨儿子娶了媳妇忘了娘,更恨把儿子对自己少得可怜的一点爱也全部夺走了的儿媳。当然,其中也含有一丝对新人甜蜜幸福的嫉恨。当她自己孤寂地独守深宫时,一想到依偎欢爱的儿子、儿媳,慈禧的嫉妒之心便油然而生。

令慈禧最不能忍受的是,同治帝大婚后专宠皇后,对色冠后宫的瑜嫔也不错,而偏偏冷落了慈禧中意的慧妃。因此,她决定出面干预了。

她先是给皇后使脸子。每次皇后入见她都拉下那张原来就透着一股阴冷的老脸,说话时不冷不热,阴阳怪气,挟风带刺。这样一来,搞得皇后惶恐不安,不知自己在什么地方得罪了婆婆,天天提心吊胆,手足无措,这给她新婚的甜蜜生活蒙上了一层阴影。

这还不算,慈禧又把政界上用熟了的挑拨离间手腕用于处理家事,常在同治帝面前贬低皇后,赞扬慧妃。皇后体态较为丰满,走路四平八稳,慈禧便常指使她自己拿这拿那,故意让她来回奔走,稍慢了点儿,便责她动作笨拙,礼节不周,皇后面容端凝,平日不苟言笑,只是在见到皇帝时,才露出一丝让人回味无穷的微笑。正因为这笑千金难买,所以同治帝尤为珍爱。而慈禧最嫉恨的也是皇后那动人魂魄、倾国倾城的微笑,常骂皇后是"狐猸子",让皇帝不要被她迷惑。

这对新人刚刚度完蜜月,慈禧便向同治帝摊牌了。一天,她把同治帝叫去冷嘲热讽地责备他婚后冷淡了自己,并把责任推给皇后的狐猸。最后她终于露出了自己的真意:

"慧妃非常贤明,你应该多加眷顾,好好待她。皇后年少,不懂礼节,皇帝不要总到她宫中去,妨碍了政务。"

同治帝听了心中十分气愤。这分明是无中生有,不让自己和皇后在一起。要讲贤明,皇后比慧妃强多了。至于"年少",更是无稽之谈,谁都知道皇后比自己还大两岁,是后妃中年纪最大的。至于"不懂礼节",那更是胡说八道了。皇后在礼仪修养方面,比你太后可强百倍。说我到皇后那里妨碍政务,到慧妃那里就有益于政务吗?你越不让我和皇后在一起,我偏和她在一起。同治帝虽然心里愤愤不平,但这些话怎敢向施惯了淫威的慈禧说。虽然嘴上诺诺答应了,但回去后仍然我行我素、和皇后的关系越发亲密。

慈禧一看自己的话没起作用,便采取了切实的干预措施。她常常派太监查看同治帝与后妃同房的记录。这些记录由敬事房太监掌管,按大清宫中制度,皇帝和皇后同房,由敬事房太监按日记录手册,以备推算受孕的日期。但皇帝和妃嫔同房则不然,一般是在每天晚膳时,太监把写有妃嫔的绿头牌(又称膳牌)装在一个大银盘中,跪奉给皇帝,皇帝如果无意和妃嫔同房,便说一声"去"。如果有意于某妃嫔,便把那张膳牌翻过去,太监下去,把该妃嫔的名字登记在"承幸簿"上,然后把该簿呈给皇后,由皇后钤印,方可召幸。晚上,那将被召幸的妃嫔先在自己宫中梳洗打扮,然后由太监用红毯裹体抬到皇帝寝宫,妃嫔赤身从皇帝脚下掀开被子,爬进皇帝的被窝。敬事房太监则退出寝宫,静候于窗下。如果等的时间长了,太监便高唱一声:"是时候了!"皇帝不应,再唱一声,唱过三遍,皇帝须让太监进来,把蒙幸妃嫔从皇帝脚下拖出,仍用红毯包裹起来,送回妃嫔自己的宫中。去后,太监须跪下请旨:"留不留?"皇帝如果说"不留",太监便在妃嫔后股穴位上稍微一按,龙精便流出来了。皇帝如果说"留",太监就在"承幸簿"上记下来"某月某日某时,皇帝幸某妃"。也是用来推算受孕日期。

这样一来,慈禧太后便对同治帝与后妃同房的情况摸得一清二楚。同治帝与妃嫔们同房时,慈禧便平安无事。一遇同治帝与皇后同房,第二天慈禧一定要找碴训斥皇帝或皇后一顿。皇后为了皇帝少挨几顿训,便有意对同治帝冷落起来。一天,在同治帝的一再追问下,善良的皇后才哭诉了其中的缘由。同治帝听了大怒,索性独住乾清宫,既不去皇后寝宫,也不召幸妃嫔了。

慈禧见同治帝很少与皇后同房了,自以为得计,暗中高兴。但听太监报告,说同治帝连妃嫔也不召幸了,就有些着急了。一天,她竟替皇帝做主,命敬事房太监把慧妃抬入同治帝寝宫,想让皇帝以后专宠慧妃。同治帝再也忍不下去了,他责问太监:

"朕没揭膳牌,谁让你把慧妃抬来!"

太监吞吞吐吐地说:"太后怕万岁爷独居寂寞,让慧妃陪万岁爷说话。"

同治帝听了大怒,喝道:"朕连召幸妃嫔也要别人做主吗?就是老祖宗来,也休想管朕的事!"

太监碰了一鼻子灰,讪讪退下,把慧妃送回宫去。

原来一对幸福的鸳鸯,被专横的慈禧强行拆散了。皇帝和皇后虽近在咫尺,却丝毫不得亲近,慈禧在他们中间硬是划上了条不可逾越的"天河"。同治帝美满的婚姻生活,就这样断送在自己的亲生母亲手里。

慈禧太后对皇后如此耿耿于怀,水火不相容,其缘由何在?早在同治帝选后时,人们便生出许多说法。

一种说法，是皇后生肖属相与慈禧相克。皇后生于咸丰四年甲寅，是属虎的，而慈禧太后出生于道光十五年乙未，是属羊的。如果属虎的人入选中宫，慈禧太后就变成了"羊落虎口"。这种冲克非同一般，因而慈禧极力反对选她为皇后，以避免克着自己的"贵命"。

另一种说法，是皇后的出身犯了慈禧的忌。阿鲁特氏的母亲是慈禧在"祺祥政变"中杀死的顾命八大臣之一，郑亲王端华的亲女儿。也就是说，阿鲁特氏是慈禧仇敌的外孙女。让一个仇敌的至亲当皇后，日后一旦归政于皇帝，那皇后便成六宫之主，会不会报复自己呢？她以小人之心度君子之腹，便心生无限的警惕，颇有些忌讳，因而极力阻止阿鲁特氏入主中宫。

还有一个重要的因素，就是慈禧不喜欢皇后性格。皇后为人端凝方正，谨守礼节，品德贤厚，与慈安的性格颇为相近，而与水性杨花、好动不好静、骄奢淫逸、阴险狠毒的慈禧的个性格格不入。德行恶劣的人，往往会视德行高尚的人为眼中钉、肉中刺，因而慈禧太后对敦厚善良的皇后极为仇视。

婆媳性格不合，在看戏这个问题上发生了公开的对抗。慈禧喜欢看戏，她为大摆排场，常让皇后和各宫妃嫔们陪着。慈禧所点的剧目多是淫戏，皇后从小受礼仪贞节教育，尤其十分注重妇德，因而一看淫戏便脸红耳烧，浑身不自在。但她又不敢像同治帝那样劝谏，也不敢不陪同，只好眼不见，心不烦，在看戏时，或闭目养神，或面壁为净，反正是眼睛不往戏台上看。一来二去，皇后的举动便被慈禧发现了。她十分恼怒，她以小人之心，断定皇后这是在众人面前揭自己的短，是在向自己故意挑衅，因而多次借故呵斥皇后，让皇后也和自己一样欣赏淫戏。但皇后死活不依，每当演淫戏时，仍是照旧回首面壁不肯附合。慈禧为此对皇后更加痛恨。

还有一个原因，便是慈禧对皇后心存嫉妒。慈禧妄自尊大，嫉妒心特盛。她觉得皇后有许多地方使自己感到逊色。一是皇后出身高贵，是状元之女，比起自己没落的建州世仇叶赫家族来要显贵得多。二是皇后才貌双全，.她精通诗文，尤其擅长用左手写大字，在当时便是有名的才女。状元崇绮从小便教皇后读书，皇后也很爱学习，又加上天性聪慧，因而学问日增月长。一次，状元父亲考她，让她背一段生书。只见她一目十行翻看一眼，合上书后，竟能一字不错地全部背诵出来，让这名状元郎叹为观止。因此，早在同治选皇后之前，满、蒙贵族都认定她肯定会入主中宫。慈禧入宫时大字尚识不得几个，后为干政，方下苦心学了点文化，但与皇后比起来，就差得远了。三是皇后一入宫便身居主位，与她入宫时仅是个贵人大不相同。最后一点，苦自己入宫多年，很少蒙受咸丰帝恩宠，更谈不上独得专宠了。而皇后一入宫便拥有一位英俊的青春天子，日夕专宠，这使她嫉妒得都有些发狂了，因而才如此这般残酷迫害皇后。

一次，贴身太监劝皇后要设法与慈禧亲昵一些，否则对自己没什么好处。皇后正色答道："让我尊重她可以，但要我讨她欢喜做不到。我是奉天地祖宗之命，由大清门迎入的正宫皇后，不是谁能轻易动摇的。"

不知哪个喜欢搬弄是非的太监，竟把皇后的这番话传给了慈禧。慈禧听了气个半死，心想，她言外意，不是说我不是正宫，只是个偏房，说我不是从皇宫正门入宫，而是从

后门进来的吗？不给她点颜色看看,她眼中还有我这个婆婆吗! 她咬牙切齿地自言自语道:

"这个狐媚子真是该死,看我怎么收拾她!"

但皇后平时谨守礼节,除了不愿陪慈禧看淫戏外,慈禧怎么也找不到她的毛病。她在听了慈禧骂她"狐媚"之后,知道慈禧不想让自己与皇帝亲近,为避嫌疑,她就主动有意与同治帝疏远一些,以减少别人关于自己狐媚和皇帝纵欲的闲话。这样一来,阴狠的慈禧竟无隙可乘,一时奈何不了她。

二

同治帝亲政后,在政治上郁郁不得志,在婚姻生活上横遭母后干预,一名青春旺盛的十八岁皇帝,竟被迫独寝乾清宫,不能和自己心爱的皇后在一起,这是多么巨大的痛苦啊! 他整天闷闷不乐地待在宫中,既懒得过问政事,也不同任何后妃往来。

在同治帝百无聊赖,百般苦闷之际,有两个人闯进了他的生活。一个是恭亲王的儿子载澂,一个是翰林院检讨王庆祺,正是这两个人把同治帝引向了邪道。

先说载澂。他是出了名的浪荡公子,他自恃父亲是权倾朝野的议政王,便恣意妄为,狂淫无度。一年夏天,他率一帮无赖恶少游什刹海,当他们在岸边的茶座上品茶时,隔座有一个打扮得十分妖艳的妇人向载澂频丢媚眼,好像认识他并想要和他讲话的样子。一向喜欢沾花惹草的载澂像猫闻到鱼腥一样,立即派手下的人给那妇人送去一束新鲜的荷花,对她说:"这是大爷所赠,想和你约会,不知意下如何?"那妇人脸一红,面带羞色,悄声说:"我家人杂,很不方便,请大爷选个地方!"

载澂听了大喜,便邀她到一家酒楼的密室相会。从此两人勾结成奸,常在一起寻欢作乐。那妇人知道他是载澂,而载澂却不知妇人姓甚名谁。一天晚上,载澂与那妇人淫乐一番,意犹未尽,便对妇人说:

"我们俩人这般情投意合,却不能长相厮守,这可怎么办呢? 我想要你,归我一个所有,行吗?"

那妇人娇滴滴地答道:"我已是个有丈夫有婆婆的人了,那样是绝对不行的。"但她把媚眼狡黠地一转,神秘兮兮地说:"不过,我倒是有个主意,你可以半路上把我抢走,凭大爷的威势,谁敢说你个不字!"

载澂听了大喜。立即张罗购买藏娇的"金屋",置办各种家俱。然后约那妇人到十刹海,他率一群恶少一拥而上,把那妇人抢走了。一路上闹得沸沸扬扬,都以为是载贝勒又抢良家妇女了。

原来,那妇人的公爹曾是浙江布政使,咸丰十一年(1861年)杭州城被太平军攻破,他逃到普陀寺为僧,朝廷以为他已壮烈殉职,便按殉职的待遇进行抚恤,从此他再也不敢回家。他的儿子是个窝囊废,当了多年京曹小官,也得不到升迁,于是家道衰落,十分贫穷。他媳妇是个不安分的货色,贪图享乐,成了一名暗娼。他听说自己媳妇被载澂劫走,也不敢控告,积忿成癫,整天披发袒胸,在大街上胡言乱语。据说,这妇人出身于大清宗室,论起辈分来,还是载澂的姑姑呢,由此可见载澂的淫乱,简直行同禽兽。

尽管载澂人品恶劣,但因经常出没于市井声色之地,见多识广,知道很多同治帝未曾见识过的奇闻异趣,再加上载澂和他父亲一样长了副伶牙俐齿,把宫外的事讲得绘声绘色,给苦闷中的同治帝带来了无穷乐趣,成了皇上无话不谈的好朋友。同治帝为了能常见到他,特意让他充任自己的伴读,还给了他一个"御前行走"的差使。从此,他成了同治帝微服私游的伙伴。

再说那王庆祺,是个进士出身的翰林院检讨。他是京师人士,长得一表人才,又是天生一副唱曲的好嗓子,常在酒楼茶馆即兴高唱一曲,引来无数的行人驻足欣赏。

一天,王庆祺和另外一名叫张英麟的翰林在京师很有名气的宣德楼饭庄小酌。王翰林善唱二黄,张翰林长于昆曲,二人饮得兴起,便操起胡琴对板,当场献技,只听王翰林咬字运腔,歌喉刚健,颇得余音绕梁之韵。又有张翰林那把胡琴曲尽其妙,更把王翰林的唱技烘托得淋漓尽致。一曲既终,隔坐一名年轻听客,非常高兴地走上前去,与王、张二翰林亲热地攀谈起来。知音相遇,分外亲热。那听客细问二翰林的姓名、官阶后,便让二位再献一曲。王翰林见这青年衣着华丽,气度轩昂,言语间透出一股尊贵和威严,知他来历不凡,便不敢疏忽,更卖力气地再唱一曲。

当他唱得正起劲的时候,忽见门帘外出现两个仆人打扮的俊少年,他们正在向里张望,一见青年听客,立即拱手肃立于门外,不一会儿,只听得宣德楼外面车马喧闹,有人传呼恭亲王驾到。二位翰林吃了一惊,连忙停住歌声,向窗外望去。只见楼外已有数十辆车马簇拥着一辆高大华丽的朱轮马车停在楼下。恭亲王从容走下车来,进楼后与青年听客耳语了一会儿,那青年才怏怏跟他出了楼,当青年上车时,恭亲王为他扶鞍跨辕,然后这大队车马呼啸而去。一看这阵势,二翰林心惊不已,猜想刚才这位青年听客必是当今皇上。事后,他二人不免喜忧参半。喜的是皇上十分欣赏自己的演技,说不定会给自己带来好运气。忧的是身为翰林儒臣,在饭馆里随意唱曲,有失身份,会不会遭到皇上处罚。

事实证明,二翰林的担心是多余的。他们的时运好得让他们自己都不敢相信。同治十二年十一月十一日(1873 年 12 月 30 日),同治帝竟明发一道上谕:

"翰林院编修张英麟、检讨王庆祺,着在弘德殿行走。钦此。"

从普通翰林一下子成了帝师,实乃一步登天之喜。张翰林平素谨慎,觉得这天大的好事来得太便宜了。颇有惴惴不安之感。而王庆祺机敏过人,野心不小,从此下定决心,一定投皇上之所好,极力奉迎巴结,前途自然不可估量。

于是,王庆祺四处搜罗民间西皮二黄剧本,托太监进奉给皇上。上课时也常讲些宫外奇闻趣事,逗皇上开心。他听太监说同治帝天天独宿乾清宫,十分清冷寂寞,便到琉璃厂书摊上买些描写风花雪月的小说,在授课之余呈给皇上,让皇上消愁解闷。有一次,王庆祺送给皇上一本名叫《品花宝鉴》的淫书,同治帝翻了几页,不禁被那诱人的描写搞得脸红心跳,不一会儿,便读得入神,一看就是一宿,以致第二天起不了床,误了书房。

一天,一名随侍太监进去献茶,只见同治帝和师傅王庆祺并排坐在床上,正津津有味地看一本小册子。太监觉得奇怪,便悄悄走近他们,用眼一瞥,只见上面画着裸体男女,才知是一本"秘戏图"。这种图太监很熟悉,是丰润县淫书市场出售的那种画工精美的一种,图画极为细腻逼真,让人看了有身临其境的感觉。这师徒二人看得着了迷,竟连太监倒茶也全然不知。

不想这太监多嘴多舌,把这事儿告诉了王庆祺的同僚们。这班翰林儒本来对王庆祺得宠就心怀嫉恨,一听这事更加气愤,互相串通好了,都不答理他。这样,王庆祺便被孤立起来。后来同治帝病逝,人们纷纷传说是王庆祺"词臣导淫",勾引皇上逛窑子,致使皇上染梅身亡。于是,当时便流行起这样一副挽联:

> 弘德殿、宣德楼,德业无疆,且喜词人工词曲;
> 进春方,献春洲,春光有限,可怜天子出天花。

这副挽联还有一种略有差异的写法:

> 弘德殿,广德楼,德行何居?惯唱曲儿钞曲本。
> 献春方,进春册,春光能几?可怜天子出天花。

十八岁的同治帝毕竟情窦已开,情欲正旺。虽因母后干预,不能过正常的夫妻生活,但压抑在体内的欲望并未因此而消失,反而日积月累,越抑越盛,一经近侍佞臣的撩拨勾引,便像火山一样勃然喷发,成了中国历史上罕见的荒淫天子。

少年时的同治帝,虽也经常微服私游,但只是逛逛街景,看看热闹,品品小吃。这时同治帝私游,却专以渔色猎味,纵淫取乐为目的。所去之处,多是藏污纳垢的烟花柳巷。同治帝一到这些地方,果然只见一个个娉婷弱女,妖艳温柔,眉目传情,卖弄风骚,灯红酒绿,玉软香柔。与枯燥乏味,压抑拘束的宫中生活比起来,真是别有一番天地。只有在那里,同治帝才能忘却宫中的苦恼,寄托那颗空虚无依的心灵。

从天安门往南,过前门以外的城区,称为南城,其中包括大栅栏、珠市口、琉璃厂、天桥等繁华区域。那里的酒馆林立,妓寮密集,声色甚盛。南城妓馆,分为三等,头等为清音小班,二等为茶室,三等为下处。清音小班集中在著名的"八大胡同",家家妓馆都花灯辉煌,内部装修典雅,光顾者多是王公显宦,也有富商巨贾。二等茶室位于大森里、燕家胡同、青风巷等较偏僻街巷,房屋院落较狭小,陈设远不如清音小班,但其中也名妓不少,而且供应茶水小吃,跑堂应酬周到,方便实惠,是京城中小官宦及普通商绅出没之处。三等下处,俗称下三烂,是京中下人狎游之地,既无茶烟供应,也无点曲伴唱,摆设简陋,污秽不堪,只是费用便宜。

同治帝狎游,一般不去清音小班,怕在那里被认识自己的王公大臣撞见,惹来朝臣们的非议。因此,他经常浪迹之处,多是背街茶室小馆。有时为了猎奇,竟不惜染身于下三烂的暗娼小屋。这些地方王公大臣是不屑一顾的,却成了同治帝狎游的小天地。

当时京师一些有名的妓女,曾有幸蒙受皇帝雨露。其中名伶小六如、春眉,名妓小凤等,尤得同治帝青睐。有一名优伶,生于二月初旬,死于三月中旬,色冠群妓,多次蒙幸。她死后,曾有人送了一副挽联,云:

> 在百花先,万紫千红齐俯首;
> 春归三月暮,人间天上总销魂。

后来,同治帝竟搞上了同性恋。有一名叫杜之锡的太监,长得像少女那样俊美,同治帝常和他在一起鬼混。杜之锡有个姐姐,是金鱼池一带有名的妓女,生得如花似玉,相貌出众。一天,杜之锡把姐姐介绍给同治帝,同治帝见了非常中意,从此便常和这姐弟俩在一起淫乱取乐。

同治帝逛窑子,一开始还十分谨慎,很少有人知道。但不久他的色胆越来越大,有时竟整天泡在温柔乡里,把一切都置之脑后。一天晚上,他在一家妓馆里与群花聚欢,彻夜不息,直到天亮还不肯离去。恰巧这天按例须召见军机大臣,恭亲王及众大臣早已上朝等候召见,但直到太阳高悬,也没见皇帝露面。向太监打听,都说不知,王公大臣感到十分诧异。很快,他寻花问柳的风流韵事便在京城传开了,有些大臣甚至曾目睹皇上在是非之地出没。

以九五之尊,临幸污秽之地,群臣无不感到震惊,朝野为之舆论大哗。恭亲王、醇亲王、李鸿藻、徐桐等一班王公大臣,纷纷上书劝谏,委婉地劝皇上珍重帝德。内务府有一名叫桂庆的大臣,平素为人耿介,这时不顾个人福祸安危,毫不隐讳地犯颜直谏。他在奏折中说:

> 皇帝春秋方富,正在戒色之时。而好内多嬖,且轻万乘之尊,临污邪之地,非圣躬之福也。请将蛊惑太监一律驱逐,诛戮其重罪者,以儆其余。

桂庆为了阻止皇上的艳游,便同时上书慈禧太后,想让慈禧管一管同治帝,以保护圣躬,毋令沉溺。其实,慈禧太后在宫中耳目甚多,同治帝的一举一动岂能逃过她的眼睛?她见儿子不理朝政,颓废放浪,纵淫自戕,不以为忧,反而窃喜。这样一来,自己正可独揽朝纲,管他什么帝德受污,圣躬受损。因此,她对桂庆的净言不予理睬。同治帝见了那通谏折,更是觉得刺眼,十分恼怒,下谕严谴。桂庆见自己诚挚肯切的谏言太后不理,皇帝不容,十分悲伤,便辞职回家了。

三

同治帝微服私游时所留连的地方,大多是一些普通妓馆,光顾的嫖客种类繁多,人物极滥,妓女接客也是毫无选择,兼收并蓄,因而最易于传染性病。同治帝不知深浅,纵淫无度,在这潭脏水里游来泡去,乐而忘忧。不知不觉,便染上了性病。

同治十三年九月的一天,太监在给同治帝洗澡时,发现他肩背等处,有许多玫瑰样的斑疹。同治帝立即传来太医来看,太医李德立诊视一会,眉头不禁一皱,问道:

"皇上,身上痒不痒?"

同治帝答道:"没感到痒。"

李德立一听坏了,但嘴上却说:"不要紧"。

根据李德立的经验,这斑疹十有八九是梅毒疹。但说皇上得淫病,事关帝德清名,这可是要掉脑袋的事,他无论如何,也不敢说出来。于是,他就草草地给皇上开了服清热解毒的药,同治帝喝了后,果然红斑渐退,大家便以为万事大吉了。

但是,不久之后,同治帝便知道自己是患了梅毒。据说,一天晚上,他在一家妓馆和一个妓女鬼混时,那个妓女竟拒绝了同治帝。她悄声告诉同治帝:"大爷,您怕是得那个病了,还是好好治一治再来吧。"

同治帝听了一惊,忙问:"什么? 我得的是什么病?"

妓女诡秘地一笑:"风流病呗!"

这种见不得人的淫病严重地损害着同治帝的身体。他少年时代喜好体育活动，身体也比较强健。随着年龄的增长，他出落成一个相貌英俊、体魄魁伟、威仪堂堂的青年天子，群臣见了无不生敬畏之心。有一名叫康祺的大臣，同治十年(1871年)荣登进士高榜，参加了"大对"，并有幸目睹当朝真龙天子的风采，他在笔记中激动地记录下了自己的所见所感。

　　(同治十年)四月二十一日，恭奉大对。越月，由翰林院带领引见。穆宗皇帝才御养心殿，时圣寿十有六岁，仰睹龙颜河目，如日方升，恭默中有严毅之色。私幸中兴令主，仪表端凝，他日景福洪祺，当与圣祖高宗接武。

　　但在亲政以后，同治帝健康每况愈下。尤其在圆明园之争前后，他更加放纵地私游取乐，并借"查看园工""行围"和"校阅"之名，在京郊一带大尽游兴。但此时他已痛感性病的折磨。他时感下身痛痒难忍。同治十三年春天，他去西山扫墓踏青时，在路旁数以万计跪迎的官民面前，竟痛得他直不起腰来，让臣民见到的只是一个面色苍白、未老先衰、佝偻虚弱的病态天子。

　　这年秋天，署理伊犁将军荣全为讨好皇上，献上了一匹西域良驹。这匹骏马皮毛漆黑发亮，其间对称地点缀着几点白花，实乃世所罕见的良骥。同治帝平素喜欢骑马，得此良驹，龙心大悦，谕令内阁，赐马名"铁龙驹"，赏荣全大卷江绣二卷，小刀一把，大荷包一对，小荷包一对。他雅兴大发，带着这匹心爱的骏马到南苑行秋围。他本想骑着马多溜几天，但一天下来，那怪病折磨得他坐卧不宁，第二天便匆匆宣布撤围，回皇宫养病去了。同治十二年和十三年，那位名叫康祺的大臣，两次奉派陪祀郊坛，他曾这样记述同治帝的身体状况：

　　凡圣躬拜献登降，均由甬道步行，咫尺天颜，瞻仰尤为亲切。窃见尧腊禹胼，丰采消铄。蚁虱下土，谬抱杞忧。

　　这时同治帝已失去往日风采，让这些大臣们感到无限忧虑。他们中许多人都不知内情，还以为他是"大政亲裁，日乾夕惕"而累病的呢？哪里知道同治帝纵欲自戕的内情？

　　同治帝患淫病后，身体素质很差，抵抗力大大降低。但他这时仍不自爱，还带病寻欢作乐，各种病毒乘虚而入。

　　同治十三年十月二十一日(1874年11月29日)，同治帝在去西苑之后，突然得了感冒，从此一病不起，原先预备召见的都取消了。三十日，他突然头眩目涨，浑身发冷，胸痛烦闷，脸上出现了红疹。下午，急传太医院院判李德全和御医庄守和前来诊脉。

　　西宫太后听说后也着了慌，急忙赶到养心殿。只见同治帝两颊潮红，瘦如骷髅，令人心酸欲泪。

　　两名御医在龙床前轮流给同治帝切脉，但两人忙乎了半天，也没有诊出同治帝所患倒底是何病症。他们知道同治患有梅毒，但何以发病这般凶猛！毒气如此之盛？让他们感到茫然，两人切完脉后，低语商量了一会儿，也没有拿定主意。

　　这时，性急的慈禧有些不耐烦了，问道："皇上倒底患了什么病？"

　　李德立惶恐地回禀："皇上脉息浮数而细，系风瘟闭索，阴气不足，不能外透之症。"

　　慈禧听了他这一大套专业词汇，更是丈二和尚摸不着头脑了。她是个喜欢干脆利落、当断即断的女人。于是，她便根据自己知道的一点医药常识，试探着作了个判断：

"我看像是出天花?!"

听了慈禧这句话,两位太医未置可否,立即写下了脉案,并开了一服益阳清解的方剂,让皇上避风调理。当然,在脉案中并未明定病症为天花,只是含糊地写下了"发热头眩""皮肤发出疹形未透,有时气堵作绝"等病症,这既可看作天花,更可以看作是麻疹,反正是没有做出最后的诊断。

同治帝在吃了由小生地、元参、牛蒡子、葛根、荆芥、麦冬、金银花、连翘、枳壳、甘草、川郁金等十一味药配伍,以芦根五把作药引子的益阳清解饮后,第二天果然全身发出了花疹,尤其在头部和脖子上生出密密麻麻的紫色疮疹。下午四点多,两位御医终于做出诊断,在脉案中明确诊定同治的病症"系天花二朝之喜"。

按中医理论,出痘有"逆""顺"两种病症。如果痘颗一开始出得齐,痘内浆汁饱满,并由嫩红变为淡黄者,属于顺症,少有生命危险。如果痘颗出得不齐,灌浆顶平或塌陷,色呈现紫晦者,便是逆症。

同治帝圣体内百毒积蓄,湿热毒汁过盛,毒气先在头面和颈部爆发出来,痘粒出奇地密集,痘内颜色紫滞,同时伴有咽痛作呕,身颤口干,便秘溺赤等内症。这些病症用中医的话来说,便是"蒙头盖面、锁项咽关",是一种非常危险的症状。御医诊断为"由气血为毒滞锢所致,症界于险",是一种逆症天花。

十一月初二日(12月10日),清廷正式发布皇上遇有"天花之喜"的消息,让大臣们身着蟒袍补褂,上朝贺喜。这天,翁同龢等大臣入宫后,立即托近侍给皇上请安,送天喜,易花衣,都在胸前挂了一小条红绢。从这天起,群臣递折子皆用黄面花里,上朝穿花衣补褂,家家供痘母娘娘,向皇上递如意贺喜。一时满朝上下,就像遇到婚寿喜庆那样,一派色彩缤纷的景象。

但同治帝本人却仍然遭受病痛的折磨。稠密连络的痘颗虽然陆续表出,但病情也在恶化,除原有病症外,又感到腰疼胸堵,大便四日未行,觉得满腔浓臭,似乎内脏都化作浓汁了,直想呕吐,但咽喉疼痛难忍,怎么也吐不出来。御医们诊断为"此由毒滞熏蒸肺胃,阴分不足所致"。于是,他们在上午十一点给同治帝服了一剂"利咽化滞汤"。服药后经过一个时辰,下午一点多,皇上便"形色渐润,胃口渐开"。到下午三点多,四天未行的大便终于通行,闯过了"重险"大关。

在此后的五天里,经御医精心调治,皇上病症逐渐减轻。十一月初三那天痘颗渐长,紫滞稍化,胸堵烦吐的症状消退。初四日诸症皆退,眠膳皆安。初五日痘颗顶陷渐起,已有放白的势头,御医们诊断已有"由险渐化为平之象"。

三

正当同治帝病情好转之际,他那狠毒的母亲却迫不及待地开始策划一起罪恶的夺权阴谋。慈禧乘皇帝患病之际,导演了一出使自己重新出山垂帘训政的丑剧。

同治帝患天花后,曾谕令军机大臣兼帝师李鸿藻代自己批答奏章。李鸿藻并不擅越,只批"知道了""交该部议"等字样,实际朝政仍归恭亲王奕䜣掌管。十一月初五日,由醇亲王奕譞领衔的王公大臣会奏,请除汉文批件仍由李鸿藻代笔外,满文折件由奕䜣代为批阅,这样,奕䜣的权力空前加强。

慈禧太后对权力暂时落入奕䜣手中十分不快,积极谋划把权力重新揽在自己手里。十一月初八这天,她精心安排了一次召见活动。

这天,她特意允许军机大臣、御前大臣及帝师们前往养心殿东暖阁探望同治帝。上午十点,当诸臣进入东暖阁时,只见两宫皇太后手持蜡烛,坐在龙床上,她们见诸臣进来了,便令他们上前瞻仰,皇上把手臂从被窝中伸了出来,让诸臣观看,他用微弱的声音问:

"是谁来此伏见?"

诸臣连忙给皇上叩头请安。抬头细看,只见同治帝面容憔悴,原先俊秀的面庞上长满了拥挤在一起的痘粒,已经面目全非,就连眼睛也难以睁开了,只是勉强地露出一线微光。诸臣看过后,说了几句安慰的话,便退下了。

不一会儿,慈禧又宣诸臣入殿。这次,只见慈禧面朝南端坐在御座上。她说,几天来心情焦虑,各项奏折的披览,政事的裁决,皇帝都不能躬亲进行。然后,她向诸臣亮出了底牌:

"你们赶快想个办法,应该有个公论!"

诸臣这时明白了慈禧的意图。她让他们看皇上,是想让他们知道皇上病症很重,难以再理政事。而不提皇帝已令李鸿藻和奕䜣代阅奏章之事,非要他们拿出"公论",那不就是想要让她出来训政吗?

慈禧为了进一步证明皇上没有能力治理国家,压一压诸臣的气势,便当场追究起同治帝患病的责任来。慈禧首先直言不讳地宣称同治帝患病是由于在外寻欢作乐造成,并责问诸臣为何对此毫无议论?谆亲王等觉得十分委屈,便上前和慈禧理论起来,说话之间,不勉道出婆媳不和、帝后分居等宫闱秘事。慈禧一听把责任推给自己,不禁恼羞成怒,对谆亲王和诸臣大加呵责,诸臣只得叩头谢罪。慈禧一见把诸臣"镇"住了,就又玩起了她惯用的另一手,竟一把鼻涕一把泪地痛哭起来,边哭边向群臣诉说自己几天来怎样日夜操劳照料皇上,怎样为皇上的病忧心如焚,絮絮叨叨地说了数百句,表白只有自己才堪任皇帝的监护人,才能代替皇上批阅奏章。

奕䜣等人已吃过几次与慈禧争权失利的苦头,这时更不敢硬顶下去,便当场提出"请两宫皇太后权时训谕"。这次历经一个小时的争权斗争,方告结束。

当奕䜣等人在下面拟折子时,慈禧觉得同治帝毕竟不是小孩了,他现在名义上仍是大清的最高统治者,如果没有皇帝的明谕,她训政之举就不合法。因此,她又第三次把诸臣召入宫中,对他们说:

"此事重大,你们应该先奏明皇帝,不可直接奏请我们!"

于是,她的训政之举,由自己的谋取,变成了群臣请她出山。

当天晚上,她又对同治帝做了一番"工作",她向同治帝提起了恭亲王劝阻园工之事,挑拨他切不可过于信任恭亲王他们。同治帝对恭亲王本来就耿耿于怀,一提起那件往事更令他万分伤感。因此,第二天恭亲王等把那份奏请太后训政的折子一递上去,同治帝当即批准了,然后他又召见诸重臣,面谕恭亲王:

"我说话不能太多,天下的事不可一日松懈。我拟请太后代阅奏折。等过了百日之喜,我再出来照常办事。"他话锋一转,以严厉的口气训诫恭亲王:"你要敬事如一,不得再踏去年故习!"

这时坐在龙床上的慈禧发话了:"昨天你们上折子,我因此事重大,不便答应,才让你们奏明皇帝。"她转脸又对同治帝解释说:"昨天的召见,是出于诸臣之请,我怕你心烦,所以才没告诉你"。"你不要焦虑,我已同意诸臣的请求了。"经她这么一番"精彩"的表演,训政一事反而成了臣工和皇帝有求于她。让人家把权力给他,还得让人从心里感激她肯为人分忧。

十一月初十日,同治帝正式发布上谕,通知全国臣民,以后内外陈奏事件,均由皇太后披览裁定。并表示:"仰荷慈怀曲体,俯允权宜办理,朕心实深感幸。"从此,慈禧又一次堂而皇之地公然执掌了大清的权柄,为她再度垂帘奠定了基础。

同治帝的病本来已有好转的迹象,但经过慈禧的这番折腾,病情突然发生逆转,他在十一月初八日那天"微感风凉",以致咳嗽鼻塞,心虚不寐。尤为严重的是,痘粒浸浆皮皱,有停浆不靥之势。由于余毒发不出来,痘毒日渐侵蚀圣体,同治帝又出现了浮肿、失眠、气喘胀痛等症。到十六日,痘毒已侵入同治帝的筋络,他腰软肿痛,不易转坐,腿疼盘挛,屈而不伸,又有遗精尿血之症,天花逆险愈来愈重,同治帝生命垂危。

从十一月十八日起,同治帝的病症急剧恶化。由于他在烟花柳巷中早已被淘空了身子,肾亏阴虚极为严重。在痘毒肆虐的基础上,梅毒又出来逞凶了。十八日晚上,他感到自己腰肾部肿痛难忍,第二天,淫毒竟在腰部迸发出来,腰部的红肿迅速溃烂,从中流出了令人作呕的脓水。那脓水开始是从溃烂处往外漫浸流出,不久竟在腰部烂了一个洞,脓水像自来水一样,源源不断地从里面流了出来。

同治帝的溃烂发展之快之烈,说来令人惊心。溃烂很快由腰部向全身蔓延,在颈、胳膊、膝上都出现痘痈,这些痘痈又迅速溃破流脓。二十一日,虽然痘痂开始脱落,但腰部溃烂加重,竟烂出两个小洞,流脓不止。二十三日,翁同龢在内务府向李德立、庄守和打听皇帝病情,他们介绍说,皇上脉息均弱而无力,腰部两个烂洞不停地流着脓和腥水,而且溃烂根盘极大,浓水不仅向外流,而且向体内深处流,外面的烂口很大,而里面究竟烂了多深多广,还一时看不出来。反正十分难治,只能用"保元托里法",在烂处敷用赛金拔毒及紫草膏之类的外用药。

更严重的是,这天在同治帝的左右臀部上又各烂出一个大洞,两个烂洞直冒脓汁,十分可怖。御医在脉案上忧心忡忡地写着:"莫蔓溃陷透膜为要!"这句话的意思,是说千万别让这些洞烂穿了,那样皇帝就必然丧命。

可怕的事情很快就发生了。二十五日,同治帝腰部和臀部的溃烂连成一片,而且由外烂转成里烂。第二天,漫肿、串溃越来越大,越来越多,每天流出的脓汁多达一大茶碗。二十七日,腰部烂洞进一步扩大,其中流出秽臭不堪的脓汁,皇帝圣体简直变成了一个装满脓臭的桶,那脓水从几个烂洞里不住地向外流着。二十八日,当御医为同治帝换药时,一揭开贴在溃部的膏药,灰白色的脓汁竟像箭一样激喷而出,立时满宫都是一股令人作呕的腥臭气味。

二十九日,浑身溃烂的同治帝竟硬挺着召见了军机、御前、内务府及弘德殿等大臣。诸臣上午八点进入东暖阁,只见同治帝由一名太监扶着坐在龙床上,两宫太后也坐在上面。诸臣一一上前,只见皇上面容萎顿,但目光仍然炯炯有神,痘痂已经掉了一大半。

同治帝先问:"今天是什么日子?"听到回答后,他便开始交代腊月应办的各项事宜。大臣们听了十分感动,纷纷表示皇上不必操心,一定把诸事办好。帝师翁同龢上前启奏:皇上"圣心宜静",并问皇上的病情。同治帝说:"我觉得胸中像火烧一样的灼热。"然后,诸臣便退到明间。太后也随着走了出来,流着泪问诸臣有没有什么好办法,翁同龢答道:

"最好挑个好医生。"

荣禄说:"有个叫祁仲的,年已八十九岁,治外症很有效,可以传他来给皇上诊视一下。"

太后点头同意了。

不一会儿,又传诸臣入殿。只见皇上侧身躺着,御医正在开膏药往外挤脓,已挤了半盅多。只见皇上腰以上漫肿一片,皮肤都变成了紫色,看了让人感到十分可怕。然后,群臣和太后又退到明间,太后悲切地流着泪,群臣也悲哀地垂头不语。

上午十一点,祁仲被接入皇宫,诸臣也随他进殿。祁仲与李德立等御医进去给皇上诊视了半个多时辰,出来后两宫太后立即宣他到东暖阁问话。祁仲老说:

"皇上的痘痈来势虽凶,但幸亏不是发在肾俞穴,而是在肾俞穴之下,还有希望治好。"

随即,他便给开了一服十全大补汤。

但他的诊断和药方并未被采纳。慈禧命御医李德立再次进去给皇上清脉,得出的结论截然相反,认为溃处的确是发在肾俞穴,所以主张仍用滋阴化毒法,开了一服用青膏、地骨、竹茹、花粉、银花等配伍的凉药。

三十日,同治帝的病情进一步恶化。病毒在下身肆虐一番后,竟又一路向上攻来。下身的脓水略有减少,但越来越粘稠难闻,上面则出现了牙浮面肿的新症状。十二月初一日,同治帝一昼夜大便二十一次,便下的东西都是白腻腻的脓状物,小便则是红色的脓血,这表明同治帝体内已全面溃烂。初二这天,同治帝的牙龈已烂成黑色,从嘴里喷出一股股臭气。上嘴唇和左腮肿成一个紫黑色硬快,嘴唇外翻,样子十分可怕。到初三,同治帝面部肿块胀得发亮,似乎马上就要流出脓来。第二天,当御医在肿块上敷药时,面皮一揭便破,但里面流出来的不是脓,而是血水。腮部都快烂透了,牙龈烂得糜黑一片,口中臭气令人作呕。

至此,同治帝已是无处不溃、无处不烂,即使请来神仙,也是回天乏术了。十二月初五(1875年1月12日),全身腐烂的同治帝已是神气衰微、精神恍惚,失去知觉,奄奄一息。下午五点,饱经病痛折磨的同治帝终于六脉断绝,牙关紧闭,瞑目而逝,结束了他那十九年短暂而痛苦的人生之旅。

无 力 回 天

清德宗——光绪

第一章　光绪入嗣为帝

一

同治十年(1871)六月二十八日夜。

浓云翻滚,天空漆黑,狂风呼啸,大雨倾盆。巍峨壮丽的醇亲王府邸在这可怕的雨夜中竟显得那样孤寒渺小。黑暗几乎淹没了府邸所透出的烛光。

身材高大、面容清瘦的醇亲王奕譞坐在书案前,独守着漫漫长夜。他的一双眸子牢牢地盯着面前的两支红烛,一支在身左,一支在身右,燃得正亮。他希望通过蜡烛显示出一个吉祥的预兆。他默默地、耐心地等待着。

今晚,他的福晋就要生产了,他的心中自然充满希冀和憧憬,但与此同时,不知为什么心头却不时掠过几丝莫名的恐惧。在亲生骨肉诞生之前,他不禁又想起了自己的特殊身世,并思虑着未来的处境。

说到这位奕譞,在当时的清廷中确实来头不小,有着特殊的地位。奕譞是显赫的天潢贵胄,他是道光皇帝的第七子,咸丰皇帝是他的四兄,而当今的同治帝载淳则是他的皇侄。在咸丰帝统治时期,奕譞除了按清廷宗室的惯例被封为属于二等爵位的醇郡王之外,据溥仪所说,在那时他并没有再得到过其他特殊的"恩典"。不过,到咸丰十年(1860年),奕譞"奉旨"与受到咸丰帝宠爱的懿贵妃(即后来的西太后)之妹,就是即将生产的福晋成亲后,情况又发生了重大变化。这不仅影响了他自己的政治地位,更决定了他子孙的未来命运。当然,对于后者,他并未能作出充分的估计。

咸丰十一年(1861年)秋,咸丰帝在风雨飘摇、内外交困的政局中忧郁病死,其幼子载淳继承了帝位,改第二年为同治元年。此时,悍鸷阴险的叶赫那拉氏(徽号简称慈禧),因其子继承帝位而得以与咸丰帝的原皇后钮祜禄氏(徽号简称慈安)"并尊"为皇太后(钮祜禄氏称为东太后,叶赫那拉氏称为西太后)。西太后与东太后谋定,并与留守北京的道光第六子恭亲王奕䜣相互串通,乘机发动了宫廷政变(史称"祺祥政变"),以突然袭击的方式铲除了以肃顺为首的"顾命八大臣"。两太后遂即以同治帝年幼为由,以"垂帘听政"的方式控制了清廷政权。素来不被咸丰帝所重视的奕譞,作为慈禧的妹夫,积极与两太后合作,在政变中发挥了重要作用。因而慈禧得势以后,奕譞也官运亨通起来,被加上了一大堆头衔,管理清廷要务。同治三年(1864年),慈禧赐予奕譞亲王衔。同治十一年(1872年),奕譞又被正式封为清宗室一等爵位的"醇亲王"。总之,奕譞以皇室宗亲和西太后妹夫的身份,受到了西太后的格外宠信,其地位正在扶摇直上。

对于西太后的恩宠,奕譞当然感到欣慰,但内心也并非毫无顾虑。他深知西太后的阴狠性格,故在惟西太后之命是从的时候,也时刻加以提防,并不敢稍有疏忽。经过半生风风雨雨的奕譞,深知宫廷斗争的险恶和兴衰荣辱的变幻无常。

今晚,醇亲王特地独坐守候着福晋生产的消息,而不知道所生的究竟是一位哥儿,还是一位格格——女孩儿。他自然希望生一个男孩儿,将来好承继他的"世袭罔替"的世业,并希望孩儿能一生安然无虞,永享尊荣,而不被宫廷的狂风恶浪所吞噬。他甚至宁愿孩儿沦落为平民百姓,也不愿他遭此噩运。

醇亲王默默地祈祷着,同时留心地瞧着红烛上的烛煤,想要以此得出一个预兆,以定将生孩儿的命运。那种蜡烛的烛芯,是用一种质地坚韧的纱线做成,随着烛油的燃烧,那烛芯却不马上跟着燃掉,总是留着一段墨黑的烛煤,这就需要那些值班的侍者不时用筷子把烛煤夹断,丢在旁边的水碗里。

现在,醇亲王亲自小心谨慎地夹下了两段烛煤,分别放在两个水碗里。第一段烛煤一下水便立即沉没了,水面上不曾留下任何痕迹,这显然不是吉兆,醇亲王哀叹了一声。幸好,第二段烛煤沉得并不那么快,他高兴地全神贯注地瞧着。突然,碗里爆出一缕黑烟,醇亲王不禁为之一惊。再看那黑烟消散之后,那烛煤本身也在水里渐渐涨大,忽而又在水面上爆开了,分成无数的黑色小点,布满了一碗,然后慢慢地沉了下去。醇亲王瞪着惊异的眼睛,张着嘴,怔怔地盯着水碗,紧张地思考着,却断不出这第二段烛煤的预兆是吉是凶。

窗外的风雨之声一阵比一阵更大,但醇亲王似乎浑然不觉。他的目光离开水碗之后又长久地停留在蜡烛那红红的火焰上,渐渐地合上了眼皮进入睡乡。但那烛火并未离开他的幻觉,他看到那火焰正在逐渐变大,直到面前出现一片通红的漫天大火。大火愈燃愈旺,突然,又响起一阵巨大的爆裂声。醇亲王大吃一惊,不禁叫出声来,猛然从睡梦中醒来。一阵急促的脚步声自外而入。

"恭喜王爷! 王爷大喜! 福晋给您生了一位大爷,真是大喜呀!"来人异口同声地喊道。

闻听此信,奕譞立即兴奋地跳下炕来,情不自禁地喃喃自语道:"我又有儿子啦! 我又有儿子啦!"要不是身为王爷,需要保持一点矜重,他简直会大声呼喊起来。

奕譞所以说"又有儿子",显然是说这新生儿并非他的长子。恽毓鼎在《崇陵传信录》中说,载湉是奕譞的长子。《清史稿·奕譞传》则说载湉是奕譞的第二子。爱新觉罗·溥仪在《我的前半生》一书中也说,奕譞的长子早殇,载湉是其第二子。参照各种资料,当以载湉为第二子之说为准。

奕譞来到产房,看到福晋安详地躺在那里,总算放下了一颗一直悬着的心。他走到福晋面前,轻轻握住了福晋的手,用一种温柔体贴的声调说道:"我们真是叨天之福,这个造化可算是大极了!"

"是啊,王爷,想不到我们果然生了一个男孩儿,我真有说不出的高兴!"福晋的身子虽然虚弱,但憔悴的脸上仍然洋溢着十分兴奋的神情。

醇亲王用手轻轻地在福晋的额上抚摸着,一边以祈祷式的语气说道:"但愿我们的儿子将来能够成为一个高贵而又伟大的人物,而不要玷辱我们家的门楣。"

"是啊,我希望他能像父亲一样出色,长得威武雄壮,能够骑马打猎,还能作出一手好诗,以给父母争气。"

醇亲王在满怀欢欣与希望的同时,心中又藏着疑虑。刚才烛煤爆裂的情景和梦中所见的场面,总使他感到这是不吉之兆,但他又不愿把这告诉福晋。

就在醇亲王与福晋絮絮而语之时,收生婆小心翼翼地捧着一个丝绵包裹走了上来。她略略地将手臂放低一些,一个新生儿便展现在醇亲王面前。

醇亲王低下头非常仔细地看着儿子,小家伙的眼睛还紧紧地合着,长着茸毛的皮肤显得很松弛,身子十分瘦小孱弱,给人一种可怜巴巴的感觉。这更加重了醇亲王心中的阴影。

"快,赶快去找两个命相家来!"醇亲王吩咐下人。虽然小孩儿出生后看命相已成惯例,许多人并不完全相信它,但今天醇亲王态度却十分认真,郑重其事。

天刚亮,两个命相家便急急赶到了醇王府:一个绰号"张瞎子",一个绰号"刘铁口"。醇亲王犹豫了一阵子,终于把烛煤之兆和梦中情景以及心中的疑虑说了出来。

"王爷,依小的看来,这可不是吉兆,恐怕小王爷成长不会顺利,要多磨难哪!"刘铁口坦率地说出了自己的看法。听后,醇亲王的脸色显得十分难看。

此时,张瞎子正在瞪着一双瞎眼,扳着粗黑的手指掐算着,嘴里不住地嘟嘟囔囔。突然,他颤抖着朝醇亲王走了过来,把嘴凑到亲王耳边低声说道,"我的王爷啊,小王爷将来是要做皇帝的呀,就是大清帝国的皇帝!"

醇亲王闻听此言,不禁大惊,他绝未想到命相家竟作出如此的预测。

"大胆!真是胡说八道!我哥哥的儿子同治帝现在不是好好地坐在龙廷上吗!"醇亲王虽然说话声音不大,但语气十分严厉。

"但这是命里注定的呀!"张瞎子固执己见。

"不,不,不可能,这孩子与同治帝是同辈啊。"醇亲王提出质疑。

"那就走着瞧吧!"张瞎子仍然坚信自己的占断。

清朝入关以后,传下了一个牢不可破的规矩:严禁帝位兄终弟及。老皇升天之后,必须是小一辈的人继位,同辈人断乎不可染指。所以醇亲王不敢相信张瞎子的推断。更何况,同治帝现在正值童龄,健康活泼,整日耍枪弄箭,还根本谈不到皇位继承问题。

"命里注定的事,是无论如何也要来的,王爷您别不信,王爷不要忘记,您也是天潢贵胄啊!"

"休再胡说!"醇亲王厉声打断了张瞎子的话,令下人付给张瞎子和刘铁口赏银,将他们很快打发出了亲王府。

"皇帝……命里注定……"醇亲王自言自语着,半信半疑,心里感到惊讶而慌乱。

二

普通百姓之家生儿,尚且喜不自胜,百般珍重。贵如王府,那般喜庆珍视之情就更是可想而知了。还在醇亲王福晋生产之前,各项有关准备工作就已经开始筹备了。其中第一件事就是寻找适当的乳母。

物色乳母的差使,属王府管家的职事。这王府管家,却不是寻常人所能做的。作为亲王之类皇室贵胄,虽然并不住在皇宫内,但家中那些比较重要的下人,也大都是太监。所以王府的管家又称"阿太",这个名字虽然不算好,但可以说是对太监们最体面而亲切的称呼了,在福晋生产前两个月左右的时间里,阿太便很认真地开始了寻访乳母工作。他随时向各处打听,而目光首先注视着农家妇女,因为一般人认为,农夫们的妻子虽然显得粗笨,但身体大多健康,而这一点对于乳母说来则是至关重要的。而且,农妇们又大多勤恳善良,这也是做乳母不可缺少的条件。除了身体健康、性格善良以外,王府的乳母还要求长相漂亮,且手脚干净。据说,乳母对于乳儿的生长发育关系甚大,吃乳的小儿往往会越长越像他的乳母,而且连脾气也是这样。所以,王府乳母的入选条件是十分苛刻的,那寻访盘查工作自然也就十分细致而严格了。

在王府里做乳母,自然是很体面的事,但王府里的规矩却比其他人家多。在其他人家做乳母,虽然也得把自己的孩子抛在一边,但限制并不那么紧,还能够时而回家与亲人见面。而在王府里当乳母,就必须与自己的一切亲属完全隔离,牺牲行动的自由。

当乳母进府的时候,她们原来所穿的衣服,须从外到内全部换下来,而穿上王府早已替她们准备下的新衣服。这些衣服,质地柔软,颜色华丽。乳母穿上这样的衣服,就不致因衣料粗硬而损伤孩子的嫩肤,而鲜艳的颜色则能使孩子看着高兴。而且,也只有华丽的服装才能与高贵的亲王、华丽的府第相称,无损于富贵之象。这也正是所有富贵之家的下贱奴仆穿戴华丽服饰的原因所在。

在富贵人家当乳母实在不易,除了在进府之前进行身体、性情的严格审查外,入府之后还要喝上几剂汤药,以清除体内的污垢,然后才能哺喂婴儿。而且,乳母的一切饮食都有规定,有些禁忌的东西绝对不许吃,而有些食物则必须吃,不管是否对乳母自己的口味。

亲王生儿,这是一件大事,照例是要到皇宫启奏的。而醇亲王又是当今清帝国最高统治者慈禧太后的妹夫,因而入宫启奏生子喜讯就更应该郑重其事了。

还在醇亲王入宫启奏之前,生子的消息已经传遍了皇宫内外,因而醇亲王在去朝堂的路上所遇到的人,都纷纷向他道贺。

上殿以后,醇亲王也少不得要向皇太后和皇上行三跪九叩首的大礼。

"醇亲王,你好福气呀!"在醇亲王叩首的时候,慈禧太后发出了道贺之词,"恭喜你!恭喜你!"太后满面春风,显得特别高兴。

"不敢,不敢,奕譞全是仰赖皇太后的鸿福!"醇亲王的态度极为谦恭。

"你儿子的生辰八字可找人算过没有?"太后问道。

"算过了——皇太后。"醇亲王连忙应道。但他心里着实有些紧张,他知道太后的脾气,无论对怎样的小事都喜欢问得详详细细。醇亲王迅速盘算着该如何回答太后。

"这孩子的命怎么样啊?"慈禧太后问。

"算命先生只是说那孩子的命挺脆弱,必须特别小心地抚育他。"醇亲王停顿了一会儿,又补充说明了孩子命忌红色等一些无关重要的事,同时也把他在孩子出生前自己观察烛煤沉水的事说了出来,而关于张瞎子预测孩子将当皇帝的话他是连半句也不敢提起的。

"这样说来,我们应当特别小心地抚养这孩子呀!"慈禧太后嘱咐道。醇亲诺诺连声。

慈禧又问道:"你们没有给孩子打什么锁吗?"

"没有,皇太后。奴才们还不曾准备,只候皇太后开恩!"醇亲王早就听说太后要赏锁,于是就爽快地说出了自己的等候恩赐之意。

慈禧太后当即宣旨,将已经准备好的一把嵌有许多珠宝的金锁及其他多种珍宝呈上殿来,命安德海送往醇王府去,作为这个新出世的小外甥的贺礼。

最后,照惯例该请皇太后给孩子赐名了。

"我们就叫他载湉罢,'湉'字的意思是安乐愉快,这个名字不错。"慈禧用朱笔随手将这两个字写了出来。这就是后来光绪帝的御讳。

小载湉一天天在长大。时光很快过去了四年,小载湉也不知不觉满了四岁。

算命先生的预测看来还真有些应验,小载湉生在富贵乡里,说不尽娇生惯养,但却非常瘦弱。醇亲王夫妇心中很是不平,为什么普通百姓人家甚至穷人的娃娃都能长得结结实实,白白胖胖,而自己的孩子贵如王子,却瘦得可怜巴巴呢?他们感到十分不安,生怕小载湉有夭折之虞,因而对孩子就越发爱护,真可谓无微不至。

小载湉虽然瘦弱,但并未发生过什么大的灾痛,一切倒也安然。这四年,小载湉感到十分惬意快乐。父母的爱抚,仆人们的精心护理,使他幼小的心灵朦胧地意识到自己位置的崇高,这样,自然感受不到有什么拘束和烦恼。

小载湉颇有语言的天赋,学习说话并不感到吃力。但奇怪的是,他不喜欢在众人面前讲话,却愿意一个人自言自语,看他那神气,似乎喜欢一个人独处。可见载湉自幼生性腼腆。

每个人都有他自幼喜爱的东西,载湉自然也有自己的爱好。他最喜欢的是花和鸟,而且态度颇有些神秘。只要有一只小鸟进入眼帘,他是绝不会轻易移开自己视线的。小鸟飞,他的目光也追着飞;小鸟落了下来,他的目光也停下来不动。他会专心地长时间地看着小鸟,而且喃喃自语,若有所思,神情颇显激动,似乎他已听懂了那啾啾鸟语,在和小鸟亲切地交流思想,诉说着自己内心的秘密。

鸟,能飞能唱,可给小载湉带来欢乐;花,虽然不能给予他流动的快意,但那静谧鲜朗之美也足以令他神往。他照样也能长时间地与花相视对语。他从来不肯伸手摘下花朵,也从不去伤害一片花瓣儿。

载湉从小就长得非常清秀,五官端正,皮肤白皙。最有特色的是他那一双大而深邃的眼睛。那清澈的眸子透出聪明与善良,又不时现出羞怯与疑惑。载湉虽然瘦弱,仍不失为一个可爱的孩子,他足以令世间冷漠的人一见而生怜爱之情。

载湉有一种特别的天赋,就是左右两手有相等的功能,没有明显的左右撇之分。他无论拿东西、写字,都可以两手并用。

载湉四岁这一年,醇亲王特地给他请了一位饱学端行的门馆先生,开始教他读书写字。小载湉天资聪颖,先生按规定所教的十几个字,他学起来并不感到吃力,而且一旦学会则不再忘记。除了习字,载湉还爱上了图画和剪纸——虽然先生并未给他规定这样的学习任务。什么花啊,鸟啊,人啊,兽啊,他都喜欢画。他不仅在纸上画,而且更喜欢在墙壁上画,墙的下面画满了,就索性站在凳子上画,竟把蛮好的墙壁弄得一塌糊涂。对此,门馆先生感到无可奈何,醇亲王感到啼笑皆非。每逢此时,载湉便一改其平时腼腆的性格,又表现出十足的顽皮,也显现出他高超的想象力。

也就是在载湉四岁这一年,宫中传出了一个惊人的消息:同治帝载淳染病,而且病势相当严重,已不能下床,看来凶多吉少。

三

国不可一日无君,因此,同治新逝,立嗣的事随之而行。在这个问题上又出现了一台闹剧。

同治生前未留下一儿,后继无人。谁来继位成了朝野上下关注的焦点,也是清王朝迫在眉睫的大问题。当时同治帝的皇后阿鲁特已身怀六甲,不久就要生产。但慈禧太后借口国不可一日无君,急于早定新皇人选。她还认为同治帝青壮年患恶疾而死,不论皇后所生是男是女,身体均不会太健康,已不适合立为君主,应另选其他宗室子弟。按清代立嗣规定,同治帝是"载"字辈,他死之后,应在下辈即"溥"字辈中选拔继承人。但如果依照这个规矩的话,慈禧就成了太皇太后,没有理由辅佐幼帝、垂帘听政了,权力应转交阿鲁特氏。这是具有强烈权力欲的慈禧所难以容忍的。于是她采取坚决的态度力主立"载"字辈宗室子弟为新皇帝。

阿鲁特氏腹中的婴儿继位无望,阿鲁特氏本人当太后执政的幻想化为乌有。慈禧太后跟阿鲁特氏的关系原本就不好,光绪即位后,阿鲁特氏充其量只是一个皇嫂,政治上无依无靠。慈禧还利用其特权,对她百般排挤和打击。阿鲁特氏为自己渺茫的、不堪设想的前程感到绝望,同时,为了抗议慈禧的折磨,竟吞金自杀。后虽经抢救不死,但她心如死灰,毫无生念,又绝食数日,终于光绪元年(1875 年)二月二十日绝命西归。这时,距同治之死仅五十多天。

阿鲁特皇后的死震惊了朝廷上下,反应强烈。有一些大臣甘冒风险,直言上书。御史潘敬俨给慈禧上一奏章,说皇后无论是因悲伤过度而死或者是自杀,都表明她的气节,值得大力表彰:"不作任何表示,不能安慰亡灵;不加封号,不足以安定人心。"慈禧知道他在借题发挥,恼羞成怒,斥之为狂言乱语,目无君主,将他罢免赶走。内阁学士广安,在阿鲁特氏未死之前就要求慈禧在铁券上写明待皇后生有皇子即让他继承大统,因此慈禧把他叫来训斥了一番。

但这件事并没有因为阿鲁特氏的死就平息了下去。光绪五年(1879 年)三月,吏部主事吴可读参加了同治帝棺椁安葬仪式之后,触景生情,感慨万千。他想就此事再上书一封,希望引起慈禧太后的重视。但他知道自己官卑言微,一书进宫无异于石沉大海,音讯全无。于是他选择了"尸谏"。返京途中,他在蓟州三义庙里题了一首绝命诗,然后服毒自杀。当吏部官员闻讯来收尸时,发现了他临终前写的一份奏折。全文一千六百五十多个字。文中谈到光绪帝即位的背景,清代历朝皇位传继的规定,希望两宫皇太后不要破坏祖宗及朝廷的法规,力改前面的错误,以安同治帝在天之灵,杜绝朝野种种流言。

吴可读的尸谏搞得慈禧非常难堪,又不便发怒。读罢遗奏,她只是轻描淡写地说:"这个人未免有点饶舌。这件事谕旨里已经写得很清楚了,要他来说些什么闲话?"慈安太后说:"一个小小的主事,敢发这般议论,而且以死表明自己的忠心,总算难得。"慈禧太后不准臣下再议论此事,令将吴可读的奏折抄录一份存档,将尸身好好安葬。

从此,再没有人为光绪即位的事挑起风波,慈禧垂帘听政的目的终于达到了。

同治皇帝去世的那一天,慈禧令其心腹太监传出懿旨召王、军机大臣及皇族近亲入宫议要事。众人接旨后火速入宫,于是惇亲王奕誴、恭亲王奕䜣、醇亲王奕譞、孚郡王奕譓、惠郡王奕详、贝勒载治、载澂,公奕谟,御前大臣伯彦,讷漠祜、奕劻、景寿,军机大臣宝鋆、沈桂芬、李鸿藻、荣禄,以及弘德殿行走徐桐、翁同龢,南书房行走黄钰、潘祖荫、孙贻经、徐郙、张家骧等人奉命入宫。慈禧传旨召王、大臣入议要政，但当王、大臣们火速赶来时，她却静静地坐在那里，看上去就像什么事都未发生一样。她在思虑着什么？可想而知，今天召见这些人无非是宣布同治驾崩，与众人商议另立嗣君的事情。然而，这一次非同往常，因为过去各代帝王均有子承嗣，况且又有祖制，立嗣的事无须费多大心。特别自雍正确定储位制后，历代承袭，新君即位，只须打开藏于正大光明匾额后面的金匮宣布遗诏即可。这一次不同的是，同治无子嗣位，必须从近支内挑选一人。这是个十分重要的问题。因为它关系到慈禧本身的权力，不能不要慎重考虑一番。自同治病危时起，慈禧就已开始考虑这个问题了。她对清制了如指掌，按照祖制，选继承人必须是晚辈，就同治说来，就是爱新觉罗氏溥字辈的人。在溥字辈的近亲中恭亲王奕䜣的孙子们无疑是最合适的人选，而且若让王、大臣们议定，也必会集中到这里。这可不行啊！因为，她对奕䜣是了解的，此人非等闲之辈，在权力问题上有很强的欲望。为此，他们不是已经斗过几个回合吗？自那次公开的斗争之后，虽然奕䜣表面上装得很恭谨，但内心并不服气，而且仍然在积蓄力量，准备东山再起，一揽大权，慈禧对此是早已心存戒心的。假如再从他的孙子中选立嗣君，那么，这位奕䜣便会重操他的"挟天子以令诸侯"的旧伎。慈禧是不会甘心居人之下，拱手让权的，她在想个万全之策，以求保住垂帘听政大权。经过多少个日日夜夜的反复考虑，慈禧皱紧的眉头终于展开了。今天，她传旨召见王、大臣，但当王、大臣前来领旨时，她却又慢腾腾地不出来召见，这是为什么？她是在思考对策，即如何使王、大臣们按她的意思决议。当胸有成竹之时，她便站起了身，缓缓地到了阁中御座旁。今日慈禧不同往日，她既没有穿礼服，只是身穿便服出场；也没有登御座，只是站在御座旁，一只胳膊压在御座上，手里摇晃着一把淡色的筇箸。

站在阁门之外的王、大臣们万万没有想到，把他们十万火急地召来，却让他们在门外侍立候旨。他们各自内心像十五个吊桶打水一样七上八下，都极尽全力琢磨今天召见的内容，想着自己应该如何应付局面。过了好一会儿，终于传旨进见，王、大臣们便鱼贯入阁。他们进入西暖阁向两宫行礼后分立两排，一排是宗室王亲，一排是朝廷大臣。他们站在那里低头听旨，半晌两宫竟没有一句话。这些王、大臣们不知究竟是为了什么，又不断在猜测着究竟发生了什么事情。沉默持续了许久，惇亲王耐不住性子终于开口打破了这沉闷的局面："敬问两宫皇太后，不知万岁龙体如何？"慈禧微微一笑，答复了惇亲王四个字："皇帝无恙。"

西暖阁又陷入了沉默。这种沉默使前来奉旨的王、大臣们深感不安。他们虽揣知宫中必有大故，但谁也不敢贸然发问。正在这时，慈禧不急不忙地开了口："圣躬颇虚弱，未有子，或有不测，必立嗣，卿辈试思宗室中，谁可承继大统？"

诸人现在才明白此次召见的用意何在。虽然，这几日这些在场的诸王、大臣都作过一些考虑，但因摸不准两宫底细，所以都不想先发表自己的意见，西暖阁再次陷入了沉默。总不能如此沉默下去吧，文祥终于开口了："若为皇上立太子，溥字辈中近支已有数人，请择其贤者立之。"此端一开，众大臣议论起来。只听有人出班奏道："溥伦长，当立。"话音未落，又站出了一个惇亲王，他提出了反对意见："溥伦疏属，不可！"

在王、大臣们纷纷议论之际，有两个人没有加入这场议论，他们就是奕䜣和奕譞。在他们看来，他们的儿孙最有可能入嗣，怕遭嫌疑，因此，沉默无言，只是洗耳恭听。慈禧对王、大臣的议论虽也听着,但她始终注意着那两个关键人物——奕䜣和奕譞。参议诸人的议论已接近尾声,该到关键的时候了,可是奕䜣和奕譞还是未开口。于是,慈禧把眼光对准了奕䜣,这严厉的眼光明白地告诉奕䜣:你必须表态!奕䜣张了张嘴又闭上了,他还是未发表见解。慈禧看奕䜣那欲说还休的样子,知道他不想说话,于是开口直问:"六爷之意如何?"

奕䜣听到问话,心中猛然紧张起来,为了避免重蹈覆辙,他演出了一场耐人寻味的剧。只见他表现出十分悲痛的样子倒在了地上。慈禧见状,心中高兴异常,她最担心朝中大臣推举奕䜣的子孙,更怕奕䜣出其不意给她难堪。如今见奕䜣如此表现,知道大事将按她设计的方案进行。于是,慈禧装出不得已而为之的样子说道:"看来六爷不想担天下的重任啊!"说完便把目光移向了奕譞,慢慢地但又用十分坚定的口吻说出了她蓄谋多时但却不可改变的决定:"文宗无次子,今遭此变,若承嗣年长者实不愿,须幼者乃可教育,现在一语既定,永无更移,我二人同一心,汝等敬听。"然后慈禧道出了两宫议定的人选:"溥字辈无当立的人,奕譞长子今年已经四岁,且是至亲,使之继统十分妥当。"

慈禧此言一出,惊倒了在座的王公大臣。无论谁也没有想到(当然不包括奕譞在内)慈禧会作出这样出乎意料的决定。于是,大家在惊讶之余又默声无语,只有那位醇亲王奕譞突然失去常态:"惊遽敬唯碰头痛苦,昏迷伏地,掖之不能起。"同奕䜣一样"昏绝于地"。当大家把目光集中在倒在地上的两位亲王身上观看他们的精彩表演时,惇亲王奕誴提出了新问题:"然而,若立醇亲王之子,那么,难道当今皇上不立后嗣吗?"慈禧对这个问题一点也不感到出乎意外,因为这早已在她的预料之中。因此,当她听完问话后,立即作了如下回答:"醇亲王之子载湉,甚聪睿,必能承继大业,我欲立之为文宗显皇帝嗣,卿辈以为如何?"

事已至此,大家见慈禧之意已定,而慈安也点头称是,说明两宫是事先议定了的,于是,王、大臣们便拱手唯诺:"还是皇太后的主意高明,请皇太后圣裁。"就这样,此次会议决定拥立奕譞之子载湉为太子。

王、大臣会议定嗣君后,慈禧传旨令军机处速拟诏旨,颁示天下。为防止族人争斗或者发生不测,慈禧又密令李鸿章亲统重兵,在京师待命。当李鸿章遵旨统重兵驻防京师已定后,慈禧才长长地吐了一口气,令内阁明发上谕,颁布了所谓同治遗诏,向天下宣布:"醇亲王奕譞之子载湉著承继文宗显皇帝为子,入承大统,为嗣皇帝。"遗诏颁布不久,又有慈禧的懿旨传示内外,向天下解释立新帝之苦衷:"皇帝龙驭上宾,未有储贰,不得已以醇亲王奕譞之子载湉承继文皇帝为子,继承大统为嗣皇帝,俟嗣皇帝生有皇子,即承继大行皇帝为嗣。"遗诏与懿旨颁布后,宫内外到处议论纷纷,人们对立载湉为帝颇感意外,认为这又是慈禧开大清先例,与情与理均不恰当。当然,这些议论并不能上达"圣聪",更不能动摇慈禧立嗣的决心,只是作街头巷议的私语而已。因此,载湉照样入了宫。但是另一方面,慈禧所为实与祖制不合,她想到天下臣民在议论她,为了减少阻力,她挖空心思地找出了一些借口来。就在颁诏的当日,对宗室要员和近亲作了解释。此次慈禧是坐在御座上召见宗亲国戚的,她没有兜圈子,而是用悲伤的腔调向大家作讲演:"虽然我们的儿子是已经升天了,但我们不能因为他一死而就彻底把他忘记了。我们要使他的一代依旧延续下去,不因此而中断……我们只当他自己仍然好好地留在他的皇位上,好像没有死一样。"

听到这里,前来受召见的人都忍不住哭泣起来,有的是为新死的同治皇帝悲伤,有些是听到慈禧那动听的话而伤感,当然,也有一些人在装样子。因为,他们如果不抽泣几声,好像就会被太后训斥,或者以后会有一些报复似的。

慈禧一边说着,一边伤心地流下了泪水。她不时地拭一下自己脸上流下的那几滴伤心的泪。可是,今日召见的主要目的不是让大家哭丧来的,而是另有他谋,于是在稍一停顿擦干眼泪之后她又说道:"为了这个原因,我们这一次便决计不根据习惯做,我们将另有一种选择。"

众人一听便停止了抽泣,静静地听着。他们谁都心里清楚慈禧刚才所云是说立奕譞之子载湉的事,于是,众人静静地洗耳恭听。慈禧继续说道:"外人对我们这番作用,大概不免要有相当的惊异,甚至还会带来某种纷扰;可是,我相信只要我们把我们的理由一讲明白,那是无论谁都会谅解的,并且可以知道这一决定确是最好的办法。首先,我可以给你们说,我们现在打算教他嗣位的那个孩子,是和我们有着最密切关系的;其次,用他来做我们的儿子的替身,是最相像的,无论谁都比不上他。因为这个儿子也是我妹妹的儿子,一方面是我们的姨甥,而同时他又是先皇的侄儿,也就是我们的侄儿。因此除了他之外,便没有第二个人和我们更亲近的了。他便是醇亲王的儿子载湉。除掉上面所说的各种关系之外,为着要使我们格外容易打成一片着想,我们准备把他承继做我们的儿子,像他自己母亲一样地培养着他。"

在场的人,听着慈禧叙说的种种理由,有些人真想起来表示反对,可是,又有谁敢冒生命危险呢?不要说公开反对,就是流露出不满的表情,恐怕也躲不过慈禧的眼睛,那样,大祸迟早会临头的。所以大多数人表示的是十分服从、十分满意的样子。慈禧略扫了一下大家的表情,信心更增,于是又提高了嗓门谈到了立嗣的意义:"所以这一次的立嗣,其意义真是很深刻。除掉为国家慎选嗣君之外,我们还有另一种重大的作用,就是要使我们的儿子像继续生存一样。因此这一代的年号,也应特别题得有些意义,那两个字必须含蓄着承接我们的儿子所留下的光荣的解释。现在假使有谁反对我们这种主张,我希望他还是先好好考虑一下。要知道我们所要立的这位嗣君,在表面上看,好像因为他是和我们儿子同一辈的缘故,已经破坏了本朝的规例;而实际上,我们原不是要选他做嗣君的,我们是要选他来做我们儿子的替身,他本人就像未死的同治皇帝一样。"

这个讲演是说服加强制,引导加威胁,这样下来,有谁还敢反对呢?慈禧扫视一下众人,毫无反应,于是她就宣布了决定:"现在我们就可以决定了,醇亲王奕譞的儿子载湉应该立即入嗣大位,改年号为光绪。"

就这样,出乎意料的决定颁布了。因此,醇亲王奕譞4岁的儿子载湉被迎入宫内,继承大清皇帝之位,改元光绪,随之而来的便是两宫的再次垂帘。

慈禧费尽心机,终于顺利地实现了二次垂帘。第二天,垂帘的诏书便明发天下。

垂帘之举,本属一时权宜。惟念嗣皇帝此时尚在冲龄,且时事多艰,王、大臣等不能无所禀承,不得已姑如所请,一俟嗣皇帝典学有成,即行归政,钦此。

祗承懿训,寅感实深,因思朕以薄德藐躬,钦承两宫皇太后懿旨入承大统,诞膺景命,仰荷大行皇帝付托之重,遗大投艰,茕茕在疚,幸赖两宫皇太后保护朕躬,亲裁大政。尔王、大臣暨中外大小臣工,惟当翼为黾勉,各矢公忠,共襄郅治,以上慰大行皇帝在天之灵,下孚薄海臣民之望,朕实有厚幸焉。所有垂帘一切事宜,著该王公大臣等,妥议章程,详细具奏,将此通谕中外知之。

至此,慈禧终于实现了再度垂帘的心愿。

同治十四年(1875年),年仅四岁的载湉当上了大清王朝的皇帝。从此,开始了他几十年的宫廷生活。

懿旨一下,迎立新皇上的大典就开始抓紧筹备了。国不可一日无君,必须使新皇上早早登基。

首先由钦天监推算黄道吉日和最吉利的时辰。推算的结果,吉时竟在吉日的半夜,为了大清王朝千秋万代的基业,便是皇上也只好委屈一点了。这一天夜里,迎接皇上的仪仗来到醇亲王府,府门大开,灯火辉煌。带队的孚郡王进府宣读了懿旨,然后向醇亲王夫妇道喜。醇亲王福晋(夫人)不知是喜是悲,脸上堆着笑容,却又不断地擦眼泪。她一面与孚郡王应酬,一面不住嘴地讲一些如何照顾小皇上的话。她向孚郡王要求带奶妈进宫,因为皇上从小跟惯了奶妈。孚郡王表示问题不大,但也要请示懿旨,宫里事无巨细,都要有太后的懿旨。

时间紧迫,孚郡王说了几句客气话,就请皇上上轿。最后分别的时刻到了,醇亲王福晋吻了一下熟睡着的儿子,顿时热泪满面。此时,一切都已无可改变,她惟一能做到的,就是在心里默默地祝福儿子身体健康,万事如意。

小载湉早已进入甜蜜的梦乡,他对将要发生的重大事变毫无感觉。当他被唤醒的时候,感到莫名其妙,无论大人跟他怎样讲当皇上如何好,他都没兴趣听。他只想睡觉,而人们偏偏要把他叫醒,于是他又哭又喊又跳,吵闹个没完。母亲和奶妈费了好大劲才算把他哄好了,穿好了衣服,把他抱进华丽的鸾舆,随即起轿。醇亲王福晋在中门口望了很久,听了很久,直到一点声音也听不到了,她才回到屋里去。醇亲王护驾进宫,而且以后也常有机会见到儿子,福晋则进宫的机会很少,所以这最后一眼,她看得太亲切、太认真了。

轿夫们个个小心翼翼,尽量使鸾舆平稳而又平稳。惟恐惹烦了皇上,哭闹起来,他们就罪该万死了。

载湉不知道这些,但轿子也确实平稳,所以一路上他一点动静也没有,——他睡着了。当鸾舆在宫中一座大殿前停下后,太监们打开轿帘,想扶皇上下轿的时候,还是一点动静也没有,等了半晌才发现,皇上睡得正香呢!

钦天监选定的良辰不能错过,必须把皇上叫醒按时登基,这是任何人也替代不了的。太监们只好把小皇上叫醒了。这一次小皇上哭闹得更凶了,一夜之间被弄醒两次,确实令人气恼。而且小皇上睁眼一看,都是些陌生的怪脸,见不到母亲和奶妈,也不是躺在家里,而是一个完全没见过的地方,黑洞洞的,阴沉沉的,四岁的小孩子,如何能不哭闹!他哪懂得什么宫廷的规矩、皇帝的体统,只是哭喊着要回家,一直喊得嗓子都哑了。

但是这样一件大事，计划是不能改变的，小皇上还是被抱到殿上登基去了。醇亲王在旁边抚慰着，怕他闹得太厉害。太监们也前后紧忙活。黑灯瞎火一时也找不到什么好玩的，一个太监顺手拿一个棉花团给小皇上玩，居然很有效，他竟不哭了。于是人们传说，由于太监在登基的时候给了皇上一团棉花，造成皇上一生的性格软弱。但也有人猜测，大概皇上生性软弱，所以得了棉花团，性气相通，就不哭了。

人们早已为皇上准备了一顶小小的皇冠。这是一种同其他官员式样差不多的帽子，只是更加华丽，顶子用的是一颗价值特别昂贵的珍珠。这种皇冠只在皇上登基的时候戴一次，用过之后，就放入内库保存起来，成为历史文物，永不再戴了。以后，皇上另戴别的帽子。又有太监捧出御衣，尺寸是照小皇上的衣样制作的，所以穿上很合身。

吉时到了，两个太监把皇上扶到殿正中的御座上，让他端端正正地坐着，四周是太后和几位亲王、郡王，还有他的父亲。因为有父亲在身旁，所以小皇上虽然觉得不自在，还是照太监们的安排做了，没有大哭闹。但他怎么也搞不清，为什么要把他弄到这群大人中来，周围一个小孩也没有？为什么要戴那么重的帽子，穿上那种不舒服的衣裳，坐在那么高的椅子上？他哪里知道，多少人为了戴这顶帽子、坐这个座位，不惜伤天害理，不惜弑父杀兄，自残骨肉，不惜杀人如麻，血流成河；又有多少人费尽心机，终于美梦难圆，甚至招致杀身灭族之祸呢！

他尤其不明白，那些大人们，包括他的父亲，为什么要一齐向他磕头，嘴里还嘟哝着他完全听不懂的话。看着这莫名其妙的场景，他简直想笑，但他没有笑，因为在场的人们都太严肃了。

刚进宫的时候，小皇上想妈妈，想奶奶，也想他那个熟悉的家，所以哭闹不停。但后来看看哭闹也没用，就渐渐安静了。及至大典进行到结尾的时候，他竟很有兴致了，装腔作势地坐在那里看着人们参拜，以致给朝臣们留下的印象是：真有皇上的气派，果然与一般小孩子不一样！

登基仪式进行了一个半小时，慈禧从皇上没进宫的时候就在这里坐着，一直坐到典礼结束，而且毫不疲倦地始终注视着皇上。她要认真审视一下她选的这个皇上是不是能使她自己满意。

大典结束后，光绪被太监们护送到他的富丽堂皇的寝宫，从此开始享受皇上的一切富贵尊荣了。寝宫里除了奶妈（她是最主要的看护者），另有一大批太监、宫女，全都是恭恭敬敬的。只要光绪随便向哪个人说一句不管怎么无关紧要的话，那个人就要跪下来回答。他向哪个太监一挥手，那个太监就立刻退出去。

当然皇上毕竟太小，太后怕他举止言行不能完全合乎宫廷的程式和自己的心意，所以吩咐那几个服侍光绪的大太监，要尽力教导小皇上，要保持皇上的威严。光绪一进寝宫，这几个大太监便争先恐后地去做这项工作，七嘴八舌地告诉皇上，"你要这样……""你不能那样……"因为"你是我们的万岁爷"。

光绪虽然不知道万岁爷怎么做，但对于驱使手下人为他服务却很熟悉，因为他在王府里已经是一个婢仆成群的阔少爷了，进宫当皇帝不过是上了一个新台阶而已。

皇上很快就开始发话了："我是万岁爷吗？"

"是的，皇上，你要奴才们做什么事？"太监们齐声答话。

"给我拿些东西来吃!"

太监们原是随便问一句,却不料皇上真的提出了要求。只好齐声回答:"万岁爷,现在夜深了,没有吃的东西了,请你等到明早上,就会有很多的东西可以吃了。"

"我到底是不是万岁爷?"

"当然是的,万岁爷!"太监们一齐喊。

"那快去拿东西给我吃!"小皇上坚持着。

太监们不敢违抗皇上命令,但又怕他晚上吃多了不消化,同奶妈商量了一下,去弄了几样最易消化的东西来敷衍。好在天已晚,光绪急着要睡觉,随便吃一点,也就不再提什么要求了。

太监们为了讨皇上的欢心,让他安心睡觉,又哄着说,到了明天早上就有一百样小菜可以吃——这是太后、皇上每餐的标准,结果又勾起了小皇上的兴奋。一百样小菜是多少,他心里也不一定有个准确概念,每样小菜是什么滋味他也没尝过,但从太监们那种甜蜜、谄媚、保证满意的神情里,他可以体会到吃一百样小菜一定是非常幸福的事。于是他不想睡觉了,恨不得马上能吃到这些菜。幸亏有一向服侍他的奶妈哄着,他也实在太困了,终于熟睡过去。一直到第二天早上,他还在熟睡,夜里发生的事和那些小菜他都忘掉了。

皇上有例行的公事,他要上朝去接受百官的参拜,要处理军国大事——他虽不能处理,但要在场,至少要端坐在那里让大臣们磕几个头。

看看时候不早了,太监们催促奶妈把皇上叫醒。小皇上睡得挺满意,醒来也没有哭闹,但却想起了那一百样小菜,奶妈给他穿衣服的时候就一再嚷着要吃。还好,太监们早就准备好了,赶紧布置上来。当皇上穿完衣服的时候,菜也摆好了,而且摆出许多花样,五光十色,整整齐齐。光绪看呆了,开始不敢吃,以为是摆着的,或是还有别人来一起吃,因为那菜太多了。当他知道这些菜就是供他一人享用时,他从椅子上爬起来,坐到桌子上,一手拿筷子,一手拿羹匙,大吃大嚼起来。这边挑,那边杵,弄得碗碟狼藉,菜汤洒了一桌子。太监们看弄得太过格了,赶紧劝:"做万岁爷不能这样啊!"小皇上吃得开心,哪听他们说,只管按样吃去。一个太监灵机一动,大喊:"'亲爸爸'要来了,她看见万岁爷这样子会不高兴的。""亲爸爸"指的是慈禧太后,慈禧不是让光绪称她"母亲",而是要叫"亲爸爸",这个称呼引起人们许多猜测。加个"亲"字很容易理解,她忌讳过继的名义,所以强调"亲",其实也是多余。这称"爸爸"就很费解了。有人猜是她不愿让人叫她"母亲",因为叫她"母亲"的同治帝死了,她太伤心了。也有人猜她怨恨自己不是男人,因而掌权受到诸多限制,她多么渴望是一个男人呢!所以她让光绪称她"亲爸爸",略以弥补她实际上仍然是个女人的遗憾,得到一点心理上的满足。不管怎么说,光绪是一直称她"亲爸爸"的。太监们没办法了,只有拿太后来吓他。不过这时候光绪还不知道"亲爸爸"的厉害,也是吃得太高兴,所以一律不予理睬。

太监们和奶妈都着急了。万岁爷要吃,谁敢拦挡呢?但如果吃坏了肚子,太后要追究他们的责任,于是只好去报告太后。太后立即带着人赶来了。小皇上还在桌子上爬着,新衣服上溅满了油渍,小嘴塞得满满的。慈禧平时最爱干净,一见这模样,怒气油然而生。幸亏宫里好久没有小孩了,见了这副顽皮相,她又觉得很好笑。光绪从小在王府里娇生惯养,哪有什么规矩!虽然进宫前父母一再告诉他要听"亲爸爸"的话,不能违抗,这时也早不记得了。以致太后喊一声:"你下来吧!"他竟像没听见一样,照旧吃喝,头也不回——这样公然无视太后的命令,在宫廷里简直是绝无仅有的。人们都以为太后一定要发怒的,然而这一次实在出人意料,太后只是微微一笑。对于一个顽皮的孩子,专制独裁者也只能是网开一面。

光绪登基的那一夜,醇亲王夫妇都没有睡觉。醇亲王送皇上进宫,回去已快天亮了,而醇亲王福晋还坐在后堂上等着他,她想听听儿子的情况。可是醇亲王什么也没讲——他哪有心思讲呢?儿子被夺走了。他们只能相对流泪而已。

醇亲王想起了算命先生给光绪算过的命,说他能当皇上,但一生不顺利。那时同治帝正值年轻力壮,怎么能轮到王爷的儿子当皇上呢?所以醇亲王一点也不信,以为算命先生不过为多讨点卦金而随便说点逢迎主人的吉利话。现在这第一步真是应验了。如果先生算的真准,那第二句话——一生不顺利,不是就令人非常忧心吗?醇亲王的心头重重地压上了一块石头。

醇亲王能常常见到儿子,因为他上朝的时候可以看皇上一眼。福晋就惨了,她不能随便进宫。要求进宫一次也能获准,但不敢太多,怕慈禧不高兴,虽然她们是亲姐妹。只有慈禧传了话,她才能进去。进去了,也不能跟儿子单独见面,随便说说话。要先朝见太后,然后派人请光绪到太后这里来见面。见了面,母亲要向儿子请安。光绪见了母亲,自然心里很高兴,但也不能随便跑过去扑到妈妈怀里,奶妈把他搂住了。母亲也不敢当着太后和众人的面,把儿子亲亲热热地抱在怀里。所有这些,都只因为儿子是皇上。

第一次见面的时候,光绪失声大哭。太后立即挥手把他打发走了。醇亲王福晋也掉了眼泪,但必须忍着不能大哭。

在这种情况下,醇亲王福晋就只有自我安慰了:只当没养这个儿子,就让他好好为大清帝国当皇上吧;富贵人家孩子都是奶妈带领的,他现在不是由奶妈带领吗?只是不住在家里而已。她这样想过之后,就觉得感情上的损失减少了许多,心里平静一些了。最后,她只有在心中默默祝祷,真诚地祝祷,愿她的儿子平平安安地当皇帝,真正享受到皇上的尊荣和幸福!

第二章　年少皇帝

一

　　西太后总算长出了一口气,一切毕竟还能按自己的意志运行。小皇帝的选择和即位,实在是一举多得的好事。这不仅可以保证自己稳操"听政"大权;也可以此提高和昭示醇王在宫中的地位。尽管奕譞已不在枢机之任,但也可以使恭亲王奕䜣明白自己这一安排的意向,不敢再公然违忤抗言。而醇亲王的"谦恭"是意料之内的事,既然选其子为君,即或不对自己感恩无尽,投鼠忌器,谅也不能不俯首帖耳,惟命是从。在整个立嗣过程中,诸臣工还算忠诚无违,召之即来,挥之即去,言听计从。剩下的只是如何塑造小载湉,使之成为知恩图报、得心应手的"儿皇帝"了。

　　慢慢地,小载湉对宫中的环境有所熟悉了。可他毕竟还是个年仅四岁、人事不懂的小孩子。其实这个小皇帝,仍然很不习惯那些"奴才"的束缚,更不明白:既然成了"万岁爷",为什么还要受那么多"规矩"的限制,不能这样、不能那样,甚至不能随便地哭闹?他离开了父母,来到了一个新天地。这里既无亲情的温暖,也失去了儿童所应享有的自由。皇额娘(东太后)和"新爸爸"(西太后在载湉入宫后即让他这样称呼自己),虽然对其很关心,但他一见到"亲爸爸"就有一种莫名的恐惧,感到很紧张。除了这些,小皇帝还经常地被群臣接来送去:到观德殿给先皇帝梓宫叩头;到奉先殿给列祖列宗牌位跪拜;去慈宁宫给长辈女眷拜年,往寿皇殿及大高殿祈雪、祈雨。"未亲政以前,恭遇时享及袷祭大祀,均于前一日亲诣行礼。"稍长大一点,每年春天还要到丰泽园去行耕藉礼等等。所有这一切活动,诸臣工都以他为中心,三跪九叩,毕恭毕敬。当时,小皇帝载湉虽然还不理解这些事有什么用,但他却逐渐知道只能这样做。

　　从载湉入宫为帝起一直到他十八岁(1889年)亲政之前,虽有太后"垂帘听政",可小光绪帝也很辛苦。每逢太后于养心殿召见臣工,时间或长或短,他都必须到场,正襟危坐。在十几岁之前,奏对时间稍长,他即有"倦色",甚至"欲睡",却又必须强打精神。两太后在其身后,有时垂帘,有时不垂帘,尽管他用不着说一句话(当然他也听不懂奏对的事都是什么),可却被要求有"帝王之风"。前有群臣跪对,后有太后的盯视,不规规矩矩怎么能行呢?当他稍稍懂事儿以后,更对此感到无奈,因稍有不慎,必招致"亲爸爸"的一顿"教训"。每次召对,西太后的目光几乎如芒在背。对于臣下来说,他是至高无上的帝王,天子;但对西太后而言,他只是奉命唯谨的"儿臣"。国家大政方针虽然表面上都是以他的名义作出决定发出诏旨,但却都冠以"钦奉懿旨"。实际上,当初载湉小皇帝既确实不能也还没有能力拿什么主意,决定什么事情,而且只有这样,才最适合西太后的需要。他自从被接入清宫,登上皇帝宝座,也就完全被置于西太后的掌心之中了。光绪帝之所以能出现在清王朝的政治舞台上,从一开始就是清廷统治集团内部矛盾纷争的结果,就是西太后重握最高权力的政治工具。

　　就西太后的意愿来说,她不仅要在光绪帝年幼无知时利用并以他的名义号令群臣和掌管天下,还希望光绪帝能"德如乃父",秉承奕譞恭顺知进退的赋性,变得比自己亲生儿子还亲的、即使长大以后也会顺从己意行事的"孝子"。

从个人关系说,载湉是西太后的外甥(也是侄儿),他的生母是西太后的胞妹,他们之间存在着密切的亲缘关系。然而,在封建社会等级分明的宫廷政治中,权力大于亲情,一切无不以权力得失的利害关系为依归。在历史上骨肉相侵、父子相杀、兄弟相残屡见不鲜,从来不讲什么血缘亲情。载湉入宫后的日常生活,"正史"中当然不能记载,据梁启超引述太监寇连材笔记说:

> "中国四百兆人中境遇最苦者莫如我皇上(指光绪帝)。盖凡人当孩童时无不有父母以亲爱之,顾复其出入,料理其饮食,体慰其寒暖,虽在孤儿,亦必有亲友以抚之也。独皇上五岁即登极,登极以后,无人敢亲爱之,虽醇邸之福晋(醇亲王之夫人皇上之生母——原注),亦不许亲近,盖限于名分也。名分可以亲爱皇上者,惟西后一人。然西后骄侈淫佚,绝不以为念。故皇上伶仃异常,醇邸福晋每言及辄涕泣云"。

然据当时在朝重臣瞿鸿机(子玖)所记,说西太后曾经亲口对他说:

> "皇帝入承大统,本我亲侄。以外家言,又我亲妹妹之子,我岂有不爱怜者?皇帝抱入宫时,才四岁,气体不充实,脐间常流湿不干,我每日亲与涤拭,昼间常卧我寝榻上,时其寒暖,加减衣衿,节其饮食。皇帝自在邸时,即胆怯畏闻声震,我皆亲护持之。我日书方纸课皇帝识字,口授读《四书》《诗经》,我爱怜惟恐不至,尚安有他"?

由是观之,光绪帝自小失去父母之爱是事实,但说西太后对他"绝不以为念"到还不至于。因为载湉的存在,与西太后政治命运攸关。然而,却也很难想象西太后之"衣食饥寒"的关照会真正等于母爱。据《翁文恭公日记》所载看,光绪帝入宫时身体确实很差,瘦弱多病,经常感冒,腹痛头疼。说话结结巴巴(口吃),且胆小怕声,雨天打雷会吓得他大喊大叫。把这样一个孩子养大并培养成一个符合西太后意愿的"皇帝",诚然不易。西太后后来宣称对光绪帝"调护教诲,耗尽心力",恐怕主要还是"教诲",而不是生活上的体贴关怀。入宫后,小载湉的生活主要由太监一手护理。他们对于这样一个还不大懂事的小皇帝,很难敬心诚意。最初负责光绪帝生活起居的总管太监叫范长禄,贪财好利。他见不仅不能从小皇帝身上捞取什么好处,反而责任重大并有很多麻烦。因此曾多次向西太后提出不干,均未获允准。他经常对小载湉很不关心,甚至有时连其吃不吃饭也不管。

> "皇上每日三膳,其馔有数十品,罗列满案,然离御座稍远之馔半已臭腐,盖连日皆以原馔供也。近御座之馔虽不臭腐,然大率久熟干冷不能可口,皇上每食多不能饱。有时欲令御膳房易一馔品,膳房必须奏明西后,西后辄以俭德责之,故皇上竟不敢言"。

因此,经常吃不饱的小皇帝:

> "十岁上下,每至太监房中,先翻吃食,拿起就跑。及至太监追上,跪地哀求,小皇帝之馍馍,已入肚一半矣。小皇爷如此饥饿,实为祖法的约束,真令人无法"。这样便造成光绪帝"先天既体弱,后天又营养不良,以致胆气不足。"

不仅如此,有时太监倒为一些小事到西太后那儿告小皇帝的状,使小光绪帝经常

"受责"挨骂。光绪六年至七年（1880—1881年），西太后重病，新换的任姓总管太监，乘西太后无力过问，更是得过且过，让小光绪帝自己动手铺炕，结果手指弄出血；吃茶要自己倒水，结果手上被烫起水泡；天气已热，还让小皇帝身穿狐皮大衣；有病也不及时找太医诊治，气得帝师翁同龢在日记中写到，"若辈之愚而悖矣"！皇帝"左右之人皆昏蒙不识事体，任尤劣"！"近日若辈有语言违拂处，上屡向臣等述之，虽未端的，渐不可长，记之"。

以天子之尊，不过如此，哪里谈得上母爱和关怀？太监寇连材在笔记中对西太后给小光绪的"耗尽心力"的"教诲"有所描述：

> 西太后待皇上无不疾声厉色，少年时每日诃斥之声不绝，稍不如意，常加鞭挞，或罚令长跪；故积威既久，皇上见西后如对狮虎，战战兢兢，因此胆为之破。至今每闻锣鼓之声，或闻吆喝之声，或闻雷辄变色云。皇上每日必至西后前跪而请安，惟西后与皇上接谈甚少，不命之起，则不敢起。

这一说法是可信的。以1903年时随侍西太后身边的女官德龄的亲见可证：

光绪帝"一至太后前，则立严肃，若甚惧其将死者然。有时似甚愚蒙"。"其母子间，严厉之甚，岂若吾徒对于父母者耶？"

实际上，这是西太后按己之需在塑造光绪小皇帝。

西太后在塑造光绪帝的过程中，首先就是企图以驯化（而非感化）的方式，在她和小皇帝之间逐渐建立起一种特殊的人身依附关系。其目的，是以便于实现对光绪帝的长期控制。为此，当载湉一进宫，她即不顾骨肉之情，强行切断了小载湉与其生身父母的日常联系，致使"他（载湉）的父母都不敢给他东西吃"。同时，为了使光绪帝彻底忘记醇亲王府，西太后又采取了断然措施：

> 他（光绪帝）自三岁被抱进宫中，身体本不健壮，时常闹病。在府（指醇亲王府）中虽有奶媪，太后不允许奶媪进宫。摘下奶来就交范督（指总管太监范长禄），范总管性子温和，有婆子气，能哄小孩，然而究竟不及女人。屡次请示太后，言奴才之万岁爷，春秋太幼稚，奴才不能胜任。慈禧说："他们原来府中之奶媪来自民间，不惟出身悬殊，而且习性不好，不如宫内的阿哥、公主。他们又没有良好的乳汁，恐进宫流弊太多，还是你们好好哄万岁爷吧！应多加谨慎就行了"。

载湉入宫仅十八天，便以两宫太后名义降懿旨，规定今后光绪帝"所有左右近侍，止宜老成质朴数人，凡年少轻佻者，概不准其服役"。所谓"老成质朴"之人，无非是能顺从（但也未必）地按照西太后的旨意行事的宫内太监、用人。

又有人说：

> 当光绪初进宫的时候，太后就嘱咐那一班服侍他的人，像灌输什么军事知识一样的天天跟他说，使他明白了自己已经不是醇王福晋（即夫人）的儿子了，他应该永远承认太后是他的母亲，除掉这个母亲之外，便没有旁的母亲了。

西太后正是通过这种潜移默化的办法，力图在光绪帝那小小的心灵中，逐渐树立起他与西太后之间的所谓"母子"关系。然后再以封建伦理孝道，从思想上牵拢住光绪帝。每天问安中西太后的威严表情和"垂帘听政"时从背后发出的不可置辩的声音，都在光绪帝的头脑中渐渐形成西太后具有的绝对权威的形象。

二

历代封建王朝都十分重视对皇帝接班人的教育。自西周以来,历朝均有按照宗法嫡长原则,预先确立皇太子制度,所以对未来的皇帝也有专门的教育机构和教育制度,进行特殊的教育以培养封建王朝的"明君"。西周就有"帝入东学,上亲而贵仁。入西学,上贤而贵德。入南学,上齿而贵信。入北学,上贵而尊爵。入太学,承师问道。"根据王帝不同的年岁进行"仁""德""信""礼""智"等诸方面的专门教育。王宫专设太子太师、太子太傅、太子太保(三师)辅导太子读书的职官。清朝因无预立皇太子制度,因而也不设帝师专职(清代三师为朝廷荣典而设的虚衔),只置"上书房"于乾清宫左侧为皇子读书的地方。然,同治、光绪两帝都是"冲龄践祚",故以弘德殿和毓庆宫为皇帝授读书房。载湉入宫即帝位一年之后,明年就到了入学读书的年龄(六岁),于是在光绪元年十二月,慈禧太后对光绪帝的"典学"作了慎重的部署。十二月十二日两宫"懿旨"宣告:

> 皇帝冲龄践祚,亟宜乘时典学日就月将,以裕养正之功而端出治之本。著钦天监于明年四月内选择吉期,皇帝在毓庆宫入学读书。著派署侍郎内阁学士翁同龢、侍郎夏同善授皇帝读书,其各朝夕纳诲,尽心讲贯,用收启沃之效。皇帝读书课程及毓庆宫一切事宜,著醇亲王妥为照料。至国语、清文,系我朝根本,皇帝应行肄习。蒙古语言文字及骑射等事,亦应典肄,著派御前大臣随时教习,并著醇亲王一体照料。

对入学日期、帝师、课程等都作了具体规定,并命醇亲王奕𫍽总掌毓庆宫一切事宜。"钦天监奏选择入学吉期一折,著于明年四月二十一日皇帝入学读书,"光绪帝入学读书事宜基本安排就绪。

任何时代,教育都有其明确的政治目的,光绪皇帝"典学"是以继承大清基业为其出发点,从而进行精神塑造。所以除了选择帝师和课程安排以外,还得整肃教育环境,防止宫廷陋习劣俗的污染。数天以后(十二月十八日),慈禧太后又降"懿旨"指出:

> 皇帝于明年四月入学,允宜黜邪崇正,日进缉熙,所有毓庆宫一切事宜,前经降旨命醇亲王妥为照料。其随侍太监,自应慎选恂谨老成之人以供服役。著该王等随时稽查,如有积习未化,前后易辙者,即立予重惩,用示杜渐防微至意。

慈禧太后对光绪帝"典学"的重视和周密安排,并不能"说明西太后在光绪帝身上存在不可告人的隐秘心理"。这是每一代封建王朝乃至每一个地主官僚为了"荣宗耀祖"都要这样做的,无须过多指责。

光绪皇帝早在醇亲王邸第已进行启蒙识字教育,如今是以皇帝"典学"名分,其所授课程有特殊的要求。他六岁授读,至十六岁"亲政"(1876—1886)的十年间,所授的课程主要有这样几个方面。

(一)汉文:《钦定四书》为主要教材,此外有《诗经》《二十四孝》和《孝经》《左传》《列圣遗训》等儒家经典及清朝历史《开国方略》。

(二)清文、蒙文:主要是满文《满洲实录》(图文并列)、清世祖御制《劝善要言》以及蒙古语言文字,师傅(教师)称谙达。

(三)"骑射技勇",师傅(教师)称外谙达。

光绪二年四月二十一日(1876年5月14日),是钦天监选定的"入学吉期",小皇帝载湉于是日入学授读。清晨(寅时正),帝师翁同龢与夏同善于"上书房"恭候。卯时正,光绪帝"诣圣人堂行礼"(向孔子像行礼),至毓庆宫,两位帝师及随侍大臣向皇帝"行三跪九叩,礼毕"赐坐。简单的"典学"仪式后由帝师给皇帝授课。其时,恭亲王奕䜣传两宫懿旨曰:"上(光绪帝——引者)连日体不甚适,功夫不过一二刻可退。"开学的当天读汉书四句即止。

光绪帝入学以后,"颖悟好学""行、立,坐,卧皆诵《书》及《诗》"。"记忆力很强,天性又很欢喜读书,所以无论是答复翁同龢提出的问题,或是背诵已经念过的书,他都能应付裕如"。翁同龢每天讲读《四书》一般四到六句,接着就是练习大小楷若干张,"写仿皆佳(即描红大楷字)"。给光绪帝授课的师傅主要是翁同龢一人,"因子松(夏同善字子松,浙江仁和人——引者)口音不对,故特命摄教读了""摄教读"即辅导读,夏同善浙籍乡音较重,光绪帝身居深宫不接触宫外世界,当然不易听懂浙籍乡音,故唯翁同龢一人执教授读。

光绪帝读书可谓是口到心到,从小就不死"啃"书本。一次课本上有"财"字,翁师讲释字义,光绪帝指书内"财"字曰:"'吾不爱此'",又曰:"'吾喜俭字,此真天下之福矣。'"年仅六岁的小载湉,喜俭不爱财,志向高尚,所以他在"亲政"以后,关心民众疾苦,乃至以后树立雄心,变法图强,表明自幼就有较深的思想根底。据外人记述"除通常的科目外,载湉曾由在同文馆学习过的两个学生教授英语。"光绪七年十月开始授《开国方略》,八年正月授《左传》,其时,载湉年方十一二岁,略明人间世。然而,皇帝是人而不是神,光绪帝同普通人一样,也有他的喜怒哀乐,更有孩子的贪玩心思。小载湉体质虚弱,入宫以后失去父母之爱的天伦之乐,每天必去两宫"请安",应酬召见和祭天祀祖等繁礼缛节,常常使他精疲力尽。每天授读,课目不断增添,适逢严师,背诵,朗读不下一二十遍,大小楷至少十几张,小载湉不胜负担,有时"静坐不开口",无精打采。翁同龢在光绪七年十月初四日的日记中写道:"上近来不平之意居多,从不肯自悔。臣等云将启奏,亦毫不介意,此关系圣德者大矣。"这位一丝不苟的帝师焦急万分。数日以后(十月十五日),慈禧太后召翁同龢等至东暖阁询查皇帝学业,光绪帝也在座,帝师翁同龢如实对云:

近来心不专一,功课有减无增,并满书不读诸情形。太后怒以训,词急切。

上为之悚动。次述一年中病状云:"近来肝弱胃强,腹中不调,脊背仍热,记性健忘。

受到慈禧太后的训斥,光绪帝很不愉快,次日(十六日)"授读""满书不开口……勉强写清字一行……忽涕下,遂不可收拾。余(翁同龢——引者)亦失声骇呼!"这位严肃的帝师"亦失声骇呼",多么悯怜体弱的学生——小皇帝啊!

据《实录》记载,帝师最初为翁同龢和夏同善,光绪四年命孙家鼐"在毓庆宫行走,与尚书翁同龢授上读"。几位帝师中与光绪皇帝关系最密,影响最深的要推翁同龢。

翁同龢(1830—1904),字叔平,号松禅,晚号松禅,江苏常熟人,大学士翁心存之子,出身于书香门第。翁同龢咸丰六年(1856年)一甲一名进士,授修撰入翰林院。同治元年慈禧太后受命他在"弘德殿行走"为同治帝师,并于帝前进讲《治平宝鉴》,受到"两宫太后嘉之"。自涉足宦海以后"周旋帝后,同见宠信""以帝师而兼枢密",历官内阁学士、户部侍郎、左都御史、刑部、户部尚书,两入军机处兼总理各国事务,是清廷"久侍讲帏,参机务"的显要人物。

翁同龢其人,既不同于朝廷掌握大权的满洲贵族亲王,如恭亲王奕䜣,醇亲王奕譞、礼亲王世铎等人,也不同于靠镇压太平天国运动起家发迹的地方实力派,如曾国藩、李鸿章、左宗棠等人。前者主持内政外交有浓厚的保守性,后者办洋务有鲜明的买办性。而翁同龢是深受封建传统文化熏陶的士大夫阶层的代表,他以一甲一名进士身份步入清朝官场,颇有封建知识分子洁身自好的气节。翁家乃"苏常望族",自幼生活在商品经济繁荣的江南地区,封建社会经济结构的变化对翁同龢有一定的影响。他到了首都以后,"屡掌文衡"兼参予各国事务衙门,多少接触一些了解西方世界的开明人士,所以他不是一位闭目塞耳的封建官僚。

翁同龢的政治态度是竭力维护清朝的统治政权,中兴大清王朝,尽管他同保守的满洲贵族和地方实力派有不同之处,然翁同龢仍是清朝统治政权中的一位坚定要员。他的父亲翁心存也是科举进士,官至内阁大学士,其兄弟也都是清朝的显官重臣。他"世受国恩",对于摇摇欲坠的清朝政权则"朝夕忧劳,冀得图报于万一"。尔今慈禧太后授命帝师,他必然"尽心讲贯",倾注毕身心血。

翁同龢肩负"端出治之本"的重任,他以"明君贤相"自勉,向光绪帝讲授"于列圣遗训,古今治乱反复陈说,曲尽其理。阐明政要,以忧勤为先"。"尤能直言极谏……有古大臣风。"翁同龢的精心教授,多方启导,对于成长中的光绪皇帝有较深刻的影响。"皇上自幼年即从之受学,交情最深,倚为性命",所以光绪帝亲政以后"每事必问同龢,眷倚尤重"。后来成为中日战争时期的全力主战者和维新派的引荐者,是他同光绪皇帝长期来政治合拍的结果。

三

翁同龢担任毓庆宫行走时,还兼任其他部门的职务,事务较为繁忙。而夏同善又于光绪三年(1877年)外放江苏学政。在此后的几年里,书房里虽又相继添派了几位师傅,但翁同龢的责任不但没有减轻,反而更加重了。光绪九年六月,西太后面谕翁同龢:此后"书房汝等主之",当面把皇帝教育的重任委交给他。在二十二年的帝师生涯中,他中间除了因病及两次回籍修墓外,几乎没有离开过光绪。

翁同龢担任毓庆宫行走、授读光绪帝虽没有像在弘德殿授读时遇到的那种排斥和妒忌,但不等于说没有困难和曲折。最主要的原因倒不是别的,实在是因为光绪帝入学时太幼小,且身体又不好。光绪帝入宫前,在醇王府曾生过一场痢疾,几致弃命,后幸得桂云舫(端方叔父)针砭治疗,得以不死。入宫后,由于离开父母,生活起居没有规则,一顿早膳往往需用一个多小时,饭菜多凉,因此,常常"呕吐腹疼";有时睡觉因太监照顾不周,从炕上滚下来,跌得鼻青脸肿,这一切都直接影响到光绪帝的学习。翁同龢在日记中有不少这方面的记载。

书房头两年,功课主要是认字、听讲书、读生书、背熟书。规定每日生书读二十遍,熟书读五十遍(遍数虽多,但课文一般只有三至五行,数量不大)。光绪帝由于身体不好,气力不足,畏难怕读,常常读到一半就不肯再读了。师傅催促,则不开口。幼稚不明事理,既不能打,又不能骂,何况又是"贵为天子"的皇帝!作为负责书房授读的翁同龢见此情景,心急如焚,不免要申斥几句,结果是小皇帝啼号不已,"哭声达于户外"。光绪帝秉性倔强,又好用意气,一赌气就是十天半月不开口,不肯读。翁同龢看硬的不行,就来软的,"温言怡色,徐徐引得",但千回百转,光绪帝就是不听。刚柔并用,均无效果,使他一筹莫展,有时也难免灰心丧气。在他的日记中,"如何如何""竭力斡旋""勉强对付""勉强迁就""无之如何""真恼人哉!"随处可见。两宫皇太后召见时,常常问起书房功课,翁同龢只好如实奏对。西太后对小皇帝很不满,竟用不准多吃的办法来惩诫光绪帝。翁同龢于心不忍,出于一片爱君之心,不得不另想办法,他求助于光绪帝生父醇亲王奕譞。于是奕譞时常到书房走动,颇能配合翁同龢管好书房。奕譞一到书房,先是厉声训斥,接着和颜悦色温语劝导一番。对父亲的一威一震,光绪帝颇有所畏惧。然而时间一久,又故态复萌,一切照旧。而奕譞为了"避嫌",以后也逐渐减少了来书房的次数。

皇帝不好好读书,决不能姑息迁就。翁同龢与其他师傅协商后,当着光绪帝的面规定:生书读二十遍,熟书减到三十遍,采用"记书签"的办法,读完为止,不再增加。光绪帝欣然接受。旧式教育偏重死记硬背,学生整天不是读,就是背,孩子怕多读,怕背书,是常见的现象,光绪帝也不例外。因此时间一久,仍复旧景,不肯多读。光绪帝尽管小小年纪,却对读书还有自己的见解:"既已熟矣,何多读乎?"认为读熟不在遍数多少。翁同龢与其他师傅只得又一次想办法,与光绪帝当面协定:不计遍数可以,但以书读熟为准。然而对于"熟"的标准,师傅和学生的意见常常相左,不能一致。学生认为"熟"了,而师傅恰恰认为还"不熟",因此,彼此"龃龉不已"。光绪帝对于翁同龢的爱抚还不能理解,他得寸进尺,读书遍数少的目的达到了,有时竟连读书声音也没有了。愈是迁就,愈是读不好书。孙家鼐平时寡言少语,此时也有些忍耐不住,他出了一个主意,叫"静坐法"。顾名思义,就是你不读不背,干脆让你坐在那里不许动。这实际是民间私塾先生惩罚学生站墙角的变种。结果是"大起龃龉",光绪帝又是吵,又是闹,乃而"涕泪沾襟,几至不可收拾"。翁同龢本不同意这种做法,遂即宣布取消,才使事情平息下来。

光绪四年(1878年)书房改为全功课,整天读书,光绪帝畏难情绪更严重。有人向翁同龢建议用罚读的办法。对于罚读,翁同龢当年入值弘德殿时就不赞同,因为罚的效果并不一定好。但出于尊重他人的意见,他同意不妨试一试。商定结果,规定:生书不熟,罚多读二十遍;熟书不熟,罚多读三十遍。光绪帝始惧而后玩忽,像当年同治帝一样,罚到后来,干脆不开口,就是不读。其他师傅开始动摇,主张让步,翁同龢反而认为长此放纵下去,他无法向两宫皇太后交代,规矩既定,不能轻易改动。甚至即使遇到光绪帝大声哭叫也全然不顾,仍持之以罚。对师傅们的这一招,调皮的光绪帝用拖延时间的办法,达到不背书、不读书的目的。"汉书攻读不得,变法于满书,满书既延,则生书不能读,生书既减,则仍归到熟书。"这时又是孙家鼐别出心裁,仿照"起居注"的形式,搞了一本《内省录》,换言之,就是记过簿。将小皇帝在书房内的过错逐日登记在上面,必要时呈给太后看,目的是想借此来约束光绪帝。谁知这一着可把小皇帝惹"火"了,气得大骂,甚至将案几上杯盅掷地打碎,不顾太监"一"字形跪请,师傅们的"序列"阻拦,竟哭着冲出书房,沿东阶趋角门,奔回宫内。

皇帝罢课,师傅们不免惶惧。翁同龢立即请总管太监转奏,宣布取消《内省录》,请皇上立即回书房。皇帝怒气未消,又碍于面子,就是不肯来。第二天,西太后召见翁同龢,当着翁师傅的面,把光绪帝教训了一顿,又以书房自有规矩,切不可这样,要他读书听话勿淘气。翁同龢也趁机承认师傅有错,皇帝这时才同意回到书房。

皇帝重新回到书房,师傅们如释重负。翁同龢代表师傅们再次向皇帝作了一番劝导。他说:师傅们的那些做法固然不好,但也都是出于爱护皇上,是为了让皇上把书读好,将来为天下做事。接着又表示,以后若有图画之类的书一定拿来给皇上看。但皇帝也提出了一个条件,就是膳前功课须在午正一刻(中午十二点左右)结束,否则回宫太迟,有劳慈俭,师傅们一口答应。至此,两天的闹学风波才算平息。

"闹学"风波刚告平息,翁同龢家中这时突然出了一件大事:翁同龢的嗣子翁曾翰因染伤寒不幸去世。翁曾翰,原为翁同爵第三子,举人,官至内阁侍读。还在翁母去世前,由翁母一手主持,将其过继给翁同龢为子。光绪三年八月(1877年9月)翁同龢病死湖北巡抚任上。翁曾翰回籍奔丧,次年五月回京途中,行抵天津,"时疫疬正行,触秽气遂病,仓卒与疾行,初十日抵京,越四日,遂不起"。曾翰的去世,对中年翁同龢来说,无疑是一个极大的打击。"天欲剪余祀""百痛交并,中怀瘀损",内心极为痛苦。他"蒙生道念",想辞官归田。五月十二日西太后召见时,翁同龢当面叩头请易师傅。西太后温谕再四,说目前时势艰难,择人不易,要他不要辞请,并以"知汝忠悃"相慰勉,再一次赞扬他在书房所作贡献和对朝廷的一片忠心。西太后的安慰和褒奖,感动得翁同龢泪流满襟。从此,更加一心一意地把大部分心血花在对光绪帝的教育上。

经过光绪帝"闹学"这件事,翁同龢和其他师傅得出一个教训:罚不当教。于是决定改用正面鼓励、以表扬为主的方法。决定先从生活关心入手,使师生之间的感情由僵持变为融洽。师傅们大都儿孙绕膝,当然知道爷爷如何疼爱孙子,所以翁同龢一讲,其他师傅无不表示赞成。每当光绪帝进书房,翁同龢总要先看看皇帝的气色如何,摸摸光绪帝的小手心烫不烫,轻声柔语地询问一番。如果发现光绪帝体有不适,当即表示读书的遍数可减,遇到实在无法读下去的情况时,干脆不再强求,或唤总管太监来,奏请提前下书房,有时干脆暂作停顿,让皇帝到庭中散步、休息,或进宫吃茶点。这样做的结果,效果很好。一次光绪帝因腹疼,未进早膳就来书房,书读到一半,忽然不开口。翁同龢经过仔细盘问,方知尚未进早膳,立即传太监送来点心,并表示提前下课,着实把光绪帝大大地表扬了一番。师傅的表扬,反使光绪帝精神振奋,流露出有一股说不出的高兴样子。又有一次,光绪帝根据《帝鉴图说》中的图画,在书房内画了一幅《天人交战图》,画中人团头虎脑、横眉竖眼,看了令人捧腹生笑,翁同龢与其他师傅高兴极了,当面夸奖光绪帝,说皇上颖悟异常,画得好。这天,光绪帝心情舒畅,书读得特别卖力,不仅生书照数全部读完,而且熟书主动要求多读了七遍。翁同龢在日记中写道:"殿中日来阳气四溢,亦不复旧景矣。"经过一番苦心努力,书房终于走上了正规,师生之间的关系也变得愈来愈亲密。

直到光绪八年(1882年)以后,光绪帝才总算走上正轨,并开始养成了读书的兴趣。

这也使光绪帝在枯燥无味的宫廷生活中,终于找到了寄托。如逢宫中节日、庆典时,西太后偏爱看戏,而光绪帝却对这些不感兴趣,很少坐陪,常常在这时独自一人到书房读书写字。他说:"钟鼓雅音,此等皆郑声""随从人皆愿听戏,余不愿也"。

这位"冲龄践祚"的皇帝逐渐长大了。虽然有诸多不如意造成的情绪不稳定。尽管仍时有孩子气和身体不适的"倦怠",毕竟在师傅的日记中记下了越来越多的兴奋:

> 读极佳,一切皆顺,点书不复争执矣(光绪四年十一月四日)。

> 读甚佳,膳前竟无片刻之停(光绪五年二月十六日)。

> 自是日起,上不俟军机起下即到书房,此于功课大有益也。卯正二来,读极佳,且能讲宫中所看《圣训》(光绪八年元月二十四日)。

> 事下极早,读甚奋发,功课虽未照常,亦复八九矣(光绪八年七月十一日)。

> 读极好,来不早而能奋发也,难得也(光绪八年八月初五)。

也正是在小光绪的"见识日新"中,使翁同龢增强了信心。

朝夕相处的典学过程,使光绪帝对师傅的依赖和感情日益亲密。翁同龢亦将自己的一片怜爱倾注在小光绪身上。不仅在学习上耐心细致、不厌其烦地开悟,且在生活和情趣上也无微不至地体贴照料。每逢小光绪情绪不好,他总是摸摸他的前额和小手看看是不是发烧,问问他早饭吃得好不好等等。太监们如对小光绪稍有不敬,小皇帝就向师傅陈诉,要师傅作主。光绪三年(1877年),翁同龢回籍修墓,小光绪很不愿让师傅离去,读书遍数也日渐减少,且不出声。翁同龢回来后,他第一句话就是:"吾思汝久矣"!然后一遍遍大声读书。对此,太监也说:"久不闻此声也"。光绪五年十一月,快到元旦了,小皇帝端端正正地用朱笔写了"福""寿"两个大字,送给师傅。

由浅入深,日积月累,到光绪帝亲政前,仅翁同龢给光绪帝讲过的书就不下数十种。主要内容大致为封建政治理论、帝王之学、历史、地理、经世时文和诗词典赋等。如《十三经》《通鉴览要》《圣祖圣训》《经世文编》《明史》《海国图志》《圣武记》《史记》、各国史地地图、《九朝东华录》《唐诗》等。另外还学看折件、写诗作论、汉译满、骑射等。当然,光绪帝自己也开始主动读了一些书籍。

作为传统的、正统的封建知识分子,翁同龢显然不折不扣地履行着"至君于尧舜"的理想和责任。在他看来,为"帝师"者之所以"关系至重",正必须将千古帝王的仁政爱民、君明臣贤的品质用以塑造小皇帝的言行举止,任何疏忽都是"罪不容诛"的重大过失。他因此而呕心沥血、恪尽职守,数十年如一日。在光绪帝面前,既"于列圣遗训,古今治乱反复陈说……其阐明政要以忧勤为先,尤能直言极谏",同时他还"频以民间疾苦、外交之事,诱勉载滞"。光绪十年十一月(1884年12月),翁同龢讲完"文景之治"后,由光绪帝以《汉文帝》为题作诗。光绪帝很快写出:

> 白虎亲临幸,诸儒议五经,

> 惜哉宽窦宪,谏净未能听。

他已有了自己的理解和认识。早在光绪帝读书不久,一天他指着书内的"财"字对师傅说:"吾不爱此,吾喜'俭'字。"翁同龢喜不自胜:"此真天下之福矣。"稍长后,他在论唐玄宗理财的短文中写道:

> 善理财者,藏富于民;不善理财者,敛富于国;国之富,民之贫也。……

以帝王之尊，而欲自营其筐篋之蓄，其为鄙陋，岂不可笑也哉。

正因此，光绪帝虽生于天皇贵胄的帝王之家，又贵为天子，在早年的教育中就有"爱民"思想的初步认识，诸如他的诗作：

畿辅民食尽，菜色多辛苦，

遥怜春舍里，应有不眠人。

又有：

知有锄禾当午者，汗流沾体趁农忙。

荷锸携锄当日午，小民困苦有谁尝。

西北明积雪，万户凛寒飞；

惟有深宫里，金炉兽发红。

这些小诗文简情浓。一个养尊处优的小皇帝，尽管没有对人间民众疾苦的目击和体验，却能深加关注和理解，应该说已实属难能可贵。随着小皇帝身体的成长，其思想也在潜移默化中逐渐走向成熟。

"帝德"到底是什么？小载湉当然还不清楚。可在师傅的心里那个"圣君明主"的具体形象是清晰鲜明的。这就是言行举止、胸怀政风要像康熙皇帝那样。翁同龢为帝师后，曾在诗中写道："敬从光绪当阳日，追溯康熙郅治时。"他多么希望自己的皇帝弟子将来成长为乃祖康熙帝那样雄才大略的君王，重温大清王朝"郅治"盛世的旧梦。因此，翁氏不仅注意以书本启沃皇帝的心灵，更注意结合实际进行"帝德"的培养。他经常随侍光绪帝进行一些祭天祀祖、朝贺拜寿、祈雨演耕等礼仪庆典，嘱咐光绪帝要有天子风范，庆典要庄重威仪，祭祀要诚敬严肃。在这些活动中，还是孩子的小皇帝喜玩耍、好奇多动的天性一再显露。对此，师傅立即劝谏制止，并有针对性地加以解释和指导。

在这个塑造过程中，西太后的"帝德"，是要求宜涵育德性，俾一言一动，胥出于正，以为典学之本。而她所谓"正"，即为对自己尽"孝"。因此，西太后十分关注光绪帝的典学，经常召见翁同龢等，询问光绪帝的学习情况，勤加指示。她特别注意从太监处了解情况，在光绪帝请安时对他时加"训责"，有时声色俱厉。小光绪帝初入学的三四年间，有时情绪极"抑郁""精神殊逊"，大致都与这种训斥有关。西太后在"关怀"之余还是相信"棍棒出孝子"的古训。德龄在《瀛台泣血记》一书中说，西太后为了让光绪帝在将来长大成人后能够"孝顺她"，在典学期间，她"特地再三教人去传翁同龢，要他格外侧重孝的教育。除掉把启蒙时所读的'二十四孝'不断地继续讲解之外，《孝经》那部书，也是最注意的"。在闵尔昌《碑传集补》第 1 卷里也说，翁同龢在教授光绪帝时"以圣孝为本"。

所有这些清规戒律加上枯燥乏味的艰涩说教，已经彻底剥夺了光绪帝幼年时代应有的天真烂漫。他本能的一点"反抗"当然也是不允许的。对此，受命对书房事务"妥为照料"的，他的父亲醇亲王奕譞，无论有何想法，也只能按西太后的意思加以"关照"。既然如此，那就对儿子不能客气，有时他"词色俱厉"地进书房管束小皇帝；他决不敢动以父子之情。

最后奕譞不得不以"避嫌"为退着，渐渐地书房中不见了他的身影。不过他这亲王的两幅既是诫勉儿子，又是向西太后表明自己忠诚的诫勉诗，却破例被准许留在了毓庆宫内西墙上：

憬承列圣艰难业,永记东朝复载恩。
心似权衡持正直,事如泾渭辨清浑。
行成端赖研磨久,志减常因享用尊。
见善则从过勿饰,义为人路礼为门。
慎依家法敬临民,上下情联一点真。
偕乐始容王在囿,有为应念舜何人。
简篇要鉴兴衰迹,舟楫全资内外臣。
天命靡常修厥德,隋珠赵璧总浮尘。

四

载湉入宫嗣位以后,他的近侍太监经内务府的严格挑选,均由"老成质朴"者任之,尤其是服侍起居的太监王商,"他始终是小心翼翼的看护着光绪……见他有做错的事情,便婉婉转转的劝正他,见他有不懂的事情,便详详细细的解释给他听。自从光绪的乳母出宫以后,他差不多就代替了她的位置,甚至还比她更小心周到"。可是,在宫里众多的太监都归总管太监管束,总管太监直接听从慈禧太后的指使。载湉入宫之时,任总管太监的已经是李莲英了。这位闻名天下的太监头目,专门同小皇帝作对,甚至后来光绪帝心爱的珍妃,她的一生都葬送在这个恶魔手中。

李莲英(1848—1911),直隶河间人。他本是乡间不务正业的无赖,"落拓不羁,曾以私贩硝磺入县狱"。得释后改业补皮鞋,故有"皮硝李"的绰号。河间县多有入宫为太监者,他的同乡叫沈兰玉的,在清宫为内监,颇得慈禧太后欢心。沈兰玉素与李莲英有交往,李便恳托其"引进"自阉入宫为内监。其时,京城盛行梳新发髻,爱发如命的慈禧太后极为喜欢,她"饬梳头房太监仿之,屡易人,不称旨"。李莲英视此事为飞黄腾达的阶梯,便出宫走遍京城的歌楼妓院,"刻意揣摹",很快掌握了时髦女郎新发髻的梳妆技巧。又得沈兰玉的"引进",李莲英便入梳头房,当了慈禧太后的梳头太监,"从此得幸",每晨辄令李莲英执栉挽之,否则以为不适。"李莲英得到慈禧太后的宠爱,由梳头太监晋为总管太监,接替了原来安德海的位置,并赐二品顶戴,"渐著声势。"成了慈禧太后身边"营私纳贿,无恶不作"的恶棍。

李莲英是极端势利刻薄的小人,在他的眼里,唯独西太后"老佛爷"一人才有绝对的权威。事实也是这样,亲王贝勒、军机大臣、地方督抚等重臣大员,见了他都得恭维迎笑,鞠躬作揖。若想升迁肥缺,也得向他贿送重金、厚礼,凡是由他在慈禧太后跟前美言者,无不青云直上,官至要职,李莲英简直成为慈禧太后的一个影子。善于摸揣政治气候的李莲英,他知道从醇王府抱来的娃娃皇帝,即使长大"亲政",也只不过是慈禧太后掌中的一个木偶,因而他根本不把小皇帝载湉放在眼里。而且李莲英也懂得必须同小皇帝作对,从小的时候做出"规矩",让这位小皇帝知道,总管太监就是太后耳目和化身,在他面前事事都要矮着三分,这样他就可以长期在宫里肆无忌惮地作威作恶。

载湉入宫不久,就同这个阴险狡恶的李莲英结下了冤仇。其时,载湉年仅四、五岁,当然不是因为他看透了李莲英的险恶用心,小孩子往往以貌相辨人之好歹。李莲英面相丑陋,还得意忘形地在光绪帝面前显露出地痞无赖的种种丑态,令小皇帝十分厌恶。

有一次小载湉竟极干脆地对李莲英说道:"你这人究竟什么缘故,会长得这样丑啊?我见了你真有些害怕,快给我走出去!"李莲英没料到这个小皇帝竟然会对他说出如此不客气的话来,心里当然是十分不快的。可是,尽管载湉是个乳气未干的孩子,然他到底是君临天下的"万岁爷",当面绝对不能反唇相讥,做出任何放肆举动,并且在退出皇帝寝宫前还得照例向他恭恭敬敬地磕头才好走路。这一回光绪帝的失言使李莲英耿耿于怀,伺机报复。

说到李莲英捉弄载湉,同小皇帝作对,当然不可能是面对面的欺侮皇帝,他最初的方法是在慈禧太后面前搬弄是非,"孝钦(即慈禧太后)前短德宗",让小皇帝渐渐地失去太后的宠爱,以后便直接向光绪帝发泄淫威。

首先从光绪皇帝和翁同龢的关系上找差错。翁同龢与光绪帝的师生感情融洽,李莲英非常不快,因为翁同龢自命清高,从不向李莲英恭唯好言,李早就想在慈禧太后面前恶言一番,苦于没有机会。尔今翁同龢却得到太后的器重,委以教授皇帝的重任,而且与光绪帝相处得十分热睦,李莲英更加妒忌这位在清朝官僚阶层中德高望重的两朝帝师。有一天,翁同龢坐着教授皇帝念书,被一个太监瞧见,立即报告了李莲英。按照君臣之礼,臣子是不能同皇帝并坐对语的,李莲英得到这个消息,喜出望外,认为这是报复小皇帝和翁同龢的好机会,就跑到慈禧太后的寝宫,跪着启奏道:"奴才启奏太后,方才奴才经过皇上的书房,瞧见翁师傅不守规矩,竟是大模大样的坐在皇上的面前,求大后定夺。"慈禧太后是个"只许州官放火,不许百姓点灯"的独裁者,尽管她随心所欲地践踏祖宗"家法",可是她对于宫里稍有不规行为,就要大发雷霆,轻则鞭挞,重则处死。他听了李莲英这个报告,怒不可遏,便立刻差人把翁同龢叫来。翁师傅是深明封建礼教的老臣,遵守君臣之礼,每次进毓庆宫教授皇帝念书,总是要皇上赐坐后才得坐下。有几次小皇帝忘了赐坐,他就是站立教授至课毕,这次当然是光绪帝赐他坐的,并无破坏礼法。但翁同龢不愿光绪帝因此事而受到太后的数落,故不作辩解,只是俯身低头,忍受慈禧太后的训斥,回到书房,也不把委屈告诉光绪皇帝。事后,光绪帝从小太监那里听说翁师被太后训斥,他唯恐年高德劭的翁师傅招来更大的麻烦,因而就由王商陪着来到太后寝宫,替师傅说情。光绪帝跪在慈禧太后面前低声说着:

> 亲爸爸,孩儿想求你老人家宽赦了翁师傅一次。因为我方才听见小的们说亲爸爸怪他不该在孩儿面前坐下,已经说过他一场了。这件事实在是孩儿的不好,翁师傅原不想坐,只因今天的这课书比往常特别长一些,孩儿瞧他站着讲,样子好象很吃力,便自己教他坐了。并且他在坐下去之前,还照规矩,向孩儿磕了一个头谢过恩,然后再坐下。亲爸爸!你老人家能不能就赦过了他呢?多谢你,千万的多谢你!"

由于光绪帝的求情,这件事终于就此了结。然而,李莲英并不因为翁同龢受到慈禧太后的一顿训斥而罢休。平时,在光绪帝面前总是借指责小太监的机会,说几句冷话,或是故意弄些事情来失小皇帝的威仪。载湉是个极聪明的孩子,他对李莲英的故意捉弄,日子久了他也能察觉出几分,回到自己的寝宫总要把李莲英痛骂一场。这样小皇帝越来越怀恨这个狡猾、阴险的总管太监李莲英了。

旧俗小孩七岁生辰是特别重视的大事件,有"男女七岁不同席"之谚,标志着人生从此时起,进入了一个新阶段。何况是小皇帝,所以他过七岁生辰,宫里更加郑重其事。光绪帝七岁生辰那天,即光绪三年(1876年)六月二十八日,举行了一次小皇帝独自临朝的演习。朝廷的军机大臣、部院尚书以及王公贝勒等依班次向小皇帝俯伏叩头,载湉大模大样地坐在龙椅上接受朝拜,一副威严气魄。他的心腹太监王商站在旁边,指挥着那些大臣的进退,正像慈禧太后坐朝时李莲英一样。这件事刺激了李莲英的神经,预示他将来的可悲下场。自从那天以后,李莲英对光绪皇帝的怨恨到了一不做二不休的地步,小皇帝同李莲英的暗斗与日俱增。

　　某年元宵节,李莲英向光绪帝发出了公开的挑战。元月十五日是民间闹元宵的节日,晚上玩花灯作乐,以为元宵之夜花灯闹得越盛,那么这年的国运,家运以及个人的命运也就越好,皇宫里更是如此。照例元宵供神的糕饼尤其是那种元宝形状的糕饼,要赐给慈禧太后最关切的人,表示宠恩与祝福,光绪皇帝当然是慈禧太后最关切的第一人。可是李莲英却没有这样做,故意把元宝形的糕饼搬到自己的私宅分赐给别的太监食用了。光绪帝知道以后愤怒极了,顷刻到慈宁宫向太后诉说,李莲英也被召来责问,他辩解说:"外面就有许多重要的事情找到奴才那里来了。而且这些事情,统统都是关系老佛爷的事情……万岁爷大概也明白,奴才是一向侍候惯老佛爷的,这些事情都不能教别人代替,而奴才自己也不肯随便让这些事情搁下来。因此奴才便忙着先干这些事情,只得暂时把万岁爷的糕饼搁一会儿。"李莲英最善于揣摩西太后的心理,这样一说慈禧太后果然平了气,还认为李莲英对她是最忠不过的人了,于是转过话题,换上几句奖勉他的话,这件事就此不了了之。李莲英的辩说含着这样一个意思:"只要我手里有别的事情要做的时候,光绪的一切事,是绝对不在我心上的。"这分明是对光绪帝地位的藐视和尊严的公开挑战。

　　光绪十二年(1886年)十一月廿六日是这年的冬至,"乙卯,大祀于圜丘,上亲诣行礼,"皇宫以冬至为新年之始,必须祭祀天地社稷,而是年冬至大祀,仪式尤为隆重,因为"本年冬至大祀圜丘为始,躬亲致祭,并著钦天监于明年正月选择吉期,举行亲政典礼"。明年是光绪十三年,是载湉入宫以来最为重要的一年,正月十五日要举行"亲政典礼",从此时起,他要正式行使皇帝的权力了。因而十二年的冬至大祀圜丘可谓是明年"亲政典礼"的一次演习,是件极为重要的一件大事。光绪皇帝诣圜丘祀天这一场面也是向朝廷重臣要员显示新一朝皇帝智慧与权威的好机会。慈禧太后派了李莲英总管祭祀的一切事务,他把这次冬至大祀圜丘,视之为捉弄皇帝的良机,故意找差错要让皇帝当众出丑。那天李莲英"他什么事也不做,只在旁边冷眼觑定了光绪,脸上还假意装出一种极温和恭敬的态度,表示他很忠心的意思。可是逢到光绪有些做错的地方,他就要用尖刻的话指责了,他知道今天他可以尽情的指责,无论如何也不愁光绪会在天坛吵闹起来"。

　　圜丘是明清两代帝王祭天的地方,位于北京天坛西首,北接祈年殿。祭天时圜丘石台上按放着"皇天上帝"的神牌,左右还竖放着皇帝列祖列宗的神牌作为配祀,气氛庄严肃穆。参与祀天的官员进入祀天门以后,必须全神贯注态度庄重,不能有任何杂念,因为这里是至高无上的圣地。每次主祭的皇帝都要穿特定的服式,而这次由于太监的疏忽,光绪皇帝穿的是太和殿受朝拜时的皇袍,典礼进行时光绪帝第一次见到祭坛上的神牌和各式祭品,颇觉新奇,不时地目光环视。光绪皇帝这一微小的失敬举动,在身旁的李莲英故意大声嚷着："万岁爷不可太轻忽了,这是一所最庄严的地方,也是一件最庄重的礼节,岂可随便敷衍得的。而且今天是万岁爷第一次离开了太后,独自来主持这祀天大礼,尤其不能草草……现在万岁爷已经不能算是个小孩子了。"这时的光绪皇帝确实不能算是个小孩子了,他已经快到十七岁了,明年就要"亲政",正式行使皇帝的权力,然而当着众臣却遭太监头目李莲英的一顿训斥,他恨不得从神前的跪垫上跳起来,予以严厉的回击。可是,光绪帝不是意气用事的人,他知道如果在天坛祭祀大典上同李莲英闹翻,他的"亲爸爸"是决不会原谅他的,甚至会惹出大事来,所以他只得忍着气,看着李莲英的得意样子,快快完成这件祭天大事。

李莲英在光绪皇帝明年就要"亲政"的冬至祭天这一重要时刻,竟胆大妄为地教训皇帝,实际上要向朝廷大臣显示:皇帝亲政以后,大权仍在老佛爷手中,皇帝就是傀儡,只要慈禧太后握住政权,总管太监照样可以有恃无恐,权倾朝右。

<h1 style="text-align:center">五</h1>

还在法国侵略者肆虐于越南北部,并不断向中国边境紧逼的光绪九年(1883年)夏,光绪帝就已开始关注这一严重事态。翁同龢在日记中记道:"上留意及此,可喜也。"在师傅的指点下,在学习一般课程的同时,他也开始练习批阅臣工奏折。在其批改的奏折上有时竟"未改一字,皆进境"。因其意见准确,常受到翁师傅的称赞。在中法战争期间,为弄清前线的形势,"画地图,上命重绘前所未进缩本,加越南一隅"。在对法国宣战前后,他更是时刻注意着事态的发展。当马尾海战因政府犹疑不定而造成惨败时,大概光绪帝从中发现,尽管自己主张以武力抗击法国的侵略而反对妥协议和,可他的意见似乎并不起多大作用。从中或又使他意识到,在其宝座之后的西太后完全左右着整个朝廷的最后决策。随后发生的军机处大换班更证实了这一点。

东太后死后,西太后已是说一不二的独裁者,但是她仍感到意犹未足。西太后似乎感到,以恭亲王奕䜣为首的军机处仍是妨碍自己任意挥洒的重大障碍。其实,自咸丰十一年(1861年)辛酉政变以来的二十三年合作中,奕䜣对西太后的专断擅权和阴狠毒辣的领教早已非止一二。尽管他不甘心,可每一次的挫败,都使他的锐气有所消磨。同治初年,"恭王任事,委权督抚,朝政号为清明。颇采外论,擢用贤才能,待达者不为遥制"。时西太后方以其除"八大臣"之功,倚任其安内外;加之有东太后策应在内,奕䜣确实很能有所作为。可随着奕䜣权力和影响的逐渐增加,西太后渐难以容忍。同治四年(1865年)三月,以御史蔡寿祺参劾为口实,突然以同治帝名义颁出懿旨:

"谕在廷王、大臣同看:朕奉两宫皇太后懿旨:本月初五日据蔡寿祺奏,恭亲王办事徇情、贪墨、骄盈、揽权,多招物议,种种情形等弊。嗣(似)此重(劣)情,何以能办公事? 查办虽无实据,是(事)出有因,究属暧昧,难以悬揣。恭亲王从议政以来,妄自尊大,诸多狂敖(傲),以(依)仗爵高权重,目无君上,看(视)朕中龄,诸多挟致(制),往往语(暗)始(使)离间,不可细间。每日召见,趾高气扬,言语之间,许(诸)多取巧,满是胡谈乱道。嗣(似)此情形,以后何以能办国事? 若不即(及)早宣示,朕归政之时,何以能用人行正(政)? 嗣(似)此种种重大情形,姑免深究,方知朕宽大之恩。恭亲王著毋庸在军机处议政,革去一切差使,不准干预公事,方是朕保全之至意。特谕。"

这一雷霆之怒,清楚体现了西太后对奕䜣权重和有些事的自作主张及凡事不肯迁就西太后意见的冲突。这种"骇人听闻"的"遽尔罢免"立即引起在廷王、大臣的一再申辩和竭力诤争。加上西太后觉得已达到了震慑之威,既然公论难违,于四月十四日,西太后又传旨召见奕䜣。结果,恭亲王"双膝跪地、痛哭谢罪";西太后准其仍为军机大臣,开除"议政王"名目。这第一次打击,确实使奕䜣领略了西太后挟幼帝以专其威的厉害。随后在同治十二年正月(1873 年 2 月),他又因谏阻同治帝修圆明园,遭到第二次见黜。然而这一次似乎得罪了刚刚亲政的同治帝。虽两宫太后随即撤销了对他的处分,但奕䜣主持军机、鼎力任事的气魄已远不如任事之初。他凡事多有回避,无论在立光绪帝还是为同治帝"立嗣之争"中都很少见其有所建言。东太后暴死之后,他已深知西太后阴狠和自己的处境,更不敢轻易面折廷争,一味只知自保,遇事苟且因循。当中法战争发生之初,他囿于"力持和局"的为政"经验",暗中观察揣摩西太后的意向,似仍欲以"议和"为得策。于是,他在军机诸臣(主要是翁同龢、李鸿藻)主战的情况下,仍"不欲轻言战"。清政府战和争持、首鼠两端的犹豫,终于酿成"马尾海战"的惨败。早在光绪九年(1883 年)初,诸臣在法国侵越之时,即主张针锋相对,而诸臣"往谒恭邸,邸始犹豫,既而无策,亦遂从之矣"。直到八月九日(9 月 9 日),仍然是"法谋益狡,而我无应策"。当时连光绪帝都感到或战或和,应有一定,"上意亦虑讲(谈和)事不成,颇恨战争不修也"。在此期间,恭王上朝的次数越来越少,不是以去"昌平吉地"为名,便是无故缺班,这在《翁文恭公日记》里记得一清二楚。因此,应该说到中法正式宣战之前,在"主和"的问题上,奕䜣与西太后的矛盾并不尖锐。但恭王奕䜣的态度却明显表现出不合作的倾向,并以此情绪影响着在廷诸臣:不和不战,麻木不仁。翁同龢等急得"如何如何,愤懑填膺也"。在十月二十九日(11 月 28 日)的日记中,翁同龢记道:

"御史吴峋以日色赤如血,责诸枢臣皆疾老瘦景,请派醇邸(即奕譞——引者)赴军机处稽核,别简公忠正大、智略果敢大臣充枢密云云。人对时,恭邸及臣等皆谢奉职无状,慈(西太后)谕:当此时,汝等不忍辞亦不敢辞耶。"

西太后对军机处和恭亲王奕䜣尽管相当不满意,可她对满朝争执不下的和战也很难一言以定。因为奕䜣既然不想承担和战的责任,西太后同样不想独担和战难以预期的后果。就这样,正如翁同龢在"辗转不寐"的光绪九年(1883 年)的除夕之夜所总结的那样:

"综计一年事,中怀忡忡也。一民生日蹙,一边衅,一水灾,一言路颇杂"。

光绪帝的江山虽然处于内外交困、风雨飘摇的危机之中,可清廷中却各怀心腹事,盈廷聚讼,内部斗争仍在或明或暗地进行着。恭亲王二十余年来用人行政已证明他决非庸碌无能之辈,但与西太后的专擅独行几经冲突受挫之后,特别是东太后死后的孤立无援,更使他深感如履薄冰。在西太后眼中,他任事为"窃权乱政";不任事为"委蛇保荣",可谓进退两难。然而对中法战争的犹疑不决和对西太后的冷漠应付,终于引起了朝臣的不满和西太后的愤怒。光绪十年三月初四日(1884 年 3 月 30 日):

"恭邸述醇邸语请旨,则十月中进献事也(盖为西太后祝寿事——引者),极琐细不得体。慈(西太后)谕谓本不可进献,何用请旨,且边事如是,尚顾此耶。意在责备。而邸(恭王)犹刺刺不已，竟跪六刻，几不能起。"

奕䜣似已感到西太后的某种意向，因此似乎想通过讨好力图挽回，已近乱了方寸。次日：

"比入，仍申昨日之谕，两邸所对皆浅俗语，总求赏收礼物。垂谕极明，责备中有沉重语。略言心好则可对天，不在此末节以为尽心也。"

三日后(初八)，西太后对恭亲王等的不满更直言不讳，并直接把国难之责推给奕䜣及其所代表的军机处：

"今日入对时，谕及边方不靖，疆臣因循，国用空虚，海防粉饰，不可以对祖宗。"

到当年三月十三日(4月8日)，西太后终于借日讲起居注官盛昱于二日前所上"为疆事败坏，责有攸归，请将军机大臣严加议处，责令戴罪图功，以振纲纪而图补救事"的一通劾奏揭开底牌。不由军机处拟旨，突然发下谕旨：

"钦奉慈禧端佑康颐昭豫庄诚皇太后懿旨：现值国家元气未充，时艰犹钜，政虞丛脞，民未敉安，内外事务，必须得人而理。而军机处实为内外用人行政之枢纽，恭亲王奕䜣等始尚小心匡弼，继则委蛇保荣，近年爵禄日崇，因循日甚，每于朝廷振作求治之意，谬执成见，不肯实力奉行，屡经言者论列，或目为壅蔽，或劾其委靡，或谓篡篡不饬，或谓昧于知人。本朝家法綦严，若谓其如前代之窃权乱政，不惟居心所不敢，亦实法律所不容，只以上数端，贻误以非浅鲜！若不改图，专务姑息，何以仰副列圣之伟烈贻谋，将来皇帝亲政，又安能诸臻上理？若竟照弹章一一宣示，即不能复议亲贵，亦不能曲全耆旧，是岂朝廷宽大之政所忍为哉？言念及此，良用恻然！恭亲王奕䜣，大学士宝鋆，入直最久，责备宜严，故念一系多病，一系年老，兹特录其前劳，全其来路，奕䜣著加恩留世袭罔替亲王，赏食亲王全俸，开去一切差使，并撤去恩加双俸，家居养疾。宝鋆著原品休致。协办大学士吏部尚书李鸿藻内廷当差有年，祗为囿于才识，遂致办事竭蹶。兵部尚书景廉只能循分供职，经济非其所长，均著开去一切差使，降二级调用。工部尚书翁同龢甫直枢廷，适当多事，惟既别无建白，亦有应得之咎，著加恩革职留任，退出军机处，仍在毓庆宫行走，以示区别。朝廷于该王大臣之居心办事，默察已久，知其决难振作，诚恐贻误愈深，则获咎愈重，是以曲示矜全，从轻予谴，初不因寻常一眚之微，小臣一疏之劾，遽将亲藩大臣投闲降级也。嗣后内外臣工，务当痛诫因循，各摅忠悃，建言者秉公献替，务期远大，朝廷但察其心，不责其迹，苟于国事有补，无不虚衷嘉纳。倘有门户之弊，标榜之风，假公济私，倾轧攻讦，甚至品行卑鄙，为人驱使，就中受贿渔利，必当立抉其隐，按法惩治不贷，将此通谕知之。"

如晴天霹雳，五军机同时罢黜，对奕䜣和翁同龢等来说，"真洞目怵心矣！"然而在西太后则已是"默察已久""断难姑容"。随后按西太后旨意，礼亲王世铎、户部尚书额勒和布、阎敬铭、刑部尚书张之万、工部右侍郎孙毓汶等被任为军机大臣，并有懿旨：

"军机处遇有紧要事件，会同醇亲王商办，俟皇帝亲政后再降懿旨。"

至此，自"辛酉政变"以来二十余年西太后与奕䜣之政争终告结束。

然而,有言"一蟹不如蟹"者以刺新枢府:

"尔时枢廷领袖为礼亲王,一物不知,惟利是图,无论何人,均可拜门,以千金寿,辄畀荐牍,向当道干谒,刺刺不休。满大学士额勒和布,伴食而已。汉大学士张之万,以书画音乐自娱。其中枢执要者,唯济宁孙毓汶、仁和许庚身马首是瞻。仁和由军机章京出身,深得摭拾人过恐吓索贿之衣钵。济宁性阴险,深阻如崖阱,不可测,能以一二语含沙射人,倾挤清流,诛锄殆尽,其顽钝无耻者,率为效用,争以诬陷善类为功……而耿介名流,驱逐出外。

而"慈禧之所以要罢斥恭王而改用礼王与醇王的原因,盖恭王守正而醇王依阿取容、礼王又为醇王之傀儡,孙毓汶则狡诈而好弄权通贿,凡此诸人,俱较恭王为易于驱使也。军机处甘听宫廷之驱使,则慈禧自可为所欲为,其在实际上的政治影响,当然也就如江河日下了"。

西太后虽将主战、主和全班军机罢黜,而其后清廷对法国侵略仍和战不定。可见,这次"甲申易枢"成为"晚清政局最著之事件"(萧一山语),其根本原因还是西太后为揽权之政争,绝非她有意对法主战而采取的断然举措。西太后罢黜恭亲王之心早已不止一日,乘中法战争采取此行动只是以为借口罢了。正如《十叶野闻》所言:"及中法之战,议和失策,慈禧即借是以逐恭王。"

光绪帝面对朝廷中这一重大政治变局,虽然还不可能有清醒、明晰的理解。但师傅翁同龢等被逐出军机,每天见起换上几个陌生的面孔,显然使他的情绪又受到一种触动。抑或与此有关,此后小皇帝又无心思安稳地读书了。"易枢"八天后的三月二十一日(4月16日),这个年轻的皇帝突然反常地爆发了一生中少有的一次脾气。对此,翁同龢在日记中记道:

"辰正三来(毓庆宫),巳初一入座,几成例矣。膳后讲折未正,此亦常事。而张公上即不欲读,已而忽下座传散,余执不可,则大怒,排门而出。余等固请还座。讲他事以移之,稍定。总管到来,不知作何语,则又大怒。再传此后未初二必下书房。余又力诤,因出站班,闻怒未已,此向来所无也。天心如此,令人战栗,盖上在冲龄,意气方盛,当思渐渐薰陶,非可强折,又未可诡随也。"

在此后的日子里,光绪帝烦躁心绪虽渐渐趋于平静,但面对臣下秉承西太后旨意仍意在与法国"恤款"的举动,他却一再表示"不以为然"。无奈其见并不能受到那些意在持盈保泰、苟安现状的主和诸臣和边将的重视,终于酿成"马尾海战"的惨剧。尽管海战后清政府已对法国宣战,可是直到光绪十年(1884年)年末,清政府依然歌舞升平。西太后为给自己庆贺五十六岁寿辰,在前线边警频传的情况下,从九月起便开始筹备,光绪帝无奈一再到慈宁宫"演习起舞""演礼"。据记载:"自前月(九月)廿五日(1884年11月12日)至今日(12月7日)官门皆有戏,所费约六十万(一切典礼在内。前届拨户部四十万,今年同,惟内府内欠各项二十万。——原注),戏内灯盏等(俗名且末——原注)用十一万,他可知矣。"对这一切,光绪帝感到心急烦躁,但又无可奈何。

"上云连日喧聒颇倦,初八日最疲烦,头疼也,每日只在后殿抽闲弄笔墨,不欲听钟鼓之音(伯王云:后五日或在廊、或出至庭下站立。太后有两次出御台前黄座,上只在东间窗内未出。——原注)。"

时人虽然不可能揣测出光绪帝当时的心情,但从与其日夕相处、启沃教导的老师翁同龢日记中不多的记载,已可清楚地感受到年轻皇帝的忧虑。朝政日非,内忧外患,从上到下却是一派玩愒之风。光绪帝虽然已渐渐成长,却又深感力不从心,无可奈何。到光绪十一年(1885年)春天,中国军民在前线反击的捷报不断传来,也使年少的光绪帝产生了尚未有过的兴奋。但正当中国抗法战争全胜在望之际,摸到西太后意向的李鸿章,为了早日罢兵息战,意于光绪十一年四月二十七日(1885年6月9日),与法国代表巴德诺签订了《中法会订越南条约》。从而,满足了法国的侵略要求。清政府承认法国与越南订立的侵略性条约;在中越边界上指定保胜、谅山一带通商,并允许法国商人在此居住、设领事;中国修铁路须向法国经营者商办等。于是,法国侵略势力便借此伸入我国云南和广西。这一妥协的媾和葬送了中国广大军民以鲜血和生命赢来的胜利成果,演出了中外战争史上罕见的结局,在胜利中落了个屈辱的结果。因此,这一触目惊心的事实,充分暴露了清政府的实际掌权者西太后的腐朽面目。中国的边疆危机和民族灾难日益深重。

　　目睹一场场宫内的权力之争;耳闻一件件国家危难之事,都深深地触动了这个少年皇帝的心灵。因而,一种"奋发"的图治欲望,便在其心中开始萌动。在特定的时代和特定的环境中成长起来的年轻的光绪皇帝,正在暮气沉沉的晚清政局中显露出英姿勃勃的锐气。

　　中法战争过后的光绪十二年(1886年),光绪帝十六岁,已进入青年时代。至此,他除了已经受西太后十余年的塑造之外,其学习生活也历经整整十个春秋寒暑。这时的光绪帝,不仅"六经诸史,数年前即能举其词,然经义至深,史书极博",对封建时代的典籍,均已有了较为广泛的领悟。

　　青年时期是思想上较为敏锐、活跃的时期,也是受外界影响由感受上升为理性逐步形成观念的重要阶段。年轻的光绪帝,由于其处于特殊的地位、环境并受到独特的教育,特别是在经受了宫内变故的磨砺与中外战争的冲击之后,他在思想观念方面似乎较一般人成熟得更早些。当然,教育仍然起着重要的作用。

　　帝师翁同龢教育光绪帝,在实际上他与西太后的目的并非完全一致。他是以在历史上所说的"明君""圣主"为模式的。因此,当其对光绪帝进行了启蒙性教育之后,到中法战争期间,鉴于光绪帝的成长,他认为,"皇上读经固然重要,然目下读史尤亟"。因此在讲史的过程中,翁同龢力图使光绪帝深识历代帝王成败得失、治乱兴衰的经验教训。从而启迪他为将来治理好国家,效法贤君圣主。并且,翁同龢又着重讲述康、雍、乾诸帝的文治武功和"开国"(鸦片战争)以来的国难危机。以激发光绪帝弘扬祖德、焕发祖先艰苦创业的奋斗精神,发奋图强,励精图治,在其统治时期干一番事业。

　　值得注意的是,翁同龢在向光绪帝灌输封建政治理论的同时,尤其突出经世致用的思想教育。就翁同龢本人来说,他年轻时本崇古文经学,认为"周公、孔子之道必可行之于今日"。然而在严重的民族危机和社会矛盾的刺激下,他开始改治公羊家的春秋学说,以汲取今文经学的"微言大义"和变通进取思想。企图从中找出社会兴衰治乱的原因,以挽救民族危亡和日趋没落的清王朝。在对光绪帝的经学教育内容中,翁同龢正是希望能通过对这些经籍的讲解,"启发和诱导光绪帝忧国忧民,弃陈规旧律,勇敢创新,有所作为,开创中国历史新局面"的志向。光绪十二年(1886年),他甚至向光绪帝荐呈了早期改良思想家冯桂芬的《校邠庐抗议》,希望光绪帝从其中"自选、自修、自用""师夷之长,以为自恃"。结果确实使光绪帝感到书中所论"最切时要",对他很有用处,并将书中汰冗员、许白陈、省则例、改科举、采西学、善驭夷等六篇抄录成册,置于寝宫案头,日日浏览研读。这一洋务运动的理论纲领,对光绪帝产生了巨大的影响。在此期间,翁同龢还先后向光绪帝进呈和讲授了许多早期维新思想家的著作与主张。可以说,光绪帝之所以逐渐意欲有所作为,后来走上革新之路,就其思想缘起来说,又与他在早年学习期间受到"翁同龢突出经世思想的教育有关。是翁同龢一手点燃了光绪帝的改革思想之火。"

在十余年的书房教育中,光绪帝从师傅那里学到的当然不仅仅是一些治道理论和文史知识。比如光绪帝留心现实政治、中外大势就与翁同龢的引导有直接关系。国内和中外关系中每发生一件大事,师傅都要有针对性地进行讲解有关的知识和事件的影响;洋务新政、边疆史地、海塞防之争、周边概况、地理等,都使光绪帝在把握天下大势方面受到了启益。

这些知识和思想教育与为政能力锻炼的结合,不仅使光绪帝逐渐形成了自己的心志与抱负;而且也为他在亲政前培养了对问题分析、判断和处理政务的能力。

第三章　归政之争

一

　　漫长而又无限的期待终于即将变成了现实,自己呕心沥血十几年的"学生"已经叩开了"亲政"的大门。光绪既希望这一天的早日到来,又唯恐这一天的到来会发生什么。

　　按中国古代宫廷的惯例,皇帝十四岁就应该亲裁大政。如按清王朝的不成文例,清朝定鼎中原后的第一个皇帝顺治帝六岁登极,十四岁亲政;第二个皇帝康熙帝八岁登极,也是十四岁亲政。此后诸帝直到咸丰帝,继位时皆非幼主,故无所谓亲政之说。然而到了同治帝,正像清朝本无"母后垂帘"而仍行"垂帘听政"一样,什么"惯例""祖制"均不在西太后话下。除了因同治帝"学识俱劣"与令人失望的客观实情之外,西太后迟迟不欲交权撤帘。直到同治帝十六岁(同治十二年)正月,她才让同治正式亲政。

　　光绪十年(1884年),光绪帝十四岁了,虽有同治帝时创下的"新例",但亲政的问题并未有人敢于提及,西太后独自操权的欲望早已被大小臣工洞悉而心照不宣。无形之中,人们只好把光绪帝十六岁当作希望来等待了。现在光绪帝真到了十六岁,诸王亲贵、枢机群臣,甚至西太后本人也不得不承认,无论按礼法、祖制,还是光绪帝的"学识德业",似乎都再也没有继续搪塞的理由。

　　时间在向西太后的权力欲挑战。

　　早在十二年前,西太后即无视清朝"家法",强立载湉为帝。为平息舆论,笼络人心,曾公开作出了待光绪帝生子再为同治帝立嗣和"一俟皇帝(光绪帝)典学有成,即行归政"等两条保证。十余年过去了,西太后兑现诺言的日子日益迫近。尽管第一条因光绪帝尚未大婚,为同治帝立嗣自然可暂且不提;然而向光绪帝归政一事,虽然她心里是百般不愿,可到底已是事到临头。然而,慈禧在光绪"亲政"前却早已做好了人事安排。

　　在军机大换班,罢免恭王的时候,西太后便在自己身边安插了第一批亲信,包括醇亲王亦譞。

　　原来,奕譞对西太后一直心怀畏惧。光绪帝典学期间,他怕引起西太后猜忌,尽力加以回避,很少到书房去"训戒"儿子。但他并不是真的对政治不感兴趣。奕譞的那些"自警"名句、格言,不过主要是给人看的"韬晦"之计,用其掩人耳目罢了。当光绪七年(1881年)东太后暴崩后,奕䜣失去了有力的支持者,并且他又看到西太后对奕䜣的不满日渐明显,于是奕譞便跃跃欲试,据李慈铭日记载,就在军机换班的前数日,(西太后)"幸九公主府赐奠,召见醇邸,奏对甚久。"翁同龢也记有:"昨日,皇太后在公主府传膳,醇王进,还宫酉初二刻矣。""十二日,军机起,一刻,万培因、孙毓汶、乌拉布、醇王、师曾,凡五起,而前日封事总未下,必有故也。"看起来,奕䜣之被逐与奕譞的作用是不言而喻之事。故奕譞自"易枢"始便成为后党的首领、清廷的显贵。如果说,在此之前,奕譞还一直因西太后强立其子为帝而产生的受宠若惊之余悸未消,那么,到此他已冷静下来完全站在西太后的政治风船上了。

不过,毕竟由于醇亲王奕譞的身份特殊,以免造成更大震动,所以西太后还未便把他安置在更为显著的前场,而是将军机首席的位置交给了礼亲王世铎。但虽如此,奕譞在清廷中枢的作用仍是举足轻重的。当然,礼亲王世铎也是西太后信得过的后党第二号人物。

> 礼亲王者,清初八王之一,世袭罔替者也。世铎袭爵,当咸丰中,以行辈高,令掌宗人府。同治初,以承志袭郑亲王爵,载敦袭怡亲王爵,皆以旁宗入继。铎持之,各致贿万金,乃报可,京师人形诸歌咏。然接人谦穆,终身无疾言厉色。对内侍尤恭谨。李莲英向之屈膝,亦屈膝报之。诸王以故体仪报诸奄,前此所未有也。甲申,奕䜣罢政,遂令预机务,而以奕譞家居,遥总其成。铎日走所取进止,不以仆仆为苦。而益务求贿,赀二百金者以门弟子畜之,杀至五十金,亦可乞其荐牍,达诸疆吏。时有'非礼不动'之嘲,言非礼物不爱嘱托也……

可见,慈禧之所以命礼王领枢,一是利用他的爵尊班高,可以作为名义上的领袖,二是利用他的易于驱使。若是换了别人,未必就肯以领枢亲王之尊,仆仆奔走于醇亲王府邸,事事恭候奕譞之裁定了。

新枢府中惟有阎敬铭小有“清介”之名。他之所以被西太后看中,主要是因其当上户部尚书,即查出户部积存历年查抄罪臣之家的几百万两银子未入账。这些银子,历来均被用于顶替亏空账目并易于中饱私囊。正是这一“功劳”,赢得了西太后的欢心。当然还有他的忠顺和唯命是从。

张之万、额勒和布、孙毓汶和许庚身有共同特点:见风使舵,阿谀逢迎。张之万虽为状元出身,却除“作画颇有家法”外“一无所长”。而额勒和布是“木讷寡言”,其能力不过是“同列渐揽权纳贿,独廉洁自守,时颇称之”。许庚身“以应对敏练,太后亦信仗之”。其人才不见长,“贪财好货”则并不逊色。至于孙毓汶,因其父曾为醇王教读,故“以习于醇亲王,渐与闻机要”,他人枢府后,“最为眷遇”,并不是因为其勤谨持正,反例是由于他“权奇饶智略,尤有口给。初颇励操行,及人枢府,顿改节,孜孜营财贿,通竿牍……时称齐天大圣,言如小说中孙悟空之善变化”。

清代由军机大臣组成的军机处,是秉承皇帝旨意:“军国大计,罔不总揽”的最高机要班子。但当光绪帝即将亲政之时,连同他的老师在内,都一股脑儿地被西太后逐出,换上了一伙“贪劣无能”,既无人品,又少威望;既不谙国内政情,更昧于国际事务的“盲叟”。显然,这个军机处不是为光绪帝准备的,而是西太后营私的核心。

不过,慈禧也遇到了一些“反对者”。

还在光绪初年,在清王朝内外交困的政局和权力之争的激烈进行中,清政府中便出现了一批官品低、无实权,“却直言敢谏”的御史或翰林。他们遇事不避厉害,“力排众议,侃侃直争”。尽管其中不无“沽名钓誉”者,确也使朝廷中一些妄行独断者有所顾忌,一些贪墨庸劣之臣被劾罢斥。声名较著者被称为“四谏”“十朋”:这其中有张之洞、张佩纶、宝廷、陈宝琛、黄体芳、张观准、吴大澂、刘恩溥、吴可读、邓承修等。吴可读的尸谏曾给西太后添了很大麻烦;盛昱的弹章却给她提供了口实。可无论如何,清流已“久为西朝（西太后）所不满"。暗觇西太后的意图,孙毓汶等将吴大澂、陈宝琛等排挤出朝;把赵尔巽、邓承修等外放贵州、广西。至此,不但再无人敢于掣肘西太后的一意孤行,连胆敢微词置辩者也几乎绝迹于朝了。

排斥异己的计划完成后,见风使舵者不再发表"高论",趋炎附势者反而越来越多,慈禧的"班底"在不断壮大。后来又相继进入军机处的庆亲王奕劻、吏部尚书徐桐等,也都成为了她的骨干。

当然,慈禧太后的人事安排不仅限于清中央政府,地方的高官显宦也在其列。其中最典型的人物就是李鸿章。

当时在清朝统治层中疾视李鸿章的,主要是帝党官僚,时翁同龢"当国,尤百计齮龁之"。翁、李矛盾,不仅涉及政见之争,而且还含有私怨成分。1862 年翁的哥哥翁同书在安徽巡抚任内被曾国藩上疏严劾,受到远戍新疆的惩处,据说曾氏的上疏,就是由李鸿章立稿的,出语惊人,无懈可击。翁同龢怀恨在心,他以帝师之尊而为枢府大员后,便借机压制李鸿章,因而李鸿章"怨之颇切"。翁同龢虽然位尊权重,但却一直未能入阁拜相。因当时无缺可补,他便产生了觊觎李鸿章缺位的想法。袁世凯投其所好,甘愿为翁氏火中取栗,袁世凯是个"小人",起初追随李鸿章往上爬,及至李鸿章失势,就立即改换门庭,竭力攀援李鸿藻、翁同龢、荣禄等达官显贵,以为进身之阶。一天,袁世凯登门拜访李鸿章,稍作寒暄之后,就开门见山地说:

> 中堂再造元勋,功高汗马。而现在朝廷待遇,如此凉薄,以首辅空名,随班朝请,迹同旅寄,殊未免过于不合。不如暂时告归,养望林下,俟朝廷一旦有事,闻鼓鼙而思将帅,不能不倚重老臣。届时羽檄征驰,安车就道,方足见老成声价耳。

李鸿章越听越生气,未等袁世凯把话讲完,就大声喝止,痛加训斥说:

> 慰廷,尔乃来为翁叔平作说客耶?他汲汲要想得协办,我开了缺,以次推升,腾出一个协办,他即可安然顶补。你告诉他,教他休想!旁人要是开缺,他得了协办,那是不干我事。他想补我的缺,万万不能!武侯言'鞠躬尽瘁,死而后已',这两句话我也还配说。我一息尚存,决不无故告退,决不奏请开缺。臣子对君上,宁有何种计较?何为合与不合?此等巧语,休在我前卖弄,我不受尔愚也。

袁世凯碰了钉子,"只得俯首谢过,诺诺而退"。袁世凯走后,李鸿章还余怒未消,特向亲信幕僚倾吐心声:

> 袁世凯,尔不知耶?这真是小人!他巴结翁叔平,来为他作说客,说得天花乱坠,要我乞休开缺,为叔平作成一个协办大学士。我偏不告退,教他想死!我老师的'挺经',正用得着,我是要传他衣钵的。我决计与他挺着,看他们如何摆布?我当面训斥他,免得再啰唣。我混了数十年,何事不曾经验,乃受彼等捉弄耶?

翁同龢有意把李鸿章赶出北京,以便"作成一个协办大学士",但结果以失败而告终。李鸿章所以未被"放归田里",主观上得益于曾国藩的"秘传心法"——"挺经",绝不奏请开缺休致;客观上则凭借于权势者们的支持,慈禧、奕䜣"眷念鸿章旧劳,始终欲保全之"。

李鸿章虽被投闲置散,但每目击时势,既为自己洋务事业的破产而抚膺叹息,又因无法挽救清廷的危亡而忧心忡忡。他对自己"一生事业"进行了反思,似乎有意借鉴历史经验探寻出路。他曾经发出过这样的慨叹:"功计于预定而上不行,过出于难言而人不惊,此中苦况,将向何处宣说?"他环顾左右,终于选定吴永作为宣说的对象。吴永是曾国藩孙女婿,时在李幕,被李鸿章"以通家子弟相待""晨夕左右,几逾一载"。李鸿章经常与吴永枯坐庭院,"随意谈论"。他说:

> 我办了一辈子的事,练兵也,海军也,都是纸糊的老虎,何尝能实在放手办理? 不过勉强涂饰,虚有其表,不揭破犹可敷衍一时。如一间破屋,由裱糊匠东补西贴,居然成一净室,虽明知为纸片糊裱,然究竟不知里面是何等材料,即有小小风雨,打成几个窟窿,随时补葺,亦可支吾对付。乃必欲爽手扯破,又未预备何种修葺材料,何种改造方式,自然真相破露,不可收拾,但裱糊匠又何能负其责?

原来被引以为自豪的北洋海陆军,在甲午战争中一触即溃的严酷现实,使李鸿章清醒地认识到自己所办之事,"练兵也,海军也,都是纸糊的老虎""虚有其表",外强中干。这种不幸结局,导源于"内外牵掣",不能"放手办理"。他形象地把清王朝比作"破屋",及至"破屋""真相破露,不可收拾",怎好不从"破屋"本身寻找原因,反而归咎于"裱糊匠"呢!

曾国藩生前曾批评李鸿章"做官做到底""要官不要脸"的"挺劲",李鸿章不以为然。李鸿章对那些"遇事弹纠,放言高论"的"言官",深恶痛绝,每当说及,即"以足顿地,若犹有余怒者"。他认为"言官制度,最是坏事",明朝之亡,就亡于言官。言官都是"少年新进",不通世故,也"不考究事实得失,国家利害,但随便寻个题目,信口河汉,畅发一篇议论,藉此以出露头角,而国家大事,已为之阻挠不少"。现在办事,举步维艰,动辄得咎,大臣本不敢轻言建树,但责任所在,又不能坐以待毙,常常苦心孤诣,想出"一条线路,稍有几分希望,千盘百折,甫将集事",言官以为有机可乘,就群起而攻之。"朝廷以言路所以,又不能不示加容纳,往往半途中梗,势必至于一事不办而后已。大臣皆安位取容,苟求无事,国家前途,宁复有进步之可冀?"

李鸿章评击"言官"并不是偶然的,他与其他同僚相比,被"言官""弹纠"的最多、最厉害,有的甚至欲置之死地而后快。他认为自己所倡导的"和戎"与"变法"之所以难于奏效,"言官"的阻挠破坏是一个重要因素。"言官"问题,关键不在于个人,而在于制度。当然他全盘否定"言官制度",意气多于冷静分析,不肯反躬自省,而一味委过于人。"言官"虽有"撮拾浮词""肆口妄言""党同伐异""受人请托"等等弊端,但也不乏深切时政从实直陈者,对纠正失谬颇有裨益。

李鸿章曾批评曾国藩晚年求退为无益之请,公开为恋栈苟安、争权夺势的思想行径辩解。他说:"今人多讳言'热中'二字,予独不然。即予目前,便是非常热中。仕则慕君,士人以身许国,上致下泽,事业经济,皆非得君不可。予今不得于君,安能不热中耶?"这表明李鸿章并不甘心久居散地,热中于争取清廷的信任,东山再起,重游宦海。正如时人所说的:"李鸿章叠经参劾之后,入居清近之任,不思引退,常恨失权,图度数月。"

翁同龢对权力不能说不热衷,尤其是"学生"长大,即将"亲政",他也应该将自己的抱负施展开,以便君臣配合。

中央、地方之外,慈禧身边的"体己"就是大太监李莲英了。而李莲英入宫得宠,得益于他的"梳头术"。

慈禧是个爱美的皇太后。入宫之始,她长得貌美超凡,固然是被风流天子选为贵人的原因,但淡妆浓抹,巧于打扮,才是她得宠的真谛。然而,她早年得宠,地位并不高。宫中主位,上有皇后、皇贵妃、贵妃、妃、嫔等位次,慈禧仅居贵人位次,比答应、常在略高两位。咸丰末年才被晋封为皇贵妃,位居皇后以下。辛酉政变成功,载淳做了小皇帝,他便母以子贵,一跃而被尊为圣母皇太后,和慈安皇太后并列垂帘听政,实际是由她独揽大权。由于位尊身贵,爱美的要求越来越高了。满洲贵妇爱美,首先是重视发型之美。特别是慈禧皇太后,尤为讲究头上的功夫,梳头打髻,花样翻新,插玉戴簪,价值千金,以为美丽高贵。因此,宫中设有梳头房,是专为后妃主位梳头的机构。

宫中究竟有多少贵妇,还专设梳头房机构? 清宫则例:皇帝有皇后一人,统辖六宫,皇贵妃二人,贵妃四人,妃八人,嫔、贵人、常在、答应以下无定数。古来传说,每个皇帝都是"三宫六院七十二妃嫔",其实这也不是后宫的固定建制。我国历代皇帝,都是至高无上,位极人臣,享有圣龙天子的最高权力,可以为所欲为,独断专行。实际上皇帝后妃多得无数。梳头房给众多后妃们梳头是忙不过来的,所以,内务府规定只给妃、贵妃、皇贵妃和皇后们梳头。即使是如此,每个主位按两三个梳头太监计算,梳头房太监也需要几十名太监,算得上是一个庞大的机构。慈禧位居贵人、嫔位时,梳头房不管她的梳头的差事,由手下宫女给她梳头,好坏都能将就点儿。自从做了妃和贵妃之后,梳头房太监也把她的梳头差事统一包下来了,虽然对梳头太监多有刁难,但打骂处罚并不多见。自从做了皇太后之后,因宫中一切人都畏于贵妃位高权大,她的要求便越来越高了。垂帘之始,这位年轻的寡妇年仅二十七岁,爱美之心正盛,垂帘听政之暇,春心大动,每天仅用于梳头的时间就不少于一两个钟点儿,把自己打扮得如同仙女一般。

随着年龄的不断增长,慈禧的爱美之心有增无减,对梳头发型要求越来越高。给慈禧梳头的太监不知换过几茬,但没有一个称心如意的。只好又换一拨梳头太监,并专门让李莲英在身旁监视。

据传,慈禧是后妃中的第一长发贵妇人。这样长的头发,梳起来很难,而太后脾气又怪,不准梳掉一根头发。但是,这样长的头发,梳头不掉头发更难,以往的梳头太监,是个老手,偶尔梳掉一根头发,能施动幻术,偷偷藏起来。只有一次被慈禧从镜中发现,当场杖责发落。从此以后,为防止梳头掉发,每次梳头,总是命两个太监在两侧监视。这次李莲英有幸,竟成了监视梳头的发官。

狡狯多谋的李莲英,早就知道西太后经常调换梳头太监,确实也没有找到一个称心如意者,为了得宠于西太后,他经常遍游南城的大小妓寮密集的地方,常常是百顺胡同、韩家潭巷、石头胡同、王广福斜街、东皮条营等清音小班的坐上之客,反复观察姑娘们梳头,有时还亲自动手为姑娘们梳头绾髻,得到姑娘们的赞誉。

李莲英为了学梳头术,还常跑南城大森林、小李纱帽胡同、朱茅胡同、朱家胡同、燕家胡同、青风巷、庆云巷、王皮胡同等茶馆酒肆,观看发型。有时,还到四圣庙、双五道庙、莲花河、赵锥子胡同、前后营、赵阴阳胡同等下处,细看梳头要领,刻意揣摩,终于掌握了各种发型秘诀。

不久,李莲英被擢为梳头房总管太监,位居六品。这是同治十一年(1872年)的事,两年之后,赏四品顶戴。

光绪七年十月(1881年11月),李莲英居然奉恩赏三品顶戴花翎,是以打破四品的最高限制,其地位已基本上与敬事房太监大总管李双喜平起平坐了(时李双喜也为三品花翎)。那时,东太后死去未久,西太后独坐朝堂,为了解"公私动静",便把对她终日侍奉左右、极尽谄媚、阿谀之能事的李莲英大加封赏,直到将其提为整个清宫的太监大总管。从而,李也日假"后权"以肆虐,"渐著声势"。的确,在光绪帝"亲政"前后的几年之中,内自军机处至督抚等大员,甚至光绪皇帝,在他面前都要矮三分。进而又造成一种奇特的情形:如果谁能买通李莲英,也就等于交通了西太后。如原来作为一个远支宗室、爵位颇低的辅国将军奕劻,因为在李莲英那里花上了银子,便得到了西太后的赏识,一再加官晋爵,逐步晋升为亲王,官职做到总理衙门大臣,成为后党的骨干。通过逢迎西太后,被提拔为工部尚书的荣禄,初因其不轨遭到处分,后来也由于他"肯在总管太监李莲英跟前花银子",逐渐"改变"了西太后对他的看法,又步入青云。到光绪帝"亲政"之后,荣禄亦成为后党的中坚,西太后的头号大红人。此外,甚至醇亲王奕譞、直隶总督兼北洋大臣李鸿章等,都要对李莲英敬三分。至于那些一般的官小位卑者,恐怕连巴结都没有机会。

随着光绪帝亲政时日的迫近,西太后对皇帝的防范心理亦日重。因此,依靠李莲英以坐视光绪帝的言行举止,便成了她要求李莲英的一项重要任务。而李莲英真也不辱使命。既然西太后并不真想让光绪帝亲操权柄,这个神经特别敏感的太监便经常在"孝钦前短德宗"。甚至李莲英还挑拨离间以讨西太后的好,"言皇上有怨望之心"。如果说这还是背后捣鬼,那么有时他也依仗西太后的淫威"陵蔑皇上,当然,在光绪帝"亲政"后的岁月中,凡有关帝、后之间的纷争,几乎无不有李莲英的黑影。

二

随着光绪帝年龄的增长,他的大婚、亲政逐渐迫近,西太后撤帘、归政已不可回避了。因此,西太后不得不改变一下控制清廷的方式,考虑自己的"退路"了。她费尽心机通过"甲申易枢"排除异己、笼络亲信,已在人事上作了"预备地步"的安排,接着,她又为其自身思考应变举措了。

原于咸丰十年(1860年)秋,英法侵华联军掠劫并焚毁了供清皇室享乐的圆明园。次年,西太后自避暑山庄回銮,刚刚经过亡夫之痛,又一门心思在"垂帘听政",亟亟于抢权之争,似乎还没来得及想到园林之乐。但当"辛酉政变"成功后,到了同治十二年(1873年),西太后表示要撤帘时,当时的同治帝或是真要孝敬母后;或是急于将视权如命的母后支出宫廷,便大力倡导重修圆明园。结果因"经费支拙",并遭到奕䜣、奕譞等亲贵重臣的一致反对而作罢。但随后,同治帝又提出暂修三海工程。至此,虽然群臣不敢再上言谏阻，可兴工不久，同治帝一命呜呼。当小光绪帝被抱入宫中，西太后垂帘再举，工程自然因不再需要而停止。十余年过去，清政府的财政危机却因国难日深，如影随形，这一点西太后心如烛照。既然仍无力修复圆明园，那便只有重修三海，且如住在距内廷只有咫尺之遥的三海，也可随时知悉光绪帝的举动。于是，在中法战争刚刚结束的光绪十一年五月初八日（1885 年 6 月 20 日）下达懿旨宣布："南北海应修工程，著御前大臣、军机大臣、奉宸苑会同醇亲王踏勘修饰。"自此，三海大修工程又重新全面展开。

这次工程的范围包括三海的所有殿宇、房屋、道路、河池、假山堤泊、点景花园、电灯铁路、冰床等等共计一百多处，数百个项目。承包商十六家，各种工匠人役每天平均达四五千人，有时达一万多人。为表示"孝心"，兴工期间，光绪帝多次到南海、北海、紫光阁等处巡视工程。为了给西太后归政后准备颐养之所，清政府上上下下忙了个不亦乐乎！到光绪二十一年（1895 年），这项工程最后结束的时候，共计用银高达六百万两左右。

对光绪帝来说，自小就接受翁师傅的严格教育（特别是要体察民情的教育。）因此在当时，他一方面已知道国家的困境与艰难，也明白在这种情况下，大兴土木，和历代那些腐朽的执政者，"或耽于安逸，或习于奢侈，纵耳目之娱而忘腹心之位者"，没有多少差别。然而"老佛爷"的说一不二和为所欲为，不仅任何人不敢谏阻，就是为能达成顺利亲政，表示自己的"孝心"，也不得不如此了。或许光绪帝还想不到那么深刻和全面，但他当然希望无论如何，在自己亲政后，能像在北海上溜冰床那样顺利和如意。

其实事情并不那么简单。就在三海工程热火朝天地进行不久，颐和园工程又大张旗鼓地上马了。

颐和园原名清漪园，位于京城西北圆明园之西，是乾隆帝为他的母亲钮祜禄氏庆祝六十大寿而建，历时十五年，耗银四百五十万两。在咸丰十年（1860 年）英法联军侵入北京，纵火焚烧圆明园的同时，又派马队冲入该园，焚烧了万寿山的"大报恩延寿寺""田字殿""九百罗汉堂"；后山的"苏州街"上仿江南风光建造的店肆茶楼也焚烧殆尽；万寿山顶的"智慧海"，亦遭到侵略军的摧残。园中数万件珍贵的陈设，同样被掠抢一空。此后二十余年，这座废园已无人驻足。时人王闿运有诗云：

玉泉悲咽昆明塞，唯有铜犀守荆棘，

青芝岫里狐夜啼，绣漪桥下鱼空泣。

道出了被英法侵略者洗劫后清漪园满目疮痍的悲凉景象。

圆明园自然是无力修复。但光绪帝即位后，最先打主意修复清漪园的，却是坚决反对修圆明园的奕譞。光绪三年（1877 年）冬，他上疏想重修清漪园，为御史郭从矩谏阻。但此后数年间，奕譞一直念念不忘此事。没有直接资料证明这位"当今圣上"的生父，为什么在当时这么热衷修复清漪园，谅也不出为儿子光绪帝打点将来吧。不过，既然西太后总有一天要归政，况且奕譞又明知其深好炫耀游逸。因此不如投其所好，借此表现对这位操纵儿子和自己及全家命运的"皇嫂"的忠心。正当三海工程重新进行后不久，海军衙门成立，奕譞成了总理海军事务大臣，从而他的这片"微忱"，终于有了借口和施展的机会。光绪十二年八月十六日（1886 年 9 月 14 日），他上了一通《奏请复昆明湖水操旧制折》，声称应复旧制，在昆明湖演水操，而该湖殿宇颓圮，应加整修。

对这种"明修栈道,暗渡陈仓"的做法,奕譞自己也知道难以瞒人。于是数日后,在他与庆亲王奕劻"深谈时局"时,嘱其转告翁同龢,当谅其苦衷,"益以昆明易勃(渤)海,万寿山换滦阳也"。就是说:表面上是在昆明湖练水军,实际上是借此名义重修清漪园作为西太后"归政"后游憩场所。既然让人"谅解苦衷",且又冠冕堂皇,自然无人出面谏阻了。光绪十二年十二月十三日,"醇亲王奕譞与李鸿章商筹南海工程费,拟以创建京师水操学堂为名,借洋款八十万两"。同时,排云殿业已开工。一个半月后,"水操内学堂"于昆明湖畔开学。就这样,这项花费巨资的工程便在心照不宣的情况下紧锣密鼓地兴工开建了。

这两项大工程开建的时刻,清政府已是国敝民贫。

然而西太后自有"办法"。这就是挪用海军经费和卖官鬻爵及百官的"报效"。通过海军衙门总办奕譞,大量的海军经费源源不断地被移往"三海工程"和"颐和园工程"。原来,李莲英随奕譞去北洋各海口巡视,一项重要任务便是替西太后去掏李鸿章的腰包,而李鸿章当然也就不失时机地表现了对皇太后的"恭敬"和忠诚。修工程总费用六百万两中有四百三十七万两来自海军经费。而颐和园修建总费用数量更为巨大,据研究,仅动用海军经费即达八百六十万两。两项工程共耗银数千万两,其中动用海军经费计约达一千三百万两。

西太后的昏庸腐朽,给光绪帝"亲政"后的清政府造成了更加严重的财政危机。而海军经费的被挪用,无疑又极大地干扰和破坏了北洋海军的建设。北洋海军的七艘主力战舰,即定远、镇远、济远、来远、致远、靖远、经远的购置费为七百七十八万两。西太后为在修楼台殿宇所挪用的海军经费,可以再增加两支原来规模的北洋舰队。然而,奕譞在海军衙门存在的九年中,没有购置过一艘新舰。慈禧为一己之私利,置海军建设于不顾,这就为中日甲午战争的失败埋下了祸根。

尽管如此,在光绪帝正式"亲政"前的光绪十四年二月初一日(1888年3月13日),既然两项工程都早已大张旗鼓地进行中,于是以光绪帝的名义明发上谕,说修颐和园不是西太后其本意,而是光绪帝为表示对她的"孝养",她不好过分拒绝。同时又说工程未用国库正款,对国家影响不大;再就是说这样做已经是"审时度势",所以才未修圆明园。全部上谕,根本就未再提什么骗人的练水军的话。

就这样,尽管"时事艰难",西太后还是修建起了自己颐养天年、穷奢极欲的安乐窝颐和园。醇亲王奕譞和光绪帝,当初或以为,这样似乎可以使皇太后息心政事了。但事实是,在西太后看来,"颐养"归颐养;干政归干政,两不相扰。其实,大力修建的颐和园,后来又成为西太后策划阴谋、操纵清廷的一个秘密中心。

三

光绪十二年(1886年),光绪帝已十六岁了,他不仅学已有成,而且在"披阅章奏,论断古今,剖决是非"方面,也具有了一定的理政能力。尤其是按照清廷的惯例,幼帝成人便要成婚(帝称大婚)、亲政。对此,西太后是清楚的,所以她处处安排"退路"。只是对光绪帝的亲政,装聋作哑毫无举动。

就这样,一天天、一月月地过去了。光绪帝的亲政与西太后的归政之说,仍不见动静。在养心殿或乾清宫，如有召见群臣奏对，光绪帝依然如泥塑木雕，正襟危坐。西太后在光绪帝身后或垂帘、或干脆不垂帘，甚至与光绪帝并坐，听政问政，应答和发号施令。光绪帝偶尔对国家大政参与点意见，也很难真正引起群臣的重视。加之西太后在侧，他不仅感到神经紧张甚至恐惧，更多时只能闭口无言、默无一语。随着时间推移，西太后的管束和压抑，仍像一条无形的绳索使这个成长中的君主的心智无法抒发。光绪帝已经开始不耐烦师傅的"教导"了，因为他这种窘境与那些传统的为君之道相去甚远。

这年六月初十日，西太后和光绪帝召见了醇亲王，讲了归政光绪的意思。

太后归政光绪，对奕𫍲来说，他是很高兴的。奕𫍲早就希望自己的儿子能亲理国政了。但他心要明白：当初西太后不顾王公大臣的阻挠反对，断然择立自己的儿子为帝，显然是为了满足她继续执掌朝政的权欲和野心。现在太后提出归政，是因皇帝已长大成人，为了顾及舆论，做做样子罢了，其实是绝不肯轻易交出政权。西太后向奕𫍲提出此事，从其种意义上说，是在考验奕𫍲对她的忠诚程度到底如何。所以，奕𫍲当即叩头，恳求太后暂缓此举，在场的光绪帝也在奕𫍲的示意下，跪求太后收回成命，但均"未蒙俯允"。

西太后既然提出此事，而又"回绝"了奕𫍲父子的"暂缓"请求，这就使奕𫍲一时作难了。于是，奕𫍲只好去找平日与他关系亲近的王公大臣商量此事。

奕𫍲找到了翁同龢，向他扼要地介绍了西太后召见的情形，请翁同龢替他出些主意，想想办法。翁同龢对醇亲王说："此事重大，不可轻率。王爷宜率御前大臣、毓庆宫诸臣奏请太后召见，面论此事"，建议醇亲王立即去找军机大臣，要求军机大臣出面恳请太后缓降懿旨。醇亲王当即找到礼亲王世铎。世铎告诉他，军机大臣已经这样做了，但"圣意难回"。

当日有懿旨一道发出：

前因皇帝冲龄践祚，一切用人行政，王大臣等不能无所秉承，因准廷臣之请，垂帘听政。并谕自皇帝典学有成，即行亲政。十余年来，皇帝孜孜念典，德业日新，近来披阅章奏，论断古今，剖决是非，权衡允当。本日召见醇亲王及军机大臣礼亲王世铎等，谕以自本年冬至大祀圜丘为始，皇帝亲诣行礼。并著钦天监选择吉期，于明年举行亲政典礼。

真可谓"一石激起千层浪"。西太后的归政诚意到底有几分？谁敢贸然表示"太后圣明"？满朝诸臣各怀狐疑，尤其是醇王奕𫍲更是心事重重。

当天中午，奕𫍲再次找到翁同龢以及同他亲近的军机大臣孙毓汶，筹商对策。翁同龢与孙毓汶自中法战后，关系疏远，足迹日稀，几不往还，只是由于醇亲王从中斡旋、撮合，彼此才相安无事，未发生大的矛盾冲突。翁同龢见到孙毓汶来，本想立即告辞，因醇亲主劝阻，只得留下。商谈中，孙毓汶力主请太后训政，翁同龢则认为"请训政还不如请缓归政为得体"。翁、孙两人意见相左，始终谈不到一处，奕𫍲对此也"不置可否"。

翁同龢之所以不同意"训政"而主张暂缓归政，是有他的想法的。他与皇帝朝夕相处，前后已有十多年了，对于皇帝的脾气习性相当了解。光绪帝脾气倔强，若由太后训政，母子之间，有时难免要议事不合，产生隔阂，这对光绪帝日后亲政是非常不利的，亦非国家"吉福"。再者，光绪帝颇想有所作为，他遇事"好自为之，毋需人扶"，若行训政，备位陪衬,这是光绪帝素所不愿的。此外,从当时光绪读书的实际情况来看,虽说学业精进,日渐有成,但因缺少历练,尚欠老成,要他一下子担起领导国家的重任还有些困难。因此,他主张与其请太后训政,还不如请太后暂缓归政,过一二年后,再让皇帝亲政。翁同龢从醇王府回家后,当天连夜将自己这一想法郑重其事地草成一道《请从缓归政以懋圣学》的奏折。折中写道:

> 臣伏读六月初十日懿旨,以皇帝典学有成,谕于明年正月举行亲政典礼。诏辞宏远,酌古准今,寻绎回环,且钦且感。伏思我皇太后躬仁圣之资,值艰难之运,削平九宇,抚定四方,史册罕传,功德莫二。兹当璇闱归政,颐养冲和,既大慰日夕期望之心,亦稍释宵旰仔肩之重,凡兹臣庶,孰不欣愉。然臣等日侍讲筵,深惟大局,有不得不缕晰备陈者,幸皇太后垂察矣。
>
> 皇上天亶聪明,过目成诵,六经诸史,前数年即能举其辞,然经义至深,史书极博,譬诸山海,非一览所穷,此讲习之事犹未贯彻者,一也。天下之赜,莫如章奏,前者叠奉慈谕,将军机处近年折奏抄录讲肄,皇上随时批览,亦能一阅了然,然大而兵农礼乐,细而监关河漕,头绪纷繁,兼综不易,此批答之事犹未偏习者,二也。清语国语,我朝根本,皇上记诵甚博,书写亦工,然切音声义,颇极精微,固须名物靡遗,尤必文义贯串,满蒙奏牍,各体攸殊,此翻译之事犹未熟精者,三也。为君至难,万几之重,多一日养正,即有一日之功;加一日讲求,即获一分之益。天下,祖宗之天下也,皇太后体祖宗之心为心,二十余年忧劳如一日,倘俟一、二年后圣学大成,春秋鼎盛,从容授政,以弼我丕基,匪特臣民之福,亦宗社之庆也。

翁同龢主张暂缓归政的想法有一定的道理。但他仅从帝师的角度出发,以圣学尚须继续用功而请求太后再推迟一二年归政的三点理由显然有些勉强,不足以说服别人。对此,西太后后来在批复中说得很明确:至"皇帝几余念典,本无止境,一切经史之功,翻绎之事,尤有毓庆宫行走诸臣朝夕讲求,不惮烦劳,俾臻至善。总之,帝德王道,互相表里,皇帝亲政后正可以平日所学见诸措施,用慰天下臣民之望,当亦尔诸臣之愿也"。

第二天,翁同龢将折稿出示给伯王伯彦诺谟祜、庆郡王奕劻、锺郡王奕诒以及孙家鼐、淞桂等人同看,"三王及同人佥以为当"。接着,他又拿给醇亲王看,醇亲王亦称"甚是"。经与伯王等商量,遂决定由伯王领衔,作为联衔折呈上。醇亲王也向翁同龢出示了自己草拟的一道折稿,折前半截请求太后于皇上二十岁时再归政,后半截则专言"皇上亲政后,永照现在规制,有凡宫内一切事宜,先请懿旨,再于皇帝前奏闻。"翁同龢力赞此折"文理妥当""含意深远"。醇亲王还向翁同龢出示了由孙毓汶起草、代表军机、大学士、六部九卿翰詹科道的公折,折的大意"仍主太后训政"。翁同龢对此议不以为然,并毫不客气地指摘折中有关垂帘为"亘古未有之创局,即系亘古未有之盛事"的说法很不恰当,请醇亲王令其改正。

五月十二日,内阁公折、醇亲王单衔折、翁同龢等联衔折一齐呈上,统统被打了回来,其所请"均未允准"。

所不同的是:以礼王世铎为首的诸臣公折说:愿太后再"训政数年,于明年皇上亲政后,仍每日召见臣工,披览章奏,俾皇上随时随事亲承指示"。书房讲筵诸臣(即翁所拟)

上奏，则自然不能夸耀什么"典学有成"。而是说皇帝固然聪明，然于经史尚未精通；虽然看折能一目了然，但兵农礼乐，天下庶务，还未能一一明了。另外，满语还未学好。所以他们认为，应"俟一二年后""从容授政"。以翁同龢的意思，如果亲政后，仍由太后训政，事事秉承皇太后的旨意，莫不如迟几年亲政。那样亲政才能大权独揽、乾纲独断，名副其实。否则，自己教出来的皇帝，还只是一个空有其名的傀儡！因此，在缮折前他就向孙毓汶表示，"请训政不如请缓归政为得体"。

醇亲王奕譞所上之折，正如翁同龢所作的评价："意甚远也"！折中说：

> 王大臣等审时度势，合词吁恳皇太后训政。敬祈体念时艰，俯允所请，俾皇帝有所禀承。日就月将，见闻密迩，俟及二旬，再议亲理庶务……臣愚以为归政后，必须永照现在规制，一切事件，先请懿旨，再于皇帝前奏闻，俾皇帝专心大致，博览群书。上承圣母之欢颜，内免宫闱之剧务。

这番言词，肯定不是奕譞的心里话，这不过仍是其避嫌之词，以示他永远不会以皇帝本生父之尊，有所妄想的心迹。联系他所上请求继续办理海军的折片，或许他的本意是怕皇帝一亲政，自己的这些差使恐怕又要取消，甚至怕因此暴露移用海军巨款修三海、颐和园的真相。无论如何，六月十四日的三折一上，西太后立即看中了奕譞的意见，什么"训政数年""一二年后从容授政"，都不如归政后"永照现在规制"。所以她在懿旨中马上表示：

> 念自皇帝冲龄嗣统，抚育训诲深衷，十余年如一日，即亲政后，亦必随时调护，遇事提撕，此责不容卸，此念亦不容释。即著照所请行。

到这时，一向独断专行的西太后，到这时竟又如此从谏如流，轻松地借用皇帝亲生父之口，肯定了光绪帝亲政以后，仍要以她这位皇太后的绝对权威为永远不变的为政原则。显然这对西太后而言，既可免去群臣斥其不归政的责难，又可名正言顺地保持继续操柄的至高无上地位。四日后，当奕譞、世铎等再次上折后，西太后便正式发布懿旨，表示同意训政：

> 皇帝初亲大政，决疑定策，实不能不遇事提撕，期臻周妥。既据该王大臣等再三沥恳，何敢固执一己守经之义，致违天下众论之公也。勉允所请，于皇帝亲政后再行训政数年。

由此可见，西太后高超的权术手段似乎已达到出神入化的程度，玩王公群臣于股掌之上。

如此一来，在"不得已"的情况下，西太后"训政数年"之议，便算最后决定下来了。此意明明来自西太后，但在最后她又落了个"不得已"。

在清代官方文献中，自然难以看到在朝臣工中对此的情绪反映。但在翁同龢的日记中，却可以清楚看出，对这一决定，光绪帝的情绪变化极为明显。当西太后宣布"归政"的话一出口，他竟毫无辞让的表示。紧接着，醇亲王在向西太后"跪求"，以及当群臣劝请训政之折纷纷上呈时，光绪帝失望极了。此时在书房中，翁同龢对他竭力劝勉，"力陈时事艰难，总以精神气力为主，反复数百语，至于流涕，上颇为之动也"。并且翁同龢觉得光绪帝在这件事上，数日来一直保持沉默，实在太外露。因此，在西太后"俯允训政数年"的前一日，翁又"于上（光绪帝）前力陈一切，请上自吁恳，或得一当也"。在翁同龢的一再劝说下,光绪见无力回天,就到了储秀宫看望太后。

皇帝如此纯孝和聪明懂事,太后高兴极了。高兴之余,自然想起了毓庆宫,认为这一切都与翁师傅的教导分不开。二十一日,西太后在乾清宫西暖阁单独召见翁同龢。召见中,西太后先问了书房功课,言语中,盛赞师傅教导有方。接着讲了归政一事,她说她之所以"急着"要"授政皇上"是有鉴于"前代母后专政流弊甚多,非推诿也"。现在王公大臣"以宗社为辞,余何敢不依?! 何忍不依乎"? 把自己恋权不放,冠冕堂皇地推到王公大臣们的头上,并美化为是"顺臣工之所请",是为了"宗社大业",是不得已之举。翁同龢对太后的褒奖,"感激涕零",叩头表示"实不敢当"。奏对中,他顺着太后的话说:"臣力言:皇上春秋方富,未能周知天下事,宗社所系,岂一二臣工所能赞襄,此事外廷不知,内廷诸臣必知;即内迁不知,臣实知之。""方今时势艰难,整饬纪纲,百废待举,皇上典学虽日新月异,诚未敢谓皇上典学有成,而所学皆书本上的经义,亲裁大政,决疑定策,至关宗社大业,还望太后三思,期臻周妥。"西太后听了翁同龢的这一番奏对,默然无语良久。最后,再次褒奖他:"汝心忠实可靠。"同年九月,西太后万寿节。西太后特意赏给翁同龢一份只有大学士和军机大臣才有的礼物:御笔菊花一轴,兰花四轴,大卷红绸袍褂料一副,小卷江绸袍褂料一副。翁同龢激动地说:"此向来所无,向来所无也。"

训政虽不如暂缓归政,但毕竟已成事实。为了让光绪帝熟悉了解临朝听政的仪节,十月,翁同龢特地向光绪帝呈上了一份有关皇帝临朝听政的"须知"节略,其中包括"召见臣工时的问语、答话、仪节,等等"。

有了皇帝"家族"以及师傅的"表态",慈禧也对光绪帝赞美了一番,次日的懿旨中却谎称:"数日以来,皇帝宫中定省,时时以多聆慈训,俾有禀承,再四恳求,情词肫挚。"此真可谓是偷天换日之举。当天入夜,"自戌初至子正,千雷万霆,旋转不已,雨如翻天浆,不啻癸未六月也。吁,可怕哉!"恰可衬托西太后的阴暗心理。

为了使"训政"制度化,经礼亲王世铎等人一番筹划,于十月二十六日出台了一个所谓的《训政细则》。在这个"细则"中,除了有关祭祀、问安等礼仪继续原封不动地按照"垂帘听政"时的旧制实行外,在施政等方面,做了如下规定:

一、凡遇召见引见,皇太后升座训政,拟请照礼臣会议,暂设纱屏为障;一、中外臣工呈递皇太后、皇上安折,应请恭照现式预备。奏折亦恭照现式(即按"皇太后、皇上"的顺序)书写;一、近年各衙门改归验放验看开单请旨及暂停引见人员,拟请循照旧制,一律带领引见,仍恭候懿旨遵行,排单照现章预备;一、乡会试及各项考试题目向例恭候钦命者,拟请循照旧制,臣等进书恭候慈览,择定篇页,请皇上钦命题目,仍进呈慈览发下,毋庸奏请派员拟题……一、内外臣工折奏应行批示者,拟照旧制均请朱笔批示,恭呈慈览发下……

西太后发懿旨:"依议"!

这一"训政"规定从形式到内容,仍把光绪帝置于无足轻重的陪衬地位。在这里看不到光绪帝有任何一点可以自行作出决定和独立施政的内容。所谓"候懿旨遵行""恭候慈览""呈慈览发下"等等,只不过是对西太后主持清廷朝政的肯定,从而明确了西太后主宰清廷的地位。显而易见,由"垂帘听政"到"训政",只是换了个名称,实质毫无改变。当然,西太后可以利用"训政"之名来搪塞臣下和舆论,作为其继续操政的挡箭牌。

总之，通过这个《训政细则》，在清廷既正式确定了西太后的主宰地位和光绪帝的傀儡位置，又使之制度化了。而以前西太后所谓的"归政"，其实完全是骗局。

光绪十三年正月十五日（1887年2月7日），是按西太后的授意，由钦天监择定的大吉之日。这一天，要举行光绪帝"亲政"的大典。尽管这不过是一场名不副实、掩人耳目的"归政"骗局，但这个仪式毕竟还是要昭示有个皇帝的真实存在，不仅存在，且也已长大成人。因此，帝师翁同龢的心情似乎还是喜大于忧的。他在日记中记道：

> 是日，晴朗无风，竟日天无纤翳，入夜月如金盆，入春第一日，亦数年来第一日也。

凌晨，天尚朦胧，光绪帝便起身装扮停当。四点钟在无数官员侍卫陪同下，先后往灯火通明的大高殿、寿皇殿给列祖列宗御容画像行三跪九叩礼。早晨八点半，又到慈宁宫率王公百官向西太后行庆贺礼；九点登太和殿宝座受百官朝贺，颁诏天下……在翁同龢眼中，"天颜甚精采也""天颜甚怡，气象开展"。

其实，十七岁的光绪帝与翁同龢一样，亦均忧怀于心，只是自幼受师傅教导应注意人君之仪，则重大典礼从来深知自重。但光绪帝毕竟年轻气盛，对这种屈抑违愿、仅为挂名的傀儡地位，终归难能"沉毅静穆"。所以自"亲政大典"过后，他经常在深居独处和到书房上课时，表现出郁闷和烦躁。坚持在书房读书，但听讲的时间却经常无故减少。这又使翁同龢深为担忧，觉得似此"何从进益"。当太监告诉翁同龢"上意甚不怿"时，师傅心下明白，却又不能明说，只"应之曰自有说"。退后私下喟叹，皇帝竟至"智勇俱困，奈何！"在初春举行先农坛耕籍礼时，光绪帝心不在焉，师傅只好提醒他，"一切典礼当从心上出，否则非虚即伪，而骄情且生矣"。四月初三，西太后召见翁同龢：

> 首论书房功课宜多讲多温，并诗论当作，亦宜尽心规劝，臣对语切挚，皇太后云书房汝等主之，退后我主之，我亦常恐对不得祖宗也，语次挥泪。

光绪帝的一切表现，早已被西太后密切注意。其结果更对光绪帝不利，他的一举一动几乎都难以自由。不过西太后"训政"以后，既然在表面上置光绪帝于所谓"亲政"地位，她又耍弄起阴谋伎俩来了。这时，已大权在握的西太后，表面上不经常听政理事了。在她看来，在这大局已定的情况下，倒不如让光绪帝独自召见。一旦有误，也可让那些有"殷殷盼望（光绪帝亲政）的苦衷"之众臣，见识一下光绪帝的"本事"，来证明没有她的"训政"是不行的。同时，西太后也正是有意用这种"疏于过问"和减少召见朝臣等表面现象，来向人们展示自己淡于问政的归政"诚意"。也就是说，她要挂羊头卖狗肉了。但有一点是肯定的，她极为关心三海、颐和园的工程。就在光绪帝"亲政"的这一年，又逢北京、直隶大旱，河南黄河决口千里，物价飞涨。然而西太后都视而不见，每天仍向奕譞催要巨款，加紧兴工。有时一天两次派李莲英去南海查看工程，一切务要加快、"见新"。显然，西太后十分清楚，光绪帝的大婚即将到来，她的丑剧还要继续演下去。

四

"归政"的架子摆出，西太后似乎自以为算是偿还了一笔旧债。按《训政细则》，固然又有了一个可使自己永远在幕后操纵、"遇事提撕"的"清"记法律保证。但还有一件事如果拖下去又要出麻烦，这就是光绪帝的大婚。尽管尚无人敢公然"谏言"，可沉默不等于心服,还是拿出姿态,堵住群臣的口舌为明智。

转眼一年过去,光绪十四年(1888年),光绪帝十八岁了。以婚龄而言,确实已到了不能再拖延的时候。就光绪帝以前的清代皇帝而言,冲龄继位的顺治帝和康熙帝的大婚一为十五岁、一为十二岁,同治帝最迟,也为十八岁。对西太后而言,虽说要"训政数年",但客观事实却并未给她提供充分的时间。因为皇帝大婚,便应真正亲政,何况民间也都有所谓"成家立业"之说呢? 直到当年六月十九日,西太后发布懿旨宣称:

前因皇帝甫经亲政,决疑定策,不能不遇事提撕,勉允臣工之请训政数年。
两年以来,皇帝几余典学,益臻精进,于军国大小事务,均能随时剖决,措置合宜,深宫甚为欣慰。明年正月大婚礼成,应即亲裁大政,以慰天下臣民之望。

没有更详细的资料记述西太后在发布这一懿旨之前是否已与在廷诸臣有所商议,但可以想见,对这件事,无论在朝群臣乃至宫中宦官、宫女均不会没有议论。就光绪帝本人来说,对此事无疑也早已视为当然。因此,懿旨一下,光绪帝心中的兴奋自不待言。皇帝大婚与亲政,当然应意味着"太后归政"和自己"乾纲独断"。此事一定,自己便可终于有了摆脱"亲爸爸"的控制和束缚的机会,日夜盼望独立亲裁政事的夙愿即可实现。因此,他没有再"客气",遂于当日即顺水推舟发下一道上谕。谕曰:

谕内阁:朕自冲龄践阼,仰蒙慈禧端佑康颐昭豫庄诚皇太后垂帘听政,……迨十二年六月令朕亲裁大政,犹复曲垂慈爱,特允训政之请,劳心庶务又及两年。兹奉懿旨于明年二月归政,朕仰体慈躬敬慎谦抑之本怀,并敬念三十年来,圣母为天下忧劳况瘁,几无暇刻可以稍资休息,抚衰循省,感悚交深。兹复特沛恩纶,重申前命,朕敢不祗遵慈训,于一切机务,兢兢业业,尽心经理,以冀仰酬我圣母抚育教诲有加无已之深恩……所有归政届期一切典礼事宜,著各该衙门敬谨酌议具奏。

此上谕已明显反映出光绪帝的心意。尽管他没有也不敢明确表露对西太后在"归政"上反复的不满情绪,然而光绪帝却委婉地流露出希望太后休息的心情。并表示了自己完全可以"尽心经理"朝政的态度。其实,这时的光绪帝并未看到西太后的真实面目。他的"亲裁大政""乾纲独断"云云,仍不过是自己一厢情愿的幻想罢了。这个年轻的皇帝,比起西太后这个老谋深算,在复杂的晚清政坛上一次次击垮政敌,并能巧妙而不露痕迹地绕过一个个暗礁、控制局面的女人,在政治上他还太稚嫩了。

在封建宫廷政治中,婚姻从来都不是纯自然的情感结合之产物。在光绪帝亲政之前,西太后借为"皇儿"操办婚事之机,又一次将婚姻政治化,为自己将来更有效地掌握皇帝做了最后一次安排。

给光绪帝择偶成亲,对于西太后确实具有格外重要的意义。在封建王朝中,皇帝的后、妃,尤其是皇后,与皇帝的关系最为密切,她对皇帝的思想及其政务活动都有特殊的影响力。西太后比谁都清楚,她自己正是一个由妃子而渐次步入青云,成为清廷的最高主宰者的。因此,西太后更为深切地知道作为后、妃地位的分量。显然,狡诈阴险的西太后决不会轻易忽视光绪帝后、妃的选择。她要巩固住自己在清廷中的专权地位,牢牢地控制住光绪帝,又必须使未来的皇后对她唯命是从;并通过这个皇后影响光绪帝,最低也要利用皇后把握住光绪帝的一言一行、一举一动。

历代封建帝王,虽然操有对所有臣民的生杀予夺的至高无上权力,但对自己后、妃的选择并不是为所欲为的。对光绪帝而言,事情尤不那么简单。西太后一言可以将其立为皇帝,并且在其羽翼下长大成人。尽管作为母亲她并非是亲的,可光绪帝则必须视其为比亲生母亲还要亲。在西太后看来,她既然能左右光绪帝个人的一切,也完全可以利用这种"母子"情分和封建"孝道"伦理,按照自己的意志为光绪帝选定皇后。这也正是她能名正言顺地公然宣称为光绪帝筹办婚事的原因所在。而且这次为帝选立后、妃,已再也不会像为同治帝选后、妃那样有人掣肘;此次完全可以随己之意了。至于自己的这种选择是否合于皇帝的意愿,她是绝对不会去考虑的。

西太后的主意拿定之后,各有关部门又一阵忙碌。七月二十六日,又一懿旨发布:"皇帝大婚典礼,著于光绪十五年正月二十六日举行。"本年十一月初二日"纳采",十二月初四日"大征"。尽管大婚的日子已定,可是皇后为谁,仍是一个谜。无人能猜着西太后的葫芦里究竟是装的什么药。但到了十月初五,谜底终于揭开,两道懿旨同时颁下:

> 皇帝寅绍丕基,春秋日富,允宜择贤作配,佐理宫闱,以协坤仪而辅君德。兹选得副都统桂祥之女叶赫那拉氏,端庄贤淑,著立为皇后。特谕。

> ……原任侍郎长叙之十五岁女他他拉氏,著封为瑾嫔;原任侍郎长叙之十三岁女他他拉氏,著封为珍嫔。

这样,光绪帝的后、妃便算确定。

据文献记载和清宫留下的照片看,桂祥之女不仅相貌平庸,且已二十一岁,早已过了规定的预选年龄(清官选秀女自十三岁预选,到十七岁即算"逾岁",不在挑选之列)。因此,此次桂祥女逾岁参选秀女,已属违制,明白显示了西太后的用心。所以在其懿旨中,不提中选皇后的年龄。而且这位比光绪帝年长三岁的皇后"中选",显然不是出自光绪帝的意愿。据当时宫中太监说:

> 西后为德宗(光绪帝)选后,在体和殿,召备选之各大臣小女进内,依次排立,与选者五人,首列那拉氏,都统桂祥女,慈禧之侄女也(即隆裕皇后)。次为江西巡抚德馨之二女,末列为礼部左侍郎长叙之二女(即珍妃姊妹)。当时太后上座,德宗侍立,荣寿固伦公主、及福晋命妇立于座后。前设小长桌一,上置镶玉如意一柄,红绣花荷包二对,为选定证物(清例,选后中者,以如意予之;选妃中者,以荷包予之)。西后手指诸女语德宗曰:'皇帝谁堪中选,汝自裁之,合意者即授以如意可也,'言时,即将如意授与德宗。德宗对曰:'此大事当由皇爸爸主之,子臣不能自主'。太后坚令其自选,德宗乃持如意趋德馨女前,方欲授之。太后大声曰:'皇帝'!并以口暗示其首列者(即慈禧侄女),德宗愕然,既乃悟其意,不得已乃将如意授其侄女焉。太后以德宗意在德氏女,即选入妃嫔,亦必有夺宠之忧,遂不容续选,匆匆命公主各授荷包一对予末列二女,此珍妃姊妹之所以获选也。

这一过程颇合西太后行事惯技,应属可信。

就这样,西太后明知光绪帝本人不愿意,还是硬把自己亲弟弟桂祥二十一岁的女儿指配给光绪帝为皇后。如此,皇帝虽不是自己亲儿子,却是自己亲妹妹之子;皇后又是自己弟弟的女儿,可以说都与西太后母家叶赫那拉氏关系密切。而按皇帝统绪的安排,光绪帝是作为继承咸丰皇帝、兼祧同治皇帝继承皇位的,将来光绪帝、后生有皇子,不仅有三分之二以上的叶赫那拉家族血统,且是皇位的当然继承者。西太后的这一"妙着""一则于宫闱之间,可刺探皇帝之动作,一则为将来母族秉政张本"。

光绪帝之皇后,叶赫那拉氏,后上徽号"隆裕",生于同治七年正月初十日(1868年2月3日)。为皇后"实能如太后之旨,观其外,似若淡泊无所为,实则具有叶赫那拉遗传性之一端也"。因其相貌平平或又有其他缘故,所以光绪帝"颇不属意于隆裕,顾以孝钦(西太后)之强迫指定,遂勉奉之",从"未受光绪的恩宠"。不仅如此,其后"帝与后常不睦,此为著明之事,凡有争执,后每得胜,故皇帝宠爱珍妃、瑾妃"。

瑾嫔与珍嫔(后晋升为瑾妃与珍妃)为二姐妹,姓他他拉氏,为满洲正红旗人。其祖父裕泰,在道光、咸丰年间曾任湖广、闽浙总督;其伯父长善在同治及光绪初年曾任广州将军;父长叙,官礼部左侍郎。姊妹二人出身于清朝满族大官僚家庭。瑾妃,生于同治十三年八月二十日(1874年9月30日);珍妃生于光绪二年(1876年)。二人虽为同胞姊妹,但相貌、性格却颇有区别。瑾妃相貌不及其妹,性格平稳、脆弱;而珍妃虽小两岁,可"貌既端庄,性尤机警"。居家时受其较为"开明"的母亲和有才学的族兄、名士志锐(长叙长兄长敬之子)的影响,则思想开朗、倔犟敢为、志趣广泛、反应敏锐,当然也不乏天真的性格。光绪帝处于政治旋涡之中,而且又受到来自皇太后和宫廷的种种管束与约束,其宫中生活亦为单调而冷淡。珍妃的入宫犹如石入死水,激起了光绪帝对未来的憧憬和热情,也增加了一分对自己的理解和同情。

光绪帝的后、妃既已择定,无论其本人的心情如何,天子喜事当然不能草率,随后一系列的典礼相继展开。

皇帝大婚是国家的盛典,非同一般的典礼。所以,还在这年的旧历闰四月,清廷就根据西太后的指示,成立了以总管内务府大臣世铎和醇亲王奕譞为首的大婚礼仪处,专司大婚典礼的一切应办事宜。

大婚典礼需要巨额经费,自然离不开户部。闰四月初二日,醇亲王向翁同龢宣读了西太后的懿旨:"皇帝大婚典礼崇隆,允宜先期预备……著户部先行筹划银二百万两并外省预捐二百万两,备专办物件之用。所传各件,均开明价值送礼仪处查核,再行备办"。并向他传述了由长春宫总管太监李莲英总司传办一切。

对于光绪大婚典礼一事,翁同龢的心情是复杂的,既高兴,又不安。高兴的是皇帝典学精进,于军国大小事务均能随时剖决,措置合宜;且艺多才广,不特擅诗作画,大有圣祖康熙皇帝之风。对翁同龢来说,皇帝的进步,无疑是向太后交了一份合格的答卷,也是对自己十多年辛劳的一种最好报答。他精神上感到极大的安慰。眼看皇帝马上就要亲裁大政,治理国家,统治亿万人民,他怎能不高兴呢?一想到这里,他总感到自己有责任、有义务为办好皇帝大婚典礼再尽一份心力。然而在他满怀喜悦的同时,内心深处又有一股说不出的不安。不安的是:皇帝大婚典礼正值国家多事之秋,内乱外患、天灾人祸重重迭起之时。其时,国家财政困难到了极点。户部岁入总计不过一千四百万两,各省实际解部不过十之六七,而部中用款又倍增于前。在这种情况下,要一下子拿出四百万,确实不易,翁同龢内心的不安是完全可以想象的。但在懿旨面前,他又能说什么?!所以在听了醇亲王奕譞传达的懿旨后,当即表示:皇帝大婚,举国盛典,所需款项,臣部一定按期如数备齐交付礼仪处使用。同年七月,经他与其他户部堂官共同筹划,户部由库中预支正项二百万两交付大婚礼仪处备办物件。八月,又垫拨各省捐银二百万两,前后共拨交四百万两。

到光绪十四年十一月(1888年12月),大婚典礼实际用款比原先预算已超出一百多万两。大婚礼仪处将情况报告了醇亲王,醇亲王只图自己的儿子婚事办得盛大隆重,光彩体面,早已置国家财力于不顾,经请示太后,又责令户部再拨交一百一十万两交大婚礼仪处使用。翁同龢与其他户部堂官纵有不愿也难违旨命,由于用款亟待,最后只好从洋关税下抽拨交齐。因大婚礼仪处逐步加码,户部为大婚典礼前后共支银五百四十四万余两(包括各省垫拨款在内)。

但实际费用远不止此数。就在光绪帝大婚典礼筹备期间,发生了太和门、贞度门、昭德门被火焚毁的严重事件。太和门是清朝大内最高大壮丽的门座,布局宏敞,建筑雄伟,地位冲要,是紫禁城外朝三大殿的正南门,是举行重大活动的场所和要道,它的被焚,影响至甚,朝野震惊。翁同龢在一封家信中说:"目击此灾,心胆震动,夫太和门者,当阳布政之所也。天变示儆,嘻,可惧哉!自古及今通儒达识,皆以火灾之兴多由土木过繁、凋伤民力所致,岂无故哉!"由于大婚典礼定于明春正月举行,距大婚仅有一个多月的时间,朝门突然被火,这对皇帝大婚是"不吉利"的事。按照封建的礼法,无论如何必须加以补救。但是婚期在即,照原样重修根本来不及,于是决定由工部派扎彩工匠临时赶紧在火场上搭盖一座彩棚应急。搭盖这样一座彩棚所耗去的费用至少也得有数十万两。因此,这次皇帝大婚典礼所耗费用至少在六百万两左右,这笔数目几乎是当时清朝一年财政支出的七分之三。

光绪十五年正月二十七日(1889年2月26日),光绪大婚典礼在乾清宫隆重举行。翁同龢与其他户部堂官参加了喜庆筵宴,在灯火辉煌、杯觥交错的热闹场中,脸带喜气的翁同龢心中有股说不出的酸楚。

翁同龢在这一年最后一篇日记中写道:

> 今年五月地震,七月西山发蛟,十二月太和门火,皆天象示儆,呈郑工合龙为可喜事,然亦不足称述矣。况火轮驰鹜于昆明,铁轨纵横于西苑,电灯照耀于禁林,而津通开路之议廷论哗然,朱邸之意渐回,北洋之议未改。历观时局,忧心忡忡,忝为大臣,能无愧恨。

大婚前太和门被焚,本已"大不吉",而"大婚日"又遭遇风暴,这又给光绪帝的"喜庆"增添了阴暗。正月二十六日,便是宣布奉迎皇后的"黄道吉日"。午时未到,百官齐集。午正三刻,光绪帝珠冠龙袍在太和殿升座,于净鞭脆响声中,王公百官三跪九叩,听礼部官员宣读册封皇后的诏书。奉迎正使武英殿大学士额勒和布及副使礼部尚书奎润待光绪帝还宫后,即捧节由丹陛正中下殿,领奉迎大臣护送皇后金册玉宝及一柄御笔"龙"字金如意凤舆,缓缓往后邸而去。谁知在钦天监选定的皇后离母家的"良辰"子时,却突然西风大作,风吼马嘶,暗夜中灯火明灭,行走艰难,待皇后进入大清门已是清晨。再经过一系列繁文缛节的折腾之后,当光绪帝与皇后进入洞房——坤宁宫东暖阁时已是东方既白。与此同时,瑾、珍二妃也已由神武门迎入翊坤宫。至此,"大婚礼"才算告结束。

光绪的大喜之日一点喜意也没有。本来,他不想让桂祥之女为皇后,对这场出于西太后政治需要而一手包办的婚事,他不仅未领略到喜气和欢欣,反觉得自己不过像一尊木偶一样被人挥来拖去,心中甚为怅然,可又无力摆脱。他的这种不佳的心绪终于使其不耐烦了。到婚后第四天,他借口有病,竟把原定在太和殿宴清"国丈"及整个皇后家族、在京满汉大员的筵宴礼撤销了。当光绪帝命人把宴桌分送给在京的王公大臣时,竟然未提后父、后族,以致京师街头巷尾,议论纷纭。年轻气盛的光绪帝想用这种方式发泄胸中的愤懑,表示他对这场包办婚姻的抗争,但他却没有料到,这种缺乏忍耐的举动竟成了日后悲剧之开始。

五

皇帝大婚后,即应"亲裁大政"了。慈禧即使心中有一百个不愿意,这一天还是到来了。她注重的是实际,多少年来,她也没有一个正当的名分,但大清国不还是自己说了算。更何况,皇帝在她的眼中,还是"抱大的一代",永远长不大的。然而,她也有许多不安,尤其是帝师翁同龢多年以来尽心辅导,皇帝的各方面均有长进,自己不能不加小心,以控制局面。为此,除了将自己的侄女叶赫那拉氏择立为光绪帝后,直接监视光绪帝的行动外,又采取了以下两个措施:一、优礼旧臣。凡是在她垂帘听政期间的重臣耆宿,一律加级厚赏。李鸿章赏用紫缰,曾国荃、岑毓英赏加宫保。甚至连当年遭她打击、勒令在家"养疴"的恭亲王奕訢以及宝鋆等人也一一予以优容,不是交宗人府优叙,就是赏食全俸。她想以此笼络这些旧臣,日后继续听命于她。二、将皇帝书房移往西太后驻跸的西苑内的长春书屋(旋改补桐书屋),将皇帝直接置于自己的监督控制之下。

在西太后归政期间,翁同龢也被加级,赏戴双眼花翎。西太后在对他优礼的同时,还多次召见他,褒奖之余,又语带忠告,要翁时时规劝皇帝顺从母后,绝对效忠于她。光绪十四年十一月二十三日(1888 年 12 月 25 日),西太后在西暖阁召见翁同龢,当面"谕以归政后一切事宜",翁同龢"以万几至重须禀命对";太后"谕上性情",翁"以仁孝对"。光绪十五年正月二十二日,西太后再次召见翁同龢,"次及书房须随时提拔,并言亲政后断不改章程"。正月二十七日,第三次召见翁同龢,"谆谆于书房功课,并勖臣以尽心规劝,至于流涕"。

西太后揽权不放的心理和诸多动作并未逃过众多臣僚的眼睛。江南道监察御史屠仁守看准这一点,于光绪十五年正月二十日(1889 年 2 月 19 日)上了一道奏折,请太后归政后,各部院衙门题本及奏派各项差使遵乾隆六十年高宗让位嘉庆,军机大臣议奏俱照向例进呈皇上御览,至于臣工密奏仍书皇太后、皇上圣鉴,仍乞裁夺,俾内外臣工有所遵循。如此,帝后之间"自无隔阂之虑"。屠的立论不无见地,但权欲心极旺的西太后惟恐此折引起更多的人对她归政的诚意发生怀疑,也是为了防止光绪帝对她产生疑忌,遂以"该御史所奏乖谬",原折掷还,交部议处。部议革职永不叙用。

屠仁守,湖北孝感人,咸丰举人,同治进士。是翁同龢当年任都察院左都御史时一手提拔起来的。他为人耿直,不畏权势,敢作敢言,对官场中贪纵枉法之事多次进行弹劾,是同光年间颇具声名的御史。光绪十三年(1887 年),西太后动用巨款修复三海,大造颐和园,他知道后,非常不满。同年三月,他不顾别人的劝阻,毅然上疏谏净,请罢三海工作,停止园工之举,并引宣宗道光帝"杜声色货利"之谕,矛头直指西太后,一时都下称颂。翁同龢对屠仁守的胆识极为赏识,称其为"西台孤凤"。当时西太后欲重惩屠仁守,只是碍于舆论才未敢作。这次,看到他再次上折,认为是有意同她过不去,决意制裁他。

屠仁守的革职引起诸多大臣的同情,纷纷要求西太后撤销对屠的处分。光绪十五年正月二十二日,翁同龢利用西太后召见之机,公开为屠辩解,并在西太后面前力赞屠的人品:"御史未知大体,然其人尚是台中贤者",并直言不讳地说:"此非该御史一人之言,天下臣民之言也,即臣亦以为如是""叩头请宽其责"。

翁同龢当天的日记对俩人对话记载颇详:

(西太后)首言昨屠仁守事;

(翁同龢)对:御史未知大体,然其人尚是台中之贤者。

曰:吾心事伊等全不知;

对:此非该御史一人之言,天下臣民之言也,即臣亦以为如是。

曰:吾不敢推诿自逸,吾家事即国事,宫中日夕皆可提撕,何必另降明发;

对:此诚然。

曰:吾鉴前代弊政,故急急归政,俾外人无议我恋恋;

对:前代弊政乃两宫隔绝致然,今圣慈圣孝融洽无闻,亦何嫌疑之有。

曰:热河时肃顺竟似篡位,吾徇王大臣之请,一时糊涂,允其垂帘,语次涕泣;

对:若不垂帘何由至今日(此数语极长,不悉记。)。

其实这种表白无疑是不打自招。所说实心急于归政,不过是怕"外人议论"。而真正的用心则正在于"吾家事即国事,宫中日夕皆可提撕,何必另降明发"。真是一语道破天机。

几乎同时,潘祖荫、李鸿藻等人也有类似的奏请。由于翁同龢、潘祖荫等人的努力,吏部同意将屠降为主事,以"对品之部属用",令屠仍回原衙门当差。在当时,京官以资俸升迁,若谪回原衙门行走,则自奉旨之日起与新进比肩,实际的惩罚是很重的。即使对于这样的重惩,军机大臣孙毓汶仍然嫌轻,在西太后召见时,他力斥吏部"循庇欺蒙",西太后一怒之下,下令将吏部堂官交都察院严议,仍将屠革职永不叙用。孙的如此行为,是想以此报复所谓清流派对其贪横行为的揭露,这是翁潘等所料想不到的。数年之后,屠捐赀开复处分,孙仍不容于他,特将屠外放云南任知府,阳为重用,阴则嘱其长官"挦扯细故,将其罢斥",其心可为险诈已极。

由屠仁守的奏折引起的风波刚告平息,随即又发生了吴大澂奏请廷议尊崇光绪生父醇亲王奕譞典礼事件。围绕着吴折,统治集团内再次爆发了一场政争。

吴大澂,本名吴大淳,后避同治帝载淳之讳而更名。字清卿,江苏吴县(今苏州市)人。进士出身。平日忧心国事,盛负时誉;敢于直言,有清流之目。中俄伊犁交涉期间,奉旨在吉林办理军务。中法战争期间,会办北洋防务,驻扎天津。后调任东河河道总督。吴大澂对西太后骄奢佚乐诸多不满,颇以醇亲王奕譞为天下物望之归,寄予厚望,故力倡帝以天下养之说,并与醇亲王保持密切交往。然而待他看到奕譞竟不顾天下民生疾苦和国家安全,挪用海军经费与海防捐款为西太后营建颐和园,以博太后之欢,见其所信用的臣僚类多贪黩之辈后，大失所望。法时奕譞最信任的大臣为许赓身、孙毓汶，在孙、许的把持下，朝纲日隳，吏治败坏，贿赂公行。吴大澂等一班京官都耻与为伍，不与往来。吴大澂认为权奸当道，国事日非，这一切都是醇亲王柔弱所致，这种状况必须改变。如果有一个什么办法能使醇亲王位尊而又不管政务，若辈小人就会失去依靠，孤立无援，他们的嚣张气焰自会收敛，但一时苦于想不出来。1886 年（光绪十二年），西太后撤帘归政，吴大澂顿萌生以蟜崇典礼之奏，使醇亲王尊而无位的念头，认为若以尊崇典礼奏，醇亲王既尊为皇帝本生父，自不能屈就臣列，贵而无位，则权奸自失其护符，朝政有澄清之望，旋因太后继续训政而不果。光绪十四年，西太后决意归政后，吴大澂认为时机成熟，遂于光绪十五年正月二十四日草拟一疏。疏中援引清高宗乾隆御批《通鉴论》《治平濮议》、嘉靖礼仪为据，"意醇王名帝父，义当拥号归邸，嫌于预政"。疏中说："我朝以孝治天下，当以正定名分为先，凡在臣子为人后者，例得以本身封典，驰封本生父母，此朝廷锡类之恩，所以遂臣子之孝思者，至深至厚，属在臣工，皆推本所生，仰邀封诰，况贵为天子，而于天子所生之父母，必有蹲崇之典礼……恭读高宗纯皇帝御批《通鉴辑览》云：英宗崇奉濮王，事由韩琦等申请，且所议并非加尊帝号，更无嫌疑陵僭之虞……御批《通鉴》又云：嘉靖欲推崇自出，本属人子至情。圣训煌煌，斠酌乎天理人情之至当，实为千古不易之定论。目下恭逢皇太后归政之期，拟请懿旨饬下廷臣会议醇亲王称号礼节，详细奏明出自太后特旨，宣示天下"。吴大澂想以尊崇醇亲王典礼，孤立权奸，庶使朝政有澄清之望，其心可谓良苦。吴自谓立论尊依祖训，鳟称本生于义当无罪，在折写好后，又出示给河南巡抚倪文蔚看，他竭力称道，并怂恿吴及时上递，于是吴遂交驿吏驰送京师。

二月初二日，吴折到京。西太后看后，大为震怒。认为吴折名义上"意尊帝父"，实则是"倾己势"，旨在离间帝后，排斥打击自己的势力。军机大臣孙毓汶对于吴大澂平日与翁同龢、潘祖荫及其他清流官僚接近，早已侧目，心存排斥打击之意。黄河在郑州决口后，李鸿藻、倪文蔚因堵塞不力，先后以贻误河工获咎，革职留任；李鹤年、成孚则并戍军台。孙随即授吴为河道总督，"欲假手于绩用弗成"而加惩治。不意郑口合龙，只得授吴一品头衔，但究非本意。现在见到吴奏请尊崇醇亲王典礼，旨在孤立排斥自己，趁机"行其中伤之计"，并"出死力争之"。于是西太后指示孙毓汶发钞光绪元年正月初八日（1875 年 2 月 13 日）醇亲王预杜妄论一奏，严斥吴"阚名希宠""议礼梯荣"，吴大澂"羞辱"。

吴大澂系翁同龢江苏同乡，且同属苏州府。还在翁同龢就读苏州紫阳书院期间，两人就已相识。此后，时相往还，彼此提携，引为知己。吴的妹夫汪鸣銮，是翁同龢的门生，翁汪平日非常亲近，又因此层关系，翁吴之间往来更增密切。吴遇事进京，干脆就下榻翁宅。两人品评字画，研摩碑帖，十分相得。此外，两人还常常就时政作"深谈"，对于孙毓汶之辈弄权误国表示深恶痛绝。翁同龢与吴有同感，也认为醇亲王忠厚有余，而识见不足，事事受人愚弄，以致宵小得以乘间，为非作歹。对于尊崇醇王典礼以去权奸、澄清吏治这点，他虽还没有同吴想到一块，他因同李鸿章有矛盾，曾几次疏请在皇帝亲政后继续保留醇亲王海军衙门和神机营的职务，他是从光绪亲政后，少不了掌握军权这点来考虑的，但对驱除奸小，却完全赞同，他盼望有朝一日，国象政治清明。对于尊崇皇帝本生父，他也认为是人之常情，无可非议。还在光绪十二年（1886）西太后宣布归政时，他就在书房内给皇帝进讲过《文类续编》中高宗乾隆御制《濮议辨》一文，在尊崇醇亲王典礼问题上，和吴持同一看法。所以，对吴疏非但不表示反对，相反地，"力称其贤"，认为吴之"心迹光明""可昭天日"，其论"千载不易"。

　　翁同龢身为帝师，他的议论一出，直接影响到其他朝中士大夫。与翁同龢关系密切的潘祖荫、洪钧、徐郙、盛昱、龙湛霖等对吴大澂具疏亦抱同情态度。郭嵩焘在给洪钧的信中说："清卿大礼之议，发之太早，都中议论，多谅无它。"一般翰林御史因不明此中真伪，也都缄默不语，除对吴表示同情外，多数"恒不值于济宁（孙毓汶）"。翁同龢还借看望病中的醇亲王之机，几次在奕譞面前"力白清卿心实无它"，其"志虑纯实，非流俗悻悻者可比"。在吴疏引起的政争发生后，他在书房借讲授《圣祖、高宗两朝廷训格言》一书，再次给光绪帝讲解了高宗的《濮议辨》一文，以表明自己对吴疏引起的这场政争的态度。由于翁同龢、潘祖荫等一大批正直官僚的坚持，西太后、孙毓汶才未将此事闹下去，吴既未再遭羞辱，也未受到"重谴"，由尊崇醇亲王典礼一疏所引起的政潮就这样平息了。二月十三日，吴大澂来京引见事竣，离京前往济宁河道总督任所。是日清晨，天色微明，晓星高悬，翁同龢、潘祖荫等冒着严寒来到正阳门外驿亭，特地为吴送行。踵接而来送行的还有盛昱、黄体芳、王仁堪、陈宝琛等数十人，经过这场政治风波，彼此之间更加贴近了。

　　光绪皇帝的"大婚"典礼以后，接踵而来的是"太后归政"，亦谓皇帝"亲裁大政"。在太后与皇帝之间环绕在"归政"与"大婚"两件大事展开了初次的较量。

　　别看十八岁的年轻皇帝稚气未退，羽毛未干，然而他天资聪颖，在十四年的宫廷生活中也获得了一定程度的政治斗争本领。早在慈禧太后发出皇帝婚配与让皇帝亲裁大政的懿旨以前，光绪皇帝就向西太后提出"颐养天年"的暗示，并开始进行具体筹划。光绪十四年二月初一日（1888年3月13日）光绪皇帝上谕：

　　　　朕自冲龄入承大统，仰蒙慈禧端佑康颐昭豫庄诚皇太后垂帘听政，忧勤宵旰，十有余年。中外莫安，群黎被福。上年命朕躬亲大政，仍俯鉴勤忱，特允训政之请。溯自同治以来前后二十余年，我圣母为天下忧劳，无微不至。而万几余暇，不克稍资颐养，抚衷循省，实觉寝馈难安。因念西苑密迩宫廷，圣祖仁皇帝曾经驻跸，殿宇尚多完整，稍加修葺，可以养性怡情。至万寿山大报恩延寿寺，为高宗纯皇帝侍奉孝圣宪皇后三次祝嘏之所。敬踵前规，尤臻祥洽。其清漪园旧名谨拟改为颐和园。殿宇一切亦量加葺治，以备慈舆临幸。恭逢大庆之年，朕躬率群臣，同伸祝嘏，稍尽区区尊养微忱。

　　光绪皇帝的上谕，意思是既然"上年命朕躬亲大政"；那么"圣母"皇太后"就可以养性怡情"了，暗示请她退出历史舞台。慈禧太后在光绪"吁恳再之"之下，只得"幸邀慈允"择于四月初十日"恭奉皇太后銮舆驻跸"颐和园。光绪皇帝恭请慈禧太后往颐和园"养性怡情"的上谕，有的学者认为是慈禧太后"以光绪帝的名义颁谕，借口准备'归政'为西太后扩建颐和园大加粉饰"。笔者认为如此判断，是值得商榷的。当时人翁同龢评论说："谕旨委婉详尽，凡数百言。"大加赞颂，可见谕旨非出于慈禧太后的亲信之手。翁氏所谓"委婉详尽"意思是说光绪皇帝用婉转的语言，说出了希望西太后"养性怡情"，不要再为"天下忧劳"的心里话。所以笔者认为,光绪帝筹划为慈禧太后修葺颐和园乃是他企望摆脱被控制地位的一个极为重要策略。正因为这段谕旨,慈禧太后察觉出光绪帝的用心。所以她相应地策划提前结束"训政"的骗局,突然提出皇帝大婚与亲裁大政,让光绪帝堕入新的圈套。这个骗局除了选定她的侄女为光绪皇帝的皇后来控制和影响光绪皇帝的思想与行动之外,还经与她的心腹一起策划之后,由礼亲王世铎等人提出了一个所谓《归政条目》作为光绪皇帝"亲裁大政"永久性的法规。光绪帝的"大婚"和慈禧太后"归政"日期即将临近的时候,光绪十四年十二月初一日(1889年1月2日)世铎上奏,迫不及待地抛出了太后归政以后,清廷的办事《条目》,其奏折的要点如下:

> 明年二月恭逢归政大典,除业经归复旧制各事毋庸另议外,现在应办之事,有应归复旧制者,有仍应暂为变通者。臣等悉心商酌,并与醇亲王面商,意见相同,谨拟条目,恭候钦定:一,临雍经筵典礼,御门办事,仍恭候特旨举行;一,中外臣工奏折,应恭书皇上圣鉴,至呈递请安折,仍应于皇太后、皇上前各递一份,一,各衙门引见人员,皇上阅看后,拟请仍照现章,于召见臣等时请〔懿〕旨遵行……以上各条,恭候皇太后,皇上圣鉴训示。

这分《条目》实质上是过去《训政细则》的翻版。明确规定了慈禧太后的最大权力,其中关键是两条:其一是,中外臣工的奏折,仍应一式两份,即太后与皇帝各一,这样太后仍可在奏折上批示懿旨,决断一切;其二是各衙门引见人员,仍照现章,就是照《训政细则》"恭候懿旨遵行",用人大权仍在西太后手掌之中。这两条概括地说即"用人行政",这是清廷权力之根本。所以慈禧太后对《条目》非常满意,批示为"如所议行"。以《条目》为清朝处政准则,光绪皇帝名为"亲裁大政",实际上在清廷统治权力中仍处于陪衬地位,不能完全摆脱挂名皇帝的处境。慈禧太后致所以如此慷慨大度,在"训政"仅一年半的时间。就让光绪皇帝亲裁大政,根本原因就在这里。经过大婚与归政的形式,慈禧太后在光绪皇帝身上加了两道枷锁,内廷则有皇后为耳目,外廷则有《条目》为法规,慈禧太后便可以在颐和园里安心"养性怡情"了。

就这样,从垂帘听政,到训政,到归政。从表面上看,西太后把最高权力逐步地移交给了光绪帝,这回她就要退养颐和园了。其实光绪帝大婚后最初一段时间,西太后仍以居住宫内为多。只要她住在宫内,光绪帝仍每日请安如故;即使西太后住颐和园,他也要"间日"或数日一往问安。连外国人也说:"太后此时,表面上虽不预闻国政,实则未尝一日离去大权。身虽在颐和园,而精神实贯注于紫禁城也。"对此光绪帝虽百般不愿,但西太后对其十数年的雕凿塑造,他怎敢贸然无视这尊"老佛爷"的存在?西太后这个实际上的最高统治者,像阴影一样笼罩在光绪帝的头上。因此他别无选择,只能谦恭自抑,把握好分寸,小心谨慎地处理好一切无关大局之政务。

对此翁同龢看得很清楚,他在日记中写道:

> 现在办事一切照旧,大约寻常事上决之,稍难事枢臣参酌之,疑难者请懿旨。

因此,"朝中大事,帝与大臣皆知,必须(向西太后)禀白而后行"。那种认为"大概言之,慈禧退居颐和园约有十年。此十年之中,除增加其私蓄之外,未曾干预国政也"的说法是很不准确的。

总之,数年来,围绕光绪帝亲政一事所进行的种种事实表明,西太后确实投入了全部精力,变换着不同的手法。但万变不离其宗,那就是执掌最高权力的形式可以改变,但实际操纵的权力不能放弃。此后,光绪帝表面上南面独坐,君临天下,不过其在清王朝中的处境,并未因此而有实质上的变化。正因如此,随着时间的推移和政见上的分歧,便逐渐围绕清廷中的这两个政治中心,形成了日渐清晰的两个政治派别,即所谓的后党和帝党。而政出多门的不同声音,对晚清政局发生了至为深远的重大影响。

六

光绪帝正式亲政后,以他为中心,逐渐形成了一股政治势力,人称帝党。以慈禧太后为中心,形成了另一股政治势力,人称后党。

光绪帝虽然亲政了,但许多重大问题的决策仍然必须听命慈禧。据翁同龢记载:"现在办事一切照旧。大约寻常事上决之,稍难事枢臣参酌之,疑难者请懿旨。""疑难者",即政治、经济、军事方面的重大问题仍然要由慈禧来做决定。

慈禧常住颐和园。宫中诸事,有人转达给她。"太后亦偶往内城住一二日,皇帝则每月五六次到园请安。"因此,光绪帝的一言一行都在她的掌握之中。"太后极注意于帝之行事,凡章奏皆披览之。此无可疑者。""皇帝每遇国事之重要者,必先禀商太后,然后降谕"。名义上慈禧太后已归政光绪帝,但实质是慈禧太后仍然牢牢把握着国家政权。光绪帝完全明了此点,因此他"事太后谨,朝廷大政,必请命乃行"。在亲政初期,"两宫固甚和睦"。这个"和睦"是以光绪帝拱手让出政权为代价的。

但是,光绪帝不是个毫无主见之辈。他不甘心于他的傀儡地位。他的近臣也认为慈禧太后的干政是不正常的。为此,在他的周围便逐渐形成了一股政治势力,便是帝党。

帝党的核心人物为翁同龢。翁同龢为大学士翁心存之子,咸丰时一甲一名进士。任同治帝师傅,在弘德殿行走。后任光绪帝师傅,在毓庆宫行走。曾任军机大臣,后被罢职。以后再授军机大臣,并为总署大臣、户部尚书、协办大学士。翁同龢原来深得慈禧信任,"恩眷甚笃"。翁同龢在被慈禧太后和光绪帝召见时,曾对光绪帝说:"亲政后第一不可改章程。"光绪帝毫不犹豫地回答:"断不改。"慈禧对他们的一问一答是非常满意的。因为这是政治上的表态,说明他们对慈禧所实行的路线和政策是完全赞同的。

然而,翁同龢后来却渐渐倾向于光绪帝。翁同龢非常忠于光绪帝。据载:"常熟(翁同龢)昵于帝,每日先至书房,复赴军机处。颇有各事先行商洽之嫌。一日文正(李鸿藻)入直少早,常熟甫自书房至,文正甚诧。及常熟去,礼邸(礼亲王世铎)云:'公始知耶?殆日日如此!'"从中可见,光绪帝与翁同龢的关系非同一般,是十分密切的。时人评说:"大员中最为帝所倚任者,乃翁同龢。"这是符合实际的。"常熟实隐持政权",这话也不是过分的。

当时清廷上层早已分为"南北派"。南派有翁同龢、潘祖荫、沈文定、王文勤等;北派有李鸿藻、文祥、徐桐等。翁同龢、潘祖荫为南派之领袖;李鸿藻、徐桐为北派之领袖"。"盖太后祖北派,而皇帝祖南派也。当时之人,皆称李党翁党,其后则竞名为后党帝党。后党又浑名老母班,帝党又浑名小孩班。"

帝党成员骨干是清流派的一些人物，多为词馆清显、台谏要角。他们自视甚高，却无权无势，不是后党的对手。

后党的成员则为京内的王公大臣文武百官和京外的督抚藩臬，阵营整齐，实力强大。

帝党与后党是分别以光绪皇帝和慈禧太后为核心而形成的两股对立的政治力量。这两股政治力量的矛盾斗争的表面化则表现于1894年的中日甲午战争。

第四章 戊戌变法

一

中日战争的惨败和《马关条约》的签订，中华民族面临亡国危险。中日战争对于当时的中国人，是一次大震动，大刺激，它向中国人民敲响了警钟，促进了民族的觉醒。中国是一个古老的宗法帝国，人们的观念长期来依附于以家族为单元的宗法社会的古老范畴。自鸦片战争以后，随着资本主义的侵入，给中国社会的陈腐观念增添了一些新的思想内容，中国人的思想开始有所转变。然而，这种意识形态上的转变，因为受到传统文化惰力的重重束缚，其步伐是非常缓慢的。只有在外部和内部的强烈冲击之下，才有可能使这个古老民族从长期沉睡中惊醒过来。中日战争对中国人猛击一掌，它的冲击力远远超过两次鸦片战争和中法战争，中国人的近代民族意识在甲午战争以后才明显地萌发出来了。

甲午战争败得太惨，日本提出的条件太苛刻，而这次战争的对手，并不是英吉利、法兰西那样的超级大国，而是历来被中国人视之为"倭寇"的弹丸岛国日本。这就使得中国的各个阶级和各阶层感到震惊、愤慨和困惑。稍有头脑的中国人都在反省，都在思考中国战败的根本原因何在。大风暴洗刷了空气中的污浊，人们的头脑显得格外清醒，视野更加清晰宽广，此时可以说是近代民族觉醒的真正发端。它的标志，一方面是战后资产阶级作为政治势力在中国出现，代表资产阶级意识、观念的知识分子，无论是革命派还是改良派，他们关怀祖国的前途和民族的命运，热烈地投身到救亡图存的洪流中去，为中国带来了新的希望，另一方面，以光绪皇帝为代表的清朝统治集团中的主战派，他们冷静地反省战争失败的症结在哪里？今后怎么办？是否还是同以往历次战争那样，随着战火烽烟的暂时平息，依旧文恬武嬉、歌舞升平。严酷的现实，作出了无情的答复，不行了！现在不行了！中日战争以后帝国主义瓜分中国，中华民族面对殖民主义者严重威胁。一种亡国灭种的危机感，救死不遑的紧迫感和难于立足世界民族之林的耻辱感紧扣着中国人的心灵。中国近代知识群体为中华民族救亡图存呼号呐喊，部分清朝官僚对国家命运产生无限忧虑，促进了光绪帝萌发维新变法思想。这是在塌天的亡国之灾即将临头的严重时刻，在漫漫长夜里闪烁出耀眼的曙光。

作为一朝之主的光绪帝没有因甲午惨败而恢心丧志，也没有因签订《马关条约》含恨受怨而消极后退，却是在失败中冷静反省，重新振作精神，继续进击，不做亡国之君。这就是光绪帝同他以前几位清朝皇帝品格的根本区别所在，也是值得被后世称颂的一个方面。他在《马关条约》换约的当天，四月十四日（5月8月）在张之洞奏折的批谕中做了如下的表示：

> 嗣后我君臣上下，惟其坚苦一心，痛除积弊，于练兵筹饷两大端实力研求、亟筹兴革。毋生懈志，毋骛虚名，毋忽远图，毋沿积习，务期事事核实，以收自强之效。朕于内外诸臣有厚望焉。

以上是中日战争失败后的反省，其精神是奋发向上的，态度是务实的，反映了战后光绪帝的思想面貌。

上面所述,中日战争的失败,对中国人是一次大震动、大刺激。在这场大震动中,必然有人一筹莫展,消极颓废,有人在失败中猛醒,奋发进击,清朝走向何去?关键在于作为一朝之主的皇帝态度。安定人心,重新建树皇帝的权威,这是中日战争以后光绪帝首先所要反省的问题。安定人心之首要者是重整抗战派的士气,形成以皇帝为核心的近臣亲信圈子,进而增强对清政府整个官僚集团的凝聚力。为此,光绪帝于四月十七日(5月11日)向军机大臣等发了开诚布公的上谕,解释主战派提出的"废约""迁都""持久战"等积极主张未能实施的缘由,明确表示了战后积极进取的态度。

> 谕军机大臣等:日本觊觎朝鲜,称兵犯顺,朕腾怀藩服,命将出师,原期迅扫敌氛,永弭边患。故凡有可以裨益军务者,不待臣工陈奏,皆以主见施行……
>
> ……乃尔诸臣工于所议章约,或以割地为非,或以偿银为辱,或更以速与决战为至计,具见忠义奋发,果敢有为。然于时局安危得失之所关,皆未能通盘筹划,万一战而再败,为祸更难设想。今和约业已互换,必须颁发照行,昭示大信……自今以后,深者怨尤,痛除积弊……切实振兴,一新气象,不可因循废弛,再蹈前辙。诸臣等均为朕所倚畀,朕之艰苦;当共深知,朕之万不得已而出于和,当亦为天下臣民所共谅也。

在光绪帝周围的一些近臣中有人因中日战争的惨败而气馁,皇帝权威的失灵也使一些人寒心。光绪帝在谕旨中开诚布公,希望诸臣"深知"他的"艰苦""共谅"他出于万不得已批准《马关条约》的做法,坦诚之心公布于众,对于维系人心,有极为重要的作用。中国人有句俗语所谓"皇帝不急急太监",而光绪帝急人民之急,他告诫臣工"不可因循废弛,再蹈前辙",战后的光绪帝颇有卧薪尝胆之心态,无疑是对于企望中兴清朝,而被光绪帝视为"所倚"的诸臣,是莫大的鼓舞。

中日战争结束以后,光绪帝对清军从将领到土卒的腐败无能痛首恶疾,他在好几处的上谕中反省到这一问题。四月十四日的上谕指出:

> 朕办此事熟筹审处不获己之苦衷有未深悉者。自去岁仓卒开衅,征兵调饷不遗余力,而将少宿选,兵非素练。纷纷招集,不殊乌合,以至水陆交绥战无一胜。

又在四月十七日给军机大臣等的上谕里说:

> 何图将不知兵,士不用命,畀以统之任而愤事日深,予以召募之资而流民麇集,遂至海道陆路无不溃败,延及长城内外,险象环生。

封建社会的募兵制腐败不堪,导致流民麇集,尽是乌合之众,这样素质低劣之士兵,在战场上必然是风声鹤唳,一挫即溃。更为严重的是募兵制之将帅把家族、同乡的宗法制度移植到军队建制,成了地方军阀和高级将领的私兵,曾国藩募湘军,李鸿章募淮军便是他们实力的基础。在中日战争中李鸿章敢于抵制光绪帝的战略指令,除了有慈禧太后作为靠山之外,另一个原因,就是他所控制的北洋海军和淮军是他的私兵,唯李鸿章命令是从,只知李相而不知皇帝。殊不知,清朝军事制度的腐败,战斗功能的丧失仅是清朝封建统治制度腐败的一个缩影,这是作为清朝封建这段批谕,实制度的最高统治者的光绪皇帝当然是不可能反省到这一根本点子上去的,他只能从具体的,一个方面去反思,去考虑加以纠正与克眼,他反复指出,要从"练兵筹饷两大端实力研求"。"咸知练兵筹饷为今日当务之急",尽管对练兵筹饷的"实力研求"是治标不治本的措施,但总算涉及制度的外圈,再深一层下去必将促使从制度上加以改革,所以改革军事制度也是后来戊戌变法中的一个方面。

《马关条约》的签订,李鸿章成了全国上下同声唾骂的众矢之的,"疏弹合肥章以百计"。把中日战争的失败和《马关条约》的签订,归罪于李鸿章一身,光绪帝也是这样反省的。六月初八日,李鸿章回京请安,光绪帝当面指责他"失民心,伤国体",这样"词甚骏厉"的斥责,不仅指的是他没有在日本为拒绝割台而据理力争,而是对他在中日战争中一意主和,贻误战机铸成败局而发出的愤怒。李鸿章一意避战求和的错误方针,成为战争失败的关键,这是历史事实。战前坐视日军在朝鲜布置阵营,占据有利形势而不采取相应对策,造成丰岛、成欢初战失利,战后平壤陷落、辽东败北;旅大拱手让敌,威海卫北洋舰队全毁。战局败定后,李鸿章竭力主张向日本屈辱求和,不惜巨额赔款和割地签订《马关条约》,所有这一切确实是他避战求和的错误方针所铸成的结果。然而,李鸿章所以始终推行这一错误方针,并非偶然,一是为了保存他的政治资本——淮军和北洋海军,视军事为私事,结果碰上了凶恶的对手日本军国主义,他苦心经营几十年的军事力量尽付东流。二是,避战求和是慈禧太后在中日战争时期总的旨意,李鸿章在战争中的一切重大决策都按慈禧太后这一旨意运行,所以平心而论,李鸿章还不能算是导致这次战争失败的罪魁祸首,真正的罪魁祸首是掌握清朝最高实权的"太上皇"慈禧太后。战前挪用海军经费建造颐和园的是她。据考证这笔挪用总数达一千二百万至一千四百万两之巨,影响北洋海军 1888 年后未购一新船、未添一新炮。而日本当时拥有的二十一艘战舰,其中有九艘是 1888 年后新添购的,时速和炮火威力远胜中国海军,致使黄海激战时,败于敌手。战争爆发前后一心于寿辰庆典的筹划,力主避战唯恐寿辰扫兴的也是她。中日战争的关键时刻,光绪二十年的九、十月间,正是清廷以慈禧太后六十大寿的筹备和庆典压倒一切的重要时期。当日军已在花园口登岸正向旅顺逼进的时候,慈禧太后还在大事做寿,京内外王公大臣、督抚疆吏贡献寿礼,举行隆重的庆祝仪式,粉饰太平,极大地牵制和分散了清廷的精力和财力,涣散了军民斗志。九月初九日寿辰大典即将举行,官寿宫里演戏三天,从枢臣到部院京堂都要陪着她听戏,光绪帝对此极为反感。当天战情十万火急,光绪帝召枢臣指示战略,"审谕极急,并云不可早散,又云听戏三日,诸事延阁,仅可不到也"。后期力主屈辱求和的更是她。李鸿章官复原职,并召京面授机宜,作为清政府全权代表赴日本议和,都是由慈禧太后抛开光绪帝而独自作出的决定,最后她还支使孙毓汶、徐用仪逼着光绪帝批准和约。慈禧太后是避战求和方针的最高决策者,而李鸿章则是慈禧太后旨意的具体执行者,在某种程度上讲他遭举国唾骂,为众矢之的,是做了慈禧太后的替罪羔羊。光绪帝心里很明白,但又不敢公开谴责,这就是康有为所说的"皇上之苦衷迫逼之故,有难言之隐矣。"光绪帝的难言之隐,后来他在答复张之洞关于"迁都再战"的奏章中作了隐约的透露,他说:"廿余年来,慈闱颐养,备极尊崇,设使徒御有惊,则藐躬何堪自问。"因为二十余年来光绪帝一直是西太后手中的傀儡,这次更是害怕"有惊"皇太后六十庆典,所以光绪帝只得忍气吞声,听任她的独断专行,他在战后的反省中粗浅地触及了清朝全部症结的要害。

在甲午战争中清朝统治集团内部在作出一些重大决策时发生了分歧,清廷重臣要员都在主战与主和两大问题上亮了相,有的还做了淋漓尽至的表现。就是一些原先附和主战的枢臣也在关键时刻倾倒在主和派一边。战争初期光绪帝调整了军机处班子,把它改变成为抗战联合阵线,在战争中发挥了指挥部和参谋部的积极作用。由于战争屡屡败北,军机处成员思想发生了动摇,在签订《马关条约》的时候,中枢机构为顽固派所把持,成了贯彻慈禧太后避战求和方针的策源地,光绪帝对中枢处于失控状态。战争结束以后,整顿军机处调整中枢班子是光绪帝反省过去,吸取教训的重要课题。军机大臣中对光绪帝抗战部署干扰最大,鬼点子最多的要算孙毓汶和徐用仪两人,他们一唱一和,压制主战派逼迫光绪帝,慈禧太后通过这两个亲信向李鸿章传递她的旨意,所以光绪帝在中日战争以后采取了不同的方法把他们驱逐出军机处。光绪二十一年五月给孙毓汶"病假"一月,"以徐桐兼署兵部尚书",先革去他的兵权,后又"称疾乞休"令他退出政治舞台,光绪二十五年孙毓汶怏怏死去,在中枢机构中拔去了一枚钉子。一个月以后,光绪帝又向徐用仪开刀,光绪二十一年六月乙酉:"谕内阁,吏部左侍郎徐用仪退出军机处,并毋庸在各国事务衙门行走,"把他从重要岗位上撤了下来。在军机大臣中还有恭亲王奕䜣和庆亲王奕劻,虽在后期倒向主和,秉慈禧太后旨意逼光绪帝签约,然逐出顽固派铁捍孙毓汶和徐用仪之后,这两位满洲亲王留在中枢暂时亦无大的威胁,所以未作更易。光绪帝在驱逐异己的同时,"命礼部左侍郎钱应溥在军机大臣上行走"钱应溥其人,长期入值军机司务,笔下敏捷,"每承旨缮召,顷刻千言,曲当上意",在中日战争时期他已任礼部左侍郎,"廷议主战,应溥造膝敷陈,多人所不敢言"。光绪帝慧眼识才,把这样一位有才气而又能直言的廷臣不仅提拔任军机大臣,而且"再迁工部尚书"加以重用,无疑增强了帝党力量。总理各国事务衙门的地位越来越显得重要,军机处决策,"总署"贯彻,在中日甲午战争时期为李鸿章及慈禧太后的亲信所把持,光绪帝的亲信成员几乎无一人涉足,经过中日战争的反思,光绪帝为了加强对"总署"的控制,命"户部尚书翁同龢,礼部尚书李鸿藻在总理各国事务衙门行走"。把两位最忠于皇帝最得力的重臣进入"总署",今后内政外交的各个脉络君权皇命不致梗塞,光绪帝的谕旨可得以畅通。至于李鸿章虽然光绪帝在甲午战争中对他的两次处分都被慈禧太后一次吹掉。战后又作为清政府全权代表派往俄国,祝贺沙皇尼古拉二世加冕典礼,是时还秘密地同俄国签订了《中俄御敌互相援助条约》又称《中俄密约》。光绪帝在李鸿章身上饱含怨恨,并对他有所限制不可。李鸿章集军、政、外交于一手,又有慈禧太后为后盾,故对他的权力限制,光绪帝采取十分慎重的处置办法。光绪二十一年七月初八日(8月28日),"命李鸿章入阁办事。调王文韶为直隶总督兼办理通商事务北洋大臣"。王文韶在中日战争期间,他的立场基本上倾向主战,在签约关键时刻,态度也无突出表现,然王文韶其人颇有外交、理政之才能。故光绪帝以王代李,把李鸿章调离天津留京入阁,实际上是名升实降,一定程度上削去了他的部分军权和外交之权,但这一调动也为李鸿章同慈禧太后的直接联络提供了方便。为了削弱李鸿章的影响,光绪帝即着上谕王文韶整顿直隶地方。

直隶地方,积弊已深,凡吏治军政一切事宜均应极力整顿,至外洋交涉事件,尤关紧要,如从前有办理未协,应行更改之处,务当悉心筹划,不避嫌怨,因时变通……洗从前积习,方为不负委任,将此谕令知之。

这道谕旨,要王文韶"不避嫌怨""洗从前积习",很显然是针对着李鸿章而发的,实际上全盘否定了他任直隶总督、北洋大臣期内的"政绩",这不能不是对李鸿章的一个重大的打击,某种意义上讲,比过去对他两次处分更为有力,为以后剪除李鸿章势力埋下伏笔。

甲午战后,光绪帝犹如在一场噩梦中惊醒过来,从反省中得到有益的教训;从反省中理顺思路振作精神,充实了他的抱负,为后来在历史舞台上演出的那出有声有色的维新变法活剧迈出了可贵的第一步。

二

梁启超在《戊戌政变记》一书中指出:"吾国四千余年大梦之唤醒,实自甲午战败割台偿二百兆以后始也。我皇上赫然发愤,排众议,冒疑难,以实行变法自强之策,实自失胶州、旅顺、大连湾、威海卫以后始也。"中、日战争的失败和《马关条约》的签订,把中国人民投入更深的苦海,四万万同胞陷入巨大的悲愤之中。此时此景,正如谭嗣同在诗文中描绘的那样:"四万万人齐下泪,天涯何处是神州?"然而,中华民族在"齐下泪"的悲愤中觉醒起来了,图存救亡的意识与日俱增。空前高涨的爱国呼声惊动了清朝统治阶级中一部分人的思想,他们从不同的角度感受到"时势所逼""国事艰难",纷纷向朝廷"竞言自强之术"。洋务派所陈"自强之术"仍以"洋务救国"为宗旨,以"开矿、练兵、筹饷、通商、制械"为要务。可是也有一些官僚,他们陈奏"自强之术",突破了洋务派已经鼓吹了二十余年的"自强新政"框架,向着维新变法贴近。最先以日本明治维新和法国资本主义制度的活力鼓励清廷变法的是顺天府尹胡橘棻,他在光绪二十一年闰五月(1895 年 7 月)上了一道题为《条陈变法自强事宜》的奏折,其主要内容是:

> 日本一弹九岛国耳,自明治维新以来,力行西法,亦仅三十余年,而其工作之巧,出产之多,矿政、邮政、商政之兴旺,国家岁入租赋,共约八千余万元,此以西法致富之明效也……然时势所逼,无可如何,则唯有急求雪耻之方,以坐致强之效耳。昔普法之战,法之名城残破几尽,电线、铁路处处毁裂,赔偿兵费,计五千兆佛兰克,其数且十倍今日之二万万两。然法人自定约后,上下一心,孜孜求治,从前弊政,一体蠲除,不及十年,又致富强,仍为欧洲雄大之国……今中国以二十二行省之地,四(百余)兆之民,所失陷者不过六七州县,而谓不能复仇洗耻,建我声威,必无是理。但求皇上一心振作,破除成例,改弦更张,成与维新,事苟有益,虽朝野之所惊疑,臣工之所执难。亦毅而行之,事苟无益,虽成法之所在,耳目之所习,亦决然而更之。实心实力,行之十年,将见雄长海上,方驾欧洲,旧邦新命之基,自此而益巩,岂徒一雪割地赔费之耻而已……

> 纵观世运,抚念时艰,痛定思痛,诚恐朝野上下,高谈理学者,狃于清议,鄙功利为不足言,习于便安者,又以为和局已定,泄沓相仍……今日即孔孟复生,舍富强外,亦无立国之道,而舍仿行西法一途,更无富强之术。用敢不揣冒昧,

就管见所及,举筹饷练兵,重工器,兴学校数大事,敬为我皇上缕析陈之……

胡橘棻认为仿效日本明治维新力行西法是清朝惟一的"富强之术"。他所奏的具体仿效内容虽然仍是开铁路、筹钞币银币、开民厂以造机器、开矿产、折南漕、减兵额、创邮政等洋务范畴,然而,他赞扬明治维新,仿行西法,并向光绪帝提出"一心振作,破除成例,改弦更张,咸与新法"的变法要求,反映了统治集团内部确有一些官僚已经萌发出朦胧的维新变法的新思想。

其时,刑部侍郎李端棻在光绪二十二年五月(1896 年 6 月)上了名为《请推广学校折》的奏折,他从办学校这个侧面,向光绪帝提出了维新企图,这是清朝官僚中典型的从洋务运动中脱颖而出的变法图强思想。他在奏折中说:

> 夫二十年来,都中设同文馆,各省立实学馆、方言馆、水师武备学堂、自强学堂,皆合中外学术相与讲习,所在皆有。而臣顾谓教之道未尽,何也? 诸学皆徒习西学、西语、西文,而于治国之道,富强之原一切要书多未肆及。

……在李端棻看来,洋务派兴办西学,治标不治本,"治国之道,富强之原"均未"肆及",所以他在奏折中提出:设官书局于京畿,自京师及省、府、州、县皆设学堂,并设藏书楼,创仪器院、开译书局、广立报馆,选派游历等五个方面,"有官书局大学堂之经,复有此五者以为之纬"。尽管李端棻的教育思想还深深地保留着洋务教育的痕迹,而他的主张已向近代学校靠近了一步。由于萌发出维新思想,所以他后来积极支持康有为、梁启超的变法主张,并向光绪帝推举,成为维新派同清廷建立联络的媒介。

知识分子阶层中,在甲午战争的刺激下维新变法的热潮也澎湃掀起。"自中东一役我师败绩,割地偿款,创巨痛深,于是慷慨爱国之士渐起,谋保国之策者,所在多有。"正像著名史学家陈旭麓先生所指出的那样,甲午战败是对"维新运动的动员,而《马关条约》也可以说是动员令"。不久就掀起了知识分子的"公车上书"运动,他们作为一支资产阶级的政治力量登上了历史舞台。

处在"卧薪尝胆"苦境中的光绪帝,"甲午、乙未兵败地割,求和偿款,皇上日夜忧愤,益明中国致败之故,若不变法图强,社稷难资保守,每维新宗旨商询于枢臣"。甲午兵败促进了光绪帝政治思想的新转变,在这以前,光绪帝初登皇位,其主要精力放在熟悉处理朝政事务,考察臣工的办事效率。虽然对慈禧太后的严密控制极为反感,但基本上还是"小心翼翼"地在皇太后手掌上做傀儡皇帝,对于"垂帘听政"时期的既定方针不敢有所逾越和偏离。尔今,光绪帝经过甲午战争的洗礼,中兴祖宗基业之心更加强烈了。继甲午之役以后,赔款割地,面临帝国主义列强的瓜分豆剖,亡国之君的危险日复一日地向他逼近,因而在他的思想上奋起了难以抑止的"图强雪耻"的紧迫感。美国作家卡尔女士对甲午战后光绪帝的心态有过生动的叙述:

> 自日一战而后,中国割地赔款,蒙莫大之耻辱。光绪帝方如梦之初觉,慨然以发愤自强为己任。故中日战前与战后之光绪帝不啻判若二人也。

甲午战争结束不久,光绪帝连连发出上谕,要求臣工"上下一心,图自强而弥祸患",并表示"惩前毖后,惟以蠲除积习力行实政为先"。他所说的实政,具体的就是"修铁路、铸钞弊,造机器、开各矿、折南漕、减兵额、创邮政"等等,"大约以筹饷练兵为急务,以恤商惠工为本源"。光绪帝的"图强"观和寻找的"雪耻之方"仍在洋务派"自强新政"的圈子里。所以甲午战争以后，光绪帝对洋务运动中的民用工业和民办企业备加关注，以推进洋务运动的新发展。

光绪帝政治思想发展的新起点是在运用洋务手段图强的同时，萌发了维新变法的意向。他维新变法思想的萌芽，是受到朝野变法图强热流的启迪所致。有些官僚上书言事的视野比洋务派"自强新政"的框架有了新的拓宽，对于这方面疏奏，光绪帝均"详加披览"，他强烈地意识到"强邻狡焉思启，合以谋我"，同臣工奏疏中所阐发的图强要求发生了共鸣。清朝官僚关于维新变法的呼吁，尽管他们开出的维新内容还很笼统肤浅，但其实际效果却是把光绪帝的目光引向执意探索欧美各国的治国之道。曾经出使外洋，不久前从日本回国的户部侍郎张荫桓，被光绪帝召见进宫，请他讲述欧美、日本的治国之道。张荫桓"晓然欧美富强之机""每为皇上讲述，上喜闻之""启秀圣聪。多赖其力"。清朝官僚朦胧地向光绪帝介绍西方资本主义制度和日本明治维新运动，列国变政的春风不断地吹进了他的心坎，扩大了他的视野，开启了他向西方国家讨教自强之术的心扉。

光绪帝维新变法思想的萌芽，最重要的触发剂是受康有为等维新派的影响。

甲午战争刚结束，光绪帝多次发上谕，提出了一揽子的"新政项目"，虽然其主要内容还没有超出洋务派所策划的范围，可是在很短的时间里什么修铁路、铸钞币、造机械、开矿产、创邮政、练陆军、整海军、立学校、整顿厘金、严核关税等等，如此繁多的新政一齐泉涌在光绪帝脑子里，并加以积极催办，可见他"图强"的迫切心情已经升华到如饥似渴的程度。久旱逢滋雨，康有为等的维新主张一旦直接为光绪帝所见，必然使他发生浓厚的兴趣。

1895 年 5 月《马关条约》签订时刻，康有为发动一千二百多个举人联名"公车上书"，主张拒和、变法、迁都，震动了海内外，由于顽固派的封锁，光绪帝没能看到这份"公车上书"。二十多天以后，康有为又写了一万三千多字的上皇帝书即第三次上书。新近从中国第一历史档案馆发现了康有为《上清帝第三书》的呈进本，又称《请及时变法富国养民教士治兵呈》。这次上书比"公车上书"的内容更加具体和广泛，备陈变法着手之方和先后缓急之序，条理清楚考虑周密。他向光绪帝建议，《马关条约》刚签订，朝野图强雪耻之志有不可遏止之势，此时即下哀痛之诏，以鼓士民之气，举贤士参政，以备顾问，转败为胜，重建国基为时未晚。康有为写道：

> 伏乞特诏行海内，令士民公举博古今。通中外，明政律，方正直言之士，略分府县，约十万户而举一人，不论已仕未仕，皆得充选。因用汉制，名曰议郎。皇上开武英殿，广悬图书，俾轮班入直，以备顾问。并准其随时请对，上驳诏书，下达民词。凡内外兴革大政，筹饷事宜，皆令会议，三占从工，下部施行。所有人员，岁一更换，若民心推服，留者领班，著为定例，宣示天下。上广皇上之圣聪，可坐一定而照四海，下启天下之心志，可同忧乐而忘公私。

康有为除了建议光绪帝广选贤才之外，他还提出了自强雪耻的大方案：即富国，养民、教士、练兵四策。这次上书在光绪二十一年五月十一日（1895 年 6 月 3 日），由都察院转呈，冲破了许多阻力，光绪帝终于第一次看到了康有为的上书。他读了以后，思想上得到了很大的启迪，耳目为之一新。光绪帝对康有为的建议极为重视，即命誊录副本三份,一份是送慈禧太后,一份发军机处,一份放存乾清宫,原件留勤政殿以备参考。这一次上书使光绪帝透过紫禁城的封建禁区,在思想上同朝野维新力量开始沟通。不久于闰五月初八日(6月30日)康有为又以工部主事的名义,第四次向光绪帝上书。提出了"设议院以通下情"的主张,变法建议又深入了一层,触及政治体制的改革。可惜这次上书又横遭顽固派的阻格,未能呈至光绪帝手中,康有为投书无门只得离京返回广东。

光绪二十三年(1897年)冬,德国强占胶州湾,瓜分豆剖,危机四伏,康有为于十一月十三日(12月5日)赶到北京,向光绪帝进呈第五次上书。这次上书又被工部尚书淞湘压扣下来,康有为上书受挫,准备启赴回籍,给事中高燮曾"乃抗疏荐之"军机大臣翁同龢得到消息,立即赶到他的住舍南海会馆,会见康有为说:"毋行,吾今晨力荐君于上矣,谓'康有为之才过臣百倍,请举国以听'。上将大用君矣,不可行。"康有为第五次上书经高燮曾、翁同龢转呈,总算到了光绪帝眼前。《光绪朝东华录》载:

> 光绪二十三年十一月间康有为抗论德据胶州亟宜变法自强呈请工部堂官代奏之书进。

《东华录》还详录其内容。在这次上书里康有为向光绪帝提出变法三策:"第一策曰采法、俄、日以定国是";"第二策曰大集群才而谋变政";"第三策曰听任疆臣自行变法"。"凡此三策,能行其上则可以强,能其中则犹可以弱,仅行其下则不至于尽亡,惟皇上择而行之,宗社存亡之机,在于今日,皇上发愤与否在于此时。"康有为坦然直言曰:"职(康氏自称)诚不忍见煤山前事也。"看了康有为的上书,光绪帝的心为之打动,"上嘉纳之",准备召见面论变法机宜。可是恭亲王奕䜣以"本朝成例,非四品以上官不能召见,今康有为乃小臣,皇上若欲有所询问,命大臣传语可也,"阻止了光绪帝亲见康有为。结果,光绪帝只好"命总理各国事务衙门大臣接见康有为询问天下大计,变法之宜。并令如有所见及有著述论政治者,由总理各国事务衙门进呈"。又"命总理各国事务王大臣进工部主事康有为所著日本变政考、俄皇大彼得变政考等书"。此间,康有为先后向光绪帝呈进的论著有:"缀成《俄皇彼得传》《日本变政考》《英国变政记》《普国作内政寄军令考》《列国统计比较表》《列国官制宪法表》《法兰西革命记》《波兰灭亡记》等等。"光绪帝读了康有为呈进变法新著,茅塞顿开,拓阔了政治视线,于是他广购新书,企望变法维新之举能在外国变法的历史经验中得到借鉴。据梁启超说,光绪帝"昔岁无事,旁及宋之版本,皆置懋勤殿左右,以及汉学经说,并加浏览。及胶旅变起,上怒甚,谓此皆无用之物,命左右焚之,太监跪请不许。大购西人政书,遂决变政。"光绪帝自见到康有为第三次上皇帝书以后,萌发了维新变法思想,尔后又多次接到康有为的上书,变法之念越来越强烈。又是命总理衙门问话康有为,又是阅读日本、欧美各国变法著作;又是焚烧宋元版本的汉学经书;又是广购西人政书,维新变法之举的开场罗鼓已经敲响,并且一阵阵地传至在颐和园静养的慈禧太后耳中。"在廷守旧诸臣""恶新政"之辈不断地谗言新法,"将不利颐和园激太后之怒"。这时,光绪帝已"锐意变法",当他得悉西太后不欲,就对顽固派庆亲王奕劻说:"太后若仍不给我事权,我愿退让此位,不甘作亡国之君。"奕劻便向慈禧太后报告光绪帝变法决心,西太后怒气冲冲地说:"他不愿坐此位,我早已不愿他坐之。"一语道出杀机,把光绪帝逼到了破釜沉舟的地步。

寻求"图强之术",萌发维新变法思想是光绪帝政治生涯中可贵的转变,因而他"不仅是满洲皇族中比较能接受新思想的人，也是清朝统治的上层人物中比较能接受新思想的人。"新思想从何而来？从康有为的上皇帝书中和他上呈的论著中来；从西人政书中来，说明光绪帝是一位怀着寻求新知识的强烈要求而勇于向西方学习的年轻皇帝，为了变法，他必须从慈禧太后手中争得事权，"不甘作亡国之君"，反映了光绪帝的无畏情怀，因此他也是一位有所作为的青年皇帝。

三

甲午战争的惨重失败和《马关条约》的屈辱签订使年轻而倔强的光绪帝感受到了从未有过的奇耻大辱。"皇上日夜忧愤，益明中国致败之故，若不变法图强，社稷难资保守。"中国的瓜分危机，迫在眉睫。光绪帝深知，要想使中国富强，就必须变法。而要想进行富有成效的变法，就必须有熟知西方的人才。为此，光绪帝于光绪二十三年十二月二十五日（1898年1月17日）发布上谕：

> "现值时局孔艰，需材尤亟。各省督抚……其各举宅心正大，才识闳通，足以力任时艰者，列为上选"。

详细具陈，以备擢用。光绪帝需才若渴，他在焦灼地寻找推动变法的人才。

恰在此时。出现了资产阶级维新派康有为。

康有为，又名祖诒，字广厦，号长素，广东南海人。五岁能诵唐诗数百首。从小受到严格的封建正统教育。二十二岁时曾到香港旅游，受到西方文明熏陶。三十四岁时在广州万木草堂讲学，"讲中外之故，救中国之法"。后来写成重要著作《新学伪经考》和《孔子改制考》。这是两部冲击封建势力提出改制变法的理论著作。三十七岁时，他趁入京应考之机，联合各省应试举人一千三百余人于光绪二十一年四月初八日（1895年5月2日）发动"公车上书"，联名请愿。不久，康有为中进士，授工部主事。于同年五月十一日（6月29日）呈送《上清帝第三书》。这次上书送到了光绪帝面前。光绪帝认真阅后，甚为满意，"皇上嘉许"。并命人将其另行抄录三份，一份呈送慈禧，一份留在乾清宫，一份发往各省督抚会议。这说明光绪帝对康有为的上书极其重视。以后康有为又上《第四书》《第五书》，但均为守旧派大臣阻挠，没有送达光绪帝。

但这时光绪帝师翁同龢发现了康有为。翁同龢深知甲午战败的根本原因是没有变法，因此他到处搜求有关变法的书来读，"见康之书大惊服"。以后又见到了康，同康反复讨论时务，"乃益黯然"，从此"专主变法"，与从前比判若两人。他诚恳地向光绪帝推荐康有为："康有为之才，过臣百倍，请皇上举国以听。"同时给事中高燮曾亦抗疏推荐，请皇上召见。光绪帝也极想召见，不料为恭亲王奕䜣所阻。奕䜣谏道："本朝成例，非四品以上官不准召见。今康有为乃小臣，皇上若欲有所询问命大臣传语可也。"奕䜣总算找到了一个变通的办法。

遵照谕旨，总署五大臣李鸿章、翁同龢、荣禄、廖寿恒、张荫桓于光绪二十四年正月初三日（1898年1月24日）在总署西花厅接见了康有为。

荣禄先发制人，态度冷傲地说："祖宗之法不能变！"

康有为早有准备，面色从容地驳道："祖宗之法，以治祖宗之地也。今祖宗之地不能守，何有于祖宗之法乎？即如此地（总理衙门——引者）为外交之署，亦非祖宗之法所有也。因时制宜,诚非得已。"

廖寿恒不失时机地追问:"那末,应该怎样变法呢?"

康有为胸有成竹地答道:"宜变法律,官制为先。"

李鸿章阴阳怪气地问道:"然则六部尽撤,则例尽弃乎?"

康有为毫不犹豫地答道:"今为列国并立之时,非复一统之世。今之法律官制,皆一统之法,弱亡中国,皆此物也,诚宜尽撤。即一时不能尽去,亦当斟酌改定,新政乃可推行。"

翁同龢十分关切地询问:"如何筹款呢?"

康有为爽朗乐观地回答:"日本之银行纸币,法国印花,印度田税,以中国之大,若制度既变,可比今十倍。"

接着康有为又侃侃而谈,介绍了西方国家有关法律、度支、学校、农商、工矿、铁路、邮信、会社、海军及陆军等方面的法制情况,并分析了日本的维新变法,推崇日本"仿效西法,法制甚备",认为日本"与我相近,最易仿摹"。同时自荐了他编辑的《日本变政考》和《俄大彼得变政记》,极有参考价值,可供皇帝"采鉴"。

这次召见,从午后三时直到黄昏。荣禄对康有为抱有极大的政治偏见,没等接见完毕,他便先行退出。

第二天,光绪帝迫不及待地召见了军机大臣和总署大臣,垂询五大臣接见康有为的有关情况。军机大臣、总署大臣翁同龢上奏了接见的全过程。光绪帝很感欣慰,总算找到了一个理想的变法人才。他想立即召见,但奕訢认为不妥。奕訢认为可以让康有为条分缕析地上奏陈述自己的变法主张,如果皇帝认为有可取之处,再命召见不迟。

光绪帝很尊重奕訢的见解,便下谕让康有为条陈所见,进呈《日本变政考》和《俄大彼得变政记》。

西花厅的接见是一次引人注目的重要接见。五位重臣集体接见一位小官这个事情的本身便非同寻常。更何况这五位重臣又分属洋务派、维新派和守旧派呢!由于有了这次考察兼考试性质的接见,才使得光绪帝与康有为的进一步联系有了可能。

必须指出的是,据可靠的记载,这次接见是依据慈禧的懿旨进行的。光绪帝本有此意,但如没有懿旨,他是不敢做此安排的。退一步讲,即使他单独发下这个上谕,五大臣也不会俯首帖耳地照办。别人不说,守旧派荣禄就不会听命。

《清廷戊戌朝变记》记道:

"正月,康初上之书,上呈于太后。太后亦为之动。命总署王大臣详询补救之方、变法条理,曾有懿旨焉。否则王大臣未见,未虚心下问也。"

如果没有懿旨,就不会有这次"虚心下问"的接见。这是显而易见的。

光绪帝读了《日本变政考》和《俄大彼得变政记》,越发感到必须立即着手变法,否则社稷难保。但他却没有真正的皇权,处处受制于慈禧,寸步难行。不得已,他找到了庆亲王奕劻说:"太后若仍不给我事权,我愿退让此位,不甘作亡国之君。"奕劻把这话转呈慈禧。慈禧一听便大怒道:"他不愿坐此位,我早已不愿他坐之。"奕劻耐心劝说,慈禧才说:"由他去办,俟办不出模样再说。"奕劻把慈禧的意思转告光绪帝。光绪帝心中有了底,便到颐和园面见慈禧,慈禧对光绪帝说:"凡所施行之新政,但不违背祖宗大法,无损满洲权势，即不阻止。"

慈禧答应光绪帝在"不违背祖宗大法"的前提下可以实行变法。这是政治改革方面的重大许诺。

慈禧为什么允许光绪帝实行变法呢？我认为，大体应该有三点原因。

一是列强的环逼。甲午战后，中国面临被列强瓜分豆剖的危机。在失掉显赫的皇权的威胁面前，慈禧与列强之间的矛盾便异常尖锐起来。她不能不顾及他的祖业、她的江山和他的皇位。她想到了"自强"。光绪二十五年九月初二日（1899 年 10 月 6 日）她在召见盛宣怀时即谈到了"自强"："奏对：所以此刻联交（取得列强的帮助—引者）要想他们帮助，断做不到，只得讲究自强。请皇太后还在自强的自字上面打算。上问：你说的甚是，必要做到自强。但是现在外国欺我太甚，我所以十分焦急。"慈禧深感到"外国欺我太甚"，因此她也认为"必要做到自强"。同时，她在后来同她的侍卫女官德龄也谈道："我希望我们中国将来会强大。"变法是自强之一途，为此，她同意变法。据载："后尝告德宗，变法乃素志。同治初，即纳曾国藩议派子弟出洋留学，造船制械，凡以图富强也。"慈禧表白自己"变法乃素志"，而且举出同治年间派人留洋、造船制械等新政都是经她旨准而得以实行的实例来证明确实如此。

二是臣下的奏陈。甲午战败，外衅危迫，四邻交逼，分割立至。当此之时，上自朝廷，下至士民，都在酝酿变法。康有为发动的"公车上书"最具代表性。据载，康有为的上书曾感动过慈禧。苏继祖记道："恭邸（奕訢——引者，薨逝，康复见用，太后亦为所上之书感动，乃极力排挤谗谤皇上及康也。"

三是皇帝的坚请。光绪帝信任翁同龢，翁同龢主张变法，对光绪帝颇有影响。光绪帝很喜欢"流览新书"。他读过刘瑞芬的《英法政概》、宋育仁的《采风记》和黄遵宪的《日本国志》。这些书都介绍了西方的体制和日本的变法。他把阅读所得讲给慈禧听，即"遂为后言"。同时明确地申明了自己的观点："徒练兵制械，不足以图强。治国之道，宜重根本。"而且进一步把冯桂芬的《校邠庐抗议》"进后览"。《校邠庐抗议》初作于 1861年。当时虽未正式刊印，但其主张被洋务派的高官显宦们广为传播，已为人们所熟知。1885 年正式刊印，流播更广。这部书不是洋务思想的一般启蒙读物，而是新兴的"学西方、谋自强"的时代精神的论纲。慈禧读过后，"亦称其剀切"。慈禧同意光绪帝变法，"第戒帝毋操之过蹙而已"。并且明确表态："苟可致富强者，儿自为之，吾不内制也。"让光绪帝自行变法，她不加以牵制。

四月二十七日（6 月 15 日）康有为赴颐和园，暂住户部公所。四月二十八日（6 月 16日）晨去仁寿殿朝见光绪帝，先到朝房等候。在这里，同荣禄不期而遇。

荣禄轻蔑地看了看康有为，傲慢而挑衅地说："以子之槃槃大才，亦将有补救时局之术否？"

康有为面对荣禄的无礼，斩钉截铁地回答："非变法不可。"

荣禄以为康有为软弱可欺，进一步逼问："固知法当变也，但一二百年之成法，一旦能遽变乎？"

康有为忍无可忍，愤然地斥道："杀几个一品大员，法即变矣。"

荣禄闻听此言，猛然一惊，心想："这小子太狂悖了，等着瞧，早晚要除掉你！"

光绪帝先召见荣禄,荣禄奏劾康有为"辩言乱政"。荣禄奏毕出来,康有为才进去奏对。光绪帝早就急切地想一见康有为,康有为亦渴望拜谒光绪帝,今天终于如愿以偿,两人都格外激动。

光绪帝问康有为的年岁出身。康有为答后即切入主题:"四夷交迫,分割洊至,覆亡无日。"

上言:"皆守旧者致之耳。"

康对:"上之圣明,洞悉病源。既知病源,则药即在此。既知守旧之致祸败,则非尽变旧法与之维新,不能自强。"

上言:"今日诚非变法不可。"

康对:"近岁非不言变法,然少变而不全变,举其一而不改其二,连类并败,必至无功。譬如一殿,材既坏败,势将倾覆,若小小弥缝补漏,风雨既至,终至倾压。必须拆而更筑,乃可庇托。然更筑新基,则地之广袤,度之高下,砖石楹桷之多寡,窗门槛楔之阔窄,灰钉竹屑之琐细,皆须全局统算,然后庀材鸠工,殿乃可成。有一小缺,必无成功,是殿终不成,而风雨终不能御也。"

光绪帝认为说得有道理。

康对:"今数十年诸臣所言变法者,率皆略变其一端,而未尝筹及全体。又所谓变法者,须自制度法律先为改定,乃谓之变法。今所言变者,是变事耳,非变法也。臣请皇上变法,须先统筹全局而全变之,又请先开制度局而变法律,乃有益也。"

光绪帝颔首称是。

康对:"臣于变法之事,尝辑考各国变法之故。曲折之宜,择其可施行于中国者,斟酌而损益之,令其可施行。章程条理,皆已备具。若皇上决意变法,可备采择,但待推行耳。泰西讲求三百年而治,日本施行三十年而强。吾中国国土之大,人民之众,变法三年,可以自立,此后则蒸蒸日上,富强可驾万国。以皇上之圣,图自强,在一反掌间耳。"

上曰:"然,汝条理甚详。"

康对:"皇上之圣既见及此,何为久而不举,坐致割弱?"

光绪帝听到这,胆怯地瞅瞅帘外,长叹一声,无可奈何地说:"奈掣肘何?"

这个举动被敏锐的康有为看在眼里,知道光绪帝畏惧慈禧。康有为灵机一动,巧妙地答道:"就皇上现在之权,行可变之事,虽不能尽变,而扼要以图,亦足以救中国矣。惟方今大臣,皆老耄守旧,不通外国之故,皇上欲倚以变法,犹缘木以求鱼也。"

上曰:"伊等皆不留心办事。"

康对:"大臣等非不欲留心也。奈从资格迁转,至大位时,精力已衰,又多兼差,实无暇晷。无从读书,实无如何。故累奉旨办学堂,小商务,彼等少年所学皆无之,实不知所办也。皇上欲变法,惟有擢用小臣,广其登荐,予之召对,察其才否,皇上亲拔之,不吝爵赏,破格擢用。方今军机总署,并已用差,但用京卿、御史两官,分任内外诸差,则已无事不办。其旧人且姑听之,唯彼等事事守旧,请皇上多下诏书,示以意旨所在。凡变法之事,皆特下诏书,彼等无从议驳。"

上曰:"然。"

就这样,一问一答,君臣无间,就八股、办学、铁路、矿物、购舰、练兵、游学、译书、用人等方方面面的问题交换了看法,时间不知不觉间溜走,已用了两个半小时,"从来所少有也"。

光绪帝随即命康有为在总理衙门章京上行走。并授予他专折直奏权,以后如有奏言不必由大臣代转。

这是光绪帝对康有为的第一次,也是惟一的一次召见。这次召见为百日维新定下了基调。此后,百日维新便大张旗鼓地开展起来了。

光绪帝加快了变法的步伐。

四月十三日(6月1日)御史杨深秀奏,请定国是。四月十八日(6月6日)杨深秀奏,请告天祖,誓群臣以变法。这个奏折是康有为代拟的。四月二十日(6月8日)侍读学士徐致靖奏,外患已深,请速定国是。在臣下的一再请求下,光绪帝命翁同龢拟旨明发。四月二十三日(6月11日)是一个重要的日子。这一天光绪帝发布谕旨,明定国是,变法自强。四月二十五日光绪帝命工部主事康有为于本月二十八日预备召见。

四

当光绪皇帝迫使西太后作出了一定程度的"让步",取得有限的事权之后,就不失时机地在1898年6月11日(光绪二十四年,戊戌,四月二十三日)颁布了《明定国是》诏,正式向中外宣布,进行变法革新。诏曰:

> 数年以来,中外臣工讲求时务,多主变法自强。迩者诏书数下,如开特科,裁冗兵,改武科制度,立大小学堂,皆经再三审定,筹之至熟,甫议施行。惟是风气尚未大开,论说莫衷一是,或托于老成忧国,以为旧章必应墨守,新法必当摈除,众喙哓哓,空言无补。试问今日时局如此,国势如此,若仍以不练之兵,有限之饷,士无实学,工无良师,强弱相形,贫富悬绝,岂真能制梃以挞坚甲利兵乎?

> 朕惟国是不定,则号令不行,极其流弊,必至门户纷争,互相水火,徒蹈宋明积习,于时政毫无裨益。即以中国大经大法而论,五帝三王,不相沿袭,譬之冬裘夏葛,势不两存,用特明白宣示,嗣后中外大小诸臣,自王公以及士庶,各宜努力向上,发愤为雄,以圣贤义理之学,植其根本,又须博采西学之切于时务者,实力讲求,以救空疏迂谬之弊。专心致志,精益求精,毋徒袭其皮毛,毋竞腾其口说,总期化无用为有用,以成通经济变之才。

> 京师大学堂为各行省之倡,尤应首先举办,著军机大臣,总理各国事务王大臣,会同妥速议奏,所有翰林院编检,各部院司员,大门侍卫,候补候选道、府、州、县以下官,大员子弟,八旗世职,各省武职后裔,其愿入学堂者,均准入学肄业,以期人才辈出,共济时艰,不得敷衍因循,徇私援引,致负朝廷谆谆告诫之至意,特此通谕知之。

在对这份诏书作出必要的评价之前,应当提到的是,它的颁布,是经历了一个复杂的过程的,起码是取得了西太后的"允准"。因而,这个诏书的内容,必然要以西太后能够允准为限。

另外,就《明定国是》诏的缘起来说,它又是光绪帝采纳了康有为等人的建议,决心起来进行变法的产物。它的出现，是光绪帝和以康有为为首的资产阶级维新派，在变法图强的轨道上，从思想到行动进一步合拢的集中表现。

康有为早在《公车上书》当中，即公开提出"乞皇上下诏鼓天下之气"。不过在当时，康有为还没有把要求光绪帝下诏作为推行变法的前提。到了当年（1895 年）6 月 30 日（光绪二十一年闰五月初八日），康有为在他的第四次上书里，就比较明确地提出，要变法，必须由光绪皇帝首先"召问群臣，讲明国是"。后于 1897 年（光绪二十三年）冬，在康有为的第五次上书中，又进一步要求光绪帝"下发愤之诏，先罪己以励人心……明定国是，与海内更始"。在这里，康有为更加明确地把光绪帝下诏"定国是"，视为进行变法维新的首要条件。进入 1898 年 6 月（光绪二十四年四月）以来，当康有为看到通过光绪帝进行变法的条件已经接近成熟，他又连续草拟了两份直接请求光绪帝颁诏"定国是"的，奏摺，分别让同情变法维新的山东道御史杨深秀和翰林院侍读学士徐致靖上奏光绪帝。光绪皇帝的《明定国是》诏，正是由此而发。

康有为究竟为什么把光绪帝颁布《明定国是》诏看得这样重要？对于此事，他在其《自编年谱》里，利用中外变法的历史情况作了说明。他说，在当时鉴于清廷上下"门户水火，新旧相攻，当此外患交迫，日言变法，而众论不一，如此皆由国是未定故。昔赵武灵之胡服，秦孝公之变法，俄彼得及日本维新之变法，皆大明赏罚，定国是而后能行新政"。另在他草拟的《请告天祖誓群臣以变法定国是折》里，说得更为具体详尽。为便于对照，比较，以便作出切实的评述，兹将该奏折的基本内容录下：

奏为决行变法，请上告天祖，大誓群臣，以定国是，而一人心……窃自东事败后，近者胶、旅继割，国势凌夷，瓜分日闻，几不国矣。所以至于此者，一统闭关之治，与列国竞争之治，若冬夏冰炭之相反，水陆舟车之异宜也。今我国处竞争之新世，而行闭关之旧法，安得不危败乎？夫秋扇必捐，堂襄无用，五月之裘难披，岸上不船不住，物之公理也。礼以时为大。而孔子时圣，逆天不祥，违时必败，若当变不变，必有代变之者矣。与其人为变之，何如己自变之之为安适……

比年以来，皇上有意变法，而盈朝汹汹，不可向途，亲贵抗违，耆旧力诤，群僚面从而后言，举政始行而中废，乃至奉旨发议，乃推延而不仪，明诏施行，乃束阁而不行，人心众论，缉缉忧忧。譬行船驾驶，宜定方针，乃船主指之于南，而柁手推之于北，以此而求登彼岸，不亦难哉？臣愚窃窃忧之，又窃反复为皇上计之。若令守旧不变，而土地可保，宗社无恙，可长此终古也，则臣愚亦谓勿变也。然守旧不变之危败，成事已见矣。故徇守旧亲贵之意，则宗社土地不保，试问守旧亲贵，与宗社国土孰重乎？皇上受祖宗之付托，为国民所托命，爱宗社土地而保之乎？抑爱守旧亲贵而保之乎？但以此比校，皇上今之行政若何，可以立断矣。故今兹大变百度，非皇上乾刚睿断不可，即皇上能奋乾刚，而非大举誓礼，明定国是，昭示圣意，俾万众回首，改视易听，不足以一人心而定步趋也。

日本明治之初，决行变法，大集群臣，以五事誓于太庙，盖变法者必行之途径阶级也。皇上上法滕文公、魏文帝之英明，外采俄彼得、日本明治之政术，乞明诏天下,择日斋沐,大集群臣,无小无大,誓于天坛太庙,亦如日本以五事上告天祖,采万国之良规,行宪法之公议,御门誓众,决定国是,以变法维新,为行政方针,有违此誓,罚兹无赦。若行乎此,雷霆震厉,万物昭苏,人心乃一,群疑乃释。然后群臣恪恭震动,同奉圣意,力行维新,天下更始,新政之行,当如流水……

从上可见,康有为所以如此急切地要求光绪帝颁布《明定国是》诏,主要是力图以皇帝的"权威"来正式肯定变法维新的必要性,并以变法维新作为国家的"行政方针"公布于天下。康有为认为,这样一来就能解除"群疑",摆脱守旧势力的干扰,达到"人心乃一""群臣"就可有所遵循而"力行"变法维新了。因此,康有为把光绪帝颁布《明定国是》诏,是作为"天下更始",具有战略性的变法维新的行动纲领来看待的。

光绪皇帝颁布《明定国是》诏,既是顺应了以康有为为首的资产阶级维新派的迫切要求,又通过了西太后的"关卡",这就决定了它的内容必然要带有矛盾的印痕。光绪帝在这个诏书里,既强调今后必须"博采西学",并且指出采用"西学",毋徒袭其皮毛,毋竟腾其口说",必须脚踏实地地认真提倡,在这方面他比康有为草拟的上述奏折强调得尤为突出。但同时光绪帝又说,仍要"以圣贤义理之学,植其根本",这与以上的主张似乎又不协调了。不过应当看到,在十九世纪末叶,即使在那些强烈地向往进取、希望祖国得到振兴的人们当中,在如何处理"中学"与"西学"的关系问题上基本都处于探索的阶段。在当时,就是站在时代潮流前面的康有为,在他的维新思想中仍然夹杂着浓厚的封建思想的糟粕。显然,我们不能要求这时期的人们就必须解决好采用"西学"和继承本国历史遗产的关系问题。再说作为一个皇帝的光绪(而且他的政治思想尚处于继续演化的过程中),在其思想中还存在着原阶级的——即使是多么浓重的印记,显然是不足为奇的。何况西太后已经有言在先:推行变法新政,必须以"不违背祖宗大法"为前提。在这种情况下,如果光绪帝不打出"圣贤"的旗帜,即有使变法在刚要起步时就遭到扼杀的可能。因此,在这个宣布变法的诏书里,反映一些思想和现实的矛盾是可以想见的。

就《明定国是》诏的中心内容及其基本的思想倾向来看,它是与康有为的上述奏折一脉相承、紧相呼应的。在这个诏书里,也鞭挞了那些"以为旧章必应墨守,新法必当摈除"的昏庸守旧势力;并以同样尖锐的语气道出:"今日时局如此,国势如此",无非是那些"空言无补"的守旧之徒造成的。从而,光绪帝在这里用了与康有为用的相似的比喻,以针对性鲜明的坚定语言郑重地宣告:"既以中国大经大法而论,五帝三王,不相沿袭,譬之冬裘夏葛,势不两存。"这就清楚地阐明了,"变"是不可违抗的必然趋势。于是,诏令"嗣后中外大小诸臣,自王公以及士庶,各宜努力向上,发愤为雄",力行变法图强。同时提出,今后上下诸臣"不得敷衍因循,徇私援引",阻挠新政。就这样,光绪帝把推行变法维新提到清政府的施政"宗旨"和基本国策的地位。

当然,康有为的这种设想和要求及光绪皇帝的这一举动,在当时的情况下,既不能从根本上捆住形形色色的反对变法维新的人的手脚,也不可能损伤那些顽固的亲贵们的一根毫毛。但是,光绪帝颁布的《明定国是》诏,既然是作为国策公之于世,这一行动的本身,便使维新变法取得了合法的地位。这种局面的出现,势必对西太后之辈公开、直接破坏变法维新产生一定的约束力,为资产阶级维新派和光绪皇帝把变法维新的主张付诸实践开辟了道路。可以说《明定国是》诏的颁布,是以康有为为首的资产阶级维新派和光绪皇帝历经曲折的斗争,又取得的一个具有决定意义的重大成果。康有为说:"奉明定国是之谕,举国欢欣。"山东道监察御史宋伯鲁亦云,《明定国是》诏颁下,"臣民捧读感泣,想望中兴"。梁启超说得更为具体,他指出,光绪帝"召军机全堂下此诏书,宣示天下,斥墨守旧章之非,著托于老成之谬,定水火门户之争,明夏葛冬裘之尚,以变法为号令之宗旨,以西学为臣民之讲求,著为国是,以定众向,然后变法之事乃决,人心乃一,趋向乃定。自是天下响风,止自朝廷,下至人士,纷纷言变法,盖为四千年拨旧开新之大举……一切维新,基于此诏,新政之行,开于此日"。梁启超对光绪帝颁布《明定国是》诏的评说,或有过分渲染的地方,然而,光绪皇帝依照康有为等人的要求,把变法维新作为基本国策公开诏示群臣,布告天下,无疑将使那些希望祖国振兴的人们看到了希望,受到鼓舞。在群顽环绕的形势中,光绪帝采取了这一断然行动,犹如披荆斩棘,对进一步冲开因循守旧的壁垒,把变法维新付诸实施,具有无可否认的积极作用。事实上,以康有为为首的资产阶级维新派发动和领导的变法维新运动,从宣传、组织到进入实际推行阶段,恰恰是通过光绪帝颁布的《明定国是》诏实现的。光绪皇帝的这一举动,是他在支持和推进变法维新的道路上,又向前迈出了具有决定意义的一步。

光绪皇帝颁布了《明定国是》诏之后,西太后和那些顽固派官僚鉴于形势的压力,明目张胆地抵制、阻挠变法维新的活动在表面上不得不有所收敛。可是他们对变法维新的敌视心理并没有消除。在苏继祖的《清廷戊戌朝变记》里,记载了一段西太后与其心腹官僚,在《明定国是》诏颁布前后的密谋情况颇有些参考价值。其中说:

> 四月二十日后太后召见庆邸(奕劻)、荣相(荣禄)、刚相(刚毅),询及皇上近日任性乱为,要紧处汝等当阻之。刚对曰:皇上天性,无人敢拦。刚伏地痛哭,言奴才婉谏,屡遭斥责。太后又问,难道他自己一人筹画,也不商之你等?荣、刚皆言曰:"一切只有翁同龢能承皇上意旨。刚又哭求太后劝阻。太后言,侯到时候,我自有法。"

从当时这些人的思想和活动情况来看,苏继祖的这些记载应当说是反映了一定的事实。另外梁启超也有所透露,他说,当《明定国是》诏发布后,自"归政"以来已"不见臣工"的西太后又开始"见大臣"了。各种迹象表明,围绕着《明定国是》诏的颁布和变法新政的开始推行,西太后等人确实加紧了密谋活动。通过精心策划,一个阻挠和准备破坏变法维新的周密阴谋便日见端倪。

在光绪帝颁布《明定国是》诏,正式宣告推行变法新政后的第五天,即在6月15日(四月二十七日)的一天里,西太后就"勒令上(光绪帝)宣布"了三道谕旨和一个任命:一、以"渐露揽权狂悖"的"罪"名,将协办大学士、户部尚书翁同龢革职逐出京城;二、规定嗣后凡有赏项或补授文武一品及满汉侍郎之臣工(梁启超及其他材料中均说是补授二品以上的大臣)均须具折后再到西太后前"谢恩"。各省将军、都统、督抚、提督等官,亦须一体向西太后具折"奏谢";三、宣布于当年秋由光绪帝"恭奉"西太后到天津"阅操";四、将王文韶调进清中央,任命荣禄署直隶总督。

梁启超认为,西太后迫不急待地采取这些举动,是"篡废之谋",这种说法显然不能认为是扑风捉影。十分明显,西太后在关键时刻采取了这一连串的行动,实际是企图控制和准备进而扼杀变法维新(包括迫害光绪帝)所作的周密部署,这四者互相关联构成了一个巨大阴谋。

翁同龢在当时的清廷统治集团中,居于举足轻重的特殊地位。一些顽臣们说的"一切只有翁同龢能承皇上意旨",确实道出了真情。多少年来,翁同龢与光绪帝不仅存在着在历史上形成的"亲密"情谊,而且他又是光绪帝的一个最为得力的依靠力量。甲午战后,在清廷统治集团内部,他又成了支持光绪帝变法维新、筹议图强方略的主要推动者和谋划者。同时,他还是光绪皇帝与资产阶级维新派及与顽臣之间沟通、周旋的中心人物。因此,翁同龢成了西太后和顽固派官僚们的眼中钉、肉中刺是必然的。很清楚,在变法新政开始推行的时候,赶走翁同龢,这就等于切断了光绪帝的臂膀和他的活动渠道,使其"失所倚",进一步把光绪帝孤立起来。有的材料说,当光绪帝见到革职翁同龢的懿旨时,顿时"惊魂万里,涕泪千行,竟日不食",陷入万分的悲痛之中,显然是不言而喻的。在光绪皇帝颁布推行变法新政的诏书墨迹未干之时,西太后就把他在内部的积极支持者除掉,犹如冷水浇头,对变法革新事业不能不是一个极为沉重的打击。

与此同时,西太后又重新揽去对重要官员的赏赐和授任权,从而限制了光绪帝任用新人推行变法新政的活动余地;西太后对其班底作了调整,以填补翁同龢的空缺,把顽固官僚王文韶调入清廷中枢,加强了她在清中央的实力地位,将其嫡系亲信荣禄安插在显要的直隶总督位置上,并以他来统辖警卫京津的北洋三军,以便进一步控制兵权,提前放出准备于当年秋让光绪帝"陪"她到荣禄的辖区天津阅兵的空气,又是设下的一大陷阱。总之,这些都是西太后给光绪皇帝推行变法所设置的重重障碍,也是向他发出的危险信息。

事实表明,当光绪皇帝发布《明定国是》诏,开始进行变法维新的时候,以西太后为首的封建顽固势力也未坐视。不过,光绪皇帝是站在了时代潮流的正面,并且他又力图把变法活动纳入正常的施政轨道。在这种情况下,阴险狡猾的西太后及其亲信们,还不愿立即冒天下之大不韪公开对变法维新的本身大下毒手。他们宁愿把线拉得长一点,"俟到时候"再算"总账",好像这对他们更为有利。因此,西太后一伙便以在暗中部署和施放冷枪暗箭的方式来窥测时机。

对于来自西太后的这些咄咄逼人的阴谋活动,光绪帝已"有所闻"。但可谓"明知山有虎,却向虎山行"。决意进行变法维新的光绪帝,并没有在西太后的暗算和威胁面前而动摇,他在颁诏宣布推行变法新政之后,又冒着西太后煽起的阵阵阴风,坚持准备召见康有为。看来,他要不顾一切地把变法维新推向前进了。

召见康有为,使光绪帝与维新派建立起直接的联系,是这场变法运动能不能沿着资产阶级维新派的指向展开的又一个必不可少的重要环节。早在1897年末,已趋向支持变法的光绪帝就想召见康有为,但由于受到当时恭亲王奕訢等人的阻挠,未能实现。时至此刻,由于内外形势的变化,光绪帝的这个意愿终于在颁布《明定国是》诏之后的第六天,即6月16日(四月二十八日)实现了。

这次被召见的,除康有为之外还有张元济。当时康有为的官衔是工部主事,张元济是总理衙门章京,他们二人都是数不上流的"小人物"。康有为早就引起了以西太后为首的封建顽固势力的特别注意。很明显,光绪帝同时召见康有为和张元济二人,不过是为了减少顽固派的"疑忌"而作出的精心安排。尤其是引起人们回味的是,光绪帝召见这两人的地点,并未在离开西太后的紫禁城里,而是选在西太后眼皮底下的颐和园仁寿殿。如上所说,这时正是西太后放出四支毒箭的第二天,当时的紧张气氛是可以想见的。并且光绪帝召见康有为又是以西太后为首的封建顽固派最为敏感的事。在这样的形势中,只能说明,光绪帝的这种做法,无非是试图把他的召见活动,尽可能使之染上堂堂正正的色彩,以便消除西太后等人的"猜忌"。

在新政伊始之际,光绪帝亲自召见资产阶级维新派领袖康有为,具有特别的重要意义。在召见过程中,光绪帝的态度和表现如何,又是考察他的变法去向等问题的重要依据之一。故此,将康有为在其《自编年谱》中复记的与光绪帝之对话部分就要录下:

二十八日早入朝房……吾入对,上(光绪皇帝)问年岁出身毕,吾即言:"四夷交迫,分割洊至,覆亡无日。"上即言:"皆守旧者致之耳。"吾即称:"上之圣明,洞悉病源,既知病源,则药即在此,既知守旧之致祸败,则非尽变旧法与之维新不能自强。"

上言:"今日诚非变法不可。"吾言:"近岁非不言变法,然少变而不全变,举其一而不改其二,连类并败,必至无功……"上然之。

吾乃曰:"今数十年诸臣所言变法者,率皆略变其一端,而未尝筹及全体,又所谓变法者,须自制度法律先为改定,乃谓之变法。今所言变者,是变事耳,非变法也。臣请皇上变法,须先统筹全局而全变之,又请先开制度局而变法律,乃有益也。"上以为然。

吾乃曰:"臣于变法之事,尝辑考各国变法之故,曲折之宜,择其可施行于中国者,斟酌而损益之,令其可施行,章程条理,皆已备具,若皇上决意变法,可备采择,但待推行耳……"上曰:"然,汝条理甚详。"吾乃曰:"皇上之圣既见及此,何为久而不举,坐致割弱?"上以目睨帘外,既而叹曰:"奈掣肘何?"

吾知上碍于西(太)后无如何,乃曰:"就皇上现在之权,行可变之事,虽不能尽变,而扼要以图,亦足以救中国矣。惟方今大臣,皆老耄守旧,不通外国之故,皇上欲倚以变法,犹缘木以求鱼也。"

上曰:"伊等(指守旧权贵一引者)皆不留心办事。"对曰:"大臣等非不欲留心也,奈以资格迁转,至大位时,精力已衰,又多兼差,实无暇晷,无从读书,实无如何,故累奉旨办学堂,办商务,彼等少年所学皆无之,实不知所办也。皇上欲变法,惟有擢用小臣,广其登荐,予之召对,察其才否,皇帝亲拔之,不吝爵赏,破格擢用……其旧人且姑听之,惟彼等事事守旧,请皇上多下诏书,示以意旨所在,凡变法之事,皆特下诏书,彼等无从议驳。"

上曰:"然。"对曰:"昨日闻赏李鸿章、张荫桓宝星,何不明下诏书。"上一笑。

"自割台后,民志已离,非多得皇上哀痛之诏,无以收拾之也。"上曰:"然。"吾乃曰:"今日之患,在吾民智不开,故虽多而不可用,而民智不开之故,皆以八股试士为之。学八股者,不读秦汉以后之书,更不考地球各国之事,然可以通籍累致大官,今群臣济济,然无以任事变者,皆由八股致大位之故……"上曰,"然……"

对曰："上既知八股之害,废之可乎?"上曰："可。"对曰:"上既以为可废,请上自下明诏,勿交部议,若交部议,部臣必驳矣。"上曰："可。"

上曰："方今患贫,筹款如何?"……乃略言:"中国铁路矿务满地,为地球所无,若大举而筹数万万,遍筑铁路,练民兵百万,购铁舰百艘,遍开郡县各种学堂,水师学堂船坞,则一举而大势立矣,但患变法不得其本耳。中国地大物博,藏富于地,贫非所患也,但患民智不开耳。"于是言译书、游学、派游历等事,每终一事,稍息以待上命,上犹不命起……因谢保国会被劾,上为保全之恩,上皆点首称是。又条陈所著书及教会事,久之,上点首云:"汝下去歇歇。"又云,"汝尚有言,可具折条陈来。"乃起出,上目送之。

这次光绪帝对康有为的召见,对他们两人来说,都有着迫切的需要。而这种需要,又直接关系着刚刚开始的变法维新如何进行。在被召见的过程中,康有为充分地利用了这一难得的机会,又进一步向光绪皇帝面陈了在列强围逼之下,必须奋起变法维新方可求存的道理,同时也为光绪帝筹划了推行变法新政的具体方针、步骤,以及应变的主要内容和方式等等。

在颐和园和光绪帝的周围,早已布满了西太后的耳目。就在光绪皇帝接见康有为的时候,西太后的心腹荣禄,也突然来到颐和园的仁寿殿。而且他还抢先一步,向光绪帝"面劾"康有为"辩言乱政"。荣禄在此刻采取的这一行动,无非是企图通过继续攻击康有为的变法维新主张,来达到离间光绪帝和康有为的目的,同时也是对光绪帝发出的一种警告。因此,在召见康有为的过程里,光绪帝还不断地注意"帘外"的动向,并不时地流露出为难的神情。有人说,当时的光绪帝"惴惴如防大敌",显然是道出了当时光绪帝面对的实际情景。或者是出于顾忌,在他们的对话当中,光绪帝的谈吐不多。尽管如此,对于康有为提出的所有对变法维新的看法和建议,光绪帝还是都一一地表示了肯定或赞成的态度。在诸如变法方可图存,守旧必致误国,以及应该果断地废除"八股之害"等重大问题,光绪帝的态度同样是明确而坚定的。事实上,光绪帝通过这次与康有为的面谈,他们在对待变法维新的认识和态度上,取得了完全的一致。

他们两人的对话,突出了如何对待守旧势力的问题。在这方面,光绪皇帝鉴于自己的实际处境,的确表露出无可奈何的苦衷。实际上,摆在他面前的阻挠变法的势力既顽固而又强大,这是活生生的事实。对此,就康有为来说,他也是无法回避的。在对话之初,康有为曾一再强调必须"全变",但当光绪皇帝谈到充塞宫廷的权臣"多因循守旧,罚不及众"而感到苦恼时,他也不得不改变主意,又提出"就皇上现在之权,行可变之事,虽不能尽变,而扼要以图"的"渐变"方针。至于说,如何处理新、旧势力的关系,采取怎样的变法方式,康有为也只得面对现实,建议"皇上欲变法,惟有擢用小臣,广其登荐,予之召对,察其才否,皇上亲拔之,不吝爵赏,破格擢用"。与此相应的是,为了避开守旧官僚对变法的抵制和干扰,康有为又要求光绪帝"凡变法之事,皆特下诏书",采取公开推行的方式。可是,对这些"小臣"怎样具体的"不吝爵赏,破格擢用"呢?梁启超作了清楚的说明。他说,当时康有为看到群顽难驯,便"请皇上勿去旧衙门,而惟增置新衙门,勿黜革旧大臣,而惟渐擢小臣,多召见才俊志士不必加其官,而惟委以差事,赏以卿衔,许其专折奏事足矣"。对于这种"渐变"的方针和对维新人士只给提供参与变法新政的活动条件而不公开加以高官,以及通过颁布明诏来推行变法的方式,光绪帝均"然其言"。并且在此之后,光绪皇帝也确实基本是按照这一方针、方式推行变法新政的。

从康有为和光绪皇帝议定的这种变法维新的方针和策略本身来看,无疑是对守旧势力的一种妥协的产物。然而在新旧力量对比悬殊的政治环境中,要对中国进行改革,对根深蒂固的守旧势力在一定的条件下作某种程度的妥协,也是不可避免的。十分明显,他们准备做出的这种让步,其根本的立足点,还是为了推进变法维新事业。康有为、光绪帝议定采取的这种具有妥协气味的对策,既有其现实性,也有无可否认的策略意义,它的内涵是积极进取的。

体现这一方针策略的第一个实际表现,就是在召见康有为之后的当天,光绪皇帝即命康有为"在总理各国事务衙门章京上行走"。并许其有"专折奏事"的权力。本来,按当时康有为的地位和作用来说,光绪帝授予他较高的衔位应是顺理成章的事,可是光绪帝为什么却仅仅授予他一个六品卿衔的小小章京?原来,在光绪帝准备"赏官"给康有为的时候,荣禄和刚毅又串通一气竭力阻挠。当他们感到硬顶不行时,又按其欲谋力主"予微差以抑之"。正是在这种情况下,光绪帝在"嗟叹再三"之余,为了避免引起群顽的过分"怨谤",才不得不按着康有为的计议作出了这一决定。但是,从另外一个角度看来,正如梁启超所说,"康有为以主事(被)召见,已为咸丰以来四十余年未有之创举。若以主事专折奏事,尤为国朝旷典所无。"鉴于当时的特定情况,对于已成为顽固势力众目睽睽的维新派领袖康有为,关键不在于衔位的高低,而在于是否使他取得筹划变法新政的活动权。何况刚刚还被权臣荣禄指控为"辩言乱政"的人,现在竟被光绪皇帝加衔授权。就此而言,这也是具有突破性的举动。

光绪皇帝通过召见康有为,在进一步统一了思想认识的前提下,又共同议定了推行变法新政的具体方针、步骤和方式、方法,并从中摆脱了顽固势力的纠缠,使资产阶级维新派领袖康有为通过"专折奏事",在事实上取得了对变法维新具有决策性的参议权。这样一来,就为光绪帝的图强活动纳入资产阶级维新派铺设的革新轨道奠定了坚实的基础。从此以后,通过光绪皇帝推行的变法新政,也就展现出越发明显的新面貌。

到了1898年(光绪二十四年)的初夏,多年来试图有所作为的光绪皇帝,终于被变法图强的滚滚潮流推到了历史的前台。固然,从当时的客观环境和光绪皇帝自身的境况来说,这种局面的出现,似乎是一种很不协调的历史安排。然而,它却深刻地体现了历史发展的合理性。

光绪皇帝从颁布"决意"变法的《明定国是》诏和继而召见康有为共商变法大计以来,资产阶级维新派的革新建议和其他一些图强要求,都通过他的诏旨像雪片一样传向全国上下。于是,在短短的二三个月的期间里,即在死气沉沉的清王朝的政治思想界,卷起了一个"除旧更新"的波澜。到此,从甲午中日战争后兴起的愤发图强的呼声,迅速地汇集成一个冲动全国的革新热潮。衰弱落后、任人欺凌的近代中国,迎来了一场前所未有的变革洗礼。这一革新热潮,虽然首先是在清王朝统治机体的内部展开的,但其影响却很快地冲破了这个王朝的政界围堰,成为十九世纪末叶中国政治生活的轴心。

以1898年6月11日(光绪二十四年四月二十三日),光绪皇帝颁布《明定国是》诏正式宣告推行变法新政为起点,到当年9月21日(八月六日),西太后重新"训政",宣布变法维新为非法时为止的"百日维新"期间,光绪帝先后发布的有关改革的各种诏令,计有一百八十条左右。按一百零三天计算,平均每天颁发1.7条,最多者,如在9月12日(七月二十七日)的一天中,即颁发了十一条维新谕旨,可见这场变法维新的来势何其迅猛!这种盛况的出现,当然是资产阶级维新派适应时代的要求,历经多年的艰辛努力所促成的;但是它也体现了光绪帝"深观时变,力图自强"的急迫心情。

为了展示这次变法维新的场面,观其改革的深度、广度,兹将光绪帝颁发的变法维新诏令,举其要者分类列下:

选拔、任用"通达时务"和有志维新的人才

6月11日(四月二十三日),谕各直省督抚保荐品学端正、通达时务,无论官职大小数人,以备"考验"通使各国。

6月12日(四月二十四日),谕令宗人府在该王公贝勒中,选拔"留心时事,志趣向上者"听候任用。

6月27日(五月初九日),降谕重申,"用人一道,最为当务之急"。要求各大臣等"尤须举贤任能",罢斥"瞻顾因循"者。

7月13日(五月二十五日),谕"以广登进而励人才"、命三品以上京官及各省督抚学政,在三个月内各举人才数名,随请随试,"用副朝廷侧席求贤至意"。

同日,令京外人员保荐精专制造及驾驶声、光、化、电诸学之才,考验得实,因材器使。

7月30日(六月十二日),命刘坤一、张之洞,立即饬令维新人士黄遵宪、谭嗣同来京引见。

8月29日(七月十三日),谕命通达时务的维新人士杨锐、刘光第、严复、林旭等,一体预备召见。

9月5日(七月二十日),授杨锐、刘光第、林旭、谭嗣同四人四品卿衔,在军机章京上行走,参与新政事宜。

9月7日(七月二十二日),命各直省督抚,留心访察,如有通达时务勤政爱民之员,随时保送引见,以备录用。

9月16日(八月初一日),为采用西法,振兴中国商务,推广制造,电谕出使各国大臣,在寓居外国的华侨中,无论士商工匠,选其可用者,随时送回国内"以备任使"。

发展近代教育。培养新人

6月11日(四月二十三日),命筹办京师大学堂。所有各部院司员及候补、候选道、府、州、县各官之子弟等等,愿入学堂者,"均准入学"。

6月20日(五月初二日),谕总理衙门议设矿务学堂,并现有学堂一律增设矿务学。拟由各省督抚选派"年幼聪颖学生"赴日本学习矿务。

6月23日(五月初五日),谕令自下科为始,乡会试及生童岁科各试,废除八股文,一律改试策论。

6月30日(五月十二日),令将经济岁举归并正科,同样改试策论。

7月3日(五月十五日),颁谕宣布,为"广育人才讲求时务",参用西方学规正式创办京师大学堂,派孙家鼐管理大学堂事务。

7月10日(五月二十二日),谕各省府、厅、州、县之大小书院及民间的祠庙,"一律改

为兼习中学西学之学校"。省会设高等学校;郡城设中等学校;州县设小学校。各地方捐办之义学、社学,也一并"中西兼习"。各地绅民如能捐建学堂,给予奖励,"实力振兴"教育。

7月13日(五月二十五日),颁谕重申,各省士民"捐办学堂各事,给予奖励",准予对上述士民"给予世职实官虚衔"。"鼓励人才,不靳破格之赏"。

7月19日(六月初一日),公布科举新章,乡会试仍分为三场:一场试历史及清代政治;二场试时务策;三场试四书五经。并决定,"嗣后一场考试,均以讲求实学实政为主,不得凭楷法之优劣为高下"。

8月4日(六月十七日),以期与京师大学堂"相辅而行",大力造就新式人才,谕令京师广立小学堂。

8月19日(七月初三日),颁谕正式宣布,"各项考试,改试策论",并废朝考之制。又决定"一切考试诗赋,概行停罢""造就人才,惟务振兴实学",以期使天下翕然向风,讲求经济。

8月21日(七月初五日),命驻外使臣,在国外华侨集居各埠设华侨学堂,兼学中西文字"以广教育"。

8月30日(七月十四日),再次颁谕宣告,开办"学堂造就人才,实为急务",命切实劝导。

9月9日(七月二十四日),准设医学堂,"考求中西医理",发展近代医学事业。

9月12日(七月二十七日),命改各省中小学堂的任教职称为教习。

同日,谕令,奖励试办速成学堂,逐步推广,以期尽速"收效"。

9月19日(八月初四日),应请,命内务府,将该处官房拨给顺天府设立中学堂,并准予在顺天府属各州县选拔学生就学,以便"广育人才"。

改革行政规则,裁减机构、冗员,整顿吏治

7月29日(六月十一日),为改变各衙门堂官司员藉繁琐之旧则例"因缘为奸,舞文弄法",故命将各旧则中"实多窒碍者,概行删去,另定简明则例"。

8月2日(六月十五日),电谕伍廷芳,"博考各国律例",拟制条款,送总理衙门"覆办"。

8月10日(六月二十三日),再谕各臣工,强调"舍旧图新"之关要,严斥"墨守旧章"阻挠改革庶政之言行。

8月30日(七月十四日),旨令各督抚,认真清理吏治,杜绝"种种殃民之事",以利"民生"。

同日,因"旧制相沿",造成国家各级机构重迭,冗员充塞。诏令裁撤中央的詹事府、通政司,光禄寺,鸿胪寺,太仆寺,大理寺等衙门。地方督,抚同城的湖北、广东、云南三省巡抚,闲置的东河总督,不办运务的粮道及无盐场的盐道均予裁并。至于其他应裁、减,归并的机构和官员,命大学士,六部及各省督抚,陆续"切实"议定办理。同时申明,各级官员"不准藉口体制攸关,多方阻格,并不得以无可再裁,敷衍了事"。

9月1日(七月十六日),旨令已裁撤的詹事府、通政司、光禄寺等衙门的一切事宜,均并归内阁六部分办,并归的具体事项,由大学士及六部尚书、侍郎于五日内具奏。

9月2日（七月十七日），谕令所有各衙门，均当依照吏部，户部删定的则例办理"以归划一"。

9月9日（七月二十四日），为使无官职的"通才"参与议政，准予作为定制设散卿、散学士之职。

9月10日（七月二十五日），再次谕令大学士和六部尚书、侍郎及各省督抚，对尚未进行裁、减、归并的事宜，尽速切实筹议。

9月20日（八月初五日），旨令各省督抚，"必当以吏治民生为重"，不得出自于私，滥任州县等官吏。

鼓励上书言事，广开言路

8月2日（六月十五日），谕大小臣工广泛言事"以备采择"；并宣告，"士民"有上书言事者，由都察院呈递，"毋得拘牵忌讳"。

9月1日（七月十六日），命将"藉端"阻挠主事王照条陈言事的礼部尚书怀塔布、许应骙等交部议处，并命嗣后代递条陈，原封呈进，堂官不得拆开。

9月2日（七月十七日），降谕宣布，"士民有上书言事者，亦应按原封进呈"，并"随到随递，不准稽压，倘有阻格，即以违旨惩处"。

9月4日（七月十九日），颁朱谕宣告，礼部尚书怀塔布、许应骙及侍郎堃岫、徐会沣、溥颋页、曾广汉等六堂官，因一再阻挠主事王照言事予以革职。同时决定，由于王照"不畏强御"勇于进言，给予嘉奖，赏三品顶戴，以四品京堂候补，激励言事。

9月12日（七月二十七日），为进一步冲破守旧势力的阻格，连降两谕，命将推行新政之谕旨和鼓励上书言事的诏令一并照样抄录，悬挂各省督抚衙门大堂，以期"家喻户晓"，破除"壅隔"。

9月13日（七月二十八日），电谕各省督抚及藩臬道府官员，凡有上书言事者，均可自行专折具奏，"毋庸代递"；州县等官言事者，仍由督抚将原封呈递；士民有上书言事者，由本省道府随时代奏。对于所有奏疏"均不准稍有抑格，如敢抗违或别经发觉，定将该省地方官严行惩处"。

提倡办报、译书和出国游学

6月12日（四月二十四日），为"开通风气"，选派宗室王公出国"游历"。

6月28日（五月初十日），谕令筹款兴办译书局。

7月3日（五月十五日），授梁启超六品衔，管理译书局事务。

7月6日（五月十八日），准予奏请，在南洋公学内设立译书院，翻译各国书籍。

7月17日（五月二十九日），准将上海时务报改为官报。

7月26日（六月初八日），正式改上海时务报为官报，命康有为督办其事。同时宣布，各报"自应以胪陈利弊，开广见闻为主，中外时事，均许据实昌言，不必意存忌讳，用副朝廷明目达聪、勤求治理"。

8月2日（六月十五日），谕令从同文馆和各省学堂选派学生"出洋游学"。并宣布，各部院"如有讲求实务愿往游学人员"，亦可一并咨送。

8月9日（六月二十二日），谕令各省督抚，积极筹拨银款资助官报。重申，各报馆立说，"总以昌明大义，抉去壅蔽为要义，不必拘牵忌讳，致多室碍"。

8月16日(六月二十九日),谕令,对于梁启超主办的译书局,要立足于"经久之计",必须"宽筹经费"速见成效。

8月18日(七月初二日),命各省督抚,从各学堂中挑选"聪颖学生,有志上进"者去日本留学。

8月26日(七月初十日),准梁启超所请,在上海设立翻译学堂,承认学生出身,编译之书籍报纸一律免税。

9月12日(七月二十七日),准请,作为上海官报之续,在京城设立报馆,翻译新报,并提倡各地"官绅士民"一律举办,以期开风气而扩见闻。

9月17日(八月初二日),谕准"推广游学办法"。应请,准令"绅富之家,各选子弟"送往外国就学。各生毕业后回国"引见录用,以期选拔真才"。

振兴近代工、农、商业及交通事业,奖励发明创造

6月12日(四月二十四日),谕申"商务为富强要图,自应及时举办"。命各省会设商务局,公举"殷实绅商,派充局董"。

6月26日(五月初八日),命盛宣怀立即"兴工赶办"芦汉铁路,并命承办各员加速开办粤汉,宁沪各铁路。

7月4日(五月十六日),谕令各地方官劝谕绅民,兼采中西各法振兴农业;并倡导设立农学会,翻译外国的农学诸书。

7月5日(五月十七日),颁谕宣布,为鼓励私人发明制造,各省士民著有新书、创行新法、制成新器确有"实用者",给予奖赏,并"准其专利售卖"。有兴造枪炮者"给予特赏,以昭激励"。

7月12日(五月二十四日),颁布奖励振兴工艺章程十二条。

7月13日(五月二十五日),为发展工商,颁布经济特科六条。

同日,对于筹办中国通商银行,谕令应以"振兴商务"为本。

7月14日(五月二十六日),谕令各直省将军督抚,严饬各该地方官,"务须体察商情,尽心保护。"严禁胥吏勒索商贾,凡有铺商倒闭、亏空,"应即讯明查追断还"。

同日,谕,"振兴商务,为富强至计,必须讲求工艺,设厂制造,始足以保我利权。"

7月25日(六月初七日),谕称,中国地大物博,极宜讲求制造"不致利权外溢"。命先在沿海、沿江一带试办商务局,商会及出版商报,促进设厂兴工,逐渐推广。

7月29日(六月十一日),谕令总理衙门事务大臣,"鼓励"各省商办铁路、矿务。

8月2日(六月十五日),谕各省督抚"认真劝导绅民,兼采中西各法",振兴农政。

同日,宣布于京师设矿务铁路总局,各省开矿,筑路事宜"俱归统辖",大力推广开矿、筑路。

8月10日(六月二十三日),谕云在"强邻环伺"之下,欲使商务流通"隐杜觊觎",只有广开口岸。命沿江、沿海,沿边各将军督抚咨商总理衙门详定节目,在口岸"不准划作租界,以均利益,而保事权"。

同日,应杨深秀奏请将津镇(江)铁路招商承办,谕令矿务铁路总局督办王文韶、张荫桓"酌覆办理"。

8月21日(七月初五日),宣布在京师设立农工商总局,各直省设分局,总理全国及各省农工商事宜。各省府、州、县皆办农务学堂,广开农会,创办农报,购置农器。"考求新法"改革和发展农工商业。

8月31日(七月十五日),为使农工商总局"以持久远",命端方等认真筹办经费。

9月8日(七月二十三日),再次旨令各省督抚积极筹集款项,迅设局所,广兴机器制造"以扩利源而资民用"。

9月10日(七月二十五日),命胡燏芬筹款兴办京西煤矿至芦沟桥的运煤铁路。

9月11日(七月二十六日),谕令通商口岸及出产丝茶省份的督抚,迅速筹设茶务学堂及蚕桑公院,大力发展供出口的丝茶业,以阜民生而保利权。

同日,谕令将与各国签订的通商约章汇编成书,以备酌改和遵行。

同日,对黄思永建议铁路矿务由国家设立公司任听外国商人入股一事。降谕指出,"现时国家不特无此财力,且流弊百出",未予采纳。

9月12日(七月二十七日),为便于"商民""以广流通",谕令裁撤驿站,在京师和各省、府、州、县广设邮政分局。

9月13日(七月二十八日),再次颁谕重申"农务为中国大利根本",必须参用西法、购置机器、多设农会、广出农刊、讲求农学,"劝富民集资"切实兴办,发展新式农业。又强调,为维护"中国利权",对商务之大宗丝茶,亦应"广置机器,推广种植制造,以利行销"。

整顿民事,改革财政

8月13日(六月二十六日),康有为上折请禁止天下妇女缠足,命各督抚等推行。

9月5日(七月二十日),谕称"国家振兴庶务,尤以通达民隐为先"。旨令各省、州、县及时清理各种积案,严禁各级官吏"藉端讹索"百姓,"以除积弊而恤民隐"。

同日,为改变京师道路泥泞、沟渠壅塞,命工部会同管理河道大臣等,修整疏通京师街道、沟渠。

9月7日(七月二十二日),为制止地方官吏通过发行"昭信股票"而"苛派扰民",旨令在民间现办之"昭信股票"立即停止,"与民休息"。

9月8日(七月二十三日),鉴于过去遇到灾荒,只以拨款救济,致使经办官吏"侵渔冒领,弊窦百出",灾民得不到"实惠"。谕令仿效外国加以改革,实行"以工代赈",既可"养赡穷民",又能振兴工业。

9月14日(七月二十九日),诏准八旗人"各习四民之业",自谋生计。并旨令,改订旗民"徙户开屯计口授田成案"。

同日,命两江、湖广、浙江各督抚,彻底清理已成虚悬的卫所屯田旧制,改行征税,以充国用。

同日,谕令各海关制定约章,严禁兴安岭一带金砂及各省制钱流入外洋。

同日,鉴于厘金行久,"遂致弊端丛集""徒滋纷扰",命户部速筹"兴利除弊"之策。并云"理财之道,取之农不若取之商,用吏役不若用士人",以达"裕国阜民"之效。

9月16日(八月初一日),为仿照外国"豫筹用度之法",命户部编制每年的财政预算表,按月刊报,公诸天下。

整建陆、海军,以期富国强兵

6月27日(五月初九日),谕令军机大臣及督办军务王大臣等,参用西法编练军队。

7月9日(五月二十一日),谕命对八旗及绿营练勇进行裁并,汰弱留强,仿照西方兵制,改习洋枪,加以编练。

7月16日(五月二十八日),谕促各省将军督抚,切实裁兵整军,力行保甲,整顿厘金,严杜中饱,以达富国强兵。

7月28日(六月初十日),颁谕重申,"力求振作,思御外侮,则整军经武,难再视为缓图"。再次责令各将军督抚,剔除中饱,集中财力,"添设海军、筹造兵轮"。

8月10日(六月二十三日),谕称,欲整建水师,以达"制胜"之效,"必以学堂为根本"。谕令南、北洋大臣及沿海各将军督抚,应设各类专门学堂"预备人才"。

8月30日(七月十四日),责成专办之员,出洋采办军火。

9月2日(七月十七日),命兵部妥议改定武科事宜。

9月6日(七月二十一日),恽毓鼎奏请于京师设武备大学堂,旨令孙家鼐妥议。

9月16日(八月初一日),应请,谕令刘树堂,将据实削减河工之款"创办海军"。

通常所说的"百日维新",显然只是这场变法维新运动的初期阶段。在这个期间里,如梁启超所说:"因皇上无权,不敢多所兴举。"明显地看出,光绪帝是按照康有为原先提出的"就皇上现在之权,行可变之事"逐步改革的方针进行的。这时光绪帝颁发的革新诏令,诸如废八股改试策论、兴学出洋造就选拔"通达时务"的新式人才、发展近代农工商及交通事业、奖励发明创造、倡译外国书刊、裁撤闲散机构和冗员、淘汰腐败的绿营兵和编练新式陆海军以及编造财政预算、修整京师道路等方面的革新措施,都是采纳或是以康有为的建议为基础制定颁诏推行的。当然,其他官员提出的革新要求,光绪帝也采取了兼收并蓄的态度。不过,就是在这些官员当中,如山东道御史杨深秀和宋伯鲁、翰林院侍读学士徐致靖、江西道御史王鹏运等人,提出的一些要求改革的奏疏,或是为康有为"代递"的;或是"受命"于康有为上呈的。至于其他官员奏请的革新建议,也基本上没有超出资产阶级维新派主张的范围。因此,光绪帝推行的这些维新措施,"大多为康有为先生之政治主张"。康有为自己也证实,在戊戌维新当中,"皇帝已经采取了很多我的奏折中的建议。"

在光绪皇帝推行的改革措施中,诸如设厂,开矿、兴商,修筑铁路、编建近代海军以及办学、译书等等,曾是洋务运动进行过的内容;引进"西学",也是洋务派官僚早就提倡过的。但是人们知道,所有这些又都是近代中国人要搞近代化所离不开的,显然不能把从事这些事业的活动都一概镶在洋务运动的框子里。前曾说过,以李鸿章为首的老洋务派,搞了些有限度的近代建造,却是紧紧服务于封建统治的。到这时,后起的洋务派官僚张之洞,对"西法""西学"喊得更响亮了,可是他仍然认为"今朝政清明",好像封建统治制度根本没有改革的必要。从而,他针对资产阶级维新派和光绪帝的变法改革,提出了一个"可变"与"不可变"的严格界限。张之洞认为,"夫不可变者伦纪也,非法制也,圣道也非器械也;心术也非工艺也"。这就是说,在他看来可以仿效外国加以变通的只不过是"法制(统治方式)""器械""工艺"之类,至于封建专制主义的道统及其政治体制,那是完美无缺的,绝不可以弃而变之。另一个后起的洋务派官僚刘坤一,也对维新派宣传的西方资产阶级的"平等、民权"说斥之为"伤理害道",对在当时具有反封建作用的西方政治学说，表露了切齿之恨。显而易见，张之洞等洋务派大官僚的"西学"观，与顽固派官僚荣禄、王文韶提出的"富强之道，不过开矿、通商、练兵、制械，其他大经大法，自有祖宗遗制，岂容轻改"的观点是同出一辙的。他们都把借用"西法"、引进"西学"限定在一个固定的框框之中，唯恐封建专制制度及其思想基础受到冲击。

如前所说，光绪皇帝是在甲午惨败之后，出于"忧国伤时"，对封建的传统观念发生了怀疑，感到不得不另外寻求出路。他在了解到一些国外的情况之后，便产生了仿照外国来革新中国的愿望。当他被历史的潮流推到变法维新的前台以来，其胸怀又得到了进一步的扩展。于是，一方面，光绪帝深切地感到，在当时的形势下，要维新"讲求时务，勿蹈宋明积习"，意识到不应再走回头路了；另方面，他又看到，只有那些"昧于域外之观者"，才"不知西国政治之学，千端万绪"，觉得要学习外国的领域是十分广阔的。光绪帝在《明定国是》诏里就强调指出，必须"博采西学""毋徒袭其皮毛"，也可以说这种思想主张是对洋务派有限度地引进"西法""西学"的一种批判性的发展。因此，他在采取或准备采取的各方面的改革措施中，都贯穿了向外国学习的线索，而且又都把这种学习提到了国策的高度。所以如此，固然是体现了资产阶级维新派的作用，但从根本上来说，还是反映了时代的必然趋势。正如毛泽东同志指出的，在世界上"只有西方资本主义国家是进步的"历史条件下，灾难深重的中国人，"要救国""只有学外国"。而在这一学习的过程中，是要模仿先进的资本主义国家来改造落后的中国，还是只图栽植一些外国的"皮毛"技艺以维护自己的统治地位？越来越明显地成为近代中国各阶层的人们学习外国的两种不同的走向。应当说，这时的光绪帝已经被纳入了前者的行列。

正因为这样，就光绪帝明诏推行的维新改革措施来说，无论其广度和深度，都远远地超出了洋务运动的范围。光绪皇帝不仅也大力提倡仿效外国在中国发展近代的工、矿、交通、商务、邮政，编练陆海军和办学、译书等，还把这种改革扩展到农业、财政、思想舆论、社会风情、民政吏治以及政治规制等各个方面。有些改革，如裁撤绿营兵，废弃驿站，尤其是取缔八旗人的寄生制等等，都是直接触犯其"祖制"的变革措施。

以前，洋务派官僚曾在福州、天津等地创办过新式学堂，也派出一些人出国留学。李鸿章等在上海的江南制造局设立了翻译馆，译出一些西方近代数理矿务等科学著作，对国内外都产生过一定的影响。但是所有这些，都是在几个洋务派大官僚牢牢地控制下，仅仅是为他们从事的洋务事业（主要是为办海军）服务的，根本没想把它们推广到全社会。

康有为以及梁启超，要模仿日本的明治维新来革新中国，对培养各种新式人才都极为重视。光绪帝也"以为改革之事，全赖人才，故首注意教育"，并把发展近代教育视为变法维新之"急务"，同时也是以此作为学习外国的重要渠道。事实上光绪帝进行变法改革，就是以促进创办京师大学堂作为着眼点的。

此后，光绪帝在改革科举考试制度的同时，又接连颁发了大量谕旨，采取"奖励"等各种方式，旨令全国各地广泛设立新式的高、中、小学堂"中外兼习"。甚至他为了克服经费的困难以便尽速推广，又鼓励各地私人"自行筹款"创办速成中学。此外，光绪帝还频繁旨令在国内各处设立矿务、农学以及医学等专业学校，以培养各种专门人才。与此同时，光绪皇帝并反复降旨，号召上自宗室王公下至各地的"聪颖学生"，都可到日本等国考察和就学,把派出员生出洋考察、学习,亦列为变法维新的重要内容。编译西书,光绪帝也不是仅仅立足于吸取外国的先进技艺,他还试图"藉以考证政治得失",试图把仿照外国的改革扩展到政治领域(实际有些改革已经涉及政治方面了)。光绪帝在十分重视发展近代工、商、交通和编练军队之外,又大力提倡"参用西法"振兴中国的农业;"仿用西法"发展中国的丝、茶业;模仿西方各国"预筹用度之法"编制财政预算,以及"仿西法"修整京师道路。同时,光绪帝还参照各国的情况倡导在各地设立商会、农会和蚕桑公院等群众性团体;鼓励"士民"上书言事;出版各种报刊,"胪陈利弊,开广见闻",给人们一定的结社和言论自由,以及整顿吏治,改革民政,采取与民休息的政策等等,这都是在洋务运动中所不可想象的。从而足见,这次改革已具有较为广泛的社会性。也表明,光绪帝在仿照外国来改革中国的道路上,已走出了相当可观的一段路程。

并且,光绪皇帝的这种向外学习,依然体现了挽救民族危机和维护国家、民族权益的鲜明特色。他在推行变法新政的过程中,除继续提醒人们注意列强环视的严重局面之外,还反复强调了"近来中国利权,多为外人所夺"的严酷现实。从而他指出,"讲求工艺,设厂制造,始足以保我利权";发展商务、开发矿藏和振兴农业、丝茶业等,亦应以防止"利权外溢"为首要。为此,光绪帝申明,在发展商务开拓商埠时,要"详定节目,不准划作租界,以均利益,而保事权"。仅据上述事实即可说明,光绪帝学习外国的基本立足点,还是为了"以强中国"。

即使从光绪皇帝推行的这些革新措施的整体来说,仍然是侧重于吸取外国先进的生产技术、商品流通方式和培养与此相应的新式人才等方面,但也不可否认,光绪帝却在极欲改变中国陈旧落后的面貌。正如马克思所说:

> "随着新生产力的获得,人们改变自己的生产方式,随着生产方式即保证自己生活的方式的改变,人们也就会改变自己的一切社会关系。手推磨产生的是封建主为首的社会,蒸汽磨产生的是工业资本家为首的社会。"

光绪皇帝固然没有明确提出在中国发展资本主义的主张;然而,在他进行的这种较为广泛的改革中,也没有设置不可导向资本主义的高墙壁垒。恰恰相反,如果光绪帝能够沿着这条改革道路走下去,必将给在挣扎中发展的中国资本主义以新的推动,产生他可能想象不到的社会变革。可以认为,光绪帝适应资产阶级维新派的要求,仿照日本的明治维新制定的这一整套维新改革措施,是近代中国第一个已通过国家政权的力量要付诸实现的、较为全面、系统的近代化蓝图。

因此,在变法新政推行的过程中,当改革的"诏书每下,薄海有识之士,皆感激零泣,私相劝奋",使那些渴望祖国得到复兴的人们受到莫大的鼓舞,在一些地区,出现了"争言农商之学,争译农商之书……上行下效,风气大开"的新局面。变法新政的推行,在沉睡的神州大地,闪射出希望之光。

五

这时的光绪皇帝,据梁启超说,他已"知守旧大臣与己小两立,有不顾利害,誓死以殉社稷之意,于是益放手办事"。在胡思敬的《戊戌履霜录》中也有这样一段记述,大致在礼部六堂官被革职之后,当光绪皇帝照例到颐和园向西太后"问安"时,西太后面责光绪帝:"九列重臣,非有大故,不可弃;今以远间亲、新间旧,徇一人(似指康有为——引者)而乱家法,祖宗其谓我何?"对此,光绪帝斩钉截铁地回答说:"祖宗而在今日,其法必不若是;儿宁忍坏祖宗之法,不忍弃祖宗之民,失祖宗之地,为天下后世笑也。"

把光绪皇帝在这期间的言行表露对照起来可以清楚地看出,他确实被反对派势力逼迫得横下了一条心,为了不失去"祖宗之民",维护"祖宗之地",以免给"天下后世"留下笑柄,宁可玉碎不为瓦全,甘愿"坏祖宗之法",也要将变法新政推行下去。而且他的这种信念,竟然达到敢于向历来望而生畏的"老佛爷"公开摊牌的地步。因此,当他罢掉礼部的顽固官僚之后,果真又"不顾利害"向变法的纵深推进了。

就在罢礼部堂官事件发生后的第二天,即 9 月 5 日(七月二十日)的一天当中,光绪帝又采取了两项关系重大的措施。其一,任命署汉军都统裕禄、仓场侍郎李端棻署礼部尚书;内阁学士寿耆、原詹事府少詹事王锡蕃署礼部左侍郎;翰林院侍读学士徐致靖、原通政司通政使萨廉署礼部右侍郎(以上六人的新任官职于 9 月 7 日经请西太后实授。同日又补任内阁学士阔普通武为礼部左侍郎)。其二,经分别召见颁谕宣布,内阁侍读杨锐、刑部候补主事刘光第、内阁候补中书林旭、江苏候补知府谭嗣同"均著赏加四品卿衔,在军机章京上行走,参预新政事宜"。

这两项措施既有联系(都是为了便于深入推行变法新政),但又有所不同。前者是对清中央政府原有官署官员的更换;后者是光绪帝"以辅新政"而自行任用的官员。

更换官员,当然要按照清廷的惯例进行,而且尚书、侍郎通常属于二品以上的高级官员,对于这些职官的任用权已被西太后重新揽去。正如梁启超所说,光绪帝"无授二品官之权,须请命太后也",十分明显,光绪帝要能使他的这一任命得到西太后的批准,对在这些新任官员的搭配上自然要动些脑筋。在光绪帝任命的这七个礼部尚书、侍郎之中,李端棻,字苾园,贵州贵筑(今贵阳)人。同治二年(1863 年)考中进士,累擢学政、御史,内阁学士,刑部侍郎,后调任仓场侍郎(又说仓场总督)。他长年担任乡试考官,累操"文柄""喜奖拔士"。李端棻在广东担任主考官时,"赏梁启超才,以从妹妻之,自是颇纳启超议,娓娓道东西邦制度",与梁启超在思想上互相影响,关系甚密。在变法维新期间,他积极支持康有为、梁启超以及谭嗣同的变法活动,尤其在兴学、译书、办报和派员到外国考察等方面多有建议,他是惟一的一个"二品以上大臣,言新政者"。徐致靖,字子静,江苏宜兴人。光绪二年(1876 年)考中进士,自此进入官场,后任翰林院侍读学士。甲午中日战后,见"外侮日深,思变法图存"。在变法之初,徐致靖是清廷官员之中推荐康有为的人之一。在光绪帝颁布《明定国是》诏,废八股改试策论和议设制度局等重大改革的举动中,徐致靖均站在维新派一边,成为改革的积极促进者。在推行变法的风风雨雨的过程里,他一直与维新派为伍,使康有为倚为"知己,一日三往叩谢",康有为的很多奏疏、建议是通过徐致靖进呈给光绪帝的,并且他个人亦有建树。徐致靖是康有为的得力助手和维新派的可靠同盟者。王锡蕃与徐致靖同样,皆是常为康有为代呈奏议,"频言新政"的人。内阁学士阔普通武,满族正白旗人。在变法期间,力主"舍旧图新",建议"仿泰西设议院",他是在满族高官当中惟一的一个与康有为等维新派人士关系密切,积极支持变法维新者。总之,以上四人,均可谓是维新官员。至于其他三人,都是守旧势力方面的人物。不过,寿耆与萨廉,既不属于西太后的嫡系,在维新变法时亦未见有多么露骨的抵制活动。说起来，只是裕禄虽对变法维新还没有大露锋芒，但他却有点来头。裕禄，自同治末年和进入光绪年间以来，历任安徽巡抚及湖广、两江总督、盛京将军等要职。在其任总督期间，廷议修建卢汉铁路时，他"力陈不可"，思想十分守旧。后在甲午中日战争中，因其辖地半失"数被议"，受到参劾。其时"德宗（光绪皇帝）将罢之，荣禄说于孝钦，强帝调之福州兼理关税"。裕禄正是得到西太后以及荣禄的庇护终未丢掉乌纱帽，他可说是受到西太后宠信的一个顽固派官僚。光绪帝对这样一个原要对其罢职、后又得到西太后赏识的人，现在竟任其为礼部尚书，显然是有其特殊用意的。并在这新任的七个礼部堂官当中，有四个（占多数）是始终站在维新派方面、积极支持维新变法的官员。就此安排，对于没有任用二品以上高官全权的光绪帝来说，无疑也是一个果敢的举动。其实，在当时的情况下，就光绪皇帝而言，在将礼部六个顽固派官僚革职之后，又立即任用新人，其重要的意义在于，由此表明，这时的光绪帝不仅敢于罢掉阻挠变法新政的高级官员，即使是西太后的亲信，也勇于擢用他人。这种影响是巨大的，也是极为必要的。事实上，光绪帝采取的这种措施，也确实产生了深刻的积极影响（具体情况下面再说）。

光绪皇帝为了建立"辅佐维新"的班子所选用的这四个人（一般所说的戊戌四卿），当然也各有自己的特点和不同的经历、不同的社会联系，但他们却有其明显的共性。

杨锐（1857 — 1898 年），字叔峤，四川绵竹人。初"受学其兄"，十九岁应童子试为诸县之"冠"。后在张之洞督学四川时"奇其才"，受"奖拔"，继续在其门下受业。此后多年，又随张之洞"任奏牍文字，佐幕府"。光绪十五年（1889 年）考中举人，授内阁中书（后任内阁侍读），他从这时起即到北京做官。张之洞"爱其谨严"，所以直到在北京任职期间，他们之间仍保持着密切的联系。可是，当《马关条约》签订后，杨锐也"益慷慨谈时务"，并与康有为"过从极密"，在康有为、梁启超于北京创立强学会，大力宣传、组织变法维新的初期，他"起而和之，甚力"。后来强学会被顽固派封禁，维新派人士将遭镇压，气氛愈形紧张的时候，杨锐又"奋然率诸人以抗争之"。后来康有为又到北京继续从事上书活动时，杨锐仍然"日与谋"，并且利用自己身为清廷官员的便利条件，又在给事中高燮曾面前"极称"康有为。高燮曾"疏荐康（有为）先生，君（杨锐）之力也"。到 1898 年春，康有为在北京倡立保国会之际，他又率先署名加入该会为会员。

刘光第（1859—1898 年），字裴村，四川富顺人，家境"奇贫"。其人在家读书刻苦，学之有成。光绪九年（1883 年）考中进士，被授任刑部候补主事，仍"闭户读书"，是一个能诗文善书法、注重"实学"的"博学"者。刘光第为人较为"廉洁"，不媚权势，除与其本省人杨锐相近而外不善交往。在甲午中日战后，亦鉴于"时危民困，外患日迫"产生了"虚怀图治"的思想要求，后在康有为开保国会时，他也"翩然来为会员"。其人乃为文人官员，"性端重"，公开表露无多。

林旭（1875—1898 年），字暾谷，福建侯官（今闽侯）人，在四卿当中数其年轻。林旭也可谓才华横溢，本省乡试第一名。林旭于 1895 年到北京应试时，正值《马关条约》签订，为挽救国家的危机，"发愤上书，请拒和议"。当他被任为内阁候补中书之后，继续投身于救亡运动之中。康有为、梁启超创立强学会鼓动变法图强时，林旭亦"奔走其间"。以后便频繁接近康有为、梁启超，议论"国事"，对康有为"所论政教宗旨，大心折"，遂拜其为师。1898年春,他在北京首先倡立闽学会,与其他各省在京人士相继成立的学会密切配合,推动变法图强运动的发展。在开保国会时,林旭又是"会中倡始董事"。正在这期间,到天津任直隶总督的荣禄,欲网罗林旭入其幕府。为此,他特地请命于康有为"问可就否?"康有为说:"就之何害,若能责以大义,怵以时变,从容开导其迷谬,暗中消遏其阴谋,亦大善事也。"于是,林旭便应聘入荣禄幕府,直到被光绪帝召见任用时止。

谭嗣同(1865—1898年),字复生,湖南浏阳人。他出身于官僚家庭,但在多灾多难的社会条件下,从少年时代起就胸怀"大志"。从而他与一般的求学者不同,"鄙科举",注重经世致用,接触西方近代科学知识,思想要求进取。后便远离家乡,到新疆入巡抚刘锦棠幕,继而为"察视风土,物色豪杰"踏遍新疆、陕甘、东南沿海和大江南北、黄河之滨。甲午中日战后,空前的国难,更加激发了他的爱国热忱,进一步"提倡新学",积极探索救国之道。当他得知康有为鼓动变法图强,他就历经周折亲到北京访求。但因是时康有为已经离京南下,经梁启超的介绍,他对康有为的思想主张"感动大喜跃,自称私淑弟子"。从此,谭嗣同对从父命入赀的江苏候补知府弃而不做,集聚在康有为、梁启超高举的变法维新的旗帜下,踏上了革新祖国的征程。继发愤著出向封建伦理道德挑战的《仁学》一书,开辟了一条反封建主义的新战线之后,便返回湖南,与当地的黄遵宪等维新人士一起开展了轰轰烈烈的宣传、组织变法维新的活动。自光绪帝宣布推行变法新政以来,他们又支持巡抚陈宝箴大加兴举,使湖南成为在全国推行变法新政的最力者(当然也成为新旧势力斗争最剧烈的地区之一)。正是在这个过程中,谭嗣同的名字也就和黄遵宪一样广泛传开,引起光绪帝的重视,一再旨令引进召见。后来黄遵宪受命出使日本(实际因病未能成行),谭嗣同怀着对"国事大有可为"的热望,应诏入觐,被委以辅助新政。

以上四卿,杨锐与洋务派官僚张之洞的关系极为密切,早年即从张之洞门下就学,当然对杨锐的思想不无影响。或许与此有关,他在被光绪帝委任之后,一方面,当他获悉其兄死去的"凶耗"时,鉴于任事紧急不忍回归;另方面,他又对谭嗣同等人存有某种异见,感到"积久恐渐不相能"。刘光第,书生气十足,或许还有其他缘故,后来对变法的形势产生疑虑,他既感激"圣恩高厚,急切不忍去",又抱着"于政事,无新旧畛域"之分的折中态度,并且他还时而思念"归田",幻想躲避新旧势力的"互争"。杨锐、刘光第二人在辅理新政期间,思想并不稳定,然而对于这些情况,当时的光绪皇帝是难以觉察的。不过,刘光第在有的紧要时刻还确曾表现了一定的献身精神。谭嗣同、林旭,对于变法新政事业却是始终坚定不移的。尤其谭嗣同,经过尖锐斗争的锤炼,竟成为一个激进的维新志士。后来在康有为的心目中重谭、林,而轻刘、杨,是不无其源的。但这四个人,在甲午中日战后国势阽危的情况下,又都产生了程度不同的救亡思想,并在康有为、梁启超宣传、组织变法维新的过程中,都有大小不同的作为,除谭嗣同最突出之外,杨锐、林旭的表现亦为明显。就此而言,他们既可称为"通达时务",又与维新运动有缘,显然这是符合光绪帝的任人原则的。再者,谭嗣同一直活跃在变法维新的第一线,但是他在地方,虽曾遭到一些守旧人物的忌视,可是他却没像康有为、梁启超那样成为王朝上下所有敌对势力攻击的焦点。其余三人,在光绪帝正式推行变法新政以来,均没有突出的维新活动了。这种情形,抑或成为光绪帝任用他们辅佐新政的原因之一。康有为在其

《自编年谱》中提出了这样一个情况,他说:"时李芯园(端棻)尚书奏荐甚力,上以忌西后未敢显然用,故用谭、林、杨、刘代之,上之意极苦矣。"我们从康有为的这段记载,也可作为光绪帝酌用四卿时思想活动的佐证。说到主要的缘由,还是因为杨锐、刘光第,是由光绪帝在地方贯彻变法诏令最为得力的湖南巡抚陈宝箴出面推荐的;谭嗣同是与光绪帝关系密切的维新官员徐致靖所保;林旭是康有为的弟子,故而"信之"。对于这方面的情况,康有为说,光绪帝曾于事后在命林旭传给他的一份"密谕"中作了具体的说明:"用林旭,以其奏折称(康有为)师,知为吾门生。上之用谭嗣同,以其与我同为徐学士(致靖)及李芯园尚书所荐,皆吾徒也,故拔人枢垣。杨(锐)、刘(光第)为楚抚陈宝箴所荐,而陈宝箴曾荐我,杨漪川(深秀)又曾保陈宝箴,上亦以为皆吾徒也,而用之。"由此可见,光绪帝是把杨、刘、林、谭四人,均视为维新派方面的人而予以信任和提拔重用的。

由于光绪皇帝把杨锐、刘光第、林旭、谭嗣同都作为自己的信臣选入中枢,所以他在颁谕宣布了任命之后,又向他们分别授予朱笔谕,命其"凡有所见,及应行开办等事,即行据实条陈",并又强调说,"万不准稍有顾忌欺饰",其用意显然是让他们放手经理变法新政。梁启超说,此后"所有新政奏折,皆令阅看,谕旨皆特令撰拟……以国政系于四卿,名为章京,实则宰相也"。这是对四卿的地位和作用的具体概括。另外,原来"皇上欲大用康(有为)先生,而上畏西后,不敢行其志",致使光绪帝与康有为等维新派人士虽近在咫尺,但却犹如隔着万重山,彼此难以相通。而今,在光绪帝身边终于有了一个辅佐自己的班子,便于贯彻个人的意图了;并如康有为所说,自此以来"上意有所欲传,吾有所欲白,皆藉谭、林通之"。从翁同龢被革职后,在光绪皇帝和维新派之间又重新搭起了一座互通的"桥梁",这就为光绪帝的变法继续沿着资产阶级维新派指引的方向前进提供了新的保证。可见,光绪皇帝采取这一前所欲为而不敢为的重大举动,以公开颁谕的方式宣布任用"辅佐"自己推行新政的官员,既等于宣告他要冲破重重阻力"欲行大改革",也表明,到这时他又敢于按照自己的意志来选拔任用维新人才了。这对光绪皇帝来说,无疑是难能可贵的进步。

如上所说,在这期间,光绪皇帝是把回击顽固势力排除变法障碍和聚结力量推进改革结合起来进行的。就在他任命礼部堂官和任用"辅佐"新政的四卿之后,又紧接着于9月7日(七日二十二日)降谕宣布,对在浑水摸鱼的老洋务派首领李鸿章和昏庸腐败的宗室官僚敬信"均著毋庸在总理各国事务衙门行走",把他们一并赶出清廷中枢,又踢开了两块绊脚石。当然这也同样是打在反对派势力身上的两大闷棍。同时,对来自守旧势力方面的反扑,他也采取了更加坚定的态度予以无情地回击。也就是在这一二天之内,有些守旧官僚打着为筹集军饷的幌子,反复奏请继续实行"捐官"的弊政。对此,光绪帝毫无所动,最后愤怒地指出,"一面裁官,一面捐官,有此政体否? 勿多言!"坚决地给予驳回。再有,湖南的劣绅(举人)曾廉竟又罗织"罪名",上疏诬告梁启超在湖南时务学堂讲学时宣传的民权、自由说是"大逆不道",恶狠狠地"请杀康有为、梁启超"。光绪皇帝见其奏折后便当机立断,遂即命谭嗣同对曾廉的奏折"按条驳斥"。在此斗争急剧紧张的时刻,光绪皇帝又一面回击守旧势力的挑战,一面保护维新派的核心力量。事实充分说明,光绪帝对推进变法、革新中国的毅力和斗争性有了明显的加强。

当光绪皇帝大杀了反对派势力的嚣张气焰和组建起辅佐新政的班子后,他便以一种新的态势来推进变法维新了。大致到9月中旬(七月下旬),光绪帝即从下列两大方面下手,力图把变法维新向纵深推进。

一方面,光绪帝紧紧抓住鼓励天下臣民上书言事的渠道,试图把这场维新改革引向社会,以摆脱权势者干扰。在这方面,继为勇于上书言事的王照伸张了正义之后,又在9月12日(七月二十七日)的一天里,先后颁布了两个深有影响的上谕,其一说:

> 国家振兴庶政,兼采西法,诚以为民立政中西所同,而西人考究较勤,故可以补我所未及。今士大夫昧于域外之观者,几若彼中全无条教,不知西国政治之学,千端万绪,主子为民开其智慧,裕其身家……朕夙夜孜孜,改图百度,岂为崇尚新奇,乃眷怀赤子,皆上天之所畀,祖宗之所遗,非悉使之康乐和亲,朕躬未为尽职。加以各国环处,陵迫为忧,非取人之所长,不能全我之所有。朕用心至苦,而黎庶犹有未知,职由不肖官吏,与守旧之士大夫,不能广宣朕意,乃反胥动浮言,使小民摇惑惊恐,山谷扶杖之民,有不获闻新政者,朕实为叹恨。今将变法之意,布告天下,使百姓咸喻朕心,共知其君之可恃,上下同心,以成新政,以强中国,朕不胜厚望。著查照四月二十三日以后(即颁发《明定国是》诏以后——引者),所有关乎新政之谕旨,各省督抚,均迅速照录,刊刻誊黄,切实开导。著各州县教官,详切宣讲,务令家喻户晓。各省藩臬道府,饬令上书言事,毋事隐默顾忌。其州县官,应由督抚代递者,即由督抚将原封呈递,不得稍有阻格,总期民隐尽能上达,督抚无从营私作弊为要。此次谕旨,并著悬挂各省督抚衙门大堂,俾众共观,庶无壅隔。

在另一上谕中又重申:

> "振兴庶务,首在革除壅蔽,当(经)谕令各衙门,代递事件,毋得拘牵忌讳。……第恐大小臣工,狃于积习,不能实力奉行,用再明白宣谕:以后各衙门有条陈事件者,次日即当呈进,承办司员,稍有抑格,该部院堂官,立即严参惩办,不得略予优容。所有六月十五日、七月十六日谕旨,七月十九日朱谕,七月十七日及二十四日交片谕旨(即所有鼓励天下臣民上书言事的谕旨——引者),均令各衙门录写一通,同此件谕旨,一并悬挂,俾得触目警心,不至复萌故态,以示朕力除壅蔽之至意。"

在这里,光绪皇帝在重申了通过鼓励天下臣民广泛上书言事来"革除壅蔽"的基础上,又特别指出,必须让"百姓咸喻朕心",使变法维新做到"家喻户晓",以期"上下同心,以成新政,以强中国"。把实现变法的目标与取得社会上人们的支持联系起来了。光绪帝不断完善这一重大决策,虽然是从"大小臣工,狃于积习,不能实力奉行"变法诏令出发的,但也表露出他对变法维新的坚定志向和在一定程度上意识到利用社会力量的必要性。这与历代"明君"仅在臣子当中的"举贤纳谏",显然是不能同日而语的。在专制乌云笼罩大地,社会上的人们对国家事务毫无发言权的历史条件下,光绪帝为进一步冲破阻力,推进变法而大力提倡"广开言路",并采取了一系列的保证措施,则更使"海内臣民,莫不欢欣兴起",纷纷上书议论国家的振兴大计。在9月上、中旬的几天之内,通过各衙门呈递的封奏,即有"一日多至数十件者",在社会上引起了强烈的反响。自各级官吏到各地读书的生员以及一些"士民"都踊跃上书,为变法献策或评议国家的兴衰得失,甚至一些所说的"野民""渔人",也加入到上书言事的行列。这些上书者,固然主要还是在政界和知识界,但也波及社会的其他阶层,因而"闸门"一经打开,必然会造成川决之势。在他们当中,如,在户部候补主事聂兴圻的奏折中说,"方今敌患日亟,朝廷变法自强,举行新政,此乃中国图存之命脉",对光绪帝力行变法寄予了莫大的期待;在贵州大定府毕节县拔贡周培棻的呈文里,与称赞"皇上以大有为之君,值如万难措手之时"奋起变法图强的同时,又尖锐地指出,"当皇上之身,而变法不能遂,中国四万万人民尚可望室家之乐,埋骨之所哉?"他爱憎分明地表达了中国人民对变法的期望和对破坏者的憎恶。此外,有的人要求清政权"保护"本国的工商业(户部主事宁述俞呈);有的强烈主张改变由外人控制中国海关的制度,希望由"本国官员"管理关税以护"国体"(浙江绍兴府山阴县举人何寿章呈);还有人要求仿照泰西"设立议院上下相通"(镶白旗蒙古生员诚勤呈),如此等等。就这样,在光绪帝大力倡导和强有力地推动下,使要求变法图强的声音迅速地冲破了由反对派设下的重重壁障而传向中国的四面八方,而且提出改革的方案也愈加丰富,在死气沉沉的清廷政坛出现了活跃的景象。从而,给这场变法改革带来了新的生机,为把它引向深入提供了十分有利的条件。

但是,这种大好局面的出现,又引起了敌视革新的势力的恐惧。在这之前,洋务派官僚张之洞,就对光绪帝鼓励士民上书言事的主张大唱反调,说什么"变法者,清廷之事也,何为而与士民言"? 又暴露了洋务派官僚极端仇视人民的心理。在这时,一些顽固派权臣,又抓住有的平民在上书中因不懂官场行文的规矩,称"皇上"不抬头等漏洞大做文章。他们煞有介事地叫嚷,这是"变乱祖法,自称开创,置祖宗于何地者"! 在他们看来,这也是大逆不道的行为,要加罪于这些上书的人。但是光绪皇帝对于这种上书的情形仅以"一笑置之",并对这些顽臣说,"当广开言路之时,不必有所谴责以塞之",又压下了这股邪风。由此说明,光绪帝鼓励上书言事是认真的。在这方面,他也与顽固派和洋务派官僚形成了多么明显的对比! 光绪帝的政治思想又踏进了一个新的境界。

另方面,当光绪帝的目光在逐渐向下、向社会注视的同时,他又试图把刚刚出现的开放气流引向清政权本身。

原来,光绪帝在任命新的礼部堂官和组建辅佐新政班子之后,又紧接着在9月9日(七月二十四日),应康有为草拟、由徐致靖出面呈进的奏折所请,颁谕宣布,为了"妙选才能;以议庶政",在清中央特置三、四五品卿和三、四、五、六品学士各职;并决定对这些新设的"卿"和"学士""按品给予俸禄"和待"缺出""对品"录用。这就是所说的"散卿""散学士"。实际上,这是对康有为在改革官制方面,为避免守旧官员的反对而提出只增新不裁旧和对擢用人员只委差事不加官的主张的发展。光绪皇帝增设的"散卿""散学士",是运用了他的最大权限(可不经西太后批准)而设置的一种过渡性的官员。这种官员与四卿的明显区别,在于"散卿""散学士"的名额,可以无限扩大,并逐步作为正式官员安排到各衙门当中。这一措施,从现实来说,为更多的维新人士(当然也没有严格的界限)参与清廷政事又敞开了一扇大门;从未来而言,可以逐步改变旧臣一统天下的局面。它具有深刻的政治改革意义。

在9月上、中旬(七月下旬),光绪皇帝又在酝酿采取两项直接改革清政权的重大措施。

其一,就是准备模仿西方国家设立"议院"。资产阶级维新派,在宣传、组织变法时,曾把"兴民权""设议院"作为变法维新的重要内容之一。但是到光绪帝决定推行变法新政以来,康有为、梁启超等鉴于守旧势力顽而又强,变法改革步履维艰的现实,便放弃了这一主张。但在推行变法新政的过程中,内阁学士阔普通武于8月19日(七月初三日)上的奏折中,又提出请仿泰西设立议院的主张。随后镶白旗蒙古生员诚勤也提出了这一要求。阔普通武的具体建议是"请设立上下议院,无事讲求时务,有事集群会议,议妥由总理衙门代奏,外省由督抚代奏。可行者,酌用;不可行者,置之。事虽议于下,而可否之权仍操之自上,庶免泰西君民争权之弊"。可见阔普通武要求设立的这种议院,只不过是一种辅助皇帝的咨询机构,它仅有议事的义务,但没有任何否决权,还起不到立法作用。然而在封建专制时代,设立这么一种评议国事的常设机构,在清廷当中不免具有一定的影响作用。特别是这一建议的要点,又在于选用议员的条件上,阔普通武说:"惟议院之人实难其选,必须品端心正,博古通今,方能识大体,建高议。此泰西议员,必由学堂出身者,一取其学贯中西,一信其风有操守,亦防弊之深意也。"按照这种条件,显然是为维新派、资产阶级人士和通过新式学堂培养出来的新人物进入清政权开辟了道路。所以这一改革主张,虽然在基本上还是停留于形式上的变革,但也涉及改变清王朝统治体制的问题。不言而喻,这种议院,在当时的中国毕竟是一个具有资产阶级民主气味的新事物,也可以说它是一种"兴民权"的低级形式。正因如此,当这一改革主张由维新派提出之后,便遭到了一切维护封建专制体制的人的拼命反对。张之洞在其《劝学篇》中竟以骂街的口气对"兴民权""设议院"之说进行了恶毒的攻击;湖南的守旧势力也借此来诽谤维新派人士,抵制变法运动。从来自反面的强烈反应,也可见设议院问题所具有的分量。

对于设立议院,光绪皇帝无疑是有个认识过程的,也定然会有一个酝酿阶段。可能就在酝酿的过程中,光绪帝逐渐"决欲行之"。于是大学士孙家鼐出来说:"若开议院,民有权而君无权矣",极力阻止。对此,光绪帝作了这样的回答:"朕但欲救中国耳,若能救民,则朕虽无权何碍?"表示宁愿使大权旁落也要坚持这一改革。

到了9月中旬(七月下旬),当光绪帝在政治领域进行大刀阔斧的改革时,他对设议院的态度也越发坚决。但在这时,康有为等鉴于"今守旧盈朝",认为"万不可行,上然之",乃作罢。但是,光绪皇帝却未因此而放弃设议院的念头,他在接受了康有为的建议后仍然表示"待后数年乃行之",表明光绪帝对设议院是坚定的。而这种坚定性显然是来自对变法维新的决心和对世界大势的认识。

其二是,议定开懋勤殿以议制度。说起光绪皇帝决定开懋勤殿的由来,在《康南海自编年谱》中有这样一段较详细的记载:

于时(康有为劝止光绪帝设议院后——引者)复生(谭嗣同)、暾谷(林旭)又欲开议院,吾以旧党盈塞,力止之。而四卿丞丞欲举新政,吾以制度局不开,琐碎拾遗,终无当也,故议请开懋勤殿以议制度,草折令宋芝栋(宋伯鲁)上之,举黄公度(黄遵宪,时因病未出国——引者),卓如(梁启超)二人。王小航(王照)又上之,举幼博(康广仁)及孺博(麦孟华)、二徐并宋芝栋。徐学士(徐致靖)亦请开懋勤殿,又竟荐我。复生、芝栋召对,亦面奏请开懋勤殿。上久与常熟(翁同龢)议定开制度局,至是得诸臣疏,决意开之。乃令复生拟旨,并云:康熙、乾隆、咸丰三朝有故事,饬内监捧三朝圣训出,令复生查检,盖上欲有可据以请于西后也……是日拟旨枢垣传出,京师咸知开懋勤殿矣,是日七月二十八日(9月13日)也。

关于开懋勤殿的用意,除康有为说"以议制度"之外,梁启超又作了具体说明。他说:

上既广采群议,图治之心益切,至七月二十八日,决意欲开懋勤殿选集通国英才数十人,并延聘东西各国政治专家,共议制度,将一切应兴应革之事,全盘筹算,定一详细规则,然后施行。

另据王照记述,当开懋勤殿事宜议定之后,康有为前来见他时"面有喜色",并向他透露,开懋勤殿初用的"顾问官""业已商定",其中,包括了康有为和梁启超。

懋勤殿,位于清宫内的乾清宫西廊,原是一所供清朝历代皇帝"燕居念典"的宫殿。到同治以后便已虚废。自从议设制度局流产、拟开议院作罢之后,经康有为等维新派人士的策动,光绪帝决意要重开懋勤殿,这实际是想用旧瓶装新酒的办法,以设"顾问官"的方式把康有为、梁启超等维新派的领袖、骨干人物集聚起来,组成一个最高的筹划、指导变法维新的核心班子。虽然从康有为等人和光绪帝来说,要开懋勤殿都想使之起到制度局的作用。但从其组成人员和赋予它的使命来看,开懋勤殿、设"顾问官",既与他们设计的"议院"不同,也较原议的制度局有所区别。这个班子不仅包括了维新派领袖康有为、梁启超,而且还具有了一定的独立议定权,显然这是为适应当时光绪帝要大举新政的需要而设计的。同时,这次准备开懋勤殿的筹议,根本没有通过原来的王公大臣,而是由光绪帝和维新人士单独议定的。所以,无论从哪个角度来说,决定开懋勤殿,也是力图进取的举动,具有无可否认的积极意义。可是,就在光绪帝于次日到颐和园向西太后"禀请"时发现有变,他为筹划应急措施,匆忙返回紫禁城,开懋勤殿一事就此搁浅。

自八月末以来,光绪皇帝以破釜沉舟之势,在维新改革的征途中采取的一系列重大举动和措施,都基本是在政治领域中进行的,从而把这场变法维新引入新的深度。历史事实说明,在当时要改变落后的中国面貌,无论是自觉的还是不自觉的都必然要触及社会的核心部位,这是在激烈进行中的变法与反变法、维新与守旧斗争发展的结果。在此尖锐的斗争实践中,坚持革新的光绪皇帝,其思想又得到了新的升华。他不仅增长了斗争的勇气和才干,而且在严酷现实的逼迫和时代潮流的导发下,又使他在思想中隐伏的政治离心倾向得到进一步的伸展,他在这期间采取或准备采取的一些带有民主色彩的措施显然不是偶然的。可是,正当光绪帝思想在向一个新的境界转化的关键时刻,却被以西太后为首的封建顽固势力伸出的魔掌给扼阻了。

六

光绪帝在推行变法新政之前,虽然已从西太后那里得到可"办事"的承诺。但在实际上,到其主持变法维新之后,他依旧处于"上扼于西后,下扼于顽臣"不能完全自主的状态中。并且自甲午中日战争以来,光绪帝在清廷的坚定支持者相继均被西太后除掉:志锐被发遣,文廷式遭革职,继而翁同龢又被逐出清宫,使原来就十分脆弱的帝党基本瓦解。另外,原在帝、后之间尚能起些缓冲作用的军机大臣李鸿藻,也于光绪二十三年六月二十五日(1897 年 7 月 24 日)死去。到这时,虽然又有如御史杨深秀、宋伯鲁及翰林院侍读学士徐致靖等人积极支持光绪帝变法维新,但他们都是职位较低的文职官员,起不到参与决策的作用。再没有出现像翁同龢那样的人物了。在清廷中枢,已几乎都是清一色的西太后亲信和顽固官僚。因此,光绪帝在清廷统治集团中的处境更加孤立。对于这种情况,光绪帝自己是十分清楚的。所以他在召见康有为时,就流露出惟恐顽臣"掣肘"的苦衷。因而,接受了康有为提出的必须另外"擢用小臣"的建议。光绪帝在颁布《明定国是诏》之后,便接连降谕指出,要"切实图维,用人一道,最为当务之急,尤须举贤任能"。此后,他又连续颁谕,指令上自京官下至督抚学政,都要迅速推举"通达时务"又"志趣向上者"随时"引见",以备录用。光绪帝力图通过选拔、任用有志变法维新的人来改变自己被孤立的处境。又想在学习外国的过程中以广设学堂、派员出国游学的途径,再于全国造就一批基础力量。然而,封建守旧势力根深蒂固,光绪帝要实现这一愿望谈何容易! 所以在事实上,仍然造成以"旧人""委以新政"的局面。

在清中央,那些手握实权的顽固派大臣,鉴于其统治地位的危机,对于栽植一些外国的皮毛技艺并不是绝然反对的。但是,他们都惟恐变法运动脱缰危及其所谓的"祖制",因为这是维护他们统治地位的护身符。在光绪帝颁布《明定国是诏》时,西太后即对她的心腹官僚奕劻、刚毅、荣禄等人交了底,并向他们发出了暗示:对光绪帝变法的"要紧处",要力行"阻之"。随后,他们便采取了一系列的防范措施。当变法刚刚起步时,在光绪帝的身边,便设下了层层围挖变法维新的明碉暗堡。

至于全国各地的督抚等地方实力派人物,只有如湖南巡抚陈宝箴等个别人还有些进取的志向,尚能遵旨进行一些兴举。

陈宝箴(1831 — 1900 年),字右铭,江西义宁州(今修水)人。陈宝箴原以举人从湘军将领席宝田治军,后以"功"保知府。历任浙江、湖北按察使,在甲午中日战后的光绪二十一年八月(1895 年 9 月),升任湖南巡抚。值此,陈宝箴愤于国难日迫,遂意欲"创兴"。自光绪二十三年(1897 年)以来,他就积极响应光绪帝的图强号召,率先在湖南联合倾向变法图强的学政江标等,在当地"提倡振兴之法"。陆续在湖南开办矿务、设置电报与轮船,并为"讲求实学",支持维新之士谭嗣同等在长沙创办中外兼习的时务学堂。后又请梁启超前来讲学,宣传变法培养新式人才。由于陈宝箴、江标等"皆以'变法开新'为己任",所以,他们不仅聚结了一些维新力量,还使湖南走在全国各地维新之前。

光绪帝颁诏定国是之后,陈宝箴仍继续在湖南"力行新政",保荐人材"锐意整顿"。虽然他曾迫于守旧势力的"胁制"与"恫喝"在兴举中有过波折,但在全国各地的变法维新中其尚可称为一个出众者。至于多数地方官吏,皆是些"庞然自大""贪劣昏庸者"。他们只图谋取"高爵厚禄""置国事于不问",终日"如梦如醉",花天酒地、养尊处优。这些人,对于频频而下的新政诏令"置若罔闻",无动于衷。另外,有很多人还在地方制造事端,公开阻挠维新措施的贯彻,甚至有些地方官吏居然"藉新政以扰民"。在其中,身为封疆大吏的两广总督谭钟麟,就是一个透顶的守旧官僚。谭钟麟,湖南茶陵人。咸丰进士,历任御史、知府等,光绪元年(1875 年)任陕西巡抚。其间,因得到陕甘总督左宗棠的器重,经左荐举"遂膺疆寄"。后调任浙江巡抚,升为陕甘总督,继任侍郎、尚书,光绪二十一年(1895年)调任两广总督。此前,他在逢灾赈济等方面尚且有些作为,尤其在抚浙期间重建文澜阁并"延文儒校刊群籍",从而"治闻一时"。但其思想极端守旧,为官"唯知奉行例案"。而且后来他又受到西太后的赏识,于光绪二十年(1894年)初降"懿旨赏加太子少保衔"。变法维新展开后,谭钟麟对光绪帝颁发的大量变法诏令不仅长时间毫无动作,且又"无一字复奏",一直"置若罔闻",死心塌地地对"抗变法"。因此,他的顽固态度,直接干扰了东南门户的维新进程。另外,就是以"新人物"著称的洋务派官僚、湖广总督张之洞,在新政进行的紧要时刻,他抛出了《劝学篇》打出维护"圣道"的旗号,以纠偏、辟"邪说"的面目,对资产阶级维新派的主张大肆抨击,极欲把变法维新运动引向更加温和的轨道。与张之洞相通的另一个洋务派大官僚两江总督刘坤一,在变法进行中与张之洞、谭钟麟相呼应,也在暗中抱定,凡是光绪帝"责成各督抚者,可办办之,否则静候参处"。对变法维新采取了观望、放任的态度。当时已失去实力地盘的老洋务派首领李鸿章,其内心并非毫无改革之意,但由于他已声名败坏,只是在西太后的庇护下寄于清廷总理衙门。这个洋务派大官僚,为了收买人心和给自己打圆场,有时在暗地里向康有为传递点小话,搞点小动作,但其维护清王朝统治地位的基本立场和态度依然如故。总之,在来势迅猛的这场大变革面前,洋务派官僚以一种"新人物"的面孔,怀着复杂的心态游动于新、旧势力之间。但在政治上,他们却与封建顽固派始终保持着联盟关系,体现了在半殖民地半封建社会土壤中成长起来的这个新势力的特有性格。正因为这些人具有半"土"(在当时这是其基本方面)半"洋"的特点,所以他们在朝野便具有一种特殊的影响力。尤其是刘坤一、张之洞,他们不仅都是现实中的地方实力派人物,而且又共同控制着富饶的长江流域。因此,其态度与动向,势必影响着变法维新运动。

在当时,像张之洞这样的疆臣大吏可算为"有闻于时"的"佼佼"者,尚且对变法维新投以保留、轻蔑、抵触甚至仇视的目光。从全国上下手操大小实权的官僚心理状态来说,梁启超把它分为三种类型:"其一瞢然不知有所谓五洲者,告以外国之名,犹不相信,语以外患之可危急,则曰此汉奸之危言悚听耳,此一种也;其二则亦知外患之忧矣,然自顾已七八十之老翁矣,风烛残年,但求此一二年之无事,以后虽天翻地覆,而非吾身之所及见矣,此又一种也;其三以为即使吾及身而遇亡国之事,而小朝廷一日尚在,则吾之富贵一日尚在,今若改革之论一倡,则吾目前已失舞弊之凭藉,且自顾老朽不能任新政,必见退黜,故出死力以急之。"从而他指出:"全国握持政柄之人,无一人能出此三种之外者。"可见,通过这些人来推行变法新政,如同与虎谋皮。至于来自社会上的因循守旧的传统习惯势力,更是触目惊心。因此,当光绪帝按照维新派的指向推行变法新政时,从一起步就遇到了来自各方面的重重阻力,被笼罩在深沉的阴影之中。而且随着变法改革的深入,它所遇到的阻力也越来越大。

光绪帝在向科举制度发起挑战,断然废除八股改试策论之后,又力图把文化教育方面的改革进一步推开。原来,早在光绪帝颁诏定国是的前后,他便频频"降旨谕令各省开办学堂",主张大力发展新式教育。当变法正式开始后,光绪帝又一面继续谕令广泛创办各种新式学堂,一面命各省选派聪颖学生出国游学,作为培养人才的另一途径。在其促使之下,经总理衙门交涉,日本方面亦表示对中国留学生给予"从优相待",只等中国学生前往。然而,清廷枢臣却由于"厌言新政,请缓行"。并且大多数各地的督抚亦对此漠不经心,一再"延缓"。就加湖广总督张之洞这个"新人物",也出来指责光绪帝倡导办学育人是"求之于仓卒,尤不树林木,而望隆栋"的过激行为,对之投以冷漠的目光;两广总督谭钟麟等顽固官僚,居然公开予以抵制。对于这样一个有关国家与民族兴衰的大计,也遭到反对派势力的漠视与抗拒。面对如此情形,光绪帝坚定不移,屡颁"严旨",于五月十五日(7月3日)终于办起京师大学堂;命吏部尚书、大学士孙家鼐为管学大臣,主管京师大学堂事务。

孙家鼐,字燮臣,安徽寿州(今寿县)人。咸丰进士,授修撰,从此致仕清廷。光绪四年(1878年),受命与翁同龢授读于毓庆宫。后任内阁学士及工、户、兵、吏部侍郎,并历任学政与主考官等,升工部尚书。光绪二十四年(1896年)五月初,北京强学会被查封后命其管理官书局。光绪二十二年(1898年6月),以吏部尚书赏协办大学士。光绪帝颁布《明定国是诏》变法启动后,遂被命为管学大臣、主管京师大学堂的筹建。

孙家鼐为人"简约敛退,闭门齐居",思想闭塞、抱残守缺。因此,其"当官碌碌",固能"恪谨奉职",但却"无所表见"。早在甲午日本肆意启衅时,朝议主战,而孙家鼐却"力言衅不可启",力求维持现状。战后,在康有为鼓动变法和一些朝臣士大夫亦争言自强之际,他又"独以为是",对变法图强采取了保留与观望的态度。孙家鼐与康有为素有过从,并承认其"才华甚富",却又认为康有为"学术不端",变法主张"诞妄"。尤其对维新派宣传反封建的"民权""平等"思想,他认为这是"破三纲等不经之说",与之势不两立。固然,孙家鼐对创办学堂、倡导"西学"并无抵触,且曾为此而尽其力。但却认为变法应"次第施治,谋定后动",主张缓变,仍在竭力"巩固皇室,维护专制"。在光绪帝颁诏定国是后,他有向维新倾斜的趋向,然而其在政治上的立足点还依然站在顽固派一边。

筹建京师大学堂之议,原于光绪二十二年七月(1896年8月)由刑部左侍郎李端棻奏请后,当时管理官书局的孙家鼐即意欲将其附于官书局,并为大学堂制订了"以中学为主,西学为辅;中学为体,西学为用"的宗旨。这比张之洞在《劝学篇》中提出的"旧学为体,新学为用"口号既提前两年多又更为明确。说明在这一问题上,他与洋务派的观点是同出一辙的。因此,在创办京师大学堂之初,一些维新之士和部分官员曾主张请康有为任总教习,而且孙本人亦曾前往"面请"。但随后他又惟恐其管学大权旁落,反而"大怒"于康。其实是反映了他与康在政治观点上的严重分歧。在守旧势力包围中而且经费难筹、中小学堂尚未广泛建起的情况下,创办一所"统辖各直省学堂"的最高学府固非易事。

显然,这一开创之举,由一个尚徘徊于新、旧之间而且为官平平的人来承办,势必又增加了不利因素。这种状况的形成,亦是光绪帝还不能完全摆脱旧势力的一种体现。正因为如此,决定创办京师大学堂之后,长时处于筹议之中,进展十分缓慢。至于谕令在各地创办各式学堂,亦由于遇到各方面的阻力而举动廖廖。所以光绪帝颁发的大量兴学育人诏旨,在实际上也多成为具文。

在经济方面的改革,照样是阻力重重。固然从甲午战败之后,在清朝统治阶层当中,主张设厂、开矿、筑路、兴商的人确实多起来了。可是如前所说,那些顽固派权贵的目的,也仅仅是为维护其统治而欲开阔财源罢了,并不是要以此来改造整个社会。洋务派官僚确实是"西学"的积极倡导者,然而如张之洞仍在竭力强调所谓"官权"的重要性。

在他看来,"华商素鲜钜资,华民又无远志",好像中国商民根本没有创办工商的能力。因此,张之洞认为,要开矿设厂、发展工商,离开"官权"必然"无益"。张氏之此见,固然反映了近代中国在资本积累方面的一些特点。但他限制商办工商,却是有碍于国家富强。事实上,张之洞还是在继续维护"官办"或"官督商办"的老路;并且他的这种观点,在洋务派中是有代表性的。

资产阶级维新派,强烈要求仿照外国发展近代农、工、商、交通等事业,其目的是力图以此来改造衰弱的中国。因此他们特别强调"商办"或"民办",力求普及,为民族资本主义的发展开辟道路。

光绪帝在经济方面的改革,虽然也基本是通过其原来的国家机构及各级官吏来推行的,但是,他对民间著书、制器和商办工、矿、交通、商业等却给予了充分的重视。在推行变法新政初期的五月十七日(7月5日),光绪帝即颁谕号召破除"旧习",宣布"各省士民著有新书,及创行新法,制成新器,果系堪资实用者,允宜悬赏以为之劝"。并且又决定,凡"所制之器,颁给执照,酌定年限,准其专利售卖"。此后,他又多次降谕"奖励""各省士民著书制器"。同时还谕令各省将军督抚"严饬各该地方官,务须体察商情,尽心保护"商贾。当他得知粤人爱国华侨张振勋在烟台创办酿酒公司、道员吴懋鼎在天津筹款设厂制造时,便颇为关注。

张振勋(1840或1841—1916年),字弼士,广东大埔人。张振勋自幼"家贫",为了谋生于咸丰六年(1856年)漂洋过海到了时称"南洋"的荷兰属地巴达维亚(今印尼雅加达)。他在此艰辛创业,后来成为一个"南洋巨富"。张振勋在国外致富之后,仍对"振兴祖国实业,尤具热忱"。因此,从光绪十七年(1891年)起,张振勋就利用回国探亲之便,到山东烟台考察葡萄的种植情况。到甲午中日战争后,他便在国难日深之际于烟台筹办"张裕酿酒公司"。

吴懋鼎,安徽人。早年曾为上海汇丰银行副买办,后在洋务运动期间被李鸿章任为道员,督办关内外铁路。他从光绪二十三年(1897年)起在天津筹资建毛织厂。变法新政推行后,吴懋鼎便积极地向光绪帝建议"在中国各地筹办商会",参与了变法维新。

当时光绪帝认为,中国人建厂制造,既可"不致利权外溢"又能"渐开利源"。于是,他当即命直隶总督荣禄令张振勋、吴懋鼎"切实筹办以收成效";并责成荣禄将办理情形"随时奏报"。在六月十一日(7月29日),光绪帝对宋伯鲁提出"各省举办铁路矿务,官不如商,亟宜及时鼓励"的建议,给予了明确而及时的支持。后来,光绪帝又采纳康有为的要求,指令在民间停办"昭信股票"。实际上,这是"以惠民困",为了促进民间农工商业的发展而采取的另一项具体措施。

总之,光绪帝对"士民"发明制造给予奖励,授予专利权;对于向资本家转化的"官绅"和一些上升的商人力行保护。说明他对私人投资发展近代农工商交通事业,采取了鼓励的政策。

同时,光绪帝又据康有为等人的建议,在六月六日(7月24日)降谕指出:"振兴商务,为目前切要之图。……泰西各国,首重商学,是以商务勃兴,称雄海外。"从而命刘坤一、张之洞"拣派通达商务、明白公正之员绅,试办商务局事宜。先就沿海沿江如上海、汉口一带,查明各该省所出物产,设厂兴工,使制造精良,自能销路畅旺,日起有功。应如何设立商学、商报、商会各端,暨某省所出之物产,某货所宜之制造,并著饬令切实讲求,务使利源日辟,不会货弃于地,以期逐渐推广,驯致富强"。可见,光绪帝的此谕令,说得十分明确,即要大力发展近代工商业。到六月十五日(8月2日),光绪帝又以康有为的《请兴农殖民以富国本折》的奏请,为了统一"倡导"与"振兴"农、工、商业,决定在京师设农工商总局。命各省、府、州、县"一体认真举办"。然而,在经济改革方面,亦由于光绪帝所走的道路与维新派的主张脉脉相承,因而它便超出了顽固派和洋务派设下的界限。正是由于这种缘故,在经济改革的过程中,光绪帝不仅与顽固派也与洋务派发生了正面的冲突。因此,直到在北京设立了农工商总局之后的七月十三日(8月29日),对于光绪帝要求先在长江流域一带试办商务局大兴工商的一系列改革诏令,张之洞一直在"观望";刘坤一也"藉口部文未到,一味塞责";两广总督谭钟麟对此更是"置若罔闻"。他们都一致地既无行动又不回复。至于距北京近在咫尺的直隶总督、西太后的亲信官僚荣禄,更是静坐"迟玩",蓄意顽抗,尤其是,这些地方的权势者虽一再受到光绪帝的"诘责",但他们却仍然"藉词宕延",无动于衷。这些身居要职、高唱"西学""西法"的洋务派官僚和也曾鼓吹过"开矿""制械"的荣禄等人尚且如此,其他地区(除湖南的陈宝箴略有动作之外)的情况,更是可以想见的了。

康有为为发展近代工商业排除障碍,曾极力要求废漕运、裁厘金。对此,遇到的难题更为复杂。梁启超说,本来康有为提出的"请裁漕督"的建议,"上(光绪帝)知而决行之";在其他材料中也说康有为要求"裁厘金"等"帝皆嘉纳之"。光绪帝在颁发的许多上谕中,也一再指出过"厘差、勒索工商",厘金"弊端丛集",则多次谕令要"整顿厘金,严杜中饱"。关于废漕,光绪帝后来又降谕指出,"漕督一缺,究竟是否应裁",命两江总督、江苏巡抚"详议具奏"。在这期间,光绪帝已经清楚地知道厘金危害工商的严重"弊端",可是他只提出"整顿厘金";对于废漕,他在后来的态度似乎也不明朗了。

其实,康有为提出这两项建议都在七月(8月末),已经到了"百日维新"的末期。这时光绪帝已经发现西太后"不愿将法尽变",正在策划绞杀变法维新的阴谋。他们之间已进入了"决战"阶段。当时,光绪帝确已无力兼顾"其他"了。再者,漕运"宦竖旗人,多食于此"。因此,废弃漕运牵动颇大。厘金,虽已"积弊日深",但由于新开财路的改革均未见成效,所以它却仍是清政府的重要财源之一。而且在这期间,一方面清政府的"帑藏奇绌",另一方面,还要大加兴举,"需饷浩繁"。显然,光绪帝所以未能断然废漕、裁厘,除反映了他在当时还缺乏果断性之外,也有其切实之难。

此外,光绪帝为了挽救国家的危亡,力图把中国引向"富国强兵"的道路,又频频颁谕指出,"思御外侮,则整军经武、难再视为缓图"。故命各地将军、督抚应迅急整顿武备,对海陆各军"裁弱留精"仿照外国"勤加训练"以成"劲旅"。可是,各将军、督抚亦无视光绪帝的"诰诫谆谆,仍复掩饰支吾,苟且塞责""不肯实力奉行"。从而,光绪帝的军事改革与整建计划,也未得到切实的贯彻和实施。

光绪帝要整顿吏治,杜绝"吏胥因缘为奸,舞文弄法",命所有衙门删减繁琐的治事"规则",另订新章。结果,各衙门"藉口无例可援,滥引成案"加以抵制。甚至有些地方督抚,竟借口整顿吏治而营私舞弊。因此,到六月末(8月初)光绪帝又就此降谕严肃指出,"朝廷于整顿吏治,不啻三令五申,乃各省大吏,往往粉饰因循,于所属各员,不肯认真考察,以致贤者无由各尽其长;不肖者得以自匿其缺,甚至案关吏议,尚不免巧为开脱。误国病民,皆由于此。著各省督抚,嗣后于属员中,务当详加考核……振刷精神,秉公举劾,以期吏治日有起色"。但各地方官,依然对此置若罔闻。

另方面,已实施改革的废八股改试策论等,两广总督谭钟麟仍在图谋复旧;其他地区的守旧势力也在伺机反扑。新、旧势力之间的对立与斗争,在日益加剧。

大量事实表明,光绪帝推行的变法新政,在反对派势力越发强烈的干扰与抵制下,出现了全面的预势。

慈禧同意变法,但这时却出现了意外,即恭亲王奕䜣的病逝。暮年的奕䜣对变法持慎重的态度。"诉持祖宗旧制不可尽更,新进之士不可遽用,帝亦听之。"由于奕䜣的特殊地位,慈禧亦让其三分。但奕䜣更多的是约束光绪帝。光绪帝要召见康有为,亦为奕䜣谏阻,"不能行其志"。奕䜣于四月十日(5月29日)病卒。这就为光绪帝实行变法提供了方便。奕䜣"上及太后皆严惮之,亦多赖其调和。王死,而翁同龢独持朝政,两宫之声气始隔矣"。奕䜣之死,使得慈禧与光绪帝之间失去了另一个重要的中间调解人。这就使他们之间的矛盾更为激化了。

既然得到慈禧首肯,光绪帝便着手实行变法。在中央,他依靠的是主张变法的翁同龢。光绪帝经常单独召见翁同龢,一起商讨变法事宜。这就引起守旧派大臣的嫉恨。他们群起而攻之,恶人先告状,到慈禧面前告翁同龢,说"一切只有翁同龢能承皇上意旨"。慈禧咬牙切齿地答道:"俟到时候,我自有办法。"暗下决心除掉翁同龢。

与此同时,慈禧同荣禄密谋胁迫光绪帝于二十七日连发四道谕旨。

第一道谕旨是罢免翁同龢。谕旨:"协办大学士户部尚书翁同龢近来办事多未允协,以致众论不服,屡经有人参奏。且每于召对时,咨询事件,任意可否,喜怒见于词色,渐露揽权狂悖情状,断难胜枢机之任。本应查明究办,予以重惩。姑念其在毓庆宫行走有年,不忍遽加严遣。翁同龢著即开缺回籍,以示保全。"翁同龢时任协办大学士、军机大臣、总理大臣、户部尚书并会办军务,最为光绪帝宠信。光绪帝事前并不知道慈禧要罢免翁同龢,慈禧完全是突然袭击,令光绪帝措手不及。据说"皇上奉此谕后,惊魂万里,涕泪千行,竟日不食,左右近臣告人曰:'可笑皇上必叫老翁下了镇物了。'"这一天恰好是翁同龢的生日,情绪颇佳,"喜而不寐",突聆宣诏,真如五雷轰顶。第二天,翁同龢到得宫门同光绪帝告别,在道右碰头,上回顾无言,臣亦黯然如梦"。光绪帝竟然没敢召见翁同龢。就这样,光绪帝在大臣中最亲密的助手被削掉了。

第二道谕旨是重申收回二品以上大臣的任命权。谕曰:"嗣后在廷臣工,仰蒙慈禧端佑康颐昭豫庄诚寿恭钦献崇熙皇太后赏项及补授文武一品暨满汉侍郎,均著于具折后,恭诣皇太后前谢恩。各省将军都统督抚提督等官,亦一体具折奏谢。"谁任命的向谁谢恩。向慈禧谢恩,即昭示二品以上高级官吏的任免权由慈禧收回。慈禧向大小臣工晓示大权是掌握在我的手里。

第三道谕旨是慈禧准备秋天到天津阅操。谕曰:"本年秋间,朕恭奉慈禧端佑康颐昭豫庄诚寿恭钦献崇熙皇太后銮舆,由火车路巡幸天津阅操。所有海光寺、海防公所两处屋宇著荣禄迅即修饰洁净,预备一切。并著胡燏棻将火车铁路一并料理整齐,毋得延误。""阅操"即阅兵之意。阅兵是兵权所属的示威性举措。只有真正握有兵权的人才有资格检阅军队。慈禧让光绪帝陪着她到天津检阅在全国最有战斗力的北洋诸军,其目的就是向军内外传播一个重要信息,即兵权掌握在我慈禧的手里,全国的军队都必须听我慈禧一人指挥。这道谕旨,通过光绪帝的口告知朝廷内外,虽然已归政光绪帝,但兵权却仍然操纵在我慈禧手中。

第四道谕旨是任命荣禄。谕曰:"命直隶总督王文韶迅即入觐,以大学士荣禄暂署直隶总督。"王文韶入京后不再担任直隶总督,而任军机大臣,仍兼总理大臣,很受信任。但荣禄此次受到极大重用,由署直隶总督而为正式直隶总督,并任军机大臣,管兵部事,同时节制北洋海陆诸军,成为慈禧最为信任的握有军事实权的显宦。

荣禄(1843—1903年),字仲华,别号略园,瓜尔佳氏,满洲正白旗人。咸丰二年(1852年)初任主事,后升工部员外郎。同治元年(1862年),醇亲王奕譞调他任神机营翼长。后因镇压人民起义有功,升任副都统、总兵、内务府大臣。他善观风色,长于逢迎,后来投靠慈禧。光绪四年(1878年)升任步军统领、工部尚书,后因病免职。光绪十七年(1891年)外调为西安将军。二十年(1894年)入京祝慈禧六十大寿,又授步军统领。二十一年(1895年)升兵部尚书。二十二年任命协办大学士。二十三年他上奏折,称:"外交之进退,视其兵之多寡强弱以为衡。强则公法所不能拘,弱则盟约皆不可恃。"因此,他主张整顿军备,大练新兵。他的主张很得慈禧的赏识,而且采纳了他的建白。

荣禄很会察言观色,并懂得兵权的重要。慈禧罢免了翁同龢,很想让荣禄入军机处。但荣禄极力推辞,他冠冕堂皇地说,"去一汉员,仍宜补一汉员"。而荣禄的真实用意却是"揽握兵柄",因此,他"自求北洋大臣"。

在这之前,荣禄已商请慈禧垂帘听政。这很得慈禧好感。这次得到任命,在出北京之前,他又再三恳请慈禧垂帘。

慈禧心有顾忌地说:"非图安逸,恐又招揽权之讥。"

荣禄谄媚讨好地答:"揽权者,臣下之谓也,非所论于太后。明事人,断无是言;不明事者,何足重轻。"荣禄曾遍邀王公大臣联衔恳请慈禧垂帘训政。其目的是造成一个声势煊赫的吁请慈禧垂帘的运动,以便上下勾结,夺取光绪帝的皇权。但当时慈禧与光绪帝的矛盾并没有达到水火不相容的地步,慈禧感到没有必要直接垂帘,还是退居幕后指挥的好。然而,由于荣禄这些示忠的举动,使慈禧更加宠信他了。

这四道谕旨是在四月二十七日(6月15日),即光绪帝决定召见康有为的前一天公布的。这四道谕旨体现的是慈禧的意图,而且是针对光绪帝的。皇权集中体现在谕旨权、用人权和军事权三方面。这四道谕旨的公布即表明了谕旨权、用人权和军事权都在慈禧的掌握之中,光绪帝的权力是极其有限的。这就使慈禧处于左右逢源、进退裕如的有利地位。慈禧弓弦张满,待机而发。

从四月二十三日(6月11日)光绪帝"诏定国是"开始,到八月六日(9月21日)慈禧发动政变为止,光绪帝实行变法一百零三天,史称"百日维新"。

百日维新期间,光绪帝发下的道道谕旨像雪片一样飞向了社会,产生了巨大的影响。维新派欢欣鼓舞,守旧派神色沮丧。

对光绪帝的变法谕旨,守旧派们或是模棱不奉,或是阳奉阴违,或是避重就轻,或是造谣阻格。当时谣言盛行:"京中已有裁撤六部九卿,而设立鬼子衙门,用鬼子办事之谣。"

七月十四日（8月30日）光绪帝发下一个重要谕旨，裁撤詹事府等六衙门及三省巡抚。主要内容：一是裁撤詹事府、通政司、光禄寺、太仆寺、鸿胪寺、大理寺等六个闲散衙门，分别归并内阁及礼部刑部办理。二是裁撤督抚同城之湖北、广东、云南三省巡抚，及东河总督。三是裁撤各省不办运务之粮道及向无盐场之盐道等。

这道谕旨显示了光绪帝意图改革官制的决心。但这一举动造成"京师惶恐"，且"正符将欲裁九卿六部之谣"。这就使变法遇到了更大的阻力。

七月十九日（9月4日）光绪帝发下了百日维新以来的一个最重要的谕旨，即罢免礼部六堂官。被罢免的六位堂官是：礼部尚书怀塔布、许应骙、左侍郎堃岫、右侍郎溥颋、署左侍郎徐会沣、署右侍郎曾广汉。而礼部主事王照着赏给三品顶戴，以四品京堂候补。

为什么光绪帝要罢免这六位高级官吏？因为礼部主事王照的条陈上奏，根据光绪帝的指示，本应由该衙门的各堂官代递。但由于王照条陈大多为新政，遭到许应骙的阻格。光绪帝了解实情后，十分气愤，反问道："似此故意抑格，岂以朕之谕旨为不足遵耶？若不予以严惩，无以儆戒将来。"光绪帝的目的是杀一儆百，以利后来。

这是光绪帝在忍无可忍的情况下，自亲政以来第一次行使自己的官吏罢免权。作为拥有至高无上权力的皇帝，罢免其手下的官吏，对错与否，本无足轻重。但是光绪帝此举却触犯了慈禧在四月二十七日所做的二品以上高官到其面前谢恩的谕旨。慈禧的那道谕旨是在暗示二品以上高官的任免权只掌握在她的手里，光绪帝无权涉足其间。光绪帝罢免的礼部六堂官正是一二品大员。很显然，这就触犯了天条。这是慈禧绝对不能允许的。梁启超说："皇上于二品以上大员，无进退黜陟之权。彼军机大臣及各省督抚等屡抗旨，上愤极而不能黜之。此次乃仅择礼部闲曹、无关紧要之人。一试其黜陟，而大变已至矣。"这个分析是很有道理的。

礼部尚书怀塔布兼管内务府，他的妻子和女儿经常入宫陪伴慈禧，很得慈禧欢心。怀塔布被罢职后，他的妻子向慈禧哭诉冤枉，求慈禧为其做主。慈禧很恼怒光绪帝办事"操切"，并召怀塔布赴颐和园"详询本末"。怀塔布率内务府人员数十人"环跪于西后前，痛哭而愬皇上之无道"。慈禧倒颇为冷静，"令其暂且忍耐"，她要再看看光绪帝能走多远。

这时的光绪帝已感到守旧派对自己的切齿痛恨。但他"有不顾利害，誓死以殉社稷之意"，把个人安危置之度外，所以"益放手办事"。

七月二十日（9月5日）光绪帝发布谕旨，任命内阁候补侍读杨锐、刑部候补主事刘光第、内阁候补中书林旭、江苏候补知府谭嗣同均赏加四品卿衔，在军机章京上行走，参与新政事宜。参与新政，"犹唐之参知政事，实宰相之任也"。这四人实则成了四位新宰相，以后凡有章奏，都由四人阅览；凡有上谕，皆由四人拟稿。而原来的军机大臣形同虚设，被冷落在一旁，"不能赞置一词，咸忿忿不平，怒眦欲裂于此四臣矣"。

七月二十二日（9月7日）光绪帝又命李鸿章、敬信无庸在总理衙门行走，罢免了他们的总署大臣之职。

四天来，光绪帝连发三道上谕，罢免大臣，任命小官，引起慈禧的不满。时值光绪赴颐和园向慈禧请安。

慈禧责备光绪帝说:"九列重臣,非有大故,不可弃;今以远间亲,新间旧,徇一人而乱家法,祖宗其谓我何?"

光绪帝痛哭流涕地谏道:"祖宗而在今日,其法必不若是;儿宁忍坏祖宗之法,不忍弃祖宗之民,失祖宗之地,为天下后世笑也。"

光绪帝的不屈服的态度益发引起刚愎自用的慈禧的憎恨。慈禧本来想通过自己的劝阻,使光绪帝有所收敛。但是,此时的光绪帝在执行自己的政治路线上表现得异常坚决,不想轻易地听命慈禧。在慈禧的眼里,光绪帝简直是一意孤行。

慈禧感到只是口头上的劝阻已不能使光绪帝就范,她要付诸行动。于是,她密派内务府大臣怀塔布、立山等七人同往天津拜谒荣禄,密商对策。"是日(七月二十二日),天津有人见自京乘火车来督署者数人,势甚耀赫,仆从雄丽。有言内中即有怀公塔布、立公山也"。怀塔布、立山是慈禧的亲信。他们是以慈禧特派代表的身份,亲奉"太后的密谕",同荣禄商讨如何对付光绪帝的谋略的。

七月二十二日(9月7日)后,慈禧进入了政变的准备阶段。在这之前,慈禧是在冷静地默观光绪帝的变法。

那么,慈禧对光绪帝的变法到底持什么态度呢?梁启超在《戊戌政变记》里说:"西后与荣禄等既布此天罗地网,视皇上已同釜底游魂,任其跳跃,料其不能逃脱,于是不复防闲,一听皇上之所为。"又说:"盖彼之计划早已定,故不动声色也。"总之,梁启超认为,慈禧允许光绪帝实行变法是企图废掉光绪帝的一个"隐谋"。用荣禄的话说:"姑俟其乱闹数月,使天下共愤,罪恶贯盈,不亦可乎?"即到时候再算总账的意思。

光绪帝先罢礼部怀塔布等六位大员,后又免去李鸿章、敬信的总署大臣之职,引起守旧大臣一片惊恐,"旧臣惶骇"。内务府诸大臣赴颐和园,在慈禧面前跪了一地,告光绪帝的罪状,说光绪帝"妄变祖法",请慈禧立即训政。但此时的慈禧并没有马上跳起来,"后不许",没有答应他们的请求,她还要看一看再说。

那末,到底是什么事情触动了慈禧敏感的神经,使她决心发动政变呢?

大体有三件事:

第一件是立山的造谣。

内务府大臣立山跪请慈禧训政,慈禧没有马上答应。于是他向慈禧造谣说:"上派太监往各使馆,请去西后。"慈禧最担心的是外国列强迫使她下台。听到这个消息,她是不能容忍的,"西后大怒",于是,她便发动了政变。

第二件是光绪帝召见伊藤博文。

伊藤博文(1841—1909 年)自光绪十一年起,四任日本首相。十四年起三任枢密院院长。被世人目为"明治国家权力的象征"。伊藤曾以日方全权代表的身分与李鸿章进行议和谈判,以强硬态度逼签《马关条约》。光绪二十四年七月二十三日(1898 年 9 月 8 日)由朝鲜来到中国。二十六日至天津,次日谒荣禄。荣禄在北洋医学堂设宴为其接风,袁世凯、聂士成作陪。但荣禄心中有事,"神色惨沮不欢,未遑终席,借事辞去"。荣禄对伊藤的到来十分戒备。因为当时御史李岳瑞等上书,请皇帝用外国人为客卿,朝臣们斥李岳瑞卖国,骂他为汉奸。正当此时,伊藤到津,朝廷上下一片流言,说伊藤是康有为勾引来的,将入军机处。恰好光绪帝又拍来电报,询问伊藤可否在津多留几天,伊藤回电答可以待两星期。这似乎又进一步印证了光绪帝要用外国人为顾问官的流言,使"守旧者皆惶悚不安"。二十九日抵京。八月初一日谒总署王大臣。同日,康有为赴日本大使馆会见了伊藤。伊藤问:"然则贵国数月以来,着意变法,而未见推行之效,何哉?"康有为答以慈禧之掣肘、德宗之无权、顽固守旧大臣之阻挠,并请伊藤觐见慈禧"剀切陈说",以使"回心转意"。伊藤答道:"既如此,仆谒见皇太后,谨当竭尽忠言。"初二日,又赴张荫桓宅夜宴。至此,伊藤来华后的一举一动都在慈禧的掌握之中。而荣禄"盖将借此发难,以惑太后听耳"。光绪帝下令于八月初五日召见伊藤。这使慈禧十分紧张,所以八月初四日慈禧于酉刻(下午五时至七时)匆忙还宫,目的是想监视光绪帝召见伊藤。因此,有人评说:"而借口发难,实由于伊藤之来也。"果然,当初五日光绪帝于勤政殿召见伊藤时,慈禧坐在屏风后监听,光绪帝不能畅所欲言,"仅能与照例数语而退"。光绪帝与伊藤寒暄了几句,没谈任何实质性问题,就仓促结束了接见。不管怎么说,光绪帝接见伊藤确实引起了慈禧的警觉。这促使慈禧下决心发动政变。

第三件是对慈禧到天津阅兵的误解。

史学界流行的说法是,光绪帝于四月二十七日发的四道谕旨之一是说本年秋间慈禧到天津阅兵,其目的是借阅兵之机废掉光绪帝。

这种说法最早见于梁启超的《戊戌政变记》。梁说:"外人不谙朝事,或疑因维新之急激,遂以致败。由未知废立之局早定,西后荣禄,预布网罗,听其跳跃,专待天津阅兵以行大事耳。""这个"以行大事"就是借机废掉光绪帝。《慈禧外纪》说:"西历一千八百九十八年之八月,即中历七月之末,太后与守旧党已联成一气,但深密而未发表,欲俟九月同帝到天津后始行之。"这个"到天津后始行之"的含意即是废掉光绪帝。康有为在《康南海自编年谱》里说:"谋定于天津阅兵而行废立。"

他们都认为秋天到天津阅兵是慈禧借机废掉光绪帝的一个阴谋。果真如此吗?我却以为不然。到天津去废掉光绪帝,这是高看了光绪帝,低估了慈禧。此时的慈禧虽然退居二线,但她实际上仍然牢牢地控制着皇权。光绪帝只不过是一个傀儡而已。她要想废掉光绪帝,只要下个懿旨就可以了,不用举手之劳。实际上也确实如此。她发动政变之时,也只是由颐和园还宫,宣布一下,光绪帝便束手就擒。而当天,她又返回了颐和园,根本没在皇宫继续监视光绪帝。这说明她压根儿没把光绪帝视为平等的对手。夺取他的表面上的皇权真是易如反掌。在北京可以轻易解决的问题,为什么要大动干戈非到天津不可呢?

而实际上到天津阅兵是荣禄为了迎合慈禧喜欢游玩的心理而上的奏折。当时北京的大臣们听说太后、皇帝"竟欲冒险以坐火车",纷纷上言,认为"大非帝王尊贵之道",且"相顾惊骇",然而"太后则甚以为乐",并"谓己从未坐过火车,今初次乘坐,视为有趣之事"。

苏继祖也持这个看法:"恭邸初薨,太后欲往天津阅兵,皇上谏止,太后甚怒其阻挠。此举荣相迎合者也。据云:连日召对所商,即游览天津之事。此说甚合。尚有人说,此亦荣属人奏请者,盖以阅兵为名耳。"这就是说,荣禄为迎合慈禧奏请太后与皇帝同赴天津阅兵,皇帝认为太后出行不妥,谏言阻止,不想让慈禧到天津游览,"太后怒甚"。看起来，当时的争论主要是以太后和皇帝之尊出京远行是否适宜，而不是别的。

但是，随着百日维新的深化，帝后两党矛盾的加剧，到天津阅兵之举却逐渐变得复杂化了。

先是后党官僚有意放风，说到天津阅兵之时对光绪帝如何如何。帝党的一些年轻的维新派们听到信号，十分惊惶，便千方百计为光绪帝出谋划策，以摆脱窘境。

幼稚的维新派落入了老辣的守旧派设置的圈套。

直到此时，维新派们才感到有抓军权的必要。康有为"虑九月天津阅兵即行废立，夙夜虑此"。为此，他连上奏折，提出四条建议：

第一条，设参谋部。他建议仿效日本设立最高军事领导机关参谋本部，由皇帝亲自掌握。"选天下虎罴之士，不二心之臣于左右，上亲擐甲胄而统之。"

第二条，改变年号。建议把光绪二十四年改为维新元年，"以新天下耳目"。

第三条，变更服制。"请变衣服而易旧党心志"。

第四条，迁都上海。"借行幸以定之，但率通才数十人从办事，百官留守，即以弃旧京矣。"北京暮气太沉，只有迁都上海，才能有利于变法。

对康有为的四条建议，"上皆然之"，光绪帝都表赞同。但是，很明显，这四条建议基本属乌托邦性质，在当时的条件下，是不能够实行的。远水解不了近渴。

于是，他们把目光移向了袁世凯。他们认为，袁世凯曾经率兵远驻朝鲜，了解外国情形。同时，又积极参与强学会的活动，不同于武夫董福祥和聂士成，是个有头脑的人。他们的结论："拥兵权，可救上者，只此一人。"但是，他们又担心袁世凯与荣禄关系密切，怕袁世凯不听从光绪帝的指挥，所以，派人进行试探。

这个人就是康有为的亲信弟子徐仁禄。徐仁禄试探袁世凯，袁世凯十分机警地夸赞康有为是"悲天悯人之心，经天纬地之才"。

徐仁禄用话激他，试探他对荣禄的态度："我与卓如(梁启超)、芝栋(宋伯鲁)、复生(谭嗣同)屡奏荐于上，上言荣禄谓袁世凯跋扈不可大用。不知公何为与荣不洽？"

袁世凯深知此话的用意，便好像恍然大悟似的答道："昔常熟(翁同龢)欲增我兵，荣禄谓汉人不能任握大兵权。常熟曰：'曾、左亦汉人，何尝不能任大兵？'然荣禄足不肯增也。"

书生气十足的康有为们根本不是老于世故的袁世凯的对手。

徐仁禄把对话情形告之康有为们，认为"袁为我所动"，决定向光绪帝推荐。先由徐致靖上奏推荐，又由谭嗣同递密折，请光绪帝召见加官优奖，以备不测。光绪帝即于七月二十六日(9月11日)发出上谕：

> 电寄荣禄，著传知袁世凯，即行来京陛见。

这是一道明发上谕。是经慈禧的亲信荣禄单独传见握有兵权的袁世凯。袁世凯正在天津东南七十里的小站练兵。平地一声雷。袁世凯的被传见引起了慈禧及后党的警觉。慈禧们在密切注视着事态的发展。

光绪帝此举不算明智，但舍此，他又有什么办法呢？

到天津阅兵将行废立之说，时人苏继祖持完全不同的看法。他认为，如果慈禧欲行废立，"必在宫中调兵入卫，决不及出京到天津，行此大举动也"。废掉光绪帝只是宫内之事,不必行"大举动"。这话很有道理。他又进一步分析道:"况今日京师之臣民,不知有是非久矣。苟行废立,尚有敢谓其不然者乎?不待兵力以压制之耳。所以蓄意五年不敢递行者,恐天下不服,外人干预也。天津一区北洋数军,能抗天下,能拒外人乎?太后、荣相宁不知之,故知断非来天津行废立也。"这个分析是很有见地的。

在这个分析的基础上,他又进一步推论道:"一念之差,又不择人,贸然以刀柄付之,致我圣主有倒悬之危,谁之咎哉,"他认为由于错误地分析了形势,草木皆兵,上了圈套。以致授人以柄,遭致失败。

综上三件事,即外人干涉、召见伊藤和天津废立都引起慈禧的极大不满,慈禧于是决定发动政变。但她在伺机寻找更为恰当的理由。

七月二十六日(9月11日)发生了两件非同寻常的事,一是光绪帝明发上谕召见袁世凯,二是日本首相伊藤博文抵达天津。这两件事荣禄都是当事者。前者荣禄是负责转达谕令,后者是荣禄曾宴请伊藤。荣禄为慈禧的亲信。他把所掌握的有关情报完全电告慈禧。从这一天起,慈禧态度大变。

光绪帝敏感地注意到了此点。二十八日(9月13日)光绪帝赴颐和园请安,欲乘机向慈禧请示开懋勤殿一事。但当他向慈禧请安时,慈禧没有像往常一样答话,而是一言不发,"太后不答,神色异常"。把个光绪帝吓得没敢说话,"惧而未敢申说"。光绪帝自颐和园回宫,回想"太后神色迥异寻常,自知有变",便于当日召见杨锐,授以密谕:

> "朕惟时局艰难,非变法不能救中国。非去守旧衰谬之大臣,而用通达英勇之士,不能变法。而皇太后不以为然。朕屡次几谏,太后更怒。今朕位几不保。汝康有为、杨锐、林旭、谭嗣同、刘光第等,可妥速密筹,设法相救。朕十分焦灼,不胜企望之至。特谕。"

杨锐接读密诏,因没有任何思想准备,十分"震恐",乱了方寸,"不知所为计",迷迷糊糊地把十万火急的密诏压了下来。

而此时后党干将荣禄却十分清醒。"荣禄见袁世凯被召",马上调兵遣将预为防备。"即调聂士成守天津,以断袁军入京之路。调董福军密入京师,以备举大事"。

八月初一日(9月16日),光绪帝于颐和园的毓兰堂召见袁世凯。光绪帝"垂询军事甚详"。召见后,上谕升袁为候补侍郎。这是破格提拔。

八月初二日(9月17日)光绪帝第二次召见袁世凯,笑着说:"人人都说你练的兵、办的学堂甚好,此后可与荣禄各办各事。"这个"可与荣禄各办各事"的话就明确挑明了袁世凯不必听荣禄指挥,而应直接听命于皇上。但老练的袁世凯装聋作哑。

自七月二十八日给杨锐一密诏,至今日已是五天了,但迟迟没见回音。光绪帝焦急异常。他担心康有为的安危,又无法取得联系,只得冒险明发上谕:

> 工部主事康有为,前命其督办官报局,此时闻尚未出京,实堪诧异。朕深念时艰,思得通达时务之人,与商治法。康有为素日讲求,是以召见一次,令其督办官报。诚以报馆为开民智之本,职任不为不重。现筹有的款,著康有为迅速前往上海,毋得迁延观望。

这是用明发上谕的方法,告诉康有为迅速离京,否则凶多吉少。看到上谕,"国人骇悚,知祸作矣"。

同时又急召林旭，由他带出另一密诏，给康有为：

"朕今命汝督办官报，实有不得已之苦衷，非楮墨所能罄也。汝可迅速出外，不可延迟。汝一片忠爱热肠，朕所深悉。其爱惜身体，善自调摄，将来更效驰驱，共建大业，朕有厚望焉。特谕。"

一明谕，一密诏，都是敦促康有为尽快出京。

但是当天康有为没有见到密诏，只于晚间回家时看到了明谕。他们这帮文人不是积极想办法，而是在宋伯鲁家饮酒唱曲，"曲终哀动，谈事变之急，相与忧叹"。唉声叹气，束手无策。

八月初三日（9月18日）早林旭持密诏来，康有为跪诵后才感到事态极其严重。林旭不仅带来了促康出京之密诏，还带来了在杨锐手中搁了五天的密诏，也交给了康有为。康有为急找来谭嗣同一起读研密诏，"跪读痛哭"。他们从密诏中分明清晰地听到了光绪帝垂危的呼救声。于是，急找来梁启超、康广仁等商量对策。大家想到了袁世凯，决定由谭嗣同抵其寓所，说袁勤王。

当日晚，袁世凯接到荣禄电报，说有英兵船多只游弋大沽海口，传令袁世凯迅速回津听候调遣。荣禄在注视着袁世凯的举动。

夜色已深，谭嗣同突然来访。

周旋之后，针对袁告以现有英船游弋海上，要尽快回津的话，谭云："外侮不足忧，大可忧者，内患耳。"

袁急询其故。

谭云："公受此破格特恩，必将有以图报，上方有大难，非公莫能救。"

袁谓："予世受国恩，本应力图报称，况已身又受不次之赏，敢不肝脑涂地，图报天恩，但不知难在何处？"

谭云，"荣某近日献策，将废立弑君，公知之否？"

袁认为这一定是谣言，断不足信。

谭云："公磊落人物，不知此人极其狡诈。"语意一转，又说："公如真心救上，我有一策，与公商之。"

此时谭拿出一个行动草稿，袁世凯初五请训时，请光绪帝面付朱谕一道，令其带兵赴津，见荣某出朱谕宣读，立即正法。即以袁世凯为直隶总督，迅速载袁某部兵入京，"派一半围颐和园，一半守宫"，大事可定。

袁追问道："围颐和园欲何为？"

谭云："不除此老朽，国不能保，此事在我，公不必问。"

袁谓："皇太后听政三十余年，迭平大难，深得人心。我之部下，常以忠义为训戒，如令以作乱，必不可行。"

谭云："我雇有好汉数十人，并电湖南召集好将多人，不日可到。去此老朽，在我而已，无须用公。但要公以二事，诛荣某，围颐和园耳。如不许我，即死在公前。公之性命在我手，我之性命亦在公手。今晚必须定议，我即诣宫，请旨办理。"

袁世凯摸到全部底细，心中有了数，知道明显拒绝是愚蠢的，只好设词推诿。

袁道："天津为各国聚处之地，若忽杀总督，中外官民，必将大讧，国势即将瓜分。且北洋有宋、董、聂各军四五万人,淮练各军又有七十多营,京内旗兵亦不下数万。本军只七千人,出兵至多不过六千,如何能办此事?恐在外一动兵,而京内必即设防,上已先危。"

谭云:"公可给以迅雷不及掩耳,俟动兵时,即分给诸军朱谕,并照会各国,谁敢乱动?"

袁谓:"本军粮械子弹,均在天津营内,存者极少。必须先将粮弹领运足用,方可用兵。"

谭云:"可请上先将朱谕交给存收,俟布置妥当,一面密告我日期,一面动手。"

袁谓:"我万不敢惜死,恐或泄露,必将累及皇上,臣子死有余辜,一经纸笔,便不慎密,切不可先交朱谕。你先回,容我熟思,布置半月二十日方可覆告你如何办法。"

谭云:"上意甚急,我有朱谕在手,必须即刻定准一个办法,方可覆命。"

于是,谭出示朱谕,袁阅后发现为墨笔所书,不是原件,认为有假。

袁谓:"此非朱谕,且无诛荣相围颐和园之说。"

谭云:"朱谕在林旭手,此为杨锐抄给我看的。确有此朱谕,在三日前所发交者。林旭等极可恶,不立即交我,几误大事。谕内另议良法,即有二事在其内。"

袁谓:"青天在上,袁世凯断不敢辜负天恩。但恐累及皇上,必须妥筹详商,以期万全;我无此胆量,决不敢造次为天下罪人。"接着又转移话头说:"九月即将巡幸天津,待至伊时军队咸集,皇上下一寸纸条,谁敢不遵,又何事不成?"

谭云:"等不到九月即将废弑,势甚迫急。"

袁谓:"即有巡幸之命,必不至遽有意外。必须至下月方万全。"

谭云:"如九月不出巡幸,将奈之何?"

袁谓:"现已预备妥当,计费数十万金。我可请荣相力求慈圣,必将出巡,保可不至中止。此事在我,你可放心。"

谭云:"报君恩,救君难,立奇功大业,天下事入公掌握,在于公;如贪图富贵,告变封侯,害及天子,亦在公,唯公自裁。"

袁谓:"你以我为何如人?我三世受国恩深重,断不至丧心病狂,贻误大事,但能有益于君国,必当死生以之。"

谭嗣同被袁世凯信誓旦旦的花言巧语所欺骗,起来作了个揖,并赞扬袁世凯为"奇男子",然后告退。

袁世凯静夜独坐,反复筹思,如痴如病,冀得良方。他深知自己已临深渊,稍一不慎,便会摔个粉身碎骨。经认真比较,思路愈益清晰。很明显,优势在慈禧及后党一方,光绪帝及帝党只不过是慈禧的掌上玩物而已。他决定把宝押在慈禧身上。

八月初五日(9月20日),光绪帝第三次召见袁世凯。此时的光绪帝已被慈禧严密监视。袁世凯进言:"古今各国变法非易,非有内忧,即有外患,请忍耐待时,步步经理,如操之太急,必生流弊。"光绪帝"为动容"。但是一言没发。

袁世凯退下后急忙回津,到天津时已是黄昏,直奔荣禄府第,谒荣禄,迫不及待地尽泄内情。荣禄当夜电告慈禧。慈禧勃然大怒,于翌晨匆匆返宫。召光绪帝愤怒地斥责道:"我抚养汝二十余年,乃听小人之言谋我乎?"光绪帝吓得浑身战栗,说不出话来,良久嗫嚅道："我无此意。"慈禧高声地骂道："痴儿,今日无我,明日安有汝乎?"

这一天,即八月初六日,慈禧御便殿召庆王奕劻、端王载漪、军机大臣、御前大臣,这些王公大臣跪于案右。光绪帝跪于案左。同时设竹杖于座前。

慈禧疾声厉色地讯问光绪帝:

"天下者,祖宗之天下也,汝何敢任意妄为! 诸臣者,皆我多年历选,留以辅汝,汝何敢任意不用! 乃竟敢听信叛逆蛊惑,变乱典型。何物康有为,能胜于我选用之人? 康有为之法,能胜于祖宗所立之法? 汝何昏愦,不肖乃尔!"

皇帝战栗不已,不知所对。

慈禧把如剑的目光转向跪在地上的王公大臣们,看着这一群老迈昏愦的亲信,她气不打一处来,怒气冲冲地训斥道:

"皇帝无知,汝等何不边谏! 以为我真不管,听他亡国败家乎? 我早已知他不足以承大业,不过时事多艰,不易轻举妄动,只得留心稽察管束。我虽人在颐和园,而心时时在朝中也。我唯恐有奸人蛊惑,所以常嘱汝等不可因他不肖,便不肯尽心国事。现幸我还康健,必不负汝等也。今春奕劻再四说,皇上既肯励精图治,谓我亦可省心。我因想外臣不知其详,并有不学无术之人,反以为我把持,不许他放手办事。今日可知其不行矣。他是我拥立者。他若亡国,其罪在我,我能不问乎? 汝等不力诤,是汝等罪也。"

王公大臣们匍匐在地,默默承受,不敢应对。

慈禧又把犀利的目光移向了皇帝,恶狠狠地质问道:

"变乱祖法,臣下犯者,汝知何罪? 试问汝祖宗重,康有为重,背祖宗而行康法,何昏愦至此?"

一言不发的皇帝觉得应该做点申辩,便战战兢兢地说:

"是固自己糊涂,洋人逼迫太急,欲保存国脉,通用西法,并不敢听信康有为之法也。"

竟敢申辩,嚣张已极! 慈禧益发愤怒,声音更加冷厉地说:

"难道祖宗不如西法,鬼子反重于祖宗乎? 康有为叛逆,图谋于我,汝不知乎? 尚敢回护也!"

皇帝吓得魂飞天外,只顾战抖,不知如何应对。

慈禧穷追不舍,厉声问道:

"汝知之乎? 抑同谋乎?"

皇帝听不太清,又不敢问,又不能不答,便胡乱地答道:

"知道。"

慈禧不依不饶:

"既知道还不正法,反要放走?"

皇帝随口应道:

"拿杀。"

这其实是一场不准辩白的审判。法官是慈禧,罪犯是光绪帝。

当天,以光绪帝名义发布谕旨,昭示朝廷内外,慈禧实行"训政"。旨曰:

无力回天 清德宗——光绪

"现在国事艰难,庶务待理。朕勤劳宵旰,日综万几。兢业之余,时虞丛脞。恭溯同治年间以来,慈禧端佑康颐昭豫庄诚寿恭钦献崇熙皇太后两次垂帘听政。办理朝政,宏济时艰,无不尽美尽善。因念宗社为重,再三吁恳慈恩训政。仰蒙俯如所请,此乃天下臣民之福。由今日始,在便殿办事。本月初八日,朕率诸王大臣在勤政殿行礼。一切应行礼仪,著各该衙门敬谨预备。"

同日,又发谕旨,捉拿康有为和康广仁。旨曰:

"工部候补主事康有为,结党营私,莠言乱政,屡经被人参奏,著革职。并其弟康广仁,均著步军统领衙门拿交刑部,按律治罪。"

八月初七日,慈禧又单独审问皇帝一次。

八月初八日,光绪帝率百官在勤政殿恭贺慈禧训政。慈禧又把勤政殿变成了审判庭。这一次,慈禧变了招数,让群臣质讯皇帝。皇帝成了名副其实的被告,威风扫地。慈禧将从皇帝书房中及康有为寓所中查抄的奏章、说帖等件,命群臣质询,逐条审讯。其中有杨锐、林旭依据皇帝的旨意催促康有为迅速出京的信函,慈禧大怒,追问皇帝。皇帝不敢承认,推托说这是杨锐的主意,与己无涉。慈禧又追问围园弑母之谋,皇帝推到了康有为、谭嗣同身上。慈禧极为愤恨,当即下旨,捉拿维新党人。旨曰:

"张荫桓、徐致靖、杨深秀、杨锐、林旭、谭嗣同、刘光第,均著先行革职,交步军统领衙门拿解刑部审讯。"

同时禁皇帝于瀛台。瀛台,位于北京三海,即北海、中海、南海之一的南海。四面环水,北架一桥以通往来。瀛台多树,主体建筑涵元殿位于瀛台的中心。瀛台本是皇室避暑和游览的胜地,但自此以后却变成了囚禁光绪帝的图圄。光绪帝除了每天被拉去早朝外,便不得自由出入了。慈禧把原来皇帝身边的太监一律撤走看押,另派其心腹太监二十余名监视皇帝。皇帝成了被软禁的囚徒。

慈禧以训政之名,行亲政之实。形式上太后与皇帝并排坐着,像二位君主。但奏对时,皇帝不许说话。有时太后示意皇帝说话,他才勉强说上一二句。光绪帝成了真正的木偶。这次第二次训政,实则是慈禧太后的第三次垂帘。

那么,维新派是否有谋围颐和园、劫制皇太后的计划呢?

梁启超说:"当时北京之人,咸疑皇上三密诏中,皆与诸臣商废西后之事。而政变之时,贼臣借此以为谋围颐和园之伪诏以诬污皇上者也。"他认为,政变之时慈禧发布的谋围颐和园的诏旨是诬污皇帝的"伪诏"。康有为在《康南海自编年谱》里曾写道:"乃属谭复生入袁世凯所寓,说袁勤王,率死士数百扶上登午门而杀荣禄,除旧党。"只字未提围颐和园、劫西太后事。这是考虑到被囚的光绪帝的安危,避而不谈此事。苏继祖则认为:"若云有围园弑母之谋,吾敢以身家性命相保。欲加之罪,何患无辞,真千古奇冤也。"他以身家性命担保,没有围园弑母之谋。

以上是否定说。

但也有承认说。

胡思敬记道:"(谭嗣同)引有为入卧室,取盘灰作书,密谋招袁世凯入党。用所部新建军,围颐和园,以兵劫太后,遂锢之。"写了策划围园劫后的过程。费行简书曰:"(康有为)奋然曰:与其逐禄,曷若禁后。吾保国会会友袁世凯,方治兵小站,是人敏锐敢任事,可引其以兵守颐和园,然后谏后勿干外政。"这里写了康有为提议兵谏皇太后。此外,就是袁世凯所写的《戊戌日记》。这里记载了维新派试图游说袁世凯围园劫后。很多人认为袁的日记是在美化自己,诋毁帝党,因而,其内容是不可信的。

其实,这一争论目前已完全解决了。中国社会科学院近代史研究所的杨天石研究员的两篇文章《康有为谋围颐和园捕杀西太后确证》《康有为"戊戌密谋"补证》,就用新发现的史料有力地证明了维新派确实曾计划围园弑后。

杨天石在日本立命馆大学教授松本英纪的帮助下,借阅了日本外务省档案缩微胶卷,从中发现了康有为策划围园弑后的确证。最可靠的确证是毕永年的《诡谋直纪》。

毕永年,湖南长沙人,号松甫。少年时读王船山遗书,渐有兴汉灭满的民族革命思想。少时与谭嗣同、唐才常相友善,共商救国大计,并从事联络会党的活动。戊戌政变前夕抵京,谭嗣同将其引荐给康有为。康欲命其领兵围园便宜行事。1899年初,他把当时的活动写成了日记《诡谋直纪》,并交给了日人平山周。现摘示于后:

　　七月二十九日(9月14日)夜九时,(康)召仆(毕永年)至其室,谓仆曰:
　　"汝知今日之危急乎? 太后欲于九月天津大阅时弑皇上,将奈之何? 吾欲效唐朝张柬之废武后之举,然天子手无寸兵,殊难举事。吾已奏请皇上,召袁世凯入京,欲令其为李多祚也。"
　　八月初一日(9月16日),仆见谭君,与商此事,谭云:
　　"此事甚不可,而康先生必欲为之,且使皇上面谕,我将奈之何! 我亦决矣。兄能在此助我,甚善。但不知康欲如何用兄也。"
　　午后一时,谭又病剧,不能久谈而出。
　　夜八时,忽传上谕,袁以侍郎候补。康与梁正在晚餐,乃拍案叫绝曰:
　　"天子真圣明,较我等所献之计尤觉隆重,袁必更喜而图报矣。"
　　康即起身命仆随至其室,询仆如何办法。仆曰:
　　"事已至此,无可奈何,但当定计而行耳,然仆终疑袁不可用也。"
　　康曰:"袁极可用,吾已得其允据矣。"
　　乃于几间取袁所上康书示仆,其书中极谢康之荐引拔擢,并云赴汤蹈火,亦所不辞。康谓仆曰:
　　"汝观袁有如此语,尚不可用乎?"
　　仆曰:"袁可用矣,然先生欲令仆为何事?"
　　康曰:"吾欲令汝往袁幕中为参谋,以监督之何如?"
　　仆曰:"仆一人在袁幕中何用,且袁一人如有异志,非仆一人所能制也。"
　　康曰:"或以百人交汝率之,何如? 至袁统兵围颐和园时,汝则率百人奉诏往执西后而废之可也。"
　　初三日(9月18日),但见康氏兄弟及梁氏等纷纷奔走,意甚忙迫。午膳时钱君告仆曰:
　　"康先生欲弑太后,奈何?"
　　仆曰:"兄何知之?"
　　钱曰:"顷梁君谓我云:先生之意,其奏知皇上时,只言废之,且俟往颐和园时,执而杀之可也。未知毕君肯任此事乎？兄何不一探之等语。然则此事显然矣,将奈之何？"

仆曰:"我久知之,彼欲使我为成济也,兄且俟之。"

毕永年自有主见。他认为袁世凯与康有为本无关系,此举绝不可恃。于是拒绝了康有为的请求,并致书谭嗣同陈说利害,劝他尽快出走,谭嗣同不听。毕永年径赴日本,在横滨拜谒了孙中山,并参加了兴中会。

光绪二十四年八月十三日(1898年9月28日)慈禧下令杀害了杨深秀、杨锐、林旭、谭嗣同、刘光第、康广仁。史称"六君子"。次日,慈禧以光绪帝的名义发布上谕:

> 主事康有为,首倡邪说,惑世诬民。而宵小之徒,群相附和,乘变法之际,隐行其乱法之谋。包藏祸心,潜图不轨。前日竟有纠约乱党,谋围颐和园,劫制皇太后,陷害朕躬之事。幸经觉察,立破奸谋。又闻该乱党私立保国会,言保中国不保大清,其悖逆情形,实堪发指。朕恭奉慈闱,力崇孝治。此中外臣民之所共知。康有为学术乖僻,其平日著述,无非离经叛道非圣无法之言。前因讲求实务,令在总理各国事务衙门章京上行走,旋令赴上海办理官报局。乃竟逗遛辇下,构煽阴谋。若非仰赖祖宗默佑,洞烛几先,其事何堪设想。

这个上谕气急败坏地指责康有为谋围颐和园、劫制皇太后的策划,下令追捕康有为。康有为一再否认此事。但究其实际,康有为确实曾谋划围园弑后。应该不折不扣地恢复这个历史的本来面目。

慈禧太后把刚刚兴起的戊戌维新运动扼杀在摇篮之中。守旧派进行了血腥的反攻倒算,对维新派或降,或关,或流,或杀。"六君子"的殷红的鲜血洒在了菜市口的粗蛮的硬土上。已在实行的或未及实行的变法谕令几乎一风吹。维新派噤若寒蝉,守旧派弹冠相庆。偌大的中国又重新陷入了黑暗、麻木及愚昧之中。

等待老迈而破旧的中国的是更大的历史灾难。

自戊戌政变后,慈禧进行了第三次垂帘,直到光绪三十四年(1908年)驾崩。

而戊戌政变后,慈禧是怎样一种心态呢？这从她召见近代大实业家盛宣怀的对话可见一斑。

七

见于史籍记载,光绪帝先后在"百日维新"的后阶段,七月二十九日和八月初二日(9月14日、17日)向维新派人士发出四道谕旨,三道是密诏(也称衣带诏)分别由杨锐、林旭两人带出。三道密诏中有二道是赐给康有为的,一道是给杨锐、林旭、谭嗣同、刘光第四人的。另一道上谕内阁,通过"明发"给康有为。在戊戌政变后流亡海外的康有为声称他奉有光绪帝的两道密诏("衣带诏"),令他"迅速外出""设法相救"云云。但陈少白在《兴中会革命史要》一书中指出,密诏是康有为之伪作,他说:康有为"说是奉了光绪帝衣带诏,他又说临出京时,因某事之必要,已经烧掉了"。考释史料,陈少白关于康有为伪作密诏之说,有一定的道理。

据康有为自称,第一道密诏是光绪帝召见杨锐时赐给的,由杨锐带出转给康有为,时间一说为八月初一日,一说为七月二十九日,其内容见于《康南海先生墨迹》谓:

朕惟时局艰难，非变法不足以救中国，非去守旧衰谬之大臣，而用通达英勇之士，不能变法。而皇太后不以为然，朕屡次几谏，太后更怒。今朕位几不保，汝康有为、杨锐、谭嗣同、林旭、刘光第等可妥速密筹，设法相救。朕十分焦灼，不胜企望之至。

说其此诏伪作，首先是光绪帝交给杨锐的日期，康有为，梁启超在不同的著作里有不同的说法，不能自圆其说。《康南海先生墨迹》云："（八月）初一日交杨锐带来朱笔密谕。"在《康南海自编年谱》中又说："（七月）召袁世凯二十九日至京师，而是日上召见于颐和园，交密诏与杨锐带出。"梁启超在《戊戌政变记》第二卷中说："七月廿八日谕康有为、杨锐、林旭、刘光第五人，由杨锐带出。"在《谭嗣同传》中则说："二十九日，皇上召见杨锐，遂赐衣带诏。"康有为是衣带诏的直接接受者，而且事关重大，时间应该是绝对清楚的。然他几处所说不一，显然是后来见到光绪帝赐给杨锐、谭嗣同等四人密诏而伪托。梁启超则以康著为依据，故也说不准确切日期。

其次，更重要的是在衣带诏中所反映出光绪帝当时的心情同光绪帝当时仍在大力推进变法的进取精神不符。"密诏"云"今朕位几不保""汝等可妥速密筹，设法相救，朕十分焦灼，不胜企盼之至。"似乎光绪帝已乱了手脚准备逃跑退却，可是当时的实际情况是光绪帝仍一日数谕，大力推进变法。如果说他准备逃亡时刻装出镇定自若姿态来麻痹慈禧太后，那光绪政治上还未达到如此老练地步。下面辑几段上谕与"密诏"比较之。

七月二十八日（交密诏前一日）上谕：

督抚膺一方重案，粤省地滨海疆，弹压抚绥，尤关紧要。谭钟麟久历封圻，受恩深重，若如奏种种昏谬情形，实属大负委任，著陈宝箴按照所指各款严密访查，如果属实，速即参奏。

同日又谕：

农务为中国大利根本，业经谕令各行省开设分局，实力劝办，惟种植一切，必须参用西法，购买机器，聘订西师，非重资不能猝办。至多设支会，广刊农表，亦讲求农学之要端，应于省会地方筹款试办，逐渐推行，广为开导。或借官款倡始，或劝富民集资，总期地无余利，方足以收实效。著各直省督抚饬属各就地方情形，妥筹兴办，毋得视为迂图，以重农政。

同日又谕：

电寄各省督抚，昨已明降谕旨，令各省藩臬道府，均得上书言事，其州县条陈事件，应由督抚将原书代递。即著各省督抚，传知藩臬道府，凡有条陈，均令其自行专折具奏，毋庸代递，其州县等官言事者，仍由督抚将原封呈递。至士民有上书言事者，即径由本省道府随时代奏，均不准稍有抑格，如敢抗违，或别经发觉定将该省地方官严行惩处。仍将遵办情形，迅速电奏。

梁启超对光绪帝这道谕旨予以极高的评价，他在案语中指出：

上之明目达聪，求通下情而恶壅蔽至矣。州县递折，本朝已无，至于士民上书，由道府代递，盖犹恐诣阙太远，士民不易，犹伏小人之箴而野有遗贤也。

古人命众至庭嘉石肺石,皆待伏阙,此则中国四千年尧舜禹汤文武所未有者矣。呜呼! 非圣主而能如是乎?

从上面三道谕旨中可以认为光绪帝在赐密诏前一二天的心态,同康有为所谓的"密诏""设法相救""十分焦灼"云云大相径庭。

那么再比较一下光绪帝在七月二十九日(9月14日)赐给杨锐、林旭、谭嗣同、刘光第的那份密诏的内容,就可鉴别出康氏所称"衣带诏"之真伪。密诏见罗惇曧《宾退随笔》一书,据罗氏所称:宣统元年(1909年),杨锐之子杨庆昶曾将光绪帝朱笔谕旨(赐给杨锐之密诏)呈缴都察院,为其父申冤,遭奕劻拒绝未成。当时任京畿道监御史的赵炳麟为之草拟"请昭雪折"而抄录谕旨全文,后编入《赵伯严集》《光绪大事汇鉴》,因而此诏书当为可信。其内容谓:

> 近来朕仰窥皇太后圣意,不意将法尽变,并不愿将此辈老谬昏庸大臣罢黜,而登用英勇通达之人,令其议政,以为恐失人心。虽经朕屡降旨整饬,而并且有随时几谏之事。但圣意坚定,终恐无济于事。即如十九日之朱谕(即关于处分礼部尚书怀塔布和许应骙等人的上谕——著者)皇太后已以为过重,故不得不徐留之,此近来实在为难之情形也。朕亦岂不知中国积弱不振,至于阽危,皆由此辈所误,但不必欲朕一早痛切降旨,将旧法尽变而尽黜此辈昏庸之人,则朕之权力,实有未足。果使如此,则朕位且不能保,何况其他? 今朕问汝,可有何良策,俾旧法可以渐变,将老谬昏庸之大臣尽行罢黜,而登进英勇通达之人,令其议政。使中国转危为安,化弱为强,而又不致有拂圣意。尔等与林旭,谭嗣同、刘光第及诸同志等妥速筹商,密善封奏,由军机大臣代递,候朕熟思审处,再行办理;朕实不胜紧急翘盼之至。特谕。

此诏较确切地反映了"百日维新"后期清朝统治集团内部的斗争实况以及光绪帝当时的处境。光绪帝发此密诏的用意,一是向维新派征求"将老谬昏庸之大臣尽行罢黜,而登进英勇通达之人,令其议政"的良策。看来光绪帝还是准备在中枢机构中进行吐故纳新的大刀阔斧的改革,二是向维新派示意"朕之权力,实有未足,果使如此,则朕位且不得保"的处境,形势趋向恶化。可是光绪帝没有估计到即刻发生政变的可能性,所以他还是要求维新派通过正常途径"由军机大臣代递"他们的"良策""候朕熟思审处,再行办理"。显然,光绪帝要求维新派献计献策还未达到"设法相救,十分焦灼"的程度。

两诏相比,可见康有为所云"衣带诏"实属伪作,是康氏依据光绪帝赐给杨锐、林旭等四人的密诏作了以下几个方面的篡改炮制而成。

一是转变密诏的主要对象。密诏分明是赐给杨锐等四章京的,并未提到康有为,而他却篡改为"汝康有为、杨锐、林旭、谭嗣同、刘光第等",四人变了五人,而康有为作为赐诏的主要对象。既另有一诏赐给其中四人,为何此诏还要列上名字呢? 专诏赐康有为讲更为重要内容那不是更符合常情吗?

二是删去原诏罢黜和登进必须以"不致有拂圣意"为前提,即不触慈禧太后权威,因为当时光绪帝不想太过分地刺激西太后的神经。而康有为则不然,他已流亡海外,光绪帝被幽禁,六君子被杀害,所以他把保皇活动矛头首先指向慈禧太后,口口声声地骂她

"妖后"，删去这一前提是为他在海外的政治活动张目。

三是把原诏"朕位几不保"的提法改为"设法相救"，那就加重了语气，而且还能体现出康氏与光绪帝的亲密关系，显然是为了他在海外的保皇活动披上"身受重托"的合法外衣。

至于第二道"密诏"据康氏宣称，是在八月初一日光绪帝召见林旭时交下的。见《康南海先生墨迹》，内容谓：

> 朕今命汝督办官报，实有不得已之苦衷，非楮墨所能罄也。汝可迅速出外，不可迟延。汝一片忠爱热肠，朕所深悉。其爱惜身体，善自调摄，将来更效驰驱，共建大业，朕有厚望焉。

据实录所载，次日（八月二日）光绪帝通过"明发上谕"催促康有为离京（见本章第三节），密诏除了催促康有为"迅速出外"，无别的机密重托，尽是一些美言康有为"一片忠爱热肠"和"共建大业"之"厚望"，用密诏表彰康有为大可不必。在"戊戌政变"一年之后，当时直接参与变法活动曾受到光绪帝嘉奖的礼部主事王照，亡命日本时就指出此诏乃康氏伪作。

> 八月初二日，袁到京，太后已知之，皇上密谕章京谭嗣同等四人，谓朕位今将不保，尔等速为计划，保全朕躬，勿违太后之意云云。此皇上不欲抗太后以取祸之实在情形也。
>
> 另谕康有为祗令其速往上海，以待他日再用，无令其举动之文也……
>
> 今康刊露布之密诏，非皇上之真密诏，乃康所伪作也。

王照所述合情合理，因此，第二道密诏也是伪作，昭然若揭。

康有为所以要伪作衣带密诏，因为在海外活动，要寻求英、日、美等国的援助，而他只是六品工部主事的微职小官，难以在外交上发生影响。为了提高身份，伪作光绪帝密诏，奉清朝合法皇帝"设法相救"的命令，并且光绪帝还期于他"共建大业"的"厚望"，这样康有为就由流亡海外的清廷"官犯"，俨然成为身怀密诏，奔走"救驾"的重臣，为他在海外的活动争得了有利地位和合法身份。

应该指出的是虽然人们自然会理解康有为处心积虑地伪作"密诏"是反映了拯救光绪的真切心情。可是，康氏为了抬高身份，却损害了光绪帝的形象，密诏里呈现出光绪帝乞求康有为"设法相救""朕十分焦灼，不胜企盼之至"的可怜相，这种做法，对于一位有影响的政治活动家来讲是不足取的。因而，本章专题讨论"衣带诏"之真伪，目的就是要如实现反映光绪帝在戊戌政变发生前夕的处境和心境。尽管顽固势力咄咄逼人，而光绪帝仍在为推进变法做最后努力，他面临顽敌，毫无畏缩退却之意，而且安排对策，勇于进击，为维新运动奋斗到终点。

第五章　寂寞瀛台

一

戊戌政变时,因有皇帝密令袁世凯派兵包围颐和园,危及慈禧太后之事,使慈禧对皇帝痛恨至极。将皇帝软禁于瀛台,这是第一步,下一步就是废掉光绪,另立新君了。老谋深算的慈禧,知道此举可能遇到各方面的反对,不能操之过急,于是先散布空气,言皇帝病重,并以皇帝的名义发布了一道上谕,广召天下名医看病。于是各省督抚纷纷举荐医生进京。

江苏巡抚推荐的名医名陈莲舫,此人医术确实高明,自信能治好皇帝的病。陈医生到京数日,便由军机处的大臣带入宫中。

在一座大殿内,陈医生叩见了皇帝与太后。只见两宫对坐,中间放着一个矮几,皇帝面色苍白,很疲倦的样子,似乎发着烧,听说话的声音,喉间似有疮,整个人显得很瘦弱。太后威仪严整,一望而知是大权在握的人物。看太后的样子,非常为皇帝的病着急,与民间的慈母似无大差别。按规定,医生不能先问病状,须由病人自述。但殿堂之上,只听太后细说皇帝的病情,言皇帝舌苔如何如何,喉中生的疮如何如何,皇帝自己却一言不发,只偶尔说声"是"或"不是"作为补充。陈医生是第一次进宫,跪在那里以目视地,不敢仰视。忽然听太后命令为皇帝诊脉,陈医生膝行几步,跪在皇帝脚前,把手指虚按在皇帝手上,根本不可能真正地摸准脉。一会儿,太后就说:"你看好了脉,下去写方子吧!"

陈医生叩头退下,到另一间屋子里去开方,心里想:哪有这么看病的? 病人自己不说话,一任旁人代述,诊脉也不让病人把手端放在桌子上,就这么虚应故事,让大夫摸着点病人的手,就算诊脉了? 联想到外间传说太后要废掉皇帝的流言,知道其间大有蹊跷。陈医生只好开了一些调养身体的药方呈上去,还不知道皇帝是否服了药。

有过几次这样的看病后,陈医生彻底明白了,太后表面上煞有介事为皇帝请医看病,实则不知安的什么心。自己纵然是华陀再世,也休想治好皇帝的病。陈医生年事已高,每次进宫跪在那里看病,实在是活受罪,于是用重金贿赂太监,辞去了这个苦差。

其他各省进京的名医,为皇帝看病的经过也大体与陈医生相同,于是纷纷找门路告退,而太后欲废皇帝之心,也就路人皆知了。

各国公使也先后听到了风声,其中法国公使特别要求派医生为皇帝看病,态度非常强硬,说是:"上海各报,报导贵国皇帝身体健康,宫中却经常对外宣示药方,实在令人生疑。现在各国会商,要验看大皇帝的病症。本人奉本国政府的电令,非看不可!"负责总理衙门的庆亲王奕劻,只好硬着头皮向太后请示,太后听了愤然道:

"中国的皇帝病了,法国人为什么要来看病? 这是什么意思?"

奕劻支支吾吾地回答：

"人家这也是一番好意。皇上有病是真，也不怕洋人看。"

太后恨恨地说："什么好意！洋人真可恶！"

话是这么说，太后到底惹不起洋人，最后只好让法医进宫为皇帝看病。好在皇帝精神欠佳，满面倦容，也确有些小病，法医也不能说他怎么健康，算是混过了这一关。

法医看病之后，虽然没有提出异议，但却充分表现了洋人对中国皇帝的关注，这就使太后废立皇帝的计划遇到了强大的阻力。

洋人为什么偏爱皇帝呢？原来如此：光绪皇帝领导的戊戌维新，本意是革除封建主义的若干积弊，充实一些资本主义的新内容，从而使中国走上繁荣富强之路。列强并不希望中国真正强大，但是他们感到中国封建主义的一套妨碍他们在中国推行"西法"，不利于他们的侵略。他们妄想插手维新变法，更好地控制中国大政方针，把中国变为半殖民地，因此，他们对光绪皇帝与戊戌维新，都表示出某种"同情"。

由于上述原因，慈禧太后对她的帝国主义主子感到愤愤然。

洋人对废掉光绪，另立皇帝不以为然，国内的情况也不妙。

清朝当年镇压太平天国，政府军不堪一击，湘、淮军应运而起，由此出现了一批新兴的地方实力派，后来他们大部分成了各省的巡抚、总督。由于他们手握重兵，朝廷的一切大政方针，都必须得到他们的支持才能行得通。戊戌时期最重要的地方实力派，就是两江总督刘坤一、湖广总督张之洞及原直隶总督、大学士李鸿章，这三个人的态度如何，直接关系到废立计划的可行与否。

想到此，慈禧立即派人宣召大学士荣禄进宫，密议此事。

荣禄与太后的关系非同一般，传说太后年轻时，就与荣禄相识，并有私订终身之说。后来慈禧进宫得宠，荣禄自然不敢再靠前。咸丰皇帝死后，慈禧寡居，竟然又与荣禄勾搭上了，甚至传说有慈禧与荣禄私通小产之事。不管怎么说，太后对荣禄的信任是绝对的，她相信荣禄考虑一切问题，都是为她好。

荣禄也早看出废立皇帝的苗头，他知道必有一天，太后会亲自询问此事。听到太后立等召见，荣禄匆忙赶进宫中，太后劈头问道：

"荣禄，这些天你在外边听到什么新鲜事没有？说给我听听！"

荣禄答道：

"奴才听旗内不少人传，说是要换皇上了，不知是否真事？"

慈禧似笑非笑地问：

"你看这皇帝到底换得换不得？"

荣禄跪在地上，"咚、咚、咚"叩了三个响头，语气恳切地回答：

"圣明莫过老佛爷！这件大事，第一要探探洋人的口风，第二要看几位督抚的意见，才能最后决定。否则闹得不可收拾，那就一动不如一静了。"

慈禧点点头说：

"那好，你下午就到李鸿章那里探探情况，再给刘坤一、张之洞发个密电，只说京中有此议论，问问他们什么看法。"

荣禄衔命下午立即去会见李鸿章，谈论此事，李鸿章缓缓地说：

"今天荣大人不来,我亦想去府上拜访。上午法国公使到舍下来过,亦是询问此事。他说,如果中国政府无故废黜皇帝,法国政府决不承认新继位的皇帝,其他各国公使也是这个意思。请荣大人将这个消息禀告太后,她老人家心里自然有主意。"

过了两天,张、刘的复电到京,张之洞明确表示反对废立,以为此举非国家之福。刘坤一的复电中有云"君臣之义已定,中外之口难防",显然也是反对废立。

荣禄将三督的意见如实禀告太后,太后听了不语,良久才说:"这件事先搁着,咱们再另想办法。"

第一次废立皇帝的计划流产了,慈禧太后苦思冥想,再筹划其他的办法。

宫外的人,都不知"老佛爷"已改变了主意。因为"换皇上"的流言传得很厉害,所以不少人在猜,谁能是新皇帝?看准了苗头,参与策划,将来就有拥立之功,富贵无量。于是有人上密奏建言,有人奔走串连,颇为热闹。其中承恩公崇绮,自从他的女儿、同治皇后"殉君"后,一直闲居在家,早想乘机而出,自认为此时是最好的机会;原来立光绪皇帝时,就有过上谕,言以后光绪所生皇子,应为同治皇帝的嗣子。这就是说,皇帝的后继者,名义上仍是同治皇帝的后代,而不是光绪皇帝之后。那样,新皇帝就应该是崇绮的外孙,崇绮岂不是可以重返官场?大学士徐桐,虽已年近八十,但名利之心不减当年,亦对此事颇为关注;礼部尚书启秀是徐桐的心腹,他能当上尚书之职,完全是由于徐桐的推荐,因而大小事情无不以徐桐的意见为意见,这三位大员为"换皇上"的事,经常聚在一家密议,谈话的中心,就是揣测谁是"老佛爷"心中理想的人选?

既然新皇帝应是同治帝的后代,那就不会是"载"字辈的人,而应是下一辈"溥"字辈中的人。按照他们对"老佛爷"的了解。她是决不会让大权旁落的,新皇帝不可能挑一个成年人,多半是个半大孩子。为了控制住新皇帝,"老佛爷"肯定会挑一个与自己亲属关系最近的人。这样掐指算来算去,最可能的人选应当是端王载漪之子溥儁。

载漪是惇王绵恺的孙子,绵恺是嘉庆皇帝的三子,也就是说,载漪与同治、光绪都是远支的堂兄弟。载漪的福晋,是隆裕皇后的胞妹,太后的亲侄女。无论从母家还是从夫家算,溥儁都是慈禧太后的侄孙。就这双重关系而言,溥儁已是得天独厚,而年龄也相当,己亥这年十五岁。

溥儁长得很壮实,十几岁的孩子已像个大人的样子,只是满脸横肉,性情顽劣,言语粗鲁,实在没有一点皇帝的威仪。

这三位算定之后,就联名上密奏,请立溥儁为新君。慈禧太后看完了这份密奏,又立即宣荣禄进宫。

太后对荣禄说:

"你看看这份折子吧!"

荣禄把三人的折子细看了一遍,然后说:

"立新君的事恐怕不妥,不过奴才想,是否可以找一个变通的办法?反正皇上的身子骨不好,也没有几年了。"

慈禧沉吟着说:

"你那变通的办法,我也想过多次了,是否想立一位大阿哥?本朝的家法,不立太子,这话怎么向大家说?"

大阿哥,是清朝对皇太子的称呼。康熙皇帝立下规矩:以后不再立皇太子,继位的新君,由皇帝临终时密书其名,藏一匣内,置于乾清宫"正大光明"匾后面,皇帝死后,由王公大臣共同拿出匣子,宣布谁是新皇帝。这种做法,一直沿续到后来。

听太后说起"本朝家法",荣禄一时语塞。好在他为这个问题已反复考虑多次,略一停顿又说:

"立大阿哥再不好说,也比废立的话好说一些。当初原说过,当今皇上生子应承继给同治爷,现在皇上也是三十来岁的人了,尚未有皇子,从近支子侄中立一位阿哥,也是名正言顺的事。"

荣禄想一下又补充说:

"这种事情,史书上也是有先例的。宋朝的仁宗没有皇子,将侄子接入宫中抚养,后来继位,就是英宗。这个典故,凡读过史书的王公大臣都应该知道的。"

慈禧太后说:

"不错,这是《治平宝鉴》上的故事,倒不妨仿效。"

太后的好胜心最强,荣禄说读过史书的人都应知道这个故事,太后就要点出这故事的出处,表明她无所不知。

荣禄恭维说:

"皇太后真正是博闻强记,奴才就记不住这是哪本书上的事,只知其然,不知其所以然……"

太后打住他的话,又问:"你看溥儁这孩子怎么样?"

荣禄明知溥儁人望不佳,但王公亲贵的少爷,又有哪一个不是纨袴子弟?溥儁与太后关系最近,肯定太后心中已定了下来,于是说:

"奴才看溥儁不错,这孩子身子骨特别好,不像同治爷和皇上,让老佛爷多操多少心。年纪也相当,接进宫来,劳老佛爷教导十年,大约也就可以亲政了。"

这段话说得恰到好处,同治的夭亡是慈禧太后多年来内心深处的隐痛,继位的新君确实应当有个好身体。再"教导十年",太后就是近八十岁的人了,能否活那么大还不好说。看来立溥儁为大阿哥,自己仍可牢牢控制大权。

慈禧点点头道:

"你的想法很好,你找个妥当的人拟个稿子来我看看,咱们就把这件事办了。"

荣禄找人拟的稿子,乃是一道上谕,云:

"朕冲龄入承大统,仰承皇太后垂帘训政,殷勤教诲,巨细无遗,迨亲政后,正值时艰,亟思振奋图治,敬报慈恩;即以仰副穆宗毅皇帝付托之重。乃自上年以来,气体违和,庶政殷繁,时虞时瘭。惟念宗社之重,前已吁恳皇太后训政,一年有余,朕躬总未康复,郊坛宗庙诸大祀,不克亲行。值兹时事艰难,仰见深宫宵旰忧劳,不遑暇逸,抚躬循省,寝食难安,敬溯祖宗缔造之艰难,深恐勿克负荷。且人继之初,曾奉皇太后懿旨,俟朕生有皇子,即承继穆宗毅皇帝为嗣,统系所关,至为重大;忧思及此,无地自容,诸病何能望愈?用再叩恳圣慈,就近于宗室中慎简贤良,为穆宗毅皇帝立嗣,以为将来大统之畀。再四恳求,始蒙俯允,以多罗端郡王载漪之子溥儁继承穆宗毅皇帝为子。钦承懿旨,欣幸莫名,谨仰遵慈训,封载漪之子溥儁为皇子。特此通谕知之。"

慈禧太后拿到这篇稿子,边看边点头,看完后连声说:"不错,写得不错。几层意思都写清楚了,而且留有余地,就这样吧!"

于是立刻命太监去请皇帝,说太后"有要事相商"。

光绪皇帝耳中也听到了"换皇上"的一点风声,但毫无办法,只能听天由命。这回听说太后"有要事相商"知道八九不离是这件事到了。待赶到太后那里,却见太后脸上和颜悦色,并命太监拿椅子来,"让皇上坐着说话"。只听太后关心地问:

"皇帝,你这几天身体如何?"

皇帝站起来答道:

"多谢老佛爷惦记,儿子这些天身体还是老样子,没添什么毛病,就算不错了。"

太后说:

"你这个身体,也真叫人担心。平常老百姓都说,不孝有三,无后为大,你至今没有皇子,我想着给你过继个儿子,你看怎么样?"

皇帝诚惶诚恐地说:

"这很好,也正是儿子的夙愿。"

慈禧点点头,拿出那份稿子来,说:

"你看看这个,如果你真愿意,就明发一道上谕吧!"

皇帝双手接过那张写满字的纸,边看边伤心。这份"上谕"的底稿,处处歪曲事实,却又句句冠冕堂皇,其中,"诸病何能望愈"一句,显然隐藏着废立的杀机。但他赤手空拳,能推翻"老佛爷"布置的计划吗? 只能认命,他低声说:

"儿子真愿意,就明发上谕吧!"

一旁的李莲英,早已备好了笔墨,于是皇帝就当着太后的面,将这道"上谕"抄写了一遍。只见他神色黯然,手有点发颤,写一段就得把笔搁下,搓搓手再写。抄完,额头已沁出汗来。接着连连咳嗽,咯血不止,差点儿晕了过去。太后见状,似有所不忍,安慰说:

"你这身体可真应当好好保重才是。"

一边又命太监拿出一把躺椅来,亲自帮太监们七手八脚地在上面铺好枕褥,让皇帝躺在上面,抬到殿外,再扶上软轿,抬回瀛台去。

第二天,太后宣召近支王公、贝勒、御前大臣、军机大臣、内务府大臣及各部尚书等群集仪鸾殿,上上下下都惊传:今天真要换皇帝了! 待人们到齐,太后对皇帝说:

"你不是有一道重要诏书要宣示吗? 拿出来吧!"

皇帝毫无表情地从身上摸出一张黄纸来,对首席军机大臣庆亲王奕劻说:

"奕劻,你来读!"

奕劻跪着接过"上谕"。站出身,一字一句读完,人们才听明白:原来是立大阿哥。

皇帝取下自己所戴的红绒结顶貂帽,亲手戴在溥儁头上,溥儁向皇帝、太后三跪九拜大礼谢恩,立大阿哥典礼就告结束。

端王载漪既高兴又失望,高兴的是策划了多少天的事总算定下来了,失望的是自己的儿子到底不是马上当皇帝,"上谕"中虽说皇帝多病不能望愈,但哪天才能退位却谁也说不清。

载漪回到家,来道喜的宾客已络绎而至,虽没当上"太上皇",但已是风头十足,有人提醒他,应派人通报各国使馆。载漪深以为然,立命家人奔赴东交民巷,逐个通知各国使馆:溥儁立为大阿哥。

按照一般惯例,各国使馆应派人,或公使亲自到总理衙门表示祝贺。但等了一天、两天、三天,杳无音信。显然,洋人对清廷立大阿哥的把戏很不以为然。载漪气得在家里大骂洋人混蛋,慈禧也为洋主子不赏脸而大为气恼。

洋人拒绝祝贺,上海的候补知府、电报局总办经元善联名一千二百余名士绅反对的电报呈了上来。慈禧大怒,下令逮捕经元善,经元善逃避澳门。上海是新兴资产阶级大本营,这一千二百余人代表的是一股不容忽视的政治力量,况且"法不责众",经元善既已逃走,慈禧只得咽下这口恶气,对此事不了了之。

二

光绪二十七年八月,两宫由西安回銮。

这次可不像从京里出来时那么狼狈了,仪仗卤簿一应俱全。两宫分乘八人抬亮轿,舆夫所穿红绸驾衣,系仿照北京銮仪卫款式裁制。轿前有御前大臣及侍卫并辔而行,再前为大队御林军,而以 24 面黄龙旗开路。大道上均垫黄土,两旁有护驾军队的士兵站道,其中有陕西巡抚升允的陕军,甘肃提督邓增的甘军,四川提督毓秀的川军,直隶提督马玉昆的毅军。

途中,也远不像来时那么冷清,每到一地,当地府县衙门倾府库所有悉心招待,百姓箪食壶浆跪迎御道两旁。慈禧也来了兴致,第一天宿止临潼,带上光绪一起赴华清池沐浴;到了洛阳,两宫又专赴龙门山千佛岩游览,这才真正有了点西狩的味道。

行至开封,慈禧又做出了一个重大决定,撤销了溥儁的"大阿哥"的称号,而改封不入八分辅国公。西狩时,慈禧知光绪性子刚烈,故意让溥儁所之处都与皇后同室,皇后仰承慈禧的意愿对大阿哥照顾得无微不至,一应饮食供应、用度都与光绪一样。慈禧不时收到些地方官进奉的果点,也没忘了封上一份丰厚的赐给溥儁,对光绪呢却只是意思意思。光绪对这一切熟视无睹,充耳不闻,从不表露出一丝的怨怼情绪出来。慈禧本意是想拿光绪一把。自拳乱之后,中外舆论吁请慈禧归政的呼声日高,慈禧的担心也与日俱增。恩宠溥儁,可以挫辱光绪,多少可以弥补一下慈禧空落的心,满足她垂暮之年仍很强烈的权力欲。可溥儁并不懂得这一层意思,以为天命所归,名分已定,指望克日即能承继大统。在左右宫人的心目中,也都以溥儁为宗主,视光绪为赘疣,极尽阿谀逢迎之能事,更助长了他骄肆狂妄的心。端王载漪被流放,虽让他老实了一阵子,但他看出慈禧似乎丝毫没有动他的意思,仍狂妄如前,毫无收敛,不学无术,憎恶读书,惟好与宫监胡闹,并常私自外出,招摇过市。一次观剧时,台上鼓板稍乱,溥儁叫来戏班主自视行家里手,责骂不休。班主回了两句,溥儁即亮出身份,破口大骂,干脆登台自己乱舞,丑态百出。还有一次,溥儁在西安行宫院内踢毽子,鼓噪不休,殿官称宝座前不宜如此。溥儁瞪起鱼泡眼大骂:"宝座早晚是咱所坐,你算哪门子臭虫倒在这恶心我?"殿官只好把溥儁的丑行向慈禧汇报,慈禧口上不说什么,心里也觉得十分厌恶。不久,她亲眼目睹溥儁穿戎装戏服,挥舞一把大刀在院中乱砍,口称杀洋鬼子,杀二毛子,一副疯疯癫癫相,勾起了慈禧的火气，当即劈头盖脸臭骂一顿。溥儁觉得自己无端挨骂，憋了一肚子火气，悻悻回到后房，见光绪正倒背手在院中来回踱步，口中喃喃有词，似十分陶醉，顿起顽劣之心，觑准了光绪冷不防一头撞去，光绪被重重摔了个仰巴叉，半天难受得说不出话来。溥儁却冷笑两声，掸掸手，扬长而去，慈禧闻报急急来探视，光绪还躺在地上，纹丝不动，满脸泪水。慈禧怒火中烧，尖声大叫"反了"，立刻叫人找来溥儁，厉声斥骂。溥儁还是一脸不在乎，慈禧气得命人请家法，重责二十大板，从此对溥儁彻底失去了信心。

废黜了溥儁，光绪的状况未见得有什么改善。回銮大队驻跸保定行宫，太后寝殿铺陈华美舒适，供给充备。李莲英室稍差，但也一应俱全。光绪的卧房却极凄冷。宫监及内务府诸人趋奉太后事毕，就各散去戏耍或睡觉去了。李莲英伺候太后睡着，潜至光绪寝宫，想同他聊会儿天，他们二人有一个共同的爱好，爱拆弄个钟表、八音盒之类的东西，常在一起切磋。李莲英进屋，光绪一人对灯枯坐。李莲英跪安毕，随口问光绪为什么还不睡。光绪凄然一笑，说："你看看这屋子，朕可怎么睡。"

李莲英环视寝殿，不禁大吃一惊，时值初冬，窗外冷风袭袭，屋内却除硬胎坐褥、椅垫、靠枕外，别无他物，连床像样点的铺盖也没有。李莲英跪下抱住光绪的腿大哭，说："奴才们罪该万死。"说罢，疾回自己的卧房，抱来被褥，给光绪铺好。光绪大为感动。李莲英摇头叹息再三，才回房歇息。

这样的情况以后仍时有发生，光绪只能默默自忍，期待着回到宫里后，慈禧会念在两宫一路患难与共的情分上从此改变对他的不公平待遇和冷漠的态度。

然而这只是光绪的一厢情愿。十二月底，两宫回到大内紫禁城。光绪亲自扶慈禧下舆。又看到红墙、碧瓦、白玉石阶，置身于空旷恢宏的建筑群中，重新感受到那深沉威严端庄和高贵的气氛，慈禧的双眼一亮，她像一个重新注入了生命力的垂危者，瞬时间又恢复了昔日的威严，那种让光绪淡忘了有些日子的令他触目惊心地冷峻漠然的表情又回到了她的身上。

"皇帝还是住涵元殿吧。"散了乾清宫恭贺回銮的盛大朝会，慈禧温声细语地对光绪说，"那里清静，地势也好，免得外人打扰皇帝。西巡一路，皇帝也辛苦了，正好养养精神，补补身子骨。老身也搬到南海去，与皇帝就伴，皇帝以为如何？"

光绪涨红了脸，喘息急促，可又说不出话来。他明白，等他从这里走出去时起，他的生活又会回复到过去的状态了。他当然不甘心，可又毫无办法。慈禧做出一脸疲惫相，让太监找来杵棒轻轻捶打她的肩，自己闭上眼养神，不再理睬光绪。光绪本想再争辩一下，见慈禧这副样子分明主意已决，只好向慈禧无可奈何地深施一礼，步履沉重地缓缓走出大殿。

门外，不知何时又取回了他住瀛台时抬他上朝用的那种滑竿式藤椅，他摇着头苦苦一笑，一股巨大的怅恨情绪堵在胸口。他深深吸了两口气，尽量屏住就要溢出的泪水，顺从地坐上藤椅，闭上双眼，一只手无力地向抬竿太监挥了挥，抬竿吱地一声轻响，颠颠着回南海瀛台去了。

光绪梦到了珍妃。

她还是那么欢快，一口细碎的白牙，一头浓密的乌发。小小的鼻、眼、嘴、脸。

光绪真不愿醒来。晨曦透过残破的窗纸缝隙直射在他脸上，他觉得一阵发痒。他揉了揉眼,却发现眼眶是湿的。

枕边也早已潮湿一片。

光绪坐起身,从枕头里侧取出一个盒子,轻轻打开。这就是珍妃装她的那些照片用的匣子。照片已经没有了,已被慈禧烧个干净,里面放着珍妃常戴在头上遮风和照相的一块红绸巾。这是光绪在西狩前的最后一天,从景仁宫的地上找到的。绸巾已让光绪摩挲得失去了本来的光泽,但依然像过去那么柔软。光绪轻轻把脸贴到绸巾上,似乎又闻到了珍妃头发上那特有的令他无时不陶醉的幽雅的香气。绸巾下是一个小纸包。光绪哆哆嗦嗦一层一层打开,生怕呼气吹跑了里面的东西似的,最后竟屏住呼吸。纸包里是光绪从绸巾上找到的珍妃的四根头发。光绪一根一根轻轻把头发摊开、拉直,细细体味着柔滑的发丝轻轻划过指肚的那种微凉的感觉.似乎正抚摸着珍妃那丰润的胴体。

他的心都在颤抖。

光绪含着泪苦想了一阵,又把两样东西细心包好,放回匣中。他叫来门外当值的太监,说:"给朕去传,朕要面见老佛爷。"

半个时辰后,光绪穿戴整齐,坐藤椅,来乐寿堂找慈禧。

慈禧脑门上缠了条白布,慵懒地半躺在软塌上,有气无力地问光绪有什么事。

光绪一步跪下:"子臣请太后垂怜开恩。拳变之际,珍妃扈从不及,罹遭惨祸,至今还沉尸井中,请太后念及珍妃侍奉子臣一场,给她一个说道,子臣感激不尽。"

慈禧翻开眼皮:"就这个?"光绪忍着泪点头。

慈禧叹了口气,说:"真是痴儿。想想珍妃投井时的惨状,老身也是于心不忍。昨儿个珍妃入梦,披头散发,眼冒凶光,老身给吓个正着。小的们也说昨晚见到了珍妃,都给吓个半死。珍主儿也确是不易,只是脾气太犟,否则也不会有如此下场。才刚老身已派人把珍主尸首捞上来,皇帝可去殓视。自己恹量着给个什么封谥吧。皇帝还要节哀,自己保重,不可因儿女私情误了更重要的大事。"

光绪叩首谢恩毕,急急赶到宁寿宫临时为珍妃搭建的灵堂。

李莲英上前扶住光绪,低声告诉他,尸身还是不看的好,免得难受。光绪点了点头,颓然坐下。李莲英扯了块白绫替光绪围上腰。

光绪强忍泪水,为珍妃守了一天的灵。晚上,珍妃入殓,棺椁由内务府派人悄悄抬出。光绪特命人开了神武门的大门,亲送灵枢出景山西街,目送一行人在暮色中慢慢消失。

光绪派人把自己拟好的对珍妃的封谥呈慈禧过目。很快,慈禧的回信到了。慈禧只改了一个字:"上年京师之变,仓猝之中,珍妃扈从不及,即于宫闱殉难,询属节烈可嘉,加恩着追赠贵妃,以示褒恤。特谕。"慈禧只在贵妃前加了一个"皇"字。光绪感动得痛哭流涕。

珍妃被暂时葬在西直门田村墓地,一个本是埋葬宫女、太监的地方,光绪亲题碑谥"恪恪珍贵妃之墓"。1913年三月,珍妃冢由田村移到河北易县清西陵光绪墓旁,终于得长相厮伴她的爱侣,实现了她一生的夙愿。

生活又恢复到了从前的老样子。

在慈禧重新忙于改易体制、捡起光绪曾倡导过、她曾一概废止的改革措施时,光绪的精力却放到了如何在瀛台狭小的天地内尽可能使生活过得舒适、充实这个对他而言最最现实的问题上。他必须面对的最大对手已不再是慈禧,而是孤独。

光绪每天的生活可以分成三部分:吃饭、读书、睡觉。除此之外再无新鲜花样。这是动物式的生活,而不是人的生活,特别不该是他这个一国皇帝的生活。光绪也许不怕慈禧的斥骂,但却无法忍受精神上的荒芜。光绪不知道鲁宾逊,要不他会觉得连他都不如。鲁宾逊是在真正的孤岛上过着无可奈何的生活,而光绪是在一个精心设计好的孤岛上违心地生活;对岸并不遥远,但却隔着一泓潭水,这尤其会折磨一个人的神经。驴子最难受的是眼前有一个胡萝卜却无论怎么赶也咬不到。光绪的心情也正是如此。精彩的外部世界跟他只有咫尺之遥却可望而不可即,他没法不痛苦,没有一时不痛苦。以前他是怕见慈禧,现在他却天天盼着有朝会、庆典、祭社、生日祝嘏等需要他出面的活动。无论如何,这都是与外部世界交流的一种方式。

冬天是最难过的。树木光秃,天空总是那么灰黯,见不到一只飞鸟,听不到一声蛙鸣,冷风顺破窗倒灌入房,冻得光绪蜷缩在一起瑟瑟发抖。他找来内务府大臣,指着吹得哗啦直响的窗户,皱着眉头,什么也不说。大臣见状赶紧跪下谢罪,马上找人来把窗户裱糊好。凡有涉光绪的事,事无巨细都要向慈禧汇报,但这次内务府大臣以事情微不足道、不值得一禀,也就没提此事。可慈禧很快就知道了。第三天,慈禧大赐内务府诸臣荷包。那位大臣也来领赏。慈禧却阴着脸叫人牵来一条小狗,赏赐给他。大臣只好向小狗叩谢圣恩。围观的人个个掩嘴窃笑。从这次以后,内务府再无人敢照拂光绪,光绪俨然一个灾星,都只能躲着他。

读书是光绪在瀛台惟一的消遣。翁同龢给他找出的《天禄琳琅》和那本饰有乾隆绣像的《昭明文选》,他差不多已经翻烂了,有的篇章几乎可以倒背如流。光绪二十九年,慈禧为使光绪能安心在瀛台生活,特召清政府驻法、美等国公使裕庚的女儿裕德龄入宫,每天教光绪学一小时英文。光绪的天赋很好,加上有珍妃教的英文底子,虽已三十多岁了,学起来竟毫不吃力,发音虽不太好,但不影响认读,很快就能看简单的读物了。

除了读书外,光绪几乎没有任何别的消遣。他身为皇帝,却什么也不会,推牌九他玩不好,斗蟋蟀他永远只是个门外汉,踢毽、跳绳等简单的活动他也玩不来。裕德龄在时,有时也教光绪跳上段华尔兹,光绪虽有兴趣,毕竟德龄女士不能久住宫里陪他,所以她走了以后,他刚养成的这么点嗜好也因再找不到舞伴而荒废了。除此外,要说爱好,那就只有拆钟表了。这是他小时在毓庆宫读书时染上的癖好。李莲英是光绪在这方面的一个知音。闲了无事,李莲英经常来找光绪,一般总带着一个两个拆坏了装不上的器件儿,求光绪帮着给装上。这个时候,光绪才真正来了精神,与李莲英两个不分主仆趴在地上,瞪圆了眼睛小心地拆装,琢磨机械原理。八音盒都是西洋进口的,所奏音乐都是些西洋曲子。光绪曾试着把一个八音盒重新设了机关,交李莲英带出,让钟表店照新标好的位置穿孔。钟表匠不敢违背,依样打做完成,开盖一放,放出的竟已不再是西洋音乐而成了地道的中国民乐。

如果说光绪还有消遣,那就是他每日都画了袁世凯、荣禄和崔玉贵的头像张于墙上,自己用树枝弯了个破弓,对着他的仇人做射箭状,一边想象着仇人中箭后的痛苦样子,心中能稍获一丝快感,有时干脆用炭炉钎子对仇人乱戳,直至戳个稀烂为止。

三

公元1908年,世界已经进入飞速发展的20世纪,而这时的中国,仍然处在延续了几千年的封建帝王时年代,开始了清朝第九代皇帝光绪执政的第三十四个年头。

这一年,对于已经走过二百六十四年的大清帝国来讲,也许是最为不幸的一年。因为在年底,王朝的两位最有权势和地位的统治者,相继去世。

光绪三十四年十月二十一日(1908年11月14日)酉刻,光绪皇帝死于北京中南海的瀛台涵元殿。

光绪三十四年十月二十二日未刻,皇太后——慈禧太后在北京故宫仪鸾殿病逝。

一个是当今皇帝,另一位则是操纵朝政达半个世纪之久的"太上皇"。

事情来的太突然,没有任何人预料到,以至一切后事都显得那么匆忙,没有章法。

十月二十一日,光绪皇帝驾崩的消息被送到宫中时,举朝震动。王公大臣们既对这位年仅三十八岁的中年皇帝如此突然的去世感到惊恐,同时更为尚未建储,没有确立皇位的继承人而担忧。

按照从雍正年间传下来的规矩,每一位继承大统的皇帝,都要于其在位期间,预先写下继位的皇太子名姓,置于密封匣盒之内,藏在故宫乾清宫正中的"正大光明"匾额后面。这块匾额是顺治皇帝亲自书写,为宫中最高之处。当皇帝重病不治时,在朝廷重臣共同看视下,宣布匣内诏书内容。这就是清朝所独有的秘密建储制度。乾隆皇帝、嘉庆皇帝、道光皇帝,都是由这个方法立嗣继位的。

光绪没有子嗣,但是大臣们知道,皇帝也没有用秘密建储的方法,在皇族中选择继任者。大概是皇帝正值壮年的缘故。

就在人们惊恐慌乱,不知所措的时候,从仪鸾殿的病榻上,传出皇太后懿旨:

> 以摄政王载沣之子溥仪入承大统,为嗣皇帝。承继穆宗皇帝为嗣,并兼承大行皇帝之祧。

根据慈禧太后的这道旨令,溥仪继皇帝位。这就是清朝的末代皇帝,人们通常说的"宣统帝"。

溥仪与光绪有着极近的血缘关系。光绪皇帝是溥仪的伯父。溥仪的父亲载沣是光绪的亲弟弟。载沣承袭了他们父亲醇亲王的爵位,并在前不久当上了摄政王。

不过,溥仪此时还仅是个只有三岁的孩童。将国家大事及满朝文武托付给这样一个无知的幼儿,显然是不现实的。

于是,从仪鸾殿很快又传出第二道懿旨:

> 嗣皇帝尚在冲龄,正宜专心学习,著摄政王载沣为监国,所有军国政事,皆由摄政王秉承训示,并予裁度施行。待嗣皇帝年岁渐长,学业有成,再由其亲裁政事。

这实际是将朝纲权柄,交到了醇亲王载沣的手里。

在光绪去世的当天,慈禧太后还发出过第三道懿旨。依照清朝祖上的惯例,为宾天的皇帝组建一个以满洲文武亲贵大臣为成员的办理丧事、赞襄政务的班子。

第三道懿旨中说:

　　著派礼亲王世铎、睿亲王魁斌、喀尔喀亲王那彦图、奉恩镇国公度支部尚书载泽、大学士世续、那桐、外务部尚书袁世凯、礼部尚书溥良、内务府大臣继禄、增崇,恭办丧礼,敬谨襄事。

　　此时慈禧太后也已重病在身,卧床不起。但由于她的上述安排,宫廷内出现的暂时混乱状态,逐渐平息,局面得到稳定。

　　一切的事情,似乎又都开始按照预定的轨道进行了。

　　摄政王载沣首先向中外宣示了光绪皇帝的遗诏,同时以嗣位皇帝的名义,颁布上谕,褒扬光绪帝生平伟迹,痛悼他的突然故世,并表示要遵循古制,行持孝三年之丧礼。

　　十月二十二日,即光绪去世的第二天,年仅三岁的溥仪,以大清国皇帝的身份,来到伯父宾天的中南海瀛台涵元殿,亲临看视光绪皇帝遗体入殓。然后在众朝臣的簇拥下,护送遗体到乾清宫西配间停放。

　　在这里,小皇帝按照清朝丧礼仪俗,剪去头发,穿戴起孝服。亲王以下的文武大臣官员,也全部穿上了白色丧服,各按品级位次站立,齐集举哀。并看视为光绪皇帝大殓。

　　大殓毕,灵柩移至乾清宫正殿安放。

　　小皇帝溥仪又随众臣,在乾清宫举行了隆重的殓奠礼。

　　然而就在人们忙于往返涵元殿与乾清宫之间的时候,刚刚为光绪皇帝安排了后事的慈禧太后,也在仪鸾殿病榻上辞世。终年七十三岁。

　　慈禧太后的身体有病,这是人们都知道的。自从八国联军攻占北京,清政府不得不签订丧权辱国的《辛丑条约》的那年起,慈禧太后的健康状况就一年不如一年。特别是到了光绪三十年(1904年)左右,开始经常患病。据一位曾在慈禧身边做女官,名叫德龄的外国人后来回忆:

　　　　那时太后她老人家已经病了,国事的棘手,和年龄的增长,终于也使她进入了每个人所不能避免的老惫的阶段。最近她除掉还能进些饭食之外,一切的政事,都完全不问,每天只在宫内服药将息。

　　光绪三十四年的夏季,慈禧太后病况有所加剧,身体愈益不适。正如她自己后来在遗诰中所述:

　　　　其时全身倦怠,精力疲惫,睡眠、饮食失宜。由于政务繁忙,未能及时调理静养,至日甚一日。复又新遭光绪之丧,悲痛不能自制,使得病势增剧,终至无法挽救。

　　在中国近代历史上,慈禧太后可谓是最具影响的人物之一。自咸丰皇帝病逝热河以后,她掌柄朝纲近五十年之久。其间虽历许多风风雨雨,众多的政敌多次试图推翻其统治,但她凭借着自己的权术与手腕,地位愈益巩固。朝政大事,悉由之决断。官吏任免,必由其认可。

　　不过从一定的意义上讲,清王朝在遭受到太平天国、义和团等民众起义的沉重打击,以及帝国主义列强的历次侵略战争和瓜分蚕食之后,仍能苟延残喘相当长的一个时期,这与慈禧太后的当政不无关系。

　　且不说慈禧太后的突然去世,给予清朝今后政治的发展所带来的巨大影响和震动,就眼前而言,使得正全力操办光绪大丧的满朝文武们,更加忙乱不迭。

　　当天,三岁的小皇帝溥仪和众大臣们,在结束了乾清宫为光绪皇帝举行的殓奠礼之后，又匆匆赶往仪鸾殿，看视慈禧太后大殓。随后又护送灵柩，移于皇极殿安置。

亲王以下文武大臣及官员，齐集皇极殿举哀，为慈禧太后举行殓奠大礼。

当日，又另为慈禧太后组织了由王大臣们参加的治丧班子，并用朱谕的形式予以颁布：

大行太皇太后所有大丧礼制，著派肃亲王善耆、顺承郡王讷勒赫、都统喀尔沁公博迪苏、协办大学士荣庆、鹿傳霖、吏部尚书陆润庠、内务府大臣奎俊、礼部左侍郎景厚，敬谨管理。

从此清朝政府配备两套人马，分别为光绪和慈禧治丧。十月二十三日，命恭亲王溥伟、贝勒载洵、载涛、载润，在皇极殿慈禧太后灵柩前，代小皇帝溥仪奠酒。

命贝子溥伦、辅国公溥估、镇国将军溥侗、贝子衔镇国将军载振，在乾清宫光绪灵柩前，代皇帝溥仪奠酒。

光绪三十四年，清朝政府在政治上，正实行一些重大举措。

当时迫于形势的要求，以及朝野和全国各地的强烈呼吁，为了维持摇摇欲坠的封建统治，从光绪三十二年起，清朝政府决定仿照西方国家模式，进行政体改革，宣布准备实行立宪体制。光绪三十三年，在中央设立资政院，同时命各省成立咨议局。

光绪三十四年六月，资政院奏拟院章；颁布咨议局及议员选举章程。八月，又颁布了以保障"君权"为核心内容的《钦定宪法大纲》。

但是，繁重的治丧事宜，以及由于慈禧的去世而产生的权力真空，各个政治派别的重新组合及演化，使得清政府不得不放慢它的政治改革步伐。

光绪三十四年十一月十六日，将光绪皇帝灵柩，由乾清宫移于观德殿安置。

宣统元年正月二十八日（1909年2月18日），加上光绪皇帝谥号：

同天崇德运大中至正经文纬武仁孝睿智端俭宽勤景皇帝。

庙号：

崇德。

闰二月二十三日，加上慈禧太后谥号：

孝钦慈禧端佑康颐昭豫庄诚寿恭钦献崇熙配天兴圣显皇后。

三月十二日，移光绪皇帝灵柩至梁格庄行宫暂安。派王大臣轮班守护。

十月初四日，将慈禧太后灵柩移于普陀峪清东陵安葬。

光绪皇帝的死，引起当时人，以及后世人们的许多猜测。

慈禧太后与光绪之间长期存在尖锐的矛盾和冲突，而且前者始终控制着后者，这是人所共知的事实。慈禧太后为人阴狠狡诈，特别是对于政敌，毫不留情，必置于死地而罢休，这也为世所共晓。矛盾的双方，突然相继死去。而且饮食、行动、自由都受到严密监视和控制、年龄只有三十八岁的中年人，竟死在了阴险狡诈、握有实权的年龄已届七十三岁高龄的老太太之前。

按照一般的逻辑推理，无论从哪个方面，都不能不使人产生疑团。

确实有许多地方令人费解。

稍有心计的人都会发现，在光绪皇帝去世前后所发生的一系列事情中，至少可以找出三大疑点。

疑点之一：光绪的死，发生得太突然。

光绪皇帝在去世之前的一段时间里，确实也是在患病。不过，光绪从小的时候起，身体就不太好，虚弱多病。这一次患病，是在光绪三十四年的年初。以后就一直感到不适。据皇宫太医的诊断，其病状为：

阴阳两亏，标本兼病，胸满胃逆，腰胯酸痛，饮食减少，气壅咳喘，益以麻冷发热。精神困惫，夜不能寐。

依据现代医学病理分析，这大概是患了呼吸道疾病。从上述诊断看，病人已经发热咳喘，睡眠饮食失调，身体相当衰弱，但此时尚不致于有生命危险，更不会突然死去。

况且病人在去世的当天，还曾发出一道谕旨：

通谕各省总督、巡抚，于各所辖地区内，遍选精通医术之人，无论有官品者，或是平民百姓，迅速保送来京，为皇帝治病。如医治确有效果，被保送之人，及推荐之官员，皆予恩赏。

可见，光绪本人也没有认为，自己的病已经到了不可救治的地步，马上就会离开人世。一般讲，临死的人，特别是很快就要进入弥留之际的人，都会产生某种预感。

整个朝廷也未想到皇帝要出事。理由很简单，因为在光绪帝死于瀛台涵元殿的时候，满朝文武大臣中，没有任何人知道，应该把皇帝安葬在哪里。

光绪皇帝还没有选择他的"万年吉地"，也就是陵寝用地，当然就更没有预先建造陵寝。

在清代社会这是极不正常的。只有当皇帝出人意料地突然去世时，才会出现这种情况。

光绪皇帝迟迟没有按照惯例，择地修造寝宫。其因素可能是多方面的。然而皇帝本人尚在中年，又未发现致命的病伤，这应是其中一个重要的原因。而且掌握着皇帝身体状况，了解其病情发展的朝廷，也没有认为建造陵寝是非常急迫的事情。

从上述可以看到，光绪的突然去世，在许多地方是讲不通的。

疑点之二：难以置信的巧合。

光绪皇帝的死与慈禧太后的死，几乎是连续发生的。如果细分析起来，前后相隔还不到一天时间。

光绪死于十月二十一日的酉刻。按照天干地支的计时方法，酉刻，即相当于现在的下午五点至七点之间。也就是说，光绪是死于十月二十一日的傍晚。

慈禧太后则是在十月二十二日的未刻，病死于仪鸾殿。未刻，即我们通常所讲的下午一点至三点之间。因此可以认为，慈禧是死于十月二十二日中午过后。

由是我们可以推算出，两者之死，前后相差仅二十个小时左右。

事情发生得如此巧合，这是很难叫人相信的。如果考虑到，两位死者生前的长期矛盾，以及特殊的政治背景，自然使成的可能性将更小。

疑点之三：令人深思的政治安排。

我们前面曾经讲到，在光绪死去的当天，曾从慈禧太后的寝宫仪鸾殿，很快传出懿旨，立溥仪为嗣皇帝，命摄政王载沣为监国。如果我们将视线再向前推移，那么就会发现，溥仪是在光绪临死的前一天，也即十月二十日，由醇亲王府被接进宫的。载沣也是在同一天,被封为摄政王的。

细想起来,这里面似乎大有文章。

究竟谁下的命令,谁让这样做的呢?

慈禧太后。

谕旨是以皇帝的名义发布的,但其内容却是在传述慈禧太后的意思。

根据清代最重要的官方典籍《清德宗实录》的记载,十月二十日这天,光绪皇帝仅向内阁发布过两道谕旨。

其一:谕内阁,朕钦奉慈禧端佑康颐昭豫庄诚寿恭钦献崇熙皇太后懿旨,醇亲王载沣之子溥仪,著在宫内教养,并在上书房读书。

其二:又谕,朕钦奉皇太后懿旨,醇亲王载沣授为摄政王。

这是在为光绪的死做准备。

显然,慈禧太后已经知道,光绪很快就会死去。

然而,就在慈禧做出这一政治安排的第二天,光绪还曾向全国各地督抚颁布谕旨,意图寻医治病。并不像行将就木的样子。

在这里,人们很自然地将三大疑点联系起来考虑,发出诸多疑问。产生谜团也是当然的事。

在这里,人们还会很自然地将光绪皇帝的暴亡,同清代当朝政治联系起来,同清朝的历史联系起来。

光绪皇帝的死,是清末最大的一桩历史疑案。

由于时间距今较近,人们又将其中的蹊跷,与清代历史上皇帝死因之悬案,以及当朝的政治背景联系在一起,因而众说纷纭。

一些比较有影响的书籍是这样描述的。

《清稗类钞》中讲:慈禧太后感到自己的病已经无法医治,于是密令亲信太监,扼毙光绪。太后不愿意看到在她死后,光绪帝重掌大权。

《崇陵传信录》载:光绪帝听到太后病重的消息,面带喜色。慈禧知道此事后,咬牙切齿地说:"我不能死在你的前面。"

清末名医屈桂庭在他写的《诊治光绪皇帝秘记》一书中披露:光绪皇帝在临死前三天,曾在床上乱滚。他向我大叫肚子疼得不得了。而且他的脸颊发暗,舌头又黄又黑。这不是他所得之病应有的症状。

《清室外纪》称:光绪皇帝宾天时情形及得病的原因,外人无法详细知道,这都藏在太监李莲英之辈的心里。关于太后、皇帝同时而崩,北京城中,每个人的说法都不一样。要想寻找其真实原因,则实在毫无线索。不过有一点可以肯定,一旦受长期压制的光绪皇帝掌握了朝中大权,自然对李莲英等十分不利。

《瀛台泣血记》是这样写的:"万恶的李莲英,眼看太后的寿命已经不久,自己的靠山,快要发生问题了,便暗自着急起来。他想与其待光绪掌了权来和自己算账,还不如让自己先下手为好。经过了几度的等待思考,他的毒计便决定了。"

末代皇帝溥仪,后来在他的自传《我的前半生》一书中,也未对光绪被害死的说法,予以坚决否认。他写到:"我还听见一个叫李长安的老太监说起光绪之死的疑案。照他说,光绪在死的前一天,还是好好的,只是因为用了一剂药就坏了。后来才知道,这剂药是袁世凯使人送来的……据内务府某大臣的一位后人告诉我:光绪帝死前,不过是一般的感冒,他看过那些药方,脉象极平常,加之有人前一天还看到他像好人一样……病重消息传出不过两个时辰,就听说已经'晏驾'了。"

上述的记载,一致认为,光绪皇帝的死,与政治有关。光绪是被害而死的。

下毒手的人都被认为是光绪生前的宿敌。或称慈禧,或谓太监李莲英,也有说是袁世凯的。他们都害怕在慈禧太后死后,光绪作为皇帝,重新掌权。

不过,人们议论最多的,仍是慈禧太后。

光绪皇帝真的是被人害死的吗?

慈禧是元凶吗?

千年末帝

宣统帝——溥仪

第一章　稚子即位

一

《清宣统政纪实录》卷首郑重记载："光绪三十四年戊申冬十月癸丑朔。癸酉西刻，德宗景皇帝崩，钦奉慈禧端佑康颐昭豫庄诚寿恭钦献崇熙皇太后懿旨，摄政王载沣之子溥仪着入承大统为嗣皇帝。又钦奉懿旨，前因穆宗毅皇帝未有储贰，曾于同治十三年十二月初五降旨，大行皇帝生有皇子，即承祧穆宗毅皇帝为嗣。现在大行皇帝龙驭上宾，亦未有储贰，不得已以摄政王载沣之子溥仪承继穆宗毅皇帝为嗣，并兼承大行皇帝之祧。"这年为光绪三十四年(1908年)。十月二十一日，光绪皇帝病逝，十一月九日，不满三岁的溥仪，在太和殿登极，承祧他的两位伯父光绪帝和光绪之前的同治帝，当了皇帝。

皇帝拥有全国至高无上的权力，主宰着一国的命运和前途。对于这件事溥仪谈得一针见血，认为这原因要分两个方面说，一是他的祖母叶赫那拉氏是西太后的妹妹，再就是三岁的孩子当皇帝慈禧可以继续"垂帘听政"。但当时，这件事在人们心目中似乎不感到特别奇怪。两千多年来，中国一直在封建制度下统治着，向来谁当皇帝由朝廷决定，老百姓无权过问，在封建制度寿终正寝之后，人们才可以公开探讨其中奥妙。

在中国历史上，幼年皇帝不罕见。有史以来，见诸文字者，十五岁以下登极的小皇帝，溥仪是第七十七位。清王朝立国二百九十六年，共十一代、十二任君，内一可汗、十一帝。其中，小皇帝五位，均不出十岁。

中国封建社会皇位继承，有子继、兄继、弟继、妹继、侄继、叔伯继、孙继、曾孙继、妻继、母继、婿继及其他。溥仪继承伯父帝位，虽为清代仅有，但其他朝代并非无先例可循。

小溥仪继帝位，从根本上说是根据封建主义家天下。

中国自公元前221年秦统一全国，把中央集权的封建君主专制制度确立下来，为其政治制度的主体。以后两千多年，历朝历代顽固地沿袭不变，成为中国政治制度的一大传统。到了封建社会晚期，高度集权的君主专制制度进一步走上极端化道路。它的反动性、腐朽性、残暴性更加暴露无遗，成为中国社会前进的严重障碍。溥仪当小皇帝是当时这种黑暗政治的产物。

中国封建君主专制制度，政权属于皇帝的宗族，王朝与宗族合一。皇帝是皇族的宗主，又是全国之君，国家、政权、全国的人与物都是皇帝一家的私有财产。皇帝是大家长，拥有主宰万物的绝对权力。是所谓家天下。因此，皇帝必须出自这个家族，必须以血缘为依据，以继承"家业"，保卫江山。既然如此，皇嗣的人选，首要条件是血缘关系，皇帝无子则由皇帝的侄子或孙子或兄弟或叔伯……继承，至于年龄大小、能力高低、品德优劣均居其次。清王朝统治中国时期，政权属于爱新觉罗氏皇族，凡努尔哈赤的父亲塔克世的男姓后代，都有条件被立为皇嗣，溥仪属于范围之内。

所特别的是，清王朝自努尔哈赤于天命元年(1616年)建立后金政权，第一代至第九代皇帝，都是父死子继。至第十代同治帝载淳死，无皇子，不立下一代溥字辈子侄继位，而立堂弟光绪帝载湉为帝，两位皇帝同辈。至第十代皇帝光绪死，才又立下一代的子侄溥仪为帝。这位娃娃比任何一位皇帝都富有,是两位皇帝的继承人,两位伯父做他的皇爸爸。

这是慈禧的杰作。慈禧对于传统、祖制的遵守,向来具有超人的"创造"精神和"发展"功劳。咸丰十一年(1861年),她的丈夫咸丰皇帝病死热河,遗诏六岁幼子载淳继位,为同治帝,由八位顾命王大臣赞襄政务。她勾结恭亲王奕䜣举行宫廷政变,废八赞襄政务大臣,由两宫"垂帘听政"。此后,慈禧一步步大权独揽,说一不二。中国最卑劣的封建统治者大多长于伪装。辛酉政变是"破清室家法,废文宗遗命"的违制行为,没有争辩余地,慈禧却要掩饰一番,有钦差大臣胜保《奏请皇太后亲理大政并简近支亲王辅政折》、大学士贾桢等《奏请皇太后亲操政权以振纲纪折》《谕内阁奉皇太后懿旨将历代帝王政治及垂帘事迹汇纂进呈》、礼亲王世铎等《奏遵旨会议皇太后亲理大政事宜折》在先,造出群臣劝进的局面;又有《谕内阁皇太后亲理庶政中外文武臣工务各忠赤为怀》在后,奉两宫之命倾述"两宫皇太后不得已之苦衷",说什么两宫"垂帘之举,本非意所乐为,惟以时事多艰,该王、大臣等不能无所禀承,是以姑允所请,以期措施各当,共济艰难。一俟皇帝典学有成,即行归政。王、大臣仍当届时具奏,悉复旧制"。如此,并非两宫要掌权,实在是国家需要这两位不出宫门、不知天下事的青年女子掌大权、办大事。

口说"一俟皇帝典学有成,即行归政",事实并不那么容易。权力,是一种具有特种功能的工具,属于什么人,便为什么人服务。权力公有,为公众办事;权力私有,谋取私利。清王朝政权属于爱新觉罗氏皇族,已经是代表极少数人利益的政权;慈禧掌握这个大权之后,专制独裁,一手遮天,所有欲望无不满足,任何举措无人敢反对,普天之下以一人意志为转移。慈禧不能不把权力看成高于一切,而爱不释手。两宫"垂帘听政"十四年,撤帘归政。因慈禧在政治上不甘寂寞,同治帝又不欲以国政受制于他的母亲,母子有所不睦。同治十三年十二月,同治帝病逝,慈禧迫不及待地再次"垂帘听政",故在皇嗣人选上大做文章。清有史以来,传统的帝位承续为父终子继。同治帝无子,理应为其从宗室近支中过继一子,即从下一辈——溥字辈中选皇嗣。故有主张立溥伦为同治帝嗣子,继承皇位的。溥伦是道光长子之孙,合乎长支继嗣之正理。但遭到慈禧的反对。很显然,立溥字辈人为帝,同治后为太后,慈禧为太皇太后,不便隔着太后干预政事。不为之立嗣,而为咸丰帝立子,实即为慈禧立子,又违背了清朝历来"传子"的祖制家法,与法与理均属不合,为舆论所不容。吏部主事吴可读,以死疏言,要求为同治帝立嗣。同治帝是慈禧的儿子,为她儿子立嗣的疏言,只能说是忠诚之举,不能不接受。但慈禧根本不想接受,而坚持从同治帝同辈即载字辈中,为咸丰过继一位嗣子,入承大统;同时又有新皇帝有了儿子承桃同治帝为嗣之旨。这是一个巧妙的搪塞舆论的花招。从载字辈选嗣帝,可算作兄死弟继,虽清朝无,而其前历朝有,也说得通。问题是载字辈有年龄大一些的,如奕䜣长子载澂,十七岁,立为帝,很快可以学会掌管朝政。慈禧又偏偏不肯用他,而选中了年方四岁的小载湉,为光绪帝。慈禧的用心不难看出。据载,当时"群臣纷论,兄终弟及,虽历朝所有,然不闻特继弟,使之承统者。今若此,文宗多一继子,而大行绝嗣矣。且继皇犹未成童,安能理政务"。议论中有人领悟,说:"主少,则仍当乞太后垂帘,如辛酉时事。"这才是问题的实质。

果然,同治十三年(1875年),不满四岁的载湉,承继文宗显皇帝为子,入承大统,为嗣皇帝,慈禧再度"垂帘听政",再度弹起老调自欺欺人:"垂帘之举,本属一时权宜,惟念嗣皇帝此时尚在冲龄,且时事多艰,王大臣等不能无所禀承,不得已姑如所请,一俟嗣皇帝典学有成,即行归政。"这次听政一听又是十二年。至光绪十三年(1887年),皇帝亲政,仍由慈禧"训政";光绪十五年(1889年),光绪帝亲政,慈禧"撤帘归政",光绪帝基本上是个傀儡,大事必听命于慈禧。光绪二十四年(1898年),光绪帝颁行新政,主持"百日维新"。慈禧则发动政变,重新"训政",而将堂堂大清皇帝幽禁于瀛台。这个女人的权力欲达到了疯狂的程度。

戊戌运动失败后,以慈禧为首的清朝统治集团谋废光绪帝,另立新帝,故意散布光绪病重消息。但洋人保护维新派,反对废光绪,慈禧的阴谋被察觉,洋人要求给光绪看病,病看了,废光绪的阴谋也就未能实现。于是又拟先以端郡王载漪的儿子溥儁为同治立嗣,再除光绪帝。慈禧认为她要做的事,除了洋人外没有什么人能阻挡得了。为了不惹怒洋人,在戊戌政变中立过功的军机大臣荣禄为慈禧出谋划策:"上春秋已盛,无皇子,不如择宗室近支子,建为大阿哥,为上嗣,兼祧穆宗,育之宫中,徐承大统,则此举为有名矣。"己亥年,即光绪二十五年(1900年)十二月二十四日,慈禧召集近支王、贝勒、大臣会议,做出决定,二十五日皇帝降旨以端郡王载漪之子、十五岁的溥儁继承穆宗毅皇帝为子。"患外人为梗,用荣禄言改称大阿哥",这样,溥儁的名分隐讳一些。溥儁的母亲,即载漪福晋是慈禧的侄女。本拟于光绪二十六年(1900年)正月初一,溥儁代表光绪帝于大高殿、奉先殿行礼,光绪让位。是谓"己亥建储"。后因未得到洋人支持,废立之事不能实现。光绪二十七年(1901年)十月,以载漪纵义和拳,获罪祖宗,其子不宜膺储位为由,废大阿哥名号。

光绪三十四年(1908年),光绪病重,立嗣一事又提上日程。光绪无子,此时,不便再从同治同辈物色皇帝继承人,而溥字辈,有爵位者溥伟为恭亲王,溥伦为贝勒,皆可当选。但慈禧竟又选一个不满三岁的儿童溥仪为同治帝立嗣,并独出心裁,创"兼祧"之举。至此,已不难理解其中原因了。

首要者,仍然是慈禧不肯交出政权。慈禧虽已七十有三,这一年夏,病痢久而不愈,但长生欲望和信心丝毫不减,仍认为自己能高寿,如英国的维多利亚。有一个道士在慈禧面前讨好,预言她必享高寿,深得信任。光绪帝病重,慈禧虽病体不支,但"勉自镇定",主持王大臣会等会议,"说话仍如往日,声音宏亮坚厉,其坚强不改常度"。光绪死,她先主持料理后事,不曾料到光绪死后她亦跟随死去。她兴致勃勃地准备开始新的"训政"。在降旨立溥仪为嗣皇帝的同时,又旨曰:"现值时事多艰,嗣皇帝尚在冲龄,正宜专心典学,着摄政王载沣为监国,所有军国政事,悉秉承予之训示,裁度施行。俟嗣皇帝年岁渐长,学业有成,再由嗣皇帝亲裁政事。"她这是第三次因皇帝小,不得已而准备替小皇帝掌握政权了。虽其圣旨中再三表示出于不得已,但事实说明这是她的意愿,她的追求。

溥仪当皇帝与前两帝不同,有一位摄政王为监国。但这并不妨碍她这位皇祖母训示。正如溥仪所说:

　　　她在确定了光绪的最后命运之后,从宗室中单单挑选了这样一个摄政王和这样一个嗣皇帝,也正是由于当时她还不认为自己会死得这么快。在她来说当了太皇太后固然不便再替皇帝听政,但是在她与小皇帝之间有个听话的摄政王,一样可以为所欲为。

慈禧掌政,政权仍属于宗室,因为她是替小皇帝们掌理朝政。但从家族与政权的关系来说,却有了某种变化,那就是她极力在把政权和叶赫那拉氏家的女性联结起来。

慈禧得势,以婚姻关系为纽带在皇族中扩大自己的势力。自她开始,那拉氏三代女子皆嫁到皇族。她的父亲嘉湖道惠征有二子二女。长女为慈禧;次女为醇亲王奕譞的福晋;长子桂祥、次子兆祥。桂祥有三女,一为隆裕皇后,一为端郡王福晋,一为载泽镇国公夫人。兆祥女为载漪贝勒夫人。桂祥子佛佑,其女为溥伦贝子夫人。这些福晋、夫人,是慈禧在皇族的耳目唇舌,并支配她们丈夫的政治态度。载漪贝勒不满慈禧专横,为光绪事内心不平,夫妇便不和睦,慈禧将载漪贝勒圈禁起来,直至宣统初年始释。载泽、溥伦"皆缘妻宠,出而任事"。"载泽夫人与隆裕为同胞姐妹,时往来宫中,私传隆裕言语,以挟制监国也。"嫁到爱新觉罗氏家族的这些那拉氏的女子,有一种把丈夫们变成木偶的势头。如其势力发展起来,很难说清王朝名与实是否相符,很难说爱新觉罗氏家族男系的"江山"不落到那拉氏家的女系手中。

慈禧不给同治帝立嗣,而为他招进一个弟弟,同治皇后孝哲既非皇后又非太后,而是皇嫂,在宫中无立足之地,不堪忍受慈禧的虐待,自杀身死。孝哲被慈禧逼上绝路的事实说明,慈禧绝不会让这位阿鲁特氏皇后有机会过问朝政。而她,除了把持政权外,还要创造让她侄女参政的机会。隆裕没有她姑妈的才能。慈禧明知其平庸无才,在光绪去世的第二天,即十月二十二日下午,慈禧病情加重,自知不久于人世,又降旨:"现予病势危笃,恐将不起,嗣后军国政事,均由摄政王裁定,遇有重大事件,必须请皇太后懿旨者,由摄政王随时面请施行。"此时太后即隆裕。"如此办法,则可维持叶赫族永久之权势,而巩固其所占之地位,设监国摄政王及余人有仇视之举动,则新太后可本此谕以说话也。"

慈禧的安排,从大体上说,并没超出封建家天下,即政权属于统治者家族所有的制度体系。清王朝是爱新觉罗氏宗室的王朝,但内部已起了某种变化,那拉氏的分量加重。从某种意义上说,自同治朝起,爱新觉罗氏宗室的政权一半已被叶赫那拉氏篡夺,皇帝是爱新觉罗氏家族的,但年幼无知,徒有皇帝之名,而无皇帝之权;掌权的是叶赫那拉氏女子。爱新觉罗氏的儿皇,叶赫那拉氏的母后,构成清王朝最高统治者的结合体。这就是慈禧的创举。如果慈禧不死,溥仪将是这位皇祖母手中的小傀儡。慈禧、隆裕娘家住方家园,恭忠亲王奕䜣曾说:"我大清宗社乃亡于方家园。"爱新觉罗氏皇族人虽察觉家族大权旁落,亦无可如何。

二

溥仪当皇帝不仅因为他是醇亲王的后代,从某种意义上说,沾他外祖父荣禄的光也很重要。

荣禄(1843—1903年),苏完瓜尔佳氏,字仲华,一生忠于慈禧,为她立过"奇功"。他出身于满洲贵族之家,头脑灵活而有才气,是清朝末年一位长于钻营的官僚。咸丰二年(1852年)任主事,后升工部员外郎,又调户部银库员外郎,因贪污几乎被杀,"不知他用什么方法摆脱了这次厄运"。第二次鸦片战争期间，咸丰帝出逃热河，恭亲王奕䜣奉旨设巡防处，荣禄"总其事"。十一年(1861年)，"捐输军饷"，即花钱买官，得候补道员官衔。同治三年(1864年)，醇亲王奕譞建皇家军队神机营，荣禄被调去当差，任翼长兼专操大臣。曾率兵镇压奉天人民起义和直隶捻军张宗禹部。大学士文祥疏荐称其"忠节之后，爱惜声名，若畀以文职，亦可胜任"。累迁副都统、总兵，改工部侍郎，调户部，兼总管内务府大臣。咸丰帝死后，宫中争权夺利，矛盾尖锐复杂，荣禄看风使舵，投机取巧，既投靠慈禧一派，又不忘左右逢源，故仕途通畅。同治帝死，荣禄以内务府大臣，与御前大臣、军机大臣同被顾命。奉两宫懿旨迎光绪帝于醇邸，入承大统，而又"独吁请嗣皇帝生有圣子即承继大行皇帝为嗣子，时两宫为之感痛，允如所请"。因光绪帝即位，初年，其父醇亲王奕譞得势，荣禄极力取悦之，曾献"先世所遗阵图"，得奕譞赏识。补步军统领，擢工部尚书。光绪六年(1880年)，因纳贿被告发，降二级调用，不准抵销。但十一年(1885年)"以报效枪支，奉懿旨开复降二级调用处分"。两年后，授都统，又充领侍卫内大臣。十七年(1891年)，任西安将军。二十年(1894年)，恭亲王出办军务。慈禧六十寿辰时，荣禄入京祝寿，钻营到恭亲王身边，被授步军统领，会办军务。次年，授总理各国事务大臣。二十一年(1895年)任兵部尚书。翌年，以兵部尚书协办大学士。巴结慈禧的亲信太监李莲英，关系非同一般；又因妻子常被召入宫中陪伴慈禧，故了解宫中许多帝后不和内幕，也熟知慈禧好恶心态。积极为慈禧献计谋，慈禧多有依赖，遂成为后党摇鹅毛扇子的人物。戊戌变法期间，光绪帝与翁同龢商议改革方案；慈禧与荣禄谋废光绪帝、由太后"垂帘听政"计策。荣禄阴险地主张："欲废皇上，而不得其罪名，不如听其颠倒改革，使天下共愤，然后一举而擒之。"二十四年(1898年)任文渊阁大学士。

荣禄给慈禧立的大"功劳"，正是历史的大罪恶。那是光绪二十四年(1898年)四月二十三日，光绪帝颁布《明定国是》诏书，宣布变法。慈禧按照同荣禄等预谋的计策，令光绪帝连下三道谕旨，将支持变法的帝党翁同龢开缺回籍；二品以上大臣授新职须到皇太后前谢恩；命荣禄署理直隶总督，统率三军。荣禄假惺惺地与翁同龢挥泪握别，说："您怎么把皇帝给得罪了?"接着，以文渊阁大学士兼直隶总督和北洋大臣。以首辅之位，谋用六部九卿联名上疏的办法，废光绪帝，由慈禧听政，但未得到响应。又谋慈禧与光绪帝到天津阅兵时举行政变，废掉光绪帝。维新派得知这一阴谋后，打算通过袁世凯在阅兵时救光绪帝并杀掉荣禄，结果被袁世凯出卖。荣禄于八月初五夜在天津得到袁世凯密报，专车北上进京，在丰台下车径往颐和园，报告慈禧，并帮助慈禧发动戊戌政变。镇压了维新派，慈禧再度临朝"训政"，荣禄入任军机大臣，受命管兵部，节制北洋海陆各军。廷旨屯重兵于近畿，以资"镇慑"，这项重任又非荣禄莫属，"于是始设武卫五军，而以公总中军兼节制各军"。"军国事一倚公为襄理"，身兼将相，权倾举朝，一人之下，万人之上。慈禧议废光绪帝，立端王载漪子溥儁为同治帝嗣，因恐洋人干涉，荣禄建议改称"大阿哥"。

光绪二十六年(1900年)，义和团运动爆发，他以熟练的两面派手法，赢得新的奖赏。当时，清廷内部有主"剿"、主"抚"之争。慈禧决定利用义和团时，惩处了主"剿"的官员；八国联军打进北京，慈禧逃往西安，为了向洋人表示，让义和团打洋人的不是她，又抓替罪羊，惩处主抚的官员，端王载漪被革职削爵发配新疆，"大阿哥"也废了。荣禄本是主

"剿"的，但看着慈禧的颜色行事，见廷议决定"抚"，他便同声附合，由主"剿"到主"抚"；暗中仍努力于"剿"的活动，向慈禧揭发端王伪造各国要慈禧归政照会，慈禧于是怒责端王，对荣禄更加信任。奉命率武卫中军围攻使馆时，指挥甘军董福祥部"向空发枪，使宫中闻之可矣"，并以瓜果馈赠使团，以示慰问。八国联军进北京，慈禧出逃，命李鸿章、奕劻负责议和，荣禄授计掌握一条原则：只要不追究慈禧的责任，不让慈禧归政给光绪，一切条件都可答应。这样，慈禧主"抚"时，他是拥护者，主"剿"时，他又是先知者和有功者，与洋人议和时，他是慈禧尊严与权力、地位的忠实维护者，至于民族的利益可置之不顾，因为那与他的高升没有关系。果然，事后奉慈禧懿旨：现在时局渐定，回京有期。"荣禄保护使馆，力主剿拳，复能随时赞襄，匡扶大局。""着赏戴双眼花翎，并加太子太保衔。"

总之，荣禄得慈禧的信任，"眷顾之隆，一时无比。事无钜细，常待一言决焉"。

但慈禧的年岁毕竟大于光绪帝很多。戊戌政变得罪了光绪帝，终是荣禄的一块心病。他找李莲英商量，求李莲英在慈禧前进言，把女儿配光绪帝为妃。李莲英向慈禧提及此事，"老佛爷他顾而不答"；又出主意让荣禄在慈禧诞辰时，把女儿带进宫朝贺，以便相机进言。荣禄如期"盛妆饰女入宫"。此女"齿牙伶俐，朝贺陈对之间，颇娴礼制，孝钦大为称许"，从此，常被召入宫，慈禧认为养女。李莲英又提起荣禄请太后为女指婚事，慈禧想指给恭亲王的孙子溥伟，李莲英提醒她：溥伟年龄太小了，接着说：荣禄功劳很大，"而皇上常露不慊之意"，要设法"保全勋臣"。他认为给光绪帝的兄弟、醇亲王之子载沣指婚为好。慈禧说："吾已知若之意，可告荣禄，由吾指配载沣，以敦两家之睦谊。"为此事荣禄先后贿李莲英数十万。由于这笔交易成功，荣禄的女儿成了载沣——第二代醇亲王的嫡福晋。

正因为溥仪是慈禧的忠臣荣禄的外孙子，慈禧格外高看他一眼。据说，光绪帝生命垂危，慈禧力主立溥仪为嗣帝时，曾对人言："以前我将荣禄之女说与醇王为福晋，即定意所生长子，立为嗣君，以为荣禄一生忠诚之报。"此话可以作为一种分析问题的参考。

慈禧信任荣禄，考虑对他一生忠诚图报时，对醇亲王家已深怀戒备。有位为慈禧择定万年吉地的内务府大臣对慈禧说，妙高峰醇贤亲王园陵上有一棵大白果树（银杏树），罩在墓上，"按地理非帝陵不能当"。"白"字和"王"字合起来是"皇"字。这是出皇帝的陵地，应当早日把树伐掉。光绪二十二年（1896 年），慈禧派人把树锯掉，光绪帝闻之，曾前往陵园，遥望树已被砍倒，在舆中失声痛哭。慈禧不愿意醇王府中出皇帝，又担心无法排除这种可能性；一心想废掉光绪帝，又不能不考虑诸多方面的牵制，亦疑亦惧。戊戌政变，把光绪帝囚在瀛台，名存实废，不能干净利落地废，主要怕洋人有异议。慈禧注意到了"洋人对于光绪和光绪兄弟的兴趣"。在她与光绪之间的矛盾斗争中，洋人显得倾向光绪帝。为克林德公使在华被杀之事，德国指定要皇帝的兄弟代表皇帝去德国道歉，而且载沣那次去德国，受到了德国皇室的隆重礼遇。这更"加深了她心里的疑忌；洋人对光绪兄弟的重视，这是比维新派康有为更叫她担心的一件事。为了消除这个隐患，她终于想出了办法，就是把荣禄和醇亲王府撮合成为亲家"。就这样，载沣于光绪二十七年（1901 年），在德国赔礼回来，在开封迎上回京的銮驾，奏复在德国的情况，十一月随驾走到保定，就奉到了"指婚"的懿旨。

至于"指婚"当时的用意，是否就是为了荣禄的女儿和第二代醇亲王载沣生的长子做皇位继承人，即使是，也是后话，是设想，最现实的是通过这桩婚事，给醇王府掺进"砂子"，在醇亲王的枕边安上耳目和手臂，起监视作用、支配作用。醇亲王的确是顺从于慈禧的，对哥哥所受的苦尽管心里同情，却毫无不满的表示。到溥仪当选为皇嗣的时候，慈禧已经对醇亲王府没有那么大的恐惧和疑虑，可以放心了。这时，荣禄已入土，立溥仪为嗣皇帝，一举数得，其中也包括慈禧对荣禄这位老"忠臣"的报答与怀念。但最最主要的，还是慈禧的统治权，首先必须有利于巩固慈禧的统治权。

三

溥仪有一个富贵而温暖的家。

他的祖父奕譞，醇亲王，是道光皇帝的第七个儿子。奕譞的次子、溥仪的伯父载湉继同治帝入宫嗣位为光绪帝，优诏赐醇亲王以世袭罔替待遇。清朝惯例，一般世袭爵位是降一等承袭，如：亲王之子袭郡王。"世袭罔替"者需有特殊功劳，为数很少。除了参加开国战争的以外，由皇子分封出来，以"功"特封世袭罔替爵位的只有：乾隆三十九年封"怡贤亲王"（康熙的第十三子允祥）、同治十一年封恭忠亲王（道光第六子奕訢）、光绪元年封醇贤亲王（道光第七子奕譞）、光绪三十四年封庆亲王（乾隆第十二子之孙奕劻）世袭罔替。满洲贵族在清王朝统治中国期间，是全国各阶级、各民族中为数不多的显贵，而醇亲王府又是这群显贵中为数更少的显贵。

溥仪有四位祖母，第一位祖母是奕譞的嫡福晋、慈禧的妹妹叶赫那拉氏。她一共生了五个孩子：长女六岁夭折；长子死时不满两周岁；次子载湉即光绪帝；三子只活一天半；四子不到五岁又死了。据说因为这位母亲恐怕孩子消化不良，不给孩子吃饱，孩子们患营养不良症而死。第二位祖母是奕譞的侧福晋颜札氏，系慈禧所赐，去世很早，生一女，夭逝。第三位祖母是奕譞的第二侧福晋刘佳氏，是溥仪的亲祖母。她共生四个孩子：女儿两岁夭折，儿子载沣，是溥仪的父亲；载洵，是溥仪的六叔；载涛，是溥仪的七叔。第四位祖母是奕譞的第三侧福晋李佳氏，生一女，奉命嫁给世袭一等忠勇公松椿为妻，二十八岁死。

溥仪有两位母亲：生母苏完瓜尔佳氏，名幼兰，是载沣的嫡福晋，光绪二十八年（1902 年）八月结婚。庶母邓佳氏，是载沣的侧福晋，1913 年结婚。两位母亲生溥仪兄弟姐妹十一人：溥仪为长兄，瓜尔佳氏生；二弟溥杰，光绪三十三年（1907 年）生，与溥仪同母；三弟溥淇，庶母 1915 生，三岁殇；四弟溥任，1918 年庶母生；长妹韫媖与溥仪同母，宣统元年（1909 年）生，十八岁死；二妹韫龢（金欣如），同母宣统三年（1911 年）生，三妹韫颖（金蕊秀），同母 1913 年生；四妹韫娴，庶母 1914 年生；五妹韫馨（金蕊洁），庶母 1917 年生；六妹韫娱，庶母 1919 年生；七妹韫欢（金志坚），庶母 1921 年生。

溥仪的父亲载沣不但政治上随和，愿意图清静，而且生活上也求安闲，家务由他的母亲、溥仪的祖母刘佳氏主持，自己闭门读书。他性情平和，对子女、用人都不严。当然，子女、用人也不怕他。有一次天已昏黑，太监还不上窗户，经他责问，太监竟敢回答："因为今天奶奶（载沣福晋）不在家。"他没有特别嗜好，不吸烟，不喝白酒，更不吸鸦片。他的生活呆板而单调，一切"照老例"办，如：春节吃干菜馅煮饺，立春吃春饼，是必须的；

到什么时候吃黄花鱼、榆钱和野菜、饭包、火锅,也一成不变。喝茶,春夏秋冬有别,夏喝碧螺春,春秋用香片,冬天饮红茶。穿衣更是老套子。理发,在剪掉辫子后,按季节变发式,"立夏依例推平头",不管这天多么凉,"立秋依例留分头",不管那天多么热。但对于新知识、新事物又满有兴趣,如:对天文学,不但读不少书,还在夜晚给子女们指认星座,有日食、月食出现,他把玻璃片熏黑领着子女观看,并记到日记里。其他如:买汽车,安电灯、电话,穿西服及剪辫子等,都是王公大臣中最早的。对于孩子的家庭生活来说,这样的父亲不是最理想的,但还是不错的。

溥仪的母亲瓜尔佳氏,却是另外一种人。她从小受宠,高傲任性;很会享受,花起钱来连富有的王爷载沣都头痛。溥仪在《我的前半生》中说:"父亲的收入,不算田庄;亲王双俸和什么养廉银每年是五万两,到民国时代的小朝廷还是每年照付。每次俸银到手不久,就被母亲花个精光……花得我祖母对着账房送来的账条叹气流泪。"由于瓜尔佳氏对人严厉,用人和孩子都怕她。

但父母的性格是刚是柔,都不会给溥仪带来什么不幸。他是醇亲王的长子,嫡出,依例,理所当然是醇亲王的继承人,因此,地位非同一般,而且,他从降生到三岁离开醇亲王府,一直在祖母的抚育下。因为醇亲王府的惯例,头生的孩子过了满月就离开母亲归祖母抚育,第二个孩子由母亲抚育,第三个仍归祖母,第四个仍归母亲……余依此类推。因此,溥仪生下来归祖母刘佳氏抚养。这位祖母对自己的儿孙感情十分深厚,溥仪在她温暖的怀抱中长到三岁,每分钟都是甜美的。这大概是溥仪前半生家庭生活中最最值得玩味的了。他说:"祖母是非常疼爱我的。听乳母说过,祖母每夜都要起来一两次,过来看看我,她来的时候连鞋都不穿,怕木底鞋的响声惊动了我。这样看我长到三岁。"

让一个不满三岁儿童离开自己的家,独自到一个陌生的地方去,这种痛苦是溥仪本人和醇亲王府都难以承受的。

醇王府中,载沣最早得知慈禧要溥仪进宫当皇帝的消息。他在光绪三十四年(1908年)十月二十日的日记中写道:

> 庆王到京,午刻同诣即携溥仪鸾殿面承召见,钦奉懿旨:醇亲王载沣着授为摄政王,钦此。又面承懿旨:醇亲王载沣之子溥仪着在宫内教养,并在上书房读书,钦此。叩辞至再,未邀俞允,即命携之入宫。万分无法,不敢再辞,钦遵于中刻携溥仪入宫。

这里"叩辞至再""万分无法,不敢再辞",是实在的。载沣本来就没有载漪那么大的政治野心,认为多一事不如少一事,愿当"无事小神仙"。况且,同治,光绪两帝的命运,举朝皆知,把不满三岁幼子送到火坑里去,载沣舍不得,完全在情理之中。他会预料看到,儿子当上小傀儡,自己将陷入困境,前景凶多吉少。但他不敢违抗懿旨。十月二十日傍晚,摄政王载沣和军机大臣、内监一起,带着慈禧要溥仪进宫的懿旨回府。

最难以接受这种安排的是溥仪的祖母。他的两个儿子已被慈禧强行过继出去,为此她哭得死去活来,精神受了强烈刺激时有失常。溥仪是她最疼爱的长孙,自降生朝夕不离,突然听说慈禧要溥仪进宫,不等听完慈禧的懿旨,就昏厥过去。溥仪在《我的前半生》中描绘当时的情景:

光绪三十四年旧历十月二十日的傍晚，醇王府里发生了一场大混乱。这边老福晋不等听完新就位的摄政王带回来的懿旨，先昏过去了。王府太监和妇差丫头们灌姜汁的灌姜汁，传大夫的传大夫，忙成一团，那边又传过来孩子的哭叫和大人们哄劝声。摄政王手忙脚乱地跑出跑进，一会儿招呼着随他一起来的军机大臣和内监，叫人给孩子穿衣服，这时他忘掉了老福晋正昏迷不醒，一会儿被叫进去看老福晋，又忘掉了军机大臣还等着送未来的皇帝进宫。

小皇帝溥仪说不出是一种什么心理状态，只是连哭带打地不让内监过来抱他。这是小孩痛苦、不满和反抗的表示。最后还是乳母给溥仪喂奶，哄住了他，帮王爷和大臣收了场，当即军机大臣和摄政王决定，让乳母抱溥仪进了宫。

溥仪到中南海，由内监抱着去见慈禧。那是慈禧死亡的前三天。本来就凶恶的面孔又加上病容。据溥仪说他脑子里留下了由于强烈的刺激造成的一点模糊地记忆："我记得自己忽然处在许多陌生人中间，在我面前有一个阴森森的帏帐，里面露出一张丑得要命的瘦脸——这就是慈禧。"他立即号啕大哭，浑身发抖，慈禧令人拿冰糖葫芦给他，被他摔到地上。慈禧很是不悦。

四

清朝十二帝，登极多数是在"国丧"中进行的。因为父死子继，兄终弟继，都是一个死了，另一个马上即位。只有两位例外，一是努尔哈赤，是开国皇帝；一是嘉庆皇帝继承乾隆帝位。其时乾隆并没死，在位已六十一年，因为不想超过祖父康熙帝在位时间，让位给儿子，自己当太上皇。宣统帝登极时要办双份丧事，这是前所没有的。溥仪进宫的第二天（十月二十一日），光绪帝死，第三天（十月二十二日）慈禧太后死。丧事一起接一起。实录上记载着："光绪三十四年戊申冬十月癸丑朔，癸酉酉刻，德宗景皇帝崩。"甲戌"慈禧端佑康颐昭豫庄诚寿恭钦献崇熙太皇太后遘疾大渐，未刻崩。"刚把光绪的灵驾奉安乾清宫，皇帝、亲王以下文武大臣官员，各按位次，齐集举哀，行殓奠礼，又安奉慈禧梓宫于皇极殿，行殓奠礼，皇帝、亲王以下文武大臣官员齐集举哀。当然，一切由朝廷官员们办，不需要溥仪操心。溥仪绝不会为此哀伤和哭泣。虽"群臣哭临三日，皆无戚容"，毕竟宫中被哀声丧气笼罩着。皇帝也同样被置于其中严格管束着，欢乐是不被允许的，何况他离开了亲爱的祖母和熟悉的家，正在惊恐痛苦之中呢。

光绪三十四年（1908年）十一月初九，宣统皇帝登极大典，"易礼服，诣庆寿堂皇太后前行礼毕，御太和殿登极，王以下大臣文武百官，行庆贺礼，乐设而不作"。登极礼成，颁诏天下，以农历明年（1909年）为宣统元年。

小皇帝对大典的活动反感到难以忍受的地步。因为大典之前，照章要先到庆寿堂隆裕皇太后处行礼，然后在中和殿接受领侍卫内大臣的叩拜，再到太和殿受文武百官朝贺。向别人叩头，接受别人叩头，溥仪都不觉得好玩。这样折腾的时间不算短，时值严冬，那天的天气奇冷，溥仪说："当他们把我抬到太和殿，放到又高又大的宝座上的时候，早超过了我的耐性限度"。他大哭大闹起来。摄政王载沣侧身单膝跪在宝座下面，双手扶着儿子，不许乱动。溥仪却挣扎着哭喊："我不挨这儿，我要回家，我不挨这儿！我要回家！"

载沣急得不知所措。文武百官三跪九叩，没完没了。因为正在"国丧"期间，丹陛大乐设而不奏，溥仪的哭叫声显得特别响。载沣尽一切努力哄溥仪，说出了"别哭别哭，快完了，快完了！"这样不吉利的话，引起纷纷议论，满朝文武垂头丧气，认为是一种不祥之兆。

后来这话果然应验，溥仪登极不到三年，爆发了辛亥革命，又过四个月，宣统皇帝退了位，真的是很"快"就完了，要"回家"就回了"家"。

其实，并不是溥仪的哭声和载沣的话语使朝廷官员们不安，是清朝统治末日已出现种种不祥的兆头，使他们内心深处已预感到大祸将临。

五

溥仪当皇帝之后，除了是醇亲王载沣之子以外，还是同治帝、光绪帝的儿子。这样，他有三位父亲。当时，这三位父亲有六位妻子健在，后又来了一位。于是他便有了七位母亲。她们是：生母瓜尔佳氏、庶母邓佳氏；同治帝的瑜贵妃赫舍里氏、殉贵妃阿鲁特氏、瑨妃西林觉罗氏；光绪帝的皇后叶赫那拉氏、瑾妃他他拉氏。

溥仪尊慈禧为太皇太后；尊光绪皇后、他的"兼祧母后"为皇太后，光绪三十四年（1908年）十一月二十五日上徽号为隆裕皇太后。在此之前，于十月二十五日，封瑜贵妃为瑜皇贵妃，封珣贵妃为珣皇贵妃，晋封瑨妃为瑨贵妃，晋封瑾妃为瑾贵妃。溥仪既然继承同治兼祧光绪，正统理应是同治帝。但因隆裕太后想效法慈禧，不承认同治帝的三位妃的地位，光绪的瑾妃也得不到溥仪庶母的待遇。一家人同座吃饭时，隆裕、溥仪坐着，而瑾妃却站着。总之，她根本不把先帝这四位妃算作溥仪的母亲。直到隆裕去世，四位太妃联合起来找王公讲理，终于承认她们的太妃身份，溥仪从此才称她们为"皇额娘"。民国初，袁世凯当政，他向清室内务府提出给同、光四妃晋封上徽号。1913年三月十二日举行仪式，给瑜皇贵妃上徽号敬懿；给珣皇贵妃上徽号庄和；晋封瑨贵妃为皇贵妃，上徽号荣惠；晋封瑾贵妃为皇贵妃，上徽号为端康，据袁世凯意见，将其列为首席。溥仪在举行婚礼前，将敬懿、荣惠、端康尊为"皇贵太妃。"庄和在此前已去世。

溥仪说："我虽然有过这么多的母亲，但并没有得过真正的母爱。"她们都关心他，甚至争先表示这种关心。溥仪入宫之初，慈禧将他交给隆裕教养，瑜贵妃哭着争教养之权，理由是：嗣皇入继穆宗，她应有权教养。瑜贵妃自幼入宫，侍奉慈禧四十余年，知书达理，聪敏伶俐，深受慈禧喜爱。慈禧觉得她说的有理，允许她与隆裕共同负责。因为溥仪是皇帝。他对每位母亲的亲疏，都至关重要，直至决定她们的地位和命运。也因为他是皇帝，并不是她们的儿子，她们也不可能用母亲的情怀对待他。她们对他关怀和期待的目光里没有亲爱、柔和与温暖。溥仪入宫被交给隆裕太后教养，住在长春宫，一直到他七岁那年隆裕去世。之后，名义上他归四太妃养育。

隆裕（1868—1913年）叶赫那拉氏，慈禧之弟都统桂祥之女。光绪十四年（1888年）十月初五，慈禧指配光绪帝，翌年正月二十七日立为皇后。她比光绪大三岁。做过慈禧侍从女官的德龄女士，描绘隆裕的风度时，这样写道：

> 在正殿的门口，我们碰着一个女人，穿着和庆王一样的装束，不过在她的珠冠中央多了一只凤。这女子走出来和我们招呼，微笑着和我们握手，态度之

自然，就是欧洲的贵妇也不过如此。后来人家告诉我们说这就是皇后，光绪皇帝的妻子。皇后态度温雅有礼，虽然容貌不十分美丽，却使人觉得可爱。

光绪帝和隆裕皇后的感情淡薄，没有子女。隆裕对溥仪，以清宫太后对皇帝的教养方式常规行事，每餐将自己膳房做的菜送给溥仪。餐后，由一名领班太监向太后禀报："万岁爷进了一碗老米膳（或者白米膳），一个馒头（或者一个烧饼）和一碗粥。进得香！"不论溥仪吃的是什么，禀报时都是这一套。据说"后与宣统颇疏隔。养侍之事，一以委之按班（即奉派服侍之太监），故颇起居无节，饮食不时，按班常挟水果袋相随，日食水果无数云"。这一点，我们可从溥仪的回忆中得到印证。他说他从小就有胃病，他六岁时一次吃栗子吃多了，此后一个多月时间，隆裕只许他吃糊米粥。他饿得难以忍受，吃过喂鱼的馒头，抢吃过王府送给太后的贡品。曾经暴饮暴食，一次吃过六个春饼，领班太监恐吃这么多消化不良，命两个太监左右提起溥仪的双臂，像打夯似地在砖地上蹾。这些都给溥仪留下了极坏的印象。

隆裕死于1913年2月22日（农历正月十七）。死前心境不佳。皇帝退位是她决定和颁诏的。退位后，情况不像她想象的那么好。她本性节俭，宣统退位后，为了节省开支，裁撤一些宫人太监，"颇遭怨谤"，瑜皇贵妃借机"收拾人心，宫中益恶隆裕"。临终，只溥仪、总管内务府大臣世续及宫女在身边。病危之前对世续说："孤儿寡母，千古伤心，睹宫宇之荒凉，不知魂归何所。"对溥仪说：你生帝王家，"一事未喻，而国亡、而母死，茫然不知"。我死后，今后的路，"听汝自为"了。

四位太妃接过隆裕那一套毫无情感的模式：给溥仪送菜，领班太监汇报溥仪"进得香！"溥仪则每天早晨到各位太妃面前下跪请安。这时，太监正给太妃梳头，一边梳，太妃一边问："皇帝歇得好？""天冷了，要多穿衣服。""书念到哪儿啦？"等等，有时给一些泥人之类的玩具，最后说一句："皇帝玩去吧！"这就是每天母子的会面。溥仪说："我和四位太妃平常很少见面。坐在一起谈谈，像普通人家那样亲热一会，根本没有过。"敬懿太妃面部表情严肃，说话总带着教训人的口气，一说起来就没个完。孩子们在她面前很拘束。惠荣和庄和两太妃老实，体弱多病，面带忧伤抑郁的神情，整日念佛。端康讲究吃喝，对人比较开通。但无论他们当中的哪一位，溥仪都没有亲切感。

得到过母爱的人，常回忆起幼年病中母亲的焦虑和爱抚。溥仪的回忆正好相反。他提起生病时太后、太妃们来探望的情景，流露着厌恶情绪，写道：

> 我在幼时，一到冷天，经常伤风感冒。这时候，太妃们便分批出现了。每一位来了都是那几句话：'皇帝好些了？出汗没有？'不过两三分钟，就走了印象比较深的，倒是那一群跟随来的太监，每次必挤满了我的小卧室。在这几分钟之内，一出一进必使屋里的气流发生一次变化。这位太妃刚走，第二位就来了，又是挤满一屋子。一天之内就四进四出，气流变化四次。好在我的病总是第二天见好，卧室里也就风平浪静。

隆裕死后，太妃们争着拉拢溥仪，实际是争夺对他的支配和控制权。这些太妃在慈禧、隆裕在世时，本是不得志的。同治帝的三个妃子，在同治帝死后，封闭在宫中，为太后做些针黹等工作，极少同外人接触。其中瑜贵妃有一定的文化教养，长于诗文演奏，向往新知识，但如同被关在鸟笼里一样，只能哀伤厌世，毫无出路。光绪的瑾妃，在光绪二十年,因妹妹珍妃触犯慈禧太后,同降贵人,翌年复封瑾妃。其境遇与同治三妃一样悲惨。倒是清朝倒台后,隆裕不在了,载沣对权力早已失去兴趣时,太妃们打起精神,作威作福,派头越来越大。因为端康被列居首位,她似乎忘了在慈禧和隆裕面前吃的苦头,也忘了妹妹珍妃的惨死,竟模仿慈禧的专横毒辣,打太监,斥王爷,把亲信太监派到溥仪身边,每天向她报告溥仪的言行举动,像慈禧监视光绪一样监视溥仪。溥仪对此异常反感。敬懿的言语举止,也处处仿效慈禧。据太监们回忆,她一个人使用二百六十多个太监,外加一部分宫女。穿衣穿鞋袜、洗漱梳头、吃饭、喝茶、吸烟、散步、沐浴、大小便……全都有人服侍。闷了,让太监们讲故事,学猫狗叫。睡着了,还有两个宫女、六个太监给她守夜,直到天亮。

太妃们都梦想有一天登上"太后"的宝座,争夺溥仪的勾心斗角活动日益增多。四位太妃分为两派,同治的三妃为一派,以敬懿(瑜妃)为首。庄和(珣妃)、荣惠(瑨妃)没有什么手腕,随和敬懿。端康自己一派。敬懿为了笼络溥仪,对溥仪的大总管张谦和借机嘉奖。为了同样的目的,她破例传溥仪的祖母、母亲带着溥杰、韫媖进宫会亲。这倒给溥仪造成了与亲人团聚的机会。

按照清室家法,溥仪入宫当了皇帝,亲生父母退居臣下,不能以父母身份到宫中去见儿子。光绪帝一入宫,便与生母永别。宣统退位,一切祖制家规照常。敬懿敢于破例,固然与进入民国时代有关,不过,还是令人惊奇的。

那是1916年春天。得到突如其来的入宫会亲通知,又勾起溥仪祖母想念爱孙的心病,她眼圈红了。瓜尔佳氏也一时有些忙乱。他们整整准备两三天,按时入宫,在体元殿向敬懿磕头请安,献贡物。敬懿对他们很和气,赏溥仪祖母、母亲绿玉戒指,赏溥杰兄妹玉佩。然后,到长春宫,溥仪由一群太监簇拥着走来,向祖母、母亲请跪安,"祖母几乎哭出声来,母亲也茫然地呆在那里,溥仪站着也显得很拘促"。溥杰看到"皇上哥哥"竟是一个穿着长袍马褂的小孩子",根本不是自己想象中的"头戴冠冕、身穿大袖黄袍、五绺长髯的威武形象",觉得很意外、新奇。溥仪见了自己的亲人"觉得很生疏,一点不觉得亲切"。但他能看出祖母的眼睛总离不开他,"而且好象总是闪着泪光"。而对母亲则是另一种印象,"我见了她的时候,生疏之外更加上几分惧怕"。亲人们住了些时,到各太妃宫中都去请了安。白天,祖母、母亲到敬懿处交谈,溥仪和弟弟妹妹玩耍。他觉得在祖母、母亲跟前玩不自由,把弟弟妹妹带到养心殿。他那时仍住长春宫,白天到养心殿。小兄弟(妹)在一起玩得比较开心,捉迷藏,说笑,同桌吃晚饭。但照例溥杰、韫媖须向溥仪磕头请安。有一次,溥杰袖头露出黄色的衣里,以黄色为皇帝专用,溥仪对其弟严加斥责。这时,同胞间的亲密无间,少年儿童的纯洁天真又被森严的"君臣"关系吞没了。溥杰规规矩矩地站着,韫媖吓得要哭。

由于溥仪的祖母、母亲与敬懿来往,端康不悦,态度冷淡。过了三年,端康也请他们去会亲,而且次数多,招待得更热情,敬懿又流露出醋意,逐渐与他们疏远了。

端康与溥仪母亲瓜尔佳氏在更深一层的政治关系上结合。溥仪的生母瓜尔佳氏,在儿子当了皇帝之后,满心追求第一流的荣华,辛亥革命后,时刻梦想追回失去的天堂。她与端康合谋,通过端康的大总管刘承平和瓜尔佳氏的亲信太监张金,利用荣禄的旧部、民国步兵统领衙门左翼总兵袁得亮,与奉系勾结,企图借助奉系力量复辟。奉系于冲汉的儿子于静远溜入宫中,由刘承平负责接待,端康赏给丰盛佳肴等。她们不惜把自己小金库里的银两、首饰,拿出去做活动费,结果白白受骗。她们还策划让溥杰和张勋的女儿订婚,因"命相不合"作罢。端康则借机把最宠爱的二侄女配给溥杰。

瓜尔佳氏这根紧张的政治神经,把她那本来就缺少慈爱温和的性格进一步强化起来。她多次进宫,见到溥仪总是板着面孔说:"皇上要多看些祖宗的圣训""皇上别贪吃,皇上的身子是圣体,皇上要早睡早起……"尽管充满母亲的关心和期望,溥仪还是觉得都是些硬梆梆的官话,听了不舒服。

母亲们没给溥仪留下美好的回忆。还有一位庶母邓佳氏,溥仪没有机会与她在一起生活,更谈不上母爱。

溥仪在母亲众多,又没有母爱的环境中长大。直接照顾他生活的除太监外,还有一位他最尊敬和亲爱的乳母。这位乳母王焦氏,光绪十三年生于直隶河间府任丘县农村,有父、母、哥哥,靠种佃来的地生活,无法维持温饱,遇灾荒经常外出讨饭。十六岁嫁给北京一个姓王的差役,刚生一个儿子,丈夫就死了。她上有公婆,下有幼子,生活陷入绝境。溥仪出生,她入醇王府当乳母,用工钱养活公婆和儿子。第三年,她的儿子因营养不良而死。醇王府为保证她乳汁的质量,封锁了这个不幸的消息。慈禧要溥仪入宫时,溥仪拼命哭闹,死活不去,唯有抱在乳母怀中不哭,只好连同乳母一起接入宫中。她一直用乳汁喂养着宣统皇帝。到他九岁那年,她被太妃赶出宫去。这时,她才发现自己的儿子已经早就离开了人世。

这些,溥仪当时并不知道。他称她二嬷,他和二嬷特别亲,觉得一时一刻也不愿离开她。他特别愿意看她端正的脸上常常浮现着的笑容。她的那颗处处为别人着想的善良的心,给溥仪一种特别的影响。在宫中,只有她的话令溥仪信服。

溥仪对王焦氏的感情胜似四位太妃;王焦氏对待溥仪就像一个慈祥的母亲对待自己的亲生儿女一样。儿时的溥仪只要听说王焦氏来了,便什么都放下,扑到她身上撒娇;玩累了,饿够了就找她要"咂儿"吃。如果说溥仪有过母爱的话,那就是乳母王焦氏对他的爱。因此,溥仪也就最听乳母的话,他的恶作剧也只有乳母能够阻止。

有一次,有个会玩木偶戏的太监李长安,给溥仪表演了一场精彩的木偶戏,逗得溥仪大笑不止,喝彩不断。溥仪一高兴,便问李长安想要点什么。李长安诚惶诚恐,急忙趴在地上说:"万岁爷手边的什么都行。"溥仪环视一下身边,看到一盆鸡蛋糕,便说:"我赏你吃块鸡蛋糕吧!"恰巧王焦氏走了过来,她见溥仪从条桌上拿块蛋糕,但不立即给李长安,而是东瞅瞅,西看看地找什么。最后来到练腿功的铁砂袋前,撕开铁砂袋,掏出一些铁砂子,又掰开蛋糕……王焦氏慌忙走到溥仪身旁,在他耳边说:"老爷子!那怎么行? 铁砂子放在蛋糕里,那不崩坏他的牙吗?"溥仪则毫不在乎地说:"我要看看他咬蛋糕崩了牙的模样。"王焦氏进一步劝导说:"崩了牙,他以后怎么吃东西呀? 老爷子不吃东西能行吗?"溥仪一想,这话也对,但却不能取乐了,便央求说:"我就看这一回,行吗?"王焦氏笑了笑说:"那就换绿豆,咬绿豆也挺逗乐的。"

绿豆救了李长安。李长安咬绿豆蛋糕时故意装出的怪相,果然逗得小皇上哈哈大笑,别的小太监也直乐。而李长安则内心十分感激王焦氏,使他免去了一次灾难。

还有一次,溥仪玩气枪来了兴致,便装上铅弹向太监的窗户打。当时的窗户都是用纸糊的。窗户纸被打出一个个小洞。屋里的太监全吓得趴在炕岸下，一个也不敢站起来，生怕打破了脑袋，而心里却在嘀咕："万岁爷这样打下去，什么时候才算完呢?"不知是谁，搬来了救兵——王焦氏。离得很远，王焦氏便大喊："老爷子，屋里有人哪! 往屋里打，这要伤了人哪!"溥仪这才想起了屋里有人，才明白人是会被打伤的，于是收起了汽枪。

　　儿时的溥仪没有人告诉他这些道理。只有乳母王焦氏告诉过他，别人和他同样是人。不但他有牙，别人也有牙;不但他的牙不能咬铁砂，别人也不能咬;不但他要吃饭，别人也要吃饭;别人也有感觉，别人的皮肉被铅弹打了同样会痛。这些用不着讲的常识，溥仪是不容易想到的。只有乳母朴素的言语，才使溥仪想到过别人同他一样是人的道理。溥仪后来回忆说:如果九岁以前我还能从乳母的教养中懂得点"人性"的话，那么这点"人性"在九岁以后也逐渐丧尽了。

　　溥仪九岁时，太妃们将王焦氏赶出了皇宫。溥仪大哭大闹，"我宁愿不要太妃，也要嬷嬷!"

清史通鉴

千年末帝

宣统帝——溥仪

第二章　载沣监国

一

溥仪当了三年多皇帝,按今日入学年龄算,还只是一个学龄前儿童,当然不能亲政。代掌皇权的是他的父亲醇亲王载沣。慈禧为了让载沣替儿子掌权,任命他为监国摄政王。

摄政王载沣监国期间,清王朝权力不集中。载沣力不胜任,更不可能是一个铁腕人物;统治集团派系林立,干政者、擅权者、另起炉灶者,均有相当能量。至于这个王朝的最后几个月,大权完全旁落于袁世凯之手。载沣一方面吃力地代儿子主持国政;一方面软弱地应付着争权夺利斗争。

关于载沣被任命为监国摄政王之事,慈禧事先与张之洞商量过。据《国闻备乘》载:

> 孝钦病危,张之洞请定大计,孝钦领之。翌日,出奕劻勘易州陵工,密召世续及之洞入内,谕以立今上为穆宗嗣。今上,醇亲王载沣子也,生四年矣,视德宗嗣位时龄尤弱。国难方殷,连三世临以幼主。世续、之洞恐皇后再出垂帘,因合词奏曰:国有长君,社稷之福,不如径立载沣。孝钦戚然曰:'卿言诚是,然不为穆宗立后,终无以对死者。今立溥仪,仍令载沣主持国政,是公义私情两无所憾也。'之洞曰:'然则宜正其名。'孝钦曰:'古有之乎?'之洞曰:'前明有监国之号,国初有摄政王之名,皆可援以为例。'孝钦曰:'善,可两用之。'

策遂定。光绪三十四年(1908年)十月二十日,慈禧命载沣为摄政王。二十一日懿旨:"嗣皇帝尚在冲龄,正宜专心兴学,着摄政王载沣为监国"。二十二日,宣统帝奉慈禧懿旨:"特命摄政王为监国"。

摄政王是因皇帝年幼,由其族系最近、最有声望之长者代君听政。如:周成王年幼,由周公旦摄政;春秋时鲁惠公卒,太子轨立,隐公摄政;汉平帝时王莽摄政,都是这种制度。清初世祖福临六岁为帝,叔父多尔衮摄政。监国,也是一种代理朝政的制度。如:周天子外出,太子守而代领国事,为监国;南明弘光政权垮台后,鲁王朱以海在浙东沿海建立新的南明小朝廷,主持国政,不称帝,称监国。

多尔衮摄政而不监国。载沣既为摄政王,并为监国。论者以为"今体制较昔尤尊严也。"然而,在清朝末年皇权遭到严重抑制的情况下,代行皇权的监国、摄政王,当然也不能不受到同类限制和干预。十月二十一日,慈禧任命载沣为监国摄政王时,以为自己还能继续活在世上,故规定:"着摄政王载沣为监国,所有军国政事,悉秉承予之训示,裁度施行。"如此,载沣权力不是至高,不过是把慈禧决定了的事情付诸实施,充其量相当于内阁总理。第二天,慈禧病势危笃,自知回天无术,"恐将不起",又令"嗣后军国政事,均由摄政王裁定,遇有重大事件,必须请皇太后懿旨者,由摄政王随时面请施行"。一日之间,载沣的权力突然增大到可以"裁定"一切军国政事的程度,但遇有重大事件,仍要面请皇太后隆裕。这是慈禧留给她侄女的一份权力。慈禧死后,十月二十七日,用宣统帝谕旨解释慈禧的懿旨,进一步明确监国摄政王的职权:

本月二十二日,钦奉大行太皇太后懿旨,军国政事,均由监国摄政王裁定。是即代朕主持国政,黜陟赏罚,悉听监国摄政王裁度施行。自朕以下,均应恪遵遗命,一体服从。

关于监国摄政王代皇帝主持朝政的体制和礼节,参照周朝和清初多尔衮摄政的办法,于光绪三十四年(1908年)十一月二十日制订了十六条:

1.告庙。"监国摄政,典礼崇隆,应请谕旨,择期派员告祭太庙。并由摄政王于大行太皇太后几筵前,祗领监国摄政王册宝、册文,应恭录十月二十日、二十二日,两次大行太皇太后懿旨"。

2.诏旨。"军国政事及黜陟赏罚,悉由监国摄政王裁定,仍以谕旨宣示施行。凡重大事件,有必须请皇太后懿旨者,由监国摄政王面请施行,他人不得擅请、擅传"。

3.称号。"监国摄政王在皇太后前称臣,行臣礼。谕旨内称监国摄政王时,不书名。监国摄政王称皇上,曰皇帝。王对众自称,曰本摄政王"。"贝勒以下文武大小臣工,皆称摄政王"。

4.代行祀典。"皇上未亲政之前,所有坛庙大祀,及现在丧祭,均由监国摄政王代诣行礼"。

5.军权。"皇上有统率全国海陆军之权。凡宪法纲要内所定皇上大权关系军事者,即属之于摄政王。其京外旗绿各营、海陆各军,应归摄政王节制、调遣"。

6.典学。"皇上典学时,学业及师傅勤惰,均应由监国摄政王考察照料"。

7.朝会班次。"凡遇皇上升殿受贺,及万寿圣节,监国摄政王皆不与列,在宫中行家人礼。如遇皇太后庆贺大典,监国摄政王另班行礼,毋庸随班。王公百官于朝贺后,分班诣监国摄政王前致贺"。

8.朝见坐位。"拟请于养心殿中设御座,并设案,东侧设监国摄政王座,座前亦设案。王公百官遇有应行跪安、谢恩各礼节,皆向御座恭行。每日召见王公百官,该员先向中设御座跪安,起,入东暖阁启对。""王公百官遇有升赏之事,仍照旧制,具摺恭谢皇上天恩,毋庸向摄政王叩谢"。

9.钤章署名。"凡有谕旨,均请摄政王钤章,由军机大臣署名,然后遵奉施行。至摄政王如有面奉之懿旨,一并由工署衔钤章,军机大臣仍均署名"。

10.文牍款式。"凡臣工章奏,仍书皇上圣鉴字样"。

11.代临议院。"议院成立时,监国摄政王应代行莅会之礼。""资政院开院时,亦由监国摄政王代行莅院"。

12.外交。"凡与各国订约遣使,均由监国摄政王主持"。

13.舆服护卫。"监国摄政王于乾清门外升舆降舆"。其舆服、护卫、从官,比照多尔衮摄政时体制。

14.用度经费。"摄政王用度经费,每年由度支部拨银十五万两,交内务府支应"。

15.邸第。"拟请于中海迤西集灵圃地方,建监国摄政王府第。另于东华门内三所,为监国摄政王随时起居休息之所"。

16.复政。"俟皇上年长学成,届举行大婚典礼时,大小臣工集议,合词陈请皇上亲裁大政。"

以上各条,经内阁、部院各衙门会议具奏,并由监国摄政王呈请皇太后御览,最后以皇帝名义降谕:"应照所议办理,着各该衙门一体遵行。"

上述十六条,是慈禧十月二十二日懿旨的具体发挥。它一方面赋予监国摄政王裁定军国大政之权力;另一方面仍保留皇太后干政的权力。在这种情况下,如果载沣是一位像多尔衮那样精明强干、勇于进取之人,仍会排除干扰,有所作为。然而,他既没有多尔衮那样的雄心,又不具备掌理朝政的才能,遇事没有主意,优柔寡断。莅任后,每天到乾清宫听政,章奏亲自批阅,颇勤奋。召见臣工并赐坐,"与四军机同席议事,一切不敢自专",谨慎谦逊。但处理朝政,往往不得要领,"有人觐者,常坐对无言";有请示机宜者,"嗫嚅不能主断";有进言者,分不清是非曲直,或竟采纳,或"似颇许可,旋复茫然如无闻焉"。出使德国的李经迈,赴任前向监国摄政王请示,他既没有做出像样的指示,也不了解一下对方的打算,只说了三句与派遣使者这种重要事项不相关的话:"你哪天来的?""你哪天走?""好好,好好地干,下去吧!"东三省总督锡良、湖广总督瑞澂,"以疆事"同时入见,载沣只"寻常劳慰"。瑞澂欲有所陈,载沣说:"汝疾病尚未愈乎?"除了问病情如何外,别无他言。出使日本的大臣汪大燮,报告日本阴谋,情绪激昂,但载沣"默无语",并以时间提示汪大燮,"已十钟矣",麾之退。

宣统朝,大清帝国早已衰落,呈现一派暮日景象。载沣面临的问题,纷乱如麻,他一个也解决不了。

外患,各帝国主义继续在中国瓜分掠夺。东北三省,"久成日俄分据之势",近"大局益危""蔑视中国主权",视东北"若己国领土"。英、美、法、德等国亦不示弱,铁路、矿山、关税……均其掠夺对象。本国国力贫弱,受各国歧视,国外华侨受害,屡屡告急。清廷在帝国主义面前奴颜媚骨,一让再让。

各地人民反抗清朝统治的斗争,此伏彼起,载沣一味下令镇压,结果,越压反抗越甚。

政治腐败,朝廷内部派系林立,你争我夺;官员结党营私;自上而下,贪污受贿成风。不重公事重交结,下级对上级,揣摸意图,投其所好。载沣夫人瓜尔佳氏爱钻戒,竟出现在某大臣的情报函件上。举报官场此类恶风的奏折接连不断,不见朝廷的果断措施。御史胡思敬奏:两广总督袁树勋,在湘潭侵吞捐款"二三十万";任上海道,以官款放债,盘剥私利,岁获"七八十万";在五大臣出洋经费内买镑汇兑,吞没"数万";及升任山东,临行在善后快径提"十八万";初在广东,扬言禁赌、得赌商贿"三十万",因以全省盐务交赌商包办,事成许再酬"二百万"。御史饶芝祥奏:袁树勋设门丁,属僚晋见,"未纳门包"者,"逾日不面";犹任用私人,虚报业绩。两御史均要求查办。载沣派人查的结果是:"贪黩营私并无实迹",袁树勋已开缺,"从宽免议"。胡思敬并请载沣之兄载泽作证。载沣说:"既确有此事,则不必交查可矣。"意思可直接议处。但并不查办,袁仍署两广总督,逍遥法外。胡思敬又劾奏两江总督端方侵吞赈款、公行贿赂、营私、纵匪殃民、抗谕旨、枉法、欺蒙、冒案滥保、挟娼淫宴等十罪二十四款。载沣交两广总督张人骏查复。不久,调端方任直隶总督兼北洋大臣;张人骏为两江总督兼南洋大臣。安葬慈禧时,端方派人沿途照相;焚化冠服时,端方乘舆"横冲神路而过,又于风水墙内借行树为电杆"。由于冒犯了"老佛爷",才予革职。对端方被参之事,载沣代皇帝谕内阁说,其"尚无罔利行私实迹",所以两年后又重新起用。

载沣对手下官员贪劣行为容忍,也许有难言之苦衷。俗话说:正人先正己。他的夫人瓜尔佳氏不本分,经常介入政事,外界有"鬻爵纳贿"之说。六弟载洵,宣统元年(1909年)赴欧洲考察各国海军事务,回来"造筑西式楼一座,共需十余万金。"款从何来?自家不干净又怎能限制别人?

赌博、吸毒两大公害,流行于朝廷内外、城市乡村。三令五申,禁吸、禁种、禁运鸦片,禁止赌博,均不能止。陕西一地种烟约在五十三万亩,至宣统元年减种二十万亩,尚有三十三万亩。广东"无贫、无富、无老、无少,群陷溺于赌博之中,荡产倾家,强壮者散为贼盗,老弱者流为饿莩"。京师各衙门禁烟,虚报蒙混,"前后册报不符者,共有数百余员。"

财政更是一大难题。国库空空,生财无道,而河工、筑路、宪政、军需、救济华侨、地方拨款、赈灾……都向中央要钱。唯有举借外债,至宣统二年(1910)借外款"合之庚子赔款""已达十万万之数"。

……

载沣当政三年,内外交困,一筹莫展。

若说载沣心里没有自己的施政纲领,什么事也不力争,倒也不是事实。诸如:初期抓军权,用皇族,抵制行宪,镇压革命等等,他不但有目标有主意,而且相当顽固。

二

载沣上任伊始就注重军事。之所以如此,据其七弟载涛说,与他出使德国受到的影响有关。光绪二十七年(1901年),他以光绪帝兄弟身份,任专使赴德谢罪。德皇命胞弟亨利亲王专任招待,并陪同参观军队。载沣鉴于德国皇族之威势及近卫军之精良,特请教于亨利。亨利告诉他,德皇室制度,皇帝皇子等,无不自陆军学校毕业,以至入联队当兵,由低级军官以至将领,因而皇族军事力量强大。认为皇族应以揽握兵权、革新武备为第一要着。光绪三十一年(1905年),亨利衔德皇之命来华,将德皇照片及礼品赠送慈禧及光绪帝。载沣奉命招待,两人又谈论创建皇族武装问题。"从此,载沣即有模仿德国,实行掌握兵权之意。"但因慈禧太后总揽大权,光绪帝被囚禁,自己身为光绪兄弟,为避嫌疑,不敢提出建立皇族武装之意见。载沣监国后狠抓军事,除实现原有宿愿外,还有现实需要,即内为抑制袁世凯,外为镇压革命党,以巩固清王朝统治。

载沣整军经武,先着手创建皇族武装禁卫军。光绪三十四年(1908年)十二月初三下诏:禁卫军专归监国摄政王统辖调遣,命郡王衔贝勒载涛、贝勒毓朗和陆军部尚书铁良,为专司训练禁卫军大臣。后因铁良筹办海军,开去此职,续派载涛为训练大臣。规定所有练兵规划等奏请事件,均径行封奏密陈,硃批特准发下,始行录咨陆军部备案,与近畿六镇不同。宣统元年(1909年)正月,训练处开始办公。按编制,禁卫军分步、骑、炮、工、辎重,及警察队。翌年二月,载涛奉命出洋考察陆军,学习外国建军经验,并在德国延揽留德学生锦铨(改名张铨)回国任教练。至宣统三年(1911年)七月二十四日,成立禁卫军两协,监国摄政王亲往德胜门外黄寺教场校阅并亲授标旗。不久,武昌起义爆发,陆军编成三个军,禁卫军与一部分陆军编入第三军,由载涛督率,驻守近畿。

在创建禁卫军同时,清廷于宣统元年(1909 年),重提振兴海陆军之议,于是年正月二十九日,命肃亲王善耆、镇国公载泽、尚书铁良、提督萨镇冰等筹办海军基础。五月二十八日,任命郡王衔贝勒载洵、提督萨镇冰为筹办海军大臣。成立海军筹办事务处。度支部筹拨开办费七百万两。先将南北洋舰队归并统一,以程璧光为巡洋舰队统领,沈寿堃为长江舰队统领,辟象山为海军军港。同年八月,载洵、萨镇冰带随员等乘轮先赴欧洲各国考察海军,并选派廖景方、曾以鼎等往英国学习海军,又派马德骥、伍大名等赴英学习造船。载洵、萨镇冰等先后到意大利、奥国、德国、英国等考察海军。宣统二年(1910 年)七月,载洵与萨镇冰等又到美国、日本考察海军,十一月返国。十一月初三,清政府成立海军部,载洵任海军大臣,谭学衡为副大臣。在国外考察期间,向各国订造舰艇:鲸波、龙湍、同安、建康、豫章、江鲲、江犀、肇和、应瑞、飞鸿、永丰、永翔等。

光绪三十三年(1907 年)八月十六日,清政府决定全国陆军建新军三十六镇。宣统朝继续,并在军费上予以保证,下令不许挪用。但直到武昌起义前,全国只编成十四个镇,十八个混成协,四个标及前述禁卫军。总计新军共约十三万一千八百余人,其中北洋六镇兵力有七万四千五百余人。

载沣整军经武,竭力把军权集中于朝廷,由皇族掌握。开缺袁世凯,固然有戊戌年旧账;而削其军权更是不可忽视的因素。为了集中军权,采取了一些措施:

从前各省督抚均兼陆军部尚书、侍郎,对于新旧军队,在名义上都是直辖长官。载沣为把各省兵权收归中央,在中央进行了官制改革,将此项兼衔一律取消,各省督抚指挥调遣陆军,须先电达军谘府。

在中央,由他和他的亲兄弟、皇族其他成员担任最高和重要军事职务,掌军事大权。光绪三十四年(1908 年)十一月二十日制定的监国摄政王体制礼节"十六条"中,明文规定,摄政王代皇帝掌握军权,统率全国海陆军;凡宪法纲要属皇帝军事大权,皆归摄政王;京外旗绿各营、海陆各军,均归摄政王节制调遣。创办禁卫军时,明定禁卫军专归监国摄政王统辖调遣。宣统元年五月二十八日,据宪法大纲,下诏宣示:皇帝为大清帝国统率陆海军大元帅,监国摄政王代理大元帅一切权任事宜;设军谘处赞佐,通筹全国陆海各军事宜。凡关涉国防用兵一切命令、计划,由该处拟案奏请,由皇帝亲裁之后,饬下陆海军部遵办。贝勒毓朗管理军谘处事务,六弟载洵掌海军,七弟载涛掌禁卫军,并管理军谘处事务。宣统三年(1911 年)四月初十,军谘处改为军谘府,载涛、毓朗为军谘大臣。军谘府是秉承诏命,襄赞军谋的军事总参谋机构。其特定奏事章程为:奏事均面奏,或用奏片,不具正折;所奏之事,以军机、军令为限;军务报告,均由"督师大臣"会同"军谘大臣"奏报;奏事均不登报。张之洞曾以亲贵独揽军国大权"固争以为不可,监国不纳。"

除此之外,还任用一些留学生等懂现代军事的人物,力图代替袁世凯的北洋势力。如:以留德的廕昌为陆军部尚书;以留日士官生良弼为禁卫军第一协统领兼镶白旗都统,使之参与清廷改军制、练新军、建军校等事;以熟悉海军的萨镇冰为筹办海军大臣,授海军副都统,并赏海军正都统衔。还不断选派留学生出国学军事。

"整军经武"的愿望不无道理,但它没有能挽救清王朝的败亡命运。禁卫军的创建成绩较佳,但袁氏内阁成立后,皇族解除兵柄,摄政王退位,军权随之解除。宣统三年

(1911)十月十九日,将禁卫军两协单独编成一军,派袁世凯心腹冯国璋任总统官,载涛交代工作离任。新建陆军中,除了禁卫军外,北洋六镇是主力,其他新军仿北洋六镇之制,是六镇的扩大,故伴随新军的增编,袁世凯的势力不断发展。而且,未如数建成预计的三十六镇。海军尚未见成效,向各国订造的舰艇,民国初年才交货,均为北洋政府接收。建军的这些成果,在关键时刻被袁世凯窃取,成为胁迫清朝和革命党的资本。

宣统朝,载沣和他的兄弟、皇族其他成员,虽然掌握军事最高领导职务,但已经完全不具有他们祖先的军事本领,尤其是丧失了清朝上升时期那种骁勇善战的传统和艰苦创业的拼搏精神。武昌起义后,清军曾夺回汉口、汉阳。在御前会议讨论要不要一鼓作气攻下武昌时,多数人态度淡漠,载涛是总参谋长,隆裕问他:"载涛,你管陆军,知道我们的兵力怎么样?"载涛回答说:"奴才没有打过仗,不知道。"根本不像努尔哈赤后代的回答。不过,从历史发展的角度说,载沣等人的软弱无能,客观上对革命有利。

三

宣统朝统治集团内部的派系很多。胡思敬在《国闻备乘》中,将亲贵归结为八党:1.载洵总持海军,兼办陵工,与毓朗合为一党;2.载涛统军谘府,侵夺陆军部权,收用良弼等为一党;3.肃亲王好结纳勾通报馆,据民政部,领天下警政为一党;4.宣宗长曾孙溥伦,阴结议员为一党;5.隆裕以母后之尊,宠任太监张兰德为一党;6.载泽为隆裕妹夫,掌度支部,握财政全权,创设监理财政官盐务处为一党;7.监国福晋瓜尔佳氏,联络母族为一党;8.庆邸别树一帜。故政出多门,互相掣肘。上述皇族内部各派多权利之争,主要不是政见分歧。载沣无力统一或驾驭各派,多采取退让之策,只在万不得已时方与之争。

这之中,隆裕与众不同,她在宣统朝是"兼祧母后",尊为皇太后。依慈禧懿旨监国摄政王代掌国政时,遇有大事须请示皇太后。摄政王在她面前须称臣。隆裕的才智与其姑母慈禧不能相比,却总想仿效慈禧进行"听政""训政"。因摄政王监国之制与其想象不合,权力欲未能满足,即往往与载沣为难。其人既庸碌无识,又不甘寂寞,常无端干涉朝政。

隆裕无才,又要干政,必受制于人。众所周知,太监张兰德绰号小德张,是隆裕的心腹,经常为之出谋划策。

张兰德河北人,先后在慈禧、隆裕宫中当太监,由小太监一年年爬上大总管地位,属上层太监。人虽残缺不整,生活之豪华却不亚于帝王主子。又狗仗人势,媚上压下,有些朝廷官员对其亦有所求。光宣两朝,大总管每月公开列出名目的是饭银一百两。吃山珍海味,穿绸缎狐裘,由太监多人侍候,滥施淫威。张兰德作为隆裕的大总管,和隆裕吃一个灶,每餐和隆裕一样,菜四十品。役使太监二十七人,生活奢侈有余。在原籍静海县置地十余顷,在南苑置地数十顷。在天津英租界置楼房十二座,模仿故宫御花园养性斋的样式,在北京永康胡同建筑一所宏伟的大宅第。另外,在北京前门外鲜鱼口、北沟沿开设永庆、永存两个当铺,资金达十万多两;与人合伙在北京大栅栏开设祥益绸缎庄,资金总共二十万两,他占十四万两。还在天津开设粮店及其他大小买卖。"据当时的估计,他约有二千万元的财产。"他有四个老婆,过继的儿子也娶三房女人。

大太监掌握一般太监的升迁、调补和责罚的特权。小德张对普通太监非常狠毒,责打致残、致死,毫不在乎。为了逢迎主子欢心,挑选四五十名小太监学戏,这些小太监时常被打得皮青肉紫,直至腰断骨折。"首领太监一天到晚,除了在主子面前献殷勤,讨主子的欢心,是没有什么具体的事做的。闲下来的时候,戏弄哈叭狗儿,找下边人陪着他们玩骨牌、说笑话;再不,就是琢磨怎样同别人争宠,耍弄别人;计算买房子买地,开买卖赚钱;同当朝的文武大员怎样勾打连环,舞权弄势;或者无原由地责打手下人取乐。"

小德张利用其是隆裕的大太监地位之便,交结王公大臣,互相利用。他与张勋是换帖兄弟,和西北马福祥是把兄弟,和袁世凯更不一般。与袁的一位姓李的管家换了兰谱,李从事张袁间的联络,袁逼宫即利用这一线索。与袁的儿子是换谱兄弟。抱着"广交结,多受益"的宗旨,各省大员到京觐见,只要对他有表示就帮忙。回过头来,他又以见多识广,社会联系广泛而挟制隆裕。

隆裕对小德张言听计从。生活方面,隆裕也要听小德张摆布。他说:"太后应忌生冷",隆裕便不吃生冷;他说:"太后得多遛一遛",隆裕外出便不敢坐轿,有时累得满头大汗;他说:"太后宜少食",隆裕便不敢吃饱;他让太后多吃,隆裕不饿也勉强加餐。他说买什么,就买什么;说建什么,就建什么。"水晶宫殿"便是他怂恿隆裕修的,他从这项工程中发了一笔大财。

隆裕性本节俭。尊为太后之后,追求排场、豪华。宣统三年,听信小德张主意,命度支部拨巨款,在皇宫大内御花园东兴修水殿,"四围浚池,引玉泉山水环绕之,殿上窗棂承尘金铺,无不嵌以玻璃"。隆裕自题匾额曰"灵沼轩",俗称水晶宫,作为新的娱乐场所。时值"国服"期间,依清代制度,不得兴修宫殿;又正兴建海陆新军,用费颇巨,国库已不胜负担,"水晶宫"之建尤为不当。隆裕心无大局,载沣虽反对,不敢多言,只得听之任之。

宣统二年(1910)七月十三日,载沣委任协办大学士徐世昌、贝勒毓朗为军机大臣。隆裕迫令载沣撤此二人军机大臣职。载沣为人本极谦和,在太后面前更要让步几分,婉言请稍从缓,隆裕仍以言语相逼。载沣只得申明职责所系,"以太后不应干预用人行政之权为对",才得以维持原议。"其对载沣无理取闹,颇多类此。"

辛亥革命起,袁世凯重新出山,阴谋夺取最高统治权。利用小德张为内线,左右隆裕。袁氏主持内阁,以监国摄政王为障碍,欲去之。小德张引袁见太后,并备膳,"袁脱手万金"。"小德张大喜过望",以为事成"富贵何可限量",故劝太后采纳袁世凯意见,"撤监国而复训政"。隆裕以为只是把政权从载沣手中移到袁世凯手中而已,于是依袁世凯要求,撤了监国摄政王。载沣立即退回醇王府。

袁世凯逼隆裕宣布皇帝退位、拥护共和时,小德张随时观测隆裕动态,威胁利诱。说袁世凯如何忠心,各省独立,军饷无着,若不同意民军要求实行共和,太后性命难保;倘让位,则有优待,可安居宫闱长享尊荣富贵等等。隆裕根本不懂什么是共和,什么是君主立宪,只想保命、保优待条件。她亲手签署了宣统的退位诏书,让袁世凯组织临时政府,却等着袁世凯们向她请示工作。有人告诉她,不会有人奏报请旨了,她才知大势已去,不胜哀伤。由此可知,她连保留皇帝尊号是什么意思也不明白。而此时载沣谨言慎行,静候尘埃落地。

内有糊涂太后,外有狡诈的袁世凯,载沣很伤脑筋。从载沣上台一天起,就面对着一个对清朝构成严重威胁的袁世凯。在光绪末年,袁世凯身为军机大臣、外务部尚书,对戊戌出卖光绪帝的那段历史的严重后果有所考虑,曾想取得外国支持,巩固自己的地位。光绪病重,他也曾在嗣君问题上想过办法。慈禧临终安排皇位继承人时,没找他商量,而且有意避开他和庆亲王、军机大臣奕劻,密召另外两位军机大臣世续和张之洞入内,才得以议定立溥仪为嗣帝,载沣为监国摄政王。"袁世凯不预定策之功,自知失势,伪称足疾,两人扶掖入朝。"但袁世凯毕竟是有军事实力的人物。通过编练新军,他掌握了北洋六镇新军,这是他最重要的资本,也是他政治野心的基础和支柱。袁世凯不仅掌握军权,而且插手交通、商务、矿务、金融、外交等部门,并控制了直隶、山东、河南、苏北等地盘。在他经营的这些领域里,以他为中心,结合了一批文武官员,形成清末统治阶级中最强有力的派系——北洋集团。而且所据位置重要,近畿陆军将领及几省督抚,均为袁所提拔,或与袁勾结甚密。其动态对清廷影响非同寻常。袁是汉官,但在满洲贵族中有靠山。这个靠山便是庆亲王奕劻。

奕劻(1838—1917)乾隆帝第十七子永璘孙,属皇室远支,但光绪三十四年(1908 年)十一月,以亲王世袭罔替,成了清朝获得世袭罔替封号的少数亲王之一,为同治以来皇室远支所独有,享有特殊的恩宠。他在相当长的时间里负责对外事务,在同洋人议和中保全过慈禧,因而有"功"。光绪二十九年(1903 年)入值军机处,继荣禄后成为最有实权的领班军机大臣。三十三年(1907 年)兼管陆军部事务。此人昏庸无道.是有名的大贪官。袁世凯因得罪光绪帝,"乃结庆亲王奕劻为奥援,排斥异己,偏树私人,包藏祸心,觊觎非望",与其长子载振"结拜弟兄",并投其所好,"拿金钱喂饱"他,而他也就"完全听袁支配",实际朝政"皆袁世凯言之,奕劻行之"。此二人勾结,政权、军权在握,不可一世。朝廷内外以得罪庆邸、项城为惧,"如得罪二公,恐不可收拾"。

袁世凯的野心不断发展,在清廷"预备立宪"中,相当活跃和积极。他建议派王公大臣出国考察政治,并筹集款项予以资助。端方出国前,多次到天津与袁筹商;回国后,先与袁商量,决定促朝廷宣布立宪和设立责任内阁。"总之,袁则非立宪不可,曾言'官可不做,宪法不能不立'。"这当然不是袁世凯对西方立宪政治真正热心,而是想通过立宪夺取清廷大权。

即使慈禧不死,袁世凯亦已构成了对清朝统治的巨大威胁。早在他编练新军,扩编北洋六镇,掌握重要兵柄时,慈禧就注意到他,而于光绪三十三年(1907 年)用明升暗降办法,将其调中央任军机大臣,慈禧"心焉忌之""名为优礼,实为监视,同时即夺其兵"。慈禧立宣统帝,事先不让袁世凯与闻,与此也不无关系。载沣完全了解袁世凯的情况,"他感到,即使没有光绪帝往日仇恨,自己这个监国摄政亦必大权旁落,徒拥虚名。"

关于载沣摄政后谋划去袁的原因,另一些传说。如:说光绪临危时,拉着载沣的手,叫他杀袁世凯;又说光绪去世后,隆裕在他的砚台盒内i发现有光绪亲用朱笔写的"必杀袁世凯"手谕,即交给载沣处理。是否有其事,目前尚不能证实。连载涛也没听载沣讲过。

不论如何,载沣降谕罢免袁世凯势在必行。肃亲王善耆、镇国公载泽向载沣进言,促其早除祸患。载沣用蓝笔(大丧百日之内不动朱笔)写好谕旨,拟将袁世凯革职拿交法部治罪。但给奕劻看后，奕劻说："此事关系重大，请王爷再加审度。"他与张之洞商量，张之洞则说："主少国疑，不可轻于诛戮大臣。"因谕旨须军机大臣副署，既然军机大臣有异议，载沣只得另拟谕旨，最后改成："开缺回籍养疴。"于光绪三十四年（1908年）十二月十一日，以袁世凯"现患足疾，步履维艰，难胜职任"为名，谕令："着即开缺，回籍养疴，以示体恤之圣意。"

袁世凯虽去职，回河南彰德洹上村，戴笠垂钓，形似清闲，但仍伺机而动，并通过他的朝中党羽，暗中操纵朝政。为时不到三年，借辛亥革命后清廷危难之机卷土重来，逼皇室交权给他。故人们责怪载沣手软，"纵虎归山，养痈成患"。

袁世凯开缺，朝中的奕劻既不能轻易免职，又不堪信任。载沣根据其兄弟、孙儿们的建议，把奕劻亲信之军机大臣、陆军部尚书铁良开缺，派为江宁将军。然而，奕劻的能量仍很大，宣统元年任军机大臣的那桐、次年任军机大臣的徐世昌，均与奕劻沆瀣一气。奕劻与那桐都是大贪官，故有"庆那公司"之称。后奕劻出任皇族内阁总理大臣，徐、那为协理大臣，操用人行政大权。用他们手中的权力，继续安插袁世凯之人。所以，袁世凯、奕劻一派，始终是宣统朝内部的隐患。辛亥革命爆发后，他们乘机采取攻势，载沣就向他们投降了。

至于载沣的同曾祖大哥载泽、同胞兄弟载涛和载洵及乾隆后代孙儿辈毓朗等，在与袁世凯、奕劻一派的斗争中，因有共同利益，故一致维护清室权力，帮助载沣。载沣对他们也比较信任、忍让。载泽大哥有经验，经常给他出主意。他命大哥掌度支部、管财政，也比较放手。载泽与盛宣怀主持商办铁路干线国有，载沣支持。他的两位亲兄弟，依仗母亲——老醇亲王福晋之势，"肆意要求，监国不能制也"。"从中总机关尚在八姑奶奶"（载沣福晋瓜尔佳氏），"两介弟结好于八姑，而能使其乃兄之言听计从"。载洵要管海军，载涛要管军谘府，都如愿以偿，载沣亦视之为膀臂。

皇太极第十代后裔肃亲王善耆略有不同，宣统元年任民政部尚书，并与毓朗、载泽、载洵、载涛等主持建军，参与军民两政。他对奕劻的腐败固然不肯同流，与袁世凯不共戴天，对载涛一派也貌合神离，因而独树一帜，与立宪派、革命党联系较多，对立宪主张表示热心。载沣不愿立宪，恐立宪后由内阁对国会负责，架空皇帝。宣统三年（1911），各省谘议局代表孙洪伊等联合提请提前立宪，载沣震怒，各衙门大员对孙等避不敢见，而善耆却在民政部大堂迎见各代表，谈话中流露出他对立宪赞成之意。善耆并不赞成革命，但对革命党宽容，以缓和关系。汪精卫、黄复生图谋炸载沣被捕入狱，善耆为使之免死，得优遇和释放，均甚出力。同盟会员白逾桓与景定成所办《国风日报》，鼓吹革命，揭露清政府官吏丑恶，未被查封，因京师巡警厅属民政部管，不经善耆同意，不敢封闭报馆。载沣有察觉，虽令其参与建军，而不给予军权。宣统三年，又免其民政部大臣职。

还有一位恭亲王奕䜣的孙子溥伟，袭恭亲王爵，为溥字辈年长者，在内廷行走，人亦精明能干。庚子废大阿哥溥儁时，即有继统之望。光绪病重，溥伟跃跃欲试，以为自己最有希望继承皇位，在宫内一夜未出，等候立嗣消息。慈禧决定立三岁的溥仪，由载沣摄政。她知道溥伟有能力，故当载沣"叩头力辞"时，责骂之余，又提醒说：如果觉得力不胜任"溥伟最亲，可引以为助"。溥伟闻之很高兴。但遗诏中未写此事，溥伟为此大骂张之洞等军机大臣，要求修改遗诏。后又搅闹内务府工作。载沣有些恐慌，与奕劻入见隆裕。随后,以隆裕懿旨,严肃宫禁,除值班外,任何人不得在内住宿;又以宣统帝谕旨,令监国摄政王"代朕主持国政""自朕以下,均应恪遵遗命,一体服从,懿亲宗族,尤应懔守国法,矜式群僚。嗣后王公百官,倘有观望玩违及越礼犯分,变更典章,淆乱国是各情事,定即治以国法,断不能优容姑息"。这两道命令都是针对溥伟的。对溥伟,载沣不予重任,只派为禁烟大臣。

总之,载沣在派系斗争中,心中有数,但措施欠果断;内外有别,对皇族亲贵容忍多于限制,军政中枢机关尽力安插;去袁决心虽大,但办法和力量不足;对袁的同谋及内线奕劻,明知其拉帮结伙,图谋不轨,一直不敢触动,也无力解决,甚至御史奏报,不但不予鼓励,反而喝斥其不实,掩耳盗铃,姑息养奸。

第三章　清末宪政

一

清代以皇权为核心的封建专制主义政治制度,在宣统朝以前,军机处已成为定制,作为皇帝私人机构与内阁并存,权超内阁。

与此同时,鸦片战争后,随着中国社会性质的变化,并受社会矛盾尖锐化趋向的制约,清朝政治制度在发生变化。筹备立宪是其中重大者。筹备立宪始于光绪朝,大部活动与斗争出现在宣统朝。国会未召开,而成立资政院以为过渡;宪法未制定而继宪法大纲后又颁布了宪法重大信条;以皇族内阁取代了旧日军机处和内阁;地方制度沿袭前朝所设谘议局,并继续筹办地方自治。

载沣和皇族中其他掌权人,对筹备立宪本不欲为,又不能不为;一心抵制,又佯作热心。因此,每走一步,都不能不暴露出其虚伪性、欺骗性,从而引起更多、更激烈的反对与攻击。

鸦片战争以后,中国逐步沦为半殖民地半封建社会,清朝政治制度随之发生演变:设五口通商大臣,管理五口通商事务,实际也代表清政府办理卖国外交;后改置南洋大臣(驻上海)、北洋大臣(驻天津)。设立中央专门办理对外交涉的中枢机构:总理各国事务衙门,官制仿军机处,权势地位凌驾于六部之上,也似军机处;初设时奕䜣任总理衙门大臣。

晚清统治呈现空前严重危机,要改良者,要革命者,要造反者均群起而应。清政府除了镇压而外,不能不略施权宜之计。光绪二十四年(1898年),以慈禧为首的顽固派绞杀了维新运动之后,二十六年(1900年)又煞有介事地举办起"新政",成立专门机构督办政务处,以庆亲王奕劻、大学士李鸿章、荣禄、昆冈、王文韶,户部尚书鹿传霖为督办政务大臣,刘坤一、张之洞遥为参与大臣,主持新政工作。"新政"的主要内容可分三类:

第一类,为外事。根据帝国主义要求,于光绪二十七年(1901年),将总理各国事务衙门改为外务部。"班列六部之前。"奕劻为总理大臣。

第二类,为军警。为了巩固统治,镇压人民反抗和革命斗争,于光绪三十一年(1905年)成立巡警部,作为管理京师地方警察和全国警政的最高公安机构。

光绪二十九年(1903年)成立练兵处,为与编练新军相适应而新设立的总揽全国军政的机构。次年,任命奕劻为练兵总理大臣,袁世凯为练兵会办大臣,铁良为练兵襄办大臣。实权落入袁氏手中。

第三类,为财经文教。为发展实业,奖励工商,并适应帝国主义向华资本输出的形势,于光绪二十九年(1903年),将戊戌变法期间设立的矿务铁路总局合并而设立商部。载振任尚书。聘请张謇等有雄厚势力的实业界人士为顾问。

因科举停止,各省兴办学堂,须有总汇之区,以资统率,故光绪三十一年(1905年)设立学部。国子监事务,归并学部。荣庆为尚书。

为统一财政,解救财政危机,光绪三十年(1904年)成立财政处。奕劻主持其事。此类"新政",有的有一定进步性。

此外,光绪二十八年(1902年)裁撤詹事府、通政使司等机构。

总之,"新政",在不改变封建君主专制的政治制度的前提下,对机构、制度做些调整。调整的基本精神是适应帝国主义打开中国大门后,中国社会及中外关系所发生的变化,为加强清朝统治,而学习外国的某些措施。推行的"新政"对中国来说是新的,但它所反映的是中国半殖民地化;推行的结果,使封建清王朝的统治进一步买办化,并非真正意义上的革新。问题不能解决,因而在"新政"的一番鼓噪之后,又有预备立宪出笼。

光绪三十年(1904年),日俄战争爆发,次年以日本胜俄国败而告终。"论者以此为立宪专制二政体之战争。日胜俄败,俄国人民,群起而为立宪之要求,土番诸国,又闻风兴起。吾国之立宪论,乃亦勃发于此时。"资产阶级维新派、立宪派以之为要求立宪的根据。这时,民主革命思想蔓延,革命势力发展,相比之下,革命比立宪对清政府威胁更大。"清政府欲利用立宪说,以消弭其患,其采用君主立宪制之本意,尤以此为多。"光绪三十年,驻法使臣孙宝琦《上政务处书》,请政府"仿类德、日之制,定为立宪政体之国"。随之,清政府一些官员先后上书,均请更革政体。光绪三十一年(1905年)六月,直隶总督袁世凯奏请"简派亲贵,分赴各国,考察政治,以为改政张本"。

同年六月十四日、二十五日,清政府发布谕旨,派镇国公载泽、户部侍郎戴鸿慈、兵部侍郎徐世昌、湖南巡抚端方、商部右丞绍英五人,出洋考察各国政体。八月二十六日,此"出洋五大臣"在北京正阳门火车站启程时,遇革命党人吴樾所投炸弹,载泽、绍英受轻伤。"此为北京炸弹第一声。谈者变色,廷议始设巡警部,习侦察。说者谓吴樾一弹,未殒一人,乃造成新官一大部也。"因徐世昌要出任巡警部尚书,与绍英一同留下,改派山东布政使尚其亨、顺天府丞李盛铎与载泽等出国,仍五人,为"五大臣出洋"。自同年十一月十一日出京,分两路考察了日本、欧美诸国。光绪三十二年(1906年)六月三日回京。后辑成《列国政要》一百三十三卷,《欧美政治要义》十八卷,呈请朝廷实行君主立宪。谓立宪政体,"利于君,利于民,而独不便于庶官者也"。载泽在《奏请宣布立宪密折》中,力陈立宪之利最重要者三端:

> 一曰,皇位永固。立宪之国君主,神圣不可侵犯,故于行政不负责任,由大臣代负之;即偶有行政失宜,或议会与之反对,或经议院弹劾,不过政府各大臣辞职,别立一新政府而已。故相位旦夕可迁,君位万世不改,大利一。一曰,外患渐轻。今日外人之侮我,虽由我国势之弱,亦由我政体之殊,故谓为专制,谓为半开化而不以同等之国相待。一旦改行宪政,则鄙我者,转而敬我,将变其侵略之政策,为平和之邦交,大利二。一曰,内乱可弭。海滨洋界,会党纵横,甚者倡为革命之说,顾其所以煽惑人心者,则曰政体专务压制,官皆民贼,吏尽贪人,民为鱼肉,无以聊生,故从之者众。今改行宪政,则世界所称公平之正理,文明之极轨,彼虽欲造言,而无词可藉,欲倡乱,而人不肯从,无事缉捕搜拿,自然冰消瓦解,大利三。

之后,他又提出立宪不必立即实行,可以拖延:"今日宣布立宪,不过明示宗旨为立宪之预备,至于实行之期,原可宽立年限。日本于明治十四年,宣布宪政,二十二年始开国会,已然之效,可仿而行也。"这样,既可以立宪之名,维系人心,又不必操之过急。朝廷采纳,开廷臣会议,讨论立宪问题,虽意见颇分歧,但经过辩论,"诸王大臣之意见,大略相同。遂于次日面奏两宫,请行宪政"。光绪三十二年(1906年)七月十三日,清政府正式发布"预备立宪"之谕旨:"仿行宪政,大权统于朝廷,庶政公诸舆论,以立国家万年有道之基。"

总之,清廷"预备立宪"实出于不得已,因而一方面尽力从中寻找有利于巩固皇权的措施,以大权统于朝廷,庶政公诸舆论为预备立宪宗旨;一方面有意拖延,缓慢办理,相机行事。

载沣摄政后,本心对立宪抵触,面对社会上的强烈呼声,又不敢公然不为。光绪三十四年(1908年)十一月初十,即宣统登极的第二天,宣布预备立宪依原计划进行,原在本年八月初一宣布预备立宪以九年为期。宣统谕旨:"仍以宣统八年为限",颁布钦定宪法,召集国会。筹备工作亦在进行。但各省谘议局和人民代表,屡次要求速开国会,不被采纳。而各地反清革命斗争日益发展,新军起义,饥民抢米、抗捐、抗税、攻打衙署,革命党暗杀清朝官员直至摄政王,使清廷惊恐万状,除加强军备,血腥镇压外,于宣统二年(1910年)十月初三,颁诏宣布缩短筹备立宪年限,改于宣统五年召开国会。辛亥革命爆发,人民要推翻清政府的封建君主专制制度,清廷慌慌张张地于宣统三年(1911年)九月初九日,即武昌起义爆发后的二十天,下诏与军民维新更始,实行宪政。十五日谕资政院,迅速拟订议决议院法、选举法,办理选举,一俟议员选定,即行召集国会。深恐召集国会来不及,又于二十四日令各省督抚传谕士绅,每省公举代表三五人,到京开会商定国是。看来,清政府此时才觉悟到国家大事应和人民商量,但为时已晚。

终清王朝,宪政一直停留在筹备阶段。

二

清廷"预备立宪"开始后,进行了一系列活动,首位者是官制改革。"亟应先将官制分别议定,次第更张,并将各项法律详慎厘定,而又广兴教育,清理财务,整饬武备,普设巡警,使绅民明悉国政,以预备立宪基础。"在发布预备立宪谕旨的第二天,又发布改革官制上谕,命载泽、世续、那桐、荣庆、载振、奎俊、铁良、张百熙、戴鸿慈、葛宝华、徐世昌、陆润庠、寿耆、袁世凯共同编纂,着端方、张之洞、升允、锡良、周馥、岑春煊等督臣,选派司道大员至京,随同参议,又派奕劻、瞿鸿禨、孙家鼐,总司核定,经过一个多月编制、评议,拟出改革方案。

此方案大体仿君主立宪国官制拟定,似三权分立的君主立宪内阁制。内阁,设总理大臣一人,左右副大臣二人。各部尚书均为内阁政务大臣,参知政事。各部设尚书左右侍郎各一人(外务部仍设管部大臣一人)。共十一部:外务部、吏部、民政部、度支部、礼部、学部、陆军部、法部、农工商部、邮传部、理藩部;四院:资政院、大理院、都察院、审计院;一府:军谘府。奕劻等在改革中央官制奏折中说:"首分权以定限。立法、行政、司法三者,除立法当属议院,今日尚难实行,拟暂设资政院以为预备外,行政之事则专为内阁各部大臣。内阁有总理大臣,各部尚书,亦为内阁政务大臣,故分之为各部,合之皆为政府,而情无隔阂,入则参阁议,出则各治部务,而事可贯通。如是则中央集权之势成,而政军统一之效著。司法之权则专属之法部,以大理院任审判,而法部监督之,均与行政官相对峙,而不为所节制。此三权分立之梗概也。"此外有资政院以持公论,有都察院以任纠弹,有审计院以查滥费,亦皆独立不为内阁所节制,而转足监督阁臣。在这个方案中,对于设立立法机关一事尚未提上日程;行政权集中于内阁,机构有调整,对皇权略有分散而远不是削弱。即使如此,亦不被接受。慈禧阅改新官制,于九月二十日下厘订官制谕:"军机处为行政总汇,雍正年间本由内阁分设,取其近接内廷,每日入值承旨,办事较为密速,相承至今,尚无流弊,自毋庸复改。内阁军机处一切规制,着照旧行。其各部尚书均着充参预政务大臣,轮班值日,听候召对。"这道谕旨,改变了原方案的基本点,以旧军机处为行政总汇,取代内阁。军机处由四军机组成,为皇帝御用机关;君主立宪制内阁对国会负责,两者不能相通。"说者谓此次厘定官制,原以预备立宪,而立宪国之内阁,实为行政之总机关……其中央政府,即会合各部行政长官而成,名曰内阁,其制本甚善也。今仍设军机处,而罢设立内阁之议,得毋于预备立宪之道相背驰乎?"

得到批准的中央新官制,大部不变旧官制,如内阁、军机处、外务部、吏部、学部及宗人府、翰林院、钦天监、銮仪卫、内务府、太医院、各旗营侍卫处、步军统领衙门、顺天府、仓库衙门等。部分调整,如:巡警部改为民政部;户部改为度支部,财政处并入;兵部改为陆军部,练兵处、太仆寺并入;刑部改为法部;理藩院改为理藩部;大理寺改为大理院;都察院官职改为都御史一员,副都御史一员;商部工部归并立工商部;太常、光禄、鸿胪三寺并入礼部。部分新设,如:邮传部、资政院、审计院、海军部和军谘府(光绪三十三年设军谘处、海军处,隶陆军部。军谘府、海军部未设前,仍暂隶陆军部)等。基本上属于原制调整,只有新设资政院,作为谘询性机关,尚有新意。总之,仍然是大权统一于朝廷,朝廷听命于慈禧,这个实质性的制度没变。清政府大权向来由满洲贵族把持,满汉官员比例在中央机关大致持平,此次改革,名为"各部堂官均设尚书一员、侍郎二员,不分满汉",实则增加了满人比例,各部大臣、尚书十二人,满蒙七,汉五。改革的宗旨很明显是加强中央集权,如当时评论所说:"近来满人的宗旨,都注意中央集权,所以改革中央官制,设一个陆军部,想夺各省的兵权;设一个度支部,要夺各省的财权;又设一个邮传部,想握全国的交通机关;另外又设一个农工商部,想骗商人的财产,又想握各省的实业权。"

中央官制改革中,废除了清初的三法司制度(都察院、大理寺、刑部共同处理刑事案件),实行四级三审制。四级:初级审判厅、地方审判厅、高等审判厅、大理院;三审:一般案件由初级审判厅审判,地方审判厅二审,高等审判终审;徒、流、死刑案件由地方审判厅初审,高等审判厅二审,大理院终审。并设总检察厅和各级检察厅。构成一套完整的司法系统。

地方官制改革,自光绪三十二年(1906年)四月,裁撤各省学政改设提学使司开始。谕旨:"现在停止科举,专办学堂,所有学政事宜,自应设法变通,着即照所请,各省设提学使一员,统辖全省学务,归督抚节制……所有各省学政,一律裁撤。"无学政者,如:吉林、黑龙江、江苏、新疆各省,增设提学使。提学使"掌教育行政,稽核学校规程,征考艺文师范。"

依光绪三十三年(1907年)五月二十七日谕旨,各省按察使改为提法使,增设巡警、劝业两道,裁撤分巡、分守各道,分设审判厅,增易佐治员。并规定东三省先行开办,直隶、江苏择地试办。限十五年一律通行。

改按察使司为提法使司,解兼管驿传事务,专管地方之司法行政,监督各级审判。东三省设立提法使后,至宣统二年(1910年),各省按察使均改为提法使。

光绪三十三年(1907年),在奉天、吉林两省设交涉使司,附设交涉公署,负责办理公众交涉事务。至宣统二年(1910年),先后在奉天、吉林、直隶、江苏、浙江、福建、湖北、广东、云南各省设立。

巡警道始设于光绪三十四年(1908年)三月,专管全省巡警、消防、户籍、营缮、卫生事务。此前,各省分别设有警政机构,此后,统一由巡警道管理。至宣统二年全国只东三省、江苏、甘肃、福建六省未设。

劝业道亦始设于光绪三十四年(1908年),负责振兴实业,专管全省农工商业及各项交通事务。至宣统二年,除黑龙江、江苏、山西、甘肃、福建五省外,其余各省都陆续成立。

此外,光绪三十三年(1907年)各省始设督练公所。

地方官制改革,东三省先行。地方一省或数省最高军政民政机关为总督衙门,地方一省最高行政机关为巡抚衙门。东三省自光绪三十三年(1907年),始改盛京将军为东三省总督,以徐世昌任总督兼管东三省将军事务,并授钦差大臣。奉天、吉林、黑龙江三省各设巡抚,以唐绍仪、朱家宝、段芝贵分任巡抚。除与各省同例增设之各司、道外,并设有民政使司及度支使司(光绪三十三年设),分别掌管民籍事务和财政。此外,奉天还有旗务使司,宣统元年裁;吉林设各级审判厅、检察厅。

据奕劻等奏,厘定直省官制,注重两端:一是"分设审判各厅以为司法独立之基础"。中央法部、大理院,"既经分设,外省审判之事,自应由此划分权限,别立专司,俾内外均归一律。此各省审判各厅不能不按级分立者也"。认为司法不独立,州县行政官员兼司审判,"不免凭恃以为威福""为外人藉口";若不相混"自能整饬纪纲,由此而收回治外法权"。二是"增易佐治员,以为地方自治之基础"。为协助州县各官治理地方,名直隶州、厅及各州县酌设佐治各官,分掌警务、视学、劝业、典狱、主计等。并分期设府州厅县议事会、董事会。其本意似乎是仿学西方政体,力求改进。但实施结果,只能见到一些机构的调整、增减,实质性的作用不大。

三

官制改革方案中,有资政院之设。光绪三十三年(1907年)八月十三日,发布谕旨:"立宪政体取决公论,上下议院实为行政之本。中国上下议院一时未能成立,亟宜设资政院以立议院基础,著派溥伦、孙家鼐充该院总裁",主持筹备工作。

资政院正式成立于宣统二年(1910年)九月一日。它不是国会,是国会成立前的过渡性机构。总纲中规定:资政院钦遵谕旨,以取决公论,预立上下议院基础为宗旨。其独立性很小。资政院议员钦选者除名须请旨办理;开会、闭会、停会、解散,由特旨谕令决定;资政院开会时,请皇帝或特派亲贵大臣代行开会礼,宣布本期应议事件。资政院议决事件五款:1.国家预算;2.国家决算;3.税法及公债;4.制定、修改法典(宪法不在此限);5.其余奉特旨交议事件。第一至第四款,由军机大臣或各部行政大臣先行拟定,奏请皇帝交资政院议决。但第三款和第四款之修改法典事件,资政院亦可自行草具议案。资政院议决事项,奏请皇帝裁夺。资政院议决事项,军机大臣或各部行政大臣如有异议,得送资政院复议,资政院仍执前议,送皇帝圣裁。资政院对各衙门行政事件及内阁会议政务处议决事件,如有疑问,得咨请答复,但机密者可不答复。军机大臣或各部行政大臣如有侵夺资政院权限,或违背法律等事,据实陈奏,请旨裁夺。据此,资政院议决事项仅供谘询,一切听命于皇帝裁决;不具有国会的权限。

资政院设总裁二人,总理全院事务,由王公大臣中特旨简充;副总裁二人,由三品以上大员中特旨简充。后改为总裁、副总裁各一人,由世续、李家驹分任正副总裁。议员由钦选、互选两种方法确定。钦选者为:宗室王公世爵;满汉世爵;外藩王公世爵;宗室觉罗;各部院衙门四品以下七品以上者,但审判官、检察官及巡警官不在其列;硕学通儒;纳税多额者。互选者为:各省谘议局议员互选之后由该省督抚复选,咨送资政院。前者一百人,后者一百人。实际超过此数,前者为:皇帝委派王公世爵十人,宗室五人,中央各部院官员一百人,业主资产一万元以上者十人,共一百二十四人;后者,各省谘议局议员互选由督抚复核咨送的约一百六十至一百七十人,总计约三百人。依章,资政院可收受人民陈请,但须组织审查无违例不敬之语者;收受后或作为议案,或咨送各该衙门办理。但资政院不能发告示或传唤人民,不得受理民刑诉讼事件。从议员成分、产生方法及和人民陈请关系,有微弱的"民意"因素,远谈不上是人民代表机关。倒是清政府的一项漂亮的点缀。

地方设立与中央资政院同一性质的机构,为谘议局。光绪三十三年九月十三日发布《着各省速设谘议局谕》。次年六月二十四日宪政编查馆拟定了《各省谘议局章程》,同日清政府谕令各督抚限一年内办齐。宣统元年九月一日,为各省谘议局成立之期。除新疆外,其他二十一省均成立了谘议局。

清廷设谘议局是把它作为"地方自治与中央集权之枢纽,必使下足以哀集一省之舆论,而上仍无妨于国家统一之大权"。谘议局与资政院均"为议院之基础"。

据此,谘议局"为各省采取舆论之地,以指陈通省利病,筹计地方治安为宗旨"。"并为资政院储材之阶。"依《各省谘议局章程》规定,其应办事件:(1)议决本省应兴应革事件;(2)议决本省岁出入预算事件;(3)议决本省岁出入决算事件;(4)议决本省税法及公债事件;(5)议决本省担任义务之增加事件;(6)议决本省单行章程规则之增删修改事件;(7)议决本省权利之存废事件;(8)选举资政院议员事件;(9)申复资政院谘询事件;(10)申复督抚谘询事件;(11)公断私解本省自治会之争议事件;(12)收受本省自治会或人民陈请建议事件。

谘议局议定事件,由督抚公布施行;督抚有异议可交复议;督抚提议事件,谘议局如果不同意,可议请更正;督抚与谘议局的分歧不能解决,督抚咨送资政院。谘议局对本省行政事件及会议厅议决事件有疑问,可请督抚批答,除机密者外,应予批答。督抚侵夺谘议局权限或违法,谘议局则呈请资政院核办。

谘议局会议由督抚召集,督抚有监督谘议局选举及会议之权,并于谘议局之议案有裁夺施行之权,有令其停会、解散、重行选举之权。

由上可见,各省谘议局议事虽多,但不具有省议会的权力,对督抚的制约,基本上属于形式上的;谘议局反而受督抚的监督和左右。但从条文上看,谘议局和督抚之间有一些对等的互相制约的规定,类似资政院和国务大臣的关系,而资政院议决事项要由至高无上的皇帝裁决,督抚尚不能有皇帝这种最后决定权,如此,谘议局比资政院的独立性似乎大一些。实际上,谘议局和资政院一样,只是一种在官方划定的圈圈里讲话的场所。"凡议员于谘议局议事范围内所发言论,不受局外之诘责。"但"凡议员屡违局章,或语言行止谬妄者,停止到会,其情节重者除名"。会内的言论自由极为有限,只是在封建君主专制国中尚属难得而已。

谘议局议员名额由章程规定,各省不等。多者一百四十名,少者三十名,总数一千六百七十七名。另旗制未改前,京旗得于顺直议员定额外,暂设专额十名,各省驻防者得于该省议员定额外,每省暂设专额一名至三名,东三省不另设。选举采取限制选举和复选办法进行。限制选举,即依财产或资望、学识、名位等,获得选举权。凡属本省籍贯之男子,年满二十五岁以上,具有下列资格之一者,有选举谘议局议员之权:(1)曾在本省办教育及其他公益事业,满三年以上著有成绩者;(2)曾在本国或外国中学及其以上学校毕业,或同等学历,有文凭者;(3)有举贡生员以上之出身者;(4)曾任文官七品、武官五品以上未被参革者;(5)在本省有五千元以上营业资本或不动产者。本省籍贯或居本省十年以上之男子,年满三十岁以上,有被选举权。品行不良、曾被处监禁以上刑、营业不正、失财产上之信用被人控实尚未清结、吸食鸦片、有精神病、身家不清白、不识文义者,不得有选举权与被选举权。本省官吏或幕友、常备军人及征调期间之续备后备军人、巡警官吏、僧道及其他宗教师、学生等停止选举权与被选举权,现任小学教师停止被选举权。

谘议局设议长一人,副议长二人,常驻议员若干人,均由议员中互选。

选举资格的限制,使广大劳动人民不能取得选举权。这次选举中,选民仅占全国人口的0.42%。除妇女完全被剥夺选举权外,还有大约47.5%的成年男子亦被"摒弃于政治生活之外",日本明治维新第一次议会选举,选民比例是少的,也还占全国总人口1.1%。但谘议局和资政院不同,议员全是选举而无钦选的。议长是互选而不是钦定的。

总之,资政院和谘议局,仿效了资本主义国家议会的一些形式、组织方法、法规制度。但实质上它们不具有议会的权力、地位和作用。它以基本不改变封建君主专制制度为前提,以不分取皇帝、大臣、督抚大权为原则,是为了疏导日趋激烈的民愤,为了给外国看,为了给中国的立宪派、革命派看,而做的一种装潢。基本上仍是清朝皇帝和督抚操纵指挥之下的工具:

首先,它是旧政权一手操纵下设立的,皇帝、大臣、督抚等掌握它们的成立、组织之权。

其次，它在朝廷和督抚监督下运行，会议议什么，不能议什么；议员说什么，不能说什么等等，事先都划好了范围。尤其不能轻蔑朝廷，不能越权，违者要受到制裁。

第三，任何议案通过后，施行不施行，在中央，皇帝大臣说了算，在地方，督抚说了算。朝廷对资政院、谘议局的建议，认为于己有利者采纳，不利者拒绝。如：关于提前召开国会一事，宣统二年九月，各省要求缩短"预备立宪"年限，提前召开国会，实现责任内阁；资政院亦上奏申请。清政府回答："设立责任内阁事宜，朝廷自有权衡，非该院总裁等所得擅预"。宣统三年九月十五日，资政院总裁李家驹等，奏请速开国会。时革命起事，清廷以为召开国会是一个挡箭牌，当日谕资政院迅速拟订议院法、选举法，以便选定议员，召集国会。又如：直隶省谘议局议员请都察院代奏：皇族内阁与君主立宪公例不合。皇帝降谕旨予以驳回：黜陟百司，系君上大权，议员不得干涉。武昌起义后，为了收买人心，又接受了这种"干涉"，取消皇族内阁。其他如：宣统二年湖南省谘议局议长谭延闿等，请军机处代奏湘抚岑春煊问题，皇帝降谕申饬，以为处分官绅，乃朝廷大权，谘议局不能借端干预。类此颇多。

第四，资政院、谘议局的去留取决于清王朝是否需要，清政府有权设，也有权撤。

不能否认，资政院与谘议局的出现，在中国历史上还是前所未有的新事，是人民反对清朝封建君主专制斗争的一个结果。它们"在专制体制的死水中掀起了民主的微澜"，在客观上起了揭露清政府腐朽无能和启发人民民主意识的作用。

四

地方自治是"预备立宪"的组织部分。五大臣出洋考察归国后，在奏折中说："考各国之强，莫不原于地方自治，夫设官本以为民，而有时官为代谋，转不若民之自谋为得者，是以必区官治、自治，相辅而行，然后治化日进。"奏请"取各国地方自治制度"，地方实行三级制，省为第一级，州县为第二级，乡市为第三级。第一级为官治，第二级为官治自治参半，第三级乡为完全自治，市略参官治之性质。并请以直隶为模型。

光绪三十二年（1906 年）九月二十日谕各省"筹议预备地方自治。此后预备地方自治工作陆续开始。

清末试办自治，最早是戊戌变法时的湖南。这里是维新派人物集中地，事多由他们划策。自光绪二十四年至三十四年，全国各地，大多由绅商或地方官吏倡导推动，自立章程，自由发展，地区色彩浓，地区差异大。此间设自治局筹划者共十四处，立会研究者粗计不下五六十处，名称有自治会、自治研究会、自治期成会、公益会（社）、公约会、乡约等。筹备目标是成立议事会。结果，上海、天津经选举成立议事会、董事会。江苏、直隶、广东、江西、广西的个别或少数县亦有议员选举或议事会成立。

正式发谕旨筹备地方自治后，奉天、直隶两省先行试办。在天津设自治局筹办，经选举，于光绪三十三年（1907 年）七月初十日，成立天津县议事会，由议事会组建董事会。光绪三十三年八月二十三日，谕民政部妥拟地方自治章程，请旨饬下各省督抚，择地依次试办。接着两江在江宁诸城设筹办地方自治总局，在上元、江宁试办，经选举，议事会与董事会相继成立，町村置长。

光绪三十四年(1908年)十二月二十七日,制定出《城镇乡地方自治章程》,开始正式筹办城镇乡地方自治。清廷认为地方自治"乃辅官治之所不及,仍统于官治之内,并非离官治而独立之词"。其对地方自治定性为:"自治之事渊源于国权,国权所许,而自治之基乃立";地方自治与官治相倚相成,"地方自治既所以辅官治之不及,则凡属官治之事,自不在自治范围之中";自治既然渊源于国权,"即应受监督于官府"。因此,《城镇乡地方自治章程》规定:"地方自治专办地方公益事宜,辅佐官治为主。按照定章,由地方公选合格绅民,受地方官监督办理。"自治范围为本城镇乡国家行政以外的下列事宜:(1)教育;(2)卫生;(3)道路工程;(4)农工商务;(5)救济及古迹保存,其他善举;(6)公共营业;(7)办理本范围事宜所需款项筹集;(8)其他向归绅董办理各事。

其自治机构,城镇设议事会、董事会,乡设议事会(或乡民会)、乡董。城镇人口过十万、区域过广者,可划若干区,设各区区董。乡户口过少者,合并办理。议事会、董事会、乡董办事之所为自治公所。乡选民会议员由本乡选民全体充任,选民互选议长、副议长。城镇乡议事会议员,由本城镇乡选民互选任之,议员互选议长、副议长。选举采取限制选举制,选民资格:(1)本国国籍;(2)男子年满二十五岁;(3)居本城镇乡接续至三年以上;(4)年纳正税或本地公益捐二元以上。素行公正,众望允孚者,虽不具备三、四两条,亦得为选民。纳税特多者,虽不具二、三条,亦得为选民。董事会设总董一人,董事一至三人,名誉董事四至十二人。总董由议事会选出正陪各一名,由该管地方官申请督抚遴选任用之。董事由议事会选举,呈请该管地方官核准任用之。名誉董事由议事会选任之。董事会职员不得兼任该议事会议员。乡设乡董一,乡佐一,由乡议事会选举,呈该管地方官核准任用,其不得兼乡议员。议会议决事件,呈报该管地方官查核后,移交董事会或乡董执行;董事会、乡董执行议事会议决各事和地方官示谕委办之事、法规定所各事。董事会、乡董与议事会分歧相持不下时,交府厅州县议事会公断,不服,呈由地方官核断,再不服,由地方官申请督抚交谘议局公断。

城镇乡自治机关受各该管地方官监督,向地方官报告工作成绩、财务预决算,上报督抚,由督抚汇咨民政部。地方官有申请督抚解散议事会、董事会及撤销自治职员之权,解散后定期重新组建。

宣统元年(1909年)正月二十七日谕:于本年各省均应举行谘议局选举及筹办各州县地方自治,设立自治研究所。三月十六日,制定《自治研究所章程》,限年内各省省城成立自治研究所,为"造就自治职员而设"。十二月二十七日,颁行《府厅州县地方自治章程》。府厅州县地方自治与城镇乡地方自治内容相仿之处居多,性质亦官治之辅助。将董事会改为参事会,以府厅州县长官为会长,示与下级之董事会名称有别。此后,清廷要求各地筹办府厅州县地方自治,续办城镇乡地方自治。

地方自治筹办情况,虽然缓慢,但也算得上在进行。尤其是形式上的活动,各地程度不同、进程不一地开展着。如:山东于光绪三十四年(1908年)冬拟定自治研究所章程,一百零七州县,每处选派二人到省入所研究,宣统元年(1909年)二月初一开课。自治研究所为地方自治培训人员,属于预备工作。广西于光绪三十四年三月设立全省自治局,以为筹办总汇之区。四月,局内设自治研究所。宣统元年二月,接到城镇乡地方自治章程,在临桂试办,拟年内粗具规模。湖南省于宣统元年先在省城设立自治研究所,三月十五日上课。甘肃则于宣统二年(1910年)春设自治筹办处,随后设自治研究所。

筹办地方自治步骤,是先城镇乡,再厅州县。如果以办成为标准,据官方报告:"直隶创办最早,天津于光绪三十二年已设有自治局,各州县陆续开办,实具有厅州县自治规模"。江苏开通最先,办理极迅速,到宣统二年十一月,计四府一州城议事会、董事会"均已一律成立"。四川实办成绩亦很突出。宣统二年十月二十九日,宪政编查大臣奕劻等奏称:现查各省办理成绩,以四川为最,该省于本年夏间即将成都、华阳两县城议事会、董事会成立,并遵旨将成都驻防加入办理。其江北厅、简州、彭县等三十余厅、州、县城会,及繁盛各镇会,均一律依限告成。至原属中等及偏僻州、县、乡镇,均已提前办竣。综合计算,该省城镇乡等会成立者,多至七十余处,复将指定中等城六十余处,并各镇会统限年内次第组织,缕晰条分,其办理颇著成效。次为江西、湖北、陕西三省,广西又次之。江西城议事、董事会禀报成立者有七十余厅州县,繁盛的吴城等四镇,亦经该省电催赶办,约八月内可以观成。湖北如汉阳、天门等十数州县,已将城议事董事会并报成立。其议事会成立,董事会正在筹备选举者,则有江夏、兴国等厅州县。陕西繁盛城区,议董各会,如临潼、咸阳等二十余州县,已于宣统二年三月间一律成立,中等城区应立各会,亦于同年六月间成立至三十余处。广西议董各会成立者,亦得十有余处。此外,城议事、董事会业经成立者,如黑龙江之巴彦等处,直隶之天津、清苑,福建之闽县、侯官,甘肃之皋兰、武威等处,或创办较早,或藉资表率,均属办理无误。奉天则报称城镇乡自治会成立者,合计五十余处。河南自治会依限举办者,计十二城一镇,提前成立者计十城,乡自治已报成立者,计二十余乡。以上,实际建立组织者,主要是城镇乡;府厅州县还没见有办理完竣者。

据宣统二年十二月十七日修改的计划,地方自治应于宣统四年完成,五年开设议院。

地方自治进程不算太慢。关键问题是它徒有自治之名,而无自治之实,由官方办理并作为官治的辅佐,不是地方民主政治。而且,地方豪绅借机欺压人民,小民受苦更甚。御史萧丙炎于宣统三年(1911年)闰六月初七奏,各省办理地方自治流弊滋大,拟请严加整顿折称:乃臣闻各省办理地方自治,督抚委其责于州县,州县复委其责于乡绅,乡绅中"公正廉明之士,往往视为畏途",而"劣监刁生",贿选者居多。这类人不识自治原理,假借公威鱼肉乡民,巧立名目为侵蚀肥已之谋,"甚者勾通衙役胥差,交结地方官长,藉端牟利,朋比为奸……"办自治中就地筹款,豪绅以合法名义"藉端抑勒,挟私自肥"。自治尚未办成,百姓已不胜负担,"则怨渎丛生",以致"酿成事变。"

<h1 style="text-align:center">五</h1>

谘议局成立后,由江苏谘议局议长张謇等人带头发动了一个规模相当大的国会请领运动。首由江苏谘议局大会通过联合各省请愿速开国会及组织责任内阁议案,之后派人到各省联络,约定各省谘议局闭会后,派代表赴上海开会,商讨办法。各省响应,先

后到上海者：直隶、奉天、吉林、黑龙江、山西、山东、河南、湖北、湖南、江西、安徽、浙江、福建、广东、广西及江苏十六省代表，会议结果决定北上京师请愿。张謇设宴送行，并上摄政王书，请定以宣统三年召集国会，此前开临时国会，以为大政咨询；同时请设责任内阁，以分监国之忧劳。各省代表于宣统元年（1909 年）十二月，初在京由直隶代表孙洪伊领衔上书，请于一年内速开国会。清政府不准，仍坚持九年预备，再开国会。国会请愿代表团不肯示弱，于宣统二年（1910 年）五月十日，发动了第二次请愿。除各省谘议局代表外，商会、教育会、华侨及直隶绅民旗籍代表也加入请愿行列。清政府仍不允，并谕"勿得再行渎请"。国会请愿代表团决不后退，决定第三次请愿。并建议：1. 国会不开，各省谘议局不承认新租税，并限制各该省民选资政院议员，均不得承认新租税；2. 各省谘议局今年常会，应只限要求速开国会一议案，如达不到目的，各局同时解散。第三次请愿是向资政院上书。资政院于宣统二年九月一日成立。国会请愿代表团仍由孙洪伊领衔，上书资政院，请议决代奏：于宣统三年内召集国会。资政院予以支持，二十日讨论，一致通过奏请速开国会决议，专折具奏。

国会请愿代表团又上书摄政王、政务处王大臣，并谒庆王、肃王、朗贝勒、泽公及军机大臣那桐、徐世昌等，力陈速开国会的理由，取得王公枢臣同情。请愿活动也影响着各省督抚。云南总督李经羲，吉林巡抚陈绍常，黑龙江巡抚周树模，直隶总督陈夔龙，两江总督张人骏，安徽巡抚朱家宝，山东巡抚孙宝琦，山西巡抚丁宝铨，湖南巡抚杨文鼎，广西巡抚张鸣岐，两广总督袁树勋等，纷纷通电，一致主张从速设立内阁，召开国会。各省督抚将军十八人，于九月二十三日，联名致电军机处，请为代奏，谓："内阁国会为宪政根本"，恳请"立即组织内阁"，并"明诏定以明年开设国会"。谘议局诉愿，尤其资政院和督抚请愿、奏请，对清政府形成巨大压力，乃于十月二日，内阁会议政务处王大臣会议，讨论召集国会组织责任内阁一案。十月三日谕缩短筹备立宪时间，改于宣统五年开设议院，之前厘订官制，组织内阁，编订宪法、议院法、议员选举法等。并令各省请愿代表团解散归里。此后各地仍有小规模请愿、学生停课游行，要求早开国会事件发生，清政府严谕禁止。

宣统三年（1911 年）四月十日颁布内阁官制及暂行章程十四条，并发表新内阁人事命令，谕令废止旧内阁、军机处及会议政务处。

内阁成员：

总理大臣　奕劻　协理大臣　那桐　徐世昌

外务大臣　梁敦彦　民政大臣　善耆

度支大臣　载泽　学务大臣　唐景崇

陆军大臣　荫昌　海军大臣　载洵

司法大臣　绍昌　农工商大臣　溥伦

邮传大臣　盛宣怀　理藩大臣　寿耆

依《内阁官制》及《内阁办事暂行章程》设立"内阁"。内阁由国务大臣组成，总理大臣、协理大臣、各部大臣均为国务大臣。国务大臣"辅弼皇帝，担任责任"，内阁总理大臣为国务大臣之领袖，"秉承宸谟，定政治之方针，保持行政之统一"。内阁会议由内阁总理大臣为议长。内阁会议应议事件：(1)法律、勅令及官制；(2)预算、决算及预算外支出；(3)条约及重要对外交涉；(4)奏任以上官员进退；(5)各部权限争议，(6)特旨发交及议院移送之人民陈请事件；(7)各部重要行政事件及其他应经阁议事件。皇帝颁布法律、敕令及有关国务的谕旨，须经总理大臣、协理大臣会同有关部务大臣副署，涉及所有各部之事项，由全体阁员副署。

内阁之外，作为与内阁并设的机构，增设弼德院，"该院权限与内阁相为维系，所关重要，必须同时并设，用备顾问"。顾问方式比较特别：奏事均由面奏或奏片，不具正折；所奏事情，以特旨谘询为限；所奏之事不登官报。弼德院设正副院长各一人、顾问大臣三十二人，这些人"参予机密，朝夕论思，并审议洪疑大政"，具有皇帝贴心机密参谋机构性质。

礼部改为典礼院，负责清朝典礼事项，由掌院大学士、副掌院学士、学士、直学士组成。

为统一盐政管理，增加收入，宣统三年八月盐政处改为盐政院，设盐政大臣一员，由国务大臣兼，管理全国盐政，统辖盐务各官。十一月十九日将盐务行政事宜归并度支部，盐政院裁撤。

军谘处于宣统元年五月，从陆军部分出，特派大臣管理。宣统三年四月设责任内阁时，改为军谘府。已如前述，这是一个皇帝亲信的总参谋部。

另法制院，为内阁所属机构，掌法规编纂。

新内阁设立后，机构有较大变动，制度亦有不少变动，过去的诸多"召见""请旨""上奏"等政府官员、衙门和皇帝之间上传下达事项，均集中于内阁，显得内阁权势很重。这固然有分皇权的趋势，但内阁与皇权并不对立。在人员组成方面，十三个国务大臣中，满族九人、汉族四人。满族中，皇族占其六。因而被称为"皇族内阁"或"亲贵内阁"。在体制上，内阁对皇帝负责，而非对国会负责。"恭绎钦定宪法大纲，统治之权属诸君上，则内阁官制自以参仿日、德两国为合宜。"与日本的各大臣"对于君主负责任"，与德国的宰相"对于其君负责任"的制度"相类"，而"与英法之注重议院者不同"。它与历代置宰相用意无殊，又有资政院之摆设，弼德院之赞襄，"互相维系，法理精严，加以兵柄别有专司，法权又归独立，更无从威福自擅""各部之长皆为同体，皆如宰相，地位比肩，熟甘附和"。它与原军机处、军机大臣实质并无太大区别，仍然是服务于皇帝行使权力的工具而已。

显然，"皇族内阁"，不是资政院、谘议局和各界要求的责任内阁，舆论一致谴责"皇族内阁"，要求解散另组完全内阁。清政府置之不顾，并下令批驳。辛亥革命后，不得已于宣统三年九月九日，宣统帝下罪已诏，同时下诏取消"皇族内阁"，撤销内阁办事暂行章程，组织"完全内阁"。

九月十一日，"皇族内阁"奕劻、那桐、徐世昌奏请罢斥，另行组织完全内阁。同日，载泽、载洵、溥伦、善耆奏请去职，另简贤能，以符宪政。同日，批准"皇族内阁"辞职，授袁世凯为内阁总理大臣，令来京组阁。然后，把奕劻等安插到弼德院，奕劻任院长，那桐、徐世昌任顾问大臣。

九月二十六日,任命袁世凯推举的国务大臣。皇族内阁结束。

八

在官制改革之后,光绪三十四年(1908年)八月初一,核准颁布宪政编查馆与资政院(筹备组织)拟订的宪法大纲,作为将来编制宪法的准则。

宪法大纲标榜"谨按君主立宪政体"制宪,又规定"君上有统治国家之大权,凡立法、行政、司法,皆为总揽,而以议院协赞立法,以政府辅弼行政,以法院遵律司法"。这种乾纲独断、三权归一的体制,并不是立宪政府,仍是封建君主独裁专制政府。大纲上没有主权属于人民的字样,而君上大权十四条,第一条为"大清皇帝统治大清帝国,万世一系,永永尊戴"。第二条"君上神圣尊严,不可侵犯"。接着,是皇帝的颁行法律,发交议案,召集、开、闭、停、展、解散议院,设官制禄,黜陟百司,统率陆海军及编定军制,宣战媾和,订立条约及派遣使臣与认受使事,宣告戒严,爵赏及恩赦,总揽司法,发布命令及使发命令,议院闭会时发紧急代法律之诏令,及以诏令筹措必需之财用,制定皇室经费常额,督率皇族及特派大臣议定皇室大典等。大纲中规定了臣民的权利义务九条,其中权利六条:依法得为文武官吏及议员,在法律范围内有言论、著作、出版、集会、结社自由,非按法律不加以逮捕、监禁、处罚,可请法官审制其呈诉案件,专受法律所定审判衙门之审判,财产及居住无故不加侵扰;义务三条:纳税、当兵、遵守国家法律。宪法大纲以皇权为中心。其中关于臣民权利义务规定,应属进步,有无实效,则是关键问题。

宪法大纲颁布不久,光绪帝和慈禧先后逝世。宣统即位后,依该大纲行使统治权,以筹备立宪之名,行加强君主专制统治之实,更加激怒了要求立宪的人们。随着要求早日行宪的浪潮的发展,宪法大纲的内容、宪法编制方式都必须改变。以民权代替皇权,由民意机关审定取代钦定,为势在必行。

宣统三年(1911年)九月十三日,即武昌起义之后,清廷批准了资政院拟具的宪法重要信条十九条"将来该院草拟宪法,即以此为标准"。十月六日,告祭太庙宣誓宪法信条,监国摄政王载沣摄行祀事。

十九信条中,关于皇权的规定,隆重但空泛:"大清帝国皇统,万世不易""皇帝神圣不可侵犯"。语极惊人,但皇帝的地位和权力、皇位继承,都要受宪法和国会的限制。中国向来是"普天之下莫非王土,率土之滨莫非王臣"。十九信条中却连皇室经费之制定、增减,也要国会议决;皇室大典,不得与宪法相抵触;皇族不得任总理大臣、其他国务大臣及各省行政长官。十九条成立,政权归公,爱新觉罗氏的王朝只剩下皇帝空名,其余一切均要受宪法和法律约束,行使权力受国会制约和监督。

国会是最高立法机关,上院议员由国民公选,宪法经资政院起草议决,皇帝颁布后,改正提案权,属于国会;总理大臣由国会公举,皇帝任命,其他国务大臣,由总理大臣推举,皇帝任命;陆海军直接由皇帝统率,但对内使用军队,应依国会议决之特别条件,此外不得调遣;国际条约,经国会议决始得缔结,媾和与宣战,如不在国会开会期中,由国会追认;本年预算由国会议决,不得有预算外的非常财政处分;国务裁判机关,由两院组织之。

内阁为最高行政机关,总理由国会产生,对国会负责,受国会弹劾时,非国会解散,即内阁辞职。

十九信条强调法制,规定"不得以命令代法律""官制官规,以法律定之"。

十九信条基本上是抄袭西方民主制的宪法条文,但没有人民权利的规定。

至此,清政府的预备立宪活动已达到顶点和终点。从预备立宪提出,就很不情愿地被推着走,走一步,看一步,挡一步,对付立宪派,对付革命派,对付反对清朝统治的人们。武昌起义的巨大震动和打击,迫使清政府跟跟跄跄地向前趔趄了一大步,解散了皇族内阁,颁布了十九信条,不再说"黜陟百司,系君上大权""议员不得干预"了。清朝统治者们想捞宪政这棵救命草,收拢人心,补救倒塌下去的宝座。宪政的确是治封建专制的对症药,但已无法医治病入膏肓的清王朝。

第四章　镇压革命

大清帝国在历史上有过光辉灿烂的时期。它的创业之君和守成之主们,在中国、在世界上显赫一时。白皮肤的传教士,黄皮肤的朝贡者,无不以崇拜的目光注视着大清,以能来华夏一睹皇帝圣颜为荣,不放松一切时机炫耀来华历史。

这些先帝的后继者,一个个走向反面。他们躺在前人的成绩簿上,无所事事,坐享其成,国事丢在一旁,专事追求虚荣、享受,花天酒地,挥霍无度;拉帮结伙,争权夺利。为了满足私欲,应付日益增大的支出,置百姓疾苦于不顾,竭泽而渔,敲骨吸髓,生产者被压榨,被摧残,生产力遭到破坏。在世界各资本主义国家走向帝国主义阶段,迫切需要向外扩张的形势下,腐败无能的大清帝国,成了各列强进攻和掠夺的对象。清王朝为了镇压国内日益激烈的人民斗争,和为了缓解财政上的困厄,不惜出卖民族利益,拿国土、主权与列强做交易。于是,内忧外患一齐袭来。

宣统小皇帝上台时,大清已入暮年。朝廷上下热衷私利而疏于国事。"大臣虚糜国帑,徇私纳贿";驻军"纵兵扰民,较刀匪尤剧";官吏"庸劣不职""夸诈贪婪,肆无忌惮",或"冒销科罚,滥押毙命",或"貌似有才,行实荒谬",或"遇事欺蒙,操守难信"。以致"民财之取已多,而未办一利民之事,司法之诏屡下,而实无一守法之人"。人民被逼无奈,群起革命,以谋一条救国之路。

清政府对革命采取血腥镇压政策。然而,压而不服,反招来灭顶之灾。

一

晚清人民革命,与此前反清斗争有所不同,它是一场资产阶级的民主革命。封建社会制度已经没落,资本主义产生,资产阶级作为新的社会力量成长起来,要求变革社会制度,走向进步。帝国主义对中国的侵略与奴役,深深地刺伤了中国人民的心,促使中国人民要独立,要自强,加速了革命的发生、发展。于是,以推翻清朝统治为目标的革命斗争,此伏彼起。资产阶级政党同盟会成为这场革命的领导核心。

宣统帝在反清革命信息频传的气氛中继位。他刚入宫,尚未举行登极典礼,革命派就发动了安庆起义,用反清的枪声向新皇帝示威。随后,在朝廷上下的信电往还中,接二连三地通报着这可怕的消息:"乃近有不逞之徒,造言生事,煽惑愚蒙,更有海隅匪党,潜谋内渡,妄思搆乱";"安徽营兵叛乱,掳伤营官,扑攻省城";"近闻有海外逆党,乘国家多难之际,妄思煽乱,肆意捏造谣言,其诬妄狂悖,直有使君臣上下所不忍闻者。复敢刊印函单,分致京外各衙署局所学堂,淆乱是非,多方簧鼓,居心尤属险恶。"因为革命党人得知光绪帝、慈禧太后相继去世,人心动荡,视为"天以与我也""具酒作早餐,一饮而瓶罄""征求诸同志之意见,无不跃跃欲试"。

从宣统帝即位这年(光绪三十四年,1908年)谈起,大的革命活动就有:

光绪三十四年(1908年)二月二十五日,黄兴发动钦州起义;

同年三月三十日,黄明堂等组织河口起义;

同年十月二十六日,熊成基率马炮营在安庆起义;

宣统二年(1910年)一月三日,倪映典率新军于广州起义;

同年三月四日,长沙发生抢米暴动;

同年四月十三日,山东莱阳饥民掀起抗捐抗税斗争;

宣统三年(1911年)三月二十九日,广州黄花岗起义;

同年四月十六日,长沙各界反对铁路国有政策,开展斗争;

同年四月十八日,长沙、株州一带筑路工人示威,反对清政府卖国卖路;

同年七月初一,成都保路同志会发动罢市、罢课,七月十五日,四川人民保路斗争掀起高潮,扑攻督署;

同年七月十六日,四川华阳起义;

同年八月四日,王天杰、吴玉章等在民团起义基础上,宣布四川荣县独立,为辛亥革命时期同盟会建立的第一个政权;

同年八月十九日(10月10日)武昌起义爆发。

暗杀并不是解决社会变革的良方。但那时的革命者曾经把组织暗杀作为重要革命手段之一。吴玉章当年是同盟会专司暗杀组织的成员。他回忆说:"我们怀着满腔的热忱,不惜牺牲个人的性命去惩罚那些昏庸残暴的清朝官吏,哪里知道暗杀了统治阶级的个别人物并不能推翻反动阶级的政治统治,尤其是不能动摇它的社会基础呢?"于是,暗杀清朝官员的事件相继发生。前有史坚如炸广州巡抚德寿,万福华击前广西巡抚王之春,吴樾炸出国考察宪政五大臣,刘思复谋炸广东水师提督李准,徐锡麟刺安徽巡抚恩铭;后有熊成基谋杀载洵,温生才刺署广州将军孚琦,击伤致死,林冠慈、陈敬岳再炸李准,李沛基炸将军凤山……清朝的这些大滑头,有一套保命之策,革命党人的暗杀往往不能奏效。例如:宣统元年(1909年),端方被调任直隶总督兼北洋大臣,赴京上任。革命党人估计他将取道汉口转京汉铁路北上,故在汉口北面的刘家庙车站附近布雷,但端方到汉口后借口上焦山一游,转回上海乘轮船北上。

二

以载沣平庸的才能,执政于风雨飘摇的大动乱时期,也真够难为他了。他有时独自向隅而泣,有时吓得连家都不敢回。他非但治国乏术,身家性命竟也差一点不保。轰动全国的汪精卫谋刺摄政王载沣案,就是以他为目标展开的。

1909年,即宣统元年前后,处于大变革前夜的中国动乱频仍。以孙中山为首的中国同盟会,多次起义反清,遭到镇压。部分革命党人因而走上了极端的道路,青年汪精卫一腔热血,决意"谋一击清廷重臣,以事实表现党人之决心"。他在日本同黄复生、黎仲实、喻云纪、陈璧君等人组成了一个小暗杀集团。同年11月上旬,喻、黄二人与汪精卫潜来北京,准备将载沣暗杀。

载沣当然不会知道危险正在日日向他迫近。但他似乎有些预感。早在光绪三十一年(1905年),他就对王府的安全采取了措施。那一年,受清政府委派,出国考察宪政的五大臣(载泽、端方、戴鸿慈、绍英、徐世昌)在北京前门火车站候车之际,遭到革命党人吴樾的炸弹袭击。载沣和京城其他政府要员一样,以此为戒,在府邸内设下了由王府护卫、禁卫军、步兵统领衙门及警察等各司其职的层层保护网。每日上朝,载沣乘坐的白色双马四轮轿顶车以马队护卫左右,并由上朝路过的两个区的署长亲自负责警戒。

载沣将自身和王府防范得如此森严,给汪精卫等人的刺杀增加了难度。为了确保谋杀的成功,汪等人对载沣住所,什刹海北沿醇王府周围的地形,以及载沣每天上朝路线进行了多次实地勘测。载沣习惯于每日进宫,先出南大门,沿王府东墙跟走甘水桥胡同(今甘露胡同),然后转鼓楼西斜街(今鼓楼西大街),到鼓楼再向南进入鼓楼大街、地安门大街,再入紫禁城。初始,汪精卫等准备以鼓楼前面的一道短墙作为隐身处,等载沣经过短墙时即投炸药。偏偏不巧,汪等人准备动手之时,鼓楼西斜街开始翻修马路,车马不能行走。载沣上朝路线也不得不随之变更。汪精卫等不得已又重新制定谋杀计划。

载沣临时变更的上朝路线,不再沿王府东墙走甘水桥胡同,而是出王府门先径直向东,穿鸦儿胡同和烟袋斜街,再转入鼓楼大街。汪等人沿这条路线踏勘几次,准备将刺杀载沣地点设在烟袋斜街,拟在这里租间民房,待载沣行经此地,从民房里向其投掷炸弹。但事情竟是这般凑巧,民房未能租到。

谋刺计划只好又做了第三次修正。汪等注意到,载沣出王府进鸦儿胡同前,必先经过一座东西向的石板桥,桥下水已干涸,仅北面有居民数家,而且地处僻静,附近还有一条可供藏身的阴沟,这是一个十分理想的行刺地点。汪精卫认定,将炸药罐埋在此桥下,人躲到远处的阴沟隐蔽起来,引爆炸药。新的谋刺载沣计划就这样形成了。

汪精卫等人来到北京后,为不暴露身份,以合资方式在城南琉璃厂火神庙西夹道开设了一家名叫"守真"的照像馆。汪自己还在附近的东北园胡同租房住下。因刺杀载沣地点在城北距此十余里远的地方,汪又在鼓楼大街清虚观(在今后门桥附近尚有遗迹)内租了一间房,以便就近观探动向。

1910年3月31日(宣统二年二月二十一日)夜,这是早春里少有的好天气,汪派黄复生、喻云纪潜到小石桥下。他们轻手轻脚地在桥上挖好了一个大坑,坑刚挖好,忽听到四围响起了紧促的犬吠之声,俩人很紧张,怕出意外,将坑用虚土盖好后,匆匆返回住所。第二天挨到夜深人静的午夜,黄、喻二人端着满满的一铁罐炸药,又来到桥下,他们将虚土刨开,刚将铁罐放入土坑中,四周忽然有了动静,黄复生抬头一看,发现有人正站在桥上往下窥探,二人知道情况不妙,借着夜色掩护,立即转身而逃。喻跑到清虚观将急情报告正等候消息的汪精卫,黄则未跑远,藏到离小石桥不远的一棵大树后面继续观察动静。夜幕下,依稀可见刚才站在桥上的那个人,已带着一个巡警和一个宪兵下到桥底搜查。黄看到事已败露,随后也跑到清虚观汪精卫处。三人聚首,汪决定第二天要黄、喻再去小石桥处查看动向。

第二天,黄、喻二人乔装过路行人又来到小石桥,但举止毕竟与路人不同,一下子就被持枪警戒的警察注意了,二人未敢久留便急忙离去。但此时警察已将消息传给暗探。他俩离去时,即被人盯梢。结果,暗杀团活动地点琉璃厂守真照像馆很快被发现。五天以后,即4月6日,警察突然闯进守真照像馆抓人,喻云纪正好外出,幸免于难,留在馆里的黄复生和馆内司事罗召勋被捕。旋即在东北园胡同又抓获了汪精卫。

至此,谋刺载沣一案告一段落,朝野上下闻之哗然。载沣本人更是又恨又怕又怒,他与法部尚书廷杰一起极力主张将汪精卫等人判处死刑。而民政部尚书肃亲王善耆却极力反对。善耆及其幕僚革命党人陈家梽反复规劝载沣,清政府正标榜预备立宪,何不以此案的处理向全国做一个姿态?载沣本来就优柔寡断,禁不住善耆等人的反复"开导",他被迫同意不判汪精卫等人的死刑,改将汪等送交法部终身监禁。载沣还自我标榜,称此举乃在"以安反侧之心"。

汪、黄等人在大狱中才蹲了一年多,威震全国的辛亥革命爆发。载沣不得不将汪精卫等人释放,还发给每人川资三百元。

侦破谋刺摄政王载沣一案刚一结束,醇王府内就编出了这样的传说:那天载沣套着马车进宫,出了王府门往东没走多远,走到小石桥前,两匹拉车的白马,突然嘶鸣不止,不再前进。载沣也觉得此事奇怪,认为今天出门很可能不吉利,于是掉转马车,返回王府,并通知警察特别加强警戒,终于发现了埋放在小石桥下的炸弹。那两匹驾车的白马因"救主有功",从此当作神马被提出马圈,迁入王府正宅的一座小院精心饲养,直至死去。

传说而外,小石桥一案也成了载沣提高自己身价的好机会。因汪等人谋刺过程一波又一折,终也未碰到载沣一根毫毛。载沣便深信这全都赖于建在王府东面的家庙,龙华寺里的庙仙暗中保佑。有一次,他乘车路经此庙,特意下车进庙拜仙,感谢仙家的庇护。哪里想到,他诚惶诚恐刚一跪下,不知何故,供桌底下忽地跳出个黄鼠狼。这件事后来被传出去,人们议论纷纷,都说摄政王福大命大造化大,连仙家都不敢受他这一拜。

人们再也难想到,这个近乎神奇的故事,自首至尾都是载沣事先安排好的。从这件事可以看出,载沣虽没有理政治国之才,但他也很懂得制造或利用一切机会欺蒙视听,以提高自己的声望,拜仙不过是其中一例而已。

三

宣统朝一开始,就对人民反清革命强硬镇压,其势汹汹,不顾一切。熊成基率马炮营举行安庆起义后,千余人会合攻城。清安徽巡抚朱家宝据守城池,并命江面兵舰数艘炮轰炮营。起义军弹尽粮绝,向合肥方向撤退,清廷谕两江总督端方等:"亟宜迅速扑灭",对被俘者"所供党伙,或另有外应,均须立即认真追究缉获,不准含糊了事。"得知起义军余部在皖北"尚有五六百人之多",恐其与皖北"伏莽"结合"成大股",令该督抚:"严饬派出各营,兼程追截,迅速歼除。"起义军散匿后,又"严饬地方文武"认真搜捕,"务将首犯熊成基惩办"。并要求将同谋者"一律殄除,以免死灰复燃"。同时,对各省地方官也施加压力。要求各地将事态控制在局部地区,消灭在萌动之中,明令:"倘各省再有乘隙煽乱情事,以致牵动大局,恐该督抚等,难当此重咎也。"

为了阻止流亡到海外的孙中山等革命党人回到国内从事革命活动,特降旨沿江各地"严加防范"。得息海外革命党人向京外各衙署局所学堂寄宣传品,令邮传部"迅电各处邮政局",认真检查,凡有"外洋"寄来汉文函件,字迹封式在五件以上,分致上述各处者,"立即折阅",倘有问题,"即刻一律焚毁。"

宣统元年(1909年),湖南水灾,粮食歉收。上自省巡抚岑春蓂,下至地主劣绅,以及外国洋行,乘机抢购谷米,囤积居奇,抬高米价,牟取暴利,使人民所受天灾之苦上,更加一层人祸之难。饥民大批涌入长沙。长沙米价一日数涨,以卖水为生的黄某,因饥饿所迫,全家四口人投水自尽。民情激愤。宣统二年(1910年)三月三日,长沙人民开始捣碓房,抢米店,官府采取高压政策,人民不服,集聚两万余人,拥向巡抚衙门,"殴伤官长,打毁衙署"。岑春蓂下令开枪,打死二十余人。事态扩大,群众愤怒达到极点,"有放火烧毁房屋情事""焚毁衙署、学堂,波及教堂"。清政府明知此事"因米价昂贵,要求平籴而起",又诬称"有莠民痞棍,从中煽乱",以证明"非严惩不足以昭炯戒"。令岑春蓂"认真弹压""速即解散胁从,严拏首要,从重惩办"。并派兵赴湘镇压。岑春蓂因为"未能先事预防""办事失当",被罢免。九日,英、美、法、日、德等国派军舰配合清军镇压,群众被捕数百,伤亡无数。

宣统二年(1910年)春节期间,广东新军二、三标与警察发生冲突,一标协统、标统以军警交哄,将初二、初三假日改为运动会,一标"营兵首先哄闹"。初三,革命党人倪映典到一标发动起义,约千余人参加。清政府闻讯,令"迅调水陆防营,严密防范,剿抚兼施,务将首要各犯,设法擒获,悉数歼除"。水师提都李准率防军约二千人,出动步炮兵,滥肆射击捕杀,"几致良莠不分"。清兵"枪炮齐施,当场杀毙叛兵百余名,并斩骑勇头目五人,生擒叛兵黄洪昆等四十余人"。

同年四月十三日,山东莱阳饥民数千人,在曲诗文领导下,抗捐抗税,受到官方压迫,举行武装起义,直至发展到进攻莱阳城。清政府除调集军队镇压外,并派人"密赴该两县,详细访查"起事原因、曲诗文是否土棍,其何以在"不数日间,聚众至万余人"、夺获枪械甚伙系从何而来、有无暗中接济等。山东巡抚孙宝琦派兵镇压,用大炮轰毁莱阳城北柏林庄,血洗各村,屠杀乡民千余人。起义农民不肯屈服,退出莱阳县境,与海阳、荣城一带起义队伍汇合,坚持斗争。

镇压黄花岗起义和成都血案更骇人听闻。宣统三年(1911年)三月二十九日,同盟会在广州举行武装起义。两广总督张鸣岐会同水师提督李准,进行镇压。革命党人八十六人死难。清政府犹令"搜捕余党,从严惩治,毋任漏网""毋留余孽""并准调广西防营协助"。事后,清廷对镇压革命的刽子手们论功行赏,革命党人最痛恨、屡欲谋杀的"广东水师提督李准着赏穿黄马褂"。

同年四月十一日,清政府以铁路干线均归国有的名义,将已经归民办的川汉、粤汉铁路收归国有。又将铁路修筑权出卖给英、法、德、美四国银行团,激起湘川鄂粤人民反对,发展为波澜壮阔的保路运动。清政府铁路国有措施本身就理亏,不敢见阳光,一是失信于民,一是屈从外国压力。矛盾爆发后又不知反省,只知下令"弹压""照乱党办法,格杀勿论"。御史陈善同奏:"内乱叠生,亟应设法绥缉",提出八项措施:"一、修实备;二、禁流言;三、广抚恤;四、节糜费;五、靖盗贼;六、饬吏治以苏民困;七、兴实业以厚民生;八、维礼教以防民慝。"前五项为治标办法,后三项为治本办法。清廷表示接受,但对治本无计可施,仍侧重以军事压力阻挡日益发展、势不可遏的革命大潮。

人民不满的是以铁路国有为名,排斥民办,向外国出卖路权。武力解决不是正确的出路。湖南、四川等地人民,呼声强烈,斗志高昂。六月下旬,四川绅民、省谘议局副议长罗纶等二千四百余人,呈请护理四川总督王人文代奏,对铁路国有"不敢从命"。清政府一味强硬,连同代奏的王人文一并斥责。清廷得悉川人为路事将有集会,立即令四川总督赵尔丰严行禁止,严拿倡首惩办。到了七月,"川人因争路事,群情激烈,愈持愈坚"

"自初一日起,罢学罢市",州县"已有相继罢市并打毁格局所者"。"且又罢税抗粮,为患日甚,大局岌岌可危。"四川巡警道徐樾请求川路暂归商办,以缓和矛盾,维持局面:"军督陈奏请将路事交资政院议,法律应照未议之前暂归商办。如蒙朝旨允许,川患立弭。"四川总督赵尔丰以四川民众要求,请川路暂归商办,并请将借款修路一事,交资政院议决。有的官员对路事表示同情,宁愿"以争路罢官",甚至"军警多助同志会"。御史黄瑞麒奏:"借款官修干路宜仍留商股。"即使从维护清朝统治着想,此类建议亦属可取。昏庸的清王朝,竟冒天下之大不韪,一意孤行,坚持"弹压""严行弹压""锢办""格杀勿论"。其理由,据内阁奉上谕中驳斥赵尔丰的电文中说,实行路事交资政院议决,"窒碍甚多,一经交议,必不以收归国有订借外债为然"。也就是不想让资政院推翻清廷既定方针。其窒碍之一为"朝廷岂能因此收回成命";二为"合同早经签字,业已开卖债票,尤不能轻易取消,致起交涉";三为事关四省,恐竞相效尤。

内阁的这个回电是在七月初七。赵尔丰遵旨"切实弹压"。七月十五日,保路群众数千人扑攻督署,赵尔丰诱捕保路同志会代表、谘议局副议长罗纶和议长蒲殿俊等,封闭铁路公司,命军队开枪,打死请愿群众数百人,造成"成都血案""流血满地""惨不忍睹""而赵尔丰尚命示众三日"。

清政府从上到下都是这般愚蠢,不懂得革命是杀不退的。成都血案之后,从十六日起,十余州县民团在省城外聚集,约"数万人""四面围攻,势甚危急""成都电报,数日不通",附近各府州县,亦有革命党活动,"川省大局,岌岌可危"。清政府调数省重兵前去镇压,七日之间,捕杀甚多。川汉、粤汉铁路督办大臣端方,由湖北率新军一标入川镇压保路运动,十月七日,其自带之兵发生兵变,被杀于资州,实罪有应得。

赵尔丰制造"成都血案"刚过一个月,支援赵尔丰的清军还在向四川行进,武昌起义爆发。它与四川保路运动遥相呼应,其势更"沸乎暴怒,汹涌澎湃",如冲决大堤,一泻千里,清王朝的末日来临。

第五章　宣统逊位

　　溥仪当了二年零不足十个月皇帝,以推翻清朝统治为直接目标的辛亥革命爆发了。又过了四个月零六天,也就是他当皇帝满三年零两个半月的时候,那是宣统三年(1912年)十二月二十五日,中华民国元年 2 月 12 日,宣统皇帝退了位。这时,他还不满六岁。应当说,是辛亥革命把清朝封建帝制推翻,把皇帝赶下了台。但取代宣统当国家元首的,不是创建民国的孙中山,而是清政府的内阁总理大臣、北洋军阀首脑袁世凯。被革命的宣统皇帝溥仪、革命的南京临时总统孙中山,几乎同时退位。这段历史的演变,异乎寻常,奇特而复杂,又有必然性。

一

　　孙中山领导的革命已经进行了十几年,到宣统朝发展到一个新的高峰。四川保路风潮和武昌起义,把这场革命推进到决战阶段,也就是最后推翻清王朝阶段。同盟会领导的这场革命的目标,在同盟会的纲领中规定得很清楚:“驱除鞑虏,恢复中华,建立民国,平均地权”,即以民族、民权、民生三大主义为目标。其矛头直指清朝政府,“满政府穷凶极恶,今又贯盈。义师所指,覆彼政府,还我主权。”因此,同盟会以颠覆清政府为首要任务,“颠覆现今之恶劣政府,此造端之事业也”。推翻清政府之后,实行立宪共和制,而不是立宪君主制,“吾人信今日支那国民之程度,不可以无政府;惟旧之为异族政府所有者,固当倾覆之;而数千年君主专制之政府,亦必同时改造”。既然如此,是肯定不要皇帝的。同盟会制定了这样的革命目标,用它指导各地起义。

　　武昌起义本此目标行动。宣统三年(1911 年)八月十九日(10 月 10 日)《中华民国军政府布告全国文》中,历数清政府罪状,以为推倒之根据。简言之有:1.“假立宪之名,行专制之实”。2.“借举行新政之名,行搜刮民财之实”。用搜刮的民脂民膏修园陵,治宫寝,赉嬖佞,赏民贼。而全国饥民遍野,清政府漠然不顾。3.矜其“宁送友邦,勿与家奴”之谬见,向帝国主义乞援,卖国殃民,“今日献一地,明日割一城,今日卖矿,明日卖路”。爱国人民奋起抗争,清政府视如仇敌,“不曰干与政权,即曰格杀勿论”。4.“举吾民自办之路,自集之款,一网而归之官。”正因如此,本中华民国军政府“首举义旗”,目的在于使清政府“瓦裂山颓”,然后“永久建立共和政体”。

　　清王朝不甘心失去自己的天堂,做垂死挣扎。武昌起义爆发,湘鄂赣军警镇压,湖广总督瑞澂“亲率警察抵御”。当时,清政府正陆续派兵赴川镇压保路运动。鄂变又起,清政府得息,一面立即命令军谘府、陆军部,“迅派陆军两镇,陆续开拔,赴鄂剿办”;一面令海军部“加派兵轮”,由长江舰队统制,海军副都统、正都统衔萨镇冰督率前进。并令程允和,率长江水师,即日赴援。派陆军大臣廕昌,督率前往湖北“剿办”“所有湖北各军,及赴援军队,均归节制调遣,并着瑞澂会同妥速筹办”。武汉被革命军占领,清政府加意长江一带、京汉铁路、黄河铁桥的防守。汉口德国海军舰队,为廕昌部队打气,说什么革命党“如与贵军相抗,直如以卵击石。廕大臣必可迅平此乱,决无疑义。”

　　清廷以瑞澂对武昌起事“毫无防范,预为布置,竟至祸机猝发,省城失守”,二十一日

"着即行革职,带罪图功,仍着督署湖广总督"。八月二十三日,谕令袁世凯补授湖广总督。组军三个,第一军,已由廕昌督率赴鄂;第二军,派冯国璋督率迅速筹备,听候调遣;第三军,驻守近畿,专司巡护。九月初六,清政府授袁世凯为钦差大臣,"所有赴援之海陆各军,并长江水师暨此次派出各项军队,均归该大臣节制调遣。其应会同邻省督抚者,随时会同筹办,凡关于该省剿抚事宜,由袁世凯相机因应,妥速办理"。命军谘使冯国璋总统第一军,江北提督段祺瑞总统第二军,统归袁世凯节制调遣。"此次湖北军务军谘府陆军部不为遥制,以一事权而期迅奏成功。"同日召廕昌回京。袁由彰德南下,初十,到信阳,移驻湖北孝感督阵。时清兵达万人以上,数量大大优于革命军。但革命军士气旺盛,顽强拼搏。清军穷凶极恶,进行反扑,九月初六开始攻汉口,初九,即放火烧城。汉口火头达十多处,市街顿成一片火海。九月十一日,清军攻入汉口市区,继续焚掠,革命军退守汉阳。大火烧到九月十四日,市区五分之一被烧。资政院奏:"十三日接南省各团体电称,汉口并附近一带地方,官军恣意残杀,惨及妇孺,焚烧街市,绵亘十余里,奸淫掳掠,无所不至,人心愤激,达于极点。"十月初七,清军占汉阳。

但革命洪流势不可挡,继武昌首义后,湖南、陕西、山西、云南、江西、上海、贵州、江苏、浙江、广西、安徽、福建、广东、四川等省纷纷起义,宣告独立。直隶、河南、山东、东三省、新疆、甘肃,也程度不同地起义响应。在南北各省起义夹攻下,清腹背受敌,尾首不能相顾。至十月十二日,南京光复,南方独立各省连成一片,居于显然优势地位。清政府控制下的北方六省和新疆、甘肃,响应起义者,亦前仆后继。旧的统治秩序全线崩溃,清王朝的灭亡,宣统帝下台,指日可待。

在此期间,清政府曾向黎元洪劝降,黎元洪"并允投降",但以宣统帝退位为条件。袁世凯谋与湖北军政府议和时,军政府表示可以与袁携手,但必须皇帝下台。黎元洪认为:"此时不将皇上推倒,随便和了,将来更无法子。""须将皇族另置一地与他居住,管他的吃穿,不准他管我们汉人的事情。"表明不论用什么手段解决问题,宣统帝都必须下台。

革命狂澜猛烈地冲击着清王朝的根基。统治集团内部产生了裂缝和动摇。有些人转而支持革命。九月初八、十一日,清军第二十镇统制张绍曾及混成协协统蓝天蔚等联名电奏,请速开国会,由国会制订宪法,组织责任内阁等。第六镇统制吴禄贞(同盟会员)驻兵石家庄,准备与张绍曾配合,待机起事,京城受到严重威胁。

清政府无力招架,转而采取退守政策。宣统三年九月初九日(1911 年 10 月 30 日),连下四诏。一为罪己诏:

　　朕缵承大统,于今三载,兢兢业业,期与士庶同登上理。而用人无方,施治寡术。政地多用亲贵,则显庆宪章。路事蒙于金士,则动违舆论。促行新治,而官绅藉为网利之图。更改旧制,而权豪或只为自便之计。民财之取已多,而未办一利民之事。司法之诏屡下,而实无一守法之人。驯致怨积于下而朕不知,祸迫于前而朕不觉。川乱首发,鄂乱继之。今则陕湘警报叠闻,广赣变端又见。区夏腾沸,人心动摇。九庙神灵不安歆飨,无限蒸庶,涂炭可虞。此皆朕一人之咎也。兹特布告天下,誓与我国军民维新更始,实行宪政。凡法制之损益,利病之兴革,皆博采舆论,定其从违。以前旧制旧法,有不合于宪者,悉皆除罢。化除旗汉，屡奉先朝谕旨，务即实行。鄂湘乱事，虽涉军队，实由瑞激等乖于抚驭，激变弃军，与无端构乱者不同。朕维自咎用瑞激之不宜，军民何罪？果能翻然归正，决不追究既往。朕以眇眇之躬，立于臣民之上。祸变至此，几使列圣之伟烈贻谋，颠坠于地。悼心失图，悔其何及。尚赖国民扶持，军人翼戴，期纳我亿兆生灵之幸福，而巩我万世一系之皇基，使宪政成立，因乱而图存，转危而为安。端恃全国军民之忠诚，朕实嘉赖于无穷。此时财政外交，困难已极，我君民同心一德，犹惧颠危。倘我人民不顾大局，轻听匪徒煽惑，致酿滔天之祸，我中国前途，更复何堪设想。朕深忧极虑，夙夜彷皇，惟望天下臣民共喻此意。

二为据资政院要求，令溥伦等遵钦定宪法大纲，迅速拟齐宪法条文，交资政院审议，然后颁布。

三为据资政院所奏，取消皇族内阁，撤销内阁办事暂行章程，一俟事机稍定，简贤得人，即组织完全内阁。

四为接受资政院请开党禁以示宽大要求，宣示自戊戌以来政治犯、因政治嫌疑逃匿及此次乱事胁从来归者，皆赦其既往。

四诏发出后，即着手实施。同年九月十一日，奕劻等皇族内阁成员辞职，准，授袁世凯为内阁总理大臣，命进京组织完全内阁，仍节制湖北各军及长江水师。九月十三日，颁布《宪法信条》十九条。十六日，释放谋杀摄政王载沣的革命党人汪精卫等；谕旨说，据法部奏请，党禁既开，拟将监禁的因犯政治革命嫌疑人犯，悉予释放。准开释汪精卫、黄复生、罗世勋，发往广东，交张鸣岐差委。

与此同时，对革命由剿转抚。指挥湖北战事的袁世凯，接到九月初九日的四诏，"已令各军停进，一面出示晓谕招抚，并向武昌宣布德意解散"，九月十四日，清廷予以肯定，并命各省统兵大员"妥速安抚"。

也许要表示皇帝关心民间疾苦，宣统三年八月八日，龙溪、南靖两县大雨，河水陡涨，决堤成灾，皇帝恩赏帑银二万两，令散放灾民，"毋令失所"。八月廿九日，摄政王奉皇太后懿旨，"俯念饥民难民流离荡析，深为悯恻"，将慈禧所遗宫中内帑拨银二十万两，交袁世凯在湖北一带赈济灾民。九月初三，摄政王又面奉皇太后懿旨，"着每省拨出宫中内帑银三万两，由内务府发交该督抚，派委妥员，核实散放，以赈饥民"。又据盛宣怀建议，令设立慈善救济会。初五，摄政王面奉皇太后懿旨"现在设立慈善救济会，着赏宫中内帑银三万两以资拯救。"并派人赴鄂对"受伤被难军民""医伤救难"。九月十三日，又以慈禧所遗宫中帑银十万两赈济四川。

满汉民族矛盾，在清朝统治的二百多年中始终存在，成为革命起因之一。仅发型一项，清政府强迫汉族人民服从满族，就一再引起强烈不满。至宣统三年十月十七日，清廷终于在大火烧身时才肯正式下令准许自由剪辫。

早知今日，何必当初。此时此刻，任何开明的政策都挽救不了宣统下台的命运。

二

辛亥革命起，清廷重新起用袁世凯。这在载沣来说是出于不得已，是在诸方压力之下，首先是军事压力之下，屈从于奕劻等人的极力推荐。

清政府的军队主体是新军，十三万余人，另有旧军四万余人，共十七万余人。武昌起义后，各省新军纷纷独立，剩下新军北洋六镇七万余人，旧军巡防营四万余人，另有新军第二十镇、二十三镇和禁卫军，共十三万九千余人。其中北洋六镇是主要力量，而且是可以迅速调动的军队。但北洋系军队由袁世凯一手练成，骨干多袁之亲信，如同私家军，袁世凯虽去职，仍能遥控。庶昌指挥不了北洋军。宣统三年(1911年)八月二十三日，奕劻等保荐袁世凯，载沣无可奈何。溥伟日记所载极为真切：

> 数日后，忽起用袁世凯督师。复谒醇邸，叩其因。醇邸以袁四有将才，且名望亦好，故命他去。余曰：袁世凯鹰视狼顾，久蓄逆谋。故景月汀谓其为仲达第二。初被放逐，天下快之，奈何引虎自卫。醇王默然良久，始嗫嚅言曰：庆王、那桐再三力保，或者可用。余曰：纵难收回成命，可否用忠贞智勇之臣，以分其势。醇王问为谁。余曰：叔监国三年，群臣臧否，自在洞鉴，伟不在政界，何敢谋此。醇王曰：都是他们的人，我何曾有爪牙心腹。

清廷其他人对起用袁世凯，也颇不一致，有主张不用袁世凯，而严申军令，用亲贵督师者。但两种意见"争不能决，乃奏请隆裕太后决定。太后主起用袁，议乃定"。已如前述，隆裕身边有袁世凯的人，隆裕并无主见，偏听偏信而已。

起用袁世凯，意味着载沣向袁世凯投降，宣统皇帝的命运也随之注定。袁世凯征服革命派还是失败于革命派，宣统都必须退位。这一点载沣和袁世凯心里都不会想不到。袁世凯正等着这一天。

袁世凯不会服服帖帖地出山，他要利用这个机会讨价还价，实现一定的目标，也就是要有所得。越是清廷急需，他越要端架子，提高价码。宣统三年八月二十三日谕令袁世凯补授湖广总督，并督办剿抚事宜。所有该省军队及各路援军，均归该督节制调遣。瘾昌、萨镇冰所带水陆各军，并着袁世凯会同调遣。袁世凯身居河南彰德，但对形势和清军动向了如指掌，家中设有电报房，随时对外通电。南下作战的清军将领与袁亦有联系。瘾昌八月二十四日路经彰德，曾"停车往访"。八月二十五日，袁世凯明知需要他早日临阵指挥，却上奏，表示对皇上感激涕零，但"旧患足疾，迄今尚未大愈。去冬又牵及左臂，时作剧痛……"，列出一系列病症。最后表示："一俟稍可支持，即当立即就道，藉答高厚鸿慈于万一。"既不出山，又不拒绝，待价而沽。八月二十八日，朝廷扩大袁世凯的权限，谕令"所有长江一带水陆各军，均着暂归该督节制调遣，会同沿江各该督抚，妥筹办理"。袁世凯仍原地不动。八月二十九日，奕劻派徐世昌赴彰德劝驾。袁世凯通过奕劻提出，明年召开国会，组织责任内阁，宽容武昌事变有关之党人，解除党禁，给予指挥军队全权，供给充足军费等六项条件。此六条要旨不外是，一为争取内阁总理职权，操纵一切；二为"养敌自重"，以免"鸟尽弓藏"；三为军事全权独揽。载沣对前四项不久后全部接受；对后两项有关要求立即，"着照所请"。如：袁世凯保荐副都统王士珍襄办湖北军务，要求清政府饬令冯国璋赶赴彰德，筹商布置。又如：要求在直隶、山东、河南等省，召募壮丁一万二千五百人，编二十五营，作为湖北巡防军；请度支部速拨银四百万两等，均准。

九月初四，根据袁世凯的奏请，清廷派冯国璋任一军总统，调第二军陆续开往信阳一带,署江北提督段祺瑞北上后任第二军总统。袁世凯的亲信一个一个地委以军事重任,集中在袁世凯将要任事的地方,军事大权迅速归于袁世凯一伙之手。这时,湖南、陕西已宣布独立,各省局势不稳,有群起响应革命的趋势。而袁世凯仍迟迟不动。清政府再出高价,于九月六日授袁世凯为钦差大臣,所有赴援之海陆各军,并长江水师及此次派出各项军队,均由其节制调遣,其应会同邻省督抚者,随时会同筹办。凡关于该省剿抚事宜,由袁世凯相机因应,妥速办理。并以军情瞬息万变,命湖北军务由袁世凯全权办理,军谘府、陆军部"不为遥制,以一事权而期迅奏成功"。同日,谕令瘀昌将第一军交冯国璋统率,俟袁世凯到后,瘀昌回京供职。并命军谘府军谘使冯国璋总统第一军,江北提督段祺瑞总统第二军,均归袁世凯节制调遣。九月九日,下四诏,并催促袁世凯迅赴事机。

袁世凯索要的前线军事指挥全权已经到手;因皇族内阁取消,"完全内阁"总理非袁莫属,掌握政府行政大权当不在话下。袁世凯对被授钦差大臣"感激陈谢",并动身南下。初十日,到信阳与瘀昌晤商一切。他的北洋亲信们也积极行动起来。"冯等闻袁氏将出,始奋力与革命军搏战,数日后竟夺取汉口。"清军于九月初六,即清廷任命袁世凯为钦差大臣的同一天,始攻汉口,九月十一日,即袁世凯到信阳与瘀昌交接的第二天,攻下汉口。此前清军无大进展。

根据责任内阁精神,奕劻等请辞内阁大臣职,准。奕劻力主以袁氏组阁,段祺瑞、冯国璋等推波助澜,大造"非宫保再出,不能挽救危局"的舆论。外国人亦有非袁莫属之论。九月十一日,授袁世凯为内阁总理大臣,着来京组织完全内阁,所有派赴湖北陆海各军及长江水师,仍归袁世凯节制调遣。同日,起参谋部作用的军谘府军谘大臣载涛开缺,瘀臣为军谘大臣。二十一日军谘大臣毓朗开缺,以大学士徐世昌充军谘大臣。二十三日,令近畿各镇新军及各路军队等,均归袁世凯节制调遣,随时会商军谘大臣办理。袁世凯于九月二十二日离开湖北前线赴京,二十三日到京,二十四日召见。二十六日,清政府任命袁世凯推举的国务大臣,皇族无一人参与。

至于摄政王,袁世凯必欲除之而后快。"完全内阁"又是一个方便的借口。九月二十八日,袁世凯面奏,内阁业已成立,嗣后所降谕旨,凡关于某部事项,即由该国务大臣随同总理大臣署名。十月初二,袁世凯以内阁总理大臣身份面奏呈览《关于奏事入对暂行停止事项》,得旨从之。谓完全内阁业经组织,但各项制度尚未制定,与立宪相违者停止。1.除照内阁官制召见国务大臣外,其余召见官员均暂停止。总理大臣不必每日入对,"遇有事件奉召入对,并得随时自请入对"。2.除照内阁官制,得由内阁国务大臣具奏外,其余各衙门应奏事件,均暂停止,所有从前应行请旨事件,均咨行内阁核办。其必应具奏者,暂由内阁代递,凡无须必请上裁事件,均以阁令行之。关于皇室事务,暂仍照旧章具奏,统由内务府大臣承旨署名具奏后,即时知照内阁,但以不涉及国务为限。3.各部例行及属于大臣专行事件,毋须上奏。4.向奏事处传旨事件,均暂停止,内外折照题本旧例,均进呈内阁,由内阁拟旨进呈,再请铃铃章。只谢恩请安、进呈贡物,仍暂由奏事处照旧呈进。摄政王无政可摄。而且,隆裕让奕劻请外国人帮助清政府时,奕劻"转达"外国人的话说:"如果要我们帮忙,必须摄政王退位。"英国主张使摄政王退位,奕劻转达的也是袁世凯的意图。隆裕于十月十六日,据载沣的"泣请辞退监国摄政王之位"的面奏,准其退位。"所钤监国摄政王章,着即缴销,仍以醇亲王退归藩邸,不再预政。"以后用人行政均责成内阁总理大臣、各国务大臣担承责任。摄政王代理的陆海军大元帅一职,更必须解除,"陆海各军,暂责成现行专司诸大臣督率管理"。原归摄政王管辖调遣的禁卫军,交给专司训练大臣督饬训练。十月十九日,将禁卫军由两协编成军,派冯国璋任总统官。专司训练禁卫军大臣、一直管理训练禁卫军的贝勒载涛,得旨"妥为交代,再行离任"。不久,袁世凯以出征为名,调禁卫军出京,以新编之拱卫军"保护"都城。

袁世凯向小皇帝伸出两只手,一只手要权,一只手要钱。要他出山,他一开口,就要了白银四百万两。这是国库里的钱,清政府的国库是空的,一直靠借外债过日子。旧债花完了,新的借不来。袁世凯想到了皇室。清室在统治中国的二三百年中,搜刮了一大笔财富。袁世凯要隆裕把钱拿出来。他说:"乾隆新疆金川诸役,嘉庆川湖陕东豫之师,饷款合计,皆及万万,中兴告成。"而今"兵食之筹备者,知本月而不知下月",兵不能征调,匪不能剿灭,被围之城不能救,失陷之地不能复。隆裕在宣统三年八月二十九日,懿旨从慈禧所遗宫中内帑内拨银二十万两,由内务府发交袁世凯,说是在湖北赈济灾民。九月初六,懿旨拨出宫中内帑白银一百万两,专作军需之用。十三日,懿旨从慈禧所遗宫中帑银拨十万两,赈济四川。十一月十一日,准将盛京大内热河行宫旧存瓷器变价充饷。十五日动员王公们将存款取出购买国债。清政府度支部在北京西交民巷大清银行、京师商务总会各设一处统理"爱国"公债处。据十二月六日至十一日统计,度支部收到购买公债金额为一万五千二百四十元。认购者上自大臣、将军,下至士兵,多者购数千元,少者五元。王朝末日,有人认购那去无回的公债,说明或出于被迫,或仍有人不想让清王朝灭亡。亲贵们资助军饷,据说"其数不下千万"。奕劻依袁世凯之计"首倡",自认百万元,说好完成带头任务后归还,但袁世凯自食其言。前军机大臣世续纳五十余万。袁世凯仍不满足。但隆裕却说:"现在内帑已竭,前次所发之三万现金,是皇帝内库的,我真没有。"

钱,"没有"了。属于爱新觉罗氏的权力还剩下什么呢?

政权——属于内阁,总理大臣袁世凯;没有皇族参加,袁世凯热心"责任内阁",正是用它夺皇室之权。

军机——陆军、海军、禁卫军,在袁世凯、王士珍、冯国璋、段祺瑞、萨镇冰等人手中;载沣、载涛、载洵兄弟及其他皇族成员无权过问。

财权——归内阁的度支部,严修任大臣;载泽已靠边站。

议和——全权大臣袁世凯。

正如御史欧家廉所奏:"尽罢亲贵,易大臣,人心益疑。未几又以组织内阁,停止奏事入对,撤销直日,人心愈疑。以为实权既去,空文亦亡,朝廷自此替矣。"监国摄政王一去,使"皇上以一孺子,梵然独处于内,诸臣縶然屏迹于外,内外隔绝,上下不通,宁知复取我君父置于何地!"萧一山在《清代通史》中的结论是:"于是清廷自卫之壁垒,亦尽行撤除,仅留一孤儿寡妇,被袁世凯玩弄于股掌上矣。"剩下的事,只能听命了。

袁世凯手中掌握的清政府的大权和宣统皇帝,又是诱逼革命党交政权给他的资本。宣统退与不退,已经不能自行决定,而取决于袁世凯;袁世凯让不让皇帝退,什么时候让皇帝退位,要看革命党给他的价码多大。他要的代价是:当总统。

清军攻下汉口之后,袁世凯命前线各军停止前进,清廷降旨批准,由"剿"转"抚"。袁世凯间接与湖北军政府联系,要求黎元洪和平解决。军政府无心打下去,又对袁世凯有幻想,认为可利用袁世凯杀宣统皇帝的回马枪。黎元洪答复必须推倒皇帝;黄兴回信说只要袁世凯能建拿破伦、华盛顿之功,推翻清朝,南北各省人民都将"拱手听命"。在双方交往中,宋教仁说,如果袁世凯倒戈,可被举为大统领。袁世凯为了使对方就范,对湖北军政府采取一打一拉策略。十月初七,清军攻占汉阳,革命军退守武昌。之后双方停战议和。黄兴表示:只要袁世凯赞成共和,将举其为中华民国大总统。袁世凯对清廷说,南方兵力强盛,我方兵弱饷缺,军械不足,没有办法打。十七日,清政府任命袁世凯为议和全权大臣,袁世凯派唐绍仪为全权代表与军政府和谈。

南北议和的主要分歧点,看上去是政体问题。北方主张立宪君主制,南方主张立宪共和制。实际上,北方以袁世凯意志为依归。他的本意并非坚持君主立宪,但口头上主张"留存本朝皇帝,即为君主立宪政体"。其目的,一是做给清廷看,表示他是坚持要皇帝、忠于清朝的,而是南方坚持非共和不可;二是用来与南方讨价还价。他更非真心要共和,但南方要共和,他可以用它来赶跑皇帝。十一月初八,唐绍仪电内阁,称国体问题惟有交国会公决。次日,清廷同意了。袁世凯装模做样地让唐绍仪与伍廷芳商议召集国会诸事,然后由国会决定君宪、共和问题。唐绍仪已经预料,将来国会公决"必为共和"。

这之后,发生了一件使袁世凯恼火的事。宣统三年十一月十三日,民国元年(1912年)元旦,在南京成立中华民国临时政府,孙中山在南京就任临时大总统。袁世凯质问南方代表:"选举总统是何用意? 设国会议决为君主立宪,该政府及总统是否亦取消?"并通过唐绍仪向南方探询,清帝如果退位,孙中山肯让袁出任总统"有何把握"? 孙中山早在就任临时大总统之前,就对袁世凯明确表示:"暂时担任"此职,"而虚位以待之心,终可大白于将来"。就临时大总统的第二天,电袁世凯,重申"倘由君之力,不劳战争,达国民之志愿,保民族之调和,清室亦得安乐,一举数善,推功让能,自是公论"。此绝非"诱致之意"。对唐之探询,于民国元年(1912年)1月15日(农历十一月二十七日),孙中山复伍廷芳电称:"如清帝实行退位,宣布共和,则临时政府决不食言,文即可正式宣布解职,以功以能,首推袁氏。"得到孙中山的这种许诺后,袁世凯加紧逼宫活动。

1月16日(农历十一月二十八日),袁世凯入见隆裕太后,公然与诸内阁大臣联衔密奏,提出宣统皇帝退位一事,请示最后决策。这天退朝回家,在东华门外丁字街遇革命党人行刺,三位革命党人在东华门大街便宜坊酒楼上投掷炸弹,谋炸袁世凯,未中,炸死其侍卫长袁金标,炸伤护兵数人。从此,袁世凯借故请病假,以"发烧未已,步履尚难照常""心跳作烧及左骸疼痛",拒不入朝,由国务大臣赵秉钧、胡惟德等代奏。清帝以功封侯,亦屡辞不受。奕劻是袁世凯在皇族亲贵中的实际代理人,袁请其以优待条件疏通,美其名曰为了清室及满人安全,退位为最上策。奕劻在御前会议和亲贵中活动的结果,亲贵们皆气馁,莫知所为。但军谘使良弼与一派亲贵策划,反对共和,反对南北议和,反对袁世凯,并曾上书警告袁世凯。退位之议在御前会议未通过。袁世凯一派接连不断地向清廷施加压力,赵秉钧在御前会议上,以内阁全体辞职相威逼,并先行退席,致会议无结果而散。袁世凯接到良弼上书后,口称准备与南方再战,暗调驻滦军队曹锟第三镇等进京"保卫",1 月 28 日(农历十二月初十)至天坛,构成对清廷的军事戒备与威胁。并授意、指挥前方作战的署湖广总督、第一军总统官段祺瑞,联名发出拥护共和通电。段祺瑞于 1 月 25 日(农历十二月初七)致内阁电,称前方领袖要求"非共和不可",要求联衔。"压制则立即暴动,敷衍亦必全溃。"因"兵无备补,饷械缺匮,战守无具,败亡不免"。袁世凯也在初七这天威胁隆裕:如由国会公决国体,则优待条件也需交国会公决,其结果不一定照前优。袁世凯之所以如此,是他早已不打算走国会公决的过场,而决定直接逼迫清帝退位。1 月 26 日(农历十二月初八)段祺瑞等四十七名军事将领发出致内阁请代奏电,内称形势不稳,"有兵溃民乱、盗贼蜂起之忧";兵力、粮饷无援,无力再战,寸筹莫展,不能再战;共和政体乃人心趋向,"恳请涣汗大号,明降谕旨,宣示中外,立定共和政体"。此电非同小可,将领既然说不能战,只得降。萧一山在《清代通史》中评论:"世凯于清末内依徐而外依段,最后能逼迫清室退位,取得民国统治者,仍赖徐之运用,段之威胁耳。段氏通电实不啻满清二百六十八年天下之催命符"。

详知内幕的袁世凯心腹赵秉钧透露:袁世凯"本具雄心,又善利用时机"。一直耍着两面派手法。"虽重兵在握,却力避曹孟德欺人之名,故一面挟北方势力与南方接洽,一面挟南方势力以胁制北方。"袁世凯原对南方估计不足,"以为南方易与,颇侧重南方,及南方选举总统后,恍然南北终是两家",如果国会成立,将为其挟持,不能摆脱,决然放弃国会公决国体一策,"乃决计专对清室着手,首先胁迫亲贵王公,进而胁迫清帝,又进而恫吓太后,并忖度其心理,诱饵之以优待条件,达到自行颁布退位,以全权组织临时政府。"

三

将满六岁的小宣统皇帝并不明白天下发生了什么事情,他在《我的前半生》中这样记述当时的情景:

"我胡里胡涂地做了三年皇帝,又胡里胡涂地退了位。在最后的日子里所发生的事情,给我的印象最深的是:有一天在养心殿的东暖阁里,隆裕太后坐在靠南窗的炕上,用手绢擦眼,面前地上的红毡子垫上跪着一个粗胖的老头子,满脸泪痕。我坐在太后的右边,非常纳闷,不明白两个大人为什么哭。这时殿里除了我们三个,别无他人,安静得很,胖老头很响地一边抽缩着鼻子一边说话,说的什么我全不懂。后来我才知道,这个胖老头就是袁世凯。这是我看见袁世凯惟一的一次,也是袁世凯最后一次见太后。如果别人没有对我说错的话,那么正是在这次,袁世凯向隆裕太后直接提出了退位的问题。从这次召见之后,袁世凯就借口东华门遇险的事故,再不进宫了。"

这时代表清室决策的人物是隆裕。隆裕领着宣统皇帝在宫里,像是由她"训政",又无政可训。她也说与当年慈禧训政不同,因为是内阁责负制。但内阁有事报告,需要清室表态时,袁世凯定要找她。她没有见解,更不用说深谋远虑,只能受制于人。袁世凯要她怎么定,就对她怎么说;袁世凯怎么说,她就怎么定。王公中的奕劻,"依然入朝"。隆裕身边的太监小德张和袁世凯串通一气。她对什么是共和、君宪,并不清楚其真实含义,对中国采取什么样的国体、政体合适,也不关心;最关心的是如何保住荣华富贵,能不能得到优待条件。而袁世凯们正是用优待条件引诱她、挟制她。奕劻、小德张与袁世凯配合,用同样的语言劝导她,由不得她不被牵着鼻子走。

清室的王、贝勒们,遵照家规祖制,对隆裕多有迁就,不愿冒犯。溥伟在一次"御前会议"上发表了一些不同意见,过两天,载沣对他说:"你前奏对,语太激烈,太后很不喜欢。说:时事何至如此。恭亲王,肃亲王,那彦图三个人,爱说冒失话,你告知他们,以后不准再如此。"

监国摄政王载沣退位后,朝中一些人为他鸣不平,认为他为人忠厚素朴,本没有什么过错;酿成祸乱责在掌用人行政权的大臣奕劻、那桐、徐世昌,还有内外合谋主持铁路国有的载泽、盛宣怀、瑞澂,要求将这六人的罪状宣布天下。但载沣对卸职不但半点怨言没有,反而如释重负,轻松、平静,不想在蜗牛角上争事,甘愿当无事"小神仙"。溥仪的母亲苏完瓜尔佳氏,对溥杰说:"你的老阿玛在辛亥革命后,从宫中回到家来,神情不变地对我说,'从此就好了,我也可以回家抱孩子了。'我听了大哭一场,你长大了,可不要像你阿玛那样地没有志气?"退职后,他对国事一言不发。这除了没有兴趣之外,还出于谨慎。他对溥伟说:"我处嫌疑之地,也不能说话。"

载沣最依靠的亲兄弟载洵、载涛,顺顺当当地交出了军权,没有图谋挽救清朝政权的迹象。

宗室其他人员,多数态度淡漠。只溥伟等强烈反对清帝退位。溥伟是恭忠亲王奕䜣的孙子,世袭恭亲王。辛亥革命后,良弼、溥伟、铁良等纠集成满洲皇族的反动组织宗社党,以挽救清朝灭亡,反对宣统退位,以阻止袁世凯与南京临时政府议和为宗旨,在北京、天津等地进行秘密活动。但 1 月 26 日(农历十二月八日)良弼被同盟会员彭家珍炸死,这一派的气焰也不那么盛了。

这就是清皇室最后时刻的阵容。

1 月 16 日(农历十一月二十八日),袁世凯以全体国务员的名义向隆裕太后密奏,一改从前拥护君主立宪腔调,公然提出皇帝退位问题。即前面所述溥仪看到胖老头"满脸泪痕"跪在地下那次。也就是袁世凯退朝遇刺的那次。袁世凯在皇帝、太后面前依然是"忠诚"的、"悲哀"的、"不得已"的,但所奏内容是可怕的,说:除了实行共和,别无出路。原因是:"海军尽叛,天险已无,何能悉以六镇诸军,防卫京津?虽效周室之播迁,已无相容之地。""东西友邦,有从事调停者,以我只政治改革而已,若等久事争持,则难免无不干涉。而民军亦必因此对于朝廷,感情益恶。读法兰西革命之史,如能早顺舆情,何至路易之子孙,靡有孑遗也。……"

原先袁世凯一直表示反对共和,主张君宪,突然倒了个。隆裕吓得不知所措,忙召集近支王公开御前会议。1 月 17 日(农历十一月二十九日)的会议,国务大臣胡惟德、赵秉钧、梁士诒列席。赵秉钧说,袁世凯拟设临时政府于天津,同时与南方谈判,再定办法。恭亲王溥伟坚决反对,以汉阳已攻下,主张乘胜"痛剿"。梁士诒说,各省响应起义,北方无饷械,不能再战;到天津去设临时政府,是"惧惊皇上也"。胡惟德则以列强反对战,若一意主战,恐引起外国人责难为由,驳溥伟主张。

王公等开御前会议讨论共和问题时,奕劻、溥伦主张接受共和制,余皆反对。争论很激烈,奕劻、溥伦后来不敢公开赞成共和制。

1月19日(农历十二月初一),在养心殿开会,隆裕主持,满、蒙王公贝勒十四人参加,但宣统"未御座"。隆裕太后问:"你们看是君主好,还是共和好?"众人回答:"臣等皆力主君主,无主张共和之理,求太后圣断坚持,勿为所惑。"那天奕劻没与会。隆裕说:"我何尝要共和,都是奕劻同袁世凯说,革命党太厉害,我们没枪炮,没军饷,万不能打仗。我说可否求外国人帮助,他说等奴才同外国人说看。过两天,奕劻说:外国人再三不肯,经奴才尽力说,他们始谓:革命党本是好百姓,因为改良政治,才用兵,如果我们帮忙,必使摄政王退位。"溥伟提醒隆裕:"现在载沣已经退政,外国何以仍不帮忙,显系奕劻欺罔。"会上,溥伟、载泽、善耆主战,隆裕没有信心,说:"胜了固然好,要(若)是败了,连优待条件都没有,岂不是要亡国吗?"与会王公贝勒十四人,只四人发言,"余皆缄口"。善耆奏:"少时国务大臣进见,请太后慎重降旨。"太后又没有了主意,叹曰:"我怕见他们。""少刻他们又是主和,我应说什么?"溥伟出主意说:"请太后仍是主持前次谕旨,着他们要国会解决。"就是把退位问题推到以后国会召开时去解决。可是,赵秉钧带来了袁世凯早已准备好了的话,威胁隆裕说:如果拿到国会讨论,"有没有优待条件,可就说不准了!"这是她最关心的事。本来"御前会议"上,载泽和善耆叮嘱她不把会上的事对太监讲。她虽然答应了,但回到后宫,小德张先开口:"照奴才看,共和也罢,君主也罢,老主子全是一样。讲君主,老主子管的事不过是用宝。讲共和,太后也还是太后。不过这可得答应了那'条件'。要是不应啊,革命党打到了北京,那就全完啦!"

"御前会议"开过几次毫无结果。拖到1月26日(农历十二月初八日),段祺瑞等通电拥护共和,同一天良弼被炸致死。"御前会议"调子低沉下来。溥伟、善耆等离京。2月3日(农历十二月十六日),隆裕懿旨,对各省督抚岑春煊、袁树勋等,出使大臣陆征祥等,统兵大员段祺瑞等电请速定共和国体一事,"着授袁世凯以全权,研究一切办法,先行迅速与民军商酌条件,奏明请旨"。她决定投降了。原主战的冯国璋、那彦图等均表示赞成共和。因病不入朝的袁世凯,自这一天起入朝。

同一天,袁世凯代表清廷向南方代表伍廷芳提出清帝退位条件。2月5日(农历十二月十八日),南京临时参议院讨论此条件,议决一份修正案。袁世凯接到修正案后,令梁士诒入宫请示隆裕,隆裕坚持:留"大清皇帝尊号相承不替"十字;不用"逊位"一词;宫禁及颐和园随时听使居住。袁密电唐绍仪与伍廷芳协商。2月9日(十二月二十二日),南京临时政府将最后修正案电袁世凯,次日,袁世凯召集内阁各部大臣及近支王公讨论通过此清帝退位条件最后修正案。

同时形成的另一文件,是清宣统帝退位诏书。据云草拟者为张謇。它在清廷与南京临时政府及袁世凯间反复协商修改过,其中,"即由袁世凯以全权组织临时共和政府"一项,系袁世凯所加。其用意是表示他掌政权受命于清廷,非受命于南方;南京临时政府不交权,他即以北京的临时政府与南方对峙,从而加重自己的砝码。

2月11日(农历十二月二十四日),隆裕同意优待条件,决定宣统帝下诏退位。12日(农历二十五日)以宣统帝奉隆裕太皇懿旨的名义,颁布了宣统皇帝退位诏书。其文曰:

　　"前因民军起事,各省响应,九夏沸腾,生灵涂炭。特命袁世凯,遣员与民军代表讨论大局,议开国会,公决政体。两月以来,尚无确当办法。南北暌隔,彼此相持。商辍于途,士露于野。徒以国体一日不决,故民生一日不安。今全国人民心理,多倾向共和。南中各省,既倡议于前,北方诸将,亦主张于后。人心所向,天命可知。予亦何忍因一姓之尊荣,拂兆民之好恶。是用外观大势,内审舆情,特率皇帝将统治权公诸全国,定为共和立宪国体。近慰海内厌乱望治之心,远协古圣天下为公之义。(袁世凯前经资政院选举为总理大臣,当兹新旧代谢之际,宜有南北统一之方,即由袁世凯以全权组织临时共和政府,与民军协商统一办法。)总期人民安堵,海宇乂安。仍合满汉蒙回藏五族完全领土为一大中华民国。予与皇帝得以退处宽闲,优游岁月,长受国民之优礼,亲见郅治之告成,岂不懿欤。"

同日,下"劝谕臣民"之诏,要求官守其职,民安其分,期保平安。同一天下的第三道诏书是优待皇室各条件,内容如下:

"甲、关于大清皇帝辞位之后优待之条件:

今因大清皇帝宣布赞成共和国体,中华民国于大清皇帝辞位之后,优待条件如左:

第一款,大清皇帝辞位之后,尊号仍存不废,中华民国以待各外国君主之礼相待。

第二款,大清皇帝辞位之后,岁用四百万两,俟改铸新币后,改为四百万元。此款由中华民国拨用。

第三款,大清皇帝辞位之后暂居宫禁,日后移居颐和园。侍卫人等,照常留用。

第四款,大清皇帝辞位之后,其宗庙陵寝,永远奉祀,由中华民国酌设卫兵妥慎保护。

第五款,德宗崇陵未完工程,如制妥修,其奉安典礼仍如旧制,所有实用经费,均由中华民国支出。

第六款,以前宫内所用各项执事人员,可照常留用,惟以后不得再招阉人。

第七款,大清皇帝辞位之后,其原有之私产,由中华民国特别保护。

第八款,原有之禁卫军,归中华民国陆军部编制,额数俸饷,仍如其旧。

乙、关于清皇族待遇之条件:

一、清王公世爵,概仍其旧。

二、清皇族对于中华民国国家之公权及私权,与国民同等。

三、清皇族私产,一体保护。

四、清皇族免当兵之义务。

丙、关于满蒙回藏各族待遇之条件今因满蒙回藏各民族赞同共和,中华民国所以待遇者如左:

一、与汉人平等。

二、保护其原有之私产。

三、王公世爵,概仍其旧。

四、王公中有生计过艰者,设法代筹生计。

五、先筹八旗生计,于未筹定之前,八旗兵弁俸饷仍旧支放。

六、从前营业居住等限制,一律蠲除,各州县听其自由入籍。

七、满蒙回藏原有之宗教,听其自由信仰。

以上条件,列于正式公文,由两方代表照会各国驻北京公使,转达各该
政府。"

当天,北方即以全权组织中华民国临时政府袁世凯的名义,将宣统帝退位诏书和优
待皇室各条件,照会各国公使,并请转达各国政府。北京原清政府外务部照会各国公
使:现在大清皇帝业已辞位,由前内阁总理大臣袁世凯全权组织中华民国临时政府。

清朝封建君主专制统治,以宣统皇帝退位诏书颁布为标志,于民国元年(1912 年)2
月 12 日,正式宣告结束。